Physikum EXAKT

Das gesamte Prüfungswissen in einem Band

Herausgegeben von
H. Abdolvahab-Emminger

Mit Beiträgen von

Christian Benz
Claudius Diez
Oliver Erens
Pathik Hagemann
Birgit Hanusch
Dirk Höper
Thomas Kia
Bea Lechner
Ralf Ludwig
David Prvulovic
Klaus-Peter Schaps
Frank Seibert-Alves
Antje Werthmann
Andreas Wolff
Evelin Ziemann

2. korrigierte Auflage

607 Abbildungen und Formeln
226 Tabellen

1998
Georg Thieme Verlag
Stuttgart · New York

Die Deutsche Bibliothek – CIP-Einheitsaufnahme

Physikum exakt : das gesamte Prüfungswissen in einem Band / hrsg. von H. Abdolvahab-Emminger. Mit Beitr. von Christian Benz ... – 2., korrigierte Aufl. – Stuttgart ; New York : Thieme, 1998

Geschützte Warennamen (Warenzeichen) werden **nicht** besonders kenntlich gemacht. Aus dem Fehlen eines solchen Hinweises kann also nicht geschlossen werden, daß es sich um einen freien Warennamen handele.

Wichtiger Hinweis:

Wie jede andere Wissenschaft ist die Medizin ständigen Entwicklungen unterworfen. Forschung und klinische Erfahrung erweitern unsere Erkenntnisse, insbesondere was Behandlung und medikamentöse Therapie anbelangt. Soweit in diesem Werk eine Dosierung oder eine Applikation erwähnt wird, darf der Leser zwar darauf vertrauen, daß Autoren, Herausgeber und Verlag große Sorgfalt darauf verwandt haben, daß diese Angabe dem **Wissensstand bei Fertigstellung des Werkes** entspricht.

Für Angaben über Dosierungsanweisungen und Applikationsformen kann vom Verlag jedoch keine Gewähr übernommen werden. Jeder Benutzer ist angehalten, durch sorgfältige Prüfung der Beipackzettel der verwendeten Präparate und gegebenenfalls nach Konsultation eines Spezialisten festzustellen, ob die dort gegebene Empfehlung für Dosierungen oder die Beachtung von Kontraindikationen gegenüber der Angabe in diesem Buch abweicht. Eine solche Prüfung ist besonders wichtig bei selten verwendeten Präparaten oder solchen, die neu auf den Markt gebracht worden sind. **Jede Dosierung oder Applikation erfolgt auf eigene Gefahr des Benutzers.** Autoren und Verlag appellieren an jeden Benutzer, ihm etwa auffallende Ungenauigkeiten dem Verlag mitzuteilen.

Umschlaggrafik: Markus Voll, Fürstenfeldbruck
1. Auflage 1997

Printed in Germany
Satz: Mitterweger Werksatz GmbH, Plankstadt
Druck: Gutmann, Talheim

ISBN 3-13-107032-3 1 2 3 4 5 6

Herausgeber

Dr. med. Hamid Abdolvahab-Emminger
Bansastraße 9
63263 Neu-Isenburg

Autoren

Christian Benz
Bahnhofsplatz 4
90552 Röthenbach

Claudius Diez
Sonnleite 2
97076 Würzburg

Dr. med. Oliver Erens
Fred-Uhlmann-Str. 24
70619 Stuttgart

Pathik Hagemann
Haydnstraße 25
63452 Hanau

Birgit Hanusch
Kirchgasse 3
65824 Schwalbach

Dirk Höper
Heinrich-Heine-Weg 5
64407 Fränkisch-Crumbach

Thomas Kia
Kettelerstraße 10
63303 Dreieich-Sprendlingen

Bea Lechner
Unter den Linden 8
60596 Frankfurt

Ralf Ludwig
Bücherweg 20
63477 Maintal

David Prvulovic
Mespelbrunner Weg 2
63128 Dietzenbach

Dr. med. Klaus-Peter Schaps
Nagelsweg 28
20097 Hamburg

Frank Seibert-Alves B. Med. Sci
Medi-Learn
Bahnhofstraße 26b
35037 Marburg

Antje Werthmann
Matterstockstraße 7
97986 Würzburg

Andreas Wolff
Hainer Weg 181
60599 Frankfurt

Evelin Ziemann
B 105 Haus 12
18069 Sievershagen

Vorwort zur 2. Auflage

Die zweite Auflage von Physikum EXAKT erscheint aufgrund der überwältigenden Resonanz der Leser wesentlich früher als geplant. Damit verbunden ist eine durchgehende Verbesserung und Korrektur der Texte, insbesondere aufgrund der vielen Zuschriften der aufmerksamen Leser an den Verlag. Für diese willkommenen Verbesserungs- und Korrekturvorschläge, die zur Weiterführung jedes „lebendigen" Buches wesentlich beitragen, möchte ich mich an dieser Stelle auch im Namen aller Autoren bedanken.

Dem Georg Thieme Verlag, vor allem unserer Lektorin Frau Marianne Mauch, danke ich für die großzügige und engagierte Unterstützung der Autoren.

Unseren Lesern wünsche ich auch mit der zweiten Auflage von Physikum EXAKT eine effektive und erfolgreiche Vorbereitung auf das Physikum und ein gelungenes Studium danach.

Frankfurt am Main, im September 1998

H. Abdolvahab-Emminger

Vorwort zur 1. Auflage

Prüfungen, insbesondere die Multiple-Choice-Fragen des IMPP, haben ihre eigene Dynamik, sie setzen ein eigenes intellektuelles System voraus. Das gewaltige Wissen vieler Fächer muß prüfungsgerecht gelernt und Altfragen müssen durchgearbeitet werden. Die konventionellen Lehrbücher eignen sich aufgrund der Fülle des Stoffes nur bedingt für den Einsatz während der kurzen Vorbereitungszeit. So greifen viele Studenten zu den prüfungs- und GK-orientierten Skripten, die leider oft nur eine Anhäufung prüfungsrelevanter Fakten darstellen. Das Verständnis der Zusammenhänge und ein eventueller Nutzen für den späteren ärztlichen Beruf bleiben bei einer solchen Vorbereitung häufig auf der Strecke.

Das vorliegende Buch geht einen anderen Weg. Physikum EXAKT vermittelt kurz und bündig, aber lebendig und verständlich, das gesamte Wissen aller Physikumsfächer. Der Text orientiert sich dabei an der Gliederung des Gegenstandskatalogs und deckt so alle Anforderungen des IMPP ab. Außerdem sind alle verfügbaren Examensfragen und somit die aktuellen Prüfungsschwerpunkte berücksichtigt. Optisch hervorgehobene Merksätze bieten Hilfestellung zum leichteren Erlernen schwieriger Sachverhalte, die zahlreichen „Klinischen Bezüge" zeigen den direkten Zusammenhang zum beruflichen Alltag. Zusätzlich erleichtern mehr als 600 Abbildungen das Verständnis der Mechanismen und Hintergründe.

Die Autoren, allesamt prüfungserprobte Medizinstudenten klinischer Semester, besitzen aus eigener Erfahrung einen umfassenden Überblick über das vom Gegenstandskatalog geforderte Wissen und die neuesten Trends bei den schriftlichen Prüfungen. Wertvolle Anregungen zur Verbesserung des Textes verdanken die Autoren außerdem den Mitgliedern des Wissenschaftlichen Beirats, die alle Beiträge unter die „wissenschaftliche Lupe" genommen und auf inhaltliche Richtigkeit hin überprüft haben. An dieser Stelle möchte ich, stellvertretend für alle Autoren, den Mitgliedern des Wissenschaftlichen Beirats danken, die trotz ihrer vielfältigen Aufgaben den Entstehungsprozeß dieses Buches kritisch begleitet haben.

Ebenso gilt unser Dank dem Georg Thieme Verlag, der in einer außergewöhnlichen Weise die Entstehung dieses Buches gefördert hat. Insbesondere Herr Dr. med. Jürgen Lüthje, Programmplaner Lehrbücher, hat mit großem persönlichen Einsatz das Erscheinen des Buches vorangetrieben. Frau Marianne Mauch sorgte als Redakteurin mit großem Einfühlungsvermögen für eine reibungslose Kooperation der Autoren und eine harmonische Gestaltung des Textes. Frau Susanne Hauser ist für das gelungene grafische Layout des Buches zuständig; Herr Manfred Lehnert begleitete als Hersteller die Gesamtproduktion. Herr Dr. med. Alexander Bob hat durch sein unermüdliches Engagement das Erscheinen dieses Buches erst ermöglicht. Ihnen danke ich aufrichtig, auch im Namen der Autoren.

Der größte Dank gilt aber natürlich den Autoren, die mit ihrer restlosen Begeisterung für dieses Buch ein neues Konzept zur didaktischen Wissensvermittlung innerhalb kürzester Zeit umgesetzt haben, um anderen Kommilitonen die Prüfungsvorbereitung zu erleichtern und effizienter zu gestalten.

Frankfurt am Main, im Oktober 1996

Hamid Abdolvahab-Emminger

Wissenschaftlicher Beirat

Priv.-Doz. Dr. habil. A. Börner
Max-Planck-Gesellschaft
Arbeitsgruppe für Asymmetrische Katalyse
Universität Rostock

Prof. Dr. med. H. W. Doerr
Institut für Medizinische Virologie
Universität Frankfurt am Main

Dipl.-Psych. C. Eilles
Institut für Psychologie
Universität Frankfurt am Main

Prof. Dr. med. E. Friauf
Zentrum der Physiologie
Universität Frankfurt am Main

Prof. Dr. med. P. Geck
Zentrum der Biologischen Chemie
Universität Frankfurt am Main

Dr. C. Huckstorf
Institut für Physiologie
Universität Rostock

Prof. Dr. W. Janke
Institut für Psychologie
Universität Würzburg

Prof. Dr. med. U. Langenbeck
Institut für Humangenetik
Universität Frankfurt am Main

Prof. Dr. rer. nat. F. Nürnberger
Zentrum der Morphologie
Universität Frankfurt am Main

Dr. rer. nat. J. Reinhardt
Institut für Theoretische Physik
Universität Frankfurt am Main

Prof. Dr. med. J. Winckler
Zentrum der Morphologie
Universität Frankfurt am Main

Inhaltsverzeichnis

Biologie 1

Frank Seibert-Alves, Ralf Ludwig

Histologie 71

Dirk W. Höper

Kapitel 1 Histologie der Gewebe 72

Kapitel 2 Histologische und histochemische Technik 96

Kapitel 3 Histologie der Organe 99

Anatomie 143

Birgit C. Hanusch

Kapitel 1 Allgemeine Entwicklungsgeschichte und Plazentation 144

Kapitel 2 Allgemeine Anatomie 160

Kapitel 3 Obere Extremität 179

Kapitel 4 Untere Extremität 205

Kapitel 5 Kopf und Hals 231

Kapitel 6 Leibeswand 273

Kapitel 7 Brusteingeweide 292

Kapitel 8 Bauch- und Beckeneingeweide 309

Thomas Kia, Bea Lechner, Klaus-Peter Schaps, Andreas Wolff, Evelin Ziemann

Kapitel 16 Sehen 612

Kapitel 17 Gleichgewichtssinn, Hören, Stimme und Sprache 622

Kapitel 18 Geruch und Geschmack 629

Kapitel 19 Integrative Leistungen des Zentralnervensystems 633

Chemie 645

Christian Benz, Claudius Diez

Kapitel 1 Ausgewählte anorganische Verbindungen 646

Kapitel 2 Ausgewählte organische Verbindungen 648

Pathik Hagemann, Thomas Kia, Ralf Ludwig

Biologie

Ralf Ludwig
Frank Seibert-Alves

Biologie Kapitel 1

Allgemeine Zytologie (Struktur und Funktion von Zellen und Zellorganellen; Topochemie)

1.1 Zellbegriff

Zellen sind die kleinsten selbständig lebensfähigen Funktionseinheiten. Bereits 1665 wurde der Ausdruck „Zelle“ von Robert Hooke bei der Beschreibung von Pflanzen geprägt. Theodor Schwann verkündete dann 1838 seine Theorie, daß alle lebenden Gewebe aus Zellen bestehen, und Rudolf Virchow wies 1854 nach, daß jede Zelle das Produkt einer anderen Zelle ist. Heute unterscheidet man zwei grundsätzlich verschiedene Typen von Zellen, zwischen denen bisher keine Übergangsformen gefunden wurden, die *prokaryontischen* Zellen und die *eukaryontischen* Zellen.

1.2 Prokaryontische Zellen

Prokaryontische Zellen (Protozyten), sind Zellen, die keinen echten, d. h. von einer Membran umgrenzten Zellkern aufweisen. Sie verfügen also nicht über eine Kernhülle. Wichtige Prokaryonten sind *Bakterien* und *Blaualgen* (Cyanobakterien). Die Bakterienzelle wird ausführlich unter 3.1 vorgestellt.

Merke

Wie zur einfachsten Unterkunft nur **B** & **B** (**b**ed and **b**reakfast) gehört, gehören zu den einfachsten Organismen auch nur **B** & **B**, **B**akterien und **B**laualgen.

1.3 Eukaryontische Zellen

Im Gegensatz zu den prokaryontischen Zellen enthalten die eukaryontischen Zellen (Euzyten) einen Zellkern, der von einer eigenen Membran umgeben ist. Zu den Eukaryonten zählen vielzellige Organismen, wie der Mensch, Tiere, Pflanzen und Pilze, aber auch viele einzellige Organismen (Protisten), wie z. B. Protozoen (tierische Einzeller, gr.: zoon = Tier) und Grünalgen. Der Besitz eines echten Zellkerns ist zwar der definitorische, aber nicht der einzige Unterschied zwischen den Zellen der Pro- und Eukaryonten (Tab. 1.**1**). Die Euzyte ist in der Regel wesentlich größer als die Protozyte.

Die eukaryontischen Zellen unterscheiden sich, bedingt durch ihre verschiedenen Funktionen, beträchtlich in ihrer Form und Größe. Während die kernlosen, bikonkav geformten menschlichen Erythrozyten durchschnittlich 7 – 8 μm groß sind, wird die in etwa kugelförmige menschliche Eizelle ca. zwanzigmal größer. Während glatte Muskelzellen nur Bruchteile eines Millimeters lang werden, erreichen quergestreifte Muskelzellen, die durch Verschmelzung mehrerer Zellen entstanden und somit mehrkernig sind, Längen von mehreren Zentimetern. Eine besondere Form weisen auch bestimmte Neurone (Nervenzellen) auf, wie z. B. die motorischen Vorderhornzellen des Rückenmarks, die über lange Zellausläufer verfügen.

Merke

Die Vorsilbe „eu-“ kommt aus dem Griechischen und bedeutet gut oder normal. Entsprechend sind die „Gutkernigen“, die Eukaryonten, natürlich die Organismen, deren Zellen über einen echten Zellkern mit Kernhülle verfügen.

Tab. 1.**1** Gegenüberstellung von prokaryontischen und eukaryontischen Zellen

	Protozyten	Euzyten
echter Zellkern	nein	ja
Chromosomen	ein ringförmiges Molekül	mehrere Moleküle
endoplasmatisches Retikulum	nein	ja
Golgi-Apparat	nein	ja
Mitochondrien	nein	ja
Ribosomen	70 S	80 S
Ribosomenuntereinheiten	30 S, 50 S	40 S, 60 S
Plasmide	häufig	nein
Zellwand	meist	teilweise
Geißelprotein	Flagellin	Tubulin

1.4 Zelluläre Strukturelemente

In diesem Abschnitt werden zunächst die zellulären Strukturelemente der Reihe nach besprochen. Aufbau und Funktion der einzelnen Zellbestandteile sind in Tab. 1.**2** am Ende des Kapitels noch einmal zusammenfassend gegenübergestellt. Abb. 1.**1** gibt eine Übersicht über die Zelle. Wenn nichts anderes erwähnt wird, beziehen sich die Aussagen grundsätzlich auf Euzyten.

1.4.1 Plasmamembran und Glykokalix

Aufbau

Die **Plasmamembran** besteht aus einer doppelten Lipidschicht (Fette), in der Proteine (Eiweiße) eingebettet sind (*Fluid-Mosaic-Modell*) (Abb. 1.**2**).
Die **Proteine** lassen sich untergliedern in integrierte Membranproteine (Transmembranproteine), die durch die gesamte Membran reichen, und innere bzw. äußere periphere Membranproteine und Membranenzyme, die nur mit dem Intra- bzw. dem Extrazellulärraum in Verbindung stehen.

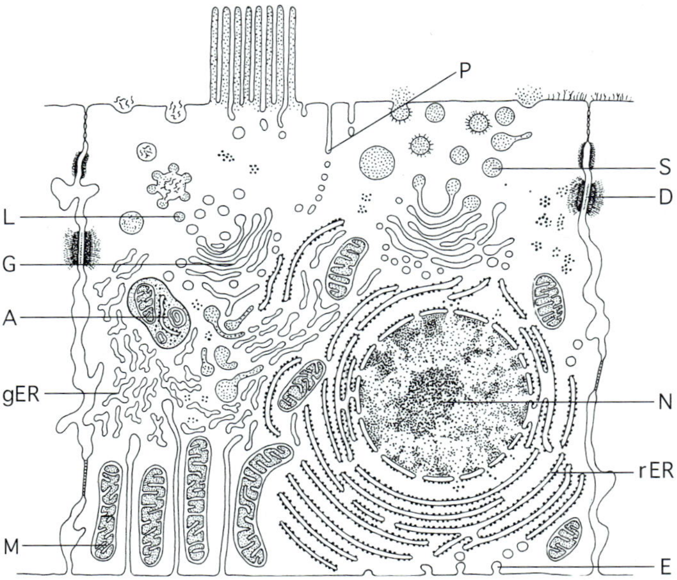

Abb. 1.**1** Schematische Darstellung einer eukaryontischen Zelle.
In Klammern sind die Kapitel angegeben, in denen die einzelnen Strukturen und Funktionen näher besprochen werden. A = Autolysosom (1.4.7) D = Desmosom (1.4.13) E = Endozytose (1.4.1) G = Golgi-Feld (1.4.6) gER = glattes endoplasmatisches Retikulum (1.4.5) rER = rauhes endoplasmatisches Retikulum (1.4.5) L = primäres Lysosom (1.4.7) M = Mitochondrium (1.4.9) N = Nucleolus (1.4.11) P = Pinozytose (1.4.1) S = Sekretvakuole (1.4.6)

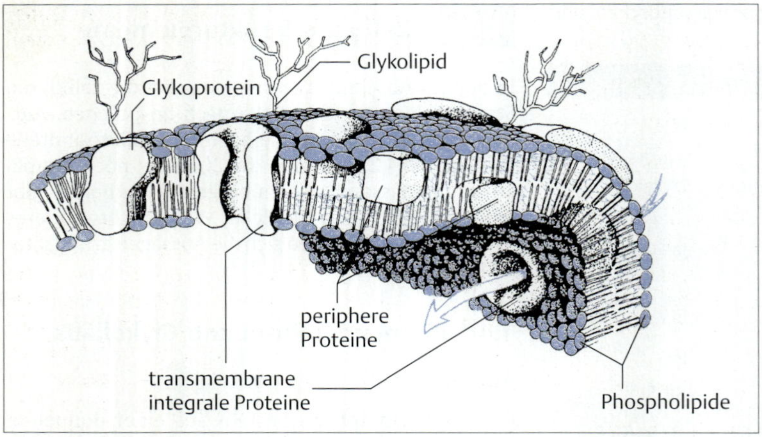

Abb. 1.**2** Schematische Darstellung der Zellmembran (aus Hirsch-Kauffmann/Schweiger, Thieme 1996)

Die **Lipide** (Glycerolphosphatide, Sphingomyelin, Glykosphingolipide, Cholesterin) sind als bimolekularer Film angeordnet. Die hydrophilen Anteile sind nach außen (Zelloberfläche und Grundplasma) gerichtet, die hydrophoben Anteile befinden sich in der Mitte der Membran. Dabei ist die Membran asymmetrisch aufgebaut: so unterscheidet sich die Lipidzusammensetzung in der dem Extrazellulärraum zugewandten Hälfte von der anderen Hälfte, die zum Zellinneren gerichtet ist. Die eingebetteten Proteine können sich in der Membran bewegen, stehen jedoch auch mit den Filamenten des Zytoplasmas in Verbindung. Die *Synthese* der Plasmamembran erfolgt im endoplasmatischen Retikulum und erfordert eine weitere Modifikation im Golgi-Feld (s. 1.4.6).

Die **Glykokalix** ist ein unterschiedlich breiter Saum an der Zelloberfläche, der im wesentlichen von den Polysaccharidketten der *Glykosphingolipide* und *Glykoproteine* der Zellmembran gebildet wird. Ihre Spezifität wird vor allem durch die Struktur der Polysaccharide bestimmt. Auf der zytoplasmatischen Seite tragen die Membranproteine und -lipide keine Polysaccharide (Abb. 1.**2**).

Funktion

Abgrenzung und Kontakt zu Nachbarzellen: Die Plasmamembran bildet die *Grenzfläche* zwischen intra- und extrazellulärem Raum (*Plasmalemma*). Sie dient dem mechanischen Schutz und ist an der Herstellung von *Zell-Zell-Kontakten*, z. B. am Aufbau von sog. *Gap junctions* zur Kopplung von benachbarten Zellen, an der Kontakthemmung und an der Erkennung von Zelloberflächen beteiligt (s. 1.4.13).

Rezeptoren: Außerdem können in der Membran unterschiedlichste *Rezeptoren* enthalten sein, z. B. der Mastzellen-IgE-Rezeptor (wichtig bei der allergischen Reaktion) oder auch solche für Asialoglykoproteine.

Klinischer Bezug

Lagern sich fremde Eiweißmoleküle an die Membranrezeptoren der Mastzellen an, sezernieren diese daraufhin u. a. Histamin. Die Folge ist eine **allergische Reaktion**.

Der *Asialoglykoprotein-Rezeptor*, der auch als *Galactoserezeptor* bezeichnet wird, kommt vor allem in der Plasmamembran von Hepatozyten (Leberzellen) vor und dient dem Entfernen von defekten Glykoproteinen aus dem Blut. Er erkennt und bindet Glykoproteine, die ihren terminalen N-Acetylneuraminsäurerest (Sialinsäurerest) durch die Wirkung einer Neuraminidase im Blut eingebüßt haben und nun den in der Oligosaccharidkette folgenden Galactoserest exponieren. Makrophagen (Freßzellen) der Milz verfügen über einen ähnlichen Rezeptor, mit dem sie gealterte Erythrozyten, die auch endständige Sialinsäurereste eingebüßt haben, erkennen können.

Durch die spezifische Bindung von Hormonen an Membranrezeptoren kommt es zur Auslösung eines *Second-messenger-Prozesses*. Dabei bleibt der erste Botenstoff (*first messenger*) außerhalb der Zelle und löst die Bildung eines zweiten Botenstoffs aus, der die Wirkung innerhalb der Zelle vermittelt.

Transport: Transport ist eine weitere wichtige Aufgabe aller Membranen. Die Zellmembran trennt zum einen zwar Extra- und Intrazellulärraum, muß aber auch einen Stoffaustausch zwischen diesen ermöglichen. Bei den Transportprozessen lassen sich *passive* und *aktive* Transporte voneinander unterscheiden. Während bei den aktiven Prozessen Energie bereitgestellt werden muß, verlaufen die passiven Transportprozesse, zu denen die einfache Diffusion und die Osmose zählen, ohne Energiezufuhr.

Passive Transportprozesse:

- Bei der *einfachen Diffusion* kommt es zu einem Konzentrationsausgleich eines Stoffes durch eine permeable (durchlässige) Membran, wobei der Stoff von der Seite der höheren Konzentration zu der der geringeren Konzentration übergeht (s. Physiologie 13.2).
- Bei der *Osmose* ist die Membran zwar nicht für den betrachteten Stoff, aber für sein Lösungsmittel durchlässig, also semipermeabel. Hierbei kann es dann nur durch den Transport des Lösungsmittels (z. B. Wasser) durch die Membran zum Konzentrationsangleich kommen, und das Volumen steigt auf der Seite, auf der der betrachtete Stoff ursprünglich höher konzentriert war (Abb. 1.**3**). Das Lösungsmittel geht dabei solange zur Seite der höheren Konzentration über, bis der Druck durch die Flüssigkeitssäule (hydrostatischer Druck) genauso groß ist wie das Bestreben zum Konzentrationsausgleich. Der im Gleichgewicht, d. h. wenn genauso viele Lösungsmittelmoleküle von der einen zur anderen Seite wandern wie umgekehrt, herrschende Druck heißt *osmotischer Druck* (s. a. Physik 4.6, Physiologie 1.2).

Erleichterte Diffusion: Verläuft bei der Diffusion der Konzentrationsausgleich entlang des Konzentrationsgradienten schneller, da in der Membran Proteine (sog. Transporter) sitzen, die selektiv den Transport eines Stoffes (z. B. von Glucose) beschleunigen, spricht man von *erleichterter Diffusion*.

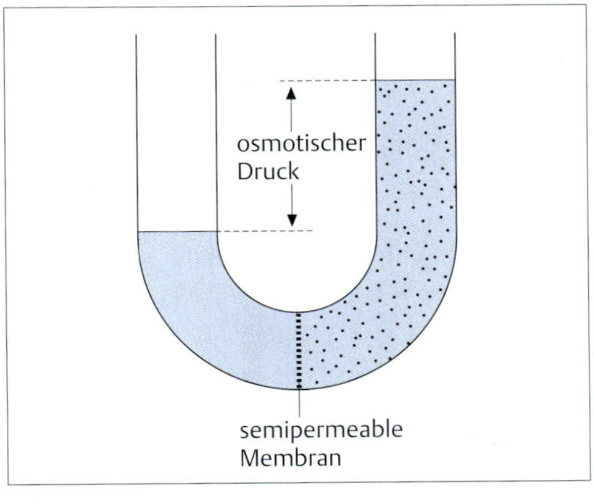

Abb. 1.**3** Osmose

Aktive Transporte sind immer dann notwendig, wenn ein Stoff entgegen dem Konzentrationsgradienten transportiert werden soll; dies geschieht u. a. durch *Ionenpumpen*. Ein Beispiel ist die Na^+-K^+-Pumpe, die Na^+ in den Extrazellulärraum und K^+ ins Zellinnere pumpt. Aktive Transporte sind immer von der Zufuhr freier Energie, z. B. in Form von ATP (Adenosintriphosphat), abhängig. So auch die Na^+-K^+-Pumpe, die von der Na^+-K^+-ATPase angetrieben wird. Diese ist ein Enzym, das 3 Na^+-Ionen in den Extrazellulärraum und gleichzeitig zwei K^+-Ionen in den Intrazellulärraum transportiert. Im Gegensatz zu den passiven erreicht bei den aktiven Transporten die Transportrate einen Maximalwert, z. B. durch vollständige Auslastung der Carrier oder Tunnelproteine.

Zytosen: Neben Ionenpumpen und Ionenkanälen (z. B. Ca^{2+}-Kanälen) existieren auch noch Ein- und Ausschleusungsvorgänge größeren Umfangs, die mit Hilfe von Membranvesikeln funktionieren und *Zytosen* genannt werden.

- *Endozytose:* Wird durch Bildung von Membranvesikeln etwas in die Zelle aufgenommen, spricht man von *Endozytose*. Die Endozytose kann man weiter in Phagozytose und Pinozytose unterteilen.
  - Bei der *Phagozytose* sind die aufgenommenen Substanzen feste, geformte Teilchen.
  - Bei der *Pinozytose* werden flüssige oder gelöste Substanzen aufgenommen.

  Unter *absorptiver Pinozytose* versteht man eine rezeptorabhängige Pinozytose. Dabei gibt es auf der Zellmembran Regionen, in denen Rezeptoren für einen bestimmten Stoff versammelt sind. Diese Regionen werden *coated pit* genannt und zeichnen sich dadurch aus, daß sich auf der Innenseite der Membran ein Gerüst aus dem Protein *Clathrin* befindet. Wird der entsprechende Stoff an die Rezeptoren gebunden, sorgt diese Bindung für eine Einstülpung der Zellmembran (Invagination), die schließlich in der Bildung eines Vesikels endet. Der entstandene Vesikel trägt jetzt außen, sozusagen als Mantel (engl.: coat), ein Clathringeflecht und wird *coated vesicle* genannt. Bevor es nun jedoch z. B. zu einer Fusion mit einem Lysosom (s. 1.4.7) kommt, werden fast immer die Rezeptoren durch eine Veränderung des pH-Werts vom Substrat getrennt und in einem eigenem Vesikel zur Plasmamembran zurücktransportiert (Recycling).Während alle Zellen in der Lage sind, Pinozytose zu betreiben, sind nur bestimmte Zellen zur Phagozytose befähigt, z. B. die Makrophagen, die die Hälfte ihres eigenen Volumens innerhalb von 2 Stunden aufnehmen können.

Merke

Während die Phagozytose eher in Richtung „Fressen" geht, beschreibt die Pinozytose mehr das „Trinken".

- *Exozytose:* Wird durch Vesikelfusion mit der Plasmamembran etwas aus der Zelle abgegeben, spricht man von *Exozytose*.
- *Zytopempsis:* Die Kopplung von Endozytose und unveränderter Exozytose, also die Durchschleusung von in Membranvesikeln eingeschlossenen Substanzen durch die Zelle, wird *Zytopempsis* oder *Transzytose* genannt. Sie ist besonders bei Zellen von Bedeutung, die Körperhöhlen oder sonstige Hohlräume, z. B. Darm oder Gefäße, abgrenzen, da sie den Transport durch eine Zellschicht, z. B. die Gefäßwand, ermöglicht.

Die Zellmembran steht durch *Membranfluß* (s. 1.4.6) mit den anderen Membransystemen der Zelle in Verbindung. Sie kann so z. B. aus dem Golgi-Apparat Membranvesikel zur Kompensation von endozytotisch bedingtem Verlust von Membranmaterial erhalten.

Zellidentität und -spezifität: Durch die Glykokalix der Zellmembran wird die *Zellidentität* bzw. *Zellspezifität* angezeigt. Sie enthält als Antigene wirksame Moleküle, wie z. B. die *Blutgruppensubstanzen* bei den Erythrozyten. Diese Blutgruppensubstanzen sind auch auf den meisten anderen Körperzellen nachweisbar und werden entsprechend den Mendelschen Gesetzen vererbt (s. 2.4.2). Andere Moleküle der Glykokalix können Bakterientoxine oder Viren binden. Zudem sorgt die Glykokalix dafür, daß sich gleichartige Zellen erkennen (*Zellerkennung*). Dies spielt während der Entwicklung eine große Rolle: gleichartig differenzierte Zellen mit gleichartig differenzierter Glykokalix schließen sich zu Zellverbänden zusammen.

1.4.2 Zytoplasmatische Membransysteme

Aufbau

Wie die Zellmembran sind auch die zytoplasmatischen Membransysteme prinzipiell nach dem Fluid-Mosaic-Modell aufgebaut. Je nach Funktion sind zusätzlich bestimmte Enzyme und Carrier in den doppelschichtigen Lipidfilm eingelagert, wodurch sich die zytoplasmatischen Membranen sowohl von der Zellmembran als auch untereinander unterscheiden.

Funktion

Die zytoplasmatischen Membranen unterteilen die Zelle in verschiedene abgeschlossene Räume (*Kompartimente*), in denen unterschiedliche Stoffwechselprozesse ablaufen können. Beispiele für zytoplasmatische Membransysteme sind die *Kernhülle*, das *endoplasmatische Retikulum* und der *Golgi-Apparat*. Weiterhin sind auch die *Lysosomen*, *Peroxisomen* und *Mitochondrien* durch Membranen vom Zytosol (Grundplasma) abgegrenzt. Andere Zellstrukturen, wie z. B. *Nukleolen* und *Zentriolen*, besitzen hingegen keine eigene Membran und bilden so kein eigenständiges Kompartiment.

1.4.3 Zytoplasma, Zytosol und Zytomatrix

Die gesamte Zellsubstanz, die von der Zellmembran umgeben ist, heißt *Protoplasma*. Sie wird in zwei Anteile aufgeteilt: das Zytoplasma und das Karyoplasma.

- Das *Karyoplasma* umfaßt nur die Bestandteile des Zellkerns (s. 1.4.11).
- Das *Zytoplasma* besteht aus dem *Grundplasma (Zytosol)* einschließlich der Zellorganellen und Membransysteme ohne Zellkern.

Aufbau des Zytosols

Das Zytosol besteht aus verschiedensten Stoffen, wobei die Proteine etwa 20 % des Gewichtes ausmachen.

Funktion des Zytosols

Es umgibt alle für die Funktionsfähigkeit der Zelle notwendigen Zellorganellen als eine Grundmatrix. Im Zytosol sind die Enzyme für viele Stoffwechselwege, z. B. Glykolyse (s. Biochemie 8.2) und Fettsäuresynthese (s. Biochemie 9.2.3), lokalisiert, und hier findet die Proteinsynthese an freien Ribosomen statt. Auch der Großteil der Reaktionen der Gluconeogenese (Glucoseneubildung, s. Biochemie 9.1.4) läuft hier ab.

1.4.4 Zytoskelett

Das Zytoskelett ist ein in eukaryontischen Zellen vorkommendes System von Proteinfilamenten, das sowohl für die Zellform und -stabilität, als auch für die Zellbewegung von Bedeutung ist.

Aufbau

Am Aufbau des Zytoskeletts sind Filamente unterschiedlicher Größe und Funktion beteiligt. Man unterscheidet dabei Mikrotubuli, Mikrofilamente und intermediäre Filamente.

- *Mikrotubuli* sind aus 13 Protofilamenten bestehende, nicht kontraktile (zusammenziehbare) Röhrchen von 12–25 nm Durchmesser, die als *reversible* Strukturen im Zytoplasma schnell auf- und abgebaut werden können. Sie setzen sich vorwiegend aus den Proteinen α- und β-Tubulin zusammen. Bei Anwesenheit von Colchicin können sie nicht zusammengebaut (polymerisiert) werden.
- *Mikrofilamente* sind kontraktil, haben einen Durchmesser von etwa 6 nm und bestehen aus Aktin und Myosin.
- *Intermediäre Filamente* liegen mit einem Durchmesser von etwa 10 nm zwischen Mikrotubuli und Mikrofilamenten. Zu ihnen zählen u. a. *Desmin*, *Vimentin* und *Keratin*. Im Gegensatz zu den beiden zuerst besprochenen Filamenten kommen nicht die gleichen intermediären Filamente in allen Zellen vor, sondern sie sind jeweils zelltypspezifisch. Durch diese zell- bzw. gewebespezifisch unterschiedlichen Proteinbestandteile können die intermediären Filamente zur Charakterisierung von Zell- bzw. Gewebetypen herangezogen werden. Dabei finden sich *Desmin* in Muskelzellen, *Keratine* im Epithel und *Vimentin* in Fibroblasten und glatten Muskelzellen.

Funktion

Bestandteile des Zytoskeletts haben Bedeutung für die Zellbewegung, die Zellteilung, die Zellform und die Zellstabilität. Außer im Zytoskelett werden Mikrotubuli auch in den folgenden Zellstrukturen gefunden: Mitosespindel, Zentriolen, Basalkörper (Kinetosomen), Cilien und Geißeln (z. B. beim Spermium, nicht jedoch bei Bakteriengeißeln, dort findet sich das Protein Flagellin). Mikrotubuli kommen auch in den Zellausläufern von Nervenzellen vor. Bei Einzellern tragen sie zur Stabilität der Zellform bei.

1.4.5 Endoplasmatisches Retikulum

Das endoplasmatische Retikulum (ER) ist ein labyrinthartiges Membransystem im Zellinneren mit Synthese- und Speicherungsaufgaben.

Aufbau

Das endoplasmatische Retikulum (Abb. 1.**4** und 1.**6**) besteht aus zytoplasmatischen Membranen, die in der Form eines Systems von Kanälen und Zisternen angeordnet sind. Die Membranen sind dabei extrem dicht zusammengelagert.

- Von *rauhem ER oder granulärem ER* spricht man, wenn an der zytoplasmatischen Membranseite Ribosomen angelagert sind; mit Granula (lat.: granulum = Körnchen) meint man dabei die Ribosomen.
- Beim *glatten oder agranulären (ohne Granula) ER* handelt es sich um endoplasmatisches Retikulum, das frei von Ribosomen ist, aber durch die Anlagerung von Ribosomen in rauhes ER umgewandelt werden kann (Abb. 1.**4**).

Mit Ausnahme der ausgereiften Erythrozyten gibt es in allen tierischen Zellen ER. Sowohl die Menge an ER als auch das Verhältnis von rauhem zu glattem ER sind von Zelltyp zu Zelltyp sehr verschieden. Viel rauhes ER findet sich in allen Zellen, die viele Proteine zur Ausschleusung produzieren, wie z. B. in den

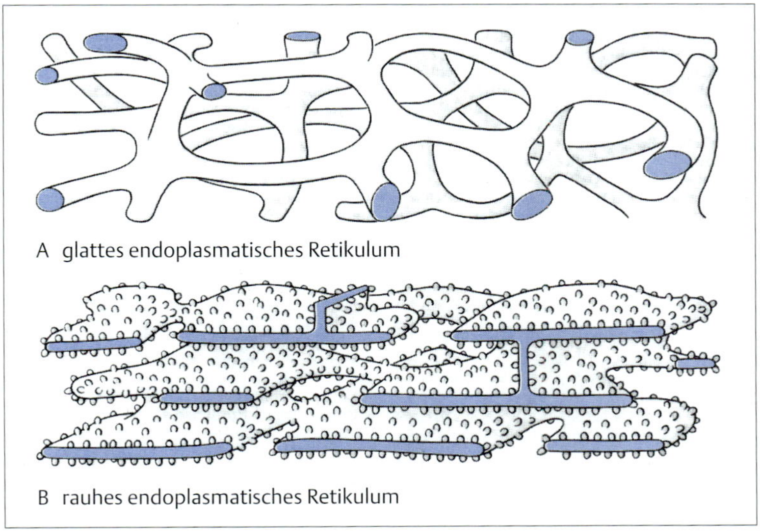

Abb. 1.**4** Schematische Darstellung des glatten und des rauhen endoplasmatischen Retikulums (aus Vogel/Angermann, Thieme 1990)

Plasmazellen, die zur Produktion von Immunglobulinen dienen. Besondere Namen weisen die Zonen des rauhen ER in Nervenzellen auf, wo man von *Nissl-Schollen* spricht, und in aktiven Drüsenzellen, wo diese Zonen verstärkter basophiler Anfärbung *Ergastoplasma* (Arbeitsplasma) heißen.

! Merke

Das glatte ER der quergestreiften Muskulatur nennt man *sarkoplasmatisches* (gr.: sarx, sarkos = Fleisch) Retikulum.

Funktion

Das endoplasmatische Retikulum unterteilt das Zellinnere in verschiedene Kompartimente und schafft durch die extreme Oberflächenvergrößerung günstige Bedingungen für enzymatische Stoffwechselreaktionen. So enthält ein Milliliter Lebergewebe z. B. etwa 10 m^2 ER.

- Das *rauhe ER* ist eine Synthesezone für *exportable Proteine*, wie z. B. den Polypeptidketten des Kollagens, den Peptidhormonen, den Enzymen in Sekreten und auch von Membranproteinen.
- Das *glatte ER* dient der Synthese von Steroidhormonen und Membranphospholipiden. Es ist an der Fettsynthese und der Bildung der Dictyosomen (s. 1.4.6) beteiligt. Auch die Biotransformation mit Hilfe mischfunktioneller Oxygenasen, z. B. die Hydroxylierung von Arzneimitteln und manche Glykosylierung findet dort statt. An der Gluconeogenese (s. Biochemie 9.1.4) ist es im letzten Schritt (Glucose-6-phosphatase) beteiligt. Es dient schließlich auch dem intrazellulären Transport von Stoffen und der Speicherung von Ionen, vor allem der Ca^{2+}-Speicherung in Skelettmuskelfasern.

1.4.6 Golgi-Feld (Golgi-Apparat)

Der Golgi-Apparat ist ein zytoplasmatisches Membransystem, das der Modifikation von Proteinen und Lipiden, sowie der Abgabe von Vesikeln (z. B. den Lysosomen) dient.

Aufbau

Camillo Golgi, der 1906 den Nobelpreis für Medizin und Physiologie erhielt, beschrieb schon gegen Ende des vorigen Jahrhunderts ein intrazelluläres Membransystem, das heute seinen Namen trägt. Unter dem Golgi-Apparat oder dem Golgi-Komplex versteht man die Gesamtheit aller Dictyosomen in einer Zelle. Das *Dictyosom* ist also die funktionelle Einheit des Golgi-Apparates. Es besteht aus einem Stapel von etwa fünf bis acht übereinandergelagerten, von einer glatten Membran umschlossenen flachen Zisternen (*Golgi-Zisternen*), der in der elektronenmikroskopischen Darstellung an einen Stapel Pfannkuchen erinnern kann. Mit Ausnahme weniger hochspezialisierter Zelltypen, wie z. B. den Erythrozyten, verfügen alle Euzyten über einen Golgi-Apparat. Dabei kann die Anzahl der Dictyosomen je nach Funktion des Zelltyps zwischen einem und etwa einhundert variieren. Einen großen Teil des Zytoplasmas machen die Dictyosomen z. B. in den schleimproduzierenden Becherzellen des Dünndarms aus.

Obwohl die Dictyosomen über die gesamte Zelle verteilt oder auch an bestimmten Stellen gehäuft vorkommen können, liegen sie bei den Zellen der Wirbeltiere doch meistens in der Nähe des Kerns. Dabei sind die halbmondförmig gebogenen Zisternen der Dictyosomen so angeordnet, daß die konvexe (nach außen gewölbte) Seite zum Zellkern und die konkave (nach innen gewölbte) Seite zur Plasmamembran gerichtet ist. Die Dictyosomen sind also polar aufgebaut und weisen eine *Bildungsseite* (*cis-Seite*) und eine *Abgabeseite* (*trans-Seite*) auf. Die cis-Seite wird auch als unreife oder Regenerationsseite und die trans-Seite als Sekretions- oder Reifungsseite bezeichnet.

Die Dictyosomen werden an ihrer cis-Seite durch Membranen des endoplasmatischen Retikulums ergänzt. Auch endozytierte Zellmembran kann in die Dictyosomen übergehen. Die trans-Seite der Dictyosomen liefert die Membranen für verschiedene Vesikel, die diese Membranen, wenn die Vesikel zur Exozytose dienen, wieder in die Zellmembran einbauen. Diese Umbauprozesse, durch die die verschiedenen Membransysteme miteinander in Verbindung stehen, nennt man *Membranfluß* (Abb. 1.**5**).

Funktion

Im Golgi-Apparat werden Proteine und Lipide modifiziert. So können mit Hilfe von Glykosyltransferasen Kohlenhydrate angehängt werden und auf diese Weise u. a. die Glykoproteine und Glykolipide der Glykokalix (für die Zellmembran) gebildet werden. An Proteine können hier auch Sulfate und Fettsäuren angehängt werden. Neben diesen *Glykosylierungen*, *Sulfatierungen* und *Acylierungen* sind auch *Phosphorylierungen*, z. B. von lysosomalen Proteinen, möglich.

Die von den Dictyosomen abgegebenen Vesikel (*Golgi-Vesikel*) können je nach ihrer Funktion verschiedene Substanzen, wie z. B. exokrine Sekrete, Hormone, Glykoproteine und -lipide oder intrazelluläre Hydrolasen, enthalten. Entsprechend dienen die Vesikel auch funktionell unterschiedlichen Zwecken. In Drüsenzellen können *Sekretvesikel* für die Exozytose gebildet werden. In endozytotisch ak-

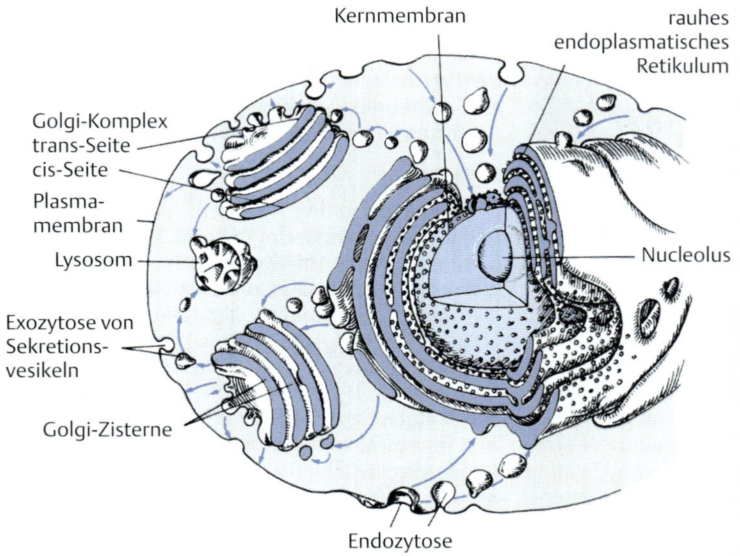

Abb. 1.**5** Schematische Darstellung einer Zelle zur Verdeutlichung des Membranfluß-Prozesses und der Orientierung der Dictyosomen innerhalb einer Zelle (aus Hirsch-Kauffmann/Schweiger, Thieme 1996)

tiven Zellen können Membranvesikel zur Regeneration der Verluste der Zellmembran dienen. Der Golgi-Apparat spielt so eine zentrale Rolle bei den *Membranfluß-Prozessen*, da er laufend Membranen erhält und Membranen abgibt. Auch die im folgenden Abschnitt zu besprechenden *Lysosomen* werden hier gebildet.

1.4.7 Lysosomen

Lysosomen sind membranumschlossene Vesikel, die Enzyme für die intrazelluläre Verdauung enthalten.

Aufbau

Lysosomen sind membranbegrenzte Vesikel mit freien und an Membranen gebundenen Enzymen, vorwiegend *sauren Hydrolasen*. Die Membran ist notwendig, um die Zerstörung von Bestandteilen der Zelle durch die hydrolytischen Enzyme zu verhindern. Die Lysosomen werden wie oben erwähnt vom Golgi-Apparat gebildet. Sie sind dann *primäre Lysosomen* und werden durch Verschmelzung mit dem abzubauenden Material zu *sekundären Lysosomen*. Die sekundären Lysosomen werden *Heterolysosomen* (gr.: heteros = anders, verschieden) genannt, wenn sie durch Verschmelzung von primären Lysosomen mit phagozytiertem Material (Phagosomen) entstanden. Baut das sekundäre Lysosom hingegen körpereigene Substanzen ab, so heißt es *Autolysosom* (gr.: autos = selbst) oder im Laborslang auch „suicide bag".

Funktion

Die Lysosomen sind also am Abbau von phagozytiertem Material (körperfremden Molekülen) und zelleigenem Material (vor allem Zellorganellen, wie Ribosomen, Mitochondrien, Membranen der ER, Hormonvesikel) beteiligt.

! Merke

Man spricht von *Heterophagie*, wenn die Zelle anderes (zellfremdes) Material frißt, und von *Autophagie*, wenn eine „Selbstfressung", also der Abbau von zelleigenen Bestandteilen, erfolgt.

Durch nachlassende Aktivität von lysosomalen Enzymen kann es zur Anhäufung von endogenem Pigment, z. B. dem *Lipofuszin*, kommen. Das Lipofuszin, auch Abnützungs- oder Alterspigment genannt, ist ein Protein und Cholesterin enthaltendes bräunliches Gemisch, das sich z. B. in Epithelzellen anreichert. Es gibt auch verschiedene genetisch bedingte Defekte lysosomaler Enzyme, die zu Speicherkrankheiten, wie z. B. den Mucopolysaccharidosen, führen.

Klinischer Bezug

Bei den **Mucopolysaccharidosen** handelt es sich um eine ganze Gruppe von Erkrankungen, wobei die verschiedenen Typen durch jeweils unterschiedliche lysosomale Enzymdefekte verursacht werden. Bei den betroffenen Kindern kann es (je nach Enzymdefekt) u. a. zu geistiger Retardierung, Kleinwuchs, Skelettfehlbildungen und frühem Tod kommen.

1.4.8 Peroxisomen

Aufbau

Wie die soeben besprochenen Lysosomen sind auch die Peroxisomen *membranumgrenzte* Vakuolen, die sich allerdings sowohl in ihrer Entstehungsweise als auch bezüglich ihrer Inhaltsstoffe und somit auch ihrer Funktion von den Lysosomen klar unterscheiden. Schwierig kann hingegen die elektronenmikroskopische Differenzierung werden (Abb. 1.**6**). Der Inhalt der Peroxisomen weist oft ein *parakristallines Zentrum* auf und ist ansonsten homogen oder *fein granuliert*.

Peroxisomen schnüren sich direkt aus dem endoplasmatischen Retikulum ab. Sie enthalten Peroxidase, Katalase und H_2O_2-produzierende Oxidasen, wie Urikase und Aminosäureoxidase, sowie Superoxiddismutase. Außer diesen am Wasserstoffperoxid-Stoffwechsel beteiligten Enzymen verfügen die Peroxisomen auch über Enzyme für den Abbau der Fettsäuren. Sie kommen besonders häufig in *Leber* und *Niere* der Säugetiere vor.

Funktion

In den Peroxisomen finden Reaktionen unter Beteiligung von *Wasserstoffperoxid* statt. Durch Oxidation entstandenes Wasserstoffperoxid ist für die Zelle extrem giftig. Das kupfer- und zinkhaltige Enzym Superoxiddismutase katalysiert eine Reaktion ($2O_2^- + 2H^+ \leftrightarrow O_2 + H_2O_2$), durch die Peroxidradikale entgiftet werden. Das dabei entstehende Wasserstoffperoxid (H_2O_2) kann dann durch Peroxidase oder Katalase zu Wasser abgebaut werden.

Wie in den Mitochondrien ist auch in den Peroxisomen eine β-Oxidation von Fettsäuren möglich. Es werden dabei vor allem sehr langkettige Fettsäuren mit 24 oder 26 C-Atomen abgebaut, wobei der Abbau aber nicht vollständig abläuft und auch nicht primär der Energiegewinnung dient.

1.4.9 Mitochondrien

Mitochondrien sind semiautonome energiebereitstellende Organellen. Sie wurden bereits in der Mitte

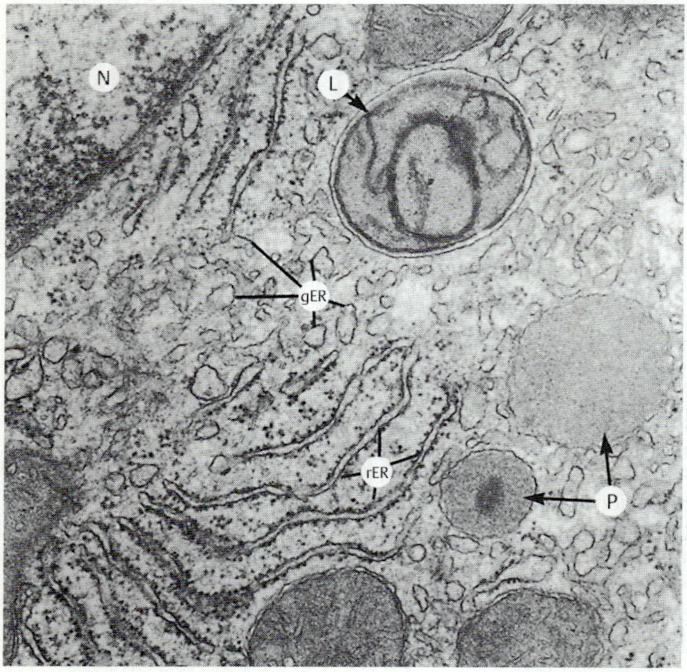

Abb. 1.**6** Elektronenmikroskopische Aufnahme von Zellstrukturen. gER = glattes endoplasmatisches Retikulum, rER = rauhes endoplasmatisches Retikulum, L = Lysosom, N = Nucleus, P = Peroxisomen

des letzten Jahrhunderts als färbbare Granula im Zytoplasma beschrieben, und ihre Feinstruktur wurde dann in den 50er Jahren dieses Jahrhunderts von G. E. Palade und F. S. Sjöstrand elektronenmikroskopisch untersucht.

Aufbau

Im Unterschied zu allen anderen behandelten Zellorganellen besitzen die Mitochondrien zwei bezüglich Aufbau und Funktion völlig verschiedene Membranen.

- Die *äußere Membran* dient dem Schutz des Mitochondriums und ist auch für große Moleküle (bis zu einem Molekulargewicht von ca. 10.000) permeabel. Sie gleicht in ihren Aufbau den Membranen des endoplasmatischen Retikulums, nimmt jedoch nicht am Membranfluß (s. 1.4.6) teil.
- Die *innere Membran* besitzt einen extrem hohen Proteinanteil. Sie enthält unter anderem die Enzyme der Atmungskette, Translokatoren und Kanäle, da sie im Gegensatz zur äußeren Membran nicht permeabel ist. Die Oberfläche der inneren Membran ist in Form von Falten (*Cristae-Typ*), Röhren (*Tubuli-Typ*) oder Säckchen (*Sacculi-Typ*) ausgestülpt und dadurch stark vergrößert. Während der Cristae-Typ der Mitochondrien bei den tierischen Zellen am häufigsten vorkommt, findet sich der Tubuli-Typ z. B. in *steroidproduzierenden* Zellen der Nebenniere, den Ovarien und den Testes.

Durch die innere Membran ist das Mitochondrium in zwei Kompartimente aufgeteilt, den *Intercristaeraum* und den *Matrixraum*. Der Intercristaeraum liegt zwischen den beiden Membranen, der Matrixraum ist von der inneren Membran umgeben (Abb. 1.**7**). In der Matrix finden sich die Enzyme des Citratzyklus und der β-Oxidation der Fettsäuren (s. Biochemie 8.3).

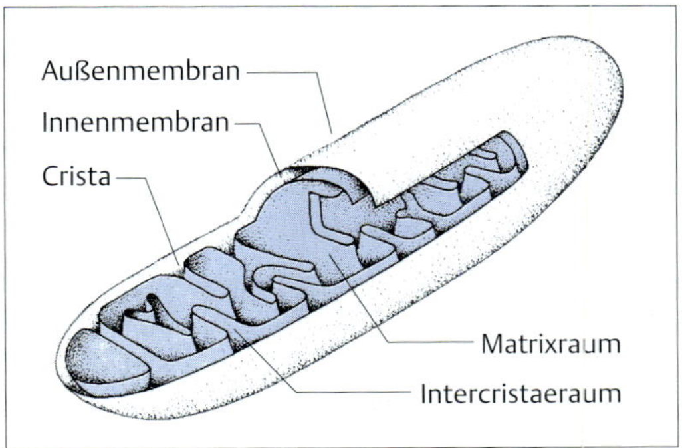

Abb. 1.**7** Schematische Darstellung eines Mitochondriums

Eine andere Eigenheit der Mitochondrien ist der Besitz einer eigenen genetischen Information. Alle Mitochondrien besitzen mindestens ein genetisch aktives ringförmiges doppelsträngiges DNA-Molekül. Diese *mitochondriale DNA* (*mtDNA*) enthält unter anderem aktive Gene für eigene tRNAs und auch Gene, die für die Funktionsfähigkeit der Atmungskette notwendig sind, nicht jedoch für alle mitochondrialen Enzyme. Für einen großen Teil der im Mitochondrium benötigten Proteine liegt die Information auf der DNA des Zellkerns. Diese Proteine werden an den frei im Zytosol liegenden Ribosomen synthetisiert und dann in die Mitochondrien eingeschleust. Außer dem genetisch aktiven DNA-Ring enthalten die Mitochondrien auch eigene Ribosomen (*mtRibosomen*), so daß sie zu einer eigenständigen Proteinbiosynthese befähigt sind.

Die Reduplikation (Verdopplung) der mitochondrialen DNA ist unabhängig vom Zellzyklus, und die Vermehrung der Mitochondrien kann während der gesamtem Interphase (s. 4.1.1) erfolgen. Die Vermehrung der Anzahl der Mitochondrien erfolgt durch Wachstum eines Mitochondriums und dessen anschließende Zweiteilung durch eine Art von Septenbildung. Die Anzahl der Mitochondrien ist abhängig von der Stoffwechselaktivität der Zellen und kann durch ihre Teilungsfähigkeit an den Bedarf angepaßt werden; sie kann z. B. in Leberzellen mehrere Tausend erreichen. Besonders reich an Mitochondrien sind auch die Nierentubulizellen und die Herzmuskelzellen, während die Erythrozyten keine Mitochondrien aufweisen.

! Merke

Mitochondrien werden aufgrund ihrer Vermehrungsfähigkeit und Bildung eigener Proteine als *halbautonom bezeichnet.*

Bei der Zellteilung werden die Mitochondrien rein zufällig mit dem Zytosol auf die beiden entstehenden Tochterzellen verteilt. Die Vererbung der mtDNA hat somit nichts mit den Mendel-Gesetzen (s. 2.4.2) zu tun. Man spricht hier also von *extrachromosomaler oder zytoplasmatischer Vererbung* oder auch von *maternaler Vererbung*, da bei der Entstehung der Zygote die Mitochondrien aus der mütterlichen Eizelle stammen. So stammen z. B. bei den Mauleseln, die einen Pferdehengst als Vater und eine Eselstute zur Mutter haben, die Mitochondrien von der Eselstute, während bei den Maultieren, die Nachfahren von Eselhengsten und Pferdestuten sind, die mtDNA von der Pferdestute kommt.

Merke

Mitochondrien werden nur von der Mutter auf alle Kinder vererbt.

Funktion

Die Mitochondrien versorgen die Zelle wie Kraftwerke mit Energie. Sie stellen einen vom Zytosol abgeschlossenen Stoffwechselraum dar, in dem viele, den Reaktionen im Zytosol entgegenlaufende, katabole (abbauende) Stoffwechselwege stattfinden können. In der inneren Mitochondrienmembran sind die Multienzymkomplexe der Atmungskette (oxidative Phosphorylierung) lokalisiert, die im Ergebnis gekoppelt mit der Oxidation von H_2 zu H_2O den Aufbau von ATP (s. Biochemie 8.7.2) bewirken. Im Matrixraum der Mitochondrien finden der Citratzyklus (s. Biochemie 8.6) und die β-Oxidation der Fettsäuren (s. Biochemie 8.3) sowie Teile des Harnstoffzyklus (s. Biochemie 8.4.3) statt.

Endosymbionten-Hypothese

Die besonderen Eigenschaften der Mitochondrien lassen sich gut mit Hilfe der *Endosymbionten-Hypothese* erklären. Endosymbionten sind Organismen, die in anderen Zellen (endo) zum gegenseitigen Nutzen (Symbiose) leben. Die Endosymbionten-Hypothese besagt, daß die Mitochondrien sich aus Bakterien entwickelt haben, die früh in der Entwicklung der Eukaryonten in deren Zellen aufgenommen wurden. Bei der Aufnahme entstand, wie bei der Endozytose üblich, die äußere Membran. Die innere Membran ist die ursprüngliche Membran des Bakteriums und deshalb auch so abweichend aufgebaut. Als ursprünglich eigenständige Organismen enthalten die Mitochondrien auch das, was zur Proteinbiosynthese notwendig ist, wie eine eigene DNA, die wie die der Bakterien ringförmig ist, eigene tRNAs und eigene Ribosomen, die denen der Prokaryonten ähneln. Die Mitochondrien können sich so auch selbständig und unabhängig vom Zellzyklus vermehren.

1.4.10 Ribosomen

Ribosomen sind aus zwei Untereinheiten bestehende Zellorganellen, an denen die Proteinbiosynthese stattfindet.

Aufbau

Ribosomen sind aus rRNA (ribosomaler RNA) und ribosomalen Proteinen aufgebaute Partikel (Ribonucleoproteine, RNP-Partikel) mit einem Durchmesser von etwa 25 nm. Sie bestehen aus einer großen und einer kleinen Untereinheit, die jeweils nach dem Wert ihrer Sedimentationskonstante K benannt ist. Die Sedimentationskonstante wird in Svedberg-Einheiten (S) gemessen, wobei ein S 10^{-13} Sekunden entspricht. In Eukaryonten findet man 40-S- und 60-S-Untereinheiten, die zusammen *80-S-Ribosomen* bilden. Die Prokaryonten und die Mitochondrien hingegen besitzen *70-S-Ribosomen*, die aus einer kleinen Untereinheit mit der Sedimentationskonstante 30 S und einer großen mit der Konstante 50 S bestehen. Bei den Eukaryonten enthält die kleine Untereinheit ein rRNA-Molekül (18-S-rRNA) und etwa 30 Proteine und die große Untereinheit drei rRNA-Moleküle (28-S-, 5-S- und 5,8-S-rRNA) und etwa 50 Proteine. Ribosomen, die zeitweise keine Proteinbiosynthese betreiben, liegen als getrennte Untereinheiten vor.

Merke

Während die Reihe der Sedimentationskonstanten, „kleine Untereinheit + große Untereinheit = gesamtes Ribosom", bei Prokaryonten die zehnfachen Werte von fortlaufenden ungeraden Zahlen hat (30 + 50 = 70), besitzt die gleiche Reihe bei den Eukaryonten die zehnfachen Werte von fortlaufenden geraden Zahlen (40 + 60 = 80). Der Grund für die „recht mangelhaften" Ergebnisse der Additionen ist darin zu suchen, daß es sich bei den Zahlen nicht um reine Masseangaben, sondern letztlich um Zeiten für eine Sedimentation handelt, die auch von der Dichte und Form der Partikel und nicht nur von deren Schwere abhängig sind.

Funktion

Die Ribosomen sind der einzige Ort der Proteinbiosynthese, oder genauer gesagt, des zweiten Schrittes der Proteinbiosynthese, der *Translation*. Die Translation ist die Übersetzung des mRNA-Codes in die Aminosäuresequenz der Proteine, wobei die mRNA im ersten Schritt der Proteinbiosynthese, der Transkription, an der DNA gebildet wurde (s. Biochemie 13.2.4 u. 13.2.5). Viele Ribosomen, die gleichzeitig dieselbe mRNA translatieren und dadurch auch alle das gleiche Polypeptid liefern, werden Polyribosomen oder kurz *Polysomen* genannt (Abb. 1.**8**).

Merke

Polysomen sind keine „neuen" Zellorganellen, sondern einfach die mit der mRNA bei der Translation zusammengefaßten Ribosomen.

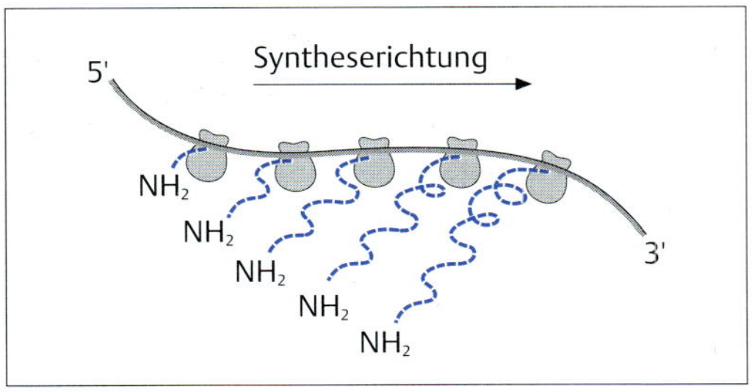

Abb. 1.**8** Schematische Darstellung eines Polysoms

In menschlichen Zellen findet man Ribosomen an den Membranen des endoplasmatischen Retikulums, in den Mitochondrien und frei im Zytoplasma, wo sie für die Synthese von Proteinen zum intrazellulärem Verbleib zuständig sind. Die rRNA in den Ribosomen kann mit basophilen Farbstoffen angefärbt werden. Im Lichtmikroskop werden so in manchen Zellen die Regionen, die viel mit Ribosomen besetztes (rauhes) endoplasmatisches Retikulum enthalten, sichtbar. Diese basophilen Bereiche werden *Ergastoplasma* genannt oder bei den Nervenzellen als *Nissl-Schollen* bezeichnet.
Die Proteinbiosynthese kann auf der Stufe der Translation durch Antibiotika gehemmt oder gestört werden (s. Biochemie 13.2.5).

Klinischer Bezug

Für eine **selektive antibakterielle Therapie** ist es entscheidend, daß der Angriff der Antibiotika an Strukturen des Mikroorganismus ansetzt, die beim Wirtsorganismus (= dem Patienten) nicht oder doch zumindest in wesentlich anderer Form vorkommen. Der unterschiedliche Aufbau der Ribosomen bei Eu- und Prokaryonten bietet einen solchen Angriffspunkt; z. B. hemmt Streptomycin die Proteinbiosynthese durch Veränderung der 30-S-Untereinheit.

1.4.11 Zellkern

Der Zellkern (Nucleus) ist ein von einer Doppelmembran (Kernhülle) umgebenes Organell, das die Chromosomen und das Kernkörperchen (Nucleolus) enthält. Die meisten eukaryontischen Zellen weisen einen Nucleus auf, manche Zellen, wie z. B. Osteoklasten (knochenabbauende Zellen), verfügen jedoch über mehrere Zellkerne (s. 4.4). Die reifen Erythrozyten besitzen keinen Nucleus mehr.

Kernhülle

Aufbau

Die Kernhülle (Karyolemma) besteht aus *zwei* zytoplasmatischen Membranen, die aus dem endoplasmatischen Retikulum aufgebaut werden. Zwischen diesen beiden Membranen befindet sich der *perinukleäre Raum*, ein etwa 20 – 70 nm breiter Spalt, der in direkter Verbindung zum Kanalsystem des endoplasmatischen Retikulums steht. Häufig liegen der äußeren Membran, die zum ER gehört, Ribosomen an. Diese synthetisieren Polypeptidketten, die in den perinucleären Raum abgegeben werden. Stellenweise verschmelzen die äußere und die innere Membran der Kernhülle. Dort entstehen *Kernporen*, durch die Kernmaterial ins Zytoplasma abgegeben wird (Abb. 1.**9**). Die Anzahl der Kernporen ist von Größe und Aktivität der Zellkerne abhängig.

Funktion

Die Kernhülle trennt das Zytoplasma vom Karyoplasma (den Bestandteilen des Zellkerns) und erreicht dadurch eine strikte räumliche Trennung von Prozessen, die im Zytoplasma ablaufen (z. B. die Translation) und Prozessen, die im Karyoplasma stattfinden (z. B. die Transkription). Die Doppelmembranen der Kernhülle ermöglichen den Transport von im Nucleus gebildeten Produkten, wie tRNA, mRNA und Ribosomenvorstufen, in das Zytoplasma. Zudem machen sie auch den entgegengesetzten Transport von Substanzen, z. B. Ionen, in den Zellkern möglich. Außer-

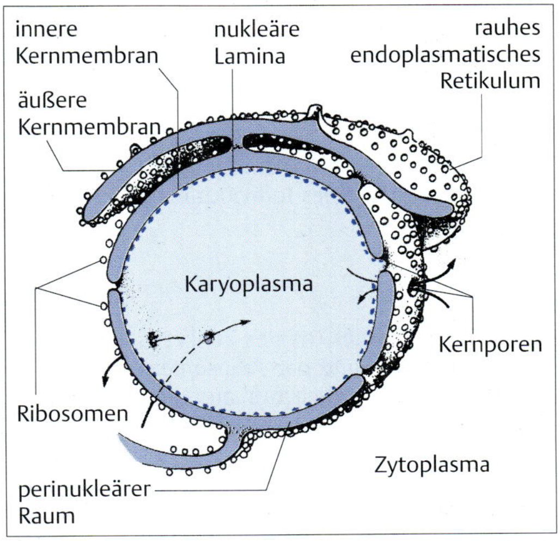

Abb. 1.**9** Schematische Darstellung der Kernhülle (aus Hirsch-Kauffmann/Schweiger, Thieme 1996)

dem werden auch alle im Zellkern benötigten Proteine im Zytoplasma gebildet, da der Nucleolus über keine funktionsfähigen Ribosomen verfügt. Die Kernhülle zerfällt während der Mitose (s. 4.1) in Zisternenfragmente und Vesikel.

Chromosomen

Die Chromosomen sind die Träger der genetischen Information des Organismus. In dieser Funktion steuern sie mit Hilfe der in ihnen vorhandenen DNA-Sequenzen die genetisch festgelegte Stoffwechselleistung einer jeden Zelle.

Aufbau

Chromosomen sind Komplexe, die aus *DNA* und *Histonen* (spezifischen DNA-Bindungsproteinen) bestehen, wobei 200 Basenpaare DNA mit den angelagerten Histonen ein *Nucleosom* bilden. Unter *Chromatin* versteht man die Gesamtheit des chromosomalen Materials einer Zelle. Dabei lassen sich nach dem Kondensierungszustand zwei Formen des Chromatins unterscheiden: das im Interphasekern locker verteilte, weniger kondensierte und potentiell transkribierbare *Euchromatin* und das dichte Massen bildende, kondensierte *Heterochromatin*. *Konstitutives Heterochromatin* ist in allen Zellen permanent kondensiert, enthält im allgemeinen hochrepetitive Sequenzen und kann nicht transkribiert werden (z. B. der Zentromer-Bereich der Chromosomen). *Fakultatives Heterochromatin* ist unter bestimmten Umständen zum Teil euchromatisch, wie z. B. das Barr-Körperchen (ein inaktiviertes X-Chromosom, s. 2.5.2). Die Zahl und Form der Chromosomen ist artspezifisch, wobei der Mensch in seinen Körperzellen normalerweise über einen doppelten (diploiden) Chromosomensatz von insgesamt 46 Chromosomen verfügt (s. 2.2).

Funktion

Die Chromosomen enthalten die vollständige genetische Information eines Individuums (s. 2.2).

Nucleolus

Aufbau

Der Nucleolus ist der Ort des Zellkerns, in dem die Bildung der rRNA und der Ribosomenvorstufen erfolgt. Er besteht folglich nur aus den DNA-Schleifen, die in vielfach wiederholter Folge die Gene für die rRNA tragen und als *Nucleolus-Organisator-Regionen (NOR)* bezeichnet werden, rRNA-Transkripten und Ribosomenvorstufen. Diese Nucleolus-Organisator-Zonen befinden sich beim Menschen auf den *akrozentrischen Chromosomen* (s. Abb. 2.**3**), d. h. auf den Chromosomen 13, 14, 15, 21 und 22. Entsprechend bilden sich in der diploiden menschlichen Zelle am Ende der Mitose zunächst zehn kleine Nucleoli, die dann zu einem, oder bei manchen Zellen auch mehreren, sog. Kernkörperchen fusionieren. Der Nucleolus wird also in der Mitose aufgelöst, in den Tochterzellen wieder neu gebildet und ist während der gesamten Interphase vorhanden (s. 4.1). Er ist *nicht* von einer Membran umhüllt.

Funktion

Der Nucleolus dient der rRNA-Synthese und ist der Bildungsort der Ribosomenvorstufen.

1.4.12 Zentriolen

Die aus Mikrotubuli bestehenden Zentriolen dienen bei der Mitose und Meiose als Ansatzstellen für die Spindelfasern und liefern die Kinetosomen (Basalkörper).

Aufbau

Zentriolen sind kurze *Hohlzylinder* mit offenen Enden, die sich aus neun Tripletts *(3 × 9 Anordnung)* von *Mikrotubuli* zusammensetzen. Die Mikrotubulitripletts sind durch radiale (radspeichenähnliche) Strukturen verbunden und bestehen jeweils aus einen kompletten Tubulus (A-Tubulus) aus 13 Protofilamenten und zwei unvollständigen Mikrotubuli (B-Tubulus und C-Tubulus) aus 10 Protofilamenten, die sich aber durch Partizipation an dreien der Protofilamente des jeweiligen Nachbarrings ergänzen. Während es in vielen pflanzlichen Zellen und Pilzen keine Zentriolen für die Organisation der Mitosespindel gibt, sind sie in jeder tierischen Soma-Zelle und so natürlich auch in den teilungsfähigen menschlichen Zellen zu finden. Die Zentriolen sind nicht von einer Membran umhüllt. Ihre Vermehrung erfolgt nicht durch Teilung, sondern durch Induktion des Aufbaus eines neuen Zentriols in der Nachbarschaft eines bereits vorhandenen, obwohl auch eine völlige Neusynthese möglich ist. Die Zentriolen kommen somit in der Regel paarweise vor, wobei die Hohlzylinder im rechten Winkel zueinander liegen.

Funktion

Die Zentriolen liefern die *Kinetosomen* (Basalkörper) bei Cilien bzw. Geißeln. Sie haben die gleiche Struktur wie die Basalkörper, so daß man auch sagen kann, daß die Zentriolen als Basalkörper bezeichnet werden, wenn sie an der Ausbildung der Geißelbasis beteiligt sind. So werden zum Beispiel die Zentriolen der befruchteten Eizelle aus dem Basalkörper des Spermiums gebildet. Die Zentriolen sind außerdem für die Polarität der Mitosespindel zuständig und bestimmen damit die *Teilungsebene*.

1.4.13 Zellkontakte

Zellkontakte, oder genauer Zell-Zell-Kontakte, kommen bei allen Organismen, die aus mehr als einer einzigen Zelle bestehen, vor. Durch die Glykokalix können sich Zellen gleichen Typs erkennen und bei einer Begegnung ihre amöboide Beweglichkeit (s. 5.4.1) und ihr Wachstum einstellen. Dieser Vorgang, der z. B. dafür sorgt, daß in einer Bindegewebskultur die Fibroblasten nur solange wachsen bis sie an allen Seiten Kontakt zu anderen Zellen haben, heißt *Kontaktinhibition*.

Klinischer Bezug

Bei den Zellen von **bösartigen Tumoren** fehlt die Kontaktinhibition; sie wachsen weiter, auch wenn sie nur von anderen Krebszellen umgeben sind.

Die Zell-Zell-Kontakte kann man nach ihrem Aufbau und ihrer Funktion in drei Hauptgruppen unterteilen: Kommunikationskontakte (Gap junction), mechanische Kontakte (wie Desmosomen) und Verschlußkontakte (Tight junction).

Gap junction

Aufbau

Bei der Gap junction (Nexus) sind die Plasmamembranen benachbarter Zellen maximal angenähert, und der verbleibende Interzellularraum (Zwischenzellraum) von normalerweise etwa 30 nm ist auf 2–4 nm eingeengt. Dieser Spalt (gap = Lücke) wird von *zylindrischen Tunnelproteinen* überbrückt, wodurch die Intrazellularräume der beteiligten Zellen miteinander verbunden werden. Mit Ausnahme von Skelettmuskelzellen und den meisten Nervenzellen (bei manchen bilden sie jedoch elektrische Synapsen) kommen die Gap junctions in fast allen tierischen Zellen vor.

Funktion

Neben der schon angesprochenen *elektrischen Kopplung* (elektrische Synapse) zwischen Nachbarzellen, wie z. B. bei den Zellen des Herzmuskels, dienen die Gap junctions vor allem dem *interzellulären Stoffaustausch*. So können durch die Tunnelproteine wasserlösliche Moleküle, wie z. B. Aminosäuren und Disaccharide, bis zu einer relativen Molekülmasse von etwa 1500 direkt hindurch.

Desmosom

Aufbau

Ein Desmosom (Macula adhaerens) ist eine punktförmige, meist kreisrunde (lat.: macula = Fleck) Verbindung von Plasmamembranen, bei denen der Interzellularraum durch eine *Kittsubstanz* aus Glykoproteinen und Mukopolysacchariden gefüllt ist. An der Zellinnenseite der Membranen finden sich im Bereich der Desmosomen plattenartige elektronendichte Verdickungen, in die senkrecht Bündel von intermediären Filamenten des Zytoskeletts ziehen. Desmosomen kommen z. B. zwischen den Epithelzellen der Haut und zwischen Herzmuskelzellen vor.
Zonula adhaerens sind ähnliche Zell-Zell-Verbindungen, die mehr gürtelförmig angelegt sind. Im Unterschied zu den Desmosomen setzen hier gewöhnlich Aktinfilamente, und nicht intermediäre Filamente, des Zytoskeletts an der zytoplasmatischen Membranseite an.
Halbdesmosomen (Hemidesmosomen) sind keine Zell-Zell-Kontakte, da an ihrer Bildung nur eine Zelle beteiligt ist. Sie verankern Epithelzellen mit der Basalmembran.

Funktion

Die Desmosomen dienen der dauerhaften mechanischen Bindung von Zellen im Gewebe. Auch die Zonula adhaerens und die Halbdesmosomen sind für den *mechanischen Zusammenhalt* zuständig.

Tight junction

Aufbau

Bei der Tight junction (Zonula occludens) sind die Membranen der benachbarten Zellen *gürtelförmig* miteinander *verschmolzen*, d. h. die Proteine der Plasmamembranen miteinander verzahnt. Die sog. Kontaktproteine bilden einen oder mehrere untereinanderliegende Nähte, die miteinander verzweigen können (Abb. 1.**10**). Tight junctions kommen an den apikalen Seiten der Epithelzellen vor.

Funktion

Tight junctions behindern den *parazellulären Transport* durch ein Epithel erheblich und dienen somit zur Abdichtung dieses Epithels. Dabei ist der Zellkontakt um so undurchlässiger, je mehr Nähte von verzahnten Proteinen aneinandergefügt sind. So wird es durch die Tight junctions z. B. erreicht, daß der Urin nicht durch das Harnblasenepithel in den Bauchraum gelangt. Genauso ist die Blut-Hirn-Schranke, die das Gehirn vor dem Übertritt schädlicher Stoffe aus dem Blut schützt, wesentlich durch

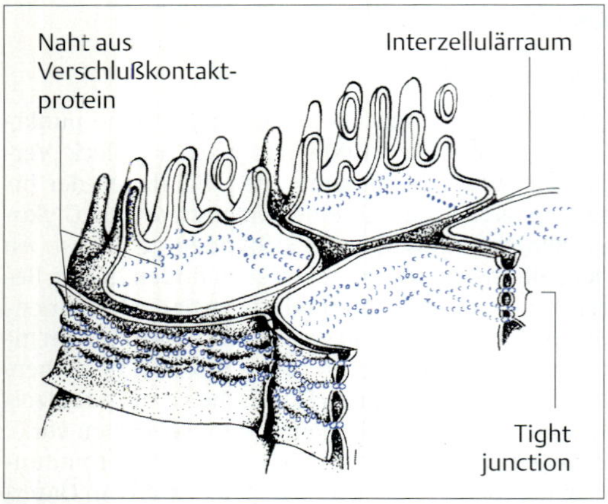

Abb. 1.10 Schematische Darstellung von übereinanderliegenden Reihen von Tight junctions am apikalen Rand der Zellen (aus Hirsch-Kauffmann/Schweiger, Thieme 1996)

die Tight junctions zwischen den Endothelzellen der Blutgefäße im Gehirn bedingt.

Merke

Während durch Tunnelproteine überbrückende *Gap junctions* der guten Zellkommunikation dienen, sorgen druckknopfähnliche *Desmosomen* für mechanische Stabilität und verschließende *Tight junctions* für eine Art Hohlraumversiegelung.

1.4.14 Mikrovilli

Aufbau

Mikrovilli sind zur Zelloberfläche senkrecht stehende *Ausstülpungen der Plasmamembran*, in die Enzyme integriert sind. Sie werden von zentralen Filamenten gestützt, die mit den Aktinfilamenten des Zytoskeletts in Verbindung stehen. In Zusammenwirkung mit Myosin können die Aktinfilamente sowohl das seitliche Bewegen als auch die aktive Verkürzung oder Verlängerung der Mikrovilli bewirken. Die Mikrovilli sind z. B. bei den Epithelzellen der Nierentubuli und des Dünndarms zu finden. Rasenförmig angeordnet bilden sie einen bereits im Lichtmikroskop erkennbaren *Bürstensaum*.

Funktion

Die Mikrovilli dienen der *Oberflächenvergrößerung* der Plasmamembran und sind so für eine intensive *Resorptionsfunktion* notwendig. Außerdem gibt es spezialisierte Mikrovilli in Sinnesorganen, wie z. B. in den Geschmackssinneszellen, die in ihrer Membran die Geschmacksrezeptoren enthalten.

1.4.15 Cilien und Geißeln

Aufbau

Während man bei relativ kurzen (5 – 10 μm) zahlreich auf einer Zelle vorkommenden Strukturen von *Cilien* (Wimpern) spricht, nennt man ultrastrukturell gleich aufgebaute längere (etwa 150 μm) und häufig vereinzelt stehende Strukturen *Geißeln*. Beide sind aus einem Ring von 9 Doppeltubuli, der zwei zentrale *Mikrotubuli* umgibt, aufgebaut (*9 x2+2-Anordnung*). Wie schon bei den Mikrotubulitripletts der Kinetosomen kennengelernt, ist auch hier bei den Doppeltubuli einer (A-Tubulus) komplett, während der andere (B-Tubulus) nur aus 10 anstelle der 13 Protofilamenten besteht. Die Doppeltubuli sind durch proteinhaltige Brücken miteinander verbunden, und zusätzlich trägt der A-Tubulus ein Protein mit ATPase-Aktivität, das *Dynein*, welches durch ATP-Spaltung die für die Cilienbewegung notwendige Energie freisetzt. Dabei kommt die Bewegung durch eine relative Verschiebung der Mikrotubuli zueinander zustande.

Funktion

Die Cilien bewegen Einzelzellen (z. B. Wimperntierchen), vielzellige Organismen (z. B. Strudelwürmer) oder bilden ein Flimmerepithel für den Transport von Substanzen. Beispiele sind die Flimmerepithelien der Bronchien oder des Genitaltraktes. Hier dienen sie der Unterstützung des *Transports* der *zellumgebenden Flüssigkeit*, um so Atemwege zu reinigen bzw. eine Eizelle fortzubewegen. Modifizierte Cilien sind auch in verschiedenen Sinnesorganen, wie im Innenohr, der Riechschleimhaut oder dem Auge, zu finden. Geißeln gibt es beim Menschen nur bei den Spermien (s. Anatomie 1.1.3).

Klinischer Bezug

Es gibt eine Erbkrankheit, bei der die Dynein-Arme an Geißeln und Cilien fehlen: das genetische **Syndrom bewegungsloser Spermien** (Syndrome of immotile cilia). Da nicht nur den Geißeln, sondern auch den Cilien des Respirationstraktes keine Bewegungsenergie zur Verfügung gestellt werden kann, sind die Patienten nicht nur unfruchtbar, sondern leiden zusätzlich noch unter rezidivierenden Bronchitiden.

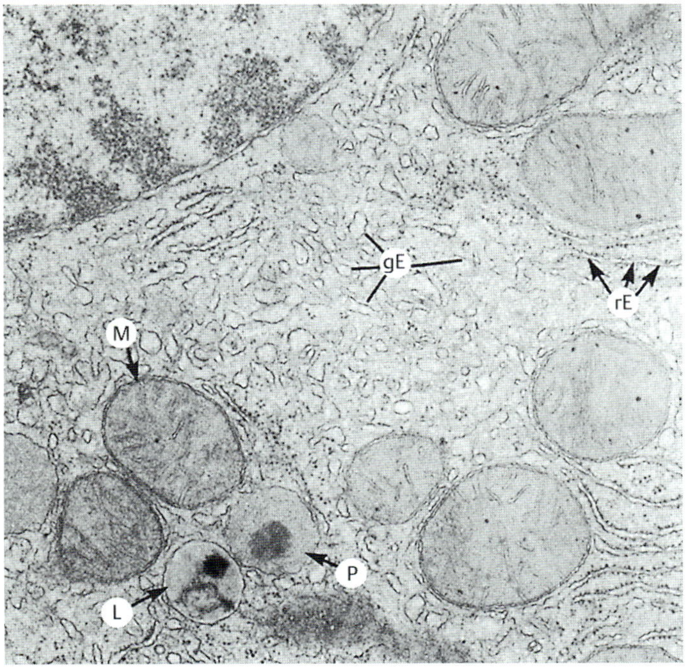

Abb. 1.**11** Elektronenmikroskopische Aufnahme von Zellstrukturen: gE = glattes endoplasmatisches Retikulum, rE = rauhes endoplasmatisches Retikulum, L = Lysosom, M = Mitochondrium, P = Peroxisom

! Merke

Cilien bzw. Geißeln, Zentriolen (Kinetosomen) und Zytoskelett enthalten alle Mikrotubuli, *nicht* jedoch die Mikrovilli, auch wenn ihr Name dies nahelegen könnte.

1.4.16 Zusammenfassung

In Tab. 1.**2** werden wesentliche Punkte zum Aufbau und zur Funktion der besprochenen Zellbestandteile noch einmal zusammengestellt. Abb. 1.**11** kann zur Überprüfung der diagnostischen Fähigkeiten beim Erkennen von elektronenmikroskopischen Strukturen im Zellzusammenhang verwendet werden.

Tab. 1.**2** Zusammenfassende, vereinfachte Übersicht über den Aufbau und die Funktion der Zellbestandteile (in den Klammern sind die Kapitel angegeben, in denen sie näher besprochen werden)

Zellbestandteil	Aufbau	Funktion
Plasmamembran (1.4.1)	bimolekularer Lipidfilm, bewegliche Proteine, Glykokalix (Fluid-Mosaic-Modell)	Schutz, Zell-Zell-Kontakte, Rezeptoren, Transportvorgänge, antigene Eigenschaften, Membranfluß
zytoplasmatische Membransysteme (1.4.2)	Fluid-Mosaic-Modell	Transportvorgänge, Kompartimentierung
Zytosol (1.4.3)	Grundmatrix der Zelle, zu ca. 20 % aus Proteinen	viele Stoffwechselwege, z. B. Glykolyse, Fettsäuresynthese
Zytoskelett (1.4.4)	Mikrofilamente, intermediäre Filamente, Mikrotubuli	Zellbewegung, Zellteilung, Zellform, Zellstabilität
rauhes ER (1.4.5)	zytoplasmatische Membranen, Ribosomen	Synthese exportabler Proteine

Tab. 1.2 Fortsetzung

Zellbestandteil	Aufbau	Funktion
glattes ER (1.4.5)	zytoplasmatische Membranen	Synthese von Steroidhormonen und Phospholipiden, Glykosylierung, Biotransformationen, Bildung der Dictyosomen, letzter Schritt der Gluconeogenese, intrazellulärer Transport, Speicherung von Ionen (vor allem Ca^{2+})
Golgi-Apparat (1.4.6)	aus Dictyosomen, diese: aus ca. 5–8 gestapelten Membranzisternen; cis-Seite, trans-Seite	Modifikation von Stoffen (Glykosylierung, Sulfatierung, Acylierung, Phosphorylierung) Bildung von Lysosomen, Sekretgranula für Exozytose, Membranregeneration
Lysosomen (1.4.7)	membranumgrenzte Vakuolen	Abbau von phagozytiertem und zelleigenem Material
Peroxisomen (1.4.8)	membranumgrenzte Vakuolen	Wasserstoffperoxidbildung und -spaltung Fettsäureabbau
Mitochondrien (1.4.9)	äußere Membran, innere Membran, mtDNA, mtRibosomen	Ort der zellulären Energieproduktion (ATP-Synthese): Atmungskette, Citratzyklus, β-Oxidation der Fettsäuren, Teile des Harnstoffzyklus
Ribosomen (1.4.10)	Ribonucleoproteine, kleine und große Untereinheit	Ort der Proteinbiosynthese
Kernhülle (1.4.11)	Doppelhülle mit Kernporen	Trennung des Protoplasmas in Zytoplasma und Karyoplasma, Transportvorgänge
Chromosomen (1.4.11)	Komplexe aus DNA und Histonen (Nucleosomen)	Träger der genetischen Information
Nucleolus (1.4.11)	DNA-Schleifen (NOR), rRNA-Transkripte, Ribosomenvorstufen	rRNA-Synthese, Bildungsort der Ribosomenvorstufen
Zentriolen (1.4.12)	Hohlzylinder aus neun Mikrotubulitripletts	als Kinetosomen (Basalkörper), Bildung von Zentren bei der Organisation der Mitosespindel
Gap junctions (1.4.13)	maximal angenäherte Membranen, durch Tunnelproteine überbrückt	elektrische Kopplung, interzellulärer Stoffaustausch
Desmosomen (1.4.13)	Kittsubstanz zwischen den Membranen, Verankerung des Zytoskeletts	mechanischer Zusammenhalt
Tight junctions (1.4.13)	verschmolzene Membranen	Be- oder Verhinderung des parazellulären Transports
Mikrovilli (1.4.14)	Vorstülpungen der Zellmembran	effektivere Resorption durch Vergrößerung der Zelloberfläche
Cilien bzw. Geißeln (1.4.15)	Mikrotubuli (9 x 2 + 2)	Bewegung von Zellen (z. B. Spermien), Bewegung eines Außenmediums über eine Zellschicht (z. B. Flimmerepithel)

Genetik

2.1 Organisation und Funktion von Genen

Siehe auch Biochemie Kap. 13.

2.1.1 Bedeutung und Funktion der Gene

Gene sind die Grundeinheiten der Vererbung. Ein Gen entspricht einer chromosomalen DNA-Sequenz, die zur Erzeugung eines funktionellen Produktes, zumeist eines Proteins, benötigt wird. Die *DNA* (Desoxyribonukleinsäure) ist somit der Träger der genetischen Information.

Merke

Die DNA kommt in menschlichen Zellen nur im *Zellkern* und in den *Mitochondrien* (s. 1.4.9) vor.

Als **Genom** bezeichnet man die vollständige genetische Information einer Zelle oder eines Individuums (meistens bezogen auf den einfachen Chromosomensatz). Darauf bezogen hat das menschliche Genom eine Länge von ca. 3 Milliarden Basenpaaren und enthält nach momentanen Schätzungen etwa 50000 – 100000 Gene.

2.1.2 Biochemische Grundlagen

DNA (Desoxyribonukleinsäure)

Die *Desoxyribonukleinsäuren* sind Makromoleküle (Polynukleotide), die aus einer festgelegten Abfolge von Nukleotiden als monomeren Untereinheiten aufgebaut sind. Jedes Nukleotid besteht dabei aus drei Komponenten: einer Phosphatgruppe, einem Zuckeranteil (Desoxyribose) und einer Base (s. Biochemie, Abb. 4.**1** – 4.**4**).

In der DNA kommen vier verschiedene *Basen* vor: Adenin (A), Cytosin (C), Guanin (G) und Thymin (T), wobei sich in der Doppelhelix der DNA immer A und T sowie C und G über Wasserstoffbrückenbindungen paaren. D.h. durch die Abfolge der Basen in einem Strang ist die Abfolge der Basen (Basensequenz) im anderen Strang immer eindeutig festgelegt. Dies ist sowohl für die Verdopplung der DNA (DNA-Replikation), wie auch für die Proteinbiosynthese von entscheidender Bedeutung. Das chemische Grundgerüst von Adenin und Guanin leitet sich vom Purin ab. Diese Basen werden deshalb als *Purinbasen* den *Pyrimidinbasen* Cytosin und Thymin gegenübergestellt, welche sich entsprechend vom Pyrimidin ableiten.

Merke

Ist die relative Zusammensetzung und Sequenz eines Nukleinsäurestranges bezüglich der vier Basen bekannt, ergibt sich durch die Spezifität der Basenpaarung die relative Zusammensetzung und Sequenz des komplementären Strangs automatisch. Es muß also genausoviel Cytosin im einem wie Guanin im komplementären Strang vorhanden sein. Auch Adenin und Thymin (bzw. Uracil, falls ein komplementärer Strang aus RNA [s. u.] gebildet wird) liegen, werden beide Stränge verglichen, im Verhältnis 1:1 vor.

RNA (Ribonukleinsäure)

Neben der DNA existiert noch eine zweite Form von Nukleinsäuren, die in den sie aufbauenden Nukleotiden als Zucker eine Ribose enthält und entsprechend *Ribonukleinsäure* (RNA) heißt. Bei den RNAs werden mehrere Typen unterschieden, von denen die drei wichtigsten mRNA (messenger-RNA), tRNA (transfer-RNA) und rRNA (ribosomale RNA)

Tab. 2.1 Gegenüberstellung von DNA und RNA

	DNA	RNA
Funktion	Träger der Erbinformation (Ausnahme: RNA-Viren, s. 3.6)	Bedeutung bei der DNA-Replikation, der Proteinbiosynthese und als Träger der Erbinformation bei bestimmten Viren
Zucker	Desoxyribose	Ribose
Basen	Purinbasen: Adenin, Guanin Pyrimidinbasen: Cytosin, Thymin	in mRNA wie in DNA, allerdings ist die Pyrimidinbase Uracil anstelle von Thymin der Partner von Adenin; in tRNAs Vorkommen weiterer, sog. seltener Basen

für die Proteinbiosynthese (s.u.) von Bedeutung sind (Tab. 2.1).

DNA-Replikation

Die Replikation der DNA im Zellkern erfolgt während der *S-Phase* (Synthese-Phase) des Zellzyklus (s. 4.1) und setzt das Vorhandensein von verschiedenen Enzymen (z. B. Polymerasen) voraus. Die Replikation beginnt an den sog. *Replikons* und erfolgt immer nur in *5'-3'-Richtung* (5' und 3' beziehen sich auf die Stellung der C-Atome im Zucker; s. Biochemie Abb. 4.1–4.4). Da in der Doppelhelix die beiden Polynukleotidstränge gegenläufig angeordnet sind, ist nur in einem Strang eine kontinuierliche Synthese möglich. Beim anderen Strang muß in regelmäßigen Abständen neu angefangen werden, wobei jeweils zuerst ein kleines Stück RNA (RNA-Primer) synthetisiert wird, das später durch DNA ersetzt wird. Die Speicherung, Übertragung und Expression genetischer Information ist Thema des Kapitels 13 der Biochemie.

> **! Merke**
>
> Die DNA-Replikation funktioniert nicht wie bei einem Kopierer, wo es später ein Original und eine Kopie gibt, sondern erfolgt *semikonservativ* (halbbewahrend), d. h. die beiden entstandenen Desoxyribonukleinsäuren bestehen jeweils zur Hälfte aus der ursprünglichen Doppelhelix und zur Hälfte aus einem neusynthetisierten Strang; beide Tochter-DNAs sind also halb Original und halb Kopie.

Proteinbiosynthese

Die Proteinbiosynthese teilt sich in zwei Schritte, die Transkription und die Translation. Bei der **Transkription** wird aufgrund der Information der DNA eine mRNA gebildet, die im zweiten Schritt, der **Translation** an den Ribosomen mit Hilfe von tRNAs in die Aminosäuresequenz der Proteine übersetzt wird. Im Gegensatz zu den Prokaryonten erscheint bei den Eukaryonten in der Regel jedoch nicht die gesamte Information der DNA im Protein. Zwar wird die DNA erst vollständig in RNA umgeschrieben; eine sog. prä-mRNA oder hnRNA (heterogene nucleäre RNA) entsteht, doch dieses vorläufige Produkt wird noch durch posttranskriptionale Modifikationsschritte verändert. Neben Veränderungen am Beginn (Capping) und Ende (Polyadenylierung) der RNA werden auch bestimmte Abschnitte aus dem Inneren der RNA herausgeschnitten. Die den herausgeschnittenen Sequenzen entsprechenden DNA-Abschnitte heißen *Introns*, die den verbleibenden Sequenzen entsprechenden DNA-Abschnitte *Exons* und der Vorgang *Splicing* (Abb. 2.1).

> **! Merke**
>
> Beim *Splicing* werden die den Introns entsprechenden Abschnitte aus dem primären Transkript der DNA (prä-mRNA) herausgeschnitten und die verbleibenden, den Exons entsprechenden Abschnitte zu einer kontinuierlichen Sequenz zusammengefügt.

DNA-Menge in der Säugerzelle

Das Genom des Säugers enthält viel mehr DNA, als für seine Strukturgene, d. h. für die Bildung der Proteine, notwendig ist. Ein Grund dafür ist die Existenz der Introns. Außer diesen innerhalb der Gene liegenden Sequenzen, die nicht translatiert werden, gibt es allerdings auch noch zwischen den Genen liegende Sequenzen, die gar nicht erst transkribiert werden, sowie *repetitive (sich wiederholende) DNA-Abschnitte* in unterschiedlicher Größe. So kommen z. B. die rRNA-Gene im Genom in etwa 100 bis 200 Kopien vor, die alle transkribiert werden, um den hohen Bedarf der Zelle (ca. 80 % der RNA einer Zelle ist rRNA) zu decken.

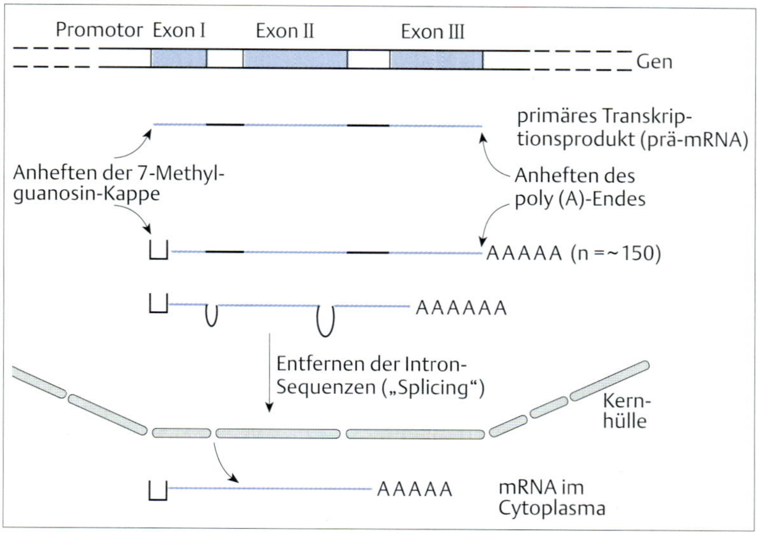

Abb. 2.**1** Schematische Darstellung der Modifikationsschritte zwischen der Transkription der DNA und dem Auftauchen der reifen mRNA im Zytoplasma (aus Knippers, Thieme 1995)

2.1.3 Genetischer Code

Der *genetische Code* legt fest, nach welchen Regeln die Information der DNA bzw. der RNA in die Abfolge der Aminosäuren im Protein übertragen wird. Er ist universell, da er sowohl für Viren, als auch z. B. für Bakterien, Kirschbäume, Frösche und Menschen gilt. (Ausnahmen sind bei den Mitochondrien bekannt.) Jeweils drei Nukleotide, charakterisiert durch ihre drei Basen, bilden bei der DNA ein *Triplett*, das als Einheit des genetischen Codes *(Codon)* eine Aminosäure codiert. Da im Triplett an der ersten, der zweiten und der dritten Position jeweils jede der vier Basen stehen kann, gibt es insgesamt 64 (4 · 4 · 4) verschiedene Basenreihenfolgen. Drei davon codieren das Ende der Translation und werden deshalb *Terminationscodons* genannt. Bei nur 20 proteinogenen Aminosäuren (s. Biochemie 2.1) werden viele Aminosäuren durch mehrere Basentripletts codiert, z. B. gibt es je 6 Codons für die Aminosäuren Arginin, Leucin und Serin (Abb. 2.**2**). Deswegen sagt man, daß der genetische Code *degeneriert* ist. Häufig ist die Base in der dritten Position des Tripletts für die Codierung einer bestimmten Amino-

Nucleotidbase					
Erste	Zweite				Dritte
	Uracil (U)	Cytosin (C)	Adenin (A)	Guanin (G)	
Uracil (U)	**F** Phenylalanin (Phe)	**S** Serin (Ser)	**Y** Tyrosin (Tyr)	**C** Cystein (Cys)	U
	F Phenylalanin (Phe)	**S** Serin (Ser)	**Y** Tyrosin (Tyr)	**C** Cystein (Cys)	C
	L Leucin (Leu)	**S** Serin (Ser)	Stop-Codon	Stop-Codon	A
	L Leucin (Leu)	**S** Serin (Ser)	Stop-Codon	**W** Tryptophan (Trp)	G
Cytosin (C)	**L** Leucin (Leu)	**P** Prolin (Pro)	**H** Histidin (His)	**R** Arginin (Arg)	U
	L Leucin (Leu)	**P** Prolin (Pro)	**H** Histidin (His)	**R** Arginin (Arg)	C
	L Leucin (Leu)	**P** Prolin (Pro)	**Q** Glutamin (Gln)	**R** Arginin (Arg)	A
	L Leucin (Leu)	**P** Prolin (Pro)	**Q** Glutamin (Gln)	**R** Arginin (Arg)	G
Adenin (A)	**I** Isoleucin (Ile)	**T** Threonin (Thr)	**N** Asparagin (Asn)	**S** Serin (Ser)	U
	I Isoleucin (Ile)	**T** Threonin (Thr)	**N** Asparagin (Asn)	**S** Serin (Ser)	C
	I Isoleucin (Ile)	**T** Threonin (Thr)	**K** Lysin (Lys)	**R** Arginin (Arg)	A
	Start (Methionin)	**T** Threonin (Thr)	**K** Lysin (Lys)	**R** Arginin (Arg)	G
Guanin (G)	**V** Valin (Val)	**A** Alanin (Ala)	**D** Asparaginsäure (Asp)	**G** Glycin (Gly)	U
	V Valin (Val)	**A** Alanin (Ala)	**D** Asparaginsäure (Asp)	**G** Glycin (Gly)	C
	V Valin (Val)	**A** Alanin (Ala)	**E** Glutaminsäure (Glu)	**G** Glycin (Gly)	A
	V Valin (Val)	**A** Alanin (Ala)	**E** Glutaminsäure (Glu)	**G** Glycin (Gly)	G

Abb. 2.**2** Der genetische Code für die Aminosäuren, bezogen auf die mRNA

säure nicht mehr von Bedeutung, da bei zwei bestimmten Basen in Position eins und zwei, z. B. A und C, bei jeder der vier Basen auf Position drei immer die gleiche Aminosäure (im Beispiel: Threonin) codiert wird. Mutationen der dritten Base in einem Codon bleiben somit oft unbedeutend, da sich die Aminosäuresequenz im gebildeten Protein nicht ändert (s. 2.7.2).

! Merke

Der genetische Code ist universell und degeneriert.

2.2 Chromosomen des Menschen

2.2.1 Begriffe

Die DNA ist bei eukaryontischen Organismen in Chromosomen organisiert. Ein Chromosom besteht aus nur einem einzigen DNA-Molekül, das eng mit Histonen (basischen Proteinen) und Nicht-Histon-Proteinen assoziiert ist. Grundsätzlich erhält jeder Mensch sowohl vom Vater als auch von der Mutter 23 Chromosomen. Zellen, die alle 46 Chromosomen enthalten, werden als *diploid* bezeichnet, d. h. sie besitzen einen zweifachen Chromosomensatz (2 n), der aus je zwei Kopien der **Autosomen** (Chromosomen 1 bis 22) und zwei **Gonosomen** (Geschlechtschromosomen, X- und Y-Chromosomen) besteht. Zellen, wie Spermien und Eizellen, die nur den einfachen Chromosomensatz (n) aufweisen, werden als *haploid* bezeichnet. Die beiden sich entsprechenden Chromosomen im diploiden Chromosomensatz, z. B. die beiden Chromosomen Nr. 7, heißen *homologe* Chromosomen.
Jedes Gen liegt bei einem diploiden Chromosomensatz paarweise in sog. *Allelen* (Allel = das andere, die alternative Möglichkeit) vor. Allele bestimmen also das gleiche Merkmal. Die allelen Gene können unabhängig voneinander mutieren. Solche Allele führen zu Normvarianten einer Population (*multiple Allelie*, s. a. 2.6).

2.2.2 Karyogramm

Zur Darstellung der Chromosomen verwendet man ein *Karyogramm*. Dies ist ein geordnetes Bild von Chromosomen, die in der Metaphase (der Phase der Mitose (s. 4.1), in der die Chromosomen am stärksten spiralisiert sind) unter dem Mikroskop bei tausendfacher Vergrößerung fotografiert wurden. Um genügend Zellen in der Metaphase der Mitose zu erhalten, wird das Spindelgift *Colchicin*, welches den Zusammenbau der Mikrotubuli und damit die Bildung des Chromosomenverteilapparats (der Zellteilungsspindel) verhindert, zugegeben. Zur Erstellung eines Karyogramms werden teilungsfähige Zellen, wie Lymphozyten, Fibroblasten, Knochenmarkszellen oder Fruchtwasserzellen gewonnen.

! Merke

Ein Abstrich der Wangenschleimhaut wird nur für die genotypische Bestimmung des Geschlechts (s. 2.5.2) verwendet.

Die Schreibweise für das normale menschliche Karyogramm ist 46,XY, wenn es sich um einen Mann handelt, bzw. 46,XX bei der Frau. Nach Angabe der Gesamtzahl der Chromosomen werden also die vorhandenen Geschlechtschromosomen aufgezählt. Bei verändertem Karyogramm werden die Abweichungen mitangegeben; so ist beispielsweise die Schreibweise für ein Karyogramm, in dem bei einer Frau drei Chromosomen 21 gefunden wurden: 47,XX+21 (Trisomie 21 bzw. Down-Syndrom; s. 2.7.5).
Es ist möglich, die einzelnen menschlichen Chromosomen im Karyogramm voneinander zu unterscheiden. Dazu werden folgende Kriterien angewendet:

- Länge des Chromosoms
- Lage des Zentromers (Bestimmung der Schenkellänge)
- Darstellung von Banden durch verschiedene Färbungsmethoden.

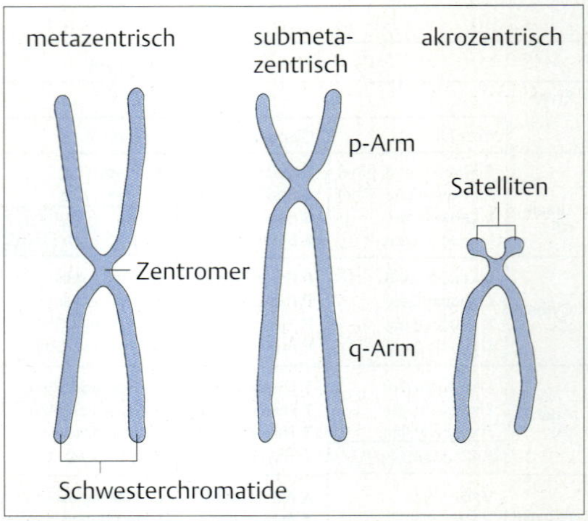

Abb. 2.3 Lage des Zentromers bei schematisierten Metaphase-Chromosomen

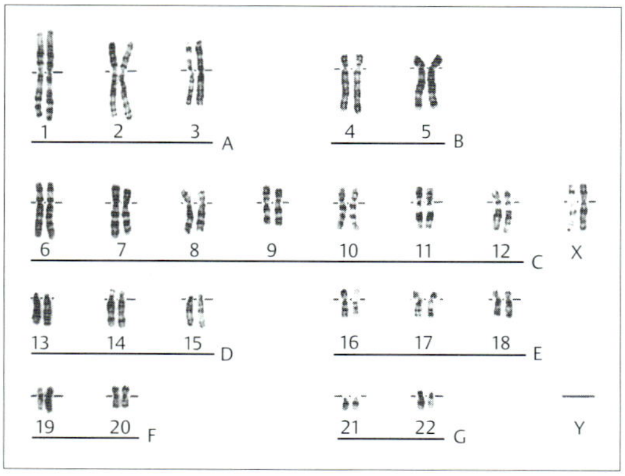

Abb. 2.**4** Karyogramm einer normalen Frau, Karyotyp: 46,XX

Das *Zentromer* teilt das Chromosom in zwei Arme, von denen der kürzere, im Karyogramm nach oben gerichtete Arm als *p-Arm* (p = petit) und der längere Arm als *q-Arm* (q = der im Alphabet auf p folgende Buchstabe) bezeichnet wird. Bezüglich der Lage des Zentromers unterscheidet man zwischen *metazentrischen* Chromosomen, bei denen das Zentromer etwa in der Mitte des Chromosoms liegt und *akrozentrischen* Chromosomen, bei denen das Zentromer ganz nahe dem Ende des Chromosoms gelegen ist. Der p-Arm ist bei den akrozentrischen Chromosomen folglich sehr klein. Er trägt am Ende ein als Satellit bezeichnetes verdicktes Anhängsel, das aus heterochromatischem Material (s. 1.4.11) besteht. Chromosomen, bei denen das Zentromer weder in der Mitte, noch ganz außen liegt, werden *submetazentrisch* genannt (Abb. 2.**3**).

Aufgrund der Länge der Chromosomen und der Lage des Zentromers ist es möglich, die Chromosomen im Karyogramm in die Gruppen A bis G zu untergliedern (Abb. 2.**4**).

Um eine weitere Unterteilung innerhalb der Gruppen zu ermöglichen, sind spezifische Färbungsmethoden notwendig. Dabei ist die Darstellung von Bandenmustern, u. a. durch Inkubation mit einer Trypsinlösung und nachfolgend einer *Giemsalösung (G-banding)* oder durch Färbung mit dem *Fluoreszenzfarbstoff Quinacrin (Q-banding)* möglich. Die dunkel angefärbten Banden bei der G-Bänderung entsprechen den hell fluoreszierenden Banden bei der Q-Bänderung. Mit Hilfe der Darstellung dieser Bandenmuster lassen sich bei Metaphasechromosomen je nach Auflösung 300–800 Banden unterscheiden und damit alle einzelnen Chromosomen und Chromosomenabschnitte identifizieren. Es besteht außerdem die Möglichkeit, aberrante (abweichende) Chromosomen, die z. B. Translokationen oder Inversionen (s. 2.7) aufweisen, zu erkennen. Mit der C-Bänderung kann das Heterochromatin der Zentromere und des Y-Chromosoms dargestellt werden.

! Merke

Zur mikroskopischen Identifizierung aller menschlichen Chromosomen im Karyogramm werden neben der Chromosomenlänge und Zentromerenlage auch spezifische färberische Bandenmuster benötigt, die z. B. durch Fluoreszenzfärbung (Q-Banden) oder Giemsafärbung (G-Banden) entstehen.

2.3 Zellgenetik und Gentechnologie

Aus diesem im Kapitel 13 der Biochemie besprochenen Themengebiet sollen hier nur einige grundlegende Informationen zu Restriktionsendonukleasen, reverser Transkriptase und Plasmiden vorgestellt werden.

2.3.1 Bedeutung von Restriktionsendonukleasen

Restriktionsendonukleasen sind Enzyme (Restriktionsenzyme), die in doppelsträngiger DNA eine jeweils spezifische Sequenz von etwa 4–8 Nukleotiden erkennen und die DNA dort zerschneiden. Inzwischen sind mehrere hundert dieser in Bakterien vorkommenden „enzymatischen Scheren" mit unterschiedlichen Erkennungssequenzen bekannt. Sie sind wichtige Werkzeuge der molekularen Genetik und werden u. a. für die Diagnostik genetisch bedingter Erkrankungen sowie bei der Einfügung vom Fremd-DNA in Bakterienplasmide (s.u.) eingesetzt.

2.3.2 Reverse Transkriptase

Die reverse Transkriptase ist ein Enzym, das die Umkehrung der Transkription ermöglicht. Während bei der Transkription an DNA mRNA gebildet wird,

Tab. 2.**2** Zusammenfassende Darstellung der verschiedenen Formen der Übertragung von genetischer Information

	von	auf
Replikation	DNA	DNA
Transkription	DNA	mRNA
Translation	mRNA	Protein
reverse Transkription	RNA	cDNA

ist die reverse Transkriptase in der Lage mit Hilfe einer Vorlage aus RNA, DNA zu bilden. Auf diese Weise kann die sonst nur mögliche Reihenfolge der Informationsweitergabe DNA → RNA → Protein im ersten Schritt umgekehrt werden. Die entstehende DNA wird als cDNA (copy-DNA, complementary DNA) bezeichnet und unterscheidet sich von der DNA des Zellkerns dadurch, daß in ihr keine Introns (s. 2.1) vorhanden sind (Tab. 2.**2**).

2.3.3 Plasmide

Plasmide sind ringförmige Stücke extrachromosomaler DNA, die bei Bakterien z. B. Gene für Antibiotikaresistenzen enthalten können (s. 3.3.4). In Plasmide können gentechnisch auch die Gene höherer Organismen (wie z. B. das Insulin-Gen des Menschen) eingeführt werden. Nach Transfer des so veränderten Plasmids in eine Bakterienzelle ist diese bei entsprechenden Bedingungen in der Lage, das Genprodukt des eingebauten Gens zu produzieren (im Beispiel: menschliches Insulin herzustellen).

Klinischer Bezug

Eine andere Substanz, die heute von Bakterien produziert werden kann, ist das Wachstumshormon **Somatotropin**, dessen genetisch bedingter Mangel zu extremem Minderwuchs führen kann. Da die Wachstumshormone artspezifisch sind, war früher nur eine Gewinnung aus den Hypophysen frisch Verstorbener möglich. Durch die bakterielle Produktion steht Somatotropin heute in beliebigen Mengen zur Verfügung, und die zuvor bestehende Gefahr einer Kontamination mit den Auslösern der Creutzfeldt-Jakob-Erkrankung ist gebannt.

2.4 Formale Genetik

2.4.1 Begriffe

Genotyp – Phänotyp; homozygot – heterozygot; dominant – (kodominant) – rezessiv

Um diese für das Verständnis der Genetik essentiellen Begriffspaare anschaulicher erläutern zu können, betrachten wir einen Probanden, der bezüglich des AB0-Blutgruppensystems (s. 2.4.3) auf dem von der Mutter vererbten Chromosom die Information für die Blutgruppe 0 und auf dem väterlichen Chromosom die Information für die Blutgruppe A trägt. Während der Begriff **Genotyp** beschreibt, welche Allele auf den beiden homologen Chromosomen liegen, in unserem Beispiel die Allele für die Blutgruppen A und 0 (Genotyp: A0), wird unter **Phänotyp** die tatsächliche sichtbare Merkmalsausprägung verstanden, d. h. hier die Ausprägung der Blutgruppe A. Daß es nur zur Ausprägung der Eigenschaft Blutgruppe A kommt, liegt daran, daß A **dominant** gegenüber 0 ist, d. h. sich phänotypisch durchsetzt, sobald dieses Allel nur einmal im Genotyp vorhanden ist. Umgekehrt ausgedrückt kann man auch sagen, daß die Blutgruppe 0 **rezessiv** gegenüber A ist, was heißt, daß sie sich in Gegenwart von A nicht phänotypisch ausprägen kann. Die Blutgruppe 0 kann sich also nur im Phänotyp ausprägen, wenn das Allel für sie auf beiden homologen Chromosomen liegt (Genotyp: 00). Dieser Zustand, wenn beide Allele die gleiche Information enthalten, wird als **homozygot** bezeichnet, während unser Proband als **heterozygot** charakterisiert wird, da seine beiden Blutgruppenallele unterschiedlich sind. Kommt es gleichzeitig zur Ausprägung von beiden Allelen im Phänotyp, verhalten sich diese **kodominant** zueinander.

Parentalgeneration und Filialgeneration

In der formalen Genetik werden die Eltern als **Parentalgeneration** *(P-Generation)* und ihre Kinder als erste **Filialgeneration** *(F_1-Generation)* bezeichnet, deren Nachkommen, also die Enkel, sind entsprechend die *F_2-Generation.*

Expressivität und Penetranz

Mit dem Begriff **Expressivität** wird der unterschiedliche Ausprägungsgrad eines Allels im Phänotyp beschrieben. So können bei einem Genträger leichte Symptome einer Krankheit auftreten und bei einem anderen Genträger schwere. Die Expressivität kann im Extremfall auch so schwach sein, daß eine Krankheit bei einem Genträger gar nicht diagnostiziert wird.
Unter **Penetranz** („Durchschlagskraft" eines Gens) versteht man den Anteil der Merkmalsträger unter den Trägern eines dominanten oder homozygot rezessiven Allels. Von vollständiger Penetranz spricht man, wenn 100 % der Genträger das Merkmal auch ausprägen. Prägen hingegen z. B. nur 6 von 10 Genträgern das Merkmal aus und die restlichen 4 sind frei davon, so liegt die Penetranz bei 60 % und ist damit unvollständig.

Merke

Während die Expressivität beschreibt, wie stark sich ein Merkmal ausprägt, beschreibt die Penetranz, wie häufig es überhaupt zur Ausprägung des Merkmals kommt.

Pleiotropie und multifaktorielle Vererbung

Mit **Pleiotropie** oder **Polyphänie** (viele Phänotypen) bezeichnet man die Beeinflussung mehrerer phänotypischer Merkmale durch eine Gen. Ein besonders bekanntes Beispiel für die Pleiotropie ist das Marfan-Syndrom.

Klinischer Bezug

Beim **Marfan-Syndrom** kommt es durch die Mutation eines einzigen Gens, des Fibrillingens auf Chromosom 15 q, zu Bindegewebsdefekten (Fibrillin ist Bestandteil des Bindegewebes) bei verschiedenen Organen. So kann man u. a. eine besondere Verlängerung der Finger (Spinnenfingrigkeit), eine Überdehnbarkeit der Sehnen und Gelenkkapseln, eine Linsenluxation beim Auge und eine fehlerhafte Ausbildung der Aortenwand, welche zum Entstehen eines Aneurysmas und einem frühen plötzlichen Tod führen kann, finden.

Unter **multifaktorieller Vererbung** oder **Polygenie** (viele Gene) versteht man die Beeinflussung eines Merkmals durch mehrere Gene. Die Begriffe polygene Vererbung und multifaktorielle Vererbung werden im allgemeinen Sprachgebrauch meist synonym verwandt. Im engeren Sinne bezieht sich Polygenie jedoch nur auf das Zusammenspiel vieler Gene, während die multifaktorielle Vererbung das Zusammenwirken von genetischen und Umwelt-Faktoren beschreibt. Viele biologische Variablen, wie Körpergröße, Intelligenz und Blutdruck, aber auch häufige Erkrankungen, wie Diabetes mellitus, Schizophrenie und Hypertonie werden multifaktoriell vererbt.

Merke

Ein Gen beeinflußt viele Merkmale = Pleiotropie (Polyphänie).

Viele Gene beeinflussen ein Merkmal = multifaktorielle Vererbung (Polygenie).

Letalfaktoren

Letalfaktoren sind Veränderungen des Genoms, z. B. zahlreiche Chromosomenanomalien, die in einer oder mehreren „kritischen Phasen" während der Entwicklung wirksam werden und zum Tode führen. Während in der Klinik dieser Begriff häufig auf die Beschreibung von Erbanlagen beschränkt wird, die

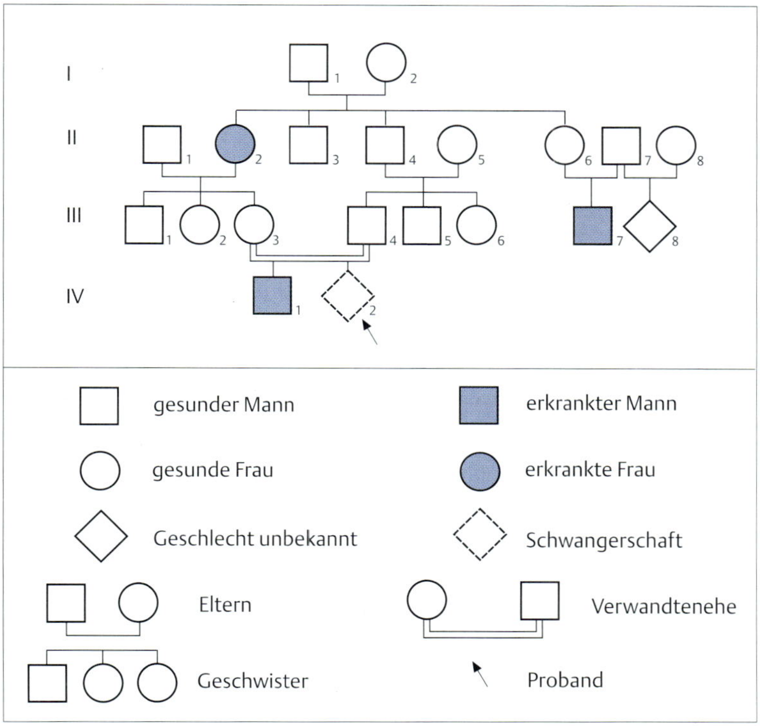

Abb. 2.**5** Beispiel für einen Stammbaum und einige wichtige Symbole der Stammbaumzeichnung

prä- oder perinatal (vorgeburtlich oder um den Zeitpunkt der Geburt herum) zum Tode führen, versteht man in der Humangenetik unter Letalfaktoren Erbanlagen, die den Tod eines Individuums vor dem Erreichen des fortpflanzungsfähigen Alters bedingen.

Klinischer Bezug

Während früher der schwere **juvenile Insulinmangel-Diabetes** nach der humangenetischen Definition als Letalfaktor angesehen werden mußte, da die erkrankten Kinder vor Erreichen der Fortpflanzungsfähigkeit starben, haben die Kinder heute durch die Entwicklung der Insulintherapie eine fast normale Lebenserwartung.

Stammbäume

Neben einem Verständnis der grundlegenden Begriffe der Genetik sind für die folgenden Kapitel auch einige Grundkenntisse der Stammbaumsymbolik erforderlich (s. Abb. 2.**5**). In Stammbäumen werden Männer als Quadrate, Frauen als Kreise und Personen, bei denen das Geschlecht nicht bekannt ist oder keine Rolle spielt, als Rauten dargestellt. Individuen, die noch nicht geboren wurden, werden oft durch gestrichelte Symbole dargestellt. Bei erkrankten Personen ist das Symbol ausgefüllt. Die Symbole der Eltern werden unten verbunden, die Symbole der Geschwister oben. Sind die Symbole der Eltern durch einen Doppelstrich verbunden, handelt es sich um eine Verwandtenehe; ist das Symbol für einen Mann oder eine Frau unten mit den Symbolen für zwei andersgeschlechtliche Personen verbunden, so war die symbolisierte Person an zwei Ehen (kinderbringenden Partnerschaften) beteiligt.
Zur besseren Übersicht werden die Generationen häufig von oben nach unten mit römischen Nummern und die Individuen einer Generation von links nach rechts mit fortlaufenden arabischen Nummern bezeichnet. Auf diese Weise ist jeder im Stammbaum symbolisierten Person eine eindeutige Bezeichnung (z. B. II,3 für die dritte Person in der zweiten Generation) zugeordnet. Das Symbol der Person, über die der Stammbaum erfaßt wurde oder das der ratsuchenden Person ist oftmals mit einem Pfeil markiert.

2.4.2 Mendel-Gesetze

Gregor Mendel, ein Augustinermönch, experimentierte im Klostergarten des zu dieser Zeit österreichischen Brünn mit der Gartenerbse, Pisum sativum. Dabei entdeckte er die Regeln für die Weitergabe von Genen von einer Generation zur nächsten. Diese nach ihm benannten Regeln *(Mendel-Gesetze)* gelten jedoch nur, wenn die Individuen der betrachteten Spezies in ihren Zellen einen doppelten Chromosomensatz aufweisen, der bei der Keimzellbildung (s. 4.2) auf den einfachen Chromosomensatz reduziert wird, und wenn die untersuchten Merkmale durch ein einziges Gen determiniert sind. Seine bereits 1866 publizierten Ergebnisse wurden allerdings erst 1900 wiederentdeckt und in ihrer Bedeutung erkannt.

Merke

Die Mendel-Gesetze treffen nur für diploide Lebewesen zu, deren Keimzellen haploid sind (also z. B. für Menschen, Hühner und Erbsen, nicht jedoch für Bakterien, Viren und Mitochondrien).

1. Mendel-Gesetz (Uniformitätsgesetz)

Kreuzt man zwei Homozygote verschiedener Allele des gleichen Genlokus miteinander (AA × aa), so sind alle Nachkommen der F_1-Generation heterozygot und genetisch identisch (uniform) bezüglich dieses Genlokus (Tab. 2.**3**).

Tab. 2.**3** Kreuzungsschema zum 1. Mendel-Gesetz

	A	A
a	Aa	Aa
a	Aa	Aa

2. Mendel-Gesetz (Spaltungsgesetz)

Kreuzt man zwei Heterozygote gleicher Allele des gleichen Genlokus (z. B. die Nachkommen der F_1-Generation, s. o.) miteinander (Aa × Aa), so kommt es genotypisch (im Beispiel bei der F_2-Generation) zu einem Aufspaltungsverhältnis von 1 : 2 : 1. Es kommen somit auf einen Homozygoten für A zwei Heterozygote für Aa und ein Homozygoter für a (Tab. 2.**4**). Sollte dabei das Allel A dominant über a sein, wird entsprechend auf drei Nachkommen, die phäno-

Tab. 2.**4** Kreuzungsschema zum 2. Mendel-Gesetz

	A	a
A	AA	Aa
a	Aa	aa

typisch die Eigenschaft A ausbilden, ein Nachfahre kommen, der die Eigenschaft a ausbildet.
Diese Aufspaltungsverhältnisse werden in menschlichen Familien jedoch aus statistischen Gründen meist nur näherungsweise beobachtet, da die zur Befruchtung gelangenden Keimzellen nur eine sehr kleine Zufallsstichprobe aus allen gebildeten Keimzellen darstellen.

3. Mendel-Gesetz (Unabhängigkeitsgesetz)

Zwei Gene werden unabhängig voneinander vererbt. Dieses Gesetz gilt immer, wenn die beiden betrachteten Gene auf zwei verschiedenen Chromosomen liegen. Es kann jedoch zu Abweichungen kommen, wenn die beiden Gene auf dem gleichen Chromosomen liegen (der gleichen Kopplungsgruppe angehören). In diesem Fall können die Gene nämlich nur durch Rekombination mittels crossing over (Austausch von Chromosomenstücken zwischen homologen Chromosomen bei der ersten meiotischen Teilung, s. 4.2) voneinander getrennt werden, was um so unwahrscheinlicher wird, je enger die Gene benachbart sind. Als Maß für die Enge der Nachbarschaft wird das *Morgan* verwendet, wobei ein Centimorgan als genetische Entfernung, bei der in 1 % der Fälle Rekombinationen vorkommen, definiert ist.

2.4.3 Autosomal-dominanter Erbgang und autosomal-kodominanter Erbgang

Beim **autosomal-dominanten Erbgang** liegt das betrachtete Gen auf einem der Autosomen und führt in der Regel schon im heterozygoten Zustand zur Merkmalsausprägung. Ein Beispiel für den autosomal-dominanten Erbgang ist das Verhalten der Blutgruppen A und B gegen über 0.
Im *AB0-Blutgruppensystem* verhalten sich A und B kodominant zueinander und sind jeweils dominant über 0. Es kommt somit immer zur Ausprägung der Eigenschaften A und B, wenn das Allel heterozygot vorliegt, und zur Ausprägung der Eigenschaft 0 nur, wenn das Allel dafür homozygot vorhanden ist (Tab. 2.**5**). Bei der Blutgruppe A ist eine weitere Unterteilung in A_1 und A_2 möglich, wobei A_1 gegenüber A_2 dominant ist.
Ein Beispiel für einen rein **autosomal-kodominanten Erbgang** stellt das *MN-Blutgruppensystem* dar. Bei diesem Blutgruppensystem kann deshalb, im Gegensatz zum AB0-Blutgruppensystem, vom Phänotyp immer eindeutig auf dem Genotyp geschlossen werden (Tab. 2.**5**).
Die AB0- und MN-Blutgruppensysteme können neben anderen Blutgruppensystemen (z. B. Rhesus-System), erblichen Unterschieden bei Serumproteinen und Enzymen und weiteren Untersuchungen auch zur Abstammungsbegutachtung herangezogen werden. Tab. 2.**6** gibt einen Überblick über die Blutgruppen, die in diesen beiden Systemen für Väter möglich bzw. ausgeschlossen sind, wenn die Blutgruppen von Mutter und Kind bekannt sind. Mit Untersuchung des AB0-Blutgruppensystems allein lassen sich etwa 18 % der zu Unrecht als Väter benannten Männer ausschließen, was sich durch Kombination vieler verschiedener Verfahren auf über 99,98 % steigern läßt.

Tab. 2.**5** Zuordnung vom Phänotyp zu den jeweils möglichen Genotypen beim AB0- und beim MN-Blutgruppensystem

Phänotyp	mögliche Genotypen
0	00
A	AA, A0
B	BB, B0
AB	AB
M	MM
N	NN
MN	MN

Bei den medizinisch wichtigen autosomal-dominanten Erbgängen ist das krankheitstragende Allel immer viel seltener als das gesunde. Somit ist in Familien, in denen ein Kind mit einer autosomal-dominanten Erkrankung auftritt, in den meisten Fällen einer der Elternteile selbst als Heterozygoter erkrankt oder aber eine Neumutation der Grund. Das Risiko für ein weiteres Kind dieser Eltern, von derselben Erbkrankheit betroffen zu werden, beträgt im ersten Fall 50 % und entspricht im zweiten Fall der Neumutationsrate.
Dabei ist zu beachten, daß das Krankheitsrisiko eines weiteren Kindes *unabhängig* davon ist, wieviele Kinder in dieser Familie schon erkrankt sind. Wenn also einer der beiden Elternteile heterozygot für ein bestimmtes autosomal-dominantes Erbleiden ist, und somit das theoretische Risiko für ein ebenfalls erkranktes Kind 50 % beträgt, bleibt dieses Risiko von 50 % für ein weiteres Kind auch dann bestehen, wenn bereits alle 4 bisher geborenen Kinder dieser Familie erkrankt sind, während das a priori Risiko bei fünf Nachkommen nur kranke Kinder zu bekommen, natürlich viel geringer ist ($1/2^5 = 1/32 \approx 3\,\%$).

Tab. 2.**6** Übersicht über mögliche und ausgeschlossene Väter aufgrund ihrer Blutgruppen im AB0- und MN-Blutgruppensystem bei bekannter Blutgruppe von Kind und Mutter (Die Kombinationen Kind Blutgruppe 0, Mutter Blutgruppe AB oder umgekehrt sowie Kind Blutgruppe M, Mutter Blutgruppe N oder umgekehrt können nicht vorkommen. Bei den Blutgruppen A und B muß beachtet werden, daß der Genotyp AA oder A0 bzw. BB oder B0 sein kann.)

Kind	Mutter	mögliche Väter	ausgeschlossene Väter
0	0	0, A, B	AB
0	A	0, A, B	AB
0	B	0, A, B	AB
A	0	A, AB	0, B
A	A	0, A, B, AB	–
A	B	A, AB	0, B
A	AB	0, A, B, AB	–
B	0	B, AB	0, A
B	A	B, AB	0, A
B	B	0, A, B, AB	–
B	AB	0, A, B, AB	–
AB	A	B, AB	0, A
AB	B	A, AB	0, B
AB	AB	A, B, AB	0
M	M	M, MN	N
M	MN	M, MN	N
MN	M	MN, N	M
MN	MN	M, MN, N	–
MN	N	M, MN	N
N	MN	MN, N	M
N	N	MN, N	M

Merke

Werden bei einem autosomal-dominanten Erbleiden Homozygote beobachtet, so sind diese in der Regel besonders stark betroffen.

Beispiele für autosomal-dominante Erbkrankheiten sind die Chorea Huntington, die Neurofibromatose von Recklinghausen (die Patienten weisen u. a. typische Café-au-lait-Flecken auf und haben ein erhöhtes Tumorrisiko) und das schon oben erwähnte Marfan-Syndrom.

Klinischer Bezug

Die **Chorea Huntington** ist eine fortschreitend verlaufende degenerative Erkrankung des Gehirns, die mit unkontrollierten zuckenden Bewegungen und psychischen Veränderungen beginnt und innerhalb von etwa zehn Jahren zur vollständigen Demenz führen kann. Bei dieser unheilbaren Krankheit zeigen sich die ersten Symptome meist erst nach der Fortpflanzung (hohes Manifestationsalter), wenn das krankheitsauslösende Gen schon an die Hälfte der Kinder weitergegeben werden konnte. Heute ist eine prädiktive Diagnostik mittels „Gen-Test" möglich.

Vorbemerkung zu den Beispiel-Stammbäumen

Im Anschluß an die mehr theoretische Besprechung der einzelnen Erbgänge werden zur Verdeutlichung einige Stammbäume vorgestellt (Abb. 2.**6** – 2.**8**). Bei den Erläuterungen zu diesen Beispiel-Stammbäumen wird ein einfaches System zur Bezeichnung der Allele verwendet. Bei autosomalen Erbgängen werden dominante Allele durch ein „A" und rezessive Allele durch ein „a" dargestellt. Das krankheitsauslösende Allel ist zusätzlich durch einen Kreis markiert („Å" bei dominanten und „å" bei rezessiven Allel). Bei den geschlechtsgebundenen Erbgängen wird entsprechend für das rezessive Allel „x" und für das dominante Allel „X" verwendet; auf eine besondere Markierung der krankheitsauslösenden Allele wird jedoch verzichtet. Zur besseren Übersicht wird in den Erläuterungen auch bei Ehepartnern, bei denen das Risiko für das erste Kind fraglich ist von Vater, Mutter, Eltern, Großeltern usw. und nicht vom potentiellen Vater, potentieller Mutter usw. gesprochen.

Beispiel-Stammbäume zum autosomal-dominanten Erbgang

Stammbaum A (Abb. 2.**6a**): Da beide Elternteile von der autosomal-dominanten Erkrankung betroffen sind (ausgefüllte Symbole), muß jeder von ihnen mindestens ein krankheitsauslösendes Allel tragen. Der theoretisch denkbare Fall, daß einer oder gar beide Elternteile homozygot für das krankheitsauslösende Gen sind, braucht für eine Berechnung der Erkrankungswahrscheinlichkeit des Kindes in der Regel nicht berücksichtigt zu werden, da es sich um einen extrem seltenen Ausnahmefall handelt. Unter der Vermutung, daß die Eltern heterozygot für das betreffende Allel sind und genotypisch also fol-

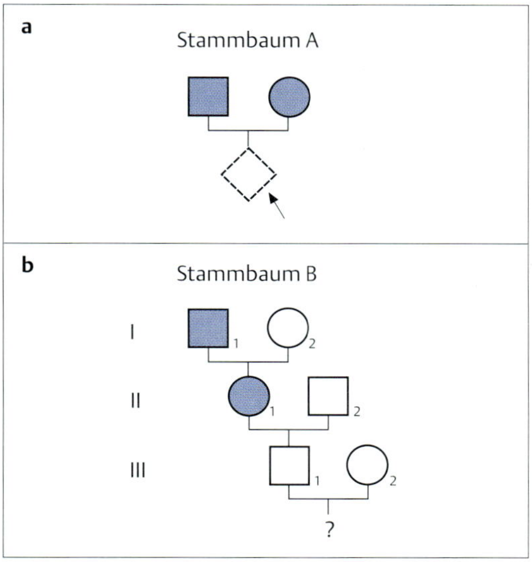

Abb. 2.**6** Beispiel-Stammbäume zum autosomal-dominanten Erbgang. **a** Stammbaum A: beide Elternteile erkrankt; **b** Stammbaum B: Urgroßvater und Großmutter erkrankt

gendermaßen aussehen: Åa, ergibt sich nach dem zweiten Mendel-Gesetz bei der Kreuzung von zwei Heterozygoten (Åa × Åa) ein Aufspaltungsverhältnis von 1 (ÅÅ) : 2 (Åa) : 1 (aa) (Tab. 2.**7**). Von vier Kindern werden dementsprechend eines (25%) eine in der Regel schwerere Erkrankung als die Eltern aufweisen, da es homozygot (ÅÅ) betroffen ist, zwei (50%) die in etwa gleiche Anomalie (Åa) wie die Eltern zeigen und eines (25%) keine Anomalie (aa) aufweisen. Insgesamt kann man somit von einer Erkrankungswahrscheinlichkeit der Kinder von 3/4 (= 75%) ausgehen.

Tab. 2.**7** Kreuzungsschema 1 zum autosomal-dominanten Erbgang, beide Eltern erkrankt

	Å	**a**
Å	ÅÅ	Åa
a	Åa	aa

Stammbaum B (Abb. 2.**6b**): Der Urgroßvater (I,1) ist von einer autosomal-dominanten Erkrankung betroffen und hat das verantwortliche Gen an seine Tochter (II,1) weitergegeben. Sonst weist niemand im Stammbaum die Krankheit phänotypisch auf (nur unausgefüllte Symbole). Da es bei einer dominanten Erkrankung in der Regel keine Überträger gibt, kann man auch davon ausgehen, daß die Erkrankung im Stammbaum nicht mehr auftritt und so z. B. das Erkrankungsrisiko für ein Kind des nichtbetroffenen Paares in Generation III, der Mutationsrate entspricht und daher nahezu 0 ist.
Dies trifft so allerdings nur für Erkrankungen zu, bei denen die Penetranz 100% ist (s. 2.4.1) und die Manifestation der Erkrankung früh genug (am besten bereits bei der Geburt) festgestellt werden kann. Handelt es sich jedoch um eine Erkrankung (wie z. B. die Chorea Huntington), die sich erst später manifestiert, kann nicht mehr sicher davon ausgegangen werden, daß der Vater (III,1) das Gen nicht von seiner Mutter (II,1) erhalten hat.
Gehen wir deshalb beispielsweise von einer Erkrankung mit zwar vollständiger Penetranz, aber einem Manifestationsalter von 35 aus. Ist der Vater in diesem Beispiel erst 20 Jahre alt, werden wir bei ihm, auch wenn er das Gen trägt, keine Krankheitszeichen erwarten. Seine Wahrscheinlichkeit Genträger zu sein, ist bei erkrankter Mutter (Åa) und gesundem Vater (aa) 1/2 (Tab. 2.**8**). Mit der gleichen Wahrscheinlichkeit wird er das Gen, sofern er es erhalten hat, auch auf seine Kinder weitergeben. Da beide Ereignisse gemeinsam auftreten müssen, d. h. er das Gen sowohl selbst erhalten, als es auch weitergegeben haben muß, damit das betreffende Gen beim Kind ankommt, müssen beide Wahrscheinlichkeiten multipliziert werden. Die Kinder in unserem Beispiel haben deshalb ein Erkrankungsrisiko von 1/2 × 1/2 = 1/4, sofern sie das Manifestationsalter erreichen. (Je länger der Vater III1 gesund bleibt, um so mehr nimmt die Wahrscheinlichkeit ab, daß er die Anlage geerbt hat.)

Tab. 2.**8** Kreuzungsschema 2 zum autosomal-dominanten Erbgang, ein Elternteil erkrankt

	Å	**a**
a	Åa	aa
a	Åa	aa

2.4.4 Autosomal-rezessiver Erbgang

Auch beim autosomal-rezessiven Erbgang liegt das betrachtete Gen auf einem der 22 verschiedenen Autosomen. Im Gegensatz zum oben besprochenen Erbgang muß das betrachtete Allel hier jedoch auf beiden homologen Chromosomen vorkommen, um die Merkmalsausprägung zu bewirken. Es erkranken also nur homozygote Träger des betroffenen Allels. Charakteristischerweise sind dabei beide Elternteile gesund und heterozygot; im Gegensatz zu den dominanten Erbgängen gibt es hier also Überträger (*Konduktoren*), die nicht selbst betroffen sind.

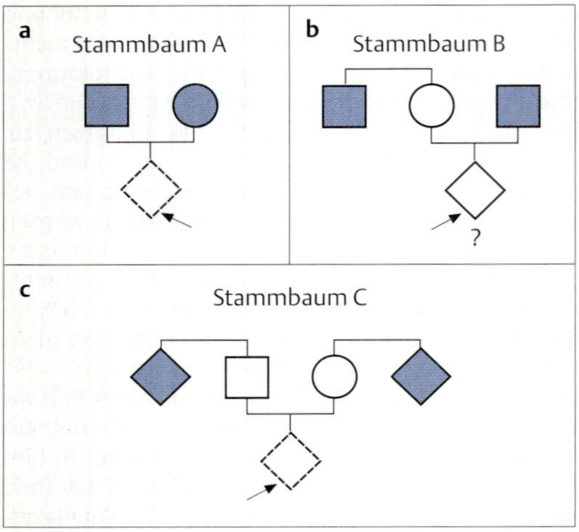

Abb. 2.**7** Beispiel-Stammbäume zum autosomal-rezessiven Erbgang (Phenylketonurie). **a** Stammbaum A: Genotyp beider Elternteile bekannt; **b** Stammbaum B: Genotyp von Vater und Onkel bekannt; **c** Stammbaum C: Genotyp beider Elternteile unbekannt

Merke

Unter den phänotypisch gesunden Geschwistern von autosomal-rezessiv Erkrankten sind 2/3 heterozygote Überträger der Erkrankung.

Während beim autosomal-dominanten Erbgang normalerweise ein Elternteil heterozygot erkrankt ist und so 50% der Kinder erkranken und beim autosomal-rezessiven Erbgang charakteristischerweise beide Eltern gesund und heterozygot sind und so 25% der Kinder erkranken, kann es beim rezessiven Erbgang auch zu der für den dominanten Erbgang charakteristischen Kombination von einem erkrankten Elternteil und 50% kranken Kindern kommen, nämlich dann, wenn einer der Elternteile homozygot und der andere für die gleiche Erkrankung heterozygot ist; man spricht dann von *Pseudodominanz* (Tab. 2.**9**).

Beispiele: Ein wichtiges Beispiel für einen autosomal-rezessiven Erbgang ist die *Phenylketonurie.* Bei der Phenylketonurie kann es aufgrund eines Defektes des Enzyms Phenylalaninhydroxylase nicht zur Umwandlung von Phenylalanin in Tyrosin (Stoffwechselblock) kommen. Durch eine rechtzeitige Erkennung (Guthrie-Test in den ersten Lebenstagen) und folgende phenylalaninarme Diät können die Krankheitserscheinungen verhindert werden. Unbehandelt kommt es jedoch meist zu schweren Störungen der Intelligenzentwicklung.
Weitere Beispiele für den autosomal-rezessiven Erbgang sind die *Mukoviszidose* (Zystische Fibrose), die beiden Hauptformen des *Albinismus* totalis und einige Formen der *Taubstummheit*. Die beiden zuletzt erwähnten Erkrankungen sind gleichzeitig Beispiele für *Heterogenie*. Unter Heterogenie versteht man, daß gleichartige phänotypische Erscheinungen durch verschiedene Gene verursacht werden können; z. B. kann bei der erblichen Taubstummheit das im rezessiven Zustand krankheitsauslösende Gen bei einem Elternteil auf Chromosom 4, beim anderen auf Chromosom 9 gelegen sein, wodurch das Auftreten von normal hörenden Kindern bei taubstummen Eltern und erwiesenem autosomal-rezessivem Erbgang verständlich wird.

Klinischer Bezug

Die **Mukoviszidose** ist die am häufigsten in der mitteleuropäischen Bevölkerung vorkommende autosomal-rezessive Erkrankung (ein Kranker kommt auf etwa 2000 Gesunde). Die Lebenserwartung der oft unter Infektionen der oberen Luftwege und Pankreasinsuffizienz leidenden Patienten liegt inzwischen bei etwa 20 bis 30 Jahren.

Beispiel-Stammbäume zum autosomal-rezessiven Erbgang

Stammbaum A (Abb. 2.**7a**): Damit jemand von einer rezessiven Krankheit betroffen sein kann, muß er das entsprechende Gen im homozygoten Zustand aufweisen. Beide Elternteile müssen somit geno-

Tab. 2.**9** Zusammenstellung von charakteristischen Genotypen der Eltern, Anzahl der erkrankten Elternteile und Anteil der erkrankenden Kinder beim rezessiven, beim dominanten und beim sog. pseudodominanten Erbgang

Genotypen der Eltern	Eltern	Kinder	Erbgang
Aå × Aå	0 krank	1/4 krank (åå)	rezessiv
Åa × aa	1 krank	1/2 krank (Åa)	dominant
Aå × åå	1 krank	1/2 krank (åå)	pseudodominant

typisch für das autosomal-rezessive Gen (z. B. das Phenylketonurie-Gen) wie folgt aussehen: åå. Bei einer Kreuzung von 4 å (åå × åå) können natürlich nur Kinder mit dem Genotyp åå entstehen (Tab. 2.**10**), die alle auch Phenylketonurie entwickeln werden. Es kann bei diesen Kindern im Prinzip ohne Test gleich auf das Vorliegen einer Phenylketonurie geschlossen werden. (Gleichzeitig wurden die Kinder, sofern die Mutter während der Schwangerschaft nicht wieder mit den entsprechenden diätetischen Maßnahmen (phenylalaninarme Kost) begonnen hat, durch den erhöhten mütterlichen Phenylalanin-Spiegel geschädigt.)

Tab. 2.**10** Kreuzungsschema 1 zum autosomal-rezessiven Erbgang, beide Elternteile erkrankt

	å	**å**
å	åå	åå
å	åå	åå

Stammbaum B (Abb. 2.**7b**): Während vom Vater und vom Onkel (ausgefüllte Quadrate im Stammbaum) der Genotyp, wie bei allen von einer autosomal-rezessiven Erkrankung (z. B. der Phenylketonurie) Betroffenen, bekannt ist (åå), muß der Genotyp der Mutter erst noch ermittelt werden, bevor auf das Erkrankungsrisiko für ein erstes Kind geschlossen werden kann. Dazu werden die nicht eingezeichneten Großeltern mütterlicherseits betrachtet. Sie haben ein Kind (den Onkel), das an Phenylketonurie leidet, und das somit von jedem seiner Eltern ein krankheitstragendes Allel (å) bekommen haben muß. Die beiden Großeltern tragen also jeweils mindestens ein Allel für die Phenylketonurie. Daß einer der beiden oder gar beide Großeltern zwei krankheitsauslösende Allele tragen, ist theoretisch natürlich denkbar, muß aber für die Berechnung, da die Phenylketonurie, wie grundsätzlich alle monogenen Erbkrankheiten, sehr selten ist (bei der Phenylketonurie etwa ein Erkrankter auf zehntausend Gesunde) nicht berücksichtigt werden. Es kann somit davon ausgegangen werden, daß beide Großeltern folgenden Genotyp aufweisen: Aå. Bei einer Kreuzung von zwei Heterozygoten (Aå × Aå) ergibt sich nach dem zweiten Mendel-Gesetz ein Aufspaltungsverhältnis von 1 (AA) : 2 (Aå) : 1 (åå) (Tab. 2.**11**).

Es ist äußerst wichtig, sich zu verdeutlichen, daß die letzte der theoretischen Möglichkeiten (åå) für die Mutter nicht zutreffen kann, da sie sonst auch krank wäre; der sie symbolisierende Kreis im Stammbaum ist jedoch nicht ausgefüllt. Es verbleibt also eine Chance von einem Drittel, daß die Mutter homozygot gesund (AA) und ein Risiko von zwei Dritteln, daß sie heterozygote Konduktorin (Aå) ist. (Unter den phänotypisch gesunden Geschwistern von autosomal-rezessiv Erkrankten sind 2/3 heterozygote Überträger dieser Erkrankung.) Nur wenn die Mutter heterozygote Konduktorin ist und somit ein krankheitsauslösendes Allel besitzt, kann sie kranke Kinder bekommen. In diesem Fall ergibt die Kreuzung der Eltern (åå × Aå) jeweils zur Hälfte an Phenylketonurie erkrankte Kinder (åå) und gesunde, aber krankheitsübertragende Kinder (Aå) (Tab. 2.**12**).

Tab. 2.**11** Kreuzungsschema 2 zum autosomal-rezessiven Erbgang, beide Elternteile Konduktoren

	A	**å**
A	AA	Aå
å	Aå	åå

Tab. 2.**12** Kreuzungsschema 3 zum autosomal-rezessiven Erbgang, ein Elternteil erkrankt und ein Elternteil Konduktor

	A	**å**
å	Aå	åå
å	Aå	åå

Da beide Ereignisse, nämlich daß die Mutter heterozygote Überträgerin und daß dann auch noch das krankheitstragende Allel weitergegeben wird, gemeinsam auftreten müssen, müssen die Einzelwahrscheinlichkeiten multipliziert werden, um auf das Endergebnis zu kommen. Die Wahrscheinlichkeit für eine heterozygote Mutter liegt bei zwei Dritteln, die um unter diesen Umständen erkrankte Kinder zu bekommen bei der Hälfte, so daß das Risiko für das erste Kind an Phenylketonurie zu erkranken bei $2/3 \times 1/2 = 1/3$ liegt.

Stammbaum C (Abb. 2.**7c**): Bei diesem Stammbaum ist weder der Genotyp vom Vater noch der der Mutter bekannt. Wie in Stammbaum B kann jedoch auch hier wieder ein Zugang über die nicht eingezeichneten Großeltern gefunden werden. Es ergibt sich in Parallelität, daß aufgrund des jeweils erkrankten Kindes alle vier Großeltern mindestens ein krankheitsauslösendes Allel (å) tragen müssen und das Risiko für ihre gesunden Kinder heterozygote Überträger zu sein wieder bei 2/3 liegt (s. Stammbaum B). Nur wenn beide Eltern heterozygot (Aå) sind, also ein

Biologie

krankheitstragendes Allel aufweisen, kann ihr Kind erkranken. Bei einer Kreuzung von zwei Heterozygoten (Aå × Aå) ergibt sich nach dem zweiten Mendel-Gesetz wieder ein Aufspaltungsverhältnis von 1 (AA) : 2 (Aå) : 1 (åå) (Tab. 2.**11**). Da das Kind allerdings noch nicht geboren wurde und somit nicht wie bei seinen Eltern bekannt ist, ob es gesund ist, kommen natürlich noch alle vier theoretischen Möglichkeiten in Betracht und das Risiko für ein erkranktes Kind (åå) bei zwei heterozygoten Eltern beträgt somit 1 /4. Da alle drei Ereignisse, nämlich daß der Vater heterozygoter Überträger ist, daß die Mutter heterozygote Überträgerin ist und daß dann auch noch das krankheitstragende Allel von beiden Elternteilen weitergegeben wird, gleichzeitig auftreten müssen, müssen wieder die Einzelwahrscheinlichkeiten multipliziert werden, um auf das Endergebnis zu kommen. Die Wahrscheinlichkeit für einen heterozygoten Vater und eine heterozygote Mutter ist jeweils 2/3, die um dann erkrankte Kinder zu bekommen 1/4, so daß das Risiko für das erste Kind an der autosomal-rezessiven Krankheit zu erkranken bei $2/3 \times 2/3 \times 1/4 = 1/9$ liegt.

2.4.5 Geschlechtsgebundener Erbgang

Wie bei den autosomalen Erbgängen unterscheidet man auch bei den geschlechtsgebundenen Erbgängen einen dominanten von einem rezessiven Erbgang. Im Unterschied zu den bisher besprochenen Erbgängen spielt von nun an allerdings das Geschlecht eine wesentliche Rolle. Bei Frauen verändert sich im Vergleich zu den autosomalen Erbgängen nichts Grundlegendes, da sie, wie von den Autosomen, auch von den X-Chromosomen im diploiden Chromosomensatz jeweils zwei besitzen. Bei Männern existiert jedoch auch im diploiden Chromosomensatz nur ein X-Chromosom, sie sind diesbezüglich *hemizygot*. Für den einzelnen Mann macht es deshalb keinen Unterschied, ob eine X-chromosomale Vererbung dominant oder rezessiv ist, da er bei nur einem X-Chromosom immer das Merkmal ausprägen muß, das auf dem entsprechenden Allel dieses Chromosoms codiert ist. Söhne erhalten X-chromosomale Gene immer von der Mutter.

Merke

Ein Sohn ist von seinem Vater bezüglich jeglicher X-chromosomaler Vererbung autark. Er kann von seinem Vater *nie* sein X-Chromosom bekommen haben (da er sonst eine Tochter geworden wäre).

X-chromosomal-dominanter Erbgang

Folgend den obigen Erläuterungen haben bei diesem Erbgang sowohl Söhne als auch Töchter heterozygoter Frauen ein Risiko von 50 % das entsprechende Gen zu erben. Ist der Vater der Genträger, werden dieses Gen alle seine Töchter, nie jedoch seine Söhne erben. Da sich ein dominantes Gen sofort im Phänotyp manifestiert, ist folglich beim X-chromosomal-dominanten Erbgang das Erkrankungsrisiko für Frauen (zwei X-Chromosomen = zwei „Gefahrenquellen“) doppelt so hoch wie für Männer.

Ein **Beispiel** für diesen, medizinisch weniger bedeutsamen, Erbgang ist die Vitamin-D-resistente (hypophosphatämische) Rachitis.

X-chromosomal-rezessiver Erbgang

Bei diesem Erbgang zeigen, obigen Erklärungen folgend, alleltragende (hemizygote) Männer und homozygote Frauen immer das Merkmal, während heterozygote Frauen durch Inaktivierung eines X-Chromosoms einen *„Mosaikorganismus“* (s. 2.5.2) aufweisen. Folglich erkranken hier vor allem Männer.

Beispiele für Merkmale mit X-chromosomal-rezessivem Erbgang sind die Hämophilien A und B, verschiedene Farbsehstörungen und die progressiven Muskeldystrophien der Typen Duchenne und Becker (Tab. 2.**15**). Bei der erheblich häufigeren *Hämophilie A* (80 % der Fälle) ist das Gen für den Blutgerinnungsfaktor VIII mutiert, bei der *Hämophilie B* das Gen für den Faktor IX. Die verschiedenen Formen der *Rot-Grün-Blindheit* werden durch eng benachbarte Genorte verursacht. Nach der betroffenen Farbe und der Stärke der Störung unterscheidet man zwischen *Protanomalie* (Rotschwäche), *Protanopie* (Rotblindheit), *Deuteroanomalie* (Grünschwäche) und *Deuteroanopie* (Grünblindheit). Da es sich hier um unterschiedliche Genorte handelt, sind Frauen, die auf einem X-Chromosom ein Allel für die Grünblindheit und auf dem anderen ein Allel für die Rotblindheit tragen, nicht farbenblind.

Klinischer Bezug

Beide **Muskeldystrophien** werden durch Mutationen im gleichen und dem mit ca. 2 Millionen Basenpaaren bisher längsten gefundenen menschlichen Gen verursacht. Während bei Patienten mit der Muskeldystrophie Typ Duchenne das codierte Protein, das sog. *Dystrophin*, völlig fehlt, ist es bei Patienten mit der Muskeldystrophie Typ Becker nur vermindert oder anormal. Dadurch läßt sich der gutartigere und langsamer fortschreitende Verlauf beim Typ Becker erklären.

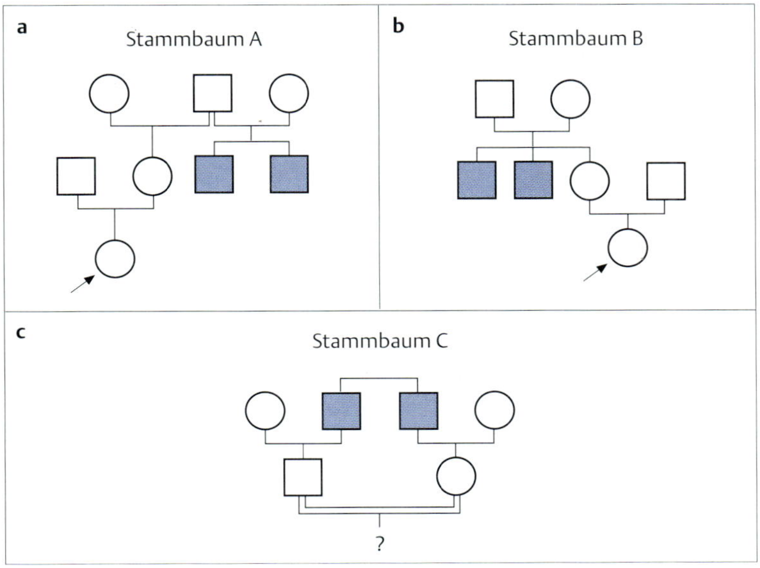

Abb. 2.**8** Beispiel-Stammbäume zum X-chromosomal-rezessiven Erbgang.
a Stammbaum A: beide Halbonkel erkrankt;
b Stammbaum B: beide Onkel erkrankt;
c Stammbaum C: Vetternehe 1. Grades

Beispiel-Stammbäume zum X-chromosomal-rezessiven Erbgang

Eine Vereinfachung für die Analyse bei den X-chromosomalen Erbgängen im Gegensatz zu den autosomal-rezessiven Erbgängen ist, daß man bei allen Männern den Genotyp eindeutig aus dem Phänotyp schließen kann. Da die Männer neben ihren Y-Chromosom nur noch über ein X-Chromosom (Hemizygotie) verfügen, sind sie gesund (unausgefülltes Quadrat, Genotyp: XY), wenn dieses das gesunde Allel trägt und erkranken (ausgefülltes Quadrat, Genotyp: xY), falls das X-Chromosom das krankheitsauslösende Allel trägt. Männliche Konduktoren gibt es bei diesem Erbgang also nicht.

Stammbaum A (Abb. 2.**8a**): Der Großvater, der mit zwei Frauen Kinder hat, ist somit (genauso wie der Vater) völlig gesund und kann das krankheitsauslösende Gen nicht an seine Tochter weitergegeben haben. Ihr Risiko und das Risiko ihrer Tochter, heterozygote Überträgerin zu sein, ist somit durch die beiden erkrankten Männer im Stammbaum (die das krankheitsauslösende Allel natürlich von ihrer Mutter mit dem X-Chromosom erhalten haben) nicht erhöht.

Stammbaum B (Abb. 2.**8b**): Da die beiden Onkel (ausgefüllte Quadrate) an einer X-chromosomal-rezessiven Erkrankung leiden, muß ihr X-Chromosom jeweils das krankheitsauslösende Allel tragen (Genotyp: xY). Dieses X-Chromosom haben sie, wie alle Söhne, von ihrer Mutter bekommen. Die Großmutter muß deshalb Konduktorin (xX) sein und wird das krankheitsauslösende Allel mit einer Wahrscheinlichkeit von 1/2 (eines ihrer beiden X-Chromosome erhält jedes ihrer Kinder) auf jede Tochter weitergeben; der gesunde Großvater (unausgefülltes Quadrat, Genotyp: XY) kann natürlich kein betroffenes Allel weitergeben (Tab. 2.**13**).

Tab. 2.**13** Kreuzungsschema 1 zum X-chromosomal-rezessiven Erbgang, Mutter Konduktorin

	x	X
X	xX	XX
Y	xY	XY

Daß ihre beiden Söhne erkrankten, obwohl nach Kreuzungsschema doch eigentlich nur mit einem kranken und auch einem gesunden Sohn zu rechnen war, ist in Wirklichkeit bei 25 % der Familien mit zwei Söhnen zu erwarten. Das Risiko für den ersten Sohn zu erkranken ist die Hälfte, genauso wie für den zweiten. Da beide Ereignisse (kranker erster und kranker zweiter Sohn) gemeinsam auftreten müssen, ist die Endwahrscheinlichkeit für zwei kranke Söhne $1/2 \times 1/2 = 1/4$. Auch die Wahrscheinlichkeit für zwei gesunde Söhne liegt in solchen Familien bei 25 %, während es in nur 50 % der Familien zu dem „erwarteten" einem kranken und einem gesunden Sohn kommt.

Tab. 2.**14** Kreuzungsschema 2 zum X-chromosomal-rezessiven Erbgang, Vater erkrankt

	X	X
x	Xx	Xx
Y	XY	XY

Bei der Mutter trifft, wenn sie Konduktorin ist, wieder das Gleiche wie bei der Großmutter zu; sie wird das krankheitsauslösende X-Chromosom an die Hälfte ihrer Kinder weitergeben (Tab. 2.**13**). Da auch hier beide Ereignisse, die Mutter muß sowohl das betroffene Allel von der Großmutter erhalten als es auch an die Tochter weitergeben, gemeinsam auftreten müssen, liegt die Endwahrscheinlichkeit dafür, daß die Tochter eine heterozygote Überträgerin ist bei $1/2 \times 1/2 = 1/4$.

Stammbaum C (Abb. 2.**8c**): In diesem Stammbaum ist es zu einer Vetternehe 1. Grades gekommen, d. h. die Kinder von Geschwistern (ausgefüllte Quadrate) haben geheiratet. Beide Geschwister (die Großväter) sind an einer X-chromosomal-rezessiv erblichen Erkrankung, z. B. der Hämophilie A, erkrankt und besitzen so jeweils ein X-Chromosom mit dem krankheitsauslösenden Allel (xY). Gehen wir beispielsweise einmal davon aus, daß ihre Frauen homozygot gesund (XX) und deshalb für die Vererbung der Hämophilie ohne Bedeutung sind.

Tab. 2.**15** Zusammenstellung der Vererbung einiger wichtiger monogener Erkrankungen

Vererbungsmodus	Erkrankungen
autosomal-dominant	Chorea Huntington Marfan-Syndrom Neurofibromatose (von-Recklinghausen-Krankheit)
autosomal-rezessiv	Phenylketonurie Mukoviszidose (Zystische Fibrose) Albinismus (Hauptformen) Taubstummheit (mehrere Formen)
X-chromosomal-dominant	Vitamin-D-resistente (hypophosphatämische) Rachitis
X-chromosomal-rezessiv	Hämophilie A Hämophilie B verschiedene Farbsehstörungen progressive Muskeldystrophien der Typen Duchenne und Becker

Während der Großvater väterlicherseits sein X-Chromosom natürlich nicht an seinen Sohn hat weitergeben können (er hat vom Vater das Y-Chromosom erhalten) und der Vater somit (und offensichtlich: unausgefülltes Quadrat) gesund ist (Genotyp: XY), hat der Großvater mütterlicherseits garantiert sein krankheitsauslösendes Allel an seine Tochter (alle Töchter bekommen vom Vater sein einziges X-Chromosom) weitergeben, so daß die Mutter zwangsläufig Konduktorin (xX) sein muß (Tab. 2.**14**).

Mit einem gesunden Vater und einer Mutter, die Konduktorin ist, ergibt sich für Kinder der Vetternehe das schon aus Stammbaum B bekannte Kreuzungsschema 1 (Tab. 2.**13**), aus dem zu entnehmen ist, daß von zwei Söhnen einer (50 %) erkranken (xY) und einer gesund (XY) sein wird, während alle Töchter phänotypisch gesund sind, wenn auch die Hälfte davon Konduktorinnen (xX) sein werden.

2.5 Geschlechtschromosomen

2.5.1 Y-Chromosom und X-Chromosom

Das Y-Chromosom gehört zur Gruppe der kleinen Chromosomen (G-Gruppe), ist wesentlich kürzer als das X-Chromosom und akrozentrisch. Das X-Chromosom ist submetazentrisch, gehört zur C-Gruppe und besitzt zahlreiche, teils dominante, teils rezessive, Gene.

! Merke

Sowohl die Gene für die Hämophilien als auch die Gene für die Rot-Grün-Blindheit liegen auf dem X-Chromosom.

Beim Menschen ist das Geschlecht genotypisch festgelegt, und dadurch, daß Eizellen immer nur über X-Chromosomen verfügen können, nur davon abhängig, ob das zur Befruchtung gelangende Spermium ein X- oder ein Y-Chromosom mitbringt. Das Y-Chromosom ist nur bei Männern vorhanden und spielt eine wesentliche Rolle bei der Geschlechtsentwicklung männlicher Embryonen.

2.5.2 Inaktivierung

Mit Hilfe von fluoreszierenden Farbstoffen läßt sich der kondensierte Teil des Y-Chromosoms auch im Interphasekern anfärben und als sogenanntes *F-Body* oder *Y-Chromatin* darstellen.

Bei der normalen Frau (Karyotyp 46,XX) läßt sich auch ein kondensiertes X-Chromosom im Interphasekern darstellen, das **Barr-Körperchen**. Bei dem Barr-Körperchen, auch Barr-Body, *X-Chromatin*, *Sex-Chromatin* oder Geschlechtschromatin genannt, handelt es sich um ein weitgehend inaktives X-Chromosom. Die Inaktivierung erfolgt schon während der frühen Entwicklungsstadien und kann rein zufällig entweder das väterliche oder mütterliche X-Chromosom betreffen. Eine Folge der Inaktivierung ist, daß der weibliche Organismus ein genetisches Mosaik bezüglich der heterozygoten Allele auf dem X-Chromosom ist, d. h. daß in manchen Zellen das Allel des väterlichen, in anderen Zellen das Allel des mütterlichen X-Chromosoms aktiv ist. Wichigste Folge der Inaktivierung ist die Kompensation der Gendosis, d. h., daß Genprodukte X-chromosomaler Gene bei beiden Geschlechtern in etwa gleicher Menge gebildet werden.

! Merke

Die maximal in einer Zelle darstellbare Anzahl von Barr-Körperchen entspricht der Zahl der X-Chromosomen minus eins in dieser Zelle.

Als *Trommelschlegelfortsätze* oder *„Drumsticks“* werden dem Barr-Körperchen analoge Chromatinverdichtungen in den segmentkernigen Leukozyten bezeichnet. Durch die Untersuchung von z. B. Mundschleimhautzellen auf Y-Chromatin und Barr-Körperchen läßt sich das genotypische Geschlecht bestimmen.

2.6 Multiple Allelie

Gene existieren mit unterschiedlichen Sequenzen, die Allele genannt werden. Allele liegen somit an sich entsprechenden Genorten von homologen Chromosomen. Von *multipler Allelie* spricht man, wenn ein Gen in einer Bevölkerungsgruppe (Population) in mehr als zwei verschiedenen Varianten vorkommt. Ein Beispiel beim Menschen ist das AB0-Blutgruppensystem (s. 2.4.3). Evolutionstheoretisch geht man dabei davon aus, daß multiple Allele durch Mutationen aus einem ursprünglichen Gen entstanden sind. Der Besitz von multiplen Allelen kann sich für eine Art als vorteilhaft herausstellen, weil dadurch eine Anpassung an sich ändernde Umweltbedingungen möglich sein kann.

2.7 Veränderungen im Genbestand (Mutationen)

Durch Mutationen wird der Genbestand in ganz unterschiedlichem Umfang verändert. Die Veränderungen können im geringsten Fall ein einzelnes Gen (Genmutationen), aber auch ein einzelnes Chromosom (strukturelle Chromosomenaberrationen) oder beim größten Umfang die Anzahl der Chromosomen im Genom (numerische Chromosomenaberrationen, Genommutationen) umfassen.

2.7.1 Genmutationen

Genmutationen sind Veränderungen der Nukleotidsequenz der DNA, die auf den Bereich eines einzelnen Gens begrenzt sind. Hierbei sind zwei qualitativ verschiedene Arten von Mutationen zu unterscheiden. Entweder es kommt zum Austausch von Nukleotidpaaren, wobei die Anzahl der Nukleotide unverändert bleibt, oder die Anzahl der Nukleotide ändert sich. Die Veränderung der Anzahl der Basenpaare wird **Deletion** genannt, wenn es zum Verlust von Nukleotidpaaren kommt und **Insertion**, wenn Nukleotidpaare eingefügt werden.

2.7.2 Folge von Genmutationen in Strukturgenen

Welche Folge eine Genmutation in Strukturgenen hat, hängt u. a. davon ab, welche Art von Mutation vorliegt. Handelt es sich lediglich um den Austausch von Nukleotidpaaren, im einfachsten Fall bei der **Punktmutation** um den Austausch eines Nukleotidpaares, wird es in der überwiegenden Zahl der Fälle auch zu genau einer ausgetauschten Aminosäure in der von diesem Strukturgen codierten Polypeptidkette kommen. Sollte allerdings durch die Mutation ein Terminationscodon entstehen, wird die Peptidkette verkürzt werden, wie durch die Mutation des ursprünglichen Terminationscodons die Peptidkette verlängert wird. Bedingt durch die Degeneration des genetischen Codes (s. 2.1.3 u. Abb. 2.**2**) kann allerdings der Austausch der dritten Base eines Tripletts auch ohne eine Veränderung der entstehenden Aminosäure bleiben. Trotz einer Mutation wird in diesem Fall, den man als **„same sense“-Mutation** (oder stumme Mutation) bezeichnet, ein Protein mit der gleichen Aminosäuresequenz hergestellt.

Merke

Der Austausch einer Base im codierenden DNA-Strang kann neben dem Austausch einer Aminosäure im Protein auch zu einer verkürzten oder einer verlängerten Polypeptidkette oder auch zu überhaupt keiner Veränderung führen.

Klinischer Bezug

Die **Sichelzellanämie** ist ein Beispiel für eine Erkrankung, bei der nur eine Aminosäure im Protein ausgetauscht ist (in Position 6 der β-Kette des Hämoglobins ist Glutaminsäure durch Valin ersetzt). Durch Kristallisation des Hämoglobins kommt es bei den Erythrozyten zur Ausbildung der charakteristischen Sichelform, welche durch eine Erhöhung der Blutviskosität zu einer Verstopfung von Kapillaren führt.

Handelt es sich bei der Genmutation im Strukturgen jedoch um eine Deletion oder Insertion und sind davon eine nicht durch drei teilbare Anzahl von Nukleotidpaaren betroffen, so kommt es zu einer anderen Art der Mutation, die als **Rasterverschiebung** oder „frame shift" bezeichnet wird. Hierbei kommt es durch den Verlust oder die Einfügung von z.B. eins, zwei, vier, fünf, sieben... Basenpaaren zu einer Verschiebung des Ableserasters, da ab dem Auftreten der Mutation die Basen nicht mehr in der ursprünglichen Weise zu Tripletts zusammengefaßt werden. Folglich werden ab der Mutation alle Aminosäuren von neu zusammengestellten Basentripletts codiert und die Aminosäuresequenz völlig verändert (Abb. 2.**9**).

a

AUG AUG AUG AUG AUG AUG ...

↑ Deletion einer Base (A)

AUG AUG UGA UGA UGA UGA ...

b

AUG AUG AUG AUG AUG AUG ...

↑ Insertion einer Base (A)

AUG AUA GAU GAU GAU GAU ...

Abb. 2.**9** Schematische Darstellung der Rasterverschiebung (frame shift-Mutation) **a** In einer zur Verdeutlichung sehr einfach gehaltenen mRNA-Sequenz, die nur aus einer sich wiederholenden Aneinanderreihung des Basentripletts AUG (steht für Startcodon und die Aminosäure Methionin) besteht, kommt es im dritten Triplett zur Deletion des Adenins. Die Folge ist das Entstehen einer Sequenz, die ab der Deletion nun aus einer Aneinandereihung des Basentripletts UGA besteht. Die Folge für das codierte Protein ist in diesem Fall eine extreme Verkürzung, da UGA eines der drei Terminationscodons ist. **b** Hier kommt es bei der gleichen Sequenz zur Insertion eines Adenins. Die Folge ist auch hier das Entstehen eines „GAUs" (größten anzunehmenden Unfalls); alle Basentripletts nach der Insertion lauten jetzt GAU, GAU, GAU... (was einer Folge von Asparaginsäure-Molekülen im Protein entspricht).

Merke

Die *Rasterverschiebung* (frame shift-Mutation) entsteht durch Deletion oder Insertion einer nicht durch 3 teilbaren Anzahl von Nukleotiden und führt in der Regel dazu, daß alle Tripletts hinter der Mutation falsch abgelesen werden.

Sollte statt des Strukturgens selbst dessen Promotorregion betroffen sein, kann dies durch den Fortfall der Ablesung zur Entstehung eines Pseudogens führen. Unter einem *Pseudogen* versteht man eine Sequenz, die einem Gen ähnelt, aber nicht transkribiert wird.

2.7.3 Spontane und induzierte Mutationen

Die meisten Mutationen treten spontan, d.h. ohne erkennbaren äußeren Grund, auf und sind für den Organismus nachteilig. **Spontane Mutationen** treten mit einer abschätzbaren Wahrscheinlichkeit auf. Diese Mutationsrate ist davon abhängig, um welches Gen es sich handelt und liegt für einzelne menschliche Gene in einer Größenordnung von 10^{-4} bis 10^{-6}. Bei anderen Genen ist sie jedoch erheblich geringer. Die Häufigkeit bestimmter Mutationen beim Menschen kann mit dem Alter der Mutter (z.B. beim Down-Syndrom, s. 2.7.5) oder dem Alter des Vaters (z.B. beim Marfan-Syndrom, s. 2.4.1) bei der Zeugung ansteigen.

Klinischer Bezug

Das Risiko, Kinder mit **Down-Syndrom** (Trisomie 21) zu bekommen, nimmt, wie bei anderen Trisomien (s.u.), mit dem Alter der Mutter wegen häufiger werdenden meiotischem Nondisjunctions (Nicht-Auseinanderweichen, s. 4.2) zu. Während das Risiko bei zwanzigjährigen Müttern noch bei etwa 1 : 1500 liegt, steigt es bei dreißigjährigen auf etwa 1 : 900 und bei vierzigjährigen auf etwa 1 : 100.

Die spontane Häufigkeit von Mutationen kann durch **induzierte Mutationen**, die z. B. durch ionisierende Strahlen oder chemische Einwirkung verursacht werden, weiter erhöht werden. Bei den mutationsauslösenden Strahlen sind Röntgenstrahlen, Gammastrahlen und UV-Strahlen zu erwähnen, wobei letztere, bedingt durch die geringere Eindringtiefe, keine Mutation von Zellen der Keimdrüsen auslösen können. Die Belastung der Menschen in Mitteleuropa durch ionisierende Strahlung wird zur Zeit zum größten Teil durch kosmische Strahlung und durch radioaktive Stoffe in der Erdkruste verursacht. Für die mutagene Wirkung von ionisierenden Strahlen gibt es keinen Schwellenwert, der erreicht werden muß, d. h. es gibt keine Dosis, die sicher nicht mutagen wirkt, da schon ein einziges Strahlenquantum zur Schädigung ausreicht. Eine einmalige akute Bestrahlung hat bei gleicher Dosis eine wesentlich stärkere genetische Wirkung als eine chronische Bestrahlung. Bei den chemischen mutationsauslösenden Stoffen sind z. B. alkylierende Substanzen, zu denen auch viele Zytostatika gehören, und kanzerogene Kohlenwasserstoffe, wie die Epoxide, die im Körper z. B. aus Arzneimitteln gebildet werden können, zu nennen. Auch Viren können Mutationen induzieren.

2.7.4 Strukturelle Chromosomenaberrationen

Bei den strukturellen Chromosomenaberrationen handelt es sich um lichtmikroskopisch erkennbare Veränderungen. Man unterscheidet dabei zwischen Deletionen, Duplikationen, Inversionen und Translokationen.

Unter **Deletion** versteht man den Verlust eines Chromosomenabschnitts. Ein Beispiel dafür ist das *Katzenschrei-Syndrom (Cri-du-chat-Syndrom)*, bei dem der terminale Teil des kurzen Arms von Chromosom 5 betroffen ist. Man kann hier auch von einer partiellen Monosomie sprechen.

Klinischer Bezug

Das charakteristische Merkmal beim **Katzenschrei-Syndrom** ist das schrille, um etwa eine Oktave höher liegende (880 Hz statt 440 Hz) Schreien der Kinder, das an das Miauen junger Katzen erinnert. Bei den Patienten ist die psychomotorische und geistige Entwicklung stark eingeschränkt.

Bei der **Duplikation** ist ein Chromosomenabschnitt verdoppelt, was z. B. durch ungleiches crossing over (s. 4.2.1) verursacht sein kann.

Mit **Inversion** beschreibt man die Drehung eines Chromosomensegments innerhalb eines einzelnen Chromosoms um 180°. Dabei unterscheidet man zwischen der *parazentrischen* Inversion, bei der die beiden Bruchpunkte, zwischen denen die Drehung stattgefunden hat, auf einem Arm des Chromosoms liegen und der *perizentrischen* Inversion, bei der die Bruchstellen das Zentromer mit einschließen.

Bei den **Translokationen** sind im Gegensatz zu den vorher besprochenen strukturellen Chromosomenaberrationen zwei Chromosomen beteiligt. Kommt es dabei zu einem wechselseitigen Austausch von Segmenten, spricht man von reziproker Translokation (Tab. 2.**16**).

Klinischer Bezug

Ein besonderes Chromosom, das in den meisten Fällen von *chronischer myeloischer Leukämie* (CML) gefunden wird, ist das nach der Stadt seiner Entdeckung benannte **Philadelphia-Chromosom**. Dabei handelt es sich um ein deletiertes Chromosom 22, dessen fehlendes Stück in den meisten Fällen jedoch auf Chromosom 9 wiedergefunden werden kann, wobei sich auch ein kleines Stück vom Chromosom 9 auf Chromosom 22 findet (= reziproke Translokation). Auf DNA-Ebene ist der Zusammenhang zwischen Translokation und Tumorentstehung geklärt.

Tabelle 2.**16** Zusammenstellung wichtiger struktureller Chromosomenaberrationen

Aberration	Veränderung	(minimale) Anzahl beteiligter Chromosomen
Deletion	Verlust eines Chromosomenabschnitts	1
Duplikation	Verdopplung eines Chromosomenabschnitts	1
Inversion	Drehung eines Chromosomenabschnitts um 180°	1
Translokation	Austausch eines Chromosomenabschnitts	2

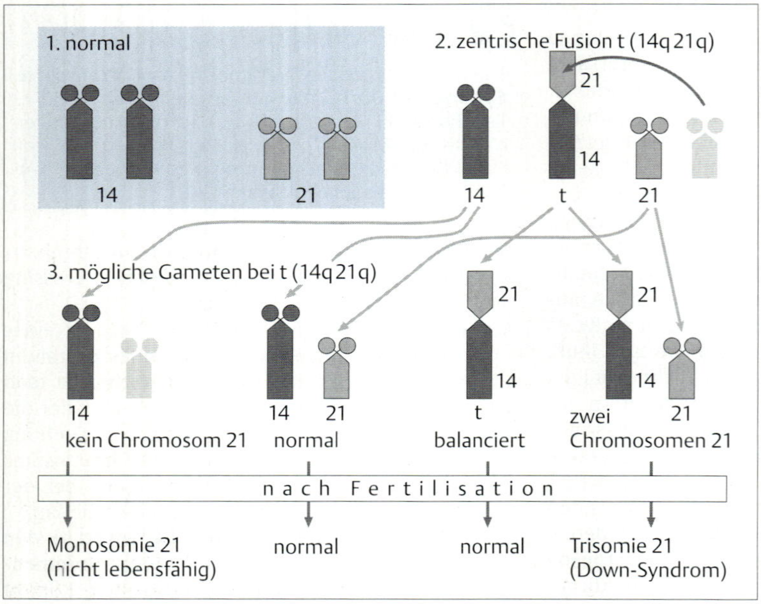

Abb. 2.**10** Schematische Darstellung der zentrischen Fusion (Robertson-Translokation) und der möglichen Chromosomenverteilung bei den Nachkommen (aus Passarge, Thieme 1994)

Unter **Robertson-Translokation (zentrischer Fusion)** versteht man die Verschmelzung zweier akrozentrischer Chromosomen zu einem metazentrischen Chromosom. Dies führt zu einer um eins reduzierten Anzahl von Chromosomen und zum Verlust von genetischen Material, nämlich der kurzen Arme der akrozentrischen Chromosome, die die Nukleolus-Organizer-Regionen (s. 1.4.11) enthalten, was jedoch für den Träger der Translokation ohne phänotypische Folgen bleibt. Man spricht deshalb hier auch von einer *balancierten Robertson-Translokation*. Bei den beiden verschmolzenen Chromosomen kann es sich z. B. um die Chromosomen 14 und 21 oder auch 15 und 21 handeln. Gehen wir beispielsweise von einem Träger der Translokation 14/21 aus, so kann bei der Keimzellbildung in der ersten meiotischen Teilung (s. 4.2.2) entweder eine Tochterzelle das Translokationschromosom 14/21 (t14/21), oder genauer t(14q21q) erhalten, da die beiden q-Arme fusionieren, und die andere die beiden freien Chromosomen. Oder eines der freien Chromosomen, z. B. Chromosom 21, gelangt in die gleiche Tochterzelle wie das Translokationschromosom (Abb. 2.**10**). Im ersten Fall werden die Nachkommen, je nach der zur Befruchtung gelangenden Keimzelle, entweder die gleiche balancierte Translokation wie der Elternteil aufweisen oder aber einen völlig normalen Karyotyp haben. Im zweiten Fall hingegen wird es entweder keine Nachkommen geben, wenn die Keimzelle, die nur ein freies Chromosom 14 und kein Chromosom 21 besitzt, zur Befruchtung gelangt, da eine Monosomie der Autosomen, also auch des Chromosoms 21, nicht lebensfähig ist, oder die Nachkommen werden eine Translokationstrisomie 21 aufweisen, da der andere Elternteil zu dem freien Chromosom 21 und dem Translokationschromosom 14/21 noch ein weiteres (drittes) Chromosom 21 beisteuert. Bei der Translokationstrisomie spricht man dann von einer *unbalancierten Robertsonschen Translokation*, weil hier, obwohl die Anzahl der Chromosomen wieder 46 beträgt, die Anzahl der genetischen Informationen des Chromosoms 21 aus der Balance geraten ist. Die Begriffe balanciert und unbalanciert beziehen sich also immer auf die Anzahl der genetischen Informationen und nicht auf die Anzahl der Chromosomen im Genom.

! Merke

Besonders ungünstig ist es, wenn der Träger einer balancierten Robertson-Translokation ein Translokationschromosom aufweist, das aus den langen Armen der beiden Chromosomen 21 (t21/21) besteht, da er unabhängig vom Partner nur Kinder mit unbalancierter Translokation erwarten kann.

Isochromosomen sind metazentrische Chromosomen, bei denen beide Arme die gleiche Information

Tab. 2.**17** Zusammenstellung wichtiger Mono- und Trisomien

	Krankheitsbild	**Karyotyp**
partielle Monosomie	Katzenschrei-Syndrom	46,XX,5 p− oder 46,XY,5 p−
gonosomale Monosomie	Turner-Syndrom	45,X0
autosomale Trisomien	Pätau-Syndrom	47,XX+13 oder 47,XY+13
	Edwards-Syndrom	47,XX+18 oder 47,XY+18
	Down-Syndrom	47,XX+21 oder 47,XY+21
gonosomale Trisomien	Triple-X-Syndrom	47,XXX
	Klinefelter-Syndrom	47,XXY
	XYY-Syndrom	47,XYY

enthalten. Ein Isochromosom entsteht, wenn ein Chromosom sich am Zentromer in der Quer- statt der Längsrichtung teilt und aus diesem Teilstück (dem p- oder dem q-Arm) in der nächsten S-Phase (s. 4.1) wieder ein metazentrisches Chromosom, das nun aus zwei gleichen p- oder q-Armen besteht, gebildet wird.

2.7.5 Numerische Chromosomenaberrationen

Zu einer numerischen Chromosomenaberration (einer vom normalen Karyotyp abweichenden Chromosomenzahl) kann es sowohl bei beiden meiotischen als auch bei den mitotischen Teilungen kommen. Als Ursachen kommen z. B. Fehler in der Teilungsspindel oder der Verlust der Zentromeren-Region eines Chromosoms in Frage. Es können sowohl die Autosomen als auch die Gonosomen betroffen sein. Zu den möglichen Folgen gehören Störungen der Geschlechtsentwicklung, multiple Fehlbildungen und Fehlgeburten.

- **Monosomien:** Die Anzahl der Chromosomen ist um eines verringert (2 n-1). Wie schon erwähnt, sind Monosomien der *Autosomen* beim Menschen nicht mit dem Leben vereinbar. Bei den *Gonosomen* gibt es eine lebensfähige Monosomie, die Monosomie des X-Chromosoms *(45,X)*, das *Turner-Syndrom (oder Ullrich-Turner-Syndrom)*. Patientinnen mit *Turner-Syndrom* sind infertil und weisen typischerweise Minderwuchs, tiefen Haaransatz im Nacken, Flügelfellbildung im Halsbereich (sog. Pterygium colli) sowie, vor allem bei der Geburt, Lymphödeme an Hand- und Fußrücken auf.
- **Trisomien:** Die Anzahl der Chromosomen ist um eines erhöht (2 n+1). Zu den lebensfähigen Trisomien der *Autosomen* (47,XY+ oder 47,XX+) zählen die *Trisomie 13 (Pätau-Syndrom)* und die *Trisomie 18 (Edwards-Syndrom)*, die beide meist innerhalb des ersten Lebensjahres zum Tode führen, sowie die schon angesprochene *Trisomie 21 (Down-Syndrom)*. Patienten mit *Down-Syndrom* zeigen neben einer Einschränkung der kognitiven Fähigkeiten charakteristischerweise schräg nach außen oben verlaufende (mongoloide) Lidachsen, eine Vierfingerfurche und eine große Zahl anderer morphologischer Anomalien.
  Zu den Trisomien der *Gonosomen* zählt das *Triple-X-Syndrom (47,XXX)*, das *Klinefelter-Syndrom (47,XXY)* und das *XYY-Syndrom (47,XYY)* (Tab. 2.**17**).
- **Polyploidien** (z. B. Triploidie und Tetraploidie): Es liegt ein dreifacher bzw. vierfacher Chromosomensatz vor (3 n bzw. 4 n). Während die Triploidie bei ungefähr 5 % der Aborte gefunden wird, handelt es sich bei den Lebendgeborenen, die mehr als nur ein paar Tage überleben, fast ausschließlich um Mosaike aus diploiden (normalen) und triploiden Zellinien.

Klinischer Bezug

Sowohl das **Klinefelter-Syndrom** als auch das **XYY-Syndrom** zeichnen sich oft durch besonderen Hochwuchs aus. Während Patienten mit Klinefelter-Syndrom, die ihr zusätzliches X in je etwa der Hälfte der Fälle von Vater und Mutter bekommen haben, immer infertil sind, ist die Mehrzahl der Männer mit XYY-Status, die ihr zusätzliches Y zwangsläufig aufgrund einer Fehlverteilung in der *zweiten meiotischen Teilung* bei der Spermatogenese (s. 4.2) erhalten haben müssen, fertil.

Biologie Kapitel 3

Grundlagen der Mikrobiologie und Ökologie

Die Mikrobiologie beschäftigt sich mit den kleinen Lebewesen → **Mikroben** (mikros: klein; bios: Leben). Mikroben werden in die folgenden Gruppen unterteilt:

1. *Eukaryonten*
   - Mehrzeller (z. B. Würmer)
   - Einzeller (z. B. Protozoa)
   - Pilze
2. *Prokaryonten* (vor allem Bakterien)
3. *subzelluläre Erreger*
   - konventionelle Viren
   - Prionen

Nur eine geringe Zahl aus der Fülle der Mikroorganismen ist für den Menschen pathogen. Größtenteils profitiert der Mensch von ihnen, da sie u. a. wichtige Vitamine synthetisieren, anorganischen Stickstoff binden, organische Substanzen auf- und abbauen können etc.

Merke

Nicht alle Mikroorganismen (Bakterien, Pilze, Viren, Parasiten) sind humanpathogen.

3.1 Die Bakterienzelle

3.1.1 Aufbau einer Bakterienzelle

Bakterien sind typische Vertreter *prokaryonter* Lebewesen und weisen Stukturmerkmale dieser auf. Der Aufbau prokaryonter Organismen ist bereits ausführlich im Kapitel 1 (s. a. Tab 1.**1**) beschrieben.

3.1.2 Zellwandaufbau

Viele Bakterien besitzen eine der Zell*membran* (Aufbau s. 1.4.1) aufgelagerte Zell*wand* (Abb. 3.**1**), die sie schützend umgibt. Neben *mechanischem Schutz* trägt die Zellwand zur Aufrechterhaltung der äußeren Struktur des Bakteriums bei. Ferner hält die Zellwand für das Bakterium schädliche Stoffe fern und stellt einen Widerstand gegen den osmotischen Druck im Inneren des Bakteriums dar.

Funktionen der Zellwand:
- mechanischer Schutz
- Strukturerhaltung
- Filter
- Widerstand gegen den Innendruck des Bakteriums
- Schutz vor Austrocknung

Hauptbestandteil der Zellwand ist **Murein**. Murein ist ein aus Kohlenhydratketten und Peptiden aufgebautes Makromolekül. Anhand von Vorhandensein und Anordnung des Mureins lassen sich die Bakterien in drei große Gruppen einteilen:
1. *grampositive* Bakterien
2. *gramnegative* Bakterien
3. *L-Formen*, die keine oder eine defekte Zellwand besitzen

Die **Färbung nach Gram** macht die Unterschiede im Aufbau der Zellwand von grampositiven und gramnegativen Bakterien sichtbar. Grampositive Bakterien sind mit einer dicken, mehrschichtigen Zellwand aus Murein umgeben, während der komplexere Zellwandaufbau gramnegativer Bakterien relativ wenig Murein enthält.

Drei **Arbeitsschritte** sind zur Gramfärbung nötig:
1. *Färbung mit einem blauen Farbstoff* (z. B. Kristallviolett). Sowohl grampositive als auch gramnegative Bakterien werden blau gefärbt.

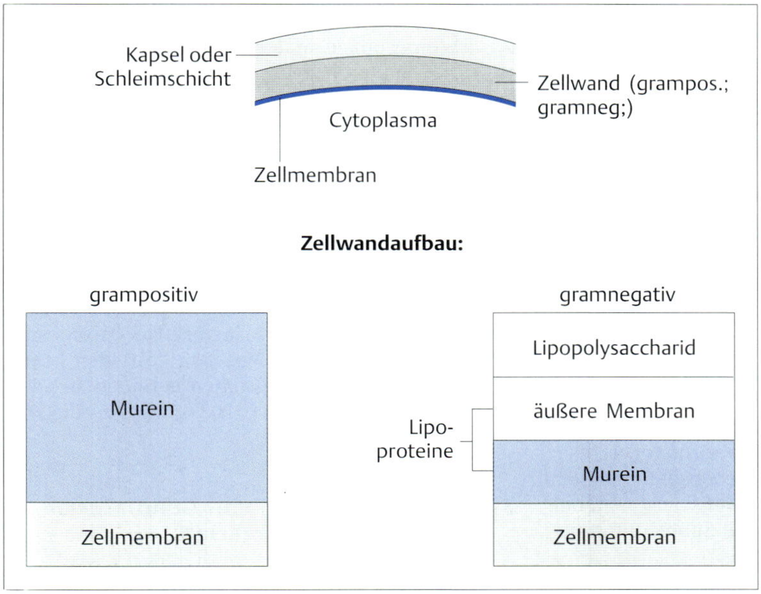

Abb. 3.**1** Vergleich des Zellwandaufbaus zwischen grampositiven und gramnegativen Bakterien

2. *Entfärbung mit Alkohol.* Die dicke Mureinschicht verhindert ein Auswaschen der Farbe; die grampositiven Bakterien sind nach der Entfärbung immer noch blau, die gramnegativen farblos.
3. *Gegenfärbung mit einem roten Farbstoff* (z. B. Safranin). Die bereits gefärbten grampositiven Bakterien nehmen keine weitere Farbe auf; die gramnegativen sind nach der Gegenfärbung rot.

! Merke

Nach Beendigung der Gramfärbung sind die grampositiven Bakterien blau, die gramnegativen rot gefärbt.

Rote Ampel → *negativ* → gram*negative* Bakterien (rot)

Die **L-Formen** der Bakterien stellen Bakterienzellen mit fehlender oder defekter Zellwand dar. Die L-Form von Bakterien entsteht meist unter Antibiotikabehandlung, da viele Antibiotika ihre Wirkung an der Zellwand entfalten. Unter dem Mikroskop betrachtet weisen die L-Formen keine einheitliche Zellform auf, was durch das Fehlen der Zellwand bedingt ist.
Mykoplasmen (nicht mit L-Formen verwechseln!) sind eine bestimmte Art von Bakterien, die *von Natur aus* keine Zellwand besitzen.

! Merke

Bei L-Formen fehlt die Zellwand, die Zellmembran ist vollkommen intakt (Prüfungsfragen genau lesen!).

3.1.3 Sporenbildung

Definition: Einige Bakterienarten (Clostridien und Bazillen) bilden unter schlechten Lebensbedingungen Dauerformen (*Sporen*) aus, die gegenüber den verschlechterten Lebensbedingungen widerstandsfähiger sind, als die Bakterienzelle (*vegetative Zelle*).
Entstehung: Sporen entstehen aus der eigentlichen Bakterienzelle durch Einstülpung (Invagination) der Plasmamembran um die DNA des Bakteriums. Die gebildete Sporenmembran beginnt noch in der Zelle mit der Synthese der mehrschichtigen Sporenwand. Ist der Sporenaufbau abgeschlossen, geht die übrige Zelle zugrunde.

! Merke

Aus einer Bakterienzelle entsteht immer nur eine Spore. Somit dienen Sporen nicht der Bakterienvermehrung.

Neben der DNA enthält die ausgereifte Spore noch einige Ribosomen. Die insgesamt *wasserarme* Spore ist im Vergleich zur vegetativen Form der Bakterienzelle weniger empfindlich gegen:

- Temperaturschwankungen (Erhitzen, Einfrieren)
- Austrocknung
- chemische Schadstoffe
- Strahlung

Die Sporenbildung wird durch einen Mangel an Energiesubstraten und GPT in der Zelle ausgelöst. Die Regulation der Sporenbildung erfolgt über die Anschaltung bestimmter, für die Sporenbildung notwendiger Gensequenzen. Insgesamt weist die Spore einen stark reduzierten Stoffwechsel auf und kann sehr lange unter ungünstigen Bedingungen überleben.

Verbessern sich die Lebensbedingungen für das Bakterium, so entwickelt sich die Spore zur vegetativen Form des Bakteriums. Bessere Lebensbedingungen werden von der Spore anhand von Glucose, Aminosäuren oder Adenosin, die in die Spore diffundieren, erkannt.

Klinischer Bezug

Sporen von **Clostridum tetani**, einem sporenbildenden Bakterium, befinden sich in großer Zahl im Erdreich. Gelangen diese Sporen in eine Wunde, so keimen sie dort aus und beginnen sich zu teilen. Die vegetative Form des Clostridum tetani produziert das Tetanustoxin, das als potentes Neurotoxin (verhindert Freisetzung von Glycin → Dauerstimulation) zu den typischem Muskelkrämpfen führt.

3.2 Bakteriengenetik

Die Erbsubstanz einer Bakterienzelle befindet sich auf einem, frei im Zytoplasma schwimmendem, zirkulären Chromosom. Oft befindet sich ein kleiner Teil der Erbinformation auf ringförmigen *Plasmiden*. Plasmide sind kleine DNA-Moleküle, die für Proteine kodieren, die sich nicht auf dem Bakterienchromosom befinden. Unter Umständen können einige Plasmide in das Chromosom integriert werden.

Merke

Plasmide enthalten extrachromosomale Gene.

3.2.1 Bakterienchromosom

Das chromosomale Material eines Bakteriums besteht aus einem einzigen, ringförmigen DNA-Molekül. Bakterien sind somit haploide Lebewesen. *Ausnahmsweise* können Teile der genetischen Information diploid sein. Dies ist der Fall, wenn durch Übertragung von Genmaterial ein Teil des Genoms doppelt vorliegt.

3.2.2 Plasmide

Die extrachromosomale Gene enthaltenden Plasmide befinden sich wie das ringförmige Chromosom frei im Zytoplasma. Die Gene auf Plasmiden liegen auch haploid vor. Auf Plasmiden befinden sich vor allem Gene für die Sexpili (s. 3.2.3) und Antibiotikaresistenzen.

3.2.3 Übertragung von Genmaterial zwischen Bakterien

Die Rekombinationsmöglichkeiten sind bei Bakterien eingeschränkt, da sie sich durch Zellteilung vermehren. Dennoch sind Bakterien in der Lage, genetische Information untereinander auszutauschen. Insge-

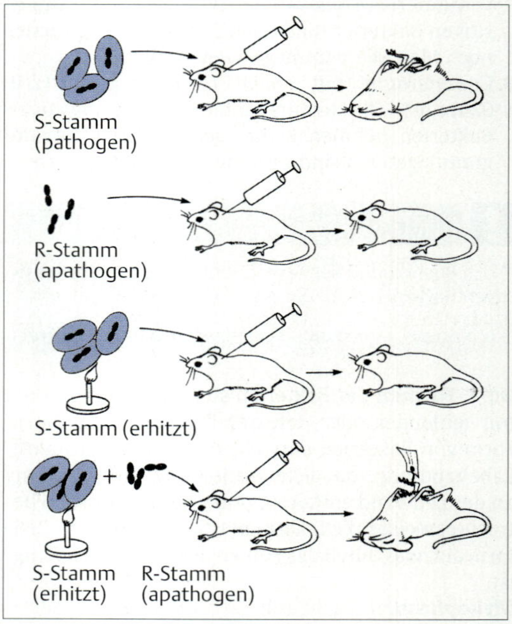

Abb. 3.2 Nachweis, daß Bakterien DNA aus ihrer Umgebung aufnehmen können → Transformation; Erläuterung siehe Text (aus Hirsch-Kauffmann/Schweiger, Thieme 1996)

Tab. 3.1 Möglichkeiten des DNA-Transfers zwischen Bakterien

DNA-Transfer über...	Mechanismus des Transfers
Transformation	Aufnahme und Integration fremder DNA
Konjugation	Plasmide werden zwischen zwei Bakterien über Pili ausgetauscht
Transduktion	Bakteriophagen „tragen" DNA von einer Bakterienzelle zur anderen

samt stehen ihnen hierzu drei Mechanismen zur Verfügung (s. Tab. 3.1):

1. Transformation
2. Konjugation
3. Transduktion

Transformation

Transformation bezeichnet in der Bakteriengenetik die Aufnahme fremder DNA aus der Umgebung mit nachfolgender Integration in das eigene Erbgut durch ein Bakterium. Die Fähigkeit der Bakterien fremde DNA aus der Umgebung aufzunehmen und in ihr eigenes Genom zu integrieren wurde durch Experimentieren mit zwei verschiedenen Pneumokokkenstämmen (Bakterien, die Lungenentzündungen verursachen) entdeckt (Abb. 3.2):
Einer der beiden Stämme (S-Stamm) war mit einer Kapsel bedeckt, bei dem anderen Stamm (R-Stamm) war die Kapsel nicht ausgebildet. Nur der S-Stamm verursachte in Mäusen letale Pneumonien, da die Kapsel die Bakterien vor einer wirkungsvollen Immunantwort der Maus schützte. Eine Infektion mit dem R-Stamm wurde von allen Mäusen überlebt. Wurden die S-Pneumokokken durch Erhitzen abgetötet (DNA weiterhin intakt) und mit lebenden R-Pneumokokken vermischt, wurden aus den apathogenen (keine Krankheit verursachend) R-Stämmen pathogene Pneumokokkenstämme. Die R-Stämme müssen also die DNA-Abschnitte, die für die Kapsel kodieren, aufgenommen und in ihr eigenes Genom integriert haben.

Konjugation

Bakterien verfügen auch über einen *physiologischen* Mechanismus zum DNA-Austausch (genetische Rekombination). Dies konnte durch folgendes Experiment bewiesen werden:

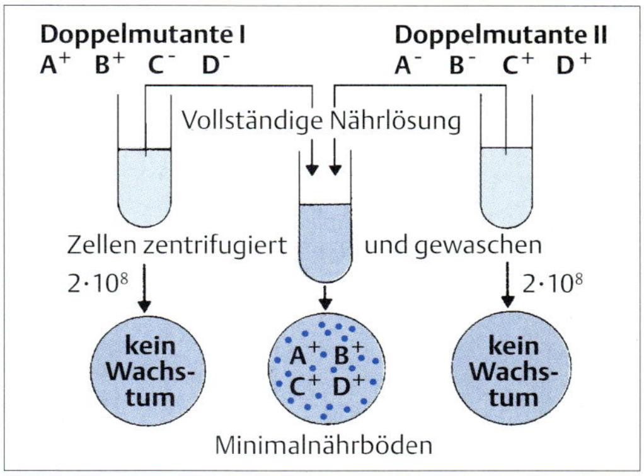

Abb. 3.3 Versuch von Lederberg und Tatum (aus Hafner, L., P. Hoff: Materialien für den Sekundarbereich II Biologie, Genetik. Schroedel, Hannover 1988)

Lederberg und Tatum arbeiteten mit zwei verschiedenen Stämmen von E. coli. Der eine Stamm war auf die Aminosäuren A und B im Nährboden, der andere auf C und D angewiesen. Beide Stämme wuchsen nicht auf einem Nährboden ohne die oben genannten Aminosäuren. Mischte man die Stämme in einem Reagenzglas für eine Weile und brachte die Mischung der beiden Stämme auf denselben Nährboden aus, wuchsen dort einige Bakterien, die alle vier Aminosäuren selbst herstellen konnten. Die Häufigkeit der wachsenden Bakterienkolonien war größer als die durch Mutationen erklärbare (Abb. 3.3).
Durch weitere Untersuchungen wurde festgestellt, daß sich zwischen zwei Bakterien Plasmabrücken, sog. Sexpili, ausbilden. Über diese wird DNA von einer zur anderen Bakterie übertragen, was man als **Konjugation** bezeichnet (Abb. 3.4). Sexpili, oder Pili (Fimbrien), sind Fortsätze an der Oberfläche der Bakterienzellwand. Sie dienen, wie oben beschrieben, der Konjugation und zusätzlich dem Anheften an anderen Oberflächen. Man findet sie besonders oft bei gramnegativen Bakterien (s. 3.1.2).

Klinischer Bezug

E. coli verursachen, besonders bei Frauen, häufig **Harnwegsinfekte**. Da mit dem Urin die dort vorhandenen Bakterien mit dem Urin „hinausgespült" werden, sind vor allem Stämme mit besonders vielen Pili (gute Haftung an der Urogenitalschleimhaut) Erreger von Harnwegsinfekten.

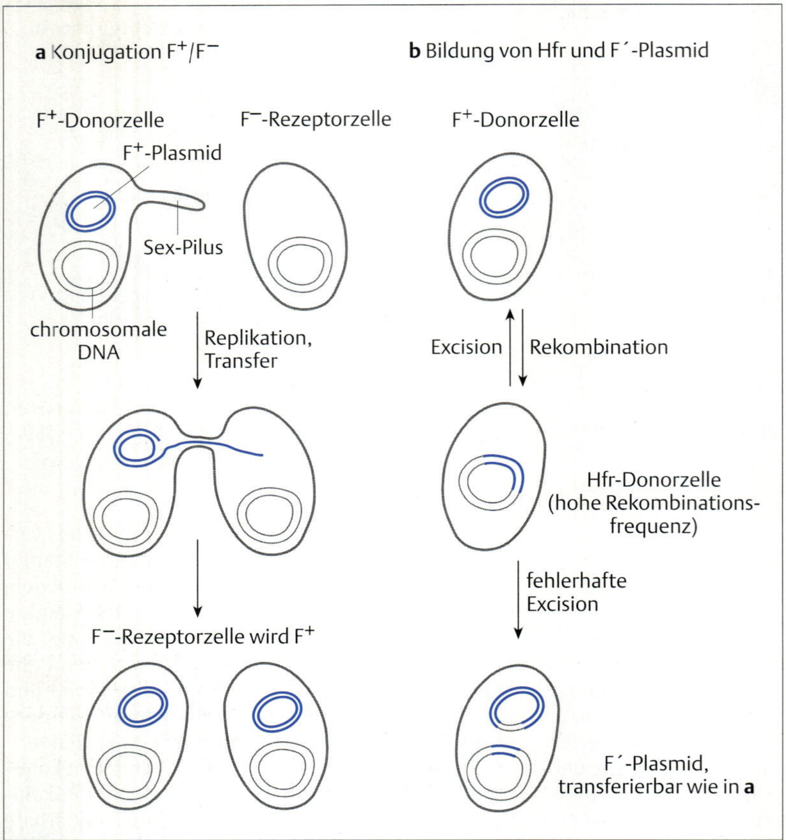

Abb. 3.**4** Konjugation

Die genetische Information für den Aufbau des Sexpilus ist auf einem Plasmid (s. 3.2) kodiert. Bakterien, die dieses Plasmid enthalten werden als **F^+-Bakterium** (F: Fertilitätsfaktor) bezeichnet. Ist der Kontakt zwischen einem F^+- und einem **F^--Bakterium** (kein F-Plasmid) hergestellt, wird das **F-Plasmid** verdoppelt und vom F^+- zum F^--Bakterium übertragen. Einige Bakterien integrieren das F-Plasmid in ihr Chromosom (**Hfr-Bakterium**, *Hfr: high frequency of recombination*). Die fehlerhafte Excision eines F-Plasmids aus dem bakteriellen Chromosom kann zur Bildung von F′-Plasmiden führen. Hfr-Bakterien können neben dem F-Plasmid ihr gesamtes Genom auf eine andere Bakterienzelle übertragen. Medizinisch bedeutsam ist vor allem die Übertragung von Antibiotikaresistenzen.

! Merke

Konjugation stellt den Gentransfer zwischen Bakterien über Sexpili dar. Die Übertragung erfolgt von einem F^+- oder einem Hfr-Bakterium auf ein F^--Bakterium. Die Übertragung von Genmaterial ohne Meiose wird auch als *Parasexualität* bezeichnet. Die Konjugation ist nicht an die Artgrenze gebunden; sie kann auch zwischen zwei Bakterien unterschiedlicher Spezies stattfinden.

Transduktion

Das Hinübertragen von DNA von einer Zelle auf die andere erfolgt durch Viren, sog. **Bakteriophagen**. Bei einer Virusinfektion werden innerhalb der Wirtszelle (Mechanismus s. 3.6.2) eine große Zahl an neuen Viruspartikeln hergestellt. Einige der neuen Viren werden fehlerhaft zusammengebaut und enthalten ausschließlich oder teilweise DNA der Wirtszelle.

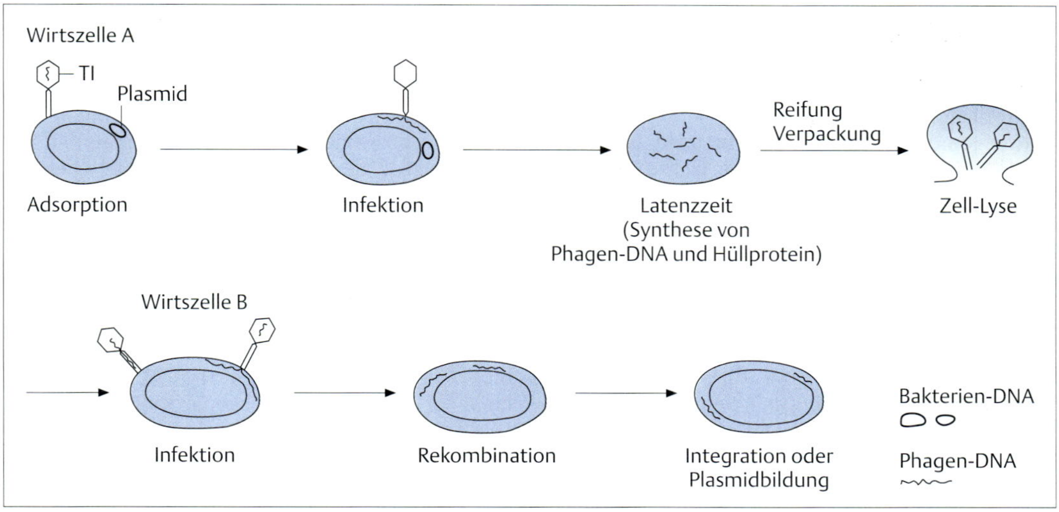

Abb. 3.**5** Transduktionsmechanismus am Beispiel des Bakteriophagen T1

Wird eine andere Wirtszelle von einem solchen Virus infiziert, kann die DNA der alten Wirtszelle in die DNA des neuen Wirts integriert werden (Abb. 3.**5**). Diese transduzierenden Phagen werden zunehmend in der Gentechnologie eingesetzt, um Proteine und Hormone (z. B. Insulin) herzustellen. Zu diesem Zweck wird zunächst ein Plasmid mit der gewünschten genetischen Information (z. B. Gensequenz für Insulin) hergestellt und in einen Phagen eingebaut. Wird eine Bakterienkultur mit solchen Phagen infiziert, so wird das gewünschte Genprodukt (z. B. Insulin) von den Bakterien in großer Menge synthetisiert.

! Merke

Transduktion (transducere, lat.: hinübertragen) ist der phagenvermittelte Gentransport von einem Bakterium auf das andere.

3.3 Wachstum von Bakterien

3.3.1 Stoffwechseltypen der Bakterien

Das Wachstumsverhalten von Bakterien hängt stark vom Sauerstoffgehalt der Atmosphäre ab. Einige Bakterien sind auf Sauerstoff angewiesen, um zu wachsen, bei anderen verhindert Sauerstoff das Wachstum. Insgesamt lassen sich drei verschiedene Stoffwechseltypen unterscheiden:

1. *Aerobier*: Der Stoffwechsel aerober Bakterien ist auf Sauerstoff angewiesen.
2. *Obligate Anaerobier:* Obligat anaerobe Bakterien wachsen nur unter Ausschluß von Sauerstoff. Zur Energiegewinnung setzen sie z. B. Schwefel oder Eisen als Wasserstoffakzeptor ein.
3. *Fakultative Anaerobier:* Wachsen sowohl mit als auch ohne Sauerstoff.

! Merke

Anaerobier gewinnen ihre Energie oft durch Gärung.

3.3.2 Anlegen einer Bakterienkultur

Eine wichtige Aufgabe der medizinischen Mikrobiologie ist es, aus Patientenmaterial (z. B. Abstrich aus einer infizierten Wunde) den Erreger zu bestimmen. Die Erregerdichte im Abstrich oder anderem Untersuchungsmaterial ist meist zu gering, um den direkten Nachweis (z. B. Mikroskopie) zu führen. Aus diesem Grund müssen die Bakterien in einer Kultur vermehrt werden. Die Schritte von Entnahme der Probe bis zur endgültigen Diagnose sind: Entnahme der Probe, Anlegen einer Kultur, Auftrennung der verschiedenen Keime, Bestimmung der Keime und evlt. Anfertigen eines Antibiogramms.

1. Probenentnahme am Patienten: Die Anfertigung einer mikrobiologischen Probe dient der Gewinnung möglichst vieler pathogener Keime am Ort der Infektion. Beispiele für solche Proben sind Sputum,

Urin, Stuhl, Blut oder ein Wundabstrich. Die gewonnene Probe sollte in ein geeignetes Transportgefäß (keine Vermehrung und kein Absterben der Keime) gegeben werden und schnellstmöglich der Untersuchung zugängig gemacht werden.

2. Anlegen einer Bakterienkultur: Eine Bakterienkultur kann in flüssigen oder festen Nährmedien angelegt werden. Beide enthalten für das Bakterienwachstum notwendige Substanzen, wie

- *Pepton* als Stickstoffquelle,
- *Kohlenstoff* – meist die leicht verwertbare Glucose – als Energiesubstrat,
- *Pufferlösung*, mit der der für das Wachstum optimale pH eingestellt werden kann, und zum Teil
- *Serum*.

Für die Kultur humanpathogener Keime ist meist eine Temperatur von 37 ° C (Körpertemperatur) günstig. Der Unterschied zwischen *festem Nährboden* und *flüssiger Nährbullion* ist der Zusatz von *Agar* zu dem festen Nährboden. Agar, Extrakt einer Meeresalge, hat ein hohes Wasserbindungsvermögen und verfestigt so den Nährboden. Für spezielle Fragestellungen können Nährböden z. B. Antibiotika zugesetzt oder bestimmte Stoffe (Aminosäuren) entzogen werden. Mit Hilfe solcher *Selektivnährböden* kann das Wachstum von Keimen, die physiologischerweise vorhanden sind, unterdrückt werden.

3. Auftrennung der Keime: Meist wachsen auf einer Agarplatte mehrere Bakterienkolonien (sichtbare Haufen von Bakterien). Um eine einzelne Kolonie untersuchen zu können, müssen die Kolonien vereinzelt werden. Dies wird durch den *Dreiösenausstrich* erreicht.

4. Bestimmung der Keime: Nach Auftrennung können die Einzelkolonien (*Reinkultur*) weiter untersucht werden. Aufschluß liefern die mit dem bloßen Auge feststellbare Wachstumsform, Verhalten in der Gramfärbung, spezifische Reaktionen und Wachstumsanforderungen (z. B.: Antibiotikaresistenzen, Bedarf bestimmter Aminosäuren für das Wachstum). Die *Wachstumsgeschwindigkeit* variiert zum Teil sehr stark zwischen den verschiedenen Bakterienarten: E. coli z. B., das sich etwa alle 20 Minuten teilt, wächst innerhalb von Tagen zu einer sichtbaren Kultur heran, während Tuberkulosebakterien dafür mehrere Wochen benötigen.

> **! Merke**
>
> E. coli teilt sich unter optimalen Bedingungen alle 20 Minuten.

5. Antibiogramm: Mittels des Antibiogramms kann das Antibiotikum mit der optimalen Wirkung auf den untersuchten Keim festgestellt werden. Auf eine Platte, auf der das Bakterium wächst, werden mit verschiedenen Antibiotika getränkte Filzplättchen aufgebracht. Nach einer bestimmten Kulturdauer kann die Größe des *Hemmhofes* um die jeweiligen Filzplättchen ausgemessen werden. Als Hemmhof bezeichnet man den Raum um das Filzplättchen auf dem keine Bakterien mehr wachsen.

6. Weitere Bestimmungsmöglichkeiten: Das Anlegen einer Bakterienkultur ist eine Möglichkeit, den Erreger zu bestimmen. Wenn es möglich ist werden andere, zum Teil schnellere und genauere Nachweismethoden benutzt. Nachweis *spezifischer* Bakterien-DNA oder ribosomaler RNA der Bakterien, Antikörperbestimmung im Patientenserum oder die klassische Mikroskopie zählen zu diesen Verfahren.

3.3.3 Wachstum von Bakterien

Unter optimalen Bedingungen (ausreichend Nährstoffe, richtiger Umgebungs-pH, Temperaturoptimum, etc.) vermehren sich Bakterien *exponentiell.* Verfolgt man das Wachstum einer Bakterienkultur lassen sich drei (vier) charakteristische Abschnitte unterscheiden: lag-, log-, stationäre und Sterbephase (Abb. 3.**6** und Tab. 3.**2**).

1. Lag-Phase: Beim Anlegen einer neuen Bakterienkultur müssen sich die Bakterien den neuen Lebensbedingungen auf der Platte anpassen. Während dieser *lag-Phase* werden Enzyme hergestellt, die die vorhandenen Energiesubstrate verwerten können. Aus diesem Grund findet in der lag-Phase ein langsames Wachstum der Kultur statt.

2. Log-Phase: Ist die Anpassung an die neue Umwelt erfolgt, geht die Bakterienkultur in die durch exponentielles Wachstum gekennzeichnete *log-Phase* (lg-Phase) über. In der log-Phase weisen die Bakterien ihre maximale Teilungsrate auf (Generationszeit erreicht ihr Minimum).

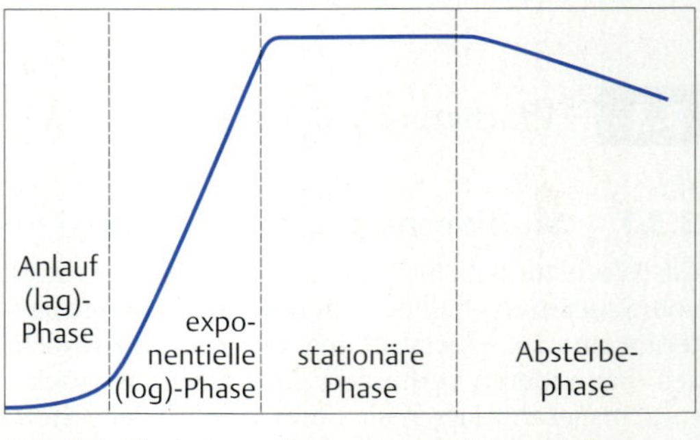

Abb. 3.**6** Wachstumsphasen einer Bakterienkultur

Tab. 3.**2** Phasen des Wachstums in einer Bakterienkultur

Phase des Wachstums	Ereignis
lag-Phase (Verzögerungsphase)	die Bakterien passen sich der neuen Umwelt an
log-Phase	exponentielles Wachstum
stationäre Phase	Gleichgewicht zwischen Wachstum und Absterben
Sterbephase (optional)	die Bakterien sterben ab

! Merke

Die *Generationszeit*, die Zeit zwischen zwei Teilungen, ist u. a. abhängig von Substratangebot und Temperatur.

3. Stationäre Phase: Die ständig wachsende Zahl an Bakterien braucht langsam aber sicher die vorhandenen Nährstoffe ab und gibt Stoffwechselendprodukte an die Umwelt ab, die u. U. toxisch wirken. Wachstum und Absterben halten sich in dieser *stationären Phase* die Waage.

4. Sterbephase: Bei vielen Bakterien geht die stationäre Phase in die *Sterbephase* über. Die Sterbephase wird durch einen immer stärker werdenden Mangel an Energiesubstraten und Akkumulation von toxischen Metaboliten verursacht.

3.3.4 Antibiotika und Antibiotikaresistenzen

Medikamente im menschlichen Körper und Maßnahmen zur Bekämpfung von Bakterien außerhalb des Menschen können entweder die Bakterien direkt töten (*bakteriozid*) oder das Wachstum der Bakterien hemmen (*bakteriostatisch*).

! Merke

bakteriozid: Abtöten der Bakterien

bakteriostatisch: Wachstumshemmung

Wirkungsmechanismus verschiedener Antibiotika

Antibiotika (synonym: Chemotherapeutika) greifen an unterschiedlichen Stellen das Wachstum oder die Vermehrung der Bakterien an (Abb. 3.**7**). Die Grenze zwischen Antibiotika (natürliche Herkunft) und Chemotherapeutika (voll-synthetisch) ist schwer zu ziehen und z. T. historisch bedingt. Prüfungsrelevante Antibiotika sind in Tab. 3.**3** zusammengefaßt.

Antibiotikaresistenz von Bakterien

Bakterien können gegenüber Antibiotika eine *natürliche* und eine *erworbene Resistenz* aufweisen. z. B. ist eine natürliche (primäre) Resistenz gegenüber Penizillin bei vielen gramnegativen Bakterien und Mykoplasmen vorhanden, da die Zellwand bei diesen Erregern gering ausgeprägt bzw. nicht vorhanden

Tab. 3.**3** Wirkungsweise ausgewählter Antibiotika

Antibiotikum	bakteriozid/bakteriostatisch	Wirkungsmechanismus
Penizillin	bakteriozid	Hemmung der bakteriellen Transpeptidase, die für den Aufbau der Zellwand verantwortlich ist → Schädigung der Zellwand → Zelltod
Cephalosporine	bakteriozid	siehe Penizilline
Tetrazyklin	bakteriostatisch	Blockieren 30 S-Untereinheit der bakteriellen Ribosomen → Hemmung der Proteinbiosynthese
Rifampicin	bakteriozid	Hemmung der bakteriellen, DNA-abhängigen RNA-Polymerase → Verhinderung der Proteinbiosynthese und DNA-Replikation
Sulfonamide	je nach Konzentration	Als falsches Substrat in der Tetrahydrofolsäuresynthese (wichtig für Nukleinsäuresynthese) hemmen sie diese
Gyrasehemmer	bakteriozid	Hemmt die Topoisomerase II (Gyrase) der Bakterien und verhindert so einen geordneten DNA-Aufbau

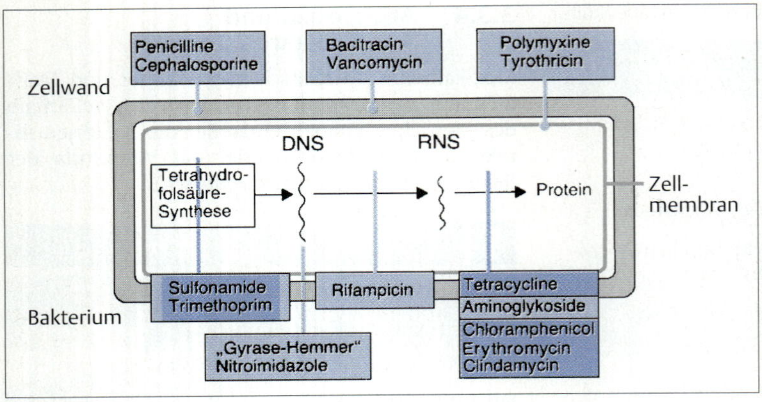

Abb. 3.7 Angriffspunkte verschiedener Antibiotika. Polymyxine und Tyrothricin erhöhen die Durchlässigkeit der Zellmembran – schlechte Verträglichkeit. Hell: bakteriozid; dunkel: bakteriostatisch (aus Lüllmann/Mohr/Ziegler, Thieme 1994)

ist. Bei gramnegativen Bakterien befindet sich das Murein hinter der zweiten Zellwandschicht, die Penizillin von seinem Wirkungsort fernhält.

Merke

Natürliche Resistenzen (primär) beruhen auf Besonderheiten des Stoffwechsels oder des Aufbaus eines Bakterienstammes.

Erworbene Resistenzen (sekundär) können durch Mutation und Selektion, Rekombination oder Plasmidtransfer auftreten.

Wie andere Lebewesen auch, sind Bakterien in der Lage sich an neue Umweltbedingungen anzupassen. Zu neuen Umweltbedingungen zählt auch der Gebrauch von Antibiotika, der das Überleben antibiotikaresistenter Bakterienstämme fördert.

Klinischer Bezug

Das Problem der **Antibiotikaresistenzen** sollte auf keinen Fall unterschätzt werden. Schon heute gibt es Infektionen mit MRSA-Staphylokokken (multiresistente Staphylokokken), die, wenn überhaupt, nur noch gegenüber wenigen Antibiotika sensibel sind.

3.3.5 Desinfektion und Sterilisation

Unter **Desinfektion** wird die Inaktivierung bzw. Abtötung von *pathogenen* Mikroorganismen auf „menschlichen Oberflächen" verstanden. Bei der **Sterilisation** werden alle Mikroorganismen abgetötet. Stoffe oder physikalische Faktoren (z. B. Hände waschen), die in der Desinfektion eingesetzt werden, müssen neben ihrem Effekt auf Bakterien noch die Haut schonen.

Tab. 3.4 Desinfektions- und Sterilisationsmittel

Desinfektionsmittel	Sterilisationsmittel
– Alkohole (Sterilium®)	– Hitze (feucht/trocken)
– Phenole	– Radioaktive Strahlung
– Jodlösungen	– Gase
– Aldehyde (Formaldehyd)	– UV-Strahlung

Klinischer Bezug

Bei einer Nadelstichverletzung mit einer HIV-infizierten Kanüle werden viele der Viren durch Aufbringen einer 10 %igen Jodlösung lokal abgetötet.

3.4 Formengruppen von Bakterien

In der Mikrobiologie ist es notwendig, die Bakterien nach gewissen Gesichtspunkten zu ordnen, da große Unterschiede (funktionell und morphologisch) zwischen den einzelnen Bakterienarten bestehen (Tab. 3.5). Die Besonderheiten einer Bakterienart müssen bei der Behandlung einer bakteriellen Infektion beachtet werden.

Unter dem Mikroskop zeigen die einzelnen Bakterienarten eine bestimmte Gestalt, die einen ersten Anhaltspunkt für die Bestimmung liefert (Abb. 3.8). Von medizinischer Bedeutung sind u. a.:

- *Staphylokokken*: rund, in Haufen zusammenliegend. Staphylokokken sind häufig Erreger von Hautinfekten und Sepsen.
- *Streptokokken:* rund, kettenförmig hintereinanderliegend. Bestimmte Streptokokken verursa-

Tab. 3.**5** Merkmale zur Unterscheidung von Bakterien

Unterscheidungsmerkmal	Unterteilung in...
Gestalt und Anordnung der Zelle	– Staphylokokken – Streptokokken und Pneumokokken – Schraubige Bakterien – Stäbchen
Gramfärbung	– gramnegativ – grampositiv
Verhalten gegenüber Sauerstoff	– aerob – anaerob
spezifische Stoffwechselleistungen	– Kapselbildung – Sporenbildung – Geißelbildung – besondere Enzyme
Antigenaufbau	feststellbar mit monoklonalen Antikörpern

chen z. B. die Angina tonsilaris und evtl. – als Folgekrankheit – eine Glomerulonephritis.

- *Pneumokokken:* zwei runde Bakterien, die hintereinander liegen, oft mit einer Kapsel umgeben. Pneumokokken verursachen z. B., wie es der Name andeutet, Pneumonien.
- *Spirillen:* schraubig gewundene Bakterienform. Erreger der Borreliose und Lues
- *Stäbchen:* zu den Stäbchenbakterien zählen z. B. die Cholera verursachenden Vibrionen (V. cholerae).

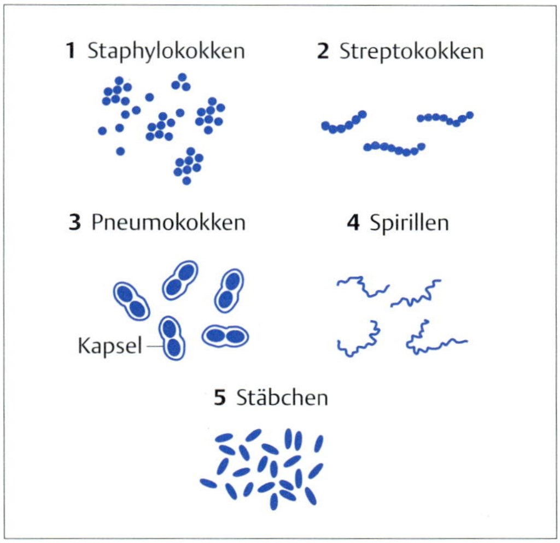

Abb. 3.**8** Form und Gestalt von Bakterien

3.4.1 Bestimmungsbeispiele für Bakterien

Bestimmungsbeispiel 1: Ein Bakterienstamm wächst nur unter Ausschluß von *Sauerstoff*, erscheint nach Gramfärbung *blau* und sieht unter dem Mikroskop *stäbchenförmig* aus. Der Stamm ist zu *Sporenbildung* befähigt. *Es handelt sich um* ein anaerobes, grampositives Stäbchen, das Sporen ausbilden kann (z. B. Clostridien).

Bestimmungsbeispiel 2: Für die Kultur eines Bakterienstamms ist *Sauerstoff notwendig*, die nach Gramfärbung *dunkelblauen* Bakterien sind *rund* und liegen in *Haufen* zusammen. *Es handelt sich um* aerobe, grampositive Kokken (z. B. Staphylokokken).

3.5 Pilze

3.5.1 Lebensweise

Eine Pilzzelle besteht aus einem Zellkern mit darin enthaltenen Chromosomen und verschiedenen Organellen (z. B. Mitochondrien). Aus diesem Grund gehören die Pilze zu den Eukaryonten. Von tierischen Zellen unterscheiden sich die Pilze durch das Vorhandensein einer *Zellwand*. Einige Arten, z. B. Cryptokokkus neoformans, besitzen zusätzlich eine *Schleimkapsel* um die Zellwand.

Die Energie für ihren Stoffwechsel gewinnen Pilze aus dem Abbau organischer Substanzen (*heterotrophe* Lebewesen).

! Merke

Autotrophe Lebewesen sind in der Lage, energiereiche Verbindungen selbst aufzubauen. Autotroph leben vor allem Pflanzen (Photosynthese) und einige Bakterien (Photo- oder Chemosynthese). *Heterotrophe* Lebewesen sind auf die von autotrophen Lebewesen synthetisierten energiereichen Verbindungen angewiesen.

3.5.2 Wachstumsformen

Anhand des Aussehens werden Pilze in drei Klassen eingeteilt:

1. *Sproßpilze* (Hefen) sind meist einzellig und weisen eine runde Zellform auf. Wichtiger humanpathogener Vertreter dieser Gruppe ist Candida albicans.
2. *Hyphenpilze* bilden fadenförmige Strukturen (Hyphen) aus. Die Gesamtheit der Hyphen eines Pilzes bezeichnet man als *Myzel*.
3. *Mischformen* der beiden Typen kommen vor.

3.5.3 Vermehrung und Verbreitung

Pilze können sich asexuell oder sexuell vermehren. Die *asexuelle Vermehrung* findet durch Bildung einer Ausbuchtung in der Zellwand statt, in die ein neu gebildeter Kern (Mitose) einwandert und sich abschnürt (*Sprossung*). Bei *sexueller Vermehrung* verschmelzen zwei gegengeschlechtliche Zellen mit jeweils haploidem Chromosomensatz, da sie eine Meiose durchlaufen haben. Die gebildete diploide Zygote vermehrt sich durch Sprossung weiter.

Merke

Die Fortpflanzungsorgane (sexuell oder asexuell) werden als *Sporen* bezeichnet. Pilzsporen dienen im Gegensatz zu bakteriellen Sporen der Fortpflanzung.

Pilze zeichnen sich durch ein breites Spektrum an verschiedenen Arten aus. Einige Pilzarten ernähren sich von Fäulnisprodukten organischer Substanzen (saprophytisch), andere Pilze leben als Parasiten oder Symbionten.
Von den über 120.000 verschiedenen Arten wurden bisher nur 100 als Krankheitserreger des Menschen gefunden. Mit wenigen Ausnahmen weisen diese Pilze jedoch nur ein geringes pathogenes Vermögen auf. Voraussetzung für das Entstehen einer Mykose (Pilzinfektion) ist meist eine Abwehrschwäche (s. 3.5.4)

Klinischer Bezug

Menschen, deren Immunsystem in seiner Wirksamkeit stark eingeschränkt ist, sind stark durch Pilzinfektionen bedroht. Besonders häufig ist eine Infektion der Mundhöhle und des Oesophagus mit **Candida albicans** (Hefepilz).

3.5.4 Synthese von Stoffen durch Pilze

Von der medizinischen Bedeutung her dürfen Pilze nicht unterschätzt werden. Pilze sind zum einen Erreger von Infektionskrankheiten (Mykosen), zum anderen produzieren sie eine Vielzahl an Substanzen, die toxisch wirken oder als Antibiotika eingesetzt werden können.
Die **Antibiotikaproduktion** von Pilzen ist *Alexander Fleming* (englischer Forscher 1881 – 1955) durch ein Mißgeschick in seinem Labor aufgefallen. Fleming stellte fest, daß eine Bakterienkultur abstarb, wenn ein Schimmelpilz (Penicilium notatum) in die Kultur gelangt war. Ursache des Absterbens der Bakterien war ein vom Pilz synthetisierter Stoff, das Penicillin G. Pilze synthetisieren Antibiotika, um gezielt Bakterien abzutöten, da Pilze und Bakterien um denselben Nährstoff (Substrat) konkurrieren.
Andere Pilzarten produzieren äußerst wirksame **Toxine**. Zu diesen zählen vor allem das Ergotamin, Aflatoxin, α-Amanitin und Halluzinationsdrogen (Tab. 3.**6**).

3.6 Viren

3.6.1 Was sind Viren?

Geschichtliches

Der Virusbegriff stammt vom Ende des 19. Jahrhundert. Damals wurde versucht, die Ursache der Tabakmosaikkrankheit (helle Flecken auf den Blättern des Tabaks) zu finden. Zu diesem Zweck wurde auch ein Extrakt der erkrankten Pflanzen mit einem bakteriendichten Filter gereinigt. Im Rückstand des Filters ließen sich keine Bakterien nachweisen, und das Filtrat war weiterhin infektiös. Diese unbekannte Art von Erreger wurde als Virus (lat. Gift) bezeichnet.

Tab. 3.**6** Ausgewählte Pilztoxine

Toxin	Wirkung	Herkunft
Ergotamin	greift an Dopamin- und α-Adrenorezeptoren an (a- und antagonistisch) → periphere Vasokonstriktion, Kontraktion des Uterus, zentrale α-Blockade	Claviceps purpurea; der Pilz wächst auf Getreide, dort fällt er als kleine, schwarze Punkte auf; die letzten Vergiftungen sind in den 50er Jahren in Frankreich aufgetreten
Aflatoxin	potentes Kanzerogen (primärer Leberzelltumor). In hohen Dosen Leberausfallskoma.	der in verschimmelten Speisen vorkommende Schimmelpilz Aspergillus flavus (immer alles wegwerfen!)
α-Amanitin	Hemmung der RNA-Polymerase II; bei hohen Konzentrationen auch die RNA-Polymerase III; nie die RNA-Polymerase I	Knollenblätterpilz

Merke

Viren sind in der Lage, bakteriendichte Filter zu passieren.

Virusaufbau

Der Aufbau der Viren konnte durch verfeinerte biochemische Methoden und Elektronenmikroskopie aufgeklärt werden und folgt einem einheitlichen Schema (Abb. 3.**9**): Viren bestehen immer aus einer

- **Nukleinsäure**; *entweder* DNA *oder* RNA jeweils als Einzel- oder Doppelstrang, und einem
- **Capsid**, das aus viralen Proteinen besteht und die Nukleinsäure schützend umgibt.

Einige Viren können neben Nukleinsäure und Capsid zusätzlich noch

- virale **Enzyme** innerhalb des Capsids und
- eine **Hülle** (envelope) aus Membranbestandteilen der Wirtszelle

enthalten.

Die **Größe** der Viren variiert zwischen den einzelnen Virusfamilien. Die Größen reichen von etwa 30 nm (Poliovirus) bis zu 350 nm (Pockenvirus). Die kleinsten Bakterien sind im Vergleich hierzu immerhin 700 nm groß (Rickettsien). Nur die Elementarkörperchen der Chlamydien (Bakterium) sind kleiner (250 nm) als das Pockenvirus.

Merke

Befindet sich ein komplett aufgebautes Virusmolekül nicht in einer Zelle, wird es als *Virion* bezeichnet.

Die **Klassifizierung** der Viren in bestimmte Gruppen in der Medizin erfolgt anhand der in Tab. 3.**7** aufgeführten Bestandteilen. Dem Typ der Nukleinsäure kommt hierbei eine Schlüsselstellung zu.

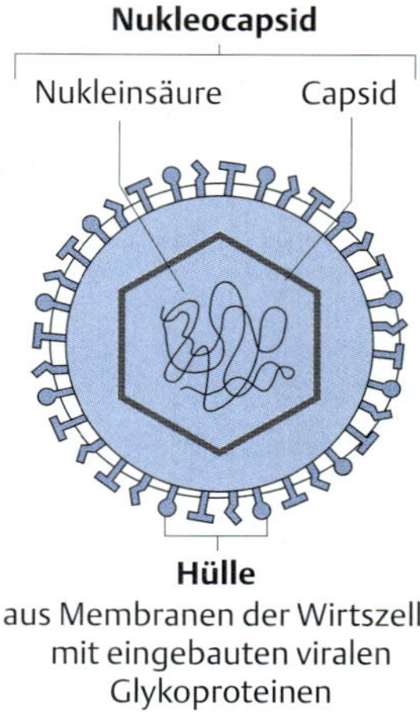

Abb. 3.**9** Allgemeiner Bauplan der Viren

Bakteriophagen, Prionen und Viroide

Im Zusammenhang mit der Virologie stehen die Begriffe Bakteriophage und Viroid. Ein *Bakteriophage* (Phage) ist ein *ausschließlich* Bakterien befallendes Virus.

Klinischer Bezug

Durch Transduktion (s.3.2.3) können Bakteriophagen **Antibiotikaresistenzen** übertragen. Die Resistenzübertragung von einem Bakterium auf das andere durch Viren kann über die Speciesgrenze hinaus erfolgen, z. B. Resistenzen der kommensalischen E. coli können auf pathogene Erreger weiter gegeben werden.

Als *Viroide* (slow viruses) werden infektiöse Nukleinsäuren ohne Kapsid und Hülle bezeichnet. Viroide befallen nach bisherigen Erkenntnissen nur Pflanzen. *Prione* sind infektiöse Proteine. Kuru und die

Tab. 3.**7** Übersicht über die Virusbestandteile

Virusbestandteil	Vorhanden	Aufgebaut aus...	Funktion
Nukleinsäure	immer	einzel- oder doppelsträngige DNA oder RNA	Träger der viralen Erbinformation
Capsid	immer	virale Proteine	Schutz der Nukleinsäure
Hülle (envelope)	optional	Zellmembran der Wirtszelle in Verbindung mit viralen Proteinen	Schutzfunktion und u. U. verbessertes Andocken an Wirtszelle
Enzyme	optional	Aminosäuren	Katalyse, z. B. reverse Transkriptase

Jakob-Creutzfeldt-Erkrankung werden diesen, zur Zeit noch nicht genau identifizierten, Erregern zugeschrieben.

Wirtsspektrum von Viren

Viren können sich nur innerhalb von Zellen vermehren, da sie selbst nicht in der Lage sind, Proteine zu synthetisieren.

! Merke

Viren sind obligate Zellparasiten.

Im Laufe der Evolution ist durch Mutation eine Vielzahl an Viren entstanden. Einige sind auf pflanzliche, andere auf tierische und/oder menschliche Zellen für ihre Vermehrung angewiesen.

3.6.2 Viraler Vermehrungszyklus

Dieses Kapitel bezieht sich auf die Virusvermehrung in *eukaryonten* Zellen. Die Unterschiede zur Virusvermehrung in Prokaryonten sind am Ende dieses Abschnitts zusammengefaßt.

Wird eine Zelle mit einem Virus infiziert, kann dies drei verschiedene Folgen haben (Abb. 3.**10**):

1. *lytischer Vermehrungszyklus:* Virusproduktion mit Zerstörung der Wirtszelle
2. *temperenter Vermehrungszyklus*: Integration der Virusnukleinsäure in die Wirts-DNA
3. *Budding* (*Knospung*): Virusproduktion ohne akute Zerstörung der Wirtszelle

Tab. 3.**8** Phasen der lytischen Virusvermehrung

Phase	Entscheidendes Ereignis
Adsorption	Anlagerung des Virus an die Wirtszelle
Penetration	Eindringen des Virus in die Wirtszelle
Uncoating	Freiwerden der viralen Nukleinsäure → Eklipse
Reifung	Synthese viraler Bausteine (Nukleinsäure, Kapsid und evtl. Hüllenbestandteile)
Freisetzung (Lyse)	Zerstörung der Zelle mit Freiwerden der neu gebildeten Viren

Lytischer Vermehrungszyklus

Der lytische Vermehrungszyklus von Viren hat die *Zerstörung der Wirtszelle* zur Folge. Es lassen sich fünf charakteristische Phasen innerhalb dieses Wegs unterscheiden (Tab. 3.**8**, Abb. 3.**11**):

1. Adsorption: Die Kontaktaufnahme zwischen Virus und Wirtszelle ist unabdingbare Voraussetzung einer Virusinfektion. Die *gewöhnlichen intermolekularen Wechselwirkungen* (ionale Wechselwirkungen, Van-der-Vaals-Kräfte, etc.) und spezifische *Rezeptorinteraktionen* sind für die Adsorption verantwortlich. Beispiele sind die zellulären Proteine, die Viren als Rezeptor für die Adsorption dienen:

- CD4-Molekül → HIV-Virus
- ACh-Rezeptor → Tollwutvirus

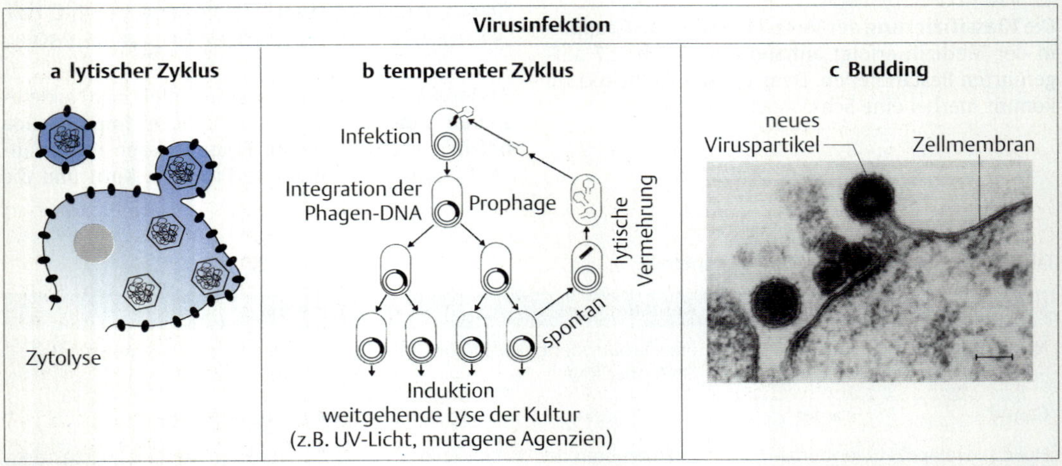

Abb. 3.**10** Mögliche Folgen einer Virusinfektion. **a** *Lytischer Vermehrungszyklus*, **b** *temperenter Zyklus* (aus Hafner, L., P. Hoff: Materialien für den Sekundarbereich II Biologie, Genetik. Schroedel, Hannover 1988), **c** *Budding* (aus Hirsch-Kaufmann/Schweiger, Thieme 1992)

2. Penetration: Nach erfolgter Bindung an die Zelle wird das Virus *komplett* in die Zelle aufgenommen. Die Penetration kann durch *direkten Transfer* des Virus über die Zellmembran, *Fusion* der Virushülle (behüllte Viren) mit der Zellmembran oder durch *Pinozytose* erfolgen.
3. Uncoating: In der Zelle werden das Kapsid und, soweit vorhanden, die Hülle des Virus enzymatisch abgebaut. Die virale Nukleinsäure ist freigeworden. Diese, auch als *Eklipse* bezeichnete Phase, dauert so lange an, bis neue Viruspartikel geformt worden sind.

! Merke

Das IMPP behauptet, daß das Virion während der Eklipse in der Zelle nicht mehr nachweisbar ist. Mit neueren molekularbiologischen Verfahren ist ein Nachweis von spezifischen Nukleinsäureabschnitten jedoch möglich (z. B. Gensonden und PCR → polymerase chain reaction).

4. Reifung: Die Reifung beinhaltet die Synthese neuer viraler Proteine und Nukleinsäuren. Je nach Art der primär vorhandenen viralen Nukleinsäure muß aus dieser eine doppelsträngige DNA hergestellt werden. Die Synthese *viraler Proteine* geschieht unter Ausnutzung des Proteinbiosyntheseapparats der Wirtszelle. Analoges gilt für den Aufbau der Nukleinsäuren. Vor Beginn der Synthese neuer Virusbestandteile werden oft Proteine hergestellt, die die Steuerung der Wirtszelle übernehmen.
Beim Zusammenbau der viralen Nukleinsäure können Fehler unterlaufen, die das Genom eines neu entstandenen Virus verändern → *Mutation von Viren.*
5. Freisetzung: Ist eine bestimmte Zahl von neuen Viren in einer Zelle entstanden, wird die Zellmembran zerstört und die Viren werden freigesetzt.

Temperenter Vermehrungszyklus

Von einem temperenten Vermehrungszyklus spricht man nur bei Bakteriophagen. Die *latente virale Infektion* ist das Äquivalent bei Eukaryonten. Der temperente Vermehrungszyklus (*lysogene* Infektion) unterscheidet sich in einem Punkt vom lytischen Zyklus. Nach erfolgter Adsorption, Penetration und Uncoating *integriert* ein temperentes Virus seine Nukleinsäure in die der Wirtszelle (*Prophage*) (Abb. 3.**10b**). RNA-Viren schreiben zu diesem Zweck mit einer reversen Transkriptase ihre RNA in DNA um. Die Integration geschieht unter Beteiligung von *Restriktionsenzymen* (s. Biochemie 4.2 und 13.2).

Virus-Replikation (Lytischer Zyklus)

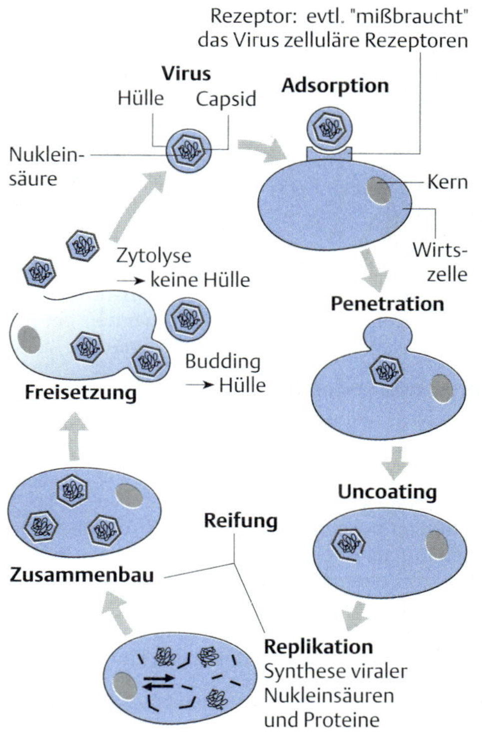

Abb. 3.**11** Lytischer Vermehrungszyklus von Viren

! Merke

Eine *reverse Transkriptase* kehrt den eigentlichen genetischen Fluß um; sie synthetisiert aus RNA ein DNA-Molekül. Die reverse Transkriptase ist z. B. wichtiger Bestandteil des HIV-Virus und findet in der Gentechnologie Anwendung

Das integrierte virale Erbgut wird durch Teilungen der Zelle auf die Tochterzellen weitergegeben. Eine mit einem temperenten Virus infizierte Zelle kann u. U. überleben, da ein Übergang in den lytischen Zyklus nicht immer erfolgt. Der Übergang zum lytischen Zyklus des Prophagen kann spontan oder infolge einer Noxe (z. B. UV-Licht, geschwächte Immunabwehr) erfolgen.
Die in die Wirtzelle integrierte virale DNA kann für die Zelle auch ohne stattfindende Virusproduktion schwere Folgen haben. Einige Viren enthalten auf ihrer Nukleinsäure Gene, die die infizierte Zelle entarten lassen können. Virale Gene, die zur *malignen*

Biologie

Transformation infizierter Zellen beitragen, werden als **virale Onkogene** bezeichnet. Virale Onkogene ändern zum Teil die Ablesungshäufigkeit von Genen, die die Zellteilung überwachen.

Klinischer Bezug

Zu mit Viren assoziierten malignen Erkrankungen zählen z. B.: Leukämien (human T-cell leukaemia viurs, HTLV) und das Leberzellkarzinom (Hepatitis-B-Virus, HBV).

Von den viralen Onkogenen müssen die **zellulären Onkogene** abgegrenzt werden. Zelluläre Onkogene sind in jeder Zelle enthalten und werden bei malignen Erkrankungen verändert exprimiert.

Vermehrung durch Budding (Knospung)

Werden in der Wirtszelle zu einem Zeitpunkt nur einige Viren hergestellt und schnüren diese sich von der Plasmamembran als Knospen ab, wird dies als *budding* bezeichnet.
Die durch Knospung entstandenen Viren erhalten dadurch immer eine Hülle (envelope), die aus Bestandteilen der Zellmembran und viralen Proteinen besteht (Abb. 3.**10** und 3.**11**). Durch zahlreiche Knospungen kann die Wirtszelle u. U. so stark geschädigt werden, daß es zur Lyse der Wirtszelle kommt.

Unterschiede zum Vermehrungszyklus in prokaryonten Zellen

Die Virusvermehrung in Prokaryonten gleicht mit einer Ausnahme der der Eukaryonten: einige Bakteriophagen können ihre Nukleinsäuren in die Wirtszelle injizieren, während das Capsid außerhalb der Zelle bleibt.

3.6.3 Viruszüchtung

Bei der Viruszüchtung muß auf die besonderen Bedürfnisse der Viren eingegangen werden. Da Viren sich nur innerhalb von Zellen vermehren, können sie nur in *lebenden Tieren*, *Zell-* oder *Bakterienkulturen* gezüchtet werden.

Klinischer Bezug

Zur genauen Diagnose einer Virusinfektion müssen die Viren nachgewiesen werden. Zu diesem Zweck wird das zu untersuchende Material auf eine einschichtige Zellkultur (monolayer) aufgebracht. Bilden sich nach einiger Zeit Löcher im homogenen Zellrasen, so ist dies auf einen Virusbefall der Zellen zurückzuführen (→ *zytopathischer Effekt*).

3.6.4. Sind Viren Lebewesen?

Ein Lebewesen zeichnet sich *definitionsgemäß* durch folgende Eigenschaften aus:

- Es ist in der Lage, sich selbständig zu vermehren.
- Es besitzt einen eigenen Stoffwechsel.
- Es ist zur genetischen Rekombination fähig.

Da Viren weder in der Lage sind, sich selbständig zu vermehren, noch einen eigenen Stoffwechsel besitzen, können sie *definitionsgemäß* nicht zu den Lebewesen gerechnet werden.
Aufgrund der Fähigkeit sich zu vermehren und zu rekombinieren, erfüllen Viren auch nicht ganz die Definition eines Nicht-Lebewesens. Für das Physikum sollte man sich jedoch der ersten Meinung anschließen.

Merke

Ansonsten gilt: In der Wirtszelle sind Viren lebendig (wenn nicht latent). Extrazellulär sind Viren lediglich infektiöse Makromoleküle,

3.7 Kommensalismus, Parasitismus und Biozönose

3.7.1 Kommensalismus und Parasitismus

Die drei Begriffe Symbiose, Kommensalismus und Parasitismus versuchen, das Zusammenleben von zwei verschiedenen Arten zu beschreiben. Die Definitionen der Begriffe lauten wie folgt:
Symbiose: die beiden Arten profitieren von ihrem Zusammenleben. Die natürliche Darmflora beim Menschen ist ein Beispiel für eine Symbiose. Die Darmbakterien schützen den Wirt vor Infektionen mit pathogenen Bakterien und versorgen ihn u. a. mit Vitamin K. Der Wirt stellt den Bakterien die benötigten Nährstoffe zur Verfügung und gewährleistet eine gleichbleibende Umgebungstemperatur.
Kommensalistische Lebewesen verbessern die Lebensbedingungen des Wirts nicht, schaden ihm aber auch nicht, da sie nur seine Abfallstoffe verwerten.
Parasiten schaden dem Wirt, wenn sie mit ihm zusammenleben.
Diese Einteilung ist allerdings problematisch, da es sehr schwer abzuschätzen ist, was Schaden und was Nutzen im Einzelfall bedeutet.

Humanpathogene Parasiten

Parasiten werden in *Ektoparasiten* (leben auf der Wirtsoberfläche) und *Endoparasiten* (leben im Wirt) unterteilt. Zu den Ektoparasiten zählen z. B. blutsaugende Stechmücken oder Zecken. Beispiel für einen Endoparasiten ist der Erreger der Malaria (Plasmodien).

Klinischer Bezug

Der gemeine Holzbock (Zecke, Ektoparasit) ist Zwischenwirt einer Bakterienart (Borrelien). Befällt eine mit Borrelien infizierte Zecke einen Mensch, können die Borrelien übertragen werden. Zeichen einer **Borreliose** ist die kreisrunde rote Verfärbung um die Einstichstelle (Erythema migrans). Umbehandelt (Antibiotika) kann eine Borreliose zu schweren Gelenkschäden und neurologischen Krankheitsbildern führen.

3.7.2 Biozönose

Merke

Eine *Biozönose* beinhaltet die Gesamtheit aller lebenden Organismen in einem räumlichen und zeitlichen Zusammenhang. Das Umfeld, in dem die Organismen leben, ist ein *Biotop*.

Der Mensch, wie alle anderen Lebewesen auch, ist vielen Biotopen und Biozönosen zugehörig: Er ist der Lebensort (Biotop) vieler Bakterien und Parasiten etc.. Durch die Einbindung an Nahrungsketten (s.u.) können Schadstoffe im menschlichen Körper angereichert werden.

3.8 Beteiligung von Mikroorganismen an Stoffwechselkreisläufen

3.8.1 Einschleusung von Schadstoffen in Nahrungsmittel

Schadstoffe, z. B. Schwermetalle oder PBC, die wir in Gewässer ableiten, gelangen über die Nahrungskette in den menschlichen Organismus. Zum Beispiel wird durch unkontrolliertes Einleiten industrieller Quecksilberabfälle in die Gewässer die Umwelt stark belastet. Nahezu alle Quecksilberverbindungen werden insbesondere in Gewässern mit geringem Sauerstoffgehalt in Methylquecksilber umgewandelt, das wegen seiner Fettlöslichkeit in der Nahrungskette Fisch-Mensch stark angereichert wird.

Vor allem Gewässer können sich in begrenztem Umfang *selbst* von vielen Schadstoffen *reinigen*. Unter Sauerstoffverbrauch bauen bestimmte Bakterien organische Substanzen ab. Die Selbstreinigungskapazität von Gewässern ist nicht unbegrenzt belastbar. Werden in Gewässer zu viele organische Abfälle eingeleitet, z. B. Düngemittel aus der Landwirtschaft, kann diese Menge nicht mehr abgebaut werden. Viele der in Gewässer eingeleiteten Stoffe sind Nährstoffe. Aus diesem Grund spricht man auch von *Eutrophierung*.

Das Prinzip der Selbstreinigung wird in Kläranlagen (*biologische Abwasserreinigung*) eingesetzt.

Merke

Schwermetalle können nicht von den Bakterien abgebaut werden.

3.8.2 Einschleusung natürlich vorkommender Gifte in Nahrungsketten

Ein natürlich vorkommendes Gift in unserer Nahrung ist das in Miesmuscheln vorkommende *Saxitonin*. Dies wird nicht selbst von den Miesmuscheln gebildet, sondern aus den zeitweilig im Plankton auftretenden Dinoflagellaten aufgenommen. Saxitonin ist ein hochwirksames Nervengift. Zu den Vergiftugssymptomen, die 0 – 12 Stunden nach der Miesmuschelmahlzeit auftreten, gehören Parästhesien im Mundbereich, Gefühllosigkeit in Finger- und Zehenspitzen, sowie Schwäche der Skelettmuskulatur. Es kann zur Atemlähmung kommen. Alle Symptome sind voll reversibel.

3.8.3 Bedeutung des Abbaus organischer Substanzen durch Mikroorganismen

Mikroorganismen, vor allem Bakterien und Pilze, sind in der Lage, sich von organischen Fäulnisprodukten zu ernähren. Sie bauen organische Substanzen zu den anorganischen Ausgangsprodukten um (*Destruenten*).

Merke

Destruenten leben heterotroph, da sie nicht selbständig energiereiche Verbindungen aufbauen können.

Destruenten sind ein wichtiger Bestandteil von Stoffkreisläufen. Wichtige Stoffkreisläufe sind der Stick-

stoff-, Kohlenstoff- und Schwefelkeislauf. Dem Stickstoffkreislauf kommt eine große physiologische Bedeutung zu, da Stickstoff essentieller Bestandteil der Schlüsselmoleküle des Lebens, nämlich der Nukleinsäuren und Proteine, ist.
Der Luftstickstoff wird durch Bakterien in Form von Ammoniak gebunden. Oxidation des Ammoniaks zu Nitrit und Nitrat durch Bodenbakterien erleichtert Pflanzen die Aufnahme des Stickstoffs aus dem Boden. Einige Bakterien leben mit bestimmten Pflanzen symbiotisch zusammen: Die Bakterien binden den Stickstoff und die Pflanze läßt die Bakterien in ihrem Wurzelwerk leben. Über den Verzehr von Pflanzen gelangt der Stickstoff in tierische Organismen, die ihn in verschiedenen Formen (Harnstoff, Ammoniak) wieder ausscheiden.

Zellvermehrung, Keimzellbildung und Zelldifferenzierung

Die Individualentwicklung (Ontogenese) aller mehrzelligen Organismen nimmt ihren Ursprung aus einer einzelnen Zelle. Diese ist durch Fusion zweier, in der *Meiose* gebildeter Keimzellen, entstanden. Durch zahlreiche *mitotische* Teilungen und Differenzierungsschritte reift aus dieser Zelle das mehrzellige Individuum heran.
Viele prokaryontische Lebewesen, vor allem Bakterien, vermehren sich ausschließlich durch mitotische Zellteilungen.

4.1 Somatische Zellen: Zellzyklus

Zellen durchlaufen während ihres Lebens zwei charakteristische Abschnitte: **Interphase** und **Mitose**. Während der *Interphase*, die die Zeit zwischen zwei Zellteilungen einnimmt, wächst die Zelle und übt ihre spezifischen Funktionen aus. Zellen, die sich weiter teilen, verdoppeln in der Interphase zusätzlich ihre DNA. Die eigentliche Zellteilung findet während der *Mitose* statt. Innerhalb der Interphase lassen sich drei, innerhalb der Mitose vier Phasen, unterscheiden (Abb. 4.**1**).

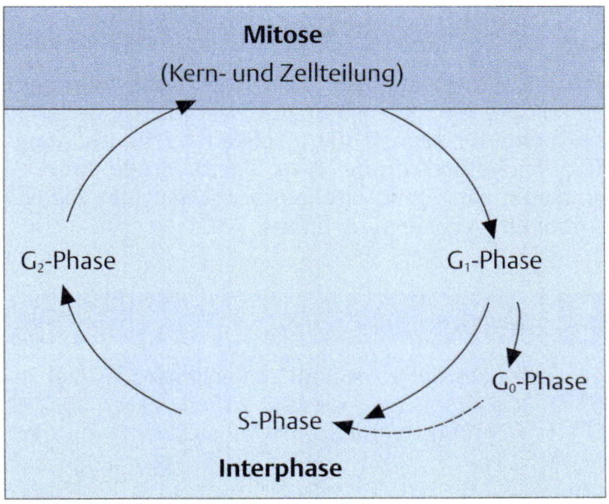

Abb. 4.**1** Die Phasen des Zellzyklus

4.1.1 Interphase

Abschnitte der Interphase

Nach erfolgter Mitose beginnt die Interphase, die sich in die G_1- bzw. G_0-, *S*- und G_2- *Phase* unterteilt (G: gap, Lücke; S: Synthese). Jede der Phasen ist durch bestimmte Stoffwechselleistungen charakterisiert (Tab. 4.**1**):

- **G_1-Phase:** Die Zelle wächst zu der ihr angemessenen Größe heran und erfüllt ihre Aufgaben im Organismus (z. B. Proteinproduktion oder Entgiftung von toxischen Substanzen). In einer teilungsfähigen Zelle verdoppeln sich zusätzlich die Zentrio-

Tab. 4.**1** Übersicht über die einzelnen Phasen der Interphase

Phase	Entscheidende Ereignisse
G_1-Phase	– Wachstum der Zelle – Aufgabenerfüllung im Organismus – in teilungsfähigen Zellen: Zentriolenverdopplung
G_0-Phase	– Dauerzustand der G_1-Phase
Synthese-Phase	– semikonservative DNA-Replikation
G_2-Phase	– Reparaturen und Korrekturen an der replizierten DNA

len am Ende der G_1-Phase. Bleibt eine Zelle dauernd in der G_1-Phase, so wird diese als G_0-Phase bezeichnet. Beim Erwachsenen befinden sich Nerven- und Muskelzellen fast ausschließlich in der G_0-Phase.

- **Synthese-Phase:** Markantes Ereignis der folgenden S-Phase ist die *semikonservative DNA-Replikation* (Replikation: Verdopplung, genauer Ablauf, s.u.). Nach Beendigung der S-Phase liegt die DNA in doppelter Menge vor; die Zellteilung könnte beginnen. Fehler, die bei der Replikation der DNA aufgetreten sind, würden so aber weitergegeben.
- **G_2-Phase:** Die in der S-Phase aufgetretenen Fehler werden in dieser Phase von bestimmten Proteinen erkannt und korrigiert. Die G_2-Phase liegt zwischen dem Ende der S-Phase und Beginn der Mitose.

Merke

In einer teilungsfähigen Zelle werden während der G_1-Phase auch die zur DNA-Replikation benötigten Enzyme synthetisiert.

Mechanismus der DNA-Replikation

Bei der Verdopplung der DNA (*Replikation*) ist der DNA-Doppelstrang von entscheidender Bedeutung. Andernfalls müßte im Zellkern die Replikation über eine Art Negativ erfolgen. Das Vorhandensein *freier Nukleotidtriphosphate* im Zellkern ist eine weitere Voraussetzung für die DNA-Replikation. Durch Untersuchungen mit radioaktiv markierten Nukleotiden konnte man feststellen, daß die aus einem DNA-Molekül entstehenden Kopien je zur Hälfte aus alter und neuer DNA bestehen (*semikonservative Replikation*, semi: halb) (Abb. 4.**2** und Tab. 4.**2**).

Mechanismus der semikonservativen DNA-Replikation:

- An bestimmten Stellen der DNA wird die DNA durch eine ATP-abhängige **Helikase** entwunden. Auf DNA-Ebene gibt es sowohl bei Pro-, als auch Eukaryonten mehrere solche *Replikationsgabeln*.
- An den beiden offenliegenden DNA-Einzelsträngen beginnt eine **RNA-Polymerase** (Primase), eine kurze RNA-Sequenz (fünf bis zehn Nukleotide → *Primer-RNA*) in *5′–3′-Richtung* zu synthetisieren (s. Biochemie 6.5).
- An dem entstandenen Primer-RNA-Molekül setzt die **DNA-Polymerase III** die Synthese fort. Da nur der Strang in 3′–5′-Richtung *kontinuierlich* abgelesen werden kann, erfolgt die Synthese am 5′–3′-Strang *diskontinuierlich*. Bei der diskontinuierlichen Synthese werden von der DNA-Polymerase III von der Replikationsgabel weg etwa 100 Nukleotide lange DNA-Fragmente synthetisiert. Am Ende eines solchen Fragments springt die DNA-Polymerase III in Richtung der Replikationsgabel und synthetisiert ein weiteres sogenanntes *Okazaki-Stück*.

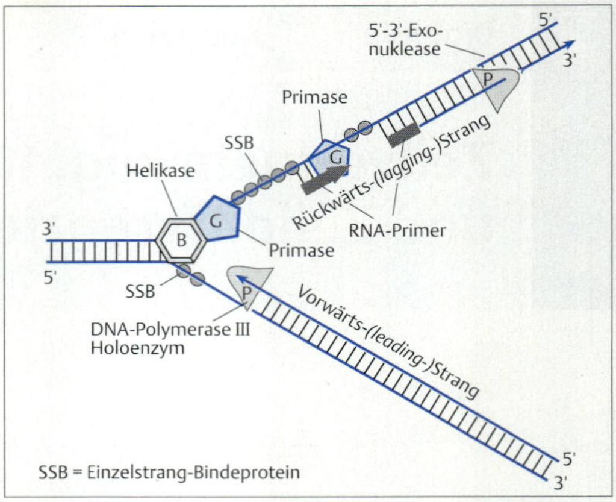

Abb. 4.**2** Mechanismus der semikonservativen DNA-Replikation. Die RNA-Primer im Lagging-Strang werden durch die 5′ – 3′-Exonuklease der DNA-Polymerase I durch DNA ersetzt (aus Knippers, Thieme 1995)

- Eine **Exonuklease** schneidet aus den bereits synthetisierten DNA-Stücken die RNA-Primer heraus. Die entstehenden Lücken im Genom werden mit Hilfe der **DNA-Polymerase I** ausgefüllt.
- Die diskontinuierlich synthetisierten Okazaki-Stücke werden durch die **DNA-Ligase** miteinander verbunden.
- **Gyrasen** verdrillen die neu entstandenen DNA-Moleküle.

Klinischer Bezug

Hemmstoffe bakterieller Gyrasen, **Gyrasehemmer**, verhindern die Verdrillung des bakteriellen Genoms und unterbinden so die Replikation, Transkription und Reparaturen an der DNA. Bactrim® und Tarivid® sind zwei gängige Gyrasehemmer (*Chinolone*), die als Antibiotika Verwendung finden.

Merke

Die Ablesung der DNA bei der Replikation erfolgt in 3′–5′-Richtung. Aus diesem Grund kann nur in 5′–3′-Richtung synthetisiert werden. Um von der Note 5 auf die Note 3 (5′–3′) zu kommen, muß man viel arbeiten (Arbeit, Synthese in 5′–3′-Richtung).

Tab. 4.**2** Enzyme der DNA-Replikation

Enzym	Katalysierte Reaktion
Helikase (ATP-abhängig)	entwindet den DNA-Doppelstrang
RNA-Polymerase	Primer-RNA-Synthese
DNA-Polymerase III	am Primer beginnende DNA-Synthese
Exonuklease	entfernt RNA-Primer
DNA-Polymerase I	füllt die RNA-Primer-Regionen mit DNA
DNA-Ligase	verbindet Okazaki-Stücke
Gyrase	verdrillt die entstandenen DNA-Moleküle

Der hier beschriebene Replikationsmechanismus gilt *ausschließlich* für Prokaryonten. Die Replikation der Eukaryonten verläuft ähnlich, z. T. sind aber andere Enzyme beteiligt.

4.1.2 Mitose

In der *Mitose* findet die gleichmäßige Verteilung der verdoppelten DNA auf zwei entstehende Tochterzellen statt. *Pro-*, *Meta-*, *Ana-* und *Telophase* sind die vier Einzelschritte der Mitose.

Prophase: Sie ist der erste Schritt der Mitose. Durch Auflösung der Kernmembran, Verschwinden des Nucleolus und Ausbildung des Spindelapparats werden die Voraussetzungen für die weiteren Teilungsschritte gewährleistet. Das Chromatin wird durch Spiralisierung und Verkürzung in die Transportform des Erbguts, die Chromosomen, überführt (Abb. 4.**3**).

! Merke

DNA, Histone und andere mit der DNA assoziierte Proteine bilden zusammen das *Chromatin*. Im Verlauf der Prophase und Metaphase spiralisiert und verkürzt sich das Chromatin und wird sichtbar → *Chromosomen*. Chromosomen (Transportform der DNA) sind innerhalb der Zelle leichter transportierbar als die langen Chromatinfäden (Arbeitsform der DNA). Siehe Abb. 4.**3**.

Metaphase: Während der Metaphase erreicht das Erbgut seine maximale Verkürzung und wird als *Chromosomen* sichtbar. Die Chromosomen lagern sich in der vom dreidimensionalen Spindelapparat gebildeten *Äquatorialebene* in Zellmitte zusammen und bilden die *Äquatorialplatte*. In der Metaphase ist jedes Centromer der Chromosomen mit dem Spindelapparat so verbunden, daß das Centromer durch den Spindelapparat mit beiden Zellpolen Kontakt hat.

Anaphase: Die verdoppelten Chromosomen werden am Centromer getrennt und jeweils ein einfacher Chromosomensatz wird unter Mitwirkung des Spindelapparats zum entsprechenden Pol gezogen.

Telophase: Ist jeweils ein einfacher Chromosomensatz an den Zellpolen angekommen, so entstehen in der Telophase unter Mitwirkung des endoplasmatischen Retikulums zwei Tochterzellen durch Abschnürung in Zellmitte. Die Neubildung der Kernmembran, Sichtbarwerden des Nucleolus und die Entspiralisierung der Chromosomen im weiteren Verlauf der Telophase ermöglichen es der Zelle, in der folgenden Interphase ihre Funktionen zu erfüllen (Abb. 4.**4** und Tab. 4.**3**).

Während die Aufteilung des Erbguts in der Mitose äußerst präzise erfolgt, wird das Zytoplasma mit den darin enthaltenen Organellen nur in etwa zur Hälfte auf die entstehenden Tochterzellen verteilt (*äquale Zellteilung*).

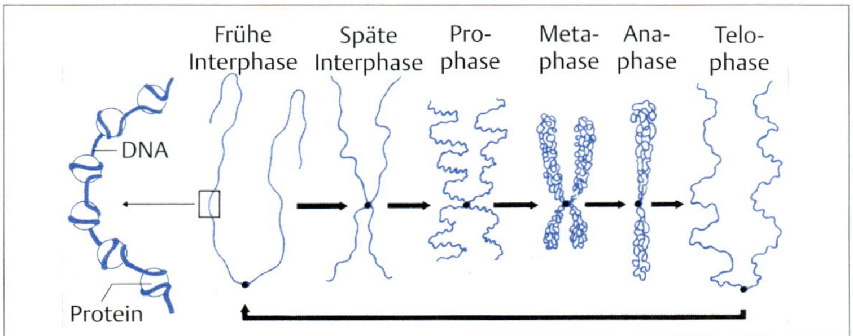

Abb. 4.**3** Gestaltswandel des Erbguts während des Zellzyklus (aus Hafner, L., P. Hoff: Materialien für den Sekundarbereich II Biologie, Genetik. Schroedel, Hannover 1988)

Biologie

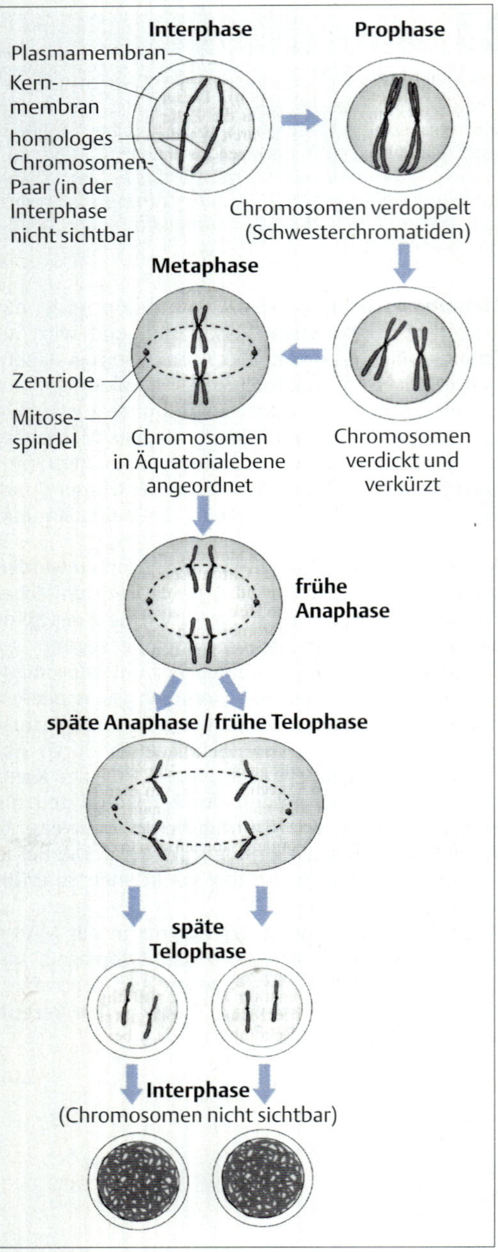

Abb. 4.**4** Mitose (nach Passarge, Thieme 1994)

Merke

Die Mitochondrien teilen sich unabhängig von Zellzyklus.

Der **Spindelapparat**, der während der Mitose aufgebaut wird und die gleichmäßige Verteilung der Schwester-Chromatiden gewährleistet, ist aus polymerisierten Tubulin-Peptiden aufgebaut.

Klinischer Bezug

Cholchicin, ein Pflanzengift, hat eine hohe Affinität zu Tubulin. An Tubulin gebunden verhindert es die Polymerisation der Tubulineinheiten und verhindert somit die Verteilung der Chromosomen. Nach Behandlung einer Zelle mit Cholchicin und anschließender Auflösung der Zellstruktur mit einer hypotonen Lösung, können die Metaphase-Chromosomen lichtmikroskopisch sichtbar gemacht werden.

Tab. 4.**3** Übersicht über die einzelnen Mitoseschritte

Mitoseschritt	Entscheidende Ereignisse
Prophase	– Auflösung der Kernmembran und des Nucleolus – Spindelapparat bildet sich aus – Verkürzung des Chromatins
Metaphase	– maximale Verkürzung des Chromatins → Chromosomen – Anordnung der Chromosomen in der Äquatorialebene
Anaphase	– Trennung der Chromosomen und Wanderung zu den Zellpolen
Telophase	– Abschnürung der Tochterzellen voneinander

4.1.3 Hemmung der Mitose und Zytostatika

Die Mitose kann zu wissenschaftlichen, diagnostischen und therapeutischen Zwecken mit bestimmten Substanzen inhibiert werden. Durch Darstellung der Metaphasechromosomen können Fehlverteilung von Chromosomen und grobe Veränderungen im Erbgut erkannt werden (s. o.).

Zytostatika, meist in der Tumortherapie eingesetzte Medikamente, greifen an unterschiedlichen Stellen der DNA-Replikation ein. Zytostatika sollen das ungebremste Wachstum der Tumorzellen stoppen. Leider sind bis heute noch keine tumorspezifischen Zytostatika entwickelt worden, so daß neben den Tumorzellen auch schnell proliferierende Gewebe (Hautepithelien, Blutzellen) durch eine Zytostatikatherapie in Mitleidenschaft gezogen werden (Tab. 4.**4**).

Tab. 4.**4** Angriffspunkte ausgewählter Zytostatika

Zytostatikum	Wirkungsprinzip
Colchicin, Vincristin und Vinblastin	Hemmung und Schädigung der Mitosespindel
Methotrexat	Folsäureantagonisten; hemmen Purinbasen-Synthese
5-Fluorouracil	falsche Base; hemmen DNA- und RNA-Synthese

Klinischer Bezug

In der klinischen Praxis wird die **Tumortherapie** mit einer Kombination mehrerer Zytostatika durchgeführt, da auch Tumorzellen Resistenzen gegen Zytostatika entwickeln können. Um die Tumortherapie zu optimieren, finden weltweit angelegte klinische Studien mit unterschiedlichen Zytostatika, z. T. in Verbindung mit weiteren Therapieformen, statt.

4.2 Keimzellbildung: Meiose

Jede somatische, menschliche Zelle besteht aus 46 Chromosomen (*diploider Chromosomensatz*), die je zur Hälfte mütterlicher bzw. väterlicher Herkunft sind. Aus diesem Grund liegen die meisten Gene doppelt vor (Ausnahme bei Männern, die nur ein X-Chromosom besitzen). Die auf den entsprechenden Genabschnitten liegenden Gene werden als **Allele** bezeichnet (s. Genetik, 2.6). Durch die in den *Keimzellen* stattfindende **Meiose** wird gewährleistet, daß Eizellen und Spermien nur den halben (haploiden) Chromosomensatz tragen. Da die Verteilung der Chromosomen zufällig erfolgt, entsteht eine große *Vielfalt* an Eizellen bzw. Spermien.

Merke

Die Meiose gewährleistet eine Viel*falt* an Keimzellen, nicht unbedingt eine Viel*zahl*.

4.2.1 Stammzellen zur Keimzellbildung

Kurz vor Beginn der Meiose findet in den *Spermatogonien* bzw. *Oogonien* eine Verdopplung der DNA statt. Die Keimzellen enthalten jetzt einen *verdoppelten, diploiden* Chromosomensatz. Der verdoppelte, diploide Chromosomensatz wird durch die beiden Schritte der Meiose auf vier Zellen aufgeteilt, die dann den *einfachen, haploiden* Chromosomensatz enthalten.

4.2.2 Verlauf der 1. und 2. meiotischen Teilung

Nach erfolgter DNA-Verdopplung schließt sich in den Keimzellen die Meiose an. Die Meiose ist in zwei Abschnitte geteilt: *Reduktionsteilung* und *Äquationsteilung*, bzw. *1.* und *2. Reifeteilung* (Abb. 4.**5**).

1. Reifeteilung (Reduktionsteilung)

In der 1. Reifeteilung entsteht aus dem verdoppelten diploiden Chromosomensatz ein verdoppelter haploider. Die 1. Reifeteilung ist analog der Mitose in Pro-, Meta-, Ana- und Telophase gegliedert.

Prophase: Die Prophase der 1. Reifeteilung dauert um einiges länger als die der Mitose – bei männlichen Keimzellen in etwa 24 Stunden, bei weiblichen u. U. mehrere Jahrzehnte – und ist in mehrere Stadien gegliedert (s. Abb. 4.**5**). Während der langen Dauer der meiotischen Prophase lagern sich die homologen (entsprechenden) mütterlichen und väterlichen Chromosomen dicht aneinander. Die Zusammenlagerung zweier Chromosomen wird aufgrund des mikroskopischen Erscheinungsbildes als *Tetrade* bezeichnet (pro Chromosom zwei Chromatiden = vier). Bedingt durch die Nähe der homologen Chromosomen und teilweise Überkreuzungen (*Chiasmata*) kann es zu einem Austausch homologer Chromosomenabschnitte zwischen väterlichen und mütterlichen Chromosomen kommen (*Crossing over*, s.a. 2.7.4). Die übrigen Schritte sind der mitotischen Prophase identisch.

Merke

Crossing over erhöht durch Durchbrechung der Genkopplung zusätzlich zum weiteren Ablauf der Meiose die Rekombinationsmöglichkeiten und ermöglicht eine größere genetische Vielfalt.

Metaphase: Die *meiotische* Metaphase ist wie die mitotische durch eine Anordnung der Chromosomen in der Äquatorialebene unter Ausbildung der Äquatorialplatte gekennzeichnet.

Anaphase: Hier erfolgt die Aufteilung des diploiden in zwei haploide Chromosomensätze. In der Anaphase werden die homologen Chromosomen nach Zufallsprinzip voneinander getrennt und zu je einem Zellpol gezogen. Wieviele väterliche bzw. mütterliche Chromosomen die Keimzelle enthält, ist somit völlig zufällig.

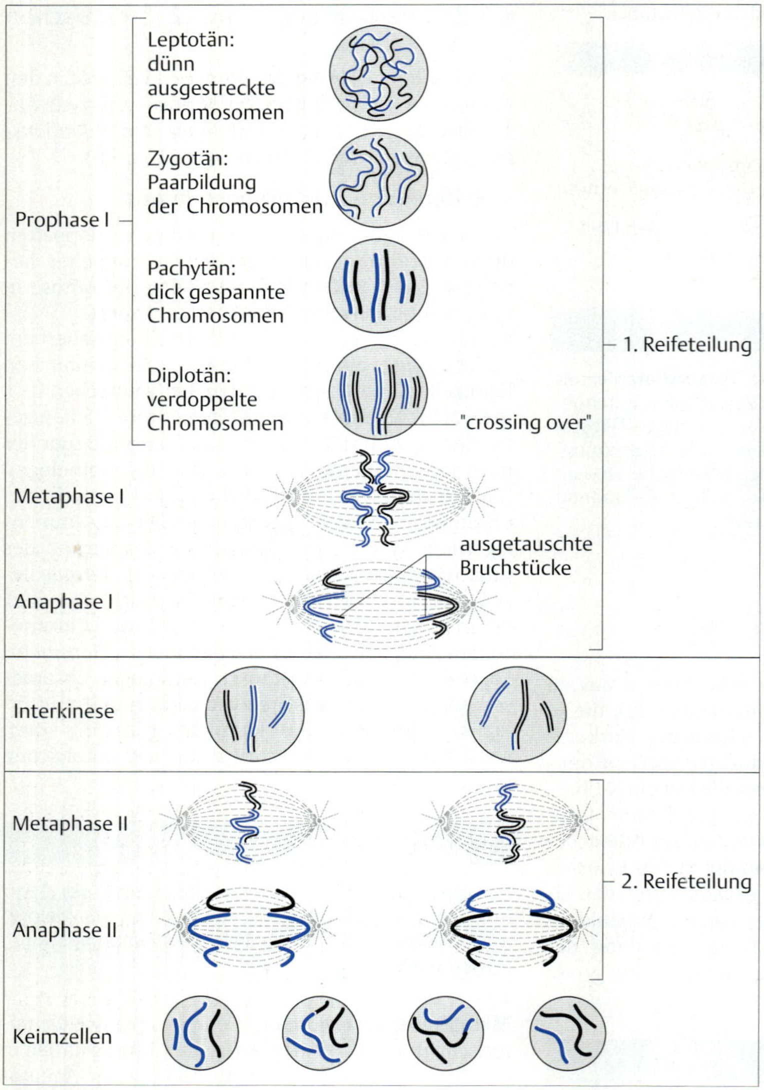

Abb. 4.**5** Meioseablauf (aus Faller, Thieme 1995)

Merke

In der Anaphase der 1. Reifeteilung erfolgt die Trennung homologer Chomosomen. Die mitotische Anaphase trennt hingegen Chromosomen am Centromer.

Telophase: Durch Einschnürung des Zytoplasmas werden in der Telophase die beiden entstandenen Zellen (verdoppelter Chromosomensatz, haploid) getrennt.

2. Reifeteilung (Äquationsteilung)

Die 2. Reifeteilung schließt sich fast unmittelbar an die Reduktionsteilung an. Sie weist alle Charakteristika einer mitotischen Teilung auf. Nach Beendigung der 2. Reifeteilung sind vier Zellen mit einfachem, haploiden Chromosomensatz entstanden (Abb. 4.**5**).

Unterschiede zwischen Spermato- und Oogenese

Männliche und weibliche Keimzellbildung laufen nach dem oben beschriebenen Schema ab. Unterschiede betreffen den *zeitlichen Ablauf* und die *Zytoplasmaverteilung*.

Spermatogenese: Die Bildung der Spermien beginnt in der Pubertät. Mit Eintritt der Pubertät vermehren sich die diploiden Ursamenzellen (*Spermatogonien*) und reifen nach mehreren mitotischen und meiotischen Teilungen zu vier, noch unreifen, haploiden Spermatiden aus, aus denen sich die reifen, haploiden Samenzellen (Spermien) bilden.

Oogenese: Bei der Geburt sind alle Oogonien (Ureier, diploid) vorhanden, die sich bereits zu primären Oozyten ausdifferenziert haben. Die primären Oozyten befinden sich in der Prophase der 1. Reifeteilung und verharren dort bis zu Beginn der Pubertät. Erst kurz vor der Ovulation wird die 1. Reifeteilung beendet. Die beiden entstehenden, haploiden Zellen erhalten unterschiedlich viel Zytoplasma (*inäquale Teilung*): Nur eine Zelle wird mit fast dem gesamten Zytoplasma ausgestattet, die andere (*Polkörper*) geht zugrunde. Erst wenn die Eizelle befruchtet wurde, beendet sie die 2. Reifeteilung. Wie in der 1. Reifeteilung erfolgt eine ungleichmäßige Zytoplasmaaufteilung unter Abschnürung eines Polkörpers (s.a. Anatomie 1.1.1).

Merke

Gene der Mitochondrien werden ausschließlich von der Mutter auf alle Kinder vererbt, da die im Spermium vorhandenen Mitochondrien nicht mit in die Eizelle gelangen (*mitochondrale Vererbung*).

4.2.3 Nondisjunction (mitotische und meiotische) und Folgen daraus

Nondisjunction (nicht-Trennung) kann sowohl in der **Mitose** als auch in der **Meiose** auftreten. Fehlende Trennung der Schwester-Chromosomen (verdoppelte Chromosomen) in der *Mitose* führt zu Zellen mit unterschiedlichen Chromosomensätzen. Unterbleibt während der *Meiose* die Trennung homologer Chromosomen, sind *Mono-* und *Trisomien* die Folge.

Klinischer Bezug

Nondisjunction des Chromosoms 21 in der Meiose ist die häufigste Ursache einer **Trisomie 21** (Down Syndrom). Die lange Verweildauer der weiblichen Keimzellen in der Prophase ist wahrscheinlich die Ursache für die steigende Zahl an Trisomie 21 erkrankter Kinder mit dem zunehmenden Alter der Mutter.

Merke

Nondisjunction des Y-Chromosoms während der Meiose kann nur in der 2. Reifeteilung auftreten, da in der 1. Reifeteilung die homologen Chromosomen voneinander getrennt werden und dort nur ein Y-Chromosom vorkommt.

4.3 Regeneration und funktionelle Veränderungen

Von der pluripotenten zur ausdifferenzierten Zelle

Aus der durch die Verschmelzung von Ei- und Samenzelle entstandenen, einzelligen *Zygote* entwickelt sich im weiteren Verlauf der mehrzellige Organismus. Dieser Entwicklungsprozeß (*Ontogenese*) ist durch mitotische Zellteilungen und Zelldifferenzierungen charakterisiert. Die Zellteilungen vermehren nur die Masse, während die Differenzierungsschritte aus einer undifferenzierten Zelle z. B. eine Leber-, Blut- oder Nervenzelle machen.

Da sich alle Zellen von der Zygote herleiten, wird die Zygote als *omnipotent* bezeichnet. Zellen, die aus den ersten Zellteilungen der Zygote entstanden sind, sind auch noch omnipotent.

Die weitere Zelldifferenzierung geht mit dem Verlust der Omnipotenz einher. Die Zelle ist nur noch in der Lage, eine bestimmte Zelllinie hervorzubringen, d. h. sie ist *pluripotent*. Beispiele für pluripotente Zellen sind z. B. Stammzellen der Epithelien und Blutvorläuferzellen im Knochenmark. Aus den pluripotenten Zellen gehen schließlich die reifen, voll ausdifferenzierten Zellen hervor.

Die entscheidenden Kontrollmechanismen der Zelldifferenzierung sind bis heute leider noch nicht bekannt.

Merke

Eine *omnipotente Zelle* ist in der Lage, sich zu jeder beliebigen Zelle auszudifferenzieren. Eine *pluripotente Zelle* kann nur noch eine bestimmte Zellinie hervorbringen (s.o.).

Funktionelle Veränderung von Zellen

Eine ausdifferenzierte Zelle ist immer noch in der Lage, sich den entsprechenden Umweltbedingungen, z. B. starke Beanspruchung der Muskulatur, anzupassen. Auf einen Reiz hin kann eine Zelle eine *Hypertrophie, Hyperplasie, Atrophie, Metaplasie* oder *Dysplasie* entwickeln.

Hypertrophie: Werden Zellen eines Organs über einen längeren Zeitraum belastet, reagieren sie mit einer *Zunahme des Zellvolumens*, d.h. sie hypertrophieren, wie z.B. Herz- und Skelettmuskelzellen.

Klinischer Bezug

Durch eine unphysiologische Herzhypertrophie (Herzgewicht über 500 g) kommt es zu einer Minderversorgung des Myokards, da die Kapillaren den gesteigerten Bedarf an Sauerstoff nicht mehr decken können. Klinisch besteht dann eine **Angina pectoris**.

Hyperplasie: Gewebe, wie z.B. Knochenmark, *vermehren die Zellzahl* auf eine Dauerbeanspruchung hin (Hyperplasie). Bei schweren, mit Anämien einhergehenden Krankheitsbildern findet u.U. eine Erythro- und Granulopoese in Milz und Leber statt.

Atrophie: Werden Zellen zu wenig belastet und beansprucht oder wirkt eine Noxe auf die Zelle ein (z.B. Druck), *verringert sich die Zellzahl und/oder -volumen*. Dieser als Atrophie bezeichnete Vorgang kommt bei lange ruhiggestellten Extremitäten (Gipsverband) oder durch den Druck eines Tumors auf ein Organ zustande.

Metaplasie: Eine weitere Form der Anpassung ist die Metaplasie. Unter Metaplasie versteht man die Änderung der Differenzierung einer Zelle. Die Metaplasie nimmt ihren Ursprung von den pluripotenten Stammzellen (Tab. 4.**5**).

Tab. 4.**5** Zelluläre Anpassungsreaktionen

Anpassungsreaktion	Folge	Beispiel
Hypertrophie	Zunahme des Zellvolumens	Herz- und Skelettmuskel
Hyperplasie	Zunahme der Zellzahl	Knochenmark
Atrophie	Abnahme von Zellzahl und/oder -volumen	Inaktivitäts- (Gips) oder Druckatrophie
Metaplasie	Änderung der Differenzierung über die Stammzellen	Plattenepithelmetaplasie

Klinischer Bezug

Die Metaplasie der Magenschleimhaut tritt gehäuft bei Patienten mit **chronischer Gastritis** auf. Die chronische Gastritis ist durch eine Übersäuerung des Mageninhalts gekennzeichnet, wodurch die Magenschleimhaut geschädigt wird. Um sich vor dem sauren Mageninhalt zu schützen, differenziert sich das Magenepithel in ein schleimproduzierendes Epithel des Darms um.

4.4 Polyploidie

Merke

Polyploidie ist eine Vervielfachung des gesamten Chromosomensatzes innerhalb einer Zelle.

Die Polyploidie kann insgesamt fünf Ursachen haben:

- Fehler in der Meiose (z.B. Nondisjunction) oder beim Befruchtungsvorgang (z.B. Befruchtung einer Eizelle durch zwei Spermien)
- entartete Zellen
- Endomitosen
- Amitose
- Zellfusion

Bei Menschen können polyploide Zellen in Leber, Knochenmark (Megakaryozyten, an Thrombopoese beteiligt) und Plazenta durch **Endomitosen** entstehen. Bei einer Endomitose wird nach Verdopplung der DNA der Spindelapparat nicht ausgebildet, die Kernmembran löst sich nicht auf, und eine Teilung des Zytoplasmas findet nicht statt. Durch die Endomitose ist im Zellkern ein Vielfaches des Chromosomensatzes entstanden. Dies geht mit einer Vergrößerung des Zellkerns, einer erhöhten Transkriptionskapazität und Zellwachstum einher. Zurückzuführen ist dies alles auf die erhöhte Menge an DNA im Zellkern.

Bei einer **Amitose** werden mikroskopisch keine Chromosomen sichtbar. Der Zellkern wird direkt durchschnürt, und die Teilung des Zytoplasmas unterbleibt. Durch die Amitosen entstehen mehrkernige Zellen. Amitosen kommen bei hochdifferenzierten Zellen, z.B. Nervenzellen, vor.

Durch eine **Fusion** mehrerer Zellen entstehen u.a. mehrkernige Osteoklasten und Skelettmuskelzellen (Tab. 4.**6**).

Tab. 4.6 Übersicht über die verschiedenen Teilungsarten

Teilungsart	Verhalten der Chromosomen	Teilungsablauf	Ergebnis
Mitose	semikonservative Reduplikation des Chromosomensatzes (Interphase!)	Präzise Verteilung des Chromosomensatzes auf Tochterzellen, äquale Zytoplasmateilung	zwei identische Tochterzellen
Meiose	wie Mitose	1. und 2. Reifeteilung; bei Spermiogenese äquale Zytoplasmateilung, bei weiblicher inäquale (Polkörperchen)	vier verschiedene Keimzellen
Endomitose	Verdopplung des Genmaterials	keine Kern- und Zytoplasmateilung	einkernige, polyploide Zelle
Amitose	Zunahme des Genmaterials, Mechanismus unbekannt	direkte Teilung des Zellkerns ohne Zytoplasmateilung	zwei- oder mehrkernige (mehrere Amitosen) Zelle

Evolution, Morphologie und Physiologie der ein- und mehrzelligen Organismen

5.1 Evolution

Evolution ist ein ständig andauernder Prozeß, der die Entwicklung der Organismen im Laufe der Erdgeschichte beeinflußt. Durch diesen Prozeß sind im Laufe der Zeit die verschiedenen Lebensformen entstanden. Maßgeblich an der Evolution beteiligt sind *Mutation*, *Rekombination* und *Selektion*. Durch Mutation und Rekombination können Nachkommen einer Species veränderte Eigenschaften aufweisen. Erweisen sich diese neuen Eigenschaften als für das Leben vorteilhaft, werden sie weiter vererbt (Selektion).

5.1.1 Mutation und Selektion

Mutationen (spontane oder induzierte Veränderungen des Erbguts) erfolgen an zufälligen Stellen der DNA. Aus diesem Grund bezeichnet man diese Mutationen auch als *ungerichtet*. Die verschiedenen Mutationsarten werden in 2.7 erläutert.

Merke

Mutationen sind immer ungerichtet.

Selektion: Bewirkt eine ungerichtete Mutation eine Änderung des Phänotyps, muß sich diese Änderung mit der Umwelt auseinandersetzen. Erweist sich die Mutation als vorteilhaft, z. B. bessere Funktionsweise eines Enzyms, so besitzen Individuen mit dieser Mutation einen Vorteil gegenüber solchen, die diese Mutation nicht tragen, und gewinnen gegenüber diesen einen Fortpflanzungsvorteil. Somit breitet sich das mutierte Gen immer weiter aus. Im umgekehrten Fall, wenn also die Mutation unvorteilhaft ist, stirbt das mutierte Gen aus. Dieses Auswählen der Natur bezeichnet man als *Selektion*. Ein Beispiel für Selektion ist die Ausbildung antibiotikaresistenter Bakterien.

5.2 Reparatur der DNA

Für jeden Organismus ist es von existentieller Bedeutung, die DNA als Träger des Erbguts in ihrem Aufbau zu konservieren. Diesem Bestreben jeder Zelle stehen das sehr reaktive Milieu der Zelle und zahlreiche mutagene Einflüsse (z. B. UV-Licht) entgegen. Um ihr Erbgut trotz dieser widrigen Umstände integer zu halten, besitzen Zellen Reparatursysteme, die Fehler in der DNA erkennen und reparieren können. Zu diesen Mechanismen zählen *Photoreparatur*, *Exzisionsreparatur*, *Postreplikationreparatur* und die bei Bakterien ausgeprägte *SOS-Reparatur*.
Wichtige Voraussetzung für die Reparatur von DNA ist ihr Doppelstrangcharakter. Viele der Reparaturmechanismen benutzen den nicht geschädigten komplementären Strang als Vorlage für die Reparatur. Sind beide Stränge an derselben Stelle geschädigt, ist keine korrekte Reparatur mehr möglich.

5.2.1 Photoreparatur

Bei der Photoreparatur bilden sich unter dem Einfluß von UV-Licht im DNA-Strang sogenannte Thymin-Dimere aus (Verbindungen zweier Thyminbasen im selben DNA-Strang, s. Biochemie 2.1). Bestimmte Enzyme (photoreaktive Enzyme) erkennen die gebildeten Thymindimere und binden an sie. Die Bindung an das Thymindimer kann ohne Licht erfolgen. Der weitere Reaktionsschritt, Spaltung das Thymindimers, ist allerdings auf Lichteinfall als Energiequelle angewiesen. Die Reparaturenzyme arbeiten somit

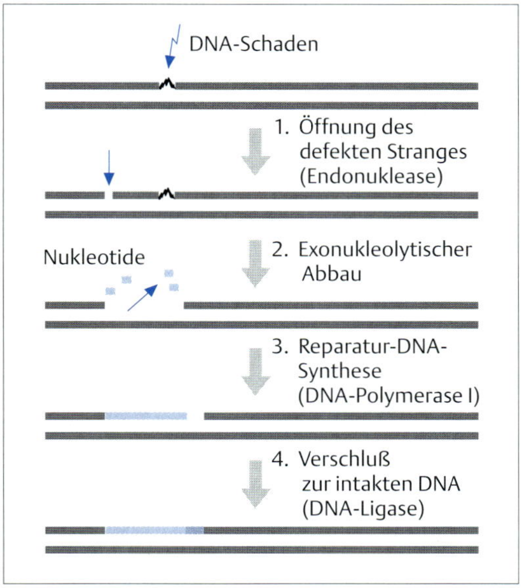

Abb. 5.**1** Exzisionsreparatur; Erläuterungen s. Text.

am besten, wenn Schädigungen (z. B. durch ein Sonnenbad) am wahrscheinlichsten sind.

5.2.2 Exzisionsreparatur

Wieder andere Reparaturenzyme suchen die DNA ständig nach Fehlern ab (Erkennung wahrscheinlich über Methylierungen der Zucker). Hat ein solches Enzym einen Fehler, wie z. B. falsch gepaarte Basen, erkannt, beginnt die Reparatur (Abb. 5.**1**):

1. *Erkennen* des Fehlers.
2. Eine ATP-abhängige *DNA-Endonuklease* schneidet ein Stück DNA eines Stranges um den Fehler heraus.
3. Die *DNA-Polymerase I* synthetisiert an der entstandenen Lücke neue DNA und benutzt dabei den intakten komplementären Strang als Vorlage.
4. Zum Schluß schließt eine *Ligase* die entstandene Lücke komplett, so daß wieder zwei intakte DNA-Stränge vorhanden sind.

5.2.3 Postreplikationsreparatur

In der G_2-Phase der Interphase (s. 4.1) werden die evtl. aufgetretenen Fehler bei der DNA-Reduplikation erkannt und repariert. Überschreiten diese Reparaturvorgänge ein bestimmtes Zeitmaß, sind also zu viele Fehler aufgetreten, leitet die Zelle ihr eigenes Absterben ein (*Apoptose*).

5.2.4 SOS-Reparatur der Bakterien

In Bakterien wird durch mutagene Noxen die SOS-Reparatur aktiviert. Die Aktivierung läuft über viele Schritte ab und mündet in die Neusynthese defekter DNA-Stränge. Im Gegensatz zu den Eukaryonten erfolgt die Neusynthese der DNA zufällig. Somit ist diese Reparatur selbst extrem mutagen (Tab. 5.**1**).

Tab. 5.**1** Die verschiedenen DNA-Reparaturmechanismen in der Übersicht

Reparaturmechanismus	Ablauf
Photoreparatur	direkte Spaltung der Thymindimere; Licht benötigt
Exzisionsreparatur	DNA-Neusynthese benötigt
Postreplikationsreparatur	in der G_2 der Interphase
SOS-Reparatur	sehr ungenau, äußerst mutagen

Alle oben aufgeführten Reparaturmechanismen, insbesondere die SOS-Reparatur der Bakterien, sind nicht perfekt und erkennen auch nicht alle entstandenen Veränderungen im Erbgut. Eine gewisse Defizienz in diesem System ist aber durchaus wünschenswert, da eine Veränderung des Erbguts u. U. eine vorteilhafte Mutation darstellen kann.

5.3 Evolution der Proteine

Die Entstehung der Proteinvielfalt erklärt man heute wie folgt: Ein Gen wurde verdoppelt (*Duplikation*) und die Kopie auf einem anderen Genort gespeichert. An dieser Kopie fanden nun *Mutationen* statt. So war einerseits die Funktion des ursprünglichen Genprodukts sichergestellt, andererseits jedoch auch die Möglichkeit der Veränderung gegeben. Eine Mutation am duplizierten Gen konnte drei verschiedenen Folgen haben:

- Entstehen eines nicht funktionsfähigen Genprodukts,
- Entstehen eines leicht veränderten Proteins mit jedoch derselben Funktion (Isoenzym),
- Entstehen eines Proteins mit völlig neuer Funktion.

Ein Beleg für diese Hypothese ist z. B. das Vorhandensein von Isoenzymen beim Menschen. Bekanntes Beispiel ist die LDH (Lactatdehydrogenase), die in fünf verschiedenen Formen vorhanden ist.

Klinischer Bezug

Die Subtypen der LDH verteilen sich auf jeweils entsprechende Organe. Mit der Subtypenbestimmung ($LDH_1 - LDH_5$) im Blut können so Rückschlüsse auf den Ort der Schädigung gezogen werden. Die LDH wird bei Zellschädigungen in das Blutplasma abgegeben.

Isoenzyme können z. B. durch Elektrophorese unterschieden werden, da sie sich in ihrer Primärstruktur unterscheiden (bedingen Unterschiede in Größe und Ladung). Ein weiteres Indiz, das diese Hypothese stützt, sind Myoglobin und die verschiedenen Hämoglobintypen (α, β und γ). Diese sauerstoffbindenden Enzyme sind durch Duplikationen und voneinander unabhängige Mutationen aus einem gemeinsamen Urgen hervorgegangen.

Merke

Alle Hämoglobin- und Myoglobingene (also nicht nur die der Menschen!) sind aus einem einzigen Urgen entstanden.

5.4 Morphologie und Physiologie der ein- und mehrzelligen Organismen

5.4.1 Amöboide Zellbewegung

Für die meisten Menschen ist es eine große Überraschung zu erfahren, daß sich viele ihrer Körperzellen fortlaufend im eigenen Körper herumbewegen. Allein die Addition des von neutrophilen Granulozyten (Teil der Leukozyten) an einem Tag zurückgelegten Weges ergibt den doppelten Erdumfang.
Ohne amöboide Zellbewegungen wäre der Mensch nicht lebensfähig. Die Keimblattbildung embryonaler Zellen, die Phagozytose und die gerichtete Bewegung von Makrophagen und Granulozyten sind auf diesen elementaren Vorgang angewiesen. Leider sind auch entartete Zellen zu amöboiden Zellbewegungen befähigt, was die Metastasierung von Tumoren ermöglicht.

Merke

Amöboid bewegen sich: *Amöben* (Parasitenart), *embryonale Zellen*, *Makrophagen*, *Granulozyten*, *Lymphozyten* und *entartete Zellen.*

Grundlage der amöboiden Zellbewegung ist ein gerichteter Zytoplasmafluß in Verbindung mit Kontraktionen von Aktin-Myosin-Filamenten. Die Bewegung einer Zelle beginnt mit einer Zytoplasmaausstülpung (*Pseudopodium*) in Richtung der Fortbewegung. Spezielle Anheftungsproteine sorgen für genügend Haftung auf der Unterlage, die Zelle schiebt sich ein Stückchen vor, und der Vorgang wiederholt sich von vorne. Die einzelnen Schritte der Fortbewegung sind so fein aufeinander abgestimmt, daß die Zellbewegung mit dem Mikroskop betrachtet als gleichmäßige Fließbewegung erscheint.
Viele Zellen bewegen sich gerichtet auf ein Ziel zu. So besitzen z. B. Granulozyten Rezeptoren für Stoffe, die bei Entzündungen freigesetzt werden (chemotaktische Substanzen, s. 5.4.2). Nach Andockung des chemotaktisch wirksamen Stoffes an seinen Rezeptor auf dem Granulozyten werden intrazelluläre Prozesse ausgelöst, die die Zellbewegung einleiten und aufrechterhalten.

Mechanismus der amöboiden Zellbewegung (Abb. 5.**2**):

1. Auf einen *Reiz* hin laufen in der Zelle zwei Prozesse etwa gleichzeitig ab, die die Bewegung einleiten: Zum einen werden im Zellinneren Aktinfilamente zu einzelnen Aktinmolekülen abgebaut und an einer weiteren Aggregation gehindert (A). Zum anderen stülpt sich die Zelle in Fortbewegungsrichtung etwas aus.
2. Hydrostatische Kräfte (der Rest der Zelle ist höher als der Teil der Ausstülpung) drücken die freigesetzten Aktinfilamente in das sich ausbildende Pseudopodium (B).
3. Lipide der Zellmembran ermöglichen es den Aktinmolekülen, sich wieder zusammenzulagern. Mit Hilfe eines speziellen Proteins (aktinbindendes Protein, ABP) gelieren die Aktinmoleküle (C).
4. Am anderen Ende des Gels treten Aktin und Myosin in Wechselwirkung und kontrahieren dort nach demselben Prinzip wie im Muskel (D).

Da das Pseudopodium an der Unterlage haftet, schiebt sich die Zelle ein Stück vor und der Vorgang wiederholt sich. Die verschiedenen Aggregationszustände (Sol: flüssig, Gel: gelartig) in der Zelle sind für das Zustandekommen der Zellbewegung essentiell.
Wie bei Muskelarbeit auch benötigt das Zusammenspiel von Aktin und Myosin bei der Zellbewegung *ATP* als Energiesubstrat.

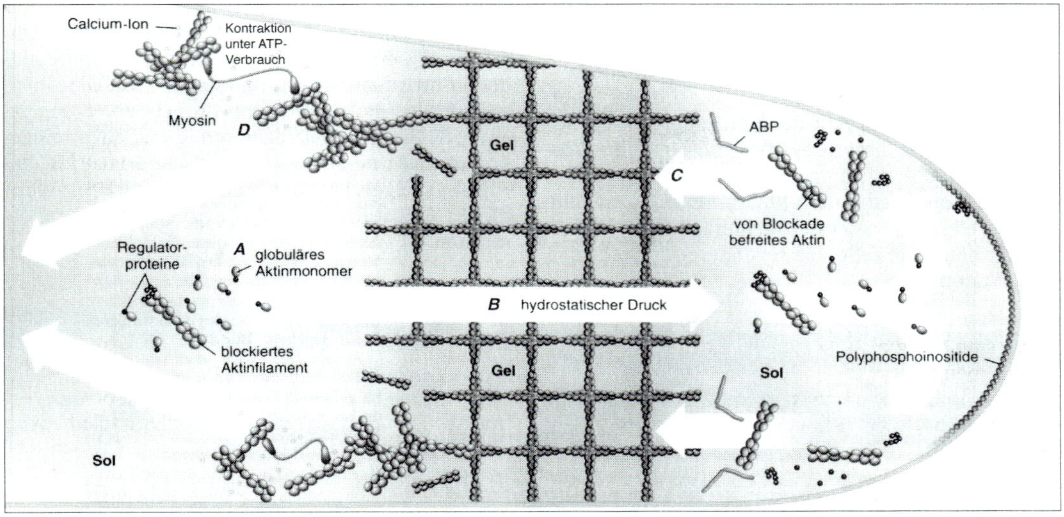

Abb. 5.**2** Mechanismus der amöboiden Zellbewegung; Erläuterungen im Text (aus Stossel, T. P.: Der Kriechmechanismus von Zellen. In: Proteine, Spektrum, Heidelberg 1995)

5.4.2 Prinzip der Chemotaxis

Chemotaktische Stoffe lenken den Zellverkehr innerhalb des Körpers. Sie können Zellen entweder zu ihrem Freisetzungsort anziehen oder abstoßen. Chemotaktische Stoffe werden z. B. bei Entzündungen freigesetzt (Interleukine, s. Biochemie 17.6) und locken Immunzellen an.

Vom Ort ihrer Freisetzung diffundieren die chemotaktischen Stoffe in das umliegende Gewebe. Ihre Konzentration fällt mit steigender Entfernung zum Freisetzungsort ab. Zellen, die Rezeptoren für chemotaktische Stoffe besitzen, folgen dem so aufgebauten Konzentrationsgradienten und gelangen schließlich zu ihrem Bestimmungsort.

5.4.3 Grundbegriffe der Entwicklungsphysiologie

In der Entwicklung der *Zygote* zu einem mehrzelligen Organismus sind drei Prozesse von entscheidender Bedeutung: *Zellteilung*, *Zelldetermination* und *Zelldifferenzierung*. Durch **Zellteilungen** entsteht aus der Zygote die benötigte Zellmasse, die für den mehrzelligen Organismus notwendig ist. Da mehrzellige Organismen über viele Zellen mit unterschiedlicher Funktion (z. B. Nervenzelle, Fettzelle) verfügen, müssen sich aus den „Urzellen" spezialisierte Zellen entwickeln.

Determination: Zunächst wird in der Zelle ein Funktionszustand hergestellt, der auf einen bestimmten Entwicklungsvorgang hinzielt. Welche Faktoren hier eine Rolle spielen, ist Gegenstand intensiver Forschungsarbeit, da man sich daraus u. a. ein besseres Verständnis der Krebsentstehung erhofft.

Zelldifferenzierung: Sie folgt der Determination. Unter Zelldifferenzierung versteht man die funktionelle und strukturelle Spezialisierung von Zellen zu verschiedenen Zelltypen. Zelldifferenzierungen lassen aus einer Zelle, die sich in jede beliebige Richtung entwickeln kann (*omnipotente Zelle*) zunächst eine Zelle mit eingeschränkter Entwicklungspotenz (*pluripotente Zelle*, z. B. Stammzelle in der Entwicklung der Blutzellen) und schließlich eine *spezialisierte Zelle* entstehen. Die Zelldifferenzierung erfordert eine rege Kommunikation der Zellen untereinander, da sonst eine geordnete Entwicklung nicht möglich ist. Über *Zellkontakte* oder *Botenstoffe* veranlassen Zellen, daß sich andere Zellen in eine bestimmte Richtung entwickeln (**Induktion**). Die bei der Zelldifferenzierung ablaufenden Prozesse werden über das An- und Ausschalten von Genen reguliert. Die Regulation der Genexpression ist wichtig, da die frühembryonalen Zellen eine große **prospektive Potenz** (Fähigkeit, sich zu einer Zelle zu differenzieren) und nur eine relativ geringe **prospektive Bedeutung** (was einmal aus der Zelle werden soll) besitzen.

Daneben sorgen **Zellbewegungen** für eine richtige räumliche Anordnung der sich entwickelnden Zellen.

Physiologische Regeneration

Gewebe, deren Zellen eine begrenzte Lebensdauer besitzen, müssen sich in bestimmten Abständen erneuern. Zu diesen Geweben zählen u. a. die Haut, Darmepithelien und viele der Blutzellen. Die Regenerationsfähigkeit dieser Gewebe wird durch das Vorhandensein teilungsfähiger Stammzellen gewährleistet. In einem bestimmten Rhythmus teilen sich die Stammzellen, aus einer der Tochterzellen entwickelt sich die benötigte Zelle, aus der anderen entsteht eine neue Stammzelle.

Merke

Die Zelle, aus der eine bestimmte Zelllinie entsteht, wird als **Blastem** bezeichnet.

5.5 Zirkadianer Rhythmus des Menschen

Der zirkadiane Rhythmus (zirka: etwa, diem: Tag) des Menschen entspricht in etwa 24 Stunden. Die Länge des zirkadianen Rhythmus schwankt zwischen den einzelnen Individuen (etwa 22 – 26 Stunden) und wird an die Nachkommen vererbt.
Endogene Rhythmen wie der zirkadiane Rhythmus beeinflussen den *Wach-Schlaf-Rhythmus*, die *Sekretion von Hormonen*, die *Körpertemperatur* und die *Empfindlichkeit gegenüber Pharmaka*. Von klinischer Bedeutung ist z. B. die Ausschüttung des **Cortisons**. Cortison, ein Glucocorticoid, wird etwa um 6 Uhr morgens verstärkt ausgeschüttet. Die morgendliche Cortisonausschüttung (steigert die Gluconeogenese) ist ein Schutz vor drohender Hypoglykämie, da die letzte Mahlzeit am Abend zuvor eingenommen wurde. Diese morgendliche Steigerung des Glucosespiegels kam den Steinzeitmenschen zugute, die ihr Frühstück meist erst erjagen oder sammeln mußten.

Klinischer Bezug

Die morgendliche Cortisonausschüttung beeinflußt die Therapie insulinpflichtiger **Diabetiker**: Morgens müssen sie im Vergleich zum restlichen Tag mehr Insulin spritzen, da Cortison die Gluconeogenese fördert.

Ein weiteres Hormon, dessen Konzentration tageszeitlichen Schwankungen unterliegt, ist das in der Epiphyse gebildete **Melatonin**. Die Biosynthese des Melatonins aus Serotonin ist besonders hoch, wenn kein Licht auf die Netzhaut fällt. Tagsüber ist der Melatoninspiegel folglich niedrig, während er nachts ansteigt.
In letzter Zeit wird Melatonin als Wunderdroge gegen Schlafstörungen, Krebs und viele andere Krankheiten angepriesen. Die Forschung auf diesem Gebiet ist aber noch zu wenig weit fortgeschritten, um Melatonin generell als Prophylaxe oder Medikament zu empfehlen.

Histologie

Dirk W. Höper

Histologie der Gewebe

Gewebe sind *Verbände von Zellen* mit gemeinsamer Aufgabe und gleichem Bau. Man unterscheidet 4 Gewebearten: Epithelgewebe, Bindegewebe (inkl. Knorpel- und Knochengewebe), Muskelgewebe und Nervengewebe (s. 1.2 bis 1.7).

1.1 Allgemeine Gewebelehre

In der allgemeinen Gewebelehre sind verschiedene wichtige Begriffsdefinitionen als Grundlage oder zum besseren Verständnis der Histologie wissenswert, die im folgenden kurz definiert und erläutert werden.

1.1.1 Begriffsdefinitionen

Zelle: Die Zelle ist die kleinste vermehrungs- und lebensfähige Funktionseinheit des Organismus.
Parenchym: Gewebe, das der spezifischen Funktion eines Organs dient oder spezifische Zellen eines Organs, die dessen Funktion bedingen (z. B. Leberparenchym, wird durch die Leberzellen gebildet).
Stroma: Grundgewebe in drüsigen Organen und Geschwülsten oder (bindegewebiges) Stützgerüst eines Organs, führt Gefäße und Nerven zur Organversorgung (z. B. Stroma glandulae thyreoideae = bindegewebiges Gerüst der Schilddrüse).
Proliferation: Wucherung bzw. Neubildung des Gewebes durch Zellvermehrung, Mitose oder Zellteilung (z. B. bei Geschwülsten, Entzündungen).
Wachstum: Vermehrung bzw. Vergrößerung von Organen und Geweben durch Zellvermehrung, Zellvergrößerung oder Zunahme der Interzellularsubstanz (z. B. Knochen, Knorpel).
Differenzierung: Ausbildung bzw. Entwicklung zu verschiedenen Geweben (aus dem Ektoderm entwickelt sich z. B. das Nervengewebe u. a.).
Blastem: Die Zellen eines Blastems (= Verband aus Mesenchymzellen) sind gekennzeichnet durch Teilungsfähigkeit, Differenzierungsfähigkeit und Gleichartigkeit („Gewebe").
Synzytium: Durch Teilung oder Verschmelzung von Zellen (z. B. von einkernigen Zellen) entstehender mehrkerniger Zellverband ohne Zellgrenzen („Zellfusion"). Einen synzytialen Zellverband findet man z. B. in den Trophoblasten der Plazenta.
Plasmodium: Das Plasmodium (= Symplasma) ist ein mehrkerniger Zellverband ohne wahrnehmbare Zellgrenzen, der durch amitotische Kernteilung ohne darauffolgende Zellteilungen entstanden ist (z. B. Osteoklasten im Knochen oder Einzeller, die im Blut des Menschen schmarotzen und Krankheiten, wie z. B. Malaria, hervorrufen). Plasmodien (als Zelltypen der Wirbeltiere) haben eine Entstehungsweise in der „multiplen Kernteilung ohne Zellteilungen".
Regeneration: Erneuerung (Heilung) von zugrunde gegangenen Zellen und Geweben, um so besser möglich, je jünger und undifferenzierter die Zellen sind (z. B. Wundheilung). Die Regeneration geht immer von der kernhaltigen Zelle aus.
Degeneration: Rückbildung von Organen und Geweben durch natürlichen Verschleiß, Nichtgebrauch, Altern oder der Ersatz vollwertiger Gewebe durch minderwertige (z. B. bei Gelenkscheiben).
Hypertrophie: Übermäßige Größenzunahme von Geweben oder Organen (hyper [gr.] = über, über–hinaus; troph [gr.] = das Ernähren). Bei der Hypertrophie spricht man von der Zunahme der *Zellgröße*. Gewebe und Organe haben die Möglichkeit der Hypertrophie bei hohen Anforderungen (z. B. Vergrößerung der Myofibrillen bei Muskeltraining). Die Kern-Plasma-Relation bleibt erhalten (z. B. Uterus [Schwangerschaft]).

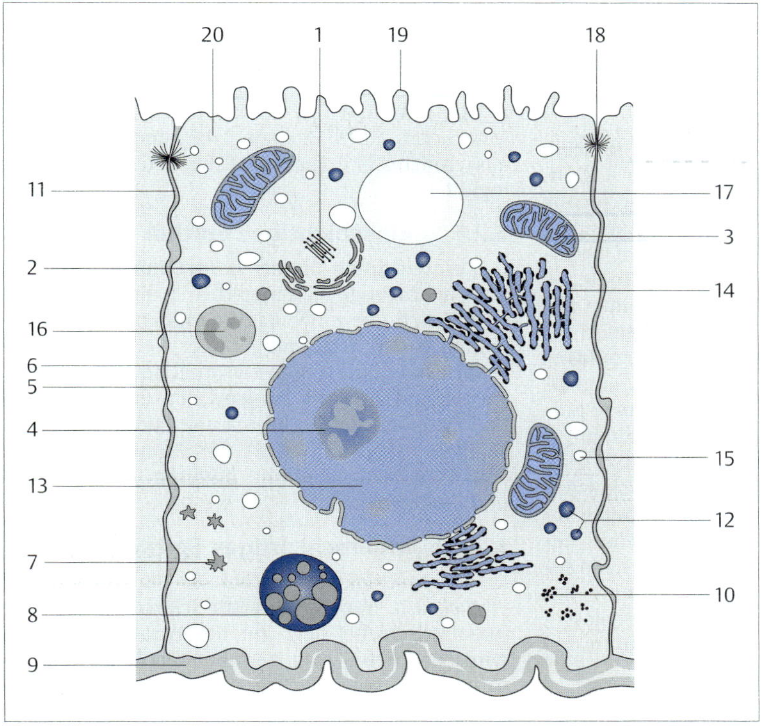

Abb. 1.1 Vereinfachte Darstellung einer Zelle nach elektronenmikroskopischen Befunden. 1 = Zentrosom, 2 = Lamellensysteme des Golgi-Feldes, 3 = Mitochondrium mit doppelt konturierter Hüllmembran und Cristae, 4 = Kernkörperchen (Nucleolus), 5 = Kernpore, 6 = doppelt konturierte Kernmembran, 7 = Lipoidtröpfchen, 8 = Pigmentkorn, 9 = Basalmembran, 10 = Glykogenkörnchen, 11 = Zellmembran, 12 = Granula, 13 = Zellkern (Nucleus), 14 = Räume des endoplasmatischen Retikulums, mit Ribosomen besetzt (rER), 15 = kleine Vakuole, 16 = Lysosom, 17 = große Vakuole, 18 = Haftpunkte benachbarter Zellen (Desmosomen), 19 = Ausstülpungen der Zelloberfläche (Mikrovilli), 20 = Zytoplasma (nach Faller, Thieme 1988)

Hyperplasie: Vergrößerung bzw. Volumenzunahme von Geweben oder Organen durch Vermehrung der *Zellzahl* (plasie [gr.] = das Bilden, Formen). Die Hyperplasie ist das Ergebnis gesteigerter Regeneration durch kurzfristig einsetzende Teilungsfolgen von teilungsfähigen Zellen.

Atrophie: Auszehrung oder Schwund von Zellen, Geweben und Organen (Ernährungsstörungen) durch Abnahme der *Zellzahl* und *Zellgröße* bei Unterbeanspruchung, wobei der Organaufbau erhalten bleibt. Man unterscheidet die *einfache Atrophie* als Verkleinerung von Zellen (z. B. Muskelatrophie bei Minderbelastung, Abbau von Funktionsstrukturen, Muskelschwund) von der *zellulären Atrophie* als Verminderung der Zellzahlen im Gewebe durch mangelnde Regeneration bei Schädigung der teilungsfähigen Zellen (z. B. nach Einnahme von Zytostatika, bemerkbar an Haarwurzeln, Knochenmark, Dünndarmschleimhaut).

Hypoplasie: Unvollkommene Ausbildung bzw. Unterentwicklung von Geweben bzw. Organen (hypo [gr.] = unter, unterhalb), z. B. beim Minderwuchs durch Mangel an Wachstumshormon.

Aplasie: Völliges (angeborenes) Fehlen eines Organs.

Metaplasie: *Gewebsumwandlung* (z. B. durch Entdifferenzierung bzw. Umdifferenzierung oder durch degenerative Prozesse, Verkalkung, starkes Rauchen) eines Gewebetyps in einen anderen, Umgestaltung einer Gewebsart in eine andere, nah verwandte. Bei der Metaplasie unterscheidet man die *direkte Metaplasie* als Umwandlung von ausdifferenziertem Gewebe in ein anderes Gewebe und die *indirekte Metaplasie*, bei der sich die Zellen zunächst auf Stammzellenniveau zurückbilden und sich dann erst in einen anderen Gewebetyp differenzieren.

1.1.2 Zellkontakte, Extrazellular- und Interzellularraum

Zellkontakte dienen der Aufrechterhaltung eines Zellverbandes. Dabei unterscheidet man die *direkten* und die *indirekten Zellverbindungen*.

Direkte Zellverbindungen sind Desmosom (Macula adhaerens), Nexus (Gap junction [engl. gap = Kluft, Spalte; junction = Kreuzung]), Zonula occludens (Tight junction [engl. tight = fest]) und Haftkomplex (Zonula occludens und Zonula adhaerens [lat. occlusus = geschlossen, adhaerere = anhaften, Zonula = Gürtel, Macula = punktförmig]). Desmosomen haben mechanische Funktion, sind scheibenförmig, durch Tonofibrillen vernetzt und zum Interzellularraum hin offen. Der Nexus (= offene Verbindung) erleichtert den Transport durch Poren mit Tunnelproteinen, leitet elektrische Signale (kaum Spannungsabfall) weiter, hat einen schmalen Interzellularspalt und kommt im Herzmuskel, in glatter Muskulatur, in der Niere, in der Nebenniere, in der Schilddrüse u. a. vor. Die ionale und metabolische Koppelung benachbarter Epithelzellen erfolgt durch Nexus. Die Zonula occludens (= geschlossene Verbindung) hat einen durch Plasmalemmverschmelzung geschlossenen Interzellularspalt und behindert den Stofftransport.

Indirekte Zellverbindungen sind Vernetzungen der Zellen durch Zellausläufer und Interzellularsubstanzen. Diese Vernetzung nennt man *Zellinterdigitation*. Zum Aufbau einer Zelle mit ihren zellulären Strukturelementen s.a. Biologie 1.4 und Abb. 1.**1**.

Der **Interzellularraum** ist der Raum, der zwischen den Zellen liegt. Hier befinden sich die Interzellularsubstanzen (Glykoproteine der Glykokalix).

Der **Extrazellularraum** ist der Raum außerhalb der Zelle. Im Extrazellularraum befindet sich die Extrazellularflüssigkeit; sie enthält Nähr- und Schlackenstoffe (z. B. Plasma, Lymphe, Wasser).

1.2 Epithelgewebe

Das Epithelgewebe ist das Deckgewebe, es entwickelt sich aus dem Ekto- und Entoderm (s. Anatomie 1.4.1). Die Epithelart wird definiert nach der Gestalt der Zellen der oberflächlichsten Schicht. Die Klassifizierung erfolgt nach Zellhöhe und Schichtenbildung (Abb. 1.**2**). Eingeteilt wird das Epithelgewebe in *Oberflächenepithel* (einschichtig, mehrschichtig) und *Drüsenepithel* (exokrin, endokrin). Das Epithelgewebe wird vom Bindegewebe durch die Basalmembran (s. 1.2.6) getrennt.

Im Epithelgewebe findet man kaum Interzellularsubstanz. Epithelien sind immer gefäßlos. Die Versorgung erfolgt per Diffusion von den basal gelegenen Schichten. Epithelzellen, die vor allem einen „transzellulären Transport" aufweisen, haben in der Regel Mikrovilli (s. u.), basale Einfaltungen, erhöhte ATPase-Aktivitäten in der Zellmembran, zahlreiche Mitochondrien (s. Biologie 1.4.9) und ein schwach ausgeprägtes endoplasmatisches Retikulum (s. Biologie 1.4.5).

1.2.1 Einschichtiges Epithel

Das einschichtige Epithel besitzt nur *eine Zellage*. Das einschichtige Plattenepithel ist eine Schicht flacher Zellen, die einer Basalmembran aufliegen. Es kommt vor an Orten mit geringer mechanischer Beanspruchung, wie z. B. im Mesothel (seröse Häute wie Peritoneum, Epikard, Perikard), im Endothel (Blut- und Lymphgefäße: in Intima und Endokard), in der Glomeruluskapsel (Niere), im Amnionepithel, in den Lungenalveolen, im hinteren Corneaepithel und im Rete testis.

1.2.2 Mehrschichtiges Epithel

Das mehrschichtige Epithel ist ein *geschichtetes Epithel*, d. h. nur die unterste Schicht des Epithels (Basalzellschicht) liegt auf der Basalmembran. Es wird nach der Gestalt der obersten Zellschicht benannt (z. B. mehrschichtig platt). Das *mehrschichtige unverhornte Plattenepithel* hat einen 3-Schichtenbau:

- *Stratum superficiale* (= flache Zellen, Oberflächenschicht, hoher Abrieb),
- *Stratum spinosum* (mehr Plasma, Zwischenschicht) und
- *Stratum basale* (quadratische Zellen, Basalschicht, hohe Zellen, viele Zellteilungen).

Das Stratum spinosum und das Stratum basale zusammen werden als *Stratum germinativum* bezeichnet. Die Kern-Plasma-Relation ändert sich vom Stratum basale bis zum Stratum superficiale: Die Zellen werden immer flacher.

1.2.3 Plattenepithel

Das Platten- oder Pflasterepithel besitzt breite, flache Zellen. Es kann sowohl in *einschichtiger*, als auch in *mehrschichtiger* Form vorkommen (vgl. einschichtiges Epithel und mehrschichtiges Epithel). Mehrschichtiges unverhorntes Plattenepithel enthält grundsätzlich keine Blutkapillaren (abgesehen von einigen wenigen Ausnahmen). Das mehrschichtige unverhornte Plattenepithel kommt im Auge (Bindehaut und Cornea), an der Innenseite der Lippe, in der Mundhöhle, im Rachen, in der Speiseröhre, im After, in der Scheide, im Scheidenvorhof und am Harnröhrenende vor. Im mehrschichtigen Plattenepithel findet man Tonofibrillen.

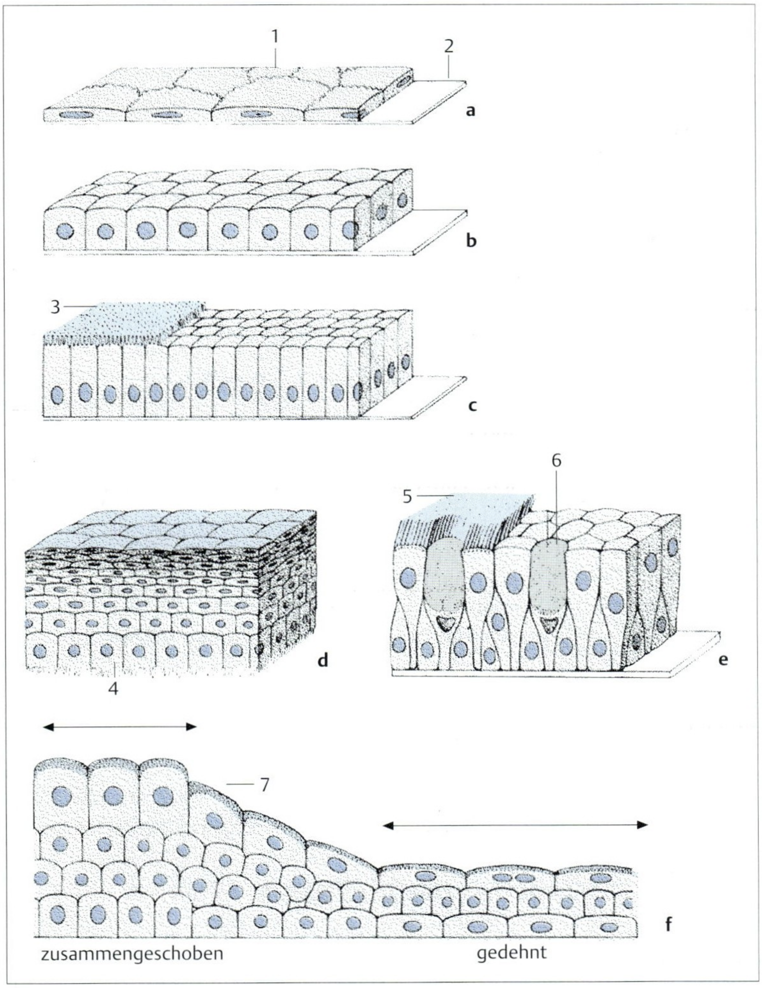

Abb. 1.2 Klassifizierung der Epithelien nach der Zellhöhe und Schichtenbildung. **a** Plattenepithel: 1 = Zellgrenzen, 2 = Basalmembran; **b** einschichtiges isoprismatisches (kubisches) Epithel; **c** einschichtiges hochprismatisches (Zylinder-) Epithel (hier: Darmepithel mit angeschnittener Becherzelle); 3 = Stäbchensaum; **d** mehrschichtiges verhorntes Plattenepithel: 4 = Wurzelfüßchen; **e** zweireihiges hochprismatisches Epithel (hier: kinozilientragendes respiratorisches Epithel): 5 = Flimmerhaare, 6 = schleimbildende Becherzelle; **f** Übergangsepithel bei entleerter und gefüllter Harnblase (Sonderform des mehrschichtigen Epithels): 7 = schützende Krustenschicht (Crusta) der äußeren Epithelzellen (nach Beske, Thieme 1990)

! **Merke**

An Orten mit mechanischer Beanspruchung findet man Pflasterepithel: „Viel befahrene Wege sind bepflastert"!

Klinischer Bezug

Das (maligne = bösartige) Plattenepithelkarzinom ist ein häufiger Krebs in der Zervix (Gebärmutterhals), der Haut und in der Lunge.

1.2.4 Klassifizierung von Epithelverbänden

Epithelverbände werden eingeteilt in isoprismatisches, hochprismatisches, mehrreihiges Epithel und Übergangsepithel. Die Zellbezeichnungen des Epithels „zylindrisch“ bzw. „kubisch“ berücksichtigen nur ungenau die Zellformen, weil die Zellen *polygonal* sind und nicht „rundlich“ oder „viereckig“. Deshalb benutzt man heute die Zellbezeichnungen „iso-“ bzw. „hochprismatisch“.

Isoprismatisches (kubisches) Epithel: Die Zellen des isoprismatischen Epithels sind nahezu gleich hoch und breit. Es kann als ein-, zwei- oder mehrschichtiges isoprismatisches Epithel vorkommen. Ein einschichtiges, prismatisches Epithel findet man in der Tuba uterina, in der Uterusschleimhaut und in der Rektumschleimhaut.

Hochprismatisches (Zylinder-) Epithel: Die Zellen des hochprismatischen Epithels sind höher als breit. Diese Form verleiht ihnen im Querschnitt das *zylinderförmige Aussehen*. Das hochprismatische Epithel kommt im Magen, im Dünndarm, im Dickdarm, in der Rektumschleimhaut, in der Gallenblase, im Ductus hepaticus, in den Sammelrohren der Niere, in der Tuba uterina, im Uterus (Endometrium) und in den kleinen Bronchien vor.

Mehrreihiges Epithel: Bei dem mehrreihigen Epithel sitzen alle Zellen der Basalmembran auf, aber nicht alle Zellen erreichen die Oberfläche. Hauptsächlich findet man das mehrreihige Epithel als *Flimmerepithel*. Es kommt in den Atemwegen (= respiratorisches Epithel), in der Tuba auditiva und in den Ductuli efferentes testis vor. Das mehrreihige Flimmerepithel hat Zellen mit Flimmerhaaren (= beweglich, Kinozilien). Die Kinozilien schlagen immer in die gleiche Richtung, was bestimmten Transportvorgängen (z. B. Abtransport von Partikeln und Schleim aus der Trachea) dient (s. a. Biologie 1.4.15).

! Merke

Kinozilien = beweglich (→ Kinetik)
Stereozilien = unbeweglich (→ Statik)

Übergangsepithel: Das Übergangsepithel ist eine Sonderform des mehrschichtigen Epithels, das *nur im Bereich der ableitenden Harnwege vorkommt*. Es ist sehr dehnbar und besteht aus 3 Zellarten: *Deckzellen (Stratum superficiale)*, *Intermediärzellen (Stratum intermedium)* und *Basalzellen (Stratum basale)*. Von diesen 3 Zellarten erreichen die Deckzellen die Oberfläche. Die Deckzellen sind oft zweikernig und mit einer Kruste (Crusta) aus Glykoproteinen und einem Schleimüberzug als Schutzschicht ausgestattet (verhindert i. d. R. die Resorption von Harnstoff in den Harnwegen). Die Epithelhöhe hängt vom jeweiligen Füllungs- bzw. Dehnungszustand des Organs ab (Abb. 1.**2**). Übergangsepithel kommt in den ableitenden Harnwegen (Nierenbecken, Harnleiter [Ureter], Harnblase, obere Harnröhre, Calices renales minores) vor. Funktionell ist es sehr dehnbar.

1.2.5 Oberflächendifferenzierungen

Siehe Biologie 1.4.14 und 1.4.15.

1.2.6 Epithel-Bindegewebsgrenze

An der dem Bindegewebe zugewandten Oberfläche (Epithel-Bindegewebsgrenze) liegt die *Basalmembran* (Glashaut, Membrana vitrea oder propria). Die Basalmembran besteht hauptsächlich aus einer mukopolysaccharidhaltigen Kittsubstanz (PAS-positiv). Sie ist ca. 1,5 – 2,5 μm dick und dient der Verankerung des Epithels. Die Basalmembran ist mehrschichtig und gliedert sich in die *Lamina rara externa*, die *Lamina densa* und die *Lamina rara interna*. Diese Dreischichtung ist jedoch nur unter dem Elektronenmikroskop zu erkennen. Die Lamina rara externa ist der Epithelseite zugewandt, die Lamina densa heißt auch Basallamina.

1.2.7 Leistungen des Epithelgewebes

Epithelgewebe dienen der *Protektion*, der *Sekretion* und der *Resorption*. Zudem weisen Epithelien verschiedene *Transportmechanismen* auf.

Protektion: Epithelgewebe schützen die darunter gelegenen Schichten und fördern den Stoffaustausch. Dabei dient der Zellkontakt, die *Tight junction*, zur Abdichtung eines Epithels.

Sekretion: Bei der *Sekretion (Extrusion)* unterscheidet man holokrine, apokrine und ekkrine (= merokrine) Drüsen.

- Bei *holokrinen Drüsen* wird die ganze Zelle zu Sekret umgewandelt und dann ausgeschieden (holos = ganz, krino = ich scheide). Holokrine Drüsen kommen bei den Meibom-Drüsen der Augenlider und den Talgdrüsen vor.
- Bei *apokrinen Drüsen* wird nur ein Teil des Zellplasmas als Sekret ausgeschieden. Da der kernhaltige Fußteil der Zelle für die Regeneration zuständig ist, bleibt er erhalten. Apokrine Drüsen kommen in der Mamma (Milchdrüse), den Duftdrüsen und den Becherzellen vor.
- Bei den *ekkrinen Drüsen* bleibt die Zelle ganz erhalten, d. h. die Zelle gibt ihr Sekret ohne Verlust von Zellbestandteilen ab. Sie kommen bei den Schweißdrüsen und den serösen Drüsen (z. B. in der Bauchspeicheldrüse) vor.

Resorption: Das der Resorption (z. B. im Magen-Darm-Trakt) dienende prismatische Epithel ist einschichtig, was den Stoffdurchgang begünstigt.
Durch die 1–2 μm hohen *Mikrovilli* vergrößert sich die Epitheloberfläche (s. Biologie 1.4.14). Dieser Mikrovillibesatz wird lichtmikroskopisch als *Bürstensaum* sichtbar (z. B. im Duodenum). Resorptionsepithelien besitzen viele Mitochondrien, denn der Stofftransport fordert viel Energie. Hochprismatisches Resorptionsepithel kommt im Magen-Darm-Trakt und isoprismatisches Resorptionsepithel im Nierentubulus vor.

Transportmechanismen: Den transepithelialen Transport kann man untergliedern in den transzellulären, parazellulären und gemischten Transport:

- Beim *transzellulären Transport* werden Stoffe durch Endozytose (s.u.), membrangebundene Transportproteine oder durch Diffusion aufgenommen. Epithelzellen, die vor allem einen transzellulären Transport aufweisen, haben in der Regel Mikrovilli, basale Einfaltungen, erhöhte ATPase-Aktivität in der Zellmembran und zahlreiche Mitochondrien.
- Beim *parazellulären Transport* werden die Stoffe passiv durch das Interzellularspaltensystem aufgenommen. Der parazelluläre Transport durch Epithel wird von Tight junctions (Zonulae occludentes) erheblich behindert.
- Beim *gemischten Transport* werden die Stoffe zunächst transzellulär in die Zelle aufgenommen und dann parazellulär wieder abgegeben.

Bei den Zytosen müssen im Rahmen der Endozytose die beiden Vorgänge der *Pinozytose* und der *Phagozytose* unterschieden werden. Die Pinozytose ist die Aufnahme gelöster Stoffe in das Zellinnere. Die Phagozytose ist die Aufnahme fester Partikel (Fremdkörper, Gewebstrümmer, Mikroorganismen) in das Zellinnere durch Phagozyten.

1.3 Bindegewebe

Das Bindegewebe entsteht vor allem aus dem Mesoderm (im Kopfbereich: Mesektoderm aus der Neuralleiste [s. Anatomie 1.4.4]). Es ist Bindeglied und Füllmasse zwischen Zellen, Geweben und Organen mit Aufgaben wie z. B. Stofftransport durch die hier enthaltenen Gefäße und Nerven. Weitere Aufgaben der Bindegewebszellen sind Abwehrfunktionen, Wasserspeicher, Mineraldepot, Formgebung, Stoffaustausch und mechanische Funktionen (v.a. beim Knorpel).
Unterteilen kann man Bindegewebe in **Bindegewebe** im engeren Sinne mit faserarmen (lockeres Bindegewebe) und faserreichen (straffes Bindegewebe) Anteilen, in Stützgewebe und in Sonderformen des Bindegewebes. Zum **Stützgewebe** zählen Knorpel und Knochen. Die **Sonderformen** des Bindegewebes sind Fettgewebe, elastische Bänder, retikuläres Bindegewebe (z. B. hämatopoetisches Gewebe) und gallertiges Bindegewebe.
Hauptbestandteile des Bindegewebes sind die fixen und die freien Bindegewebszellen sowie die Interzellularsubstanz, die sich in Fasermaterial und Grundsubstanz einteilen läßt. Zu den **fixen Zellen** zählen Mesenchymzellen, Fibroblasten, Fibrozyten, Retikulumzellen und Lipozyten (s. 1.3.1), zu den **freien Zellen** zählen Monozyten bzw. Histiozyten, Granulo- und Lymphozyten, Mastzellen und Plasmazellen (s. 1.3.3).
Das **Fasermaterial** (Bindegewebsfasern als Komponenten der Interzellularsubstanz) besteht aus Kollagen-, Elastin- und Retikulumfasern. Die Grundsubstanz der Interzellularsubstanz, eine strukturlose Masse aus Mukopolysacchariden, wird auch **Kittsubstanz** genannt. Sie ist Bestandteil aller Binde- und Stützgewebe und besteht aus interstitieller Flüssigkeit, Proteoglykanen und Glykoproteinen (z.B. Fibronektin).

1.3.1 Fixe Bindegewebszellen

Das **Mesenchym** zählt zum frühembryonalen Bindegewebe. Es besitzt keine Fasern, die Mesenchymzellen sind sternförmig verzweigt, die Zellausläufer können miteinander anastomosieren (Verbindungen aufbauen). Durch diese Anastomosen entsteht ein Zellnetz, in dessen Zwischenräumen sich seröse Flüssigkeit befindet.
Die **Retikulumzellen** sind Grundzellen des retikulären Bindegewebes mit großem Kern und wenig Zytoplasma. Sie können sich zu Fettzellen oder Makrophagen umbilden. Zu den Aufgaben der Retikulumzellen gehört die Bildung freier Zellen (Lymphozyten und Blutserum), die Phagozytose, die Beteiligung an der Antikörperproduktion und die Bildung der Skelettsubstanz von Organen.
Fettzellen (Lipozyten) sind umgewandelte Fibrozyten und entstehen aus den Fibroblasten. Sie enthalten das Fett in paraplasmatischen Einschlüssen (Vakuolen). Die Fettzellen sind nur mit Spezialfärbung (Sudanrot) sichtbar zu machen.
Fibroblasten und **Fibrozyten** zählen zu den ortsständigen Bindegewebszellen. Fibroblasten sind Abkömmlinge des Mesenchyms und die aktive, synthetisierende Form der Fibrozyten. Sie besitzen einen großen, ovalen Zellkern mit deutlichem Nukleolus und freiem Chromatin. Sie haben viele zytoplasmatische Zellfortsätze, bilden die Vorstufe der kollagenen Fasern und besitzen viele Mitochondrien. Fibrozyten (Faserzellen) sind die produktive Ruheform der

Fibroblasten. An der Oberfläche von Körperhöhlen (z. B. Pleura und Peritoneum) sind die Fibroblasten epithelartig differenziert und bedecken lockeres Bindegewebe (Mesothel). Die Fibrozyten haben nur eine geringe Syntheseleistung (Bildung von Prokollagenmolekülen). Sie sind spindelförmig, mit wenigen Zellfortsätzen bzw. flachen Plasmaausläufern, einem kleinen dunklen Zellkern und wenig rauhem endoplasmatischen Retikulum (rER).

Leistungen von fixen Zellen des Bindegewebes

Fibrillogenese: Die *Fibroblasten* sezernieren zunächst Tropokollagen (= Fibroprotein), woraus dann über Zwischenstufen kollagene Fibrillen entstehen, die ein wesentlicher Bestandteil der kollagenen Fasern sind (s. 1.3.5). Zudem sind die Fibroblasten am Aufbau der Grundsubstanz beteiligt. Fibroblasten haben einen hohen Gehalt an rER und Mitochondrien.

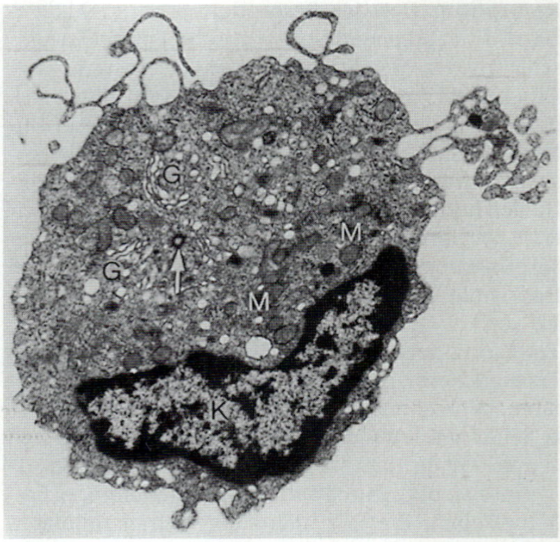

Abb. 1.**3** Histiozyt (Makrophage); K = Kern, M = Mitochondrien, G = Golgi-Apparat; der Pfeil deutet auf ein quergeschnittenes Zentriol (aus Kühnel, Thieme 1992)

! Merke

Blasten **b**auen auf.

Die *Fibrozyten* (ausgereifte Fibroblasten, die schon synthetisiert haben) können, wenn sie stimuliert werden, wieder zu Fibroblasten werden und Interzellularsubstanz bilden. Dies erfolgt z. B. während der Wundheilung. Zudem synthetisieren die Fibroblasten *Kollagenase*, ein Enzym, das den physiologischen Abbau von Kollagen bewerkstelligt.

Phagozytose: Zellfortsätze umfassen größere (feste) Partikel (z. B. Staubteilchen und Bakterien), verleiben diese der Zelle ein (Endozytose) und machen sie damit mehr oder weniger unschädlich (s. Biologie 1.4.1). Zur Phagozytose befähigt sind *Phagozyten* (= Freßzellen, vgl. Histiozyten).

Fettspeicherung: Die Speicherung von Fett obliegt den *Fettzellen* des Bindegewebes.

1.3.2 Freie Bindegewebszellen

Histiozyten (Makrophagen) (∅ ca. 17 µm) sind Monozyten, die durch Diapedese aus der Blutbahn ausgetreten sind. Sie werden auch als ruhende Wanderzellen bezeichnet, da sie bei Entzündungen amöboid beweglich sind. Sie bilden lysosomale Enzyme und zeigen als Makrophagen eine ausgeprägte Phagozytosebereitschaft. Im Gegensatz zu den Fibrozyten haben die Histiozyten (Abb. 1.**3**) viele Mitochondrien und Lysosomen. Die Histiozyten werden dem retikuloendothelialen System (RES) zugeordnet (s. u.). Das Zytoplasma ist mit Eosin stark färbbar.

Die **Monozyten** stammen aus dem Knochenmark, wandern kurz ins Blut (ca. 20 Stunden Aufenthalt) und dann in das Gewebe. Im Gewebe können sie sich zu verschiedenen Makrophagen differenzieren (Histiozyten, Kupffer-Sternzellen u. a.). An ihrer Oberfläche sitzen Rezeptoren für Immunglobuline. Sie sind amöboid beweglich und gehören zu den Makrophagen (Gewebsmakrophagen), produzieren Mediatoren (Interleukin, G-CSF). Monozyten sind die größten Leukozyten (∅ = 12 – 20 µm) und bilden ca. 4 – 7 % der Blutkörperchen. Ihr Kern ist nierenförmig und liegt exzentrisch mit dichtem Kernchromatin. Das Monozytenzytoplasma ist schwach azidophil, enthält viele Mitochondrien, viele azurophile Granula und wenig rER.

Die **Granulozyten** entstammen dem Blut. Sie haben einen gelappten Kern und gehören zu den Mikrophagen. Durch die amöboide Beweglichkeit können sie auch durch Gefäßwände wandern (Diapedese).

Lymphozyten: Im Gewebe kommen die Lymphozyten als T- und B-Lymphozyten vor. Die B-Lymphozyten sind Antikörperbildner und haben Mikrophagenfunktion.

Die **Plasmazellen** zeigen eine Radspeichenstruktur, sie dienen der spezifischen Abwehr, sind rundlich, ca. 10 – 15 µm groß und entstehen aus den Immunoblasten der B-Lymphozyten. Plasmazellen haben einen stark basophilen Zelleib mit vielen Mitochondrien und eine Lebensdauer von ca. 20 Tagen. Um den Kern der Plasmazellen ist ein heller perinukleärer Hof sichtbar (Abb. 1.**4**). Plasmazellen kommen regelmäßig beim gesunden Menschen im Lymph-

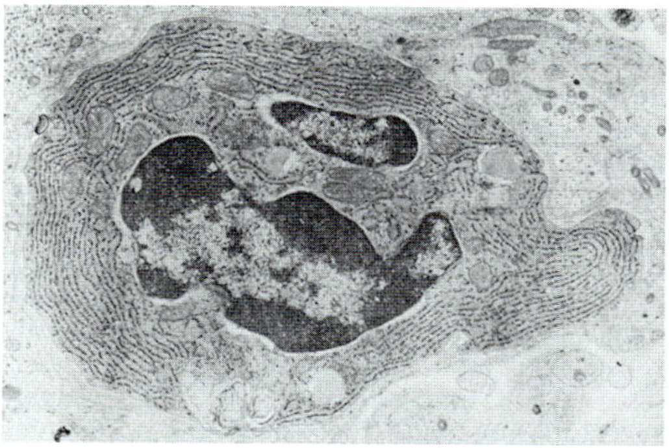

Abb. 1.4 Die dargestellte Zelle ist eine Plasmazelle. Sie entsteht aus Lymphozyten. Die Zelle ist basophil, dient der Antikörperbildung und kommt regelmäßig als freie Zelle im Bindegewebe vor. Die Plasmazelle ist reich an rER

knotenmark, in der roten Pulpa der Milz, perikapillar im Knochenmark und in der Schleimhaut des Jejunums vor.

Mastzellen sind längliche oder polyedrische Zellen (ca. 12 µm groß) mit ovalem Kern. Sie enthalten Histamin, Heparin und Serotonin. Mastzellen sind mit metachromatischen Granula angefüllt und werden u. a. im lockeren Bindegewebe gefunden.

Spezifische Leistungen freier Bindegewebszellen

Zu den Leistungen der freien Bindegewebszellen zählen die *Diapedese*, die *Chemotaxis*, die *Phagozytose* und die *Antikörper-* und *Mediatorenbildung*.

Die **Diapedese** ist das Durchtreten der Blutzellen durch die unverletzte Gefäßwand. Granulozyten können eine solche Ortsveränderung durchführen.

Bei der **Chemotaxis** werden die weißen Blutzellen durch gelöste Stoffe (z. B. Streptokokken, Staphylokokken u. a.) angezogen oder auch abgestoßen.

Durch die **Phagozytose** (s. 1.3.2 und Biologie 1.4.1) werden Fremdstoffe im Organismus unschädlich gemacht und in Phagozyten aufgelöst.

Die **Antikörperbildung** erfolgt aufgrund von eingedrungenen Antigenen (= artfremder Eiweißstoff) in die Blutbahn (s. Physiologie 2.5.2).

Mediatoren sind hormonähnliche Wirkstoffe (Prostaglandine, Tromboxane), die auf einen Gewebsreiz hin ausgeschüttet werden. Der Bildung von Mediatoren gehen i. d. R. entzündliche Prozesse voraus.

1.3.3 Struktur und Eigenschaften von Grundsubstanz und Bindegewebsfasern (extrazelluläre Matrix)

Kollagenfasern

Sie sind die häufigste Faserart des Bindegewebes. Die Kollagenfasertypen bestehen aus *Fibrillenbündeln* mit einer charakteristischen Querstreifung. Baueinheit einer Fibrille sind Tropokollagenmoleküle. Jedes Molekül besteht aus 3 Polypeptidketten mit einer Tripelhelixstruktur. Die Kollagensynthese findet im rER von Fibroblasten statt (s. 1.3.1). Kollagenfasern sind als unverzweigte Fasern angeordnet und sehr zugfest. Sie sind gering dehnbar und anisotrop (starke Doppelbrechung) polarisiert. Elektronenmikroskopisch ist die Querstreifung der Mikrofibrillen (gestaffelt angeordnetes Tropokollagen) zu erkennen. Kollagenfasern kommen im Dentin, in der Gingiva, im Periodontium und im Zahnzement vor.

Typen: Man unterscheidet 4 wichtige (von heute 13 bekannten) Kollagenfasertypen:

- *Typ I* kommt in Haut, Knochen, Sehnen, Bändern, Faszien vor.
- *Typ II* kommt in hyalinem und elastischem Knorpel vor.
- *Typ III* kommt in Gefäßwänden, im Corium der Haut und im Stroma innerer Organe vor.
- *Typ IV* kommt in der Basalmembran vor.

Das Kollagen der Sehnen und Faszien unterscheidet sich in seinem chemischen Aufbau von dem des Knorpels. Die Retikulinfasern (Typ-III-Kollagen-Fasern) quellen im Unterschied zu Kollagenfasern des lockeren oder straffen Bindegewebes kaum auf. Man nennt diese Fasern auch *argyrophile* Fasern (weil sie sich versilbern lassen) oder auch präkollagene Fasern.

Klinischer Bezug

Das Kollagen ist ein wichtiger Bestandteil der Haut und spielt somit eine wichtige Rolle bei der **Wundheilung** (in Verbindung mit Vitamin C).

Die **Synthese** der Peptidketten bzw. der α-Ketten des Kollagens erfolgt im rER von Fibroblasten. In den Fibrozyten wird das Kollagen bis zur Stufe des Prokollagens intrazellulär synthetisiert. Die im elektronenmikroskopischen Bild sichtbare Querstreifung des Typ-I-Kollagens entsteht erst extrazellulär durch Zusammenlagerung von Tropokollagenmolekülen. Mikrofibrillen des kollagenen Bindegewebes zeigen elektronenmikroskopisch dunkle und helle Querstreifen, weil Mikrofibrillen des kollagenen Binde-

Histologie

gewebes aus gestaffelt angeordnetem Tropokollagen bestehen.

Elastische Fasern

Bei dem elastischen Material des Bindegewebes handelt es sich um elastische Fasern, die als feine Fasern im entspannten Zustand gewellt sichtbar sind (Abb. 1.**5** und 1.**6**, Farbtafel I). Wenn sie im Bindegewebe überwiegen, spricht man von elastischem Gewebe. Die elastischen Fasern sind einfach lichtbrechend (isotrop) und verzweigt. Hauptbestandteil der elastischen Fasern ist das *Elastin*. Sie sind wenig zugfest und stark dehnbar.
Elastische Fasernetze findet man in der Wand der Bronchioli alveolares, in den Alveolarsepten und in der Wand der Lungenarterien.

Proteoglykane

Sie sind Hauptbestandteile des Bindegewebes (Hyaluronsäure, Chondroitinsulfat u. a.) und bestehen aus Verbindungen saurer Mukopolysaccharide und Eiweiße. Sie machen die Bindegewebsstrukturen sowohl elastisch formkonstant (Knorpel) als auch plastisch verformbar. Dabei spielt das *Fibronektin*, ein Protein des Bindegewebes, eine wichtige Rolle. Es vermittelt die Adhäsion (Anheftung) der Fibroblasten an die Kollagenfasern. Fibronektin kommt im Blutplasma und in der Basalmembran vor. Auch das *Laminin* ist ein Protein des Bindegewebes. Es besteht aus zwei Polypeptidketten und ist Bestandteil der Lamina rara externa. Es heftet die Epithelien an das Kollagen Typ IV der Lamina densa.

> **! Merke**
>
> kollagene Fasern → zugfest
> retikuläre Fasern → biegungselastisch
> elastische Fasern → zugelastisch

1.3.4 Formen des Bindegewebes

Mesenchym

Das Mesenchym zählt zum embryonalen Bindegewebe (z. B. Hühnerembryo). Die fixen Zellen sind Mesenchymzellen (sternförmige Zellen), die freien Zellen sind manchmal Blutstammzellen. Eine Interzellularsubstanz (Gewebsflüssigkeit) und Fasern fehlen. Mesenchymzellen kommen beim Embryo vor. Die Mesenchymzellen haben einen großen Kern mit einem deutlich sichtbaren Nukleolus und Zytoplasma. Aus dem embryonalen Bindegewebe entwickeln sich alle Binde- und Stützgewebe und die Muskulatur.

Retikuläres Bindegewebe

Das retikuläre Bindegewebe (z. B. Lymphknoten, Nodus lymphaticus) ist ein dreidimensionales (Gitter-) Maschenwerk, in dessen Lücken viele freie Zellen und Lymphozyten liegen. Das retikuläre Bindegewebe hat Stützfunktion und dient der Phagozytose (Abwehrmechanismus). Es ist anisotrop (starke Doppelbrechung) polarisiert und durch Silbersalze färbbar. Synonyme für retikuläre Bindegewebe sind argyrophile (= mit Silbersalzen anfärbbare) Fasern, präkollagene Fasern (altern zu Kollagen) und Gitterfasern. Retikuläres Bindegewebe ist zum Teil verzweigt angeordnet. Bei Zugbeanspruchung ist es zugfest und biegungselastisch mit einer geringfügigen Dehnbarkeit.
Das retikuläre Bindegewebe kommt als Bestandteil der Basalmembran, Umhüllung von Leber-, Drüsen-, Muskel- und Fettzellen, Stroma der lymphatischen Organe außer Thymus (Lymphknoten, Milz, Tonsillen, Knochenmark), in der Nähe von Blut- und Lymphgefäßen und in der Lamina propria der Magen-Darm-Schleimhaut vor.

Lockeres Bindegewebe

Es wird eingeteilt in embryonales und postembryonales Bindegewebe. Zum *embryonalen Bindegewebe* zählt das frühembryonale Bindegewebe (= Mesenchymzellen s. o.) und das Gallertgewebe (Nabelschnur). Beim Gallertgewebe finden sich kleine Fibrozyten mit einem platten, länglichen Kern und dreieckigen Zellen. Die kollagenen Fasern sind gewellt und sichtbar im Gegensatz zum mesenchymalen Bindegewebe. Zum *postembryonalen Bindegewebe* zählt das retikuläre Bindegewebe (s. o.).

Straffes Bindegewebe

Das straffe Bindegewebe oder *parallelfasrige Bindegewebe* gehört zum geformten, festen *kollagenen Bindegewebe*. Es zeichnet sich durch straff parallel verlaufende kollagene Bündel aus und kommt in Bändern, Gelenkkapseln, Faszien, Sehnen und Aponeurosen sowie im Periost und in der Sklera vor. Die Flügelzellen (Sehnenzellen, Fibrozyten) liegen in einer Reihe (wie eine Perlenschnur) und besitzen Fortsätze. Durch die kollagenen Fasern wird eine hohe Zugfestigkeit erreicht. Die Sehne wird umgeben vom Peritendineum externum, die Fibrillenbündel vom Peritendineum internum (Abb. 1.**7**).

> **! Merke**
>
> Bei der lichtmikroskopischen Betrachtung kann die Sehne leicht mit der Skelettmuskulatur verwechselt werden.

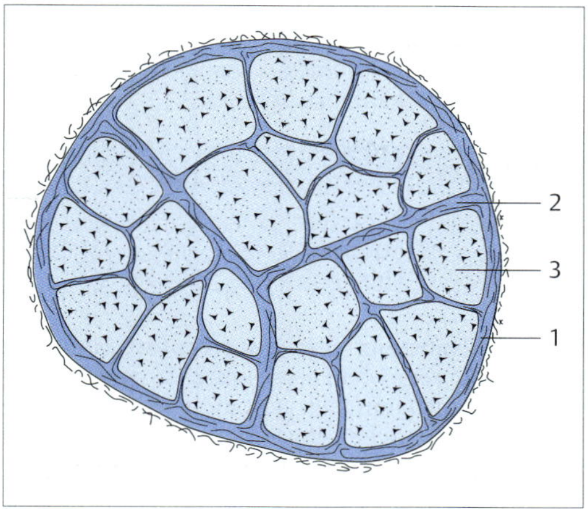

Abb. 1.**7** Sehne quergeschnitten. 1 = Peritendineum externum, 2 = Peritendineum internum (mit Nerven und Gefäßen, unterteilt die Sehne in Sekundärbündel), 3 = Primärbündel (kleinste Bindegewebssepten), sichtbar sind auch die „Flügelzellen" oder Sehnenzellen

Klinischer Bezug

Das straffe Bindegewebe spielt bei der **Narbenbildung** (Zikatrix) eine wichtige Rolle. Eine knotige Wucherung des Bindegewebes im Bereich der Narbe nennt man Keloid.

Fettgewebe

Das Fettgewebe besteht aus einer Ansammlung von Fettzellen (Adipozyten), von lockerem Bindegewebe eingefaßt, mit Septen, die ins Innere strahlen. Durch diese Bindegewebssepten entsteht eine Läppchenform. Eine Arterie versorgt jeweils ein Fettläppchen. Fettzellen sind mit Sudanrot färbbar. Das Fettgewebe hat den geringsten Wassergehalt pro Gramm Gewebe. Bei der Lipolyse stimulieren Katecholamine die lipolytische Spaltung von Triacylglycerinen (s. Biochemie 9.2.4).

Das **univakuoläre Fettgewebe (weißes Fett)** wird durch Zellen charakterisiert, bei denen Kern und Zytoplasma an den Rand gedrängt sind. Dadurch ergibt sich eine Siegelringform oder ein Seifenblasenmuster.

Univakuoläres Fettgewebe kommt als Baufett in Handfläche, Fußsohle (Druckpolster), Augenhöhle (Corpus adiposum orbitae), Wangenfettpfropf, Nierenlager, unter dem Epikard, Mediastinum, Gelenken, Brustdrüse (Platzhalter für ruhendes Drüsengewebe) und als Speicherfett oder Reservefett in Unterhaut (Tela subcutanea), Mesenterium des Darms, Fettanhängsel des Dickdarms (Appendices epiploicae) vor. Univakuoläre Fettzellen geben Fett auf humorale Reize hin ab.

Das **plurivakuoläre Fettgewebe (braunes Fett)**, auch multivesikuläres oder multivakuoläres Fettgewebe genannt, kommt bei winterschlafenden Tieren (Wärmebildung), beim Säugling zur zitterfreien Wärmebildung, beim erwachsenen Menschen an Hals (Nackenfettpolster), Achselhöhle, (Nierenkapsel), Nierenhilus, beim Fetus (2–5% des Fettgewebes), Brustwand und Bauchwand vor.

Die Fettzellen enthalten Vakuolen mit Fetttropfen, zwischen diesen liegt lockeres Bindegewebe. Im Unterschied zum univakuolären Fettgewebe hat das plurivakuoläre viele kleine, schwammartig angeordnete Zellen mit einem kugeligen Zellkern, der nicht randständig ist, sondern im Zellzentrum liegt.

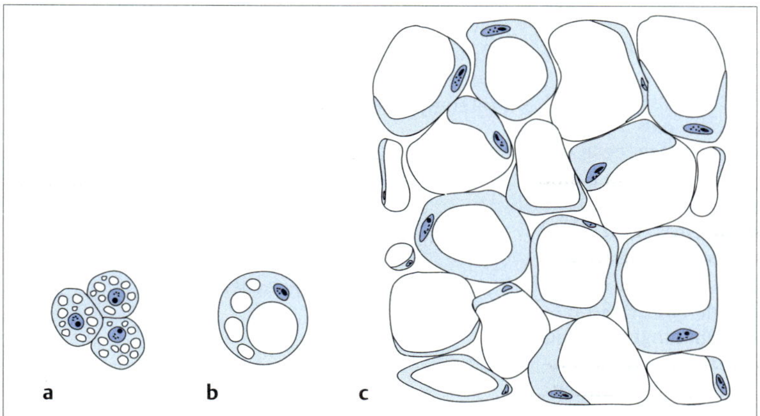

Abb. 1.**8** Fettgewebe; **a** plurivakuolär; **b** Übergangsform; **c** univakuolär. Vergr. ca. 180fach

Histologie

1.3.5 Morphologische Grundlagen der Abwehrleistungen des Bindegewebes

Die Abwehr des Bindegewebes erfolgt in einem unspezifischen und einem spezifischen Abwehrsystem. Das **unspezifische Abwehrsystem** ist vorwiegend zellulär und wird von Mikrophagen und Makrophagen (retikuloendotheliales System – retikulohistiozytäres System – mononukleäres Phagozytensystem) gebildet. Zu den Mikrophagen gehören die Granulozyten (insbesondere die neutrophilen Granulozyten, die über proteolytische Enzyme und Oxidasen wirken) und die Lymphozyten. Zu den Makrophagen zählen die Histiozyten, Monozyten, Retikulumzellen, Sinusendothelzellen und Kapillarendothelzellen. Die Retikulumzellen und bestimmte Endothelzellen bilden zusammen das *retikuloendotheliale System (RES)*. Die Histiozyten und die Retikulumzellen bilden das *retikulohistiozytäre System (RHS)*.
Das **spezifische Abwehrsystem** wird gebildet von den Immunozyten: T-Lymphozyten und B-Lymphozyten (Zentrozyt – Zentroblast, Plasmazellen), Gedächtniszellen (s. a. Biochemie 17.1.2).

1.4 Knorpelgewebe

Knorpel gehört zu den Binde- und Stützgeweben. Er setzt sich aus *Knorpelzellen (Chondrozyten)* und charakteristischer *Interzellularsubstanz (Matrix)* zusammen. Von anderen Bindegeweben unterscheidet sich der Knorpel durch seine Festigkeit, vom Knochen dadurch, daß Knorpel nur aus organischem Material besteht. Knorpel ist daher schneidbar. Charakteristisch für Knorpel ist seine Druckelastizität.

1.4.1 Struktur des Knorpelgewebes

Die Struktur des Knorpelgewebes besteht aus 3 Komponenten: Zellen *(Knorpelzellen = Chondrozyten)*, *Fasern (elastische und kollagene)* und *Grundsubstanz (= Interzellularsubstanz)*.
Chondrozyten: Bei der Form- und Lagebeziehung der Chondrozyten ist zu beachten, daß sie oval oder rundlich und wasserreich sind. Sie besitzen keine Zellausläufer. Sie liegen in Gruppen oder auch einzeln in der von ihnen gebildeten Grundsubstanz innerhalb der *Knorpelhöhle* (Lakunen). Die *Knorpelkapsel* umschließt die Knorpelzellen. Von dem stark basophilen *Knorpelhof* (sulfatierte Glykosaminoglykane; Glykosaminoglykane sind PAS-positiv) werden mehrere Knorpelzellen umgeben und zu einem *Chondron* oder *Territorium* zusammengezogen. Ein Chondron wird von 2–6 zusammengelagerten Chondrozyten mit folgenden lichtmikroskopisch zu erkennenden Strukturen gebildet: Nukleus, Zytoplasma, Membran (Zellwand), Lakunenraum bzw. Höhle (= artifizieller Schrumpfraum), Lakunenwand bzw. Kapsel.

! Merke

Knorpelhöhle	→ hier befinden sich die Knorpelzellen
Knorpelkapsel	→ schließt die Knorpelzellen ein
Knorpelhof	→ grenzt isogene Zellen ein

Die **Grundsubstanz** oder **Interterritorialsubstanz** ist hart, fest aber leicht schneidbar, da sie nicht verkalkt ist. An chemischen Bestandteilen enthält die Grundsubstanz neben Wasser und Kollagen Typ II vor allem Chondroitinsulfat und Proteoglykane. Die Chondroitinsulfate A und C verursachen die starke Basophilie (Blaufärbung) des Knorpels. Die Proteoglykane (Mukopolysaccharide) entstehen aus einer Verbindung zwischen Heteroglykanen und Eiweiß. Die Grundsubstanz des Knorpels ist gefäßlos. Die Kollagenfasern verhalten sich färbungstechnisch und optisch wie die Grundsubstanz (sie sind „maskiert").
Die **Ernährung des Knorpels** erfolgt beim Gelenkknorpel durch Diffusion vom Knochen und bei den anderen Knorpelarten vom Perichondrium (Knorpelhaut) aus.
Die **subperichondrale Zone** besteht aus 2 Zellschichten, dem *Stratum cellulare* und dem *Stratum fibrosum*. Das Stratum cellulare grenzt an den Knorpel, geht allmählich ins Knorpelgewebe über und ist zellreich. Das Stratum fibrosum ist die dem Perichondrium zugewandte Schicht, die auch ins Perichondrium übergeht.
Bindegewebiges Perichondrium umgibt den Knorpel mit langgestreckten Zellen und Kollagenfasern. Es enthält (im Ggs. zum Knorpel) Gefäße, die u. a. auch zur Ernährung des Knorpels dienen. Die Festigkeit des Knorpelgewebes wird bestimmt durch den Polymerisationsgrad, die Faserstruktur der Grundsubstanz, den oberflächlichen Abschluß durch die Knorpelhaut und den Gehalt der Grundsubstanz an Proteoglykanen (Hyaluronsäure, Chondroitinsulfat).

! Merke

Blasten **b**auen auf.
Chondro**b**lasten **b**auen Knorpel auf.
Zyten = **Z**elle
Chondro**z**yten = Knorpel**z**ellen

1.4.2 Typen des Knorpelgewebes und ihre biomechanischen Eigenschaften

Bei dem Knorpelgewebe unterscheidet man 3 Knorpeltypen nach dem Verhalten der Fasern: *hyalinen Knorpel*, *elastischen Knorpel* und *Faserknorpel*.

Hyaliner Knorpel

Aufbau: Der hyaline Knorpel enthält *viel* Grundsubstanz (bläulich, homogen), wenige Chondrozyten und maskierte (nicht sichtbare) kollagene Fasern (Typ II). Die Knorpelzellen liegen in Chondronen (Territorien) zusammen.
Vorkommen: Der hyaline Knorpel kommt vor allem als Gelenkknorpel z. B. im Kniegelenk (ohne Knorpelhaut [Perichondrium]), aber auch als Nasenknorpel, Teile der Kehlkopfknorpel (Schildknorpel), Trachea, Bronchien, Rippenknorpel, Epiphysenfugen der Röhrenknochen (Ossifikation [Knochenbildung]) und in Knorpelfugen (Synchondrosen) vor.
Beim alternden Knorpel treten Verkalkungen, Verknöcherungen und Asbestfasern auf. Asbestfasern sind demaskierte Fasern in der sonst homogenen Grundsubstanz (Abb. 1.**9**, Farbtafel I).

Klinischer Bezug

Da der Knorpel frei von Blutgefäßen ist und nur durch Diffusion ernährt wird, können durch Verschleiß chronische Gelenkerkrankungen **(Arthrosen)** entstehen.

Biomechanische Eigenschaften: Der hyaline Knorpel zeichnet sich aus durch hohe Druckfestigkeit, geringe Zugfestigkeit und geringe Verformbarkeit. Die biomechanischen Eigenschaften des hyalinen Knorpels beruhen auf einer trajektoriellen Anordnung der Kollagenfasern, dem Gehalt der Grundsubstanz an hydratisierten Proteoglykanen und dem oberflächlichen Abschluß der knorpeligen Skeletteile durch Perichondrium bzw. Tangentialschicht.

Elastischer Knorpel

Aufbau: Der elastische Knorpel enthält *wenig* Grundsubstanz, viele Knorpelzellen, ein sichtbares elastisches Fasernetz (synonym: Netzknorpel) und *keine* Territorien (Abb. 1.**10**, Farbtafel I). Die Grundsubstanz ist bei der Elastinfärbung gelb und bei der Resorcin-Fuchsin-Färbung blau-schwarz.
Vorkommen: Der elastische Knorpel kommt vor in der Epiglottis, als Ohrknorpel in der Ohrmuschel, in der Tuba auditiva und in den kleinsten Bronchien.

Biomechanische Eigenschaften: Infolge der elastischen Fasern weist der elastische Knorpel keine Brüchigkeit auf. Der elastische Knorpel zeichnet sich aus durch eine geringere Druckfestigkeit als der hyaline Knorpel, aber er besitzt Zugfestigkeit und Elastizität.

Faserknorpel

Der Faserknorpel wird auch Bindegewebsknorpel oder kollagenfasriger Knorpel genannt.
Aufbau: Er enthält wenig Grundsubstanz (nur in unmittelbarer Nähe der Chondrozyten), wenige Knorpelzellen (kleine Territorien) und *sehr viele*, parallele, helle, kollagene Faserbündel (Kollagen Typ I) (Abb. 1.**11**, Farbtafel I). Der Gehalt an Chondroitinsulfat ist gering.
Vorkommen: Der Faserknorpel kommt vor in den Symphysen (Faserknorpelfugen), den Gelenkscheiben und -ringen (Disci et Menisci), im Anulus fibrosus der Bandscheiben (in der Innenzone des Anulus fibrosus disci intervertebralis), den Gelenklippen (Labra articularia; z. B. Labrum acetabulare, Labrum glenoidale) und als Gelenkknorpel auf Bindegewebeknochen (Kiefergelenk, Schlüsselbeingelenk).

Klinischer Bezug

Der Faserknorpel hat eine Bedeutung bei **Bandscheibenschäden** (Nucleus-pulposus-Prolaps) und **Meniskuseinklemmungen**.

Biomechanische Eigenschaften: Der Faserknorpel entspricht biomechanisch dem straffen Bindegewebe und zeichnet sich deshalb vor allem durch eine hohe Zug- und Druckfestigkeit aus.

1.4.3 Knorpelbildung

Der Knorpel entwickelt sich aus dem Mesenchym, dabei entstehen Mesenchymzellverdichtungen *(Vorknorpel)*. Die aufbauenden Knorpelzellen *(Chondroblasten)* werden rundlich und sind in der Lage, Knorpelzellgrundsubstanz auszuscheiden. Aus den Chondroblasten entstehen danach die *Chondrozyten*. *Chondroklasten* differenzieren sich bei der enchondralen Ossifikation in der Diaphyse aus den Mesenchymzellen (vgl. Bildung des Knochengewebes 1.5.3). Die Chondroklasten bauen den Säulenknorpel ab. Ein *Knorpelblastem* besteht aus noch nicht differenzierten Zellen des embryonalen Gewebes.

1.4.4 Wachstum des Knorpelgewebes

Man unterscheidet 2 Arten des Knorpelwachstums: interstitielles und appositionelles Wachstum.
Beim **interstitiellen (intersukzeptionellen) Wachstum** erfolgt eine Teilung der Chondroblasten in der Tiefe des Knorpelgewebes (Wachstum von innen, kaum Größenzunahme).
Beim **appositionellen Wachstum** (durch Anlagerung) werden die Chondroblasten des Perichondriums zu Chondrozyten und scheiden Grundsubstanz ab (Wachstum von außen).
Die Knorpelarten können eine funktionelle Anpassung durch ihre biochemischen Eigenschaften durchführen.

1.5 Knochengewebe

1.5.1 Grundstruktur des Knochengewebes

Zu den **Bestandteilen** des Knochengewebes gehören die *Knochenzellen (Osteozyten)*, die *Fasern* und die *Grundsubstanz*. Die Anordnung und Form der Osteozyten ist im Lichtmikroskop deutlich sichtbar, sie liegen in Knochenhöhlen (Lakunen) in der Grundsubstanz. Durch Zellausläufer stehen sie untereinander in Verbindung. Die Fasern sind kollagen, beim Geflechtknochen geflechtartig bzw. beim Lamellenknochen zu Lamellen angeordnet. Die Interzellularsubstanz besteht aus mineralisierter Grundsubstanz und Kollagenfasern mit organischen (Kollagen) und anorganischen Stoffen (Salz: Calciumphosphat [ca. 85 %], Calciumfluorid, Calciumcarbonat und Magnesiumphosphat).
Die *organischen Bestandteile* betragen ca. 46 % der Knochengrundsubstanz, sie verleihen dem Knochen Zug- und Biegungsfestigkeit, aber auch eine gewisse Elastizität. Knochengewebe gehört zu den härtesten Geweben. Die *anorganischen Hauptbestandteile* der Knochensubstanz liegen in Form von Apatitkristallen vor, sind an den Kollagenfasern orientiert, sind der wichtigste Calziumspeicher des Körpers, werden unter dem Einfluß von Parathormon mobilisiert und nehmen bei Östrogenmangel (bei der Frau nach der Menopause) physiologisch ab. Sie verleihen dem Knochengewebe Härte und Druckstabilität.
Knochen zeichnet sich durch hohe Druckfestigkeit (durch anorganische Salze [Calciumphosphat]), hohe Zugfestigkeit (durch kollagene Fasern) und eine Ernährung vom Periost und vom Knochenmark her aus.
Der Knochen kann grob in **5 Schichten** eingeteilt werden:

- Periost (= Knochenhaut)
- Substantia compacta (Osteone, Havers-Systeme)
- Substantia spongiosa (aus Knochenbälkchen)
- Endost (kleidet die Markhöhle aus)
- Knochenmark (rotes = blutbildendes Mark, gelbes = Fettmark)

! Merke

Der Knochen ist ein Ca^{2+}-Speicher. Das Parathormon setzt Ca^{2+} aus dem Knochen frei und Vitamin D bzw. Calcitonin baut Ca^{2+} in den Knochen ein.

1.5.2 Typen des Knochengewebes und ihre biomechanischen Eigenschaften

Es gibt 3 verschiedene Typen des Knochengewebes: *Geflechtknochen (Faserknochen)*, *Lamellenknochen* und *trabekulären Knochen*.

Geflechtknochen

Beim Geflechtknochen bilden die kollagenen Fasern ein *Fasergeflecht*. Die Kanäle der Gefäße sind unregelmäßig angeordnet. Die Knorpelhöhlen des Geflechtknochens sind größer als beim Lamellenknochen. Man bezeichnet den Geflechtknochen auch als Faserknochen. Geflechtknochen ist die Vorstufe zum Lamellenknochen, seine Fasern sind ungeordnet. Geflechtknochen ist der embryonale Knochen, der sich im ersten Lebensjahr zu Lamellenknochen umwandelt.
Beim Erwachsenen kommt Geflechtknochen nur in der Pars petrosa des Os temporale (Felsenbein), den Schädelnähten, den Sehnenansätzen und den Zahnalveolen vor.

Lamellenknochen

Beim Lamellenknochen sind die Fasern in ca. 4–6 *Lamellen* (feine Fibrillenbündel) angeordnet. Es gibt 3 verschiedene Lamellensysteme:

- Havers-System oder Speziallamelle oder Zirkulärlamelle,
- Schaltlamelle oder Interstitiallamelle,
- Generallamelle oder Grundlamelle.

Die **Havers-Kanäle** verlaufen parallel zur Längsachse des Knochens und stehen mit den querverlaufenden Volkmann-Kanälen in Verbindung. Im Knochenquerschnitt sind deutlich konzentrische Kreise (= Havers-Lamellen) um eine Öffnung (= Gefäß = Havers-Kanal) sichtbar. In den Kittlinien zwischen den Lamellen liegen dunkle, ovale Körnchen, die Osteozyten, kranzartig um ein Gefäß (Abb. 1.**12**, Farbtafel II).
Im Knochenlängsschnitt erstrecken sich parallele Streifen, in denen Osteozyten hintereinander lie-

gen. Die Gefäße verlaufen meist parallel zu den Osteozytenketten (= Havers-Kanäle). Die Gefäße quer zur Osteozytenkette sind die Volkmann-Gefäße, die auch die Verbindung der Gefäße des Periosts mit den Gefäßen des Knochenmarks herstellen.
Als ein **Osteon** bezeichnet man einen Havers-Kanal mit den dazugehörigen *Speziallamellen*. Osteone sind bis zu mehreren Zentimetern lang. Im Havers-Kanal verlaufen Blutgefäße, Nerven und lockeres Bindegewebe. *Schaltlamellen* sind Reste abgebauter Osteone. Sie liegen zwischen den Havers-Lamellensystemen und haben keinen Zentralkanal. *Generallamellen* verlaufen parallel zur äußeren bzw. inneren Knochenoberfläche. Hier findet man auch die Sharpey-Fasern (kollagene Fasern für den Ansatz von Sehnen und Bändern).

Klinischer Bezug

Bei einem **Cushing-Syndrom** (Hyperglucocorticoidismus) sind Hyperglykämie, erhöhte Harnstoffkonzentration im Blut und vermehrter Kollagenabbau im Knochen zu erwarten.

Bei **Knochenbrüchen** (Frakturen) wird zunächst kalkarmer Knochen (Kallus) gebildet (primäre Frakturheilung), der dann durch Einlagerung von Kalksalzen (sekundäre Frakturheilung) mit Hilfe des Vitamin D seine Knochenkonsistenz wiedererhält.

Trabekulärer Knochen

Der trabekuläre Knochen entspricht dem Lamellenknochen (s. o.).

Funktionelle Anpassung

Der Knochen ist in der Lage, sich funktionell an andere Formgebungen (z. B. durch Bandagen) anzupassen. Diese Plastizität des Knochens wurde früher bei den Ägyptern zu Verformungen der Füße mit modischen Schuhen genutzt. Heute wird die Plastizität des Knochens bei der Zahnheilkunde/Kieferorthopädie eingesetzt. Beim Einsetzen einer Zahnspange wird Druck über die Zähne auf den Knochen ausgeübt. An Stellen, an denen der Druck groß ist wird der Knochen abgebaut, an Stellen mit geringem Druck wird der Knochen aufgebaut. So erhalten die Zähne im Laufe der Behandlung ihre „richtige" Stellung.

1.5.3 Bildung des Knochengewebes

Bei der Bildung des Knochengewebes sind folgende Strukturen wichtig: Osteoblasten, Osteoklasten, Osteozyten und Osteoid.

Die **Osteoblasten** dienen dem Knochenaufbau. Sie sind klein, liegen epithelartig in der Grundsubstanz, besitzen einen Kern, das Enzym alkalische Phosphatase und synthetisieren Kollagen und Glykoproteine. Ihre Aktivität wird durch Hormone gesteuert (STH, somatotropes Hormon). Während der Synthese mauert sich der Osteoblast zunehmend selbst ein und wird dann Osteozyt genannt.
Die **Osteoklasten** sind amöboid bewegliche mehrkernige (Riesen-) Zellen in den Howship-Lakunen (Knochenausbuchtungen), die dem Knochenabbau (mit Hilfe von proteolytischen Enzymen) dienen. Osteoklasten sind immer mehrkernig und ca. 10× größer als die Osteoblasten.
Sind die Osteoblasten von Osteoid eingehüllt, bezeichnet man sie als **Osteozyten**. Diese findet man im Querschnitt in zirkulärer Anordnung, im Längsschnitt in Reihe.
Das **Osteoid** ist die weiche Vorläufersubstanz des Knochens mit ca. 2 % Grundsubstanz aus Proteoglykanen. Osteoblasten bilden die unmineralisierte Knochensubstanz, das Osteoid. Die Mineralisation des Knochens wird erreicht durch Calcium und Phosphat. Knochen enthält ca. 99 % des im Körper vorhandenen Calciums und ca. 75 % des im Körper vorhandenen Phosphates.
Man unterscheidet bei der Knochenbildung (Ossifikation) die *desmale* und die *chondrale Ossifikation*.

Desmale Ossifikation

Die desmale Ossifikation erfolgt nicht über Knorpel, sie erfolgt im Bindegewebe und bildet den Bindegewebs-, Deck-, Beleg-, Geflecht- oder Faserknochen. Bei der desmalen Ossifikation (= direkten = primären = auf bindegewebiger Grundlage) differenzieren sich Mesenchymzellen. Osteoblasten werden dann zu den fixen Knochenzellen, den Osteozyten. Hierdurch

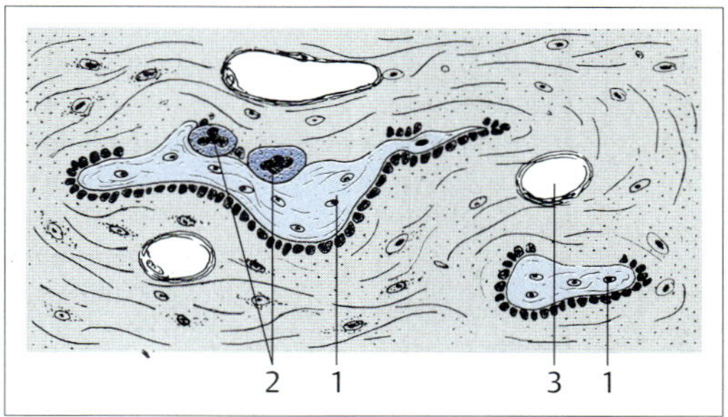

Abb. 1.**13** Desmale Ossifikation. 1 = Knochenbälkchen (von Osteoblasten umgeben), 2 = Osteoklasten, 3 = primäres Knochenmark. Umgebung: Mesenchym mit Blutgefäßen. Vergr. ca. 150 fach (aus Leonhardt, Thieme 1990)

entwickeln sich die Knochenbälkchen, die um die Gefäße herumwachsen. Das Wachstum erfolgt durch *Apposition* (Aufbau von außen), durch die Osteoblasten und durch *Resorption* (Abbau) durch die Osteoklasten, die dann die Howship-Lakunen ausbilden (Abb. 1.**13**). Man findet die desmale Ossifikation in der Knochenmanschette der Röhrenknochen, in der Clavicula, im Schädeldach, im Gesichtsschädel, in der Squama des Os occipitale, in der Pars squamosa und Pars tympanica des Os temporale. Das Material für die Entwicklung der Schädelknochen kommt vom Kopfmesenchym (-mesoderm), von kranialen Somiten und von den Branchialbögen 1 und 2.

! Merke

Osteo**b**lasten **b**auen Knochen auf.
Osteo**kl**asten **kl**auen Knochen (bauen Knochen ab).
Apposition = **A**ufbau von **a**ußen.

Chondrale Ossifikation

Bei der chondralen Ossifikation (indirekt, sekundär, über Knorpel) unterscheidet man die *perichondrale Ossifikation* (Verknöcherung an der Knorpeloberfläche, Breitenwachstum) und die *enchondrale Ossifikation* (Verknöcherung im Knorpelinneren, Längenwachstum).
Zum Vorgang der *enchondralen Ossifikation* gehören die Anordnung abgeflachter Knorpelzellen als Säulenknorpel, die Vergrößerung der Knorpelzellen und Erweiterung der Knorpelzellhöhlen zum Blasenknorpel, die Eröffnung der Knorpelzellhöhlen und die präparative Verkalkung der Interterritorialsubstanz zwischen dem Blasenknorpel. Zur Orientierung unterscheidet man bei der chondralen Ossifikation die *Epiphyse* (Gelenkende), die *Epiphysenfuge* (= Metaphyse = Wachstumsfuge = Fuge zwischen Diaphyse und Epiphyse), die *Diaphyse* (Schaft

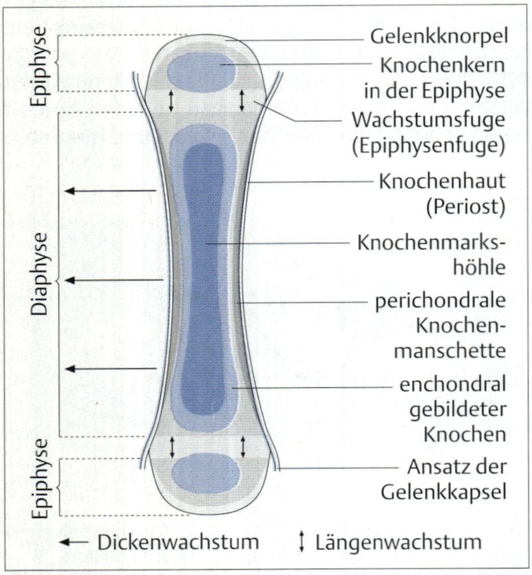

Abb. 1.**14** Chondrale Ossifikation: Vereinfachte Darstellung der Entwicklung eines Röhrenknochens

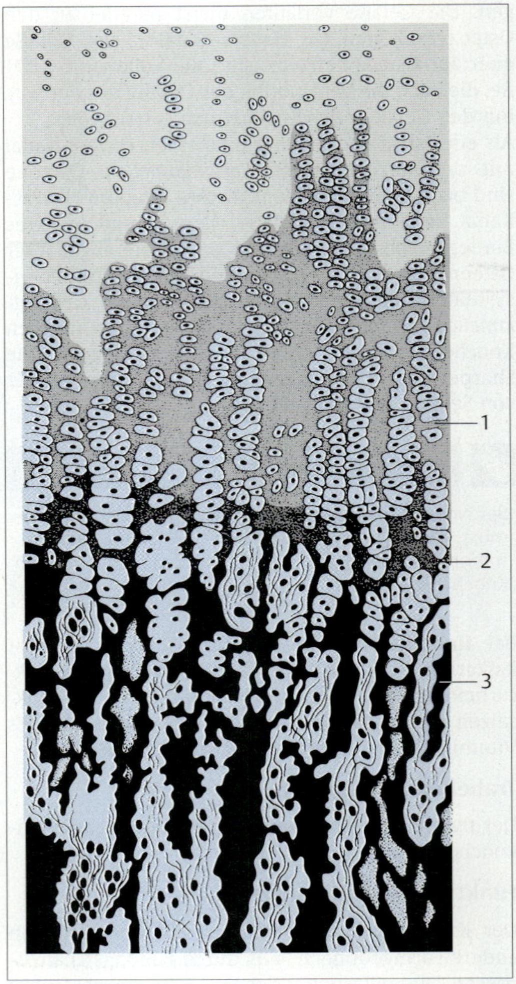

Abb. 1.**15** Enchondrale Ossifikation (Knorpel-Knochen-Grenze, Bildung von Knochenbälkchen). 1 = Zone des Säulenknorpels (Proliferation), 2 = Zone des Blasenknorpels (Hypertrophie), 3 = Zone der Knochenbälkchen mit verkalkten Knorpelgrundsubstanzresten. Vergr. ca. 80 fach (aus Kahle/Leonhardt/Platzer, Thieme 1991)

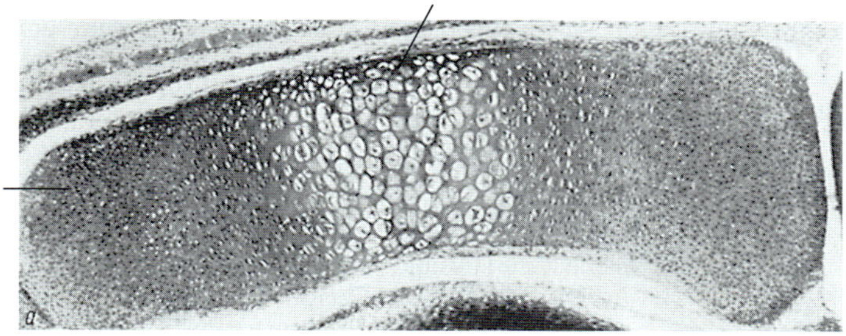

Abb. 1.**16** Chondrale Ossifikation. 1 = perichondraler Knochen, 2 = Epiphyse. Färbung: Hämatoxylin-Eosin; Vergr. 15 fach (aus Linß, Thieme 1991)

eines Röhrenknochens) und die *Apophyse* (Knochenteil mit selbständigem Ossifikationspunkt).
Die Epiphyse, die eine Verbindung zu anderen Skeletteilen herstellt und von Gelenkknorpel überzogen ist, enthält im Inneren die Substantia spongiosa, ein Gerüst aus Knochenbälkchen. Die Diaphyse, ein Rohr aus Substantia compacta, enthält im Inneren das Knochenmark. An den Diaphysen erfolgt die Ossifikation der Röhrenknochen peri- und enchondral, an den Epiphysen nur enchondral (Abb. 1.**14**).
Man unterscheidet folgende **Zonen**: Säulenknorpel, Blasenknorpel, Eröffnungszone, Zone des primären Knochenmarks (Markhöhle), Zone der Knochenbälkchen (mit verkalkten Resten von Knorpelgrundsubstanz), Proliferationszone (abgeflachte Knorpelzellen als Säulenknorpel angeordnet), Resorptionszone (Knorpelzellen und Knorpelzellhöhlen vergrößert zum Blasenknorpel) und Ossifikationszone (Verkalkung der Interterritorialsubstanz) (Abb. 1.**15**).
Durch die chondrale Ossifikation entsteht der „Ersatzknochen", die Schädelbasis (Ausnahmen siehe desmale Ossifikation) und alle übrigen Knochen. Im Fingerknochen (mit 2 Gelenkenden) finden Knorpelzellvermehrung, perichondrale Ossifikation, enchondrale Ossifikation und Knorpelzellhypertrophie statt. Bei den langen Röhrenknochen beginnt die Ossifikation an der Diaphyse (Abb. 1.**16**).

! Merke

Desmale Ossifikation:
Mesenchym ⟶ Geflechtknochen → Lamellenknochen

Chondrale Ossifikation:
Mesenchym → Knorpel → Geflechtknochen → Lamellenknochen

Bei der Neo-Vaskularisation (Neueinsprossung von Gefäßen) dringen vom Periost her Blutgefäße, von Mesenchymzellen begleitet, durch den Gefäßkanal (Foramen nutricium) in das Innere des Blasenknorpels ein. Die Knochenkerne entstehen durch die Verkalkung der Grundsubstanz (Verkalkungs- oder Ossifikationspunkt) in den Epiphysen.

Klinischer Bezug

Bei **Schilddrüsenunterfunktion** treten die Knochenkerne erst verspätet auf. Da die Schilddrüse das Längenwachstum fördert, kann es bei Unterfunktion im Kindesalter u. U. zu Zwergwuchs kommen.

Der Knochenumbau wird begleitet durch das Vitamin D und das Parathormon, das in den Nebenschilddrüsen (Glandulae parathyreoideae) gebildet wird. Das Parathormon mobilisiert das Calcium aus dem Knochen, das Vitamin D den Calciumeinbau in den Knochen.

1.6 Muskelgewebe

Das Muskelgewebe stammt aus dem Mesoderm: Ausgenommen davon sind M. dilatator pupillae, M. sphincter pupillae, Myoepithel der Mammagänge, Myoepithel der Duft- und Schweißdrüse, die aus dem Ektoderm stammen.

1.6.1 Morphologische Grundlagen der Kontraktilität

Die *Kontraktilität* ist die Fähigkeit, sich zu verkürzen oder sich zusammenzuziehen.

Aufbau des Muskelgewebes

Myofibrillen sind die kontraktilen Elemente. Eine Muskelfaser (∅ 60 μm) enthält ca. 2500 Myofibrillen, eine Myofibrille enthält viele dünne und dicke *Myofilamente*. Wenn die Myofilamente lichtmikroskopisch nicht sichtbar sind, spricht man von *glatter Muskulatur*. Bei der *quergestreiften Muskulatur* (Herz- und Skelettmuskulatur) ergeben die hellen

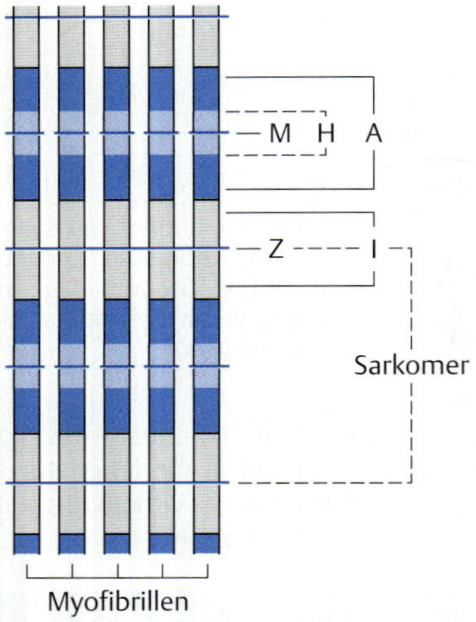

Abb. 1.**17** Schema der Querstreifung beim nicht kontrahierten Muskel. Ein Sarkomer wird von zwei Z-Streifen begrenzt

und dunklen Myofilamente eine lichtmikroskopisch sichtbare regelmäßige Querstreifung. Man unterscheidet bei den Myofilamenten die *Aktinfilamente* (∅ ca. 5 nm) und die *Myosinfilamente* (∅ ca. 11 nm); *I-Streifen* sind Aktinfilamente, *A-Streifen* sind Aktin-Myosin-Filamente (Abb. 1.**17**). Die Proteine Tubulin, Aktin, Vimentin und Desmin gehören zu den Zytoskelettproteinen.

! Merke

A-Streifen	→ dunkel (anisotrop)
I-Streifen	→ hell (isotrop)
Z-Streifen	→ innerhalb der I-Streifen
H-Zone	→ innerhalb der A-Streifen
Sarkomer	→ Bereich zwischen 2 Z-Streifen

Senkrecht zur Faserachse befindet sich das **transversale Röhrensystem** (T-System) (∅ ca. 50 nm), das mit dem Extrazellularraum in Verbindung steht und in Höhe der I-Streifen liegt. Parallel zur Faserachse liegt das *longitudinale Schlauchsystem* (*L-System*), es entspricht dem *sarkoplasmatischen (endoplasmatischen) Retikulum*. Das sarkoplasmatische Retikulum der quergestreiften Muskulatur entspricht in anderen Geweben dem glatten endoplasmatischen Retikulum (Abb. 1.**18**).

Kontraktionsmechanismus

Siehe Physiologie 13.1.3.

1.6.2 Typen des Muskelgewebes

Es gibt 2 Typen von Muskelgewebe, das *glatte* und das *quergestreifte Muskelgewebe*, wobei das quergestreifte Muskelgewebe noch in *Skelett- und Herzmuskulatur* unterteilt wird. Die Unterscheidungsmerkmale sind in Abb. 1.**22** zusammengefaßt.

Glattes Muskelgewebe

Siehe auch Physiologie 13.2.

Aufbau: Das glatte Muskelgewebe ist ein dreidimensionales, eosinophiles Flechtwerk aus spindelförmigen Zellen (ca. 50 – 250 μm lang und ca. 5 – 10 μm breit) mit einem zentral (mittelständig) gelegenen Kern (8 – 25 μm lang) (Abb. 1.**19**, Farbtafel II). Beim erschlafften Muskel erkennt man einen ovalen, länglichen, beim kontrahierten Muskel einen korkenzieherartigen Kern. Bei der glatten Muskulatur entspricht die Muskelzelle der *Muskelfaser*. Die glatten Muskelzellen besitzen eine Syntheseaktivität (Elastin, Kollagen). Bündel von Muskelzellen sind umhüllt von kollagenen Fasern und elastischen Fasernetzen. Das Myoplasma enthält längsverlaufende Myofibrillen, die dicht gelagert sind, so daß die Muskelfaser im Lichtmikroskop „glatt“ erscheint. Mitochondrien (Sarkosomen) und Golgi-Apparat liegen in Kernnähe, hier fehlen die Myofibrillen.

! Merke

Glatte Muskelzelle:

Kernzahl:	1
Kernlänge:	8 – 25 μm
Kernlage:	mittelständig
Kerngestalt:	länglich
Zellänge:	50 – 250 μm
Zelldurchmesser:	5 – 10 μm

Klinischer Bezug

Glatte Muskulatur ist regenerationsfähig. Sie hat die Möglichkeit zur Hypertrophie bei hohen Anforderungen (z. B. Wachstum des Uterus), dabei bleibt die Kern-Plasma-Relation jedoch erhalten (z. B. in der Schwangerschaft). Einen gutartigen Tumor nennt man Leiomyom (häufig im Uterus), einen bösartigen Leiomyosarkom.

Vorkommen: Glatte Muskulatur kommt vor

- im Magen-Darm-Trakt,
- in der Gallenblase, den Gallengängen, dem Ductus pancreaticus,
- in den Atmungsorganen: Trachea und Bronchien,

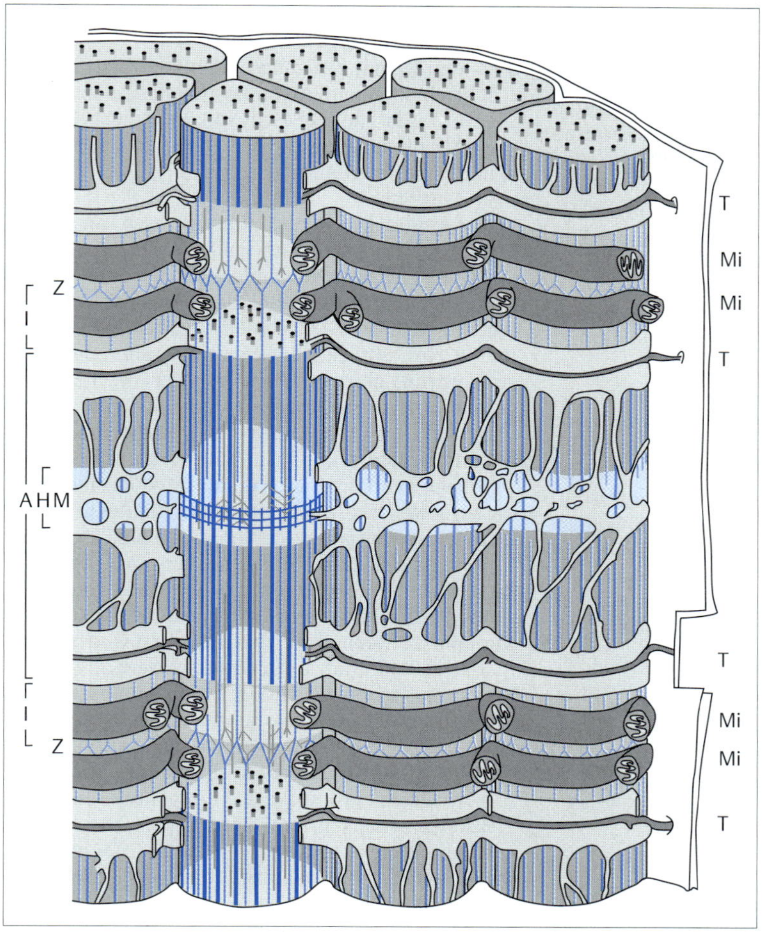

Abb. 1.**18** Schema einer quergestreiften Skelettmuskelfaser. A = A-Streifen, H = H-Zone, I = I-Streifen, M = M-Streifen, Mi = Mitochondriensysteme, T = T-Tubuli (aus Bargmann, Thieme 1977)

- in den ableitenden Harnwegen: Nierenbecken bis zur Harnröhre (in der Wand des Nierenbeckens),
- in den weiblichen Geschlechtsorganen: Tuba uterina, Uterus, Vagina; in den männlichen Geschlechtsorganen: Tunica albuginea (Hoden), Nebenhoden, Samenleiter, Samenbläschen, Prostata, Cowper-Drüsen,
- in den Kreislauforganen: Tunica media der Blut- und Lymphgefäße,
- in der Haut: Haarbalg, Warzenhof (Mamille), Hodensack und im Auge: innere Augenmuskeln und in der Iris.

Kontraktion: Glatte Muskulatur arbeitet langsam, rhythmisch, unwillkürlich und *autonom*, zeigt kaum Ermüdungserscheinungen. Eine Kontraktion wird durch Acetylcholin oder Adrenalin ausgelöst, gesteuert (nur) durch das vegetative Nervensystem. Die Kontraktion führt zu peristaltischen (wellenförmigen) Bewegungen. Auslöser der Kontraktion einer glatten Muskelzelle sind: Acetylcholin des parasympathischen Nervensystems; Noradrenalin, das aus sympathischen Fasern freigesetzt wird; elektrotonisch übertragene Potentiale von Nachbarzellen; elektrische Übertragung von Aktionspotentialen der Nachbarzellen. Nicht alle Muskelfasern eines glatten Muskels werden innerviert (Übertragungsmodus: parakrin).

Quergestreiftes Muskelgewebe

Zum quergestreiften Muskelgewebe gehören die quergestreifte Skelettmuskulatur und die quergestreifte Herzmuskulatur.

Skelettmuskulatur

Siehe auch Physiologie 13.1.

Aufbau: Im Längsschnitt sind im Lichtmikroskop eine auffällige Querstreifung mit hellen und dunklen Abschnitten, sowie zahlreiche randständige Kerne zu erkennen (Abb. 1.**20**, Farbtafel II). Die *Querstreifen* werden durch die Aktin- und Myosinfilamente (kontraktile Elemente) hervorgerufen (Abb. 1.**18**). *Aktin* liegt in den dünnen Filamenten zusammen mit *Tropomyosin* und *Troponin* als Polymer vor. *Myosin* ist Baustein der dicken Filamente. Myosinfilamente enthalten Myosinmoleküle. In verschiedenen Muskelfasern kommen Myosine mit unterschiedlicher Aminosäuresequenz vor.

Im Querschnitt sieht man *randständige* Kerne, ein die Muskelfaser umgebendes Endomysium, eine feine Punktierung des Zytoplasmas (Myofibrillenfelderung) und ein Perimysium, das mehrere Muskelfasern umgibt. Die Fasern sind lang, quergestreift und nicht verzweigt. Die Regeneration von Skelettmuskelfasern geht von Satellitenzellen aus.

Merke

Quergestreifte Skelettmuskelfaser:

Kernzahl:	viele (100 – 1000)
Kernlänge:	5 – 16 µm
Kernlage:	randständig
Kerngestalt:	länglich
Zellänge:	bis zu 40 cm
Zelldurchmesser:	20 – 100 µm

Merke

Endomysium (Sarkolemm + lockeres Bindegewebe)	→ um Muskelfasern herum
Perimysium internum	→ Primärbündel
Perimysium externum	→ Sekundärbündel
Epimysium	→ verankert Muskel in der Umgebung

Klinischer Bezug

Einen gutartigen Tumor der quergestreiften Muskulatur nennt man Rhabdomyom, einen bösartigen Tumor Rhabdomyosarkom (kommt schon bei Kindern vor).

Vorkommen: Quergestreifte Skelettmuskulatur macht bis zu 40 % des Körpergewebes aus. Die quergestreifte Skelettmuskulatur kommt vor

- im Bewegungsapparat: alle Skelettmuskeln, die Hautmuskeln an Kopf, Hals und Hand
- in den Verdauungsorganen: Mundhöhle bis obere 2/3 des Ösophagus
- in den Atmungsorganen: Kehlkopf, in den Geschlechtsorganen: M. bulbospongiosus, M. ischiocavernosus (äußere Schwellkörpermuskeln), M. cremaster, Lig. teres uteri
- in den äußeren Augenmuskeln
- im Mittelohr

Kontraktion: Die Kontraktion ist rasch, an keinen Rhythmus gebunden und willkürlich beeinflußbar. Das Querstreifenmuster ändert sich bei der Kontraktion folgendermaßen: Bei der Muskelkontraktion werden nach der Gleitfilamenttheorie die Aktinfilamente durch Brückenbildungen zwischen die Myosinfilamente gezogen. Dabei werden die I-Streifen geschmälert, die A-Streifen und die M-Streifen nicht verändert, und die H-Streifen verschwinden. Bei maximaler Kontraktion sind nur noch die Z-Streifen sichtbar. Es verkürzen sich nur die Myofibrillen, nicht die Myofilamente. Der transversale Tubulus dient der Erregungsübertragung, der longitudinale Tubulus als Ca^{2+}-Speicher. Die Freisetzung von Ca^{2+} aus dem sarkoplasmatischen Retikulum der Skelettmuskelfaser und seine Bindung an Troponin leitet die Kontraktion ein. Ca^{2+}-Ionen werden aktiv in das sarkoplasmatische Retikulum zurücktransportiert.

Die motorischen Erregungen zu quergestreiften Muskelfasern verlaufen nur über die Vorderhornzelle und deren Axon in der Radix ventralis. Auf die Muskelfasern der Skelettmuskulatur wird die Erregung über neuromuskuläre Endplatten (eine spezialisierte Synapsenform) übertragen. Eine motorische Endplatte erregt eine Muskelfaser (= mehrere Muskelzellen). Die Definition der *motorischen Einheit* lautet: „Ein α-Motoneuron mit seinem efferenten Axon und allen von ihm innervierten Muskelfasern".

Herzmuskelgewebe

Siehe auch Physiologie Kap. 3.

Aufbau: Im lichtmikroskopischen Längsschnitt eines Herzmuskelpräparates sind streifenförmige Zellen mit spitzwinkligen (netzförmigen) Verbindungen, mittelständige (zentrale), rundlich-ovale Kerne und *Glanzstreifen (Disci intercalares, Haftstreifen)* zu erkennen. Im Querschnitt findet man Zellbezirke, die von lockerem Bindegewebe umgeben sind. Der Querschnitt der Herzmuskelzellen ist kleiner als der der meisten Skelettmuskelfasern und ist größer als der der meisten glatten Muskelzellen. Im Bereich des Zellkerns findet man Lipofuszinpigmente. Die Muskelzellen bilden durch Verzweigung ein dreidimensionales Netz, dazwischen liegen lockeres Bindegewebe (= Endomysium) und viele Blutgefäße. Herzmuskulatur hat keine randständigen Kerne. Wenn

man so etwas trotzdem im Lichtmikroskop sehen sollte, dann sind das Blutgefäße mit Erythrozyten (Abb. 1.**21**, Farbtafel II). Herzmuskelzellen haben eine hohe Mitochondriendichte.
Herzmuskulatur ist *nicht regenerationsfähig*. Bei einem Herzinfarkt wird das (wegen O_2-Unterversorgung) abgestorbene Herzmuskelgewebe durch bindegewebiges Narbengewebe ersetzt.

! Merke

Quergestreifte Herzmuskelzelle:

Kernzahl:	1 – 2
Kernlänge:	10 – 12 μm
Kernlage:	mittelständig
Kerngestalt:	rund – oval
Zellänge:	50 – 120 μm
Zelldurchmesser:	10 – 20 μm

Vorkommen: Herzmuskulatur ist eine Sonderform der quergestreiften Muskulatur und kommt nur im Myocard vor.

Kontraktion: Die Kontraktion der Herzmuskulatur ist rasch, rhythmisch, unwillkürlich und *autonom*; die Autonomie ist jedoch durch das vegetative Nervensystem beeinflußbar (vgl.: „Sportlerherz": Masse der Herzmuskulatur nimmt zu; Herzvolumen nimmt zu; Herzschlag verlangsamt). Die Reizbildung/Reizleitung erfolgt über den Sinusknoten, Vorhofmuskulatur (→ Kontraktion), Atrioventrikularknoten, His-Bündel, über Purkinje-Fasern in die Kammermuskulatur (→ Kontraktion). Glanzstreifen (Disci intercalares) dienen der mechanischen Koppelung (Zellverbindung = Erregungsausbreitung). Eine Erregungsausbreitung zwischen Herzmuskelzellen ist möglich, weil Herzmuskelzellen durch Gap junctions (Nexus) miteinander verbunden sind. Die T-Tubuli der Herzmuskelzelle sind an der elektromechanischen Koppelung beteiligt.

1.6.3 Mechanische Integration der Bauelemente des Muskelgewebes

Am Ende der Muskelfaser (Skelettmuskulatur) ist das Plasmalemm mehrfach eingestülpt. An der Außenseite überzieht die Basalmembran (Basallamina)

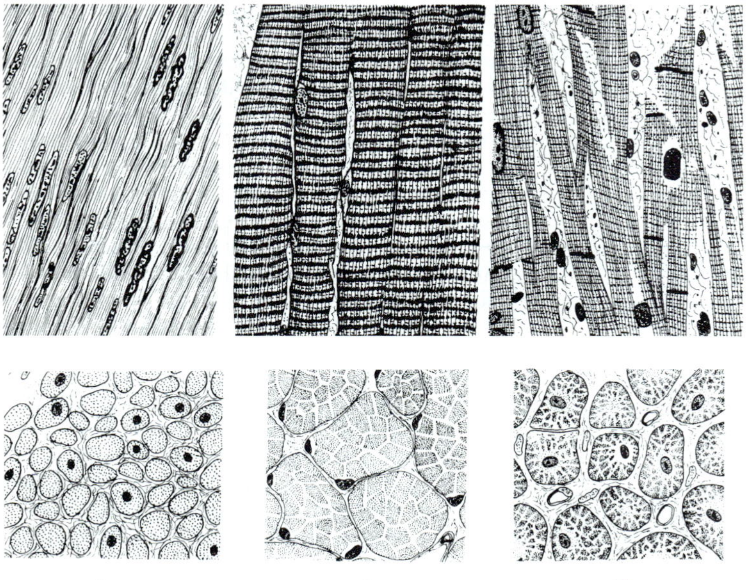

A B C

Abb. 1.**22** Vergleich der Muskelgewebe (oben: längsgeschnitten, unten: quergeschnitten). Vergr.: 400 fach. **A** Glattes Muskelgewebe: einzelne Zellen, keine Querstreifung, Kerne zentral; im Längsschnitt rechts Kerne von kontrahierten Muskelzellen. **B** Quergestreifte Skelettmuskulatur: Muskelfaser, Kerne randständig unter dem Sarkolemmschlauch, im Querschnitt zeigen die punktförmigen Myofibrillenquerschnitte innerhalb der Muskelfaser die charakteristische Cohnheim-Felderung. **C** Quergestreifte Herzmuskulatur: Zellen, an den (dunkel gefärbten) Kittlinien (Glanzstreifen, Disci intercalares) netzartig verbunden, Kerne zentral, im Querschnitt Cohnheim-Felderung (aus Kahle/Leonhardt/Platzer, Thieme 1991) das Plasmalemm, hier setzen die kollagenen Sehnenfasern an. Ein Retikulinfasergitter aus dem Sarkolemm legt sich an den Sehnenfasern an. Ein Sarkolemm ist die Umhüllung der quergestreiften Muskulatur/Muskelfaser. Bei der Muskelfaser-Sehnenfaserbeziehung werden die Sehnenfasern durch das *Peritendineum internum* zu Faserbündeln zusammengefaßt. Die aus mehreren dieser Bündel bestehende Sehne wird noch durch ein *Peritendineum externum* umhüllt und ist mit den *Sharpey-Fasern* am Knochen verwachsen. Flächenhaft liegende Sehnen (z. B. Bauchmuskeln) werden als *Aponeurosen* bezeichnet.

1.7 Nervengewebe

1.7.1 Zellarten und allgemeiner Nervenzellaufbau

Das Nervengewebe entsteht aus dem Ektoderm. Es wird unterteilt in Nervenzellen (Neurone) und Neuroglia.

Nervenzellen

Die Nervenzellen haben einen Durchmesser von ca. 5 – 100 µm. Das Neuron besteht aus *Zellkörper (Perikaryon)*, aus *Fortsätzen (Dendriten)* und einem *Hauptfortsatz (Axon* oder *Neurit)*.

- Das **Perikaryon** ist das trophische Zentrum der Nervenzelle, es empfängt aber auch Signale (rezeptive Funktion).
- **Dendriten** sind die baumartig verzweigten Fortsätze der Nervenzelle und sind auf den Empfang von Signalen aus der Umgebung von anderen Nervenzellen spezialisiert. Sie leiten die Erregung zum Perikaryon hin (*afferent*).
- Das **Axon** ist stets ein in Einzahl vorhandener Fortsatz der Nervenzelle. Es ist für die vom Perikaryon weggerichtete (*efferente*) Erregungsleitung zu anderen Zellen hin (Nerven-, Muskel- oder Drüsenzellen) verantwortlich. Sein distales Ende ist verzweigt und bildet ein *Telodendron*.

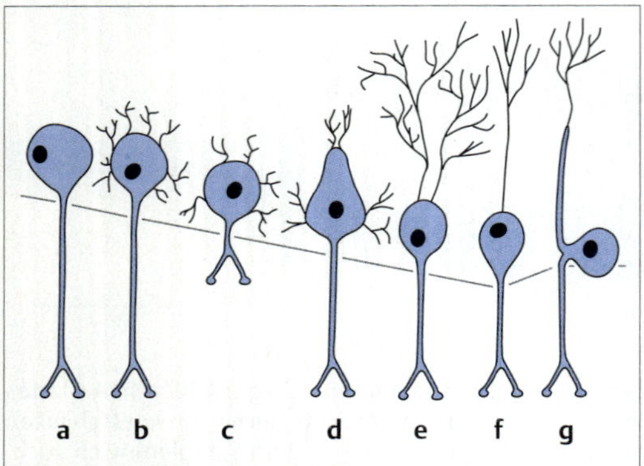

Abb. 1.23 Nervenzellarten. a) unipolare Zelle (keine Dendriten), b – e) multipolare Zellen, f) bipolare Zelle, g) pseudounipolare Nervenzelle

> **! Merke**
>
> Eine Nervenzelle besteht aus: *Perikaryon*, *Dendriten* und einem *Axon* (Neurit).

Der *Zellkern* ist groß, rund, bläschenförmig und besitzt einen Nukleolus. Das *Zellplasma (Neuroplasma)* ist von Neurofibrillen durchzogen und die Zelle von Plasmalemm umgeben. Im Plasma befinden sich *Neurosomen* (Mitochondrien) und *Nissl-Schollen* (Tigroidsubstanz, Nukleoproteine). Die Nissl-Schollen sind Zonen verstärkter basophiler Anfärbung und geben der Nervenzelle ein geflecktes Aussehen. Nissl-Schollen entsprechen dem Ergastoplasma aktiver Drüsenzellen (rER). Das Plasma enthält weiterhin Golgi-Komplexe, Lipofuscin- und Melaninpigmente.

Nach der Zahl der Fortsätze (Dendriten) unterscheidet man *unipolare*, *pseudounipolare* oder *multipolare* Neurone (Abb. 1.**23**). Zu den multipolaren Nervenzellen zählen sog. Golgi-Typ-I-Neurone (1 Axon, 1 – 2 Dendriten; Purkinje-Fasern im Kleinhirn; bestimmte Fasern im Großhirn) und Golgi-Typ-II-Neurone (kurzes Axon, Relaiszellen).

Ein **Ganglion** mit seinen Nervenzellen (Ganglienzellen) ist eine (periphere) Anhäufung von Nervenzell-Leibern (PNS = peripheres Nervensystem).

Die **Leitungsbahnen** des ZNS (zentrales Nervensystem) bestehen aus einer Reihe hintereinandergeschalteter Neurone.

Neuroglia (Gliazellen)

Im ZNS und PNS kommen in enger Beziehung zu Neuronen Zellen vor, die als Neuroglia oder Gliazellen bezeichnet werden. Aufgrund funktioneller Besonderheiten können verschiedene Arten von Gliazellen unterschieden werden: Im ZNS findet man Astrozyten, Oligodendrozyten, Mikroglia und Ependymzellen. Astrozyten und Oligodendrozyten werden zusammen als *Makroglia* bezeichnet. Im PNS werden Mantelzellen und Schwann-Zellen unterschieden.

Gliazellen im ZNS:

- **Astrozyten** sind proteinreich, mit großem Zelleib (15 – 25 µm), kurzen verzweigten Fortsätzen, sie liegen in der grauen Substanz des ZNS. Die

Faserastrozyten haben einen kleineren Zelleib (10–12 µm), lange Fortsätze. Sie liegen in der weißen Substanz des ZNS und kommen in der Membrana limitans externa und interna (ZNS) vor. Sie haben Funktionen beim Stütz- und Stofftransport und bilden die Blut-Hirn-Schranke.

- **Oligodendrozyten** sind kleine Zellen, mit wenigen Fortsätzen und bilden Markscheiden im ZNS (Myelinisierungszellen).
- **Mikroglia** (Hortega-Zelle = Mesoglia) sind amöboid beweglich, dienen der Phagozytose (Makrophagen des ZNS).
- **Ependymzellen** sind epithelartig, überziehen die Wände der inneren Liquorräume, den Ventrikel, den Plexus choroideus sowie den Canalis centralis des Rückenmarks.
- **Pituizyten** sind eine nur in der Neurohypophyse vorhandene Gliazellform. Sie bilden das Grundgerüst der Neurohypophyse, in das Nervenfasern eingelagert sind.

Klinischer Bezug

Gutartige Geschwülste des ZNS nennt man Gliom, Astrozytom, Oligodendrogliom, Ependymom, bösartige Geschwülste Glioblastom. Bei der **multiplen Sklerose** („Entmarkungs-Krankheit") erkranken die Oligodendrozyten.

Gliazellen im PNS:

- **Mantelzellen** (Satellitenzellen, Amphizyten): umgeben epithelartig die peripheren Ganglienzellen (einschließlich der vegetativen).
- **Schwann-Zellen** (Lemnozyten): bilden Markscheiden der peripheren Nervenfasern.
- **Terminale Schwann-Zellen** (Lamellarzellen) bilden die Lamellen der Meißner-Tastkörper und anderer Nerven-End-Körperchen.

Klinischer Bezug

Ein gutartiger Tumor ist das **Neurinom** (Geschwulst der Schwann-Zellen), es wird auch „Schwannom" genannt.

1.7.2 Kontakte der Nervenzellen

Zum Kontakt der Nervenzellen sind **Synapsen** (s. 2.8.7 und 2.8.8 und Physiologie 12.2.1) notwendig. Man unterscheidet Synapsen

nach ihrer Funktion:

- erregende, exzitatorische Synapsen
- hemmende, inhibitorische Synapsen

nach den Überträgerstoffen:

- cholinerge Synapsen
- adrenerge Synapsen etc.

nach Bau und Anordnung:

- neuroneuronale (interneuronale) Synapsen, d. h. zwischen Nervenzellen (z. B. axodendritisch oder axosomatisch)
- neuromuskuläre (myoneurale) Synapsen, d. h. zwischen Neuron und Muskel (z. B. motorische Endplatte bei der Skelettmuskelfaser)
- neuroepitheliale bzw. neuroglanduläre Synapsen, d. h. zwischen Neuron und Epithel- bzw. Drüsengewebe

Das **Bauprinzip** der Synapsen besteht aus:

- Transmitterorganellen
- präsynaptischer Membran
- Synapsenspalt
- Transmittersubstanzen
- postsynaptischer Membran

Tab. 1.**1** Nervenfasergruppen

Nervenfaser	Typ	Querschnitt	Leitungswege
markscheidenreiche (A-)	Aα	10–20 µm	efferent zu extrafusalen Muskelfasern, afferent aus Muskelspindeln
	Aβ	7–15 µm	afferent aus der Haut (Berührungsempfinden)
	Aγ	4–8 µm	efferent zu intrafusalen Muskelfasern von Muskelspindeln
	Aδ	3–5 µm	afferent aus der Haut (leitet Wärme-, Kälte- und Schmerzreize)
markscheidenarme (B-)	B	1–3 µm	präganglionäre vegetative Nervenfasern
markscheidenfreie (C-)	C	0,3–1 µm	postganglionäre vegetative Nervenfasern, afferent aus der Haut für Schmerzreize

Histologie

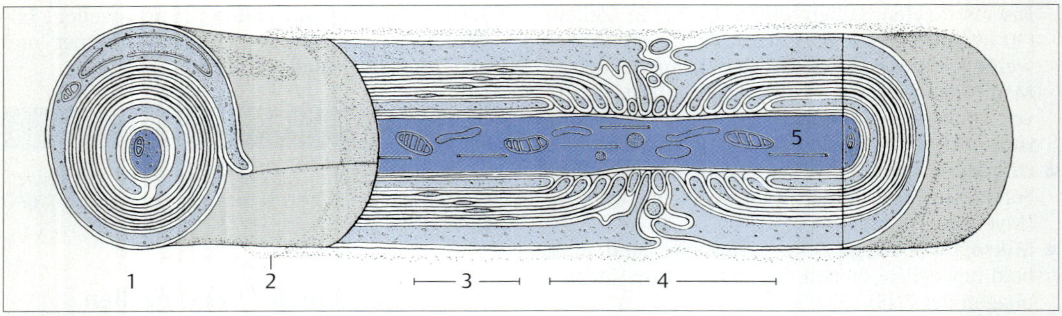

Abb. 1.**24** Markhaltige Nervenfaser (Schema). 1 = Querschnitt, 2 = Lamina basalis, 3 = Aufspaltung der Markscheidenlamellen durch eingelagertes Zytoplasma der Schwann-Zelle (Schmidt-Lanterman-Inzisur), 4 = Bereich des Ranvier-Schnürrings, 5 = Axoplasma (aus Linß, Thieme 1991)

1.7.3 Nervenfaseraufbau im ZNS und PNS

Nervenfasern sind die Fortsätze (= *Neuriten*), die Leitungsbahnen aufbauen. Jede Nervenfaser besteht aus einem *Axon* mit einer speziellen Hülle, der *Axonscheide*, die aus Glia besteht (deshalb auch Mark- oder Myelinscheide, Gliascheide). Im PNS bilden sog. *Schwann-Zellen* die Axonscheide, im ZNS Oligodendrozyten (s. o.). Die Glia dient dem Sauerstofftransport und der Abwehr sowie der Isolierung der Nervenfaser. Bei den peripheren Nerven muß zwischen *markhaltigen* und *marklosen* Nervenfasern unterschieden werden (Tab. 1.**1**).

Markhaltige Nervenfasern: Bei den markhaltigen Nervenfasern wird das Axon von Scheidezellen (Neurolemm) konzentrisch umhüllt. Sie bilden die sog. *Myelinscheiden* oder *Markscheiden* (Abb. 1.**25**). Je nach Anzahl dieser Lamellen wird von markarmen oder markreichen Fasern gesprochen. Bei marklosen Nervenfasern wird keine Markscheide entwickelt. Die Markscheiden zeigen in ihrem Verlauf Unterbrechungen, die *Ranvier-Schnürringe* (oder *-Knoten*) (Abb. 1.**24**). Hierbei handelt es sich um Zwischenräume zwischen benachbarten Schwann-Zellen. Der Abschnitt zwischen zwei Ranvier-Schnürringen wird als *Internodium* bezeichnet, es ist das Ausdehnungsgebiet einer Schwann-Zelle. Die Länge der Internodien schwankt zwischen 0,08 und 1 mm. Sie bestimmt u. a. die Geschwindigkeit der Erregungsleitung in markhaltigen Nerven. Lichtmikroskopisch zeigt die Markscheide zusätzlich konusförmige Kerben, die als *Schmidt-Lanterman-Spalten* oder *-Inzisuren* bezeichnet werden (Abb. 1.**24**). Die Zellgrenzen der Schwann-Zellen sind eine Unterbrechung der Markscheide.

Marklose Nervenfasern: Axone peripherer markloser Nervenfasern werden von Schwann-Zellen umfaßt (jedoch nicht in multiplen Lamellen), dabei können viele Axone in eine Schwann-Zelle eingestülpt sein. Sie haben *keine* Ranvier-Schnürringe, leiten Aktionspotentiale langsamer als myelinisierte Nervenfasern, verlaufen in Spinalnerven gemeinsam mit myelinisierten Nervenfasern und bilden

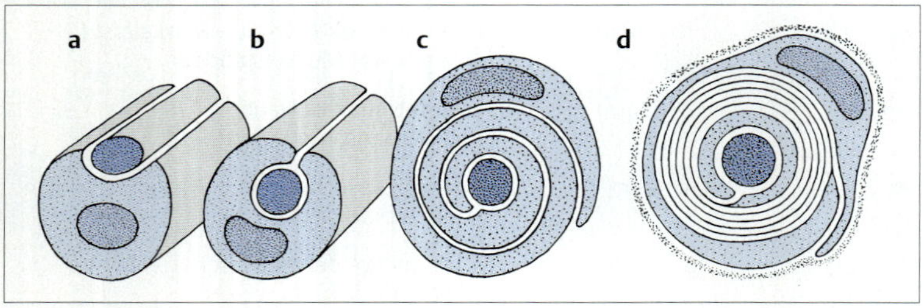

Abb. 1.**25** Periphere Myelogenese (Schema). **a** Die Schwann-Zelle liegt dem Axon einseitig an; **b**–**c** Umhüllung des Axons durch die Schwann-Zelle (mit Bildung einer unreifen Markscheide, deren Lamellen noch durch Zytoplasma der Schwann-Zelle getrennt werden); **d** Reife Markscheide mit äußerem und innerem Mesaxon. Die Schwann-Zelle hat sich mit einer Lamina basalis umhüllt (aus Linß, Thieme 1991)

u. a. die postganglionären Abschnitte des autonomen Nervensystems. Sie dienen in der Peripherie u. a. als Schmerzafferenzen. Auch das ZNS ist reich an markfreien Axonen. Diese Axone haben hier – anders als beim PNS, wo die Axone noch von Schwann-Zellen umhüllt sind – keine Scheiden; sie verlaufen frei zwischen anderen Nervenzell- und Gliafortsätzen. Zur Einteilung der Nervenfasergruppen siehe Tab. 1.**1**.

1.7.4 Grundzüge der Neurohistogenese

Das Nervengewebe entstammt der Neuralanlage aus dem Neuroektoderm. In der dritten Woche nach der Befruchtung wird die Neuralplatte angelegt. Danach entwickelt sich die Neuralrinne zum Neuralrohr. Aus diesem Neuralrohr entstehen die Hirnbläschen. Im Stadium der Neuralrinne entwickeln sich Neuralleisten, welche die Ganglien des peripheren Nervensystems hervorbringen: Spinalganglien, Grenzstrangganglien, vegetative Plexus und periphere Glia. Das Epithel der Medulla differenziert sich zu Neuroblasten und Glioblasten. Die Neuroblasten sind die Anlage der Neurone (Perikaryon).

Histologische und histochemische Technik

Zur mikroskopischen Untersuchung müssen die Präparate durch Fixieren, Einbetten, Schneiden, Färben der Schnitte und Einschließen der histologischen Präparate vorbereitet werden.

2.1 Grundbegriffe der Präparationsmethoden

Fixation als chemischer bzw. physikalischer Vorgang

Die Fixation dient der *Haltbarmachung*, dabei sollen autolytische Vorgänge aufgehalten werden. Die Zellstruktur soll möglichst äquivalent (d. h. in natürlichem Zustand) erhalten bleiben. Das Gewebe wird hierbei verfestigt und schneidfähig gemacht.

Verfahren: Zur Fixation gibt es drei Verfahren:
1. *Immersionsfixierung*: Kleine Gewebeproben werden in die Fixierlösung eingebracht.
2. *Perfusionsfixierung*: Ein zu fixierendes Organ wird auf dem Blutwege mit der Fixierlösung durchströmt.
3. *Kältefixierung*: Eine Gewebeprobe wird bei −150 °C schnell eingefroren.

Für die Immersionsfixierung und die Perfusionsfixierung sind neben vielen anderen die Chemikalien wäßriges Formol (4 – 10 %) oder Bouinlösung gebräuchlich. Als Proteinkoagulatoren werden $HgCl_2$, Pikrinsäure, Glutaraldehyd und Formalin verwandt. Als Lipoidextraktoren sind Aceton, Chloroform, Äther und Alkohole gebräuchlich.

Entwässerung: Zur Vorbereitung der Einbettung (Schneidbarmachung) muß das Präparat zunächst entwässert werden. Dabei wird die Gewebeprobe über eine Alkoholreihe mit zunehmender Konzentration geführt. Das ermöglicht eine schrittweise Entwässerung der Gewebeprobe.

Nachbehandlung: Das entwässerte Gewebe wird z. B. mit Paraffin oder Kunststoff durchströmt. Nun läßt sich das Präparat mit einem Mikrotom (5 – 10 µm), einem Gefriermikrotom oder einem Ultramikrotom (20 – 50 nm) schneiden.

Schrumpfung: Bei der Paraffineinbettung erfährt die Gewebeprobe häufig eine Schrumpfung, d. h. eine chemische und morphologische Veränderung der In-vivo-Verhältnisse.

Paraffineinbettung: Nach der Entwässerung mit Alkohol wird das Präparat in Methylbenzoat mehrere Stunden eingelegt. Dadurch entfernt man den Alkohol wieder aus dem Präparat. Danach erfolgt die eigentliche Einbettung. Das Präparat wird ca. eine Stunde in eine mit Paraffin gesättigte Benzollösung (bei 30 °C) gegeben. Histologische Schnitte von Gewebe, das in Paraffin eingebettet ist, haben i. d. R. eine Dicke von 5 – 20 µm (laut IMPP 8 – 20 µm).

Histologische Färbung: Um physikalisch-chemische Eigenschaften der einzelnen Gewebestrukturen sichtbar zu machen, wird das Präparat in Farblösungen eingebracht.

Beurteilung der Anfärbbarkeit wesentlicher Strukturen bei Hämatoxylin-, Eosin- und Azanfärbung (Tab. 2.1)

Hämatoxylin ist ein basischer Farbstoff, er färbt Kerne blau. Die Kerne enthalten Nukleinsäuren und färben sich deshalb mit basischen Farbstoffen an, d. h., sie sind basophil.

Eosin dagegen ist ein saurer Farbstoff, er färbt das Plasma und die Interzellularsubstanzen rötlich. Die basischen Gruppen, die bei der Eiweißdenaturierung frei geworden sind, färben sich mit einem sauren Farbstoff, d. h., sie sind azidophil. Eine häufig

Tab. 2.**1** Färbungen

	H.-E.	Azan	van Gieson
Bestandteile der Farblösungen	Hämatoxylin, Eosin	Azokarmin, Anilinblau Orange G	Eisenhämatoxylin, Pikrinsäure, Fuchsinsäure
Zellkern	blau	rot	schwarz
Zytoplasma	rot	blaßrot	gelb-braun
elastische Fasern	blaßrosa	orange	gelb
kollagene Fasern	rot	blau	rot
retikuläre Fasern	rot	blau	rot
Muskelzelle	rot	rot	gelb

angewandte Färbung ist daher die *Hämatoxylin-Eosin-Färbung* (H.-E.).
Azanfärbung: Sie wird ebenfalls häufig angewandt. Azan ist eine Mischung aus Azocarmin, Anilin-Blau und Orange G. Azan färbt Bindegewebe und unverkalkte Knochensubstanzen blau, das Zytoplasma rosa, den Zellkern rot und hyalinen Knorpel blaßblau.

2.2 Grundbegriffe der Färbetechnik

Biologische Strukturen als Ladungsträger

Biologische Strukturen können Ladungen tragen. Man unterscheidet azidophile, basophile und neutrophile Strukturen, je nachdem, welcher Farbstoff vom Gewebe bzw. den Zellen gebunden wird.

Basische Farbstoffe sind als Elektronendonatoren positiv geladen und binden an negativ geladene, also basophile Strukturen. Beispiele sind *Hämatoxylin, Methylenblau, Tholuidinblau* und *Karminlacke.* Mit basischen Farbstoffen lassen sich saure Mukopolysaccharide, Nukleolen, Chromatin und das Ergastoplasma anfärben. Die intensive Anfärbung des Plasmas bei bestimmten Zellen (Drüsenzellen, Nervenzellen) mit basischen Farbstoffen beruht auf einem hohen Anteil an Nukleinsäuren (RNA), hervorgerufen durch die große Zahl der Ribosomen. Die Eigenschaft von Geweben und Zellen, sich mit basischen Stoffen anzufärben, wird auch *Basophilie* genannt.
Saure Farbstoffe sind Elektronenakzeptoren, ihre Farbmoleküle sind negativ geladen. Sie binden an azidophile Strukturen, d. h. an positiv geladene Gewebeteile. Beispiele sind z. B. *Anilinblau, Eosin, Pikrinsäure, Säurefuchsin* und *Azokarmin.* Man spricht hierbei auch von *Azidophilie* der Gewebe bzw. Zellen.
Metachromasie: Die Metachromasie ist die Eigenschaft der Gewebe oder Zellen, sich bei gleichem Farbstoff unterschiedlich zu färben; die Gewebestruktur erscheint also in einer anderen Farbe als der des Farbstoffes (antagonistisch zur Farblösung, dies gilt v. a. für basische Farbstoffe wie z. B. Toluidinblau).

2.3 Kenntnis der Grundmechanismen wichtiger histochemischer und zytochemischer Methoden

Die Zyto- und Histochemie hat zum Ziel, den chemischen Aufbau der Zell- und Gewebsstrukturen zu ermitteln und *Beziehungen zwischen Struktur* und den sich dort abspielenden *molekularen Vorgängen* herzustellen. Im folgenden werden die dafür verwendeten Methoden genauer erläutert.

Feulgen-Reaktion: Die Feulgen-Reaktion ist eine Aldehydreaktion und wird zum chemischen *Nachweis von DNA* herangezogen. Durch die saure Hydrolyse von DNA (dies setzt die Aldehydgruppen frei) zusammen mit Schiff-Reagenz wird ein rotes (farbstarkes) Reaktionsprodukt erzeugt.
Perjodat-Leukofuchsin-Reaktion (PAS): Die PAS-Reaktion (aus dem Englischen: Perjodic Acid Schiff Reaction) dient dem *Nachweis von Polysacchariden und Glykoproteinen.* Die Perjodsäure oxidiert Glykolgruppen zu Aldehyden. Diese Aldehyde erzeugen zusammen mit dem Schiff-Reagenz und der farblosen fuchsinschwefeligen Säure (Leukofuchsin) eine rote

Färbung. Retikuläre Fasern werden z. B. durch PAS sichtbar gemacht.

Nachweis von Enzymaktivitäten: Hierzu werden den Präparaten Substrate für Markerenzyme (z. B. saure Phosphatase bei Lysosomen) beigegeben und die Enzymaktivitäten in bestimmten Zellorganellen somit identifiziert. Zum Nachweis von Lysosomen benötigt man Substrate für saure Phosphatase, für den Bürstensaum (Nierenhauptstück) die der alkalischen Phosphatase, für Mitochondrien die für Succinatdehydrogenase, für GABAerge Synapsen die der Glutamatdecarboxylase und für das glatte endoplasmatische Retikulum die Substrate der Glucose-6-Phosphatase.

Histochemische Reaktion als Mittel zur Darstellung biochemischer Bausteine: Durch eine chemische Reaktion entsteht ein farbiges Produkt, das lichtmikroskopisch sichtbar ist. Chlorionen lassen sich mit Silberionen nachweisen, Eisenionen ergeben zusammen mit Kaliumferrocyanid (Blutlaugensalz) eine Blaufärbung.

Nachweis von Stoffeinbau durch Histo-Autoradiographie: Das Verfahren der Histo-Autoradiographie dient dem Nachweis von Stoffeinbau mittels *Radioaktivität.* Mit radioaktiven Isotopen beladene Bausteine (Aminosäuren, Basen) werden einem Versuchstier injiziert. Sie gelangen dann z. B. durch die Blutbahn in die entsprechenden Gewebe (z. B. Jod in die Schilddrüsenzellen). Von dem entsprechenden Organ wird ein Gewebeschnitt hergestellt. Die Gewebeschnitte werden auf einen strahlenempfindlichen Film gelegt. Auf diese Weise kann festgestellt werden, an welchem Ort des Organs sich strahlende Teilchen befinden. Das zu untersuchende Präparat enthält folglich Makromoleküle, in die radioaktiv markierte Bausteine eingebaut sind, und wird damit zum Selbststrahler (Autoradiographie). Zum Nachweis werden u. a. ^{3}H- oder ^{14}C-markierte Substanzen verwendet.

Nachweis spezifischer Eiweißkörper durch Immunhistochemie: Auf dem Gewebeschnitt wird ein spezifisches gegen den nachzuweisenden Eiweißkörper gerichtetes Antiserum gegeben, das in einer mehrstufigen *Antigen-Antikörper-Reaktion* sichtbar gemacht wird. Wichtigster Nachweis ist dabei die *PAP-Methode* (*Peroxidase-Anti-Peroxidase*) und die *Immunfluoreszenzmethode.* Immunhistochemische Verfahren dienen also dem Nachweis von Antigenen in Zellen und Geweben. Dabei werden Makromoleküle verwendet, um Antigen-Antikörperkomplexe sichtbar zu machen. Sie sind licht- und elektronenmikroskopisch einsetzbar.

Histologie der Organe

3.1 Knochenmark

Beim Erwachsenen können nach der Farbe bereits makroskopisch rotes und gelbes Knochenmark unterschieden werden.

Das **rote, blutbildende Knochenmark** macht beim Erwachsenen ca. 2600 g bzw. ca. 4–6 % des Körpergewichts aus, beim jungen Erwachsenen ca. 1300 g. Es weist vor allem Erythrozyten und deren Vorstadien auf. Man bezeichnet es auch als hämatogenes oder aktives Knochenmark. Es ist in den kurzen und platten Knochen vorhanden, den Schädelknochen, der Wirbelsäule, der Scapula, im Sternum, im Becken, in den Rippen, in den Epiphysen und in den kindlichen Röhrenknochen.

Das **gelbe Knochenmark** ist das Fettmark. Es hat Platzhalterfunktion und kommt in den Röhrenknochen des Erwachsenen vor. In der Regel ist es nicht an der Blutbildung beteiligt, kann sich aber bei großen Blutverlusten oder Hypoxie wieder zu rotem Knochenmark umwandeln.

Beim Erwachsenen ist etwa die Hälfte des Knochenmarks rotes Knochenmark. Wie bereits im Abschnitt 1.5.1 beschrieben, wird der innere Hohlraum der Knochen von einer feinen Bindegewebsschicht – dem Endost – überzogen. Hiervon ausgehend werden die Mark- und Spongiosaräume mit *retikulärem Bindegewebe* ausgefüllt. In den Maschen dieses Retikulums liegen Gefäße und die Zellen der Blutbildung (Abb. 3.**1**). Im Knochenmark findet man folgende Zellarten:

Zellen der Erythropoese (Bildung der roten Blutkörperchen):

- *Proerythroblasten* sind große Zellen mit einem dunkelvioletten rundlichen Zellkern. Das Zytoplasma ist leuchtend hellblau und hat manchmal kleine Ausstülpungen (Ohren). Durch mitotische Teilungen entstehen jeweils 2 Makroblasten.
- *Makroblasten* ähneln den Proerythroblasten, sie sind nur etwas kleiner. Durch Mitose entstehen aus einem Teil der Makroblasten die Normoblasten (Erythroblasten).
- *Normoblasten* sind Zellen mit rundem Zellkern, einer dichten Struktur bis zu einem dunklen

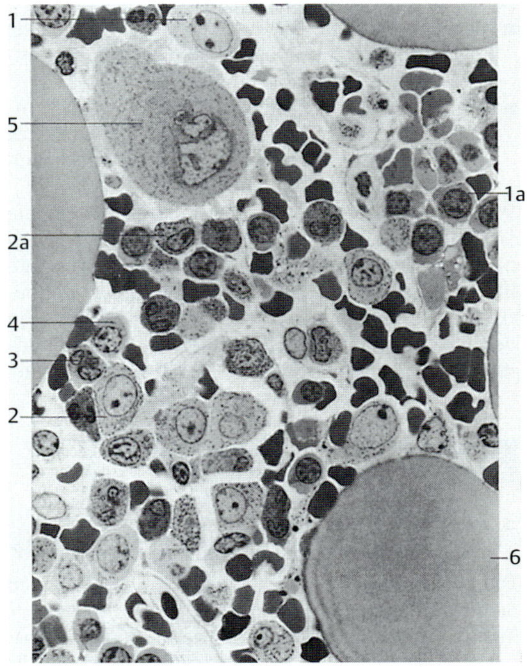

Abb. 3.**1** Knochenmark des Menschen (40 jährige gesunde Frau). 1 = Proerythroblast, 1 a = Erythroblasten unterschiedlicher Reife, 2 = neutrophiler Metamyelozyt, 2a = neutrophiler Metamyelozyt, 3 = neutrophiler Granulozyt, 4 = Plasmazelle, 5 = Megakaryozyt, 6 = Fettzelle. Vergr. 1100 fach (aus Bargmann, Thieme 1977)

Klumpen (= pyknotische Kerne) und Zytoplasmafärbungen von lila bis hellrot. Sie sind etwa halb so groß wie die Proerythrozyten. Aus dem Normozyten wird der Zellkern ausgestoßen. Dadurch entstehen Retikulozyten, die aber noch RNA enthalten. Aus den Retikulozyten gehen dann Erythrozyten hervor, die keine RNA mehr enthalten.

Zellen der Granulopoese (Körnchenzellen, Granulozyt):

- *Myeloblasten* besitzen einen ovalen Kern und einen deutlichen Nukleolus, keine Granula; kommen nur spärlich im Knochenmark vor.
- *Promyelozyten* sind die wichtigsten Stammzellen für die Granulozyten. Sie sind größer als die Myeloblasten und haben ein basophiles Zytoplasma mit leuchtend roten Körnchen (Azurgranula).
- *Myelozyten, Metamyelozyten:* Hier haben sich schon die typischen neutrophilen, eosinophilen und basophilen Granula ausgebildet. Der Zellkern des Metamyelozyten ist bereits bohnenförmig.
- *Stabkernige Granulozyten* mit hantelförmigem Zellkern sind die nächste Reifeform. Sie reifen zum
- *segmentkernigen Granulozyten*, der nur noch im strömenden Blut vorkommt.

Zellen der Thrombopoese (Blutplättchen):

- *Megakaryoblasten* bilden sich durch vielfache Endomitosen zu polyploiden Zellen mit Riesenkern (Megakaryozyten) um.
- Die *Megakaryozyten* sind die eigentlichen Thrombozytenbildner. Pseudopodienartige Fortsätze werden in die Blutkapillaren ausgestreckt und dann die Thrombozyten abgeschnürt.

Wenn die Blutzellen reif sind gelangen sie in die Sinusoide (Gefäße) des Knochenmarks und von hier aus – i.d.R. schubweise – ins Blut. Die gesamte Blutbildung geht von den pluripotenten hämatopoetischen Stammzellen aus (Abb.3.**4**). Außer den oben beschriebenen unreifen Blutzellen findet man auch reife Blutzellen im Knochenmark, z. B. Makrophagen.

3.2 Kreislaufsystem

3.2.1 Mikroskopische Anatomie und Ultrastruktur der Blutgefäße

Die größeren Blutgefäße zeigen einen einheitlichen Schichtenbau der Wandung:

Tunica intima (Intima): Unter dem Endothel (Plattenepithel) liegt das Stratum subendotheliale. Es wird durch eine gefensterte *Membrana elastica interna (Lamina propria)* von der Media getrennt.

Tunica media (Media): Sie enthält gut ausgeprägte glatte Muskulatur, meist ringförmig angeordnet. Zwischen den Muskelzellen findet man Elastin, Kollagen und Proteoglykane. Zwischen Media und Externa liegt die *Membrana elastica externa*, die in größeren Gefäßen nur dünn vorhanden ist.

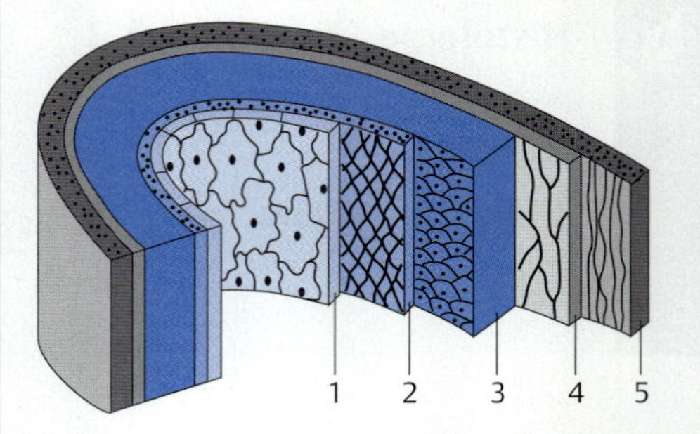

Abb. 3.**2** Wandstruktur der Arterie. 1 = Endothel, 2 = Elastica interna, 3 = Tunica media, 4 = Elastica externa, 5 = Tunica externa (aus Wehner/Gehring, Thieme 1995)

Tunica externa (Adventitia): Sie umgibt die Membrana elastica externa mit lockerem Bindegewebe, Gefäßen (Vasa vasorum) und vegetativen (marklosen) Nerven sowie Lymphgefäßen.

Arterien

Die Arterien sind im lichtmikroskopischen Schnitt deutlich durch ihr nicht kollabiertes Lumen erkennbar. Man unterscheidet Arterien vom muskulären und vom elastischen Typ (Abb. 3.**2**).

Arterie vom muskulären Typ: Die Arterie vom muskulären Typ besteht aus den o. g. typischen Schichten, jedoch mit einer sehr gut ausgeprägten Media, die einer dicken Schicht von *glatten Muskelfasern* entspricht. Bei muskulären Arterien ist die Tunica intima im Präparat gewellt und die Membrana elastica interna scharf begrenzt. Nur undeutlich ist die Membrana elastica externa zu erkennen.

Arterie vom elastischen Typ: Eine Arterie vom elastischen Typ ist z. B. die Aorta. Im Vergleich mit der Arterie vom muskulären Typ findet man bei der Aorta viele elastische Fasern, dadurch ist die Media (wellenförmig) nicht klar abgrenzbar. Der 3-Schichtenbau ist bei der Aorta weniger auffallend. Elastisches Material kommt in allen Schichten der Gefäßwand vor. Bei herznahen Gefäßen findet man mehr Elastica (→ elastischer Typ).

Venen

Die Venen und Arterien sind nach demselben Schichtenaufbau gegliedert. Bei den Venen ist diese Schichtung jedoch nicht so deutlich erkennbar. Die Vene fällt lichtmikroskopisch durch ein größeres, kolla-

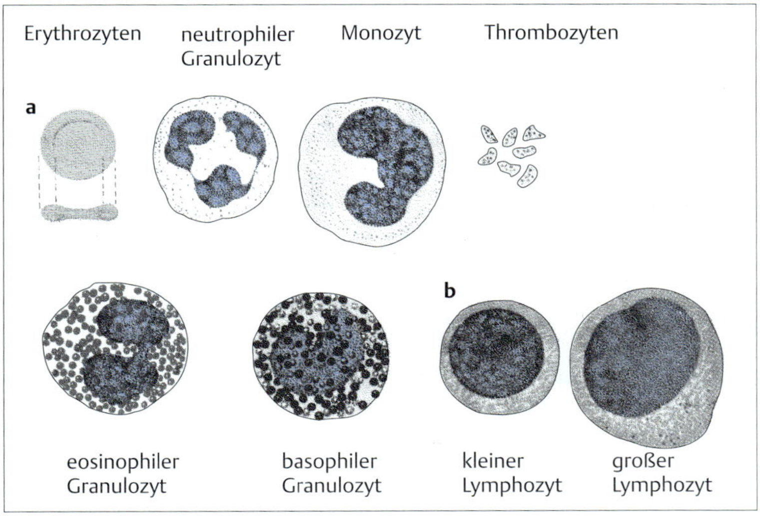

Abb. 3.**3** Blutzellen. **a** Abkömmlinge des Knochenmarkes sind die Erythrozyten, die Granulozyten, die Monozyten (teilweise) und die Blutplättchen (Thrombozyten); **b** Abkömmlinge der lymphatischen Organe sind die kleinen und die großen Lymphozyten (aus Beske, Thieme, 1990)

biertes (ovales) Lumen auf. Die dünnere Wand, wenige Muskeln (Längsmuskeln) in der Tunica media und eine undeutliche Membrana elastica externa sind weitere differentialdiagnostische Merkmale der Venen.

3.2.2 Blut

Blut besteht aus geformten Anteilen, den Blutzellen und flüssigem Blutplasma, das gerinnungsfähig ist. Das Blut (5–6 l) des Menschen entspricht ca. 8 % seines Körpergewichtes. Den Anteil, den die Blutzellen am Blutvolumen einnehmen, bezeichnet man als *Hämatokrit*, er liegt i.d.R. bei ca. 45 %. Das Blut hat folgende Aufgaben:

- *Transport* von Gasen (O_2, CO_2), resorbierten Nahrungsstoffen, Stoffwechselendprodukten und Hormonen
- *Homöostase:* Wasserhaushalt, Säure-Basen-Haushalt und Wärmehaushalt
- *Abwehr* mit spezifischen und unspezifischen Abwehrmechanismen (spezifisches Immunsystem, Antikörper)
- *Selbstschutz:* Blutgerinnung, physiologische Blutstillung und Fibrinolyse

Blutzellen

Zu den Blutzellen gehören Erythrozyten, Leukozyten und Thrombozyten (Abb. 3.**3**).

Erythrozyten: Erythrozyten sind scheibenförmige, rotgefärbte, kernlose Gebilde mit einem hellen Zentrum. Die Lebensdauer eines Erythrozyten beträgt ca. 120 Tage. Der Erythrozyt wird in der Milz und in der Leber abgebaut. Rote Blutkörperchen werden unter dem Mikroskop als kreisförmige Scheiben gesehen. Ihr Durchmesser beträgt im Mittel $d = 8\ \mu m$ gemessen mit einer Meßunsicherheit von $\Delta d = \pm 0{,}1\ \mu m$. Bei der Angabe der Querschnittsfläche A ist die relative Meßunsicherheit ±2,5 %.

Leukozyten: Leukozyten sind deutlich kernhaltige Blutzellen. Zu den Leukozyten gehören die Granulozyten, Monozyten und Lymphozyten.

- *Granulozyten:* Bei den Granulozyten unterscheidet man neutrophile, eosinophile und basophile Granulozyten.
  - *Neutrophile Granulozyten* sind etwas größer als die Erythrozyten und haben eine feine violette Zytoplasmagranulation. Der Kern ist gelappt oder bröckelig.
  - *Eosinophile Granulozyten* sind fast doppelt so groß wie die Erythrozyten. Sie enthalten grobe, rötliche Granula und einen gebogenen, hantelförmigen Kern.
  - *Basophile Granulozyten* sind etwas größer als die Erythrozyten, mit rundlichem Kern und groben, bläulich-violetten Granula. Sie enthalten vornehmlich Heparin.
- *Monozyten:* Der Monozyt hat die 2–3 fache Größe eines Erythrozyten mit einem eingekerbten oder nierenförmigen, exzentrisch (= am Zellrand) liegenden Kern.
- *Lymphozyten:* Es gibt 2 verschieden große Lymphozyten: kleine und große Lymphozyten. Bei den kleinen Lymphozyten füllt der Kern die Zelle fast ganz aus. Sie sind ungefähr so groß wie Erythrozyten, und haben einen großen, runden Kern mit deutlichem Zytoplasmasaum.

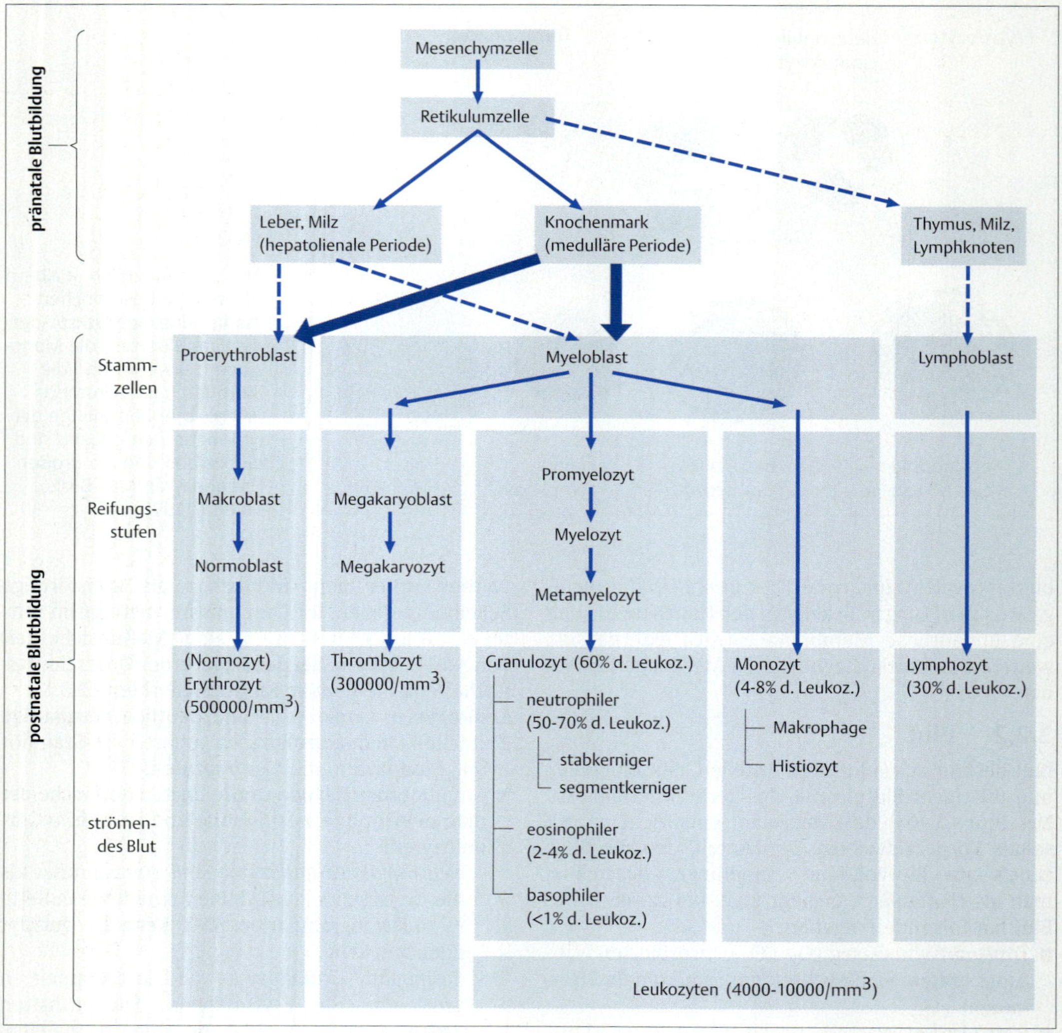

Abb. 3.**4** Prä- und postnatale Blutbildung mit Zellzahlen

Thrombozyten: Thrombozyten sind die kleinsten membranumschlossenen Bestandteile des Blutes, d. h. Bruchstücke von Zellen. Thrombozyten enthalten vornehmlich Serotonin. Typisches Strukturmerkmal von Thrombozyten ist ein zirkulärer Ring aus Mikrotubuli. Thrombozyten werden aktiviert durch ADP, Kollagen oder Thrombin.

Zellzahlen: Die Entwicklung der Blutzellen und deren Verhältniszahlen sind in Abb. 3.**4** dargestellt.

Größenverhältnisse:

- Granulozyten: eosinophile > neutrophile > basophile
- Erythrozyt < Granulozyt
- Erythrozyt (Durchmesser) = 7,5 µm
- Erythrozyt (Breite) = innen 1 µm, außen 2 µm

! Merke

Thrombozyten	1 – 3 µm
Erythrozyten	7,5 µm
Lymphozyten	10 – 15 µm
Granulozyten	10 – 15 µm
Monozyten	15 – 20 µm

Blutplasma

Das Blutplasma besteht zu 90% aus Wasser, zu 6,5–8% aus Plasmaeiweißen (mit 10–60 rel% Albuminen [Wassertransport] und 40–50 rel% Globulinen). Zudem enthält es Nährstoffe, Metabolite, Elektrolyte, Vitamine, Spurenelemente und Hormone. Die *Elektrolytzusammensetzung* des Plasmas ähnelt der des Meerwassers (→ Evolution).
Die Plasmaproteine erfüllen u. a. die folgenden Funktionen: Transport fettlöslicher Substanzen, Pufferung (pH), Immunabwehr und Schutz vor interstitiellem Ödem. Unter den Plasmaproteinen spielt *Albumin* die wichtigste Rolle für die Aufrechterhaltung des onkotischen Druckes. Bei den Globulinen handelt es sich um α-, β- und γ-Globuline. Die γ-Globuline sind Antikörper des Blutes (Immunglobuline). Die α- und β-Globuline, u. a. das Albumin, dienen dem Transport von wasserunlöslichen Substanzen wie z. B. Lipiden (→ plasmalösliche Lipoproteinkomplexe).

Blutserum

Das Serum ist die flüssige Phase von geronnenem Blut. Im Gegensatz zum Plasma fehlen beim Serum das Fibrinogen und andere Proteine. Diese werden bei der Gerinnung verbraucht.

3.3 Drüsen

Drüsen sind Epitheleinstülpungen. Die Epitheleinstülpungen können sich abschnüren, so daß die Verbindung zur Oberfläche verloren geht. Die Epithelzellen von Drüsen können sezernieren. Drüsen können nach verschiedenen Gesichtspunkten eingeteilt werden, z. B. nach der Zusammensetzung des Sekrets, nach der Sekretbildung und -abgabe, nach der Form der Endstücke und nach der Form der Ausführungsgänge.

3.3.1 Klassifizierungen von Drüsen

Exokrine und endokrine Drüsen

Nach den *Ausführungsgängen* unterscheidet man exokrine und endokrine Drüsen:
Die **exokrinen Drüsen** haben mit einem Ausführungsgang eine Verbindung zur Oberfläche. Einzellige exokrine Drüsen sind z. B. die Becherzellen. Sie kommen vor im Epithel des Dünndarms, des Dickdarms und im Epithel des Respirationstraktes. Beim Aufbau der exokrinen Drüsen unterscheidet man zwischen *Drüsenkörper (= Endstück)* und *Ausführungsgang*. Bei größeren Drüsen besteht das Ausführungsgangsystem aus einem *Schaltstück* mit kurzen, platten Zellen, einem *Streifenstück (= Sekretrohr)* mit hochprismatischen Zellen, einem weiten Lumen und einem Ausführungsgang mit einschichtigem bis mehrschichtigem Epithel. Die azidophilen Granula der Epithelzellen ergeben eine feine Streifung (daher der Name). Die Streifenstücke münden in die eigentlichen Ausführungsgänge.
Die **endokrinen (innersekretorischen) Drüsen** haben keinen Ausführungsgang. Das Sekret (Inkret), i. d. R. ein Hormon, wird direkt in die Blut- oder Lymphbahn abgegeben. Zu den endokrinen Drüsen zählen Hypophyse, Nebenniere, Schilddrüse, Epithelkörperchen, Keimdrüsen (Hoden, Ovar), Paraganglien und Pankreasinselzellen.

Tubulöse, azinöse und alveoläre Drüsen

Nach der *Form der Endstücke* unterscheidet man tubulöse, azinöse und alveoläre Drüsen:
Die **tubulösen Drüsen** besitzen ein blindes Ende mit geknäuelten oder verzweigten Schläuchen. Sie kommen *einfach* im Dickdarm und in den Lieberkühn-Krypten des Dünndarms, *geknäuelt* als Schweiß- und Duftdrüsen, *verzweigt* als Pylorus- und Cardiadrüsen des Magens und *zusammengesetzt* in der Leber und der Niere vor.
Die **azinösen Drüsen** besitzen kugelförmige Endstücke, ein enges Lumen und hohe Epithelzellen. Sie kommen i.d.R. zusammengesetzt als tubuloazinöse Drüsen in der Parotis, im Pankreas und in der Tränendrüse vor.
Alveoläre Drüsen besitzen bauchförmige Endstücke mit einem weiten Lumen. Sie kommen in einfacher Form in den Talgdrüsen, in verzweigter Form in den Meibom-Drüsen des Augenlids und in zusammengesetzter Form (tubuloalveolär) in der Prostata, der Lunge, der Mamma und in den Bartholini-Drüsen sowie den Cowper-Drüsen des Genitaltraktes vor.

Holokrine, apokrine und ekkrine Drüsen

Nach der *Sekretionsart* werden die Drüsen in holokrine, apokrine und ekkrine Drüsen eingeteilt (s. 1.2.7).

Muköse, seröse und gemischte Drüsen

Nach der *Zusammensetzung des Sekrets* unterscheidet man seröse, muköse und gemischte Drüsen.
Die **mukösen (Schleim-) Drüsen** produzieren ein dickflüssiges, schleimiges Sekret. Das Lumen der Drüsen ist weit, mit breitem kubischen Epithel und platten randständigen Kernen. Muköse Drüsen kommen als Schleimdrüsen des Gaumens und des Ösophagus vor.
Die **serösen (Eiweiß-) Drüsen** produzieren ein dünnflüssiges, eiweißreiches Sekret. Das Lumen

der Drüsenendstücke ist eng, das Drüsenzellplasma besitzt eosinophile Granula und erscheint dadurch dunkel. Seröse Drüsenzellen sind prismatisch mit runden Zellkernen. Sie kommen in der Glandula parotis, dem Pankreas, der Tränendrüse und den Ebner-Spüldrüsen vor.
Die **gemischten Drüsen** haben sowohl einen mukösen als auch einen serösen Anteil. Je nachdem welcher Anteil überwiegt, spricht man von mukoserösen (mehr mukös) oder von seromukösen (mehr serös) Drüsen. Durch das Vorhandensein beider Drüsenanteile entstehen die *Ebner-Halbmonde*.

! Merke

Papageien**tränen von Ebner** sind serös (Pankreas, Parotis, Tränendrüse [Gl. lacrimalis], Ebner-Spüldrüsen).

3.3.2 Speicheldrüsen

Glandula parotidea: Die Glandula parotidea (Ohrspeicheldrüse) ist eine *rein seröse exokrine Drüse* mit azinösen Endstücken. Sie produziert ein eiweißreiches Sekret mit Verdauungsfermenten. Die Drüsenzellen sind traubenförmig angeordnet (= Azinus). Die Ohrspeicheldrüse hat einen septalen Bau (Läppchengliederung) mit interlobulärem Bindegewebe. Die Ausführungsgänge liegen im interlobulären Bindegewebe. Im Stroma des Organs findet man Fettgewebe und Nerven. Die Glandula parotidea besitzt eine derbe Kapsel. Seröser Mundspeichel hat bei niedrigem Speichelfluß einen niedrigeren Na^+-Gehalt als bei hohem Speichelfluß. Der Ausführungsgang der Glandula parotidea durchbohrt in der Tiefe der Regio buccalis den M. buccinator. Die Glandula parotidea enthält intralobulär gelegene Schalt- und Streifenstücke, Fettzellen und Plasmazellen im interstitiellen Bindegewebe, die Immunglobuline bilden. Sie enthält aber *keine* zentroazinären Zellen (Tab. 3.**1**).

Tab. 3.**1** Differentialdiagnostische Merkmale der Gl. parotis

Endstücke	azinös, rein serös, *enges* Lumen
Schaltstücke	200 – 300 µm lang, mehrfach gegabelt
Streifenstücke	gut ausgebildet, liegen innerhalb der Lobuli, verzweigt
Besonderheiten	häufig Fettzellen im Stroma, reichlich Nervenanschnitte, (Ausführungsgang interlobulär), große Menge von Ganganschnitten

Glandula sublingualis: Die Glandula sublingualis (Unterzungendrüse) ist eine *mukoseröse Drüse* mit Ebner-Halbmonden und Läppchengliederung. Die Endstücke gehen meist direkt in kleinere Ausführungsgänge über. Selten finden sich Schalt- und Streifenstücke (Tab. 3.**2**).

Tab. 3.**2** Differentialdiagnostische Merkmale der Gl. sublingualis

Endstücke	tubuloazinös, gemischt mukoserös, verzweigte Schleimtubuli mit serösen Halbmonden
Schaltstücke	(selten) keine
Streifenstücke	(sehr kurz) keine
Besonderheiten	ausgebuchtete verschleimte Schaltstücke

Glandula submandibularis: Die Glandula submandibularis (Unterkieferdrüse) ist eine *seromuköse Drüse* mit wenigen Ebner-Halbmonden, nur vereinzelten Fettzellen und Läppchengliederung mit interlobulärem Bindegewebe (Tab. 3.**3**).

Tab. 3.**3** Differentialdiagnostische Merkmale der Gl. submandibularis

Endstücke	tubuloazinös, gemischt seromukös, Schleimtubuli mit serösen Endkappen
Schaltstücke	teils kurz unverzweigt, teils lang verzweigt
Streifenstücke	(sehr kurz) keine
Besonderheiten	etwas weniger Ganganschnitte

! Merke

Sub**m**andibularis = **s**ero**m**ukös

3.3.3 Tränendrüse

Die Glandula lacrimalis (Tränendrüse) ist eine seröse, tubuloazinöse Drüse (Tab. 3.**4**). Zwischen den Drüsenteilen findet man Lymphfollikel. Die Ductuli excretorii der Tränendrüse münden in den „Fornix conjunctivae superior“. Die sekretorische Innervation der Tränendrüse erfolgt über das Ganglion pterygopalatinum.

Tab. 3.**4** Differentialdiagnostische Merkmale der Gl. lacrimalis

Endstücke	weit, schwache Granulation
Schaltstücke	wenig
Streifenstücke	wenig
Besonderheiten	Ausführungsgangsystem schlecht ausgebildet

3.3.4 Hautdrüsen

Schweißdrüsen: Die Schweißdrüsen gehören zu den Hautanhangsdrüsen. Sie sind *ekkrine*, stark geknäuelte, *tubulöse Drüsen* mit hohen Zellen in den Endstücken. Die Drüsenzellen sind azidophil granuliert und auf ihnen sitzt eine Schicht glatter Muskulatur (Myoepithel). Das Ausführungsgangsystem hingegen ist muskelzellfrei mit einem zweischichtigen kubischen Epithel ausgekleidet und mündet in einer Schweißpore.
Duftdrüsen: Die Duftdrüsen sind ähnlich den Schweißdrüsen aufgebaut, jedoch mit *apokriner Sekretion*, weniger geknäuelt und etwas weniger Muskulatur. Sie zeichnen sich durch ein weiteres Lumen (dickeres Sekret) und ein Epithel aus, dessen Form sich je nach Funktionszustand ändert. Die Duftdrüsen gehören zu den Hautanhangsdrüsen.
Talgdrüsen: Die Talgdrüsen sind auch Hautanhangsgebilde. Sie sind *holokrine Drüsen*, d. h., die ganzen Drüsenzellen werden zu Sekret umgewandelt. Der Ersatz der Drüsenzelle geht von den randständigen Zellen aus.

3.3.5 Drüsen des Verdauungstraktes

Diese Drüsen werden unter 3.11 beschrieben.

3.4 Lymphatische Organe

Die **lymphoretikulären Organe** enthalten durchweg ein Stroma aus retikulärem Bindegewebe, in dessen Maschen die Lymphozyten liegen. Dazu gehören die Lymphfollikel der Schleimhäute, die Lymphknoten und die weiße Milzpulpa.
Bei den **lymphoepithelialen Organen** liegen die Lymphozyten in einem Verband aus Epithelzellen. Dazu zählen der Thymus und die Tonsillen.
Die **Lymphozyten** sind in der Lage, aus den lymphatischen Organen in die Blutbahn einzutreten und nach einigen Stunden wieder in die lymphatischen Organe zurückzukehren. Im Körper befinden sich ca. 1500 g Lymphozyten, davon sind ca. 3 g im Blut, 100 g im Knochenmark und 100 g im lymphatischen System. Die *B-Lymphozyten* sind u. a. Vorläufer der Plasmazellen. Die *T-Lymphozyten* werden im Thymus immunologisch geprägt.

3.4.1 Lymphoretikuläre Organe

Lymphfollikel

Eine Ansammlung von Lymphozyten im retikulären Bindegewebe sind die *Lymphfollikel*. Man findet die Lymphfollikel in den lymphatischen Organen, aber auch im Darm, in den Atem- und Harnwegen. Sie haben keine Kapsel, bestehen aus dicht liegenden B-Lymphozyten und haben einen Durchmesser von ca. 0,2 – 1 mm. Es gibt zwei Arten von Lymphfollikeln:
Die **Primärfollikel** enthalten nur kleine Lymphozyten, die regelmäßig verteilt sind. Man findet sie jedoch nur bei Neugeborenen, da hier i. d. R. noch kein Antigen-Kontakt stattgefunden hat.
Die **Sekundärfollikel** zeigen ein helles Reaktionszentrum mit einer umgebenden Randzone. Im Zentrum befinden sich die B-Zellen, die schon durch einen Antigen-Kontakt aktiviert wurden.

Milz

Die Milz (Lien, Splen) ist ein peripheres, sekundäres lymphatisches Organ. Sie besitzt eine *Kapsel (Tunica fibrosa)* mit *Peritonealüberzug (Tunica serosa)*. Von der Milzkapsel gehen *Balken (Trabekel)* aus straffem Bindegewebe ins Innere des Organs, die miteinander anastomosieren und Gefäße mitführen. Die *Milzpulpa (Pulpa = Fleisch)* besteht aus der roten und der weißen Pulpa.
Die **rote Pulpa** ist eine große rötliche Fläche aus Retikulumzellen, in dessen Maschen Erythrozyten liegen. Sie stellt die Hauptmasse des Organs dar. Weiterhin enthält die rote Pulpa die *Milzsinus (= Blutsinus)* mit gefenstertem Endothel, das sind erweiterte Blutkapillaren. Die Endothelzellen der Milzsinus können sich lösen und phagozytieren. Diese Zellen gehören dann zu dem retikulohistiozytären System.
Die **weiße Pulpa** macht ca. 25 % des Milzvolumens aus und beinhaltet die *Milzknötchen (Malpighi-Körperchen)*, die makroskopisch als weiße Punkte sichtbar sind (daher der Name weiße Pulpa). Die Malpighi-Körperchen sind Lymphfollikel mit einer Zentralarterie. Diese Lymphfollikel bilden in der Milz die B-Zellregion, andere kurze Lymphstränge die T-Zellregion.
Die Milz des Erwachsenen hat die Aufgabe der Lymphopoese, Erythrozytensequestrierung, Immunabwehr, Thrombozytenspeicherung. Die Marginalzone zwischen roter und weißer Pulpa sowie die rote Pulpa enthält Makrophagen. In der weißen Pulpa werden Lymphozyten gebildet, und in den

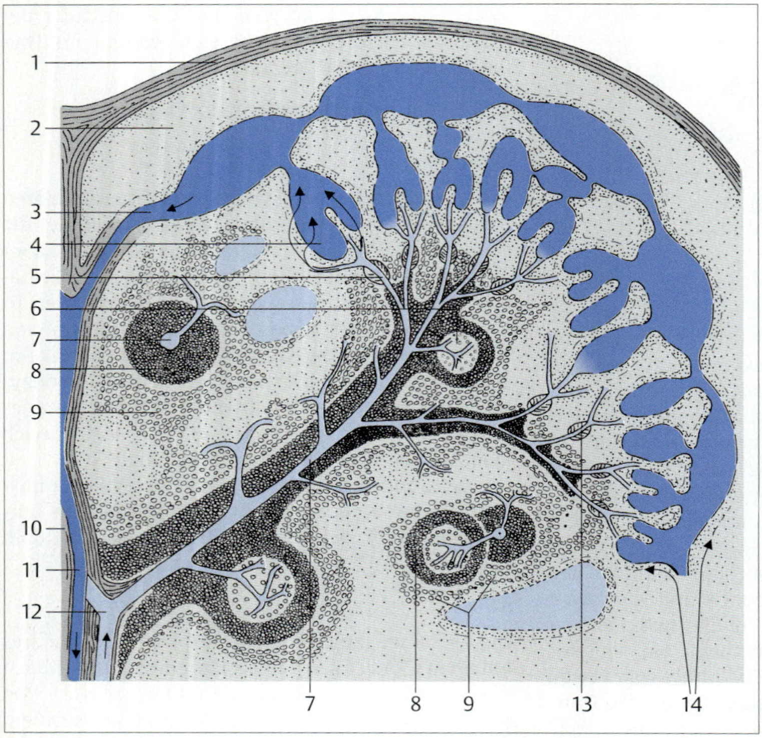

Abb. 3.5 Bau der Milz, schematisch. 1 = Milzkapsel, von Peritoneum überzogen, 2 = rote Pulpa, 3 = Pulpavene, 4 = Milzsinus (der rechte Pfeil gibt den Blutweg bei „geschlossenem" Kreislauf, die linken Pfeile geben den Weg bei „offenem" Kreislauf an), 5 = Hülsenkapillare, umgeben von der Hülse, 6 = Milzknötchen (B-Region), 7 = Zentralarterie, 8 = Lymphstrang (periarterielle Lymphscheide, T-Region), 9 = Marginalzone, 10 = Milzbalken, 11 = Balkenvene, 12 = Balkenarterie, 13 = Penicillus, 14 = Pulpastrang (Maschenstrang) (aus Leonhardt, Thieme 1990)

periarteriellen (periarteriolären) lymphatischen Scheiden befinden sich vorwiegend T-Lymphozyten (Abb. 3.**5**).

Die A. lienalis tritt in die Balkenarterien ein, verzweigt sich dann zu den Zentralarterien der Milzknötchen und teilt sich danach in den Knötchen zu Pinselarterien. Der Milzkreislauf erfolgt also von der A. lienalis → Balkenarterien → Pulpaarterien → Zentralarterien → Pinselarterien → Hülsenarterien → Retikulum der Milz → Milzsinus → venöse Kapillaren → Pulpavenen → Trabekelvenen → V. lienalis → V. portae → zur Leber.

Merke

In der Milz gibt es keinen Randsinus!
Flüssigkeit im Milzsinus: Blut
Flüssigkeit im Lymphknotensinus: Lymphe

Klinischer Bezug

Die Milz schwillt bei bestimmten Krankheiten an (**Splenomegalie**):
- Infektionskrankheiten: Typhus, Pfeiffer-Drüsenfieber, Malaria (Parasiten)
- Leukämie (Blutkrebs)
- verschiedenen Anämieformen (Blutarmut)

Lymphknoten

Lymphknoten (Nodi lymphatici) sind rundliche bis bohnenförmige Gebilde, die in die Lymphbahn als Zwischenstationen eingeschaltet sind. Die Größe schwankt zwischen 1 mm und 2,5 cm. Man unterscheidet zwei Anteile: Das *Stroma* (Organgerüst) und das *lymphatische Gewebe*.

Stroma: Der Lymphknoten (Nodus lymphaticus) besitzt eine Kapsel aus Bindegewebe und Trabekeln,

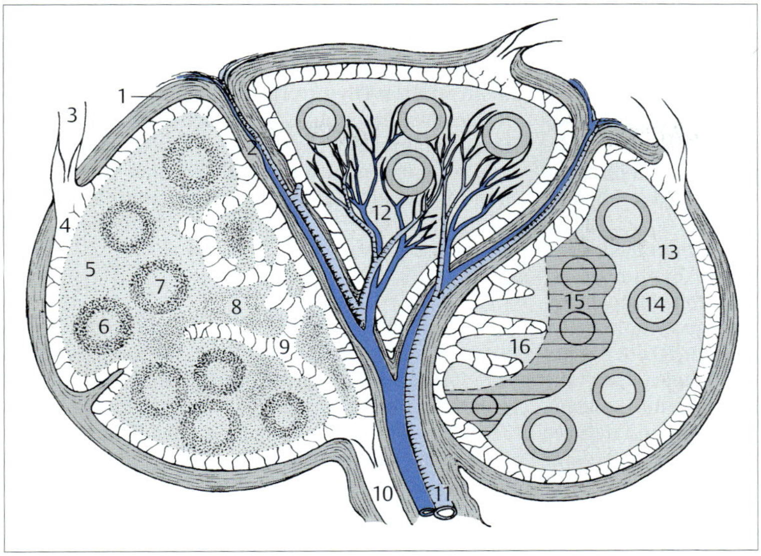

Abb. 3.**6** Lymphknoten, schematisch. 1 = Kapsel, 2 = Trabekel, 3 = Vas afferens, 4 = Randsinus, 5 = Rinde, 6 = Sekundärknötchen, 7 = parakortikales Knötchen, 8 = Markstrang, 9 = Marksinus, 10 = Vas efferens, 11 = Blutgefäße am Hilus, 12 = Gefäßverzweigung in Rinde und Mark, 13 = B-Lymphozytenareal (Rinde), 14 = Sekundärknötchen mit peripherem B-Lymphozytenwall und zentraler Ansammlung von Lymphoblasten, 15 = T-Lymphozytenareal (Parakortex), 16 = Markstränge mit Plasmazellen und B-Lymphozyten (aus Linß, Thieme 1991)

die ins Innere strahlen. Die Maschenräume der Retikulumzellen bilden die Sinus. Man unterscheidet hierbei den *Randsinus (Retikulumzellen und Gitterfasern)*, den *Marksinus (T-Lymphozyten)* und den *Intermediärsinus (Verbindung zwischen Rand- und Marksinus)*. Deutlich erkennbar unter dem Lichtmikroskop ist die Mark-Rinden-Gliederung sowie Primär- und Sekundärfollikel. Die Primärfollikel sind eher klein, die Sekundärfollikel liegen in der Rindenregion (B-Lymphozyten). Direkt unter der Kapsel (subkapsulär) sieht man einen schmalen hellen Saum (= Randsinus) (Abb. 3.**6**). Der Lymphfluß (von außen nach innen) erfolgt über die Vasa afferentes (hinein in die Kapsel) → Randsinus → Intermediärsinus → Marksinus → Hilus → zum Vas efferens (heraus aus dem Lymphknoten).

Lymphatisches Gewebe: Es ist die Gesamtheit aller in den Retikulummaschen der Rinden- und Markstränge vorkommenden Lymphozyten, Lymphoblasten und Plasmazellen.

Die **B-Lymphozyten** sind die Vorstufen der Plasmazellen. Sie sind verantwortlich für die humorale Immunität, sind im peripheren strömenden Blut seltener als die T-Lymphozyten, sind in den Lymphfollikeln konzentriert und sezernieren kein Interleukin-2. B-Lymphozyten sind Hauptbestandteil der Lymphfollikel und werden durch Interleukin-2 (IL-2) aus T-Lymphozyten aktiviert. IL-2 benötigt für seine Wirkung einen spezifischen Zellrezeptor. B-Lymphozyten können sich zu antikörperbildenden Zellen differenzieren. Sie benötigen zur Differenzierung in *antikörperproduzierende Plasmazellen* Lymphokine (IL-2) aus T-Helferzellen und können durch *T-Suppressorzellen* daran gehindert werden, sich zu Plasmazellen zu differenzieren. Auf ihrer Oberfläche tragen sie membrangebundene Antikörper. B-Lymphozyten sind zytotoxisch, können Immunglobulin M produzieren, reagieren auf bestimmte Interleukine mit Proliferation und besitzen antigenspezifische Rezeptoren. Sie können *keine* Antigene präsentieren.

Die **T-Lymphozyten** haben verschiedene Untertypen, die T-Helferzellen, T-Suppressorzellen und zytotoxische Zellen, die Zytotoxine freisetzen. T-Lymphozyten setzen Interleukin-2 (IL-2) frei, das B-Lymphozyten aktiviert. Die IL-2-Synthese wird durch Glucocorticoide gehemmt. IL-2 wird *nicht* aus IL-1 gebildet.

Histologie

3.4.2 Lymphoepitheliale Organe

Thymus

Der Thymus ist ein zentrales, primäres lymphatisches Organ und besitzt eine Besonderheit: keine Lymphfollikel und kein Oberflächenepithel. Lichtmikroskopisch sind der kindliche Thymus und der Thymus eines Erwachsenen zu unterscheiden (Abb. 3.**7**):

Der **fetale Thymus** hat eine Läppchengliederung durch lymphoepitheliales Gewebe. Erkennbar ist eine helle *Mark*- und dunkle *Rindenzone* ohne Randsinus. Im Mark befinden sich wenige Lymphozyten und Retikulumzellen (= Thymozyten, T-Zellen). Das Mark färbt sich blasser und die *Hassall-Körper* (aus degenerierten epithelialen Zellen) sind konzentrisch geschichtet, unterschiedlich groß und hell gefärbt. In der Rinde befinden sich viele große, dicht gelagerte Lymphozyten.

Nach der Pubertät beginnt die Involution des Thymus, d. h. der Ersatz des Parenchyms durch Fettgewebe, so daß man im Alter einen Thymusfettkörper mit Parenchyminseln (= retrosternaler Fettkörper) findet.

Beim **adulten Thymus** sind auffallend große *Hassall-Körperchen* erkennbar. Die T-Helferzellen erreichen ihre Immunkompetenz im Thymus, können in Kontakt zu antigenpräsentierenden Zellen treten, können Interleukin-2 freisetzen (oder sezernieren) und sind im peripheren Blut häufiger zu finden als T-Suppressorzellen.

Tonsillen

Die Tonsillen (Mandeln) liegen als Schutzwall am Eingang des Respirations- und Verdauungstraktes im *Waldeyer-Rachenring*, bestehend aus *Tonsilla palatina*, *Tonsilla lingualis*, *Tonsilla pharyngea* und *Tonsilla tubaria*. Alle Tonsillen sind ähnlich aufgebaut. Sie besitzen Ansammlungen von *Lymphfollikeln* direkt unter dem Epithel. Das Epithel ist zur Oberflächenvergrößerung mit *Krypten* und *Falten* versehen.

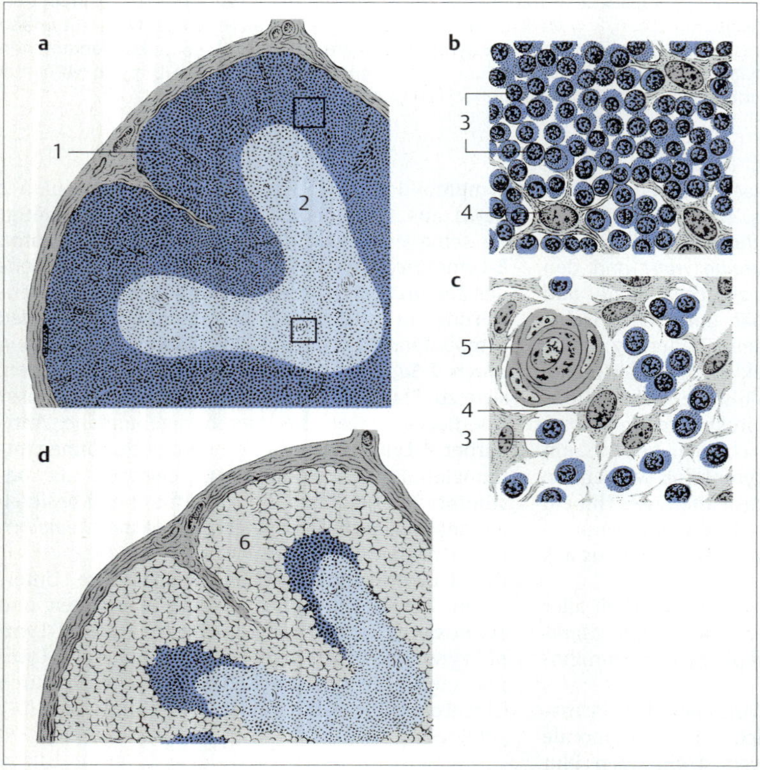

Abb. 3.**7** Thymus. **a** kindlicher Thymus, 1 = Thymusrinde, 2 = Thymusmark **b** Thymusrinde stärker vergrößert, 3 = Lymphozyten, 4 = Zelle des Grundgewebes. **c** Thymusmark stärker vergrößert 5 = Hassall-Körperchen. **d** Thymus des Erwachsenen. 6 = Fettgewebe. Vergr. **a, d** 15 fach (Lupe), **b, c** ca. 600 fach (aus Kahle/Leonhardt/Platzer, Thieme 1991)

Tonsilla palatina: Die zwei Tonsillae palatinae (Gaumenmandeln) haben *mehrschichtig unverhorntes Plattenepithel* der Mundhöhle, das sich zu tiefen Krypten in die Lamina propria einstülpt. Am Kryptenrand findet man Lymphfollikel, deren dunkle Randzone halbmondförmig in Richtung der Krypten zeigt. Durch eine Kapsel aus kollagenem, als locker definiertem (hellem) Bindegewebe wird die Tonsilla palatina von der Umgebung abgegrenzt. Im Stroma des Organs findet man quergestreifte Skelettmuskulatur. Die Gaumenmandel hat keine Mark-Rinden-Gliederung und keinen Randsinus. Die Tonsilla palatina liegt in der Tonsillarbucht und wird arteriell überwiegend von Ästen der A. facialis versorgt. Die Tonsillarbucht leitet sich embryonal aus der 2. Schlundtasche her. Die Schleimhaut im Bereich der Tonsilla palatina wird sensibel vom N. glossopharyngeus innerviert.

Tonsilla lingualis: Die Tonsilla lingualis (Zungenmandel) ähnelt im Aufbau der Tonsilla palatina. Sie hat ebenfalls ein *mehrschichtig unverhorntes Plattenepithel* und Krypten, aber *weniger Lymphfollikel.* Zusätzlich sind Zungenteile und quergestreifte Zungenmuskulatur im Präparat mit angeschnitten.

Tonsilla pharyngea: Die Tonsilla pharyngea (Rachenmandel) liegt am Rachendach und ist mit *mehrreihigem zylindrischen Flimmerepithel* ausgestattet. Auch für die Rachenmandel sind Lymphfollikel und Epithelfalten charakteristisch. Häufig sind auch Schleimdrüsen (des Respirationstraktes) mit angeschnitten. Die Tonsilla pharyngea hat ihre größte Ausbildung während der Kindheit.

Tonsilla tubaria: Die Tonsilla tubaria (Tubenmandel) liegt in der Pars nasalis des Rachens. Sie ist nur schwer von der Tonsilla pharyngea zu unterscheiden.

! Merke

Tonsilla palatina: mehrschichtig unverhorntes Plattenepithel
Tonsilla pharyngea: mehrreihiges Flimmerepithel mit Becherzellen (sezernierend)

3.5 Schleimhäute und seröse Höhlen

3.5.1 Schleimhäute

Die Schleimhaut bekleidet die inneren Körperoberflächen, wogegen die Haut die äußere Körperoberfläche bildet. Die Schleimhaut hat folgenden Schichtenbau:

- *Tunica mucosa:*
  - Epithelschicht
  - Lamina propria
- *Tunica muscularis mucosae:* glatte Muskelfasern mit dazwischen gelegenen elastischen Fasern, dient z. B. als Zottenpumpe, zur Krypten- oder Drüsenentleerung
- *Tela submucosa:* Verschiebeschicht aus lockerem Bindegewebe mit Nerven und Gefäßen

Das Epithel der Schleimhaut dient der Protektion, Resorption und Sekretion (s. a. 1.2.7). Das Bindegewebe der Schleimhaut hat eine Bedeutung für den Stofftransport, für die Abwehr durch Phagozyten und mechanische Funktionen.

3.5.2 Seröse Höhlen

Einen ähnlichen Aufbau wie die Schleimhäute zeigen auch die serösen Höhlen (Pleura, Pericard und Peritoneum) mit:

- *Serosa visceralis:* bedeckt die Organe
- *Serosa parietalis:* kleidet die Körperwandinnenseite der serösen Höhlen aus
- *Serosaspalt:* kapillarer Haftspalt, gefüllt mit Aszites, Pleura- oder Pericardflüssigkeit, dient der Verschiebung (z. B. bei der Atmung)

Die Verbindung des Peritoneum viscerale und parietale ist im Peritonealraum das *Meso* (z. B. Mesocolon, Mesogastrium) – eine Peritonealduplikatur mit Gefäßen und Nerven. Eine Serosaduplikatur wird als *Ligament* bezeichnet.

Histologisch kann man eine Tunica serosa, das Serosaepithel (plattes Mesothel) und die Tela subserosa mit lockerem kollagenen Bindegewebe unterscheiden.

Die große Oberfläche der serösen Höhlen begünstigt transsudative und resorptive Vorgänge (Herkunft: epithelartig umgewandeltes Mesenchym).

Pleura: Die Pleura besteht aus der Pleura visceralis und der Pleura parietalis sowie einer Umschlagsfalte.

Pericard: Auch das Pericard besteht aus einer viszeralen und einer parietalen Seite.

Peritoneum: Der Aufbau des Peritoneums folgt analog dem Aufbau der anderen serösen Höhlen mit Peritoneum parietale und Peritoneum viscerale.

3.6 Nervensystem

Das Nervensystem kann nach morphologischen Kriterien in *Zentralnervensystem (ZNS)*, bestehend aus Gehirn und Rückenmark, und *peripheres Nervensystem (PNS)* sowie nach funktionellen Kriterien in *somatisches (animalisches)* und *vegetatives (autonomes) Nervensystem* gegliedert werden.

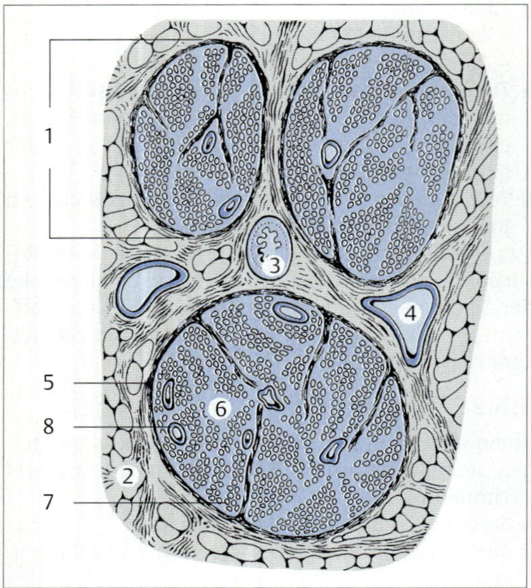

Abb. 3.**8** Peripherer Nerv: Lichtmikroskopische Vergrößerung. Außer den Nervenfaszikeln (1), die in einem gemeinsamen fett- und bindegewebsreichen Epineurium (2) liegen, sind die Vasa nervorum (3 = Arterien, 4 = Venen) sichtbar. Vom Perineurium (5) ausgehende Septen unterteilen die Faszikel. Im Endoneurium (6) sind Markfasern (7) und Kapillaren (8) erkennbar (aus Mumenthaler/Schliack, Thieme 1993)

Die neuronale Gliederung des peripheren somatisches Nervensystems dient der Verbindung mit der Umwelt, die neuronale Gliederung des peripheren vegetativen Nervensystems der Verbindung mit den Eingeweiden. In der Peripherie werden die Erregungen über periphere Nervenfasern geleitet (s. Kapitel 1.7.3). Periphere Nervenfasern besitzen ein *Endoneurium* (lockeres kollagenes Bindegewebe mit Blutkapillaren, um einzelne Nervenfaser), *Perineurium* (straffes Bindegewebe mit elastischen Fasern, um ein Nervenfaserbündel) und *Epineurium* (außen, lockeres Bindegewebe mit Gefäßen, Gesamthülle um mehrere Nervenfaserbündel) (Abb. 3.**8**).

3.6.1 Rückenmark

Das Rückenmark (Medulla spinalis) zeigt im Querschnitt in seinem Inneren ein *Schmetterlingsbild grauer Substanz* (s. Anatomie 9.2.2). Die meisten Zellen der grauen Substanz sind multipolare Nervenzellen. In den Binnenzellen (Schaltneurone, Assoziationszellen, Kommissurenzellen) der grauen Substanz erfolgt eine selbständige Umschaltung afferenter Impulse auf efferente Fasern. Die graue Substanz wird umgeben von der *weißen Substanz*, die aus markhaltigen Nervenfasern besteht (s. Anatomie 9.2.3). Diese Nervenfasern bilden die auf- und absteigenden Bahnen des Rückenmarkes. Am Rand verdichtet sich das Gliagewebe zur *Membrana limitans gliae superficialis*, die mit der *Pia mater* verwachsen ist.

Klinischer Bezug

Kinderlähmung (= Poliomyelitis anterior acuta) ist die Folge einer Virusinfektion der Motoneurone des Rückenmarks.

3.6.2 Grenzstrangganglion

Das Grenzstrangganglion ist ein *vegetatives Ganglion* und enthält *multipolare Neurone*. Man erkennt eine Bindegewebskapsel, in deren Innerem Nervenzellen mit Dendriten liegen. Die Perikarien sind dunkel gefärbt. Ein Grenzstrangganglion enthält marklose Fasern (mehrere Axone in eine Schwann-Zelle eingelagert) und wenig Gliazellen.

3.6.3 Spinalganglion

Das Spinalganglion ist ein *sensibles Ganglion* mit *pseudounipolaren Nervenzellen*. Es hat eine Bindegewebskapsel. Im Inneren erkennt man zahlreiche Perikaryen der (großen) pseudounipolaren Nervenzellen, umgeben von einem Kranz aus Mantelzellen, einen großen Zellkern (blaß) mit deutlichem Nucleolus und mit Nissl-Substanz gefüllte Satellitenglia. Die Mantelzellen setzen sich auch auf den Nervenzellfortsätzen weiter fort und werden hier zu den *Schwann-Zellen*.

3.6.4 Großhirn

Auch im Gehirn unterscheidet man graue und weiße Substanz. Hier besteht die Rinde aus grauer, das Mark aus weißer Substanz. Die *graue Substanz* besteht aus Kerngebieten (Nuclei) und Rindenarealen. Die graue Färbung beruht auf der großen Dichte neuronaler und glialer Perikaryen. Die *weiße Substanz* enthält dagegen markhaltige Nervenfasern.

Die **Großhirnrinde** wird in zwei Teile unterteilt, den Allocortex (mit 3- bis 5-Schichtenbau) und den Isocortex (6-Schichtenbau):

Allocortex (Hippocampusformation, von außen nach innen):

- *Lamina molecularis* (Molekularschicht): Dendriten der Pyramidenzellen, wenige Nervenzellen
- *Lamina pyramidalis* (Pyramidenzellschicht): Pyramidenzellen, deren Dendriten in das Großhirnmark ziehen
- *Lamina multiformis* (multiforme Schicht): verschiedene Nervenzellen, grenzt direkt an das Großhirnmark

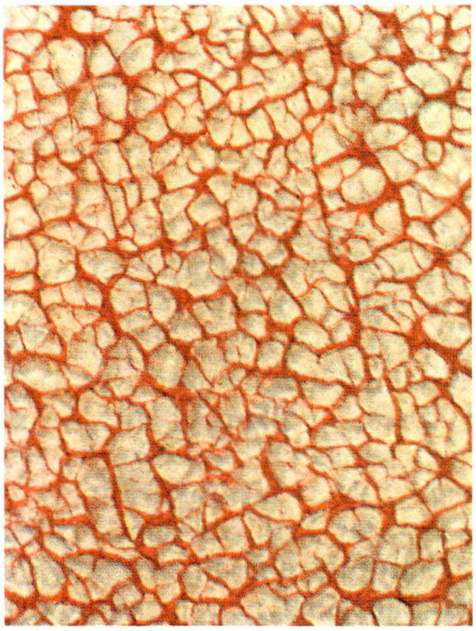

Abb. 1.**5** Querschnitt durch ein elastisches Band (Lig. flavum) mit charakteristischer Felderung. Zwischen den elastischen Faserbündeln liegen Kollagen- und Gitterfasern (rot). Färbung: van Gieson; Vergr. 360 fach (aus Kühnel, Thieme 1992)

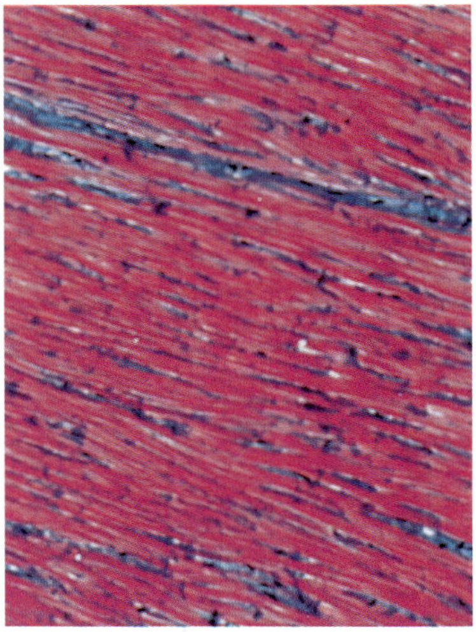

Abb. 1.**6** Längsschnitt durch ein elastisches Band (Lig. flavum) mit elastischen Fasern. Färbung: Methylblau-Eosin; Vergr. 130 fach (aus Kühnel, Thieme 1992)

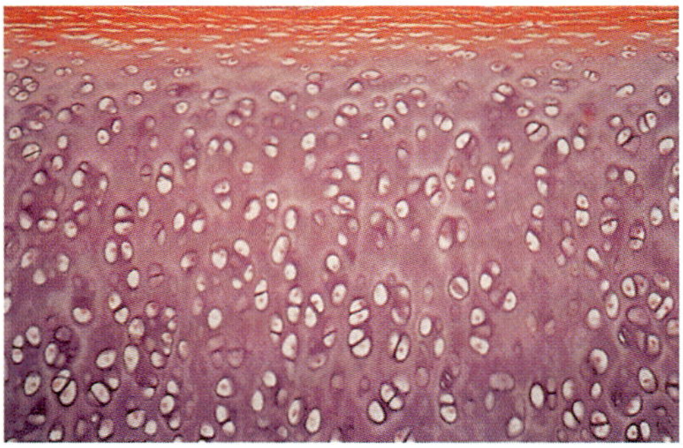

Abb. 1.**9** Hyaliner Knorpel (Rippenknorpel) mit einzelnen oder in Gruppen auftretenden Chondronen. Färbung: Hämatoxylin; Vergr. 100 fach (aus Kühnel, Thieme, 1992)

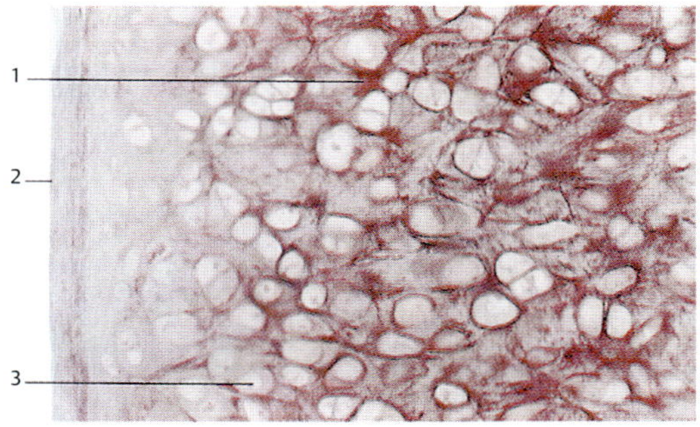

Abb. 1.**10** Elastischer Knorpel (Cartilago epiglottica) mit nicht maskierten elastischen Fasernetzen. 1 = elastische Fasern, 2 = Perichondrium, 3 = Knorpelzelle. Färbung: Hämalaun-Orzein; Vergr. 50 fach (aus Kühnel, Thieme 1992)

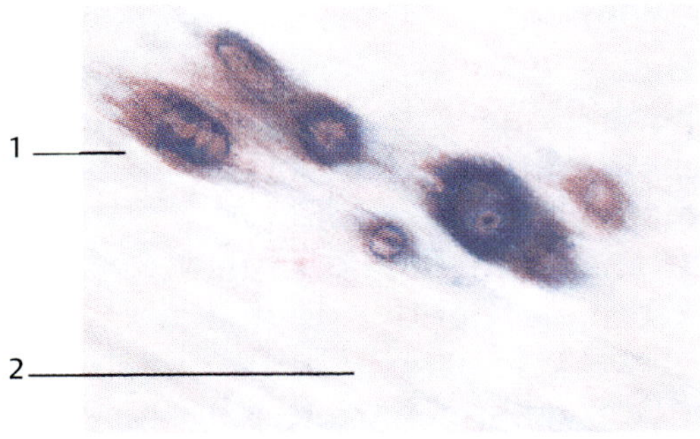

Abb. 1.**11** Faserknorpel (Discus intervertebralis). 1 = Chondrone, 2 = kollagene Faserbündel. Färbung: Hämatoxylin-Eosin; Vergr. 240 fach (aus Kühnel, Thieme 1992)

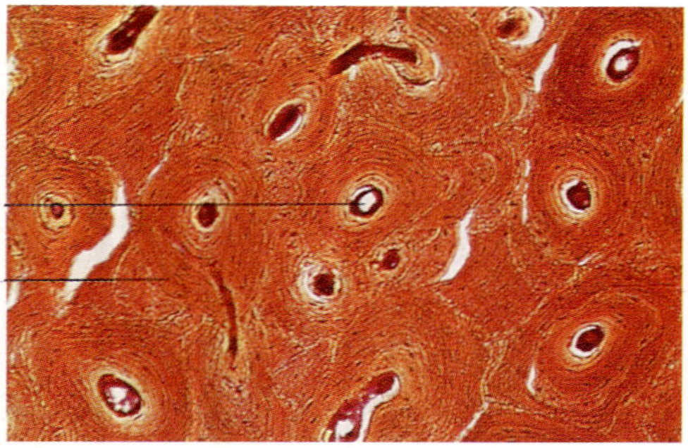

Abb. 1.**12** Knochengewebe (Substantia compacta), Querschnitt. 1 = Havers-Kanal, 2 = Schaltlamelle. Färbung: Thionin-Pikrinsäure; Vergr. 70 fach (aus Kühnel, Thieme 1992)

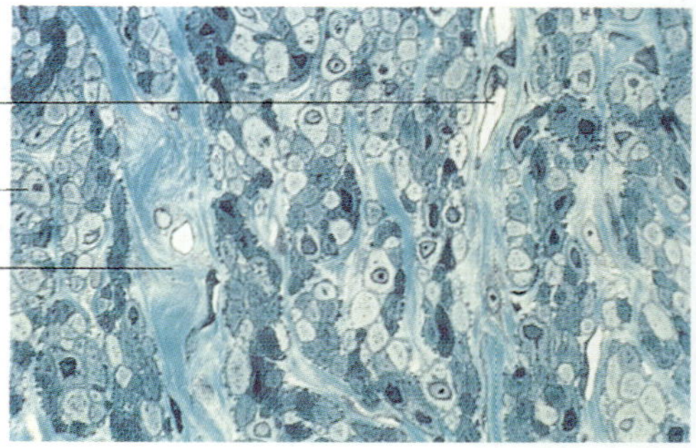

Abb. 1.**19** Glatte Muskulatur (Myometrium), Querschnitt. 1 = glatte Muskelzellen (quer), 2 = kollagenes Bindegewebe, 3 = Kapillare. Semidünnschnitt; Färbung: Methylenblau-Azur II; Vergr. 400 fach (aus Kühnel, Thieme 1992)

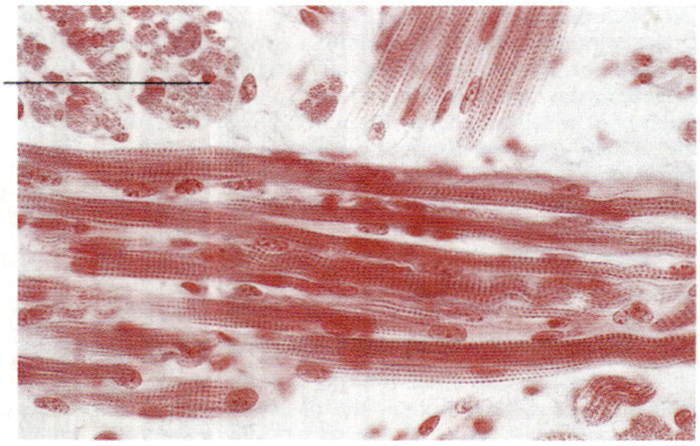

Abb. 1.**20** Quergestreifte Muskulatur (Zunge). Längs- und quergeschnittene quergestreifte Muskelfasern. 1 = Muskelfaser (quer). Färbung: Azan; Vergr. 400 fach (aus Kühnel, Thieme 1992)

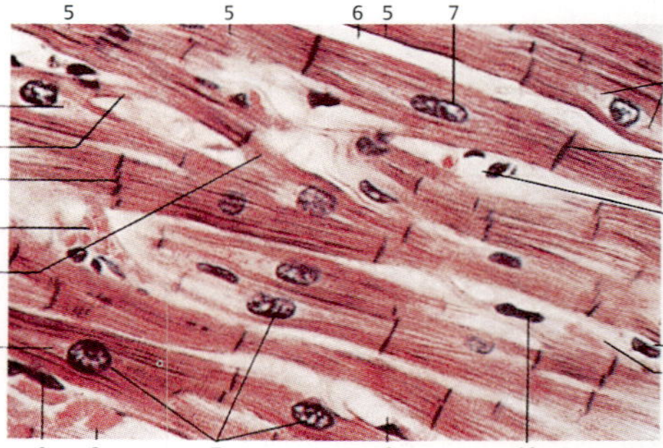

Abb. 1.**21** Herzmuskelgewebe (Myokard, linker Ventrikel, Längsschnitt). 1 = perinukleärer Hof, 2 = Verbindung der Muskelzellen, 3 = Vene mit Erythrozyten, 4 = Disci intercalares (Glanzstreifen), 5 = Netzbalken der Herzmuskelzelle, 6 = interstitielles Bindegewebe, 7 = Herzmuskelzelle, 8 = Kapillare, 9 = Endothelzellen, 10 = Kern eines Fibrozyten. Färbung: Brillantschwarz-Toluidinblau-Safranin; Vergr. 200 fach (aus Kühnel, Thieme 1992)

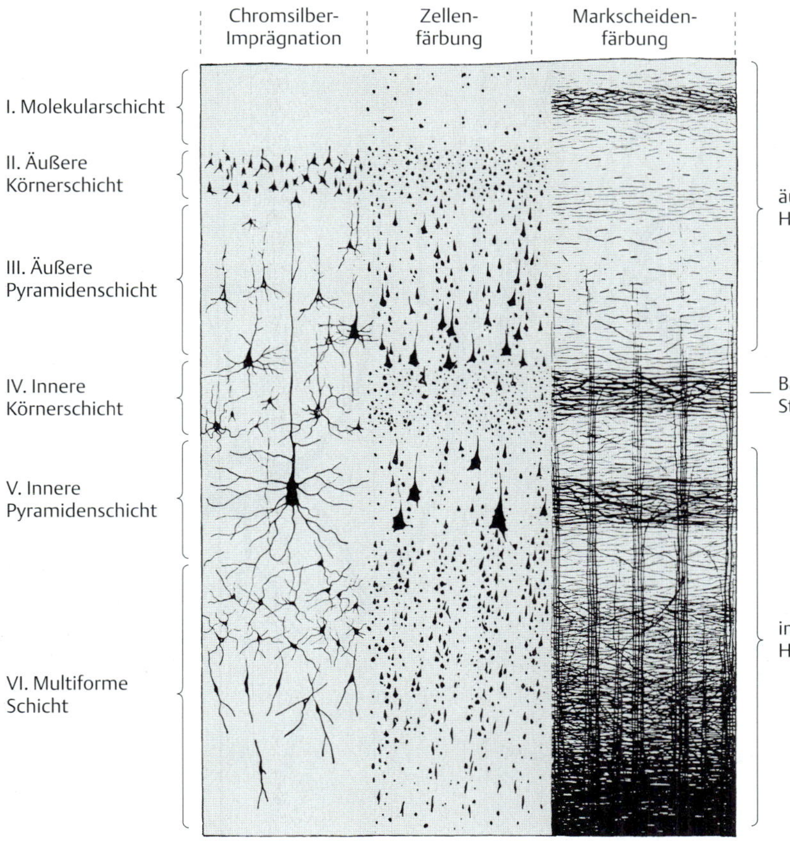

Abb. 3.**9** Bau der Hirnrinde (Isocortex) des Menschen, dargestellt mit drei verschiedenen Färbeverfahren. Links Zellbild, rechts Faserbild (aus Bargmann, Thieme 1977)

Isocortex (von außen nach innen; Abb. 3.**9**):

- *Lamina molecularis* (Molekularschicht oder Lamina plexiformis): wenige Nervenzellen mit markhaltigen Axonen, die parallel zur Großhirnoberfläche liegen; Astrozyten (Neuroglia) bilden die dünne Membrana limitans gliae superficialis,
- *Lamina granularis externa* (äußere Körnerschicht): dicht liegende Körnerzellen,
- *Lamina pyramidalis externa* (äußere Pyramidenzellschicht): breite Schicht mit Pyramidenzellen; Dendriten haben Dornsynapsen,
- *Lamina granularis interna* (innere Körnerschicht): schmale Schicht dicht liegender Körnerzellen; markhaltige Nervenfasern liegen parallel zur Oberfläche des Großhirns,
- *Lamina pyramidalis interna* (innere Pyramidenschicht): große Pyramidenzellen, die in bestimmten Arealen als Betz-Riesenzellen vorkommen (Durchmesser bis zu 100 μm),
- *Stratum multiformis* (Spindelzellschicht, multiforme Schicht): unterschiedlich große Ganglienzellen mit z. T. spiralförmiger Gestalt.

Dendritische Spines (Dornen) sind dornartige Ausstülpungen am Dendriten und Ansatzstelle für Synapsen. *Ependymzellen* sind die Auskleidung der Hirnventrikel. *Oligodendrozyten* bilden die Markscheiden im ZNS. *Astrozyten* bilden mit ihren Endfüßchen eine Schicht um die Hirnkapillaren.

Klinischer Bezug

Der **Morbus Parkinson** (Paralysis agitans) ist eine degenerative (rückbildende) Erkrankung u. a. der pigmentierten Nervenzellen der Substantia nigra

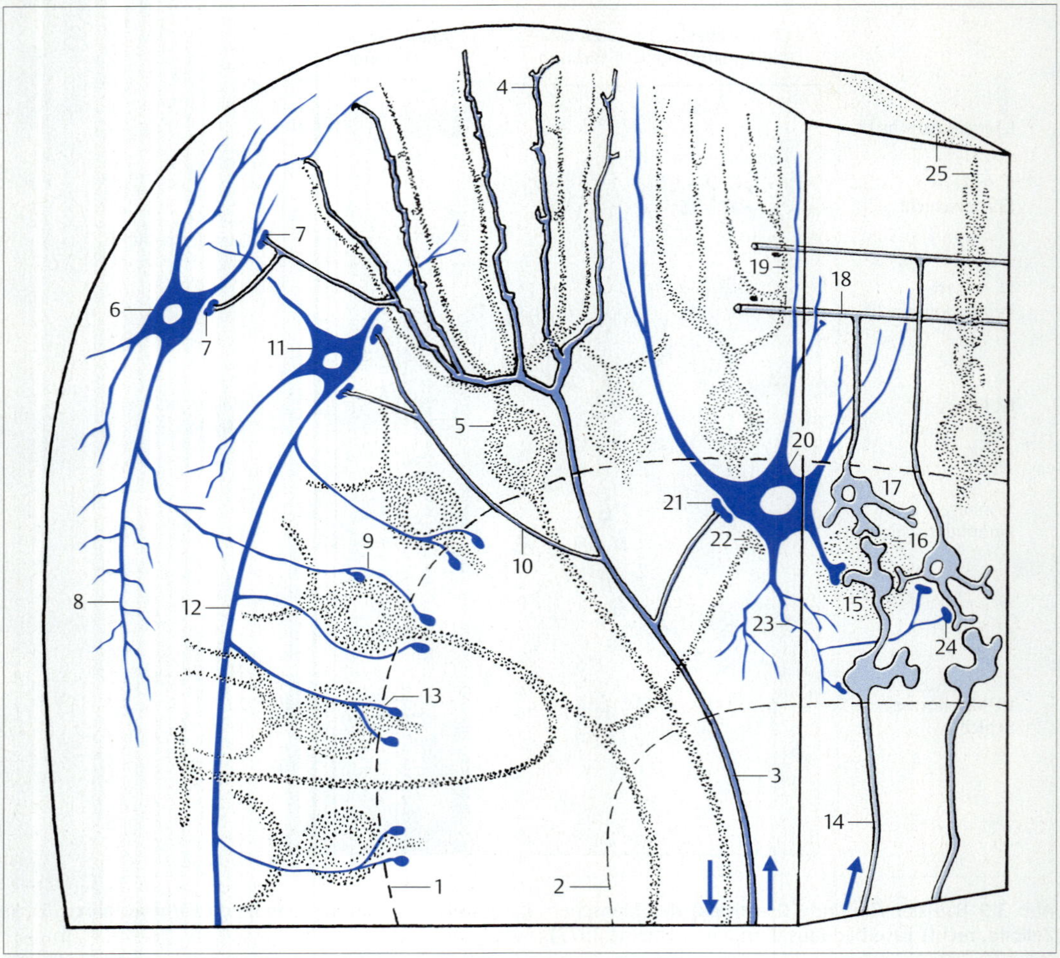

Abb. 3.**10** Kleinhirnrinde, schematisch. 1 = Grenze zwischen Molekular- und Körnerschicht der Rinde, 2 = Mark/Rinden-Grenze, 3 = Kletterfasern, 4 = Aufzweigung einer Kletterfaser an Purkinje-Dendriten, 5 = Perikaryon einer Purkinje-Zelle, 6 = Sternzelle, 7 = Synapse einer Kletterfaser mit einer Sternzelle, 8 = Neurit einer Sternzelle, 9 = Synapse einer Sternzelle mit Perikaryon einer Purkinje-Zelle, 10 = Ast einer Kletterfaser mit Synapsen an einer Korbzelle (11), 12 = Neurit einer Korbzelle mit Abzweigung zum Faserkorb (13) um das Perikaryon von Purkinje-Zellen, 14 = Moosfaser, 15 = Parenchyminsel mit Synapse zwischen einer Moosfaser und Dendriten einer Körnerzelle (17), 18 = Parallelfaser, 19 = Synapse (16) zwischen Parallelfaser und Purkinje-Dendriten, 20 = Golgi-Zelle, 21 = Ast einer Kletterfaser mit Synapse am Perikaryon einer Golgi-Zelle, 22 = Kollaterale eines Purkinje-Neuriten mit Synapse an einer Golgi-Zelle, 23 Neurit einer Golgi-Zelle mit Synapsen an Moosfasern und Körnerzellen (24), 25 = Anschnitt einer Purkinje-Zelle senkrecht zur Ausbreitungsebene der Dendriten (aus Linß, Thieme 1991)

3.6.5 Kleinhirn

Das Kleinhirn (Cerebellum) besteht, wie auch das Großhirn, aus Rinde und Mark. Die **Kleinhirnrinde** hat einen 3-Schichtenbau (von außen nach innen; Abb. 3.**10**):

- *Stratum moleculare* (Molekularschicht): zellarm, überwiegend marklose Nervenfasern, Korbzellen mit kleinem Zellkern und zum Stratum ganglionare ziehenden Kollateralästen, die sich wie ein „Korb“ um mehrere Purkinje-Zellen legen.

- *Stratum ganglionare* (Purkinje-Zellschicht): schmale Schicht dicht liegender Purkinje-Zellen (größte Zellen des Cerebellums), 2–3 Dendriten der Purkinje-Zellen ragen ins Stratum moleculare, die Axone der Purkinje-Zellen ziehen durch das Stratum granulosum in das Kleinhirnmark; an Purkinje-Zellen bestimmter Kleinhirnteile endet eine Kletterfaser (ca. 20 Korbzellen, und mehrere Tausend Parallelfasern haben Kontakt zur Purkinje-Zelle).
- *Stratum granulosum* (Körnerschicht): zellreichste Schicht; hier liegen die Körnerzellen; Axone der Körnerzellen sind die Parallelfasern, die zu den Dendriten der Purkinje-Zellen und zu den Korbzellen der Molekularschicht ziehen.

Das **Kleinhirnmark** besteht aus weißer Substanz mit Nervenfasern. In der weißen Substanz liegen außerdem Kleinhirnkerne (s. Anatomie 9.5.2). Die Axone der Körnerzellen bilden im Stratum molekulare Parallelfasern. Die Parallelfasern verlaufen in Längsrichtung der Kleinhirnwindungen. Das Kletterfasersystem des Kleinhirns hat seinen Ursprung in den olivären Kernen des Hirnstamms. Der Haupteingang ins Kleinhirn sind die Moosfasern, die als Efferenzkopie pyramidaler Erregungen das Kleinhirn erreichen. Die Purkinje-Zellen des Vestibulozerebellums beeinflussen über die Vestibulariskerne die Stamm- und Extremitätenmotorik. Die Anlage des Kleinhirns liegt am rostralen Rand der Rautengrube.

3.7 Haut und Hautanhangsgebilde

3.7.1 Haut und Unterhaut

Schichtung

Bei der Haut (Cutis; Integmentum commune externum = äußere Hautdecke) unterscheidet man folgende Schichten:

Epidermis (Oberhaut): mehrschichtig verhorntes Plattenepithel (s. 1.2.3):

- *Stratum corneum:* dicke verhornte Schicht; abgestorbene, platte, kernlose Zellen
- *Stratum lucidum:* sehr dünne, helle Schicht; Zellkerne haben sich aufgelöst
- *Stratum granulosum* (Körnerschicht): Kerato-Hyalin-Granula
- *Stratum spinosum* (Stachelzellschicht): weite Interzellularräume (Zellverbindungen durch Desmosomen, Melanozyten, Tonofibrillen)
- *Stratum basale* (Basalschicht): Regenerationsschicht; große Kerne, einer Basalmembran aufliegend; hier liegen Merkel-Tastscheiben (= Druckrezeptoren)

Str. corneum und Str. lucidum bilden zusammen die Hornschicht. Das Str. granulosum ist die Verhornungsschicht. Str. spinosum und Str. basale werden als Str. germinativum zusammengefaßt.

Corium (Lederhaut):

- *Stratum papillare:* viele Meissner-Tastkörper, mit der Epidermis durch zapfenartige Bindegewebspapillen verzahnt; mit zahlreichen Blut- und Lymphgefäßen zur Ernährung des Epithels
- *Stratum reticulare:* kollagenes Bindegewebe, Hautdrüsen (Duft- und Schweißdrüsen)

Subcutis (Unterhaut):

- *Tela subcutanea:* Unterhautfettgewebe; ein gekammertes fettgewebereiches lockeres Bindegewebe mit Mechanorezeptoren (= Vater-Pacini-Lamellenkörperchen). Die Subcutis dient als Verschiebeschicht, Wärmeregulator (Isolator) und Fettspeicher. Sie kommt fettarm in Augenlid, Nase, Ohrmuschel, Penis, Skrotum und fettreich in Bauch (Panniculus adiposus), Gesäßbereich und Mamma vor.

Papillarkörper sind Einsenkungen des Coriums in die Epidermis zur Gewebeverbindung. Es gibt eine Verzahnung zwischen Epidermis und Corium. Die Gefäßversorgung der Haut erfolgt über ein subpapilläres Netz im Stratum papillare. Diese Gefäße versorgen die Haare, Talgdrüsen und die Epidermis. Sie stehen mit dem Gefäßnetz der Subcutis durch die Kandelaber-Arterien in Verbindung. Nerval wird die Haut durchzogen von marklosen Nervenfasern, die Blutgefäße und Drüsen innervieren, und von markhaltigen Nervenfasern, die Haarbälge und Epidermis innervieren. Die markhaltigen Fasern enden auch in den Nervenendorganen der Vater-Pacini-Lamellenkörperchen und den Meissner-Tastkörperchen. Die Epidermis wirkt als Permeabilitätsbarriere für Wasser.

Einteilung nach der Oberfläche

Die Haut kann nach der Art der Hautoberfläche in *Felderhaut* und *Leistenhaut* eingeteilt werden:

Felderhaut: Die Felderhaut kommt in der Haut der Achselhöhle (Fossa axillaris) vor. Bei der Felderhaut findet man *kein* Relief (im Gegensatz dazu ist bei der Leistenhaut ein Relief vorhanden). Man erkennt bei der Felderhaut viele Drüsenendstückanschnitte: große, helle Drüsen; enges Lumen, holokrine Talgdrüsen (Verbindung zum Haarbalg) und dunkle, kleine ekkrine Schweißdrüsen. Auffallend sind auch die Haaranschnitte und Haarwurzeln, sowie die apokrinen Duftdrüsen mit großem Lumen, hellen Zellen, einschichtigem hochprismatischem Epithel und Myoepithelzellen. Die Felderhaut zeigt eine charakteristische Felderung, auf der die Schweiß-

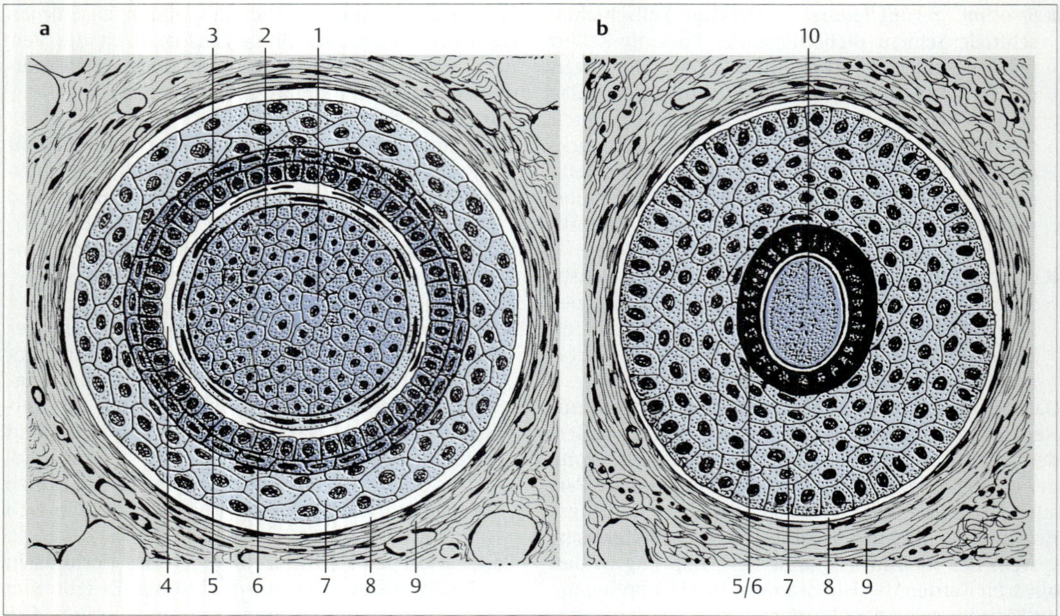

Abb. 3.**11** Haarwurzel, Querschnitt; **a** unteres Drittel, **b** mittleres Drittel. 1 = Mark, 2 = Rinde, 3 = Haarkutikula, 4 = Scheidenkutikula, 5 = innere Schicht der inneren epithelialen Wurzelscheide, 6 = äußere Schicht der inneren epithelialen Wurzelscheide, 7 = äußere epitheliale Wurzelscheide, 8 = Basalmembran, 9 = Haarbalg, 10 = Haar. Vergr. ca. 200 fach (aus Linß, Thieme 1991)

drüsen münden. Sie bildet den größten Hautanteil. Die Epidermis ist hier 0,04–0,2 mm dick.

Leistenhaut: Die Leistenhaut kommt an Handteller und Fußsohle vor. Sie ist gekennzeichnet durch Corium-Papillen mit paralleler Anordnung von Leisten und Furchen. Sie besitzt keine Haare und keine Talg- und Duftdrüsen, aber Schweißdrüsen und ein ausgeprägtes Relief.

Pigmentierung (Melanozyten)

Melanozyten sind große runde Zellen mit langen Fortsätzen, die im Stratum basale der Epidermis liegen. Sie produzieren das schwarzbraune Pigment *Melanin*, das in Form von *Melanosomen* in die umgebenden *Keratinozyten* abgegeben wird. Die Hautfärbung wird durch den Melaningehalt bestimmt. UV-Bestrahlung führt zu einer Zunahme des Pigmentes und damit zur Hautbräunung. Melanozyten sind Abkömmlinge der Neuralleiste.

Sinnesorgane der Haut

Meissner-Tastkörperchen: liegen in den Coriumpapillen der unbehaarten Haut und besitzen eine Bindegewebskapsel → Berührungsempfindung

Merkel-Tastscheiben: liegen im Stratum basale der Epidermis → Druckrezeptoren

Vater-Pacini-Lamellenkörperchen: liegen in der Subcutis → Beschleunigungs- und Vibrationsrezeptoren

3.7.2 Haare

Bei den Haaren (Pili) gibt es den Teil, der die Epidermis überragt und den Teil, der in der Epidermis liegt. Das Haar besteht aus dem Haarschaft, der Haarwurzel und der Haarzwiebel. Das Coriumbindegewebe der Haut bildet den bindegewebigen Teil des Haarbalges, der als Haarpapille in den Bulbus hineinragt. Der epitheliale Teil des Haarbalges bildet die innere (Stratum corneum) und die äußere (Stratum germinativum) Wurzelscheide (Abb. 3.**11**). Die Talgdrüsen sind eine Ausstülpung der äußeren Wurzelscheide. Das Haar besitzt einen glatten Muskel (M. arrector pili), der sympathisch innerviert ist und an der geneigten Seite des Haares sitzt. Bei Kälte richtet er das Haar auf, so daß eine „Gänsehaut" entsteht. Er preßt auch Talg aus den Talgdrüsen. Das Haar wird durch Kapillaren der Haarpapille ernährt.

Im Haarquerschnitt zeigen sich folgende *Schichten* (von außen nach innen):

- *Haarbalg*
- *äußere Wurzelscheide*
- *Henle-Schicht*
- *innere Wurzelscheide*
- *Rindensubstanz*
- *Marksubstanz*

3.7.3 Nägel

Der Nagel ist eine Hornbildung der Epidermis. Er unterteilt sich in:

- *Nagelwall:* Stratum corneum
- *Eponychium*
- *Nagelwurzel*
- *Lunula:* halbmondförmiger Rand an der Nagelwurzel
- *Matrix:* verdicktes Stratum germinativum des Nagelbetts; von hier aus erfolgt die Regeneration des Nagels
- *Nagelbett* (mit Hyponychium): Stratum germinativum, Stratum papillare
- *Nagelsaum*

3.7.4 Hautdrüsen

Schweißdrüsen, Duftdrüsen, Talgdrüsen s. 3.3.1.
Mamma s. 3.14.6.

3.8 Mundhöhle

3.8.1 Zähne

Die **Entwicklung** der Zähne erfolgt aus der Zahnleiste, die aus dem Epithel der Mundhöhle entsteht, beim Aufeinandertreffen von zwei verschiedenen Gewebearten, dem Mesektoderm und dem Ektoderm. Im Querschnitt erkennt man die Zahnleiste, die Schmelzknospen, die Zahnpapille und das Zahnsäckchen. Um die Zahnglocke bilden sich das äußere Schmelzepithel (kubische Epithelzellen), das innere Schmelzepithel (hohe, zylindrische Adamantoblasten, Ameloblasten) und die Schmelzpulpa (epitheliales Retikulum aus dem äußeren Schmelzepithel und dem inneren Schmelzepithel). Dem inneren Schmelzepithel liegen die Odontoblasten an. Sie bilden das zunächst unverkalkte Prädentin, das dann durch Verkalkung zum Dentin umgewandelt wird. Die Odontoblasten bleiben lebenslang erhalten. Das Purkinje-Schmelzorgan enthält keine Blutgefäße. Eine Hartsubstanzbildung in bleibenden Zähnen beginnt vor der Geburt.

Der **ausgewachsene Zahn** besteht aus (Abb. 3.**12**):

- *Corona dentis* (Zahnkrone)
- *Collum dentis* (Zahnhals)

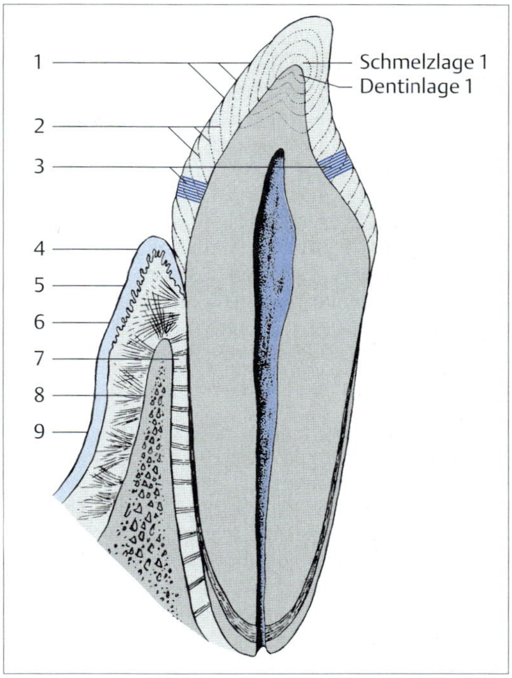

Abb. 3.**12** Sagittalschnitt durch einen unteren Schneidezahn. 1 = Perikymatien, 2 = Retzius-Streifen, 3 = Verlauf der Schmelzprismen, 4 = freie Gingiva, 5 = angeheftete Gingiva, 6 = mukogingivale Grenzlinie, 7 = Desmodont, 8 = Alveolarknochen, 9 = Alveolarmukose (aus Körber, Thieme 1994)

- *Radix dentis* (Zahnwurzel)
- *Cavum dentis* (Zahnhöhle)
- *Pulpa dentis* (Zahnpulpa)

Die **Hartsubstanzen** der Zähne sind Dentin, Schmelz und Zement. Das *Dentin* ist die Hauptmasse des Zahnes und härter als der Knochen. Die Grundsubstanz des Dentins besteht aus parallel zur Oberfläche verlaufenden Kollagenfibrillen. Sie wird von radiär verlaufenden Zahnkanälchen durchzogen, die offen in die Pulpahöhle münden. Der *Schmelz (Email)* ist die härteste Substanz des Körpers. Er bedeckt die Corona dentis bis zum Collum und enthält Schmelzprismen. Schmelz besteht zu 96 % aus anorganischen Substanzen, Dentin zu 69 % aus anorganischen Substanzen (= Calciumphosphat). Der *Zement* ist ein geflechtartiger Knochen mit Sharpey-Fasern. Er umgibt die Zahnwurzel, und er reicht am Zahnhals noch über den Schmelz.

Die **Weichsubstanz** des Zahnes ist die *Zahnpulpa*. Sie besteht aus mesenchymalem Bindegewebe, das von Gefäßen und Nerven durchzogen wird. Der Be-

Histologie

reich zwischen Wurzel und knöcherner Alveole wird von nervenreichem Wurzelperiost durchzogen.
Zum **Zahnhalteapparat (Parodontium)** gehört das *Zahnfleisch (Gingiva)*, die *Wurzelhaut (Periodontium)* und das *Ligamentum circulare dentis* am Zahnhals. Die Wurzelhaut des Zahnes geht aus dem Zahnsäckchen hervor. Sie ist im Zement befestigt, besteht hauptsächlich aus kollagenen Fasern und unterliegt beim Kauen überwiegend einer Zugbeanspruchung. Das Periodontium besteht hauptsächlich aus kollagenen Fasern. Zwischen den Fasern des Periodontiums verlaufen Blutgefäße. Der Kaudruck bedingt eine Zugbeanspruchung von Fasern des Periodontiums. Das Periodontium ist innerviert.

3.8.2 Zunge

Die Zungenpapillen dienen der Verankerung des Epithels. Die Zunge (Lingua) besitzt verschiedene Papillen auf ihrer Oberfläche:
Papillae foliatae: Die Papillae foliatae (Blättchenpapillen) haben die *Form eines Blattes*, sitzen meist den Bindegewebspapillen auf und befinden sich an der Zungenseite. Sie tragen im Epithel zahlreiche Geschmacksknospen. Die Innervation erfolgt über die Chorda tympani.
Papillae vallatae: Die Papillae vallatae oder circumvallatae (Wallpapille) sind umgeben von einem *Wallgraben*. In der Tiefe des Grabens liegen seröse Ebner-Spüldrüsen. Im Epithel der Papillae vallatae findet man zahlreiche Geschmacksknospen. Die sensorische Versorgung der Papillae vallatae erfolgt über den N. glossopharyngeus. Die Rezeptorzelle des Geschmackssinns reagiert in der Regel auf mehrere Geschmacksstoffe. Beim Erwachsenen sind Geschmacksknospen typisch für Papillae vallatae. Die Geschmackssinneszellen haben eine Lebensdauer von etwa 10 Tagen, sie sind kortikal auf dem Gyrus postcentralis repräsentiert und sie adaptieren. Signale aus den Geschmacksknospen der Papillae vallatae gelangen zum Nucleus tractus solitarii.
Papillae fungiformes: Die Papillae fungiformes (Pilzpapillen) haben eine *Pilzform*. Sie kommen vorwiegend an der Zungenspitze vor, sind unverhornt und tragen nur vereinzelte Geschmacksknospen. Die sensorische Versorgung der Papillae fungiformes erfolgt über die Chorda tympani.
Papillae filiformes: Die Papillae filiformes (Fadenpapillen) haben *Primärpapillen* (kleine warzenartige Buckel) und *Sekundärpapillen* (weitere kleine Fortsätze auf den Primärpapillen; obere Lagen verhornt). Die Schleimhaut bildet eine starke Verzahnung mit der Tunica propria. Fadenpapillen haben keine Geschmacksknospen im Epithel; sie befinden sich an der Zungenspitze und auf der Zungenoberfläche.

3.8.3 Lippe

Die Lippe (Labium) besitzt außen ein mehrschichtiges verhorntes Plattenepithel der Gesichtshaut mit Haaren, Schweiß- und Talgdrüsen. Im Mundinnenraum hat sie ein mehrschichtiges, unverhorntes Plattenepithel der Mundhöhle und Glandulae labiales. Das *Lippenrot* (Lippensaum) hat zwei Teile, eine Pars glabra (mit Stratum corneum, aber ohne Haare und ohne Schweißdrüsen) und eine Pars villosa (Lippenwulst, Schleimhautcharakter).

3.9 Atmungsorgane

3.9.1 Nasenhöhle und Nasennebenhöhlen

Die Schleimhaut der Nase ist unterteilt in das Vestibulum nasi (mit einem mehrschichtigen verhornten Plattenepithel der äußeren Haut), die Regio respiratoria nasii, untere und mittlere Nasenmuschel und das Nasenseptum sowie die Regio olfactoria nasii. Das Epithel der Regio respiratoria nasii ist ein mehrreihiges zylindrisches Flimmerepithel (respiratorisches Epithel) mit vielen Becherzellen und beweglichen Kinozilien. Die Lamina propria enthält mukoseröse, tubuloazinöse Drüsen (Gll. nasales). Eine Tunica muscularis mucosae fehlt, deshalb folgt direkt die Submucosa. In den Nasenseitenwänden befindet sich Schwellgewebe (pseudokavernöses Gewebe) aus weiten Venen mit viel glatter Muskulatur. Die Nasenmuscheln werden von spongiösem Knochen geformt. Die Nasennebenhöhlen haben den gleichen Bau wie die Nasenhöhle, aber etwas weniger Drüsen und einen dünneren Schichtenbau. Die Regio olfactoria nasii hat ein Neuroepithel mit Stütz- und Sinneszellen (Riechzellen).

3.9.2 Larynx

Der Kehlkopf (Larynx) enthält ein Gerüst aus Knorpel und Bändern. Hyaliner Knorpel kommt am Schild- und Ring- und Stellknorpel vor, elastischer Knorpel an der Epiglottis (Kehldeckel) und dem Processus vocalis. Die Muskulatur des Kehlkopfes ist quergestreifte Skelettmuskulatur. Die Schleimhaut besitzt ein mehrreihiges hochprismatisches Flimmerepithel im tracheaorientierten Anteil, sonst mehrschichtig unverhorntes Plattenepithel, eine Lamina propria mit gemischten Drüsen, aber keine Muscularis mucosae.

3.9.3 Trachea

Die Trachea (Luftröhre) besitzt hyaline Knorpelspangen und eine Schleimhaut mit mehrreihigem,

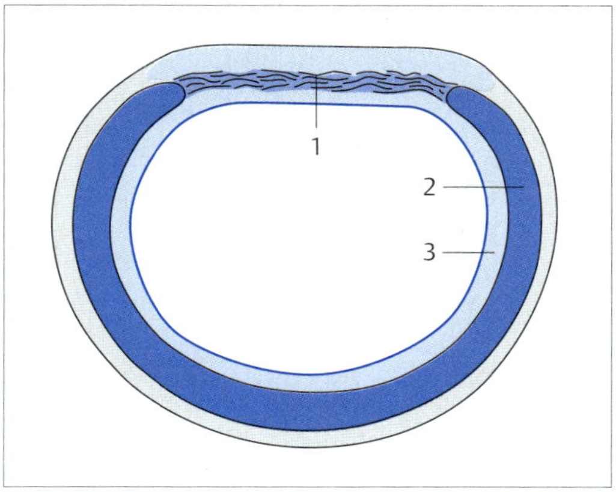

Abb. 3.**13** Trachea, Querschnitt. 1 = Paries membranaceus mit M. trachealis, 2 = hyaliner Tracheaknorpel, 3 = Schleimhaut mit Glandulae tracheales. Vergr. ca. 1,5 fach

hochprismatischem Flimmerepithel und beweglichen Kinozilien. Im Querschnitt zeigt die Trachea folgenden Aufbau (Abb. 3.**13**):

- *Lamina epithelialis:* hochprismatisches Epithel, reicht bis zur Basalmembran; Flimmerepithel (Kinozilien) und Becherzellen (endoepitheliale Drüsen)
- *Lamina propria:* Blutgefäße, Drüsen (gemischtmukös), Lymphfollikel
- *Knorpelspangen (Tunica fibrocartilaginea):* hyalin (Perichondrium und Chondrone), nach hinten offen
- *Tunica adventitia:* Bindegewebe mit Nerven und Gefäßen

Im Bereich des Paries membranaceus findet sich eine Faltung der Schleimhaut und der M. trachealis.

! Merke

Seromuköse Drüsen (Gll. tracheales): vorwiegend zwischen Knorpelspangen und im Paries membranaceus.

Glatte Muskulatur: im Paries membranaceus (M. trachealis).

Hufeisenförmige hyaline Knorpelspange.

3.9.4 Lungen

Die Lunge (Pulmo) hat ein lockermaschiges, wabenförmiges, löchriges Aussehen (Abb. 3.**14**). Sie läßt sich grob in zwei Abschnitte untergliedern, den *luftleitenden* (Bronchialbaum) und den *respiratorischen* (Alveolen) Abschnitt:

- *Bronchus:* Respirationsepithel wie Trachea, reichlich Becherzellen, Drüsen, evtl. Lymphfollikel, hyaline Knorpelspange und glatte Muskulatur

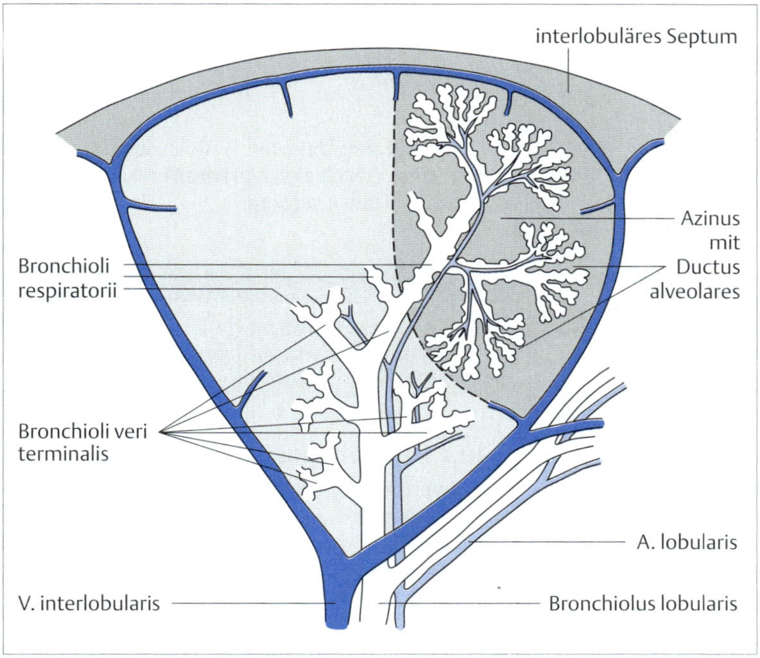

Abb. 3.**14** Schematische Darstellung eines sekundären Lobulus (aus Lange, Thieme 1996)

- *Größere Bronchioli:* ein- bis zweireihiges Zylinderepithel mit Kinozilien, keine Becherzellen, wenig Drüsen, Knorpel, glatte Muskulatur, Durchmesser < 1 mm
- *Bronchiolus terminalis:* einschichtiges kubisches Epithel mit Kinozilien, keine Becherzellen, sternförmiges Lumen
- *Bronchiolis respiratorii:* keine Kinozilien, isoprismatisches Epithel
- *Ductus alveolaris:* einschichtiges kubisches Epithel mit vereinzelten Flimmerzellen
- *Alveole:* plattes Alveolarepithel, sechskantige Pyramidenstümpfe, Durchmesser 0,15 – 0,5 mm

Der **Gasaustausch** findet durch folgende Schichten der Lunge statt (Blut-Luft-Schranke):

- Zytoplasma des Kapillarendothels
- Basalmembran der Kapillaren und Alveolarepithelzellen
- Zytoplasma der Alveolarepithelzellen
- Surfactant

Zellen: Elektronenmikroskopisch sichtbare Zellen sind die Pneumozyten I (Alveolarepithelzellen I), die Pneumozyten II (Alveolarepithelzellen II) und Alveolarmakrophagen. Die *Alveolarepithelzellen I* dienen dem Gasaustausch und resorbieren Surfactant, *Alveolarepithelzellen II* bilden Surfactant. *Alveolarmakrophagen* haben Abwehrfunktion.

3.10 Verdauungsorgane

Der Verdauungstrakt zeigt einen einheitlichen 4-Schichtenbau:

- *Tunica mucosa (Schleimhaut):*
  - Lamina epithelialis: mehrschichtiges unverhorntes Plattenepithel (Öesophagus), hochprismatisches Epithel mit Bürstensaum
  - Lamina propria: Drüsen, Bindegewebe, vereinzelt Sekundärfollikel
  - Lamina muscularis mucosae: glatte Muskulatur
- *Tela submucosa:* Nerven, Gefäße, Venenplexus, Bindegewebe, Meissner-Plexus (= Plexus submucosus)
- *Tunica muscularis:*
  - Stratum circulare (innen: Ringmuskulatur), Auerbach-Plexus (= Plexus myentericus) fördert die Peristaltik
  - Stratum longitudinale (außen: Längsmuskulatur)
- *Tunica adventitia/serosa:* Bindegewebe, größere Gefäße, Nervenbündel
  - Alle extra- und retroperitonealen Abschnitte des Darmrohres tragen eine Bindegewebsschicht (Tunica adventitia).
  - Alle intraperitonealen Anteile des Darmrohres sind vom viszeralen Blatt des Peritoneums überzogen (Tunica serosa).

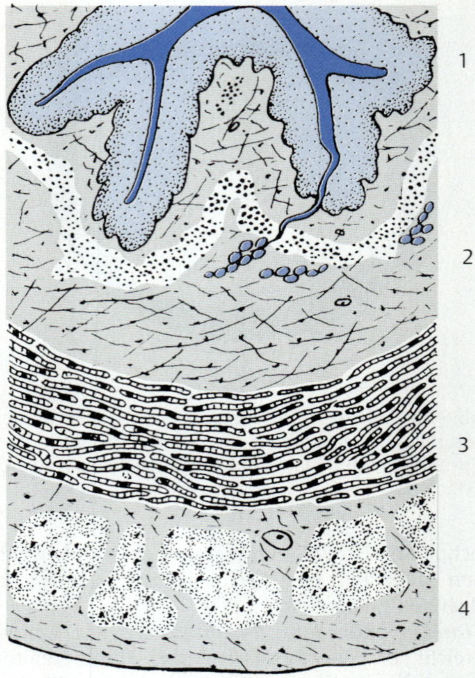

Abb. 3.**15** Ösophagus, Querschnitt. Der gesamte Rumpfdarm besitzt die gleiche Schichtung, doch variiert der gewebliche Aufbau der Schichten in den einzelnen Darmabschnitten. 1 = Tunica mucosa, 2 = Tela submucosa, 3 = Tunica muscularis, 4 = Adventitia (aus Linß, Thieme 1991)

! Merke

- Plexus **A**uerbach = **a**ußen = Plexus **m**yentericus = **M**uskelplexus
- Mei**ss**ner-Plexus = Plexus **s**ubmucosus

3.10.1 Ösophagus

Der Ösophagus (Speiseröhre) zeigt den typischen 4-Schichtenbau des Magen-Darm-Traktes (Abb. 3.**15**). Das Epithel ist ein mehrschichtiges unverhorntes Plattenepithel bestehend aus:

- *Stratum superficiale* (Oberflächenschicht): flache Zellen, hohe Resistenz gegen Abrieb
- *Stratum spinosum* (Zwischenschicht): mehr Plasma

- *Stratum basale* (Basalschicht): quadratische, hohe Zellen, viele Zellteilungen

Die Lamina propria enthält im proximalen Abschnitt muköse Drüsen in der Submucosa (Gll. oesophageae) und weiter distal muköse Drüsen in der Lamina propria der Tunica mucosa (Gll. cardiacae). Die Speiseröhre zeigt im Querschnitt ein sternförmiges Lumen und eine Längsfaltung.

Die äußere Längs- und innere Ringmuskulatur ist in drei Abschnitten unterschiedlich strukturiert:

- *oberes Ösophagusdrittel:* quergestreifte Muskulatur; vegetativ innerviert
- *mittleres Ösophagusdrittel:* gemischt glatte/quergestreifte Muskulatur; ohne Drüsen
- *unteres Ösophagusdrittel:* glatte Muskulatur mit Drüsen

Als wichtigstes differentialdiagnostisches Kriterium gegenüber den anderen Darmabschnitten gilt das mehrschichtig unverhornte Plattenepithel.

3.10.2 Magen

Der Magen (Venter, Gaster) besteht aus Cardia, Fundus oder Fornix ventriculi (Magenblindsack), Corpus ventriculi, Antrum und Pylorus. Der Wandbau entspricht dem 4-Schichtenbau des Magen-Darm-Traktes. Das Epithel ist ein einschichtiges Zylinderepithel. Die Corpus-Fundus-Drüsen sind lange Schläuche mit engem Lumen (Abb. 3.**16**). Es gibt drei Zellarten, die Haupt-, Beleg- und Nebenzellen. Die Belegzellen liegen mit einem Teil ihres Zellkörpers außen auf den Hauptzellen (daher der Name). Die Regeneration der Zellen der Magendrüsen (Oberflächenepithel und Hauptzellen) nimmt ihren Ausgang in den Nebenzellen.

- *Nebenzellen:* Regeneration von Zellen, bilden Schleim; PAS-positiv
- *Belegzellen:* in den Glandulae gastricae propriae des Magenfundus, enthalten intrazelluläre Sekretkanälchen, sezernieren Wasserstoffionen und bilden den Intrinsic factor (zur Vitamin-B_{12}-Resorption im Ileum); azidophil
- *Hauptzellen:* bilden Pepsinogen; basophil

3.10.3 Duodenum

Das Duodenum (Zwölffingerdarm) zeigt den 4-Schichtenbau des Verdauungstraktes. Die Ausstülpungen der Mucosa ergeben im Duodenum die charakteristischen blattförmigen Zotten (Villi), die Einsenkungen bilden die *Lieberkühn-Krypten*, dort sind die *Paneth-Körnerzellen* (azidophil granuliert) und *Becherzellen* gelegen (Abb. 3.**17**). Die Tunica submucosa bildet die quer liegenden *Kerckring-Falten*. Die Schleimhaut besteht aus sezernierenden und resorbierenden Zellen. Die sezernierenden Zellen sind die Becherzellen, die durch apokrine

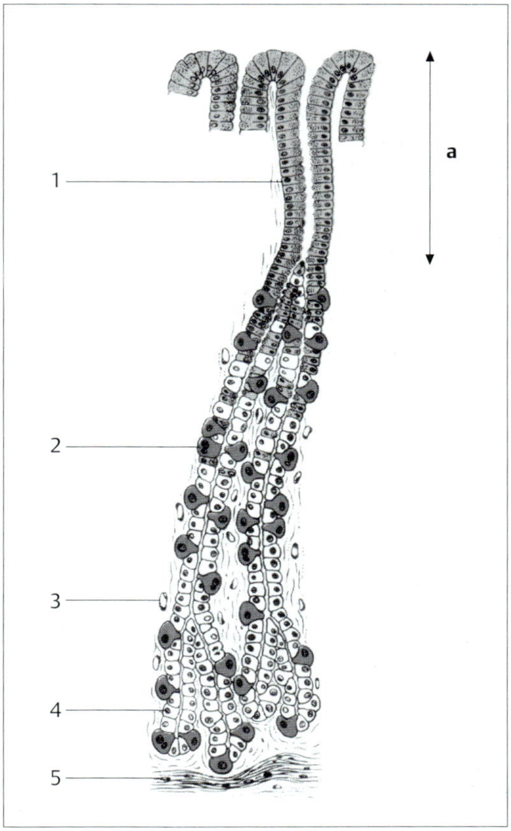

Abb. 3.**16** Schnittpräparat einer Magendrüse. 1 = Nebenzelle (bildet Schleim), 2 = Belegzelle (sondert H^+ und Cl^- ab), 3 = Kapillare, 4 = Hauptzelle (bildet Vorstufen der Pepsine), 5 = glatte Muskelzellen zwischen Schleimhaut und Submucosa, a = Magengrübchen (Foevola gastrica) (aus Beske, Thieme 1990)

Sekretion Schleim produzieren und die Paneth-Körnerzellen (lymphatische Zellen). Zu den resorbierenden Zellen gehören die *Saumzellen (Enterozyten)*, die lichtmikroskopisch als *bürstensaumtragende Zellen* sichtbar sind. Die Falten, Zotten, Krypten und Mikrovilli dienen der Oberflächenvergrößerung im Darm, was eine bessere Resorption bewirkt. Die mukösen *Glandulae duodenales (Brunner-Drüsen)* münden in die Krypten. Sie liegen unterhalb der Lamina muscularis mucosae und durchbrechen diese. Sie produzieren alkalischen Schleim, Protease, Amylase und Maltase (Abb. 3.**17a**). Durchschnittlich wird pro Tag durch die Wand von Dünn- und Dickdarm netto ein Flüssigkeitsvolumen von 6,0–12,0 l resorbiert.

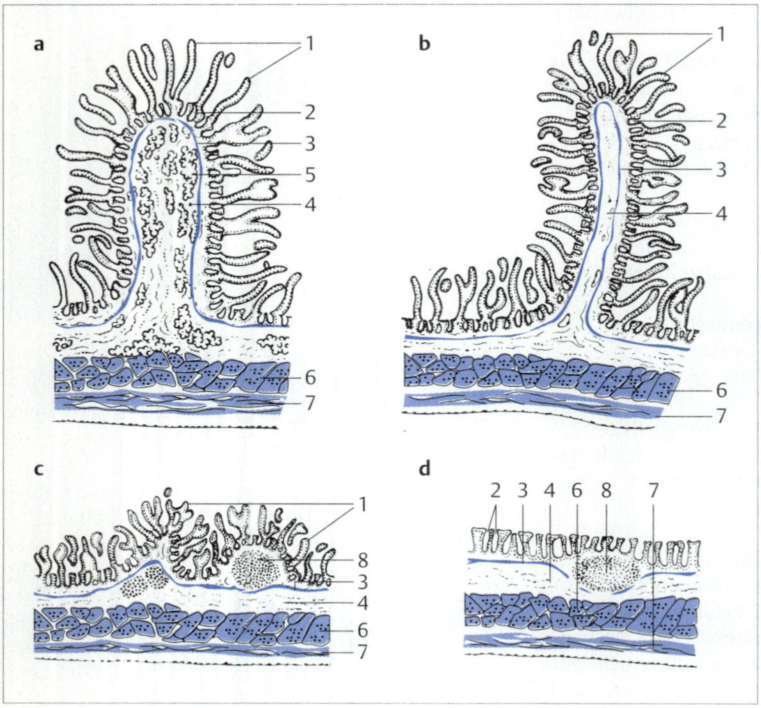

Abb. 3.**17** Wandschichten von verschiedenen Dünndarmabschnitten und Dickdarm, schematisch. **a** Duodenum, **b** Jejunum, **c** Ileum, **d** Colon. 1 = Zotten, 2 = Krypten, 3 = Lamina muscularis mucosae, 4 = Tela submucosa, 5 = Glandulae duodenales, 6 = Tunica muscularis, Stratum circulare, 7 = Tunica muscularis, Stratum longitudinale, 8 = Folliculus lymphaticus (im Ileum Folliculi lymphatici aggregati) (aus Leonhardt, Thieme 1991)

Merke

Epithel:	hochprismatisch mit Bürstensaum
Becherzellen:	vorhanden
Falten:	viele hohe, schlanke Falten
Zotten:	hoch, verzweigt
Krypten:	flach
Drüsen:	Brunner-Drüsen in der Submukosa
Besonderheit:	Paneth-Zellen im Kryptengrund

Klinischer Bezug

Pendeln: Durchmischung → Längsmuskulatur
Segmentation: Weiterbeförderung und Durchmischung → Ringmuskulatur
Peristaltik: Weiterbeförderung → Längsmuskulatur und Ringmuskulatur

3.10.4 Jejunum

Im Jejunum (Leerdarm) findet man *Kerckring-Falten*, fingerförmige Zotten ähnlich dem Duodenum mit Paneth-Körnerzellen am Kryptengrund, aber keine Brunner-Drüsen. Die Kerckring-Falten sind schlank und hoch. Die Wand des Darmrohres im Jejunum ist relativ dünn im Vergleich zu Magen, Duodenum und Colon (Abb. 3.**17b**).

Merke

Becherzellen:	vorhanden
Falten:	reichlich hohe, schlanke Ringfalten
Zotten:	lang, schlank
Krypten:	vorhanden
Besonderheit:	keine Brunner-Drüsen, Paneth-Zellen

3.10.5 Ileum

Das Ileum besitzt niedrige fingerförmige Zotten, tiefe Krypten, viele Becherzellen und *Folliculi lymphatici aggregati (Peyer-Plaques)* in der Lamina propria (Abb. 3.**17b**). Die Folliculi lymphatici aggregati können bis in die Submucosa reichen.

! Merke

Epithel:	hochprismatisch mit Bürstensaum
Becherzellen:	mehr als beim Jejunum
Falten:	(keine) niedrig
Zotten:	niedrig
Krypten:	tief
Drüsen:	keine Brunner-Drüsen
Lymphfollikel:	Peyer-Plaques in der Submucosa

3.10.6 Appendix vermiformis

Die Appendix vermiformis (Wurmfortsatz) ist der verkümmerte Abschnitt des Caecums, der viele Lymphfollikel enthält und daher auch *„Darm-Tonsille"* oder *Tonsilla intestinalis* genannt wird. Die Lymphfollikel reichen von der Tunica mucosa bis in die Tunica submucosa. Der Wurmfortsatz zeigt den typischen Wandbau der Dickdarmschleimhaut (s. 3.10.7) mit einer verkleinerten Colonstruktur. In der Appendix vermiformis gibt es eine Lamina muscularis mucosae (Abb. 3.**18**).

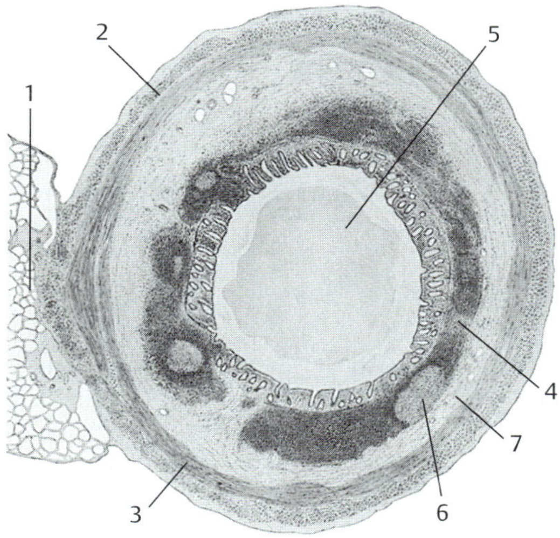

Abb. 3.**18** Appendix vermiformis. Schnitt durch das ganze Organ: 1 = Mesoappendix, 2 = Tunica muscularis, Stratum longitudinale, 3 = Tunica muscularis, Stratum circulare, 4 = Schleimhaut mit Folliculi lymphatici aggregati, 5 = Lumen des Wurmfortsatzes, 6 = Folliculus lymphaticus, 7 = Submucosa; das lymphatische Gewebe bricht in die Submucosa ein (aus Bargmann, Thieme 1977)

! Merke

Epithel:	hochprismatisch mit Bürstensaum
Becherzellen:	viele
Falten:	keine
Zotten:	keine
Krypten:	tief
Drüsen:	keine
Lymphfollikel:	in der Submucosa und Lamina propria mucosae
Besonderheit:	Mesenteriolum, sternförmiges Lumen, Längsmuskulatur dick, Ringmuskulatur dünn, keine Taenien

3.10.7 Colon

Allgemeine Merkmale des Colons (Dickdarm) sind die Taenia coli (bandartige Längsmuskulatur), die Haustra coli (3 Reihen von Vorbuchtungen, zwischen denen die Taenien liegen), die Plicae semilunares (halbmondförmige Falten, durch die Ringmuskulatur bedingt) und die Appendices eppiploicae (mit Fett gefüllte Duplikaturen des Peritoneums). Das Colon hat die Funktion der Resorption von Wasser und Salzen. Die Colonkrypten (ohne Zotten) gehen regelmäßig und unverzweigt bis zur Lamina muscularis mucosae (Abb. 3.**17d**). Das einschichtige Zylinderepithel besitzt viele Becherzellen.

! Merke

Epithel:	hochprismatisch mit Bürstensaum
Becherzellen:	sehr viele
Falten:	selten
Zotten:	keine
Krypten:	tief und eng
Drüsen:	keine
Lymphfollikel:	wenige
Besonderheit:	nur Krypten, keine Zotten, keine Paneth-Zellen, Plicae semilunares, Haustren, Appendices epiploicae

3.10.8 Rectum

Das Rectum besitzt weder Taenien, Haustren noch Appendices epiploicae, dafür aber tiefe Krypten mit vielen Becherzellen und Lymphfollikeln. Die Schleimhautfalten laufen quer (Plicae transversales). Die durch die Ringmuskulatur besonders ausgeprägte Kohlrausch-Falte ist eine Besonderheit des Colons. Sie ist ca. 6–8 cm vom Anus entfernt, hier befindet sich die tiefste Stelle des Douglas-Raumes.

3.11 Drüsen des Verdauungstraktes

3.11.1 Leber

Die Leber (Hepar) besitzt einen peritonealen Überzug (viszerales Blatt des Peritoneums), darunter liegt die eigentliche Leberkapsel, die *Glisson-Kapsel* aus Bindegewebe. Die Glisson-Kapsel enthält auch elastische Fasern. Sie dringt in das Innere der Leber, führt dabei Gefäße mit sich und wird so zum interlobulären Bindegewebe. Dadurch entsteht eine Läppchengliederung (nur bei der Schweineleber gut sichtbar) (Abb. 3.**19**). Das Leberparenchym ist in einzelne Lobuli (Läppchen) mit einem Durchmesser von ca. 1 mm aufgeteilt. Im Zentrum des Leberläppchens liegt die V. centralis (Zentralvenenläppchen). Radiär zu dieser Zentralvene sind die Leberzellbalken angeordnet, die aus den *Hepatozyten* bestehen. Im Bindegewebe liegt die *Glisson-Trias (periportales Feld)*, sie besteht aus dem Ductus biliferus (Gallengang), der A. hepatica propria und den Vv. interlobulares. Ein *Leberazinus* ist der Einzugsbereich eines Gallenkanälchens. Beim *klassischen Leberläppchen* liegt die V. centralis im Läppchenmittelpunkt (Zentralvenenläppchen), beim *portalen Leberläppchen* liegt das periportale Feld im Läppchenmittelpunkt. Die Zentralvene mündet in V. cava inferior.

Die *Hepatozyten* sind große polygonale Zellen mit 1–2 Zellkernen. Elektronenmikroskopisch kann man 3 verschiedene Leberzellkerngrößen unterscheiden: kleine Zellkerne (∅ 10 µm [80 %]), mittelgroße Zellkerne (∅ 15 µm [16 %]), große Zellkerne (∅ 25 µm [4 %]). Leberzellen produzieren Galle, nehmen Eiweiße, Fette und Kohlenhydrate auf und bauen diese um z. B. in Glykogen und Plasmaproteine. Der *Disse-Raum* ist im Lichtmikroskop nicht zu erkennen. Die *Kupffer-Sternzellen* liegen im Endothel. Es sind Makrophagen (Phagozytose), die aus dem Blut in die Leber eingewandert sind. *Lebersinusoide* sind weiträumige Kapillaren (vor allem bei Tusche-Injektion sichtbar).

Die Leber ist der wichtigste Syntheseort für Albumin, Prothrombin, Cholsäure und Bilirubindiglucuronid. Die Gallenproduktion dient u. a. der Ausscheidung von Fremdstoffen.

In der Leber gibt es ein zweites, einem ersten Kapillarsystem nachgeschaltetes Kapillarsystem (enterohepatischer Kreislauf). Der Blutzufluß zur Leber erfolgt bei den meisten Menschen über den Truncus coeliacus und die Vena portae. Die Canaliculi biliferi werden von der Plasmamembran der Leberzellen begrenzt und bilden sich durch Einsenkungen der Leberepithelzellen, d. h., sie haben keine eigene epitheliale Wand wie die Kapillaren.

3.11.2 Gallenblase

Die Gallenblase (Vesica fellea) besteht aus Fundus, Corpus und Collum. Sie hat einen 3schichtigen Aufbau:

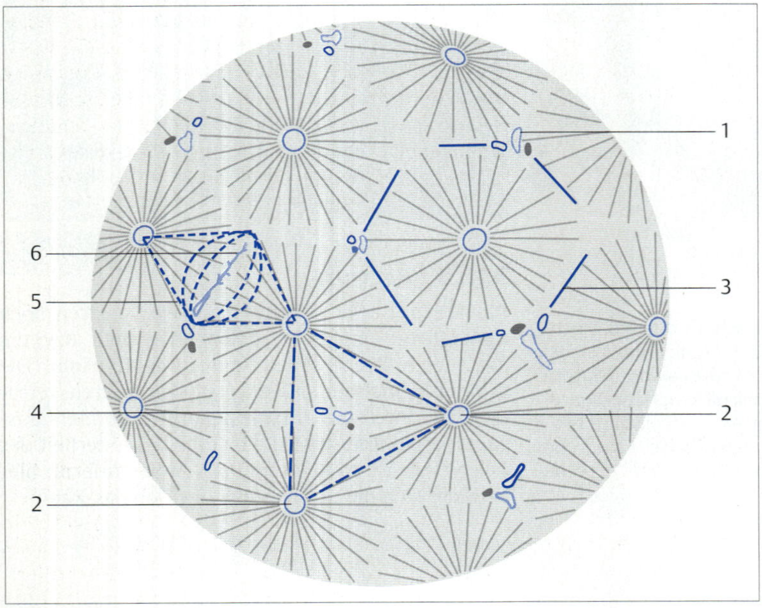

Abb. 3.**19** Feinbau der Leber, Schnitt durch Lebergewebe. 1 = periportales Feld (Glisson-Trias), 2 = Vv. centrales, 3 = Lobulus hepatis (= Zentralvenen-Leberläppchen), 4 = Portalvenen-Leberläppchen, 5 = Leberazinus, 6 = Seitenzweig der V. interlobularis als Achse des Leberazinus. Vergr. ca. 15 fach (Lupe)

- *Tunica mucosa:*
  - Lamina epithelialis: einschichtig hochprismatisch
  - Lamina propria
- *Tunica muscularis:* glatte Muskulatur
- *Tunica serosa* oder *adventitia*

Sie besitzt also *keine* Lamina muscularis mucosae und *keine* Tunica submucosa. Man findet aber eine dicke Serosa. Es bilden sich bei geringer Füllung Falten (Reservefalten), deren Höhe je nach Füllungszustand unterschiedlich ist. Diese Falten neigen sich gegeneinander, so daß *Schleimhautbrücken (Luschka-Gänge)* entstehen. Bei der Gallenblase findet man keine Aufteilung zwischen Ring- und Längsmuskulatur, sondern gitterartige Muskelfasern.
Die Gallenblase dickt Galle ein. Eine Kontraktion der Gallenblase wird vor allem von Cholezystokinin gesteuert. Die Schleimhaut der Gallenblase besteht aus hochprismatischem Epithel. Sie vermag zu resorbieren.

3.11.3 Pankreas

Das Pankreas (Bauchspeicheldrüse) ist eine *rein seröse exokrine Drüse mit eingelagerten endokrinen Anteilen (Langerhans-Inseln).* Makroskopisch besteht das Pankreas aus Caput, Corpus, Cauda, Processus uncinatus und dem Ductus pancreaticus, der in die Papilla duodeni major et minor mündet.

Exokriner Anteil

Der exokrine Anteil setzt sich aus 0,5 – 1 Mio. Zellhaufen (Größe: 100 – 200 µm) zusammen. Die rein seröse Drüse hat azinöse Endstücke und ist durch Septen aus kollagenem Bindegewebe in Läppchen gegliedert. Man findet keine Streifenstücke (Reste sind die zentroazinären Zellen), aber Schaltstücke. Die Ausführungsgänge (isoprismatisches Epithel) liegen extralobulär im Bindegewebe.

Endokriner Anteil

Siehe 3.12.2.

3.12 Endokrine Organe

3.12.1 Nebenniere

Die Nebenniere (Gl. suprarenalis) besteht aus zwei Anteilen: Rinde und Mark. Sie besitzt eine Kapsel aus kollagenem Bindegewebe mit glatten Muskelfasern. Dünne Bindegewebssepten ziehen mit Gefäßen von der Kapsel ins Innere. In der Mitte des Präparates (im Mark) befindet sich die Zentralvene (V. suprarenalis).

Nebennierenrinde: Die Nebennierenrinde liegt direkt unter der Kapsel und zeigt einen 3-Schichtenbau:

- *Zona glomerulosa:* (schmale, oberste Schicht); Bildung von Mineralocorticoiden (Aldosteron); kleine, azidophile Zellen (in Haufen bzw. Nestern)
- *Zona fasciculata:* (breite, mittlere Schicht); Zellen in Säulen; große Zellen mit Lipidtropfen; Bildung von Glucocorticoiden (Cortisol), stimuliert durch ACTH aus dem Hypophysenvorderlappen. Die Zellen der Zona fasciculata haben durch die Lipidtropfen ein wabig aufgelockertes Aussehen.
- *Zona reticularis:* (dunkle Schicht), netzartige Epithelzellen; Bildung von Androgen und Östrogen (Sexualhormone)

! Merke

GFR (glomeruläre Filtrationsrate) → **Alcan**
G = Zona **g**lomerulosa → **Al** = **Al**dosteron
F = Zona **f**asciculata → **c** = **C**ortisol
R = Zona **r**eticularis → **an** = **An**drogene

Nebennierenmark: Im Nebennierenmark findet man auch epithelartige Zellen, die *chromaffinen Zellen (mit Chromsalzen färbbar)* und Sympathikuszellen (multipolare Ganglienzellen mit sympathischen Nervenfasern). Sinusoide Kapillaren münden in Markvenen (Drosselvenen mit Muskelschicht), die sich dann in einer Zentralvene mit Intimapolster sammeln. Die schwammartig angeordneten chromaffinen Zellen bilden nach Sympathikusstimulation die Hormone Adrenalin und Noradrenalin. Adrenalin und Noradrenalin gelangen dann über die V. suprarenalis in den großen Blutkreislauf. Das Mark der Nebenniere entstammt der Neuralleiste. Die in die Nebennierenanlage eingewanderten endokrinen Zellen sind Sympathikoblastenabkömmlinge. Catecholamine werden bereits pränatal gebildet.

Klinischer Bezug

Das **Phäochromozytom** ist ein Tumor, der von Zellen des Nebennierenmarkes ausgeht.

3.12.2 Inselorgan (endokrines Pankreas)

Der endokrine Anteil des Pankreas ist das Inselorgan (Langerhans-Inseln). Es besteht aus 0,5 – 2 Millionen verschieden große Zellhaufen. Der endokrine Inselapparat ist heller gefärbt als das umgebende exokrine Drüsengewebe. Die Inseln sind netzartig verbundene Epithelzellen, durchsetzt von zahlreichen Kapillaren mit wenig Bindegewebe. Im Kopf

(Caput) des Pankreas gibt es fast keine Langerhans-Inseln. Man unterscheidet:

- *A-Zellen* (20 %): mit Alpha-Granula, produzieren Glukagon, sind rosa und randständig
- *B-Zellen* (80 %): mit Beta-Granula, produzieren Insulin, sind blau (dunkler), basophil und zentral; die Insulinausschüttung wird durch Noradrenalin gehemmt
- *D-Zellen:* mit Delta-Granula, produzieren Somatostatin
- *C-Zellen* oder *P-Zellen:* ohne Granula → nur mit speziellen Färbungen sichtbar

3.12.3 Schilddrüse

Die Schilddrüse (Glandula thyreoidea) hat eine Kapsel aus straffem Bindegewebe (Capsula fibrosa) und besitzt Läppchengliederung. Die Läppchen bestehen aus mehreren Follikeln (= eigentliches Drüsengewebe). Die Follikel haben einschichtiges Epithel (platt bis hochprismatisch). In den Follikeln befindet sich homogen *gefärbtes Kolloid (= Thyreoglobulin)*. Neben den Follikeln liegen die parafollikulären *Calcitoninzellen (= C-Zellen)* oder Ultimobranchialzellen. Sie produzieren *Thyreocalcitonin* (Abb. 3.**20**), sind mitochondrienreich, heller und größer als die Hauptzellen, die das *Thyroxin* bilden. Sie besitzen Ergastoplasma und haben einen Golgi-Apparat. Gefäße liegen in den Bindegewebssepten, aber bei endokrinen Drüsen findet man keine Ausführungsgänge. Die unterschiedliche Epithelhöhe des Follikelepithels macht die Follikelphasen bei der Bildung und Abgabe von Hormonen unterscheidbar. Während der *Sekretbildungsphase* findet man ein kubisches bis hochprismatisches Epithel, während der *Sekretstapelungsphase* wird das Epithel etwas niedriger, und während der *Sekretausschwemmungsphase* wird das Epithel hochprismatisch.

Follikelphasen:

- *Sekretbildung:* Thyreoglobulin und Schilddrüsenhormon wird in das Follikellumen sezerniert; hochprismatisches Epithel.
- *Sekretstapelung:* Follikel sind gefüllt mit Kolloid; flacheres Epithel.
- *Sekretausschwemmung:* Thyreoglobulin wird durch Phagozytose in den Epithelzellen aufgenommen und mit Schilddrüsenhormonen gekoppelt, dann in die umgebenden Kapillaren freigesetzt; hochprismatisches Epithel.

Die Schilddrüse ist entodermaler Herkunft, und sie benötigt Jod zur Bildung von Thyroxin. Sie vergrößert sich, wenn die Thyroxinbildung gehemmt wird. Nach der Hypophysektomie hat die Schilddrüse ein abgeflachtes Follikelepithel. Die Parenchymzellen der Gl. thyreoidea (Follikelepithel- und C-Zellen) entstehen aus dem Zellmaterial der Aufzweigung des Ductus thyreoglossus und des ultimobranchialen Körpers.

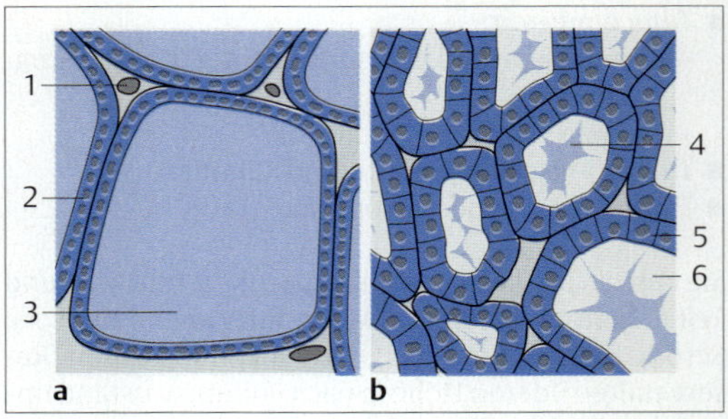

Abb. 3.**20** Schilddrüsenbläschen in verschiedenen Zuständen der Tätigkeit. **a** Stapelphase; **b** tätige Phase (Verflüssigung). 1 = Blutgefäß, 2 = niedriges Follikelepithel, 3 = gestapeltes Kolloid, 4 = verflüssigtes Kolloid, 5 = hohes aktives Follikelepithel, 6 = Randvakuolen

3.12.4 Epithelkörperchen

Die Nebenschilddrüse (Glandula parathyreoidea, Epithelkörperchen) ist von einer bindegewebigen Kapsel umgeben, mit in das Gewebe ziehenden Septen, die auch Blutgefäße enthalten. In dem mikroskopischen Präparat kann neben der Gl. parathyreoidea auch die Gl. thyreoidea mit angeschnitten sein. Man unterscheidet beim Epithelkörperchen drei Zellarten:

- *helle Hauptzellen:* mit schwach färbbarem Plasma
- *dunkle Hauptzellen:* mit eosinophiler Granulation
- *oxyphile Zellen (Welsh-Zellen):* liegen in der Peripherie, sind größer als die Hauptzellen, poligonal, gehäufte Ansammlung von Mitochondrien, azidophile Granula im Zytoplasma, kleiner Zellkern (Häufigkeit nimmt im Alter zu)

Das Epithelkörperchen dient der Bildung von *Parathormon* (reguliert zusammen mit dem Calcitonin der Schilddrüse den Calcium- und Phosphatstoffwechsel).

3.12.5 Hypophyse

Die Hypophyse (Hirnanhangsdrüse) liegt in der Sella turcica (Türkensattel) und ist über das Infundibulum mit dem Hypothalamus verbunden. Man unterscheidet die dunklere *Adenohypophyse (Vorderlappen)* von der *Neurohypophyse (Hinterlappen)* mit Hypophysenstiel. Die Adenohypophyse hat weiterhin drei Teile, die Pars infundibularis (Trichterlappen), die Pars intermedia (Zwischenlappen Grenze zwischen Adeno- und Neurohypophyse [mit Kolloid gefüllte Zysten]) und die Pars distalis mit Drüsenzellen. Die Adenohypophyse entwickelt sich aus der *Rathke-Tasche* (Dach der ektodermalen Mundbucht), die Neurohypophyse aus einer Aussackung des Zwischenhirns.

Adenohypophyse: Die Pars distalis enthält folgende Zellen:

- azidophile *Alpha-Zellen* (35 %): produzieren Wachstumshormon (STH) und Prolactin
- basophile *Beta-Zellen* (15 %): produzieren gonadotropes FSH (stimuliert die Follikelentwicklung im Ovar/Hoden) und ICSH (= LH = Luteinisierungshormon); TSH (stimuliert die Gl. thyreoidea); ACTH (Adrenocorticotropes Hormon für Glucocorticoide, stimuliert die Nebennierenrinde)
- chromophobe *Gamma-Zellen* (50 %): (Beta- und Gamma-Zellen sind in der Gomori-Färbung sehr schwer zu unterscheiden)

Im Hypophysenvorderlappen gibt es ein zweites, einem ersten Kapillarsystem nachgeschaltetes Kapillarsystem (hypothalamohypophysäres Pfortadersystem). Dopamin hemmt über das hypothalamohypophysäre Pfortadersystem die Freisetzung von Prolactin aus dem Hypophysenvorderlappen.

Neurohypophyse: Die Neurohypophyse geht in den Hypophysenstiel über. Sie enthält Nervenfasern aus dem Hypothalamus (Gliazellen, Pituizyten und marklose Nervenfasern) und dient als Hormonlagerungs- und Ausschüttungsorgan. Die Hormone Oxytocin und Vasopressin (antidiuretisches Hormon, ADH) aus dem Hypothalamus werden hier gelagert. Die Neurohypophyse selbst produziert *keine* Hormone. Der Herring-Körper dient als Speicher von Neurosekret.

3.13 Harnorgane

3.13.1 Niere

Die Niere (Ren) ist ein zusammengesetztes tubuläres Organ. Sie fällt mikroskopisch auf durch die typischen *Nierenglomeruli*. Die Kapsel besteht aus der Capsula fibrosa (derbe Bindegewebskapsel) und der Capsula adiposa (weißes Fett). Das Nierenparenchym liegt direkt an der Capsula fibrosa und besteht aus Rinde (Cortex renalis) und Mark (Medulla). Die Rinde enthält *Malpighi-Körperchen (Glomerulum und Bowman-Kapsel)* und gewundene Harnkanälchen. Die *Columnae renales (Bertini-Säulen, Rindensäulen)* erstrecken sich von der Rinde ins Mark. Zwischen den Columnae renales liegen die *Pyramiden* des Markes, zwischen Rinde und Mark liegen die Aa. arcuatae. Das Mark enthält die gestreckt laufenden harnbereitenden Nierenkanälchen, sowie die Sammelrohre. Die Marksubstanz wird von ca. 9 – 15 Pyramiden durchzogen, deren Spitzen gegen das Nierenbecken gerichtet sind. Der *Lobus renalis (Nierenlappen)* umfaßt eine Pyramide mit der umgebenden Rinde, einen *Lobulus renalis (Nierenläppchen)* und einen Markstrahl mit Rindensubstanz.

Aufbau eines Nephrons (Abb. 3.**21**)

Nierenkörperchen (Corpusculum renale):

- Glomerulum
- Bowman-Kapsel

Nierenkanälchen (Tubuli renales):

- Hauptstück (= proximaler Tubulus):
  - Pars contorta
  - Pars recta
- Überleitungsstück
- Mittelstück (distaler Tubulus)
- Verbindungsstück
- Sammelrohr

Im histologischen Querschnitt findet man folgende Anschnitte:

- *proximaler Tubulus:* mit Bürstensaum → unscharf zum Lumen; weniger Zellkerne, hohe Zellen
- *distaler Tubulus:* mit größerem Lumen, Zellkerne heller, scharf abgegrenztes Lumen; viele Zellkerne, flache Zellen

Die basale Streifung in den Zellen des Mittel- und Hauptstücks ist auf azidophile Granula zurückzuführen, die an der Zellbasis einen Stäbchensaum bilden. Die funktionelle Bedeutung der basalen Granula (Mitochondrien) und der Basalmembran liegt in der Abgrenzung der Zellen gegen die peritubulären Blutkapillaren. In den Pyramiden kann eine sogenannte Innen- und Außenzone mit Innen- und Außenstreifen durch Art und Farbe der Streifung unscharf unterschieden werden. Dies ist auf die Anordnung der Tubuli zurückzuführen. Die geraden Anteile des Hauptstücks (Pars recta proximalis) und des Mittelstücks (Pars recta distalis) des Nephrons fehlen beim Markstrahl. Zum *juxtaglomerulären Apparat* zählt das *Polkissen (epitheloide Zellen)*, die *Macula densa* (s. Physiologie 9.2.6) und die *extraglomerulären Mesangiumzellen (renale Blutdruckregulation)*.

3.13.2 Harnleiter

Der Harnleiter (Ureter) gehört zu den ableitenden Harnwegen. Für die ableitenden Harnwege ist das *Übergangsepithel* (s. 1.2.4) charakteristisch. Die Propria und Submucosa sind nicht deutlich trennbar. Man findet *keine* Muscularis mucosae. Der Harnleiter zeigt folgenden Schichtenbau (v. i. n. a.) (Abb. 3.**22**):

Histologie

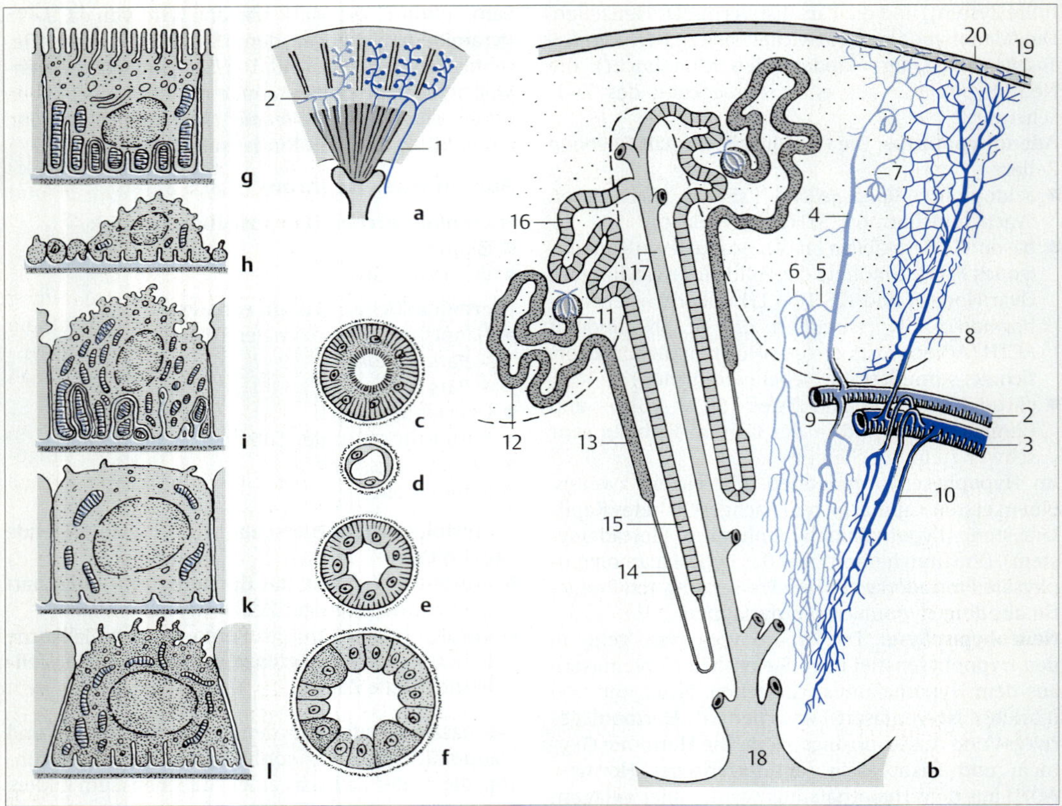

Abb. 3.**21** Nierenaufbau, schematisch. **a** Lobus renalis (Renculus). **b** Detail aus dem Nierenlappen. **c–l** Harnkanälchen und ihre Epithelzellen: Hauptstück (**c**, **g**), Überleitungsstück (**d**, **h**), Mittelstück (**e**, **i**), Sammelrohr (**f**, **k**) oder Schaltzellen (**l**). 1 = A. interlobaris, 2 = A. arcuata, 3 = V. arcuata, 4 = A. interlobularis, 5 = Arteriola afferens, 6–7 = Arteriola efferens, 8 = V. interlobularis, 9 = A. medullaris recta, 10 = V. medullaris recta, 11 = Glomerulus, 12 = gewundenes Hauptstück, 13–15 = Henle-Schleife, 13 = gerades Hauptstück, 14 = Überleitungsstück, 15 = gerades Mittelstück, 16 = gewundenes Mittelstück, 17 = Sammelrohr, 18 = Mündung des Duct. papillaris in einen Nierenkelch, 19 = Capsula fibrosa mit Gefäßen (20) (aus Linß, Thieme 1991)

- *Tunica mucosa:* Übergangsepithel, Deckzellen mit Crusta, hochprismatische Zellen, basale Zellen
- *Tunica submucosa* (gefäßreiches Bindegewebe)
- *Tunica muscularis:*
  - innere Längsmuskulatur
  - mittlere Ringmuskulatur
  - äußere Längsmuskulatur
- *Adventitia:* lockeres Bindegewebe mit Fettgewebe, Gefäßen und evtl. Ganglienzellen
- *Lumen* (durch Kontraktion der glatten Muskulatur sternförmig)

3.13.3 Harnblase

Der Wandaufbau der Harnblase (Vesica urinaria) entspricht dem Wandaufbau des Harnleiters. Die Schleimhaut ist z.T. in Falten geworfen. Man findet eine durchflochtene, dicke Muskulatur. Das Verhältnis von Schleimhaut zu Muskulatur beträgt 1 : 20.

3.13.4 Harnröhre

Die Harnröhre (Urethra) ist beim Mann und bei der Frau unterschiedlich lang. Die Länge der Harnröhre beträgt beim erwachsenen Mann etwa 20–25 cm, bei einer erwachsenen Frau etwa 3–5 cm. Sie ist mit einem mehrschichtigen hochprismatischen Epithel ausgekleidet. In der Schleimhaut findet

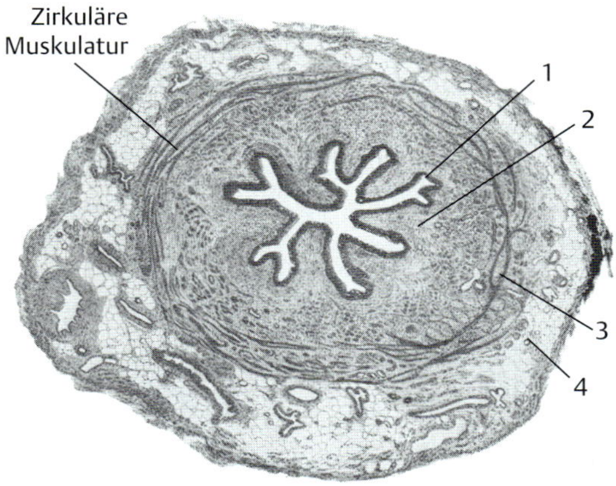

Abb. 3.**22** Ureter, Querschnitt. 1 = Übergangsepithel, 2 = Schleimhautbindegewebe, 3 = Tunica muscularis mit innerer Längs- und äußerer Ringschicht, 4 = Adventitiagewebe (aus Bargmann, Thieme 1977)

man kleine tubuloalveoläre Drüsen mit einem hohen einschichtigen Zylinderepithel (Gll. urethrales = Littre-Drüsen).

3.14 Weibliche Geschlechtsorgane

3.14.1 Ovar

Das Ovar (Eierstock) ist die weibliche Keimdrüse; es liegt an der seitlichen Wand des kleinen Beckens. Wie auch der Hoden entwickelt sich das Ovar aus dem Zölomepithel medial der Urniere. Das Ovar ist von einem kubischen Keimepithel überzogen. Es gliedert sich in eine Mark- und Rindenzone. Die Keimzellen liegen in der Rindenzone. Unter dem Keimepithel liegt die Tunica albuginea, die in spinozelluläres Bindegewebe übergeht, welches im Rindenbereich die Follikel einbettet. An der Oberfläche des Ovars bildet sich nach der Geburt die Tunica albuginea. In der Markzone ist das Bindegewebe locker und mit Nerven und Gefäßen durchsetzt (Abb. 3.**23**).

Follikelreifung (Abb. 3.**24**).

Die Eireifung (Oogenese) und die Follikelreifung laufen parallel ab. Die Eizelle verfügt (wie auch die Samenzelle) über einen haploiden Chromosomensatz. Im mikroskopischen Bild unterscheidet man folgende Follikel:

Primordialfollikel: Die primäre Oozyte ist von einem einschichtigen platten Follikelepithel umgeben. Ein Teil dieser Primordialfollikel wird bereits vor der Geburt in Primärfollikel umgewandelt.

Primärfollikel: Hier ist die Eizelle (Oogonie) von einer Schicht kubischen Epithels umgeben. Dieses kubische Epithel dient der Ernährung. Die Zona pellucida wird gebildet.

Sekundärfollikel: Beim Sekundärfollikel bildet sich ein mehrschichtiges kubisch-zylindrisches Follikelepithel aus. Während des Follikelwachstums verdichtet sich das umgebende Bindegewebe zu einer Membran, der Theca folliculi. Die Follikelepithelzellen bilden das Oolemm (Zona pellucida).

Tertiärfollikel: Durch Spaltraumbildung im Stadium des Sekundärfollikels bildet sich nun der Tertiär- oder Graaf-Follikel. Bei dieser Spaltraumbildung füllt sich der Hohlraum (Antrum folliculi) mit Liquor folliculi. Der Tertiärfollikel hat folgenden Aufbau:

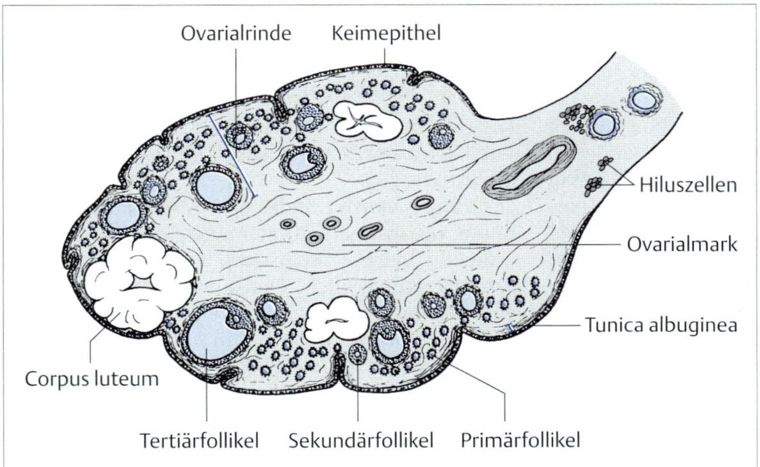

Abb. 3.**23** Schematischer Schnitt durch das Ovar einer geschlechtsreifen Frau (aus Baltzer/Mickan, Thieme 1985)

Histologie

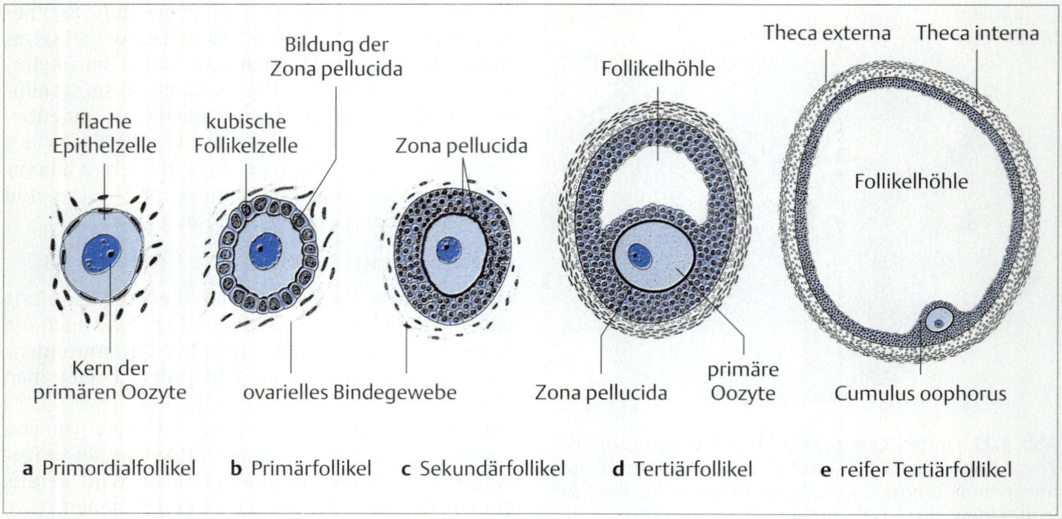

Abb. 3.**24** Follikelreifung, schematisch (aus Langman, Thieme 1989)

- *Theca folliculi* mit 3 Schichten:
  - *Stratum externum:* besteht aus derbem Bindegewebe
  - *Stratum internum:* zell- und gefäßreich
  - *Membrana granulosa:* besteht aus mehreren Follikelepithelzellschichten, welche die Innenwand des Follikels auskleiden
- *Corona radiata:* umgibt direkt das Ei mit Follikelepithelzellen.
- *Cumulus oophorus:* der Hügel, der die Eizelle einschließt mit der Corona radiata

Das Stratum externum wird auch Theca externa, das Stratum internum auch Theca interna genannt. Beide entstehen aus der Theca folliculi. Die Theca interna produziert Follikelhormone (Östrogene). Die Theca externa besteht aus spinozellulärem Bindegewebe und Myofibroblasten.

Corpus luteum: Der Graaf-Follikel wandelt sich nach dem Follikelsprung und dem damit verbundenen Reißen der Gefäße der Theca folliculi interna zum *Corpus rubrum (roter Körper)*. Die Zellen der Membrana granulosa wachsen, so daß die Follikelhöhle kleiner wird. Danach bildet sich ein gelblicher Farbstoff (Lutein, ein Carotinoid) und das *Corpus luteum (Gelbkörper)* entsteht.

Im Falle einer Nichtbefruchtung der ausgestoßenen Eizelle setzt die Rückbildung bzw. Degeneration ein. Dabei schrumpfen die Luteinzellen und das Bindegewebe nimmt zu, es entsteht das *Corpus fibrosum*. Durch Vernarbung des Corpus fibrosum entsteht das *Corpus albicans*. Der Abbau des Corpus luteum löst schließlich die Menstruation im Uterus aus (Corpus luteum menstruationis).

Im Falle einer Befruchtung wird aus dem Corpus luteum das *Corpus luteum graviditatis*. Das Corpus luteum graviditatis vergrößert sich weiter und bleibt bis zur Mitte der Schwangerschaft bestehen. Etwa in der Mitte der Schwangerschaft wird die Funktion des Corpus luteum graviditatis durch die Plazenta abgelöst und in einen Bindegewebskörper umgewandelt. Das Corpus luteum graviditatis sichert die bestehende Schwangerschaft und verhindert dadurch weitere Follikelreifungen. Die Umbildung und Vergrößerung der Mamma sowie des Uterus sind auf das Corpus luteum graviditatis zurückzuführen.

3.14.2 Tuba uterina

Die Tuba uterina (Eileiter) besteht aus drei Schichten, der Tunica mucosa, der Tunica muscularis und der Tunica serosa.

Die *Tunica mucosa* bildet grobe Schleimhautlängsfalten, die ins Lumen hineinragen. Sie hat ein einschichtig hochprismatisches Flimmerepithel mit *Kinozilien* (beweglich). Der Kinozilienschlag ist uteruswärts gerichtet. Zwischen den Flimmerepithelzellen liegen prismatische Zellen ohne Flimmerhaare, die eine Sekretionsfunktion haben. Weiterhin findet man schmale, dunkle Stiftchenzellen. Hier handelt es sich wahrscheinlich um abgenutzte Zellen. In der Zyklusmitte treten vermehrt Flimmerepithelzellen auf. Nach der Ovulation sieht man vermehrt Drüsen-

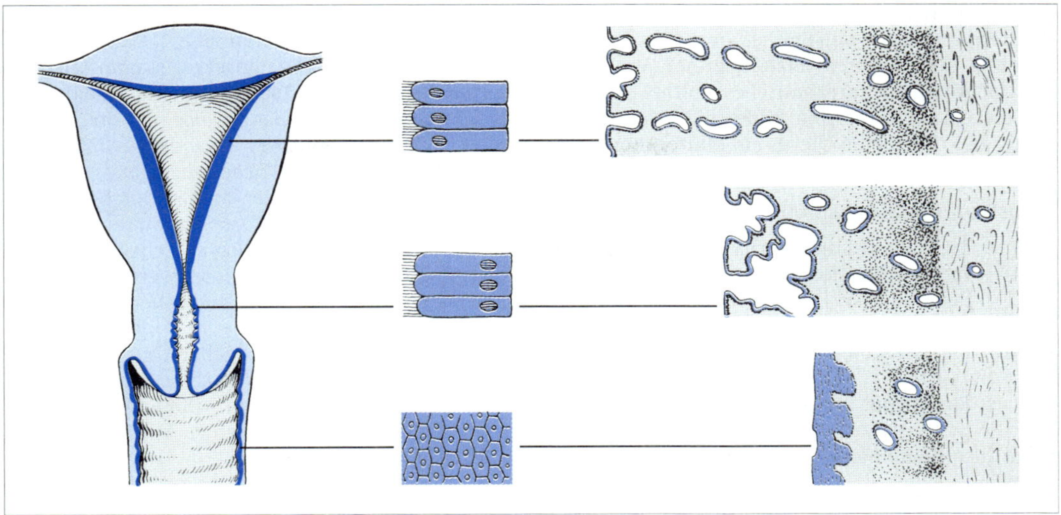

Abb. 3.**25** Frontalschnitt durch den Uterus und die Scheide mit den zu den einzelnen Abschnitten gehörenden Schleimhautauskleidungen und Epithelarten. Im Zervixepithel sind die Kerne basalständig, im Corpusepithel während der Proliferationsphase mittelständig. In der Sekretionsphase wandern die Kerne des Corpusepithels nach der Basis zu und werden rund (aus Kaiser/Pfleiderer, Thieme 1989)

zellen, die ein Sekret produzieren, welches das befruchtete Ei ernährt und die Eiwanderung erleichtert. Die *Tunica muscularis* besteht aus mehreren Schichten glatter Muskulatur, einer inneren Ring- und einer äußeren Längsmuskulatur. Die Muskulatur verursacht eine uteruswärts gerichtete Peristaltik. Innerhalb der Muskulatur befinden sich viele Gefäße.

Die *Tunica serosa* bedeckt die Tube und besteht aus lockerem Bindegewebe, der Tela subserosa, dem Peritonealüberzug.

3.14.3 Uterus

Der Uterus (Gebärmutter) ist ein birnenförmiger Hohlmuskel mit folgenden Abschnitten: Fundus, Corpus und Cervix (s. Anatomie 8.7.3). Der Uterus besteht aus einer Tunica mucosa (Endometrium), der Tunica muscularis (Myometrium) und der Tunica serosa (Perimetrium).

Die *Tunica mucosa* (Schleimhaut) besteht aus einer Lamina epithelialis und einer Lamina propria. Die Lamina epithelialis besitzt ein einschichtig prismatisches Epithel und tubulöse Drüsen (Glandulae uterinae). Die tubulösen Drüsen reichen bis zum Myometrium und sezernieren Schleim und Glykogen zum Schutz vor aufsteigenden Infektionen aus der Vagina. Die Lamina propria enthält spinozelluläres und retikuläres Bindegewebe (Abb. 3.**25**). Sie ist aufgeteilt in eine Zona functionalis und eine Zona basalis. Die *Zona functionalis* wird bei der Menstruationsblutung abgestoßen. Sie bildet die oberflächliche Schicht und ist ca. 0–8 mm dick. Die Zona functionalis enthält das Stratum compactum und die Zona spongiosa. Die *Zona basalis* ist die Verbindung zwischen Endo- und Myometrium. Sie ist ca. 1 mm hoch und wird bei der Menstruationsblutung nicht abgestoßen. Sie ist das Ausgangsgewebe für die neue Zona functionalis.

Die *Tunica muscularis* besteht aus glatter, spiralig angeordneter Muskulatur mit Gefäßen und Bindegewebsfasern. Die glatte Muskulatur ist dreischichtig mit einem Stratum subvasculare (der äußeren Schicht, die längs und zirkulär verlaufende Muskelfasern besitzt), dem Stratum vasculare (der dicksten Schicht, die auch gefäßreich ist) und dem Stratum supravasculare (der inneren Schicht mit zirkulär verlaufenden Muskelfasern). Das Myometrium dient als Fruchthalter und beim Geburtsvorgang als aktiv austreibende Kraft.

Die *Tunica serosa* (Perimetrium) ist fest mit der Tunica muscularis verwachsen. Sie überzieht den Uterus bis hin zum inneren Muttermund und geht seitlich in das Ligamentum latum über. Während der Schwangerschaft (Gravidität) wächst das Myometrium überwiegend durch Hypertrophie (Zellwachstum) aber auch durch Hyperplasie (Vermehrung der Zellzahl). Die Myozyten können eine Länge von bis zu 600–800 μm erreichen.

Portio vaginalis uteri: Die Portio vaginalis uteri (Muttermund) hat einen Epithelübergang von mehrschichtig unverhorntem Plattenepithel (Vagina) in einschichtiges hochprismatisches Epithel (Uterus). Die dicke Lamina propria bildet die *Uvula naboti* ein rundes Gebilde im Uterus am Muttermund (Einziehung von Drüsen; Zylinderepithel).

Menstruationszyklus (Abb. 3.**26** und 3.**27**)

1. – 5.	Tag: Menstruationsphase
5. – 14.	Tag: Proliferationsphase
14.	Tag: Ovulation
14. – 27.	Tag: Sekretionsphase
27. – 28.	Tag: Ischämiephase
21.	Tag: Corpus luteum

Siehe auch Anatomie 1.2.1.

3.14.4 Vagina

Die Vagina (Scheide) ist ein ca. 10 cm langer muskulärer Schlauch (ventral-dorsal abgeplattet), der über Bindegewebssepten mit den anliegenden Organen verbunden ist. Er dient der Kohabitation und als Geburtsweg. Die Mucosa bildet Querfalten (Columnae rugarum) mit einem mehrschichtig unverhornten Epithel. Die Vagina enthält keine Drüsen, die Schleimproduktion (Sekret) erfolgt durch Sudation. Die Lamina propria besteht aus kollagenem Bindegewebe und geht in die Tunica muscularis mit durchflochtenen Muskelschichten über, d. h. eine Submucosa fehlt. Das Scheidensekret stammt aus den *Bartholin-Drüsen* (s. 3.14.5). Man unterscheidet den *Fornix vaginae (= Scheidengewölbe)* am Uterus (vorderes, hinteres, seitliches Scheidengewölbe) und das *Ostium vaginae (= Scheideneingang)* mit Hymen. Die Vagina ist mit der Urethra durch das Parakolpium fest verwachsen. Das Septum rectovaginale bildet eine lockere Verbindung zwischen Vagina und Rektum. Das Vaginalepithel unterliegt zyklusabhängigen Veränderungen. In der Vagina herrscht ein saurer pH.

Die Vagina ist 3schichtig aufgebaut:

- *Tunica mucosa:* mehrschichtig unverhorntes Plattenepithel, keine Drüsen, Döderlein-Bakterien (Abbau von Kohlenhydraten zu Milchsäure → Infektionsschutz)
  - Lamina propria mucosae: mit Blutgefäßen
- *Tunica muscularis:* dünne Muskelschicht, längs und schräg verlaufende glatte Muskulatur
- *Tunica adventitia:* Bindegewebe

! Merke

An Orten mit mechanischer Beanspruchung findet man Plattenepithel: „Viel befahrene Wege sind gepflastert!" (Aufbau s. 1.2.3).

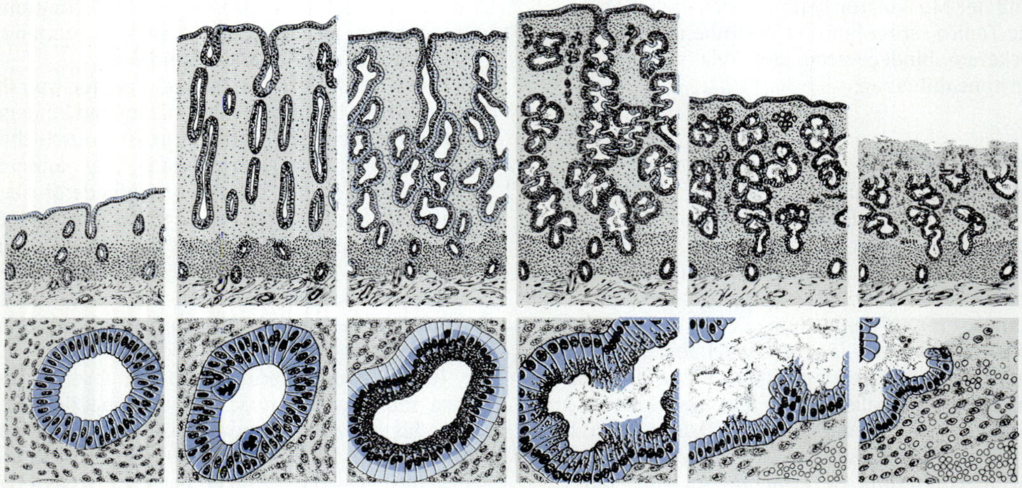

Abb. 3.**26** Endometriumveränderungen während eines Zyklus (nach Netter, aus Baltzer/Mickan, Thieme 1985)

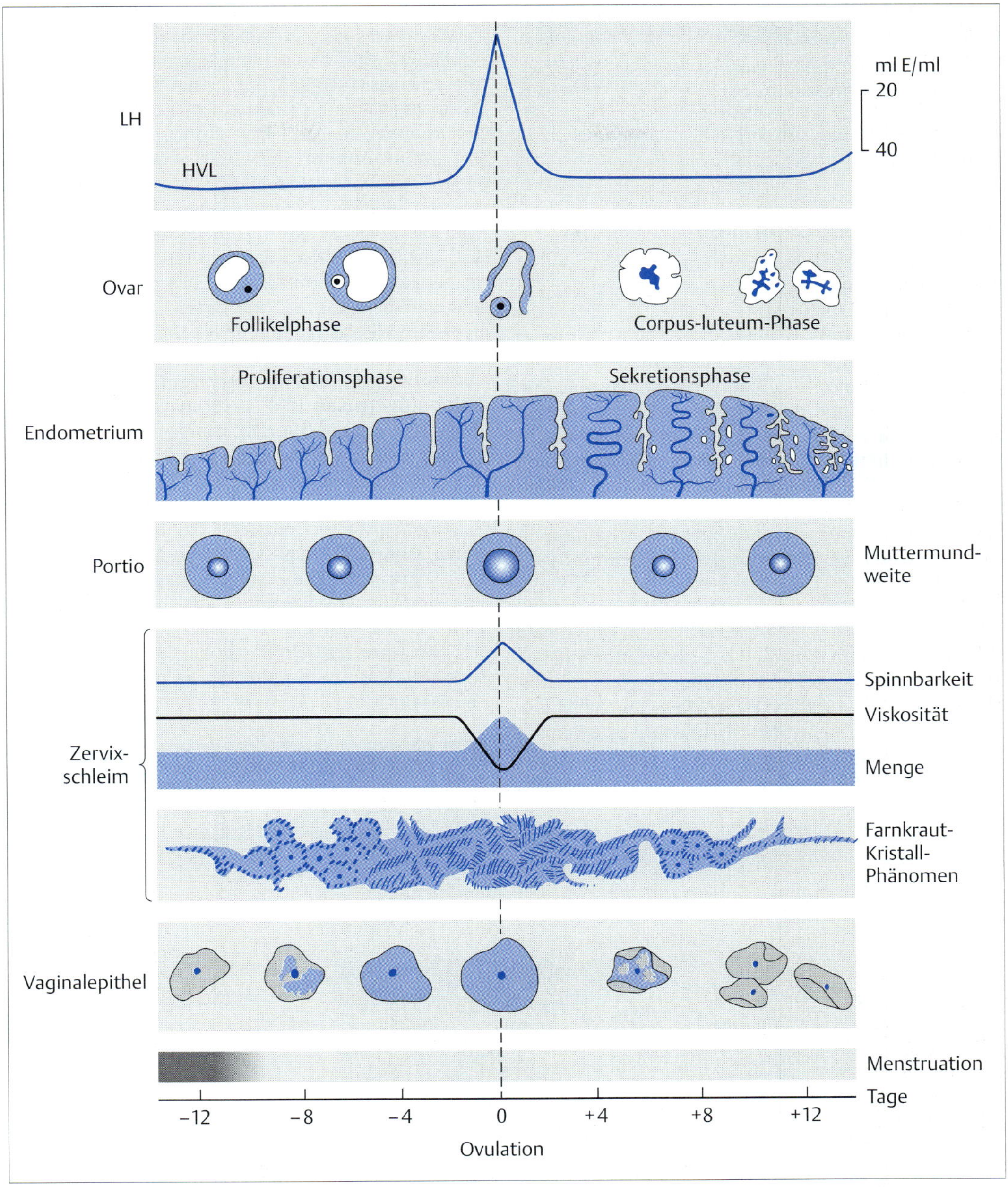

Abb. 3.**27** Zyklische Vorgänge an Ovar, Endometrium, Portio, Cervixschleim und Vaginalepithel synchron zum LH-Gipfel (Ovulationstermin) (aus Kaiser/Pfleiderer, Thieme 1989)

Klinischer Bezug

Bei Verdacht auf Entzündung der Scheide (**Kolpitis**) oder **Mykose** (Pilzerkrankung) wird ein Abstrich des Vaginalsekrets auf einem Objektträger mit 0,1 %iger Methylenblaulösung verrührt und unter dem Mikroskop untersucht.

3.14.5 Äußere Genitalien

Die **Vulva** (äußere Genitale der Frau) besteht aus den kleinen und großen Schamlippen, der Schamspalte und dem Scheidenvorhof.

Das **Labium minus** (kleine Schamlippe) begrenzt den Scheideneingang. Die Labia minora umschließen das Vestibulum vaginae (Scheidenvorhof), die Glans clitoris (Ende der Klitoris) und sind von den Labia majora umgeben. Das Labium minus besteht aus elastischem Bindegewebe (ohne Fettgewebe). Die Haut enthält an der Außenseite der kleinen Schamlippen ein mehrschichtiges verhorntes Epithel, an der Innenseite der kleinen Schamlippen ein mehrschichtiges unverhorntes Epithel mit freien Talgdrüsen.

Das **Labium majus** (große Schamlippe) ist eine Hautfettduplikatur, d. h., sie besteht aus einem Fettpolster mit eingelagertem Bindegewebe und glatter Muskulatur. Die zwei großen Hautfalten begrenzen die Schamspalte. Sie besitzen Haare, Talg- und Schweißdrüsen (nehmen nach innen ab) und umschließen die Labia minora. Die Labia majora der Frau entstehen aus der gleichen embryonalen Anlage wie das Skrotum des Mannes.

Das **Hymen** (Jungfernhäutchen) ist eine sichel- bis ringförmige dünne Schleimhautfalte zwischen Scheidenvorhof und Scheideneingang.

Die **Clitoris** (Kitzler) entspringt an den unteren Ästen des Os pubis und ragt zwischen den großen Schamlippen hervor. Die Clitoris wird von dem *Präputium* umhüllt. Die Clitorisschleimhaut besitzt viele sensible Nervenendkörperchen. Die Clitoris ist aus der gleichen embryonalen Anlage entstanden, wie das Corpus cavernosum penis. Demnach sind die Bestandteile des Kitzlers die Crura clitoris, die sich zu dem erektionsfähigen Corpus clitoris vereinigen, und die Bulbi vestibuli, deren Venengeflecht mit der Glans clitoris verbunden ist. Die Schleimhaut des Kitzlers enthält *Lamellenkörperchen* (Genitalnervenkörperchen) und *Meissner-Tastkörperchen*.

Bartholin-Drüsen (Gll. vestibulares major) liegen meist paarig unter dem M. transversus perinei profundus. Sie sind erbsengroß und sondern schleimiges Sekret ab, welches das Einführen des Penis erleichtert. Aus dem Glykogen der abgestoßenen Scheidenepithelien entsteht die Milchsäure unter Einwirkung der sog. Döderlein-Milchsäurebakterien. Diese ist daher die „erste Schutzeinrichtung“ gegen eindringende Bakterien. Die Ausführungsgänge sind ca. 1,5 cm lang und münden an der Innenseite der Labia minora. Die Bartholin-Drüsen (Frau) entsprechen lage- und aufbaumäßig den Cowper-Drüsen (Mann).

Klinischer Bezug

Das **Vulvakarzinom** hat folgendes Ausbreitungsmuster: lokal tief infiltrierend, frühe Leistenlymphknotenmetastasen und selten hämatogene Metastasen.

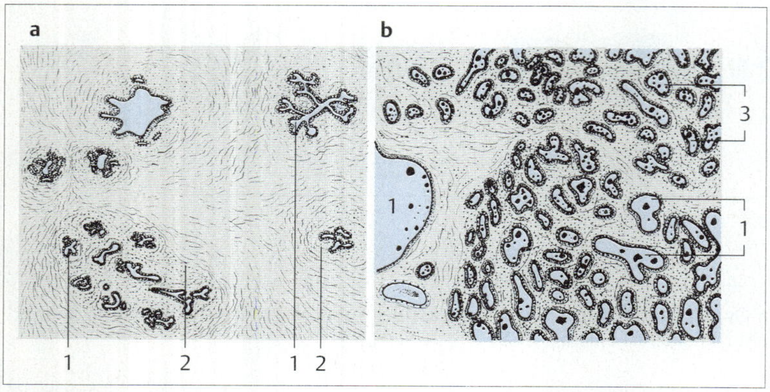

Abb. 3.**28** Milchdrüse (Glandula mammaria), **a** ruhend, **b** laktierend (Milchfett durch OsO_4 geschwärzt). 1 = Ductus lactifer in unterschiedlichen Aufzweigungen, 2 = „Mantelbindegewebe“, 3 = Alveolen. Vergr. ca. 50fach (aus Leonhardt, Thieme 1991)

3.14.6 Mamma

Die Mamma (Brustdrüse) ist eine *tubuloalveoläre, apokrine Hautdrüse*. Sie besteht aus ca. 15–20 Drüsenstücken, die durch Fett- und Bindegewebe in Lobi getrennt sind. Die Lobi haben Kegelform, ihre Spitzen laufen in der *Mamille* (Brustwarze) zusammen. Jeder Lappen besitzt einen eigenen *Ductus lactiferus (Milchgang)*. Jeder Lobus besteht aus mehreren Lobuli (Läppchen) mit Endstücken. Die Lobuli sind alveoläre Drüsen, deren Ausführungsgänge sich zu den Milchgängen vereinigen. Die Milchgänge sind auch bei der ruhenden Mamma verzweigt. Kurz vor der Mamille erweitern sich diese Milchgänge zu *Milchsäckchen (Sinus lactiferus)*. Die Ausmündungsstellen an der Mamille sind die *Pori lactiferi*. Die Mamille ist von der *Areola mammae (Warzenhof)* umgeben. In der Areola befinden sich ekkrine und apokrine Gll. areolares (Talgdrüsen). Die Alveolen der Endstücke sind bei nicht laktierender Mamma sehr klein, mit einem einschichtigen Epithel. Außen liegt das Glandilemm und innen die Korbzellen (Myoepithel). Bindegewebe trennt die Endstücke untereinander (Abb. 3.**28a**).

Man unterscheidet die *virginelle*, die *proliferierende* und die *laktierende Mamma*. Während der Schwangerschaft und der Laktation vermehren sich die Gänge und Endstücke, die Zellen werden kubisch. Zwischen den Alveolen findet man nur noch dünne Bindegewebssepten (Abb. 3.**28b**).

Merke

Brustdrüse, nicht laktierend:
- Ductus lactifer (Milchgang) mit einschichtig zweireihigem Epithel und schmalem Lumen
- Endknospen wenig ausgebildet
- kollagene Bindegewebsfasern
- Fettgewebe mit kollagenem lockerem Bindegewebe
- Drüsenläppchen mit einschichtig isoprismatischem Epithel und Ductus lactifer

Klinischer Bezug

Die Mammae lassen sich normalerweise auf der Fascia pectoralis verschieben. Läßt sich die Mamma nicht mehr verschieben, so kann ein **Brustkrebs** auf die Fascia übergegriffen haben.

Der **„Milcheinschuß"** wird durch den Anstieg des Oxytocins während der Wehentätigkeit induziert.

Die **Palpation** der Mamma, insbesondere der Mamillen, führt zu einem Prolactinanstieg im Blut. Ist eine Prolactinbestimmung nötig, sollte das Blut vor Palpation der Brust abgenommen werden.

3.15 Plazenta

Die Plazenta (Mutterkuchen) besteht aus dem kindlichen (Placenta fetalis) und dem mütterlichen (Placenta maternalis) Teil. Die Plazenta bildet (innensekretorisch) die gonadotropen Hormone, Progesteron und Östrogene. Die Funktionen der Plazenta sind Ernährung des Embryos, Gasaustausch und Hormonbildung (z. B. HCG). Die Plazentaschranke trennt den mütterlichen vom kindlichen Kreislauf.

Die **Placenta maternalis** bildet eine Basalplatte (= Decidua basalis) für die Einnistung des Keimlings. Von dieser Seite aus ziehen Septen aus Deziduazellen zwischen die Zottenbäume. Zwischen Basalplatte und Uterusmuskulatur (Myometrium) liegt die Spongiosa.

Die **Placenta fetalis** trägt die Chorionzotten. Das sind fingerförmige Ausstülpungen des Trophoblasten, die untereinander in Verbindung stehen. Eine solche Zotte mit ihren Verzweigungen wird Zottenbaum genannt. Zwischen diesen Zottenbäumen bleibt das Plazentarseptum (Septum aus Uterusschleimhaut) bestehen. Einige Zotten heften sich an den Septen und an den basalen Deziduazellen fest und bilden die Haftzotten. Die Räume zwischen den Zotten sind die intervillösen Räume. Eine Zotte hat folgenden Schichtenaufbau:

- *Synzytium*
- *Langerhans-Schicht* (Zytotrophoblasten)
- *Zottenstroma*

Der gesamte Aufbau der Plazenta ist in Abb. 3.**29** dargestellt.

Merke

Aufbau der Plazenta:
- Amnionepithel
- Chorionplatte
- Zottenbäume; Haftzotten (fetales Blut)
- intervillöser Raum (mütterliches Blut)
- Decidua basalis (mit Dezidualsepten, bedeckt die Uterusschleimhaut)

3.16 Männliche Geschlechtsorgane

3.16.1 Hoden

Der Hoden (Testis) ist ein zusammengesetztes tubulöses Organ mit Läppchenbau (Abb. 3.**30a**). Das Funktionsgewebe besteht aus den *Tubuli seminiferi*, sie münden in das *Rete testis (Netzwerk)*. Der Hoden hat eine dicke Bindegewebskapsel (*Tunica albugi-*

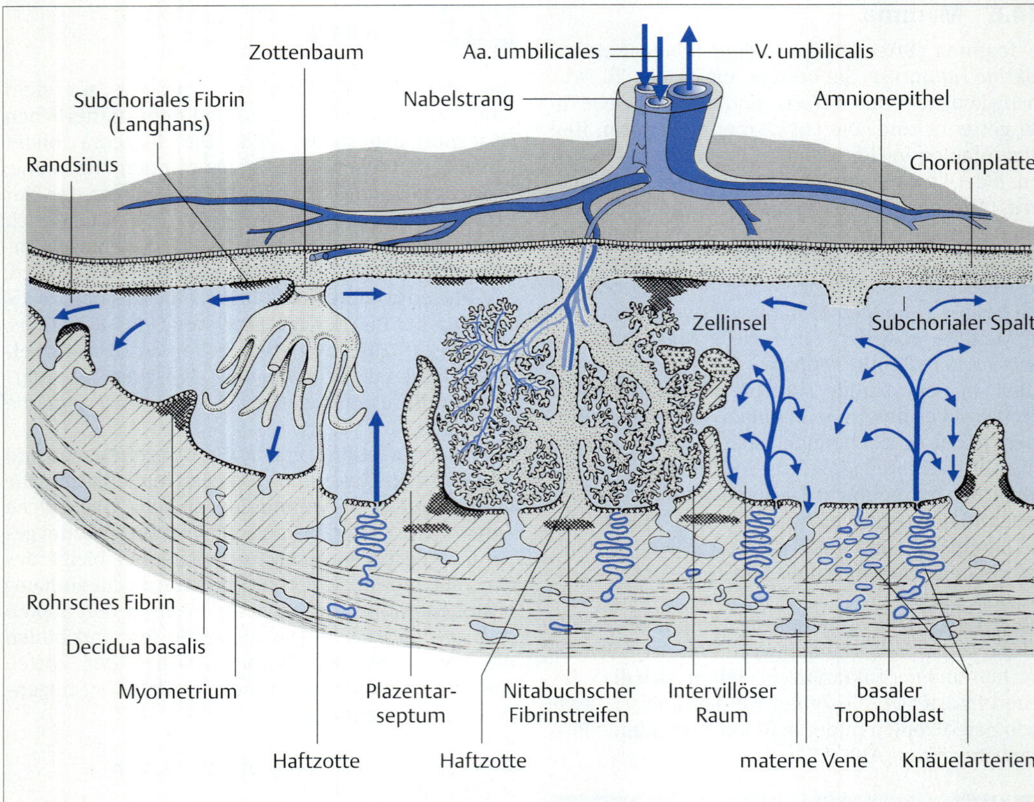

Abb. 3.**29** Reife menschliche Plazenta und Kreislauf im intervillösen Raum, schematisch (linker Bildteil: grobe Aufzweigung eines Zottenbaumes; mittlerer Bildteil: Verzweigungen der Chorionzotten; rechter Bildteil: Stamm des Zottenbaumes). Die gestrichelten Pfeile deuten die Strömungsrichtung des mütterlichen Blutes im intervillösen Raum an. Fein punktiert = fetales Mesenchym, grob schräg schraffiert = maternales (deziduales) Bindegewebe, kreuzschraffiert = Zytotrophoblast der Trophoblastenschale, der Septen und Inseln (aus Bargmann, Thieme 1977)

nea) mit ins Innere führenden Bindegewebssepten (Septula testes). Der Hoden ist von dem *Epiorchium* und dem *Periorchium* überzogen (Abb. 3.**30b** u. **c**); dazwischen befindet sich eine Peritonealabspaltung. Im Bindegewebe des Hodens findet man die großen plasmareichen *Leydig-Zwischenzellen* (azidophiles Zytoplasma), die das Testosteron produzieren. Die *Leydig-Zellen* des (menschlichen) Hodens sind bereits bei der Geburt differenziert, sie enthalten häufig paraplasmatische Einschlüsse und werden durch LH (= hypophysäres Luteinisierungshormon = ICSH) stimuliert. Man unterscheidet in den Tubuli seminiferi die *Sertoli-Zellen (Stütz- und Ernährungszellen)* mit großem hellen Zellkern und deutlichem Nucleolus, sie liegen in der Wand und reichen weit ins Lumen sowie die *Keimzellen (Spermatogonien)* in verschiedenen Reifestadien. Die *Spermatogenese* ist die dauernde mitotische Vermehrung und die anschließende Meiose, die *Spermatohistogenese*, ist die Differenzierung der Spermatiden zu reifen Spermien.

Reifestadien (Spermatogenese):

- Spermatogonien (randständig, großer Zellkern; Mitose)
- Spermatozyten I. Ordnung (Meiose)
- Spermatozyten II. Ordnung (Meiose)
- Spermatiden (zum Lumen hin, kleiner Zellkern)
- Spermien

3.16.2 Nebenhoden

Der Nebenhoden (Epididymis) dient als *Samenspeicher*. Er teilt sich auf in Kopf (Caput), Körper

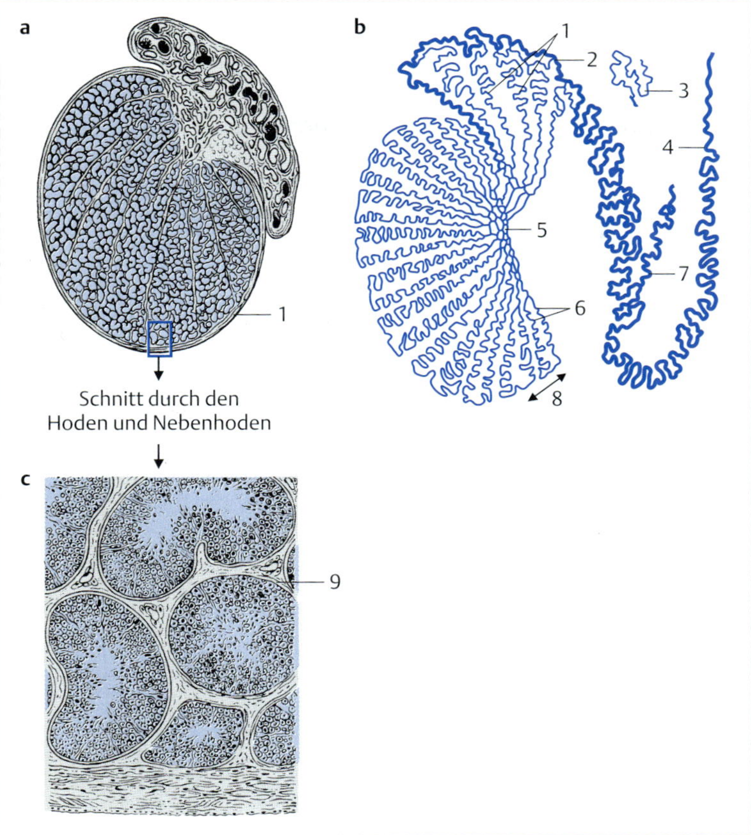

Abb. 3.**30** Hoden und Nebenhoden. **a** Schnitt durch das ganze Organ; **b** Kanälchensystem, schematisch: 1 = Ductuli efferentes, 2 = Ductus epididymidis, 3 = Paradidymis (Appendix testis), 4 = Ductus deferens, 5 = Rete testis, 6 = Tubuli seminiferi contorti, 7 = Ductus aberrans, 8 = Lage der Tunica albuginea; **c** Tubuli seminiferi contorti, jeder Tubulus umgeben von einer Basalmembran (9). Vergr. ca. 100 fach (aus Leonhardt, Thieme 1991)

(Corpus) und Schwanz (Cauda). Er besitzt als Verbindung zum Rete testis *Ductuli efferentes* im Caput (einschichtiges, mehrreihiges Epithel mit Kinozilien [beweglich], eine schmale Lamina basalis und ein gebuchtetes Lumen) sowie den *Ductus epididymidis (= Nebenhodengang)* in Corpus und Cauda (Abb. 3.**30a**). Der Ductus epididymidis ist die Verbindung zwischen Ductuli efferentes und *Ductus deferens (Samenleiter)* (s.a. 3.16.3). Er hat ein hochprismatisches Epithel ohne Kinozilien, aber mit Stereozilien (unbeweglich) und einem gleichmäßigen rundlichen Lumen (Abb. 3.**30b**). Ductus epididymidis und Ductus deferens sind aus der embryonalen Anlage des Urnierengangs (Ductus mesonephricus; Wolff-Gang) entstanden. Der Ductus epididymidis ist von einer zirkulären Lage glatter Muskelzellen umgeben.

3.16.3 Ductus deferens

Der Ductus deferens (Samenleiter) zeigt folgenden 3-Schichtenbau:

- *Tunica mucosa:*
  - Lamina epithelialis: 2reihig hochprismatisch mit Stereozilien
  - Lamina propria: mit kollagenem Bindegewebe
- *Tunica muscularis:* (3schichtige dicke Muskulatur)
  - innere Längsmuskulatur
  - mittlere Ringmuskulatur
  - äußere Längsmuskulatur
- *Tunica adventitia:*
  - Bindegewebe mit elastischen Netzen, Blutgefäßen und Nerven.

Der Ductus deferens hat ein kleines sternförmiges Lumen und eine breite Muscularis. Er erhält Sper-

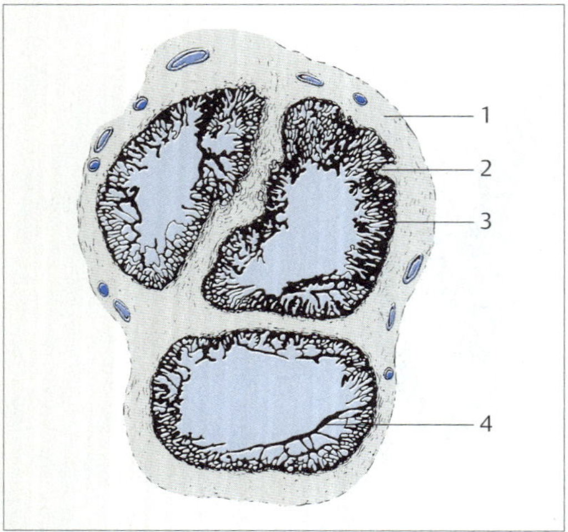

Abb. 3.**31** Vesicula seminalis (Samenbläschen), Schnitt durch das ganze Organ: Das Drüsenlumen ist dreimal angeschnitten. 1 = Tunica adventitia, 2 = Tunica muscularis, 3 = Tunica mucosa, 4 = Schleimhautbrücke (aus Frick/Leonhardt/Starck, Thieme 1987)

mien aus dem Ductus epididymidis. Der Ductus deferens setzt sich in den *Ductus ejaculatorius* fort, der durch die Prostata zieht und in die Harnröhre mündet. Der Ductus deferens wird zusammen mit den Gefäßen, die zum Hoden ziehen, mit Bindegewebe zum Funiculus spermaticus (Samenstrang) gebündelt.

3.16.4 Vesicula seminalis (Samenblase)

Die Glandula vesiculosa (Bläschendrüse, Samenbläschen, Vesicula seminalis) ist eine mehrfach gefaltete Drüse mit interstitiellem Bindegewebe. Sie mündet in den Ductus deferens. Am Rand findet man manchmal Prostatagewebe angeschnitten. Die Glandula vesiculosa produziert ein alkalisches, proteinhaltiges Sekret (mit Fructose). Schichtenbau:

- *Tunica mucosa:* Schleimhautleisten und Schleimhautbrücken, gebildet von der Lamina propria mit mehrreihigem iso- bis hochprismatischem Epithel
- *Tunica muscularis:* 3 Schichten
- *Tunica adventitia:* mit Blutgefäßen und Nerven

Im Querschnitt erkennt man mehrere unregelmäßige Lumenanschnitte (Abb. 3.**31**).

3.16.5 Prostata

Die Prostata (Vorsteherdrüse) liegt zwischen Harnblase und M. transversus perinei profundus. Sie wird von der Harnröhre (Übergangsepithel) und den zwei Ducti ejaculatorii durchbohrt. Eine Kapsel aus lockerem Bindegewebe sendet Bindegewebssepten mit glatter Muskulatur ins Innere. Man sieht tubuloalveoläre Drüsen mit unterschiedlich weit gelapptem Lumen und ein einschichtig isoprismatisches bis 2reihig hochprismatisches Epithel. Die tubuloalveolären Drüsenschläuche sind kleiner als bei der Glandula vesiculosa (Abb. 3.**32**). Prostatasteine sind ein deutlicher differentialdiagnostischer Hinweis auf die Prostata. Die Zellen bilden milchiges basisches Sekret, das der Mobilisierung der Spermien dient.

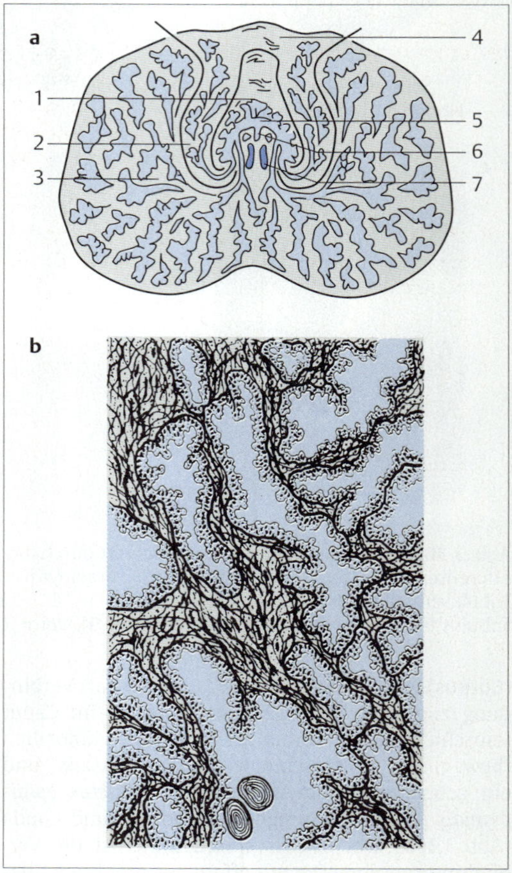

Abb. 3.**32** Prostata. **a** Horizontalschnitt durch das ganze Organ: 1 = periurethrale Mantelzone (Schleimhautdrüsen), 2 = Innenzone (submuköse Drüsen), 3 = Außenzone (Hauptdrüsen der Prostata), 4 = Isthmus prostatae, 5 = Pars prostatica urethrae, 6 = Utriculus prostaticus, 7 Ductus ejaculatorius; **b** Ausschnitt: zahlreiche unterschiedlich weite Einzeldrüsen, dazwischen starke Züge glatter Muskulatur, prismatisches Epithel, im untersten Teil zwei kleine Prostatasteine. Vergr. ca. 100 fach (aus Leonhardt, Thieme 1991)

3.16.6 Äußere Geschlechtsorgane

Der Penis (Glied) gehört zu den äußeren männlichen Geschlechtsorganen.
Aufbau:

- äußere Haut
- Fascia penis
- 3 Schwellkörper (werden von der Fascia penis umhüllt)
- derbe Tunica albuginea
- Corpora cavernosa penis
- Corpus spongiosum urethrae
- Septum pectiniforme
- Urethra

Die Corpora cavernosa penis sind ein Balkenwerk von elastischen Fasern mit glatter Muskulatur und kavernösen Räumen, die nur mit Endothel ausgekleidet sind. Sie dienen der Versteifung des Penis bei der Erektion durch arterio-venöse Anastomosen, die einen funktionellen Kreislauf bilden.
Das Corpus spongiosum penis ist bindegewebereich und arm an glatter Muskulatur. Es enthält weite Venengeflechte. Diese haben eine Stützfunktion, damit bei der Erektion keine Abdrosselung der Venen erfolgen kann.
Ein weiterer Bestandteil des Penis ist die Harnröhre (s. a. 3.13.4).

3.17 Sinnesorgane

3.17.1 Sehorgan: Übersicht

Zum Sehorgan gehören: der optische Apparat (Augapfel = Bulbus oculi), die Augenmuskeln (äußere, quergestreifte Muskeln; innere glatte Muskeln), die Augenlider und die Tränenorgane.

Der Augapfel (Bulbus oculi)

Der Augapfel besteht aus 3 Hauptschichten:

- *Tunica fibrosa (oder externa) bulbi* mit
  - Sclera (Lederhaut)
  - Cornea (Hornhaut)
- *Tunica vasculosa (oder media) bulbi* mit
  - Aderhaut (Choroidea oder Uvea)
  - Strahlenkörper (Corpus ciliare)
  - Regenbogenhaut (Iris)
- *Tunica nervosa (oder interna) bulbi* mit
  - Netzhaut (Retina)
  - Pigmenthaut

Augeninnenraum

Von den o. g. drei Hauptschichten wird der Augeninnenraum umhüllt, der sich in folgende Abschnitte gliedert:

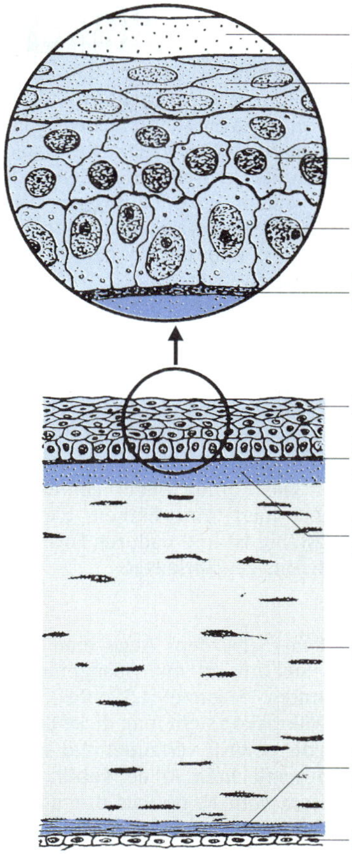

Abb. 3.**33** Cornea des Menschen (aus Kanski, Thieme, 1996)

- *Vordere Augenkammer:* Raum zwischen Hinterfläche der Cornea, Vorderfläche der Linse und der Iris; flüssigkeitsgefüllt (Kammerwasser).
- *Hintere Augenkammer:* An der Rückfläche der Iris und vor den Aufhängebändern (Zonulafasern) der Linse.
- *Linse* (Lens cristallina)
- *Glaskörper* (Corpus vitreum)

3.17.2 Sehorgan: Mikroskopische Anatomie

Cornea

Die Cornea (Hornhaut) zeigt einen 5-Schichtenbau:

- *mehrschichtiges unverhorntes Plattenepithel:* Außenfläche = Hornhautepithel
  - Stratum superficiale (= flache Zellen)

  - Stratum spinosum (mehr Plasma)
  - Stratum basale (quadratische Zellen)
  → Str. spinosum+Str. basale = Str. germinativum
- dicke *Bowman-Membran:* = vordere Basalmembran = Lamina limitans anterior, zellfrei
- *Substantia propria:* kollagenes Bindegewebe mit Lamellen, parallel zur Oberfläche. Hier laufen viele Nervenfasern, die zwischen den Zellen des Horhautepithels enden (zur Auslösung von Schutz- und Fluchtreflexen). Die sensible Innervation der Cornea erfolgt über die Nn. ciliares longi aus dem N. nasociliaris.
- *Descemet-Membran:* = hintere Basalmembran = Lamina limitans posterior, zellfrei
- *hinteres Hornhautepithel:* einschichtiges Plattenepithel = Cornea-Endothel

Die Cornea ist gefäßfrei und wird über die Lymphspalten ernährt. Sie hat eine Funktion für den Brechungsindex und verhindert das Auslaufen von Kammerflüssigkeit. Die Cornea bildet gemeinsam mit der Sclera (Lederhaut) eine Einheit, die sehr zug- und dehnungsfähig ist und dadurch Form und Achsenlänge des Bulbus gewährleistet.

Sclera

Die *Sclera (Lederhaut)* gibt dem Auge eine feste, elastische Stütze. Sie umgibt mit Ausnahme der Cornea den gesamten Augapfel („Weißes" vom Auge). Unter dem Mikroskop sieht man dicke Bündel kollagener Fasern, die gewellt verlaufen und sich in allen Richtungen durchflechten. An der Papilla nervi optici wird die Sclera vom N. opticus durchbohrt: *Siebplatte (Lamina cribrosa).* Auf dem Nerv setzt sie sich als *Dura mater nervi optici* fort. Am Übergang zur Hornhaut, dem Limbus corneae, liegt innerhalb der Sclera eine weitlumige Vene (Sinus venosus sclerae = Schlemm-Kanal), die ringförmig um den Hornhautrand zieht und das Kammerwasser der vorderen Augenkammer (s. u.) ableitet.

Choroidea

Die *Choroidea (Aderhaut)* führt die Gefäße für alle Gebilde des Augapfels. Mikroskopisch fällt die dunkelbraune Eigenfarbe durch Pigmentzellen auf. Sie besteht aus lockerem Bindegewebe mit stark pigmentierten Fibrozyten (Melanin), Arterien, Venen und Kapillarnetzen (für die Retina). Von der Retina ist die Chorioidea durch die dünne *Bruch-Membran* getrennt.

Corpus ciliare

Das *Corpus ciliare (Ziliarkörper)* liegt vor der Choroidea in Höhe der Linse (s. Anatomie Abb. 10.**2** und 10.**3**). Er ist die Fortsetzung der Choroidea nach vorne. Er besteht aus Bindegewebe mit vielen Gefäßen und glatter Muskulatur *(M. ciliaris).* Der Ziliarkörper trägt einen Kranz von ca. 80 Falten *(Processus ciliares),* die strahlenförmig in das Augeninnere weisen (daher Strahlenkörper). Sie sind sehr gefäßreich und bereiten das *Kammerwasser* durch Filtration des Blutes. Von den Fortsätzen und dem Ziliarkörper selbst ziehen die Aufhängebänder der Linse *(Zonulafasern)* weg. Eine weitere Funktion des Ziliarkörpers ist die Nah- und Ferneinstellung des Auges (Akkommodation).

Iris

Die Iris (Regenbogenhaut) bildet die Pupille (Lochblende). Die Hinterfläche der Iris wird von einem zweischichtigen Epithel bedeckt mit
- Pars iridica und
- Stratum pigmenti iridis.

Die Vorderfläche der Iris besteht aus einer lückenhaften platten Epithelschicht. An der Iriswurzel geht die pigmentierte Epithelschicht in den M. dilatator pupillae über. Arteriell wird die Iris vom Circulus arteriosus iridis major versorgt. Die Farbe der Iris wird durch die Chromatophoren im Irisstroma bestimmt, je nach Menge erscheint eine grüne oder braune Färbung. Sind diese Farbteilchen nicht vorhanden, so scheint das melaninhaltige Pigmentepithel der Pars ciliaris retinae bläulich durch die Iris hindurch. Sind Bindegewebsfasern in der Iris enthalten, so erscheint diese gräulich, beim Albino, der kein Pigment hat, scheinen die Blutgefäße durch die Iris hindurch, daher die rötliche Farbe.

Retina

Die *Retina (Netzhaut)* ist die innerste Auskleidung des Augapfels (Abb. 3.**34**). Sie gliedert sich in 3 verschiedene Regionen:
- *Pars optica retinae,*
- *Pars ciliaris retinae:* überkleidet das Corpus ciliare (s.o.),
- *Pars iridica retinae:* überkleidet die Rückseite der Iris (s.o.) und liefert das dort befindliche Pigmentepithel.

Pars ciliaris und iridica retinae werden zusammen auch als *blinde Netzhaut (Pars caeca retinae)* der Pars optica retinae gegenübergestellt. Grenze ist die Ora serrata (s. Anatomie Abb. 10.**2**).

Pars optica retinae: Sie besteht von außen nach innen (zum Ziliarkörper hin) aus folgenden Schichten, wenn man sie nach funktionellen Gesichtspunkten betrachtet:
- *Pigmentepithelschicht* (Lichtschutz),
- *Neuroepithelschicht* (1. Neuron) mit den lichtempfindlichen Sinneszellen, den Zapfen und Stäbchen (s. u.),

- *Schicht der bipolaren Ganglienzellen* (2. Neuron) oder Ganglion retinae,
- *Schicht der multipolaren Ganglienzellen* (3. Neuron) oder Ganglion fasciculi optici,
- *Gliastützgerüst* (Müller-Stützfasern) zwischen den Zellen.

Eine ältere Einteilung der Pars optica richtet sich nach rein histologischen Gesichtspunkten (Abb. 3.**34**):

- *Pigmentepithel* (Stratum pigmenti retinae),
- *Schicht der Stäbchen und Zapfen* (Stratum neuroepitheliale),
- *äußere Grenzschicht* (Membrana limitans externa),
- *äußere Körnerschicht* (Stratum granulosum externum = Nervenzellen des 1. Neurons),
- *äußere plexiforme Schicht* (Stratum plexiforme externum),
- *innere Körnerschicht* (Stratum granulosum internum = Nervenzellen des 2. Neurons): Horizontalzellen, Müller-Stützzellen,
- *innere plexiforme Schicht* (Stratum plexiforme internum): Amakrinzellen,
- *Ganglienzellschicht* (Stratum gangliosum nervi optici = Nervenzellen des 3. Neurons),
- *Nervenfaserschicht*,
- *innere Grenzschicht* (Membrana limitans interna).

Neuroepithel (Sinnesepithel): Es trägt die lichtempfindlichen Sinneszellen (s. a. Physiologie 16.2.1):

- *Zapfen:* Die Zapfen bestehen aus einem dickeren *Innenglied* mit Zellkern und vielen Mitochondrien, das den Zellstoffwechsel steuert, einem *Außenglied*, welches das lichtempfindliche Photo-

Histologie

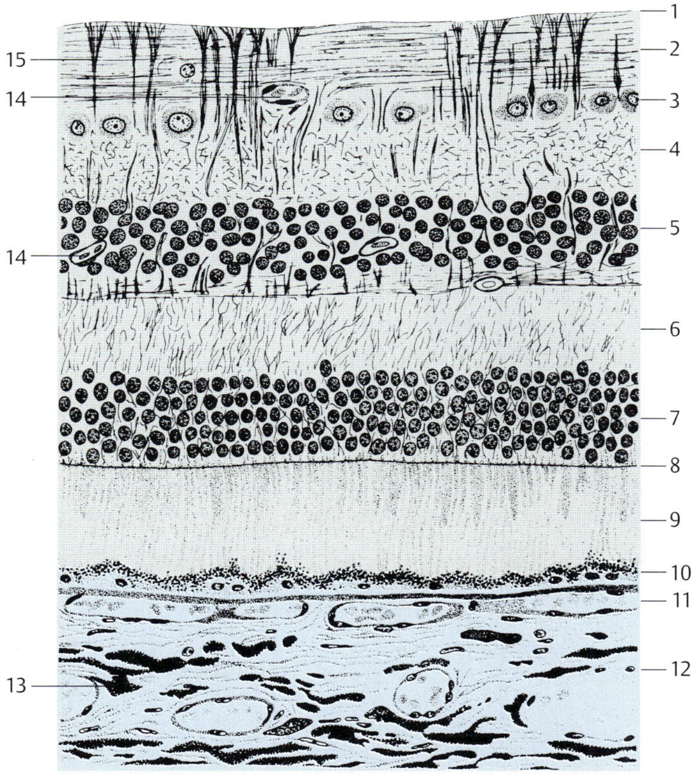

Abb. 3.**34** Schnitt durch die Netzhaut und Aderhaut. 1–9 = Pars nervosa, 1–3 = Schicht der Optikusganglienzellen, 1 = innere Gliagrenzmembran, 2 = Optikus-Nervenfaserschicht, 3 = Optikus-Ganglienzellenschicht, 4–6 = Schicht der Retinaganglienzellen, 4 = innere plexiforme Schicht, 5 = innere Körnerschicht, 6 = äußere plexiforme Schicht, 7–9 = Schicht der Photorezeptoren, 7 = äußere Körnerschicht, 8 = äußere Gliagrenzmembran, 9 = Schicht der Stäbchen und Zapfen, 10 = Pars pigmentosa, 11–12, Choroidea, 11 Lamina choroidocapillaris, 12 = Lamina vasculosa, 13 = Pigmentzellen der Choroidea, 14 = Kapillaren aus dem Verzweigungsgebiet der A. centralis retinae, 15 = Stützzellen (aus Frick/Leonhardt/Starck, Thieme 1987)

pigment enthält, und einem *Axon*, das die Erregung weiterleitet.
Funktion: Tagessehen und Farbsehen
- *Stäbchen:* Auch Stäbchen bestehen aus einem *Innenglied* (Stoffwechselzentrum) und einem *Außenglied* (enthält das Photopigment Rhodopsin).
Funktion: Dämmerungssehen
- *Macula lutea („gelber Fleck"):* Hier sind die Sehzellen nur mit einer dünnen Schicht anderer Stütz- und Nervenzellen bedeckt. Dadurch entsteht eine Einsenkung in der Netzhaut (sog. *Fovea centralis*). Zudem sind hier nur Zapfen, die für jede Zelle eine eigene Neuronenkette besitzen. Die Macula lutea ist „der Ort des schärfsten Sehens".

Pigmentepithel: An der Grenze zur Aderhaut hin besitzt die Retina ein einschichtig, stark pigmentiertes Epithel (Melanin), das Streustrahlung im Auge verhindert.

Linse

Sie zeigt folgenden Aufbau:
- *Linsenkapsel:* homogene, feste Membran aus Lamellen
- *Linsenepithel:* kubische Zellen, bauen Linsenkapsel auf, fehlen auf der Linsenrückseite
- *Linsenfasern:* sechskantige Prismen, die schalenartig die Linse aufbauen und mit Kittsubstanz verklebt sind.

Glaskörper

Der Glaskörper (*Corpus vitreum*) ist eine durch feine Fasern verspannte gallertige Masse mit 98 % Wasser ohne Zellen. Diese erhält durch ihren Quellungsdruck die Form des Auges. Ein Verlust macht das Auge sehunfähig.

Augenlid

Das *Augenlid (Palpebra,* Abb. 3.**35)** gehört zu den Schutzorganen des Auges. Es besteht aus zwei verschiedenen Epithelien, einem äußeren Epithel, dem mehrschichtig verhornten Plattenepithel und einem inneren Epithel, dem mehrschichtig unverhornten Plattenepithel. Als Grundgerüst dient eine *Kollagenfaserplatte (Tarsus)* mit glatter (sympathisch innervierter) Muskulatur. An der vorderen Lidkante findet man *Zilien (Wimpern). Moll-Drüsen (Gll. ciliares)* sind apokrine Drüsen, die in der Nähe der Wim-

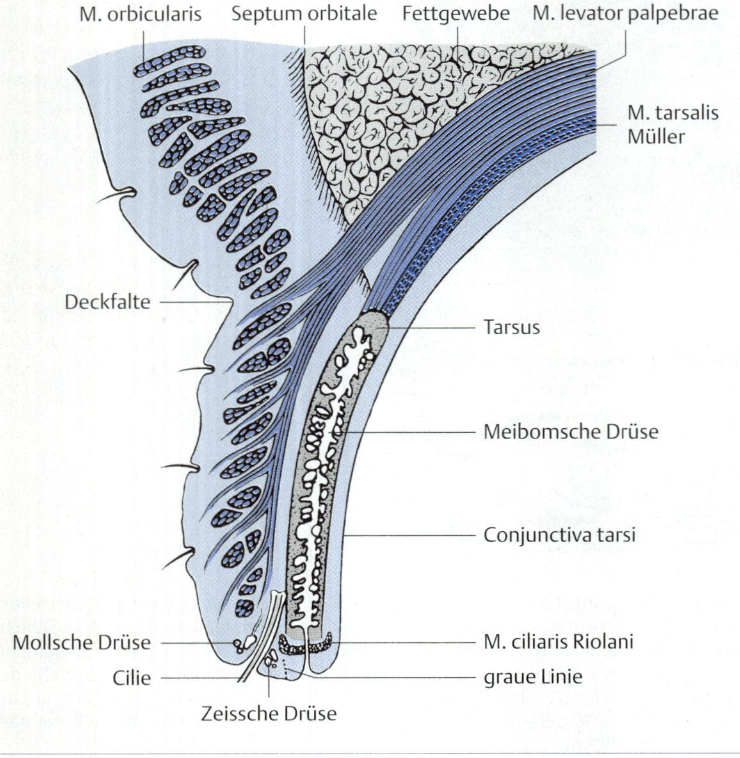

Abb. 3.**35** Oberes Augenlid (aus Hollwich, Thieme 1988)

pern münden. Im Augenlid liegen *Meibom-Drüsen (Gll. tarsales)*, holokrine, alveoläre Talgdrüsen, die im Tarsus münden. Auch kleine *Tränendrüsen (Gll. lacrimales)* sind hin und wieder angeschnitten. Der M. orbicularis oculi durchzieht das ganze Lid. Dazwischen sieht man Fettgewebe und lockeres Bindegewebe.
Oberlid und Unterlid enthalten einen Tarsus. Die Glandulae tarsales (Meibom-Drüsen) produzieren ein talgähnliches Sekret. Die Mm. tarsales bestehen aus glatten Muskelzellen.

! Merke

außen: Lidhaut (mehrschichtig verhorntes Plattenepithel), Pars palpebralis, Wimpernhaare (Zilien), Talgdrüsen, Schweißdrüsen

innen: Tunica conjunctiva palpebralis (zweischichtiges, hochprismatisches Epithel), Becherzellen, Tarsus (Lidplatte), Meibom-Drüsen

3.16.2 Gleichgewichtsorgan

Das Gleichgewichtsorgan liegt zusammen mit dem eigentlichen Hörorgan (Cochlea) als Innenohr in der Felsenbeinpyramide. Das Gleichgewichtsorgan dient der räumlichen Orientierung und besteht aus Sacculus, Utriculus und den 3 vom Utriculus abgehenden Ductus semicirculares (Bogengänge). Die Morphologie des Gleichgewichtsorganes wird in Anatomie 11.4.2 besprochen.

Sacculus und Utriculus

Sacculus und Utriculus (s. Anatomie Abb. 11.**5**) besitzen je ein *Maculaorgan (Macula sacculi und Macula utriculi)* und eine ca. 2 mm lange ovale *Macula statica*. Das Epithel der Macula statica enthält fadenförmige Stützzellen, die an ihrer freien Seite ein Sinneshaar (deshalb *Haarzellen* genannt) tragen. Eine gallertige Membran (*Statoconienmembran*), in der kleine $CaCO_3$-Kristalle (*Statolithen, Statoconien*) liegen, bedeckt die Macula statica. Durch die Schwerkraft bzw. Bewegungsänderungen (Linearbeschleunigung) üben die Statokonien einen Reiz auf die Rezeptoren (Sinneshaare) aus. Das Sinneshaar besteht aus 60–80 Stereozilien und einem Kinozilium. Bewegen sich die Stereozilien zum Kinozilium hin, wird ein Reiz registriert. Der Zelleib der Sinneszellen kann in zwei Typen untergliedert werden: Typ I (bauchige Zellen) und Typ II (längliche Zellen).

Bogengänge und Crista ampullaris

Die häutigen Bogengänge haben sich aus dem Utriculus entwickelt und tragen ein niedriges Epithel. Im Bereich der Ampulle sind der häutige und der knöcherne Bogengang verwachsen und bilden zusammen die *Crista ampullaris*. Die Sinneszellen tragen ein Sinneshaar (Stereozilien und ein Kinozilium), das zum Utriculus hin gerichtet ist. Auf den Zellen liegt eine gallertige Membran (*Cupula ampullaris*). Durch Kopfdrehbewegungen (Winkelbeschleunigung) wird die Cupula, die in Endolymphe gelagert ist, abgelenkt. Dies führt zu einer Abscherung der Zilien innerhalb der Cupula und damit zur Erregung (s. a. Physiologie 17.1.2).

3.16.3 Hörorgan

Zum Hörorgan gehört die Schnecke (im Innenohr) mit ihren Rezeptorzellen, das Mittelohr (Schalleitung) und das äußere Ohr (Sammeln der Schallwellen). (Siehe auch Physiologie 17.2 und Anatomie 11.4.3.)

Ohrmuschel

Die *Ohrmuschel (Auricula)* enthält elastischen Knorpel, der mit der Haut an der Vorderfläche fest verwachsen ist (an der Hinterfläche läßt er sich etwas verschieben). Das *Ohrläppchen (Lobulus auriculae)* ist knorpelfrei.

Äußerer Gehörgang

Der *äußere Gehörgang (Meatus acusticus externus)* ist ca. 3,5 cm lang und röhrenförmig. Er besteht zu einem Drittel aus elastischem Knorpel und zu zwei Dritteln aus Knochen. Der knorpelige Teil enthält die Haut, Haare, Talgdrüsen und *Ohrenschmalzdrüsen* (*Gll. ceruminosae*, weitlumige Drüsen mit apokriner Sekretion). Im knöchernen Teil ist die Haut sehr dünn und ohne Drüsen.

Trommelfell

Das *Trommelfell (Membrana tympani)* trennt als ovale Haut das äußere Ohr vom Mittelohr. Es besteht (von außen nach innen) aus dem Stratum cutaneum (dünne Epidermis), dem Stratum fibrosum (Lamina propria) und dem Stratum mucosum (Schleimhaut der Paukenhöhle).

Mittelohr

Zum Mittelohr gehören:
- Paukenhöhle (Cavum tympani)
- Gehörknöchelchen: Hammer (Malleus), Amboß (Incus) und Steigbügel (Stapes)
- Zellen des Warzenfortsatzes (Cellulae mastoideae)
- Ohrtrompete (Tuba auditiva (Eustachii))

Innenohr

Das Innenohr enthält Rezeptoren und wird in ein knöchernes und ein häutiges Labyrinth unterteilt. Zwischen knöchernem und häutigem Labyrinth be-

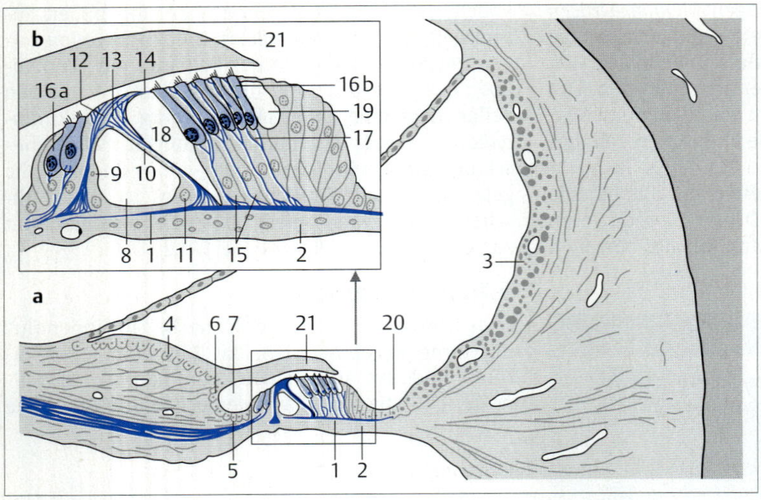

Abb. 3.**36** Schema des Ductus cochlearis (**a**) und des Corti-Organs (**b**). 1 und 2 = Basilarmembran, 3 = Stria vascularis, 4 = Limbus spiralis, 5 und 6 = Lippen des Limbus spiralis, 7 = Sulcus spiralis internus, 8 = Perilymphe, 9 = innere Stütz- und Pfeilerzellen, 10 und 11 = äußere Stütz- und Pfeilerzellen, 12 - 14 = Tonofibrillen (Kopfteil des Stützgerüstes), 15 = Phalangenzellen, 16a innere Haarzellen, 16b = äußere Haarzellen, 17 = Stützkörperchen der Phalangenzellen, 18 = Nuelscher Raum mit Perilymphe, 19 = äußerer Tunnel, 20 = äußerer Sulcus spiralis, 21 = Membrana tectoria (aus Becker/Naumann/Pfaltz, Thieme 1989)

findet sich Perilymphe. Das häutige Labyrinth ist mit Endolymphe gefüllt. Dieser Teil gehört zum Gleichgewichtsorgan (s. o.).
Das Hörorgan besteht aus der knöchernen *Schnecke (Cochlea)* (ca. 30 mm lang) und dem darin liegenden *Ductus cochlearis*. Die Cochlea verjüngt sich um eine Achse (*Modiolus*). Im Modiolus läuft der Hörnerv (Ggl. spirale). Weitere wichtige Strukturen sind (Abb. 3.**36a**):

- Ductus cochlearis
- Scala vestibuli
- Scala tympani
- Helicotrema
- Lamina spiralis ossea
- Lamina basilaris

Corti-Organ

Das *Corti-Organ (Organum spirale)* ist das eigentliche Sinnesepithel des Gehörganges für die Schallperzeption und verläuft auf der Lamina basilaris innerhalb des Ductus cochlearis als ein spiralförmiger Wulst. Es enthält folgende Zellen (Abb. 3.**36b**):

- *Stützzellen*:
  - Corti-Pfeilerzellen: in 2 Reihen angeordnet
  - Deiter-Phalangenzellen: mehrere Reihen
  - Hensen-Zellen
  - Claudius-Zellen
- *Sinneszellen:*
  - Haarzellen oder Hörzellen (= sekundäre Sinneszellen).

Anatomie

Birgit C. Hanusch

Allgemeine Entwicklungsgeschichte und Plazentation

1.1 Keimzellen und Keimzellentwicklung

Die Entwicklung des Menschen beginnt mit der *Befruchtung* einer Eizelle durch eine Samenzelle. Beide müssen mehrere *Reifungsstadien* durchlaufen, bevor es zur Befruchtung kommen kann.

1.1.1 Keimzellen

Die *Keimzellen* (*Gameten*) entwickeln sich aus undifferenzierten *Urkeimzellen*. Diese entstehen etwa in der 3. Embryonalwoche an der *Wand des Dottersacks*. Von dort wandern sie in die *Gonadenanlagen* in der Urogenitalfalte, wo sie in der 4. bis 5. Embryonalwoche ankommen. Ihre von anderen Körperteilen unabhängige Entwicklung wird als *Keimbahn* bezeichnet. Die Keimzellen differenzieren sich je nach Geschlecht des Embryos zu *Spermatogonien* oder *Oogonien*. Aus den Spermatogonien entwickeln sich die männlichen Keimzellen (*Spermien*), aus den Oogonien die weiblichen Keimzellen (*Oozyten*) (s.a. Biologie 4.2).

! Merke

Die reifen Keimzellen sind im Gegensatz zu den anderen Körperzellen durch Reifeteilung (Meiose) *haploid*, d. h. sie haben nur den halben Chromosomensatz (23 Chromosomen: 22 Autosomen und 1 Geschlechtschromosom). Nach der Befruchtung (*Syngamie*) entspricht die Zahl der Chromosomen wieder der der Körperzellen (*diploider Chromosomensatz*).

1.1.2 Oogenese und Bau der Eizelle

Oogenese: Die Entwicklung der Oogonien zu befruchtungsfähigen Eizellen (Oogenese) findet im *Eierstock* (*Ovar*) statt. Sie unterliegt hormonellen Regulationsmechanismen (s.a. 1.2.1). Das Ovar besteht aus Bindegewebe und enthält in seiner Rinde (Cortex ovarii) Eizellen in verschiedenen Reifungsstadien.

Oogonien: Die aus den Urkeimzellen entstandenen *Oogonien* teilen sich mehrfach und liegen am Ende des 3. Embryonalmonats in Gruppen (*Eiballen*) zusammen. Im 5. Embryonalmonat haben sie ihre größte Anzahl erreicht. Einige Oogonien differenzieren sich zu größeren ***primären Oozyten***. In den folgenden Monaten gehen viele Oogonien und primäre Oozyten zugrunde. Die überlebenden primären Oozyten bereiten die 1. Reifeteilung vor. Das die Oozyte umgebende Bindegewebe differenziert sich zu einem einschichtigen Epithel. Der *Primordialfollikel* ist entstanden.

Primäre Oozyten: Die primären Oozyten (in jeder Anlage etwa 1 Million) befinden sich bei der Geburt in der Prophase der 1. Reifeteilung. Sie kommen dann in das *Dictyotänstadium*, ein Ruhestadium zwischen Prophase und Metaphase, und verbleiben in diesem bis zur Pubertät. Während dieser Zeit wird ein Großteil der Primordialfollikel atretisch, so daß zu Beginn der Pubertät nur noch etwa 40 000 vorhanden sind.

Vom Primordialfollikel zum Tertiärfollikel: Mit dem Beginn der Pubertät reift in jedem Ovarialzyklus ein Teil der Primordialfollikel. Die Oozyte vergrößert sich und das umgebende Epithel wird isoprismatisch. Zwischen Oozyte und Epithel bildet sich eine dicker werdende Schicht aus Glykoproteinen (*Zona pellucida*). Der Primordialfollikel ist zum *Primärfollikel* geworden. Im Verlauf der Entwicklung proliferiert das Follikelepithel und wird mehrschichtig. Die Epithelzellen sind deutlich granuliert und werden *Granulosazellen* genannt. Der Follikel wird jetzt als *Sekundärfollikel* bezeichnet. Zwischen den Epithelzellen bilden sich mit Flüssigkeit gefüllte Hohlräume, die zur Follikelhöhle zusammenfließen. Der *Tertiärfollikel* (*Graaf-Follikel*) ist entstanden. Die Follikelhöhle wird von Granulosazellen ausgekleidet und vergrößert sich schnell. Die primäre Oozyte ist weiterhin von der Zona pellucida und Zellen des Follikelepithels (*Corona radiata*) umgeben. Sie bilden den *Eihügel* (*Cumulus oophorus*), der am Rand der Follikelhöhle liegt. Der reife Follikel wird von zwei Schichten des Ovarialstromas umgeben. Die innere Schicht (*Theca int.*) ist epithelial aufgebaut und sehr gefäßreich. Die äußere Schicht (*Theca ext.*) besteht aus kollagenen Fasern (s.a. Histologie 3.14.1).

! Merke

Mit jedem Zyklus beginnen mehrere Follikel zu reifen. Nur einer jedoch erreicht die volle Reife eines sprungbereiten Follikels, der einen Durchmesser über 20 mm erreichen kann („Herzkirschengröße"). Die anderen Follikel werden atretisch.

Die *primäre Oozyte* (Durchmesser etwa 150 μm) beendet die 1. Reifeteilung zum Eisprung und stößt dabei ein Polkörperchen aus. Die *sekundäre Oozyte* tritt in die 2. Reifeteilung ein, die erst nach der Imprägnation beendet wird. Die atretischen Follikel bilden sich zurück und werden durch Bindegewebe ersetzt.

! Merke

Eisprung: Beendigung der 1. Reifeteilung (*Reduktionsteilung*)

Imprägnation: Beendigung der 2. Reifeteilung (*Äquationsteilung*)

1.1.3 Spermatogenese und Bau der Samenzelle

Spermatogenese: Die Entwicklung der Spermatogonien zu reifen befruchtungsfähigen Spermien (*Spermatogenese*) findet in den Samenkanälchen des Hodens sowie im Nebenhoden statt. Für den regelrechten Ablauf ist die Androgenproduktion der *Leydig-Zellen* verantwortlich. Die *Samenkanälchen* bestehen aus einer Basalmembran, der von innen *Sertoli-Zellen* und Spermatogonien anliegen. Die Sertoli-Zellen dienen der Ernährung der Samenzellen. Lumenwärts befinden sich die Samenzellen in verschiedenen Reifungsstadien.

Spermatogonien: Die aus den Urkeimzellen entstandenen *Spermatogonien* teilen sich mehrfach. Sie liegen als große, helle Zellen zwischen den Sertoli-Zellen in sog. Keimsträngen und verbleiben dort bis zur Pubertät.

Von den Spermatogonien zum reifen Spermium: Erst kurz vor der Pubertät wandeln sich die Keimstränge in Samenkanälchen um. Die Spermatogonien liegen der Wand an und bilden u. U. lebenslang weitere Spermatogonien sowie *primäre Spermatozyten*. Diese treten in die 1. Reifeteilung ein, bei der zwei sekundäre Spermatozyten entstehen. Die *sekundären Spermatozyten* durchlaufen die 2. Reifeteilung, aus der zwei *Spermatiden* hervorgehen.
Die Entwicklung des *reifen Spermiums* aus der Spermatide nach Aufgabe des Epithelzellverbandes bezeichnet man als *Spermiogenese*. Dabei werden drei charakteristische Entwicklungsschritte durchlaufen:

1. Aus dem Golgi-Apparat entwickelt sich ein Lysosom, das sich als Kappe über den vorderen Zellkernpol stülpt (*Akrosom*).
2. Der Kern verdichtet sich.
3. Die Mitochondrien lagern sich als Mittelstück um den vom Zentriol ausgehenden Schwanzfaden. Das übrige Zytoplasma wird abgestoßen.

Die Entwicklung eines Spermiums aus einer Spermatogonie dauert beim Menschen 90 Tage. Dabei werden die Samenzellen während der Entwicklung immer weiter zum Lumen der Samenkanälchen gedrängt, so daß sich Keimzellschichten bilden, die jeweils ein bestimmtes Entwicklungsstadium enthalten. Die reifen Spermien werden in die *Nebenhoden* befördert. Dort werden sie gespeichert und durch einen niedrigen pH-Wert gelähmt gehalten.

Spermium: Ein reifes Spermium besteht aus Kopf und Schwanz. Der *Kopf* ist abgeplattet und enthält verdichtete Kernsubstanz. Über diese stülpt sich das Akrosom. Der *Schwanz* setzt sich aus Hals-, Mittel-, Haupt- und Endstück zusammen. Der *zentrale Achsenfaden* zieht sich durch alle Abschnitte und besteht aus Tubuli in einer typischen Anordnung („9×2+2"), die sich aus den Zentriolen entwickelt haben. Der Hals bildet die bewegliche Verbindung zwischen Kopf und Schwanz. Dem Mittelstück lagern sich von außen Mitochondrien spiralförmig an. Das Hauptstück ist charakterisiert durch ebenfalls spiralförmig angeordnete Fibrillen, die um die Tubuli herum verlaufen. Das Endstück besteht nur noch aus Tubuli.

Merke

Die *Befruchtungsfähigkeit der Spermien* ist abhängig von Zahl und Beweglichkeit der Spermien, den Akrosomen und der Fructosekonzentration im Sperma. Bis zu 10 % der Spermien können mißgebildet sein, ohne daß die Fruchtbarkeit gemindert wird. Das *Ejakulat* enthält normalerweise 50 – 120 Millionen Spermien pro ml. Bei weniger als 50 Mill./ml spricht man von *Oligozoospermie*. Sind nur unreife Spermien vorhanden, handelt es sich um eine *Azoospermie*, sind keine Spermien vorhanden um eine *Aspermie*.

1.2 Befruchtung, Furchung, Implantation

Die Zeit von der Befruchtung der Eizelle bis zur Einnistung des Keims in der Gebärmutter dauert etwa 6 Tage. In dieser Zeit entwickelt sich aus einer befruchteten Eizelle ein ganzer Zellhaufen, der bereits in Vorläuferzellen des Embryos und der späteren Plazenta unterteilt werden kann. Viele Faktoren müssen übereinstimmen, damit die Eizelle befruchtet werden und sich in der Gebärmutterschleimhaut einnisten kann (Abb. 1.**1**).

1.2.1 Befruchtung

Ovarialzyklus: In jedem Ovarialzyklus beginnen mehrere Primordialfollikel zu reifen. Nur einer von ihnen erreicht die volle Reife. Die Reifung der Eizelle und der *Eisprung* (*Ovulation*) erfolgen in regelmäßigen Abständen und sind Grundlage des *Ovarialzyklus*. Die Ovulation erfolgt etwa alle 28 Tage, 14 Tage $\pm$ 1 Tag vor dem Einsetzen der Periodenblutung. Der Zeitraum zwischen Ovulation und Blutung ist ziemlich konstant, der Zeitraum zwischen Blutung und der folgenden Ovulation variabler und abhängig von der Zeit, die der Follikel zur Reifung benötigt.

Ovulation: Schon während der Reifung des Follikels beginnt in den Granulosazellen die *Progesteronproduktion*. Das Hormon wird in die Follikelhöhle sezerniert und fördert die Reifung der Eizelle. Der Tertiärfollikel entwickelt sich zum sprungreifen Follikel. Die von den Theca-int.-Zellen produzierten *Östrogene* gelangen in den Blutkreislauf und bewirken u. a. die Ausschüttung von *luteinisierendem Hormon* (LH) aus der Hypophyse. Bei der nun folgenden Ovulation rupturiert der Follikel und schwemmt die Eizelle zusammen mit der Corona radiata in die Bauchhöhle aus. Die *Fimbrien der Tuba uterina* nehmen sie auf und transportieren sie durch Saftstrom in die Tube.

Corpus luteum: Die leere Follikelhöhle fällt zusammen und wird durch Einblutungen zum *Corpus haemorrhagicum*, das kapillarisiert wird. Die Granulosazellen wandeln sich zu *Granulosaluteinzellen* (*Progesteronproduktion*) um. Am 3. Tag nach der Ovulation hat sich aus dem Follikel der *Gelbkörper* (*Corpus luteum*) gebildet. Er besteht aus Granulosaluteinzellen, die von einer schmalen Schicht *Thecaluteinzellen*, der Theca int. (*Östrogenproduktion*), umgeben sind (Abb. 1.**1**).
Bleibt die Befruchtung der Eizelle aus, entwickelt sich das Corpus luteum zum *Corpus luteum menstruationis*, das 10 – 12 Tage nach der Ovulation seine maximale Größe erreicht. Man erkennt es als gelbe Vorwölbung an der Oberfläche des Ovars. Anschließend degeneriert das Corpus luteum und wird durch Narbengewebe ersetzt (*Corpus albicans*). Dabei fällt der Progesteronspiegel ab und löst die Menstruationsblutung (*Abbruchblutung*) aus.
Wird die Eizelle befruchtet, wächst der Gelbkörper zum *Corpus luteum graviditatis* heran, das deutlich größer und reich kapillarisiert ist. Es produziert bis zum 4. Schwangerschaftsmonat Progesteron und bildet sich dann zum *Corpus albicans* zurück.

Klinischer Bezug

Die **hormonellen Kontrazeptiva** hemmen über den Feedback-Mechanismus die Ausschüttung von LH aus der Hypophyse. Es finden keine Ovulationen mehr statt. Zusätzlich wird durch die direkte Wirkung der Hormone die Tubenmotilität gehemmt, die Gebärmutterschleimhaut in einen für die Einnistung der befruchteten Eizelle ungünstigen Zustand gebracht und der Zervixschleim verfestigt, so daß die Wanderung der Spermien blockiert wird. Eine ausgewogene Mischung von Östrogenen und Gestagenen vermindert die Nebenwirkungen der einzelnen Hormone, verhindert Zwischenblutungen und bewirkt eine regelmäßige Entzugsblutung.

Befruchtung: Die Befruchtung der Eizelle durch das Spermium findet in dem aufgeweiteten Teil des Eileiters (*Pars ampullaris tubae uterinae*) statt. Das Einbringen der männlichen Samenzellen in den weiblichen Genitaltrakt (auf natürlichem Wege oder künstlich) wird als *Insemination* bezeichnet. Die Spermien wandern sehr schnell über die Vagina in den Uterus und von dort in die Tuben. Sie sind jedoch nicht ohne weiteres in der Lage, in die Eizelle einzudringen (*Imprägnation*).

Merke

Die Eizelle ist nur etwa 6–12 Stunden befruchtungsfähig, die Spermien dagegen 2–3 Tage. Das *Konzeptionsoptimum* (günstigste Zeit für die Befruchtung der Frau) dauert deshalb nur wenige Stunden. Es liegt 14 Tage vor der nächsten Menstruationsblutung. Gleichzeitig steigt die Basaltemperatur an und die Viskosität des Zervixschleims nimmt ab. Dies kann zur *Schwangerschaftsplanung* ebenso wie zur *Schwangerschaftsverhütung* (Temperaturmethode, Kalendermethode [Knaus-Ogino]) eingesetzt werden.

Kapazitation und Akrosomenreaktion: Die Spermien durchlaufen in der Tube einen Reifungsprozeß (*Kapazitation*), der etwa 7 Stunden dauert. Die Plasmamembran des Spermienkopfes verschmilzt mit der Akrosomenmembran (*Akrosomenreaktion*). Die innere Akrosomenmembran wird zur freien Oberfläche des Spermienkopfes. Dabei werden Enzyme aus dem Akrosom freigesetzt, die die Corona radiata und die Zona pellucida stellenweise auflösen und so den Spermien das Eindringen in die Eizelle ermöglichen.

Konzeption: Nur ein Spermium ist zur *Befruchtung* (*Konzeption*) nötig. Es durchdringt Corona radiata und Zona pellucida und heftet sich an die Oozytenoberfläche. Die Zellmembranen von Spermium und Eizelle verschmelzen, und Kopf, Hals sowie Teile des Schwanzes der Samenzelle werden in die Eizelle aufgenommen. Die Zona pellucida verändert ihre Struktur und verhindert so das Eindringen weiterer Spermien.

Die Eizelle beendet ihre 2. Reifeteilung, zwei weitere Polkörperchen werden ausgestoßen. Die Eizelle wird aktiviert und erhöht ihren Stoffumsatz. Damit beginnt die Entwicklung des Embryos *(Embryogenese)*. Der Kern der Eizelle und der Kopf des Spermiums wandeln sich in den *weiblichen* und *männlichen Vorkern* um, die sich morphologisch nicht unterscheiden. Die restlichen Spermiumanteile lösen sich in der Zelle auf. Beide Vorkerne verdoppeln ihre DNA und verschmelzen miteinander.

Merke

Durch die Verschmelzung der Vorkerne wird der diploide Chromosomensatz wieder hergestellt und das *chromosomale Geschlecht* bestimmt. Die Eizelle liefert dabei ein X-Chromosom, das Spermium entweder ein X- oder ein Y-Chromosom (XX = weiblich, XY = männlich).

Klinischer Bezug

Bei *Unfruchtbarkeit der Frau* aufgrund einer Tubenmotilitätsstörung kann die Befruchtung heute auch extrakorporal erfolgen (**In-vitro-Fertilisation**, IVF). Dabei wird das Ovar der Frau hormonell stimuliert, damit möglichst viele Follikel reifen. Kurz vor der Ovulation werden diese Follikel mit Hilfe von Ultraschall transvaginal punktiert und abgesaugt. Die so erhaltenen Eizellen werden befruchtet. Im Stadium der frühen Blastozyste (s.a. 1.2.3) werden der Mutter bis zu drei Embryonen in den Uterus implantiert. Häufig werden die Implantate nicht angenommen, so daß oft mehrere Versuche unternommen werden müssen, bis es zu einer Schwangerschaft kommt.

1.2.2 Furchung

Die *befruchtete Eizelle* (*Zygote*) beginnt sich zu teilen. Die ersten Teilungen werden *Furchungsstadien* genannt, die entstehenden Zellen *Blastomeren*. Bei jeder Teilung werden die Zellen kleiner als ihre Mutterzellen. Das 2-Zell-Stadium wird etwa nach 30 h erreicht, das 4-Zell-Stadium nach 40–50 h. Ab dem 8-Zell-Stadium wird der Embryo *Morula* (Maulbeere) genannt. Diese wandert durch Saftstrom in der Tube in Richtung *Gebärmutter* (*Uterus*) und erreicht diese im 12–16-Zell-Stadium (Abb. 1.**1**).

1.2.3 Blastozyste (Blastula)

Die Entwicklung der Morula zur Blastozyste erfolgt in der Gebärmutterhöhle. Zwischen den innen liegenden Zellen sammelt sich Flüssigkeit, die zusammenfließt und die *Blastozystenhöhle* (*primäres Zölom*) bildet. Zur gleichen Zeit ordnen sich die Blastomeren in eine innere Zellschicht, die später den Embryo bildet (*Embryoblast*) und eine äußere Zellschicht, die später die Plazenta bildet (*Trophoblast*). In der Trophoblasthöhle befinden sich bereits gelöste Nährstoffe des mütterlichen Organismus, die so dem Keim frühzeitig zugeführt werden. Die Blastozyste beginnt sich an die Uteruswand anzuheften (Abb. 1.**1**).

1.2.4 Implantation

Die Einnistung des Keims in die Uterusschleimhaut (*Implantation*) beginnt etwa 6 Tage nach der Ovulation. Sie findet meist im oberen Drittel und an der Hinterwand des Uterus statt.

Die *Uterusschleimhaut* (*Endometrium*) befindet sich zu dieser Zeit in der *Sekretionsphase*, die nach der Ovulation durch das vom Corpus luteum produzierte Progesteron ausgelöst wird. Im Endometrium schlängeln sich die Drüsenschläuche und die Arterien (*Spiralarterien*), es wird zu einem sekretions-

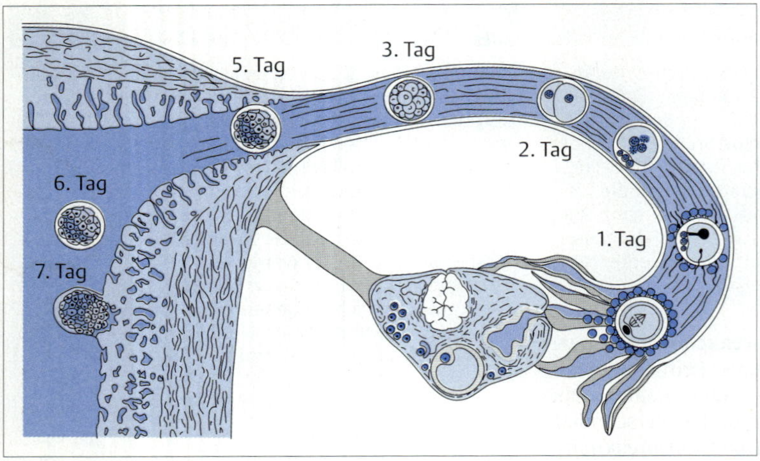

Abb. 1.**1** Der Weg der Eizelle von der Ovulation bis zur Implantation (aus Baltzer/Mickan, Thieme 1994)

fähigen Epithel umgebaut. In diese „reife“ Schleimhaut kann sich der Keim einnisten (Abb. 1.**1**).
Vor der Implantation verschwindet die Corona radiata, und die Zellen des Trophoblasten lösen die umgebende Zona pellucida auf. Der Keimling heftet sich mit dem embryonalen Pol an das Endometrium. Die Trophoblastzellen (*Zytotrophoblast*) vermehren sich und verschmelzen in den äußeren Schichten zum *Synzytiotrophoblast*. Der Synzytiotrophoblast gibt proteolytische Enzyme ab, die an einer Stelle den Epithelverband des Endometriums lösen. Der Keim dringt immer weiter vor, bis er etwa am 12. Tag vollständig innerhalb der Schleimhaut liegt. Der oberflächliche Epitheldefekt wird durch einen Fibrinpfropf verschlossen.

Merke

Es kann trotz intakter Schwangerschaft zu einer kleinen Blutung kommen. Diese erfolgt etwa am erwarteten Menstruationstermin und kann mit der normalen Periodenblutung verwechselt werden.

Im Endometrium bilden die Arterien ein dichtes Kapillarnetz um den Keim. Die Schleimhaut wandelt sich weiter um und wird blaß und ödematös. Die Drüsen sezernieren viel Schleim und Glykogen. Der implantierte Trophoblast beginnt, β-HCG (*Human Chorionic-Gonadotropin*) zu bilden. Dies verhindert die normalerweise erfolgende Abstoßung der Schleimhaut (*Menstruation*).

Merke

Der *Schwangerschaftstest* (Nachweis von β-HCG im Urin der Mutter) kann frühstens nach erfolgter Implantation (etwa 14 Tage nach der Ovulation) positiv sein.

Klinischer Bezug

Erfolgt die Implantation außerhalb des Uterus (**Extrauteringravidität**, EU), stirbt der Keim meist im 2. Schwangerschaftsmonat ab (bei Implantation in der Tube durch Ruptur der Tubenwand). Es kann dabei für die Mutter zu u. U. lebensgefährlichen Blutungen kommen. Mögliche Implantationsorte sind das Ovar, die Tube und die Bauchhöhle. Auch bei Einnistungen innerhalb des Uterus sind Komplikationen möglich, vor allem wenn der Implantationsort in der Nähe des Muttermundes liegt (*Placenta praevia*). Durch Weitung des unteren Uterinsegmentes kann es schon in der 2. Schwangerschaftshälfte zu schweren Blutungen kommen. Da die Placenta praevia ein Geburtshindernis darstellt, werden die Kinder per Kaiserschnitt geboren.

1.3 Plazentation

Der Begriff Plazentation umfaßt die *Entwicklung der Plazenta* aus dem Trophoblasten. Die Plazenta als Organ beginnt sich erst in der 13. Woche zu entwickeln. Davor wird der Embryoblast durch Diffusion über den gesamten Trophoblast ernährt (*histiotrophe Phase*). Man unterscheidet daher eine frühe Phase bis zur 10. Woche, eine fortgeschrittene Phase von der 11. bis zur 18. Woche und eine späte Phase ab der 19. Woche, in der die Plazenta bereits „reif" ist. Eine funktionskräftige Plazenta ist die Voraussetzung für die Ernährung des heranwachsenden Feten.

1.3.1 Entwicklung der Plazenta, Ausbildung des uteroplazentaren Kreislaufs

Entwicklung des Endometriums: Während der Implantion erfolgen komplexe Umbauvorgänge sowohl am Endometrium als auch am Trophoblasten. Die Stromazellen des Endometriums lagern Fett und Glykogen ein und werden nach erfolgter Implantation als *Deziduazellen*, das Endometrium als *Decidua graviditatis* bezeichnet. Die Drüsen produzieren zunächst vermehrt Sekret, werden aber in der weiteren Entwicklung vom Trophoblasten abgebaut. Die Gefäße der Dezidua bilden ein Netz aus anastomosierenden Spiralarterien.

Entwicklung des Trophoblasten: Der Trophoblast differenziert sich ab dem 8. Tag zunächst am embryonalen Pol in einen außen liegenden *Synzytiotrophoblast* und einen innen liegenden *Zytotrophoblast*. Die Zytotrophoblastzellen proliferieren und gehen in den Synzytiotrophoblast über, der immer dicker wird. Die weitere Entwicklung des Trophoblasten erfolgt am embryonalen Pol am ausgeprägtesten. Dort entwickelt sich später die Plazenta.

Ab dem 9. Tag entstehen im Synzytiotrophoblasten kleine Vakuolen, die zu *Lakunen* zusammenfließen (*lakunäres Stadium*). Zwischen den Lakunen bleiben radiär angeordnete Trabekel aus Trophoblastanteilen stehen. Sie bilden die *Vorläufer der Plazentazotten*. Am abembryonalen Pol treten nur wenige Lakunen auf (Abb. 1.**3**).

Uteroplazentarer Kreislauf: Um den Trophoblast herum weiten sich die mütterlichen Kapillaren auf und bilden *Sinusoide*. Diese werden durch die vom Synzytiotrophoblasten ausgeschütteten Enzyme arrodiert. Blut tritt nun aus den mütterlichen arteriellen Gefäßen in die Trophoblastlakunen über und fließt über venöse mütterliche Gefäße wieder ab. Der *uteroplazentare Kreislauf* ist entstanden. Der Keim wird ab diesem Zeitpunkt mit Nährstoffen aus dem mütterlichen Blut versorgt (*hämotrophe Phase*).

Zwischen den Trabekeln und der Fruchthöhle bildet sich eine dicke Schicht aus Zytotrophoblast und Synzytiotrophoblast (*primäre Chorionplatte*). In diese wachsen Zellen des extraembryonalen Mesoderms (s.a. 1.4.3) ein. Am embryonalen Pol wandelt sich die primäre Chorionplatte zur *sekundären Chorionplatte* um.

Entwicklung der Chorionzotten: Die Trabekel differenzieren sich in mehreren Schritten zu *Chorionzotten*. Etwa am 12. Tag wachsen Zytotrophoblastzellen in die Trabekel ein. Die entstandenen Primärzotten enden frei in den Lakunen. Am 15. Tag beginnen Zellen des *extraembryonalen Mesoderms* aus der Chorionplatte in die Primärzotten einzuwachsen. Sie bilden den bindegewebigen Kern der *Sekundärzotten*. Um den 20. Tag treten im Mesoderm der Sekundärzotten Blutgefäße (*Choriongefäße*) auf, die Anschluß an die Gefäße der Chorionplatte und des Embryos bekommen. Die *Tertiärzotten* sind entstanden. Diese sind bis zur 4. Woche noch sehr einheitlich gebaut. Erst danach sprossen zahlreiche Knospen aus den Zotten in die lakunären Räume aus. Die Zotten verzweigen sich immer mehr. Die Schicht der Zytotrophoblastzellen wird vor allem in den Endzotten

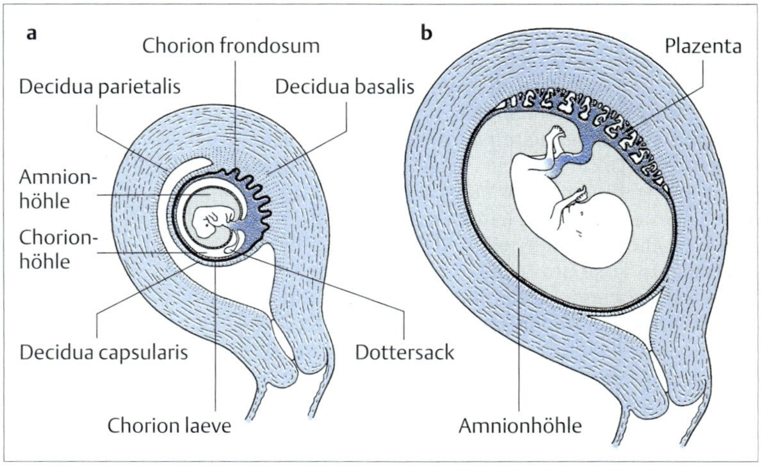

Abb. 1.**2** Vergrößerung der Amnionhöhle. **a** Ende des 2. Monats, **b** Ende des 3. Monats (aus Langman, Thieme 1989)

dünner und die Kapillaren legen sich dicht unter die Zottenoberfläche.
Schließlich trennen nur noch der Synzytiotrophoblast und das Gefäßendothel mütterlichen und fetalen Kreislauf (*Plazentaschranke*) und erleichtern so den *Stoff- und Gasaustausch*.
Die Zotten am embryonalen Pol wachsen weiter und breiten sich aus (*Chorion frondosum*), am abembryonalen Pol werden sie zunehmend abgebaut oder sind gar nicht angelegt. Am Ende des 4. Monats ist der größte Teil des Chorions zottenfrei (*Chorion laeve*).
Dezidua: Die *Schleimhaut des Uterus* (*Dezidua*) bildet im Bereich des Chorion frondosum eine Schicht, die fest mit dem Chorion verbunden ist (*Decidua basalis*). Auf der Seite des Chorion laeve ist die Dezidua dünn und degeneriert langsam (*Decidua capsularis*). Der übrige Teil des Uterus ist von *Decidua parietalis* überzogen. Mit zunehmendem Wachstum des Embryos nimmt die *Fruchthöhle* (*Amnion*) die gesamte Chorionhöhle ein und die Decidua capsularis verschmilzt mit der Decidua parietalis auf der gegenüberliegenden Uterusseite (Abb. 1.**2**).

Klinischer Bezug

Funktionsstörungen des Trophoblasten führen zu Zottenödemen (*Blasenmole*) und u. U. zum Tod des Embryos. Eine bösartige, früh metastasierende Form eines Karzinoms des Trophoblasten bezeichnet man als *Chorionepitheliom*.

1.3.2 Form und Funktion der reifen Plazenta

Die reife Plazenta hat die Form einer Scheibe (*Placenta discoidalis*) mit einem Durchmesser von 15–25 cm und einer Dicke von etwa 3 cm. Sie wiegt 500–600 g.
Aufbau: Ab dem 4. Monat unterscheidet man an der Plazenta einen mütterlichen und einen fetalen Anteil (*Placenta materna – Placenta fetalis*). Der fetale Anteil wird vom Chorion frondosum, der mütterliche von der Decidua basalis (*Basalplatte*) gebildet. Zwischen Chorion und Decidua basalis liegen die mit mütterlichem Blut gefüllten *intervillösen Räume*, die sich aus den Lakunen entwickelt haben: das plazentare *Labyrinth*. Es enthält in der reifen Plazenta etwa 150 ml Blut, die 3–4 mal pro Minute erneuert werden.
Die *Zottenbäume* ragen in die intervillösen Räume. Sie bestehen aus *Stammzotten*, die von der Chorionplatte ausgehen und in der Decidua basalis verankert sind, und ihren *zahlreichen Verzweigungen*. Von der Basalplatte aus ragen *Plazentasepten* (*Septa placentae*) in den intervillösen Raum vor. Sie sind nicht mit der Chorionplatte verbunden und teilen die Plazenta in *Plazentalappen* (*Kotyledonen*), die jeweils einer funktionellen Einheit entsprechen (s.a. Histologie 3.15).
Blutzirkulation: Jedes Kotyledon wird von einer Spiralarterie mit sauerstoffreichem Blut versorgt. Das sauerstoffarme Blut läuft über kapilläre Spalträume zur Deziduaplatte zurück. Das fetale sauerstoffarme Blut fließt über *zwei Nabelarterien* in die Kapillaren der Zottenbäume und verteilt sich bis in die Endzotten. Dort findet der Austausch von Sauerstoff und Nährstoffen mit dem mütterlichen Blut statt. Das sauerstoffreiche Blut gelangt über die *Nabelvene* zurück zum Embryo.
Plazentaschranke: Der mütterliche und der embryonale Kreislauf sind streng voneinander getrennt. Die trennende Schicht wird als *Plazentaschranke* bezeichnet. Sie besteht bei der reifen Plazenta aus Basalmembran und Endothel der embryonalen Kapillaren, Zottenbindegewebe und dem Synzytiotrophoblast. An einigen Stellen bildet sich das Bindegewebe ganz zurück, so daß die Diffusionsstrecke sehr kurz ist.

Merke

Gegen Ende der Schwangerschaft nimmt das Bindegewebe in den Zotten wieder zu und die Basalmembranen der Kapillaren verdicken sich. Kleinere Kapillaren obliterieren, und eine gesteigerte Fibrinoidbildung führt zur *Infarzierung einzelner Plazentabereiche*. Die Fibrinoidbildung ist Ausdruck von Undichtigkeiten der Plazentaschranke.

Durch die Plazentaschranke werden Nährstoffe, Gase, Stoffwechselprodukte und Elektrolyte ausgetauscht. Auch größere Moleküle (z. B. Antikörper, Medikamente) können die Schranke passieren.

Klinischer Bezug

Normalerweise ist die Plazentaschranke für Blutzellen undurchlässig. Im letzten Drittel der Schwangerschaft oder bei der Geburt kann es jedoch zum Übertritt von fetalen Erythrozyten in den mütterlichen Kreislauf kommen. Liegt eine **Rh-Inkompatibilität** (Mutter Rh^-, Fetus Rh^+) vor, bildet die Mutter Antikörper gegen die fetalen Erythrozyten, die bei einer erneuten Schwangerschaft in den Fetus gelangen und dort eine Hämolyse auslösen können (*Erythroblastose*).

Hormonproduktion: Eine zweite wichtige Funktion der Plazenta ist die Hormonproduktion. Bis zum 4. Monat wird das für die Aufrechterhaltung der Schwangerschaft notwendige *Progesteron* vom Corpus luteum gebildet. Ab dem 4. Monat übernimmt die Plazenta selbst die durch β-HCG stimulierte Progesteronproduktion. Sie produziert darüber hinaus *Östrogene*, die ihren maximalen Spiegel kurz vor Ende der Schwangerschaft erreicht haben, und andere Steroidhormone.

Klinischer Bezug

Finden diese Umwandlungsprozeße verstärkt statt, kommt es zur **vorzeitigen Plazentainsuffizienz**. Die Plazenta ist nicht mehr in der Lage, das Kind ausreichend mit Sauerstoff und Nährstoffen zu versorgen. Es kommt zu unterentwickelten Kindern (*dystrophe Neugeborene*), die u. U. frühzeitig per Kaiserschnitt entbunden werden müssen, da es unter dem Streß der Geburt zu Sauerstoffmangel kommen kann. Eine frühe Plazentainsuffizienz findet man vermehrt bei Diabetikerinnen und Frauen mit Bluthochdruck, aber auch bei Raucherinnen.

1.3.3 Ablösung der Plazenta

Nach der Geburt des Kindes beginnt die Nachgeburtsperiode. Die Plazenta löst sich, unterstützt durch die *Nachgeburtswehen*, von ihrer Haftfläche. Diese Prozesse sind schon vor dem Geburtstermin vorbereitet. Es bildet sich ein *retroplazentares Hämatom*. Etwa 5 min nach der Geburt ist die Plazenta normalerweise gelöst und wird von einer Nachwehe ausgetrieben (*Nachgeburt*).
Auf der mütterlichen Seite erkennt man an der Oberfläche etwa 15–20 durch Septen getrennte *Kotyledonen*, die von der Decidua basalis bedeckt sind. Dadurch sind das Plazentalabyrinth und die in ihm gelegenen Zotten nicht einsehbar. Die fetale Oberfläche ist von einer großen Anzahl *Choriongefäße* bedeckt, die zur Nabelschnur ziehen. Sie ist etwa 50–60 cm lang und hat einen Durchmesser von 2 cm.
Die *Eihäute* (*Amnion, Chorion, Plazenta*) werden vollständig als Nachgeburt ausgeschieden.

Klinischer Bezug

Eine unvollständige Nachgeburt kann zu einer **atonen Uterusblutung** führen, die mit Lebensgefahr für die Mutter verbunden sein kann.

1.4 Primitiventwicklung

Als Primitiventwicklung bezeichnet man die Entwicklung des Embryo bis zum Ende der 4. Lebenswoche. In dieser Zeit werden die *Primitivorgane* angelegt, die in den folgenden Wochen durch bleibende Organe und Organsysteme ersetzt werden. Bis zum Ende der 8. Woche wird der Keim als *Embryo* bezeichnet, danach als *Fetus*. Die Entwicklung des Keims wird zunächst nach Tagen beschrieben. Dies sind jedoch nur Anhaltspunkte, da nicht jeder gleich alte Keim gleich schnell in der Entwicklung ist und auch der Befruchtungstermin nicht immer exakt bestimmt werden kann. Einige der beschriebenen Vorgänge laufen gleichzeitig ab, werden aber zum besseren Verständnis nacheinander beschrieben.

1.4.1 Entwicklung der Keimscheibe

Schon während der Implantation wandelt sich der Embryoblast um und ordnet sich in zwei Zellagen (*Keimblätter*) an. Das *Ektoderm* (*äußeres Keimblatt*) wird aus einer Schicht hochprismatischer Zellen gebildet, die dem Trophoblasten anliegen. Das *Entoderm* (*inneres Keimblatt*) besteht aus einer Lage abgeflachter Zellen, die der Blastozystenhöhle zugewandt sind. Beide Keimblätter zusammen bilden die *zweiblättrige Keimscheibe*.
Amnionhöhle: Zwischen Ektoderm und Trophoblast bilden sich am 8. Entwicklungstag Spalträume, die zur *primären Amnionhöhle* zusammenfließen. Zum Trophoblasten hin ist sie durch eine Schicht flacher Zellen (*Amnioblasten*) begrenzt, die vom Ektoderm abstammen. Sie bleibt am Rand der Keimscheibe mit dem Ektoderm verbunden. Im Verlauf der Entwicklung umgibt die Amnionhöhle den Embryo ganz. Sie ist mit *Amnionflüssigkeit* (*Fruchtwasser*) gefüllt, das den Embryo vor Stößen schützt und ihm freie Beweglichkeit ermöglicht.

Klinischer Bezug

Ab dem 5. Monat beginnt der Fetus Amnionflüssigkeit zu schlucken. Gegen Ende der Schwangerschaft scheidet er Urin in das Fruchtwasser aus. Eine *Vermehrung* (*Hydramnion*) oder *Verminderung* (*Oligohydramnion*) *des Fruchtwassers* lassen Rückschlüsse auf eventuelle **Fehlbildungen des Fetus** schließen (Passagestörungen im Verdauungstrakt, Nierenfehlbildungen).

Am 9. Entwicklungstag wandern vom Entoderm abstammende Zellen entlang des Trophoblasten und kleiden die Blastozystenhöhle aus. Diese wird nun als *primärer Dottersack* bezeichnet.

1.4.2 Entwicklung des Dottersacks

Dottersack: Gegen Ende der 2. Woche wächst der Trophoblast schneller als der Embryoblast. Dadurch entstehen Spalträume zwischen dem primären Dottersack und der inneren Oberfläche des Trophoblasten. Diese werden durch *lockeres extraembryonales*

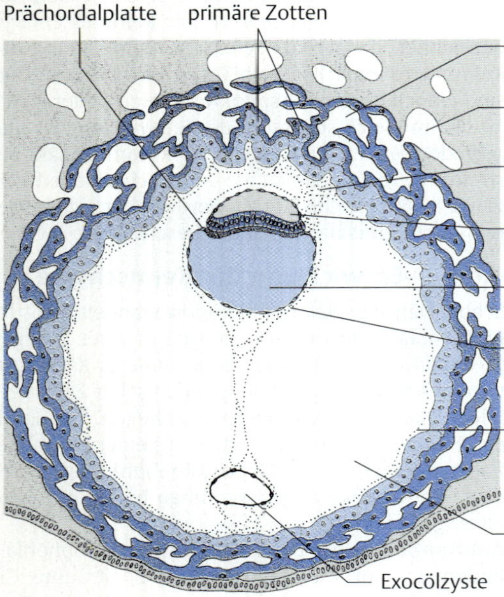

Abb. 1.**3** 13 Tage alte Blastozyste (aus Langmann, Thieme 1989)

Mesenchym ausgefüllt, das von den Entodermzellen am hinteren Pol des Embryoblasten gebildet wird. Der primäre Dottersack wird etwa am 13. Tag aufgegeben und durch den kleineren *sekundären Dottersack* ersetzt. Der Raum des primären Dottersacks wird von der Chorionhöhle eingenommen. Die Keimscheibe liegt zwischen Amnionhöhle und sekundärem Dottersack. Dieser ist über einen Strang aus extraembryonalem Mesoderm (*Haftstiel*) in der Chorionhöhle (s.a. 1.4.3) aufgehängt (Abb. 1.**3**). Kleine Teile des primären Dottersacks bleiben für kurze Zeit innerhalb des Mesoderms als *Exozölzysten* bestehen.

Gefäße und Dottersackkreislauf: In der 3. Woche entstehen extraembryonal im Mesoderm des Dottersacks und des Chorions *Blutinseln*, die aus *angiogenetischem Material* bestehen. Die Zellen im Inneren der Blutinseln differenzieren sich zu *Vorläufern der Blutzellen*. Die Zellen in den Randgebieten werden zu *Angioblasten*, die blutgefüllte Räume als Gefäße umschließen. Am Ende der 3. Woche entsteht aus dem intraembryonalen Mesoderm am Kopfende des Keims ebenfalls angiogenetisches Material, aus dem sich das *Herz* und die *intraembryonalen Gefäße* entwickeln. Intra- und extraembryonale Gefäße werden durch je zwei venöse und arterielle Gefäße (*Vv. und Aa. omphalomesentericae*) miteinander verbunden. Dieser primitive Kreislauf wird als *Dottersackkreislauf* bezeichnet. Im Haftstiel entstehen in der Nähe der Allantois Gefäße, die später die *Nabelschnurgefäße* (*Vasa umbilicalia*) bilden. Aus den Vasa omphalomesenterica entwickeln sich beim Neugeborenen die *V. portae*, aus den Vasa umbilicalia der *Ductus venosus arantii*.

1.4.3 Entstehung der Chorionhülle und Bildung der Nabelschnur

Chorionhöhle: Im extraembryonalem Mesenchym, das zunächst den primären Dottersack umgibt, entstehen Hohlräume, die zusammenfließen und eine Höhle (*extraembryonales Zölom*) bilden. Dadurch wird das Mesoderm in zwei Schichten aufgeteilt. Zur gleichen Zeit bildet sich der sekundäre Dottersack, der von der inneren Mesodermschicht, dem *extraembryonalen viszeralen Mesoderm*, überzogen ist. Die äußere Schicht, das *extraembryonale parietale Mesoderm*, liegt dem Trophoblasten von innen an. Die mit Mesoderm ausgekleidete Zölomhöhle wird nun als *Chorionhöhle* (*sekundäres Zölom*) bezeichnet (Abb. 1.**3**).

Haftstiel: Der Embryoblast bleibt an seinem hinteren Pol über einen *Haftstiel* mit dem Chorion verbunden. Der Haftstiel besteht aus *extraembryonalem Mesoderm*, in dem sich später die *Nabelschnurgefäße* entwickeln. Er wird zur *Nabelschnur*, nachdem durch Ausweitung der Amnionhöhle die Chorionhöhle verdrängt und der Haftstiel allseits von Amnionepithel bedeckt ist. In den Haftstiel erstreckt sich ein kleines

Divertikel des Dottersackes (*Allantois*), das etwa am 16. Tag auftritt.

Nabelschnur: Während des weiteren Wachstums krümmt sich der Embryo (s.a. 1.4.6). Die Umschlagfalte zwischen Amnion und Ektoderm gelangt so auf die ventrale Seite des Embryos und bildet einen *primitiven Nabelring*, der in die Mitte des Körpers verlagert wird.

Eihäute: Nachdem die Amnionhöhle die gesamte Chorionhöhle ausgefüllt hat, bilden die Schichten um die Amnionhöhle die *Eihäute*. Sie bestehen aus Amnionepithel, Amnionbindegewebe, Chorionbindegewebe sowie Decidua basalis und parietalis.

! Merke

Die *Nabelarterien* führen sauerstoffarmes, schlackenreiches Blut vom Embryo zur Plazenta, die *Nabelvene* führt sauerstoffreiches, nährstoffreiches Blut von der Plazenta zum Embryo.

Nach dem 3. Monat obliterieren der Dottergang, die Dottergefäße und die Allantois. Nur die Nabelgefäße bleiben, umgeben von einem gallertigen Bindegewebe (*Wharton-Sulze*), in der Nabelschnur zurück.

1.4.4 Bildung und Gliederung des Mesoderms, axiale Differenzierung

In der 3. Entwicklungswoche wächst der Keim stark in die Länge und verändert dabei seine Form. Der vordere (kraniale) Pol der Keimscheibe wird breiter, der hintere (kaudale) Pol bleibt schmaler. In dieser Zeit werden die wichtigsten *Primitivorgane* angelegt.

Primitivstreifen, Primitivrinne: Auf der ektodermalen Oberfläche des Keimschildes bildet sich vom kaudalen Ende her der *Primitivstreifen*, eine Verdickung des Ektoderms, der auf das kraniale Ende zuwächst. Er teilt das Keimschild symmetrisch und endet etwa in dessen Mitte mit dem *Primitivknoten*, ebenfalls einer Verdickung des Ektoderms. Der Primitivstreifen wird im Verlauf der 3. Woche relativ kürzer, da das Keimschild in die Länge wächst.

Intraembryonales Mesoderm: Im Primitivstreifen entwickelt sich die *Primitivrinne*, eine Einsenkung mit beidseits erhöhten Rändern. Die Zellen des Ektoderms wandern zum Primitivstreifen und in die Primitivrinne hinein. Diesen Vorgang nennt man *Invagination*. Die Zellen schieben sich in kranialer und lateraler Richtung zwischen Ektoderm und Entoderm und bilden so das *mittlere Keimblatt* (*intraembryonales Mesoderm*). Lateral verbinden sie sich mit dem extraembryonalen Mesoderm, kranial bilden sie die Vorläufer der Herzanlage.

Chorda dorsalis: Im Primitivknoten entwickelt sich die *Primitivgrube*, die sich vertieft und einen nach kranial gerichteten röhrenförmigen Fortsatz bildet, den *Chordafortsatz*. Aus ihm entsteht das primitive Achsenorgan, die *Chorda dorsalis*. Diese verlängert sich in kaudaler Richtung und induziert die Entwicklung des Neuroektoderms. Die Reste des Achsenorgans sind beim Erwachsenen in den Ncll. pulposi der Zwischenwirbelscheiben zu finden.

! Merke

Die Entwicklung des Mesoderms erfolgt zwischen der kranial liegenden *Buccopharyngealmembran* und der kaudal liegenden *Kloakenmembran*.

Am 17. Tag ist die Mesodermschicht vollständig ausgebildet. Ektoderm und Entoderm stehen nur noch an zwei Stellen direkt miteinander in Verbindung. Kranial ist dies die *Prächordalplatte*, eine Verdickung des Entoderms, aus dem sich das Mesoderm des Kopfbereichs bildet. Kaudal ist dies der Bereich der späteren *Kloakenmembran*. Ab der 4. Woche bildet sich der Primitivstreifen zurück und verschwindet ganz.

Am 18. Tag verschmilzt der Chordafortsatz vorübergehend mit dem Entoderm. Amnionhöhle und Dottersack sind kurzzeitig über den *Canalis neurentericus* miteinander verbunden. Die Zellen des Chordafortsatzes bilden die *Chordaplatte*, die sich vom Entoderm löst und zur stabförmigen *Chorda dorsalis* umwandelt. Das Entoderm schließt sich wieder zum Dottersackdach.

Im 2. Monat finden entscheidende Veränderungen des Embryos statt. Aus den drei Keimblättern entwickeln sich die Organanlagen. Dadurch erhält der Embryo die Hauptzüge seiner endgültigen Gestalt.

Ektoderm: Aus dem Ektoderm entstehen das *Zentralnervensystem* (s.a. 1.4.5) und das *Oberflächenektoderm*. Zu Beginn der 5. Woche verdickt sich das Oberflächenektoderm an zwei Stellen im Bereich der Kopfanlage. Es bildet die *Ohrplakode* (s.a. 11.1) und die *Linsenplakode* (s.a. 10.2.1).

! Merke

Aus dem *Ektoderm* gehen hervor: das ZNS, die Sinneszellen von Auge, Ohr und Nase, die Haut mit Nägeln und Haaren sowie subkutane Drüsen, die Milchdrüse, die Adeno- und Neurohypophyse und die Adamantoblasten.

Mesoderm: Das Mesoderm liegt zunächst als unsegmentierte Platte (*primäres Mesoderm*) zwischen Ektoderm und Entoderm (Abb. 1.**4a**). Ab Mitte der 3. Woche beginnt es sich in drei Abschnitte aufzuglie-

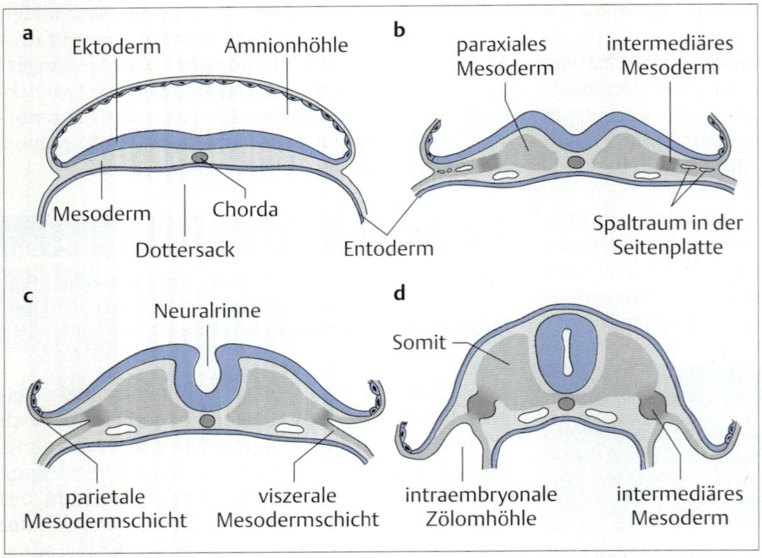

Abb. 1.**4** Entwicklung des Mesoderms. **a** am 17. Tag, **b** am 19. Tag, **c** am 20. Tag, **d** am 21. Tag (nach Langman, Thieme 1989)

dern: das medial neben der Chorda dorsalis liegende *paraaxiale Mesoderm*, die lateral liegenden *Seitenplatten* und das dazwischenliegende *intermediäre Mesoderm*. Die Ursegmentstiele verbinden paraaxiales Mesoderm und Seitenplatten (Abb. 1.**4b** u. **c**).

Paraaxiales Mesoderm: Das paraaxiale Mesoderm besteht aus einer dichten Bindegewebsplatte beiderseits des Neuralrohrs bzw. der Chorda dorsalis, die sich gegen Ende der 3. Woche in einzelne *Segmente* (*Somiten, Ursegmente*) gliedert (Abb. 1.**4d**). Das erste Segmentpaar entsteht im kranialen Abschnitt des Embryos, die weiteren Segmente schließen sich in kraniokaudaler Richtung an. Pro Tag werden etwa drei neue Paare gebildet, so daß man zwischen dem 20. und 30. Tag das Alter des Keims nach der Zahl der Somiten angeben kann. Diese sind unter der Oberfläche gut zu erkennen. Nach der 5. Woche hat der Embryo 4 okzipitale, 8 zervikale, 12 thorakale, 5 lumbale, 5 sakrale und 8 – 10 kokzygeale Somitenpaare. Im Inneren jedes Somiten tritt eine Höhle (*Myocel*) auf.

! Merke

Mesoderm bezeichnet das mittlere Keimblatt. *Mesenchym* ist der Begriff für embryonales Bindegewebe, das meistens aus dem Mesoderm stammt.

Die Somiten wandeln sich ab der 4. Woche um. Der ventrale und mediale Anteil wird nun als *Sklerotom* bezeichnet. Er besteht aus lockerem embryonalem Mesenchym, dessen Zellen sich in verschiedene Richtungen differenzieren können. Sie umgeben die Chorda dorsalis und bilden damit die *Anlage der Wirbelsäule*. Sie entwickeln sich zu Fibroblasten, Chondroblasten und Osteoblasten.

Der dorsale Abschnitt wird zum *Dermatom*, unter dem sich eine neue Zellplatte, das *Myotom*, formiert. Die Zellen des Dermatoms entwickeln sich zur *Dermis* und zum *subkutanen Gewebe*. Aus den Zellen des Myotoms bildet sich die *Muskulatur* des jeweiligen Segments.

! Merke

Jeder Somit bildet ein *Sklerotom*, ein *Dermatom* und ein *Myotom*. Jedes Myotom und Dermatom werden durch einen *segmentalen Spinalnerv* versorgt.

Embryonales Mesenchym entsteht jedoch nicht nur aus den Somiten. Im Bereich des Kopfes bildet sich aus Zellen der Neuralleiste und aus Entodermzellen der Prächordalplatte das *Kopfmesenchym*.

Intermediäres Mesoderm: Das intermediäre Mesoderm (die Ursegmentstiele) liefert die *Anlagen für die Harnorgane*. Im kranialen Abschnitt ist es ebenfalls segmental gegliedert und bildet die *Nephrotome*, aus denen Teile der Vor- und Urniere entstehen (s.a. 8.1.2). Im kaudalen Abschnitt bilden die Zellen den unsegmentierten *nephrogenen Strang*, aus dem Teile der Ur- und Nachniere entstehen.

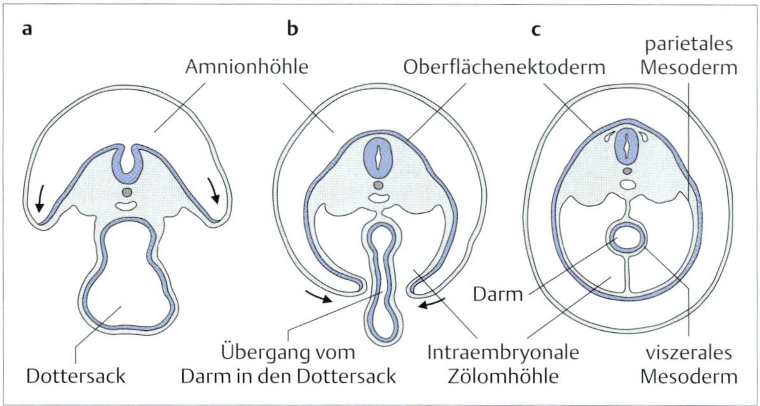

Abb. 1.**5** Bildung des Darmrohrs und der primitiven Leibeshöhle (aus Langman, Thieme 1989)

Seitenplatten: Die lateral liegenden Seitenplatten sind unsegmentiert und gehen in das extraembryonale parietale und viszerale Mesenchym über. In den Seitenplatten treten gegen Ende der 3. Woche *Spalträume* auf, die zum *Zölom* zusammenfließen. Dieses steht zunächst noch mit dem extraembryonalen Zölom in Verbindung. Durch die Abfaltung des Keims (s.a. 1.4.6) wird das extraembryonale Zölom in das intraembryonale einbezogen und bildet mit diesem die *geschlossene Leibeshöhle.* Die beiden Blätter, die das intraembryonale Zölom begrenzen, nennt man *viszerales* und *parietales Mesoderm* (*Splanchnopleura* und *Somatopleura*) (Abb. 1.**5**). Das viszerale Mesoderm überzieht die Eingeweide und entwickelt sich zu Bindegewebe und Muskulatur des Magen-Darm-Kanals. Das parietale Mesoderm kleidet die Körperwand von innen aus und bildet Bindegewebe und Muskulatur der Leibeswand sowie die Rippen.

Ab Mitte der 3. Woche entstehen im intraembryonalen ebenso wie im extraembryonalen Mesoderm (s.a. 1.4.2) *Blutgefäße* und *Blutzellen.* Beide Gefäßnetze treten miteinander in Verbindung und verbinden so den Embryo mit der Plazenta.

! Merke

Aus dem *Mesoderm* gehen hervor: Bindegewebe, Knorpel, Knochen, quergestreifte und glatte Muskulatur, die blutzellbildenden Gewebe, Herz und Gefäße, Nieren und Keimdrüsen sowie die Nebennierenrinde.

1.4.5 Anlage des Nervensystems

Die *Anlage des Nervensystems* geht aus dem Ektoderm hervor (s.a. 9.1.1). Die Chorda dorsalis induziert im darüberliegenden Ektoderm die Bildung einer *Neuralplatte.* Sie bildet sich in der Keimscheibe kranial des Primitivknotens und breitet sich auf ihn zu aus. Am Beginn der 4. Woche stülpt sich die Neuralplatte zur *Neuralrinne* ein, die von den *Neuralfalten* umgeben ist. Diese verschmelzen in der Mitte und bilden das *Neuralrohr.* Diesen Vorgang bezeichnet man als *Neurulation.* Die Verschmelzung beginnt zunächst in der Halsregion und schreitet dann nach kranial und kaudal fort, so daß das Neuralrohr über den *Neuroporus ant.* und *post.* am kranialen bzw. kaudalen Ende mit der Amnionhöhle in Verbindung steht. Der Neuroporus ant. verschließt sich am 25., der Neuroporus post. am 27. Tag.

Aus den Neuralwülsten wandern Zellen aus, die auf beiden Seiten des Neuralrohrs eine Zellmasse, die *Neuralleisten,* bilden. Nach Verschluß des Neuralrohrs wandert ein Teil der Zellen in den Körper aus. Beiderseits vom Neuralrohr entstehen aus den Neuralleisten in Höhe eines jeden Somiten die *sensiblen Spinalganglien.* Von ihnen wachsen Axone in die Peripherie aus, welche die Spinalnerven bilden. Die ausgewanderten Zellen entwickeln sich zu Pigmentzellen, Mesektoderm, Schwann-Zellen, Sympathiko- und Parasympathikoblasten, Nervenzellen des 2. Sympathikusneurons und weiteren Zellen des vegetativen Nervensystems.

1.4.6 Abfaltung der Embryonalanlage

Die Keimscheibe ist zunächst flach. Ab der 4. Woche vergrößert sich vor allem der kraniale Anteil des Neuralrohrs so stark, daß er Herzanlage und Prächordalplatte überwächst. Die Herzanlage verlagert sich nach ventral und wandert nach unten. Der Keim beginnt sich in *kraniokaudaler Richtung* zu krümmen. Daneben kommt es durch die Entwicklung der Somiten zu einer *lateralen Krümmung.* Man kann sich diesen Vorgang der Abfaltung wie

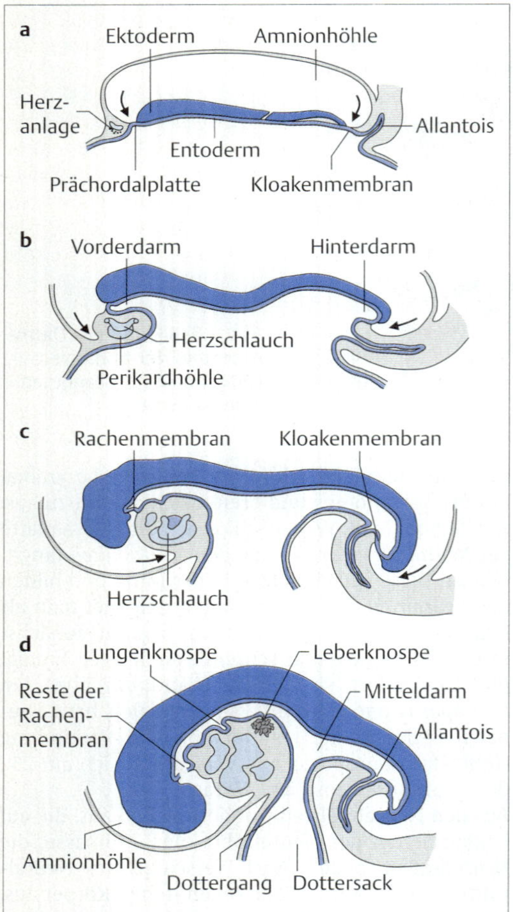

Abb. 1.**6** Abfaltung der Embryonalanlage. **a** vor der Somitenbildung, **b** mit 7 Somiten, **c** mit 14 Somiten, **d** Ende des 1. Monats (aus Langman, Thieme 1989)

ein Einrollen der Ränder der Keimscheibe vorstellen (Abb. 1.**6**).

Bildung des primitiven Darms: Bei der Abfaltung des Keims wird ein großer Teil des entodermalen Dottersacks in die Leibeshöhle verlagert. Er bildet dort das *Darmrohr*. Der restliche Dottersack wird dabei abgeschnürt und zum *engen Dottergang*. Im kranialen Teil des Embryos bildet das Entoderm die *vordere Darmbucht*, im kaudalen Teil die *hintere Darmbucht*. Der mittlere Darmabschnitt steht zunächst noch über den *Dottergang* (*Ductus omphaloentericus*) mit dem restlichen Dottersack in Verbindung. Am kranialen Ende des Vorderdarms liegen Ektoderm und Entoderm direkt aufeinander. Das Ektoderm senkt sich immer tiefer ein und bildet die *Mundbucht* (*Stomatodeum*). Mundbucht und Vorderdarm sind durch die *Rachenmembran* (*Membrana buccopharyngealis*) voneinander getrennt, die am Ende der 3. Woche verschwindet und so eine offene Verbindung zwischen Amnionhöhle und primitivem Darm schafft.

Am kaudalen Ende des Hinterdarms liegen Ektoderm und Entoderm ebenfalls direkt aufeinander und bilden die *Kloakenmembran*. Das Ektoderm senkt sich zur *Afterbucht* (*Proktodeum*) ein. Die Kloakenmembran verschwindet erst später nach Unterteilung in Anal- und Urogenitalmembran.

Die laterale Abfaltung betrifft alle drei Keimblätter. Oberflächenektoderm und parietales Mesoderm legen sich von lateral her um den *Darm* und das *intraembryonale Zölom* und verschmelzen zur *vorderen Leibeswand*. Entoderm und viszerales Mesoderm falten sich ebenso ein und schließen die Darmrinne zum *Darmrohr*.

Dottersack: Der Dottersack ist bis zur Entstehung der Leber das *Stoffwechselorgan* des Embryos. Darüber hinaus gehen aus ihm die *Keimzellen* und die *Stammzellen zur Blutbildung* hervor. Die Nabelschnur nimmt während des 3. Monats vorübergehend einen Teil des Dünndarms und das Colon ascendens auf (*physiologischer Nabelbruch*), bis die intraperitoneale Leibeshöhle groß genug ist. Später bildet er sich ganz zurück.

! Merke

Aus dem *Entoderm* gehen hervor: das Epithel des Magen-Darm-Traktes, des Respirationstraktes, der Harnblase und Harnröhre, der Paukenhöhle und Tuba auditiva sowie das Parenchym der Tonsillen, der Schilddrüse, der Nebenschilddrüsen, des Thymus, der Leber und des Pankreas.

1.4.7 Grundbegriffe der Entwicklungsphysiologie

Eine optimale Entwicklung des Keimes ist an bestimmte grundlegende Voraussetzungen gebunden. Aus jeder Blastomere kann im frühen Stadium ein ganzer Organismus entstehen (*Omnipotenz*). Dies gilt bis zum 8-Zell-Stadium. Danach verlieren die Blastomeren einen Teil ihrer Fähigkeiten, können sich aber noch zu verschiedenen Zellarten entwickeln (*Pluripotenz*). Zu einem bestimmten Zeitpunkt in der Entwicklung des Keimes erfolgt für jede Zelle die Festlegung ihres genauen Entwicklungsweges (*Determination*).

Der Begriff *prospektive Potenz* beschreibt die theoretischen Möglichkeiten, die eine Zelle zur Entwicklung hat, der Begriff *prospektive Bedeutung* die Gewebeart, in die sie sich unter normalen Bedingungen entwikkelt.

Unter *Differenzierung* versteht man die Spezialisierung eines Gewebes. Man unterscheidet die biochemische von der morphologischen Differenzierung. Die Differenzierungsvorgänge werden meist durch gegenseitige Beeinflussung zweier Gewebe ausgelöst (*Induktion*). Dabei werden verschiedene Proteine (*Induktionsfaktoren*) freigesetzt.

Beispiel für Induktion: Die Chorda dorsalis induziert die Bildung der Neuralplatte aus dem über ihr liegenden Ektoderm. Sie wird als *primärer Induktor* oder *Organisator* bezeichnet, das Ektoderm als reagierendes Gewebe. Sekundäre und tertiäre Induktoren treten im weiteren Verlauf innerhalb des Neuralrohres auf und induzieren die Bildung von weiteren Gewebe- und Organanlagen (Augenbläschen induziert Bildung der Linse, Linse die Bildung der Cornea). Auch in anderen Bereichen des Keims lösen Induktionsvorgänge die Differenzierung der Zellen aus. Diese Prozesse laufen immer innerhalb einer bestimmten Zeitspanne (*Determinationsperiode*) ab. In dieser Zeit sind die Organe besonders sensibel gegenüber schädigenden Einflüssen.

Die unterschiedliche Entwicklung der einzelnen Blastomeren, die alle das gleiche Genom haben, erklärt man sich mit Hilfe der *Genregulation*. Bestimmte Genabschnitte werden blockiert, so daß nur die für die Zelle spezifischen Gene exprimiert und die entsprechenden Proteine gebildet werden.

Aus einer differenzierten Zelle kann sich durch Teilung eine *Linie gleicher Zellen* entwickeln, die die Grundlage für die Bildung eines Organs darstellen. Das Wandern der Zellen an ihren Bestimmungsort (*Zellmigration*) und das Wachstum der Zelle wird von Induktionsfaktoren reguliert.

Die meisten Organe bestehen aus epithelialen und mesenchymalen Anteilen. Zwischen Epithel und Mesenchym finden während der Entwicklung zahlreiche Induktionsvorgänge statt und auch am reifen Organismus sind Epithelien ohne ihre Bindegewebsschicht nicht lebensfähig.

1.5 Ausbildung der äußeren Körperform

1.5.1 Pränatale Proportionsänderungen

Während der Embryonalperiode, vor allem im 2. Monat, erhält der Embryo die *Grundzüge seiner späteren Körperform*. Mit der Anlage des Kopfes, der Extremitäten und der inneren Organe sind die meisten Differenzierungsvorgänge abgeschlossen. Die Fetalperiode ist ab dem 3. Monat vor allem durch Größen- und ab dem 6. Monat durch Gewichtszunahme gekennzeichnet.

Die Wachstumsprozesse laufen jedoch nicht zeitgleich ab (*heterochrones Wachstum*). Vor allem der Kopf wächst im Vergleich zu den anderen Körperpartien verlangsamt. Zu Beginn des 3. Monats nimmt er etwa die Hälfte der Scheitel-Steiß-Länge (SSL) ein, zu Beginn des 5. Monats ein Drittel und vor der Geburt nur noch etwa ein Viertel.

Im 3. Monat verlagern sich die Augen auf die Vorderseite des Kopfes und das Gesicht wird ausgebildet. Die Extremitäten erhalten ihre relative Länge und die Genitalien entwickeln sich soweit, daß eine *Geschlechtsbestimmung* (z. B. durch Ultraschalluntersuchung) möglich ist. Am Ende des 3. Monats werden die Darmschlingen in die Leibeshöhle zurückverlagert. Im 4. und 5. Monat wächst der Fetus in die Länge und ist Ende des 5. Monats etwa 25 cm groß. Die Mutter spürt jetzt die ersten *Kindsbewegungen*. In den letzten drei Monaten nimmt das Kind deutlich an Gewicht zu. Das subkutane Fettgewebe bildet sich aus und rundet die Formen ab. Bei der Geburt wiegt der Fetus 3000 – 3500 g und ist etwa 50 cm groß. Beide Größen können stark variieren.

Das Alter des Keimes wird in Tagen und Lunarmonaten (1 Monat = 28 Tage) angegeben. Von der 6. Woche bis zum 3. Monat nimmt man die *Scheitel-Steiß-Länge (SSL)*, danach kann man auch die *Scheitel-Fersen-Länge (SFL)* messen. Von der Größe des Embryos zusammen mit der Ausbildung des gesamten Körpers kann das ungefähre Alter abgeleitet werden.

! Merke

3. – 5. Monat: SFL = Quadrat der Anzahl der Monate

6. – 10. Monat: SFL = Zahl der Monate × 5

(Die erhaltenen Werte sind grobe Anhaltspunkte!)

1.5.2 Reifezeichen

Eine normale Schwangerschaft dauert etwa 266 Tage oder 38 Wochen ab dem Tag der Befruchtung. Vom 1. Tag der letzten Regel gerechnet dauert sie *280 Tage = 10 Lunarmonate*.

Ein *reifes Neugeborenes* erkennt man an bestimmten *Kriterien*: die Finger- und Zehennägel überragen die Fingerkuppen, der Ohrmuschelknorpel ist vollständig, bei Jungen ist der Hoden im Skrotum zu tasten, bei Mädchen überragen die großen Schamlippen die kleinen, die Haut ist rosig und noch mit Käseschmiere (Vernix caseosa) bedeckt, das subku-

tane Fettgewebe ist voll ausgebildet. Röntgenologisch lassen sich die distalen Femurepiphysenkerne nachweisen.
Beim Neugeborenen sind die Schädelnähte noch nicht verknöchert. Man kann die *große* und die *kleine Fontanelle* tasten und anhand ihrer Lage unter der Geburt die Lage des Schädels bestimmen. Der Kopfumfang kann noch größer sein als der Brustumfang. Die Rippen stehen annähernd horizontal.

Klinischer Bezug

Frühgeborene sind ihrem Alter gemäß in der Entwicklung zurück. Ab der 28. Woche sind sie im Prinzip lebensfähig, heute überleben schon viele Frühgeborene ab der 25. Woche ohne bleibende Schäden. Das Hauptproblem der Frühgeborenen liegt in der *Unreife des Zentralnervensystems* und der *Lunge*. Es kommt primär zur Ateminsuffizienz und im weiteren Verlauf häufig zu Krampfanfällen.

1.6 Mehrlingsbildung, Mehrfachbildung, Mißbildung

1.6.1 Zwillinge, Mehrlinge

Zwillingsgeburten kommen in 1 % (davon doppelt so viele zweieiige wie eineiige), Drillingsgeburten in 0,01 % und Vierlingsgeburten in 0,0001 % aller Geburten vor. Noch seltener sind Fünf- bis Siebenlinge (sie kommen aber heute durch die hormonelle Sterilitätsbehandlung wieder häufiger vor).
Zwillinge oder Mehrlinge entstehen entweder durch die unabhängige Befruchtung von zwei oder mehr gleichzeitig gesprungenen Eizellen (*zweieiige Zwillinge, Drillinge*), oder sie entwickeln sich aus einer befruchteten Eizelle, die sich im frühen Stadium teilt (*eineiige Zwillinge*).
Zweieiige Zwillinge und *Mehrlinge* nisten sich getrennt im Uterus ein und haben jeweils ihre eigene Plazenta, ihr eigenes Amnion und ihre eigenen Chorionhöhlen. Sie entwickeln sich unabhängig voneinander und sehen sich deshalb nicht ähnlicher als Geschwister verschiedenen Alters. Sie können auch unterschiedlichen Geschlechts sein.

Klinischer Bezug

Liegen die Plazenten nahe beieinander, kann es zu *Verbindungen zwischen den Choriongefäßen* kommen. Ein Blutaustausch zwischen den genetisch nicht identischen Zwillingen ist nun möglich. Dies kann dazu führen, daß ein oder beide Zwillinge zwei Sorten von Erythrozyten besitzen (*Erythrozytenmosaik*).

Eineiige Zwillinge sind identisch. Die aus einer befruchteten Eizelle entstandene Zygote schnürt sich im Laufe ihrer Entwicklung durch. Dies kann im 2-Zell-Stadium oder aber erst im Stadium der Keimscheibe geschehen. Findet die Trennung im 2-Zell-Stadium statt, entwickeln sich zwei Zygoten, die sich wie zweieiige Zwillinge getrennt einnisten und ihre eigene Plazenta, Amnion und Chorionhöhle entwickeln. Meist erfolgt die Trennung im Blastozystenstadium. Die Embryonen haben dann eine gemeinsame Plazenta und Chorionhülle, jedoch getrennte Amnionhöhlen. Tritt die Trennung erst im Stadium der Keimscheibe auf, besitzen die Embryonen eine gemeinsame Plazenta sowie gemeinsame Chorion- und Amnionhöhlen.

Klinischer Bezug

Anastomosen zwischen den beiden Plazentakreisläufen können zu einer unterschiedlichen Blutversorgung beider Zwillinge führen, so daß ein Zwilling deutlich größer wird als der andere. Dies kann in ausgeprägten Fällen zum Tod eines oder beider Zwillinge führen (**feto-fetales Transfusionssyndrom**).

1.6.2 Unvollständige Mehrfachbildung

Spaltet sich die Zygote erst zu einem späteren Entwicklungsstadium, kann es zu einer *unvollständigen Trennung der Keimscheibe* kommen. Diese entwickelt sich zu unvollständig getrennten Zwillingen (*Doppelmißbildungen, „Siamesische Zwillinge"*). Die Zwillinge sind in unterschiedlichem Ausmaß miteinander verwachsen. Man benennt die Mißbildung nach dem Ort der Verwachsung (Thorakopagus – im Brustbereich, Pyopagus – im Steißbereich, Kraniopagus – im Kopfbereich).
Die Zwillinge können operativ getrennt werden, falls nicht lebenswichtige Organanlagen nur einmal vorhanden sind.

1.6.3 Mißbildungen einzelner Körperabschnitte

Angeborene Mißbildungen können verschiedene Ursachen haben. *Chromosomenaberrationen*, bei denen es sich meist um eine Trisomie handelt, gehen mit multiplen Fehlbildungen unterschiedlichen Ausprägungsgrades einher (Bsp.: Trisomie 21 [Morbus Down]). *Mißbildungen eines Genoms* beschränken sich auf einen bestimmten Angriffspunkt im Körper, können aber im Falle von Erythrozytendefekten (z. B. Sichelzellanämie) oder Stoffwechseldefekten (z. B. Phenylketonurie) Auswirkungen auf den gesamten Organismus haben.

Eine der Hauptursachen von angeborenen Mißbildungen sind *äußere Noxen*. Dies können chemische Stoffe in Form von Medikamenten oder Alkohol ebenso sein wie Strahlen, Infektionen oder Stoffwechselkrankheiten der Mutter (z. B. Diabetes mellitus).
Wichtig ist der Zeitpunkt, in dem die Noxe auf den Keim einwirkt. Jedes Organ befindet sich zu einem bestimmten Zeitraum seiner Entwicklung in einer *sensiblen Phase*. Erreicht die Noxe genau in dieser Zeitspanne den Keim, resultiert eine typische Mißbildung der entsprechenden Organanlage (z. B. Taubheit bei Rötelninfektion in der 9. Woche).
Man unterscheidet Mißbildungen, die in der frühen Schwangerschaft entstanden sind (*Embryopathien*) von Mißbildungen, die sich später entwickelt haben (*Fetopathien*). Schwere Mißbildungen, vor allem in den frühen Entwicklungsstadien, führen meist zum Tod des Keims und zur Fehlgeburt.

Allgemeine Anatomie

Die allgemeine Anatomie gibt einen Einblick in die anatomischen und funktionellen Grundlagen der einzelnen Organsysteme und deren Zusammenhänge. Sie erläutert die wichtigsten Begriffe zur Orientierung im und am Körper und liefert somit die Voraussetzung für das Verständnis der speziellen Anatomie.

2.1 Allgemeine Anatomie

2.1.1 Gestalt

Die *Gestalt* eines Menschen beschreibt sein äußeres Erscheinungsbild, die *Struktur* sein inneres Gefüge. Zur Betrachtung und Beschreibung der Gestalt verwendet man die *anatomische Grundstellung*. Der Mensch steht aufrecht, die Handflächen zeigen nach vorne und die Daumen nach außen. Alle Lage- und Richtungsbeschreibungen beziehen sich auf diese Position.

Regionale Gliederung: Obwohl jeder Mensch eine individuell verschiedene Gestalt hat, folgen alle dem gleichen *Grundbauplan*. Der Körper besteht aus dem *Stamm*, der sich aus *Kopf* (*Caput*), *Hals* (*Collum*) und *Rumpf* (*Truncus*) zusammensetzt, sowie den paarigen *oberen* und *unteren Gliedmaßen* (*Extremitäten*). Der Rumpf läßt sich noch weiter gliedern in *Brust* (*Thorax*), *Bauch* (*Abdomen*), *Becken* (*Pelvis*) und *Rücken* (*Dorsum*).

Bei den Gliedmaßen unterscheidet man eine Streck- und eine Beugeseite. Die *Streckseite* zeigt bei den oberen Extremitäten nach hinten, die *Beugeseite* nach vorne. Bei den unteren Extremitäten ist es umgekehrt. Man richtet sich bei der Bezeichnung nach der Lage der Muskelgruppen, die die entsprechende Bewegung ausführen.

Funktionelle Gliederung: Als Gegenüberstellung zur regionalen Gliederung kann man den Körper auch in *funktionelle Organsysteme* gliedern. Dazu gehören der Bewegungsapparat, die Eingeweide und der Kommunikationsapparat (Sinnesorgane und Nervensystem).

2.1.2 Orientierungsbegriffe

Zur Orientierung an der Körperoberfläche und im Körperinneren wurden bestimmte *Lage- und Richtungsbezeichnungen* eingeführt (Abb. 2.**1**).

Hauptachsen: Man verwendet drei senkrecht aufeinander stehende Hauptachsen, mit Hilfe derer man jedem Punkt des Körpers Raumkoordinaten zuordnen kann:

- *Longitudinalachse:* Längsachse, verläuft von oben nach unten
- *Transversalachse:* Querachse, verläuft von links nach rechts
- *Sagittalachse:* Pfeilachse, verläuft von hinten nach vorne

Hauptebenen: Durch Kombination der Hauptachsen werden die drei Hauptebenen definiert, die durch jede beliebige Stelle des Körpers gelegt werden können:

- *Sagittalebene:* definiert durch Sagittal- und Longitudinalachse, verläuft von vorne nach hinten durch den Körper, Längsschnittebene des Körpers. Eine besondere Sagittalebene ist die *Medianebene*, die den Körper in zwei gleiche Hälften teilt.
- *Frontalebene:* definiert durch Transversal- und Longitudinalachse, verläuft parallel zur Stirnfläche
- *Transversalebene:* definiert durch Transversal- und Sagittalachse, Querschnittsebene des Körpers

Lage- und Richtungsbezeichnungen: Folgende Begriffspaare werden zur Beschreibung von Lage und Richtung einzelner Körperteile im Bezug auf andere verwendet:

- *am Stamm:*
  - *kranial* (*superior*) – zum Kopfende hin, *kaudal* (*inferior*) – zum Steißende hin
  - *ventral* (*anterior*) – zur Vorderfläche hin, *dorsal* (*posterior*) – zur Hinterfläche hin
  - *medial* – zur Medianebene hin, *lateral* – von der Medianebene weg
  - *median* – in der Medianebene
  - *zentral* – zum Körperinneren hin, *peripher* – zur Körperoberfläche hin
  - *profundus* – tief, *superficialis* – oberflächlich
- *an den Extremitäten:*
  - *proximal* – zum Rumpf hin, *distal* – zum Extremitätenende hin
  - *radial* – zur Speichenseite (Daumenseite) hin, *ulnar* – zur Ellenseite (Kleinfingerseite) hin
  - *tibial* – zur Schienbeinseite (Großzehenseite) hin, *fibular* – zur Wadenbeinseite (Kleinzehenseite) hin
  - *palmar* – zur Handfläche hin, *plantar* – zur Fußsohle hin
  - *dorsal* – zum Fuß- bzw. Handrücken hin

Symmetrie: Von außen betrachtet scheint der Körper symmetrisch gebaut zu sein. Während der Entwicklung wird der Körper zunächst auch völlig symmetrisch angelegt. Diese Symmetrie geht später durch die endgültige Lage der nicht paarigen Organe verloren. Aber auch die paarigen Organe und die beiden Körperhälften gleichen sich nie spiegelbildlich.

Metamerie: Die *segmentale Gliederung* (*Metamerie*), die mit der Bildung der Somiten in der Embryonalperiode am ausgeprägtesten ist, geht beim Erwachsenen weitgehend verloren. Als Reste der Metamerie verbleiben die segmental angeordneten *Wirbel* und *Rippen* sowie die dazwischenliegenden Muskeln, Nerven und Gefäße.

Norm und Variabilität: Als *Norm* bezeichnet man die statistisch am häufigsten beobachtete Gestalt und Struktur. Von dieser Norm gibt es eine Vielzahl an *Variationen*, d. h. Abweichungen von dem als Norm beschriebenen Bau. Der Übergang von der Variation zur pathologischen Veränderung ist fließend.

Als *Mißbildung* bezeichnet man eine bleibende Abweichung von der Norm, die auf eine Störung in der Entwicklung zurückzuführen ist.

2.1.3 Postnatale Änderung der Gestalt

Nach der Geburt ist die Entwicklung des Körpers noch nicht abgeschlossen. Die einzelnen Körperteile und Organe wachsen postnatal mit unterschiedlicher Geschwindigkeit (*heterochrones Wachstum*). Dadurch verändern sich die Proportionen, d. h. die Größenverhältnisse der einzelnen Körperteile zueinander. Beim *Neugeborenen* nimmt der Kopf noch ein Viertel der Körperlänge ein, beim *10jährigen* ein Sechstel

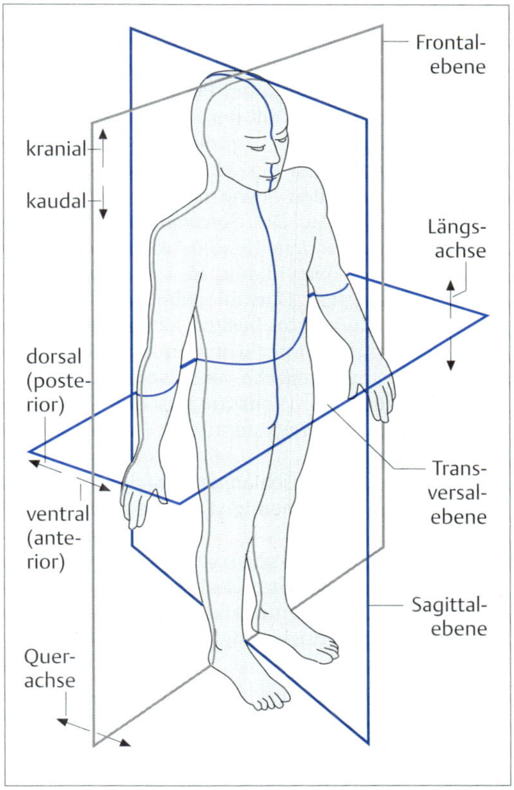

Abb. 2.**1** Hauptebenen und Hauptachsen am Körper

und beim *Erwachsenen* ein Achtel. Die Körpermitte liegt beim Neugeborenen in Höhe des Nabels, beim 10jährigen zwischen Nabel und Symphyse und beim Erwachsenen in Höhe der Symphyse.

! Merke

Das Geburtsgewicht hat sich bis zum 6. Monat verdoppelt. Die Geschwindigkeit des Längenwachstums ist während des 1. Jahres am größten. Die Körpergröße nimmt im 15. Lebensjahr etwa das dreifache der Geburtslänge ein.

Körpergröße und Gewicht unterliegen in jeder Altersgruppe großen Schwankungen. Das Wachstum ist bei Jungen mit etwa 19 Jahren, bei Mädchen mit etwa 18 Jahren abgeschlossen. Die *mittlere Körpergröße* wird für Männer mit 177 cm$\pm$13 cm, für Frauen mit 167 cm$\pm$11 cm angegeben. Das *mittlere Körpergewicht* beträgt für Männer 67,5 kg$\pm$14,5 kg, für Frauen 59 kg$\pm$12,5 kg.

Anatomie

Geschlechtsmerkmale: Während die *primären Geschlechtsmerkmale* (Hoden, Eierstock) von Geburt an vorhanden sind, bilden sich die *sekundären Geschlechtsmerkmale* erst in der Pubertät aus. Dies geschieht unter dem Einfluß der spezifischen Sexualhormone und äußert sich in der unterschiedlichen Körperbehaarung, den typischen Größen- und Proportionsunterschieden sowie der Entwicklung der Brustdrüse der Frau. Die *Geschlechtsreife* tritt bei Mädchen zwischen dem 10. und 14. Lebensjahr, bei Jungen zwischen dem 13. und 15. Lebensjahr ein.

Konstitutionstypen: Obwohl jeder Mensch einen individuellen Körperbau besitzt, hat man versucht, die verschiedenen Körperbautypen zu klassifizieren und ihnen charakterliche und seelische Eigenschaften zuzuordnen (*Konstitutionstypen*). Kretschmer unterscheidet drei Haupttypen (s. a. Psychologie, Abb. 5.**1**):

- *Leptosomer Typ:* schlanker, hagerer Wuchs, schmalbrüstig, langbeinig (Extremform: *Asthenischer Typ*)
- *Athletischer Typ:* muskulös, groß gewachsen, grober Knochenbau, breite Schultern
- *Pyknischer Typ:* gedrungene Gestalt, geräumiger Brustkorb und Bauch, neigt zu Fettansatz, kurze Extremitäten

2.2 Allgemeine Anatomie des Bewegungsapparates

Der Bewegungsapparat besteht aus passiven und aktiven Anteilen. Die *passiven Anteile* stellen das Gerüst des Bewegungsapparates dar und umfassen Knochen, Knorpel und Gelenke. Die *aktiven Anteile* dienen der Bewegung des Gerüstes und umfassen die Skelettmuskulatur und ihre Hilfseinrichtungen (Sehnen, Faszien, Schleimbeutel). Zur Aufrechterhaltung und Funktion des Bewegungsapparates sind eine ausreichende Blut- und Lymphgefäßversorgung sowie ein intaktes Nervensystem notwendig.

2.2.1 Knochentypen

Knochen besteht makroskopisch aus einer soliden Rindenschicht (*Corticalis*) aus kompaktem Knochen (*Substantia compacta*) und einer weniger dichten Innenschicht aus trabekulär angeordneten Knochenbälkchen (*Substantia spongiosa*).

Man unterteilt Knochen der Form nach in:

- *Lange Knochen*, auch *Röhrenknochen:* Diese bestehen aus einem röhrenförmigen Mittelstück (*Schaft oder Diaphyse*) und zwei meist verdickten Endstücken (*Epiphysen*). Zwischen beiden liegt die *Metaphyse*, die der *Zone des Längenwachstums* entspricht (*Epiphysenfuge*). Im Bereich der Diaphyse umhüllt die massiv ausgebildete Corticalis die mit Knochenmark gefüllte *Markhöhle* (*Cavimedullaris*). Die Epiphysen besitzen eine von zarter Corticalis umhüllte Spongiosa (z. B. Humerus, Radius, Femur).
- *Kurze Knochen:* Die Spongiosa ist von dünner Corticalis umgeben. Das Knochenmark befindet sich zwischen den Spongiosabälkchen (z. B. Wirbel, Hand- und Fußwurzelknochen).
- *Platte Knochen:* Sie bestehen aus zwei Schichten kompakter Corticalis, die eine Spongiosaschicht unterschiedlicher Dicke zwischen sich fassen. Die Spongiosa kann bei sehr flachen Knochen fehlen. In den Schädelknochen der Kalotte nennt man sie *Diploë* (z. B. Schulterblatt, Brustbein).

Nicht alle Knochen lassen sich eindeutig einer der Gruppen zuordnen. Dazu gehören auch die *pneumatisierten Schädelknochen.*

Knochenvorsprünge, an denen Bänder oder Sehnen ansetzen, nennt man *Apophysen.*

Klinischer Bezug

Epiphysenfugen können bei Jugendlichen im Röntgenbild leicht mit Frakturlinien verwechselt werden!

2.2.2 Periost

Die Knochenhaut überzieht den gesamten Knochen unter Aussparung der überknorpelten Gelenkflächen. Das Periost gliedert sich in *Stratum fibrosum* und *Stratum osteogenicum*. Das *Stratum fibrosum* ist die äußere Schicht und besteht aus Kollagenfasern, deren Bündel teilweise in den Knochen einstrahlen (*Sharpey-Fasern*) und so das Periost mit dem Knochen verbinden. Das *Stratum osteogenicum* ist die zell-, gefäß- und nervenreiche Innenschicht. Die kleinen Gefäße und Kapillaren speisen die Gefäße des Knochens und sichern so dessen Ernährung. Größere Gefäße (*Vasa nutritia*) dringen durch Foramina nutritia in die Markhöhle vor und versorgen Knochen und Knochenmark. Aus der inneren Schicht differenzieren sich Osteoblasten, die für das Dickenwachstum des Knochens verantwortlich sind.

2.2.3 Knochenwachstum

Das *Längenwachstum* der Knochen findet im Bereich der Metaphyse statt. Die Umbauzone zwischen Epiphyse und Diaphyse ist in verschiedene Zonen der enchondralen Verknöcherung gegliedert. Die Diaphyse wird durch diese Umbauprozesse immer länger, bis der Knochen seine endgültige Länge erreicht hat. Erst dann verknöchert die Epiphysenfuge selbst.

Das *Dickenwachstum* erfolgt durch Anlagerung von Knochen an der äußeren Oberfläche unter gleichzeitigem Abbau von Knochen an der inneren Oberfläche. Während der enchondralen Ossifikation wird zunächst Geflechtknochen gebildet. Dieser wird später abgebaut und durch neu gebildeten Lamellenknochen ersetzt (s.a. Histologie 1.5.3).

2.2.4 Funktioneller Bau des Knochens

Die menschlichen Knochen zeichnen sich durch ihr *Leichtbauprinzip* aus. Lamellenknochen besitzt eine höhere Druck-, Zug- und Biegefestigkeit als Geflechtknochen. Die gesamte Spongiosastruktur ist in *trajektorieller Bauweise* angeordnet, d. h., die Spongiosabälkchen verlaufen so, daß sie mit dem Verlauf der größten Druck- oder Zugspannung übereinstimmen. Bei den kurzen Knochen, z. B. den Wirbeln, verlaufen die Bälkchen entsprechend der Druckbelastung von oben nach unten und entsprechend der Zugbelastung von vorne nach hinten und von rechts nach links. An den Epiphysen der langen Knochen verlaufen die Spongiosazüge bogenförmig, da hier Druckkräfte von Biegungskräften überlagert werden. Lange Röhrenknochen unterliegen vorwiegend einer Biegebeanspruchung, die durch die Zugkraft der Muskulatur erheblich vermindert wird. Dieses *Zuggurtungsprinzip* sieht man u. a. am Femur (Tractus iliotibialis und Muskulatur vermindern Biegespannung während des Stehens).

Funktionelle Anpassung: Knochen zeigt eine *funktionelle Anpassung* an wechselnde Belastung. *Verstärkte Belastung* führt zu einer Verdickung der Compacta und der Spongiosabälkchen (*Aktivitätshypertrophie*). Bei *Ruhigstellung* reduziert sich die Knochenmasse, z.B. Gipsverband (*Inaktivitätsatrophie*). Diese Atrophie ist im Verlauf des Alterungsprozesses ein physiologischer Vorgang, der neben anderen die höhere Knochenbrüchigkeit im Alter erklärt. Deshalb ist körperliche Tätigkeit gerade im Alter wichtig.

2.2.5 Knochenverbindungen

Fugen

Die Knochen werden durch Zwischengewebe miteinander verbunden. Man unterscheidet:

- *Syndesmosen:* Verbindung durch straffes kollagenes Bindegewebe (z. B. Membrana interossea). Eine besondere Form stellt die Naht der Schädelknochen dar (*Sutura*).
- *Synchondrosen:* Verbindung durch hyalinen oder Faserknorpel (z. B. Zwischenwirbelscheiben).
- *Synostosen:* Sie entstehen, wenn Knochen durch Knochengewebe verbunden werden (z. B. Verschmelzung der Ossa frontalia zum Stirnbein, Schluß der Epiphysenfugen).

Gelenke (Diarthrosen, Articulationes synoviales)

Aufbau: *Diskontinuierliche Verbindungen* zwischen Knochen bezeichnet man als *echte Gelenke* (s. Abb. 3.**5**). Die *Gelenkkapsel* umschließt die Knochenenden, deren Gelenkflächen von *Gelenkknorpel* überzogen sind. Im Zwischenraum, dem Gelenkspalt, befindet sich die *Gelenkschmiere* (*Synovia*). *Zwischenscheiben* (*Disci und Menisci articulares*) polstern das Gelenk und verteilen den Druck. *Pfannenlippen* (*Labra glenoidales*) vergrößern die Gelenkfläche der Pfanne (z. B. Zwischenwirbelscheiben, Meniscus im Kniegelenk, Labrum am Hüftkopf). Die Gelenke sind durch *Bänder* aus kollagenem Bindegewebe gesichert. Diese verstärken die Kapsel oder verbinden die beteiligten Knochen direkt. Gelenke mit stark eingeschränkter Beweglichkeit nennt man straffe Gelenke (*Amphiarthrosen*).

Bewegung: Die Bewegung in den Gelenken kann *aktiv* durch Muskelkontraktionen erfolgen oder durch *passive* Dehnung oder Streckung der Muskeln. Der *aktive Bewegungsumfang* ist normalerweise geringer. Die Führung und Hemmung der Bewegung erfolgt durch die Form der Gelenkfläche, den umgebenden Bandapparat, die Muskulatur und die Weichteile (z. B. extreme Beugung im Ellenbogengelenk). Diese *natürliche Bewegungshemmung* schützt das Gelenk vor Luxationen.

Gelenkformen: Man unterscheidet zwischen *Art. simplex* (Verbindung von zwei Skeletteilen) und *Art. composita* (mehr als zwei Skeletteile, z. B. Ellenbogengelenk, Kniegelenk). Die Gelenke lassen sich nach der Form der Gelenkflächen und der Freiheitsgrade entlang der Bewegungsachsen im Raum (max. drei, jeweils senkrecht zueinander stehend) einteilen:

- *Dreiachsiges Gelenk (Kugelgelenk):* besteht aus kugelförmigem Gelenkkopf und ausgehöhlter Gelenkpfanne. Im Gelenk sind Bewegungen entlang aller drei Hauptachsen möglich (*drei Freiheitsgrade*), die sich im Kugelmittelpunkt treffen:
  1. Achse entlang der Längsrichtung des bewegten Knochens (Innen-, Außenrotation)
  2. Transversalachse (Ante-, Retroversion)
  3. Sagittalachse (Ab-, Adduktion).

  Praktisch sind dadurch Bewegungen in jede beliebige Richtung möglich (Schultergelenk).
- *Zweiachsiges Gelenk:* hat nur *zwei Freiheitsgrade*. Beim Ellipsoidgelenk (z. B. proximales Handgelenk) ist durch die eiförmige Form von Kopf und Pfanne keine Rotation möglich, beim Sattelgelenk (z. B. Daumengrundgelenk) wird diese durch die versetzten sattelförmigen Gelenkflächen verhindert. Beide Gelenktypen sind um die anderen zwei Achsen frei beweglich.

- *Einachsiges Gelenk (Scharniergelenk):* hat nur *einen Freiheitsgrad*, d. h. die Bewegung ist nur entlang einer quer- oder längsliegenden Achse möglich. Bei querliegender Achse (z. B. Fingerendgelenke) ist das Gelenk immer durch Bänder gesichert. Bei längsverlaufender Achse spricht man von einem Radgelenk (z. B. Gelenk zwischen Atlas und Axis).
- *Ebenes Gelenk:* mit zwei planen Gelenkflächen, die sich seitlich gegeneinander verschieben lassen und meist durch straffe Bänder in ihrer Bewegungsmöglichkeit eingeschränkt sind (z. B. einige Gelenke am Kehlkopf).

Mikroskopische Anatomie des Gelenkes

Der Gelenkknorpel ist am Knochen durch Kollagenfasern in der kapillarreichen Lamina ossea subchondralis befestigt. Von dort verlaufen die Kollagenfasern senkrecht zur Oberfläche und biegen dann in die *Tangentialschicht* um. Der darüberliegenden *Superfizialschicht* fehlt das Perichondrium, die Oberfläche des Gelenkknorpels ist spiegelnd glatt. Je stärker die Druckbelastung des Gelenkes, um so dicker ist die Knorpelschicht.
Die *Gelenkkapsel* schließt an das Periost an und besteht aus der äußeren Faserschicht unterschiedlicher Dicke (*Stratum fibrosum*) und der Gelenkinnenhaut, die Falten und Zotten bildet (*Stratum synoviale*). Die an der inneren Oberfläche haftenden mesenchymalen Bindegewebszellen bilden die Synovia, die der Ernährung des Knorpels dient. Das Stratum synoviale ist sehr gefäßreich und enthält zahlreiche Nervenfasern, der Gelenkknorpel selbst ist gefäßlos.

2.2.6 Skelettmuskulatur und Hilfseinrichtungen

Form- und Strukturmerkmale

Jeder Muskel hat einen *Ursprung* am weniger beweglichen, rumpfnahen Skeletteil und einen *Ansatz* am stärker beweglichen, meist distalen Skeletteil. Zwischen Ansatz und Ursprung liegt der *Muskelbauch*, dessen Muskelfasern verschieden angeordnet sein können. Man unterscheidet spindelförmige Muskeln, einfach, doppelt und mehrfach gefiederte Muskeln. Die Muskelfasern verlaufen dabei entweder parallel in Längsrichtung oder gehen in einem bestimmten Winkel (*Fiederungswinkel*) von einer oder mehreren Seiten in die Ansatzsehne über. Platte Muskeln sind flächig ausgebreitet mit parallelen oder konvergierenden Muskelfasern. Ebenso unterteilt man sie in mehrköpfige, mehrbäuchige und ringförmige Muskeln.
Muskel: Ein Muskel besteht aus Muskelfasern, die durch Bindegewebe zu Bündeln zunehmender Dicke zusammengefaßt werden. Die einzelnen Muskelfasern werden durch *Endomysium* zu Primärbündeln verbunden, die jeweils vom *Perimysium int.* umfaßt werden. Das *Perimysium ext.* faßt mehrere Primärbündel zusammen. Das *Epimysium* schließlich bildet eine lockere Hülle um den gesamten Muskel. Durch diese Bindegewebsschichten ist die Verschieblichkeit der Faserbündel gegeneinander gewährleistet.
Sehne: Die Sehne setzt das Bindegewebe des Muskels fort und inseriert mit ihren straffen kollagenen Fasern an Periost und Knochen. Die Sehnenfasern sind durch ein *Peritendineum int.* zu Bündeln zusammengefaßt und werden gemeinsam umhüllt vom *Peritendineum ext.* Sehnen können rundlich, flachoval oder flächenförmig (*Aponeurosen*, z. B. Bauchmuskeln) sein.
Innervation: Ein Muskel wird von einem oder mehreren Nerven motorisch und sensibel versorgt. Die motorische Nervenfaser innerviert eine bestimmte Zahl von Muskelfasern über ihre motorischen Endplatten (s.a. 2.6.6). Muskelspindeln und Sehnenorgane dienen der Tiefensensibilität und empfangen Information über die Spannung des Muskels (s.a. Physiologie 14.1.1).

Allgemeine Muskelmechanik

Die *Hubkraft* eines Muskels ist abhängig vom physiologischen Querschnitt und vom Fiederungswinkel.

> **! Merke**
>
> Der *physiologische Querschnitt* ist der Gesamtquerschnitt aller Muskelfasern. Je größer der Querschnitt, um so größer die Hubkraft. Je größer der Fiederungswinkel, um so geringer die Hubkraft.

Die *Hubhöhe* eines Muskels ist abhängig von der Länge der Muskelfasern und vom Fiederungswinkel. Bei geraden Fasern entspricht die Hubhöhe der Verkürzung der Faser, bei gefiederten Fasern ist die Verkürzung kleiner als die Hubhöhe.
Die *Richtung des wirksamen Muskelzuges* ist abhängig vom Hebelarm. Bei gleicher Hubkraft ist die Muskelwirkung um so größer, je größer der Hebelarm ist. Der wirksame Hebelarm ändert sich mit der Gelenkstellung und somit die Größe der ausgeübten Kraft.

Hilfseinrichtungen der Muskeln und Sehnen

Faszien: Faszien aus straffem Bindegewebe umschließen Muskeln oder Muskelgruppen. Sie bilden *Führungsschläuche* für längere Muskeln, trennen Muskelgruppen antagonistischer Funktion durch Bildung von Faszienlogen voneinander und grenzen alle Muskeln gegen die Subcutis ab.

Klinischer Bezug

Entlang der Faszienlogen können sich Entzündungen ausbreiten.

Schleimbeutel: Schleimbeutel (*Bursae synoviales*) sind synoviahaltige Spalten im Bindegewebe. Sie erleichtern das Verschieben von Strukturen, die unter Druck stehen. Zwischen Knochen und Muskel liegen oft Schleimbeutel, die den Muskel vor Verletzung schützen.

Sehnenscheiden: Lange Sehnen sind von einer bindegewebigen *Sehnenscheide* umgeben. Das *Stratum synoviale* ist ein doppelwandiger mit Synovia gefüllter Schlauch, der über ein Mesotendineum mit der Sehne fest verwachsen ist. Das *Stratum fibrosum* grenzt an das äußere Blatt des Stratum synoviale und verankert die Sehne in der Umgebung. Sehnenscheiden ermöglichen eine reibungslose Bewegung der Sehne.

An manchen Stellen werden mehrere Sehnenscheiden von einem festen bindegewebigen *Retinaculum* überspannt (z. B. Retinaculum flexorum für die langen Beuger am Handgelenk). Sehnen können in ihrem Verlauf durch ein *Hypomochlion* (z. B. Knochenvorsprünge oder über ein Sesambein) umgeleitet werden. Dadurch ändert sich die Richtung des Muskelzuges und der Kraftwirkung.

Muskelfunktion

Funktionelle/genetische Muskelgruppe: Eine *funktionelle Muskelgruppe* umfaßt alle Muskeln, die gleichsinnig auf das gleiche Gelenk wirken, unabhängig von der Innervation. Eine *genetische Muskelgruppe* umfaßt alle Muskeln, die aus einem Myotom stammen. Sie werden von einem Nerven innerviert.

Synergisten/Antagonisten: *Synergisten* wirken an einem Gelenk in die gleiche Richtung, *Antagonisten* wirken einander entgegen (z. B. Beugung und Streckung im Kniegelenk) und sind für harmonische Bewegungsabläufe notwendig.

Isotonische/isometrische Kontraktion: Alle Muskeln können eine Bewegungs- und Haltefunktion ausüben. Bei der Bewegung eines Muskels erfolgt eine *isotonische Kontraktion*. Der Muskel verkürzt sich bei gleichbleibender Spannung. Wird der Muskel fixiert, steigt seine Spannung bei konstanter Länge: *isometrische Kontraktion*. Meist sind beide Formen in unterschiedlichem Maße an einer Kontraktion beteiligt.

Aktive/passive Insuffizienz: Bei mehrgelenkigen Muskeln reicht meist die Hubhöhe nicht aus, um alle Gelenke maximal zu bewegen: *aktive Insuffizienz*. Reicht dagegen die Dehnungsfähigkeit des Muskels nicht aus, wird dies als *passive Insuffizienz* bezeichnet.

Motorische Einheit: Als *motorische Einheit* bezeichnet man die motorische Vorderhornzelle, die zugehörige Nervenfaser und alle von ihr innervierten Muskelfasern.

2.3 Allgemeine Anatomie des Kreislaufsystems

Zum Kreislaufsystem zählt man *Blut-* und *Lymphgefäßsystem*. Beide erfüllen wichtige Transportaufgaben.

2.3.1 Gliederung des Kreislaufsystems

Das Blutgefäßsystem des Menschen, bestehend aus Herz und Gefäßen, bildet einen geschlossenen Kreislauf. Man kann es in einen *großen (Körper-) Kreislauf* und einen *kleinen (Lungen-) Kreislauf* unterteilen. Bei den Gefäßen unterscheidet man *Arterien*, die Blut vom Herzen weg führen, von *Venen*, die Blut zum Herzen hin führen.

Das Herz verbindet die beiden Kreisläufe miteinander und bildet mit seinen beiden Kammern den Motor des Blutstroms. Man unterscheidet eine rechte und eine linke Herzhälfte, die jeweils aus einem *Vorhof* (*Atrium*) und einer *Kammer* (*Ventrikel*) bestehen. Die Vorhöfe erhalten das zufließende Blut, die Kammern sind die eigentlichen Pumpen, die das Blut durch Kontraktionen in den jeweiligen Kreislauf befördern. Jede Herzhälfte fördert pro Minute das gleiche Volumen (*Herzminutenvolumen*). Es ist für großen und kleinen Kreislauf gleich groß.

Blutkreislauf (Abb. 2.**2**): Das *sauerstoffarme (venöse) Blut* der Körperperipherie gelangt über die obere und untere Hohlvene zum rechten Vorhof und von dort in den rechten Ventrikel. Dieser pumpt das Blut über die A. pulmonalis in die Lunge. Dort wird es *mit Sauerstoff angereichert (arterialisiert)* und erreicht über die Vv. pulmonales den linken Vorhof und anschließend den linken Ventrikel. Dieser pumpt das Blut in die Hauptschlagader (*Aorta*) und von dort über deren Äste in die verschiedenen Körperregionen und Organe. Zwischen den Arterien und Venen des Körper- und des Lungenkreislaufs liegen die *Kapillaren*. In diesen Gebieten gibt das Blut Sauerstoff und Nährstoffe an die Gewebe ab und nimmt Kohlendioxid und Stoffwechselprodukte auf.

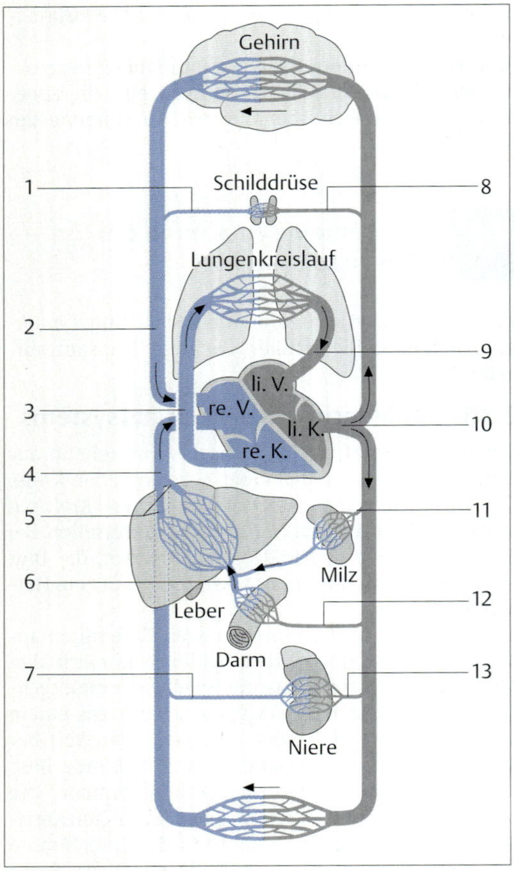

Abb. 2.**2** Großer und kleiner Kreislauf (Körper- und Lungenkreislauf). li. V. = linker Vorhof, re. V. = rechter Vorhof, li. K. = linke Kammer (Ventrikel), re. K. = rechte Kammer (Ventrikel). 1 = V. thyreoidea (Schilddrüsenvene), 2 = V. cava superior (obere Hohlvene), 3 = A. pulmonalis (Lungenarterie), 4 = V. cava inferior (untere Hohlvene), 5 = Vv. hepaticae (Lebervenen), 6 = V. portae (Pfortader), 7 = V. renalis (Nierenvene), 8 = A. thyreoidea (Schilddrüsenarterie), 9 = V. pulmonalis (Lungenvene), 10 = Aorta, 11 = A. lienalis (Milzarterie), 12 = A. mesenterica superior (obere Mesenterialarterie), 13 = A. renalis (Nierenarterie). Die Pfeile geben die Stromrichtung des Blutes an (aus Faller, Thieme 1995)

! Merke

Kleiner Kreislauf: rechter Ventrikel – A. pulmonalis – Lunge – Vv. pulmonales – linker Vorhof

Großer Kreislauf: linker Ventrikel – Aorta – Arterien – Körperperipherie und Organe – Kapillarbett – Venen – obere und untere Hohlvene – rechter Vorhof

Pfortaderkreislauf: In den Körperkreislauf ist ein weiterer Kreislauf eingeschaltet, der Pfortaderkreislauf. Das venöse Blut aus den Eingeweiden fließt nicht direkt zur unteren Hohlvene, sondern über die *Pfortader* (*V. portae*) zur Leber. Es enthält die vom Darm aufgenommenen Verdauungsprodukte, die in der Leber weiter verstoffwechselt werden. Erst nach der Organpassage gelangt das Blut über die *Lebervenen* (*Vv. hepaticae*) zur unteren Hohlvene.

! Merke

Im Pfortaderkreislauf sind zwei Kapillarbezirke hintereinander geschaltet.

Fetaler Kreislauf (Abb. 2.**3**): Der pränatale Kreislauf unterscheidet sich in einigen Punkten von dem postnatalen. Vor der Geburt sind die Lungen des Kindes noch nicht belüftet und der Stoff- und Gasaustausch findet in der *Plazenta* statt. Der Fetus erhält also sauerstoffreiches Blut über die *Nabelvene*. Das Blut fließt über einen Kurzschluß (*Ductus venosus*) an der Leber vorbei in die untere Hohlvene. Dort vermischt es sich mit venösem Blut aus der unteren Körperhälfte. Dieses Mischblut erreicht nun den rechten Vorhof und über ein Loch in der Vorhofscheidewand (*Foramen ovale*) den linken Vorhof. Von dort gelangt es in den linken Ventrikel und über den Aortenbogen vornehmlich in die obere Körperhälfte. Das Blut aus der oberen Hohlvene erreicht über den rechten Vorhof den rechten Ventrikel. Von dort fließt es über einen Kurzschluß an der Lunge vorbei (*Ductus arteriosus*), direkt in den absteigenden Teil der Aorta, und mischt sich dort mit dem Blut aus dem linken Ventrikel. Das Blut, das die untere Körperhälfte versorgt, ist deshalb sauerstoffärmer als das von der oberen Körperhälfte. Von den inneren Beckenarterien gehen die *Nabelarterien* ab, die das sauerstoffarme Blut zur Plazenta führen.
Nach der Geburt stellt sich der Kreislauf infolge der *Belüftung der Lungen* um. Die Nabelarterien werden verschlossen und wandeln sich in bindegewebige Stränge um. Foramen ovale, Ductus arteriosus und Ductus venosus verschließen sich. Lungen- und Körperkreislauf sind nun hintereinander geschaltet.

2.3.2 Gliederung des Blutgefäßsystems

Das Blutgefäßsystem gliedert sich in Abschnitte, die *vom Herzen weg* führen, und Abschnitte, die *zum Herzen hin* führen. Das Blut durchläuft nacheinander *Arterien, Arteriolen, Kapillarbett, Venolen* und *Venen*. Der Durchmesser der Gefäße nimmt von der Arterie zur Kapillare ab und von der Kapillare zu den großen Venen wieder zu. Die *Arteriolen* bilden die Endstrecke

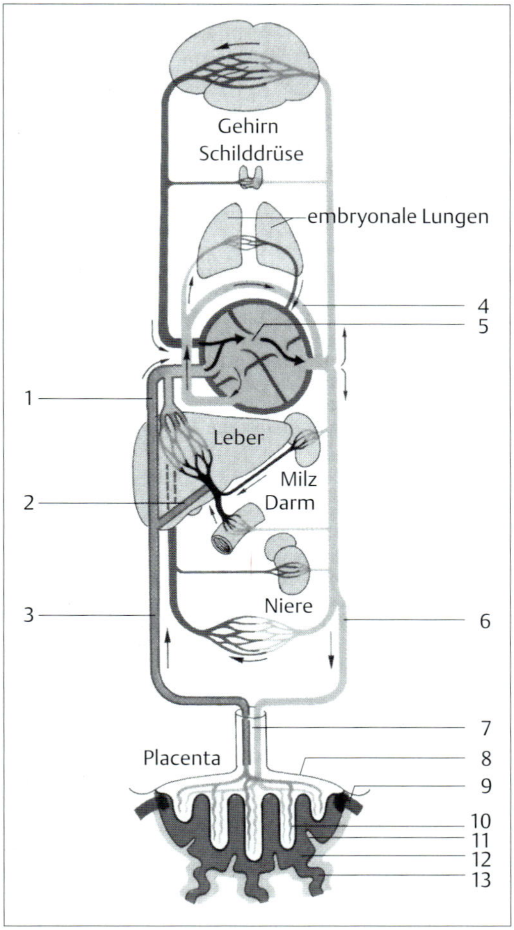

Abb. 2.3 Fetaler Kreislauf. 1 = Mündung der Nabelvene in die V. cava inf., 2 = Abzweigung der Nabelvene zur Pfortader, 3 = Stamm der Nabelvene, 4 = Ductus arteriosus, 5 = Foramen ovale, 6 = Nabelarterien, 7 = Nabelschnur, 8 = Amnionüberzug der Plazenta, 9 = Randsinus, 10 = Chorionzotte, 11 = Plazentasepten, 12 = mütterliche Lakunen, 13 = mütterliche Arterien (nach Beske, Thieme 1990)

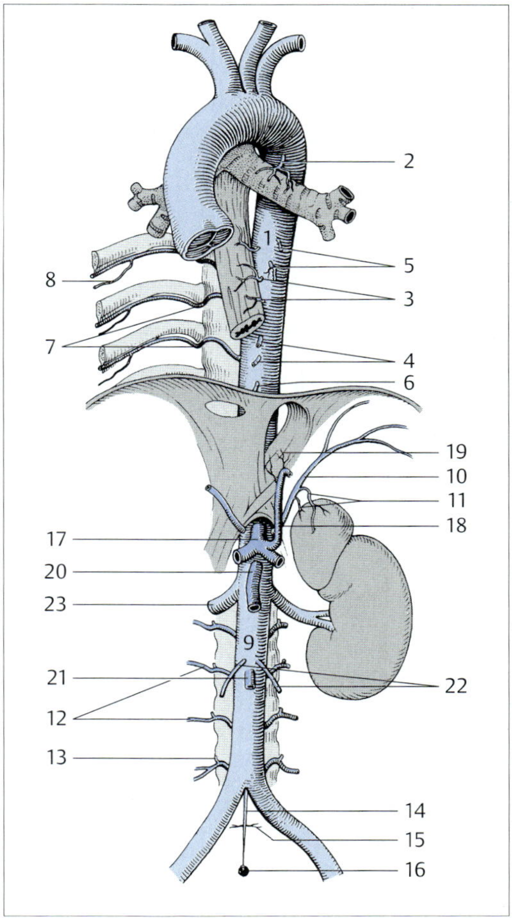

Abb. 2.4 Arterienstämme und ihre Abgänge: Aorta. 1 = Pars thoracica aortae, 2 = Rr. bronchiales, 3 = Rr. oesophageales, 4 = Rr. pericardiaci, 5 = Rr. mediastinales, 6 = Aa. phrenicae sup., 7 = Aa. intercostales post., 8 = R. collateralis, 9 = Pars abdominalis aortae, 10 = A. phrenica inf., 11 = Aa. suprarenales sup., 12 = Aa. lumbales, 13 = R. dors., 14 = A. sacralis mediana, 15 = Aa. lumbales imae, 16 = Glomus coccygeum, 17 = Truncus coeliacus, 18 = A. gastrica sin., 19 = Rr. oesophageales, 20 = A. mesenterica sup., 21 = A. mesenterica inf., 22 = A. testicularis/ovarica, 23 = A. renalis (aus Feneis, Thieme 1993)

der arteriellen Strohmbahn und sind den Kapillaren direkt vorgeschaltet. Die *Kapillaren* bilden ein stark verzweigtes Netzwerk (*Kapillarbett*), aus dem das Blut über die *kleinsten Venen* (*Venolen*) dem venösen System zugeführt wird (s.a. Histologie 3.2.1).

Große Arterien (Abb. 2.**4**): An den linken Ventrikel des Herzens schließt sich die *Aorta* mit ihrem aufsteigenden Teil (*Pars ascendens*) an. Sie geht in den Aortenbogen (*Arcus aortae*) und den absteigenden Teil (*Pars descendens*) über, der sich in Pars thoracica aortae und Pars abdominalis aortae gliedert. Vom Aortenbogen gehen die A. subclavia sin. für den linken Arm, die A. carotis comm. sin. für die linke Hälfte des Kopfes und der Truncus brachiocephalicus ab, der sich in A. subclavia dext. und A. carotis comm. dext. aufteilt. Die A. subclavia setzt sich über die A. axillaris

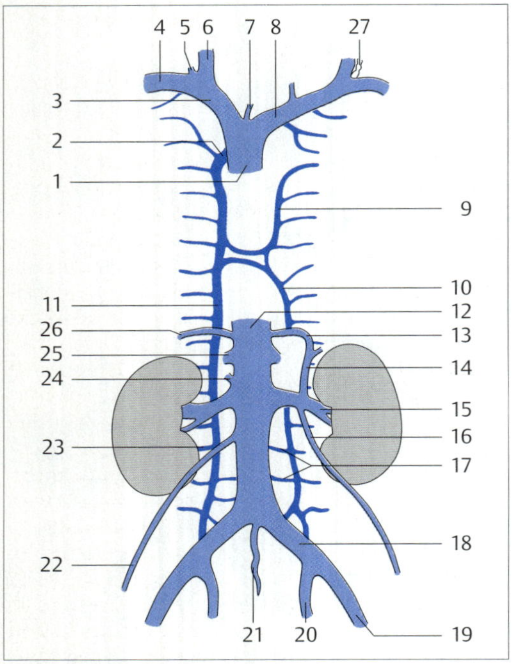

Abb. 2.**5** Venenstämme und ihre Zuflüsse. 1 = V. cava sup., 2 = Mündungsteil der V. azygos, 3 = V. brachiocephalica dext., 4 = V. subclavia dext., 5 = V. jugularis ext. dext., 6 = V. jugularis int. dext., 7 = V. thyroidea inf., 8 = V. brachiocephalica sin., 9 = V. hemiazygos accessoria, 10 = V. hemiazygos, 11 = V. azygos, 12 = V. cava inf., 13 = V. phrenica inf. sin., 14 = V. suprarenalis sin., 15 = V. renalis sin., 16 = V. testicularis/ovarica sin., 17 = Vv. lumbales sin., 18 = V. iliaca comm. sin., 19 = V. iliaca ext. sin., 20 = V. iliaca int. sin., 21 = V. sacralis mediana, 22 = V. testicularis/ ovarica dext., 23 = V. lumbalis ascendens dext., 24 = V. suprarenalis dext., 25 = Vv. hepaticae, 26 = V. phrenica inf. dext., 27 = Ductus thoracicus (aus Frick/Leonhardt/Starck, Thieme 1992)

in die A. brachialis des Oberarmes fort, die sich in A. radialis und A. ulnaris für die laterale und mediale Hälfte des Unterarmes und der Hand teilt. Die A. carotis comm. teilt sich in A. carotis ext. und A. carotis int.

Von der *Pars thoracica aortae* gehen die Interkostalarterien ab, von der Pars abdominalis aortae *paarige Äste* zur Niere und Nebenniere (*Aa. renales* und *suprarenales*) sowie *unpaare Äste* zu den Organen des Oberbauches (*Truncus coeliacus*) und des Darmes (*A. mesenterica sup. et inf.*). Vor dem 4. Lendenwirbel teilt sich die Aorta in die rechte und linke *A. iliaca comm.*, von der die A. iliaca int. zur Versorgung des Beckens und die A. iliaca ext. zur Versorgung des Beines abgehen. Letztere setzt sich über die A. femoralis des Oberschenkels in die A. poplitea der Kniekehle fort, die sich in A. tibialis ant. und post. zur Versorgung von Unterschenkel und Fuß teilt.

Große Venen (Abb. 2.**5**): Die obere Hohlvene (*Vena cava sup.*) sammelt das Blut aus Kopf, Hals und Arm. In sie fließen der Truncus brachiocephalicus dext. und sin., die aus der jeweiligen V. subclavia des Armes und V. jugularis int. des Kopfes entstehen. Die untere Hohlvene (*V. cava inf.*) sammelt das Blut aus den Vv. iliacae comm., die Zuflüsse aus Bein und Becken über die Vv. iliaca ext. und int. erhalten. Die *V. portae* sammelt das Blut aus den unpaaren Organen des Bauches und führt es der Leber zu, die es über die Vv. hepaticae ebenfalls zur unteren Hohlvene verläßt.

Im folgenden werden wichtige Begriffe zum Gefäßsystem erläutert:

Vasa publica – Vasa privata: Als *Vasa publica* bezeichnet man diejenigen Gefäße eines Organs, die eine Funktion im gesamten Organismus erfüllen (z. B. V. portae und die von ihr abzweigenden Gefäße). *Vasa privata* sind im Gegensatz dazu Gefäße, die die Blutversorgung des Organs und damit seine Funktionsfähigkeit aufrechterhalten (z. B. A. hepatica propria und ihre Äste).

Plexus: Unter einem *Plexus* versteht man die netzartige Verflechtung von Venen, Nerven oder Lymphgefäßen. Der Begriff *Sinus* beschreibt die Erweiterung eines Gefäßes oder einer Blut- oder Lymphkapillare. Sinusoide sind blutgefüllte Räume, die von erweiterten Kapillaren gebildet werden (z. B. in der Leber).

Anastomose: Als *Anastomose* bezeichnet man eine direkte Verbindung zwischen großen und kleinen Arterien. *Arteriovenöse Anastomosen* sind Kurzschlußverbindungen, die das Blut aus den Arteriolen unter Umgehung der Kapillaren in die Venen leiten.

Kollateralen sind kleinere, miteinander anastomosierende Gefäße, die parallel zur Hauptstrombahn zum selben Versorgungsgebiet laufen. Kommt es zur Unterbrechung der Hauptstrombahn, wird die Durchblutung über den *Kollateralkreislauf* aufrechterhalten.

Endarterien sind Arterien, die alleine für die Versorgung eines bestimmten Kapillarbezirkes zuständig sind. Bei Verschluß einer Endarterie stirbt das nachgeschaltete Gebiet ab, da *keine Kollateralkeisläufe* vorhanden sind (z. B. A. labyrinthi, A. centralis retinae). Funktionelle Endarterien haben zwar Anastomosen zu anderen Arterien, diese sind aber zur Blutversorgung im Falle eines akuten Verschlusses der Endarterie nicht ausreichend (z. B. Herzkranzgefäße).

Sperrarterien – Drosselvenen: Die Durchblutung nachfolgender Kapillargebiete kann über Sperrarterien und Drosselvenen reguliert werden. Diese enthalten in der Wandschicht ein Polster aus längsverlaufenden Muskelzellen, bei deren Kontraktion das Lumen verschlossen wird. Im Falle der *Sperrarterien* wird der nachfolgende Abschnitt nicht durchblutet, im Falle der *Drosselvene* kann das Blut nicht wieder abfließen (z. B. Schwellkörper der Genitalien).

Gefäß-Nerven-Straße: Die großen Gefäße verlaufen meist in einer Gefäß-Nerven-Straße. Diese ist durch Bindegewebe von den umgebenden Strukturen abgegrenzt und liegt meist gut geschützt.

2.3.3 Einrichtungen zur Förderung des venösen Rückstroms

Da die venösen Strombahnen zum Niederdrucksystem des Kreislaufs gehören, reicht der Druck alleine nicht aus, das Blut zum Herzen zurückzuführen. Hier spielen Venenklappen, Muskelpumpe und arteriovenöse Kopplung eine wichtige Rolle.

Venenklappen sind *taschenförmige Aussackungen* der inneren Gefäßwand (*Intima*), die in das Lumen der Venen hervorspringen. Sie haben die *Funktion eines Ventils* und verhindern das Zurückfließen des Blutes. Venenklappen kommen in den meisten Venen vor (*Ausnahme:* Venen des Kopfes, des Wirbelkanals und der Eingeweide sowie herznahe große Venen).

! Merke

Da die Venen des Kopfes keine Klappen haben, kommt es beim Pressen zu einem Rückstau des Blutes in den Kopf und somit zu einem *„roten Kopf"*.

Klinischer Bezug

Werden die Klappen durch übermäßige Dehnbarkeit der Venenwand insuffizient, kommt es zum Blutstau und zu einer Erweiterung der Venen (**Krampfadern, Varizen**, vor allem an der unteren Extremität).

Muskelpumpe: Die meisten Venen liegen zwischen Muskeln. Die Kontraktion der Muskeln bei Bewegung komprimiert die Vene (*Muskelpumpe*) und fördert so den Blutstrom, der aufgrund der Venenklappen herzwärts gerichtet ist.

Arteriovenöse Kopplung: Besonders an den Extremitäten wird jede Arterie von zwei Begleitvenen umschlossen. Bei jedem Pulsschlag werden die Venen ein wenig komprimiert und so der Rückstrom zum Herzen gefördert. Das Blut gelangt schließlich durch den Niederdruck im Thorax und die Sogwirkung des rechten Vorhofs zurück zum Herzen.

2.3.4 Funktionelle Gliederung des Lymphgefäßsystems

Lymphgefäße: Das Lymphgefäßsystem durchzieht wie die Blutgefäße den gesamten Körper. Es beginnt mit klappenlosen *Lymphkapillaren*, die blind in Gewebespalten enden. Ihre Wand wird nur von Endothelzellen und Basalmembran gebildet. Sie nehmen die *Gewebsflüssigkeit* (*Lymphe*) auf und transportieren sie in kleinere und größere Lymphgefäße. Diese sind weitlumiger und haben in ihrer Wand zusätzlich zum Endothel eine Schicht glatter Muskelzellen. Sie besitzen ebenso wie die Venen Klappen, die den Rückstrom der Lymphe unterstützen.

Lymphknoten: Jede Region des Körpers besitzt eigene Lymphgefäße, die man wie die Venen in *oberflächliche* und *tiefe* unterteilen kann. Sie laufen zu den *regionären Lymphknoten*, die als Filterstationen in das Lymphsystem eingeschaltet sind. Sie haben außerdem eine wichtige Funktion bei der Immunabwehr. Jeder Lymphknoten hat mehrere zuführende Lymphgefäße, aber nur ein wegführendes. Diese ziehen zu den *Sammellymphknoten*, die die Lymphe aus mehreren regionären Lymphknoten sammeln. Die Lymphe gelangt schließlich über den *Ductus thoracicus* und den *Truncus lymphaticus dext.* wieder in den Blutkreislauf.

Lymphrückfluß: Der Milchbrustgang (*Ductus thoracicus*) entsteht durch den Zusammenfluß der Lymphgefäße aus den unteren Extremitäten und der Eingeweide (*Truncus intestinalis*). Er verläuft parallel zur Aorta und mündet in den *linken Venenwinkel* zwischen V. subclavia und V. jugularis. Dort münden ebenfalls *Truncus subclavius sin.*, der die Lymphe aus dem linken Arm sammelt, *Truncus jugularis sin.*, der die Lymphe aus der linken Hälfte von Kopf und Hals sammelt und *Truncus bronchomediastinalis*, der die Lymphe aus der linken Seite des Brustraums sammelt. In den rechten Venenwinkel mündet der *Ductus lymphaticus dext.*, der durch den Zusammenfluß von Truncus subclavius dext., Truncus jugularis dext. und Truncus bronchomediastinalis dext. entsteht, die die Lymphe aus den entsprechenden Regionen der rechten Seite sammeln.

2.4 Blutzellen und Blutzellbildung, lymphatische Organe, Immunsystem

Das Blut kann man als *flüssiges Gewebe* des Körpers bezeichnen. Es besteht aus Blutplasma und verschiedenen Zellen (*Blutkörperchen*). Das *Blutplasma* ist eiweißreich und enthält vor allem Albumine und

Globuline, die von Leber und Plasmazellen (Immunglobuline) gebildet werden. Das Blut hat vielfältige Funktionen. Es transportiert Sauerstoff und Kohlensäure, Nährstoffe und Stoffwechselschlacken, Hormone, Gerinnungsfaktoren und Antikörper und spielt eine wichtige Rolle bei der Wärmeregulation. Darüber hinaus ist es mit seinen zellulären Bestandteilen an der *Immunabwehr* beteiligt.
Die gesamte zirkulierende Blutmenge hat ein Volumen von etwa *8 % des Körpergewichts*, beim Erwachsenen also zwischen 5 und 6 Litern. Die flüssigen Bestandteile (*Blutplasma*) machen etwa 55 %, die festen Bestandteile (*Blutkörperchen*) etwa 45 % des Blutvolumens aus.

Merke

Den prozentualen Anteil der Blutzellen am Gesamtblut nennt man *Hämatokrit*. Er beträgt bei Frauen etwa 43 %, bei Männern etwa 47 %.

2.4.1 Morphologie der Blutzellen und funktionelle Zuordnung

Erythrozyten: Die *roten Blutkörperchen* (*Erythrozyten*) sind kernlose runde Scheiben mit einem mittleren Durchmesser von 7,5 µm. Sie sind elastisch verformbar und können so auch kleinste Kapillaren passieren. Das Zellinnere enthält den roten, eisenhaltigen *Blutfarbstoff* (*Hämoglobin*), der Sauerstoff reversibel binden kann. Sauerstoffreiches Blut erscheint hellrot, sauerstoffarmes Blut dunkelrot. Erythrozyten werden im Knochenmark gebildet und haben eine Lebensdauer von etwa 120 Tagen. Sie werden in Milz, Leber und Knochenmark abgebaut (*Blutmauserung*).

Klinischer Bezug

Eine starke Vermehrung oder Verminderung (**Anämie**) der Erythrozyten ist pathologisch. Eine *Vermehrung* kann auf einen Tumor der Stammzellen im Knochenmark hinweisen, eine *Verminderung* auf einen chronischen Blutverlust, eine Tumorerkrankung oder eine Störung der Erythrozytenbildung im Knochenmark.

Leukozyten: Zu den *weißen Blutkörperchen* (*Leukozyten*) zählt man *Granulozyten, Monozyten* und *Lymphozyten*. Sie sind die Zellen des Immunsystems und befinden sich zum großen Teil außerhalb der Blutbahn am „Einsatzort" in Geweben und Organen und benutzen das Blut nur als Transportvehikel. Ihre Lebensdauer ist sehr unterschiedlich und kann Tage bis Jahre betragen.

Klinischer Bezug

Eine starke Vermehrung der Leukozyten (**Leukozytose**) findet sich vor allem bei akuten bakteriellen Entzündungen. Bei chronisch hohen Werten (>30 000) muß man immer an eine Leukämie (Tumor der weißen Blutkörperchen) denken.

Granulozyten: Granulozyten sind runde Zellen mit einem Durchmesser von 10 – 15 µm, die im Knochenmark gebildet werden. Sie sind amöboid beweglich und können so aus der Blutbahn in die Gewebe gelangen. Ihr Zellkern ist gelappt und weist bei den reifen Formen ein bis drei Einschnürungen auf (*segmentkernige Granulozyten*). Diese fehlen bei den noch nicht ausgereiften Formen (*stabkernige Granulozyten*). Das Zytoplasma der Granulozyten enthält typische Granula, nach deren Anfärbbarkeit man sie in drei Granulozytenarten unterteilen kann:

- *Neutrophile Granulozyten:* Die Granula sind klein und färben sich schwach rot-bläulich an. Neutrophile Granulozyten sind *Zellen des unspezifischen Immunsystems*, die schnell und in großer Zahl die Kapillarwand durchwandern (*Diapedese*) und am Entzündungsort eintreffen. Sie „fressen" (*phagozytieren*) Bakterien und Gewebstrümmer und zerstören diese durch die in den Granula enthaltenen lysosomalen Enzyme. Dabei gehen sie selbst zugrunde und finden sich massenhaft im Eiter.
- *Eosinophile Granulozyten:* Die Granula sind etwas größer und färben sich mit Eosin intensiv rot. Eosinophile Granulozyten sind *Zellen des spezifischen Abwehrsystems*. Sie durchwandern ebenfalls die Kapillaren und phagozytieren vor allem Antigen-Antikörper-Komplexe (s.a. 2.4.4). Sie binden und inaktivieren überschüssig ausgeschüttetes Histamin und begrenzen so allergische Reaktionen.

Klinischer Bezug

Eine Vermehrung der Eosinophilen (**Eosinophilie**) findet man bei allergischen Reaktionen und Wurmerkrankungen.

- *Basophile Granulozyten:* Die Granula sind groß und färben sich mit basischen Farbstoffen blauschwarz an. Sie enthalten hauptsächlich *Histamin* und *Heparin*. Histamin ist ein wichtiger *Auslöser allergischer Reaktionen*, Heparin wirkt der Blutgerinnung entgegen. Basophile Granulozyten können sich amöboid bewegen, phagozytieren aber nur selten.

Monozyten: Sie sind mit einem Durchmesser von 15–20 μm die größten weißen Blutkörperchen. Sie haben einen großen nierenförmigen Zellkern und viele Granula im Zytoplasma. Monozyten werden im Knochenmark gebildet und halten sich nur kurze Zeit im Blut auf. Sie sind amöboid beweglich und wandern durch die Kapillarwände ins Gewebe. Dort differenzieren sie sich zu verschiedenen Typen von Makrophagen. Im Bindegewebe bilden sie *Histiozyten*, in der Leber *Kupffer-Sternzellen* und in der Lunge *Alveolarmakrophagen*. Monozyten und Makrophagen sind an der spezifischen und unspezifischen Immunabwehr beteiligt. Sie phagozytieren Bakterien, Pilze, Parasiten und zerstörte körpereigene Zellen. In der Lunge bauen sie Surfactant und intraalveoläre Erythrozyten ab und nehmen eingeatmete Staubpartikel auf.

Lymphozyten: Man unterscheidet kleine und große Lymphozyten. Die *kleinen Lymphozyten* sind etwa so groß wie Erythrozyten und haben einen großen Zellkern sowie wenig Zytoplasma. Sie befinden sich hauptsächlich im Blut. Die *großen Lymphozyten* haben einen Durchmesser von 10–15 μm. Ihr Zellkern ist oval und von viel Zytoplasma umgeben. Die Lymphozyten werden im Knochenmark gebildet und wandern über den Blutweg in die lymphatischen Organe (Thymus, Lymphknoten, Milz), in denen sie sich zu den verschiedenen Immunzellen entwickeln. Lymphozyten sind *Zellen des spezifischen Immunsystems*. Sie bilden Antikörper und haben Aufgaben der zellulären Abwehr (s.a. Biochemie 17.1).

Thrombozyten: Die *Blutplättchen* (*Thrombozyten*) sind kernlose, unregelmäßig geformte Plättchen mit einem Durchmesser von etwa 2 μm. Sie werden im Knochenmark durch Zytoplasmaabschnürung von Riesenzellen (*Megakaryozyten*) gebildet und befinden sich nur für etwa 5–10 Tage im Blut. Dann werden sie in der Milz abgebaut. Thrombozyten spielen eine wichtige Rolle bei der Blutgerinnung. Sie lagern sich bei Verletzungen an der Gefäßwand ab und setzen Enzyme (u. a. Thrombokinase) frei, die die Gerinnungsfaktoren aktivieren.

! Merke

Ein μl Blut enthält: 4,5–5,5 Millionen Erythrozyten, 4000–8000 Leukozyten und 150 000–350 000 Thrombozyten. Die Untergruppen der Leukozyten werden im Differentialblutbild bestimmt: Granulozyten: neutrophile 60–70 %, eosinophile 2–3 %, basophile 0,5–1 %, Lymphozyten 20–30 %, Monozyten 4–5 %.

Zu Blutzellen und Blutzellbildung s. a. Histologie 3.1 und 3.2.2.

2.4.2 Blutzellbildung im roten Knochenmark

Blutbildung: Die *Blutzellbildung* (auch Blutbildung) findet in der prä- und postnatalen Phase an verschiedenen Orten statt. Die embryonale Blutbildung unterteilt man in drei Phasen:

- *Megaloblastische Periode:* bis Ende des 2. Monats, Bildung von Megaloblasten in Dottersack und Haftstiel
- *Hepatolienale Periode:* vom 3. bis Ende des 8. Monats, Bildung von kernlosen Erythrozyten, Granulozyten und Lymphozyten in Leber und Milz
- *Medulläre Periode:* ab dem 5. Monat, Blutbildung im roten Knochenmark

Das Knochenmark besteht bis zum 5. Monat nur aus Blutgefäßen und Mesenchym (*Primäres Knochenmark*). Durch den Beginn der Blutbildung wird es zum *sekundären roten Knochenmark*. Nach der Geburt erfolgt die Blutbildung nur noch im roten Knochenmark (*myeloische Blutbildung*), das zunächst in allen Knochen vorhanden ist. Nach Abschluß des Längenwachstums ist das rote Knochenmark auf das Mark von Epiphysen der Röhrenknochen und der kurzen platten Knochen beschränkt. In den Diaphysen der Röhrenknochen wird es durch *gelbes Knochenmark* (univakuoläres Fettgewebe) ersetzt.

! Merke

Bei chronischen Blutverlusten oder Schädigungen der Blutzellbildung kann sich das gelbe Knochenmark wieder in rotes blutbildendes Mark umwandeln, und auch Leber und Milz können die Blutbildung wieder aufnehmen.

Rotes Knochenmark: Das gesamte Knochenmark des Menschen wiegt etwa 2600 g, von dem die Hälfte rotes blutzellbildendes Knochenmark ist. Das rote Knochenmark liegt zwischen den Spongiosabälkchen des Knochens und besteht aus retikulärem Bindegewebe mit vielen Fettzellen, in dem die blutbildenden Zellen liegen. Dazwischen befinden sich Kapillaren und Sinusoide, die von den Aa. nutritiae gespeist werden und über die die reifen Blutzellen in den Blutkreislauf gelangen.

Die *Stammzelle* aller Blutkörperchen ist der *Hämozytoblast*. Aus ihm differenzieren sich die Vorläuferzellen der einzelnen Entwicklungsreihen, die sich teilen und über mehrere Stufen zu reifen Blutzellen werden.

- *Erythropoese:* Proerythroblast → Erythroblast → Makroblast → Normoblast. Diese vier Vorläufer sind kernhaltig. Der Normoblast stößt den Zellkern aus und wird zum *Retikulozyten* (jugendlicher Erythrozyt), der noch Reste von Ribosomen

Anatomie

(*Substantia reticulofilamentosa*) enthält. Die Retikulozyten reifen zu Erythrozyten heran.

- *Granulopoese:* Myeloblast → Promyelozyt → Myelozyt → Metamyelozyt → stabkerniger Granulozyt → segmentkerniger Granulozyt. Ab der Stufe der Metamyelozyten kann man die drei Granulozytenarten voneinander unterscheiden (s.o.).
- *Thrombopoese:* Megakaryoblast → unreifer Megakaryozyt → Megakaryozyt → Thrombozyten. Megakaryozyten haben einen Durchmesser von über 50 µm und gehen nach wiederholter Abschnürung von Thrombozyten zugrunde.
- *Lymphopoese:* Im Knochenmark werden nur die Stammzellen der Lymphopoese gebildet, die erst in den *lymphatischen Organen* zu immunkompetenten Lymphozyten werden.
- *Monozytopoese:* Monoblast → Promonozyt → Monozyt.

Merke

Reife Erythrozyten gehen sofort in die Sinusoide über und werden nicht im Knochenmark gespeichert. Sie müssen also bei erhöhtem Bedarf schnell nachgebildet werden. Dabei kommt es zu einer vermehrten Ausschüttung *unreifer Retikulozyten*. *Granulozyten* und *Monozyten* werden dagegen im Überschuß gebildet und verbleiben im *Knochenspeicher*, um bei erhöhtem Bedarf (z. B. akuten Entzündungen) sofort in ausreichendem Maße zur Verfügung zu stehen. Die Proliferation der *Lymphozyten* erfolgt nach der Geburt vor allem in Lymphknoten und Milz.

2.4.3 Grundzüge der Immunreaktion

Das Immunsystem dient der *Abwehr von Infektionen* durch Bakterien, Viren, Parasiten und Pilzen. Es ist in der Lage, körpereigen von fremd zu unterscheiden und eine *spezifische Antwort* auf die fremden Stoffe zu bilden. Es entwickelt darüber hinaus ein *Gedächtnis*, das ihm ermöglicht, erneut eindringende Fremdstoffe schneller wiederzuerkennen und zu bekämpfen (s.a. Biochemie 17.1).

Man unterscheidet ein unspezifisches von einem spezifischen Abwehrsystem:

Unspezifisches Abwehrsystem: Die Zellen des unspezifischen Abwehrsystems sind *Granulozyten*, *Monozyten* und *Makrophagen*. Sie phagozytieren jedes körperfremde Material und machen es unschädlich. Monozyten und Makrophagen produzieren darüber hinaus verschiedene Stoffe (*Zytokine*), die andere Abwehrzellen anlocken und aktivieren. Zum unspezifischen Abwehrsystem gehört auch das *Komplementsystem*, ein System von Enzymen, die die Oberfläche fremder Zellen schädigen und so die Zellen zerstören.

Spezifisches Abwehrsystem: Das spezifische Immunsystem besteht aus *B- und T-Lymphozyten*. Diese sind in der Lage, die fremden Proteine und Krankheitserreger (*Antigene*) zu erkennen. Die jeweils stimulierte Lymphozytengruppe vermehrt sich stark und zerstört die eingedrungenen Antigene (*primäre Immunantwort*). Dafür bilden sie spezifisch gegen diese Antigene gerichtete Abwehrstoffe (*Antikörper*). Die Antikörper binden die Antigene in der *Antigen-Antikörper-Reaktion* und bilden einen Komplex, der von anderen Zellen zerstört wird. Die Antikörper bzw. die antikörperbildenden Zellen bleiben über Jahre gespeichert. Das Immunsystem kann nun bei erneutem Kontakt mit dem gleichen Antigen schneller reagieren (*sekundäre Immunantwort*), so daß die Erkrankung gar nicht erst ausbricht oder schwächer verläuft (*erworbene Immunität*).

Klinischer Bezug

Bei **Organtransplantationen** muß das Immunsystem durch entsprechende Medikamente soweit unterdrückt werden, daß es das fremde Organ toleriert. Trotzdem kommt es manchmal zur *Abstoßung*, d. h., die Zellen des Immunsystems greifen das fremde Organ an und zerstören es.

Die Zellen des Abwehrsystems erkennen auch veränderte körpereigene Proteine und defekte Zellen und zerstören diese. Intakte körpereigene Zellen werden dagegen nicht angegriffen (*Immuntoleranz*).

Klinischer Bezug

Wenn Zellen des Immunsystems sich gegen körpereigene Zellen wenden und diese zerstören, kommt es zu sog. **Autoimmunerkrankungen** (z. B. juveniler Diabetes mellitus, Morbus Addison, Lupus erythematodes, rheumatoide Arthritis [*Erkrankungen des rheumatischen Formenkreises*]).

Immunisierung: Unter Immunisierung versteht man das Ausbilden einer *spezifischen Immunantwort* auf bestimmte Antigenreize und die darauf folgende Gedächtnisbildung. Dieser Vorgang läuft bei jedem Kontakt mit einem neuen Antigen ab. Man kann den zufälligen Erstkontakt mit dem Antigen durch *Schutzimpfungen* vorwegnehmen. Man unterscheidet dabei aktive und passive Immunisierung.

Bei der *aktiven Immunisierung* gibt man abgeschwächte Antigene, auf die der Körper mit einer Antikörper- und Gedächtniszellenproduktion reagiert, nicht aber mit einer Infektion. Bei der *passiven Immunisierung* werden dem Körper die entsprechenden Antikörper zugeführt. Der Schutz vor einer Infektion hält hier nur wenige Wochen an.

2.4.4 Lymphatische Organe

Die lymphatischen Organe spielen bei der Immunabwehr eine wichtige Rolle. Man unterteilt sie in *primäre (zentrale)* und *sekundäre (periphere) lymphatische Organe*. Zu den *primären lymphatischen Organen* zählen Thymus und Knochenmark. Sie dienen der Bildung, Entwicklung und Reifung der Lymphozyten. Zu den *sekundären lymphatischen Organen* zählen Milz, Lymphknoten und das lymphatische Gewebe der Haut und Schleimhäute (Rachenmandeln, lymphatisches Darmgewebe). Die Lymphozyten wandern aus den primären lymphatischen Organen in sie ein und differenzieren sich zu *immunkompetenten Zellen*, die in der Lage sind, auf spezifische Antikörper zu reagieren (s.a. Histologie). Die lymphatischen Organe liegen zum größten Teil an den Eintrittspforten von Erregern. So werden diese frühzeitig erkannt, und das Immunsystem kann in „Alarmbereitschaft" versetzt werden.
Aus den Vorläufern der Lymphozyten, die von den Hämozytoblasten des Knochenmarks abstammen, entwickeln sich zwei verschiedene Arten: *B-Lymphozyten* und *T-Lymphozyten*.
B-Lymphozyten: Die B-Lymphozyten werden ursprünglich im Knochenmark gebildet. Sie befinden sich vorwiegend in den lymphatischen Organen, in den Lymphknoten in Follikelzentren und Marksträngen. B-Lymphozyten haben an ihrer Oberfläche *spezifische Rezeptoren*, die die Antigene erkennen. Jeder B-Lymphozyt erkennt dabei nur ein spezifisches Antigen. Kommt er mit diesem in Kontakt, wandelt er sich in eine *Plasmazelle* um, die *Antikörper* gegen das jeweilige Antigen bildet und sie in die Blutbahn abgibt (*humorale Immunität*). Die Plasmazellen selbst halten sich in Lymphknoten, Milz und Knochenmark auf, nicht aber im Blut. Die Antikörper reagieren mit dem Antigen zu *Antigen-Antikörper-Komplexen*. Ein Teil der stimulierten B-Lymphozyten wird zu *Gedächtniszellen*, die in die lymphatischen Organe wandern und dort über Jahre erhalten bleiben.
T-Lymphozyten: Die T-Lymphozyten entwickeln sich im Thymus aus ihren im Knochenmark gebildeten Vorläuferzellen. Sie erwerben hier die Fähigkeit, körpereigene von körperfremden Strukturen zu unterscheiden. Unter dem Einfluß von *Thymopoetin*, eines von den Thymuszellen produzierten Stoffes, differenzieren sie sich zu den verschiedenen Untergruppen: T-Helferzellen, T-Suppressorzellen, zytotoxische T-Zellen (s.a. Biochemie 13.1). T-Lymphozyten nisten sich in den peripheren lymphatischen Organen ein. Sie vermehren sich dort laufend, so daß die Rückbildung des Thymus nach der Pubertät keine Ausfallserscheinungen zur Folge hat. T-Lymphozyten sind für die *zellulären Immunreaktionen* verantwortlich. Ihre Rezeptoren zur Erkennung der Antigene bleiben jedoch auf der Zelloberfläche gebunden und werden nicht wie die Antikörper ins Blut abgegeben (*zelluläre Immunität*). Im Abwehrkampf verkleben sie mit Antigen-beladenen Zellen oder Keimen (*„Rosetten-Phänomen"*). *Zytotoxische T-Zellen* greifen fremde Stoffe direkt an und zerstören diese. *T-Helferzellen* unterstützen die B-Zellen bei der Erkennung von Antigenen. *T-Suppressorzellen* können unter bestimmten Umständen das gesamte Immunsystem abschwächen. Auch von den stimulierten T-Lymphozyten werden Gedächtniszellen gebildet.
Außer B- und T-Lymphozyten findet man eine dritte Lymphozytenart, die *„natürlichen Killerzellen"* (NK-Zellen). Diese erkennen und zerstören vor allem Tumorzellen und virusinfizierte Zellen.

2.5 Allgemeine Anatomie der Schleimhäute und der serösen Höhlen

Schleimhäute und Serosa kleiden die inneren Oberflächen des Körpers aus. Die *Schleimhäute* bedecken die inneren Oberflächen des Verdauungs-, Atmungs- und Urogenitalsystems, die *Serosa* die inneren Oberflächen der Körperhöhlen.

2.5.1 Schleimhäute

Bauprinzip: Schleimhäute werden durch Sekrete, meist Schleim, aus Drüsen und Becherzellen feucht gehalten. Der *Bau der Schleimhaut* (*Tunica mucosa, kurz: Mucosa*) ist organspezifisch. Man unterscheidet bei jeder Schleimhaut zwei oder drei Schichten: die *Epithelschicht* (*Lamina epithelialis mucosae*), die die oberste Schicht der Schleimhaut bildet, und das *Schleimhautbindegewebe* (*Lamina propria mucosae*), das direkt unter der Epithelschicht liegt. Nur im Verdauungstrakt gibt es zusätzlich die *Schleimhautmuskelschicht* (*Lamina muscularis mucosae*), die das Schleimhautbindegewebe vom umliegenden Gewebe trennt (s.a. Histologie 3.5.1).
Unter der Schleimhaut befindet sich eine weitere Bindegewebsschicht (*Tela submucosa*), die nicht mehr zur Schleimhaut gerechnet wird, aber funktionell eng mit ihr verbunden ist.
Funktion: Die Schleimhäute haben je nach Differenzierung ihres Oberflächenepithels unterschiedliche Funktionen. Allen gemeinsam ist die *Schutzfunktion* (*Protektion*), die auf unterschiedliche Weise ausgeübt wird. Mehrschichtige Epithelien schützen bei

starker *mechanischer Beanspruchung* (z. B. in der Speiseröhre), Flimmerepithelien verhindern die Ablagerung von kleinsten Partikeln auf der Organoberfläche (z. B. in den Atemwegen), einige Gewebe sezernieren sogar *Schutzstoffe* gegen chemische Einwirkungen (z. B. in der Harnblase). In vielen Organen werden Stoffe über die Schleimhäute aufgenommen (*Resorption*). Organe mit hoher Resorptionsrate (z. B. Dünndarm) haben ein einschichtiges Epithel und oberflächenvergrößernde Schleimhautfalten und *Mikrovilli* an der Zelloberfläche. Einige Organe (z. B. Magen) produzieren Stoffe, die sie über die Schleimhäute in das Organlumen abgeben (*Sekretion*).

! Merke

Je vielschichtiger das Epithel ist, um so unwahrscheinlicher sind Resorption und Sekretion.

Die *Lamina propria* ist gut kapillarisiert und für den Stofftransport vom und zum Epithel zuständig. Sie enthält darüber hinaus Lymphozyten und Lymphgefäße („lacteale“), die oft in Lymphfollikeln angeordnet sind, und andere Zellen der Immunabwehr.
Die *Lamina muscularis mucosae* bildet in den Organen des Verdauungstraktes durch Kontraktion Schleimhautfalten und ermöglicht die Eigenbewegung der Schleimhaut.
Die *Tela submucosa* wirkt als Verschiebeschicht gegen die folgenden Gewebe und enthält Nerven und Blutgefäße.

2.5.2 Seröse Höhlen

Alle Organe, deren Volumen sich stark verändert oder die sich gegen andere Organe verschieben müssen, liegen in speziellen *Körperhöhlen*. Diese Höhlen bestehen aus kapillären Spalträumen zwischen den Organen und der Rumpfwand, die mit wenig klarer seröser Flüssigkeit gefüllt sind. Beim Menschen gibt es drei seröse Höhlen: die *Brustfellhöhle* (*Pleurahöhle*), die *Herzbeutelhöhle* (*Perikardhöhle*) und die *Bauchfellhöhle* (*Peritonealhöhle*).
Bauprinzip: In den Körperhöhlen werden die Wände und die äußeren Oberflächen der Organe mit *Serosa* überzogen. Die Serosa besteht aus einer einschichtigen Lamina epithelialis, auch *Mesothel* genannt, und einer darunterliegenden Lamina propria, in der Nerven und Gefäße verlaufen. Der epitheliale Verband der Zellen ist locker. Die Serosa ist mit dem subserösen Bindegewebe (*Tela subserosa*) stellenweise nur locker verbunden und läßt sich leicht abziehen (s.a. Histologie 3.5.2).

! Merke

Die Serosa jeder Körperhöhle wird in zwei Bereiche unterteilt: *Serosa parietalis*, die die Wände der Höhle überzieht, und *Serosa visceralis*, die die Organe überzieht. Viszerale und parietale Serosa gehen an einer Umschlagsfalte ineinander über, die z. B. an einem Gefäßstiel des Organs liegt. Die parietale Serosa wird sensibel innerviert und ist daher sehr schmerzempfindlich, der viszeralen Serosa fehlt die sensible Innervation.

Die Organe der Körperhöhlen sind fast vollständig von viszeraler Serosa überzogen. Sie stehen über ihre Gefäße und Nerven, die in einer beidseits von Serosa bedeckten *Bindegewebsplatte* liegen, mit den Geweben außerhalb der Höhle in Verbindung. Diese Bindegewebsplatten nennt man „Meso-“ und stellt ihnen den jeweiligen Organnamen hintenan (z. B. *Mesogastrium, Mesohepaticum*). Kräftigere mesenteriale organverbindende Bindegewebszüge werden auch „Ligament“ genannt.
Die einzelnen Organe liegen in unterschiedlicher Beziehung zu den serösen Höhlen. Insbesondere im Bauchraum unterscheidet man *intraperitoneale Organe* (z. B. Magen, Dünndarm), die vollständig von Serosa überzogen sind, primär und sekundär *retroperitoneale Organe* (z. B. Pankreas), die nur auf einer Seite einen Serosaüberzug haben und *extraperitoneale Organe* (z. B. Prostata), die keinen Bezug zur Bauchhöhle haben.
Funktion: Der seröse Kapillarspalt ermöglicht die reibungslose Verschiebung der einzelnen Organe gegeneinander und gegen die Wand der Höhle. Ihre Beweglichkeit wird nur durch die „Mesos“ und ihre Lage zueinander eingeschränkt.
Die Serosa bildet als Transsudat die *seröse Flüssigkeit*, die ständig erneuert wird. Sie kann an vielen Stellen Flüssigkeit, aber auch Luft (z. B. beim Pneumothorax) und Bakterientoxine (z. B. bei der Peritonitis) resorbieren.

2.6 Allgemeine Anatomie des Nervensystems

Das Nervensystem ist das *Steuer- und Kommunikationsorgan* des Organismus. Über das Nervensystem tritt der Organismus mit der Umwelt in Kontakt und kann seine Funktionen den äußeren Bedingungen anpassen. Das Nervensystem steuert alle Organsysteme *direkt* (über Nerven) oder *indirekt* (über Hormone) und stimmt deren Aktivitäten aufeinander ab. Wenige Funktionskreise regeln sich ohne Mitwirkung des Nervensystems (z. B. Tätigkeit der Nebenschilddrüsen).

2.6.1 Gliederung nach morphologischen und funktionellen Kriterien

Zentrales und peripheres Nervensystem: Man unterscheidet das *zentrale Nervensystem* (*ZNS*) und das *periphere Nervensystem* (*PNS*). Zum ZNS gehören Gehirn und Rückenmark, zum PNS alle peripheren Nerven und Ganglien (Ansammlungen von Nervenzellen). Die peripheren Nerven des Gehirns werden als *Hirnnerven* (*Nn. craniales*), die des Rückenmarks als *Spinalnerven* (*Nn. spinales*) bezeichnet.

Animalisches und vegetatives Nervensystem: Anhand der Funktion kann man das Nervensystem auch in *animalisches* (*somatisches*) und *vegetatives* (*autonomes*) *Nervensystem* unterteilen. Zum *animalischen Nervensystem* gehören die Anteile, die mit der Umwelt in Kontakt stehen. Sie vermitteln bewußte Wahrnehmungen und willkürliche Bewegungen und sind durch eine schnelle Informationsverarbeitung gekennzeichnet. Das *vegetative Nervensystem* steuert die inneren Organe und ist für die Aufrechterhaltung des inneren Gleichgewichts zuständig. Es kann weiter in *Pars sympathica* und *Pars parasympathica* unterteilt werden, denen jeweils bestimmte Funktionen zugeordnet werden können (s.a. 2.6.3).

Alle Anteile des Nervensystems sind eng miteinander verbunden und beeinflussen sich gegenseitig.

Leitungsbögen: Die Funktionseinheiten des Nervensystems sind *Neuronenkreise* (*Leitungsbögen*), Reihen von Nervenzellen, die hintereinandergeschaltet sind, um bestimmte Informationen weiterzuleiten. Leitungsbögen, die in der Peripherie beginnen und enden, sind meist über mehrere dazwischengeschaltete Neurone (*Interneurone*) mit Neuronenkreisen des ZNS verbunden: Ein *Rezeptor* nimmt die Reize aus der Umwelt auf, ein *afferentes Neuron* leitet die Erregungen an das ZNS weiter. Dort werden sie verarbeitet und die Antwort als neue Erregung über *efferente Fasern* dem ausführenden Organ (*Effektor*) zugeleitet.

Die afferenten Neurone des animalischen Nervensystems werden auch sensible Neurone, die efferenten auch motorische Neurone genannt.

! Merke

Afferente Fasern leiten Erregungen von der Peripherie zum ZNS, *efferente Fasern* vom ZNS zur Peripherie.

Graue und weiße Substanz: Im ZNS unterscheidet man zwei makroskopisch unterschiedliche Bereiche: die graue und die weiße Substanz (s.a. Histologie 1.7.3).

! Merke

Die *graue Substanz* besteht aus den Perikaryen der Nervenzellen, Nervenfasern und Gliazellen. Die Nervenfasern und Gliazellen füllen den Raum zwischen den Perikaryen aus. Man bezeichnet sie auch als *Neuropil*. Die *weiße Substanz* besteht aus markhaltigen Nervenfasern, Gliazellen und Blutgefäßen.

Graue und weiße Substanz sind in Gehirn und Rükkenmark jeweils charakteristisch angeordnet. Im *Gehirn* bildet die graue Substanz die oberflächlich gelegene Rinde (*Cortex*) und Ansammlungen von Nervenzellen im Inneren des Gehirns (*Kerne, Nuclei*). Die weiße Substanz liegt unter der Rinde und umgibt die zentral gelegenen Nuclei. Im *Rückenmark* liegt die graue Substanz in Form eines Schmetterlings innen und wird von den Fasern der weißen Substanz umgeben. Nervenfasern eines oder mehrerer Kerngebiete verlaufen oft gemeinsam in Nervenbahnen (*Tractus, Fasciculus*) in der weißen Substanz.

2.6.2 Neuronale Gliederung des peripheren Nervensystems

Das periphere Nervensystem wird von den Fasern der efferenten und afferenten Neurone gebildet. Die Fasern des somatischen und vegetativen Nervensystems verlaufen in den *peripheren Nerven* gemeinsam („gemischte" Nerven). Nur einzelne Nerven sind rein sensibel, motorisch oder vegetativ.

Jedem Gebiet in der Körperperipherie ist ein bestimmtes Gebiet im ZNS zugeordnet (*segmentale Zuordnung*), von dem es innerviert wird. Man unterscheidet *12 Hirnnervenpaare* (*Nn. craniales*) sowie *31 Rückenmarksnerven* (*Nn. spinales*), die sich in 8 zervikale, 12 thorakale, 5 lumbale, 5 sakrale und 1 kokzygeales Nervenpaar aufteilen.

Rückenmarksnerven (Abb. 2.**6**): Die efferenten Fasern verlassen das Rückenmark über die vordere

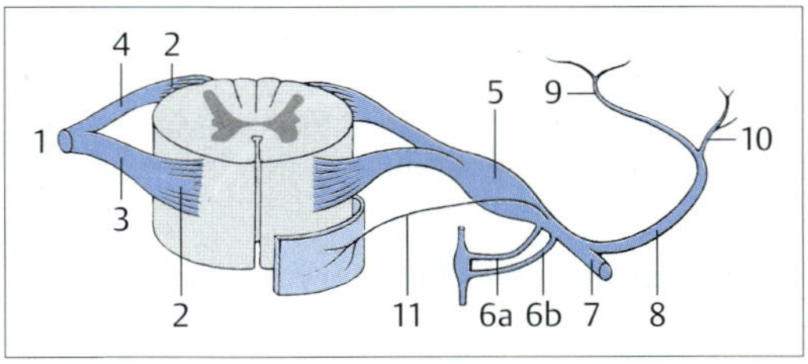

Abb. 2.**6** Spinalnerv mit Wurzeln und Ästen. 1 = Spinalnerv, 2 = Fila radicularia (Wurzelfasern), 3 = Radix motoria, 4 = Radix sensoria, 5 = Spinalganglion, 6 a = R. griseus, 6 b = R. albus, 7 = R. ant., 8 = R. post., 9 = R. med., 10 = R. lat., 11 = R. meningeus (aus Feneis, Thieme 1993)

Wurzel, die afferenten treten über die hintere Wurzel ein. Die Rückenmarksnerven bilden sich durch Zusammenschluß beider Fasergruppen und verlassen den Wirbelkanal. Nach einem Verlauf von etwa 1 cm teilen sie sich in vier Äste:

- *R. ventralis:* stärkster Ast; sensible und motorische Innervation der lateralen und ventralen Rumpfwand
- *R. dorsalis:* sensible und motorische Innervation des Rückens
- *Rr. communicantes:* Fasern des vegetativen Nervensystems zum Grenzstrang (s.a. 2.6.2)
- *R. meningeus:* zieht zurück in den Wirbelkanal; sensible Innervation der Rückenmarkshäute

Nur die zwölf thorakalen Rückenmarksnerven verlaufen als einzelne Nerven und innervieren die Rumpfwand und den Rücken. Die Rr. ventr. der anderen Nervenpaare bilden *Geflechte* (*Plexus*), in denen sich die Fasern der einzelnen Segmente vermischen. Man unterscheidet vier Plexus:

- *Plexus cervicalis* (C1 – C4) zur Innervation des Kopfes
- *Plexus brachialis* (C5 – Th1) zur Innervation der oberen Extremität
- *Plexus lumbalis* (L1 – L4) und
- *Plexus sacralis* (L4 – S5) zur Innervation der unteren Extremität.

Hirnnerven: Die Hirnnerven unterscheiden sich insofern von den Rückenmarksnerven, daß sie nur eine Austrittsstelle aus dem ZNS haben und nicht segmental angeordnet sind. Man unterscheidet bei den Hirnnerven

- *reine Sinnesnerven* (N. olfactorius [I, auch Filae olfactoriae], N. opticus [II], N. vestibulocochlearis [VIII])
- *rein motorische Nerven* (N. trochlearis [IV], N. abducens [VI], N. accessorius [XI], N. hypoglossus [XII])
- *gemischte Nerven* (N. oculomotorius [III], N. trigeminus [V], N. facialis [VII], N. glossopharyngeus [IX], N. vagus [X])

Auch wenn somatisches und vegetatives Nervensystem in den gleichen Strukturen verlaufen, gibt es doch einige Besonderheiten der jeweiligen Systeme:

Peripheres animalisches Nervensystem

Die Perikarya der somatoafferenten Nervenzellen befinden sich in den *sensiblen Spinalganglien.* Die Spinalganglien liegen in der dorsalen Wurzel der Spinalnerven und haben eine ovale Form. Die afferenten Nervenzellen sind *pseudounipolare Nervenzellen* (s.a. Histologie 1.7.1), deren Dendrit in der Peripherie mit dem Rezeptor in Verbindung steht und deren Axon zum ZNS zieht. Sie sind das erste Neuron der sensiblen Bahn.

Die Perikarya der somatoefferenten Neurone liegen in den Kerngebieten der vorderen *Rückenmarkshörner.* Ihre Fasern verlassen gemeinsam mit denen des vegetativen Nervensystems das Rückenmark und ziehen ohne Unterbrechung zum Effektor.

Peripheres vegetatives Nervensystem

Die Perikarya der viszeroafferenten Nervenzellen liegen ebenfalls in den *sensiblen Spinalganglien.* Ihre Dendriten ziehen zu Rezeptoren der im Körperinneren gelegenen Organe, ihre Axone zum ZNS.

Die viszeroefferente Strecke besteht aus zwei Neuronen. Das markhaltige *1. präganglionäre Neuron* (Perikaryon im Seitenhorn des Rückenmarks) verläßt in der Radix ventr. das Rückenmark und zieht zu einem vegetativen Ganglion, in dem es auf das marklose *2. postganglionäre Neuron* umgeschaltet wird, dessen Axone zum Effektor ziehen.

Die viszeroefferenten Neurone lassen sich zwei Teilen des vegetativen Nervensystems zuordnen: *Sympathikus* und *Parasympathikus.* Beide unterscheiden sich strukturell und funktionell voneinander (s. Abb. 11.**1** u. **2**).

Sympathikus

Die *Perikarya der präganglionären sympathischen Neurone* liegen in den Kerngebieten der grauen Substanz der Segmente C8 bis L3 in der *Columna intermediolateralis.* Der Sympathikus wird deshalb auch als *thorakolumbales System* bezeichnet.

Die Axone verlassen das Rückenmark über die vordere Wurzel und ziehen in den Rr. communicantes zum *Grenzstrang* (*Truncus sympathicus*). Er besteht aus einer Kette von vegetativen Ganglien, die beiderseits der Wirbelsäule liegen und untereinander durch *Rr. interganglionares* verbunden sind. In den Ganglien liegen die *Perikarya der postganglionären Neurone.* Ein Teil der präganglionären Fasern wird hier auf das postganglionäre Neuron umgeschaltet, der andere Teil zieht zu den *prävertebralen Ganglien.* Die prävertebralen Ganglien liegen am Abgang der großen unpaaren Bauchgefäße. Die *präganglionären Fasern* erreichen die prävertebralen Ganglien unter Bildung eigener sympathischer Nerven. Die Fasern aus Th5 – Th9 bilden den *N. splanchnicus maj.*, die Fasern aus Th9 – Th11 den *N. splanchnicus min.*

Die *postganglionären Fasern* der Grenzstrangganglien verlaufen über die Rr. communicantes wieder zurück zum Spinalnerven und erreichen mit diesem das Erfolgsorgan. Die postganglionären Fasern der prävertebralen Ganglien ziehen entlang von Blutgefäßen zum Magen-Darm-Trakt, der Harnblase und den Geschlechtsorganen.

Funktion: Der Sympathikus dominiert in allen Arten von *Streßsituationen*. Der Organismus bereitet sich auf Kampf oder Flucht vor. Die Muskulatur wird besser durchblutet, Atem- und Herzfrequenz steigen, die Durchblutung der nun „unwichtigen" Organe (Haut, Eingeweide) nimmt ab.

Parasympathikus

Die *Perikarya der präganglionären parasympathischen Neurone* liegen in den Kernen des III., VII., IX. und X. Hirnnerven sowie in den Segmenten S2–S5 des Rückenmarks. Der Parasympathikus wird deshalb auch als *kraniosakrales System* bezeichnet.
Die *präganglionären Fasern* werden in Ganglien umgeschaltet, die erst am oder im Erfolgsorgan liegen. Die präganglionären Fasern des kranialen Teils verlaufen in den *Hirnnerven* und werden in den entsprechenden Kopfganglien umgeschaltet. Die präganglionären Fasern des sakralen Teils verlaufen in den eigenen *Nn. splanchnici pelvici* und im *N. pudendus* zu den Ganglien des kleinen Beckens und zu den intramuralen Ganglien der Erfolgsorgane.
Um die Aorta herum bilden Sympathikus und Parasympathikus Geflechte aus Nervenfasern und -zellen, die nach ihrer Lage benannt werden (*Plexus thoracicus, Plexus coeliacus, Plexus mesentericus sup. et inf., Plexus hypogastricus sup. et inf.*).
Funktion: Der Parasympathikus überwiegt in *ruhigen* und *entspannten Situationen*. Das Herz schlägt langsamer, die Atmung ist ruhig und die Verdauungsfunktionen sind aktiv. Das Gleichgewicht von beiden Systemen ist wichtig für eine optimale Organfunktion.

Darmwandnervensystem (enterisches Nervensystem)

In den Wänden des Magen-Darm-Kanals liegen mehrere *Nervengeflechte*, die seine Funktionen als Verdauungsorgan, endokrines Organ und Teil des Immunsystems steuern. Diese Nervengeflechte werden als eigenständiger Teil des vegetativen Nervensystems (vornehmlich des Parasympathikus) betrachtet und sind funktionell weitgehend unabhängig, haben aber Verbindungen zu den anderen Anteilen.

2.6.3 Periphere Organisation und Projektion

Dermatome: Jedes Gebiet des Körpers wird von den Spinalnerven eines bestimmten Segmentes innerviert. Diese segmentale Innervation wird an der Körperoberfläche besonders deutlich. Das von einem Rückenmarkssegment sensibel innervierte Hautareal bezeichnet man als *Dermatom*. C1 enthält als einziges Segment keine sensible Wurzel. Im Bereich von Th3 bis L1 bilden die Dermatome gürtelförmige Streifen um den Körper. Die Dermatome C2 und C3 liegen auf dem Hinterkopf, die Dermatome C4–Th1 auf der oberen Extremität und die Dermatome L2–S5 auf der unteren Extremität (Abb. 9.**2**).
Head-Zonen: Bei Erkrankungen innerer Organe kann der Schmerz in bestimmte Hautareale (*Head-Zonen*) projiziert werden, die dann schmerzhaft überempfindlich sind. Diese Zonen stimmen mit den Innervationsgebieten der Schmerzfasern der Spinalnerven überein (z. B. Schmerzen in linker Schulter und Arm bei Herzinfarkt, Schmerzen in rechter Schulter bei Gallenblasenentzündung).
Dieses Phänomen wird so erklärt, daß vegetative und sensible afferente Fasern eines Segmentes im Rükkenmark auf das gleiche 2. Neuron umgeschaltet werden (*Konvergenztheorie*). Bei Erregung der vegetativen Faser kann es zu einer Irritation der sensiblen Faser und somit zur „Schmerzwahrnehmung" kommen. Umgekehrt kann man durch Reizung entsprechender Hautareale (z. B. Massage, Akupunktur) eine reflektorische Gefäßerweiterung der inneren Organe hervorrufen („segmentale Therapie").

2.6.4 Sinnesfunktion

Sinneszellen: Der Körper nimmt über eine Vielzahl unterschiedlicher Rezeptoren *Reize aus der Umwelt* auf. Einige dieser Rezeptoren befinden sich in *Sinneszellen*. Man unterscheidet *primäre Sinneszellen* (z. B. Stäbchen- und Zapfenzellen der Netzhaut, Riechzellen), deren Axon gleichzeitig das 1. Neuron der afferenten Leitungsbahn ist, und *sekundäre Sinneszellen* (z. B. Haarzellen des Hörorgans), die kein Axon besitzen und dem 1. Neuron der afferenten Leitungsbahn vorgeschaltet sind.
Sinnesorgane: In Sinnesorganen sind die Rezeptorzellen in anderen Gewebestrukturen eingebettet, die der *Reizaufnahme* dienen (z. B. Innenohr).

! Merke

Die einzelnen Rezeptoren sind gegenüber einem für sie spezifischen Reiz (*adäquater Reiz*) besonders empfindlich, können aber auch durch andere Reize erregt werden (*inadäquater Reiz*), wenn diese stark genug sind.

Im allgemeinen bezeichnet man als die fünf Sinne des Menschen das *Hören, Sehen, Tasten, Schmecken* und *Riechen*. Die Sinnesorgane des Körpers umfassen jedoch auch die *Tiefensensibilität*, die *Eingeweidesensibilität* und das *Gleichgewichtsorgan*, die jeweils unterschiedliche Rezeptoren besitzen. Die *Hautrezeptoren* für Druck und Berührung liegen in speziellen Körperchen (*Merkel-Zellen, Meißner-Tastkörperchen, Vater-Pacini-Körperchen*). Die Empfindungen von Wärme, Kälte und auch Schmerz werden über freie Nervenendigungen geleitet. Die Sinnesorgane der *Tiefensensibilität* werden durch Dehnung erregt und liegen in Muskeln, Sehnen und Gelenkkapseln (*Muskelspindeln, Golgi-Sehnenorgane*). In den Eingeweiden gibt es spezielle Rezeptoren (*Pressorezeptoren*), die den Druck in Organen wahrnehmen können (z. B. den Blutdruck oder den Füllungszustand des Darms). Diese Funktion wird zu einem großen Teil auch von freien Nervenendigungen erfüllt, die geflechtartig in der Lunge, den Wänden großer Arterien und Teilen der Herzwand liegen. Darüber hinaus gibt es Chemorezeptoren, die die Gasdrücke im Blut messen.

2.6.5 Nervenfaser

Das *Axon* (oder *Neurit*) einer Nervenzelle wird von einer Scheide aus Gliazellen umgeben (*Neurolemm*). *Axon* und *Gliascheide* (*Axonscheide*) zusammen bezeichnet man als *Nervenfaser*. Im ZNS wird die Gliascheide von Fortsätzen der *Oligodendrozyten*, im PNS von *Schwann-Zellen* gebildet.

Je nach Dicke der Hülle um das Axon unterscheidet man *markscheidenhaltige* (markhaltige) und *markscheidenlose* (marklose) Fasern (s.a. Histologie 1.7.3). Bei marscheidenhaltigen Fasern ist die Gliascheide mehrfach um das Axon gewickelt und bildet eine lipidhaltige Markscheide (*Myelinscheide*). Sie dient der elektrischen Isolierung des Axons und spielt eine wichtige Rolle bei der beschleunigten Weiterleitung der Erregungen über die Nervenfaser. Markscheidenlose Fasern werden oft zu mehreren in eine Hüllzelle eingebettet, die Markscheiden fehlen. Dies betrifft vor allem Fasern des peripheren vegetativen Nervensystems.

Die Nervenfasern lassen sich anhand ihrer Leitungsgeschwindigkeiten, die von der Dicke der Myelinschicht abhängen, in A-, B- und C-Fasern unterteilen (s.a. Physiologie 12.2).

2.6.6 Synapsen

Die Übertragung einer Erregung von einer Nervenzelle auf eine andere Nervenzelle, eine Drüse oder einen Muskel erfolgt an besonderen *Kontaktstellen*, den *Synapsen*. Die Erregungsübertragung wird meist durch einen *chemischen Botenstoff* (*Neurotransmitter*) vermittelt.

Bau der Synapse: Eine Synapse besteht aus einer *präsynaptischen Membran*, einem *synaptischen Spalt* und einer *subsynaptischen Membran*. Die präsynaptische Membran befindet sich an einer kolbenförmigen Verdickung am Axonende des innervierenden Neurons. Der Synapsenspalt liegt zwischen der präsynaptischen und der subsynaptischen Membran und besteht aus amorpher Grundsubstanz. Diese ist ein Teil der Zellmembran der Erfolgszelle. Prä- und subsynaptische Membran sind auf ihrer Innenseite von verdichtetem Material umgeben.

Erregungsübertragung: Der Synapsenkolben enthält zahlreiche synaptische Bläschen, in denen der Transmitter gespeichert ist. In der Nähe der Bläschen befinden sich viele kleine Mitochondrien. Erreicht eine Erregung das Axonende, wandern die synaptischen Bläschen an die präsynaptische Membran und entleeren den Transmitter in den synaptischen Spalt. Der Transmitter gelangt an Rezeptoren der subsynaptischen Membran und erregt die folgende Zelle. Wichtige Transmitter im ZNS und PNS sind *Acetylcholin, Aminosäuren (Glycin, GABA), biogene Amine (Adrenalin, Noradrenalin)* und *Peptide*.

Lage der Synapsen: Synapsen zwischen zwei Nerven bezeichnet man als *interneuronale Synapsen* (s.a. Histologie 1.7.2). Sie können als *axodendritische* Synapsen am Dendriten, als *axosomatische* am Perikaryon oder als *axoaxonische* am Axon der Erfolgszelle liegen. An jeder Nervenzelle enden viele Synapsen (*Konvergenz der Erregungsleitung*), und jede Nervenzelle kann wiederum mit vielen anderen in synaptischen Kontakt treten (*Divergenz der Erregungsleitung*).

Synapsen zwischen Nerven- und Muskelzellen nennt man *neuromuskuläre Synapsen*. Die subsynaptische Membran bildet eine Vertiefung mit vielen Falten. Die neuromuskuläre Synapse wird aufgrund ihres Aussehens auch als *motorische Endplatte* bezeichnet. Sie ist die größte lichtmikroskopisch eindeutig erkennbare Synapse, während sonstige (interneuronale) Synapsen nur elektronenmikroskopisch einwandfrei identifizierbar sind.

Neuroepitheliale Synapsen liegen zwischen Nervenzellen und Epithelien, *neuroglanduläre Synapsen* zwischen Nervenzellen und Drüsen.

2.6.7 Neurosekretion

Neurosekretorische Nervenzellen liegen in bestimmten *Kerngebieten des Hypothalamus*. Sie bilden in ihren Perikaryen ein *Neurosekret* (z. B. Oxytocin) und eine Trägersubstanz. Das Neurosekret wandert in kleinen Bläschen das Axon entlang zum Axonende und wird dort in die Blutbahn ausgeschüttet.

Obere Extremität

Zur oberen Extremität gehören der *Schultergürtel* und die *freie Extremität* mit Oberarm, Unterarm und Hand. Sie ist hauptsächlich über Muskeln und Bänder beweglich mit dem Stammskelett verbunden und dient dem Menschen zum *Greifen* und *Tasten*. Im Vergleich zur unteren Extremität hat der Arm einen großen Bewegungsspielraum.

3.1 Grundkenntnisse über die Entwicklung

Am Anfang der 5. Woche werden paddelförmige *Extremitätenknospen* an der seitlichen Rumpfwand sichtbar. Sie bestehen zunächst aus Mesenchym, das aus dem parietalen Mesoderm hervorgeht, und werden von Ektoderm bedeckt. Aus dem proximalen Abschnitt entwickelt sich der Schultergürtel, aus dem distalen die freie obere Gliedmaße. Durch zirkuläre Einschnürung grenzt sich in der 6. Woche die distal entstehende *Handplatte* ab. Gleichzeitig bilden sich radiäre Furchen, die die *Finger* voneinander trennen. Im Inneren der Extremitäten verdichtet sich das Mesenchym zu einem Knorpelblastem.

Am Ende der 7. Woche ist das knorpelige Skelett bis auf die Endphalangen vollständig ausgebildet. Die knöcherne Umwandlung beginnt in der 6. Woche mit Ausbildung eines *Knochenkerns* in der Clavicula (Schlüsselbein). Die Verknöcherung der langen Röhrenknochen (Humerus, Radius, Ulna) setzt in der 7. Woche im Bereich des Schaftes ein. Die ersten Knochenkerne in den Epiphysen treten erst nach der Geburt auf. Das Auftreten von Knochenkernen, z. B. in den Handwurzelknochen, wird zur Bestimmung des *Knochenalters* und der *Skelettreifung* bei Kindern genutzt. Mit dem Verschluß der Epiphysenfugen endet das Wachstum im Alter zwischen 17 und 20 Jahren.

Die *Muskulatur* bildet sich aus myogenen Zellen, die aus den Myotomen der Halssomiten auswandern und sich auf der Beuge- und Streckseite zu Muskelblastemen anordnen.

Die *Innervation* der oberen Extremität erfolgt über einwandernde ventrale Äste der Spinalnerven C5 – Th1, die sich verflechten und den *Plexus brachialis* (*Armgeflecht*) bilden. Die segmentale Innervation läßt sich am deutlichsten an der Haut in Form von Dermatomen erkennen.

Klinischer Bezug

Während der Entwicklung der Extremitäten kann es z. B. durch Einwirkung äußerer Noxen zu verschiedenen **Mißbildungen** kommen. Das völlige Fehlen der Extremität bezeichnet man als *Amelie*. Bestehen die Extremitäten nur aus kleinen, unregelmäßig geformten Knochen, nennt man dies *Meromelie*. Eine Sonderform ist die *Phokomelie*, bei der die Hand direkt am Rumpf sitzt. Bei der *Mikromelie* sind alle Knochen vorhanden, jedoch ungewöhnlich kurz. Im Bereich der Hand kann es zu einer unvollständigen Trennung der Finger kommen (*Syndaktylie*). Liegen zu viele Finger vor, spricht man von einer *Polydaktylie*.

3.2 Knochen

Die Knochen der oberen Extremität lassen sich in die Knochen des Schultergürtels, des Ober- und Unterarmes und der Hand unterteilen.

3.2.1 Schultergürtel

Der Schultergürtel besteht aus *Schlüsselbein* (*Clavicula*) und *Schulterblatt* (*Skapula*). Er ist nicht fest am Rumpf verankert und nur über das Brustbein-Schlüsselbeingelenk (*Art. sternoclavicularis*) gelenkig mit dem Brustkorb verbunden.

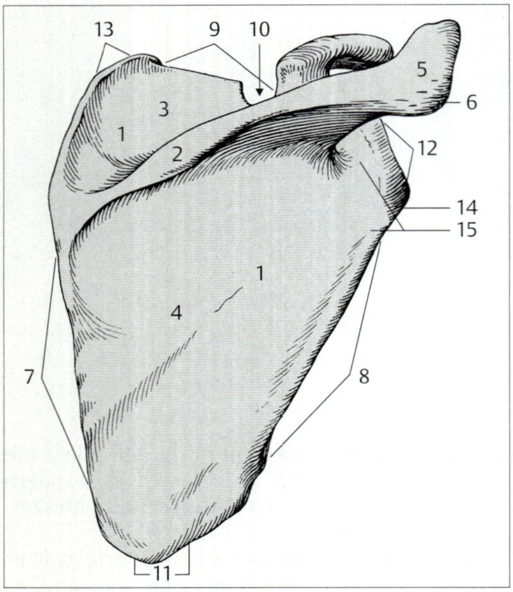

Abb. 3.**1** Skapula. 1 = Facies post., 2 = Spina scapulae, 3 = Fossa supraspinata, 4 = Fossa infraspinata, 5 = Acromion, 6 = Angulus acromialis, 7 = Margo med., 8 = Margo lat., 9 = Margo sup., 10 = Incisura scapulae, 11 = Angulus inf., 12 = Angulus lat., 13 = Angulus sup., 14 = Tuberculum infraglenoidale, 15 = Collum scapulae (aus Feneis, Thieme 1993)

Schlüsselbein (Clavicula): Das Schlüsselbein, ein S-förmig gebogener Knochen, liegt zwischen dem Brustbein und dem Schulterblatt vor und über dem knöchernen Brustkorb. Man unterscheidet ein sternales und ein abgeplattetes akromiales Ende (*Extremitas sternalis* und *acromialis*) und das dazwischenliegende *Corpus claviculare*. Das sternale Ende ist nach vorne zu konvex, das akromiale Ende konkav. Beide Enden tragen eine faserknorpelige Gelenkfläche (*Facies articularis sternalis et acromialis*).
An der Unterseite befinden sich die *Linea trapezoidea*, medial davon das *Tuberculum conoideum* und nahe dem sternalen Ende die *Impressio lig. costoclavicularis*, an denen die gleichnamigen Bänder befestigt sind. An der Unterfläche des Corpus liegt eine Rinne zur Anheftung des M. subclavius (*Sulcus m. subclavii*).
Schulterblatt (Skapula) (Abb. 3.**1**): Das Schulterblatt ist ein dreieckiger platter Knochen, der an den Seiten rahmenartig verstärkt ist. Es liegt der hinteren Thoraxwand auf. Man unterscheidet drei Ränder: *Margo med.*, *Margo lat.* und *Margo sup.* und drei Winkel: *Angulus sup.*, *Angulus inf.* und *Angulus lat.*

Der Angulus lat. verbreitert sich zur ovalen *Schultergelenkspfanne* (*Cavitas glenoidalis*). Oberhalb der Pfanne liegt das *Tuberculum supraglenoidale*, unterhalb das *Tuberculum infraglenoidale*. Über der Cavitas glenoidalis erhebt sich nach ventrolateral der *Rabenschnabelfortsatz* (*Proc. coracoideus*). Medial neben dem Proc. coracoideus liegt die *Incisura scapulae*, die vom *Lig. transversum scapulae* überbrückt wird.
Die dem Brustkorb zugewandte Fläche (*Facies costalis*) ist leicht ausgehöhlt (*Fossa subscapularis*). Die hintere Fläche (*Facies post.*) wird durch die schräg nach außen oben verlaufende *Schultergräte* (*Spina scapulae*) in eine kleinere *Fossa supraspinata* und eine größere *Fossa infraspinata* unterteilt. Die Spina scapulae endet lateral in einem plattgedrückten Fortsatz, der *Schulterhöhe* (*Acromion*). Am lateralen Übergang vom Acromion zur Spina scapulae liegt der Angulus acromialis.

3.2.2 Oberarmknochen (Humerus)
(Abb. 3.**2**)

Der Oberarmknochen ist ein langer Röhrenknochen. An den proximalen halbkugeligen *Oberarmkopf* (*Caput humeri*) schließt sich eine ringförmige Einschnürung, das *Collum anatomicum* (Verankerung der Gelenkkapsel), an. Der Kopf ist nach mediokranial gerichtet und bildet mit der Diaphyse einen Winkel von 130°. Unterhalb des Collum anatomicum liegen zwei Knochenhöcker, das laterale *Tuberculum maj.* und das ventrale *Tuberculum min.* Beide setzen sich nach distal in Leisten fort (*Crista tuberculi maj.* und *min.*). Zwischen beiden liegt eine Rinne (*Sulcus intertubercularis*) für die Sehne des langen Bicepskopfes.
Am *Humerusschaft* (*Corpus humeri*) unterscheidet man einen *Margo med.* und *lat.* An der Seitenfläche befindet sich die aufgerauhte *Tuberositas deltoidea*, Ansatzstelle des M. deltoideus. Auf der Hinterfläche zieht der N. radialis in einer Rinne (*Sulcus n. radialis*). Das distale Ende des Humerus (*Condylus humeri*) weist medial eine *Gelenkrolle* (*Trochlea humeri*), zur Artikulation mit der Ulna, und lateral ein kugelförmiges *Köpfchen* (*Capitulum humeri*), zur Artikulation mit dem Radius, auf. Auf der Vorderseite befindet sich oberhalb des Capitulum die *Fossa radialis*, oberhalb der Trochlea die *Fossa coronoidea*, auf der Rückseite die *Fossa olecrani*. Am Übergang vom Schaft zum Condylus gehen die Schafträncer in eine Leiste (*Cristae supracondylares*) über. Die Crista supracondylaris lat. verbreitert sich nach distal zum *Epicondylus lat.*, die Crista supracondylaris med. zum *Epicondylus med.* An dessen Unterseite liegt eine Rinne für den N. ulnaris (*Sulcus n. ulnaris*).

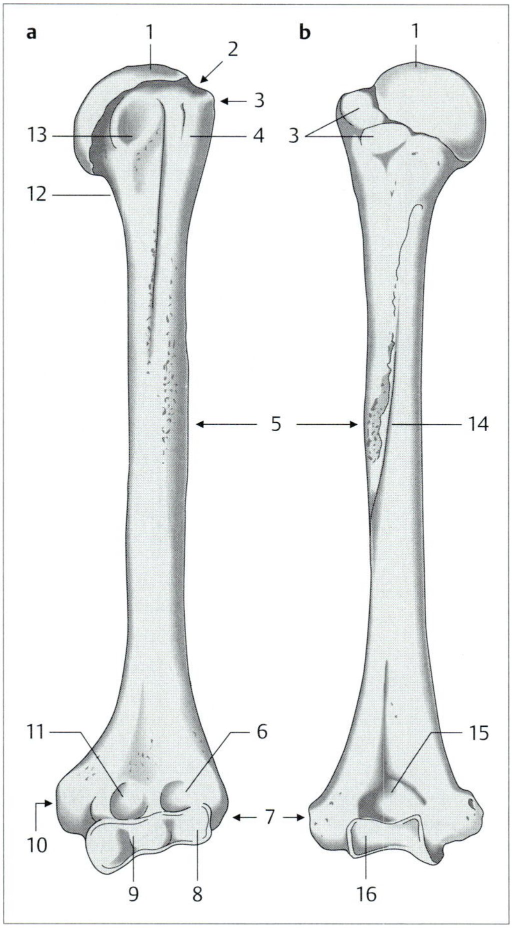

Abb. 3.**2** Humerus (links). **a** Ventralseite, **b** Dorsalseite. 1 = Caput humeri, 2 = Collum anatomicum, 3 = Tuberculum maj., 4 = Sulcus intertubercularis, 5 = Tuberositas deltoidea, 6 = Fossa radialis, 7 = Epicondylus lateralis, 8 = Capitulum humeri, 9 = Trochlea humeri, 10 = Epicondylus medialis, 11 = Fossa coronoidea, 12 = Collum chirurgicum 13 = Tuberculum minus, 14 = Sulcus nervi radialis, 15 = Fossa olecrani, 16 = Trochlea humeri (aus Bücker, Thieme 1992)

3.2.3 Unterarmknochen (Ossa antebrachii) (Abb. 3.**3**)

Das Skelett des Unterarms besteht aus *Elle* (*Ulna*) und *Speiche* (*Radius*). In der *Supinationsstellung* (Daumen nach lateral) liegen beide Unterarmknochen parallel, in der *Pronationsstellung* (Daumen nach medial) überkreuzt die Speiche die Elle.

Elle (Ulna): Der proximale Abschnitt der Ulna besteht aus der nach vorne blickenden Gelenkfläche (*Incisura trochlearis*) sowie einem kräftigen *hakenförmigen Fortsatz* (*Olecranon*) und einem *Zangenfortsatz* (*Proc. coronoideus*). Die Ulna umfaßt hiermit die Trochlea humeri wie eine Zange. Lateral des Proc. coronoideus senkt sich die *Incisura radialis ulnae* ein, die dem Radiusköpfchen als Gelenkfläche dient. Distal des Proc. coronoideus liegt die *Tuberositas ulnae*, an der der M. brachialis ansetzt.

Am Schaft unterscheidet man drei Kanten: *Margo ant., post.* und *interosseus*. Zum distalen Ende hin wird der Schaft schmaler und endet im *Caput ulnae*, dessen zur Handwurzel gerichtete Endfläche medial vom vorstehenden *Proc. styloideus ulnae* begrenzt wird. Lateral liegt die *Circumferentia articularis ulnae*, die mit der Incisura ulnaris des Radius artikuliert.

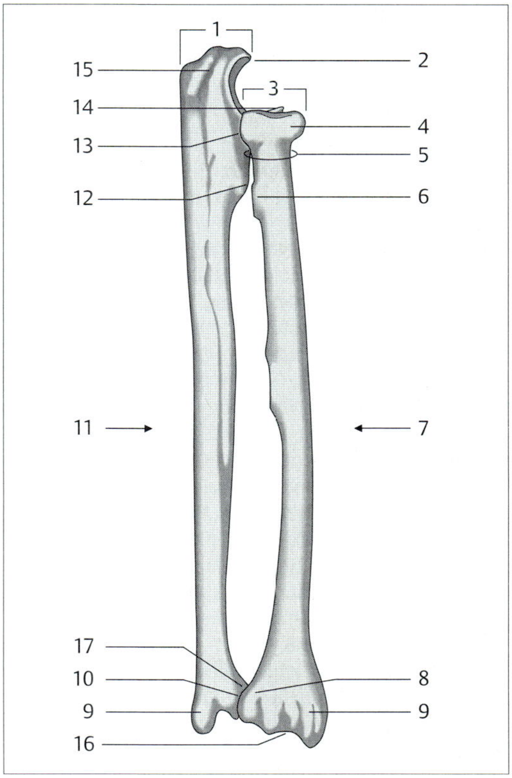

Abb. 3.**3** Unterarmknochen (von dorsal). 1 = Olecranon, 2 = Incisura trochlearis, 3 = Caput radii, 4 = Circumferentia radii, 5 = Collum radii, 6 = Tuberositas radii, 7 = Radius, 8 = Incisura ulnae, 9 = Proc. styloideus, 10 = Circumferentia articularis ulnae, 11 = Ulna, 12 = Tuberositas ulnae, 13 = Incisura radialis, 14 = Proc. coronoideus, 15 = Ansatzfläche des M. triceps brachii, 16 = Facies articularis carpalis, 17 = Caput ulnae (nach Bücker, Thieme 1992)

Speiche (Radius): Am proximalen Ende ist der Radius walzenförmig zum *Radiusköpfchen* (*Caput radii*) verbreitert. Mit einer Vertiefung an der Oberfläche (*Fovea articularis*) artikuliert er mit dem Capitulum humeri. Das Caput radii dreht sich mit seiner bandförmigen Gelenkfläche (*Circumferentia articularis radii*) in der Incisura radialis ulnae. Unterhalb des Caput folgt der schlanke *Hals* (*Collum radii*), der in den Schaft übergeht. Am Übergang ragt medial die *Tuberositas radii* als Ansatzstelle der Bizepssehne hervor.

Am Schaft unterscheidet man drei Kanten: *Margo ant., post.* und *interosseus*. Der Schaft verbreitert sich nach distal und endet in zwei Gelenkflächen. Am distalen Ende liegt die *Facies articularis carpi*, die lateral vom *Proc. styloideus radii* begrenzt wird. Medial davon liegt die *Incisura ulnaris radii*, in der sich das Caput ulnae dreht. Auf der Dorsalseite des distalen Radius befinden sich Rinnen für die Sehnen der Unterarmmuskeln.

3.2.4 Handknochen (Abb. 3.4)

Das Skelett der Hand setzt sich aus mehreren Knochengruppen zusammen. Man unterscheidet: *Handwurzel* (*Carpus*), *Mittelhand* (*Metacarpus*) und *Finger* (*Digiti manus*).

Handwurzelknochen (Ossa carpi): Sie bilden eine proximale und eine distale Reihe, die sich aus je vier Knochen zusammensetzen.

Die *proximale Reihe* besteht von radial nach ulnar aus *Kahnbein* (Os *scaphoideum* [Os naviculare]), auf dessen palmarer Seite sich das Tuberculum ossis scaphoidei erhebt, *Mondbein* (*Os lunatum*) und *Dreieckbein* (*Os triquetrum*). Die drei Knochen bilden mit ihrer zum Unterarm gerichteten Fläche den Gelenkkopf des proximalen Handgelenks, der mit dem Radius artikuliert. Das *Erbsenbein* (*Os pisiforme*) ist in die Sehne des M. flexor carpi ulnaris eingebettet und liegt dem Os triquetrum auf.

Die *distale Reihe* enthält von radial nach ulnar das *große Vieleckbein* (*Os trapezium*) mit dem nach palmar gerichteten Tuberculum ossis trapezii, das *kleine Vieleckbein* (*Os trapezoideum*), *Kopfbein* (*Os capitatum*) und *Hakenbein* (*Os hamatum*) mit einem palmar gelegenen Fortsatz (Hamulus ossis hamati). Die Grenze zwischen beiden Reihen verläuft wellenförmig. Die Handwurzelknochen liegen nicht in einer Ebene, sondern sind nach palmar konkav gewölbt. Lateral bilden das Tuberculum ossis scaphoidei und das Tuberculum ossis trapezii die *Eminentia carpi radialis*, medial das Os pisiforme und der Hamulus ossis hamati die *Eminentia carpi ulnaris*. Die Rinne zwischen beiden Erhebungen (*Sulcus carpi, Karpaltunnel*) wird von einem Band (*Retinaculum flexorum*) überspannt (s.a. 3.8.8).

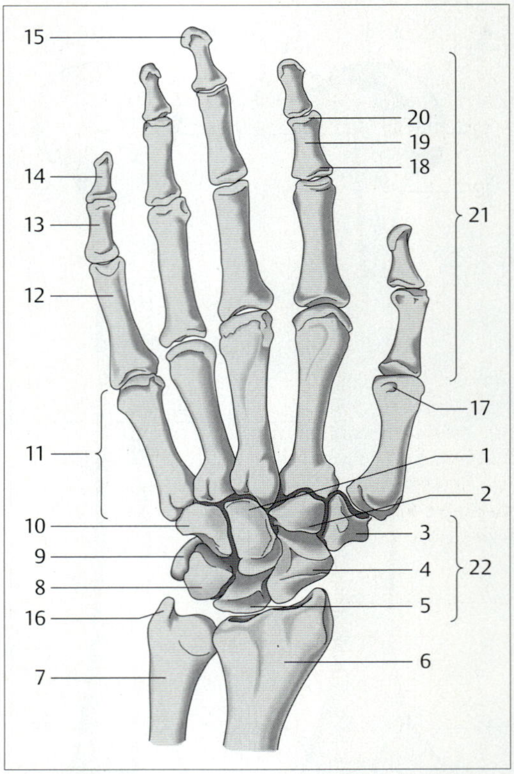

Abb. 3.4 Handskelett (von ventral). 1 = Os capitatum, 2 = Os trapezoideum, 3 = Os trapezium, 4 = Os scaphoideum, 5 = Os lunatum, 6 = Radius, 7 = Ulna, 8 = Os triquetrum, 9 = Os pisiforme, 10 = Os hamatum, 11 = Ossa metacarpalia (I–V), 12 = Phalanx proximalis, 13 = Phalanx media, 14 = Phalanx distalis, 15 = Tuberositas phalangis dist., 16 = Proc. styloideus ulnae, 17 = Ossa sesamoidea, 18 = Basis phalangis, 19 = Corpus phalangis, 20 = Caput phalangis, 21 = Ossa digitorum manus, 22 = Ossa carpi (aus Bücker, Thieme 1992)

Mittelhandknochen (Ossa metacarpi): Die fünf Mittelhandknochen sind typische kleine Röhrenknochen. Man unterscheidet: proximale *Basis*, die mit den distalen Handwurzelknochen artikuliert, *Corpus* und distales *Caput*, das mit den Fingerknochen artikuliert. Der 1. Mittelhandknochen ist der kürzeste, der 2. der längste. Am Kopf des 1. Mittelhandknochens liegen ein radiales und ein ulnares *Sesambein*, zwischen denen die Sehne des langen Daumenbeugers hindurchzieht.

Fingerknochen (Ossa digitorum, Phalanges manus): Die Fingerknochen sind ebenfalls kleine Röhrenknochen, die aus *Basis*, *Corpus* und *Caput* bestehen. Der *Daumen* (*Pollux*) besitzt zwei, alle übrigen Finger drei Knochen. Man spricht am Daumen von *Phalanx prox.* und *Phalanx dist.*, an allen übrigen Fingern von *Phalanx prox., med.* und *dist.*

! Merke

Auf der palmaren Seite der Endphalanx befindet sich die *Tuberositas phalangis dist.*, an der Bindegewebszüge der Haut befestigt sind, die eine zu starke Verschiebung der Haut beim Tasten und Greifen verhindern.

3.3 Gelenke

3.3.1 Schultergürtel

Skapula und Clavicula werden durch das *laterale Schlüsselbeingelenk*, Clavicula und Sternum durch das *mediale Schlüsselbeingelenk* untereinander verbunden. Das Schulterblatt ist durch Muskelschlingen beweglich am hinteren Thorax befestigt.

Mediales Schlüsselbeingelenk (Art. sternoclavicularis): Das Gelenk bildet den einzigen gelenkigen Kontakt zwischen Rumpf und oberer Extremität und verhält sich funktionell wie ein *Kugelgelenk* mit eingeschränkter Drehbewegung. Das sternale Ende der Clavicula bildet den Gelenkkopf, die Incisura clavicularis des Manubrium sterni die Gelenkpfanne. Ein *Discus articularis* teilt den Gelenkspalt in zwei Kammern und gleicht die Unebenheiten der zwei Gelenkflächen aus. Die Gelenkkapsel wird vom *Lig. sternoclaviculare ant.* und *post.* verstärkt. Das *Lig. interclaviculare* verbindet die sternalen Enden beider Schlüsselbeine. Das *Lig. costoclaviculare* heftet das Schlüsselbein an den Knorpel der 1. Rippe.

Laterales Schlüsselbeingelenk (Art. acromioclavicularis): Der Gelenkspalt wird durch einen *Discus articularis* unvollständig in zwei Kammern geteilt. Die Gelenkkapsel wird im oberen Anteil durch das *Lig. acromioclaviculare* verstärkt. Das Acromioclaviculargelenk (klinisch: *Schultereckgelenk*) verhält sich funktionell wie ein *Kugelgelenk*. Das *Lig. coracoclaviculare* besteht aus einem lateralen Teil (*Lig. trapezoideum*), vom Proc. coracoideus zur Linea trapezoidea der Clavicula, und einem medialen Teil (*Lig. conoideum*), vom Proc. coracoideus zum Tuberculum conoideum der Clavicula.

Bewegungen: Das Bewegungsausmaß im Acromioclaviculargelenk wird vom Bewegungsspielraum der Skapula bestimmt, die durch Muskeln am Thorax befestigt ist. An allen Bewegungen sind jeweils beide Schlüsselbeingelenke beteiligt. Sie ermöglichen Heben und Senken, Vor- und Zurücknehmen der Schulter, Drehung des Schulterblattes um die Längsachse der Clavicula sowie Flügelbewegungen des Schulterblattes und Schwenkbewegungen des unteren Schulterblattwinkels. Diese sind Voraussetzungen für das Heben des Armes über die Horizontale (*Elevation*).

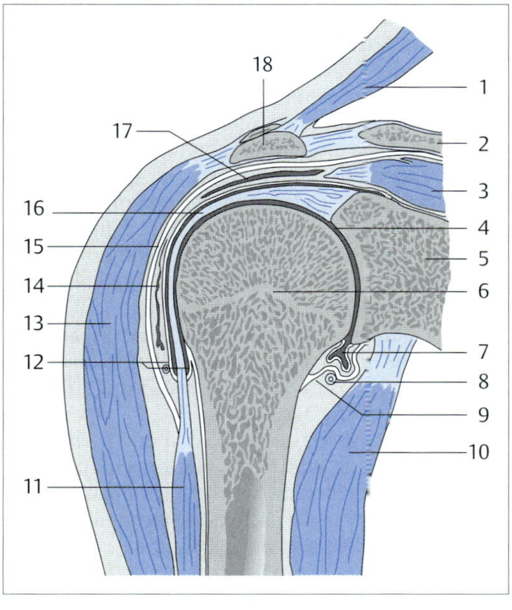

Abb. 3.**5** Schultergelenk. 1 = M. trapezius, 2 = Spina scapulae, 3 = M. supraspinatus, 4 = Gelenkspalte, 5 = Skapula, 6 = Epiphysenfuge, 7 = Recessus axillaris, 8 = A.circumflexa humeri posterior und 9 = N. axillaris, 10 = Caput longum m. tricipitis, 11 = Caput longum m. bicipitis, 12 = Vagina synovialis intertubercularis, 13 = M. deltoideus, 14 = Spalte des Nebengelenkes, 15 = Fascia subdeltoidea, 16 = Sehne des langen Bizepskopfes, 17 = Bursa subacromialis, 18 = Acromion (aus Töndury, Thieme 1981)

3.3.2 Schultergelenk

Das *Schultergelenk* (*Art. humeri*) ist das *Kugelgelenk* mit dem größten Bewegungsumfang (Abb. 3.**5**). Den Gelenkkopf bildet das Caput humeri, die Gelenkpfanne die Cavitas glenoidalis der Skapula. Die Fläche des Gelenkkopfes ist etwa viermal größer als die Fläche der Pfanne. Um den Rand der Cavitas glenoidalis verläuft eine faserknorpelige Pfannenlippe (*Labrum glenoidale*), die die Kontaktfläche der beiden Knochen vergrößert.

Gelenkkapsel: Die Gelenkkapsel ist schlaff und weit. Sie entspringt am Collum scapulae und am Labrum glenoidale und inseriert am Collum anatomicum humeri. Tuberculum min. und maj. bleiben außerhalb der Kapsel. Am unteren Rand des Labrum glenoidale bildet die Gelenkkapsel eine Reservefalte (*Recessus axillaris*). Die Sehne des langen Bizepskopfes entspringt innerhalb der Kapsel am Tuberculum supra-

Anatomie

glenoidale und zieht in einer Sehnenscheide durch die Gelenkkapsel über das Caput humeri.

Gelenksicherung: Das Schultergelenk wird hauptsächlich durch Muskeln und in die Gelenkkapsel einstrahlende Sehnen stabilisiert. Die Endsehnen von M. supraspinatus, infraspinatus und teres min. verstärken die Gelenkkapsel dorsal und kranial (*Rotatorenmanschette*), die Sehne des M. subscapularis ventral. Sie spannen die Kapsel und verhindern eine Dislokation der artikulierenden Knochen.

Bänder: Die Bänder des Schultergelenks sind schlaff.

- *Lig. coracoacromiale:* zwischen Proc. coracoideus und Acromion, Dach des Schultergelenks
- *Lig. coracohumerale:* vom Proc. coracoideus zur Oberkante des Tuberculum maj. und min., verstärkt den vorderen Teil der Gelenkkapsel
- *Ligg. glenohumeralia:* verstärken die vordere Kapselwand

Klinischer Bezug

Luxationen des Schultergelenks treten aufgrund der schlaffen Gelenkkapsel häufig auf. Der Humeruskopf tritt dabei meist nach vorne und unten in die Axilla aus, da dort die Gelenkkapsel nicht von der Muskelmanschette bedeckt wird.

Bursen: In der Nachbarschaft des Schultergelenks befinden sich zum Schutz der umgebenden Strukturen *Schleimbeutel.* Die *Bursa subcutanea acromialis* liegt zwischen Haut und Akromion, die *Bursa subdeltoidea* zwischen M. deltoideus und Gelenkkapsel, die *Bursa subacromialis* zwischen Akromion und der Sehne des M. supraspinatus und die *Bursa subtendinea m. infraspinati* zwischen M. infraspinatus und Gelenkkapsel. Die *Bursa subtendinea m. subscapularis* befindet sich zwischen der Sehne des M. subscapularis und der Gelenkkapsel und steht meist mit der Gelenkhöhle in Verbindung.

Bewegungen: Das Schultergelenk ist ein Kugelgelenk, in dem die Bewegungen um drei Hauptachsen stattfinden. Um die *Längsachse* (Humerusschaftachse) wird der Arm rotiert, um die *sagittale Achse*, die durch den Humeruskopf verläuft, wird der Arm ab- und adduziert und um die *transversale Achse* wird er ante- und retroflektiert. Prinzipiell sind Bewegungen um beliebig viele Achsen möglich.

Eine Einschränkung der Beweglichkeit erfolgt durch das *Schulterdach* (*Fornix humeri*), das von Akromion, Lig. coracoacromiale und Lig. coracoclaviculare gebildet wird. Im Schultergelenk kann der Arm bis zu 90° seitwärts gehoben werden. Eine weiteres Anheben über die Horizontale hinaus ist nur durch Drehen der Cavitas glenoidalis der Skapula nach oben außen zu erreichen.

Merke

Schultergelenk: Außenrotation 80°, Innenrotation 100°, Anteversion 90°, Retroversion 45°, Abduktion 90°. Ante- und Retroversion sowie Abduktion können durch Stellungsänderung der Gelenkpfanne zur Elevation erweitert werden.

3.3.3 Ellenbogengelenk

Das Ellenbogengelenk ist eine aus drei Gelenken zusammengesetzte *Art. composita*, die von einer gemeinsamen Gelenkkapsel umgeben wird: *Art. humeroulnaris* (*Humeroulnargelenk*), *Art. humeroradialis* (*Humeroradialgelenk*), *Art. radioulnaris prox.* (*proximales Radioulnargelenk*).

Art. humeroulnaris: Die Trochlea humeri bildet den Gelenkkopf, die Incisura trochlearis ulnae die Gelenkpfanne. Das Humeroulnargelenk ist ein *Scharniergelenk*, das durch die Form der beteiligten Knochen gesichert wird.

Art. humeroradialis: Das Capitulum humeri bildet den Gelenkkopf, die Fovea articularis radii die Gelenkpfanne. Das Humeroradialgelenk ist ein *Kugelgelenk*, das aber durch die Membrana interossea, die die beiden Unterarmknochen miteinander verbindet, in seinem Bewegungsumfang eingeschränkt wird. Ab- und Adduktion sind nicht möglich.

Radius und Ulna sind im proximalen Radioulnargelenk miteinander verbunden (s.a. 3.3.4).

Gelenkkapsel: Die Gelenkkapsel ist palmar und dorsal schlaff und dünn, an den Seitenflächen dagegen straff gespannt. Sie entspringt am Humerus vorne oberhalb der Fossae coronoidea und radialis, läßt seitlich die Epikondylen frei und umschließt dorsal die Fossa olecrani. Sie setzt an der Ulna und am Collum radii an. Unterhalb des Lig. anulare radii weitet sich die Kapsel zum Recessus sacciformis für die Rotationsbewegung aus.

Gelenksicherung: Das Gelenk wird durch *Knochenführung* und durch kräftige Bänder gesichert. Die relativ weite Gelenkkapsel wird durch einstrahlende Fasern des M. brachialis und des M. anconeus vor Einklemmung im Gelenkspalt geschützt.

Bänder: Die Bänder des Ellenbogengelenks sind sehr kräftig ausgebildet und verstärken die Gelenkkapsel. Über der Palmarseite ziehen gerade, quere und schräge Faserzüge. An den Seiten bilden die Fasern Kollateralbänder:

- *Lig. collaterale ulnare:* vom Epicondylus med. humeri zum hinteren Teil des Olecranons und vorne zum Proc. coronoideus der Ulna, Verbindung beider Anteile durch querverlaufende Fasern
- *Lig. collaterale radiale:* entspringt am Epicondylus lat., strahlt in das Lig. anulare radii ein

- *Lig anulare radii:* entspringt vorne an der Ulna, zieht um den Radiuskopf herum und setzt hinten wieder an der Ulna an. Es ist in die Gelenkkapsel eingebaut und an seiner Innenfläche mit Knorpel überzogen. Es ermöglicht so die ungehinderte Drehung des Radiuskopfes.

Bursen: Die Schleimbeutel des Ellenbogengelenks stehen nicht mit der Gelenkkapsel in Verbindung. Die *Bursa bicipitoradialis* liegt zwischen Bizepssehne und Tuberositas radii, die *Bursa subcutanea olecrani* zwischen Haut und Olecranon und die *Bursa subtendinea m. tricipitis brachii* zwischen Trizepssehne und Olecranon.

Bewegungen: Das Ellenbogengelenk ist ein *kombiniertes Drehscharniergelenk* (*Trochoginglymus*). Beugung und Streckung (*Scharnierbewegungen*) erfolgen im Humeroulnar- und Humeroradialgelenk um eine quere Achse, die unterhalb der Epikondylen durch Capitulum und Trochlea humeri verläuft. Pro- und Supination (*Drehbewegungen*) erfolgen im proximalen und distalen Radioulnargelenk (s.a. 3.3.4). In Supinationsstellung kann der Arm mit größerer Kraft gebeugt werden als in Pronationsstellung.

! Merke

Ellenbogengelenk: Beugung 40°, Streckung 180° (Frauen und Kinder können oft 5–10° überstrecken). Der übermäßigen Streckung wirkt das Olecranon entgegen, der übermäßigen Beugung die Weichteilhemmung. Im gestreckten Zustand bilden Ober- und Unterarm einen nach außen offenen Winkel von 170°.

3.3.4 Verbindungen der Unterarmknochen

Radius und Ulna sind durch *proximales* und *distales Radioulnargelenk* miteinander verbunden (s.a. 3.3.3). Da die Ulna durch ein Scharniergelenk mit dem Humerus verbunden ist, dreht sich der Radius bei Umwendbewegungen der Hand um die Ulna.

Art. radioulnaris proximalis: Das proximale Radioulnargelenk ist ein *Drehgelenk*. Die Gelenkpfanne wird von der Incisura radialis der Ulna, der Gelenkkopf von der Circumferentia articularis des Radiusköpfchens gebildet. Das Gelenk wird durch das *Lig. anulare radii* gesichert.

Art. radioulnaris distalis: Das distale Radioulnargelenk ist ebenfalls ein *Drehgelenk*. Die Gelenkpfanne wird von der Incisura ulnaris des Radius, der Gelenkkopf von der Circumferentia articularis des Caput ulnae gebildet. Die Gelenkkapsel ist schlaff und weit und setzt distal am Discus articularis an, der Radius und Ulna verbindet und sie von den Handwurzelknochen trennt.

Bänder: Zwischen Radius und Ulna spannt sich die *Membrana interossea antebrachii* aus, die am Margo interosseus beider Knochen befestigt ist. Ihre Fasern ziehen vom Radius schräg nach distal medial zur Ulna. Im proximalen Bereich wird die Membrana interossea durch die *Chorda obliqua* verstärkt. Die Chorda obliqua entspringt an der Tuberositas ulnae und zieht schräg nach distal zum Radius. Durch die Lücke zwischen Membrana interossea und Chorda obliqua ziehen A., V. und N. interosseus post.

Bewegungen: Die Radioulnargelenke sind Drehgelenke mit nur einem Freiheitsgrad. Pro- und Supinationsbewegungen erfolgen um eine schräge Achse, die von der Mitte des Radiusköpfchens zum Caput ulnae verläuft. Die Hand wird bei den Drehbewegungen des Radius um die Ulna mitgeführt. In extremer Supinationsstellung liegen die Unterarmknochen parallel, die Handflächen zeigen nach oben, bei extremer Pronationsstellung überkreuzen sich die Unterarmknochen und die Handflächen zeigen nach unten.

! Merke

Radioulnargelenk: Pronation 90°, Supination 85°. Der Bewegungsumfang wird von der Neutralstellung aus gemessen (angewinkelter Ellenbogen, Daumen zeigt nach oben).

3.3.5 Handgelenk

Als *Handgelenke* (*Artt. manus*) faßt man die Gelenke der Handwurzel und der Mittelhand zusammen: *Art. radiocarpalis* (*proximales Handgelenk*), *Art. mediocarpalis* (*distales Handgelenk*), *Artt. intercarpales*, *Artt. carpometacarpales*, *Artt. intermetacarpales*.

Art. radiocarpalis: Das proximale Handgelenk ist ein *Ellipsoidgelenk* mit zwei Freiheitsgraden. Die Gelenkpfanne wird von der Facies articularis carpi des Radius und einem Discus articularis vor der Ulna gebildet, der Gelenkkopf von den proximalen Handwurzelknochen (außer dem Os pisiforme), die untereinander durch Bänder verbunden sind. Die Gelenkkapsel ist an den Knorpelrändern der Knochen und am Discus articularis befestigt.

Art. mediocarpalis: Das distale Handgelenk liegt zwischen proximalen und distalen Handwurzelknochen. Der Gelenkspalt verläuft wellenförmig. Die Gelenkkapsel ist auf der Palmarseite straff, auf der Dorsalseite schlaff.

Artt. intercarpales: Dieses sind Gelenke zwischen den Knochen der Handwurzeln einer Reihe. Sie sind durch Bänder (*Ligg. intercarpalia interossea*) straff fixiert und kommunizieren mit dem distalen Handgelenk und den Artt. carpometacarpales.

Artt. carpometacarpales: Die Gelenke zwischen den distalen Handwurzelknochen und den Ossa metacarpalia II–V sind *Amphiarthrosen*, deren Gelenkhöhlen miteinander verbunden sind. Die Gelenkkapsel wird jeweils durch Bänder verstärkt. Das Karpometakarpalgelenk des Daumens stellt ein eigenes Gelenk dar (s.a. 3.3.6).

Bänder: Man unterscheidet vier Gruppen von Bändern, die die einzelnen Handknochen miteinander verbinden:

- *zwischen Unterarm- und Handwurzelknochen:* Das *Lig. collaterale carpi radiale* zieht vom Proc. styloideus des Radius zum Os scaphoideum, das *Lig. collaterale carpi ulnare* vom Proc. styloideus der Ulna zu Os triquetrum und Os pisiforme. Das kräftige *Lig. radiocarpale palmare* zieht fächerförmig vom Radius zu Os lunatum und Os capitatum, das schwächere *Lig. radiocarpale dors.* vom Radius zu Os lunatum und Os triquetrum. Von der Ulna zieht das *Lig. ulnocarpale palmare* zum Os capitatum.
- *zwischen den Handwurzelknochen:* Die Handwurzelknochen sind untereinander durch *Ligg. intercarpalia palmaria, dors.* und *interossea* verbunden. Das *Lig. carpi radiatum* entspringt palmar am Os capitatum und strahlt in alle Richtungen zu den benachbarten Knochen aus.
- *zwischen Handwurzel- und Mittelhandknochen:* Die Ligg. carpometacarpalia palmaria, dors. und interossea verbinden die distalen Handwurzelknochen mit den Basen der Mittelhandknochen.
- *zwischen den Mittelhandknochen:* Die Ligg. metacarpalia palmaria, dors. und interossea verbinden die Basen der Mittelhandknochen II–V.

Bewegungen: Bei der Bewegung der Hand wirken proximales und distales Handgelenk zusammen. Die Beugung der Hand (*Palmarflexion*) erfolgt vorwiegend im proximalen, die Streckung (*Dorsalextension*) im distalen Handgelenk. Die Radial- und Ulnarabduktion erfolgt vorwiegend im Radiokarpalgelenk. Die Zirkumduktion der Hand ist als Kombination der anderen Bewegungen möglich.

! Merke

Handgelenk: Palmarflexion 80°, Dorsalextension 70°, Ulnarabduktion 40°, Radialabduktion 15°.

3.3.6 Fingergelenke

Die einzelnen Knochen der Finger sind untereinander durch die Fingergelenke verbunden. Der Daumen bildet ein besonderes Grundgelenk aus.

Art. carpometacarpalis pollicis: Das Gelenk zwischen Os metacarpale I und Os trapezium ist im Gegensatz zu den anderen Karpometakarpalgelenken ein *Sattelgelenk* mit einer weiten Gelenkkapsel. In diesem Gelenk sind folgende Bewegungen möglich: Ab- und Adduktion, Flexion und Extension und die Zirkumduktion als Kombination der vorherigen Bewegungen. Eine besondere Rotationsbewegung ist die *Opposition*, bei der sich Daumen und Kleinfinger berühren. Die Rückführung nennt man *Reposition*.

Bei den Fingergelenken unterscheidet man *Grund-*, *Mittel* und *Endgelenke*.

Artt. metacarpophalangeales: In den Fingergrundgelenken artikulieren die Köpfe des 2.–5. Mittelhandknochen mit den Basen der proximalen Phalanx. Es handelt sich um *Kugelgelenke*, die durch *Ligg. collateralia* in der Rotationsbewegung eingeschränkt werden (funktionell Scharniergelenke). Die weite Gelenkkapsel wird auf der palmaren Seite durch ein *Lig. palmare* verstärkt. Die Köpfe der Mittelhandknochen sind durch das *Lig. metacarpeum transversum prof.* miteinander verbunden. In den Metakarpophalangealgelenken sind Beugung, Streckung, Ab- und Adduktion möglich. Als *Abduktion* bezeichnet man das Spreizen der Finger vom Mittelfinger weg, als *Adduktion* das Annähern an den Mittelfinger. Je stärker die Finger in den Grundgelenken gebeugt sind, um so mehr hemmen die gespannten Seitenbänder die Abduktion.

Art. metacarpophalangealis pollicis: Auch das Daumengrundgelenk ist funktionell wegen der kräftigen Kollateralbänder ein *Scharniergelenk*. Die Gelenkkapsel wird durch ein *Lig. palmare* verstärkt. Radial und ulnar schützt je ein in die Gelenkkapsel eingebautes *Sesambein* die Sehnen der Daumenballenmuskeln.

Artt. interphalangeales manus: Die Mittel- und Endgelenke aller Finger sind reine *Scharniergelenke*, deren Achse quer durch den Gelenkkopf verläuft. Sie sind durch *Ligg. collateralia* und *Ligg. palmaria* während Beugung und Streckung gesichert.

3.4 Muskeln

Die große Beweglichkeit der oberen Extremität wird durch die zahlreichen Muskeln ermöglicht. Die obere Extremität ist durch kräftige Muskeln am Rumpf befestigt, die Schultergürtel und Oberarm bewegen. Die Feinmechanik der Finger wird durch Muskelgruppen des Unterarms und der Hand gesteuert.

3.4.1 Schultergürtelmuskeln

Man unterteilt die Muskeln des Schultergürtels (Tab. 3.**1**) in eine *ventrale* und eine *dorsale Gruppe*, die beide von der ventrolateralen Rumpfmuskulatur abstammen und von den ventralen Ästen der Spinalnerven C5–Th1 (*Plexus brachialis*) innerviert wer-

Tab. 3.**1** Schultergürtelmuskulatur

Muskel	Ursprung	Ansatz	Funktion	Innervation
M. trapezius (Pars descendens, Pars transversa, Pars ascendens)	Linea nuchalis sup., Proc. spinosi C1 – Th12	Clavicula, Acromion, Spina scapulae	Aufwärts-, Medial-, Abwärtsbewegung und Drehung der Skapula, Drehung und Dorsalflexion der HWS und des Kopfes	N. accessorius (XI.), Plexus cervicalis
M. rhomboideus maj.	Proc. spinosi Th1 – Th4	Margo med. scapulae	zieht Skapula nach medial und kranial, hält sie am Rumpf fest	N. dors. scapulae (Plexus brachialis)
M. rhomboideus min.	Proc. spinosi C6 + C7	Margo med. scapulae	wie M. rhomboideus maj.	N. dors. scapulae (Plexus brachialis)
M. levator scapulae	Proc. transversi C1 – C4	Angulus sup. scapulae	zieht Skapula nach oben und medial	N. dors. scapulae (Plexus brachialis)
M. serratus ant.	seitlich 1. – 9. Rippe	Margo med. scapulae	Vorziehen und Drehen der Skapula, hält sie am Thorax, Atemhilfsmuskulatur	N. thoracicus longus (Plexus brachialis)
M. subclavius	Vorderfläche 1. Rippe	Clavicula	fixiert Clavicula	N. subclavius (Plexus brachialis)

den. Der *M. trapezius* geht aus der Muskulatur der Branchialbögen hervor und wird vom N. accessorius versorgt.

Die *dorsalen Muskeln* (*Mm. rhomboidei, M. levator scapulae, M. serratus ant., M. trapezius*) entspringen von der Wirbelsäule und den Rippen und setzen am Schulterblatt an. Die *ventralen* Muskeln (*M. subclavius, M. pectoralis min.*) dienen der Sicherung der Schlüsselbeingelenke.

Die Schultergürtelmuskulatur verbindet die obere Extremität mit dem Rumpf und übt eine wichtige *Haltefunktion* aus. Die dorsale Gruppe befestigt das Schulterblatt beweglich an der dorsalen Rumpfwand und unterstützt durch Stellungsänderungen des Schulterblattes die Bewegungen des Armes.

Klinischer Bezug

Bei **Lähmung des M. trapezius** steht die erkrankte Schulter tiefer und kann nur noch mit geringer Kraft angehoben werden. Die Elevation ist erschwert, die Beweglichkeit im Schultergelenk selbst jedoch nicht eingeschränkt.

3.4.2 Schultermuskulatur

Als Schultermuskulatur bezeichnet man Muskeln, die am Schulterblatt entspringen und am Oberarmknochen ansetzen (Tab. 3.**2**). Sie werden ebenfalls in eine *ventrale* und eine *dorsale Gruppe* unterteilt.

Die Schultermuskeln bewegen die obere Extremität im Schultergelenk. Zum Verständnis der Funktion der einzelnen Muskeln muß man ihre Ansatzstellen in bezug auf die Hauptachsen des Gelenkes betrachten. Auch die Ausgangsposition, aus der der Arm bewegt werden soll, spielt eine wichtige Rolle.

3.4.3 Oberarmmuskulatur

Die Oberarmmuskulatur gliedert sich in eine *Flexorengruppe*, die auf der ventralen Fläche des Humerus liegt und vom N. musculocutaneus innerviert wird, und eine *Extensorengruppe*, die auf der dorsalen Fläche liegt und vom N. radialis innerviert wird (Tab. 3.**3**).

Faszie: Die gesamte Oberarmmuskulatur wird von der *Oberarmfaszie* (*Fascia brachii*) umhüllt. Flexoren und Extensoren sind durch zwei Septen voneinander getrennt, die von der Oberarmfaszie zum medialen und lateralen Rand des Humerus ziehen (*Septum intermusculare brachii med.* und *lat.*).

Die Oberarmmuskeln bewegen den Unterarm im Ellenbogengelenk. Die eigentliche Bewegung erfolgt im *Humeroulnargelenk*, das *Humeroradialgelenk* wird mitgeführt. Alle Muskeln, die vor der transversalen Achse ansetzen (*Flexoren*), beugen den Arm, alle Muskeln, die hinter der Achse ansetzen (*Extensoren*), strecken den Arm.

Tab. 3.**2** Schultermuskulatur

Muskel	Ursprung	Ansatz	Funktion	Innervation
Dorsale Gruppe				
M. supraspinatus	Fossa supraspinata	Tuberculum maj. humeri	Abduktion, Außenrotation	N. suprascapularis (Plexus brachialis)
M. infraspinatus	Fossa infraspinata	Tuberculum maj. humeri	Außenrotation, Adduktion	N. suprascapularis
M. teres min.	Margo lat. scapulae	Tuberculum maj. humeri	Außenrotation, Adduktion	N. axillaris
M. teres maj.	Angulus inferior scapulae	Crista tuberculi min.	Innenrotation, Adduktion	N. thoracodors.
M. subscapularis	Fossa subscapularis	Tuberculum min. humeri	Innenrotation, Adduktion	N. subscapularis
M. deltoideus Pars clavicularis Pars acromialis Pars spinata	 lat. Drittel der Clavicula Akromion Spina scapulae	 Tuberositas deltoidea	 Innenrotation, Adduktion, Anteversion. Abduktion, Anteversion. Außenrotation, Adduktion, Retroversion.	 N. axillaris
M. latissimus dorsi	Proc. spinosi Th6–L5, Crista iliaca, Fascia thoracolumbalis	Crista tuberculi min.	Innenrotation, Adduktion, Retroversion, „Hustenmuskel"	N. thoracodors.
Ventrale Gruppe				
M. pectoralis maj. Pars clavicularis Pars sternocostalis Pars abdominalis	 mediale Clavicula Sternum, 2.–7. Rippenknorpel vorderes Blatt der Rektusscheide	 Crista tuberculi maj. humeri	 Innenrotation, Adduktion, Anteversion, Atemhilfsmuskel bei der Inspiration (bei aufgestützten Armen)	 N. pectoralis med. und lat.
M. pectoralis min.	3.–5. Rippe	Proc. coracoideus	zieht Schulterblatt nach vorne	N. pectoralis med. und lat.

Tab. 3.**3** Oberarmmuskulatur

Muskel	Ursprung	Ansatz	Funktion	Innervation
Ventrale Gruppe				
M. biceps brachii				N. musculocutaneus aus Fasciculus lat. des Plexus brachialis
Caput longum	Tuberculum supraglenoidale	Tuberositas radii, Fascia antebrachii	Schulter: Abduktion, Anteversion; Ellenbogen: Beugung, Supination	
Caput breve	Proc. coracoideus		Schulter: Adduktion, Anteversion, Innenrotation, Ellenbogen: Beugung, Supination	
M. coracobrachialis	Proc. coracoideus	mittleres Humerusdrittel	Anteversion, Adduktion, Innenrotation	N. musculocutaneus
M. brachialis	distale Hälfte des Humerus	Tuberositas ulnae	beugt im Ellenbogen	N. musculocutaneus
Dorsale Gruppe				
M. triceps brachii			Schulter: Adduktion, Retroversion	N. radialis
Caput longum	Tuberculum infraglenoidale	Olecranon		
Caput lat.	dorsale Humerusfläche, Septum intermusculare brachii med.	Olecranon	Ellenbogen: Streckung	N. radialis
Caput med.	dorsale Humerusfläche, Septum intermusculare brachii med. et lat.	Olecranon	Ellenbogen: Streckung	N. radialis

3.4.4 Unterarmmuskulatur

Die Unterarmmuskulatur gliedert sich in eine *Flexorengruppe*, die sich in oberflächliche und tiefe Schicht unterteilen läßt, und eine *Extensorengruppe*, die sich in oberflächliche und tiefe Schicht sowie eine radiale Gruppe unterteilen läßt. Die Flexoren werden von N. medianus und N. ulnaris innerviert, die Extensoren vom N. radialis.

Faszie: Die gesamte Unterarmmuskulatur wird von der *Unterarmfaszie* (*Fascia antebrachii*) umhüllt. Flexoren und Extensoren werden durch Radius und Ulna, die *Membrana interossea* sowie bindegewebige Septen, die von der Unterarmfaszie ausgehen, voneinander getrennt.

Flexoren (Tab. 3.**4**): Die oberflächlichen Flexoren entspringen zum Großteil vom Epicondylus med. humeri, die tiefen sind auf die Vorderflächen der Ulna, der Membrana interossea und die ulnare Fläche des Radius verlagert und wirken damit nicht mehr auf das Ellenbogengelenk. Die Sehnen der Flexoren ziehen unterhalb des Lig. carpi transversum durch den *Karpaltunnel* zur Hand (s.a. 3.8.8).

Die *Sehnen der Mm. flexor digitorum superf. und prof.* setzen auf besondere Art und Weise an den Fingern an. Die Sehnen des M. flexor digitorum superf. teilen sich über den Grundphalangen jeweils in zwei Schenkel, zwischen denen die Sehne des M. flexor digitorum prof. zu den Enphalangen hindurchzieht. Der oberflächliche Fingerbeuger wird deshalb auch als „M. flexor perforatus", der tiefe als „M. flexor perforans" bezeichnet.

Tab. 3.**4** Unterarmmuskeln: Flexoren

Muskel	Ursprung	Ansatz	Funktion	Innervation
Oberflächliche Schicht				
M. pronator teres Caput humerale Caput ulnare	 Epicondylus med. humeri Proc. coronoideus ulnae	 laterale und dorsale Fläche des mittleren Radiusdrittels	 Ellenbogen: Beugung, Pronation	 N. medianus N. medianus
M. flexor carpi radialis	Epicondylus med.	Basis des Os metacarpale II	Ellenbogen: Pronation, Beugung; Hand: Beugung, Radialabduktion	N. medianus
M. palmaris longus	Epicondylus med.	Aponeurosis palmaris	Hand: Beugung, spannt Palmaraponeurose	N. medianus
M. flexor carpi ulnaris Caput humerale Caput ulnare	 Epicondylus med. Olecranon, prox. Ulna	 Os pisiforme, Os hamatum, Os metacarpale V	 Ellenbogen: Beugung; Hand: Flexion, Ulnarabduktion	N. ulnaris
M. flexor digitorum superf. Caput humeroulnare Caput radiale	 Epicondylus med., Proc. coronoideus Radius	 Mittelphalangen des 2.–5. Fingers	 Beugung im Ellenbogen-, Hand- und Mittelgelenk der Finger	N. medianus
Tiefe Schicht				
M. flexor digitorum prof.	Ulna, Membrana interossea antebrachii	Basis der Endphalangen des 2.–5. Fingers	Beugung in Hand- und allen Fingergelenken, Ulnarabduktion	N. ulnaris (ulnarer Teil), N. medianus (radialer Teil)
M. flexor pollicis longus	Radius, Membrana interossea	Basis der Endphalanx des Daumens	Beugung in Hand- und Daumengelenken	N. medianus
M. pronator quadratus	distale Ulna	distaler Radius	Pronation	N. interosseus ant.

Extensoren (Tab. 3.**5**): Die Extensoren entspringen am Epicondylus lat. und liegen dorsal der Flexions-Extensionsachse der einzelnen Gelenke. Die tiefen Extensoren entspringen zum großen Teil von den Unterarmknochen und haben damit keinen Einfluß auf das Ellenbogengelenk.

Die Sehnen der Extensoren, die zum 2.–5. Finger ziehen, setzen dort gemeinsam mit den Sehnen der kurzen Fingermuskeln an der *Dorsalaponeurose* an, einer Sehnenplatte, die die dorsale Seite der Phalangen überzieht.

Radiale Muskelgruppe (Tab. 3.**6**): Die radialen Muskeln stammen von der oberflächlichen Schicht der Extensoren ab. Sie beugen im Ellenbogengelenk und strecken im Handgelenk (außer M. brachioradialis).

Alle Muskeln des Unterarms sind *mehrgelenkige Muskeln*, d. h., sie ziehen über mehrere Gelenke hinweg. Man unterscheidet Muskeln, die auf das Ellenbogengelenk, die Handgelenke, die Fingergelenke und die Pro- und Supinationsgelenke wirken. Sowohl Extensoren als auch Flexoren wirken bei den Pro- und Supinationsbewegungen mit. Die wichtig-

Tab. 3.**5** Unterarmmuskeln: Extensoren

Muskel	Ursprung	Ansatz	Funktion	Innervation
Oberflächliche Schicht				
M. extensor digitorum	Epicondylus lat. humeri, Fascia antebrachii	Dorsalaponeurose 2.–5. Finger	Streckung der Hand- und Fingergelenke (2.–5.)	R. prof. des N. radialis
M. extensor digiti minimi	Epicondylus lat. humeri, Fascia antebrachii	Dorsalaponeurose des 5. Fingers	Streckung im Hand- und Fingergelenk (5.)	R. prof. des N. radialis
M. extensor carpi ulnaris	Epicondylus lat. humeri, Olecranon	Basis des Os metacarpale V	Hand: Ulnarabduktion, Streckung	R. prof. des N. radialis
Tiefe Schicht				
M. supinator	Epicondylus lat. humeri, Lig. anulare radii, Ulna	proximaler Radius	Supination	R. prof. des N. radialis
M. abductor pollicis longus	Dorsalfläche von Radius und Ulna, Membrana interossea	Basis des Os metacarpale I, Os trapezium	Abduktion des Daumens	R. prof. des N. radialis
M. extensor pollicis longus	Ulna, Membrana interossea	dorsal an der Endphalanx des Daumens	Streckung, Adduktion und Reposition des Daumens	R. prof. des N. radialis
M. extensor pollicis brevis	Radius, Membrana interossea	dorsal an der Grundphalanx des Daumens	Streckung des Daumens, Hand: Radialabduktion	R. prof. des N. radialis
M. extensor indicis	Dorsalfläche der Ulna	Dorsalaponeurose des 2. Fingers	Streckung des 2. Fingers	R. prof. des N. radialis

Tab. 3.**6** Unterarmmuskeln: Radiale Gruppe

Muskel	Ursprung	Ansatz	Funktion	Innervation
M. brachioradialis	Humerus, Septum intermusculare brachii lat.	Proc. styloideus des Radius	Ellenbogen: Beugung, je nach Stellung Pro-, Supination	N. radialis
M. extensor carpi radialis longus	Epicondylus lat. humeri	dorsal an der Basis des Os metacarpale II	Ellenbogen: Beugung, Hand: Streckung, Radialabduktion	N. radialis
M. extensor carpi radialis brevis	Epicondylus lat. humeri	dorsal an der Basis des Os metacarpale III	Hand: Streckung	R. prof. des N. radialis

Tab. 3.7 Handmuskeln: Muskeln des Daumenballens (Thenargruppe)

Muskel	Ursprung	Ansatz	Funktion	Innervation
M. abductor pollicis brevis	Retinaculum flexorum, Os scaphoideum	Grundphalanx I, lat. Sesambein	Abduktion und Innenkreiselung des Daumens	N. medianus
M. flexor pollicis brevis Caput superf. Caput prof.	 Retinaculum flexorum Os trapezium, Os capitatum, Os trapezoideum	 Grundphalanx I, lat. Sesambein	 Abduktion, Innenkreiselung Beugung, Adduktion, Opposition	 N. medianus R. prof. des N. ulnaris
M. opponens pollicis	Retinaculum flexorum, Os trapezium	Os metacarpale I	Beugung, Opposition	N. medianus
M. adductor pollicis Caput obliquum Caput transversum	 Basis Os metacarpale II, Os capitatum Os metacarpale III	 Grundphalanx I, lat. Sesambein	 Adduktion, Opposition, Beugung Adduktion, Opposition	 R. prof. des N. ulnaris R. prof. des N. ulnaris

sten *Supinatoren* sind M. biceps brachii und M. supinator. Die wichtigsten *Pronatoren* sind M. pronator teres und M. pronator quadratus. Die anderen Muskeln wirken je nach ihrem Verlauf in bezug auf die Pro- und Supinationsachse.

Merke

Alle Flexoren sind Pronatoren, alle Extensoren Supinatoren.

Die Bewegungen der Hand werden von Flexoren und Extensoren gegensinnig beeinflußt. Für die Radial- und Ulnarabduktion sind die radial bzw. ulnar liegenden Flexoren und Extensoren in gleichem Maße zuständig. Die vielfältigen Bewegungen der Hand sind nur durch ein Zusammenwirken aller Muskelgruppen möglich. Z. B. ist bei flektierter Hand kein Faustschluß möglich, da die langen Fingerbeuger aktiv insuffizient werden. Deshalb ist der kräftige Faustschluß immer mit einer Extension der Hand verbunden.

3.4.5 Handmuskeln

Die Muskeln der Hand unterteilt man in drei Gruppen: Muskeln des Daumenballens (*Thenargruppe*), mittlere Muskelgruppe (*tiefe Hohlhandmuskulatur*) und die Muskeln des Kleinfingerballens (*Hypothenargruppe*). Sie werden von N. medianus und N. ulnaris innerviert.

Faszie: Die Handmuskeln sind von einer Faszie umgeben, die auf der Dorsalseite dünn und auf der Palmarseite sehr kräftig ausbildet ist. Sie wird durch die bindegewebige *Palmaraponeurose* (*Aponeurosis palmaris*, s.a. 3.8.10) verstärkt. Die drei Muskelgruppen werden durch Bindegewebssepten, die von der Faszie ausstrahlen, voneinander getrennt.

Thenargruppe (Tab. 3.7): Die Muskeln des Daumenballens regulieren die feinen Bewegungen des Karpometakarpalgelenks des Daumens und sind vor allem für die *Oppositionsbewegung* zuständig.

Mittlere Muskelgruppe (Tab. 3.8): Die tiefen Hohlhandmuskeln beugen in den Fingergrundgelenken und strecken in den Mittel- und Endgelenken des 2.–5. Fingers. Sie setzen an der Dorsalaponeurose an und abduzieren oder adduzieren die Finger.

Hypothenargruppe (Tab. 3.9): Die Muskeln des Kleinfingerballens dienen der Beugung und Abduktion des 5. Fingers im Grundgelenk und unterstützen die Oppositionsbewegung.

Tab. 3.**8** Handmuskeln: Tiefe Hohlhandmuskeln

Muskel	Ursprung	Ansatz	Funktion	Innervation
Mm. lumbricales I–IV (I+II einköpfig, III+IV zweiköpfig)	radial an den Sehnen des M. flexor digitorum prof.	Dorsalaponeurose des 2.–5. Fingers	Beugung in Grundgelenken, Streckung in Mittel- und Endgelenken	I+II: N. medianus III+IV: N. ulnaris
Mm. interossei palmares I–III (einköpfig)	ulnare Seite des 2., radiale Seite des 4.+5. Os metacarpale	Dorsalaponeurose des 2., 4. und 5. Fingers	Beugung in Grundgelenken, Streckung in Mittel- und Endgelenken, Adduktion auf Mittelfinger zu	R. prof. des N. ulnaris
Mm. interossei dors. I–IV (zweiköpfig)	einander zugekehrte Fächen des Os metacarpale I–V	Dorsalaponeurose des 2., 3. und 4. Fingers	Beugung in Grundgelenken, Streckung in Mittel- und Endgelenken, Spreizen der Finger	R. prof. des N. ulnaris

Tab. 3.**9** Handmuskeln: Muskeln des Kleinfingerballens (Hypothenargruppe)

Muskel	Ursprung	Ansatz	Funktion	Innervation
M. abductor digiti minimi	Retinaculum flexorum, Os pisiforme	Grundphalanx V.	Abduktion des 5. Fingers	R. prof. des N. ulnaris
M. flexor digiti minimi	Retinaculum flexorum, Hamulus ossis hamati	Grundphalanx V.	beugt 5. Finger	R. prof. des N. ulnaris
M. opponens digiti minimi	Retinaculum flexorum, Hamulus ossis hamati	Os metacarpale V.	zieht 5. Mittelhandknochen nach palmar	R. prof. des N. ulnaris
M. palmaris brevis	Palmaraponeurose	Haut über dem Kleinfingerballen	spannt Haut und ulnare Palmaraponeurose, schützt ulnare Leitungsbahnen	R. superf. des N. ulnaris

3.5 Nerven

Die obere Extremität wird von den Rr. ventrales der Spinalnerven C4–Th2 innerviert, die sich verflechten und den *Plexus brachialis* bilden.

3.5.1 Plexus brachialis

Die ventralen Äste der Spinalnerven bilden in der Tiefe des seitlichen Halsdreiecks zwischen M. scalenus ant. und med. den Plexus brachialis (Abb. 3.**6**).

Sie schließen sich zu den drei Primärsträngen (*Trunci plexus*) zusammen: *Truncus sup.* aus C5 und C6 mit kleinen Bündeln aus C4, *Truncus med.* aus C7 und *Truncus inf.* aus C8 und Th1 mit kleinen Bündeln aus Th2. Die Trunci ziehen durch die hintere Skalenuslücke oberhalb der A. subclavia in den Bereich der Clavicula. Hier lagern sie sich zu drei Sekundärsträngen (*Fasciculi*) um: *Fasciculus lat.* (C5–7) aus Truncus sup. und Truncus med., *Fasciculus med.* (C8, Th2) aus Truncus inf. und *Fasciculus post.* (C5–Th1) aus Anteilen aller Trunci. Die Faszikel ordnen sich um die A. axillaris an.

Topographisch läßt sich der Plexus brachialis in zwei Bereiche unterteilen: die *Pars supraclavicularis* erstreckt sich von der Wirbelsäule bis zur Clavicula, die *Pars infraclavicularis* von der Clavicula bis zur Achselhöhle.

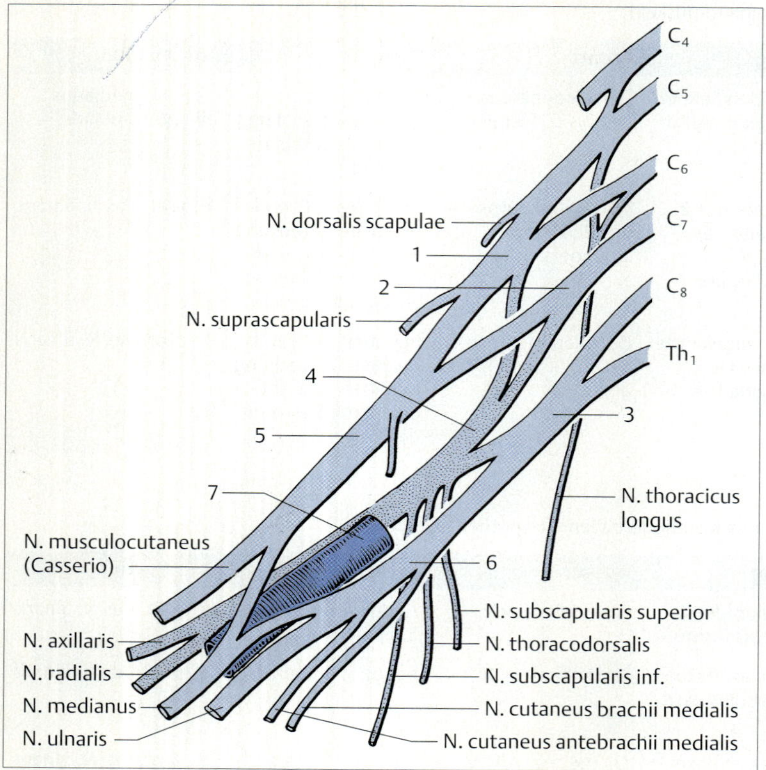

Abb. 3.**6** Plexus brachialis.
1 = Truncus superior,
2 = Truncus medius,
3 = Truncus inferior,
4 = Fasciculus posterior,
5 = Fasciculus lateralis,
6 = Fasciculus medialis,
7 = A. axillaris (aus Töndury, Thieme 1981)

Pars supraclavicularis

Folgende Nerven zweigen von der Pars supraclavicularis im seitlichen Halsdreieck ab:

- *N. dorsalis scapulae (C4/5):* durchbohrt den M. scalenus med., zieht parallel zum Schulterblattrand unter den Mm. rhomboidei abwärts, innerviert M. levator scapulae, M. rhomboideus maj. und min.
- *N. thoracicus longus (C5–7):* durchbohrt den M. scalenus med., zieht über die 1. Rippe seitwärts und verläuft auf dem M. serratus ant. abwärts, den er innerviert
- *N. subclavius (C5/6):* zieht zum M. subclavius und gibt einen Ast an den N. phrenicus ab
- *N. suprascapularis (C4–6):* zieht unterhalb des Lig. transversum scapulae durch die Incisura scapulae zu M. supraspinatus und M. infraspinatus

Pars infraclavicularis

Die Pars infraclavicularis (Abb. 3.**7**) beginnt mit den drei Faszikeln, die den Arm und einen Teil des Schultergürtels innervieren. Die Fasern des Fasciculus post. innervieren die Extensoren, die Fasern der Fasciculi lat. und med. innervieren die Flexoren.

Kurze Äste: Auch die kurzen Äste der Pars infraclavicularis lassen sich in ventrale (Flexoren-) und dorsale (Extensoren-) Äste gliedern. Sie ziehen zur Schultermuskulatur.

- *Ventrale Äste: N. pectoralis med.* und *N. pectoralis lat.* verlaufen vor der A. axillaris abwärts und innervieren M. pectoralis min. und M. pectoralis maj.
- *Dorsale Äste:* Der *N. subscapularis* besteht aus mehreren Ästen und innerviert den M. subscapularis und mit seinem lateralen Ast den M. teres maj. Der *N. thoracodorsalis* zieht am seitlichen Rand der Skapula nach distal und versorgt den M. latissimus dorsi sowie gelegentlich den M. teres maj.

Die langen Äste der Pars infraclavicularis gehen aus den einzelnen Fasciculi hervor.

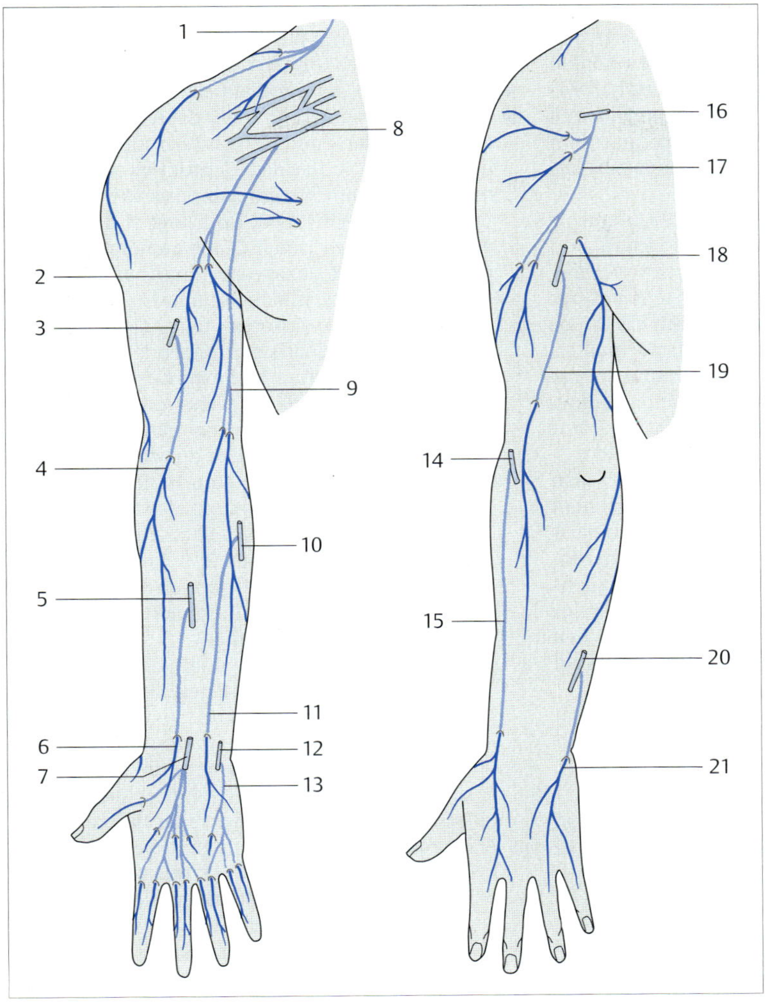

Abb. 3.**7** Nerven der Pars infraclavicularis. 1 = Nn. supraclaviculares, 2 = N. intercostobrachialis und N. cutaneus brachii medialis, 3 = N. musculocutaneus, 4 = N. cutaneus antebrachii lateralis, 5 = N. medianus, 6 = R. palmaris n. mediani, 7 = N. medianus, 8 = Fasciculus medialis des Plexus brachialis, 9 = N. cutaneus antebrachii medialis, 10 = N. ulnaris, 11 = R. palmaris n. ulnaris, 12 = N. ulnaris, 13 = R. superficialis n. ulnaris, 14 = N. radialis, 15 = R. superficialis n. radialis, 16 = N. axillaris, 17 = N. cutaneus brachii lateralis superior, 18 = N. radialis, 19 = R. cutaneus antebrachii posterior, 20 = N. ulnaris, 21 = R. dorsalis n. ulnaris (aus Mumenthaler/Schliack, Thieme 1993)

Fasciculus lateralis: Der Fasciculus lat. gibt folgende Äste ab:

- *N. musculocutaneus (C5–7):* durchbohrt den M. coracobrachialis, zieht auf dem M. brachialis nach distal. Er gibt ab:
  - *Rr. musculares:* zu allen Flexoren des Oberarmes
- *N. cutaneus antebrachii lateralis:* sensibler Endast, verläuft zwischen M. biceps brachii und M. brachialis zum Ellenbogengelenk, versorgt die Haut an der Radialseite des Unterarms
- *N. medianus (C6–Th1):* entsteht aus einer lateralen Wurzel (*Radix lat.*) aus dem Fasciculus lat. und einer medialen Wurzel (*Radix med.*) aus dem Fasciculus med. Beide Wurzeln liegen medial und lateral der A. axillaris und vereinigen sich vor ihr in der sog. *Medianusgabel* zum N. medianus. Dieser

zieht gemeinsam mit der A. brachialis im Septum intermusculare brachii med. in die Ellenbeuge und zum Unterarm. Dort tritt er zwischen den Köpfen des M. pronator teres hindurch und zieht zwischen den oberflächlichen und tiefen Flexoren zum Handgelenk und unterhalb des Retinaculum flexorum zur Hohlhand. Der N. medianus gibt folgende Äste ab:

- *Rr. musculares:* zu den Flexoren des Unterarms mit Ausnahme des M. flexor carpi ulnaris und des ulnaren Teils des M. flexor digitorum prof.

- *N. interosseus antebrachii anterior:* zieht auf der Membrana interossea antebrachii nach distal, innerviert M. pronator quadratus, M. flexor pollicis longus und M. flexor digitorum prof. und sendet sensible Äste zum Periost und den Handgelenken
- *R. palmaris nervi mediani:* sensibler Ast zur Haut über der Handwurzel und dem Daumenballen
- *R. communicans zum N. ulnaris:* zieht auf den langen Beugesehnen der Hohlhand und verbindet den N. medianus mit dem R. superf. des N. ulnaris
- *Nn. digitales palmares communes I–III:* geben motorische Äste zu den Muskeln des Daumenballens (mit Ausnahme des M. adductor pollicis und des Caput prof. des M. flexor pollicis brevis) und den Mm. lumbricales I und II ab und zweigen sich auf in:
- *Nn. digitales palmares proprii:* sensible Äste palmar zur Haut der radialen 3½ Finger und dorsal zur Haut der 2½ radialen Fingerendglieder

Klinischer Bezug

Zu **Läsionen des N. medianus** kann es bei suprakondylären Humerusfrakturen, nach Schnittverletzungen oberhalb des Handgelenks und durch Kompression im Karpaltunnel kommen. Je nach Lokalisation der Schädigung entwickeln sich folgende Symptome: Der Faustschluß ist unvollständig, Daumen, Zeigefinger und zum Teil der Mittelfinger können nicht mehr gebeugt werden („*Schwurhand*"), der Daumen steht in Adduktionstellung („*Affenhand*") und kann die Kleinfingerkuppe nicht berühren, die Muskulatur des Daumenballens atrophiert. In den entsprechenden Hautbezirken kommt es zu Störungen der Sensibilität.

Fasciculus medialis: Aus dem Fasciculus med. entstehen:

- *N. cutaneus brachii medialis (Th1/2):* zieht mit den Vv. brachiales nach distal, durchbricht die Oberarmfaszie, innerviert die Haut an der medialen Seite des Oberarms sensibel
- *N. cutaneus antebrachii medialis (C8, Th1):* verläuft mit der V. basilica im Sulcus basilicus durch die Oberarmfaszie, innerviert mit R. ant. sensibel die Haut an der medialen Beugeseite des Unterarms und mit R. post. die Haut der oberen ulnaren zwei Drittel des Unterarms
- *Radix medialis nervi medianus:* s. o.
- *N. ulnaris (C6–8, Th1):* verläßt die Axelhöhle medial der A. axillaris und zieht auf der medialen Seite des Oberarms hinter dem Septum intermusculare brachii med. zum Sulcus n. ulnaris an der Unterseite des Epicondylus med. Dort liegt er dicht unter der Haut, tritt zwischen Caput humerale und Caput ulnare des M. flexor carpi ulnaris und zieht unter diesem Muskel mit der A. ulnaris zur Hand. Auf dem Retinaculum flexorum teilt er sich in seine Endäste. Der N. ulnaris gibt folgende Äste ab:
  - *Rr. musculares:* zum M. flexor carpi ulnaris und zum ulnaren Teil des M. flexor digitorum prof.
  - *R. dorsalis nervi ulnaris:* geht etwa in der Mitte des Unterarms ab, verläuft um die Ulna herum auf die Streckseite und zum Handrücken, anastomosiert mit dem R. superf. des N. radialis, innerviert mit *Nn. digitales dors.* die Grund- und Mittelglieder der ulnaren 2½ Finger sensibel
  - *R. palmaris nervi ulnaris:* geht im distalen Drittel des Unterarms ab und innerviert die Haut des Kleinfingerballens sensibel
  - *R. superficialis:* verläuft unter der Palmaraponeurose, gibt einen Ast an den M. palmaris brevis ab und verzweigt sich in:
  - *Nn. digitales palmares communes:* spalten sich in *Nn. digitales palmares proprii*, die sensibel die Haut der ulnaren 1½ Finger einschließlich der Dorsalseite der Endglieder innervieren
  - *R. profundus:* zieht unter dem tiefen Hohlhandbogen daumenwärts, gibt Rr. musculares zu den Muskeln des Kleinfingerballens, den Mm. interossei palmares und dors., den ulnaren Mm. lumbricales, dem M. adductor pollicis und zum Caput prof. des M. flexor pollicis brevis ab

Klinischer Bezug

Zu **Läsionen des N. ulnaris** kann es durch Druckschäden am Sulcus n. ulnaris sowie bei Schnittverletzungen und Frakturen im Bereich des Epicondylus med. kommen. Es entwickeln sich folgende Symptome: Überstreckung in den Fingergrundgelenken, Beugung in den Mittel- und Endgelenken („*Krallenhand*"), Ab- und Adduktion der Finger kaum möglich, Atrophie der Muskulatur des Daumen- und Kleinfingerballens und der tiefen Hohlhandmuskulatur, eingeschränkte Ulnarabduktion, unvollständiger Faustschluß, der Daumen kann nicht mehr adduziert werden und somit den Kleinfinger nicht mehr berühren. In den entsprechenden Hautbereichen kommt es zu Sensibilitätsstörungen.

Fasciculus posterior: Aus dem Fasciculus post. gehen hervor:

- *N. axillaris (C5/6):* zieht durch die laterale Achsellücke (s.a. 3.8.4), gemeinsam mit A. und Vv. circumflexa humeri post. um den Humerus herum und unter den M. deltoideus. Er gibt ab:
  - *Rr. musculares:* zu M. deltoideus und M. teres min.
- *N. cutaneus brachii lateralis superior:* versorgt sensibel den oberen seitlichen Hautbezirk des Oberarms (über dem M. deltoideus)

Klinischer Bezug

Zu **Läsionen des N. axillaris** kann es bei Frakturen des Humerus im Bereich des Collum anatomicum und bei Luxationen im Schultergelenk kommen. Es entwickeln sich eine Abduktionsschwäche des Armes und Sensibilitätsstörungen über dem M. deltoideus.

- *N. radialis (C6–8, Th1):* Er zieht mit der A. prof. brachii an die Dorsalseite des Humerus und verläuft im Sulcus n. radialis um den Humerus herum. In der Ellenbeuge tritt er durch das Septum intermusculare brachii lat. in die Flexorenloge ein und spaltet sich in einen oberflächlichen und einen tiefen Ast. Vom N. radialis gehen folgende Äste ab:
  - *N. cutaneus brachii posterior:* zur Haut der Dorsalseite des Oberarms
  - *N. cutaneus brachii lateralis inferior:* versorgt sensibel die unteren seitlichen Hautbezirke am Oberarm
  - *N. cutaneus antebrachii posterior:* zur Haut der Streckseite des Unterarms
  - *Rr. musculares:* zum M. triceps brachii, M. anconaeus, M. brachioradialis und M. extensor carpi radialis longus
  - *R. profundus:* durchbohrt den M. supinator, verläuft zwischen oberflächlichen und tiefen Extensoren, innerviert den M. supinator und die Extensoren des Unterarms
  - *N. interosseus antebrachii posterior:* Endast des R. prof., verläuft auf der Dorsalseite der Membrana interossea, innerviert Handgelenke sensibel
  - *R. superficialis:* begleitet die A. radialis, zieht im mittleren Radiusdrittel unter den M. brachioradialis und verläuft um den Radius herum auf die Streckseite, anastomosiert über den R. communicans mit dem R. dors. des N. ulnaris, innerviert sensibel die Haut des Handrückens
  - *Nn. digitales dorsales:* sensible Endäste des R. superf., innervieren die dorsale Seite der Grund- und Mittelglieder der radialen 2½ Finger

Klinischer Bezug

Zu **Läsionen des N. radialis** kann es durch Oberarmschaftbrüche, Frakturen und Luxationen des Radiusköpfchens sowie Bleivergiftungen kommen. Je nach Lokalisation der Läsion entwickeln sich folgende Symptome: Überwiegen der Flexoren bei Lähmung der Extensoren („*Fallhand*"), bei Ausfall des M. triceps brachii ist keine aktive Streckung im Ellenbogengelenk und keine Supination bei gestrecktem Arm mehr möglich. In den entsprechenden Hautbezirken kommt es zu Störungen der Sensibilität.

3.6 Arterien – Venen

Die obere Extremität und der Schultergürtel werden von Ästen der *A. subclavia* und der aus ihr hervorgehenden *A. axillaris* und deren Ästen versorgt (Abb. 3.**8**). Der venöse Abfluß erfolgt über die gleichnamigen Venen und die *Vv. brachiocephalicae* und damit in die V. cava sup.

3.6.1 A. subclavia

Die rechte A. subclavia geht hinter dem rechten Sternoclaviculargelenk aus dem Truncus brachiocephalicus hervor, die linke A. subclavia hinter dem linken Sternoclaviculargelenk aus dem Aortenbogen. Sie verläuft hinter dem Plexus brachialis im *Sulcus a. subclaviae* der 1. Rippe und tritt zwischen M. scalenus med. und M. scalenus ant. durch die *Skalenuslücke*. Sie zieht unter der Clavicula in das Trigonum clavipectorale, wo sie sich in die A. axillaris fortsetzt.

Die A. subclavia gibt die A. thoracica int., die A. vertebralis, den Truncus thyrocervicalis, den Truncus costocervicalis und die A. transversa cervicis ab (s.a. 5.8.1).

3.6.2 A. axillaris

Sie bildet die Fortsetzung der A. subclavia und verläuft vom Unterrand der Clavicula entlang des M. coracobrachialis bis zum Unterrand des M. pectoralis maj. Dort geht sie in die A. brachialis über.

Als Äste der A. axillaris entspringen:

- *A. thoracica superior:* ein variables Gefäß zu den Muskeln der vorderen Thoraxwand
- *A. thoracoacromialis:* entspringt am Oberrand des M. pectoralis min. und verzweigt sich im Trigonum clavipectorale:
  - *R. acromialis:* zieht zum Rete acromiale, einem Gefäßnetz auf dem Acromion
  - *R. clavicularis:* zum M. subclavius und zum Sternoklavikulargelenk

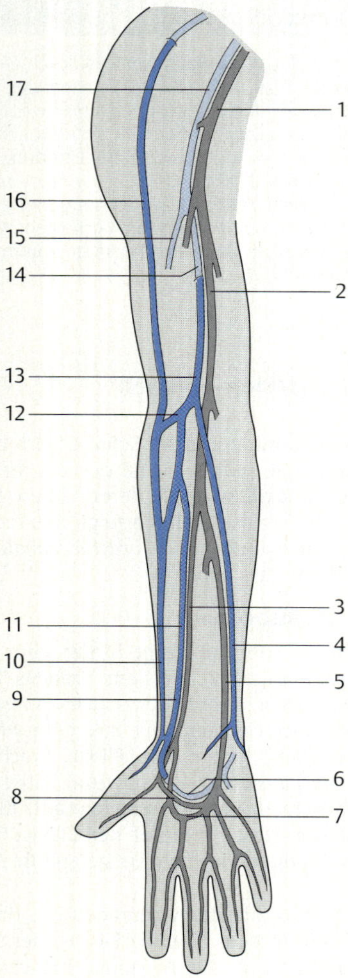

Abb. 3.**8** Arterien der oberen Extremität. 1 = A. axillaris, 2 = A. brachialis, 3 = A. radialis, 4 = V. ulnaris, 5 = A. ulnaris, 6 = Arcus venosus, 7 = Arcus palmaris superficialis, 8 = Arcus palmaris profundus, 9 = V. radialis, 10 = V. cephalica accessoria, 11 = V. intermedia antebrachii, 12 = V. intermedia cubiti, 13 = V. basilica, 14 = ulnare V. brachialis, 15 = radiale V. brachialis, 16 = V. cephalica, 17 = V. axillaris (aus Neuerburg-Heusler/Hennerici, Thieme 1995)

  - *R. deltoideus:* zu M. pectoralis maj. und M. deltoideus und zur darüber liegenden Haut
  - *Rr. pectorales:* zu den Mm. pectoralis maj. und min. sowie der darüber liegenden Haut
- *Rr. subscapulares:* zum M. subscapularis
- *A. thoracica lateralis:* verläuft auf dem M. serratus ant. abwärts, versorgt den M. serratus ant. und die Mm. pectorales sowie mit Rr. mammarii lat. die Brustdrüse
- *A. subscapularis:* verläuft längs des lateralen Randes des M. subscapularis und teilt sich in:
  - *A. thoracodorsalis:* versorgt M. latissimus dorsi, M. teres maj., M. subscapularis und M. serratus ant.
  - *A. circumflexa scapulae:* zieht durch die mediale Achsellücke (s.a. 3.8.4) zur Fossa infraspinata
- *A. circumflexa anterior humeri:* zieht vorne um den Humerushals herum zum Schultergelenk, versorgt den M. deltoideus sowie die Kapsel des Schultergelenks
- *A. circumflexa posterior humeri:* zieht mit Vv. circumflexae post. humeri und dem N. axillaris durch die laterale Achsellücke, versorgt M. deltoideus, Caput longum des M. trizeps brachii, die Mm. teres maj. und min. sowie die Gelenkkapsel

Merke

Im Bereich der Schulter existieren zahlreiche *Anastomosen*:

- R. acromialis und R. deltoideus der A. thoracoacromialis mit A. suprascapularis und A. circumflexa humeri post.
- A. circumflexa scapulae mit A. suprascapularis
- A. thoracica lat. mit A. transversa cervicis und A. subscapularis
- A. circumflexa humeri ant. mit A. circumflexa humeri post.

Klinischer Bezug

Die Anastomosen im Bereich der Schulter werden relevant bei operativ unumgänglichen **Unterbindungen der Gefäße**. Die A. axillaris sollte proximal der Abzweigung der A. subscapularis unterbunden werden, da das Blut dann auf dem Weg A. suprascapularis → A. circumflexa scapulae → A. subscapularis in die A. axillaris und weiter in die A. brachialis fließen kann. Von der Abzweigung der A. subscapularis bis zum Abgang der A. prof. brachii aus der A. brachialis darf das Gefäß auf Dauer nicht ligiert werden.

3.6.3 A. brachialis

Die A. brachialis verläuft vom unteren Rand des M. pectoralis min. bis zu ihrer Aufzweigung in A. ulnaris und A. radialis in der Ellenbeuge. Sie zieht gemeinsam mit den Vv. brachiales und dem N. medianus

im *Sulcus bicipitalis med.* nach distal. Es gibt zahlreiche Varianten der A. brachialis. Sie kann als A. brachialis superf. angelegt sein, die schon in der Axilla abzweigt, oder schon am Oberarm die A. radialis abgeben („*hoher Ursprung*").
Die A. brachialis hat folgende Äste:

- *A. profunda brachii:* entspringt am Unterrand des M. teres maj., zieht gemeinsam mit dem N. radialis durch den *Sulcus radialis* des Humerus und gibt Aa. nutriciae sowie einen Ast zum M. deltoideus ab. Sie verzweigt sich in folgende Äste:
  - *A. collateralis media:* zieht zum Rete articulare cubiti, einem Gefäßnetz über dem Ellenbogen
  - *A. collateralis radialis:* Endast der A. profunda brachii, teilt sich in einen R. ant., der das Septum intermusculare brachii lat. durchbricht und mit der A. recurrens radialis anastomosiert, und einen R. post., der mit der A. interossea recurrens anastomosiert
- *A. collateralis ulnaris superior:* entspringt in der oberen Hälfte der A. brachialis, zieht mit dem N. ulnaris zum Ellenbogen, anastomosiert mit dem R. post. der A. recurrens ulnaris und steht mit dem Rete articulare cubiti in Verbindung
- *A. collateralis ulnaris inferior:* geht nahe der Ellenbeuge ab, zieht auf dem M. brachialis ulnarwärts, anastomosiert mit dem R. ant. der A. recurrens ulnaris und entsendet einen dorsalen Ast zum Rete articulare cubiti

3.6.4 A. radialis

Die A. radialis geht in der Ellenbeuge aus der A. brachialis hervor. Sie verläuft an der radialen Seite des Unterarms zwischen M. brachioradialis und M. flexor carpi radialis zur Handwurzel. Oberhalb des Radiokarpalgelenks liegt sie sehr oberflächlich (hier kann der Puls getastet werden!) und biegt um das Os trapezium durch die *Tabatière* (s.a. 3.8.8) zur lateralen Seite des Handrückens um. Sie gelangt zwischen Os metacarpale I und II wieder auf die Palmarseite der Hand, wo sie in den *tiefen Hohlhandbogen* übergeht.
Die A. radialis gibt folgende Äste ab:

- *A. recurrens radialis:* entspringt in der Ellenbeuge, zieht nach lateral und anastomosiert mit dem R. ant. der A. collateralis radialis, gibt Äste zum Rete articulare cubiti ab
- *R. palmaris superficialis:* zieht durch die Thenarmuskulatur zum oberflächlichen Hohlhandbogen
- *R. carpalis palmaris und dorsalis:* kleine Gefäße zum Rete carpi palmare und dors., Gefäßnetze ventral und dorsal auf den Handwurzelknochen, versorgen Knochen und Kapseln der Handgelenke
  - *Aa. metacarpales dorsales:* die A. metacarpalis dors. I zweigt von der A. radialis ab, die Aa. metacarpales dors. II–IV aus dem Rete carpi dors., stehen über Rr. perforantes mit den Aa. metacarpales palmares in Verbindung, teilen sich in je zwei Aa. digitales dors.
- *A. princeps pollicis:* entspringt auf der Palmarseite, spaltet sich in zwei Äste zur medialen und lateralen Seite des Daumens und die *A. radialis indicis* zum radialen Rand des Zeigefingers
- *Arcus palmaris profundus:* Der tiefe Hohlhandbogen entsteht aus der Fortsetzung der A. radialis und der Anastomose mit dem R. palmaris prof. der A. ulnaris. Er verläuft in der Hohlhand auf den Basen der Ossa metacarpalia unter den Sehnen der Flexoren. Er gibt ab:
  - *Aa. metacarpales palmares:* 3–4 Äste, die in den Fingerzwischenräumen über *Rr. perforantes* mit je einer A. digitalis palmaris comm. des oberflächlichen Hohlhandbogens anastomosieren

3.6.5 A. ulnaris

Die A. ulnaris zweigt in der Ellenbeuge von der A. brachialis ab und verläuft gemeinsam mit ihren Begleitvenen und dem N. ulnaris unter dem M. flexor carpi ulnaris zur Handwurzel. Dort überquert sie das Retinaculum flexorum und bildet unter der Palmaraponeurose den *oberflächlichen Hohlhandbogen*.
Die A. ulnaris gibt folgende Äste ab:

- *A. recurrens ulnaris:* zieht zwischen M. pronator teres und M. brachialis aufwärts, teilt sich in:
  - *R. anterior:* anastomosiert mit der A. collateralis ulnaris inf.
  - *R. posterior:* anastomosiert mit der A. collateralis ulnaris sup. und dem Rete articulare cubiti
- *A. interossea communis:* teilt sich kurz nach ihrem Ursprung in:
  - *A. interossea anterior:* zieht auf der Membrana interossea antebrachii zwischen M. flexor pollicis longus und M. flexor digitorum prof. nach distal zum M. pronator quadratus, entsendet Äste zum Rete carpi palmare und dors. und einen Ast, der den N. medianus begleitet (*A. comitans n. medianus*)
  - *A. interossea posterior:* zieht durch Lücke zwischen Chorda obliqua und Membrana interossea antebrachii und zwischen oberflächlichen und tiefen Extensoren zum Rete carpale dors., entsendet *A. interossea recurrens*, die rückläufig zum Rete articulare cubiti zieht
- *R. carpalis palmaris und dorsalis:* Äste zum Rete carpi palmare und dors.
- *R. palmaris profundus:* tritt mit dem R. prof. des N. ulnaris in den Kleinfingerballen ein und zieht zum tiefen Hohlhandbogen
- *Arcus palmaris superficialis:* Der oberflächliche Hohlhandbogen entsteht aus der Fortsetzung der

A. ulnaris und der Anastomose mit dem R. palmaris superf. der A. radialis. Er verläuft zwischen der Palmaraponeurose und den Sehnen der langen Flexoren etwas weiter distal als der tiefe Hohlhandbogen. Er gibt ab:
- *A. digitalis propria:* für die ulnare Seite des 5. Fingers
- *Aa. digitales communes:* meist drei Äste, die sich in Höhe der Basen der Grundphalangen in je zwei Aa. digitales palmares propriae zu den ulnaren und radialen Rändern der Finger teilen

! Merke

Im Falle einer Unterbindung der A. brachialis distal des Abgangs der A. prof. brachii bildet das *Rete articulare cubiti* wichtige Kollateralverbindungen zwischen der A. brachialis und den Unterarmarterien. Das Gefäßnetz des Ellenbogens erhält Zuflüsse aus A. collateralis radialis, media und ulnaris sup. und inf. sowie A. recurrens radialis und ulnaris und A. interossea recurrens.

3.6.6 Oberflächliche Venen

Die oberflächlichen Venen bilden ein *Hautvenennetz*, aus dem kräftige Venen hervorgehen, die das venöse Blut in die tiefen Venen weiterleiten. Sie verlaufen sehr variabel.
- *Rete venosum dorsale manus:* Venennetz am Handrücken, nimmt die Venen der Hand auf, zahlreiche Anastomosen mit tiefen und oberflächlichen Armvenen, Hauptabfluß in V. basilica und V. cephalica
- *V. cephalica:* geht auf dem Handrücken aus dem Rete venosum dorsale manus hervor, zieht proximal der Handwurzel auf die Beugeseite des Unterarms und auf der radialen Seite durch die Ellenbeuge, am Oberarm verläuft sie lateral des M. biceps brachii und dann im Sulcus deltoideopectoralis zum Trigonum clavipectorale, wo sie in die V. axillaris mündet
- *V. basilica:* geht aus der ulnaren Seite des venösen Gefäßnetzes der Hand hervor, zieht auf der medialen Beugeseite des Unterarms durch die Ellenbeuge, am Oberarm verläuft sie medial des M. biceps brachii, durchbricht am *Hiatus basilicus* die Fascia brachii und mündet in die mediale V. brachialis
- *V. intermedia cubiti:* verbindet V. basilica und V. cephalica in der Ellenbeuge

Am Arm gibt es weitere inkonstante Venen, z. B. V. intermedia antebrachii, V. intermedia basilica und V. intermedia cephalica. Zwischen oberflächlichen und tiefen Armvenen gibt es zahlreiche Verbindungen.

3.6.7 Tiefe Begleitvenen

Die tiefen Venen verlaufen gemeinsam mit den Arterien des Armes. Jede Arterie hat zwei Begleitvenen. An der Hand bilden sich der *Arcus venosus palmaris superf. und prof.*, die in die *Vv. radiales und Vv. ulnares* übergehen. Vv. radiales und Vv. ulnares münden in die *Vv. brachiales*, die in unterschiedlicher Höhe in die V. axillaris münden. A. subclavia und A. axillaris haben jeweils nur eine Begleitvene. Die V. subclavia zieht als Fortsetzung der V. axillaris unter der Clavicula vor dem M. scalenus ant. auf der 1. Rippe und bildet hinter dem Sternoclaviculargelenk mit der V. jugularis int. die V. brachiocephalica, die in die V. cava sup. mündet.

3.7 Lymphknoten – Lymphgefäße

Die Lymphe des Armes fließt hauptsächlich zu den Lymphknoten in der Axilla. Die Lymphe aus der ulnaren Seite des Armes fließt zunächst in die *Nn. ll. cubitales*, ein bis zwei Lymphknoten entlang der V. basilica.

Im Bindegewebe der Achselhöhle liegen etwa 20–30 Lymphknoten (*Nn. ll. axillares*), die in oberflächliche und tiefe Lymphknoten unterteilt werden.
- *Nn. ll. axillares superficiales:* Die oberflächlichen Lymphknoten liegen unter oder in der Faszie und gliedern sich in *Nn. ll. axillares lat.* (Zuflüsse vom gesamten Arm), *Nn. ll. pectorales* (Zuflüsse von vorderer und seitlicher Brustwand, zentraler und lateraler Brustdrüse), *Nn. ll. axillares subscapulares* (Zuflüsse von Nacken und Schultern), *Nn. ll. axillares interpectorales* (Zuflüsse von der Brustdrüse) und *Nn. ll. axillares brachiales* (Zuflüsse von der radialen Seite des Arms).
- *Nn. ll. axillares profundi:* Sie nehmen die Lymphe aus den oberflächlichen Lymphknoten auf. Man gliedert sie in *Nn. ll. axillares centrales* auf der Unterfläche des M. subscapularis und *Nn. ll. axillares apicales* unter dem M. pectoralis min. und entlang der V. subclavia.

Die Lymphe aus den Achsellymphknoten fließt in den *Truncus subclavius*, der insgesamt die Lymphe von Arm und Schulter aufnimmt.

3.8 Angewandte und topographische Anatomie

Die Gliederung der oberen Extremität in Regionen erfolgt nach funktionellen Gesichtspunkten. Man unterscheidet Regionen im Schulterbereich, des

Oberarms, des Ellenbogens, des Unterarms, der Hand und der Handwurzel.

3.8.1 Oberflächenanatomie

Das Relief des Oberarmes wird durch den M. deltoideus und die Oberarmmuskeln geformt. Am medialen Rand des M. deltoideus senkt sich das Relief zum *Trigonum clavipectorale* ein. Bei kräftiger Muskulatur erkennt man medial und lateral des M. biceps brachii die Sulci bicipitales med. et lat. Die *Ellenbeuge* (*Fossa cubitalis*) liegt auf der Beugeseite zwischen Ober- und Unterarm. Am Übergang vom Unterarm zur Handwurzel erkennt man einige Sehnen der Unterarmmuskeln. An der Hand wölben sich Daumen- und Kleinfingerballen vor.

Tastpunkte: An der oberen Extremität sind folgende *Knochenpunkte* tastbar: *Schultergürtel*: Vorder- und Oberseite der Clavicula, Acromion, Spina scapulae, Proc. coracoideus, Margo med. der Skapula; *Oberarm*: Margo med. und lat. des Humerus, Epicondylus med. und lat.; *Unterarm*: Caput ulnae mit Proc. styloideus, Margo post. der Ulna, Caput radii, distaler Radius mit Proc. styloideus, Margo ant. und post. des Radius; *Handwurzel*: Os pisiforme, Hamulus ossis hamati, Tuberculum ossis scaphoidei, Tuberculum ossis trapezii, von dorsal Os hamatum, Os trapezium und Os capitatum; *Finger*: Dorsalseite der Metakarpal- und Phalangealknochen, palmar die Köpfe der Metacarpalia, Basen, Köpfe und seitliche Ränder der Phalangen.

3.8.2 Regio supraclavicularis

Die Regio supraclavicularis wird nach unten begrenzt von der Clavicula, nach oben vom M. trapezius und nach medial vom seitlichen Halsdreieck. In der Regio supraclavicularis liegt die dreieckige *Skalenuslücke*, die von M. scalenus ant., medius und der 1. Rippe begrenzt wird. Durch die Skalenuslücke ziehen oben der Plexus brachialis und unten die A. subclavia. Die V. subclavia zieht vor dem M. scalenus ant.

Klinischer Bezug

Durch Kompression des Plexus brachialis in der Skalenuslücke, z. B. durch Muskeln, Bindegewebsstränge oder eine Halsrippe, kommt es zum **Skalenussyndrom**. Dieses äußert sich in Schmerzen im Arm und u. U. motorischen und sensiblen Ausfällen.

3.8.3 Regio infraclavicularis, deltoidea und scapularis

Regio infraclavicularis: Die Regio infraclavicularis reicht medial bis zum Sternum und lateral bis zum Sulcus deltoideopectoralis. Sie enthält das *Trigonum clavipectorale* (*Mohrenheim-Grube*). Es wird von M. deltoideus, M. pectoralis maj. und Clavicula begrenzt und geht nach distal in den *Sulcus deltoideopectoralis* über. Die Haut ist oft zur *Fossa infraclavicularis* eingezogen. Die *Fascia clavipectoralis* teilt das Trigonum clavipectorale in zwei Schichten. Die *oberflächliche Schicht* enthält die V. cephalica, die die Faszie durchbricht, A. und V. thoracoacromialis und Nn. pectorales. In der *tiefen Schicht* verlaufen bedeckt vom M. subclavius von medial nach lateral V. axillaris, A. axillaris und Plexus brachialis.

Regio scapularis: Die Regio scapularis liegt über der Skapula. Sie gehört funktionell zur oberen Extremität, topographisch jedoch zur dorsalen Rumpfwand. Die Skapula bildet mit ihren Bändern und dem Akromioklavikulargelenk das Schulterdach.

Klinischer Bezug

Punktion: Die *V. subclavia* ist im Trigonum clavipectorale am Periost der Clavicula fixiert und in die Fascia clavipectoralis eingebaut. Sie kann in diesem Bereich nicht kollabieren und eignet sich auch im Notfall zur Punktion oder zum Legen eines zentralen Katheters. Die Punktion erfolgt an der Grenze zwischen medialem und mittlerem Drittel an der Unterseite der Clavicula.

Regio deltoidea: Die Regio deltoidea liegt über dem sich vorwölbenden Muskelbauch des M. deltoideus. Unter dem M. deltoideus befindet sich das *Spatium subdeltoideum*. In ihm liegen die Bursa subacromialis und die Bursa subdeltoidea, die die Muskulatur bei Bewegungen im Schultergelenk schützen. Das Bindegewebe des Spatium subdeltoideum enthält die A. circumflexa humeri post. und den N. axillaris und steht mit den Bindegewebsräumen von Axilla, Fossa supraspinata und Fossa infraspinata in Verbindung.

3.8.4 Fossa axillaris (Spatium axillare)

Durch die *Achselhöhle* (*Fossa axillaris*) verlaufen Nerven und Gefäße, die vom Rumpf zur oberen Extremität ziehen. Sie sind in einen Bindegewebsfettkörper eingebettet, um bei den Bewegungen des Armes vor Kompression und Zerrung geschützt zu sein.

Wände: Die Achselhöhle wird durch *vier Wände* begrenzt: ventral von M. pectoralis maj. und min., dorsal von M. latissimus dorsi und M. teres maj., medial vom M. serrratus ant. und lateral von Humerus und M. coracobrachialis. Vordere und hintere Wand bilden die zwei *Achselfalten* (*Plicae axillares*). Nach unten wird die Achselhöhle von der Fascia axillaris und Haut bedeckt.

Fascia axillaris: Die Fascia axillaris spannt sich zwischen M. pectoralis maj. und M. latissimus dorsi aus. Sie wird durch bogenförmige Bindegewebszüge verstärkt und hat zahlreiche Durchtrittsstellen für Nerven und Gefäße. Bei Abduktion des Armes ist sie gespannt und schützt den Inhalt der Achselhöhle, bei Adduktion ist sie entspannt.
Inhalt: Im axillären *Bindegewebskörper* liegen die oberflächlichen und tiefen Achsellymphknoten sowie der Gefäß-Nerven-Strang. Dieser setzt sich zusammen aus A. und V. axillaris, großen Lymphgefäßen und der Pars infraclavicularis des Plexus brachialis und verläuft auf dem *M. coracobrachialis* (Leitmuskel!).
Achsellücken: Das von M. teres maj., M. teres min. und Humerus begrenzte Dreieck wird durch das Caput longum des M. triceps brachii in eine mediale und eine laterale Achsellücke unterteilt. Durch die Achsellücken besteht Verbindung zum Spatium subdeltoideum und zum Bindegewebe unter der Skapula.

! Merke

Die *laterale Achsellücke* ist viereckig und wird begrenzt von: Caput longum des M. triceps brachii, M. teres min., M. teres maj., Humerus. Durch sie verlaufen: N. axillaris, A. und Vv. circumflexae humeri post.

Die *mediale Achsellücke* ist dreieckig und wird begrenzt von: M. teres maj., M. teres min., Caput longum des M. triceps brachii. Durch sie verlaufen: A. und Vv. circumflexae scapulae.

3.8.5 Oberarm

Der Oberarm gliedert sich in *Regio brachialis ant.*, die die Flexoren enthält, und *Regio brachialis post.*, die die Extensoren enthält. Beide Gruppen werden von der *Oberarmfaszie* (*Fascia brachii*) umhüllt und sind durch das *Septum intermusculare brachii med. et lat.* voneinander getrennt.
Gefäß-Nerven-Straßen: Vor dem Septum intermusculare brachii med. im Sulcus bicipitalis med. verläuft die Haupt-Gefäß-Nerven-Straße des Armes mit A. und Vv. brachiales, V. basilica, N. musculocutaneus und N. medianus. Hinter dem Septum verlaufen N. ulnaris und A. und Vv. collateralis ulnaris sup. Dorsal des Humerus ziehen im Sulcus n. radialis die A. profunda brachii, A. und Vv. collaterales radiales und der N. radialis.
Epifaszial liegen lateral die V. cephalica und lateral, medial und dorsal die Hautäste der Oberarmnerven. In der distalen Hälfte des Oberarms bricht die V. basilica am Hiatus basilicus durch die Fascia brachii.

3.8.6 Fossa cubitalis

Die ventral zwischen Ober- und Unterarm liegende *Ellenbeuge* (*Fossa cubitalis*) wird proximal begrenzt vom M. biceps brachii, lateral vom M. brachioradialis und medial vom M. pronator teres. Den Boden bilden M. brachialis und M. supinator. Die Fossa cubitalis wird von der Faszie des Armes überspannt, die von der Aponeurose des M. biceps brachii verstärkt wird. In der subkutanen Schicht verlaufen Hautvenen und sensible Hautnerven. In der Tiefe der Fossa cubitalis ziehen Leitungsbahnen vom Ober- zum Unterarm. Die A. brachialis zieht schräg durch die Ellenbeuge und teilt sich unter der Aponeurose des M. biceps brachii in A. ulnaris und A. radialis. Die A. radialis gelangt in die radiale Gefäß-Nerven-Straße unter den M. brachioradialis, die A. ulnaris zieht in die ulnare Gefäß-Nerven-Straße. Der N. medianus verläuft zwischen den Köpfen des M. pronator teres in die Tiefe und gelangt in die mittlere Gefäß-Nerven-Straße des Unterarms.

3.8.7 Unterarm

Am Unterarm unterscheidet man *Regio antebrachialis ant.* und *post.* Die einzelnen Muskelgruppen (Flexoren, Extensoren, radiale Gruppe) liegen in eigenen Muskellogen und werden gemeinsam von der *Unterarmfaszie* (*Fascia antebrachii*) umgeben. Die *Membrana interossea* trennt zusammen mit *Septum intermusculare antebrachii med. et lat.* die Extensorenloge von den anderen Muskelgruppen.
Die Gefäße und Nerven ordnen sich nach Austritt aus der Ellenbeuge in fünf Gruppen an:

- *radial auf dem M. brachioradialis:* A. und Vv. radialis, R. superf. n. radialis
- *ulnar auf dem M. flexor carpi ulnaris:* A., Vv. und N. ulnaris
- *zwischen oberflächlichen und tiefen Beugern:* N. medianus und A. comitans n. mediani
- *auf der Membrana interossea:* A., Vv. und N. interosseus antebrachii ant.
- *zwischen oberflächlichen und tiefen Streckern:* A., Vv. und N. interosseus antebrachii post. sowie R. prof. n. radialis

3.8.8 Regio carpalis ant. und post.

In der Regio carpalis ant. verlaufen die Nerven und Gefäße vom Unterarm zur Hand. Sie ziehen gemeinsam mit den Sehnen der Flexoren durch den *Karpaltunnel (Canalis carpi)*. Der Boden des Karpaltunnels wird von den Handwurzelknochen gebildet, die seitlichen Wände von Eminentia carpi ulnaris und Eminentia carpi radialis (s.a. 3.2). Der Karpaltunnel wird vom *Retinaculum flexorum*, einem kräftigen Bindegewebszug, überbrückt. Die Sehne des M. palmaris

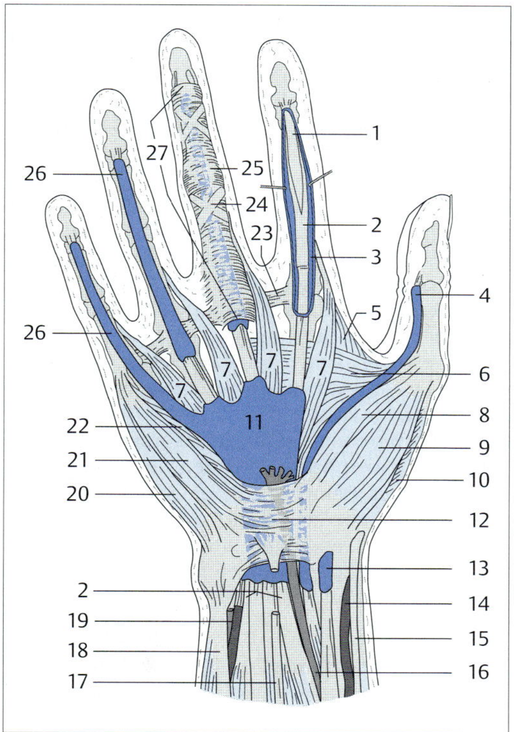

Abb. 3.**9** Sehnenscheiden der Fingerbeuger. 1 = Sehne des M. flexor digitorum prof., 2 = Sehne des M. flexor digitorum superf., 3 = synoviale Sehnenscheide der Flexorensehne des Zeigefingers, eröffnet, 4 = Vagina tendinis m. flexoris pollicis longi, 5 = M. interosseus dors. I, 6 = M. adductor pollicis, 7 = Mm. lumbricales I–IV, 8 = M. flexor pollicis brevis, 9 = M. abductor pollicis brevis, 10 = M. opponens pollicis, 11 = Vagina comm. musculorum flexorum, 12 = Retinaculum flexorum, 13 = Vagina tendinis musculi flexoris carpi radialis, 14 = A. radialis, 15 = Sehnen der Mm. abductor pollicis longus und extensor pollicis brevis, 16 = N. medianus, 17 = Sehne des M. palmaris longus, 18 = M. flexor carpi ulnaris, 19 = A. und N. ulnaris, 20 = M. abductor digiti minimi, 21 = M. flexor digiti minimi brevis, 22 = M. opponens digiti minimi, 23 = Lig. metacarpale transversum prof., 24 = Pars cruciformis vaginae fibrosae, 25 = Pars anularis vaginae fibrosae, 26 = Vaginae synoviales digitorum manus, 27 = Vagina fibrosa des Mittelfingers (aus Frick/Leonhardt/Starck, Thieme 1992)

longus zieht als einzige oberhalb des Retinaculum flexorum.

Sehnenscheiden: Die Sehnen der Flexoren liegen im Bereich der Handwurzel und z.T. der Hand in Sehnenscheiden, in denen sie ohne Reibung verschieblich sind. Die Sehnenscheiden sind jeweils durch *Aufhängevorrichtungen* (*Vincula tendineum*) am Periost befestigt. Auf der Palmarseite der Hand liegen folgende Sehnenscheiden (Abb. 3.**9**):

- *Vagina synovialis communis mm. flexorum:* umgibt Sehnen der tiefen und oberflächlichen Fingerbeuger, die 2.–4. Sehne nur zum Teil, die 5. Sehne vollständig
- *Vagina tendinis m. flexoris pollicis longus:* Sehne des langen Daumenbeugers
- *Vagina tendineum digitorum manus:* Sehnen des 2.–4. Fingers im distalen Bereich
- *Vagina tendinis m. flexoris carpi radialis:* Ende der Sehne des M. flexor carpi radialis

Auf der Dorsalseite werden die Sehnenscheiden vom Retinaculum extensorum überspannt. Man unterscheidet sechs Sehnenfächer, die teilweise mehrere Sehnen umgeben (Abb. 3.**10**):

- *1. Fach:* M. abductor pollicis longus und M. extensor pollicis brevis
- *2. Fach:* M. extensor carpi radialis longus, M. extensor carpi radialis brevis
- *3. Fach:* M. extensor pollicis longus
- *4. Fach:* M. extensor digitorum, M. extensor indicis
- *5. Fach:* M. extensor digiti minimi
- *6. Fach:* M. extensor carpi ulnaris

Gefäße und Nerven: Die A. radialis zieht lateral des M. flexor carpi radialis mit ihren Begleitvenen unter dem Retinaculum flexorum zur Hand. Der N. medianus verläuft zwischen den Sehnen der Mm. flexores digitorum superf. und prof. Die A. ulnaris zieht gemeinsam mit ihren Begleitvenen und dem N. ulnaris oberhalb des Retinaculum flexorum in einer eigenen Faszienloge (*Guyon-Loge*) zur Hand.

Foveola radialis: Bei gestrecktem und abduzierten Daumen ensteht distal des Proc. styloideus radii eine Vertiefung (*Foveola radialis, Anatomische Tabatière*). Sie ist durch die Sehnen des M. abductor pollicis longus, M. extensor pollicis brevis und longus (1. und 3. Sehnenfach) begrenzt. In der Foveola radialis verläuft die A. radialis mit ihren Begleitvenen. Ihr Puls ist hier tastbar.

3.8.9 Hand

Palma manus: In der Handfläche schützt die straff gespannte *Palmaraponeurose* die darunter verlaufenden Leitungsbahnen. Sie ist nahezu dreieckig und besteht aus längs verlaufenden Bindegewebszügen, die über dem Retinaculum flexorum fächerförmig zu den Köpfen der Ossa metacarpalia ziehen. Sie werden durch quer verlaufende Faserzüge verstärkt. Die Palmaraponeurose ist unverschieblich mit der darüberliegenden Haut verbunden.

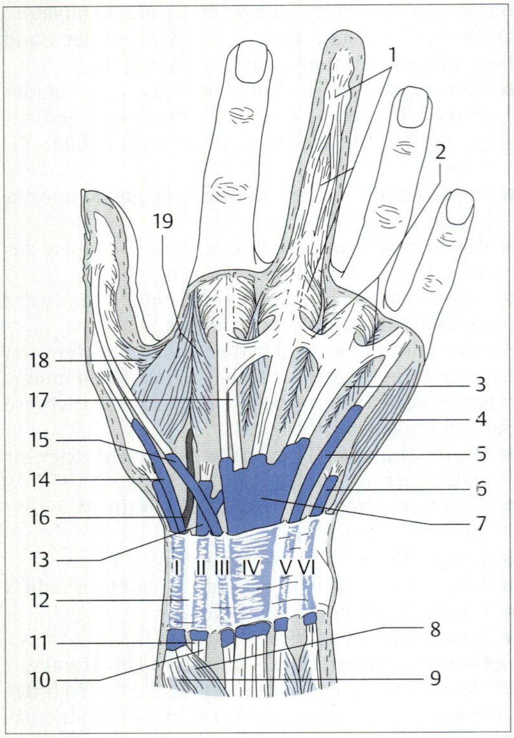

Abb. 3.**10** Sehnenscheiden der Fingerstrecker. 1 = Dorsalaponeurose des Mittelfingers, 2 = Connexus intertendinei, 3 = M. interosseus dors. IV, 4 = M.abductor digiti minimi, 5 = Vagina tendinis m. extensoris digiti minimi, 6 = Vagina tendinis m. extensoris carpi ulnaris, 7 = Vagina tendinum mm. extensoris digitorum et extensoris indicis, 8 = M.extensor pollicis brevis, 9 = M. abductor pollicis longus, 10 = Sehne des M. extensor carpi radialis brevis, 11 = Sehne des M. extensor carpi radialis longus, 12 = Retinaculum extensorum, 13 = Vagina tendinum mm. extensorum carpi radialium, 14 = Vagina tendinum mm. abductoris longi et extensoris brevis pollicis, 15 = Vagina tendinis m. extensoris pollicis longi, 16 = A. radialis in der „Tabatière", 17 = Sehne des M. extensor indicis, 18 = M. adductor pollicis, 19 = M. interosseus dors. I, I–VI = Sehnenfächer unter dem Retinaculum extensorum (aus Frick/Leonhardt/Starck, Thieme 1992)

Klinischer Bezug

Eine Verhärtung und Schrumpfung der Palmaraponeurose mit Ausbildung derber Stränge führt zur Beugekontraktur (bes. des 4. und 5.) Fingers (**Dupuytren-Kontraktur**).

Unter der Palmaraponeurose ziehen auf den Sehnen der langen Fingerbeuger der oberflächliche Hohlhandbogen, der R. superf. des N. ulnaris und der N. medianus. Unter den Sehnen, auf den kurzen Fingermuskeln liegt der tiefe Hohlhandbogen.

Dorsum manus: Der Handrücken wird locker von Haut überzogen. Unter der Haut liegen das Venennetz des Handrückens und die Sehnen der langen Fingerstrecker. Die Fett- und Bindegewebsschicht ist auf dem Handrücken nur gering ausgeprägt.

Finger: An jedem Finger verlaufen vier *Gefäßnervenstränge*, die aus je einer Arterie, einer Vene und einem Nerven bestehen. Sie liegen palmar und dorsal zu beiden Seiten der Finger. Die *palmaren Stränge* ziehen bis zur Endphalanx und versorgen dessen Dorsalseite, die *dorsalen Stränge* enden an der Mittelphalanx.

3.8.10 Abgrenzung der sensiblen Innervationsgebiete an Hand und Fingern

Hand und Finger werden sensibel von N. medianus, N. ulnaris und N. radialis innerviert (Abb. 9.**2**).

- *N. medianus:* innerviert palmar die Haut der radialen 3½ Finger und dorsal der 2½ radialen Fingerendglieder sowie die radiale Hälfte der Handfläche
- *N. ulnaris:* innerviert palmar die ulnaren 1½ Finger und dorsal die ulnaren 2½ Finger sowie die ulnare Hälfte von Handfläche und Handrücken
- *N. radialis:* innerviert dorsal die Haut der Grund- und Mittelglieder der radialen 2½ Finger sowie die radiale Hälfte des Handrückens.

Untere Extremität

Zur unteren Extremität gehören der *Beckengürtel* und die *freie untere Gliedmaße* mit Oberschenkel, Unterschenkel und Fuß. Der Beckengürtel ist fest in das Achsenskelett eingebaut. Die untere Extremität ist dem aufrechten Gang und Stand (Bipedie) angepaßt.

4.1 Grundkenntnisse über die Entwicklung

Die paddelförmigen *Extremitätenknospen*, die als Anlage der unteren Extremität an der kaudalen seitlichen Rumpfwand entstehen, entwickeln sich etwa 1–2 Tage nach denen der oberen Extremität. Aus dem proximalen Abschnitt der Extremitätenknospe entsteht der *Beckengürtel*, aus dem distalen die *freie untere Gliedmaße*. In der 6. Woche grenzt sich die *Fußplatte* ab, in der sich die *Zehen* entwickeln. Durch Bildung des Knies erfolgt eine Unterteilung in Ober- und Unterschenkel. Die weitere Entwicklung der unteren Extremität gleicht der der oberen (s.a. 3.1).

Die *Verknöcherung* des Beckengürtels beginnt im 2.–3. Entwicklungsmonat. Zunächst tritt in jedem der drei Teile des Beckens ein Knochenkern auf, von dem aus die Verknöcherung fortschreitet. Erst zu Beginn der Pubertät vereinigen sie sich zu einem einheitlichen Knochen. Im Bereich der freien Gliedmaße treten die ersten *Knochenkerne* ab der 7. Woche in den Diaphysen der Röhrenknochen auf. Im Gegensatz zur oberen Extremität sind zum Zeitpunkt der Geburt schon Knochenkerne in der Epiphyse des distalen Femur und der proximalen Tibia vorhanden.

Die *Muskulatur* entsteht aus den Myotomen der unteren Somiten und ordnet sich frühzeitig in Blasteme für *Beuger* (dorsal), *Strecker* (ventral) und *Adduktoren* (medial). Die Innervation erfolgt über Rr. ventr. der Spinalnerven aus L2–S3, die den Plexus lumbalis und Plexus sacralis bilden.

Klinischer Bezug

Mißbildungen: Kommt es bei der Entwicklung zur *Verwachsung* der unteren Extremitäten, spricht man von *Sympodie* (Sirenenbildung). Wie an der oberen Extremität werden Amelie, Meromelie, Syndaktylie und Polydaktylie beobachtet (s.a. 3.1). Die *angeborene Hüftdysplasie* beruht auf einer zu klein angelegten Hüftpfanne. Dies führt ohne Therapie in den ersten Lebensmonaten zum Abrutschen des Hüftkopfes mit Fehlstellungen des Beines. Der *angeborene Klumpfuß* ist eine Kombination aus Spitzfuß, Hohlfuß und adduziertem Vorfuß, d.h., der laterale Fußrand zeigt nach unten, der mediale nach oben und die Fußfläche nach innen.

4.2 Knochen

Die Knochen der unteren Extremität lassen sich in die Knochen des Beckengürtels, des Ober- und Unterschenkels und des Fußes unterteilen.

4.2.1 Beckengürtel

Der Beckengürtel besteht aus *Hüftbeinen* (*Ossa coxae*) und *Kreuzbein* (*Os sacrum* mit *Os coccygis*), die dorsal durch straffe Gelenke und Bänder (Lig. sacrospinale, Lig. sacrotuberale) und ventral durch die *Symphyse* miteinander verbunden sind. Sie bilden den sehr stabilen knöchernen *Beckenring*. Dieser verbindet die Wirbelsäule mit den unteren Extremitäten und verteilt die Last des Körpers gleichmäßig auf diese (s.a. 6.4.1).

Hüftbein (Os coxae) (Abb. 4.1): Das Hüftbein setzt sich aus drei Anteilen zusammen: *Darmbein* (*Os*

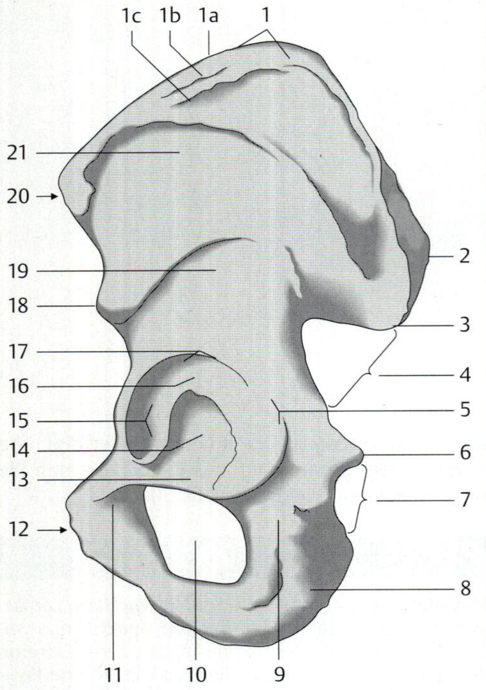

Abb. 4.**1** Os coxae (links, von lateral). 1 = Crista iliaca, 1a = Labium int., 1b = Labium intermedium, 1c = Labium ext., 2 = Spina iliaca post. sup., 3 = Spina iliaca post. inf., 4 = Incisura ischiadica maj., 5 = Corpus ossis ischii, 6 = Spina ischiadica, 7 = Incisura ischiadica min., 8 = Tuber ischiadicum, 9 = Os ischii, 10 = Foramen obturatum, Membrana obturatoria, 11 = Os pubis, 12 = Facies symphysialis, 13 = Incisura acetabuli, 14 = Acetabulum, 15 = Corpus ossis pubis, 16 = Facies lunata, 17 = Corpus ossis ilii, 18 = Spina iliaca ant. inf., 19 = Os ilium, 20 = Spina iliaca ant. sup., 21 = Ala ossis ilii (aus Bücker, Thieme 1992)

ilium), *Sitzbein* (*Os ischii*) und *Schambein* (*Os pubis*). Die drei Hüftbeinknochen verschmelzen im Bereich der *Hüftgelenkspfanne* (*Acetabulum*). Sie liegt an der dicksten Stelle des Hüftbeins und ist halbkugelig ausgehöhlt. Ihr Rand wird von einem *ringförmigen Knochenwulst* (*Limbus acetabuli*) verstärkt, der nach kaudal durch die *Incisura acetabuli* unterbrochen ist. In der Tiefe des Acetabulum liegt die *Fossa acetabuli*.

- Das *Os ilium* nimmt den größten Teil des Hüftbeins ein. Es besteht aus der *Darmbeinschaufel* (*Ala ossis ilii*), die sich nach oben verbreitert und dem *Corpus ossis ilii*, der den oberen Anteil des Acetabulum bildet. Der kraniale Rand der Darmbeinschaufel ist verdickt und bildet die *Crista iliaca*, die nach ventral in die *Spina iliaca sup. ant.* und nach dorsal in die *Spina iliaca sup. post.* ausläuft. Unterhalb dieser oberen Darmbeinstacheln liegen die *Spina iliaca inf. ant.* und *post.* An Innen- und Außenfläche der Darmbeinschaufel sind mehrere Linien zum Ansatz von Sehnen und Muskeln zu erkennen (z. B. Linea glutaea ant., post. und inf.). Auf der Crista iliaca sieht man drei Leisten (Labium ext., Linea intermedia, Labium int.).
- Das *Os ischii* bildet mit seinem *Corpus ossis ischii* den dorsalen Anteil des Acetabulum. Vom Corpus entspringt nach dorsal die *Spina ischiadica*, die oben von der *Incisura ischiadica maj.* und unten von der *Incisura ischiadica min.* begrenzt wird. Kaudal der Incisura ischiadica min. liegt der *Sitzbeinhöcker* (*Tuber ischiadicum*), der nach vorne in den *Ramus ossis ischii* übergeht.
- Das *Os pubis* bildet mit seinem *Corpus ossis pubis* den ventralen Anteil des Acetabulum. Sein *Ramus sup. ossis pubis* trägt die *Facies symphysialis* und artikuliert mit dem Ramus sup. des Hüftbeins der anderen Seite. Auf der Oberseite des Ramus sup. liegt das *Tuberculum pubicum*, das nach medial in die *Crista pubica* und nach lateral in eine scharfe Kante (*Pecten ossis pubis*) übergeht. Der *Ramus inf. ossis pubis* verbindet sich mit dem Ramus ossis ischii.
- Os pubis und Os ischii umgeben das *Foramen obturatum*. Es wird von der *Membrana obturatoria* verschlossen, die eine Öffnung (*Canalis obturatorius*) als Durchtrittsstelle für Nerven und Gefäße besitzt.

Os sacrum: Das Kreuzbein liegt als unpaarer Knochen zwischen den beiden Hüftbeinen und ist über straffe Gelenke, die *Kreuz-Darmbeingelenke* (*Artt. sacroiliacae*), mit ihnen verbunden (s. a. 6.4.1).

4.2.2 Oberschenkelknochen (Femur)

Der Oberschenkelknochen ist der längste und stärkste Röhrenknochen des Körpers (Abb. 4.**2**). Am proximalen Ende liegt der *Kopf* (*Caput femoris*), in den sich distal eine Grube einsenkt (*Fovea capitis ossis femoris*). Er geht in den *Schenkelhals* (*Collum ossis femoris*) über. An diesem Übergang liegt die Epiphysenfuge. Kopf und Schenkelhals sind nach mediokranial gerichtet und bilden mit dem Schaft einen Winkel von 120 – 133 ° (*Kollodiaphysenwinkel*). Außerdem ist der Kopf um etwa 12 ° nach vorne gedreht (*Anteversion*, klinisch: Antetorsion). Bei Kindern und Jugendlichen ist der Kollodiaphysenwinkel größer als beim Erwachsenen (Neugeborenes 150 °, Kleinkind 140 °, Jugendlicher 133 °).

Unterhalb des Schenkelhalses liegen lateral der *große Rollhügel* (*Trochanter maj.*) und medial der *kleine Rollhügel* (*Trochanter min.*). Auf der Ventralseite

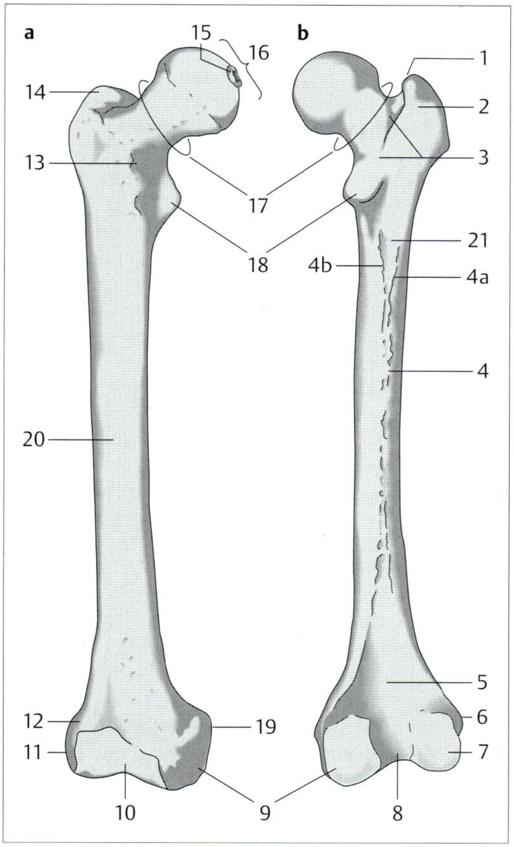

Abb. 4.**2** Rechter Femur. **a** von ventral, **b** von dorsal. 1 = Fossa trochanterica, 2 = Trochanter maj., 3 = Crista intertrochanterica, 4 = Linea aspera, 4a = Labium lat., 4b = Labium med., 5 = Facies poplitea, 6 = Epicondylus lat., 7 = Condylus lat., 8 = Fossa intercondylaris, 9 = Condylus med., 10 = Facies patellaris, 11 = Condylus lat., 12 = Epicondylus lat., 13 = Linea intertrochanterica, 14 = Trochanter maj., 15 = Fovea capitis, 16 = Caput femoris, 17 = Collum femoris, 18 = Trochanter min., 19 = Epicondylus med., 20 = Corpus femoris, 21 = Tuberositas glutaealis (nach Bücker, Thieme 1992)

sind beide durch die flache *Linea intertrochanterica*, auf der Dorsalseite durch die kräftige *Crista intertrochanterica* verbunden. Am *Femurschaft* (*Corpus femoris*) unterscheidet man eine *Facies ant., med.* und *lat.* Er ist auf seiner Dorsalseite durch eine längs verlaufende Knochenleiste (*Linea aspera*) verstärkt, die aus Labium med. und Labium lat. besteht. Zwischen beiden liegt distal die dreieckige *Facies poplitea*. Das Labium lat. verbreitert sich proximal zur *Tuberositas glutaeae*.

Das distale Ende des Femurs verbreitert sich zu *Condylus med.* (schmäler) und *Condylus lat.* (breiter), die auf der Dorsalseite durch die *Fossa intercondylaris* voneinander getrennt sind. Auf der Ventralseite liegt die mit Knorpel überzogene *Facies patellaris*. Die Kondylen sind im vorderen Bereich weniger stark gekrümmt als im hinteren. Sie werden seitlich oben von *Epicondylus lat.* und *med.* überragt.

Klinischer Bezug

Ist der Kollodiaphysenwinkel deutlich vergrößert, besteht eine *Coxa valga*, mit folgender O-Beinstellung. Ist er deutlich verkleinert, besteht eine *Coxa vara*, mit folgender X-Beinstellung.

4.2.3 Kniescheibe (Patella)

Die Kniescheibe ist das größte *Sesambein* des Körpers, eingelassen in die Sehne des M. quadriceps femoris. Die Basis des dreiseitigen, abgeplatteten Knochens ist nach oben, die Spitze (*Apex*) nach unten gerichtet. Die Hinterfläche (*Facies articularis*) ist mit Knorpel überzogen und zeigt eine kleinere mediale und eine größere laterale Fläche.

4.2.4 Unterschenkelknochen

Das Skelett des Unterschenkels besteht aus *Schienbein* (*Tibia*) und *Wadenbein* (*Fibula*) (Abb. 4.**3**). Nur das kräftigere, medial gelegene Schienbein steht in gelenkiger Verbindung mit dem Femur.

Schienbein (Tibia): Das verbreiterte proximale Ende der Tibia (*Caput tibiae*) trägt die beiden *Gelenkknorren* (*Condylus med.* und *Condylus lat.*). Die beiden Gelenkflächen an der Oberseite des Tibiakopfes sind durch eine knorpelfreie Zone (*Eminentia intercondylaris*) getrennt. Diese besitzt zwei Höcker (*Tuberculum intercondylare med.* und *lat.*) und eine vordere und hintere Grube (*Area intercondylaris ant.* und *post.*). Der laterale Kondylus trägt die ovale Gelenkfläche zur Artikulation mit der Fibula (*Facies articularis fibularis*).

Am Schaft unterscheidet man drei Kanten: *Margo ant., interosseus* und *med.* Der Margo ant. geht nach proximal in die *Tuberositas tibiae* über, an der das *Lig. patellae* ansetzt. Nach distal verbreitert sich der Schaft und trägt an der medialen Seite den *medialen Knöchel* (*Malleolus med.*). An dessen Innenseite liegt die *Facies articularis malleolaris*, die in die Facies articularis inf. der Tibia übergeht. Lateral liegt die *Incisura fibularis tibiae* zur Anlagerung der Fibula. An der Hinterseite liegt der *Sulcus malleolaris*.

Wadenbein (Fibula): Die Fibula liegt laterodorsal der Tibia. Das *Caput fibulae* trägt medial die *Facies articularis capitis fibulae* zur Verbindung mit dem

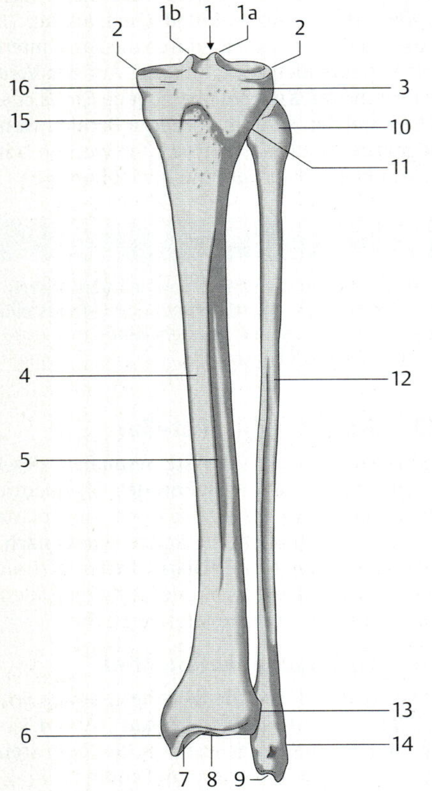

Abb. 4.**3** Unterschenkelknochen (von ventral). 1 = Eminentia intercondylaris, 1a = Tuberculum intercondylare lat., 1b = Tuberculum intercondylare med., 2 = Facies articularis sup. tibiae, 3 = Condylus lat. tibiae, 4 = Corpus tibiae, 5 = Margo ant. tibiae, 6 = Malleolus med., 7 = Facies articularis malleoli med., 8 = Facies articularis inf. tibiae, 9 = Facies articularis malleoli lat., 10 = Caput fibulae, 11 = Art. tibiofibularis prox., 12 = Corpus fibulae, 13 = Art. tibiofibularis dist, 14 = Malleolus lat., 15 = Tuberositas tibiae, 16 = Condylus med. tibiae (nach Bücker, Thieme 1992)

Condylus lat. tibiae und läuft nach oben in eine Spitze (*Apex capitis fibulae*) aus. Am Schaft unterscheidet man vier Kanten: *Margo ant., post.* und *interosseus* sowie die *Crista med.* Das distale Ende geht in den *Außenknöchel* (*Malleolus lat.*) über. Er überragt den Malleolus med., mit dem zusammen er die *Malleolengabel* bildet. Seine mediale Seite trägt die *Facies articularis malleoli.* An der Unterseite liegt der *Sulcus malleolaris*, durch den die Sehnen der Peronaeusmuskeln ziehen, an der Hinterseite die *Fossa malleoli lat.*

4.2.5 Fußknochen

Das Skelett des Fußes setzt sich aus mehreren Knochengruppen zusammen (Abb. 4.**4**). Man unterscheidet die *Fußwurzel* (*Tarsus*), den *Mittelfuß* (*Metatarsus*) und die *Zehen* (*Digiti pedis*).

Fußwurzelknochen (Ossa tarsi): Die Fußwurzelknochen lassen sich in eine *proximale Gruppe* (*Talus, Calcaneus*) und eine *distale Gruppe* (*Os naviculare, Ossa cuneiformia, Os cuboideum*) unterteilen.

- Das *Sprungbein* (*Talus*) besteht aus dem nach vorne gerichteten *Caput tali* (zur Artikulation mit dem Os naviculare), das am *Collum tali* in den *Corpus tali* übergeht. Dieser trägt die *Gelenkrolle* (*Trochlea tali*), die vorne breiter ist als hinten. Sie bildet den Gelenkkopf des oberen Sprunggelenks. Das Corpus tali bildet einen Proc. lat. und einen zweigeteilten Proc. post. Nach unten trägt der Talus drei Gelenkflächen für den Calcaneus (*Facies articularis calcanea ant., media* und *post.*). Zwischen der hinteren und der mittleren liegt der *Sulcus tarsi*, der mit dem *Sulcus calcanei* des Fersenbeins den *Canalis tarsi* bildet.
- Das *Fersenbein* (*Calcaneus*) ist der größte Knochen des Fußes. Der nach hinten gerichtete *Fersenbeinhöcker* (*Tuber calcanei*) dient der Achillessehne als Ansatz und sitzt im hinteren Bereich auf dem Boden auf. Der Calcaneus besitzt drei Gelenkflächen zur Artikulation mit dem Talus (*Facies articularis talaris ant., media* und *post.*) und eine zur Artikulation mit dem Os cuboideum (*Facies articularis cuboidea*). Nach medial ragt das *Sustentaculum tali* hervor, das den Talus trägt.
- Das *Kahnbein* (*Os naviculare*) trägt proximal eine Gelenkfläche für das Caput tali und distal drei Gelenkflächen zur Verbindung mit den Ossa cuneiformia. Nach medial springt die *Tuberositas ossis navicularis* hervor.
- Die *drei Keilbeine* (*Os cuneiforme med., intermedium* und *lat.*) artikulieren proximal mit dem Os naviculare und distal mit den Ossa metatarsi I–III. Sie stehen seitlich miteinander in Verbindung, das Os cuneiforme lat. zusätzlich noch mit dem Os cuboideum.
- Das *Würfelbein* (*Os cuboideum*) liegt zwischen Calcaneus und den Ossa metatarsi IV und V, medial steht es mit dem Os cuneiforme lat. in Verbindung. An seiner Unterseite liegt die *Tuberositas ossis cuboidei.*

Mittelfußknochen (Ossa metatarsi): Die Mittelfußknochen sind Röhrenknochen mit *Basis*, *Corpus* und *Caput*. Die Basen artikulieren mit Ossa cuneiformia (Ossa metatarsi I–III) und Os cuboideum (Ossa metatarsi IV und V), die Köpfe mit den Zehenknochen. Die Basis des Os metatarsale I ist nach plantar vorge-

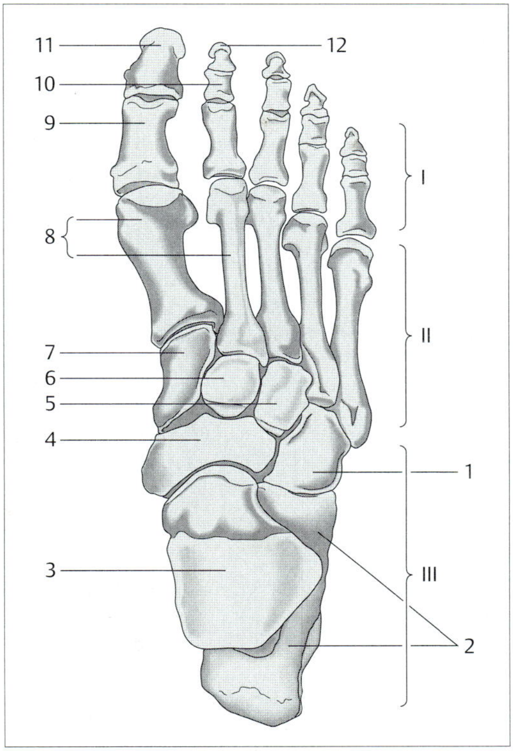

Abb. 4.**4** Fußskelett (von dorsal). I = Zehen, II = Mittelfuß, III = Fußwurzel. 1 = Os cuboideum, 2 = Calcaneus, 3 = Talus, 4 = Os naviculare, 5 = Os cuneiforme III, 6 = Os cuneiforme II, 7 = Os cuneiforme I, 8 = Ossa metatarsalia I–V, 9 = Phalanx proximalis, 10 = Phalanx media, 11 = Phalanx distalis, 12 = Tuberositas phalangis dist.

wölbt, die des Os metatarsale V nach lateral (*Tuberositas ossis metatarsale V*). Der 1. Mittelfußknochen ist der kräftigste, der 2. der längste. Am Kopf des 1. Mittelfußknochens liegen zwei *Sesambeine*.

Zehenknochen (Ossa digitorum, Phalanges pedis): Die Zehenknochen sind ebenfalls kleine Röhrenknochen mit *Basis*, *Caput* und *Corpus*. Der *Großzeh* (*Hallux*) besteht aus zwei Knochen (*Phalanx prox.* und *dist.*), die übrigen Zehen aus drei (*Phalanx prox., media* und *dist.*). An den Endphalangen befindet sich die *Tuberositas phalangis dist.*, an der Bindegewebszüge der Haut befestigt sind.

4.3 Gelenke

Die Skelettelemente der unteren Extremität sind über Gelenke mteinander verbunden, die Bewegungen der freien Gliedmaße innerhalb des Beckengürtels und zwischen den einzelnen Abschnitten der Gliedmaße ermöglichen, gleichzeitig jedoch eine ausreichende *Stabilität* gewährleisten.

4.3.1 Hüftgelenk

Das *Hüftgelenk* (*Art. coxae*) ist ein *Kugelgelenk*. Den Gelenkkopf bildet das Caput femoris, die Gelenkpfanne das Acetabulum mit dem Lig. transversum acetabuli, das die Incisura acetabuli ausfüllt. Vom Acetabulum ist nur eine sichelförmige Zone mit Knorpel überzogen (*Facies lunata*). Die faserknorpelige Gelenklippe (*Labrum acetabulare*) ist am Rand des Acetabulum und am Lig. transversum acetabuli befestigt. Die Gelenkpfanne umgibt mehr als die Hälfte des Caput femoris.

Gelenkkapsel: Die Gelenkkapsel entspringt am Pfannenrand und setzt am Femur vorne an der Linea intertrochanterica und hinten proximal der Crista intertrochanterica am Schenkelhals an. Die Epiphysenfuge liegt immer innerhalb der Kapsel.

Gelenksicherung: Das Hüftgelenk wird durch Knochenführung und durch kräftig ausgebildete Bänder gesichert. Luxationen sind selten.

Bänder: Die Bänder des Hüftgelenks sind die zugstabilsten des Körpers. Die drei kräftigsten Bänder, *Lig. iliofemorale*, *Lig. ischiofemorale* und *Lig. pubofemorale*, verlaufen schraubenförmig um den Schenkelhals herum und verstärken die Gelenkkapsel. Sie entspringen an den entsprechenden Anteilen des Os coxae und setzen an der Linea intertrochanterica des Femur an. Alle drei Bänder geben Fasern ab, die als *Zona orbicularis* ringförmig um den Schenkelhals verlaufen.

Innerhalb der Gelenkkapsel zieht das *Lig. capitis femoris* von der Incisura acetabuli zur Fovea capitis ossis femoris. In ihm ziehen Blutgefäße zum Caput femoris, die jedoch im Erwachsenenalter obliterieren.

Klinischer Bezug

Beim Kind erfolgt die arterielle Versorgung des Hüftkopfes durch die Arterien im Lig. capitis femoris. Bei einer Durchblutungsstörung dieser Arterien kommt es zur **aseptischen Hüftkopfnekrose** (Morbus Perthes), da die den Femurschaft versorgenden Gefäße nicht durch die Epiphysenfuge hindurchwachsen.

Bursen: Ventral des Hüftgelenks liegt zwischen M. iliopsoas und Gelenkkapsel die *Bursa iliopectinea*, die gelegentlich mit der Gelenkhöhle in Verbindung steht.

Bewegungen: Im Hüftgelenk sind Bewegungen um beliebig viele Achsen möglich, von denen die drei Hauptachsen durch das Caput ossis femoris verlaufen. Um die *Transversalachse*, die quer durch beide Femurköpfe verläuft, erfolgen Beugung (Anteversion) und Streckung (Retroversion) des Beines sowie im Stand Beugung und Streckung des Rumpfes. Ab- und Adduktion erfolgen um die *Sagittalachse* ebenso wie im Stand die Seitwärtsneigung des Rumpfes. Um die *Vertikalachse*, die senkrecht durch den Femurkopf verläuft, wird der Oberschenkel innen- und außenrotiert.

Bei jeder Bewegung werden verschiedene Anteile der Bänder gespannt, die einer übermäßigen Bewegung entgegenwirken. Die Abduktion ist bei gleichzeitiger Beugung im Hüftgelenk in stärkerem Maße möglich, da so die Spannung der Kapselbänder vermindert wird. Die Beugung im Hüftgelenk ist bei gleichzeitiger Beugung im Kniegelenk in stärkerem Ausmaß möglich, da so die ischiokrurale Muskulatur entspannt ist und erst bei extremer Beugung wieder gedehnt wird.

! Merke

Hüftgelenk: Außenrotation 45 °, Innenrotation 35 °, Anteversion 120 °, Retroversion 10 – 15 °, Abduktion 45 °, Adduktion 15 °. Durch Beugung im Hüftgelenk kann durch Entspannung der Bänder der Bewegungsumfang für Rotation und Abduktion vergrößert werden.

4.3.2 Kniegelenk

Im Kniegelenk artikulieren die Femurkondylen mit der Facies articularis sup. der Tibia und der Facies articularis patellae. Man unterteilt es deshalb in zwei Teilgelenke: Art. femoropatellaris und Art. femorotibialis, die von einer gemeinsamen Gelenkkapsel umgeben werden (Abb 4.**5a**).

Menisci: Zwischen Femurkondylen und Tibiakopf liegen zwei *Menisci* aus Faserknorpel, die die Kontaktfläche vergrößern (Abb. 4.**5b**). Beide Menisci sind mit ihrem vorderen Horn an der *Area intercondylaris ant.* und mit dem hinteren Horn an der *Area intercondylaris post.* befestigt. Der C-förmige mediale Meniscus ist mit der Gelenkkapsel und dem medialen Kollateralband verwachsen, der fast zu einem Ring geschlossene laterale Meniscus nur mit der Kapsel. Die Menisci gleiten bei Kniegelenksbewegungen auf den Gelenkflächen der Tibia und werden als *bewegliche Gelenkpfannen* bezeichnet.

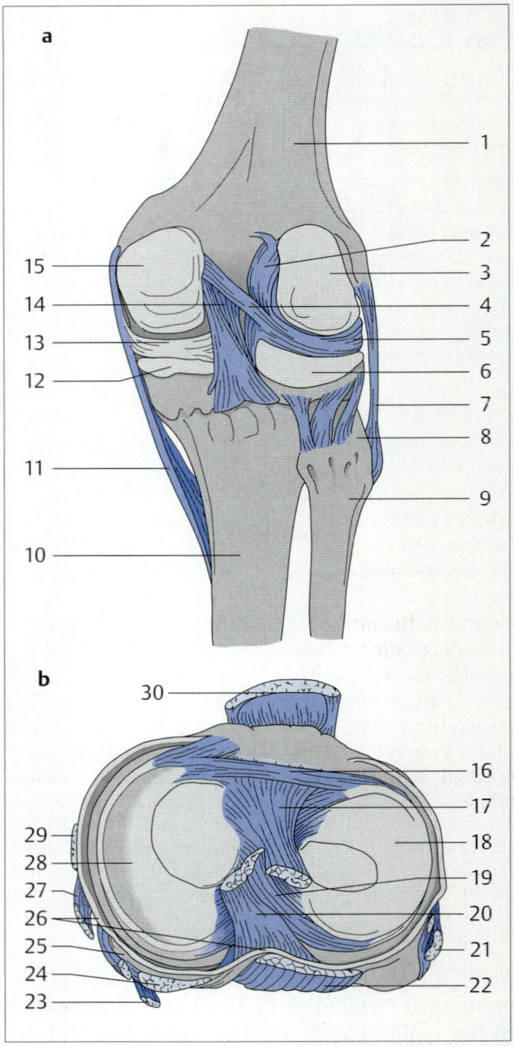

Abb. 4.**5** Kniegelenk. **a** von dorsal, **b** Menisci von oben. 1 = Femur, 2 = Lig. cruciatum anterius, 3 = Condylus lateralis, 4 = Faserzug vom hinteren Kreuzband, 5 = Meniscus lateralis, 6 = äußere Gelenkfläche des Schienbeins, 7 = Lig. collaterale lat., 8 = Caput fibulae, 9 = Fibula, 10 = Tibia, 11 = Lig. collaterale med., 12 = innere Gelenkfläche des Schienbeins, 13 = Meniscus medialis, 14 = Lig. cruciatum posterius, 15 = Condylus medialis, 16 = Lig. transversum genus, 17 = Lig. cruciatum anterius, 18 = Meniscus lateralis, 19 = Lig. meniscofemorale posterior, 20 = Lig. cruciatum posterius, 21 = Tendo m. bicipitis, 22 = M. popliteus, 23 = Tendo m. semitendinosus, 24 = Tendo m. semimembranosus, 25 = Tendo m. gracilis, 26 = Capsula articularis, 27 = Tendo m. sartorii, 28 = Meniscus med., 29 = Lig. collaterale tibiale, 30 = Lig. patellae propr. mit Bursa infrapatellaris prof. (**a** aus Bücker, Thieme 1992; **b** aus Töndury, Thieme 1981)

Klinischer Bezug

Der mediale Meniscus ist weniger verschieblich als der laterale und reißt deshalb bei Verletzungen des Kniegelenks leichter ein, besonders nach Überdehnung des Lig. collaterale med.

Gelenkkapsel: Die Gelenkkapsel entspringt am Femur vorne oberhalb der Knorpelknochengrenze, hinten an der Linea intercondylaris und am Knorpelrand der Kondylen und setzt am Tibiakopf an. Die beiden Schichten der Kapsel (*Membrana fibrosa* und *Membrana synovialis*) trennen sich stellenweise. Die Synovialmembran schließt die Patella ein und bildet oberhalb eine Aussackung (*Recessus suprapatellaris*). Distal der Patella wird sie durch einen Fettkörper (*Corpus adiposum infrapatellare*) in das Innere der Gelenkhöhle vorgebuchtet. Dorsal stülpt sie sich in die Fossa intercondylaris ein und umhüllt die Kreuzbänder von vorne und seitlich, so daß diese zwischen beiden Schichten der Kapsel liegen. Auf der Rückseite liegt eine weitere kleine Aussackung (*Recessus subpopliteus*).

Gelenksicherung: Die Stabilität des Kniegelenks wird durch die Gelenkkapsel, Außen- und Innenbänder und die auf das Gelenk einwirkende Muskulatur gewährleistet. Sie ist in Streckstellung bei maximal gespannten Kollateralbändern und größtmöglichem Kontakt zwischen Femurkondylen und Tibiakopf am höchsten.

Bänder: Man unterscheidet Außen- und Innenbänder:

- *Außenbänder:* Sie liegen außerhalb der Gelenkkapsel und verstärken diese:
  - *Lig. collaterale tibiale (mediale):* vom Epicondylus med. femoris schräg nach vorne unten zum Condylus med. tibiae, mit der Gelenkkapsel und dem Meniscus med. verwachsen, in Streckstellung und Außenrotation gespannt
  - *Lig. collaterale fibulare (laterale):* vom Epicondylus lat. femoris schräg nach hinten unten zum Caput fibulae, nicht mit der Gelenkkapsel verwachsen, in Streckstellung und Außenrotation gespannt
  - *Retinaculum patellae mediale und laterale:* verstärkte Faserzüge zu beiden Seiten der Patella innerhalb der Fascia lata
  - *Lig. patellae:* Fortsetzung der Sehne des M. quadriceps femoris von der Patella zur Tuberositas tibiae
  - *Lig. popliteum obliquum und arcuatum:* verstärken die Kapselrückwand
- *Innenbänder:* Sie liegen innerhalb der Gelenkkapsel zwischen den Femurkondylen:
  - *Lig. cruciatum anterior:* von der medialen Fläche des Condylus lat. femoris zur Area intercondylaris ant., medialer Teil des Bandes spannt sich bei Streckung und Innenrotation, lateraler Teil bei Beugung
  - *Lig. cruciatum posterior:* von der lateralen Fläche des Condylus med. femoris zur Area intercondylaris post., medialer Teil des Bandes spannt sich bei Beugung und Streckung, beide Teile bei Innenrotation

Klinischer Bezug

Die Kreuzbänder verhindern das Abgleiten der Femurkondylen vom Tibiakopf. Risse der Kreuzbänder führen zum **Schubladenphänomen**: der Unterschenkel kann bei rechtwinklig gebeugtem Knie gegen den Oberschenkel nach vorne (Riß des vorderen Kreuzbandes) oder hinten (Riß des hinteren Kreuzbandes) verschoben werden.

  - *Lig. transversum genus:* verbindet vorne die beiden Menisci
  - *Lig. meniscofemorale anterior:* von der Dorsalseite des Meniscus lat. zum vorderen Kreuzband
  - *Lig. meniscofemorale posterior:* von der Dorsalseite des Meniscus lat. zur Innenfläche des Condylus med.

Bursen: Im Bereich des Kniegelenks gibt es zahlreiche Schleimbeutel, von denen nur einige klinisch bedeutsam sind. Die *Bursa suprapatellaris* liegt proximal der Patella unterhalb der Sehne des M. quadriceps femoris und steht mit dem Recessus suprapatellaris in Verbindung. Distal der Patella liegt zwischen Tibiakopf und Lig. patellae die *Bursa infrapatellaris prof.* Vor der Patella liegt die *Bursa praepatellaris*, die keine Verbindung zur Gelenkhöhle hat.

Bewegungen: Das Kniegelenk ist ein *Drehscharniergelenk* (*Trochoginglymus*) mit zwei Freiheitsgraden. Beugung und Streckung erfolgen um eine quere Achse, die durch die Femurkondylen verläuft. Innen- und Außenrotation sind nur in Beugestellung bei entspannten Kollateralbändern möglich. Die *Außenrotation* ist in größerem Umfang möglich, da sich die Kreuzbänder voneinander abwickeln. Bei der *Innenrotation* wickeln sie sich umeinander und bremsen die Bewegung. Alle Bewegungen sind mit einem Gleiten der Femurkondylen und gleichzeitiger Verschiebung der Menisci verbunden. Die *Streckung* des Kniegelenks wird durch die Kreuzbänder gebremst. Ist das Gelenk bis 170° gestreckt, ist das vordere Kreuzband maximal angespannt. Eine weitere Streckung ist nur durch eine leichte Rotation der Tibia nach außen möglich, bei der die Kreuzbänder etwas voneinander abgewickelt werden (*Schlußrotation*).

> **! Merke**
>
> *Kniegelenk:* Streckung 180° (die letzten 10° unter gleichzeitiger Außenrotation der Tibia um 5° → Schlußrotation), aktive Beugung 100°, passive Beugung 130°, Außenrotation 40°, Innenrotation 30°.

4.3.3 Verbindung der Unterschenkelknochen

Tibia und Fibula sind an drei Stellen fest bindegewebig miteinander verbunden. Proximal liegt zwischen Condylus lat. tibiae und Caput fibulae die *Art. tibiofibularis*, mit in die Gelenkkapsel eingebauten Bändern (*Lig. capitis fibulae ant. et post.*). Zwischen den Margines interosseae von Tibia und Fibula spannt sich die *Membrana interossea cruris* aus, die proximal und distal eine kleine Lücke zum Durchtritt für Gefäße freiläßt. Die *Syndesmosis tibiofibularis* verbindet mit den *Ligg. tibiofibulare ant.* und *post.* die distalen Knochenenden zur *Malleolengabel.* Sie besteht aus dem längeren Malleolus lat., der Unterfläche der Tibia und dem Malleolus med. Ihre Gelenkflächen bilden den proximalen Anteil des oberen Sprunggelenks.

4.3.4 Fußgelenke

Zu den Fußgelenken gehören die beiden Sprunggelenke sowie zahlreiche straffe Gelenke zwischen den einzelnen Fußwurzel- und Mittelfußknochen.

Oberes Sprunggelenk (Art. talocruralis): Das obere Sprunggelenk ist ein *Scharniergelenk* mit einem Freiheitsgrad. Der Gelenkkopf wird von der Trochlea tali, die Gelenkpfanne von den Gelenkflächen der Malleolengabel gebildet. Die vorne und hinten dünne Gelenkkapsel ist an den Knorpel-Knochen-Grenzen von Tibia und Talus befestigt.

Unteres Sprunggelenk: Das untere Sprunggelenk besteht aus einem vorderen Anteil (*Art. talocalcaneonavicularis*) und einem hinteren Anteil (*Art. subtalaris*). Beide Kammern sind jeweils von einer eigenen Kapsel umgeben und durch das *Lig. talocalcaneum interosseum* voneinander getrennt.

- *Art. talocalcaneonavicularis:* Der kugelige Gelenkkopf wird von Caput und Corpus tali gebildet. Die Gelenkpfanne wird von der Facies articularis ant. und med. des Calcaneus und der Facies articularis talaris des Os naviculare gebildet. Zwischen beiden liegt das faserknorpelige *Pfannenband* (*Lig. calcaneonaviculare plantare*), das die Gelenkpfanne stabilisiert. Die Gelenkkapsel ist an den Knorpel-Knochen-Grenzen der beteiligten Knochen befestigt.
- *Art. subtalaris:* Die Facies articularis talaris post. des Calcaneus bildet den Gelenkkopf, die Facies articularis calcanea post. des Talus die Gelenkpfanne. Die dünne Gelenkkapsel ist an den Rändern der Gelenkflächen befestigt.

Bänder: Die Gelenkkapseln der Sprunggelenke werden durch kräftige Bänder verstärkt:

- *Art. talocruralis:* Am oberen Sprunggelenk unterscheidet man mediale und laterale Bänder:
  - *Lig. mediale (Lig. deltoideum):* dreieckiges Band, entspringt an der Tibia und strahlt mit seinen Anteilen (*Pars tibionavicularis, Pars tibiocalcanea* und *Pars tibiotalaris*) fächerförmig in die Fußwurzelknochen ein
  - *laterale Bänder: Lig. talofibulare ant.* und *post.* ziehen vom Außenknöchel zum Talus, das *Lig. calcaneofibulare* vom Außenknöchel zur Außenfläche des Calcaneus
- *Art. talocalcaneonavicularis:* Das komplexe Gelenk wird durch kräftige Bänder gehalten:
  - *Lig. calcaneonaviculare plantare:* vom Sustentaculum tali des Calcaneus und dem Corpus tali zum Os naviculare, bildet einen Teil der Gelenkpfanne für den Taluskopf (*Pfannenband*)
  - *Lig. talonaviculare:* vom Taluskopf zum Os naviculare
- *Art. subtalaris:* Folgende Bänder verstärken die Gelenkkapsel:
  - *Lig. talocalcaneare mediale und laterale*
  - *Lig. talocalcaneare interosseum:* liegt im Canalis tarsi, trennt beide Kammern des unteren Sprunggelenks
  - *Lig. calcaneofibulare:* von der Fibula zum Calcaneus, sichert oberes und unteres Sprunggelenk

Bewegungen: Bei den Bewegungen des Fußes wirken beide Sprunggelenke zusammen. Im oberen Sprunggelenk erfolgen *Dorsalextension* und *Plantarflexion* (Heben und Senken der Fußspitze) um eine Achse, die quer durch die Malleolengabel verläuft. *Pronation* (Heben des lateralen Fußrandes) und *Supination* (Heben des medialen Fußrandes) erfolgen im unteren Sprunggelenk um eine schräge Achse. Die Pronation ist mit einer Abduktion, die Supination mit einer Adduktion des Fußes verbunden. Das Kreisen des Fußes (*Zirkumduktion*) resultiert aus einer Kombination der Bewegungen im oberen und unteren Sprunggelenk. Da sich die Trochlea tali nach hinten zu verschmälert, sind bei maximaler Plantarflexion im oberen Sprunggelenk auch Ab- und Adduktion möglich (Instabilität des Gelenkes beim Zehenstand).

Merke

Sprunggelenke: Dorsalextension 20 – 30 °, Plantarflexion 30 – 50 °, Pronation 30 °, Supination 50 – 60 °.

4.3.5 Weitere Gelenke der Fußwurzel und des Mittelfußes

Die weiteren Fußwurzel- und Mittelfußknochen sind mit den jeweils benachbarten Knochen durch straffe Gelenke verbunden, deren Gelenkkapseln durch Bänder verstärkt werden.

Art. calcaneocuboidea (Fersenbein-Würfelbein-Gelenk): Dieses Gelenk ist eine *Amphiarthrose* mit geringem Bewegungsumfang, der bei Pro- und Supinationsbewegungen eine Rolle spielt. Sie wird durch folgende Bänder verstärkt:

- *Lig. bifurcatum:* besteht aus Lig. calcaneonaviculare und Lig. calcaneocuboideum, entspringt im Sinus tarsi am Calcaneus
- *Lig. calcaneocuboideum plantare*
- *Lig. plantare longum:* zieht von der plantaren Fläche des Calcaneus zur Tuberositas ossis cuboidei und zu den Ossa metatarsalia II – V

Artt. tarsometatarsales (Fußwurzel-Mittelfuß-Gelenke): Zwischen den kleinen Fußwurzelknochen und zwischen Fußwurzel- und Mittelfußknochen sind straffe Gelenke ausgebildet, die jeweils durch Ligg. plantaria, interossea und dors. gesichert werden.

Artt. intermetatarsales (Zwischenmittelfußgelenke): Sie liegen zwischen den Basen des 2. – 5. Mittelfußknochens und werden durch Ligg. metatarsalia dors., interossea und plantaria verstärkt. Die Köpfe der Mittelfußknochen werden durch das *Lig. metatarsale transversum prof.* verbunden.

Klinischer Bezug

Bei **Fußamputationen** sind zwei Gelenklinien von besonderer Bedeutung: die *Chopartgelenklinie*, zwischen Talus und Os naviculare sowie Calcaneus und Os cuboideum, und die *Lisfranc-Gelenklinie* zwischen distaler Reihe der Fußwurzelknochen und Metatarsalknochen.

Fußgewölbe: Das Fußskelett ist sowohl in der Längs- als auch in der Querrichtung gewölbt. Die drei knöchernen Stützpunkte der Wölbung sind das *Tuber calcanei*, das *Caput ossis metatarsalis I* und das *Caput ossis metatarsalis V.* Längs- und Querwölbung werden durch Bänder, Sehnen und die kurzen plantaren Fußmuskeln gesichert.

Merke

Das *Längsgewölbe* wird vor allem durch Lig. calcaneonaviculare, Lig. plantare longum, die Sehnen des M. flexor hallucis longum und M. flexor digitorum longum, die kurzen Fußmuskeln sowie die Plantaraponeurose unterstützt. Das *Quergewölbe* wird durch die Sehnen der Mm. peronaeus longus und tibialis post. sowie die kurzen Muskeln der Fußsohle aufrechterhalten.

4.3.6 Zehengelenke

Man unterscheidet die *Zehengrundgelenke* (*Artt. metatarsophalangeales*) sowie die *Mittel-* und *Endgelenke* (*Artt. interphalangeales*) der Zehen.

Artt. metatarsophalangeales: In den Zehengrundgelenken artikulieren die Köpfe der Mittelfußknochen mit den Basen der proximalen Phalanx. Es handelt sich um *Kugelgelenke*, die durch *Ligg. collateralia* in der Rotationsbewegung eingeschränkt sind. Die Gelenkkapsel wird plantar durch *Ligg. plantaria* verstärkt. Am Großzehengrundgelenk liegen im *Lig. plantare* ein mediales und ein laterales Sesambein. In den Metatarsophalangealgelenken sind Plantarflexion, Dorsalextension und in geringem Ausmaß Ab- und Adduktion möglich.

Artt. interphalangeales: Die Mittel- und Endgelenke der Zehen sind reine *Scharniergelenke*, in denen nur Beugung und Streckung möglich sind. Sie sind durch Ligg. collateralia und Ligg. plantaria vor allem bei der Plantarflexion gesichert.

4.4 Muskeln

Die Muskulatur der unteren Extremität dient der *Bewegung der Gliedmaßen* und in geringerem Ausmaß der *Bewegung der Lendenwirbelsäule.* Sie ist kräftig ausgebildet und Voraussetzung für den sicheren Stand und die Fortbewegung.

4.4.1 Hüftmuskulatur

Die Muskeln, die auf das Hüftgelenk wirken, entspringen am Becken oder an der Wirbelsäule und setzen am Femur an. Sie umgeben das Gelenk wie ein Mantel von allen Seiten. Am *Standbein* tragen sie zur Stabilisierung des Beckens bei, das *Spielbein* wird aktiv bewegt.

Man gliedert die Muskeln der Hüfte in *innere Hüftmuskeln*, die an der inneren Beckenwand entspringen, und *äußere Hüftmuskeln*, die an der äußeren Beckenwand entspringen (Tab. 4.1).

Tab. 4.1 Hüftmuskeln

Muskel	Ursprung	Ansatz	Funktion	Innervation
Innere Hüftmuskeln				
M. psoas maj.	Wirbelkörper (Th12 – L4), Disci intervertebrales, Proc. costales der LW	Trochanter min.	Lateralflexion der LWS, Beugung im Hüftgelenk, Außenrotation	N. femoralis (Plexus lumbalis)
M. psoas min.	12. BWK und 1. LWK	Fascia iliaca	Lateralflexion der LWS	Plexus lumbalis
M. iliacus	Fossa iliaca	Trochanter min.	Beugung im Hüftgelenk, Außenrotation	N. femoralis (Plexus lumbalis)
M. piriformis	Innenfläche des Os sacrum	Trochanter maj.	Abduktion, Außenrotation	N. piriformis (Plexus sacralis)
M. obturator int.	Membrana obturatoria	Fossa trochanterica	Außenrotation	Plexus sacralis
Äußere Hüftmuskeln				
M. glutaeus maximus	Linea glutaea post., Os sacrum, Lig. sacrotuberale	Femur, Tractus iliotibialis	Streckung in der Hüfte, Außenrotation, Ab- und Adduktion	N. glutaeus inf.
M. glutaeus medius	Linea glutaea ant. und post., Crista iliaca	Trochanter maj.	Beugung, Streckung, Innen- und Außenrotation, Abduktion	N. glutaeus sup.
M. glutaeus minimus	zwischen Linea glutaea ant. und inf.	Trochanter maj.	wie M. glutaeus medius	N. glutaeus sup.
M. tensor fasciae latae	Spina iliaca ant. sup.	Tractus iliotibialis	Beugung, Innenrotation, spannt Fascia lata	N. glutaeus sup.
M. gemellus sup.	Spina ischiadica	Fossa trochanterica	Außenrotation	Plexus sacralis
M. gemellus inf.	Tuber ischiadicum	Fossa trochanterica	Außenrotaion	Plexus sacralis
M. quadratus femoris	Tuber ischiadicum	Crista intertrochanterica	Außenrotation, Adduktion	N. ischiadicus
M. obturator externus	Membrana obturatoria	Fossa trochanterica	Außenrotation, Adduktion	N. obturatorius

Die Hüftmuskeln bewegen das Femur im Hüftgelenk je nach Verlauf zu den drei Hauptachsen. In Abhängigkeit von der Ausgangsstellung können sie z. T. auch gegensätzliche Funktionen haben.

M. psoas maj., M. psoas min. und M. iliacus bilden zusammen den *M. iliopsoas*. Er zieht durch die *Lacuna musculorum* unterhalb des Leistenbandes und setzt vor der Transversalachse am Femur an. Er ist der kräftigste Beuger im Hüftgelenk und kann je nach Ausgangsstellung das Bein nach außen oder innen rotieren. Der M. iliopsoas ist von einer eigenen Faszie (*Fascia iliopsoica*) bedeckt.

Der *M. glutaeus maximus* ist der kräftigste Strecker im Hüftgelenk und verhindert das Vornüberkippen des Beckens im Stehen. Die Mm. glutaeus medius et minimus verhindern das Absinken des Beckens zur Seite.

Tab. 4.2 Oberschenkelmuskeln: Extensoren

Muskel	Ursprung	Ansatz	Funktion	Innervation
M. sartorius	Spina iliaca ant. sup.	Condylus med. der Tibia, Pes anserinus	Hüfte: Beugung, Abduktion, Außenrotation; Knie: Beugung, Innenrotation	N. femoralis
M. rectus femoris	Spina iliaca ant. inf., Acetabulum		Hüfte: Beugung, Knie: Streckung	N. femoralis
M. vastus lat.	Trochanter maj., Labium lat. der Linea aspera	Patella, Lig. patellae, Tuberositas tibiae	Knie: Streckung	N. femoralis
M. vastus intermedius	Femurschaft		Knie: Streckung	N. femoralis
M. vastus med.	Labium med. der Linea aspera		Knie: Streckung	N. femoralis
M. articularis genus	Femurschaft	Kniegelenkkapsel	spannt Kniegelenkkapsel	N. femoralis

Klinischer Bezug

Bei **Lähmung** des *M. iliopsoas* kann der Körper nicht mehr aus der Rückenlage aufgerichtet werden. Bei Lähmung oder Insuffizienz der *Mm. glutaeus medius et minimus* auf der Seite des Standbeins kippt das Becken zur Seite des Spielbeins. Bei doppelseitiger Lähmung der Mm. glutaeus medius et minimus kommt es zum sog. „Watschelgang“ (*Trendelenburg-Zeichen*). Bei Lähmung des *M. glutaeus maximus* ist das Treppensteigen nicht mehr möglich.

4.4.2 Oberschenkelmuskeln

Die Oberschenkelmuskeln entspringen am Becken und am Femur und setzen am Femur und den Unterschenkelknochen an. Man unterteilt sie in drei Muskelgruppen: eine vordere (*Extensoren*), eine mediale (*Adduktoren*) und eine hintere (*Flexoren*). Die Extensoren werden vom N. femoralis innerviert, die Adduktoren vom N. obturatorius und die Flexoren vom N. tibialis.

Faszie: Die Oberschenkelmuskulatur wird von der derben *Fascia lata* umgeben, die sich in die Unterschenkelfaszie fortsetzt. Die einzelnen Muskelgruppen sind durch bindegewebige Septen voneinander getrennt (*Septum intermusculare femoris lat., med.* und *post.*). M. sartorius und M. tensor fasciae latae werden von einer Duplikatur der Fascia lata umhüllt.

Tractus iliotibialis: Die Fascia lata wird am lateralen Rand durch einen längsverlaufenden Sehnenstreifen verstärkt (*Tractus iliotibialis*). Er entspringt am Oberrand der Crista iliaca, zieht über M. glutaeus medius und maximus hinweg und setzt am Condylus lat. der Tibia und am Fibulakopf an. Während der Standphase wirkt der Tractus tibialis der Tendenz des Oberschenkels, sich zur anderen Seite zu biegen, entgegen (*Zuggurtungsprinzip*) und setzt so die Zugspannungen am Femur herab.

Hiatus saphenus: Unterhalb des Leistenbandes liegt in der Fascia lata eine ovale Öffnung (*Hiatus saphenus*), die seitlich und unten durch einen Faszienrand (Margo falciformis) verstärkt wird. Sie dient der V. saphena magna sowie kleineren Lymphgefäßen und Nerven als Durchtrittsstelle.

Extensoren (Tab. 4.2): M. rectus femoris, M. vastus lat., med. und intermedius bilden zusammen den *M. quadriceps femoris*. Ihre gemeinsame Endsehne umschließt die Patella und setzt als *Lig. patellae* an der Tuberositas tibiae an. Sie wird an beiden Rändern durch Faserzüge verstärkt (*Retinaculum patellae med. und lat.*). Die Extensoren beugen in der Hüfte und strecken im Kniegelenk.

Adduktoren (Tab. 4.3): Die Adduktoren ziehen medial von der Hüfte zum Ober- bzw. Unterschenkel. Sie begrenzen medial den *Canalis adductorius*, der zwischen Extensoren und Adduktoren liegt. In ihm verlaufen Leitungsbahnen, die durch eine distale Öffnung (*Hiatus tendineus adductorius*) vom Oberschenkel zur Kniekehle ziehen. Der Canalis adductorius wird von der *Membrana vastoadductoria* überspannt.

Tab. 4.**3** Oberschenkelmuskeln: Adduktoren

Muskel	Ursprung	Ansatz	Funktion	Innervation
M. pectineus	Pecten ossis pubis	Linea pectinea femoris	Beugung, Außenrotation, Adduktion	N. femoralis und N. obturatorius
M. adductor longus	Os pubis, Symphyse	Labium med. der Linea aspera	Adduktion, Außenrotation, Beugung	N. obturatorius
M. adductor magnus	Os ischii, Tuber ischiadicum	Linea aspera, Epicondylus med.	Adduktion, Außenrotation, Innenrotation, Streckung	N. obturatorius und N. tibialis
M. adductor brevis	Ramus inf. ossis pubis	Labium med. der Linea aspera	Adduktion, Außenrotation	N. obturatorius
M. gracilis	Ramus inf. ossis pubis	Pes anserinus, Tibia	Hüfte: Adduktion; Knie: Beugung, Innenrotation	N. obturatorius

Die Adduktoren halten beim Stehen und Gehen die Beine zusammen, so daß das Spielbein beim Aufsetzen nicht nach außen wegrutscht und das Standbein stabilisiert wird. Zusätzlich wirken sie je nach Ausgangsstellung auf das Hüftgelenk und beugen, strecken oder rotieren das Bein.

Flexoren (Tab. 4.**4**): Die Flexoren entspringen zum größten Teil am Tuber ischiadicum und inserieren an den Unterschenkelknochen. Sie werden deshalb auch als *ischiokrurale Muskulatur* bezeichnet und strahlen mit ihren Sehnen in eine flächenhafte Sehnenplatte (*Pes anserinus*) am Condylus med. tibiae ein. Die Flexoren strecken im Hüftgelenk und beugen im Kniegelenk. Die Muskeln, die medial an der Tibia ansetzen, rotieren den Unterschenkel nach innen, Muskeln, die lateral ansetzen, rotieren nach außen.

4.4.3 Unterschenkelmuskeln

Die Unterschenkelmuskulatur gliedert sich in die dorsal liegende *Flexorengruppe*, die sich in oberflächliche und tiefe Schicht unterteilen läßt, die ventral liegende *Extensorengruppe* und die lateral liegende *Peronaeusgruppe*. Die Flexoren werden vom N. tibialis versorgt, die Extensoren vom N. peronaeus prof. und die Peronaeusgruppe vom N. peronaeus superf.

Faszie: Die Unterschenkelmuskulatur wird von der Unterschenkelfaszie (*Fascia cruris*) umhüllt. Von der Faszie ausgehende bindegewebige Septen tren-

Tab. 4.**4** Oberschenkelmuskeln: Flexoren

Muskel	Ursprung	Ansatz	Funktion	Innervation
M. biceps femoris Caput longum	Tuber ischiadicum	Caput fibulae	Hüfte: Streckung, Außenrotation, Aduktion; Knie: Beugung, Außenrotation	N. tibialis
Caput breve	Labium lat. der Linea aspera	Caput fibulae	Knie: Beugung, Außenrotation	N. peronaeus comm.
M. semitendinosus	Tuber ischiadicum	Pes anserinus, Tibia	Hüfte: Streckung, Adduktion; Knie: Beugung, Innenrotation	N. tibialis
M. semimembranosus	Tuber ischiadicum	Condylus med. der Tibia, Lig. popliteum obliquum	Hüfte: Streckung, Adduktion; Knie: Beugung, Innenrotation	N. tibialis

Tab. 4.**5** Unterschenkelmuskeln: Flexoren

Muskel	Ursprung	Ansatz	Funktion	Innervation
Oberflächliche Gruppe				
M. gastrocnemius	Caput med.: Condylus med. femoris, Caput lat.: Condylus lat. femoris	mit der Achillessehne am Tuber calcanei	Knie: Beugung, Fuß: Plantarflexion, Supination	N. tibialis
M. soleus	Tibia, Fibula	mit der Achillessehne am Tuber calcanei	Fuß: Plantarflexion, Supination	N. tibialis
M. plantaris	Epicondylus lat. femoris	Tuber calcanei	Knie: Innenrotation, Beugung; Fuß: Plantarflexion, Supination	N. tibialis
Tiefe Gruppe				
M. flexor digitorum longus	Tibia	Endphalangen der 2.–5. Zehe	Fuß: Plantarflexion, Supination; Zehen: Beugung	N. tibialis
M. tibialis post.	Tibia, Fibula, Membrana interossea	Os naviculare, Ossa cuneiformia	Fuß: Plantarflexion, Supination	N. tibialis
M. flexor hallucis longus	Fibula, Membrana interossea	Endphalanx der Großzehe	Fuß: Plantarflexion, Supination; Zehe: Beugung der 1.–3. Zehe	N. tibialis
M. popliteus	Epicondylus lat. femoris	Tibia	Knie: Beugung, Innenrotation	N. tibialis

nen Extensoren und Flexoren von der Peronaeusgruppe (*Septum intermusculare cruris ant.* und *post.*). Die Flexoren werden durch das tiefe Blatt der Unterschenkelfaszie in oberflächliche und tiefe Schicht geteilt.

Klinischer Bezug

Innerhalb der Faszienlogen können sich Entzündungen und Schwellungen ausbreiten. Nach Unfällen mit Quetschung der Muskulatur und anschließendem Ödem kann es zum sog. **Kompartmentsyndrom** kommen, bei dem die Durchblutung durch den ansteigenden Druck innerhalb der Faszienloge stark eingeschränkt wird (vor allem in der Extensorenloge). In schweren Fällen müssen Entlastungsschnitte in Längsrichtung durch die Faszie gelegt werden.

Retinacula: Am Übergang vom Unterschenkel zum Fuß wird die *Fascia cruris* durch *Faserzüge* (*Retinacula*) verstärkt, die die Sehnen der einzelnen Muskelgruppen überspannen. Man unterscheidet *Retinaculum flexorum*, *Retinaculum extensorum sup.* und *inf.* sowie *Retinaculum peronaeorum sup.* und *inf.*

Flexoren (Tab. 4.**5**): Die oberflächlichen Flexoren entspringen an den Femurkondylen und an den Unterschenkelknochen und setzen gemeinsam mit der Achillessehne am Tuber calcanei an. M. gastrocnemius und M. soleus werden zusammen als *M. triceps surae* bezeichnet. Er streckt im oberen und supiniert im unteren Sprunggelenk und stabilisiert beim Gehen das Standbein.

Die tiefen Flexoren entspringen überwiegend an den Unterschenkelknochen und der Membrana interossea und setzen an den Fußknochen an. Nur der M. popliteus entspringt am Femur und setzt an der Tibia an. Die Sehne des M. flexor digitorum longus überkreuzt am Unterschenkel im *Chiasma crurale* die des M. tibialis post. und an der Fußsohle im *Chiasma plantare* die Sehne des M. flexor hallucis longus und teilt sich schließlich in seine vier Endsehnen. Die tiefen Flexoren (außer M. popliteus) beugen im oberen und supinieren im unteren Sprunggelenk. Darüber hinaus stabilisieren sie den Fußlängsbogen.

Tab. 4.**6** Unterschenkelmuskeln: Extensoren

Muskel	Ursprung	Ansatz	Funktion	Innervation
M. tibialis ant.	Facies lat. der Tibia, Membrana interossea	Os cuneiforme med., Os metatarsale I	Dorsalextension, Supination des Fußes	N. peronaeus prof.
M. extensor hallucis longus	Facies med. der Fibula, Membrana interossea	Endphalanx des Hallux	Dorsalextension des Fußes, Streckung des Hallux	N. peronaeus prof.
M. extensor digitorum longus	Tibia, Fibula, Membrana interossea	Dorsalaponeurose der 2.–5. Zehe	Dorsalextension des Fußes, Streckung der 2.–5. Zehe	N. peronaeus prof.

Tab. 4.**7** Unterschenkelmuskeln: Peronaeusgruppe

Muskel	Ursprung	Ansatz	Funktion	Innervation
M. peronaeus longus	Fibula, Fascia cruris, Septa intermuscularia	Os cuneiforme med., Os metatarsale I	Plantarflexion, Pronation	N. peronaeus superf.
M. peronaeus brevis	Fibula, Septa intermuscularia	Tuberositas metatarsalis I	Plantarflexion, Pronation	N. peronaeus superf.

Tab. 4.**8** Muskeln des Fußrückens

Muskel	Ansatz	Ursprung	Funktion	Innervation
M. extensor hallucis brevis	Calcaneus	Grundphalanx I	Dorsalextension der 1. Zehe	N. peronaeus prof.
M. extensor digitorum brevis	Calcaneus	Dorsalaponeurose 2.–4. Zehe	Dorsalextension 2.–4. Zehe	N. peronaeus prof.

Extensoren (Tab. 4.**6**): Die Extensoren entspringen auf der ventralen Seite von Tibia und Fibula und der Membrana interossea. Sie setzen an den Fußwurzelknochen und an der Dorsalaponeurose der 2.–5. Zehe an. Die Extensoren sind *mehrgelenkige Muskeln* und strecken in allen Gelenken, über die sie hinwegziehen.

Peronaeusgruppe (Tab. 4.**7**): Die Mm. peronaei entspringen lateral an der Fibula und setzen an der Plantarseite des Fußes an. Sie wirken im oberen Sprunggelenk plantarflektierend und im unteren pronierend. Der M. peronaeus longus zieht an der Fußsohle durch eine Knochenrinne zum Os metatarsale I und verspannt damit das Quergewölbe des Fußes.

4.4.4 Fußmuskeln

Die Muskeln des Fußes unterteilt man in *Muskeln des Fußrückens* (Extensoren) und *Muskeln der Fußsohle*, die sich in eine mediale, mittlere und laterale Gruppe gliedern.

Muskeln des Fußrückens (Tab. 4.**8**): Sie bewirken eine Dorsalextension der Zehen. Sie werden vom N. peronaeus prof. innerviert.

Muskeln der Fußsohle: Die Muskeln der *medialen Gruppe* (Tab. 4.**9**) bewegen den Großzeh im Grundgelenk und verspannen Längs- und Quergewölbe des Fußes. Sie werden von N. plantaris med. und lat. innerviert.

Die Muskeln der *mittleren Gruppe* (Tab. 4.**10**) beugen die 2.–5. Zehe in Grund- und Mittelgelenken. Die Mm. lumbricales und interossei beugen in den Grund- und strecken in Mittel- und Endgelenken. Sie werden von N. plantaris med. und lat. versorgt.

Die Muskeln der *lateralen Gruppe* (Tab. 4.**11**) beugen die Kleinzehe im Grundgelenk und verspannen den Fußlängsbogen.

Tab. 4.**9** Mediale Gruppe

Muskel	Ursprung	Ansatz	Funktion	Innervation
M. abductor hallucis	Tuber calcanei	Grundphalanx I, med. Sesambein	1. Zehe: Plantarflexion, Abduktion	N. plantaris med.
M. flexor hallucis brevis	Ossa cuneiformia, Lig. calcaneocuboideum plantare	Caput med.: med. Sesambein, Caput lat.: lat. Sesambein der 1. Zehe	Beugung im Großzehengrundgelenk	N. plantaris med. (Caput med.), N. plantaris lat. (Caput lat.)
M. adductor hallucis Caput obliquum Caput transversum	Os cuneiforme lat., Os cuboideum, plantare Bänder Grundgelenke 3.–5. Zehe	laterales Sesambein, Grundphalanx 1. Zehe	Adduktion, Beugung im Großzehengrundgelenk Adduktion im Großzehengrundgelenk	N. plantaris lat.

Tab. 4.**10** Mittlere Gruppe

Muskel	Ursprung	Ansatz	Funktion	Innervation
M. flexor digitorum brevis	Tuber calcanei	Mittelphalangen 2.–5. Zehe	Plantarflexion 2.–5. Zehe	N. plantaris med.
M. quadratus plantae	Calcaneus, Lig. plantare longum	Sehne des M. flexor digitorum longum	unterstützt M. flexor digitorum longum	N. plantaris lat.
Mm. lumbricales (4 Muskeln)	Sehnen des M. flexor digitorum longus	ziehen zur medialen Fläche der Grundphalangen und der Dorsalaponeurose 2–5	Beugung im Grundgelenk, Streckung in Mittel- und Endgelenk der 2.–5. Zehe	N. plantaris med. (Nr. 1 und 2), N. plantaris lat. (Nr. 3 und 4)
Mm. interossei plantares (3 Muskeln, einköpfig)	Ossa metatarsalia III–V	Grundphalangen und Dorsalaponeurosen 3–5	Beugung im Grundgelenk, Streckung in Mittel- und Endgelenk der 3.–5. Zehe	N. plantaris lat.
Mm. interossei dors. (4 Muskeln, zweiköpfig)	Ossa metatarsalia I–V	Grundphalanx und Dorsalaponeurose 2–4	Beugung im Grundgelenk, Streckung in Mittel- und Endgelenk der 2.–4. Zehe	N. plantaris lat.

Tab. 4.**11** Laterale Gruppe

Muskel	Ursprung	Ansatz	Funktion	Innervation
M. abductor digiti minimi	Tuber calcanei	Grundphalanx V	Abduktion und Beugung der 5. Zehe	N. plantaris lat.
M. flexor digiti minimi brevis	Os metatarsale V, Lig. plantare longum	Grundphalanx V	Beugung der 5. Zehe	N. plantaris lat.
M. opponens digiti minimi	Lig. plantare longum	Os metatarsale V	Medial- und Plantarbewegung der 5. Zehe	N. plantaris lat.

4.5 Nerven

Die untere Extremität wird von Rr. ventrales der Spinalnerven L1–S4 innerviert, die sich verflechten und den *Plexus lumbosacralis* bilden.

4.5.1 Plexus lumbosacralis

Die ventralen Äste der Spinalnerven bilden den Plexus lumbosacralis (Abb. 4.**6**), der in Plexus lumbalis und Plexus sacralis unterteilt wird. Der *Plexus lumbalis* wird von den Spinalnerven L1–L3 mit kleinen Bündeln aus Th12 und L4 gebildet und liegt zwischen den Ursprungsschichten des M. psoas maj. Der *Plexus sacralis* wird von den Spinalnerven L5–S3 mit kleinen Bündeln aus L4 und S4 gebildet und liegt auf dem M. piriformis im kleinen Becken. Plexus lumbalis und Plexus sacralis sind durch den *Truncus lumbosacralis*, ein kräftiges Nervenfaserbündel, das von L4 und L5 nach S1 zieht, miteinander verbunden. An den Plexus sacralis schließt sich der *Plexus coccygeus* (aus S4–Co) an.
Die dorsalen Äste der Spinalnerven L1–Co bilden *Nn. lumbales*, *Nn. sacrales* und *Nn. coccygei*, die motorisch die autochthone Rückenmuskulatur und sensibel mit *Nn. clunium sup.* und *med.* die Haut des Rückens und über dem Gesäß versorgen.

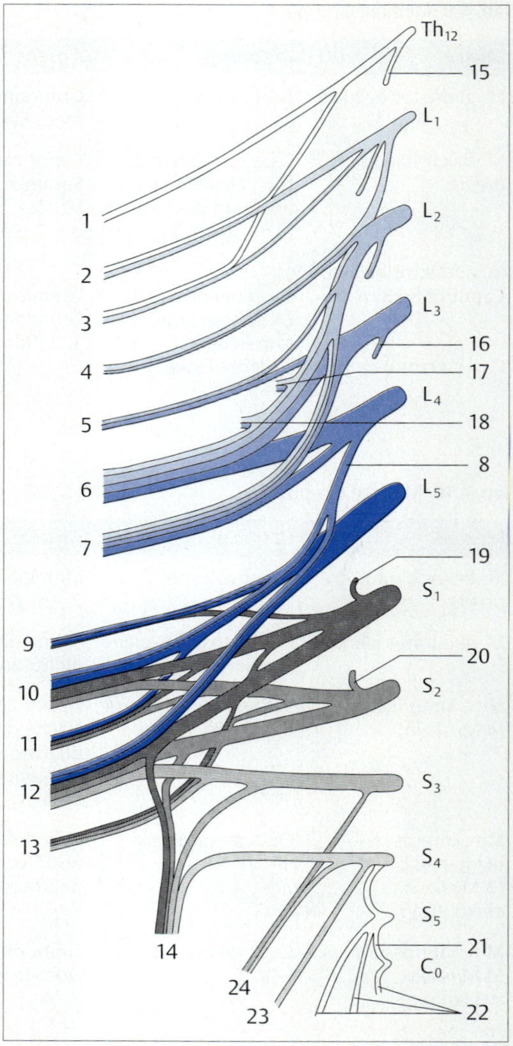

Abb. 4.**6** Plexus lumbosacralis. 1 = N. subcostalis, 2 = N. iliohypogastricus, 3 = N. ilioinguinalis, 4 = N. genitofemoralis, 5 = N. cutaneus femoris lat., 6 = N. femoralis, 7 = N. obturatorius, 8 = Truncus lumbosacralis, 9 = N. glutaeus sup., 10 = N. peronaeus, 11 = N. glutaeus inf., 12 = N. tibialis, 13 = N. cutaneus femoris post., 14 = N. pudendus, 15 = zum M. quadratus lumborum, 16 = zum M. quadratus lumborum, 17 = zum M. psoas maj., 18 = zum M. iliacus, 19 = zum M. piriformis, 20 = zum M. piriformis, 21 = Ansa sacrococcygea, 22 = Nn. anococcygei, 23 = zum M. coccygeus, 24 = zum M. levator ani (aus Rauber/Kopsch, Thieme 1988)

Plexus lumbalis

Aus dem Plexus lumbalis gehen folgende Nerven ab (Abb. 4.**7**):

- *N. iliohypogastricus (Th12/L1):* gelangt durch den M. psoas maj. zwischen M. transversus abdominis und M. obliquus int. abdominis, zu denen er *Rr. musculares* abgibt, durchbricht medial der Spina iliaca ant. sup. Bauchmuskeln und Faszien, zieht als *R. cutaneus ant.* zur Haut der Leistenbeuge und des Darmbeinkamms
- *N. ilioinguinalis (Th12/L1):* verläuft kaudal parallel zum N. iliohypogastricus, versorgt die Haut in der Umgebung des Leistenringes, entsendet beim Mann *Rr. scrotales ant.* zur Vorderseite des Skrotums, bei der Frau *Rr. labiales ant.* zum Labium maj.
- *N. genitofemoralis (L1/2):* dringt durch den M. psoas maj. und spaltet sich auf dessen Vorderseite in zwei Äste:
  - *R. genitalis:* zieht beim Mann zu M. cremaster und Skrotalhaut, bei der Frau zur Haut der großen Schamlippen
  - *R. femoralis:* zur Haut am Oberschenkel in der Umgebung des Hiatus saphenus
- *N. cutaneus femoris lateralis (L2/3):* zieht durch die Lacuna musculorum zur Haut an der lateralen Seite des Oberschenkels

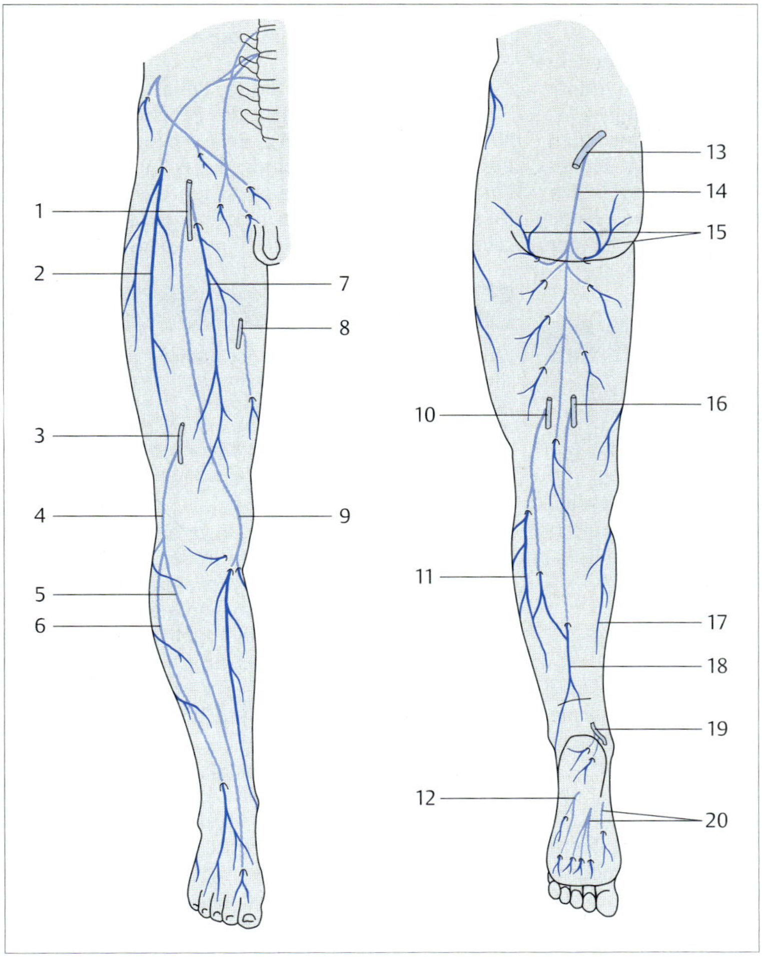

Abb. 4.**7** Plexus lumbalis und Plexus sacralis. 1 = N. femoralis, 2 = N. cutaneus femoris lateralis, 3 = N. ischiadicus, 4 = N. peronaeus communis, 5 = N. peronaeus profundus, 6 = N. peronaeus superficialis, 7 = R. cutaneus anterior n. femoralis, 8 = N. obturatorius, 9 = N. saphenus, 10 = N. peronaeus communis, 11 = N. cutaneus surae lateralis, 12 = R. superficialis n. plantaris lateralis, 13 = N. ischiadicus, 14 = N. cutaneus femoris posterior, 15 = Nn. clunium inferiores, 16 = N. tibialis, 17 = N. saphenus, 18 = N. suralis, 19 = N. tibialis, 20 = Rr. superficiales n. plantaris medialis (aus Mumenthaler/Schliack, Thieme 1993)

- *N. obturatorius (L2–4):* zieht am medialen Rand des M. psoas abwärts, unterkreuzt die Vasa iliaca comm., gelangt durch den Canalis obturatorius zum medialen Oberschenkel. Er teilt sich in:
  - *R. anterior:* zu M. adductor brevis, M. adductor longus, M. gracilis und M. pectineus (*Doppelinnervation mit N. femoralis*), sein Endast (*R. cutaneus*) innerviert die Haut der Innenseite des Oberschenkels und Kniegelenks
  - *R. posterior:* zu M. adductor magnus (*Doppelinnervation mit N. tibialis*) und M. obturator ext., gibt *R. articularis* zum Kniegelenk ab
- *N. femoralis (L2–4):* stärkster Ast des Plexus lumbalis, verläuft zwischen M. psoas maj. und M. iliacus durch die Lacuna musculorum. Er spaltet sich in:
  - *Rr. musculares:* retroperitoneal zu M. psoas maj., M. iliacus, unterhalb des Leistenbandes zu M. quadriceps femoris, M. sartorius und M. pectineus

- *Rr. cutanei anteriores:* zur Haut der Vorderseite des Oberschenkels und des Knies
- *N. saphenus:* tritt mit den Femoralgefäßen in den Adduktorenkanal ein, verläßt ihn durch die Membrana vastoadductoria und zieht zwischen M. sartorius und M. gracilis zur medialen Seite des Kniegelenks, verläuft mit der V. saphena magna zum medialen Fußrand, gibt *R. infrapatellaris* zur Haut unterhalb der Kniescheibe und *Rr. cutanei cruris med.* zur Haut an der Medialseite von Unterschenkel und Fuß ab.

Klinischer Bezug

Zu **Läsionen des N. femoralis** kommt es vorwiegend durch Kompression (Bandscheibenvorfall L3/4, Appendizitis, Abszesse, maligne Tumoren). Es entwickeln sich Sensibilitätsstörungen auf der Vorderseite des Oberschenkels und der Innenseite des Unterschenkels. Da die Extensoren ausfallen, kann das Kniegelenk nicht mehr aktiv gestreckt werden. Der Patellarsehnenreflex kann fehlen. Bei einer Appendizitis kommt es durch die Nervenreizung oft zu Spasmen der Extensoren.

Plexus sacralis

Die Nerven des Plexus sacralis ziehen durch Foramen suprapiriforme oder Foramen infrapiriforme des Foramen ischiadicum maj. Folgende kleinere Äste verlassen den Plexus sacralis (Abb. 4.**7**):

- *Rr. musculares (L5–S2):* zu M. piriformis, M. obturator int. und M. quadratus femoris
- *N. glutaeus superior (L4–S1):* zieht durch Foramen suprapiriforme zu M. glutaeus medius und minimus und M. tensor fasciae latae
- *N. glutaeus inferior (L5–S2):* zieht durch Foramen infrapiriforme zum M. glutaeus maximus
- *N. cutaneus femoris posterior (S1–3):* zieht durch Foramen infrapiriforme zum Unterrand des M. glutaeus maximus und durchbricht die Fascia lata, innerviert die Haut der Rückseite des Oberschenkels, versorgt mit *Rr. clunium inf.* die Gesäßhaut und mit *Rr. perineales* die Haut der Dammgegend
- *N. pudendus (S2–4):* unterster Ast des Plexus sacralis, verläuft durch das Foramen infrapiriforme, zieht um die Spina ischiadica herum und durch das Foramen ischiadicum min. in den *Canalis pudendalis* der Fossa ischioanalis. Er gibt folgende Äste ab:
  - *Nn. rectales inferiores:* innervieren den M. sphincter ani ext. motorisch, versorgen die Haut um den Anus
  - *Nn. perineales:* zu Haut und Muskeln des Damms, versorgen beim Mann mit *Nn. scrotales posteriores* die Skrotalhaut und bei der Frau mit *Nn. labiales posteriores* die dorsalen Anteile der Labia maj.
  - *N. dorsalis penis/clitoridis:* Endast des N. pudendus zur dorsalen Haut des Penis/der Klitoris

N. ischiadicus (L4–S3): Er ist der dickste Nerv des gesamten Organismus. Er gelangt durch das Foramen infrapiriforme zwischen die ischiokrurale Muskulatur, die er innerviert, und teilt sich am Oberschenkel in *N. tibialis* und *N. peronaeus comm.*

Klinischer Bezug

Zu **Schädigungen des N. ischiadicus** kann es nach Beckenfrakturen, Operationen oder intraglutäalen Injektionen kommen. Es entwickelt sich eine vollständige Lähmung des Beines mit Ausnahme der Adduktoren und Extensoren. Die Sensibilität an der Rückseite des Unterschenkels und an der Fußsohle ist aufgehoben.

- *N. peronaeus communis:* liegt am Oberschenkel lateral des N. tibialis, zieht in der Kniekehle über das Caput lat. des M. gastrocnemius hinweg nach vorne und tritt knapp unter dem Caput fibulae in die Peronaeusloge ein, teilt sich in *N. peronaeus superf.* und *N. peronaeus prof.* Er gibt folgende Äste ab:
  - *R. muscularis:* zum Caput breve des M. biceps femoris
  - *N. cutaneus surae lateralis:* innerviert Haut an der lateralen Seite des Unterschenkels, gibt einen *R. communicans* ab, der mit dem N. cutaneus surae med. aus dem N. tibialis den *N. suralis* bildet
- *N. peronaeus superficialis:* zieht in der Peronaeusloge nach distal, durchbricht die Fascia cruris und teilt sich in zwei Endäste. Er gibt ab:
  - *Rr. musculares:* zu M. peronaeus longus und brevis
  - *N. cutaneus dorsalis medialis:* medialer Endast, versorgt die Haut des Fußrückens, des medialen Fußrandes und mit Nn. digitales dors. die mediale Zehe und die einander zugekehrten Seiten der 2. und 3. Zehe
  - *N. cutaneus dorsalis intermedius:* Endast zum Fußrücken, versorgt die Haut lateral vom N. cutaneus dorsalis med., innerviert mit Nn. digitales dors. die Haut der einander zugekehrten Seiten der 3. und 4. sowie 4. und 5. Zehe
- *N. peronaeus profundus:* zieht durch das Septum intermusculare ant. cruris in die Extensorenloge, verläuft lateral vom M. tibialis ant. Er gibt folgende Äste ab:
  - *Rr. musculares:* versorgen die Extensoren und die Muskeln des Fußrückens

- *Nn. digitales dorsales:* innervieren einander zugekehrte Seiten der 1. und 2. Zehe

Klinischer Bezug

Zu **Läsionen des N. peronaeus comm.** kann es durch Fibulakopffrakturen, Druck auf das Fibulaköpfchen durch Gipsverband oder Lagerungsschaden kommen. Es zeigen sich folgende Symptome:
Bei einem Ausfall des *N. peronaeus prof.* ist die Dorsalextension des Fußes (= Anheben) nicht möglich, die Zehen können nicht mehr gestreckt werden, der Patient kann den Fuß nicht anheben und nicht auf den Fersen gehen; es entwickelt sich ein Spitzfuß (*Pes equinovarus*), das Laufen ist erschwert („*Steppergang oder Hahnentrittgang*") und es treten Sensibilitätsstörungen an Unterschenkel und Fußrücken auf. Charakteristisch ist die Sensibilitätsstörung an den einander zugekehrten Seiten der 1. und 2. Zehe.
Bei isolierter Schädigung des *N. peronaeus superf.* sind nur die Muskeln der Peronaeusgruppe gelähmt, der Fuß steht in Supinationsstellung, da die Pronation (Hebung des äußeren Fußrandes) nicht möglich ist.

- *N. tibialis:* zieht durch die Mitte der Fossa poplitea und unter dem Arcus tendineus m. solei zwischen die oberflächlichen und tiefen Flexoren, er verläuft unter dem Retinaculum flexorum auf die Fußsohle und teilt sich in seine beiden Endäste. Er gibt ab:
  - *Rr. musculares:* zu M. gemellus sup. und inf., M. quadratus femoris, M. obturator int., innervieren am Oberschenkel die Flexoren außer dem Caput breve des M. biceps femoris und den M. adductor magnus (*Doppelinnervation mit N. obturatorius*), am Unterschenkel zu den oberflächlichen und tiefen Flexoren
  - *N. interosseus cruris:* verläuft auf der Membrana interossea cruris, innerviert sensibel das Periost der Unterschenkelknochen
  - *N. cutaneus surae medialis:* vereinigt sich mit dem R. communicans des N. peronaeus comm. zum N. suralis
  - *N. suralis:* innerviert die Haut über der lateralen Ferse, setzt sich als *N. cutaneus dorsalis lat.* auf den lateralen Fußrücken fort und innerviert den lateralen Fußrand
  - *Rr. calcanei mediales:* innervieren die Haut über der medialen Ferse
- *N. plantaris medialis:* medialer Endast auf der Fußsohle. Er gibt folgende Äst ab:
  - *Rr. musculares:* zu den Muskeln der Fußsohle (Tab. 4.**9** – 4.**11**)
  - *Nn. digitales plantares communes:* spalten sich auf in Nn. digitales plantares proprii, innervieren die Haut der medialen 3 ½ Zehen (Plantarfläche und dorsal die Endglieder)
- *N. plantaris lateralis:* lateraler Endast auf der Fußsohle. Er gibt folgende Äste ab:
  - *R. superficialis:* spaltet sich in Nn. digitales plantares comm., die Nn. digitales plantares proprii für die Haut der lateralen 1 ½ Zehen abgeben
  - *R. profundus:* versorgt einen Teil der Muskeln der Fußsohle (Tab. 4.**9** – 4.**11**)

Klinischer Bezug

Bei einer **Schädigung des N. tibialis** sind Wadenmuskulatur und Zehenbeuger gelähmt, der Fuß ist stark dorsal extendiert („*Krallenfuß*"), der Zehenstand ist nicht möglich, der Fuß wird beim Gehen nicht abgerollt („*Bügeleisengang*"). Sensibilitätsstörungen finden sich an der Innenseite des Unterschenkels und der Fußsohle

4.6 Arterien – Venen

Die untere Extremität und das Becken werden von Ästen der A. iliaca ext. und int. (s.a. 6.4.5 und 8.9) versorgt. Die *A. iliaca ext.* mit der aus ihr hervorgehenden *A. femoralis* versorgt Knochen und Muskeln des Beckens und die untere Extremität, die *A. iliaca int.* die Beckeneingeweide.

Merke

Die Durchblutung der unteren Extremität kann durch Fühlen des *Arterienpulses* an verschiedenen Stellen überprüft werden: Fossa inguinalis (A. femoralis), Fossa poplitea (A. poplitea), hinter dem Malleolus medialis (A. tibialis post.), Fußrücken (A. dorsalis pedis).

4.6.1 A. femoralis

Sie ist die Fortsetzung der A. iliaca ext. und zieht durch die Lacuna vasorum unter dem Leistenband hindurch und medial des Hüftgelenks in die Fossa iliopectinea. Sie verläuft hinter dem M. sartorius durch den *Adduktorenkanal* und gelangt durch den Hiatus tendineus in die Fossa poplitea, in der sie in die A. poplitea übergeht.
Als Äste der A. femoralis entspringen (Abb. 4.**8**):

- *A. epigastrica superficialis:* entspringt etwa 1 cm unterhalb des Leistenbandes und zieht zur Haut des Unterbauches
- *A. circumflexa iliaca superficialis:* verläuft parallel zum Leistenband in die Gegend der Spina iliaca ant. sup.
- *Aa. pudendae externae:* ziehen nach medial zur Haut und geben ab:

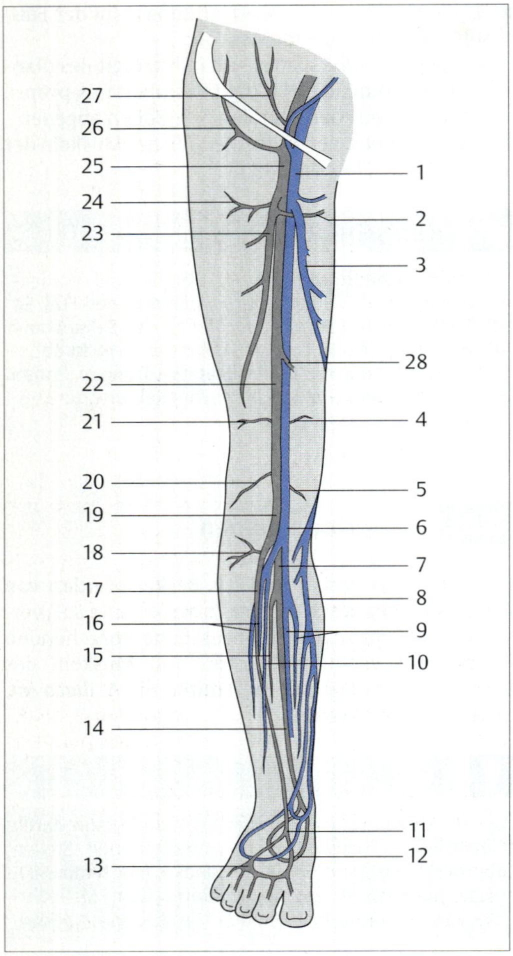

Abb. 4.**8** A. femoralis. 1 = V. femoralis, 2 = A. circumflexa femoris medialis, 3 = V. saphena magna, 4 = A. sup. med. genus, 5 = A. inf. med. genus, 6 = V. poplitea, 7 = Truncus tibiofibularis, 8 = V. saphena magna, 9 = Vv. tibiales posteriores, 10 = V. saphena parva, 11 = A. dorsalis pedis, 12 = Arcus plantaris, 13 = A. arcuata, 14 = A. tibialis posterior, 15 = A. fibularis, 16 = Vv. tibiales anteriores, 17 = A. tibialis anterior, 18 = A. recurrens tibialis posterior, 19 = A. poplitea, 20 = A. inf. lat. genus, 21 = A. sup. lat. genus, 22 = A. femoralis superficialis, 23 = A. profunda femoris, 24 = A. circumflexa femoris lateralis, 25 = A. femoralis communis, 26 = A. circumflexa ilium profunda, 27 = A. epigastria inferior, 28 = A. genicularis descendens (aus Neuerburg-Heusler/Hennerici, Thieme 1995)

- *Rr. inguinales:* zur Haut der Leistenregion
- *Rr. scrotales/labiales anteriores:* zur Skrotalhaut/zu den Labia maj.

- *A. prof. femoris:* Sie ist der stärkste Ast der A. femoralis und entpringt 3–4 cm unterhalb des Leistenbandes an der lateralen Seite der A. femoralis. Sie zieht nach dorsolateral zwischen die Oberschenkelmuskeln. Sie entsendet folgende Äste:
  - *A. circumflexa femoris medialis:* geht an der medialen Seite ab zieht nach dorsal und zweigt sich auf in:
    - *R. profundus:* zu Adduktoren und ischiokruraler Muskulatur
    - *R. ascendens:* steigt hinter dem Femurhals auf
    - *R. transversus:* verzweigt sich in der Adduktorengruppe
    - *R. acetabularis:* tritt in das Lig. capitis femoris ein
  - *A. circumflexa femoris lateralis:* zieht unter M. rectus femoris und M. sartorius nach lateral, teilt sich in:
    - *R. ascendens:* zum M. tensor fasciae latae und zum Hüftgelenk
    - *R. descendens:* zieht im M. rectus femoris zum Rete articulare genus, gibt Äste an die Quadricepsgruppe ab
    - *R. transversus:* zum Trochanter maj.
  - *Aa. perforantes:* 3–5 Äste zu Adduktoren und dorsaler Muskelgruppe, geben Aa. nutriciae femoris ab, letzte A. perforans ist Endast der A. prof. femoris
- *A. descendens genicularis:* geht im Adduktorenkanal von der A. femoralis ab, zieht mit N. saphenus durch die Membrana vastoadductoria und teilt sich in:
  - *R. saphenus:* zur medialen Seite des Unterschenkels
  - *Rr. articulares:* zum Rete articulare genus

Anastomosen: Im Bereich des Hüftgelenks existieren zahlreiche Anastomosen, die Caput und Collum femoris versorgen: Es anastomosieren R. acetabularis der A. circumflexa femoris med. mit dem R. acetabularis der A. obturatoria, die beiden Rr. ascendens der Aa. circumflexae femoris lat. und med. sowie R. profundus der A. circumflexa femoris med. mit R. ascendens der A. circumflexa femoris lat., die das Periost des Schenkelhalses versorgen.

Klinischer Bezug

Die Durchblutung des Hüftkopfes erfolgt beim Erwachsenen weitgehend über Äste der Aa. circumflexa femoris med. et lat. Diese verlaufen im Periost von der Basis des Schenkelhalses kopfwärts. Bei Frakturen des Schenkelhalses kann es zur Zerreißung der Gefäße und nachfolgend zur **Nekrose des Femurkopfes** kommen.

4.6.2 A. poplitea

Die A. poplitea setzt die A. femoralis ab dem Adduktorenschlitz fort und zieht durch die Kniekehle bis zum unteren Rand des M. popliteus, wo sie sich in A. tibialis ant. und A. tibialis post. teilt. Sie liegt in der Tiefe der *Fossa poplitea* in unmittelbarer Nähe der Gelenkkapsel. Die A. poplitea gibt drei paarige und einen unpaaren Ast ab:

- *Rr. musculares:* zu den umliegenden Muskeln
- *A. superior lateralis genus:* zieht oberhalb des Condylus lat. femoris nach vorne zum Rete articulare genus
- *A. superior medialis genus:* zieht oberhalb des Condylus med. femoris nach vorne zum Rete articulare genus
- *A. media genus:* zum Kniegelenk, versorgt Kapsel und Kreuzbänder
- *Aa. surales:* versorgen Wadenmuskulatur und Haut des Unterschenkels
- *A. inferior lateralis genus:* zieht unterhalb des Caput lat. des M. gastrocnemius nach vorne zum Rete articulare genus
- *A. inferior medialis genus:* zieht unterhalb des Caput med. des M. gastrocnemius nach vorne zum Rete articulare genus

! Merke

Das *Rete articulare genus* ist ein arterielles Gefäßnetz auf der Vorderseite des Kniegelenks. Es ist jedoch nicht kräftig genug ausgebildet, um einen Verschluß der A. poplitea zu überbrücken. Es steht mit dem *Rete patellae*, einem Gefäßnetz auf der Kniescheibe in Verbindung.

4.6.3 A. tibialis anterior

Sie zieht mit ihren Begleitvenen durch eine Öffnung proximal der Membrana interossea in die Extensorenloge. In Höhe des oberen Sprunggelenks wird sie von der Sehne des M. extensor hallucis longus überkreuzt und geht am Fuß in die A. dorsalis pedis über. Die A. tibialis ant. gibt folgende Äste ab:

- *A. recurrens tibialis posterior:* zieht unter dem M. popliteus zur Kniekehle
- *A. recurrens tibialis anterior:* zum Rete articulare genus
- *A. malleolaris anterior lateralis:* zum Rete malleolare lat. auf dem Außenknöchel
- *A. malleolaris anterior medialis:* zum Rete malleolare med. auf dem Innenknöchel

A. dorsalis pedis: Sie ist die Fortsetzung der A. tibialis ant. auf dem Fußrücken und liegt oberflächlich zwischen der Sehne des M. extensor hallucis longus und M. extensor digitorum longus (Puls tastbar!). Sie verzweigt sich in:

- *A. tarsalis lateralis:* zieht unter den Sehnen der Extensoren zum lateralen Fußrand, anastomosiert mit der A. arcuata
- *Aa. tarsales mediales:* kleinere Äste zum medialen Fußrand
- *A. arcuata:* zieht bogenförmig auf den Basen der Ossa metatarsalia II – V zum lateralen Fußrand, anastomosiert mit der A. tarsalis lat. Aus der A. arcuata zweigen ab:
  - *Aa. metatarsales dorsales II – IV:* verlaufen auf den Mm. interossei dors. II – IV, A. metatarsalis V liegt seitlich am Os metatarsale V, A. metatarsalis I ist die Fortsetzung der A. dorsalis pedis und gibt einen *R. palmaris prof.* zum *Arcus plantaris* auf der Fußsohle ab
  - *Rr. perforantes:* Von jeder A. metatarsalis dors. zweigen ein proximaler und ein distaler *R. perforans* ab und ziehen durch die Mm. interossei zu den Aa. metatarsales plantares.
  - *Aa. digitales dorsales:* Die Aa. metatarsales dors. I – IV geben je zwei Äste zu den Seitenflächen der einander gegenüberliegenden Zehen ab.

4.6.4 A. tibialis posterior

Sie setzt die A. poplitea direkt fort und gelangt mit dem N. tibialis in die tiefe Flexorenloge. Auf der Fußsohle teilt sie sich in A. plantaris med. und A. plantaris lat. Sie versorgt mit Rr. musculares die Flexoren.
Die A. tibialis post. gibt folgende Äste ab:

- *R. circumflexus fibularis:* zum Rete articulare genus
- *A. peronea:* s.a. 4.6.5
- *Rr. malleolares mediales:* ziehen von hinten zum Rete malleolare med.
- *Rr. calcanei:* zum Rete calcaneum, einem Gefäßnetz über dem Tuber calcanei
- *A. nutricia tibiae*
- *A. plantaris medialis:* Sie verläuft zwischen M. abductor hallucis und M. flexor digitorum brevis zum medialen Fußrand und teilt sich dort in:
  - *R. profundus:* anastomosiert mit dem Arcus plantaris
  - *R. superficialis:* verläuft oberflächlich und anastomosiert mit der A. metatarsalis plantaris I
- *A. plantaris lateralis:* Sie verläuft in der seitlichen Fußregion in der Tiefe zwischen M. flexor digitorum brevis und M. quadratus plantae, zieht bogenförmig nach medial und bildet dabei den *Arcus plantaris*. Von diesem gehen ab:
  - *Aa. metatarsales plantares I – IV:* verlaufen unterhalb der Mm. interossei plantares und geben *Rr. perforantes* ab, die mit den Rr. perforantes der Aa. metatarsales dors. anastomosieren

- *Aa. digitales plantares communes:* gehen aus den Aa. metatarsales plantares hervor, liegen distal vom Abgang der Rr. perforantes und teilen sich in je zwei
- *Aa. digitales plantares propriae:* ziehen zu den plantaren Seitenflächen der einander gegenüberliegenden Zehen

4.6.5 A. peronaea

Die A. peronaea geht 2 – 3 cm nach Aufteilung der A. poplitea von der A. tibialis post. ab. Sie verläuft an der medialen Kante der Fibula auf der Rückseite der Membrana interossea zum Malleolus lat. und versorgt mit Rr. musculares durch das Septum intermusculare die tiefen Flexoren und die Mm. peronaei.
Die A. peronaea gibt folgende Äste ab:

- *R. perforans:* zieht durch die Öffnung distal der Membrana interossea zum Rete malleolare lat. und zum Fußrücken
- *R. communicans:* verbindet A. tibialis post. und A. peronaea
- *Rr. malleolares laterales:* zum Rete malleolare lat.
- *Rr. calcanei:* zur lateralen Fläche des Calcaneus und zum Rete calcaneum

4.6.6 Oberflächliche Venen

Die oberflächlichen Venen bilden ein Venennetz, das im subkutanen Fettgewebe liegt und zu einigen größeren Stämmen zusammenfließt:

- *V. saphena magna:* Sie beginnt am medialen Fußrücken und erhält dort Zuflüsse aus dem Rete venosum dors. und dem Arcus venosus dorsalis pedis. Dann verläuft sie vor dem Malleolus med. zur medialen Seite des Unterschenkels und zieht mit dem N. saphenus hinter dem Condylus med. femoris zur Vorderseite des Oberschenkels. Am *Hiatus saphenus* gelangt sie unter die Faszie und mündet in die V. femoralis. In der Gegend des Hiatus saphenus münden außerdem: Vv. pudendae ext., V. circumflexa superf. ilium und V. epigastrica superf. Sie bilden einen „*Venenstern*“.
- *V. saphena parva:* Sie entsteht am lateralen Fußrand aus dem Rete venosum dors. und dem Arcus venosus dorsalis pedis und verläuft hinter dem Malleolus lat. auf die Rückseite des Unterschenkels. Sie durchbricht in der Kniekehle die Faszie und mündet in die V. poplitea.

Die oberflächlichen Hauptvenenstämme nehmen in ihrem Verlauf weitere kleine Venen auf und stehen mit den tiefen Beinvenen, vornehmlich im distalen Unterschenkeldrittel, in Verbindung.

Klinischer Bezug

Bei chronisch-venöser Insuffizienz kann es vor allem im distalen Unterschenkel aufgrund der nicht mehr optimalen Durchblutung zur Entstehung eines Unterschenkelgeschwürs (**Ulcus cruris**) kommen.

4.6.7 Tiefe Begleitvenen

Die tiefen Beinvenen verlaufen gemeinsam mit den jeweiligen Arterien. A. tibialis ant. und post. sowie A. peronaea werden jeweils von zwei Venen begleitet, A. poplitea und A. femoralis nur von einer. Die *Vv. tibiales ant. et post.* und die *Vv. peroneales* münden in der Tiefe der Kniekehle in die *V. poplitea*, die außerdem die V. saphena parva und Vv. geniculares vom Kniegelenk aufnimmt. Im Hiatus tendineus des Adduktorenkanals geht die V. poplitea in die *V. femoralis* über, die am Hiatus saphenus die V. prof. femoris und die V. saphena magna aufnimmt. In der Lacuna vasorum setzt sich die V. femoralis in die V. iliaca ext. fort.

4.7 Lymphknoten – Lymphgefäße

Die Lymphe der unteren Extremität fließt über mehrere regionäre Lymphknoten zu den Lymphknoten in der Leiste. Wie am Arm unterscheidet man oberflächliche und tiefe Lymphbahnen. Die oberflächlichen verlaufen im subkutanen Fettgewebe und liegen vor allem entlang der oberflächlichen Venen, die tiefen Lymphbahnen ziehen gemeinsam mit den tiefen Venen.

- *Nn. ll. popliteales:* Die *oberflächlichen Lymphknoten* liegen an der Durchtrittsstelle der V. saphena parva und erhalten Zuflüsse vom lateralen Fußrand und der Wade. Die *tiefen Lymphknoten* liegen in der Fossa poplitea nahe der A. poplitea und erhalten Zuflüsse aus den tiefen Lymphbahnen von Fuß, Unterschenkel und Kniegelenk und den oberflächlichen Lymphknoten.
- *Nn. ll. inguinales superficiales:* Die oberflächlichen Lymphknoten liegen epifaszial längs des Lig. inguinale und der V. saphena magna. Sie erhalten Zuflüsse von der Haut des Beins, der Bauchwand unterhalb des Nabels, Gesäßregion, Damm, Analkanal, Tubenwinkel und des äußeren Genitales.
- *Nn. ll. inguinales profundi:* Die tiefen Lymphknoten liegen in der Fossa iliopectinea medial der V. femoralis. Am weitesten proximal liegt der *Rosenmüller-Lymphknoten* im Canalis femoralis. Die tiefen Lymphknoten erhalten Zuflüsse aus den tiefen

Lymphbahnen der unteren Extremität und den oberflächlichen Lymphknoten der Leiste. Die Lymphe der tiefen Lymphknoten fließt weiter in die *Nn. ll. iliaci ext.*

4.8 Angewandte und topographische Anatomie

Die Gliederung der unteren Extremität in Regionen erfolgt nach funktionellen Gesichtspunkten. Man unterscheidet Regionen im Bereich des Gesäßes, des Oberschenkels, des Knies, des Unterschenkels und des Fußes.

4.8.1 Oberflächenanatomie

Auf der dorsalen Seite der unteren Extremität grenzt die *Glutaealfalte* das Gesäß vom Oberschenkel ab. Auf der ventralen Seite liegt der *Sulcus inguinalis* zwischen Oberschenkel und Unterbauch. Das Relief des Oberschenkels wird durch die Oberschenkelmuskulatur geformt. Im Bereich des Knies sind ventral Patella, Lig. patellae und Tuberositas tibiae sichtbar, dorsal entsteht durch Einsenkungen der Haut die *Kniekehle* (*Fossa poplitea*). Unterhalb der Kniekehle liegt die *Wade* (*Sura*), deren Relief vom M. triceps surae und der Achillessehne gebildet wird. Auf der Vorderseite des Unterschenkels erkennt man die Schienbeinkante. Am Übergang vom Unterschenkel zum Fuß sind innen und außen die beiden Knöchel zu sehen sowie auf dem Fußrücken einige Sehnen der Zehenstrecker.

Tastpunkte: An der unteren Extremität sind folgende *Knochenpunkte* tastbar: *Becken:* Crista iliaca, Spina iliaca sup. ant. und post., Tuberculum pubicum, Tuber ischiadicum, Spina ischiadica (vaginal); *Oberschenkel und Knie:* Trochanter maj., Patella, Epicondylus med. und lat. von Tibia und Femur; *Unterschenkel:* Tuberositas tibiae, Facies med. und Margo ant. der Tibia, Caput fibulae, Malleolus med. und lat.; *Fuß:* Tuber calcanei, Caput tali, Dorsalseiten der Ossa metatarsalia, Tuberositas ossis navicularis, Tuberculum ossis metatarsalis V, Dorsalseiten der Phalangen.

4.8.2 Regio inguinalis und subinguinalis

Die Regio inguinalis liegt am Übergang vom Unterbauch zum Oberschenkel und enthält das *Leistenband* und den *Leistenkanal* (s.a. 6.3.2). Unterhalb des Leistenbandes liegt die *Regio subinguinalis*. In ihr befinden sich der M. iliopsoas und die Leitungsbahnen, die durch zwei Öffnungen unterhalb des Leistenbandes (*Lacuna musculorum, Lacuna vasorum*) vom Rumpf zur unteren Extremität ziehen.

Lacuna musculorum: Sie wird vom Leistenband, dem Arcus iliopectineus und dem Oberrand des Beckens begrenzt.

Lacuna vasorum: Sie wird vom Leistenband, dem Lig. lacunare, der Pecten ossis pubis und dem Arcus iliopectineus begrenzt und liegt medial der Lacuna musculorum. Sie ist mit Fett- und Bindegewebe ausgefüllt.

! Merke

Durch die *Lacuna musculorum* ziehen von lateral nach medial: N. cutaneus femoris lat., M. iliopsoas, N. femoralis.

Durch die *Lacuna vasorum* ziehen von lateral nach medial: R. femoralis des N. genitofemoralis, A. femoralis, V. femoralis, Lymphbahnen zum Rosenmüller-Lymphknoten, der am weitesten medial im Fettgewebe liegt.

Klinischer Bezug

Der mediale Bereich der Lacuna vasorum ist nicht sehr widerstandsfähig und bildet bei einer Schenkelhernie den Schenkelring (**Anulus femoralis**). Die Schenkelhernie entsteht durch sich vorstülpende Anteile des Bauchfells, die Darmschlingen beinhalten und durch den Anulus femoralis bis in die Fossa iliopectinea vordringen können.

4.8.3 Trigonum femorale und Fossa iliopectinea

Das Trigonum femorale liegt zwischen Lig. inguinale, M. sartorius und M. gracilis. Im proximalen Teil des Trigonum liegt die *Fossa iliopectinea*, deren Hinterwand von M. iliopsoas und M. pectineus gebildet wird. Sie wird von der Fascia lata bedeckt und enthält von lateral nach medial: N. femoralis, A. femoralis, V. femoralis sowie Lymphknoten und -gefäße.

Klinischer Bezug

Entlang des M. iliopsoas können Abszesse (z. B. bei Tuberkulose der Lendenwirbelkörper) unterhalb der Fascia iliaca nach unten durch die Lacuna musculorum bis in die Fossa iliopectinea wandern (**Senkungsabszesse**).

4.8.4 Regio glutaealis

Die Regio glutaealis entspricht in etwa dem Gebiet unterhalb der Mm. glutaei. Unter der Haut verlaufen die sensiblen Nervenäste zur Innervation der Haut, unter der Faszie liegt der M. glutaeus maximus. In der Tiefe liegt das Foramen ischiadicum maj., das durch den M. piriformis in Foramen suprapiriforme und Foramen infrapiriforme unterteilt wird, und das Foramen ischiadicum min.

Merke

Durch das *Foramen suprapiriforme* ziehen: A., V. und N. glutaeus sup. Durch das *Foramen infrapiriforme* ziehen: N. ischiadicus, A., V. und N. glutaea inf., N. cutaneus femoris post., N. pudendus, A. und V. pudenda int.
Durch das *Foramen ischiadicum min.* ziehen: M. obturator int., A. und V. pudenda int. sowie N. pudendus (ziehen wieder ins Becken).

Die Foramina und damit die Austrittspunkte der Nerven projizieren sich auf die Körperoberfläche: auf dem medialen Drittelpunkt der Linie zwischen Spina iliaca post. sup. und der Spitze des Trochanter maj. projiziert sich das *Foramen suprapiriforme*, auf dem Mittelpunkt der Linie zwischen Spina iliaca post. sup. und dem Tuber ischiadicum projiziert sich das *Foramen infrapiriforme*.

Klinischer Bezug

Bei **intramuskulären Injektionen** in die Glutaealmuskulatur kann es bei falscher Injektionstechnik zu Verletzungen des N. ischiadicus kommen. Am sichersten ist die Injektion in den M. glutaeus medius (äußerer oberer Quadrant der Regio glutaea).

4.8.5 Oberschenkel

Der Oberschenkel gliedert sich in *Regio femoralis ant.* und *Trigonum femorale*, die die Extensoren enthalten, und *Regio femoralis post.*, die Flexoren und Adduktoren enthält. Die drei Gruppen werden von der *Oberschenkelfaszie* (*Fascia lata*) umgeben und sind durch das Septum intermusculare femoris med. und lat. voneinander getrennt. Zwischen Adduktoren und Flexoren liegt ein weiteres Septum.

Gefäß-Nerven-Straßen: Zwischen vorderer und medialer Muskelgruppe ziehen A. und V. femoralis, N. saphenus und tiefe Lymphgefäße. Zwischen hinterer und medialer Muskelgruppe verlaufen nahe des Femurs A. und V. prof. femoris sowie Lymphgefäße. In der medialen Muskelgruppe ziehen A. und V. obturatoria sowie der N. obturatorius. Der N. ischiadicus mit seinen begleitenden Gefäßen zieht zwischen Caput longum des M. biceps femoris und M. adductor magnus.

Canalis obturatorius: Der Canalis obturatorius liegt am lateralen Rand des *Foramen obturatorum* und verbindet den Bindegewebsraum des Beckens mit der medialen Oberschenkelmuskulatur. Durch ihn ziehen A., Vv. und N. obturatorius sowie Lymphgefäße.

Klinischer Bezug

Bei einer **Obturatoriushernie** schiebt sich der Bruchsack in den Canalis obturatorius vor und kann durch Druck auf den N. obturatorius Schmerzen und Sensibilitätsstörungen an Oberschenkel und Knie auslösen.

Canalis adductorius: Der *Adduktorenkanal* liegt zwischen M. vastus med. (lateral), M. adductor magnus (medial) und M. adductor longus (dorsal) und wird von der *Membrana vastoadductoria* überspannt. Der Adduktorenkanal endet distal im *Adduktorenschlitz* (Hiatus tendineus adductorius). Durch den Adduktorenkanal ziehen A. und V. femoralis und im oberen Drittel der N. saphenus.

4.8.6 Fossa poplitea

Die rhombenförmige *Kniekehle* (*Fossa poplitea*) liegt dorsal zwischen Ober- und Unterschenkel. Sie wird oben medial begrenzt durch M. semimembranosus und M. semitendinosus, oben lateral durch M. biceps femoris, unten medial und lateral durch Caput med. und lat. des M. gastrocnemius. Die Fossa poplitea wird von der *Fascia poplitea* bedeckt, die zwischen Fascia lata und Fascia cruris liegt.
Die wichtigsten Leitungsbahnen, die vom Ober- zum Unterschenkel verlaufen, ziehen in der Tiefe durch die Fossa poplitea, bedeckt von Fett- und Bindegewebe. A. und V. femoralis gelangen durch den Canalis adductorius in die Fossa poplitea, der N. tibialis entlang des Caput longum des M. biceps femoris.

Merke

Von außen in die Tiefe der *Kniekehle* liegen: N. peronaeus comm., N. tibialis, V. poplitea und A. poplitea. Ihr Puls läßt sich in der Tiefe der Kniekehle tasten.

4.8.7 Regio genus

Die Knieregion umfaßt den Bereich des Kniegelenks und läßt sich in *Regio genus ant.* und *Regio genus post.* (*Fossa poplitea*, s.a. 4.8.6) unterteilen. In der Regio genus ant. liegen die Kniescheibe mit dem darüber hinwegziehenden Lig. patellae und zahlreiche Bursen des Kniegelenks.

Klinischer Bezug

Zu **Gelenkergüssen** kommt es bei Schädigungen von Gelenkstrukturen (Meniskusschaden, Bandläsionen). Die Konturen des Kniegelenks verstreichen und die Patella „tanzt" auf der Flüssigkeit, wenn man von oben den Recessus suprapatellaris komprimiert. Zur Entlastung kann das Kniegelenk von medial her punktiert werden.

Der M. quadriceps femoris ist mit dem Lig. patellae der *Hauptstreckapparat* im Kniegelenk. Das Lig. patellae wird durch Retinaculum patellae med. und lat. verstärkt, die den sog. *Nebenstreckapparat* bilden.

Klinischer Bezug

Bei **Querfraktur der Patella** mit Zerreißung des Lig. patellae wird über die Retinacula noch soviel Muskelzug auf die Tibia übertragen, daß das Gehen auf ebenem Gelände möglich ist.

Traglinie: Die *Traglinie* des Beines verläuft durch den Mittelpunkt des Caput femoris und durch die Mitte des oberen Sprunggelenks. Die Längsachse des Femurschaftes bildet mit der Längsachse des Tibiaschaftes einen nach außen offenen Winkel von 175°. Unter diesen Normbedingungen zieht die Traglinie des Beines durch die Mitte des Kniegelenks.

Klinischer Bezug

Ist der Knieaußenwinkel deutlich kleiner als 175°, resultiert ein *Genu valgum* mit folgender X-Beinstellung. Die Tragachse ist dabei nach lateral verschoben. Ist der Knieaußenwinkel deutlich größer als 175°, resultiert ein *Genu varum* mit folgender O-Beinstellung. Die Tragachse ist dabei nach medial verschoben. Das *Genu valgum* geht mit einer *Coxa vara* (Verkleinerung des Kollodiaphysenwinkels), das *Genu varum* mit einer *Coxa valga* (Vergrößerung des Kollodiaphysenwinkels) einher.

4.8.8 Unterschenkel

Am Unterschenkel unterscheidet man *Regio cruralis ant.* und *post.* Die einzelnen Muskelgruppen (Extensoren, oberflächliche und tiefe Flexoren, Peronaeusgruppe) liegen in eigenen Muskellogen und werden gemeinsam von der *Unterschenkelfaszie* (*Fascia cruris*) umhüllt. Die Membrana interossea trennt gemeinsam mit dem Septum intermusculare cruris post. die Extensoren und die Peronaeusgruppe von den Flexoren. Die Fascia cruris prof. trennt oberflächliche und tiefe Flexoren.

Gefäß-Nerven-Straßen: *In der Extensorenloge* ziehen zwischen M. tibialis ant. und der Membrana interossea die A. und Vv. tibiales ant., N. peronaeus prof. und N. interosseus cruris. *Zwischen der oberflächlichen und tiefen Flexorengruppe* liegen A. und Vv. tibiales post. und der N. tibialis. A. und Vv. peronaeae ziehen innerhalb der *tiefen Flexorengruppe*. Der N. peronaeus superf. liegt in der *Peronaeusgruppe*. *Epifaszial* ziehen die Hautvenen (V. saphena magna und parva), der N. saphenus und der N. suralis.

4.8.9 Regio malleolaris

Am Übergang vom Unterschenkel zum Fuß unterscheidet man Regio malleolaris med. und lat.

Regio malleolaris medialis: Am Innenknöchel liegen ventral unter der Haut die Aufzweigungen des N. saphenus und die V. saphena magna. Hinter dem Knöchel ziehen Leitungsbahnen und Sehnen. Unter dem *Retinaculum flexorum* liegen A. und Vv. tibiales post. und der N. tibialis. Die tiefe Schicht des Retinaculum flexorum überspannt den *Malleolarkanal* (*Canalis malleolaris*), in dem von vorne nach hinten die Sehnen des M. tibialis post., M. flexor digitorum longus und des M. flexor hallucis longus liegen. Jede Sehne liegt in einer eigenen Sehnenscheide.

Regio malleolaris lateralis: Hinter dem Außenknöchel verlaufen die V. saphena parva und der N. cutaneus dors. lat. Unter dem *Retinaculum peronaeum sup.* und *inf.* liegen in einer gemeinsamen Sehnenscheide die Sehnen der Mm. peronaei.

4.8.10 Fuß

Fußrücken: Der Fußrücken wird locker von Haut überzogen. Unter der Haut liegt das *Rete venosum dorsale pedis* und der *Arcus venosus dorsalis pedis*. Die Haut des Fußrückens wird hauptsächlich vom *N. cutaneus dorsalis med. und intermedius* aus dem N. peronaeus superf. innerviert, der laterale Fußrand vom *N. cutaneus dorsalis lat.*, dem Endast des N. suralis. Der N. peronaeus prof. innerviert die Haut der einander zugekehrten Seiten der 1. und 2. Zehe. Lateral der Sehne des M. extensor hallucis longus ziehen in der dorsalen Gefäß-Nerven-Straße des Fußes A. und Vv. dorsales pedis und der N. peronaeus prof.

Fußskelett: Das Fußskelett wird durch *Längs-* und *Quergewölbe* stabilisiert. Die Stabilität ist nur bei intaktem Muskel- und Bandapparat gewährleistet. Durch erhöhte Belastungen, Lähmungen oder andere Ursachen kann es zu *Fehlstellungen* und *Deformitäten* kommen.

Klinischer Bezug

Der *Hackenfuß* (*Pes calcaneus*) entsteht, wenn die Flexoren des Unterschenkels ausfallen und die Extensoren überwiegen. Die Ferse ist nach unten, die Fußspitze nach oben gerichtet. Der *Spitzfuß* (*Pes equinus*) entsteht bei Ausfall der Extensoren. Bei Abflachung des Längsbogens kommt es zum *Plattfuß* (*Pes planus*), bei Abflachung des Querbogens zum *Spreizfuß* (*Pes transversus*).

4.8.11 Planta pedis

Auf der Fußsohle liegt unter der Haut die *Plantaraponeurose*, eine Sehnenplatte, die sich vom Calcaneus bis zu den Zehengrundgelenken erstreckt. Sie besteht aus längs- und querverlaufenden Faserzügen, die das Längs- und Quergewölbe des Fußes unterstützen. Die Plantaraponeurose ist unverschieblich mit der Haut der Fußsohle verbunden.

Unter der Plantaraponeurose liegen die kurzen Fußmuskeln, die sich in drei Gruppen unterteilen (laterale, mittlere und mediale Gruppe). Zwischen M. abductor hallucis brevis und M. digitorum brevis liegt die *plantare mediale* Gefäß-Nerven-Straße mit A., Vv. und N. plantares med. In der *plantaren lateralen* Gefäß-Nerven-Straße zwischen M. flexor digitorum brevis und M. quadratus plantae ziehen A., Vv. und N. plantares lat.

Im *Chiasma plantare* überkreuzt die Sehne des M. flexor digitorum longus die Sehne des M. flexor hallucis longus und ist mit ihm durch Sehnenfasern verbunden. Es liegt medial neben dem M. quadratus plantae und wird vom M. flexor digitorum brevis bedeckt. Durch den schrägen Verlauf der Sehnen wird der Hebelarm der Muskeln verlängert.

Kopf und Hals

Das knöcherne Grundgerüst des Kopfes, der Schädel, umgibt das *Gehirn* (*Neurocranium*) und die *Sinnesorgane* und bildet die Grundlage für das *Gesicht* (*Viscerocranium*). Der Gesichtsschädel umfaßt mit der *Mundhöhle* und dem *Nasen-Rachen-Raum* die Anfangsteile des Verdauungstraktes und der Atmungsorgane.

Der *Hals* verbindet den Kopf mit dem Rumpf und beinhaltet die Nerven, Gefäße und Lymphbahnen, die vom Kopf zum Rumpf und den oberen Extremitäten ziehen. Im Hals liegen weitere Anteile des *Verdauungstraktes* (Rachen, Halsteil der Speiseröhre) und der *Atmungsorgane* (Kehlkopf und Luftröhre), die *Schilddrüse* und die *Nebenschilddrüsen*.

5.1 Entwicklung und Wachstum

Die Entwicklung des Kopfes unterscheidet sich wesentlich von derjenigen der Rumpfwand. Während diese metamer gegliedert ist, weist der Kopf auch in der embryonalen Entwicklung keine Aufteilung in Segmente auf. Nur im vorderen Kopf-Hals-Bereich bilden sich die regelmäßig angeordneten *Kiemenbögen* und *Schlundtaschen* aus (*Branchiomerie*), die aber unabhängig von der Metamerie des Rumpfes entstehen und sich auf den Kopf-Hals-Bereich beschränken. Im Kopf entwickeln sich die großen *Sinnesorgane*, über die der Kontakt mit der Umwelt ermöglicht wird. Die Entwicklung von Kopf und Hals ist trotzdem eng miteinander verbunden. Material aus den Kiemenbögen bildet sowohl Teile des Schädels als auch des Halses, und auch die Muskulatur des Kopfes ist zu einem kleinen Teil aus den oberen Somiten des Rumpfes entstanden.

5.1.1 Neurocranium

Neurocranium und Viscerocranium bestehen zunächst aus Mesenchym, das aus dem *Kopfmesenchym*, den *okzipitalen Somiten* und den ersten beiden *Branchialbögen* stammt. An einigen Stellen entsteht der Knochen direkt aus dem Mesenchym (desmale Ossifikation, *Desmocranium*), an anderen Stellen bildet sich zunächst Knorpel, der dann verknöchert (chondrale Ossifikation, *Chondrocranium*). Manche Knochen entstehen teils desmal, teils enchondral (*Mischknochen:* Mandibula, Clavicula). Das Neurocranium wird eingeteilt in die *Schädelbasis*, die überwiegend enchondral verknöchert, und das *Schädeldach* (*Calvaria*), das desmal verknöchert.

Schädelbasis: Die Schädelbasis entsteht aus der Verschmelzung mehrer *Knorpelkerne*. Um den kranialen Abschnitt der *Chorda dorsalis* bildet sich aus dem Mesenchym der *parachordale Knorpel*, eine unpaare Knorpelplatte. Sie verschmilzt mit den kaudal davon gelegenen obersten Somiten zur Anlage der *Pars basilaris* des *Hinterhauptsbeines* (*Os occipitale*). Später dehnt sich die knorpelige Anlage nach dorsal aus und umwächst das Neuralrohr. Dadurch wird das *Foramen magnum* knöchern begrenzt.

Vor der Chorda dorsalis (prächordal) entstehen zwei Knorpelpaare, die *Hypophysenknorpel* und davor die *Trabeculae cranii*. Sie verschmelzen miteinander und bilden die Anlage von *Keilbein* (*Os sphenoidale*) und *Siebbein* (*Os ethmoidale*). In der Mitte der Knorpel wird die *Hypophysengrube* ausgelassen. Die prächordalen Knorpel verschmelzen mit dem parachordalen. Es entsteht eine *Knorpelplatte*, die von der Nasenregion bis zum Foramen magnum reicht (*Clivus*). Auf dieser Knorpelplatte liegt das Gehirn.

Beiderseits des prächordalen Knorpels bilden sich zwei weitere Knorpelkerne, die rostral gelegenen *Alae orbitales* und die weiter kaudal gelegenen *Alae temporales*, aus denen die *kleinen und großen Keil-*

beinflügel entstehen. Sie verschmelzen mit der prächordalen Knorpelplatte. Dabei bleiben die Austrittsstellen der Gehirnnerven und Gefäße frei.
Auf beiden Seiten des parachordalen Knorpels entsteht um das Ohrbläschen herum die *Ohrkapsel* (*Capsula otica*), die mit dem parachordalen Knorpel verschmilzt und das *Felsenbein* (*Pars petrosa ossis temporalis*) bildet. Auch um die Riechgruben bilden sich *Knorpelkapseln* (*Capsulae nasales*), die mit den Trabeculae cranii verschmelzen.
Die Umwandlung des Knorpels (*Chondrocranium*) in Knochen (*Osteocranium*) beginnt in mehreren Knochenkernen. An den Rändern der Schädelbasis bildet sich Knochen durch desmale Ossifikation, so daß dort durch Verschmelzung Mischknochen entstehen.
Schädeldach: Die fünf Knochen des Schädeldachs entwickeln sich durch *desmale Ossifikation*. Die Knochenplatten wachsen aufeinander zu und schließen die Schädeldecke. Die Knochen sind an ihren Rändern durch Bindegewebe, die sog. *Schädelnähte* (*Suturae*), miteinander verbunden. An Stellen, an denen mehrere Knochen aufeinandertreffen, sind die Nähte zu Bindegewebsplatten (*Fontanellen*) geweitet, die später zu Suturen aufschließen. Die große vordere Fontanelle ist viereckig und wird von Stirn- und Scheitelbeinen, die kleine hintere dreieckige Fontanelle von Scheitelbeinen und Hinterhauptsbein gebildet.

! Merke

Die Knochen des Schädeldachs eines Neugeborenen sind in den Nähten geringgradig gegeneinander verschieblich. Die *kleine Fontanelle* schließt sich im 3. Lebensmonat, die *große Fontanelle* im 2. Lebensjahr. Die Schädelnähte verknöchern teilweise im Erwachsenenalter.

Klinischer Bezug

Mißbildungen während der Schädelentwicklung können zum völligen Fehlen des Schädeldaches führen (**Akranie**). Dieser Fehlbildung des Schädels liegt eine Ausbildungsstörung des Gehirns zugrunde (**Anencephalie**).

5.1.2 Viscerocranium, Gesicht, Hals

Die Grundlage für die Entwicklung des Viscerocraniums sowie der Gehörknöchelchen, des Zungenbeins und des Kehlkopfskeletts sind die *Branchialbögen* (*Kiemenbögen*).
Branchialbögen: Als Branchialbögen bezeichnet man sechs Wulstbildungen, die durch beidseitige Mesenchymverdichtungen im vorderen Kopf-Hals-Bereich entstehen. Zwischen den Wülsten befinden sich außen und innen Einbuchtungen, die *Kiemenfurchen* und die *Schlundtaschen*. Die Branchialbögen sind außen von *Oberflächenektoderm* und innen vom *Entoderm des Schlunddarmes* überzogen. In jedem Bogen entsteht Knorpel, branchiogene Muskulatur, eine Branchialarterie und ein Branchialnerv. Die Muskelanlagen wandern zum Teil in andere Gebiete aus. Anhand der bestehenbleibenden Nervenversorgung können sie jedoch immer dem ursprünglichen Branchialbogen zugeordnet werden. Das Viscerocranium entwickelt sich hauptsächlich aus dem zweigeteilten *1. Branchialbogen*.

- *1. Branchialbogen:* Aus dem 1. Branchialbogen gehen *Ober- und Unterkieferwulst* hervor. Der Knorpel teilt sich in einen hinteren und einen vorderen Abschnitt, die im *primären Kiefergelenk* miteinander verbunden sind. Die vordere Knorpelspange (*Meckel-Knorpel*) liegt in der Unterkieferanlage. Aus dem hinteren Knorpel gehen der *Amboß* (*Incus*), aus dem Meckel-Knorpel der *Hammer* (*Malleus*) als Gehörknöchelchen hervor (s.a. 11.1.1). Das Hammer-Amboß-Gelenk entspricht dem *primären Kiefergelenk*. Durch desmale Ossifikation entstehen im Bereich des hinteren Knorpels *Oberkiefer* (*Maxilla*), *Gaumenbein* (*Os palatinum*), *Jochbein* (*Os zygomaticum*) und *Schläfenbeinschuppe* (*Pars squamosa ossis temporalis*), im Bereich des Meckel-Knorpels der *Unterkiefer* (*Mandibula*). Das *sekundäre (definitive) Kiefergelenk* bildet sich zwischen Mandibula und Schläfenbein aus. Vom Meckel-Knorpel, der sich fast vollständig zurückbildet, bleiben als Rest das *Lig. sphenomandibulare* und der *Canalis mandibularis* erhalten.
- *2. Branchialbogen:* Der Knorpel des 2. Branchialbogens (*Hyoidbogen*) wird *Reichert-Knorpel* genannt. Aus ihm entstehen das dritte Gehörknöchelchen (*Steigbügel, Stapes*), sowie der *Proc. styloideus* des Schläfenbeins, das *Lig. stylohyoideum* und das *kleine Horn des Zungenbeins* (*Cornu min. ossis hyoidei*).
- *3. Branchialbogen:* Aus dem Knorpel entsteht das *große Horn des Zungenbeins* (*Cornu maj. ossis hyoidei*). Der *Körper* (*Corpus ossis hyoidei*) bildet sich durch Verschmelzung des 2. und 3. Branchialbogens.
- *4.–6. Branchialbogen:* Aus den Knorpeln des 4. und 5. Bogens entsteht der *Schildknorpel* (*Cartilago thyreoidea*), aus dem des 6. Bogens der *Ringknorpel* (*Cartilago cricoidea*).

Tab. 5.**1** zeigt die Strukturen, die aus Knorpel, Muskelanlage und Nerv der einzelnen Branchialbögen hervorgehen.

Tab. 5.1 Entwicklung der Branchialbögen

Branchialbögen	Knorpel	Muskulatur	Nerv
1.	Oberkiefer, Unterkiefer, Hammer, Amboß, Gaumenbein, Jochbein, Schläfenbein	Kaumuskulatur, vorderer Bauch des M. digastricus, M. tensor veli palatini, M. tensor tympani	N. trigeminus (V.)
2.	Steigbügel, kleines Horn des Zungenbeins, Proc. styloideus	M. stapedius, M. stylohyoideus, hinterer Bauch des M. digastricus, M. levator veli palatini, mimische Gesichtsmuskulatur	N. facialis (VII)
3.	großes Horn des Zungenbeins, Zungenbeinkörper	M. stylopharyngeus, M. constrictor pharyngis sup.	N. glossopharyngeus (IX)
4.–6.	Schildknorpel, Ringknorpel	M. cricothyroideus, M. constrictor pharyngis med. et inf.	N. vagus (X)

Schlundtaschen: Die fünf Ausbuchtungen des Schlunddarms, die sich als Rinnen zwischen die Branchialbögen schieben, bezeichnet man als *Schlundtaschen*. In der Tiefe der Taschen grenzt das Entoderm an das gegenüberliegende Ektoderm der Kiemenfurchen und bildet mit diesem jeweils eine *Membrana branchialis*.

- *1. Schlundtasche:* Sie bildet die *Ohrtrompete* (*Tuba auditiva*), deren distaler Abschnitt sich zur Paukenhöhle erweitert. Die Membrana branchialis wird zum *Trommelfell* (*Membrana tympani*).
- *2. Schlundtasche:* Sie wird von lymphatischem Gewebe der *Gaumenmandel* (*Tonsilla palatina*) ausgefüllt. Das Entoderm der Schlundtasche bildet das *Epithel der Tonsilla palatina*.
- *3. Schlundtasche:* Sie teilt sich in eine vordere und eine hintere Ausstülpung, die abwärts wandern und ihren Kontakt mit dem Schlunddarm verlieren. In der vorderen Ausstülpung entwickelt sich die *Thymusanlage*, die bis in das obere Mediastinum wandert. Sie verschmilzt dort mit der Anlage der Gegenseite und bildet ein einheitliches Organ, den *Thymus*. In der hinteren Ausstülpung entsteht *Nebenschilddrüsengewebe*, das hinter die Schilddrüse wandert und an ihrem unteren Pol die *unteren Epithelkörperchen* bildet.
- *4. Schlundtasche:* Auch sie teilt sich in eine vordere und eine hintere Ausstülpung. Das Epithel der hinteren Ausstülpung wandert zum oberen hinteren Pol der Schilddrüse und bildet die *oberen Epithelkörperchen*. Das Epithel der vorderen Ausstülpung ist möglicherweise an der Bildung des Thymus beteiligt.
- *5. Schlundtasche:* Sie entsteht als Ausstülpung der 4. Schlundtasche und liefert das Epithel des *ultimobranchialen Körpers*. Aus diesem gehen die hormonproduzierenden C-Zellen der Schilddrüse hervor.

Kiemenfurchen: Von der ektodermalen Oberfläche aus senken sich vier *Kiemenfurchen* ein. Sie liegen den Schlundtaschen gegenüber. Aus der 1. Kiemenfurche entwickelt sich der *äußere Gehörgang* (*Meatus acusticus ext.*). Das Mesenchym der 2. Kiemenfurche proliferiert zunächst stark und wächst, bedingt durch die Beugung des Kopfes nach ventral, über die 2., 3. und 4. Kiemenfurche. Die Furchen bilden vorübergehend eine mit Ektoderm ausgekleidete Höhle (*Sinus cervicalis*), die im Laufe der Entwicklung vollständig verschwindet.

Klinischer Bezug

Reste des Sinus cervicalis können erhalten bleiben und in der Mitte des Vorderrandes des M. sternocleidomastoideus sog. **laterale Halsfisteln** bilden. Sie stehen weiterhin über einen engen Kanal mit der Körperoberfläche in Verbindung und fallen oft erst im Erwachsenenalter auf, wenn sie sich zur **lateralen Halszyste** vergrößert haben. Letztere gelten als **Präkanzerose** und müssen operativ entfernt werden.

Gesicht: Anfang des 2. Monats senkt sich das Ektoderm zwischen Hirnanlage und den 1. Branchialbögen zur *Mundbucht* (*Stomatodeum*) ein. In der Tiefe der Mundbucht liegt die *Rachenmembran* (*Membrana buccopharyngealis*) Die Mundbucht wird von mehreren Mesenchymverdichtungen umgeben. Kaudal bilden sich die paarigen *Unterkieferwülste*, lateral die paarigen *Oberkieferwülste* und kranial der *Stirnfortsatz*. Auf beiden Seiten des Stirnfortsatzes entstehen die *Riechplakoden*, Verdickungen des Oberflächenektoderms, aus denen später das Riechepithel hervorgeht. Um die Riechplakode herum entwikkeln sich *lateraler* und *medialer Nasenwulst*, zwischen denen sich die Riechplakode einsenkt. Die Oberkieferwülste wachsen weiter nach medial und schieben die medialen Nasenwülste zusammen, die miteinander und später mit den Oberkieferwülsten verschmelzen. Der seitliche Nasenwulst wird vom Oberkieferwulst durch eine Furche getrennt, aus der der *Tränennasengang* (*Ductus nasolacrimalis*) hervorgeht.

Merke

Oberkieferwülste und mediale Nasenwülste bilden gemeinsam die *Oberlippe*.

Die Mundbucht wird durch die Verschmelzung von Oberkiefer- und Unterkieferwulst zunehmend eingeengt. *Wangen* und *Lippen* entstehen aus dem Mesenchym des 2. Branchialbogens. Die äußere Nase bildet sich durch Verschmelzung der lateralen und medialen Nasenwülste.

Nasenhöhle, Mundhöhle, Gaumen: Die medialen Nasenwülste setzen sich in die Tiefe fort und bilden das *Zwischenkiefersegment*. Es umfaßt einen Teil der Oberlippe, den mittleren Bereich des Oberkiefers, in dem später die vier Schneidezähne liegen, und einen dreieckigen Gaumenabschnitt, den *primären Gaumen* (*Os incisivum*). Die Riechgruben werden umwachsen und damit in die Tiefe verlagert. Sie bleiben durch das *Nasenseptum* voneinander getrennt. Die *Membrana oronasalis*, die die primären Nasenhöhlen von der primären Mundhöhle trennt, löst sich auf. Es entsteht eine Verbindung zwischen beiden Höhlen, die *primären Choanen*. Von der Innenseite beider Oberkieferwülste wachsen *Gaumenplatten* auf die Mittellinie zu. Sie verschmelzen miteinander sowie kranial mit dem Nasenseptum und vorne mit dem primitiven Gaumen und bilden den *sekundären Gaumen*. Die *definitiven Choanen* liegen am Übergang der Nasenhöhle in den Rachenraum.

Die *Nasennebenhöhlen* entwickeln sich nach der Geburt als Aussackungen der Nasenschleimhaut. Sie wachsen in die umgebenden Knochen vor („Pneumatisierung") und erreichen erst mit der Ausbildung des Gesichtsschädels (um das 15.–20. Lebensjahr) ihre endgültige Größe.

Klinischer Bezug

Fehlentwicklungen des Lippen-Kiefer-Gaumen-Bereiches: Es kommt nicht selten vor, daß einzelne Wülste unvollständig miteinander verschmelzen. Dabei entstehen Spalten unterschiedlicher Tiefe und Ausdehnung.

Die *laterale Lippenspalte* (*Hasenscharte*) entsteht oberflächlich zwischen medialem Nasenwulst und Oberkieferwulst. Sie tritt meist einseitig auf.

Die *Lippen-Kiefer-Spalte* verläuft zwischen der Anlage von primärem und sekundärem Gaumen.

Unterbleibt die Vereinigung der beiden Gaumenplatten, entsteht die *Gaumenspalte*, die bis zur Uvula reichen kann, die dann ebenfalls gespalten ist.

Durch Kombination der genannten Mißbildungen kommt es zur *Lippen-Kiefer-Gaumen-Spalte* (*Wolfsrachen*).

Selten sind die *mediane Oberlippenspalte* (unvollständiges Verschmelzen der medialen Nasenwülste), die *schräge Gesichtsspalte* (unvollständige Verschmelzung von Oberkieferwulst und lateralem Nasenwulst) und die *Makro- bzw. Mikrostomie*, bei der es durch ungenügende oder zu weit fortgeschrittene Vereinigung von Ober- und Unterkieferwülsten zu einer abnorm großen oder kleinen Mundöffnung kommt.

Zunge, Epiglottis: Der *Zungenkörper* entwickelt sich aus einem unpaaren und zwei seitlichen *Zungenwülsten* aus dem 1. Branchialbogen, die miteinander verschmelzen. Der *Zungengrund* entsteht aus Material des 2.–4. Branchialbogens, das mit dem Zungenkörper zu einem einheitlichen Organ zusammenwächst. Die Grenze zwischen beiden Anteilen erkennt man am V-förmigen *Sulcus terminalis*, an dessen Spitze das *Foramen caecum* liegt. Aus dem 4. Branchialbogen entsteht ein weiterer Wulst, aus dem die *Anlage der Epiglottis* hervorgeht. Unmittelbar dahinter liegt der Eingang in den Kehlkopf.

Schilddrüse: Die *Anlage der Schilddrüse* liegt am Foramen caecum. Von dort wächst ein Epithelschlauch in die Tiefe (*Ductus thyroglossus*), an dessen Ende sich zwei miteinander verbundene Schilddrüsenlappen bilden. Nachdem die Schilddrüse ihre endgültige Lage vor dem 3. Luftröhrenknorpel erreicht hat, bildet sich der Ductus thyroglossus zurück.

Klinischer Bezug

Reste des Ductus thyroglossus können in der Mittellinie des Halses den *Lobus pyramidalis*, *Zysten* oder *Fisteln* bilden, in denen z. T. Reste von Schilddrüsengewebe auftreten.

Trachea: Beim drei Wochen alten Embryo bildet sich an der Vorderwand des Vorderdarms unterhalb der Anlage der Epiglottis eine Ausstülpung. Dieses Lungendivertikel steht zunächst noch über die gesamte Länge mit dem Vorderdarm in Verbindung, wird jedoch bald von ihm durch das *Septum oesophagotracheale* getrennt. Nur im Bereich des Kehlkopfeingangs bleibt die Verbindung bestehen. Das Lungendivertikel wächst nach unten und entwickelt sich zur Trachea, die in die zwei *Lungenknospen* übergeht. Um das Entoderm der Trachea herum bilden sich Knorpelspangen und Muskulatur.

Ösophagus: Der Ösophagus entsteht aus dem Abschnitt des Vorderdarms vom Abgang des Lungendivertikels bis zur Magenanlage. Die Muskulatur entwickelt sich aus dem umgebenden Mesoderm.

Klinischer Bezug

Mißbildungen im Bereich des Ösophagus sind auf eine Entwicklungsstörung des Lungendivertikels und des Septum oesophagotracheale zurückzuführen. Meistens endet der proximale Abschnitt des Ösophagus blind und der distale Abschnitt mündet in die Trachea (**Ösophagotrachealfistel**). Selten besteht eine Verbindung zwischen Trachea und proximalem sowie distalem Ösophagus. Dieser angeborene **Verschluß des Ösophagus (Atresie)** kann in seltenen Fällen auch ohne eine Ösophagotrachealfistel vorkommen. Die Diagnose kann pränatal aufgrund eines Hydramnions vermutet werden und läßt sich nach der Geburt durch Sondierung des Ösophagus bestätigen.

5.2 Knöcherner Schädel (Cranium)

Der *knöcherne Schädel* (*Cranium*) besteht aus 18 einzelnen Knochen (Abb. 5.**1**), die mit Ausnahme des Unterkiefers und der Gehörknöchelchen durch Knochennähte (*Syndesmosen*, ausnahmsweise Synostosen [Os parietale]) miteinander verbunden sind. Die Form des Schädels bestimmt weitgehend die äußere Form des Kopfes. Beim Neugeborenen nimmt das Neurocranium den größten Teil des Schädels ein. Während der Entwicklung zum Erwachsenen verändert sich vor allem der Gesichtsschädel durch die *Ausbildungen des Kauapparates*. Die Knochen unterteilt man in *Schädelknochen* (*Ossa cranii*), *Gesichtsknochen* (*Ossa faciei*) und *Gehörknöchelchen* (s.a. Kap. 11).

5.2.1 Schädelknochen (Ossa cranii)

Stirnbein (Os frontale): Das Os frontale schließt die Schädelhöhle nach vorne ab. Man unterscheidet die paarige *Pars orbitalis*, die das Dach der Augenhöhlen bildet, die *Pars nasalis*, die die Nasenhöhle nach oben begrenzt, und die *Squama frontalis* (*Stirnbeinschuppe*), die die vordere Schädelgrube begrenzt.

Die *Pars orbitalis* grenzt nach medial an das Os ethmoidale (Siebbein) des Gesichtsschädels. Die *Pars nasalis* ist mit dem Os nasale (Nasenbein) und den Procc. frontales der Maxilla (Oberkiefer) verbunden. Die *Squama frontalis* bildet den oberen Augenhöhlenrand. An ihrer Vorderfläche erkennt man zwei *Stirnbeinhöcker* und die dazwischenliegende flache *Stirnglatze* (*Glabella*). Nach lateral setzt sie sich in den *Proc. zygomaticus* fort, der mit dem Os zygomaticum (Jochbein) verbunden ist.

Scheitelbein (Os parietale): Das Os parietale ist eine viereckige Knochenplatte, die zwischen Os frontale und Os occipitale (Hinterhauptsbein) liegt. Es steht über seine vier Ränder mit den angrenzenden Knochen in Verbindung und bildet mit diesen die *Schädelnähte* (*Suturae*):

- am oberen Rand mit dem Os parietale der Gegenseite die *Pfeilnaht* (*Sutura sagittalis*);
- am vorderen Rand mit dem Os frontale die *Kranznaht* (*Sutura coronalis*);
- am hinteren Rand mit dem Os occipitale die *Lambdanaht* (*Sutura lambdoidea*);
- am unteren Rand mit dem Os temporale (Schläfenbein) die *Schuppennaht* (*Sutura squamosa*).

An der Außenfläche erkennt man die Lineae temporales sup. und inf., die als Ansatz für die gleichnamigen Muskeln dienen.

Hinterhauptsbein (Os occipitale): Das Os occipitale schließt die Schädelhöhle nach hinten ab. Es besteht aus der *Pars basilaris*, den paarigen *Partes lat.* und der *Squama occipitalis*.

Die Anteile des Os occipitale umgeben das *Hinterhauptsloch* (*Foramen magnum*), durch das die Schädelhöhle mit dem Wirbelkanal verbunden ist, und bilden den hinteren Teil der Schädelbasis. Die *Pars basilaris* liegt am vorderen Rand des Foramen magnum und bildet zusammen mit dem Os sphenoidale (Keilbein) den *Clivus*. Seitlich ist die Pars basilaris mit dem Os temporale (Schläfenbein) verbunden. Die *Partes lat.* liegen seitlich des Foramen magnum. An ihrer Unterfläche befinden sich die *Condyli occipitales*, die Gelenkköpfe des Atlantooccipitalgelenks. Die *Squama occipitalis* bildet den hinteren Rand des Foramen magnum und ist nach oben hin mit dem Os parietale verbunden.

An der Außenfläche erkennt man den äußeren Hinterhauptshöcker (*Protuberantia occipitalis ext.*), der die Grenze zwischen Schädeldach und Schädelbasis bildet. Von der Protuberantia aus zieht die Linea nuchae suprema nach beiden Seiten. Darunter liegen die Lineae nuchae sup. und inf., die jeweils Muskeln als Ansatz dienen.

Schläfenbein (Os temporale): Das Os temporale liegt zwischen Os sphenoidale, Os parietale und Os occipitale. Es bildet einen Teil der Schädelbasis und der Schädelseitenwand. Das Os temporale setzt sich zusammen aus *Pars petrosa* (*Felsenbein*), *Pars tympanica* (*Paukenteil*) und *Pars squamosa* (*Schläfenbeinschuppe*).

Die *Pars petrosa* hat die Form einer dreiseitigen Pyramide, deren Spitze zur Mitte der Schädelbasis gerichtet ist. Sie liegt zwischen Os sphenoidale und Os occipitale. In der Basis liegt das *Mittelohr*, zur Spitze hin das *Innenohr*. Auf der Vorderfläche der Pyramide liegt das Dach der Paukenhöhle. Auf der Hinterfläche öffnet sich der *Meatus acusticus int.* sowie zwischen Pars petrosa und Os occipitale das *Foramen jugulare*. Auf der Unterfläche liegt hinter dem äußeren Gehörgang der *Proc. mastoideus*. Davor ragt der *Proc. styloideus* nach kaudal. Die *Pars tympanica* umgibt den äußeren Gehörgang und reicht bis zum Proc. mastoideus. Die *Pars squamosa* bildet die Schädelseitenwand. An ihrer Außenfläche erkennt man die glatte *Facies temporalis*, an der der gleichnamige Muskel ansetzt. Im unteren Teil liegt der *Proc. zygomaticus*, der mit dem Os zygomaticus den *Jochbogen* bildet. Auf der Unterseite des Proc. zygomaticus befindet sich die Gelenkfläche für das Kiefergelenk.

Keilbein (Os sphenoidale): Das Os sphenoidale liegt zwischen Os frontale, Os parietale, Os temporale und Os occipitale und bildet den mittleren Teil der Schädelbasis. Es besteht aus dem *Corpus ossis sphenoidalis* (*Keilbeinkörper*), den *Alae min.* (*kleine Keilbeinflügel*), den *Alae maj.* (*große Keilbeinflügel*) und dem paarigen *Proc. pterygoideus* (*Flügelfortsatz*).

Das *Corpus ossis sphenoidalis* ist würfelförmig und grenzt nach hinten an die Pars basilaris des Os occipitale. In ihm liegen zwei der Nasennebenhöhlen, die paarigen *Keilbeinhöhlen*. An der Oberfläche des Corpus befindet sich die *Fossa hypophysialis*, die nach vorne durch das *Tuberculum sellae* mit den seitlichen *Procc. clinoidei ant.*, nach hinten durch das *Dorsum sellae* mit den *Procc. clinoidei post.* begrenzt wird. In ihr liegt die *Hirnanhangsdrüse* (*Hypophyse*). Die *Alae min.* bilden den vorderen Teil des Keilbeins und sind mit der Pars orbitalis des Os frontale verwachsen. Zwischen den Alae min. und maj. entsteht eine Spalte, die *Fissura orbitalis sup.* Die *Alae maj.* grenzen nach vorne an den Oberkiefer und nach oben an die Augenhöhle.

An der seitlichen Außenfläche erkennt man die *Crista infratemporalis*, an der die gleichnamige Faszie ansetzt. Der *Proc. pterygoideus* geht beidseits von der Unterfläche des Corpus nach kaudal ab. Er teilt sich in zwei Knochenplatten (Lamina lat. und Lamina med.).

5.2.2 Gesichtsknochen (Ossa faciei)

Oberkiefer (Maxilla): Der Oberkiefer ist paarig und besteht aus dem *Corpus maxillae* mit vier *Fortsätzen* (*Processus*).

Das *Corpus* bildet den zentralen Anteil und enthält die pneumatisierten Kieferhöhlen. Es grenzt medial an die laterale Nasenwand und nimmt kranial einen großen Teil des Orbitabodens ein. Unterhalb der Nasenöffnung verbinden sich die beiden Maxillae in der Mittellinie.

Der *Proc. frontalis* grenzt an Os nasale, Os lacrimale und die Pars nasalis des Os frontale. Der lateral liegende *Proc. zygomaticus* bildet einen Teil des Jochbogens. Der kaudal liegende *Proc. alveolaris* verläuft bogenförmig und enthält acht Vertiefungen (*Alveolarfortsätze, Alveoli dentales*) für die Zahnwurzeln der oberen Zähne. Die nach dorsal gerichteten *Procc. palatini* stehen horizontal und sind miteinander und mit dem Os palatinum verbunden. Sie bilden den größeren Teil des harten Gaumens.

Unterkiefer (Mandibula): Der Unterkiefer besteht aus *Corpus* und paarigem *Ramus mandibulae*, die im *Kieferwinkel* (*Angulus mandibulae*) gegeneinander abgeknickt sind.

Das *Corpus* trägt die Alveolarfortsätze für die unteren Zahnwurzeln. Auf der Außen- und Innenfläche von Ramus und Corpus finden sich Knochenvorsprünge, an denen die Kaumuskulatur und ein Teil der infrahyalen Muskulatur ansetzen. Am kranialen Ende teilt sich der Ramus in zwei Fortsätze, den vorderen *Proc. coronoideus* und den hinteren *Proc. condylaris*, die an der Bildung des *Kiefergelenks* beteiligt sind.

Gaumenbein (Os palatinum): Das paarige Gaumenbein liegt im hinteren Bereich der Nasenhöhle und ist abgewinkelt. Die *Lamina horizontalis* bildet den hinteren Teil des harten Gaumens, die senkrecht stehende *Lamina perpendicularis* den hinteren Abschnitt der lateralen Nasenwand und einen kleinen Teil der Orbita. Die Laminae horizontales bilden in der Mittellinie die Crista nasalis. An den Laminae perpendiculares sind die unteren Nasenmuscheln befestigt.

Jochbein (Os zygomaticum): Das Jochbein liegt zwischen den Procc. zygomatici des Os frontale und Os temporale und bildet mit diesen den lateral gelegenen *Jochbogen*.

Tränenbein (Os lacrimale): Das viereckige Tränenbein liegt an der medialen Orbitawand zwischen Os frontale, Maxilla und Os ethmoidale und bildet gleichzeitig einen Teil der *lateralen Nasenwand*.

Nasenbein (Os nasale): Das Nasenbein bildet das Dach der Nasenhöhle.

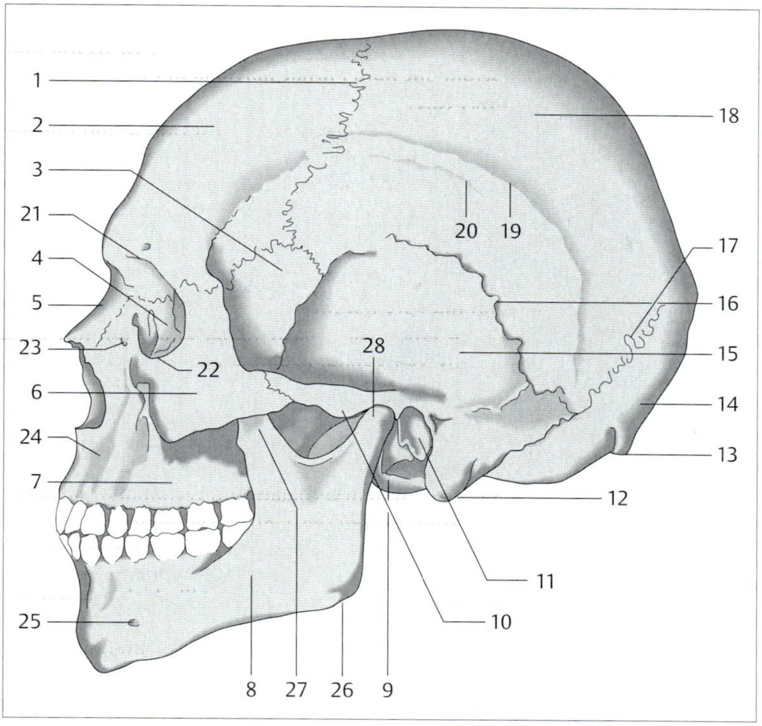

Abb. 5.**1** Schädel von lateral. 1 = Sutura coronalis, 2 = Os frontale, 3 = Os sphenoidale, 4 = Os lacrimale, 5 = Os nasale, 6 = Os zygomaticum, 7 = Maxilla, 8 = Mandibula, 9 = Art. temporomandibularis (Kiefergelenk), 10 = Arcus zygomaticus, 11 = Meatus acusticus ext., 12 = Proc. mastoideus, 13 = Protuberantia occipitalis ext., 14 = Os occipitale, 15 = Os temporale, 16 = Sutura squamosa, 17 = Sutura lambdoidea, 18 = Os parietale, 19 = Linea temporalis sup., 20 = Linea temporalis inf., 21 = Margo supraorbitalis, 22 Margo infraorbitalis, 23 = Proc. frontalis maxillae, 24 = Proc. alveolaris maxillae, 25 = Foramen mentale, 26 = Angulus mandibulae, 27 = Proc. coronoideus, 28 = Proc. condylaris (nach Bücker, Thieme 1992)

Siebbein (Os ethmoidale): Das Os ethmoidale besteht aus *Lamina cribrosa*, *Lamina perpendicularis* und *Labyrinthus ethmoidale*.

Die *Lamina cribrosa* liegt zwischen den Procc. orbitales der Ossa frontalia. Sie bildet einen Teil des Nasendachs und dient den *Riechnerven* (*Fila olfactoria*) als Durchtrittsstelle in den Schädel. Die *Lamina perpendicularis* ist Teil des Nasenseptums.

Das *Labyrinthus ethmoidalis* enthält die *pneumatisierten Siebbeinzellen* (*Cellulae ethmoidales*) und bildet den Teil der lateralen Nasenwand, der die *obere* und *mittlere Nasenmuschel* (*Concha nasalis sup. et media*) trägt.

Untere Nasenmuschel (Concha nasalis inf.): Sie ist ein selbständiger Knochen, der mit Os ethmoidale, Os lacrimale und Maxilla verbunden ist.

Pflugscharbein (Vomer): Der Vomer ist eine dünne Knochenplatte, die mit der Lamina perpendicularis des Os ethmoidale und den Cristae nasales von Maxilla und Os palatinum das *knöcherne Nasenseptum* bildet.

Zungenbein (Os hyoideum): Das *Os hyoideum* zählt ebenfalls zu den Gesichtsknochen, wird aber beim Hals besprochen (s.a. 5.3.4).

5.2.3 Schädeldach, Kalotte (Calvaria)

Das *Schädeldach* (*Calvaria*) wird von den Ossa parietalia und Teilen des Os frontale, der Ossa temporalia und des Os occipitale gebildet, die jeweils auch an der Bildung der Schädelbasis beteiligt sind. Sie erstreckt sich vom oberen Orbitarand bis zur Linea nuchae sup. Bei den Knochen handelt es sich um *platte Knochen*, die im Durchschnitt 5 mm dick sind. Sie bestehen aus einer äußeren und inneren kompakten Schicht (*Tabula int.*, *Tabula ext.*), zwischen denen die *spongiöse Knochensubstanz* (*Diploë*) liegt, und werden auf beiden Seiten von Periost überzogen. In der Diploë verlaufen die *Vv.*

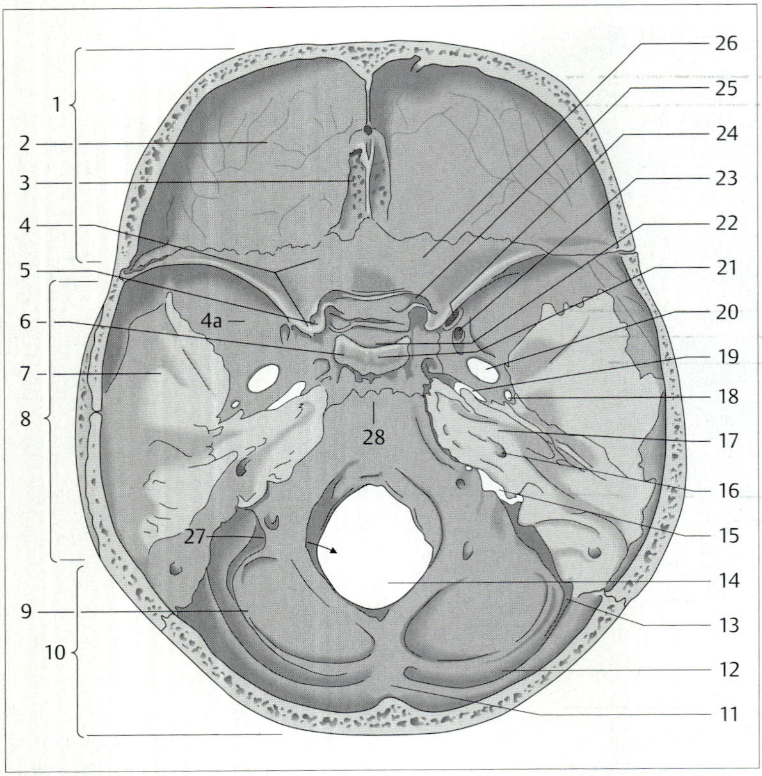

Abb. 5.**2** Schädelbasis von innen. 1 = vordere Schädelgrube, 2 = Os frontale, 3 = Lamina cribrosa, 4 = Os sphenoidale, 4a = Alae maj. ossis sphenoidale, 5 = Proc. clinoideus ant., 6 = Proc. clinoideus post., 7 = Os temporale, 8 = mittlere Schädelgrube, 9 = Os occipitale, 10 = hintere Schädelgrube, 11 = Protuberantia occipitalis int., 12 = Sulcus sinus transversi, 13 = Sulcus sinus sigmoidei, 14 = Foramen magnum, 15 = Foramen jugulare, 16 = Porus acusticus int., 17 = Pars petrosa ossis temporale (Schläfenbeinpyramide), 18 = Foramen spinosum, 19 = Foramen lacerum, 20 = Foramen ovale, 21 = Dorsum sellae, 22 = Sella turcica mit Fossa hypophysealis, 23 = Foramen rotundum, 24 = Fissura orbitalis sup., 25 = Canalis opticus, 26 = Alae min. ossis sphenoidale, 27 = Canalis hypoglossi, 28 = Clivus (nach Bücker, Thieme 1992)

diploicae, die einerseits über *Vv. emissariae* mit den großen venösen Blutleitern des Gehirns (*Sinus durae matris*) und andererseits mit den *Venen der Schädelweichteile* verbunden sind.

Innenrelief: Das innere Relief des Schädeldachs wird durch die anliegenden Strukturen geprägt. Die Äste der A. meningea media hinterlassen ihre Abdrücke in den *Sulci arteriosi*, die im Os parietale und im Os temporale am deutlichsten zu sehen sind. Auch die venösen Sinus hinterlassen Abdrücke (*Sulcus sinus sagittalis sup., Sulcus sinus transversi, Sulcus sinus sigmoidei*). Neben dem Sinus sagittalis sup. liegen Vertiefungen, die durch Auswüchse der Arachnoidea (*Pacchionische Granulationen*) gebildet werden (s.a. 9.9.2 und 9.10.2).

Klinischer Bezug

Frakturen des Schädeldachs entstehen durch starke Gewalteinwirkung auf den Schädel. Es entstehen *Berstungs-, Biegungs-* und *Impressionsfrakturen*. Die Lamina int. bricht in der Regel früher als die Lamina ext. Dabei besteht die Gefahr, daß es auch bei nach außen geschlossenem Schädel zur Verletzung der Meningealarterien und zur Entstehung eines *epiduralen Hämatoms* kommt.

5.2.4 Schädelbasis (Basis cranii)

Die *innere Schädelbasis* (*Basis cranii:* Abb. 5.**2**) bildet den Boden der Schädelhöhle. Sie läßt sich in drei Gruben unterteilen, die von vorne nach hinten durch abfallende Stufen gegeneinander abgegrenzt sind.

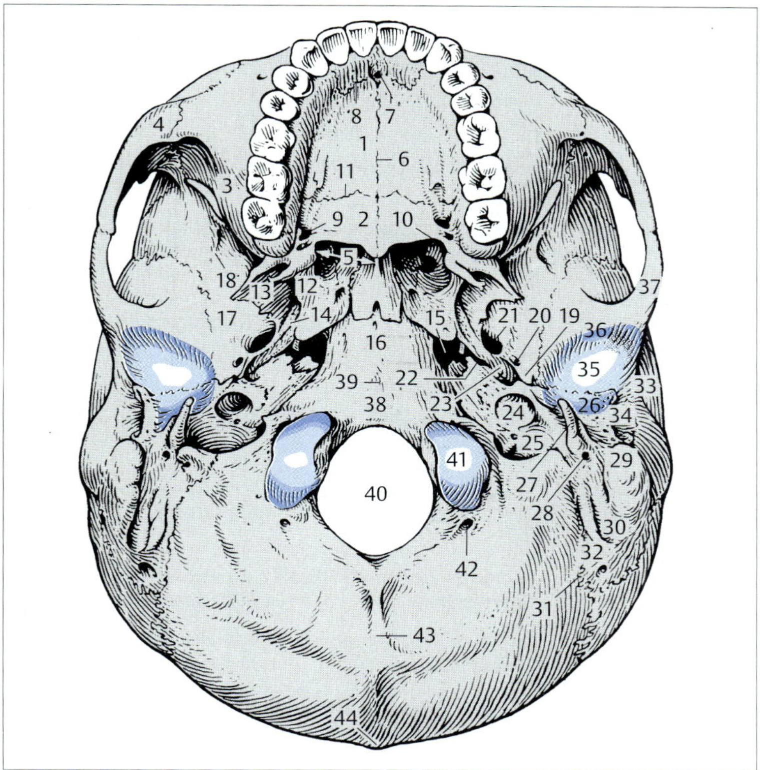

Abb. 5.**3** Schädelbasis von außen. 1 = Proc. palatinus maxillae, 2 = Lamina horizontalis ossis palatini, 3 = Proc. alveolaris maxillae, 4 = Os zygomaticum, 5 = Choanen, 6 = Sutura palatina media, 7 = Fossa incisiva, 8 = Sutura incisiva, 9 = Foramen palatinum maj., 10 = Foramina palatina min., 11 = Sutura palatina transversa, 12 = Lamina med. des Proc. pterygoideus, 13 = Lamina lat. des Proc. pterygoideus, 14 = Fossa scaphoidea, 15 = Foramen lacerum, 16 = Corpus ossis sphenoidalis, 17 = Ala maj., 18 = Crista infratemporalis, 19 = Spina ossis sphenoidalis, 20 = Foramen spinosum, 21 = Foramen ovale, 22 = Fissura sphenopetrosa, 23 = Sulcus tubae auditivae, 24 = Apertura ext. canalis carotici, 25 = Fossa jugularis, 26 = Pars tympanica ossis temporalis, 27 = Proc. styloideus, 28 = Foramen stylomastoideum, 29 = Proc. mastoideus, 30 = Incisura mastoidea, 31 = Sutura occipitomastoidea, 32 = Sulcus a. occipitalis, 33 = Pars squamosa ossis temporalis, 34 = Porus acusticus ext., 35 = Fossa mandibularis, 36 = Tuberculum articulare, 37 = Proc. zygomaticus ossis temporalis, 38 = Pars basilaris ossis occipitalis, 39 = Tuberculum pharyngeum, 40 = Foramen magnum, 41 = Condyli occipitales, 42 = Canalis condylaris, 43 = Crista occipitalis ext., 44 = Protuberantia occipitalis ext. (aus Kahle/Leonhardt/Platzer, Thieme 1991)

Die *vordere Schädelgrube* wird von den Partes orbitales des Os frontale, der Lamina cribrosa des Os ethmoidale sowie dem Corpus des Os sphenoidale gebildet, die *mittlere Schädelgrube* von Os temporale und Os sphenoidale und die *hintere Schädelgrube* von der Pars petrosa des Os temporale, dem Corpus des Os sphenoidale sowie dem Os occipitale.

Die Grenze zwischen vorderer und mittlerer Schädelgrube bilden die *Alae min. des Os sphenoidale*, die Grenze zwischen mittlerer und hinterer Schädelgrube die *obere Kante der Felsenbeinpyramide*.

In der vorderen Schädelgrube liegt der Frontallappen des Gehirns, in der mittleren der Temporallappen und in der hinteren auf dem Tentorium cerebelli der Okzipitallappen, darunter Hirnstamm und Kleinhirn.

Auch die *Außenfläche* (Abb. 5.**3**) läßt sich in einen vorderen, mittleren und hinteren Abschnitt gliedern. Der vordere Abschnitt wird vom Proc. palatinus der Maxilla und der Lamina horizontalis des Os palatinum gebildet, der mittlere von Teilen des Os sphenoidale und Os temporale und der hintere vom Os occipitale.

Tabelle 5.**2** Öffnungen des Schädels

Öffnungen	Lokalisation	Verbindung	Nerven, Gefäße
Lamina cribrosa	Os ethmoidale	vordere Schädelgrube – Nasenhöhle	A. u. N. ethmoidalis ant., Fila olfactoria (I)
Canalis opticus	Os sphenoidale	mittlere Schädelgrube – Orbita	A. ophthalmica, N. opticus (II)
Fissura orbitalis sup.	zwischen Ala min. und Ala maj. des Os sphenoidale	mittlere Schädelgrube – Orbita	V. ophthalmica sup., N. oculomotorius (III), N. trochlearis (IV), N. ophthalmicus (V_1), N. abducens (VI)
Foramen rotundum	Ala maj. des Os sphenoidale	mittlere Schädelgrube – Fossa pterygopalatina	N. maxillaris (V_2)
Foramen ovale	Ala maj. des Os sphenoidale	mittlere Schädelgrube – Fossa infratemporalis	N. mandibularis (V_3)
Foramen lacerum	zwischen Ala maj. des Os sphenoidale und Felsenbein	Zugang zum Canalis pterygoideus	N. petrosus maj., N. petrosus prof.
Canalis pterygoideus	Proc. pterygoideus	Foramen lacerum – Fossa pterygopalatina	N. petrosus maj., N. petrosus prof.
Foramen spinosum	Ala maj. des Os sphenoidale	mittlere Schädelgrube – Fossa infratemporalis	A. meningea media, R. meningeus n. mandibularis
Canalis caroticus	Felsenbein	äußere Schädelbasis – innere Schädelbasis	A. carotis int., Plexus caroticus
Meatus acusticus int.	hintere Fläche des Felsenbeins	hintere Schädelgrube – Innenohr	A. u. V. labyrinthi, N. intermediofacialis (VII), N. vestibulocochlearis (VIII)
Foramen jugulare	zwischen Felsenbein und Os occipitale	hintere Schädelgrube – äußere Schädelbasis (Fossa jugularis)	vorne: Sinus petrosus inf., N. glossopharyngeus (IX) hinten: V. jugularis int., N. vagus (X), N. accessorius (XI), A. pharyngea ascendens
Canalis musculotubarius	Felsenbein	Cavum tympani – Pharynx	M. tensor tympani, Tuba auditiva
Canalis hypoglossalis	Basis der Kondylen	hintere Schädelgrube – äußere Schädelbasis	N. hypoglossus (XII)
Foramen magnum	Os occipitale	hintere Schädelgrube – Wirbelkanal	Aa. vertebrales, A. spinalis ant., Aa. spinales post., R. meningeus a. vertebralis, Medulla oblongata, Radix spinalis n. accessorii (XI)
Foramen stylomastoideum	Os temporale	äußere Öffnung des Canalis facialis	A. stylomastoidea, N. facialis
Foramen sphenopalatinum	zwischen Os palatinum und Os sphenoidale	Fossa pterygopalatina – Nasenhöhle	Aa. nasales post., Rr. nasales post. sup. et inf.

Tabelle 5.2 Öffnungen des Schädels (Fortsetzung)

Öffnungen	Lokalisation	Verbindung	Nerven, Gefäße
Foramen palatinum maj. u. min.	zwischen Maxilla und Os palatina	Fossa pterygopalatina – Gaumen	N. palatinus maj. et min.
Fissura orbitalis inf.	zwischen Ala maj. des Os sphenoidale und Maxilla	Fossa pterygopalatina – Orbita	A., V. u. N. infraorbitalis, V. ophthalmica inf., N. zygomaticus
Foramen infraorbitale	Corpus maxillae	Orbita – Haut der Maxilla	A., V. u. N. infraorbitalis
Fissura sphenopetrosa	Hinterrand des Foramen lacerum	mittlere Schädelgrube – Fossa infratemporalis	N. petrosus min. (sekretorischer Ast des N. glossopharyngeus)
Fissura petrotympanica	Felsenbein	Cavum tympani – Regio infratemporalis	Chorda tympani (sekretorischer Ast des N. facialis)
Foramen ethmoidale ant.	zwischen Os frontale und Os ethmoidale in der Orbita	Orbita – vordere Schädelgrube	N. ethmoidalis ant.
Foramen ethmoidale post.	zwischen Os frontale und Os ethmoidale in der Orbita	Orbita – hintere Siebbeinzellen	N. ethmoidalis post.
Foramen mentale	Außenfläche der Mandibula	Ramus mandibulae – Haut des Unterkiefers	A., V. u. N. alveolaris inf.
Fissura pterygomaxillaris	zwischen Proc. pterygoideus und Tuber maxillare	Fossa infratemporalis – Fossa pterygopalatina	A. maxillaris, Nn. alveolares sup. post.

Auf beiden Flächen befinden sich zahlreiche Öffnungen, die den Nerven und Gefäßen als *Durchtrittsstellen* dienen (Abb. 5.**2** und 5.**3**). Tab. 5.**2** zeigt eine Übersicht über die wichtigsten Nerven- und Gefäßdurchtrittsstellen am Schädel.

Klinischer Bezug

Querfrakturen der Schädelbasis verlaufen meist entlang der Felsenbeinkante und durch die Sella turcica. *Längsfrakturen* verlaufen in der vorderen Schädelgrube durch die Siebbeinplatte oder das Orbitadach und in der mittleren Schädelgrube durch die Foramina rotundum, ovale und spinosum. Bei **Frakturen der Schädelbasis** können austretende Nerven und Gefäße geschädigt werden. Der Austritt von Liquor ist ein sicheres Zeichen der *Schädelbasisfraktur*, Blutungen in die Augenlider (Brillenhämatom), aus Ohr oder Nase sind oft Begleitsymptome.

5.2.5 Gesichtsschädel (Viscerocranium)

Das Außenrelief des Gesichtsschädels wird geprägt durch *Augenhöhlen*, *Nasenhöhle* und *Kiefer*. Die beiden Oberkiefer bilden den gesamten Mittelteil des Gesichtes. Mit ihren Procc. frontales umgeben sie den Eingang der Nasenhöhle und trennen sie damit von den Augenhöhlen. Der bogenförmige Unterkiefer schließt den Gesichtsschädel nach unten ab. Er ist über das Kiefergelenk beweglich mit dem Schädel verbunden (s.a. 5.2.4). Die seitlichen Konturen werden vor allem von den *Jochbögen* gebildet (*Arcus zygomaticus*).

Augenhöhle (Orbita): Die Knochen der Orbita bilden eine Pyramide, deren Spitze nach hinten medial gerichtet ist und deren Basis den Eingang der Augenhöhle bildet.

Folgende Knochen bilden die *Wände der Orbita*:

- *Dach:* Os frontale,
- *laterale Wand:* Os zygomaticum,
- *Boden:* Os zygomaticum und Os maxillare,
- *mediale Wand:* Os lacrimale und Os ethmoidale,
- *Spitze:* Os palatinum und Os sphenoidale.

Die Orbita hat zahlreiche Öffnungen, durch die Nerven und Gefäße austreten (s.a. Tab. 5.**2** und Abschnitt 10.1.1).

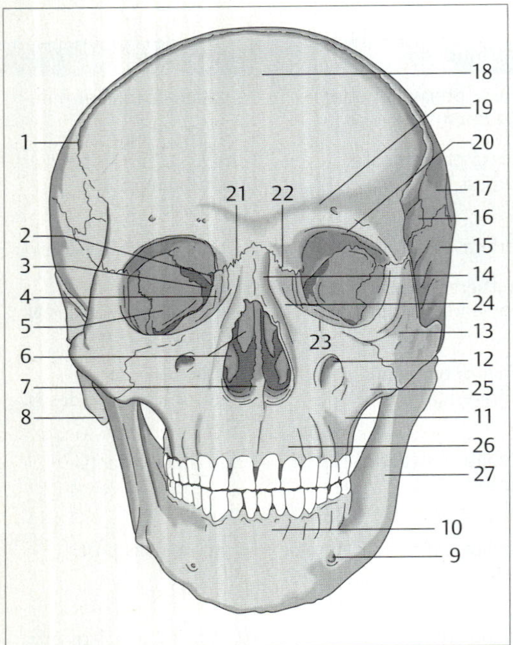

Abb. 5.**4** Schädel von vorne. 1 = Sutura coronalis, 2 = Canalis opticus, 3 = Fissura orbitalis sup., 4 = Os lacrimale, 5 = Ala maj. ossis sphenoidale, 6 = Concha nasalis, 7 = Vomer, 8 = Proc. mastoideus, 9 = Foramen mentale, 10 = Mandibula, 11 = Maxilla, 12 = Foramen infraoribitale, 13 = Os zygomaticum, 14 = Os nasale, 15 = Os temporale, 16 = Ala maj. ossis sphenoidalis, 17 = Os parietale, 18 = Squama frontalis, 19 = Arcus superciliaris, 20 = Margo supraorbitalis, 21 = Suturae frontonasales, 22 = Suturae frontomaxillares, 23 = Margo infraorbitalis, 24 = Proc. frontale maxillae, 25 = Proc. zygomaticus maxillae, 26 = Proc. alveolaris maxillae, 27 = Ramus mandibulae (nach Bücker, Thieme 1992)

Nasenhöhle (Cavitas nasi): Die Nasenhöhlen sind durch die Ausbildung des Nasenseptums paarig. Sie öffnen sich vorne durch die *Apertura piriformis* nach außen und hinten über die Choanen in den Rachenraum. Die *Nasenscheidewand* (*Septum nasi*) trennt die beiden Nasenhöhlen voneinander. Sie wird vom Vomer, der Lamina perpendicularis des Os ethmoidale und dem *Nasenknorpel* (*Cartilago nasi*) gebildet.

Folgende Knochen bilden die *Wände der Cavitas nasi*:

- *Dach:* Lamina cribrosa des Os ethmoidale, Os nasale und Pars nasalis des Os frontale;
- *Boden:* Proc. palatinus der Maxilla und Lamina horizontalis des Os palatinum
- *laterale Wand:* Proc. frontalis der Maxilla, Os lacrimale, Os ethmoidale mit Concha nasalis sup. und med., Lamina perpendicularis des Os palatinum und Concha nasalis inf.

An der äußeren Nase unterscheidet man die *Nasenwurzel*, die vom knöchernen Dach gebildet wird, sowie den *Nasenrücken* und die *Nasenflügel*, die sich aus mehreren kleinen hyalinen Knorpel zusammensetzen (s.a. 5.4.1).

Nasennebenhöhlen (Sinus paranasales): Nasennebenhöhlen sind im Knochen liegende paarig angelegte Schleimhauthöhlen, die mit der Nasenhöhle in Verbindung stehen. Man unterscheidet die *Kieferhöhle* (*Sinus maxillaris*), die *Stirnhöhle* (*Sinus frontalis*), die *vorderen, mittleren* und *hinteren Siebbeinzellen* (*Sinus ethmoidales ant., med. et post.*) und die *Keilbeinhöhle* (*Sinus sphenoidalis*) (s.a. 5.4.2).

Schläfengrube (Fossa temporalis): Die Faszie des M. temporalis setzt am *oberen Rand* der Fossa temporalis an und zieht unter Bildung der *lateralen Wand* nach unten zum äußeren und inneren Rand des Arcus zygomaticus, wo die Fossa temporalis in die Fossa infratemporalis übergeht. Die *mediale Wand* wird von Pars squamosa des Os temporale, Ala maj. des Os sphenoidale, Os parietale und Os frontale gebildet, die vordere vom Jochbogen.

Die Fossa temporalis enthält: M. temporalis mit seinen Gefäßen, A. und V. temporalis superf., N. zygomaticofacialis.

Fossa infratemporalis: Sie liegt unterhalb der Fossa temporalis und wird durch folgende *Wände* begrenzt:

- *lateral:* Arcus zygomaticus und Ramus mandibulae,
- *medial:* Proc. pterygoideus, Eingang in die Fossa pterygopalatina,
- *unten:* Ansatz des M. pterygoideus med., Fascia masseterica,
- *vorne:* Corpus maxillae,
- *hinten:* Übergang in Fossa retromandibularis.

Die Fossa infratemporalis enthält: M. pterygoideus lat. et med., Fettkörper (*Corpus adiposum buccae*), A. maxillaris, venöser Plexus pterygoideus, N. mandibularis und seine Äste, N. auriculotemporalis, N. massetericus, Chorda tympani, Ggl. oticum.

Flügelgaumengrube (Fossa pterygopalatina): Sie liegt medial der Fossa infratemporalis und steht mit ihr über die Fissura pterygomaxillaris in Verbindung.

Sie wird durch folgende *Wände* begrenzt:

- *Dach:* Corpus des Os sphenoidale,
- *medial:* Lamina perpendicularis des Os palatinum,
- *hinten:* Proc. pterygoideus, Ala maj. des Os sphenoidale,
- *vorne:* Proc. orbitalis des Os palatinum, Corpus maxillae.

Die Fossa pterygopalatina enthält: Endäste der A. und V. maxillaris, Ggl. pterygopalatinum. Sie hat folgende *Öffnungen* (s.a. Tab. 5.**2**): Foramen rotundum, Canalis pterygoideus, Foramen palatinum maj. und min., Foramen sphenopalatinum, Fissura orbitalis inf.

5.2.6 Kiefergelenk (Art. temporomandibularis)

Das *Kiefergelenk* (*Art. temporomandibularis*) bildet die Verbindung zwischen Unterkiefer und Schädel. Es handelt sich um ein *Scharniergelenk*, das paarig angelegt ist und deshalb eingeschränkt funktioniert.
Aufbau: Den Gelenkkopf bildet das *Caput mandibulae* des Proc. condylaris, die Gelenkpfanne die *Fossa mandibularis* des Os temporale mit dem Tuberculum articulare, die deutlich größer als der Gelenkkopf ist. Zwischen beiden liegt eine Gelenkscheibe (*Discus articularis*), die das Gelenk in eine *obere* und *untere Kammer* unterteilt. Der Discus ermöglicht die Bewegung des Caput mandibulae innerhalb der Fossa mandibularis, die nach vorne durch das *Tuberculum articulare* begrenzt wird.
Gelenkkapsel: Die relativ weite *Gelenkkapsel* ist mit dem Discus verwachsen und umgibt das Gelenk einschließlich des Tuberculum articulare. Das Kiefergelenk enthält folgende Bänder:

- *Lig. laterale:* vom Proc. zygomaticus zum Collum mandibulae, hemmt die Verschiebung nach dorsal und lateral;
- *Lig. stylomandibulare:* vom Proc. styloideus zum Angulus mandibulae, keine Verbindung zur Gelenkkapsel;
- *Lig. sphenomandibulare:* vom Os sphenoidale zur Innenseite des Ramus mandibulae;
- *Raphe pterygomandibularis:* vom Proc. pterygoideus zum Ramus mandibulae, sie dient zwei Muskeln als Ansatz bzw. Ursprung.

Gelenkbewegungen: Alle im Gelenk möglichen Bewegungen lassen sich auf drei Grundbewegungen zurückführen. Beim *Öffnen* treten die Gelenkköpfchen nach vorne auf das Tuberculum articulare. Die Bewegung des Scharniers ist mit einer *Gleitbewegung* verbunden. Das Schieben des Gelenkkopfes nach vorne und hinten wird durch das Gleiten des Discus in der oberen Gelenkkammer ermöglicht. Bei der *Mahlbewegung* verschiebt sich das Caput mandibulae seitwärts. Es kommt dabei zu einer Schräglage des Kiefers.

Klinischer Bezug

Bei zu starkem Öffnen des Mundes kann der Gelenkkopf vor das Tuberculum articulare rutschen und die sehr schmerzhafte **Kiefersperre** auslösen.

5.3 Kopf- und Halsmuskeln, Faszien

Die Kopfmuskeln lassen sich in *mimische Muskulatur* und *Kaumuskulatur* unterteilen. Die *Muskeln des Halses* halten und bewegen den Schädel. Sie umgeben die Halseingeweide und werden von bindegewebigen Hüllen (*Halsfaszien*) eingeschlossen. Einige der Halsmuskeln setzen am Zungenbein an und unterstützen den Schluckakt, besonders den Schluß des Kehlkopfes.

5.3.1 Gesichtsmuskulatur

Die *Gesichtsmuskulatur* (*Mm. faciales*) bestimmt den *Gesichtsausdruck* und wird deshalb auch als *mimische Muskulatur* bezeichnet (Abb. 5.**5** u. Tab. 5.**3**). Sie besteht aus dünnen Platten quergestreifter Muskulatur, die an Knochen oder Sehnen entspringen und

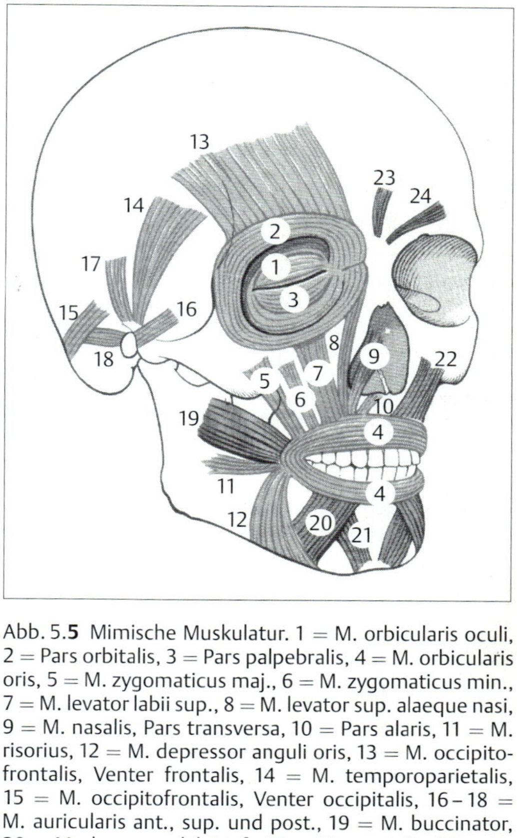

Abb. 5.**5** Mimische Muskulatur. 1 = M. orbicularis oculi, 2 = Pars orbitalis, 3 = Pars palpebralis, 4 = M. orbicularis oris, 5 = M. zygomaticus maj., 6 = M. zygomaticus min., 7 = M. levator labii sup., 8 = M. levator sup. alaeque nasi, 9 = M. nasalis, Pars transversa, 10 = Pars alaris, 11 = M. risorius, 12 = M. depressor anguli oris, 13 = M. occipitofrontalis, Venter frontalis, 14 = M. temporoparietalis, 15 = M. occipitofrontalis, Venter occipitalis, 16–18 = M. auricularis ant., sup. und post., 19 = M. buccinator, 20 = M. depressor labii inf., 21 = M. mentalis, 22 = M. levator anguli oris, 23 = M. depressor supercilii, 24 = M. corrugator supercilii (aus Beske, Thieme 1990)

Anatomie

Tab. 5.**3** Mimische Muskulatur

Muskel	Ursprung	Ansatz	Funktion
Muskeln der Lidspalte: M orbicularis oculi			
Pars palpebralis	Lig. palpebrale med.	Lig. palpebrale lat.	Lidschlag und Lidschluß
Pars orbitalis	Crista lacrimalis	rund um den Orbitarand	Zukneifen der Augen
Pars lacrimalis	medialer Augenwinkel	Pars palpebralis	Erweiterung des Tränensacks
Muskeln des Mundes			
M. orbicularis oris	umgibt ringförmig die Mundöffnung		Schließen und „Spitzen" des Mundes
M. buccinator	Raphe pterygomandibularis, Maxilla, Mandibula	M. orbicularis oris	Pfeifen, Blasen („Trompetermuskel"), Spucken, Saugen
M. levator labii sup.	über dem Foramen infraorbitale	M. orbicularis oris	Heben des Mundwinkels
M. levator labii sup. alaeque nasi	medial der Orbitawand	Nasenflügel, Oberlippe	Heben des Mundwinkels, Erweiterung der Nasenöffnung („Nasenflügeln")
M. depressor labii inf.	Unterrand der Mandibula	Unterlippe	Herunterziehen der Unterlippe („Trinkmuskel")
M. levator anguli oris	Corpus maxillae	Mundwinkel	Aufwärtsziehen des Mundwinkels
M. depressor anguli oris	Unterrand der Mandibula	Mundwinkel	Abwärtsziehen des Mundwinkels („Trauermuskel")
M. zygomaticus maj. et min.	Os zygomaticum	Mundwinkel	Heben von Mundwinkel und Oberlippe
M. risorius	Fascia parotidea	Mundwinkel	zieht Mundwinkel zur Seite („Lächeln")
M. mentalis	Mitte des Unterkiefers	Haut des Kinnes	Runzeln der Kinnhaut

im Bindegewebe der Haut ansetzen. Ihre Kontraktion bewirkt Verschiebungen der Haut. Einige Muskeln sind um Gesichtsöffnungen (Mund, Augen) angeordnet. Ihre Kontraktion bewirkt eine Verkleinerung der Öffnung (z. B. Lidschluß). Die mimischen Muskeln stammen vom *2. Branchialbogen* ab und werden alle vom *N. facialis* (VII) innerviert.
Das Schädeldach wird von der *Kopfschwarte* überzogen, deren Grundlage eine Sehnenplatte (*Galea aponeurotica*) bildet. In diese Sehnenplatte strahlen Muskeln der Stirn, der Schläfe und des Hinterhauptes ein (Mm. occipitofrontales und Mm. temporoparietales), die zusammen als *M. epicranius* bezeichnet werden. Im Bereich der Nase und der Ohren gibt es weitere mimische Muskeln.

5.3.2 Kaumuskulatur

Als *Kaumuskeln* (*Mm. masticatores*) bezeichnet man vier Muskeln, die beiderseits vom Schädel zum Unterkiefer ziehen und diesen bewegen (Tab. 5.**4**). Sie werden von *Faszien* umschlossen. Die Kaumuskeln werden von Ästen des *N. mandibularis* *(V_3)* aus dem N. trigeminus innerviert („*N. masticatorius*"). **Kauakt:** Der Kauakt wird durch das Zusammenwirken der Kaumuskeln mit den mimischen Gesichtsmuskeln, der Zungen- und Mundbodenmuskulatur ermöglicht. Die Muskeln von Lippen, Wangen und Zunge schieben den Bissen im Mund hin und her. Die *Schließmuskeln* des Kiefers zerdrücken die Nahrung. Das Zermahlen der Nahrung wird durch Seitwärtsbewegungen des Kiefers unterstützt. Das

Tab. 5.**4** Kaumuskulatur

Muskel	Ursprung	Ansatz	Funktion	Innervation
M. temporalis	Facies temporalis von Os temporale + Os parietale	Proc. coronoideus mandibulae	Kieferschluß, Zurückziehen der Mandibula	Nn. temporales prof. (aus V_3)
M. masseter	Arcus zygomaticus	Tuberositas masseterica mandibulae	Kieferschluß	N. massetericus
M. pterygoideus med.	Fossa pterygoidea	Angulus mandibulae	Kieferschluß	N. pterygoideus med.
M. pterygoideus lat. Caput med. Caput lat.	 Crista infratemporalis des Os sphenoidale Lamina lat. des Proc. pterygoideus	 Discus articularis Proc. condylaris mandibulae	zieht Diskus nach vorne, Kieferöffnung Vorschieben (doppelseitige Kontraktion) und Seitwärtsschieben (einseitige K.) des Unterkiefers	N. pterygoideus lat.

Öffnen des Mundes erfolgt durch die Mundbodenmuskulatur.

5.3.3 Zungenbein und Zungenbeinmuskulatur

Zungenbein (Os hyoideum): Das Zungenbein ist hufeisenförmig und liegt in Höhe des 4. Halswirbels im ventralen Bereich des Halses. Es besteht aus dem *Zungenbeinkörper* (*Corpus ossis hyoidei*), der beidseits in das *große Zungenbeinhorn* (*Cornu maj.*) übergeht. Zwischen Corpus und Cornu maj. ragt das *kleine Zungenbeinhorn* (*Cornu min.*) schräg nach hinten oben.

Zungenbeinmuskulatur (Abb. 5.**6**): Das Zungenbein besitzt keine gelenkige Verbindung und wird nur durch Muskeln und Bänder in seiner Position gehalten. Nach kranial ist es durch die *suprahyale Muskulatur* (*Mundbodenmuskulatur*) mit Schädelbasis und Unterkiefer, nach kaudal durch die *infrahyale Muskulatur* mit Sternum und Schildknorpel verbunden. Suprahyale und infrahyale Muskulatur (Tab. 5.**5**) bilden eine funktionelle Einheit. Sie halten das Zungenbein in seiner Lage und können den Kiefer auch *gegen Widerstand* öffnen. Das Zungenbein besitzt eine gewisse *Beweglichkeit*, die für den Schluckakt wichtig ist. Sie wird jedoch durch das *Lig. stylohyoideum* eingeschränkt, das vom Proc. styloideus zum Cornu min. zieht und teilweise oder ganz verknöchern kann.

Zwischen Zungenbein und Cartilago thyroidea spannt sich die *Membrana thyrohyoidea* aus. Sie bestimmt den maximalen Abstand zwischen Zungenbein und Kehlkopf, der von den Mm. sternothyroidei und Mm. thyrohyoidei reguliert wird.

5.3.4 Halsmuskulatur

Die *Halsmuskulatur* (*Mm. colli*) bestimmt weitgehend das Relief des Halses. Man unterteilt sie in *oberflächliche* und *tiefe Schicht* (Tab. 5.**6**). Die oberflächliche Schicht bildet das *Platysma*, eine Hautmuskelplatte,

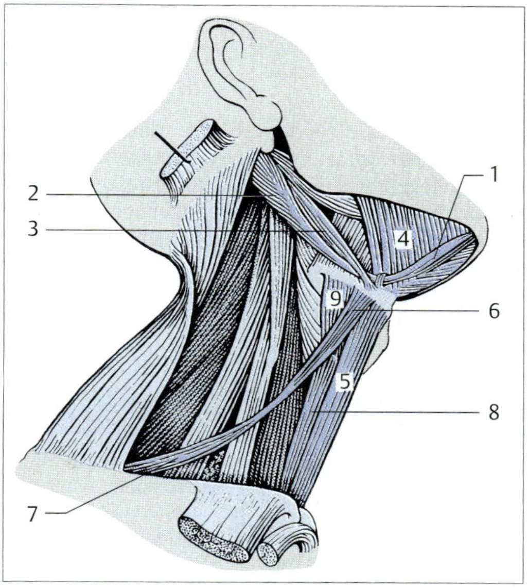

Abb. 5.**6** Zungenbeinmuskulatur. 1 = M. digastricus (Venter ant.), 2 = M. digastricus (Venter post.), 3 = M. stylohyoideus, 4 = M. mylohyoideus, 5 = M. sternohyoideus, 6 = M. omohyoideus (Venter sup.), 7 = M. omohyoideus (Venter inf.), 8 = M. sternothyroideus, 9 = M. thyrohyoideus (aus Feneis, Thieme 1993)

Tab. 5.**5** Zungenbeinmuskulatur

Muskel	Ursprung	Ansatz	Funktion	Innervation
Suprahyale Muskulatur				
M. mylohyoideus	Linea mylohyoidea der Mandibula	Os hyoideum	Kieferöffnung, Hebung des Os hyoideum	N. mylohyoideus
M. geniohyoideus	Spina geniohyoidea der Mandibula	Os hyoideum	zieht Zungenbein nach vorne	N. C2 (2. zervikaler Spinalnerv)
M. digastricus, Venter post. et ant.	Proc. mastoideus, Zwischensehne am Os hyoideum	Fossa digastrica der Mandibula	Hebung des Os hyoideum, Kieferöffnung	N. facialis (Venter post)., N. mylohyoideus (Venter ant.)
M. stylohyoideus	Proc. styloideus	Os hyoideum	Hebung des Os hyoideum	N. facialis
Infrahyale Muskulatur				
M. sternohyoideus	Sternum	Os hyoideum	Senkung des Os hyoideum	Ansa cervicalis prof. (Nervenschlinge aus C1 – C3)
M. sternothyroideus	Sternum, 1. Rippe	Cartilago thyroidea	Senkung des Kehlkopfes	Ansa cervicalis prof.
M. thyrohyoideus	Cartilago thyroidea	Os hyoideum	Hebung des Kehlkopfes	Ansa cervicalis prof.
M. omohyoideus	Os hyoideum (Venter sup.), Lig. transversum scapulae (Venter inf.)	Os hyoideum (beide Bäuche sind über eine Sehne miteinander verbunden)	Senkung des Os hyoideum	Ansa cervicalis prof.

die auf der Lamina superf. der Halsfaszie liegt (Abb. 5.**7**), der dorsal gelegene *M. trapezius* und die lateral gelegenen *Mm. sternocleidomastoidei*. Zur tiefen Schicht zählt man die Muskeln der *Scalenusgruppe* und die *prävertebrale Muskulatur*. Die Mm. scaleni bilden ein Dach über der Pleurakuppel und schließen den Thorax nach kranial ab. Die prävertebrale Muskulatur liegt direkt vor den Wirbelkörpern und zieht bis zum 3. Brustwirbel hinab.

Klinischer Bezug

Der **Schiefhals (Torticollis)** ist gekennzeichnet durch die Neigung des Kopfes zur betroffenen Seite bei Drehung des Gesichts zur Gegenseite. Die Ursache ist eine Verspannung des M. sternocleidomastoideus, die in Folge eines Geburtstraumas entstehen oder psychogener Natur sein kann.

5.3.5 Faszien am Kopf und Hals

Die Faszien im Kopf- und Halsbereich (Abb. 5.**7**) schließen einzelne Muskeln oder Muskelgruppen ein. Im Hals werden die einzelnen funktionellen Kompartimente durch Faszien voneinander abgegrenzt. Am Kopf unterscheidet man *Fascia temporalis*, *Fascia masseterica* und *Fascia parotidea*, am Hals die *Fascia cervicalis*.

Fascia temporalis: Sie entspringt an der Linea temporalis sup. des Os temporale und teilt sich in zwei Blätter, die den M. temporalis einhüllen. Das *oberflächliche Blatt* (*Lamina superf.*) inseriert an der Außenseite, das *tiefe Blatt* (*Lamina prof.*) an der Innenseite des Jochbogens.

Fascia masseterica: Sie geht am unteren Rand des Kieferwinkels aus der oberflächlichen Körperfaszie hervor und spaltet sich in zwei Blätter. Das *oberflächliche Blatt* inseriert am Jochbogen, das *tiefe Blatt* am Proc. pterygoideus. Die Faszie ist nach unten zu geschlossen, zur Schädelbasis jedoch offen und enthält M. masseter, M. pterygoideus med. sowie die *Ohrspeicheldrüse* (*Gl. parotidea*).

Fascia parotidea: Sie umhüllt mit zwei Blättern die Gl. parotidea. Das *oberflächliche Blatt* ist eine Fortsetzung der oberflächlichen Halsfaszie und ist zwischen Mandibula und Jochbogen ausgespannt. Vor-

Tab. 5.**6** Halsmuskulatur

Muskel	Ursprung	Ansatz	Funktion	Innervation
Oberflächliche Halsmuskeln				
Platysma	Mandibula, Fascia parotidea	Fascia pectoralis	spannt die Haut des Halses	R. colli n. facialis
M. sternocleidomastoideus	Manubrium sterni, Clavicula	Proc. mastoideus	Beugung des Halses zur Seite (einseitig), Beugung des Halses nach vorne (beidseitig), Atemhilfsmuskel	N. accessorius, Plexus cervicalis
M. trapezius	Linea nuchalis sup., Proc. spinosi C1 – Th12	Clavicula, Acromion, Spina scapulae	Aufwärts-, Medial- und Abwärtsbewegung sowie Drehung der Scapula	N. accessorius, Plexus cervicalis
Scalenusgruppe				
M. scalenus ant.	Proc. transversus 3. – 6. HW	Tuberculum scaleni der 1. Rippe	Hebung der 1. bzw. 2. Rippe (Atemhilfsmuskulatur)	
M. scalenus med.	Proc. transversus 1. – 7. HW	1. Rippe	Neigung der HWS nach lat.	Rr. ventrales nn. cervicales
M. scalenus post.	Proc. transversus 5. – 6. HW	2. Rippe		
Prävertebrale Muskulatur				
M. longus colli	Körper der unteren HW und oberen BW, Proc. transversi der oberen HW	Körper der oberen HW, Querfortsätze der unteren HW	Beugung der HWS nach ventral, einseitig: Neigen und Drehen des Kopfes	Rr. ventrales nn. cervicales
M. longus capitis	Proc. transversus 3. – 6. HW	Pars basilaris ossis occipitalis	s.o.	
M. rectus capitis ant.	Proc. transversus atlantis	Pars basilaris ossis occipitalis	s.o.	

ne geht sie in die Fascia masseterica über. Das *tiefe Blatt* überzieht die Gl. parotidea von innen und unten.

Fascia buccopharyngea: Sie ist eine dünne Faszie, die den M. buccinator von dem Fettpfropf der Wange trennt. Sie geht in die *Raphe pterygomandibularis* über, die die Mm. pterygoidei überzieht.

Fascia cervicalis: Die Fascia cervicalis teilt sich in drei Blätter auf (Abb. 5.**7**):

- *Lamina superficialis:* Die oberflächliche Halsfaszie liegt direkt unter dem Hautmuskel des Halses (*Platysma*). Sie umhüllt M. sternocleidomastoideus und M. trapezius und setzt sich nach dorsal als *Fascia nuchae* fort. Sie ist an der Außenseite des Manubrium sterni, an der Clavicula, am Os hyoideum und am Unterrand der Mandibula befestigt. Nach kaudal geht sie in die Fascia pectoralis über, kranial schließt sie die Gl. submandibularis ein und setzt sich in *Fascia masseterica* und *Fascia parotidea* fort.
- *Lamina praetrachealis:* Die mittlere Halsfaszie umschließt die infrahyalen Muskeln und beteiligt sich an der *Bindegewebsscheide des Gefäß-Nerven-Stranges* (*A. carotis comm., V. jugularis int., N. vagus*). Sie liegt zwischen den kranialen Bäuchen der Mm. omohyoidei und wird durch deren Kontraktion gespannt. Sie hat eine dreieckige Form und ist kaudal an der Innenseite des Sternum und den Claviculae und kranial am Zungenbein befestigt. Hinter der Lamina praetrachealis liegen die *Halseingeweide* (s.a. 5.4).

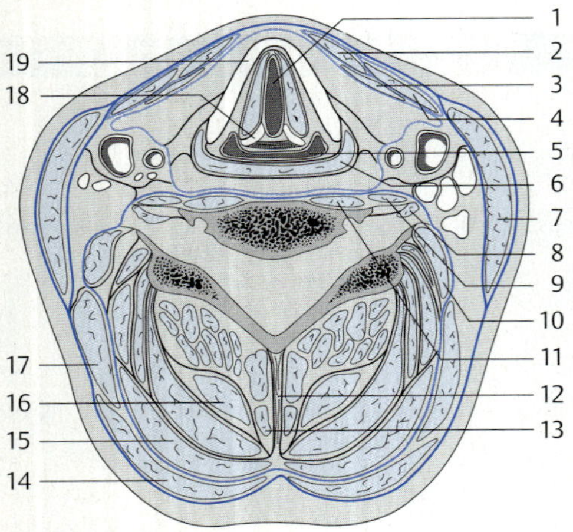

Abb. 5.**7** Halsfaszien. 1 = Rima glottidis, 2 = M. sternohyoideus, 3 = M. sternothyroideus, 4 = M. omohyoideus, 5 = Cavum pharyngis, 6 = M. constrictor pharyngis, 7 = M. sternocleidomastoideus, 8 = M. scalenus anterior, 9 = M. longus capitis, 10 = M. scalenus medius, 11 = M. longus colli, 12 = Lig. nuchae, 13 = M. spinalis cervicis, 14 = M. trapezius, 15 = M. splenius capitis und cervicis, 16 = M. semispinalis cervicis, 17 = M. levator scapulae, 18 = Cartilago arytaenoidea, 19 = Cartilago thyroidea (aus Rauber/Kopsch, Thieme 1988)

- *Lamina praevertebralis:* Die tiefe Halsfaszie überzieht die prävertebralen Muskeln und die Mm. scaleni. Sie ist am Lig. longitudinale der Halswirbelsäule angeheftet und erstreckt sich von der Schädelbasis bis in den Thorax. Dort geht sie in die *Fascia endothoracica* über.

5.4 Kopf- und Halseingeweide

Die Eingeweide von Kopf und Hals bilden die oberen Anteile des Atmungs- und Verdauungssystems. Zu den Eingeweiden des Kopfes zählen *Nase* und *Nasennebenhöhlen*, *Mundhöhle* mit Zähnen und Zunge, *Speicheldrüsen* sowie *harter* und *weicher Gaumen*. Die Halseingeweide sind durch Muskeln und Bindegewebe miteinander verbunden und werden deshalb z.B. beim Schlucken immer gemeinsam bewegt. Zu den Eingeweiden des Halses zählen *Rachen* (*Pharynx*), *Kehlkopf* (*Larynx*), *Halsteil der Luftröhre* (*Trachea*) und *Halsteil der Speiseröhre* (*Ösophagus*) sowie *Schilddrüse* und *Nebenschilddrüsen*.

5.4.1 Nasenhöhle (Cavum nasi)

Nasenhöhle: Die Nasenhöhlen sind der erste Abschnitt des Atmungssystems und dienen dem Anwärmen, Anfeuchten und ersten Reinigen der Atemluft. Die zwei *Nasenhöhlen* sind durch das *Septum nasi* voneinander getrennt. Außen beginnt jede Nasenhöhle mit dem *Nasenloch* (*Naris*), das in den *Nasenvorhof* (*Vestibulum nasi*) führt. Der Vorhof geht in die Haupthöhle der Nase über, die unter der vorderen Schädelgrube liegt. Der breite untere Teil reicht über den harten und weichen Gaumen bis unter den Keilbeinkörper. Die Nasenhöhle verschmälert sich nach oben giebelförmig und endet unter der Siebbeinplatte. Nach hinten öffnen sich die Nasenhöhlen über die *Choanen* in die *Pars nasalis des Pharynx*.

Nasenmuscheln: Von der seitlichen Wand ragen die übereinander liegenden *Nasenmuscheln* (*Conchae nasales*) in die Nasenhöhle vor und vergrößern die Oberfläche der Nasenhöhle. Unter jeder Nasenmuschel verläuft ein *Nasengang* (*Meatus nasi*). Hinter der oberen Muschel befindet sich der *Recessus sphenoethmoidalis*.

! Merke

In die Nasengänge münden: *Meatus nasi sup.* – Sinus ethmoidales post., *Meatus nasi med.* – Sinus maxillaris, Sinus frontalis, Sinus ethmoidales ant. et med., *Meatus nasi inf.* – Ductus nasolacrimalis (Tränennasengang). Die Sinus sphenoidales münden in den *Recessus sphenoethmoidalis*.

Nasenschleimhaut: Die Schleimhaut der Nase gliedert sich in die *Regio cutanea*, die dem Gebiet des Nasenvorhofs entspricht, die *Regio respiratoria*, die den größten Teil der Nasenhöhle einnimmt, und die *Regio olfactoria*, die auf der oberen Nasenmuschel liegt und die Sinneszellen des Riechepithels enthält (s.a. Histologie 3.9.1).

Gefäßversorgung und Innervation: Die arterielle Versorgung erfolgt über *A. ethmoidalis ant.*, *A. ethmoidalis post.* (beides Äste der A. ophthalmica) und die *Aa. nasales post.* aus der A. sphenopalatina (aus der A. maxillaris). Der venöse Abfluß erfolgt über *Vv. ethmoidales* und *V. ophthalmica* in den Sinus cavernosus. Die Nasenschleimhaut wird von sensiblen und sekretorischen Rr. nasales des *N. nasociliaris* (aus dem N. ophthalmicus) und des *N. maxillaris* versorgt.

5.4.2 Nasennebenhöhlen (Sinus paranasales)

Alle *Nasennebenhöhlen* (*Sinus paranasales*) stehen mit der Nasenhöhle in Verbindung und sind mit

Nasenschleimhaut ausgekleidet. Sie wärmen die Luft an und dienen der Stimme als *Resonanzraum*. Alle Nasennebenhöhlen, bis auf die Kieferhöhle, grenzen an die Schädelbasis und sind von dieser oft nur durch dünne Knochenlamellen getrennt.
Die *Kieferhöhle* (*Sinus maxillaris*) ist die größte aller Nebenhöhlen und reicht bis unter die Orbita. Der Boden ist nur durch eine dünne Knochenplatte von den Wurzeln der Oberkieferzähne und vom N. infraorbitalis entfernt.
Die *Stirnhöhle* (*Sinus frontalis*) ist oft asymmetrisch und variabel in der Größe. Sie liegt unter der Schädelbasis und über dem Orbitadach.
Die *Siebbeinhöhle* (*Sinus ethmoidalis*) besteht aus unregelmäßig angeordneten *Siebbeinzellen* (*Cellulae ethmoidales*). Sie grenzen an die Orbita, die vordere Schädelgrube und die Nasenhöhle.
Die *Keilbeinhöhlen* (*Sinus sphenoidales*) sind oft unvollständig getrennt und liegen im Keilbeinkörper unter der Sella turcica der Schädelbasis.

Klinischer Bezug

Entzündungen der Nasennebenhöhlen besonders der Stirnhöhlen können durch die dünnen Knochenwände durchbrechen und sich in der Schädelhöhle ausbreiten. *Entzündungen der Kieferhöhle* können im Rahmen einer Erkältung leicht entstehen, da der Ausführungsgang im oberen Bereich der Höhle mündet, wodurch der Sekretabfluß behindert ist.

5.4.3 Mundhöhle (Cavitas oris)

Die *Mundhöhle* (*Cavitas oris*) ist der Eingang zum Verdauungssystem. In ihr werden die Speisen von den Zähnen zerkleinert, vom Speichel angefeuchtet und mit Hilfe von Zunge und Wangen zu einem schluckfähigen Bissen gemacht. Die Mundhöhle reicht von der *Lippenspalte* (*Rima oris*) bis zur *Schlundenge* (*Isthmus faucium*). Sie wird durch die mit Zahnfleisch überzogenen Alveolarfortsätze und die beiden Zahnreihen in zwei Höhlen unterteilt: den *Vorhof* (*Vestibulum oris*) und die *eigentliche Mundhöhle* (*Cavitas oris propria*).
Vestibulum: Der Vorhof nimmt den Raum zwischen Lippen, Wangen und den Zahnbögen des Ober- und Unterkiefers ein. Die *Lippen* (*Labia oris*) werden vom M. orbicularis oris, die *Wangen* von den Mm. buccinatores gebildet. Beide werden außen von Gesichtshaut und innen von *Mundschleimhaut* bedeckt. In der Schleimhaut liegen kleine *Speicheldrüsen* (*Gll. labiales, Gll. buccales*).
Das Lippenrot liegt im Übergangsgebiet zwischen Gesichts- und Schleimhaut. Die Pigmentation und Verhornung der Haut nimmt ab, so daß die Farbe des Blutes durchschimmert. Ober- und Unterlippe sind über je eine mediane Schleimhautfalte (*oberes* und *unteres Zungenbändchen*) mit dem Zahnfleisch verbunden. Die Lippen- und Wangenschleimhaut geht über die obere und untere Lippen-Wangentasche in das *Zahnfleisch* (*Gingiva*) über, das die Alveolarfortsätze überzieht und im unteren Teil fest mit dem Knochen verwachsen ist. Oben ragt es als Zahnfleischsaum über die Alveolen und geht auf der dem Zahn zugewandten Seite in das *Saumepithel* über.
Mundhöhle: Die eigentliche Mundhöhle befindet sich hinter den Zähnen. Der *Boden* der Mundhöhle wird von der Mundbodenmuskulatur (suprahyale Muskulatur, s.a. 5.3.3) gebildet, das *Dach* vom weichen und harten Gaumen. Den hinteren Abschluß bilden die *Gaumenbögen*. Die Mundhöhle wird von der *Zunge* ausgefüllt. Im Bindegewebe des Mundbodens verlaufen N. lingualis und N. hypoglossus. Das Ggl. submandibulare liegt nahe dem N. lingualis am hinteren Rand des M. mylohyoideus.

5.4.4 Zähne (Dentes)

Das menschliche Gebiß ist *heterodont* (die einzelnen Zähne sind unterschiedlich gestaltet) und *diphydont* (einmaliger Zahnwechsel). Die Zähne vor dem Zahnwechsel nennt man *Milchzähne* (*Dentes decidui*), die späteren *bleibende Zähne* (*Dentes permanentes*).
Entwicklung: Die Zähne entwickeln sich aus dem Epithel der Mundbucht und dem Kopf-Mesenchym. Im 2. Embryonalmonat wachsen aus dem Epithel ober- und unterhalb der Mundbucht zwei bogenförmige *Zahnleisten* in das darunterliegende Bindegewebe. In jeder Leiste entstehen *10 Epithelknospen*,

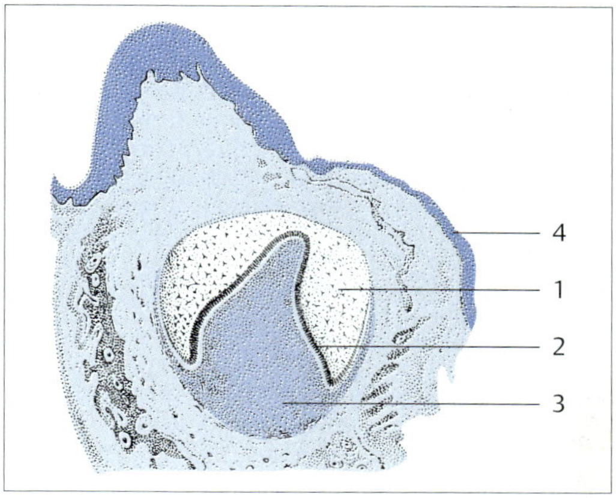

Abb. 5.**8** Zahnanlage. 1 = Schmelzorgan, 2 = inneres Schmelzepithel, 3 = Zahnpulpa, 4 = Mundhöhlenepithel (aus Rauber/Kopsch, Thieme 1988)

die Anlage der Schmelzorgane. Die Ränder der Knospen wachsen weiter nach unten und bilden die *Zahnglocke*. Diese umgibt verdichtetes Mesenchym, die *Zahnpapille*, den Vorläufer der *Zahnpulpa*. Die Zahnglocke löst sich im 4. Embryonalmonat von der Zahnleiste, von der nur der untere Rand übrig bleibt. Aus dieser *Ersatzzahnleiste* entwickeln sich schon vor der Geburt die bleibenden Zähne. Zahnglocke und Zahnpapille werden von dichtem Bindegewebe, dem *Zahnsäckchen*, umgeben.

Im weiteren Verlauf gliedert sich das Schmelzorgan in zwei Schichten. Das äußere Schmelzepithel ist dem Zahnsäckchen zugewandt, das innere der Zahnpulpa (Abb. 5.**8**). Die Zellen des *inneren Schmelzepithels* wandeln sich in *Adamantoblasten* um, die zur Zahnpapille hin *Schmelzmatrix* sezernieren. Sie bekommen lange Fortsätze (*Tomes-Fortsätze*) unter deren Mitwirkung sich *Schmelzkristalle* bilden. Auf der Seite der Zahnpulpa entwickeln sich aus den Zellen *Odontoblasten*, die zum Schmelz hin *Prädentin* bilden. Durch Mineralisation des Prädentin entsteht *Dentin*. Die Odontoblasten bilden ebenfalls lange Fortsätze aus, die von Dentin umgeben werden (*Tomes-Fasern*).

Zahndurchbruch und -wechsel: Vor dem Zahndurchbruch bildet sich das Schmelzorgan zurück. Die Zahnkrone ist vollständig ausgebildet, die noch wachsende Zahnwurzel führt zum *Zahndurchbruch*. Die Bildung der Strukturen des *Zahnhalteapparates* (Zement, Alveolarknochen und Periodontium) aus dem Zahnsäckchen wird erst nach dem Durchbruch abgeschlossen.

Merke

Als *erste Milchzähne* brechen die Schneidezähne etwa im 8. Lebensmonat durch. Es folgen der 1. Milchmolar, der Eckzahn und der 2. Milchmolar. Die Unterkieferzähne treten dabei etwas früher durch als die Oberkieferzähne. Ende des 2. Lebensjahres ist das Milchgebiß vollständig durchgebrochen. Im 5. Lebensjahr beginnt der *Zahnwechsel*. Die *bleibenden Zähne* induzieren den Abbau der Wurzel der Milchzähne und schieben die übrigbleibende Krone heraus. Dies geschieht in folgender Reihenfolge: 1. Molar, 1. Schneidezahn, 2. Schneidezahn, 1. Prämolar, Eckzahn, 2. Prämolar, 2.–3. Molar. Das bleibende Gebiß ist etwa mit dem 16.–18. Lebensjahr ausgebildet.

Zahnaufbau: Jeder Zahn besteht aus drei Abschnitten: der *Zahnkrone* (*Corona dentis*), dem sichtbaren Teil des Zahnes, dem *Zahnhals* (*Collum dentis*), der vom Zahnfleisch bedeckt wird, und der *Zahnwurzel* (*Radix dentis*), die fest in der Alveole verankert ist. An der Zahnkrone unterscheidet man die *Kaufläche* (*Facies occlusialis*), die *Außenfläche* (*Facies vestibularis*), die *Innenfläche* (*Facies lingualis*) und die dem Nachbarzahn zugekehrte Fläche (*Facies contactus*). Der Zahn besteht hauptsächlich aus Hartsubstanz. Das Dentin umgibt die Pulpahöhle und wird im Bereich der Zahnkrone von Schmelz, an der Zahnwurzel von Zement überdeckt.

Zahnhalteapparat (Parodontium): Jeder Zahn ist durch festes Bindegewebe (*Periodontium*) in den Alveolarfortsätzen befestigt. Das Periodontium besteht aus kollagenen Fasern, die den Zement mit dem Alveolarknochen verbinden (s.a. Histologie 3.8.1).

Klinischer Bezug

Bei Schwund des Parodontiums **(Parodontose)** können sich am Zahnhals Taschen bilden, in denen sich Speisereste und Bakterien sammeln, die zu einer Entzündung des Zahnfleisches **(Parodontitis)** führen.

Gebiß: Die einzelnen Zähne haben unterschiedliche Formen und Aufgaben. Die *Schneidezähne* dienen dem Abbeißen und haben eine meißelförmige Krone mit scharfer Schneidekante und eine einfache Wurzel. Die *Eckzähne* dienen dem Reißen und Festhalten. Sie haben eine dreikantige Krone und tragen die längste Wurzel. Die *Backenzähne* (*Prämolaren*) und die *Mahlzähne* (*Molaren*) leisten mit ihren Kauflächen die Kauarbeit. Die Prämolaren haben eine zweihöckrige Oberfläche. Die Wurzel der oberen Prämolaren ist geteilt, die der unteren einwurzelig. Die Molaren haben eine 4–5-höckrige Oberfläche. Die oberen Molaren besitzen drei Wurzeln, die unteren nur zwei.

Merke

Das *Milchgebiß* besteht auf jeder Seite aus 2 Schneidezähnen, 1 Eckzahn und 2 Milchmolaren, also 20 Milchzähnen. Das *bleibende Gebiß* besteht in jeder Kieferhälfte aus 2 Schneidezähnen, 1 Eckzahn, 2 Prämolaren und 3 Molaren, also 32 bleibenden Zähnen.

Die Zähne der oberen und unteren Zahnreihe schließen mit ihren Kronen im Normalfall lückenlos aufeinander. Die Stellung, die beide Zahnreihen bei Kieferschluß zueinander einnehmen, nennt man *Okklusion*. Beim Normalbiß (*Eugnathie*) treffen die beiden Zahnreihen fest aufeinander. Die oberen Schneidezähne liegen vor den unteren. Die Zähne von Ober- und Unterkiefer liegen versetzt, so daß jeder Zahn zwei gegenüberliegende berührt. Dieses Zusammenwirken der Zähne beim Biß nennt man *Artikulation*.

Tab. 5.**7** Außenmuskulatur der Zunge

Muskel	Ursprung	Ansatz	Funktion	Innervation
M. genioglossus	Spina mentalis mandibulae	Aponeurosis linguae	zieht Zunge nach vorne und unten	N. hypoglossus
M. hyoglossus	Cornu maj. und Corpus des Os hyoideum	Aponeurosis linguae am Zungenrand	zieht Zunge nach hinten und unten, bei einseitiger Kontrakion zur Seite	N. hypoglossus
M. styloglossus	Proc. styloideus	am Zungenrand bis zur Spitze	zieht Zunge nach hinten oben	N. hypoglossus

Klinischer Bezug

Als *Dysgnathie* bezeichnet man eine Fehlstellung der Zähne aufgrund einer **Kieferanomalie.** Bei der *Prognathie* ragt der Oberkiefer weit über den Unterkiefer, bei der *Progenie* bleibt er dahinter. **Bißanomalien** verursachen Veränderungen des Kiefers und können beim Kauen, Schlucken, Atmen und Sprechen Probleme bereiten.

Gefäßversorgung und Innervation: Die Arterien zur Versorgung der Zähne des Ober- und Unterkiefers entspringen aus der A. maxillaris. Die Oberkieferzähne werden von *Rr. dentales der Aa. alveolares sup. post. et ant.*, die Unterkieferzähne von *Rr. dentales der A. alveolaris inf.* versorgt.

Die sensible Innervation der Oberkieferzähne erfolgt über *Nn. alveolares sup. post., med. et ant.* aus dem N. maxillaris und Ästen des N. ethmoidalis ant., die der Unterkieferzähne über *Rr. dentales* aus dem *N. alveolaris inf.* aus dem N. mandibularis. Die genannten Nerven innervieren mit *Rr. gingivales* auch die entsprechenden Abschnitte des Zahnfleisches.

5.4.5 Zunge (Lingua)

Die *Zunge* (*Lingua*) besteht aus einem von Schleimhaut überzogenen *Muskelkörper.* Sie hilft beim Kauen und Saugen, enthält Sinneszellen für Geschmack- und Tastempfindungen und spielt eine wichtige Rolle bei der Sprachbildung. Sie gliedert sich in *Zungenwurzel* (*Radix linguae*), die vom Kehlkopf bis zum V-förmigen *Sulcus terminalis* reicht, *Zungenkörper* (*Corpus linguae*), der am Sulcus terminalis beginnt, und *Zungenspitze* (*Apex linguae*). Als *Zungenrücken* (*Dorsum linguae*) bezeichnet man die obere, sichtbare Fläche der Zunge. Er geht am Zungenrand in die Unterfläche der Zunge über. Hinter dem Sulcus terminalis schließt sich der *Zungengrund* mit der *Zungenmandel* (*Tonsilla lingualis*) an. (s.a. Histologie 3)

Muskulatur: Die Zunge ist sehr beweglich und verformbar. Dies wird durch die Zungenmuskulatur bewirkt, die man in *Binnen-* und *Außenmuskulatur* unterteilen kann. Die *Binnenmuskulatur* besteht aus M. verticalis, M. longitudinalis sup. et inf. und M. transversus linguae, die in dreidimensionalen Muskelzügen angeordnet sind. Bei Verformung der Zunge kontrahieren sich jeweils zwei und dehnen damit den dritten Muskel (Bsp.: Kontraktion der vertikalen und transversalen Muskeln, Dehnung der longitudinalen → Zunge wird lang und schmal). Die *Außenmuskulatur* (Tab. 5.**7**) inseriert hauptsächlich an der *Aponeurosis linguae*, einer Bindegewebsplatte des Zungenrückens, und bewegt die Zunge.

Merke

Auf dem Zungenrücken befinden sich fünf verschiedene Arten von *Zungenpapillen*, die Sinneszellen des *Geschmacks-* und *Tastsinns* tragen. Im vorderen Teil der Zunge werden die Geschmacks- und Tastwahrnehmungen über freie Nervenendigungen vermittelt. Es werden vier *Geschmacksqualitäten* wahrgenommen: *süß* an der Zungenspitze, *sauer* am Zungenrand, *salzig* in der Zungenmitte und *bitter* am Zungengrund. Die Geschmackszellen sind sekundäre Sinneszellen und können erneuert werden.

Innervation und Gefäßversorgung: Die arterielle Versorgung erfolgt über die *A. lingualis* aus der A. carotis ext., der venöse Abfluß über die *V. lingualis* in die V. jugularis int.

Der *N. hypoglossus (XII)* innerviert die Zunge motorisch. Die sensible Innervation erfolgt in den vorderen zwei Dritteln durch den *N. lingualis* aus dem *N. mandibularis* (V_3), im Bereich des Sulcus terminalis durch den *N. glossopharyngeus (IX)* und am Zungengrund durch den *N. vagus (X)*. Die sensorische Innervation der Geschmackspapillen der vorderen zwei Drittel erfolgt über die *Chorda tympani* und

Tab. 5.8 Muskeln des weichen Gaumens

Muskel	Ursprung	Ansatz	Funktion	Innervation
M. levator veli palatini	Tuba auditiva, Felsenbein	Sehnen beider Seiten verflechten sich und bilden Aponeurosis palatina	hebt Gaumensegel, drückt es gegen hintere Pharynxwand, öffnet Ostium der Tube	Plexus pharyngeus (aus N. IX, X, evtl. VII)
M. tensor veli palatini	Ala maj. des Os sphenoidale, Tuba auditiva	zieht um Hamulus pterygoideus zur Aponeurosis palatina	spannt Gaumensegel, öffnet Tuba auditiva	N. tensoris veli palatini (aus N. V_3)
M. uvulae	Aponeurosis palatina	Spitze der Uvula	Abschluß des Isthmus faucium	Plexus pharyngeus
M. palatoglossus	Aponeurosis palatina	Seitenrand der Radix lingua	Verengung des Isthmus faucium	N. glossopharyngeus
M. palatopharyngeus	Aponeurosis palatina, Proc. pterygoideus	seitliche Pharynxwand, Seitenfläche des Schildknorpels	Verengung des Isthmus faucium	N. glossopharyngeus

den N. intermedius, des hinteren Drittels über den *N. glossopharyngeus (IX)* und des Zungengrundes über den *N. vagus*.

5.4.6 Speicheldrüsen (Gll. salivariae)

Die *Speicheldrüsen* (*Gll. salivariae*) der Mundhöhle unterteilt man in kleine und große Speicheldrüsen. Die *kleinen Speicheldrüsen* liegen in der Schleimhaut der Lippen (*Gll. labiales*), der Wangen (*Gll. buccales*), des Gaumens (*Gll. palatinae*) und der Zunge (*Gll. linguales*). Die großen Speicheldrüsen sind die *Ohrspeicheldrüse* (*Gl. parotidea*), die *Unterkieferspeicheldrüse* (*Gl. submandibularis*) und die *Unterzungendrüse* (*Gl. sublingualis*). Speicheldrüsen sind exokrine Drüsen (s.a. Histologie 3.3.2) und produzieren pro Tag insgesamt 1 – 1,5 l Speichel.

Gl. parotidea (klinisch: Gl. parotis): Sie liegt vor dem Ohr auf dem M. masseter in einer Duplikatur der Masseterfaszie („Parotisloge") und reicht nach kranial bis an den Jochbogen und nach dorsal bis an den äußeren Gehörgang und den M. sternocleidomastoideus. Nach kaudal dehnt sie sich über den Unterkieferrand bis in die Fossa retromandibularis aus. Der *N. facialis* verzweigt sich im Drüsenkörper, die *A. carotis ext.*, die *V. retromandibularis* und der *N. auriculotemporalis* durchziehen ihn. Der Ausführungsgang der Gl. parotis (*Ductus parotideus*) zieht über den M. masseter, durchbohrt den M. buccinator und mündet im Vestibulum oris seitlich des 2. oberen Molaren.

Gl. submandibularis: Sie liegt unterhalb des Mundbodens zwischen Innenseite des Unterkiefers und M. mylohyoideus. In der Nähe verlaufen A. und V. facialis, V. lingualis und der N. hypoglossus. Der Ausführungsgang (*Ductus submandibularis*) zieht hinten um den M. mylohyoideus herum, vereinigt sich auf dem M. hyoglossus mit dem Hauptausführungsgang der Unterzungendrüse und mündet auf der *Caruncula sublingualis* seitlich des Frenulum linguae in der Mundhöhle.

Gl. sublingualis: Sie liegt auf dem M. mylohyoideus und wölbt die Mundbodenschleimhaut zur Plica sublingualis vor. Die Gl. sublingualis besteht aus vielen kleinen Drüsen, die in mehreren Ausführungsgängen (*Ductus sublinguales min.*) auf der Plica münden. Der *Hauptausführungsgang* (*Ductus sublingualis maj.*) mündet auf der *Caruncula sublingualis*.

Klinischer Bezug

Eine Entzündung der Speicheldrüsen nennt man **Sialadenitis**. Sie führt zu einer schmerzhaften Schwellung der Drüse, aus deren Ausführungsgang sich Eiter entleeren kann. Unter **Sialolithiasis** versteht man die Bildung von *Speichelsteinen* im Ausführungsgang. Hierbei schwillt die Drüse besonders beim Essen an. Bei einer Entzündung der Gl. parotis kann der *N. facialis* in Mitleidenschaft gezogen werden.

5.4.7 Gaumen und Gaumenbogen

Gaumen (Palatum): Der Gaumen bildet das Dach der Mundhöhle und gliedert sich in den *harten Gaumen* (*Palatum durum*), der die vorderen zwei Drittel einnimmt, und den *weichen Gaumen* (*Palatum molle*), der das hintere Drittel einnimmt.

Der harte Gaumen wird vom Proc. palatinus der Maxilla und der Lamina horizontalis der Ossa palatina gebildet. Der weiche Gaumen besteht aus einer Sehnenplatte (*Aponeurosis palatina*), die am hinteren Rand des harten Gaumens ansetzt und durch die Sehnen der an ihr befestigten Muskeln gebildet wird (Tab. 5.**8**).

Gaumenbogen: Am Übergang von der Mundhöhle in den Rachen liegt die *Schlundenge* (*Isthmus faucium*). Sie besteht aus vorderem und hinterem Gaumenbogen (*Arcus palatoglossus* und *Arcus palatopharyngeus*) und dem *Gaumensegel* (*Uvula*), die von den gleichnamigen Muskeln gebildet werden. Zwischen vorderem und hinterem Gaumenbogen liegt in einer Bucht (*Fossa palatina*) die *Gaumenmandel* (*Tonsilla palatina*).

Klinischer Bezug

Eine akute **Entzündung der Gaumenmandeln (Angina lacunaris)** wird oft durch Penicillin-empfindliche *Streptokokken* verursacht. Sie geht mit Abgeschlagenheit, Schluckbeschwerden, Kopfschmerzen und Fieber einher. Mögliche Komplikationen sind die Entstehung eines *Tonsillarabszesses*, eines *Peritonsillarabszesses* (im Bindegewebe um die Tonsille) und die Ausbildung einer *Sepsis*.

Gefäßversorgung und Innervation: Die arterielle Versorgung erfolgt über die *A. palatina ascendens* aus der A. facialis, die *A. palatina descendens* aus der A. maxillaris und die *A. pharyngea ascendens* aus der A. carotis ext. Das venöse Blut fließt in den *Plexus pterygoideus*.

Die Schleimhaut des Gaumens wird sensibel und sekretorisch durch die *Nn. palatini maj. et min.* aus dem N. maxillaris und Äste des N. glossopharyngeus innerviert.

5.4.8 Pharynx

Der *Rachen* (*Pharynx*) ist ein 12 – 15 cm langer Schlauch aus Bindegewebe und Muskulatur, der an der Schädelbasis aufgehängt ist und sich bis zum Eingang des Ösophagus in Höhe des Ringknorpels erstreckt. Er ist nach hinten und zur Seite hin geschlossen, weist aber nach vorne zu *drei Öffnungen* auf, durch die der Pharynx in *drei Abschnitte* gegliedert wird: *Epipharynx*, *Mesopharynx* und *Hypopharynx* (Abb. 5.**9**).

Epipharynx (Pars nasalis pharyngis): Sie steht durch die Choanen mit der Nasenhöhle in Verbindung und wird nach oben durch das *Pharynxdach* (*Fornix pharyngis*) abgeschlossen. Hier wölbt sich die unpaare *Rachenmandel* (*Tonsilla pharyngea*, klinisch: Adenoide, „Polypen") vor. An der seitlichen Wand liegt die Öffnung der *Ohrtrompete* (*Ostium pharyngeum tubae auditivae*), die das Mittelohr mit dem Pharynx verbindet. Um das Ostium herum bildet sich ein knorpeliger Wulst, der *Tubenwulst* (*Torus tubarius*), der von lymphatischem Gewebe (*Tonsilla tubaria*) umgeben ist, das sich nach kaudal fortsetzt (*Seitenstränge*).

Klinischer Bezug

Eine **vergrößerte Rachenmandel** kann die Choanen und das Tubenostium verlegen und die Nasenatmung beeinträchtigen sowie zu Belüftungsstörungen des Mittelohres führen.

Mesopharynx (Pars oralis pharyngis): Sie umgibt den Schlundbogen und den Zungengrund und erstreckt sich bis zum Oberrand des *Kehlkopfdeckels* (*Epiglottis*). Zwischen Kehldeckel und Zungengrund liegt eine *Grube* (*Vallecula epiglottica*).

Hypopharynx (Pars laryngea pharyngis): Hier liegt der Eingang in den Kehlkopf (*Aditus laryngis*), der vorne vom Kehldeckel und seitlich von zwei *Falten* (*Plicae pharyngoepiglotticae*) begrenzt wird. Zwischen den Plicae und dem Zungengrund bilden sich *Schleimhauttaschen* (*Recessus piriformis*) in deren Wand der R. int. des N. laryngeus sup. zum Kehlkopf zieht. Nach kaudal geht der Hypopharynx am Ösophagusmund in die Speiseröhre über.

Das lymphatische Gewebe des Rachens bezeichnet man insgesamt als *lymphatischen Rachenring*.

Muskulatur: Die Pharynxwand wird oben von einer kräftigen Bindegewebsplatte (*Fascia pharyngobasilaris*) und im weiteren Verlauf von Muskulatur gebildet. Man unterteilt sie in *Schlundschnürer* und *Schlundheber*.

Der *Schlundschnürer*, *M. constrictor pharyngis*, besteht aus einem oberen, mittleren und unteren Anteil, die jeweils aus mehreren Muskelzügen zusammengesetzt sind. Der *M. constrictor pharyngis sup.* entspringt vorne im Bereich des Schädels, der *M. constrictor pharyngis med.* am Zungenbein und der *M. constrictor pharyngis inf.* am Kehlkopf. Sie verlaufen fächerförmig nach hinten und setzen größtenteils an der *Raphe pharyngis* an, einem Sehnenstrang an der Rachenhinterwand, der an der Schädelbasis (Tuberculum pharyngeum) vor dem Foramen magnum angeheftet ist. Die Schlundschnürer umgeben den Rachenraum von hinten und seitlich und verengen, verkürzen und heben ihn bei Kontraktion.

Die *Schlundheber* haben ihren Ursprung an der Aponeurosis palatina (*M. palatopharyngeus*) sowie dem Proc. styloideus (*M. stylopharyngeus*) und setzen am Schildknorpel an. Sie verkürzen und heben Pharynx und Kehlkopf.

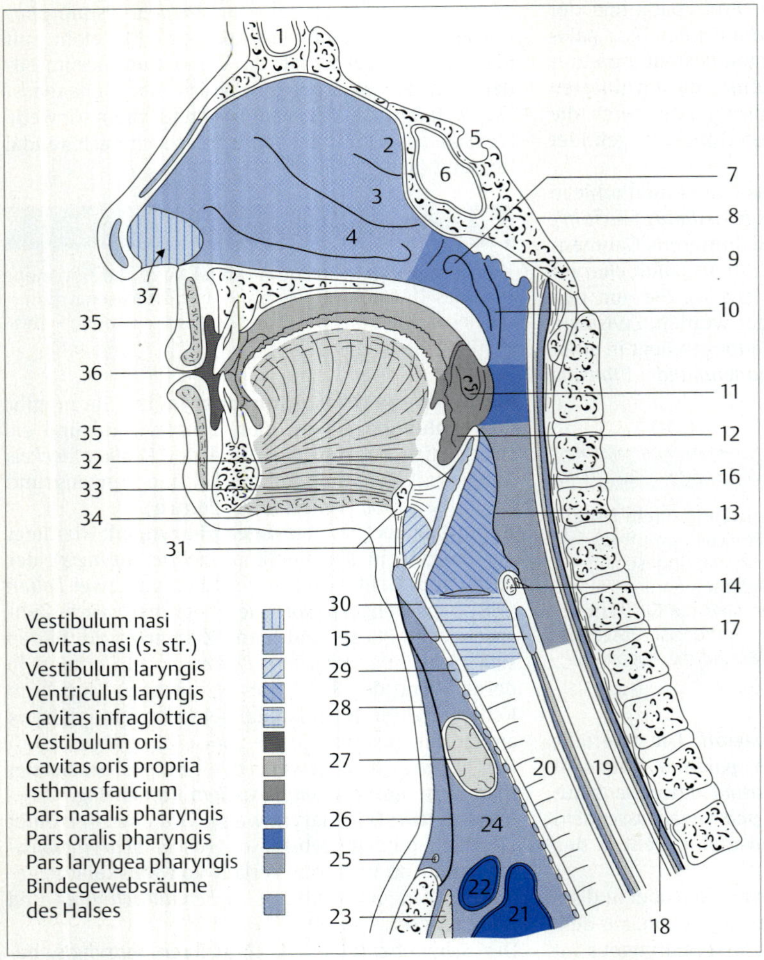

Abb. 5.**9** Atemwege und Verdauungstrakt im Kopf-Hals-Bereich. 1 = Sinus frontalis, 2 = Concha nasalis sup., 3 = Concha nasalis media, 4 = Concha nasalis inf., 5 = Fossa hypophysialis, 6 = Sinus sphenoidalis, 7 = Ostium pharyngeum tubae auditivae, 8 = Clivus, 9 = Tonsilla pharyngea, 10 = Plica salpingopharyngea, 11 = Tonsilla palatina, 12 = Vallecula epiglottica, 13 = Plica aryepiglottica, 14 = Mm. arytenoidei, 15 = Lamina cartilaginis cricoideae, 16 = Lamina praevertebralis fasciae cervicalis, 17 = Spatium retropharyngeum, 18 = Fascia endothoracica, 19 = Oesophagus, 20 = Trachea, 21 = Arcus aortae, 22 = V. brachiocephalica sin., 23 = Thymusfettkörper, 24 = Spatium praeviscerale, 25 = Arcus venosus jugularis, 26 = Lamina praetrachealis fasciae cervicalis, 27 = Isthmus glandulae thyroideae, 28 = Lamina superf. fasciae cervicalis, 29 = Arcus cartilaginis cricoideae, 30 = Lamina cartilaginis thyroideae, 31 = Corpus ossis hyoidei und Lig. thyrohyoideum medianum, 32 = Cartilago epiglottica, 33 = M. geniohyoideus, 34 = M. mylohyoideus, 35 = M. orbicularis oris, 36 = Rima oris, 37 = Naris (aus Frick/Leonhardt/Starck, Thieme 1992)

Merke

Beim Schlucken wird der sonst offene Luftweg verschlossen, damit keine Speiseteile in die Luftwege gelangen können. Zunächst kontrahiert sich der obere Anteil des M. constrictor pharyngis sup. und bildet einen Wulst (*Passavant-Ringwulst*), gegen den das Gaumensegel gedrückt wird und so den Epipharynx verschließt. Durch Kontraktion der Mundbodenmuskulatur wird der Kehlkopf angehoben, so daß sich der Kehldeckel über den Eingang legt und ihn verschließt. Durch das Zusammenspiel von suprahyaler Muskulatur und Schlundschnürermuskulatur wird die Speise nun nach unten in die Speiseröhre gedrückt. Abschließend kehrt der Kehlkopf wieder in seine Ausgangslage zurück.

Gefäßversorgung und Innervation: Die arterielle Versorgung erfolgt über die *A. pharyngea ascendens* aus der A. carotis ext. und *Rr. pharyngei* aus der A. thyroidea sup. und inf. und der A. lingualis. Der *N. glossopharyngeus* innerviert M. constrictor pharyngis sup., M. palatopharyngeus und M. stylopharyngeus, der *Plexus pharyngeus* (Äste des N. VII, IX, X und des Truncus sympathicus) den M. constrictor pharyngis med. und der *N. vagus* den M. constrictor pharyngis inf. Die sensible und sekretorische Versorgung der Schleimhaut erfolgt über den *Plexus pharyngeus*.

5.4.9 Halsteil des Ösophagus

Die *Speiseröhre* (*Ösophagus*) ist ein etwa 25 cm langer Muskelschlauch, der den Rachen mit dem Magen verbindet. Er dient dem Transport der Speisen in den Magen.

Der Halsteil des Ösophagus (*Pars cervicalis*) beginnt mit dem Ösophagusmund, der in Höhe des 6. oder 7. Halswirbels an der Ringknorpelplatte befestigt ist (Abb. 5.**9**). Hier befindet sich die engste und am wenigsten dehnungsfähige Stelle des Ösophagus (*1. Enge*). Der Halsteil liegt direkt hinter der Luftröhre und ist durch lockeres Bindegewebe mit der Halswirbelsäule verbunden.

5.4.10 Larynx

Der *Kehlkopf* (*Larynx*) gehört zum Atmungssystem und kann die unteren Atemwege gegen den Rachenraum verschließen (Abb. 5.**10**). An den *Stimmbändern* des Kehlkopfes erfolgt die Tonbildung.

Innenraum: Der Innenraum des Kehlkopfes läßt sich in drei Etagen untergliedern. Der *supraglottische Raum* (*Vestibulum laryngis*) reicht vom Kehlkopfeingang bis zu den *Taschenfalten* (*Plicae vestibulares*), die von den Taschenbändern aufgeworfen werden. Die *Glottis* erstreckt sich von den Taschenfalten zu den *Stimmfalten*, die von den *Stimmbändern* gebildet werden, und buchtet sich seitlich aus (*Ventriculus laryngeus*, Morgagni-Ventrikel). Die *Stimmritze* (*Rima glottidis*) besteht aus der vorderen *Pars intermembranacea* zwischen den Stimmbändern und der hinteren *Pars intercartilaginea* zwischen den beiden Stellknorpeln. Der *subglottische Raum* (*Cavum infraglotticum*) liegt unterhalb der Stimmbänder und endet am Unterrand des Ringknorpels.

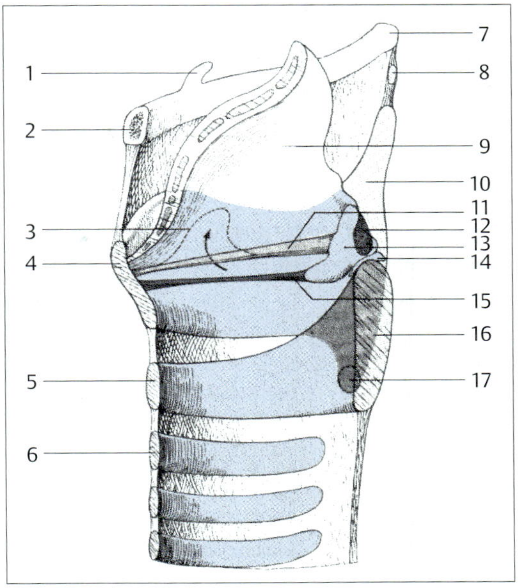

Abb. 5.**10** Kehlkopf (Mittelschnitt). 1 = Cornu min. des Os hyoideum, 2 = Corpus ossis hyoidei, 3 = Ventriculus laryngis, 4 = Cartilago thyreoidea, 5 = Cartilago cricoidea, 6 = Knorpelspange der Trachea, 7 = Cornu maj. des Os hyoideum, 8 = Cartilago triticea, 9 = Epiglottis, 10 = Cornu sup. der Cartilago thyroidea, 11 = Taschenband (Plica vestibularis), 12 = Stellknorpelmuskulatur, 13 = Cartilago arytenoidea, 14 = Art. cricoarytenoidea, 15 = Stimmband (Lig. vocale), 16 = Lamina der Cartilago cricoidea, 17 = Art. cricothyroidea (aus Beske, Thieme 1990)

Knorpel: Das Knorpelskelett bildet das Grundgerüst des Kehlkopfes. Es umfaßt *Schildknorpel* (*Cartilago thyreoidea*), *Ringknorpel* (*Cartilago cricoidea*), *Stellknorpel* (*Cartilagines arytenoideae*, „Aryknorpel"), *Kehldeckelknorpel* (*Cartilago epiglottica*) und weitere kleine Knorpel.

Der *Schildknorpel* besteht aus einer rechten und linken Platte (*Lamina*), die vorne rechtwinklig miteinander verbunden sind. Am Oberrand dieses Winkels befindet sich ein tiefer Einschnitt (*Incisura thyreoidea sup.*), der bis zum am weitesten vorstehenden Teil, dem *Adamsapfel* (*Prominentia laryngea*), reicht. Am Unterrand ist der Einschnitt flach

Anatomie

Tab. 5.**9** Kehlkopfmuskulatur

Muskel	Ursprung	Ansatz	Funktion	Wirkung
Äußere Kehlkopfmuskeln				
M. cricothyroideus	Lamina des Schildknorpels	Arcus cartilaginis cricoideae	kippt Cartilago cricoideae nach hinten	spannt Stimmbänder
M. thyrohyoideus	Cartilago thyreoidea	Corpus ossis hyoidei	kippt Cartilago cricoideae nach vorne	entspannt Stimmbänder
Innere Kehlkopfmuskeln				
M. cricoarytaenoideus post. („Posticus")	Lamina des Ringknorpels	Proc. muscularis der Aryknorpel	zieht Proc. muscularis nach hinten	erweitert Stimmritze, spannt Stimmbänder
M. cricoarytaenoideus lat.	Arcus des Ringknorpels	Proc. muscularis der Aryknorpel	zieht Proc. muscularis nach vorne	verschließt Pars intermembranacea, erweitert Pars intercartilaginea, entspannt Stimmbänder
M. thyroarytaenoideus	Innenfläche des Schildknorpels	Aryknorpel	Gegenspieler des „Posticus"	verschließt Pars intermembranacea, spannt Stimmbänder
M. vocalis	Innenfläche des Schildknorpels	Proc. vocalis der Aryknorpel	Verschluß der Stimmritze	spannt Stimmbänder, Feinregulation
M. arytaenoideus transversus	Proc. muscularis des Aryknorpels einer Seite	Proc. muscularis des Aryknorpels der anderen Seite	nähert die Aryknorpel einander	verschließt Pars intercartilaginea, spannt Stimmbänder
M. arytaenoideus obliquus	Poc. muscularis des Aryknorpels einer Seite	Spitze des Aryknorpels der anderen Seite	kippt Aryknorpel	öffnet Pars intercartilaginea, spannt Stimmbänder
M. aryepiglotticus	Spitze der Aryknorpel	Seitenrand der Epiglottis	verengt Kehlkopfeingang	
M. thyroepiglotticus	Innenseite des Schildknorpels	Seitenrand der Epiglottis	erweitert Kehlkopfeingang	

(*Incisura thyroidea inf.*). Hinten besitzt jede Platte ein oberes und ein unteres Horn (*Cornu sup.* und *inf.*).

Der *Ringknorpel* hat die Form eines Siegelringes, bei dem die Platte (Lamina) nach hinten gerichtet ist. An den Seitenflächen befinden sich die Gelenkflächen für die unteren Hörner des Schildknorpels, an der Oberkante der Platte liegen die Gelenkflächen für die Aryknorpel.

Die *Aryknorpel* ähneln einer dreikantigen Pyramide, deren Basis dem Ringknorpel beweglich aufliegt. Die Pyramidenspitze zeigt nach hinten medial und trägt einen kleinen spitzen Knorpel (*Cartilago corniculata*). Am vorderen Fortsatz (*Proc. vocalis*) setzen das Stimmband und der M. vocalis an, am seitlichen Fortsatz (*Proc. muscularis*) einige der inneren Kehlkopfmuskeln.

Der *Kehldeckel* hat die Form eines Tennisschlägers, der mit seinem Stiel in der Mitte der Innenseite des Schildknorpels durch das *Lig. thyroepiglotticum* befestigt ist.

Gelenke: Die *Art. cricothyroidea* liegt zwischen den Unterhörnern des Schildknorpels und dem Ringknorpel. In diesem Gelenk wird der Ringknorpel gegen den Schildknorpel um eine quere Achse gekippt. Dies führt zu einer Anspannung bzw. Erschlaffung der Stimmbänder. Die *Art. cricoarytenoidea* liegt zwischen der Basis der Stellknorpel und dem Oberrand der Ringknorpelplatte. In diesem Gelenk können die Stellknorpel um ihre Achse gedreht und durch Schiebebewegungen aufeinander zu oder voneinander weg bewegt werden. Dadurch wird die Stimmritze erweitert bzw. verengt.

Bänder: Man unterscheidet zwischen inneren und äußeren Kehlkopfbändern. Die *äußeren Kehlkopfbänder* bestehen aus der zwischen Schildknorpel und Zungenbein ausgespannten *Membrana thyrohyoidea* und den sie verstärkenden Bändern (*Lig. thyrohyoideum med., Ligg. thyrohyoidea lat.*). In den seitlichen Bändern liegt oft ein kleiner Knorpel (*Cartilago triticea*).
Die *inneren Kehlkopfbänder* verbinden die Teile des Knorpelskeletts untereinander. Sie liegen unter der Schleimhaut des Kehlkopfes und werden insgesamt als *Membrana fibroelastica laryngis* bezeichnet. Oberhalb der Stimmritze liegt die schwach ausgebildete *Membrana quadrangularis*, die am unteren Rand in die *Taschenbänder* (*Ligg. vestibularia*) übergeht. Die Taschenbänder, auch falsche Stimmbänder genannt, ziehen oberhalb der Stimmbänder von der Innenseite des Schildknorpels zur Vorderseite der Stellknorpel. Die *Stimmbänder* spannen sich zwischen der Innenfläche des Schildknorpels und den Procc. vocales der Aryknorpel aus. Sie bilden den verdickten oberen Rand des *Conus elasticus*, der sich nach unten bis an den Rand des Schildknorpels fortsetzt. Er wird durch das *Lig. cricothyroideum* verstärkt, das vorne den Unterrand des Schildknorpels mit dem Bogen des Ringknorpels verbindet.
Muskulatur: Der Kehlkopf als Ganzes wird durch die suprahyale und infrahyale Muskulatur bewegt (s.a. 5.3.3). Die eigentlichen Kehlkopfmuskeln (Tab. 5.**9**) bewegen die einzelnen Knorpel gegeneinander. Sie regulieren die Spannung der Stimmbänder und die Weite der Stimmritze.

! Merke

Der einzige Öffner der Stimmritze ist der *M. cricoarytaenoideus post.* („Posticus"). Alle anderen Muskeln übernehmen die Feinregulation und verengen die Stimmritze in unterschiedlichem Ausmaß.

Funktion: Die Grundlage aller Funktionen des Kehlkopfes ist das *Öffnen und Schließen der Stimmritze* sowie das *Spannen der Stimmlippen*. Bei der *Phonation* (*Stimmbildung*) ist die Stimmritze zunächst verschlossen. Die Stimmbänder werden durch den exspiratorischen Luftstrom in Schwingungen versetzt, wodurch Schallwellen und damit Töne entstehen. Die Spannung des Stimmbandes bestimmt die Frequenz der Schwingungen und damit die Tonhöhe. Die *Artikulation* (*Sprachbildung*) erfolgt im Ansatzrohr des Kehlkopfes (Rachen, Mund- und Nasenhöhle) und an den Sprechwerkzeugen (Gaumen, Zunge, Zähne, Lippen).
Bei ruhiger Atmung ist nur die Pars intercartilaginea geöffnet, bei verstärkter Atmung die gesamte Stimmritze. Beim Husten erfolgt diese Öffnung explosionsartig.
Der Kehlkopf dient auch dem Schutz der unteren Atemwege. Eindringende Fremdkörper (Staub, Flüssigkeiten) werden durch reflektorischen Glottisverschluß aufgehalten und soweit möglich durch Husten wieder ausgestoßen.
Gefäßversorgung und Innervation: Die arterielle Versorgung erfolgt durch die *A. laryngea sup.* und *inf.* (aus der A. thyroidea sup. und inf.), die untereinander in Verbindung stehen. Die obere zieht durch die Membrana thyrohyoidea, die untere durch den M. constrictor pharyngis inf. Der venöse Abfluß erfolgt über *V. laryngea sup. und inf.*
Der *R. ext.* des *N. laryngeus sup.* innerviert den M. cricothyroideus, der *N. laryngeus inf.* aus dem N. laryngeus recurrens innerviert alle inneren Kehlkopfmuskeln. Die sensible Innervation oberhalb der Stimmritze übernimmt der *N. laryngeus sup.*, unterhalb der Stimmritze der *N. laryngeus inf.*

5.4.11 Halsteil der Trachea

Der Halsteil der Luftröhre (*Pars cervicalis tracheae*) beginnt am Ringknorpel in Höhe des 6./7. Halswirbels und endet an der oberen Thoraxöffnung (*Apertura thoracica sup.*). Er verläuft parallel zur unteren Halswirbelsäule und liegt mit seiner Hinterwand der Speiseröhre an (Abb. 5.**9**). Der Halsteil ist wie der Rest der Trachea aus hufeisenförmigen *Knorpelspangen* aufgebaut, die untereinander durch Bänder (*Ligg. anularia*) verbunden sind. Die Trachea kann unterhalb der Schilddrüse durch die Haut getastet werden.

5.4.12 Schilddrüse (Glandula thyroidea)

Die *Schilddrüse* (*Glandula thyroidea*) ist eine endokrine Drüse. Sie sezerniert *Thyroxin* und *Trijodthyronin* sowie *Calcitonin*, die Einfluß auf den Stoffwechsel bzw. den Kalziumhaushalt haben (s.a. Biochemie 15.4).
Aufbau (Abb. 5.**11**)**:** Die Drüse ist H-förmig aufgebaut und besteht aus einem rechten und einem linken Lappen (*Lobus dext.* und *sin.*) sowie dem *Isthmus*, der beide Lappen verbindet und oft nach kranial einen *Lobus pyramidalis* ausbildet. Der Isthmus liegt vor dem 2.–4. Trachealknorpel.
Die Schilddrüse wird von einer inneren, mit dem Organ fest verwachsenen, und einer äußeren *Bindegewebskapsel* umgeben, die vorne mit der infrahyalen Muskulatur und hinten mit der Trachea in Verbindung steht. Die Schilddrüse folgt beim Schlucken den Bewegungen des Kehlkopfes. Seitlich ver-

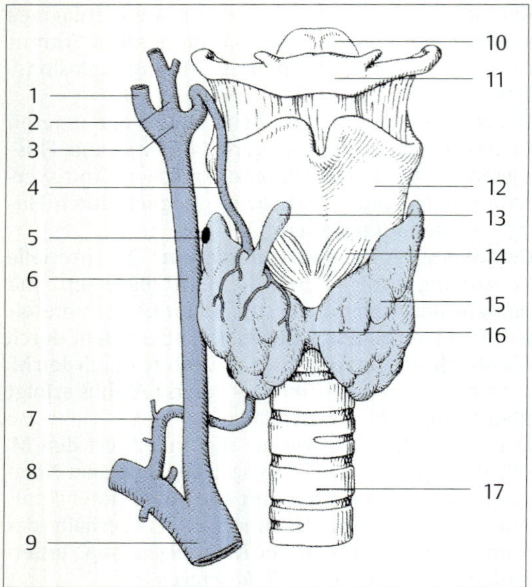

Abb. 5.**11**: Schilddrüse mit Gefäßversorgung (von ventral). 1 = A. carotis int., 2 = A. carotis ext., 3 = Karotissinus, 4 = A. thyroidea sup., 5 = Gl. parathyroidea sup., 6 = A. carotis comm., 7 = A. thyroidea inf., 8 = A. subclavia dext., 9 = Truncus brachiocephalicus, 10 = Epiglottis, 11 = Os hyoideum, 12 = Cartilago thyroidea, 13 = Proc. pyramidalis, 14 = M. cricothyroideus, 15 = Lobus sin. der Schilddrüse, 16 = Isthmus, 17 = Knorpelspange der Trachea (aus Beske, Thieme 1990)

läuft die *Gefäß-Nerven-Straße* des Halses (*A. carotis comm., V. jugularis int., N. vagus*), am hinteren unteren Pol zieht der *N. laryngeus recurrens* entlang.

Klinischer Bezug

Bei Schilddrüsenoperationen muß besonders auf den *N. laryngeus recurrens* geachtet werden, da es bei Schädigung des Nervs zur **Stimmbandlähmung** kommen kann.

Gefäßversorgung und Innervation: Die Blutgefäße und Nerven zur Versorgung des Organs verlaufen zwischen den beiden Kapseln. Die arterielle Versorgung erfolgt durch *A. thyroidea sup.* aus der A. carotis ext. und *A. thyroidea inf.* aus dem Truncus thyrocervicalis, der venöse Abfluß über *Vv. thyroideae sup. et med.* in die V. jugularis int. sowie über den *Plexus thyroideus* und die *V. thyroidea inf.* in die V. brachiocephalica sin.
Die parasympathische und sensible Innervation erfolgt über die *Nn. laryngei sup.* und *inf.* aus dem N. vagus (X), die sympathische über die Plexus der Gefäße.

5.4.13 Nebenschilddrüsen (Glandulae parathyroideae)

Die *Nebenschilddrüsen* (*Glandulae parathyroideae*), auch Epithelkörperchen genannt, zählen wie die Schilddrüse zu den endokrinen Organen. Sie sezernieren *Parathormon*, das den Blutcalciumspiegel hält.
Aufbau: Normalerweise finden sich auf jeder Seite an der Hinterwand der Schilddrüse zwei linsengroße Epithelkörperchen. Sie liegen zwischen den beiden Kapseln der Schilddrüse und haben eine sehr variable Lage. Man teilt sie ein in *Gll. parathyroideae sup.*, die oft am Unterrand des Ringknorpels liegen, und *Gll. parathyroideae inf.*, die meist in Höhe des 3.–4. Trachealknorpels liegen. Auch die Zahl der Nebenschildrüsen kann erheblich variieren.

5.5 Hirnnerven (Nn. craniales)

Hirnnerven sind periphere Nerven, die die Schädelbasis verlassen, und deshalb auch *Nn. craniales* genannt werden. Es gibt *12 Hirnnervenpaare*, die Fasern unterschiedlicher Qualitäten enthalten (motorisch, sensibel, parasympathisch). Besonders umfangreiche Innervationsgebiete haben der N. trigeminus (V), der N. facialis (VII) und der N. vagus (X), der auch als Eingeweidenerv bezeichnet wird.

5.5.1 Sensorische Nerven

Die Hirnnerven der Sinnesorgane Nase, Auge und Ohr sind rein sensorische Nerven.
Nn. olfactorii (I): Von den Sinneszellen der Riechschleimhaut ziehen etwa *20 Riechnerven* (*Filae olfactorii*) durch die *Lamina cribrosa* des Os ethmoidale in die Schädelhöhle zum Bulbus olfactorius. Dieser bildet als vorgestülpter Teil des Gehirns das *primäre olfaktorische Zentrum* (s.a. 9.6.1).
N. opticus (II): Die Fasern des N. opticus bilden das 3. Neuron der Sehbahn (*Fasciculi nn. optici*). Er zieht vom Bulbus aus geschlängelt durch die Orbita und tritt durch den *Canalis opticus* in die Schädelhöhle ein (s.a. 10.2.4).
N. vestibulocochlearis (VIII): Er setzt sich aus den Fasern des Gleichgewichts- und des Hörnerven (*N. vestibularis und N. cochlearis*) zusammen, die an den jeweiligen Sinneszellen entspringen. Gemeinsam ziehen sie durch den *Meatus acusticus int.* und treten am Kleinhirnbrückenwinkel in das Gehirn ein (s.a. 11.4).

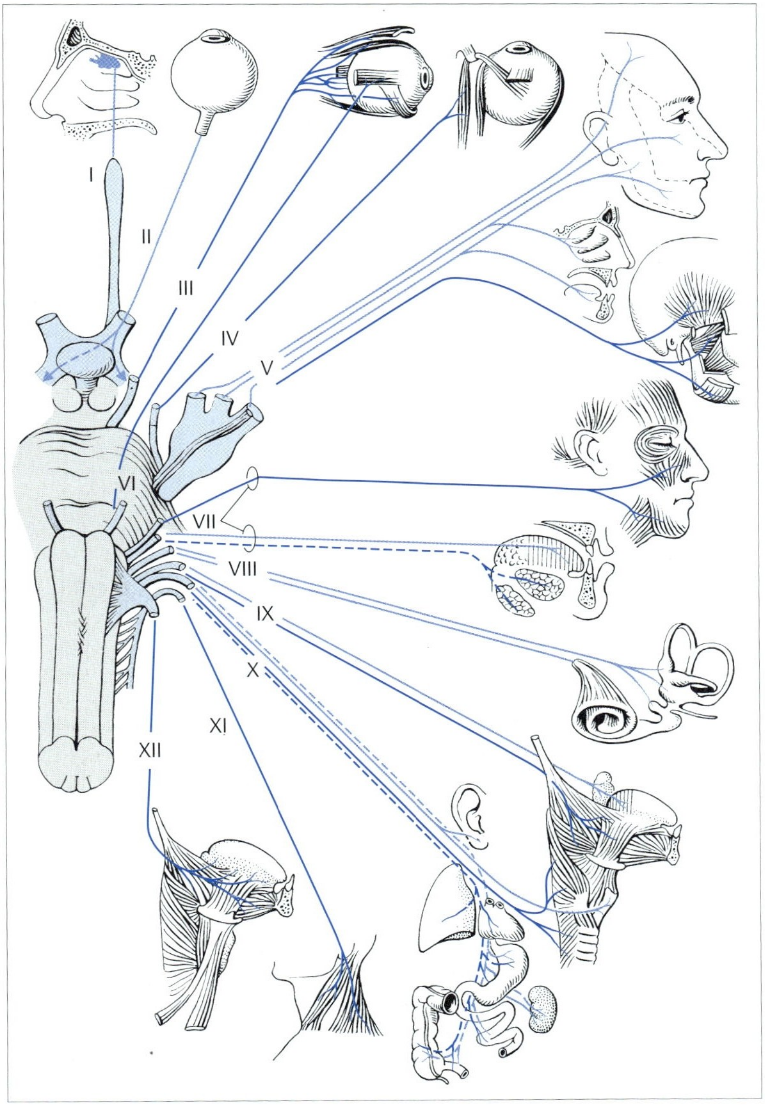

Abb. 5.**12** Hirnnerven und ihre Innervationsorgane. I = Nn. olfactorii, II = N. opticus, III = N. oculomotorius, IV = N. trochlearis, V = N. trigeminus, VI = N. abducens, VII = N. intermediofacialis, VIII = N. statoacusticus bzw. N. vestibulocochlearis, IX = N. glossopharyngeus, X = N. vagus, XI = N. accessorius, XII = N. hypoglossus (aus Duus, Thieme 1995)

5.5.2 Augenmuskelnerven

Die äußeren Augenmuskeln werden von zwei rein motorischen und einem gemischten Nerv versorgt (s.a. 10.2.5 und 10.3.4).

N. oculomotorius (III): Er verläßt den Hirnstamm auf der Vorderseite in der Fossa interpeduncularis unmittelbar oberhalb der Brücke und führt motorische und parasympathische Fasern. Er verläuft intrakraniell zwischen der A. cerebri post. und der A. cerebelli sup., tritt am Proc. clinoideus post. durch die

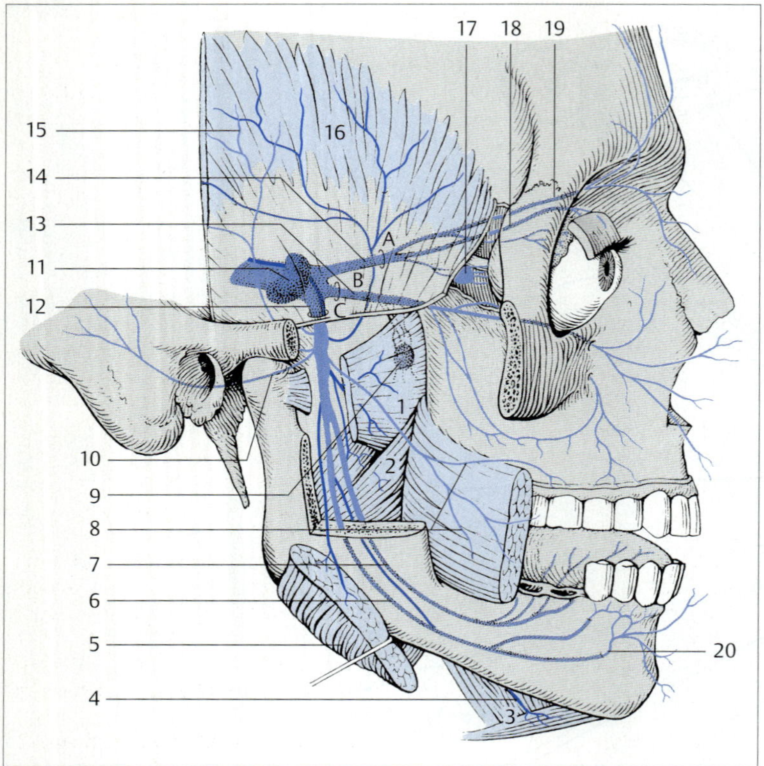

Abb. 5.**13** N. trigeminus (V). A = Fissura orbitalis, B = Foramen rotundum, C = Foramen ovale, 1 = M. pterygoideus lat., 2 = M. pterygoideus med., 3 = M. mylohyoideus und M. digastricus (Venter ant.), 4 = N. mylohyoideus, 5 = M. masseter, 6 = N. alveolaris inferior, 7 = N. lingualis, 8 = N. buccalis, 9 = Ganglion pterygopalatinum, 10 = N. auriculotemporalis, 11 = Ganglion trigeminale, 12 = N. mandibularis, 13 = N. maxillaris, 14 = N. ophthalmieus, 15 = R. temporalis superficialis, 16 = M. temporalis, 17 = Ganglion ciliare, 18 = N. nasociliaris, 19 = N. frontalis, 20 = N. mentalis (aus Duus, Thieme 1995)

Dura mater und zieht lateral durch den *Sinus cavernosus* zur *Fissura orbitalis sup.* Durch diese gelangt er in die Orbita und teilt sich nach Durchtritt durch den Anulus tendineus comm. in:

- *R. superior:* innerviert M. rectus sup. und M. levator palpebrae sup.;
- *R. inferior:* innerviert M. rectus med., M. rectus inf. und M. obliquus inf. und führt die parasympathischen Fasern zum *Ggl. ciliare*, die die Augenbinnenmuskeln innervieren.

N. trochlearis (IV): Der N. trochlearis verläßt den Hirnstamm dorsal unterhalb der Vierhügelplatte und kreuzt auf die Gegenseite. Er zieht um die Hirnschenkel (Crura cerebri) herum, durchdringt am Vorderrand des Kleinhirnzeltes (Tentorium cerebelli) die Dura und verläuft in der seitlichen Wand des *Sinus cavernosus* zur *Fissura orbitalis sup.* Er tritt in die Orbita ein und zieht oberhalb des Anulus tendineus comm. zum M. obliquus sup.

N. abducens (VI): Er verläßt den Hirnstamm ventral zwischen Brücke und Pyramiden, durchdringt die Dura mater am Clivus und verläuft medial durch den *Sinus cavernosus* zur Orbita und durch die *Fissura orbitalis sup.* Er zieht durch den Anulus tendineus comm. und innerviert den M. rectus lat.

5.5.3 N. trigeminus (V)

Der N. trigeminus verläßt den Hirnstamm am seitlichen Rand der Brücke mit zwei Anteilen, der dicken *Radix sensoria* (Portio maj.) und der dünneren *Radix motoria* (Portio min.). Die *Radix sensoria* geht in das *Ggl. trigeminale* über, das in einer Duratasche vor der Spitze der Felsenbeinpyramide in der mittleren Schädelgrube liegt. Es enthält die pseudounipolaren

Nervenzellen der afferenten Fasern. Hinter dem Ganglion teilt sich die Radix sensoria in drei Nerven, die Gesicht, Augen-, Nasen- und Mundhöhle sensibel innervieren und je einen Ast (*R. meningeus*) zur Dura mater abgeben. Die *Radix motoria* verläuft unterhalb des Ggl. trigeminale und schließt sich dem *N. mandibularis (V_3)* an.

N. ophthalmicus (V_1): Er verläuft durch die seitliche Wand des *Sinus cavernosus*, tritt durch die *Fissura orbitalis sup.* in die Orbita ein und teilt sich in seine Endäste, die folgende Gebiete sensibel innervieren (s.a. 10.1.2):

- *N. lacrimalis:* Bindehaut des Auges, lateraler Teil der Augenlider,
- *N. frontalis:* Haut des medialen Augenwinkels, Stirn,
- *N. nasociliaris:* Bulbus oculi, Haut des medialen Augenwinkels und der Nase, Schleimhaut von Nasenhöhle, Stirnhöhle, Siebbeinzellen und Keilbeinhöhle.

N. maxillaris (V_2): Er tritt durch das *Foramen rotundum* aus der mittleren Schädelgrube in die *Fossa pterygopalatina* und teilt sich dort in seine Endäste auf, die folgende Gebiete sensibel innervieren:

- *N. zygomaticus:* zieht durch die *Fissura orbitalis inf.* in die Orbita, spaltet sich in R. zygomaticofacialis zur Haut über dem Jochbogen und R. zygomaticotemporalis zur Haut der Schläfengegend;
- *Nn. pterygopalatini:* passieren, z.T. ohne Umschaltung, das Ggl. pterygopalatinum und teilen sich in:
  - *Nn. palatini:* ziehen durch den *Canalis palatinus maj.* und als *N. palatinus maj.* und *min.* durch das jeweilige Foramen, innervieren die Schleimhaut des Gaumens, der Tonsillen und der Uvula,
  - *Rr. nasales posteriores inferiores:* innervieren die Schleimhaut der unteren Nasenmuschel und des unteren und mittleren Nasenganges;
- *Rr. nasales posteriores superiores mediales et laterales:* ziehen durch das *Foramen sphenopalatinum* in die Nasenhöhle, innervieren die Schleimhaut der lateralen Nasenwand und des Septums;
- *N. nasopalatinus:* zieht mit *Rr. nasales* in die Nasenhöhle, innerviert Nasenschleimhaut, vordere Gaumenschleimhaut und obere Schneidezähne mit Zahnfleisch;
- *N. infraorbitalis:* verläuft über die Fissura orbitalis inf. durch den *Canalis infraorbitalis*, tritt durch das *Foramen infraorbitale* aus und innerviert die Haut des Mittelgesichts. Er gibt ab:
  - *Rr. alveolares superiores anteriores, mediales et posteriores:* versorgen mit Rr. dentales sup. und Rr. gingivales sup. die oberen Zähne und das Zahnfleisch,
  - *Rr. nasales externus et internus:* zur Haut der Nasenflügel und des Nasenvorhofs.

N. mandibularis (V_3): In ihm verlaufen sensible und motorische Fasern. Er verläßt die mittlere Schädelgrube durch das *Foramen ovale* und gibt folgende sensible Äste ab:

- *N. buccalis:* tritt zwischen den beiden Köpfen des M. pterygoideus lat. hindurch und verläuft auf der Außenfläche des M. buccinator, innerviert äußere Wangenhaut, Wangenschleimhaut, bukkales Zahnfleisch des Unterkiefers;
- *N. auriculotemporalis:* umgreift mit zwei Wurzeln die A. meningea media, zieht unter der Ohrspeicheldrüse zur Schläfe, innerviert Gl. parotis, äußeren Gehörgang, Trommelfell, Kiefergelenk und Schläfenhaut;
- *N. alveolaris inferior:* zieht zwischen M. pterygoideus lat. und med. und verläuft durch das Foramen mandibulae und den Canalis mandibulae, innerviert mit Rr. dentales und Rr. gingivales Zähne und Schleimhaut des Unterkiefers;
- *N. lingualis:* zieht zwischen den beiden Mm. pterygoidei abwärts und verläuft am Mundboden oberhalb des M. mylohyoideus und dringt von unten in den Zungenkörper ein, innerviert sensibel und sekretorisch die Mundbodenschleimhaut, die vorderen zwei Drittel der Zunge und das Zahnfleisch des Unterkiefers.

Die motorischen Nerven versorgen die gleichnamigen Kaumuskeln:

- *N. massetericus,*
- *Nn. temporales profundi,*
- *N. pterygoideus lateralis et medialis:* innerviert außerdem den M. tensor veli palatini und den M. tensor tympani,
- *N. mylohyoideus:* innerviert außerdem den vorderen Bauch des M. digastricus.

Klinischer Bezug

Bei *Schädigungen des N. trigeminus* kommt es je nach Ort der Läsion zu **sensiblen Ausfällen in den Versorgungsfeldern** des jeweiligen Astes. Ist der N. mandibularis betroffen, kann es zu einer *Lähmung der Kaumuskulatur* kommen, die u.a. am erloschenen *Masseter-Reflex* erkennbar ist.

5.5.4 N. intermediofacialis (VII)

Der N. facialis führt als gemischter Nerv motorische, sensible, sekretorische und Geschmacksfasern. Er verläßt den Hirnstamm im *Kleinhirnbrückenwinkel* und zieht mit dem N. vestibulocochlearis durch den *Meatus acusticus int.* in das Felsenbein des Os temporale. Dort biegt er rechtwinklig ab und bildet dabei das *äußere Fazialisknie*, in dem das *Ggl. geniculi* liegt. Es enthält die Perikarya des sensorischen Anteils der *Chorda tympani*. Der N. facialis verläuft weiter im *Canalis facialis*, den er durch das *Foramen stylomastoideum* verläßt und sich in der Gl. parotis in seine Äste aufteilt (*Plexus parotideus*).

Sein motorischer Anteil gibt folgende Äste ab:

- *Rr. musculares:* zu M. stapedius, hinteren Ohrmuskeln, Venter occipitalis des M. occipitofrontalis, Venter post. des M. digastricus, M. levator veli palatini und M. stylohyoideus;
- *Plexus parotideus:* innerviert mit Rr. temporales, Rr. zygomatici, Rr. buccales, R. marginalis mandibulae die mimische Gesichtsmuskulatur;
- *R. colli:* bildet mit einem Ast des N. transversus colli (aus Plexus cervicalis) die *Ansa cervicalis superf.*, innerviert das Platysma.

Der *sensible Anteil* besteht aus zwei Rr. communicantes, die Afferenzen aus dem N. glossopharyngeus und dem N. vagus übernehmen und die Haut des äußeren Gehörgangs und des Trommelfells mitinnervieren.

Die *sekretorischen Äste* und die *Geschmacksfasern* bilden den N. intermedius (s.a. 5.7.2).

Klinischer Bezug

Fazialisparese: Bei der *peripheren Fazialisschädigung* kommt es abhängig von der Höhe der Läsion zu folgenden Ausfallserscheinungen: Lähmung der Gesichtsmuskulatur einer Seite mit Verziehung des Gesichts zur gesunden Seite (distaler Anteil), Geschmacksstörung (Chorda tympani), Hyperakusis (N. stapedius), Störung der Tränen- und Speichelsekretion (N. petrosus maj.). Bei der *zentralen (supranukleären) Fazialisparese* ist die Muskulatur der Stirn nicht gelähmt, da der Fazialiskern in seiner oberen Hälfte ipsi- und kontralateral versorgt wird. Der untere Kern wird dagegen komplett vom kontralateralen Tr. corticonuclearis versorgt.

5.5.5 N. glossopharyngeus (IX)

Der N. glossopharyngeus ist ebenfalls ein gemischter Nerv und führt motorische, sensible, sekretorische und Geschmacksfasern. Er tritt gemeinsam mit dem N. vagus und dem N. accessorius im *Sulcus dorsolateralis* aus dem Hirnstamm aus. Er verläßt die hintere Schädelgrube durch den vorderen Teil des *Foramen jugulare* und entsendet einen R. meningeus zur Dura mater. Im Foramen jugulare bildet er das *Ggl. superius* (Perikaryen der sensiblen und Geschmacksneurone), unterhalb das *Ggl. inferius* (Perikaryen der parasympathischen Neurone). Der N. glossopharyngeus zieht entlang des *M. stylopharyngeus* (Leitmuskel!) zur lateralen Pharynxwand.

Seine Äste sind:

- *N. tympanicus:* Seine sensiblen Fasern bilden unter der Schleimhaut der Paukenhöhle mit den sympathischen Nn. caroticotympanici den *Plexus tympanicus*, der die Schleimhaut der Paukenhöhle innerviert. Die sekretorischen Fasern laufen im *N. petrosus min.* weiter und versorgen die Gl. parotidea (s.a. 5.7.2).
- *Rr. pharyngei:* innervieren motorisch den M. constrictor pharyngis sup., sensibel die Pharynxschleimhaut und sekretorisch die Gll. pharyngei. Sie bilden mit Ästen des N. vagus, des Truncus sympathicus und des N. facialis den *Plexus pharyngeus*.
- *R. musculi stylopharyngei:* innerviert den M. stylopharyngeus.
- *R. tubarius:* sensible Innervation der Tuba auditiva.
- *Rr. tonsillares:* sensible Innervation des weichen Gaumens und der Gaumenmandel.
- *Rr. linguales:* sensible und Geschmacksfasern für das hintere Zungendrittel.
- *Rr. sinus carotici:* parasympathische und sekretorische Fasern ziehen mit sympathischen Fasern zum *Glomus caroticum* (*Chemorezeptoren*) und *Sinus caroticus* (*Pressorezeptoren*).

Klinischer Bezug

Bei **Läsionen des N. glossopharyngeus** kommt es zu Geschmacksstörungen im hinteren Zungendrittel, zu einem abgeschwächten Würgereflex, Schluckbeschwerden und zum Abweichen des Gaumensegels auf die gesunde Seite.

5.5.6 N. vagus (X)

Der N. vagus führt als gemischter Nerv motorische, sensible, sekretorische und Geschmacksfasern (Abb. 5.**14**). Er verläßt den Hirnstamm im *Sulcus dorsolateralis* hinter dem N. glossopharyngeus und tritt durch das *Foramen jugulare* aus der hinteren Schädelgrube aus. Im Foramen jugulare bildet er das *Ggl. sup.*, unterhalb das *Ggl. inf.* Er verläuft am Hals zwischen A. carotis int. und V. jugularis int. im Gefäß-Nerven-Strang nach unten. Der linke N. vagus zieht durch die obere Thoraxapertur, vor dem Aortenbogen und hinter dem linken Hauptbronchus, auf die Vorderfläche der Speiseröhre und setzt sich als *Truncus* und *Plexus vagalis ant.* auf die Vorderwand des Magens fort. Der rechte N. vagus zieht über die A. subclavia dext. durch die obere Thoraxapertur, hinter dem rechten Hauptbronchus zur Hinterfläche der Speiseröhre und setzt sich als *Truncus* und *Plexus vagalis post.* auf die Hinterfläche des Magens fort.

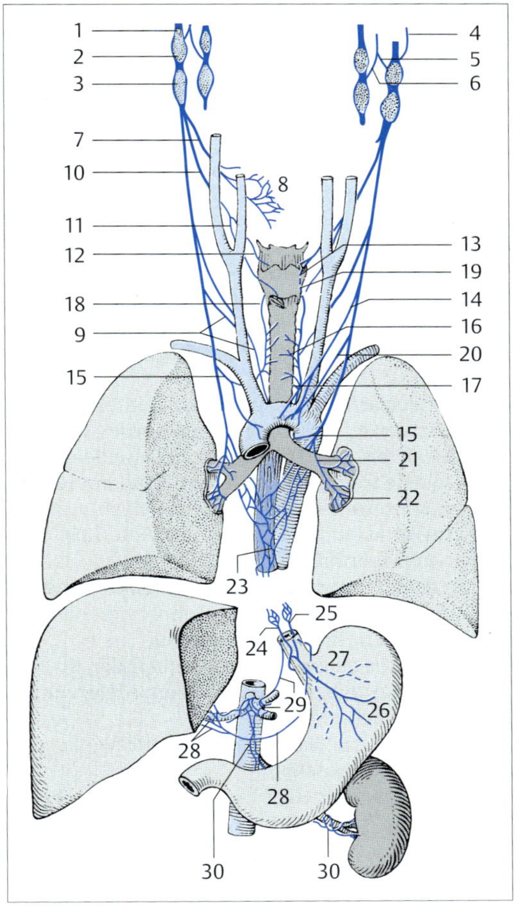

Abb. 5.**14** N. vagus (X). 1 = N. vagus, 2 = Ggl. sup., 3 = Ggl. inf., 4 = R. meningeus, 5 = R. auricularis, 6 = R. communicans zum N. glossopharyngeus, 7 = R. pharyngealis, 8 = Plexus pharyngealis, 9 = Rr. cardiaci cervicales sup., 10 = N. laryngeus sup., 11 = R. ext., 12 = R. int., 13 = R. communicans, 14 = Rr. cardiaci cervicales inf., 15 = N. laryngeus recurrens, 16 = Rr. tracheales, 17 = Rr. oesophageales, 18 = N. laryngeus inf., 19 = R. communicans, 20 = Rr. cardiaci thoracici, 21 = Rr. bronchiales, 22 = Plexus pulmonalis, 23 = Plexus oesophagealis, 24 = Truncus vagalis ant., 25 = Truncus vagalis post., 26 = Rr. gastrici ant., 27 = Rr. gastrici post., 28 = Rr. hepatici, 29 = Rr. coeliaci, 30 = Rr. renales (aus Feneis, Thieme 1993)

Vom N. vagus gehen folgende Äste ab:

- *R. meningeus:* zieht zurück durch das Foramen jugulare, innerviert die Dura mater der hinteren Schädelgrube sensibel.

Klinischer Bezug

Kopfschmerzen entstehen durch Reizung der Dura mater. Die Schmerzafferenzen werden über die Rr. meningei der Trigeminusäste, des N. glossopharyngeus und des N. vagus vermittelt.

- *R. auricularis:* zweigt vom Ggl. superius ab und zieht durch den Canaliculus mastoideus, innerviert den inneren Teil des äußeren Gehörgangs und einen Teil des Trommelfells sensibel.
- *Rr. pharyngei:* führen motorische, sensible und sekretorische Fasern, bilden mit Fasern des N. glossopharyngeus, des N. facialis und des Truncus sympathicus den *Plexus pharyngeus.*
- *R. lingualis:* Geschmacksfasern des Zungengrundes.
- *N. laryngeus superior:* zweigt unterhalb des Ggl. inf. ab, zieht zwischen A. carotis ext. und int. hindurch und teilt sich in einen R. ext. zum M. cricothyroideus und M. constrictor pharyngeus inf. und einen R. int., der die Kehlkopfschleimhaut oberhalb der Stimmritze sensibel versorgt.
- *Rr. cardiaci cervicales superiores et inferiores:* parasympathische Fasern zum *Plexus cardiacus.*
- *N. laryngeus recurrens:* zieht links um den Aortenbogen und rechts um die A. subclavia in die Rinne zwischen Trachea und Ösophagus, lagert sich der Schilddrüse von hinten an, innerviert mit seinem Endast (*N. laryngeus inf.*) die inneren Kehlkopfmuskeln und die Schleimhaut unterhalb der Stimmritze.
- *Rr. tracheales, Rr. bronchiales, Rr. oesophageales:* sensible, sekretorische und viszeromotorische Fasern zu den jeweiligen Organen.
- *Plexus oesophageus:* wird auf der Speiseröhre von rechtem und linkem N. vagus gebildet.
- *Rr. gastrici anteriores et posteriores:* gehen von den Trunci vagales ant. und post. ab und ziehen zum Ggl. coeliacum und Ggl. mesentericum sup., innervieren Magen und Darm bis zur linken Colonflexur (*Cannon-Böhm-Punkt*) sensibel, sekretorisch und viszeromotorisch.

Klinischer Bezug

Läsion des N. vagus: Bei *einseitiger Läsion* des N. vagus kommt es ebenfalls zu einer Abweichung des Gaumensegels, des weiteren zu Heiserkeit (Ausfall des N. laryngeus recurrens) und „nasaler“ Sprache. Eine *beidseitige Läsion* führt zu schweren Schluckstörungen und vegetativen Symptomen wie Tachykardie und Darmatonie.

Anatomie

5.5.7 N. accessorius (XI)

Der N. accessorius ist ein rein motorischer Nerv. Er entspringt mit zwei Wurzelgruppen (*Radices spinales, Radices craniales*) im *Sulcus dorsolateralis* des Hirnstammes. Die *Radices spinales* (aus den Segmenten C6 – C1) ziehen durch das *Foramen magnum* in die Schädelhöhle und vereinigen sich mit den Radices craniales zum N. accessorius. Dieser verläßt die hintere Schädelgrube durch das *Foramen jugulare* und zieht zum M. sternocleidomastoideus und M. trapezius, die er motorisch innerviert.

Klinischer Bezug

Bei einer **Schädigung des N. accessorius** kommt es zu einer Lähmung des M. trapezius (Schultertiefstand) und des M. sternocleidomastoideus.

5.5.8 N. hypoglossus (XII)

Der N. hypoglossus ist ebenfalls ein rein motorischer Nerv. Er verläßt den Hirnstamm im *Sulcus ventrolateralis* zwischen Pyramide und Olive wie die ventrale Wurzel eines Spinalnerven und tritt durch den *Canalis hypoglossalis* aus der hinteren Schädelgrube aus. Er verläuft bogenförmig unter den hinteren Bauch des M. digastricus und in eine Rinne zwischen M. mylohyoideus und M. hyoglossus. Über Rr. linguales innerviert er die *Binnenmuskulatur der Zunge* und die Mm. styloglossi, Mm. hyoglossi und Mm. genioglossi.

Klinischer Bezug

Bei *einseitiger Läsion* des N. hypoglossus weicht die Zunge zur kranken Seite ab.

5.6 Halsnerven

Die Halsnerven haben wie die anderen Spinalnerven einen ventralen und einen dorsalen Ast.

5.6.1 Rr. dorsales

Die dorsalen Äste der Halsnerven sind gemischte Nerven. Sie innervieren mit *sensiblen Rr. med.* die Haut des Nackens und des Hinterhauptes und mit *motorischen Rr. lat.* die Nackenmuskulatur. Die oberen drei Äste haben besondere Bezeichnungen:

- *N. suboccipitalis (C1):* tritt zwischen A. vertebralis und hinterem Atlasbogen in das tiefe Nackendreieck, innerviert einen großen Teil der Nackenmuskulatur;
- *N. occipitalis major (C2):* stark ausgeprägter R. med. zieht unter den Nackenmuskeln nach oben, durchbohrt die Ansatzsehne des M. trapezius und zieht mit A. und V. occipitalis zur Haut des Hinterkopfes;
- *N. occipitalis tertius (C3):* sensibler R. med. zieht unter dem Lig. nuchae nach oben, innerviert die Haut des Nackens, anastomosiert mit dem N. occipitalis maj.

5.6.2 Rr. ventrales

Die ventralen Äste der ersten vier Spinalnerven bilden den *Plexus cervicalis*, der einen sensiblen und einen motorischen Anteil hat (*Radix sensoria* und *motoria*).

Radix sensoria: Sie versorgt die Haut hinter dem Ohr, am Kieferwinkel und im vorderen sowie seitlichen Halsdreieck bis unterhalb des Schlüsselbeins. Die vier Hautäste treten im mittleren Drittel am Hinterrand des M. sternocleidomastoideus (*Punctum nervosum*, Erb-Punkt) in die Subcutis ein (Abb. 5.**15**).
Sie ziehen fächerförmig auseinander:

- *N. occipitalis minor (C2,3):* steigt am Hinterrand des M. sternocleidomastoideus auf, innerviert die Haut der seitlichen Hinterhauptsgegend;
- *N. auricularis magnus (C3):* überquert den M. sternocleidomastoideus und zieht zum Kieferwinkel, an dem er sich teilt in:
  - *R. anterior:* zur Haut über dem Kieferwinkel und vor der Ohrmuschel,
  - *R. posterior:* zur Haut hinter der Ohrmuschel;

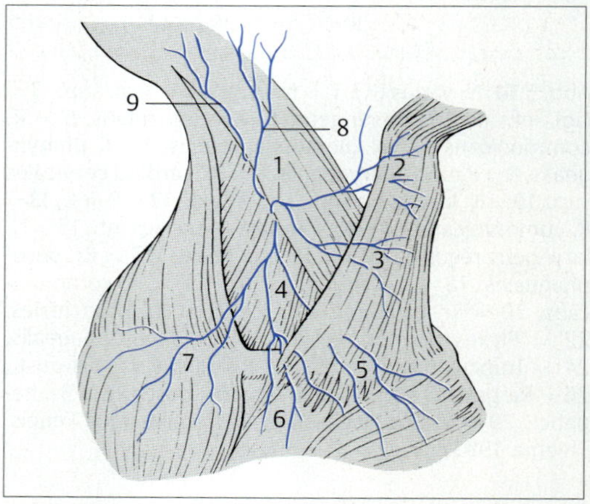

Abb. 5.**15** Nerven am Punctum nervosum. 1 = N. transversus colli, 2 = Rr. sup., 3 = Rr. inf., 4 = Nn. supraclaviculares, 5 = Nn. supraclaviculares med., 6 = Nn. supraclaviculares intermedii, 7 = Nn. supraclaviculares lat., 8 = N. auricularis magnus, 9 = N. occipitalis min. (aus Feneis, Thieme 1993)

- *N. transversus colli (C2,3):* zieht über den M. sternocleidomastoideus in die vordere Halsregion, in der er über viele Endäste die Haut des vorderen Halsdreiecks innerviert.

! Merke

Einige Fasern des N. transversus colli bilden mit dem R. colli des N. facialis die *Ansa cervicalis superf.*, die den vorderen Anteil des Platysmas innerviert. Fasern aus C1, die streckenweise mit dem N. hypoglossus laufen, verbinden sich mit Fasern aus C2–4 und bilden mit diesen die *Ansa cervicalis prof.*, die die infrahyale Muskulatur innerviert.

- *Nn. supraclaviculares (C3,4):* kleinere Nerven, die seitlich des M. sternocleidomastoideus unter dem Platysma in das seitliche Halsdreieck ziehen und sich in Nn. supraclaviculares med., intermedii und lat. aufteilen, innervieren die Haut über dem Schlüsselbein und der Schulter.

Radix motoria: Sie versorgt mit ihren kurzen Ästen die *prävertebrale Halsmuskulatur*, die *Mm. scaleni* und den *M. levator scapulae* und mit folgenden langen Ästen die infrahyale Muskulatur, einen Teil von M. trapezius und M. sternocleidomastoideus und das Zwerchfell.

- *Ansa cervicalis profunda (C1);*
- *R. sternocleidomastoideus* (*C2,3*), *R. trapezius* (*C3,4*): Fasern zu den jeweiligen Muskeln;
- *N. phrenicus (C4):* zieht auf dem M. scalenus ant. (Leitmuskel!) zwischen A. und V. subclavia ins Mediastinum, in dem er mit der A. pericardiacophrenica verläuft. Der *rechte N. phrenicus* zieht vor dem Lungenhilus zwischen Pleura und Perikard zum Zwerchfell und tritt durch das Foramen v. cavae in die Bauchhöhle ein. Der *linke N. phrenicus* verläuft hinter der V. subclavia sin. und vor dem N. vagus zur Herzspitze, an der er durch das Zwerchfell hindurch tritt. Der N. phrenicus innerviert mit sensiblen Fasern das Perikard (*R. pericardiacus*), Pleura mediastinalis und diaphragmatica sowie das Peritoneum parietale (*Rr. phrenicoabdominales*) und gibt Fasern zum *Plexus coeliacus* ab. Der motorische Anteil innerviert den *Zwerchfellmuskel*.

5.7 Vegetative Innervation an Kopf und Hals

Sympathikus und *Parasympathikus* sind auch im Bereich von Kopf und Hals Gegenspieler. Die Perikarya der postganglionären Neurone des Sympathikus liegen im *Halsteil des Grenzstranges*. Die Perikarya der postganglionären Neurone des Parasympathikus liegen in speziellen *Ganglien des Kopfes*. Die präganglionären parasympathischen Fasern verlaufen in den Hirnnerven III, VII, IX und X.

5.7.1 Pars sympathica

Der *Halsteil des Grenzstranges* liegt vor den Querfortsätzen der Halswirbel und erstreckt sich von der Schädelbasis bis zum 1. Brustwirbel. In diesem Teil bilden sich drei Ganglien aus:

Ggl. cervicale superius: Es liegt in Höhe des 2./3. Halswirbels hinter der A. carotis int. Folgende Nerven gehen von ihm aus:

- *N. jugularis:* postganglionäre Fasern zum N. glossopharyngeus und N. vagus, innervieren den M. tarsalis sup., M. dilatator pupillae, die Nasenschleimhaut, Gl. lacrimalis, Gl. parotis und Gl. sublingualis;
- *Plexus caroticus internus et externus:* postganglionäre Fasern, die um die Wand der A. carotis int. und ext. ein Nervengeflecht bilden und mit den abzweigenden Ästen zu den jeweiligen Zielorganen ziehen;
- *N. cardiacus cervicalis superior:* prä- und postganglionäre Fasern zum Plexus cardiacus.

Ggl. cervicale medius: Es liegt in Höhe des 6. Halswirbels in der Nähe der A. thyroidea inf. und fehlt manchmal völlig. Von ihm zieht der N. cardiacus cervicalis med. zum Plexus cardiacus.

Ggl. cervicale inferius: Es ist meist mit dem 1. thorakalen Ganglion zum *Ggl. cervicothoracicum (stellatum)* verschmolzen und liegt auf dem Köpfchen der ersten Rippe. Von ihm gehen der N. cardiacus cervicalis inf. zum Plexus cardiacus sowie der N. vertebralis zum Plexus vertebralis ab.

! Merke

Die Fasern des *Plexus caroticus int.* und *ext.* innervieren die Gefäßmuskulatur und ziehen zum M. dilatator pupillae (Erweiterung der Pupille, Mydriasis) und zu den Speicheldrüsen (Hemmung der Speichelproduktion).

5.7.2 Pars parasympathica

Die präganglionären Fasern des Parasympathikus ziehen mit den Hirnnerven zu den *Kopfganglien*

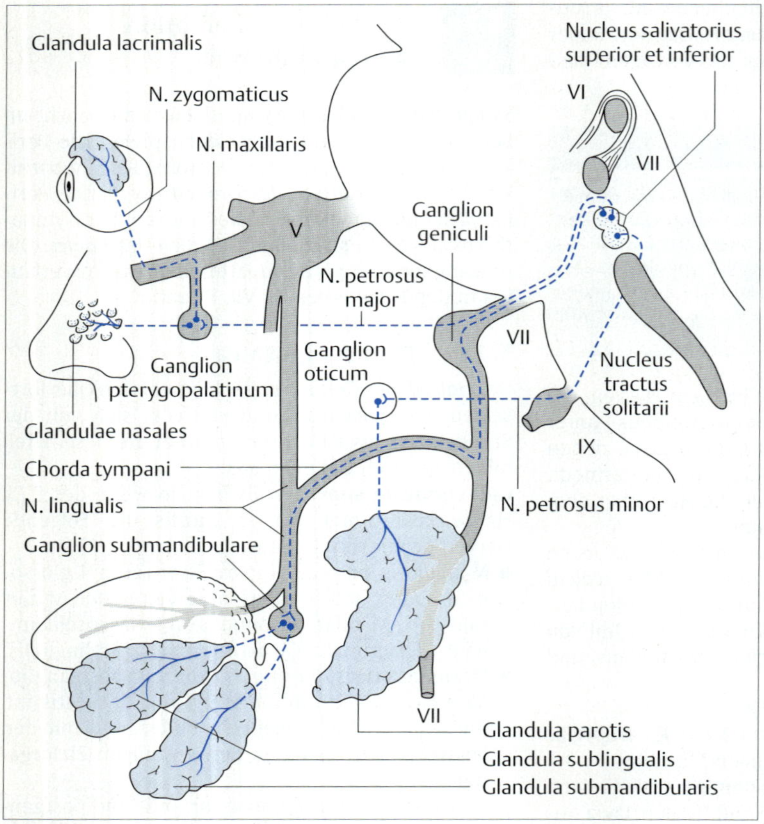

Abb. 5.**16** Drüseninnervation im Kopfbereich über die Kopfganglien (aus Duus, Thieme 1995)

(Abb. 5.**16**), in denen sie auf die postganglionären Neurone umgeschaltet werden. Die Ganglien werden ebenfalls von sensiblen und sympathischen Fasern durchlaufen, die aber nicht umgeschaltet werden.

Ggl. ciliare: Es liegt im hinteren Teil der *Orbita*, seitlich des N. opticus. Die präganglionären Fasern haben ihren Ursprung im *Ncl. oculomotorius accessorius (Edinger-Westphal)* und ziehen im N. oculomotorius zum Ggl. ciliare.

! Merke

Die postganglionären Fasern ziehen in den *Nn. ciliares breves* zusammen mit den sensiblen und sympathischen Fasern zum Auge und innervieren den *M. sphincter pupillae* (Verengung der Pupille, Miosis) und den *M. ciliaris* (Akkomodation).

Ggl. pterygopalatinum: Es liegt in der *Fossa pterygopalatina* neben dem N. maxillaris. Die präganglionären Fasern stammen aus einem Ast des N. intermediofacialis, dem *N. petrosus maj.* Dieser zweigt am Ggl. geniculi vom N. facialis ab, zieht durch das Foramen lacerum in den Canalis pterygoideus und endet im Ggl. pterygopalatinum. Die postganglionären Fasern lagern sich mehreren Nerven an und ziehen über N. zygomaticus, N. zygomaticofacialis und N. lacrimalis zur *Tränendrüse (Gl. lacrimalis)*, über die Rr. nasales post. sup. et inf. zu den *Nasendrüsen (Gll. nasales)* und über den N. nasopalatinus und die Nn. palatini maj. et min. zu den *Gaumendrüsen (Gll. palatini)*.

Ggl. submandibulare: Es liegt oberhalb der *Gl. submandibularis* und ist mit dem N. lingualis über Rr. communicantes verbunden. Die präganglionären Fasern stammen aus einem weiteren Ast des N. intermediofacialis, der *Chorda tympani.* Diese zweigt im Canalis facialis vom N. facialis ab, zieht durch die Fissura petrotympanica und lagert sich dem N. lingualis an, mit dem sie zum Ggl. submandibulare gelangt. Die postganglionären Fasern ziehen über Rr. glandulares zusammen mit den sensiblen und sympathischen Fasern zur *Gl. submandibularis*, zur *Gl. sublingualis* und zu den *kleinen Speicheldrüsen*.

Ggl. oticum: Es liegt unterhalb des *Foramen ovale* neben dem N. mandibularis. Die präganglionären Fasern stammen aus einem Ast des N. glossopharyngeus, dem *N. tympanicus*. Dieser zieht durch den Canaliculus tympanicus zum Plexus tympanicus. Hinter dem Plexus tympanicus bilden die Fasern den *N. petrosus min.*, der durch die Fissura sphenopetrosa zum Ggl. oticum gelangt. Die postganglionären Fasern ziehen mit dem N. auriculotemporalis zur Gl. parotidea. Den Verlauf der parasympathischen Fasern bezeichnet man auch als *Jakobson-Anastomose*.

Die Organe des Halses werden über N. glossopharyngeus und N. vagus parasympathisch innerviert. Ein großer Teil der Fasern wird im jeweiligen Ggl. inf. umgeschaltet, einige Fasern erst im Plexus pharyngeus. Die postganglionären Neurone innervieren *Gll. pharyngei* und *laryngei*.

5.8 Arterien und Venen

Kopf und Hals werden von Ästen der aus dem Aortenbogen entspringenden Arterien versorgt. Dies sind *A. subclavia* und *A. carotis comm.* mit ihrer Aufzweigung in A. carotis int. und ext. Der venöse Abfluß erfolgt über *V. subclavia* und *V. jugularis int.*, die am *Venenwinkel* (*Angulus venosus*) gemeinsam in die *V. brachiocephalica* münden.

5.8.1 A. subclavia

Die A. subclavia entspringt *links* aus dem Aortenbogen und *rechts* aus dem Truncus brachiocephalicus. Sie verläuft zwischen M. scalenus ant. und M. scalenus med. („*hintere“ Skalenuslücke*) zum Hals und zieht zwischen Schlüsselbein und 1. Rippe in die Tiefe des Trigonum deltoideopectorale, wo sie in die A. axillaris übergeht. In ihrem Verlauf gibt sie folgende Äste ab (Abb. 5.**17**):

- *A. thoracica interna:* zieht seitlich des Sternums durch das vordere Mediastinum (s.a. 6.2.6);
- *A. vertebralis:* zieht nach oben durch die Foramina transversaria des 6.–1. Halswirbels, verläuft um den Atlas herum und gelangt durch das *Foramen magnum* in die hintere Schädelgrube. Die A. vertebralis beider Seiten verbinden sich intrakraniell zur *A. basilaris* (s.a. 9.10.1);
- *Truncus thyrocervicalis:* Er entspringt medial des M. scalenus ant. und teilt sich in:
  - *A. suprascapularis:* zieht nach hinten über das Lig. transversum scapulae und anastomosiert in der Fossa supraspinata mit der A. circumflexa scapulae aus der A. subscapularis,
  - *A. thyroidea inferior:* verläuft hinter der Gefäß-Nerven-Straße zum unteren Schilddrüsenpol und versorgt darüber hinaus einen Teil des Rachens sowie der Speiseröhre und gibt die A. laryngea inf. zum Kehlkopf ab,
  - *A. cervicalis ascendens:* zieht auf dem M. scalenus ant. nach oben und versorgt die Mm. scaleni, die tiefe Nackenmuskulatur und mit Rr. spinales einen Teil des Rückenmarks;
- *Truncus costocervicalis:* Er entspringt hinter dem M. scalenus ant. und teilt sich in:
  - *A. cervicalis profunda:* zieht zur tiefen Nackenmuskulatur und gibt Rr. spinales zum Rückenmark ab,
  - *A. intercostalis suprema:* bildet die ersten beiden dorsalen Interkostalarterien (Aa. intercostales post. I und II);
- *A. transversa cervicis:* entspringt lateral aus der A. subclavia oder ist Ast des Truncus cervicalis und zieht mit einem R. superf. (*A. cervicalis superf.*) zur Muskulatur der Schulter und des Nackens und mit einem R. prof. (*A. scapularis descendens*) zu den Mm. rhomboidei und dem M. latissimus dorsi.

5.8.2 A. carotis communis

Sie entspringt *links* aus dem Aortenbogen und *rechts* aus dem Truncus brachiocephalicus und verläuft zusammen mit der V. jugularis int. und dem N. vagus in der Gefäß-Nerven-Straße des Halses. Im *Trigonum caroticum* teilt sie sich in Höhe des oberen Schildknorpelrandes in A. carotis ext. und int. (Abb. 5.**17**). An der Teilungsstelle erweitert sich die A. carotis comm. und bildet den *Sinus caroticus*, in dessen Wand *Pressorezeptoren* und ein *Chemorezeptor* (Glomus caroticum) liegen. Das *Glomus caroticum* wird durch eine Verminderung des O_2-Gehaltes im Blut erregt. Die afferenten Informationen aus den Rezeptoren werden über vegetative Fasern den Kreislaufzentren im Hirnstamm übermittelt.

Am Vorderrand des M. sternocleidomastoideus läßt sich der Puls der A. carotis comm. tasten.

5.8.3 A. carotis interna

Sie versorgt den größten Teil des Gehirns, die Orbita und angrenzende Teile des Gesichtes sowie die Schleimhaut der Siebbeinzellen, der Stirnhöhle und eines Teils der Nasenhöhle. Sie wird in vier Abschnitte untergliedert:

Pars cervicalis: Die A. carotis int. liegt zunächst dorsal und dann medial der A. carotis ext. und zieht

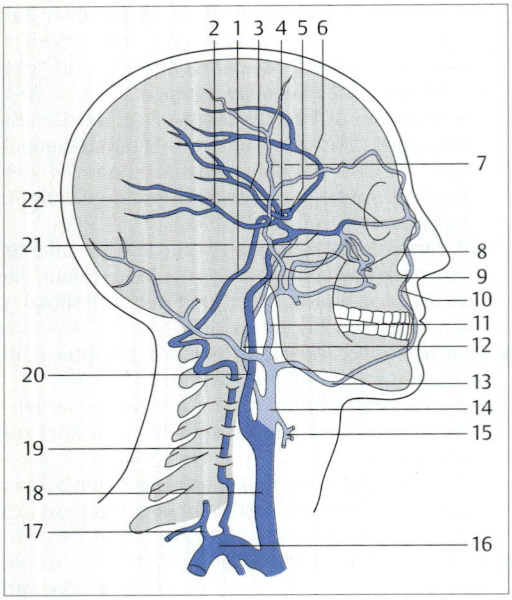

Abb. 5.**17** A. carotis externa und A. subclavia. 1 = A. basilaris, 2 = A. cerebri posterior, 3 = A. communicans posterior, 4 = A. cerebri media, 5 = A. cerebri anterior, 6 = A. pericallosa, 7 = A. temporalis superficialis, 8 = Aa. ethmoidales, 9 = A. occipitalis, 10 = A. angularis, 11 = A. maxillaris, 12 = A. pharyngea ascendens, 13 = A. facialis, 14 = A. carotis externa, 15 = A. thyreoidea superior, 16 = A. subclavia, 17 = Truncus thyreocervicalis, 18 = A. carotis communis, 19 = A. vertebralis, 20 = A. carotis interna, 21 = A. ophthalmica, 22 = A. supratrochlearis (aus Neuerburg-Heusler/Hennerici, Thieme 1995)

neben der Rachenwand nach kranial zur Schädelbasis.

Pars petrosa: Sie zieht weiter nach medial durch den *Canalis caroticus* und das Foramen lacerum in die mittlere Schädelgrube. Innerhalb des Canalis caroticus gibt sie *Rr. caroticotympanici* zur Paukenhöhle ab.

Pars cavernosa: Vom *Foramen lacerum* gelangt sie in den *Sulcus caroticus* an der Seitenfläche des Keilbeinkörpers, zieht durch den *Sinus cavernosus* hindurch und bildet den *Karotissiphon*. Sie gibt Äste zum Kleinhirnzelt, zur Dura und zur Hypophyse ab.

Pars cerebralis: Sie beginnt mit Durchtritt durch die Dura am *Proc. clinoideus ant.* Sie gibt die A. ophthalmica zur Orbita ab (s.a. 10.1.2 und 10.2.4), wendet sich zur Hirnbasis, bildet mit ihren Ästen einen Teil des Circulus arteriosus und teilt sich in A. cerebri ant. und media, die das Großhirn versorgen (s.a. 9.10.1).

5.8.4 A. carotis externa

Sie versorgt den größten Teil des knöchernen Schädels, der Kopfweichteile und der Dura mater. Sie zieht vom Trigonum caroticum auf dem *M. stylopharyngeus* in die *Fossa retromandibularis*, verläuft im Drüsengewebe der Ohrspeicheldrüse nach oben und teilt sich in Höhe des Collum mandibulae in ihre Endäste auf.

Man unterscheidet die abgehenden Äste ihrer Lage nach in eine vordere, mediale und hintere Gruppe und die Endäste (Abb. 5.**17**):

Vordere Gruppe:

- *A. thyroidea superior:* zieht zum oberen Pol der Schilddrüse und gibt die A. laryngea sup. zum Kehlkopf und den R. cricothyroideus zum M. cricothyroideus ab;
- *A. lingualis:* entspringt im Trigonum caroticum, zieht zwischen M. hyoglossus und M. genioglossus zur Zungenspitze und gibt die A. sublingualis, Rr. dorsales linguae und die A. lingualis prof. (Endast) ab;
- *A. facialis:* entspringt über der A. lingualis, zieht unter dem M. stylohyoideus, dem hinteren Bauch des M. digastricus und der Gl. submandibularis über den Unterrand des Unterkiefers zum Gesicht und gibt folgende Äste ab:
  - *A. palatina ascendens:* zieht auf dem *M. stylopharyngeus* (Leitmuskel!) nach kranial und anastomosiert mit der A. palatina descendens aus der A. maxillaris,
  - *Rr. tonsillares:* zur Gaumenmandel,
  - *A. submentalis:* zieht an der Unterfläche des M. mylohyoideus zur Gl. submandibularis und der suprahyalen Muskulatur,
  - *A. labialis superior et inferior:* zur Ober- und Unterlippe, beide anastomosieren mit Endästen der A. lingualis und der A. maxillaris,
  - *A. angularis:* Endast der A. facialis, anastomosiert im medialen Augenwinkel mit der A. dorsalis nasi aus der A. ophthalmica.

Der Puls der A. facialis ist am Unterkieferrand unmittelbar vor dem M. masseter tastbar.

Mediale Gruppe:

- *A. pharyngea ascendens:* zieht an der seitlichen Pharynxwand bis zur Schädelbasis und gibt Rr. pharyngeales zur Rachenwand sowie die A. tympanica inf. zur Paukenhöhle ab, der Endast zieht durch das *Foramen jugulare* in die hintere Schädelgrube und versorgt als *A. meningea post.* die Dura mater der hinteren Schädelgrube.

Hintere Gruppe:

- *Rr. sternocleidomastoidei:* zum M. sternocleidomastoideus;

- *A. occipitalis:* verläuft im Sulcus a. occipitalis des Os temporale nach dorsal, durchbohrt den M. trapezius und zieht mit ihren Ästen über das Hinterhaupt;
- *A. auricularis posterior:* zieht über den M. stylohyoideus zum Proc. mastoideus und teilt sich in Rr. auriculares für die Ohrmuschel, Rr. occipitales für die Kopfschwarte und die A. tympanica post. zur Paukenhöhle und den Cellulae mastoideae.

Endäste:

- *A. maxillaris:* stärkerer Endast der A. carotis ext., entspringt in der Gl. parotidea und zieht hinter dem Unterkiefer durch die Kaumuskulatur zur *Fossa pterygopalatina*, man teilt die abgehenden Äste den einzelnen Abschnitten der A. maxillaris zu: *retromandibulär (1–4), intramuskulär (5–8)* und in der *Fossa pterygopalatina (9–13).*
  - *1. A. auricularis profunda:* zu Kiefergelenk, äußerem Gehörgang, Paukenhöhle,
  - *2. A. tympanica anterior:* zieht mit der Chorda tympani durch die Fissura petrotympanica in die Paukenhöhle,
  - *3. A. alveolaris inferior:* gibt R. mylohyoideus ab und zieht dann durch den Canalis mandibulae zu Zähnen und Zahnfleisch des Unterkiefers, *A. mentalis* (Endast) gelangt durch das Foramen mentale zu Kinn und Unterlippe,
  - *4. A. meningea media:* wird von Wurzeln des *N. auriculotemporalis* umschlungen, zieht durch das Foramen spinosum in die mittlere Schädelgrube und versorgt die Dura mater,
  - *5. A. masseterica:* zieht durch Incisura mandibulae zum M. masseter,
  - *6. Aa. temporales profundae:* ziehen zum M. temporalis,
  - *7. Rr. pterygoidei:* ziehen zu den Mm. pterygoidei,
  - *8. A. buccalis:* zieht auf dem M. buccinator nach vorne und anastomosiert mit Ästen der A. facialis, versorgt Muskeln, Haut und Schleimhaut der Wange,
  - *9. A. alveolaris superior posterior:* tritt durch Foramina alveolaria in die Maxilla ein, versorgt Prämolaren und Molaren, Zahnfleisch des Oberkiefers und die Schleimhaut der Kieferhöhlen,
  - *10. A. infraorbitalis:* zweigt in der Fossa pterygopalatina von der A. maxillaris ab, zieht durch die Fissura orbitalis inf. in den Canalis infraorbitalis und durch das Foramen infraorbitale zu Frontzähnen, Knochen und Zahnfleisch des Oberkiefers,
  - *11. A. palatina descendens:* zieht von der Fossa pterygopalatina durch den Canalis palatinus maj. und teilt sich in die A. palatina maj. zum harten Gaumen und die Aa. palatinae min. zum weichen Gaumen, anastomosiert mit der A. palatina ascendens und der A. pharyngea ascendens,
  - *12. A. sphenopalatina:* zieht durch das Foramen sphenopalatinum in die hintere Nasenhöhle, versorgt mit ihren Ästen die Schleimhaut der Nase und der Nasennebenhöhlen,
  - *13. A. canalis pterygoidei:* zieht durch den Canalis pterygoideus zur Schleimhaut des oberen Pharynx;
- *A. temporalis superficialis:* schwächerer Endast der A. carotis ext., zieht zwischen Kiefergelenk und äußerem Gehörgang über die Fascia temporalis zur *Schläfenregion*, wo sie sich in folgende Äste aufteilt:
  - *Rr. parotidei:* zur Ohrspeicheldrüse,
  - *Rr. auriculares anteriores:* versorgen Ohrmuschel und äußeren Gehörgang,
  - *A. transversa faciei:* zieht durch die Gl. parotis und über den M. masseter zur Wange, versorgt die mimische Gesichtsmuskulatur,
  - *A. zygomaticoorbitalis:* zieht zum seitlichen Augenwinkel,
  - *A. temporalis media:* zieht oberhalb des Jochbogens zum M. temporalis,
  - *R. frontalis* und *R. parietalis:* ziehen zur vorderen und seitlichen Kopfschwarte.

5.8.5 V. jugularis interna

Die V. jugularis int. entsteht als Fortsetzung des *Sinus sigmoideus*. Sie beginnt mit einer Erweiterung (*Bulbus v. jugularis sup.*), die in der Fossa jugularis liegt, und zieht dann zunächst dorsal, später lateral der A. carotis int. im Gefäß-Nerven-Strang des Halses nach kaudal. Bevor sie in den Venenwinkel einmündet, erweitert sie sich zum *Bulbus v. jugularis inf.* In die V. jugularis münden die *Sinus durae matris* (s.a. 9.10.2) und die *V. retromandibularis*, die wiederum Zuflüsse aus dem *Plexus pterygoideus* und der *V. facialis* erhält, sowie weitere kleine Venen.

V. retromandibularis: Sie entsteht unter der *Gl. parotidea* vor der Ohrmuschel durch Zusammenfluß der Vv. temporales superf., der V. temporalis media und der V. transversa faciei. Sie mündet entweder gemeinsam mit der V. facialis oder direkt in die V. jugularis int. Unterhalb des Ohrläppchens gibt sie meist einen kräftigen Ast nach hinten ab, der sich mit der V. auricularis post. zur V. jugularis ext. vereinigt.

Plexus pterygoideus: Dieses Venengeflecht liegt in der *Fossa infratemporalis* und erhält Zuflüsse aus Venen der Dura, des Gehörganges, der Paukenhöhle, der Gl. parotis und des Kiefergelenks und steht mit Vv. maxillares, V. retromandibularis, Vv. temporales prof. und V. ophthalmica inf. in Verbindung. Der Plexus pterygoideus hat Abflüsse zur *V. facialis* und zur *V. retromandibularis* sowie Verbindungen zum *Sinus cavernosus*.

V. facialis: Sie beginnt am *medialen Augenwinkel* als V. angularis, die mit der V. ophthalmica sup. der Orbita anastomosiert. Die V. facialis zieht schräg über die Wange zum Unterrand der Mandibula und nimmt dabei Venen des Augenwinkels, der Nasenflügel, der Lippen, der Gl. parotis und der Tonsilla palatina sowie die V. faciei prof. aus dem Plexus pterygoideus und die V. submentalis auf. Sie vereinigt sich kaudal des Kieferwinkels mit der *V. retromandibularis* und mündet im Trigonum caroticum in die V. jugularis int.

5.8.6 Angulus venosus

Hinter dem Sternoklavikulargelenk vereinigen sich *V. subclavia* und *V. jugularis int.* im Venenwinkel zur *V. brachiocephalica*. Die V. subclavia nimmt vor der Mündung die V. jugularis ext. auf. Diese entsteht aus dem Zusammenfluß der V. occipitalis und der V. auricularis post., die weitere Venen des unteren Halses und der Zungenbeinregion aufnehmen.

Das Blut der Schilddrüse fließt z. T. in die V. jugularis int. und z. T. über den Plexus thyroideus impar und die V. thyroidea inf. direkt in die V. brachiocephalica sin.

In den linken Venenwinkel mündet außerdem der *Ductus thoracicus*, in den rechten der *Truncus lymphaticus dext.*

5.9 Lymphknoten und Lymphgefäße

Die Lymphe der Kopf- und Halsregion fließt durch eine Vielzahl von *oberflächlichen* und *tiefen Lymphknoten* ab. Die Lymphgefäße münden schließlich in den *Truncus jugularis*. Die Lymphabflußwege der einzelnen Organe sind vor allem bei der Metastasierung von Tumoren wichtig.

5.9.1 Lymphknoten an der Kopf-Hals-Grenze

Die Lymphknoten des Kopfes liegen in Gruppen zusammen, die die Lymphe aus den jeweils angrenzenden Gebieten erhalten. Man unterscheidet die Nn. ll. occipitales, mastoidei (bzw. retroauriculares), parotidei superf. und prof., submandibulares und submentales sowie den N. l. buccinatorius. Der Abfluß aus den Lymphknoten des Kopfes erfolgt in die tiefen Halslymphknoten.

5.9.2 Oberflächliche und tiefe Halslymphknoten

Die oberflächlichen Lymphknoten des Halses (*Nn. ll. cervicales superf.*) sammeln die Lymphe der Haut und leiten sie an die tiefen Lymphknoten (*Nn. ll. cervicales prof.*) weiter. Diese nehmen außerdem die Lymphe aus den Organen des Halses und aus den Lymphknoten des Kopfes auf. Die tiefen Lymphknoten stellen somit *Sammellymphknoten* von Kopf und Hals dar. Sie gruppieren sich um die V. jugularis int. herum. Zu ihnen zählen auch der *N. l. jugulodigastricus* und *juguloomohyoideus*, die wichtige überregionale Lymphknoten der Zunge darstellen.

Klinischer Bezug

Bei **malignen Tumoren im Kopf- und Halsbereich** kommt es häufig zu einer *Metastasierung* in die Halslymphknoten. Aber auch *Lymphome* (Tumoren der Lymphknoten) manifestieren sich häufig zuerst in den Halslymphknoten.

5.9.3 Truncus jugularis dexter et sinister

Der *Truncus jugularis* sammelt die Lymphe aus den Sammellymphknoten des Halses. Der *rechte* Truncus jugularis vereinigt sich mit dem Ductus lymphaticus dext. und mündet in den rechten Venenwinkel, der *linke* Truncus lymphaticus vereinigt sich mit dem Ductus thoracicus und mündet in den linken Venenwinkel.

5.10 Angewandte und topographische Anatomie

Die Strukturen von Kopf und Hals werden jeweils bestimmten Regionen zugeordnet, die oft auch funktionellen Einheiten entsprechen. Schon die oberflächliche Betrachtung kann Hinweise auf mögliche Veränderungen der Strukturen geben.

5.10.1 Oberflächenanatomie von Kopf und Hals

Das Oberflächenrelief von Kopf und Hals wird bestimmt von knöchernen und knorpeligen Strukturen, Muskulatur und subkutanem Fettgewebe. Das Gesicht wird vor allem durch das *knöcherne Gesichtsskelett* geprägt, dem im vorderen Teil ein unterschiedlich dicker Weichteilmantel und an den Seiten die *Kaumuskulatur* und die *Ohrmuscheln* aufliegen. Die Konturen des Halses werden hauptsächlich durch die Halsmuskeln und das Fettgewebe bestimmt.

Tastpunkte: Das knöcherne Schädeldach und Teile des Gesichtsschädels lassen sich durch den Weichteilmantel hindurch tasten. Am deutlichsten tasten sich folgende Knochenvorsprünge und -kanten: *Protuberantia occipitalis ext., Proc. mastoideus, Arcus zygomaticus, knöchernes Nasendach, Umrandung der Orbita, Protuberantia mentalis* und *Angulus mandibulae.* Durch den Mund kann man den harten Gaumen tasten, durch den äußeren Gehörgang die Bewegungen des Caput mandibulae im Kiefergelenk.

Sensible Innervation: Das Gesicht und der vordere Teil der Kopfschwarte werden vom *N. trigeminus* innerviert, der Hinterkopf vom *N. occipitalis maj.*, die Region hinter dem Ohr vom *N. occipitalis min.* und der Hals vom *Plexus cervicalis* (Abb. 9.**3**).

Merke

Die Austrittspunkte der *sensiblen Trigeminusäste* werden bei der klinischen Untersuchung auf *Druckschmerzhaftigkeit* hin überprüft. Der *N. ophthalmicus* gibt Äste durch das Foramen supraorbitale am oberen Orbitarand ab, der *N. maxillaris* durch das Foramen infraorbitale am unteren Orbitarand und der *N. mandibularis* durch das Foramen mentale an der Vorderfläche des Corpus mandibulae.

5.10.2 Kopfregion

Der Gehirnteil des Kopfes wird in Teilbereiche (*Regiones capitis*) gegliedert, die nach den darunter liegenden Schädelknochen benannt werden: *Regio frontalis, Regio parietalis, Regio occipitalis, Regio temporalis* (über dem M. temporalis) und *Regio infratemporalis* (über der Fossa infratemporalis). Er wird von einer einheitlichen Weichteilschicht, der Kopfschwarte, überzogen. Diese besteht aus einer flächenförmigen Sehnenplatte (*Galea aponeurotica*), in die die Sehnen des M. epicranius einstrahlen (s.a. 5.3.1). Die Galea aponeurotica ist durch Bindegewebszüge unverschieblich in der Subcutis der Kopfhaut verankert. Vom Periost der Schädelknochen (*Pericranium*) wird sie durch lockeres Bindegewebe (*Spatium subaponeuroticum*) getrennt.

Klinischer Bezug

Hämatome:

Subkutane Kopfschwartenhämatome wölben die Haut an umschriebener Stelle vor und werden spontan resorbiert.

Subaponeurotische Blutungen dehnen sich flächenhaft unter der Kopfschwarte aus und müssen meist punktiert werden.

Subperiostale Blutungen zwischen Pericranium und Knochen können unter der Geburt entstehen (*Kephalhämatom*). Sie reichen nicht über die Knochengrenze hinaus, da das Pericranium dort fest mit dem Bindegewebe des Knochens verwachsen ist.

5.10.3 Gesichtsregionen

Die Oberfläche des Gesichts wird nach den dort liegenden Strukturen in folgende Regionen eingeteilt: Regio frontalis, Regio orbitalis, Regio infraorbitalis, Regio nasalis, Regio oralis, Regio mentalis, Regio temporalis, Regio zygomatica, Regio buccalis und Regio parotidea-masseterica.

Als tiefe Gesichtsregionen bezeichnet man die in der Tiefe bestimmter oberflächlicher Regionen liegenden Strukturen. Dazu gehören die *Fossa temporalis* (unter der Regio temporalis), die *Fossa infratemporalis* (unter der Regio infratemporalis), die *Fossa pterygopalatina*, die *Fossa retromandibularis* und die *Parotisloge* sowie Augen-, Nasen- und Mundhöhle. Klinisch bedeutsam ist vor allem die Parotisloge.

5.10.4 Spatium peripharyngeum

Zwischen der Lamina praevertebralis der Halsfaszie und der Fascia buccopharyngea liegt das *Spatium peripharyngeum*, ein Bindegewebsraum, der sich von der Schädelbasis bis zum oberen Mediastinum erstreckt. Im oberen Bereich wird er durch ein *Septum sagittale* in ein *Spatium retropharyngeum* und ein *Spatium lateropharyngeum (parapharyngeum)* unterteilt.

Spatium retropharyngeum: Dieser Verschiebespalt liegt zwischen Pharynxhinterwand und Lamina prävertebralis der Halsfaszie. Es wird seitlich vom Septum sagittale begrenzt.

Spatium lateropharyngeum: Es ist paarig und bildet lateral der Halseingeweide eine im Querschnitt dreieckige Bindegewebsstraße für die Nerven und Gefäße, die sich nach kaudal in das Mediastinum fortsetzen. Zur Seite wird sie durch die Parotiskapsel und die Faszie des M. pterygoideus med., nach dorsal durch die Lamina praevertebralis der Halsfaszie begrenzt.

Das Spatium lateropharyngeum wird durch das tiefe Blatt der Parotisfaszie in einen dorsalen und einen ventralen Abschnitt gegliedert. Im *dorsalen Abschnitt* liegen die A. carotis int., V. jugularis int., die Hirnnerven IX, X, XI und XII, im *ventralen Abschnitt* der N. lingualis, N. alveolaris inf., N. auriculotemporalis, die Chorda tympani und das Ggl. oticum.

5.10.5 Mundboden

Der Mundboden erstreckt sich vom Zungenbein bis zum Unterkieferrand. Er wird in *Regio sublingualis* und *Trigonum submandibulare* unterteilt.

Regio sublingualis: Sie ist der schmale Raum zwischen M. mylohyoideus und M. hyoglossus, der nach kranial durch die Mundbodenschleimhaut und nach kaudal durch den M. mylohyoideus begrenzt wird. In der *Regio sublingualis* liegen: *Gl. sublingualis, N. lingualis* mit *Ggl. submandibulare, N. hypoglossus, V. lingualis, A. und V. sublingualis.*

Trigonum submandibulare: Es liegt zwischen vorderem und hinterem Bauch des M. digastricus und wird nach kranial durch die Mandibula sowie nach kaudal durch das Os hyoideum begrenzt. Medial an der Grenze zur Regio sublingualis liegt der M. mylohyoideus. Im *Trigonum submandibulare* liegen: *Gl. submandibularis, A. und V. facialis, N. mylohyoideus, N. hypoglossus.*

5.10.6 Halsregionen

Der Hals beginnt kranial an einer Linie, die vom Unterrand der Mandibula über die Procc. mastoidei bis zur Protuberantia occipitalis ext. verläuft, und endet kaudal an einer Linie, die in Höhe der Claviculae bis zum Proc. spinosus des 7. Halswirbels verläuft. Der Hals teilt sich in sechs Regionen auf:

Regio cervicalis anterior: Sie bildet das *unpaare vordere Halsdreieck* und wird lateral durch die Ansätze der Mm. sternocleidomastoidei, kranial durch das Os hyoideum und kaudal durch das Manubrium sterni begrenzt. Sie enthält den *Larynx*, die *Gl. thyroidea* und die *Gll. parathyroideae.*

Klinischer Bezug

Bei **Verlegung der oberen Atemwege,** z. B. bei Entzündungen oder Fremdkörpern, kann es nötig werden, die Luftwege von außen zu eröffnen. Dies erfolgt im Notfall durch Durchtrennung des Lig. cricothyroideum (*Koniotomie*). Patienten, die längere Zeit beatmet werden müssen, erhalten ein Tracheostoma. Hierbei wird die Trachea zwischen der 2. und 3. Knorpelspange eröffnet (*Tracheotomie*) und eine Trachealkanüle eingeführt, über die weiterhin beatmet wird.

Trigonum caroticum: Es wird nach kranial vom hinteren Bauch des M. digastricus, nach lateral vom M. sternocleidomastoideus und nach medial vom oberen Bauch des M. omohyoideus begrenzt. Hier liegt die *A. carotis comm.* mit ihrer Aufteilungsstelle in A. carotis ext. und int. Die ersten fünf Äste der A. carotis ext. gehen noch innerhalb des Trigonum ab. Ebenso verlaufen durch das Trigonum *V. jugularis int., N. vagus* und *oberer Abschnitt der Ansa cervicalis prof.*

Regio sternocleidomastoidea: Sie liegt über dem gleichnamigen Muskel, der den *Gefäß-Nerven-Strang* des Halses bedeckt.

Regio cervicalis lateralis: Sie wird nach ventral und kranial durch den M. sternocleidomastoideus, nach dorsal durch den M. trapezius und nach kaudal durch den unteren Bauch des M. omohyoideus begrenzt. Sie ist mit Bindegewebe ausgefüllt und liegt zwischen dem oberflächlichen und prävertebralen Blatt der Halsfaszie. Sie enthält: *Punctum nervosum, Nn. supraclaviculares, N. accessorius, A. und V. cervicalis superf.*

Trigonum omoclaviculare: Es ist ein Teil der Regio cervicalis lat. und liegt zwischen dem unteren Bauch des M. omohyoideus, der Clavicula und dem hinteren Rand des M. sternocleidomastoideus. Sie gliedert sich in eine oberflächliche und eine tiefe Etage. Die *oberflächliche Etage* enthält Fett, Bindegewebe, die vorderen Äste der Nn. supraclaviculares und die V. jugularis ext. Die *tiefe Etage* enthält A. subclavia, A. und V. cervicalis superf., N. phrenicus, Teile des Plexus brachialis und die supraklavikulären Lymphknoten.

Merke

A. subclavia und Plexus brachialis ziehen durch die *„hintere" Skalenuslücke* zwischen M. scalenus medius, M. scalenus ant. und 1. Rippe. Die V. subclavia zieht durch die *„vordere" Skalenuslücke* zwischen M. scalenus ant. und M. sternocleidomastoideus.

Regio cervicalis posterior: Sie umfaßt den dorsalen Teil des Halses, den *Nacken*, dessen muskuläre Grundlage der M. trapezius bildet. Dieser ist durch das prävertebrale Blatt der Halsfaszie von der tiefen Rückenmuskulatur getrennt. Der Nacken wird sensibel vom N. occipitalis min. aus C2 versorgt und enthält A. und V. occipitalis sowie den N. suboccipitalis.

Leibeswand

Die Leibeswand umgibt Brust-, Bauch- und Beckenraum mit Eingeweiden. Man untergliedert sie in *Rücken* (*Dorsum*), *Brustwand*, *Bauchwand* und *Becken* mit den Beckenwänden. Zum Rumpfskelett zählt man die *Wirbelsäule* (*Columna vertebralis*) und den *Brustkorb* (*Thorax*), der aus *Rippen* (*Costae*) und *Brustbein* (*Sternum*) besteht. Der Thorax umgibt die *Brusthöhle*, die durch das *Zwerchfell* (*Diaphragma*) von der *Bauchhöhle* getrennt ist. Die Bauchhöhle wird nach unten durch die *Beckenbodenmuskulatur* begrenzt.

6.1 Rücken

Der *Rücken* (*Dorsum*) bildet die Dorsalseite des Stammes und erstreckt sich kranial bis zur Linea nuchae sup. des Hinterhaupts und kaudal bis zur Steißbeinspitze. Lateral geht er in die ventrale Rumpfwand über.

6.1.1 Entwicklung der Wirbelsäule, Entstehung der Metamerie

Die Bildung von Skelett und Muskulatur des Rückens erfolgt während der kraniokaudalen Krümmung aus den *Sklerotomen* und *Myotomen* (s.a. 1.4.4).

In der 4. Entwicklungswoche wandern Zellen des Sklerotoms aus und umgeben die Chorda dorsalis und die Anlage des Rückenmarks. Die einzelnen Segmente werden durch Intersegmentalspalten voneinander getrennt, in denen die Intersegmentalarterien verlaufen. In der weiteren Entwicklung verdichtet sich der untere Anteil eines jeden Segments und verbindet sich mit dem oberen Anteil des darunterliegenden Segments zur *Anlage des Wirbelkörpers*. Zellen aus dem oberen Anteil bilden Wirbelbogen und Querfortsätze sowie die *Zwischenwirbelscheibe* (*Discus intervertebralis*).

Merke

Durch die Umlagerung der Sklerotom-Segmente sind die Wirbel gegenüber den Muskelanlagen um eine Segmenthälfte verschoben. Jeder Segmentmuskel setzt deshalb an zwei benachbarten Wirbeln an. Die *Spinalnerven* gelangen durch die sich zwischen oberem und unterem Wirbelkörper bildenden *Foramina intervertebralia* zu der entsprechenden Muskelanlage.

Die *Chorda dorsalis* bildet sich weitgehend zurück. Reste bleiben in den Zwischenwirbelscheiben als Ncl. pulposus und als Lig. apicis dentis erhalten.

Die Verknöcherung der knorpelig angelegten Wirbel beginnt im 4. Entwicklungsmonat und ist erst um das 25. Lebensjahr abgeschlossen.

Klinischer Bezug

Ein **unvollständiger Schluß der Wirbelbögen** führt zur Wirbelbogenspalte, die sich über mehrere Wirbel erstrecken kann (*Spina bifida*). Sie geht oft mit Mißbildungen des Rückenmarks einher (s.a. 9.1.4).

6.1.2 Die Wirbelsäule als Ganzes

Gliederung: Die Wirbelsäule (Abb. 6.**1**) besteht aus 33 – 34 Wirbeln, den Zwischenwirbelscheiben (*Disci intervertebrales*) und dem Bandapparat. Man untergliedert die Wirbel in *7 Hals-*, *12 Brust-* und *5 Lendenwirbel*. *Kreuzbein* und *Steißbein* entstehen durch Verschmelzung mehrerer Wirbel. Die einzelnen Wirbel sind durch lange und kurze Bänder untereinander und mit den Disci intervertebrales verbunden.

Krümmungen: Die Wirbelsäule des Erwachsenen hat eine doppelte *S-Form*. Die physiologischen Krümmungen bilden sich erst nach der Geburt unter Be-

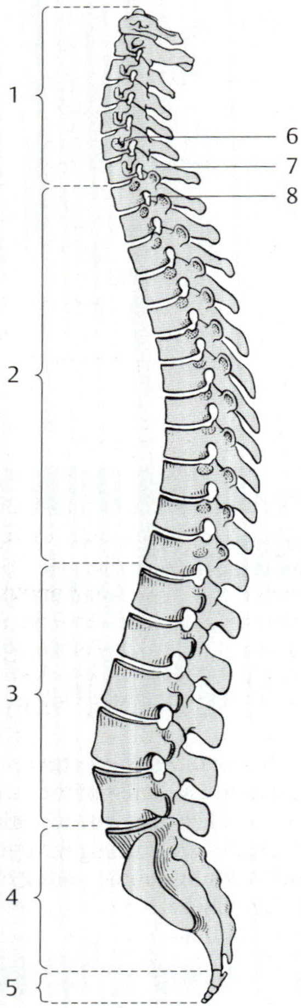

Abb. 6.**1** Wirbelsäule. 1 = Halswirbel, 2 = Brustwirbel, 3 = Lendenwirbel, 4 = Kreuzbein (Os sacrum), 5 = Steißbein (Os coccygis), 6 = Tuberculum caroticum, 7 = Vertebra prominens (C VII), 8 = Foramen intervertebrale (aus Feneis, Thieme 1993)

lastung aus. Im Hals- und Lendenwirbelbereich ist die Wirbelsäule nach ventral konvex gebogen (*Lordose*), im Brust- und Sakralbereich nach ventral konkav (*Kyphose*). Die Krümmungen und die Elastizität der Zwischenwirbelscheiben dämpfen die Erschütterungen, die beim Laufen, Springen, etc. auf die Wirbelsäule übertragen werden (Umsetzung von Drucklast in Verbiegespannung).

Bewegungen: Zwei benachbarte Wirbel und die sie verbindenden Strukturen bilden funktionell ein *Bewegungssegment*. Der Bewegungsumfang innerhalb eines Segments ist gering und unterscheidet sich für die verschiedenen Bereiche der Wirbelsäule. *Ventral-* und *Dorsalflexion* sowie *Seitwärtsneigung* finden bevorzugt im Hals- und Lendenwirbelbereich statt. Die *Rotationsbewegung* erfolgt vorwiegend in der Hals- und unteren Brustwirbelsäule. Der Bewegungsumfang der Wirbelsäule ist insgesamt abhängig von Konstitution und Übung.

Klinischer Bezug

Als **Skoliosen** bezeichnet man eine seitliche Verbiegung der Wirbelsäule. Zur Ausbildung eines **Buckels (Gibbus)** kommt es meist infolge Einbruchs eines Wirbelkörpers.

Wirbelkanal (Canalis vertebralis): Die *Wirbellöcher* (*Foramina vertebralia*) der einzelnen Wirbel bilden zusammen mit den dorsalen Flächen der Zwischenwirbelscheiben, dem Lig. longitudinale post. und den Ligg. flava den *Wirbelkanal*. Er beginnt am Foramen magnum und endet am Hiatus sacralis des Kreuzbeins. Der Wirbelkanal enthält das Rückenmark mit seinen Hüllen, die Wurzeln der Spinalnerven, Venenplexus und Fettgewebe (s.a. 9.2). Er ist entsprechend den Verdickungen des Rückenmarks unterschiedlich weit.

6.1.3 Skelettelemente der Wirbelsäule

Die *Wirbel* (*Vertebrae*) bilden die knöchernen Bauteile der Wirbelsäule. Sie besitzen eine einheitliche Grundform, die in den einzelnen Abschnitten der Wirbelsäule entsprechend der unterschiedlichen statischen und dynamischen Belastung abgewandelt ist.

Grundform: Jeder Wirbel (Abb. 6.**2**) besteht aus Wirbelkörper (*Corpus vertebrae*), Wirbelbogen (*Arcus vertebrae*) und Fortsätzen (*Procc. vertebrae*).

Der *Wirbelkörper* besteht hauptsächlich aus Spongiosa, die von einer sehr dünnen Kortikalis umgeben ist. Die obere und untere Kortikalis (Deck- und Grundplatte) ist an den Rändern verdickt (Randleisten).

Der dorsal gelegene *Wirbelbogen* setzt sich aus paariger *Bogenwurzel* (*Pediculus arcus vertebrae*), Seitenstück und Schlußstück (*Lamina arcus vertebrae*) zusammen. An jedem Pediculus findet sich eine obere und eine untere Einkerbung (*Incisura vertebralis sup.* und *inf.*).

Wirbelkörper und Wirbelbogen umschließen das *Wirbelloch* (*Foramen vertebrale*).

Vom Wirbelbogen gehen Fortsätze ab, die entweder den Rückenmuskeln als Ansatz dienen oder Gelenkflächen für die Verbindung mit benachbarten Wirbeln besitzen. Jedes Seitenstück trägt einen oberen

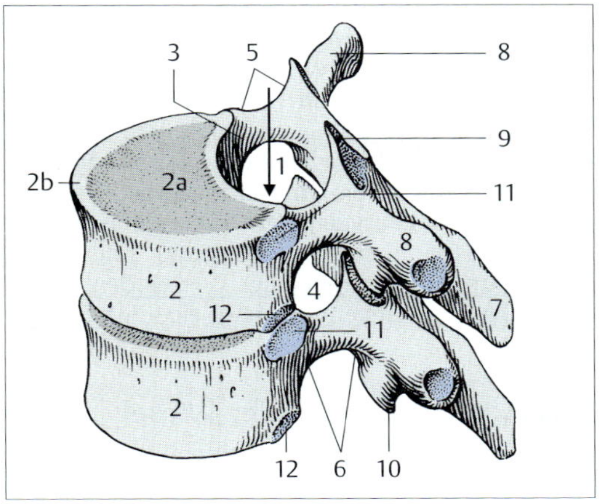

Abb. 6.**2** Grundform eines Wirbels am Beispiel des Brustwirbels. 1 = Canalis vertebralis, 2 = Corpus vertebrae, 2 a = Facies intervertebralis, 2 b = Randleiste, 3 = Pediculus arcus vertebrae, 4 = Foramen intervertebrale, 5 = Incisura vertebralis sup., 6 = Incisura vertebralis inf., 7 = Proc. spinosus, 8 = Proc. transversus, 9 = Proc. articularis sup., 10 = Proc. articularis inf., 11 = Fovea costalis sup., 12 = Fovea costalis inf. (aus Feneis, Thieme 1993)

und unteren *Gelenkfortsatz* (*Proc. articularis sup.* und *inf.*). Nach lateral geht je ein kräftiger *Querfortsatz* (*Proc. transversus*) ab, dorsal ragt der *Dornfortsatz* (*Proc. spinosus*) vor.

Die einander zugewandten Inzisuren zweier benachbarter Wirbel bilden das *Foramen intervertebrale*, das vorne durch den *Discus intervertebralis* und hinten durch den oberen Gelenkfortsatz begrenzt wird.

Halswirbel (Vertebrae cervicales): Die Halswirbel (C3–7) haben einen würfelförmigen Wirbelkörper. Ihre Querfortsätze teilen sich in *Tuberculum ant.* (Rippenrudiment) und *Tuberculum post.* (eigentlicher Proc. transversus), die das *Foramen proc. transversi* umgeben. Die Dornfortsätze des 2.–6. Halswirbels sind gegabelt und schräg nach unten gerichtet. Der Dornfortsatz des 7. Halswirbels ist nicht gespalten und deutlich länger als die anderen. Er ist unter der Haut zu tasten (*Vertebra prominens*). Die Gelenkflächen der Procc. articulares stehen bei den oberen Halswirbeln schräg nach hinten und zur Seite abfallend und gelangen nach kaudal immer mehr in die Frontalebene. Das *Foramen vertebrale* ist dreieckig und weit.

Atlas und Axis: Die beiden ersten Halswirbel *Atlas* und *Axis* unterscheiden sich deutlich von den anderen.

Der *Atlas* (Abb. 6.**3 a**) trägt den Schädel. Er verdickt sich auf beiden Seiten des Foramen vertebrale zur *Massa lat.*, die auf der Oberseite die nach ventral konvergierenden Gelenkflächen für die Kondylen des Os occipitale (*Facies articularis sup.*) und auf der Unterseite die Gelenkfläche für die Verbindung mit dem Axis tragen (*Facies articularis inf.*). Seitlich setzt sich jede Massa lat. in einen *Proc. transversus* mit dem *Foramen proc. transversi* fort. Die beiden Massae lat. sind durch einen vorderen und einen hinteren Bogen miteinander verbunden. Der vordere trägt außen das *Tuberculum ant.* und innen eine Grube (*Fovea dentis*) für die Verbindung mit dem Dens axis. Am hinteren Bogen sitzt anstelle des Dornfortsatzes das *Tuberculum post.* Im Sulcus a. vertebralis auf dem hinteren Bogen verläuft die A. vertebralis.

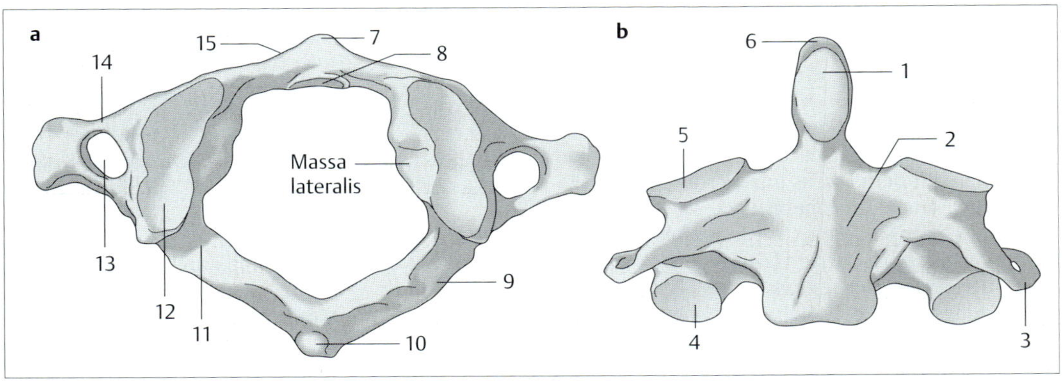

Abb. 6.**3** Atlas und Axis. **a** Atlas von oben, **b** Axis von vorne. 1 = Facies articularis anterior, 2 = Corpus axis, 3 = Processus transversus, 4 = Facies articularis inferior, 5 = Facies articularis superior, 6 = Dens, 7 = Tuberculum anterius, 8 = Fovea dentis, 9 = Arcus posterior, 10 = Tuberculum posterius, 11 = Sulcus a. vertebralis, 12 = Facies articularis superior, 13 = Foramen processus transversi, 14 = Processus transversus, 15 = Arcus anterior (aus Netter, Thieme 1987)

Der *Axis* (Abb. 6.**3 b**) besitzt als besonderes Merkmal einen zapfenförmigen Fortsatz (*Dens axis*), der dem Wirbelkörper aufsitzt und nach oben in den Ring des Atlas ragt. Der Dens trägt eine vordere und eine hintere Gelenkfläche (*Facies articularis ant.* und *post.*). Dem Axiskörper liegen seitlich die großen *Facies articulares sup.* zur Artikulation mit dem Atlas auf. Die kurzen Querfortsätze werden vom *Foramen proc. transversus* durchsetzt. Der Dornfortsatz ist gespalten.

Brustwirbel (Vertebrae thoracicae): Der Aufbau der Brustwirbel (Abb. 6.**2**) entspricht der Wirbelgrundform. Die *Procc. transversi* zeigen schräg nach hinten und tragen eine *Fovea costalis proc. transversi* zur Artikulation mit der Rippe. Die Gelenkflächen der Procc. articulares stehen fast frontal. Am 2.–9. Wirbelkörper liegen seitlich eine *Fovea costalis sup. et inf.*, die die Gelenkpfanne für den Rippenkopf bilden. Der 1. Brustwirbel besitzt eine vollständige obere und eine halbe untere Gelenkfläche, der 10. Brustwirbel nur eine halbe obere, der 11. und 12. Brustwirbel je eine vollständige Fovea costalis.

Lendenwirbel (Vertebrae lumbales): Die Wirbelkörper sind kräftig ausgebildet und in der Aufsicht queroval. Der lange, platte Seitenfortsatz (*Proc. costalis*) ist dem Proc. transversus angelagert, der als kleines Höckerchen (*Proc. accessorius*) dahinter liegt. Die Gelenkflächen der Procc. articulares stehen fast sagittal. Der Proc. articularis sup. wird durch einen *Proc. mamillaris* verstärkt. Die Dornfortsätze sind plattenförmig und nach hinten gerichtet. Das *Foramen vertebrale* ist dreieckig und weit.

Kreuzbein (Os sacrum): Die fünf *Sakralwirbel* (*Vertebrae sacrales*) verschmelzen mit dem dazwischenliegenden Bindegewebe und den Rippenrudimenten synostotisch zu einem einheitlichen schaufelförmigen Knochen. An der Basis ossis sacri steht sie über eine Bandscheibe mit dem 5. Lendenwirbelkörper in Verbindung. Eine Verschmelzung des 5. Lendenwirbels mit dem Kreuzbein bezeichnet man als *Sakralisation*. Der Vorderrand des ersten Kreuzbeinwirbelkörpers ragt nach ventral vor und bildet zusammen mit dem Discus intervertebralis das *Promontorium*. An die Kreuzbeinspitze (*Apex ossis sacri*) schließt sich das Steißbein (*Os coccygeum*) an. An der Vorderfläche des Os sacrum (*Facies pelvica*) erkennt man Querleisten (*Lineae transversae*), Reste der Verschmelzungszonen zwischen den Sakralwirbeln, und seitlich davon *Foramina sacralia ant.*

Auf der Hinterfläche (*Facies dorsalis*) erkennt man drei Leisten. Die *Crista sacralis mediana* entspricht den Procc. spinosi, die *Crista sacralis intermedia* den Procc. articulares und die *Crista sacralis lat.* den Procc. transversi. Zwischen Crista sacralis intermedia und Crista sacralis lat. liegen die *Foramina sacralia post.* Die Seitenfläche (*Pars lat.*) trägt die Gelenkfläche (*Facies auricularis*) für die Verbindung mit dem Os ilium. Der Wirbelkanal im Bereich des Os sacrum (*Canalis sacralis*) öffnet sich am unteren Ende des Kreuzbeins. Die ventralen Äste verlassen das Kreuzbein durch die Foramina sacralia ant., die dorsalen durch die Foramina sacralia post.

Steißbein (Os coccygis): Die rudimentären 3–5 *Steißbeinwirbel* (*Vertebrae coccygeae*) sind durch Synchondrosen untereinander verbunden. Nach Verknöcherung entsteht zumeist ein einheitlicher Knochen.

6.1.4 Verbindungen der Wirbel

Kopfgelenke: Der Kopf ist funktionell mit der Wirbelsäule über die sog. Kopfgelenke zwischen Os occipitale, Atlas und Axis verbunden.

Art. atlantooccipitalis: Die Hinterhauptskondylen bilden mit den Foveae articulares sup. des Atlas die *Atlantooccipitalgelenke*. Die Gelenkkapsel ist schlaff und wird durch *Ligg. atlantooccipitale lat.* seitlich verstärkt. Es handelt sich um Ellipsoidgelenke mit zwei Freiheitsgraden. Beugung und Streckung erfolgen um eine transversale Achse, die durch die Kondylen verläuft, die Seitwärtsneigung um eine sagittale Achse.

Art. atlantoaxialis mediana: In diesem Radgelenk (Art. trochoidea) artikuliert der Dens axis vorne mit der Fovea dentis atlantis und hinten mit der überknorpelten Fläche des Lig. transversum atlantis. Die Gelenkkapsel ist schlaff.

Art. atlantoaxialis lateralis: Dieses paarige Gelenk ist funktionell mit der Art. atlantoaxialis mediana gekoppelt und verbindet die unteren Gelenkflächen des Atlas mit den oberen des Axis. Die Gelenkkapsel ist weit und schlaff. In den Atlantoaxialgelenken erfolgt die *Rotation* des Kopfes, die durch die Ligg. alaria im medialen Atlantoaxialgelenk eingeschränkt wird.

! Merke

Kopfgelenke: Beugung 20°, Streckung 30°, Seitwärtsneigung 10–15°, Rotation 25–30° nach jeder Seite.

Bänder: Die Kopfgelenke sind durch feste Bänder gesichert:

- *Membrana atlanto-occipitale anterior:* vom Vorderrand des Foramen magnum zum vorderen Atlasbogen;
- *Membrana atlanto-occipitale posterior:* vom Hinterrand des Foramen magnum zum hinteren Atlasbogen;
- *Ligg. alaria:* zwischen den Seitenflächen der Kondylen und den Seitenflächen des Dens axis;

- *Ligg. apicis dentis:* vom Vorderrand des Foramen magnum zum Apex dentis;
- *Lig. cruciforme atlantis:* besteht aus Lig. transversum atlantis zwischen rechter und linker Massa lat. und Fasciculi longitudinales zwischen 2. Halswirbelkörper und Vorderrand des Foramen magnum, hält Dens in seiner Lage und hemmt Überstreckung im Atlantooccipitalgelenk;
- *Membrana tectoria:* vom Vorderrand des Foramen magnum zur Dorsalfläche des 2. Halswirbelkörpers, bedeckt das Lig. cruciforme atlantis und bildet so die vordere Bandbegrenzung des Wirbelkanals.

Wirbelverbindungen: Die Wirbel C3–L5 sind durch Zwischenwirbelscheiben, Gelenke und Bänder untereinander verbunden.

Disci intervertebrales: Die *Zwischenwirbelscheiben* verbinden die Wirbelkörper miteinander. Sie bestehen aus einer faserknorpeligen Außenschicht (*Anulus fibrosus*) und einem Gallertkern (*Ncl. pulposus*). Jeder Discus ist mit Grund- bzw. Deckplatte zweier benachbarter Wirbelkörper fest verwachsen. Im Bereich der Hals- und Lendenwirbelsäule sind sie vorne höher, im Bereich der Brustwirbelsäule vorne niedriger als hinten.

Artt. intervertebrales: Die sog. kleinen Wirbelgelenke verbinden die Wirbelbögen untereinander und bestimmen die Richtung der Bewegung zwischen den Wirbeln. Sie werden von den Procc. articulares zweier benachbarter Wirbel gebildet. Form und Stellung der Gelenkflächen sind in den einzelnen Abschnitten verschieden. In der Halswirbelsäule stehen sie fast eben (Ventral- und Dorsalflexion, Rotation, Seitwärtsneigung), im Brustwirbelbereich frontal (Seitwärtsneigung, aber weitgehend durch knöchernen Thorax eingeschränkt) und im Lendenwirbelbereich sagittal (Ventral- und Dorsalflexion). Die *Art. lumbosacralis* verbindet den letzten Lendenwirbel und das Os sacrum.

Bänder: Mehrere Bänder entlang der Wirbelkörper und zwischen den Wirbelbögen stabilisieren die Wirbelsäule (Abb. 6.**4**):

- *Lig. longitudinale anterior:* spannt sich zwischen Pars basilaris des Os occipitale und Tuberculum ant. des Atlas bis zum Kreuzbein aus und endet als *Lig. sacrococcygeum ant.* am Steißbein, verbindet die *Vorderflächen der Wirbelkörper* miteinander, verhindert übermäßige Dorsalflexion;
- *Lig. longitudinale posterior:* beginnt am Clivus und endet im Canalis sacralis am *Lig. sacrococcygeum dors. prof.*, mit dorsaler Ober- und Unterkante der Wirbelkörper sowie den *Bandscheiben* verwachsen, bildet die vordere Wand des Wirbelkanals, verhindert übermäßige Beugung, sichert die Bandscheiben;

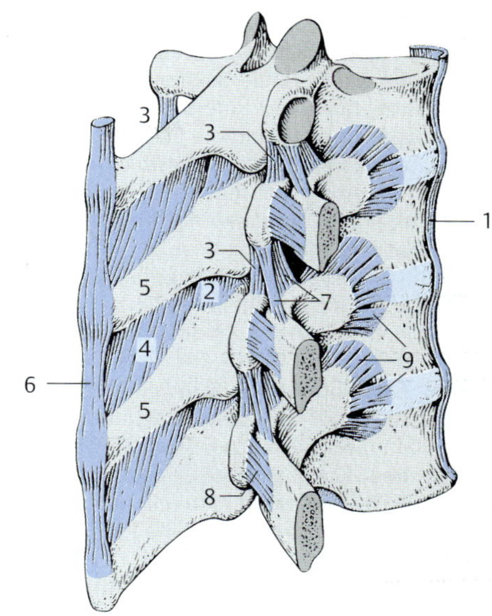

Abb. 6.**4** Bänder der Wirbelsäule. 1 = Lig. longitudinale ant., 2 = Ligg. flava, 3 = Ligg. intertransversaria, 4 = Ligg. interspinalia, 5 = Procc. spinosi, 6 = Lig. supraspinale, 7 = Lig. costotransversarium sup., 8 = Lig. costotransversarium lat., 9 = Lig. capitis costae radiatum (aus Kahle/Leonhardt/Platzer, Thieme 1991)

- *Ligg. flava:* zwischen den Wirbelbögen, hauptsächlich elastische Fasern, in jeder Stellung der Wirbelsäule gespannt:
  - *Ligg. intertransversaria:* zwischen den Querfortsätzen,
  - *Ligg. interspinalia:* zwischen den Dornfortsätzen,
  - *Lig. supraspinale:* ist mit den Spitzen der Dornfortsätze verwachsen und zieht über die Ligg. interspinalia hinweg, verhindert übermäßige Ventralflexion,
  - *Lig. nuchae:* verbindet Protuberantia occipitale ext. mit dem Lig. supraspinale der Halswirbel.

Zwischen Kreuz- und Steißbein spannen sich das *Lig. sacrococcygeum post. superf. et prof.* (Fortsetzung des Lig. longitudinale post.), das *Lig. sacrococcygeum ant.* (Fortsetzung des Lig. longitudinale ant.) sowie *Ligg. sacrococcygea lat.* aus.

6.1.5 Rückenmuskulatur

Die Rückenmuskulatur ist in mehreren Schichten übereinander geordnet. Am oberflächlichsten liegt der eingewanderte Kiemenbogenmuskel, *M. trapezius*, der vom N. accessorius (XI) innerviert wird. Darunter befinden sich die Muskeln der *spinohumeralen Gruppe* (M. levator scapulae, M. latissimus dorsi, Mm. rhomboidei), die vom Schultergürtel und der freien Extremität zur Wirbelsäule ziehen und von Rr. ventr. des Plexus brachialis innerviert werden. Zwischen die spinohumerale und die autochthone Rükkenmuskulatur hat sich die *spinokostale Gruppe* geschoben (M. serratus post. sup. et inf.), die von Rr. ventr. der thorakalen Spinalnerven innerviert werden. Die tiefste Muskelgruppe liegt der Wirbelsäule direkt auf und gilt als genuine oder *autochthone Rükkenmuskulatur*, da sie am Ort ihres Entstehens verblieben ist. Sie wird von den Rr. dors. der Spinalnerven innerviert.

Autochthone Rückenmuskulatur: Sie richtet die Wirbelsäule auf und hält den Kopf aufrecht. Sie wird deshalb in ihrer Gesamtheit auch als *M. erector spinae* bezeichnet. Die Muskelmasse entspringt an Os sacrum und Crista iliaca und erstreckt sich bis zum Hinterhaupt. Sie bildet auf jeder Seite einen medialen und einen lateralen Muskelstrang. Der mediale Trakt liegt zwischen den Quer- und Dornfortsätzen, der laterale mehr oberflächlich.

Der mediale Trakt besteht aus:

- *transversospinalem System:* Die Muskeln ziehen von den Querfortsätzen schräg nach oben medial zu den Dornfortsätzen bzw. zum Hinterhaupt und überspringen dabei mehrere Segmente (*Mm. semispinales, Mm. multifidi, Mm. rotatores*). Bei einseitiger Kontraktion drehen sie die Wirbelsäule, bei beidseitiger bewirken sie eine Dorsalflexion;
- *interspinalem und spinalem System:* Die Muskeln spannen sich zwischen den Dornfortsätzen aus (*Mm. interspinales, M. spinalis, M. rectus capitis post. maj. et min.*). Sie wirken streckend auf die Wirbelsäule und haben eine Haltefunktion;
- *intertransversalem System:* Die Muskeln spannen sich zwischen den Querfortsätzen zweier benachbarter Wirbel aus (*Mm. intertransversarii, M. obliquus capitis sup.*).

Der laterale Trakt besteht aus:

- *spinotransversalem System:* Die Muskeln ziehen von den Dornfortsätzen schräg nach lateral oben zu den Querfortsätzen (*M. splenius cervicis et capitis, M. obliquus capitis inf.*). Bei einseitiger Kontraktion drehen sie zur selben Seite, bei beidseitiger strecken sie die Wirbelsäule;
- *sakrospinalem System:* Die Muskeln entspringen zum Teil gemeinsam mit einer Sehnenplatte am Os sacrum, den Procc. spinosi der Lendenwirbel, der Crista iliaca und der Fascia thoracolumbalis (s.u.). Sie setzen an Wirbelsäule und Rippen an und überspringen mehrere Segmente (*Mm. iliocostales, M. longissimus, Mm. levatores costarum breves et longi*).

Faszien: Der M. erector spinae liegt im Lumbal- und Thorakalbereich in einem Kanal, der von den Wirbelbögen und -fortsätzen und der *Fascia thoracolumbalis* gebildet wird. Das *tiefe Blatt* der Faszie ist an den unteren Rippen, den Procc. costarii der Lendenwirbel und der Crista iliaca befestigt, das *oberflächliche Blatt* an den Dornfortsätzen. Beide dienen als Ursprung für die Rückenmuskeln. Im Nackenbereich bedeckt die *Fascia nuchae* die autochthonen Rückenmuskeln und trennt sie so von den eingewanderten. Sie ist medial an den Dornfortsätzen mit dem Lig. nuchae verwachsen und geht lateral in das oberflächliche Blatt der Halsfaszie über.

Kurze Nackenmuskeln: Sie spannen sich in der Tiefe zwischen den ersten beiden Halswirbeln und dem Hinterhaupt aus und dienen der Feineinstellung des Kopfes in den Kopfgelenken. Sie werden von Ästen des N. suboccipitalis innerviert.

- *M. rectus capitis posterior minor:* zieht vom Tuberculum post. des Atlas schräg zum Hinterhaupt;
- *M. rectus capitis posterior major:* zieht vom Dornfortsatz des Axis schräg zum Hinterhaupt;
- *M. obliquus capitis inferior:* zieht vom Dornfortsatz des Axis zum Querfortsatz des Atlas;
- *M. obliquus capitis superior:* zieht vom Querfortsatz des Atlas zur Linea nuchae sup. am Hinterhaupt.

Die vier Muskeln arbeiten synergistisch. Sie drehen bei einseitiger Kontraktion den Kopf zur selben Seite, bei beidseitiger bewirken sie eine Dorsalflexion. Bei der Seitwärtsneigung unterstützen sie den M. rectus capitis ant. und lat.

6.1.6 Nerven und Gefäße

Gefäßversorgung: Die arterielle Versorgung des Rumpfes erfolgt über Segmentarterien: die Interkostalarterien und deren Äste (s.a. 6.2.6), Aa. lumbales und längsverlaufende Gefäße in der vorderen Rumpfwand. Jede *Interkostalarterie* entsendet einen *R. dors.*, der sich innerhalb der autochthonen Rückenmuskulatur in *Rr. musculares, R. cutaneus med. und lat.* aufzweigt. Die Endäste versorgen als *Rr. cutanei* die Haut über der Muskulatur. Jeder R. dors. gibt einen *R. spinalis* ab, der rückläufig durch das Foramen intervertebrale in den Wirbelkanal zieht (s.a. 9.10.1).

Im Nackenbereich werden Muskulatur und Haut von Ästen aus *A. vertebralis* (s.a. 9.10.1) und *A. cervicalis prof.* sowie weiteren im Bereich des Halses verlaufenden Gefäßen versorgt.

Das venöse Blut der dorsalen Rumpfwand fließt über Rr. dors. in die Interkostalvenen. Die *Vv. intercostales post.* münden rechts in die *V. azygos* und links in die *V. hemiazygos*, die untersten in die *Vv. lumbales* beider Seiten (s.a. 7.6.2). Das Blut der 2.–4. Interkostalvene fließt in die *V. intercostalis sup. dext.*, die in die *V. azygos* mündet, bzw. in die *V. intercostalis sup. sin.*, die in

die linke *V. brachiocephalica* mündet. Das Blut aus der Nackenregion fließt in *V. jugularis ext.*, *V. vertebralis* und *V. cervicalis prof.* ab.
Die Knochen der Wirbelsäule erhalten sauerstoffreiches Blut durch *Vasa nutricia*. Vor allem an der Rückseite der Wirbelkörper treten *Vv. basivertebrales* aus, die das Blut zu dem im Wirbelkanal gelegenen *Plexus venosus vertebralis int.* des Spatium epidurale führen. Von dort fließt es zu *Plexus venosus vertebralis ext. ant.* und *post.*, die an der Vorderseite des Wirbelkörpers bzw. auf der Rückseite des Wirbelbogens liegen (s.a. 9.10.2).
Innervation: Die *Spinalnerven* treten nach Vereinigung der vorderen und hinteren Wurzel durch die Foramina intervertebralia (in denen auch die Spinalganglien liegen) aus dem Wirbelkanal aus und teilen sich in ihre Äste, die die einzelnen Regionen der Leibeswand versorgen (s.a. 2.6.2). Die dorsale Rumpfwand wird durch die *Rr. dors.* der Spinalnerven innerviert. Nach Eintritt in die Rückenmuskulatur spaltet sich jeder R. dors. in einen *R. med.* für den medialen Trakt der autochthonen Rückenmuskulatur und einen *R. lat.* für den lateralen Trakt. Kleine *Rr. musculares* ziehen zu den einzelnen Muskeln. Jeder R. med. und R. lat endet als *R. cutaneus med.* und *lat.*, die die Haut über der Muskulatur sensibel versorgen.
Die Nackenregion wird von den Rr. dors. der ersten drei Spinalnerven versorgt. Der R. dors. des 1. Zervikalnerven (*N. suboccipitalis*) ist rein motorisch und innerviert die kurzen Nackenmuskeln. Der R. dors. des 2. Zervikalnerv (*N. occipitalis maj.*) ist vorwiegend sensibel und innerviert die Haut am Hinterkopf. Der R. dors. des 3. Zervikalnerven (*N. occipitalis tertius*) versorgt ebenfalls die Haut im Bereich des Hinterkopfes.

6.1.7 Angewandte und topographische Anatomie

Oberflächenanatomie: Das Relief des Rückens wird bestimmt von der Skapula sowie der Ausbildung der Muskulatur, besonders des M. erector spinae, der sich zu beiden Seiten der Rückenrinne aufwölbt, und des M. trapezius, der die Kontur der Schulter bestimmt. Die Strukturen der Muskeln, Sehnen und Knochen können durch kräftig ausgebildetes subkutanes Fettgewebe überlagert sein.
Tastpunkte: Am Rücken lassen sich folgende Knochenpunkte tasten: *Hinterhaupt:* Protuberantia occipitalis ext.; *Wirbelsäule:* Proc. spinosus des 7. Halswirbels (Vertebra prominens), Procc. spinosi der Brust- und Lendenwirbel, Crista sacralis mediana, Os coccygis; *Skapula:* Margo med., Spina scapulae, Acromion, Angulus inf.; *Os coxae:* Crista iliaca, Spina iliaca post. sup.
Gliederung: Der Rücken läßt sich topographisch in mehrere Regionen gliedern: Regio vertebralis, Regio cervicalis post. (s.a. 5.10.6), Regio suprascapularis, Regio scapularis, Regio infrascapularis, Regio lumbalis, Regio sacralis und Regio glutealis.
Folgende Hilfslinien erleichtern die Orientierung auf dem Rücken: *Linea mediana post.:* seitlich parallel zur Wirbelsäule, *Linea interspinalis:* verbindet die Spinae scapulae, *Linea scapularis:* Senkrechte durch den Angulus inf. der Skapula.
Regio cervicalis posterior: In der tiefen Nackenregion begrenzen M. rectus capitis post. maj., M. obliquus capitis sup. und inf. und der hintere Atlasbogen das *Trigonum suboccipitale*. In ihm liegen A. vertebralis, Vv. vertebrales, N. suboccipitalis und ein Teil des Plexus venosus suboccipitalis.

6.2 Brustwand

Die Brustwand ist der obere Teil der ventralen Leibeswand. Die *obere Thoraxapertur* bildet die Grenze zum Hals, die *untere Thoraxapertur* die Grenze zur Bauchwand. Brust- und Bauchhöhle werden durch das *Zwerchfell* voneinander getrennt.

6.2.1 Grundzüge der Entwicklung des Thorax

Rippen (Costae): Alle Wirbel haben während der Entwicklung zwei *Kostalfortsätze*. Diese schieben sich in der seitlichen Leibeswand nach ventral vor. Nur im Thorakalabschnitt bilden sich lange Knorpelspangen aus, die ab Ende des 2. Monats verknöchern und zu Rippen werden. Der Knorpel bleibt nur im ventralen Bereich erhalten. Die Knorpel-Knochen-Grenze liegt beim Säugling noch weit lateral und rückt mit dem Wachstum weiter nach medial. Die Rippen lösen sich unter Ausbildung der Rippen-Wirbel-Gelenke von den Wirbeln. Im Hals-, Lenden- und Kreuzbeinbereich bleiben von den Kostalfortsätzen nur Rudimente übrig (Tuberculum ant. der Halswirbel, Procc. costales der Lendenwirbel, Partes lat. des Os sacrum).
Brustbein (Sternum): Die vorderen Enden der Rippenanlagen vereinigen sich auf jeder Seite zur *Sternalleiste*. Die beiden Leisten verschmelzen miteinander zur Anlage des Sternums. Der erste Knochenkern tritt im Manubrium auf, weitere im Corpus. Im 20.–25. Lebensjahr sind sie zu einem Knochen zusammengewachsen.

Klinischer Bezug

Wachsen die Kostalfortsätze auch im Hals- oder Lendenwirbelbereich weiter, entstehen sog. **Hals- oder Lendenrippen**, die durch Kompression umliegender Strukturen auffällig werden können.

Zwerchfell (Diaphragma): Das Material für das Zwerchfell entstammt verschiedenen Quellen. Von der ventralen Leibeswand her schiebt sich das *Septum transversum*, eine Mesenchymplatte, bis etwa zur Mitte der Körperhöhle vor. Zwei sichelförmige *Membranae pleuroperitoneales* nähern sich von der seitlichen Rumpfwand. Sie verbinden sich ventral mit dem Septum transversum und verwachsen dorsal mit der *Splanchnopleura des Ösophagus*. Der Durchtritt von Organen, Nerven und Gefäßen erfolgt über Öffnungen im Zwerchfell (s.a. 6.2.5). Während seiner Entwicklung tritt das Zwerchfell tiefer. Die innervierenden Nervenfasern aus C3–C4 bilden nun den *N. phrenicus*.

6.2.2 Skelettelemente und Verbindungen

Der knöcherne Thorax (Abb. 6.**5**) besteht aus Brustbein (*Sternum*), Rippen (*Costae*) und Brustwirbelsäule (*Vertebrae thoracicae*, s.a. 6.1.2).

Brustbein (Sternum): Es ist ein platter Knochen und setzt sich zusammen aus *Manubrium sterni* (*Brusthandgriff*), *Corpus sterni* (*Brustbeinkörper*) und *Proc. xiphoideus* (*Schwertfortsatz*).

Das *Manubrium sterni* ist der verbreiterte obere Teil des Sternums. Am oberen Rand buchtet sich die *Incisura jugularis* ein, an den seitlichen Rändern die *Incisura clavicularis* und die *Incisura costalis I* zur Verbindung mit dem Schlüsselbein und der 1. Rippe. Das Manubrium ist mit dem Corpus durch eine Knorpelhaft (*Synchondrosis manubriosternalis*) verbunden. Der Übergang ist verdickt und von außen als *Angulus sterni* zu tasten.

Das *Corpus sterni* trägt an seinen Seitenflächen die Incisurae costales für die 3.–7. Rippe. Die Incisura costalis II liegt am Übergang vom Manubrium zum Corpus sterni.

Der *Proc. xyphoideus* ist über die *Synchondrosis xiphosternalis* mit dem Corpus verbunden. Er kann gegabelt oder perforiert sein.

Rippen (Costae): Die zu den platten Knochen gehörenden Rippen bestehen aus einem dorsalen, längeren knöchernen Teil und einem ventralen, kürzeren *Rippenknorpel* (*Cartilago costalis*). Zwischen den aufeinanderfolgenden Rippen liegt der *Interkostalraum* (*Spatium intercostale, ICR*), der ventral weiter ist als dorsal.

Die ersten sieben Rippenpaare setzen mit ihrem knorpeligen Ende direkt in den *Incisurae costales* des Sternum an und werden als *echte Rippen* (*Costae verae*) bezeichnet. Die folgenden fünf *falschen Rippen* (*Costae falsae*) haben keine direkte Verbindung zum Sternum. Die knorpeligen Abschnitte der 8.–10. Rippe verbinden sich jeweils mit dem knorpeligen Abschnitt der darüberliegenden Rippe (*Costae affixae*) und bilden den *Rippenbogen* (*Arcus costalis*). Die 11. und 12. Rippe sind meist frei und beweglich in die Bauchmuskulatur eingelagert (*Costae fluitantes*).

Der knöcherne Rippenteil besteht aus *Rippenkopf* (*Caput costae*), der mit den Brustwirbeln artikuliert, *Rippenhals* (*Collum costae*) und *Rippenkörper* (*Corpus costae*), der am *Rippenhöcker* (*Tuberculum costae*) beginnt und am *Rippenwinkel* (*Angulus costae*) nach ventral umbiegt. Am Rippenkopf liegt die *Facies articularis capitis costae*, die an der 2.–9. Rippe durch eine Crista capitis costae zweigeteilt wird, am Tuberculum costae die *Facies articularis tuberculi costae*, die mit dem Querfortsatz des Brustwirbels artikuliert. Am unteren Rand jeder Rippe verlaufen in einer *Rinne* (*Sulcus costae*) A., V. und N. intercostalis.

Die 1. Rippe ist am stärksten gekrümmt und steht fast horizontal. An ihrer Oberseite liegt ein Tuberculum als Ansatzstelle für den M. scalenus ant. Vor dem Tuberculum verläuft der Sulcus v. subclaviae, dorsolateral davon der Sulcus a. subclaviae für die gleichnamigen Gefäße.

Länge, Form und Krümmung der Rippen bestimmen die Form des Thorax. Die 2.–7. Rippe besitzen eine *Flächenkrümmung* zur Bildung der lateralen Thoraxwand, eine *Kantenkrümmung*, die das vordere Rippenende tiefer stehen läßt als das dorsale und eine *Torsion* um ihre Längsachse.

Rippen-Wirbel-Verbindung (Artt. costovertebrales): Jede Rippe ist über zwei Gelenke mit dem zugehörigen Brustwirbel verbunden.

- *Art. capitis costae:* Das Caput costae der 2.–10. Rippe artikuliert mit der Fovea costalis sup., dem Discus intervertebralis und der Fovea costalis inf. des nächst höheren Wirbels. Für die 1., 11. und 12. Rippe ist seitlich am Wirbelkörper je eine vollständige Gelenkpfanne vorhanden. Die Rippenkopfgelenke werden durch zwei Bänder gesichert:
  - *Lig. capitis costae radiatum:* zieht strahlenförmig zur Bandscheibe und zu den Wirbelkörpern;
  - *Lig. capitis costae intraarticulare:* zieht von der Crista capitis costae zur Bandscheibe, teilt das Gelenk in zwei Kammern;
- *Art. costotransversaria:* Das Tuberculum costae der 1.–10. Rippe artikuliert mit dem Querfortsatz des

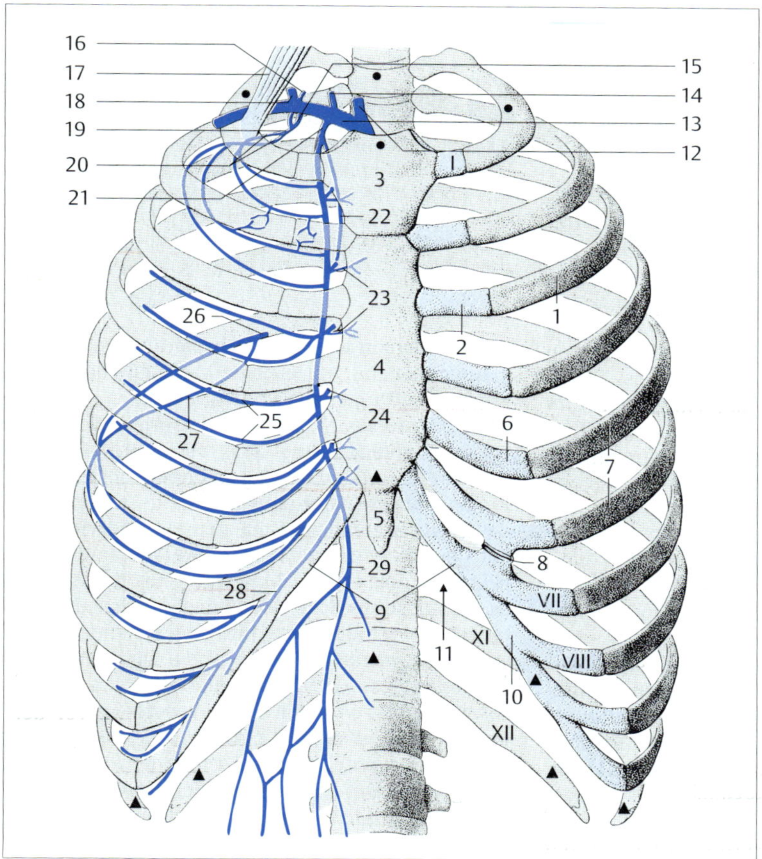

Abb. 6.**5** Thorax mit A. thoracica int. rechts. 1 = Os costale, 2 = Cartilago costalis, 3 = Manubrium sterni, 4 = Corpus sterni, 5 = Proc. xiphoideus, 6 = Rippenknorpelwinkel, 7 = Spatium intercostale, 8 = Art. interchondralis, 9 = Angulus infrasternalis, 10 = Arcus costalis, 11 = Sulcus pulmonalis, 12 = A. carotis comm. dext., 13 = A. subclavia dext., 14 = A. vertebralis, 15 = Truncus costocervicalis, 16 = A. cervicalis prof., 17 = M. scalenus ant., 18 = Truncus thyrocervicalis, 19 = A. intercostalis suprema, 20 = Aa. intercostales post. I et II, 21 = A. thoracica int., 22 = A. pericardiacophrenica, 23 = Rr. sternales, 24 = Rr. perforantes, 25 = Rr. intercostales ant., 26 = A. intercostalis post., 27 = R. collateralis, 28 = A. musculophrenica, 29 = A. epigastrica sup., I–VII Costae verae, VIII–XII Costae falsae, XI und XII Costae fluitantes (aus Frick/Leonhardt/Starck, Thieme 1992)

Anatomie

Wirbels. Das Gelenk wird durch folgende Bänder gefestigt:

- *Lig. costotransversarium mediale:* zwischen Rippenhals und Querfortsatz;
- *Lig. costotransversarium superior:* zieht vom Rippenhals zum Querfortsatz des nächst höheren Wirbels;
- *Lig. costotransversarium laterale:* zieht vom Tuberculum costae zum Ende des Querfortsatzes.

Rippen-Sternum-Verbindung: Die 1. Rippe ist mit dem Manubrium sterni über eine Knorpelhaft (*Synchondrosis sternocostalis*) verbunden. Die 2.–7. Rippe sind durch straffe *Artt. sternocostales* mit dem Sternum verbunden. Innerhalb des Gelenkes verlaufen Ligg. sternocostalia intraarticularia. Die Gelenke werden durch *Ligg. sternocostalia radiata* gesichert, die fächerförmig von der Rippe auf das Sternum ziehen. Sie bilden auf der Vorderfläche des Sternums die Membrana sterni.

Bewegungen: In den oberen Kostovertebralgelenken sind Drehbewegungen um eine nach hinten unten verlaufende Achse durch den Rippenhals möglich. Diese Bewegungen führen zum *Heben* oder *Senken* des ventralen und lateralen Abschnitts des Rippenringes. Die unteren Gelenke (6.–9. Rippe) sind Schiebegelenke. Die Achse der Sternokostalgelenke verläuft sagittal, jedoch spielt die Elastizität der Cartilago costalis bei der Stellungsänderung der Rippen eine größere Rolle.

6.2.3 Der Thorax als Ganzes

Der Thorax hat annähernd die Form eines Kegels. Größe, Form und Elastizität sind jedoch sehr variabel und von Geschlecht, Konstitution und Alter abhängig. Im Alter nimmt die Elastizität des Knorpels durch Kalkeinlagerungen ab.
Die obere Öffnung (*Apertura thoracica sup.*) wird von der Incisura jugularis sterni, den 1. Rippen und dem 1. Brustwirbel begrenzt. Die Öffnungsebene ist schräg nach vorne gestellt. Die untere Öffnung (*Apertura thoracica inf.*) wird vom Proc. xiphoideus, dem Rippenbogen und dem 12. Brustwirbel begrenzt. Sie ist queroval und wesentlich weiter als die obere. An der Ventralseite des Thorax bilden die Rippenbögen mit dem Proc. xiphoideus den Rippenwinkel (*Angulus infrasternalis*, klinisch: *epigastrischer Winkel*).
Atmung: Der Bewegungsumfang des Thorax hängt von seiner Elastizität ab. Bei der *Inspiration* (*Einatmung*) kommt es zu einer Hebung des Rippenbogens und einer Vergrößerung der unteren Thoraxapertur nach vorne und zur Seite (*Flankenatmung*) mit Erweiterung des Thoraxraumes. Bei der *Exspiration* (*Ausatmung*) wird der Thorax weitgehend durch seine viskoelastischen Kräfte wieder in die Ausgangsstellung gebracht (s.a. 7.8.4).

6.2.4 Muskulatur des Thorax

Auch bei den Brustmuskeln (Mm. thoraces) unterscheidet man primäre, autochthone und sekundäre, eingewanderte Muskeln.
Autochthone Thoraxmuskeln: Sie bleiben mit ihren Ursprüngen und Ansätzen auf den Thorax beschränkt und werden von Rr. ventr. der thorakalen Spinalnerven innerviert. Sie verspannen die Interkostalräume und wirken als *Atemmuskeln*.

- *Mm. intercostales externi:* Sie liegen in den Interkostalräumen im Bereich zwischen Tuberculum costae und Knorpel-Knochen-Grenze und gehen dort in die dünne *Membrana intercostalis ext.* über, die bis zum Sternum reicht. Sie entspringen am unteren Rand der Rippe und ziehen schräg nach vorne zum Oberrand der nächst tieferen Rippe. Sie heben die Rippen und wirken *inspiratorisch.*
- *Mm. intercostales interni:* Sie erstrecken sich vom seitlichen Rand des Sternums bis zum Angulus costae und setzen sich bis zum Rippenkopf als *Membrana intercostalis int.* fort. Sie entspringen am oberen Rand der Rippe und ziehen schräg nach vorne zum Unterrand der nächst höheren Rippe. Sie unterstützen die *Exspiration.*

> **Merke**
>
> Die Mm. intercostales ext. haben einen längeren Hebelarm zur nächst tieferen Rippe als auf die nächst höhere. Bei Kontraktion des Muskels wird deshalb die tiefere Rippe angehoben (*Inspiration*). Die Mm. intercostales int. haben einen längeren Hebelarm zur nächst höheren Rippe und ziehen diese bei Kontraktion nach unten (*Exspiration*).

- *Mm. intercostales intimi:* Abspaltung der Mm. intercostales int. mit gleicher Verlaufsrichtung, setzen weiter innen am Rippenrand an.
- *M. transversus thoracis:* Er entspringt dorsal am Proc. xiphoideus und setzt mit mehreren Zacken am unteren Rand des 2.–6. Rippenknorpels an.

Eingewanderte Thoraxmuskeln: Sie stammen von den Extremitätenblastemen ab und wandern sekundär über die vordere oder hintere Thoraxwand (M. pectoralis maj. et min., M. serratus ant., M. subclavius, M. latissimus dorsi). Dabei behalten sie ihre Verbindung zu Schultergürtel und Oberarmknochen und wirken als *auxiliäre Atemmuskeln*. Sie werden von Ästen des Plexus brachialis innerviert.
Faszien: Innen wird der Thorax von der *Fascia endothoracica* ausgekleidet, die über der Pleurakuppel als *Membrana suprapleuralis* und über dem Zwerchfell als *Fascia phrenicopleuralis* bezeichnet wird. Die vorderen und seitlichen Brustmuskeln werden von der äußeren Brustwandfaszie bedeckt, die über dem M. pectoralis *Fascia pectoralis* genannt wird. Nach kranial setzt sie sich in die *Fascia clavipectoralis* fort, nach lateral in die *Fascia axillaris.*

6.2.5 Zwerchfell

Das *Zwerchfell* (*Diaphragma*), eine Muskelplatte aus quergestreifter Muskulatur, trennt Brust- und Bauchhöhle voneinander (Abb. 6.**6**). Es hat eine kupelförmige Gestalt mit einer etwas höher stehenden rechten und einer linken Zwerchfellkuppel, die durch das Centrum tendineum verbunden sind. Unter der *rechten Zwerchfellkuppel* befindet sich die Area nuda der Leber, auf der rechten Kuppel liegen der Unterlappen der rechten Lunge und das Herz. An die Unterseite der *linken Zwerchfellkuppel* grenzen Magen und Milz, auf der linken Kuppel liegen der Unterlappen der linken Lunge und das Herz. Das Zwerchfell wird an der Oberseite von der *Fascia phrenicopleuralis* und an der Unterseite von *Peritoneum parietale* überzogen.
Gliederung: Man unterscheidet eine *Pars sternalis* (entspringt an der Rückseite des Proc. xiphoideus), eine *Pars costalis* (entspringt von den Knorpeln der

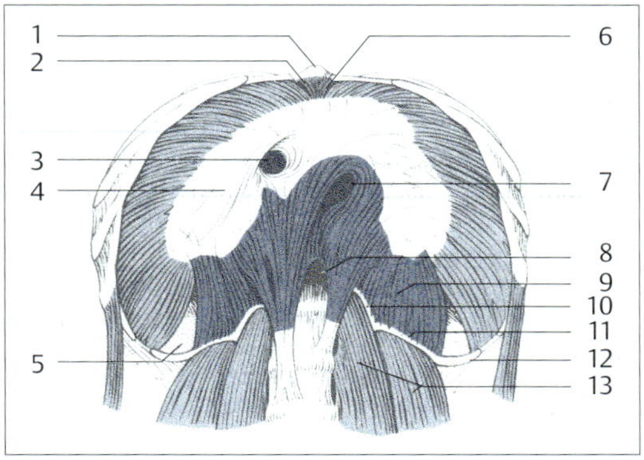

Abb. 6.**6** Zwerchfell (von unten). 1 = Proc. xiphoideus, 2 = Larrey-Spalte, 3 = Foramen v. cavae, 4 = Centrum tendineum, 5 = Trigonum lumbocostale, 6 = Pars sternalis, 7 = Hiatus oesophageus, 8 = Hiatus aorticus, 9 = Pars lumbalis, 10 = Psoas-Arkade, 11 = Quadratus-Arkade, 12 = Costa XII, 13 = M. quadratus lumborum und M. psoas maj. (aus Beske, Thieme 1990)

unteren sechs Rippen) und eine *Pars lumbalis*, die aus Crus dext. und Crus sin. besteht. Jeder Hauptschenkel unterteilt sich in mediale und laterale Faserzüge. Die medialen Faserzüge (*Crura med.*) entspringen am 1.–4. Lendenwirbel, steigen steil auf und kreuzen sich in typischer Weise um Aorta und Ösophagus (*Hiatus aorticus, Hiatus ösophageus*). Die lateralen Schenkel (*Crura lat.*) überspannen mit zwei arkadenförmigen Sehnenstreifen (*Ligg. arcuata med.* und *lat.*) M. psoas und M. quadratus lumborum. Alle Muskelfasern des Zwerchfells ziehen bogenförmig nach oben und strahlen in die zentrale Sehnenplatte (*Centrum tendineum*) ein, die vom Foramen v. cavae durchbrochen wird.

Klinischer Bezug

Zwischen Pars sternalis und Pars costalis sowie Pars costalis und Pars lumbalis liegen bindegewebige, muskelfreie Dreiecke (*Trigonum sternocostale, Trigonum lumbocostale* [Bochdalek-Dreieck]). Durch diese Orte geringen Widerstandes können bei **erhöhtem intraabdominellem Druck** auf der linken Seite Anteile des Magens in den Thorax verlagert werden **(Zwerchfellhernien)**.

Öffnungen: Gefäße, Nerven und Organverbindungen vom Thorax in den Bauchraum treten an folgenden Öffnungen durch das Zwerchfell hindurch:

- *Foramen v. cavae:* im Centrum tendineum, es treten hindurch: V. cava inf., R. phrenicoabdominalis des rechten N. phrenicus;
- *Hiatus aorticus:* wird von den beiden Crura med. gebildet, es treten hindurch: Pars descendens der Aorta, Ductus thoracicus;
- *Hiatus oesophageus:* liegt kranial des Aortenschlitzes, es treten hindurch: Ösophagus, Trunci vagales.

Im medialen Zwerchfellschenkel befinden sich Öffnungen für V. azygos, V. hemiazygos und Nn. splanchnici, zwischen medialem und lateralem Schenkel für den Grenzstrang. Durch das Trigonum sternocostale ziehen A. und V. epigastrica sup. Der R. phrenicoabdominalis des linken N. phrenicus zieht durch eine Spalte ventrolateral vom Herzbeutel.

Gefäßversorgung und Innervation: Die arterielle Versorgung erfolgt über *A. pericardiacophrenica* und *A. musculophrenica* (beide aus A. thoracica int.) sowie kleinen Ästen der Aorta (*A. phrenica sup. et inf.*). Das Zwerchfell wird motorisch und sensibel vom *N. phrenicus* innerviert. Der *R. phrenicoabdominalis* führt sensible Fasern zum Peritoneum des Oberbauches.

Funktion: Das Zwerchfell ist der wichtigste *Atemmuskel*. Bei Kontraktion führt es durch Abflachung der Kuppel zur Vergrößerung des Pleuraraumes und damit zur *Inspiration* (*Einatmung*). Die herabgedrückten Bauchorgane wölben die Bauchwand etwas vor. Spannen sich die Bauchmuskeln an, drängen sie die Bauchorgane und das erschlaffte Zwerchfell nach oben. Der Brustraum wird verkleinert, es kommt zur *Exspiration* (*Ausatmung*). Jede Verschiebung des Zwerchfells verändert auch die Lage der Bauchorgane.

Klinischer Bezug

Eine beidseitige **Lähmung des Zwerchfells** führt ohne künstliche Beatmung zum Tod. Klonische **Krämpfe des Zwerchfells** rufen den Schluckauf (*Singultus*) hervor.

6.2.6 Nerven und Gefäße

Gefäßversorgung: Die arterielle Versorgung der vorderen Rumpfwand erfolgt über Interkostalgefäße und längsverlaufende Gefäße entlang der Rumpfwand:

- *Aa. intercostales posteriores:* Die 1. und 2. A. intercostalis post. entspringen aus der A. intercostalis suprema, die 3.–11. und die A. subcostalis direkt aus der Brustaorta. Nach ihrem Abgang aus der Aorta geben sie einen *R. dors.* zur Versorgung des Rückens ab, ziehen am Unterrand der nächst höheren Rippe im Sulcus costae gemeinsam mit Vene und Nerv nach ventral und anastomosieren mit den Rr. intercostales ant. Die Gefäße-Nerven-Bahn liegt in der Spalte zwischen M. intercostalis int. und intimus. Am Angulus costae gibt sie einen *R. collateralis* ab, der schräg zum Oberrand der nächst tieferen Rippe zieht und mit dem entsprechenden R. intercostalis ant. anastomosiert.

- *Rr. intercostales anteriores:* Sie gehen ventral meist paarig aus der A. thoracica int. (s.u.) ab und verlaufen jeweils am Ober- und Unterrand der Rippen. Sie geben einen *R. cutaneus lat.* zur Versorgung der seitlichen Brustwand und *Rr. mammarii* zur Brustdrüse ab.
- *A. thoracica interna:* Sie geht nach kaudal aus der A. subclavia ab und verläuft auf der dorsalen Fläche der Rippenknorpel 1–2 cm seitlich vom Sternum nach unten (Abb. 6.**5**). Sie versorgt mit folgenden Ästen den vorderen Bereich der Brustwand:
  - *Rr. mediastinales, thymici und bronchiales:* zu vorderem Mediastinum, Thymus und Bronchien;
  - *A. pericardiacophrenica:* zieht seitlich auf dem Herzbeutel mit dem N. phrenicus bis zum Zwerchfell;
  - *Rr. sternales:* ziehen auf der dorsalen Fläche des Sternums;
  - *Rr. perforantes und mammarii:* versorgen die Haut im Bereich des Sternums und der Brustdrüse;
  - *Rr. intercostales anteriores (I-VI);*
  - *A. musculophrenica:* seitlicher Endast zum Zwerchfell und der Bauchmuskulatur, gibt Aa. intercostales ant. VII–XI ab;
  - *A. epigastrica superior:* Fortsetzung der A. thoracica int. zur Versorgung der vorderen Bauchwand, anastomosiert mit der A. epigastrica inf. aus der A. iliaca ext.

Das Blut der vorderen Brustwand sammelt sich in je zwei Begleitvenen der A. thoracica int. (*Vv. thoracicae int.*), die in die V. brachiocephalica münden. Sie erhalten Zuflüsse über *Vv. epigastricae sup.*, *Vv. musculophrenicae*, *Vv. intercostales ant.* und *Vv. thoracoepigastricae*, die an der seitlichen Rumpfwand verlaufen.

Innervation: Die vordere Rumpfwand wird von den *Rr. ventr.* der thorakalen Spinalnerven (*Nn. intercostales*) innerviert. Der 12. Thorakalnerv verläuft unter der 12. Rippe und wird als *N. subcostalis* bezeichnet. Die *Nn. intercostales I–VI* versorgen die Brustwand. Sie ziehen im Sulcus costae nach ventral und geben *Rr. musculares* für die Muskulatur und einen *R. cutaneus lat.* für die Haut ab, der sich in ventralen und dorsalen Ast aufteilt. Der Endast (*R. cutaneus ant.*) spaltet sich in einen medialen und lateralen Ast.

Klinischer Bezug

Der **Ausfall eines Thorakalnervs** kann bei Prüfung der Berührungssensibilität unerkannt bleiben, weil jedes Hautsegment am Rumpf von den benachbarten Segmenten sensibel mitinnerviert wird.

6.2.7 Mamma

Die *Brustdrüse* (*Gl. mammaria*) liegt verschieblich auf der Fascia pectoralis. Sie besteht aus einem Drüsenkörper (*Corpus mammae*) und auffallend bindegewebig septiertem umgebendem Fettgewebe. Die Drüse mündet in der Brustwarze (*Papilla mammae*). Der Drüsenkörper setzt sich aus 15–20 Einzeldrüsen zusammen, die radiär angeordnet sind. Ihr Ausführungsgang (*Ductus lactifer*) mündet auf der Brustwarze, die von einem Brustwarzenhof (*Areola mammae*) umgeben ist (s.a. Histologie 3.14.6).

Klinischer Bezug

Bei **fortgeschrittenem Mammakarzinom** ist die Brustdrüse oft unverschieblich auf der Faszie fixiert. Therapie der Wahl ist dann eine radikale Mastektomie, bei der die Brustdrüse mit zugehörigen Lymphknoten, die Mm. pectoraliae mitsamt Faszien sowie Fettgewebe, Faszien und Lymphknoten der Axilla entfernt werden.

Die Brustdrüsen beider Geschlechter sind grundsätzlich gleich gebaut. Beim Mann jedoch bleibt das Drüsengewebe auf eine hinter dem Warzenvorhof liegende Zone beschränkt und enthält nur einen bindegewebigen Drüsenkörper, kein Drüsenparenchym.

Gefäßversorgung: Die arterielle Versorgung der Mamma erfolgt durch *Rr. mammarii med.* aus der 2.–4. Interkostalarterie, *Rr. mammarii lat.* aus der A. thoracica lat. und *Rr. mammarii* aus den Rr. cutanei lat. der 2.–5. Interkostalarterie. Der venöse Abfluß erfolgt in die *Vv. thoracicae int.* und *lat.*

Lymphknoten und – abflußwege: Sie sind besonders wichtig, da sie Metastasierungswege für Mammakarzinome darstellen. Die Lymphe der lateralen Hälfte der Drüse fließt über verschiedene Lymphknotenstationen in die axillären und supraklavikulären Lymphknoten, die Lymphe der medialen Seite in die parasternalen und interkostalen Lymphknoten. Zwischen den Brustmuskeln liegen weitere Lymphknoten.

6.3 Bauchwand

Die Bauchwand nimmt den unteren Teil der ventralen Rumpfwand ein. Sie erstreckt sich von der unteren Thoraxapertur bis zu den Darmbeinkämmen und der Symphyse. Sie läßt sich in *Ober-*, *Mittel-* und *Unterbauch* unterteilen.

6.3.1 Grundzüge der Entwicklung und Nabelbildung

Die Muskulatur der Bauchwand entsteht aus den ventralen Anteilen der Myotome (*Hypomere*), die sich in drei Schichten spalten. Im Bauchbereich verschmelzen die segmentalen Muskelanlagen zu großen Muskelplatten. An der ventralen Seite der Hypomere entsteht eine longitudinale Muskelsäule. Durch die Bauchwand ziehen während der Embryonalentwicklung Nabelgefäße, Dottergang, Haftstiel und Allantois in der Nabelschnur (s.a. 1.4.3). Für eine kurze Zeit liegen auch Darmschlingen innerhalb der Nabelschnur. Dottergang und Allantois veröden normalerweise schon lange vor der Geburt, die Nabelschnur enthält dann nur noch Gefäße und gallertiges Bindegewebe.

Klinischer Bezug

Ziehen sich die Darmschlingen nicht aus der Nabelschnur in die Leibeshöhle zurück, führen sie nach der Geburt zu einer starken **Auftreibung der Nabelschnur (Omphalozele)** und haben einen unterschiedlich großen Bauchwanddefekt zur Folge.

6.3.2 Bauchmuskulatur

Die Bauchmuskulatur besteht aus drei Schichten platter Muskulatur mit ihren Aponeurosen und läßt sich in vordere, seitliche und hintere Bauchmuskeln unterteilen:

Vordere Bauchmuskeln:

- *M. rectus abdominis:* Er liegt in der bindegewebigen Rektusscheide, die aus den Faszien der flachen Bauchmuskeln aufgebaut ist (s.u.). Der gerade Bauchmuskel entspringt beidseits der Medianlinie an der Vorderfläche des 5.–7. Rippenknorpels und dem Proc. xiphoideus und zieht zur Symphyse. Er wird durch querverlaufende Sehnen (*Intersectiones tendineae*) in vier bis fünf Muskelbäuche gegliedert, die mit dem vorderen Blatt der Rektusscheide (s.u.) verwachsen sind. Der M. rectus abdominis beugt den Oberkörper nach vorne. Er wird von den Spinalnerven Th7–12 innerviert.
- *M. pyramidalis:* Ein inkonstanter dreieckiger Muskel, der über der Symphyse vor dem M. rectus abdominis liegt.

Seitliche Bauchmuskeln:

- *M. obliquus ext. abdominis:* Er entspringt mit mehreren Zacken an der Vorderfläche der 6.–12. Rippe, zieht von lateral-oben nach medial-unten in Fortsetzung des Faserverlaufs des M. intercostalis ext. und setzt an Crista iliaca, Lig. inguinale, Os pubis und der Linea alba an. Seine Ursprungszacken alternieren mit den Ursprüngen des M. serratus ant. und M. latissimus dorsi. Medial geht der Muskel in seine breitflächige *Externusaponeurose* über. Der M. obliquus ext. dreht bei einseitiger Kontraktion den Rumpf zur Gegenseite, bei doppelseitiger beugt er Lenden- und Brustwirbelsäule und unterstützt Exspiration und Bauchpresse. Er wird von den Spinalnerven Th5–12 innerviert.
- *M. obliquus int. abdominis:* Er zieht fächerförmig senkrecht zu den Muskelbündeln des M. obliquus ext. in Fortsetzung des Faserverlaufs des M. intercostalis int. Er entspringt von Fascia thoracolumbalis, Crista iliaca und Lig. inguinale und setzt an der 9.–12. Rippe und der Rektusscheide an. Nach medial gehen die Muskelfasern in die *Internusaponeurose* über. Der M. obliquus int. dreht bei einseitiger Kontraktion den Rumpf zur selben Seite, bei doppelseitiger Kontraktion wirkt er wie der M. obliquus ext. Er wird von den Spinalnerven Th8–L1, N. iliohypogastricus, N. ilioinguinalis und N. genitofemoralis innerviert.
- *M. transversus abdominis:* Er entspringt von der Innenfläche der sechs kaudalen Rippenknorpel, den Procc. costarii und dem Darmbeinkamm. Er verläuft horizontal und geht an einer bogenförmigen Linie (*Linea semilunaris*) in seine Aponeurose über. Der M. transversus abdominis „zieht den Bauch ein" und erhöht damit den intraabdominellen Druck. Er wird von den Spinalnerven Th5–12, N. iliohypogastricus und N. ilioinguinalis innerviert.
- *M. cremaster:* Er entsteht beim Mann aus Faserzügen der Mm. obliquus int. und transversus abdominis, umgreift den Hoden und vermag diesen etwas anzuheben (*Kremasterreflex:* Auslösung durch Bestreichung der Innenseite der Oberschenkel).

Hintere Bauchmuskeln:

- *M. quadratus lumborum:* Er ist der einzige dorsal gelegene Bauchmuskel. Er entspringt an der Crista iliaca und zieht zur 12. Rippe und den Procc. costales des 1.–4. Lendenwirbels. Die Fascia thoracolumbalis trennt ihn von der Rückenmuskulatur. Der M. quadratus lumborum dient der Verspannung der hinteren Bauchwand und hilft bei der Seitwärtsneigung. Er wird von N. subcostalis und

Anatomie

Plexus lumbalis innerviert. Vor dem M. quadratus lumborum liegt der *M. psoas*, der aber zu den Hüftmuskeln gezählt wird (s.a. 4.4.1).

Rektusscheide: Die Aponeurosen der seitlichen platten Bauchmuskeln und die Fascia transversalis bilden die *Rektusscheide*, die den M. rectus abdominis fixiert. Sie besteht aus einem vorderen (*Lamina ant.*) und einem hinteren Blatt (*Lamina post.*). Oberhalb des Nabels wird das vordere Blatt von der Externusaponeurose und dem vorderen Anteil der Internusaponeurose gebildet, das hintere Blatt von dem hinteren Anteil der Internusaponeurose, der Transversusaponeurose und der Fascia transversalis. Die Aponeurosen des hinteren Blattes wechseln an der bogenförmigen *Linea arcuata* zwischen Nabel und Symphyse auf die Vorderseite und verbinden sich mit dem vorderen Blatt. Das hintere Blatt wird nur noch von der Faszie gebildet.

Klinischer Bezug

Stehen die medialen Ränder der Mm. recti abdominis weit auseinander, spricht man von einer **Rektusdiastase**.

Linea alba: Die Fasern der rechten und linken Rektusscheide durchflechten sich in der Medianlinie und bilden die *Linea alba*, die vom Proc. xiphoideus bis zur Symphyse reicht. Im Bereich des Nabels befindet sich eine kreisförmige Öffnung (*Anulus umbilicalis*), durch die intrauterin Nabelschnur und -gefäße ziehen.

Klinischer Bezug

Durch den Anulus umbilicalis können Darmschlingen hervortreten **(Nabelhernie, „Nabelbruch")**, die häufig miteinander verwachsen sind. Begünstigende Faktoren sind u. a. Adipositas, Schwangerschaft und körperliche Belastung.

Faszien: Die oberflächliche Bauchfaszie (*Fascia abdominalis superf.*) überzieht die Bauchmuskeln und ihre Aponeurosen. Sie setzt sich nach oben in die Fascia pectoralis, nach unten unterhalb des Leistenbandes in die Oberschenkelfaszie fort. Die innere Bauchfaszie (*Fascia transversalis*) überzieht die Wand des gesamten Bauchraums, die abdominale Fläche des Zwerchfells, die Wand des Beckens (*Fascia pelvis parietalis, Fascia diaphragmatis pelvis sup.*) sowie M. quadratus lumborum und M. iliopsoas (*Fascia iliaca*).

Leistenband (Lig. inguinale): Es bildet die untere Begrenzung der Bauchwand und zieht von der Spina iliaca ant. sup. zur Symphyse. Sein lateraler Teil ist ein verstärkter Bindegewebszug der Fascia iliaca, der mediale Teil wird vom kaudalen Rand der Externusaponeurose gebildet. Das Leistenband ist am Aufbau des Leisten- und Schenkelkanals beteiligt. Am Unterrand verbindet es sich mit dem *Arcus iliopectineus*, der sich an der Eminentia iliopubica anheftet und Lacuna musculorum und Lacuna vasorum voneinander trennt (s.a. 4.8.2). Am Tuberculum pubicum spannt sich das *Lig. lacunare* aus, das nach lateral in das *Lig. pectineale* übergeht. Beide begrenzen die Lacuna vasorum.

Leistenkanal (Canalis inguinalis): Durch den Leistenkanal (Abb. 6.**7**) verläuft beim Mann der *Samenstrang* (*Funiculus spermaticus*), bei der Frau das *Lig. teres uteri*. Der Leistenkanal durchsetzt die vordere Bauchwand schräg von innen laterokranial nach außen mediokaudal. Seine ringförmige *innere Öffnung* (*innerer Leistenring, Anulus inguinalis prof.*) befindet sich in der von Peritoneum ausgekleideten lateralen *Leistengrube* (*Fossa inguinalis lat.*). Die *äußere Öffnung* (*äußerer Leistenring, Anulus inguinalis superf.*) liegt lateral vom Tuberculum pubicum und wird von Fasern der *Externusaponeurose*, die sich in ein Crus med. und lat. aufspalten, und dem *Leistenband* (*Lig. inguinale*) begrenzt. Das Lig. inguinale setzt sich nach medial in das *Lig. reflexum* fort, das sich an der Rektusscheide anheftet und dem Samenstrang als Auflagefläche dient.

Merke

Der *Samenstrang* (Funiculus spermaticus) enthält den Samenleiter (*Ductus deferens*), A. und V. ductus deferentis, A. und V. testicularis, den venösen Plexus pampiniformis und den vegetativen Plexus testicularis. Der Samenstrang wird von außen nach innen umhüllt von der Fascia spermatica ext. (aus der Fascia abdominalis superf. und der Externusaponeurose), dem M. cremaster und der Fascia spermatica int. (aus der Fascia transversalis). N. ilioinguinalis und R. genitalis des N. genitofemoralis legen sich dem Samenstrang an.

Klinischer Bezug

Oberhalb des Leistenbandes kann es vor allem beim Mann durch Hervortreten von Darmschlingen zu einer *Leistenhernie* („Leistenbruch") kommen. Man unterscheidet **laterale und mediale Leistenhernien.** Bei der *lateralen Hernie* (*indirekter Leistenbruch*), die angeboren (offener Proc. vaginalis) oder erworben sein kann, schieben sich Darmschlingen mit dem Samenstrang durch den Leistenkanal und treten u. U. im Hodensack oder den großen Schamlippen aus. Bei der *medialen Hernie* (*direkter Leistenbruch*) schiebt sich der Bruchsack durch den äußeren Leistenring und breitet sich davor aus.

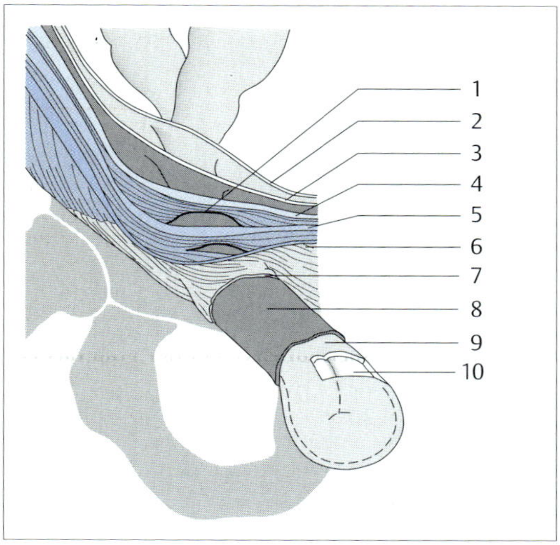

Abb. 6.**7** Leistenkanal des Mannes. 1 = innerer Leistenring, 2 = Peritoneum, 3 = Fascia transversalis, 4 = M. transversus abdominis, 5 = M. obliquus internus abdominis, 6 = Faszie des M. obliquus externus abdominis, 7 = äußerer Leistenring, 8 = Fascia transversalis, 9 = Peritoneum, 10 = Darm (aus Reifferscheid/Weller, Thieme 1989)

Inneres Relief: Auf der Innenseite der vorderen Bauchwand erkennt man mehrere charakteristische Falten und Gruben. In der Medianlinie verläuft die *Plica umbilicalis mediana* vom oberen Ende der Harnblase bis zum Nabel. Unter der Falte liegt das *Lig. umbilicale mediana*, das als bindegewebiger Rest der Allantois verbleibt. Beiderseits davon befindet sich die *Plica umbilicalis medialis*, unter der das *Lig. umbilicale med.* als strangartiger Rest der Nabelarterien liegt. Lateral davon liegt die *Plica umbilicalis lat.*, die durch *A. epigastrica inf.* und Begleitvenen aufgeworfen wird. Oberhalb der Harnblase liegt zwischen Plica umbilicalis mediana und medialis die *Fossa supravesicalis*. Zwischen Plica umbilicalis med. und lat. liegt die *Fossa inguinalis med.*, die sich auf den äußeren Leistenring projiziert. Die *Fossa inguinalis lat.* liegt seitlich der Plica umbilicalis lat., hier befindet sich der innere Leistenring.

6.3.3 Nerven und Gefäße der Bauchwand

Gefäßversorgung: Die arterielle Versorgung der Bauchwand erfolgt aus längsverlaufenden Gefäßen an der Vorderseite und segmentalen dorsalen Gefäßen aus der *Aorta abdominalis*.

- *A. epigastrica superior:* setzt die A. thoracica fort und anastomosiert mit der A. epigastrica inf.;
- *A. epigastrica inferior:* entspringt aus der A. iliaca ext. und zieht auf der Rückseite des M. rectus abdominis nach oben, gibt *R. pubicus* zum Os pubis, *R. cremasterica* zum Samenstrang und *R. obturatorius* ab, der mit der A. obturatoria anastomosiert;
- *A. circumflexa iliaca profunda:* entspringt aus der A. iliaca ext. und läuft an der inneren Bauchwand und den Beckenkamm entlang, versorgt die Bauchmuskulatur;
- *A. circumflexa iliaca superficialis:* entspringt aus der A. femoralis und läuft subkutan entlang des Leistenbandes und des Beckenkamms, versorgt die Haut der Leistengegend;
- *A. epigastrica superficialis:* entspringt aus der A. femoralis, versorgt Haut der vorderen Bauchwand;
- *Aa. intercostales post. VII–XI und A. subcostalis:* ziehen zwischen M. obliquus int. und M. transversus abdominis entlang der Bauchwand;
- *Aa. lumbales:* paarige Äste aus der Aorta abdominalis, versorgen die seitliche Bauchmuskulatur und mit *R. cutanei lat.* die seitliche Bauchhaut.

Der venöse Abfluß erfolgt in die *V. epigastrica sup.* (Abfluß über V. thoracica int. in V. cava sup.) und *V. epigastrica inf.* (Abfluß über V. iliaca ext. in V. cava inf.) sowie V. epigastrica superf. und V. circumflexa iliaca.

Klinischer Bezug

Die Hautvenen der Nabelregion können sich bei **Pfortaderstauung,** z. B. bei fortgeschrittener Leberzirrhose, als portokavale Anastomosen stark schlängeln und erweitern **(Caput medusae).** Die Anastomosen verlaufen über die V. umbilicalis bzw. Venen des Lig. teres uteri zu den Hautvenen.

Innervation: Die Bauchwand wird ebenso wie die Brustwand von *ventralen Ästen der Spinalnerven* innerviert. Die *Nn. intercostales VII–XI* und der *N. subcostalis* ziehen zwischen M. obliquus int. und M. transversus abdominis nach ventral und geben *Rr. musculares* zur Bauchmuskulatur sowie *Rr. cutanei ant.* und *lat.* zur Bauchhaut ab. Die unteren Abschnitte werden von den beiden oberen Ästen des *Plexus lumbalis* (N. iliohypogastricus, N. ilioinguinalis) versorgt (s.a. 4.5.2).

6.4 Becken, Beckenwände

Das *Becken* (*Pelvis*) besteht aus Os sacrum, Os coccygis und den beiden Ossa coxae, die durch mehrere kräftige Bänder miteinander verbunden sind. Bau und Maße des weiblichen Beckenkanals (Abb. 6.**8**) spielen eine wichtige Rolle beim Geburtsverlauf.

Anatomie

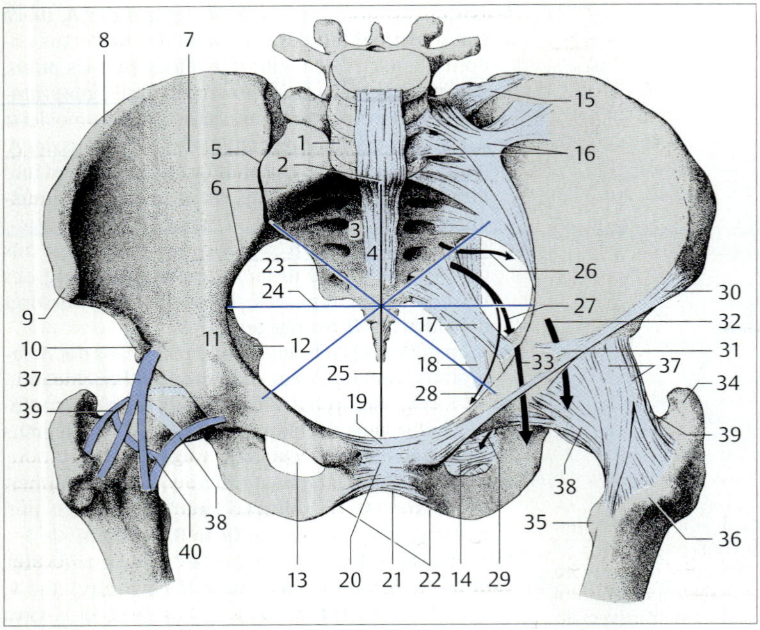

Abb. 6.**8** Knöchernes weibliches Becken. 1 = Vertebra lumbalis V, 2 = Promontorium, 3 = Facies pelvica ossis sacri, 4 = Lig. longitudinale ant., 5 = Art. sacroiliaca, 6 = Linea terminalis, 7 = Fossa iliaca, 8 = Crista iliaca, 9 = Spina iliaca ant. sup., 10 = Spina iliaca ant. inf., 11 = Eminentia iliopubica, 12 = Spina ischiadica, 13 = Foramen obturatum, 14 = Membrana obturatoria, 15 = Lig. iliolumbale, 16 = Ligg. sacroiliaca ant., 17 = Lig. sacrospinale, 18 = Lig. sacrotuberale, 19 = Lig. pubicum sup., 20 = Discus interpubicus, 21 = Lig. arcuatum pubis, 22 = Arcus pubis, 23 = Diameter obliqua, 24 = Diameter transversa, 25 = Diameter conjugata, 26 – 29 Gefäß-Nervenstraßen durch, 26 = die suprapiriforme Abteilung des Foramen ischiadicum maj., 27 = die infrapiriforme Abteilung des Foramen ischiadicum maj., 28 = das Foramen ischiadicum min., 29 = den Canalis obturatorius, 30 = Lig. inguinale, 31 = Arcus iliopectineus, 32 = Lacuna musculorum, 33 = Lacuna vasorum, 34 = Trochanter maj., 35 = Trochanter min., 36 = Linea intertrochanterica, 37 = Lig. iliofemorale, 38 = Lig. pubofemorale, 39 = Lig. ischiofemorale, 40 = Zona orbicularis (aus Frick/Leonhardt/Starck, Thieme 1992)

6.4.1 Skelettelemente, Verbindungen

Die *Hüftbeine* (*Ossa coxae*) bestehen aus drei Anteilen: Os ilium, Os ischium und Os pubis (s.a. 4.2). Sie sind ventral miteinander durch eine Knorpelhaft (*Symphysis pubica*) und dorsal durch straffe Gelenke mit dem Kreuzbein (*Art. sacroiliaca*) verbunden.

Symphysis pubica: Die Schambeinfuge wird durch einen faserknorpeligen *Discus interpubicus* verschlossen, dessen Fasern mit der Gelenkkapsel verbunden sind. Am oberen Rand der Symphyse ist das *Lig. pubicum sup.* fest mit dem Discus verwachsen und strahlt nach der Seite bis zum Tuberculum pubicum aus. Das am unteren Rand gelegene *Lig. arcuatum pubis* geht mit seinen Fasern auf den Ramus inf. des Os pubis über und rundet damit den Schambogen (*Arcus* bzw. *Angulus pubis*) aus. An der Vorderseite verstärken mehrere Faserzüge den Discus.

Klinischer Bezug

Während der Schwangerschaft lockern sich unter Östrogeneinfluß die Bandverbindungen von Symphyse und Kreuzbein auf. Dadurch kann es unter der Geburt zu geringen **Bewegungen in Symphyse und Sakroiliakalgelenken** kommen.

Art. sacroiliaca: Das Kreuz-Darmbein-Gelenk ist eine *Amphiarthrose*, die von den Facies auriculares des Os sacrum und des Os ilium gebildet wird. Die Gelenkflächen sind miteinander verzahnt und bedingen die geringe Beweglichkeit des Gelenks. Das Gelenk ist durch kräftige Bänder gesichert, die auf der ventralen und dorsalen Beckenwand sowie zwischen den beiden Knochen zwischen Tuberositas sacralis und iliaca verlaufen (*Ligg. sacroiliaca ventr., dors.* und *interossea*). Eine weitere Absicherung erfolgt durch das seitlich von Os sacrum und Os coccygis zur Spina ischiadica ziehende *Lig. sacrospinale*. Das *Lig. sacrotuberale* spannt sich zwischen Os sacrum und Tuber ischiadicum aus. Beide Bänder ergänzen die Incisura ischiadica maj. zum *Foramen ischiadicum maj.* und die Incisura ischiadica min. zum *Foramen ischiadicum min.*

Merke

Die kräftigen Ligg. sacrospinalia und Ligg. sacrotuberalia dienen dem federnden Auffangen des Körpergewichts.

6.4.2 Das Becken als Ganzes („Bänderbecken“)

Das Beckenskelett (Abb. 6.**8**) ist ein trichterförmiger Knochenring aus den Ossa coxae und dem Os sacrum. Das *große Becken* (*Pelvis maj.*) wird von den Darmbeinschaufeln gebildet und umgibt die Eingeweide von dorsolateral. Das *kleine Becken* (*Pelvis min.*) wird von den kaudalen Anteilen des Skeletts aufgebaut und begrenzt den Beckenraum, in dem die Beckeneingeweide liegen. Die Grenze zwischen beiden (*Linea terminalis*) verläuft vom Oberrand der Symphyse entlang dem Pecten ossis pubis und der Linea arcuata zum Promontorium (*Beckeneingangsebene*).

Beckenkanal: Das kleine Becken bildet den Beckenkanal (bei der Frau auch Geburtskanal). Der *Beckenkanal* bildet ein um die Symphyse nach vorne gebogenes Rohr. Er beginnt am *Beckeneingang* (*Apertura pelvis sup.*), der von der Linea terminalis begrenzt wird. Die Beckeneingangsebene ist queroval und um etwa 60° gegen die Horizontale geneigt. Der *Beckenausgang* (*Apertura pelvis inf.*) wird von der Steißbeinspitze, den Sitzbeinhöckern und den unteren Schambeinästen begrenzt und ist längsoval.

Beckenmaße: Sie spielen eine wichtige Rolle in der Geburtshilfe. Man unterscheidet äußere Beckenmaße (*Distantiae*) und innere Beckenmaße mit geraden Durchmessern (*Conjugatae*) sowie queren und schrägen Durchmessern (*Diameter*). Das wichtigste Maß ist die *Conjugata vera*, der kleinste sagittale Durchmesser des Beckens (11 cm) zwischen der Symphysenhinterfläche und dem Promontorium. Der quere Beckendurchmesser (*Diameter transversa*) ist das größte innere Beckenmaß (13,5 cm). Der schräge Durchmesser (*Diameter obliqua*), zwischen Art. sacroiliaca und Eminentia iliopubica der Gegenseite, mißt etwa 12,5 cm. Der sagittale Durchmesser des Beckenausgangs vom Unterrand der Symphyse zur Spitze des Steißbeins beträgt 9 cm, kann jedoch durch Zurückdrängen der Steißbeinspitze um etwa 2,5 cm erweitert werden.

Merke

Die *Michaelis-Raute* ist eine rautenförmige Einziehung der Haut über dem Os sacrum der Frau, die von den Spinae iliacae post. sup., der Steißbeinspitze und dem Dornfortsatz des 5. Lendenwirbels begrenzt wird. Asymmetrien der Michaelis-Raute können Hinweise auf Beckendeformitäten geben.

Geschlechtsunterschiede: Die Beckenform unterscheidet sich bei Mann und Frau deutlich voneinander. Bei der Frau laden die Beckenschaufeln weiter aus, das gesamte Becken ist niedriger und breiter. Der Beckeneingang ist bei der Frau queroval, beim Mann kartenherzförmig, da das Promontorium weiter vorspringt. Der Schambogen bildet beim Mann einen Winkel von höchstens 90° (*Angulus pubis*), bei der Frau einen Bogen (*Arcus pubis*). Die längere Achse des ovalen Foramen obturatum ist beim Mann vertikal, bei der Frau quer gestellt. Der Abstand zwischen den beiden Tubera ischiadica ist bei der Frau größer als beim Mann.

Öffnungen: Die Öffnungen in der Beckenwand dienen dem Durchtritt von Nerven und Gefäßen (*Foramen ischiadicus maj. und min., Canalis obturatorius*). Durch die Öffnungen im Beckenboden treten Organe des Verdauungs- und Urogenitaltraktes sowie einige Gefäße.

6.4.3 Innere Beckenmuskulatur

Die inneren Beckenmuskeln (*M. iliopsoas, M. obturator int., M. piriformis*) entspringen an der inneren Beckenwand und setzen am Oberschenkel an (s.a. 4.4.1). Sie wirken abduzierend, außenrotierend und beugend auf das Hüftgelenk und z. T. lateralflektierend auf die Wirbelsäule (M. psoas maj. und min.).

6.4.4 Beckenboden

Nach kaudal wird der Beckenkanal durch Muskeln und Bindegewebsplatten verschlossen, die den *Beckenboden* bilden. Dieser ist wichtig für die Sicherung der Lage von Bauch- und Beckenorganen und unterstützt mit seinen Muskeln den Verschluß von Anus und Urethra. Der Beckenboden gliedert sich in *Diaphragma pelvis* und *Diaphragma urogenitale*.

Diaphragma pelvis (Abb. 6.**9**): Es besteht aus einer trichterförmigen Muskelschlinge, die von *M. levator ani* und *M. coccygeus* mit ihren Faszien gebildet wird und mit ihrer Spitze den Endteil des Rektums (*Canalis analis*) umschließt:

- *M. levator ani:* Er besteht aus einem medialen Anteil (*M. pubococcygeus*) und einem lateralen

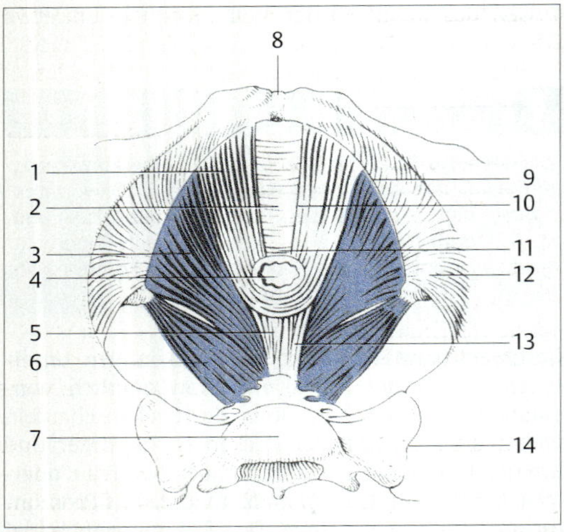

Abb. 6.**9** Diaphragma pelvis. 1 = M. puborectalis, 2 = Diaphragma urogenitale, 3 = M. iliococcygeus, 4 = Rektum, 5 = Lig. anococcygeum, 6 = M. coccygeus, 7 = Os sacrum, 8 = Symphysis pubis, 9 = Arcus tendineus des M. levator ani, 10 = Levatorschenkel, 11 = Centrum tendineum, 12 = Faszie des M. obturator int., 13 = M. pubococcygeus, 14 = A. sacroiliaca (aus Beske, Thieme 1990)

(*M. iliococcygeus*). Der *M. pubococcygeus* entspringt an der Innenseite des Os pubis und setzt sich über einen Sehnenbogen auf die Faszie des M. obturator int. fort (*Arcus tendineus m. levatoris ani*), der vom Canalis obturatorius bis zur Spina ischiadica verläuft. Seine medialen Fasern bilden eine Muskelschlinge, die das Rektum von hinten umfaßt (*M. puborectalis*). Einige Fasern vereinigen sich auch vor dem Rektum und begrenzen den *Levatorspalt*, durch den die Urogenitalorgane treten. Der *M. iliococcygeus* entspringt vom Os ilium unterhalb der Linea terminalis und liegt dem M. obturator int. an. Seine Fasern ziehen schräg zum Lig. anococcygeum, einem derben Bindegewebszug vom Anus zum Os coccygis.

- *M. coccygeus:* Er liegt dorsal des M. levator ani und zieht von der Spina ischiadica zum unteren Ende des Os sacrum.

Die Muskulatur des Diaphragma pelvis wird an Ober- bzw. Unterseite von der *Fascia diaphragmatis pelvis sup.* bzw. *inf.* bedeckt.

Diaphragma urogenitale (Abb. 6.**10**)**:** Es besteht aus einer muskulös-bindegewebigen Platte, die den vorderen Teil des Levatorspalts von kaudal verschließt und von *M. transversus perinei prof.* und *superf.* und ihren Faszien gebildet wird. Durch das Diaphragma urogenitale treten beim Mann die Urethra, bei der Frau Urethra und Vagina.

- *M. transversus perinei profundus:* Eine trapezförmige Muskelplatte, die sich zwischen Rami inf. der Ossa pubis ausspannt. Von ihm gehen Faserzüge ab, die beim Mann als *M. sphincter urethrae* die Urethra und bei der Frau als *M. sphincter urethrovaginalis* Urethra und Vagina umfassen.
- *M. transversus perinei superficialis:* Er liegt am Hinterrand des M. transversus perinei prof. im subkutanen Fettgewebe des Damms und erstreckt sich von Tuber ischiadicum und Ramus ossis ischii zum Centrum tendineum (s.u.).

Die Muskulatur des Diaphragma urogenitale wird von der *Fascia diaphragmatis urogenitalis sup.* und *inf.* bedeckt. Zwischen Lig. arcuatum pubicum und Lig. transversum perinei, das zwischen Lig. arcuatum pubicum und Vorderrand des M. transversus perinei prof. liegt, vereinigen sich die beiden Faszien.

Centrum tendineum: Das Centrum tendineum liegt zwischen Diaphragma urogenitale und Rektum.
Es handelt sich um eine derbe Bindegewebsplatte, in die glatte Muskelfasern des Rektums sowie Sehnen und Faszien der Beckenbodenmuskulatur einstrahlen. Dadurch ist es nach allen Seiten verspannt und verleiht dem Damm seine Festigkeit. Es bildet den *mechanischen Mittelpunkt* des muskulären Beckenbodens.

Weitere Muskeln: Dem Beckenboden liegen von unten weitere Muskeln an.

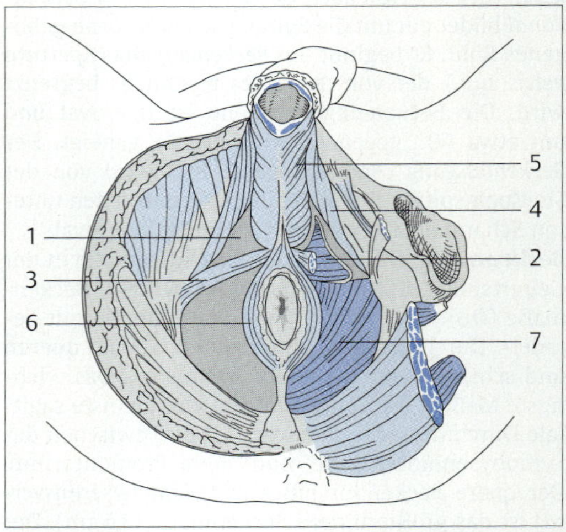

Abb. 6.**10** Beckenboden von unten. 1 = Diaphragma urogenitale, 2 = M. transversus perinei prof., 3 = M. transversus perinei superf., 4 = M. ischiocavernosus, 5 = M. bulbospongiosus, 6 = M. sphincter ani ext., 7 = M. levator ani (aus Jocham/Miller, Thieme 1994)

- *M. sphincter ani externus:* umgibt ringförmig den untersten Teil des Canalis analis und gehört zum Verschlußapparat des Anus (Abspaltung des M. levator ani).
- *M. bulbospongiosus:* entspringt vom Centrum tendineum, umgibt beim Mann den Schwellkörper und strahlt bis in den Penisrücken ein. Bei der Frau umgreift er auf jeder Seite den Bulbus vestibuli und damit das Vestibulum vaginae (s.a. 8.7.4).
- *M. ischiocavernosus:* liegt seitlich in der Regio urogenitalis und spannt sich zwischen Ramus ossis ischii und Penis bzw. Clitoris aus. Er wirkt ebenfalls auf die Schwellkörper.

6.4.5 Nerven und Gefäße

Im kleinen Becken entspringen die Wurzeln des *Plexus sacralis*. Sie befinden sich im subperitonealen Bindegewebe vor dem M. piriformis und liegen der Beckenwand eng an. Die Äste des Plexus sacralis verlassen das kleine Becken vorwiegend in dorsaler Richtung. Die Nerven des *Plexus lumbalis* ziehen zum Teil durch das Becken hindurch und verlassen es an unterschiedlichen Stellen.

Gefäß-Nerven-Straßen: Durch die *ventrale Gefäß-Nerven-Straße* (*Schenkelpforte*) ziehen A., V. und N. femoralis sowie der N. cutaneus femoris lat., durch die mediale (*Canalis obturatorius*) ziehen A., V. und N. obturatorius.

Die *dorsale Gefäß-Nerven-Straße* verläuft durch das Foramen ischiadicum maj.: durch die *suprapiriforme* Abteilung ziehen A., V. und N. glutaeus sup., durch die *infrapiriforme* Abteilung A., V. und N. glutaeus inf., N. ischiadicus und N. cutaneus femoris post.

Zur und in der *Fossa ischioanalis* ziehen durch die Foramina ischiadica maj. et min. und den Canalis pudendalis A. und V. pudenda int. und der N. pudendus.

Brusteingeweide

Die Brusteingeweide liegen in der *Brusthöhle* (*Cavitas thoracis*), die vom knöchernen Thorax umgeben und durch das Zwerchfell von der Bauchhöhle getrennt wird. Die Brusthöhle wird durch das *Mediastinum*, eine in der Medianebene stehende Bindegewebsplatte, in zwei Hälften unterteilt. Die Lungen liegen rechts und links des Mediastinums in einer rechten und linken *Pleurahöhle* (*Cavum pleurale*), alle anderen Brusteingeweide im Mediastinum.

7.1 Grundzüge der Entwicklung der Brusteingeweide

Die Brusteingeweide werden in den ersten drei Monaten der Embryonalentwicklung angelegt. Danach erfolgen weitere Wachstums- und Reifungsvorgänge. Vor allem der Reifungszustand der Lunge ist ein entscheidendes Kriterium für die Überlebensfähigkeit eines Frühgeborenen.

7.1.1 Grundkenntnisse der Entwicklung der serösen Höhlen

Die Organe des Brust- und Bauchraumes liegen in serösen Höhlen (s.a. 2.5.2). Diese entstehen als Spalträume in den Seitenplatten des intraembryonalen Mesoderms (*intraembryonales Zölom*). Zunächst bildet das Zölom eine einheitliche Höhle und erstreckt sich von der Thorax- bis in die Beckenregion. Es wird außen vom parietalen und innen vom viszeralen Mesoderm begrenzt (s.a. 1.4.4).

Im 2. Embryonalmonat wird das Zölom durch das Zwerchfell in zwei Abschnitte unterteilt. Der obere bildet die *Perikardhöhle*, die über seitliche *Pleuroperitonealkanäle* mit dem unteren Abschnitt, der *Peritonealhöhle*, in Verbindung steht. Die Lungenknospen wachsen in die Pleuroperitonealkanäle hinein. Die *primitiven Pleurahöhlen* entstehen durch Bildung eines Spaltraums zwischen den äußeren Schichten der Lungenknospe. Die Pleurahöhlen grenzen sich im Verlauf der Entwicklung durch die *Pleuroperitonealmembranen* von der Peritonealhöhle und die *Pleuroperikardialmembranen* von der Perikardhöhle ab.

Merke

Aus dem intraembryonalen Zölom entstehen drei voneinander unabhängige Höhlen: die *Perikardhöhle*, die das Herz enthält, die *Pleurahöhlen* mit den Lungen und die *Peritonealhöhle*, die die Baucheingeweide enthält.

7.1.2 Grundkenntnisse der Herzentwicklung

Herzschlauch: Vor und seitlich der Prächordalplatte entsteht angiogenetisches Material, das die *kardiogene Zone* bildet. Diese wird durch das Auswachsen der Gehirnanlage auf die Ventralseite des Körpers verlagert. In der kardiogenen Zone entstehen zwei Endothelschläuche (*Endokardschläuche*), die zu einem einheitlichen *Herzschlauch* verschmelzen. Dieser setzt sich über die ventralen Aorten in die Aortenbögen und die dorsalen Aorten fort. An der Oberfläche des Herzschlauches entstehen aus dem viszeralen Mesoderm *Myokard* und *Epikard*. Die Herzanlage wölbt sich in die Perikardhöhle vor und ist in dieser nur in der Ein- und Ausflußbahn verankert.

Merke

Nach Vereinigung der Endokardschläuche beginnt die Herzanlage zu schlagen. Dies ist im Ultraschall etwa ab dem 42. Tag sichtbar.

Der Herzschlauch besteht aus folgenden Abschnitten: dem *Sinus venosus*, in den von kaudal die großen Venen münden, dem *Atrium primitivum* („linker" Vorhof), dem *Ventriculus primitivus* (Kammer), der den embryonalen Kreislauf antreibt und aus dem sich der linke Ventrikel entwickelt, und dem *Bulbus cordis*, aus dem rechter Ventrikel und Conus cordis entstehen. Die Ausstrombahn besteht aus *Truncus arteriosus* und den beiden ventralen Aorten.

Herzschleife: In der weiteren Entwicklung wächst der Herzschlauch wesentlich schneller in die Länge als die Perikardhöhle. Da er mit beiden Enden fixiert ist, kommt es zur *Bildung einer Schleife*. Der absteigende Teil der Schleife besteht aus der Ventrikelanlage, der aufsteigende aus Bulbus cordis und der Ausflußbahn des Herzens. Die Einflußbahn mit dem Sinus und der Vorhofanlage verlagert sich nach dorsal und kranial. Die vorderen Abschnitte des Atriums buchten sich aus und umfassen den Truncus arteriosus. Aus dem unteren Abschnitt des Bulbus cordis entsteht der *rechte Ventrikel*, aus dem oberen der *Conus cordis*, der in den Truncus arteriosus übergeht. Rechter und linker Vorhof verschmelzen zu einem *einheitlichen Vorhof*, der kaudal in den Sinus venosus übergeht.

Im folgenden verändert sich das innere und äußere Relief des Herzens. Oberflächlich entsteht an der Grenze zwischen rechtem und linkem Abschnitt der Kammer der *Sulcus interventricularis* und zwischen Kammer und Vorhof der *Sulcus atrioventricularis*. Innen bilden sich sichelförmige Leisten, die die Verbindung zwischen Vorhof und Kammer zum *Atrioventrikularkanal* einengen, in dem sich später die *Atrioventrikularklappen* (*AV-Klappen*) bilden. Der Ventrikel wird durch die dorsale und ventrale Anlage des muskulären *Septum interventriculare* in rechten und linken Abschnitt unterteilt, die aber noch durch das *Foramen interventriculare* miteinander verbunden sind. Dieses wird später durch die *Pars membranacea* des Kammerseptums verschlossen.

Sinus venosus: Er besteht zunächst aus linkem und rechtem Sinushorn. Die weite Einmündung des Sinus verengt sich. Das linke Sinushorn wandelt sich in den *Sinus coronarius*, der das venöse Blut des Herzens in den rechten Vorhof leitet, und die *V. obliqua atrii sin.* um. Das rechte Sinushorn wird in die Wand des Vorhofs einbezogen und bildet die *V. cava inf.* Von kranial mündet die V. cava sup. An der Mündung der Venen bilden sich Klappen, die den Blutstrom lenken. Der venöse Zufluß zum Herzen aus der Nabelvene gelangt nun über den rechten Vorhof in linken Vorhof und Ventrikel.

Lungenvenen: Sie entstehen in der dorsalen Wand des linken Vorhofs und werden zunehmend in die Wand mit einbezogen. Dadurch entstehen vier getrennte Veneneinmündungen.

Herzsepten: Dorsal und ventral bilden sich *Endokardpolster*, die in der Mitte verwachsen und den Vorhof von der Kammer trennen. Seitlich bleiben zwei *Öffnungen* (*Ostien*) bestehen, in denen sich durch Ausziehung der Endokardpolster *Segelklappen* bilden. Das rechte Ostium atrioventriculare wird von einer *dreizipfligen Segelklappe* (*Trikuspidalklappe*), das linke von einer *zweizipfligen* (*Bikuspidal- oder Mitralklappe*) begrenzt.

Die Unterteilung in linke und rechte Herzhälfte erfolgt auf Vorhof- und Kammerebene unabhängig voneinander. Im Vorhof bildet sich zuerst eine Sichel an Hinterwand und Dach des Atrium, die durch Verbreiterung zum *Septum primum* wird. Während das Septum primum das *Foramen primum* verschließt, treten in ihm Lücken auf, die das *Foramen secundum* bilden. Gleichzeitig entsteht rechts vom Septum primum das *Septum secundum*. Beide Septen schieben sich aneinander vorbei. Das Septum primum bildet eine Klappe über dem *Foramen ovale*, das vom Septum secundum begrenzt wird. Foramen primum und secundum verschließen sich.

Linke und rechte Herzkammer werden durch das entstehende *Septum interventriculare* unterteilt.

Ausstrombahn: Die Ausflußbahnen der beiden Ventrikel überkreuzen sich im Bereich von Conus und Truncus arteriosus und drehen sich spiralig umeinander. Dementsprechend entwickelt sich das spiralig gedrehte *Septum aorticopulmonale*, das die Blutströme von Truncus pulmonalis (aus der rechten Kammer) und Aorta (aus der linken Kammer) trennt. In beiden Ausflußbahnen entstehen drei knötchenförmige Wandverdickungen, aus denen sich die *Semilunarklappen* (*Taschenklappen: Aorten- und Pulmonalklappen*) bilden. Während der Embryonalzeit ist der Truncus pulmonalis über eine Kurzschlußverbindung (*Ductus arteriosus*) mit der absteigenden Aorta verbunden.

Klinischer Bezug

Entwicklungsstörungen des Herzens führen zu verschiedenen **angeborenen Herzfehlern**. *Vorhofscheidewanddefekte* entstehen durch unvollständigen Verschluß von Foramen primum oder secundum, *Kammerscheidewanddefekte* durch unvollständigen Verschluß des Septum interventriculare.
Einengungen (*Stenosen*) der Ostien der Ausflußbahn führen zur Pulmonal- oder Aortenklappenstenose.
Wird das Septum in Truncus und Conus arteriosus nicht spiralförmig, sondern gerade angelegt, entspringt die Aorta aus dem rechten Ventrikel und der Truncus pulmonalis aus dem linken Ventrikel (*Transposition der großen Gefäße*). Nur bei gleichzeitigem Ventrikelseptumdefekt und offenem Ductus arteriosus kann das Neugeborene überleben. Therapie der Wahl ist die operative Korrektur. Die *Fallot-Tetralogie* ist eine Kombination aus Pulmonalstenose, Ventrikelseptumdefekt, „reitender Aorta" und Hypertrophie des rechten Ventrikels. Hierbei ist das Septum aorticopulmonale verschoben. Es kann deshalb nicht mit dem Septum interventriculare verwachsen und engt den Truncus pulmonalis ein. Die Aorta liegt über dem Septum und erhält Blut aus beiden Kammern.
Die *Aortenisthmusstenose* entsteht durch eine Wandveränderung der Aorta, die unterhalb des Ursprungs der linken A. subclavia liegt. Die Stenose kann vor oder hinter der Mündung des Ductus arteriosus (präduktal oder postduktal) liegen.

7.1.3 Entwicklung der Arterien

Die intraembryonalen Gefäße entwickeln sich aus Blutinseln im viszeralen Mesoderm des intraembryonalen Zöloms. Zunächst entstehen Kapillarnetze, aus denen größere Blutgefäße hervorgehen.
Aortenbögen: Die Ausflußbahn des Herzschlauches (*Truncus arteriosus*) setzt sich nach kranial in die paarige *ventrale Aorta* fort. Aus ihr entspringen die *Aortenbögen*, die um den Schlunddarm herum ziehen und in die dorsalen Aorten münden. Jeder der sechs Aortenbögen ist einem Kiemenbogen als *Kiemenbogenarterie* zugeordnet.

Merke

Der 1., 2. und 5. Aortenbogen bilden sich zurück.
Aus dem *3. Aortenbogen* entsteht beiderseits die A. carotis int., aus der ventralen Aorta die A. carotis ext.
Aus dem *4. Aortenbogen* entwickelt sich auf der linken Seite der definitive Aortenbogen, auf der rechten Seite der Truncus brachiocephalicus und der Anfang der A. subclavia dext.
Aus dem *6. Aortenbogen* geht beidseits der Anfangsteil des Truncus pulmonalis und auf der linken Seite der Ductus arteriosus hervor.
Die dorsalen Aorten verschmelzen zur Aorta descendens.

Dottersack- und Nabelarterien: Die *Dottersackarterien*, die der Versorgung des Dottersacks dienen, verschmelzen und bilden die Arterien im dorsalen Mesenterium des Darmes (Truncus coeliacus, A. mesenterica sup. und inf.). Die *Nabelarterien*, die das Blut des Embryos zur Plazenta führen, verbinden sich in der vierten Woche mit der A. iliaca comm. Nach der Geburt bilden die proximalen Abschnitte die A. iliaca int. und A. vesicalis sup.

7.1.4 Entwicklung der unteren Atemwege

Die Anlage der Lunge, das *Lungendivertikel*, entsteht als Ausstülpung an der Vorderwand des Vorderdarms (s.a. 5.1.2). Es wächst nach kaudal und bildet in seinem proximalen Abschnitt die Trachea, die in zwei laterale *Lungenknospen* übergeht. Die rechte Lungenknospe teilt sich in drei Äste (*Bronchien*), die linke in zwei. Die Lungenknospen wachsen nach lateral und kaudal in den Pleuroperitonealkanal. Die *parietale Pleura* spaltet sich von den Lungenknospen ab, die von der *viszeralen Pleura* überzogen werden, und legt sich der Thoraxwand an.
Die Bronchien teilen sich während der Entwicklung wiederholt dichotom (*Zweiteilungen*). Bis zur Geburt machen sie etwa 17 – 18 dieser Teilungen. Erst ab dem 7. Monat sind genügend Alveolen vorhanden, um bei einer Frühgeburt das Überleben zu ermöglichen.
Aus dem Mesoderm, das die Lunge umgibt, entstehen Knorpel, glatte Muskulatur, das Gefäßnetz sowie das Binde- und Stützgewebe der Lunge.

7.2 Atmungsorgane

Die Atmungsorgane werden in *obere Atemwege* (Nasenhöhle, Pharynx, Larynx) und *untere Atemwege* (Trachea, Lungen) unterteilt. Funktionell unterscheidet man *luftleitende* und *gasaustauschende* (respiratorische) Abschnitte. Die *luftleitenden Abschnitte* (Nasenhöhle, Trachea, Bronchien, Bronchiolen) dienen der Anfeuchtung, Anwärmung und Reinigung der Atemluft. Ihr Volumen entspricht dem Totraum bei der Atmung. In den *respiratorischen Abschnitten* (Alveolen) findet der Austausch von Sauerstoff und Kohlendioxid zwischen Alveolarluft und Blut statt.

7.2.1 Luftröhre (Trachea)

Die *Luftröhre* (*Trachea*) ist ein etwa 10 – 12 cm langes elastisches Rohr. Sie gliedert sich in Pars cervicalis (s.a. 5.4.11) und Pars thoracica. Die *Pars cervicalis* schließt in Höhe des Ringknorpels (6./7. Halswirbelkörper) an den Kehlkopf an. Die *Pars thoracica* erstreckt sich von der Apertura thoracica sup. bis in

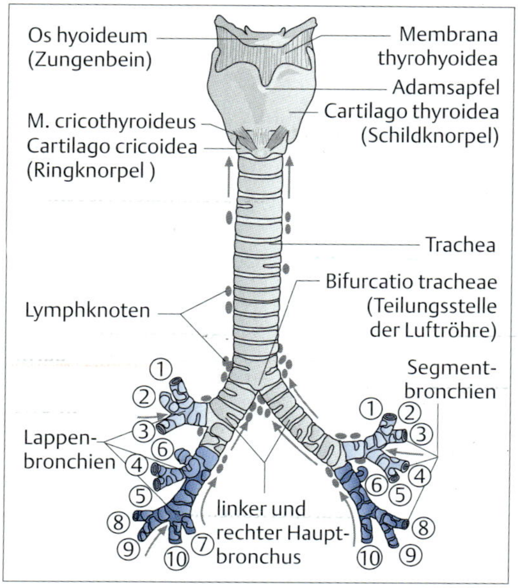

Abb. 7.**1** Trachea und Bronchialbaum (aus Faller, Thieme 1995)

Höhe des 4./5. Brustwirbels. Hier teilt sich die Trachea in die beiden Hauptbronchien auf (*Bifurcatio tracheae*, s.u.) (Abb. 7.**1**).

Aufbau: Das Stützgerüst der Trachea besteht aus 16–20 hufeisenförmigen Knorpelspangen, die untereinander durch *Ringbänder* (*Ligg. anularia*) verbunden sind. Dorsal wird die Trachea von der bindegewebigen *Paries membranaceus* mit dem glatten *M. trachealis* verschlossen. An der Bifurkation ragt ein knorpeliger *Sporn* (*Carina tracheae*) in das Lumen vor.

Gefäßversorgung und Innervation: Die Trachea wird arteriell von *Rr. tracheales* aus der A. thyroidea inf. und von *Rr. tracheales* aus N. laryngeus recurrens und Truncus sympathicus nervös versorgt.

Topographie: Die Trachea liegt zunächst nahe an der vorderen Thoraxwand und zieht dann rechts vom Aortenbogen schräg nach hinten. Nach hinten grenzt sie an den Ösophagus und den zwischen beiden ziehenden N. laryngeus recurrens. Vor der Trachea kreuzt der Truncus brachiocephalicus.

7.2.2 Lungen (Pulmones)

Aufbau: Die *paarigen Lungen* (*Pulmo dext.* und *sin.*, Abb. 7.**2**) füllen mit dem sie überziehenden Lungenfell (*Pleura visceralis*) die Pleurahöhlen vollständig aus. Man unterscheidet die Basis, die auf der Zwerchfellkuppel liegt (*Facies diaphragmatica*), die *Facies mediastinalis*, die zum Mediastinum hin zeigt und die *Facies costalis*, die der Innenseite des Brustkorbs anliegt. An der Facies mediastinalis liegt der *Lungenhilus* (*Hilum pulmonis*), in dem Bronchien, Gefäße und Nerven in die Lunge ein- bzw. austreten.

! Merke

Im *Hilus der linken Lunge* liegen vorne und unten die Vv. pulmonales, oben die A. pulmonalis und in der Mitte und hinten die Bronchien. Im *Hilus der rechten Lunge* liegen vorne und unten die Vv. pulmonales, in der Mitte die A. pulmonalis und oben die Bronchien.

Lungenlappen (Lobi pulmonales): Jede Lunge ist aus Lungenlappen aufgebaut. Die Lappen – links zwei, rechts drei – werden durch tiefe Furchen (*Fissurae interlobares*) getrennt, die fast bis zum Hilus reichen. Zwischen Ober- und Unterlappen (*Lobus sup.* und *inf.*) beider Lungen liegt die nahezu seitengleich verlaufende *Fissura obliqua*. In der rechten Lunge schiebt sich seitlich und vorne der Mittellappen (*Lobus medius*) keilförmig zwischen Ober- und Unterlappen und wird durch die *Fissura horizontalis* vom Oberlappen und durch die Fissura obliqua vom Unterlappen getrennt.

Die *linke Lunge* ist mit einem Volumen von 1400 cm^3 insgesamt etwas kleiner als die rechte Lunge. Sie wird im unteren Teil des Lobus sup. vom Herz eingedrückt, das die *Impressio cardiaca* hinterläßt. Der Lobus sup. läuft nach unten in einen Fortsatz (*Lingula*) aus. An der Facies mediastinalis erkennt man die Abdrücke von Ösophagus und Aorta.

Die *rechte Lunge* hat ein Volumen von etwa 1500 cm^3. An der mediastinalen Fläche erkennt man Impressionen von V. cava sup., V. azygos und Ösophagus.

Segmente (Segmenta bronchopulmonalia): Die Lappen gliedern sich weiter in bindegewebig voneinander getrennte Lungensegmente. Zu jedem Segmentzentrum führen ein Segmentbronchus und eine A. segmentalia. Die dazugehörigen Venen ziehen im Bindegewebe zwischen den Segmenten. Die Segmente sind an der Lungenoberfläche nicht zu erkennen. Jede Lunge besteht aus 10 Segmenten, bei der linken Lunge fehlt jedoch häufig das Segment 7 im Unterlappen (Abb. 7.**2**).

Klinischer Bezug

Die Anordnung der Lungenläppchen ist wichtig für die Lungenchirurgie, da die Segmente die kleinsten operativ resezierbaren Lungeneinheiten darstellen **(Segmentresektion).**

Läppchen (Lobuli pulmonales): Die Segmente werden weiter in Läppchen unterteilt, die jedoch nur an der Mantelzone der Lungenlappen an der

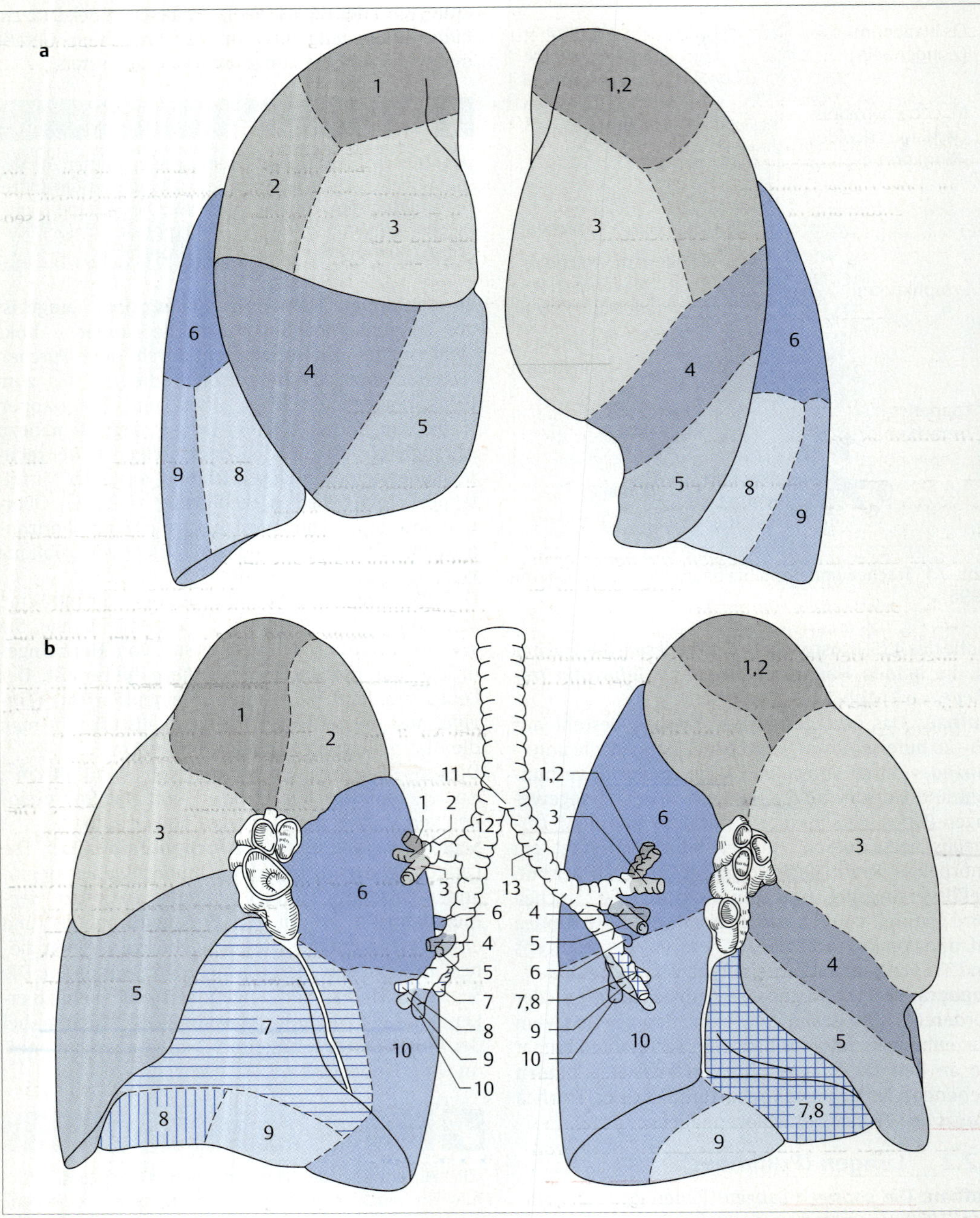
a
1
2
3
6
4
5
9
8
1,2
3
4
6
5
8
9
b
1
2
3
6
5
7
8
9
10
11
12
13
1
2
3
6
4
5
7
8
9
10
1,2
3
4
5
6
7,8
9
10
6
3
4
5
10
7,8
9

Abb. 7.2

◄ Abb. 7.2 Die bronchopulmonalen Segmente und die Verzweigung des Bronchialbaumes. **a** Ansicht von vorne, **b** Ansicht des Bronchialbaumes von vorne und Ansicht der medialen Flächen der Lungen. *Rechte Lunge:* Lobus superior: 1 = Segmentum apicale und Bronchus segmentalis apicalis, 2 = Segmentum posterius und Bronchus segmentalis posterior, 3 = Segmentum anterius und Bronchus segmentalis anterior; Lobus medius: 4 = Segmentum laterale und Bronchus segmentalis lateralis, 5 = Segmentum mediale und Bronchus segmentalis medialis; Lobus inferior: 6 = Segmentum apicale und Bronchus segmentalis apicalis, 7 = Segmentum basale mediale und Bronchus segmentalis basalis medialis, 8 = Segmentum basale anterius und Bronchus segmentalis basalis anterior, 9 = Segmentum basale laterale und Bronchus segmentalis basalis lateralis, 10 = Segmentum basale posterius und Bronchus segmentalis basalis posterior; *Linke Lunge:* Lobus superior: 1 u. 2 = Segmentum apicoposterius und Bronchus segmentalis apicoposterior, 3 = Segmentum anterius und Bronchus segmentalis anterior, 4 = Segmentum lingulare superius und Bronchus segmentalis lingulare superior, 5 = Segmentum lingulare inferius und Bronchus segmentalis lingularis inferior; Lobus inferior: 6 = Segmentum apicale und Bronchus segmentalis apicalis, 7 u. 8 = Segmentum basale anteriomediale und Bronchus segmentalis basalis anteriomedialis, 9 = Segmentum basale laterale und Bronchus segmentalis basalis lateralis, 10 = Segmentum basale posterius und Bronchus segmentalis basalis posterior; 11 = Bifurcatio tracheae, 12 = Bronchus principalis dexter, 13 = Bronchus principalis sinister (aus Platzer, Thieme 1982)

polygonalen Felderung zu erkennen sind. Im Lappenkern fehlen sie. Die Lungenläppchen werden durch bindegewebige Septen (*Septa interlobularia*) voneinander getrennt und gewährleisten eine bessere Verformbarkeit der Lunge bei der Atmung.

Bronchialbaum: Er bildet das luftleitende Röhrensystem und endet an den Alveolen, die dem Gasaustausch dienen. Die Trachea verzweigt sich in die zwei *Hauptbronchien* (*Bronchus principalis dext.* und *sin.*), die in einem Winkel von etwa 70° zueinander abgehen. Der rechte Bronchus ist weitlumiger und verläuft steiler. Er setzt damit die Verlaufsrichtung der Trachea fort. Der linke Bronchus ist englumiger, länger und verläuft mehr horizontal.

Klinischer Bezug

Aufgrund der Stellung der Hauptbronchien gelangen **aspirierte Fremdkörper** eher in den rechten Bronchus. Auch Bronchopneumonien finden sich bevorzugt rechts.

Aus den Hauptbronchien gehen die *Bronchi lobares* ab, die zu den jeweiligen Lungenlappen führen. Die Bronchi lobares geben die *Bronchi segmentales* zu den Segmenten ab. Die Bronchi segmentales teilen sich weiter dichotom, so daß etwa 6 – 12 Verzweigungen (*Bronchioli*, ∅ > 1 mm) entstehen. Als *Bronchioli terminales* werden Bronchioli mit einem Durchmesser von weniger als 1 mm bezeichnet. An die Bronchioli terminales schließen sich die *Bronchioli respiratorii* mit den Alveolen an (s.a. Histologie 3.9.4).

Gefäßsystem: Aa. und Vv. pulmonales (*Vasa publica*) bilden mit dem Kapillarbett der Lungen den kleinen Kreislauf. Die beiden *Aa. pulmonales* gehen aus dem Truncus pulmonalis hervor und führen sauerstoffarmes Blut aus der rechten Herzkammer zur Lunge. Sie verzweigen sich weiter und schließen sich den Bronchien und Bronchiolen an. Das venöse sauerstoffreiche Blut fließt über die Venen in den Interlobulärsepten in die Venen in den Intersegmentalsepten und schließlich in die *Vv. pulmonales*. Lungenvenen sind ohne Klappen.

Der Bronchialbaum und das Lungengewebe werden von Rr. bronchiales aus der Aorta und aus den Interkostalgefäßen (*Vasa privata*) versorgt. Die Vv. bronchiales münden in V. azygos und V. hemiazygos. Zwischen Vasa publica und Vasa privata der Lunge bestehen zahlreiche Anastomosen.

Lymphsystem: Die Lymphgefäße beginnen in den bindegewebigen Septen und führen die Lymphe zu den *Nn. ll. mediastinales post.* Diese gliedern sich in *Nn. ll. bronchopulmonales* am Lungenhilus, *Nn. ll. tracheobronchiales inf.* in der Bifurkation der Trachea und die *Nn. ll. juxta-oesphageales pulmonales*. Die Lymphe fließt weiter ab in die Trunci bronchomediastinales.

Innervation: Jede Lunge wird durch einen *Plexus pulmonalis* innerviert, der efferente Anteile des N. vagus und des Truncus sympathicus enthält. Die Fasern des Plexus gelangen auf Vorder- und Rückseite des Hilus in die Lunge zur Bronchial- und Gefäßmuskulatur.

Merke

Der *Sympathikus* erweitert, der *Parasympathikus* verengt die Bronchien.

7.2.3 Pleura und Pleurahöhle

Pleura: Die *Pleura* (*Brustfell*) wird eingeteilt in *Pleura parietalis* und *Pleura visceralis*. Die Pleura parietalis überzieht als *Pleura diaphragmatica* das Zwerchfell, als *Pleura mediastinalis* das Mediastinum und als *Pleura costalis* Rippen, Wirbelsäule und Sternum. Die Pleura visceralis überzieht die Lungen bis in die Tiefe der Fissurae interlobares mit Ausnahme

des Hilus. Am Hilus gehen beide Blätter der Pleura in einer Umschlagsfalte ineinander über, die nach unten zu einer Duplikatur (*Lig. pulmonale*) ausgezogen ist.
Pleurahöhle (Cavitas pleuralis): Beide Pleurahöhlen sind in sich geschlossene Räume. Sie bestehen aus dem kapillären Spalt zwischen Pleura parietalis und Pleura viscerales (*Pleuraspalt*) und enthalten je etwa 5 ml seröse Gleitflüssigkeit.

Klinischer Bezug

Entzündungen im Bereich der Lunge und der Pleura führen oft zu einer Vermehrung der serösen Flüssigkeit (*Pleuraerguß*). Dieser wird je nach Ausmaß abpunktiert oder von der Pleura wieder resorbiert. Ebenso kann ein Pleuraerguß auch Hinweis auf einen bösartigen Tumor in der Lunge bzw. Pleura sein.

An den Übergängen von den einzelnen Abschnitten der Pleura parietalis ineinander entstehen sog. Reserve- oder Komplementärräume (*Recessus pleurales*). Während der Inspiration ermöglichen sie die Ausweitung der Lunge. Der *Recessus costodiaphragmaticus* ist in der Axillarlinie bis zu 7 cm tief und stellt damit den größten Reserveraum dar. Der *Recessus costomediastinalis* liegt hinter dem Sternum und liefert nur einen kleinen Reserveraum, ebenso wie der *Recessus phrenicomediastinalis*. Im Bereich der *Pleurakuppel*, die die *Lungenspitze* (*Apex pulmonis*) überzieht, gibt es keinen Reserveraum. Die Pleurakuppel wird durch Bindegewebszüge fixiert.
Gefäßversorgung und Innervation: Die *Pleura visceralis* wird von den Gefäßen der Lunge mitversorgt. Ihre Lymphe fließt über die subpleuralen Lymphkapillarnetze in die peribronchialen Gefäße. Sie wird nicht sensibel innerviert. Die *Pleura parietalis* wird von Gefäßen der Pleurawand versorgt. Die Lymphe fließt über subpleurale Kapillarnetze zu den interkostalen und parasternalen sowie mediastinalen Lymphknoten. Sie wird sensibel durch Interkostalnerven und den N. phrenicus innerviert.

7.3 Speiseröhre (Ösophagus)

Die *Speiseröhre* (*Ösophagus*) ist ein etwa 25 cm langer Muskelschlauch, der den Rachen mit dem Magen verbindet. Er zieht dabei vom Hals durch das hintere Mediastinum in den Oberbauch (Abb. 7.**3**).
Gliederung: Man unterteilt die Speiseröhre in drei Abschnitte:

- Die *Pars cervicalis* zieht von der Ringknorpelplatte, an der die *1. Enge* liegt, zur oberen Thoraxapertur (s.a. 5.4.9).

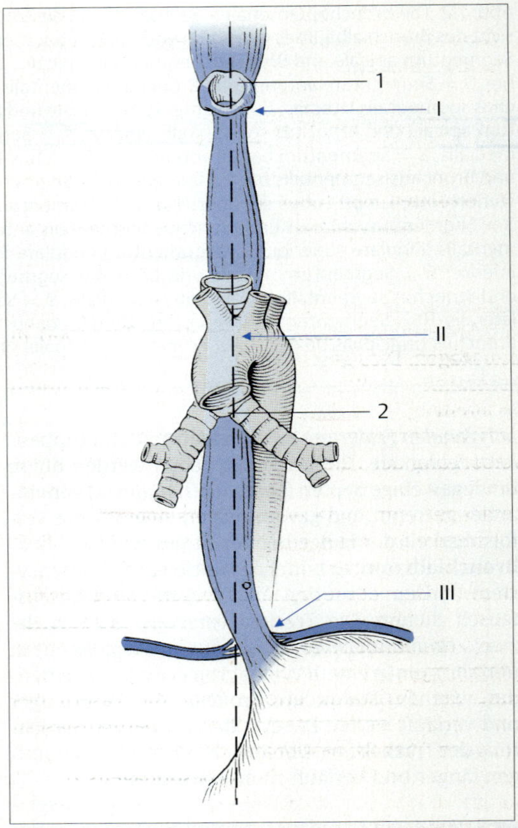

Abb. 7.**3** Ösophagus. 1 = Ringknorpel, 2 = Bifurcatio tracheae, I = 1. Enge: Ösophagusmund, II = 2. Enge: Aortenenge, III = 3. Enge: Zwerchfellenge (aus Kahle/Leonhardt/Platzer, Thieme 1991)

- Die *Pars thoracica* beginnt an der oberen Thoraxapertur und ist etwa 16 cm lang. Im oberen Mediastinum verläuft sie hinter der Trachea und direkt vor der Brustwirbelsäule. Im weiteren Verlauf zieht der Ösophagus nach vorne und gelangt vor die Aorta. Der untere Abschnitt der Pars thoracica liegt dicht am linken Vorhof des Herzens. In Höhe des 4. Brustwirbels wird der Ösophagus durch den Aortenbogen eingeengt (*2. Enge*).
- Am Zwerchfell geht die Pars thoracica in Höhe des 11. Brustwirbels in die *Pars abdominalis* über. Die intraabdominelle Strecke ist nur etwa 1–4 cm lang. Die Muskelfasern des Zwerchfells legen sich am Hiatus ösophageus schlingenförmig um den Ösophagus und bilden so die *3. Enge*. Zusammen mit der ösophagealen Muskulatur sowie zahlreichen Venenplexus in der Wand des Ösophagus

können sie den Ösophagus verschließen (*unterer Ösophagussphinkter*) und den Reflux von Magensaft verhindern.

Klinischer Bezug

Die Engen des Ösophagus sind besonders gefährdet bei **Verätzungen** und dem Verschlucken von **Fremdkörpern**. Auch Ösophagus**karzinome** treten vor allem an den Engen auf.

Funktion: Die Speiseröhre dient der Durchmischung von Speisen und Flüssigkeit und deren Transport in den Magen. Dies geschieht durch lumenverengende Kontraktionswellen, die sich von oben nach unten ausbreiten (*Peristaltik*).

Gefäßversorgung und Innervation: Die arterielle Versorgung der *Pars cervicalis* erfolgt aus *A. thyroidea inf.* und *A. subclavia*, der *Pars thoracica* aus *Rr. oesophagei* der Aorta und der *Pars abdominalis* aus *A. phrenica inf.* und *A. gastrica sin.* Der venöse Abfluß erfolgt über *V. azygos* und *V. hemiazygos*.

In der Wand des Ösophagus liegen *Nervenplexus*, die sich aus Fasern des vegetativen und des autonomen, intramuralen Nervensystems zusammensetzen (*Plexus myentericus*, *Plexus submucosus*). Die Steuerung der Peristaltik erfolgt über die Fasern des vegetativen Nervensystems. Parasympathikusfasern gelangen über Rr. oesophagei aus dem N. laryngeus recurrens und über den Plexus oesophageus zu den Plexus in der Ösophaguswand, Sympathikusfasern aus Truncus sympathicus und Plexus aorticus.

7.4 Thymus

Der Thymus ist ein wichtiges Steuerorgan für die *zelluläre Immunität*. Er liegt vorne im oberen Mediastinum hinter dem Sternum. Er setzt sich beim Kind aus zwei unregelmäßig geformten Lappen zusammen, die bis zur Pubertät an Gewicht zunehmen (etwa 30 – 40 g). Zur Zeit seiner größten Ausdehnung reicht er vom Schilddrüsenunterrand bis zum 4. Sternokostalgelenk und bedeckt die V. brachiocephalica sin., den Aortenbogen und einen Teil des Herzbeutels. Nach der Pubertät bildet er sich zurück (*Involution*), beim Erwachsenen verbleibt der *Thymusrestkörper* hinter dem Manubrium sterni. Die arterielle Versorgung erfolgt durch *Rr. thymici* aus A. thoracica int. und A. thyroidea inf.

7.5 Herz (Cor)

Das *Herz* (*Cor*) ist ein etwa faustgroßes muskuläres Hohlorgan, das als Pumpe in den großen und kleinen Kreislauf eingeschaltet ist. Es befindet sich im mittleren Mediastinum und liegt mit seiner Längsachse schräg im Thorax. Die *Herzspitze* (*Apex cordis*) zeigt nach links unten und berührt die vordere Brustwand. An der *Herzbasis* (*Basis cordis*) treten die großen Gefäße ein und aus und verankern das Herz im Mediastinum. Das Herz wird vollständig vom *Herzbeutel* (*Perikard*) umhüllt. Sein Gewicht beträgt etwa 0,5 % des Körpergewichts, im Durchschnitt 300 – 350 g.

Gestalt (Abb. 7.**4**)**:** Das Herz wird durch eine *Scheidewand* (*Septum cordis*) in eine linke und eine rechte Hälfte gegliedert. Beide Hälften sind in einen *Vorhof* (*Atrium*) und eine *Kammer* (*Ventrikel*) unterteilt. Die Grenze zwischen rechtem und linkem Ventrikel ist von außen durch den *Sulcus interventricularis ant.* und *post.* zu erkennen, die sich an der Herzspitze treffen. Die Grenze zwischen Kammer und Vorhof ist durch den *Sulcus coronarius* gekennzeichnet. Der *Sulcus terminalis* trennt die V. cava sup. vom rechten Vorhof. Beide Vorhöfe besitzen Blindsäcke (*Herzohren*, *Auriculae cordis*), die dem Herz ventral anliegen. Die *Vorderwand* des Herzens wird im wesentlichen vom rechten Ventrikel gebildet, die *Unterseite* (klinisch: Hinterwand) größtenteils vom linken Ventrikel. Die *Rückseite* wird vom linken Vorhof und den Lungenvenen eingenommen.

Merke

Man stelle sich die Herzachse als Linie von der Herzbasis zur Herzspitze (durch das Septum interventriculare) vor, die senkrecht im Raum steht. Dann erhält man die Lage der Achse im Körper durch Anheben der Herzachse um 45 ° nach vorne, Auslenkung zur Seite um 45 ° und Drehung um 45 ° gegen den Uhrzeigersinn. So erklärt sich auch die Lage des rechten Ventrikels an der Vorderwand.

Klinischer Bezug

Der linke Vorhof liegt dem Ösophagus dicht an. Eine **Vergrößerung des Vorhofs** kann daher zu einer Einengung des Ösophagus führen, die durch einen Kontrastmittel-Breischluck nachgewiesen werden kann.

Atrium dext.: In den rechten Vorhof mündet das venöse Blut des Körperkreislaufes über *V. cava sup.* und *inf.* sowie das venöse Blut des Herzens aus

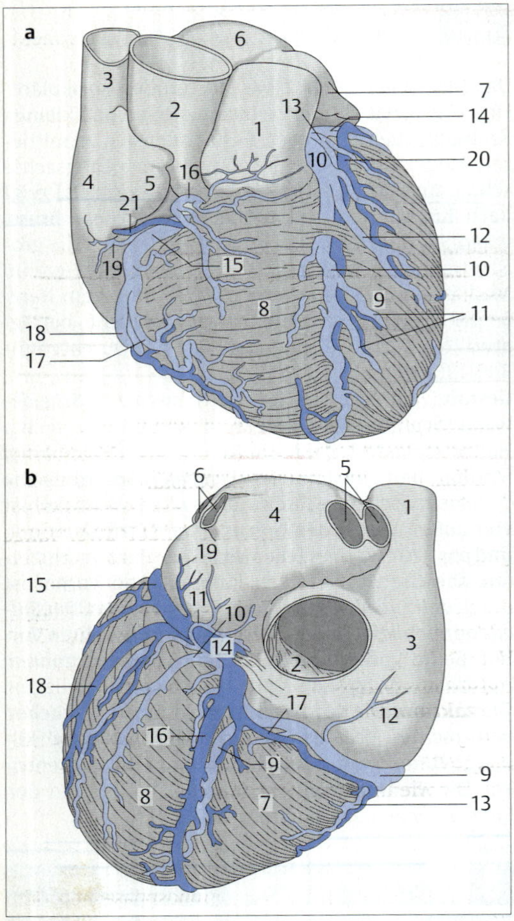

Abb. 7.4 Herz. **a** Facies sternocostalis: 1 = Truncus pulmonalis, 2 = Pars ascendens aortae, 3 = V. cava superior, 4 = Atrium dextrum, 5 = Auricula dextra, 6 = Atrium sinistrum, 7 = Auricula sinistra, 8 = Ventriculus dexter, 9 = Ventriculus sinister, 10 = R. interventricularis anterior, 11 = Rr. interventriculares septales, 12 = R. lateralis, 13 = R. marginalis sinister, 14 = R. circumflexus, 15 = A. coronaria dextra, 16 = R. coni arteriosi, 17 = R. marginalis dexter, 18 = R. interventricularis posterior, 19 = R. atrialis intermedius, 20 = V. cordis magna, 21 = V. atrialis; **b** Facies diaphragmatica: 1 = V. cava superior, 2 = V. cava inferior, 3 = Atrium dextrum, 4 = Atrium sinistrum, 5 = Vv. pulmonales dextrae, 6 = Vv. pulmonales sinistrae, 7 = Ventriculus dexter, 8 = Ventriculus sinister, 9 = R. interventricularis posterior, 10 = R. posterolateralis dexter, 11 = R. nodi atrioventricularis, 12 = R. atrialis, 13 = R. marginalis dexter, 14 = Sinus coronarius im Sulcus coronarius, 15 = V. cordis magna, 16 = V. cordis media, 17 = V. cordis parva, 18 = V. posterior ventriculi sinistri, 19 = V. obliqua atrii sinistri (aus Platzer, Thieme 1982)

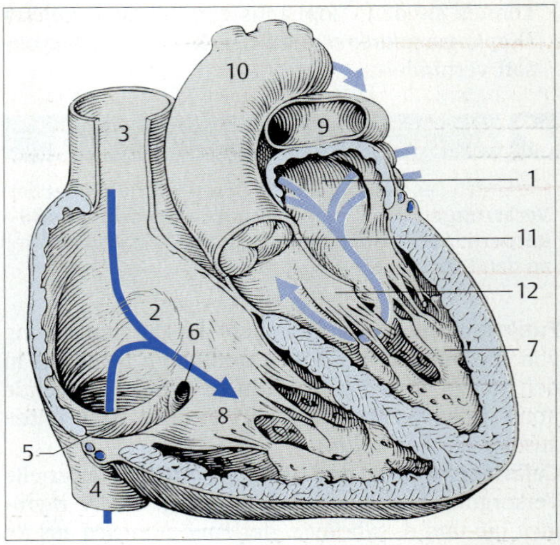

Abb. 7.5 Herz: Schnittebene durch Vorhöfe und Kammern. 1 = Atrium sin., 2 = Atrium dext., 3 = Ostium v. cavae sup., 4 = Ostium v. cavae inf., 5 = Valvula v. cavae inf., 6 = Sinus coronarius, 7 = Trabeculae carneae, 8 = rechte AV-Klappe, 9 = Truncus pulmonalis, 10 = Aorta, 11 = Valva aortae, 12 = linke AV-Klappe (aus Kahle/Leonhardt/Platzer, Thieme 1991)

dem *Sinus coronarius*. Die Wand des Vorhofs zwischen den Mündungen der Hohlvenen ist glatt, in den anderen Bereichen ziehen kammförmige Muskelbälkchen (*Mm. pectinati*) in Richtung des Herzohres (Auricula dext.). Am Septum interatriale erkennt man als Rest des Foramen ovale die *Fossa ovalis*, die von einem Muskelwulst umgeben ist.

Die rechte Atrioventrikularklappe (*Valva atrioventricularis dext.*) bildet die Grenze zur rechten Kammer. Sie besteht aus dünnen Membranen, deren freie Ränder durch Sehnenfäden (*Chordae tendineae*) an den Papillarmuskeln des rechten Ventrikels befestigt sind. Sie ist eine aus drei Segeln zusammengesetzte Segelklappe (Cuspis septalis, ant. und post. → *Trikuspidalklappe*).

Ventriculus dext.: Im Ventrikellumen finden sich drei *Papillarmuskeln* (*M. papillaris ant., post.* und *septalis*) sowie dazwischenliegende einzelne Muskelbälkchen (*Trabeculae carneae*). Das Septum interventriculare buchtet sich in das Kammerlumen vor. Die Wand des rechten Ventrikels hat ein Drittel der Dikke der Wand des linken.

Am Übergang zum Truncus pulmonalis liegt die *Pulmonalklappe* (*Valva trunci pulmonalis*). Man bezeichnet die Klappe dem Bau nach als Taschenklappe (*Valvula semilunaris*). Sie besteht aus drei halbmondförmigen Membranen (*Valvula semilunaris ant., dext.* und *sin.*), deren freie Ränder nach oben stehen und verdickt sind.

Atrium sinistrum: In den linken Vorhof münden beiderseits zwei *Vv. pulmonales*. Die Innenwand ist weitgehend glatt, nur im Herzohr finden sich Mm. pectinati.

Die linke Atrioventrikularklappe (*Valva atrioventricularis sin.*) besteht nur aus zwei Segeln (Cuspis ant. und post. → *Bikuspidalklappe*, *Mitralklappe*), deren Sehnenfäden an den Papillarmuskeln des linken Ventrikels befestigt sind.

Ventriculus sin.: Die Wand des linken Ventrikels ist sehr kräftig ausgebildet. Innen erkennt man zwei Papillarmuskeln (*M. papillaris ant.* und *post.*) sowie *Trabeculae carneae*.

Am Übergang zur Aorta liegt die *Aortenklappe*, die sich aus drei kräftigen Taschenklappen (*Valvula semilunaris dext., sin.* und *post.*) zusammensetzt. Oberhalb der Klappen buchtet sich die Aortenwand zum *Sinus aortae* aus, in dem die Koronararterien (s.a. 7.5.1) entspringen. Von außen betrachtet wird die Erweiterung der Aorta als *Bulbus aortae* bezeichnet.

Merke

Das kohlendioxidreiche Blut fließt über die Vv. cavae in den rechten Vorhof und von dort durch die AV-Klappe entlang der Einstrombahn in den rechten Ventrikel. Der Blutstrom biegt an der Herspitze spitzwinklig um und gelangt über die glattwandige Ausstrombahn zum Conus arteriosus und durch die Pulmonalklappe in den Truncus arteriosus und damit in die Lunge. Das sauerstoffreiche Blut fließt über die Vv. pulmonales in den linken Vorhof und durch die linke AV-Klappe in den linken Ventrikel. Auch hier unterscheidet man Ein- und Ausstrombahn. Durch die Aortenklappe gelangt das Blut schließlich in den Körperkreislauf. Alle vier Klappen liegen etwa in einer Ebene (*Ventilebene*) im Herzskelett (s.u.).

Wandbau: Die Wand des Herzens ist dreischichtig. Die Hohlräume des Herzens sind von einer einschichtigen Lage von Endothelzellen, dem *Endokard*, ausgekleidet. Darauf folgt das *subendokardiale Bindegewebe*, in dem Blutgefäße und Zellen des Erregungsleitungssystems liegen. Die *Herzklappen* sind Duplikaturen des Endokards, die Bindegewebe und vegetative Nervengeflechte umschließen.

Die Muskelschicht (*Myokard*) besteht aus Bündeln von Herzmuskelgewebe, die in charakteristischer Weise angeordnet sind. Die äußere Schicht verläuft schräg um beide Kammern und geht an der Herzspitze im Vortex cordis in die innerste steil nach oben verlaufende Schicht über. Die mittlere Schicht zieht zirkulär um die einzelnen Kammern. Die drei Schichten sind durch lockeres Bindegewebe voneinander getrennt.

Das Herz ist außen vom *Epikard* überzogen (s.a. 7.5.3). Im *subepikardialen Fettgewebe* verlaufen die Blutgefäße des Herzens.

Klinischer Bezug

Jede Muskelfaser wird von einer Kapillare versorgt. Da die Muskelfasern in der linken Kammer stärker ausgebildet sind als in der rechten, ist die Blut- und Sauerstoffversorgung der rechten Kammer besser. **Herzinfarkte** treten deshalb häufiger links, **toxische Schäden** häufiger rechts auf.

Herzskelett: In der *Ventilebene* befinden sich als sog. *Herzskelett* Bindegewebszüge, die die Muskulatur von Kammern und Vorhöfen vollständig voneinander trennen und Ansatzstellen der Herzklappen sind. Das straffe Bindegewebe bildet zwei Ringe (*Anulus fibrosus dext.* und *sin.*) zwischen Vorhöfen und Kammern sowie je einen Faserring um Truncus pulmonalis und Aorta. Zwischen den Faserringen bilden sich die *Trigona fibrosi dext.* und *sin.* Zum Herzskelett gehört auch die *Pars membranacea* des Septum interatriale und interventriculare.

Herzaktion: Die Pumpfunktion des Herzens basiert auf synchroner Kontraktion (*Systole*) und Erschlaffung (*Diastole*) der Arbeitsmuskulatur beider Kammern sowie intakten Herzklappen.

Merke

Die *Diastole* umfaßt die Erschlaffungsphase und die Kammerfüllungsphase, die *Systole* die Anspannungsphase und die Austreibungsphase.

Während der *Anspannungsphase der Systole* kontrahiert sich die Ventrikelmuskulatur, die AV-Klappen werden verschlossen und so der Rückfluß des Blutes in die Vorhöfe verhindert. Ist der Druck im Ventrikel schließlich höher als der Arteriendruck in der Ausflußbahn, öffnen sich die Taschenklappen und das Blut wird in die nachfolgenden Kreisläufe gepumpt (*Austreibungsphase der Systole*). Mit abnehmendem Volumen sinkt der Druck in den Kammern und die Taschenklappen verschließen sich wieder. Während der *Erschlaffungsphase* öffnen sich die AV-Klappen und das Blut strömt von den Vorhöfen in die Ventrikel (*Füllungsphase*).

Anatomie

Klinischer Bezug

Störungen des Ventilmechanismus der Klappen führen zur einer erheblichen Beeinträchtigung der Herztätigkeit. Bei unvollständigem Klappenschluß (*Klappeninsuffizienz*) strömt ein Teil des Blutes in den vor der Klappe gelegenen Vorhof oder Ventrikel zurück. Die Verengung einer Klappe (*Klappenstenose*) führt zur Hypertrophie der Arbeitsmuskulatur des Vorhofs oder Ventrikels vor der Klappe.

7.5.1 Gefäße und Nerven

Koronararterien: Die *Herzkranzarterien* (*A. coronaria dext.* und *sin.*) versorgen den Herzmuskel. Sie entspringen als erste Äste der Aorta unmittelbar oberhalb der Aortenklappe im Sinus aortae. Sie verlaufen im subepikardialen Fettgewebe und dringen von dort in die Muskulatur ein. Die Koronarien sind funktionelle Endarterien. Ausbildung und Versorgungsgebiete der Koronararterien sind sehr variabel (Abb. 7.**4**). Im folgenden wird der *ausgeglichene Typ* (ca. 50%) beschrieben:

- *A. coronaria sinistra:* Sie entspringt im *Sinus aortae sin.*, zieht zwischen linkem Herzohr und Truncus pulmonalis nach vorne und teilt sich in:
  - *R. circumflexus:* verläuft im *Sulcus coronarius* bis zur Unterseite des Herzens, gibt Äste an linken Vorhof und Ventrikel ab;
  - *R. interventricularis anterior:* zieht im *Sulcus interventricularis ant.* bis zur Herzspitze, gibt Äste zum Conus arteriosus, zur Vorderwand der linken Kammer und zu den vorderen zwei Dritteln des Septums ab;
- *A. coronaria dextra:* Sie entspringt im *Sinus aortae dext.*, zieht unter dem rechten Herzohr im *Sulcus coronarius* nach unten und verläuft dann als R. interventricularis post. im Sulcus interventricularis post. Auf der Vorderseite gibt sie Äste zum Conus arteriosus, zum rechten Vorhof sowie Vorder- und Seitenwand der Kammer ab, auf der Rückseite zum Vorhof und zum hinteren Drittel des Septums. Meist versorgt sie auch Sinus- und AV-Knoten (s.a. 7.5.2).

Neben dem ausgeglichenen Typ findet man einen *Rechts-* und einen *Linkstyp*, bei denen jeweils eine der beiden Koronararterien das größere Versorgungsgebiet hat.

Klinischer Bezug

Die **Einengung des Lumens der Koronarien**, z. B. durch Arteriosklerose, führt zu einer Minderdurchblutung der nachgeschalteten Muskelbezirke, die zunächst nur bei Belastung auftritt (*Angina pectoris*). Man spricht auch von *Koronarinsuffizienz*. Der vollständige Verschluß einer Koronararterie führt zum *Herzinfarkt*, bei dem Teile des Herzmuskelgewebes untergehen.

Herzvenen: Das venöse Blut des Herzens fließt weitgehend über den *Sinus coronarius* in den rechten Vorhof. Dieser nimmt die *V. cardiaca magna* aus dem Sulcus interventricularis ant., *V. cardiaca media* aus dem Sulcus interventricularis post., *Vv. post. ventriculi sin.* und die *V. cardiaca parva* aus dem Sulcus coronarius auf. *Vv. cardiacae minimae* münden direkt in die Hohlräume des Herzens.

Herznerven: Die Steuerung der Herztätigkeit erfolgt über das vegetative Nervensystem. Äste von Sympathikus und Parasympathikus aus dem Halsbereich bilden zwischen Aorta und Truncus pulmonalis den *Plexus cardiacus*. Die Verzweigungen des Plexus cardiacus erreichen Sinus- und AV-Knoten, die Kammermuskulatur sowie mit sensiblen Fasern das Epikard.

Merke

Der *Sympathikus* wirkt beschleunigend auf die Herzfrequenz, der *Parasympathikus* verlangsamend. Beide passen die Herztätigkeit der Körpertätigkeit an.

7.5.2 Erregungsleitungssystem

Die Tätigkeit des Herzens ist prinzipiell unabhängig vom zentralen Nervensystem, es arbeitet *autonom*. Das Herz besitzt ein eigenes *Erregungsbildungs-* und *Erregungsleitungssystem*, das aus spezifischem Herzmuskelgewebe aufgebaut ist (s.a. Histologie 1.6.2). Es ist für die rhythmische Kontraktion der Muskulatur verantwortlich. Die Herznerven (s.a. 7.5.1) haben lediglich Einfluß auf die Frequenz.

Sinusknoten (Nodus sinuatrialis): Er liegt im Dach des rechten Vorhofs an der Mündung der V. cava sup. und steht mit der Muskulatur des Vorhofs in Verbindung. Der Sinusknoten ist der *Schrittmacher des Herzens*. Die Erregung, die vom Sinusknoten gebildet wird, wird über die Arbeitsmuskulatur zum AV-Knoten geleitet.

AV-Knoten: Er liegt an der Hinterwand des rechten Vorhofs vor der Mündung des Sinus coronarius und geht direkt in das His-Bündel (*Truncus fasciculi atrioventricularis*) über.

His-Bündel: Es durchsetzt das Bindegewebe zwischen Aorta und Truncus pulmonalis und teilt sich im Septum in einen rechten und einen linken Schenkel (*Crus dext.* und *sin.*, *Tawara-Schenkel*), die bis zur Herzspitze ziehen. Der linke Schenkel teilt sich bald in ein *vorderes* und *hinteres Hauptbündel.*

Purkinje-Fasern: Die Endverzweigungen der Tawara-Schenkel bilden das Netz der Purkinje-Fasern, die in die Arbeitsmuskulatur ziehen.

! Merke

Der *Sinusknoten* bildet die Erregungen mit einer Frequenz von 60–80 /min in Ruhe. Fällt er aus, kann der *AV-Knoten* die Erregungsbildung übernehmen, jedoch mit einer niedrigeren Fequenz von 50–60 /min (*AV-Knotenrhythmus*). Fällt auch der AV-Knoten aus, gehen die Erregungen mit etwa 30–40 /min von der Kammermuskulatur aus (*Kammereigenrhythmus*).

7.5.3 Perikardhöhle (Cavitas pericardialis)

Der *Herzbeutel* (*Perikard*) umgibt das *Herz* und die *Perikardhöhle* (*Cavitas pericardialis*). Er besteht aus einem äußeren, kollagenfaserreichen Anteil (*Pericardium fibrosum*) und einem inneren, serösen Anteil (*Pericardium serosum*).

Pericardium serosum: Das *viszerale Blatt* ist ein mesothelialer Überzug des Epikards und umgibt das Herz und seine Gefäße. Das *parietale Blatt* liegt dem Pericardium fibrosum innen an. Zwischen beiden Blättern befindet sich die mit seröser Flüssigkeit gefüllte Perikardhöhle.

Der Umschlag vom viszeralen auf das parietale Blatt erfolgt an der Wand von Aorta, Truncus pulmonalis und V. cava sup. sowie zwischen V. cava inf. und den Vv. pulmonales. Die Aorta ascendens liegt innerhalb des Herzbeutels (Länge ca. 2,5 cm).

Aorta und Truncus pulmonalis (*Porta arteriosa*) werden von einer gemeinsamen Umschlagfalte umgeben, ebenso wie V. cava sup. und inf. und Vv. pulmonales (*Porta venosa*). Zwischen Porta arteriosa und Porta venosa bleibt ein schmaler Durchgang (*Sinus transversus pericardii*). Der zwischen linken und rechten Vv. pulmonales gelegene Raum wird als *Sinus obliquus pericardii* bezeichnet.

! Merke

Der *Sinus transversus* wird begrenzt durch die Porta arteriosa, die Porta venosa und die hintere Wand des Perikards, der *Sinus obliquus* durch die Porta venosa, die Herzhinterwand und das Perikard.

Pericardium fibrosum: Der bindegewebige Anteil des Herzbeutels besteht im parietalen Blatt aus straffen scherengitterartig angeordneten Kollagenfasern, im viszeralen Blatt aus lockerem Bindegewebe. Er ermöglicht eine der Herzaktion angepaßte Verformung des Herzbeutels und verhindert eine Überdehnung des Herzens.

Das Perikard ist an seiner Basis mit dem Centrum tendineum des Zwerchfells verwachsen und vorne durch straffe Faserzüge an der Rückseite des Sternums befestigt. Die *Membrana bronchopericardiaca* verbindet den Herzbeutel mit der Bifurkation der Trachea.

Klinischer Bezug

Kommt es (z. B. nach einem Herzinfarkt) zur Ruptur der Herzwand, strömt das Blut in den nur wenig dehnbaren Herzbeutel aus und komprimiert das Herz **(Herzbeuteltamponade).** Dies führt zum Herzstillstand. Auch ein ausgeprägter Erguß (z. B. infolge einer Entzündung) kann eine Herzbeuteltamponade verursachen.

7.6 Arterien, Venen und Lymphgefäße des Thorax

Die Brusteingeweide werden von Ästen der Aorta versorgt, die mit Ursprung und oberen Abschnitten im Thorax liegt. Der venöse Abfluß erfolgt vorwiegend über das Venennetz aus V. azygos und V. hemiazygos sowie über V. cava sup. und inf.

7.6.1 Aorta im Thorax

Der im Thorax liegende Teil der Aorta gliedert sich in aufsteigenden Teil (*Pars ascendens*), Aortenbogen (*Arcus aortae*) und absteigenden Teil (*Pars descendens*), der sich in den Bauchraum fortsetzt.

Pars ascendens: Dieser Teil liegt innerhalb des Perikards. Er ist im Anfangsteil aufgetrieben (*Bulbus aortae*) und gibt die beiden Koronararterien ab (s.a. 7.5.1).

Arcus aortae: Der aufsteigende Teil der Aorta geht in Höhe der 2. Rippe hinter dem Manubrium sterni in den *Aortenbogen* über. Der Aortenbogen zieht ins hintere Mediastinum und reicht mit seinem Scheitel bis in Höhe des 2. Brustwirbels. Folgende Äste zweigen von rechts nach links ab:

- *Truncus brachiocephalicus:* verläuft hinter der gleichnamigen Vene und teilt sich hinter dem rechten Sternoklavikulargelenk in:
  - *A. subclavia dextra:* zieht zum rechten Arm, versorgt rechten Schultergürtel und rechte obere

Extremität sowie Teile der rechten vorderen Brustwand und des Halses (s.a. 5.8.1);
  - *A. carotis communis dextra:* zieht an der rechten Seite des Halses nach oben, versorgt rechte Hälfte von Hals und Kopf (s.a. 5.8.2);
- *A. carotis communis sinistra:* zieht an der linken Seite des Halses nach oben, versorgt linke Hälfte von Hals und Kopf;
- *A. subclavia sinistra:* Verlauf und Versorgungsgebiet auf der linken Seite entsprechend der rechten A. subclavia.

Der Aortenbogen zieht über den linken Hauptbronchus und berührt in Höhe des 3. Brustwirbels den Ösophagus. Durch das *Lig. arteriosum* (Rest des Ductus arteriosus) ist es mit der A. pulmonalis sin. verbunden. An dieser Stelle ist das Lumen geringfügig eingezogen (*Isthmus aortae*).

Pars descendens: In Höhe des 4. Brustwirbels geht der Aortenbogen am Aortenisthmus in den absteigenden thorakalen Teil der Aorta über, der sich im Hiatus aorticus des Zwerchfells in den abdominellen Teil fortsetzt. Die thorakale Aorta gibt paarige und unpaare Äste ab:

- *Paarige Äste:*
  - *Aa. intercostales posteriores:* ziehen rechts über die Wirbelsäule hinweg, anastomosieren auf beiden Seiten mit den Aa. intercostales ant. aus der A. thoracica int. (s.a. 6.2.6);
  - *Aa. phrenicae superiores:* gehen kurz oberhalb des Zwerchfells ab, versorgen die Oberseite der Pars lumbalis des Zwerchfells.
- *Unpaare viszerale Äste:*
  - *Rr. bronchiales:* entspringen im oberen Teil der Pars thoracica aortae, Vasa privata der Lunge;
  - *Rr. mediastinales:* versorgen die Organe im Mediastinum;
  - *Rr. oesophageales:* versorgen den thorakalen Teil der Speiseröhre;
  - *Rr. pericardiaci:* ziehen zur Hinterwand des Herzbeutels.

Die Aorta liegt zunächst links der Wirbelsäule und schiebt sich in ihrem Verlauf immer weiter vor die Wirbelkörper und hinter den Ösophagus. Sie liegt nahe der linken Lunge und dem Ductus thoracicus.

7.6.2 V. cava superior und inferior

Obere und untere Hohlvene sammeln das venöse Blut aus dem gesamten Körper. Sie münden in den rechten Vorhof des Herzens. Die V. cava sup. entsteht aus der Vereinigung der beiden Vv. brachiocephalicae.

Vv. brachiocephalicae: Sie entstehen auf beiden Seiten aus der Vereinigung von *V. subclavia* und *V. jugularis int.* im Venenwinkel (*Angulus venosus*). Sie sammeln das venöse Blut aus Kopf, Hals und oberer Extremität. Die V. brachiocephalica sin. ist länger und verläuft schräg über den Scheitel des Aortenbogens. Im Bereich des 1. ICR vereinigt sie sich mit der V. brachiocephalica dext.

V. cava superior: Sie geht aus der Vereinigung der Vv. brachiocephalicae hervor und zieht am rechten Sternalrand zum Herzen. Sie nimmt die V. azygos auf. Sie sammelt das Blut aus Kopf, Hals, oberer Extremität, aus vorderer, hinterer und seitlicher Brustwand sowie dem Mediastinum.

V. cava inferior: Ihre Verlaufsstrecke im Thorax ist sehr kurz. Sie mündet etwa 1 cm nach Durchtritt durch das Zwerchfell in den rechten Vorhof und liegt nicht intraperikardial.

V. azygos und V. hemiazygos: Die *V. azygos* zieht rechts der Wirbelsäule nach oben, biegt über den Bronchus principalis dext. und mündet in die V. cava sup. Die *V. hemiazygos* zieht links der Wirbelsäule und gibt ihr Blut über eine oder zwei Anastomosen in Höhe des 7.–9. Brustwirbels in die V. azygos ab. Sie erhalten Zuflüsse von Vv. mediastinales, Vv. intercostales post. und Plexus venosi vertebrales int. et ext. Die *V. intercostalis sup. dext.* entsteht durch Vereinigung der 2. und 3. Interkostalvene und mündet von oben in die V. azygos. Die *V. hemiazygos accessoria* nimmt das Blut aus der 1.–5. linken Interkostalvene auf und mündet in die V. hemiazygos. Die *V. lumbalis ascendens sin.* und *dext.* sammeln das Blut aus den Vv. lumbales, treten durch das Zwerchfell hindurch und setzen sich in V. azygos und V. hemiazygos fort.

Klinischer Bezug

V. azygos und V. hemiazygos können **Kollateralkreisläufe** zwischen V. cava sup. und inf. ausbilden.

7.6.3 Pulmonalgefäße

Truncus pulmonalis: Der Truncus pulmonalis geht als Fortsetzung des Conus arteriosus aus dem rechten Ventrikel hervor. Außerhalb des Perikards unter dem Aortenbogen teilt er sich in die beiden Pulmonalarterien (*A. pulmonalis dext.* und *sin.*). Die rechte Pulmonalarterie ist länger als die linke und hat ein weiteres Lumen.

Vv. pulmonales: Sie führen das mit Sauerstoff angereicherte Blut von der Lunge zum linken Vorhof des Herzens. Meist treten auf jeder Seite *zwei Gefäße* aus dem Lungenhilus aus.

7.6.4 Lymphgefäße

Im Thorax liegen die größten Lymphgänge des Körpers, der *Ductus thoracicus* und der *Ductus lymphaticus dext.*

Ductus thoracicus: Er entsteht etwas unterhalb des Hiatus aorticus durch Vereinigung der *Trunci lumbales* und *intestinales* in der *Cisterna chyli*. Der Ductus thoracicus zieht mit der Aorta durch das Zwerchfell und nimmt im Thorax kleinere Lymphgefäße aus den Interkostalräumen auf. Er verläßt die obere Thoraxapertur mit der A. carotis comm. sin. und verläuft bogenförmig über die Pleurakuppel. Hinter der Clavicula mündet er in den *linken Venenwinkel*, nachdem er die Trunci bronchomediastinales sin., jugularis sin. und subclavius sin. aufgenommen hat.
Ductus lymphaticus dexter: Er entsteht durch Vereinigung der Trunci bronchomediastinales dext., jugularis dext. und subclavia dext. und mündet in den *rechten Venenwinkel*.

7.7 Nerven

Die Brusteingeweide werden von parasympathischen Fasern aus dem *N. vagus* und sympathischen Fasern aus dem *Grenzstrang* innerviert. Das Zwerchfell wird vom N. phrenicus versorgt.
N. phrenicus: Er entspringt mit motorischen und sensiblen Anteilen aus dem Plexus cervicalis, vor allem aus C4 (s.a. 5.6.2). Der *rechte N. phrenicus* zieht zwischen V. brachiocephalica dext. und Truncus brachiocephalicus durch die obere Thoraxapertur, folgt zwischen Pleura und Perikard der V. cava sup. und der rechten Herzkontur. Sein Endast (*R. phrenicoabdominalis*) zieht durch das Foramen v. cavae. Der *linke N. phrenicus* zieht zwischen V. brachiocephalica sin. und A. subclavia sin. durch die obere Thoraxapertur und folgt der linken Herzkontur. Sein Endast durchtritt das Zwerchfell in einer Spalte ventrolateral der Herzspitze. Beide Nn. phrenici verlaufen vor dem Lungenstiel.
Der N. phrenicus versorgt motorisch die Zwerchfellmuskulatur und sensibel die Pleura mediastinalis und diaphragmatica, das Perikard und das Peritoneum über Zwerchfell, Leber und Gallenblase.
N. vagus: Er tritt etwas medial vom N. phrenicus in das Mediastinum ein, verläuft hinter dem Lungenstiel und schließt sich dem Ösophagus an, auf dem er den *Plexus ösophageus* bildet (s.a. 5.5.6). Aus dem Plexus gehen die *Trunci vagales* hervor, die durch das Zwerchfell ziehen und sich auf dem Magen als *Truncus vagalis ant.* und *post.* fortsetzen.
Der N. vagus versorgt die Organe des Mediastinums und gibt Äste zu Trachea, Ösophagus, Herz und Lungen ab.
Truncus sympathicus: Im Brustbereich liegen die *thorakalen Ganglien des Grenzstranges* auf den Rippenköpfchen zu beiden Seiten der Wirbelsäule. Sie sind untereinander durch Rr. interganglionares verbunden. Sie geben *Rr. viscerales* zur Versorgung von Trachea, Ösophagus, Lunge und Herz ab und beteiligen sich am Aufbau der jeweiligen Plexus. Die Fasern des 5. – 11. Brustganglions bilden die Nn. splanchnici maj. und min., die in den Retroperitonealraum ziehen und die Baucheingeweide innervieren (s.a. 8.12.1).

7.8 Angewandte und topographische Anatomie

Die topographische Anatomie der Brusteingeweide und deren Projektion auf die Thoraxwand ist besonders für die klinische Untersuchung von Bedeutung. Die *Lungengrenzen* können perkutorisch bestimmt, die *Herzklappen* an speziellen Stellen der Brustwand auskultiert werden (Abb. 7.**7**).

7.8.1 Oberflächenanatomie

Das *Oberflächenrelief* des Thorax wird ventral und dorsal überwiegend durch die unterschiedliche Ausbildung der Muskulatur geprägt. Dorsal zeichnet sich oft die Skapula durch die Haut ab, ventral hebt sich vor allem bei der Frau die Brust deutlich ab.
Tastpunkte: Folgende Knochenpunkte sind tastbar: *Rücken:* Proc. spinosus des 7. Halswirbels, Crista sacralis mediana, Os coccygis, Margo med. scapulae, Spina scapulae, Crista iliaca; *Brustbereich:* Vorder- und Oberkante der Clavicula, Extremitas acromialis, Akromion, Vorderfläche des Sternums mit Incisura jugularis, Angulus sterni, Ansatz der 2. Rippe, Proc. xiphoideus, Arcus costalis.
Hilfslinien: Zur Beschreibung der Projektion der Thoraxorgane auf die Thoraxwand bedient man sich spezieller Hilfslinien und deren Schnittpunkte mit den Rippen.
Die *Linea sternalis* verläuft senkrecht entlang des Sternalrandes, die *Linea medioclavicularis* senkrecht durch die Mitte der Clavicula. An der Axilla unterscheidet man eine vordere, mittlere und hintere *Axillarlinie*, die senkrecht durch die vordere und hintere Achselfalte sowie dazwischen ziehen. Die *Linea scapularis* zieht senkrecht durch den Angulus inf. der Skapula, die *Linea paravertebralis* parallel zur Wirbelsäule. Die *Linea interspinalis* verläuft horizontal zwischen den Spinae scapulae.
Segmentale Versorgung: Der Thorax wird weitgehend über die Interkostalgefäße und -nerven versorgt. Auch die Lymphabflußwege sind segmental angeordnet.

7.8.2 Projektion der Thoraxorgane auf die Thoraxwand

Die Organe des Thorax projizieren sich auf feste Punkte der Thoraxwand, die jedoch individuell etwas unterschiedlich sein können. Die *Lungengrenzen* sind während der Atmung verschieblich, ebenso die Zwerchfellkuppeln, die *Pleuragrenzen* sind dagegen fest fixiert.

Lunge: In mittlerer Inspirationsstellung liegen die Lungenspitzen in Höhe des 1. Brustwirbels, etwa 3 – 5 cm über der Clavicula. Die *mediale Lungengrenze* verläuft vorne entlang des Sternalrandes nach unten bis zum Knorpel der 6. Rippe. Auf der linken Seite zieht sie nur bis zur 4. Rippe parasternal und verläuft dann mit der Incisura cardiaca bogenförmig zum Knorpel der 6. Rippe. Der *Unterrand* beider Lungen folgt der 6. Rippe bis zur Medioclavicularlinie, kreuzt die 8. Rippe in der mittleren Axillarlinie, die 10. in der Skapularlinie und die 11. in der Paravertebrallinie. Der mediale Rand zieht hinten parallel zur Wirbelsäule senkrecht nach oben bis zur Lungenspitze.

Bei der *Einatmung* erweitert sich die Lunge vorwiegend nach unten. Der Unterrand der Lungen verläuft in mittlerer Atemstellung 1 – 2 Rippen oberhalb der Pleuragrenzen und wird durch tiefe Ein- oder Ausatmung um etwa einen ICR nach unten oder oben verschoben. Bei maximaler Inspiration sind Lungen- und Pleuragrenzen deckungsgleich.

Lungenlappen: Der Verlauf der *Fissurae interlobares* ist individuell verschieden. Die Fissura obliqua beginnt hinten in etwa in Höhe des 4./5. Brustwirbels, folgt der 4. Rippe bis zur hinteren Axillarlinie und zieht dann schräg abwärts bis zur 6. Rippe, die sie in der Medioclavicularlinie erreicht. Die *Fissura horizontalis* folgt vorne der 4. Rippe etwa bis zur mittleren Axillarlinie.

Pleura: Die Pleuragrenzen weichen von den Lungengrenzen nur im Bereich der Recessus deutlich ab. Sie

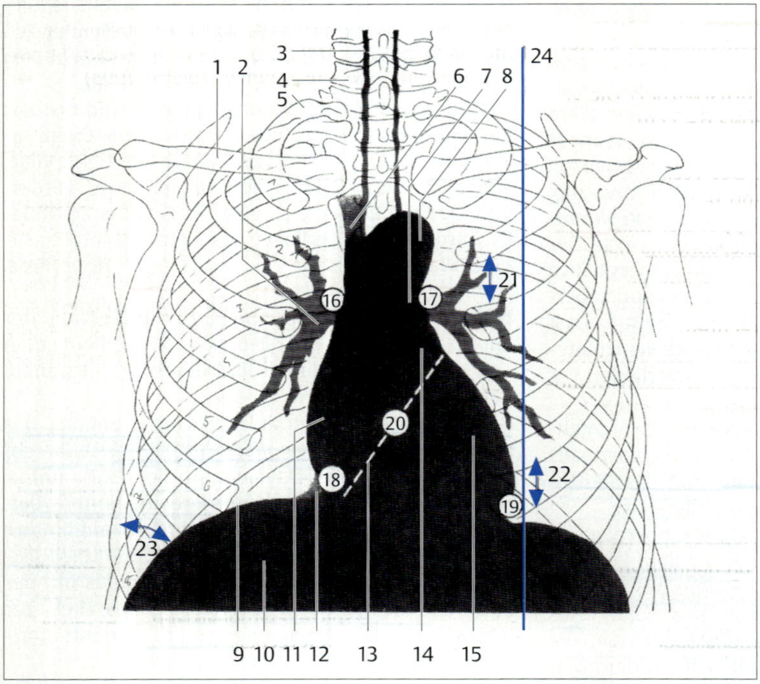

Abb. 7.**6** Röntgenbild des Thorax mit Darstellung des Herzschattens und des Lungenhilus. 1 = Clavicula, 2 = Lungenhilus, 3 = Trachea, 4 = 7. Halswirbel, 5 = 1. Rippe, 6 = V. cava sup., 7 = Pulmonalisbogen, 8 = Aortenknopf, 9 = Zwerchfellbegrenzung, 10 = Leberschatten, 11 = rechter Vorhof, 12 = in die V. cava inf. einmündende Lebervenen, 13 = Ventilebene, 14 = linkes Herzohr, 15 = linke Herzkammer, 16 = Auskultationsstelle der Aortenklappe, 17 = Auskultationsstelle der Pulmonalisklappe, 18 = Auskultationsstelle der Trikuspidalklappe, 19 = Auskultationsstelle der Mitralklappe, 20 = Erb-Punkt, 21 = 2. ICR, 22 = 5. ICR, 23 = Recessus costodiaphragmaticus, 24 = Medioklavikularlinie (aus Beske, Thieme 1990)

entsprechen den Umschlagsfalten der einzelnen Pleuraabschnitte ineinander und sind atemunverschieblich. Die Pleurakuppel überzieht die Lungenspitze. Die *rechte Pleuragrenze* verläuft von der Pleurakuppel entlang des Sternums nach unten bis zur 7. Rippe. Die *linke Pleuragrenze* buchtet sich ab der 5. Rippe im Bereich der Incisura cardiaca der Lunge etwas aus. Die *unteren Pleuragrenzen* folgen der 7. Rippe bis zur Medioclavicularlinie und schneiden die 9. Rippe in der mittleren Axillarlinie, die 11. in der Skapularlinie und ziehen dann horizontal zum 12. Brustwirbel.

Hinter dem Sternum befinden sich zwei *pleurafreie Dreiecke*. In dem oberen Raum (Trigonum thymicum) liegt der Thymus, in dem unteren grenzt der Herzbeutel direkt an die vordere Brustwand.

Zwerchfell: Die Lage des Zwerchfells ist von mehreren Faktoren abhängig. In mittlerer Inspirationsstellung projiziert sich die *rechte Zwerchfellkuppel* in der Medioclavicularlinie auf den 4. ICR, die *linke Zwerchfellkuppel* steht einen halben ICR tiefer. Das Centrum tendineum projiziert sich auf die Grenze zwischen Proc. xiphoideus und Corpus sterni. Bei *tiefster Inspiration* steht die rechte Zwerchfellkuppel in Höhe der 7. Rippe (= 10. Brustwirbel), bei *tiefster Exspiration* in Höhe der 4. Rippe (= 8. Brustwirbel). Die Verschiebung beträgt insgesamt etwa 6–7 cm.

Herz: Die Projektion des Herzens auf die vordere Thoraxwand ist sehr variabel. Der *rechte Herzrand* verläuft etwa 2–3 cm rechts und parallel zum Sternalrand von der 3. bis zur 6. Rippe. Der *linke Herzrand* zieht vom linken 2. ICR bogenförmig nach außen bis zum 5. ICR. Der *obere Herzrand* zieht vom rechten 3. Rippenknorpel schräg zum linken 2. ICR, der *untere Herzrand* von der rechten 6. Rippe zum linken 5. ICR. Die *Herzspitze* befindet sich bei mittlerer Inspirationsstellung im 5. ICR in der linken Medioclavicularlinie. Der Herzspitzenstoß ist etwa 1 cm medial davon zu tasten.

Merke

Die *randgebenden Konturen* des Herzens sind im Röntgenbild im sagittalen Strahlengang deutlich zu erkennen (Abb. 7.**6**). Der rechte Herzrand wird von der V. cava sup. und dem rechten Vorhof gebildet, der linke Herzrand von Aortenbogen, Pulmonalisbogen, linkem Vorhof und linker Kammer.

Das Herz liegt links in der Incisura cardiaca der Lunge und wird zum Teil von Pleura überdeckt. Diesen Bereich bezeichnet man als Zone der „*relativen Herzdämpfung*", da bei der Perkussion das lufthaltige Lungengewebe noch etwas „zu hören" ist. Im Bereich der „*absoluten Herzdämpfung*" liegt das Perikard unmittelbar der vorderen Thoraxwand an, ohne Zwischenlagerung von Lungengewebe.

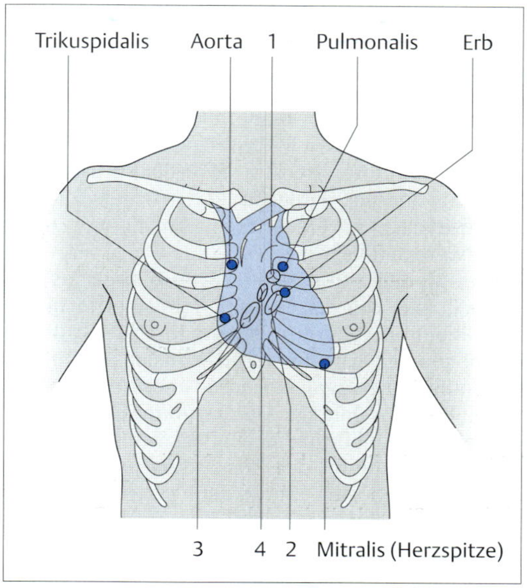

Abb. 7.**7** Herzklappen und Auskultationsstellen. 1 = Pulmonalklappe, 2 = Mitralklappe, 3 = Trikuspidalklappe, 4 = Aortenklappe (aus Dahmer, Thieme 1995)

Herzklappen: Die Herzklappen bilden die *Ventilebene* und projizieren sich in etwa auf eine Linie. Die rechte AV-Klappe projiziert sich auf das Sternum in Höhe des 5. Rippenknorpels, die linke auf den 4./5. Rippenknorpel. Die Pulmonalklappe projiziert sich auf den linken Sternalrand in Höhe des 3. ICR, die Aortenklappe auf den linken Sternalrand am Ansatz des 4. Rippenknorpels.

Merke

Projektionsstellen und *Auskultationsstellen* der Herzklappen (Abb. 7.**7**) unterscheiden sich voneinander, da die Herztöne mit dem Blutstrom fortgeleitet werden. Die Herzklappen lassen sich an folgenden Stellen auskultieren: rechte AV-Klappe – 4. ICR rechts, linke AV-Klappe – 5. ICR links/Herzspitze, Pulmonalklappe – 2. ICR links, Aortenklappe – 2. ICR rechts.

7.8.3 Gliederung der Thoraxhöhle und Topographie der Thoraxorgane

Die Thoraxhöhle gliedert sich in die beiden Pleurahöhlen und das dazwischenliegende Mediastinum, das wiederum in *oberes* und *unteres Mediastinum* unterteilt wird. Im unteren Mediastinum unterscheidet man weiter *vorderes, mittleres* und *hinteres Mediastinum.*

Die obere Thoraxapertur wird vom 1. Brustwirbel, der 1. Rippe und dem Manubrium sterni gebildet. Hier treten die Gefäße und Organe vom Hals in den Brustraum über und ziehen in das Mediastinum.

Das Mediastinum erstreckt sich von der Rückseite des Sternums und der Vorderfläche der Brustwirbel. Es wird beidseits von Pleura mediastinalis und unten vom Zwerchfell begrenzt.

Oberes Mediastinum (Mediastinum superius): Es erstreckt sich von der oberen Thoraxapertur bis zu einer Ebene oberhalb des Herzens durch den 4. Brustwirbel und den Angulus sterni. Durch das obere Mediastinum ziehen *Gefäße, Trachea* und *Ösophagus* auf ihrem Weg ins hintere Mediastinum. Unmittelbar hinter dem Manubrium sterni liegt der *Thymus*. Die Trachea zieht hinter der *Pars ascendens aortae* abwärts und teilt sich hinter dem linken Vorhof in der Bifurkation in die beiden Hauptbronchien. Der Ösophagus zieht hinter und etwas links von der Trachea durch das obere Mediastinum. Zudem enthält das obere Mediastinum die Vv. brachiocephalicae und die V. cava sup.

Unteres Mediastinum (Mediastinum inferius):

- *Hinteres Mediastinum (Mediastinum posterius):* Das hintere Mediastinum liegt hinter einer gedachten Linie durch Trachea und Bifurcatio tracheae. Hier ziehen der *Ösophagus* und die *Leitungsbahnen* (*Aorta thoracica, V. azygos und hemiazygos, Ductus thoracicus, Truncus sympathicus, Nn. vagi*) vom Brustraum in den Bauchraum. Der Ösophagus entfernt sich dabei immer weiter von der Wirbelsäule und zieht in einem Bogen abwärts zum Hiatus ösophageus des Zwerchfells.
- *Mittleres Mediastinum (Mediastinum medius):* Es wird nahezu vollständig von *Herz* und *Herzbeutel* ausgefüllt. Von beiden Seiten schieben sich die Recessus costomediastinales der Pleurahöhlen über den Herzrand. Der Herzbeutel ist beidseits mit der Pleura mediastinalis und unten mit dem Zwerchfell im Bereich des „Herzsattels" verwachsen. Zwischen Pleura und Perikard ziehen der *N. phrenicus* und die *Vasa pericardiacophrenica*.
- *Vorderes Mediastinum (Mediastinum anterius):* Es nimmt den schmalen Raum vor dem Herzbeutel ein, der sich nach oben hin zum oberen Mediastinum verbreitert. Durch ihn ziehen die *Vasa thoracica int.* nahe dem Sternalrand zum Zwerchfell.

7.8.4 Atemmechanik

Jeder Atemzug ist eine Mischung aus Brust- und Bauchatmung. Bei der *Brustatmung* werden die Rippenringe durch die inspiratorisch wirkenden Rippenmuskeln und die Mm. scaleni angehoben. Da die Achse der Rippen-Wirbel-Gelenke nach hinten unten verläuft, wird der Brustraum in dorsoventraler und seitlicher Richtung vergrößert (Flankenatmung). Bei der *Bauchatmung* wird der Brustraum durch Kontraktion und damit Abflachen der Zwerchfellkuppeln nach kaudal erweitert. Die Erweiterung des Brustraums bei der Brustatmung wird durch die Elastizität des Thoraxskelettes und seiner Bandverbindungen ermöglicht. Im Alter läßt die Elastizität des Thorax nach und damit auch die Kapazität der Lunge (s.a. Physiologie 5.2.). Im Liegen ist das Atmen durch den Druck der Baucheingeweide auf den Brustraum erschwert. Im Stehen erleichtern die am Zwerchfell ziehenden Abdominalorgane die Erweiterung des Brustraums.

Inspiration: Die Inspiration ist ein *aktiver Vorgang*, der durch Einsatz der inspiratorisch wirkenden Muskeln eingeleitet wird. *Inspiratorisch* wirken: Mm. scaleni, Mm. intercostales ext., Mm. intercartilaginei, Mm. serrati post. sup. und Mm. serrati post. inf. sowie das Zwerchfell. Bei vertiefter Inspiration kommt es zu einer Entfaltung der Recessus der Pleura und dem Einsatz der *Atemhilfsmuskulatur* (M. serratus ant., M. sternocleidomastoideus, M. latissimus dorsi und Mm. pectorales). Sie können nur eingesetzt werden, wenn der Schultergürtel fixiert wird (z. B. durch Aufstützen der Arme).

Exspiration: Die Exspiration ist ein weitgehend *passiver Vorgang*, bei dem der Thorax durch die *viskoelastischen Kräfte* wieder in seine Ausgangsstellung gebracht wird. Die Zwerchfellkuppeln treten höher und verkleinern damit den Brustraum. Bei *forcierter Exspiration* wird die Bauchpresse eingesetzt.

Bauch- und Beckeneingeweide

Die Baucheingeweide liegen im *Bauchraum* (*Cavitas abdominalis*), der oben vom Zwerchfell begrenzt wird und sich nach unten in die *Beckenhöhle* (*Cavitas pelvis*) fortsetzt. Dort liegen im Schutz des knöchernen Beckens die Beckeneingeweide. Den kaudalen Abschluß bildet das *Diaphragma pelvis* (s.a. 6.4.4). Innerhalb des Bauchraums unterscheidet man die von Peritoneum ausgekleidete *Bauchhöhle* (*Cavitas peritonealis*) und den außerhalb davon und dahinter befindlichen *Retroperitonealraum* (*Spatium retroperitoneale*).

8.1 Entwicklung der Organe und Entstehung der Situsverhältnisse

Die Organe von Bauch- und Beckenhöhle sowie Retroperitoneum bilden jeweils Organsysteme, die sich zunächst unabhängig voneinander entwickeln. Durch ihre räumliche Ausdehnung gelangen sie jedoch in enge topographische Beziehung zueinander.

8.1.1 Grundkenntnisse der Entwicklung der Verdauungsorgane

Mesenterien: Zu Beginn der Embryonalentwicklung ist der Darm ein gerades gestrecktes Rohr, das in der Medianebene des Körpers durch die Leibeshöhle zieht. Das vom Entoderm abstammende Rohr ist von Mesoderm aus der Splanchnopleura umhüllt. Die Mesodermschicht geht dorsal in eine sagittal gestellte Gewebsplatte über, die das Darmrohr in seiner ganzen Länge an der dorsalen Leibeswand fixiert (*Mesenterium dors. commune*). Ventral ist das Darmrohr durch das kaudal bis zum oberen Dünndarmabschnitt reichende *Mesenterium ventr.* an der vorderen Leibeswand bis zum Nabel angeheftet. Die weitere Entwicklung der Mesenterien wird von den Umbildungen des Darmrohrs bestimmt.

Magen: In der 5. Embryonalwoche entwickelt sich der Magen aus einer spindelförmigen Erweiterung des Darmrohrs kaudal der Speiseröhre. Die hintere Wand wächst zunächst schneller als die vordere. Es kommt zur Ausbildung von *großer* und *kleiner Kurvatur*. Seine Mesenterien nennt man *Mesogastrium ventr.* und *dors.* Während der Wachstumsvorgänge dreht sich der Magen um 90° um seine Längsachse, so daß die linke Seite nach vorn, die rechte nach hinten zeigt, und verlagert sich aus der Medianebene nach links. Er dreht sich zur Seite, wobei der Mageneingang nach links und der Magenausgang nach rechts wandert. Das Mesogastrium dors. wird nach links gezogen und trägt so zur Bildung einer Peritonealhöhle hinter dem Magen (*Bursa omentalis*) bei.

Omentum majus: Das *große Netz* entsteht als Aussackung des Mesogastrium dors., die sich über alle Darmschlingen legt. Die hintere Wand verwächst mit dem *Mesocolon transversum*, die vordere verbindet Magen und Colon transversum (*Lig. gastrocolicum*).

Milz: Sie entwickelt sich im dorsalen Mesogastrium und unterteilt dieses in das *Lig. splenorenale*, das die Milz mit der hinteren Bauchwand verbindet, und das *Lig. gastrosplenicum* zwischen Magen und Milz.

Duodenum und Pankreas: Der *Zwölffingerdarm* (*Duodenum*) folgt auf den Magen und wird durch die Magendrehung als C-förmige Schlinge nach rechts gezogen. Im Duodenum entwickeln sich eine dorsale und eine ventrale Anlage der *Bauchspeicheldrüse* (*Pankreas*), die im Laufe der Entwicklung an die hintere Bauchwand rücken und verschmelzen. Aus der dorsalen Anlage entstehen *Corpus* und *Cauda pancreatis*, aus der ventralen Anlage das *Caput pancreatis*. Duodenum und Pankreas liegen nach Verschmelzung des Mesoduodenum mit dem Peritoneum (sekundär) retroperitoneal.

Klinischer Bezug

In der normalen Entwicklung wandern beide Pankreasanlagen auf eine Seite und verschmelzen miteinander. Unterbleibt die Verlagerung des Pankreas ventr., wird das Duodenum vollständig von Pankreasgewebe umgeben **(Pancreas anulare)**. Dieses kann zu einer Einengung des Duodenum führen.

Leber: Die Leberzellbälkchen sprossen aus einer Ausbuchtung des distalen Vorderdarms – an derselben Stelle, von der aus das Pankreas ventr. aussproßt (gemeinsame Einmündung von Leber und Pankreas) – in das Mesoderm des Septum transversum. Durch Abschnürung vom Darmrohr entstehen *Ductus hepaticus* und *Ductus choledochus* sowie die *Gallenblase*. Die Leber bleibt von der vorderen Bauchwand durch das schmale *Mesohepaticum ventr.* getrennt. Dieses wird zum *Lig. falciforme hepatis*, in dessen freiem Rand die V. umbilicalis liegt (nach der Geburt *Lig. teres hepatis*). Zwischen Leber und Magen sowie Duodenum spannt sich das Mesohepaticum dors. aus, das zum *Lig. hepatogastricum* und *Lig. hepatoduodenale* wird. Beide bilden das *kleine Netz* (*Omentum min.*). Die Leber verwächst schließlich kranial mit dem Zwerchfell (*Area nuda*) bzw. der hinteren Bauchwand.

Darm: Der auf das Duodenum folgende Darmabschnitt wächst rasch in die Länge und bildet die Nabelschleife, an deren Scheitelpunkt er zunächst durch den *Ductus omphaloentericus* mit dem Dottersack in Verbindung bleibt. Die A. mesenterica sup. wächst in das lang ausgezogene Mesenterium dors. ein und bildet die Achse der Schleife. Der *kraniale Schenkel* der Schleife wird zum distalen Anteil des Duodenums, zum Jejunum und einem Teil des Ileums, der *kaudale Schenkel* zum distalen Abschnitt des Ileums, zu Zäkum, Colon ascendens und Colon transversum. Die übrigen Dickdarmabschnitte entstehen aus dem Enddarm.

Klinischer Bezug

Bei **unvollständiger Rückbildung des Ductus omphaloentericus** bildet sich das *Meckel-Divertikel*, eine Ausbuchtung des Ileums, die durch einen fibrösen Strang mit der Bauchwand verbunden ist. Bleibt der Dottergang über seine gesamte Länge offen, entsteht eine direkte Verbindung zwischen Nabel und Darm (*Dottergangsfistel*).

Mit dem weiteren Längenwachstum dreht sich die Nabelschleife um 270° gegen den Uhrzeigersinn um die A. mesenterica sup. herum. Der kaudale Schenkel verlagert sich vor den kranialen und das Zäkum wandert vor dem Duodenum zunächst unter die Leber und schließlich in die rechte Fossa iliaca. Dabei kommt es zur Ausbildung von Colon ascendens und Colon transversum, die an der Flexura coli dext. unterhalb der Leber miteinander in Verbindung stehen. Das Mesenterium dors. des Colon ascendens und Colon descendens verschmilzt mit der hinteren Bauchwand, beide liegen nun sekundär retroperitoneal. Der Dünndarm wächst unter mächtiger *Schlingenbildung* und bleibt über das stark gefaltete *Mesenterium dors.* mit der hinteren Bauchwand verbunden.

Klinischer Bezug

Störungen der Darmdrehung führen zu *Lageanomalien* der Dickdarmabschnitte in der Leibeshöhle. Das Zäkum kann unter der Leber liegen oder auch in der linken Fossa iliaca. Dreht sich der Darm in die falsche Richtung, liegt das Querkolon hinter Duodenum und A. mesenterica sup. Es kann zum Abknicken von Gefäßen und Unterbrechung der Blutzufuhr kommen.

8.1.2 Grundkenntnisse der Entwicklung der Organe im Retroperitonealraum

Im Retroperitonealraum entwickeln sich die *Harnorgane* (Niere, Harnleiter, Harnblase, Harnröhre) und die *Nebennieren*.

Niere: Die Niere und ihre Vorstufen entstehen im intermediären Mesoderm (s.a. 1.4.4). Dieses ist im Zervikalbereich segmentiert und bildet im kaudalen Bereich den unsegmentierten *nephrogenen Strang*. Während der Entwicklung entstehen drei verschiedene Nierensysteme:

- *Pronephros (Vorniere)*: Sie besteht aus 7 – 10 Kanälchen im Zervikalbereich, die sich bis Ende der 4. Embryonalwoche zurückbilden und keine funktionelle Bedeutung haben.
- *Mesonephros (Urniere)*: Während der Rückbildung der Vorniere entstehen die ersten Kanälchen der Urniere. Sie wachsen rasch und bilden an ihrem medialen Ende eine *Bowman-Kapsel* (s.a. Histologie 3.13.1). Am lateralen Ende münden sie in den *Urnierengang* (*Wolff-Gang*), der die Nierenkanälchen verbindet und in den Sinus urogenitalis mündet. Mitte des 2. Monats ist aus der Urniere ein längliches Organ entstanden, das mit der Anlage der Keimdrüsen die *Urogenitalleiste* bildet. Ende des 2. Monats hat sich die Urniere weitgehend zurückgebildet.

- *Metanephros (Nachniere):* Während der Rückbildung der Urniere entsteht die Nachniere, die Anlage der definitiven Niere. In der 4. Woche bildet sich in der Wand des Urnierenganges die *Ureterknospe*, die in das metanephrogene Blastem einwächst und die Bildung der Nachniere induziert. Das metanephrogene Blastem liegt kaudal des nephrogenen Stranges im intermediären Mesoderm. Die harnableitenden Kanälchen entstehen aus der Ureterknospe. Der Endabschnitt der Knospe erweitert sich zum *Nierenbecken* (*Pelvis renalis*), aus dem die *Nierenkelche* (*Calices renales*) hervorgehen. Diese teilen sich immer weiter und bilden *Sammelrohre*, die über Verbindungsstücke an die Nephrone angeschlossen sind.

Merke

Aus der *Ureterknospe* entstehen Ureter, Nierenbecken mit Kelchsystem, Papillengänge, Sammelrohre und Verbindungsstücke.

Im metanephrogenen Blastem entstehen exkretorische Kanälchen, die von einer Blastemkappe (*Nierenbläschen*) bedeckt werden. Nierenbläschen und Kanälchen bilden zusammen das *Nephron*. Der proximale Abschnitt umgibt eine Kapillarschlinge (*Glomerulus*) und bildet dessen Bowman-Kapsel, der distale Abschnitt mündet in das Verbindungsstück. Durch Längenwachstum des Kanälchens entstehen die verschiedenen Abschnitte des Nephrons. Die Nachniere erreicht durch einen sog. Aszensus ihre endgültige Position und nimmt in der 2. Schwangerschaftshälfte ihre Funktion auf.

Klinischer Bezug

Durch **frühzeitige Degeneration der Ureterknospe** kommt es zur *Nierenagenesie*. Frühe Aufteilung der Ureterknospe führt zur *Verdopplung des Ureters*, die mit einer *Nierenverdopplung* einhergehen kann. Wird der Aszensus der Niere behindert, resultiert eine *Beckenniere*. Rücken die unteren Pole der beiden Niere zu nahe aneinander, können sie miteinander verwachsen und eine *Hufeisenniere* bilden.

Harnblase und Urethra: Die Harnblase entwickelt sich aus dem oberen Abschnitt des Sinus urogenitalis. Im kaudalen Abschnitt ist der Sinus urogenitalis durch eine Membran verschlossen, die zu einem Kanal, der späteren *Harnröhre* (*Urethra*), eingeengt wird. Die *Harnleiter* (*Ureteren*) sprossen aus der Wandung der Urnierengänge aus und münden in die Harnblase.

Nebennieren: Die *Rinde der Nebennieren* entsteht aus einer Verdickung des Zölomepithels, die sich frühzeitig von der Wand löst. Aus der Sympathikusanlage wachsen Sympathikoblasten ein und bilden das *Mark der Nebenniere*.

8.1.3 Grundkenntnisse der Entwicklung der Geschlechtsorgane und des Anorektalkanals

Das Geschlecht des Embryos ist bereits mit der Befruchtung genetisch festgelegt. Die Geschlechtsorgane beider Geschlechter entwickeln sich zunächst aus einer indifferenten Anlage. Erst in der 7. Woche beginnen sich diese geschlechtsspezifisch zu differenzieren.

In der 4. Woche bilden sich zwischen Urnierenanlage und dorsalem Mesenterium die paarigen *Genitalleisten*. In der 6. Woche wandern die *Urkeimzellen* aus dem Dottersack in die Genitalleisten ein. Kurz vor und während der Einwanderung der Keimzellen bilden sich sog. *primäre Keimstränge*, in die sich die Keimzellen einnisten (*indifferente Gonaden*). Die Gonadenanlagen und die Reste der Urniere sind über ein *Mesenterium urogenitale* mit der hinteren Leibeswand verbunden. Mit Rückbildung der Urnierenanlagen werden aus diesen Mesenterien die *Genitalbänder*.

Hoden: Beim männlichen Embryo wachsen die primären Keimstränge tiefer in die Gonadenanlagen und bilden sog. *Hodenstränge* (Anlagen der Samenkanälchen), an die sich dünnere Zellstränge anschließen (Anlage des Rete testis). Die Hodenstränge verlieren die Verbindung zur Oberfläche und werden von einer bindegewebigen Kapsel umgeben (*Hodenkapsel, Tunica albuginea*). In den Hodensträngen liegen *Urkeimzellen* und *Epithelzellen* (später Sertoli-Zellen). Erst in der Pubertät wandeln sich die Stränge zu Samenkanälchen (*Tubuli seminiferi*) um. Die *Leydig-Zwischenzellen* entwickeln sich im Mesenchym zwischen den Keimsträngen. Sie produzieren *Testosteron* und tragen zur Entwicklung des männlichen Genitaltraktes bei.

Der kaudale Teil des Genitalbandes des Hodens bildet das *Gubernaculum testis*, das bis in den Skrotalwulst reicht. Durch das schnelle Wachstum der unteren Körperhälfte wandern die Hoden entlang des Gubernaculum testis durch den primitiven Leistenkanal in das Skrotum (*Descensus testis*), wo sie etwa zum Zeitpunkt der Geburt ankommen.

Klinischer Bezug

Deszendiert der Hoden nicht vollständig, bleibt er an einer atypischen Stelle liegen (Bauchhöhle, Leistenkanal). Dieser Zustand heißt **Kryptorchismus**. Ein nichtdeszendierter Hoden kann keine reifen Spermatozoen erzeugen und neigt zu maligner Entartung.

Ovar: Beim weiblichen Embryo werden die Keimstränge durch einwachsendes Mesenchym in Zellhaufen unterteilt. An der Oberfläche der Gonadenanlage bilden sich sekundäre Keimstränge, die zerfallen und Nester aus Keimzellen bilden (*Eiballen*). Die im Markbereich gelegenen Zellhaufen werden durch gefäßreiches Bindegewebe (*Medulla ovarii*) ersetzt, aus den Zellhaufen in der Peripherie entwickeln sich die *Ovogonien*.

Genitalwege: In der 6. Woche entstehen zwei Genitalgänge, der *Urnierengang* (*Wolff-Gang*) und der *Müller-Gang*, die parallel laufen und beide in die Kloake münden.

Der *Wolff-Gang* mündet lateral vom Müller-Gang im Sinus urogenitalis. Er differenziert sich beim männlichen Embryo (unter Testosteroneinfluß) zu *Ductus epididymidis* und *Ductus deferens*, den Ausführungsgängen der männlichen Keimdrüse, die Anschluß an das Kanälchensystem des Hodens erhalten. Die Müller-Gänge bilden sich (unter Einfluß des Anti-Müller-Hormons) zurück.

Der *Müller-Gang* liegt im oberen Abschnitt lateral des Wolff-Gangs, überkreuzt ihn im weiteren Verlauf und vereinigt sich hinter dem Sinus urogenitalis mit dem Müller-Gang der Gegenseite zu einer Platte. Beide verschmelzen später zum *Canalis uterovaginalis*. Beim weiblichen Embryo entwickelt sich der Müller-Gang zur *Tuba uterina*. Aus dem Uterovaginalkanal entstehen der *Uterus* und ein Teil der *Vagina*. Der untere Teil der Vagina entsteht wahrscheinlich aus zwei Vaginalplatten, die nach kranial auswachsen und sich mit dem Uterovaginalkanal verbinden. Die Wolff-Gänge bilden sich weitgehend zurück.

Klinischer Bezug

Eine **fehlende oder unvollständige Verschmelzung der beiden Müller-Gänge** im Bereich des Uterovaginalkanals führt zu *Uterusmißbildungen:* doppelter Uterus (*Uterus duplex*), gespaltener Uterus (*Uterus bicornis*) oder nur einer leichten Einziehung in der Fundusmitte (*Uterus arcuatus*).

Äußeres Genitale: Die äußeren Genitalien entwickeln sich aus den *Kloakenfalten*, die beidseits der Kloakenmembran entstehen. Durch Vereinigung der Falten entsteht vor der Kloakenmembran der *Genitalhöcker*. In der 6. Woche wird die Kloakenmembran in Urogenital- und Analmembran unterteilt, die Kloakenfalten entsprechend in *Urethral-* und *Analfalten*. Beidseits der Urethralfalten entstehen die *Genitalwülste*.

Beim *männlichen Embryo* verlängert sich der Genitalhöcker zum Penis. Die Urethralfalten werden nach ventral ausgezogen, der Urogenitalspalt verschließt sich und bildet damit den *Urethraanteil des Penis*. Die Genitalwülste wandern nach kaudal und bilden je eine Skrotumhälfte, die durch das Skrotalseptum voneinander getrennt bleiben.

Beim *weiblichen Embryo* entwickelt sich aus dem Genitalhöcker die Klitoris, aus den Urethralfalten die Labia min. und aus den Genitalwülsten die Labia maj.

Klinischer Bezug

Nicht vollständige Verschmelzung der Urethralfalten beim männlichen Embryo: Es können abnorme Öffnungen der Urethra an der Unterseite des Penis auftreten (*Hypospadie*). Mündet die Harnröhre auf der Oberseite des Penis, bezeichnet man dies als *Epispadie*.

Canalis analis: Der Enddarm mündet zunächst in die Kloake. Diese wird in der weiteren Entwicklung durch das *Septum urorectale* in den *Sinus urogenitalis* und den *Anorektalkanal* unterteilt. Die Kloakenmembran wird zur Urogenital- und Analmembran. Nach der 9. Woche verschwindet die Analmembran, die Verbindung zwischen Rektum und äußerer Oberfläche ist hergestellt.

Klinischer Bezug

Bei der **Atresia ani** endet der Analkanal blind an der Analmembran. In schweren Fällen liegt eine dickere Bindegewebsschicht zwischen Rektum und Oberfläche.

8.2 Organe des Magen-Darm-Kanals in der Bauchhöhle

Die Organe des Magen-Darm-Kanals (Abb. 8.**1**) dienen der Bereitung eines resorptionsfähigen Speisebreis und resorbieren die Nährstoffe. Sie liegen bis auf den Mastdarm (Rektum) innerhalb der Bauchhöhle bzw. sekundär retroperitoneal.

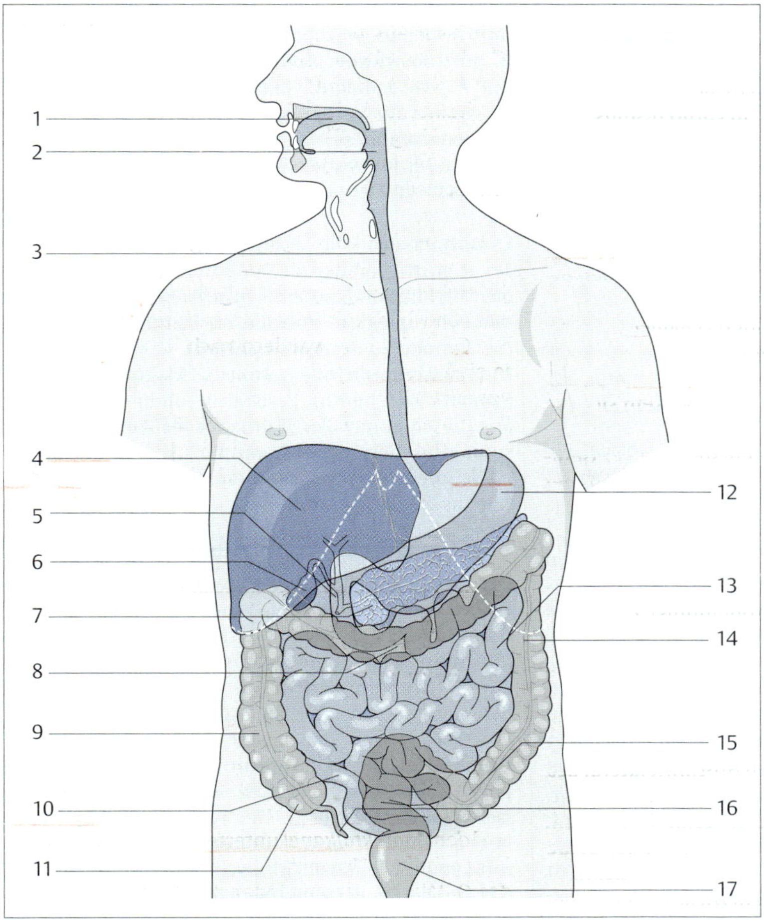

Abb. 8.**1** Organe des Verdauungstraktes. 1 = Mundhöhle, 2 = Pharynx, 3 = Oesophagus, 4 = Leber, 5 = Duodenum, 6 = Gallenblase, 7 = Pankreas, 8 = Colon transversum, 9 = Colon ascendens, 10 = Ileum, 11 = Blinddarm, 12 = Ventriculus, 13 = Jejunum, 14 = Colon descendens, 15 = Colon sigmoideum, 16 = Appendix vermiformis, 17 = Rectum (aus Faller, Thieme 1995)

8.2.1 Magen (Gaster)

Der *Magen* (*Gaster*) liegt intraperitoneal im linken Oberbauch. Er wird rechts vom linken Leberlappen und links und oben vom Rippenbogen bedeckt. Kranial grenzt er an das Centrum tendineum des Zwerchfells.

Form (Abb. 8.**2**): Form und Größe des Magens sind großen Schwankungen unterworfen und hängen von Füllungszustand, Muskeltonus, Lebensalter, Konstitutionstyp und von der Körperlage ab. Man unterscheidet eine Vorder- und Hinterfläche sowie die *große Kurvatur* (*Curvatura maj.*) am linken (unteren) und die *kleine Kurvatur* (*Curvatura min.*) am rechten (oberen) Magenrand.

Die Speiseröhre geht am Ostium cardiacum (*Cardia*) in die *Pars cardiaca* des Magens über. Ein Verschlußmechanismus (*funktioneller Kardiasphinkter*) verhindert hier den Reflux von saurem Magensaft in den Ösophagus. Links von der Kardia erhebt sich kuppelförmig der *Fundus gastricus*, an dessen höchster Stelle sich die verschluckte Luft in der „Magenblase" sammelt. Den Hauptteil des Magens bildet der *Magenkörper* (*Corpus gastricum*), der unterhalb des Fundus liegt und in die Pars pylorica übergeht. Die *Pars pylorica* bildet das *Antrum pyloricum* und den *Pylo-*

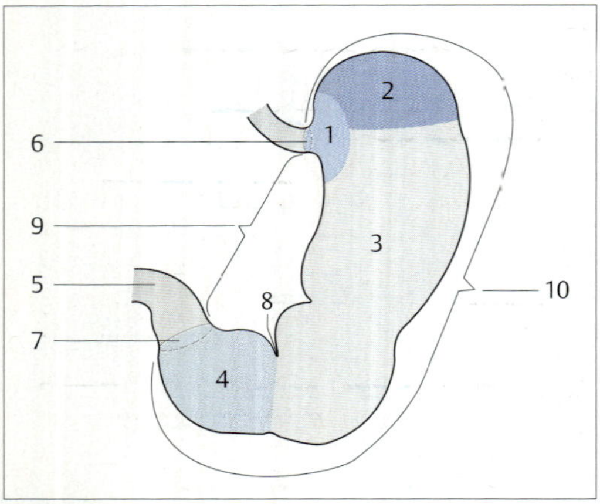

Abb. 8.**2** Magen (aufgeschnitten). 1 = Pars cardiaca, 2 = Fundus gastricus, 3 = Corpus gastricum, 4 = Antrum pyloricum, 5 = Bulbus duodeni, 6 = Ostium cardiacum, 7 = Ostium pyloricum, 8 = Incisura angularis, 9 = Curvatura gastrica minor, 10 = Curvatura gastrica major

rus (*Magenpförtner*), der von einer verstärkten Ringmuskelschicht umgeben ist (*M. sphincter pylori*).

Magenschleimhaut: Die innere Oberfläche des Magens wird durch Schleimhautfalten vergrößert. Die *Plicae gastricae* sind hochaufgeworfene Falten, die an der kleinen Kurvatur in Längsrichtung verlaufen und die Magenstraße bilden. Die *Areae gastricae* (*beetartige Felder*) bilden das Flachrelief des Magens. Gewundene Leisten (*Plicae villosae*) prägen das Mikrorelief innerhalb der Areae gastricae. Zwischen den Plicae villosae münden Magendrüsen in die *Magengrübchen* (*Foveolae gastricae*).

Topographie: Die Vorderwand des Magens liegt der vorderen Brust- und Bauchwand unmittelbar an. Die Hinterwand ist durch die Bursa omentalis (s.a. 8.14.4) vom Pankreas getrennt. Die große Kurvatur berührt das Colon transversum und die Milz und dient als Ursprung für das *Omentum maj.* (*großes Netz*). Zwischen großer Kurvatur und Milz spannt sich das *Lig. gastrosplenicum* aus und zwischen Fundus und Zwerchfell das *Lig. gastrophrenicum*. Das *Lig. gastrocolicum* ist der Anfangsteil des Omentum maj. und verbindet große Kurvatur und Querkolon. Von der kleinen Kurvatur zieht das *Omentum min.* (*kleines Netz*), bestehend aus *Lig. hepatogastricum* und *Lig. hepatoduodenale*, zur Leber. Der Pylorus liegt je nach Form des Magens zwischen dem 1. und 3. Lendenwirbel.

Gefäßversorgung (Abb. 8.**4**): Die arterielle Versorgung des Magens erfolgt über Äste des *Truncus coeliacus*, die an den Kurvaturen miteinander anastomosieren. An der Curvatura min. ziehen die *A. gastrica sin.* (aus Truncus coeliacus) und *A. gastrica dext.* (aus A. hepatica propria), an der Curvatura maj. die *A. gastroomentalis dext.* (aus A. gastroduodenalis) und *A. gastroomentalis sin.* (aus A. lienalis). Sie geben *Rr. gastrici* zur Vorder- und Hinterfläche des Magens und *Rr. omentales* zum Omentum maj. ab. Der Fundus wird außerdem von *Aa. gastricae breves* (aus A. lienalis) versorgt. Der venöse Abfluß erfolgt in die V. portae.

Lymphabfluß: Die Hauptabflußgebiete sind die *Nn. ll. gastrici* an der kleinen Kurvatur, *Nn. ll. splenici* am Milzhilus und die *Nn. ll. pylorici gastroomentalis* in der Pylorusregion. Von diesen Lymphknoten fließt die Lymphe zu den *Nn. ll. coeliaci*.

Innervation: Die Innervation des Magen erfolgt über *Sympathikus* (hemmt Peristaltik) und *Parasympathikus* (beschleunigt Peristaltik, fördert Sekretion). Die sympathischen Fasern stammen aus dem *Plexus coeliacus*, die parasympathischen sind Äste des *N. vagus* (Plexus vagalis ant. und post.).

8.2.2 Dünndarm (Intestinum tenue)

Der *Dünndarm* (*Intestinum tenue*) erstreckt sich vom Pylorus bis in die Fossa iliaca dext., wo er in den Dickdarm mündet. Er gliedert sich in *Duodenum* (*Zwölffingerdarm*), *Jejunum* (*Leerdarm*) und *Ileum* (*Krummdarm*). Jejunum und Ileum sind zusammen etwa 5 m lang (bei der Leiche) und liegen eingerahmt vom Dickdarm in der Bauchhöhle.

Duodenum: Das Duodenum zieht hufeisenförmig nach rechts um den 2. Lendenwirbel herum und umfaßt den Pankreaskopf. Der Anfangsteil (*Pars sup.*) liegt als einziger intraperitoneal und ist etwas erweitert (*Ampulla duodeni*, klinisch: Bulbus). Er ist durch das Lig. hepatoduodenale mit der Leber verbunden. Die Pars sup. geht an der *Flexura duodeni sup.* in die *Pars descendens* über, die rechts neben der Wirbelsäule abwärts zieht. Das Duodenum liegt nachfolgend sekundär retroperitoneal und hat enge Beziehungen zum Pankreas. Hinter der Pars sup. zieht der *Gallengang* (*Ductus choledochus*) nach unten in eine Rinne zwischen Pankreaskopf und Pars descendens und mündet gemeinsam mit dem Ductus pancreaticus in die Wand des Duodenums auf einer Plica longitudinalis duodeni. Diese Mündung heißt *Papilla duodeni maj.* (Papilla Vateri). Oberhalb davon liegt die *Papilla duodeni min.*, Mündungsstelle des Ductus pancreaticus min. Die *Pars horizontalis* beginnt an der *Flexura duodeni inf.* und verläuft von rechts nach links quer über die Wirbelkörper. Sie liegt unterhalb des Pankreaskopfes und zieht über die V. cava inf. hinweg. Auf die Pars horizontalis folgt die *Pars ascendens*, die an der *Flexura duodenojejunalis* in das Jejunum übergeht. Hinter der Pars ascendens liegt die Aorta.

Jejunum: Es beginnt an der Flexura duodenojejunalis und liegt intraperitoneal. Links von der Flexur befinden sich zwei Falten (*Plica duodenalis sup.* und *inf.*). Durch die obere zieht die V. mesenterica inf., die hier in die V. lienalis mündet. Das Jejunum nimmt etwa zwei Fünftel des Dünndarms ein und liegt mit seinen Schlingen im oberen Unterbauch.

Ileum: Das Ileum folgt ohne scharfe Grenze auf das Jejunum und nimmt etwa drei Fünftel der Dünndarmlänge ein. Die Schlingen des Ileums liegen hauptsächlich im rechten unteren Unterbauch. In der *Fossa iliaca dext.* mündet das Ileum ins Colon ascendens.

Mesenterium: Jejunum und Ileum sind durch das *Mesenterium* (*Dünndarmgekröse*) gemeinsam an der hinteren Bauchwand befestigt. Das Mesenterium setzt mit der *Radix mesenterii* an der hinteren Bauchwand an, die etwa 15 – 18 cm lang ist und sich von der Flexura duodenojejunalis zur Art. sacroiliaca dext. erstreckt. Der Mesenterialansatz am Darm ist so lang wie der Dünndarm und legt sich bei Verkürzungen des Dünndarms in Falten („Gekröse"). Im Mesenterium verlaufen Gefäße, Nerven und Lymphbahnen zur Versorgung des Dünndarms.

Gefäßversorgung: Der Dünndarm wird von Ästen des *Truncus coeliacus* und der *A. mesenterica sup.* versorgt. Die Pars descendens duodeni stellt die Grenze zwischen den beiden Versorgungsgebieten dar. Das Duodenum wird von *Rr. duodenales* (aus A. pancreaticoduodenalis sup. post. und Aa. supraduodenales), *Aa. retroduodenales* (aus A. gastroduodenalis) und *A. pancreaticoduodenalis inf.* (aus A. mesenterica sup.) versorgt. Jejunum und Ileum werden von *Aa. jejunales et ileales* (aus A. mesenterica sup.) versorgt. Sie bilden im Mesenterium *Arkaden*, damit sie bei Bewegungen des Darmes nicht gedehnt oder gestaucht werden.

Klinischer Bezug

Die Darmarterien sind funktionelle Endarterien. Ein plötzlicher Verschluß führt zum *Infarkt* eines Darmabschnittes.

Der venöse Abfluß erfolgt über *V. mesenterica sup.* in die V. portae.

Lymphabfluß: Die Lymphe des Darms fließt über Lymphkapillaren aus den Darmzotten entlang der Arterien durch mehrere Lymphknotenstationen. Die Lymphgefäße vereinigen sich zum *Truncus intestinalis*, der in die Cisterna chyli mündet.

Innervation: Die sympathischen Fasern stammen aus *Ggl. coeliacum sup.* und *Ggl. mesentericum sup.* und ziehen mit den Arterien an den Darm. Sie hemmen die Peristaltik. Die parasympathischen Fasern stammen aus dem *N. vagus*. Sie beschleunigen die Peristaltik.

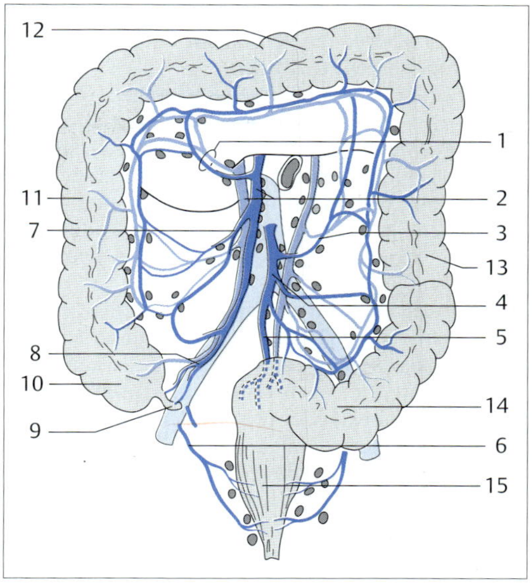

Abb. 8.**3** Dickdarm mit Gefäßversorgung. 1 = A. u. V. colica med., 2 = A. u. V. mesenterica sup., 3 = A. colica sin., 4 = A. u. V. mesenterica inf., 5 = A. rectalis sup., 6 = Aa. rectales med. et inf., 7 = A. colica dext., 8 = A. appendicularis, 9 = Appendix, 10 = Caecum, 11 = Colon ascendens, 12 = Colon transversum, 13 = Colon descendens, 14 = Colon sigmoideum, 15 = Rektum (nach Reifferscheid/Weller, Thieme 1989)

8.2.3 Dickdarm (Colon)

Der *Dickdarm* (*Colon*) beginnt in der Fossa iliaca dext., bildet einen Rahmen um die Dünndarmschlingen und mündet in Höhe des Kreuzbeins in das Rektum.

Merke

An der Einmündung des Ileums (*Ostium iliocaecale*) verhindern zwei Schleimhautfalten (*Valvae iliocaecales*) den Reflux von Dickdarminhalt in den „sterilen" Dünndarm.

Der Dickdarm (Abb. 8.**3**) gliedert sich in *Caecum* (*Blinddarm*) mit der *Appendix* (*Wurmfortsatz*), *Colon ascendens*, *Colon transversum*, *Colon descendens* und *Colon sigmoideum*.

Alle Dickdarmabschnitte unterscheiden sich durch folgende Merkmale vom Dünndarm:

- Die äußere Längsmuskulatur des Darmrohrs konzentriert sich auf drei Längsstreifen (*Taeniae* coli

coli), von denen die *Taenia libera* von vorne sichtbar ist. Die drei Taenien laufen an der Basis des Wurmfortsatzes zusammen.

- Die Dickdarmwand bildet Aussackungen (*Haustrae coli*), die durch quergestellte Einschnürungen (*Plicae semilunares coli* an der inneren Dickdarmwand) gebildet werden und während einer peristaltischen Welle über den Dickdarm „fließen".
- Vor allem entlang der Taenia libera finden sich zipfelförmige Fettgewebsanhängsel (*Appendices epiploicae*).

Caecum und Appendix vermiformis: Das Caecum befindet sich in der Fossa iliaca dext. unterhalb der *Valva iliocaecalis* auf dem M. iliacus. Es kann fest mit der hinteren Bauchwand verwachsen (sekundär retroperitoneal) oder über ein *Mesocaecum* befestigt sein (Caecum mobile).

Die Appendix entwickelt sich als Aussackung des Caecum und variiert in Länge und Lage. Im Durchschnitt ist sie 8 cm lang und durch eine *Mesoappendix* beweglich befestigt. Sie liegt oft hinter dem Caecum (*retrocaecal*).

Klinischer Bezug

Die **Entzündung des Wurmfortsatzes (Appendizitis)** ist die Baucherkrankung, die am häufigsten eine chirurgische Intervention erfordert. Sie geht mit Bauchschmerzen, Übelkeit und Erbrechen einher. Typisch ist eine Differenz von mehr als 1 °C zwischen rektaler und axillärer Temperatur.

Colon: Das *Colon ascendens* liegt sekundär retroperitoneal und zieht von der Fossa iliaca bis zur Unterfläche des rechten Leberlappens. Vor der rechten Niere geht es in der *Flexura colica dext.* in das Colon transversum über. Das *Colon transversum* liegt intraperitoneal und ist durch ein langes *Mesocolon transversum* beweglich befestigt. Es legt sich Leber, Gallenblase, Magen und Milz von vorne an, kann aber auch bis in das Becken durchhängen. Es ist durch das *Lig. hepatocolicum* mit der Leber, durch das *Lig. gastrocolicum* mit dem Magen und durch das *Lig. phrenicocolicum* mit der linken Seite des Zwerchfells verbunden. Das *Colon descendens* beginnt an der *Flexura coli sin.*, die immer etwas höher liegt als die rechte Flexur. Es liegt sekundär retroperitoneal und verläuft lateral der linken Niere bis in die Fossa iliaca sin., in der es sich in das Colon sigmoideum fortsetzt.

Das *Colon sigmoideum* liegt wieder intraperitoneal und ist durch ein langes *Mesocolon sigmoideum* an der hinteren Bauchwand befestigt. Es verläuft S-förmig bis vor den 2. Sakralwirbel und setzt sich dort in das Rektum fort.

Gefäßversorgung: Der Dickdarm wird von *A. mesenterica sup.* und *inf.* versorgt. Die Grenze zwischen beiden Versorgungsgebieten (*Cannon-Böhmscher Punkt*). liegt an der Grenze zum linken Drittel des Colon transversum (primäre Colonflexur). Caecum und Appendix werden von der *A. ileocolica* (aus A. mesenterica sup.) und ihren Ästen (A. appendicularis, A. caecalis ant. und post.) versorgt. Colon ascendens und transversum werden durch *A. ileocolica*, *A. colica dext.* und *media* (alle aus A. mesenterica sup.) versorgt. Die A. colica dext. teilt sich am Colon in einen auf- und einen absteigenden Ast, die A. colica media breitet sich innerhalb des Mesocolon transversum aus. Colon descendens und sigmoideum werden von *A. colica sin.* (R. ascendens, R. descendens), *2–3 Aa. sigmoideae* und *A. rectalis sup.* (aus A. mesenterica inf.) versorgt.

Merke

A. colica media und A. colica sin. anastomosieren im Bereich der linken Kolonflexur (*Riolan-Anastomose*). A. rectalis sup. und A. rectalis inf. (aus A. iliaca int.) anastomosieren hinter dem Rektum.

Die Venen ziehen parallel zu den jeweiligen Arterien. Der venöse Abfluß erfolgt in die *V. portae.*

Lymphabfluß: Die Lymphe der Appendix fließt zu den *Nn. ll. ileocolici* zwischen Ileum und Kolon. Die Lymphe des Kolons gelangt über regionäre Lymphknoten zu den Mesenteriallymphknoten und von dort in die *Trunci intestinales.*

Innervation: Die nervöse Versorgung bis zur Flexura coli sin. erfolgt über den *Plexus mesentericus sup.*, der sympathische Fasern aus den *Nn. splanchnici* und parasympathische Fasern aus dem *N. vagus* enthält. Zu Colon descendens und sigmoideum ziehen sympathische Fasern des *Plexus mesentericus inf.* und parasympathische Fasern des *Plexus pelvinus.*

8.2.4 Mastdarm (Rektum)

Der *Mastdarm (Rektum)* ist der zwischen Colon sigmoideum und Anus gelegene Endabschnitt des Dickdarms. Er beginnt etwa in Höhe des 3. Sakralwirbels und gliedert sich in einen kranialen Teil (*Ampulla recti*) und einen kaudalen Teil (*Canalis analis*).

Ampulla recti: Sie folgt dem Os sacrum und biegt oberhalb des Diaphragma pelvis nach vorne um (*Flexura sacralis*). Innen findet man Schleimhautfalten (*Plicae transversales recti*). Die sog. *Kohlrausch-Falte* ist eine querverlaufende, meist deutlich ausgeprägte Falte, etwa 6 cm vom Anus entfernt.

Canalis analis: Er biegt beim Durchtritt durch das Diaphragma pelvis nach hinten um (*Flexura peri-*

nealis). Er ist etwa 3–4 cm lang und wird von einer geschlossenen Muskellage umgeben.

Schleimhaut: Im *Canalis analis* erfolgt der Übergang von der Schleimhaut des Verdauungstraktes auf die Haut. Man unterscheidet drei Abschnitte:

- *Zona columnaris:* deutliche Längsfalten (*Columnae anales*), zwischen denen Vertiefungen (*Sinus anales*) liegen, die in die Analkrypten in der Tiefe der Rektumwand führen (*Proktodealdrüsen*);
- *Pecten analis:* unverhorntes Plattenepithel, geht an *Linea anocutanea* in die äußere Haut über;
- *Zona cutanea:* verhorntes Plattenepithel mit *Gll. circumanales* um den Anus herum mit starker Pigmentierung und ausgeprägter sensibler Innervation.

Analverschluß: Der Verschlußapparat des Anus wird von Muskulatur, Bindegewebe und submukösen Venenplexus gebildet. Folgende Muskeln sind beteiligt:

- *M. sphincter ani int.:* glatte Muskulatur im Bereich des Canalis analis, bildet sich aus der Ringmuskelschicht, wird durch längsverlaufende Muskelfasern im umgebenden Gewebe verankert;
- *M. levator ani:* umfaßt den Darm beim Durchtritt durch das Diaphragma pelvis schlingenförmig (s.a. 6.4.4);
- *M. sphincter ani ext.:* liegt dem Trichter des M. levator ani von außen auf, gliedert sich in *Pars prof.*, dem funktionell wichtigsten Teil, *Pars superf.*, die die Analöffnung von der Seite her abklemmen kann, und *Pars subcutanea*, einen Ringmuskel dicht unter der Haut.

Bindegewebsfasern ziehen vom M. sphincter ani ext. zur perianalen Haut und unterstützen bei Kontraktion den Verschluß. In der Zona cutanea des Analkanals befinden sich zahlreiche Venenplexus, die durch Aufstauung einen gasdichten Verschluß des Analkanals erreichen.

Defäkation: Die Defäkation ist ein *reflektorischer Vorgang*, der durch Dehnung der Rektumwand durch Kotmassen unter Einsatz der Bauchpresse willkürlich ausgelöst wird. Die parasympathischen Efferenzen bewirken eine Kontraktion des Rektums, die sympathischen gleichzeitig eine Erschlaffung des M. sphincter ani int. Durch willkürliche Erschlaffung des M. sphincter ani ext., Kontraktion des M. levator ani und das Einsetzen der Bauchpresse, kann der Zeitpunkt der Defäkation bestimmt werden.

Gefäßversorgung: Das Rektum wird von *A. rectalis sup.* (Endast der A. mesenterica inf.) und den paarigen *A. rectalis media* (aus A. iliaca int.) und *A. rectalis inf.* (aus A. pudenda int.) versorgt. Von der A. rectalis sup. gehen Gefäße ab, die innerhalb der Submukosa Konvolute mit arteriovenösen Anastomosen (Glomeruli) bilden.

Klinischer Bezug

Erweiterungen der arteriellen Gefäße der Glomeruli führt zur Bildung der *inneren Hämorrhoiden* (in der Zona columnaris). Die *äußeren Hämorrhoiden* entstehen aus **Erweiterungen venöser Gefäße** (in der Zona cutanea).

Der venöse Abfluß erfolgt über die *V. rectalis sup.* in den *Pfortaderkreislauf* und die *Vv. rectales mediae et inf.* über die Vv. iliacae int. in die *V. cava inf.*

Lymphabfluß: Die Lymphe aus der Ampulla recti fließt zu den Lymphknoten entlang der Aorta oder den Nn. iliaci int. ab. Die Lymphe aus dem Analkanal gelangt zu den Nn. ll. iliaci int., die Lymphe des Anus zu den Nn. ll. inguinales superf.

Innervation: Die efferenten Fasern zum Rektum stammen aus den *Nn. splanchnici pelvini* (parasympathisch) und dem *Plexus hypogastricus* (sympathisch). Die afferenten Fasern ziehen in den Nn. splanchnici pelvini. Der M. sphincter ani ext. wird vom *N. pudendus* innerviert.

8.3 Leber, Gallenblase, Bauchspeicheldrüse

Leber mit Gallenblase und Bauchspeicheldrüse (Pankreas) sind die großen *Drüsen des Verdauungstraktes*. Sie sezernieren Enzyme in den Darm, die die Verdauung des Speisebreis ermöglichen. Die Leber ist außerdem das größte *Stoffwechselorgan* des Körpers. Sie nimmt alle Stoffe aus dem Pfortaderblut auf, verarbeitet oder speichert sie und gibt Stoffwechselprodukte ab.

8.3.1 Leber (Hepar)

Die *Leber* (*Hepar*) ist mit ca. 1500 g die größte Drüse des menschlichen Körpers. Sie ist dunkelrot-braun und hat eine spiegelglatte Oberfläche. Sie ist von einer bindegewebigen Kapsel umschlossen. Die Leber nimmt den Raum unter der rechten Zwerchfellkuppel ein und erstreckt sich nach links bis in die Regio hypochondriaca sin. Sie wird weitgehend vom Rippenbogen überdeckt und berührt unterhalb des Sternums mit einem kleinen Teil die Brustwand (*Leberfeld*). Die Leber macht alle Bewegungen des Zwerchfells mit, so daß ihre Lage von der jeweiligen Atemphase abhängig ist.

Facies diaphragmatica: Die Oberfläche der Leber liegt dem Zwerchfell an und ist an einem dreieckigen Areal mit der Pars lumbalis des Zwerchfells verwachsen (*Area nuda*). In das Verwachsungsfeld ist hinten die *V. cava inf.* eingebettet. Die Seiten der

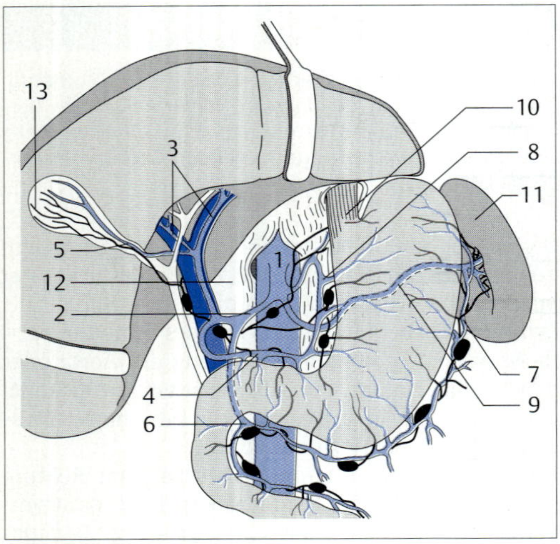

Abb. 8.**4** Organe des Oberbauches mit Gefäßversorgung. 1 = Truncus coeliacus, 2 = A. hepatica comm., 3 = R. dext. u. R. sin., 4 = A. gastrica dext., 5 = A. cystica, 6 = A. gastroomentalis dext., 7 = A. gastroomentalis sin., 8 = A. gastrica sin., 9 = A. lienalis, 10 = Kardia des Magens, 11 = Milz, 12 = Lig. hepatoduodenale, 13 = Gallenblase (nach Reifferscheid/Weller, Thieme 1989)

Area nuda werden von den Umschlagsfalten des viszeralen ins parietale Peritoneum (*Lig. coronarium hepatis*) gebildet und laufen nach rechts zum *Lig. triangulare dext.* und nach links zum *Lig. triangulare sin.* aus, das in die Appendix fibrosa hepatis übergeht. Nach ventral vereinigen sich die *Ligg. coronaria* zum *Lig. falciforme hepatis*, das die Leberoberfläche in rechten und linken Lappen teilt (*Lobus dext.* und *sin.*).

Facies visceralis: Die Unterfläche der Leber ist schräg von hinten oben nach vorne unten gerichtet. Sie weist zwei sagittale Furchen auf, die durch die querverlaufende *Leberpforte* (*Porta hepatis*) verbunden sind. In der rechten Furche liegt vorne die *Gallenblase* und hinten die V. cava inf., in der linken vorne das *Lig. teres hepatis* (obliterierte V. umbilicalis) und hinten das *Lig. venosum* (obliterierter Ductus venosus). Vor der Leberpforte liegt der *Lobus quadratus*, dahinter der *Lobus caudatus*. Die Facies visceralis weist unterschiedliche Abdrücke der umliegenden Organe auf. Am linken Leberlappen findet man Impressio gastrica und oesophagea, am rechten dorsal Impressio renalis und suprarenalis sowie ventral Impressio duodenalis und colica.

Porta hepatis (Leberpforte): Im Bereich der Leberpforte treten zwei Äste der *A. hepatica propria* und die *V. portae* ein sowie der *Ductus hepaticus dext.* und *sin.* aus, die sich vor der Leberpforte zum *Ductus hepaticus comm.* vereinigen (Abb. 8.**4**).

Lebersegmente: Die Gliederung der Leber in Lappen entspricht nicht dem inneren Aufbau. Die gemeinsam verlaufenden Äste der V. portae, A. hepatica propria und der Gallengänge verzweigen sich im Inneren der Leber und versorgen jeweils keilförmige Bezirke, die *Lebersegmente*, die sehr unterschiedlich angeordnet sind.

Gefäßversorgung: Die Blutzufuhr zur Leber erfolgt über V. portae und A. hepatica propria. Die *V. portae* entsteht hinter dem Kopf des Pankreas aus der Vereinigung von V. lienalis, V. mesenterica sup. und inf. und zieht im Omentum min. zur Leberpforte, wo sie sich in R. dext. und sin. teilt. Die *A. hepatica propria* ist ein Endast der A. hepatica comm. und folgt mit ihren Ästen den Aufzweigungen der V. portae.

! Merke

Die V. portae ist das *Vas publicum* der Leber und führt nährstoffreiches Blut aus dem Verdauungskanal. Die A. hepatica propria ist das *Vas privatum* der Leber.

Der venöse Abfluß erfolgt über mehrere *Vv. hepaticae* zur V. cava inf.

Gallengänge: Die Galle wird von den Leberzellen produziert und über Gallengänge zwischen den Leberzellen abgeleitet (s.a. Histologie 3.11.1). Die *Gallengänge* vereinigen sich zu Ductus interlobulares, die über Ductus biliferi mit dem Ductus hepaticus dext. oder sin. verbunden sind.

Lymphabfluß: Die Lymphgefäße von Leber und Gallenblase führen zu den regionären Lymphknoten an der Leberpforte (*Nn. ll. hepatici*) oder zu den Lymphknoten oberhalb des Zwerchfells (*Nn. ll. phrenici sup.*).

Innervation: Der *N. phrenicus* versorgt mit sensiblen Fasern das Peritoneum der Leber. Vegetative Fasern gelangen aus dem *Plexus coeliacus* mit der A. hepatica propria zur Leber.

8.3.2 Gallenblase (Vesica fellea)

Die *Gallenblase* (*Vesica fellea*) ist ein birnenförmiger, etwa 8 – 12 cm langer und 4 – 5 cm breiter Sack, der ca. 40 – 50 ml Flüssigkeit faßt. Sie liegt an der Unterfläche im Peritonealüberzug der Leber und dient der Sammlung und Eindickung der von der Leber produzierten Galle.

Gliederung: Man unterscheidet den *Gallenblasengrund* (*Fundus*), den *Körper* (*Corpus*) und den *Hals* (*Collum*), der über den *Ductus cysticus* mit dem *Ductus hepaticus comm.* verbunden ist. Der Fundus über-

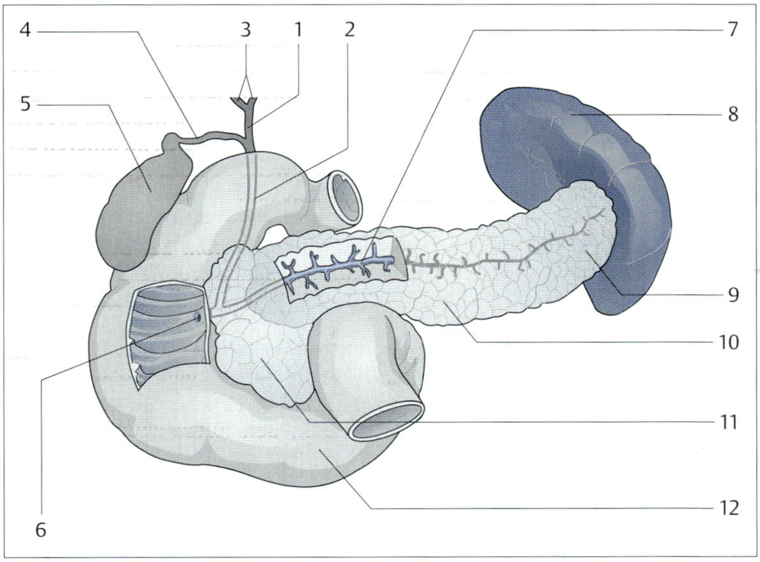

Abb. 8.**5** Duodenum, Pankreas, Gallenwege und Milz. 1 = Ductus hepaticus communis, 2 = Ductus coledochus, 3 = Ductus hepatici, 4 = Ductus cysticus, 5 = Vesica fellae, 6 = Papilla duodeni major, 7 = Ductus pancreaticus, 8 = Lien, 9 = Cauda pancreatis, 10 = Corpus pancreatis, 11 = Caput pancreatis, 12 = Zwölffingerdarm (Duodenum) (aus Faller, Thieme 1995)

ragt den Leberrand im Bereich der 9. Rippe und berührt die vordere Bauchwand und die Flexura coli dext. Das Collum ist dem Bulbus duodeni eng benachbart.

Klinischer Bezug

Spasmen der Muskulatur der Gallenblasenwand oder Überdehnung (z. B. aufgrund Verlegung des Ductus cysticus durch einen Stein) führen zu **Gallenkoliken** mit starken, krampfartigen Schmerzen im rechten Oberbauch.

Gefäßversorgung und Innervation: Die arterielle Versorgung erfolgt aus der *A. cystica* aus dem R. dext. der A. hepatica propria. Die Venen münden in die *V. portae*.
Die sensible Versorgung des Peritoneums erfolgt über den *N. phrenicus*, die vegetativen Fasern stammen aus dem *Truncus coeliacus*.

8.3.3 Extrahepatische Gallenwege

In der Leberpforte vereinigen sich die beiden *Ductus hepatici* zum *Ductus hepaticus comm.*, der sich mit dem *Ductus cysticus* zum *Ductus choledochus* verbindet (Abb. 8.**5**). Der Ductus choledochus liegt im Lig. hepatoduodenale, verläuft dorsal der Pars sup. duodeni und mündet an der *Papilla duodeni maj.* in das Duodenum. Er besitzt einen eigenen Schließmuskel (M. sphincter ductus choledochi, *Sphincter Oddi*), der bei Kontraktion den Rückstau der Galle in die Gallenblase bewirkt.

8.3.4 Bauchspeicheldrüse (Pankreas)

Die *Bauchspeicheldrüse* (*Pankreas*) ist 13 – 18 cm lang und wiegt etwa 70 – 90 g. Sie erstreckt sich S-förmig von der Konkavität des Duodenums nach links bis zur Milz und liegt sekundär retroperitoneal. Die Bauchspeicheldrüse besteht aus endokrinen und exokrinen Anteilen (s.a. 8.5.2).
Gliederung (Abb. 8.**5**)**:** Die Bauchspeicheldrüse gliedert sich in *Kopf* (*Caput pancreatis*), *Körper* (*Corpus pancreatis*) und *Schwanz* (*Cauda pancreatis*). Der Kopf liegt in der Duodenalschlinge. Sein unterer aufgetriebener Abschnitt heißt auch *Proc. uncinatus*. Der Körper zieht in Höhe von L1 und L2 über Wirbelsäule und Aorta, der Schwanz erreicht den Milzhilus. Der Ausführungsgang des Pankreas (*Ductus pancreaticus maj.*) zieht durch die gesamte Drüse und mündet gemeinsam mit dem Ductus choledochus auf der *Papilla duodeni maj.*

Anatomie

Topographie: Hinter dem Pankreaskopf entsteht die V. portae aus dem Zusammenfluß der V. lienalis, V. mesenterica sup. und inf. Die V. lienalis verläuft in einer Rinne hinter dem Pankreas, die A. lienalis zieht am oberen Rand. Hinter der V. portae verläuft rechts von der Wirbelsäule die V. cava inf. und direkt vor der Wirbelsäule die Aorta. Hinter dem Pankreaskopf zieht auch der Ductus choledochus.

Klinischer Bezug

Entzündungen und Karzinome des Pankreaskopfes können den Ductus choledochus verengen und so zu einem **Stauungsikterus** führen. Umgekehrt kann bei Verlegung der Gallenwege an der Papilla duodeni maj. auch der Sekretabfluß aus dem Pankreas gestört sein.

Gefäßversorgung und Innervation: Die arterielle Versorgung des Pankreas erfolgt über *Rr. pancreatici* (aus A. lienalis), die *Aa. pancreaticoduodenales sup. post.* et *ant.* (aus A. gastroduodenalis) und die *Aa. pancreaticoduodenales inf.* (aus A. mesenterica sup.). Das venöse Blut wird in die *V. portae* geleitet. Die Innervation erfolgt über vegetative Fasern aus dem *Plexus coeliacus.*

8.4 Milz (Lien)

Die *Milz* (*Splen* oder *Lien*) gehört zu den Organen des lymphatischen Systems und dient der Blutmauserung. Sie ist bohnenförmig, 10–12 cm lang, 6–8 cm breit und 3–4 cm dick und wiegt etwa 150 g. Form und Gewicht hängen vom Blutgehalt ab und schwanken stark. Die Milz liegt in der linken Regio hypochondriaca unter dem Zwerchfell in Höhe der 9.–11. Rippe. Ihre Längsachse folgt der 10. Rippe.
Gliederung: Die Außenfläche (*Facies diaphragmatica*) liegt dem Zwerchfell an, die mediale konkave Fläche (*Facies visceralis*) zeigt zu den Eingeweiden. Auf der Facies visceralis befindet sich der *Milzhilus* (*Hilum splenicum*), die Ein- und Austrittsstelle von Nerven und Gefäßen.

Klinischer Bezug

Die Milz ist ein stark durchblutetes Organ. **Milzrupturen** führen daher zu unstillbaren Blutungen in die Bauchhöhle, die nur durch schnelle Entfernung der Milz gestoppt werden können. Die Milz besteht aus retikulärem Bindegewebe und kann daher nicht genäht werden.

Topographie: Die Facies visceralis berührt im hinteren Bereich die Niere (*Facies renalis*) und im vorderen Bereich Magen und Kolon (*Facies gastrica* und *colica*). Die Milz ist durch das *Lig. splenorenale* mit der hinteren Bauchwand und durch das *Lig. gastrosplenicum* mit dem Magen verbunden. Im Lig. splenorenale ziehen A. und V. lienalis, im Lig. gastrosplenicum Aa. und Vv. gastricae breves.
Gefäßversorgung und Innervation: Die arterielle Versorgung erfolgt über die *A. lienalis*, die sich in der Nähe des Hilus in mehrere Äste aufzweigt. Der Blutabfluß erfolgt durch die *V. lienalis* in die V. portae.
Die viszerale Innervation erfolgt über Äste der *Ggll. coeliaca*, die mit den Gefäßen zur Milz ziehen (Plexus lienalis).

8.5 Endokrine Organe

Die endokrinen Organe im Bauchraum sezernieren Hormone, die für die Aufrechterhaltung von Kreislauf und Stoffwechsel und die Anpassung an die verschiedenen Aktivierungszustände des Organismus notwendig sind.

8.5.1 Nebennieren (Gll. suprarenales)

Die paarigen Nebennieren (*Gll. suprarenales*) liegen, von einer schwach ausgebildeten eigenen Kapsel umschlossen, dem oberen Nierenpol in der Capsula adiposa renalis auf (Abb. 8.**7**). Sie sind 4–6 cm lang, 1–2 cm breit und 4–6 cm dick. Die rechte Nebenniere ist abgeplattet und dreieckig, die linke ist abgerundet. Beide Nebennieren legen sich nach oben dem Zwerchfell an.
Gliederung: Die Nebennieren gliedern sich in die dreischichtige *Rinde* (*Cortex*) und das *Mark* (*Medulla*) (s.a. Histologie 3.12.1).

Merke

Die Rinde produziert *Mineralokortikoide* (Zona glomerulosa), *Glukokortikoide* (Zona fasciculata) und *Androgene* (Zona reticularis), das Mark produziert *Adrenalin* und *Noradrenalin*. Ein totaler Ausfall der Nebennierenrinde (*Morbus Addison*) ist mit dem Leben schwer vereinbar.

Gefäßversorgung: Die arterielle Versorgung erfolgt über drei Arterien: *A. suprarenalis sup.* (aus A. phrenica inf.), *A. suprarenalis media* (aus Aorta) und *A. suprarenalis inf.* (aus A. renalis). Sie bilden ein Gefäßnetz innerhalb der Kapsel.
Der venöse Abfluß erfolgt über eine *V. suprarenalis* rechts in die V. cava inf. und links in die V. renalis.

8.5.2 Inselorgan (endokrines Pankreas)

Die *Langerhans-Inseln* werden in ihrer Gesamtheit als Inselorgan des Pankreas bezeichnet und bilden die endokrinen Anteile des Pankreas. Sie liegen inmitten der exokrinen Anteile und fehlen im Kopf der Bauchspeicheldrüse (s.a. Histologie 3.12.2).

8.6 Harnorgane

Die Harnorgane liegen retroperitoneal. Man unterscheidet *harnbereitende* und *harnableitende Abschnitte* der Harnorgane. Der Urin wird in der Niere gebildet und über die Harnleiter (Ureteren) in die Harnblase geleitet. Dort wird er zunächst gesammelt und schließlich über die Harnröhre (Urethra) ausgeschieden.

8.6.1 Niere (Ren)

Die *Niere* (*Ren*) ist bohnenförmig, 10–12 cm lang, 5–6 cm breit, 4 cm dick und wiegt etwa 150 g. Man unterscheidet einen oberen und einen unteren Pol, eine leicht gewölbte Vorder- und Hinterfläche sowie einen konkaven medialen und konvexen lateralen Rand. Am medialen Rand liegt die *Nierenpforte* (*Hilum renale*), die in den Sinus renalis führt. Hier liegen die Gefäße, Nerven und das *Nierenbecken* (*Pelvis renalis*) (Abb. 8.7).

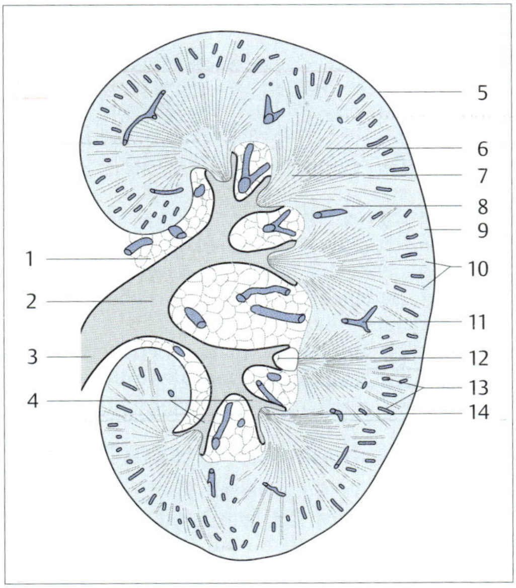

Abb. 8.**6** Niere, Schnittfläche. 1 = Sinus renalis, 2 = Pelvis renalis, 3 = Ureter, 4 = Calices renales, 5 = Capsula fibrosa, 6 = Außenzone, 7 = Innenzone, 8 = Columna renalis, 9 = Rindenlabyrinth, 10 = Markstrahlen, 11 = A. interlobaris, 12 = Area cribrosa, 13 = Aa. interlobulares, 14 = Papilla renalis (aus Bucher, Huber 1989)

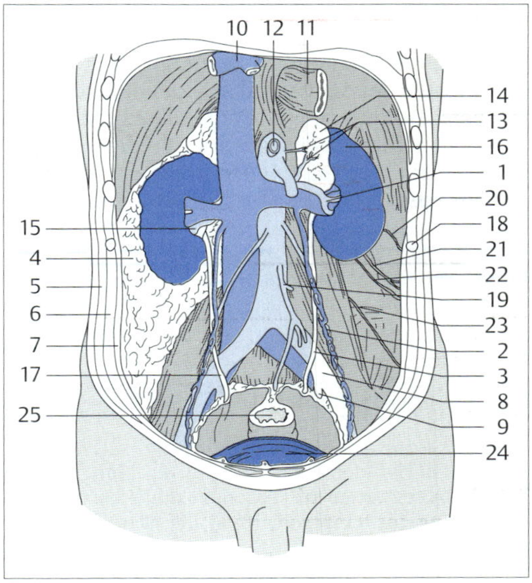

Abb. 8.**7** Topographie des Retroperitoneums. 1 = A. u. V. renalis, 2 = A. u. V. testicularis, 3 = Ureter, 4 = Nierenfettkapsel, 5 = M. obliquus externus abdominis, 6 = M. obliquus internus abdominis, 7 = M. transversus abdominis, 8 = Aa. u. Vv. iliacae communes, 9 = A. u. V. iliaca interna, 10 = V. cava inferior, Vv. hepaticae, 11 = Hiatus oesophagus, 12 = Truncus coeliacus, 13 = A. suprarenalis media, V. suprarenalis, 14 = Nebenniere, 15 = A. u. V. renalis, 16 = Niere, 17 = Ureter, 18 = XII. Rippe, 19 = A. mesenterica inferior, 20 = N. intercostalis XII, 21 = N. iliohypogastricus, 22 = N. ilioinguinalis, 23 = N. cutaneus femoris lateralis, 24 = Blase, 25 = Rectum (aus Jocham/Miller, Thieme 1994)

Gliederung (Abb. 8.**6**): Auf Schnitten durch die Niere erkennt man eine Gliederung in *Rinde* (*Cortex*) und *Mark* (*Medulla*). Das Nierenmark gliedert sich in 8–12 *Markpyramiden* (*Pyramides renales*), deren Basis zur Nierenoberfläche zeigt und deren Spitzen (*Papillae renales*) in das Nierenbecken hineinragen. Die Nierenrinde liegt kappenförmig über den Basen der Markpyramiden und bildet zwischen den Pyramiden *Säulen* (*Columnae renales*). Markpyramiden mit umgebender Rindenschicht stellen eine Einheit (*Lobus renalis*) dar.

Lage: Die Nieren liegen in den Fossae lumbales zwischen M. psoas und M. quadratus lumborum. Ihre Lage ist mäßig atemabhängig. Bei mittlerer Inspiration reicht der obere Nierenpol links bis zum

Oberrand des 12. Brustwirbels, der untere Nierenpol bis zum 3. Lendenwirbel. Die rechte Niere steht etwa eine halbe Wirbelhöhe tiefer als die linke. Die 12. Rippe zieht etwa an der Grenze zwischen oberem und mittlerem Drittel schräg über die Niere hinweg.

Kapsel: Die Niere wird von einer bindegewebigen *Organkapsel* (*Capsula fibrosa*), einer *Fettkapsel* (*Capsula adiposa*) und einem Fasziensack umgeben. Der Fasziensack besteht aus vorderem und hinterem Blatt (*Fascia praerenalis* und *retrorenalis*). Beide Blätter sind oben und seitlich geschlossen. Nach medial und unten ist der Fasziensack geöffnet. Durch den Spalt ziehen die Gefäße und der Harnleiter.

Klinischer Bezug

Die Niere kann sich innerhalb des Fasziensacks bewegen und in das kleine Becken absinken **(Senkniere).** Dabei kann es zur Abknickung des Harnleiters und damit zum Rückstau des Harns in die Niere kommen **(Stauungsniere).**

Topographie: Die rechte Niere liegt unter dem rechten Leberlappen und steht medial mit der Pars descendens duodeni in Kontakt. Der untere Pol wird vom Colon ascendens und der Flexura coli dext. bedeckt. Die linke Niere berührt vorne den Magen, seitlich die Milz und im Bereich des Nierenhilus den Pankreasschwanz. Das Colon descendens bedeckt den unteren Nierenpol. Hinter der Niere verlaufen N. subcostalis, N. iliohypogastricus und N. ilioinguinalis (Fortleitung von Nierenirritationen in die Regio inguinalis).

Merke

Im Nierenhilus treten die Nierengefäße auf der *ventralen* Seite ein, das Nierenbecken und der Harnleiter (Ureter) *dorsal* aus.

Gefäßversorgung (Abb. 8.**7**) **und Innervation:** Die arterielle Versorgung erfolgt über die *Aa. renales*, die aus der Aorta entspringen. Die A. renalis dext. zieht hinter der V. cava inf. zum Nierenhilus. In 30 % geht eine Arterie zum unteren Nierenpol gesondert ab.

Der venöse Abfluß erfolgt über die *Vv. renales*. Die V. renalis sin. kreuzt in ihrem Verlauf die Aorta.

Die sympathische Innervation erfolgt über Fasern des *Plexus coeliacus*, die als *Plexus renalis* mit der A. renalis zur Niere ziehen.

8.6.2 Nierenbecken (Pelvis renalis)

Das *Nierenbecken* (*Pelvis renalis*) liegt in Höhe des 1. Lendenwirbels im *Sinus renalis*. Es zweigt sich zu den Markpapillen hin in 8–12 *Nierenkelche* (*Calices renales*) auf, die die Papillenspitzen umfassen. Man unterscheidet einen *ampullären Typ* mit weitem Nierenbecken und kurzen, plumpen Kelchen und einen *dendritischen Typ* mit einem kleinen Nierenbecken und langen, verzweigten Kelchen.

Im Nierenhilus geht das Nierenbecken in den Harnleiter (Ureter) über.

8.6.3 Harnleiter (Ureter)

Der *Harnleiter* (*Ureter*) ist etwa 25–30 cm lang und leitet den Urin vom Nierenbecken in die Harnblase. Man unterscheidet eine *Pars abdominalis* und eine *Pars pelvica*.

Der Harnleiter zieht schräg über die Faszie des M. psoas hinweg, biegt oberhalb der Linea terminalis nach medial und mündet im kleinen Becken in den Fundus der Harnblase. Er unterkreuzt dabei auf dem M. psoas die Vasa testicularia (ovarica), überkreuzt die Teilungsstelle der Vasa iliaca comm. und unterkreuzt im kleinen Becken beim Mann den Ductus deferens und bei der Frau die A. uterina.

Merke

Der Ureter hat *drei physiologische Engen*, in denen Nierensteine eingeklemmt werden können: am Abgang des Ureters aus dem Nierenbecken, an der Überkreuzungsstelle mit den Vasa iliacae comm. und beim Durchtritt durch die Harnblasenwand.

Gefäßversorgung und Innervation: Die arterielle Versorgung erfolgt aus Arterien in der Umgebung des Ureters (Äste der A. renalis, A. testicularis bzw. ovarica, A. pudenda int. und A. vesicalis sup.). Die Venen verlaufen mit den Arterien.

Sympathische und parasympathische Fasern bilden den *Plexus uretericus* in der Wand des Ureters. Sensible Fasern verlaufen in den *Nn. splanchnici.*

8.6.4 Harnblase (Vesica urinaria)

Die *Harnblase* (*Vesica urinaria*) liegt subperitoneal hinter der Symphyse auf dem Beckenboden. Sie ist ein muskuläres Hohlorgan und besteht aus *Blasenkörper* (*Corpus vesicae*) und *Blasengrund* (*Fundus vesicae*). Von der *Blasenspitze* (*Apex vesicae*) zieht ein *Lig. umbilicale medianum* zum Nabel (Abb. 8.**8**).

Der Blasengrund ist im subperitonealen Bindegewebe fixiert und liegt den Fasern des M. levator ani an. Nach unten verschmälert sich der Fundus zum *Blasenhals* (*Collum vesicae*), der in die Harnröhre übergeht. An der Hinterwand des Fundus münden die beiden Harnleiter.

Merke

Das *Blasendreieck* (*Trigonum vesicae*) liegt zwischen Ureterenmündung und Ostium urethrae int. (Abb. 8.**8**).

Wand: Die Wand der Harnblase besteht aus Tunica serosa, Tunica muscularis und Tunica mucosa (s.a. Histologie 3.13.3). Die dreilagige Muskulatur bildet eine funktionelle Einheit (*M. detrusor vesicae*). Fasern der Detrusormuskulatur schlingen sich um den Blasenhals und bilden den *M. sphincter vesicae int.* Um die Mündung der Ureteren ist die Muskulatur schlingenförmig angeordnet und ermöglicht so Öffnung und Verschluß der Ureteren. An der Spitze des Blasendreiecks wölbt das längsgestellte Blasenzäpfchen (*Uvula vesicae*) die hintere Wand des Ostium urethrae int. vor.

Befestigung: Die Harnblase ist nur im Bereich von Collum und Fundus unverschieblich befestigt. Sie wird durch Bindegewebs- und Muskelzüge hinter der Symphyse und am Beckenboden fixiert. Vom vorderen Rand der Harnblase ziehen *Ligg. pubovesicales* (mit M. pubovesicalis) zu den Schambeinen. Nach hinten und zur Seite ist die Blase über *Lig. rectovesicale* und *Ligg. vesicosacrale* mit Rektum und hinterer Beckenwand verbunden. Beim Mann liegt die Harnblase auf der Prostata, bei der Frau ist der Fundus mit der Scheidenvorderwand und dem Uterushals verwachsen.

Harnblasenfüllung: Bei einer Harnblasenfüllung von 200–500 ml tritt *Harndrang* ein. Bei zunehmender Blasenfüllung wölbt sich der Blasenkörper in die Peritonealhöhle vor und schiebt das Peritoneum von der vorderen Bauchwand ab.

Klinischer Bezug

Eine stark gefüllte Harnblase kann am Oberrand der Symphyse punktiert werden.

Harnblasenentleerung: Die Blasenentleerung (*Miktion*) erfolgt über Kontraktionen des M. detrusor vesicae. Dabei werden gleichzeitig die Ureteren verschlossen und der M. sphincter vesicae int. geöffnet. Das Trigonum vesicae wird nach dorsal oben und damit die Uvula vesicae aus der Harnröhrenmündung gezogen (*M. retractor uvulae*). Während der Kontraktion des Detrusor erschlafft der M. sphincter urethrae und macht so die Blasenentleerung möglich. Die Blasenentleerung wird willkürlich eingeleitet und unterbrochen.

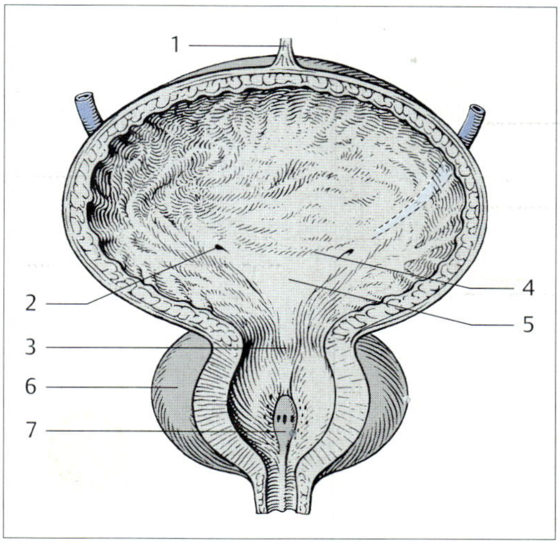

Abb. 8.**8** Harnblase des Mannes. 1 = Lig. umbilicale medianum, 2 = Uretermündung, 3 = Ostium urethrae int. mit Uvula vesicae, 4 = quere Ureterleiste, 5 = Trigonum vesicale, 6 = Prostata, 7 = Colliculus seminalis (aus Kahle/Leonhardt/Platzer, Thieme 1991)

Gefäßversorgung: Die arterielle Versorgung erfolgt über *A. vesicalis sup.* zum Blasenkörper und *A. vesicalis inf.* zum Blasengrund (beide Äste der A. iliaca int.) sowie kleinere Äste aus A. obturatoria, A. rectalis media und A. pudenda int.

Der venöse Abfluß erfolgt über den *Plexus venosus vesicalis*, der am Harnblasengrund liegt, zu den Vv. iliaci int. Der Plexus venosus vesicalis steht beim Mann mit dem Plexus venosus prostaticus in Verbindung und nimmt die V. dorsalis penis prof. und bei der Frau die Vv. dorsales clitoridis prof. auf.

Lymphabfluß: Er erfolgt aus den oberen und seitlichen Partien zu den Nn. ll. iliaci ext., aus dem Fundus zu den Nn. ll. iliaci int. und aus der Vorderwand zu den Nn. ll. vesicales ant.

Innervation: Die sympathischen und parasympathischen Fasern gelangen über *Plexus hypogastricus inf.* und *Plexus vesicalis* zur Harnblase. Die parasympathischen Fasern innervieren den M. detrusor vesicae, die sympathischen den M. sphincter vesicae int. Der M. sphincter vesicae ext. wird über den *N. pudendus* innerviert.

Klinischer Bezug

Engen der Harnröhre (z. B. durch Prostatahypertrophie) führen zu einer Hypertrophie der Blasenmuskulatur (sog. *Balkenblase*).

8.6.5 Weibliche Harnröhre (Urethra feminina)

Die *weibliche Harnröhre* (*Urethra feminina*) ist 3 bis 5 cm lang. Sie beginnt an der unteren Spitze des Trigonum vesicae mit der inneren Harnröhrenöffnung (*Ostium urethrae int.*), zieht durch das Diaphragma urogenitale und endet mit der äußeren Harnröhrenöffnung (*Ostium urethrae ext.*) hinter der Glans clitoridis (Abb. 8.**9**). Sie ist der engste Teil der weiblichen Harnröhre.

Das Lumen der Harnröhre wird durch Schleimhautfalten (*Crista urethralis* an der Rückwand) eingeengt und kann auf 7 – 8 mm erweitert werden.

8.7 Weibliche Geschlechtsorgane

Man unterteilt die weiblichen Geschlechtsorgane in innere und äußere Geschlechtsorgane. Die inneren Geschlechtsorgane liegen kranial vom Diaphragma pelvis, die äußeren kaudal davon. Das Jungfernhäutchen (Hymen) bildet die Grenze.

Zu den *inneren weiblichen Geschlechtsorganen* gehören das Ovar (Eierstock), die Tuba uterina (Eileiter), der Uterus (Gebärmutter) und die Vagina (Scheide). Das *äußere Genitale*, bestehend aus Labia maj. und min. (große und kleine Schamlippen), Klitoris (Kitzler) und Gll. vestibulares maj. et min. (Vorhofdrüsen) wird als Vulva bezeichnet. Eine Übersicht zeigt Abb. 8.**9**.

8.7.1 Eierstöcke (Ovarien)

Das *Ovar* produziert Geschlechtshormone und bildet zwischen Pubertät und Klimakterium reife Eizellen.

Lage: Das Ovar ist plattoval, 2,5 – 5 cm lang, 2 cm breit und 0,5 – 1 cm dick und wiegt 7 – 14 g. Es liegt in der *Fossa ovarica* zwischen großem und kleinem Becken auf der Art. sacroiliaca zwischen den Aa. iliacae ext. und int. Es ist über ein *Mesovar* am Lig. latum uteri (Peritonealduplikatur des Uterus) befestigt. Am oberen Pol ist das Ovar durch das *Lig. suspensorium ovarii* mit der seitlichen Beckenwand verbunden. Vom unteren Pol zieht das *Lig. ovarii proprium* zum Uterus (Abb. 8.**10**).

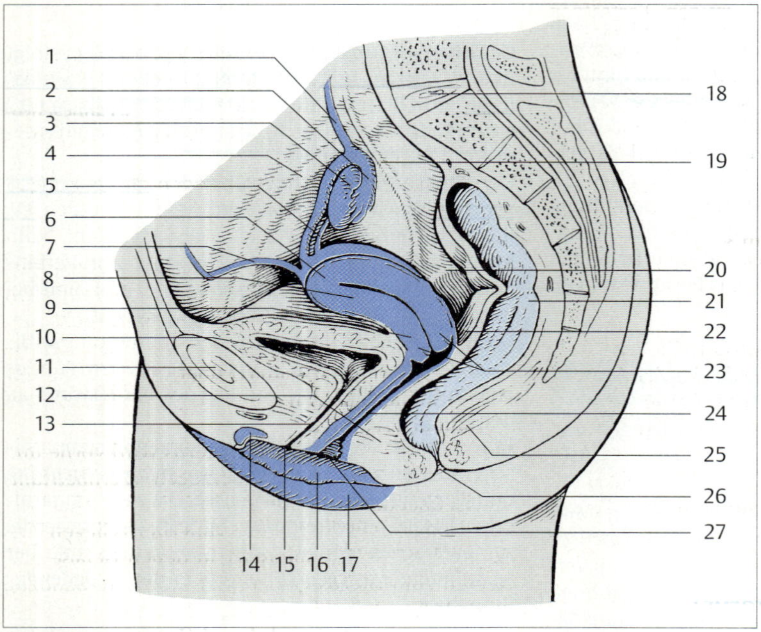

Abb. 8.**9** Sagittalschnitt durch das weibliche Becken. 1 = Lig. suspensorium ovarii, 2 = Tube, 3 = Ovarium, 4 = Vasa iliaca externa, 5 = Lig. ovarii proprium, 6 = Fundus uteri, 7 = Lig. teres uteri (Lig. rotundum), 8 = Corpus uteri, 9 = Cervix uteri, 10 = Vesica urinaria, 11 = Symphysis, 12 = Diaphragma urogenitale, 13 = Urethra, 14 = Klitoris, 15 = Ostium urethrae externum, 16 = Labium minus, 17 = Labium majus, 18 = Promontorium, 19 = Ureter, 20 = Lig. sacrouterinum, 21 = Rectum, 22 = Excavatio rectouterina, 23 = Portio vaginalis, 24 = Vagina, 25 = M. levator ani, 26 = Anus, 27 = Ostium vaginae (Introitus vaginae) (aus Martius, Breckwoldt/Pfleiderer, Thieme 1996)

Gefäßversorgung und Innervation: Die arterielle Versorgung erfolgt über die *A. ovarica* (aus Aorta), die über das Lig. suspensorium ovarii zum Ovar zieht und mit dem *R. ovaricus* der A. uterina anastomosiert. Der venöse Abfluß erfolgt in den *Plexus ovaricus* und weiter über die *V. ovarica* in die Beckenvenen.
Die sympathischen und parasympathischen Fasern stammen aus *Plexus mesentericus sup.*, *Plexus renalis* und *Plexus rectalis* und ziehen mit den Gefäßen zum Ovar.

8.7.2 Eileiter (Tuba uterina)

Die *Tuba uterina* (*Eileiter*) dient dem Transport der Eizellen in den Uterus.
Der Eileiter ist 8–20 cm lang, liegt intraperitoneal und ist über ein *Mesosalpinx* mit dem Lig. latum uteri verbunden. Er überlagert von oben her das Ovar (Abb. 8.**10**).
Gliederung: Die Tube beginnt in der oberen Ecke des Uterus mit der *Pars uterina tubae*, die die engste Stelle bildet. Die Pars uterina geht in den *Isthmus tubae uterinae* über, der in die *Ampulla tubae uterinae* mündet. Die Ampulla tubae nimmt die lateralen zwei Drittel ein und erweitert sich trichterförmig (*Infundibulum tubae uterinae*). Sie öffnet sich mit dem *Ostium abdominale*, das von fransenförmigen Fortsätzen (*Fimbriae tubae*) umgeben ist, in die Bauchhöhle.

Klinischer Bezug

Verklebungen innerhalb des Eileiters (z. B. nach abgelaufener Entzündung) können zu einer *Tubargravidität* führen, bei der sich das befruchtete Ei in der Tubenschleimhaut einnistet. Sie muß operativ entfernt werden, da es sonst spätestens im 3. Monat zur Ruptur der Tube mit starken lebensgefährlichen Blutungen in die Bauchhöhle kommt.

Gefäßversorgung und Innervation: Die arterielle Versorgung erfolgt über den *R. tubarius* der A. uterina und die *A. ovarica*. Die Venen münden in die venösen Plexus des Uterus.
Der Lymphabfluß erfolgt entlang der A. ovarica zu den aortalen Lymphknoten und den Nn. ll. iliaci int.
Die sympathischen und parasympathischen Fasern gelangen über Plexus ovaricus und Plexus hypogastricus inf. zur Tube.

8.7.3 Gebärmutter (Uterus)

Die *Gebärmutter* (*Uterus*) nimmt während der Schwangerschaft die Frucht auf. Ihre Schleimhaut dient der Einnistung des Keims und ist am Aufbau der Plazenta beteiligt. Die Muskulatur dehnt sich mit Wachstum des Feten aus und bewirkt durch rhythmische Kontraktionen (Wehen) die Geburt.

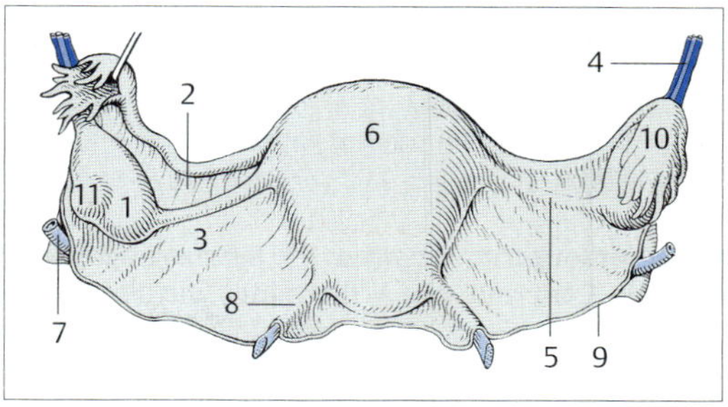

Abb. 8.**10** Uterus, Tuben und Ovarien. 1 = Ovar, 2 = Mesovar, 3 = Lig. latum uteri (Plica lata), 4 = Lig. suspensorium ovarii, 5 = Lig. ovarii proprium, 6 = Uterus, 7 = Ureter, 8 = Plica retrouterina, 9 = Schnittrand Peritoneum, 10 = Tuba uterina, 11 = Follikel (aus Kahle/Leonhardt/Platzer, Thieme 1991)

Gliederung (Abb. 8.**10**)**:** Der Uterus ist 7–9 cm lang und birnenförmig. Der *Uteruskörper* (*Corpus uteri*) nimmt die oberen zwei Drittel ein und setzt sich in den kuppenförmigen *Fundus uteri* fort, der über die Tubenmündungen hinausragt. Der *Uterushals* (*Cervix uteri*) nimmt das untere Drittel ein und ragt mit einem Teil in die Vagina (*Portio uteri*).

Merke

Die Längsachse des Uterus bildet mit der Längsachse der Vagina einen nach vorne stumpfen Winkel **(Anteversio uteri).**
Das Corpus uteri ist gegen die Cervix nach vorne abgeknickt **(Anteflexio uteri).**

Das Corpus umschließt die dreieckige *Gebärmutterhöhle* (*Cavum uteri*), in deren beiden oberen Ecken die Tuben münden. Die untere Ecke geht am *inneren Muttermund* (*Canalis isthmi*) in den *Zervixkanal* (*Canalis cervicis uteri*) über, der sich auf der Portio vaginalis uteri mit dem *äußeren Muttermund* (*Ostium uteri*) öffnet.
Befestigung (Abb. 8.**10**)**:** Der Uterus wird vorne und hinten von Peritoneum überzogen (*Perimetrium*) und ist über das *Lig. latum uteri* mit der lateralen Beckenwand verbunden. Seitlich vom Uterus liegen Bindegewebszüge (*Parametrien*), in denen Gefäße und Nerven zum Uterus ziehen. Der kräftigste Bandzug wird als *Lig. cardinale* bezeichnet. Weitere Bandzüge ziehen nach ventral und dorsal (*Lig. rectouterinum*, *Lig. sacrouterinum*). Alle diese Bänder fixieren den Uterus im kleinen Becken.

Anatomie

> **Merke**
>
> Das *Lig. teres uteri* zieht vom Tubenwinkel durch den Leistenkanal zu den großen Schamlippen. Es hat keine Haltefunktion.

Gefäßversorgung: Die arterielle Versorgung erfolgt über die *A. uterina* (aus A. iliaca int.), die den Uterus am Collum cervicale uteri erreicht und geschlängelt an der Seitenwand des Uterus nach oben läuft. Sie kann sich so der Vergrößerung des Uterus während der Schwangerschaft anpassen. Sie gibt ab einen *R. ovaricus*, der mit der A. ovarica anastomosiert, einen *R. tubarius* zur Versorgung der Tube und die *A. vaginalis* zur Versorgung der Vagina.
Der venöse Abfluß erfolgt über ausgeprägte *Venenplexus* (Plexus venosus uterinus, Plexus venosus cervicalis uteri, Plexus venosus vaginalis) in die Vv. iliacae int. Die Mitte des Uterus bleibt frei von Gefäßen.
Lymphabfluß: Er erfolgt aus der Zervixregion in die Nn. ll. iliaci int. und die Nn. ll. sacrales, aus der Korpusregion in die Nn. ll. lumbales und über das Lig. teres uteri in die Nn. ll. inguinales superf.
Innervation: Seitlich neben Zervix und Vagina liegt der *Plexus uterovaginalis*, der sympathische Fasern über das Ggl. mesentericum inf. und parasympathische Fasern aus dem Sakralmark enthält.

8.7.4 Scheide (Vagina)

Die *Scheide* (*Vagina*) wird unter der Geburt Teil des Geburtskanals. Sie ist ein 8 – 10 cm langer muskulär-bindegewebiger Schlauch, der sich zur Portio vaginalis uteri hin verbreitert. Die Portio wird vom *Scheidengewölbe* (*Fornix vaginae*) ringförmig umgeben. Vorder- und Hinterwand der Vagina liegen einander an. Jede Wand trägt querverlaufende Schleimhautfalten (*Columnae rugarum ant. et post.*). An der Vorderwand liegt der längsverlaufende *Harnröhrenwulst* (*Carina urethralis vaginae*). Eine von der hinteren Wand vorspringende halbmondförmige Falte bildet das *Jungfernhäutchen* (*Hymen*).
Befestigung: Die Vagina ist durch muskelfreies straffes Bindegewebe (*Paracolpium*) fest mit den umgebenden Strukturen verbunden. Zwischen vorderer Scheidenwand, Harnröhre und Harnblase spannt sich das *Septum vesicourethrovaginale* aus. Zwischen hinterer Scheidenwand und Rektum liegt das *Septum rectovaginale*.
Gefäßversorgung und Innervation: Die arterielle Versorgung erfolgt durch die *A. vaginalis* (aus A. uterina) und *Rr. vaginales* (aus A. pudenda int. und A. vesicalis inf.).
Der venöse Abfluß erfolgt über den *Plexus venosus vaginalis* zu den Vv. iliacae int.
Die Lymphe fließt entlang der Vasa iliaca zu den Nn. ll. iliaci int.
Die nervöse Innervation erfolgt über den *Plexus uterovaginalis*.

8.7.5 Äußere Geschlechtsorgane (Vulva)

Große Schamlippen (Labia majora): Sie sind pigmentierte paarige Hautwülste, die ein straffes Fettpolster überziehen, und überdecken die Schamspalte (*Rima pudendi*). An der Außenseite sind sie behaart und vorne und hinten miteinander verbunden (*Commissura labiorum ant.* und *post.*). Vor den Schamlippen liegt der Schamberg (*Mons pubis*).
Kleine Schamlippen (Labia minora): Sie sind paarige unbehaarte dünne Hautfalten, die den Scheidenvorhof begrenzen und vorne mit der Klitoris in Verbindung stehen.
Scheidenvorhof (Vestibulum vaginae): Er wird von den kleinen Schamlippen und der Klitoris (s.u.) begrenzt. In den Scheidenvorhof münden die Harnröhre, die Scheide sowie *große* und *kleine Vorhofdrüsen* (*Gll. vestibulares maj.* und *min.*). Die *Gl. vestibularis maj.* (*Bartholini-Drüse*) liegt unter dem M. transversus perinei prof. in der kleinen Schamlippe und mündet mit ihrem Ausführungsgang an dessen Innenseite. Die *Gll. vestibulares min.* münden mit zahlreichen Ausführungsgängen um die Klitoris herum. Den Seitenteilen des Vestibulums liegen dichte Venengeflechte (*Bulbus vestibuli*) an, die dem Corpus spongiosum penis entsprechen. Jeder Bulbus wird vom M. bulbospongiosus umgeben.
Kitzler (Klitoris): Sie besteht aus einem *erektilen Schwellkörper* (*Corpus cavernosum clitoridis*), der beidseits in einen *Schenkel* (*Crus clitoridis*) ausläuft. Das Ende der Klitoris (*Glans clitoridis*) liegt zwischen den kleinen Schamlippen und wird von einer *Schleimhautfalte* (*Praeputium clitoridis*) überzogen. Die Schwellkörper entspringen vom unteren Schambeinast und werden von den Mm. ischiocavernosi umhüllt.
Gefäßversorgung: Die gesamte arterielle Versorgung erfolgt über *Äste der A. pudenda int.* Oberflächlich zieht die A. perinealis und gibt Aa. transversae perinei und Rr. labiales ant. et post. zu den Schamlippen ab. *Tiefe Äste der A. pudenda int.* (Rr. bulbi vestibuli, A. prof. clitoridis, A. dors. clitoridis) versorgen Bulbus vestibuli und Klitoris.
Der venöse Abfluß erfolgt über die *V. pudenda int.* (nimmt Vv. labiales post., Vv. prof. clitoridis und V. bulbi vestibuli auf), *V. dorsalis clitoridis prof.* und die *Vv. pudendae ext.*
Lymphabfluß: Die Lymphe aus der Haut von Anus, Schamlippen und Klitoris fließt zu den *Nn. ll. inguinales superf.*, aus dem Analbereich darüber hinaus zu den *Nn. ll. iliaci int.*

Innervation: Die Nervenversorgung erfolgt durch *Nn. perineales, N. dorsalis clitoridis, Nn. labiales ant.* und den *R. genitalis des N. genitofemoralis.*

8.8 Männliche Geschlechtsorgane

Zu den *inneren männlichen Geschlechtsorganen* zählen die Testis (Hoden), die Epididymis (Nebenhoden), der Ductus deferens (Samenleiter) und die akzessorischen Geschlechtsdrüsen: Prostata (Vorsteherdrüse), Vesicula seminalis (Bläschendrüse) und Gll. bulbourethrales (Cowper-Drüsen). Zu den *äußeren Geschlechtsorganen* gehören der Penis (männliches Glied) und das Skrotum (Hodensack). Eine Übersicht zeigt Abb. 8.**11**.

8.8.1 Hoden (Testis)

Im *Hoden* (*Testis*) werden Geschlechtshormone und ab der Pubertät Samenzellen gebildet. Die Samenzellen gelangen in den Nebenhoden und werden dort gespeichert (Rete testis → Ductuli efferentes → Ductus epididymis → Ductus deferens). Bei der Ejakulation werden sie durch den Samenleiter gemeinsam mit dem Sekret der Prostata und der Samenbläschen durch die Harnröhre ausgestoßen.

Lage: Der Hoden ist pflaumenförmig, von praller Konsistenz und etwa 4–5 cm lang. Der linke Hoden ist meist etwas größer als der rechte und liegt tiefer im *Skrotum*, einer von der Bauchhaut gebildeten Hauttasche. Am hinteren Rand treten im Mediastinum testis Gefäße und Nerven ein und aus.

Anatomie

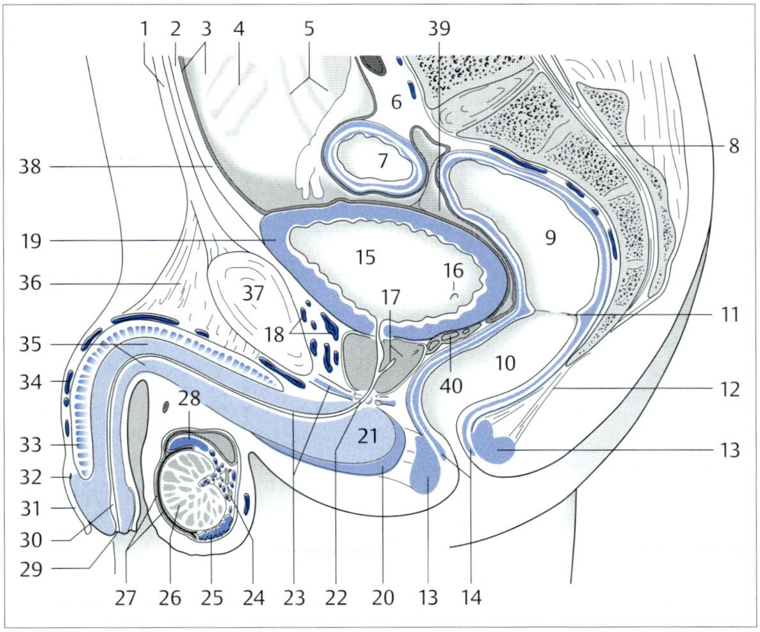

Abb. 8.**11** Sagittalschnitt durch das männliche Becken. 1 = Linea alba, 2 = Lig. umbilicale medianum in der Plica umbilicalis mediana, 3 = Peritoneum parietale, 4 = Vorwulstung des parietalen Peritoneum durch die Vasa iliaca ext. dext., 5 = Vorwulstung des parietalen Peritoneums durch den rechten Ureter und die Vasa iliaca int. dext., 6 = Mesocolon sigmoideum, 7 = Colon sigmoideum, 8 = Filum terminale ext., 9 u. 10 = Rektum, 9 = Flexura sacralis, 10 = Flexura perinealis, 11 = Plica transversalis recti, 12 = Lig. anococcygeum, 13 = M. sphincter ani ext., 14 = M. sphincter ani int., 15 = Vesica urinaria, 16 = Ostium ureteris dext., 17 = Prostata und Utriculus prostaticus, 18 = Plexus venosus prostaticus, 19 = Apex vesicae, 20 = M. bulbospongiosus, 21 = Bulbus penis, 22 = Pars membranacea urethrae, 23 = M. transversus perinei prof. und Pars spongiosa urethrae, 24 = Corpus epididymidis und Mediastinum testis, 25 = Cauda epididymidis, 26 = Testis, 27 = Tunica vaginalis testis, 28 = Caput epididymidis, 29 = Ostium urethrae ext., 30 = Fossa navicularis urethrae, 31 = Praeputium penis, 32 = Collum glandis, 33 = Corpus cavernosum penis, 34 = V. dorsalis prof. penis, 35 = Corpus spongiosum penis, 36 = Lig. suspensorium penis, 37 = Symphysis pubica, 38 = präperitoneales Bindegewebe, 39 = Spatium rectovesicale, 40 = Vesicula seminalis (nach Frick/Leonhardt/Starck, Thieme 1992)

Hodenhüllen: Der Hoden wird von mehreren Hüllen (*Tunica vaginalis testis*) umgeben, die Abkömmlinge von Muskeln und Faszien der Bauchwand sowie des Peritoneums sind (s.a. Histologie 3.16.1). Sie setzen sich auf den Samenstrang fort (*Tunicae funiculi spermatici*).

! Merke

Von außen nach innen wird der Hoden umgeben von: Fascia spermatica ext., Fascia cremasterica, M. cremaster, Fascia spermatica int. und der Tunica vaginalis testis mit Epi- und Periorchium (s.a. Histologie 3.16.1).

Die Tunica vaginalis testis geht aus dem Proc. vaginalis peritonei hervor. Das *viszerale Blatt* (*Epiorchium*) bedeckt Hoden und Nebenhoden und geht am Mediastinum testis in das *parietale Blatt* (*Periorchium*) über. Beide Blätter umschließen die *Hodensackhöhle* (*Cavum scroti*).

Residualstrukturen: Am oberen Pol des Hodens liegt als Rest des Müller-Gangs eine kleine Zyste (*Appendix testis*), im Bereich des Nebenhodenkopfes als Rest der Urniere die *Appendix epididymidis*.

Gefäßversorgung und Innervation: Die arterielle Versorgung erfolgt über die *A. testicularis* (aus Aorta), die durch den Leistenkanal den Hoden erreicht. Im Samenstrang verläuft sie meist stark geschlängelt und teilt sich am Hilus in zwei Äste.

Das venöse Blut des Hodens fließt in den *Plexus pampiniformis*, der um die A. testicularis herum liegt und über die *V. testicularis* rechts in die V. cava inf. und links in die V. renalis sin. mündet.

Der Lymphabfluß erfolgt in die *Nn. ll. lumbales*.

Die nervöse Innervation erfolgt über Fasern aus dem *Plexus coeliacus*, die mit der A. testicularis den Hoden erreichen.

Klinischer Bezug

Die **Stieldrehung des Funiculus spermaticus (Hodentorsion)** ist äußerst schmerzhaft und führt zu einer Unterbrechung der Blutzufuhr. Der Hoden muß deshalb möglichst schnell (meist operativ) wieder in die richtige Lage gedreht werden.

8.8.2 Nebenhoden (Epididymis)

Der *Nebenhoden* (*Epididymis*) besteht aus einem dicken oberen Anteil, dem *Kopf* (*Caput epididymidis*), einem schmalen *Körper* (*Corpus epididymidis*) und dem unten gelegenen *Schwanz* (*Cauda epididymidis*). Der Nebenhodenkopf sitzt dem oberen Pol des Hodens auf, die übrigen Teile liegen dorsal. Der Nebenhodenschwanz setzt sich in den *Samenleiter* (*Ductus deferens*) fort, der mit den zum Hoden ziehenden Gefäßen, Nerven, Bindegewebe und Hüllen den *Samenstrang* (*Funiculus spermaticus*) bildet.

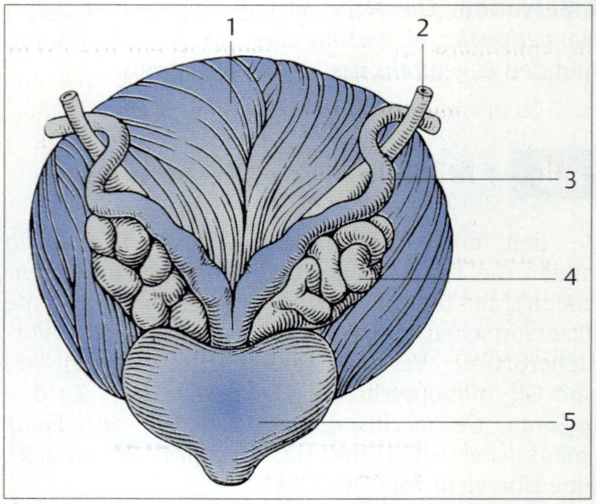

Abb. 8.**12** Harnblase und Samenbläschen (von hinten). 1 = Blasenwand, 2 = Ureter, 3 = Ductus deferens, 4 = Vesicula seminalis, 5 = Prostata (aus Dahmer, Thieme 1995)

Gefäßversorgung und Innervation: Die arterielle Versorgung erfolgt aus einem Endast der *A. testicularis* und einem Ast der *A. ductus deferentis*. Die Venen münden in den *Plexus pampiniformis*.

Lymphabfluß und Nervenversorgung entsprechen der des Hodens.

8.8.3 Samenleiter (Ductus deferens)

Der *Samenleiter* (*Ductus deferens*) ist 40 – 50 cm lang und beginnt als Fortsetzung des Nebenhodengangs am unteren Ende des Nebenhodens. Er zieht an der medialen Seite des Nebenhodens und gelangt im *Samenstrang* (*Funiculus spermaticus*) (s.a. 6.3.2) durch den Leistenkanal in die Bauchhöhle. Dort läuft er an der Wand des kleinen Beckens entlang und legt sich dem Blasengrund von dorsal her an (Abb. 8.**11**). Er erweitert sich gegen Ende zur *Ampulla ductus deferentis* und setzt sich in den *Ductus ejaculatorius* fort, der in die Urethra mündet.

Gefäßversorgung: Die arterielle Versorgung erfolgt über die *A. ductus deferentis* (aus A. iliaca int. oder A. vesicalis inf.). Der venöse Abfluß erfolgt über den *Plexus pampiniformis* und über den Plexus vesicoprostaticus.

Die vegetative Innervation erfolgt über Fasern des *Plexus hypogastricus inf.*, die den Samenleiter als Plexus deferentialis begleiten.

8.8.4 Samenblase (Vesicula seminalis)

Die *Samenblase* (*Vesicula seminalis*) ist ein 10 – 15 cm langer Sack, der unregelmäßig konturiert und auf etwa 5 cm Länge zusammengedrängt ist. Die beiden Samenbläschen (Abb. 8.**12**) liegen lateral der Ampullae ductus deferentis und medial der Ureteren der Blasenhinterwand an, mit der sie verwachsen sind. Der Fundus der Drüse reicht an das Peritoneum der Excavatio rectovesicalis, die anderen Drüsenanteile liegen extraperitoneal. Ihr *Ausführungsgang* (*Ductus excretorius*) mündet innerhalb der Prostata in den Ductus deferens. Die Samenbläschen können von rektal getastet werden.

8.8.5 Vorsteherdrüse (Prostata)

Die *Vorsteherdrüse* (*Prostata, Gl. prostatica*) ist etwa eßkastaniengroß und -förmig und liegt zwischen Harnblasengrund und Diaphragma urogenitale. Sie umhüllt die Harnröhre nach ihrem Austritt aus der Harnblase (Abb. 8.**11**).

Die Prostata ist von einer derben Kapsel umgeben, die von der Beckenfaszie eingehüllt wird. Man unterscheidet *rechten* und *linken Prostatalappen* (*Lobus dext.* und *sin.*), die vor der Harnröhre durch den *Isthmus prostatae* verbunden sind. Ein kleiner *mittlerer Drüsenlappen* (*Lobus medius*) liegt zwischen Harnblasenfundus, Harnröhre und Ductus ejaculatorius.

Man unterscheidet drei Zonen, die um die Harnröhre herum angeordnet sind: *periurethrale Zone*, *Innenzone* (steht unter Östrogeneinfluß), *Außenzone* (steht unter Testosteroneinfluß).

Klinischer Bezug

Vergrößerungen der periurethralen Zone bezeichnet man als *benigne Prostatahypertrophie*. Prostatakarzinome gehen meist von der Außenzone aus.

Ductus ejaculatorius (Spritzkanälchen): Das gemeinsame Endstück von Ductus deferens und Ductus excretorius der Vesicula seminalis wird als *Ductus ejaculatorius* (*Spritzkanälchen*) bezeichnet. Er durchsetzt die Prostata und mündet auf dem *Samenhügel* (*Colliculus seminalis*) beiderseits des *Utriculus prostaticus*. Dies ist ein bis zu 1 cm langer Blindsack im Colliculus seminalis als Rudiment des Müller-Ganges.

Gefäßversorgung: Die arterielle Versorgung von Samenbläschen und Prostata erfolgt über Äste der *A. vesicalis inf.* Der venöse Abfluß erfolgt über den *Plexus venosus prostaticus*, der zwischen Kapsel und Faszie liegt und in die Vv. iliacae int. mündet.

Der Lymphabfluß erfolgt zu den Nn. ll. iliaci ext. und int.

Innervation: Sympathische und parasympathische Fasern verlaufen im *Plexus prostaticus* zu den Drüsen. Die sympathischen Fasern ziehen in den Nn. splanchnici lumbales, die parasympathischen in den Nn. splanchnici pelvici.

8.8.6 Äußere Geschlechtsorgane

Penis: Das männliche Glied (Abb. 8.**11**) umfaßt die Harnröhre und besitzt Schwellkörper, die die Erektion des Penis ermöglichen. Man unterscheidet die paarige *Wurzel* (*Radix penis*), mit der das Glied am unteren Rand der Schambeinäste und am Beckenboden angeheftet ist, und den frei beweglichen *Schaft* (*Corpus penis*). Der Schaft endet an der *Eichel* (*Glans penis*), durch deren vorspringenden *Rand* (*Corona glandis*) eine ringförmige *Furche* (*Collum glandis*) entsteht. Der Schaft ist von dünner verschieblicher Haut überzogen, die im Bereich der Glans die *Vorhaut* (*Praeputium*) bildet. Diese Reservefalte ist durch ein *Bändchen* (*Frenulum praeputii*) an der Unterseite der Glans penis angeheftet.

Der Penis ist aus zwei verschiedenen Schwellkörpern aufgebaut: den paarigen *Penisschwellkörpern* (*Corpora cavernosa penis*) und dem unpaaren *Harnröhrenschwellkörper* (*Corpus spongiosum penis*). Die *tiefe Penisfaszie* (*Fascia penis prof.*) vereinigt die Schwellkörper zum Penisschaft. Jedes Corpus cavernosum setzt sich nach proximal in den *Schwellkörperschenkel* (*Crus penis*) fort, der am Schambeinast angeheftet ist und vom *M. ischiocavernosus* umhüllt wird. Beide Corpora cavernosa werden von einer gemeinsamen derben Hülle (*Tunica albuginea corporum cavernosum*) umgeben und in der Mitte durch das *Septum penis* voneinander getrennt (s.a. Histologie 3.15.6).

An der Unterseite der Corpora cavernosa liegt in einer Rinne das Corpus spongiosum penis. Es beginnt am Diaphragma urogenitale mit einer Anschwellung (*Bulbus penis*), die vom *M. bulbospongiosus* umgeben ist, und geht distal in den Eichelschwellkörper über, der über die Penisschwellkörper gestülpt ist.

Erektion: Die Verlängerung, Verdickung und Versteifung des männlichen Gliedes (*Erektion*) wird hauptsächlich durch Blutfüllung der Corpora cavernosa bewirkt. Durch parasympathische Stimulation aus dem Sakralmark stellen sich die in die Kavernen ziehenden *Aa. helicinae* (aus Aa. profundae penis) weit. Durch die Blutfüllung steigt der Druck im Schwellkörper und behindert den venösen Rückfluß. Das Corpus spongiosum schwillt nicht so stark an und bleibt weich und flexibel, so daß das Ejakulat die Harnröhre ungehindert passieren kann. Bei Abnahme des Parasympathikotonus verengen sich die Arterien, die Tunica albuginea entspannt sich und der Penis erschlafft.

Merke

Die parasympathischen *Erektionszentren* liegen in Höhe S2–S4. Die efferenten Fasern verlaufen über die Nn. splanchnici pelvini (*Nn. erigentes*). Die *Ejakulationszentren* liegen in Höhe L2–L3. Die efferenten Fasern verlaufen über den Plexus hypogastricus.

Harnröhre (Urethra): Die *männliche Harnröhre* (*Urethra masculina*) ist 20–25 cm lang mit verschiedenen Engen und Weiten. Sie beginnt an der *inneren Harnröhrenöffnung* (*Ostium urethrae int.*) und endet an der *äußeren Harnröhrenöffnung* (*Ostium urethrae ext.*) auf der Glans penis. Sie gliedert sich in Pars prostatica, Pars membranacea und Pars spongiosa.
Die *Pars prostatica* ist spindelförmig erweitert und in der ganzen Länge von Prostata umgeben. An der Hinterwand wölbt sich eine Schleimhautfalte (*Crista urethralis*) vor, die in der Mitte den *Samenhügel* (*Colliculus seminalis*) bildet, auf dem die Ductus ejaculatorii münden (s.a. 8.8.5). Auf beiden Seiten entstehen Rinnen (*Sinus prostaticus*), in die sich die Ausführungsgänge der Prostatadrüsen öffnen. Im weiteren Verlauf wird die Harnröhre zur *Harnsamenröhre.*
Die *Pars membranacea* ist nur etwa 1–2 cm lang und durchsetzt das Diaphragma urogenitale. Fasern des M. transversus perinei prof. bilden den willkürlichen *Harnröhrenschließmuskel (M. sphincter urethrae*).
Die *Pars spongiosa* tritt unterhalb des Diaphragma urogenitale in den Bulbus penis und biegt sich dabei um den Symphysenrand nach vorne. In den geringfügig erweiterten Anfangsteil (*Ampulla urethrae*) münden die *Gll. bulbourethrales*, die beiderseits am hinteren Ende des Bulbus penis im M. transversus perinei prof. liegen. In der Glans penis liegt die *Fossa navicularis*, eine spindelförmige Erweiterung kurz vor Öffnung der Harnröhre.

Merke

Die *Engen der Urethra* sind das Ostium urethrae ext., die Pars membranacea und das Ostium urethrae int. *Weite Stellen* liegen im Bereich der Fossa navicularis, der Ampulla urethrae und der Pars prostatica. Die Urethra nimmt einen S-förmigen Verlauf. Sie macht eine Biegung am Übergang zwischen Pars spongiosa und Pars membranacea (*Curvatura infrapubica*) und eine weitere in der Pars spongiosa (*Curvatura praepubica*).

Gefäßversorgung und Innervation: Die arterielle Versorgung des Penis erfolgt über *A. dorsalis penis* und *A. prof. penis* (beide aus A. pudenda int.). Der venöse Abfluß erfolgt über die V. dorsalis penis, die in den Plexus vesicoprostaticus mündet.
Der Lymphabfluß erfolgt in die Nn. ll. subinguinales und iliaci int.
Die sensiblen und vegetativen Fasern ziehen im *N. dorsalis penis*. Die *Nn. perineales* versorgen Skrotum sowie M. bulbospongiosus, M. ischiocavernosus und Mm. transversus perinei.

8.8.7 Sperma (Samen)

Der *Samen* (*Sperma*) setzt sich aus den Sekreten von Nebenhoden, Samenbläschen und Prostata zusammen. Das *Ejakulat* (etwa 3–5 ml) enthält 40–120 Millionen Spermien pro ml. Im Normalfall sind mehr als 50 % der Spermien beweglich und voll entwickelt. Das Sekret der Samenbläschen macht das Sperma schwach alkalisch.
Die Fertilität des Spermas ist abhängig von Zahl, Entwicklungsgrad und Beweglichkeit der Spermien (s. a. 1.1.2).

8.9 Arterien

Die Organe des Bauchraumes werden von der *Aorta abdominalis* und ihren Ästen versorgt, die Beckeneingeweide von Ästen der *A. iliaca int.*

8.9.1 Pars abdominalis aortae

Die *Pars abdominalis aortae* (*Bauchaorta*) setzt die Pars thoracica aortae fort. Sie beginnt nach Durchtritt der Aorta durch das Zwerchfell und zieht vor der Wirbelsäule nach unten.
Die Bauchaorta gibt *paarige Äste* zu Bauchwand und Zwerchfell und zu den paarigen Eingeweiden des Bauchraums sowie *unpaare Äste* zu den unpaaren Eingeweiden in Bauch und Beckenhöhle ab. Kaudal setzt sich die Bauchaorta in die *A. sacralis mediana* fort, die über Kreuz- und Steißbein abwärts zieht (Abb. 2.**4**).

8.9.2 Truncus coeliacus

Der *Truncus coeliacus* (*Tripus Halleri*) geht unmittelbar im Hiatus aorticus aus der Vorderwand der Aorta ab. Er ist nur etwa 1–2 cm lang und versorgt mit seinen Ästen die Organe des Oberbauches:

- *A. gastrica sinistra:* zieht in der Plica gastropancreatica zur Pars cardiaca des Magens, gibt *Rr. oesophageales* ab, versorgt Kardia, kleine Kurvatur sowie Teile der Vorder- und Hinterwand des Magens, anastomosiert mit der A. gastrica dext. (aus der A. hepatica propria);
- *A. hepatica communis:* zieht entlang des Pankreas nach rechts, teilt sich oberhalb des Pylorus in:

- *A. hepatica propria:* zieht im Lig. hepatoduodenale medial der V. portae aufwärts und teilt sich nahe der Leberpforte, sie gibt folgende Äste ab:
- *A. gastrica dextra:* zieht zum rechten Teil der kleinen Kurvatur des Magens, anastomosiert mit der A. gastrica sin.;
- *R. dexter:* zieht zum rechten Leberlappen, gibt *A. cystica* zur Gallenblase ab;
- *R. sinister:* zieht zum linken Leberlappen;
- *A. gastroduodenalis:* zieht hinter der Pars sup. duodeni abwärts, gibt folgende Äste ab:
- *A. pancreaticoduodenalis superior anterior und posterior:* versorgen mit Rr. duodenales und Rr. pancreatici Duodenum und Pankreas;
- *Aa. retroduodenales:* zur Hinterfläche von Duodenum und Pankreas;
- *A. gastroomentalis dextra:* zieht im Lig. gastrocolicum von rechts entlang der großen Kurvatur, anastomosiert mit A. gastroomentalis sin., gibt *Rr. gastrici* und *Rr. omentales* ab.

- *A. lienalis (splenica):* zieht hinter dem Oberrand des Pankreas durch das *Lig. splenorenale* zum Milzhilus, versorgt die Milz und gibt folgende Äste ab:
  - *Rr. pancreatici:* zu Corpus und Cauda pancreatis;
  - *A. gastroomentalis sinistra:* zieht über das Lig. gastrosplenicum in das Omentum maj. und von links entlang der großen Kurvatur, gibt *Rr. gastrici* und *Rr. omentales* ab;
  - *Aa. gastrici breves:* zum Magenfundus.

8.9.3 A. mesenterica superior

Die A. mesenterica sup. entspringt etwa 1 cm unterhalb des Truncus coeliacus in Höhe des 1. Lendenwirbels aus der Vorderwand der Aorta. Sie verläuft hinter dem Pankreas abwärts und tritt zwischen dessen Unterrand und über der Pars horizontalis duodeni in das Mesenterium ein. Dort läuft sie in einem Bogen zum terminalen Ileum. Die A. mesenterica sup. versorgt mit ihren Ästen den Darm vom Duodenum bis zur linken Kolonflexur sowie den Pankreaskopf.
Die A. mesenterica sup. gibt folgende Äste ab:

- *A. pancreaticoduodenalis inf.:* teilt sich hinter dem Pankreaskopf in *R. ant.* und *post.*, die mit der A. pancreaticoduodenalis sup. ant. und post. einen Gefäßkranz bilden;
- *Aa. jejunales und ileales:* ziehen zu Jejunum und Ileum, sind über Arterienbögen (*Gefäßarkaden*) miteinander verbunden;
- *A. ileocolica:* zieht hinter dem Peritoneum in die Fossa iliaca dext., sie gibt ab:
  - *A. caecalis ant. et post.:* ziehen zur ventralen und dorsalen Wand des Caecums;
  - *A. appendicularis:* zieht im Mesoappendix zum Wurmfortsatz.
- *A. colica dext.:* zieht zum Colon ascendens, anastomosiert über einen absteigenden Ast mit der A. ileocolica und über einen aufsteigenden mit der A. colica media;
- *A. colica media:* erreicht das Querkolon über das Mesocolon transversum, anastomosiert über einen rechten Ast mit der A. colica dext. und über einen linken mit der A. colica sin. (*Riolan-Anastomose*).

8.9.4 A. mesenterica inferior

Die A. mesenterica inf. entspringt etwa 5 cm oberhalb der Bifurcatio aortae in Höhe des 3. Lendenwirbels und liegt völlig retroperitoneal. Sie zieht links der Aorta abwärts und versorgt das Colon descendens und sigmoideum sowie einen Teil des Rektums. Sie ist schwächer ausgebildet als die A. mesenterica sup.
Die A. mesenterica inf. gibt folgende Äste ab:

- *A. colica sinistra:* zieht zum Colon descendens, teilt sich in der linken Kolonflexur, anastomosiert über einen aufsteigenden Ast mit der A. colica media und über einen absteigenden mit der obersten A. sigmoidea.
- 2–3 *Aa. sigmoideae:* ziehen zum unteren Teil des Colon descendens und zum Colon sigmoideum, anastomosieren mit A. colica sin. und A. rectalis sup.
- *A. rectalis superior:* zieht ins kleine Becken und teilt sich in Höhe des 3. Kreuzbeinwirbels in zwei Äste, die beidseits des Rektums abwärts ziehen und mit A. rectalis inf. anastomosieren.

8.9.5 Paarige laterale Äste

Die paarigen dorsalen Äste ziehen zur hinteren Rumpfwand, die paarigen lateralen zu den paarigen Eingeweiden des Bauchraums. Von kranial nach kaudal entspringen folgende Äste:

- *A. phrenica inferior:* entspringt dicht unter dem Zwerchfell und versorgt dessen Unterfläche, gibt ab:
  - *A. suprarenalis superior:* zur Nebenniere,
- *A. suprarenalis media:* zur Nebenniere;
- *A. renalis:* geht in Höhe des 1.–2. Lendenwirbels nahezu rechtwinklig ab, zieht rechts hinter V. cava inf., links hinter der linken V. renalis zum Nierenhilus, teilt sich in *R. ant.* und *R. post.*, sie gibt ab:
  - *A. suprarenalis inferior:* zur Nebenniere;
- *A. testicularis/ovarica:* entspringt kaudal der A. renalis, zieht auf dem M. psoas maj. abwärts und überkreuzt den Ureter, die *A. testicularis* zieht mit dem Samenstrang zum Hoden, die *A. ovarica* zieht mit dem Lig. suspensorium ovarii zum Ovar;
- *Aa. lumbales:* vier paarige Segmentalarterien, die in Höhe des 1.–4. Lendenwirbels seitlich aus der

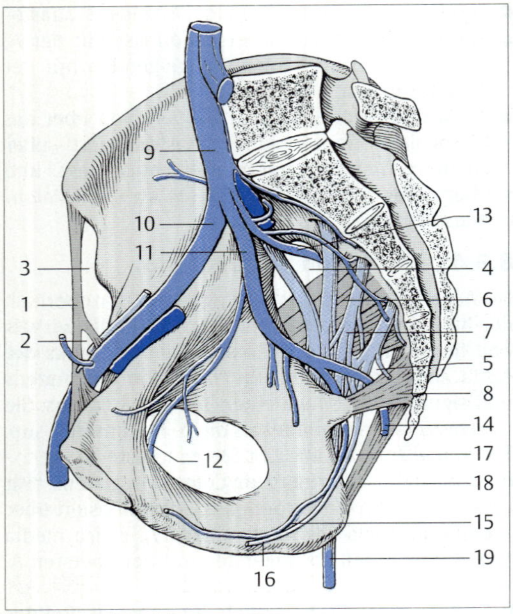

Abb. 8.**13** Beckenarterien. 1 = Lig. inguinale, 2 = Lacuna vasorum, 3 = Lacuna musculorum, 4 = Foramen ischiadicum maj. (Pars suprapiriformis), 5 = Foramen ischiadicum maj. (Pars infrapiriformis), 6 = M. piriformis, 7 = Plexus sacralis, 8 = Lig. sacrospinale, 9 = A. iliaca comm., 10 = A. iliaca ext., 11 = A. iliaca int., 12 = A. obturatoria, 13 = A. glutea sup., 14 = A. glutea inf., 15 = A. pudenda int., 16 = N. pudendus int., 17 = Foramen ischiadicum min., 18 = Lig. sacrotuberale, 19 = N. ischiadicus (aus Kahle/Leonhardt/Platzer, Thieme 1991)

Aorta entspringen, versorgen die Bauchwand, geben *R. dors.* zur Rückenmuskulatur und *R. spinalis* zum Wirbelkanal ab, anastomosieren mit Ästen der Aa. epigastricae sup. und inf., Aa. iliolumbales und mit den Aa. circumflexae ilium prof.

8.9.6 Bifurcatio aortae, Aa. iliacae communes

Die Aorta teilt sich in Höhe des 4./5. Lendenwirbels in der Bifurcatio aortae in die beiden Aa. iliacae comm. (Abb. 8.**13**).

! Merke

Karotisgabel: 4./5. Halswirbel;

Bifurcatio tracheae: 4./5. Brustwirbel;

Bifurcatio aortae: 4./5. Lendenwirbel.

Die Aa. iliacae comm. ziehen von der Bifurkation laterokaudalwärts an den medialen Rand des M. psoas maj. und teilen sich in Höhe der Art. sacroiliaca in *A. iliaca ext.* (zu Rumpfwand und Bein) und *A. iliaca int.* (zu Becken und Beckeneingeweiden). Die Aa. iliacae comm. schließen einen Winkel zwischen 65° und 75° ein.

8.9.7 A. iliaca externa

Die A. iliaca ext. verläuft retroperitoneal auf der medialen Seite des M. psoas maj. zur *Lacuna vasorum* (Abb. 8.**13**). Sie zieht unter dem Leistenband aus dem Becken und setzt sich in die A. femoralis fort. Die A. iliaca gibt ab:

- *A. circumflexa iliaca profunda:* zieht zur Spina iliaca ant. sup., versorgt die seitliche Bauchwand, anastomosiert mit A. circumflexa femoris lat., Aa. lumbales und A. epigastrica inf.;
- *A. epigastrica inferior:* zieht in der Plica umbilicalis lat. nach kranial, versorgt M. rectus abdominis und seitliche Bauchmuskeln, gibt *R. pubicus* zum Schambein ab, beim Mann die *A. cremasterica* zum Hoden und bei der Frau die *A. ligamenti teretis uteri*, die das Bindegewebe und die glatte Muskulatur des Lig. teres uteri versorgt.

8.9.8 A. iliaca interna

Die A. iliaca zieht entlang der Art. sacroiliaca ins kleine Becken und gibt zahlreiche Äste ab. Diese gliedern sich in parietale und viszerale Äste.

Parietale Äste:

- *A. iliolumbalis:* zieht hinter der A. iliaca int. in die Fossa iliaca, sie gibt ab:
  - *R. lumbalis:* zu M. psoas maj. und M. quadratus lumborum,
  - *R. iliacus:* zur Fossa iliaca, versorgt M. iliacus und Os ilium;
- *A. sacralis lateralis:* zieht auf der Innenfläche des Os sacrum zu den Foramina sacralia ant. und in den Sakralkanal;
- *A. glutaea superior:* verläßt das Becken durch das Foramen suprapiriforme, er gibt ab:
  - *R. superficialis:* zu M. glutaeus maximus und medius (oberer Teil),
  - *R. profundus:* zu M. glutaeus medius (unterer Teil) und minimus;
- *A. glutaea inferior:* verläßt das Becken durch das Foramen infrapiriforme, versorgt den M. glutaeus maximus und die kleinen Hüftmuskeln, anastomosiert mit der A. glutaea sup., A. obturatoria und A. circumflexa sup.;
- *A. pudenda interna:* verläßt das Becken durch das Foramen infrapiriforme, zieht um die Spina ischiadica und das Lig. sacrospinosum und gelangt durch das Foramen ischiadicum min. in die Fossa ischio-

analis, zieht in einer Duplikatur der Fascia obturatoria (*Canalis pudendalis*) zur Regio urogenitalis, sie gibt ab:
- *A. rectalis inferior:* zum Analkanal und der Haut in der Analregion,
- *A. perinealis:* zu den Muskeln des Diaphragma urogenitale,
- *Rr. scrotales/labiales:* zur Skrotalhaut bzw. Haut der großen Schamlippen,
- *tiefe Äste:* versorgen beim Mann Penis und Harnröhre als A. urethralis, A. bulbi penis, A. dorsalis penis und A. prof. penis, bei der Frau die Vulva als A. urethralis, A. bulbi vestibuli, A. dorsalis clitoridis und A. prof. clitoridis;

- *A. obturatoria:* zieht nach ventral, verläßt das kleine Becken durch den *Canalis doturatorius*, sie gibt ab:
  - *R. pubicus:* anastomosiert mit R. pubicus der A. epigastrica inf.,
  - *R. anterior:* zu den Muskeln der Adduktorengruppe und der Haut des äußeren Genitales,
  - *R. posterior:* zu den äußeren Hüftmuskeln,
  - *R. acetabularis:* zieht im Lig. capitis femoris zum Hüftkopf.

Viszerale Äste:
- *A. umbilicalis:* Rest der im *Lig. umbilicale mediale* laufenden A. umbilicalis, die in der Fetalzeit Blut über die Nabelschnur zur Plazenta führt, sie gibt ab:
  - *A. ductus deferentis:* beim Mann zum Ductus deferens,
  - *A. vesicalis superior:* versorgt mit mehreren Ästen den oberen und mittleren Teil der Harnblase,
  - *A. vesicalis inferior:* zum Fundus der Harnblase, gibt beim Mann Äste zu Prostata und Samenbläschen ab, bei der Frau zur Scheide;
- *A. rectalis media:* zu Rektum und M. levator ani, anastomosiert mit A. rectalis sup. und inf., gibt beim Mann Äste zu Prostata und Samenbläschen ab, bei der Frau zum unteren Scheidenabschnitt;
- *A. uterina:* entspricht der A. ductus deferentis des Mannes, zieht über den Ureter hinweg zur Cervix uteri und verläuft seitlich am Uterus aufwärts, anastomosiert mit Ästen der Gegenseite, sie gibt ab:
  - *Rr. vaginales:* zur Scheide,
  - *R. ovaricus:* zieht im Lig. ovarii proprium zum Ovar, anastomosiert mit der A. ovarica,
  - *R. tubarius:* verläuft längs der Tuba uterina;
- *A. vaginalis:* zieht abwärts zum oberen Scheidenabschnitt.

8.10 Venen

Der venöse Abfluß der unteren Extremität und des Beckens sowie der Bauch- und Beckeneingeweide erfolgt über die *V. cava inf.* Das venöse Blut aus den unpaaren Baucheingeweiden fließt zunächst in die *Pfortader* und erst nach der Leberpassage in die V. cava inf.

8.10.1 V. cava inferior

Die *untere Hohlvene* (*V. cava inf.*) entsteht rechts der Wirbelsäule in Höhe des 4./5. Lendenwirbels aus der Vereinigung der Vv. iliacae comm. Sie zieht rechts der Aorta an der hinteren Bauchwand nach kranial. Die V. cava inf. wird von der Radix mesenterii überkreuzt und verläuft hinter der Pars sup. duodeni und dem Pankreaskopf. Sie nimmt die Vv. hepaticae auf und tritt durch das *Foramen v. cavae* im Centrum tendineum in den Brustraum. Sie mündet nach 1–2 cm in den rechten Vorhof.

Die V. cava nimmt auf:
- *V. testicularis/ovarica dextra:* die V. testicularis/ovarica sin. mündet in die V. renalis sin.;
- *Vv. renales:* ziehen vor den Aa. renales, münden unterhalb des Ursprungs der A. mesenterica sup.
- *Vv. lumbales:* sind durch die *V. lumbalis ascendens* miteinander verbunden, die kaudal in die A. iliaca comm. und kranial rechts in V. azygos und links in V. hemiazygos mündet;
- *Vv. phrenicae inferiores:* begleiten die gleichnamigen Arterien.

8.10.2 Vv. iliacae communes, externae, internae

V. iliaca communis: Sie entsteht vor dem Sakroiliakalgelenk aus der Vereinigung von *V. iliaca ext.* und *int.* In die Vv. iliacae comm. münden die *Vv. iliolumbales* und in die linke die *V. sacralis mediana.*

V. iliaca externa: Sie geht in der Lacuna vasorum aus der V. femoralis hervor und zieht medial von Ureter und A. iliaca int. zur Vereinigung mit der V. iliaca int. Sie nimmt *V. epigastrica inf.* und *V. circumflexa iliaca prof.* auf.

V. iliaca interna: Sie beginnt am Foramen ischiadicus maj. und nimmt die Begleitvenen der A. iliaca int. auf. Der venöse Abfluß aus der Dammregion erfolgt über die *V. pudenda int.* Die oberflächlichen Venen des Dammes bilden einen Plexus, der über die Vv. pudendae ext. zur V. femoralis abfließt. Die Venen von Klitoris bzw. Penis münden in V. femoralis, Plexus prostaticus und Plexus vesicalis. Die viszeralen Äste bilden ausgedehnte *Venenplexus* im Bereich der Beckeneingeweide (Plexus venosus rectalis, prostaticus, uterinus, vesicalis und sacralis).

8.10.3 Cavocavale Anastomosen

Kommt es zu Behinderungen im Abflußbereich der V. cava inf. (z. B. durch Leberschrumpfung), staut sich das Blut zurück und sucht sich über sog. *Kollateralkreisläufe* Wege zur V. cava sup. Der Abfluß erfolgt von der V. cava inf. über die oberflächlichen und tiefen Venen der vorderen Bauchwand und die Venen des Retroperitoneums in die V. cava sup.

8.10.4 V. portae hepatis

Die *Pfortader* (*V. portae*) sammelt das mit Nährstoffen angereicherte Blut aus Magen, Darm und Milz und transportiert es zur Leber. Sie entsteht in Höhe des 2. Lendenwirbels hinter dem Pankreaskopf aus dem Zusammenfluß der V. lienalis und der V. mesenterica sup. Die V. portae nimmt außerdem die Vv. gastricae sin. und dext. auf.

V. lienalis (splenica): Sie bildet sich aus mehreren Ästen am Milzhilus und verläuft unterhalb der A. lienalis an der Hinterfläche des Pankreas. Sie nimmt die V. mesenterica inf., Vv. pancreaticae, Vv. gastricae breves und die V. gastroomentalis sin. auf.

V. mesenterica inferior: Sie zieht links im Mesenterium kranialwärts und mündet in die V. lienalis. Sie nimmt die V. colica sin., Vv. sigmoideae und die V. rectalis sup. auf.

V. mesenterica superior: Sie zieht aus der rechten Fossa iliaca kranialwärts und tritt lateral der A. mesenterica sup. hinter den Pankreaskopf. Sie nimmt Vv. jejunales und ileales, V. gastroomentalis dext., Vv. pancreaticae, Vv. pancreaticoduodenales, V. ileocolica, V. colica dext. und V. colica media auf.

Portocavale Anastomosen: Stauungen im Bereich der Pfortader führen zur Ausbildung von *Kollateralkreisläufen* zwischen V. portae und V. cava sup. und inf.:

- V. portae → V. gastrica dext. und sin. → Vv. gastricae breves → Venen des Ösophagus → V. azygos und hemiazygos → V. cava sup.
- V. portae → V. lienalis → V. mesenterica inf. → Venen des Rektums → Vv. iliacae int. → Vv. iliacae ext. → oberflächliche und tiefe Venen der Bauchwand → Vv. brachiocephalicae → V. cava sup.
- V. portae → V. umbilicalis → Vv. parumbilicalis → oberflächliche Venen der Bauchwand → Vv. brachiocephalicae → V. cava sup.

! Merke

In den Kollateralkreisläufen kommt es zur Erweiterung der Venen und u. U. Blutungen. Charakteristisch sind *Ösophagusvarizen*, *Hämorrhoiden* und das *Caput medusae* (Erweiterung der Vv. parumbilicales).

8.11 Lymphgefäße und Lymphknoten

Die großen abführenden Lymphgefäße im Retroperitonealraum sammeln die Lymphe der unteren Extremität, der Beckenorgane, der Bauchhöhle und der Bauchwand.

Die Lymphe der unteren Extremität und des kleinen Beckens fließt in die *Trunci lumbales dext.* und *sin.*, die die Aorta begleiten. Der *Truncus intestinalis* sammelt die Lymphe aus den Baucheingeweiden. Er entsteht in der Umgebung des Truncus coeliacus. Alle drei Stämme vereinigen sich in Höhe des Hiatus aorticus mit einer Erweiterung (*Cisterna chyli*) zum *Ductus thoracicus*.

Bauchhöhle: Wichtige Lymphstationen sind: *Nn. ll. iliaci ext.* (entlang der Vasa iliaca ext.), *Nn. ll. lumbales* (entlang Aorta und V. cava inf.), *Nn. ll. mesenterici* (200–300 Lymphknoten im Mesenterium), *Nn. ll. colici* (entlang des Dickdarms), *Nn. ll. gastrici dext.* und *sin.* (beidseits des Magens), *Nn. ll. pancreaticolienales* (entlang der Vasa lienalis am oberen Pankreasrand), *Nn. ll. hepatici* (im Lig. hepatoduodenale).

Becken: Wichtige Lymphstationen sind: *Nn. ll. iliaci ext.*, *int.* und *comm.* (entlang der entsprechenden Gefäße), *Nn. ll. sacrales* (vor dem Os sacrum).

Die regionären Lymphknoten der Bauch- und Beckeneingeweide werden bei den einzelnen Organen besprochen.

8.12 Vegetative Nerven

8.12.1 Pars sympathica

Truncus sympathicus: Der *Grenzstrang* (*Truncus sympathicus*) setzt sich zwischen dem medialen und lateralen Schenkel der Pars lumbalis des Zwerchfells aus dem Brustraum in den Retroperitonealraum fort. Der Bauchteil des Grenzstrangs besteht aus jeweils vier Ganglien (*Ggll. lumbalia*), die auf beiden Seiten der Lendenwirbelsäule liegen, der Sakralteil aus jeweils drei bis fünf (*Ggll. sacralia*). Die Ganglien stehen über Rr. communicantes untereinander und mit den prävertebralen Ganglien in Verbindung.

Prävertebrale Ganglien: Sie liegen auf der Vorderfläche der Aorta und sind durch ein Nervenfasergeflecht (*Plexus aorticus abdominalis*) miteinander verbunden. Der *Plexus coeliacus* mit seinen Ganglien ist das größte Geflecht und umgibt die Ursprünge des Truncus coeliacus, der A. mesenterica sup. und der Aa. renales. Der Plexus aorticus abdominalis teilt sich am Ende der Aorta in zwei *Plexus iliaci*, die mit den Aa. iliacae comm. verlaufen, und den *Plexus hypo-*

gastricus sup. Dieser setzt sich in das kleine Becken fort und teilt sich in die zwei *Nn. hypogastrici*, die beiderseits in den *Plexus hypogastricus inf.* (*Plexus pelvinus*) einstrahlen.
Nn. splanchnici: Fasern aus dem 5.–9. Brustganglion des Grenzstrangs bilden den *N. splanchnicus maj.*, Fasern aus dem 9.–11. den *N. splanchnicus min.* Beide ziehen durch das Zwerchfell und gelangen zu den Ganglien des Plexus coeliacus. Die aus dem Lumbalteil stammenden *Nn. splanchnici lumbales* gelangen zu Plexus aorticus abdominalis und Plexus hypogastricus sup., die *Nn. splanchnici sacrales* zum Plexus hypogastricus inf. Die postganglionären Fasern ziehen in verschiedenen Plexus (Plexus renalis, hepaticus, gastricus, u. a.) zu den jeweiligen Organen.

8.12.2 Pars parasympathica

Die parasympathische Versorgung der Baucheingeweide bis zur Flexura coli sin. erfolgt über die *Nn. vagi.* Auf dem Ösophagus bilden sie den *Plexus oesophageus*, der sich in die *Trunci vagales ant. et post.* fortsetzt. Der vordere Truncus endet am Plexus gastricus, der hintere am Plexus coeliacus. Die parasympathischen Fasern ziehen mit den sympathischen Plexus zu den Organen und werden in organnahen Ganglien oder Plexus auf ihre postganglionären Fasern umgeschaltet.
Die parasympathischen Fasern für den verbleibenden Teil der Baucheingeweide und das Becken stammen aus dem Sakralmark. Sie ziehen als *Nn. splanchnici pelvici* zum Plexus hypogastricus inf. und ziehen in Plexus zu den von ihnen versorgten Organen (Plexus vesicalis, rectalis, prostaticus, uterovaginalis).

8.13 Bauchfell (Peritoneum)

Das *Bauchfell* (*Peritoneum*) überzieht die Bauchorgane und umgibt einen mit seröser Flüssigkeit gefüllten Spaltraum (*Cavitas peritonealis*, Bauchhöhle). Es ermöglicht die Verschiebung der intraperitoneal gelegenen Organe gegeneinander und trägt vor allem mit Ansammlungen lymphatischen Gewebes im Omentum maj. (*Milchflecken*, Maculae lacteae) zur Abwehr bei.
Die Bauchorgane sind über Peritonealduplikaturen (*Gekröse, Mesos-*) mit der hinteren Bauchwand verbunden. Die Organe füllen den gesamten Bauchraum aus und halten sich dadurch gegenseitig in ihrer Lage.
Das Peritoneum besteht aus einem *viszeralen Blatt*, das die Eingeweide überzieht und von den vegetativen Nerven innerviert wird, und einem *parietalen Blatt*, das die Bauchwand auskleidet und sensibel von den Spinalnerven innerviert wird.

Klinischer Bezug

Das Peritoneum parietale ist schmerzempfindlich. **Entzündungen in der Bauchhöhle** führen zu lokalisierbaren Schmerzen und zu einer unwillkürlichen Dauerkontraktion der umgebenden Bauchmuskulatur (*Abwehrspannung*).

Das Peritoneum und seine Duplikaturen bilden verschiedene Bauchfellfalten, -taschen und -buchten:
- *an der Leber:* Lig. falciforme hepatis, Lig. teres hepatis, Omentum min. (Lig. hepatogastricum und hepatoduodenale);
- *am Magen:* Lig. gastrosplenicum, Lig. gastrocolicum, Lig. gastrophrenicum
- *an der Milz:* Lig. splenorenale;
- *Omentum maj.:* Lig. gastrocolicum, Lig. gastrosplenicum, freier Anteil;
- *am Darm:* Mesenterium, Mesocolon transversum, Mesocolon sigmoideum;
- *vordere Bauchwand:* Plica umbilicalis mediana, medialis und lat.;
- *an den Geschlechtsorganen:* Lig. latum uteri, Mesosalpinx, Mesovarium, Plica rectouterina, Excavatio rectovesicalis.

8.14 Angewandte und topographische Anatomie

Die Lage der Bauch- und Beckeneingeweide zueinander sowie deren Projektion auf die Bauchwand ist vor allem für die klinische Untersuchung von großer Bedeutung.

8.14.1 Oberflächenanatomie, Abdomen

Das Relief der Bauchwand wird geprägt durch den *Rippenbogen* am oberen Ende und durch die *Leistenfurche* über dem Lig. inguinale am unteren Ende. Beim trainierten Körper erkennt man die *Intersectiones tendineae* des M. rectus abdominis und den Übergang des M. obliquus ext. abdominis in seine Aponeurose. Ungefähr in der Mitte zwischen Proc. xiphoideus und Symphyse liegt der *Nabel.*
Tastpunkte: Im Bauchbereich sind folgende Knochenpunkte tastbar: Proc. xiphoideus, Spina iliaca ant. sup., Crista iliaca, Oberkante des Schambeins, Tuberculum pubicum, Symphysis pubis.
Regionen: Die Bauchwand läßt sich in *Oberbauch* (*Epigastrium*), *Mittelbauch* (*Mesogastrium*) und *Unterbauch* (*Hypogastrium*) untergliedern. Die Grenze

zwischen Ober- und Mittelbauch liegt auf einer Linie durch den tiefsten Punkt des rechten und linken Rippenbogens, die Grenze zwischen Mittel- und Unterbauch auf einer Linie durch rechten und linken Darmbeinkamm. Durch die Verlängerung der Medioklavikularlinie bis zur Leistenfurche erfolgt die Unterteilung in Regionen: Der *Oberbauch* gliedert sich in die mediane Regio epigastrica und die lateralen Regiones hypochondriacae dext. und sin., der *Mittelbauch* in die mediane Regio umbilicalis und die seitlichen Regiones lat. dext. und sin. und der *Unterbauch* in die mediane Regio pubica und die lateralen Regiones inguinales dext. und sin.

8.14.2 Organprojektion auf die Bauchwand, Tastbarkeit

Leber und Gallenblase: Die Leber liegt zum großen Teil unterhalb des rechten Rippenbogens und erstreckt sich mit ihrem linken Lappen bis in die Regio hypochondriaca sin. Sie überlagert den Magen und liegt in der Regio epigastrica im *Leberfeld* der vorderen Bauchwand an. Beim Erwachsenen ist sie unter dem Rippenbogen normalerweise nicht zu tasten.
Die Gallenblase liegt mit ihrem Fundus im Bereich der 9. Rippe (am Schnittpunkt mit der Medioklavikularlinie) der Bauchwand an.

Klinischer Bezug

Bei **Verlegung des Ductus cysticus** kann es zu einer akuten Entzündung der Gallenblase kommen. Die prall gefüllte Gallenblase ist sehr schmerzhaft und kann unter dem Rippenbogen getastet werden (*Gallenblasenhydrops*).

Magen: Der Magen liegt im *Magenfeld* (unterhalb des Leberfeldes in der Regio epigastrica) der vorderen Bauchwand an. Die restlichen Anteile des Magens werden vom linken Rippenbogen verdeckt. Magenschmerzen projizieren sich meist auf den epigastrischen Winkel.
Milz: Die Milz liegt verdeckt vom linken Rippenbogen auf der linken Seite zwischen der 9. und 11. Rippe. Sie ist normalerweise nicht tastbar, kann aber bei starker Vergrößerung sogar bis in das Becken reichen.
Dünndarm: Der Dünndarm nimmt den größten Teil des Mittel- und Unterbauches ein. Schmerzen aus dem Dünndarmbereich äußern sich in diffusen Bauchschmerzen.
Kolon: Der Dickdarm umgibt die Dünndarmschlingen wie ein Rahmen. Das Caecum und die Appendix projizieren sich auf die rechte Fossa iliaca.

Klinischer Bezug

Bei Entzündungen der Appendix (*Appendizitis*) gibt es zwei typische Druckpunkte, an denen der Schmerz (vor allem der Loslaßschmerz) am stärksten ist: der **McBurney-Punkt** liegt in der Mitte zwischen Spina iliaca ant. sup. und Nabel, der **Lanz-Punkt** liegt im rechten Drittel der Verbindungslinie zwischen den beiden Spinae iliacae ant. sup.

Niere und ableitende Harnwege: Die Nieren projizieren sich auf den Rücken zwischen 12. Brust- und 3. Lendenwirbel. Durch leichten Schlag in beide Flanken kann man die Nieren auf Schmerzhaftigkeit überprüfen.

Klinischer Bezug

Nieren- oder Harnleitersteine, die akut den Abfluß des Urins behindern, führen zu wellenförmigen kolikartigen Schmerzen. Liegt die Ursache in der Niere oder im oberen Drittel des Ureters, treten die Koliken vorwiegend in der Nierengegend mit Ausstrahlung in den Mittelbauch auf, liegt die Ursache in den distalen Abschnitten, strahlen die Schmerzen in Leiste und Hoden bzw. die Labien und Oberschenkelinnenseiten aus.

Harnblase: Die Harnblase liegt hinter der Symphyse und kann in gefülltem Zustand oberhalb der Symphyse getastet werden.
Rektale Untersuchung: Bei der digitalen rektalen Untersuchung kann das Darmlumen bis zu einer Tiefe von max. 12 cm untersucht werden. Dabei ist die Kohlrausch-Falte zu tasten. Beim Mann sind an der vorderen Wand Prostata und Samenbläschen zu tasten, bei der Frau durch bimanuelle Untersuchung (mit der zweiten Hand auf der Bauchdecke) Lage, Größe und Form des Uterus und der Adnexe.
Vaginale Untersuchung: Bei der digitalen vaginalen Untersuchung kann man die Regelmäßigkeit der Scheidenoberfläche und der Portio beurteilen. Auch von vaginal aus wird bimanuell untersucht. Man überprüft Größe, Form, Konsistenz und Beweglichkeit des Uterus und der Adnexe.

8.14.3 Gliederung der Bauchhöhle, Topographie der Bauchorgane

Die Bauchhöhle läßt sich in *Ober-* und *Unterbauch* untergliedern. Die Grenze zwischen beiden wird durch das *Colon transversum* mit seinem Mesocolon markiert. Die *Radix mesocolica* verläuft schräg aufsteigend von der rechten Kolonflexur zur linken und überquert dabei die Pars descendens duodeni, den Unterrand des Pankreas und die linke Niere.

Oberbauch: Im Oberbauch (*Drüsenbauch*) liegen Leber und Gallenblase, Magen, Duodenum, Pankreas und Milz. Sie liegen direkt oder indirekt in der Nähe des Zwerchfells und sind atemverschieblich. Das Duodenum liegt zum größten Teil, das Pankreas vollständig sekundär retroperitoneal. Die Leber ist bis auf ihre Anheftungsfläche am Zwerchfell (*Area nuda*) von Peritoneum überzogen. Zwischen Leberoberfläche und Zwerchfell bilden sich Spalten (*Recessus subphrenici*). Die Gallenblase liegt der Unterseite der Leber an. Zwischen Leber und Colon transversum befinden sich weitere Spalten (*Recessus subhepatici*), die sich nach hinten in den *Recessus hepatorenalis* fortsetzen.

Klinischer Bezug

„Freie Flüssigkeit" innerhalb der Bauchhöhle (z. B. Blut nach Verletzungen der Bauchorgane) läßt sich mittels Ultraschall beim Liegenden am sichersten im Recessus hepatorenalis („*Morrisson-Nische*") und in der Excavatio rectouterina bzw. rectovesicalis („*Douglas-Raum*") feststellen.

Die Leber ist mit Magen und Duodenum durch das Omentum min. verbunden. Am rechten Rand des Omentum min. liegt der Eingang in die Bursa omentalis.

Bursa omentalis: Sie ist ein spaltförmiger Nebenraum der Peritonealhöhle. Sie gliedert sich in das Vestibulum, den Hauptraum und Recessus. In das *Vestibulum* gelangt man hinter dem rechten Rand des Omentum min. (*Foramen epiploicum*). Kranial liegt der Lobus caudatus der Leber, kaudal das Pankreas und dorsal die V. cava inf. Ventral wird das Vestibulum vom Omentum min. bedeckt. Das Vestibulum steht mit dem *Recessus sup. omentalis* in Verbindung, der zwischen V. cava inf. und Ösophagus liegt. Der *Hauptraum* liegt hinter dem Magen und dem Omentum min. Dorsal liegt das Peritoneum über Zwerchfell, linker Nebenniere und Pankreas. Nach links setzt sich der Hauptraum in den *Recessus splenicus* zwischen Lig. splenorenale und Lig. gastrosplenicum fort. Kaudal liegt der *Recessus omentalis* zwischen Magen und Colon transversum.

Klinischer Bezug

Für operative Eingriffe in der Bursa omentalis und am Pankreas gibt es verschiedene *Zugangswege*: Durchtrennung des Omentum min., des Lig. gastrocolicum oder des Mesocolon transversum.

Unterbauch: Im Unterbauch (*Darmbauch*) liegen Dünndarm, Dickdarm und Enddarm. Die intraperitonealen Dünndarmteile beginnen an der Flexura duodenojejunalis. Links von der Flexur befinden sich zwei Falten (*Plica duodenalis sup. et inf.*), durch die zwei Taschen entstehen (*Recessus duodenalis sup. et inf.*), in denen Dünndarmschlingen eingeklemmt werden können (Herniae retroperitoneales, *Treitz-Hernien*). Der Dünndarm ist durch das Mesenterium mit der hinteren Bauchwand verbunden. Die Radix mesenterii verläuft von der Flexura duodenojejunalis schräg in die Fossa iliaca dext. An der Einmündung des Ileum in das Kolon bilden sich kleine Bauchfellfalten (*Plica caecalis vascularis, Plica ileocaecalis*) und -taschen (*Recessus ileocaecalis sup. et inf.*).

Colon ascendens und descendens liegen sekundär retroperitoneal und ziehen über die Organe des Retroperitoneums hinweg. Seitlich der Befestigung des Colon descendens befinden sich kleine *Recessus paracolici*. Das Colon transversum ist durch das Mesocolon transversum beweglich an der hinteren Bauchwand befestigt sowie über das Ligamentum hepatocolicum mit der Leber, über das Lig. gastrocolicum mit dem Magen und das Lig. phrenicocolicum mit dem Zwerchfell verbunden. Das Colon sigmoideum liegt wieder intraperitoneal und besitzt ein Mesocolon sigmoideum, das S-förmig verläuft. Durch den gebogenen Verlauf entsteht ein *Recessus intersigmoideus*, in dessen Bereich retroperitoneal der Ureter verläuft.

8.14.4 Gliederung des Cavum pelvis, Topographie der Beckenorgane

Beckenhöhle: Die Beckenhöhle wird von der *Fascia pelvis* ausgekleidet. Sie setzt sich nach kranial in die Fascia transversalis der Bauchmuskeln fort. Sie gliedert sich in *Fascia pelvis parietalis* und *Fascia pelvis visceralis*. Die Fascia pelvis parietalis setzt sich aus der Fascia obturatoria und der Fascia diaphragmatis pelvis sup. zusammen. Das viszerale Blatt überzieht alle Beckenorgane, die durch den Beckenboden treten.

Beckenräume: Das Peritoneum reicht weit in die Beckenhöhle hinein (*Peritoneum urogenitale*) und bedeckt Harnblase, Rektum und bei der Frau Uterus und Adnexe. Es buchtet sich zwischen den Beckeneingeweiden aus und bildet beim Mann die *Excavatio rectovesicalis* zwischen Rektum und Harnblase (Abb. 8.**11**), bei der Frau die *Excavatio vesicouterina* zwischen Blase und Uterus und die *Excavatio rectouterina* (*Douglas-Raum*) zwischen Rektum und Uterus (Abb. 8.**9**). Bei der Frau umgibt das Peritoneum Uterus und Adnexe mit einer großen Peritonealfalte (*Lig. latum uteri*) (Abb. 8.**9**).

Die Räume zwischen den Beckenorganen sind durch Bindegewebe ausgefüllt: *Paracystium* um die Harnblase, *Paraproctium* um das Rektum, *Parametrium* um den Uterus und *Paracolpium* um die Vagina. Das Bindegewebe ist stellenweise zu frontal gestellten Platten verdichtet (*Lig. rectovesicale* beim Mann, *Lig. rectovaginale* und *urethrovaginale* bei der Frau). Weitere Faserzüge verbinden die Organe untereinander und mit der Beckenwand (s. einzelne Organe).

Unterseite des Beckenbodens: Der Beckenboden wird unten von drei Faszien bedeckt: *Fascia pelvis inf.* am M. levator ani, *Fascia diaphragmatis urogenitalis inf.* am M. transversus perinei prof. und *Fascia perinei superf.* direkt unter der Haut.

Auf der Außenseite des Beckenbodens befindet sich die *Fossa ischioanalis*. Sie liegt zwischen Diaphragma pelvis und der Fascia perinei superf. Lateral wird sie begrenzt durch den Ramus pubis inf. und die Faszie des M. obturator int. Eine Duplikatur der Obturatorfaszie bildet den *Canalis pudendalis* (*obturius*), in dem N. pudendus und A. und V. pudenda int. verlaufen. Das Diaphragma urogenitale teilt die Fossa ischioanalis im vorderen Bereich in Spatium perinei superf. und prof.

8.14.5 Regio perinealis (Dammgegend)

Der Bereich zwischen der Symphyse und den Rami ossis pubis inf., den Tubera ischiadica, den Ligg. sacrotuberalia und dem Os coccygis wird als *Regio perinealis* (Dammgegend) bezeichnet. Sie wird in Regio analis und Regio urogenitalis untergliedert.

> **Merke**
>
> Der *Damm* (*Perineum*) liegt zwischen Anus und Genitale. Die *Dammgegend* (*Regio perinealis*) nimmt einen wesentlich größeren Raum ein.

Regio analis: Sie liegt um den Anus und reicht von der Spitze des Os coccygis zu einer Querlinie durch die Tubera ischiadica. Unter der Haut liegen die Fascia perinei superf., in der Haut Schweißdrüsen und apokrine Drüsen (*Gll. circumanales*).

Regio urogenitalis: Sie liegt vor der Regio analis zwischen Symphyse und Schambeinschenkeln und umfaßt Spatium perinei superf. und prof.

Oberflächlich liegen die äußeren Geschlechtsorgane, beim Mann Skrotum und Penis, bei der Frau Schamlippen, Klitoris und Vestibulum vaginae.

Im *Spatium perinei prof.* liegen beim Mann Urethra und Gll. bulbourethrales, bei der Frau Urethra, Vagina und Gll. vestibulares maj. Hier verlaufen die A. urethralis, A. bulbi penis/clitoridis, A. prof. penis/clitoridis und die A. dorsalis penis/clitoridis.

Im *Spatium perinei superf.* liegen beim Mann die Crura penis mit Mm. ischiocavernosus und bulbospongiosus, bei der Frau der Bulbus vestibuli, Corpus und Crura clitoridis mit Mm. ischiocavernosus und bulbospongiosus. Hier verlaufen die Vasa scrotalia/labiales post., Nn. scrotales/labiales post. und Äste der Nn. perineales.

8.14.6 Intraabdominaldruck

Die Baucheingeweide üben durch ihr Gewicht einen gewissen intraabdominellen Druck aus. Diesem wirkt die Bauchmuskulatur entgegen, die sich dem jeweiligen Füllungszustand der Organe anpassen kann. Kaudal verhindert die Beckenbodenmuskulatur ein Absinken der Organe.

Die Steigerung des intraabdominellen Druckes (*Bauchpresse*) ist bei der Darm- und Blasenentleerung (*Defäkation, Miktion*), bei der *Geburt* oder beim *Husten* notwendig. Hierbei kontrahieren sich Bauch- und Beckenbodenmuskulatur sowie das Zwerchfell. Nach tiefer Inspiration und bei geschlossener Stimmritze dienen Zwerchfell und luftgefüllte Lungen als Widerlager. Durch Vorwärtsbeugen oder Druck von außen (z.B. durch die Arme) kann die Bauchpresse verstärkt werden.

8.14.7 Schwangerschaft, Geburtsvorgang

Schwangerschaft: Während der Schwangerschaft vergrößert sich der Uterus. Da er im Becken durch feste Bandzüge fixiert ist, dehnt er sich nach oben in den Bauchraum aus. In den ersten drei Monaten wächst der Uterus nur wenig. Gegen Ende des 4. Monats tritt der Fundus aus dem kleinen Becken heraus und vergrößert sich stetig.

> **Merke**
>
> Der *Fundus* steht: in der 12. Woche an der Symphyse, in der 24. Woche am Nabel, in der 36. Woche am Rippenbogen, in der 32. und 40. Woche zwischen Nabel und Proc. xiphoideus.

In den letzten Wochen der Schwangerschaft senkt sich das Kind mit dem Kopf in das kleine Becken und der Fundus uteri neigt sich nach vorne. Während der gesamten Schwangerschaft bleiben Zervix und Zervixkanal unverändert. Erst ab dem 8. Monat mit dem Tiefertreten des Kopfes beginnt die Portio zu verstreichen.

Geburtsvorgang: Am Ende der Schwangerschaft liegt das Kind mit dem Kopf (96 %) oder dem Steiß (Beckenendlage, 3 %) voran längs im Uterus. Mit regelmäßigen Kontraktionen der Uterusmuskulatur (*Wehen*) beginnt die *Eröffnungsperiode*. Der Geburtskanal (Zervix, Scheide und Beckenboden) wird zu einem gleichmäßig weiten Schlauch umgeformt.

Vor dem kindlichen Kopf liegt die mit Fruchtwasser gefüllte *Fruchtblase*. Diese wird durch die Wehen in den Zervixkanal vorgeschoben und eröffnet ihn schrittweise von innen nach außen. Am Ende der Eröffnungsperiode platzt die Fruchtblase.

Die *Austreibungsperiode* beginnt nach der vollständigen Eröffnung des Muttermundes. Die Wehen werden nun stärker (*Preßwehen*) und kommen in kürzeren Abständen. Die Austreibung der Frucht wird durch die Bauchpresse unterstützt.

Bei Eintritt in den *querovalen* Beckeneingang steht der Kopf des Kindes quer. Er führt auf seinem Weg durch das Becken eine Drehung um 90° aus und steht im *längsovalen* Beckenausgang meistens mit dem Hinterhaupt nach vorne zur Symphyse (*vordere Hinterhauptslage*). Das Durchtreten des Kopfes durch den Weichteilkanal wird als „*Einschneiden*" bezeichnet. Ist der Kopf geboren erfolgt beim Durchtreten der Schultern durch den Beckenkanal eine erneute Drehung um 90°, die der Geburtshelfer durch Halten des Kopfes unterstützt.

Zentralnervensystem

Das *Zentralnervensystem* (*ZNS*) ist das zentrale Steuerungs- und Regulationsorgan des Körpers. Es besteht aus *Gehirn* (*Cerebrum, Encephalon*) und *Rückenmark* (*Medulla spinalis*). Das ZNS koordiniert efferente und afferente Impulse zum und vom peripheren Nervensystem und wertet diese aus. Darüber hinaus sind die sog. „*höheren Leistungen*", die psychischen und geistigen Leistungen wie Gedächtnis, Lernfähigkeit, Denkvermögen, Sprache etc., eng an die Tätigkeit des ZNS gekoppelt.

9.1 Entwicklung

Gehirn und Rückenmark entwickeln sich aus einer Einstülpung des Ektoderms, zeigen aber schon früh Unterschiede in der Entwicklung. Die Anlage des Rückenmarks entwickelt sich zu einer Säule aus Nervenzellen und Fasern, während aus der Anlage des Gehirns mehrere *Gehirnbläschen* entstehen, aus denen sich die einzelnen Abschnitte des Gehirns entwickeln. Das Gehirn setzt sich aus verschieden alten Anteilen zusammen, die sich während der Phylogenese schrittweise entwickelt haben. Neu hinzukommende Anteile haben sich zwischen ältere geschoben oder sind über sie drüber gewachsen (*Neencephalisation*).

9.1.1 Ausgangsmaterial

In der 2.–4. Embryonalwoche differenziert sich das über der Chorda dorsalis liegende Ektoderm zum Neuroektoderm. Aus diesem Gewebe entsteht das gesamte Nervensystem (s.a. 1.4.5). Das Neuroektoderm verdickt sich zunächst zur *Neuralplatte*, die sich zur *Neuralrinne* mit beidseits liegenden *Neuralwülsten* einsenkt. Die Neuralrinne schließt sich zum Neuralrohr, das den flüssigkeitsgefüllten Zentralkanal umgibt. Dabei wandern aus den Neuralwülsten Zellen aus, die auf beiden Seiten des Neuralrohrs die *Neuralleisten* bilden. Aus ihnen entstehen die Anteile des peripheren Nervengewebes.

Die innerste Schicht um das Neuralrohr wird von undifferenziertem Neuroepithel (*primitiven Ependymzellen*) gebildet. Die Ependymzellen stehen dabei über lange Fortsätze mit dem Neuralrohr in Verbindung. Die Ependymzellen an der Innenwand des Neuralrohrs sind stark mitotisch aktiv, man spricht von *ventrikulären Mitosen*. Aus dem Neuroepithel entstehen unreife Nervenzellen (*Neuroblasten*), die auswandern und die Anlage der grauen Substanz des Rückenmarks und Gehirns bilden, und *Glioblasten*, die sich zu Gliazellen entwickeln. Ein Teil der Zellen verliert den Kontakt mit dem Neuralrohr. Die Zellen der Neuralleiste wandern weiter in die Peripherie und entwickeln sich zu peripheren Neuroblasten, Gliazellen, Sympathiko- und Parasympathikoblasten und Melanoblasten.

9.1.2 Rückenmark

Die Zellkörper der Neuroblasten bilden innen die *Mantelzone* um den Zentralkanal, aus der später die Zellen der *grauen Substanz* des Rückenmarks entstehen. Die Fortsätze wachsen an die Oberfläche und bilden außen die *Marginalzone*, aus der sich später die *weiße Substanz* bildet.

Durch die Vermehrung der Nervenzellen verbreitert sich das Rückenmark. In der grauen Substanz entstehen dorsolateral *Flügelplatten* und ventrolateral *Grundplatten*, die durch den *Sulcus limitans* voneinander getrennt sind. Die ventrale *Bodenplatte* und die dorsale *Deckplatte* sind dünn und enthalten keine Neuroblasten. Lateral bilden sich die *Seitenhörner* (vorwiegend im thorakalen und sakralen Bereich). Es entsteht die typische *Schmetterlingsfigur*.

Merke

Das Rückenmark läßt sich funktionell in *Rückenmarksegmente* unterteilen, die zunächst in der Höhe mit den Wirbelkörpern identisch sind. Während der embryonalen Entwicklung wächst das Rückenmark jedoch langsamer als die Wirbelsäule, so daß bei Geburt das Rückenmark etwa auf Höhe des 3. Lendenwirbels endet. Die Nervenfasern verlaufen als *Cauda equina* zu ihren entsprechenden Durchtrittsstellen in den tiefergelegenen Wirbelkörpern (Abb. 9.**2**)

9.1.3 Gehirn

Hirnbläschen: Das Gehirn entsteht aus Erweiterungen im kranialen Teil des Neuralrohrs. Es bilden sich zunächst drei *primäre Hirnbläschen*: *Prosencephalon* (*Vorderhirn*), *Mesencephalon* (*Mittelhirn*) und *Rhombencephalon* (*Rautenhirn*), die bereits die Anlage der späteren Ventrikel enthalten. Das Mesencephalon ist genetisch uneinheitlich. Die verschiedenen Abschnitte wachsen unterschiedlich stark. Es entstehen so zwei dorsale Krümmungen (*Nackenbeuge* im Rhombencephalon, *Scheitelbeuge* im Mesencephalon) und eine ventrale (*Brückenbeuge* im Rhombencephalon). Das vordere Ende des Neuralrohrs bleibt dünn (*Lamina terminalis*). Vorne am Prosencephalon bilden sich als seitliche Ausstülpungen zwei *Endhirnbläschen* (*Telencephalon*), die das *Zwischenhirn* (*Diencephalon*) umfassen. Im Rhombencephalon lassen sich zwei weitere Abschnitte untergliedern: das *Metencephalon* (*Hinterhirn*) und das *Myelencephalon* (*Nachhirn*). Das *Kleinhirn* (*Cerebellum*) entwickelt sich aus den paarigen Rautenlippen, die im Bereich des Metencephalons entstehen, über die Deckplatten des Rhombencephalon auswandern und sich medial vereinigen. Die *Medulla oblongata* entsteht aus dem Myelencephalon.

Histogenese: Auch die Zellen des Gehirns stammen vom Neuroepithel ab (s.a. 9.1.1). Durch unterschiedlich ausgeprägte Zellwanderung entstehen Gebiete verschiedener Zytoarchitektur.

Merke

Nach der Geburt ist die Bildung der Nervenzellen abgeschlossen. Nur in der Kleinhirnrinde und im Ependym der Seitenventrikel findet man noch wenige proliferative Zonen. Gliazellen bleiben dagegen zeitlebens teilungsfähig.

Die Bildung der Markscheiden (*Myelogenese*) beginnt bereits vor der Geburt, ist aber auch beim reifen Neugeborenen noch nicht abgeschlossen. Vor allem die Neuriten (syn. Axone) der Pyramidenbahn sind größtenteils noch ohne Markscheiden.

Klinischer Bezug

Bei Neugeborenen läßt sich (bis etwa zum 4. Monat) der **Babinski-Reflex** auslösen (Dorsalextension der Großzehe bei Bestreichen des äußeren Fußrandes). Er ist Ausdruck der Unreife der Pyramidenbahn und der Autonomie des Rückenmark-Eigenapparates. Im späteren Leben kann der Reflex bei Schädigungen der Pyramidenbahn wieder auftreten.

Rhombencephalon (Rautenhirn): Es besteht wie das Rückenmark aus grauer Substanz, umgeben von weißer Substanz. Die graue Substanz bildet auch hier Deck-, Flügel-, Grund- und Bodenplatte (*Tegmentum*). Die Deckplatte bildet das Dach des *IV. Ventrikels*. Die Flügelplatten werden nach außen geklappt und liegen neben den Grundplatten. Flügel- und Grundplatten grenzen in einer *Grenzfurche* (*Sulcus limitans*) aneinander. Die Kerne der *Somatoafferenz* liegen am weitesten lateral, die Kerne der *Somatoefferenz* am weitesten medial. Im Epithel der Deckplatte entstehen der *Plexus choroideus* sowie seitlich und median die *Aperturae ventriculi quarti*, die den inneren Liquorraum mit dem Subarachnoidalraum verbinden (s.a. 9.8.3). Im vorderen Teil des Rautenhirns entwickelt sich die *Formatio reticularis*. Basal ziehen die Neuhirnbahnen und bilden die *Pyramiden*.

Mesencephalon (Mittelhirn): Im Mesencephalon entwickeln sich im dorsalen Teil (*Tectum*, *Vierhügelplatte*) die *oberen Hügel* (*Colliculi rostr.*), in die Neuriten des N. opticus einwandern und die *unteren Hügel* (*Colliculi caud.*), in die Neuriten des N. vestibulocochlearis einwachsen. Im ventralen Teil entstehen die Kerngruppen des Hirnnerven III und IV, die *Formatio reticularis* sowie weitere Kerngruppen des motorischen Systems (*Ncl. ruber*, *Substantia nigra*). Ventral liegen ebenfalls die Neuhirnbahnen und bilden die *Hirnschenkel* (*Crura cerebri*), dazwischen liegt die *Fossa interpeduncularis*.

Cerebellum (Kleinhirn): Das Cerebellum entwickelt sich aus den paarigen Rautenlippen. Von dem entstandenen Kleinhirnwulst ziehen Fasern zur Rautengrube und bilden die Vorläufer der Kleinhirnstiele. Im Verlauf der Entwicklung werden die einzelnen Kleinhirnteile durch Fissurae voneinander getrennt.

Diencephalon (Zwischenhirn): Die Kerngruppen des Diencephalon entwickeln sich aus dem *Neuroepithel des III. Ventrikels*. Die Gliederung in somatoafferente und somatoefferente Kerne wird beibehalten. Die Grenze zwischen beiden liegt am Sulcus hypothalami. Im Dach des III. Ventrikels entsteht der *Plexus choroideus*. Das Endhirn wächst um das Zwischenhirn, so daß der Boden des Endhirnbläschens auf dem Thalamus zu liegen kommt und dort die *Lamina affixa* bildet. Die Neuhirnbahnen wachsen durch das Zwischenhirn und drängen die Kerngruppen auseinander.

Telencephalon (Endhirnbläschen): Bedingt durch die Enge der Schädelhöhle kommt es bei der Vergrößerung des Endhirns zur Bildung des *Temporallappens* und zur bogenförmigen Ausziehung der *Seitenventrikel*. Um die Seitenventrikel herum bilden sich Ganglienhügel, aus denen die *Endhirnkerne* entstehen. Aus den Wänden der Endhirnbläschen entwickelt sich der *Endhirnmantel* (*Pallium*).

Man unterscheidet drei phylogenetisch verschieden alte Teile des Palliums:

Das *Paleopallium* ist der basale Teil des Endhirns. Er ist mit dem olfaktorischen System verbunden.

Das *Archipallium* entsteht aus dorsomedialen Teilen des Endhirns und entwickelt sich zur *Hippocampusformation*.

Das *Neopallium* nimmt den größten Teil des Endhirns ein. Seine Oberfläche ist zunächst glatt. Durch das Wachstum auf engem Raum bilden sich zuerst der *Sulcus lat.*, in dessen Tiefe die *Insel* liegt, und schließlich eine Vielzahl von größeren und kleineren *Windungen* (*Gyri*), die durch *Furchen* (*Sulci*) getrennt werden.

Ventrikel: Die Hohlräume des Neuralrohrs entwikkeln sich durch unterschiedliche Verdickung der Wand zu den *vier Ventrikeln* des Gehirns, die durch Engen voneinander abgegrenzt sind. Beide Endhirnhemisphären besitzen je einen *Seitenventrikel*, die durch ein rechtes und linkes *Foramen interventriculare* mit dem *III. Ventrikel*, der im Zwischenhirn liegt, verbunden sind. Der dünne *Aquaeductus cerebri* (*mesencephali*) verbindet den III. mit dem IV. Ventrikel, der zum Rautenhirn gehört und in den Zentralkanal des Rückenmarks übergeht.

Hypophyse (Hirnanhangdrüse): Die Hypophyse hängt mit ihrem Stiel am Zwischenhirn. Sie besteht aus *Neurohypophyse*, Gliazellen und marklosen Nervenfasern neuroektodermalen Ursprungs, und *Adenohypophyse*, die sich aus der *Rathke-Tasche* des Rachendachs, also ektodermalem Gewebe, bildet.

Klinischer Bezug

Aus **Resten der Rathke-Tasche** im Rachendach kann sich ein *Kraniopharyngeom* (ein Hirntumor) bilden, das auf die Hypophyse drücken und deren Funktion beeinträchtigen kann (*Panhypopituitarismus*).

9.1.4 Angeborene Mißbildungen

In der normalen embryonalen Entwicklung ist das Neuralrohr am Ende der 4. Woche vollständig verschlossen. Störungen der Induktion durch die darunterliegende Chorda dorsalis führen zu Störungen bei der Bildung des Neuralrohrs und haben unterschiedliche *Verschlußdefekte* zur Folge.

Spina bifida: Durch eine unvollständige Verschmelzung der dorsalen Wirbelbögen kommt es zum sog. „offenen Rücken". Sie tritt vorwiegend in der Lumbosakralregion auf und wird von Haut (z.T. mit charakteristischem Haarbüschel) bedeckt. Sie ist von außen meist nicht sichtbar (*Spina bifida occulta*). Rückenmark und Nerven sind in der Regel intakt.

Meningozele: Ist der Defekt der knöchernen Wirbelsäule größer, kommt es zu einem Vorwölben der Meningen durch die Öffnung. Enthält dieser Meningen-Sack außerdem Rückenmark, nennt man diese Mißbildung *Meningomyelozele*. Liegt der Defekt höher und tritt ein Teil des Gehirns mit durch die Öffnung, handelt es sich um eine *Meningoenzephalozele*. Diese Mißbildungen sind meist mit Lähmungen verbunden.

Rachischisis: Hier liegt ein unvollständiger Verschluß des Neuralrohrs vor. Das Nervengewebe liegt offen an der Oberfläche und ist zum Teil tumorös gewuchert. Beim fehlenden Verschluß des zerebralen Abschnitts des Neuralrohrs kommt es zum *Anenzephalus*, bei dem statt des Gehirns eine undifferenzierte Gewebsmasse oder Reste des Gehirns vorhanden sind. Diese Kinder sterben innerhalb weniger Tage.

Klinischer Bezug

Bei Verschlußstörungen im Bereich des Neuralrohres ist das *α-Fetoprotein* (AFP) im Fruchtwasser und im Serum der Mutter erhöht. Als mögliche Ursache wird ein Folsäure-Mangel der Mutter diskutiert.

9.2 Rückenmark (Medulla spinalis)

Das *Rückenmark* (*Medulla spinalis*) (Abb. 9.**1**) ist der kaudale Abschnitt des ZNS und liegt innerhalb des Wirbelkanals. In ihm verlaufen auf- und absteigende Faserbündel, die die peripheren Nerven mit dem Gehirn verbinden.

9.2.1 Gestalt, Lage, Gliederung

Das Rückenmark des Erwachsenen ist etwa 1 cm dick und 45 cm lang, rundlich bis abgeplattet und reicht vom Foramen magnum bis in Höhe des 1. Lendenwirbels. Dort endet es kegelförmig im *Conus medullaris*, der in den ca. 25 cm langen Endfaden (*Filum terminale*) übergeht. Dieser wird von den Wurzeln der Spinalnerven (*Cauda equina*) umgeben, die im Wirbelkanal abwärts ziehen, bis sie ihre Durchtrittsstelle zwischen den tieferliegenden Wirbeln erreicht haben.

Gestalt: An der Oberfläche des Rückenmarks erkennt man längsverlaufende Furchen, vorne die tiefe *Fissura mediana ventr.*, hinten den seichteren *Sulcus medianus dors.*, seitlich beidseits an den Austrittsstellen der vorderen Wurzeln den *Sulcus ventrolat.* sowie an den Eintrittsstellen der hinteren Wurzeln den *Sulcus dorsolat.* Im oberen Brust- und Halsmark findet man zusätzlich beidseits des Sulcus dorsolat. den Sulcus intermedius dors.

Gliederung: Man unterteilt das Rückenmark entsprechend der Austrittsstellen der Spinalnervenpaare in Hals-, Brust-, Lenden- und Sakralmark. Die Segmente, die die Extremitäten innervieren, sind deutlich verdickt. Man bezeichnet sie als *Intumescentia cervicalis* für Schultergürtel und Arme (in Höhe 4. HWK – 1. BWK) und als *Intumescentia lumbosacralis* für Beckengürtel und Beine (in Höhe 10. – 12. BWK). Jedes Rückenmarkssegment innerviert ein bestimmtes peripheres Gebiet sensibel und motorisch. Jedem Segment ist ein Spinalnervenpaar zuzuordnen (Abb. 9.**1**).

Man unterscheidet im Wirbelkanal acht Zervikalsegmente (Höhe 1. – 7. HWK), zwölf Thorakalsegmente (Höhe 1. – 9. BWK), fünf Lumbalsegmente (Höhe 9. BWK – Oberrand des 1. LWK), fünf Sakralsegmente (1. LWK) und ein bis drei Kokzygealsegmente (1. LWK). Die Projektion der einzelnen Rückenmarkssegmente auf die Wirbel ist individuell unterschiedlich.

! Merke

Jedes Rückenmarkssegment (Ausnahme: C1) innerviert ein bestimmtes Hautfeld sensibel. Dieses wird als *Dermatom* bezeichnet (Abb. 9.**2**). Zwischen Th3 und L1 liegen die Dermatome nahezu gürtelförmig um den Körper. Die Lage der einzelnen Dermatome ist für die Diagnostik der Höhe von Querschnittslähmungen wichtig. Die Dermatome unterscheiden sich deutlich von den sensiblen Innervationsgebieten der peripheren Nerven (Abb. 9.**2**).

9.2.2 Graue Substanz

Die Schmetterlingsfigur der grauen Substanz wird durch aneinanderliegende Zellsäulen gebildet. Vorder- und Hintersäule imponieren im Querschnitt als *Vorder-* und *Hinterhorn* (Abb. 9.**3**). Im unteren Hals- (C8), Brust- und oberen Lendenmark (L2) ist zusätzlich die Seitensäule als *Seitenhorn* zu erkennen. Vorder- und Hinterhorn treffen in der *Substantia intermedia* zusammen. Die Substantiae intermediae beider Seiten sind durch *Commissura grisea ventr.*

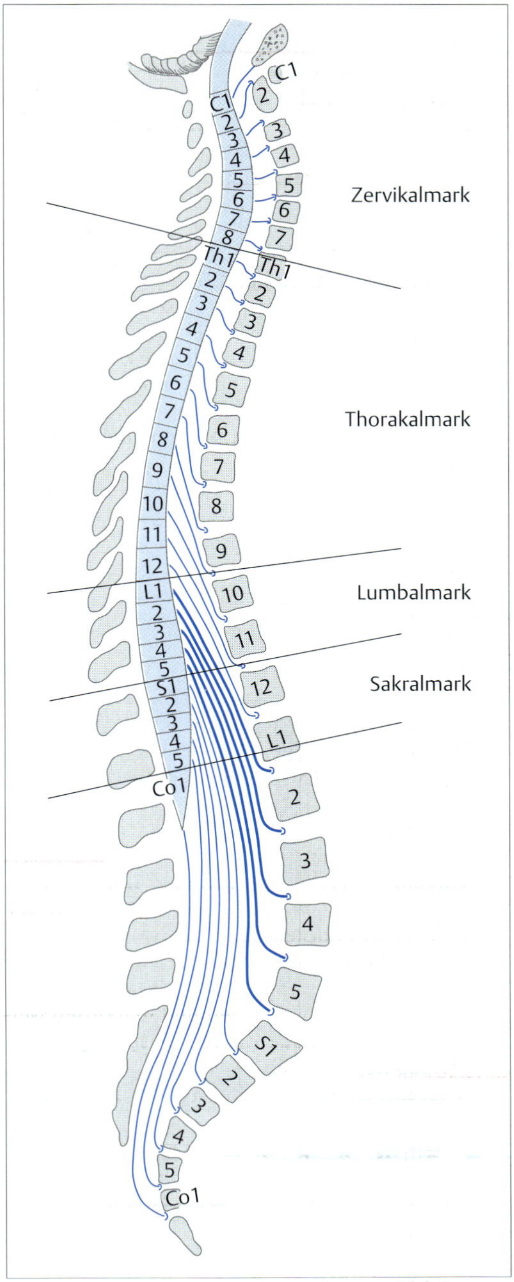

Abb. 9.**1** Wirbelsäule mit Rückenmark und Spinalnerven (aus Kunze, Neurologie, Thieme 1992)

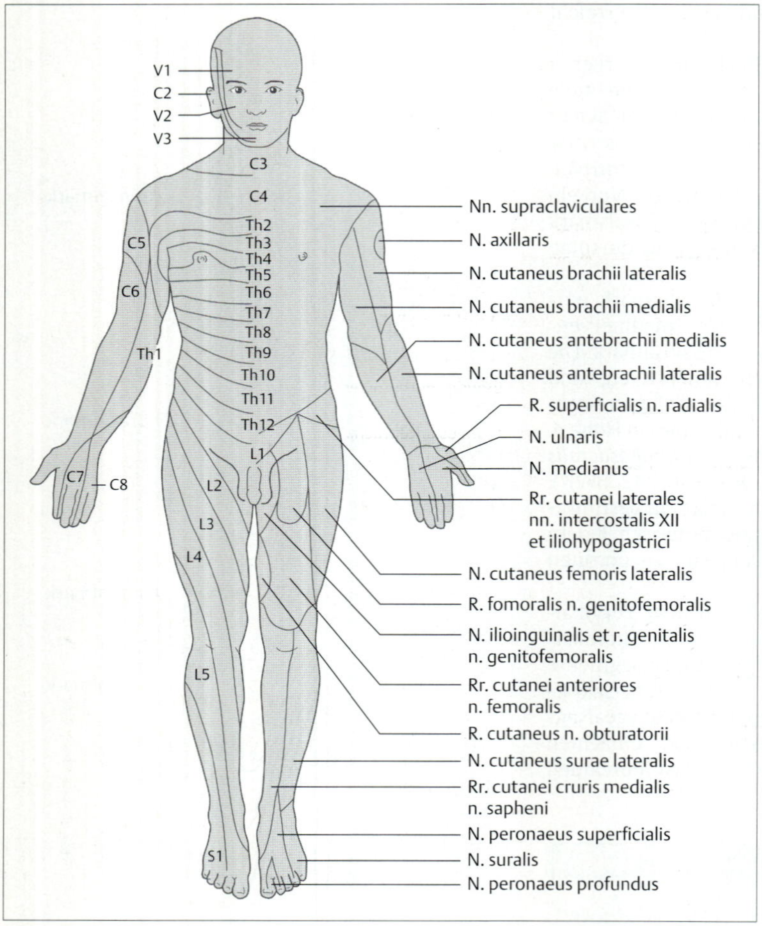

Abb. 9.**2** Dermatome und sensible Innervation. **a** von ventral, **b** von dorsal (aus Kunze, Thieme 1992)

(vor dem Zentralkanal) und *Commissura grisea dors.* (hinter dem Zentralkanal) verbunden.

Merke

In den *Vorderhörnern* befinden sich die Zellkörper der *somatomotorischen* Neurone, in den *Hinterhörnern* die der *somatosensiblen* Neurone und in den *Seitenhörnern* die der *viszeromotorischen* und *viszerosensiblen* Neurone.

Zelltypen: Die graue Substanz besteht aus verschiedenen Nervenzelltypen:

- *Wurzelzellen* senden ihren Neuriten über die vordere Wurzel zum Spinalnerven. Dazu gehören α- und γ-Motoneurone, sympathische und parasympathische Nervenzellen.
- *Binnenzellen* sind Interneurone, die überwiegend hemmend wirken. Ihre Fortsätze verlassen die graue Substanz nicht und verbinden Zellen des gleichen oder verschiedener Rückenmarkssegmente.
- Die Neuriten der *Strangzellen* bilden die auf- und absteigenden Bahnen des Rückenmarks und ziehen teilweise bis ins Gehirn.

Merke

Bleiben die Neuriten auf der gleichen Seite, bezeichnet man sie als *Assoziationsfasern*, kreuzen sie auf die Gegenseite, nennt man sie *Kommissurenfasern*.

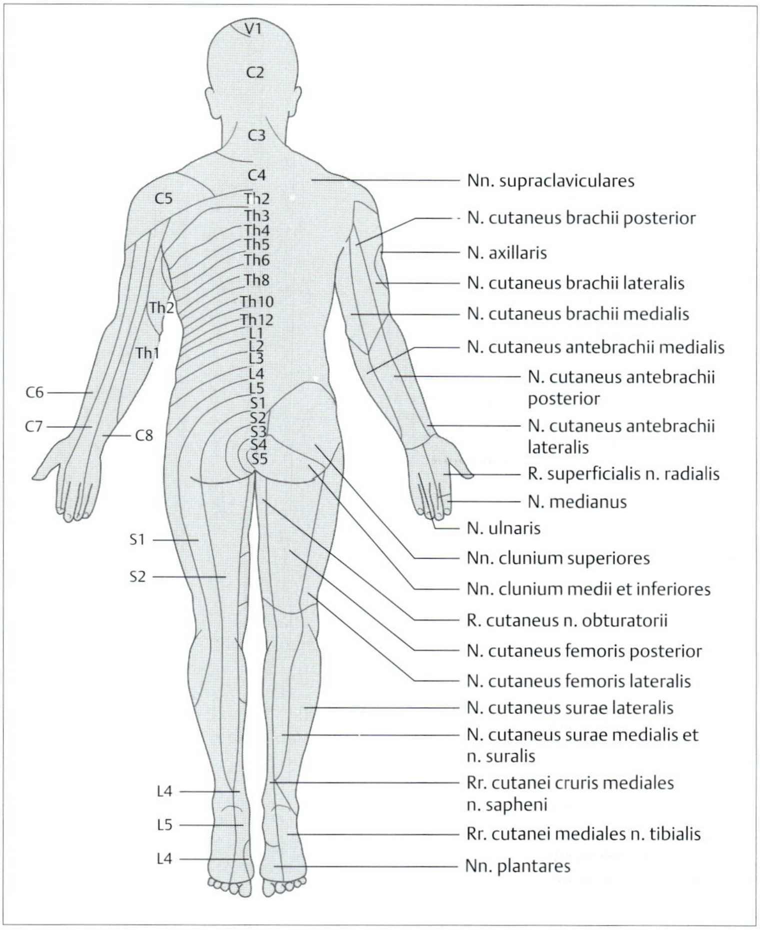

b

Gliederung: Nach der Lage der verschiedenen Zellarten läßt sich die graue Substanz in neun Schichten (*Laminae*) unterteilen, die von dorsal nach ventral durchnumeriert werden:

- *Laminae I-VI* befinden sich in der Hintersäule und bestehen vorwiegend aus Interneuronen und Strangzellen. Hier erfolgt die Verarbeitung von Haut- und Eingeweidesensibilität und Schmerz.
- In den *Laminae II* und *III* (*Substantia gelatinosa*) enden verschiedene Axone aus den Spinalganglien.
- *Lamina VII* umfaßt in den entsprechenden Bereichen die Seitensäule und somit die Neurone der viszeromotorischen Zellen. Auffällig ist die *Columna thoracica* (im Querschnitt Ncl. thoracicus), in der die Afferenzen der Muskeln und Gelenke verlaufen.
- *Laminae VIII* und *IX* bilden die Vordersäule, wobei Lamina VIII vorwiegend Interneurone und Lamina IX die efferenten Motoneurone in somatotoper Gliederung enthält.

9.2.3 Weiße Substanz

Die weiße Substanz umgibt die graue Substanz und besteht aus markhaltigen und marklosen Nervenfasern, die vom Gliastützgerüst umgeben sind. Die Gliazellen bilden mit ihren Fortsätzen die äußere Oberfläche des Rückenmarks (*Membrana limitans gliae ext.*) und sind dort fest mit der *weichen Hirnhaut* (*Pia mater*) verwachsen.

Gliederung: Die Nervenfasern bilden bedingt durch die Form der grauen Substanz mehrere Stränge:

- Der *Hinterstrang* (*Funiculus dors. oder post.*) liegt zwischen den beiden Hinterhörnern und läßt

Propriozeption Stilling-Clarke → Tractus spinocerebellaris

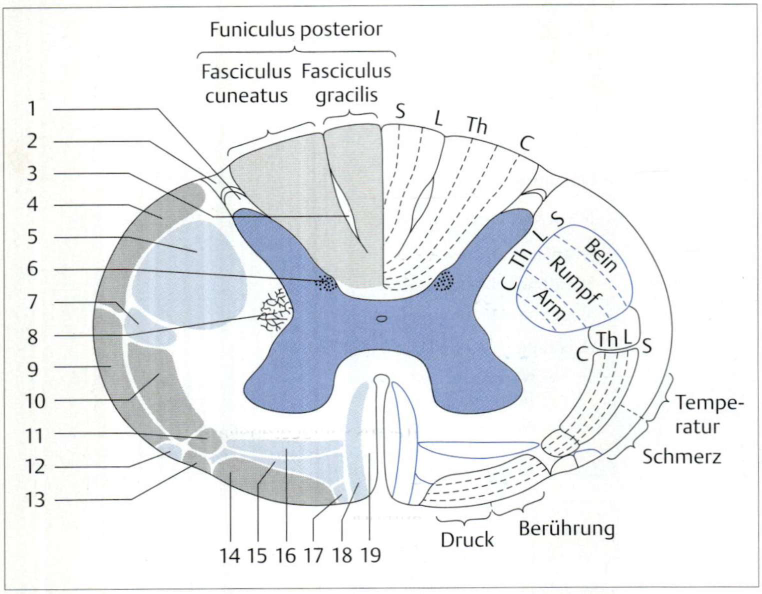

Abb. 9.**3** Querschnitt des Rückenmarks. 1 = Substantia gelatinosa, 2 = Tractus dorsolateralis, 3 = Tractus semilunaris (Schultzsches Komma), 4 = Tractus spinocerebellaris posterior, 5 = Tractus corticospinalis lateralis, 6 = Nucleus thoracicus, 7 = Tractus rubrospinalis und reticulospinalis, 8 = Formatio reticularis, 9 = Tractus spinocerebellaris anterior, 10 = Tractus spinothalamicus lateralis, 11 = Tractus spinotectalis, 12 = Tractus olivospinalis, 13 = Tractus spino-olivaris, 14 = Tractus spinothalamicus anterior, 15 = Tractus vestibulospinalis, 16 = Tractus reticulospinalis, 17 = Tractus tectospinalis, 18 = Tractus corticospinalis anterior, 19 = Fasciculus sulcomarginalis (aus Duus, Thieme 1995)

sich im oberen Brust- und Halsmark in *Fasciculus cuneatus* (lateral) und *Fasciculus gracilis* (medial) unterteilen (Abb. 9.**3**). Hier verlaufen die afferenten Fasern zur Medulla oblongata. Die Fasern des Segmentes S5 liegen am weitesten medial. Die nach kranial folgenden Fasern lagern sich seitlich davon an, so daß die Fasern von C2 am weitesten lateral liegen (*somatotope Gliederung*). Im Fasciculus cuneatus verlaufen also die Afferenzen der oberen Extremität und im Fasciculus gracilis die der unteren Extremität.

- Der *Seitenstrang* (*Funiculus lat.*) verläuft zwischen den Hinter- und Vorderhörnern. Er geht zwischen den Vorderhörnern in den *Vorderstrang* (*Funiculus ventr.*) über. Die Vorderstränge beider Seiten stehen am Ende der Fissura mediana ventr. durch die *Commissura ant. alba* miteinander in Verbindung.

9.2.4 Leitungssysteme

Man unterscheidet *afferente Wurzeln*, *efferente Wurzeln* und das *Leitungssystem des Rückenmarks*.

> **! Merke**
>
> Die *afferenten Fasern* leiten sensible Reize aus der Peripherie und treten entweder in einem bestimmten Rükkenmarkssegment über die hintere Wurzel ein oder ziehen im Hinterstrang direkt zum Gehirn. Die *efferenten Wurzeln* verlassen die Vorderhörner und setzen sich aus Motoneuronen sowie Neuronen des Sympathikus und Parasympathikus zusammen.

Die Leitungssysteme bestehen aus *Faserbündeln* (*Tractus*), die verschiedene Teilgebiete des Nervensystems miteinander verbinden. Diese Bahnen sind häufig somatotop gegliedert. Im Leitungssystem unterscheidet man *Eigenapparat* und *Verbindungsapparat*.

Eigenapparat: Er dient der Verarbeitung von spinalen Reflexen, die für die Aufrechterhaltung zahlreicher Körperfunktionen wichtig sind. Er besteht aus Strangzellen, die mit den Nervenzellen verschiedener anderer Segmente des Rückenmarks verbunden sind. Die Fasern des Eigenapparates verlaufen dicht an der grauen Substanz (*Fasciculi proprii*) oder in

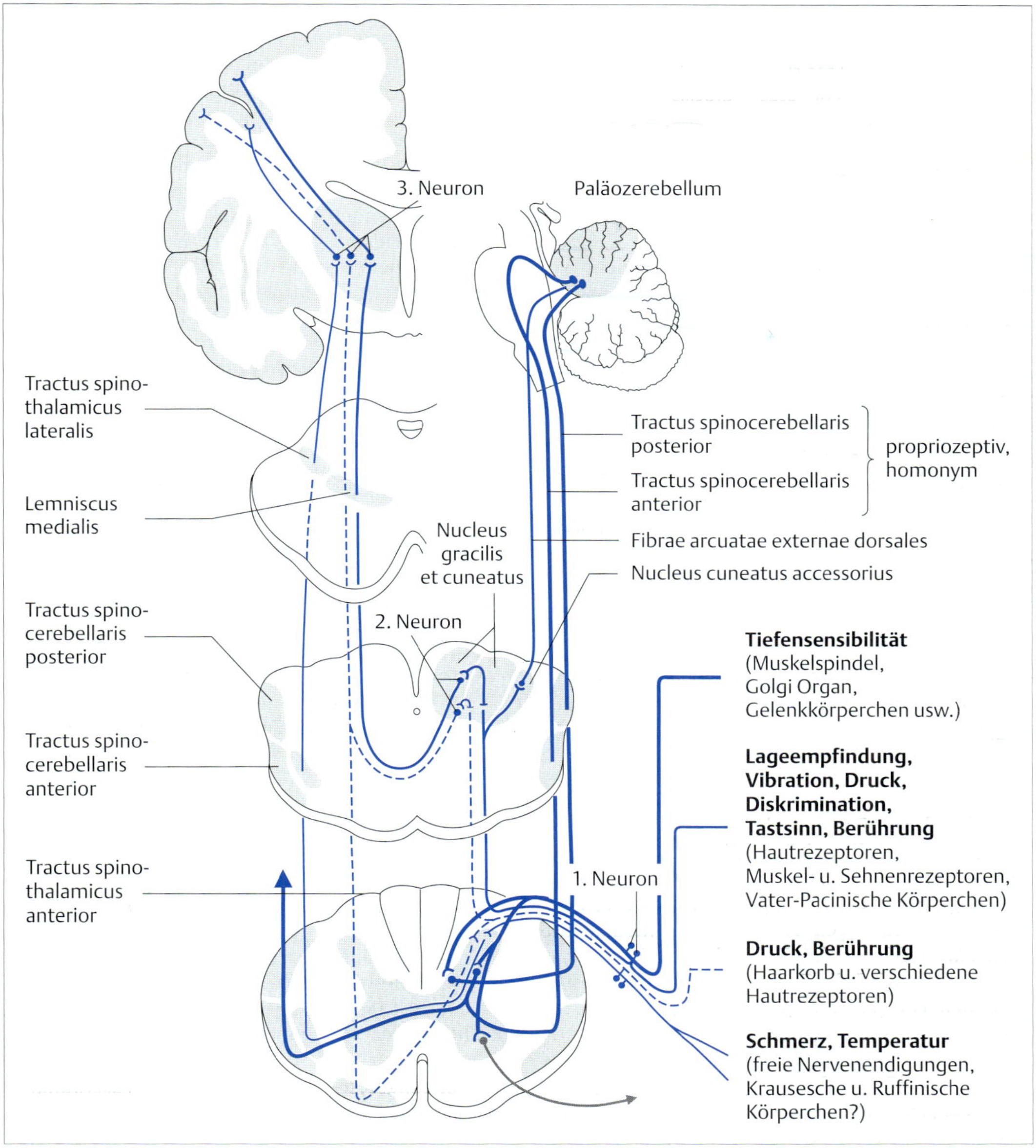

Abb. 9.**4** Wichtige afferente Bahnen (aus Duus, Thieme 1995)

den Hintersträngen der weißen Substanz (*Fasciculus septomarginalis, Fasciculus interfascicularis*).

Verbindungsapparat: Die langen Bahnen des Verbindungsapparates ziehen auf- oder absteigend durch das Rückenmark. Sie verbinden das Gehirn mit den Sinnesorganen der Haut (*Oberflächensensibilität*) sowie der Muskeln und Gelenke (*Tiefensensibilität*). Sie geben auf ihrem Weg viele Kollateralen zu anderen Nervenzellen ab, so daß ein kompliziertes Netzwerk von Bahnen entsteht.

Aufsteigende Bahnen: Sie überwiegen in den Hintersträngen, in denen es keine langen absteigenden

Fasern gibt. In den Vorderseitensträngen ziehen sie vor allem durch die äußeren Gebiete. Die wichtigsten aufsteigenden Bahnen sind (Abb. 9.**3** u. 9.**4**):

- *Tractus spinobulbaris:* Ungekreuzter Verlauf in den Hintersträngen (1. Neuron); Umschaltung auf das 2. Neuron (*Tractus bulbothalamicus*) in den Hinterstrangkernen (*Ncl. gracilis, Ncl. cuneatus*). Vermittlung von differenzierter Berührungsempfindlichkeit (*„epikritische Sensibilität“*), *Vibrationen* und von Informationen über die *Stellung der Gelenke.*
- *Tractus spinothalamicus:* 1. Neuron, zieht von Rezeptoren in der Peripherie zu Spinalganglien; Umschaltung auf 2. Neuron im *Ncl. centralis* in der Hintersäule; *Tractus spinothalamicus ventr.* im Vorderstrang, Fasern verlaufen teils gekreuzt (durch die Commissura ant. alba), teils ungekreuzt; *Tractus spinothalamicus lat.* im Seitenstrang, Fasern verlaufen weitgehend gekreuzt; somatotope Gliederung. Vermittlung von undifferenzierter Druck- und Berührungsempfindlichkeit (*„protopathische Sensibilität“*), *Schmerz* und *Temperatur.*

! Merke

Etwa 85 % der aufsteigenden Fasern verlaufen über spinobulbothalamocorticale Bahnen, 15 % über spinobulbocerebellare Bahnen.

- *Tractus spinocerebellaris ventr.:* Perikaryon des 1. Neurons im Spinalganglion; Umschaltung auf 2. Neuron lateral im Hinterhorn; 85 % der Fasern kreuzen in Segmenthöhe, 15 % verlaufen ipsilateral; Fasern verlaufen ventral unter der Rückenmarksoberfläche und erreichen das Kleinhirn über den *oberen Kleinhirnstiel* (*Pedunculus cerebellaris sup.*), gekreuzte Fasern ziehen im Kleinhirn rückläufig zur ipsilateralen Seite zurück. Vermittlung von *Tiefensensibilität* (Afferenzen aus Muskelspindeln und Sehnenorganen), Information über *Position der Extremitäten.*
- *Tractus spinocerebellaris dors.:* Perikaryon des 1. Neurons im Spinalganglion; Umschaltung auf 2. Neuron in der Columna thoracica; Fasern verlaufen im Rückenmark weitgehend ungekreuzt im Seitenstrang, kreuzen in der Medulla oblongata zur Gegenseite und erreichen das Kleinhirn über den *unteren Kleinhirnstiel* (*Pedunculus cerebellaris inf.*). Vermittlung von *Berührung* und *Druck* der unteren Körperhälfte, *Regulation von Feinmotorik* und *Haltung*; Afferenzen der oberen Körperhälfte laufen über gleichseitigen lateralen Anteil des Hinterstrangs (*Tractus cuneocerebellaris*).

Daneben gibt es aufsteigende Bahnen zum Mittelhirn (*Tractus spinotectalis*), zum Ncl. olivaris inf. (*Tractus spinoolivaris*), zur Formatio reticularis (*Tractus spinoreticularis*) und zu den Vestibulariskernen (*Tractus spinovestibularis*).

Absteigende Bahnen: Sie verlaufen in den Vorder- und Seitensträngen und leiten die motorischen Signale des Gehirns an das Rückenmark. Die wichtigsten absteigenden Bahnen sind:

- *Pyramidenbahn (Tractus corticospinalis)*: 85 % der Fasern ziehen ohne Unterbrechung vom *Gyrus praecentralis* (somatotop gegliedert, Abb. 9.**13**) durch die Capsula int. bis in die Medulla oblongata, kreuzen am Übergang zum Rückenmark in der *Pyramide* (*Decussatio pyramidum*) auf die Gegenseite und ziehen im *Seitenstrang* abwärts (*Tractus corticospinalis lat.*). Die restlichen 15 % ziehen im *Vorderstrang* (*Tractus corticospinalis ventr.*) und kreuzen erst auf Segmentebene. Vermittelt *willkürliche Bewegungen* über α-Motoneurone.
- *Extrapyramidale Bahnen:* System komplexer Nervenschaltkreise zwischen Endhirn und Hirnstamm, die mit auf- und absteigenden Bahnen gekoppelt sind. Vermittlung der *unwillkürlichen Motorik* (*Stützmotorik*).
  - *Tractus reticulospinalis:* Ursprung in Formatio reticularis des Rautenhirns; Verlauf im Vorder- und Seitenstrang; polysynaptische Neuronenketten. Vermittlung der *koordinierten Bewegung* der Extremitäten, *Regulierung der Atmung.*
  - *Tractus vestibulospinalis:* Ursprung in Vestibulariskernen des Rautenhirns, verläuft im Vorderseitenstrang und endet an α- und γ-Motoneuronen. Vermittelt *Reflexe des Lage- und Gleichgewichtssinns.*
  - *Tractus tectospinalis:* Ursprung in *Colliculi rostrales* des Tectum mesencephali, kreuzt im Mittelhirn, verläuft medial im Vorderstrang und endet an kontralateralen Motoneuronen. Vermittelt *optische Stellreflexe.*

Reflexbögen: In neuronalen Regelkreisen unterscheidet man zwei Arten von Reflexbögen: *Eigen-* und *Fremdreflexe.*

Eigenreflexe werden als monosynaptisch beschrieben, d. h. der Reflexbogen besteht vereinfacht gesehen aus nur zwei Neuronen. Das gereizte Organ ist auch gleichzeitig das Erfolgsorgan (z. B. Patellasehnenreflex).

Bei den *Fremdreflexen* besteht der Reflexbogen aus vielen Neuronen (polysynaptisch). Aufnahme- und Erfolgsorgan sind räumlich getrennt (z. B. Cremasterreflex) (s. a. Physiologie 14.1.4).

Klinischer Bezug

Ist das Rückenmark zur Hälfte durchtrennt **(Syndrom der spinalen Halbseitenläsion)**, kommt es unterhalb der Läsion ipsilateral zum Verlust der Mechanosensibilität und zu Störungen der Motorik. Kontralateral fällt die Schmerz- und Temperaturempfindung aus (*Brown-Sequard-Symptomenkomplex der „dissoziierten Empfindungslähmung“*).

Bei völliger Durchtrennung des Rückenmarks **(Querschnittsläsion)**, kommt es unterhalb der Läsion zum Verlust von Motorik und Sensibilität. Im Stadium des spinalen Schocks sind alle spinalen Reflexe erloschen, sie erholen sich später und können aufgrund der fehlenden zentralen Hemmung sogar gesteigert sein (zentrale Lähmung → spastische Parese, periphere Lähmung → schlaffe Parese, s.a. 9.7.4).

9.3 Hirnstamm

Rhombencephalon und *Mesencephalon* bilden gemeinsam den *Hirnstamm*, der wichtige *vegetative Reflexe* koordiniert (*Schluckreflex, Saugreflex*) und *vegetative Funktionen* steuert (*Atem- und Kreislaufzentrum*).

Das *Rautenhirn* (*Rhombencephalon*) besteht aus Medulla oblongata und Metencephalon (Pons [Brücke] und Cerebellum [Kleinhirn]). Es ist die direkte Verlängerung des Rückenmarks, erstreckt sich bis zum Mittelhirn und umfaßt den IV. Ventrikel. Die *Medulla oblongata* beginnt am Foramen magnum und legt sich vorne dem Clivus an, so daß der Pons ventrobasal liegt.

Das *Mittelhirn* (*Mesencephalon*) ist ein kleines fingerbreites Segment des Hirnstamms, das direkt auf das Metencephalon folgt.

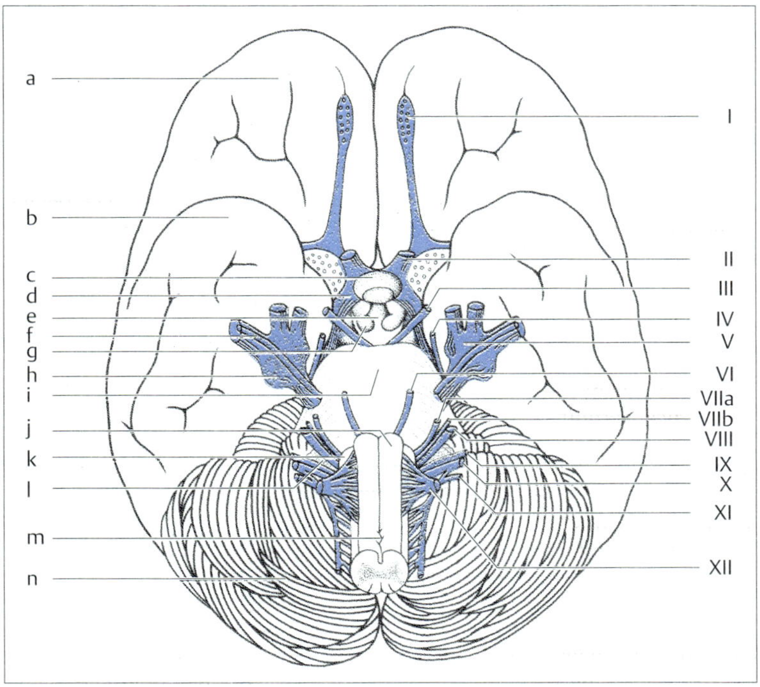

Abb. 9.**5** Hirnstamm von ventral und Austrittsstellen der Hirnnerven. a = Lobus frontalis, b = Lobus temporalis, c = Adenohypophyse, d = Chiasma opticum, e = Hypophysenstiel, f = Radix motoria des N. trigeminus, g = Corpus mamillare, h = Trigeminusganglion, i = Pons, j = Pyramide, k = Olive, l = Plexus choroideus ventriculi quarti, m = Decussatio pyramidum, n = Kleinhirnhemisphären; I = Bulbus olfactorius, II = N. opticus, III = N. oculomotorius, IV = N. trochlearis, V = N. trigeminus, VI = N. abducens, VII = N. facialis, VIII = N. vestibulocochlearis, IX = N. glossopharyngeus, X = N. vagus, XI = N. accessorius, XII = N. hypoglossus (aus Beske, Thieme 1990)

9.3.1 Gestalt, Gliederung, Lage

Gestalt: Auf der *ventralen Oberfläche* des *Rhombencephalon* (Abb. 9.**5**) liegt die *Fissura mediana ventr.*, die als Fortsetzung vom Rückenmark bis zur Brücke zieht. Auf beiden Seiten davon bilden die Pyramidenbahnen Vorwölbungen (*Pyramiden*) und kreuzen in Höhe des Foramen magnum in der *Decussatio pyramidum* (*Pyramidenkreuzung*). Lateral der Pyramiden, getrennt durch den *Sulcus ventrolat.*, erkennt man die *Oliven.* Sie enthalten den *Ncl. olivaris caud.* Am Oberrand der Pyramiden beginnt die *Brücke* (*Pons*), ein querer Wulst, der nach lateral in die *mittleren Kleinhirnstiele* (*Pedunculi cerebellares medii*) übergeht. In der Mitte der Brücke zieht die A. basilaris im *Sulcus basilaris.* Kranial grenzt die Brücke an die nach rechts und links ziehenden *Hirnschenkel* (*Crura cerebri*) des *Mesencephalon*, in denen absteigende Neuhirnbahnen verlaufen. Zwischen beiden liegt die *Fossa interpeduncularis*, deren Boden durch eintretende Gefäße durchlöchert ist (*Substantia perforata post.*). Das Mesencephalon liegt nach ventral gekippt im vorderen Bereich der hinteren Schädelgrube.

Um die *dorsale Oberfläche des Hirnstamms* (Abb. 9.**6**) einsehen zu können, muß das Kleinhirn an den Kleinhirnstielen abgetrennt und mit dem Dach des IV. Ventrikels entfernt werden. Der *Sulcus med. post.* setzt sich auf der Medulla oblongata bis zum *Obex* fort. Neben dem Sulcus liegen an der Rückenmark-Hirn-Grenze die *Tubercula cuneata* und *gracile.* Beide werden durch die darunterliegenden Kerngebiete der Hinterstrangbahnen gebildet. Darüber sieht man am Boden des IV. Ventrikels (*Rautengrube*, *Fossa rhomboidea*) das *Tegmentum rhombencephali.*

Auf der hinteren Oberfläche des *Mesencephalon* erkennt man die *Vierhügelplatte* (*Lamina tecti*) mit den übereinander liegenden paarigen *Colliculi rostr. und caud.* Beide stehen durch lateral verlaufende Faserbündel mit dem Zwischenhirn in Verbindung. Das *Brachium colliculi rostr.* zieht vom Colliculus rostr. zum *Corpus geniculatum lat.* und ist ein Teil der Sehbahn, das *Brachium colliculi caud.* zieht vom Colliculus caud. zum *Corpus geniculatum med.* und ist ein Teil der Hörbahn.

Rautengrube (Abb. 9.**6**)**:** Sie wird kranial begrenzt durch die *oberen Kleinhirnstiele* (*Pedunculi cerebelli sup.*) und den Ansatz des *vorderen Marksegels* (*Velum medullare cran.*), lateral durch die *unteren Kleinhirnstiele* (*Pedunculi cerebelli inf.*) und kaudal durch die Abrißlinie des *Velum medullare caud.* Quer durch die Rautengrube verläuft die Grenze zwischen Medulla oblongata und Metencephalon, gekennzeichnet durch *Striae medullares.* Dort hat die Rautengrube ihre breiteste Stelle und ist in den *Recessus lat.* zum Subarachnoidalraum geöffnet. Der *Sulcus medianus* teilt die Rautengrube in zwei Hälften. Er geht kranial in den Aquaeductus cerebri über und kaudal in den Zentralkanal. Die *Eminentia medialis* erhebt sich beidseits der Mittelfurche. In ihrer Mitte erkennt man als Vorwölbung die *Colliculi faciales*, hervorgerufen durch das innere Fazialisknie, und den pigmen-

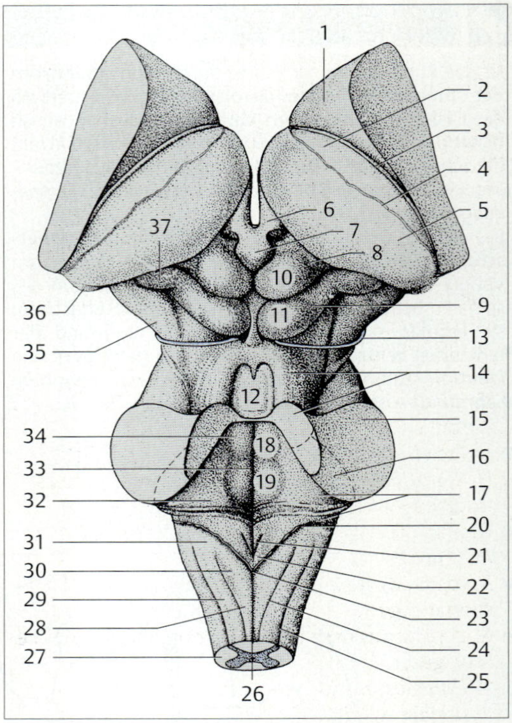

Abb. 9.**6** Hirnstamm von dorsal. 1 = Ncl. caudatus, 2 = Lamina affixa, 3 = Stria terminalis und V. thalamostriata sup. im Sulcus terminalis, 4 = Taenia choroidea, 5 = Pulvinar, 6 = Trigonum habenulae, 7 = Corpus pineale, 8 = Brachium colliculi rostr., 9 = Brachium colliculi caud., 10+11 = Lamina tecti, 10 = Colliculus sup., 11 = Colliculus inf., 12 = Velum medullare sup., 13 = N. trochlearis, 14 = Pedunculus cerebellaris sup., 15 = Pedunculus cerebellaris medius, 16 = Pedunculus cerebellaris inf., 17 = Striae medullares (ventriculi quarti) und Recessus lat. (ventriculi quarti), 18 = Eminentia medialis, 19 = Colliculus facialis, 20 = Taenia ventriculi quarti, 21 = Trigonum n. hypoglossi, 22 = Trigonum n. vagi, 23 = Obex, 24 = Sulcus intermedius post., 25 = Sulcus posterolat., 26 = Sulcus medianus post., 27 = Funiculus lat., 28 = Fasciculus gracilis, 29 = Fasciculus cuneatus, 30 = Tuberculum gracile, 31 = Tuberculum cuneatum, 32 = Area vestibularis, 33 = Sulcus medianus (fossae rhomboideae), 34 = Sulcus limitans, 35 = Pedunculus cerebri, 36 = Corpus geniculatum lat., 37 = Corpus geniculatum med. (aus Frick/Leonhardt/Starck, Thieme 1992)

tierten *Locus coeruleus*, die größte noradrenerge Zellgruppe des ZNS. Kaudal liegt das *Trigonum n. hypoglossi*. Der *Sulcus terminalis* trennt die Eminentia medialis von dem lateral gelegenen *Trigonum n. vagi* und der *Area postrema* (*Brechzentrum*).

Hirnnerven: Im Bereich des Hirnstamms treten die Hirnnerven III bis XII aus (Abb. 9.**5**):

- *N. oculomotorius (III):* ventral in der Fossa interpeduncularis;
- *N. trochlearis (IV):* tritt als einziger Hirnnerv, nach Kreuzung zur Gegenseite, dorsal unter den Vierhügeln aus, zieht ventral um das Mittelhirn herum;
- *N. trigeminus (V):* seitlich zwischen Brücke und mittlerem Kleinhirnstiel;
- *N. abducens (VI):* medial zwischen Brücke und Pyramide;
- *N. facialis (VII):* im Kleinhirnbrückenwinkel;
- *N. vestibulocochlearis (VIII):* im Kleinhirnbrückenwinkel;
- *N. glossopharyngeus (IX):* im Sulcus dorsolat. hinter der Olive;
- *N. vagus (X):* im Sulcus dorsolat. kaudal des N. glossopharyngeus;
- *N. accessorius (XI):* im Sulcus dorsolat. kaudal des N. vagus;
- *N. hypoglossus (XII):* im Sulcus ventrolat. hinter der Pyramide mit 10–15 Wurzelfäden.

Klinischer Bezug

Im Kleinhirnbrückenwinkel tritt das **Akustikusneurinom** (Gliom im R. vestibularis des Hirnnerven VIII) auf. Dabei kann es durch Kompression zu Ausfällen der dort austretenden Hirnnerven kommen.

9.3.2 Innere Gliederung

Im Querschnitt durch den Hirnstamm kann man drei Zonen voneinander unterscheiden: das *Tectum* (*Vierhügelplatte*) dorsal des Zentralkanals bzw. des IV. Ventrikels, das *Tegmentum* (*Haube*) unter dem Boden der Rautengrube und das *ventrale neencephale Gebiet* mit Brücke, Ncl. olivaris inf. und Pyramide und der *Pars ventralis pedunculi cerebri* im Mesencephalon. Der IV. Ventrikel setzt sich im Mittelhirn in den Aquaeductus mesencephali fort, der vom zentralen Höhlengrau (*Substantia grisea centralis*), einem phylogenetisch alten Kerngebiet mit vegetativen Funktionen, umgeben wird.

Vierhügelplatte (Tectum)

Dorsal befinden sich im unteren Teil die *Ncll. cuneata* und *Ncll. gracile*, deren Neuriten den Tractus bulbothalamicus bilden. Im oberen Teil liegt das Dach des IV. Ventrikels, bestehend aus Velum medullare rostr. und caud. und Plexus choroideus.

Im Mesencephalon wird das Tectum durch die *Vierhügelplatte* gebildet. Die *Colliculi rostr.* (7-schichtig) erhalten Afferenzen aus Sehnerv und Sehrinde, dem Kleinhirn, der Substantia nigra, der Formatio reticularis und dem Tractus spinotectalis. Die efferenten Fasern steigen sowohl auf als auch ab. Die wichtigsten langen absteigenden Bahnen sind Tractus tectospinalis und Tractus tectobulbaris. Beide Bahnen kreuzen in der *dorsalen Haubenkreuzung* (*Decussatio tegmenti dors.*). Außerdem bestehen Verbindungen zu den Augenmuskelkernen des Hirnnerven III und IV. Die Colliculi rostr. steuern die *Reflexe des optischen Systems*. Die *Colliculi caud.* stellen ein einheitliches Kerngebiet dar. Sie enthalten Afferenzen aus dem akustischen System. Die Efferenzen verlaufen weitgehend mit denen der Colliculi rostr. zusammen. Die Colliculi caud. steuern die *Reflexe des akustischen Systems*.

Haube (Tegmentum)

Das Tegmentum macht den Hauptanteil des Hirnstamms aus. Es enthält die Kerne der Hirnnerven III–XII (Abb. 9.**7**), den Eigenapparat mit *Formatio reticularis* und unterer *Olive*, den *Ncl. ruber*, die *Substantia nigra* sowie afferente und efferente Leitungsbahnen. Die Hirnnervenkerne sind von lateral nach medial wie folgt angeordnet (s.a. 9.1.3): somatoafferente, viszeroafferente, viszeroefferente, und somatoefferente Kerne. Die Fasern der viszeroafferenten und -efferenten Kerne verlaufen in den Kiemenbogennerven (V, VII, IX, X). Die vegetativen (parasympathischen) Fasern beginnen oder enden größtenteils in eigenen Kernen. Daneben gibt es noch die Kerngebiete der höheren Sinnesorgane.

Zu den einzelnen Gruppen gehören:

- *Somatoafferente Kerne:* afferente Trigeminuskerne (s.u.), Ncll. cochleares (Gehör), Ncll. vestibulares (Gleichgewicht)
- *Viszeroafferente Kerne:* Ncl. dors. n. vagi, Ncl. solitarius (Geschmackssinn)
- *Viszeroefferente Kerne:* Ncl. dors. n. vagi, Ncl. motorius n. trigemini, Ncl. n. facialis, Ncl. ambiguus (Anteile des IX., X. und XI. Hirnnerven), Ncl. n. accessorii
- *Somatoefferente Kerne:* Ncl. n. oculomotorius, Ncl. n. trochlearis, Ncl. n. abducentis, Ncl. n. hypoglossi

Im Ncl. dors. n. vagi enden außer viszeroafferenten Fasern auch vegetativ-afferente Fasern aus dem Magen-Darm-Trakt. Die vegetativ-efferenten Fasern entspringen von folgenden Kernen: Ncl. oculomotorius accessorius (Edinger-Westphal, parasympathischer Anteil des N. oculomotorius), Ncl. salivatorius sup. (parasympathischer Anteil des N. vagus) und

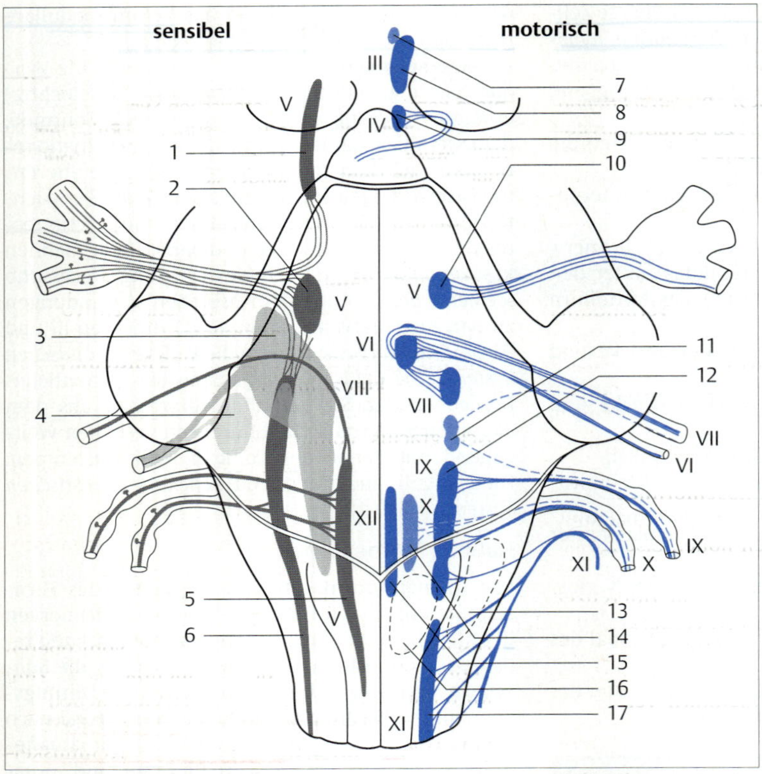

Abb. 9.**7** Hirnnerven und Hirnnervenkerne. 1 = Nucleus tractus mesencephalici n. trigemini, 2 = Nucleus sensorius principalis n. trigemini, 3 = Nucleus n. vestibulares, 4 = Nucleus n. cochlearis, 5 = Nucleus tractus solitari, 6 = Nucleus et tractus spinalis n. trigemini, 7 = Nucleus accessorius autonomicus (Edinger-Westphal), 8 = Nucleus n. oculomotorii, 9 = Nucleus n. trochlearis, 10 = Nucleus motorius n. trigemini, 11 = Nucleus salivatorius superior et inferior, 12 = Nucleus ambiguus, 13 = Nucleus cuneatus, 14 = Nucleus dorsalis n. vagi, 15 = Nucleus n. hypoglossi, 16 = Nucleus gracilis, 17 = Nucleus n. accessorii (aus Duus, Thieme 1995)

Ncl. salivatorius inf. (parasympathischer Anteil des N. glossopharyngeus). Sympathische Anteile fehlen im Hirnstamm.

Trigeminuskerne: Das *sensible Trigeminuskerngebiet* besteht aus einer dreigeteilten Kernsäule mit Ncl. spinalis, Ncl. pontinus und Ncl. mesencephalicus n. trigemini. Der *Ncl. spinalis* reicht von der Rautengrube bis ins Halsmark, der *Ncl. pontinus* liegt seitlich am Boden der Rautengrube und der *Ncl. mesencephalicus* erstreckt sich von der Rautengrube bis in das Mittelhirn. In Ncl. spinalis und pontinus enden somatosensible Fasern. Der Ncl. mesencephalicus setzt sich aus den Perikaryen des 1. afferenten Neurons zusammen (pseudounipolare Nervenzellen, einzigartig im ZNS).

Formatio reticularis: Die *Formatio reticularis* ist ein locker angeordnetes Neuronensystem, dessen Neuriten netzartige Bündel bilden. Sie erhält Afferenzen aus allen auf- und absteigenden Bahnen. Sie erstreckt sich vom Rückenmark bis ins Zwischenhirn. Man unterscheidet mediane und laterale Kernsäulen. Auffällig sind die median liegenden *Raphekerne* mit serotoninergen Zellgruppen, die u. a. der *Koordination der Augenbewegungen* dienen. Die Formatio reticularis erhält Afferenzen aus Rückenmark, sensorischen Hirnnervenkernen, Sinnesbahnen, Kortex, limbischem System und Hypothalamus und sendet Efferenzen zu γ-Motoneuronen des Rückenmarks, Parasympathikuskernen, Cortex und Thalamus. Sie ist wichtiger integrativer Bestandteil zwischen motorischem und vegetativem System, steuert die *Bewußtseinslage* und dient der *Schmerzwahrnehmung*. Darüber hinaus enthält sie *Atem-* und *Kreislaufzentren* und steuert *vegetativ-motorische Reflexe* (*z. B. Husten, Erbrechen*).

Klinischer Bezug

Beim *Enthirnungssyndrom* als Folge einer **akuten Mittelhirnschädigung** kommt es zur Beeinträchtigung der Formatio reticularis. Dies führt zu Bewußtseinsstörungen bis hin zum Koma, motorische Unruhe bis hin zu Streckkrämpfen und vegetativen Symptomen wie Tachykardie, Hypertonie und Atemstörungen.

Ncl. olivaris: Der *Ncl. olivaris caud.* liegt nach ventral verlagert. Er steht mit dem Ncl. ruber des Mesencephalons über die *zentrale Haubenbahn* in Verbindung. Das Olivensystem ist über den *Tractus olivocerebellaris* (verläuft im Pedunculus cerebellaris caud.) doppelläufig mit dem Kleinhirn verbunden und ist somit eine wichtige Schaltstelle zum Kleinhirn. Über den *Tractus olivocochlearis* erfolgt die *Lautheitseinstellung*.

Ncl. ruber: Der *Ncl. ruber*, ein ellipsenförmiger Kern, erstreckt sich vom Mittelhirn bis zum Hypothalamus. Seine *rote Farbe* wird durch den hohen Eisengehalt hervorgerufen. Er ist ein wichtiger Kern im extrapyramidal-motorischen System. Er erhält Afferenzen von der Endhirnrinde (*Tractus corticorubralis*) und sendet Signale an das Rückenmark (*Tractus rubrospinalis*, kreuzt in der *ventralen Haubenkreuzung*). Im Nebenschluß ist er mit dem Kleinhirn verbunden (Tractus cerebellorubralis, Tractus rubrocerebellaris). Die *zentrale Haubenbahn* (*Tractus tegmentalis centralis*) verbindet den Ncl. ruber mit zahlreichen Zentren des ZNS, u. a. dem Ncl. olivaris caud., von dem die Signale weiter ins Kleinhirn gelangen.

Substantia nigra: Die *Substantia nigra* liegt an der Grenze zur Pars ventr. Die schwarze Farbe wird durch große melaninhaltige dopaminerge Neurone hervorgerufen.

Merke

Die *dopaminergen Neurone* bilden einen aufsteigenden Faserzug zum *Corpus striatum*. Sie gehören somit zum *nigrostriatalen System* und nehmen Einfluß auf die Motorik, indem sie hemmend auf die Neurone des Corpus striatum wirken. Sie erhalten Afferenzen vom Putamen und senden Fasern zu den ventralen Thalamuskernen.

Die Substantia nigra dient der *Aufrechterhaltung des Muskeltonus* und spielt bei *Mitbewegungen* und *raschem Bewegungsbeginn* eine wichtige Rolle.

Klinischer Bezug

Bei **gestörter Dopaminsynthese in der Substantia nigra** kommt es zu den motorischen Symptomen des *Morbus Parkinson*: Rigor (Muskelstarre), Ruhetremor (unwillkürliches Zittern), Akinese (Bewegungshemmung). Der Dopaminmangel kann durch Dopaminagonisten oder auch Dopamin (L-Dopa) selbst kompensiert werden (s.a. 9.7.4).

Aufsteigende Bahnen:

- *Tractus bulbothalamicus:* 2. Neuron, zieht von den Bulbuskernen als *Fibrae arcuatae int.* und dann als *Lemniscus med.* durch Rauten- und Mittelhirn zum Thalamus, kreuzt in der Medulla oblongata;
- *Fibrae arcuatae ext.:* kreuzen von Ncl. cuneatus und Ncl. gracilis kommend über der Pyramis und ziehen im Pedunculus cerebellaris caud. zum Kleinhirn;
- *Fasern von den Ncll. trigemini:* ziehen als *Lemniscus trigeminalis* im Lemniscus med. zum Thalamus;
- *Tractus spinothalamicus:* zieht durch das Rhombencephalon als *Lemniscus spinalis.*

Hirnstammbahnen:

- *Fasciculus longitudinalis med.:* zieht vom oberen Thorakalmark unter der Eminentia med. zum Mittelhirn, enthält Fasern unterschiedlichen Ursprungs und Leitungsrichtung, verbindet die Vestibulariskerne mit den motorischen Augenmuskelkernen sowie mit Accessorius- und Halsmuskelkernen, steuert die *reflektorischen Augen- und Kopfbewegungen;*
- *Fasciculus longitudinalis dors.:* zieht dorsolateral vom Fasciculus longitudinalis med. von der Medulla oblongata zum Zwischenhirn, verbindet auf- und absteigend vegetative Zentren in Mittel- und Rautenhirn;
- *Lemniscus med.:* sensible Fasern mit Ursprung in den Hinterstrangkernen, kreuzt in der Medulla oblongata, wird begleitet von Fasern des *Lemniscus trigeminalis* (Fasern aus sensiblen Trigeminuskernen) und *Lemniscus spinalis* (Fasern des Tractus spinothalamicus), zieht zum Thalamus; verläuft nahe der Oberfläche lateral des Ncl. ruber;
- *Lemniscus lat.:* verbindet die Endkerne der Hörbahn mit den Colliculi caud. und dem Corpus geniculatum med.;
- *Tractus tegmentalis centralis:* Fasern des extrapyramidal-motorischen Systems zur Formatio reticularis und der unteren Olive;
- *Tractus tectobulbaris:* Verbindung zwischen Colliculi rostr. des Mesencephalon und motorischen Hirnnervenkernen (vor allem Augenmuskelkernen);

- *Corpus trapezoideum:* in der Brücke kreuzende Fasern der Ncll. cochleares, die nach Umschaltung als *Lemniscus lat.* zu den Colliculi caud. des Mesencephalon ziehen, Teil des akustischen Systems.

Absteigende Bahnen: Sie bilden den ventralen Abschnitt des *Rhombencephalons*. Sie ziehen vom Cortex cerebri zu verschiedenen Hirnstammkernen oder bis ins Rückenmark.

- *Tractus corticopontinus:* Neuhirnbahnen, die zu den Ncll. pontis ziehen;
- *Tractus corticonucleares:* Fasern, die zu den motorischen Hirnnervenkernen ziehen;
- *Tractus corticospinalis:* Pyramidenbahn (s.a. 9.2.4).

Pars ventr. pedunculi cerebri (Crus cerebri)

Die *neencephalen Fasern* der Hirnstiele gruppieren sich von medial nach lateral wie folgt:

- *Fibrae frontopontinae:* frontale Endhirnbrückenbahn,
- *Fibrae corticonucleares:* motorische Bahn vom Endhirn zu den Hirnnervenkernen,
- *Fibrae corticospinales*: Pyramidenbahn,
- *Fibrae parietotemporopontinae:* parietotemporale Endhirnbrückenbahn.

9.3.3 Wichtige Hirnstamm-Reflexe

Kornealreflex: Bei Berührung der Hornhaut werden die Afferenzen über den N. trigeminus zum Hirnstamm geleitet. Die Efferenzen werden über Fasern des N. facialis und des Tractus spinalis n. trigemini zu den Augenlidern und den Nackenmuskeln geleitet, so daß reflektorisch die Lider geschlossen und der Kopf zurückgeworfen wird.

Schluckreflex: Die Afferenzen werden über Fasern des IX. und X. Hirnnerven in die Formatio reticularis geleitet. Die Efferenzen gehen von Ncl. motorius n. trigemini, Ncl. ambiguus, Ncl. n. hypoglossi und Vorderwurzeln der Halssegmente aus. Sie bewirken die Koordination der Muskeln von Mundhöhle, Rachen, Kehlkopf und Ösophagus.

Würgereflex: Er wird durch die Berührung des Zungengrundes, der Gaumenbögen und der Rachenhinterwand ausgelöst. Afferenzen und Efferenzen laufen wie beim Schluckreflex.

9.3.4 Wichtige Hirnrindenreflexe

Die optischen Reflexe haben ihren Ursprung in der Sehbahn, vor allem im Corpus geniculatum lat., das Verbindungen zu den Ncll. praetectales (basal der Colliculi rostr.) und den parasympathischen Kernen des Hirnnerven III hat.

Pupillenreflex: Bei Lichteinfall in ein oder beide Augen kommt es zur *Pupillenverengung* (*Miosis*) beider Augen. Man unterscheidet *direkte* und *konsensuelle Lichtreaktion* (Miosis des einen Auges bei Lichteinfall in das andere Auge). Die Afferenzen verlaufen über Retina und Sehnerven zu den Ncll. praetectales und weiter zum Ncl. oculomotorius accessorius beider Seiten. Die Efferenzen verlaufen von dort zum Ggl. ciliare und über die Nn. ciliares breves zum M. sphincter pupillae.

Konvergenzreflex: Nähert man einen Gegenstand den Augen, kommt es zur Adduktion beider Augen durch den M. rectus med. („man schielt einwärts"). Die Afferenzen verlaufen über die Sehbahn bis zur Area striata (Sehrinde). Die Efferenzen ziehen über die Ncll. praetectales und den N. oculomotorius zum Muskel.

Akkomodationsreflex: Bei Naheinstellung des Auges nimmt die Brechkraft der Linse zu, um den nahen Gegenstand scharf sehen zu können. Dieser Reflex läuft über den Sehnerven und weitere Bahnen bis in die Sehrinde. Die Efferenzen verlaufen über den parasympathischen Teil des Hirnnerven III nach Umschaltung im Ggl. ciliare bis zum M. ciliaris, der die Akkomodation durch Kontraktion bewirkt (s.a. 10.2.3).

9.4 Kleinhirn (Cerebellum)

Das *Kleinhirn* (*Cerebellum*) besteht aus zwei Hemisphären, die durch den unpaaren *Wurm* (*Vermis*) miteinander verbunden sind. Es entsteht aus den Rautenlippen des Hirnstamms und bleibt mit diesem über *Kleinhirnstiele* verbunden. Es liegt in der hinteren Schädelgrube über dem Hirnstamm und grenzt an die Cisterna cerebellomedullaris. Vom Endhirn wird es durch das Tentorium cerebelli getrennt.

9.4.1 Gestalt, Gliederung

Am Kleinhirn unterscheidet man drei phylogenetisch verschieden alte Anteile (Abb. 9.**8**).

Gliederung: Der älteste ist der ventral liegende *Lobus flocculonodularis* (*Archaeocerebellum*), der durch die Fissura dorsolat. vom Corpus cerebelli getrennt ist. Er besteht aus *Nodulus* (Vermis-Anteil) und *Flocculus* (Hemisphären-Anteil). Er erhält Afferenzen aus den Vestibulariskernen.

Der *Wurm* besteht aus *Vorderlappen* sowie *Uvula* und *Pyramis*. Er erhält Afferenzen aus dem Rückenmark (*Spinocerebellum*). Das *Paleocerebellum* umfaßt den Wurm und angrenzenden Hemisphärenanteile.

Der größte Teil der *Hemisphären* (*Neocerebellum*) hat sich als letztes entwickelt und überlagert die phylogenetisch älteren Hirnteile. Sie sind mit den Ncll. pontis verbunden (*Pontocerebellum*).

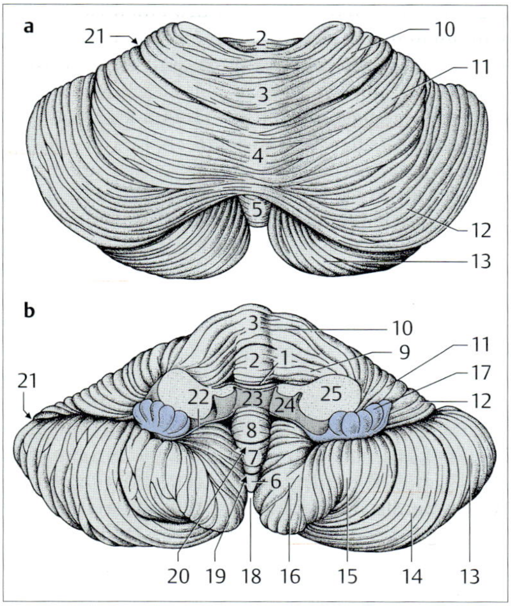

Abb. 9.**8** Kleinhirn. **a** von oben, **b** von unten. *1-8 = Vermis cerebelli:* 1 = Lingula, 2 = Lobulus centralis, 3 = Culmen, 4 = Declive, 5 = Tuber vermis, 6 = Pyramis vermis, 7 = Uvula vermis, 8 = Nodulus, ; *9-17 = Hemisphaerium cerebelli:* 9 = Ala lobuli centralis, 10 = Lobulus quadrangularis, 11 = Lobulus simplex, 12 = Lobulus semilunaris superior, 13 = Lobulus semilunaris inferior, 14 = Lobulus gracilis, 15 = Lobulus biventer, 16 = Tonsilla cerebelli, 17 = Flocculus; 18 = Vallecula, 19 = Fissura secunda, 20 = Fissura posterolateralis, 21 = Fissura prima, 22 = Velum medullare inferius, 23 = Velum medullare superius, 24 = Pedunculus cerebellaris superior, 25 = Pedunculus cerebellaris medius und Pedunculus cerebellaris inferior (aus Frick/Leonhardt/Starck, Thieme 1992)

Gestalt: Die Oberfläche des Kleinhirns zeichnet sich durch parallel verlaufende schmale *Windungen* (*Foliae*) aus, die durch *Furchen* (*Fissurae*) voneinander getrennt sind. Besonders auffällig ist die *Fissura prima*, die quer über Wurm und Hemisphären hinwegzieht und das Kleinhirn in *Lobus rostr.* (weitgehend Palaeocerebellum) und *Lobus caud.* (weitgehend Neocerebellum) unterteilt.

Kleinhirnstiele: Das Kleinhirn ist mit dem Hirnstamm durch drei Kleinhirnstiele verbunden: *Pedunculus cerebellaris rostr.* zum Tegmentum mesencephali, *Pedunculus cerebellaris med.* zur Brücke und *Pedunculus cerebellaris caud.* zur Medulla oblongata. Es liegt über dem IV. Ventrikel und ist im oberen Abschnitt des Wurms mit dem Velum medullare rostr. und durch Nodulus und Flocculus mit dem Velum medullare caud. verbunden.

9.4.2 Innere Gliederung

Auf Sagittalschnitten durch das Kleinhirn sieht man das charakteristische Bild des *Arbor vitae*. Dieses wird gebildet durch die Anordnung des *Kleinhirnmarks* (*Corpus medullare*), der weißen Substanz, bzw. die sekundäre Gyrifizierung der Fissurae. Die *Kleinhirnrinde* besteht aus grauer Substanz und überzieht alle Windungen und Furchen.

Die Kleinhirnrinde ist von außen nach innen in drei Schichten gegliedert (s.a. Histologie 3.6.5):

Molekularschicht: Sie ist faserreich und enthält wenige Zellen. Bei diesen handelt es sich vorwiegend um oberflächennahe *Sternzellen* und tiefer liegende *Korbzellen*. Die Dendriten und Neuriten beider Zellarten verlaufen quer zur Längsachse der Windung und parallel zur Oberfläche. Sie stehen in Kontakt mit dem Dendritenbaum der Purkinje-Zellen. Der größte Teil der Fasern sind *Parallelfasern*, Neuriten der Körnerzellen, die aus dem Stratum granulosum aufsteigen und sich in der Molekularschicht T-förmig teilen. Sie verlaufen dann in Längsrichtung der Windungen und ebenfalls parallel zur Oberfläche. Sie sind mit den Dendriten der Purkinje-Zellen synaptisch verbunden.

Purkinje-Zellschicht: Sie besteht aus den einschichtig angeordneten großen birnenförmigen *Perikarya der Purkinje-Zellen*. Die Dendriten verzweigen sich spalierbaumartig und liegen alle in einer Ebene quer zur Längsachse der Windung. Die Endigungen der Dendriten sind mit Dornen übersäht, an denen die synaptischen Kontakte mit den Parallelfasern geknüpft werden. An der glatten Oberfläche der Dendriten enden Neuriten der Sternzellen und Kletterfasern, an den Perikarya Neuriten von Korbzellen (inhibitorisch) und Kollateralen des eigenen Neuriten. *Kletterfasern* sind afferente Fasern aus den Ncll. olivares caud., von denen jede nur an einer Purkinje-Zelle endet.

! Merke

Die *Neuriten der Purkinje-Zellen* verlassen als einzige efferente Fasern die Kleinhirnrinde und enden in den Kleinhirnkernen (vor allem im Ncl. dentatus) im Mark.

Stratum granulosum: Es wird vorwiegend durch kleine, dicht beieinander liegende *Körnerzellen* gebildet. Sie haben etwa fünf Dendriten, die zu kleinen zellfreien Arealen (*Glomeruli*) ziehen und dort mit Moosfasern Synapsen bilden. *Moosfasern* sind afferente Neurone aus Rückenmark, Brückenkernen und Kernen der Medulla oblongata, die exzitatorische Signale über die Körnerzellen zu den Purkinje-Zellen leiten. Zwischen den Körnerzellen liegen die *Golgi-Zellen*. Sie sind weniger häufig, haben größere Perikarya und einen weit ausladenden Dendritenbaum, der sich bis unter die Oberfläche der Rinde erstreckt. Sie werden im Stratum moleculare von den Parallelfasern der Körnerzellen und Kollateralen der Purkinje-Zellneuriten erregt und wirken rückkoppelnd hemmend auf die Körnerzellen an den Synapsen der Glomeruli.

Kleinhirnkerne: Die paarigen Kerne liegen im Kleinhirnmark. Die medial liegenden *Ncll. fastigii* erhalten Afferenzen aus dem Wurm und senden Signale zu den Vestibulariskernen. Die *Ncll. globosi* und der *Ncl. emboliformis* liegen weiter lateral und erhalten ihre Afferenzen aus der paramedianen Region des Kleinhirns. Ihre efferenten Fasern ziehen zu Kernen der Medulla und des Thalamus. Die Fasern der neocerebellären Hemisphären enden in dem am weitesten lateral liegenden *Ncl. dentatus*. Von dort ziehen Fasern zum Ncl. ruber und zum Thalamus.

9.4.3 Kleinhirnbahnen

Das Kleinhirn erhält wesentlich mehr Afferenzen als es Efferenzen versendet. Es hat somit eine wichtige koordinierende Funktion im motorischen System.

> **! Merke**
>
> Die *afferenten* Bahnen gelangen hauptsächlich über den Pedunculus cerebellaris medius (dickster Kleinhirnstiel) in das Kleinhirn, die *efferenten* verlassen es zum großen Teil über den Pedunculus cerebellaris sup. et inf. Kleinhirnareale derselben Seite sind durch Assoziationsfasern miteinander verbunden.

Afferente Bahnen:

- *Tractus vestibulocerebellaris:* Fasern des N. vestibularis und der Vestibulariskerne zum Vestibulocerebellum (Nodulus, Flocculus, Ncll. fastigii); *Pedunculus cerebellaris caud.;*
- *Tractus spinocerebellaris ventr.* und *dors.:* Fasern der Tiefensensibilität aus dem Rückenmark zum Spinocerebellum (Vermis, Lobus rostr., Pyramis); ventrale Fasern über *Pedunculus cerebellaris cran.*, dorsale Fasern über *Pedunculus cerebellaris caud.;*
- *Tractus olivocerebellaris:* Fasern vom Ncl. olivaris caud., verbunden mit dem Rückenmark und der zentralen Haubenbahn, in alle Rindengebiete des Kleinhirns (Kletterfasern); *Pedunculus cerebellaris caud.*, vergleichsweise wichtig ist der rückläufige *Tractus cerebelloolivaris;*
- *Fibrae pontocerebellares:* Fasern vom Endhirn über die Ncll. pontis zum Neocerebellum (Lobus caud.), kreuzen die Seite im Metencephalon; bilden *Pedunculus cerebellaris medius.*

Efferente Bahnen: Außer einigen direkten Fasern vom Vestibulocerebellum zu den Vestibulariskernen stammen alle efferenten Fasern aus den Kleinhirnkernen.

- *Tractus cerebellothalamicus:* Fasern aus dem Neocerebellum über den *Ncl. dentatus*, kreuzen im Mittelhirn, aufsteigende Fasern zum Ncl. ruber und Thalamus mit Projektion in die motorische Rinde des Frontallappens, absteigende Fasern (*Tractus reticulospinalis*) zur Formatio reticularis (kreuzen wiederum); *Pedunculus cerebellaris cran.* Fasern aus den Ncll. globosi und emboliforme schließen sich an;
- Fasern aus den *Ncll. fastigii* zu den Vestibulariskernen und der Formatio reticularis.

9.4.4 Funktionelle Anatomie

Das Kleinhirn hat im motorischen System die Aufgabe, *glatte Bewegungsabläufe* zu ermöglichen. Im Archaeocerebellum erhält es Informationen über die Stellung des Kopfes und kann Haltung und Muskeltonus so kontrollieren, daß zu jeder Zeit das Gleichgewicht erhalten bleibt. Das Paläocerebellum erhält Signale aus Rückenmark und Cortex. Dadurch kann es *Stütz-* und *Zielmotorik* koordinieren und Korrekturen vornehmen. Das Neocerebellum wirkt durch Informationen aus der Endhirnrinde bei zielgerichteten Bewegungen mit und garantiert deren reibungslosen Ablauf.

Bei Störungen in den verschiedenen Bereichen des Kleinhirns kommt es zu unterschiedlichen Ausfallserscheinungen und Koordinationsstörungen:

Ataxie: Die Bewegungen laufen nicht mehr harmonisch, sondern unkontrolliert ab. Beim Finger-Nase-Versuch kann der Patient den Finger nicht geradlinig und zielsicher bewegen. Fällt die Vestibularisregulation aus, resultieren torkelnder Gang und Hinfallen bei geschlossenen Augen.

Asynergie: Verschiedene Muskelgruppen arbeiten nicht mehr exakt zusammen. Der Ablauf einer komplexen Bewegung ist nicht mehr möglich.

Intentionstremor: Das Zittern tritt bei Zielbewegungen auf und wird um so stärker, je näher das Ziel kommt (Finger-Nase-Versuch).

Tonusveränderungen: Hypotonie der Muskulatur durch Störung der Innervation, leichtere Ermüdbarkeit der Bewegung.

Nystagmus (selten): Unwillkürliche Augenbewegungen mit schneller und langsamer Komponente, verbunden mit Störungen des Gleichgewichtssinns, tritt bei Blickwendung zur betroffenen Kleinhirnhemisphäre auf.

Dysdiadochokinese: Sich schnell wiederholende Bewegungen (rasche Pro- und Supination der Hand, z. B. Schraube eindrehen) können nicht ausgeführt werden. Der Bewegungsablauf ist langsam und stockend.

9.5 Zwischenhirn (Diencephalon)

Das *Zwischenhirn* (*Diencephalon*) liegt zwischen Mittel- und Endhirn und umgibt den III. Ventrikel. Es besteht aus Hypothalamus, Subthalamus, Thalamus, Metathalamus und Epithalamus (Abb. 9.**9**). Der *Thalamus dors.* ist die zentrale Schaltstation sensibler Nervenbahnen (Schmerz, Druck, Temperatur, Sehen und Hören). Der *Hypothalamus* reguliert Körpertemperatur, Wasserhaushalt und Nahrungsaufnahme und enthält mit der Hypophyse das Hauptorgan der hormonalen Steuerung.

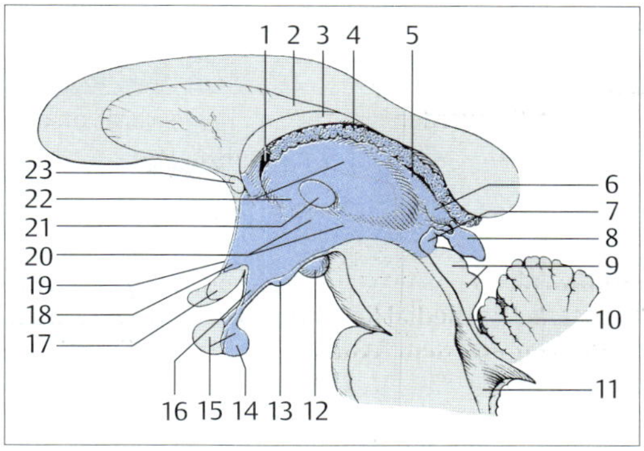

Abb. 9.**9** Zwischenhirn. 1 = Foramen interventriculare, 2 = Septum pellucidum, 3 = Crus fornicis, *4-8 = Epithalamus:* 4 = Plexus choroideus ventriculi tertii, 5 = Stria medullaris thalami, 6 = Nucleus habenulae, 7 = Commissura posterior, 8 = Epiphyse; 9 = Lamina tecti, 10 = Aquaeduct, 11 = Ventriculus quartus, *12-20 = Hypothalamus:* 12 = Corpus mamillare, 13 = Tuber cinereum, 14 = Neurohypophyse, 15 = Hypophyse, 16 = Recessus infundibuli, 17 = Chiasma opticum, 18 = Recessus opticus, 19 = Lamina terminalis, 20 = Sulcus hypothalamicus; 21 = Massa intermedia, 22 = Thalamus, 23 = Commissura anterior (aus Duus, Thieme 1995)

9.5.1 Gliederung

Hypothalamus: Er bildet den Boden des Zwischenhirns und grenzt sich vom Thalamus durch den *Sulcus hypothalamicus* ab. Er besteht aus markarmen und markreichen Kerngebieten, dem Infundibulum (Hypophysenstiel), der Neurohypophyse, dem Tuber cinereum und den Corpora mamillaria. Er ist das zentrale Steuerzentrum für alle vegetativen Funktionen und spielt eine wichtige Rolle im neuroendokrinen System.

Subthalamus: Er liegt unterhalb der Thalamuskerne und besteht aus Globus pallidus (Teil der Basalganglien, durch Capsula int. seitlich abgedrängt vom Subthalamus), Ncl. subthalamicus und Zona incerta. Der *Globus pallidus* ist weniger kapillarisiert und deshalb blaßer als die umgebenden Kernstrukturen. Er liegt lateral der Capsula int. Der *Ncl. subthalamicus* liegt medial der Capsula int. und gehört zum extrapyramidal-motorischen System.

Thalamus: Er hat Eiform. Die Spitze zeigt als Tuberculum ant. thalami nach rostral, das verdickte Ende bildet das *Pulvinar*. Der dorsalen Oberfläche des Pulvinars liegt eine dünne Zellschicht des Bodens der Seitenventrikel (Lamina affixa) auf. Sie ist begrenzt durch die Striae medullares und die Befestigung des Plexus choroideus. Medial grenzt der Thalamus dors. an den III. Ventrikel, lateral an den Ncl. caudatus und basal an den Hypothalamus. In den Thalamuskernen enden die meisten Sinnesbahnen.

Metathalamus: Er besteht aus *Corpus geniculatum med.* und *lat.* Die Corpora geniculata med. liegen zwischen Pulvinar und Colliculi caud., die Corpora geniculata lat. seitlich davon. Der Metathalamus bildet einen Teil der Hör- und der Sehbahn (s.a. 9.3.2).

Epithalamus: Er ist der dorsale Anteil des Zwischenhirns und setzt sich zusammen aus Habenula mit den Ncll. habenulae, Corpus pineale (Epiphyse) und Commissura epithalamica (post.). Die Habenula verbindet das extrapyramidale mit dem limbischen System, die Epiphyse steuert neurovegetative Funktionen.

9.5.2 Gestalt, innere und äußere Oberfläche

Das Zwischenhirn wird rostral durch Lamina terminalis und Commissura ant. begrenzt, kaudal durch Commissura post., Commissura habenularum und Corpus pineale (Epiphyse). Dorsal überlagern Balken, Seitenventrikel und Hirnhemisphären das Zwischenhirn. Das Zwischenhirn bildet die Seitenwand des III. Ventrikels.

Hypothalamus: Basal liegt der *Hypothalamus*, der einzige Teil des Zwischenhirns, der von außen sichtbar ist. Zu erkennen sind von kaudal nach rostral Corpora mamillaria, Tuber cinereum mit Infundibulum, Hypophyse und Chiasma opticum mit Tractus opticus. Der Hypothalamus bildet mit seinen Kernen den Boden des III. Ventrikels. Die *Hypophyse* liegt in der Fossa hypophysialis der Sella turcica.

Epithalamus: Von dorsal sieht man auf die Strukturen des Epithalamus. Auf beiden Seiten liegt kranial das Pulvinar, dazwischen die Habenula. Darunter sieht man das zapfenförmige *Corpus pineale* (*Epiphyse*), das zwischen die Colliculi cran. ragt. Beidseits davon erkennt man die Corpora geniculata med. und lat.

Anatomie

Tab. 9.1 Hormone der Adenohypophyse

Steuerhormon	Adenohypophyse	Endorgan
LHRH	FSH, LH	Gonaden
CRH	ACTH	Nebennierenrinde
TRH	TSH	Schilddrüse
GHRH, GHIH	GH	stimuliert Wachstum
MSHRH, MSHIH	MSH	Melanozyten
PRLRH, PRLIH	Prolaktin	Milchdrüsen

Kranial der Lamina terminalis beginnen die *Crura fornices*, die sich nach kaudal bis zu den Corpora mamillaria erstrecken. Zwischen den beiden Faserbündeln liegt das *Subfornikalorgan*.

9.5.3 Grundlagen der inneren und funktionellen Gliederung

Hypothalamus: Man unterscheidet markarmen und markreichen Hypothalamus. Der *markarme Hypothalamus* verbindet neuronale und neuroendokrine Systeme. Er ist nervenzellreich und gliedert sich in mehrere Kerngruppen, die man nach ihrer Lokalisation in eine *vordere*, *mittlere* und *hintere* Gruppe aufteilt.

- Die *Kerne der vorderen Gruppe* sind: Ncl. praeopticus, Ncl. supraopticus und Ncl. paraventricularis. Sie spielen eine wesentliche Rolle bei der Temperaturregulation, der Steuerung des Schlaf-Wach-Rhythmus und des Hunger-Durst-Gefühls. Die letzten beide Kerngruppen produzieren die Neurosekrete *Adiuretin (ADH)* und *Oxytocin*, die über den *Tractus supraopticohypophysealis* durch den Hypophysenstiel in die Neurohypophyse gelangen und dort bei Bedarf in die Blutbahn abgegeben werden. Sie wirken direkt am Endorgan und werden deshalb *Effektorhormone* genannt.

Merke

ADH erhöht die Wasserrückresorption im distalen Tubulus der Niere und dient so der Regulation des Wasserhaushaltes.
Oxytocin wirkt kontrahierend auf die glatte Uterusmuskulatur und die myoepithelialen Zellen der Brustdrüse (fördert die Milchsekretion, nicht die -produktion!).

Klinischer Bezug

Bei **Störungen des hypothalamoneurohypophysären Systems** kommt es zum *zentralen Diabetes insipidus*, der durch starken Durst und großen Wasserverlust gekennzeichnet ist. Der zentrale Diabetes insipidus spricht im Gegensatz zum renalen auf ADH-Gaben an.

- Zur *medialen Kerngruppe* gehören: Ncl. infundibularis, Ncll. tuberales, Ncl. dorsomed., Ncl. ventromed. und Ncl. lat. In diesen Kernen werden *Releasing-Hormone* (*RH, Liberine*) und *Releasing-Inhibiting-Hormone* (*RIH, Statine*) gebildet, die über die Axone in den Bereich des Infundibulums transportiert und dort in den Pfortaderkreislauf der Hypophyse abgegeben werden. Die Hormone wirken auf die Drüsenzellen in der Adenohypophyse, die ihrerseits wieder Hormone ausschüttet, die dann auf die Endorgane einwirken (Tab. 9.1).
- Zu den *hinteren Kerngruppen* gehören: Ncl. post. sowie die Kerne des markreichen Hypothalamus. Dazu zählen die verschiedenen Kerngruppen der Corpora mamillaria. Sie gehören funktionell zum limbischen System (s.a. 9.7.3).

Hypophyse (Hirnanhangdrüse): Die Hypophyse besteht aus zwei Abschnitten, der Adenohypophyse (Vorderlappen) und der Neurohypophyse (Hinterlappen). Die *Adenohypophyse* macht den größeren Teil der Hypophyse aus. Sie besteht aus *Pars distalis*, *Pars infundibularis* und *Pars intermedia* und bildet glandotrope Hormone (Tab. 9.1).
Die *Neurohypophyse* besteht aus Infundibulum und Hypophysenhinterlappen und enthält vorwiegend marklose Fasern, die von Pituizyten (spezialisierte Gliazellen) umgeben sind.
Die Hypophyse wird über die Aa. hypophysiales sup. aus der A. carotis int. und die Aa. hypophysiales inf. aus dem Circulus arteriosus cerebri versorgt.

Tab. 9.**2** Thalamuskerne und Verbindungen

Thalamuskern	Afferenzen aus	Efferenzen zu
Ncll. ant. thalami	Corpus mamillare (Tractus mamillothalamicus)	Gyrus cinguli
Ncll. med. thalami	Hypothalamus, Corpus amygdaloideum	Frontallappen
Ncl. lat. dors.	Thalamuskerne	Thalamuskerne, Parietallappen
Ncl. ventr. ant.	Pallidum, Substantia nigra, Formatio reticularis	Motorische Assoziationsfelder
Ncl. ventr. lat.	Kleinhirn (Pedunculus cerebellaris cran.)	Gyrus praecentralis
Ncl. ventr. post.	Hinterstrangbahnen, sensible Trigeminuskerne, Tractus solitarius	Gyrus postcentralis
Ncl. ventr. intermedius	Formatio reticularis, Vestibulariskerne	Sulcus centralis
Ncll. centralis lat. und med.	Kleinhirn	Corpus striatum
Ncl. centromedianus	Pallidum, Formatio reticularis, Kleinhirn	Corpus striatum
Ncl. post. thalami	Sehbahn, Hörbahn	Assoziationsfelder der Seh- und Hörbahn
Ncl. reticularis	Formatio reticularis	Cortex
Pulvinar	intrathalamisch	Parietal-, Temporallappen
Corpus geniculatum lat.	Tractus opticus	Sehrinde, Area striata
Corpus geniculatum med.	Colliculus inf., Cochleariskerne	Höhrrinde, Gyri temporales transversi

Anatomie

! Merke

Einige Äste bilden im Hypophysenstiel Kapillarnetze, von denen das Blut in die Portalvenen gelangt, die zur Adenohypophyse ziehen. Dort bilden sie erneut ein Kapillarnetz (*Pfortaderkreislauf der Hypophyse*). Die Neurohypophyse ist mit einem eigenen Kapillarnetz parallel geschaltet.

Thalamus: Die Thalamuskerne sind für alle Afferenzen (außer den olfaktorischen) die letzte zentrale Umschaltstation auf dem Weg zur Endhirnrinde. Der Kernkomplex wird durch zwei Marklamellen, Lamina medullaris ext. und int., die nahezu parallel von rostral nach okzipital verlaufen, unterteilt. Man unterscheidet spezifische und unspezifische Kerne.

In den *spezifischen Kernen* (Ncll. ventr. ant., lat., post. thalami) erhalten die Neurone ihre Signale jeweils aus umschriebenen Gebieten der Körperperipherie und leiten sie zu bestimmten Rindenarealen weiter (*primäre Projektionsfelder*). Dadurch bleibt die somatotope Gliederung der Hinter-, Vorder- und Seitenstrangbahnen bis in den Cortex erhalten. Die Afferenzen der Hirnnervenkerne laufen ebenfalls über spezifische Thalamuskerne, zu denen auch die Corpora geniculata med. und lat. sowie der Ncl. ventr. anterolat. gehören.

In den *unspezifischen Kernen* (Ncll. intralaminares, Ncl. reticularis thalami, Ncll. med. thalami, Ncll. ant. thalami, Ncll. centrales lat. und med., Ncl. centromedianus, Pulvinar) dagegen konvergieren mehrere Afferenzen, meist nach Umschaltung in der Formatio reticularis auf ein Neuron und werden, z. T. über die Basalganglien, in fast alle Rindengebiete weitergeleitet (*sekundäre Projektionsfelder*, Assoziationsfelder).

Subthalamus: Der *Ncl. subthalamicus* ist funktionell ein Teil des extrapyramidal-motorischen Systems und ist über die Ansa lenticularis mit dem Pallidum und anderen Kernen verbunden. Die *Zona incerta* liegt über dem Ncl. subthalamicus und bildet die Fortsetzung der Formatio reticularis des Mittelhirns.

Epithalamus: Die *Ncll. habenulae* haben Verbindungen zu den vegetativen Hirnstammzentren und dienen wahrscheinlich der Umschaltung von olfaktorischen Impulsen zu autonomen Hirnstammgebieten. Das *Corpus pineale* (*Epiphyse, Zirbeldrüse*) besteht aus gefäß- und nervenreichem Stroma, in dem sich große polygonale, fortsatzreiche Pinealozyten befinden, die mit vielen Nervenfasern des Ggl. cervicale sup. Synapsen bilden. Die Pinealozyten produzieren Serotonin und Melatonin, die hemmend auf alle endokrinen Organe wirken. Man vermutet, daß die Epiphyse eine Rolle als *„biologische Uhr"* des Organismus einnimmt und den *Biorhythmus* steuert.

9.5.4 Verbindungen

Durch das Zwischenhirn laufen alle Afferenzen, die zur Endhirnrinde ziehen und alle Efferenzen, die von dort kommen.

Hypothalamus: Er steuert alle vegetativen Funktionen im Körper und ist deshalb afferent und efferent mit allen Teilen des Nervensystems verbunden. Die wichtigsten Faserverbindungen sind:

Aufsteigende Bahnen:

- *Mediales Vorderhirnbündel:* zieht von olfaktorischen Zentren durch den Hypothalamus zur Formatio reticularis des Mittelhirns; Vermittlung *olfaktorischer Funktionen;*
- *Stria terminalis:* zieht vom Corpus amygdaloideum (s.a. 9.6.2) über den Thalamus zu den präoptischen und anterioren Hypothalamuskernen; Übermittlung von *Geruchssensationen;*
- *Fornix:* zieht beidseits zwischen Hippocampus und Corpus mamillare und gibt Fasern an Ncl. praeopticus, Ncl. ant. thalami und zum Ncl. habenula ab; wichtige Bahn des limbischen Systems (s.a. 9.7.3).

Weitere Afferenzen erhält der Hypothalamus von peripheren vegetativen Zentren, dem Ncl. solitarius, vom Ncl. med. thalami, von Neokortex und Pallidum.

Absteigende Bahnen:

- *Fasciculus longitudinalis dors.:* zieht vom Hypothalamus über die Formatio reticularis zu parasympathischen Kernen, motorischen Kernen und autonomen Zentren im Hirnstamm; spielt eine Rolle bei der *Steuerung von Kreislauf, Atmung, Nahrungsaufnahme* und *Temperaturregelung;*
- *Fasciculus mamillotegmentalis:* zieht vom Corpus mamillare über das Tegmentum mesencephali zur Formatio reticularis;
- *Fasciculus mamillothalamicus*: zieht vom Hypothalamus zum Ncl. ant. thalami, der mit dem Gyrus cinguli in Verbindung steht; Teil des limbischen Systems;
- *Tractus supraopticohypophysialis, Tractus tuberoinfundibularis:* Verbindungen zu Neurohypophyse und Infundibulum (s.a. 9.5.3).

Thalamus: Die einzelnen Thalamuskerne mit ihren afferenten und efferenten Verbindungen finden sich in Tab. 9.**2**.

Die Faserverbindungen vom Thalamus zum Cortex sind fächerförmig angeordnet und laufen bis auf die Fasern zum Hypothalamus durch die Capsula int. Sie bestehen aus *thalamocorticalen* und *corticothalamischen* Fasern und werden in Radiationes thalamicae ant., centrales und post. unterteilt.

9.6 Endhirn (Telencephalon)

Das *Endhirn* (*Telencephalon*) ist das höchste Steuerzentrum des ZNS. Es besteht aus zwei *Hemisphären* und mehreren *Kernen* (*Basalganglien*) sowie dem *Riechhirn* (*Rhinencephalon*). An den Hemisphären kann man *Mark* (weiße Substanz) und *Rinde* (graue Substanz, Cortex) unterscheiden. Man stellt das Endhirn den übrigen als *Hirnstamm und Zwischenhirn* (s.o.) bezeichneten Abschnitten als *Hirnmantel* (*Pallium*) gegenüber, weil es diese wie ein Mantel umhüllt.

9.6.1 Gestalt, Gliederung

Die beiden Endhirnhemisphären werden durch die längsverlaufende *Fissura longitudinalis cerebri* unvollständig voneinander getrennt. In der Tiefe der Längsfurche sind sie quer durch den *Balken* (*Corpus callosum*) und weitere Kommissuren miteinander verbunden. Jede Hemisphäre hat einen frontalen, einen temporalen und einen okzipitalen Pol. Sie wird in Lappen unterteilt: *Lobus frontalis, Lobus temporalis, Lobus parietalis, Lobus occipitalis* und die *Insula*. Diese liegt verdeckt von Frontal- und Temporallappen, deren überdeckenden Hirnteile *Opercula* (*Deckelchen*) genannt werden, in der Tiefe des Sulcus lat.

Durch die starke Größenzunahme des Neokortex in der Entwicklung bilden sich *Windungen* (*Gyri cerebri*) und dazwischenliegende *Furchen* (*Sulci cerebri*) (Abb. 9.**10**). Die großen, auf beiden Seiten konstanten Furchen trennen die einzelnen Lappen voneinander: *Sulcus centralis* zwischen Frontal- und Parietallappen, *Sulcus lat.* zwischen Temporal- und Frontal- sowie Parietallappen, *Sulcus parietooccipitalis* zwischen Parietal- und Okzipitallappen (nur an der medialen Fläche zu sehen).

Basal lagern sich dem Frontallappen *Bulbus* und *Tractus olfactorius* an, phylogenetisch alte Hirnteile (Allocortex). In den Bulbus treten die *Filae olfactoriae* ein, die den 1. Hirnnerven und damit das erste Neuron der Riechbahn bilden.

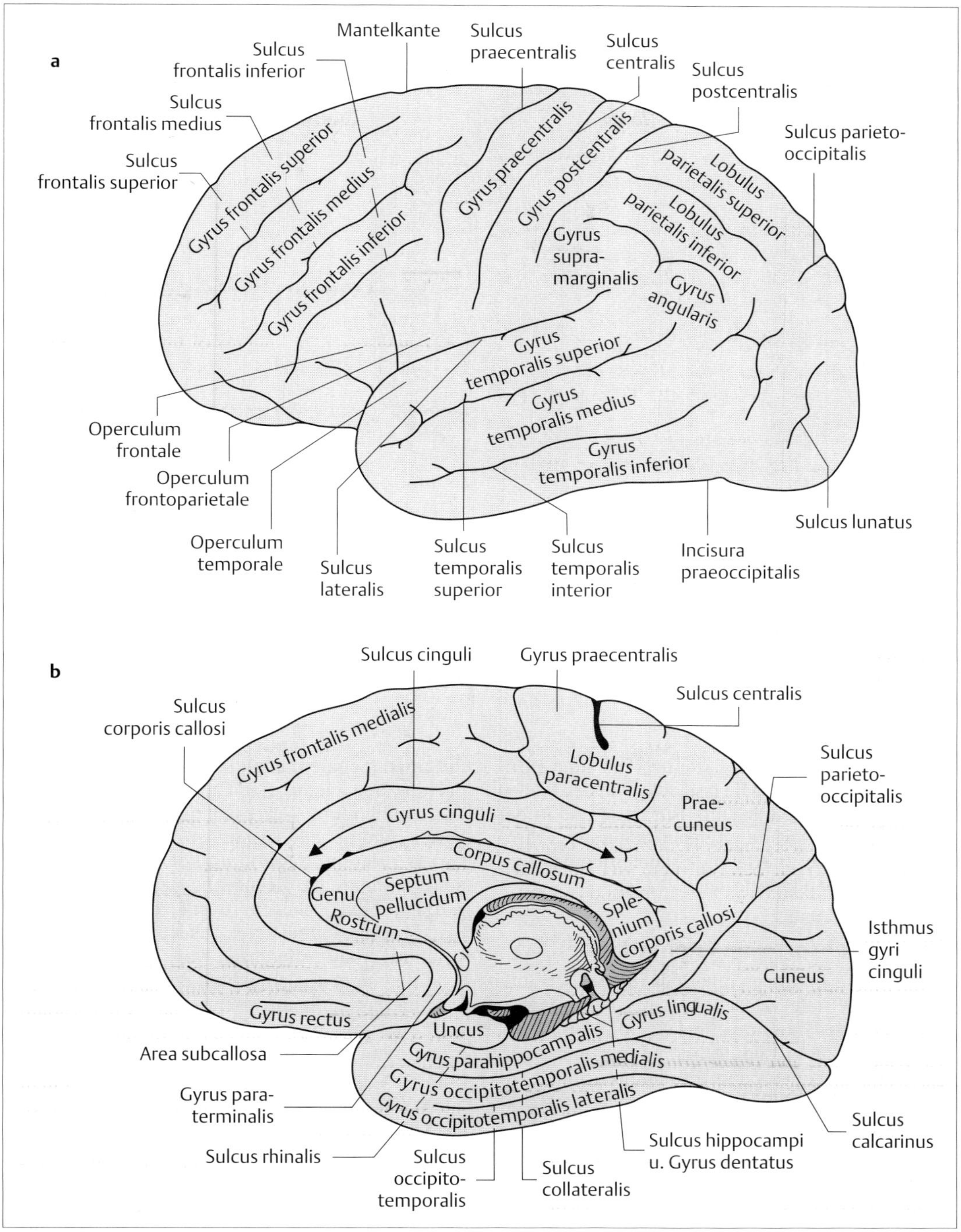

Abb. 9.**10** Hirnwindungen und Furchen. **a** seitliche Ansicht, **b** mediale Ansicht (aus Duus, Thieme 1995)

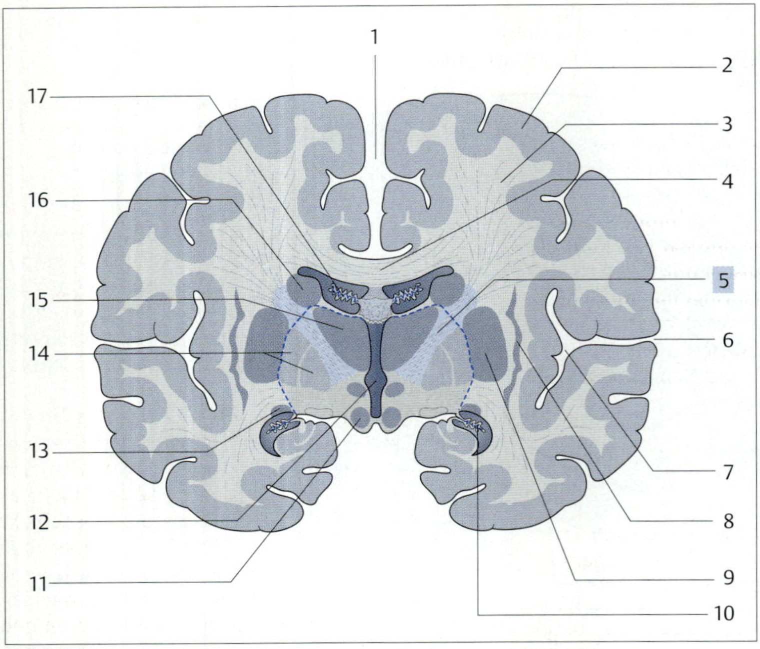

Abb. 9.**11** Frontalschnitt durch Endhirn und Zwischenhirn. 1 = Fissura longitudinalis cerebri, 2 = graue Substanz der Hirnrinde, 3 = weiße Substanz des Marklagers, 4 = Corpus callosum, 5 = Capsula interna, 6 = Sulcus lateralis, 7 = Insula, 8 = Claustrum, 9 = Putamen, 10 = Plexus choroideus im Unterhorn des Seitenventrikels, 11 = Corpus mamillare, 12 = III. Ventrikel, 13 = Cauda ncl. caudati, 14 = Globus pallidus, 15 = Thalamus, 16 = Nucleus caudatus, 17 = Plexus choroideus im Körper des Seitenventrikels (aus Faller, Thieme 1995)

Das Endhirn überlagert größtenteils die alten Hirngebiete, so daß der Schädel fast völlig von den beiden Hemisphären ausgefüllt wird. Nur basal und in der hinteren Schädelgrube grenzen Kleinhirn, Hirnstamm und in der mittleren Schädelgrube das Zwischenhirn an den knöchernen Schädel.

9.6.2 Basalganglien (Subcorticale Endhirnkerne)

Die grauen Kerngruppen innerhalb der weißen Substanz in der Tiefe werden i.e.S. als *Basalganglien* (Stammganglien) zusammengefaßt (Abb. 9.**11**). I.w.S. gehören dazu auch Pallidum, Ncl. subthalamicus, Ncl. ruber, Substantia nigra und Formatio reticularis.

Ncl. caudatus (Schwanz- oder Schweifkern): Er verläuft parallel zum Seitenventrikel und bildet mit seinem Kopf und Körper dessen laterale Wand. Der *Kopf* (*Caput nuclei caudati*) ist wulstig aufgetrieben und setzt sich nach dorsal in den schmaler werdenden *Körper* (*Corpus*) und den *Schweif* (*Cauda nuclei caudati*) fort. Das Schweifende lagert sich lateral dem Thalamus an und zieht im Dach des Unterhorns bis zum Corpus amygdaloideum (s.u.).

Putamen (Schalenkern): Es liegt lateral des Globus pallidus und medial der Capsula ext., die es vom Claustrum trennt. Ncl. caudatus und Putamen gehören funktionell zusammen und werden als *Corpus striatum* (*Neostriatum*) bezeichnet. Sie wurden während der Neencephalisation auseinander gedrängt und hängen durch stehengebliebene Faserbrücken miteinander zusammen. Das Corpus striatum erhält Afferenzen von allen Endhirnabschnitten, dem Thalamus und der Substantia nigra. Die efferenten Fasern ziehen über das Pallidum zum Thalamus und zurück zum Striatum oder als große Neuronenschleifen zum Cortex sowie zur Substantia nigra. Das *Corpus striatum* ist die oberste Steuerzentrale des extrapyramidal-motorischen Systems. Vom Pyramidenbahnsystem ziehen Axonkollaterale zum Putamen.

Claustrum (Vormauer): Es liegt als schmale Scheibe zwischen Capsula ext. und der lateral gelegenen Capsula extrema (weiße Substanz der Insula). Es hängt mit dem Corpus amygdaloideum zusammen und reicht bis in die Area praepiriformis. Das Claustrum hat keine funktionelle Verbindung zu den anderen Basalganglien, wahrscheinlich aber zur Endhirnrinde.

Corpus amygdaloideum (Mandelkörper): Es liegt im Temporallappen an der Spitze des Unterhorns des Seitenventrikels. Das Corpus amygdaloideum wird medial vom Gyrus parahippocampalis und lateral vom Claustrum begrenzt. Es besteht aus *mehreren Kerngruppen*, die teils zum olfaktorischen und teils zum limbischen System gehören. Es empfängt auch optische und akustische Signale und hat Verbindung zu Cortex, Corpus striatum, Zwischenhirn und Hirnstamm. Die Stria terminalis entspringt im limbischen Kerngebiet und verläuft zwischen Ncl. caudatus und Thalamus zum Foramen interventriculare und weiter zu Hypothalamus, Area septalis und Ncll. habenulae. Außerdem stehen beide Corpora amygdaloidea miteinander in Verbindung.

Globus pallidus (bleicher Kern): Topographisch zählt man auch den Globus pallidus (Pallidum) des Zwischenhirns zu den Basalganglien (s.a. 9.5.2). Er ist mit den anderen extrapyramidalen Kernen verknüpft. Fasern aus dem Corpus striatum schalten im Pallidum um und werden von dort in der *Ansa lenticularis* zum Thalamus weitergeleitet. Eine weitere Bahn führt zum Ncl. subthalamicus und wieder zurück zum Pallidum.

Ncl. lentiformis (Linsenkern): Nach einer älteren anatomischen Einteilung werden Putamen und Pallidum zusammen auch als *Ncl. lentiformis* bezeichnet.

Corpus striatum (Streifenhügel): Ncl. caudatus und Ncl. lentiformis zusammen bilden das Corpus striatum, die zentrale Schaltstelle des extrapyramidalen Systems (s.a. 9.7.2).

Merke

Schädigungen der Basalganglien führen zu Störungen des Muskeltonus und Auftreten unwillkürlicher Bewegungen. Die genaue Funktion der einzelnen Kerngebiete ist jedoch unbekannt.

Klinischer Bezug

Die *Chorea Huntington* ist eine autosomal-dominant erbliche Erkrankung (s. Biologie 2.4.), die mit einer **Schädigung oder Atrophie des Ncl. caudatus und evtl. des Corpus striatum** einhergeht. Die betroffenen Patienten (Manifestationsalter 30.–50. Lebensjahr) zeigen regellose, plötzlich einschießende, unwillkürliche und häufig asymmetrische Bewegungen. Zudem ist diese Erkrankung mit progressiver Demenz verbunden (s.a. 9.7.4).

9.6.3 Endhirnrinde (Cortex cerebri)

Rindenbezirke des Endhirns

Man unterscheidet drei phylogenetisch unterschiedlich alte Abschnitte der Hirnrinde: Paleocortex, Archicortex und Neocortex.

Paleocortex: Er ist der älteste Teil der Hirnrinde und wurde von den anderen Rindenabschnitten nach basal verdrängt. Der Paleocortex bildet das *Riechhirn* mit Bulbus und Tractus olfactorius, Tuberculum olfactorium, Substantia perforata ant. und Lobus piriformis. Dieser enthält Regio praepiriformis, Regio periamygdalaris und Regio entorhinalis, die auf der medialen Hirnfläche Gyrus ambiens und Gyrus semilunaris bilden.

Archicortex: Er ist auf die mediale Fläche des Temporallappens verlagert worden und besteht hauptsächlich aus der *Hippocampusformation*. Diese erstreckt sich tatzenartig bis zum kaudalen Ende des Balkens. Hier besteht sie nur noch aus einer dünnen Schicht grauer Substanz (*Induseum griseum*), die über dem Balken bis zur rostralen Kommissur zieht. Dorsal liegen die *Fimbria hippocampi*, ein Faserbündel, das sich unterhalb des Balkens vom Hippocampus trennt und als *Fornix* bogenförmig zum Corpus mamillare zieht. Im Frontalschnitt sieht man die eingerollte Rinde, die das *Ammonshorn* (*Cornu ammonis*) bildet.

Merke

Die Hippocampusregion hat eine niedrige Krampfschwelle und spielt daher bei *psychomotorischen Anfällen* eine wichtige Rolle. Weiterhin ist sie bedeutsam für die *Gedächtnisleistung* (Verlust des sog. Sekundengedächtnisses bei beidseitiger Entfernung).

Zum Archicortex gehören außerdem der unter dem Hippocampus liegende Gyrus dentatus, das angrenzende Subiculum, der Gyrus parahippocampalis und die Septumkerne.

Neocortex: Der größte Teil der Hirnrinde gehört dem *Neocortex* (*Cortex cerebri*) an. Er hat sich über nahezu die gesamte Hemisphäre ausgedehnt und die älteren Hirnrindenteile nach medial verdrängt.

Der Cortex cerebri läßt sich nach dem mikroskopischen Aufbau der grauen Substanz unterteilen. Der *Isocortex* hat einen 6schichtigen Aufbau und entspricht dem Neocortex. Der *Allocortex* dagegen hat nur drei, an einigen Stellen vier Schichten und entspricht Archicortex und Paleocortex. Zwischen beiden Gebieten liegt als Übergang der *Mesocortex* (Insel, Gyrus cinguli).

Isocortex: Von außen nach innen unterscheidet man folgende Schichten (s.a. Histologie 3.6.4):

- **I.** *Stratum moleculare*: zellarm, faser- und gliazellreich; kleine Nervenzellen mit tangential verlaufenden Dendriten und kortikofugalen Neuriten; oberflächlich von Gliamembran (*Membrana limitans gliae ext.*) bedeckt
- **II.** *Stratum granulare externum:* nervenzellreich mit dicht gelagerten *Körnerzellen*, deren Neuriten vorwiegend in der gleichen Schicht enden (*Assoziationsfasern*)
- **III.** *Stratum pyramidale externum:* von außen nach innen größer werdende *Pyramidenzellen*; Neurit zweigt basal ab und zieht als Projektions-, Assoziations- oder Kommissurenfaser in die weiße Substanz; der Dendrit an der Pyramidenspitze zieht ins Stratum moleculare, die anderen verzweigen sich innerhalb der Schicht
- **IV.** *Stratum granulare internum:* Aufbau wie äußere Körnerzellschicht; erhält einen großen Teil thalamokortikaler Afferenzen und ist deshalb je nach Region unterschiedlich dick oder sogar noch in weitere Schichten unterteilbar; markhaltige Fasern sind tangential angeordnet und können als *äußerer Baillarger-Streifen* sichtbar sein, der in der Sehrinde besonders stark ausgeprägt ist (*Vicq d'Azyr-Streifen, Gennari-Streifen*)
- **V.** *Stratum pyramidale internum*: große *Pyramidenzellen*, deren Neuriten die kortikofugalen motorischen Bahnen bilden; im Gyrus praecentralis als *Betz-Riesenzellen*; Spitzendendrit zieht bis ins Stratum moleculare; horizontal verlaufende Fasern bilden *inneren Baillarger-Streifen*
- **VI.** *Stratum multiforme:* innen kleinere und außen größere polymorphe, häufig spindelförmige Zellen, deren Neuriten zu anderen Rindengebieten oder in das Mark ziehen; Faserstränge sind radiär ausgerichtet und dicht gelagert

! Merke

Afferenzen, vor allem aus dem Thalamus, enden vornehmlich in der IV. Schicht, intrakortikale Assoziationsfasern überwiegend in der II. und IV. Schicht.
Die *Efferenzen* gehen von den Pyramidenzellen in der III. und V. Schicht aus. Je nach Funktion des Areals ist die eine oder andere Schicht dicker.
Bei *rezeptiven Rindenfeldern* (Hirnrinde hinter dem Sulcus centralis) spricht man daher vom *granulären Typ* („Vergranulierung"), bei *motorischen Rindenfeldern* vom *agranulären Typ* („Verpyramidisierung"). Dazwischen kommen alle Übergangsformen vor.

Allocortex: Von außen nach innen unterscheidet man folgende Schichten:

- **I.** *Stratum moleculare:* wenige Nervenzellen; vorwiegend tangential verlaufende Dendriten der Zellen der folgenden Schicht
- **II.** *Stratum granulare/Stratum pyramidale:* im Gyrus dentatus vowiegend Körnerzellen, Neuriten ziehen zum Cornu ammonis; im Cornu ammonis überwiegend Pyramidenzellen, deren Dendriten sich im Stratum moleculare und im Stratum multiforme ausbreiten
- **III.** *Stratum multiforme:* Dendriten und Neuriten der Körnerzellen und Pyramidenzellen; im Gyrus dentatus Sternzellen, im Cornu ammonis Korbzellen

Die Afferenzen gelangen aus der Regio entorhinalis zu den Pyramidenzellen des Cornu ammonis. Die Efferenzen ziehen im Fornix zum Hypothalamus, zur Formatio reticularis und zum frontalen, parietalen und temporalen Cortex.

Rindenfelder des Endhirns

Die Endhirnrinde läßt sich in verschiedene Gebiete untergliedern, die bestimmte Funktionen haben (Abb. 9.**13**). Man unterscheidet *primäre Rindenfelder*, *Supplementärfelder* und *sekundäre Rindenfelder.*

Primäre Rindenfelder: Bestimmte sensible und motorische Bahnen sind mit primären Rindenfeldern über eine *Punkt-zu-Punkt Zuordnung* (= somatotopisch) verbunden. Sie werden auch als *Projektionsfelder* bezeichnet. Die einzelnen Körperregionen sind abhängig von der Zahl der motorischen Einheiten bzw. der Anzahl der Rezeptoren unterschiedlich stark repräsentiert.

- *Motorische Rinde:* Sie liegt im *Gyrus praecentralis.* Von hier aus kann jeder einzelne Muskel willkürlich bewegt werden. Hand, Gesicht und Kehlkopf nehmen den größten Teil der Rinde ein. Die Projektion des auf dem Kopf stehenden Körpers auf die Rindengebiete wird auch *Homunculus* genannt (Abb. 9.**12**).
- *Sensible Rinde:* Sie liegt im *Gyrus postcentralis*. Den größten Anteil an der Rinde haben hier Finger, Lippen und Zunge. In der sensiblen Rinde erfolgt die differenzierte Unterscheidung der ankommenden Reize hinsichtlich Lokalisation, Stärke und Art des Reizes. Auch die Postzentralregion zeigt eine somatotope Gliederung (Abb. 9.**12**).
- *Optische Rinde:* Sie liegt ober- und unterhalb des *Sulcus calcarinus* und ist durch den sichtbaren *Vicq d'Azyr-Streifen* gekennzeichnet (*Area striata*). Die optische Rinde erhält ihre Afferenzen aus dem Corpus geniculatum lat.
- *Akustische Rinde:* Sie liegt in den *Heschl-Querwindungen* des Gyrus temporalis sup. Sie erhält ihre Afferenzen aus dem Corpus geniculatum med.

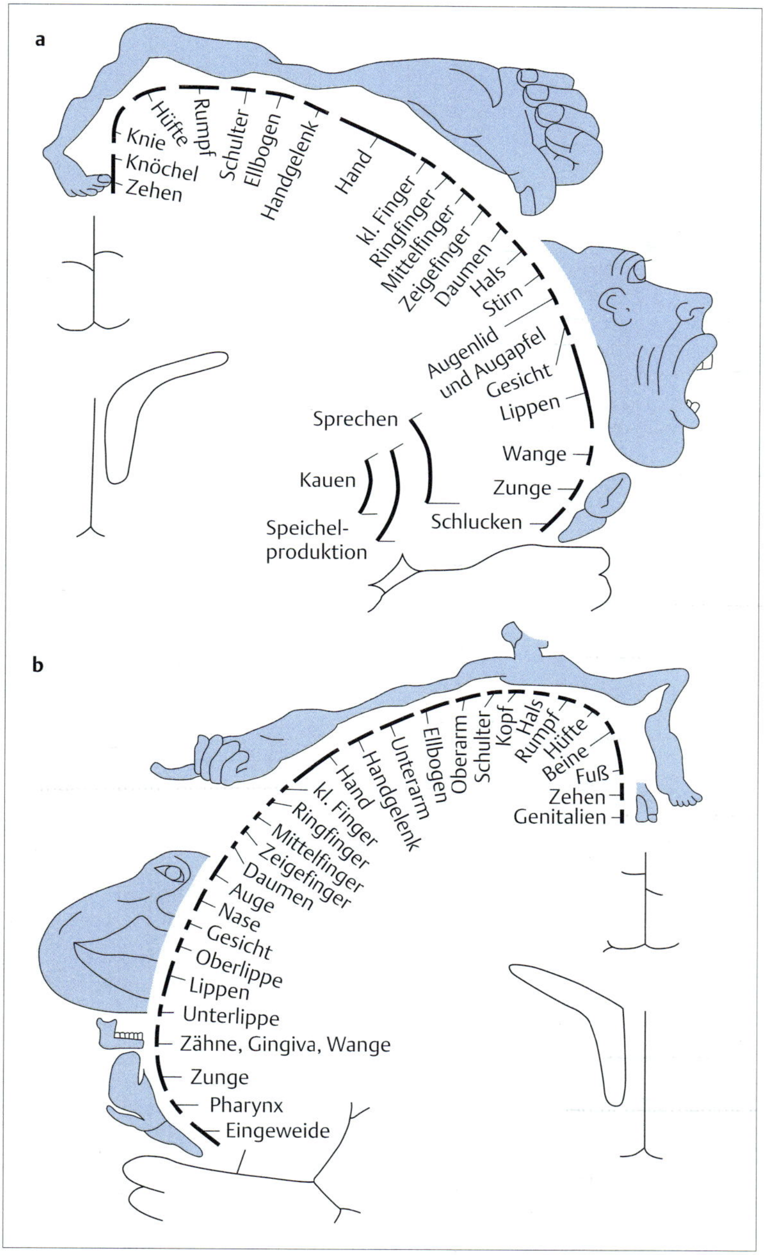

Abb. 9.**12** **a** Motorischer und **b** sensorischer Homunculus (aus Regli/Mumenthaler, Thieme 1996)

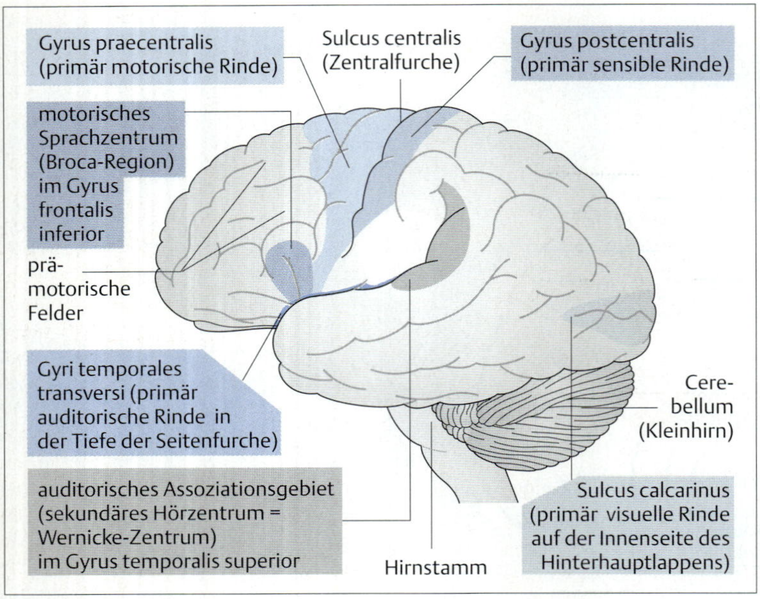

Abb. 9.**13** Funktionelle Rindenareale (aus Faller, Thieme 1995)

Supplementärfelder: Sie liegen an der Grenze zu den primären Rindenfeldern und haben wie diese eine Punkt-zu-Punkt-Verbindung jedoch mit größeren Zuordnungsfeldern. Zu jedem primären Rindenfeld gibt es ein Supplementärfeld.

Sekundäre Rindenfelder: Sie liegen zwischen den primären Rindenfeldern und erhalten Afferenzen aus vielen primären und sekundären Rindenfeldern. Sie haben eine integrative Funktion und werden deshalb auch als *Assoziationsfelder* bezeichnet.

- *Motorische Rinde:* Sie liegt im Frontallappen vor dem Gyrus praecentralis (*Gyrus frontalis sup., medius* und *inf.*) und erhält ihre Afferenzen überwiegend von Basalganglien und Thalamus. Diese Rindengebiete bilden das Zentrum des extrapyramidalen Systems. Ihre Stimulierung führt zur Kontraktion ganzer Muskelgruppen.
- *Sensible Rinde:* Sie liegt im Parietallappen hinter dem Gyrus postcentralis (*Gyrus parietalis sup.* und *inf.*). Diese Rindengebiete dienen der Verarbeitung von Oberflächen- und Tiefensensibilität, Tasten, Fühlen und dem damit zusammenhängenden Erkennen.
- *Optische Rinde:* Sie liegt im Okzipitallappen um die Area striata herum und speichert optische Erinnerungsbilder.
- *Akustische Rinde:* Sie liegt im Gyrus temporalis sup. um die Heschl-Querwindungen herum und dient der Speicherung akustischer Erinnerungsbilder.

Klinischer Bezug

Bei Ausfällen im Bereich der Sekundärfelder kommt es zu unterschiedlichen Störungen:
Sekundäre motorische Rindenfelder: Apraxie – komplexe Tätigkeiten können nicht mehr ausgeführt werden;
Sekundäre sensible Rindenfelder: taktile Agnosie – Gegenstände können bei geschlossenen Augen nicht durch Tasten erkannt werden;
Sekundäre optische Rindenfelder: visuelle Agnosie (Seelenblindheit) – Gegenstände können zwar gesehen, aber nicht eingeordnet werden;
Sekundäre akustische Rindenfelder: akustische Agnosie (Seelentaubheit).

- *Sprachfelder:* Die an der Sprach- und Stimmbildung beteiligten Muskeln werden über die motorischen Zentren des Gyrus praecentralis gesteuert. Verarbeitung und Verständnis von Sprache erfolgen dagegen in sekundären Rindenfeldern.

Merke

Die *motorische Sprachregion* (*Broca*) liegt in Pars triangularis und Pars opercularis des Gyrus frontalis inf. Sie beeinflußt die Neuronen des Gyrus praecentralis, die zum Sprechen notwendig sind. Meist erfolgt die Sprachsteuerung nur von einer, der dominanten Hemisphäre.
Die *sensorische Sprachregion* (*Wernicke*) liegt im Gyrus temporalis sup. und im Gyrus angularis. Sie ist das Zentrum des Sprachverständnisses. Gehörten Worten werden Bedeutungen zugeordnet und beim Sprechen die „richtigen Worte" ausgewählt.

Im Gyrus supramarginalis befindet sich das *Lese-* und *Schreibzentrum*. In Zusammenarbeit mit motorischem und sensorischem Sprachzentrum können hier gelesene Wörter in Sprache umgewandelt und gesprochene Wörter gechrieben werden.

Klinischer Bezug

Bei **Ausfällen im Bereich der Sprachfelder** kommt es zu charakteristischen Störungen:
Motorische Sprachregion: motorische Aphasie – Der Patient versteht Sprache, weiß auch, was er sagen möchte, kann sich aber bei erhaltener Funktion der Sprechmuskulatur nicht artikulieren (*Dysarthrie*).
Sensorische Sprachregion: sensorische Aphasie – Der Patient hört Gesprochenes, kann auch selbst sprechen, versteht jedoch die Bedeutung der Worte nicht und hat eine gestörte Wortwahl.
Lese- und Schreibzentrum: Alexie und Agraphie – Schrift kann nicht mehr gelesen bzw. geschrieben werden.

9.6.4 Bahnen der Endhirnrinde

Die weiße Substanz der Endhirnrinde besteht aus Fasersystemen, die die einzelnen Rindengebiete untereinander und mit anderen Hirnzentren verbinden. Man unterscheidet *Assoziationsbahnen*, *Kommissurenbahnen* und *Projektionsbahnen*.

Assoziationsbahnen: Sie verbinden Rindenfelder der gleichen Hemisphäre. Man unterscheidet kurze und lange Bahnen.

- *Kurze Bahnen:* Fibrae arcuatae (breves et longae), bogenförmige Bahnen zwischen benachbarten Windungen, die innerhalb der Rinde verlaufen.
- *Lange Bahnen:* Sie ziehen durch die weiße Substanz und verbinden die Lappen untereinander.
  - *Fasciculus longitudinalis superior:* dickes Faserbündel zwischen Frontal- und Okzipitallappen mit Verbindung zum Parietal- und Temporallappen;
  - *Fasciculus longitudinalis inferior:* lange Bahn zwischen Temporal- und Okzipitallappen;
  - *Fasciculus frontooccipitalis arcuatus:* Verbindung zwischen orbitalem Frontallappen und Okzipitallappen; verläuft wie Fasciculus longitudinalis sup.;
  - *Fasciculus occipitalis verticalis:* Verbindung zwischen Parietal- und Okzipitallappen;
  - *Fasciculus uncinatus:* zieht von der orbitalen Rinde des Frontallappens zur Regio entorhinalis des Temporallappens und zur Hippocampusformation, geht über in den Fasciculus arcuatus, der die orbitale Frontalregion mit dem Parietallappen verbindet;
  - *Cingulum:* Fasern des Gyrus cinguli, die bogenförmig um den Balken herum vom Frontallappen zum Okzipitallappen ziehen und einige Fasern zum Hippocampus entsenden.

Kommissurenbahnen: Sie verbinden gleiche Rindenfelder beider Hemisphären.

- *Commissura rostralis:* Verbindung zwischen Palaeocortex und Neocortex beider Frontal- und Okzipitallappen;
- *Corpus callosum (Balken):* größte Kommissur, verbindet große Teile des Neocortex, im Medianschnitt erkennt man von rostral nach kaudal Rostrum, Genu, Truncus und Splenium corporis callosi. Unterhalb befindet sich das *Septum pellucidum*, eine dünne Gliaplatte ohne Nervenfasern, die rostral die Seitenventrikel voneinander trennt;
- *Commissura fornicis:* verbindet Teile des Archipalliums durch kreuzende Faserzüge zwischen den Fornixschenkeln.

Projektionsbahnen: Sie verbinden die Endhirnrinde afferent und efferent mit tiefer liegenden Zentren in Gehirn und Rückenmark. Die Fasern verlaufen von und zur Rinde fächerförmig (*Corona radiata*). Sie liegen zwischen den Basalganglien eng beieinander und bilden die Capsula int.

- *Capsula interna:* Sie wird unterteilt in einen *vorderen Schenkel* (*Crus ant.*) zwischen Ncl. caudatus und Ncl. lentiformis, ein *Knie* (*Genu*) etwa in Höhe des Foramen interventriculare und einen *hinteren Schenkel* (*Crus post.*) zwischen Thalamus und Ncl. lentiformis. Die Fasern verlaufen durch die Capsula int. topografisch geordnet:
  - *Crus anterior:* Radiationes thalamicae ant., Tractus frontopontinus,
  - *Genu capsulae internae:* Tractus corticonuclearis,
  - *Crus posterior:* Radiationes thalamicae centrales, Fibrae corticospinales (*Pyramidenbahn*), Fibrae corticorubrales, Fibrae corticoreticulares, Tractus occipitopontinus.

Nach kaudal schließen sich an: Radiationes thalamicae post., Radiatio optica, Radiatio acustica, Fibrae corticotectales, Fibrae temporopontinae.

Klinischer Bezug

Die *Capsula interna* liegt im Versorgungsbereich der *A. cerebri media*. Bei Verschluß dieser Arterie oder ihrer Äste oder intrazerebraler Blutung aus diesen Ästen kommt es zum **Hirninfarkt (Apoplex)** unterschiedlicher Ausdehnung. Dieser geht einher mit einer Halbseitenlähmung und Halbseitenanästhesie der kontralateralen Seite sowie unter Umständen Aphasie, Agraphie, Alexie, Apraxie usw.

- *Capsula externa:* Von der Capsula int. gehen einige Projektionsbahnen ab, die lateral vom Putamen verlaufen. Capsula int. und Capsula ext. gehen nach kaudal in die Hirnschenkel über.
- *Fornix:* Projektionsbahnen des Allocortex zwischen Hippocampus und Corpora mamillaria. Sie wird unterteilt in Crus, Corpus und Columna fornicis.

9.7 Systeme

Systeme des Nervensystems sind Anordnungen von Neuronen, die über weite Strecken und mehrfache Umschaltung spezifische Signale weiterleiten. In ihnen werden wichtige Informationen verstärkt und unwichtige eliminiert. Sie bilden jeweils eine *funktionelle Einheit*, sind aber über komplexe Netze mit den anderen Systemen verbunden. Man kann die Systeme unterteilen in afferente, efferente, das limbische und monoaminerge Systeme.

Ein Großteil der Systeme ist im Zusammenhang mit den einzelnen Abschnitten des ZNS bereits behandelt worden, deshalb folgt hier nur noch ein Überblick über den Aufbau der einzelnen Systeme.

9.7.1 Afferente Systeme, neuronale Gliederung, Umschaltorte

Zu den afferenten Systemen gehören die *sensiblen Systeme*, die Oberflächen- und Tiefensensibilität vermitteln, und die *sensorischen Systeme*, die die Sinnesorgane mit der Endhirnrinde verbinden.

Sensible Systeme

Alle sensiblen Systeme bestehen aus mindestens drei Neuronen, deren *1. Neuron* außerhalb des ZNS liegt. Das *2. Neuron* liegt in Rückenmark und Hirnstamm und kreuzt auf die andere Seite. Das *3. Neuron* liegt im Thalamus. Sein Neurit verläuft in den Radiationes thalamicae zur Endhirnrinde.

Hinterstrangsystem: Übermittlung von *differenzierter Berührung* (*epikritische Sensibilität*) und *Tiefensensibilität* (Vibration, Muskelspindeln, Sehnenorgane).

- *1. Neuron:* Perikarya in Spinalganglien, Neuriten verlaufen als *Tractus spinobulbaris* zunächst ungekreuzt in den Hintersträngen zu den Hinterstrangkernen (Ncl. gracilis – untere Körperhälfte, Ncl. cuneatus – obere Körperhälfte);
- *2. Neuron:* Perikarya in Ncll. cuneata und gracili, Neuriten verlaufen im *Tractus bulbothalamicus*, kreuzen als Fibrae arcuatae int. und ziehen im *Lemniscus med.* zum Thalamus;
- *3. Neuron:* Perikarya im Thalamus, Neuriten ziehen als Tractus thalamocorticalis zum Gyrus postcentralis.

Vorderseitenstrangsystem: Übermittlung von *Druck, Berührung* (*protopathische Sensibilität*), *Schmerz* und *Temperatur*.

- *1. Neuron*: Perikarya in Spinalganglien, Neuriten enden an Strangzellen der Hinterhörner;
- *2. Neuron:* Perikarya im Rückenmark, Neuriten kreuzen als *Tractus spinothalamicus* auf Segmentebene in der Commissura alba zur Gegenseite und verlaufen weiter im Vorderseitenstrang (ab dem Pons gemeinsam mit Tractus bulbothalamicus und Trigeminusbahnen) zum Thalamus;
- *3. Neuron:* Perikarya im Thalamus, Neuriten ziehen zum *Gyrus postcentralis*.

Trigeminusbahnen: Übernehmen die Aufgaben der Hinterstrangbahn für Gesicht, Augen, Nasen- und Mundhöhle.

- *1. Neuron:* Perikarya im *Ggl. trigeminale* (Ausnahme: Muskelspindeln der Kaumuskulatur im Ncl. mesencephalicus), Neuriten als Radix sensoria des N. trigeminus ins Rhombencephalon;
- *2. Neuron:* Perikarya im Ncl. spinalis (Schmerz, Wärme, Kälte: Das Schmerzzentrum des Viscerocraniums liegt im Zervikalmark) und Ncl. pontinus (Mechanorezeptoren), Neuriten verlaufen im *Tractus trigeminothalamicus*, kreuzen in der Medulla oblongata und ziehen als *Lemniscus trigeminalis* zum Thalamus;
- *3. Neuron:* Perikarya im Thalamus, Neuriten ziehen als Tractus thalamocorticalis zum Gyrus postcentralis.

Spinocerebelläre Bahnen: Übermittlung von *Tiefensensibilität* aus Muskelspindeln und Sehnenorganen sowie *Oberflächensensibilität* der unteren Extremität an das Kleinhirn.

- *1. Neuron:* Perikarya im Spinalganglion, Neuriten enden an Kerngruppen im Hinterhorn;
- *2. Neuron:* Perikarya im Hinterhorn des Rückenmarks (u. a. Ncl. thoracicus), Neuriten ziehen als *Tractus spinocerebellaris ventr.* (gekreuzt) und *dors.* (ungekreuzt) zum Kleinhirn.

Sensorische Systeme

Die sensorischen afferenten Systeme leiten Signale von Rezeptoren spezieller Sinnesorgane zur Großhirnrinde.

Gleichgewichtsbahn: Übermittlung der *Reizung von Bogengängen* (Drehbeschleunigungen), *Sacculus* und *Utriculus* (Linearbeschleunigungen, Schwerkraft).

- *1. Neuron:* Perikarya im Ggl. vestibulare, Neuriten ziehen im *N. vestibulocochlearis* in die Area vestibularis im Boden der Rautengrube;
- *2. Neuron:* Perikarya in den vier Vestibulariskernen, Neuriten ziehen zu den Kleinhirnkernen und der Kleinhirnrinde, als *Tractus vestibulospinalis* ins Rückenmark und als *Fasciculus longitudinalis med.* zu den Augen- und Halsmuskelkernen.

Hörbahn: Übermittlung von akustischen Reizen über die Haarzellen des Corti-Organs.

- *1. Neuron:* Perikarya im Ggl. spirale cochleae, Neuriten ziehen im *N. vestibulocochlearis* zum Kleinhirnbrückenwinkel;
- *2. Neuron:* Perikarya in *Ncl. cochlearis ventr.* und *dors.*, Neuriten kreuzen auf die Gegenseite und enden im Corpus trapezoideum, einige Fasern verlaufen ungekreuzt;
- *3. Neuron*: Perikarya im Ncl. ventr. und dors. des Corpus trapezoideum, Neuriten ziehen im *Lemniscus lat.* zum Colliculus caud.;
- *4. Neuron:* Perikarya im Colliculus caud., Neuriten ziehen im *Brachium colliculi caud.* zum Corpus geniculatum med. (CGM);
- *5. Neuron:* Perikarya im CGM, Neuriten ziehen als *Höhrstrahlung* zu den *Heschl-Querwindungen* (primär akustische Rinde).

Im Nebenschluß werden Kollateralen an Reflexzentren des Hirnstamms abgegeben.

Geschmacksbahn: Übermittlung der *Reizung von Geschmacksknospen* und freien Nervenendigungen in Mund und Rachen.

- *1. Neuron:* Signale gelangen über die *Chorda tympani* zu den Perikarya im Ggl. geniculi des *N. facialis*, über den *N. glossopharyngeus* zu den Ggll. sup. et inf. n. glossopharyngei und über den *N. vagus* zu den Ggll. sup. et inf. n. vagi, Neuriten ziehen gemeinsam zum *Ncl. solitarius;*
- *2. Neuron:* Perikarya im Ncl. solitarius, Neuriten ziehen in der Nähe des *Lemniscus med.* zum Thalamus;
- *3. Neuron:* Perikarya im Thalamus, Neuriten ziehen in die Nähe des Gyrus postcentralis und die *Inselrinde.*

Sehbahn: Übermittlung der *Reizung* von *Stäbchen-* und *Zapfenzellen* der Retina, in der bereits die ersten beiden Neurone liegen.

- *3. Neuron:* Perikarya in Ganglienzellen der Retina, Neuriten ziehen als *N. opticus* zum Chiasma opticum, dort kreuzen die Fasern aus der nasalen Hälfte der Retina und ziehen weiter mit den Fasern aus der temporalen Hälfte der Gegenseite im *Tractus opticus* zum Corpus geniculatum lat. (CGL);
- *4. Neuron:* Perikarya im CGL, Neuriten ziehen in der *Sehstrahlung* zur *Area striata* (*primär optische Rinde*).

Die Neurone der Retina sind Punkt zu Punkt mit der Area striata verbunden. Die zentralen Retinaabschnitte nehmen jedoch einen größeren Bereich ein als die peripheren. Die Signale aus den linken Retinahälften (rechte Gesichtsfelder) gelangen in die linke Area striata, die Signale aus den rechten Retinahälften (linke Gesichtsfelder) in die rechte Area striata. Die oberen Retinahälften (untere Gesichtsfelder) werden auf die obere *Calcarinuslippe* projiziert, die unteren Retinahälften (obere Gesichtsfelder) auf die unteren. Die rezeptiven Nervenzellen sind in sog. *kortikalen Säulen* senkrecht zur Hirnoberfläche angeordnet. Säulen, die überwiegend durch Signale aus einem Auge aktiviert werden, nennt man *okuläre Dominanzsäulen.* Säulen die zwischen den Dominanzsäulen liegen und von beiden Augen etwa gleich stark aktiviert werden, dienen der binocularen Integration.

Klinischer Bezug

Nach **Durchtrennung des linken Tractus opticus** fällt die rechte Gesichthälfte beider Augen aus, nach Durchtrennung des rechten die linke. Bei **Schädigung des Chiasma opticum,** z. B. durch einen Hypophysentumor, fallen die kreuzenden nasalen Retinahälften (die temporalen Gesichtsfelder) aus (*Scheuklappenphänomen*).

Optische Reflexbahnen: Sie gehen vom Corpus geniculatum lat. der Sehbahn ab und ziehen zu den *Ncll. praetectales* und von dort zum *Ncl. oculomotorius accessorius*. Die weitere Verschaltung ist abhängig vom Reflex (zu Pupillen-, Konvergenz- und Akkomodationsreflex s.a. 9.3.4). Die optischen Reflexzentren sind mit den Augenmuskelkernen, den motorischen Vorderhornzellen des Rückenmarks und dem Hypothalamus verbunden.

Riechbahn: Übermittlung von *Geruch* über die Sinneszellen der Regio olfactoria.

- *1. Neuron:* Perikarya in den Sinneszellen, Neuriten ziehen zum *Bulbus olfactorius* (primäres olfaktorisches Zentrum), viele Neuriten konvergieren auf eine Mitralzelle des Bulbus (geringes Diskriminierungsvermögen nahe beieinander liegender Gerüche);

- *2. Neuron:* Perikarya der Mitralzellen, Neuriten ziehen als *Tractus olfactorius*, teilen sich auf in *Stria olfactoria lat. und med.* und gelangen zu *Area praepiriformis*, *Corpus amygdaloideum* und weiteren *sekundär olfaktorischen Zentren*.

9.7.2 Efferente Systeme, neuronale Gliederung, Umschaltorte

Die efferenten Systeme werden vereinfachend in das Pyramidenbahnsystem und das extrapyramidal-motorische System unterteilt. Beide sind jedoch eng miteinander verbunden und erregen Motoneurone im Rückenmark.

Pyramidenbahn: Sie vermittelt die Signale der *Willkürmotorik*, bewußte und gewollte Muskelbewegungen.

Die Neuriten der Pyramidenzellen des Gyrus praecentralis und umgebender sekundär motorischer Felder ziehen ohne Unterbrechung zum Rückenmark. Sie verlaufen durch die *Capsula int.*, die Crura cerebri und oberflächenfern durch die Brücke bis in die Medulla oblongata. Dort kreuzen sie zu 85 % in der *Decussatio pyramidum* und ziehen als *Tractus corticospinalis lat.* zu den Motoneuronen des Rückenmarks. Der *Tractus corticospinalis ventr.* zieht ungekreuzt zum Rückenmark.

Die *Fibrae corticonucleares* sind ebenfalls Neuriten der Pyramidenzellen und verlaufen durch die Capsula int. in das Rhombencephalon. Sie erreichen dort die motorischen Hirnnervenkerne teils als gekreuzte, teils als ungekreuzte Fasern. Die Kerne der Hirnnerven XI und XII werden nur von der kontralateralen Rinde versorgt.

! Merke

Der *N. facialis* hat eine besondere Versorgung. Der Stirnast wird von *ipsilateralen und kontralateralen* Fasern versorgt, die restlichen Äste dagegen nur von *kontralateralen* Fasern (s.a. 5.5.4).

Extrapyramidal-motorische Bahnen: Sie vermitteln die Signale der *unwillkürlichen Motorik*, Haltefunktionen und Bewegungsabläufe, die nicht bewußt erlernt werden und bewirken so den glatten Ablauf der Willkürmotorik.

Die Kerngebiete der Extrapyramidalmotorik sind die *Basalganglien*: Striatum, Globus pallidus, Ncl. subthalamicus, Substantia nigra, Ncl. ruber und Kerne des ventrolateralen Thalamus (s.a. 9.6.2). Afferenzen zu den Basalganglien gelangen von der Formatio reticularis über den Thalamus in das Striatum und vom Kleinhirn über den Thalamus in das Pallidum. Es gibt mehrere Leitungsbögen zwischen den Basalganglien:

- Cortex → Striatum → Globus pallidus → Thalamus → Cortex;
- Corpus striatum → Globus pallidus → Thalamus → Corpus striatum;
- Globus pallidus → Ncl. subthalamicus → Globus pallidus;
- Striatum → Substantia nigra → Striatum.

Diese Leitungsbögen werden von vielen aufsteigenden Systemen beeinflußt. Schließlich verlassen Tractus tectospinalis, Tractus reticulospinalis, Tractus vestibulospinalis und Tractus rubrospinalis die Basalganglien und erreichen die γ-Motoneurone des Rükkenmarks. Von den motorischen Hirnnervenkernen ziehen ebenfalls Bahnen in das Rückenmark. Die Basalganglien sind außerdem vielfältig mit dem limbischen System verbunden.

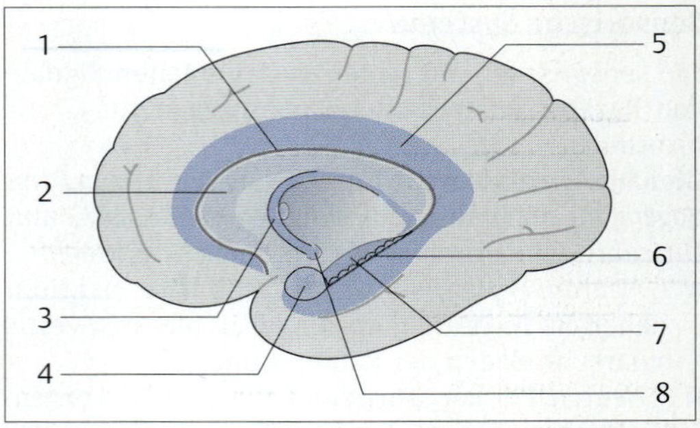

Abb. 9.**14** Limbisches System. 1 = Indusium griseum, 2 = Corpus callosum, 3 = Fornix, 4 = Corpus amygdaloideum, 5 = Cingulum, 6 = Gyrus dentatus, 7 = Pes hippocampi, 8 = Corpus mamillare (aus Faller, Thieme 1995)

9.7.3 Limbisches System

Das limbische System wird auch als *„emotionales Gehirn"* bezeichnet. Durch die zahlreichen Verknüpfungen mit anderen Hirnregionen spielt es jedoch nicht nur bei Emotionen eine Rolle, sondern auch bei der Bildung der *Persönlichkeit* und der *Merkfähigkeit*, besonders des *Kurzzeitgedächtnisses*.

Das limbische System umfaßt die den Balken umgebenden Strukturen des Endhirns und mit diesen verknüpfte Hirnteile (Abb. 9.**14**). Dazu zählen: Hippocampusformation, Induseum griseum, Gyrus paraterminalis, Gyrus cinguli, Gyrus parahippocampalis, Regio septalis, Regio praeoptica, Regio entorhinalis, Corpus amygdaloideum, Hypothalamus und einige Kerne der Formatio reticularis.

> **! Merke**
>
> Ein wichtiger Regelkreis innerhalb des limbischen Systems ist der *Papez-Kreis:* Vom Hippocampus verläuft die Faserbahn des Fornix zu den Corpora mamillaria des Hypothalamus. Von dort zieht der Tractus mamillothalamicus zu den Ncll. ant. thalami. Die Radiatio thalamocingularis gelangt zum Gyrus cinguli. Über das Cingulum erreichen sie wieder den Hippocampus.

Weitere wichtige Verbindungen sind: *mediales Vorderhirnbündel* (Verbindung zwischen Septum, Hypothalamus und Formatio reticularis), *dorsales Längsbündel* (Verbindung zwischen Hypothalamus post. und autonomen Hirnstammkernen), *Fasciculus mamillotegmentalis* (Verbindung zwischen Corpora mamillaria und Kernen des Tegmentums) und *Stria medullaris thalami* (Fasern zwischen Fornix und Ncll. habenulae).

9.7.4 Funktionelle Anatomie

Schmerz: Er wird über *Nozizeptoren* in der Haut vermittelt. Diese bestehen vorwiegend aus freien Nervenendigungen in der Epidermis. Schmerzreize werden durch verschiedene *Mediatoren* ausgelöst, die bei einer Zellschädigung ausgeschüttet werden. Man zählt dazu Wasserstoffionen, Kaliumionen, Histamin, Serotonin und Prostaglandine.

> **! Merke**
>
> Man unterscheidet *somatischen* und *viszeralen Schmerz*. Der somatische wird in *Oberflächen-* und *Tiefenschmerz* unterteilt. Der Oberflächenschmerz läßt sich anhand des Schmerzcharakters weiter untergliedern. Der *1. Schmerz* ist schneidend, gut lokalisierbar und klingt schnell wieder ab. Der *2. Schmerz* ist dumpf oder brennend, schwer zu lokalisieren und klingt langsam ab.

Die Schmerzleitung erfolgt über markhaltige Aδ-Fasern (1. Schmerz) oder marklose C-Fasern (2. Schmerz) zum Rückenmark. Im Rückenmark werden sie umgeschaltet auf die Neurone des *Tractus spinothalamicus* (s.a. 9.7.1 Vorder- und Seitenstrangbahn). Der Tractus spinothalamicus leitet außer Schmerz auch die Empfindungen für Temperatur und undifferenzierte (protopathische) Mechanosensibilität. Im Gyrus postcentralis erfolgt die bewußte Wahrnehmung des Schmerzes, seiner Lokalisation, Qualität und Stärke. Die affektiven Komponenten des Schmerzes steuert das limbische System, während die vegetativen Reaktionen über den Hypothalamus laufen.

Syringomyelie: Durch *Spaltenbildung im Rückenmark* (*Syringomyelie*) kommt es zur *Zerstörung* der *Commissura alba*, in der die Fasern des Tractus spinothalamicus kreuzen. Es entsteht eine schwere Empfindungsstörung für Schmerz, Temperatur und Mechanosensibilität. Die Wahrnehmung der Tiefensensibilität und differenzierten Mechanosensibilität bleibt jedoch erhalten, da sie über die Hinterstrangbahnen geleitet wird. Hinweisend sind multiple Verletzungen.

Hyperkinesien, Hypokinesien: Bei *Ausfällen im Bereich der Basalganglien* kommt es zu charakteristischen Veränderungen der Motorik, zu gesteigerten Bewegungen (*Hyperkinesien*) oder zu verminderten (*Hypokinesien*).

- *Hyperkinetisch-hypotones Syndrom:* übermäßige unwillkürliche Bewegungen bei vermindertem Muskeltonus aufgrund von Störungen im Corpus striatum oder Gyrus praecentralis. Die bewegungsfördernden Impulse überwiegen. Das typische Krankheitsbild ist die *Chorea Huntington* (s.a. 9.6.2).
- *Hypokinetisch-hypertones Syndrom:* Erhöhung des Muskeltonus (*Rigor*) mit Muskelzittern (*Tremor*), aber verminderten unwillkürlichen Mitbewegungen (*Akinese*) aufgrund einer Störung des dopaminergen nigrostriatalen Systems. Das typische Krankheitsbild ist der *Morbus Parkinson* (s.a. 9.3.2).

Paresen: Bei isolierter Schädigung der Pyramidenbahnen, z.B. in den entsprechenden Rindenfelder oder der Pyramide in der Medulla oblongata, kommt es zur *straffen* (*spastischen*) *Parese*. Die Motoneurone der Muskulatur erhalten keine willkürlichen Impulse mehr.

Oft sind jedoch auch extrapyramidal-motorische Bahnen geschädigt, z.B. in der Capsula int. oder im Rückenmark. Bei einer plötzlichen Unterbrechung der Bahnen werden die Dehnungsreflexe unterdrückt und es resultiert zunächst eine schlaffe Lähmung (*spinaler Schock*). Nach kurzer Zeit kehren zum einen die *Eigenreflexe* des Rückenmarks zurück, zum anderen kommt es zur Überempfindlichkeit der Dehnungsrezeptoren. Diese beruht auf den geschädigten extrapyramidal-motorischen Bahnen, vor allem einer fehlenden zentralen Hemmung. Die Extremitäten werden in einer bestimmten Haltung (*Kontraktionsstarre*) fixiert, es kommt zu *Spastik* mit *Hyperreflexie* und *Kloni* der Muskulatur.

9.8 Innere Liquorräume

Als inneren Liquorraum bezeichnet man das *Hohlraumsystem* von Gehirn und Rückenmark, das aus dem Neuralrohr hervorgegangen ist. Die *Hirnventrikel* und der *Zentralkanal* des Rückenmarks sind mit einem einschichtigen Ependym ausgekleidet und enthalten *Liquor cerebrospinalis*. Der äußere Liquorraum ist der *Subarachnoidalraum*, der zwischen Arachnoidea und Pia mater liegt (s.a. 9.9.2). Er umgibt das gesamte ZNS und ist im Neurocranium an einigen Stellen zu Zisternen aufgeweitet.

9.8.1 Seitenventrikel: Gestalt, Gliederung, Lage

Die paarig angelegten Seitenventrikel liegen in den *Endhirnhemisphären*. Sie haben die Form eines Widderhorns und gehen am rechten und linken *Foramen interventriculare* (Abb. 9.**15**) in den III. Ventrikel über. Entsprechend ihrer Lage in den Hemisphären untergliedert man sie in *Vorderhorn* (Cornu frontale ≅ Lobus frontalis), *Mittelteil* (Pars centralis ≅ Lobus parietalis), *Hinterhorn* (Cornu occipitale ≅ Lobus occipitalis) und *Unterhorn* (Cornu temporale).

Das *Vorderhorn* reicht bis zum Foramen interventriculare und wird medial begrenzt vom Septum pellucidum, lateral vom Caput nuclei caudati und kranial vom Balken. Der *Mittelteil* grenzt medial an Septum pellucidum und Fornix, lateral an den Ncl. caudatus, ventral an Thalamus und Lamina affixa und kranial an den Balken. Das *Hinterhorn* ist spitz nach dorsal ausgezogen und grenzt medial an den Sulcus calcarinus. Das *Unterhorn* folgt dem Verlauf des Temporallappens und grenzt kranial an die Cauda nuclei caudati, rostral an das Corpus amygdaloideum und medial an das Cornu ammonis.

Der *Plexus choroideus* (*Adergeflecht*) liegt am Boden der Pars centralis und am Dach des Cornu temporale (Abb. 9.**15**). Er ist entlang des Fornix, der Fimbrien und der Lamina affixa aufgehängt. Über das Foramen interventriculare geht er in den Plexus choroideus des III. Ventrikels über.

9.8.2 III. Ventrikel: Gestalt, Gliederung, Lage

Der III. Ventrikel liegt im *Zwischenhirn* und wird nach rostral durch die Lamina terminalis begrenzt. Die lateralen Wände werden von Hypothalamus und Thalamus, das (hintere) Dach vom Epithalamus gebildet. Der III. Ventrikel hat mehrere Ausbuchtungen (*Recessus*): *Recessus opticus* zum Chiasma opticum, *Recessus infundibuli* zum Hypophysenstiel, *Recessus pinealis* am Abgang der Epiphyse und *Recessus suprapinealis* oberhalb der Epiphyse. In der Mitte des Ventrikels findet sich meist die *Adhaesio interthalamica*, durch die die beiden Thalami gegeneinander drängen. Das Dach wird vom *Plexus choroideus* gebildet, der mit seiner Tela choroidea zwischen den Striae medullares aufgehängt ist.

Der III. Ventrikel geht kaudal in den *Aquaeductus cerebri* (Abb. 9.**15**) über, der den III. mit dem IV. Ventrikel verbindet.

9.8.3 IV. Ventrikel: Gestalt, Lage, Gliederung

Der IV. Ventrikel (Abb. 9.**15**) ist die Hirnkammer des *Rhombencephalon* und hat die Form einer Raute. Der Boden wird vom Tegmentum rhombencephali gebildet, das Dach von Kleinhirn und Kleinhirnstielen sowie dem zwischen oberem und unterem Kleinhirnstiel ausgespannten oberen und unteren Marksegel (*Velum medullare rostr. et caud.*).

Der *Plexus choroideus* lagert sich dem unteren Marksegel an und schließt mit seiner Tela choroidea den Ventrikel nach dorsal ab.

Der Ventrikel besitzt drei *Öffnungen* (*Aperturae*), die den inneren Liquorraum mit dem äußeren (subarachnoidalen) verbinden. Die *Apertura mediana* liegt kaudal der Tela choroidea und mündet in die *Cisterna cerebellomedullaris*, die *Aperturae lat.* liegen in den seitlichen Recessus des Ventrikels und münden in die *Cisterna interpeduncularis*. Der Plexus choroideus zieht bis in die Recessus und ragt durch die Aperturae lat. in den Subarachnoidalraum (*Bochdaleksches Blumenkörbchen*).

9.8.4 Plexus choroideus

An einigen Stellen des Neuralrohrs bleibt das Epithel während der Entwicklung einschichtig. Die Gefäße der *weichen Hirnhaut* (*Pia mater*) bilden unter dieser Epithelschicht Gefäßknäuel (*Adergeflechte*, *Plexus choroidei*) und buchten das Epithel dadurch in das Lumen des Neuralrohrs vor. Die Plexus choroidei sezernieren täglich bis zu 500 ml *Liquor cerebrospinalis*, vor allem in den Seitenventrikeln. Liquor ist wasserklar, enthält kaum Zellen und ist eiweißarm.

! Merke

Das Blut der Plexus choroidei ist vom Liquor durch die *Blut-Liquor-Schranke* getrennt. Sie besteht aus dem Kapillarendothel der Blutgefäße, der Basalmembran und dem Plexusepithel.

Die *Blut-Hirn-Schranke* liegt zwischen den Kapillaren und dem Neuroparenchym und wird von den Füßchen der Astroglia gebildet. Nur kleinen Molekülen

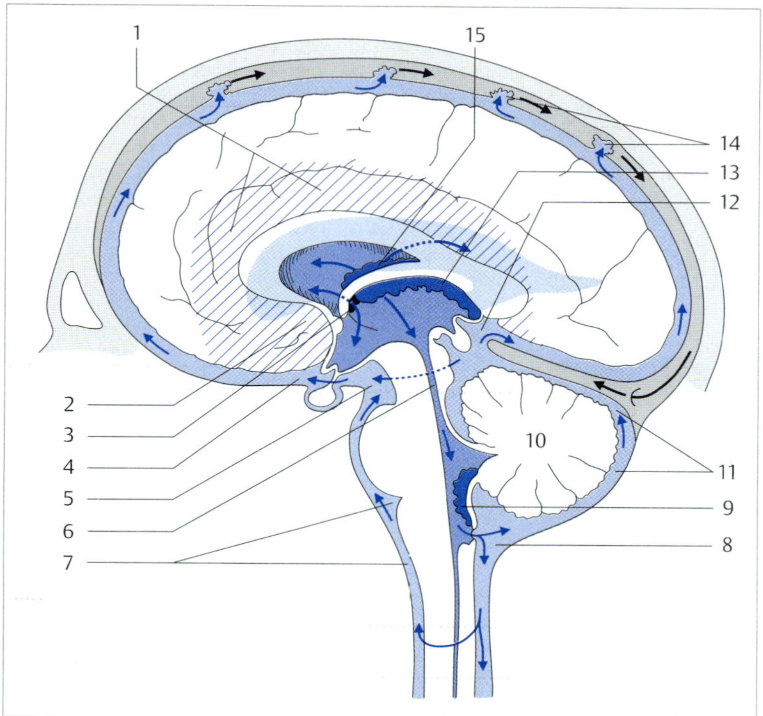

Abb. 9.**15** Ventrikel und Liquorzirkulation. 1 = Cisterna interhemisphaerica, 2 = Cisterna terminalis, 3 = Foramen interventriculare, 4 u. 5 = Cisterna basalis: 4 = Cisterna chiasmatis, 5 = Cisterna interpeduncularis, 6 = Aquaeductus cerebri, 7 = Cisterna pontomedullaris, 8 = Cisterna cerebellomedullaris mit Apertura mediana ventriculi quarti, 9 = Plexus choroideus ventriculi quarti, 10 = Cisterna ambiens, 11 = Cisterna vermis, 12 = Cisterna transversa, 13 = Plexus choroideus ventriculi tertii, 14 = Granulationes arachnoideales 15 = Plexus choroideus ventriculi lateralis (aus Duus, Thieme 1995)

ist es möglich die Blut-Hirn-Schranke zu überwinden, so daß sie vor allem für Proteine, Fremdstoffe und viele Medikamente eine Permeabilitätsbarriere bildet.

9.8.5 Liquorfluß

Der Liquor wird in den Plexus choroidei der Ventrikel gebildet, fließt über das *Foramen interventriculare* in den III. Ventrikel und von dort über den *Aquaeductus cerebri* in den IV. Ventrikel und den Zentralkanal des Rückenmarks. Über die *Apertura mediana* und die *Aperturae lat.* kommunizieren die inneren Liquorräume mit dem äußeren. Der Liquor fließt so in den *Subarachnoidalraum*. Dort wird er zum größten Teil in den *Granulationes arachnoidales* (*Pacchioni*) resorbiert und gelangt in die venösen Blutwege, teilweise wird er über das Ependym, kleine Venen der Pia mater und entlang der Perineuralscheiden aufgenommen. Abb. 9.**15** zeigt die Liquorzirkulation.

9.8.6 Angewandte Anatomie

Liquorpunktion: Um Liquor zu diagnostischen Zwecken zu gewinnen, punktiert man normalerweise zwischen den Fortsätzen des 3. und 4. oder 4. und 5. Lendenwirbels (*Lumbalpunktion*). Während der Punktion nimmt der Patient eine gekrümmte Haltung ein (im Sitzen oder in Seitenlage), um die Dornfortsätze der Lendenwirbel möglichst weit auseinander zu bringen. Mit einer langen Hohlnadel wird nun von medial oder lateral im Zwischenraum punktiert. Dabei werden die Bandstrukturen der Wirbelsäule (Lig. supraspinale, Lig. interspinale) sowie die Dura durchstochen. Durch Erfahrene kann auch die Cisterna cerebellomedullaris als Punktionsort gewählt werden (*Subokzipitalpunktion*).
Die Lumbalpunktion kann auch im Rahmen einer Myelographie (Injektion von Kontrastmittel) oder therapeutisch (Spinalanästhesie, Chemotherapie) vorgenommen werden.

Klinischer Bezug

Bei der *Periduralanästhesie* werden Spinalnervenwurzeln durch Injektion eines Lokalanästhetikums in den Epiduralraum blockiert (s.u.). Bei der Spinalanästhesie erfolgt die Injektion in den *Subarachnoidalraum*.

Liquorabflußblockaden: Zu Liquorblockaden kommt es immer dann, wenn die Abflußwege des Liquors gestört sind. Ursachen dafür können Entzündungen, Blutungen, Zysten, Tumoren, Mißbildungen u. a. sein.

Merke

Liegt die Blockade innerhalb des Ventrikelsystems, staut sich der Liquor in den vor der Stenose liegenden Ventrikeln auf. Man spricht vom *Hydrocephalus internus.*

Liegt die Abflußstörung im Bereich des Cavum subarachnoidale, spricht man vom *Hydrocephalus externus.* Der Liquor kann aus den Ventrikeln frei in den Subarachnoidalraum abfließen, dort kommt es jedoch zum Aufstau.

Einen Hydrocephalus externus sowie die Kombination aus Hydrozephalus externus und internus findet man oft bei Krankheiten, die mit Hirnatrophien einhergehen (Morbus Alzheimer, Mißbildungen, Hydrocephalus e vacuo).
Typische *Zeichen einer Liquorblockade* sind starke Kopfschmerzen, Übelkeit und Erbrechen sowie Veränderungen des Augenhintergrundes (Stauungspapille).

9.9 Hirn- und Rückenmarkshäute, äußere Liquorräume

Gehirn und Rückenmark sind von den *Hirn-* bzw. *Rückenmarkshäuten* (*Meningen*) umgeben. Diese bilden ein geschlossenes, mit Liquor gefülltes System, in dem das ZNS schwimmt. Die Meningen bestehen aus zwei Häuten: *Pachymeninx* (*harte Hirnhaut*, entspricht der *Dura mater*) und *Leptomeninx* (*weiche Hirnhaut*) mit *Arachnoidea* (*Spinnwebhaut*) und *Pia mater.*

9.9.1 Dura mater encephali et spinalis

Dura mater encephali: Die Dura mater besteht aus straffem Bindegewebe und liegt den Schädelknochen als *Periost* auf. Sie besteht aus einem inneren (meningealen) und einem äußeren (periostalen) Blatt, zwischen denen die *venösen Blutleiter* (*Sinus durae matris*) verlaufen. Das innere Blatt grenzt an den engen Spaltraum zwischen Dura mater und Arachnoidea (*Subduralraum*). Derivate der harten Hirnhaut sind die *Endhirnsichel* (*Falx cerebri*) und das *Kleinhirnzelt* (*Tentorium cerebelli*).
Die *Falx cerebri* ist sagittal gestellt und spannt sich zwischen den beiden Endhirnhemisphären aus. Sie ist an der Crista galli des Os ethmoidale, den Rändern des Sulcus sinus sagittalis sup., der Protuberantia occipitale int. und über den Sinus rectus am Tentorium cerebelli befestigt. Im unteren freien Rand verläuft der Sinus sagittalis inf.
Das *Tentorium cerebelli* liegt horizontal zwischen Endhirnhemisphären und Kleinhirn. Es teilt die hintere Schädelhöhle in den *supratentoriellen* und *infratentoriellen Raum* und läßt dabei eine Lücke für den Durchtritt des Hirnstamms. Es ist an den Rändern der Sulci sinus transversi, dem Oberrand des Felsenbeins, den Procc. clinoidei der Fossa hypophysealis und der Falx cerebri befestigt.
Am Ansatz der Falx cerebri verläuft am Tentorium cerebelli der *Sinus rectus.*
An der Schädelbasis bildet die Dura zwei Taschen: Diaphragma sellae und Cavum trigeminale. Das *Diaphragma sellae* überspannt die Fossa hypophysealis und läßt ein Loch für den Hypophysenstiel frei. Das *Cavum trigeminale* liegt in der mittleren Schädelgrube und umhüllt das Ggl. trigeminale.
Dura mater spinalis: Im Wirbelkanal sind inneres und ein äußeres Blatt deutlicher getrennt. Das äußere Blatt bildet das Periost und ist vom inneren Blatt durch das mit Fettgewebe und Venen gefüllte *Cavum epidurale* getrennt. In Höhe des 2.–3. Sakralwirbels vereinigen sich die beiden Durablätter wieder und ziehen mit dem Filum terminale zum Periost des Os sacrum. Das innere Blatt der Dura umgibt das Rückenmark und schließt gerade noch das in dem subarachnoidalen Raum gelegene Spinalganglion ein. Sie setzt sich in den bindegewebigen Teilen der Perineuralscheide der Spinalnerven fort.
Meningealarterien: Am Schädel verlaufen zwischen periostalem und innerem Durablatt die Hirnhautarterien:

- *A. meningea anterior:* aus der A. ethmoidales ant., tritt durch das Foramen ethmoidale ant. in die vordere Schädelgrube
- *A. meningea media:* aus der A. maxillaris, tritt durch Foramen spinosum in die mittlere Schädelgrube
- *A. meningea posterior:* aus der A. pharyngea ascendens, tritt durch das Foramen jugulare in die hintere Schädelgrube

In der Schädelkalotte erkennt man ihre Abdrücke in Form von *Sulci arteriosi.*
Die Dura mater ist schmerzempfindlich und wird von den Rr. meningei aller drei Äste des N. trigeminus, N. glossopharyngeus und N. vagus innerviert.

> **! Merke**
>
> Die *Meningealarterien* sind in allererster Linie Vasa nutricia der platten Schädelknochen. Sie verlaufen zwischen den beiden Durablättern. Bei Frakturen reißt das periostale Blatt ein und es kommt zu einer Blutung unter den Knochen (Epiduralblutung, s.a. 9.10.3).

9.9.2 Arachnoidea mater, Pia mater

Arachnoidea mater: Die Arachnoidea mater ist eine dünne bindegewebige Membran, die der Dura direkt anliegt. Zwischen Dura und Arachnoidea liegt das *Spatium subdurale*, ein kapillärer Spaltraum, der bei Subduralblutungen (s.a. 9.10.3) stark erweitert sein kann. Die Arachnoidea ist durch Bindegewebsfasern (*Arachnoidaltrabekel*) mit der Pia mater verbunden.
Im Bereich der großen venösen Sinus bildet die Arachnoidea Fortsätze, die sich durch die Dura und zum Teil durch die Tabula int. der Schädelknochen bis in die Vv. diploicae ausdehnen. Diese *Granulationes arachnoidales* (*Pacchioni*) spielen eine Rolle bei der Liquorresorption (s.a. 9.8.5).
Im Rückenmark folgt die Arachnoidea der Dura entlang jeder Nervenwurzel bis zum Spinalganglion und setzt sich auf den Nerven als innere, epitheliale Perineuralscheide fort.
Unter der Arachnoidea liegt in der Pia mater der mit Liquor gefüllte *Subarachnoidalraum* (*Cavitas subarachnoidale*), durch den Gefäße und Nerven verlaufen. Die Subarachnoidalräume von Schädel und Wirbelkanal stehen direkt miteinander in Verbindung.
Zisternen: An manchen Stellen im Bereich des Schädels ist der Subarachnoidalraum zu Zisternen erweitert. Die größeren Zisternen sind (Abb. 9.**15**): *Cisterna cerebellomedullaris* zwischen Kleinhirnunterfläche und Medulla oblongata, *Cisterna basalis* zwischen Schädelbasis und Hirnbasis vom Foramen magnum zur Crista galli und *Cisterna fossae lat. cerebri* zwischen Insel und die sie bedeckenden Anteile der Hirnlappen. Weitere kleine Zisternen befinden sich um das Endhirn herum.
Pia mater: Sie liegt der Oberfläche von Gehirn und Rückenmark direkt auf, folgt allen Windungen und umgibt die eintretenden Gefäße. Der Subarachnoidalraum setzt sich trichterförmig um die Gefäße herum fort (*Virchow-Robin-Räume*). Das lockere Bindegewebe der Pia mater spinalis verdichtet sich zu zwei breiten Faserzügen (*Ligg. denticulata*) zwischen Vorder- und Hinterwurzel der Spinalnerven, über die das Rückenmark am knöchernen Wirbelkanal fixiert wird.

9.10 Gefäßversorgung

Die arterielle Versorgung des Gehirns erfolgt über die *Aa. carotis int.* und die *Aa. vertebrales*, deren Äste an der Hirnbasis einen *Arterienring* (*Circulus arteriosus Willisi*) bilden. Der venöse Abfluß erfolgt über oberflächliche und tiefe klappenlose Venen und Sinus.

9.10.1 Arterien

A. carotis interna: Sie gelangt nach Teilung der A. carotis comm. durch den Canalis caroticus in die mittlere Schädelgrube. Sie zieht zunächst nach vorn durch den *Sinus cavernosus*, durchdringt das innere Durablatt am Proc. clinoideus ant., wendet sich dann zurück (*Karotisknie*, *Karotissiphon*) und gelangt in den Subarachnoidalraum. Das Karotisknie liegt medial der durch den Sinus cavernosus ziehenden Augenmuskelnerven und grenzt rostral an den N. opticus. Die A. carotis int. gibt in ihrem weiteren Verlauf folgende Äste ab:

- *Extradurale Äste:* ziehen zum Boden der Paukenhöhle, zur Dura mater und zur Hypophyse;
- *A. ophthalmica:* entspringt am Karotisknie und zieht durch den Canalis opticus in die Orbita, versorgt Orbita, Sinus sphenoidalis, Sinus ethmoidales, Teile von Nasenschleimhaut, Stirn, Nasenwurzel und Augenlidern;
- *A. communicans posterior:* verläuft nach kaudal und verbindet die A. carotis int. mit der A. cerebri post., versorgt Tractus opticus und Chiasma opticum, Hypothalamus, Teile des Thalamus, Crura cerebri und Cauda nuclei caudati;
- *A. choroidea anterior:* verläuft neben dem Tractus opticus nach kaudal zum Plexus choroideus im Unterhorn des Seitenventrikels, anastomosiert dort mit der A. choroidea post. aus der A. cerebri post., versorgt Tractus opticus, Hippocampus, Corpus amygdaloideum, Globus pallidus und Crus post. der Capsula int.
- **A. cerebri anterior** (Abb. 9.**16**): zieht am Chiasma opticum vorbei in die Fissura longitudinalis med. und entlang der medialen Fläche der Hemisphäre um Rostrum und Genu des Balken herum, versorgt Lamina terminalis, Hypothalamus, Crus ant. der Capsula int., Globus pallidus und Caput nuclei caudati sowie mit terminalen Ästen die Rindengebiete der medialen Hemisphäre bis zum Sulcus parietooccipitalis und einen schmalen Streifen der Mantelkante.
- **A. cerebri media** (Abb. 9.**16**): zieht als Fortsetzung der A. carotis int. in den *Sulcus lat.*, gibt dort Äste zu den lateralen Rindenanteilen, Genu der Capsula int., Corpus nuclei caudati, Globus pallidus, Puta-

Anatomie

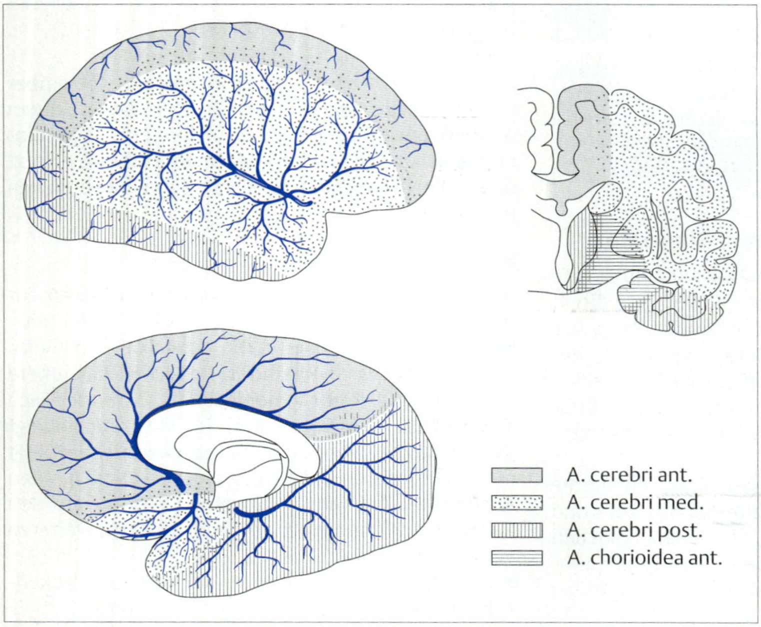

Abb. 9.**16** Arterielle Versorgung des Gehirns. **a** Seitenansicht, **b** Medialansicht, **c** im Querschnitt (aus Delank, Enke 1994)

men und Capsula ext. ab, in der Capsula int. ziehen A. thalamostriata und A. thalamolenticularis („Aa. apoplecticae"), deren Ruptur zur intrazerebralen Massenblutung führt.

A. vertebralis: Die beiden Aa. vertebrales ziehen durch die *Foramina transversaria* der Halswirbel bis zum Atlas, um den sie sich herumwinden und durch das *Foramen magnum* in die Schädelhöhle gelangen. Dort vereinen sie sich zur *A. basilaris.* Diese zieht im Sulcus a. basilaris auf der ventralen Seite der Brücke und gibt dabei folgende Äste ab:

- *A. cerebelli inferior posterior:* geht aus der A. vertebralis ab;
- *A. cerebelli inferior anterior:* versorgt Medulla oblongata, Pons, Plexus choroideus des IV. Ventrikels und Teile des Kleinhirns, gibt die *A. labyrinthi* zum Innenohr ab;
- *Aa. pontis:* ziehen zu Pons und Mittelhirn;
- *A. cerebelli superior:* ziehen um die Hirnschenkel herum zu Vierhügelplatte und oberem Teil des Kleinhirns.
- **A. cerebri posterior** (Abb. 9.**16**): Nach jeder Seite zweigt sich aus der A. basilaris eine A. cerebri post. ab. Sie verläuft auf dem *Tentorium cerebelli* nach hinten und gibt u. a. die *A. communicans post.* ab, die die Verbindung zur A. cerebri media herstellt. Die A. cerebri post. teilt sich in ihre Endäste *A. occipitalis med.* und *lat.*, zu den okzipitalen und basalen Rindengebieten.

Circulus arteriosus cerebri (Abb. 9.**17**): An der Hirnbasis bilden die großen Arterien über Anastomosen einen Arterienring, der die Stromgebiete der beiden Aa. vertebrales und Aa. carotis int. verbindet und die Blutversorgung des Gehirns sichert.

Rückenmark: Die Durchblutung des Rückenmarks erfolgt über *Aa. radiculares* und absteigende Äste der *Aa. vertebrales.*

- *Aa. radiculares:* Sie stammen aus den Rr. spinales der A. cervicalis ascendens, A. cervicalis prof., Aa. intercostales und Aa. lumbales. Die Rr. spinales ziehen durch die Foramina intervertebralia und geben im Wirbelkanal die Aa. radiculares ant. und post. ab, die in die Aa. spinales ant. und post. münden.
- *A. spinalis anterior:* Beide Aa. vertebralis geben je einen Ast nach kaudal ab, die sich zur *A. spinalis ant.* vereinen. Diese liegt auf der ventralen Seite des Rückenmarks in der Fissura mediana ventr. Im weiteren Verlauf erhält sie ihren Blutzufluß aus den Aa. radiculares. Sie versorgt die vorderen zwei Drittel des Rückenmarks.
- *Aa. spinales posteriores:* Sie gehen aus den Aa. vertebrales oder Aa. radiculares hervor und verlaufen auf der dorsalen Seite des Rückenmarks. Sie versorgen das hintere Drittel des Rückenmarks.

9.10.2 Venöse Abflußwege

Die Venen des Gehirns sind klappenlos und verlaufen nicht mit den Arterien, sondern bilden ein eigenes

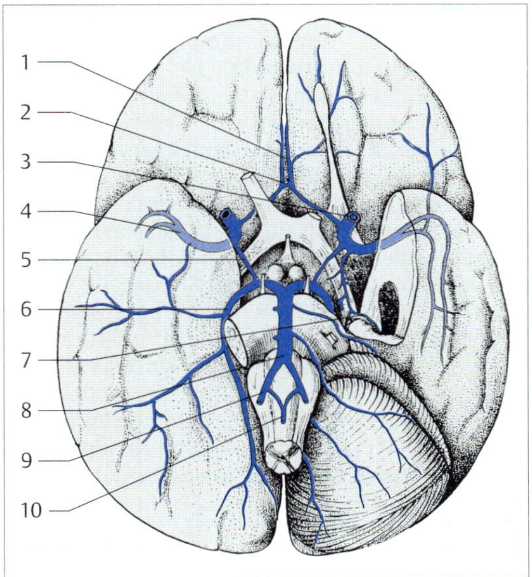

Abb. 9.**17** Arterien der Hirnbasis. 1 = A. cerebri anterior, 2 = A. communicans anterior, 3 = A. carotis interna, 4 = A. cerebri media, 5 = A. communicans posterior, 6 = A. cerebri posterior, 7 = A. choroidea anterior, 8 = A. basilaris, 9 = A. vertebralis, 10 = A. spinalis anterior (aus Delank, Enke 1994)

Gefäßnetz. Die Hirnvenen faßt man in zwei Gruppen zusammen: in die *oberflächlichen Venen* (*Vv. cerebri superf.*), die ihr Blut in die Sinus durae matris (s.u.) entleeren, und in die *tiefen Venen* (*Vv. cerebri prof.*), die ihr Blut in die *V. cerebri magna* (*Galeni*) abgeben.

Vv. cerebri superficiales: Man unterscheidet die Gruppe der oberen Venen (*Vv. cerebri sup.*) und die Gruppe der unteren Venen (*Vv. cerebri inf.*).

- *Vv. cerebri superiores:* ca. 10–15 Venen, verlaufen an der Außenfläche der Hemisphäre durch das Spatium subdurale nach oben in den Sinus sagittalis sup. (*Brückenvenen*). Sie sammeln das Blut aus dem Frontal- und Parietallappen.
- *Vv. cerebri inferiores:* verlaufen an der Außenfläche der Hemisphäre nach unten, nehmen das Blut aus dem Temporallappen und aus den basalen Regionen des Okzipitallappens auf und münden in die V. cerebri media superf. oder den Sinus transversus und Sinus petrosus maj.

Vv. cerebri profundae: Sammeln das Blut aus dem Zwischenhirn, den tiefliegenden Strukturen der Hemisphären und aus dem tiefen Marklager. Sie entleeren alle ihr Blut in die *V. cerebri magna* (*Galeni*).

- *V. basalis (Rosenthal-Vene):* entsteht im Bereich der Substantia perforata ant. durch die Vereinigung von V. cerebri ant. mit der V. cerebri media prof. Dann überquert sie den Tractus opticus und zieht um den Pedunculus cerebri in der Cisterna ambiens aufwärts, wo sie in die *V. cerebri magna* mündet. Auf ihrem Weg nimmt sie Venen aus allen Hirnlappen, Zwischen- und Mittelhirn, Hippocampus, Corpus callosum und Kleinhirnanteilen auf, und auch die V. choroidea inf. vom Plexus choroideus und die Vv. thalamostriatae inf. von den basalen Anteilen des Thalamus.
- *V. cerebri magna:* entsteht aus der Vereinigung beider Vv. cerebri int. und den beiden Vv. basales, sie mündet in den Sinus rectus.
- *V. cerebri interna:* entsteht am Foramen interventriculare durch die Vereinigung der V. septi pellucidi, der V. thalamostriata und der V. choroidea.

Sinus durae matris: Die Sinus sind große Blutleiter, die innerhalb der Dura verlaufen (s.a. 9.9.1). Man unterscheidet:

- *Sinus sagittalis superior:* verläuft „unter dem Mittelscheitel" entlang der Schädelkalotte nach dorsal, mündet in den *Confluens sinuum* an der Protuberantia occipitalis int.;
- *Sinus sagittalis inferior:* verläuft am unteren Rand der Falx cerebri, mündet in den Sinus rectus;
- *Sinus rectus:* verläuft an der Anheftung der Falx cerebri und in der Mitte des Tentorium cerebelli, mündet in den Confluens sinuum;
- *Sinus transversus:* verläuft paarig vom Confluens sinuum nach lateral und setzt sich in den Sinus sigmoideus fort;
- *Sinus sigmoideus:* verläuft S-förmig entlang des Os temporale und geht im Foramen jugulare in den Bulbus der V. jugularis int. über;
- *Sinus occipitalis:* verläuft medial entlang des Os occipitale zum Confluens sinuum;
- *Sinus sphenoparietalis:* verläuft entlang der Ala min. in den Sinus cavernosus;
- *Plexus basilaris:* liegt auf dem Clivus, mündet in Sinus cavernosi;
- *Sinus petrosus superior:* verläuft entlang der oberen Pyramidenkante in den Sinus sigmoideus;
- *Sinus petrosus inferior:* verläuft entlang der hinteren Pyramidenbasis in den Bulbus v. jugularis;
- *Sinus cavernosus:* liegt auf beiden Seiten der Sella turcica, durch *Sinus intercavernosi* verbunden, erhält Zuflüsse aus V. ophthalmica sup. (anastomosiert mit der V. angularis) und inf., V. cerebri media superf., Sinus sphenoparietalis, mündet in Sinus petrosus sup. und inf. und Plexus basilaris.

Merke

Das venöse Blut des Schädels fließt hauptsächlich über die *V. jugularis int.* ab. Weitere Abflußwege sind die Vv. ophthalmicae, der Plexus pterygoideus, Venen im Karotiskanal und die *Vv. emissariae*, die die Sinus durae matris mit den *Vv. epiploicae* der Schädelknochen verbinden.

Venen des Rückenmarks: Das venöse Blut aus dem Rückenmark fließt über Vv. radiculares in klappenlose Venengeflechte im Epiduralraum (*Plexus venosi vertebrales int.*). Diese stehen mit den Sinus durae matris, dem Venengeflecht vor und hinter der Wirbelsäule (*Plexus venosi vertebrales ext.*) und den segmentalen Venen in Verbindung.

9.10.3 Angewandte Anatomie

Epidurale Blutung: *Verletzungen der Meningealarterien* (besonders der A. meningea media) führen zu sich schnell vergrößernden *epiduralen Hämatomen* zwischen periostalem und meningealem Durablatt. Diese können durch Verdrängung des Gehirns lebensbedrohlich werden und müssen durch Eröffnung der Schädelkalotte (*Trepanation*) ausgeräumt und die Blutung gestillt werden.

Subdurale Blutungen: Zu einem akuten subduralen Hämatom kommt es meist durch *Abriß von Brückenvenen*. Es kann ebenso schnell lebensbedrohlich werden wie die epidurale Blutung. Das *chronisch subdurale Hämatom* ist oft Folge eines leichten Traumas oder einer Gerinnungsstörung und entwickelt sich über Tage bis Monate. Erste Symptome sind die Zeichen eines ansteigenden *Hirndrucks* (Verlangsamung, Kopfschmerzen, leichte Desorientiertheit). Charakteristisch ist der bernsteinfarbene Liquor.

Subarachnoidale Blutung: Ursache ist häufig die Ruptur eines Aneurysmas in den basalen Hirnarterien. Die Blutung kann auf den Subarachnoidalraum beschränkt bleiben, aber auch in Gehirn und Ventrikel einbrechen. Es kann zu einer Störung der Liquorzirkulation, zu Stauungszeichen und bei zusätzlicher Behinderung des venösen Abflusses zu Hirnödem und einem *venösen hämorrhagischen Infarkt* kommen. Symptome sind je nach Größe der Blutung heftige Kopfschmerzen, Übelkeit, Erbrechen bis hin zur Bewußtlosigkeit und Tod innerhalb von Stunden.

Sinusthrombose, Hirnvenenthrombose: Zu einer Thrombosierung der Sinus und der Hirnvenen kann es aus verschiedenster Ursache kommen (z. B. Arteriosklerose, Traumen, Tumoren, Entzündungen, Epilepsie, Leukämie, Anämie, Gerinnungsstörungen u. a.). Aufgrund der venösen Abflußstauung kommt es zum *hämorrhagischen Infarkt*. Meist entwickeln sich akut Symptome der *Hirndrucksteigerung*, u. U. mit motorischen und sensiblen Ausfällen oder Herdsymptomen. Etwa ein Drittel der Fälle verläuft chronisch. Der zunehmende Hirndruck kann zu einer Einklemmung des Hirnstamms im Tentoriumschlitz führen, die durch Schädigung der Atem- und Kreislaufzentren eine vitale Bedrohung darstellt.

Sehorgan

Zum Sehorgan zählt man den *Augapfel* mit *Sehnerv* und seine *Hilfseinrichtungen* (Augenlider, Tränenapparat, Augenmuskeln). Die *Sinnesepithelzellen* liegen in der inneren Augenhaut, der Retina. Auf ihr wird durch den lichtbrechenden Apparat des Auges (Hornhaut, Linse) ein *umgekehrtes* und *verkleinertes Bild* der gesehenen Umwelt entworfen. Über den N. opticus gelangen diese visuellen Informationen in den Okzipitallappen des Gehirns (s.a. Physiologie).

10.1 Orbita

Die *Augenhöhle* (*Orbita*) umgibt als knöcherne Höhle den annähernd kugelförmigen *Augapfel* (*Bulbus oculi*). Der retrobulbäre Fettkörper bildet dabei eine Art Gelenkpfanne, in der der Bulbus durch die äußeren Augenmuskeln bewegt werden kann.

10.1.1 Form, Lage

Form und Lage: Die Orbita hat die Form einer Pyramide, deren Basis als *Aditus orbitae* an der Schädelvorderseite zu sehen ist. Die Pyramidenspitze zeigt nach medial hinten. Die Achsen beider Orbitae schneiden sich hinter dem Dorsum sellae. Die knöchernen Wände der Orbita setzen sich aus den angrenzenden Schädelknochen zusammen: medial liegen *Os lacrimale* und *Os ethmoidale*, lateral das *Os zygomaticum*, das Dach wird gebildet durch das *Os frontale*, der Boden durch *Os zygomaticum* und *Os maxillae* und die Spitze durch *Os palatinum* und *Os sphenoidale*. Die Orbita hat enge Beziehungen zum *Sinus frontalis* und den *Cellulae ethmoidales*.
Die Orbita wird von *Periost (Periorbita)* ausgekleidet, das im Aditus orbitae in frontal gestellte Bindegewebssepten übergeht, die in die Augenlider einstrahlen (*Septum orbitale*). Nerven und Gefäße, die aus der Orbita in das Gesicht ziehen, durchbrechen die Periorbita am Orbitarand.

Öffnungen: Die Orbita ist durch zahlreiche Öffnungen mit den umgebenden Strukturen verbunden (s.a. 5.10.3):

- *zur vorderen Schädelgrube:* Foramen ethmoidale ant. (A., V.+N. ethmoidale ant.);
- *zur mittleren Schädelgrube:* Canalis opticus (N. opticus, A. ophthalmica), Fissura orbitalis sup. (*oberhalb* des Anulus tendineus (s.a. 10.2.5): V. ophthalmica sup., N. trochlearis, N. frontalis, N. lacrimalis; *durch* den Anulus tendineus: N. abducens, N. oculomotorius, N. nasociliaris; *unterhalb* des Anulus tendineus: Vv. ophthalmicae);
- *zur Fossa infratemporalis, Fossa pterygopalatina:* Fissura orbitalis inf. (N. zygomaticus, Vasa infraorbitalia, V. ophthalmica inf.);
- *zur Nasenhöhle:* Canalis nasolacrimalis (Tränennasengang);
- *zum Gesicht:* Foramen frontale (R. med. n. supraorbitalis, A. u. V. supratrochlearis), Foramen supraorbitale (R. lat. n. supraorbitalis, Vasa supraorbitalia), Foramen zygomaticoorbitale (N. zygomaticus), Foramen zygomaticotemporale (N. zygomaticotemporalis), Foramen zygomaticofaciale (N. zygomaticofacialis), Canalis infraorbitalis (A., V. u. N. infraorbitalis);
- *zu den hinteren Siebbeinzellen:* Foramen ethmoidale post. (A., V. u. N. ethmoidale post.).

Die Orbita ist von einem Fettgewebskörper ausgefüllt, der Bulbus und Augenmuskeln sowie Nerven und Gefäße umschließt.

10.1.2 Peri- und retrobulbärer Bindegewebsraum

Die Orbita wird von der *A. ophthalmica* arteriell versorgt und vom *N. ophthalmicus* sensibel innerviert. Die inneren Augenmuskeln sind sympathisch und

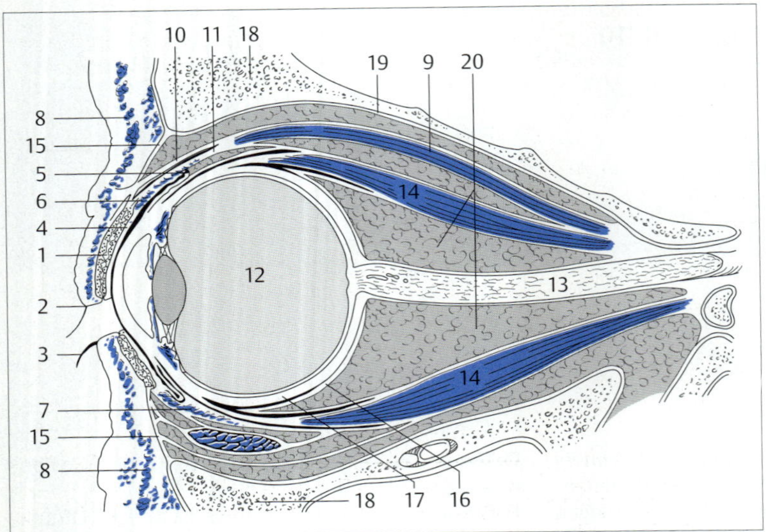

Abb. 10.**1** Orbita, Längsschnitt. 1 = Meibom-Drüse, 2 = Limbus ant., 3 = Wimpern (Cilia), 4 = Tunica conjunctiva, 5 = Fornix conjunctiva, 6 = Mm. tarsales sup., 7 = Mm. tarsales inf., 8 = M. orbicularis oculi, 9 = M. levator palpebrae sup., 10 = Sehnenplatte, 11 = tiefe Sehnenplatte, 12 = Bulbus, 13 = N. opticus, 14 = Augenmuskeln, 15 = Septum orbitale, 16 = Vagina bulbi, 17 = Spatium episclerale, 18 = knöcherne Orbitawand, 19 = Periorbita, 20 = Corpus adiposum orbitae (aus Kahle/Leonhardt/Platzer, Thieme 1991)

parasympathisch innerviert, während die äußeren Augenmuskeln vom III., IV. und VI. Hirnnerv versorgt werden.

A. ophthalmica: Sie entspringt innerhalb der Schädelhöhle von der *A. carotis int.* und zieht durch *Canalis opticus* und *Anulus tendineus* in die Orbita. Sie verläuft zunächst lateral des N. opticus, zieht dann über ihn hinweg und mit dem M. obliquus sup. zum medialen Orbitarand. Dort teilt sie sich in ihre Endäste *A. dors. nasi* und *A. supratrochlearis* (zu Haut und Muskeln der Stirn). Sie gibt folgende Äste ab:

- *A. centralis retina:* tritt in den N. opticus ein;
- *Aa. ciliares posteriores breves:* ziehen mit etwa 15 Ästen durch die Sklera zum Corpus ciliare;
- *Aa. ciliares posteriores longae:* ziehen lateral und medial zwischen Sklera und Choroidea zum Corpus ciliare und Circulus arteriosus iridis;
- *Aa. musculares:* zu den äußeren Augenmuskeln, geben Aa. ciliares ant. ab;
- *A. lacrimalis:* zu Tränendrüse und lateralem Augenwinkel;
- *A. supraorbitalis:* zu Haut und Muskeln der Stirn;
- *A. ethmoidalis posterior:* zur Schleimhaut der hinteren Siebbeinzellen;
- *A. ethmoidalis anterior:* zur Schleimhaut der vorderen und mittleren Siebbeinzellen sowie der Stirnhöhle, gibt A. meningea ant. ab, Endäste sind die A. supratrochlearis und die A. dorsalis nasi (anastomosiert mit der A. angularis aus der A. facialis).

Vv. ophthalmicae: Die *V. ophthalmica sup.* sammelt das Blut aus der *oberen Orbita*, zieht außerhalb des Anulus tendineus durch die *Fissura orbitalis sup.* und mündet in den *Sinus cavernosus*. Sie anastomosiert am oberen Orbitarand mit der V. angularis aus der V. facialis.

Die *V. ophthalmica inf.* sammelt das Blut aus der *unteren Orbita* sowie der Nasenhöhle und vereinigt sich mit der *V. ophthalmica sup.* oder zieht durch die Fissura orbitalis inf. und mündet in den Plexus pterygoideus und somit ebenfalls in den Sinus cavernosus.

Klinischer Bezug

Gesichtsfurunkel dürfen nicht ausgedrückt werden, da die Erreger über die klappenlose V. angularis in die V. ophthalmica sup. und damit in den Sinus cavernosus gelangen können. Es besteht dann die Gefahr einer bakteriellen Sinusvenenthrombose oder einer Hirnhautentzündung.

N. ophthalmicus: Er tritt durch die *Fissura orbitalis sup.* in die Orbita ein und teilt sich dabei in seine vier Äste:

- *Ramus tentorii:* zieht rückläufig zum Tentorium cerebelli und zur Falx cerebri;
- *N. lacrimalis:* zieht an der lateralen Orbitawand über den M. rectus lat., innerviert mit Rr. palpebrales die Haut und mit Rr. conjunctivales die Bindehaut des seitlichen Augenwinkels;
- *N. frontalis:* zieht auf dem M. levator palpebrae sup., teilt sich in N. supratrochlearis und N. supraorbitalis; letzterer gibt einen medialen und einen lateralen Ast ab. Der N. frontalis versorgt die Haut der Stirn und des Oberlids, den medialen Augenwinkel und die Schleimhaut der Stirnhöhle;
- *N. nasociliaris:* zieht entlang der medialen Wand der Orbita zwischen M. rectus med. und M. obliquus sup. Er gibt folgende Äste ab:
  - *N. infratrochlearis:* zur Haut und Bindehaut des medialen Augenwinkels;
  - *Nn. ciliares longi:* sensible Fasern des Bulbus, sympathische Fasern zum M. dilatator pupillae;
  - *N. ethmoidalis anterior:* verläßt die Orbita durch das Foramen ethmoidale ant., verläuft extradural durch die vordere Schädelhöhle und zieht durch die Lamina cribrosa in die Nasenhöhle, innerviert mit Rr. lat. und med. die Nasenschleimhaut und mit R. nasalis ext. die Haut des Nasenrückens;
  - *N. ethmoidalis posterior:* verläßt die Orbita durch das Foramen ethmoidale post., zieht zu Keilbein- und Siebbeinhöhle, deren Schleimhäute er innerviert;
  - *R. communicans zum Ggl. ciliare:* zieht ohne Umschaltung durch das Ggl. ciliare und führt sensible Fasern aus den Nn. ciliares breves des Bulbus.

Augenmuskelnerven: Der *N. oculomotorius (III)* zieht durch die Fissura orbitalis sup. und den Anulus tendineus in die Orbita. Er verläuft unterhalb des M. rectus sup. und versorgt mit einem *R. sup.* den M. rectus sup. und den M. levator palpebrae. Sein *R. inf.* innerviert M. rectus med., M. rectus inf., M. obliquus inf. und führt parasympathische Fasern zum Ggl. ciliare (s.a. 5.7.2).

Der *N. trochlearis (IV)* zieht durch die Fissura orbitalis sup. oberhalb des Anulus tendineus zum M. obliquus sup.

Der *N. abducens (VI)* zieht durch die Fissura orbitalis sup. und den Anulus tendineus an die laterale Orbitawand und innerviert den M. rectus lat.

Ggl. ciliare: Dieses *parasympathische Ggl.* liegt lateral des N. opticus im hinteren Teil der Orbita. Über den N. oculomotorius gelangen die parasympathischen Fasern aus dem *Ncl. oculomotorius accessorius* zum Ggl. ciliare und werden dort auf die *Nn. ciliares breves* umgeschaltet. Diese führen außerdem sensible und sympathische Fasern, die das Ggl. ciliare ohne Umschaltung durchlaufen haben. Die parasympathischen Fasern innervieren den *M. ciliaris* und den *M. sphincter pupillae*, die sympathischen den *M. dilatator pupillae* und die sensiblen den Augapfel.

10.2 Bulbus oculi

Der *Augapfel* liegt im vorderen Teil der Orbita und reicht mit seinem Vorderrand bis zum Eingang der Augenhöhle. Er enthält den lichtbrechenden und den lichtwahrnehmenden Apparat des Auges und ist somit das eigentliche „Sehorgan".

10.2.1 Entwicklung

Augenbläschen, Augenbecher: Beim etwa einen Monat alten Embryo bilden sich seitlich am Vorderhirn zwei Ausbuchtungen, die *Augenbläschen.* Diese induzieren in dem darüberliegenden Ektoderm die Bildung der *Linsenplakode.* Nach kurzer Zeit stülpt sich das Augenbläschen ein und entwickelt sich zum doppelwandigen *Augenbecher.* Zwischen innerer und äußerer Wand liegt zunächst der *primäre Sehventrikel*, der später durch einen kapillären Spalt ersetzt wird. Der Augenbecher ist durch die *Augenbecherstiele* weiterhin mit dem Zwischenhirn verbunden. An der Unterseite des Augenbechers entsteht durch das Einstülpen ein Spalt, die *Augenbecherspalte*, der sich in den Augenbecherstiel fortsetzt. Die *A. hyaloidea*, die Linse und Glaskörper des Embryos versorgt, gelangt durch diesen Spalt in den Augenbecher. Sie bildet sich später zurück und bleibt als *A. centralis retina* im N. opticus erhalten. In der 7. Woche verschließt sich die Augenbecherspalte. Die Öffnung des Augenbechers wird zur *Pupille.*

Die äußere Wand des Augenbechers bleibt einschichtig und differenziert sich zum *Pigmentepithel der Retina.* Das innere Blatt entspricht dem Neuroepithel des ZNS und zeichnet sich durch hohe mitotische Aktivität aus. Die ventrikulären Mitosen finden auf der dem Sehventrikel zugewandten Seite statt, während die Neuriten dem Inneren des Augenbechers anliegen und von dort durch den Augenbecherstiel als N. opticus zum Gehirn ziehen. Aus den Neuroblasten entwickeln sich *Sinneszellen* (*Stäbchen- und Zapfenzellen*) und Stützzellen der Retina. Diese Differenzierung betrifft nur die hinteren vier Fünftel der Retina (*Pars optica retinae*), das vordere Fünftel bleibt einschichtig (*Pars caeca retinae*). Die Pars caeca teilt sich später auf in die *Pars ciliaris retinae*, die den Ziliarkörper überzieht, und die *Pars iridica retinae*, die die innere stark pigmentierte Schicht der Iris bildet. Die inneren Augenmuskeln, *M. dilatator pupillae* und *M. sphincter pupillae*, entwickeln sich im Mesektoderm zwischen Augenbecher und Oberflächenepithel.

Ziliarkörper: Der *Ziliarkörper* besteht aus dem *Ziliarmuskel* und den *Zonulafasern* (*Fibrae zonulares*). Der Ziliarmuskel entwickelt sich aus dem Mesenchym oberhalb der Pars ciliaris retinae. Er ist mit der Linse durch die Zonulafasern verbunden.

Linse: Die *Linsenplakode* stülpt sich ein und wird zum *Linsenbläschen.* Dieses schnürt sich in der 5. Woche vom Ektoderm ab und senkt sich in den Augenbecher. Das darüberliegende Oberflächenektoderm entwikkelt sich zum Epithel der *Hornhaut* (*Cornea*). An der Hinterwand der Linse verlängern sich die Zellen zu *Linsenfasern*, die bald die gesamte Linse ausfüllen und vorne an das einschichtig isoprismatische vordere Linsenepithel grenzen. Die Grundsubstanz der Linsenfasern bestimmt die Brechungseigenschaften der Linse. Die Kerne der faserbildenden Zellen liegen in der Äquatorzone der Linse.

Augenhäute: Augenbecher und Linsenbläschen sind von allen Seiten von lockerem Mesenchym umgeben. Daraus entwickeln sich die *innere gefäßreiche Choroidea* (*Aderhaut*) und die *äußere harte Augenhaut, oder Lederhaut* (*Sklera*), die sich in die Dura des N. opticus fortsetzt. Vor der Linse entsteht aus einem Spaltraum die *vordere Augenkammer.* Die innere Schicht liegt hier direkt Linse und Iris auf (*Membrana iridopupillaris*). Sie bildet sich später über der Linse wieder zurück. Die äußere Schicht (*Substantia propria*) geht in die Sklera über. Die vordere Augenkammer wird nach vorne durch die Kornea abgeschlossen.

Im Raum zwischen Linse und Retina befindet sich ebenfalls Mesenchym. Hier entsteht ein Fasernetz, das sich später mit transparenter Gallertmasse füllt (*Glaskörper*).

Anophthalmie: Hierunter versteht man das vollständige Fehlen des Augapfels. Es tritt meist mit anderen schweren Mißbildungen im Bereich des Schädels auf.

Kolobom: Schließt sich der Augenbecherspalt unvollständig, bleibt eine Spalte bestehen, die aber meist nur im Bereich der Iris zu finden ist (*Iriskolobom*). Das angeborene Iriskolobom liegt im unteren nasalen Quadranten, traumatische Kolobome können in allen Quadranten auftreten.

Katarakt: Hierbei handelt es sich um eine angeborene Trübung der Linse, die genetisch bedingt sein kann, aber z. B. nach Rötelninfektion der Mutter während der Schwangerschaft häufiger auftritt.

10.2.2 Gestalt, Gliederung, Form

Der *Augapfel* (*Bulbus oculi*) ist nahezu kugelförmig (∅ 24 mm) (Abb. 10.**2**). Er hat einen vorderen und einen hinteren Pol, durch die die *Augenachse* (*Axis bulbi*) verläuft. Knapp seitlich vom hinteren Pol liegt die *Fovea centralis* mit der *Macula lutea* (*Gelber Fleck*), dem Ort schärfsten Sehens. Durch sie verläuft die *Sehachse* (*Axis opticus*). Der N. opticus verläßt den Bulbus medial vom hinteren Pol. Der vordere Teil des Bulbus enthält den *lichtbrechenden Apparat* (Hornhaut, Linse, Glaskörper), der hintere Teil den *lichtwahrnehmenden Apparat* (Sinneszellen der Retina).

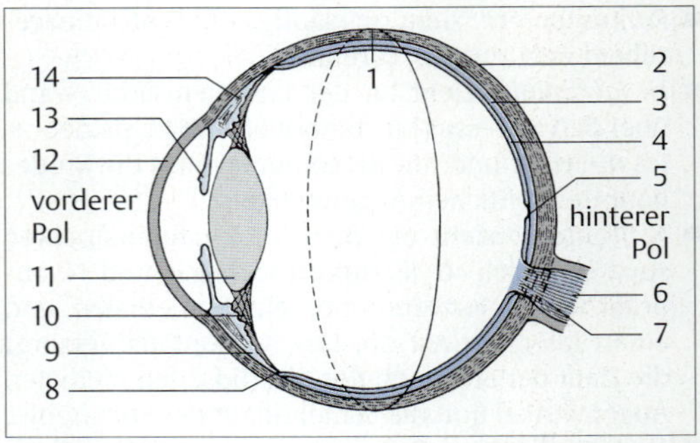

Abb. 10.**2** Schnitt durch den Augapfel. 1 = Äquator, 2 = Sklera, 3 = Choroidea, 4 = Retina, 5 = Fovea centralis, 6 = N. opticus, 7 = Lamina cribrosa, 8 = Ora serrata, 9 = Pars plana, 10 = Zonula, 11 = Lens, 12 = Cornea, 13 = Iris, 14 = Corpus ciliare (aus Hollwich, Thieme 1988)

Vorderer Augenabschnitt

Eine Übersicht über den vorderen Augenabschnitt zeigt Abb. 10.**3**. Die wichtigsten Strukturen sind: Hornhaut, Iris, Pupille, vordere und hintere Augenkammer, Linse, Glaskörper und die Augenhäute (Sklera, Uvea, Choroidea, Corpus ciliare und Retina).

Cornea (Hornhaut): An der Vorderfläche des Bulbus liegt die durchsichtige *Hornhaut* (*Cornea*), die stärker gekrümmt ist als der Augapfel. Dahinter liegt die Linse, die vorne von der *Regenbogenhaut* (*Iris*) bedeckt wird. In der Mitte der Linse ist die Iris geöffnet und bildet die *Pupille.* Zwischen Cornea, Iris und Linse liegt die *vordere Augenkammer*, die mit *klarem Kammerwasser* gefüllt ist, das vom Epithel der Pars ciliaris retinae gebildet wird.

Lens (Linse): Die *Linse* ist bikonvex und an der Hinterfläche stärker gekrümmt als an der Vorderfläche. Sie liegt in der hinteren Augenkammer und ist an ihrem Rand durch *Zonulafasern* am Ziliarkörper befestigt. Die *hintere Augenkammer* wird nach vorne durch die *Iris* und nach hinten durch den *Glaskörper* (*Corpus vitreum*) begrenzt. Sie enthält ebenfalls Kammerwasser.

Corpus vitreum (Glaskörper): Der *Glaskörper* nimmt den größten Teil des Augapfels ein und füllt den Raum zwischen Linse, Ziliarkörper und Netzhaut aus. Er besteht aus klarer gallertiger Masse und ist von einer dünnen Membran überzogen.

Augenhäute: Die Wand des Bulbus ist dreischichtig.

- Außen liegt die *harte Augenhaut* (*Sklera*), die vorne in die Cornea übergeht.
- Die *mittlere Augenhaut* (*Uvea*) bildet um den Glaskörper herum die *Aderhaut* (*Choroidea*) und im vorderen Bereich *Corpus ciliare* und *Iris*.
- Die *innere Augenhaut* (*Retina*) liegt dem Glaskörper an und besteht hinten aus der *Pars optica retinae*, die die Sinneszellen enthält, und vorne aus der *Pars caeca retinae*, die frei von Rezeptoren ist. Die Grenze zwischen beiden Abschnitten nennt man *Ora serrata*. Die Retina besteht durchgängig aus zwei Blättern, dem einschichtigen *Pigmentepithel* und dem *Stratum cerebrale retinae*, das im Bereich der Pars optica mehrschichtig und im Bereich der Pars caeca einschichtig ist.

10.2.3 Bau und mikroskopische Anatomie

Sklera (Lederhaut): Die *Sklera* bildet die äußere Augenhaut im hinteren Teil des Bulbus. Sie besteht aus zugfesten kollagenen Fasern, in die die Sehnen der äußeren Augenmuskeln einstrahlen. Sie wirkt dem *intraokulären Druck* entgegen und hält damit die Form des Augapfels aufrecht. An der Austrittsstelle des N. opticus setzt sie sich als Dura mater auf den Sehnerven fort. Am *Limbus corneae* geht sie nach vorne in die durchsichtige Hornhaut über.

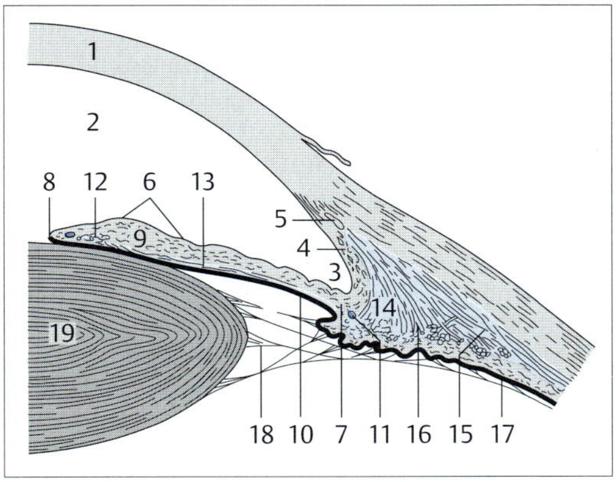

Abb. 10.**3** Vorderer Augenabschnitt. 1 = Cornea, 2 = vordere Augenkammer, 3 = Iridokornealwinkel, 4 = Lig. pectinatum, 5 = Schlemmscher Kanal, 6 = Iris, 7 = Iriswurzel, 8 = Margo pupillaris, 9 = Irisstroma, 10 = Pars iridica retinae, 11 = Circulus arteriosus iridis maj., 12 = M. sphincter pupillae, 13 = M. dilatator pupillae, 14 = Corpus ciliare, 15+16 = M. ciliaris: 15 = Fibrae meridionales, 16 = Fibrae circulares, 17 = Pars ciliaris retinae, 18 = Fibrae zonulares, 19 = Linse (aus Kahle/Leonhardt/Platzer, Thieme 1991)

Cornea (Hornhaut): Die *Hornhaut* ist vorne von einem mehrschichtigen unverhornten Plattenepithel und hinten von einem einschichtigen Epithel überzogen. Das Stroma dazwischen besteht aus kollagenen Fasern, die einen bestimmten *Quellungszustand* und *Flüssigkeitsgehalt* haben, der die Cornea durchsichtig werden läßt.

Klinischer Bezug

Ändert sich der Flüssigkeitsgehalt des Stromas, kommt es zur Trübung der Hornhaut (Katarakt = grauer Star).

Die Cornea wird von freien Nervenendigungen sensibel innerviert. Sie ist frei von Blutgefäßen und wird über das Kammerwasser ernährt.

Choroidea (Aderhaut): Die *Aderhaut* ist dreischichtig und enthält Pigmentzellen sowie zahlreiche Blutgefäße, die vor allem der Ernährung der Retina dienen. An der Ora serrata geht die Choroidea in den *Ziliarkörper* (*Corpus ciliare*) über.

Corpus ciliare (Ziliarkörper): Das *Corpus ciliare* ist ein verdickter Teil der *Uvea*, der in zwei ringförmigen Zonen um die Iris herum liegt. Von der äußeren Zone ziehen die *Zonulafasern* zur Linse. Sie bilden den Aufhängeapparat der Linse. Der *Ziliarkörper* wird von Pigmentepithel überzogen.

Der ringförmige *M. ciliaris* liegt an der Vorderseite des Ziliarkörpers. Er wird von parasympathischen Fasern des *N. oculomotorius* innerviert. Diese werden im *Ggl. ciliare* umgeschaltet und verlaufen dann in den *Nn. ciliares breves*.

Merke

Durch Anspannung und Entspannung nimmt der M. ciliaris Einfluß auf die Zonulafasern und somit auf die Form der Linse. Spannt sich der M. ciliaris an, nähert er sich der Linse. Die Zonulafasern werden nun entspannt und erlauben der Linse sich abzurunden. Dadurch wird ihre Brechkraft größer und das Auge kann nah sehen. Entspannt sich der M. ciliaris jedoch, geraten die Zonulafasern unter Zug und flachen die Linse ab. Dadurch wird ihre Brechkraft verringert und das Auge kann weit sehen.

Iris: Die *Regenbogenhaut* (*Iris*) ist der vorderste Abschnitt der mittleren Augenhaut. Sie setzt vorne am Ziliarkörper an, ragt über die Linse und bildet in der Mitte den Rand der Pupille (*Margo pupillaris*). Das Irisstroma läßt sich in eine innere und eine äußere Zone unterteilen (Anulus iridis min. und maj.). Die radiär verlaufenden kleinen Arterien der Iris bilden nahe dem Ziliarkörper den *Circulus arteriosus maj.* und am Pupillenrand den *Circulus arteriosus min.*

Die unterschiedliche Pigmentierung des Bindegewebes und des rückseitigen Irisepithels bestimmt die Augenfarbe. Albinos fehlt die Pigmentierung, so daß die Blutgefäße rot durchscheinen.

Innere Augenmuskeln: Im Bindegewebe der Iris verlaufen am Rand der Pupille zwei glatte Muskeln: *M. sphincter pupillae* und *M. dilatator pupillae*. Beide werden in gleichem Maße von Sympathikus und Parasympathikus innerviert. Beim M. sphincter pupillae überwiegt jedoch der Parasympathikotonus, die Pupille *verengt sich* (*Miosis*). Beim M. dilatator pupillae überwiegt der Sympathikotonus, die Pupille *erweitert sich* (*Mydriasis*). Beide Vorgänge laufen reflektorisch ab, die Nervenfasern ziehen in den Nn. ciliares breves (s.a. 9.3.3).

! Merke

Zur Verengung der Pupille kommt es bei starkem Lichteinfall, aber auch beim Fokussieren naher Gegenstände. Sie geht dann mit der *Konvergenzreaktion* (Einwärtsdrehen der Augen) einher.

Iridokornealwinkel: Zwischen Iris und Cornea liegt in der vorderen Augenkammer der *Iridokornealwinkel* (Abb. 10.**3**). Er besteht aus bindegewebigem Maschenwerk (*Lig. pectinatum*), durch dessen Spalträume das Kammerwasser in den ringförmigen *Schlemmschen Kanal* (*Sinus venosus sclerae*) ablaufen kann. Das Kammerwasser wird von den Fortsätzen des Ziliarkörpers immer wieder neu gebildet.

Klinischer Bezug

Ist der Abfluß des Kammerwassers behindert, kommt es zum Aufstau der Flüssigkeit und zur Steigerung des Augeninnendrucks **(Glaukom, grüner Star).** Dies kann zu einer Schädigung der Netzhaut führen und muß deshalb medikamentös behoben werden. Normaler Augeninnendruck: 22 mmHg.

Retina: Die *innere Augenhaut* (*Retina*) ist 2-blättrig und liegt im vorderen Teil (*Pars caeca retinae*) dem Corpus ciliare und der Hinterfläche der Iris auf. Im Bereich der Iris ist das Epithel stark pigmentiert (*Pars iridis retinae*).

Hinter der Ora serrata beginnt die *Pars optica retinae*. Sie besteht aus zwei Blättern, dem einschichtigen äußeren Blatt (*Stratum pigmentosum*) und dem vielschichtigen inneren Blatt (*Stratum cerebrale*). Beide liegen lose aufeinander und sind nur an der Ora serrata und der Austrittsstelle des N. opticus miteinander verwachsen. Das *Pigmentepithel* grenzt nach außen direkt an die Choroidea und reicht nach innen bis an die Photorezeptoren des inneren Blattes. Es dient deren Ernährung und phagozytiert abgestoßene Anteile der Rezeptoren.

Das Stratum cerebrale ist der lichtempfindliche Teil der Retina. Es besteht von innen nach außen aus drei Schichten: *Schicht der Photorezeptoren* (*Stratum neuroepitheliale*), *Schicht der bipolaren Ganglienzellen* (*Stratum ganglionare retinae*) und *Schicht der Optikusganglienzellen* (*Stratum ganglionare n. optici*). Alle drei Schichten lassen sich noch weiter unterteilen (s.a. Histologie 3.17.2).

Die Photorezeptoren des Stratum neuroepitheliale sind *primäre Sinneszellen*. Sie liegen außen in der Retina. Das Auge ist ein *inverses Auge*, bei dem das Licht durch die anderen Retinaschichten hindurchtreten muß, um die Rezeptoren zu erreichen. In der menschlichen Retina gibt es etwa *120 Millionen Stäbchenzellen* und *6 Millionen Zapfenzellen*. Die Stäbchenzellen ermöglichen das *Hell-Dunkel-Sehen*, die Zapfenzellen das *Farbsehen*. In der *Fovea centralis*, die in der Sehachse liegt, befinden sich nur Zapfenzellen. Sie ist die *Stelle des schärfsten Sehens*.

! Merke

Die Erregung von mehreren Sinneszellen wird auf eine Ganglienzelle und die Erregung mehrerer Ganglienzellen auf eine Optikusganglienzelle weitergeleitet (*Konvergenz der Erregungsleitung*). Die Zapfenzellen sind jedoch relativ häufig durch eine eigene Nervenfaser im N. opticus repräsentiert.

Die marklosen Neuriten der Optikusganglienzellen ziehen innen auf der Retina zum Discus n. optici, an dem sie das Auge verlassen (*Papilla n. optici*) und als N. opticus zum Gehirn ziehen. An dieser Stelle fehlen die Sinnesrezeptoren (*blinder Fleck*) (s. a. Physiologie 9.2).

Blutversorgung: Die Blutversorgung des Bulbus erfolgt über Äste der *A. ophthalmica*. Die *A. centralis retinae* zieht im N. opticus bis zum Discus n. optici und teilt sich dort in zwei Äste auf, die die temporale und nasale Hälfte der Retina versorgen. Der Bulbus und die Strukturen des vorderen Auges werden hauptsächlich von den Aa. ciliares versorgt (s.a. 10.2.1).

! Merke

Die Schicht der Photorezeptoren wird durch Diffusion vom Pigmentepithel ernährt, die anderen Schichten der Retina werden von der A. centralis retinae versorgt. Bei einer *Netzhautablösung* (*Ablatio retinae*) kommt es daher zum Untergang der Photorezeptoren.

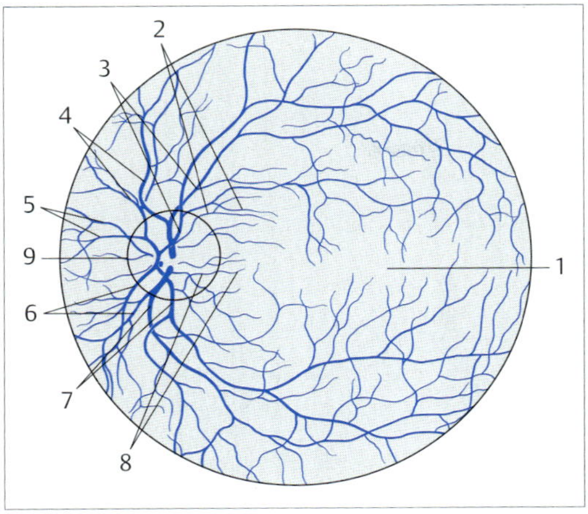

Abb. 10.**4** Augenhintergrund. 1 = Macula lutea, 2 = Arteriola (Venula) macularis superior, 3 = Arteriola (Venula) temporalis retinae superior, 4 = Arteriola (Venula) nasalis retinae superior, 5 = Arteriola (Venula) medialis retinae, 6 = Arteriola (Venula) nasalis retinae inferior, 7 = Arteriola (Venula) temporalis retinae inferior, 8 = Arteriola (Venula) macularis inferior, 9 = Sehnervenpapille (aus Hollwich, Thieme 1988)

Klinischer Bezug

Der *Augenhintergrund* (Abb. 10.**4**) läßt sich mit dem Augenspiegel betrachten. Man erkennt die Äste der A. und V. centralis retinae, die in dem nasal gelegenen Discus n. optici entspringen. Die lateralen Äste versorgen die *Macula* (gelber Fleck), in deren Mitte die *Fovea centralis* liegt. Durch die Spiegelung lassen sich die Gefäße direkt beobachten und pathologische Veränderungen (z. B. bei Hypertonie, Diabetes, etc.) erkennen. Eine hervorstehende Papille kann Zeichen für einen erhöhten Hirndruck sein **(Stauungspapille)**.

10.2.4 N. opticus

N. opticus (Sehnerv): Der *N. opticus* entsteht am *Discus n. optici* durch Zusammenschluß der Neuriten der Optikusganglienzellen und ist als Teil des Gehirns von dort an mit Dura überzogen. Er besteht aus markhaltigen Nervenfasern und zahlreichen Oligodendrozyten. Er verläuft in der Orbita S-förmig, um bei den Augenbewegungen nicht gedehnt zu werden. Er tritt durch den *Canalis n. optici* in die Schädelhöhle ein und verläuft bis zum *Chiasma opticum*, das auf dem Diaphragma sellae über der Sella turcica liegt. Von dort ziehen die ungekreuzten temporalen und die gekreuzten nasalen Fasern weiter als Tractus opticus zum Corpus geniculatum lat. und von dort als Sehstrahlung zur Sehrinde des Sulcus calcarinus (s.a. 9.7.1).

A. und V. centralis retina: Die *A. centralis retinae* geht von der A. ophthalmica ab und tritt etwa 1 cm hinter dem Bulbus in den N. opticus ein. Sie zieht im Nerven zur Papille und versorgt die Retina. Die *V. centralis retinae* sammelt das venöse Blut und nimmt den gleichen Verlauf wie die Arterie.

10.2.5 Bewegungsapparat des Bulbus oculi

Der *Bulbus oculi* ist von einer bindegewebigen Kapsel (*Vagina bulbi*) umgeben. Zwischen Bulbus und Kapsel liegt eine schmaler Spaltraum (*Spatium episclerale*), der Bewegungen des Bulbus in alle Richtungen ermöglicht.

Äußere Augenmuskeln (Abb. 10.**5**): Die *äußeren Augenmuskeln* liegen im Fettgewebe der Orbita und entspringen alle (*Ausnahme:* M. obliquus inf.) von einem Sehnenring, der um den Canalis opticus herum aufgespannt ist (*Anulus tendineus comm.*). Die *vier geraden Augenmuskeln* ziehen vor den Äquator bulbi und setzen in unterschiedlicher Entfernung vom Hornhautrand an der Sklera des Bulbus an. Die *zwei schrägen Augenmuskeln* setzen hinter dem Äquator an.

- *M. rectus superior:* zieht leicht schräg nach lateral über den Bulbus. *Innervation:* N. oculomotorius. *Funktion:* Blickhebung, Einwärtsdrehung der Axis opticus.
- *M. rectus inferior:* verläuft unter dem Bulbus in gleicher Richtung wie der M. rectus sup. *Innervation:* M. oculomotorius. *Funktion:* Blicksenkung, Auswärtsdrehung der Axis opticus.
- *M. rectus lateralis:* verläuft an der temporalen Seite des Bulbus. *Innervation:* N. abducens. *Funktion:* Blickwendung zur Seite (Abduktion).
- *M. rectus medialis:* verläuft an der nasalen Seite des Bulbus. *Innervation:* N. oculomotorius. *Funktion:* Blickwendung zur Nase (Adduktion).
- *M. obliquus superior:* entspringt am medialen Rand des Anulus tendineus, zieht an der medialen Seite der Orbita über den M. rectus med. hinweg und tritt durch eine bindegewebige Schlinge am Orbitarand (Trochlea). Dort biegt die Sehne nach hinten um und setzt unter dem M. rectus sup. am Bulbus an. *Innervation:* N. trochlearis. *Funktion:* Blickwendung nach außen unten und Einwärtsrotation.
- *M. obliquus inferior:* Er entspringt an der medialen Orbitawand in der Nähe des Canalis lacrimalis, zieht parallel zum Unterrand der Orbita und inseriert mit einer fächerförmigen Sehne in der hinteren Hälfte des Bulbus. *Innervation:* N. oculomotorius. *Funktion:* Blick nach außen oben und Auswärtsrotation.

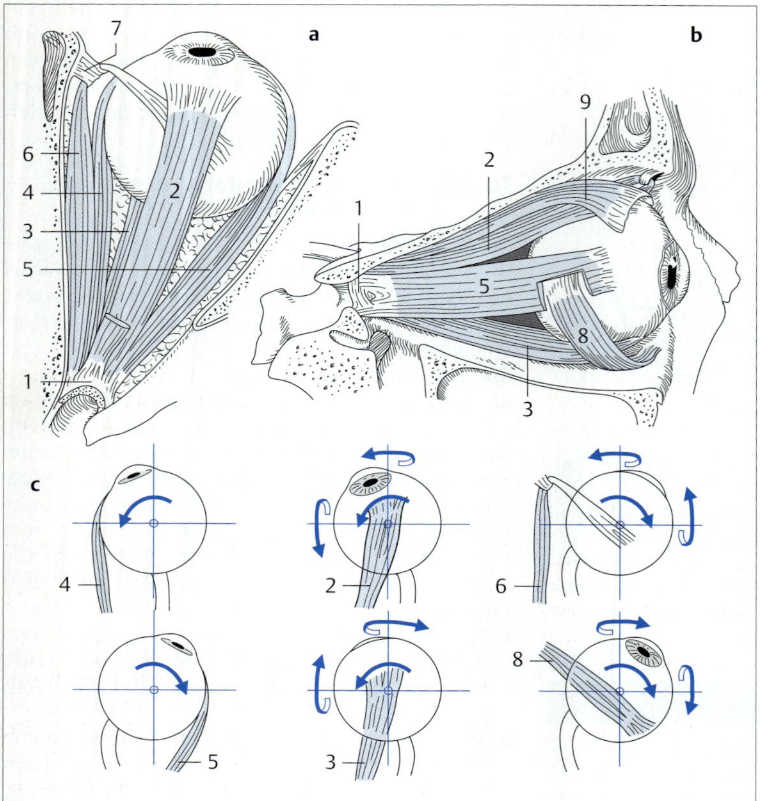

Abb. 10.**5** Augenmuskeln mit Funktion. **a** Augenmuskeln von oben (rechtes Auge), **b** Seitenansicht, **c** Funktionsweise der Augenmuskeln (rechtes Auge). 1 = Anulus tendineus comm., 2 = M. rectus sup., 3 = M. rectus inf., 4 = M. rectus med., 5 = M. rectus lat., 6 = M. obliquus sup., 7 = Trochlea, 8 = M. obliquus inf., 9 = M. levator palpebrae sup. (aus Kahle/Leonhardt/Platzer, Thieme 1991)

! Merke

Jede Blickwendung erfolgt durch das Zusammenspiel mehrerer Augenmuskeln. Darüber hinaus sind beide Augen funktionell miteinander gekoppelt. Nur so ist *räumliches Sehen* möglich (s.a. Physiologie 16.5).

10.3 Schutzeinrichtungen

Der Augapfel ist ein sehr empfindliches Organ. Er ist durch Fettgewebe nach hinten gepolstert und wird von der Orbita geschützt. Nach vorne wird er von der *Hornhaut* bedeckt. Diese wird von den Schutzeinrichtungen vor dem Austrocknen bewahrt. Die *Augenlider* sorgen dafür, daß die von den *Tränendrüsen* gebildete *Tränenflüssigkeit* die Hornhaut immer wie einen Schutzfilm überzieht.

10.3.1 Augenlid

Die Augenlider dienen dem *Schutz der Hornhaut* vor dem Austrocknen. Sie sorgen durch regelmäßigen Lidschlag für eine gleichmäßige Benetzung der Hornhaut mit Tränenflüssigkeit. Auch für das Schlafen ist der Lidschluß notwendig.

Augenlider (Palpebrae): Das größere obere und das kleinere untere *Augenlid* (*Palpebra sup.* und *inf.*) begrenzen den *Lidspalt* (*Rima palpebrarum*). Die Lider sind durch je eine *Bindegewebsplatte* (*Tarsus sup.* und *inf.*) verstärkt, die in das Septum orbitale einstrahlt und am inneren und äußeren Augenwinkel durch *Ligg. palpebralia med.* und *lat.* aufgehängt sind. Die Augenlider sind außen von mehrschichtig verhorntem Plattenepithel und innen von Bindehaut (Tunica conjunctiva, s.a. 10.3.2) überzogen.

Wimpern und Drüsen: An der vorderen Lidkante befinden sich die *Wimpern* (*Cilia*), die in 2 – 3 Reihen angeordnet sind. Sie fehlen am medialen Augenwinkel. In die Haarbälge der Wimpern münden die *Zeis-Drüsen* (*Gll. sebaceae*) und die *Moll-Drüsen* (*Gll. ciliares*), die zum Teil frei am Lidrand münden. Im Bindegewebe der Lidplatten liegen die *Meibom-Drüsen* (*Gll. tarsales*). Ihre Ausführungsgänge münden an der hinteren Lidkante. Ihr talgähnliches Sekret verhindert den Austritt der Tränenflüssigkeit über die Lidränder.

Muskeln: Die Weite der Lidspalte wird von den glatten *M. tarsalis sup.* und *inf.* reguliert, die am Tarsus ansetzen. Sie werden vom Halssympathikus innerviert. Der *M. levator palpebrae sup.* entspringt vom Anulus tendineus comm. und endet mit seiner Sehne im Bindegewebe des Oberlids. Er ist der *Lidheber* und wird vom N. oculomotorius innerviert.

Der *M. orbicularis oculi* zieht mit seinen Muskelfasern ringförmig um die Lidspalte. Er setzt sich aus Pars lacrimalis, Pars palpebralis und Pars orbitalis zusammen. Er schließt die Lidspalte beim willkürlichen und unwillkürlichen Lidschluß und wird vom N. facialis innerviert.

10.3.2 Bindehaut

Die *Bindehaut* (*Tunica conjunctiva*) überzieht die Vorderfläche des Bulbus (*Tunica conjunctiva bulbi*) und die Hinterflächen des Ober- und Unterlides (*Tunica conjunctiva palpebrarum*). Sie ist im Bereich der Augenlider fest mit der Unterlage verwachsen, auf dem Bulbus dagegen leicht verschieblich. In der Umschlagsfalte (*Fornix conjunctivae sup.* und *inf.*) zwischen beiden Bereichen bilden sich die Konjunktivalsäcke. Sie haben Reservefalten für die Augenbewegungen und dienen dem Sammeln und Ableiten von Tränenflüssigkeit.

Innervation: Die sensible Innervation der Konjunktiva erfolgt über Äste des N. lacrimalis aus dem N. ophthalmicus, 1. Ast des N. trigeminus (Kornealreflex, s.a. 9.3.3).

10.3.3 Tränendrüse, Tränenwege

Tränendrüse (Gl. lacrimalis): Die *Tränendrüse* liegt über dem lateralen Augenwinkel und wird von der Sehne des M. palpebralis sup. in *Pars orbitalis* und *Pars palpebralis* unterteilt (s.a. Histologie 3.3.3). Die Ausführungsgänge der Drüse münden lateral in den oberen Konjunktivalsack und sezernieren die dünnflüssige, eiweißarme *Tränenflüssigkeit*. Die *sekretorische Innervation* erfolgt über *parasympathische Fasern* des N. facialis, die im Ggl. pterygopalatinum umgeschaltet werden und dann über den N. zygomaticus mit dem N. lacrimalis zur Drüse ziehen. Die *sympathische Innervation* verläuft über den Halssympathikus.

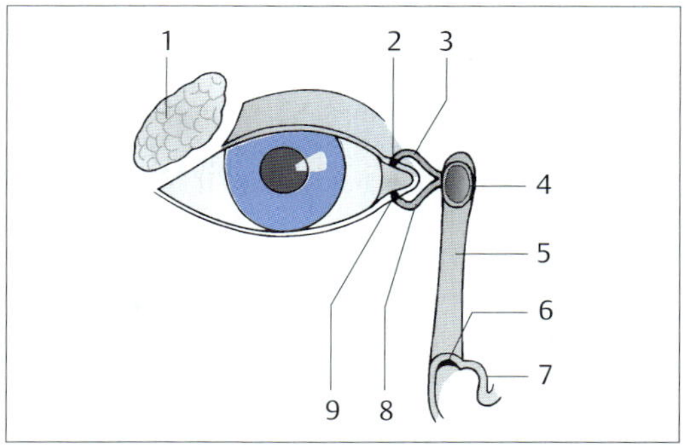

Abb. 10.**6** Tränendrüse und Tränenwege. 1 = Tränendrüse, 2 = oberes Tränenpünktchen, 3 = oberes Tränenröhrchen, 4 = Tränensack, 5 = Tränennasengang, 6 = Mündung des Tränennasengangs, 7 = untere Nasenmuschel, 8 = unteres Tränenröhrchen, 9 = unteres Tränenpünktchen (aus Dahmer, Thieme 1994)

Tränenwege (Abb. 10.**6**): Die Tränenflüssigkeit wird durch den Lidschlag über dem Auge verteilt und sammelt sich im *Tränensee* (*Lacus lacrimalis*) am medialen Lidwinkel, weil bei Lidschluß die Lidspalte nach medial verkürzt wird. Dort befinden sich auf den Papillae lacrimales die *Tränenpunkte* (*Punctum lacrimale*), durch die die Tränenflüssigkeit in die *Tränenröhrchen* (*Canaliculi lacrimales*) fließt. Die Canaliculi münden in den *Tränensack* (*Saccus lacrimalis*), der an der medialen Wand der Orbita liegt, und über den *Tränennasengang* (*Ductus nasolacrimalis*) mit dem unteren Nasengang in Verbindung steht.

10.3.4 Angewandte Anatomie

Hemianopsien: Ausfälle des Gesichtsfeldes können durch Schädigungen an verschiedenen Stellen der Sehbahn entstehen.

Klinischer Bezug

Bei einer **Unterbrechung des N. opticus** wird das betroffene Auge blind, während das andere weiterhin sieht.

Liegt die Schädigung im Bereich des Chiasma opticum, zum Beispiel durch einen Hypophysentumor, sind die nasalen Retinahälften und somit die temporalen Gesichtsfelder betroffen (*bitemporale Hemianopsie*, Scheuklappenphänomen).

Ist ein Tractus opticus unterbrochen, fallen die rechten oder die linken Retinahälften beider Augen aus. Es fehlt dann jeweils das linke oder rechte Gesichtsfeld (*homonyme Hemianopsie*). Schädigungen im Bereich der Sehstrahlung führen zu Sehausfällen unterschiedlichen Ausmaßes beider Augen (s.a. Physiologie).

Augenmuskellähmungen: Die Schädigung eines Augenmuskelnervs oder des Kerngebietes führt zur Lähmung des betreffenden Muskels. Der Bulbus nimmt dann eine für diese Lähmung charakteristische Stellung ein, die sich aus dem Überwiegen der anderen Muskeln herleiten läßt. Der Patient sieht *Doppelbilder*, anhand derer sich feststellen läßt, welcher Muskel gelähmt ist.

Klinischer Bezug

Bei einer **Okulomotoriuslähmung** findet man eine *Ptosis* (Ausfall des M. levator palpebrae), *Bulbusdrehung nach unten außen* (Überwiegen des M. rectus lat. und des M. obliquus sup.), eine *Mydriasis*, fehlende Lichtreflexe und aufgehobene Akkomodation.
Bei der **Trochlearislähmung** steht der betroffene Bulbus beim Blick geradeaus etwas höher, beim Blick nach unten rotiert das Auge nach innen. Außer beim Blick nach oben treten in jede Richtung Doppelbilder auf.
Bei der **Abduzenslähmung** kann das kranke Auge nicht nach außen gedreht werden.

Merke

Der Ausfall des Halssympathikus führt auf der betroffenen Seite zur folgenden Symptomentrias (*Horner-Syndrom*): *Miosis* (Engstellung der Pupillen durch Überwiegen des M. sphincter pupillae), *Ptosis* (hängendes Oberlid durch Ausfall des M. tarsalis sup.) und *Enophthalmus* (eingesunkener Bulbus durch Ausfall des retrobulbär über der Fissura orbitalis inf. liegenden M. orbitalis).

Hör- und Gleichgewichtsorgan

Das *Hörorgan* besteht aus dem *schalleitenden Apparat* (äußeres Ohr, Mittelohr) und dem *schallverarbeitenden Apparat* (Cochlea). Es dient der Wahrnehmung von Tönen und Geräuschen.

Das *Gleichgewichtsorgan* hat keine Verbindung nach außen und setzt sich zusammen aus Sacculus, Utriculus und drei Bogengängen. Es vermittelt Informationen über die Lage des Kopfes im Raum. Beide Rezeptororgane liegen im häutigen Labyrinth in der Felsenbeinpyramide.

Abb. 11.**1** zeigt eine Übersicht von Hör- und Gleichgewichtsorgan.

11.1 Grundkenntnisse der Entwicklung des Hör- und Gleichgewichtsorgans

Labyrinth: Am Ende der 3. Embryonalwoche verdickt sich das Oberflächenektoderm beidseits des Rautenhirns und bildet die *Ohrplakoden*, die sich zum *Labyrinthbläschen* einstülpen. Das Bläschen wächst und teilt sich in zwei Abschnitte. Aus diesen entstehen *Sacculus, Ductus reuniens, Ductus cochlearis* (*Schneckengang*), *Utriculus, Bogengänge* und der *Ductus endolymphaticus*. Beide Abschnitte bilden das mit Endolymphe gefüllte *häutige Labyrinth*, das zunächst von Mesenchym umgeben ist. Das Mes-

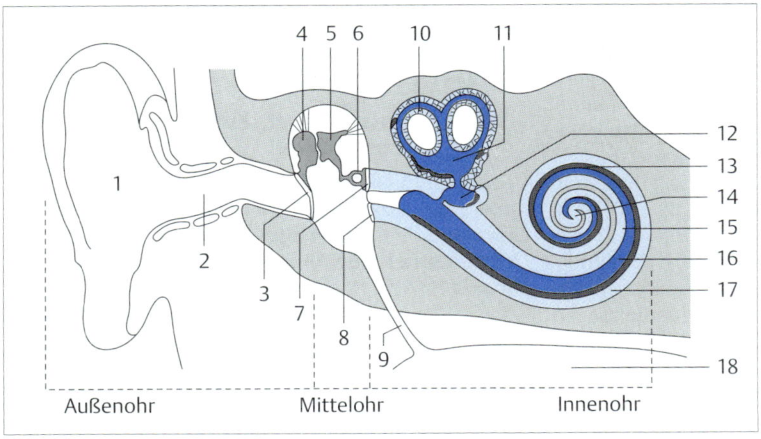

Abb. 11.**1** Hör- und Gleichgewichtsorgan. 1 = Ohrmuschel, 2 = äußerer Gehörgang, 3 = Trommelfell (Membrana tympani), 4 = Hammer (Malleus), 5 = Amboß (Incus), 6 = Steigbügel (Stapes), 7 = ovales Fenster, 8 = rundes Fenster, 9 = Eustachische Röhre, 10 = Bogengang, 11 = Utriculus, 12 = Sacculus, 13 = Corti-Organ, 14 = Helikotrema, 15 = Vorhofgang (Scala vestibuli), 16 = Scala media, 17 = Paukengang (Scala tympani), 18 = Mundhöhle (aus Wehner/Gehring, Thieme 1995)

enchym wird zum *knöchernen Labyrinth* umgebaut und ist durch einen schmalen Perilymphraum vom häutigen Labyrinth getrennt.

Schnecke (Cochlea): Der *Ductus cochlearis* entsteht aus einer schlauchförmigen Ausstülpung des Sacculus, die bis zum 8. Embryonalmonat zweieinhalb Drehungen gemacht hat. Er bleibt über den dünnen Ductus reuniens mit dem Sacculus verbunden. Am Boden des Ductus cochlearis entsteht ein Epithelwall, das *Corti-Organ*, das Sinnesepithelzellen und Stützzellen enthält. Im Mesenchym um den Ductus cochlearis bilden sich zwei mit Perilymphe gefüllte Hohlräume (*Scala vestibuli* und *Scala tympani*), die vom Ductus durch Membranen getrennt sind (*Basilarmembran* und *Reißner-Membran*).

Bogengänge (Ductus semicirculares): Die *Bogengänge* entstehen aus einer Aussackung des *Utriculus*, deren zentrale Wandschichten sich aneinanderlegen und untergehen. An jeweils einem Ende jedes Bogengangs bildet sich eine Verdickung, das *Crus ampullare*. In diesen und in den Wänden von Sacculus und Utriculus bilden sich Leisten mit Sinnesepithelzellen (*Crista ampullaris, Maculae sacculi et utriculi*).

Ggl. vestibulocochleare: Während der Bildung der Ohrbläschen spalten sich einige Zellen von der Ohrplakode ab und bilden das *Ggl. vestibulocochleare*. Es handelt sich dabei um bipolare Nervenzellen, deren Dendriten mit den *Sinneszellen des häutigen Labyrinths* und dem *Rautenhirn* verbunden sind.

Mittelohr (Auris media, Cavum tympani): Das Mittelohr entwickelt sich aus einer Ausstülpung des Kopfdarmes (*Reccessus hypopharyngicus*), der *1. Schlundtasche*. Der distale Teil erweitert sich und wird zur *Paukenhöhle*, die durch die enge *Ohrtrompete* (*Tuba auditiva*) mit dem Epipharynx in Verbindung bleibt und mit respiratorischem Epithel ausgekleidet ist. Die Schleimhaut von Paukenhöhle und Tuba auditiva ist somit entodermaler Herkunft. Kurz vor der Geburt dehnt sich die Paukenhöhle aus und bildet dorsal das *Antrum mastoideum*.

Gehörknöchelchen (Ossicula auditoria): Die *Gehörknöchelchen* entstehen aus Mesenchymverdichtungen der ersten beiden Kiemenbögen. *Hammer* (*Malleus*) und *Amboß* (*Incus*) stammen vom 1. Kiemenbogen ab, *Steigbügel* (*Stapes*) sowie Processus styloideus und ein Teil des Zungenbeins vom 2. Kiemenbogen. Die mit Schleimhaut überzogenen Gehörknöchelchen liegen in der Paukenhöhle und werden mit zunehmendem Wachstum der Paukenhöhle von Luft umgeben.

Äußerer Gehörgang (Meatus acusticus externus): Der *äußere Gehörgang* entsteht aus der *1. Kiemenfurche*, die trichterförmig von der Oberfläche nach innen zur Paukenhöhle hin wächst. Aus der Wand zwischen Gehörgang und Paukenhöhle entwickelt sich das *Trommelfell* (*Membrana tympani*), das außen von ektodermalem Epithel der 1. Kiemenfurche und innen von entodermalem Epithel der 1. Schlundtasche überzogen ist. Dazwischen befindet sich lockeres Bindegewebe.

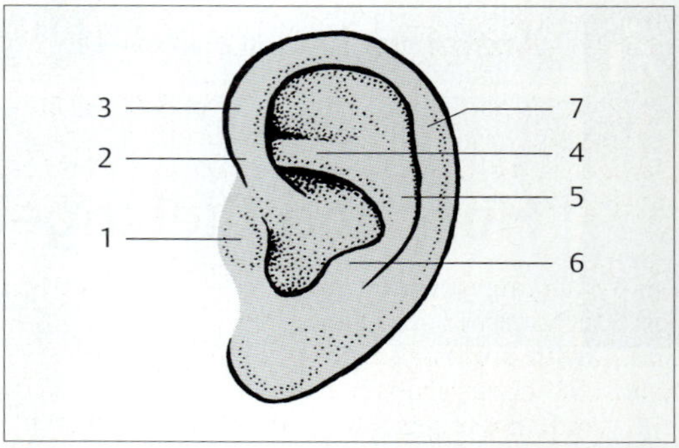

Abb. 11.**2** Ohrmuschel. 1 = Tragus, 2 = Crus helicis, 3 = Helix, 4 = Crus anthelicis, 5 = Anthelix, 6 = Antitragus, 7 = Helix (nach Becker/Naumann/Pfaltz, Thieme 1989)

Ohrmuschel (Auricula): Die *Ohrmuschel* bildet sich aus der Verschmelzung von sechs Ohrmuschelhöckerchen, die aus dem 1. und 2. Kiemenbogen stammen und den äußeren Gehörgang umgeben.

11.2 Äußeres Ohr (Auris externa)

Das *äußere Ohr* (*Auris externa*) hat die Funktion, die Schallwellen zu sammeln und über das Trommelfell an das Mittelohr weiterzuleiten. Das Trommelfell dient der Schalldruckverstärkung. Die Form der Ohrmuschel hat darüber hinaus eine wichtige Bedeutung für das Richtungshören.

11.2.1 Ohrmuschel, äußerer Gehörgang, Trommelfell

Das äußere Ohr besteht aus der *Ohrmuschel* (*Auricula*), dem äußeren *Gehörgang* (*Meatus acusticus ext.*) und dem *Trommelfell* (*Membrana tympani*).

Ohrmuschel und äußerer Gehörgang: Die Ohrmuschel (Abb. 11.**2**) besteht aus *elastischem Knorpel*, der in den äußeren Anteil des Gehörgangs übergeht. Der äußere Gehörgang ist beim Erwachsenen 3,6 cm lang. Der *knorpelige Anteil* bildet das äußere Drittel, der *knöcherne Anteil* die inneren zwei Drittel. Der Gehörgang grenzt seitlich an die Fossa retromandibularis, nach vorne an das Kiefergelenk, nach oben an die mittlere Schädelgrube und nach vorne an die Ohrspeicheldrüse (Gl. parotis). Der Gehörgang verläuft von außen hinten unten schräg nach innen vorne unten und knickt dabei leicht ab (Abb. 11.**1**).

Klinischer Bezug

Zur *Spiegelung des Trommelfells* oder Spülung des Gehörgangs wird die Ohrmuschel nach hinten oben gezogen und dadurch die Krümmung des Gehörgangs ausgeglichen.

Der Gehörgang ist von Epidermis überzogen, die fest mit Perichondrium und Periost verwachsen ist. **Entzündungen und Furunkel im Gehörgang** sind deshalb sehr schmerzhaft. Die Haut enthält *Talgdrüsen* (*Gll. ceruminosae*), die das *Ohrschmalz* (*Cerumen*) produzieren.

Trommelfell (Membrana tympani) (Abb. 11.**3**): Das *Trommelfell* bildet die Grenze zwischen Gehörgang und Paukenhöhle. Es ist mit einem *faserknorpeligen Ring* (*Anulus fibrocartilagineus*) in das Felsenbein eingelassen. Das Trommelfell ist von hinten-oben-außen nach vorne-unten-innen geneigt, so daß die vordere Gehörgangswand mit dem Trommelfell einen spitzen, die hintere Wand einen stumpfen Winkel bildet.

Der größere untere Teil des Trommelfells ist straff ausgespannt (*Pars tensa*), der kleine obere Teil ist schlaff (*Pars flaccida, Shrapnell-Membran*). Zwischen beiden Teilen erkennt man den kurzen Fortsatz des Hammers. Er ist über einen vorderen und hinteren Grenzstreifen (*Plica mallearis ant. et post.*) mit dem Faserknorpelring verbunden. Der kurze Hammerfortsatz geht in den *Hammergriff* (*Manubrium mallei*) über, der fest mit der Pars tensa verwachsen ist.

Das Trommelfell läßt sich in *vier Quadranten* einteilen. Die eine Linie verläuft entlang des Hammergriffs, die andere senkrecht dazu durch den *Trommelfellnabel* (*Umbo*) an der Spitze des Hammergriffs. Das Trommelfell ist perlmuttgrau und am Umbo trichterförmig eingezogen.

Klinischer Bezug

Beim Spiegeln eines gesunden Trommelfells sieht man einen *Lichtreflex*, der sich vom Umbo ausgehend nach vorne unten ausbreitet. Dieser Lichtreflex fehlt bei **Einziehungen oder Vorwölbungen des Trommelfells** und bei **Verfärbungen des Trommelfells** durch Ergüsse oder Entzündungen im Mittelohr.

Gefäßversorgung und Innervation: Die arterielle Versorgung des äußeren Ohres erfolgt über Äste der *A. carotis ext.* Der *N. auriculotemporalis* (aus N. mandibularis) innerviert die Vorderfläche der Ohrmuschel und den äußeren Gehörgang sensibel, der *N. auricularis magnus* die Hinterseite der Ohrmuschel. Der *R. auricularis* des N. vagus innerviert einen

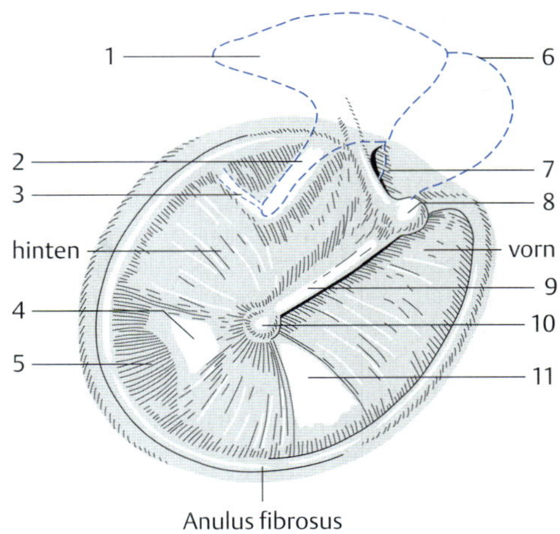

Abb. 11.**3** Rechtes Trommelfell. 1 = Amboßkörper, 2 = langer Amboßschenkel, 3 = Stapediussehne, 4 = Promontorium, 5 = Nische zum runden Fenster, 6 = Hammerkopf, 7 = Shrapnell-Membran, 8 = kurzer Fortsatz (Proc. brevis), 9 = Hammergriff, 10 = Umbo, 11 = Lichtreflex (aus Leonhardt, Thieme 1990)

Teil des Gehörgangs sowie die Außenfläche des Trommelfells (wie auch Äste des N. mandibularis und des N. glossopharyngeus).

Klinischer Bezug

Beim Spülen des äußeren Gehörgangs kann es durch Auslösung eines *kalorischen Nystagmus* zu vagotonen Reaktionen wie Husten, Erbrechen oder sogar Kollaps kommen.

11.3 Mittelohr (Auris media)

Das *Mittelohr* (*Auris media*) besteht aus der *Paukenhöhle* (*Cavum tympani*) und darin liegenden *Gehörknöchelchen* (*Ossicula auditoria*), die der Weiterleitung der Schallwellen vom Trommelfell in das Innenohr dienen. Ebenso zählt man dazu die *Ohrtrompete* (*Tuba auditiva*) und die Hohlräume des Mastoids (*Cellulae mastoideae*).

11.3.1 Paukenhöhle (Cavum tympani)

Die *Paukenhöhle* ist ein Spaltraum zwischen Trommelfell und Labyrinth. Sie läßt sich in drei Etagen gliedern. Als *Hypotympanon* bezeichnet man den Raum unterhalb des Trommelfells, als *Mesotympanon*

den Raum in Höhe des Trommelfells. Das *Epitympanon* wölbt sich mit dem *Recessus epitympanicus* nach oben vor.
Die *laterale Wand* (Paries membranaceus) wird durch das Trommelfell und einen Teil des Felsenbeins gebildet.
An der *medialen Wand* (Paries labyrinthicus) grenzt die Paukenhöhle an das Innenohr, mit dem sie über das *ovale Fenster* (*Fenestra vestibuli*) in Verbindung steht. Die Basalwindung der Schnecke bildet eine breite Vorwölbung, das *Promontorium*. Unter dem Promontorium liegt das *runde Fenster* (*Fenestra cochleae*).
Das *Dach der Paukenhöhle* wird von einer dünnen Knochenplatte (*Tegmen tympani*) gebildet.
Am *Boden* (Paries jugularis) ist die Paukenhöhle nur durch eine dünne Knochenwand vom Bulbus der V. jugularis int. getrennt.

Klinischer Bezug

Eiteransammlungen am Boden der Paukenhöhle können nicht abfließen, da sie tiefer als der Abgang der Tube liegt.

Die *vordere Wand* (Paries caroticus) wird im unteren Abschnitt vom *Canalis caroticus* gebildet. Im oberen Abschnitt mündet der knöcherne *Canalis musculotubarius*. Er besteht aus zwei Halbkanälen, in denen die *Tuba auditiva* und der *M. tensor tympani* verlaufen (Abb. 11.**4**).

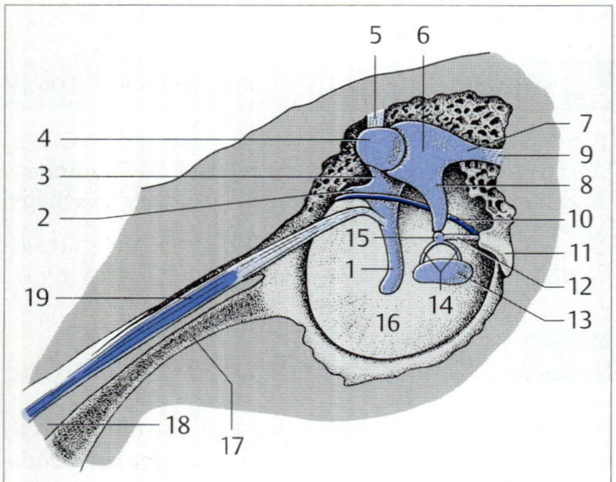

Abb. 11.**4** Mittelohr und Canalis musculotubarius. 1 = Manubrium mallei, 2 = Proc. ant. mallei, 3 = Collum mallei, 4 = Caput mallei, 5 = Lig. mallei sup., 6 = Corpus incudis, 7 = Crus breve incudis, 8 = Crus longum incudis, 9 = Lig. incudis post., 10 = Chorda tympani, 11 = Eminentia pyramidalis, 12 = Sehne des M. stapedius, 13 = Basis stapedis, 14 = Crus ant. und Crus post. stapedis, 15 = Caput stapedis, 16 = Pars tensa membranae tympani, 17 = Semicanalis tubae auditivae, 18 = Septum canalis musculotubarius, 19 = Semicanalis m. tensoris tympani (aus Frick/Leonhardt/Starck, Thieme 1992)

Die *hintere Wand* (Paries mastoideus) öffnet sich oben und bildet den *Eingang* (*Aditus ad antrum*) in das *Antrum mastoideum*, eine Höhle im *Warzenfortsatz* (*Mastoid*), über die die Cellulae mastoideae pneumatisiert werden. Die *Cellulae mastoideae* sind mit Schleimhaut ausgekleidete, belüftete Spalträume im Mastoid. Sie liegen in enger Nachbarschaft zum *Sinus sigmoideus*. Ober- und unterhalb des Aditus liegt je ein wulstförmiger Vorsprung (*Prominentia*), oben hervorgerufen durch den lateralen Bogengang und unten durch den Canalis facialis. Darunter befindet sich ein Knochenvorsprung (*Eminentia pyramidalis*), durch den der *M. stapedius* mit seiner Sehne austritt und zum Steigbügel zieht.

Klinischer Bezug

Entzündungen des Mittelohres (Otitis media) entstehen meist bei entzündlichen Prozessen des Nasen-Rachen-Raums, wobei die Erreger durch die Tube in das ebenfalls mit respiratorischem Epithel ausgekleidete Mittelohr aufsteigen. Sie können durch die obere oder untere Wand in die Schädelhöhle fortgeleitet werden. Am häufigsten greifen sie jedoch über die Cellulae mastoideae (*Mastoiditis*) und den Sinus sigmoideus auf die Schädelbasis über. Bei Otitis media und Mastoiditis können die Lymphknoten hinter dem Ohr geschwollen sein, bei Mastoiditis ist das Mastoid meist auch druckempfindlich.

Innervation: Die Schleimhaut der Paukenhöhle wird durch *N. tympanicus* und *Plexus tympanicus* innerviert und ist sehr schmerzempfindlich. Der *N. tympanicus* ist der 1. Ast des N. glossopharyngeus und zieht durch den *Canaliculus tympanicus* mit der A. tympanica inf. in die Paukenhöhle zum Plexus tympanicus. Der *Plexus tympanicus* liegt unter der Schleimhaut des Promontoriums. Er führt sensible Fasern des N. tympanicus, parasympathische Fasern des N. glossopharyngeus und des N. facialis sowie sympathische Fasern aus dem Plexus caroticus. Die parasympathischen Fasern des Plexus tympanicus verlassen als *N. petrosus min.* die Paukenhöhle und ziehen durch den *Canalis n. petrosi min.* zum *Ggl. oticum* und weiter zur *Gl. parotidea*.
N. facialis: Der N. facialis verläuft in enger Nachbarschaft der Paukenhöhle durch den Canalis facialis. Hier gibt er den *N. petrosus maj.*, den *N. stapedius* und die *Chorda tympani* ab. Der *N. petrosus maj.* verläßt den N. facialis im Ggl. geniculi und zieht in die mittlere Schädelgrube. Der *N. stapedius* innerviert

den M. stapedius (s.a. 11.3.2). Die *Chorda tympani* verläßt den N. facialis kurz vor dessen Austreten aus der Schädelhöhle und zieht durch die Paukenhöhle. Sie liegt dabei dem Trommelfell in den Plicae malleares an. In ihr ziehen Geschmacksfasern sowie sensible Fasern mit dem N. lingualis zum Ggl. submandibulare und zum vorderen Teil der Zunge.

Tuba auditiva (Ohrtrompete): Die *Tuba auditiva* verbindet die Paukenhöhle mit der Pars nasalis des Rachens. Sie verläuft vom Cavum tympani schräg nach vorn medial und mündet seitlich in der oberen Rachenwand als *Tubenwulst* (*Torus tubarius*).

Merke

Äußerer Gehörgang und Tuba auditiva sind gleich lang (36 mm)!

Die Tube besteht aus einem knöchernen und einem knorpeligen Anteil. Der *knöcherne Abschnitt* beginnt an der vorderen Wand der Paukenhöhle und entspricht dem unteren Teil des Canalis musculotubarius. Der *knorpelige Abschnitt* ist etwa 24 mm lang und oben durch eine Knorpelspange versteift. Die laterale Wand besteht aus Bindegewebe. Die Tube ist am Übergang vom knöchernen zum knorpeligen Abschnitt am engsten und an der Öffnung im Rachenraum am weitesten.

Klinischer Bezug

Normalerweise ist die Tube im knorpeligen Anteil einen Spalt weit offen. Beim Schlucken oder Gähnen wird die Tube durch die *Mm. tensor et levator veli palatini*, die seitlich an der Tube entspringen, weit geöffnet, so daß ein *Druckausgleich* zwischen Mittelohr und Nasopharynx stattfinden kann. Bei **Schleimhautschwellungen der Tube (Tubenkatarrh)** oder **vergrößerten Rachenmandeln (Adenoide)** kommt es zur Verlegung der Tube, es entsteht ein Unterdruck im Mittelohr. Dadurch wird Flüssigkeit angesaugt (*Serotympanon*), die eine Schalleitungsschwerhörigkeit zur Folge hat und Grundlage einer Mittelohrentzündung sein kann.

Das Mittelohr wird weitgehend über Äste der *A. carotis ext.* versorgt. Aus der A. carotis int. ziehen zusätzlich Rr. caroticotympanici in die Paukenhöhle.

11.3.2 Gehörknöchelchen (Ossicula auditoria)

Die drei Gehörknöchelchen *Hammer, Amboß* und *Steigbügel* bilden eine gelenkartige Verbindung zwischen Trommelfell und ovalem Fenster (Abb. 11.**4**). Sie übertragen die Schwingungen des Trommelfells über die Stapesplatte auf die Perilymphe des Innenohrs und erhöhen dabei den Schalldruck um das 22fache (s.a. Physiologie 17.2.2).

Hammer (Malleus): Der Hammer besteht aus einem *langen Handgriff* (*Manubrium mallei*), einem kurzen *seitlichen Fortsatz* (*Proc. lat.*), einem *vorderen Fortsatz* (*Proc. ant.*), *Hals* (*Collum mallei*) und *Kopf* (*Caput mallei*). Der Kopf ragt in den Recessus epitympanicus und trägt die Gelenkfläche für den Amboß. Der Malleus und der kurze Fortsatz liegen der Pars tensa des Trommelfells auf, der vordere Fortsatz bildet die Prominentia mallearis. Von ihm zieht das *Lig. mallei ant.* zur Fissura petrotympanica. Das *Lig. mallei lat.* zieht vom Hammerhals zur lateralen Wand der Paukenhöhle. Der Hammerkopf wird über das *Lig. mallei sup.* mit dem Dach des Epitympanon verbunden.

Amboß (Incus): Der Amboß ist über eine Art von Sattelgelenk mit dem Hammer verbunden. Er setzt sich aus einem *Körper* (*Corpus incudis*), einem *kurzen* und einem *langen Schenkel* (*Crus breve et longum*) zusammen. Der Körper trägt die Gelenkfläche für den Hammerkopf und ist durch das *Lig. incudis sup.* am Dach des Epitympanon fixiert. Der lange Schenkel ragt senkrecht nach unten und artikuliert dort mit dem Steigbügel. Der kurze Schenkel ist durch das *Lig. incudis post.* mit der lateralen Paukenhöhlenwand verbunden.

Steigbügel (Stapes): Der Steigbügel besteht aus einem *Kopf* (*Caput stapedis*), der mit dem Amboß artikuliert, *zwei Schenkeln* (*Crura ant. et post.*) und einer *Fußplatte* (*Basis stapedis*), die durch das *Lig. anulare stapedis* am ovalen Fenster befestigt ist. Zwischen den beiden Schenkeln spannt sich die *Membrana stapedis* aus.

Klinischer Bezug

Bei der **Otosklerose** verkalkt das Lig. anulare stapedis und behindert damit die Übertragung der Schwingungen auf das Innenohr (*Schalleitungsstörung*).

Muskeln: Das Mittelohr enthält zwei *quergestreifte Muskeln*:

- *M. tensor tympani:* Er liegt in der oberen Ebene des Canalis musculotubarius. Seine Sehne setzt nach Umkreuzung am Proc. cochleariformis an der Basis des Manubrium mallei an. Er reguliert die Spannung des Trommelfells und wird von einem Ast des N. mandibularis innerviert.
- *M. stapedius:* Er entspringt an der Eminentia pyramidalis und setzt am Kopf des Steigbügels an. Er kann die Beweglichkeit des Stapes am ovalen Fenster dämpfen und wird vom N. stapedius aus dem N. facialis innerviert.

Klinischer Bezug

Bei Lähmung der Mittelohrmuskeln, z. B. bei peripherer Fazialisparese mit Schädigung des N. stapedius, kommt es zu einer **Hyperakusis** (überlaute Gehörempfindung).

11.4 Innenohr (Auris interna)

Das Labyrinth des Felsenbeins enthält zwei Sinnesorgane (Abb. 11.**5**): das eigentliche Hörorgan (*Schnekke, Cochlea*) und das Gleichgewichtsorgan (*Bogengänge, Ductus semicirculares*). Es liegt in der *Felsenbeinpyramide* des Os temporale.

11.4.1 Labyrinth

Das *knöcherne Labyrinth* ist mit Perilymphe gefüllt und umgibt das *häutige endolymphhaltige Labyrinth*. Der perilymphatische Raum steht über den *Ductus perilymphaticus*, der von der basalen Schneckenwindung abgeht, mit dem Subarachnoidalraum in Verbindung. Die *Perilymphe* stammt z. T. aus dem Liquor, teilweise wird sie aus dem Blut filtriert und von Venen des perilymphhaltigen Raumes resorbiert. Die *Endolymphe* wird im Ductus cochlearis gebildet und im Saccus endolymphaticus resorbiert.

Die drei *knöchernen Bogengänge (Ductus semicirculares)* sind über den *Vorhof* (*Vestibulum*) mit dem Perilymphraum und der Schnecke verbunden. Der Vorhof ist von der Paukenhöhle durch das ovale Fenster getrennt. Im knöchernen Vorhof liegen zwei häutige Vorhofsäckchen, *Sacculus* und *Utriculus*, die untereinander durch den *Ductus utriculosaccularis* verbunden sind. Vom Ductus utriculosaccularis zweigt der *Ductus endolymphaticus* ab, der in einer Duraduplikatur (*Saccus endolymphaticus*) an der Hinterfläche der Felsenbeinpyramide blind endet. Der Sacculus steht mit dem *Ductus cochlearis* über den *Ductus reuniens* in Verbindung. Der häutige Ductus cochlearis ist von der knöchernen Cochlea umgeben (s.a. 11.4.3).

Merke

Knöchernes und häutiges Labyrinth entsprechen einander in etwa. Im Fenestrum ovale erreicht die Schallleitung den Perilymphraum und damit u. a. den schallverarbeitenden Ductus cochlearis.

Ggl. vestibulare und Ggl. spirale cochleae: Durch den *Porus acusticus int.*, der auf der Hinterfläche der Felsenbeinpyramide liegt, gelangen der N. vestibulocochlearis, der N. facialis mit dem N. intermedius sowie A. und V. labyrinthi über den *inneren Gehörgang* (*Meatus acusticus int.*) ins Innenohr. Die Nervenfasern des N. vestibulocochlearis ziehen zum *Ggl. spirale cochleae* und zum *Ggl. vestibulare*. Das *Ggl. spirale* verläuft als Ganglienzellstrang entlang der *Schneckenachse* (*Modiolus*), daß *Ggl. vestibulare* liegt am Boden des inneren Gehörgangs.

Das häutige Labyrinth wird arteriell von der *A. labyrinthi*, die zu 70 % aus der A. cerebelli inf. ant. und zu 30 % direkt aus der A. basilaris abgeht, versorgt, das knöcherne Labyrinth von Ästen der A. meningea media, A. carotis int. und A. pharyngea ascendens.

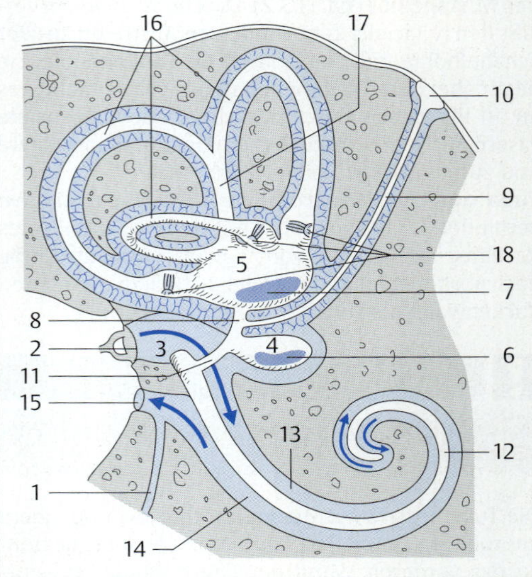

Abb. 11.**5** Innenohr (Labyrinth). 1 = Ductus perilymphaticus, 2 = Fenestra vestibuli (ovales Fenster), 3 = Vestibulum, 4 = Sacculus, 5 = Utriculus, 6 = Macula sacculi, 7 = Macula utriculi, 8 = Ductus utriculosaccularis, 9 = Ductus endolymphaticus, 10 = Saccus endolymphaticus, 11 = Ductus reuniens, 12 = Ductus cochlearis, 13 = Scala vestibuli, 14 = Scala tympani, 15 = Fenestra cochleae (rundes Fenster), 16 = Ductus semicirculares, 17 = Crus commune, 18 = Cristae ampullares (aus Kahle/Leonhardt/Platzer, Thieme 1991)

11.4.2 Gleichgewichtsorgan

Das Gleichgewichtsorgan besteht aus *Sacculus*, *Utriculus* und den drei vom Utriculus abgehenden *Bogengängen*, die jeweils kurz vor Einmündung in den Utriculus eine Erweiterung (*Ampulla*) haben. Der vordere und der hintere Bogengang münden gemeinsam (*Crus commune*).

Bogengänge (Ductus semicirculares): Die Bögen sind senkrecht zueinander in den drei Ebenen des Raumes angeordnet. Der laterale Bogengang liegt horizontal und etwa um 30° nach hinten geneigt, der vordere und der hintere stehen senkrecht dazu und bilden mit der Medianebene des Körpers einen Winkel von 45°. Vorderer Bogengang der einen und hinterer Bogengang der kontralateralen Seite sind damit parallel orientiert.

Die *Sinnesepithelzellen des Gleichgewichtsorgans* liegen in den Ampullen der Bogengänge als *Crista ampullaris* sowie in Sacculus und Utriculus als *Maculae* (s.a. Histologie 3.16.2).

Die *Crista ampullaris* ist eine Leiste in der Ampulle, auf der die Sinneszellen, umgeben von Stützzellen sitzen. Die Stereozilien der Sinneszellen sind in eine *Gallertmasse* (*Cupula*) eingebettet, die bis an das Ampullendach vorragt. Cupula und Endolymphe haben fast das gleiche spezifische Gewicht. Die Cupula und mit ihr die Sinneshaare werden deshalb bei jeder Bewegung der Endolymphe ausgelenkt. Dabei kommt es zu einer Erregung der Sinneszellen (s.a. Physiologie 17.1.2).

Klinischer Bezug

Die Endolymphe kann außer durch Drehbeschleunigung auch durch Spülen des äußeren Gehörgangs mit warmem oder kaltem Wasser bewegt werden. Dies wird vor allem zur **Prüfung des Gleichgewichtsorgans** verwendet. Bei Ausfall oder Erkrankung eines Labyrinthes reagiert dies bei der Spülung weniger oder stärker (Überempfindlichkeit). Die klinischen Symptome sind *Nystagmus* (schnelle Augenbewegungen) und *Drehschwindel* zur gesunden Seite sowie *Fallneigung* zur kranken Seite.

Sacculus und Utriculus: Macula utriculi und Macula sacculi sind kleine Sinnesfelder in der Wand von Sacculus und Utriculus. Die *Macula utriculi* liegt nahezu horizontal, die *Macula sacculi* vertikal. Die Maculae bestehen ebenfalls aus Sinneszellen (mit Stereozilien und je einem Kinozilium) und Stützzellen. Die Sinneszellen werden von einer gallertigen Membran (*Statolithenmembran*) bedeckt, die kleine Kalkkristalle (*Statolithen, Otolithen*) enthält. Die Statolithenmembran ist schwerer als die Endolymphe. Bei Verschiebung der Statolithenmembran in horizontaler oder vertikaler Richtung werden die Sinneszellen ausgelenkt und damit erregt.

Merke

Die Bogengänge registrieren *Drehbeschleunigungen* des Kopfes, vermittelt durch die Bewegung der Endolymphe. Die Maculae registrieren *geradlinige Beschleunigungen*, vor allem horizontale (Macula utriculi, bremsendes Auto) und vertikale (Macula sacculi, fahrender Lift).

11.4.3 Hörorgan

Das Hörorgan besteht aus der *knöchernen Cochlea* und dem darin liegenden *Ductus cochlearis*. Die Cochlea windet sich spiralförmig zweieinhalb mal um die *Schneckenachse* (*Modiolus*). Sie endet in der *Schneckenkuppel* (*Cupula cochleae*). Von der Schneckenachse ragt eine *Knochenleiste (Lamina spiralis ossea)* in den Schneckenkanal. Sie ist über die *Basilarmembran (Lamina basilaris)* mit der lateralen Wand des Schneckenkanals verbunden. Dort ist die Basilarmembran mit dem *Lig. spirale* an einer *Knochenkante* (*Crista spiralis*) befestigt. Sie teilt dadurch die Cochlea in eine obere Etage (*Scala vestibuli*) und eine untere Etage (*Scala tympani*) (Abb. 11.**6**). An der Schneckenspitze stehen beide miteinander in Verbindung (*Helicotrema*).

Die *Scala tympani* endet zum Mittelohr hin am runden Fenster (*Fenestrum cochleae*), das von der Membrana tympani secundaria verschlossen wird, die *Scala vestibuli* steht mit dem Vestibulum und darüber mit dem ovalen Fenster (*Fenestrum vestibuli*) in Verbindung (Abb. 11.**6**).

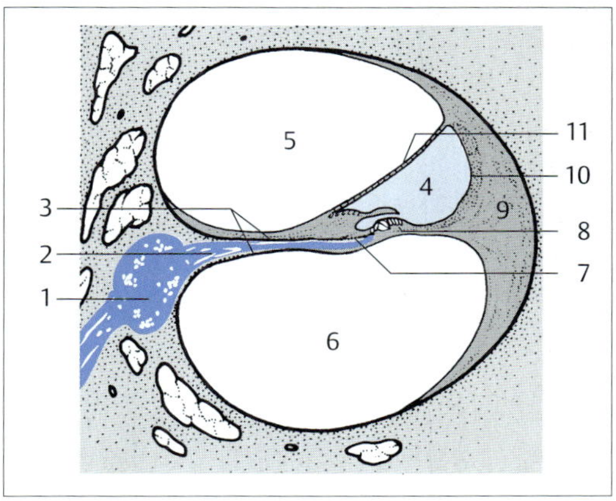

Abb. 11.**6** Schneckengang im Querschnitt. 1 = Ggl. spirale, 2 = Nervenfasern, 3 = Lamina spiralis ossea, 4 = Ductus cochlearis, 5 = Scala vestibuli, 6 = Scala tympani, 7 = Lamina basilaris, 8 = Corti-Organ, 9 = Lig. spirale, 10 = Stria vascularis, 11 = Reissner-Membran (nach Becker/Naumann/Pfaltz, Thieme 1989)

Anatomie

Ductus cochlearis: Der *häutige Schneckengang* (*Ductus cochlearis*) beginnt blind an der Schneckenbasis und endet blind an der Schneckenspitze. Er liegt in der Cochlea lateral zwischen Scala vestibuli und Scala tympani auf der Basilarmembran. Die obere Wand des Ductus cochlearis (*Reißner-Membran*) trennt ihn von der Scala vestibuli. Die laterale Wand ist von einem mehrschichtigen, gut kapillarisierten Epithel (*Stria vascularis*) bedeckt, das die Endolymphe bildet.

Corti-Organ: Auf der Basilarmembran sitzt das Rezeptorfeld des Hörorgans, das *Corti-Organ*. Es wird lateral und medial von einem Sulcus spiralis ext. und int. begrenzt. Medial des Sulcus spiralis int. entspringt die gallertige *Membrana tectoria*, die das Corti-Organ überdeckt.

Das Corti-Organ selbst besteht aus *Stützzellen* (Phalangen- und Pfeilerzellen) und *Sinneszellen* (sekundäre Sinnesepithelzellen). Die Sinneszellen sind in einer Reihe *innerer Haarzellen* und 3–5 Reihen *äußerer Haarzellen* angeordnet. An der Oberfläche der Haarzellen befinden sich Sinneshärchen (*Stereozilien*), die gegen die Membrana tectoria gerichtet und mit ihr verklebt sind. Die Sinneszellen werden durch Bewegungen gegen die Membrana tectoria gereizt (s.a. Histologie 3.16.3).

Merke

Die *äußeren* Haarzellen haben Synapsen nur mit efferenten Fasern, die *inneren* Haarzellen dagegen nur mit afferenten Fasern. Für die Weiterleitung der akustischen Signale sind somit die inneren Haarzellen verantwortlich.

Die inneren Haarzellen werden einzeln innerviert, die äußeren Haarzellen in Gruppen. Die efferenten Fasern der Haarzellen ziehen entlang der Basilarmembran zum Ggl. spirale cochleae.

Hörvorgang: Die von außen über das Mittelohr weitergeleiteten Schallwellen werden über das ovale Fenster auf die Scala vestibuli übertragen. Die Schwingungen wandern auf das Helicotrema zu und erfahren in unterschiedlicher Entfernung vom Fenestra ovale abhängig von der Tonhöhe (Tonfrequenz) ihr *Amplitudenmaximum* und damit den Abbruch der Welle. Dieser führt zu einem Abdruck auf der Reißner-Membran. An der Stelle des Amplitudenmaximums werden die mit der Membrana tectoria verklebten Stereozilien der äußeren Haarzellen ausgelenkt. Dies führt zu einer Erregung und der Entstehung von sog. *otoakustischen Emissionen*, die die Stereozilien der inneren Haarzellen erregen (s.a. Physiologie 17.2.3).

Merke

Für jede Frequenz bildet sich das Maximum an einem anderen Ort. Je höher die Frequenz, desto näher liegt dieser am ovalen Fenster, je tiefer die Frequenz, um so näher liegt er am Helicotrema.

Klinischer Bezug

Störungen der Cochlea verursachen eine **Schallempfindungsstörung**. Ursachen können Verletzungen, Infektionen, Lärm, Durchblutungsstörungen, Alter u. a. sein. Es kann zu völliger Taubheit kommen oder nur zur Schwerhörigkeit im Bereich bestimmter Frequenzen. Beispiel: Hochtonverlust im Alter, Hörverlust bei 4000 Hz bei Lärmschwerhörigkeit.

Anhang: Verwendete Abkürzungen

A.	Arteria	Gll.	Glandulae	N. l.	Nodus lymphaticus
Aa.	Arteriae	HWK	Halswirbelkörper	Ncl.	Nucleus
ant.	anterior	ICR	Interkostalraum	Ncll.	Nuclei
Art.	Articulatio	inf.	inferior	Nn.	Nervi
BWK	Brustwirbelkörper	int.	internus	Nn. ll.	Nodi lymphatici
caud.	caudale/is	lat.	laterale/is	post.	posterior
comm.	communis	Lig.	Ligamentum	prof.	profundus
cran.	craniale/is	Ligg.	Ligamenta	prox.	proximal/is
dext.	dexter	LWK	Lendenwirbelkörper	rostr.	rostrale/is
dist.	distal/is	M.	Musculus	sin.	sinister
ext.	externus	maj.	major/majus	sup.	superior
Ggl.	Ganglion	med.	mediale/is	superf.	superficial/is
Ggll.	Ganglia	min.	minor/minus	V.	Vena
Gl.	Glandula	Mm.	Musculi	ventr.	ventrale/is
		N.	Nervus	Vv.	Venae

Physik

Oliver Erens

Grundbegriffe des Messens

1.1 Physikalische Größen

Die Physik beschreibt in der Natur auftretende Zusammenhänge und Vorgänge (Naturgesetze) im Sinne einer empirischen und quantitativen Wissenschaft. Daher beruht die Physik auf Messung und Experiment, welche in intensive mathematische Überlegungen münden, um die gegebenen Gesetzmäßigkeiten mit Hilfe von Formeln zu beschreiben. Eine *physikalische Größe* wird üblicherweise durch ein Buchstabensymbol abgekürzt. Ihre tatsächliche Größe wird durch Angabe des *Zahlenwertes* und der *Maßeinheit* beschrieben.

Beispiel:

Zeit t	= 45	min
physikalische Größe	= Zahlenwert ·	Einheit

Eine lineare Gleichung mit einer Unbekannten, z. B. $a \cdot x + b = c$, wird gelöst, indem man $a \cdot x$ isoliert und danach die gesamte Gleichung durch a dividiert. Eine quadratische Gleichung wird zuerst auf die Normalform $x^2 + p \cdot x + q = 0$ gebracht. Die beiden Lösungen ergeben sich dann nach dem Schema

$$x_{1/2} = -\frac{p}{2} \pm \sqrt{\frac{p^2}{4} - q}$$

In einem Einheitensystem werden für die verschiedenen physikalischen Grunddisziplinen **Basisgrößen** definiert, denen wiederum Basiseinheiten direkt zugehören.

Beispiel:

$$v = s/t$$

Aus den Basisgrößen Weg (s) und Zeit (t) ergibt sich die abgeleitete Größe Geschwindigkeit (v). Die Dimension ist *Länge dividiert durch Zeit.*
Viele physikalische Größen werden durch ihren reinen Betrag nicht eindeutig beschrieben (z. B. Geschwindigkeit, Beschleunigung, Kraft, usw.), sondern erst durch Kennzeichnung ihrer Richtung. Die Kombination aus Betrag und Richtung nennt man *Vektor* und die dazugehörige physikalische Größe **vektorielle Größe**. Sie wird durch einen Pfeil ($\vec{a}$) oder durch Unterstreichen ($\underline{a}$) gekennzeichnet. Vektoren werden nach der Parallelogrammregel addiert (Abb. 1.**1**).

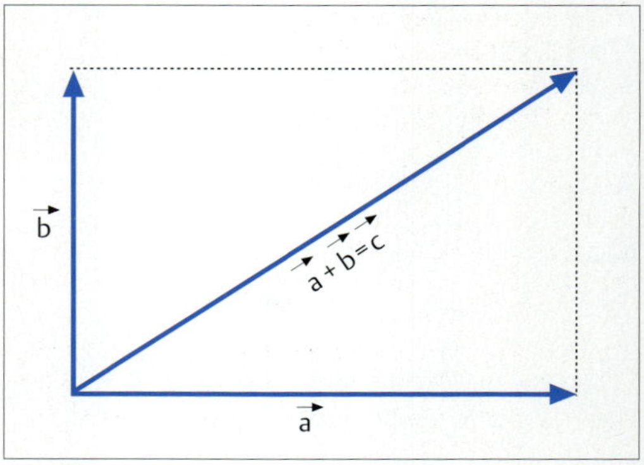

Abb. 1.**1** Vektorielle Addition von Vektoren (hier: Kräfte). $\vec{c}$ ist die Vektorsumme von $\vec{a}$ und $\vec{b}$. Durch Zerlegung von Vektor $\vec{c}$ ergeben sich umgekehrt seine Komponenten $\vec{a}$ und $\vec{b}$

1.2 Internationales Einheitensystem

Das Internationale Einheitensystem (SI = Système International d'Unités) legt verschiedene Basisgrößen mit zugehörigen Basiseinheiten fest (Tab. 1.1). Diese physikalischen Meßgrößen sind über Meßverfahren definiert. Eine Messung besteht aus direktem oder indirektem Vergleich der zu messenden Größe mit einem Eichnormal.

Tab. 1.1 Basisgrößen und Basiseinheiten

Basisgröße	Basiseinheit	Symbol
Zeit	Sekunde	s
Länge	Meter	m
Masse	Kilogramm	kg
elektr. Stromstärke	Ampère	A
Temperatur	Kelvin	K
Lichtstärke	Candela	cd
Stoffmenge	Mol	mol

Diese physikalischen Meßgrößen sind über Meßverfahren definiert. Eine Messung besteht aus direktem oder indirektem Vergleich der zu messenden Größe mit einem Eichnormal.

1.3 Abgeleitete Größen und Einheiten

Durch Kombination von Basisgrößen ergeben sich (gemäß ihren Definitionsgleichungen) sog. *abgeleitete Größen*. Die *Dimension* gibt die Zusammensetzung einer Größe aus den Basisgrößen an. Die Einheiten für abgeleitete physikalische Größen ergeben sich aus deren Definitionsgleichung.

Beispiel:

Kraft = Masse · Beschleunigung
F = m · a

Da a sich aus dv/dt ergibt, ist die Einheit der Beschleunigung $m \cdot s^{-2}$, für die Kraft ergibt sich also die Einheit $kg \cdot m \cdot s^{-2}$, die Newton (N) genannt wird.

Dezimalstellen können auch durch definierte Vorsilben ausgedrückt werden. Die Vorsilbe bedeutet: Multiplikation des Meßergebnisses mit der zugeordneten Zehnerpotenz (Tab. 1.2).

Tab. 1.2 Vorsilben und Multiplikatoren:

Vorsilbe	Vorsatzzeichen	Multiplikator
femto-	f	10^{-15}
piko-	p	10^{-12}
nano-	n	10^{-9}
mikro-	µ	10^{-6}
milli-	m	10^{-3}
centi-	c	10^{-2}
dezi-	d	10^{-1}
kilo-	k	10^{3}
mega-	M	10^{6}
giga-	G	10^{9}

In der Geometrie bezeichnen a, b, c und g die Seitenlängen, h die Höhe und r den Radius einer geometrischen Figur. Hierfür gelten folgende Gleichungen:

Flächeninhalte:
- Rechteck: $A = a \cdot b$
- Dreieck: $A = (g \cdot h)/2$
- Kreis: $A = \pi \cdot r^2$
- Kugeloberfläche: $A = 4 \cdot \pi \cdot r^2$

Volumeninhalte:
- Quader: $V = a \cdot b \cdot c$
- Zylinder : $V = \pi \cdot r^2 \cdot h$
- Kugel: $V = 4/3 \cdot \pi \cdot r^3$
- Kreisumfang: $U = 2 \cdot \pi \cdot r$

Ebene Winkel werden in Winkelgrad (°) angegeben, der Vollwinkel hat 360°. Oftmals kommt zur Beschreibung von Winkeln auch das Bogenmaß (rad) zur Anwendung. Es drückt den Winkel durch die Länge seines Bogens im Einheitskreis (Radius = 1) aus. Ein voller Kreisumfang hat damit das Bogenmaß 2π. Zur Umrechnung der beiden Winkeleinheiten dient folgende Gleichung:

$$\frac{\alpha[\text{rad}]}{\alpha'[°]} = \frac{2\pi}{360°}$$

Physik

1.4 Messen und Fehler beim Messen

Der Meßvorgang besteht im Vergleich der zu messenden Größe mit einer definierten Einheit. Eine Messung, bei der z. B. ein Zeigerausschlag mit einer Skala verglichen wird, heißt *analog*. Erscheint der Meßwert jedoch direkt als Ziffer, so heißt die Messung *digital*.

Bei jeder Messung physikalischer Größen entstehen *Meßfehler*, die als Differenz zwischen wahrer Meßgröße x_i und tatsächlichem Meßwert x_w definiert sind: $\Delta x_i = x_i - x_w$. Ein Meßfehler kann zufällig (z. B. durch Unachtsamkeit) oder *systematisch* sein, z. B. durch defekte oder unzulängliche Meßgeräte (Eichung fehlerhaft). Durch möglichst exakte Versuchsdurchführung und Qualitätskontrolle von außen versucht man, Fehler zu vermeiden.

Um den Meßfehler möglichst gering zu halten, wird ein Meßergebnis auch durch mehrmaliges Messen *(Meßreihe)* und nachfolgende *Meßwertmittelbildung (arithmetisches Mittel)* gewonnen (n steht hierbei für die Anzahl der Messungen):

$$\bar{x} = \frac{1}{n} \cdot (x_1 + x_2 + \ldots + x_n) = \frac{1}{n} \cdot \sum_{i=1}^{n} x_i$$

Der **absolute Meßfehler** ergibt sich aus der Differenz zwischen tatsächlichem Meßwert x_i und Meßwertmittel :

$$\Delta x_i = x_i - \bar{x}$$

Dividiert man den absoluten Meßfehler durch den tatsächlichen Meßwert, so erhält man den **relativen Meßfehler**. Dieser wird üblicherweise in Prozent angegeben.

$$x_i \pm \Delta x_i / x_i \quad \text{z. B. 100 km oder}$$
$$100\ \text{km} \pm 1\%$$

Gauß-Normalverteilung und Varianz: Trägt man die Häufigkeit eines Meßwertes (einer sehr umfangreichen Meßreihe) über seinen Abstand vom Meßwertmittel auf, so ergibt sich ein *Histogramm* der Meßwerte. Bei unendlich großem n würde sich schließlich eine glatte *Gauß-Normalverteilungskurve* ergeben (Abb. 1.**2**).

Die Breite dieser Verteilungskurve stellt ein Maß für die Meßgenauigkeit dar. Diese Meßgenauigkeit wird durch die *Varianz* σ^2 beschrieben.

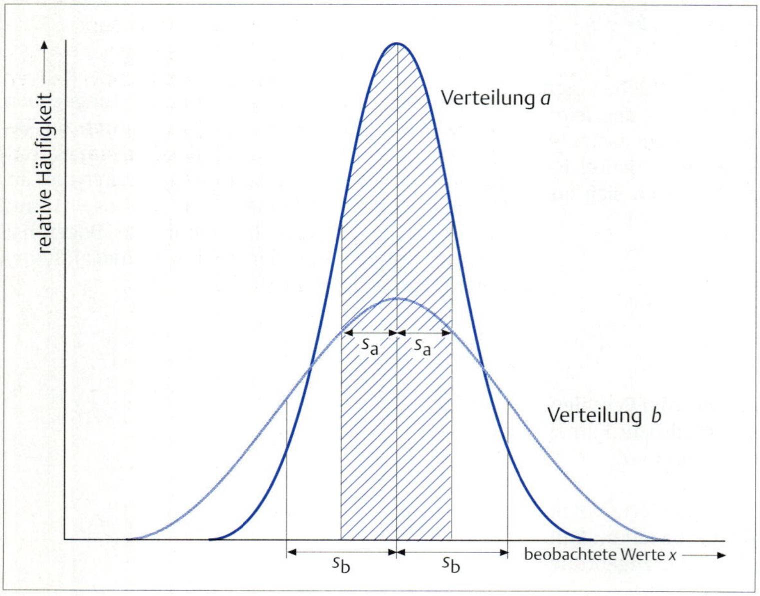

Abb. 1.**2** Normalverteilungen mit unterschiedlicher Standardabweichung

$$\sigma^2 = \frac{1}{(n-1)} \cdot \sum_{i=1}^{n} (x_1 - \bar{x})^2$$

Die **Standardabweichung** Δx beschreibt die Fehlerbreite $\pm \Delta x$, in der ein weiterer Meßwert mit überwiegender Wahrscheinlichkeit liegen würde. Bei einer Gauß-Verteilung kann man diese Wahrscheinlichkeit genau angeben: Innerhalb des Fehlerintervalls $\pm \Delta x$ liegen 68 %, im doppelten Fehlerintervall $\pm 2\,\Delta x$ liegen 95 % aller Meßwerte.

$$\Delta x = \sqrt{\frac{\sum_{i=1}^{n} (x_i - \bar{x})^2}{(n-1)}} = \sqrt{\sigma^2} = \sigma$$

Fehlerfortpflanzung: Wird eine physikalische Größe durch mehrere Meßgrößen bestimmt (die natürlich alle mit einem Fehler behaftet sind), so pflanzen sich diese Fehler in den endgültigen Meßwert fort: Ergeben sich die Meßgrößen aus Summen oder Differenzen, so ergibt sich der absolute Gesamtfehler aus der Summe der einzelnen *Absolutfehler*. Steht vor einer Meßgröße eine Konstante, so wird der Absolutfehler mit dieser Konstanten multipliziert (*Summen- und Differenzregel*). Ergeben sich die Meßgrößen als Quotient oder Produkt mehrerer Meßgrößen, so addieren sich die relativen Fehler der einzelnen Faktoren zum *relativen Gesamtmeßfehler*. Tritt eine Meßgröße mit einem Exponenten auf, so wird deren relativer Fehler mit der Maßzahl dieses Exponenten multipliziert (*Produkt- und Quotientenregel*).

1.5 Graphische Darstellung

Funktionen werden mathematisch durch eine Funktionsgleichung beschrieben, wobei x die unabhängige und y die abhängige Variable darstellt. a ist eine konstante reelle Zahl (Faktor).

Potenzfunktion: $y = x^2$
- Spezialfall:
  Wurzelfunktion: $y = \sqrt[a]{x} = x^{\frac{1}{a}}$

Exponentialfunktion: $y = a^x$
- Spezialfall:
  e-Funktion: $y = e^x = \exp(x)$
  mit $e \approx 2{,}71$

logarithmische Funktion: $y = {}_a\log x$
- Spezialfälle:
  dekadischer Logarithmus: $y = \lg x$ $(a = 10)$
  natürlicher Logarithmus: $y = \ln x$ $(a = e)$
  dualer Logarithmus: $y = \mathrm{ld}\, x$ $(a = 2)$

trigonometrische Funktionen:
- Sinus: $y = \sin x$
- Cosinus: $y = \cos x$
- Tangens: $y = \tan x$
- Cotangens: $y = \cot x$

Anhand einer *Wertetabelle*, in der die zusammengehörigen x- und y-Werte aufgelistet sind, können Daten einer Funktion $y = f(x)$ in ein Koordinatensystem übertragen werden. Die Achsen können dabei *linear* oder *logarithmisch* unterteilt sein.
Der **Differentialquotient** einer Funktion $y = f(x)$ in einem Punkt x_0 ist gleich der *Steigung* der Kurventangente in diesem Punkt.
Das **Integral** $F(x)$ einer Funktion $y = f(x)$ in den Grenzen a bis b kann geometrisch als Fläche zwischen der Kurve $f(x)$- und der x-Achse gedeutet werden.

$$[F(x)]_b^a = \int_a^b f(x) \cdot dx$$

Mechanik

2.1 Bewegung in Raum und Zeit (Kinematik)

Mit Hilfe von **Weg-Zeit-Diagrammen** können Bewegungsabläufe graphisch dargestellt werden. Um eine Bewegung in Raum und Zeit zu definieren, muß man den Aufenthaltsort s des Objekts in Abhängigkeit von der Zeit t beschreiben. Nimmt die Wegstrecke linear mit der Zeitspanne zu, so handelt es sich um eine *gleichförmige Bewegung*. In diesem Fall ist Δs proportional zu Δt, also $\Delta s \sim \Delta t$. Diese Beziehung läßt sich durch Verwendung einer Proportionalitätskonstanten in eine Gleichung überführen: $\Delta s = v \cdot \Delta t$. Die Proportionalitätskonstante v bezeichnet man als gleichförmige oder konstante Geschwindigkeit. Nur bei gleichförmiger Bewegung ist v zu jeder Zeit des Bewegungsablaufs gleich. Bei Bewegungen, bei denen sich die Geschwindigkeit ständig ändert (*ungleichförmige Bewegungen*), beschreibt v die Momentangeschwindigkeit. Die **Geschwindigkeit** ist also die *1. Ableitung des Weges nach der Zeit*; sie hat die Einheit m/s.

$$v = \frac{ds}{dt}$$

Die **Beschleunigung** a ist die Geschwindigkeitsänderung pro Zeiteinheit. Die Beschleunigung ist also die 1. Ableitung der Geschwindigkeit und die 2. Ableitung des Weges nach der Zeit; sie hat die Einheit m/s^2.

$$a = \frac{dv}{dt} = \frac{d^2s}{dt^2}$$

Ein Beispiel für eine *gleichförmig beschleunigte Bewegung* ist der freie Fall, denn ein fallender Körper unterliegt der konstanten Erdbeschleunigung $g = 9{,}81\ m/s^2$.

Bei einer **Kreisbewegung** durchläuft ein Körper den Kreisbogen ausgehend von Punkt A und erreicht in einer bestimmten Zeit den Punkt B. Die Geschwindigkeit wird dabei als *Bahngeschwindigkeit* bezeichnet; ihr Geschwindigkeitsvektor ändert, selbst wenn er dem Betrag nach gleich bleibt, ständig seine Richtung. Er entspricht in jedem Punkt der Kreisbahn genau der Tangente an den Kreis. In dieser Richtung würde der Körper auch die Bahn verlassen, wenn er sich selbständig machen würde.

Auch wenn die Bahngeschwindigkeit (Länge der Vektoren) gleich bleibt, ändert sich (wie oben angedeutet) die Richtung der Geschwindigkeitsvektoren. Jede Änderung von Vektoren ist mit einer Beschleunigung verbunden. Daher muß auch bei gleichförmigen Kreisbewegungen eine Beschleunigung auftreten. Um einen Körper in einer Kreisbahn zu halten, muß er kontinuierlich zum Kreismittelpunkt beschleunigt werden. Die in dieser Richtung wirkende Kraft heißt *Zentripetalkraft*, und die Beschleunigung, die der Körper erfährt, *Zentripetalbeschleunigung* (auch *Radialbeschleunigung*). Sie ist immer senkrecht zur Bewegung (und damit zum Zentrum des Kreises hin) gerichtet. Der Betrag der Zentripetalbeschleunigung ist

$$a = \frac{v^2}{r}$$

Bei der Kreisbewegung überstreicht die Verbindungslinie von Kreismittelpunkt zu P (= Radius)

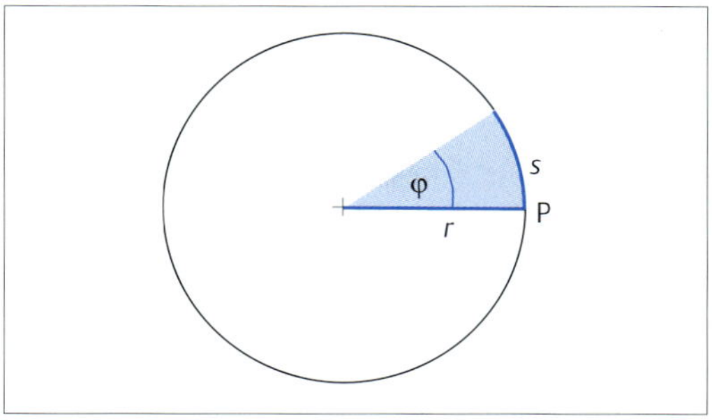

Abb. 2.**1** Kreisbewegung

den *Drehwinkel* φ (rad) (Abb. 2.**1**). Es gilt dabei die Beziehung: $s = \varphi \cdot r$
Da auch für die Kreisbewegung $v = s/t$ gilt, ergibt sich $\varphi \cdot r = v \cdot t$ und daraus die *mittlere Winkelgeschwindigkeit* ω (der gleichförmigen Kreisbewegung) mit der Einheit (rad/s):

$$\omega = \frac{\text{Drehwinkel}}{\text{Zeit}} = \frac{\varphi}{t} = \frac{v}{r}$$

2.2 Kraft, Drehmoment

Um die Bewegung eines Körpers zu ändern, ist eine **Kraft** F notwendig, denn jeder Körper hat die Tendenz, sich dieser Änderung zu widersetzen (das gilt auch für den Ruhezustand von Körpern mit $v = 0$). Dies wird als Prinzip der *Trägheit* bezeichnet. Verantwortlich für die Trägheit ist die Masse m (= „träge Masse") des Körpers.

- **1. Newtonsches Axiom:** *Jeder Körper verbleibt im Zustand der Ruhe oder der gleichförmig geradlinigen Bewegung, wenn keine Kraft auf ihn einwirkt.* Will man den Bewegungszustand eines Körpers ändern (also seine Geschwindigkeit ändern), bedeutet das eine Beschleunigung. Ursache jeglicher Beschleunigung ist die Kraft.

- **2. Newtonsches Axiom:** *Die Geschwindigkeitsänderung eines Körpers ist der wirkenden Kraft proportional.*

$$\vec{F} \sim \vec{a} = \frac{\Delta\vec{v}}{\Delta t} \quad \text{oder} \quad \vec{F} = m \cdot \vec{a}$$

Die Kraft ist ein Vektor, der die gleiche Richtung hat wie die Beschleunigung. Da die Masse in kg und die Beschleunigung in m/s^2 gemessen werden, hat die Kraft F die Einheit $kg \cdot m/s^2$ oder Newton (N).

- **3. Newtonsches Axiom:** *Zu jeder Kraft gibt es eine gleiche und entgegengesetzt gerichtete Kraft.* Die Trägheit eines Körpers führt dazu, daß man z. B. beim Anschieben einen Widerstand oder eine Gegenkraft spürt (Reibung sei vernachlässigt). Diese Gegenkraft tritt stets auf und ist der wirkenden Kraft gleich und entgegengesetzt. Kräfte treten also immer in Paaren auf. Man kann auch sagen: Actio = Reactio.

Gravitation: Die Masse eines Körpers entspricht nicht seiner Gewichtskraft! Die Gewichtskraft ist jene Kraft, mit der die *Gravitation* (= *Massenanziehung*) auf einen Körper wirkt. An der Erdoberfläche beträgt die *Gewichtskraft* $G = m \cdot g$, wobei g die Erdbeschleunigung ist ($g = 9,8 m/s^2$). Der umgangssprachliche Begriff Gewicht ist mit der Masse gleichzusetzen. Während also die Masse eines Körpers überall gleich ist, variiert die Gewichtskraft (durch Variation der Gravitation) an verschiedenen Orten. So beträgt z. B. auf dem Mond die Gewichtskraft eines Körpers nur 1/6 des Wertes auf der Erde.

Beispiel:

$G_{Erde} = 80\ kg \cdot 9{,}8\ m/s^2 = 784\ N.$
$G_{Mond} = 80\ kg \cdot 1{,}62\ m/s^2 = 129{,}6\ N.$

Elektrische Wechselwirkung: Im atomaren und molekularen Bereich spielt die Gravitation keine Rolle. Von entscheidender Bedeutung ist hier die Wechselwirkung zwischen elektrisch geladenen Teilchen: Zwischen zwei Teilchen mit den Ladungen q_1 und q_2, die sich im Abstand r voneinander befinden, wirkt die *Coulomb-Kraft* F_C:

$$Fc = \frac{q_1 \cdot q_2}{r^2}$$

Gleichnamige Ladungen stoßen sich ab und ungleichnamige ziehen sich an. Die Coulombkraft hält die negativen Elektronen der Atomhülle auf ihren Bahnen um den positiv geladenen Atomkern. Der Kern selbst wird durch sog. *Kernkräfte* zusammengehalten. Dabei handelt es sich um Anziehungskräfte, die nur eine äußerst kurze Reichweite haben, aber gerade so groß sind, daß sie die Nukleonen trotz der absto-

Physik

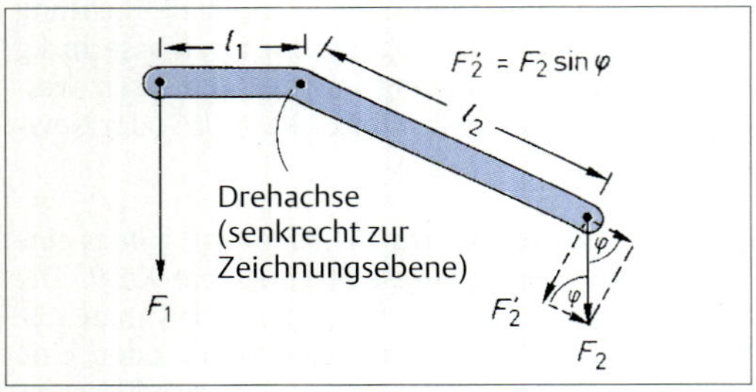

Abb 2.**2** Zweiarmiger Hebel (aus Hellenthal, Thieme 1988)

ßenden Coulombkräfte unter den Protonen fest zusammenhalten.
Als wichtige mechanische Anordnung gilt der Hebel (Abb. 2.**2**). Er befindet sich in Ruhe, wenn folgendes gilt: Kraft · Kraftarm = Last · Lastarm (Hebelgesetz). Das *Drehmoment* M ist eine vektorielle Größe. Seine Richtung steht senkrecht auf der Ebene, die durch die Vektoren $\vec{l}$ und $\vec{F}$ bestimmt wird. Es gilt: $\vec{M}$ = Hebelarm $\vec{l}$ × Kraft $\vec{F}$ (Vektorprodukt)
Gleichgewicht: Wird ein Körper, der sich unter dem Einfluß der Schwerkraft befindet, an verschiedenen Stellen drehbar aufgehängt, so stellt er sich in jeder Lage stabil ein und befindet sich im *Gleichgewicht*. Die Senkrechten für die einzelnen Aufhängungspunkte schneiden sich im *Schwerpunkt*. Wird er an nur einer Stelle aufgehängt, kompensieren sich alle Drehmomente von den einzelnen Massenelementen des Körpers. Zu den verschiedenen Gleichgewichtsarten s. Abb. 2.**3**.

2.3 Arbeit, Energie, Leistung, Impuls

Wird Kraft aufgewendet, um die Schwerkraft zu überwinden (z. B. ein Gewicht hochgehoben), so wird eine **Arbeit** verrichtet. Sie ist um so größer, je schwerer das Gewicht und je länger der Hubweg ist. Definitionsgemäß errechnet sich die Arbeit W aus dem Produkt der angewandten Kraft F (N) und dem Weg s (m), auf dem diese Kraft wirkt. Die Einheit der Arbeit W ist Newtonmeter oder N · m.

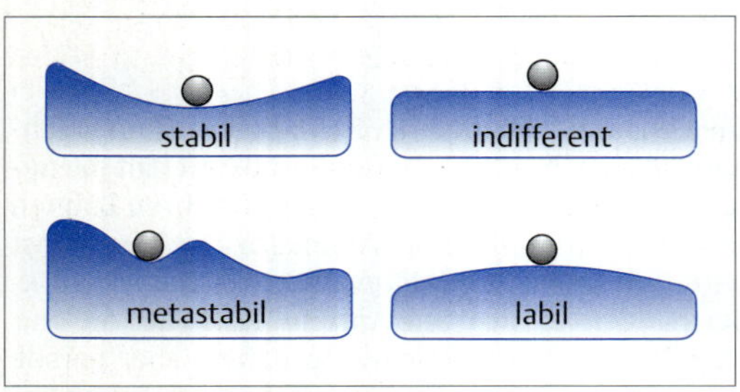

Abb. 2.**3** Gleichgewichtsarten

$$W = F \cdot s$$

Äquivalente Einheiten für die Arbeit sind Joule (J) und Wattsekunden (Ws).
Bilden die Kraft F und der Weg s einen Winkel φ, so gilt für die Arbeit

$$W = F \cdot s \cdot \cos\varphi$$

Will man einen Körper um die Höhe Δh anheben, so muß man folgende Arbeit aufwenden:

$$W = G \cdot \Delta h$$

Da G = m · g gilt somit für die Hubarbeit:

$$W = m \cdot g \cdot \Delta h$$

Diese Hubarbeit führt zu einer Zunahme der **potentiellen Energie** W_{pot} des Körpers. Von potentieller Energie spricht man, wenn die Energiemenge nur vom Ort des Körpers (z. B. in bestimmter Höhe über dem Erdboden) abhängt.
Der Energiezuwachs entspricht dabei genau der geleisteten Arbeit W:

$$\Delta W_{pot} = m \cdot g \cdot \Delta h$$

Ein Körper kann also an ihm geleistete Arbeit in Form von Energie speichern. Umgekehrt kann er mit seinem Energievorrat auch wieder Arbeit verrichten. Daher werden in der Physik die Begriffe Arbeit und Energie synonym verwendet, und sie haben die gleichen Einheiten.
Um einen Körper zu beschleunigen, muß man eine Kraft F = m · a längs der Beschleunigungsstrecke aufbringen. Diese **Beschleunigungsarbeit** W ist um so größer, je größer die Masse m und die erreichte Endgeschwindigkeit v ist:

$$W = \frac{1}{2} m \cdot v^2$$

Beschleunigungsarbeit wird in Form von **kinetischer Energie** W_{kin} gespeichert.

Wird in einer Flüssigkeit oder in einem Gas durch Ausübung eines Druckes p ein Volumen V verschoben, so wird dabei **Druck-Volumen-Arbeit** geleistet:

$$W = p \cdot \Delta V$$

In einem abgeschlossenen System gilt der **Energieerhaltungssatz**, wenn keine äußeren Kräfte auf das System einwirken: Die Summe aus potentieller und kinetischer Energie bleibt konstant.

$$W_{pot} + W_{kin} = \text{konstant}$$

- *1. Beispiel:* Beim freien Fall eines Körpers nimmt seine potentielle Energie ständig ab, seine Geschwindigkeit und damit die kinetische Energie ständig zu. Die Energiesumme bleibt dabei stets konstant.
- *2. Beispiel:* Bei einem schwingenden Pendel findet eine ständige Umwandlung zwischen potentieller und kinetischer Energie statt: Durch das Anheben des Pendels wird potentielle Energie gespeichert, die beim Abwärtsschwingen vollständig in kinetische Energie umgesetzt wird. Sie wandelt sich beim Aufschwung zur anderen Seite wieder in potentielle Energie um.

Die **Leistung** P ist definiert als Arbeit dW je Zeiteinheit dt; die Einheit der Leistung ist Nm/s = J/s = W = Watt.

$$P = \frac{dW}{dt}$$

Der **Impuls** $\vec{p}$ mit der Einheit kg · m/s ist ein Vektor, der in Richtung der Geschwindigkeit zeigt.

$$\vec{p} = m \cdot \vec{v}$$

Auch für den Impuls gilt ein Erhaltungssatz: In einem abgeschlossenen System bleibt der Gesamtimpuls konstant.

Beispiel:
Zwei Stahlkugeln, die mit den Impulsen $\vec{p}_1$ und $\vec{p}_2$ zusammenstoßen, fliegen nach dem Stoß mit den Impulsen $\vec{p}_1{}'$ und $\vec{p}_2{}'$ auseinander, wobei gilt: $\vec{p}_1{}' + \vec{p}_2{}' = \vec{p}_1 + \vec{p}_2$

2.4 Mengenbegriffe, bezogene Größen

Die Menge eines Stoffes kann man quantitativ mit folgenden Größen beschreiben:
- Volumen V (m^3)
- Masse m (kg)
- Teilchenzahl N (reine Zahl)
- Stoffmenge n (mol)

Um die Eigenschaften von Stoffen besser vergleichen zu können, bezieht man manche Größen auf ihr Volumen, die Masse oder die Stoffmenge.
- *volumenbezogene Größe:*
  z. B. Dichte: m/V (kg/m^3) oder (g/cm^3)
- *massenbezogene Größe:*
  z. B. spezifische Wärmekapazität = Wärmekapazität/Masse (J/g · K)
- *stoffmengenbezogene Größe:*
  z. B. molare Masse = Masse/Stoffmenge (g/mol)

Die Einheit 1 *Mol* bezeichnet die **Stoffmenge** eines Systems, das aus ebenso vielen Teilchen besteht, wie Atome in 12 g des Kohlenstoff-Nuklids ^{12}C enthalten sind. Die Stoffmenge 1 mol eines Stoffes erhält man, wenn man die relative Atom- oder Molekülmasse M des Stoffes berechnet und genau M Gramm abwiegt. In 1 mol sind $6{,}023 \cdot 10^{23}$ Teilchen enthalten (*Avogadro-Zahl*).

2.5 Verformung fester Körper unter dem Einfluß von Kräften im Gleichgewicht

Wirkt auf einen Körper eine Kraft und kann er darauf nicht mit einer Beschleunigung reagieren, so wird er durch die Kraft *verformt*. Das Ausmaß der Formveränderung hängt von der Größe der einwirkenden Kraft F und vom Querschnitt des Körpers A ab. Man spricht deshalb von der **mechanischen Spannung** σ mit der Einheit N/m^2. Es kann sich um Zug-, Druck- oder Schubspannung handeln.

$$\sigma = F/A$$

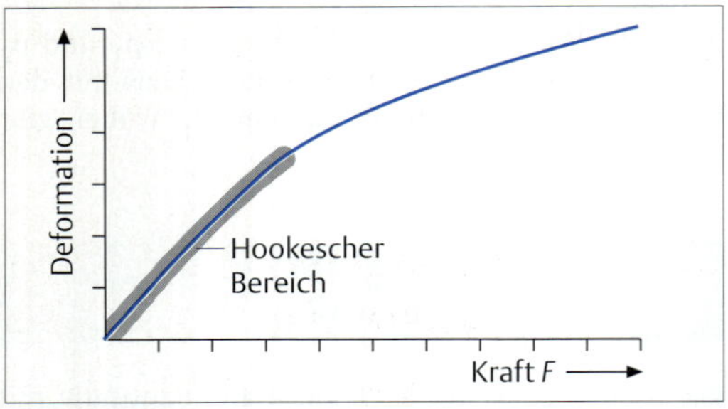

Abb. 2.**4** Spannungs-Dehnungs-Diagramm eines Kupferdrahtes

Beim Anlegen einer Zuspannung kommt es zu einer Dehnung um Δl von l_0 auf $l_0+\Delta l$ des Körpers. Mißt man die Dehnung in Abhängigkeit von der Zugspannung σ, so erhält man ein *Spannungs-Dehnungs-Diagramm* (Abb. 2.**4**).
Im Proportionalitätsbereich der Kurve ist die Dehnung proportional zur Spannung, es gilt das **Hooke-Gesetz**:

$$\sigma >= E \cdot \Delta l/l_0 \ (N/m^2)$$

Der Proportionalitätsfaktor E heißt auch **Elastizitätsmodul**. Im Proportionalitätsbereich ist die Verformung elastisch, d. h., sobald die Spannung nachläßt, nimmt der Körper wieder seinen ursprünglichen Zustand an.

Klinischer Bezug

Einen Sonderfall stellen elastische **Hohlkörper** dar (z. B. **Blutgefäße**): Sie reagieren auf eine Volumensteigerung ΔV mit einer proportionalen Druckerhöhung Δp. Der Quotient $\Delta V/\Delta p$ wird Volumenelastizitätskoeffizient genannt.

Wirkt allseits ein äußerer Druck Δp auf Körper, Flüssigkeiten oder Gase, so verkleinert er ihr Volumen V um einen bestimmten Betrag ΔV. Die **Kompressibilität** χ beschreibt das Ausmaß dieser Volumenänderung:

$$\chi = -\frac{1}{V} \cdot \frac{\Delta V}{\Delta p}$$

Der Kehrwert der Kompressibilität χ ist das **Kompressionsmodul** K (auch *Volumenelastizitätsmodul*):

$$K = -\frac{\Delta V}{\Delta p} \cdot V$$

2.6 Druck

Drückt auf eine Fläche A eine senkrecht über diese Fläche verteilte Kraft F, so heißt der Quotient aus Kraft und Fläche **Druck** p (in Pascal = Pa = N/m^2):

$$p = F/A$$

Anmerkung: In der Praxis benutzt man auch die Einheit 1 bar = 10^5 Pa. Dies entspricht ziemlich genau dem atmosphärischen Luftdruck. Darüber hinaus gilt: 1 mmHg $\approx$133,3 Pa.
In Flüssigkeiten lastet auf jedem Quadratzentimeter des Gefäßbodens das Gewicht der gesamten darüberstehenden Flüssigkeitssäule. Diese Gewichtskraft bewirkt den **Schweredruck** (*hydrostatischer Druck*). Er tritt jedoch nicht nur am Gefäßboden, sondern überall in der Flüssigkeit auf, und er nimmt linear mit der Eintauchtiefe h zu. Der Schweredruck ist um so größer, je größer die Dichte ρ der Flüssigkeit ist. Für den Schweredruck gilt also:

$$p = g \cdot \rho \cdot h$$

Gasdruckdifferenzen können mit Hilfe eines *U-Rohr-Manometers* gemessen werden (Abb. 2.**5**): In den beiden Schenkeln wirkt der Schweredruck der Flüssigkeit. Der Höhenunterschied h der Flüssigkeit gibt den Druckunterschied p an, der auf den Oberflächen in den beiden Schenkeln lastet.
Druckdifferenzen können auch zwischen den beiden Seiten einer Membran auftreten. Im Membranbarometer wird die entsprechende Auslenkung der Membran auf einen Zeiger übertragen und als Druck von einer geeichten Skala abgelesen.

Klinischer Bezug

Bei der **Blutdruckmessung nach Riva-Rocci** wird eine aufblasbare Oberarmmanschette zunächst soweit aufgeblasen, bis die Arterie vollständig komprimiert ist. Wenn dann der Manschettendruck langsam reduziert wird und unter das systolische Blutdruckmaximum fällt, öffnet sich die Arterie zeitweilig und erzeugt in der Ellenbeuge typische Geräusche, die mit Hilfe eines Stethoskops hörbar sind. Fällt der Manschettendruck weiter unter das diastolische Blutdruckminimum, so bleibt die Arterie ständig offen, und die Geräusche verschwinden. Beim Auftreten und Verschwinden der Strömungsgeräusche werden am Manometer die Blutdruckwerte abgelesen (z. B. 120/80 mmHg).

Wird ein Körper in eine Flüssigkeit getaucht, so ist er aufgrund der Zunahme des Schweredruckes mit der Tiefe an seiner Unterseite einem größeren Druck ausgesetzt als an der Oberseite. Aus der Differenz dieser beiden Drucke resultiert eine nach oben gerichtete **Auftriebskraft** F_A, die identisch mit der Gewichtskraft G_F des von dem Körper verdrängten Flüssigkeitsvolumens V ist. In die Berechnung gehen noch ein: ρ_F (Dichte der Flüssigkeit), g (Erdbeschleunigung) und m_F (Masse der verdrängten Flüssigkeit).

$$F_A = G_F = m_F \cdot g = V \cdot \rho_F \cdot g$$

Die Auftriebskraft F_A ist der nach unten gerichteten Gewichtskraft G_K des Körpers entgegengerichtet. Falls $F_A > G_K$, schwimmt der Körper; falls $F_A = G_K$, schwebt der Körper; falls $F_A < G_K$, sinkt der Körper. Entsprechend ist die mittlere Dichte des Körpers kleiner, gleich oder größer als die Dichte der Flüssigkeit.

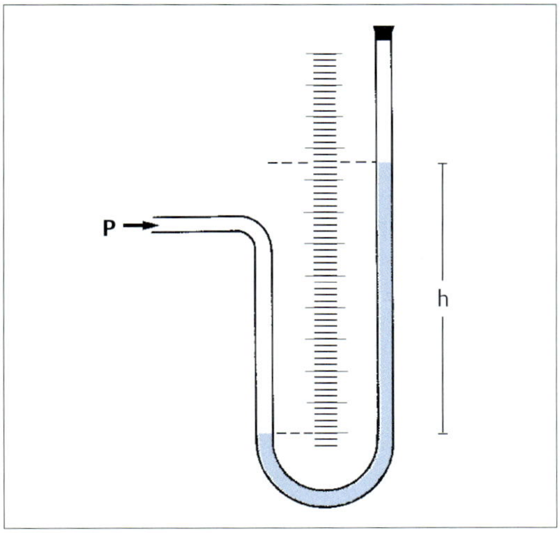

Abb. 2.**5** U-Rohr-Manometer

2.7 Kräfte an Grenzflächen

Kohäsion: Zwischen Flüssigkeitsmolekülen bestehen Anziehungskräfte, sog. *Kohäsionskräfte*, die sich im Innern der Flüssigkeiten zwar aufheben, an der Oberfläche jedoch eine nach innen gerichtete Kraft auf die dortigen Moleküle ergeben. Um ein Molekül vom Innern an die Oberfläche zu bringen (also die Oberfläche zu vergrößern), muß gegen diese Kraft Arbeit geleistet werden.
Bezieht man den Energiezuwachs ΔW auf den Oberflächenzuwachs ΔA, so erhält man die **Oberflächenspannung** σ; ihre Einheit ist J/m^2 oder Nm/m^2 oder N/m.

$$\sigma = \frac{\Delta W}{\Delta A}$$

Adhäsion: Grenzt die Flüssigkeit an einen festen Körper an (z. B. die Wand des Glases), so wirken neben den Kohäsionskräften auch Anziehungskräfte zwischen den Molekülen der Festkörperoberfläche und denen in der Flüssigkeitsgrenzschicht, die sog. *Adhäsionskräfte.*
Kapillarwirkung: Sind die Adhäsionskräfte größer als die Kohäsionskräfte, so klettert die Flüssigkeit die Wand entlang (sie „benetzt" sie). In engen Röhrchen reicht diese Grenzflächenspannung aus, um die Flüssigkeit gegen ihr Eigengewicht im Röhrchen hochzuziehen, dies ist die sog. *Kapillarwirkung.*
Ist die Kohäsion größer als die Adhäsion, benetzt die Flüssigkeit nicht die Gefäßwand, sondern sie wird an der Wand heruntergedrückt (z. B. Glas – Quecksilber).

2.8 Strömung von Flüssigkeiten

Eine Strömung heißt *laminar*, wenn benachbarte Flüssigkeitsschichten glatt nebeneinander herlaufen, ohne ineinander zu wirbeln. Bei hohen Strömungsgeschwindigkeiten wird die Strömung *turbulent*, es entstehen *Wirbel.* Dadurch steigt der Strömungswiderstand (s.u.) stark an.

Klinischer Bezug

Turbulenzen werden im menschlichen Körper weitestgehend vermieden: Sowohl der Blutstrom als auch der Atemluftstrom sind laminar.

Die **Volumenstromstärke** I in einem Rohr definiert das Volumen dV, das in der Zeit dt durch einen Rohrquerschnitt A strömt (Einheit: m^3/s oder l/min):

$$I = \frac{dV}{dt} = \dot{V}$$

Ist die Strömungsgeschwindigkeit v über den gesamten Querschnitt A konstant, so strömt in der Zeit dt gerade ein „Scheibchen" der Dicke $ds = v \cdot dt$ (es gilt ja: $v = ds/dt$) durch die Querschnittsfläche A. Dieses Scheibchen hat ein Volumen $dV = A \cdot v \cdot dt$. Daraus ergibt sich $I = dV/dt$ zu:

$$I = A \cdot v$$

In einem geschlossenen Strömungskanal, in dem keine Flüssigkeit zu- oder abgeführt wird, gilt die **Kontinuitätsgleichung**, denn die Stromstärke I ist in jedem Querschnitt gleich! Daraus folgt, daß die Flüssigkeit in einem engen Kanalabschnitt schneller fließen muß als in einem weiten Abschnitt:

$$I = A_1 \cdot v_1 = A_2 \cdot v_2$$

Die Beschleunigung an einer Engstelle bedeutet eine Erhöhung der kinetischen Energie der Teilchen, die zu Lasten der Druck-Volumen-Arbeit pV geht. Der Druck p sinkt, während V wegen der Inkompressibilität konstant bleibt.
Der **Staudruck** beschreibt die kinetische Energie einer Volumeneinheit einer Flüssigkeit (ρ ist die Dichte der Flüssigkeit):

$$\text{Staudruck}: \frac{\rho}{2} \cdot v^2$$

Der Zusammenhang zwischen statischem Druck p und dem Staudruck wird für reibungsfreie Flüssigkeiten durch die **Bernoulli-Gleichung** beschrieben:

$$p + \frac{\rho}{2} \cdot v^2 = \text{konstant}$$

Eine zähe (reibungsbehaftete) Flüssigkeit strömt nur, wenn längs des Strömungskanals ein Druckgefälle aufrechterhalten wird.
Die innere Reibung in einer Flüssigkeit kommt durch Anziehungskräfte zwischen den Flüssigkeitsteilchen zustande, die bei einer Verschiebung überwunden werden müssen. Das Maß hierfür ist die **Viskosität** η (Zähigkeit); sie hat die Einheit Poise ($N \cdot s/m^2$). Die Zähigkeit nimmt mit steigender Temperatur stark ab.
Befindet sich zwischen einer festen und einer beweglichen Platte ein Flüssigkeitsfilm der Dicke d und der Fläche A und verschiebt man die bewegliche Platte mit einer Geschwindigkeit v_0 parallel zur festen Platte, so braucht man dazu die Kraft F, für die gilt:

$$F = \eta \cdot A \cdot \frac{v_0}{d}$$

Der **Strömungswiderstand** R (Einheit Ns/m^5) eines Rohres ist definiert als Verhältnis zwischen Druckdifferenz Δp und Volumenstromstärke I:

$$R = \frac{\Delta p}{I}$$

Trägt man Volumenstromstärke I in und Druckdifferenz Δp gegeneinander auf, so lassen sich zwei Fälle unterscheiden:

- Der Strömungswiderstand R ist unabhängig vom Druck, also konstant. Im Diagramm ergibt sich eine Gerade. Flüssigkeiten mit diesen Eigenschaften heißen *newtonsch.*
- Es ergibt sich ein gekrümmtes Diagramm. Der Strömungswiderstand nimmt mit steigendem Druck zu. Es handelt sich um *nichtnewtonsche* Flüssigkeiten.

Klinischer Bezug

Blut ist nur für kleine Druckdifferenzen eine newtonsche Flüssigkeit, bei größerem Druck erhöht sich die Stromstärke nur noch unterproportional.

Laminare Strömung: Die Teilchen der Flüssigkeit bewegen sich wie in geschichteten Lamellen nebeneinander (dies ist meist bei geringen Strömungsgeschwindigkeiten der Fall).

Turbulente Strömung: Bei hohen Strömungsgeschwindigkeiten und besonders bei unregelmäßigen Wandformen entstehen Wirbel und Turbulenzen, die von der Strömung mitgenommen werden. Dadurch wird der Transport der Flüssigkeit behindert, und es kommt zu einem Anstieg des Strömungswiderstandes.

Grundsätzlich ist der **Strömungswiderstand** R eines kreisförmigen Rohres abhängig vom Radius r und der Länge l des Rohres, sowie von der **Viskosität** η der durchströmenden Flüssigkeit. Diese Abhängigkeit definiert das **Gesetz von Hagen-Poiseuille**:

$$R \sim \frac{l \cdot \eta}{r^4}$$

Klinischer Bezug

Aus obiger Gleichung (beachte die 4. Potenz!) ergibt sich: Durch Halbierung des Durchmessers eines Blutgefäßes erhöht sich der Strömungswiderstand um den Faktor 16! Gleichzeitig kann so bei gleicher Druckdifferenz Δp die Stromstärke I auf 1/16 gedrosselt werden. Das Gesetz von Hagen-Poiseuille gilt *streng* nur für laminare Strömungen, liefert jedoch für die Verhältnisse im Blutkreislauf des Gesunden eine gute Annäherung.

Für Flüssigkeitsströme gelten die **Kirchhoff-Gesetze** (analog zur Elektrizitätslehre, s. 5.5): Teilt sich ein Strömungskanal in mehrere parallelgeschaltete Kanäle auf, so fließt von der Verzweigungsstelle pro Zeiteinheit genauso viel Flüssigkeit ab wie ankommt. Die Summe der Stromstärken hinter der Verzweigung ist also genauso groß wie die Stromstärke vor der Verzweigung. Für den **Gesamtströmungswiderstand** R_{ges} gilt:

Serienschaltung:

$$R_{ges} = R_1 + R_2 + R_3 + \ldots + R_n$$

Parallelschaltung:

$$1/R_{ges} = 1/R_1 + 1/R_2 + 1/R_3 + \ldots + 1/R_n$$

Klinischer Bezug

Im menschlichen Körper sind einige Milliarden Kapillaren weitgehend parallelgeschaltet, wodurch der Gesamtwiderstand recht niedrig gehalten wird.

Physik

Struktur der Materie

3.1 Aufbau der Atomkerne und Atome

Ein *Atom* (s. auch Chemie 3.1) besteht aus dem Atomkern und der Atomhülle. Der Durchmesser des Atomkerns liegt bei 10^{-14} m und der des gesamten Atoms bei 10^{-10} m (= 1 Angström).

Der Atomkern besteht aus zweierlei Arten von Kernteilchen (*Nukleonen*): **Protonen** und **Neutronen**, die beide etwa die gleiche Masse (1 atomare Masseneinheit) haben. Das Proton besitzt eine positive Ladung von der Größe der Elementarladung ($e = 1{,}6 \cdot 10^{-19}$ Coulomb), während das Neutron ungeladen ist.

Um den Kern kreisen die **Elektronen** in der *Elektronenhülle*. Sie tragen jeweils eine negative Elementarladung ($e^- = -1{,}6 \cdot 10^{-19}$ Coulomb), ihre Masse beträgt nur ca. 1/2000 der Protonen- bzw. Neutronenmasse. Die Zahl der Elektronen ist identisch mit der Zahl der Protonen im Kern. Dadurch erscheint das Atom nach außen elektrisch neutral.

Im **Atommodell nach Bohr und Sommerfeld** wird das Kern-Elektronen-System ähnlich wie ein Planetensystem beschrieben: Die Elektronen bewegen sich auf Kreis- und Ellipsenbahnen um den Kern, wobei jeder Bahn eine genau festgelegte Energie der Elektronen entspricht. Sie setzt sich aus potentieller und kinetischer Energie zusammen. Die Bahnen werden zu Schalen zusammengefaßt, die fortlaufend durch die Großbuchstaben K, L, M, usw. benannt werden. Jede Schale kann nur eine bestimmte Anzahl Elektronen enthalten:

- K-Schale 2 Elektronen
- L-Schale 8 Elektronen
- M-Schale 18 Elektronen
- N-Schale 32 Elektronen, usw.

Die Schalen werden sukzessive aufgefüllt.

Im **Periodensystem der Elemente** sind die Atome nach ihrer Protonenzahl geordnet (Ordnungszahl, identisch mit der Elektronenzahl): Das Element mit der Ordnungszahl 1 (Wasserstoff) besteht aus einem Proton und einem Elektron, welches einen Platz auf der innersten (K-) Schale einnimmt. Das Element mit der Ordnungszahl 2 (Helium) besteht aus zwei Protonen und zwei Elektronen, welche auf der innersten (K-) Schale liegen. Das Element mit der Ordnungszahl 3 (Lithium) besteht aus drei Protonen und drei Elektronen, wobei das dritte Elektron weiter außen auf der L-Schale liegt. Die L-Schale wird fortlaufend aufgefüllt, bis zum Neon (Ordnungszahl 10). Beim Natrium (Ordnungszahl 11) sind die K- und L-Schalen voll mit Elektronen und eines liegt in der M-Schale.

Die Elektronen in der äußeren Schale eines Atoms werden *Valenzelektronen* genannt. Sie sind weniger fest an den Kern gebunden, was entscheidend für das chemische Verhalten der Atome ist. Elemente mit gleicher Struktur der äußeren Schale werden zu Gruppen zusammengefaßt, da sie chemisch ähnlich reagieren: Die **Alkalimetalle** (Li, Na, K, usw.) besitzen auf der äußeren Schale nur ein Elektron und sind daher sehr reaktionsfreudig. Im Gegensatz dazu ist die Außenschale der **Edelgase** (He, Ne, Ar, usw.) komplett aufgefüllt, weshalb sie sehr träge reagieren. Auch andere Atome streben diese *Edelgaskonfiguration* an: Alkaliatome können ihr Außenelektron leicht abgeben, wodurch ein einwertig positives **Ion** (Kation) zurückbleibt (z. B. Na^+, K^+). Das Calcium bildet zweiwertige Ionen (Ca^{2+}). Umgekehrt können Atome, bei denen ein oder zwei Elektronen zur Ausbildung einer vollständigen Außenschale fehlen, durch Aufnahme von Elektronen zu negativ geladenen Anionen werden (z. B. Cl^-, S^{2-}). Die Energie, die zum Entfernen bzw. Einfügen von Elek-

tronen notwendig ist, wird *Ionisierungsenergie* genannt.
Ein Atomkern (*Nuklid*) wird eindeutig beschrieben durch die Zahl seiner Protonen und die Zahl seiner Neutronen. Die *Protonenzahl (Ordnungszahl, Kernladungszahl)* legt die Position des Elements innerhalb des Periodensystems fest. Besitzen Kerne die gleiche Anzahl Protonen, aber verschieden viele Neutronen, so handelt es sich um **Isotope**. Da die Zahl der Protonen (und damit der Elektronen) aber gleich ist, unterscheiden sich Isotope nicht in ihrem chemischen Verhalten.

Klinischer Bezug

In der Medizin kommen **radioaktive Isotope** zum Einsatz, da sie u. a. zur Markierung bestimmter Substanzen verwendet werden können (*Tracer*). In der Schilddrüsenfunktionsdiagnostik wird dem Patienten Radiojod verabreicht, da es in relativ kurzer Zeit in die Schilddrüse transportiert wird und beim Schilddrüsen-Scan ein recht genaues Bild über den Funktionszustand des Organs liefert.

Die Summe aus Protonen- und Neutronenzahl wird *Nukleonenzahl (Massenzahl)* genannt, denn sie entspricht ungefähr der Masse des Kerns in Atomaren Masseneinheiten. Die **Atomare Masseneinheit** (dimensionslos!) ist definiert als 1/12 der Masse des Kohlenstoffisotops ^{12}C. Das sind ungefähr 10^{-24} g.
Bei der Bezeichnung eines Atomkerns werden die Nukleonen- und die Protonenzahl als Indices an das Elementsymbol angefügt: Links oberhalb der Element-Abkürzung steht die Nukleonenzahl, links unterhalb die Protonenzahl.
Beispiel für Helium:

$$^{4}_{2}\mathrm{He}$$

Demnach besitzt das Heliumatom 4 Nukleonen, 2 Protonen und 4 − 2 = 2 Neutronen. Man läßt den unteren Index oftmals weg, da die Protonenzahl eindeutig aus dem Elementsymbol hervorgeht.

3.2 Aufbau der Körper, Grundbegriffe der kinetischen Theorie

In **Festkörpern** bilden die Bausteine (Atome, Ionen oder Moleküle) meist regelmäßig aufgebaute *Kristallgitter*. Darin sind die Teilchen eng gepackt und durch starke Kräfte fest an ihre Gitterplätze gebunden. Sie können jedoch um ihre Mittelpunktslage Schwingungen ausführen, wobei die mittlere kinetische Energie proportional zur absoluten Temperatur wächst. Bei genügend hoher Temperatur wird die kinetische Energie der Teilchen so groß, daß es immer mehr Teilchen gelingt, den Kristallverband und das Gitter aufzubrechen. Dadurch schmilzt der Körper und geht in einen flüssigen Zustand über.
Die seltenen *nichtkristallinen Festkörper* nennt man *amorph* (Wachs, Kunststoffe, etc.).
In einer **Flüssigkeit** sind die Kräfte zwischen den Teilchen geringer. Die Teilchen sind nicht an feste Plätze gebunden, sondern gegeneinander verschiebbar. Somit paßt sich eine Flüssigkeit der Gestalt der sie begrenzenden Fläche an. Einer Kompression wird jedoch ein großer Widerstand entgegengesetzt. Die Flüssigkeitsteilchen befinden sich in ständiger ungeordneter Bewegung. Bei einer Erwärmung von außen wird diese Bewegung zunehmend heftiger, bis schließlich immer mehr Teilchen dem Flüssigkeitsverband entfliehen und die Flüssigkeit zu *verdampfen* beginnt (s. auch 4.4).
Im **gasförmigen Zustand** haben die Teilchen soviel Platz (sie bewegen sich in alle Richtungen und mit unterschiedlichen Geschwindigkeiten), daß die Kräfte zwischen ihnen vernachlässigbar gering sind. Bei Zusammenstößen tauschen sie allerdings Energie und Impuls aus. Beim Abprall der Teilchen von einer Behälterwand wird ein Impuls auf die Wand übertragen, was zu einer Druckkraft führt (Gasdruck).

Physik

Wärmelehre

4.1 Temperatur

Zur quantitativen Beschreibung subjektiver Temperaturempfindungen wurde eine unabhängige Temperaturskala entwickelt. Zur Temperaturmessung sind alle Stoffe geeignet, deren Eigenschaften gesetzmäßig von der Temperatur abhängen (z. B. Längenausdehnung, Volumenausdehnung, Änderung des elektrischen Widerstandes, Änderung der Kontaktspannung).

Ausdehnungsthermometer beruhen auf der Volumenausdehnung einer Flüssigkeit, sind jedoch nur in einem begrenzten Temperaturbereich verwendbar, Genauigkeit und Ansprechgeschwindigkeit sind gering. Gängige Fieberthermometer arbeiten mit Quecksilber als Flüssigkeit und sind sog. **Maxima-Thermometer** (die Säule bleibt bei der erreichten Maximaltemperatur stehen, da ein Knick in der Kapillare den Quecksilberfaden beim Abkühlen zum Reißen bringt).

- Die **Celsius-Skala** hat zwei Fixpunkte: die Temperatur schmelzenden Eises und die von siedendem Wasser. Der Bereich dazwischen wird in 100 gleiche Einheiten aufgeteilt, die *Grad Celsius* (°) genannt werden.
- Die **thermodynamische Temperaturskala** ist unabhängig von der Arbeitssubstanz und benutzt einen thermodynamischen Kreisprozeß zur Temperaturdefinition. Ihre Einheit ist das *Kelvin* (K). 1 K bezeichnet die gleiche Temperaturdifferenz wie 1 °C. Allerdings liegt der Nullpunkt der Kelvin-Skala bei −273 °C. Dieser Punkt wird auch *absoluter Nullpunkt* genannt und bezeichnet die tiefste überhaupt denkbare Temperatur.

4.2 Wärme und Energie

Will man die Temperatur eines Körpers erhöhen oder erniedrigen, muß man ihm eine bestimmte Wärmemenge zuführen oder entziehen. Die Temperaturerhöhung ist Ausdruck für eine Erhöhung der mittleren kinetischen Energie der Moleküle oder Atome des Körpers. Also stellt die Wärmemenge eine besondere Energieform dar.

Im SI-Einheitensystem wird die **Energie** in der Einheit Joule (J) gemessen. In älterer Literatur findet man auch noch die Einheit Kalorie (cal). 1 cal ist die Wärmemenge, die 1 g Wasser um 1 K erwärmt (von 14,5 °C auf 15,5 °C). Die Umrechnung erfolgt nach folgender Formel:

$$1\,\text{cal} \approx 4,2\,\text{J}$$

Zur Erwärmung verschiedener Stoffe um die gleiche Temperaturdifferenz ΔT müssen verschieden große Energiemengen aufgebracht werden. Diese Tatsache wird auch durch die für jeden Stoff charakteristische **spezifische Wärmekapazität** c ausgedrückt. Sie ist die Wärmemenge, die angewandt werden muß, um 1 g des Stoffes um 1 K zu erwärmen (ihre Einheit ist J/g · K):

$$c = \frac{\text{Wärmemenge}}{\text{Masse} \cdot \text{Temperaturänderung}}$$

Bezieht man die Wärmemenge nicht auf die Masse, sondern auf die Stoffmenge (also auf 1 mol des Stoffes), so erhält man die molare Wärmekapazität (in J/mol · K).

Das Produkt aus *spezifischer Wärmekapazität* c und *Masse* m eines Körpers ist die **Wärmekapazität** W (ihre Einheit ist J/K):

$$W = m \cdot c$$

Wärmekapazität und spezifische Wärmekapazität werden durch kalorimetrische Versuche bestimmt: In einem isolierten Gefäß wird der zu bestimmende Körper mit Wasser ins Temperaturgleichgewicht gebracht. Aus den auftretenden Temperaturdifferenzen lassen sich die übertragenen Wärmemengen bestimmen und somit auch die gesuchte Wärmekapazität.

Der Energieerhaltungssatz kann somit erweitert werden zum **1. Hauptsatz der Wärmelehre**: *Die Energiesumme in einem abgeschlossenen System ist konstant.* Dabei können die verschiedenen Energieformen (mechanische, elektrische, chemische und Wärmeenergie) ineinander umgewandelt werden.

Der **2. Hauptsatz der Wärmelehre** macht eine Aussage über die *Entropie*. Sie ist ein Maß für die Güte eines Reaktionszustandes: Zahlreiche Prozesse finden in der Natur ohne äußere Einwirkung in nur einer Richtung statt (z. B. Wärmeleitung, Diffusion, Mischung von Fluiden usw.). Bei allen makroskopisch ablaufenden Vorgängen gilt also: *Die Entropie eines abgeschlossenen Systems kann nur gleich bleiben oder zunehmen, niemals jedoch abnehmen.*

4.3 Gaszustand

Wichtige **Zustandsgrößen** eines Gases sind:

- Druck p (Pascal) = (N/m^2)
- Volumen V (m^3)
- Temperatur T (K)
- Stoffmenge n (mol)

Bei einem idealen Gas bestehen keine Kräfte zwischen den einzelnen Molekülen, und die Moleküle beanspruchen kein Eigenvolumen. Diese Voraussetzungen treffen allerdings nur bei hohen Temperaturen und niedrigem Druck zu; die Zustandsgrößen sind dann durch die **Zustandsgleichung der idealen Gase (Gasgesetz)** miteinander verknüpft:

$$p \cdot V = n \cdot R \cdot T$$

R (*allgemeine Gaskonstante*) = 8,31 J/mol · K.

Zur anschaulichen graphischen Darstellung der Zusammenhänge zwischen p, V und T wird oftmals eine der drei Größen konstant gehalten, während der Zusammenhang zwischen den beiden anderen in einem zweidimensionalen Diagramm dargestellt wird. Hält man T konstant, so zeigt das p-V-Diagramm eine Hyperbel, die sog. *Isotherme*. Bei konstantem p zeigt das V-T-Diagramm eine Gerade, die sog. *Isobare*. Bei konstantem Volumen erhält man im V-T-Diagramm ebenfalls eine Gerade, die sog. *Isochore*.

Verschließt man den einen Schenkel des U-Rohr-Manometers (s. 2.6) und hält ihn luftleer, so mißt man auf der anderen Seite den Gasdruck (*Barometer*). Bei normalem Luftdruck stiege das Wasser 10 m hoch. Aufgrund seiner hohen Dichte verkürzt Quecksilber die Steighöhe auf 760 mm. Nach dem Entdecker des Quecksilber-Barometers bezeichnet man diesen Druck auch mit 760 Torr.

Bei Flüssigkeiten ist der Schweredruck proportional zur Tiefe. Bei Gasen steigt jedoch mit dem Druck auch die Dichte. Daher nimmt der Luftdruck mit zunehmender Höhe exponentiell ab.

In einem **Gasgemisch** aus mehreren Komponenten fliegen die verschiedenen Molekülarten wahllos durcheinander und unterliegen alle dem gleichen Gasgesetz. Sortiert man jedoch im Modell die Komponenten, kann man ihnen proportional zur Anzahl ihrer Teilchen einen bestimmten Anteil am Gesamtvolumen (das sog. *Partialvolumen* [Vol. %]) und einen bestimmten Anteil am Gesamtdruck (der sog. *Partialdruck* [Pa, Torr, mbar]) zuteilen.

Die uns umgebende Luft enthält etwa 78 Vol. % Stickstoff, 21 Vol. % Sauerstoff und 0,03 Vol. % Kohlendioxid. Bei einem Luftdruck von 760 Torr entfallen somit auf Stickstoff und Sauerstoff folgende Partialdrücke:

$$P_{N_2} = \frac{78}{100} \cdot 760\,\text{Torr} = 593\,\text{Torr}$$
$$P_{O_2} = \frac{21}{100} \cdot 760\,\text{Torr} = 160\,\text{Torr}$$

(Der Partialdruck wird auch oft in folgender Form angegeben: P_{O_2} bzw. P_{N_2}.)

Um Gase besser vergleichen zu können, hat man einen Normalzustand festgelegt (**Normalbedingungen**): die Normaltemperatur T = 273 K = 0 °C und den Normaldruck p_n = 760 Torr = 1013 mbar.

4.4 Änderung des Aggregatzustands: Gleichgewichte zwischen Aggregatzuständen

Abhängig von Temperatur und Druck können die meisten Stoffe in verschiedenen *Aggregatzuständen* vorliegen: fest, flüssig oder gasförmig (s. auch 3.2).

Die Bindungskräfte zwischen den Molekülen eines Stoffes sind im festen Zustand am größten und im gasförmigen am kleinsten. Die Bindungskräfte müssen beim Übergang in den nächsthöheren Aggregatzustand überwunden werden: Schmelzen und Verdampfen erfordert Energie. Bestimmte Stoffe können direkt vom flüssigen in den gasförmigen Zustand übergehen (*Sublimation*).

Der **Temperaturverlauf** bei einem Schmelz- oder Siedevorgang ist immer durch ein Temperaturplateau gekennzeichnet: Führt man einem Körper kontinuierlich Wärme zu, so steigt seine Temperatur zunächst bis zur Umwandlungstemperatur (Schmelz- oder Siedepunkt). Sie bleibt dann konstant, da die gesamte Energie für den Umwandlungsprozeß verbraucht wird. Sie steigt erst wieder, wenn der Umwandlungsprozeß abgeschlossen ist.

Die **Energiemengen**, die für die Änderung des Aggregatzustandes benötigt werden, sind für jeden Stoff charakteristisch:

- Die *spezifische Schmelzwärme* (J/g) ist die Wärmemenge, die benötigt wird, um 1 g eines Stoffes bei konstanter Temperatur zu schmelzen.
- Die *spezifische Verdampfungswärme* (J/g) ist die Wärmemenge, die benötigt wird, um 1 g eines Stoffes bei konstanter Temperatur zu verdampfen.

Läuft die Zustandsänderung in umgekehrter Richtung ab, so wird Umwandlungswärme in gleicher Menge freigesetzt.

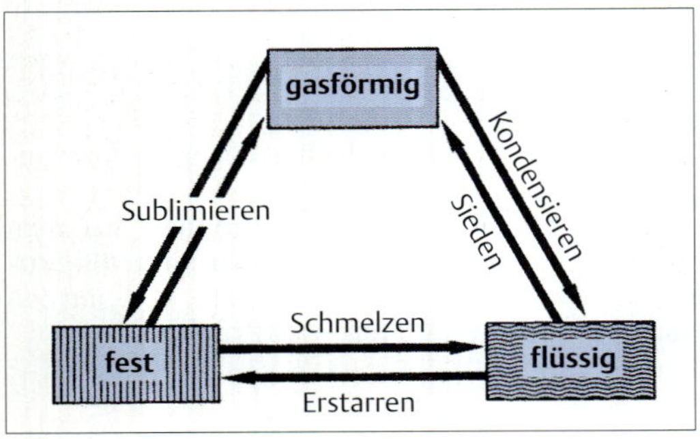

Abb. 4.1 Umwandlungen zwischen den Aggregatzuständen (aus Schröder, Thieme 1984)

In einem flüssigkeitsgefüllten, abgeschlossenen und evakuierten Gefäß verdampft ein Teil der Flüssigkeit. Im Raum über der Flüssigkeit stellt sich nach einer gewissen Zeit der sog. **Sättigungsdampfdruck** der Flüssigkeit ein. Dieser Vorgang läßt sich als dynamisches Gleichgewicht verstehen: Von den Flüssigkeitsteilchen, die sich in der Nähe der Oberfläche befinden, besitzen immer einige genügend kinetische Energie, um aus dem Inneren der Flüssigkeit in den Außenraum zu kommen. Je mehr Flüssigkeitsteilchen auf diese Weise in den Gasraum gelangen, desto größer wird die Wahrscheinlichkeit, daß dabei ein Gasteilchen auf die Flüssigkeitsoberfläche trifft und wieder in die Flüssigkeit eintritt. Treten pro Zeiteinheit genauso viele Teilchen in die Flüssigkeit ein wie aus, ist das Gleichgewicht zwischen flüssiger und gasförmiger Phase hergestellt. Über der Flüssigkeit herrscht der *Sättigungsdampfdruck*.

Die mittlere kinetische Energie der Flüssigkeitsteilchen wächst mit der Temperatur T. Bei höherer Temperatur besitzen also mehr Teilchen die nötige kinetische Energie, um aus der Flüssigkeit zu entkommen. Somit steigt der Dampfdruck mit wachsender Energie stark an.

Luftfeuchte: In einem abgeschlossenen Raum (wie oben beschrieben) bildet sich nach einer gewissen Zeit immer ein der Raumtemperatur entsprechender Sättigungsdampfdruck aus (*gesättigter Dampf*). In einem offenen System, das auch starken Temperaturschwankungen unterliegt, stellt sich das Gleichgewicht oftmals nicht schnell genug ein. Der Dampf kann hier ungesättigt oder auch übersättigt (Nebel) sein. Die Masse des Wasserdampfes (in g), die sich in 1 m^3 Luft befindet, bezeichnet man als *absolute Luftfeuchte*. Teilt man die absolute durch die maximal mögliche Luftfeuchte (sie entspricht dem Sättigungsdampfdruck bei gegebener Temperatur), so erhält man die *relative Luftfeuchte*.

4.5 Wärmetransport

Wärmetransport kann auf drei verschiedene Arten erfolgen:

- **Wärmeleitung** tritt *nur* in fester Materie auf, und zwar dann, wenn zwischen verschiedenen Stellen eines Körpers eine Temperaturdifferenz besteht. Teilchen am Ort höherer Temperatur übertragen durch Stöße einen Teil ihrer kinetischen (Wärme-) Energie auf ihre Nachbarn und rufen dadurch einen *Wärmestrom* hervor. Er fließt von der höheren zur tieferen Temperatur und ist abhängig von der *Wärmeleitfähigkeit* des Stoffes.

- **Konvektion** stellt in Gasen und Flüssigkeiten neben der Wärmeleitung den wesentlichen Transportmechanismus dar. Dabei wird Wärme durch Abströmen von erwärmtem Gas oder Flüssigkeit abtransportiert.
- **Wärmestrahlung**: Jeder Körper gibt einen Teil seiner Energie in Form von Wärmestrahlung ab und absorbiert andererseits einen Teil der Wärmestrahlung aus seiner Umgebung. Die Wärmestrahlung hat die Form von langwelligen elektromagnetischen Wellen (Infrarotbereich) und ist an kein Medium gebunden. Ein idealer Wärmestrahler ist der *schwarze Körper*: Er absorbiert sämtliche Strahlung und wandelt sie in Wärme um. Es gilt das *Stefan-Boltzmann-Gesetz*: Die gesamte emittierte Strahlungsleistung wächst proportional zur 4. Potenz der Temperatur.

Klinischer Bezug

Im menschlichen Körper wird die Temperatur konstant gehalten, indem Wärmebildung und Wärmeabgabe an die Umgebung im Gleichgewicht stehen. Wärmeabgabe erfolgt hauptsächlich durch Wärmeleitung und Konvektion. Bei hohen Umgebungstemperaturen wird zusätzlich die hohe Verdampfungswärme von Wasser ausgenutzt, indem durch die Verdunstung von Schweiß an der Hautoberfläche dem Körper Wärme entzogen wird.

4.6 Stoffgemische

In Flüssigkeiten können sich Festkörper und Gase lösen. Im Gleichgewichtszustand ist die Anzahl n der in der Flüssigkeit gelösten Gasteilchen proportional zum Partialdruck p des Gases über der Flüssigkeit (**Henry-Dalton-Gesetz**):

$$p \sim n \text{ oder } p = k \cdot n$$

Der Proportionalitätsfaktor k beschreibt das Lösungsgleichgewicht und hängt von der Temperatur ab: Die Löslichkeit nimmt mit der Temperatur zu.

Osmose

Sind zwei Flüssigkeiten mit darin gelösten Stoffen durch eine poröse Wand getrennt, die nur Flüssigkeitsmoleküle hindurchläßt (*semipermeable Membran*), so kommt es zu einem Durchtritt von Flüssigkeitsmolekülen, nicht jedoch von den gelösten Stoffen. Infolge thermischer Bewegung versucht das Wasser, im Raumbereich mit dem gelösten Stoff seine Konzentration auszugleichen, d. h. im Bereich der höheren Stoffkonzentration die Lösung zu verdünnen. Dadurch steigt der hydrostatische Druck in diesem Teil des Systems an. Der Grenzwert dieses Druckes ist der *osmotische Druck* (Π). Es gilt das **Van t'Hoff-Gesetz** (R = allgemeine Gaskonstante):

$$\Pi = \frac{n}{V} \cdot R \cdot T$$

Das Van t'Hoff-Gesetz zeigt Analogie zum Gasgesetz. Der osmotische Druck ist nur von der Dichte n/V der gelösten Teilchen abhängig, nicht aber von der Art der Teilchen oder des Lösungsmittels.

Diffusion

In einer Flüssigkeit oder einem Gas, die aus einem Gemisch verschiedener Teilchen bestehen, wirbeln alle Teilchen aufgrund der *Brownschen Molekularbewegung* regellos durcheinander. Ein solches System strebt immer einen Zustand an, in dem die einzelnen Stoffe gleichmäßig im Raum verteilt sind und somit die Konzentration überall gleich ist. Besteht ein Konzentrationsgefälle, so hat das einen Strom von Teilchen (*Diffusionsstrom*) vom Ort höherer zum Ort niedrigerer Konzentration zur Folge. Die Stärke dieses Diffusionsstromes, die *Teilchenstromdichte* j, ist dabei proportional zur Größe des Konzentrationsgefälles dc/dx. Diese Beziehung wird durch das **1. Ficksche Gesetz** ausgedrückt:

$$j = -D \cdot dc/dx$$

D ist der Diffusionskoeffizient. Er wächst mit der Temperatur und ist für kleine Teilchen größer als für große.

Elektrizitätslehre

5.1 Elektrischer Strom, elektrische Ladung

Beim Fluß von *elektrischem Strom* durch ein stromleitendes Medium werden verschiedene Effekte hervorgerufen:

- der Leiter wird durch den Stromfluß erwärmt (z.B. Glühdraht einer Glühbirne),
- um den Leiter herum bildet sich ein konzentrisches Magnetfeld,
- handelt es sich bei dem Leiter um einen Elektrolyten, so treten chemische Vorgänge (Elektrolyse) auf.

Die **Stromstärke** I ist ein Maß für den Stromfluß und hat die Einheit Ampère (A). Das Ampère ist definiert durch die Kraft, mit der sich zwei stromdurchflossene Leiter aufgrund der magnetischen Stromwirkung anziehen.

Die **konventionelle Stromflußrichtung** ist, unabhängig vom Mechanismus der Elektrizitätsleitung festgelegt, als von „Plus" nach „Minus" gerichtet. Fließt Strom ständig in der gleichen Richtung und mit gleicher Stärke, so heißt er *Gleichstrom*. Wechselt er hingegen periodisch seine Richtung, so nennt man ihn *Wechselstrom*.

Bei der **Messung von Strom** wird das erzeugte Magnetfeld in einer drehbaren und mit einem Zeiger verbundenen Spule ausgenutzt (*Drehspulmesser*, nur bei Gleichstrom möglich). Bei Wechselstrom kommen Geräte zum Einsatz, deren Zeigerausschlag unabhängig von der Stromrichtung ist (Hitzedraht-Ampèremeter, Weicheisenmesser). Ein Strommeßgerät mißt den Strom, der durch einen Verbraucher (z.B. Glühbirne) fließt; es muß daher „in Reihe" zum Verbraucher geschaltet sein (Abb. 5.**1**). Der Innenwiderstand des Meßgerätes wird *Ohmscher Widerstand* (s. unter 5.5) genannt, er sollte möglichst klein sein, um den an ihm auftretenden Spannungsabfall klein zu halten.

Ampèremeter verfügen über umschaltbare Meßbereiche, die durch Parallelschaltung von Widerständen zum Meßwerk entstehen.

In einem räumlich ausgedehnten Medium kann der Stromfluß von Ort zu Ort verschieden sein (im Gegensatz zu einem dünnen Draht). Man gibt dann für jeden Punkt des Mediums die *Stromdichte* j an: $j = I/A$

Beim Fließen von elektrischem Strom werden positive oder negative **Ladungsträger** bewegt. In einem elektrischen Leiter sind dies negativ geladene Elektronen, in einem Elektrolyten Anionen und Kationen, in einem Halbleiter sind es Elektronenlücken.

Ein Elektron trägt eine negative Ladung von ca. $1{,}6 \cdot 10^{-19}$ Coulomb, auch bezeichnet als *Elementarladung*. Die elektrische Ladung wird aus Stromstärke und Zeit abgeleitet: Fließt in einem Leiter ein Strom von 1 A genau 1 s lang, so wird dabei die Ladung 1 Coulomb (C) durch den Leiterquerschnitt transportiert: $1\,C = 1\,A \cdot 1\,s = 1\,As$

5.2 Elektrische Spannung

Um eine elektrische Ladung in einem elektrischen Feld von A nach B zu verschieben, muß Arbeit aufgewendet werden. Die Arbeit bewirkt einen Zuwachs der potentiellen Energie des geladenen Teilchens. Es hat in Punkt B eine um ΔW höhere potentielle Energie als in Punkt A: $W_B = W_A + \Delta W$. Bezieht man die potentielle Energie auf die Ladung q des Teilchens, so erhält man das *elektrische Potential* $\varphi = W/q$. In Punkt A ist das Potential $\varphi_A = W_A/q$ und in B ist es $\varphi_B = W_B/q$. Die *Potentialdifferenz* $\varphi_A - \varphi_B$ nennt man **elektrische Spannung** U ($J/C = Ws/As = Volt = V$) zwischen den Punkten A und B.

In einem Leiter fließt nur Strom, wenn zwischen den Enden des Leiters eine Potentialdifferenz (eine Spannung) besteht. Diese Spannung wird von Spannungsquellen geliefert:

- Galvanisches Element (Gleichspannung) 1 V,
- aufladbarer Bleiakkumulator (Gleichspannung) 2 V,
- öffentliches Stromnetz (Wechselspannung) Scheitelwert 310 V, Frequenz 50 Hz (die abgegebenen 220 V sind der Effektivwert, s.u.).

Jede reale Spannungsquelle hat einen *Innenwiderstand*. Modellhaft kann man sich eine reale Spannungsquelle also vorstellen als ideale Spannungsquelle (widerstandslos) mit einem dazu in Reihe geschalteten Innenwiderstand. Beim Fließen von Strom läßt sich dann nicht mehr die volle Spannung, sondern nur noch die übrige *Klemmenspannung* abgreifen. Im unbelasteten Zustand liefert die Spannungsquelle die volle Spannung (*Leerlaufspannung*).

Zur Messung der elektrischen Spannung werden prinzipiell die gleichen Geräte verwendet, wie zur Stromstärkenmessung. Allerdings müssen sie als *Voltmeter* nicht in Reihe, sondern parallel geschaltet sein (Abb. 5.**1**). Der Innenwiderstand eines Voltmeters sollte möglichst groß sein, um den im Parallelkreis fließenden Strom klein zu halten.

5.3 Elektrisches Feld

Elektrische Ladungen üben Kräfte aufeinander aus: Gleichnamige Ladungen stoßen sich ab und ungleichnamige ziehen sich an. Die Größe dieser Kräfte hängt von der Größe der Ladungen q_1 und q_2 und von ihrem Abstand r ab, es gilt das **Coulomb-Gesetz**:

$$F \sim \frac{q_1 \cdot q_2}{r^2}$$

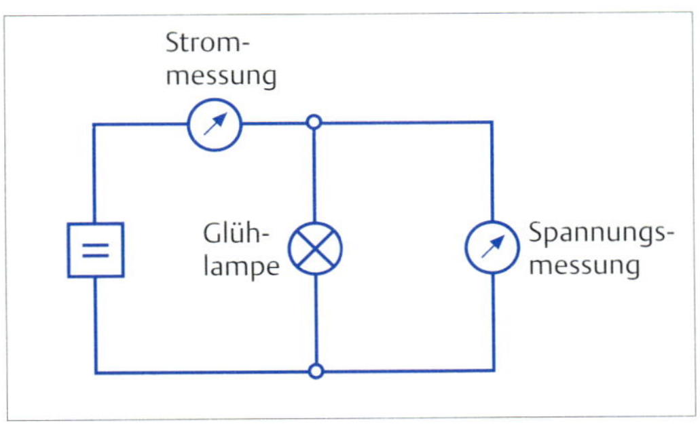

Abb. 5.**1** Strom- und Spannungsmessung

Bringt man eine Ladung q in den Einflußbereich anderer Ladungen, so üben diese die Kraft F auf q aus. Stärke und Richtung dieser Kraft hängen davon ab, wo sich q befindet. Diese Verhältnisse werden als **elektrisches Feld** beschrieben. Bezieht man die Kraft F auf die Ladung q, so erhält man die *elektrische Feldstärke* E = F/q (N/C = V/m). Sie ist eine vektorielle Größe: Für eine positive Ladung ist die auf die Ladung wirkende Kraft F der Feldstärke E gleichgerichtet, für eine negative genau entgegengerichtet.

Zeichnet man für verschiedene Punkte eines elektrischen Feldes die Feldstärkevektoren auf und verbindet die Pfeile zu zusammenhängenden Linien (*Feldlinien*), so erhält man ein Bild des Feldes (Abb. 5.**2**). Wird eine Ladung im elektrischen Feld senkrecht zu der Feldlinie verschoben, so ist dafür keine Energie notwendig. Die durch die Bewegung der Senkrechten definierte Fläche nennt man *Äquipotentialfläche*.

Klinischer Bezug

Bei der Ausbreitung der elektrischen Erregung am Herzen entstehen elektrische Felder, die das umgebende Gewebe durchdringen und an der Körperoberfläche zu meßbaren Potentialschwankungen führen. Diese können als **Elektrokardiogramm (EKG)** registriert werden.

Durch die Aktivität kortikaler Neurone werden ebenfalls Potentialschwankungen erzeugt, die als **Elektroencephalogramm (EEG)** gemessen werden.

Ein **Kondensator** besteht (im einfachsten Fall) aus zwei gegenüberliegenden, voneinander isolierten Metallplatten. Durch Anlegen einer Gleichspannung U lädt sich die mit dem Pluspol verbundene Platte positiv gegenüber der anderen auf, und der Kondensator speichert eine gewisse Ladungsmenge Q. Der Quotient aus gespeicherter Ladung und der Span-

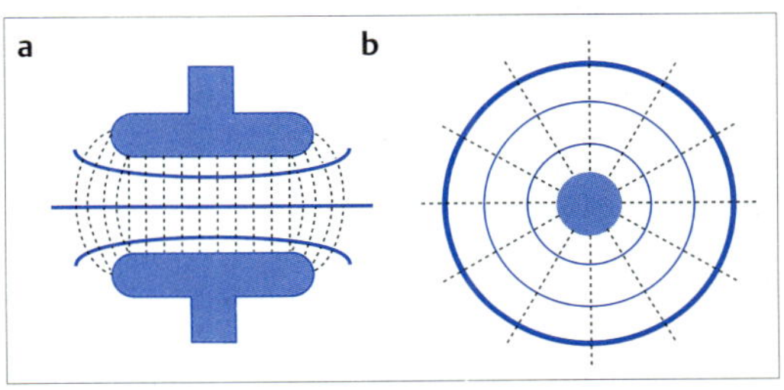

Abb. 5.**2** Feldlinien (gestrichelt) und Äquipotentialflächen (durchgezogene Linien) im Feld eines Plattenkondensators (**a**) und zwischen zwei konzentrischen Leitern (**b**)

nung zwischen den Platten ist seine *Kapazität* $C = Q/U$ (Einheit: Farad = F = C/V). Sie ist proportional zur Fläche A der Platten und umgekehrt proportional zum Abstand zwischen den Platten.
Die beim Laden des Kondensators aufgewandte Arbeit wird als potentielle Energie gespeichert. Der Energieinhalt eines aufgeladenen Kondensators beträgt:

$$W_{pot} = \frac{1}{2} \cdot C \cdot U^2$$

Grundeigenschaft eines elektrischen Leiters ist, daß sich elektrische Ladungen in ihm leicht verschieben lassen. Bringt man einen solchen Leiter in ein äußeres elektrisches Feld, so folgt ein Teil der Ladungen den Feldkräften und ordnet sich um. Diese Ladungstrennung im elektrischen Feld nennt man **Influenz**. Durch sie wird das elektrische Feld im Innern des Leiters aufgehoben. Ein *Faraday-Käfig* aus leitendem Material (z.B. aus Maschendraht) schirmt so das Käfiginnere gegen äußere elektrische Felder ab.
Bei der **Polarisation** von Teilchen, werden nichtleitende Medien (*Isolatoren, Dielektrika*) beeinflußt: Die elektrisch geladenen Bausteine (Atomkerne, Elektronen) werden im elektrischen Feld verlagert, so daß die Schwerpunkte von positiven und negativen Ladungen nicht mehr zusammenfallen. Die Teilchen werden zu *Dipolen*. Liegen Moleküle schon von vornherein als Dipole vor (z.B. H_2O), so richten sie sich im elektrischen Feld mit ihren Dipolachsen längs der Feldlinien aus (*Orientierungspolarisation*). Wird ein Dielektrikum zwischen die Platten eines geladenen Kondensators gebracht, so wird das elektrische Feld zwischen den Platten durch das Dielektrikum geschwächt und die Spannung U sinkt. Da aber die Ladung gleichbleibt, ist die Kapazität des Kondensators größer geworden. Den Steigerungsfaktor nennt man relative *Dielektrizitätskonstante* ε des dielektrischen Materials.

5.4 Elektrische Energie, elektrische Leistung

Beim Einschalten elektrischer „Verbraucher" beginnt elektrischer Strom zu fließen. Die bewegte Ladung wird dabei aber nicht „verbraucht", sondern nur „umgepumpt". Dazu muß laufend durch die Antriebsgröße (Spannung U) die elektrische Stromstärke I aufrechterhalten werden. Je größer der Aufwand je Zeiteinheit, um so höher ist die dem System zugeführte Leistung P. Die dabei verrichtete **Arbeit** W entspricht dem Produkt aus Leistung und Zeit:

$$P = I \cdot U$$
$$W = P \cdot t = U \cdot I \cdot t$$

Die Einheit der Leistung ist Watt (W), die der Arbeit Wattstunde (Ws = J = Nm). Eine Kilowattstunde (kWh) entspricht der Energie, die ein Strom mit der Leistung 1000 W in 1 Stunde liefert.
Der *Joule-Effekt* beschreibt die Erwärmung durch den elektrischen Leistungsumsatz. Alle Vorgänge, bei denen elektrische Leistung oder die Energie W betrachtet werden, genügen dem *Energie-Satz*: Elektrische Energie kann nur aus anderen Energieformen gewonnen oder dorthin (Licht, mechanische Energie, Wärme) umgesetzt werden.

5.5 Elektrischer Widerstand

Wird an einen Draht eine Spannung angelegt, so fließt ein Strom durch den Draht. Der elektrische Widerstand R des Drahtes ist der Quotient aus angelegter Spannung U und Stromstärke I. Die Einheit des Widerstandes ist Ohm (Ω = V/A). Bei Ohmschen Widerständen ist U proportional zu I und somit R konstant (ohmsches Gesetz).

$$R = U/I = \text{konstant}$$

Ein **Ohmscher Widerstand** ist ein Objekt, dessen Strom-Spannungs-Kennlinie eine Gerade durch den Nullpunkt ergibt. Bei Abweichung vom Ohmschen Gesetz (z.B. Glühbirne) ergibt sich statt einer Gerade eine Kurve (Abb. 5.**3**).

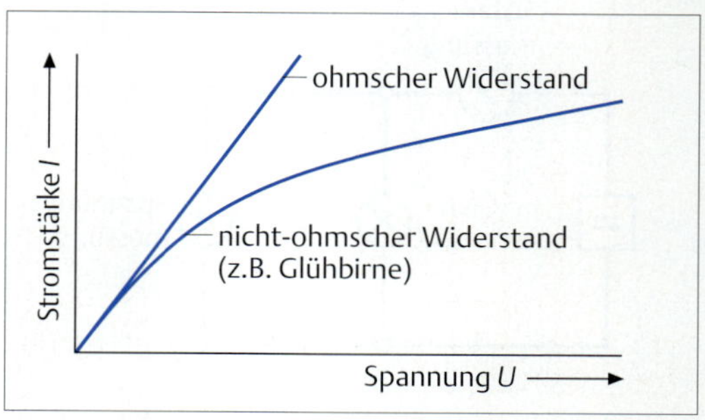

Abb. 5.**3** Strom-Spannungs-Kennlinien

Der Kehrwert des Widerstandes ist der **Leitwert** mit der Einheit Siemens (S = A/V).
Der Widerstand eines Drahtes ist seiner Länge l proportional und seinem Querschnitt A umgekehrt proportional:

$$R \sim l/A \text{ oder } R = \rho \cdot l/A$$

ρ ist eine Materialkonstante, der sog. *spezifische Widerstand* des Leitermaterials, ihr Kehrwert heißt *Leitfähigkeit*. Stoffe mit großer elektrischer Leitfähigkeit heißen *Leiter*, solche mit geringer Leitfähigkeit *Isolatoren*. Dazwischen liegen die *Halbleiter*.
Schaltet man mehrere Widerstände in Serie (hintereinander), so addieren sich die Einzelwiderstände zum **Gesamtwiderstand** (Abb.5.**4a**). Schaltet man mehrere Widerstände parallel, so addieren sich ihre Leitwerte zum Gesamtwiderstand (Abb. 5.**4b**). Der Gesamtwiderstand ist also bei einer Parallelschaltung immer kleiner als der kleinste Einzelwiderstand!

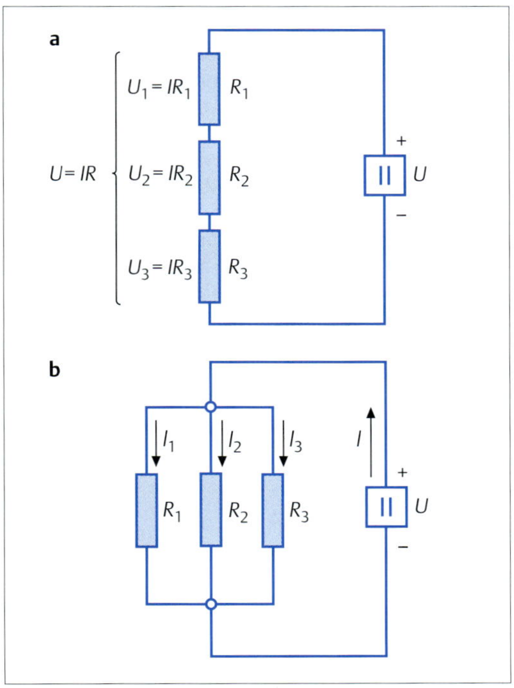

Abb. 5.**4** Serienschaltung (**a**) und Parallelschaltung (**b**) von Widerständen

Serienschaltung :

$$R_{ges} = R_1 + R_2 + R_3 + \ldots + R_n$$

Parallelschaltung :

$$1/R_{ges} = 1/R_1 + 1/R_2 + 1/R_3 + \ldots + 1/R_n$$

Kirchhoff-Regeln: In elektronischen Meßgeräten und Schaltungen (wie auch in der Natur, z. B. Nervensystem bei Mensch und Tier) findet man große und komplizierte Netzwerke. Grundlage der Kirchhoff-Gesetze ist, daß alles, was zufließt, auch wieder abfließen muß.

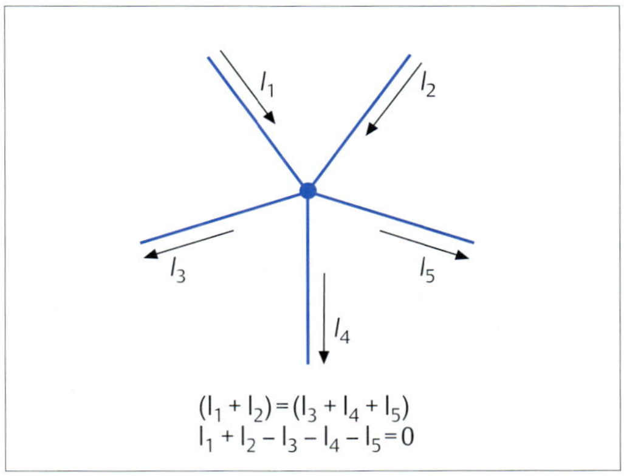

Abb. 5.**5** Knotenregel: $\Sigma I_k = 0$

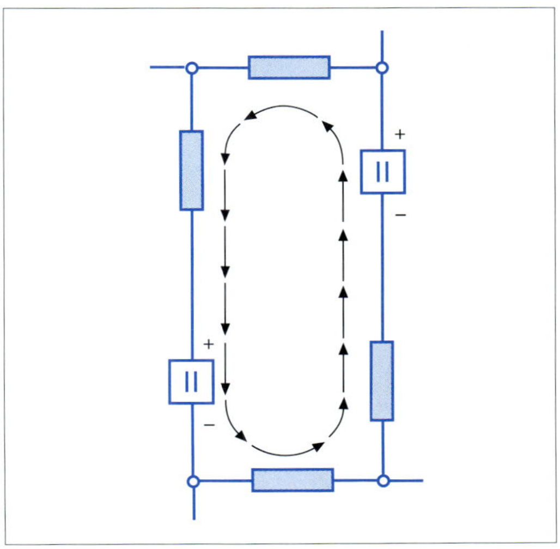

Abb. 5.**6** Maschenregel: $\Sigma U_k = 0$

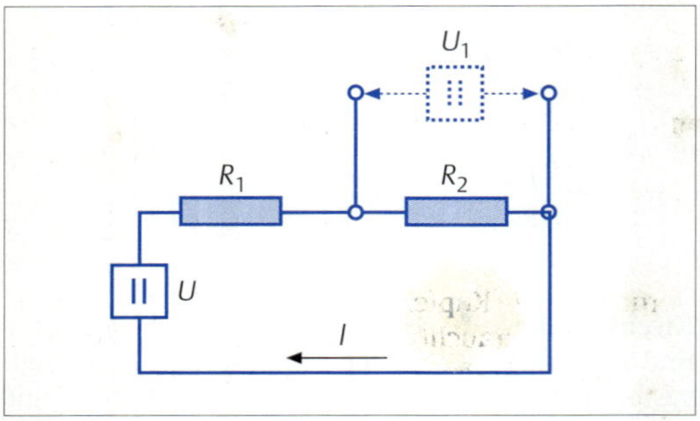

Abb. 5.**7** Potentiometer mit zwei Festwiderständen

- *Knotenregel:* In jedem Knotenpunkt eines Leitersystems ist die Summe der Ströme (mit Richtungssinn) Null (Abb. 5.**5**).
- *Maschenregel:* In jedem geschlossenen Leiterkreis ist die Summe aller Teilspannungen (bei Berücksichtigung der Vorzeichen) Null. (Abb. 5.**6**).

Der Spannungsabfall längs eines Widerstands wird bei einem **Potentiometer** (Spannungsteiler) dazu benutzt, um aus einer vorgegebenen Spannung U beliebige Teilspannungen herzustellen: Die Spannung U liegt an einem homogenen Draht mit dem Widerstand R und der Länge l. Über einen Schleifkontakt, der längs des Drahtes verschoben werden kann, lassen sich alle Spannungen zwischen 0 V und U abgreifen, je nachdem, wie sich der Widerstand R_1 des abgegriffenen Stückes zum Gesamtwiderstand verhält (Abb. 5.**7**).

Eine **Brückenschaltung** (*Wheatstone-Brücke*) kann zur Widerstandsmessung benutzt werden (Abb. 5.**8**): Ein unbekannter Widerstand R_1 läßt sich berechnen, wenn R_2, R_3 und R_4 bekannt sind, denn es gilt:

$$R_1 = R_2 \cdot R_3 / R_4$$

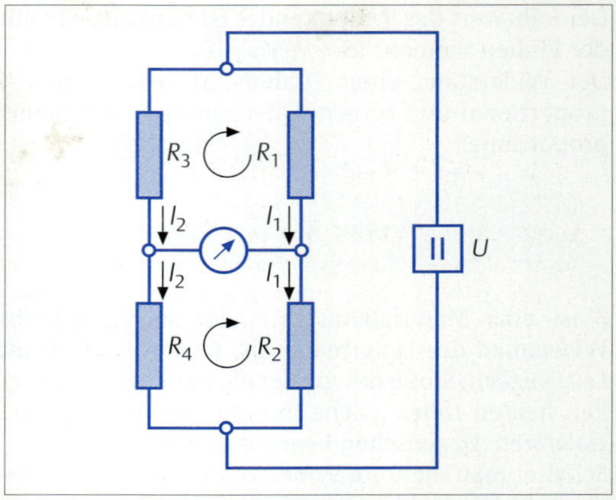

Abb. 5.**8** Wheatstone-Brückenschaltung

Auch die gleichzeitige Messung von Strom und Spannung ermöglicht die Ermittlung des Widerstands. Allerdings bringt dieses Verfahren immer einen systematischen Fehler mit sich, denn entweder verfälscht das Voltmeter die Stromstärkenmessung oder das Ampèremeter die Spannungsmessung (Abb. 5.**9**).

Das **Aufladen eines Kondensators** mit der Kapazität C kann an einer Gleichspannungsquelle U mit in Reihe geschaltetem Widerstand R geschehen, bis am Kondensator die volle Spannung U liegt. Beim Aufladen fließt durch den Widerstand ein Ladestrom I, der anfangs den Maximalwert $I = U/R$ hat und dann exponentiell abfällt. Die Spannung U_C am Kondensator ist anfangs 0 und nähert sich dann asymptotisch dem Endwert U an.

Überbrückt man einen aufgeladenen Kondensator mit einem Widerstand, so entlädt sich der Kondensator über den Widerstand. Dabei fallen die Spannung U_C am Kondensator und der Entladungsstrom (unterscheidet sich vom Ladestrom nur durch das Vorzeichen) exponentiell ab. Die *Zeitkonstante* $\tau = R \cdot$

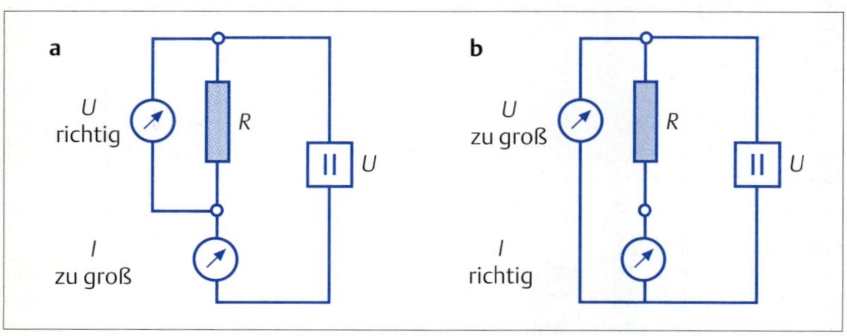

Abb. 5.**9** Bestimmung von R durch Messung von U und I: Fehlerhafte Messung

C (Einheit Ohm · Farad = s) ist ein Maß für die Geschwindigkeit des Lade- bzw. Entladevorganges.

5.6 Elektrizitätsleitung

Leitungselektronen sind in einem metallischen Leiter innerhalb des Metallgitters relativ frei. Um sie ganz aus dem Metall herauszulösen, bedarf es der sog. *Austrittsenergie*. Durch Erhitzen des Metalls kann man den Elektronen helfen, die Austrittsarbeit zu überwinden (*Glühemission*). Auch auf das Metall auftreffende Lichtquanten (*Photoemission*) haben einen solchen Effekt.

Vakuum: Bei der *Vakuum-Diode* wird die Glühemission ausgenutzt: In einer evakuierten Röhre befinden sich zwei gegenüberliegende Elektroden: *Kathode* (mit negativem Pol einer Spannungsquelle verbunden) und *Anode* (mit positivem Pol verbunden). Wird die Kathode zum Glühen gebracht, so treten aus ihrem Material Elektronen aus, die sich zur Anode hin bewegen; somit fließt ein Strom durch die Röhre. Beim Durchlaufen der Potentialdifferenz (Spannung) zwischen Kathode und Anode werden die Elektronen im elektrischen Feld beschleunigt, wodurch ihre potentielle Energie ab- und ihre kinetische Energie zunimmt. Die umgesetzte Energie ist das Produkt aus Spannung und Ladung.

Der *Oszillograph* mit seiner *Elektronenstrahlröhre* funktioniert nach dem gleichen Prinzip: Der von der Kathode emittierte Elektronenstrahl trifft durch ein Loch in der Anode scharf gebündelt auf einen Leuchtschirm.

Gasgefüllter Raum: Im Vakuum können Elektronen ungestört von der Kathode zur Anode gelangen. Im *gasgefüllten* Raum stoßen sie jedoch mit den Gasmolekülen zusammen. Wenn das Elektron dabei genügend Energie besitzt, kann es das Molekül beim Stoß *ionisieren*. Dabei entsteht ein zusätzliches Elektron, das wiederum im elektrischen Feld zwischen Kathode und Anode beschleunigt wird und ggf. wieder ein neues Molekül ionisieren kann. Auf diese Weise kommt es zu einem lawinenartigen Anwachsen der Elektronen- und Ionenzahl mit einem exponentiellen Anstieg der Stromstärke. Dieser Vorgang wird *selbständige Gasentladung* genannt.

Flüssigkeiten: In wäßriger Lösung haben viele Moleküle (z. B. Salze, Säuren, Basen) die Tendenz, in mehrere geladene Teilchen zu zerfallen, sie *dissoziieren* zu Ionen. Eine solche Lösung wird *Elektrolyt* genannt und besitzt elektrische Leitfähigkeit: Legt man ein elektrisches Feld an (Eintauchen zweier Elektroden), so folgen die Ionen diesem Feld und es fließt ein Strom. Dieser Stromfluß ruft elektrochemische Erscheinungen hervor, die *Elektrolyse* genannt werden (Abb. 5.**10**): An der Kathode scheiden sich Metalle und Wasserstoff ab und an der Anode Sauerstoff und Säurereste. Der Ladungstransport in einem Elektrolyten ist also immer auch mit einem Materietransport verbunden.

Beispiel:
Werden zwei Kupferelektroden in eine Kupfersulfatlösung getaucht, so schlägt sich an der Kathode metallisches Kupfer nieder, während an der Anode Kupfer in Lösung geht.

1. Faradaysches Gesetz: Die an einer Elektrode abgeschiedene Stoffmenge m ist der durchgegangenen Elektrizitätsmenge Q (welche das Produkt aus Stromstärke I und Zeit t ist) proportional:

$$m \sim Q = I \cdot t$$

2. Faradaysches Gesetz: Durch die gleichen Elektrizitätsmengen werden aus verschiedenen Elektrolyten die gleichen Äquivalentenmengen abgeschieden. Zweiwertige Ionen können die doppelte Ladung transportieren wie einwertige. Entscheidend für den Ladungstransport ist die *Äquivalentenmenge*: Sie ist das Produkt aus Stoffmenge (mol) und Wertigkeit.

5.7 Sicherheitsaspekte

Gleichströme und niederfrequente Wechselströme können schon bei geringer Stromstärke (ab 25 mA) lebensgefährlich werden, denn sie verändern das

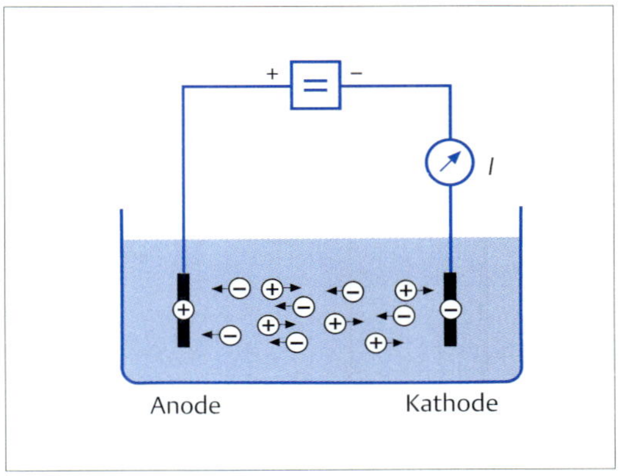

Abb. 5.**10** Elektrolyse

Membranpotential an betroffenen erregbaren Nerven- und Muskelzellen (besondere Gefahr besteht beim Herzmuskel). Bei Stromstärken ab 100 mA entstehen wegen der Entwicklung von Joulescher Wärme auch *Verbrennungen*.

Klinischer Bezug

Die **Rettung bei Stromunfall** hat unter besonderen Vorsichtsmaßnahmen zu erfolgen: Vor Berühren des Patienten muß der elektrische Kontakt unterbrochen werden, am besten durch Abschalten des Stromes! Die häufigste Todesursache bei Stromunfällen ist Herzkammerflimmern mit Kreislaufstillstand (70 %). Daher ist bei Herz-Kreislauf- und Atem-Stillstand sofort die kardiopulmonale Reanimation einzuleiten.

Strom fließt (auch durch den menschlichen Körper) nur, wenn ein Potentialgefälle (also Spannung) besteht. In einer **Schuko-Steckdose** befinden sich daher neben *Phase* und *Nulleiter* (sie übernehmen den Stromtransport) auch noch ein auf Erdpotential liegender (geerdeter) *Schutzleiter*, mit dem das Gehäuse angeschlossener Geräte verbunden ist (Abb. 5.**11**). Ein gut geerdeter Mensch kann das Gehäuse so auch bei einem Defekt (Kontakt zwischen Phase und Gehäuse) gefahrlos berühren, denn durch den in den Schutzleiter abfließenden Strom wird die Sicherung abgeschaltet.

5.8 Spannung an Grenzflächen

Konstantspannung: Werden zwei verschiedene Metalle miteinander in Kontakt gebracht, so diffundieren an der Kontaktstelle in beiden Richtungen Elektronen aus dem einen Metall in das andere. Der Diffusionsstrom ist in der einen Richtung größer als in der anderen, denn die Elektronen aus dem Metall mit der niedrigeren Austrittsarbeit haben es leichter, ihrem Metallverband zu entkommen und zum Nachbarn überzuwechseln. Daher befinden sich auf der einen Seite weniger Elektronen, während sich die andere Seite negativ auflädt. Somit entsteht eine Potentialdifferenz zwischen beiden Seiten, und es stellt sich ein für jede Metallkombination charakteristischer Gleichgewichtswert ein, die sog. *Kontaktspannung*.

Thermospannung: Lötet man zwei Drähte aus unterschiedlichen Metallen zu einem geschlossenen Kreis zusammen, so entstehen an beiden Lötstellen Kontaktspannungen, die sich gegenseitig aufheben. Haben die beiden Lötstellen unterschiedliche Temperatur, so resultiert eine *Thermospannung* zwischen ihnen. Sie ist ein Maß für die Temperaturdifferenz zwischen den Lötstellen. Ein solches *Thermoelement* ist zur Temperaturmessung geeignet.

Diffusionsspannungen entstehen nicht nur zwischen zwei Metallen, sondern auch zwischen Elektroden und Lösung in einem Elektrolyten (*Galvani-Spannung*) oder an einer Membran, die selektiv nur eine bestimmte Sorte Ionen hindurchläßt (*Membranpotential*). Es bildet sich ein *Gleichgewichtspotential* U_G aus, dessen Größe proportional zum Logarithmus des Konzentrationsverhältnisses c_1/c_2 ist und von Temperatur T und Ionenladung Z abhängt. Es läßt sich durch die **Nernst-Gleichung** beschreiben:

$$U_G \sim T/Z \cdot \ln(c_1/c_2)$$

Durch Umverteilung von Ionen kann die Potentialdifferenz erhöht (*Hyperpolarisation*) oder erniedrigt (*Depolarisation*) werden. Es kann sogar zu einer Umkehrung der Richtung kommen.

Klinischer Bezug

Das Membranpotential (**Ruhepotential**) einer Nervenzelle (die Potentialdifferenz zwischen Zellinnerem und -äußerem) beträgt etwa –80 mV.

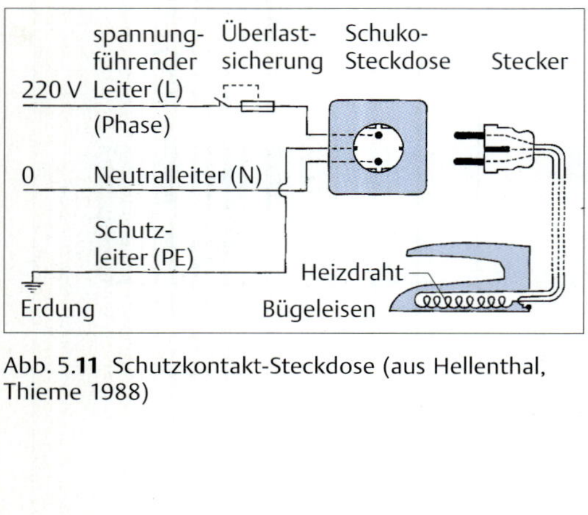

Abb. 5.**11** Schutzkontakt-Steckdose (aus Hellenthal, Thieme 1988)

5.9 Magnetisches Feld

Neben dem elektrischen Feld hängt auch das *magnetische Feld* mit der Elektrizität zusammen. Ein magnetisches Feld kann mit einem *magnetischen Dipol* (bestehend aus Nord- und Südpol, z. B. Kompaßnadel) nachgewiesen werden. Das Feld übt ein Drehmoment auf den Dipol aus, der sich dann parallel zu

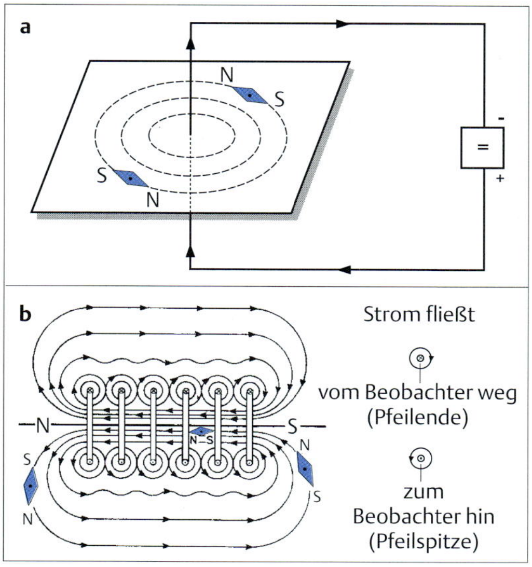

Abb. 5.**12** Feldlinien eines stromdurchflossenen Leiters (**a**); magnetisches Feld einer Spule (**b**) (aus Hellenthal, Thieme 1988)

den Feldlinien ausrichtet. Definitionsgemäß laufen magnetische Feldlinien vom Nord- zum Südpol.
Magnetfelder werden durch bewegte Ladungen (z. B. stromdurchflossene Leiter) erzeugt. Ein stromdurchflossener Draht ist von konzentrischen, kreisförmigen Feldlinien umgeben (Abb 5.**12a**). Wickelt man den Draht zu einer Spule auf, so entsteht ein Feld, das dem eines Stabmagneten ähnlich ist und im Inneren der Spule homogen ist (Abb. 5.**12b**). Die magnetische Feldstärke $\vec{H}$ ist proportional zum durch alle Schleifen der Spule fließenden Gesamtstrom I und umgekehrt proportional zur Länge l des Schleifenreihe.
Wird ins Innere der Spule ein Kern aus geeigneter Materie (z. B. Eisen) eingebracht, so vergrößert sich der Einfluß auf einen außerhalb befindlichen Probekörper (z. B. Magnetnadel) ganz erheblich. Diese durch die Materie verursachte Wirkung wird als *magnetischer Fluß* bezeichnet.
Bringt man einen stromdurchflossenen Leiter in ein äußeres Magnetfeld, so ergibt sich eine Wechselwirkung zwischen äußerem Feld und vom Strom erzeugten Magnetfeld. Es wirkt die *Lorentz-Kraft* $\vec{F}$ auf den Leiter, deren Richtung mit der **Rechte-Hand-Regel** bestimmt werden kann (Abb. 5.**13**): Wenn der Daumen in Stromrichtung $\vec{I}$ und der Zeigefinger in Feldrichtung $\vec{B}$ deutet, zeigt der Mittelfinger die Kraftrichtung an.

Elektromotor: Biegt man den Leiter zu einer Schleife, die um ihre Achse drehbar ist, so wird im Magnetfeld ein Drehmoment auf die Schleife ausgeübt, wenn in ihr ein Strom fließt. Auf diese Weise kann man elektrische in mechanische Energie verwandeln.
Generator: In einer Drahtschlinge, durch die ein Magnetfeld hindurchgreift, erzeugt jede Änderung des Magnetfeldes eine Spannung an den Enden der Schlinge (*elektromagnetische Induktion*). So kann man z. B. durch Drehung einer Leiterschleife im Magnetfeld eine Wechselspannung erzeugen.
Transformator: Erzeugt man in einer Spule durch Anlegen einer Wechselspannung (*Primärspannung*) ein magnetisches Wechselfeld und durchsetzt mit diesem Feld die Windungen einer zweiten Spule, so wird dadurch in der zweiten Spule eine Wechselspannung (*Sekundärspannung*) induziert. Primär- und Sekundärspannung verhalten sich wie die Windungszahlen der Spulen: $U_1/U_2 = n_1/n_2$. Ein solcher *Transformator* kann vorgegebene Wechselspannungen in höhere oder niedrigere Wechselspannungen verwandeln.
Stromdurchflossene Leiterschleifen oder Spulen werden von ihrem eigenen Magnetfeld durchsetzt. Bei Änderung der Stromstärke ändert sich auch das Magnetfeld, wodurch an den Enden der Schleife oder Spule eine Spannung induziert wird (*Selbstinduktion*). Diese Spannung ist der den Stromfluß hervorrufenden Spannung entgegengesetzt.

5.10 Wechselstrom, elektrische Schwingungen und Wellen

Legt man an einen Kondensator eine Wechselspannung $U = U_0 \cdot \sin(\omega \cdot t)$ an, so ruft sie (anders als bei einem Ohmschen Widerstand) keinen synchronen Wechselstrom hervor. Denn jede Spannungsän-

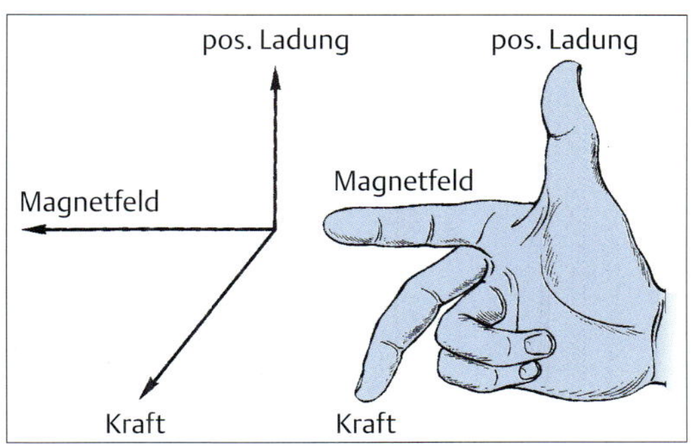

Abb. 5.**13** Rechte-Hand-Regel

Physik

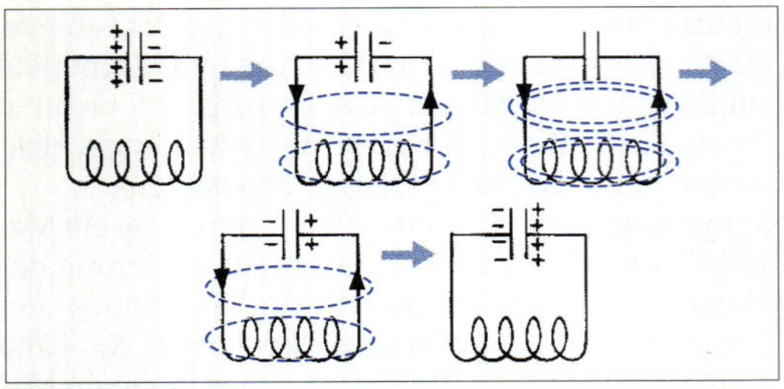

Abb. 5.**14** Wechselspiel elektrischer Ladung im elektrischen Schwingkreis (aus Hellenthal, Thieme 1988)

derung am Kondensator ruft eine Ladungsänderung ($Q = C \cdot U$) und einen Strom ($I = dQ/dt$) hervor. Die Stromstärke ist der Spannungs*änderung* proportional. Beim Nulldurchgang der Wechselspannung erreicht die Stromstärke ihren höchsten Wert. Der Strom erreicht damit seinen Maximalwert eine Viertelperiode eher als die Spannung (er eilt ihr mit einer Phasenverschiebung von 90° voraus). Um in einer Spule einen Wechselstrom zu erzeugen, muß die Spannungsquelle die durch Selbstinduktion in der Spule entstehende Gegenspannung kompensieren. Dies ist nur möglich, wenn die Spannung dem Strom um 90° vorauseilt.

Impedanz: Für Kondensatoren R_C und Spulen R_L ist der *Wechselstromwiderstand* (Impedanz) von der Wechselstromfrequenz abhängig: $R_C \sim 1/\omega$ und $R_L \sim \omega$

Effektivwerte von Wechselstrom und -spannung: Ein Wechselstrom entwickelt beim Durchgang durch einen Ohmschen Widerstand (analog zum Gleichstrom) *Joulesche Wärme*. Die Wärmeentwicklung wird dabei von der mittleren Leistung (Wirkleistung) beeinflußt: $P_w = ½ \cdot I_0 \cdot U_0$ (I_0 und U_0 sind die Scheitelwerte von Strom und Spannung). Die gleiche Leistung wird von einem Gleichstrom mit der Stromstärke $I_{eff} = I_0/\sqrt{2}$ und der Spannung $U_{eff} = U_0/\sqrt{2}$ aufgebracht. Man bezeichnet daher I_{eff} und U_{eff} als *Effektivwerte* von Wechselstrom und -spannung.

Schwingkreis: Ein Kondensator und eine Spule bilden zusammen einen *elektrischen Schwingkreis*, in dem Energie zwischen dem elektrischen Feld des Kondensators und dem Magnetfeld der Spule hin und her pendelt (Abb. 5.**14**): Der Kondensator entlädt sich über die Spule, in der durch den Strom ein Magnetfeld aufgebaut wird. Beim Zerfall dieses Feldes entsteht durch Selbstinduktion eine Spannung, welche den Kondensator wieder auflädt, diesmal jedoch mit umgekehrtem Vorzeichen (s. auch 6.1). Ein Schwingkreis schwingt mit seiner *Eigenfrequenz*, die durch die Kapazität des Kondensators und die Induktivität der Spule bestimmt wird. Bei Schwingkreisen geht ein Teil der Energie aus dem elektrischen und magnetischen Feld in den Außenraum verloren. Man kann diesen Effekt durch besondere Konstruktionen verstärken und erhält einen *Sender*, der elektromagnetische Wellen abstrahlt.

Klinischer Bezug

Hochfrequente elektromagnetische Felder können zur Gewebeerwärmung verwendet werden (**Kurzwellenbehandlung**).

Physik Kapitel 6

Schwingungen und Wellen

6.1 Einfache schwingungsfähige Systeme

Sinusschwingung: Eine *Schwingung* ist ein sich periodisch in der Zeit wiederholender Vorgang. Schwingt ein System selbständig (ohne Einwirkung äußerer Kräfte) um eine stabile Gleichgewichtslage, so ist die ausgeführte Bewegung eine freie *ungedämpfte Schwingung*. Durch die *Sinusfunktion* läßt sich der zeitliche Verlauf einer solchen **harmonischen Schwingung** beschreiben:

$$y(t) = y_0 \cdot \sin(\frac{2\pi}{T} \cdot t + \varphi_0)$$

Die *Schwingungsdauer* T beschreibt den zeitlichen Abstand gleichphasiger Schwingungszustände. T ist mit der Eigenfrequenz υ_0 des Systems durch $\upsilon_0 = 1/T$ verknüpft. Die *Frequenz* wird in Schwingungen pro Sekunde (Hertz) gemessen. Die maximale Auslenkung y_0 bezeichnet man als *Amplitude*. Die *Phasenverschiebung* ω_0 beschreibt die Phasenverschiebung der Kurve gegenüber dem Zeitnullpunkt.

Beispiele für schwingungsfähige mechanische Systeme sind Fadenpendel, Federpendel, Drehpendel oder auch Schwingungen einer Wassersäule in einem U-Rohr.

Bei allen mechanischen Schwingungen findet ein stetes Wechselspiel zwischen potentieller und kinetischer Energie statt. Die Schwingung ist *ungedämpft*, wenn die Gesamtschwingungsenergie erhalten bleibt (Energieerhaltung). Nimmt die Gesamtenergie im Laufe der Zeit (z. B. durch Reibung) ab, so ist die Schwingung *gedämpft* (Abb. 6.**1**).

Schwingungen treten neben der Mechanik auch in der Elektrizitätslehre auf (s. 5.10). Ein Beispiel ist der *Schwingkreis*, der zur Erzeugung elektromagnetischer Wellen dient (Abb. 6.**2**).

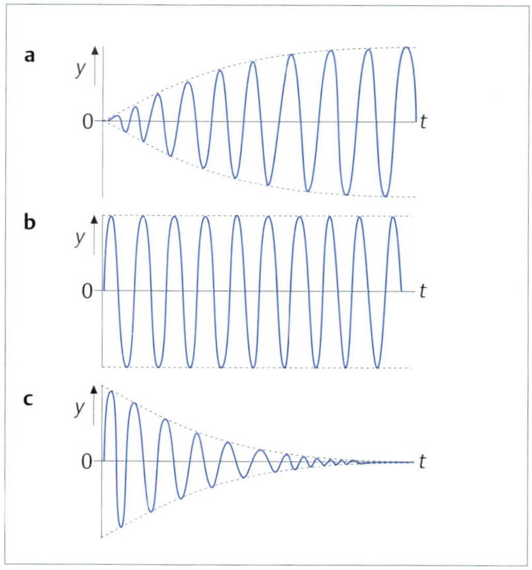

Abb. 6.**1** Einschwingvorgang (**a**), ungedämpfte Schwingung (**b**), gedämpfte Schwingung (**c**)

Resonanz: Wird ein schwingungsfähiges System (Oszillator, Resonator) durch eine äußere periodische Kraft zu Schwingungen mit der Frequenz υ angeregt, so schwingt das System mit dieser *aufgezwungenen* Frequenz. Die dämpfungsabhängige Amplitude A dieser erzwungenen Schwingung erreicht ein Maximum, wenn die Erregerfrequenz υ mit der Eigenfrequenz υ_0 des angeregten Systems übereinstimmt (*Resonanz*). Die Phasendifferenz $\Delta j = \varphi_1 - \varphi_2$ zwischen dem Erreger und dem Oszillator beträgt

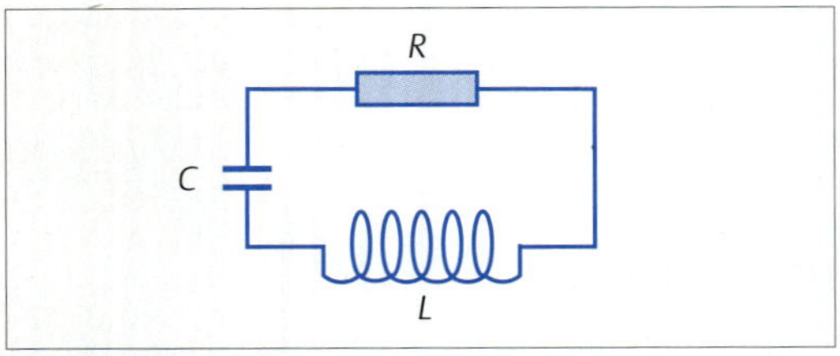

Abb. 6.2 Schwingkreis

bei Resonanz 90° (π/2). Die Energieübertragung auf den Oszillator ist bei Resonanz optimal.

Andere Schwingungen: Es gibt auch Schwingungen, die einen anderen zeitlichen Verlauf als Sinusschwingungen zeigen, z. B. Kippschwingungen beim Oszillographen oder Rechteckschwingungen (= Impulse).

Klinischer Bezug

Die Impulse eines **Herzschrittmachers** entsprechen bei zeitlicher Auftragung einer Rechteckschwingung.

Alle nicht-sinusförmigen periodischen Schwingungen lassen sich mit Hilfe von Überlagerung beliebig vieler Sinusschwingungen verschiedener Frequenzen und geeigneter Amplituden darstellen (*Fourier-Analyse*).

6.2 Ausbreitung von Schwingungen, Wellen

Welle: Wenn ein Vorgang nicht nur zeitlich periodisch abläuft, sondern sich auch periodisch im Raum ausbreitet, wird er *Welle* genannt. Die Periodik im Raum wird durch die Wellenlänge λ bestimmt (Abb. 6.**3**). Eine Welle transportiert Energie, jedoch keine Materie, da die schwingenden Teilchen um feste, stabile Gleichgewichtslagen schwingen und nicht mit der Zustandsänderung mitwandern. Es gilt:

$c = \lambda \cdot f$ (c = Ausbreitungsgeschwindigkeit, f = Frequenz)

Der **Schwingungsvektor** beschreibt die Richtung der Wellenbewegung. Steht er senkrecht zur Ausbreitungsrichtung, so nennt man die Welle *transversal* (z. B. elektromagnetische Wellen, Teilchenauslenkungsvektor bei Seilwellen). Transversale Wellen sind *polarisierbar*, man kann also Schwingungsvektoren ganz bestimmter Richtung herausselektieren. Bei *longitudinalen* Wellen (z. B. Schallwellen, s. 6.3) zeigt der Schwingungsvektor in Richtung der Ausbreitungsgeschwindigkeit, sie sind demnach nicht polarisierbar.

Bei der Überlagerung zweier gegenläufiger Wellen gleicher Frequenz und Amplitude ergibt sich ein stationärer Zustand, eine sog. *stehende Welle* (Abb. 6.**4**). Es findet kein Energietransport mehr statt, da die Energie in den Schwingungsbäuchen festgehalten wird. Stehende Wellen in Gasen oder festen Körpern bezeichnet man auch als *Eigenschwingung*.

6.3 Schallwellen

Schallwellen sind definiert als Ausbreitung mechanischer Schwingungen von Atomen und Molekülen in Materie. Schallwellen sind longitudinale Wellen, denn die Teilchen bewegen sich in Ausbreitungsrichtung. Die Schallausbreitungsgeschwindigkeit beträgt unabhängig von der Frequenz in trockener

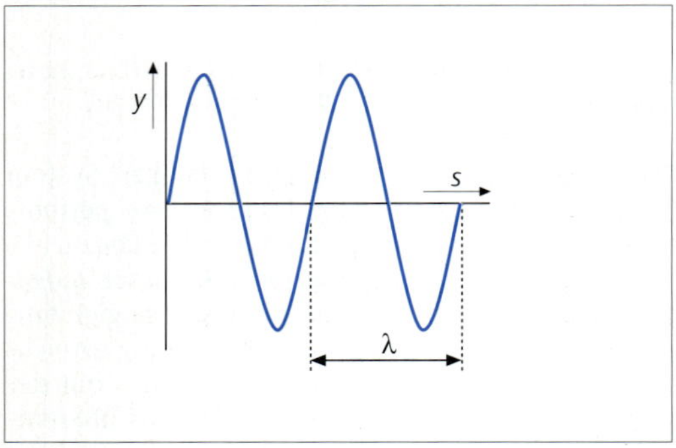

Abb. 6.**3** Welle

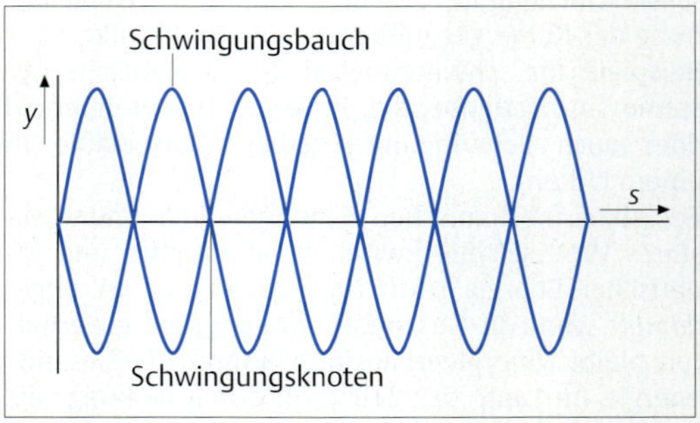

Abb. 6.**4** Stehende Welle

Luft ca. 340 m/s. In festen Körpern werden erheblich höhere Ausbreitungsgeschwindigkeiten erreicht (z. B. Knochenleitung).

Klinischer Bezug

Die mit dem menschlichen Ohr wahrnehmbaren Frequenzen liegen zwischen 16 Hz und 20 kHz. Der Frequenzbereich darunter wird als **Infraschall**, der darüber als **Ultraschall** bezeichnet. In der Diagnostik findet der Ultraschall z. B. bei der Darstellung innerer Organe (Betrachtung des reflektierten Schallfeldes) Anwendung.

Doppler-Effekt: Bei einer Annäherung von Quelle und Empfänger erscheint die Frequenz der Welle am Beobachtungsort erhöht, bei Entfernung erscheint sie verringert. Dieses Phänomen wird *Doppler-Effekt* genannt. Das bekannteste Beispiel aus dem Alltag ist die Polizeisirene: Beim fahrenden Polizeiwagen treffen die Maxima der Wellenbewegungen bei einem in Fahrtrichtung positionierten Beobachter in kürzeren Zeitabständen ein, als es bei einer stationären Schallquelle der Fall wäre. Entsprechend erscheint die vom Beobachter wahrgenommene Frequenz höher als die tatsächliche Frequenz der Welle. In Gegenrichtung zur Fahrtrichtung sind die Verhältnisse umgekehrt.

Klinischer Bezug

Zur Messung der Strömungsgeschwindigkeit von Blut kann der Doppler-Effekt z. B. beim **Gefäß-Doppler** ausgenutzt werden: Die remittierte Schallstrahlung erfährt bei dem bewegten Medium, das die Rückstreuung der Schallwellen bewirkt, eine meßbare Frequenzverschiebung.

Die **Schallintensität** I ist definiert als Energie E, die pro Zeiteinheit Δt auf eine Fläche A auftrifft.

$$I = \frac{E}{\Delta t \cdot A}$$

Ein relatives Maß für die Schallintensität in bezug auf die Hörschwellenintensität ist der **Schallpegel** I_p (Einheit dB). Bei einer Frequenz von 1 kHz ist die Hörschwellenintensität $I_H = 10^{-12}\,W/m^2$.

$$I_p = 10 \cdot \lg \frac{I}{I_H}$$

Als subjektives Maß gilt die **Lautstärke** L (Einheit: phon), denn nicht alle Frequenzen werden gleich empfunden. Die Lautstärke berücksichtigt die spektrale Empfindlichkeit des Ohres. Definitionsgemäß stimmen die Lautstärke- und Schallpegelskala für 1 kHz überein, hier gilt: $I_p = L$. Lautstärkemeßgeräte messen in phon und müssen im Gegensatz zu Schalldruckmeßgeräten die Empfindlichkeitskurve des Ohres berücksichtigen.

6.4 Elektromagnetische Wellen

Durch einen schwingenden elektrischen Dipol (also durch schwingende elektrische Ladungen) werden *elektromagnetische Wellen* erzeugt. Dieser Wellenvorgang wird durch ein zeitlich und räumlich variables *elektromagnetisches Feld* dargestellt. Es ist als Zustand des Raumes definiert, bei dem an jedem Ort Kräfte auf ruhende und bewegte elektrische Ladungen ausgeübt werden.
Diese Wirkung wird durch den elektrischen Feldstärkevektor $\vec{E}$ und den magnetischen Feldstärke-

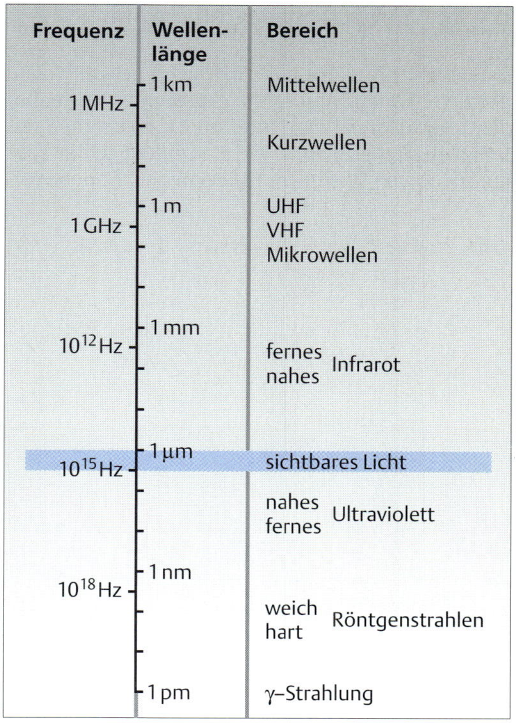

Abb. 6.**5** Spektrum elektromagnetischer Strahlung

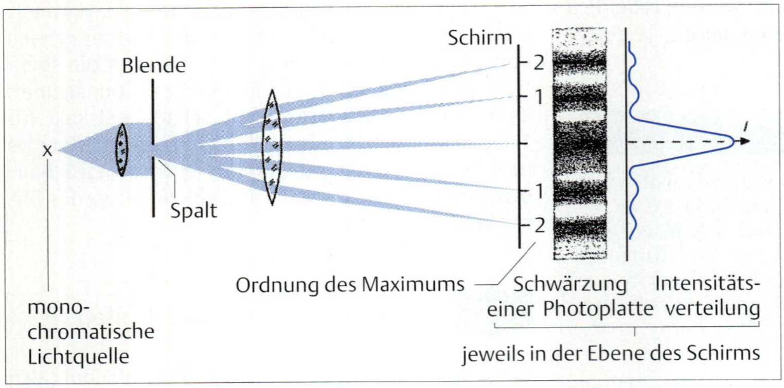

Abb. 6.**6** Beugung am Spalt (aus Hellenthal, Thieme 1988)

vektor $\vec{H}$ beschrieben. Diese beiden Vektoren stehen senkrecht zueinander und zur Ausbreitungsrichtung. In der *Schwingungsebene* schwingt der magnetische Feldstärkevektor $\vec{H}$. Elektromagnetische Wellen sind transversale und somit polarisierbare Wellen. Das Spektrum der elektromagnetischen Strahlung ist in Abb. 6.**5** gezeigt.

6.5 Interferenz und Beugung

Interferenz bezeichnet die Überlagerung von Wellen gleicher Frequenz und zeitlich konstanter Phasenbeziehung (*Kohärenz*). Die Interferenz (zusammen mit dem Huygens-Prinzip, s. 7.2) ist Grundlage der *Beugung* (s.u.) von Wellen an Hindernissen. Haben Wellen die gleiche Ausbreitungsrichtung, so können sie sich bei entsprechender Verschiebung von $\Delta S = \lambda/2$ und identischer Amplitude vollständig auslöschen (stehende Welle, s. 6.2). Addiert man in jedem Punkt eines elektromagnetischen Feldes die jeweiligen elektromagnetischen Feldstärkevektoren, so resultiert aus der Überlagerung das elektromagnetische Interferenzfeld mit Flächen vollständiger Auslöschung und maximaler Verstärkung.

Die **Beugung** beschreibt das Abweichen einer Wellenbewegung von der geradlinigen Ausbreitungsrichtung beim Auftreffen auf ein Hindernis. Die Beugung am Spalt kann man sich vorstellen als Überlagerung (Interferenz) von Kugelwellen, die von sehr vielen im Spalt liegenden Punktquellen ausgehen. Es resultiert eine Intensitätsverteilung (Abb. 6.**6**).

Optik

7.1 Lichtausbreitung, Photometrie

Der vom menschlichen Auge wahrnehmbare Teil des elektromagnetischen Spektrums (s. Abb. 6.**5**) wird *sichtbares Licht* genannt. Der Wellenbereich des sichtbaren Lichtes reicht von 400 nm (violett) bis 800 nm (rot). Die *Ausbreitungsgeschwindigkeit* c_0 von Licht im Vakuum beträgt (analog zu allen anderen elektromagnetischen Wellen):

$$c_0 = 3 \cdot 10^8 \mathrm{m/s} \approx 300000 \mathrm{km/s}$$

Das Licht transportiert (wie jede elektromagnetische Strahlung) Energie mit sich. Die *Lichtintensität* (in W/m^2) beschreibt die pro Zeit- und Flächeneinheit auftretende Energie. Multipliziert man sie mit der wellenlängenabhängigen Empfindlichkeitskurve des menschlichen Auges, so erhält man die *Lichtstärke* J (Einheit Candela cd). Die in einen bestimmten Raumwinkel abgegebene Lichtstärke heißt *Lichtstrom* (Einheit Lumen, lm). Der pro Flächeneinheit auffallende Lichtstrom heißt *Beleuchtungsstärke* E (Einheit Lux, lx). 1 lx = 1 lm/m^2.

Ein *Laser* ist eine monochromatische Lichtquelle mit sehr kleinem Strahldurchmesser (er entsteht durch starke Bündelung).

Die Absorption von Licht beim Durchgang durch eine Farbstofflösung beschreibt das **Lambert-Beer-Gesetz**:

$$\frac{I}{I_0} = T = 10^{-\varepsilon \cdot c \cdot x}$$

ε ist der molare Extinktionskoeffizient, c ist die Konzentration des absorbierenden Stoffes, x ist die Schichtdicke, T ist die *Transmission* oder Durchlässigkeit der Lösung. Als Maß für die Absorption gilt die **Extinktion** E

$$E = \varepsilon \cdot c \cdot x$$

In der Praxis wird oft auch die dekadische Extinktion benutzt:

$$E = \lg \frac{I_0}{I}$$

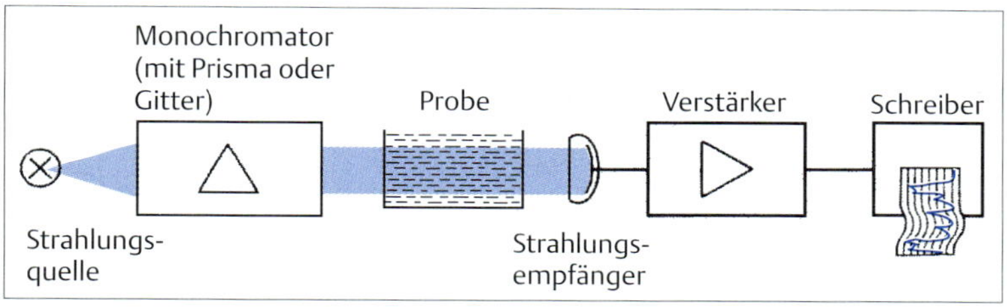

Abb. 7.**1** Spektralphotometer (aus Hellenthal, Thieme 1988)

Klinischer Bezug

Beim **Photometer** findet das Lambert-Beer-Gesetz praktische Anwendung: Durch einen Filter wird Licht einer bestimmten Wellenlänge herausgefiltert und durch die Küvette mit der Meßlösung geschickt (Abb. 7.**1**). Sind ε und die Schichtdicke bekannt, so kann mit Hilfe der gemessenen Extinktion E die Konzentration c des absorbierbaren Stoffes bestimmt werden.

7.2 Geometrische Optik

In der geometrischen Optik geht man modellhaft davon aus, daß sich das Licht geradlinig ausbreitet. Nach dem **Huygens-Prinzip** ist jeder Punkt der Wellenfront Ausgangspunkt von Elementarwellen, deren Überlagerung eine neue Wellenfront ergibt. Daraus ergeben sich zwei Grundgesetze der geometrischen Optik:

- *Reflexionsgesetz*:
  - 1. Einfalls- und Ausfallswinkel sind gleich ($\alpha = \beta$);
  - 2. Einfallender Strahl, Einfallslot und reflektierter Strahl liegen in einer Ebene.
- *Brechungsgesetz*:
  - 1. Einfallender Strahl, Einfallslot und gebrochener Strahl liegen in einer Ebene;
  - 2. Für die Richtungsänderung gilt (n_1 und n_2 sind die Brechzahlen der beiden aneinandergrenzenden Medien):

$$\frac{\sin\alpha}{\sin\beta} = \frac{n_2}{n_1}$$

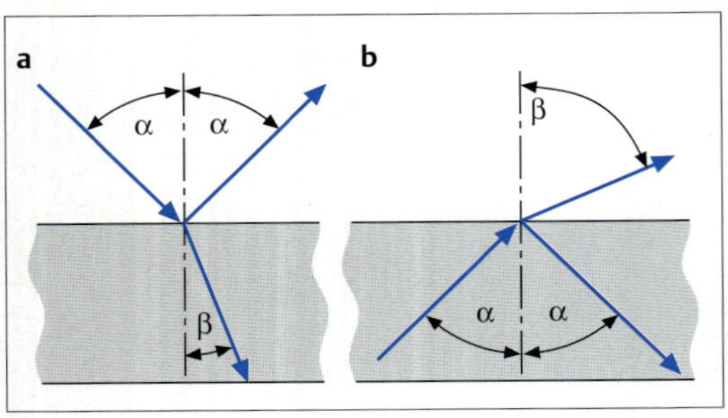

Abb. 7.**2** Brechung und Reflexion von Licht an der Grenzfläche zweier verschiedener Medien (nach Schröder, Thieme 1984)

Die Faseroptik (z. B. Endoskopie in der Medizin) basiert auf diesen Reflexionsgesetzen: Fällt in ein Bündel feiner Glasfäden Licht, so kann es nur durch die Stirnfläche der Fäden am anderen Ende wieder austreten. Auf Seitenflächen der Glasfäden trifft es immer nur mit Winkeln jenseits der Totalreflexion auf und wird somit längs der Glasfäden (durch tausende Spiegelungen) geleitet.

Beim Übergang von einem optisch dünnen zu einem optisch dichteren Medium wird das Licht zum Einfallslot hin gebrochen; der Brechungswinkel ist dann kleiner als der Einfallswinkel (Abb. 7.**2a**). Fällt das Licht aus einem optisch dichten Medium in ein optisch dünneres, so wird es vom Einfallslot weg gebrochen (Abb. 7.**2b**). Bei jeder Lichtbrechung ändern sich Ausbreitungsrichtung, Wellenlänge und Geschwindigkeit des Lichtes, während die Frequenz (Farbe) erhalten bleibt.

Reelles und virtuelles Bild: Bei einer *reellen optischen Abbildung* schneiden sich alle von einem Punkt P ausgehenden Lichtstrahlen im Punkt P'. Solche Abbildungen können zum Beispiel durch Linsen vermittelt werden. Ein *virtuelles Bild* erhält man beim Blick in einen Spiegel: Das Auge sucht das Bild in der geradlinigen Verlängerung der vom Gegenstand ausgehenden Strahlen (Abb. 7.**3**).

Brennpunkt, Brennweite und Bildkonstruktion: Fällt paralleles Licht auf eine Sammellinse, so vereinigen sich alle Strahlen hinter der Linse im *Brennpunkt* F (Abb. 7.**4**). Der Abstand zwischen Linse und Brennpunkt heißt *Brennweite* f. Die reziproke Brennweite heißt *Brechkraft* D = 1/f (Einheit Dioptrien, dpt = 1/m). Für eine Zerstreuungslinse liegt der Brennpunkt auf der Gegenstandsseite. Zur *Bildkonstruktion* bei Linsen dienen drei ausgewählte Strahlen. Der Mittelpunktstrahl geht durch den Linsenmittelpunkt und wird nicht gebrochen. Der *Parallelstrahl* verläuft hinter der Linse durch den Brennpunkt, und der *Brennpunktstrahl* verläuft bildseitig achsenparallel.

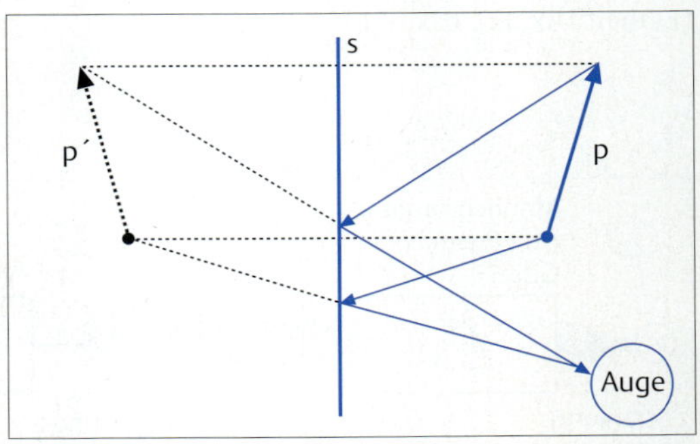

Abb. 7.**3** Virtuelles Bild durch Spiegelung

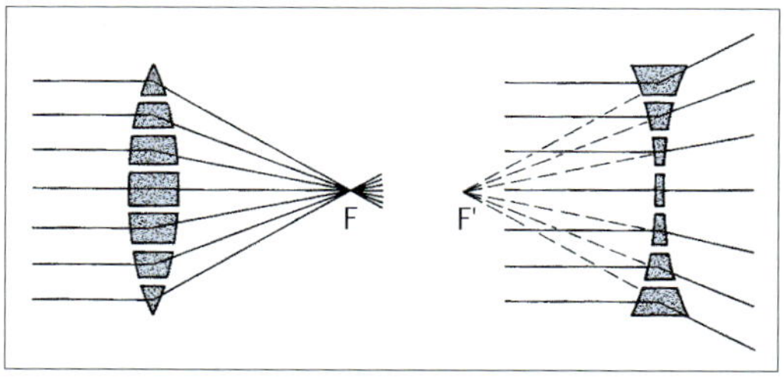

Abb. 7.**4** Sammellinse und Zerstreuungslinse (aus Hellenthal, Thieme 1988)

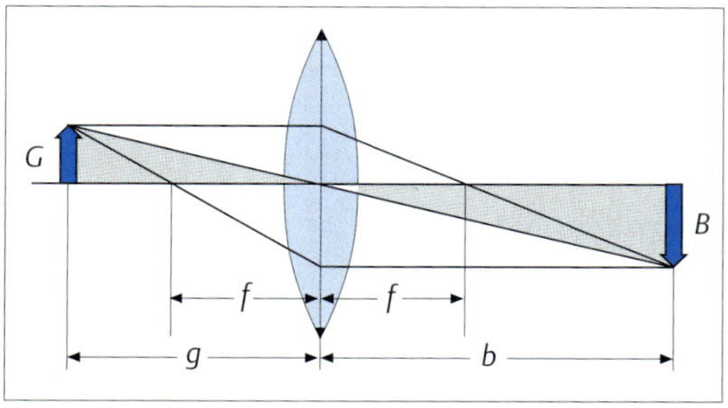

Abb. 7.**5** Bildkonstruktion und Herleitung der Abbildungsgleichung

Die **Linsengleichung** stellt einen Zusammenhang zwischen Gegenstandsweite g, Bildweite b und Brennweite f her:

$$\frac{1}{g}+\frac{1}{b}=\frac{1}{f}$$

Je nach Verhältnis dieser Größen ist das Bild verkleinert, kongruent oder vergrößert (Tab. 7.**1**).

Tab. 7.**1** Mögliche reelle Bilder bei Abbildung durch eine Sammellinse

Gegenstandsweite	Bildweite	Bild
g>2f	f<b<2f	verkleinert, reell, umgekehrt
g = 2f	b = 2f	kongruent, reell, umgekehrt
2f>g>f	b>2f	vergrößert, reell, umgekehrt

Schaltet man Linsen der Brennweiten f_1 und f_2 nacheinander, so addieren sich ihre Brechkräfte zu $D = D_1 + D_2$, das heißt $1/f = 1/f_1 + 1/f_2$.

Linsenfehler: Bei der Abbildung mit Linsen treten sogenannte *Linsenfehler* auf:

- *Sphärische Aberration:* Die Randstrahlen haben eine kleinere Brennweite als die achsnahen Strahlen (Abb. 7.**6a**).
- *Chromatische Aberration:* Blaues Licht wird stärker als rotes Licht (größere Wellenlänge) gebrochen.
- *Astigmatismus:* durch unterschiedliche Krümmungen der Linse (in horizontaler und vertikaler Richtung) wird ein Punkt als Linie abgebildet. Der Extremfall tritt bei einer Zylinderlinse auf.

Ein **Mikroskop** besteht aus zwei Linsensystemen mit Objektiv und Okular (s. Schema in Abb. 7.**8**). Das Objektiv erzeugt von dem dicht davor aufgestellten Gegenstand G ein reelles und vergrößertes Zwischenbild, welches mit Hilfe des Okulars (Lupe) betrachtet wird. Die Vergrößerung ergibt sich aus dem Produkt von Objektiv- und Okularvergrößerung. Das Auflösungsvermögen wird durch die numerische Apertur des Objektivs und die Wellenlänge des verwendeten Lichts begrenzt (der kleinste mit einem Lichtmikroskop noch auflösbare Abstand beträgt für sichtbares Licht 500 nm). Die *numerische Apertur* ($n \cdot \sin \varphi$) entspricht dem Produkt aus dem Sinus des Aperturwinkels φ (dem maximal möglichen Winkel, mit dem Lichtstrahlen noch in das

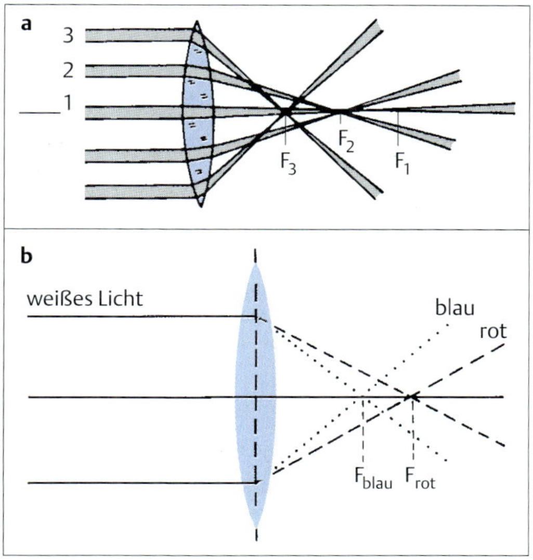

Abb. 7.**6** Sphärische Aberration (**a**) und chromatische Aberration (**b**) (aus Hellenthal, Thieme 1988)

Physik

Objektiv eintreten können) und dem Brechungsindex n des Materials zwischen Objektiv und Deckglas. Je höher die nummerische Apertur, desto kleiner die **kleinste auflösbare Distanz d.**

Klinischer Bezug

Konkav- und Konvexlinsen werden zur **Korrektur fehlsichtiger Augen** eingesetzt (s. Physiologie Abb. 16.**2**).

7.3 Optische Spektren

Die Lichtausbreitung kann man sich modellhaft auch als Strom von Lichtpartikeln (Photonen) vorstellen. Die Energie eines Photons ist durch seine Frequenz υ eindeutig bestimmt.

$$E = h \cdot \upsilon$$

(h = Plancksches Wirkungsquantum)

Die Ausbreitungsgeschwindigkeit von Licht wird beschrieben als

$$v = \lambda \cdot \upsilon$$

Prisma: Beim Strahlengang durch ein *Prisma* wird das Brechungsgesetz zweimal wirksam (Abb. 7.**7**). Die unterschiedlichen Farben (Wellenlängen) erfahren unterschiedliche Ablenkungen. Die Abhängigkeit des Brechungsindex n von der Wellenlänge des Lichts nennt man *Dispersion*. Diese spektrale Zerlegung des Lichtes ist auch durch *Beugung am optischen Gitter* zu erreichen.

Farbfilter: Auch mit Hilfe von Farbfiltern kann aus weißem Licht farbiges erzeugt werden. *Absorptionsfilter* absorbieren bestimmte Anteile des sichtbaren Spektrums, so daß das transmittierte Licht eine Mischfarbe der nicht absorbierten Spektralanteile darstellt. Eine weitere Möglichkeit zum Filtern bestimmter Lichtanteile stellen *Interferenzfilter* dar. Sie lassen nur schmale Spektralbereiche durchtreten. Allerdings kann es bei schrägem Lichteinfall zu einer Verschiebung des Spektrums kommen.

Auch Atome emittieren Licht: Wird einem sich im Grundzustand befindlichen Atom eine Anregungsenergie (z. B. Wärmeenergie von außen) zugeführt, so kann es geschehen, daß das Atom in einen hohen angeregten Zustand gelangt. Bei der anschließenden Rückkehr in den Grundzustand wird entweder ein relativ energiereiches kurzwelliges Lichtquant emittiert oder in mehreren kleinen Sprüngen mehrere langwellige Quanten. Mit Hilfe der Spektralanalyse können die für jedes Atom typischen emittierten Spektren ermittelt werden.

7.4 Wellenoptik

Licht, das von einer Quelle ausgeht, aufgetrennt und nach Durchlaufen verschiedener Wege wieder zusammengefügt wird, besitzt *kohärente* Anteile, denn es sind Interferenzerscheinungen zu beobachten. Die Weglänge darf jedoch eine kritische Größe nicht überschreiten (in Luft ca. 3 m). Im Gegensatz dazu überlagert sich von zwei verschiedenen Lampen ausgehendes Licht nicht, weil es aus einer Vielzahl verschiedener Wellenzüge besteht, die sich höchstens zufällig überlagern. Solches Licht ist nicht interferenzfähig (*inkohärent*).

Nach den Gesetzen der Quantenmechanik breiten sich auch Teilchen, z. B. Elektronen, wie Wellen aus (Teilchen-Wellen-Dualismus).

Im **Elektronenmikroskop** läßt sich der minimal auflösbare Punktabstand durch Verwendung kleinerer Wellenlängen (als z. B. beim Lichtmikroskop) steigern. Die Abbildung erfolgt durch Ablenkung der Elektronen im magnetischen und elektrischen Feld (Abb. 7.**8**). Das Auflösungsvermögen des Elektronenmikroskops liegt im Bereich von ca. 1 nm.

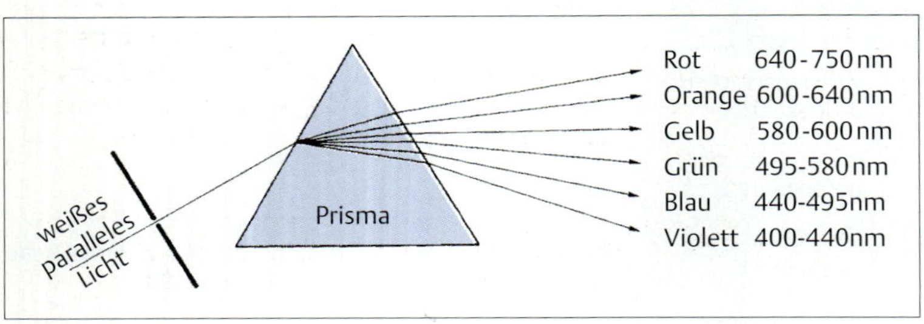

Abb. 7.**7** Strahlengang des Lichts durch ein Prisma (aus Schröder, Thieme 1984)

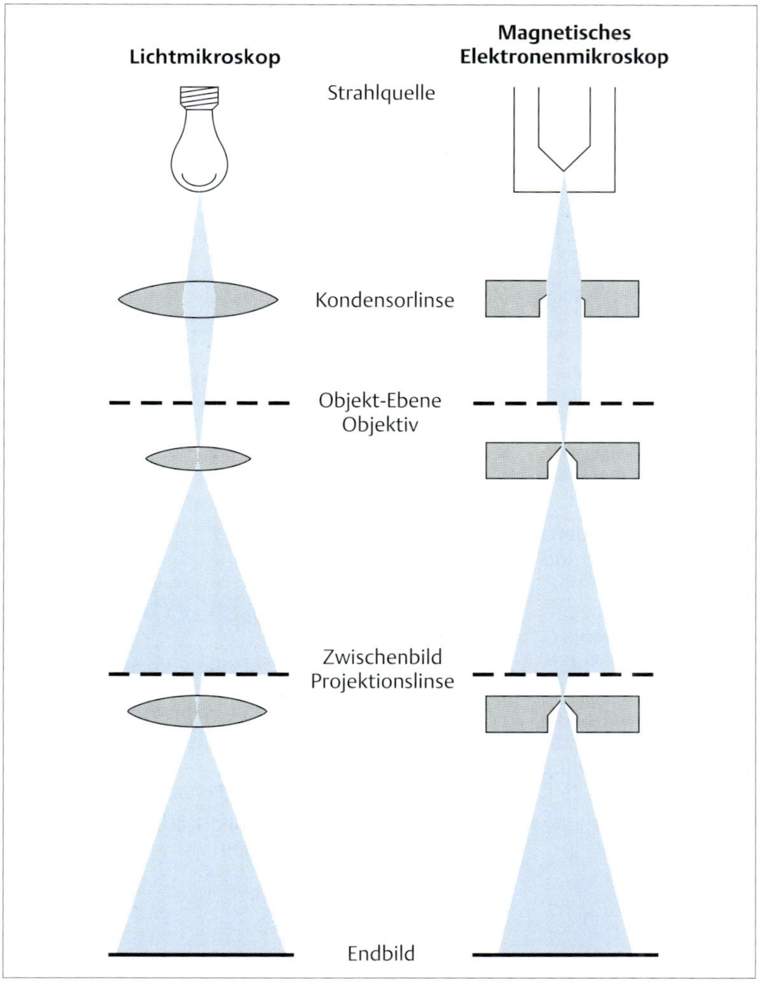

Abb. 7.**8** Schema von Licht- und Elektronenmikroskop (mit magnetischen Linsen) (nach Hellenthal, Thieme 1988)

Polarisation und optische Aktivität: Natürliches Licht weist keine bevorzugte Schwingungsebene auf, es ist *unpolarisiert*, weil die an der Emission beteiligten Zentren (Dipole) eine statisch ungeordnete Orientierungsverteilung aufweisen. Mit Hilfe eines Polarisators (z. B. Polarisatorfolie, läßt nur bestimmte Lichtwellen hindurch) kann Licht polarisiert werden. Tritt Licht durch eine Grenzfläche zweier Medien, so sind reflektierter und gebrochener Anteil (zumindest teilweise) polarisiert. Viele organische/chemische Stoffe und auch manche anorganischen Materialien drehen die Schwingungsebene von durchgehendem Licht (*optische Aktivität*). Die Drehung hängt ab von der Frequenz (Wellenlänge) des Lichts, von der Konzentration des optisch drehendes Stoffes, vom Lösungsmittel, von der Temperatur und von der Lichtweglänge in der Probe. Es gibt auch Materialien, die Licht in zwei zueinander senkrechten Schwingungsebenen unterschiedlich absorbieren (*Dichroismus*).

Physik Kapitel 8

Ionisierende Strahlung

8.1 Radioaktivität

Nuklide werden durch ihre Ordnungszahl Z (identisch mit Protonenzahl oder Kernladungszahl) und Nukleonenzahl N (Massenzahl = Protonenzahl plus Neutronenzahl) beschrieben. Behalten Nuklide unter normalen Bedingungen ihre Kernzusammensetzung (Konfiguration), so nennt man sie *stabil*. Ändern Nuklide ihre Konfiguration spontan, so nennt man sie *radioaktiv*. Alle Nuklide, deren Ordnungszahl höher als 83 (Wismut) liegt, sind instabil. Radioaktive Nuklide zerfallen unter Aussendung von geladenen Teilchen:

- α-Strahlung (Heliumkerne ${}^{4}_{2}He^{2+}$),
- β-Strahlung (hochenergetische Elektronen e^-),
- γ-Strahlung (hochfrequente elektromagnetische Strahlung).

Radionuklide kommen in der Natur vor oder werden aus stabilen Nukliden durch Beschuß mit Neutronen künstlich hergestellt.

Klinischer Bezug

Radionuklide finden in der Medizin als **Tracer** Anwendung: Sie werden in organische Moleküle eingebaut, und ihr Weg im Organismus kann durch die ausgesandte Strahlung verfolgt werden.

α-Strahler ändern durch die Aussendung eines Heliumkernes ihre Nukleonenzahl um 4 und ihre Protonenzahl um 2 Einheiten:

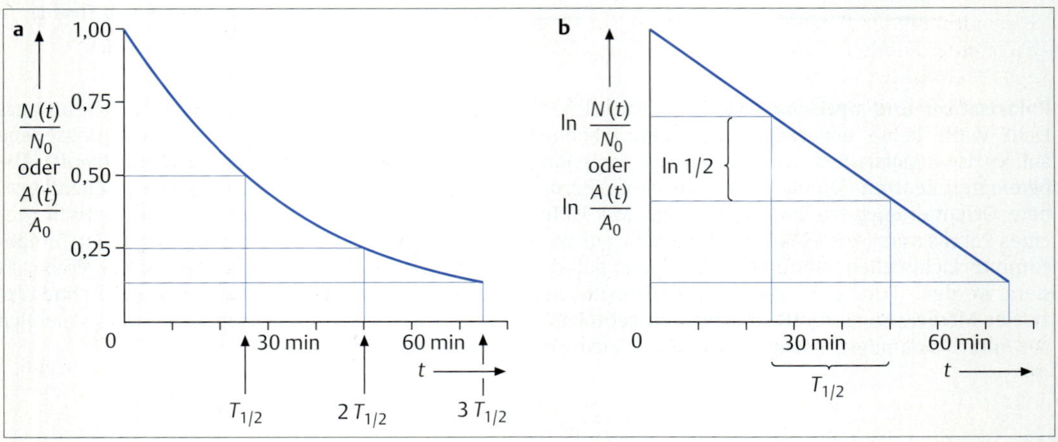

Abb. 8.1 Zerfallsgesetz (rechts in halblogarithmischer Darstellung) am Beispiel von I-128 (nach Hellenthal, Thieme 1988)

$$^{N}_{Z}A_1 \rightarrow {}^{N-4}_{Z-2}A_2 + {}^{4}_{2}He$$

β^--Strahler erzeugen ihre Elektronen durch Umwandlung eines Neutrons in ein Proton und ein Elektron:

$$^{N}_{Z}A_1 \rightarrow {}^{N}_{Z+1}A_2 + e^-$$

β^+-Emitter sind Positronen, die bei der Umwandlung von Protonen in Neutronen emittiert werden:

$$^{N}_{Z}A_1 \rightarrow {}^{N}_{Z-1}A_2 + e^+$$

γ-Strahlung entsteht bei der Rückkehr eines angeregten Atomkernes A^* in den Grundzustand (analog zu den Vorgängen in der Atomhülle). Es findet dabei *keine* Umwandlung des Elementes A_1 statt:

$$^{N}_{Z}A_1^* \xrightarrow{\gamma} {}^{N}_{Z}A_1$$

Gesetz des radioaktiven Zerfalls: Sind zum Zeitpunkt $t = 0$ noch N_0 Kerne einer radioaktiven Substanz vorhanden, dann sind es zur Zeit t nur noch

$$N(t) = N_0 \cdot e^{-\lambda \cdot t}$$

oder in logarithmierter Form:

$$\ln \frac{N(t)}{N_0} = \lambda \cdot t$$

In logarithmischer Darstellung ergibt das Zerfallsgesetz eine Gerade mit der Steigung der negativen Zerfallskonstanten λ (Abb. 8.**1**).

Berechnet man die Zeit, in der die Hälfte einer radioaktiven Substanz zerfallen ist (also $N[t] = \frac{1}{2} N_0$), so folgt für $t_{1/2}$

$$t_{1/2} = \frac{\ln 2}{\lambda} \approx \frac{0{,}69}{\lambda}$$

Unter der **Aktivität** A eines Radionuklids versteht man die Anzahl der Kernumwandlungen pro Sekunde:

$$A(t) = \frac{dN(t)}{dt}$$

Auch die Aktivität einer Substanz fällt exponentiell mit der Zeit. Die Einheit der Aktivität ist 1 Becquerel (Bq) = 1 Zerfall pro Sekunde.

Trifft ein geladenes Teilchen auf ein ruhendes (*Target*), so kann es im wesentlichen auf drei Arten seine Energie abgeben:

- *Ionisation:* Ein Elektron wird aus der Hülle herausgeschlagen.
- *Anregung:* Ein Elektron aus der Hülle wird auf ein höheres Energieniveau gehoben.
- *Elastische Streuung:* Ein Elektron aus der Hülle erfährt eine Ablenkung in Form eines elastischen Stoßes.

Die Wegstrecke, die α- und β-Teilchen bis zur vollständigen Aufzehrung ihrer Energie zurücklegen, nennt man *Reichweite der Strahlung*.

Die Aktivität radioaktiver Substanzen wird von der Zahl der beim Zerfall ausgesandten Teilchen bestimmt. Die Reichweite der Strahlung hängt jedoch von ihrer Energie ab. In der Praxis sind die Messung von Teilchenzahl und Teilchenenergie sehr wichtig und beruhen auf den Wechselwirkungen der Strahlung mit Materie.

Im **Geiger-Müller-Zählrohr** (Abb. 8.**2**) werden durch α- und β-Strahlung Gasmoleküle ionisiert. Die entstehenden Elektronen werden daraufhin im Hochspannungsfeld des Zählrohres zum Zähldraht beschleu-

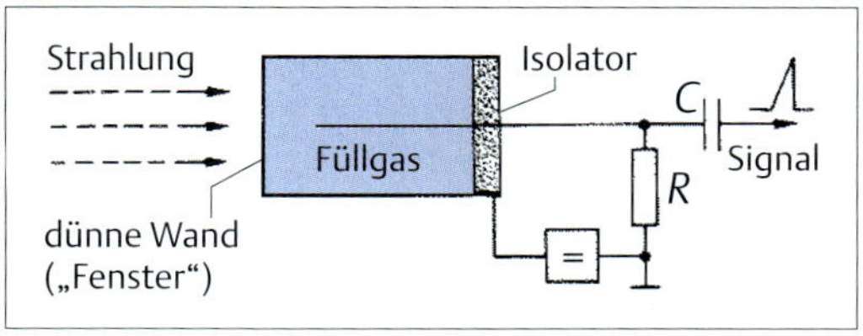

Abb. 8.**2** Geiger-Müller-Zählrohr (schematisch) (aus Hellenthal, Thieme 1988)

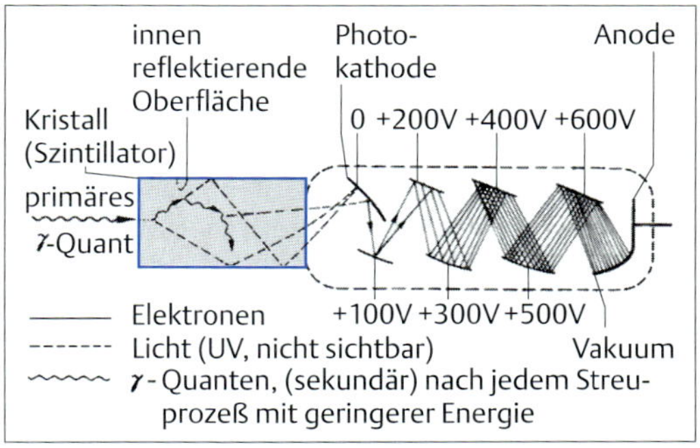

Abb. 8.**3** Szintillationszähler (schematisch) (aus Hellenthal, Thieme 1988)

Physik

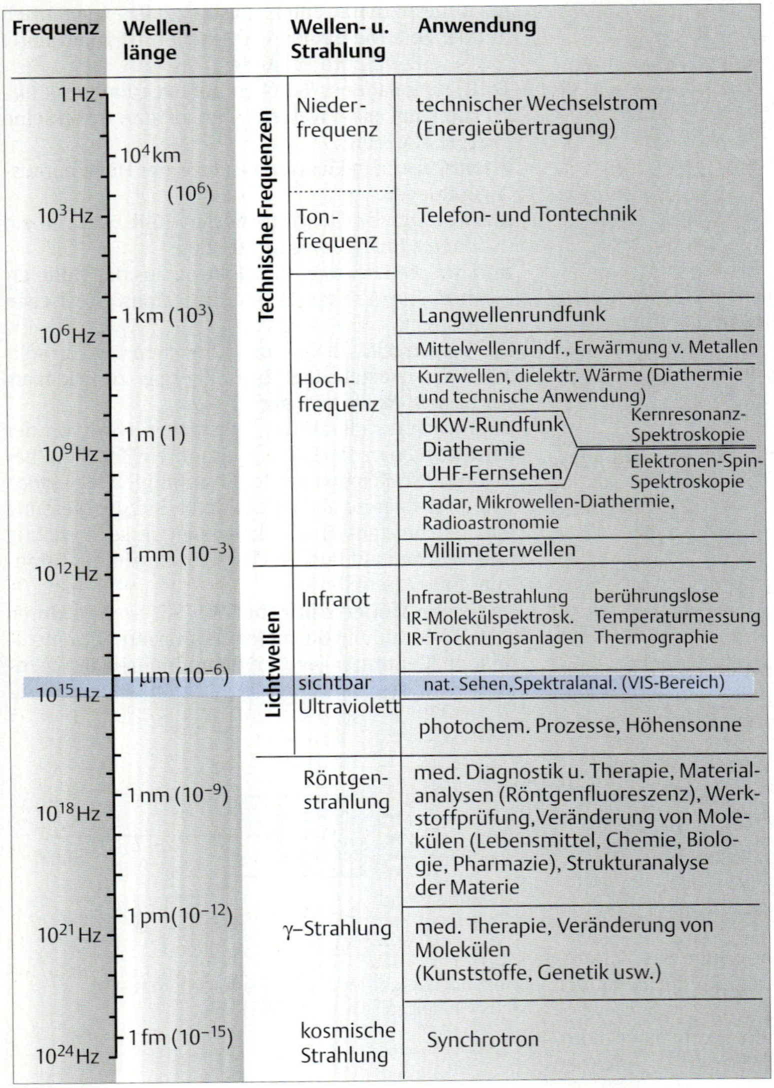

Abb. 8.4 Elektromagnetisches Spektrum

nigt, wo sie ihre Ladung abgeben. Diese abfließende Ladung ruft am Widerstand R einen Spannungsimpuls hervor, der elektronisch registriert wird.

Beim **Szintillationszähler** (Abb. 8.**3**) erzeugt einfallende β- oder γ-Strahlung einen Lichtblitz im Festkörperkristall (NaJ), der mittels einer lichtempfindlichen Schicht registriert wird (Photoeffekt). Die Photoelektronen werden vervielfacht und der entstehende Spannungsimpuls weiterverarbeitet. Die Höhe des Spannungsimpulses ist ein Maß für die primäre Energie des Teilchens.

8.2 Röntgenstrahlung

Röntgenstrahlung ist eine elektromagnetische Strahlung. Abb. 8.**4** zeigt das Spektrum elektromagnetischer Strahlung.

Die Röntgenröhre (Abb. 8.**5**) dient zur Erzeugung von Röntgenstrahlung. Durch den Strom I_h treten Elektronen aus der geheizten Kathode und werden durch die Anodenspannung U_a beschleunigt. Sie prallen mit hoher Energie auf die Anode und werden dort abgebremst. Dabei geben sie ihre kinetische Energie als Röntgenstrahlung ab.

Nur etwa 1 % der Aufprallenergie wird als energiereiche Quantenstrahlung emittiert, der Rest wird in Wärme umgesetzt und führt zur Erwärmung der Anode.

Die maximale Energie, die ein Elektron in Röntgenstrahlung umsetzen kann, ist seine kinetische Energie E_k, die es aus dem elektrischen Feld zwischen Kathode und Anode als elektrische Energie $W_e = e \cdot U_a$ aufnimmt:

$$E_k = \frac{m_e}{2} \cdot v^2 = e \cdot U_a = W_e$$

m_e = Elektronenmasse, e = Elementarladung, U_a = Anodenspannung, v = Geschwindigkeit des Elektrons beim Auftreffen auf die Anode.

Strahlungsarten im Röntgen-Spektrum:

- *Bremsstrahlung:* Sie ist kontinuierlich und weist eine obere Grenzenergie $hf_{gr} = e \cdot U$ sowie eine minimale Wellenlänge $\lambda_k = \frac{c}{f_{gr}} = \frac{hc}{e \cdot U}$ auf.
- *Charakteristische Strahlung:* Sie besteht aus einzelnen scharfen Linien, die nach einer Elektronenstoß-Anregung bei der Wiederbesetzung freigewordener Elektronenzustände in den inneren Schalen der Atome des Anodenmaterials auftreten und ist somit für sie charakteristisch.

Die **Wechselwirkungen energiereicher elektromagnetischer Strahlung** (Röntgenstrahlung, γ-Strahlung) **mit Materie** beruhen auf folgenden Effekten:

- *Photoeffekt*: Die Energie des Strahlungsquants dient zur Abspaltung eines Elektrons aus der Atomhülle (Photoelektron). Überschüssige Energie wird dem Photoelektron in Form von kinetischer Energie übertragen.
- *Compton*-Effekt: Durch einen elastischen Stoß zwischen einem γ-Quant und einem ruhenden Elektron der Atomhülle überträgt das γ-Quant einen Teil seiner Energie auf das Elektron. Das gestreute Quant hat eine kleinere Energie und damit eine niedrigere Frequenz als das Primärquant.
- *Paarbildung*: Ein γ-Quant, welches die Quantenenergie $W > 2\,mec^2$ (m ist die Elektronenmasse) besitzt, kann in ein Elektron e^- und ein Positron e^+ zerstrahlen. Dadurch gibt es seine Energie ab.

Durch diese drei Effekte kommt es zur Absorption von Röntgenstrahlung in Materie. Fällt ein paralleles Bündel monoenergetischer Röntgenstrahlung der Intensität I_0 auf Materie der Schichtdicke d, so berechnet sich die Intensität I(d) hinter der Schicht nach dem **Schwächungsgesetz**:

$$I(d) = I_0 \cdot e^{-\mu \cdot d}$$

Der *Schwächungskoeffizient* μ hängt von der Energie (= Härte) der Strahlung und der Ordnungszahl des Absorbermaterials ab und setzt sich aus einem Absorptions- und einen Streuanteil zusammen. Der Schwächungskoeffizient wird mit zunehmender Strahlungsenergie kleiner. In Analogie zum Zerfallsgesetz läßt sich aus dem Schwächungsgesetz eine **Halbwertsdicke** bestimmen:

$$d_{1/2} = \frac{\ln^2}{\mu}$$

Der Nachweis von Röntgenstrahlung gelingt durch Ionisation von Gasen, durch Schwärzung eines Filmes, durch Fluoreszenz (auf einem Leuchtschirm) oder durch ihre chemische Wirkungen.

Physik

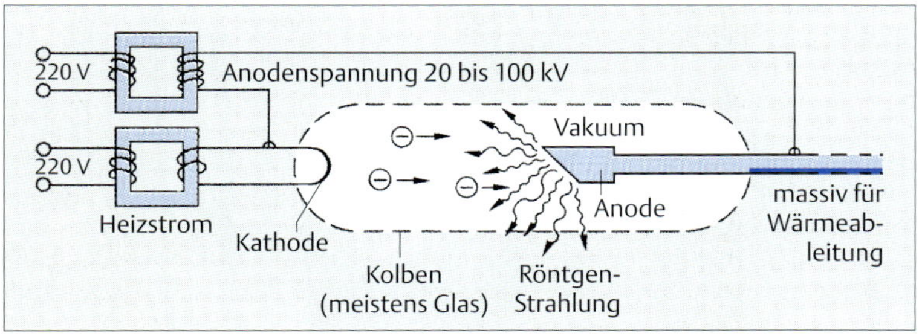

Abb. 8.**5** Aufbau und elektrische Versorgung einer Röntgenröhre (aus Hellenthal, Thieme 1988)

8.3 Strahlungswirkungen, Dosimetrie

Grundlage der Strahlungsmessung (Aktivität eines Präparates oder Leistung einer Röntgenröhre) ist die Eigenschaft radioaktiver Strahlung, in Gasen Ionen zu erzeugen. Die produzierten Ionen werden in einer *Ionisationskammer* durch ein elektrisches Feld so zu den Elektroden beschleunigt, daß die an die Elektroden gelangende Ladung gleich der primär durch Ionisation erzeugten Ladung ist. Dadurch erhält man ein unmittelbares Maß für die Aktivität. Die **Ionendosis** I (C/kg) wird definiert als die pro Masseneinheit Luft durch Ionisation erzeugte Ladung ΔQ:

$$I = \frac{\Delta Q}{\Delta m}$$

Die **Energiedosis** D mit der Einheit Gray (Gy = Ws/kg) beschreibt die Beziehung unabhängig von Luft als die pro kg durchstrahlter Materie absorbierte Strahlungsenergie ΔE_a.

$$D = \frac{\Delta E_a}{\Delta m}$$

Die **Dosisleistung** ist die pro Zeiteinheit aufgenommene Dosis $D = \Delta D/\Delta t$. Ihre biologische Schädlichkeit ist abhängig von den Eigenschaften der Strahlung. α-Strahlung ist beispielsweise schädlicher als β-Strahlung. Um dies zu berücksichtigen, wird die Energiedosis mit einem Bewertungsfaktor q multipliziert. Dies führt zur **Äquivalentdosis** H mit der Einheit Sievert (Sv): $H = q \cdot D$

Der Bewertungsfaktor wurde in der Strahlenschutzverordnung festgelegt zu $q = 1$ für β^-- und γ-Strahlung und $q = 20$ für α-Strahlung.

Grundbegriffe der Regelung

9.1 Regelung

Die **Steuerung** von Vorgängen ist durch einen *linearen* Wirkungsablauf gekennzeichnet. Ein bestimmtes Eingangssignal hat ein festgelegtes Ausgangssignal zur Folge. Tritt eine Störung auf, so ändert sich das Ausgangssignal. Da aber keine Rückmeldung über die Störgröße an den Eingang gegeben wird, ist die Störung für das Steuerungssystem nicht erkennbar.
Die **Regelung** ist durch *Rückkopplung* ein *geschlossener* Wirkungsablauf. Es werden permanent Informationen über Abweichungen vom *Sollwert* gesammelt, um entsprechend korrigierend einzugreifen.
Der Regler vergleicht die Regelgröße mit dem vorgegebenen Sollwert. Als Differenz erscheint eine Regelabweichung, die nach einer eventuellen Verstärkung als Stellgröße gemeinsam mit der Störgröße dem Stellglied der Regelstrecke zugeführt wird. Durch eine negative Rückkopplung wird die Regelabweichung verkleinert und an den Sollwert herangeführt (Regelkreis, Abb. 9.**1**).

Klinischer Bezug

Regelkreise sind im menschlichen Körper meist in sehr komplexer Form zu finden: Blutdruckregelung, monosynaptischer Dehnungsreflex einer Muskelfaser, Pupillenreaktion, etc.

9.2 Informationsübertragung

Die Vorgänge bei der Informationsübertragung können folgendermaßen schematisiert werden (Abb. 9.**2**): Der Sender sendet eine Nachricht in

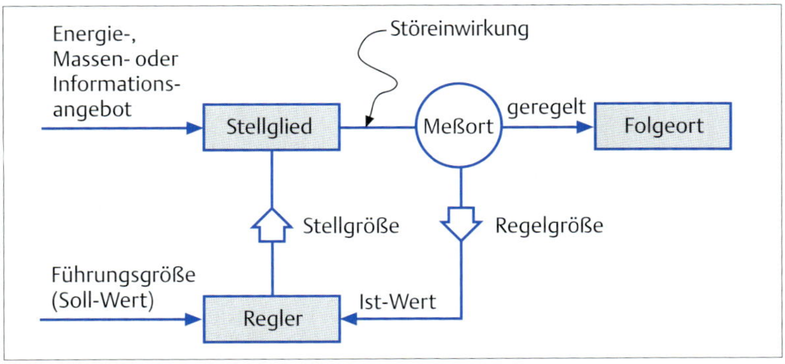

Abb. 9.**1** Regelkreis

Abb. 9.**2** Informationskette

Form von Zeichen. Die Zeichen werden codiert, bevor sie in den Übertragungskanal fließen, damit sie dem Kanal angepaßt sind. Beim Empfang müssen die Signale dann decodiert werden.
Die Einheit für den Informationsgehalt einer Nachricht ist 1 bit. Dabei überträgt 1 bit den Informationsgehalt einer Entweder-oder-Entscheidung (z. B. ein/aus, Kopf/Zahl, etc.). Unter Zuhilfenahme großer Bitzahlen kann jede Information übertragen werden. Wird eine höhere Zahl an Bits zur Übertragung verwendet als benötigt, so bezeichnet man diese überflüssige Informationsmenge als *Redundanz.* Allerdings kann die Redundanz zur Absicherung gegen Übertragungsfehler dienen (Kontrollziffern etc.)

Zahlenwerte und Konstanten

Im allgemeinen werden Zahlenwerte von Konstanten in den Prüfungsfragen mit der für die Rechnung erforderlichen Genauigkeit angegeben. Einige sollten aber für alle Fälle bekannt sein; sie sind in der folgenden Liste zusammengestellt:

Reine Zahlenwerte:

π	$\approx 3{,}14$
e	$= 2{,}7$
sin 30°	$= 0{,}5$
cos 60°	$= 0{,}5$
tan 45°	$= 1$

Physikalische Größen

Fallbeschleunigung g:	9,81 m/s^2
Dichte des Wassers:	1 g/cm^3
Lichtgeschwindigkeit im Vakuum:	$3 \cdot 10^8$ m/s
Schallgeschwindigkeit in Luft:	330 m/s
Schallgeschwindigkeit in Wasser:	1500 m/s
Avogadro-Konstante:	$6 \cdot 10^{23} \cdot 1/\text{mol}$
Molares Volumen:	$22{,}4 \cdot 1/\text{mol}$
Spezifische Wärmekapazität von Wasser:	4,2 J/(g · K)
Brechzahl von Luft:	1
Brechzahl von Wasser:	1,33
Sichtbares Spektrum:	400 nm (violett) bis 800 nm (rot)
Hörbarer Frequenzbereich:	20 Hz bis 20 kHz
Elementarladung e:	$1{,}6 \cdot 10^{-19}$ C

Physiologie

Thomas Kia
Bea Lechner
Klaus-Peter Schaps
Andreas Wolff
Evelin Ziemann

Allgemeine Physiologie

Physiologie ist die Lehre von den Abläufen im lebenden Organismus. Die kleinste funktionelle Einheit des Organismus ist die Zelle. Wie die verschiedenen Zellen miteinander kommunizieren, welche Rolle dabei den Zellmembranen zukommt und welche elementaren Transportvorgänge dafür notwendig sind, soll im folgenden Kapitel erläutert werden.

1.1 Stoffmenge und Konzentration

Die im Zytosol der Zellen vorhandenen Teilchen von gelösten Stoffen, die Ionen, stehen im Austausch mit dem Extrazellulärraum. Dabei sind die Ionen im intrazellulären und extrazellulären Raum ungleich verteilt. Für beide Milieus gibt es spezifische Werte, deren Kenntnis wichtig ist. Merkwerte der wichtigsten Ionenkonzentrationen am Beispiel des Warmblüterskelettmuskels sind in Tab. 1.**1** zusammengestellt.

Anionen (A^-) sind vor allem ein- oder mehrfach negativ geladene Eiweißionen, die aufgrund ihrer Größe die Membran nicht passieren können. Deshalb ist es diesen Anionen nicht möglich, den intrazellulären Raum zu verlassen.

Merke

Na^+ ist das häufigste positiv geladene Ion (Kation) extrazellulär, K^+ das häufigste positive Ion intrazellulär.

Um einen gelösten Stoff hinsichtlich seiner Masse und seiner Stoffmenge beurteilen zu können, werden folgende Begriffe benutzt:

- *Massenkonzentration:* Masse des gelösten Stoffes pro Volumen (z. B. in g/l oder kg/m^3);
- *Stoffmengenkonzentration:* Molzahl des gelösten Stoffes pro Volumen (z. B. in mol/l).

1.2 Osmose

Ein grundlegender Prozeß zur Erhaltung der Homöostase (Aufrechterhaltung des sog. inneren Milieus) in der Zelle ist die *Osmose*: zwei Lösungen unterschiedlicher Konzentration (z. B. in Kammer I ist nur Wasser,

Tab. 1.**1** Ionenkonzentrationen intra- und extrazellulär

	$c_{intrazellulär}$ (mmol/l)	$c_{extrazellulär}$ (mmol/l)	ungefähres Verhältnis $c_i : c_a$
Na^+	12	145	1 : 10
K^+	150	5	30 : 1
Ca^{2+}	10^{-8} bis 10^{-5}	2	1 : 10^5
Cl^-	4	120	1 : 30
HCO_3^-	8	27	1 : 3,5
A^-	155	–	–

in Kammer II eine Zuckerlösung) sind durch eine semipermeable Membran getrennt, d. h., die Membran ist nur für das Lösungsmittel durchlässig. Das Wasser diffundiert von I nach II bis zur Einstellung eines Gleichgewichtes zwischen dem äußeren (hydrostatischen) und dem osmotischen Druck. Der osmotische Druck entspricht dem Druck, den der gelöste Stoff als (ideales) Gas bei gleichem Volumen und gleicher Temperatur haben würde → Druckunterschied zwischen Kammer I und II = osmotischer Druck (s.a. Physik 4.6).

Zur **Charakterisierung von Flüssigkeiten** sind folgende Begriffe wichtig:

- *Osmolarität:* Anzahl der osmotisch wirksam gelösten Teilchen (bezogen auf das Volumen) z. B. dissoziiert KCl in zwei osmotisch wirksame Teilchen (K^+ und Cl^-) → Osmolarität = 2 osmol/l;
- *Osmolalität:* Gesamtheit der gelösten Teilchen pro kg Wasser (osmol/kg H_2O);
- *isotonisch:* gleicher osmotischer Druck wie das Blutplasma, z. B. isotone NaCl-Lösung enthält 9,45 g NaCl pro Liter. Eine 0,9 %ige NaCl-Lösung kann Plasmaersatz sein;
- *hypotonisch:* geringerer osmotischer Druck als das Blutplasma;
- *hypertonisch:* höherer osmotischer Druck als das Blutplasma;
- *Van't Hoff-Regel:* Steigt die Temperatur unter physiologischen Bedingungen um 10 °C an, so erhöht sich die Reaktionsgeschwindigkeit auf das Doppelte;
- *Reflexionskoeffizient* σ*:* Gibt an, wie viele Moleküle eines gelösten Stoffes die Membran passieren können. Größere Moleküle werden an einer semipermeablen Membran fast nur reflektiert → $\sigma = 1$; bei kleineren Molekülen $\sigma < 1$.

1.3 Stofftransport

Im Organismus müssen ständig Transportvorgänge ablaufen, um die Zellen mit den benötigten Nährstoffen zu versorgen bzw. um die im Stoffwechsel erzeugten Produkte weiterzubefördern. Dabei wird zwischen verschiedenen Transporten (Bewegung von Stoffen, z. B. Molekülen) unterschieden, die im nachfolgenden Text erläutert werden.

1.3.1 Stofftransport in Gasen und Flüssigkeiten

Diffusion: Die Vermischung zweier oder mehrerer Gase bzw. Flüssigkeiten aufgrund ihrer ungeordneten Eigenbewegung (passive Bewegung) heißt Diffusion.

! Merke

Grundvoraussetzung für die Diffusion ist stets ein Konzentrationsgefälle. Das Lösungsmittel, Ionen bzw. meist Wasser, diffundiert dabei *ohne Energieaufwand* vom Ort höherer Konzentration zum Ort niedrigerer Konzentration bis zum Konzentrationsausgleich.

Konvektion: Konvektion ist für den Stofftransport über größere Strecken im Organismus geeignet. Dabei wird die Flüssigkeit bzw. das Gas mit den beinhalteten Stoffen bewegt. Konvektion ist u. a. wichtig als Wärmeabgabeform, z. B. im Blut und in der Atemluft (s. 8.2.3).

1.3.2 Membranen

Die Diffusion zwischen zwei Kompartimenten mit unterschiedlicher Konzentration (c_1, c_2) wird beschrieben durch das **1. Ficksche Diffusionsgesetz**:

$$M = D \cdot \frac{F}{d} \cdot (c_1 - c_2) = D \cdot \frac{F}{d} \cdot \Delta c$$

M (dm/dt): Nettotransport, D: Diffusionskoeffizient, stoffkonstant bei bestimmter Temperatur, d: Schichtdicke, Austauschfläche.

Die Diffusionsdauer ist demnach abhängig von der Diffusionsstrecke (Transportdistanz), der Austauschfläche und der Art des diffundierenden Stoffes (z. B. O_2 diffundiert langsamer durch die Alveolarwand als CO_2). Es gilt: Je größer F, Δc und D und je kleiner d, desto größer der Nettotransport M. Für Nicht-Elektrolyte wird anstelle D/d der Permeabilitätskoeffizient P (cm/s) verwendet:

$$M = P \cdot F \cdot \Delta c$$

(F: Austauschfläche). Für Diffusionsprozesse von Gasen muß die Partialdruckdifferenz ΔP berücksichtigt werden. Δc wird durch $\alpha \cdot \Delta P$ ersetzt (α: Proportionalitätsfaktor). $\alpha \cdot D$ ergibt zusammengefaßt den **Krogh-Diffusionskoeffizienten K:**

$$M = K \cdot \frac{F}{d} \cdot \Delta P.$$

Der Stofftransport durch Membranen wird durch die im folgenden beschriebenen Faktoren beeinflußt:

Solvent drag: Wasser kann beim Passieren einer Membran oder des Interzellularspalts gelöste Substanzen (z. B. Na^+, Cl^-, Harnstoff) mit sich führen → erleichterte Diffusion *ohne Energieaufwand*. Die mitgeführte Stoffmenge hängt von der Stoffkonzentration und der Höhe des Wasserflusses ab. Größere Moleküle können kaum mittels Solvent drag transportiert werden, d. h., sie werden fast vollständig reflektiert (Reflexionskoeffizient = 1!).

Permeabilität charakterisiert die Durchlässigkeit von Membranen. Größere Teilchen können aufgrund ihrer Molekülgröße die Membran nicht durchdringen.

Selektivität: Membrankanäle können selektiv arbeiten, indem die Wand mit Ladungen oder Bindungsstellen besetzt ist, die den Durchtritt der entsprechenden Stoffe erleichtern bzw. hemmen.

Passive Transportmechanismen

Der Organismus nutzt verschiedene Möglichkeiten, Stoffe durch Membranen zu befördern. Man unterscheidet folgende Typen von Transportvorgängen:

Passiver Transport

Führt über Diffusion zum Konzentrationsausgleich. Dieses Transportsystem verbraucht keine Energie, weil die treibende Kraft der Gradient ist.

Ionentransport durch Membrankanäle (Membranporen)

Die Poren in der Zellmembran stellen eine zusätzliche Diffusionsmöglichkeit für bestimmte Stoffe, z. B. Aminosäuren, Zucker oder Ionen dar. Durch Proteine gebildet und meist mit Bindungsstellen besetzt, arbeiten die Kanäle selektiv, d. h., es werden nur Stoffe durchgelassen, für die entsprechende Bindungsstellen existieren. Die Diffusion erfolgt entlang des Konzentrationsgradienten und kann elektrisch oder chemisch beeinflußt werden (s.a. 1.5.2).

Carriervermittelter Transport (= erleichterte Diffusion)

Das Trägermolekül (der Carrier) ist ein Protein, welches das zu transportierende Substrat (z. B. ein Molekül) passiv durch die Membran befördert, da die Diffusion der meisten Stoffe (z. B. Glucose) allein zu langsam ablaufen würde. Der Carrier bindet das Molekül auf der einen Membranseite und gibt es auf der anderen wieder ab. Dieser Transport ist sättigbar, durch strukturell ähnliche Stoffe kompetitiv hemmbar und erfolgt entlang eines elektrochemischen Gradienten (= Bergabtransport).

Aktive Transportmechanismen

Transportiert Stoffe gegen einen Konzentrations- und/oder einen elektrischen Gradienten (= bergauf).

Primär-aktiver Transport: Der primär-aktive Transport erhält seine Energie direkt vom energiereichen ATP (Adenosintriphosphat). Den wichtigsten aktiven Transportmechanismus leistet die sog. *Na^+-K^+-Pumpe* (ein Membranprotein), die an allen Zellmembranen Na^+ aus der Zelle und K^+ in die Zelle transportiert. Dadurch ist intrazellulär eine niedrige Na^+- und eine hohe K^+-Konzentration gesichert. Die Na^+-K^+- Pumpe ist eine ATPase, die an der Membraninnenseite ATP bindet und in das energieärmere ADP und anorganisches Phosphat spaltet. Es werden drei Na^+-Ionen gebunden. Vermutlich gelangen durch eine Konfigurationsänderung die Na^+-Bindungsstellen an die Membranaußenseite. Die von der Phosphatbindung bereitgestellte Energie ist verbraucht, die drei Na^+-Ionen werden abgegeben, und es werden zwei K^+-Bindungsstellen frei. Nachdem zwei K^+-Ionen an der Membranaußenseite aufgenommen wurden, erfolgt wahrscheinlich erneut eine Konfigurationsänderung, die die beiden K^+-Ionen auf die Innenseite der Membran bringt und dort zusammen mit dem Phosphat freigibt.

Die Na^+-K^+-ATPase besteht aus einer α- und β-Untereinheit, wobei die α-Untereinheit katalytisch die Na^+-K^+-Bindung unterstützt. Die Na^+-K^+-Pumpe arbeitet elektrogen: Da sie drei Na^+-Ionen aus der Zelle und zwei K^+-Ionen in die Zelle transportiert, wird eine Ladung aus der Zelle entfernt → es fließt ein elektrischer Strom aus der Zelle → das Membranpotential wird negativer. Das ist notwendig, um das Membranpotential aufrechtzuerhalten (s.a. 1.5.2).

Klinischer Bezug

Na^+-K^+-Pumpen werden durch Herzglykoside reversibel gehemmt. Diese sind pflanzlicher Herkunft (u.a. in Digitalis purpurea: roter Fingerhut) und historisch gesehen *das* Pharmakon in der Therapie der chronischen Herzinsuffizienz (z.B. Strophanthin, Digoxin- und Digitoxinderivate). Durch Bindung an die Na^+-K^+-abhängige ATPase kommt es zur Blockade des Na^+-K^+-Transports. Dadurch erhöht sich die intrazelluläre Na^+-Konzentration. Na^+ wird über einen Na^+-Ca^{2+}-Antiport aus der Zelle geschleust. Damit nimmt der intrazelluläre Ca^{2+}-Gehalt zu, was zu einer Erhöhung der Kontraktionskraft führt → positiv inotrope Wirkung.

Sekundär-aktiver Transport: In Darm und Nierentubuli kann Na^+ aus dem Lumen in die Enterozyten und Tubulusepithelzellen diffundieren. Dieser passive Na^+-Einstrom wird durch die Na^+-K^+-Pumpe der basolateralen Membran ermöglicht. Na^+ wird im Austausch gegen K^+ aus der Zelle transportiert, wodurch ein Gradient für den Na^+-Einstrom durch die apikale Membran entsteht. An diesen gekoppelt können Glucose oder Aminosäuren gegen den eigenen Konzentrationsgradienten in die Zelle transportiert werden. Da solche Prozesse ihre Energie aus den

Na^+-Gradienten beziehen, nennt man sie sekundär-aktiv. Werden die zu transportierenden Stoffe und Na^+ in eine Richtung befördert, spricht man von *Symport* (Cotransport), beim Transport in die entgegengesetzte Richtung von *Antiport* (Counterport)

Zytose: Bei der Zytose werden unter ATP-Verbrauch Stoffe (v. a. Makromoleküle) in Vesikel verpackt und spezifisch befördert. Bei der *Endozytose* nimmt die Zelle Moleküle auf, indem sich die Plasmamembran so einsenkt, bis sich ein Vesikel abschnürt. So gebildete Vesikel enthalten die zu transportierenden Stoffe und gelangen nun intrazellulär zu ihrem Zielort. Durch die Endozytose können unspezifische kleine gelöste Moleküle aufgenommen werden (= *Pinozytose*) oder nur bestimmte Stoffe (z. B. Hormone), die von Rezeptoren in der Zellmembran erkannt werden (= *rezeptorvermittelte Endozytose*). Bei der *Exozytose* gibt die Zelle Moleküle ab, wie es beispielsweise bei exokrinen Drüsen der Fall ist. Die Lipidmembran der Vesikel verschmilzt mit der Zellmembran, so daß der Inhalt nach außen entleert wird. Auch Membranbestandteile werden intrazellulär in Vesikeln transportiert. Bei der *Transzytose* (Synonym: Zytopempsis) werden die Vesikel ungeöffnet durch die Zelle transportiert und exozytiert.

Axonaler Transport: Der axonale Transport bei Nervenzellen ist ein Beispiel für einen Mikrotubuli-vermittelten intrazellulären Transport. Er tritt in drei Formen auf:

- *anterograd-schnell*: vom Zellkörper weg in Richtung Axonterminale, hauptsächlich durch Vesikel, z. B. Proteine, Transmitter und Zellorganellen.
- *anterograd-langsam*: ebenfalls vom Zellkörper weg; ein Beispiel für den somatischen Transport, der in Zellstoffwechsel eingebaut ist.
- *retrograd*: von der Peripherie zum Zellkörper, z. B. Transport von Signalsubstanzen zum Zellkern; Viren und viele Toxine werden retrograd transportiert.

1.3.3 Zellen und Zellverbände

Wenn sich in einem Organismus Zellen zu einem Gewebe organisieren, bilden sie häufig Membranspezialisierungen aus, die für die koordinierte Steuerung der Zellgemeinschaft eines Gewebes notwendig sind. Dazu gehören:

Gap junction (Nexus): Hier können Ionen und niedermolekulare Moleküle des Zytosols durch Tunnelproteine von einer Zelle in die andere übertreten. Membranregionen, die solche Kanäle enthalten, werden als Gap junction bezeichnet. Gap junctions ermöglichen z.B. eine schnelle Ausbreitung elektrischer Impulse von Zelle zu Zelle und gewährleisten so u.a. die synchrone Kontraktion des Herzmuskels. Ihr Öffnungszustand wird durch die zytosolische Ca^{2+}-Konzentration gesteuert → Gap junctions schließen, wenn $Ca^{2+}\uparrow$.

Tight junction (Zonula occludens): Zellverbindungen, die den Interzellulärspalt in Kompartimente unterteilen, werden als Tight junction oder Schlußleisten bezeichnet. Sie trennen extrazelluläre Flüssigkeitsräume voneinander ab. Tight junctions können bis zu einem gewissen Grade für Wasser und gelösten Substanzen durchlässig sein. Somit können Ionen sowohl *transzellulär* (durch die Zelle) als auch *parazellulär* (durch die Schlußleiste und den Interzellulärspalt) transportiert werden:

- *Dichte Epithelverbindungen* dienen als Barriere (Epidermis, Harnblase).
- *Lecke Epithelverbindungen* ermöglichen eine höhere Transportrate (Nierentubuli, Darmmukosa, Gänge der Speichel- und Schweißdrüsen, Gallenblase, Azini des Pankreas). Das Phänomen *solvent drag* (s. 1.3.2) beruht auf lecken Tight junctions.

Desmosomen (Maculae adhaerentes). Diese Strukturen verleihen Geweben mechanische Reiß- und Zugfestigkeit. Hierbei sind Membranregionen benachbarten Zellen mit Glykoproteinen ausgefüllt. In diese Verdichtungen strahlen Zellfilamente (z.B. Tonofibrillen) hinein. Besonders viele Desmosomen finden sich in den Epithelien der Haut oder des Magen-Darm-Kanals.

1.4 Zellorganisation

Durch die membranumschlossenen Zellorganellen entstehen in der Zelle separate Räume (*Kompartimente*), die meist spezielle Funktionen erfüllen. Zwischen den Kompartimenten laufen intrazelluläre Transportprozesse ab, z. B. bei der Proteinsynthese vom rauhen endoplasmatischen Retikulum zum Golgi-Apparat oder bei der Ca^{2+}-Speicherung im endoplasmatischen Retikulum und in Mitochondrien.

Die Zelle trägt zur Regulation des inneren Milieus des Körpers bei, indem sie die Konzentrationsunterschiede zwischen Extrazellulärraum und Zytosol durch sog. **homöostatische Mechanismen** aufrecht hält:

- Die osmotisch bedingte *Zellschwellung* aktiviert die Na^+-K^+-Pumpen → das Zellvolumen sinkt.
- Die osmotisch bedingte *Zellschrumpfung* bewirkt eine zusätzliche Ionenaufnahme durch gekoppelte Cotransportsysteme.
- Der Na^+/Ca^{2+}-Antiport reguliert die *freie zytosolische* Ca^{2+}*-Konzentration.*
- Zur *Regulation des pH-Wertes im Zytosol* dienen der Na^+/H^+-Antiport und das Cl^-/Na^+-HCO^-_3-Carrier-system.

Die Zellorganisation, die bei der Vernetzung von verschiedenen Geweben im Organismus bedeutend ist, beruht auch auf den Antigenen, die auf den Gewebeoberflächen repräsentiert sind (sog. *Histokompatibilitätsantigene* s. 2.5). Diese Verträglichkeit zwischen verschiedenen Geweben bezeichnet man als *Histokompatibilität*. Sie ist u. a. Voraussetzung bei Organtransplantationen.

1.5 Elektrische Phänomene an Zellen

1.5.1 Grundphänomene

Gibbs-Donnan-Verteilung (s.a. Chemie 5.1.6)

Zwei Räume sind durch eine Membran getrennt, die nur für diffusible Ionen durchgängig ist. Da diese Membran für Proteine und Phosphate impermeabel ist, stellt sich ein Ungleichgewicht der Ionenkonzentration zwischen beiden Räumen ein → nichtdiffusible Substanzen lösen die Gibbs-Donnan-Verteilung aus (Abb. 1.**1**)

Die permeablen Cl^--Ionen diffundieren von Raum 2 in Raum 1. Dabei wird ein negativ geladenes Cl^--Ion vom Kation (Na^+) begleitet, um in den einzelnen Räumen Elektroneutralität zu gewährleisten. Die treibende Kraft dafür ist das Konzentrationsverhältnis der diffusiblen Ionen in Raum 2 zu Raum 1. Aufgrund der nichtdiffusiblen Proteine können sich die Ionenkonzentrationen in beiden Räumen jedoch nicht ausgleichen. Das Gibbs-Donnan-Gleichgewicht ist also ein Kompromiß zwischen chemischen Gleichgewicht und elektrischer Neutralität.

Für einwertige diffusible Ionen gilt:

$$\frac{\text{Kationen innen}}{\text{Kationen außen}} = \frac{\text{Anionen außen}}{\text{Anionen innen}}$$

$$\frac{20}{10} = \frac{10}{5}$$

Das Produkt der diffusiblen Anionen und Kationen ist bei eingestelltem Gibbs-Donnan-Gleichgewicht gleich groß.

Membranpotentiale

Im Nerven- und Muskelsystem werden Informationen durch Membranpotentiale und ihre Änderungen übertragen. Da die Membran der meisten Zellen im Ruhezustand für K^+ sehr gut permeabel ist, für andere Ionen jedoch kaum, entspricht ihr **Ruhepotential** im allgemeinen etwa dem K^+-Gleichgewichtspotential (E_K). Dieses läßt sich anhand der **Nernst-Gleichung** berechnen (s.a. Chemie 4.4.1):

$$E_{Ion} = \frac{R \cdot T}{z \cdot F} \cdot \ln \frac{[c]a}{[c]i}$$

(R: allgemeine Gaskonstante, T: Temperatur in Kelvin, z: Ladungszahl des betrachteten Ions, F: Faraday-Konstante.) Für K^+ gilt bei einer Körpertemperatur von 310 K:

$$E_{K^+} = -61\,\text{mV} \cdot \lg \frac{150\,\text{mmol/l}}{5\,\text{mmol/l}} = -90\,\text{mV}$$

Beim K^+-Gleichgewichtspotential ist der Netto-Kaliumstrom durch die Membran gleich Null, denn der K^+-Auswärtsstrom (aufgrund des chemischen Gradienten) und der Einwärtsstrom (aufgrund des elektrischen Gradienten) sind gleich groß.

Da Zellmembranen in geringem Maße immer auch für andere Ionen (z. B. Cl^- und Na^+) permeabel sind, wird dieser Wert selten genau erreicht (vielmehr werden Ruhepotentiale zwischen −50 und −100 mV gemessen). Unter Berücksichtigung dieser Permeabilitäten (P_{Ion}) errechnet sich das Membranpotential nach der **Goldman-Hodgkin-Katz-Gleichung:**

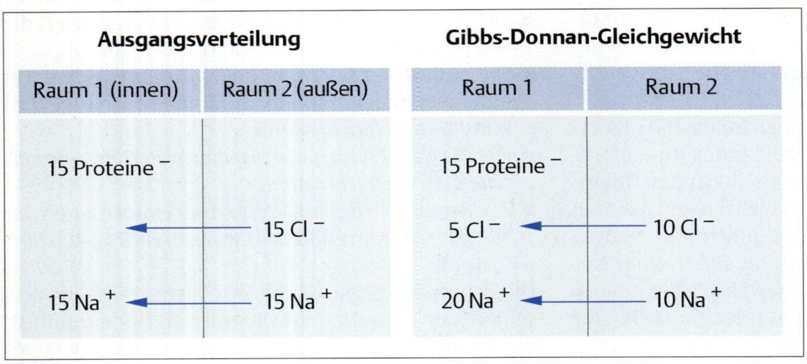

Abb. 1.**1** Die Entstehung der Gibbs-Donnan-Verteilung an einem Beispiel

$$E = \frac{R \cdot T}{F} \cdot \lg \frac{P_{K^+} \cdot [K^+]_a + P_{Na^+} \cdot [Na^+]_a + P_{Cl^-} \cdot [Cl^-]_i}{P_{K^+} \cdot [K^+]_i + P_{Na^+} \cdot [Na^+]_i + P_{Cl^-} \cdot [Cl^-]_a}$$

Das Gleichgewichtspotential (Nernst-Potential) wie auch das durch die Goldman-Gleichung berechnete Potential benötigt per se keine Energie zu seiner Erhaltung, da seine Ursache die ungleiche Ionenverteilung ist. Allerdings ist zur Aufrechterhaltung dieser Ionengradienten über der Membran die Aktivität der Na^+-K^+-Pumpe und somit ATP notwendig.

1.5.2 Phänomene an erregbaren Zellen

Obwohl an der Membran der ruhenden Zelle die Kaliumleitfähigkeit sehr viel größer ist als die Leitfähigkeit für Natrium (100 : 1), diffundieren doch ständig Na^+-Ionen ins Zellinnere → das Ruhemembranpotential wird weniger negativ als E_K. Die Na^+-K^+-Pumpe hält das Ruhemembranpotential aufrecht, denn die Diffusionskraft für K^+ ist größer als die rücktreibende elektrische Kraft (gleiches gilt für das entgegengesetzt wandernde Na^+). Ansonsten würde sich mit der Zeit ein Kaliumverlust und eine Natriumaufnahme ergeben, nach langer Zeit käme es zum Konzentrationsausgleich und das Membranpotential wäre Null. Die Na^+-K^+-ATPase pumpt deshalb aktiv Na^+-Ionen aus der Zelle und K^+-Ionen hinein, und zwar im Verhältnis 3 :2.

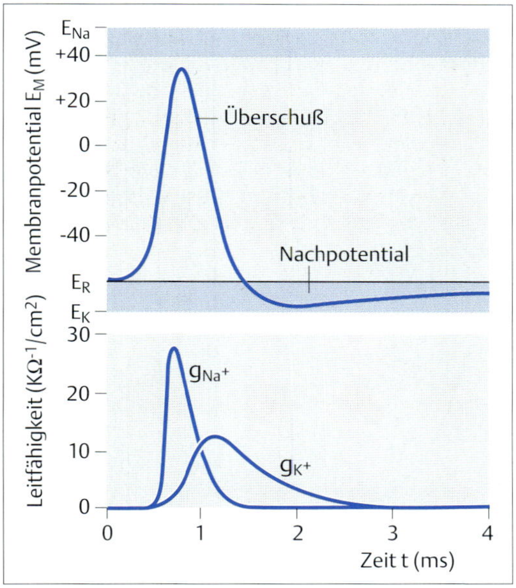

Abb. 1.2 Ionenleitfähigkeiten und Aktionspotential

Die Erregungen der Zellmembran können zu folgenden Erscheinungen führen:

Depolarisation: negatives Ruhemembranpotential wird positiver, z. B. durch schnellen Na^+-Einstrom

Repolarisation: Erregungsrückbildung auf das Ruhemembranpotential, durch K^+-Ausstrom

Hyperpolarisation: negatives Ruhemembranpotential verstärkt sich, d. h. wird negativer.

Wie schnell diese Potentialänderungen erfolgen, hängt neben den Konzentrationsgradienten auch von der **Membrankapazität** ab. Diese ist ein Maß dafür, wie lange es dauert, bis sich die Membran auf einen neuen Potentialwert umgeladen hat.

Trifft ein adäquater und überschwelliger Reiz (der über Transmitter oder elektrophysiologisch wirkt) auf eine Nerven- oder Muskelzelle, so ändert sich die Ionenleitfähigkeit ihrer Membran und diese wird depolarisiert. Reicht die Reizstärke aus, um ein gewisses Potential (= Schwellenpotential) zu erreichen, wird ein **Aktionspotential** (**AP**) ausgelöst.

! Merke

Das AP, ausgelöst durch einen überschwelligen Reiz, ist eine kurze positive Änderung des Membranpotentials. Es wird im Nerv nach der *Alles-oder-Nichts-Regel* weitergeleitet. Am Muskel bewirkt es eine Kontraktion.

Phasen des Aktionspotentials (Abb. 1.2)

Depolarisation: Ein überschwelliger Reiz bewirkt eine schnelle positive Potentialänderung → Aufstrich.

Overshoot: Das Membranpotential überschreitet die Nullinie, es wird positiv; dieser positive Anteil wird als Überschuß (Overshoot) bezeichnet.

Repolarisation: Es folgt eine langsame Repolarisation, bis das Ruhemembranpotential wieder erreicht ist.

Nachpotential:

- *Muskelzelle:* langsame Repolarisation → depolarisierendes Nachpotential,
- *Nervenzelle:* Ruhepotential wird schnell überschritten, Potential ist kurzzeitg negativer als das Ruhepotential → hyperpolarisierendes Nachpotential.

Aktionspotentiale in der quergestreiften Muskulatur und im Nerv weisen große Ähnlichkeiten auf, das **AP der Herzmuskulatur** hat folgende Besonderheiten:

- Dauer 200 – 400 ms,

- länger dauernde Depolarisation durch Ca^{2+}-Einstrom,
- Plateauphase durch Öffnen langsamerer Ca^{2+}-Kanäle.

! Merke

Aktionspotentiale gehorchen dem „Alles-oder-Nichts-Prinzip". Nur überschwellige Reize lösen ein AP aus!

Unterschwellige Reize ändern lokal das Membranpotential passiv, entsprechend der Stromrichtung in eine Hyperpolarisation oder Depolarisation. Bei gleicher Reizstärke ist die Depolarisation jedoch größer als die Hyperpolarisation (= *lokale Antwort* oder *Erregung*), weil einige Na^+-Kanäle (mit erniedrigter Schwelle) aktiviert werden. Zum Auslösen eines APs reicht das aber nicht, weil der für die Mehrheit der Na^+-Kanäle geltende Schwellenwert nicht überschritten wird.

Leitfähigkeiten während des Aktionspotentials (Abb. 1.**2**):

- Ein überschwelliger Reiz aktiviert die Na^+-Kanäle, die Natriumleitfähigkeit (g_{Na}) steigt kurzzeitig an, das Membranpotential bricht zusammen (= Depolarisation);
- g_{Na} nimmt vor Erreichen des Overshoots ab, gleichzeitig nimmt die Kaliumleitfähigkeit (g_K) langsam zu (während der Repolarisation wird g_K maximal).
- Bei längerfristig erhöhter g_K ist eine Hyperpolarisation möglich.

Eine Vordepolarisation inaktiviert Na^+-Kanäle → das Schwellenpotential wird verschoben. Bei steigender Depolarisation werden Na^+-Kanäle (im Gegensatz zu K^+-Kanälen) inaktiviert und es läßt sich kein neuer Na^+-Strom auslösen → **Refraktärphase**.

- *Absolute Refraktärzeit:* Bis ca. 2 ms nach Beendigung eines APs lösen auch stark überschwellige Reize kein neues AP aus, der Reiz bleibt unbeantwortet.
- *Relative Refraktärzeit:* Sie folgt unmittelbar auf die absolute Refraktärzeit. Durch ein starke Depolarisation läßt sich ein AP mit verringerter Amplitude auslösen.

Steuerung der Leitfähigkeit von Ionenkanälen

Membranpotential: Der Na^+-Kanal hat zwei verschiedene Feldsensoren (außen: Aktivationstor, öffnet bei Depolarisation; innen: Inaktivationstor, schließt bei Depolarisation). Diese arbeiten wie zwei Tore, sie öffnen oder schließen den Kanal, gesteuert durch die Potentialhöhe oder chemische Substanzen. Man unterscheidet folgende **Kanalzustände**:

- *offen* (beide Tore offen): Kanal aktiviert,
- *geschlossen aktivierbar* (Aktivationstor geschlossen, Inaktivationstor offen): Kanal läßt sich schnell aktivieren,
- *geschlossen inaktiviert* (beide Tore geschlossen): keine Aktivierung des Kanals möglich.

Der Öffnungszustand des Inaktivationstores wird durch die Höhe des Ruhemembranpotentials be-

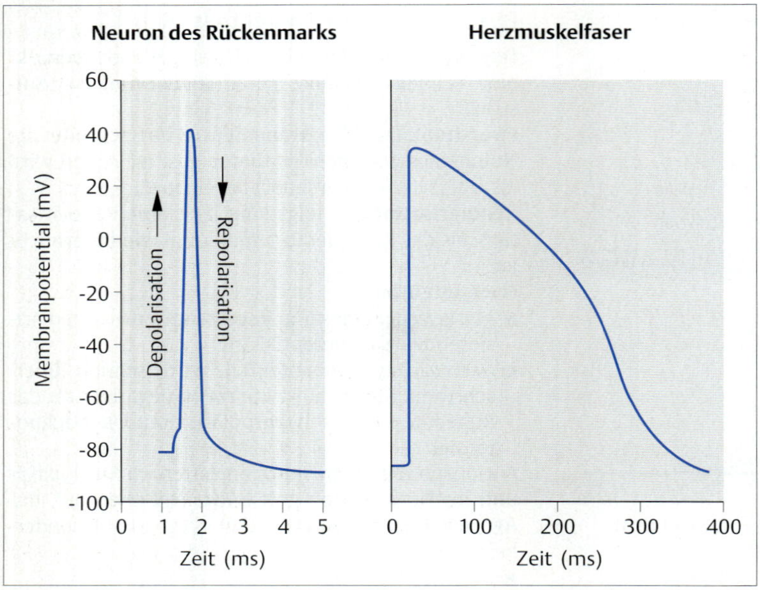

Abb. 1.**3** Aktionspotentiale einer Nervenfaser und einer Herzmuskelzelle. Beachte die unterschiedlichen Zeitskalen!

stimmt (bei „normalem“ Ruhemembranpotential ca. 60% offen, bei −40 mV Hyperpolarisation 100% offen, bei 30 mV Depolarisation 0% offen).
Bei erhöhter extrazellulärer Ca^{2+}-Konzentration steigt die Aktivierbarkeit der Na^{+}-Kanäle und das Schwellenpotential wird weniger negativ.
Chemische Substanzen: Ionenkanäle werden durch verschiedene chemische Substanzen blockiert. Hierbei sei darauf hingewiesen, daß es unterschiedliche Subtypen der Kanäle gibt. Die hier genannten Substanzen beziehen sich auf die jeweils vorherrschenden Kanalsubtypen:

- Na^{+}-Kanal: Tetrodotoxin (TTX), Gift des japanischen Kugelfisches,
- Ca^{2+}-Kanal: Nifedipin,
- K^{+}-Kanal: Tetraethylammonium (TEA).

Techniken: Erkenntnisse über Ionenleitfähigkeiten wurden mit Hilfe der *Voltage-clamp-Technik* (Spannungsklemme) gewonnen. Bei dieser Technik wird über eine in die Zelle eingestochene Elektrode Strom in die Zelle injiziert, um das Membranpotential konstant zu halten. Der Strom, der z. B. bei einer Veränderung der Ionenleitfähigkeit oder bei Applikation bestimmter Pharmaka injiziert werden muß, ist das Maß für die dadurch hervorgerufene Änderung der Leitfähigkeit der Zellmembran. Bei der *Patch-clamp-Technik* wird eine als Elektrode dienende Glaskapillare direkt auf die Zellmembran aufgesetzt, um einzelne Ionenkanäle in dem Membranfleck unter der Kapillare zu untersuchen.

Fortleitung des Aktionspotentials

Im **unmyelinisierten Axon** wird das AP elektrotonisch fortgeleitet (ca. 1 m/s). Der Na^{+}-Einstrom in die Zelle während des APs bewirkt eine Ent- oder Umladung der Membran (→ Membran außen jetzt negativ). Dieser Ladungsunterschied zum benachbarten Membranabschnitt wird ausgeglichen → elektrotonischer Stromfluß. Das führt am Nachbarabschnitt zur Depolarisation, die bei Überschreitung der Schwelle ein AP auslöst, während das vorherige AP abklingt. Das **markhaltige Axon** ist durch die Myelinscheide gut isoliert. Der depolarisierende Ladungsausgleich erfolgt über größere Entfernungen. Das AP wird saltatorisch (sprunghaft) von Schnürring zu Schnürring übertragen, schnellere Leitungsgeschwindigkeit, bis 120 m/s.

1.6 Informationsübermittlung

Im gesamten Organismus werden Nachrichten übermittelt, und zwar hormonal (s. Biochemie Kap. 15) und neuronal (Synapsen, s. 12.2.3). Neben der elektrischen Weiterleitung von Erregungen (durch Kanäle, Gap junctions) werden Informationen auch durch Transmitter (Botenstoffe, z. B. Adrenalin, Serotonin, Amine, Peptide und Aminosäuren) übertragen. Werden diese Botenstoffe an Nervenendigungen freigesetzt, bezeichnet man sie als *Neurotransmitter*. Der auf einen Reiz hin ausgeschüttete Transmitter wird die Erregung durch Depolarisation der Zielmembran weiterleiten bzw. sie verstärken oder durch Hyperpolarisation hemmen. Die signalübertragenden Rezeptoren sind membranständig oder intrazellulär. Beispielsweise erreicht ein Hormon als Botenstoff (*first messenger*) die Membran der Zielzelle. Der gebildete Hormon-Rezeptor-Komplex aktiviert in der Membran die enzymatische Freisetzung eines zweiten intrazellulären Botenstoffes (*Second messenger*), z. B. cyclo-AMP. Der Rezeptor ist für das entsprechende Hormon spezifisch. Der Second messenger kann von verschiedenen Rezeptoren genutzt werden (s. a. Biochemie 15.1.3).

1.7 Regelung und Steuerung

Siehe Physik Kap. 9.

1.8 Energetik

Der Organismus ist ein offenes System; er nimmt energiereiche Nahrung auf und gibt Stoffwechselprodukte ab. Es gilt: Vom Körper aufgenommene Energie = geleistete Arbeit + abgegebene Wärme + Energiegehalt ausgeschiedener Stoffwechselendprodukte.
Der wichtigste Energielieferant der Zelle ist **ATP**, das beim Abbau der Nahrung gewonnen wird.
$ATP + H_2O \rightarrow ADP + P$ (anorganisches Phosphat).
Die freie Standardenthalpie dieser Reaktion ΔG° beträgt −30,5 kJ/mol. Mit der freigesetzten Energie werden viele Reaktionen angetrieben (Muskelkontraktion, aktive Transportprozesse etc.). Eine gewisse Energiespeicherung (als Triglyceride im Fettgewebe, Glykogen in der Leber oder als Proteine) ist jedoch möglich. Die Speicherzeiten sind sehr verschieden: Glykogen maximal 24 Std., Proteine bis zu Monaten und Fette bis zu mehreren Monaten. Dieses muß bei einer durchschnittlichen Nahrungsmenge von ca. 2700 kcal/d (Männer) bzw. 1800 kcal/d (Frauen) berücksichtigt werden. Der tägliche Energiebedarf ist allerdings von der Tätigkeit und vom Alter abhängig (s. 16.1). Zu den Grundformen der Energie s. Physik 4.2.

Blut und Immunsystem

2.1 Blut

Das **Blutvolumen** eines Erwachsenen beträgt zwischen 7 und 8%, also ca. 1/13, seines Körpergewichtes. Ein 80 kg schwerer Mann hat somit ungefähr 6 Liter Blutvolumen. Die Hauptbestandteile des Blutes sind Wasser, in dem die biologisch wichtigen Elektrolyte, Nährstoffe, Vitamine und Gase gelöst sind, sowie Proteine und die festen Blutkörperchen (Erythrozyten, Leukozyten und Thrombozyten).

2.1.1 Aufgaben des Blutes

Zu den Aufgaben des Blutes zählt in erster Linie der **Transport**

- der *Atemgase* O_2 und CO_2 von den Lungen zu den Geweben und zurück,
- der *Nährstoffe* von den Orten ihrer Resorption zu den Speicherorganen,
- der *Metaboliten, Fremdstoffe, körpereigener Wirkstoffe und Hormone* und die Verteilung dieser im gesamten Intravasalraum.

Wichtig ist das Blut auch zur **Thermoregulation** des Körpers, da es die im Stoffwechsel gebildete Wärme über die Durchblutung der Haut und Atmungsorgane nach außen abführt. Über das System der Gerinnung schützt das Blut den Organismus vor größerem Blutverlust.

Die *Homöostase*, also die weitgehende Konstanz der Konzentration gelöster Stoffe, der Temperatur und des pH-Wertes ist eine Grundvoraussetzung für die normale Funktion der Zelle. Das Blut und seine bestimmenden Organe erhalten diese **Milieufunktion** aufrecht.

Wesentliche Bestandteile des Blutes sind besonders bedeutsam für die Bildung einer funktionstüchtigen **Abwehrfunktion** des Körpers.

2.1.2 Blutvolumen

Die Messung des Blutvolumens läßt sich direkt mittels radioaktiv markierter Erythrozyten (^{51}Cr) oder indirekt durch die Bestimmung des Plasmavolumens mit ^{131}J-markiertem Albumin ermitteln. Aufgrund des Einsatzes dieser radioaktiven Indikatoren heißt das Bestimmungsprinzip auch **Indikator-Verdünnungs-Verfahren**. Liegt das Blutvolumen eines Menschen im Normbereich, so spricht man von einer **Normovolämie**. Bei erhöhtem bzw. erniedrigtem Volumen ergibt sich das Symptom der **Hyper-** bzw. **Hypovolämie**.

Klinischer Bezug

Die Folge einer Hypovolämie bei Blutverlust kann der **Schock** sein. Er ist besonders durch niedrige Blutdruckwerte, Tachykardie (Herzrasen), kalte und blasse Haut und ein niedriges Herzzeitvolumen gekennzeichnet. Ein Schock kann jedoch auch durch inadäquate Gewebeperfusion entstehen, die nicht Folge eines Blutverlustes ist, sondern durch eine Dilatation der Gefäße und folgender *ungenügender* Durchblutung entsteht. Ursachen können beim **kardiogenen Schock** eine ungenügende Herzfunktion, beim **anaphylaktischen Schock** eine allergische Reaktion, beim **neurogenen Schock** eine Fehlregulation der nervalen Steuerung oder beim **septischen Schock** eine Infektion durch gramnegative Keime sein.

2.1.3 Zelluläre Bestandteile des Blutes

Zentrifugiert man ungerinnbar gemachtes Blut, so sedimentieren die schweren zellulären Bestandteile schnell ab (s. Tab. 2.**2**). Diesen Volumenanteil der Blutzellen pro Einheit Blutvolumen (am geeichten Röhrchen leicht ablesbar) bezeichnet man als **Hämatokrit**. 99% dieses Blutzellvolumens werden durch die Erythrozyten (Sauerstoffträger) gebildet. Dementsprechend klein ist der Anteil an Leukozyten (weiße Blutzellen), daher kann der Hämatokritwert als Maß für das Erythrozytenvolumen des Blutes verwendet werden. Der Hämatokritwert wird in Prozent oder als Anteil von 1 angegeben (Tab. 2.**1**):

Tab. 2.**1** Normwerte Hämatokrit:

Frau	Mann
0,42 (42 %)	0,45 (45 %)

Klinischer Bezug

Beim **Neugeborenen** liegt der Hämatokritwert im allgemeinen höher als beim Erwachsenen. Auch bei längeren **Höhenaufenthalten** steigt der Hämatokrit, da aufgrund des Sauerstoffmangels in großen Höhen der Körper mit einer Steigerung der Erythrozytenproduktion reagiert, die ja den Hauptanteil des Hämatokrits stellt. Je höher der Hämatokrit, desto höher ist auch die Viskosität des Blutes. Dies kann Verstopfungen des Gefäßsystems zur Folge haben **(Thrombosebildung).**

Merke

Es kann sich eine Schwankungsbreite um bis zu 10 % um den Richtungswert ergeben. Besonders bei Leuko- und Thrombozyten ist diese Variationsbreite sehr groß.

Tab. 2.**2** Normwerte der Blutzellen:

Erythrozyten
Mann: $5 \cdot 10^6/\mu l$ ($5 \cdot 10^{12}/l$)
Frau: $4{,}5 \cdot 10^6/\mu l$
Lebensdauer: 120 Tage
Leukozyten
$5 \cdot 10^3$ bis $10 \cdot 10^3/\mu l$ (5 bis $10 \cdot 10^9$)
Lebensdauer: Granulozyten: wenige Stunden bis Tage; Lymphozyten: einige Tage bis zu mehreren Jahren
Thrombozyten
150 bis $300 \cdot 10^3/\mu l$ (150 bis $300 \cdot 10^9/l$)
Lebensdauer: 10 Tage

2.2 Erythrozyten

2.2.1 Aufgaben des Erythrozyten

Die Hauptaufgabe der Erythrozyten im Blutsystem ist der **Sauerstofftransport**. Das Hämoglobin als wichtigster Bestandteil der roten Blutkörperchen ist für die Bindung und den Transport des Sauerstoffs von der Lunge zu den Geweben und für die Bindung und Transport des Kohlendioxids (CO_2) zurück zur Lunge verantwortlich.

Quantitative Erythrozytenindizes

MCH (= mean corpuscular hemoglobin) ist definiert als die mittlere Hämoglobinmenge in einzelnen Erythrozyten (Färbekoeffizient Hbe) und errechnet sich aus: Hämoglobinkonzentration/Erythrozytenkonzentration. Der Normalwert des Hämoglobins pro Erythrozyt (Hbe) ist 30 pg. Die Hämoglobinkonzentration beim Mann beträgt 16 g/dl (160 g/l), bei der Frau sind es ca. 10 % weniger.

MCHC (= mean cellular hemoglobin concentration), entspricht der mittleren intraerythrozytären Hb-Konzentration und errechnet sich aus Hämoglobinkonzentration/Hämatokrit. Der Normalwert beträgt in diesem Fall 350 g/l (= 35 g/dl).

MCV (= mean cellular volume) ist das mittlere Erythrozytenvolumen und errechnet sich aus Hämatokrit/Erythrozytenkonzentration. Der Normalwert liegt bei 94 fl (Tab. 2.**3**).

Regulation der Erythrozytenkonzentration

Man darf die Erythrozyten- und Hämoglobinkonzentration jedoch nicht als feste Größen verstehen. Beide sind Glieder eines komplexen Regelkreises. Sinkt zum Beispiel die Erythrozytenzahl, so versucht der Organismus diesen Mangel durch Stimulation der **Erythropoese** (Bildung von neuen Erythrozyten) auszugleichen. Ein Maß für diese Reaktion ist die Anzahl an jungen Erythrozyten, den *Retikulozyten*, im Blut. Der Anteil dieser liegt normalerweise bei 0,5 – 1 %. Im Falle der **Retikulozytose** aber kann ihr Anteil merklich steigen. Das Stellglied in diesem Regelkreislauf ist das Hormon **Erythropoetin**, welches vorwiegend in der Niere, aber auch in der Leber, gebildet wird. Der adäquate Reiz für die Ausschüttung des Erythropoetins ist der Sauerstoffgehalt des arteriellen Blutes.

Merke

Bei Blutverlust bleibt der arterielle O_2-Partialdruck unbeeinflußt! In diesem Fall kann das Blut wegen des reduzierten Hb-Gehaltes bei der Blutvolumenverminderung und normalem O_2-Druck nur weniger O_2 binden, so daß die Sauerstoffsättigung des Blutes folglich erniedrigt ist.

Dieser Mechanismus ist für die Sauerstoffversorgung der Gewebe essentiell wichtig. Bei Aufenthalt in großen Höhen oder bei verminderter Aufsättigung des Blutes mit Sauerstoff beim Feten kommt diese Regulation beispielsweise in Gang. Auch wenn Erythrozyten- und Hb-Konzentration in diesen Fällen normal sind, so ist doch der Sauerstoff-Partialdruck in der Lunge reduziert. Direkte Folge davon ist, daß der O_2-Gehalt des Blutes sinkt, da nicht mehr alles zur Verfügung stehende Hämoglobin mit Sauerstoff beladen werden kann. Zusammenfassend bleibt festzuhalten: Ursache für die Stimulation der **Erythropoese** ist immer die Abnahme des O_2-Gehaltes!
Die Anämie aufgrund eines akuten Blutverlustes zum Beispiel führt innerhalb weniger Tage zu einer gesteigerten Erythropoese mit Retikulozytose.

Klinischer Bezug

Die Verminderung der Retikulozytenzahl gibt wichtige Hinweise auf eine Störung des blutbildenden Systems. In Frage kommen oft Schädigungen des Knochenmarks als Ort der Blutzellbildung oder ein Erythropoetinmangel!

2.2.2 Besondere Anforderungen an die Form der Erythrozyten

Die Form der Erythrozyten läßt sich als kleine bikonkave Scheibe mit einem Durchmesser von ca. 8 μm beschreiben. Der zentral eingedellte Blutzellkörper ist mit *Hämoglobinflüssigkeit* gefüllt. Vorteile dieser Scheibenform sind zum einem ein hohes **Oberflächen-Volumen-Verhältnis**, das für den Gasaustausch von großer Bedeutung ist, und zum anderen eine hochgradige **Verformbarkeit**, die die Passage durch das Kapillarsystem und die Fließeigenschaften des Blutes verbessert. Für beide Eigenschaften ist das aus einer Lipiddoppelschicht bestehende Membran- und Zytoskelett des Erythrozyten verantwortlich.

Klinischer Bezug

Bei der **vererblichen kongenitalen Sphärozytose** führt eine Membranveränderung aufgrund eines genetischen Defektes zur Kugelform des Erythrozyten, die die oben erwähnten Vorteile der Blutzelle zunichte macht. Bei pathologischen Membrandefekten oder bei Gabe von hypotonen Lösungen kann es zu einem Wassereinstrom in den Erythrozyten kommen, wobei sich der Erythrozyt ebenfalls in eine Kugel verwandelt (Makrosphärozytose) und seine Verformbarkeit und Flexibilität verlorengeht.

2.2.3 Formen der Anämie

Liegt ein Blutmangel vor, so spricht man von einer **Anämie** (Blutarmut). Definitionsgemäß ist damit eine Verminderung der Hämoglobinkonzentration unter die Norm gemeint. In der Praxis wird jedoch auch eine Reduktion der Erythrozytenzahl oder eine Veränderung der Blutzellgröße als Anämie bezeichnet. Die Norm bildet auch hier wieder der Färbekoeffizient Hbe (MCH). Bei einem normalen HBe-Wert von 30 pg Hämoglobin pro Erythrozyt spricht man von einer normochromen Anämie. Ist der Hbe-Wert vermindert liegt eine **hypochrome**, bei erhöhtem Hbe-Wert eine **hyperchrome** Anämie vor. Weitere Unterscheidungskriterien bei einer Anämieform sind der MCHC und der MCV.

Tab. 2.**3** Normalwerte für Erythrozytenparameter und Hämoglobin (Normbereich in Klammern)

	Frauen	Männer
Hämoglobinkonzentration ($g \cdot l^{-1}$)	140 (120–160)	160 (140–180)
Hämatokrit (Fraktion)	0,42 (0,37–0,47)	0,47 (0,40–0,54)
Erythrozytenzahl ($10^{12} \cdot l^{-1} = 10^6 \cdot \mu l^{-1}$)	4,5 (4,2–5,4)	5,0 (4,6–6,2)
Mittlere Hb-Konzentration der Erythrozyten (MCHC) ($g \cdot l^{-1}$)	333 (300–360)	340 (310–350)
Mittlere Hb-Menge eines Erythrozyten (MCH) ($pg = 10^{-12} g$)	31 (26–35)	32 (26–32)
Mittleres Volumen eines Erythrozyten (MCV) ($fl = 10^{-15} l$)	93 (80–120)	94 (80–96)

Klinischer Bezug

Bei der **Eisenmangelanämie** beobachtet man eine hypochrome Anämieform. Im Vordergrund steht eine Störung des Hämoglobins, so daß die Erythrozyten hypochrom werden, die Bildung der Erythrozyten sich im fortgeschrittenen Stadium verlangsamt und schließlich der Hämatokritwert und die Blutviskosität abfallen. Im Blutbild stellen sich die Erythrozyten als Anulozyten dar (siehe Kapitel der Histologie bzw. Anatomie). Der Hb-Mangel hat natürlich die Reduktion der O_2-Transportkapazität und des arteriellen Sauerstoffgehaltes zur Folge.

Merke

Der arterielle Sauerstoffpartialdruck bleibt bei einer Eisenmangelanämie jedoch unverändert, lediglich die O_2-Transportkapazität ist reduziert. Die Therapie besteht aus der Gabe von Eisen.

Als Gegenbeispiel soll hier die hyperchrome Anämie bei Vitamin B_{12}-Mangel erwähnt werden. Das Vitamin ist für die Zellteilung der Erythrozyten unverzichtbar. Fehlt es, so verzögert sich die Zellteilung, die Blutzelle wird größer und es entwickelt sich eine *makrozytäre Anämie!* Pro Zelle besitzt der Erythrozyt dann natürlich wesentlich mehr Hämoglobin als normalerweise. Die Erythrozyten stellen sich im Blutbild als *Megalozyten* (= abnorm großes rotes Blutkörperchen) dar. Die Blutviskosität ist erniedrigt und das mittlere Erythrozytenvolumen (MCV) und das Herzzeitvolumen (HZV) sind erhöht. Zusätzlich beobachtet man bei Vitamin B_{12}-Mangel häufig die ungleiche Größe vergleichbarer Blutzellen. Von diesem Symptom der *Anisozytose* sind besonders die Erythrozyten des Blutbildes betroffen.

Klinischer Bezug

Bei der **Sichelzellanämie** ist die Aminosäuresequenz der β-Kette des Hämoglobins verändert. Das Sichelzellhämoglobin (HbS) wandert bei der Elektrophorese langsamer zur Anode als adultes Hämoglobin (HbA), weil im HbS ein polarer Glutamatrest des HbA gegen einen apolaren Valinrest ausgetauscht ist. Als weiteres Merkmal ist die Löslichkeit des sauerstofffreien Hämoglobins herabgesetzt.

2.2.4 Osmotische Resistenz des Erythrozyten

Zur Funktionsüberprüfung des Erythrozyten dient der Test der **osmotischen Resistenz**. Bei diesem Verfahren kommt es zur Hämolyse (Zellzerstörung) des Erythrozyten, wenn dieser in eine hypotone NaCl-Lösung gebracht wird. Nach dem **Gesetz des osmotischen Gradienten** strömt in diesem Falle so lange Wasser in die Zelle, bis der Erythrozyt eine *Kugelform* einnimmt und schließlich platzt, also hämolysiert. Eine 0,9 %ige NaCl-Lösung ist dem Blut isoton und führt deshalb nicht zu dieser Reaktion. Unterschreitet die Osmolarität der Salzlösung die kritische Grenze von 0,4 – 0,5 %, tritt die osmotische Hämolyse ein. Abweichungen von diesem Wert sprechen für eine Fehlfunktion der Erythrozyten. Seltener findet man eine **chemische Hämolyse**. Hierbei wird die Erythrozytenmembran durch chemische Zellgifte, wie z. B. Lösungsmittel, Äther oder Chloroform, so geschädigt, daß sie ihre Funktion auch unter normalen isotonen Bedingungen nicht mehr erfüllen kann und Zellbestandteile, wie eben das Hämoglobin, aus der Zelle heraustreten können.

2.2.5 Blutzellbildung und -abbau

Siehe Anatomie und Histologie 2.5.2.

2.2.6 Der Stoffwechsel der Erythrozyten

Siehe Biochemie 18.1.1.

2.2.7 Blut(körper)senkungsgeschwindigkeit (BSG)

Aufgrund ihres höheren spezifischen Gewichtes sinken die Erythrozyten im Plasma des ungerinnbar gemachten Blutes ab.
Normalwerte der BSG in der 1. Stunde:

- bei der Frau 6 – 12 mm,
- beim Mann 3 – 6 mm.

Die Differenz der Normwerte erklärt sich durch die niedrigeren Erythrozytenkonzentrationen und die daher niedrigere Viskosität im weiblichen Blut.

Klinischer Bezug

Eine **Erhöhung der Blutsenkungsgeschwindigkeit (BSG)** wird verursacht durch:

- höhermolekulare Proteine (Agglomerine), die die Bildung von Erythrozytenagglomeraten fördern. Die Agglomerate sedimentieren mit wesentlich höherer Geschwindigkeit als die einzelnen Erythrozyten.
- Erkrankungen, die zur Bildung der oben genannten Agglomerine führen, sind u. a. Entzündungen und Tumoren.

2.3 Blutplasma

2.3.1 Bestandteile des Blutplasmas

Das **Blutplasma** ist definitionsgemäß die flüssige Phase des Blutes. Da sich das Blutplasma aus zahlreichen verschiedenen Elektrolyt- und Eiweißbestandteilen zusammensetzt, führen viele Krankheiten, besonders Stoffwechselstörungen, schnell zu Verschiebungen der Werte. Der Eiweißanteil im Blutplasma beträgt 7 % (70 g/l). Davon sind 2 /3 Albumin und 1 /3 Globuline. Sie stellen die wichtigen Anteile der negativen Valenzen zur Erhaltung der Elektronenneutralität im Blutplasma dar. Das im Blutplasma befindliche Calcium ist teilweise an die Plasmaproteine gebunden. Der Anteil an Glucose beträgt 5 mmol/kg, der Anteil von Harnstoff 7 mmol/kg im Blutplasma. Die Ionenkonzentrationen im Blutplasma, Interstitium und Zellplasma sind in Tab. 2.**4** zusammengefaßt.

2.3.2 Plasmaeiweiße

Siehe auch Biochemie 18.1.5.

Der **kolloidosmotische Druck KOD** (beschreibt den osmotischen Druck einer kolloidalen Lösung) des Blutplasmas beträgt 25 mmHg = 3,3 kPa. Dies sind nur ca. 0,5 % des gesamten osmotischen Drucks. Verantwortlich für den KOD ist vor allem der osmotische Druck und die Anzahl der großmolekularen Plasmabestandteile, die die Kapillare nicht durch die Gefäßwand verlassen können. In erster Linie sind hier die Plasmaeiweiße zu nennen. Das Albuminmolekül mit einem Molekulargewicht (MG) von 60 000 Dalton ist zwar kleiner als die meisten Globuline mit einem MG von 90 000 Dalton bis 150 000 Dalton, aber osmotisch wirksamer als die gleiche Gewichtsmenge von Globulin.

! Merke

Albumin bestimmt 4 /5 des kolloidosmotischen Druckes!

Der für die Versorgung der peripheren Gewebe wichtige Flüssigkeitstransport aus der Kapillare in das Interstitium unterliegt dem Gesetz des **effektiven Filtrationsdruckes (P_{eff})**! Er setzt sich aus der hydrostatischen Druckdifferenz und der kolloidosmotischen Druckdifferenz zusammen. Die hydrostatische Druckdifferenz bildet sich zwischen der Kapillare (P_k) und dem Interstitium (P_i) und fördert die Auswärtsfiltration. Die kolloidosmotische Druckdifferenz besteht dementsprechend auch zwischen dem Interstitium (KOD_i) und der Kapillare (KOD_k) und fördert den Flüssigkeitstransport vom Interstitium in die Kapillare:

$$P_{eff} = (P_k - P_i) - (KOD_k - KOD_i) \quad (2.1)$$

Das im Gewebe filtrierte Flüssigkeitsvolumen V steigt mit der Höhe des hydrostatischen Druckes in der Kapillare (P_k) und dem kolloidosmotischen Druck des Gewebes (KOD_i). Ein hoher hydrostatischer Druck im Gewebe (P_i) und ein hoher kolloidosmotischer Druck in der Kapillare (KOD_k) wirken der Filtration von intravasaler Flüssigkeit ins Gewebe entgegen. Zudem wird die Filtration vom Filtrationskoeffizienten K bestimmt:

$$V = (P_k + KOD_i - P_i + KOD_k) \cdot K \quad (2.2)$$

Tab. 2.**4** Zusammensetzung der Elektrolyte der Körperflüssigkeiten in mmol/kg

Kationen				Anionen			
	Plasma	Interstitium	Zelle		Plasma	Interstitium	Zelle
Na^+	150	144	10	Cl^-	110	114	3
K^+	5	5	160	HCO_3^-	27	28	10
Mg^{2+}	2	2	28	Prot.$^-$	17	4	65
Ca^{2+}	3	3		Phosphat	2	2	100
				Sulfat	1	1	20
				org. Säuren	4	4	

Klinischer Bezug

Bei starker Vermehrung der Flüssigkeit im Interstitium kommt es zu einem **interstitiellen Ödem**!

Das Blutserum ist fibrinogenfreies Blutplasma. Es entsteht, wenn bei der Gerinnung das Fibrinogen aus dem Blutplasma ausfällt.

2.4 Hämostase und Fibrinolyse

Siehe Biochemie 18.1.3.

2.5 Abwehrsysteme und zelluläre Immunität

2.5.1 Unspezifische Abwehr

Siehe Biochemie 17.1.

2.5.2 Spezifische Abwehr

Siehe Biochemie 17.1.

2.5.3 Blutgruppen

Die Blutgruppen sind genetisch determinierte Eigenschaften der roten Blutkörperchen, die nach den **Mendel-Gesetzen** vererbt werden. Sie werden durch Oberflächenantigene auf den Erythrozyten aber auch auf anderen Körperzellen (Endothelzellen, Epithelzellen, Leukozyten, Thrombozyten) repräsentiert. Diese sog. **Alloantigene** werden von jedem Individuum spezifisch produziert und sind – außer bei eineiigen Zwillingen – bei allen Individuen unterschiedlich.

AB0-System

Die Blutgruppen können mit Hilfe spezifischer Antikörper nachgewiesen werden.
Im **AB0-System** lassen sich vier verschiedene Blutgruppen (A, B, AB, 0) unterscheiden, die sich aus den Erythrozyten-Merkmalen A und B ergeben. Diese Alloantigene (Agglutinogene) sind Glykolipide und unterscheiden sich nur durch den terminalen Kohlenhydrat-Fucose-Oligosaccharidrest an der Oberfläche des Erythrozyten. Dementsprechend finden sich im Blutplasma Antikörper (Agglutinine) gegen diejenigen Merkmale, die die eigenen Erythrozyten natürlich nicht besitzen. Sie werden im Laufe des ersten Lebensjahres gebildet und zählen zu den Immunglobulinen der Klasse IgM. Die AB0-Gruppen zeigen als einziges System das Phänomen, daß im Serum die den Erythrozytenmerkmalen komplementären Antikörper ohne vorhergegangene Immunisierung vorkommen (Abb. 2.**1**):

- Anti-B-Isoantikörper bei der Blutgruppe A,
- anti-A bei B,
- anti-A und anti-B bei 0,
- und keine Isoantikörper bei AB.

Die **Agglutinine** besitzen mehrere Bindungsstellen und können somit mehrere fremde Erythrozyten miteinander verbinden und verklumpen. Diesen Vorgang nennt man **Agglutination**.
Die Eigenschaften A und B sind dominant und untereinander kodominant (voneinander unabhängige Manifestierung von 2 Allelen), so daß ein Mensch mit dem Phänotyp B entweder den Genotyp BB oder B0 besitzt. Die Blutgruppe mit dem Phänotyp 0 tritt nur in homozygoter Form auf! Bei dieser Blut-

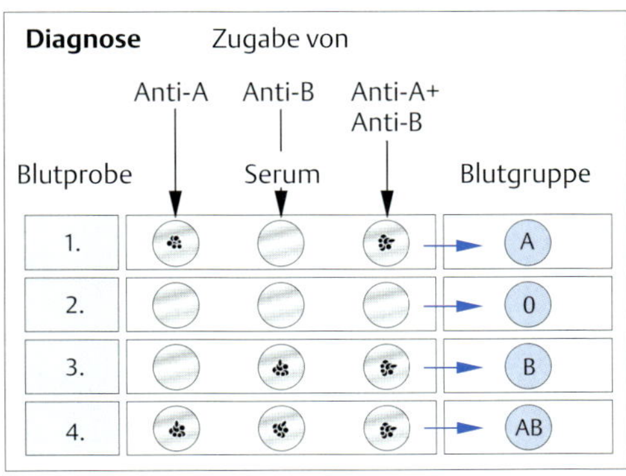

Tabelle

Erythrozyten-antigen	Plasma-antikörper	möglicher Genotyp	Häufigkeit (%)
A	Anti-B	AA/A0	44
0	Anti-A +Anti-B	00	42
B	Anti-A	BB/B0	10
AB	kein Anti-A kein Anti-B	AB	4

Abb. 2.**1** Das AB0-System: Zur Blutgruppenbestimmung werden die unbekannten Blutproben mit den verschiedenen Antiseren vermischt. Je nach Reaktion kann die Diagnose gestellt werden. Die Tabelle zeigt die zu jeder Blutgruppe gehörenden Erythrozytenmerkmale und deren Häufigkeit auf (nach Klinke/Silbernagl, Thieme 1994)

gruppe finden sich also keine **Oberflächenantigene** auf den Erythrozyten, aber sowohl Anti-A- als auch Anti-B-Isoantikörper im Blutplasma. Den Antigenen A bzw. B ähnliche Antigene können bei Bakterien vorkommen. Bei der Mehrzahl der Menschen werden diese Blutgruppenantigene mit den schleimhaltigen Körpersekreten ausgeschieden. Neben diesen vier Hauptmerkmalen ist wichtig zu wissen, daß es noch zahlreiche weitere Untergliederungen gibt, die hier nicht näher erläutert werden sollen.
Wichtig ist die Bestimmung der Blutgruppen bei Bluttransfusionen, bei denen sowohl eine große Kreuzprobe (Spendererythrozyten in Empfängerserum) als auch eine kleine Kreuzprobe (Empfängererythrozyten in Spenderserum) durchgeführt werden muß (Abb. 2.**1**).

Rhesus-Faktor

Weitere Erythrozytenmerkmale werden als **Rhesus-Faktor** (Rh-Faktor) bezeichnet. Der Rh-Komplex besteht aus verschiedenen Untergruppen, von denen die wichtigste die **D-Komponente** ist. Ist der Faktor D vorhanden, so ist die antigene Eigenschaft des Erythrozyten Rh-positiv. Sie besteht unabhängig von einer entsprechenden Sensibilisierung, da die Rhesusantikörper erst entstehen, wenn rhesuspositive Erythrozyten einem rhesusnegativen Empfänger infundiert werden. Ohne diese Komponente ist sie entsprechend Rh-negativ. Die Eigenschaft D wird dominant vererbt. Die Rhesus-Antikörper können plazentagängig sein, da sie zur Gruppe IgG der Immunglobuline zählen.

Klinischer Bezug

Die **Rhesus-Inkompatibilität** zwischen rhesusnegativer Mutter und rhesuspositivem Fetus führt selten bei der ersten Schwangerschaft zur Bedrohung des Kindes. Jedoch treten beim Geburtsvorgang im allgemeinen größere Blutmengen mit fetalen Erythrozyten in den mütterlichen Blutkreislauf über. Die Rhesusantigene führen zur Sensibilisierung des Immunsystems der Mutter, welches dann Anti-D-Antikörper bildet. Bei einer weiteren Schwangerschaft mit einem rhesuspositiven Kind reichen kleinste Mengen kindlicher Erythrozyten, die während der Schwangerschaft in den mütterlichen Kreislauf übertreten, zur Stimulation der Anti-D-Antikörper-Produktion. Diese Agglutinine werden dann durch die Plazenta in den fetalen Kreislauf geschwemmt und führen schon in utero zur Hämolyse der fetalen Erythrozyten. Das beim Fetus auftretende Krankheitsbild heißt **Morbus haemolyticus neonatorum**, welches mitunter tödlich enden kann. Zur Vermeidung werden Anti-D-Antikörper bei rhesusnegativen Müttern rhesuspositiver Kinder prophylaktisch verabreicht.

2.5.4 Bluttransfusion

Die für Transfusionszwecke wichtigsten Blutgruppen sind die klassischen Blutgruppen AB0 und das Rhesussystem. Zur Verifizierung der Blutgruppen mit den Testsera anti-A und anti-B, sowie zum Erkennen schwacher Varianten der Blutgruppe A soll zur Bestimmung auch immer ein Serum der Spezifität anti-A und anti-B Verwendung finden. Für die Bluttransfusion müssen AB0- und Rhesus-D-identische Spender herangezogen werden. Bei den Empfängern sollte ein Antikörpersuchtest durchgeführt werden, um eventuell **präformierte erythrozytäre Antikörper** zu erkennen. Nur im Notfall können statt AB0-identischer Konserven auch AB0-kompatible **Erythrozytenkonzentrate** eingesetzt werden. Dies sind Konzentrate, gegen deren AB0-Blutgruppenmerkmale der Empfänger keine Antikörper besitzt (Tab. 2.**5**).

Tab. 2.**5** Transfusionsschema bei AB0-Blutgruppen

Blutgruppe des Patienten	AB	A	B	0
verträgliche Konserve	AB	A	B	0
	A*	0*	0*	–
	B*	–	–	–
	0*			

* = ist das Konservenblut AB0-ungleich, aber AB0-verträglich, dann sollte es als Erythrozytenkonzentrat transfundiert werden

2.5.5 Pathophysiologie

Als **Infektion** bezeichnet man das Eindringen von pathogenen *Mikroorganismen* (Organismen, wie Viren, Bakterien, Pilze und Parasiten, die eine Krankheit auslösen können) in den Körper und ihre Vermehrung in verschiedenen Geweben. Der Wirtsorganismus reagiert auf das Eindringen mit Abwehrmechanismen, zu denen die spezifischen und die unspezifischen Maßnahmen zählen. Diese Abwehrmaßnahmen werden gesondert im Kapitel 17 der Biochemie erläutert.

Herz

3.1 Elektrophysiologie des Herzens

3.1.1 Ruhe- und Aktionspotential der Herzmuskelzelle

Ruhemembranpotential

Das Ruhemembranpotential der Herzmuskelzellen beträgt in der Diastole ca. -85 mV (Membraninnenseite negativ gegen die Außenseite) und kommt durch die ungleiche Konzentration der Kaliumionen im Intra- und Extrazellularraum zustande. Dieser Konzentrationsunterschied wird durch die **Na^+-K^+-ATPase** (Natrium-Kalium-Pumpe) bewirkt, die mehr Na^+ aus der Zelle heraus als K^+ hinein pumpt und dadurch ein innen negatives Membranpotential verursacht (**elektrogene Pumpe**). Dieses wirkt dem Bestreben von K^+ entgegen, entlang seinem **Konzentrationsgradienten** (K^+-Konzentration: intrazellulär 150 mmol/l, extrazellulär 4 mmol/l) in den Extrazellulärraum zu diffundieren. Das Ruhemembranpotential des Herzmuskels gleicht weitgehend dem Kalium-Gleichgewichtspotential, das dann entsteht, wenn der K^+-Ausstrom entlang dem Konzentrationsgradienten dem entgegenwirkenden elektrischen Gradienten entspricht. Die Berechnung erfolgt anhand der **Nernst-Gleichung**:

$$E_K = -61 \cdot \log\frac{[KJ]_i}{[KJ]_a} = -61 \cdot \log\frac{150}{4,5} = -93\,\text{mV} \quad (3.1)$$

Aktionspotential

Der **initiale Reiz**, der das Aktionspotential der Herzmuskelzelle einleitet (initialer spike), geht vom Sinusknoten (s. 3.1.3) aus. Er bewirkt eine Depolarisation der Membran bis auf -65 mV, das sogenannte

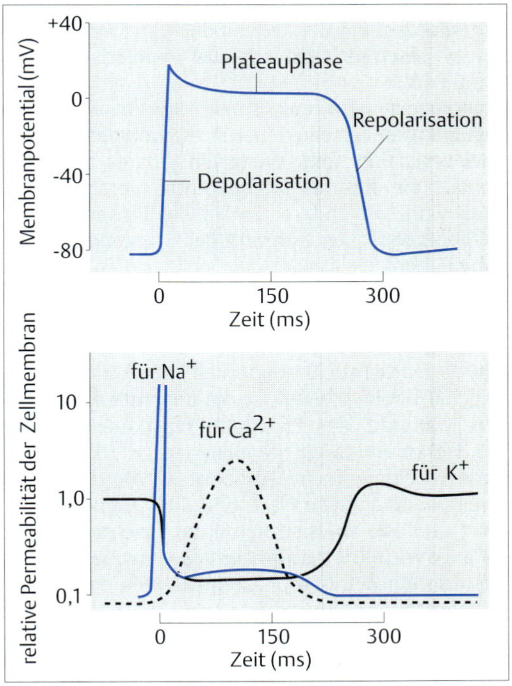

Abb. 3.1 Aktionspotential einer Herzmuskelzelle

Schwellenpotential, das ein **Aktionspotential** der Herzmuskelzellen auslöst. Es werden folgende charakteristische Phasen unterschieden (Abb. 3.**1**):

- *Die schnelle Depolarisationsphase*, in der durch kurzfristige Aktivierung (Öffnung) von Na^+-Kanälen ein sehr rascher Na^+-Einstrom eine überschießende Änderung des Membranpotentials (+30 mV) bewirkt. Aufgrund dieser Möglichkeit der schnellen Aktivierung werden die Na^+-Kanäle auch als schnelles *Na^+-Kanal-System* bezeichnet. Die Na^+-Kanäle schließen sich danach und können erst ab einem Potential von -60 mV erneut aktiviert werden. Blockiert werden kann dieses Na^+-System durch den Wirkstoff *Tetrodotoxin*.
- *Die Plateauphase* ist durch eine Öffnung der Calcium-Kanäle in der Membran und den konsekutiven langsamen Ca^{2+}-Einstrom charakterisiert. Die K^+-Leitfähigkeit nimmt im selben Moment ab, so daß die Depolarisation der Herzmuskelzelle aufrechterhalten wird. Das Maximum der Muskelkontraktionsamplitude des Kammermyokards liegt zeitlich am Ende der Plateauphase.
- *Die Repolarisationsphase* wird durch eine Erhöhung der Kaliumleitfähigkeit ausgelöst. Die K^+-Ionen strömen entlang ihres Konzentrationsgradienten aus der Zelle in den Extrazellularraum und bewirken dadurch die Repolarisation auf – 85 mV.

Kompliziert wird das Kalium-System durch die Kombination verschiedener K^+-Kanaltypen, die parallel geschaltet sind. Weiterhin gibt es besondere Kanäle, die für das Ruhepotential verantwortlich sind, während andere Kanäle die Einstellung der AP-Veränderungen während der Erregung zur Aufgabe haben.

Refraktärphase und deren Bedeutung für die Herzarbeit

Die wesentlichste Besonderheit des Aktionspotentials (AP) beim Herzen ist die **absolute Refraktärzeit** während der Plateauphasen-Dauer: Solange die Herzmuskelfaser depolarisiert ist, kann eine neue Erregung nicht ausgelöst werden, weil die potentialabhängigen Na^+- und Ca^{2+}-Kanäle inaktiviert sind. Die absolute Refraktärphase dauert etwa so lange wie die Plateauphase des AP, wobei die längste absolute Refraktärphase im Herzen das spezifische Erregungsleitungssystem (s. Kap. 3.1.2) besitzt. Erst bei einsetzender Repolarisation wird die Erregbarkeit allmählich wieder hergestellt, und die schnellen spannungsgesteuerten Na^+-Kanäle sind wieder aktivierbar, so daß sich im mittleren Drittel der Repolarisationsphase ein deutlich verkleinertes Aktionspotential mit stark erhöhter Erregungsschwelle auslösen läßt. Diesen Abschnitt des Herzaktionspotentials nennt man **relative Refraktärzeit**. Gegen Ende der Repolarisation sinkt die Schwelle der Erregbarkeit rasch, und die Größe des Aktionspotentials erreicht wieder Normalwerte.

Die Dauer eines Aktionspotentials (AP) beim Herzmuskel beträgt ca. 300 – 450 ms. Erst nach der absoluten Refraktärphase ist ein neues AP auslösbar. Da die maximale Kontraktion der Herzmuskelfaser am Ende der Plateauphase liegt, ist die Kontraktion also schon abgelaufen, wenn durch ein neues AP eine erneute Kontraktion hervorgerufen wird. Daher kann der Herzmuskel nicht tetanisiert werden. Bei einem Skelettmuskel mit seiner Aktionspotentialdauer von zumeist 5 – 10 ms besteht die Möglichkeit der Addition und Superposition einzelner Muskelzuckungen durch Auslösung weiterer Aktionspotentiale. Es resultiert eine **tetanische Kontraktion**. Da beim Herzmuskel aufgrund der langen absoluten Refraktärphase die Dauer des AP wesentlich verlängert ist, kann im Extremfall höchstens ein **unvollständiger Tetanus** ausgelöst werden, der unter normalen Bedingungen aber nicht vorkommt. Ebenso wichtig ist die Tatsache, daß die Kontraktion des Herzmuskels (Dauer etwa 0,2 – 0,3 s) schon wieder (nahezu völlig) abgeschlossen ist, wenn die Refraktärzeit beendet ist, so daß eine **Superposition** schon wegen dieses zeitlichen Zusammenhangs unwahrscheinlich ist.

Das Aktionspotential des Herzens hat im Gegensatz zum AP des Nervs die Fähigkeit, Kraft und Dauer der Einzelkontraktion zu steuern.

Einfluß veränderter Plasmaelektrolyte

Klinisch führt eine **Hyperkaliämie** (vermehrter Gehalt des Blutes an Kalium) zu einer Verlangsamung der Erregungsausbreitung über das Herz, da das Ruhemembranpotential, wie bereits oben erläutert, im wesentlichen vom transmembralen K^+-Gradienten abhängt. Entsprechend führt eine Erhöhung der Plasmakonzentration von K^+ zu einer Depolarisation.

Klinischer Bezug

Eine schwere Hyperkaliämie kann zu lebensbedrohlichen **Herzrhythmusstörungen** führen. Steigt die extrazelluläre K^+-Konzentration auf Werte über 25 mmol/l, so kommt es zum sofortigen Herzstillstand.

3.1.2 Die Erregungsbildung im Herzen

Eine Schrittmacherzelle hat im Gegensatz zur normalen Herzmuskelzelle kein konstantes Ruhemembranpotential, sondern ist durch eine **langsame diastolische Depolarisation** (-sgeschwindigkeit) gekennzeichnet. Das Schwellenpotential zur Auslösung

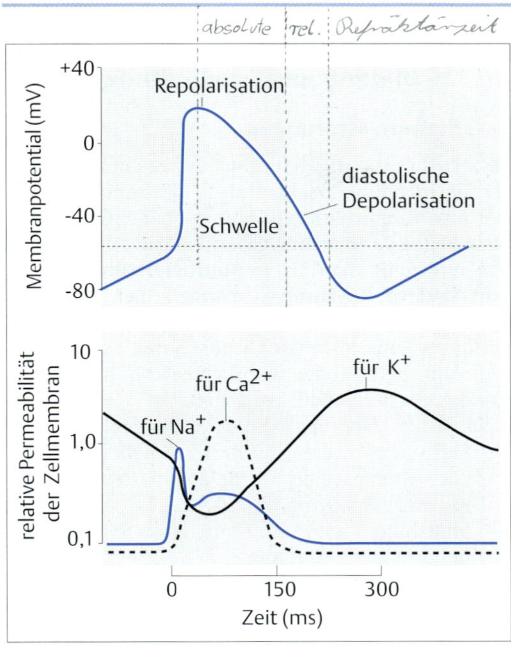

Abb. 3.**2** Aktionspotential einer Schrittmacherzelle im Herzen

eines Aktionspotentials ist im Vergleich zur Myokardzelle weniger negativ und wird daher langsamer erreicht.

Der Anstieg des Aktionspotentials ist weniger ausgeprägt als in der Muskelzelle. Die Ursache dafür ist, daß Schrittmacherzellen nur über wenige schnelle Na^+-Kanäle verfügen, und statt dessen überwiegend langsame Ca^{2+}-Kanäle besitzen. Die Plateauphase wird früh durch den repolarisierenden K^+-Ausstrom beendet. Im Anschluß an die Repolarisation setzt erneut die langsame diastolische Depolarisation ein, die beim Erreichen der Schwelle ein neues Aktionspotential *explosionsartig* auslöst (Abb. 3.**2**). Man kann sagen, daß die schnellen Abschnitte des Erregungsleitungssystems vorwiegend über das Natrium-Ionensystem verfügen, während die langsamen Abschnitte, wie beispielsweise der Atrioventrikularknoten (AV-Knoten), überwiegend mit dem Calcium-Ionensystem arbeiten. Die Geschwindigkeit, mit der diese Schwelle erreicht wird, bestimmt die Frequenz der Schrittmacherzentren, z. B. des Sinus- oder Atrioventrikularknotens.

3.1.3 Erregungsausbreitung im Herzen

Die Erregung des Herzens wird in spezialisierten Herzmuskelzellen gebildet, d. h., das Herz besitzt eine **Autorhythmie** (myogene Automatie) (Abb. 3.**3**). Der **Sinusknoten** ist ein eng umschriebener Muskelbezirk in der Nähe der Einmündung der oberen großen Hohlvene im rechten Vorhof. Er ist der **primäre Schrittmacher** des Herzens und somit auf die Funktion der Erregungsbildung mit einer Eigenfrequenz von 70/min, dem physiologischen **Sinusrhythmus**, spezialisiert. Der Sinusknoten ist sympathisch und parasympathisch innerviert. Vom Sinusknoten breitet sich die Erregung über die Arbeitsmuskulatur beider Vorhöfe in Richtung **Atrioventrikularknoten** (AV-Knoten) und **His-Bündel** aus. Die Erregungsleitung vom Sinusknoten zum AV-Knoten benötigt etwa 50 ms. Der AV-Knoten stellt den einzigen leitfähigen Übergang zwischen den Vorhöfen und der Ventrikelebene dar, die sonst durch unerregbares Bindegewebe voneinander getrennt sind. Bei der Erregungsausbreitung wirkt der AV-Knoten mit einer Eigenfrequenz von 40–50/min wie ein **Frequenzsieb**. Er sorgt dafür, daß die Kontraktion der Ventrikelkammern mit einer Verzögerung von

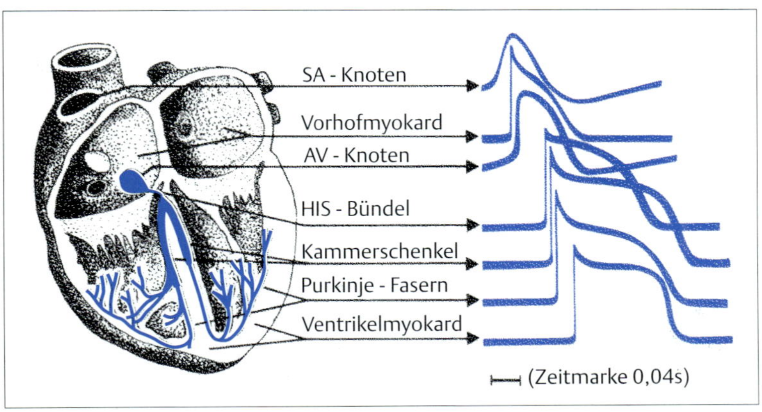

Abb. 3.**3** Erregungsleitungssystem des Herzens und dessen unterschiedliche Aktionspotentiale (aus Keidel, Thieme 1985)

0,1 – 0,2 s nach der Vorhofkontraktion einsetzt und bewirkt somit eine Verzögerung in der Gesamterregungsausbreitung im Herzen. Diese ist notwendig, damit den Vorhöfen für die Füllung ausreichend viel Zeit zur Verfügung steht. Die Erregungsausbreitungsgeschwindigkeit im AV-Knoten beträgt 0,1 m/s (langsamster Bereich der Erregungsausbreitung im Bereich des Herzens). Das anschließende His-Bündel leitet die Erregung sodann weiter an die **Tawara-Schenkel**, die sich in die **Purkinje-Fasern** aufzweigen und die Erregung an die Kammermuskulatur weitergeben. Die Geschwindigkeit der nachgeschalteten Erregungsausbreitung im His-Bündel und in den Purkinje-Fäden beträgt 2 – 4 m/s, damit die gesamte Ventrikelmuskulatur möglichst schnell, vollständig und gleichzeitig zur Kontraktion kommt. Im Kammermyokard selbst beträgt die Geschwindigkeit der Erregungsausbreitung, wie bei einer marklosen Nervenfaser, rund 1 m/s (Verhältnis der Leitungsgeschwindigkeiten etwa 2 : 1). Das gesamte Erregungsleitungssystem ist myogener Natur. Auf eine überschwellige Reizung antwortet der Herzventrikel unabhängig vom Reizort mit der Erregung aller Fasern.

Hierarchie der Herzerregung

Auch wenn die Aufgabenverteilung zwischen den verschiedenen Typen der Herzmuskulatur fließend ist, so stellt das Herz doch eine funktionelle Einheit dar. Im Sinne der Erregungsbildung besteht eine strenge Hierarchie. Fällt der **primäre Schrittmacher** (Sinusknoten) aus, so kann der Atrioventrikularknoten als **sekundärer Schrittmacher** mit einer Frequenz von 50/min einspringen. In diesem Falle kommt es zu einer Zunahme des Schlagvolumens des Herzens. Bei Ausfall auch des AV-Knotens kann das ventrikuläre Erregungsbildungssystem mit seinem Kammereigenrhythmus von 30 – 40/min als **tertiärer Schrittmacher** die Erregung übernehmen. Auch außerhalb des Sinusknotens kann es Muskelpartien geben, die zur Erregungsbildung befähigt sind (akzessorische Erregungsbildungszentren bzw. ektopische Schrittmacher). Sie liegen meist im Erregungsleitungssystem und können den Sinusrhythmus beeinflussen (s. 3.3.1).

Klinischer Bezug

Bei der Gefahr eines Herzstillstandes aufgrund sehr langsamer oder unregelmäßiger Erregungsbildung kann ein **künstlicher Schrittmacher** implantiert werden, der direkt über eine Elektrosonde elektrische Impulse in der gewählten Frequenz an die Herzmuskulatur in Vorhof und Ventrikel weitergibt und so zur gewünschten Erregungsfrequenz führt.

3.1.4 Pathophysiologie der Erregungsbildung und -ausbreitung

Herzrhythmusstörungen

Herzrhythmusstörungen sind Abweichungen von der normalen Herzschlagfolge. Sie können durch Störungen der Erregungsbildung oder der Erregungsausbreitung verursacht werden. Gemäß der Lokalisation unterteilt man sie in **supraventrikuläre** und **ventrikuläre Rhythmusstörungen**. Bei den Erregungsbildungsstörungen handelt es sich entweder um normotope, d. h. vom Sinusknoten ausgehende oder um heterotope, also außerhalb des Sinusknotens entstehende Erregungen.

- *Normotope Erregungsbildungsstörungen:*
  - Sinustachykardie (>80/min) bei Fieber, körperlicher oder psychischer Belastung, bei erhöhter Aktivität des Sympathikus;
  - Sinusbradykardie (<60/min) beim Sportlerherz, bei erhöhtem Vagotonus;
- *Heterotope Erregungsbildungsstörungen* s. 3.1.8.

Klinischer Bezug

Rhythmusstörungen können Ausdruck oder Folge einer kardialen wie auch einer extrakardialen Erkrankung sein, kommen aber auch beim *Herzgesunden* vor. Zu den häufigsten kardialen Ursachen zählen die **koronare Herzkrankheit (KHK)** und der **akute Myokardinfarkt.** Bei der Entstehung von **ventrikulären Rhythmusstörungen** wird auch die Neigung bestimmter Zellen zur Umwandlung in *multifokale akzessorische Erregungsbildner* mit *repetitiven Erregungsmustern* als Ursache diskutiert.

Extrasystole

Ein **ektoper Reiz** ist zum Zeitpunkt der vollen Erregung, also während der absoluten Refraktärphase aller Zellen, wirkungslos. In der Ruhephase jedoch reagiert das Herz sensibel auf *externe* oder *ektopische Erregungen*, und es kommt zu einer zusätzlichen Herzkontraktion, einer **Extrasystole**, die in der Regel folgenlos bleibt. Während der relativen Refraktärzeit ist das Erregungsleitungssystem jedoch sehr vulnerabel, da schon ein Teil der Fasern erregbar ist. Es kann die Erregung aufnehmen und als Aktionspotential mit Verzögerung an die anderen, inzwischen auch wieder erregbaren, Fasern weitergeben (**vulnerable Periode**). Damit ist ein *Circulus vitiosus* entstanden, der die normale **Synchronisation** des Herzmuskels aufhebt und kreisende Erregungen mit ständigen Partialkontraktionen in verschiedenen Herzarealen verursacht (**Re-entry-Mechanismus**). Als Folge kann ein Herzflimmern entstehen. Dieser Mechanismus wird durch Verkürzung der absoluten Refraktärperiode begünstigt.

Klinischer Bezug

Das **Kammerflimmern** ist eine lebensbedrohliche hyperdyname (übermäßige muskuläre und motorische Funktion des Herzens) Form des *Kreislaufstillstandes*, da keine *geordnete Kammerkontraktion* mehr möglich ist und folglich die *Pumpfunktion* des Herzens ausfällt. Hier ist die sofortige elektrische Defibrillation und Reanimation notwendig. Mit Hilfe eines starken elektrischen Reizes werden alle Herzfaserzellen momentan depolarisiert und so die kreisende Erregung unterbrochen, damit der Sinusknoten seine *normotope Erregungsfrequenz* neu an das Erregungsleitungssystem weitergeben kann.

Zu Störungen der Erregungsleitung s. 3.1.5.

3.1.5 Elektrokardiographie

Grundlagen der Elektrokardiographie

Das Elektrokardiogramm (EKG) ist eine Darstellung des **Summen-Aktionspotentiales des gesamten Herzens.** Es resultiert aus der Summation der elektrischen Effekte aller Einzelfasern. Während der Erregung des Herzens breitet sich das Aktionspotential entlang des Erregungsleitungssystems zwischen den erregten und den noch unerregten Herzmuskelzellen aus. Dieser elektrische Stromfluß wird im EKG dargestellt. In Ruhe ist das Innere der Faser negativ und die Außenseite positiv, während in Erregung die Außenseite der Membran negativ und das Innere der Faser positiv ist. Dieses Bild entspricht einem elektrischen **Dipol**, der in die Richtung der Erregungsausbreitung zeigt. Bei der Erregungsausbreitung entsteht über jedem Dipol ein kleiner **Elementar-Vektor** von bestimmter Größe und Richtung. Die einzelnen Elementarvektoren summieren sich bei Erregung des Gesamtherzens zu einem Summenvektor des Gesamtherzens. Dieser **Summenvektor** spiegelt die Herzerregung wider, die von der Körperoberfläche über Elektroden abgegriffen werden kann. Die ordentliche und gleichmäßige Entstehung eines Summenvektors aus den zahlreichen verschiedenen Elementarvektoren ist nur möglich, da die einzelnen Zellen in einem funktionellen **Synzytium** eng miteinander gekoppelt sind (s. 3.1.3).

Bei der bipolaren **Standard-Extremitätenableitung** des EKG nach **Einthoven** wird der Stromfluß vom rechten Arm zum linken Bein, also genau über der anatomischen Herzachse gemessen. Sie erfaßt die Potentialdifferenz zwischen zwei Punkten der Körperoberfläche in frontaler Projektionsebene. Als

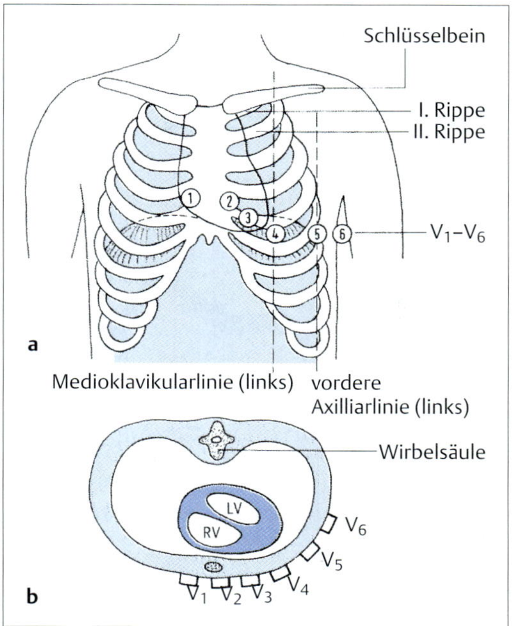

Abb. 3.**4** Unipolare Brustwandableitungen nach Wilson (aus Klinge, Thieme 1992)

weitere Extremitätenableitung findet die **unipolare Ableitung nach Goldberger** klinische Anwendung. Hier wird die Spannung zwischen dem rechten Arm und einer Bezugselektrode gemessen, die durch Spannungsteilung zwischen dem linken Arm und dem linken Bein entsteht.

Für die klinische Diagnostik besonders wichtig sind die unipolaren Brustwandableitungen (V1 – V6) nach Wilson (Abb. 3.**4**). Hier werden die drei Extremitätenableitungen zusammengeschaltet, so daß eine indifferente Ableitung entsteht, gegen die verschiedene Orte der Körperoberfläche abgeleitet werden können. Diese Ableitungen geben Auskunft über die horizontale **Vektorprojektion** und unterstützen die Diagnostik bei der Suche nach der Lokalisation eines Infarktes oder Durchblutungsstörungen. Die Darstellung des kleinen Brustwanddreiecks mittels der **bipolaren Brustwandableitung nach Nehb** findet im klinischen Alltag heute kaum noch Anwendung.

Die einzelnen Abschnitte des EKG

Ein normales Elektrokardiogramm (Abb. 3.**5**) zeigt drei vor allem positive (nach oben gerichtete) *Ausschläge*, die mit „P“, „R“ und „T“ bezeichnet werden. Die Erregungsausbreitung in Richtung

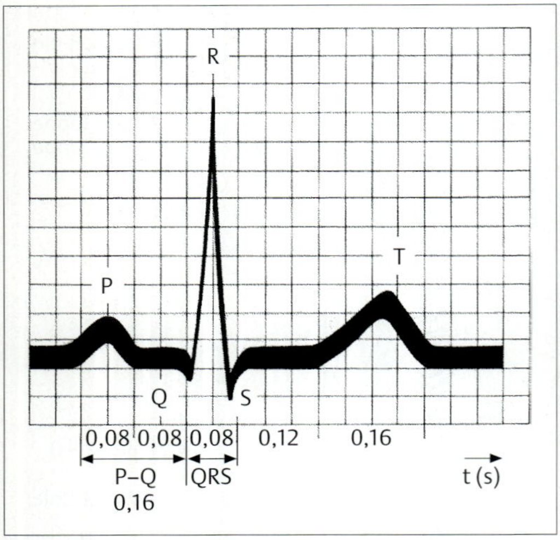

Abb. 3.**5** Normale EKG-Kurve (aus Keidel, Thieme 1985)

Herzspitze (Herzspitze positiv gegenüber Herzbasis) wird als Ausschlag nach oben im EKG registriert. Der Schrittmacherprozeß im Sinusknoten ist im EKG nicht erkennbar.

Die **P-Welle** ist eine kleine, rundliche Auslenkung und entspricht der Depolarisation des Vorhofmyokards. Ihr folgt etwas später der spitze und hohe **QRS-Komplex** als Ausdruck der Ventrikeldepolarisation.

- *Q-Zacke*: Zu Beginn des QRS-Komplexes findet sich die kleine, negative Q-Zacke. Sie ist negativ, da sich die Erregung des Ventrikelmyokards zuerst vom Septum in Richtung der Herzbasis ausbreitet.
- *R-Zacke*: Die Erregung verläuft weiter in Richtung der Herzspitze und wird in der R-Zacke dargestellt. Der Ausschlag der R-Zacke ist aufgrund der großen Muskelmasse des Ventrikelmyokards relativ hoch. Zeitlich markiert sie den Beginn des Druckanstieges im linken Ventrikel.
- *S-Zacke*: Die Erregung erreicht zuletzt die hinteren Abschnitte des linken Ventrikelmyokards in der Nähe der Herzbasis, daher stellt sie sich als negative S-Zacke dar. Das gesamte Ventrikelmyokard ist somit depolarisiert.

Die Dauer des QRS-Komplexes ist jedoch kürzer als die Dauer der Kammersystole. Die Dauer der *mechanischen Ventrikelsystole* entspricht im EKG am ehesten der Zeit zwischen der Spitze der R-Zacke und dem Ende der T-Welle! Die **T-Welle** tritt im Anschluß an den QRS-Komplex auf und entspricht der Repolarisation des Ventrikelmyokards. Sie stellt sich in rundlicher Form dar. Zur zeitlichen Orientierung sollte man sich merken, daß das Ende der T-Welle mit Beginn des zweiten Herztones und der *Inzisur in der Aortendruckkurve* zusammenfällt. Die Erregung im AV-Knoten, die Erregungsleitung im His-Bündel, in den Schenkeln und Purkinje-Fäden bleibt ohne Abbildung im EKG.

Da die zuletzt erregte Muskulatur mit der Erregungsrückbildung beginnt, verläuft in der Summe die Rückbildung von der Herzspitze in Richtung Basis. Ein umgekehrter QRS-Komplex wäre nur zu erwarten, wenn die Erregungsrückbildung in gleicher Weise ablaufen würde wie die Erregungsausbreitung. Somit dominiert in der Phase der Kammererregungsrückbildung über dem Herzen die gleiche Vektorrichtung wie bei der Erregungsausbreitung mit dem elektrischen Pol von der Herzbasis zur Herzspitze, der sich als positive T-Welle darstellt. Die Repolarisation der Vorhöfe wird durch die sogenannte **Ta-Welle** dargestellt (a steht für Atrium). Da die Ta-Welle zeitlich in den Bereich des QRS-Komplexes fällt, ist sie gewöhnlich im EKG nicht sichtbar.

Klinischer Bezug

Eine Vergrößerung der Q-Zacke (pathologische Q-Zacke) kann auf einen transmuralen Myokardinfarkt hinweisen. Beim nichttransmuralen (subendokardialen) Infarkt bilden sich keine pathologischen Q-Zacken aus.

Neben den positiven und negativen Abweichungen gibt es *isoelektrische* EKG-Bereiche innerhalb des Herzzyklus, die als **Strecken** bezeichnet werden. Zu ihnen zählen die isoelektrische **PQ-Strecke** (Strecke vom Ende der P-Welle bis zum Beginn der Q-Zacke), identisch mit der atrioventrikulären Überleitungszeit, und die **ST-Strecke** (vom Ende der S-Zacke bis zum Beginn der T-Welle). Die PQ-Strecke beginnt am Ende der Erregungsausbreitung in den Vorhöfen. Der AV-Knoten ist zu diesem Zeitpunkt bereits erregt. Die ST-Strecke entspricht der vollständigen und gleichmäßigen Kammererregung (Abb. 3.**6**).

Klinischer Bezug

Die *ST-Strecke* zeigt Veränderungen bei **Ischämie** (Minderdurchblutung bei Durchblutungsstörungen) des Herzmuskels und bei einem **Myokardinfarkt.** Eine vertikale Verschiebung der ST-Strecke (Senkung oder Anhebung) bedeutet, daß nicht die gesamte Kammermuskulatur gleichzeitig erregt wird. Im Gegensatz zum Normalfall sind bestimmte Muskelpartien dann nicht mehr voll funktionsfähig.

Die Abschnitte im EKG, die sowohl Zacken oder Wellen als auch Strecken umfassen, bezeichnet

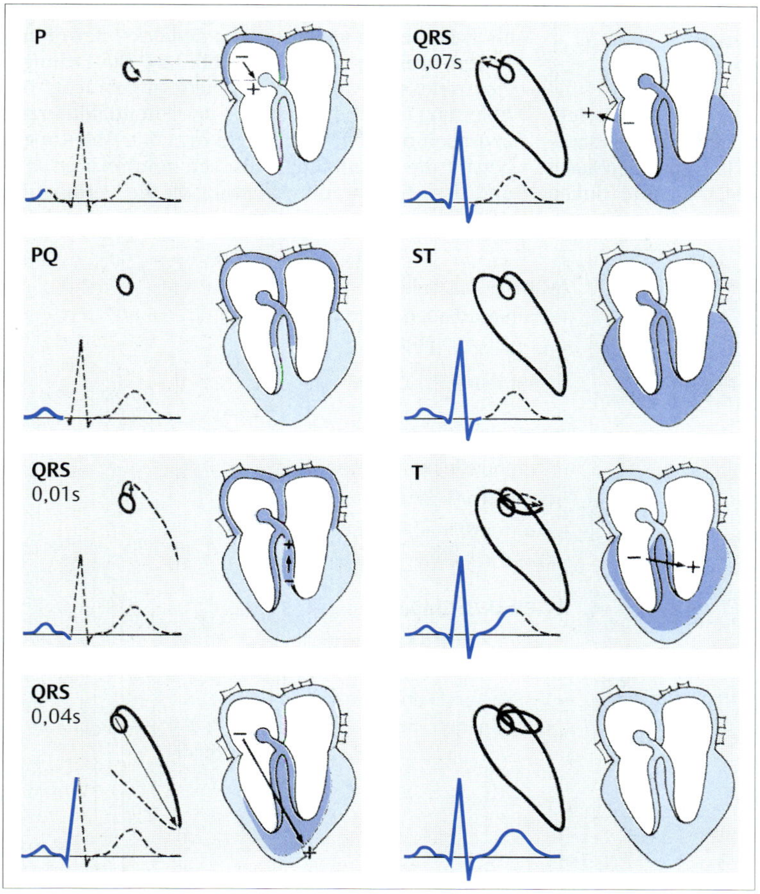

Abb. 3.**6** Erregungsausbreitung u. -rückbildung mit zugehörigem EKG (aus Schmidt/Thews, Springer 1990)

man als **Intervalle**. Sie eignen sich als Maß für die Zeiten von Vorhof- und Kammererregung. Die Entfernung der einzelnen Punkte zueinander markiert die Dauer der Erregung. Das **PQ-Intervall** (Beginn der P-Welle bis Beginn der Q-Zacke) stellt die **Überleitungszeit** der Erregung von den Vorhöfen auf die Ventrikel dar. Bei einer Herzfrequenz von 70/min beträgt das PQ-Intervall 0,18 Sekunden. Die Ermittlung der Kammererregung (Systolendauer) ist mit Hilfe des **QT-Intervalles** (Beginn der Q-Zacke bis zum Ende der T-Welle) möglich.

Klinischer Bezug

Ein *PQ-Intervall* von über 0,2 s Dauer gibt einen Hinweis auf eine Störung in der atrioventrikulären Überleitung (**AV-Block 1. Grades**). Ist die Überleitung völlig unterbrochen, so spricht man von einem **totalen Herzblock** oder **AV-Block 3. Grades**. Vorhoferregung und Kammerkomplexe haben in diesem Fall keine systematische und zeitliche Beziehung mehr zueinander. Als Therapie eignet sich in diesem Fall der permanente Schrittmacher. Beim *partiellen* Atrioventrikular-Block (**AV-Block 2. Grades**) werden manche Vorhoferregungen noch übergeleitet, andere nicht mehr (Abb. 3.**7**). Wird nur jede zweite oder dritte Vorhoferregung übergeleitet, spricht man von einem 2:1- bzw. 3:1-Block. Eine QRS-Dauer von über 0,1 s deutet auf eine *Erregungsausbreitungsstörung* in der Ventrikelmuskulatur hin. In diesem Falle ist mit großer Wahrscheinlichkeit einer der beiden Schenkel im ventrikulären Erregungsleitungssystem blockiert (**Schenkelblock**).

3.1.6 Prinzip und Methodik der Extremitäten- und Brustwandableitungen

Da die Form des EKG von der Lage der Ableitelektroden abhängig ist, verwendet man als Standardtechnik die Ableitung von den Extremitäten nach Einthoven. Die Ableitorte am rechten und linken Arm sowie am linken Fuß lassen sich vereinfacht als Ecken eines gleichseitigen Dreiecks, dem **Einthoven-Dreieck**, darstellen (Abb. 3.**8**). Die Erdungselektrode wird am rechten Bein angebracht. Die Ableitung I stellt die Messung der Potentialdifferenz zwischen rechtem und linkem Arm dar. Ableitung II betrifft die Verbindung zwischen dem rechten Arm und dem linken Fuß, Ableitung III die Verbindung

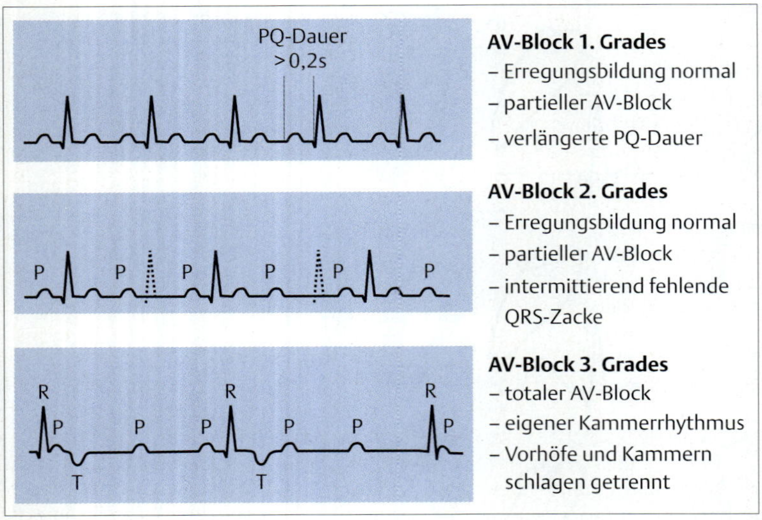

Abb. 3.**7** Verschiedene AV-Blockbilder

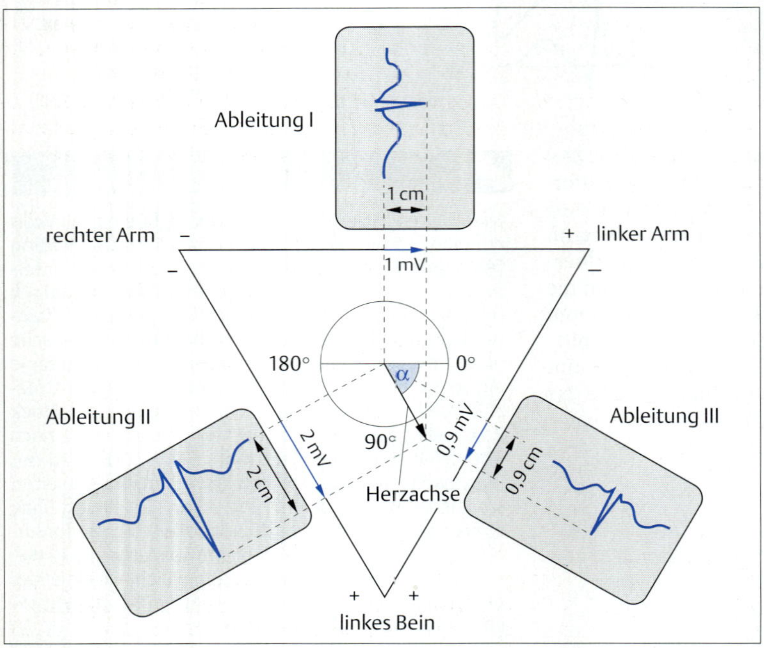

Abb. 3.**8** EKG-Dreieck nach Einthoven (aus Klinke/Silbernagl, Thieme 1994)

zwischen linkem Arm und linkem Fuß. Die Standardableitungen (I, II, III) nach Einthoven stellen also **bipolare Extremitätenableitungen** dar. Die Standard-EKG-Ableitungen geben Hinweise auf den Ort der Erregungsbildung, den Verlauf der Erregungsausbreitung und die Art von eventuellen Herzrhythmusstörungen. Aus den Extremitätenableitungen läßt sich auch die Lage der elektrischen Herzachse bestimmen, da zur Zeit der R-Zacke die **elektrische Herzachse** (R-Vektor) der anatomischen Herzachse (Lage des Herzens im Brustkorb) nahezu gleicht. Für jeden Moment läßt sich der integrale Vektor in Größe und Richtung nach den Regeln der **Vektor-Addition** rekonstruieren. Im klinischen Gebrauch wird die Höhe der R-Zacken von mindestens zwei Ableitungen ausgemessen und die ermittelte Lage auf die entsprechende Seite des Einthoven-Dreiecks aufgetragen (Abb. 3.**9**). Für die Einteilung der verschiedenen Lagetypen des Herzens bildet der **Winkel** α die Grundlage, da er die **elektrische Herzachse** (Richtung des maximalen R-Vektors) mit der Horizontalen einnimmt und damit weitgehend der anatomischen Längsachse des Herzens entspricht. Die Verbindungslinie der Vektorspitzen stellt die resultierende Vektorschleife für die Erregungsausbreitung in den Ventrikeln dar.
Normalerweise liegt der Winkel α beim **Indifferenztyp** (Normaltyp) zwischen 30° und 60°. Der maximale R-Vektor (R_{max}) befindet sich in diesem Falle in Ableitung II. Die T-Welle im EKG ist in Ableitung I nach Einthoven positiv. Bei Drehung des Herzens nach links geht der Winkel α gegen Null. Beim **Horizontaltyp** liegt der Winkel α zwischen Null und 30°, beim **Linkstyp** ist der Winkel α negativ. Die Maximalprojektion des R-Vektors (R_{max}) befindet sich in Ableitung I, während die Projektion auf der Ebene II schwach positiv und die in Ableitung III stark negativ ist. Bei Drehung nach rechts kommt es zum **Steiltyp** (Winkel α zwischen 60° und 90°) oder zum **Rechtstyp** (Winkel α größer als 90°). Hier liegt die maximale Projektion des R-Vektors in Ableitung III. Klinisch differenziert werden noch der überdrehte Rechtstyp und der überdrehte Linkstyp als extreme Lagetypen. Ein technischer (apparativer) Fehler muß vorliegen, wenn die R-Zacken in den Ableitungen I bis III zum gleichen Zeitpunkt gleich hoch sind (Abb. 3.**9**).

Klinischer Bezug

Bei einer **Hypertrophie** (Größenzunahme) des linken Ventrikels (z. B. bei Bluthochdruck) wird ein Linkstyp im EKG vorgetäuscht, ohne daß sich eigentlich die anatomische Herzachse ändert. Dementsprechend kann eine Hypertrophie des rechten Ventrikels (z. B. bei Pulmonalarterienstenose) zu einem Rechtstyp im EKG führen.

3.1.7 Pathologische Erscheinungen im EKG

Im Falle des **Vorhofflatterns** (200–300/min) oder **Vorhofflimmerns** (über 300/min) ist die *Vorhoffrequenz* derart erhöht, daß die Erregungsüberleitung nur unregelmäßig erfolgen kann. Das Vorhofflimmern ist durch den unregelmäßigen Ablauf von Vorhofdepolarisationen und eine irreguläre atrioventrikuläre Überleitung charakterisiert. Folge ist eine **absolute Arrhythmie** mit unregelmäßigen Kammererregungen. Bleibt die **Ersatzfrequenz** der Kammern im physiologischen Bereich, so ist eine absolute Arrhythmie mit dem Leben vereinbar.
Das **Kammerflimmern** manifestiert sich im EKG als irreguläre Ausschläge (300/min). Es entspricht hämodynamisch einem Herzstillstand, da eine wirksa-

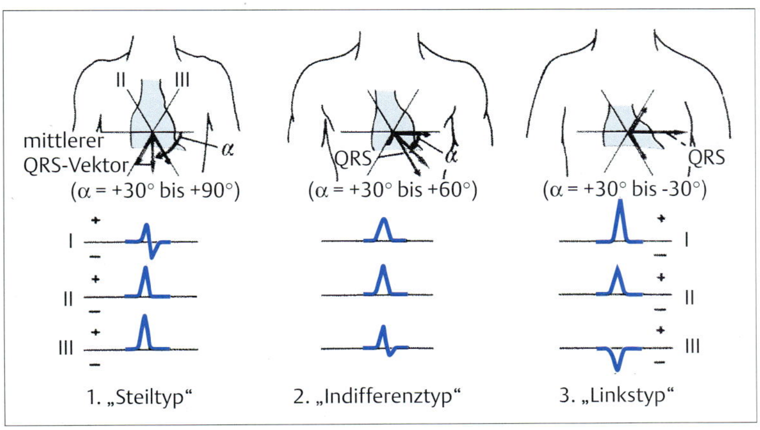

Abb. 3.**9** Bestimmung der Lagetypen aus den EKG-Ableitungen (aus Silbernagl/Despopoulos, Thieme 1991)

me Füllung sowie Entleerung der Ventrikel nicht mehr möglich ist. Häufige Ursache von Kammerflimmern ist der elektrische Stromstoß in der vulnerablen Phase des Herzens (s. 3.1.4) bei einem Elektrounfall im Haushalt.

! Merke

Herzrhythmusstörungen in Form des Kammerflimmerns treten häufig als Komplikation nach Herzinfarkt auf!

Beim **Kammerflattern** finden sich im EKG frequente Wellen von hoher und weiter Amplitude (Sägezahn-EKG) mit einer Frequenz von ca. 250/min. Der Übergang in ein Kammerflimmern ist sehr häufig.

Als **Extrasystole (ES)** wird ein zusätzlicher Herzschlag bezeichnet, der in den normalen Herzrhythmus einfällt. Der *Ursprungsort* einer Extrasystole kann anhand verschiedener Kriterien ermittelt werden. So erscheint im EKG keinerlei QRS-Komplex-Veränderung, wenn die ES im Vorhof oder im AV-Knoten entsteht. Liegt der Ursprungsort jenseits der Aufzweigung des Erregungsleitungssystemes nach dem AV-Knoten in einem der beiden Schenkel, so ist der QRS-Komplex stark *verbreitert* und *deformiert*. Ursache für diese *Deformität* ist der unterschiedliche Zeitpunkt der Kammererregung. Der Teil der Ventrikelmuskulatur über dem Schenkel des Erregungsursprunges wird schneller erregt als die Muskulatur über dem anderen Schenkel, da die Erregung im zuerst erregten Schenkel erst zurücklaufen muß, ehe sie auf den anderen Schenkel übergreifen kann *(retrograde Erregung)*. In diesem Fall liegt eine **ventrikuläre Extrasystole** vor. Fällt die Extrasystole zwischen zwei normale Systolen ohne Rückwirkung auf den normalen Herzrhythmus, so handelt es sich um eine **interponierte ventrikuläre ES**. Im EKG hat die reguläre R-Zacke nach der ES denselben Abstand von der vorangegangenen regulären R-Zacke wie andere reguläre R-Zacken.

Sehr häufig trifft eine normale Erregung im Vorhof auf den nach einer Extrasystole noch refraktären Ventrikel. In diesem Fall löscht die ES die nächste normale Systole aus, so daß eine überlange **kompensatorische Pause** entsteht. Erst die darauf folgende normale Erregung löst dann wieder eine normale Systole aus. Der Abstand der beiden regulären R-Zacken vor und nach der Extrasystole ist dann doppelt so groß wie bei einem normalen R-R-Intervall.

! Merke

In einer *kompensatorischen Pause* stellt die Extrasystole keinen zusätzlichen Herzschlag dar. In der Gesamtbilanz ist die ES nur ein zeitlich nach vorne verschobener Herzschlag mit abnormem Ursprung.

Verschoben wird der *Grundrhythmus*, wenn bei einer Extrasystole die Extra-Erregung den Sinusknoten *retrograd* (rückläufig) erreicht und dort vorzeitig eine neue Erregung auslöst. Demzufolge existieren zwischen der ES mit kompensatorischer Pause und der interponierten ES zahlreiche verschiedene Zwischenformen.

Elektromechanische Koppelung

Siehe 3.3.2 und Kapitel 14

3.2 Herzmechanik

3.2.1 Phasen der Herzaktion

Die Herzaktion wird in die vier Phasen:

- Anspannungsphase,
- Austreibungsphase,
- Entspannungsphase und
- Füllungsphase eingeteilt.

Anspannungs- und Austreibungsphase fallen in die **Systole**, der Kontraktion, die der Erregung mit kurzer Latenz (**elektropressorische Latenz**) folgt. Die Entspannungs- und Füllungsphase, die zwischen den mechanischen Aktionen liegen, nennt man die **Diastole** der Herzaktion. In der Diastole wird das Blut von den Vorhöfen in die Ventrikel gefüllt → **Füllungsphase**. Die treibende Kraft ist zu 80 % der relative intraventrikuläre Unterdruck, der bei der isovolumetrischen **Relaxation** am Ende der Entspannungsphase entsteht und zur Öffnung der Atrioventrikularklappen (AV-Klappen) führt, sowie zu 15 % die Kontraktion der Vorhofmuskulatur. Das Füllungsvolumen im Ventrikel beträgt nun etwa 140 ml.

Durch die Füllung übersteigt der intraventrikuläre Druck den intraatrialen Druck, dadurch werden die AV-Klappen wieder geschlossen. Auch die **Semilunarklappen – Taschenklappen** (Aorten- und Pulmonalklappe) des Herzens sind zu diesem Zeitpunkt geschlossen, so daß der intraventrikuläre Druck in der jetzt einsetzenden **isovolumetrischen Anspannungsphase** rasch erhöht wird und bis auf ein Druckniveau von 80 mmHg (10,7 kPa) steigt. Dabei bleibt das Blutvolumen im Ventrikel zunächst konstant → isovolumetrischer Druckanstieg. Übersteigt der intraventrikuläre Druck (80 mmHg) den diastolischen

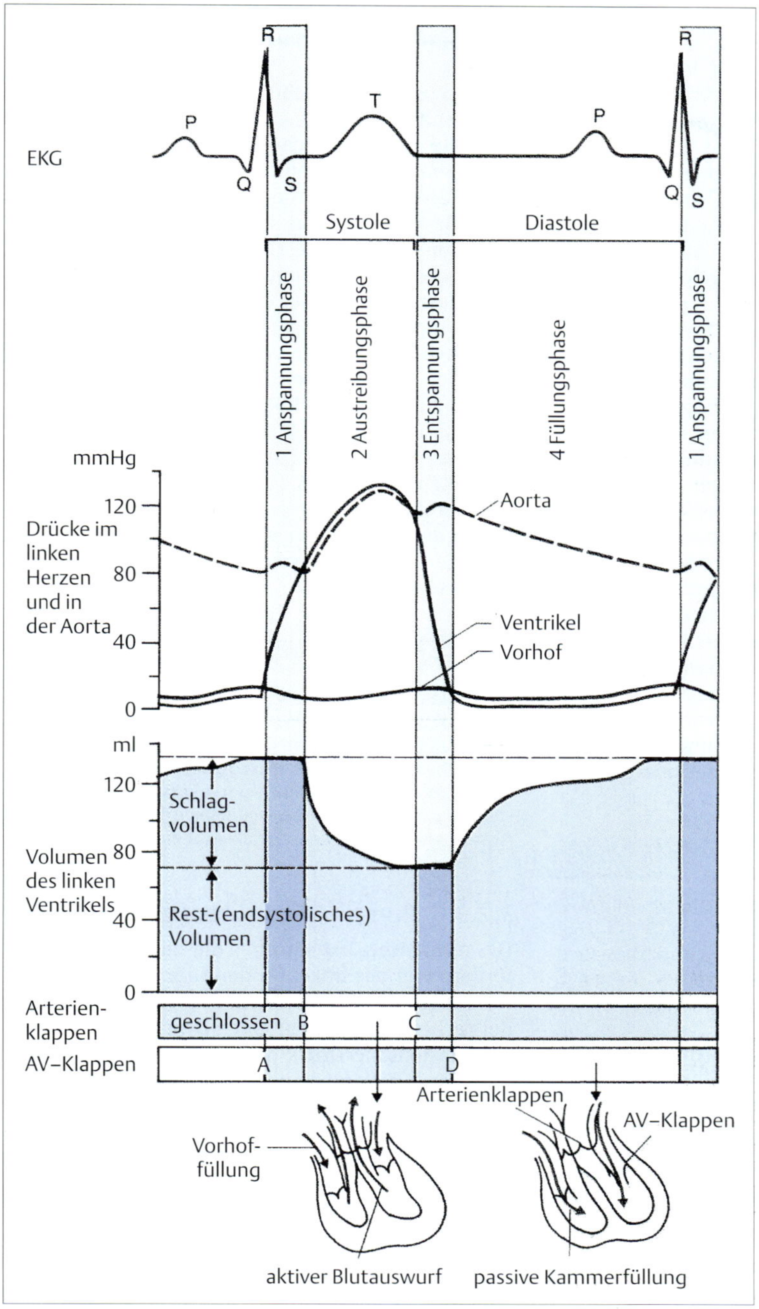

Abb. 3.**10** Herzzyklus: Zeitliche Korrelation von Druck, Blutfluß und Ventrikelvolumen in Systole und Diastole. Die Punkte A bis D kennzeichnen die Übergänge der verschiedenen Arbeitsphasen des linken Ventrikels. Die Punkte A u. D markieren den Schluß bzw. die Öffnung der AV-Klappen, die Punkte B u. C die Öffnung bzw. den Schluß der Aortenklappen (aus Beske, Thieme 1990)

Druck in der Aorta, öffnet sich die Aortenklappe (Taschenklappe zwischen linker Kammer und Aorta) und die **Austreibungsphase** folgt. Während der Austreibungsphase steigt der Druck im linken Ventrikel durch die muskuläre Kontraktion auf maximale Werte von 120 mmHg. Erst nachdem das **Schlagvolumen** von ca. 70 ml ausgeworfen ist (verbleibendes Restvolumen = 70 ml), sinkt der Druck im Ventrikel unter den Aortendruck, und die Aortenklappe wird wieder geschlossen. In der Austreibungszeit des Herzens sinkt die **Myokardspannung** (Kraft/Querschnitt der Herzwand). Hierfür ist am ehesten die Wanddicke des Myokards verantwortlich (siehe auch physikalische Grundlagen in Kap. 3.2.6). Die Kontraktion während der Austreibungsphase ändert sowohl Druck als auch das Füllungsvolumen des Ventrikels → **auxotone Kontraktion**.

In der nun einsetzenden **Entspannungsphase** sinkt der Druck in den Ventrikeln weiter ab → **isovolumetrische Relaxation**. Sowohl die AV-Klappen als auch die Aorten- und Pulmonalklappe sind geschlossen, bis der intraventrikuläre Druck den intraatrialen Druck unterschreitet (20 mmHg), und dadurch die AV-Klappen wieder geöffnet werden. Damit kann wieder die Füllungsphase beginnen (Abb. 3.**10**).

Die Füllung der Vorhöfe findet während der Austreibungsphase statt; durch das Absenken der Klappenebene wird ein Unterdruck in den Vorhöfen erzeugt und Blut aus den Pulmonalvenen kann in den linken Vorhof, Blut aus der unteren und der oberen Hohlvene in den rechten Vorhof strömen.

Merke

Geht man von der P-Welle des EKG aus, so tritt folgende zeitliche Reihenfolge auf:
Q-Zacke → Schluß der Atrioventrikularklappen → Öffnung der Aortenklappe → T-Welle → Schluß der Aortenklappen → Öffnung der Atrioventrikularklappen.
Die Öffnungszeit der Segelklappen (Atrioventrikularklappen) ist somit länger als die der Taschenklappen (Semilunarklappe).

3.2.2 Herztöne und Herzgeräusche

Obwohl die bei den Herzaktionen entstehenden „Töne" physikalisch gesehen Geräusche (Schall unterschiedlicher Wellenlängen) darstellen, werden die normalen, **physiologischen Geräusche** als **Herztöne** bezeichnet. Die Kontraktion des Kammermyokards in der *Anspannungsphase* erzeugt den **ersten Herzton**, der *Schluß der Taschenklappen* am Ende der Austreibungsphase den **zweiten Herzton**. Die **Mitralklappe** (Atrioventrikularklappe des linken Herzens) und die **anderen Klappen** des Herzens sind gleichzeitig geschlossen, während der erste Herzton im **Phonokardiogramm** (Aufzeichnung des Herzschalls) erscheint.

Pathologische Geräusche, die bei Stenosen oder Insuffizienz der Klappen auftreten, werden als **pathologische Herzgeräusche** bezeichnet. Die Herztöne und -geräusche werden aus physikalischen Gründen in der Strömungsrichtung des Blutes weitergeleitet. Für jede Klappe gibt es somit einen optimalen Auskultationsort über bestimmten Stellen der Brustwand, den man sich einprägen sollte, um pathologische Herzgeräusche der entsprechend geschädigten Herzklappe zuordnen zu können:

- *Aortenklappe*: 2. Interkostalraum (ICR) parasternal (neben dem Brustbein) rechts,
- *Pulmonalklappe*: 2. ICR parasternal links,
- *Mitralklappe*: 4.–5. ICR links über der Herzspitze,
- *Trikuspidalklappe* (Atrioventrikularklappe des rechten Herzens): 5. ICR parasternal rechts.

Die Systolendauer entspricht der Zeit zwischen dem 1. und dem 2. Herzton, die Diastolendauer der Zeit zwischen dem 2. Herzton und dem darauffolgenden 1. Herzton.

Klinischer Bezug

Ein **diastolisches Herzgeräusch** kann bei einer Trikuspidalklappenstenose, einer Aortenklappeninsuffizienz oder einer Pulmonalklappeninsuffizienz entstehen. **Systolische Herzgeräusche** entstehen infolge eines Ventrikelseptumdefektes, einer Anämie, einer Aortenklappenstenose, einer Trikuspidalklappeninsuffizienz oder einer Mitralklappeninsuffizienz.

3.2.3 Pumpleistung des Herzens

Das rechte Herz hat natürlich dieselben Volumina zu fördern wie das linke. Da der *Strömungswiderstand* der Lungenstrombahn jedoch sehr gering ist, erzeugt der rechte Ventrikel nur einen Druck von 25 mmHg. Der diastolische Druck des rechten Ventrikels liegt bei 0 mmHg. Dementsprechend liegt der Blutdruck in der A. pulmonalis bei 25/0 mmHg. Der Druck im linken Ventrikel hat im Vergleich dazu während der Systole einen Wert von 120 mmHg und fällt während der Diastole auf fast 0 mmHg ab.

Für den linken Ventrikel ergeben sich bei einer Herzfrequenz von 70/min. folgende wichtige Volumenwerte:

- *Herzschlagvolumen*: 70 ml,
- *Restvolumen* nach der Austreibungsphase: 70 ml,
- *Herzzeitvolumen*: beträgt in Ruhe 5–6 l/min.

Merke

Während der Systole wird die Hälfte des im gefüllten Herzen enthaltenen Blutvolumens ausgeworfen. Die *Ejektionsfraktion* (Auswurfmenge) beträgt somit 50 % oder 0,5.

3.2.4 Grundlagen der Herzdynamik

Das Herz besitzt die Möglichkeit **autoregulatorischer Anpassung** an eine akute Volumen- bzw. Druckbelastung. Die Regulation des Herzzeitvolumens (= Schlagvolumen · Herzfrequenz) wird über den **Frank-Starling-Mechanismus** gesteuert

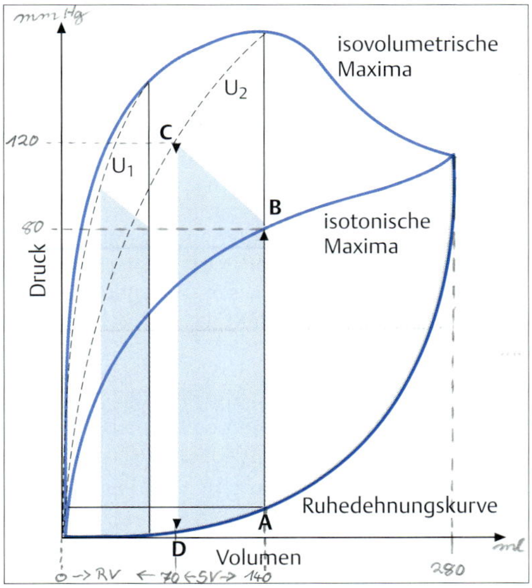

Abb. 3.**11** Das Druck-Volumen-Diagramm des isolierten Herzens bei verschiedener Füllung. Wird der von einer gegebenen Ausgangslage gewonnene Punkt maximaler Spannungsentwicklung (isovolumetrisch, ordinatenparallel) mit dem Punkt maximaler Volumenverkleinerung (isotonisch, abszissenparallel) verbunden, so ergibt sich die Kurve der Unterstützungszuckungen (U-Kurve). Verschiedene Ausgangslagen haben verschiedene U-Kurven. Diese verlaufen um so steiler, je geringer die Ventrikelfüllung ist. In das Diagramm sind zwei Unterstützungszuckungen (isovolumetrisch, auxotonisch) eingetragen. Sie repräsentieren schematisch zwei natürliche Zuckungen bei verschiedener Ausgangsfüllung. Dabei ist vereinfacht angenommen, daß der Druck während der Auswurfphase kontinuierlich steigt. Die vermehrte (diastolische) Füllung wird mit vergrößertem Schlagvolumen (Volumenzunahme) und gesteigerter mechanischer Arbeit (getönte Fläche) beantwortet (Frank-Starling-Mechanismus) (aus Keidel, Thieme 1985)

und läßt sich anhand eines **Druck-Volumen-Diagrammes** (Abb. 3.**11**) erläutern. An einem isolierten *Herz-Lungen-Präparat* eines Säugetieres kann man die **Ruhe-Dehnungs-Kurve** durch passive Füllung des ruhenden Herzens ermitteln. Aus dem Kurvenverlauf ist ersichtlich, daß der Ventrikeldruck mit zunehmender Ventrikelfüllung *exponentiell* steigt. Von jedem Punkt der Ruhe-Dehnungs-Kurve aus ist eine *isotonische* (= konstanter Druck und Tonus) und eine *isovolumetrische* (= Blutvolumen in den Ventrikeln bleibt gleich) Kontraktion möglich. Wie kräftig sich gesunde Herzmuskelfasern kontrahieren, hängt in einem bestimmten Bereich von ihrer Länge (siehe Anatomie der Herzmuskelfaser und Abb. 3.**11**) zu Beginn der Kontraktion ab. Die Länge der Herzmuskelfaser wird wiederum vom Blutvolumen bestimmt, mit dem der Ventrikel gefüllt ist. Je größer demnach die Füllung des Herzens am Ende der Diastole ist, desto kräftiger ist die Kontraktion, und um so größer das Schlagvolumen. Ab einem Füllungsvolumen von 280 ml jedoch, ist ein Stadium der Überdehnung erreicht, welches nur zu einer schwachen Kontraktion und damit zu geringerer Arbeit führt. So erhält man aus der Summe der einzelnen Maxima aller Kontraktionen, eine Kurve der **isotonischen Maxima** und eine Kurve der **isovolumetrischen Kontraktionen**.

Die Systole besteht aus einer **isovolumetrischen Anspannungsphase**, der im Anschluß eine **auxotonische Austreibungsphase** (Volumenabnahme bei weiterem Druckanstieg) folgt. Diese Art der *gemischten Kontraktionsform* wird auch *Unterstützungszuckung* genannt. Die Kurve der *Unterstützungs-Maxima (U-Kurve)* läßt sich für jeden Punkt auf der Ruhe-Dehnungs-Kurve festlegen, da sie eine lineare Verbindung zwischen dem isovolumetrischen und dem isotonischen Maximum für den ausgewählten Punkt auf der Ruhedehnungskurve darstellt. Alle Maxima liegen auf der U-Kurve, auch wenn sich bei gegebenem Füllungsdruck deren Maxima abhängig von dem enddiastolischen Aortendruck ändern. In Abb. 3.**11** ist ein normaler Arbeitszyklus in das Druck-Volumen-Diagramm eingetragen: Der Punkt **A** beschreibt das **enddiastolische Volumen** mit in diesem Falle 140 ml. Während der Anspannungsphase wächst der Druck im linken Ventrikel in isovolumetrischer Form an. Im Punkt **B** ist dann der Aortendruck von 80 mmHg erreicht. In der Austreibungsphase steigt der Druck weiter in isotonischer Form: das Ventrikelvolumen wird um das **Schlagvolumen (SV)** verringert. Im Punkt **C** ist der maximale systolische Druck erreicht, so daß der Ventrikel kein Volumen mehr abgeben kann und die Aortenklappe zuschlägt. Es folgt die Entspannungsphase, in der der Druck auf fast Null (Punkt **D**) absinkt. Ein **enddiastolisches Restvolumen** von 70 ml befindet sich noch im linken Ventrikel. In der anschließenden Füllungsphase steigt der Ventrikeldruck wieder entlang der Ruhe-Dehnungs-Kurve (Punkt A) an.

> **! Merke**
>
> Um die isovolumetrische Anspannungszeit, die Austreibungszeit und die Diastolendauer des linken Ventrikels zu bestimmen, muß außer dem Druck im linken Ventrikel gleichzeitig der Druck der Aorta ascendens registriert werden.

Im Falle einer akuten Volumenbelastung spricht man auch von einem Anstieg des „**preload**", also einer Erhöhung des Blutvolumens vor dem Herzens im Gegensatz zum „**afterload**", der die Blutmenge nach dem Herzen im arteriellen Schenkel beschreibt. Erhöht sich jetzt bei Konstanz der Aortendrücke der venösen Füllungsdruck (preload), so fördert das Herz in einem neuen Arbeitszyklus ein deutlich größeres Schlagvolumen und leistet damit auch eine größere **Arbeit** (= Druck · Volumen). Dies ist zwangsläufig mit einer Erhöhung des Restvolumens verbunden, wobei sich die neue Kurve der Unterstützungsmaxima nach rechts verschiebt. Somit ist das Ventrikelvolumen sowohl endsystolisch als auch enddiastolisch vergrößert. Durch den Frank-Starling-Mechanismus ist also sichergestellt, daß das Herz angepaßt an den preload das Auswurfvolumen ändert.
Bei normaler Füllung ist das Herz in der Lage, gegen höhere Aortendrücke (Druckbelastung durch erhöhten afterload) zu kontrahieren. Dabei wird jedoch das Schlagvolumen deutlich kleiner und das Restvolumen steigt folglich an.
Der Frank-Starling-Mechanismus ist zudem für die Angliederung der Schlagvolumina des rechten und des linken Ventrikels zuständig. Dadurch bleiben das Volumen und der Druck im großen und kleinen (Lungen-) Kreislauf in einem konstanten Verhältnis.

3.2.5 Einfluß des Sympathikus auf die Herztätigkeit

Unter dem **positiv-inotropen** (Steigerung der Herzkraft) und **positiv-chronotropen** (Herzfrequenzsteigerung) Einfluß des Sympathikus (s. 3.3.1) kann das Herz bei körperlicher oder seelischer Belastung ein Herzzeitvolumen auswerfen, das 4–5 mal größer ist als der Ruhewert. *Unabhängig von der Ruhe-Vordehnung* kann die Herzkraft gesteigert werden, die maximale Kraftentwicklung früher erreicht werden, und dadurch die *Kurve der isometrischen Maxima* nach oben verschoben werden. Gleichzeitig steigt die maximale *Erschlaffungsgeschwindigkeit* der Ventrikel, wodurch die Dauer der Systole um maximal 40 % verkürzt werden kann.
So ist auch bei der gesteigerten Herzfrequenz unter dem Einfluß des Sympathikus eine ausreichend lange Dauer der Diastole, und damit eine ausreichende Ventrikelfüllung, gewährleistet. Die Steigerung der Herzfrequenz unter dem Einfluß des Sympathikus bewirkt eine lineare Zunahme des Herzzeitvolumens und ist daher für die Anpassung des Kreislaufsystems wesentlich.
Die Bedeutung der sympathischen Innervation wird besonders bei der orthostatischen Lageumstellung deutlich (s. Kreislauf Kap. 4.2.5). Da beim Aufstehen der **zentrale Venendruck** absinkt, wird die Herzfüllung schlechter und der Frank-Starling-Mechanismus wirkungslos. Das Absinken des Füllungsdruckes kann in dieser Situation mit Hilfe der Sympathikus-Innervation *kompensiert* werden. Ist die Abnahme des Schlagvolumens unvermeidbar, so ist die nerval vermittelte Frequenzerhöhung in der Lage, das Herzminutenvolumen konstant zu halten. Bei einer Verdoppelung der Herzfrequenz durch körperliche Arbeit sinkt die Diastolendauer um mehr als 50 %. Gleichzeitig erhöht sich der Beitrag der Vorhofkontraktion zur Ventrikelfüllung mit steigender Herzfrequenz. Insgesamt jedoch sinkt das Herzzeitvolumen ab.

> **! Merke**
>
> Die erhöhte Herzfrequenz bewirkt, daß die Abnahmen des Herzzeitvolumens relativ geringer sind als die des Herzschlagvolumens.

3.2.6 Kontraktionsvermögen des Herzens

Die am isolierten Herzen gemessenen isovolumetrischen Maxima beschreiben das Kontraktionsvermögen des Herzens, das **Kontraktilität** genannt wird. Da diese Messung am schlagenden Herzen in situ unmöglich ist, behilft man sich mit dem Maß der *maximalen Druckanstiegsgeschwindigkeit* im Ventrikel während der Anspannungsphase. Die Kontraktilität hängt von der Anzahl der *Querbrücken* zwischen *Aktin* und *Myosin* in den einzelnen Herzmuskelfasern ab. Ein hoher Aktivierungsgrad führt zu einem hohen *isovolumetrischen Spannungsmaximum*, aber auch die Steilheit des Druckanstieges wird zunehmen, wenn mehr Querbrücken gleichzeitig zugreifen (s. Einfluß des intrazellulären Calciums unter Kap. 3.3.2).

Die **mechanische Arbeit** des Herzmuskels wird als *Volumenverschiebung* infolge von Kraftentwicklung vollbracht. Sie errechnet sich aus dem *Druck mal Volumen*. Sie besitzt physikalisch dieselbe Dimension wie die in der Physik definierte *Arbeit aus Kraft mal Weg* (N · m). Im Druck-Volumen-Diagramm des Herzens ist die mechanische Arbeit als die von einem Arbeitszyklus umschriebene Fläche zwischen den Punkten **A bis D** *(Druck-Volumen-Schleife* des linken Ventrikels) sowie dem fehlenden Abschnitt nach unten bis zur Druck-Nullinie dargestellt (Abb. 3.**11**). Dabei entspricht **A–B** der Anspannungsphase, **C–B** der Austreibungsphase, **C–D** der Entspannungsphase und **D–A** der Füllungsphase. Mit Hilfe der Druck-Volumen-Schleife läßt sich auch die Ejektionsfraktion des linken Ventrikels ermitteln. Die **Beschleunigungsarbeit** des linken Ventrikels in körperlicher Ruhe beträgt weniger als 10% der Druckvolumenarbeit.

Die **Leistung** errechnet sich aus **Arbeit pro Zeit**. Die Dimension der *Leistungsgröße* ist die Arbeit pro Herzschlag mal Herzfrequenz (in min^{-1}), die die Herzarbeit pro Minute ergibt.

In Ruhe erbringt das Herz eine Leistung von 5 Watt; dies sind fast 10% des gesamten *Energieumsatzes*.

3.2.7 Laplace-Gesetz

Die Druckentwicklung im Ventrikel wird durch geometrische Faktoren, wie dem **Innenradius r**, der **Wanddicke d** und dem **transmuralen Druck P**, bestimmt. Stellt man sich den Ventrikel vereinfacht als Hohlkugel vor, so entspricht der transmurale Druck P dem Innendruck. In diesem Körper gilt der Grundsatz: Je dicker die Wand, desto geringer ist bei gleichem Innenradius die Wandspannung! Die mathematische Grundlage für diesen Grundsatz bildet das Laplace-Gesetz. Danach nimmt die **Wandspannung** K (also die Kraft/Wandquerschnitt) proportional mit dem Innendruck und dem Radius zu:

$$K = P\frac{\tau}{2d}[N \cdot m^{-2}] \qquad (3.2)$$

Überträgt man das Laplace-Gesetz auf den Herzmuskel, so folgt, daß während der Austreibungsphase der Ventrikelradius abnimmt und die Wanddicke zunimmt. Gleichzeitig bleibt jedoch die **Kraftentwicklung** in der Ventrikelmuskulatur gleich, da sie bereits während der vorangegangenen Austreibungsphase vollständig entfaltet wurde. Dementsprechend findet nach Laplace die Austreibungsphase im Ventrikel alleine aufgrund der geometrischen Veränderungen des intraventrikulären Druckes statt.

3.2.8 Physiologische und pathologische Herzhypertrophie

Zu den strukturellen Veränderungen einer Herzhypertrophie kommt es z. B. bei Leistungssportler, Herzklappenfehlern oder bei erhöhtem Blutdruck (Hypertonus). Die Zahl der Muskelzellen bleibt bei dieser pathologischen Veränderung konstant, nur ihre Dicke und ihre Länge nehmen zu, so daß das **Herzgewicht** von normalerweise 250–300 g auf fast 500 g zunehmen kann.

Klinischer Bezug

Wird das Herz wiederholt oder ständig einer erhöhten Arbeitsbelastung (Druck- bzw. Volumenbelastung) oder kurzfristig einem O_2-Mangel ausgesetzt, so treten strukturelle Veränderungen auf. Es kommt zu einer Vergrößerung des Herzens durch **Hypertrophie**. Die Zahl der Herzmuskelzellen bleibt zunächst konstant, lediglich ihre Dicke und ihre Länge nehmen gleichmäßig zu. Gleichzeitig werden die Diffusionswege zwischen den Kapillaren und dem Inneren der Herzmuskelfaser größer, so daß die Gefahr einer ungenügenden O_2-Versorgung entsteht. Die Folge kann ein **Herzversagen** sein.

Das **Sportlerherz** ist durch das erhöhte diastolische Ventrikelvolumen und Schlagvolumen in Ruhe charakterisiert. Da der Sportler aufgrund gesteigerter Aktivität des N. vagus eine niedrige Herzfrequenz aufweist, bleibt sein Herzzeitvolumen insgesamt unverändert.

In der Situation der Herzwandhypertrophie bleibt die Wandspannung nach Laplace unverändert, da Wanddicke und Ventrikelradius vergrößert sind. Ist der Herzmuskel jedoch ohne gleichzeitige Wandverdikkung dilatiert (erweitert), nimmt die Wandspannung nach Laplace mit dem Radius zu und der Herzmuskel benötigt mehr Energie zur Förderung des gleichen Schlagvolumens.

3.2.9 Meßmethodik des Herzminutenvolumens

Das Herzminutenvolumen (HMV) kann nach dem **Fick-Gesetz** aus der *Sauerstoffaufnahme* und der *Sauerstoffkonzentrationsdifferenz* zwischen venösem Mischblut und arteriellem Blut bestimmt werden. Typische Zahlenwerte für eine normale Ruhesituation sind:

- *O_2-Aufnahme*: 300 ml/min
- *O_2-Konzentration im venösen Mischblut der A. pulmonalis*: 150 ml/l
- *O_2-Konzentration im arteriellen Blut*: 200 ml/l

Danach nimmt jeder Liter Blut beim Durchfluß durch die Lunge 50 ml O_2 auf. Nach der Formel:

$$HMV = \frac{O_2 - \text{Aufnahme}}{O_2 - \text{Konzentrationsdifferenz}} \quad (3.3)$$

ergibt sich bei einer O_2-Aufnahme von 300 ml/min ein HMV von 6 l Blut pro Minute. Der Normalwert für das Herzminutenvolumen liegt bei 5 l/min. Unter Arbeitsbedingungen ist ein Anstieg auf bis zu 20 l/min, bei durchtrainierten Athleten bis zu 30 l/min möglich. Für die Bestimmung des HMV muß das venöse Mischblut aus dem rechten Ventrikel oder der A. pulmonalis mittels *Herzkatheter* entnommen werden.

3.2.10 Durchblutung der Koronararterien und Herzstoffwechsel

Zur Versorgung des Herzmuskels fließen ca. 5 % des *Herzminutenvolumens* durch die **Koronararterien**. Dies entspricht in körperlicher Ruhe einem Blutvolumen von 250 ml/min. Die **spezifische Durchblutung** liegt bei 60–80 ml/dl und ist damit recht hoch, da der Herzmuskel auch bei Ruhe des Gesamtorganismus arbeiten muß. Bei körperlicher Leistung kann die spezifische Durchblutung um den Faktor 4–5 auf 300–400 ml/dl ansteigen. Diese *Steigerungsfähigkeit* nennt man die **Koronarreserve**. Die **Sauerstoffausschöpfung** kann von 60–70 % in Ruhe auf ca. 75–80 % bei Belastung ansteigen. Der O_2-Verbrauch des Herzens steigt bei einer 30 %igen Zunahme des Aortendruckes stärker an als bei einer 30 %igen Zunahme des Herzzeitvolumens. Die Höhe der Koronardurchblutung korreliert also mit der Höhe des myokardialen Sauerstoffverbrauchs. Somit steigt die Durchblutung (**Stromstärke**) in den Koronararterien bei Senkung der arteriellen Sauerstoffsättigung. Bei den Mechanismen zur Anpassung der Koronardurchblutung an den wechselnden Bedarf steht die **lokal-chemische, metabolische Autoregulation** im Vordergrund (s. 4.4.1).

Innerhalb des *Herzkontraktionszyklus* (Abb. 3.**10**) ergeben sich aufgrund des Druckes, der auf die Blutgefäße während einer Kontraktion ausgeübt wird, starke Schwankungen. Zu Beginn der Systole wird der arterielle Koronarstrom stark reduziert, der venöse Ausstrom jedoch durch Auspressen gesteigert. Mit Beendigung der Systole folgt eine starke Zunahme der Durchblutung. In der ersten Hälfte der mechanischen Diastole ist der arterielle Einstrom maximal (**phasischer Koronarfluß**).

! Merke

Ursache für die starken *Durchblutungsschwankungen* im Koronarkreislauf ist der *Kontraktionsdruck* der Herzaktionen. Die regulatorischen Tonusänderungen zur Stabilisierung der Blutdruckwerte betreffen immer nur die mittlere Durchblutungsgröße, die eine viel kleinere Variationsbreite besitzt.

3.3 Nervale und humorale Steuerung der Herztätigkeit

3.3.1 Innervation des Herzens

Auch wenn die Herztätigkeit vorwiegend auf einer *myogenen Automatie* beruht, so wird sie doch durch **sympathische** und **parasympathische Innervation** in vielfältiger Weise moduliert.

Sympathische Innervation

Der Sympathikus hat wie im gesamten Organismus eine *ergotrope* (leistungsfördernde) Wirkung auf das Herz. Am Herzen selbst hat er eine

- *positiv-chronotrope Wirkung* (Steigerung der Herzfrequenz),
- *positiv-inotrope Wirkung* (Steigerung der Herzkraft),
- *positiv-bathmotrope Wirkung* (Förderung der Erregbarkeit der Muskulatur) und
- eine *positiv-dromotrope Wirkung* (Förderung der Erregungsüberleitung vom Vorhof zum Ventrikel).

Ursache ist vermutlich die Zunahme der Anstiegssteilheit der *diastolischen Schrittmacherpotentiale* nach Sympathikuserregung. Durch die Erhöhung der *Ca^{2+}-Leitfähigkeit* fördert der Sympathikus wesentlich die zur **elektromechanischen Kopplung** wichtige intrazelluläre Calciumkonzentration (s. 3.3.2). Der Sympathikus beschleunigt die diastolische Depolarisation und damit die Schrittmacherfrequenz.

Unerwünschte Folge dieser Einflußnahme ist auch das verstärkte Auftreten von Extrasystolen. Im Sympathikussystem sind **Adrenalin** und **Noradrenalin** als Transmitter eingesetzt. Adrenalin wirkt über **adrenerge β_1-Rezeptoren**, die sich durch β-Blocker pharmakologisch hemmen lassen. Mit Einsatz der β-Blocker wird indirekt auch der gesamte Herzstoffwechsel, d. h. der Sauerstoffverbrauch gesenkt. Ein Einsatz von α-Blockern ist in bezug auf die Herztätigkeit nahezu wirkungslos.

Noradrenalin, ein Transmitter der an α-Rezeptoren angreift, kann durch Änderung der Membranleitfähigkeit der Schrittmacherzellen die diastolische Depolarisation des Sinusknotens beeinflussen.

Parasympathische Innervation

Der Gegenspieler des Sympathikus, der **Vagus**, hat eine **trophotrope**, also auf Erholung und Regeneration bedachte Wirkung auf das Herz und den Gesamtorganismus. Er verlangsamt die diastolische Depolarisation und senkt damit die Schrittmacherfrequenz. Der Parasympathikus erreicht nicht alle Regionen des Herzens, so daß er nur einen

- *negativ-chronotropen* und
- einen *negativ-dromotropen* Einfluß auf das Herz ausübt.

Auf Vorhofebene kann er eine *negativ-inotrope* Wirkung entfalten. An den Nervenendigungen des N. vagus wird der Transmitter **Acetylcholin** freigesetzt, der sich mit den cholinergen Rezeptoren der Herzmuskelzellen verbindet. Durch **Atropin** können diese Rezeptoren blockiert werden. Über eine direkte Verbindung der *Herzinnervationssysteme* kann der Parasympathikus (N. vagus) auch die Noradrenalinfreisetzung hemmen.

> **! Merke**
>
> Sympathikus: fight & flight.
>
> Vagus: rest & digest.

Die *chronotropen* Effekte der Herznerven erklären sich durch Veränderung der Steilheit der diastolischen Depolarisation. Wie in 3.1.2 bereits beschrieben, entsteht die **langsame diastolische Depolarisation** dadurch, daß die am Ende sehr hohe K^+Leitfähigkeit der Membran allmählich zurückgeht und dabei die Ca^{2+}-Leitfähigkeit ansteigt. Die Aktivierung des *efferenten Herzvagus* bewirkt an den *Schrittmacherzellen* (Sinusknoten) eine Zunahme der K^+-Leitfähigkeit (Zellmembranpermeabilität). Durch Einfluß des Vagus-Transmitters Acetylcholin wird die Steilheit der diastolischen Depolarisation in der Herzschrittmacherzelle also abgeflacht, so daß die Erregungsschwelle später erreicht wird. Auf Vorhofebene verkürzt eine Vagusreizung die Dauer des AP der Vorhofmuskulatur. Der Wirkstoff *Physostigmin* hemmt das Enzym **Cholinesterase**, welches für den Abbau von Acetylcholin zuständig ist und verstärkt somit die Vaguswirkung auf das Herz. Als Besonderheit sollte man sich merken, daß eine Reizung des rechten N. vagus im Vergleich zum linken N. vagus stärker auf die Herzfrequenz wirkt. Eine Ausschaltung des rechten Vagus erhöht die Herzfrequenz.

> **! Merke**
>
> Das Herz in Ruhe unterliegt ständig dem Einfluß der nervalen Innervation, da beispielsweise auch die *respiratorischen Schwankungen* der Herzfrequenz oder reflektorische Einflüsse der Pressorezeptoren über die Nervenbahnen von Sympathikus und Vagus vermittelt werden.

Schmerzafferenzen des Herzens

Bei Schmerzafferenzen können neben den spinal übertragenden vegetativen Reflexen, besonders auch bei begrenzter **Myokardhypoxie oder -ischämie**, viszerale, kardiale Afferenzen ausgelöst werden, die ihrerseits wiederum über spinale Reflexübertragungen zu einer Steigerung der efferenten Sympathikusaktivität zum Herzen führen. Gleichzeitig führt dies zu einer Art Schutzreflex, der als Schmerzgefühl im Thorax mit Ausstrahlung in den linken Arm und Kiefer wahrgenommenen **Angina pectoris**.

3.3.2 Elektrolytische und pharmakologische Einflüsse auf die Herzaktion

Die intrazelluläre **Konzentration von Calcium-Ionen** ist vorwiegend für die Steuerung der Kraft der *Herzmuskelkontraktionen* verantwortlich. So wird eine Kontraktion stärker, je höher die intrazelluläre Ca^{2+}-Konzentration in den Herzmuskelzellen ist. Dies erklärt sich dadurch, daß Calcium-Ionen sehr wichtig bei der Aktivierung von Querbrücken zwischen dem *Aktin* und *Myosin* in der Herzmuskelzelle sind. Folglich hat die Calciumkonzentration einen positiven Einfluß auf das **isometrische Kraftmaximum,** die Geschwindigkeit der Kontraktion bei *isotonischer* Kontraktion und auf die **Druckanstiegsgeschwindigkeit** bei *isovolumetrischer* Kontraktion. Der größte Teil des Calciums wird bei Erregung aus den intrazellulären Speichern *(sarkoplasmatisches Retikulum)* freigesetzt. Ein geringerer Anteil strömt über während des Aktionspotentiales geöffnete Calcium-Kanäle entlang eines *elektrochemischen Gradienten* von außen in die Zelle. Dieser Calciumanteil *triggert* (Auslöser) die Ca^{2+}-Freisetzung aus dem sarkoplasmatischen Retikulum und vergrößert gleichzeitig die intrazelluläre Calciummenge. Die *treibende Potentialdifferenz* für den Einstrom von Calcium-Ionen in eine Zelle des Arbeitsmyokards ist die Differenz zwischen dem jeweiligen Membranpotential und dem Gleichgewichtspotential der Calcium-Ionen. Sie ist während der Diastole größer als die treibende Potentialdifferenz für den Einstrom der Natrium-Ionen. Mit der *Repolarisation* gelangt

ein Teil des Calciums wieder in das sarkoplasmatische Retikulum, ein anderer Teil wird durch die Zellmembran nach außen gepumpt.
Nun läßt sich auch die Wirkung des Sympathikus auf das Herz einfach erläutern: Der Transmitter Noradrenalin fördert während der Erregung den Ca^{2+}-Einstrom in die Zelle, das verfügbare *Aktivierungscalcium* aus dem sarkoplasmatischen Retikulum wächst an und somit auch die Kraft der Kontraktion. Zudem bewirkt die Erhöhung der Ca^{2+}-Leitfähigkeit eine Zunahme der Anstiegssteilheit der diastolischen Schrittmacherpotentiale → *positiv ionotroper* Effekt. Auch die Wiederaufnahme von Ca^{2+} in das sarkoplasmatische Retikulum wird beschleunigt, so daß sich die Dauer der Systole verkürzt und mehr Erregungen bei gleicher Gesamtzeit im Herzen stattfinden. Das *Calcium-Gleichgewicht* verschiebt sich zugunsten des Einwärtstransportes (**Prinzip der Frequenz-Inotropie**). In gleicher Weise wirken natürlich auch die Transmitter Adrenalin und Noradrenalin, die auf dem Blutwege zum Herzen gelangen.

Klinischer Bezug

Medikamentös lassen sich die Calcium-Kanäle mit spezifischen **Calcium-Kanal-Blockern** bzw. **Calcium-Antagonisten** (z. B. Nifedipin) hemmen. Dadurch wird der Ca^{2+}-Einstrom blockiert und die Kraft der Kontraktion läßt allmählich nach. Andere Medikamente wie die **Herzglykoside** (z. B. Digitalis, Strophantin) können den Ca^{2+}-Einstrom fördern. Gleichzeitig blockieren sie die *Na^+-K^+-Austauschpumpe* (Na^+/K^+-ATPase) und steigern somit die intrazelluläre Na^+-Konzentration, so daß der Na^+-Ca^{2+}-Cotransporter, der Na^+ im direkten Austausch gegen Ca^{2+} in die Zelle transportiert, dadurch weniger aktiv wird. Diese Medikamente steigern folglich die intrazelluläre Ca^{2+}-Konzentration und erzielen im doppelten Sinne eine positiv-inotrope Wirkung.

3.3.3 Einfluß von Plasmaelektrolyten auf die Herztätigkeit

Wirkung von Kalium

Die Betrachtung der *K^+-Konzentration* des Blutes ist nicht unwesentlich für die Funktion des Herzens. Eine Erhöhung des Kaliums (**Hyperkaliämie**) in einer *kardioplegen* Perfusionslösung auf das 5fache der Norm führt in einem isoliert durchströmten Herzen zum *Herzstillstand*, weil dadurch eine Dauerdepolarisierung der Herzmuskelfasern ausgelöst wird. Bei geringgradiger Hyperkaliämie ist das maximale diastolische Potential weniger negativ. Eine starke Hyperkaliämie führt somit zu einem negativ chronotropen Effekt, während eine mäßige **Hypokaliämie** positiv chronotrop wirkt.

Wirkung von Calcium

Wie bereits unter 3.1.2 und 3.3.2 erläutert, hat eine **Hyperkalzämie** eine Erhöhung des Ruhepotentials, eine Verkürzung der Dauer des Aktionspotentials und eine Verstärkung der Kontraktionskraft zur Folge. Die **Hypokalzämie** führt dementsprechend zur Erniedrigung des Ruhepotentials und zur Verkürzung der AP-Dauer. Als wichtigster Ionen-Bestandteil der Herzmuskelkontraktion folgt dem Entzug von Ca^{2+} natürlich eine Verminderung der Kontraktionskraft. Experimentell läßt sich eine komplette *elektromechanische Entkoppelung* erzeugen: Fast ohne Calcium findet man im Herzen veränderte Aktionspotentiale, die ohne mechanische Muskelantwort bleiben.

3.3.4 Endokrine Funktionen des Herzens

Die *Dehnungsrezeptoren* in den Vorhöfen des Herzens dienen als Meßfühler zur Blutvolumenregulation. Zusätzlich zu den *efferenten* Fasern verlaufen noch deren *afferente* Fasern im N. vagus. Neben dieser nervalen Regulation existiert noch eine **hormonelle Blutvolumenregulation**. In den Myozyten des Vorhofes wird das **atriale natriuretische Peptidhormon (ANP)** gebildet. Dieses Hormon wird bei einer Hypervolämie über die Dehnung der Vorhofmuskelwand abgegeben. Über den Blutkreislauf gelangt es dann zur Niere und fördert dort die *Natrium- und Wasserausscheidung*.

Blutkreislauf

4.1 Allgemeine Grundlagen

4.1.1 Funktionelle und anatomische Abschnitte des Kreislaufsystems

Hoch- und Niederdrucksystem

Der **Blutkreislauf** wird in der Physiologie nach den funktionellen Merkmalen von Druck- und Volumenverteilung in ein Hochdruck- und in ein Niederdrucksystem eingeteilt. Insgesamt enthält das **Hochdrucksystem** nur ca. 15 % des Kreislaufblutvolumens. Das **Niederdrucksystem** (Kap. 4.3) enthält ca. 85 % des Blutvolumens und fungiert somit auch als Blutvolumenspeicher. Im Gegensatz zur linken Herzkammer erzeugt die rechte Herzkammer nur einen geringen Druck zur Perfusion der Lungenstrombahn, so daß das rechte Herz und das Lungengefäßsystem funktionell gesehen zum Niederdrucksystem gezählt werden. Der mittlere Blutdruck im rechten Vorhof beträgt 2 mmHg, im linken Vorhof 5 mmHg. Der Strömungswiderstand des großen Kreislauf in körperlicher Ruhe ist etwa 9 bis 12 mal höher als der des kleinen Kreislaufs. Kommt es zu Gefäßeinengungen **(Stenosen)** in der Lungenstrombahn, so steigt der mittlere Blutdruck in der A. pulmonalis an.

Das Hochdrucksystem umfaßt die Aorta sowie die großen Arterien des Körpers und übt die Funktion eines **Druckspeichers** aus. Die linke Herzkammer pumpt das Blut mit hohem Druck in die Aorta und das Arteriensystem, die wie ein „Wasserturm" ständig Blut hohen Druckes für die Versorgung und Perfusion (Durchblutung) der verschiedenen Organsysteme bereithalten. Somit werden die Organe über ein spezielles **Verteilungssystem** aus dem Hochdrucksystem über die Organstrombahnen und schließlich durch das Austauschsystem der Kapillaren versorgt. Die Durchblutung der einzelnen Organe ist jeweils dem Bedarf angepaßt. Die **Durchblutungsgröße** der Organe wird durch den Widerstand der kleinen Arterien und *terminalen* Arteriolen, die man deshalb auch *Widerstandsgefäße* nennt, bestimmt. Geregelt wird der unterschiedliche Bedarf durch die Variation der zuführenden *Gefäßweite*. Der **mittlere arterielle Blutdruck** hängt nur vom Herzminutenvolumen und dem totalen peripheren Widerstand ab. Die **Blutdruckamplitude**, also die Amplitude des Druckpulses, in den großen Arterien steigt in Abhängigkeit zum sinkenden Gefäßdurchmesser zur Peripherie hin an und ist dementsprechend in den Hauptarterien der Extremitäten größer als in der Aorta. Diese *pulsatorischen Blutdruckschwankungen* stellen Blutdruckwellen I. Ordnung dar.

Die Tätigkeit des linken Ventrikels, der in Ruhe etwa 70 mal pro Minute (**Herzfrequenz**) ein Schlagvolumen von etwa 70 ml und damit ein **Herzzeitvolumen** (HZV) von etwa 5 l/min auswirft, erzeugt in der Aorta einen Druck (Pa) von im Mittel etwa 100 mmHg (=13,3 kPa). Das Herz entnimmt also in jeder Diastole das Volumen von etwa 70 ml den herznahen Venen und drückt es dann mit jeder Systole in die Arterien hinein. Durch den erzeugten Mitteldruck von 100 mmHg kann der **Strömungswiderstand** des Gefäßsystems im Körperkreislauf *(totaler peripherer Widerstand, TPR)* überwunden werden. Neben der Herztätigkeit ist für den Druckanstieg noch die relativ geringere Dehnbarkeit der Arterien und der hohe Strömungswiderstand in der Peripherie verantwortlich. Das Blut kehrt dann nach Passage des Kapillarsystems unter einem sehr niedrigen Druck (**zentralvenöser Druck**, ZVD) von etwa 2–5 mmHg (0,2–0,5 kPa) in den rechten Vorhof zurück. Die für den Kreislauf entscheidende Druckdifferenz zwischen Aorta und dem rechten Vorhof beträgt somit etwa 97 mmHg (ca. 12,9 kPa). Das

Funktionsprinzip des Kreislaufsystems beruht also im wesentlichen auf der Erzeugung eines hohen Druckes in den Arterien durch das Herz, der dann den Antrieb für die Blutströmung darstellt.

Klinischer Bezug

Da die Herausbildung eines speziellen Hochdrucksystems entwicklungsgeschichtlich gesehen den letzten und jüngsten Schritt darstellt, ist gerade dieser höchst differenzierte Teil des Blutkreislaufes sehr labil und krankheitsanfällig. Lebensbegrenzende Faktoren, wie zum Beispiel die Entstehung einer **Arteriosklerose** in den Gefäßen des Hochdrucksystems mit der Folge eines **Herzinfarktes** sind folglich relativ häufig. Durch pathologische Einlagerungen in den arteriellen Gefäßen nimmt im Laufe des Alters die Elastizität der Gefäße ab und die Amplitude des arteriellen Blutdrucks dementsprechend zu.

Mittlere totale Kreislaufzeit

Die **mittlere totale Kreislaufzeit** kann nach der *Farbstoffverdünnungsmethode* bestimmt werden. Sie ist ein Chromodiagnostik-Verfahren zur Bestimmung von Blutvolumina mittels Registrierung der Verdünnung eines „im Bolus" in die Blutbahn injizierten Farbstoffs.

Steigt der Gesamtbedarf an sauerstoffreichem Blut zum Beispiel bei Muskelarbeit, so wird die Pumpleistung des Herzens erhöht und der Strömungswiderstand im Muskelgewebe durch Vergrößerung des Gefäßquerschnittes gesenkt, so daß ein erheblich gesteigertes Herzzeitvolumen bei nur geringgradig verändertem Druck durch die arteriellen Gefäße strömt. Das Blutgefäßsystem umschließt ein Blutvolumen von ca. 5 Litern unter einem Innendruck, der bei stillstehendem Herzen überall etwa 6–8 mmHg (ca. 1 kPa) betragen würde (**statischer Blutdruck**).

Beim stehenden Menschen steigt der arterielle Mitteldruck in den Beinen infolge der Schwerkraft mit zunehmendem Abstand vom Herzen an. Erhöht sich auch der zentrale Venendruck zum Beispiel infolge verminderter Pumpleistung des Herzens in der Diastole, so steigt normalerweise der **mittlere Kapillardruck** durch den *Blutrückstau* stärker an als bei einer vergleichbaren Erhöhung des mittleren arteriellen Blutdrucks. Im Liegen wird der Rückstrom des venösen Blutes zum Herzen wegen der praktisch ausgeschalteten Schwerkraft gefördert, so daß dann die Strömungsgeschwindigkeit in den Kapillaren deutlich kleiner ist als in den zugehörigen Venen.

Großer und kleiner Kreislauf

Neben dieser funktionellen Einteilung finden wir noch die **anatomische Unterteilung** des Blutkreislaufes in einen *großen* und einen *kleinen Kreislauf*. Der kleine Kreislauf umfaßt dabei die dem äußeren Gasaustausch dienende **Lungenstrombahn**. Er liegt in Serie geschaltet mit dem großen Kreislauf. So kann sichergestellt werden, daß alle übrigen, im großen Kreislauf parallel geschalteten, Organ- und Gefäßstrombahnen sauerstoffgesättigtes Blut angeboten bekommen.

Merke

Morphologische und funktionelle Gliederung mögen sich nicht immer decken: Die A. pulmonalis zählt mit ihrem anatomischen Aufbau wie die Aorta zu den großen Arterien, die Blut vom Herzen in die Peripherie führen. Da sie jedoch venöses, sauerstoffarmes Blut in die Lunge führt, zählt sie funktionell gesehen zum *Niederdrucksystem* des Kreislaufes. Der mittlere Blutdruck in der Aorta ist somit größer als der in der Arteria pulmonalis!

4.1.2 Hämodynamik und Gefäßeigenschaften

Beziehung zwischen Stromstärke, Strombahnquerschnitt und Strömungsgeschwindigkeit

Aus den strukturellen Merkmalen der Blutgefäße ergeben sich wichtige *hämodynamische* (den Blutfluß betreffende) Konsequenzen. Von der Aorta aus, die einen Gefäßquerschnitt von $5\,cm^2$ besitzt, werden die Blutgefäße mit zunehmender Verzweigung zur Peripherie hin immer enger. Die sich am Ende der arteriellen Gefäßstrombahn befindenden Kapillaren haben schließlich nur noch einen **Gefäßdurchmesser** von $8\,\mu m$ und einen Querschnitt von ca. $5 \cdot 10^{-7}\,cm^2$. Rechnerisch verändert sich der Querschnitt des Einzelgefäßes also um den Faktor 10^{-7}. Der **Gesamtquerschnitt** aller Kapillaren ist in der Peripherie jedoch 1000 mal größer als der der Aorta (Anstieg von $5\,cm^2$ auf $5 \cdot 10^3\,cm^2$), da in der Peripherie fast 10^{10} Kapillaren parallel geschaltet sind. Der Gesamtquerschnitt der arteriellen Strombahn nimmt also mit zunehmender Entfernung vom Herzen zu. Diese Verzweigung des **Gefäßbaumes** sichert eine große Austauschfläche. Die **Volumenstromstärke**, gemessen in l/min, muß in jedem der hintereinander geschalteten Kreislaufabschnitte gleich groß sein. Deshalb nimmt die **mittlere Strömungsgeschwindigkeit**, die die Geschwindigkeit des einzelnen Blutkörperchens beschreibt (gemessen in cm/s), mit zunehmendem Gesamtquerschnitt entsprechend ab. Die durchschnittliche Geschwindigkeit, abgesehen von Unterschieden im **Geschwindigkeitsprofil** innerhalb eines Gefäßes, sinkt von etwa 20 cm/s in der Aorta auf etwa 0,03 cm/s in einer Kapillare. Im

Bereich des Kapillarbettes ist somit die mittlere Strömungsgeschwindigkeit des Blutes am niedrigsten (Abb. 4.**1**).

Beziehung zwischen Strömungswiderstand und Druckdifferenz

Nach dem **Ohmschen Gesetz**

$$Q = \frac{\Delta P}{R} \quad (4.1)$$

nimmt das Stromzeitvolumen (Stromstärke) linear mit der treibenden Druckdifferenz P zu und mit dem Strömungswiderstand R ab. Der Strömungswiderstand entsteht hauptsächlich durch die entstehende Reibung bei strömender Flüssigkeit (vgl. auch Erläuterungen zum Laplace-Gesetz, Kap. 3.2.7 und 3.2.8).

4.1.3 Strömungsgesetz

Für die **Volumenstromstärke** (Stromzeitvolumen) **V** gilt das Gesetz nach **Hagen-Poiseuille**:

$$\dot{V} = \frac{\pi \cdot r^4}{8 \cdot \eta \cdot \Delta l} \cdot \Delta p \quad (4.2)$$

r: Gefäßradius
η: Viskosität, Zähigkeit
Δl: Länge des Gefäßes
Δp: Druckdifferenz über die Gefäßlänge

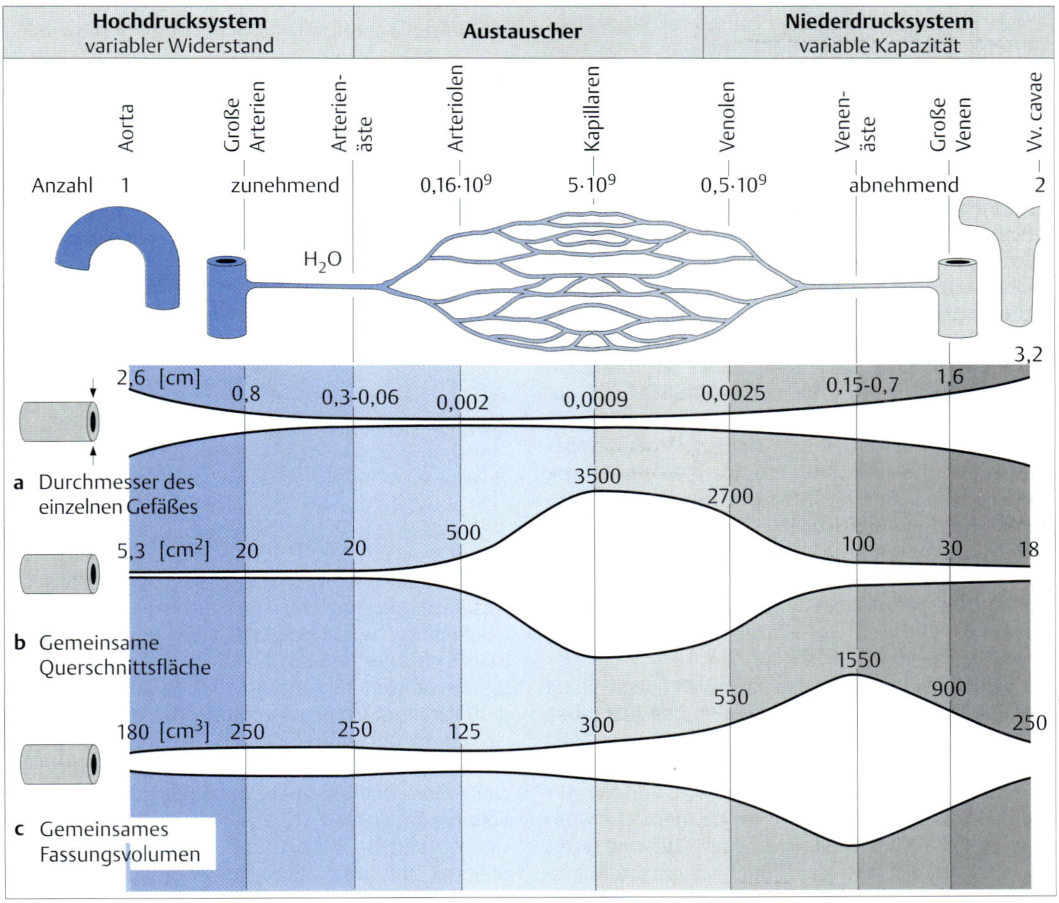

Abb. 4.**1** Durchmesser (a), Querschnittsfläche (b) und gemeinsamens Fassungsvolumen (c) (ca. 4,4 l ohne Herz) der einzelnen Gefäßabschnitte

Der **Strömungs-Leitwert L** ist der Ausdruck:

$$L = \frac{\pi \cdot r^4}{8 \cdot \eta \cdot \Delta l} \tag{4.3}$$

Der Kehrwert stellt den **Strömungswiderstand R** dar:

$$R = \frac{8 \cdot \eta \cdot \Delta l}{\pi \cdot r^4} \tag{4.4}$$

Merke

Als wichtigste Aussage dieses Gesetzes gilt: Die Volumenstromstärke wächst bei konstanter Druckdifferenz mit der 4. Potenz des Gefäßradius.

Beispiel: Bei zwei Arterien mit unterschiedlichem Radius, jedoch gleicher Länge und Druckdifferenz, ist bei laminarer Strömung die Volumenstromstärke in dem Gefäß mit doppeltem Radius 16 mal und die Strömungsgeschwindigkeit 4 mal größer als in dem kleineren Gefäß.

Jedoch gilt dieses Gesetz nur für **laminare**, also geschichtete **Strömungen** und nicht für **turbulente Strömungen**, bei denen es zu Verwirbelungen zwischen den äußeren Schichten und dem *inneren Axialstrom* kommt. Bei zunehmender Strömungsgeschwindigkeit, wachsendem Gefäßradius und abnehmender Viskosität des Blutes wird der Übergang von einer laminaren in eine turbulente Strömung begünstigt. Turbulente Strömung in Arterien hat also zur Folge, daß dort ein höherer Druckgradient notwendig ist, um die gleiche Durchblutung zu erhalten als bei einer laminaren Strömung. Im Normalfall liegt im peripheren Kreislauf des Organismus jedoch stets die laminare Strömung vor.

4.1.4 Blutviskosität

Die **Viskosität** des Bluts, also dessen Zähigkeit, steigt mit dem Anteil an großen Molekülen und Blutzellen an. Schon die Viskosität des blutzellfreien Blutplasmas ist aufgrund der darin enthaltenen Eiweißbestandteile gegenüber der Viskosität von Wasser um den Faktor 1,5 – 2 erhöht. Im *Gesamtblut* erhöht sich dieser **Viskositätsfaktor** dann auf den Wert 3 – 5. Die Viskosität ist also abhängig vom *Bluthämatokrit* und der *Proteinkonzentration* im Plasma. Diese Werte gelten für Standardmessungen an entnommenen Blutproben. Bei strömendem Blut kommen Besonderheiten hinzu, die von wesentlich komplexerer Natur sind. Durch die Abnahme des Hämatokrit in den terminalen Gefäßen zum einen und durch die Fließfähigkeit und die Verformbarkeit der Erythrozyten zum anderen wird die Viskosität bei Strömung durch die kapillaren Gefäße erheblich reduziert. Durch diesen **Fahraeus-Lindquist-Effekt** erreicht die Blutviskosität in den Kapillaren unter 300 μm Durchmesser annähernd Werte wie die des Blutplasmas und ist somit in den Kapillaren im Mittel niedriger als in den großen Arterien. Weiterhin ist die Viskosität noch stark von der Strömungsgeschwindigkeit des Blutes abhängig. Bei wachsender Strömungsgeschwindigkeit und hohen **Schubspannungen** nimmt die Viskosität ab, so daß bei sehr langsamer Strömung und niedrigen Schubspannungen die Viskosität durch **Agglomeration** der Erythrozyten und anderer Blutzellen stark ansteigt. Die Blutviskosität ist also gleich dem Quotienten Schubspannung (Scherkraft) zu **Scherung** (Geschwindigkeitsgradient zwischen den einzelnen Strömungsschichten).

Klinischer Bezug

Der beschriebene Vorgang der Agglomeration von Erythrozyten bei langsamer Blutströmung spielt in der **Pathophysiologie des Schocks** eine große Rolle. Bei einem Blutdruckabfall und somit auch verlangsamter Strömungsgeschwindigkeit des Blutes kommt es zu Störungen in der Durchblutung und der *Mikrozirkulation* und damit zur Schädigung der peripheren Organe. Die Blutströmung stagniert bei Senkung des Perfusionsdruckes in der Strombahn. Ursache können der höhere Gewebsdruck gegenüber dem niedrigeren intravasalen Blutdruck oder die erhöhte Blutviskosität bei abnehmender Blutströmungsgeschwindigkeit sein.

4.1.5 Gefäßwandmechanik

Die **Dehnbarkeit** eines Gefäßes hängt sowohl von der Anzahl als auch von der Art der Fasern, also auch von der Relation zwischen **elastischen** und **kollagenen** Fasern, in einer Gefäßwand ab. In vergleichbaren Gefäßabschnitten sind die Arterien 6 – 10 mal weniger dehnbar als die Venen. Das elastische Verhalten eines isolierten Gefäßabschnittes wird durch den **Volumenelastizitätskoeffizienten E'** ausgedrückt. Er stellt das Verhältnis einer *Druckdifferenz* (ΔP) zu einer *Volumenänderung* (ΔV) dar. Bei großer elastischer Dehnbarkeit ist E' klein und umgekehrt. E' ist also reziprok zur Weitbarkeit der Arterien und nimmt bei steigendem Blutdruck zu. Der Volumenelastizitätskoeffizient ist in Arterien vom muskulären Typ größer als in der Aorta. Der E' der Aorta ist bei einem

Blutdruck von 120 mmHg im jungen Alter und im hohen Alter größer als im mittleren Lebensalter. Die Weitbarkeit erreicht also ihr Maximum im Alter zwischen 16 und 39 Jahren. In jüngeren Jahren ist das Aortenvolumen durch das noch nicht abgeschlossene Wachstum begrenzt. Durch Alterungs- und Verkalkungsprozesse tritt im hohen Alter eine Ausweitung der Aorta bei abnehmender Dehnbarkeit auf.

Das elastische Verhalten einer Volumeneinheit, das heißt das Verhältnis einer Druckänderung zu einer relativen Volumenänderung, nennt man **Volumenelastizitätsmodul k**. Er steht mit der Massendichte der Flüssigkeit in einfacher Beziehung zur Fortpflanzungsgeschwindigkeit der Pulswelle und dient als Maß für die spezifische Volumendehnbarkeit. k beschreibt also den Druck, der bei Linearität zur Verdoppelung des Volumens notwendig wäre. Es unterscheidet sich vom Volumenelastizitätskoeffizienten dadurch, daß das ΔV zum Gesamtvolumen V in Beziehung gesetzt wird. Der Volumenelastizitätsmodul k nimmt mit dem Alter zu. Bei einer Pulswellengeschwindigkeit von 7 m/s ergibt sich für die Aorta ein Volumenelastizitätsmodul k oberhalb des systolischen Blutdrucks.

4.2 Hochdrucksystem

4.2.1 Windkessel-Funktion

Der Begriff „Windkessel" stammt aus den Anfängen der Feuerwehr. Damals hat man einen großen luftgefüllten Aufsatz auf dem Wassertank, den sogenannten *Windkessel*, benutzt. Die Luft darin wurde bei jedem Pumpstoß komprimiert, um sich dann zwischen zwei Pumpstößen wieder auszudehnen. So konnte die *diskontinuierliche Wasserförderung* einer Kolbenwasserpumpe in eine *kontinuierliche Spritzleistung* der Feuerlöschdüse umgewandelt werden.

Die gesamte *Aorta* und die angrenzenden *großen Arterien* erfüllen eine ähnliche Funktion. Wegen der außerordentlich elastischen Dehnbarkeit der Gefäßwand übernehmen diese Arterien **Speicher- und Dämpfungsfunktionen.** Pumpt das Herz in der systolischen Phase etwa 70 ml *Schlagvolumen* in die Aorta, so werden davon ca. 35 ml im „Windkessel" durch elastische Dehnung gespeichert, und nur die andere Hälfte des Blutvolumens fließt weiter in die Peripherie. Das gespeicherte Volumen von 35 ml kann dann während der Diastole an die Peripherie abgegeben werden. **Pulsatorische Druckschwankungen** werden in der Aorta und in den Arterien zunehmend abgedämpft. Die Aorta eines jungen Erwachsenen ist in der Lage, mit Hilfe dieser Speichermöglichkeit enddiastolisch rund 200 ml Blut zu speichern. Wie bei der Feuerwehrpumpe wird die *intermittierende Pumpleistung* des Herzens in eine *kontinuierliche Strömung* in den Arterien umgeformt. Eine kontinuierliche Durchblutung der Organe ist somit sichergestellt.

Möglichkeiten zur Beurteilung der Windkesselfunktion

Das Maß für die Beurteilung der Windkesselfunktion ist der **Volumenelastizitätskoeffizient E'** = ($\Delta P/\Delta V$). Eine Vergrößerung des Druckes pro Volumenanstieg bedeutet ein Nachlassen der Dehnbarkeit, die keine lineare Funktion darstellt, und damit eine Verschlechterung der Windkessels. Steigerungen des arteriellen Blutdruckes und somit auch von E' beeinträchtigen folglich die Windkesselfunktion und führen zu einer Zunahme der Druckamplitude.

Klinischer Bezug

Durch pathologische Gefäßwandeinlagerungen **(Arteriosklerose)** im Alter läßt im gesamten arteriellen System die Wanddehnbarkeit der Gefäße nach, so daß die Gefäßwände steifer werden und die Windkesselfunktion an Wirksamkeit verliert. Hiervon ist besonders die Aorta betroffen, da hier die Alterungsprozesse besonders ausgeprägt sind.

Als **Compliance** (Volumendehnbarkeit) bezeichnet man das umgekehrte Verhältnis ($\Delta V/\Delta P$) zum Volumenelastizitätskoeffizienten. Wie auch bei der Atmung dient dieses Maß der Beschreibung der *Elastizitätsbedingungen*. Die **Druck-Volumen-Kurve** der Aorta wird mit zunehmendem Alter in Richtung größerer Volumina verschoben. Abhängig von der Wandelastizität ist auch die **Pulswellengeschwindigkeit**. Je härter die Gefäßwand ist, um so höher ist auch die Geschwindigkeit der Pulskurve (s. 4.2.2). Rechnerisch ergibt sie sich als die Wurzel aus dem Volumenelastizitätsmodul.

4.2.2 Systemarterieller Puls und Druck

Da die Arterien zur Peripherie hin enger und weniger dehnbar werden, erfahren die pulsatorischen Druckschwankungen von der Aorta zur Peripherie hin systematische Veränderungen. Der **Druckpuls** stellt sich in den verschiedenen Abschnitten des arteriellen Systems unterschiedlich dar (Abb. 4.**3**). **Neben der Zunahme des Wellenwiderstandes** durch Verengung der Gefäße in der Peripherie führt auch eine **Partialreflexion** der Pulswelle an der Verengungsstelle zu sogenannten **Superpositionserscheinungen.** Diese stellen sich besonders in einer Überhöhung der systolischen Druckspitzen zur Peripherie hin dar. In der A. dorsalis pedis zum Beispiel kann

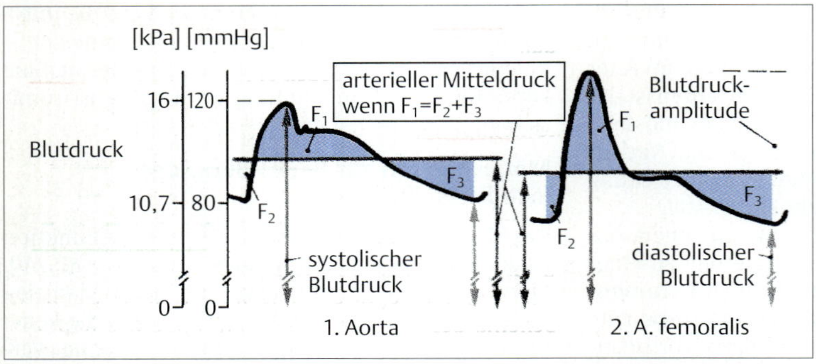

Abb. 4.**2** Arterielle Druckpulse: Die gleich großen blauen Flächen ober- und unterhalb der horizontalen Mittellinie definieren den art. Mitteldruck. Sie stellen den systol. bzw. diastol. Blutdruck dar. Eine Erhöhung des Schlagvolumens führt zur Steigerung des systol. Blutdruckes (oben), eine Steigerung des peripheren Widerstands führt zur Steigerung des diastol. Blutdruckes (unten) (aus Silbernagl/Despopoulos, Thieme 1991)

sich dementsprechend die Druckamplitude nahezu verdoppeln. In den Arteriolen werden diese starken Druckschwankungen dann gedämpft, so daß sich die Druckamplitude wieder abflacht. Sowohl der diastolische Druck als auch der arterielle Mitteldruck sinken in diesem Bereich nur um wenige mmHg ab. In der **Aortenblutdruckkurve** entspricht der Mitteldruck praktisch dem *arithmetischen* Mittel von gemessener *systolischer* und *diastolischer* Blutdruckspitze. In der peripheren Blutdruckkurve verschiebt sich das Verhältnis zugunsten des diastolischen Druckwertes.

Betrachtet man die Druckkurve der Aorta genauer (Abb. 4.**2**), so läßt sich feststellen, daß dem steilen Druckanstieg durch den Auswurf des Schlagvolumens vom Herzen nach Überschreiten des **systolischen Druckmaximums (P_S)** eine Inzisur folgt. Diese wird von dem plötzlichen Verschluß der Aortenklappen verursacht. Nach dem zweiten kleinen Druckanstieg (Dikrotie), der durch die Reflexion der Druckwelle in der Peripherie zustande kommt, sinkt der Druck infolge des Abfließens des Blutes aus dem arteriellen Windkessel bis auf ein Minimum (**diastolischer Blutdruck P_D**) ab.

Wie in dem Blutdruckdiagramm (Abb. 4.**3**) erkennbar, ist die systolische Amplitude der peripheren Arterie sehr spitz und kurz, so daß man als Mittelwert den diastolischen Druck zuzüglich einem Drittel der Druckamplitude angibt. Durch die Reflexion der Druckwelle an den Verengungsstellen kommt es besonders in der A. femoralis und der A. dorsalis pedis zur Ausbildung *stehender* Wellen. Sie führen nach dem ersten systolischen Druckgipfel zu einer Nachwelle in der Pulskurve. Diese zusätzliche Druckamplitude nennt man auch **dikrote Welle**. Innerhalb einer Pulsperiode läuft die Druckwelle im arteriellen System zweimal hin und zurück, so daß die Druckwelle bei einer Pulsgeschwindigkeit von 5 – 10 m/s für den Weg vom Herzen zum Fuß und wieder zurück etwas weniger als eine halbe Sekunde benötigt. Beim Jugendlichen beträgt die Pulswellengeschwindigkeit in der Aorta etwa 5 m/s und steigt in den peripheren Arterien auf bis zu 10 m/s an. Unter normalen Ruhebedingungen und einer Herzfrequenz von 70/min überlagert sich in der Druckkurve der A. femoralis die erste Reflexion mit der der ersten Druckerhebung. Die zurücklaufende Druckwelle wird am Herzen reflektiert und führt dann beim zweiten Lauf in die Pe-

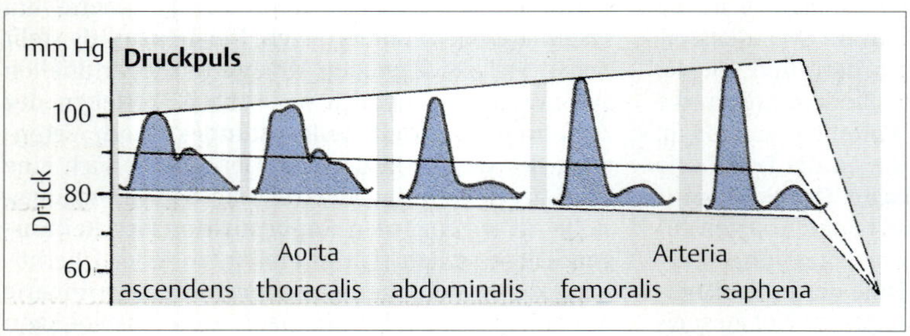

Abb. 4.**3** Änderung des Druckpulses im Verlauf der großen Leitarterien: Beachte, daß der arterielle Mitteldruck entlang der Leitarterien nur wenig abfällt (aus Schmidt/Thews: Physiologie des Menschen, 24. Auflage, Springer, Heidelberg 1990)

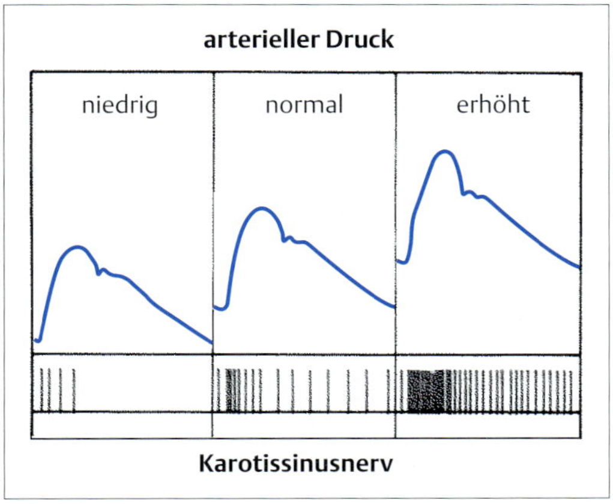

Abb. 4.**4** Darstellung des pulssynchronen Impulsmusters der Pressorezeptoren (aus Keidel, Thieme 1985)

ripherie in der Mitte der Pulsperiode zur dikroten Welle in der Pulskurve.
Eine Zunahme des Schlagvolumens führt natürlich zu Veränderungen des arteriellen Blutdruckes. Betroffen hiervon ist vor allem der systolische Blutdruck. Folglich steigen dann auch der arterielle Mitteldruck und die Blutdruckamplitude. Eine Zunahme des totalen peripheren Widerstands führt v.a. zu einer Erhöhung des diastolischen Blutdruckes, infolgedessen steigt auch der arterielle Mitteldruck.

4.2.3 Mechanismen der Blutdruckregulation

Pressorezeptorenregelkreis

Der Blutdruck im Hochdrucksystem (arterieller Blutdruck) stellt eine geregelte Größe dar. Bei der Regulation wirken verschiedene *Regulationssysteme* in einem komplexen Prozeß zusammen. Im Vordergrund ist hier besonders der **Pressorezeptoren-Regelkreis** zu nennen. Er ist besonders empfindlich und schnell, weil er speziell nur diesem Funktionsziel dient. Vor allem im *Karotissinus* und im *Aortenbogen* liegen spezielle *Mechanorezeptoren,* die Pressorezeptoren, die wie Meßfühler auf den absoluten Blutdruck, Blutdruckschwankungen und auf die Geschwindigkeit der Druckänderung reagieren und den entsprechenden Druckwert in Form eines *pulssynchronen Impulsmusters* an das Kreislaufzentrum in der Medulla oblongata weitermelden. Dieses Zentrum steuert dann als *Regler* in diesem Regelkreis die verschiedenen Stellglieder nach dem **Prinzip der negativen Rückkopplung**. Dieses Prinzip besagt, daß eine Blutdruckerhöhung zu Reaktionen wie der Hemmung der Herzfrequenz (Bradykardie) oder der Erschlaffung der Widerstandsgefäße führt, die dann eine Blutdrucksenkung bewirken.
Beteiligt an diesem Prozeß sind vor allem die Abnahme des Sympathikotonus und die cholinerg induzierte negativ chronotrope Wirkung auf das Herz. Andersherum folgt einer Abnahme des Blutdrucks im Karotissinus reflektorisch die Steigerung der Herzfrequenz und ein Ansteigen des Strömungswiderstands im Körperkreislauf durch Abnahme des Vagustonus. In diesem Fall ist das pulssynchrone Impulsmuster der Pressorezeptoren deutlich reduziert (siehe Schema des Regelkreislaufes am Ende des Kapitels, Abb. 4.**5**). Nach allgemeiner Rezeptor-Klassifikation handelt es sich bei den Pressorezeptoren aufgrund deren verschiedener Meßfähigkeiten um **Proportional-Differential-Rezeptoren** (P-D-Rezeptoren). Die P-Komponente beschreibt die *proportionale* Messung des absoluten Druckes, und die D-Komponente mißt den *Differentialquotienten* des Blutdruckes nach der Zeit, also die Änderung des Blutdruckes. Weiterhin ist die Aktivität der Rezeptoren abhängig von dem mittleren arteriellen Druck, der Blutdruckamplitude, der Steilheit des arteriellen Druckanstiegs und der Herzfrequenz (Abb. 4.**4**). Ihre Empfindlichkeit besitzen die P-D-Rezeptoren in dem physiologisch relevanten Blutdruckbereich von 80 bis 180 mmHg.

Weitere Regulationsmechanismen

Ischämie-Reaktion des ZNS: Zum zweiten stellt die Ischämie-Reaktion des Zentralen Nervensystems (ZNS) ein Regulationssystem dar. Bei Minderdurchblutung des Gehirns wird über das Kreislaufzentrum in der Medulla oblongata eine Reaktion ausgelöst, die zu einer Steigerung des arteriellen Blutdruckes führt.
Für die mittel- bzw. langfristige Regulation des Blutvolumens sind die verschiedenen **Hormonsysteme** zuständig:

- *Das Renin-Angiotensin-System*: Das Renin-Angiotensin-System ist ein weiteres Regulationssystem. Bei Minderdurchblutung der Niere infolge niedrigen Blutdruckes führt eine gesteigerte Renin-Freisetzung in der Niere zu einer katalytisch gesteigerten Umwandlung von Angiotensinogen zu Angiotensin I. Dieses wiederum führt zu einer verstärkten Bildung von Angiotensin II, welches direkt an den Gefäßen zu einer Gefäßkonstriktion führt und somit den Blutdruck anhebt.
- *Das Aldosteron:* Ferner fördert das Angiotensin II die Freisetzung von Aldosteron aus der Nebennierenrinde. Seine Aufgabe ist die Stimulation des Resorptionsmechanismus von Na^+ in den distalen Nephronabschnitten der Nieren. Damit dient es der Vermehrung des Extrazellulärvolumens.
- *Das Antidiuretische Hormon (ADH):* Eines der wichtigsten Hormone in diesem Zusammenhang ist das

Physiologie

Adiuretin (auch: antidiuretisches Hormon = ADH = Vasopressin). Seine Ausschüttung erfolgt aus dem Hypophysenhinterlappen in den Blutkreislauf und bewirkt eine verminderte Wasserausscheidung der Nieren. Aufgabe dieses *Gauer-Henry-Reflexes* ist es, bei einer Blutvolumenverringerung, Flüssigkeit über die Sammelrohre der Nieren zu retinieren. Verstärkt wird dieser Effekt bei hohen Konzentrationen von ADH. Dann bewirkt das Hormon gleichfalls eine Vasokonstriktion in den kleinen Gefäßen des Niederdruckssystems und in den Widerstandsgefäßen. Folge ist eine Umverteilung des Blutvolumens von den peripheren Körperbereichen nach zentral. Die Ausschüttung von ADH kann aber auch über *Dehnungsrezeptoren* in den Herzvorhöfen bei einer Blutvolumenbelastung des Kreislaufsystems vermindert werden. Die Wasserausscheidung der Nieren erhöht sich dann.

- *Das Atriopeptin (ANP):* Spezielle Zellen in den Herzvorhofwänden besitzen die besondere Fähigkeit, das *atriale natriuretische Peptid* = *ANP* zu produzieren und zu speichern. Bei vermehrter Dehnung der Vorhöfe wird ANP freigesetzt und bewirkt in den Nieren eine starke Beeinflussung der glomerulären Filtration und somit eine erhöhte Wasserausscheidung.

4.2.4 Kreislaufuntersuchung mittels Blutdruckmessung

Die **„blutige"** oder **invasive Blutdruckmessung** ist eindeutig die genaueste. Dazu wird ein *Katheter* als Meßelement von einem peripheren Blutgefäß (z. B. A. femoralis oder A. brachialis) aus in das Blutgefäßsystem eingeführt. Von dieser Stelle lassen sich nahezu alle Gefäße und das Herz im Körper erreichen, so daß man sehr genaue und lokale Messungen durchführen kann.

Im Alltag ist die „unblutige" **Blutdruckmessung nach Riva-Rocci (RR)** die gebräuchlichste Methode. Nach Anlegen einer *pneumatischen Manschette* um den Oberarm verfolgt man über ein über der A. brachialis aufgesetztes Stethoskop das Auftreten pulssynchroner Töne *(Korotkow-Töne)*. Zu Beginn wird die Manschette auf einen Druck aufgepumpt, der über dem systolischen Blutdruckwert liegt, so daß keine Pulsgeräusche wahrnehmbar sind. Beim allmählichen Ablassen des Manschettendruckes liest man am *Druckmanometer* den Wert ab, bei dem die ersten pulssynchronen Geräusche zu hören sind. In diesem Moment ist der Manschettendruck gleich dem **systolischen Blutdruckwert.** Der Druck in der A. brachialis ist jetzt gleich dem Druck in ihren Begleitvenen. Mit weiterem Absinken des Manschettendruckes bleiben die Korotkow-Geräusche erhalten. Erst wenn der Druck in der Manschette unter dem diastolischen Blutdruckwert liegt, bleibt die A. brachialis dauerhaft offen und die Pulsgeräusche verschwinden. Der Moment des Verschwindens der pulssynchronen Geräusche signalisiert also den Wert des **diastolischen Blutdruckes.** Im Gegensatz zum systolischen Blutdruck ist die Bestimmung des diastolischen Blutdruckes eher ungenau. Bei der unblutigen Blutdruckmessung nach Riva-Rocci müssen verschiedene *Fehlerquellen* ausgeschlossen werden. So darf die Blutdruckmanschette nicht zu locker am Oberarm anliegen, da sich sonst der Druck nicht optimal zu der in der Tiefe des Gewebes liegenden Arterie fortpflanzt und erst ein höherer Druck mit entsprechend höher gemessenem systolischen Blutdruckwert zum gewünschten Erfolg führt. Ist die Blutdruckmanschette in Relation zum *Extremitätendurchmesser* zu schmal, so wird der systolische Wert zu hoch gemessen. Ist die Manschette zu breit, so liegt der systolische Wert zu tief. Dementsprechend ist Vorsicht bei Blutdruckmessungen am Bein geboten.

Normalwerte bzw. pathologische Werte s. 4.2.6

4.2.5 Regulation bei orthostatischer Kreislaufbelastung

Aufgrund von physikalischen Gesetzen kommt es beim **Übergang vom Liegen zum Stehen (Orthostase)** zwangsläufig zu starken Druckumstellungen im Gefäßsystem. Im Liegen ergeben sich bei einem 180 cm großen Menschen für die Herzebene und für die Bereiche von Kopf und Fuß die gleichen Blutdruckwerte von etwa 100 mmHg. Im Stehen steigt der arterielle Mitteldruck, bei sonst gleichem Druck in Herzhöhe, im Fuß auf 190 mmHg, während der arterielle Mitteldruck im Kopfbereich auf 70 mmHg abfällt. Auf der venösen Seite ergibt sich für die Herzebene eine Erniedrigung des zentralvenösen Drucks (ZVD) von 10 mmHg im Liegen auf 0 mmHg im Stehen. Im venösen Sinus des Gehirns werden beim Stehen subatmosphärische Drücke gemessen. Dies erklärt sich vor allem aus der durch die Schwerkraft bedingten Blutverlagerung. Der Druck nimmt nach unten hin entsprechend dem hydrostatischen Druck der Blutsäule stetig zu und liegt im Fuß dann bei einem Venendruck um 90 mmHg. Circa 5 – 10 cm unterhalb des Zwerchfells liegt ein Punkt, genannt der **hydrostatische Indifferenzpunkt** (entspricht anatomisch etwa der Lage der Vena cava), an dem auch bei Lagewechsel der venöse Druck unverändert bei +10 mmHg bleibt. Durch die beschriebenen Blutverschiebungen bei einem Lagewechsel in die Aufrechte kommt es zu einer Verlagerung von etwa 500 ml Blut in die unteren Körperpartien. Die klinische Folge ist dann oftmals ein Schwindelgefühl. Mit dem Abfall des Venendruckes im Thorax vermin-

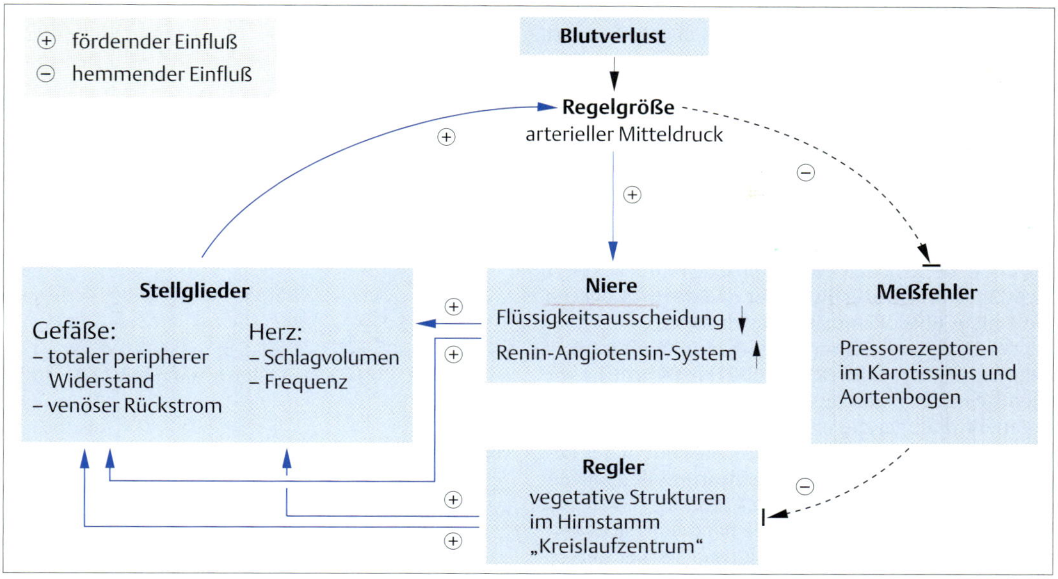

Abb. 4.**5** Regelkreis für die kurzfristige Regulation des arteriellen Blutdrucks

dert sich das zentrale Blutvolumen und es verschlechtern sich die Füllungsbedingungen des Herzens gemäß dem *Frank-Starling-Mechanismus* zunächst im rechten Ventrikel und dann auch im linken Ventrikel (s. auch Kap. 3.2.4). Als Folge sinkt natürlich der arterielle Blutdruck. Diesen ersten passiven Umstellungen auf die veränderten Druckverhältnisse im Gefäßsystem folgen die regulatorischen Gegenmaßnahmen des Organismus. Die bereits oben beschriebenen *P-D-Pressorezeptoren* melden den gemessenen Blutdruckabfall an des Kreislaufzentrum in der Medulla oblongata. Als Gegenmaßnahmen veranlaßt das Kreislaufzentrum, über die Nervenbahn des **Sympathikus**, eine **Catecholaminausschüttung** (Noradrenalin) aus dem Nebennierenmark (NNM), den Antrieb der Herzfrequenz und eine Steigerung der Herzkraft, die Konstriktion der arteriellen Widerstandsgefäße und die Erhöhung des Venentonus. Der **totale periphere Widerstand (TPR)** nimmt zu. Da diese Reaktionen bereits nach wenigen Sekunden in die Regulation der Gefäßdrücke eingreifen können, stellt sich innerhalb kurzer Zeit ein neues Gleichgewicht ein, bei dem der arterielle Mitteldruck auf Herzebene wieder etwa den Normalwert erreicht. Die Lage der Pressorezeptoren im Karotissinus begünstigen die Konstanthaltung des arteriellen Drukkes in Herzhöhe. Da hier der Blutdruck etwa 20 mmHg niedriger liegt als direkt am Herzen, unterhält diese ständige Druckerniedrigung den *Kreislaufantrieb*. Im Gegensatz zum Liegen bleibt selbst bei ansteigender Herzfrequenz das Herzschlagvolumen aufgrund verschlechterter Füllungsbedingungen anhaltend deutlich erniedrigt. Zumindest bewirkt der Anstieg der Herzfrequenz ein nur geringgradiges Absinken des Herzminutenvolumens. Weiter geringgradig erniedrigt bleiben im Stehen der systolische Blutdruck, die Blutdruckamplitude und das zentrale Blutvolumen. Die arteriellen Widerstandsgefäße und die venösen Blutgefäße bleiben im Stehen anhaltend tonisiert. Auch wenn eine erhebliche Variabilität der Druckwerte bei einer solch komplexen Reaktion besteht, stellt die **orthostatische Regulation** doch einen wichtigen Bestandteil der Kreislaufdiagnostik dar. Bei Regulationsstörungen des Systems kommt es zum Absinken des arteriellen Mitteldruckes, was im Extremfall zum orthostatischen Kollaps führen kann. Ursache hierfür ist dann die Minderdurchblutung des Gehirns mit resultierender Bewußtlosigkeit und plötzlichem Tonusverlust der Skelettmuskulatur.

4.2.6 Pathophysiologie der arteriellen Hypertonie und Hypotonie

Hypertonie

Ist der arterielle Blutdruck krankhaft gesteigert, so bezeichnet man dies als **Hypertonie** (Definition nach WHO RR $\geq$160/$\geq$95 mmHg); bei einem krankhaft zu niedrigen Blutdruck spricht man von **Hypo-**

tonie (Definition nach WHO RR ≤105/60 mmHg). Der Normalwert des arteriellen Druckes liegt bei einem jugendlichen Erwachsenen bei 120 zu 80 mmHg. Dieser Wert unterliegt natürlich einer gewissen individuellen Variabilität, so daß die Abgrenzung zum Pathologischen nicht immer eindeutig zu treffen ist. Im Alter steigt der arterielle Blutdruck an, da die Arterien durch den zunehmenden Verlust an elastischen Fasern und arteriosklerotischen Ablagerungen starrer werden (s. Kap. 4.1.5 und 4.2.1). Als *Faustregel* kann man sich merken, daß der systolische Blutdruckwert nicht über 100 mmHg plus Alter und der diastolische Wert nicht über 95 mmHg steigen sollte.

Bei der Hypertonie unterscheidet man mehrere Formen. Die primäre oder **essentielle Hypertonie** ist vor allem *genetisch* bedingt, so daß sich keine spezifische Organerkrankung, die als Ursache in Betracht kommen könnte, diagnostizieren läßt. Sie geht in der Regel mit einem stärkeren Anstieg im arteriellen Mitteldruck als im diastolischen Druck einher.

Bei der **sekundären Hypertonie** handelt es sich meistens um eine renale Form. Aufgrund starker pathologischer Drosselung der Nierendurchblutung schüttet die Niere als Ausgleichsreaktion verstärkt *Renin* aus. Dieses Renin fördert die Angiotensinbildung (s. auch Kap. 4.2.3), welches wiederum einen direkten vasokonstriktorischen Effekt ausübt und somit zur Hypertonie führt (Renin-Angiotensin-System).

Des weiteren gilt der *Streß* als häufige Ursache für eine Hypertonie. Im Tierversuch konnte auch nachgewiesen werden, daß der Blutdruckanstieg nach Ausschalten der Pressorezeptoren durch Durchtrennung deren afferenter Nerven (**Entzügelungshochdruck**) für die Pathologie im Vergleich zum Menschen wohl eher von geringerer Bedeutung ist.

Klinischer Bezug

Da die Hypertonie besonders im arteriellen System die Altersveränderungen beschleunigt, zählt sie zu den entscheidenden Risikofaktoren für **Kreislauferkrankungen.** Menschen, die unter einer langjährigen und ausgeprägten Hypertonie leiden, haben ein signifikant höheres Risiko, an einer **koronaren Herzkrankheit (KHK)** mit möglicher Folge des **Herzinfarktes** zu erkranken. Des weiteren fördert die unbehandelte Hypertonie das Auftreten von **Herzinsuffizienz,** da das Herz ständig gegen einen erhöhten Druck anpumpen muß.

Eine sekundäre Hypertonie kann zudem auftreten bei

- Herzvitien (Aortenisthmusstenose, Aorteninsuffizienz),
- Endokrinen Erkrankungen (Hyperthyreose, Morbus Cushing, Phäochromozytom) ,
- Arteriosklerose.

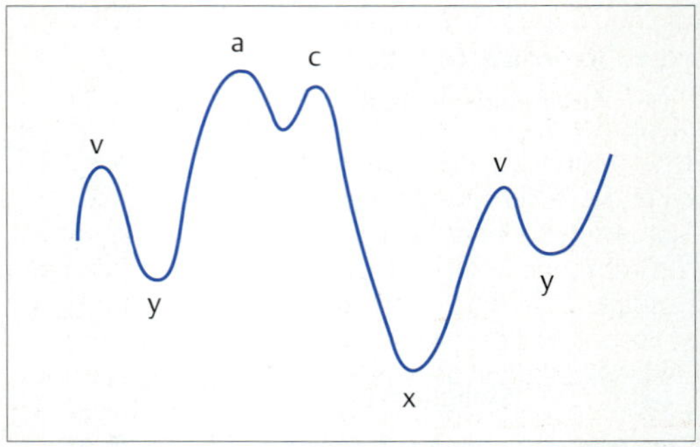

Abb. 4.**6** Herznah gemessene Pulskurve der V. jugularis (aus Irion, R.: Alles in einem Buch. Bon-med, Lorch 1993)

Hypotonie

Auch bei der Hypotonie kennen wir eine primäre oder **funktionelle Hypotonie**, die prozentual gesehen am häufigsten vorkommt. Die arteriellen Blutdruckwerte liegen dabei unter ≤105/60 mmHg.

Die **sekundäre Hypotonie** hat ihre Ursache häufig in dem verminderten Blut- und Plasmavolumen, welches Folge von *Blutungen* sein kann. Der Füllungsdruck der Gefäße kann auch bei **Varikosis** (starke Krampfaderbildung) vermindert sein. Nicht unbedeutend ist die Hypotonie infolge *orthostatischer Regulationsstörungen*. Während die orthostatische und sympathikotone Regulation bei Lagewechsel durch einen Anstieg der Herzfrequenz parallel zum Abfall des Blutdruckes gekennzeichnet ist, finden wir bei der orthostatischen und asympathikotonen Form einen massiven Abfall des systolischen und diastolischen Blutdruckes ohne wesentliche Änderung der Pulsfrequenz.

Eine sekundäre Hypotonie kann zudem auftreten bei

- Herzinsuffizienz, Herzrhythmusstörungen, Vitien der Herzklappen,
- Endokrine Erkrankungen (Morbus Addison, adrenogenitales Syndrom, Hypothyreose, Hypopituitarismus).

4.3 Niederdrucksystem

4.3.1 Eigenschaften und Funktion

Aufbau des Niederdrucksystems

Das Niederdrucksystem enthält etwa 5–6 mal mehr Blut als das Hochdrucksystem (s. 4.1.1). Zum Niederdrucksystem gehören nach der **funktionellen Einteilung** die *venösen Gefäßabschnitte* des Körpers, das rechte Herz, das gesamte *Lungengefäßsystem* und der *linke Vorhof*. Der linke Ventrikel stellt das Verbindungsglied zu dem Hochdrucksystem ohne feste eigene Zugehörigkeit dar, da er in der Diastole zum Niederdrucksystem und in der Systole zum Hochdrucksystem gezählt werden muß. Der rechte Ventrikel bildet in dem Niederdrucksystem keine Schranke, da in den peripheren Venen und dem Pulmonalkreislauf weitgehend gleiche Druckvolumenbeziehungen herrschen. Der mittlere Druck in den Lungenarterien ist wegen der geringen Tonusänderung in den peripheren Lungengefäßen überwiegend vom **Zeitvolumen** des rechten Ventrikels abhängig. Die Größe des Zeitvolumens wiederum wird in Abhängigkeit vom zentralen Venendruck durch den Frank-Starling-Mechanismus (s. Herz, 3.2.4) bestimmt. Der **zentrale Venendruck (ZVD)** ist durch den Druck im rechten Vorhof definiert.

Venöser Rückstrom zum Herzen

Die Muskelvenenpumpe: Bedeutender Bestandteil der „Muskelpumpe" sind die Venenklappen, die während der Phasen fehlender Muskelkontraktion, durch Verschluß der Vene, den Rückfluß des Blutes in die Peripherie verhindern.

Der Ventilebenenmechanismus des Herzens: Durch den Sog des Herzens wird die Strömungsgeschwindigkeit in den herznahen Gefäßen erhöht. Während der Austreibungsphase des Herzens verschiebt sich die Ventilebene, so daß ein Unterdruck im rechten Vorhof und folglich auch in den angrenzenden Hohlvenen entsteht. Öffnet sich nach Entleerung des rechten Ventrikels die Trikuspidalklappe, so strömt das Blutvolumen aus dem rechten Vorhof in den entspannten Ventrikel. Dies führt ein weiteres Mal zu einem Unterdruck in den herznahen Gefäßen des Niederdrucksystems.

Der Pumpeffekt der Atmung: Der bei jedem inspiratorischen Atemzug entstehende negative thorakale Druck führt durch eine Zunahme des transmuralen Gefäßdruckes zu einer Gefäßdehnung. Folglich sinkt der Strömungswiderstand und der intravasale Druck, so daß eine Saugwirkung auf das Blut in Richtung Thorax entsteht (s. auch Atmung, 5.2.1). *

Venenpulswelle

Die Druckwelle in den großen herznahen Venen zeigt auch beim Gesunden *pulsatorische Schwankungen*. Die Pulswelle läuft entgegen der Richtung der Blutströmung. Das Maximum der Pulswelle (**a-Welle**) der herznah in der V. jugularis gemessenen *Venenpulskurve* entsteht durch die Vorhofkontraktion. Die **c-Welle** entsteht direkt im Anschluß durch die Vorwölbung der Segelklappen in den Vorhof während der Anspannungsphase der Ventrikel. Das *Minimum der Pulswelle* (**x-Senkung**) entsteht durch Verschiebung der Ventilebene (*Ventilebenenmechanismus*) in Richtung zur Herzspitze während der Austreibungsphase. Im Herzzyklus folgt nun die Diastole: Der Druck im rechten Vorhof steigt mit zunehmender Blutfüllung wieder an, da die AV-Klappen noch geschlossen sind (**v-Welle**). Die Öffnung der Atrioventrikularklappe in der Diastole bewirkt schließlich eine Senkung in der Pulskurve, da dann Blut in den rechten Ventrikel fließt und der Druck im rechten Vorhof absinkt (**y-Senkung**).

Der Venendruck sinkt bei forcierter Inspiration wegen des negativen intrathorakalen Druckes ab (s. Atmung, 5.2.1). Bei einer Vergrößerung des Blutvolumens durch zum Beispiel übermäßige Infusion nehmen jedoch der zentrale Venendruck, sowie das Herzschlagvolumen und das interstitielle Flüssigkeitsvolumen zu. Bei einem maximal möglichen **Preßversuch nach Valsalva** kann der Druck in den herznahen Venen einen Wert annehmen, der um 100 mmHg (=13,3 kPa) liegt. Als Valsalva-Versuch wird die maximale exspiratorische Anstrengung gegen die verschlossenen Atemwege bezeichnet.

4.3.2 Regulationsmechanismen im Niederdrucksystem

Durch Veränderungen des Blutvolumens werden also Druckänderungen von annähernd gleicher Größe im rechten Vorhof, in der A. pulmonalis und im linken Vorhof ausgelöst. Die Kapazität des Niederdrucksystems kann daher als relativ *statische Größe* angesehen werden, da sie von zahlreichen Faktoren und oben beschriebenen Einflüssen abhängig ist. **Kapazitätsänderungen** und **volumenregulatorische Vorgänge** werden vorwiegend reflektorisch ausgelöst und spielen besonders beim Übergang vom Liegen zum Stehen eine bedeutende Rolle. Die meist durch Pressorezeptoren ausgelöste Zunahme der Sympathikusaktivität führt dann zu einer Konstriktion in den Gefäßen des Niederdrucksystems. Beim Kreislaufgesunden kann auch im Niederdrucksystem unter physiologischen Bedingungen der Blutdruck in manchen Bezirken über 100 mmHg betragen.

Die wichtigste Unterstützung für den Rückfluß des venösen Blutes zum Herzen ist die **Muskelvenenpumpe** des Niederdrucksystemes.

Klinischer Bezug

Werden die *Venenklappen* im Laufe einer *Venenentzündung* beschädigt oder steigt der Druck im Niederdrucksystem über die physiologischen Werte hinaus, und dilatieren die venösen Gefäße daraufhin, wird deren Venenklappenschluß insuffizient. Folge ist die Entstehung von **Varizen („Krampfadern")**.

* Inspirat. = Hf ↑ ⇐ Hemmung des Vagotonus durch Dehnung der Lunge
Exspirat. = Hf ↓

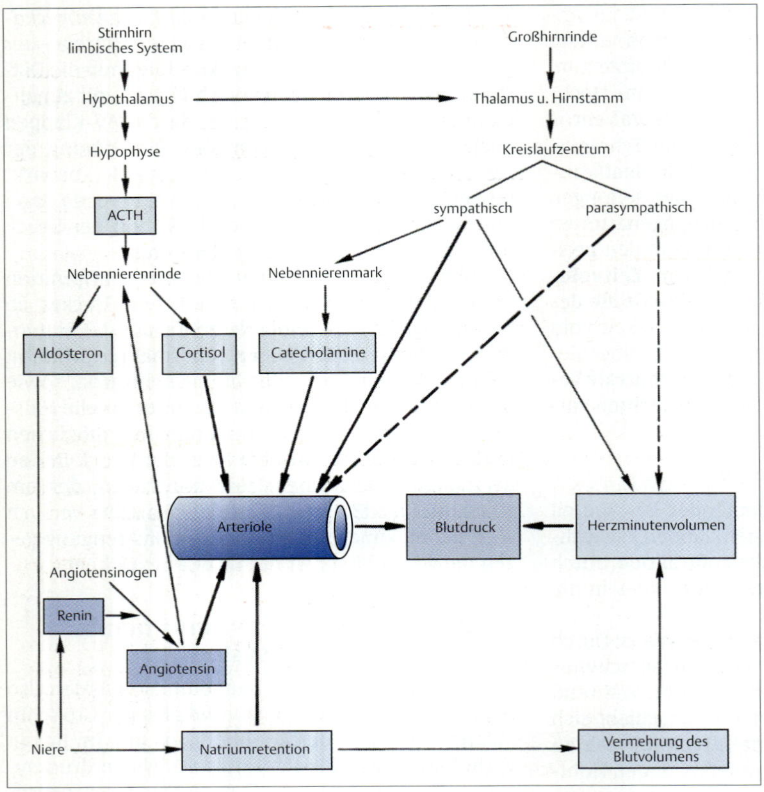

Abb. 4.7 Schematische Darstellung der Blutdruckregulation. Durchgezeichnete Linien bedeuten Mechanismen im Sinne einer Blutdrucksteigerung, gestrichelte Linien Mechanismen im Sinne einer Blutdrucksenkung (aus Stephan, Thieme 1984)

Kommt es zu einem Blutvolumenverlust, so reagieren venöse Dehnungsrezeptoren, die in den Vorhöfen lokalisiert sind, mit Gegenmaßnahmen (s. 4.2.3). Aufgrund der Lage dieser Dehnungsrezeptoren sind diese auch in der Lage, schneller auf eine akute Blutvolumenänderung zu reagieren als die arteriellen Pressorezeptoren (s. 4.4.1).

4.4 Gewebsdurchblutung

4.4.1 Mechanismen der Durchblutungsregulation

Durch die Weite der arteriellen **Widerstandsgefäße** wird im wesentlichen die Größe der Organdurchblutung bestimmt. Da nach dem **Hagen-Poiseuille-Gesetz** die Durchblutung mit der 4. Potenz des Gefäßradius zunimmt, eignet sich die Gefäßweite in besonderer Weise zur Regulation der Gewebsdurchblutung (s. 4.1.3). Geregelt wird die Organdurchblutung zum einen durch eine **zentrale Steuerung** und zum anderen durch **lokale Mechanismen**.

Zentrale Steuerung (Abb. 4.7)

Die zentrale Steuerung der Durchblutung geschieht über

- die vegetative Innervation und
- die Einflüsse von zirkulierenden Hormonen und Gewebshormonen.

Der Einfluß der **vegetativen Innervation** ist v.a. im Skelettmuskel, im Gastrointestinaltrakt, in den Nieren und in der Haut bedeutsam. Dabei sind die sympathischen Nervenendigungen überwiegend in den mittleren Arterien lokalisiert und dort wirksam. Durch Aktivierung des sympathischen Systems wird *Noradrenalin* freigesetzt und an α_1-Adrenorezeptoren gebunden. Auch ATP und Neuropeptid Y werden freigesetzt und unterstützen das Noradrenalin in seiner **vasokonstriktorischen Wirkung**. Eine Vasodilatation kommt durch das Nachlassen des Sympathikotonus nur bei der Schmerzaktion durch Aktivierung des Sympathikus zustande.
Die **parasympathische Innervierung** spielt lediglich bei der Durchblutung der Genitalorgane, Schweiß- und Speicheldrüsen eine Rolle. Durch Erregung des

Parasympathikus wird **Acetylcholin** freigesetzt und bewirkt eine **Vasodilatation**. Die im Blut zirkulierenden *Transmitter* Adrenalin und Noradrenalin werden aus dem Nebennierenmark abgegeben (s. Kap. 11.1.5). *Adrenalin* fördert vorwiegend die Herzfrequenz und die Herzkraft (→ Erhöhung des Herzminutenvolumens) und bewirkt in niedriger Konzentration über die β_2-Rezeptoren eine Vasodilatation. In hoher Konzentration führt Adrenalin wie *Noradrenalin* über die Bindung an α_1-Rezeptoren zu einer Vasokonstriktion. Für die jeweils unterschiedliche Wirkung der Transmitter an den einzelnen Organen ist die Verteilung der Rezeptoren ausschlaggebend:

- *Koronargefäße:* β_2-Rezeptoren,
- *Haut- und Nierengefäße:* α_1-Rezeptoren,
- *Gastrointestinale Gefäße und Skelettmuskelgefäße:* α_1- und β_2-Rezeptoren (s. auch Biochemie, 15.2.3).

Auch das *Angiotensin II*, das durch Stimulation des Renin-Angiotensin-Systems in der Niere gebildet wird, hat eine ausgeprägte **Vasokonstriktion** zur Folge (s. auch Biochemie, Kap. 15.4.2).

Gewebshormone wirken im Gegensatz zu den frei zirkulierenden Hormonen nicht systemisch, sondern *lokal begrenzt*. Sie werden bei Traumatisierung, Entzündung, Hitze- und Kälteeinwirkungen freigesetzt. Die Hormone Bradykinin, Kallidin und Histamin wirken vasodilatierend. Prostaglandine (bei Entzündungen) bewirken eine Vasodilatation und Thromboxane (bei der Blutstillung) eine Vasokonstriktion sowie die Aggregation von Blutblättchen.

Lokale Steuerung

Die lokale Regulation beschreibt alle im Organ selbst ablaufenden Prozesse und wird deshalb häufig auch **Autoregulation** genannt. Sie untergliedert sich weiter in eine lokal-chemische Regulation und in eine lokal-mechanische Regulation.

Die metabolische Regulation: Die *lokal-chemische* oder auch *metabolische Regulation* hat die Aufgabe der Einhaltung eines bestimmten chemischen Milieus, welches für die Organfunktion notwendig ist. In diesem Prozeß sind ein oder mehrere chemische Faktoren die Regelgrößen. Diese Faktoren entstehen im lokalen Stoffwechsel des entsprechenden Organes und besitzen gleichzeitig die Fähigkeit, in einer bestimmten Konzentration dilatierend auf die Widerstandsgefäße des Organes zu wirken. Dieser lokal-chemische Mechanismus findet sich besonders ausgeprägt im Skelettmuskel und im Herzen. Mit steigendem Stoffwechsel im Skelettmuskel, zum Beispiel bei schwerer körperlicher Arbeit, steigt die Produktion des Metaboliten, der als Regelgröße wirkt, und seine Konzentration steigt an. Ausgelöst wird dadurch sofort eine Dilatation der lokalen Gefäße mit Folge des Abtransportes des überproduzierten *Stoffwechselmetaboliten*. Die Durchblutung paßt sich auf diese Weise automatisch dem metabolisch gesteigerten Bedarf an. In dieser pauschalen und stark vereinfachten Darstellungsweise sind Regulationsunterschiede zwischen den einzelnen Organen nicht berücksichtigt. Jedoch spielt in diesem Prozeß häufig eine Vielzahl von spezifischen Faktoren und Stoffwechselprodukten eine Rolle, die erst in einem bestimmten Zusammenspiel diese Durchblutungsregulation auslösen können. Generell ist jedoch erwiesen, daß die normalen Abbauprodukte, wie zum Beispiel das *CO_2*, das *Laktat* (Milchsäure) oder ein sinkender *pH-Wert* in dem metabolischen Regulationssystem von Skelettmuskel und Herz eine gewichtige Rolle spielen. Die Sauerstoffversorgung eines Organs aber kann indirekt in diesen Mechanismus eingreifen, wenn bei O_2-Mangel ein dilatierender Stoff entsteht. Des weiteren muß erwähnt werden, daß die physiologische lokal-chemische Regulation im Skelettmuskel so sensibel reagiert, daß es nicht erst zu einer groben Änderung im ***lokal-metabolischen Milieu*** kommen muß. Im Koronarkreislauf des Herzens sind wahrscheinlich Adenosin, ADP (Adenosindiphosphat) und ATP (Adenosintriphosphat) die spezifischen Wirkstoffe, die zu der metabolischen Reaktion führen. Auch Änderungen der Kalium- und Phosphat-Konzentration sowie des osmotischen Druckes werden diskutiert. Im Gehirn und bei der Regulation des Gesamtkreislaufes spielen jedoch der CO_2- und der pH-Wert eine große Rolle.

Die lokal-mechanische Regulation: Bei der lokal-mechanischen Regulation, auch myogene Reaktion oder Bayliss-Effekt genannt, stellt die **tangentiale Gefäßwandspannung T** den mechanischen Regulationsfaktor dar. Mit Anstieg des **transmuralen Druckes p** wird das Gefäß gedehnt, so daß auch der **Gefäßradius r** folglich zunimmt. Die Gefäßdehnung führt in der Reaktion über eine Zunahme des Gefäßtonus zu einer Kontraktion der Gefäßwandmuskulatur, so daß der Gefäßradius r wieder abnimmt und die Wandspannung in Richtung Ausgangswert zurückgestellt wird. Wird nach vorübergehender Drosselung die Durchblutung eines Organs wieder freigegeben, so kommt es in diesem Moment zu einer *reaktiven Hyperämie*. Folge dieser lokalen Hyperämie ist eine Zunahme des organvenösen P_{O_2}. Die notwendigen Stellglieder bei diesem myogenen Mechanismus befinden sich in der Gefäßmuskulatur selbst, so daß keine speziellen Dehnungsrezeptoren, Nervenbahnen oder übergeordnete Zentren vorhanden sein müssen. Die *Schrittmacherzellen* der glatten Blutgefäßmuskulatur sind zu spontaner Reaktion befähigt. Je nach Art des Blutgefäßes ist diese jedoch unterschiedlich ausgeprägt. Dieser *basale Tonus* eines Gefäßes wird ohne äußere Einwirkung, also ohne nervale oder hormonelle Stimulation, aufrechterhalten. Sollten also die fast zu vernachlässigende hormonelle Einflußnahme und sogar auch die wichtige nervale Innervation eines Gefäßes ausfallen, so ist derjenige noch vorhandene Tonus, der basale Tonus eines Gefäßes. Aufheben läßt sich der Bayliss-Effekt durch Beseitigung des basalen Tonus mit Pharmaka, wie z. B. Papaverin (zum Wirkmechanismus s. Lehrbuch der Pharmakologie).

Klinischer Bezug

Ist der Bayliss-Effekt aufgehoben, kann es aufgrund einer ständigen Hyperämie eines Organs oder Gewebes zum Übertritt von Flüssigkeit in die Organstruktur und folglich zur Ausbildung eines **extrazellulären Ödems** kommen. Weitere Ursachen für die Entstehung eines extrazellulären Ödems sind eine Proteinurie, Herzinsuffizienz, ein erschwerter Lymphabfluß und eine Mangelernährung.

Der Einfluß des Endothels: Auch aus den **Endothelzellen** werden zahlreiche Stoffe freigesetzt, die zu Reaktionen der Gefäßwand führen. Vor allem **Prostaglandine**, wie z. B. das PGI_2 (Prostacyclin), wirken stark vasodilatierend und überdies zusätzlich hemmend auf die Thrombozytenaggregation. Ein weiterer Endothelfaktor namens EDRF, der der chemischen Struktur von Stickoxid (NO) sehr gleicht, kann nach Freigabe durch die Endothelzellen über einen speziellen Mechanismus eine Erschlaffung der Gefäßwandmuskulatur auslösen. Weiterhin vermutet man, daß zahlreiche Hormone, wie z. B. Bradykinin und Serotonin, nicht direkt, sondern über das ERDF-System der Endothelzellen dilatierend auf die Gefäßwandmuskulatur wirken. Interessanterweise bewirken lokale Störungen dieser Endothelfunktion eine Gefäßwandkonstriktion in dem geschädigten Bereich.

4.4.2 Messung der Durchblutungsgröße

Bei dem Verfahren der **Venenverschluß-Plethysmographie** wird das Volumen eines Körperteiles, z. B. einer Extremität, fortlaufend registriert. In bestimmten Abständen wird eine angelegte pneumatische Manschette mit einem Druck von 20–30 mmHg, also deutlich unter dem diastolischen arteriellen Blutdruck, aufgepumpt und so der venöse Rückfluß gestaut. Da durch den geringen Druck der Manschette der arterielle Zustrom von Blut nicht behindert wird, zeigt die Volumenzunahme während der *Stauungsphasen* den arteriellen Bluteinstrom in die Extremität an. Dieser Zustrom an Blut entspricht der **Durchblutungsgröße** der Extremität im Normalzustand ohne Stauung. Bestimmt man zusätzlich das erfaßte **Gewebsvolumen**, so kann man aus der zunächst bestimmten Gesamtdurchblutung [in ml/min] die **spezifische Durchblutung** [in ml/min · 100 g] errechnen. Genannt werden sollen in diesem Zusammenhang auch das Prinzip der **elektrischen Induktion** und die Methode der **Indikatorgastechnik**, die auf einer elektronischen Strömungsmessung, bzw. auf Berechnung der Gewebsdurchblutung aus der Blutkonzentration eines speziell gegebenen Argongases basieren.

4.4.3 Mikrozirkulation

Die Abschnitte der Mikrozirkulation im Blutkreislauf umfassen die Gefäße des Stoffaustausches zwischen Blut und Interstitium. Dazu gehören die Arteriolen, Kapillaren, kleine Venolen und Venen. Die Kapillaren werden auch als **terminale Strombahn** bezeichnet, da sie für den Stoffaustausch der funktionell wichtigste Teil des Kreislaufes sind. Sie erfüllen die Voraussetzungen für einen *effektiven* Austauschvorgang, da das Blut in diesem Gefäßabschnitt eine lange Stehzeit bei einer großen Oberfläche hat. Der eigentliche Austausch von Flüssigkeiten und Substanzen zwischen Blut und Interstitium funktioniert in beide Richtungen über Filtrations- und Diffusionsvorgänge. Die Filtration von Flüssigkeit in den arteriellen Abschnitten und die Reabsorption in den venösen Abschnitten des Kapillarnetzes sorgen für die Aufrechterhaltung eines **Fließgleichgewichtes**. Bei Störungen dieser Mechanismen können Volumenverschiebungen zwischen Intra- und Extravasalraum auftreten, die die Funktion einer ausreichenden Kreislauftätigkeit gefährden können.
Weiterhin werden die im Gewebe liegenden Lymphgefäße dazugezählt, deren Aufgabe der Abtransport der Lymphe in das venöse Blutsystem ist.
Die **arteriovenösen Anastomosen** sind eine direkte Verbindung zwischen den Arteriolen und den Venolen und nicht an den Stoffaustauschvorgängen beteiligt. Sie finden sich in allen Geweben, besonders in den **akralen Hautbereichen**, da sie hier *thermoregulatorische* Aufgaben erfüllen.

4.5 Organkreisläufe

4.5.1 Darstellung der unterschiedlichen Sauerstoffausschöpfung in den Organen

Die **arteriovenöse Sauerstoffdifferenz (AVD O_2)**, angegeben in ml/dl, gibt Auskunft über die Sauerstoffausschöpfung der verschiedenen Organe.

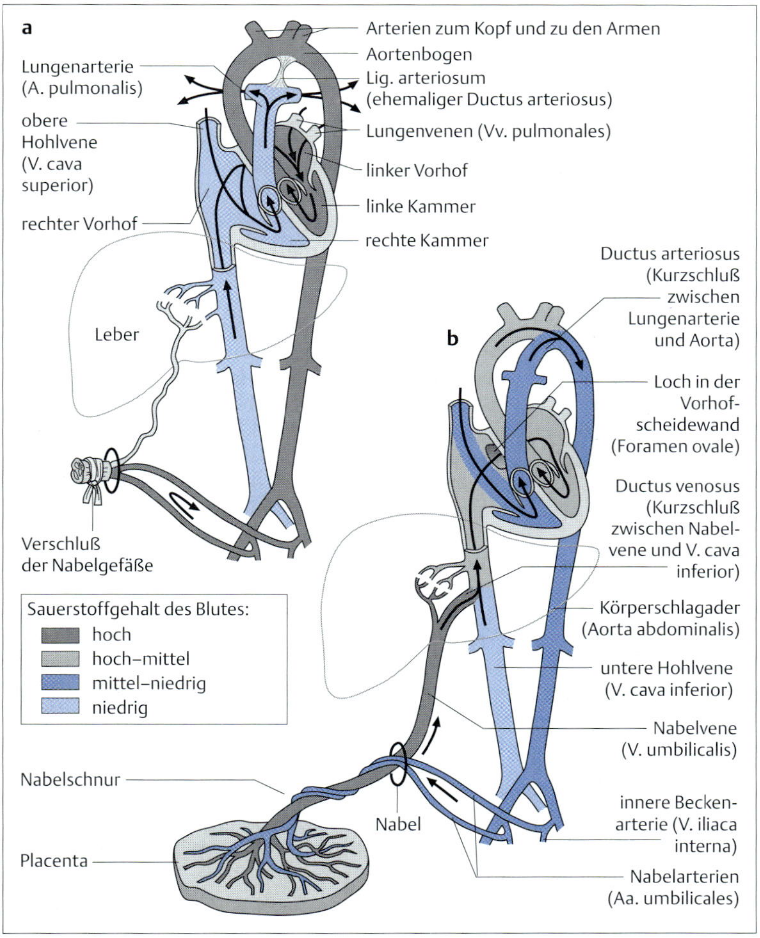

Abb. 4.**8** Darstellung des Umstellungsprozesses vom postnatalen (a) zum fetalen (b) Kreislauf (aus Faller, Thieme 1988)

- *Skelettmuskel und Herz:* Die größte Sauerstoffausschöpfung findet sich im arbeitenden Muskel, also im Herzmuskel und im Skelettmuskel bei Belastung. Sie entnehmen von den vorhandenen 20 ml O_2 pro 100 ml Blut rund 12–15 ml/dl (60–75 %). Unter extremen Belastungen kann diese Entnahme auf bis zu 80–90 % steigen.
- *Gehirn:* Das Gehirn entnimmt dem Sauerstoffpool des Blutes nur rund ein Drittel.
- *Niere:* Bei der Niere ist die Sauerstoffausschöpfung noch geringer. Dies erklärt sich dadurch, daß die hohe Durchblutung der Niere vor allem der Reinigungsfunktion des Blutes dient und der O_2-Bedarf dabei automatisch mitgedeckt wird.
- *Haut:* Bei der Haut ist die O_2-Ausschöpfung im Vergleich zur hohen Durchblutung gering. Wird die Haut je nach Anspruch jedoch nur geringgradig durchblutet, so steigt auch die O_2-Ausschöpfungsrate. Für die Haut läßt sich aufgrund ihrer vielfältigen Aufgaben und der daraus resultierenden Unterschiede in der Durchblutungsstärke keine einheitliche Sauerstoffausschöpfung festlegen.
- *Gastrointestinaltrakt:* Gleiches gilt auch für die Verdauungsorgane und ihre teilweise sehr unterschiedlichen Teilkreisläufe.

4.5.2 Übersicht und Vergleich der verschiedenen Organstrombahnen

Von Organ zu Organ bestehen erhebliche Unterschiede in der Regulation der Durchblutung. Wie bereits oben erläutert, unterscheiden sich vor allem die Mechanismen der Regulation und die Größe der Durchblutung. Die **spezifische Durchblutung** eines Organes wird in ml pro Minute und 100 g (oder 100 ml) Gewebe angegeben. Unter *Ruhebedingungen* ist die spezifische Durchblutung folgender Organe in der Reihenfolge **Niere > Myokard > Gehirn > Skelettmuskel** abgestuft.

- *Niere:* Demnach findet die dichteste Durchblutung mit 400 ml/min · dl in der Niere statt. Da bis auf geringe Ausnahmen in Extremsituationen die Niere gleichmäßig stark durchblutet wird, kann die wichtige Funktion der Niere ständig aufrechterhalten werden.
- *Gehirn:* Annähernd gleichmäßig und relativ stark wird mit 50 – 60 ml/min · dl auch das Gehirn durchblutet. Zwischen Tagesaktivität und dem Schlaf finden sich hier kaum Unterschiede, was auch verständlich ist, wenn man berücksichtigt, daß Nervenzellen nur einen relativ geringen Energieverbrauch haben und auch des Nachts aktiv sind.
- *Skelettmuskel:* Im Skelettmuskel findet man je nach Beanspruchung die stärksten Schwankungen in der Durchblutungsgröße. Die Durchblutung des Skelettmuskels kann sich zwischen 2 – 3 und 50 ml/min · dl verändern.
- *Herz:* Das Herz, als ein auch in Ruhe arbeitender Muskel, hat deshalb eine hohe spezifische Durchblutung. Sie ist mit 60 – 80 ml/min · dl höher als die eines arbeitenden Skelettmuskels. Bei maximaler Herzleistung kann die Durchblutung um den Faktor 4 – 5 auf etwa 300 ml/min · dl gesteigert werden.
- *Haut:* Steht die Hautdurchblutung im Dienste der Thermoregulation, so kann ihre Größe zum Beispiel in den Akren zwischen etwa 1 und 100 ml/min · dl variieren. Die Größe der akralen Hautdurchblutung wird vor allem durch vasokonstriktorische Nerven eingestellt.
- *Gastrointestinaltrakt:* Bei den Verdauungsorganen sind genaue Angaben der Durchblutungsgröße nicht möglich, da hier verschiedene Teilkreisläufe mit eigenen Regelmechanismen vorhanden sind. Die Gesamtdurchblutung der Verdauungsorgane liegt bei 1,5 l/min. Für die Leber läßt sich grob die spezifische Durchblutungsgröße von 100 ml/min · dl festlegen. Allgemein schwankt jedoch die Größe der Durchblutung, ähnlich wie die der Haut und des Skelettmuskels, mit den Bedürfnissen, Aufgaben und Aktivitäten der Organe sehr stark.

Die **Gesamtdurchblutung** eines Organs errechnet sich aus der spezifischen Durchblutung, multipliziert mit dem Organgewicht bzw. dem Organvolumen und wird in l/min gemessen. Deshalb ist nur verständlich, daß kleine Organe, wie die Niere oder das Herz mit sehr hoher spezifischer Durchblutung, nur eine mäßige Gesamtdurchblutung mit 1 l/min für die Niere (ca. 25 % des Herzzeitvolumens) und das maximal durchblutete Herz aufweisen. Unter Ruhebedingungen haben jedoch schwach durchblutete Organe wie Haut und Skelettmuskel bei Maximalbelastung eine um ein Mehrfaches höhere Durchblutung als alle anderen Organe zusammen. Die Hauptaufgabe der Kreislaufregulation ist also die Anpassung des gesamten Kreislaufes an die Änderungen des Durchblutungsbedarfes von Haut und Skelettmuskeln, der starken Schwankungen unterworfen ist. So benötigt der nur ungefähr 40 % der Körpermasse darstellende Skelettmuskelanteil bei maximaler Arbeit schon das Dreifache des Herzminutenvolumens in Ruhe. Das entspricht einem Wert von 15 l/min. Der Skelettmuskelanteil eines höchsttrainierten Athleten bedarf unter Höchstbelastung sogar ungefähr das Fünffache des HMV in Ruhe (25 l/min). Der **Anteil der Organe am Herzminutenvolumen** des Menschen nimmt also – grob gesagt – in folgender Reihenfolge ab: **Niere > Skelettmuskel > Darm > Gehirn > Leber > Haut > Herz** (Tab. 4.**1**).

4.5.3 Spezifische Kreislaufreaktionen bei Streß

Bei emotionalem Streß und der entsprechenden Kreislaufreaktion ist besonders die nähere Betrach-

Tabelle 4.**1**: Durchblutung verschiedener Organe in Ruhe und bei Belastung

	Herzmuskel	Skelettmuskel	Niere	Gehirn	Darm	Haut	Leber	Fettgewebe
Ruhedurchblutung (ml/min) in % des Herzzeitvolumens	5	19	22	14	19	6	9	4
Ruhedurchblutung (ml/min pro 100 g)	80 – 90	2 – 4	400	50 – 60	50	10	30	8
maximale Durchblutung (in %) (Ruhedurchblutung = 100 %)	ca. 600	ca. 1900	ca. 200	ca. 400	ca. 700	ca. 1500	ca. 500	ca. 400

tung der unterschiedlichen *Hormone* notwendig. Eine **Adrenalinausschüttung** führt im Sinne einer **Alarm-Reaktion** zu einer gesteigerten *Leistungs-* und *Abwehrbereitschaft*. Diese ergotrope Einstellung geht mit verschiedenen Reaktionen in den unterschiedlichen Organen einher. Über die **lokalen β_2-Rezeptoren** wird das Herz stimuliert (Steigerung der Herzfrequenz und des HMV); gleiche Rezeptoren erweitern nach endogener Adrenalineinwirkung die Gefäße im Skelettmuskel und bereiten ihn so adäquat auf die in der ergotropen Einstellung geforderte Abwehr- oder Fluchtbereitschaft vor. Das für diesen Vorgang benötigte Blutvolumen wird über eine, durch eine Stimulation der **lokalen α-Rezeptoren** erreichte, Verengung der Gefäße in der Haut und im Splanchnikusgebiet abgezogen. Als Transmitter der vasokonstriktorischen Nerven gilt das **Noradrenalin**. Es ist wichtig zu betonen, daß die Dilatation der Skelettmuskelgefäße als Reaktion auf die endogene Stimulation der adrenergen β_2-Rezeptoren erfolgt. Bei unphysiologisch hoher Konzentration von Adrenalin, zum Beispiel bei Substitution, wirkt dieses Hormon über die α-Rezeptoren im Muskel gefäßkonstriktorisch. Neben der hormonellen Einwirkung existiert für die Skelettmuskelstrombahn noch eine direkte vasodilatatorische Innervation über sympathische Nerven, bei der der Transmitter bisher unbekannt ist. In diesem Fall wird der Muskel über eine direkte zentrale Stimulation mit einer Durchblutungssteigerung auf die Flucht- und Abwehrreaktion optimal vorbereitet.

4.5.4 Lungenkreislauf

Zunächst soll auf einige **Besonderheiten des Lungenkreislaufes** aufmerksam gemacht werden.

Die A. pulmonalis enthält nach Passage des rechten Herzens gemischt-venöses Blut. Dieser Teil des bronchialvenösen Blutes wird dem arterialisierten Blut (über die Aa. bronchiales) in der Lungenstrombahn beigemischt.

Ferner ist unter Ruhebedingungen beim stehenden Menschen die Perfusion der apikalen Lungenpartien geringer als die der basalen. Diesen Umstand sollte man sich zum Verständnis des *Prinzips der Lungendurchblutung* vor Augen halten.

Die Lungendurchblutung dient in erster Linie dem *Gasaustausch*. Hohe Drücke sollen also vermieden werden, damit das Blut möglichst widerstandslos die Lunge passieren kann. Dieser Anspruch wird dadurch unterstützt, daß die Lungengefäße nicht in der Lage sind, sich autoregulatorisch zu verhalten. Sie reagieren auf einen steigenden Durchströmungsdruck *passiv-elastisch* und nicht mit einer Kontraktion, wie beim Bayliss-Effekt anderer Organe (z. B.: in der Niere). Der Strömungswiderstand der Lungenstrombahn sinkt also bei Zunahme des Herzzeitvolumens oder bei Erhöhung des Pulmonalarteriendruckes. Der Strömungswiderstand des kleinen Kreislaufes beträgt weniger als ein Drittel des Wertes im großen Kreislauf. Eine Erhöhung des *intraalveolären endexspiratorischen Druckes*, wie zum Beispiel eine positive Druckbeatmung, führt jedoch zu einer Steigerung des Strömungswiderstandes in der Lungenstrombahn.

Klinischer Bezug

Kommt es aufgrund von Hindernissen in der Lungenstrombahn, wie z. B. bei *Stenosen* oder *Embolien*, zu einer Erhöhung des Durchströmungsdruckes, so besteht die große Gefahr des Übertrittes von Flüssigkeit in das interstitielle Lungengewebe. Es entsteht in der Folge ein **Lungenödem**, welches den Gasaustausch stark beeinträchtigen kann.

Dennoch ist die Lunge mit einem besonderen Mechanismus der **Durchblutungsregulation** ausgerüstet, der **hypoxischen Vasokonstriktion**. Bei Abnahme des alveolären O_2-Partialdruckes oder einer verminderten Ventilation von Alveolen reagieren die Gefäße mit einer aktiven Vasokonstriktion, was zur Durchblutungsabnahme in dem betroffenen Lungenabschnitt führt (= Liljestrand-Euler-Effekt). Die Anpassung der lokalen Durchblutung an die Ventilation beruht demnach auf der Abhängigkeit des lokalen Strömungswiderstandes von dem alveolären P_{O_2} und P_{CO_2}. Dieser als **Liljestrand-Euler-Effekt** bezeichnete Vorgang wird bei Unterschreitung eines alveolären P_{O_2} von etwa 60 – 70 mmHg wirksam. Der Mechanismus ist besonders für die Einstellung eines günstigen Ventilations-Perfusions-Verhältnisses zum optimalen Gasaustausch essentiell (s. Atmung Kapitel 5.3.3). Mit dieser hypoxiebedingten Widerstandserhöhung besteht die Möglichkeit, die Durchblutung schlecht ventilierter Lungenbezirke einzuschränken und den Blutstrom in gut ventilierte Gebiete umzuleiten. Durch Drucksenkung oder Vasokonstriktion im gesamten Lungenkreislauf können kurzfristig rund 250 ml Blut mobilisiert werden.

4.5.5 Zerebralkreislauf

Für die Erfüllung der Aufgabe des Gehirns ist eine gleichmäßige und starke Durchblutung sehr wichtig (14 % des HZV). Die erforderliche Durchblutung wird durch **lokal-autoregulatorische Mechanismen** sichergestellt. Wie bereits beschrieben, bewirken die *Stoffwechselmetaboliten*, im Sinne der *chemischen Regulation*, bei einer Minderdurchblutung, einem O_2-Mangel, steigendem CO_2-Partialdruck oder etwa einem sinkenden pH-Wert, eine starke Gefäßdilatation. Bei der Regulation der Gehirndurchblutung spielt die vasokonstriktorische Komponente nur eine untergeordnete Rolle. Bei einer akuten alveolären Hypoventilation ist eine **Hyperkapnie** (arterieller P_{CO_2} von 48 mmHg = 6,4 kPa) als Folge zu erwarten, die dann zu einer deutlich erhöhten Durchblutung des Gehirns führt (s. 5.5.3). Allerdings gibt es innerhalb des Gesamtorganes starke Differenzierungen. Die graue Substanz besitzt eine rund 5 mal stärkere spezifische Durchblutung als die weiße Substanz. Der Einfluß vasokonstriktorischer Nerven auf die Gehirndurchblutung ist nur schwach ausgeprägt.

4.5.6 Durchblutung des Skelettmuskels

Der Ruhesituation und dem dann verminderten Durchblutungsanspruch und Sauerstoffbedarf des Muskels sind die Gefäße durch ihren außerordentlich *starken basalen Tonus* optimal angepaßt. Unterbricht man bei einem Muskel die Innervation, so steigt die niedrige **Muskelruhedurchblutung** von 2–3 ml/min · dl auf nur rund 4–5 ml/min · dl geringgradig an. Da die Einstellung des Gefäßtonus demnach durch einen *lokalen Mechanismus* geregelt wird, ist kein *übergeordnetes vasomotorisches Zentrum* daran beteiligt. Bei schwerer Arbeit ist durch Dilatation der Gefäße eine Durchblutungszunahme um den Faktor 10–20 möglich. Auch diese **Muskelarbeitsdurchblutung** wird überwiegend über lokal-chemische, also metabolische, Regulationen bewältigt. Spannt man zum Beispiel dem M. biceps brachii mit 30–40 % der maximalen Kraft an, so ist die Muskeldurchblutung aufgrund der mechanischen Behinderung unzureichend für die O_2-Versorgung (Ischämie). Die notwendige **reaktive Hyperämie** nach einer ein- bis zweiminütigen mechanischen Unterbrechung der Durchblutung wird vor allem durch die in diesem Zeitraum angefallenen metabolischen Faktoren ausgelöst. Beim emotionalen Streß jedoch kann die Durchblutung des ruhenden Muskels zentral über vasodilatorische Nerven gesteigert werden (s. 4.5.3).

4.5.7 Durchblutung des Splanchnikus-Gebietes

Die Durchblutung der Leber macht bei einem Erwachsenen unter Ruhebedingungen ungefähr 10 % des Herzzeitvolumens aus. Unter emotionalem Streß oder bei starker körperlicher Arbeit kann die Durchblutung der Verdauungsorgane bis auf etwa ein Fünftel des Ruhewertes zugunsten der Herz- und Skelettmuskulatur gedrosselt werden. Die Durchblutung der Leber, die unter anderem auch für die lebenswichtige Entgiftung des Körpers zuständig ist, sinkt in diesen Situationen auf ca. 50 % des Ruhewertes. Jedoch finden sich auch Möglichkeiten der *Durchblutungssteigerung*. Nach Nahrungsaufnahme kann die Blutmenge im Dünndarm bei vermehrten *Sekretions- und Resorptionsaufgaben* stark erhöht werden. An dieser Regulation ist das *Kininsystem* wesentlich beteiligt.

4.6 Fetaler und plazentarer Kreislauf

4.6.1 Organisation des Blutkreislaufes beim Ungeborenen

Für den Fetus übernimmt die **Plazenta** die Aufgabe der Lungen. Bei der Blutpassage durch die Plazenta gleichen sich die Sauerstoffpartialdrücke des fetalen und des mütterlichen Blutes weitgehend an. Unterstützend wirkt dabei die Tatsache, daß das **fetale Hämoglobin (Hbf)** bei gleichem pH-Wert eine höhere O_2-Affinität besitzt als das **HbA** des Erwachsenen. Wie aus der Anatomie bekannt, ist die Lunge im intrauterinen Leben noch nicht in Funktion. Über die Nabelvenen strömt das sauerstoffgesättigte Blut in den **Ductus venosus Arantii** und in die V. cava inferior. Es kommt zur Vermischung mit dem venösen Blut aus der unteren Körperhälfte. Das Blut strömt nun von der V. cava inferior in den rechten Vorhof und von dort über das **Foramen ovale** in den linken Vorhof und in die linke Kammer. Das venöse Blut aus der V. cava superior gelangt über den rechten Vorhof in die rechte Kammer und von dort zu 1/3 in die – noch kollabierte – fetale Lunge (Strömungswiderstand ↑), zu 2/3 über den **Ductus arteriosus Botalli** (zwischen A. pulmonalis und Aorta) in den großen Kreislauf. Es besteht ein *physiologischer Rechts-links-Shunt* (Abb. 4.**8**). Die Herzfrequenz eines Feten beträgt gegen Ende der Schwangerschaft etwa 120–160 Schläge pro Minute.

4.6.2 Postnatale Anpassung der Kreislauftätigkeit

Mit der Geburt kommt es zur Entfaltung der Lunge und somit zu einem starken Absinken des Strömungswiderstandes in diesem Organ. Gleichzeitig steigt im großen Kreislauf der Strömungswiderstand durch den Verschluß der Umbilikalgefäße. Diese Umstellungen in den Kreisläufen führen zu einem Druckgefälle vom linken zum rechten Vorhof und damit zur *Strömungsumkehr* in den beiden Shunts (Foramen ovale, Ductus arteriosus Botalli). Neben *hormonellen* Einflüssen ist nun auch die Voraussetzung für den schnellen *funktionellen* Verschluß des Foramen ovale gegeben. Der Ductus arteriosus Botalli verschließt sich innerhalb der ersten Tage nach Geburt, wobei der in diesen Tagen noch vorhandene Blutstrom umgekehrt von der Aorta in die A. pulmonalis fließt.

Während der **postnatalen Umstellung** findet somit auch erst die Differenzierung des Lungenkreislaufes zum Niederdrucksystem und des großen Kreislaufes zum Hochdrucksystem statt. Mit diesem Prozeß verzahnt ist eine Entlastung des rechten und eine Mehrbelastung des linken Ventrikels, die vor Geburt noch einer gleichen Belastung von einem mit 50 mmHg relativ niedrigem Druck ausgesetzt waren.

4.6.3 Pathophysiologie der Kreislaufumstellung

Persistierender Ductus arteriosus Botalli: Das Offenbleiben des Foramen ovale oder des Ductus arteriosus Botalli hat unter den Herzfehlern einen Anteil von 15–20 %. Beim offenen Ductus arteriosus Botalli können zwischen Aorta und A. pulmonalis große *Shuntvolumina* transportiert werden (→ Links-rechts-Shunt). Beim großlumigen Ductus kollabiert der Aortenpuls sehr schnell und der arterielle Blutdruck sinkt. Im Neugeborenenalter führt dies schnell zu einer *Herzinsuffizienz.*

Weiterhin entwickelt sich aufgrund der hohen Volumenbelastung der Lunge eine ***pulmonale Hypertonie.*** Der Blutdruck der Lungengefäße wird höher als der in der Aorta. Folglich kommt es zu einer Shuntumkehr und damit zur Druckbelastung des rechten Ventrikels. Diagnostisch bietet der Auskultationsbefund eines sog. *Maschinengeräusches* einen Hinweis auf den persistierenden Ductus arteriosus Botalli. Häufigste Ursache dieses angeborenen Herzfehlers ist die *Rötelnembryopathie.*

Das offene Foramen ovale: Ein persistierendes Foramen ovale entsteht bei Ausbleiben der Verwachsung von Septum secundum mit dem Septum primum. Dieser *Vorhofseptumdefekt* hat einen Links-rechts-Shunt auf Vorhofebene zur Folge. Im rechten Ventrikel und in den Pulmonalarterien kommt es zu einer Vergrößerung des Strömungsvolumens. Als diagnostischen Auskultationsbefund findet man einen gespaltenen 2. Herzton und ein systolisches Strömungsgeräusch. Häufigste Ursache sind ***teratogene Einflüsse*** während der Schwangerschaft.

Atmung

5.1 Grundlagen der Atmung

5.1.1 Physik der Gase

Meßbedingungen der Gasvolumina

Nach der idealen Gasgleichung verändert sich das Volumen (V) eines Gases oder Gasgemisches mit der Veränderung der Temperatur (T) oder des Druckes (P).

$$V = \frac{M \cdot R \cdot T}{P} \qquad (5.1)$$

M = Menge des Gases
R = allgemeine Gaskonstante
Es ist daher von Bedeutung, immer die Bedingungen anzugeben, unter denen ein bestimmtes Gasvolumen gemessen wurde. Die gebräuchlichsten **Meßbedingungen** sind:

- **BTPS:** Körperbedingungen (body temperature pressure saturated),
  T = 37 °C = 310 K; P = Umgebungsluftdruck; PH_2O = 6,3 kPa.
- **ATPS:** Spirometerbedingungen (ambient temperature pressure saturated).
  T = Spirometertemperatur; P = aktueller Luftdruck; PH_2O = volle Wasserdampfsättigung.
- **STPD:** Standardbedingungen (standard temperature pressure dry),
  T = 0 °C = 273 K; P = 101 kPa = 760 mmHg;
  PH_2O = 0 (trocken, Wasserdampfdruck = 0).

Folgende Beziehung gilt bei normalen Luftdruckwerten sowie Raum- und Körpertemperatur: $V_{BTPS} > V_{ATPS} > V_{STPD}$

Partialdruck und Fraktion

Jedes Gas übt in einem **Gasgemisch** einen bestimmten **Partialdruck** (Teildruck) aus. Entfernt man alle anderen Komponenten dieses Gasgemisches, so bleibt nur der Partialdruck (P) des einen Gases bestehen. Nach dem **Dalton-Gesetz** ergibt die Summe der Partialdrücke aller der im Gasgemisch vertretenen Gase den Gesamtdruck.
Als **Fraktion (F)** oder fraktionelle Konzentration bezeichnet man den Anteil eines bestimmten Gases an der Gesamtmenge des Gasgemisches. Die Angabe der Fraktion ist dimensionslos.

Wasserdampf

Als Wasserdampf bezeichnet man unsichtbares Wasser in der Gasphase. Der Partialdruck des Wasserdampfs ist durch den **Sättigungsdruck**, der von der Temperatur abhängt, nach oben begrenzt. In den Alveolen der Lunge hat ein Gas nahezu die Temperatur des Körpers (Normaltemperatur: 37 °C) und ist mit Wasserdampf gesättigt. Dementsprechend liegt der H_2O-Partialdruck mit 6,3 kPa (47 mmHg) in der Lunge nahe dem Sättigungsdruck für Wasserdampf bei 37 °C.

Löslichkeit von Gasen in Flüssigkeiten

Von einer **physikalischen Lösung** spricht man, wenn Gase sich bei Kontakt mit Flüssigkeiten in diesen lösen (z. B. in der Lunge). Die Konzentration des Gases in der Flüssigkeit ist nach dem **Henry-Gesetz** abhängig von dem **Partialdruck (P)** und dem **Löslichkeitskoeffizienten (α)** des Gases. Der Löslichkeitskoeffizient wiederum wird von der Art der Gasmoleküle, der Art der Flüssigkeit und der Temperatur beeinflußt. Stehen nun das Gas und die Flüssigkeit im Gleichgewicht, so ist definitionsgemäß der Partialdruck des Gases gleich dem Flüssigkeitspartialdruck.

5.1.2 Zusammensetzung der atmosphärischen Luft

Die **atmosphärische Luft** setzt sich aus folgenden Komponenten zusammen:

- *Sauerstoff:* 20,9 % (F_{O_2} = 0,209)
- *Kohlendioxid:* 0,03 % (F_{CO_2} = 0,000)
- *Stickstoff:* 79,1 % (F_{N_2} = 0,791)

Die in der atmosphärischen Luft enthaltenen Edelgase sind aufgrund ihres niedrigen Anteils in der Stickstoff-Fraktion enthalten. Bei einem Barometerdruck von 100 kPa und einer Temperatur von 37 °C (Körpertemperatur) haben die einzelnen Partialdrücke folgende Werte:

- *Sauerstoff* P_{O_2} = 19,6 kPa
- *Kohlendioxid* P_{CO_2} = 0 kPa
- *Stickstoff* P_{N_2} = 74,1 kPa
- *Wasser* P_{H_2O} = 6,3 kPa

Die Zusammensetzung der atmosphärischen Luft ist weitgehend unabhängig von der Höhe über dem Meeresspiegel.

5.2 Atemmechanik

5.2.1 Druckverhältnisse im Thorax

Für das Verständnis der **Atemmechanik** ist die Kenntnis über den Aufbau und die Beziehung von Lunge und Thoraxwand zueinander sehr wichtig. Der Atemapparat besteht aus zwei ineinandergeschachtelten Hohlgebilden, Lunge und Thorax. Das passiv-elastische Verhalten dieser Gebilde ist sehr unterschiedlich und wird durch die **Ruhedehnungskurven** bestimmt, die die Abhängigkeit des Volumens vom dehnenden Druck **(transmurale Druckdifferenz)** beschreiben. Die Lunge ist im Thoraxraum frei beweglich und durch den kapillaren Spaltraum (Interpleuralspalt) zwischen den beiden Pleurablättern von der Thoraxwand getrennt. Der Innendruck der Lunge, also der Druck in den Alveolen, wird als **intrapulmonaler Druck** oder **Alveolardruck (P_A)** bezeichnet; der Druck an der Lungenoberfläche und an der Thoraxinnenfläche, also der Druck im Pleuraspalt, wird **intrapleuraler** oder **Pleuradruck (P_{Pl})** genannt. Bei der normalen Ruheatmung ist die Lunge leicht gedehnt, während ihre elastischen Kräfte versuchen, sie ständig zusammenzuziehen. So entsteht in dem Interpleuralspalt (intrathorakaler Druck) ein leichter Unterdruck gegenüber dem intrapulmonalen Druck. Er wird hauptsächlich durch die Eigenelastizität der Lunge hervorgerufen und wirkt sich auf den ganzen Raum zwischen Lungenoberfläche und Thoraxinnenwand aus. Bei normaler Ruheatmung in Exspirationsstellung beträgt der intrathorakale Druck −4 bis −5 cm H_2O und ist damit stets niedriger als der atmosphärische Druck (subatmosphärischer Druck). Als Regel gilt, daß unter sonst gleichen Bedingungen der intrathorakale Druck bei Einatmung um so stärker negativ ist, je höher der Atemwiderstand ist! Die Messung des intrathorakalen Drucks ist in dem mittleren, schlaffen Bereich des Ösophagus möglich. Werden die Amplituden der inspiratorisch-exspiratorischen Schwankungen des intrathorakalen Druckes (Pleuradruck ΔP_{Pl}) und des intrapulmonalen Druckes (Alveolardruck ΔP_A) gemessen, so treten bei einem gesunden Menschen folgende Amplitudenänderungen auf, wenn bei unveränderter Atemstromstärke der Atemwiderstand (Atmung gegen einen Widerstand, z. B.: durch ein Rohr) erhöht wird: der Pleuradruck ΔP_{Pl} und auch der Alveolardruck ΔP_A nehmen zu. Aus der Differenz von P_{Pl} und P_A ergibt sich die **transthorakale Druckdifferenz** ($P_{PL} - P_A$), aus der Differenz von P_A und P_{Pl} die **transpulmonale Druckdifferenz** ($P_A - P_L$). An dem Punkt, an dem P_A gleich P_{Pl} ist (die transpulmonale Druckdifferenz also = 0 ist), befindet sich die Lunge in der Gleichgewichtslage (s. Abb. 5.**2**).

> **Klinischer Bezug**
>
> Der negative intrathorakale Druck wirkt sich auch auf die umgebenden anatomischen Strukturen aus. So fördert der negative Umgebungsdruck in den großen intrathorakalen Venen den Blutrückfluß zum Herzen und verhindert im Stehen ein Kollabieren der kleinen intrathorakalen Venen.

5.2.2 Atemmuskeln, Inspiration und Exspiration

Die Lungenbelüftung geschieht passiv. Aktive rhythmische Bewegungen des Thorax und der Atmungsmuskulatur werden durch das **Atemzentrum** in der Medulla oblongata koordiniert. Diese Atembewegungen führen zu Veränderungen des intrapulmonalen Druckes, der den Druck in den Alveolen der Lunge beschreibt. Die **Inspiration** (Einatmung) funktioniert durch ein Zusammenspiel von der Zwerchfellmuskulatur, welche sich kontrahiert (*abdominelle Atmung*), und der äußeren Interkostalmuskeln und anderer Atemhilfsmuskeln (*thorakale Atmung*), die die Rippen anheben. Durch den über die Zunahme des Thoraxvolumens erzeugten **Druckgradienten** kommt es zum Einstrom von Luft in die Lunge. Je größer der Druckgradient, desto steiler ist der Anstieg des Lungenvolumens. In dieser Phase der Inspiration mit wachsender Lungendehnung wird der intrathorakale Druck stärker *negativ* und erreicht Werte von −6 bis −8 cm H_2O. Auf der Höhe der maximalen Inspiration, also im Umkehrpunkt zur Ausatmung, entspricht der intrapulmonale Druck dann dem atmosphärischen

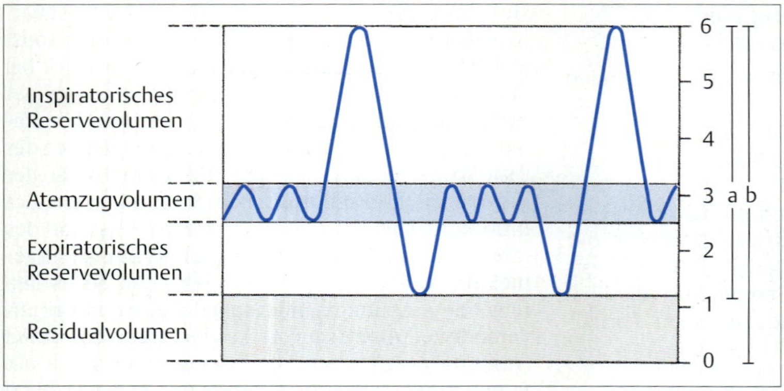

Abb. 5.**1** Einteilung der Lungenvolumina, a = Vitalkapazität, b = Totalkapazität (aus Stephan, Thieme 1984)

Druck. Die **Exspiration** (Ausatmung) kommt vor allem durch die elastischen Eigenschaften des Atemapparates zustande und kann durch einige innere Interkostal- sowie durch die Bauchdeckenmuskulatur unterstützt werden. Hier wird die Luft praktisch aus der Lunge herausgedrückt; ein leichter intrapulmonaler Überdruck bewirkt die Exspiration. Der intrapulmonale oder alveoläre Druck ist am Ende der Inspiration und auch am Ende der Exspiration bei geöffneter Glottis gleich groß wie in Atemruhelage, jedoch immer positiver als der intrathorakale Druck.

Als **Lungenvolumen** bezeichnet man das Gasvolumen, das sich in der Lunge befindet, als **Atemvolumen** das ein- oder ausgeatmete Gasvolumen. Veränderungen des Lungenvolumens lassen sich mittels eines Spirometers messen. Ein **Spirometer** ist ein gasdichter Raum, aus dem Gas eingeatmet und in den Gas ausgeatmet werden kann. Verbindet man die Atemwege eines Probanden mit dem Spirometer, so erhält man als Zeitverlauf des Atemvolumens ein *Spirogramm* (Abb. 5.**1**).

5.2.3 Elastizität der Lunge

Da Thorax und Lunge *elastische Systeme* darstellen, beschreibt man die Dehnbarkeit des Atemapparates mit dem Maß der **Compliance**. Die **statische Volumendehnbarkeit** ist definiert als $\Delta V/\Delta P$ (Volumenänderung pro Druckänderung). Sie ist das Maß für die *elastischen Eigenschaften* des Atmungsapparates bzw. seiner beiden Teile und stellt die Steilheit der jeweiligen **Ruhedehnungskurve** dar (Abb. 5.**2**). Die statische Druck-Volumen-Beziehung läßt sich mit Hilfe des Spirometers bestimmen. In einem geschlossenen System wird der Proband mit einem Spirometer verbunden. Unterbricht man nun die Verbindung zum Spirometer und fordert man die Versuchsperson auf, die Atemmuskulatur völlig zu entspannen, so ist der am offenen Mund gemessene Druck identisch mit dem intrapulmonalen Druck. Möchte man das nun völlig relaxierte System um einen Liter ausdehnen, so reicht dann beim gesunden Erwachsenen ein Druck von 1 kPa = 7,5 mmHg. Dieser passive Druck zur Dehnung des völlig relaxierten Systems um 1 l über die Ruhelage entspricht der Compliance für einen Liter pro kPa. Wie in Abb. 5.**2** gezeigt, besitzt die Ruhedehnungskurve des **ventilatorischen Systems** (Lunge und Thorax) im Bereich der normalen Atmungsexkursionen die größte Steilheit und somit die größte Compliance. Bei maximaler Inspiration sinkt dann die Compliance um etwa die Hälfte. Bei dem **Preßversuch nach Valsalva** fordert man den Probanden bei gleichem Versuchsaufbau und geschlossenen Atemwegen auf, maximal zu exspirieren, bzw. zu inspirieren. Hierbei kann sich der intrapulmonale Druck auf bis zu +120 mmHg bzw. –80 mmHg ändern. Wird, zur Verdeutlichung, also der Thorax von außen mit einem Druck von 80 mmHg komprimiert (z. B. beim Tauchen), so ist das Einatmen gegen diesen Druck nicht mehr möglich! Die Messung des intrathorakalen Druckes mittels einer Drucksonde im Ösophagus während des Valsalva-Preßversuches ermöglicht die differenzierte Bestimmung der Compliance des Thorax (**C_{Th}**) und der Compliance der Lunge (**C_L**). In der Ruhelage ist demnach der Druck, mit dem die Lunge bestrebt ist, sich zusammenzuziehen (Compliance), gleich dem Druck, den der Thorax ausübt, um sich auszudehnen (intrapleuraler Druck) (Abb. 5.**2**).

! Merke

Betrage bei einem gesunden Probanden die Compliance des Thorax (C_{Th}) 2 l/kPa und die Compliance der Lunge (C_L) ebenfalls 2 l/kPa, so beträgt die Compliance von Lunge und Thorax (C_{Th+L}) gemeinsam dann 1 l/kPa. Die Berechnung erfolgt nach der Formel:

$$\frac{1}{C_{Th+L}} = \frac{1}{C_L} + \frac{1}{C_{Th}} \qquad (5.2)$$

5.2.4 Atem- und Lungenvolumina

Als **Lungenvolumen** bezeichnet man das Gasvolumen, das sich in der Lunge befindet, als **Atemvolumen** das ein- oder ausgeatmete Gasvolumen. Folgende Atemgrößen werden als statische *Atemgrößen* bezeichnet.

Statische Atemgrößen

Zu den statischen Atemgrößen werden gezählt:

- Atemzugvolumen,
- inspiratorisches Reservevolumen,
- exspiratorisches Reservevolumen,
- Residualvolumen,
- Vitalkapazität,
- Totalkapazität,
- funktionelle Residualkapazität,
- Ruhe-Atemfrequenz,
- Atemminutenvolumen.

Bei normaler Ruheatmung wird pro Atemzug das **Atemzugvolumen** von 0,5 l hin und her bewegt (s. Abb. 5.**1**). Bei maximaler Inspiration kann zusätzlich ein **inspiratorisches Reservevolumen** von 2,5 l eingeatmet und bei maximaler Exspiration ein **exspiratorisches Reservevolumen** von 1,5 l ausgeatmet werden. Wird maximal exspiriert, so verbleibt das **Residualvolumen** von 1,5 l in der Lunge. Als **Vitalkapazität** bezeichnet man das maximale Atemzugvolumen, also den Gesamtspielraum in den Veränderungen des Lungenvolumens (maximale Inspiration – maximale Exspiration). Sie ist bei einer Frau durchschnittlich 25% kleiner als beim Mann. Addiert man hierzu noch den Anteil des Residualvolumens,

Physiologie

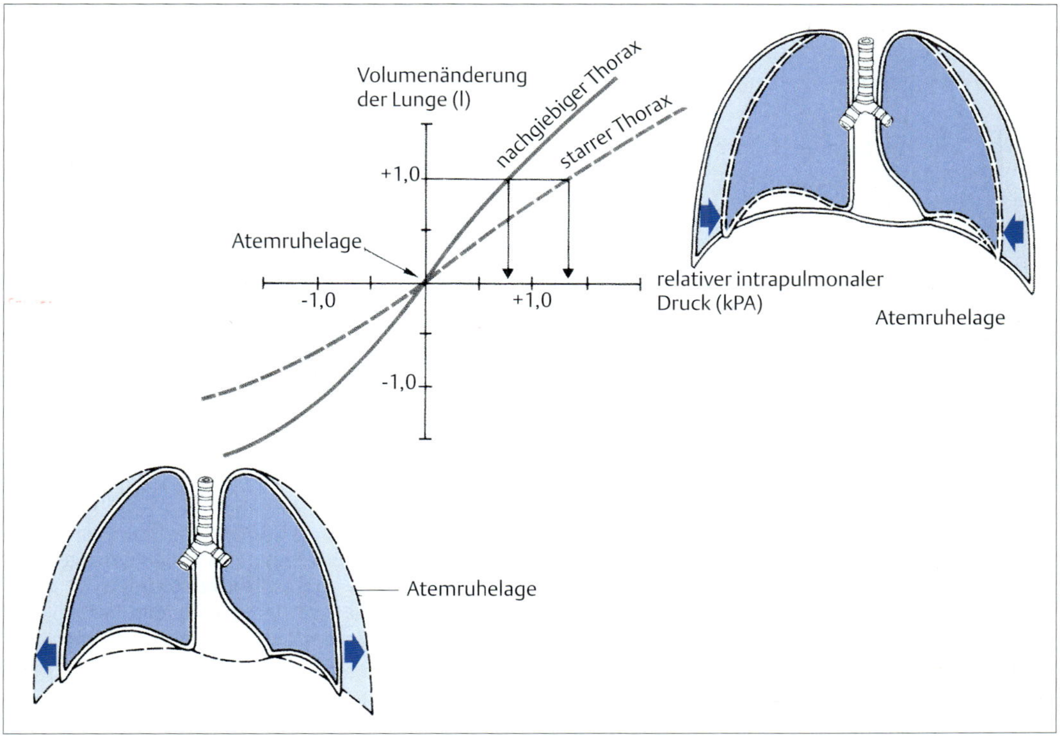

Abb. 5.**2** Ruhedehnungskurve von Lunge und Thorax. Atmet man aus der Atemruhelage ein bestimmtes Volumen ein und schließt dann Mund und Nase, so entsteht in der Lunge ein gegenüber der Umgebung höherer („+") Druck, da der Brustkorb das Bestreben hat, wieder in die Atemruhelage zurückzukehren. Nach Ausatmung aus der Ruhelage entsteht aus dem gleichen Grund ein Unterdruck (Sog). Trägt man zu jedem intrapulmonalen Druckwert das gegenüber der Atemruhelage veränderte Lungenvolumen auf, ergeben sich die blauen Kurven (Ruhedehnungskurven) (aus Beske, Thieme 1990)

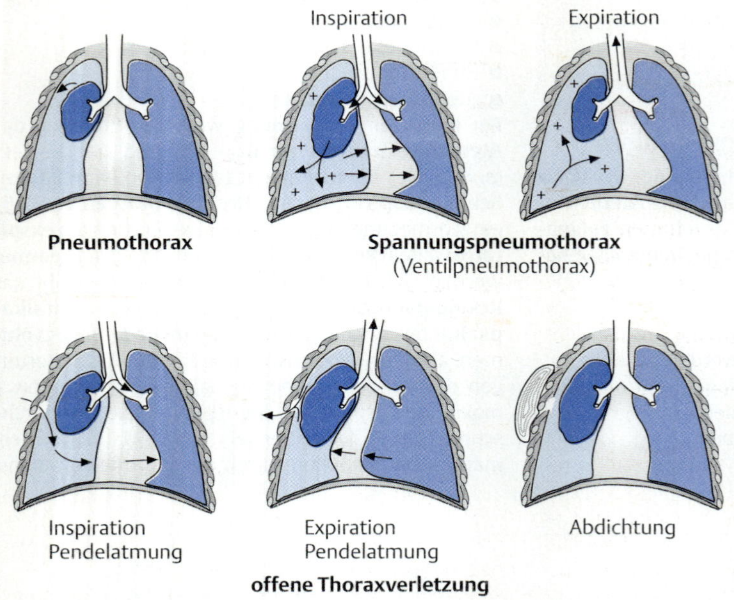

Abb. 5.3 Formen des Pneumothorax (aus Reifferscheid/Weller, Thieme 1989)

so erhält man das Gesamtvolumen der Lunge, welches **Totalkapazität** (ca. 7 l) genannt wird. Die **funktionelle Residualkapazität** (FRC) beschreibt das endexspiratorische Lungenvolumen aus Residualvolumen und exspiratorischem Reservevolumen; es gleicht dem Lungenvolumen bei Atemruhelage nach Exspiration. Wichtig ist diese Größe für den physiologischen Gasaustausch, da zu diesem Zeitpunkt die Lunge gerade zur Hälfte gefüllt ist.

Bestimmungsmethoden der Atemgrößen

Zur Bestimmung der funktionellen Residualkapazität (FRC) verwendet man die *Helium-Einwaschmethode*. Bei dieser Methode atmet der Proband ein Heliumgemisch mit bekannter Konzentration und Volumen aus einem geschlossenen System ein. Das Helium mischt sich in kurzer Zeit mit der Luft in der Lunge. Anschließend läßt sich das Luftvolumen der Lunge aus der Konzentrationsänderung des Heliums in dem Gesamtsystem errechnen.

Ein weiteres Verfahren funktioniert durch die Auswaschung des in der Lunge befindlichen Stickstoffs bei Einatmung von reinem Sauerstoff. Die Luftmenge läßt sich bei dieser *Stickstoff-Auswaschmethode* über die Menge des Stickstoffs in der gesammelten Exspirationsluft errechnen.

Klinischer Bezug

Kommt es bei Verletzungen des Thorax zur Eröffnung des intrapleuralen Spalts **(Pneumothorax)**, so zieht sich die Lunge aufgrund ihrer hohen Eigenelastizität noch über die maximale Exspirationsstellung hinaus zusammen. Hierbei entweichen noch einmal ca. 50 % des Residualvolumens (Kollapsvolumen) und in der Lunge verbleibt das Minimalvolumen. Als **Ventilpneumothorax** bezeichnet wird diejenige Form, bei der die bei jeder Atembewegung in den Pleuraspalt eingedrungene Luft nicht mehr entweichen kann. Es kommt zum Überdruck im Pleuraspalt der betroffenen Seite und somit zur akuten Lebensgefahr (Abb. 5.**3**)!

Zwei weitere wichtige Größen sind zum einen die **Ruhe-Atemfrequenz** mit 12 bis 20 Atemzügen pro Minute und das **Atemminutenvolumen** in Ruhe, welches bei einer mittleren Frequenz von 15/min rund 8 Liter/min beträgt (≙ Atemzugvolumen von 0,5 l).

Dynamische Atemgrößen

Zu den dynamischen Atemgrößen werden gezählt:

- Ein-Sekunden-Kapazität,
- Atemstoß = forcierte Vitalkapazität FVK,
- Atemgrenzwert,
- Vitalkapazität-Zeit (VK-Zeit).

Den oben beschriebenen statischen Atemgrößen sind die **dynamischen Atemgrößen** gegenübergestellt. Diese beschreiben vor allem die Geschwindigkeit der Luftbewegungen als Dimension der Zeit und geben somit Aufschluß über den Widerstand der Atemwege. Als wichtigste Größe der dynamischen Atemgrößen sei die **Ein-Sekunden-Kapazität** (Tiffenau-Test) genannt (Abb. 5.**4**). Sie beschreibt das Volumen, welches in einer Sekunde maximal ausgeatmet werden kann. Sie sollte beim gesunden Probanden um 80% der Vitalkapazität betragen. Als **Atemstoß** (forcierte Vitalkapazität) bezeichnet man die maximale Atemexspirationsstromstärke, die von maximaler Inspirationsstellung aus kurzfristig erreicht werden kann. Sie liegt beim Gesunden (junger Mann von 180 cm Körpergröße) im Bereich von ungefähr 10 l/s. Die dritte wichtige Größe ist der **Atemgrenzwert** als das maximale Atemzeitvolumen, das man kurzfristig willkürlich erreichen kann. Dabei atmet der Proband mit einer Atemfrequenz von z. B. 30/min, so tief er kann. Da bei dieser Hyperventilation der arterielle P_{CO_2} sinkt und schädliche Folgen eintreten können, wird das Manöver auf etwa 10 s begrenzt, die Ventilation aber auf 1 min umgerechnet. Für den lungengesunden Jugendlichen ergibt sich ein Wert von etwa 110 l/min.

Klinischer Bezug

Vermindert ist der Atemgrenzwert bei **restriktiven** und **obstruktiven Lungenfunktionsstörungen.**

Aus der Verrechnung der statischen Vitalkapazität mit dem dynamischen Atemstoß erhält man die **Vitalkapazitäts-Zeit** (VK-Zeit); sie ist bei allen Gesunden mit etwa 0,5 s gleich groß.

Atemwegswiderstand

Der **Atemwegswiderstand** stellt beim gesunden Menschen den Hauptanteil des nichtelastischen Atemwiderstands der Lunge dar. Die vergleichende Messung statischer und dynamischer Atemgrößen ist sehr wichtig, da sie die Differenzierung von **restriktiven Ventilationsstörungen**, bei denen die Vitalkapazität reduziert ist, und den **obstruktiven Ventilationsstörungen**, bei denen der Atemwegswiderstand erhöht ist, erlaubt.

Restriktive Ventilationsstörungen gehen mit einer Reduzierung der Vitalkapazität einher, und lassen sich daher im Tiffenau-Test durch eine unter der Norm liegende FVK nachweisen. Restriktive Lungenfunktionsstörungen können ihre Ursache im Verlust von Lungengewebe (z. B. Lungenfibrose), in Pleuraverwachsungen oder in der eingeschränkten Beweglichkeit des Thorax (z. B. Skoliose) haben. Des weiteren können ein Lungenödem, eine Pneumonie oder Pleuravernarbungen vorliegen.

Bei obstruktiven Ventilationsstörungen ist der Atemwegswiderstand pathologisch erhöht. In der Regel findet man eine deutliche Reduktion der Ein-Sekunden-Ausatmungskapazität, da die maximal erreichbare Strömungskapazität herabgesetzt ist. Obstruktive Lungenfunktionsstörungen können durch Fremdkörper, Verengung der Atemwege oder Sekret in den Atemwegen erzeugt sein (z. B. chron. Bronchitis/Asthma bronchiale) oder durch verminderten Zug des umgebenden Gewebes (z. B. Emphysem) oder durch einengenden Druck von außen (z. B. Ödem, Tumoren).

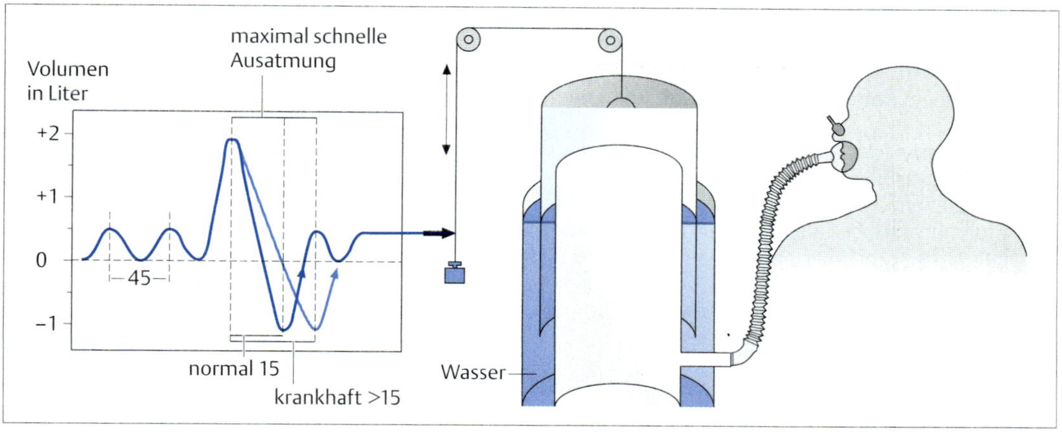

Abb. 5.**4** Darstellung des Tiffenau-Tests in der Diagnostik der Ventilationsstörungen (nach Silbernagl/Despopoulos, Thieme 1991)

Klinischer Bezug

Beim Asthma bronchiale ist neben der Wandverdickung durch hypertrophierte Schleimdrüsen und eine übermäßige Schleimproduktion noch der Tonus der Bronchialmuskulatur erhöht.

Alle genannten Atemgrößen sind natürlich stark variabel und unterscheiden sich bei jedem Individuum in Abhängigkeit von der Körpergröße, Gewicht, Alter, Konstitution und auch dem Trainingszustand.

5.2.5 Atemarbeit

Folgende Größen sind wichtig zur Beschreibung der Lungenarbeit und sollen hier nur anhand ihrer Definition nochmals zusammengefaßt werden:

- *Die Atemfrequenz (AF)* ist die Häufigkeit der Atemzüge pro Minute, die beim Gesunden ca. 15 (12 bis 20/min) beträgt.
- *Das Atemzugvolumen (AZV)* ist das durch einen Atemzug eingeatmete Luftvolumen (beim Erwachsenen normal ca. 0,5 l).
- *Das Atemminutenvolumen (AMV)* ist das Atemzugvolumen · Atemfrequenz in l · min; normal: 0,5 l · 15/min = 7,5 l/min). Es besteht anteilig aus alveolären Ventilationsvolumen und Totraumventilation und kann bei maximaler Atemfrequenz und Atemtiefe auf das 20–30 fache der Norm steigen.
- *Die alveoläre Ventilation* beschreibt den Anteil des Atemminutenvolumens, der sich mit der Alveolarluft in der Lunge mischt in $l \cdot min^{-1}$ (besteht aus dem Atemminutenvolumen ohne die Totraumventilation). Der Normalwert beträgt hier ungefähr 5 Liter pro Minute oder anders ausgedrückt 2/3 bis 3/4 des Atemminutenvolumens (≙ ca. 2/3 von 7,5 l AMV = 5 l).
- *Die Totraumventilation* errechnet sich aus dem Produkt des Totraumvolumens in $l \cdot min^{-1}$ · Atemfrequenz (150 ml · 15/min = 2,25 l/min). Dies entspricht einem Anteil von 30 % am Atemminutenvolumen.
- *Der respiratorische Quotient* (RQ) ist definiert als das Verhältnis von abgegebenem CO_2 zu neu aufgenommenem O_2. Unter Normalbedingungen (Gesamtorganismus befindet sich im *Gleichgewicht/steady state*, d. h. pulmonale O_2-Aufnahme und CO_2-Abgabe entsprechen dem O_2-Verbrauch bzw. der CO_2-Bildung im Stoffwechsel) beträgt er etwa 0,8 (s. auch Kap. 6.2.4).

5.2.6 Surfactant der Lunge

An der Flüssigkeitsgrenzschicht zwischen den Alveolen und der Luft herrscht eine große *Oberflächenspannung*, die der notwendigen Entfaltung der Alveolen entgegenwirkt. Aus diesem Grunde besteht in dem Flüssigkeitsfilmgemisch auf den Alveolen eine Aktivität von oberflächenwirksamen Substanzen, **Surfactant** genannt. Diese Stoffe reduzieren die Oberflächenspannung und verhindern somit einen Kollaps der Alveolen. Surfactant wird von den Pneumozyten Typ II in der Lunge gebildet und hat Lipidcharakter.

Klinischer Bezug

Fehlt das Surfactant, so kollabieren ganze Abschnitte der Lunge und es entstehen luftleere Bereiche in der Lunge, die **Atelektasen** genannt werden. Sehr wichtig ist das Surfactant auch bei der Entfaltung der Lunge nach der Geburt. Bei einem Mangel oder einer Fehlfunktion besteht jedoch die Möglichkeit zur Substitution.

5.2.7 Künstliche Beatmung

Als **Atemstillstand** bezeichnet man die Unterbrechung der Atmungsfunktion, die eine *lebensbedrohliche Situation* darstellt (s. Atmung, 5.7.3). Ursachen für die Störung der Atmungsfunktion können Verletzungen von Lunge, Thorax oder Atemzentrum, Störungen des Gasaustausches oder Verlegungen der Atemwege sein. Wichtigste Maßnahme ist die sofortige **Kontrolle der Kreislauffunktionen** und die **Atemspende**.

Um eine Verlegung der **oberen Atemwege** auszuschließen, erfolgt zunächst die Inspektion von Mund und Rachen und gegebenenfalls die Ausräumung von Fremdkörpern. Da bei einem Bewußtlosen die **Schutzreflexe** zur Freihaltung der Atemwege fehlen, wird dies durch Überstreckung des Kopfes und gleichzeitigem Anheben des Unterkiefers gewährleistet.

In dieser Position erfolgt die Atemspende, die entweder als Mund-zu-Nase- oder als Mund-zu-Mund-Beatmung möglich ist. Nach tiefer Inspiration setzt der Beatmende seine Lippen möglichst luftdicht auf Nase oder Mund des Patienten auf und **insuffliert** (Einblasen von Luft). Zur Kontrolle der erfolgreichen Beatmung muß die der Insufflation parallele Thoraxanhebung und anschließende Thoraxsenkung beobachtet werden.

Die Beatmung beginnt mit 5–10 schnellen Insufflationen, um das eventuell bereits vorhandene O_2-Defizit des Patienten zu beseitigen. Danach wird die Beatmung im zeitlichen Abstand von ca. 5 s mit je einer Insufflation fortgesetzt. Bei korrekter Anwendung liegt der O_2-Sättigungswert des Patienten dann bei über 90 %.

Zur künstlichen Beatmung stehen zahlreiche Hilfsmittel, wie z. B. der Beatmungsbeutel, die Atemmaske oder die Beatmungsmaschine zur Verfügung.

5.3 Gasaustausch in der Lunge

5.3.1 Ventilation der Lunge

Rund 150 ml der pro Atemzug eingeatmeten Luft gelangen nicht in den zum Gasaustausch befähigten Abschnitt der Lunge. Sie verbleiben in den zuführenden Atemwegen und großen Bronchien der Lunge, dem **funktionellen Totraum** (5 % der funktionellen Residualkapazität). Er dient u. a. der Erwärmung, Reinigung und Befeuchtung der Inspirationsluft und stellt als Resonanzkörper einen Teil des Stimmorgans dar. Die restlichen 350 ml (= alveoläres Volumen) von den 500 ml Atemzugvolumen ($\mathbf{V_T}$) bei Normalatmung mischen sich mit dem in der Lunge befindlichen Luftvolumen von 3000 ml (funktionelle Residualkapazität). Dieser vergleichbar geringe Anteil von ca. 10 % Frischluft wird auch **Ventilationskoeffizient** genannt. Es ergeben sich pro Atemzug also nur kleine Veränderungen der Gaszusammensetzung in der Lunge. Bei Atemruhelage sind ca. 5 % des in der Lunge und in den Atemwegen befindlichen Gasvolumens im **anatomischen Totraum** (≙ 150 ml von 3000 ml), der beim lungengesunden Menschen dem funktionellen Totraum entspricht.

Bei Lungenfunktionsstörungen kann das funktionelle Totraumvolumen ($\mathbf{V_D}$) größer sein als der anatomische Totraum, da in diesem Falle Bereiche in der Lunge vorhanden sind, die zwar belüftet werden, aber nicht zum Gasaustausch beitragen.

Bei der Messung der Zusammensetzung der Alveolarluft ($\mathbf{V_A}$) ist wichtig zu beachten, daß erst die Luft des Totraumvolumens die Lunge verläßt. Sie gleicht in ihrer Zusammensetzung der Frischluft und eignet sich deshalb nicht zur Bestimmung von Gasanteilen. Hierfür ist eine *endexspiratorische Gasprobe* relevant.

Der Gehalt an Sauerstoff (O_2) in der Frischluft beträgt je nach Wasserdampfanteil ca. 20 %. Der Anteil von Kohlendioxid (CO_2) beträgt ungefähr 0,03 %. Der Sauerstoffgehalt der Alveolarluft ist bei einem O_2-Partialdruck (P_{O_2}) von 100 mmHg = 13,3 kPa rund 13 %; er entspricht der endexspiratorischen Sauerstoffkonzentration. Die CO_2-Konzentration in den Alveolen ist mehr als 100 mal höher als in der Frischluft (ca. 4 %) (Abb. 5.**5**).

Aus diesen Größen ergibt sich in der Lunge ein **alveolärer $\mathbf{CO_2}$-Partialdruck** (P_{CO_2}) von 40 mmHg = 5,3 kPa. Er entspricht dem **arteriellen $\mathbf{P_{CO_2}}$**. Beide Werte zählen zu den physiologisch konstanten und gut regulierten Größen!

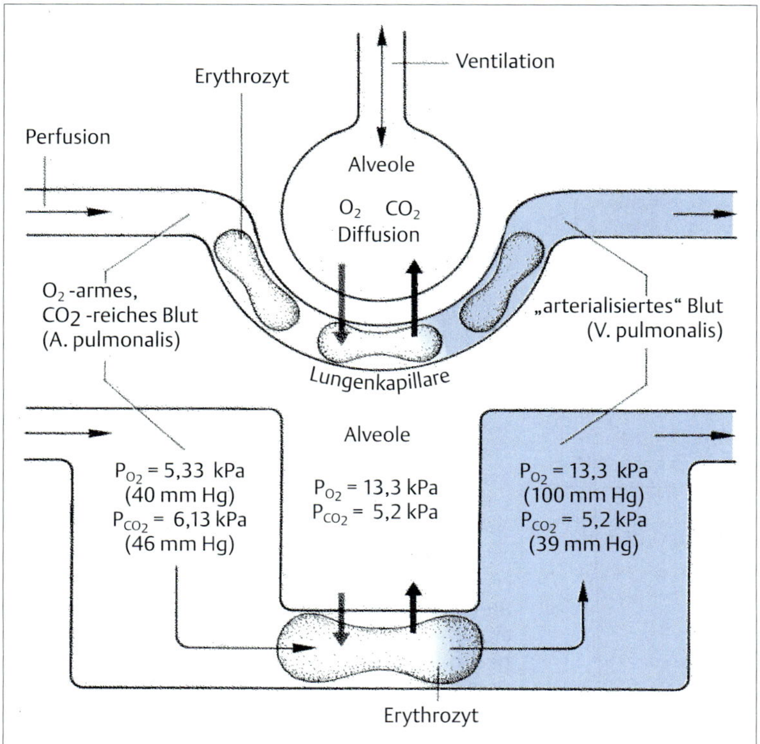

Abb. 5.**5** Gasaustausch zwischen dem Alveolarraum (Lungenbläschen) und den Blutkapillaren. Die Gase diffundieren dabei von dem Ort, an dem ein höherer Partialdruck (P) herrscht, zu dem Ort mit niedrigerem Partialdruck (blauer Pfeil O_2, schwarzer dicker Pfeil CO_2), d. h., die Gaspartialdrücke des ankommenden, venösen Blutes gleichen sich den alveolären Partialdrücken an. Das Blut „arterialisiert“. Voraussetzung dafür ist eine ausreichende Belüftung (Ventilation) der Alveole, eine intakte Durchblutung (Perfusion) der Lungenkapillaren und eine hohe Durchlässigkeit (Permeabilität) der Alveolarwand für die diffundierenden Gase (aus Beske, Thieme 1990)

5.3.2 Gasaustausch an der Alveole

Diffusionsbedingungen in den Alveolen

Bei der durchschnittlichen Kontaktzeit des Blutes von 0,5 Sekunden in den Lungenkapillaren mit der Alveolarmembran kommt es bei *physiologischen Diffusionsbedingungen* zu einer vollständigen Angleichung der O_2- und CO_2-Partialdrücke im Alveolarblut und in der Alveolarluft. Nach Abschluß des Diffusionsprozesses liegen theoretisch also die Werte der Gaspartialdrücke in Blut und Luft für Sauerstoff bei 100 mmHg und für Kohlendioxid bei 40 mmHg. Praktisch finden sich jedoch minimale Unterschiede zwischen dem systemarteriellen und dem alveolären P_{O_2}. Einer der Gründe hierfür sind die physiologischen **Shunts** in der Lungendurchblutung (s. Anatomie 7.2). Dabei gelangt in einer Art Kurzschluß ein sehr kleiner Anteil des Blutes ohne Gasaustausch in das linke Herz. Die Diffusion wird durch eine möglichst große Diffusionsfläche von ca. 80 m^2 Alveolaroberfläche und eine kurze Austauschstrecke von weniger als 1 μm zwischen dem Alveolarraum und dem Blut gefördert (Abb. 5.**5** und 5.**7**).

Klinischer Bezug

Sind die Größe der Austauschflächen oder der Diffusionsstrecke durch krankhafte Prozesse gestört, wie zum Beispiel bei der **Lungenfibrose** (bindegewebige Veränderung der Lungenstruktur), bei der die Alveolarwand verdickt ist, so kommt es zu Diffusionsstörungen und zum unvollständigen Konzentrationsausgleich.

Diffusionsgesetz nach Fick

Nach dem **Fick-Diffusionsgesetz** (s. Formel 5.3) liegt der **Krogh-Diffusionskoeffizient** (Diffusionsleitfähigkeit) für CO_2 rund 23 mal höher als der für O_2, das heißt Kohlendioxid diffundiert unter gleichen Bedingungen 23 mal schneller durch die Alveolarmembran.

$$\dot{M} = D \cdot \frac{F}{d} \cdot \Delta C \qquad (5.3)$$

1. Fick-Diffusionsgesetz

M = Diffusionsstrom (Nettotransport dM/dt)
D = (Krogh-) Diffusionskoeffizient (Proportionalitätsfaktor)
F = Austauschfläche
d = Schichtdicke
ΔC = Konzentrationsdifferenz (C1 – C2)

Dieses Gesetz nach Fick gilt sowohl für den Transport zwischen zwei Flüssigkeitsräumen als auch für den Transport von einem Gasraum in einen Flüssigkeitsraum, wie es zum Beispiel für den Gasaustausch in den Alveolen zutrifft. In diesem Falle wird die Konzentration durch den Partialdruck P (Permeabilitätskonstante) ersetzt:

$$\dot{M} = K \cdot \frac{F}{d} \cdot \Delta P \qquad (5.4)$$

K = Krogh-Diffusionskoeffizient

Der Grund für den geringeren Diffusionswiderstand der alveolokapillären Membran für CO_2 liegt in der höheren physikalischen Löslichkeit, die CO_2 in den Flüssigkeitsräumen des Organismus aufweist. Hier liegt auch der Grund dafür, daß für CO_2 wesentlich *geringere* Partialdruckdifferenzen vonnöten sind als für O_2, um eine effektive Diffusion zu gewährleisten.

Klinischer Bezug

Kommt es zur Verlegung eines Hauptbronchus durch einen Fremdkörper, so sinkt durch die *hypoventilierte* (minderbelüftete) Lungenhälfte der arterielle O_2-Partialdruck ab, während der CO_2-Partialdruck unverändert bleibt. Der Grund dafür ist die *Hyperventilation* (Mehrbelüftung) der kontralateralen Lungenseite. Hier ist die O_2-Aufnahme nur unwesentlich erhöht, die CO_2-Abgabe jedoch durch den geringeren Diffusionswiderstand wesentlich größer. Folgende Faktoren kommen als Ursachen in Frage, wenn der arterielle P_{O_2} im großen Kreislauf niedriger ist als der mittlere alveoläre P_{O_2}: **Verteilungsstörungen in der Lunge**, eine Beimischung von venösem Blut zum arteriellen Kreislauf oder eine **Diffusionsstörung des Sauerstoffs** durch die alveolokapilläre Membran.

5.3.3 Verhältnis von Ventilation und Perfusion in der Lunge

Optimalbedingungen herrschen also, wenn bei gleichmäßiger **Ventilation** (Belüftung) und **Perfusion** (Durchblutung) der Lunge alle in Kapitel 5.3.2 erwähnten Voraussetzungen erfüllt sind. Diese finden sich jedoch selbst beim Gesunden nie in der beschriebenen Weise. Pathophysiologisch interessant sind vor allen Dingen die *Ventilations-* und *Perfusionsstörungen.*

Legt man zugrunde, daß pro Minute etwa 5 – 6 Liter Blut durch die Lungenkapillaren strömen, so ist bei ähnlich großer Ventilation (s. Kap. 5.2.4) das **Ventilations-Perfusions-Verhältnis** (= V_A/Q) etwa 1. Durch die *Inhomogenität* der Lungendurchblutung jedoch entstehen regional erhebliche Abweichungen von diesem Wert. Aus der Vielzahl der Lungenkapillaren ergibt sich ein hoher Lungengefäßquerschnitt und demzufolge ein niedriger Strömungswiderstand und Blutdruck im kleinen Kreislauf. Vor allem der geringe Blutdruck führt zu starken regionalen *hydrostatischen Blutdruckdifferenzen* zwischen der Lungenspitze und der Lungenbasis, so daß die basalen Lungenpartien in aufrechter Haltung sehr viel besser durchblutet werden als die apikalen. Zwar werden grobe Ungleichheiten durch Variation der lokalen Gefäßregulation ausgeglichen, doch besteht zwischen Spitze und Basis der Lunge ein Unterschied im Ventilations-Perfusions-Verhältnis von 3 zu 0,5. Durch die Überperfusion in der Lungenbasis sinkt der alveoläre P_{O_2} in diesem Bereich; die Lungengefäße reagieren darauf mit einer **hypoxischen Vasokonstriktion**, die der Überperfusion entgegenwirkt. Hier findet sich neben der oben bereits beschriebenen *Shunt-Durchblutung* ein weiterer Grund dafür, daß der mittlere P_{O_2} in der Lungenvene niedriger ist als der mittlere P_{O_2} in den Alveolen.

5.4 Atemgastransport im Blut

5.4.1 Sauerstoff

Bei der Diffusion eines Gases ist der treibende Faktor immer der **Partialdruckunterschied**. Diese physikalische Grundlage gilt für jeden Gastransport in Flüssigkeiten, also auch beim Übergang von Bestandteilen der Alveolarluft in das Blut. Zwar sind die Partialdrücke der Gase in der Alveolarluft und im Blut nach der Diffusion annähernd gleich, doch bedeutet dies keinesfalls, daß auch die Dichte der Gase in den Alveolen und im Kapillarblut gleich ist.

Löslichkeitskoeffizient: Die Löslichkeit von Sauerstoff im Blutplasma beträgt bei Körpertemperatur 0,024. Aus diesem Löslichkeitskoeffizienten ergibt sich also, daß bei Gleichheit der Partialdrücke in 1 ml Blutplasma nur 1/40 der Sauerstoffmenge gelöst ist, die in 1 ml Gas gelöst ist.

Transport im Blut: Das im Blut vorhandene *Hämoglobin* der Erythrozyten dient als Transport- und Speichermittel für den Sauerstoff und ist somit ein wichtiges Hilfsmittel zur Bindung des Sauerstoffes im Blut. Der Sauerstoff bindet im Sinne einer **Oxygenierung** am zweiwertigen Eisen (Fe^{2+}) der Häm-Gruppe im Hämoglobin: Das Sauerstoffmolekül wird in lockerer Verbindung koordinativ an das Häm angelagert, ohne daß sich die Wertigkeit des Eisens dabei verändert (s. Biochemie, 8.7.1). Die Dichte der Sauerstoffmoleküle ist nach der Lungenpassage des Blutes und bei ausgeglichenen Partialdrücken im Blutplasma entsprechend der Löslichkeit gering; in den Erythrozyten jedoch herrscht aufgrund der hohen Bindungsfähigkeit von Hämoglobin für Sauerstoff eine rund dreimal höhere Sauerstoffdichte als in der Alveolarluft. Die physikalisch gelöste Sauerstoffmenge im Blutplasma ist für die Gesamtbilanz des Sauerstoffs eher unwichtig, doch ist es notwendig, diesen Mechanismus zu kennen, da jedes Sauerstoffmolekül nur in der gelösten Form die Alveolarmembran und das Blutplasma durchdringen kann, bevor es durch die Erythrozytenmembran aufgenommen und an das Hämoglobin gebunden werden kann. Werden beim Gesunden alle Hämoglobinmoleküle mit Sauerstoff besetzt (voll aufgesättigtes Blut), so ergibt sich in der A. pulmonalis eine **O_2-Sättigung** (oxygenierter Teil des Hämoglobins) von 97%. Verteilt sich dieses frisch gesättigte Lungenblut im Gesamtkreislauf, so findet man bei normalem Hb-Gehalt und voller Besetzung aller Hb-Bindungsstellen aufgrund der Verteilung (→ Verdünnung) des aufgesättigten sauerstoffreichen Blutes im Kreislauf einen Sauerstoffgehalt von 20 ml/dl (20%) im Gesamtblut. Dieser Wert gleicht der Sauerstoffmenge in der Frischluft und ist wichtig für die Sauerstoffversorgung der peripheren Organe und Gewebe. Auch wenn alle Organe zusammen dem arteriellen Blut nur ungefähr ein Drittel der Sauerstoffbeladung entnehmen, so darf man doch nicht vergessen, daß für die Funktion der Mitochondrien in den Zellen der Organe ein **Mindestpartialdruck** des Sauerstoffs von 0,01 bis 0,1 kPa notwendig ist. Für die hohe Affinität des Hämoglobin gegenüber dem Sauerstoff spricht auch die Tatsache, daß sich bei Einatmung von reinem Sauerstoff die O_2-Beladung des Hb nur um höchstens 5% steigern läßt, d.h. aus der Frischluft mit einem Anteil von 20% O_2 wird soviel Sauerstoff ausgeschöpft, daß nahezu die maximale Sättigung erreicht wird.

Sauerstoffbindungskurve

Die Transportbedingungen des Blutes für Sauerstoff lassen sich am besten mittels der Sauerstoffbindungskurve (Abb. 5.**6**) verdeutlichen. Hier sind der O_2-Gehalt des Blutes sowie die O_2-Sättigung in Abhängigkeit vom O_2-Partialdruck dargestellt. Der außerordentlich niedrige Anteil an *physikalisch gelöstem Sauerstoff* wächst linear zum O_2-Partialdruck; er kann theoretisch vernachlässigt werden. Somit ist die Sauerstoffbindungskurve annähernd identisch mit dem O_2-Bindungsvermögen des Hämoglobins. Bei einem flachen Anstieg und einer schnellen Sättigung gleicht die Bindungskurve einer S-Form.

Bei dem normalen arteriellen P_{O_2} von 100 mmHg und bei normaler O_2-Kapazität ist praktisch an jeder **Häm-Gruppe** ein Sauerstoffmolekül angelagert; nun beträgt der O_2-Gehalt des Blutes 20%. Bei 25 mmHg ist die Hälfte des Hb mit O_2 beladen (s. Abb. 5.**6**). In

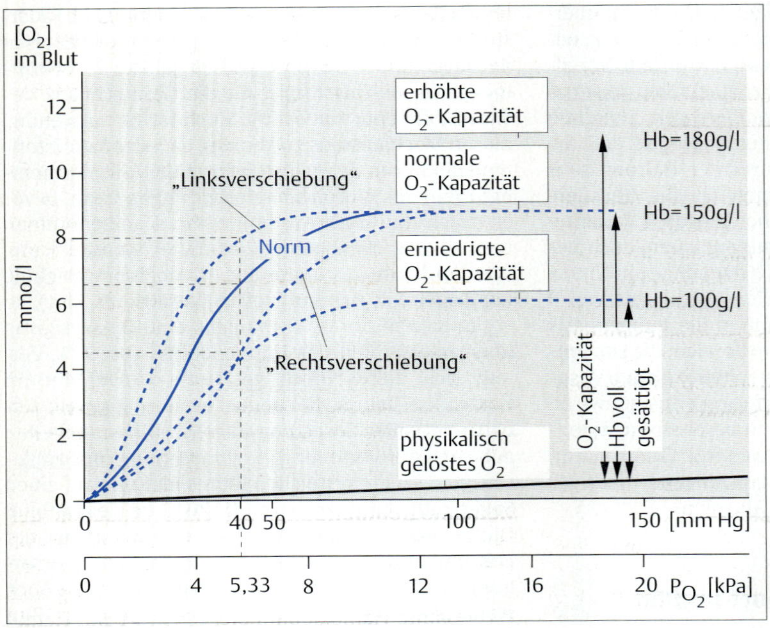

Abb. 5.**6** O_2-Bindungskurve des Blutes (nach Silbernagl/Despopoulos, Thieme 1991)

diesem Falle spricht man von einem **Halbsättigungsdruck**.

Bohr-Effekt: Die Beeinflussung der Sauerstoffbindung durch den P_{CO_2} und den pH-Wert wird Bohr-Effekt genannt:

- Eine *Linksverschiebung* der Sauerstoffbindungskurve ist gleichbedeutend mit einer erhöhten Bindungsfähigkeit des Hb für Sauerstoff. Sie wird durch einen erhöhten pH-Wert und einen niedrigen P_{CO_2} verursacht.
- Eine *Rechtsverschiebung* der Sauerstoffbindungskurve (→ erniedrigte Bindungsfähigkeit des Hb für Sauerstoff) wird durch einen niedrigen pH-Wert und einen erhöhten P_{CO_2} verursacht.

Der Sinn des Bohr-Effektes kann anhand der Sauerstoffaufnahme in der Lunge und der Sauerstoffabgabe im peripheren Gewebe gut dargestellt werden. In den Lungenkapillaren herrscht ein relativ hoher pH-Wert, und der P_{CO_2} sinkt durch die Diffusion von CO_2 in die Alveole → die Sauerstoffaufnahme ist erleichtert (Linksverschiebung): Im peripheren Gewebe dagegen besteht ein hoher P_{CO_2} und ein niedriger pH-Wert → die Sauerstoffabgabe ist erleichtert (Rechtsverschiebung).

Nach Abgabe von ca. 2/3 des Sauerstoffs durch das Hämoglobin herrscht dann immer noch ein Partialdruck von 20 mmHg, der für den Weitertransport des O_2 in das Gewebe notwendig ist.

Myoglobin: Ein weiteres Beispiel für die Wichtigkeit des Bohr-Effektes ist die Versorgung der Muskelgewebe durch den O_2-bindenden Farbstoff Myoglobin. Es kann bei einem Partialdruck von 20 mmHg immer noch mit 80 % Sauerstoff beladen werden und erfüllt damit auch eine ideale Speicherfunktion (s. auch Myoglobin-Bindungskurve im Vergleich zu Abb. 5.**6**).

Zusammenfassend läßt sich sagen, daß die O_2-Bindungskurve von vier Faktoren funktionell beeinflußt wird. Eine Rechtsverschiebung ergibt sich bei der pH-Abnahme (Zunahme der H^+-Konzentration, metabolische Azidose, Protonisierung), einem Anstieg des P_{CO_2}, einem Temperaturanstieg und einem Anstieg des 2,3-DPG (Diphosphoglycerat- bzw. Bisphosphoglycerat-Konzentration). Die sich aus diesen Bedingungen ergebene *effektive* (oder physiologische) *Bindungskurve* läuft also nicht genau auf der normalen arteriellen O_2-Bindungskurve. Eine respiratorische pH-Veränderung verschiebt die O_2-Bindungskurve stärker als eine gleich große nicht-respiratorisch verursachte pH-Veränderung, weil das CO_2 noch zusätzlich zu den H^+-Protonen eine Wirkung auf die O_2-Affinität des Hämoglobins ausübt.

Klinischer Bezug

Normalerweise ist die intraerythrozytäre Konzentration von 2,3-DPG relativ hoch. Ein pathologischer Mangel an 2,3-DPG infolge angeborener Enzymopathie führt zu einer **hämolytischen Anämie.**

Im Kapitel 2 (Blut) wurde bereits besprochen, daß der Organismus auf einen Abfall der Hämoglobinkonzentration als regulierte Größe mit einer Steigerung der *Erythropoetinbildung* reagiert, die die Erythrozytenbildung stimuliert. Ähnlich verhält sich dieses System auch bei einem Abfall des O_2-Gehaltes im Blut, so daß die Hb-Konzentration des Blutes auf bis zu 240 g/l, also 50 % über der Norm von 150 g/l gesteigert werden kann. Der O_2-Gehalt des Blutes ist eine geregelte Größe!

Regulation des Hämoglobingehaltes

Bei Aufenthalt in großen Höhen kann aufgrund des reduzierten Sauerstoffgehaltes der Luft eine volle Hb-Sättigung nicht mehr erreicht werden. In einer Höhe von 6000 Metern liegt der alveoläre P_{O_2} bei 35 mmHg. Beim Gesunden ist das Blut dann zu 2/3 mit Sauerstoff abgesättigt. Bei der *Höhenakklimatisation* steigt jedoch die Hb-Konzentration und mit ihr die O_2-Transportfähigkeit auf 30 dl/l bei voller Sättigung. Jetzt kann das arterielle Blut trotz reduziertem alveolären P_{O_2} rund 20 ml O_2 pro 100 ml Blut aufnehmen und erreicht somit normale Werte wie auf Meeresspiegelhöhe.

Klinischer Bezug

Ursache für eine gleichartige Hb-Konzentrationserhöhung beim Fetus ist der niedrige arterielle O_2-Gehalt im *fetalen* Blut. Da das fetale Blut beim Durchfluß durch die Plazenta nur zu 50 % mit Sauerstoff abgesättigt wird, wird beim Feten als Folge dieser **Hypoxie** die Hb-Konzentration und damit die O_2-Transportfähigkeit auf etwa 25 ml/dl gesteigert. Weiterhin wird der relative O_2-Mangel im fetalen Blut durch die höhere Affinität des fetalen Hämoglobins (Hb-F) im Vergleich zum Hämoglobin des Erwachsenen (Hb-A) ausgeglichen. Die O_2-Bindungskurve des HbF ist unter sonst gleichen Bedingungen gegenüber dem Hb-A etwas nach links verschoben. Eine zu starke Linksverschiebung wird durch einen niedrigeren pH-Wert des fetalen Blutes im Vergleich zum Erwachsenenblut verhindert. Hauptursache für den verbesserten O_2-Transport im Fetus ist somit hauptsächlich die Steigerung der Hb-Konzentration.

Inaktiviertes Hämoglobin

Kohlenmonoxid (CO): Neben Sauerstoff lagert sich auch Kohlenmonoxid (CO) in gleicher Weise an das Hämoglobin an, ohne zu einer Änderung der Wertigkeit des Eisens zu führen („echte" Oxygenation). Da die Affinität des Hämoglobins für CO jedoch 200 – 300 mal höher liegt als die für O_2, werden schon bei ganz geringen CO-Konzentrationen die Bindungsstellen mit Kohlenmonoxid reversibel, aber sehr fest besetzt und somit für den O_2-Transport blockiert. Es entsteht das **Carboxyhämoglobin** (Hb_{CO}). Hinzu kommt, daß die O_2-Bindungskurve in Anwesenheit von CO stark links verlagert ist, wodurch die O_2-Abgabe in den Geweben behindert wird. Dieser Vorgang kann tödlich enden (z. B. Schwelbrand).

Klinischer Bezug

Daß im Straßenverkehr oder beim Rauchen CO-Vergiftungen nicht häufiger auftreten, liegt an dem nur langsamen Übertritt von CO aus dem Alveolargas ins Blut.

Methämoglobinbildung: Bei einer Oxidation der *Häm-Gruppe* mit Änderung der Wertigkeit des Eisens geht das Häm in *Oxyhäm* über („echte" Oxidation: $Fe^{2+} \rightarrow Fe^{3+}$). Das Eisen wird dabei dreiwertig und das gesamte Hämoglobinmolekül wird dann Hämiglobin oder Methämoglobin genannt. Verschiedene Gifte, z. B. Nitrate, können zu dieser Veränderung führen, mit der das Hämoglobin dann seine spezifische O_2-Bindungsfähigkeit verliert.

5.4.2 Kohlendioxidtransport

Carboanhydrase-Reaktion

Im arteriellen Blutplasma ist insgesamt mehr als doppelt soviel CO_2 enthalten wie O_2, da die physikalische Löslichkeit von CO_2 etwa 20 mal höher liegt als die für O_2. Das Kohlendioxidmolekül ist linear gebaut und enthält zwei schwach polarisierte Doppelbindungen. Jedes der beiden Sauerstoffatome hat noch zwei freie Elektronenpaare. Der *CO_2-Kreislauf* (Abb. 5.**7**) ist ähnlich dem des Sauerstoffs. Das im **Gewebsstoffwechsel** entstandene CO_2 diffundiert als physikalisch gelöstes Molekül in das Blutplasma und von dort durch die Erythrozytenmembran. Etwa 10 % des CO_2 liegen so an Hb gebunden in Form von **Carbamino-Hämoglobin** vor. Ein Teil des Carbamino-CO_2 ist von der O_2-Sättigung abhängig (**oxylabile Carbamatbindung**): Anlagerung von O_2 vermindert die CO_2-Bindungsfähigkeit als Carbamat (**Haldane-Effekt**):

$$Hb - NH_2 + CO_2 \Longleftrightarrow Hb - NHCOO^- + H^+ \quad (5.5)$$

Der weitaus größere Teil Kohlendioxid wird jedoch durch das katalysierende Enzym **Carboanhydrase** (= Carbonatdehydratase), das praktisch nur in den Erythrozyten vorliegt, in 10.000 mal größerer Ge-

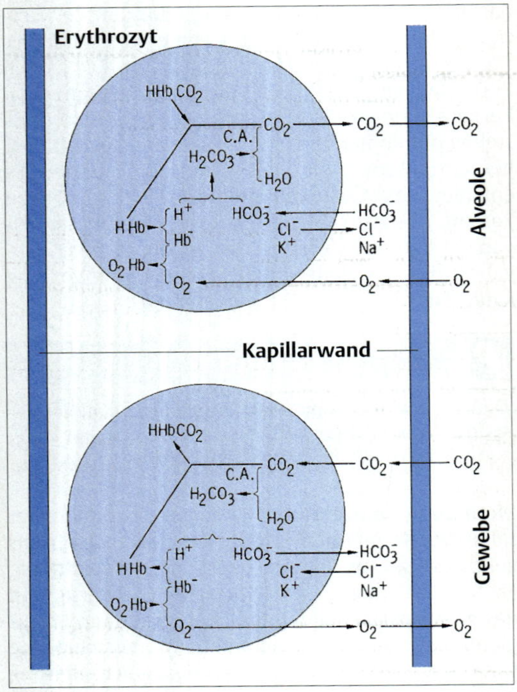

Abb. 5.**7** CO_2-Transport aus dem Blut der Lungenkapillaren in die Alveolen (oben) und aus dem Gewebe ins Blut (unten). Der gleichzeitige O_2-Transport von der Alveole in die Lungenkapillaren (oben) und vom Blut ins Gewebe (unten) ist ebenfalls versinnbildlicht (aus Keidel, Thieme 1985)

schwindigkeit zu Kohlensäure hydratisiert, die dann zu **Wasserstoffprotonen** (**H^+**) und **Bicarbonat** (**HCO_3^-**) zerfällt:

$$CO_2 + H_2O \Longleftrightarrow H_2CO_3 \Longleftrightarrow H^+ + HCO_3^- \quad (5.6)$$

Das entstandene HCO_3^- ist aufgrund der fast nur im Erythrozyten lokalisierten Carboanhydrase im Erythrozyten wesentlich höher konzentriert als im Plasma (Ungleichgewicht!). Es diffundiert entlang des Konzentrationsgefälles aus dem Erythrozyten in Richtung umgebenden Plasmaraum. Das elektrische Ladungsgleichgewicht wird dadurch gestört und die Ladung des Erythrozyten verändert sich. Die Erythrozyten werden positiver geladen. Da die Erythrozytenmembran für Kationen praktisch undurchlässig ist, verlassen die HCO_3^--Ionen den Erythrozyten im Austausch gegen Cl^--Ionen. Diese Chloridverschiebung wird auch **Hamburger-Shift** genannt. Der Anteil des als Bicarbonat vorliegenden Kohlendioxids liegt bei etwa 80%. Schwankungen bei diesem Wert hängen von der **Pufferkapazität** der Nichtbicarbonatpuffer (v.a. Hämoglobin, aber auch Plasmaproteine) des Blutes ab. Eine Erhöhung des CO_2-Partialdrucks im Blut führt somit auch zum Anstieg der aktuellen Bicarbonatkonzentration im Plasma. Die restlichen 10% des CO_2 liegen *physikalisch* gelöst vor.

CO_2-Bindungskurve

Ähnlich wie beim Sauerstoff existiert für das CO_2 auch eine **Bindungskurve** (Abb. 5.**8**). Wie gesagt, funktioniert der Austausch zwischen Blut und Gewebe in Form des physikalisch gelösten Kohlendioxids, welches demnach trotz seines relativ geringen Anteils von nur 10% eine sehr wichtige Rolle spielt. Bei normalem arteriellen CO_2-Partialdruck von 40 mmHg (5,3 kPa) nimmt das Blut mit rund 50 ml pro 100 ml (50 Vol-%) deutlich mehr CO_2 auf als Sauerstoff. Mit zunehmendem P_{CO_2} steigt der CO_2-Gehalt des Blutes immer weiter. Ohne einen Sättigungswert des Blutes für CO_2 zeigt die CO_2-Bindungskurve einen völlig anderen Verlauf als die des Sauerstoffs. Dies liegt daran, daß dem Bicarbonatgehalt des Blutes praktisch keine Grenzen gesetzt sind.

5.4.3 Wechselwirkungen zwischen O_2- und CO_2-Bindung

Bei den Wechselwirkungen zwischen O_2- und CO_2-Transport kommt der **Haldane-Effekt** zum Tragen. Eine Erniedrigung des pH-Wertes sowie die Erhöhung der Temperatur führen zur *Rechtsverschiebung* der CO_2-Bindungskurve. Bei gleichem P_{CO_2} hat desoxygeniertes Hämoglobin eine wesentlich größere Affinität zu CO_2 als oxygeniertes. Dieses Phänomen ist wie der *Bohr-Effekt* auf der **allosterischen Wechselwirkung** der H^+- und O_2-Bindung am Hämoglobin begründet. Der Haldane-Effekt ist von erheblicher physiologischer Bedeutung für den Gasaustausch in den Geweben und in der Lunge. Die chemischen Eigenschaften des Hämoglobins ändern sich bei Abgabe von O_2 an das Gewebe. Mit Änderung der O_2-Beladung kann es mehr CO_2 als Carbamino-Hb binden und es wird weniger sauer. Gleichzeitig kann es dadurch die durch Kohlensäurebildung entstehenden H^+-Ionen besser abpuffern (Abb 5.**6** und 5.**8**). Der pH-Effekt der CO_2-Aufnahme aus dem Gewebe (der pH-Wert sinkt) kann somit durch die Änderung der chemischen Eigenschaften des Hämoglobins automatisch ausgeglichen werden. Die effektive CO_2-Aufnahme durch Hämoglobin (Bildung einer Carbaminoverbindung/Carbamat) ist also an eine gleichzeitige Abgabe des O_2 vom Hämoglobin gekoppelt und verlagert so die CO_2-Bindungskurve auf eine *effektive (= physiologische) Linie*. Diese effektive CO_2-Bindungskurve wird vor allem bei maximaler O_2-Aus-

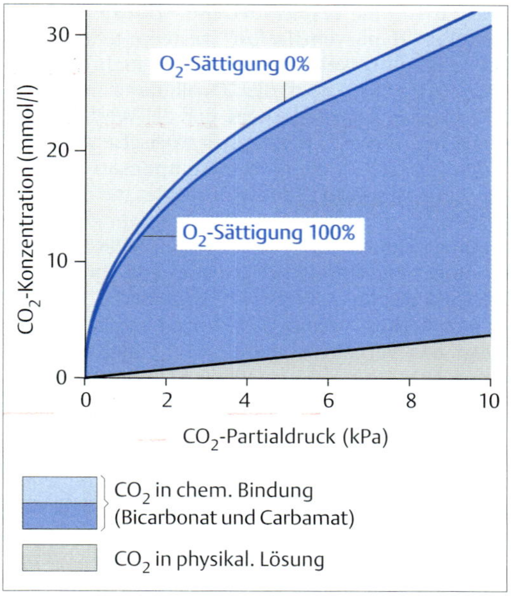

Abb. 5.**8** CO_2-Bindungskurve

schöpfung in arbeitender Muskulatur durchlaufen (Abb. 5.**7** und 5.**8**). Bei normalen Ruhebedingungen sind die Veränderungen der Bindungskurve für CO_2 im gemischtvenösen Blut relativ unauffällig. In diesem Zustand findet sich ein P_{CO_2} von 46 mmHg = 6,1 kPa.

5.4.4 Kompression und Dekompression

Der hydrostatische Druck nimmt pro 10 m Wassertiefe um rund 100 kPa zu. Dieser Sachverhalt bedeutet für einen Taucher, daß das in der Lunge befindliche Gas während des Tauchens komprimiert und beim Auftauchen dekomprimiert wird.

Tauchen mit dem Schnorchel

Beim Schnorcheln besteht eine Verbindung zwischen der Außenwelt und der Lunge; es herrscht also atmosphärischer Druck in der Lunge. Auf dem Thorax lastet jedoch ein hydrostatischer Druck von ca. 20 kPa bei 200 cm Wassersäule, der die im Thorax befindlichen Venen komprimiert und gegen den die Atemmuskulatur arbeiten muß. Folglich wird der venöse Rückstrom zum rechten Herzen behindert und eine wirkungsvolle Inspiration erschwert. Zusätzlich vergrößert ein Schnorchelrohr das Totraumvolumen, so daß der effektive Gasaustausch zusätzlich erschwert wird. Diese Situation verschärft sich, je länger der Schnorchel ist und je tiefer der Taucher im Wasser schwimmt.

Tauchen in der Tiefe

Das Tauchen in großer Tiefe ist nur mit **komprimiertem Gas**, dessen Druck dem hydrostatischen Umgebungsdruck gleicht und das Gas somit in die Lunge preßt, möglich. Bei der Kompression von atmosphärischer Luft in der Tauchgasflasche steigen die Partialdrücke der Gase und folglich auch der O_2-Partialdruck auf zu hohe Werte, so daß der Lunge während des Tauchvorgangs schwere Schäden (z. B. Atelektasen) zugefügt werden können. Die Folge kann eine schwere **Sauerstoffvergiftung** mit *Konvulsionen* (Krämpfe der Körpermuskulatur) und *ZNS-Schädigungen* sein. Zur Vermeidung ersetzt man den Sauerstoff mit zunehmender Tauchtiefe durch **inerte Gase**. Je höher die Lipidlöslichkeit der inerten Gase, um so schneller diffundieren diese jedoch in das Gehirn. Dort verursachen sie eine zentralnervöse Symptomatik, die vor allem mit **Koordinationsstörungen** und **Euphorie** einhergeht.

Dekompressionskrankheit

Der hohe Druck beim Tauchen treibt die Gase in die Gewebe. Besonders der **Stickstoff (N_2)** löst sich in den *Fettgeweben* des Körpers. Beim Auftauchen verläuft dieser Prozeß umgekehrt und die Gase (vorwiegend Stickstoff) führen aufgrund ihrer stark erhöhten Konzentration in den Geweben zu Gasbläschen, die platzen können (**Barotrauma**). Die Gasblasen erzeugen besonders in den Gelenken starke Schmerzen. Im Lungenkreislauf können sie *Atemnot* und *Husten* und im ZNS *Seh- und Gleichgewichtsstörungen* verursachen. In schweren Fällen führt diese **Dekompressionskrankheit** (Caissonkrankheit) zur Bewußtlosigkeit und zum Tod. Wichtig ist demnach das langsame Auftauchen, damit die vermehrt gelösten Gasmengen abgeatmet werden können. Heute verwendet man zum Tauchen eher Helium-Gas, da es weniger fettlöslich ist als Stickstoff.
Zur Therapie der Dekompressionskrankheit wird der Patient rekomprimiert und mit reinem Sauerstoff beatmet, um die Auswaschung des Stickstoffs zu beschleunigen.

5.5 Säure-Basen-Gleichgewicht und Pufferung

5.5.1 Säure-Basen-Haushalt

Regulation des pH-Wertes

Zur Regulation des pH-Wertes im Blut steht dem Organismus primär das **metabolische System** zur Verfügung. Über die *H^+-Ausscheidung* in der Niere, die *Bicarbonat-Rückresorption* der Niere und die

Physiologie

Ammoniakbildung in der Niere läßt sich der arterielle pH-Wert einstellen. Über das metabolische System werden die **Pufferbasen** des Blutes so bemessen, daß sich bei einem P_{CO_2} von 40 mmHg der gewünschte pH-Wert von 7,40 ergibt.

Da ein stabiler pH-Wert für die Funktionsweise des Organismus von großer Bedeutung ist, ist diese Größe gleichfalls auch über die Atmung (**respiratorische Regulation**) abgesichert. Eine Säuerung des arteriellen Blutes (der pH-Wert sinkt) stimuliert in ähnlicher Weise die zentralen Chemorezeptoren wie der Anstieg des P_{CO_2} mit der Folge eines Anstiegs des Atemminutenvolumens, der gesteigerten Abatmung von CO_2 und somit einer Zunahme des pH-Wertes.

Beim Gesunden gehen die *metabolische* und die *respiratorische* Regulation Hand in Hand und führen auf diese Weise zu einer stabilen Regulation des P_{CO_2} und des pH-Wertes. Eine eventuelle Störung in einem System kann durch die enge Verzahnung beider Regelmechanismen durch das andere System ausgeglichen werden. Diesen Vorteil nennt man **Kompensation**. Sie gilt jedoch nur für die Einstellung des pH-Wertes, weil diese Größe als einzige doppelt reguliert ist.

Klinischer Bezug

Bei der metabolischen und respiratorischen Regelung herrscht eine eindeutige Rangfolge: Die respiratorische Einstellung des pH-Wertes ist eindeutig schwächer und springt nur dann ein, wenn das metabolische System überlastet ist. Dies kann z. B. bei Nierenerkrankungen oder bei Diabetes mellitus der Fall sein, da bei diesen Krankheitsbildern zu viel Acetessigsäure anfällt.

Das komplexe Regulationssystem des Säure-Basen-Haushaltes wird in Tab. 5.**1** deutlich. Abweichungen von der Idealsituation lassen sich zum Teil willkürlich provozieren. Schränkt man zum Beispiel die Ventilation ein (**Hypoventilation**), so steigt natürlich der arterielle P_{CO_2} an, die CO_2-Bindungskurve verschiebt sich nach rechts, und es kommt zu einer Ansäuerung des arteriellen Blutes, d. h. der pH-Wert sinkt ab. Das Resultat ist eine **respiratorische Azidose**. Bei willkürlicher **Hyperventilation** (gesteigerte Atemfrequenz) im umgekehrten Fall wird vermehrt CO_2 abgeatmet, der P_{CO_2} sinkt, die CO_2-Bindungskurve verschiebt sich nach links und der pH-Wert im Blut steigt: es resultiert eine **respiratorische Alkalose**. Aufgrund des Prinzips der **Kompensation** kann eine respiratorische Azidose durch das metabolische System korrigiert werden; der aber nur durch die Atmung regulierte P_{CO_2} bleibt auch nach der Kompensation gesteigert (Abb. 5.**9**), sog. Henderson-Hasselbalch-Gleichung (5.8). Diese beschreibt die „Balance" zwischen HCO_3^-- und CO_2-Konzentration im Blut. Steigt das Verhältnis HCO_3^- : CO_2 über ca. 22 : 1 (durch HCO_3^--Zunahme oder CO_2-Abnahme), so entsteht eine Alkalose (pH>7,45), fällt es hingegen unter ca. 18 : 1, kommt es zu einer Azidose (pH<7,35). Bei den weniger willkürlich zu beeinflussenden Störungen im metabolischen System beobachtet man ähnliche Prozesse mit der Folge einer metabolischen Azidose bzw. Alkalose (s. 5.5.3).

Regulation des P_{CO_2}-Wertes

Neben dem pH-Wert gehört der P_{CO_2} zu den besonders genau geregelten Größen des Organismus. Zur Regulation des Kohlendioxidpartialdrucks steht dem Körper auf folgendem Weg nur die Atmung zur Verfügung. Bei Abweichung des P_{CO_2} von der Regelgröße 40 mmHg (5,3 kPa) werden die *zentralen Chemorezeptoren* in der Medulla oblongata gereizt. Sie stimulieren das Atemzentrum, welches als Reaktion das Atemminutenvolumen erhöht, um vermehrt CO_2 abzuatmen und den P_{CO_2} wieder auf den Normwert zurückzufahren. Andersherum hemmt ein sinkender P_{CO_2} die Atmung.

5.5.2 Puffereigenschaften des Blutes

Mechanismen der Pufferung

Die Dissoziation einer schwachen Säure (HA) in ein Wasserstoffion (H^+) und die korrespondierende Base (A^-) folgt dem **Massenwirkungsgesetz**. Je nach den äußeren Bedingungen der Lösung be-

Tabelle 5.**1** Mittlere Normalwerte und Normalbereiche der Parameter des Säure-Base-Status

	CO_2-Partialdruck (PCO_2)		Plasma-pH (pH_{Pl})	Plasma-bicarbonat-konzentration $[HCO_3]_{Pf}$	Standard-bicarbonat-konzentration $[HCO_3]_{St}$	Basen-abweichung (BE)	Puffer-basen (BB)
normal	1,3–6,0	32–45	7,37–7,45	20–27	21–26	−3 – +3	42–54
Mittelwert	5,3	40	7,40	24	24	0	48
Einheit	kPa	mmHG	–	mmol/l	mmol/l	mmol/l	mmol/l

schreibt die **Dissoziationskonstante K'** das Gleichgewicht der Reaktionspartner:

$$K' = \frac{[H^+][A^-]}{[HA]} \quad (5.7)$$

Erhöht sich in diesem System der Anteil der H^+-Ionen, so muß zum Ausgleich auch die Menge der undissoziierten Säure HA ansteigen, damit die Gleichgewichtsbedingungen erfüllt bleiben. Das Gleichgewicht wird dadurch gewahrt, daß die frei werdenden H^+-Ionen im Moment ihrer Entstehung gleich wieder durch die korrespondierende Base (A^-) abgefangen und gebunden werden. Eine grobe pH-Änderung ist folglich nicht möglich. Ähnlich reagiert das System auf Erhöhung des Basenanteils. Sie werden durch H^+-Ionen zu undissoziierten Säuren eliminiert. Diesen Mechanismus zur Wahrung des Gleichgewichtes zwischen dem Säure-Basen-Paar nennt man **Pufferung**.

Die *logarithmische Form* der Massenwirkungsgleichung wird **Henderson-Hasselbalch-Gleichung** genannt:

$$pH = pK' + \log\frac{[A^-]}{[HA]} \quad (5.8)$$

Der Ausdruck -logK' ist durch den Ausdruck pK' ersetzt. Durch die logarithmische Darstellungsweise ist die quantitative Beurteilung der prozentualen Anteile von Puffersäure (HA) und Pufferbase (A^-) besser möglich. Der pH-Wert ist niedriger als der pK'-Wert, wenn die Puffersäure (HA) überwiegt; die Lösung ist **sauer**. Ist der pH-Wert größer als der pK'-Wert, so überwiegt die Pufferbase (A^-) und die Lösung ist **alkalisch**.

Pufferkapazität

Die **Pufferkapazität** ist stark abhängig von der Gesamtkonzentration ($HA+A^-$) des Puffers. Sie gibt an, wieviel Säure bzw. Base einer Lösung zugegeben werden kann, bis sich der pH-Wert der Lösung ändert. Jedes **Säure-Basen-System** besitzt nur in einem bestimmten Bereich eine Pufferkapazität. In dem steilsten Bereich der Pufferkurve (pH = pK') herrscht die größte Pufferkapazität.

Bicarbonat-Puffersystem

An erster Stelle im *metabolischen* Puffersystem des Blutes steht das **Bicarbonatsystem** (s. Kap. 5.4.2). Neben den Pufferbasen ist die Bicarbonat-Konzentration im Blut der wichtigste Pufferwert in der Klinik. Der Bicarbonat-Normwert liegt bei einer Bluttemperatur von 37 °C, einem P_{CO_2} von 40 mmHg und einem voll mit O_2 gesättigten Hämoglobin im Blut bei 24 mmol/l (**Standard-Bicarbonat-Wert**). Dem System liegt folgende Gleichung zugrunde:

$$CO_2 + H_2O \lesseqgtr H_2CO_3 \lesseqgtr H^+ + HCO_3 \quad (5.9)$$

Die durch die *Hydratation* von CO_2 gebildete Kohlensäure (H_2CO_3) ist eine schwache Säure. Die korrespondierende Base ist das Bicarbonat (HCO_3^-). Übertragen auf die Henderson-Hasselbalch-Gleichung stellt sich das Puffersystem so dar:

$$pH = pK' + \log\frac{[HCO_3^-]}{[CO_2]} \quad (5.10)$$

Unter **Plasmabedingungen** (normaler pH-Wert = 7,40) beträgt der pK'-Wert des Systems 6,1. Der durch die Atmung geregelte CO_2-Partialdruck (vgl. Kap. 5.4.2) von 40 mmHg bewirkt gleichzeitig eine hohe Konzentration des puffernden Bicarbonates (24 mmol/l). Über diesen Zusammenhang läßt sich das System durch die Atmung und den P_{CO_2} regulieren und wird deshalb auch **„offenes System"** genannt. Gegenüber einem „geschlossenen Puffersystem" besteht der Vorteil, daß CO_2 ständig entweichen kann und somit die gleiche Zugabe von H^+-Ionen eine geringere pH-Abnahme zur Folge hat. Fällt z. B. in einem Organ des Körpers aufgrund einer lokalen Fehlfunktion der pH-Wert durch Ansäuerung des Blutes mit H^+-Ionen ab, so steigt der P_{CO_2} in dem entsprechenden Organkreislauf an. Das System ist geschlossen und der Anteil an Pufferbasen und HCO_3^- fällt. Gelangt das „saure" Blut in den Lungenkreislauf, so „öffnet" sich das System. CO_2 wird an die Alveolen abgegeben, der P_{CO_2} sinkt und die Konzentration von HCO_3^- sinkt weiter, da es mit den H^+-Ionen zu CO_2 und H_2O reagiert. Der pH-Wert steigt zwar an, doch bleibt er niedrig genug, um die Atmung ausreichend zu stimulieren. Folglich wird vermehrt CO_2 abgeatmet und der pH-Wert kehrt zu Normalwerten zurück (Prinzip der respiratorischen Kompensation einer nicht-respiratorischen Azidose, s. 5.5.3).

Proteinatsystem

Danach folgen in der Reihenfolge der Pufferkapazität die **Proteine**, wie Plasmaproteine (Albumin) und be-

Physiologie

Tabelle 5.**2** Störungen und Kompensation im Säure-Basen-Haushalt 2 : Darstellung der nichtkompensierten Veränderungen der Parameter bei Störungen im Säure-Basen-Gleichgewicht

	Azidose respiratorisch	nicht-respiratorisch	Alkalose respiratorisch	nicht-respiratorisch
pH	↓	↓	↑	↑
PCO_2	↑	°	↓	°
aktuelle $[HCO_3^-]$	↑	↓	↓	↑
BE	°	↓	°	↑
Standard $[HCO_3^-]$	°	↓	°	↑

sonders das oxygenierte und desoxygenierte Hämoglobin, das seine Pufferwirkung je nach O_2-Beladung durch pK-Wert-Änderung seiner **Aminosäuren** (Imidazolring des Histidins) in physiologisch sinnvoller Weise ändert. Die Pufferwirkung erfolgt also durch *ionisierbare Gruppen* der Proteinbausteine. Wegen der starken Pufferwirkung der Proteine in den Blutzellen und den unterschiedlichen Proteinkonzentrationen zwischen Erythrozyten und Plasma herrschen unterschiedliche Pufferbedingungen in den Erythrozyten und im Blutplasma. Die Pufferkapazität des Gesamtblutes ist abhängig von der Hämoglobinkonzentration, das den größten Anteil am Proteinpuffersystem stellt.

Phosphatpuffersystem

Aufgrund niedriger Konzentration ist das **Phosphatsystem** von quantitativ geringerer Bedeutung. Das primäre Phosphat ($H_2PO_4^-$) fungiert als Säure, das sekundäre Phosphat (HPO_4^{2-}) als korrespondierende Base. Der pK'-Wert des anorganischen Phosphatsystems liegt bei 6,8.

Meßparameter

Die Gesamtkonzentration der Pufferbasen in arteriellem Blut beträgt normalerweise etwa 48 mmol/l. Rechnerisch läßt sich die Konzentration der Gesamtpufferbasen im Blut bei Kenntnis der aktuellen Werte von pH, P_{CO_2} und Hämoglobinkonzentration im arteriellen Blut bestimmen.

Neben dem P_{CO_2} und dem pH-Wert ist noch einer der folgenden Parameter als dritter Wert zur Beschreibung des **Säure-Basen-Status** des Blutes notwendig:

- *Der aktuelle Bicarbonat-Wert* gibt die HCO_3^--Konzentration im Plasma des Vollblutes an. Sein Wert ändert sich bei respiratorischen und nicht-respiratorischen Störungen des Säure-Basen-Haushaltes.
- *Der Standard-Bicarbonat-Wert* beschreibt die HCO_3^--Konzentration im Plasma bei 37 °C und einem P_{CO_2} von 5,3 kPa. Er verändert sich bei nicht-respiratorischen Störungen.
- *Die Pufferbasen (BB)* verändern sich bei nicht-respiratorischen Störungen und sind unabhängig vom P_{CO_2}. Bei einer Azidose sinkt die Pufferbasenmenge, bei einer Alkalose steigt sie.
- *Der Basenüberschuß (BE)*: Die Abweichung vom Normalwert der Pufferbasen ist klinisch sehr wichtig. Ermittelt wird diese Abweichung über die Mengen an Säure oder Base, die notwendig sind, um das Blut bei normalem P_{CO_2} und normaler Temperatur von 37 °C wieder auf den normalen pH-Wert von 7,40 einzustellen (**Titration**). Erreicht man dieses Ziel durch Gabe von 5 mmol/l Säure, so liegt der Basenüberschuß (**BE-Wert** = **base excess**) bei +5 mmol/l. Fehlen dem System Basen, so wird dies mit einem negativen BE-Wert gekennzeichnet. Ein Basenüberschuß mit positiven Werten weist also auf das Vorliegen einer metabolischen Alkalose hin.

5.5.3 Störungen im Säure-Basen-Haushalt

Prinzip der Kompensation

Wie oben beschrieben, führen alleinige Veränderungen des Atemzeitvolumens bei normaler Pufferkapazität des Blutes (BE = 0) zu Veränderungen entlang der CO_2-Bindungskurve. Bleibt eine respiratorische Abweichung länger erhalten, so versucht das metabolische System diese zu kompensieren (Tab. 5.**2**). Bei einer **respiratorischen Azidose** zum Beispiel werden die Pufferbasen im Blut gesteigert, und es kommt gegenüber der Normalsituation zu einem positiven BE (Basenüberschuß). Durch diese **metabolische Kompensation** wird der pH-Wert wieder in Richtung Normalwert von 7,40 reguliert, und die CO_2-Bindungskurve wird nach oben in einen metabolisch-alkalotischen Bereich verlagert. Allgemein läßt sich sagen, daß eine Vermehrung der Pufferbasen im Blut (positiver BE-Wert) zu einer Verlagerung der CO_2-Bindungskurve nach oben und eine Reduktion der Pufferbasen zu einer Verlagerung der metabolisch-azidotischen Kurve nach unten führen (Abb. 5.**9**).

Kommt es zu Störungen im metabolischen System mit einer metabolischen Azidose oder Alkalose bei normalem P_{CO_2}, so versucht das **respiratorische System**, diese Fehler im Sinne der Kompensation durch Veränderung des P_{CO_2} zu korrigieren.

Mit Hilfe eines **pH-log-Diagrammes** (Abb. 5.**9**) lassen sich Störungen im Säure-Basen-Haushalt darstellen. Es gelten die oben beschriebenen Gesetzmäßigkeiten. Danach bewegen sich rein respiratorische Störungen immer entlang der **respiratorischen Geraden** (Äquilibrierungslinie), während sich rein metabolische Veränderungen auf der **metabolischen Geraden** bewegen. Die kompensierten respiratorischen bzw. metabolischen Störungen stellen sich im Diagramm in den Feldern zwischen den jeweiligen respiratorischen bzw. metabolischen Geraden dar. So wird zum Beispiel eine metabolische Azidose gemäß der Beschriftung der Schenkel des Diagramms durch respiratorische Kompensation in Richtung respiratorische Gerade, also immer in Richtung normaler pH-Wert, verschoben.

Respiratorische Azidose

Eine **respiratorische Azidose** ist am ehesten bei folgenden Krankheitsbildern zu erwarten: Obstruktive Lungenerkrankungen, restriktive Lungenerkrankungen, chronische Atmungsinsuffizienz, Einschränkungen der Thoraxbeweglichkeit und herabgesetzter Chemosensibilität gegenüber Wasserstoffionen bei Vergiftungen, z. B. durch Schlafmittelabusus. Ursache ist nach dem oben erläuterten pathologischen Prinzip eine *Einschränkung der Ventilation* bei diesen Krankheitsbildern und demzufolge die Ansäuerung des Blutes. Die durch Erhöhung des P_{CO_2} im Blut entstehenden H^+-Ionen (siehe Beispiel der Hypoventilation) werden ausschließlich von **Nicht-Bicarbonat-Puffern** abgepuffert. Im Gegensatz zu den nichtrespiratorischen Veränderungen im pH-Bereich durch lokale Ursachen entstehen im Falle der respiratorischen Veränderungen die pH-Wert-Verschiebungen durch primäre Veränderungen des P_{CO_2}, verursacht in der Reaktion, die in Formel 5.9 dargestellt wurde. Der BE kann bei einer respiratorischen Azidose positiv verändert sein, wenn die metabolische Kompensation bereits angelaufen ist. Weiter finden sich bei partieller Kompensation eine arterielle *Hyperkapnie* (Abgrenzungskriterium zur metabolischen Azidose). Eine reine respiratorische Azidose bei saurem pH-Wert läßt sich jedoch nur diagnostizieren, wenn

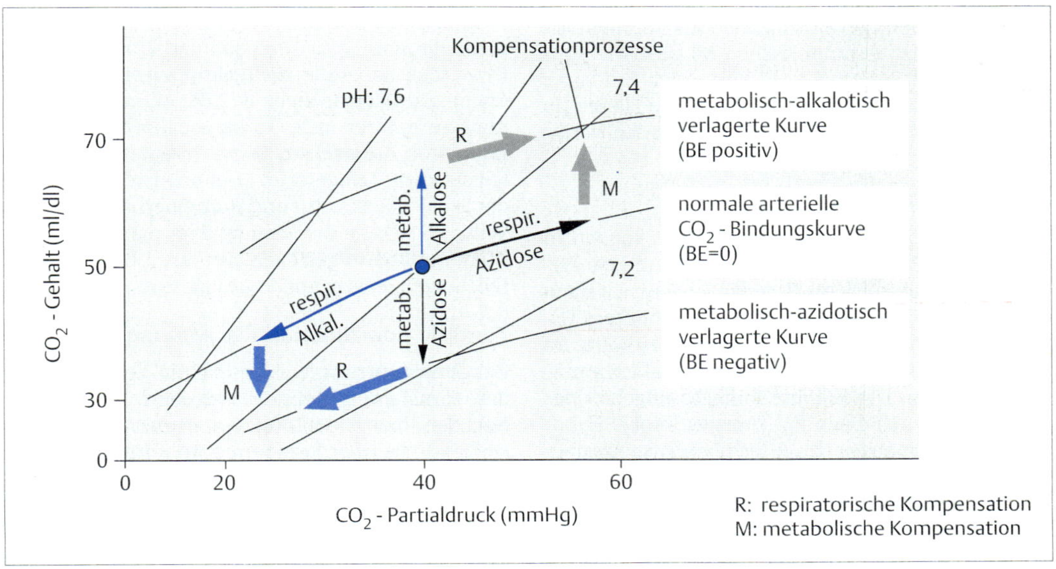

Abb. 5.**9** Schema zur Regulation des Säure-Basen-Haushaltes unter normalen und pathologischen Bedingungen. Der CO_2-Gehalt des arteriellen Blutes ist in Abhängigkeit vom arteriellen CO_2-Partialdruck dargestellt. Die verschiedenen Azidosen bzw. Alkalosen sind mit dünnen Pfeilen markiert, die Kompensationsprozesse R (respiratorisch) und M (metabolisch) mit dicken Pfeilen

der Basenüberschuß mit einem Wert von BE = 0 bekannt ist.

Metabolische Azidose

Eine metabolische Azidose findet sich besonders häufig bei folgenden Krankheitsbildern: Stoffwechselentgleisung bei Diabetes mellitus (Ketogenese), pathologische Bicarbonatproduktion im Pankreas, eingeschränkte Nierenfunktion mit erniedrigter glomerulärer Filtrationsrate, periphere Hypoxidose und hohe Lactatkonzentration bei schwerer Muskelarbeit. Eine metabolische Azidose wird bei gesunder Niere primär durch erhöhte **renale Säureelimination** bekämpft, die vor allem bei lang anhaltender Störung an die Aktivität der **tubulären Glutaminasen** gebunden ist. Dabei liegt im akuten Stadium durch die hohe Ausscheidung titrierbarer Säuren der Urin-pH bei <6. Auch die Ausscheidung von **Ammoniak** ist deutlich erhöht. Eine metabolische Azidose infolge eines **Lactatanstiegs** ist typischerweise an dem parallelen Anstieg des **Serumkaliums** zu erkennen. Im Sinne einer respiratorischen Kompensation wirkt die pH-Senkung als Atmungsantrieb mit Folge der Hyperventilation. Der CO_2-Partialdruck nimmt ab, so daß der pH-Wert in den Normbereich verlagert werden kann.

Respiratorische Alkalose

Diese Störung des Säure-Basen-Haushaltes ist durch eine Verminderung des CO_2-Partialdruckes (Beispiel: Hyperventilation) gekennzeichnet. Als Kompensation sinkt bei der respiratorischen Alkalose die Konzentration der Pufferbasen in Blut durch Erhöhung der Ausscheidung von HCO_3^- durch die Nieren ab und der pH-Wert verlagert sich zurück in den Normbereich.

Metabolische Alkalose

Ursachen einer metabolischen Alkalose können in den meisten Fällen starkes Erbrechen und eine Hyperammonämie sein. Als Befunde zeigen sich dann ein erhöhtes StandardBicarbonat, ein erhöhtes CO_2-Bindungsvermögen des Blutes, ein pH-Wert im Urin um 7,5 und eine verminderte Kaliumkonzentration im Serum. Der erhöhte Pufferbasengehalt des Blutes wird durch einen P_{CO_2}-Anstieg infolge Hypoventilation kompensiert. Dieser Kompensationsmechanismus ist jedoch aufgrund der notwendigen Sauerstoffaufnahme eingeschränkt. Bleibt der pH-Wert über dem Normbereich, so schränkt die Niere zusätzlich die HCO_3^--Rückresorption ein, da diese H^+-abhängig ist.

5.6 Atmungsregulation

5.6.1 Zusammenspiel und Regulation der verschiedenen Atemreize

Einfluß der Atemreize auf die Atmungsregulation

Die Atmung wird über das **medulläre Atemzentrum** reguliert. Die Reize zum Antrieb der Atmung erhält das Atemzentrum über:

- *Die zentralen Chemorezeptoren*, die durch
  - eine Zunahme des arteriellen P_{CO_2} und
  - eine Abnahme des pH-Wertes stimuliert werden.
- *Die peripheren Chemorezeptoren*, die durch
  - eine Abnahme des arteriellen P_{O_2},
  - eine Zunahme des arteriellen P_{CO_2} und
  - eine Abnahme des pH-Wertes stimuliert werden.
- *Die Dehnungsrezeptoren in der Lunge*, die den Wechsel von Inspiration und Exspiration registrieren.
- *Die Pressorezeptoren* im Kreislaufsystem, die durch einen Abfall des Blutdruckes stimuliert werden (→ Atemfrequenz ↑).
- *Die Körpertemperatur*, die bei starken Schwankungen zur Stimulation der Atmung führt.
- *Die Dehnungsrezeptoren der Skelettmuskulatur*, die bei Muskelarbeit stimuliert werden und zu erhöhter Atmung führen.
- *Die Hormone*, z. B. Adrenalin und Progesteron.

Es werden dabei die **rückgekoppelten Atemreize**: Chemische Atemantriebe und die Aktivität der Dehnungsrezeptoren in der Lunge von den **nichtrückgekoppelten Atemreizen**: Pressorezeptoren im Kreislaufsystem, Temperatur, Dehnungsrezeptoren in der Skelettmuskulatur und Hormone, unterschieden. Willkürlich kann die Atmung über die Aktivität der Atemmuskulatur gesteuert werden, z. B. Atemanhalten, Singen, Blasen von Instrumenten, Sprechen etc.

Zentrale Koordination der Atmung

Das **Atemzentrum**, welches sich in den Strukturen des Hirnstamms befindet, reguliert die Atmung. Nachdem hier alle Informationen zusammengeflossen sind, die über Rezeptoren im Körper gemessen wurden und die die Atmung beeinflussen können, sendet das Atemzentrum über *efferente* Bahnen Befehle zur Steuerung der **Atemfrequenz** und **Atemtiefe**. Als Regelgrößen gelten vor allem der arterielle pH-Wert und der arterielle P_{CO_2}, die von **zentralen Chemorezeptoren** an der *ventralen* Oberfläche der Medulla oblongata gemessen werden. Messen diese chemosensiblen Areale durch Änderung der *Wasserstoffionenkonzentration* eine Zunahme des arteriellen P_{CO_2} und eine Abnahme der arteriellen pH-Wertes, so reagiert das Atemzentrum mit einer *Steigerung der Ventilation*. Andere Chemorezeptoren befinden sich *peripher* (*periphere Chemorezeptoren*) im **Glomus aorticum** nahe den *pressosensiblen* Arealen des Aortenbogens und in den beiden **Glomera carotica**, nahe den pressosensiblen Arealen im Carotissinus. Sie messen eine periphere Abnahme des arteriellen O_2-Partialdruckes, was schließlich über die Reaktion des Atemzentrums zu einer Vergrößerung des Atemzeitvolumens führt. Diese beiden Chemorezeptorentypen stellen den **chemischen Antrieb** der Atmung dar, wobei eine **Hyperkapnie** (erhöhter arterieller P_{CO_2}) und eine pH-Erniedrigung die zentralen und peripheren Chemorezeptoren und eine **Hypoxie** (herabgesetzter P_{O_2}) nur die peripheren Chemorezeptoren stimuliert. Eine gesteigerte alveoläre Ventilation geht mit einer erhöhten Abgabe von CO_2 und somit einem sinkenden P_{CO_2} einher. Die Hypokapnie (erniedrigter arterieller P_{CO_2}) führt zu einer Steigerung des pH-Wertes und somit zu einer respiratorischen Alkalose. Die durch O_2-Mangel bedingte Ventilationssteigerung bleibt relativ schwach, weil Hypokapnie und Alkalose entgegengesetzt wirken. In den Regelgrößen der Atmung läßt sich also eine gewisse **Rangabstufung: pH-Wert > P_{CO_2} > P_{O_2}** feststellen.

Klinischer Bezug

Bei **chronischen Lungenfunktionsstörungen** kann es zu einer erheblich verminderten CO_2-Empfindlichkeit der zentralen und peripheren Chemorezeptoren kommen. Chemorezeptoren und Atemzentrum reagieren dann nur noch auf den P_{O_2}. Eine Erhöhung der inspiratorischen O_2-Konzentration (z.B. bei künstlicher Beatmung) kann in diesem Falle zu einem lebensgefährlichen zentralen Atemstillstand (Apnoe) führen, da Anreize des Atemzentrums zur Atemstimulation dann aufgehoben sind.

Hering-Breuer-Reflex

Neben den chemorezeptorischen gibt es noch *mechanorezeptorische Einflüsse* von **Dehnungsrezeptoren**, die sich direkt in der Lunge befinden. Deren afferente Fasern laufen parallel zum N. vagus in das Atemzentrum und hemmen die Einatmung als eine **Reflexantwort** auf die Lungenblähung. Dieser **Hering-Breuer-Reflex** wird bei jeder Atmung aktiviert und begrenzt somit die Atemtiefe und verkürzt die Inspirationsdauer. Bei Verletzung oder Durchtrennung des N. vagus fehlt dieser Reflex und es kommt zu einer vertieften und verlangsamten Atmung.

Weitere Einflüsse auf die Atmung

Daneben gibt es die **nicht-rückgekoppelten Atemreize**. Kreislaufdysregulationen, Veränderungen der Emotionen, vegetative Regulationen, wie z.B. Kälte oder psychische Belastungen, führen häufig zu einer Steigerung der Ventilation. Auch zahlreiche Hormone, wie zum Beispiel das **Adrenalin** können sehr effektiv auf die Atemregulation wirken. Bei schwerer Muskelarbeit nehmen sowohl Chemo- als auch *afferente* Mechanorezeptoren in der Arbeitsmuskulatur Einfluß auf das Atemzentrum. Gleichzeitig geht man von einer unspezifischen *Mitinnervation* der Lunge durch die motorischen Zentren im Gehirn aus. Insgesamt zählen die oben genannten Einflüsse zu den **akuten (sofortigen) Reaktionen** der Atmungsregulation (Abb. 5.**10**).

5.6.2 Atmung in Höhe

Aus den vorhergehenden Kapiteln lassen sich inzwischen alle Faktoren zusammenfassen, die wirksam werden, wenn es zur **Akklimatisation** an große Höhen kommt. Charakteristischerweise beobachtet man eine rasche Zunahme des Ruhe-Atemzeitvolumens, der renalen Bicarbonatausscheidung und einen erniedrigten arteriellen Sauerstoffpartialdruck. Hier kommen neben den oben erwähnten akuten noch die **langfristigen Reaktionen** hinzu, die zum Teil innerhalb von Tagen, Wochen oder Monaten ablaufen. Ursache dieser Umstellungen sind der niedrige Luftdruck und der proportional damit verbundene O_2-Partialdruck. Bis zu einer Höhe von 2000 Metern, der kritischen Grenze für beginnende Höhenreaktionen, sind die beschriebenen Verände-

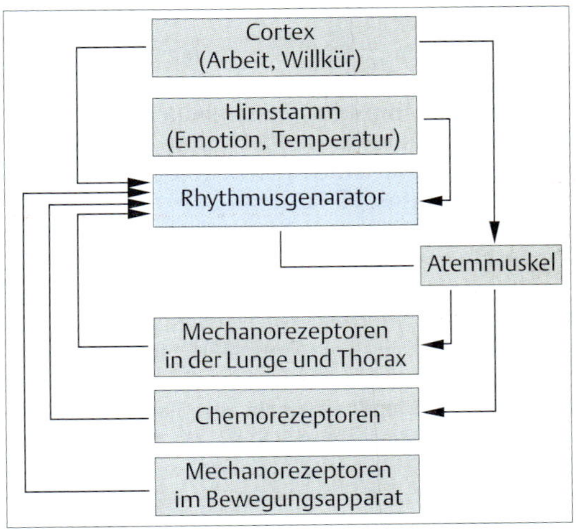

Abb. 5.**10** Zusammenspiel der verschiedenen Atemantriebe

rungen vernachlässigbar. Das Absinken des P_{O_2} in diesen Höhen auf etwa 75 mmHg kann infolge der Charakteristik der O_2-Bindungskurve gut ausgeglichen werden. Erst deutlich über dieser Höhe kommt es zum Ansprechen der P_{O_2}-Rezeptoren und zu O_2-Mangelreaktionen der oben beschriebenen Art. Im Rahmen der Umstellung auf Höhen von etwa 4000 Metern entsteht dann eine respiratorische Alkalose, weil es zu einer Hyperventilation kommt. Bei länger dauernder **Hypoxie** durch Aufenthalt in großer Höhe ändert sich die maximale Sauerstoffbindungsaffinität des Hämoglobins; auch wird die respiratorische Alkalose durch eine metabolische Kompensation ausgeglichen. Zudem kommt es nach längerer Akklimatisation zu einer Steigerung der *Hämoglobinkonzentration* des Blutes, und über eine erhöhte Erythropoetinausschüttung zu einem Anstieg der Retikulozyten- und Erythrozytenzahl (**Polyglobulie**).

5.6.3 Pathophysiologie der Atmung

In diesem Kapitel sollen die *Grundbegriffe der Atmung* definiert und die *Pathophysiologie* der verschiedenen *Atmungsformen* kurz erläutert werden.

Grundbegriffe der Atmung

- *Apnoe:* zeitweiliger Atemstillstand (klin. Bsp.: Schlaf-Apnoe-Syndrom oder toxisches Stadium einer Inhalationsnarkose).
- *Asphyxie:* starke Einschränkung der Atmung (bei Verletzungen von atemregulatorischen Einheiten).
- *Bradypnoe:* verminderte Atemfrequenz.
- *Dyspnoe:* krankhaft veränderte Atmung mit subjektivem Gefühl der Atemnot.
- *Eupnoe:* normale Ruheatmung (orientiert sich an Atemzeitvolumen, Atemfrequenz und allgemeinem Eindruck).
- *Hyperpnoe:* Auch Polypnoe, gesteigertes Atemminutenvolumen bei verstärkter Atmung.
- *Hypopnoe:* reduziertes Atemminutenvolumen.
- *Normoventilation:* normale Atmung bei einem alveolären und arteriellen P_{CO_2} nahe 40 mmHg (Normbereiche: 35–45 mmHg).
- *Mehrventilation:* gesteigertes Atemminutenvolumen bei normalen P_{CO_2} (Beispiel: schwere Arbeit), siehe auch Hyperpnoe oder Polypnoe.
- *Hyperventilation:* gesteigerte alveoläre Ventilation mit Folge einer Hypokapnie (= Reduktion des P_{CO_2}); die häufigste Ursache ist die Hypoxie.
- *Hypoventilation:* reduzierte alveoläre Ventilation mit Folge einer Hyperkapnie (= Erhöhung des P_{CO_2}).
- *Tachypnoe:* von der Normalfrequenz abweichende gesteigerte Atemfrequenz.

Pathologische Atmungsformen

- *Kußmaul-Atmung:* Sonderform der Hyperventilation bzw. stark vertiefte und verlangsamte Atmung infolge starker bzw. teilkompensierter metabolischer Azidose (Beispiel: Diabetes mellitus)
- *Cheyne-Stokes-Atmung:* Abwechselnd Phasen der Apnoe zwischen Phasen mit Atmung schwankender Tiefe; Dauer einer Periode bei 1–3 Minuten; Ursache häufig Vergiftungen, Herz-Kreislaufstörungen oder O_2-Mangel
- *Biot-Atmung:* Stellt eine andere Form der periodischen Atmungsstörung bei Hirnschäden dar, die nicht klar gegen die Cheyne-Stokes-Atmung abzugrenzen ist
- *Seufzeratmung:* Weitere Variante pathologischer periodischer Atemformen, die vor allem bei Ausfall höherer Atemzentren in der Agonie auftritt

5.7 Gewebsatmung

5.7.1 Sauerstoffverbrauch

Das Sauerstoffangebot für ein Organ wird im wesentlichen von seiner Durchblutung (Dichte des Kapillarnetzes) und dem P_{O_2} im arteriellen Anteil der Kapillaren bestimmt. Der **Sauerstoffverbrauch** eines Organs läßt sich aus der Differenz der Sauerstoffkonzentration $[(O_2)_{Ka}]$ im arteriellen Teil der Kapillaren minus der Sauerstoffkonzentration $[(O_2)_{Kv}]$ im venösen Teil der Kapillaren berechnen:

$$O_2\text{-Verbrauch}: [O_2]_{Ka} - [O_2]_{Kv} \quad (5.11)$$

Dabei wird nie das gesamte Sauerstoffangebot ausgeschöpft, so daß $[(O_2)_{Kv}]$ immer >0 ist.

- *Die organvenösen Partialdrücke* (P_{O_2}) verhalten sich unter Normalbedingungen im Gehirn (G), am Herzen (H) und in den Nieren (N) wie folgt zueinander: $[P_{O_2}]_N > [P_{O_2}]_G > [P_{O_2}]_H$.
- *Die Hierarchie des O_2-Verbrauches der Organe:* Für die Höhe des O_2-Verbrauches gilt unter Grundumsatzbedingungen folgende Hierarchie: Herz > Niere > Gehirn > Skelettmuskel. Nach dem *Fick-Prinzip* ergibt sich aus der aktuellen Durchblutungsgröße ($\dot{Q}$), multipliziert mit der **arteriovenösen O_2-Konzentrationsdifferenz** (AVD O_2 in ml/dl bzw. Vol.-%) der O_2-Verbrauch des einzelnen Organs:

$$\dot{V}_{O_2} = AVD_{O_2} \cdot \dot{Q} \quad (5.12)$$

- *Der spezifische O_2-Verbrauch:* Interessanter als der O_2-Verbrauch ist der Wert des spezifischen O_2-Verbrauchs eines Organs, also der Verbrauch pro 1 g oder 100 g Organgewebe. In diesem Fall muß für die Durchblutungsgröße der spezifische Wert in ml/min pro 1 g oder 100 g eingesetzt werden (Tab. 5.**3**).
- *Die Mechanismen der Durchblutungsregulation* (s. Blutkreislauf, 4.4.1).
- *Die Organkreisläufe* (s. Blutkreislauf, 4.5).

5.7.2 Gasaustausch im Gewebe

Ort des Gasaustausches in den Geweben sind die **Kapillaren**. Gefäßdichte und Durchblutungsgröße sind den jeweiligen Organerfordernissen entsprechend angepaßt. Der Gasaustausch geschieht über Diffusion entlang dem Gefälle des jeweiligen Partialdruckes:

- Der P_{O_2} in der Kapillare > der P_{O_2} im Gewebe → Diffusion ins Gewebe
- Der P_{CO_2} im Gewebe > der P_{CO_2} in der Kapillare → Diffusion in die Kapillare

Durch die Sauerstoffausschöpfung sinkt der P_{O_2} im Gewebe mit zunehmendem Abstand von der Kapillare und im Verlauf der Kapillare (vom arteriellen Teil der Kapillare zum venösen Teil der Kapillare). Dabei enthält das Blut im venösen Teil gerade noch den niedrigsten P_{O_2} für die Energiegewinnung der Zelle. Wichtig für die oxidative Energiegewinnung der Organzelle ist der von der Durchblutungsgröße abhängige P_{O_2} im Bereich der **Mitochondrien**. Der niedrigste mitochondriale P_{O_2}, bei dem die *Cytochromoxidase* den Sauerstoff noch zu reduzieren vermag, liegt jedoch in einem sehr niedrigen Bereich von 0,01 – 0,1 kPa (s. 5.4.1).

5.7.3 Störungen der Gewebsdurchblutung

Bei Störungen der Sauerstoffversorgung der Gewebe kommen drei Möglichkeiten als Ursache in Frage:

- Die komplette Unterbrechung der O_2-Zufuhr
- Die Verminderung des O_2-Angebotes
- Die Störungen der O_2-Versorgung

Die komplette Unterbrechung der O_2-Zufuhr: Ohne Sauerstoff ist die Aufrechterhaltung der Funktionen des menschlichen Organismus nur für wenige Minuten möglich. Der kompletten Unterbrechung der O_2-Zufuhr folgt ein kurzes freies Intervall, in dem die Zellfunktionen noch voll erhalten sind. Kurz danach kommt es mit abnehmendem *Energievorrat* zu einer Einschränkung des Zellstoffwechsels mit vermindertem Tätigkeitsumsatz und somit Einschränkung der Zellfunktionen. Je nach Struktur der Zelle und ihrem spezifischen Energievorrat tritt ein irreversibler *Zellschaden* nach Sekunden bis zu Tagen auf. Hochdifferenzierte Zellen, wie z. B. die Neuronen des Gehirns verkraften eine *Anoxiedauer* (völlig unzureichende, unter dem physiologischen Bedarf liegende O_2-Konzentration im Gewebe) von ca. 4 – 8 Minuten. Bei der Skelettmuskelzelle tritt der *Zelltod* erst nach mehreren Stunden ein.

Die Verminderung des O_2-Angebotes: In diesem Fall spricht man von einer *Gewebehypoxie*: das O_2-

Tabelle 5.**3** O_2-Bedarf und O_2-Ausnutzung einzelner Organe. Mittlere Werte eines normalen Erwachsenen unter Ruhebedingungen (außer dem Wert für arbeitende Skelettmuskulatur): O_2-Bedarf und Durchblutung sind pro Gramm Organgewebe (Feuchtgewicht) angegeben. Da die O_2-Aufnahme in der Lunge den O_2-Bedarf bei weitem übersteigt, kann eine O_2-Ausschöpfung nicht angegeben werden.

Organ	Masse (kg)	O_2-Bedarf* ($\mu mol \cdot min^{-1} \cdot g^{-1}$)	Durchblutung ($ml \cdot min^{-1} \cdot g^{-1}$)	$(Ca - Cv)_{O2}$ ($mmol \cdot l^{-1}$)	O_2-Ausschöpfung** (%)
Herz	0,3	4,0	0,8	5,0	57
Nieren	0,3	2,4	4,0	0,6	7
Leber	1,5	2,5	1,0	2,5	28
Gehirn	1,5	1,5	0,5	3,0	34
Skelettmuskel bei Ruhe	30	0,1	0,04	2,5	28
Skelettmuskel bei Arbeit	30	7,0	1,0	7,0	80
Haut	0,5	0,04	0,1	0,14	4

*O_2-Bedarf = Durchblutung · $(Ca - Cv)_{O2}$, wobei Cv die O_2-Konzentration im organvenösen Blut ist.
**$([Ca - Cv] / Ca)_{O2}$; berechnet für $Ca_{O2} = 8{,}8\ mmol \cdot l^{-1}$.

Angebot liegt unter dem O_2-Bedarf. Es werden drei Gruppen von Ursachen unterschieden:

1. Bei der *hypoxämischen Gewebehypoxie* ist die arterielle O_2-Sättigung vermindert, so daß das O_2-Angebot im Gewebe reduziert wird. Der Organismus reagiert auf diese Situation mit der Stimulation der *Erythropoese*. Häufig findet man als Ursache für eine hypoxämische Hypoxie die Hypoventilation oder Lungenfunktionsstörungen; sie stellt sich jedoch auch bei Höhenaufenthalten ein.
2. Ist die O_2-Kapazität des Blutes erniedrigt, so liegt eine *anämische Gewebehypoxie* vor. Alle Formen der Anämie (z. B. Blutbildungsstörungen, Infektionen, erbliche Anämieformen, Blutverlust), Methämoglobinbildung oder die Kohlenmonoxidvergiftung können zu dieser Hypoxieform führen.
3. Die *ischämische Gewebehypoxie* ist Folge der Organminderdurchblutung. Charakteristischerweise ist in diesem Fall die arteriovenöse O_2-Konzentrationsdifferenz (AVD O_2) des betroffenen Gewebes erhöht. Als Ursachen kommen Embolien, Thrombosen oder Stenosen der zuführenden Gefäße eines Organes oder Gewebebezirkes in Frage.

Die Störung der O_2-Versorgung: Bei einer Störung in der Sauerstoffversorgung eines Gewebes ist in den meisten Fällen die *O_2-Diffusion* (z. B. beim Gewebeödem) betroffen. Die *Zellgifte*, wie z. B. das Zyankali, stören die oxidative Energiegewinnung. Der angebotene Sauerstoff kann nicht vom durchbluteten Gewebe verwertet werden und fließt über den venösen Kapillarschenkel (venöser $P_{O_2}\uparrow$) zur Lunge zurück.

5.8 Schutzmechanismen des Atemapparates

Die **Reinigung der Inspirationsluft** erfolgt bereits schon in Nase und Rachen, wo die Schleimhäute Staub und Bakterien abfangen.

Mukoziliärer Transport

Als **Schutzmechanismen** verfügt die Lunge aber vor allem über das **Flimmerepithel** und die **mukösen Drüsen**. Fremdstoffe oder kleinere Fremdkörper werden in dem Schleim gebunden und dann über den kontinuierlichen und raschen Zilienschlag des Flimmerepithels oralwärts transportiert (**mukoziliärer Transport**) und abgehustet. Dieser Schutzmechanismus befindet sich jedoch nicht in den Alveolen, da er dort die zarten Alveolarwände für den Gasaustausch undurchlässig machen würde.

Alveolarmakrophagen

Fremdstoffe, die bis zu den Alveolen vordringen, werden von **Alveolarmakrophagen** phagozytiert und enzymatisch abgebaut. Ist der Abbau bei anorganischem Material (z. B. Asbestfasern) unmöglich, so schließen die Alveolarmakrophagen den Fremdkörper ein und schirmen ihn von dem empfindlichen Alveolargewebe ab. Mit ihrer Fähigkeit zur **amöboiden Beweglichkeit** wandern sie dann zu den luftleitenden Atemwegen, in denen der mukoziliäre Transport die weitere Entsorgung der Fremdstoffe übernimmt. Ein Teil der phagozytierten Fremdstoffe werden von den Alveolarmakrophagen in **Histiozyten** der *peribronchialen* und *interlobären* Gewebe abgelegt und verbleiben dort lebenslang, so daß sie auch Auslöser einer Lungenerkrankung (z. B. Silikose) werden können.

Infektabwehr der Lunge

Die Lunge ist besonders in den oberen Abschnitten der Atemwege mit einem **spezifischen Abwehrsystem** ausgestattet. Das **bronchusassoziierte lymphatische System** verfügt hauptsächlich über **Plasmazellen** und **Lymphozyten**. Die Plasmazellen produzieren Antikörper vom Typ **Immunglobulin A** (IgA), die in den bronchialen Drüsen an ein Polypeptid gekoppelt und mit dem Schleim sezerniert werden.

Schutzreflexe der Lunge

Gelangen größere Fremdkörper in die Atemwege, so wird über die Reizung der Schleimhäute von Trachea und Bronchien ein Hustenreflex ausgelöst, der zu forcierten Ausatmungsströmen gegen die geschlossene Glottis führt. Bei plötzlicher Öffnung der Glottis wird der Fremdkörper dann aus den Atemwegen gepreßt.

Arbeits- und Leistungsphysiologie

6.1 Wirkung gesteigerter Muskeltätigkeit

6.1.1 Anpassung von Herz und Kreislauf

Umstellung des Kreislaufs

Die **Kreislaufanpassung bei körperlicher Arbeit** (Abb. 6.**1**) erfordert eine enge Abstimmung zwischen lokalen und systemischen Regulationsmechanismen. Soll das Herzzeitvolumen *proportional* zum gesteigerten O_2-Verbrauch zunehmen, so müssen *Rückmeldungen* aus der arbeitenden Skelettmuskulatur die zentrale und die allgemeine sympathische Aktivierung ergänzen. Als Folge dieser engen Abstimmung kann sich das Herzzeitvolumen von einem Ruhewert bei etwa 5 l/min auf ein Volumen von 20 – 25 l/min bei körperlicher Arbeit steigern. Charakteristisch für die Umstellung des Herzens von Ruhe auf körperliche Arbeit ist auch die Abnahme der *Diastolendauer* auf weniger als die Hälfte und die Steigerung der *Herzfrequenz* (Abb. 6.**1**) mit zunehmender **Leistung (L)** fast linear bis auf maximal etwa 200/min. Bis auf maximal das Doppelte wird das *Schlagvolumen* erhöht. Der gesunde Erwachsene kann das Herzminutenvolumen um den Faktor 3 bis 4 (von 5 auf 15 bis 20 l/min) ebenso wie die **arteriovenöse O_2-Ausschöpfung** um den Faktor 3 bis 4, von rund 50 ml/l auf etwa 150 ml/l, steigern. Parallel dazu ändert sich die Verteilung des Blutvolumens zugunsten der Skelett- und Herzmuskulatur auf mehr als das 15fache des Ruhewertes. Bei körperlicher Schwerstarbeit ermüdet der Skelettmuskel schneller als der Herzmuskel. Das sog. „Sportlerherz" ist ein an die erhöhten Anforderungen angepaßtes Herz und kein krankes Herz. Insgesamt besitzt der Organismus die Möglichkeit, den Sauerstoffverbrauch insgesamt rund auf das 10fache des Ruhewertes zu steigern (s. auch Tab. 5.**3**). Das Ausmaß der Steigerungsfähigkeit von Herz- und Atemleistungen und das venöse Blutangebot sind die begrenzenden Faktoren für eine körperliche Dauerleistung.

Anpassung der Pulsfrequenz

Zu dem Verhalten der **Pulsfrequenz** bei schwerer dynamischer körperlicher Arbeit läßt sich festhalten, daß die Pulsfrequenz kontinuierlich ansteigt, was zu einem Ermüdungsanstieg führt. Die im Verlauf eines Ermüdungsanstiegs erreichte Pulsfrequenz ist individuell verschieden. Ein **steady state** wird nicht er-

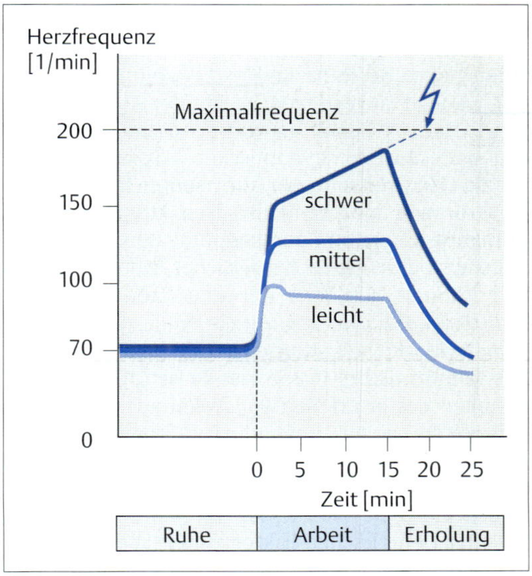

Abb. 6.**1** Darstellung der Herzfrequenzen bei wechselnder körperlicher Arbeit (aus Silbernagl/Despopoulos, Thieme 1991)

reicht. Nach Beendigung der Arbeit nähert sich die Pulsfrequenz dem Ausgangspunkt, allerdings dauert dies länger als bei leichter Arbeit. Bei leichter Arbeit erreicht die Pulsfrequenz innerhalb von bis zu 10 Minuten einen **Plateauwert** und kehrt dann innerhalb von bis zu 5 Minuten auf etwa den Ausgangswert zurück.

Metabolische Veränderungen bei der Umstellung

Bei der Muskelarbeit wird durch die **anaerobe Glykolyse** (→ Energiegewinnung) vermehrt Laktat gebildet. Dieses diffundiert in die Kapillaren und führt über die Senkung des pH-Wertes zu einem Abfall des **Standardbicarbonats** und der **Pufferbasenkonzentration** (negatives BE) im Plasma. Über den Austausch von Wasserstoffionen (H^+) gegen Kaliumionen (K^+) zwischen den extra- und intrazellulären Räumen steigt die Kaliumkonzentration im Plasma an. Weiter beobachtet man eine vermehrte Freisetzung von ACTH, die Zunahme der Schweißproduktion bis zu einem Liter pro Stunde und eine Steigerung des Hämatokrits.

6.1.2 Anpassung von Stoffwechsel und Atmung

Der O_2-Bedarf der arbeitenden Muskulatur wird nicht allein durch die *Mehrdurchblutung* gedeckt, sondern auch durch eine **Steigerung der O_2-Extraktion** in den Geweben, die von ca. 30 % auf etwa 90 % zunehmen kann. Die **O_2-Konzentrationsdifferenz** zwischen dem Blut im linken und dem im rechten Ventrikel ist größer als in Ruhe, weil bei körperlicher Arbeit gegenüber Ruhe das Herzzeitvolumen prozentual weniger angestiegen ist als der O_2-Verbrauch (VO_2). Der O_2-Gehalt in der A. pulmonalis sinkt also bei schwerer dynamischer Muskelarbeit, da sich das Herzzeitvolumen nur unzureichend an den O_2-Verbrauch anpassen kann. Den Ausgleich dieser vermehrten Sauerstoffausschöpfung bewirkt der Organismus bei schwerer körperlicher Arbeit über eine proportionale Zunahme der alveolären *Ventilation* und *Lungendurchblutung* mit der Folge, daß die endexspiratorische CO_2-Konzentration abfällt. Gleichfalls kommt es bei maximaler Belastung zu einem Absinken des arteriellen P_{CO_2}. Weil auch die Diffusionszeit bei hoher Lungendurchblutung und hoher Ventilation verkürzt ist, ist die weitere O_2-Aufnahme wenig effektiv. Bei leichter bis mittelschwerer körperlicher Arbeit nimmt die alveoläre Ventilation um etwa den gleichen Faktor zu wie die Aufnahme von Sauerstoff. Ohne große Unterschiede gegenüber dem Ruhewert bleibt der arterielle P_{CO_2} bei nur leichter Anstrengung. Auch der alveoläre P_{CO_2} bleibt im unteren Leistungsbereich annähernd unverändert.

6.1.3 Steuerung und Regulation der Kreislaufanpassung

Ursache der Veränderungen bei gesteigerter Muskeltätigkeit sind **lokale Regulationsvorgänge** und die **neurogene Steuerung** durch das vegetative Nervensystem. Diese übernimmt beim Zusammenwirken der Regulationsmechanismen die zentrale Führung und paßt sich so über Rückmeldungen aus dem arbeitenden Gewebe mit exakter Präzision die Kreislauftätigkeit und den körperlichen Stoffwechsel an die neue Situation an. Schon vor Beginn einer Arbeit findet eine Veränderung der vegetativen Innervation als **Startreaktion** statt. Diese agiert im Sinne einer Hemmung des in Ruhe überwiegenden **Parasympathikotonus** und einer Steigerung des **Sympathikotonus**. Wichtigste Antriebe für die Steigerung der Ventilation sind eine Mitinnervation der Atmung durch *motorische Zentren* und reflektorische Einflüsse von *Muskelrezeptoren*. Mit Beginn der Arbeit nimmt dann infolge zentraler Innervation der sympathische Kreislaufantrieb deutlich zu. Dabei steigt der Anteil an **Catecholaminen** (z. B. Adrenalin aus der Nebenniere) im Blut. Der venöse Rückstrom und der gesamte periphere Strömungswiderstand nehmen wegen der neurogenen Vasokonstriktion zu. Somit ist auch der arterielle Blutdruck meist erhöht, wobei der systolische Blutdruck in der Aorta stärker steigt als der diastolische. Im wesentlichen sind es also vier Faktoren, die den erhöhten arteriellen Blutdruck bewirken:

- die Erhöhung des Herzzeitvolumens und
- der Herzfrequenz,
- die Konstriktion der Venen und
- die Vasokonstriktion in den nicht arbeitenden Organen (z. B. Splanchnikusgebiet, Haut; Vasodilatation in der Muskulatur).

6.1.4 Ermüdung und Erholung

Die O_2-Aufnahmefähigkeit des Körpers ist besonders durch den Blutkreislauf eingeschränkt. Liegt das Leistungsniveau auf einer hohen Ebene, die durch den maximalen O_2-Nachschub nicht mehr gedeckt werden kann, so wächst bei fortschreitender Leistung die Sauerstoffschuld kontinuierlich weiter an, und es kommt zur **Ermüdung** (Abnahme der Leistungsfähigkeit), dann zu **Erschöpfung** und endlich zum Arbeitsabbruch.

Ermüdung

Unterschieden wird zwischen der **physischen Ermüdung** durch *Muskelarbeit* und der **psychischen Ermüdung** bei zentralen oder geistigen *Streßsituationen*. Die Trennung beider Ermüdungsformen ist schwer möglich. Die physische Ermüdung geht mit

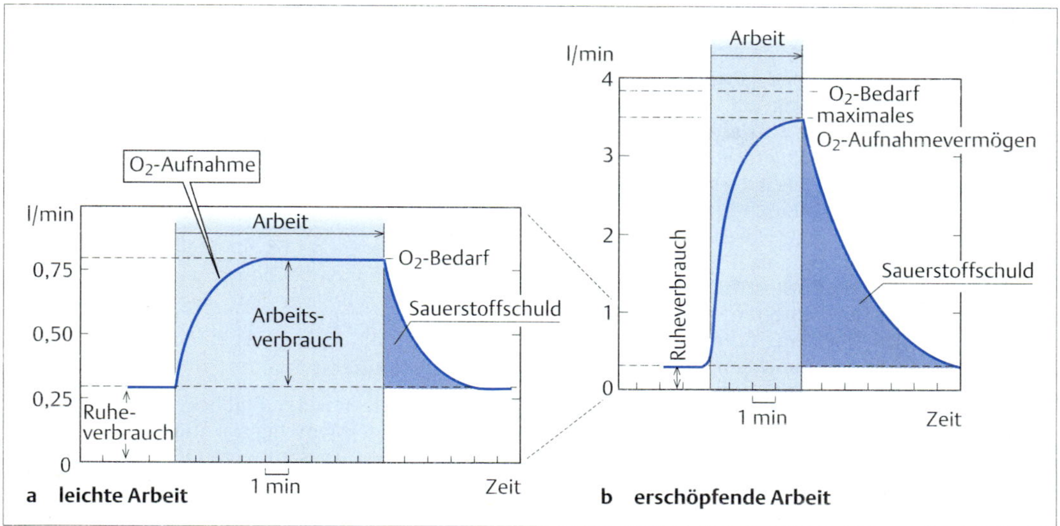

Abb. 6.**2** Sauerstoffaufnahme und -bedarf bei leichter und erschöpfender Arbeit (aus Klinke/Silbernagl, Thieme 1994)

einer Abnahme der Energievorräte (energiereiche Substrate ↓) und einer Anhäufung von Milchsäure (Stoffwechselendprodukte ↑) im Skelettmuskel einher. Die Veränderungen führen zur Minderung der Leistungsfähigkeit. Liegt die Leistung unterhalb der **Dauerleistungsgrenze** (s. auch Kap 6.2.2), so genügt die Erschlaffungszeit eines Muskels nach einer Kontraktion zur Regeneration und zum Abtransport der Stoffwechselendprodukte.

Die psychische Ermüdung nach langen Konzentrationsphasen äußert sich in Form einer Abnahme der **zentralnervösen Steuerung**. Folge sind dann Beeinträchtigung von Sinneswahrnehmungen, Motivationsdefizit, verlangsamtes Denken, Unlustgefühl und Depressionsneigung. Im Gegensatz zur physischen Ermüdung kann die psychische Ermüdung durch Wechsel der Tätigkeit plötzlich aufgehoben werden.

Erschöpfung

Die **Erschöpfung** tritt definitionsgemäß ein, wenn die physischen oder psychischen Leistungen oberhalb der Dauerleistungsgrenze liegen und nicht rechtzeitig und ausreichend Erholung gewährt wird. Die charakteristischen Zeichen einer hohen **O_2-Schuld** (s. auch Kap 6.2.2) bei Erschöpfung sind zum einen die lange Phase der **Nachatmung** nach Beendigung einer Leistung und zum anderen der andauernde **Pulsanstieg**. Schwere Erschöpfungszustände gehen aufgrund der Lactatanreicherung mit einer gefährlichen metabolischen **Azidose** einher. Schwerstarbeit unter extremen Bedingungen kann zu einer chronischen Erschöpfung mit lebensbedrohlichen Dauerschäden führen. Wird die Funktion der Regulationssysteme beeinträchtigt, so führt die Erschöpfung zwangsläufig zum Arbeitsabbruch. Die zu Beginn der Arbeit eingegangene Sauerstoffschuld wird nach Beendigung der Arbeit wieder ausgeglichen. Über die Messung der **Nachatmung** nach Beendigung einer Leistung läßt sich die Größe der Sauerstoffschuld bestimmen. Die Messung erfolgt *spirometrisch* durch Ermittlung der O_2-Aufnahme bei Luft- bzw. reiner Sauerstoffatmung. Nach Arbeitsende läßt sich, vor allem in den ersten Minuten, eine über dem Ruhewert liegende Sauerstoffaufnahme nachweisen: man spricht dann von der Tilgung der Sauerstoffschuld (Abb. 6.**2**).

Erholung

Der **Erholungsvorgang** beginnt, wenn eine Leistung abgebrochen wird. Eine Erholung ist auch durch **Reduktion** der Arbeit auf eine Leistung unterhalb der Dauerleistungsgrenze möglich. Durch Abtransport der Stoffwechselendprodukte und Auffüllung der Energiereserven nimmt die Leistungsfähigkeit wieder zu und der **Ermüdungsgrad** dementsprechend ab. Zu Beginn der Erholungsphase läuft dieser Prozeß sehr rasch ab. Ist die Ausgangssituation vor Beginn der Arbeit wieder erreicht, ist auch der Erholungsvorgang abgeschlossen.

Überbelastung

Wird eine Erholung nach einer Ermüdungsphase nur kurz oder unzureichend gewährt, so tritt ein Zustand der **Überbelastung** ein. Folge des Überlastungssyndroms können **chronische Schäden** im Bereich des *Bewegungsapparates* sein (Sehnen-, Meniskusschäden etc.). Besonders Veränderungen am Knochenskelett des Menschen wie z. B. Wirbelsäulenveränderungen oder Gelenkversteifungen schränken den Bewegungsablauf erheblich ein. Bei Überschreitung der **Höchstleistungsgrenze** können auch **akute Schäden** auftreten. Im Bereich des Muskel- bzw. Skelettsystems führen diese Schädigungen zu spontanen Knochenbrüchen, Sehnenrupturen oder Muskelrissen.

6.2 Leistungsdiagnostik

6.2.1 Kriterien und Grenzen der Leistungsfähigkeit

Grundumsatz

Als *basaler* Energieumsatz oder **Grundumsatz (GU)** ist derjenige Energieumsatz beim Menschen definiert, der sich in völliger Ruhe und unter *standardisierten* Bedingungen einstellt. Per **Definition** wird er unter folgenden Bedingungen (Standard) gemessen:

1. morgens,
2. in Ruhe (liegend),
3. nüchtern,
4. bei Indifferenztemperatur und normaler Körpertemperatur.

Bei einem 70 kg schweren Mann (Durchschnittswert) liegt der durchschnittliche Grundumsatz mit 1 W/kg oder 100 kJ/kg und Tag bei etwa 7000 kJ/d = 7 MJ/d (Frau: 6 MJ/d).

Ruheumsatz

Der **Ruheumsatz** ist durch den Grundumsatz und den Umsatz durch Nahrungsaufnahme und der Summe der **Bereitschaftsumsätze** aller Zellen gekennzeichnet. Er liegt beim Mann bei einem Norm- bzw. Durchschnittswert von 8 MJ/d (Frau: 7 MJ/d).

Energieumsatz

Der **Energieumsatz** im Körper kann indirekt dadurch bestimmt werden, daß man den Sauerstoffverbrauch mißt. Für Tätigkeiten, die regelmäßig über längere Zeit bei achtstündiger Arbeit pro Tag erbracht werden, gelten folgende Werte:

- *„Freizeitumsatz“* (Energieumsatz eines nicht körperlich arbeitenden Menschen): Mann: 9,6 MJ/d ≙ 110 W (Frau: 8,4 MJ/d ≙ 97 W)
- *Leichte und mittelschwere Arbeit* beim Mann (70 kg): bis zum doppelten Wert des Grundumsatzes = ca. 14 MJ/d (Frau: 12 MJ/d)
- *Schwer- und Schwerstarbeit:* bis zum dreifachen Wert des Grundumsatzes = ca. 20 MJ/d, ≙ ca. 240 W (Extremwerte für einzelne Tage bis zu 50 MJ/d oder 5- bis 6fache Steigerung des Ruheumsatzes können bei hohen Leistungen beobachtet werden). Bei der Frau liegt die Grenze der Schwerstarbeit bei ca. 15 MJ/D, ≙ ca. 186 W.

Leistungsfähigkeit

Ein wesentlich besserer Einblick in die **Leistungsfähigkeit** eines Menschen ist möglich, wenn man anstatt der Tagesgesamtwerte die aktuellen Leistungswerte angibt. Als **Dauerleistungsgrenze** ist diejenige maximale Leistung (L) definiert, die man gerade noch langfristig durchhalten kann. Die Faustregel besagt, daß ein Gesunder die Steigerung seiner Leistung auf das 5fache des Grundumsatzes langfristig über eine Stunde durchhalten kann. Bei einem 70 kg schweren Probanden wäre dies eine Leistung von etwa 350 W. Natürlich ist diese sehr variabel, da sie u. a. vom *Trainingszustand* des Probanden, *konstitutionellen Faktoren* und auch *psychischen Faktoren* abhängig ist. Bei der physikalischen Bestimmung von Leistungen wird oft von einer Belastung als vorgegebener Anforderung und einer Beanspruchung in Abhängigkeit von seiner **Leistungsfähigkeit** gesprochen; sie beeinflussen immer das biologische Ergebnis und führen daher zur Streuung der Meßergebnisse. Unter Leistungsfähigkeit wird also die Fähigkeit verstanden, auf eine Belastung zu reagieren und damit eine Leistung zu vollbringen.

6.2.2 Unterscheidung von Kurzzeit- und Dauerleistungen

Leistungsfähigkeit und deren Maß

Die normale **Dauerleistungsgrenze** wird im Bereich vom 5- bis 10fachen Wert des Grundumsatzes (GU), also zwischen 350 und 700 W angegeben. Im optimalen Trainingszustand und bei maximalem Training können extreme **Dauerleistungswerte** einer 20fachen Grundumsatzsteigerung erreicht werden; so sind zum Beispiel bei 100-m-Sprints Werte einer 275fachen Grundumsatzerhöhung möglich. Eine Steigerung über diese Leistungsgrenze hinaus ist nur kurzfristig möglich, da in einem solchen Falle der Energieumsatz des Körpers nicht mehr durch die gleichzeitige O_2-Aufnahme gedeckt werden kann.

Als ideales Maß für die Leistungsfähigkeit gilt die **maximale Sauerstoffaufnahme pro Zeit (VO_2max)**, bezogen auf das Körpergewicht. Bei der Messung der VO_2max werden außer der Sauerstoffaufnahme die CO_2-Ausscheidung, die Herzfrequenz, die Ventilation und die Atemfrequenz gemessen und die daraus abgeleiteten Größen wie das **Atemäquivalent** errechnet. Der Wert kann zur Beurteilung, inwieweit sich ein Proband bei der Arbeit voll verausgabt hat bzw. ob er durch die Arbeit voll belastet war, herangezogen werden.

Stoffwechsel und seine Energiereserven

Der Organismus überbrückt Kurzleistungen mit dem Verbrauch seiner gespeicherten **Energiereserven**. Energie ist im Organismus besonders in Form von **Phosphaten**, wie z. B. Adenosintriphosphat (ATP) oder Kreatinphosphat gespeichert. Während kurzanhaltender, 10 s dauernder körperlicher Arbeit ist keine zusätzlich O_2-Zufuhr notwendig, weil eine kurze Muskelarbeit durch die ATP- und Kreatinphosphatreserven der Muskelzellen energetisch gedeckt werden kann. Aber auch Sauerstoff ist vor allem in der Arbeitsmuskulatur am **Myoglobin** gebunden und wird im Falle einer längerdauernden Leistung mit hoher O_2-Schuld zur Verfügung gestellt. Die **O_2-Schuld** wird durch erhöhte *Nachatmung* am Ende einer körperlichen Leistung ausgeglichen.

Anaerobe Energiegewinnung

Weiter verfügt der Körper über die Möglichkeit zur sauerstofffreien (anaeroben) Energiegewinnung durch Abbau von Kohlenhydraten zur Milchsäure (**Lactat**). Dieser Stoffwechselweg ist jedoch gegenüber dem oxidativen Glucoseabbau weniger ökonomisch, da das Endprodukt Lactat noch einen hohen Energiegehalt besitzt. Die Zelle muß ca. 15 mal mehr Glucose umsetzen, wenn sie auf dem anaeroben Stoffwechselweg die gleiche Energiemenge gewinnen will wie auch bei der aeroben Energiegewinnung. Neben dem Maß der Nachatmung ist auch die Milchsäurekonzentration ein Indikator für die Höhe der Sauerstoffschuld im Körper. Mit zunehmender Leistung steigt infolge zunehmender anaerober Energiegewinnung die Lactatkonzentration im Blutplasma über den Normalwert von 1 mmol/l an, bei Dauerleistungen bis zu 2 – 3 mmol/l, bei erschöpfender Arbeit bis zu 10 mmol/l. Ein steigender Lactatspiegel und die damit verbundene Säuerung des Blutes führen zu einem zusätzlichen Atemantrieb, wobei der arterielle P_{CO_2} deutlich absinken kann (siehe Atmung, Kap. 5.6 und Abb. 6.**3**).

„Steady state" bei konstanten Leistungen

Konstante Leistungen unterhalb der Dauerleistungsgrenze sind längerfristig durchhaltbar und führen nicht kurzfristig zur Ermüdung. Auch in diesem Fall wird anfangs eine gewisse O_2-Schuld eingegangen, im weiteren Verlauf entspricht die O_2-Aufnahme allerdings dem O_2-Verbrauch, und die Pulsfrequenz bleibt gleich. Der **Energieumsatz** pendelt sich bei einem konstanten, stationären Wert, dem **steady state**, ein. Am Ende der Arbeit wird die anfängliche O_2-Schuld wieder ausgeglichen. Sie entspricht in etwa der nach Ende der Arbeit gegenüber dem Ruhebedarf vermehrt aufgenommen O_2-Menge (Abb. 6.**2**).

Klinischer Bezug

Physiologie S. 523, Abb. 6.3

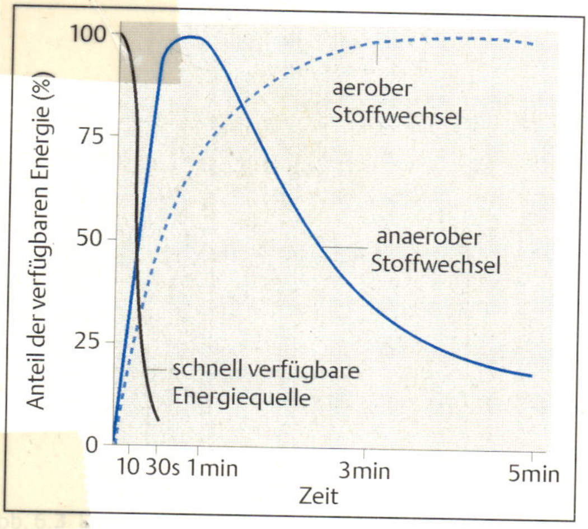

Abb. 6.3 Energiegewinnung bei Arbeitsbeginn

Physiologie S. 448, Abb. 1.1

Im Gibbs-Donnan-Gleichgewichtszustand erfolgen *keine* Netto-Ionenbewegungen. Der rechte Abbildungsteil darf daher *keine* Pfeile enthalten.

Biochemie S. 711, Abb. 1.2

Die L-Glycerinaldehyd-Strukturformel ist falsch: Am mittleren Kohlenstoffatom befindet sich auf der rechten Seite statt der eingezeichneten OH-Gruppe ein Wasserstoffatom.

Sinne wird alles als Arbeit bezeichnet, was einen erhöhten Energieumsatz im Muskel bedingt. Dieser Energieumsatz im Muskel kann durch positive oder negative **dynamische Muskelarbeit** oder durch isometrische, **statische Haltearbeit** gekennzeichnet sein.

Klinischer Bezug

Bei der *spiroergometrischen* Prüfung der Leistungsfähigkeit eines gesunden 70 kg schweren Erwachsenen im Alter von 20 Jahren ist die Bestimmung des Wirkungsgrades nur im steady state möglich. Er kann eine Belastung von 70 Watt (W) mindestens 10 Minuten lang durchhalten. Im Ergebnis liegt der **Nettowirkungsgrad** über dem **Bruttowirkungsgrad**. Nimmt die Herzfrequenz bei gleichbleibender Belastung zu, so weist dies auf eine baldige Ermüdung hin. Eine Belastung mit 5 Watt/kg Körpergewicht liegt über der Dauerleistungsgrenze, welche bei einer Blutlactatkonzentration von 7 mmol/l, einer O_2-Aufnahme von 50 ml pro kg Körpergewicht und pro Minute, einer Herzfrequenz von 150/min und einem Herzzeitvolumen von 20 l/min überschritten ist. Zur exakten Umrechnung des O_2-Verbrauchs in den Energieumsatz wird der **respiratorische Quotient (RQ)** (s. 6.2.4) benötigt.

6.2.4 Respiratorischer Quotient (RQ)

Der **respiratorische Quotient (RQ)** beschreibt das Verhältnis von CO_2-Abgabe zu O_2-Aufnahme. Der steady state ist erreicht, wenn der Organismus im Gleichgewicht steht und die pulmonale O_2-Aufnahme und die CO_2-Abgabe (**Lungen-RQ**) dem O_2-Verbrauch bzw. der CO_2-Bildung bei der Glucose-Verbrennung im Stoffwechsel (**Stoffwechsel-RQ**) gleich ist:

$$RQ = \frac{\dot{V}_{CO_2}}{\dot{V}_{O_2}} = \frac{CO_2\text{-Abgabe}}{O_2\text{-Aufnahme}} \qquad (6.1)$$

Stehen die CO_2-Abgabe und die O_2-Aufnahme im Gleichgewicht, so beträgt der RQ = 1. In der Regel ist das Ausatmungsvolumen etwas kleiner als das Einatmungsvolumen, weil weniger CO_2 abgegeben als O_2 aufgenommen wird. Der Lungen-RQ ist somit im Normalfall <1. In der Klinik kann eine Veränderung des respiratorischen Quotienten auf eine Lungenfunktionsstörung hinweisen.

Der Stoffwechsel-RQ ändert sich auch mit der Art des Stoffes, der als **Energiequelle** verbrannt wird. Da z. B. Fettsäuren pro Atom Kohlenstoff weniger Sauerstoff enthalten als Kohlenhydrate, ergibt sich für die Verbrennung von Fett (RQ = 0,7) ein niedrigerer RQ als für Glucose (RQ = 1,0). Der RQ kann also auch ein Hinweis auf die Art des Nährstoffes sein, der zur Energiegewinnung dient (siehe auch Energiehaushalt, 8.1).

6.3 Training

In den verschiedenen **Trainingsformen** finden sich zwei physiologische Grundprinzipien: das isometrische Krafttraining und das Ausdauertraining.

Isometrisches Krafttraining

Grundlage des **isometrischen Krafttrainings** ist die maximale Muskelkontraktion als Reiz zur Steigerung der Muskelkraft. Als optimales Trainingsprogramm gelten fünf annähernd maximale Muskelkontraktionen von etwa 5 Sekunden Dauer täglich. Resultat ist ein echtes Muskelwachstum in Form einer Zunahme der durchschnittlichen *Muskelfaserquerschnittsfläche*. Hormone, wie zum Beispiel das **Testosteron** (Sexualhormon) oder die Reihe Testosteron-ähnlicher Anabolika beeinflussen das Muskelwachstum wesentlich und finden deshalb häufig beim *Doping* im Sport Verwendung.

Ausdauertraining

Grundlage des **Ausdauertrainings** ist die Steigerung der Leistungsfähigkeit des *Herz-Kreislauf-Systems*, da es den begrenzenden Faktor in der Dauerleistung darstellt. Resultat ist in diesem Falle das erhebliche Größenwachstum des Herzens (Sportlerherz), weil die obere Grenze der Herzfrequenz prozentual nur wenig veränderbar ist. Beim **Sportlerherz** nimmt das Herzvolumen und somit das Herzschlagvolumen auf das Doppelte zu, und die Ruhefrequenz sinkt teilweise bis auf 40/min ab. Ein Ausdauertrainierter kann sein *Herzminutenvolumen* (HMV) gegenüber dem Untrainierten um den Faktor 6 steigern. Hochleistungsathleten erreichen so eine Steigerung ihres HMV um 30 bis 40 l/min und ihres O_2-Verbrauchs auf das 20fache des Ruhewertes. Auch die *Vitalkapazität*, das maximale *Atemzeitvolumen* und der *Atemgrenzwert* der Lunge steigen an, jedoch wird die Erhöhung der maximalen O_2-Aufnahme hauptsächlich über eine Zunahme des *Herzschlagvolumens* erreicht. Diese Angaben gelten natürlich nur für eine dynamische, also **phasisch-rhythmische Muskelarbeit** und nicht für eine **statische Haltearbeit**, der aufgrund ihrer schlechten Ökonomie wesentlich engere Grenzen gesteckt sind. Die starke Daueranspannung im statisch kontrahierten Muskel verhindert eine adäquate Durchblutung und vermindert somit eine effektive Muskelarbeit.

Ernährung, Verdauungstrakt, Leber

7.1 Ernährung

Für das Wachstum, die Entwicklung sowie für die geistige und körperliche Leistungsfähigkeit ist eine gesunde Ernährung eine der wichtigsten Grundvoraussetzungen. Unter gesunder Ernährung versteht man heute eine möglichst abwechslungsreiche und ausgewogene Kost, die den Körper mit allen notwendigen Nährstoffen und mit Wasser versorgt.

7.1.1 Nahrungsmittel

Alles über Nahrungsmittel, ihre Bedeutung und Wertigkeit s. Biochemie 7.1.

7.1.2 Regulation der Nahrungsaufnahme

Von der Tätigkeit des Magens wird dem Menschen nur wenig bewußt. Die Kontraktionen des leeren Magens erlebt man als Magenknurren. Unsere Empfindungen wie Hunger, Appetit und Sättigung werden vom ZNS gesteuert.

Das sog. **Hungerzentrum** liegt im lateralen Kerngebiet des Hypothalamus, vermittelt das Hungergefühl und regt zur Nahrungsaufnahme an. Das Verlangen nach Nahrungszufuhr, der **Appetit** (Schwachform des Hungers), wird ebenso zentralnervös (vermutlich durch Neuropeptide wie Substanz P und Opioide) gesteuert und durch optische, olfaktorische und gustatorische Reize beeinflußt.

Klinischer Bezug

Appetitzügler sind synthetische Substanzen, die auf zentraler Ebene Stoffwechsel und Energieverbrauch anregen bzw. das Hunger- und Sättigungszentrum hemmen. Von ihrem Einsatz zur Gewichtsreduktion ist abzuraten, da sie zur Abhängigkeit führen können!

Das **Sättigungszentrum**, der ventromediale Hypothalamuskern, wird durch das limbische System und die Hirnrinde (als Reaktion auf Glucose) beeinflußt und vermittelt einige Zeit nach dem Essen das Sättigungsgefühl. Eine Überdehnung des Magens dagegen ruft Völlegefühl hervor. Der Durst, gesteuert im ZNS durch Angiotensin II und Adiuretin, wird speziell erläutert (s. 9.1.3).

7.1.3 Inadäquate Ernährung

Überernährung: In den Industrieländern (auch in unserer sog. Wohlstandsgesellschaft) wird heute häufig zu viel und zu fett gegessen; dazu kommen Streß und Bewegungsmangel. Es wird mehr Energie durch die Nahrung aufgenommen als der Körper tatsächlich benötigt. „Der Überschuß an Energie" wird in Form von Fett gespeichert → Übergewicht. Fettsucht (Adipositas) ist einer der vermeidbaren Risikofaktoren für Bluthochdruck, Stoffwechselstörungen u. ä.

Bei der **Unterernährung** hingegen wird der Energiebedarf des Organismus nicht gedeckt (negative Energiebilanz). Das versucht der Körper durch das Einschmelzen von Fettgewebe (und später von Muskulatur) bei verringerter Leistungsfähigkeit zu kompensieren. Bei länger andauernder Unterernährung sind Dauerschäden (z. B. Leberschäden, Eisenmangelanämie, Hypoglyk-, Hypoprotein- und Hypoelektrolytämie) nicht auszuschließen.

Klinischer Bezug

In den Entwicklungsländern leiden viele Menschen an Mangelernährung. Bei der Proteinmangelernährung (Kwaschiorkor) ist die Proteinsynthese vermindert. Weil damit auch die Albuminbildung reduziert ist, kommt es zur Ödembildung (sog. **Hungerödeme**).

Einseitige Ernährung: Eine ausgewogene Ernährung sollte den Bedarf an essentiellen Aminosäuren, Fettsäuren, Vitaminen, Mineralstoffen, Spurenelementen und vitaminähnlichen Substanzen, den Vitaminoiden (Carnitin, α-Liponsäure, Cholin u.a.), decken. Daraus folgt, daß eine streng einseitige Ernährung stets zu *Mangelerscheinungen* führt. So kann z.B. eine überwiegend vegetarische, non-ovo-non-lakto-Kost zu Eiweißmangelerscheinungen führen.
Gewichtsreduktion: Heute gibt es verschiedene Möglichkeiten zur Gewichtsreduktion. Von den auf dem freien Markt angebotenen „Schlankmachern", die zwar schnell, aber selten dauerhaften Erfolg versprechen, einmal abgesehen, gibt es z. B. das *Fasten*, das gleichzeitig die älteste Therapie bei Adipositas ist. Totales Fasten (Nulldiät) bedeutet völligen Nahrungsentzug, nur Wasserzufuhr ist erlaubt. Es ist aus physiologischer Sicht für längere Zeit nicht zu empfehlen (mögliche Nebenwirkungen: metabolische Azidose, negative Kaliumbilanz, Nierenschäden). Im Gegensatz dazu steht die Fastenkur, die trotzdem den Mindestbedarf an allen Nahrungsbestandteilen deckt, unter ärztlicher Aufsicht.

7.1.4 Parenterale Ernährung

Siehe Biochemie 7.1.4.

7.2 Motorik des Magen-Darm-Traktes

Die aufgenommene Nahrung gelangt durch den Ösophagus in den Magen. Aufgabe des Magen-Darm-Traktes ist es, diese Nahrung aufzuspalten (Verdauung) und im Darm die Nahrungsstoffe zu absorbieren. Dabei wird im Magen die Nahrung mechanisch unter Zusetzung von Magensaft bearbeitet. In der anschließenden Passage durch das Duodenum werden Galle und Pankreassaft zugeführt. Die Absorption der Vitamine und Mineralstoffe aus dem Speisebrei (Chymus) sowie die Eindickung des Chymus durch Wasserentzug finden im Jejunum, Ileum und im Dickdarm statt. Im Rektum wird der Stuhl (Fäzes) bis zur nächsten Defäkation gespeichert.
Entleerungszeiten des Magen-Darm-Traktes:

- Ösophagus: 10 s
- Magen: 1-5 h
- Dünndarm: 7-9 h
- Dickdarm: 25-30 h
- Mastdarm: 30-120 h

7.2.1 Grundlagen

Muskulatur, Peristaltik und Motilität

Die glatte Muskulatur des Gastrointestinaltraktes besteht aus einer inneren Ring- und äußeren Längsmuskelschicht. Im Magen kommt ganz innen eine dritte Schicht hinzu, die Fibrae obliquae (s. Histologie 3.10). Entsprechend ihrer Funktion unterscheidet man **tonische Muskeln** (Dauerkontraktion, typisch für Sphinkter – Pylorus, Ileozäkalklappe und in Organen mit Speicherfunktion – Magenfundus, Gallenblase) von **Muskeln mit phasisch-rhythmischer Aktivität** (Schrittmacherregion). Deren Aktivität äußert sich im rhythmisch schwankenden Membranpotential (Slow waves, langsame Wellen), das spontan auftritt mit einer Frequenz von ca. 3/min im Magen bis ca. 12/min im Duodenum. Während der langsamen Wellen sind die Muskelbündel z. T. kontrahiert, ein Aktionspotential wird aber *nicht* ausgelöst. Dieses wird erst erreicht, wenn das Schwellenpotential überschritten wird (Abb. 7.**1**). Die schnell aufeinanderfolgenden Aktionspotentiale (Spike-Salven) sind Ca^{2+}-Spikes. Denn, wie bei der glatten Muskulatur üblich, muß Ca^{2+} aus dem Extrazellulärraum in die Zelle diffundieren und an Calmodulin binden, um Spikes auszulösen.
Bei Annäherung des Ruhemembranpotentials an das Schwellenpotential steigt die Dauer der Spike-Salven → es folgt ein vollständiger Spasmus. Zur Lähmung (Atonie) kann es bei Hyperpolarisation kommen (Frequenz der Slow waves ↑ und Muskeltonus ↓).

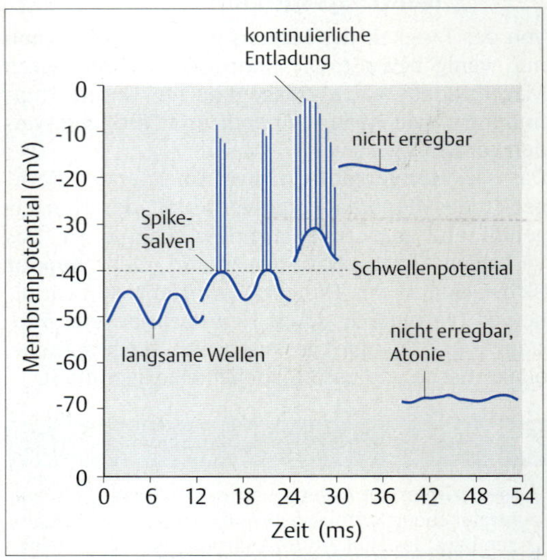

Abb. 7.**1** Membranpotential der glatten Darmmuskulatur (nach Klinke/Silbernagl, Thieme 1994)

Klinischer Bezug

Die Ca^{2+}-Kanäle in der glatten Muskulatur des Gastrointestinaltraktes sind, wie am Herzen, durch Calciumkanalblocker wie Nifedipin zu blockieren.

Durch das Wandern der Kontraktionswellen im Gastrointestinaltrakt (**Peristaltik**) und den rhythmischen Wechsel zwischen Kontraktions- und Erschlaffungsphase (**peristaltischer Reflex**) wird der Chymus durchmischt und befördert. Kontraktions- und Erschlaffungsphase bedingen das Bewegungsvermögen (**Motilität**) des Gastrointestinaltraktes.
Die Muskulatur des Magen-Darm-Traktes bietet im Vergleich zur „sonstigen" glatten Muskulatur regionale Besonderheiten. So sind die Muskelzylinder mit Epithel ausgekleidet. Außerdem sind dem Gastrointestinaltrakt exokrine Drüsen angegliedert (s. 7.3.1), deren Sekrete zum Nahrungsaufschluß notwendig sind.

Innervation

Das zwei- und dreidimensionale Nervengeflecht des **Darmwandnervensystem**s (s.a. 11.1.3) liegt intramural und wird vom Plexus myentericus (zwischen Längs- und Ringmuskulatur) sowie vom Plexus submucosus (zwischen Ringmuskulatur und Lamina muscularis mucosae) gebildet. Zu den beiden Plexus ziehen sympathische und parasympathische Nervenfasern, viszerale Afferenzen werden abgegeben.

Klinischer Bezug

Bei Fehlen des Darmwandnervensystems im rektosigmoidalen Colon kann der Säugling keinen Stuhl entleeren → massiv dilatiertes Colon (**Hirschsprung-Krankheit**). Therapie: Entfernung des betreffenden Colonabschnittes.

Parasympathische Fasern: Der Gastrointestinaltrakt wird parasympathisch durch den N. vagus (aus der Medulla oblongata) und die Nn. pelvici (aus dem Sakralmark) innerviert. Der N. vagus versorgt Pankreas, Leber, Gallenblase, Ösophagus, Magen, Dünndarm und Colon ascendens (s. Abb. 11.**1**). Der restliche Teil des Darms wird von den Nn. pelvici versorgt.
Sympathische Fasern: Die präganglionären, cholinergen Fasern des Sympathikus stammen aus dem thorakolumbalen Rückenmark (Th_5-L_3). Sie treten an der Vorderwurzel aus und werden auf folgende postganglionäre, noradrenerge Neurone umgeschaltet:

- *Ganglion cervicale:* versorgt Ösophagus,
- *Ganglion coeliacum:* versorgt Ösophagus, Magen, Duodenum, Leber, Pankreas,
- *Ganglion mesentericum superior:* versorgt Duodenum, oberes Kolon,
- *Ganglion mesentericum inferior:* versorgt unteres Kolon, Rektum.

Postganglionärer Transmitter an den Erfolgsorganen ist **Noradrenalin**, das erregende Plexuszellen über α_1-**Rezeptoren** hemmt. Die glatte Sphinktermuskulatur (Pylorus, Ösophagussphinkter) kann dagegen direkt über die α_1-Rezeptoren erregt werden.
Diese präganglionären Fasern des N. vagus u. der Nn. pelvici enden an den Ganglien der intramuralen Plexus. Ihr Neurotransmitter ist **Acetylcholin**, das mit *nikotinergen Rezeptoren* der Ganglienzellen reagiert. Die postganglionären Fasern in den Plexus können erregende (cholinerge: Acetylcholin als Transmitter) oder hemmende, *n*icht-*c*holinerg-*n*icht-*a*drenerg (NCNA-Neurone) sein. NCNA-Neurone benutzen als Transmitter Stickoxid (NO), VIP, ATP und Somatostatin. Nach neuesten Erkenntnissen können NCNA-Neurone auch erregend wirken. Als Transmitter wird hier Substanz P vermutet.
Die **Afferenzen** des Gastrointestinaltraktes sind vielfältig und verlaufen mit sympathischen oder parasympathischen Nerven:

- Mit *sympathischen Nerven* verlaufende Fasern treten über die dorsale Wurzel ins Rückenmark.
- Die mit dem *N. vagus* verlaufenden Fasern bilden die Afferenz für den *vagovagalen Reflex* (koordinierte Motorik zwischen Ösophagus und Magen). Die in den Nn. pelvici verlaufenden Afferenzen beteiligen sich am *Defäkationsreflex.*

7.2.2 Kauen und Schlucken

Die aufgenommene Nahrung wird beim Kauen zerkleinert und durch Zusatz von Speichel homogenisiert. Einfluß darauf haben Kauzeit, Kaudruck, Gebißzustand und die Koordinierung der Kaumuskulatur. Nachdem die Zunge einen schluckfähigen Bissen (Bolus) geformt hat, wird er mit der Zunge nach hinten, oben und gegen den weichen Gaumen gedrückt → das Schlucken wird eingeleitet. Pharyngeale Mechanorezeptoren und Afferenzen des N. glossopharyngeus lösen den *Schluckreflex* aus (Schluckzentrum in der Medulla oblongata).

Ablauf des Schluckreflexes

Der Kiefer schließt sich, der angehobene weiche Gaumen dichtet den Nasen-Rachen-Raum ab. Der Bolus gelangt in den Rachen, die Atmung wird angehalten und die Stimmritze geschlossen. Der Kehlkopfdeckel verschließt die Trachea, die Schließmuskeln des unteren Rachens erschlaffen → der Bissen wird vom Pharynx in den oberen Ösophagus (durch den oberen Ösophagussphinkter) gedrängt.

Eine Wanddehnung des oberen, quergestreiften Teils des Ösophagus löst die primäre peristaltische Welle aus. Eine Dehnung der unteren Ösophagusabschnitte (glatte Muskulatur!) führt zur sekundären peristaltischen Welle. Das untere Ösophagusende mündet mit dem unteren Ösophagussphinkter, der unwillkürlich gesteuert wird (N. vagus), an der Kardia in den Magen. Dieser untere Sphinkter ist tonisch kontrahiert, öffnet sich jedoch beim Schlucken oder Erbrechen. Der obere Ösophagussphinkter öffnet bei den gleichen Ereignissen, wird aber willkürlich kontrolliert (Schluckakt s. a. Anatomie 5.4.9).

Klinischer Bezug

Bei erniedrigtem Ruhetonus des unteren Ösophagussphinkters kommt es zum **Ösophagusreflux**, d. h., durch zurückfließenden Magensaft entstehen im unteren Ösophagus Schleimhautentzündungen. Ein erhöhter Tonus wird klinisch als **Achalasie** bezeichnet.

7.2.3 Magen

Die Muskulatur des Magens kann aufgrund ihrer Funktion eingeteilt werden:

- *proximaler Teil:* Verdauung, Speicherung;
- *distaler Teil:* Entleerung.

Magenmotorik

Die Kardia öffnet sich reflektorisch, der proximale Anteil des Magens erschlafft kurz (rezeptive Relaxation durch hemmende Vagusfasern). Bei Nahrungseintritt in den „proximalen Magen" → reflektorische Erschlaffung (*Akkommodationsreflex*) → der Mageninnendruck steigt trotz Füllung nicht. Die Magenwand wird reflektorisch bzw. durch Gastrin gereizt → Aktivierung des „distalen Magens". Der solange als Speicher dienende proximale Teil schiebt die Nahrung nach distal. Dort (sog. *Schrittmacherzone*) beginnen alle 3 min (bei gefülltem Magen) peristaltische Wellen, die im Antrumbereich am stärksten sind und bis zum Pylorus laufen. In diese Richtung wird jetzt der Chymus bewegt und nach Pylorusschluß wieder zurückgeworfen. Dadurch wird die Vermischung mit Magensaft und das Emulgieren der Fette (Verbesserung der Wasserlöslichkeit) bewirkt. Der sonst leicht geöffnete Pylorus schließt beim Eintreffen der peristaltischen Welle und erschlafft dann wieder.

Die **Verweildauer der Nahrung im Magen** hängt von der Nahrungszusammensetzung ab und wird beeinflußt durch

- die *Konsistenz* der Nahrung (feste Nahrung verbleibt länger als Flüssigkeit),
- die *Osmolarität* (Verweildauer länger, je höher die bei Osmolarität der Flüssigkeit),
- den *Energiegehalt* der Nahrung.

Isotone Flüssigkeit verweilt weniger als 1 Std. im Magen; feste Nahrung, je nach Zusammensetzung, 1 – 5 Std.

Merke

Die Verweildauer im Magen steigt in der Folge Kohlenhydrate $<$ Proteine $<$ Fette!

Die Magenentleerung wird auch durch eine *Rückmeldung des Duodenums* reguliert: Je saurer der Chymus, um so stärker wird die Magenentleerung gehemmt. Auch hyperosmolare Lösung und ggf. ins Duodenum gelangte Fette wirken hemmend.

Die Entleerung wird jedoch auch *nerval und hormonal* gesteuert. Cholinerge Fasern des N. vagus erhöhen den Tonus des proximalen Magens, während sympathische Fasern ihn hemmen. Die Entleerung wird durch Hormone wie Motilin und Gastrin gefördert und z. B. durch Sekretin gehemmt.

7.2.4 Erbrechen

Erbrechen (retrograde Entleerung des Mageninhaltes) kann vielfältige **Ursachen** haben:

- *funktionell:* psychogen, Schwangerschaft
- *organisch:* Entzündungen, Tumoren im Gastrointestinaltrakt
- *exogen:* Intoxikationen (Medikamente, Alkohol, Lösungsmittel etc.)
- *extraabdominale Erkrankungen:* Migräne (anfallsartige Kopfschmerzen), Meningitis (Hirnhautentzündung), Schädel-Hirn-Trauma, Stoffwechselentgleisungen wie diabetisches Präkoma u. a.

Zu den typischen, dem Erbrechen vorausgehenden Anzeichen gehören u. a. Blässe, Übelkeit, weite Pupillen und Schweißausbrüche.

Beim Erbrechen ist das Zwerchfell in der Inspirationsstellung fixiert. Es kommt zur Kontraktion der Bauchmuskeln, gleichzeitiger Duodenumkontraktion und Erschlaffung der Kardia → der Mageninhalt wird mit hohem Druck in den Ösophagus gepreßt, der obere Ösophagussphinkter öffnet sich, der Speisebrei gelangt in den Mund und wird erbrochen.

Das steuernde **Brechzentrum** ist die dopaminerge Area postrema in der Medulla oblongata. Das Erbrechen dient dazu, den Organismus bzw. den Magen vor Toxinen u. ä. zu schützen.

Klinischer Bezug

Länger andauerndes Erbrechen führt zum Verlust von Flüssigkeit, H^+, Cl^-, Na^+ → **metabolische Alkalose**.

7.2.5 Dünn- und Dickdarm, Defäkation

Die allgemeinen Erkenntnisse über die Muskulatur des Gastrointestinaltraktes (s.o.) gelten natürlich auch für Dünn- und Dickdarm, mit regionalen Besonderheiten.

Dünndarm

Im Dünndarm (Duodenum, Jejunum, Ileum) nimmt die Kontraktionshäufigkeit (Slow waves) von proximal nach distal ab, d. h., die Eigenfrequenz verringert sich von 12/min im Duodenum auf 8/min im Ileum (Unterschied zur Magenmotorik ist die insgesamt höhere Eigenfrequenz). Daraus ergibt sich ein systematischer Frequenzgradient im Dünndarm. Die dadurch ausgelösten Segmentbewegungen wirken vorrangig lokal an der Durchmischung des Chymus mit → langsame Passage des Chymus durch den Dünndarm (1 – 2 Std.). Zu peristaltischen Dünndarmkontraktionen, ausgelöst durch die intramuralen Plexus, kommt es bei Überaktivität (ausgelöst durch Erkrankungen, z. B. Schleimhautentzündungen von Magen und Dünndarm durch Toxine, Arzneimittel u. ä.). Die Folge ist Diarrhö (Durchfall). Der Ruhetonus des Darms (Membranpotential, Amplitude der Wellen) wird nerval gesteuert.

Merke

Sympathische Nerven wirken stets hemmend und bremsen die Fortbewegung des Chymus. *Parasympathische Nerven* können erregen oder hemmen.

Im Dünndarm findet hauptsächlich die Verdauung und Absorption statt. Deshalb ist seine Oberfläche um ein vielfaches vergrößert durch Kerckring-Falten (segmentartige Falten im Dünndarm) mit Darmzotten und Krypten und darin eingelagerten sekretorischen Zellen.

Dickdarm

Die Bewegungen des Dickdarms (Zäkum und Colon) werden von vegetativen Nervengeflechten in der Colonwand gesteuert und sind wesentlich langsamer als die des Magens und des Dünndarms → durchschnittliche Passagezeit: 1 – 3 Tage. Durch die für den Dickdarm typischen Haustren (Einschnürungen) kommt es zu segmentalen Kontraktionen, und außerdem gibt es peristaltische Wellen (4 – 6/min) in beide Richtungen (aboral und oral), also insgesamt Mischbewegungen. Massenbewegungen ereignen sich 2 – 3 mal täglich, d. h., durch lokale kräftige Kontraktionen wird Darminhalt aboral verschoben. Diese Massenbewegungen werden meist während der Mahlzeiten ausgelöst (*gastrokolischer* Reflex), vermutlich durch Hormone des Gastrointestinaltraktes. Daher folgt einer Nahrungsaufnahme häufig ein Defäkationsreiz. Neben seiner Speicherfunktion dient der Dickdarm dazu, den Chymus (täglich 500 – 1500 ml) durch Wasserentzug und Resorption der Elektrolyte einzudicken (auf 100 – 200 ml). Charakteristisch für den Dickdarm sind, neben den auch dort vorkommenden Krypten, die Darmbakterien. Der übrige Gastrointestinaltrakt enthält wenig Darmbakterien (z. B. Ileum) bzw. gar keine (Magen – bakterizide Wirkung des Magensaftes). Die Bakterienflora des Dickdarms wird von Anaerobiern (Bakterien, die ohne Sauerstoff wachsen) bestimmt. Sie synthetisieren Vitamin K, produzieren aus Ballaststoffen kurzkettige Fettsäuren sowie Methan und Wasserstoff (intestinale Gasbildung).

Defäkationsreflex

Der **Mastdarm** (Rektum) endet mit dem Anus, der verschlossen ist durch:

- die Kohlrausch-Falte,
- die Mm. puborectales,
- einen inneren unwillkürlichen und den äußeren willkürlichen Analsphinkter.

Durch Füllung des oberen Rektums (Ampulla recti) werden lokale Druckrezeptoren erregt → Stuhldrang. Bewußt kann der Stuhldrang unterdrückt werden, indem die Kontraktion des äußeren Analsphinkters aufrechterhalten wird. Bei der Defäkation kontrahiert sich die rektale Längsmuskulatur, die Analsphinkter und Mm. puborectales erschlaffen, der Darm kontrahiert, die Ringmuskulatur (unterstützt von der Bauchpresse) befördert den Stuhl ins Freie. Die Frequenz der Defäkation ist verschieden (3 mal täglich bis 3 mal pro Woche) und wird u. a. beeinflußt durch den Anteil der Ballaststoffe an der aufgenommenen Nahrung. Täglich werden ca. 60 – 180 g Stuhl ausgeschieden (bei Durchfall: > 200 g).

7.2.6 Pathophysiologie

Hindernisse bei der Passage des Gastrointestinaltraktes können verschiedene Ursachen haben und zum **Darmverschluß (Ileus)** führen. Der Ileus ist lebensgefährlich und wird wie folgt klassifiziert:

- *mechanischer Ileus* (durch Verengung oder Verlegung des Darms, z. B. durch Tumoren);
- *dynamischer oder paralytischer Ileus* (durch Darmlähmung, z. B. nach Infektionen).

Der Darm reagiert bei Verschluß mit einem intestinointestinalen Reflex, der Stillegung der Darmmotorik (*Paralyse*). Eine lokale extreme Ausdehnung der Darmwand ruft diesen Reflex hervor. Je nach Lage des Verschlusses wird zwischen Duodenal-, Dünndarm- oder Dickdarmileus unterschieden.

7.3 Sekretion

Um die mit der Nahrung aufgenommenen Kohlenhydrate, Fette, Proteine usw. zu verdauen, müssen sie aufgespalten und meist auch wasserlöslich gemacht werden. Deshalb produziert der Gastrointestinaltrakt sog. Verdauungsenzyme und sondert diese luminal ab (*Sekretion*).

7.3.1 Grundlagen

Die zur Verdauung im Magen-Darm-Trakt benötigten Sekrete werden in exokrinen Drüsen produziert. Merkmal der exokrinen Drüsen ist, daß sie über einen Ausführungsgang verfügen, worüber ihr Sekret auf innere oder äußere Körperoberflächen gelangt. Exokrine Drüsen sind außer im Gastrointestinaltrakt auch im Atem- und Genitaltrakt, in der äußeren Haut (Schweiß-, Talg- und Duftdrüsen) bzw. als Tränendrüse zu finden. Die exokrine Sekretion findet im gesamten Gastrointestinaltrakt statt und kann spontan oder meistens neuronal und hormonal bedingt ablaufen.

7.3.2 Mund, Rachen, Ösophagus

Mund, Rachen und Ösophagus bilden funktionell eine Einheit, die den aufgenommenen Bissen durch Kauen und Einspeicheln schluck- und verdauungsfähig macht (Kauakt s. 7.2.2).

Zusammensetzung, Bildung und Wirkung des Speichels

Der Speichel wird zu 25 % in den Parotiden gebildet (wäßriger, seröser Speichel), zu 70 % in den submandibulären Drüsen (muzinreicher Speichel) und zu den restlichen 5 % in den sublingualen Speicheldrüsen sowie in Drüsen der Mundschleimhaut. Täglich werden 500 – 1500 ml Speichel produziert, die Sekretionsrate variiert zwischen 0,1 und 5 – 7 ml/min. Die **Speichelproduktion** erfolgt in zwei Etappen:

1. Phase: Der von den Azini sezernierte Primärspeichel ist *isoton* (Ionenkonzentration: Na^+ = 140 mmol/l, K^+ = 10 mmol/l, Cl^- = 110 mmol/l, HCO_3^- = 40 mmol/l), entspricht aber nicht der Elektrolytzusammensetzung des Plasmas. In der Zellmembran der Azinuszellen befindet sich ein Na^+-K^+-2 Cl^--Cotransporter;dadurch wird Cl^- sekundär-aktiv basolateral in die Zelle aufgenommen, transzellulär transportiert und passiv ins Lumen abgegeben → luminal negatives Potential → treibt Na^+ parazellulär ins Lumen, Wasser folgt. HCO_3^- wird aktiv sezerniert.

2. Phase: In der zweiten Etappe werden Na^+ und Cl^- in den Ausführungsgängen aus dem Speichel resorbiert. Da das Ausführungsgangepithel für Wasser nicht permeabel ist, wird der Speichel hypoton; K^+ und HCO_3^- werden sezerniert → der endgültige Speichel enthält viel K^+ und HCO_3^- und wenig Na^+ und Cl^-.

Der **endgültige Speichel** ist *hypoton* bei folgender Ionenzusammensetzung: Na^+ = 10 – 130 mmol/l, K^+ = 20 – 130 mmol/l, Cl^- = 80 mmol/l, HCO_3^- = 50 mmol/l. Dadurch wird die Löslichkeit der Proteine verbessert und der Schwellenwert der Geschmacksrezeptoren für NaCl gesenkt. Der pH-Wert des Speichels in Ruhe ist leicht sauer und wird bei starker Sekretion alkalisch (pH 7,8).

> **! Merke**
>
> Bei steigendem Sekretionsvolumen steigt die Na^+-Konzentration des Speichels und die K^+-Konzentration fällt ab, weil der Austausch in den Ausführungsgängen weniger bedeutend ist.

Enzyme: Das wichtigste Enzym des Speichels ist die α-Amylase (Ptyalin). Sie wird von der Glandula parotis sezerniert und beginnt Stärke zu spalten (zu verdauen). Dennoch ist ihre Wirkung durch die kurze Verweildauer der Nahrung und ihre geringe Aktivität begrenzt. Das Optimum der α-Amylase liegt beim pH von 6,7 → der saure Magensaft (pH 1,5) inaktiviert sie sofort. Die weitere Stärkeverdauung übernimmt die α-Amylase des Pankreassaftes. Hauptsächlich ist die Speichel-Amylase für den Abbau der im Gebiß verbliebenen Nahrungsreste zuständig (orale Hygiene).

Immunfunktion

Die antibakteriellen und antiviralen Eigenschaften des Speichels erklären sich durch das Vorhandensein von Immunglobulin A, Lysozym und Peroxidase.

Regulation der Speichelsekretion

Stimuli der reflektorischen Speichelproduktion sind Berührung der Mundschleimhaut, Kauen, Geschmack und Geruch von Speisen (Sprichwort: Mir läuft das Wasser im Mund zusammen!).

Nervale Steuerung: Die Speicheldrüsen werden sympathisch und parasympathisch innerviert. Je nachdem, welcher Transmitter (Noradrenalin oder Acetylcholin) überwiegt, ändert sich die Speichelzusammensetzung.

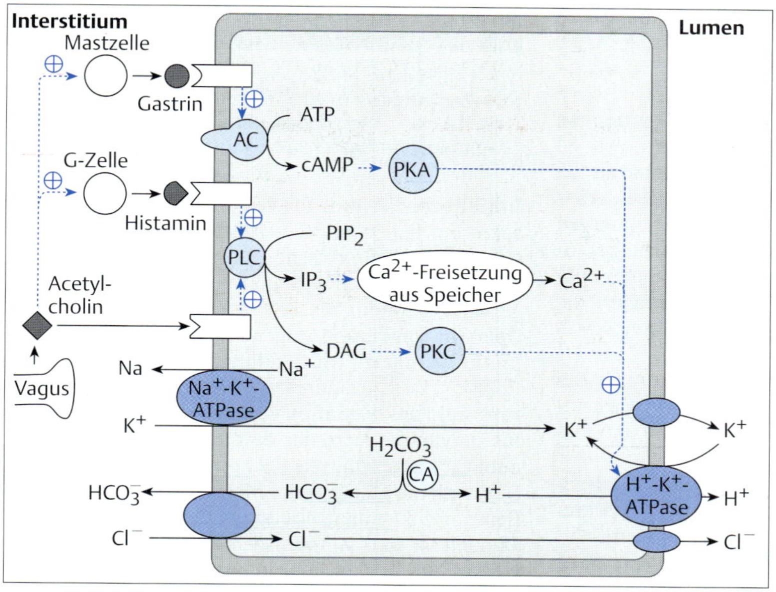

Abb. 7.**2** HCl-Sekretion durch die Belegzelle der Magendrüsen. Dargestellt ist auch wie die HCl-Sekretion stimuliert wird. PIP_2: Phosphatidylinositol-4,5-bisphosphat, IP_3: Inositoltriphosphat, DAG: Diacylglycerol, AC: Adenylylcyclase, PLC: Phospholipase C, PKA: Proteinkinase A, PKC: Proteinkinase C, CA: Carboanhydrase

! Merke

Sympathische Fasern fördern besonders die Sekretion eines muzinreichen, wasserärmeren Speichels. Die *parasympathisch* vermittelte Sekretionssteigerung ist durch Atropin kompetitiv hemmbar.

7.3.3 Magen

Zusammensetzung und Bildung des Magensaftes

Täglich werden 1,5 – 3 l Magensaft (pH 1,5) sezerniert. Die Bestandteile werden von den sekretorischen Zellen der Magenschleimhaut gebildet.

- Zellen der *pylorischen Region* und *Nebenzellen* bilden Muzin,
- *Belegzellen* des Magenfundus bilden Salzsäure (HCl),
- *Hauptzellen* bilden Pepsin (als inaktive Vorstufe Pepsinogen).

Klinischer Bezug

Belegzellen bilden auch den *Intrinsic-Faktor*, der für die Resorption des Vitamin B_{12} nötig ist. Fehlt der Intrinsic-Faktor, kann daher kein Vitamin B_{12} aufgenommen werden, und es kommt zum Krankheitsbild der **perniziösen Anämie**.

Funktionen des Magensaftes

Muzin schützt die Magenschleimhaut vor Selbstverdauung (den Schutz der Schleimhäute übernimmt Muzin allgemein, z. B. im Speichel). Die Salzsäure denaturiert Proteine → Verdauungsenzyme können besser angreifen. Sie tötet Bakterien ab, regt die Pankreassekretion an und stellt den optimalen pH-Wert für Pepsin ein, das die Proteine weiter aufspaltet.

Mechanismus der Salzsäureproduktion

Das Sekret der Belegzellen hat ein pH < 1 ($[H^+]>10^{-1}$ mol/l). In den Belegzellen selbst herrscht ein pH von 7 ($[H^+]=10^{-7}$ mol/l). Wie dieser hohe Konzentrationsgradient (Faktor 10^6) erzeugt wird, ist nachfolgend dargestellt: In den Belegzellen befinden sich kanalikuläre Strukturen, die mit Mikrovilli ausgekleidet sind. Die Mikrovillimembran besitzt eine H^+-K^+- ATPase (in der Klinik *„Protonenpumpe“* genannt), die unter ATP-Verbrauch H^+ ins Lumen sezerniert und K^+ in die Zelle aufnimmt. H^+ entsteht in der Zelle überwiegend aus der Dissoziation der Kohlensäure mit Hilfe der *Carbonhydrase*. Das dabei entstehende HCO_3^- wird im Austausch gegen Cl^- in die Blutbahn abgegeben. Mit zunehmender Säureproduktion steigt daher der HCO_3^--Spiegel des Blutes. Das aus dem Blut aufgenommene Cl^- verläßt die Belegzelle Richtung Lumen durch einen Cl^--Kanal. Das Durch die Protonenpumpe in die Zelle transportierte K^+ gelangt über einen K^+ zurück ins Lumen, von wo es im

Austausch gegen H^+ erneut in die Zelle gepumpt werden kann (Abb. 7.**2**).

Regulation der Magensaftproduktion

Die Magensaftsekretion wird durch 3 verschiedene Einflüsse ausgelöst bzw. beeinflußt:

- **Kephale Phase:** *Nerval* durch parasympathische Stimulation. Diesen bedingten Reflex lösen Afferenzen der Geschmacks-, Geruchs- und Sehnerven und ein Glucosemangel im Gehirn (im Hungerzustand) aus. Der N. vagus ist dabei der efferente Schenkel. Freigesetztes Acetylcholin aktiviert die Ausschüttung von Gastrin und Histamin sowie die Belegzellen.
- **Gastrische Phase:** *Lokal* führt eine Dehnung des Antrumbereiches durch den Chymus zur Gastrinfreisetzung. Gastrin fördert die Sekretion in höheren Magenteilen.
- **Intestinale Phase:** *Intestinal* fördert der ins Duodenum entleerte Chymus rückwirkend die Sekretion durch Dehnung der Darmwand. Ähnliche Wirkungen haben absorbierte Aminosäuren. Eine Hemmung der Sekretion erfolgt durch einen niedrigen pH-Wert und Fett im duodenalen Speisebrei mittels Sekretin u. a. Peptidhormonen (negative Rückkopplung).

Klinischer Bezug

Die nervale Steuerung der Magensaftsekretion wird bei Durchtrennung des N. vagus (Vagotomie) unterbrochen, z. B. in der Ulkustherapie.

Zusammenfassung der auf die Magensaftsekretion wirkenden Hormone

Stimuli: Gastrin und Histamin wirken stimulierend. **Gastrin** ist ein in der Antrumschleimhaut gebildetes Gewebshormon. Es wird intrazellulär in Granula gespeichert und auf folgende Reize hin ins Blut abgegeben:

- Vagusreizung (Acetylcholinausschüttung),
- Dehnung im Antrumbereich,
- pH-Wert ↑ im Antrum (> 2,5),
- Alkohol und Coffein.

Das Gewebshormon **Histamin** wird aus den Mastzellen der gastrischen Mukosa freigesetzt und wirkt im Magen über die dort typischen H_2-Rezeptoren (synergistisch mit Gastrin).

Klinischer Bezug

Die HCl-Bildung im Magen wird durch **H_2-Rezeptorblocker** (Antihistaminika) reversibel gehemmt. Dieses wird bei der Therapie der Hyperazidität bzw. beim Zwölffingerdarmgeschwür (Ulcus duodeni) genutzt.

Inhibitoren: Hemmende Wirkung auf die Magensaftsekretion haben die Gewebshormone Sekretin, das Gastrische Inhibitorische Peptid (GIP) und Cholezystokinin. *Sekretin* wird im Duodenum und Jejunum gebildet. Stimulus für die Sekretinfreisetzung ist der Übertritt von saurem Mageninhalt ins Duodenum. Sekretin hemmt die HCl-Bildung durch Inhibition der Gastrinsekretion und eine Steigerung der Absonderung des Pankreassaftes. Gelangen Fette und Glucose ins Duodenum, wird das dort und im Jejunum gebildete *GIP* ausgeschüttet. GIP hemmt neben der Sekretion auch die Motilität des Magens und stimuliert außerdem die Insulinfreisetzung. *Cholezystokinin*, vom Duodenum und Jejunum gebildet, wird abgegeben, wenn Fette und Aminosäuren ins Duodenum kommen. Es hemmt die Gastrinsekretion.

Der pH-Wert im Magen kann die Sekretion auch selbst hemmen. Bei Nüchternheit wird wenig Sekret mit neutralem pH gebildet. Die Magensaftproduktion wird bei Nahrungsaufnahme durch die genannten Mechanismen stimuliert, die max. HCl-Sekretion führt zum pH-Wert von 1,0 – 1,5 des Sekrets. Der saure Magensaft wird vom Chymus auf pH-Werte um 3 – 4 abgepuffert. Sinkt dieser Wert durch Magenentleerung wieder, wird die Gastrinsekretion gehemmt → die Belegzellen werden nicht mehr zur HCl-Bildung angeregt. Ist diese Rückkopplung gestört, kommt es zu einer überhöhten Salzsäurebildung.

Klinischer Bezug

Bei zu starker Salzsäureproduktion und unzureichender Schutzfunktion der Schleimhaut im Magen und Duodenum wird die Schleimhaut dort angegriffen, und es können **Magen-** und **Zwölffingerdarmgeschwüre** (Ulcus ventriculi und Ulcus duodeni) entstehen.

7.3.4 Pankreas

Die exokrinen Zellen des Pankreas geben täglich 2 l Sekret in das Duodenum ab. Der alkalische Pankreassaft (pH 8,4) dient

1. zur Eiweiß-, Fett- und Kohlenhydratverdauung,
2. zur Neutralisierung des sauren Speisebreis aus dem Magen und
3. zur Einstellung des pH-Optimums der Pankreasenzyme (s.u.) im Duodenum (pH 7,5-8,5)

Zusammensetzung und Sekretion des Pankreassaftes

Das Pankreassekret besteht aus:
Wasser und Elektrolyten: Hauptanionen sind Cl^-, HCO_3^-; Hauptkationen sind Na^+, K^+. HCO_3^- wird im Austausch gegen Cl^- ins Lumen sezerniert, d.h. mit zunehmender Sekretmenge steigt die HCO_3^--Konzentration, währen die Cl^--Konzentration abfällt.
Verdauungsenzyme und Proenzyme:
- *Proteolytische Enzyme:* Diese werden zum Schutz der Pankreaszellen vor Selbstverdauung zunächst als *inaktive Zymogene* (= Proenzyme) produziert: Trypsinogen, Chymotrypsinogen, Proelastase, Procarboxypeptidase A und B. Aminopeptidase, Phospholipase A und B. Die Aktivierung der Zymogene erfolgt erst im Duodenum. Trypsinogen wird durch eine Enterokinase (enzymales Glykoprotein der intestinalen Mukosa) in aktives Trypsin überführt. Trypsin aktiviert dann die anderen Zymogene.
- *Proteaseinhibitoren:* Diese inaktivieren vorzeitig aktivierte Proteasen und verhindern so die Selbstverdauung des Organs (z.B. α_1-Antitrypsin, α_2-Makroglobulin).
- *Lipase, Amylase, Ribonuklease:* Diese werden im Gegensatz zu proteolytischen Enzymen bereits in *aktiver Form* sezerniert, da sie eigenes Gewebe nicht angreifen.

Nach ihrer Wirkung unterteilt man die Enzyme in **Endo-** und **Exopeptidasen**:
- *Endopeptidasen* (z.B. Trypsin, Chymotrypsin, Elastase) spalten Proteinmoleküle innerhalb der Peptidkette an bestimmter Stelle, nie am Kettenende.
- *Exopeptidasen* (z.B. Carboxypeptidasen) spalten Aminosäuren grundsätzlich am Kettenende ab.

Regulation der exokrinen Pankreasfunktion

In Verdauungsruhe beträgt die basale Enzym- bzw. HCO_3^--Sekretion 15% bzw. 2% der maximalen Sekretion. Bei Einnahme von üppigen Mahlzeiten kann die Pankreassaftproduktion auf 4 l/Tag steigen. Nun zu den Steuerungsmechanismen:
Nerval: Geruch, Geschmack, Kauen und Schlucken von Nahrung stimuliert über einen Vagusreiz die Pankreassekretion:
- *Enzymsekretion:* vorzugsweise stimuliert durch N. vagus (via Acetylcholin);
- *HCO_3^--Sekretion:* in geringem Maße stimuliert durch N. vagus (via VIP).

Hormonell: Der Reiz der Duodenalmukosa durch Magensäure, Gallensäure und Nahrungsmittel führt zur Sekretion von Hormonen der Duodenalschleimhaut:
- *Sekretin*: Saurer Speisebrei im Duodenum stimuliert die Sekretinsekretion, was das Pankreas zur HCO_3^-- und Wassersekretion anregt. Dadurch wird die Magensäure schnell neutralisiert und das pH-Optimum für die Pankreasenzyme eingestellt.
- *Cholezystokinin (CCK):* CCK wird aus den endokrinen Zellen der Dünndarmschleimhaut freigesetzt und erhöht den Enzymgehalt des Pankreassafts. Die CCK-Sekretion wird stimuliert durch Nahrungsbestandteile wie Eiweißabbauprodukte (Peptide, AS), Fette (die langkettige FS mit mehr als 10 C-Atomen enthalten) sowie Ca^{2+}-Ionen.

Wirkung der Verdauungsenzyme

- *Trypsin* hydrolysiert Peptidbindungen der basischen Aminosäuren Arginin und Lysin. Das Wirkungsoptimum liegt beim pH-Wert von 7,5 – 8,5.
- *Chymotrypsin* weist beim gleichen pH-Optimum ein breiteres Wirkungsspektrum auf als Trypsin. Es werden aromatische Aminosäuren (z.B. Phenylalanin und Tyrosin) als auch aliphatische (z.B. Leucin und Tryptophan) abgespalten.
- Die *Elastase* wirkt relativ unspezifisch bei der Elastinverdauung.
- Die *Carboxypeptidase A* spaltet besonders aromatische Aminosäuren ab (ähnlich wie Chymotrypsin).
- Die *Carboxypeptidase B* setzt die Hydrolyse von Trypsin fort. Es besteht also eine Affinität zu basischen Aminosäuren.
- Die *α-Amylase* (direkt sezerniert) spaltet die α-1,4-glykosidische Bindung in Kohlenhydraten hydrolytisch.
- Die *Pankreaslipase* benötigt zu ihrer Aktivierung eine Co-Lipase und Gallensäuren. Sie ist das wichtigste Enzym bei der Fettverdauung und spaltet Triglyceride. Auch die im Pankreas gebildete *Cholesterinesterase* ist an der Fettverdauung beteiligt (s. 7.4.3).

7.3.5 Leber und Galle

Eine der wichtigsten Aufgaben der Leber im Stoffwechsel ist die Entgiftung (Biotransformation). Dabei werden körpereigene und körperfremde Substanzen zu ausscheidungsfähigen (wasserlöslichen) Substanzen umgewandelt. Die dazu notwendigen Reaktionen sind in der Biochemie, Kap. 16, näher erläutert.

Zusammensetzung und Bildung der Galle

Zu weiteren Leberfunktionen zählt die Bildung und Ausscheidung der Galle. Täglich sezerniert die Leber ca. 1 l Gallenflüssigkeit. Die Galle wird direkt in den Leberzellen (Hepatozyten) gebildet und in die Gallenkanälchen (jeweils zwischen zwei Hepatozyten gelegen) abgegeben. Bestandteile der Galle sind:
- Bilirubin (Abbauprodukt des Hämoglobins),
- Gallensäuren,
- Lecithin, Cholesterin,

- Steroidhormone,
- Elektrolyte und Wasser.

Die Galle ist isoton und weist eine dem Plasma ähnliche Elektrolytzusammensetzung auf. Ihre Sekretion wird aktiviert durch Vagusreizung, erhöhte Leberdurchblutung, Sekretin (→ viel Bicarbonat in der Galle) und erhöhte Gallensalzkonzentration im Blut. Die *Gallensalze* (Cholesterinmetabolite) werden aktiv aus der V. portae aufgenommen bzw. in den Hepatozyten synthetisiert. Zuerst werden in der Leber aus Cholesterin (englisch Cholesterol) sog. *primäre Gallensäuren* (Cholsäure und Chenodesoxycholsäure) gebildet. Im Darm findet durch Bakterien die Synthese *sekundärer Gallensäuren* (Desoxycholsäure, Litocholsäure) statt. Primäre und sekundäre Gallensäuren werden in der Leber mit Taurin, Glycin oder einer anderen Aminosäure konjugiert (gekoppelt). Ihre konjugierte Form wird in die Galle abgegeben (s. 18.2).

Sekretion der Blasengalle

Die von der Leber sezernierte Galle (*Lebergalle*) fließt in die Gallenblase und wird dort gespeichert sowie durch Wasserentzug und Salzresorption von 1/5 auf 1/10 eingedickt (*Blasengalle*). Die Blasengalle steht für die Fettverdauung zur Verfügung. Bei der Kontraktion der Gallenblase, ausgelöst durch:

- Eintritt des Chymus vom Magen ins Duodenum (steigert gleichzeitig Gallensekretion der Leber),
- Cholezystokinin,
- Parasympathische Innervation (N. vagus),

werden täglich 0,5 l Galle ins Duodenum abgegeben.
Enterohepatischer Kreislauf: Im Ileum werden 90 % der Gallensäuren aktiv über das Pfortadersystem zur Leber zurücktransportiert. Dieser Kreislauf wird mehrmals am Tag durchlaufen → die zirkulierende Gesamtmenge an Gallensäuren ist gering (3 – 5 g). Die tägliche Synthese von Gallensäuren in der Leber (ca. 500 mg) entspricht genau der Menge, die ausgeschieden wird.

Klinischer Bezug

Bei **gestörtem enterohepatischen Kreislauf** (z. B. bei Darmwandentzündung oder nach Operationen) kommt es zum Verlust von Gallensäuren über den Stuhl mit konsequenter Diarrhö und Malabsorption von Fettsäuren.

Ist der Gallensäurespiegel in der V. portae erhöht (durch den enterohepatischen Kreislauf), wird durch negative Rückkopplung die Gallensäureproduktion gebremst und gleichzeitig vermehrt Gallensäure sezerniert → erhöhter Gallenfluß. Während der Verdauungsphase kann die Sekretion bis auf das 5fache gesteigert werden.

Funktion der Gallensäuren

Fettverdauung: Die Gallensäuren sind Voraussetzung für die Fettverdauung. Sie bedingen das Emulgieren der Lipide im Magen, aktivieren die Pankreaslipase und ermöglichen die Fettresorption (s. 7.5.3). Außerdem regulieren sie die Cholesterinbiosynthese, indem eine hohe Gallensäurekonzentration die Biosynthese des Cholesterins hemmt.
Bilirubinaufnahme: Das Abbauprodukt des Hämoglobins, *Bilirubin*, entsteht durch Reduktion aus der Zwischenstufe Biliverdin. Dabei wird das wasserunlösliche Bilirubin durch Koppelung an Albumin (ein Plasmaprotein) zum Transport über den Blutweg zur Leber befähigt (*indirektes Bilirubin*). In den Hepatozyten wird nur Bilirubin aufgenommen, Albumin wird nach erfolgtem Transport wieder abgespalten. *Direktes Bilirubin* (Bilirubindiglukoronid) entsteht in den Hepatozyten durch Konjugation (Entgiftung) mit UDP-Glukuronsäure. Das wasserlösliche direkte Bilirubin wird in die Gallenkanälchen aktiv sezerniert und kann über die Galle ausgeschieden werden.

! Merke

Bilirubin und seine Derivate sind Gallenfarbstoffe.

Das gelbliche Bilirubin wird im Darm zu Mesobilirubin und durch Darmbakterien weiter zu Urobilinogen und Sterkobilinogen umgewandelt. Daraus entstehen durch Oxidation die Hauptausscheidungsprodukte der Gallenfarbstoffe, Urobilin und Sterkobilin, die für die Farbe des Fäzes verantwortlich sind. Die Gallenfarbstoffe werden z. T. im Darm rückresorbiert und durch den enterohepatischen Kreislauf zur Leber zurücktransportiert.

Klinischer Bezug

Wird der normale Bilirubingehalt des Plasmas (3 – 10 mg/l) drastisch überschritten (über 18 mg/l), kommt es zur Gelbfärbung der Augenbindehäute (Skleren) und der Haut → Gelbsucht (**Ikterus**).

7.3.6 Dünn- und Dickdarmsekrete, Stuhl, Darmflora

Im **Dünndarm** findet hauptsächlich die Verdauung und Absorption von Nahrungsbestandteilen und Wasser statt; dafür ist die Oberflächenvergrößerung durch Falten, Zotten und Krypten nötig. (Absorption wird häufig gleichbedeutend verwendet wie Resorption und beinhaltet die Aufnahme von Stoffen in die Blut- und Lymphbahn.)

Täglich werden von den Brunner-Drüsen und den Becherzellen 2–3 l Dünndarmflüssigkeit sezerniert, die besonders muzinreich und arm an Bicarbonat ist und ansonsten ähnliche Zusammensetzung wie das Pankreassekret aufweist (die meisten Enzyme im Dünndarm stammen aus dem Pankreassaft). Der Dünndarm selbst sezerniert Enzyme zur Proteinverdauung (Amino- und Endopeptidasen) sowie zur Aufspaltung von Kohlenhydraten (Laktase, Saccharase).

Im Dünndarm werden täglich ca. 8–9 l Wasser und 50–100 g Elektrolyte absorbiert. Die Diffusion von Wasser wird beeinflußt durch Osmolalitätsunterschiede zwischen Darmlumen und Plasma. Die NaCl-Absorption ist im Jejunum an die von Aminosäuren und Glucose gekoppelt (Cotransport). Im Ileum erfolgt die Na^+-Absorption mit Hilfe eines Na^+-H^+-Austauschers, der luminal lokalisiert ist. Die NaCl-Sekretion übernehmen die Hauptzellen in den Dünndarmkrypten. Cl^- wird ins Lumen unter Wirkung des basolateralen Na^+-K^+-2 Cl^--Cotransporters sezerniert.

Eine weitere wichtige Funktion der Dünndarmmukosa ist die Verhinderung der Aufnahme von Keimen. Hierzu dienen das lymphatische Gewebe im Darm (*gut-associated lymphoid tissue*, GALT), von der Schleimhaut sezerniertes IgA und die mechanische Integrität des Epithels. Die Barrierefunktion des Dünndarms ist an eine ausreichende Versorgung der Enterozyten mit Glutamin, dem entscheidenden energieliefernden Substrat der Mukosa-Zellen, gebunden.

Die Dünndarmsekretion wird gesteuert durch das Darmwandnervensystem (besonders Plexus submucosus). Einen direkten Einfluß des N. vagus gibt es vermutlich nicht. Sympathische Nervenfasern hemmen die Sekretion über die Inhibition des Plexus submucosus.

Im **Dickdarm** wird letztmalig absorbiert (80–90 % des Wassers, 95 % der Elektrolyte) → Eindickung des Chymus. Die täglich ausgeschiedene Stuhlmenge (60–180 g) besteht zu einem Viertel aus Trockensubstanz und zu drei Vierteln aus Flüssigkeit. Ca. ein Drittel der Trockensubstanz ist bakterieller Herkunft. Die Bedeutung der Darmbakterien und der Defäkationsreflex wurden bereits oben besprochen.

7.3.7 Pathophysiologie

Sekretionsstörungen können in jedem Bereich auftreten, den der Chymus passieren muß. Sie haben primäre Ursachen (z. B. kann eine psychisch/nerval bedingte Salzsäureüberproduktion im Magen zum Magengeschwür führen), bzw. sie sind eine sekundäre Folge einer anderen Erkrankung (z. B. ist durch eine Leberschädigung (Leberzirrhose) auch die Gallenproduktion gestört). Ein Beispiel für die vielfältigen Ursachen einer Erkrankung ist der **Ikterus**. Er wird folgendermaßen unterteilt:

- *Prähepatischer Ikterus:* Als Folge fehlerhafter Erythrozytenbildung (perniziöse Anämie) oder verstärkten Hämoglobinabbaus (Hämolyse) steigt die Bilirubinbildung. Die Aufnahmekapazität der Leber für Bilirubin wird überschritten → Bilirubin tritt ins Gewebe aus (indirektes Bilirubin ↑).
- *Intrahepatischer Ikterus:* Geschädigte Leberzellen (durch Toxine, Entzündungen) oder Enzymmangel bei der Konjugation verursachen Störungen des Bilirubinabbaus.
- *Posthepatischer Ikterus:* Es kommt zur Blockade der ableitenden Gallenwege durch Gallensteine, Tumore u. ä. und damit zum Gallenstau (Verschlußikterus). Konjugiertes Bilirubin, der physiologische Bestandteil der Galle, tritt ins Blut über, direktes Bilirubin ↑.

Klinischer Bezug

Das Auftreten von direktem oder indirektem Bilirubin ist bei der Abklärung des Krankheitsortes des Ikterus von differentialdiagnostischer Bedeutung. Dagegen ist der **Neugeborenenikterus physiologisch**! 1–3 Tage nach der Geburt ist die Koppelung der UDP-Glukuronsäure (Uridindiphosphatglukuronsäure) an Bilirubin (bei der Konjugation) durch die noch unreifen Enzyme verlangsamt.

7.4 Aufschluß der Nahrung

7.4.1 Kohlenhydrate

Die aufgenommenen Kohlenhydrate werden bis auf die Stufe der Glucose bzw. Galactose und Fructose aufgespalten (s.a. Biochemie Kap. 7–9).

Merke

Glykogen und Stärke werden zu Glucose, Rohrzucker (Saccharose) und Milchzucker (Lactose) werden zu Fructose und Glucose bzw. Galactose und Glucose abgebaut.

Ablauf der Kohlenhydrataufspaltung: Sie beginnt bereits im Mund durch die im Speichel enthaltene α-Amylase. Sie spaltet α-1,4-glykosidische Bindungen auf. Die Wirkung der Speichelamylase und damit die Kohlenhydratverdauung wird im Magen aufgrund des sauren pH-Wertes unterbrochen.

Sobald der Chymus ins Duodenum gelangt, spaltet die vom Pankreas sezernierte α-Amylase Glykogen

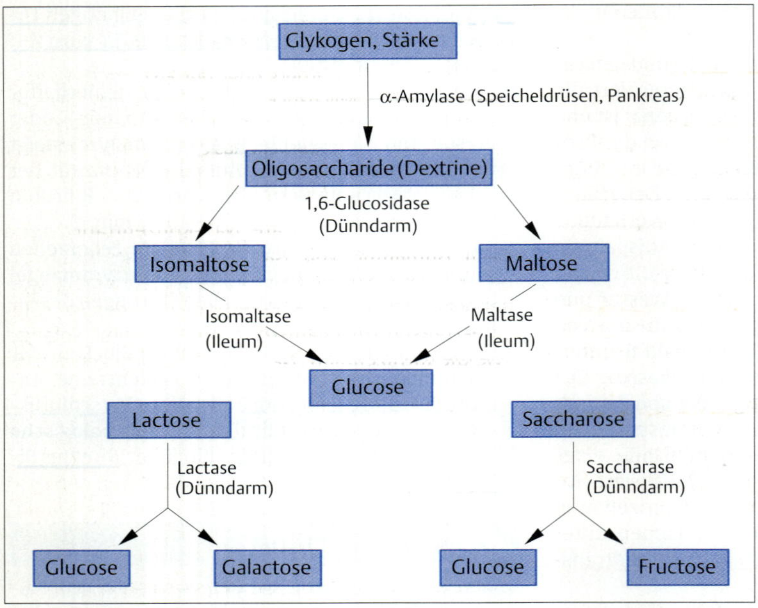

Abb. 7.**3** Kohlenhydratverdauung

und Stärke zu Oligosacchariden (Dextrinen). Diese werden mit Hilfe der 1,6-Glucosidase (aus dem Dünndarm) und zweier Disaccharidasen aus dem Pankreassekret (Maltase, Isomaltase) zum Endprodukt Glucose gespalten (Abb. 7.**3**).

Für die Spaltung weiterer Disaccharide (Lactose, Saccharose) stehen Enzyme in der Dünndarmmukosa (Laktase, Saccharase) zur Verfügung. Die Resorption der gebildeten Galactose ist ähnlich der der Glucose (Na^+/Glucose-Cotransport, s. 7.5.2), Fructose wird nur passiv transportiert.

> **! Merke**
>
> Zellulose und andere unverdauliche Kohlenhydrate können vom Menschen nicht abgebaut werden. Anaerobe Darmbakterien können diese Ballaststoffe jedoch abbauen und resorptionsfähig machen.

7.4.2 Proteine

Im Magen werden die Proteine durch die ausgeschüttete Magensäure (HCl) aufgespalten. An die nun denaturierten Proteine greift das Verdauungsenzym *Pepsin* an und spaltet sie zu Polypeptiden. Zuvor muß Pepsinogen unter katalytischer Wirkung von HCl in seine aktive Form (Pepsin) überführt werden. Im Duodenum, wo Pepsin durch den fast neutralen pH-Wert inaktiviert wird, greifen die eiweißspaltenden Enzyme (Proteasen) des Pankreassekretes an. Diese Proteasen müssen aktiviert werden und spalten entsprechend ihrer Spezifität (s. 7.3.4) die Polypeptide zu Tri- und Dipeptiden auf. Diese Oligopeptide werden im Dünndarm durch Amino- und Dipeptidasen zu Aminosäuren abgebaut. Für die Resorption der Aminosäuren gibt es spezielle Transportsysteme (s. 7.5.2).

7.4.3 Lipide

Die aufgenommenen Fette bestehen hauptsächlich aus Triglyceriden (Neutralfette, die durch Veresterung von 3 Fettsäuren gebildet werden), daneben noch aus Phospho- und Sphingolipiden, Cholesterinestern und den fettlöslichen Vitaminen A, D, E und K (**Merke:** EDEKA). Die Menge der täglich aufgenommenen Lipide variiert individuell stark, der durchschnittliche Wert liegt bei 60 – 100 g.

Ablauf der Fettverdauung: Im Magen werden die Lipide zunächst durch Emulgieren (Emulsion: Gemisch zweier nur begrenzt ineinander löslichen Flüssigkeiten, hier Fette und Wasser) resorptionsfähig gemacht. Die sog. Vorverdauung bzw. Verflüssigung der Fette wird durch die Magenmotorik und die nichtspezifische Lipase (von Zungengrunddrüsen sezerniert) erreicht. Nach 3 – 4 Std. sind bis zu 30 % der Nahrungsfette verdaut.

Im Duodenum werden restliche Fette durch Enzyme des Pankreassekrets gespalten. Die Pankreaslipase muß dazu vorher unter der Wirkung einer

Colipase und Gallensäuren aktiviert werden. Sie wirkt (wie alle Lipasen) nur auf emulgierte Fette und spaltet Triglyceride zu freien Fettsäuren, Di- und Monoglyceriden. Phospholipide (z. B. Lecithin) werden hingegen durch Phospholipasen (vorher durch Trypsin aktiviert) gespalten. Die pankreatische Cholesterinesterase verdaut nicht nur Cholesterinester, sondern u. a. auch die fettlöslichen Vitamine und wird deshalb als nichtspezifische Lipase bezeichnet.

Die Spaltprodukte (Monoglyceride, langkettige freie Fettsäuren) bilden spontan mit Gallensäuren *Mizellen* (kleine Emulsionstropfen, die sich durch besonderen Aufbau – hydrophile Seitenketten zeigen nach außen, hydrophobe nach innen – von der Umgebung abgrenzen). Kurzkettige Fettsäuren sind wasserlöslich und werden in freier Form in die V. portae abgegeben. Mizellen, die Endprodukte der Fettverdauung, sind für die Resorption von Lipiden Voraussetzung.

7.5 Resorption

Die Resorption ist die intrazelluläre Aufnahme von Wasser und gelösten Stoffen. Das geschieht i.d.R. durch aktiven Transport ins Blut bzw. in die Lymphe. Oftmals werden Resorption und Absorption (biologische Aufnahme durch die Haut und Schleimhaut) synonym verwendet.

7.5.1 Eigenschaften intestinaler Epithelien

Die Resorptionsvorgänge im Gastrointestinaltrakt beruhen auf Mechanismen des Stofftransports durch Membranen und Zellen (s. 1.3).

7.5.2 Monosaccharide, Aminosäuren, Oligopeptide

Die bei der Verdauung entstandenen niedermolekularen Substanzen werden durch verschiedene und z. T. sehr spezifische Mechanismen resorbiert.

Resorption der Monosaccharide

Die Verdauungsprodukte der Kohlenhydrate (Fructose, Galactose und Glucose) werden nicht gemeinsam resorbiert. Fructose wird passiv transportiert, Galactose wird ähnlich wie Glucose resorbiert. Die Aufnahme von Glucose aus dem Lumen ins Dünndarmepithel geschieht durch sekundär-aktiven Transport in Anwesenheit von Na^+. In der luminalen Zellmembran ist ein Carrier lokalisiert, der Na^+ und Glucose gemeinsam bindet und in die Zelle transportiert (Cotransport; gleiches gilt für Galactose).

Klinischer Bezug

Bei Defekten des Carriers oder der Enzyme (z. B. Laktasemangel = Milchzuckerunverträglichkeit) bei der Verdauung kommt es zur Anhäufung von Monosacchariden im Darmlumen. Aus osmotischen Gründen sammelt sich dort Wasser an → wäßriger Durchfall.

Die geringe intrazelluläre Na^+-Konzentration wird nach Aufnahme von Na^+ und Glucose durch die Na^+-K^+-Pumpe in der Membran der Mukosazelle wieder hergestellt (unter ATP-Verbrauch) → der Na^+/Glucose-Transportmechanismus arbeitet nur solange, wie die intrazelluläre Na^+-Konzentration gering ist.

Merke

Der Glucosetransport in die Mukosazelle ist *nicht* insulinabhängig (nur Na^+-abhängig) und deshalb bei Diabetes mellitus ungestört.

Glucose und Galactose werden basolateral von der Mukosazelle ins Pfortaderblut passiv abgegeben und stehen dem weiteren Stoffwechsel zur Verfügung.

Resorption der Peptide und Aminosäuren

Das Nahrungseiweiß wird bis zu 90 % im Dünndarm resorbiert und zu 10 % im Colon bakteriell abgebaut. Für die zu Aminosäuren abgebauten Proteine gibt es spezifische Transporte. Diese erfolgen aktiv aus dem Lumen in die Mukosazelle. Aufgrund verschiedener Seitenketten der Aminosäuren unterscheidet man 3 **Transportsysteme:**

- das sog. *L-System* für neutrale Aminosäuren (wie z. B. Leucin und Alanin),
- das sog. *A-System* für anionische (saure) Aminosäuren, z. B. Glutamat, Aspartat,
- ein System für *basische Aminosäuren*, z. B. Lysin, Arginin.

Der Transport erfolgt über luminale Carrier meist im Cotransport mit Na^+ (wie bei Glucose); *Ausnahme: L-System: Na^+-unabhängig*. Dabei können innerhalb eines Systems die Carrier für verschiedene Aminosäuren variieren. Der Ausstrom der Aminosäuren aus der Zelle erfolgt passiv.

Desweiteren kann der Dünndarm Di- und Tripeptide als intakte Moleküle mit Hilfe von Carriern (meist als H^+-Cotransport) absorbieren. Intrazellulär bauen zytosolische Enzyme die Oligopeptide ab.

7.5.3 Lipide

Die aus Gallensäuren, Monoglyceriden und langkettigen Fettsäuren gebildeten Mizellen werden passiv in die Mukosazelle aufgenommen. Im glatten endoplasmatischen Retikulum der Zelle werden aus den Mizellen wieder Triglyceride (zur Speicherung freier Fettsäuren) synthetisiert. Die wasserunlöslichen Triglyceride, Cholesterinester und fettlöslichen Vitamine werden in *Chylomikronen* eingebaut. Chylomikronen sind wasserunlösliche Partikel mit Lipid- und Proteinanteil, die nach Nahrungsaufnahme in der Darmmukosa gebildet werden und die meisten Fette in der Lymphe sowie im Blut transportieren. Über die Darmlymphe erreichen sie das Blutplasma.

Merke

Nach fetthaltigem Essen ist das Plasma für 20–30 min durch die Chylomikronen getrübt.

Die Kapillaren geben Triglyceride und freie Fettsäuren ans Gewebe ab, die cholesterinreichen Reste der Chylomikronen (Remnants) werden in der Leber abgebaut (s. Biochemie 18.1.5).

7.5.4 Wasser und Elektrolyte

Die Resorption von Wasser (aus der Nahrung: 1,5 l/d und aus den Sekreten: 6 l/d) findet im Dünndarm und z.T. im Colon statt. Mit dem Stuhl scheidet man aber nur ca. 0,1 l aus → eine bedeutende Wassermenge muß resorbiert werden. Da die Wasserresorption osmotisch bedingt ist, hängt sie von den Bewegungen osmotisch wirksamer Teilchen (z.B. Na^+) ab, d.h., Wasser folgt ihnen nach. Eine entscheidende Rolle spielt dabei Na^+. Die Na^+-Resorption ist für die Wasseraufnahme verantwortlich und umfaßt verschiedene Mechanismen (z.B. Glucose-Na^+-Cotransport, Na^+-HCO_3^--Gegentransport), deren treibende Kraft die Na^+-K^+-Pumpe ist. Die K^+-Resorption dagegen erfolgt passiv, der Konzentrationsdifferenz folgend. HCO_3^- wird erst im Jejunum resorbiert und kann mit Hilfe der Carboanhydrase intrazellulär teilweise in CO_2 umgewandelt werden.

7.5.5 Sonstige Stoffe

Die **fettlöslichen Vitamine** werden wie die Lipide resorbiert (Mizellenbildung!) und ebenso in Chylomikronen miteingebaut.

Zur Resorption der **wasserlöslichen Vitamine** ist es bei einigen Vertretern des Vitamin-B-Komplexes erforderlich, daß sie in eine bestimmte Form überführt werden. So ist beispielsweise die Resorption des Thiamins (Vitamin B_1) in seiner aktiven Form (Thiaminpyrophosphat) nicht möglich, der Pyrophosphatrest muß im Darm durch die dort lokalisierte Pyrophosphatase abgespalten werden. Dagegen ist Riboflavin (Vitamin B_2) nur in seiner aktiven Form als Riboflavinphosphat resorbierbar. Cobalamin (Vitamin B_{12}) wird ausschließlich im terminalen Ileum resorbiert, aber nur als Komplex mit dem Intrinsic Factor des Magensaftes. Nach ihrer Resorption werden die B-Vitamine in die Gewebe aufgenommen, um ihre biochemische Funktion zu erfüllen (s. Biochemie 5.3). Überschüssige Mengen wasserlöslicher Vitamine werden über die Niere ausgeschieden, so daß es nicht zur Entstehung von Hypervitaminosen kommt. Das wasserlösliche Vitamin C wird nach der intestinalen Resorption in seine dehydrierte Form überführt, im Blut transportiert und liegt im Gewebe wieder als Ascorbinsäure vor. Es wird entweder zu Oxalat abgebaut oder über die Nieren ausgeschieden.

Von dem täglich mit der Nahrung zugeführten Eisen (ca. 20 mg) werden, entsprechend dem Bedarf, bis zu 40 % überwiegend im Duodenum resorbiert. Das aufgenommene Eisen wird also größtenteils nicht resorbiert, sondern mit dem Stuhl ausgeschieden. Bezüglich der Resorption von Gallensäuren s. Biochemie 18.2.4.

7.5.6 Pathophysiologie

Verdauungsstörungen beruhen meist auf Maldigestion und Malabsorption.

Die **Maldigestion** ist der ungenügende Aufschluß der Nahrung, der auf einem Enzymmangel (z.B. durch Magenresektion, Pankreasinsuffizienz, Leberschädigungen oder Tumoren) beruht.

Die **Malabsorption** beinhaltet die unzureichende Aufnahme von Nahrungsbestandteilen aus dem Verdauungstrakt. Ursachen der Malabsorption sind angeborene Enzymopathien (z.B. Amylasemangel → Intoleranz gegenüber Mono- und Disacchariden), gestörte Transportprozesse bzw. die Maldigestion. Durchfälle sind die häufigste Folge der gestörten Resorption.

Klinischer Bezug

Kommt es infolge der Maldigestion zum Lipasemangel, wie z.B. bei der Mukoviszidose, werden vermehrt Fette mit dem Stuhl ausgeschieden → Fettdurchfall (**Steatorrhö**).

7.6 Integrative Steuerung der Magen-Darm-Funktion

Die Aktivität des Gastrointestinaltraktes wird durch das vegetative Nervensystem, gastrointestinale Hormone und im gewissen Maß durch die Zusammensetzung der Nahrung beeinflußt, wie in den jeweiligen Abschnitten dieses Kapitels erläutert.

Energie- und Wärmehaushalt

8.1 Energiehaushalt

Zur Aufrechterhaltung der Homöostase verbraucht der Körper Energie, die immer nachgeliefert werden muß. Diese Produktions-, Verbrauchs- und Regulationsvorgänge werden geschlossen als **Energiehaushalt** bezeichnet.

8.1.1 Grundlagen

Energie ist das Arbeitsvermögen oder die gespeicherte Arbeit. Sie wird im speziellen Fall von Lebewesen in Form von Nahrung (chemische Energie) aufgenommen und in andere Formen umgewandelt, oder als Baustein des Körpers verwendet. Energie kann grundsätzlich in folgenden Formen vorhanden sein, bzw. erzeugt werden (s.a. Physik 4.2):

- mechanische Energie
- elektrische Energie
- osmotische Energie
- chemische Energie
- thermische Energie

8.1.2 Energielieferung

Die chemische Energie der aufgenommenen Nahrungsstoffe wird vom Stoffwechsel in thermische Energie (Wärmeerzeugung) und in mechanische Energie (Muskelarbeit) umgewandelt, sowie für die Synthese von körpereigenen Stoffen und von ATP verwendet (s.a. Biochemie Kap. 18).

Der **physikalische Brennwert** ist die Energiemenge, die freigesetzt wird, wenn ein Stoff unter Zufuhr von O_2 *vollständig* zu CO_2 und H_2O verbrannt wird. Dies geschieht im Körper jedoch nicht immer.

Der **biologische Brennwert** (physiologischer Brennwert) ist die Energiemenge, die dem Körper tatsächlich zur Verfügung steht, wenn ein Nahrungsstoff im Stoffwechsel *unvollständig* verbrannt wird. Fette und Kohlenhydrate werden vollständig abgebaut → physikalischer Brennwert = biologischer Brennwert:

- für *Fette* = 38,9 kJ/g (9,3 kcal),
- für *Kohlenhydrate* = 17,2 kJ/g (4,1 kcal).

Eiweiße werden nur unvollständig bis zum Harnstoff abgebaut → biologischer Brennwert ≠ physikalischer Brennwert:

- *physikalischer* Brennwert für Eiweiß = 23 kJ/g (5,5 kcal),
- *biologischer* Brennwert für Eiweiß = 17,2 kJ/g (4,1 kcal).

> **! Merke**
>
> Wenn die Verbrennung eines Stoffes im Körper *vollständig* ist, sind physikalischer und biologischer Brennwert gleich. Ist die Verbrennung im Körper jedoch *unvollständig*, ist der physikalische Brennwert höher als der biologische.

Das **energetische Äquivalent** (kalorische Äquivalent) eines Stoffes sagt aus, wieviel Energie bei der Verbrennung entsteht, bezogen auf die verbrauchte Menge O_2 (Einheit: kJ/l O_2).

Das energetische Äquivalent der drei Nahrungsstoffgruppen unter Standardbedingungen beträgt

- für *Fette* = 19,6 kJ/l (4,7 kcal),
- für *Kohlenhydrate* = 21,15 kJ/l (5,1 kcal),
- für *Eiweiß* = 19,65 kJ/l (4,7 kcal).

8.1.3 Energieumsatz

Lebende Zellen bei Mensch und Tier nehmen energiereiche Nährstoffe auf, setzen diese um und scheiden dann energieärmere Stoffe aus. Die Energie, die dadurch frei wird, wird von Zellen und Organismen zur Aufrechterhaltung der Homöostase und zur Arbeit verbraucht. Dieser ganze Vorgang nennt sich Energieumsatz. Der Energieumsatz des Menschen kann mit Hilfe von zwei Methoden gemessen werden:

Direkte Kalorimetrie: Die Menge der vom Menschen abgegebenen Wärme wird als Ausdruck seines Energieumsatzes direkt gemessen, indem er in ein isoliertes Zimmer gesetzt wird, dessen Wände mit Wasser durchströmt werden. Die abgegebene Wärme erwärmt das Wasser. Diese Erwärmung ist meßbar (aufwendige, selten verwendete Methode).

Indirekte Kalorimetrie: Der Energieumsatz wird errechnet, indem die verbrauchte Sauerstoffmenge und die ausgeatmete CO_2-Menge gemessen werden. Als Hilfe braucht man das kalorische Äquivalent der verschiedenen Nahrungsstoffe und den respiratorischen Quotienten (s. 5.3.1), um daraus die Zusammensetzung der Ernährung einzuschätzen.

Der **Grundumsatz** ist der Energieumsatz eines Menschen unter folgenden standardisierten Bedingungen:

- Nüchternheit von 12 Std. Dauer
- körperliche und geistige Ruhe (im Liegen)
- Indifferenztemperatur (Zimmertemperatur)
- am Morgen

Der Grundumsatz wird von folgenden Faktoren beeinflußt:

- Größe
- Gewicht
- Geschlecht
- Alter
- Hormonhaushalt (Überfunktion der Schilddrüse, Nebennierenrinde, Hypophyse führt zur Erhöhung, Unterfunktion zum Abfall des Grundumsatzes)

Merke

Die Leber und die ruhende Skelettmuskulatur machen gemeinsam die Hälfte des Grundumsatzes aus.

Klinischer Bezug

In der **Narkose** kann der Energieumsatz des Menschen unter den Grundumsatz sinken, weil es durch die Narkose zur Abnahme des Muskeltonus kommt.

Der **Ruheumsatz** ist nicht gleichzusetzen mit dem Grundumsatz, da der Ruheumsatz nicht standardisiert ist. Er ist der Energieumsatz in Ruhe, der aber zirkadianen, ernährungsbedingten und temperaturbedingten Schwankungen ausgesetzt ist.

Der **Arbeitsumsatz** ist der gesteigerte Energieumsatz, der während körperlicher (Muskel-) Arbeit vorhanden ist (s.a. 6.1.3).

Ein gesteigerter Energieumsatz ist auch bei der Nahrungsaufnahme und bei der Temperaturregulation vorhanden.

Die **RGT-Regel:** Bezogen auf den Menschen besagt die *Reaktions-Geschwindigkeits-Temperatur-Regel*, daß der Energieumsatz pro Zeiteinheit mit zunehmender Temperatur ansteigt.

8.2 Wärmehaushalt und Temperaturregulation

Der Mensch gehört zu den homoiothermen (gleichwarmen) Lebewesen. Dies bedeutet, daß er bemüht ist, seine Körpertemperatur immer in einem bestimmten Bereich zu halten (zwischen ca. 36,4 °C und 37,4 °C). Um dies zu erreichen, verfügt er über einen Temperaturregelkreis mit unterschiedlichen Temperaturregulationsmechanismen.

8.2.1 Körpertemperatur

Der Mensch ist in zwei „Temperaturregionen“ einzuteilen:

- *Körperkern* – homoiotherm (gleichwarm) bei 37 °C
  - Kopf
  - Rumpf
- *Körperschale* – poikilotherm (wechselwarm)
  - Extremitäten

Die **Kerntemperatur** (rektal gemessen) des Menschen beträgt im Normalfall zwischen 36,4 °C und 37,4 °C. Dieser Wert schwankt in Abhängigkeit von folgenden Einflüssen:

- Tageszeit (niedrigster Wert um 6 Uhr morgens, höchster um 18 Uhr)
- Menstruationszyklus (Anstieg um die Ovulation, bleibt in der zweiten Zyklushälfte hoch)
- Schwangerschaft (Anstieg)
- körperliche Arbeit (Anstieg)
- psychische Erregung (Anstieg)
- Alter (Abfall)

Klinischer Bezug

Der Anstieg der Basaltemperatur zur Zeit der Ovulation wird zur **natürlichen Kontrazeption** benutzt. Dabei muß die Frau jeden Morgen vor dem Aufstehen ihre Temperatur messen. Ein Anstieg im Vergleich zur normalen Temperatur um ca. 0,5 °C bedeutet das Eintreten der Ovulation.

8.2.2 Wärmebildung und Wärmespeicherung

Wärme wird im Körper durch die **chemische Thermoregulation** auf zwei Wegen gebildet:

- durch äußere Arbeit,
- durch innere Arbeit.

Äußere Arbeit bedeutet Wärmeerzeugung vorwiegend durch die Tätigkeit der Muskulatur. Das „Kältezittern" ist eine Form der äußeren Arbeit, wobei Zuckungen vieler Muskeln auftreten. *Innere Arbeit* ist die Wärmeerzeugung durch Stoffwechselprozesse in den Brust- und Baucheingeweiden in Ruhe. Die „zitterfreie Wärmebildung" ist innere Arbeit und beinhaltet die Wärmebildung durch braunes Fettgewebe bei Säuglingen.

Merke

Beim Erwachsenen gibt es keine zitterfreie Wärmebildung, nur bei jungen Säuglingen!

8.2.3 Wärmeabgabe

Wärme wird im Körper durch die **physikalische Thermoregulation** auf zwei Wegen abgegeben:

- Durch den *äußeren Wärmestrom*:
  - *Wärmeleitung:* Wärme wird an die Luft abgegeben; dies ist nur möglich, wenn die Luft kälter ist als die Haut
  - *Konvektion:* Wärme wird an die Luft abgegeben, die sich an der Haut vorbeibewegt
  - *Strahlung* an einen Gegenstand im Raum, der kälter ist als der strahlende Körper (trotz warmer Luft dazwischen)
  - *Verdunstung* von Wasser an der Hautoberfläche und den Schleimhäuten der Atemwege:
    - Perspiratio insensibilis („unmerkliche Wasserabgabe"): Das Wasser gelangt an die Hautoberfläche durch Diffusion – ca. 500 – 800 ml/Tag.
    - Perspiratio sensibilis: Das Wasser gelangt an die Hautoberfläche durch Schweißdrüsen, die neuronal aktiviert werden.
- Durch den inneren Wärmestrom:
  - Erhöhung der *Hautdurchblutung*, womit mehr Wärme pro Zeit vom Kern in die Peripherie geleitet wird
  - Verminderung des Gegenstromaustausches von Wärme zwischen Arterien und Venen
  - Umleitung des venösen Rückstromes von den tiefen zu den oberflächlichen Venen

8.2.4 Temperaturregulation

Hyperthermie tritt ein, wenn eine extreme Hitzebelastung zur Überforderung der Wärmeabgabemechanismen führt und es dadurch zu einer Hitzestauung kommt. Diese Grenze liegt bei ca. 42 °C.

Klinischer Bezug

Das **Narkosehyperthermiesyndrom** ist eine erbliche Erkrankung, bei der während einer Allgemeinnarkose eine schwere Hyperthermie auftritt, die unbehandelt schnell zum Tode führt.

Hypothermie tritt ein, wenn eine extreme Kältebelastung zur Überforderung der Kälteabwehrmechanismen führt. Schon bei 26 – 28 °C Körpertemperatur kann der Tod durch Herzflimmern eintreten.

Klinischer Bezug

In der **Chirurgie**, vor allem in der Herzchirurgie, wird davon Gebrauch gemacht, daß die Reaktionsgeschwindigkeit des Stoffwechsels in einer künstlich hervorgerufenen Hypothermie verlangsamt wird, wodurch für die Zellerhaltung eine verminderte O_2-Menge benötigt wird.

Normothermie ist der Zustand, in dem die Körpertemperatur konstant gehalten werden kann, ohne daß es zur Aktivierung der Schweißdrüsen oder zusätzlicher Wärmebildungsmechanismen (Zittern) kommt.

Temperaturregelkreis

Der Temperatur-„Ist"-Wert wird durch Thermorezeptoren aufgenommen. Diese sind aufgeteilt wie folgt:

- *Periphere Thermorezeptoren*:
  - kutane Thermorezeptoren (Kalt- und Warmrezeptoren)
  - Thermorezeptoren in der Dorsalwand der Bauchhöhle
  - Thermorezeptoren in der Muskulatur
- *Zentrale Thermorezeptoren*:
  - Thermorezeptoren im Bereich des vorderen Hypothalamus
  - Thermorezeptoren im unteren Hirnstamm

Diese Information wird an das Integrationszentrum der Thermoregulation im Hypothalamus weitergeleitet. Dabei können zwei Fälle auftreten:

- Der „Ist"-Wert ist höher als der „Soll"-Wert (37 °C) → ein Signal wird über efferente Bahnen aus dem Hypothalamus verschickt und die (in 8.2.3 erklärten) Wärmeabgabemechanismen treten ein.
- Der „Ist"-Wert ist niedriger als der „Soll"-Wert (37 °C) → ein Signal wird über efferente Bahnen aus dem Hypothalamus verschickt, und die (in 8.2.2 erklärten) Wärmebildungsmechanismen treten ein (Abb. 8.**1**).

ZNS Hypothalamus			
Somatisches Nervensystem	Autonomes Nervensystem		
Skelettmuskulatur	**Braunes Fettgewebe**	**Gefäße**	**Schweißdrüsen**
Wärmebildung durch Zittern	Wärmebildung ohne Zittern, aber nur beim Neugeborenen	Wärmestrom vom Kern zur Haut	Wärmeabgabe durch Verdunstung

Abb. 8.**1** Neuronale Steuerung der Körpertemperatur

Die **Behaglichkeitstemperatur** ist die Temperatur, bei der weder die Wärmebildungsmechanismen (Zittern), noch die Wärmeabgabemechanismen (Schweißdrüsenaktivität) aktiviert sind, und die Hautdurchblutung auf einem mittleren Niveau ist. Sie hängt von folgenden Faktoren ab:

- Umgebungstemperatur
- Bekleidung
- körperliche Aktivität
- Strahlung
- Luftfeuchtigkeit
- Wind

Temperaturregulation durch Verhalten: Kleidung, Heizung, in den Schatten gehen, ins Wasser gehen etc. sind bei Extremtemperaturen sehr wichtige Thermoregulationsmechanismen.

! Merke

Der Regelkreis des Körpers kann nur bei kleinen Temperaturschwankungen regelnd einschreiten. In Fällen von *Extrembelastungen*, wie sie im Alltag häufig vorkommen, ist nur die Temperaturregulation durch Verhalten wirksam.

Fieber ist ein Zustand, bei dem endogene Pyrogene aktiviert werden. Dies kann durch die Wirkung von exogenen Pyrogenen (Bakterientoxine) geschehen. Die endogene Pyrogene verschieben den Temperatur-„Soll"-Wert im Hypothalamus nach oben. Dadurch ist der „Ist"-Wert des Körpers zu niedrig, es kommt zur Wärmebildung, Muskelzittern, „Schüttelfrost". Wenn der „Soll"-Wert wieder zu seinem normalen Wert nach unten verschoben wird, ist der „Ist"-Wert nun zu hoch, es kommt zum Schweißausbruch und zur Gefäßerweiterung.

8.2.5 Akklimatisation

Akklimatisation ist der langfristige Vorgang, der zur Anpassung an eine geänderte Umgebung führt. Diese ist von den kurzfristigen Mechanismen, die in 8.2.2 und 8.2.3 angesprochen wurden, zu unterscheiden.

Hitzeakklimatisation: Der Hitzeakklimatisierte schwitzt viel mehr als der Nichtakklimatisierte. Seine Schwelle für die Schweißsekretion ist niedriger, und sein Schweiß ist durch gesteigerte Aldosteronwirkung ärmer an Elektrolyten (siehe Kap. 9).

Kälteakklimatisation: In den letzten Jahren wurde festgestellt, daß der kälteakklimatisierte Mensch eine herabgesetzte Zitterschwelle hat. Davon abgesehen kann er sich nur durch sein Verhalten adaptieren, da er weder über Pelzwachstum noch über zitterfreie Wärmebildung verfügt.

! Merke

Die *Hitzeakklimatisation* besteht beim Menschen, der in einer warmen Gegend wohnt, oder der viel Sport treibt. Die *Kälteakklimatisation* als solches existiert beim Menschen kaum, sie ist nur bei Tieren zu beobachten.

Wasser- und Elektrolythaushalt, Nierenfunktion

Die Hauptaufgabe der Nieren ist die Regulation des Wasser- und Elektrolythaushaltes. Aus diesem Grund werden der Wasser- und der Elektrolythaushalt gemeinsam behandelt.

9.1 Wasser- und Elektrolythaushalt

Der Organismus ist stets bestrebt, das Volumen und die Osmolalität des Extrazellulärraumes innerhalb bestimmter Grenzen konstant zu halten, da viele Mechanismen vom Wasser- bzw. Elektrolytgehalt des Körpers abhängig sind. Durch große Veränderungen der Osmolalität und des Volumens droht eine Beeinträchtigung oder gar ein Ausfall vieler Funktionen. Deshalb werden der Wasser- und Elektrolythaushalt genauestens reguliert.

9.1.1 Allgemeine Grundlagen

Der Wasser- und Elektrolytgehalt des Extrazellulärraumes sollte so konstant wie möglich gehalten werden, weil die Zelle in ihrer Funktion vom Extrazellulärraum, ihrem *„inneren Milieu"*, abhängig ist. Unterschiedliche Regulationsmechanismen, die im einzelnen behandelt werden, dienen dazu, diese Umwelt der Zellen konstant zu halten. Der Prozeß der Konstanthaltung heißt **Homöostase**.

Das Wasser im Organismus ist lebenswichtig, nicht nur für Menschen, sondern für alle Lebewesen. Wasser ist an biochemischen Reaktionen beteiligt, ist Transportmedium, dient der Kühlung des Menschen, ist sowohl intra- als auch extrazellulär überall vorhanden. Die Elektrolyte spielen auch eine wichtige Rolle, die sich jedoch nicht verallgemeinern läßt, da alle Elektrolyte unterschiedliche Aufgaben haben, die im einzelnen behandelt werden.

9.1.2 Flüssigkeitsräume

Der Körper enthält grundsätzlich zwei klar voneinander getrennte Flüssigkeitsräume (Kompartimente), die im Durchschnitt ca. 60 % des Körpergewichts ausmachen:

- *Intrazellulärraum* (35 %)
- *Extrazellulärraum* (25 %).

Letzterer kann weiter unterteilt werden in:

- Interstitium (19 %),
- Intravasalraum (4,5 %) und
- Transzellulärraum (Liquorraum, Darmlumen, ableitende Harnwege, Augenkammer, exkretorische Drüsen) (1,5 %).

Klinischer Bezug

Ein Säugling hat einen Gewichtsanteil des Wassers von 75 %, ein männlicher Greis von nur noch 53 %, ein weiblicher Greis von 46 %. Der Gewichtsanteil ist also stark alters- und geschlechtsabhängig.

Ionenzusammensetzung in den Flüssigkeitsräumen

Der Intrazellulärraum und der Extrazellulärraum unterscheiden sich stark in der Ionenzusammensetzung. Während der Intrazellulärraum reich an K^+ und Na^+-arm ist, ist der Extrazellulärraum reich an Na^+ und K^+-arm (Tab. 9.**1**). Im Extrazellulärraum unterscheidet sich der *Intravasalraum* von dem *Interstitium* nicht in der Ionenkonzentration, sondern in der Proteinkonzentration: Der Intravasalraum hat einen viel höheren Proteingehalt als das Interstitium (Tab. 9.**1**).

Volumenbestimmung der Flüssigkeitsräume

Die Volumenbestimmung der unterschiedlichen Körperkompartimente erfolgt mit einer einzigen

Tab. 9.**1** Elektrolytzusammensetzung unterschiedlicher Körperkompartimente; Angaben in mmol/l

	Plasma	Interstitium	Zelle
Na^+	150	144	10
K^+	5	5	160
Mg^{2+}	2	2	28
Ca^{2+}	3	3	<0,001
Cl^-	110	114	3
HCO_3^-	27	28	10
$Protein^-$	17	4	65
Phosphat	2	2	100
Sulfat	1	1	20
org. Säuren	4	4	0

Methode. Eine *Indikatorsubstanz* wird in die Blutbahn injiziert. Nach Verteilung der Substanz wird Blut entnommen und die Konzentration der Indikatorsubstanz gemessen. Das Volumen des Kompartiments V_K ist gleich dem Quotient von injizierter Indikatormenge in g durch die Konzentration der Indikatorsubstanz im Blut in g/l.

$$V_K = M_I/K_I$$

Ein Indikator, der sich im *gesamten Körperwasser* verteilt und daher für dessen Bestimmung benutzt wird, ist *Antipyrin*. *Inulin* wird im *Extrazellulärraum* verteilt und ist ein Indikator hierfür. Der *Intrazellulärraum* kann errechnet werden als die Differenz zwischen der Messung mit Antipyrin und mit Inulin. *Evans-Blau* ist ein Indikator für den *Intravasalraum*.

9.1.3 Wasser

Die Wassermenge, die sich im menschlichen Körper befindet, sollte unter physiologischen Bedingungen relativ konstant bleiben. Unterschiedliche Regelmechanismen sorgen dafür, daß die *Wasseraufnahme* der *Wasserabgabe* entspricht und dadurch die *Wasserbilanz* konstant gehalten wird.

Die **Wasseraufnahme** eines Erwachsenen, die täglich ca. 2,5 l beträgt, setzt sich aus folgenden Bestandteilen zusammen:

- Getränke
- Wasser als Bestandteil der festen Nahrung
- Oxidationswasser aus dem Stoffwechsel

Die **Wasserabgabe**, die auch ca. 2,5 l/Tag betragen soll, erfolgt auf folgenden Wegen:

- Urin
- Haut
- Stuhl
- Atemluft

Mechanismen der Wasserbilanzierung

Die tatsächlichen Werte können in bestimmten Situationen von den angegebenen Werten erheblich abweichen. Dabei muß jedoch eine Bilanzierung stattfinden.

Bei starker Hitzebelastung kann es zu einem Wasserverlust durch Schwitzen von bis zu mehreren Litern pro Stunde kommen.

Klinischer Bezug

Wenn man viel Sport getrieben oder sich in der Hitze aufgehalten und dadurch viel geschwitzt hat, wird der Wasserverlust durch Durst bzw. Trinken wieder ausgeglichen. Wenn man wiederum zu viel getrunken hat, wird dies mit einer erhöhten Urinabgabe ausgeglichen.

Der **Durst** ist ein Mechanismus, mit dem der Körper *Wasserverluste* ausgleichen kann. Das Durstzentrum liegt im Hypothalamus und löst das Durstgefühl bei erhöhter Osmolalität der Körperflüssigkeiten aus.

Ein **Wasserverlust** wird mit Hilfe von *Adiuretin* * (**anti****di**uretisches **H**ormon [**ADH**], Vasopressin) behoben. ADH wird im Hypothalamus gebildet und in der Neurohypophyse in Sekretvesikeln gespeichert. Die ADH-Freisetzung erfolgt, wenn die Osmorezep-

*Aquaporin 2 - Einbau

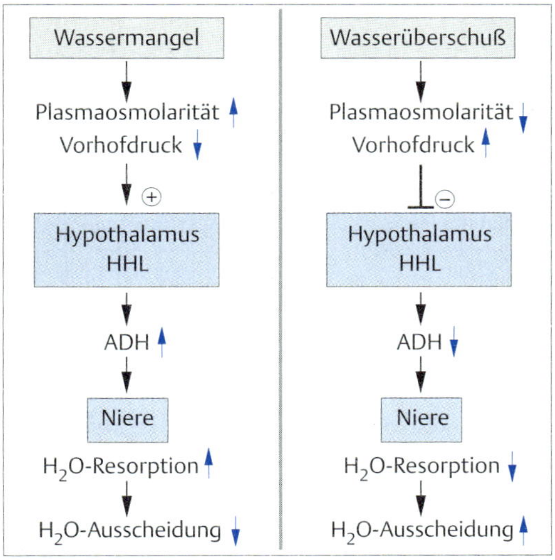

Abb. 9.1 Hormonale Regulation des Wasserhaushalts

toren des Körpers, die vor allem im Hypothalamus vorhanden sind, eine erhöhte Osmolalität des Plasmas signalisieren. ADH bewirkt dann am *distalen Tubulus* und am *Sammelrohr* der Niere eine erhöhte Wasserretention.

Ein **Wasserüberschuß** wird ausgeglichen, indem die ADH-Freisetzung durch die verminderte Stimulation der Osmorezeptoren gehemmt wird. Dadurch wird eine erhöhte Wasserausscheidung bewirkt (Abb. 9.**1**).

Merke

Die Osmolalität der meisten intra- und extrazellulären Körperflüssigkeiten beträgt ca. 290 mosm/kg H_2O (oft noch: mosmol/kg). Ein Anstieg von nur 3 mosm/kg H_2O (<1 %) reicht aus, um die ADH-Sekretion der Neurohypophyse zu erhöhen und Durstgefühle entstehen zu lassen.

Pathophysiologie bei gestörter Wasserbilanzierung

Wasserintoxikation: Ein großer Überschuß an Wasser (Wasserretention), der regulativ nicht ausgeglichen wird, führt zu einer *Wasserintoxikation*. Dabei sind eine Hypoosmolalität und eine (relative) Hyponatriämie charakteristisch. Sowohl der Extra- als auch der Intrazellulärraum sind dabei stark erweitert.

Ein Grund für die Wasserintoxikation kann z. B. ein ADH-sezernierender Tumor sein. Eine andere mögliche Ursache ist das Absinken des effektiven Plasmavolumens bei Herzinsuffizienz. Dabei befindet sich ein großer Teil des Blutes aufgrund der verminderten Herzleistung im venösen System und nimmt am Kreislauf vermindert teil. Die ADH-Sekretion wird also erhöht, um die Erhöhung des Blutvolumens im arteriellen System zu gewährleisten.

Klinischer Bezug

Ist die oben beschriebene Wasserretention ein akutes Geschehen, so kommt es durch die Wassereinlagerung in den Zellen des ZNS und die beschränkten Ausdehnungsmöglichkeiten des Gehirns zu zentralen Ausfallerscheinungen.

Ein **Wasserdefizit** hingegen entsteht, wenn zu wenig Wasser aufgenommen (getrunken) wird. Hyperosmolalität und Hypernatriämie entstehen sowohl im Extra- als auch im Intrazellulärraum.

Der **Diabetes insipidus** ist eine Erkrankung, bei der entweder durch eine mangelhafte ADH-Produktion oder -Sekretion (Diabetes insipidus neurohormonalis oder zentrale Form) oder durch eine renale Störung, bei der ADH keinen Effekt auf die Niere hat (Diabetes insipidus renalis oder nephrogene Form), ein funktioneller ADH-Mangel besteht. Dadurch kommt es zu sehr großen Wasserverlusten über die Niere, die nicht genügend ausgeglichen werden können (s. u.).

Klinischer Bezug

Eine akute Dehydratation hat durch die akute Schrumpfung des Extra- und Intrazellulärraums die Schrumpfung der Zellen im ZNS zur Folge und bringt zentrale Ausfallerscheinungen mit sich.

9.1.4 Osmoregulation

Die Osmoregulation und der Wasser- bzw. Elektrolyt-(Salz-)Haushalt sind eng miteinander verknüpft, so daß sie nicht unabhängig voneinander behandelt werden können; siehe deshalb 9.1.3 und 9.1.5.

9.1.5 Natrium

Der Natriumhaushalt ist einem ähnlichen Regelkreis unterworfen wie der Wasserhaushalt. Wenn die gleiche Menge an Natrium aufgenommen wie ausgeschieden wird, besteht ein Gleichgewicht. Wird dieses Gleichgewicht auf irgendeine Weise gestört, so kann es zu Entgleisungen des Volumens des Intra- und Extrazellulärraumes kommen (Natriumkonzentrationen s. Tab. 9.**1**). Ungefähr ein Drittel des Gesamtkörpernatriums ist in den Knochen eingebaut und daher für die Natriumhaushaltsregulation nicht verfügbar.

Die Natriumaufnahme erfolgt hauptsächlich über die Nahrung in Form von Kochsalz. Täglich nimmt man durchschnittlich ca. 100 mmol zu sich. Die individuellen, nahrungsbedingten Unterschiede sind jedoch erheblich und erstrecken sich von wenigen mmol bis zu 1000 mmol pro Tag. Die Natriumausscheidung erfolgt über die Niere.

Regulation des Natriumhaushalts

Die Regulation der Natriumausscheidung über die Niere erfolgt unter der Mitwirkung von *Aldosteron.* Ein **Salzmangel** verursacht einen Abfall der Plasmaosmolalität. Dadurch sinkt die ADH-Sekretion und Wasser wird vermehrt ausgeschieden, was eine Verminderung des Extrazellulärraumes bewirkt (s. 9.1.3). Das dadurch entstandene verminderte Plasmavolumen führt zur Erhöhung der Plasmakonzentration von *Angiotensin II*, das durch *converting enzyme* aus *Angiotensin I* von der *Leber* umgewandelt wurde. Angiotensin II, wiederum, stimuliert das Durstgefühl und die Freisetzung von Aldosteron aus der *Nebennierenrinde*. Aldosteron fördert die Rückresorption von Natrium im *distalen Tubulus* und im *Sammelrohr* der Niere, erzielt also eine *Natriumretention*. Durch diese Natriumretention wird sekundär auch Wasser retiniert, was zur Normalisierung des Extrazellulärraumes führt (Abb. 9.**2**).

Ein Salzmangel kann über mehrere Mechanismen entstehen. Salz kann verlorengehen durch:

- Erbrechen
- Diarrhoe
- Blutungen
- Diuretika

Ein **Salzüberschuß** bewirkt eine Erhöhung der Plasmaosmolalität. Dies führt zum Abfall der ADH-Sekretion und zur Wasserretention, was eine Erweiterung des Extrazellulärraumes bewirkt. Dies hemmt das *Renin-Angiotensin-Aldosteron-System* (s. Biochemie 15.4.2), Aldosteron wird vermindert ausgeschüttet. Das Fehlen von Aldosteron bewirkt eine vermehrte Ausscheidung von Natrium und sekundär von Wasser. Dies führt zur Normalisierung des Extrazellulärraums (Abb. 9.**2**).

Ein Salzüberschuß kann verursacht werden durch eine erhöhte Aufnahme oder eine unzureichende Ausscheidung (z. B. bei Niereninsuffizienz). Die Folge sind eine *Erweiterung des Plasmavolumens* und die Entstehung von *Ödemen* (durch die Vergrößerung des interstitiellen Raumes), da ein Salzüberschuß eine Wasserretention mit sich zieht.

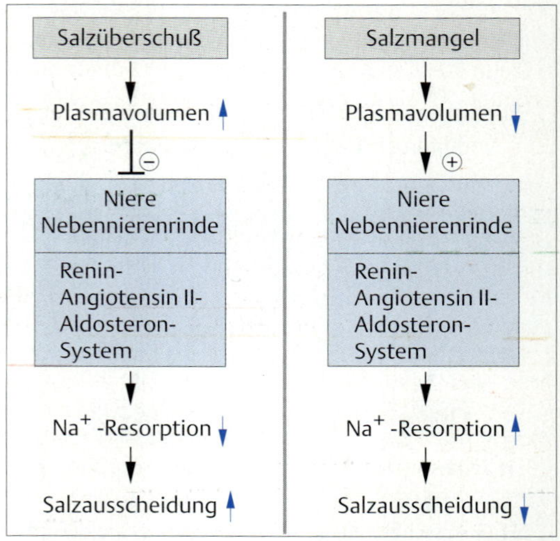

Abb. 9.**2** Hormonale Regulation des Salzhaushalts

Klinischer Bezug

Die Erweiterung des Plasmavolumens bei Salzüberschuß führt zum **Volumenhochdruck**. Deshalb sollten Patienten mit Bluthochdruck genau auf ihre Salzaufnahme achten.

9.1.6 Kalium

Kalium ist das intrazelluläre Hauptkation. 50–100 mmol Kalium werden mit der Nahrung pro Tag aufgenommen und die gleiche Menge wird, hauptsächlich durch die Niere und zu einem kleinen Teil durch das Colon, wieder ausgeschieden. Für die Verteilung von Kalium ist die Na^+-K^+-Pumpe und die K^+-Permeabilität der Zellen verantwortlich (Kaliumkonzentrationen s. Tab. 9.**1**). Die extrazelluläre Kaliumkonzentration, obwohl sie nur ca. 1–2 % des Gesamtkörperkaliums ausmacht, ist die regulativ wichtige Größe, weil über sie der ganze Kaliumhaushalt reguliert wird. Das ganze Gesamtkörperkalium ist frei austauschbar, im Gegensatz zum Natrium (das teilweise festgebunden vorliegt).

Regulation des Kaliumhaushalts

Die **akute Regulation** erfolgt hauptsächlich über Verschiebungen zwischen dem intra- und extrazellulären Raum. Ein Anstieg der Kaliumkonzentration im Extrazellulärraum bewirkt eine *Insulin*ausschüttung, die wiederum die Aufnahme des Kaliums in die Zelle fördert. *Aldosteron*, *Adrenalin* und eine Alkalose (Ergebnis: *hypokaliämische Alkalose*) haben dieselbe Wirkung. Die Azidose (Ergebnis: *hyperkaliämische*

Azidose) hat die entgegengesetzte Wirkung. (Eine Alkalose bzw. Azidose beeinflußt die intra- und extrazelluläre Kaliumkonzentration folgendermaßen: um der Alkalose entgegenzuwirken, werden aus der Zelle H^+-Ionen im Antiport mit K^+-Ionen ausgeschieden. Dadurch fällt die extrazelluläre Kaliumkonzentration; eine Azidose bewirkt eine H^+-Aufnahme in die Zelle, wodurch K^+-Ionen vermehrt aus der Zelle ausgeschieden werden.)
Die **Langzeitregulation** erfolgt vor allem über die *Niere*. Kalium wird am *Glomerulus* filtriert, im *proximalen Tubulus* und in der *Henle-Schleife* zu 85–90 % resorbiert und im *distalen Tubulus* zusätzlich sezerniert. Das Ausmaß dieser Sekretion hängt von der Kaliumkonzentration des Blutes ab und wird von Aldosteron und der Na^+-Ausscheidung beeinflußt (eine erhöhte Na^+-Resorption wegen erhöhter Aldosteronsekretion bewirkt eine erhöhte K^+-Sekretion). Diese Regulation ist sehr wichtig, da die Einhaltung eines engen Normbereichs der extrazellulären Kaliumkonzentration lebensnotwendig ist.

Klinischer Bezug

Ein *Kaliummangel* kann zu kardiovaskulären und neuromuskulären Störungen führen, ein *Kaliumüberschuß* zu Herzrhythmusstörungen (s. Kap. 3).

9.1.7 Calcium und Phosphat

Der Calcium- und Phosphathaushalt sind regulatorisch eng miteinander verbunden (s. a. Biochemie 15.4.5 und 15.4.6).
Calcium ist das im Körper in größter Menge vorhandene Kation (Calciumkonzentrationen s. Tab. 9.**1**). Es macht 2 % des Körpergewichtes aus. Zu 99 % ist es in den *Knochen* eingebaut, nur 1 % befindet sich in den Körperflüssigkeiten. Die Ca^{2+}-Konzentration im Serum liegt zwischen 2,3 und 2,7 mmol/l. *40 %* davon sind *proteingebunden* und daher nicht frei filtrierbar, die restlichen *60 %* sind durch die Kapillarwand *frei filtrierbar*. Wiederum *80 %* hiervon machen das *freie, ionisierbare Calcium* aus. Die restlichen *20 %* bestehen aus *komplex gebundenem Calcium* (z. B. Calciumphosphat). Die Menge des proteingebundenen Calciums ist von dem pH-Wert des Blutes abhängig. Bei einer Alkalose steigt die Proteinbindung, bei einer Azidose sinkt sie.
Calcium wird nicht nur für den Aufbau des *Skeletts*, sondern auch für zahlreiche *biologische Vorgänge* benötigt. Über Calcium werden z. B. manche Hormonausschüttungen, Transmitterfreisetzungen, die Aktivität mancher Enzyme, die Gerinnung, die elektromechanische Koppelung und andere Vorgänge geregelt.

Klinischer Bezug

Eine Alkalose, die eine erhöhte Proteinbindung des Calciums bewirkt, kann eine funktionelle Hypokalzämie hervorrufen. Diese wiederum kann eine **Tetanie** zur Folge haben. = Hyperventilations-Tetanie

Während der **Schwangerschaft** bzw. in der Stillzeit kann es zu einem Ca^{2+}-Mangel bei der Mutter kommen, da für die Entwicklung des kindlichen Skeletts sehr viel Ca^{2+} benötigt wird.
Calcium wird mit der Nahrung aufgenommen, wobei Milchprodukte und Eier besonders calciumhaltig sind. Zu 90 % wird Calcium mit dem Stuhl und zu 10 % im Urin ausgeschieden.
Änderungen der Calciumkonzentration im Serum führen zu Veränderungen im EKG (s. Kap. 3).

Phosphat

Die Hauptmenge des Phosphats, wie auch des Calciums, befindet sich im Knochen als *Calciumphosphat*. Phosphat ist außerdem Bestandteil vieler stoffwechselwichtiger Moleküle (DNA, Phospholipide, cAMP, ATP). Phosphat ist im Blut hauptsächlich in Form von HPO_4^{2-} vorhanden.
Ca. 1,4 g Phosphat werden pro Tag mit der Nahrung aufgenommen. Davon werden 0,9 g absorbiert und ungefähr die gleiche Menge (0,9 g) im Urin ausgeschieden.
Da Calciumphosphatsalze schlecht löslich sind, besteht bei Überschreitung eines bestimmten Wertes des *Löslichkeitsproduktes* die Gefahr der Ausfällung.

Merke

Das *Löslichkeitsprodukt* ist gleich dem Produkt aus Ca^{2+}-Konzentration und Phosphatkonzentration.

Klinischer Bezug

Kommt es zu Ausfällung von Calciumphosphatsalzen, so geschieht dies meist in Form von **Nierensteinen**.

Regulation des Calcium- und Phosphathaushalts

Da die intrazelluläre Calciumkonzentration sehr niedrig ist, reicht eine sehr geringfügige Permeabilitätsänderung, um die intrazelluläre Konzentration erheblich zu ändern. Da Calcium aber an sehr vielen Regulationsmechanismen beteiligt ist, ist eine sehr präzise, komplizierte Regulation der extra- und intrazellulären Calciumkonzentration notwendig. Sie wird durch die *Ca^{2+}-ATPase-Pumpen* und die *Na^+/Ca^{2+}-Austauschpumpen* in der Zellmembran, durch *Transmittersubstanzen* und durch die Hormone *Parathormon*, *Vitamin-D-Hormon* (und Calcitriol als Metabolit hiervon) und *Calcitonin* (s. a. Biochemie 15.4.5) reguliert. Letztere Hormone regulieren gemeinsam den Calcium- und Phosphathaushalt.

9.1.8 Magnesium

Das Magnesium des Menschen ist vor allem intrazellulär (31 %) (Tab. 9.**1**) und im Knochen (67 %) vorhanden. Wichtig ist Magnesium als *Chelatbildner* und als *Katalysator* vieler Reaktionen.
Ungefähr 35 % des täglich aufgenommenen Magnesiums werden resorbiert, die Ausscheidung der gleichen Menge erfolgt über die Niere. Die Regulation hiervon geschieht parallel zum Calcium.
Ein Magnesiummangel, z. B. in Folge von einem Hyperaldosteronismus, führt auf noch nicht bekannte Weise zu einer Senkung der Plasmakonzentration von Ca^{2+} und dadurch zu einer erhöhten Tetanieneigung. (Beim Hyperaldosteronismus führt die erhöhte Aldosteronsekretion zu einer Retention von Na^+ und einer erhöhten Ausscheidung von K^+, Mg^{2+} und H^+.)

9.1.9 Säure-Base-Haushalt

Siehe unter 5.5.

9.2 Niere

Die Niere ist ein Ausscheidungsorgan. Es ist ihre Aufgabe, die Homöostase des Salz- und Wasserhaushalts zu erhalten, Stoffwechselendprodukte und Fremdstoffe zu eliminieren und bestimmte Hormone zu bilden. Sie ist der Ort zahlreicher Stoffwechselvorgänge.

9.2.1 Bau und Funktion

Das **Nephron** ist die funktionelle Einheit der Niere. Jede Niere hat ca. 1,2 Millionen Nephrone. Das Nephron besteht aus einem *Glomerulus* mit einer *Bowman-Kapsel*, einem *proximalen Tubulus*, einer *Henle-Schleife*, einem *distalen Tubulus* und einem *Sammelrohr*, das es mit mehreren anderen Nephronen teilt. Zum Glomerulus verläuft ein *Vas afferens*, das sich hier in Kapillaren aufzweigt. Diese vereinigen sich zu einem *Vas efferens*, aus dem die *peritubulären Kapillaren* entspringen. Aus den Kapillaren des Glomerulus wird der *Primärharn* in den Kapselraum der Bowman-Kapsel filtriert. Dieses Filtrat gelangt in den Tubulus und wird zu einem großen Teil wieder in die Blutbahn resorbiert. Der Rest wird zusammen mit den Stoffen, die von den Tubuluszellen in das Tubuluslumen sezerniert wurden, als Urin ausgeschieden (s. a. Anatomie 8.6.1).
Die Niere besitzt zwei **Typen von Nephronen**:

- kortikale Nephrone und
- juxtamedulläre Nephrone.

Erstere besitzen eine kurze Henle-Schleife und ein ähnliches peritubuläres Kapillarnetz wie die meisten anderen Gewebe des Körpers. Letztere haben eine lange Henle-Schleife, die von den langen Kapillaren ihres peritubulären Kapillarnetzes haarnadelförmig begleitet werden. Diese Kapillaren sind die einzigen, die das Mark versorgen, und sie spielen bei der Urinkonzentrierung eine wichtige Rolle (s. u.).

9.2.2 Durchblutung

Die Niere wird von der *A. renalis* versorgt. Sie teilt sich in die *Aa. interlobares* auf und weiter in die *Aa. arcuatae*. Diese verlaufen zwischen Rinde und Mark. In Richtung Rinde zweigen sich die *Aa. interlobulares* ab, denen die *Vasa afferentia* entspringen. Diese bilden die Kapillaren des Glomerulus, vereinigen sich zu den *Vasa efferentia* und bilden dann das *peritubuläre Kapillarnetz*. Über *Vv. interlobulares*, *Vv. arcuatae*, *Vv. interlobares* und die *V. renalis* erreicht das Blut die *V. cava*.
Die Nierendurchblutung (renaler Blutfluß) macht 20 bis 25 % des gesamten Herzzeitvolumens aus und beträgt durchschnittlich 1,2 l/min. Die Verteilung dieses Blutes auf Rinde und Mark ist ungleichmäßig. Ca. 90 % erhält die Rinde. Die restlichen 10 % sind auf das Mark verteilt, wobei das innere Mark nur 1 – 2 % erhält.

Renaler Blutfluß

Die Bestimmung des *renalen Blutflusses (RBF)* erfolgt, indem man zuerst den *renalen Plasmafluß (RPF)* bestimmt. Hierzu wird eine Testsubstanz benötigt, die nicht nur glomerulär filtriert wird, sondern auch im Tubulus stark sezerniert und dadurch fast vollständig ausgeschieden wird. Die Clearance (s. 9.2.3) dieser Substanz ist dann gleich dem renalen Plasmafluß. So eine Substanz ist Paraaminohippurat (PAH), das zu 90 % ausgeschieden wird.
Man setzt die Menge PAH, die arteriell in die Niere fließt, der Menge PAH gleich, die ausgeschieden wird. Dabei ergibt sich folgende Gleichung:

$$RPF \cdot P_{PAH} = V_U \cdot U_{PAH}$$

RPF ist der renale Plasmafluß, P_{PAH} die PAH-Konzentration im Plasma, V_U das Urinzeitvolumen (Urinvolumen, das pro Zeiteinheit ausgeschieden wird) und U_{PAH} die PAH-Konzentration im Urin. Wird die Gleichung umgestellt, so ergibt sich die Gleichung für die Berechnung des renalen Plasmaflusses (der gleichzeitig die PAH-Clearance ist, s. u.):

$$RPF = V_U \cdot U_{PAH}/P_{PAH} \text{ (Einheit: ml/min)}$$

Mit Hilfe des RPF kann man den RBF errechnen:

$$RBF = RPF/(1 - \text{Hämatokrit})$$

Der **O_2-Verbrauch** der Niere pro Minute beträgt ca. 18 ml und wird hauptsächlich für den oxidativen Stoffwechsel verwendet, da die Niere für ihre aktiven Transportprozesse viel Energie braucht.
Der Abfall des **Blutdruckes** von der A. renalis zu den Glomeruluskapillaren ist relativ gering. Dies hat zur Folge, daß der hydrostatische Druck, der für die effektive Filtration benötigt wird, hoch bleibt. Die Vasa efferentia, jedoch, bieten einen hohen Strömungswiderstand. Dies, wiederum, hat zur Folge, daß der hydrostatische Druck abfällt und die Resorption aus den Nierentubuli erleichtert wird.

9.2.3 Filtration

Primärharn

Das *Malpighische Nierenkörperchen* (s. Anatomie 8.6.1) fungiert als Filter der Niere. Es besteht aus dem *Glomerulus* und der *Bowman-Kapsel*. Der Glomerulus stülpt sich in die Kapsel hinein, wodurch zwei Blätter der Kapsel entstehen. In dem Zwischenraum dieser beiden Blätter wird der *Primärharn* zuerst abgefiltert und dann in den Nierentubulus abgeleitet. Dabei muß er bei der Filtration drei Schichten überwinden:

- *Endothel*,
- *Basalmembran* und
- *Epithel* (s. a. Histologie 3.13.1).

Die Durchlässigkeit des Filters wird bestimmt durch die *Porenweite* der Membran und durch die negative *Wandladung*.
Ungefähr ein Fünftel des am Glomerulus entlangfließenden Plasmas, also des renalen Plasmaflusses, wird filtriert. Filtriert werden alle im Plasma gelösten Stoffe, die einen Molekülradius von weniger als 1,8 nm haben. Stoffe in der Größenordnung zwischen 1,8 nm und 4,4 nm können, abhängig von ihrer Ladung, teilweise filtriert werden. Größere Stoffe werden gar nicht filtriert. Dadurch können die zellulären Bestandteile des Blutes, Proteine, sowie die kleinmolekularen Stoffe, die eine Proteinbindung eingegangen sind, *nicht* filtriert werden.

Bestimmung der glomerulären Filtrationsrate

Durchschnittlich werden 125 ml Primärharn pro Minute von beiden Nieren zusammen abfiltriert. Diese Größe, die glomeruläre Filtrationsrate (GFR) kann, ähnlich der Messung des RPF, mit Hilfe einer Indikatorsubstanz bestimmt werden. Dazu wird eine Substanz benötigt, die frei filtrierbar ist, aber im späteren Verlauf des Nierentubulus weder resorbiert, noch sezerniert, noch verstoffwechselt wird. Nur die ursprünglich filtrierte Menge wird ausgeschieden. Für die Messung wird **Inulin** verwendet. Man setzt die glomeruläre Filtrationsrate mal der Plasmakonzentration von Inulin gleich dem Urinzeitvolumen mal der Urinkonzentration von Inulin. Wenn man diese Gleichung auflöst, erhält man die Formel für die glomeruläre Filtrationsrate (die wieder auf der Formel Menge = Konzentration · Volumen basiert):

$$GFR = U_{IN} \cdot V_U/P_{IN} \text{ (Einheit: ml/min)}$$

U_{IN} ist die Urinkonzentration von Inulin, V_U ist das Urinzeitvolumen und P_{IN} ist die Plasmakonzentration von Inulin. Dabei ist die glomeruläre Filtrationsrate gleich der Clearance (s. u.) von Inulin.
Die GFR ist der Körperoberfläche proportional. Bei 1,73 m^2 Körperoberfläche sollte die GFR 120 ml/min betragen. Dies bedeutet, daß bei einem 70 kg schweren Menschen, der ca. 17 l austauschbare Extrazellulärflüssigkeit besitzt, 180 l pro Tag filtriert werden. Diese große Menge kann natürlich bei weitem nicht ausgeschieden werden (s. 9.2.4)!
Die **Filtrationsfraktion** ist die glomeruläre Filtrationsrate pro renalem Plasmafluß (GFR / RPF) und beträgt ca. 0,2. Sie besagt, wieviel des am Glomerulus vorbeifließenden Plasmas filtriert wird.
Die GFR ist von folgenden Faktoren abhängig:

- von der hohen *Wasserdurchlässigkeit* (hydraulische Leitfähigkeit) des Filters,
- von der *Filterfläche*,
- von dem *effektiven Filtrationsdruck*.

Der **effektive Filtrationsdruck** errechnet sich aus dem *Blutdruck in der Glomeruluskapillare* und den diesem entgegenwirkenden Drücken: der *Druck in der Bowman-Kapsel* und der *onkotische* (kolloidosmotische) *Druck* in der Kapillare, der durch die Plasmaproteine verursacht wird. Der effektive Filtrationsdruck beträgt ca. 15 mmHg. Dieser Druck herrscht am afferenten Ende der Kapillare. Durch die Filtration von Wasser entlang der Kapillare wird die Konzentration der Proteine in der Kapillare erhöht. Dadurch erhöht sich der onkotische Druck; der effektive Filtrationsdruck fällt. Wenn der effektive Filtrationsdruck auf Null gefallen ist, besteht ein *Filtrationsgleichge-*

Physiologie

wicht. Die GFR läßt sich unabhängig vom RPF beeinflussen, indem einer dieser Drücke variiert wird.

Klinischer Bezug

Beim **multiplen Myelom** steigt die Proteinkonzentration im Plasma pathologisch an. Der dadurch erhöhte onkotische Druck verursacht beim Gleichbleiben der anderen Drücke einen Abfall des effektiven Filtrationsdrucks.

Die **Regulierung der GFR** erfolgt durch Variierung des afferenten Strömungswiderstands. Dessen Erhöhung bewirkt einen Abfall des effektiven Filtrationsdrucks und umgekehrt (s. u.).

Clearance

Die Clearance einer beliebigen Substanz ist das von dieser Substanz X befreite Plasmavolumen, wobei „befreit" mit „vollständig gereinigt" gleichzusetzen ist. Sie wird beeinflußt von der Menge der Substanz, die filtriert, sezerniert und resorbiert wird. Die Gleichung zur Berechnung der Clearance lautet:

$$\text{Clearance} = U_X \cdot V_U / P_X$$
$$(\text{Einheit: ml/min})$$

U_X ist die Urinkonzentration der Substanz, V_U das Urinzeitvolumen und P_X die Plasmakonzentration der Substanz. Die Clearance bestimmter Substanzen mit bestimmten Eigenschaften erlaubt Aussagen über bestimmte Funktionen der Niere (GFR, PFR) (s. o.).

Merke

Die Reinigung des Filters von Stoffen, die zwischen den Poren hängengeblieben sind, erfolgt mit Hilfe von *Mesangiumzellen*, die diese phagozytieren.

9.2.4 Resorption, Sekretion

Im Nierentubulus werden an unterschiedlichen Stellen manche Stoffe wieder resorbiert, manche sezerniert, und manche werden an unterschiedlichen Stellen und je nach Stoffwechsellage sowohl sezerniert als auch resorbiert (s. Abb. 9.**3**):

Resorption: Resorbiert werden

- Wasser,
- anorganische Substanzen wie Na^+, Cl^-, K^+, Ca^{2+}, CO_2, HCO_3^-, und
- organische Stoffe wie Glucose, Aminosäuren, Harnstoff, Harnsäure, Lactat, Proteine, etc.

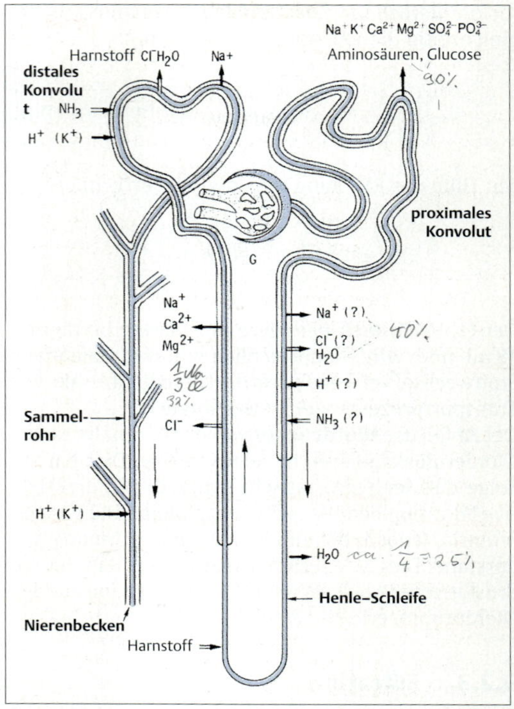

Abb. 9.**3** Sekretion und Resorption entlang des Nephrons (aus Cotta, Thieme 1990)

Sekretion:

- *transzellulär oder parazellulär werden sezerniert*
  - körpereigene Stoffwechselprodukte (Sulfate, Harnsäure, Hippurat, etc.)
  - körperfremde Stoffe (Medikamente und Gifte)
- *Zellulär* sezerniert werden Stoffe, die in der Tubuluszelle entstehen, z. B.
  - NH_3
  - H^+

Die **Transportvorgänge** am Nephron werden unterteilt in aktive und passive Transportvorgänge. Diese sind oft miteinander verbunden, indem ein aktiver Vorgang einen passiven mit sich zieht. Das nennt sich sekundär-aktiver Transport. *Passive Transportvorgänge* entstehen, wenn ein Gefälle besteht, sei es elektrisch oder chemisch. *Aktive Vorgänge* benötigen eine Pumpe oder einen Carrier, die Energie verbrauchen (zu den zellulären Transportvorgängen s. a. Kap. 1).

Der proximale Tubulus

Der proximale Tubulus enthält Zellen, die luminal einen *Bürstensaum* haben und basolateral *Einfaltungen* der Zellmembran. Die dadurch erreichte

Vergrößerung der Zelloberfläche dient der Resorption großer Wasser- und Na^+-Mengen. Die Energie, die die Na^+-K^+-ATPase hierfür benötigt, wird von der großen Zahl von *Mitochondrien* geliefert, die den proximalen Tubulus auszeichnen. Da die Schlußleisten der Epithelien in diesem Abschnitt sehr schmal sind, wird die Aufrechterhaltung von Unterschieden der Osmolarität zwischen Lumen und Interstitium der Niere unmöglich. Die Resorption von gelösten Stoffen zieht die Resorption von Wasser automatisch mit sich. Dadurch sind Salz- und Wasserresorption gekoppelt. Auch eine Potentialdifferenz kann nicht aufrechterhalten werden.
Im proximalen Tubulus ist der Harn zuerst *isoton*. In diesem Abschnitt wird Na^+ im Kotransport mit z.B. Glucose, Phosphat, Acetat, Citrat, Lactat, Aminosäuren, K^+ und Ca^+ und im Antiport mit H^+ resorbiert. Der Na^+/H^+-Antiport wird für die Resorption von filtriertem Bicarbonat, bei der H_2CO_3 eine Zwischenstufe darstellt, benötigt. Der Na^+-Kotransport verursacht einen elektrischen Gradient, der die passive parazelluläre Cl^--Resorption antreibt. Die Resorption der genannten gelösten Stoffe verursacht die Resorption von Wasser, die wiederum die Resorption gelöster Stoffe per Solvent drag (s. Kap. 1) bewirkt.
Am Anfang des proximalen Tubulus entwickelt sich ein lumennegatives Potential, da die Na^+-Resorption hier schneller ist als die Cl^--Resorption. Später im Verlauf des proximalen Tubulus wird diese erhöhte Cl^--Konzentration im Lumen die treibende Kraft für die Cl^--Resorption. Dadurch schlägt das *lumennegative* Potential in ein *lumenpositives* Potential um. Es kommt zu einer passiven parazellulären Resorption von Na^+, K^+, Mg^{2+} und Ca^{2+}. In dieser Phase wird Na^+ aber weiterhin auch aktiv resorbiert.
Beim Verlassen des proximalen Tubulus sind mehr als 90% der Glucose und der Aminosäuren resorbiert worden, 80% des Bicarbonats und der größte Teil der mit Na^+ kotransportierten Substanzen. Die Carrier von Glucose und Aminosäuren können gesättigt werden, wenn die Konzentration im Plasma sehr stark ansteigt und ein *Transportmaximum* erreicht wird. Dadurch erfolgt eine Glukosurie bzw. eine Aminoazidurie.

Klinischer Bezug

Eine pathologische Glukosurie kann eines der ersten Zeichen für einen **Diabetes mellitus** sein, wobei die Blutzuckerkonzentration so stark ansteigt, daß die Glucosecarrier der Niere gesättigt werden.

Im proximalen Tubulus wird nicht nur resorbiert, auch Sekretionsvorgänge laufen ab. In diesem Bereich werden Säuren und Basen sezerniert, z.B. Oxalat, Urat, Histamin, Cholin. Hier werden viele Stoffe sezerniert, die zuvor in der Leber oder Niere mit Hilfe von Glucuronidierung, N-Acetylierung, etc. metabolisiert wurden.

Klinischer Bezug

Gicht (Hyperurikämie) und **Harnsteine** der Niere entstehen, wenn es zu einer verminderten renalen Ausscheidung der harnpflichtigen Harnsäure kommt, oder wenn überhöhte Harnsäurewerte durch Störungen im Purinstoffwechsel zustande kommen.

Merke

Harnpflichtige Substanzen sind Stoffwechselendprodukte, die über die Niere ausgeschieden werden, z.B. Harnsäure, Ammoniak.

Henle-Schleife

Im *dicken absteigenden Teil* der Henle-Schleife wird ca. ein Viertel des filtrierten Wassers resorbiert. Der *dicke aufsteigende Teil* ist für Wasser undurchlässig. In diesem Teil wird ca. ein Drittel des filtrierten NaCl mit Hilfe vom Na^+-K^+-2 Cl^--Symportcarrier resorbiert.

Klinischer Bezug

Schleifendiuretika wie Furosemid wirken durch die Hemmung des Na^+-K^+-2 Cl^--Symportcarriers im aufsteigenden Schenkel der Henle-Schleife.

Der Tubulusharn wird an dieser Stelle durch die Resorption von NaCl und die *Undurchlässigkeit für Wasser hypoton*, während das Interstitium *hyperton* wird. Das transepitheliale Potential bleibt weiterhin *positiv*, wodurch die parazelluläre Resorption von Na^+, K^+, Mg^{2+} und Ca^{2+} auch in diesem Abschnitt weiterläuft.
Die Henle-Schleife spielt durch ihren Verlauf vom Mark zurück in die Rinde in dem Prozeß der Harnkonzentrierung eine Hauptrolle (s. 9.2.5).

Distaler Tubulus und Sammelrohr

Die Anpassung der Endharnzusammensetzung an die Stoffwechselsituation wird im *distalen Tubulus* und im *Sammelrohr* reguliert. Adiuretin (ADH) dient der Wasserresorption (s. o.). Es bewirkt im distalen Tubulus, in den der Harn hypoton eintritt, eine *Isotonisierung* und im Sammelrohr eine *Hypertonisierung*. Dies geschieht durch die Öffnung der Wasserkanäle.

Physiologie

NaCl wird weiterhin resorbiert. Im distalen Tubulus geschieht dies durch den Na^+-Cl^--Kotransport. Im Sammelrohr wird Na^+ durch einen Na^+-Kanal resorbiert. Dadurch entsteht ein *lumennegatives* transepitheliales Potential, wodurch die parazelluläre Cl^--Resorption und K^+-Sekretion erleichtert wird. Die Hyperosmolarität des Harns wird daher immer mehr von Harnstoff verursacht (s. u.). Die NaCl-Konzentration kann im Endharn sehr stark reduziert werden, da NaCl im Sammelrohr auch gegen einen chemischen Gradienten resorbiert werden kann. Dies geschieht unter der Kontrolle von Aldosteron, das die Resorption von Na^+ und die Sekretion von K^+ fördert (s. o.). Im Sammelrohr werden auch, je nach Stoffwechsellage, H^+ bzw. HCO_3^- sezerniert.
Ausscheidung von Säuren s. Kap. 5.5.
Nierenstoffwechsel s. Biochemie 18.5.

9.2.5 Harnkonzentrierung

Die Regelung des Ausmaßes der Harnkonzentrierung, abhängig von der Lage des Wasserhaushalts, ist eine Aufgabe der Niere. Dies ist eine wichtige Aufgabe, weil von ihr die Homöostase des Wasserhaushalts abhängt.
Wie bereits erwähnt, werden in der Niere pro Tag ca. 180 l Primärharn filtriert. Dieser Primärharn ist *plasmaisoton*, d. h. er hat eine Osmolalität von 290 mosm/kg H_2O. Ausgeschieden werden durchschnittlich jedoch nur 1,5 l/Tag. Dieser Wert kann pro Minute zwischen 0,35 ml und 25 ml schwanken, je nach Stoffwechsellage bzw. Wasseraufnahme.
Ein Zustand der **Antidiurese** bedeutet, daß Wasser stark eingespart wird, das Urinzeitvolumen um 0,35 ml/min beträgt und der Harn bis zu einer Osmolalität von 1300 mosm/kg H_2O maximal konzentriert wird. Dies geschieht, wenn zu wenig Wasser aufgenommen wird. Ist dies der Fall, so steigt die Plasmakonzentration von ADH. Dies bewirkt, daß Wasserkanäle in die Sammelrohrwand eingebaut werden, die eine erhöhte Wasserresorption ermöglichen.
Im Zustand der **Diurese** kann das Urinzeitvolumen bis zu 25 ml/min ansteigen und die Harnosmolalität bis zu einem Wert von 50 mosm/kg H_2O absinken. Dies geschieht, wenn mehr Wasser aufgenommen als verbraucht wird. Dabei fällt die Plasmakonzentration von ADH. Wasserkanäle in der Sammelrohrwand werden ausgebaut. Es kommt zu einer verminderten Wasserresorption.
Folgende **Voraussetzungen** müssen erfüllt sein, damit es in der Niere zu einer Harnkonzentrierung kommen kann:

- Ein *osmotischer Gradient* muß zwischen dem kortikalen und dem medullären Teil der Niere mit Hilfe der Gegenstrom-Multiplikation (s. u.) und des NaCl-Transportes im dicken aufsteigenden Teil der Henle-Schleife aufrechterhalten werden.
- Die *Blutversorgung im Gegenstromsystem* durch die Vasa recta muß bestehen.
- *Harnstoff* muß vorhanden sein, um den Kreislauf Sammelrohr → dicker aufsteigender Teil der Henle-Schleife → distaler Tubulus → dicker aufsteigender Teil der Henle-Schleife → Sammelrohr aufrechtzuerhalten.
- Das *Sammelrohr* muß durch die Anwesenheit von ADH *wasserdurchlässig* sein.

Gegenstromaustauschsystem

Ein funktionierendes Gegenstromaustauschsystem in der Niere ist Voraussetzung für die Harnkonzentrierung. Anhand eines Beispiels kann das Prinzip des Gegenstromaustauschsystems verdeutlicht werden: Wenn ein Vogel auf Eis steht, kühlt er trotzdem nicht aus. Seine Beinvenen und Beinarterien verlaufen eng benachbart in entgegengesetzter Richtung. Während das venöse Blut, das in den Beinen abgekühlt wurde, nach zentral fließt, fließt daneben das warme arterielle Blut nach peripher und gibt Schritt für Schritt auf jeder Ebene von seiner Wärme an das venöse Blut ab.
Das Gegenstromaustauschsystem funktioniert in der Niere mit der Harnkonzentrierung folgendermaßen: Die *Vasa recta* verlaufen, wie der Tubulus, *haarnadelförmig*. Zwei nebeneinander verlaufende Gefäße sind räumlich so nah aneinander, daß sie sich in ihrem Inhalt austauschen und angleichen können. Dabei wird nicht die Wärme, wie im Beispiel, sondern die Osmolalität beider Gefäßabschnitte angeglichen. Die *Osmolalität* steigt von der Rinde bis zum Mark kontinuierlich an. In der Rinde beträgt sie 290 mosm/kg H_2O, also die Osmolalität des Blutes, und an der Papillenspitze im Mark 1300 mosm/kg H_2O, was gleichzeitig der höchstmöglichen Harnosmolalität entspricht. Durch diesen *kortikomedullären osmotischen Gradienten* wird dem arteriellen Blut, das zur Papille hin fließt, Wasser entzogen, welches wiederum von dem venösen Gefäß aufgenommen wird, das von der Papille zum Mark fließt und hyperosmolares Blut enthält. Dadurch wird dem Blut schon im äußeren Mark der größte Teil des Wassers entzogen. Das hat eine starke Konzentrierung der gelösten Stoffe in den Gefäßen in Papillennähe zur Folge.

! Merke

Die *Osmolalität* beträgt in der Rinde 290 mosm/kg H_2O und im Mark 1300 mosm/kg H_2O.

Gegenstrom-Multiplikation: Der kortikomedulläre osmotische Gradient wird mit Hilfe der NaCl-Resorption im dicken aufsteigenden Schenkel der Henle-Schleife aufrechterhalten. Dabei wird an dieser Stelle zwar NaCl resorbiert, die Wand ist aber für Wasser undurchlässig. Durch das Ausströmen von NaCl, aber nicht von Wasser, kommt es zu einer Erhöhung der Osmolalität des Interstitiums. Da der dünne absteigende Schenkel der Henle-Schleife jedoch wasserdurchlässig ist, wird dem Tubulusharn an dieser Stelle aufgrund des hypertonen Interstitiums Wasser entzogen. Diese Wasserresorption wird dadurch verstärkt, daß der Tubulusharn im absteigenden Schenkel durch ein zunehmend hypertones und anschließend im aufsteigenden Schenkel durch ein zunehmend hypotones Interstitium fließt. Dabei kann auf jeder Ebene weiterhin Wasser resorbiert werden. Die geschilderte Kombination von NaCl-Pumpen und Gegenstromsystem ist die *Gegenstrom-Multiplikation*.

Harnstoff

Der Harnstoff kreist, wie bereits erwähnt, zwischen der Henle-Schleife, dem distalen Tubulus, dem Sammelrohr und dem Interstitium. Am Ende des proximalen Tubulus ist die Hälfte des Harnstoffs bereits resorbiert worden. In der Henle-Schleife diffundiert Harnstoff aus dem Interstitium in das Schleifenlumen, da das Interstitium an dieser Stelle sehr harnstoffreich ist. Der Harnstoff wird dann im Verlauf des distalen Tubulus und des äußeren medullären Sammelrohrs sehr stark konzentriert, da hier eine Wasserresorption stattfindet und die Wände harnstoffundurchlässig sind. Hier hat Harnstoff die Aufgabe der wichtigsten Osmolalitätskomponente des Harns und spart dadurch NaCl ein, das sonst diese Aufgabe übernehmen müßte. Die Wände des papillären Sammelrohrs sind für Harnstoff wieder durchlässig. Hier strömt er aufgrund des Konzentrationsgradienten wieder ins Interstitium des inneren Marks, und der Kreislauf fängt von vorne an. Harnstoff wird letztlich als harnpflichtige Substanz ausgeschieden.

9.2.6 Regulation der Nierenfunktion

Autoregulation: Die Nierendurchblutung unterliegt einer Autoregulation, die eine konstante Durchblutung der Niere weitgehend unabhängig vom systemischen Blutdruck erlaubt. Diese Autoregulation erfolgt unabhängig von der nervalen Versorgung und von hormonellen Einflüssen. Wenn der systemische Kreislauf einen mittleren Blutdruck zwischen 80 mmHg und 180 mmHg aufweist, hat die Niere die Möglichkeit, über Autoregulation einen konstanten Blutdruck der Niere, also einen konstanten renalen Plasmafluß und dadurch eine konstante glomeruläre Filtrationsrate, zu gewährleisten. Bei einem systemischen Blutdruck unter 80 mmHg kann die Niere jedoch nicht mehr gegenregulieren, es kommt zu einem Abfall der Nierendurchblutung und einem Stillstand der Filtration (s. Abb. 9.**4**).

Die Autoregulation erfolgt durch die Regulation des Widerstandes der Aa. interlobulares und der Vasa afferentia, die den Glomeruli vorgeschaltet sind. Es gibt zwei Mechanismen, die daran beteiligt sind, jedoch sind die genauen Vorgänge noch nicht bekannt. Diese **Mechanismen** sind:

- Die *myogene Reaktion (= Bayliss-Effekt)*. Dabei reagieren die Aa. interlobulares und die Vasa afferentia auf eine Druckerhöhung mit einer Konstriktion. Zuerst reagieren die Gefäße, die am meisten stromaufwärts liegen. Je höher der Blutdruckanstieg, desto mehr stromabwärts liegende Gefäße müssen in die Reaktion mit einbezogen werden, damit der Druckerhöhung entgegengewirkt werden kann.
- Der *tubuloglomeruläre Feedback-Mechanismus* macht Gebrauch von der Tatsache, daß die Macula densa (s. Histologie 3.13.3), die sich in der Wand des distalen Tubulus befindet, Kontakt zum eigenen Glomerulus hat. Es wurde gezeigt, daß die Erhöhung der Cl^--Konzentration im Tubulus an der Macula densa einen Abfall der Filtration im Glomerulus bewirkt. Dabei spielt wahrscheinlich Renin, das hier gebildet wird, eine Rolle. Genauere Wirkungsmechanismen hierzu sind heute jedoch noch nicht bekannt.

Durch die myogene Reaktion werden der renale Blutfluß und die glomeruläre Filtrationsrate trotz systemischer Blutdruckschwankungen über präglomeruläre Widerstandsänderungen konstant gehal-

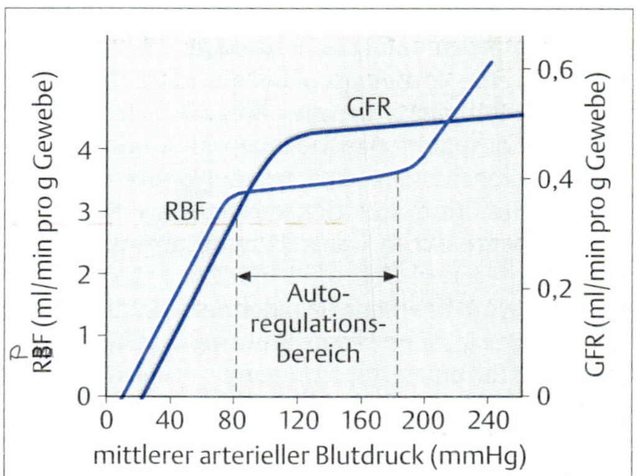

Abb. 9.**4** Die Autoregulation der Niere ermöglicht innerhalb eines systemischen Blutdruckbereiches eine Konstanthaltung des RPF und der GFR

ten. Der tubuloglomeruläre Feedback-Mechanismus reguliert die glomeruläre Filtrationsrate entsprechend den Bedürfnissen des Salz- und Wasserhaushalts. Dabei können die Widerstände sowohl afferenter als auch efferenter Arteriolen reguliert werden.

Druckdiurese: Die Salz- und Wasserausscheidung steigt mit dem Blutdruck an, obwohl die Nierendurchblutung sich nicht ändert. Dies wird dadurch verursacht, daß die juxtamedullären Glomeruli nicht in dem Maße autoreguliert sind wie die kortikalen Glomeruli. Diese vermehrte Salz- und Wasserausscheidung heißt *Druckdiurese* und bewirkt eine Verkleinerung des Extrazellulärraums, was wiederum zum Abfall des systemischen Blutdrucks führt.

Merke

Die *myogene Reaktion* ist verantwortlich für die *akute Regulation* der Nierendurchblutung, während die *Druckdiurese* für die *Langzeitregulation* des Blutdrucks zuständig ist.

9.2.7 Hormonbildung, Metabolismus

Die Niere ist nicht nur für die Ausscheidung harnpflichtiger Substanzen und für die Regulation des Elektrolyt- und Wasserhaushalts zuständig. Sie hat auch eine wichtige endokrine Funktion als Bildungsort mehrerer Hormone.

Renin-Angiotensin-System

Renin wird hauptsächlich in den *granulären Zellen* der Niere gebildet. Diese befinden sich im *juxtaglomerulären Apparat*, der sich aus den *Macula-densa-Zellen* des distalen Tubulus, den *afferenten und efferenten Arteriolen* des eigenen Glomerulus und dem *Polkissen*, bestehend aus *agranulären* und *granulären Zellen*, bildet (s. Histologie 3.13.3).

Renin ist eine Proteinase, die aus dem juxtaglomerulären Apparat in die Blutbahn freigesetzt wird. Renin spaltet das Dekapeptid Angiotensin I von Angiotensinogen, das aus der Leber stammt, ab. Mit Hilfe des Converting-enzyme aus der Lunge wird aus Angiotensin I das Oktapeptid Angiotensin II gebildet.

Reguliert wird das Renin-Angiotensin-System über den Blutdruck. Wenn der Blutdruck akut abfällt, kommt es zu einer Ausschüttung von Renin. Über eine Kettenreaktion kommt es zum Anstieg des Blutdrucks, wodurch die Renin-Ausschüttung über negative Rückkopplung gehemmt wird (s. o.).

Klinischer Bezug

Ist der mittlere arterielle Blutdruck, z. B. aufgrund der Stenose einer Nierenarterie, nur der einen Niere erniedrigt, so kommt es in dieser Niere zu einer Renin-Ausschüttung und dadurch zu einem **systemischen Hochdruck.**

Angiotensin II hat Wirkungen auf mehrere Organsysteme:

- Im kardiovaskulären System führt Angiotensin II zu einer Vasokonstriktion der Arteriolen und dadurch zu einer Blutdruckerhöhung
- Im ZNS führt es durch die Reizung des Kreislaufzentrums auch zu einer Vasokonstriktion. Hier wird auch der Durstmechanismus ausgelöst.
- An der Niere bewirkt Angiotensin II eine Vasokonstriktion der präglomerulären Gefäße, wodurch die GFR erniedrigt wird.
- In der Nebennierenrinde wird die Sekretion von Aldosteron stimuliert, wodurch die Na^+-Resorption erhöht wird. Dies verstärkt den salz- und wassersparenden Effekt der Verminderung der GFR (s. a. Biochemie Kap. 15).

Calcitriol

Calcitriol ist als wirksamer Metabolit von Vitamin-D-Hormon an der Regulation des Ca^+-Haushalts beteiligt. Vitamin D wird mit der Nahrung aufgenommen oder mit Hilfe von Ultraviolettstrahlen in der Haut gebildet. In der Leber wird es zu 25-OH-Cholecalciferol hydroxyliert und im Plasma gespeichert. Bei Bedarf wird es in den Mitochondrien des proximalen Tubulus zu 1,25-OH-Cholecalciferol (Calcitriol) hydroxyliert. Die Konzentration des Calcitriols wird über die Regelung des Enzyms 1-alpha-Hydroxylase reguliert. Dieses wird von Parathormon stimuliert, das bei Hypokalzämie vermehrt ausgeschüttet wird. Calcitriol entfaltet seine calciumeinsparende Wirkung an der Niere und dem Darm (s. a. Biochemie Kap. 15).

Klinischer Bezug

Durch eine Niereninsuffizienz kann es zu einem **Calcitriolmangelsyndrom** kommen. Dabei kann die Hypokalzämie zwar durch einen sekundären Hyperparathyreoidismus ausgeglichen werden, dieser selbst kann jedoch zu Funktionsstörungen von Knochen, Herz etc. führen.

Erythropoetin

Erythropoetin wird hauptsächlich in der Niere gebildet und ist an der Proliferation und Differenzierung der Erythrozyten beteiligt. Erythropoetin ist ein

Glykoprotein bestehend aus 165 Aminosäuren und vier Kohlenhydratketten. 10% des Erythropoetins werden in der Leber gebildet, der Rest in den Kapillarendothelzellen der Niere.

Merke

Beim Erwachsenen wird Erythropoetin zu 90% in der Niere gebildet und zu 10% in der Leber. Beim Fetus wird Erythropoetin jedoch zu 100% von der Leber gebildet.

Der adäquate Reiz für die Ausschüttung von Erythropoetin ist der Abfall des O_2-Partialdrucks im Interstitium des Nierenkortex. Grund dafür kann eine Anämie oder eine arterielle Hypoxie sein. Erythropoetin stimuliert die Bildung der Erythrozyten im Knochenmark und verursacht einen Anstieg des Retikulozytenanteils im peripheren Blut.

Klinischer Bezug

Bei einer Niereninsuffizienz kommt es zu einer **renalen Anämie**. Da Erythropoetin nicht mehr gebildet werden kann, und dadurch die Erythrozytenproduktion nicht stimuliert wird, kommt es zu einem Erythrozytenmangel.

Zu Gluconeogenese, Protein- und Peptidabbau in der Niere s. Biochemie 18.5.

9.2.8 Ableitende Harnwege

Von der Niere führt der Ureter zur Blase, in der der Urin, der aus der Niere kontinuierlich ausgeschieden wird, gespeichert wird. Durch den Ureter bewegt sich der Urin durch peristaltische Wellen der glatten Muskulatur (s. Kap. 13). Die Harnblase ist ein Hohlmuskel, der durch parasympathische Fasern des N. splanchnicus pelvinus innerviert wird.
Die Blase hat lange *Sammelphasen* und kurze *Entleerungsphasen*, die sich abwechseln. Ungefähr 50 ml Urin gelangen pro Stunde in die Blase. Bei einer Füllung zwischen 150–250 ml entsteht der *Harndrang*, der durch einen Druckanstieg in der Blase hervorgerufen wird. Bei einer Füllung zwischen 250–500 ml kommt es zur Entleerung (s.a. 11.2.4).

Merke

Miktion ist die Fähigkeit der Blase, sich aktiv zu entleeren. *Kontinenz* ist die Fähigkeit der Blase, den Urin zu halten.

Klinischer Bezug

Die Blase ist nach einer **Querschnittslähmung** schlaff atonisch. Nach Wochen geht sie in eine Reflexblase über, die sich schon bei geringer Blasenfüllung reflektorisch entleert. Der Patient kann lernen, diese Entleerung zu kontrollieren.

9.2.9 Beurteilung der Nierenfunktion

Meßverfahren für die glomeruläre Filtrationsrate und den renalen Plasmafluß, Clearance-Bestimmung s. o.

9.2.10 Pathophysiologie

Pathophysiologische Aspekte der Niere zeigen sich in folgenden Veränderungen:

- Veränderungen des *Harnzeitvolumens* und
- eine Mehr- oder Minderausscheidung von *Harnbestandteilen*.

Harnzeitvolumen

Die **Anurie** ist der Zustand, in dem das Harnzeitvolumen unter 0,1 l pro Tag fällt, es also zu fast keinem Urinfluß mehr kommt.
Die **Oligurie** ist der Zustand, in dem das Harnzeitvolumen unter 0,5 l pro Tag fällt. Der Urinfluß ist hier sehr stark eingeschränkt, zu einer Anurie ist es jedoch noch nicht gekommen.
Die **Polyurie** ist der Zustand, in dem das Harnzeitvolumen bis zu über 2 l pro Tag ansteigt. Zu einer Polyurie kommt es z. B. beim Krankheitsbild des *Diabetes insipidus*. Bei dieser Erkrankung kommt es zu einer pathologisch hohen Wasserausscheidung, die bis zu 20 l pro Tag erreichen kann.
Der **Diabetes insipidus** wird in zwei Untergruppen eingeteilt, je nach Entstehungsmechanismus:

- Der *Diabetes insipidus centralis* wird durch einen ADH-Mangel verursacht. Dabei wird trotz Wassermangels kein ADH ausgeschüttet. Deshalb kann kein Wasser eingespart werden, es kommt zu einer starken Diurese.
- Beim *Diabetes insipidus renalis* besteht zwar kein ADH-Mangel, das ADH bleibt an der Niere jedoch aufgrund einer Pathologie der Niere selbst wirkungslos, da die Niere auf die hormonale Stimulation nicht anspricht. Hier besteht ein funktioneller ADH-Mangel.

Diuretika

Die Diurese kann medikamentös ausgelöst werden, indem diuretisch wirksame Substanzen verabreicht werden. Diese Substanzen können grundsätzlich nach Wirkungsmechanismus in fünf Gruppen eingeteilt werden:

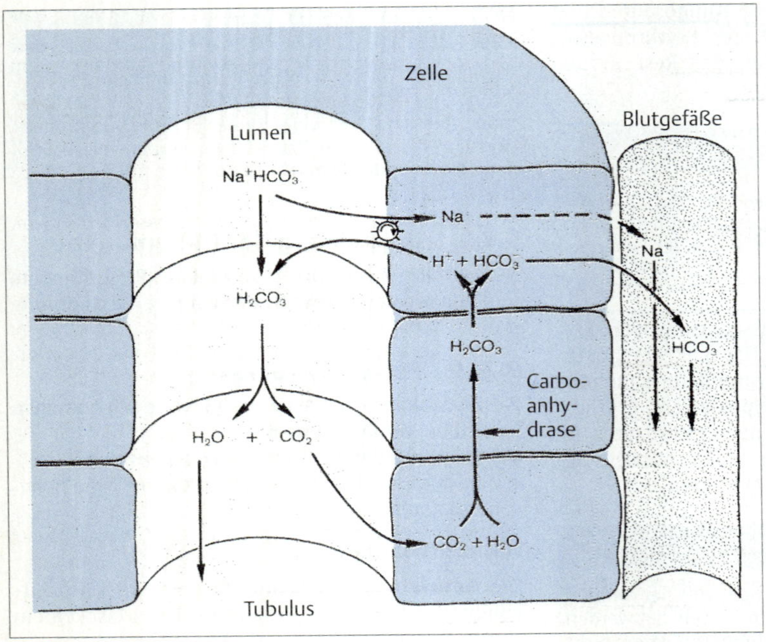

Abb. 9.**5** Funktion der Carboanhydrase (aus Stephan, Thieme 1984)

- *Benzothiadiazinderivate* (z. B. Hydrochlorothiazid) sind Hemmer der Na^+-Rückresorption. Sie entfalten ihre Wirkung im proximalen und distalen Tubulus. Das durch diese Medikamente im Lumen verbliebene Na^+, zusammen mit dem zur Erhaltung der Elektroneutralität ebenfalls im Lumen verbliebenen Cl^-, zieht wegen des osmotischen Gradienten das Wasser in das Lumen hinein, das nun mit dem Na^+ zusammen ausgeschieden wird.
- *Schleifendiuretika* (z. B. Furosemid) wirken auf das ganze Tubulussystem, jedoch hauptsächlich auf den aufsteigenden Teil der Henle-Schleife (daher auch der Name). Diese Substanzen hemmen den Na^+-2 Cl^--K^+-Kotransport durch die Blockade der Bindungsstellen für Chlorid. Diese Hemmung der Resorption von NaCl bewirkt ein Zurückbleiben des Wassers im Tubulus. Damit wird die Aufrechterhaltung des osmotischen Gleichgewichts im Interstitium gewährleistet. Dadurch kommt es zu einer vermehrten Ausscheidung von Salz und Wasser.
- *Aldosteronantagonisten* (z. B. Spironolacton) verdrängen Aldosteron von seinen Rezeptoren im distalen Tubulus. Die Wirkung von Aldosteron, die Rückresorption von Na^+ zu fördern, wird damit gehemmt. Es kommt zu einem Zurückbleiben von Na^+ im Lumen und dadurch aus osmotischen Gründen (wie bei den anderen Diuretika auch) zu einer vermehrten Salz- und Wasserausscheidung.
- *Osmotische Diuretika* (z. B. Mannitol) werden intravenös verabreicht und anschließend glomerulär filtriert. Im Tubulus binden sie Wasser osmotisch. Dies wird dann vermehrt ausgeschieden.
- *Kaliumsparende Diuretika* (z. B. Triamteren) blockieren die Rückresorption von Na^+ im distalen Tubulus, indem sie den Na^+-K^+-Antiport hemmen. Dadurch wird Na^+ (und dadurch auch Wasser) vermehrt ausgeschieden und K^+ vermehrt retendiert.
- *Carboanhydrasehemmer* (z. B. Acetazolamid) hemmen die Carboanhydrase in der Tubuluszelle. Carboanhydrase wird für die Reaktion $H_2O+CO_2 \rightarrow H_2CO_3$ benötigt. Durch die Hemmung entsteht nicht genug H_2CO_3 → nicht genügend HCO_3^- und H^+ entstehen → H^+ steht dem Na^+-H^+-Antiport nicht zur Verfügung → H^+ wird retiniert, Na^+ reichert sich im Tubulus an → es kommt zur vermehrten Ausscheidung von Salz und Wasser (Abb.9.**5**).

Merke

Benzothiadiazinderivate werden wegen ihrer hemmenden Wirkung auf die Na^+-Rückresorption auch Saluretika genannt.

Osmotische Diuretika wirken unabhängig von der Na^+-Rückresorption. Deshalb ist der Urin, der nach einer Behandlung mit osmotischen Diuretika ausgeschieden wird, elektrolytarm.

Klinischer Bezug

Diuretika werden klinisch eingesetzt, um **Ödeme**, **Herzinsuffizienz** und **Hypertonie** durch eine Volumenentlastung zu behandeln.
Bei der Behandlung von **Hirnödemen** werden bevorzugt osmotische Diuretika verabreicht.

Nun werden die unterschiedlichen Formen der Veränderungen der **Harnbestandteile** besprochen.
Beim *Diabetes mellitus* kann eine **Glukosurie** bestehen. Da es im proximalen Tubulus ein Transportmaximum für Glucose gibt, kann es bei einem pathologischen Anstieg des Blutzuckerspiegels zu einer Erschöpfung der Transportmöglichkeiten der Niere kommen. Die Glucosemenge, die den Grenzwert des Transportmaximums überschreitet, wird mit dem Urin ausgeschieden, es kommt zu einer pathologischen Glucosurie.
Eine **renal bedingte Azidose** kann entstehen, wenn über den Urin zu viel HCO_3^- verlorengeht. Dies kann entstehen, wenn eine tubuläre Störung besteht, oder wenn Carboanhydrasehemmer (s. o.) eingenommen werden. Eine renal bedingte Azidose kann auch dadurch entstehen, daß die Niere nicht mehr befähigt ist, H^+ in ausreichendem Maße in den Urin zu sezernieren.
Eine **renal bedingte Alkalose** kann entstehen, wenn die Niere vermehrt H^+ in den Tubuluslumen sezerniert. Dabei kommt es zur Ausscheidung eines sehr sauren Urins.
Eine pathologische **Proteinurie** kann durch mehrere Mechanismen entstehen:

- Die *Überlaufproteinurie* besteht, wenn im Plasma eine pathologisch erhöhte Proteinkonzentration herrscht. Dabei werden die Proteine filtriert und anschließend ausgeschieden.
- Die *glomeruläre Proteinurie* entsteht, wenn der Filter geschädigt ist und vermehrt Proteine durchläßt. Die Veränderung ist meist entzündlich.
- Die *tubuläre Proteinurie* entsteht, wenn die Tubuluszelle durch Entzündung, toxische Einwirkung, etc. geschädigt ist. Dabei kann die kleine Proteinmenge, die auch in der gesunden Niere filtriert wird, nicht mehr rückresorbiert werden.
- Die *postrenale Proteinurie* entsteht nicht in der Niere, sondern stammt von Blutungen oder Bakterien in den ableitenden Harnwegen.

Dialyse

Die Dialyse ist eine Behandlung der Niereninsuffizienz. Man unterscheidet zwischen der Hämodialyse und der Peritonealdialyse. Bei der **Hämodialyse** wird das Blut des Patienten extrakorporal über eine semipermeable Membran geleitet und mit einer Dialyseflüssigkeit in Berührung gebracht. Über diese Membran werden Schadstoffe per Diffusion oder Ultrafiltration ausgetauscht.
Bei der **Peritonealdialyse** wird der Peritonealraum mit der Dialyseflüssigkeit durchgespült. Über die Peritonealwand kommt sie mit dem Blut in Berührung, das dadurch gereinigt wird.

Hormonale Regulation

Vegetatives Nervensystem

Die Funktionen innerer Organe können außer durch Hormone auch über das vegetative Nervensystem (VNS) gesteuert werden. Das VNS innerviert alle Organe bis auf die Skelettmuskulatur und versucht, die Organfunktion den jeweiligen Bedürfnissen anzupassen. Außerdem kontrolliert es das innere Milieu und dient der Homöostase. Da sich diese Wirkungen weitgehend der willkürlichen Kontrolle entziehen, wird das VNS auch als autonomes Nervensystem bezeichnet. (Zum Aufbau s.a. Anatomie 8.12 und 9.)

11.1 Funktionelle Organisation

Das somatische Nervensystem ist mit dem vegetativen eng verknüpft. Ein Indiz dafür ist, daß beide Nervensysteme zentral (besonders im Hypothalamus, Großhirn) nicht mehr eindeutig zu trennen sind. In der Körperperipherie dagegen existiert eine funktionelle sowie anatomische Trennung beider Systeme.
Das VNS meldet Informationen von zentral in die Peripherie (efferent, zentrifugal). Die efferenten Nerven, die die Erregung zum Zielorgan weiterleiten, enthalten meist auch afferente Fasern. Die Afferenzen melden Informationen aus der Peripherie ans ZNS (zentripetal). Da diese von inneren Organen kommen, werden sie als *viszerale Afferenzen* bezeichnet.

11.1.1 Aufbau

Das VNS besteht peripher aus 3 Teilen:

- Sympathikus
- Parasympathikus
- Darmwandnervensystem

Sympathikus und Parasympathikus werden vom ZNS (z. B. Hypothalamus) übergeordnet gesteuert, wobei eine klare Trennung vom somatischen Nervensystem nicht immer möglich ist (s. Anatomie 2.8). Das Darmwandnervensystem dagegen ist speziell für den Gastrointestinaltrakt, dort lokalisiert und funktioniert auch weitgehend ohne Einfluß des Hirnstamms bzw. des Rückenmarks. Wie das VNS zentral und peripher organisiert ist, wird in den beiden folgenden Abschnitten erläutert.

11.1.2 Zentrale Organisation

Die sympathischen und parasympathischen Zentren sind im Rückenmark und im Hirnstamm lokalisiert (Abb. 11.**1**). Der **Sympathikus** entspringt den Seitenhörnern des Brustmarks (Th 1 bis Th 12) und dem oberen Anteil des Lumbalmarks (L 1 und L 2). Der **Parasympathikus** hat zentrale Ursprünge im Hirnstamm, die Kerngebiete der folgenden Hirnnerven: N. oculomotorius (N. III), N. facialis (N. VII), N. glossopharyngeus (N. IX) und N. vagus (N. X) und Kerngebiete im Sakralmark (S 2 bis S 4). Aufgrund ihrer Ursprünge bezeichnet man den Sympathikus als thorakolumbales System und den Parasympathikus als kraniosakrales System.
Das übergeordnete Steuerzentrum, der **Hypothalamus**, reguliert durch seine Verbindung zur Hypophyse die endokrinen Prozesse und koordiniert endokrines und vegetatives System. Im rostralen Hypothalamusanteil (kopfwärts) wird überwiegend die parasympathische Aktivität und im kaudalen Anteil die sympathische Aktivität koordiniert. Dabei empfängt der Hypothalamus afferente Eingänge (z. B. aus dem Gefäßsystem), die die entsprechenden Anteile aktivieren können. Der Hypothalamus steuert neben der Homöostase und den endokrinen Funktionen auch Energie- und Wasserhaushalt. Die hypothalamisch gesteuerten Regulationen können zu bewußten Empfindungen (z. B. Kälte, Durst) führen und damit Antrieb zu motorischen Handlungen (z. B. Flüs-

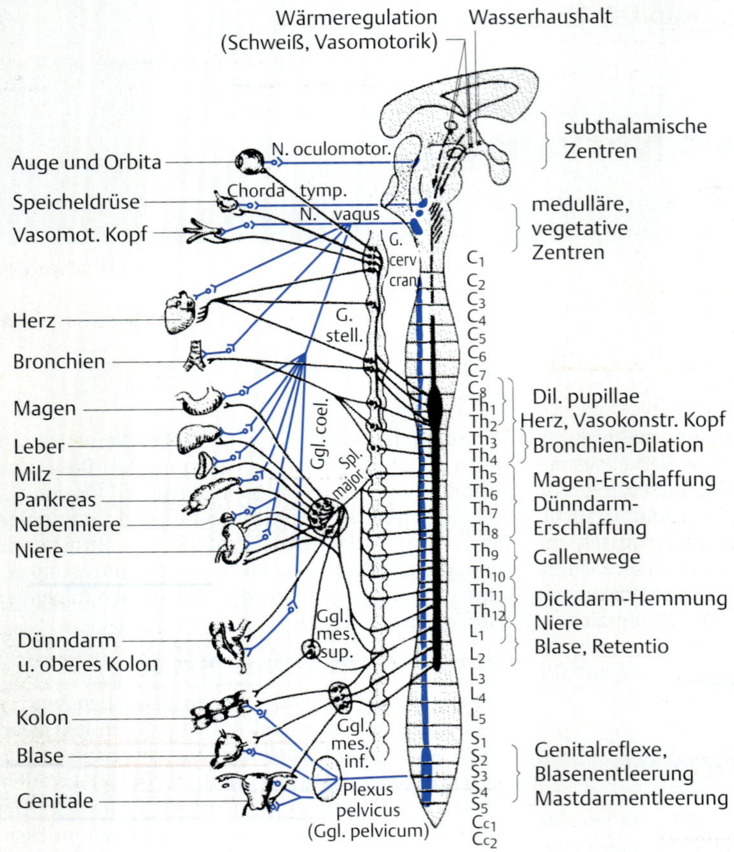

Abb. 11.**1** Aufbau des vegetativen Nervensystems (der Parasympathikus ist blau dargestellt) (aus Keidel, Thieme 1985)

sigkeitsaufnahme) geben. Außer diesen Afferenzen empfängt der Hypothalamus Eingänge aus dem limbischen System. Das **limbische System** (Gyrus cinguli, Gyrus parahippocampalis, Gyrus paraterminalis mit den darunterliegenden Kerngebieten: Corpora mamillaria, Hippocampus, Septumkerne, Amygdala) steuert emotionale Reaktionen wie Freude, Wut, Angst und ist in Lernprozesse eingeschaltet.

Der Hypothalamus seinerseits ist mit dem Hirnstamm (besonders mit der Medulla oblongata) eng verschaltet. In der ventrolateralen Medulla oblongata wird die ableitbare Grundaktivität sympathischer Nerven, der **Sympathikotonus**, gesteuert. Diese Grundaktivität kann gesteigert oder gehemmt werden, wodurch es an den Zielorganen zu den entsprechenden Reaktionen kommt (z. B. Blutdruckanstieg oder -abfall). Die Medulla oblongata empfängt außerdem Afferenzen aus Pressorezeptoren (im Carotissinus und Aortenbogen) und Chemorezeptoren (im Glomus caroticum und in den Glomerula aortica), hat also Einfluß auf die Atmungs- und Kreislaufhomöostase. In der Medulla oblongata liegen die Kerne des N. vagus, der Nucleus dorsalis n. vagi und der Nucleus ambiguus. Auf die präganglionären parasympathischen Neurone in diesen Kernen wirken viszerale Afferenzen bzw. übergeordnete Strukturen, wie z. B. der Hypothalamus, und beeinflussen somit den **parasympathischen Grundtonus**.

11.1.3 Peripherer Anteil

Eine Besonderheit des VNS ist, daß die Axone aus dem Hirnstamm bzw. Rückenmark das Zielorgan nicht ohne Unterbrechung erreichen, d. h., sie werden außerhalb des ZNS in einem Ganglion (von einer Kapsel umschlossener Knoten aus Nervenzellen und -fasern) mit einem weiteren Neuron synaptisch verschaltet. Dementsprechend unterscheidet man zwischen *präganglionären Neuronen*, die im ZNS liegen und *postganglionären Neuronen*, deren Zellkörper im peripheren Ganglion liegen und mit ihren Axonen die Zielorgane innervieren.

Sympathikus

Die Axone der präganglionären sympathischen Neurone des Thorakal- und Lumbalmarks sind meist myelinisiert (Leitungsgeschwindigkeit ca. 10 m/s) und verlassen das Rückenmark über die Vorderwurzel durch die Rami communicantes albi (präganglionäre sympathische Fasern, die Rückenmark und Grenzstrang verbinden). Die präganglionären Axone ziehen zu den unpaaren prävertebralen Ganglien (Ganglion coeliacum, mesentericum superius und inferius), die an Abgängen der unpaaren Eingeweideäste der Aorta liegen, und zu den paravertebralen Ganglien, die in den Grenzsträngen (Trunci sympathici) angeordnet sind. Nach der Umschaltung in den Ganglien ziehen die unmyelinisierten postganglionären Axone über die Rami communicantes grisei (marklose Verbindungen zwischen Grenzsträngen und gemischten Spinalnerven) bzw. über spezielle Nerven, z. B. Nn. splanchnici, zu den Zielorganen.

! Merke

Die *sympathischen Ganglien* liegen meist vom Organ entfernt (bis auf kleinere Ganglien im Beckenbereich), ihre postganglionären Axone sind lang.

Die Hauptwirkungen des Sympathikus sind:
- Blutdruckanstieg,
- Tachykardie,
- Tachypnoe,
- Mydriasis (Pupillenweitung),
- Verminderung der Peristaltik und Drüsensekretion des Gastrointestinaltrakts.

Parasympathikus

Die präganglionären parasympathischen Neurone im Hirnstamm und Sakralmark entsenden Axone, die z. T. unmyelinisiert (Leitungsgeschwindigkeit 1 m/s) und sehr lang sind. Die präganglionären Axone für die Augenmuskeln und die Drüsen im Kopfbereich ziehen mit den Hirnnerven III, VII und IX, die für die Brust- und Bauchorgane verlaufen mit dem N. vagus. Die zu den Beckenorganen ziehenden parasympathischen Fasern aus dem Sakralmark verlaufen im N. splanchnicus pelvinus. Die parasympathischen Ganglien liegen meist in Organnähe, z. B. im Kopfbereich das Ggl. ciliare und Ggl. oticm oder im Becken die Ggll. pelvica.

! Merke

Die *präganglionären parasympathischen Axone* werden erst in der Nähe des Erfolgsorgans oder im innervierten Organ direkt umgeschaltet.

Die Hauptwirkungen des Parasympathikus sind:
- Bradykardie,
- Miosis (Verengung der Pupille),
- Akkommodation,
- Sekretion dünnflüssigen Speichels und Schweißes,
- Bronchokonstriktion,
- Anregung der Peristaltik und Drüsentätigkeit des Gastrointestinaltrakts,
- Entleerung von Blase und Darm,
- Erektion.

Transmitter

Die Informationen im VNS werden synaptisch unter Freisetzung von Transmittern übertragen (Synapsen sind näher erläutert unter 12.2.3).

! Merke

Der präganglionäre Transmitter im VNS ist *Acetylcholin* (sympathisch und parasympathisch). Nach Umschaltung der parasympathischen Axone dient ebenfalls Acetylcholin in allen postganglionären Neuronen als Transmitter. Die postganglionären sympathischen Neurone setzen *Noradrenalin* bzw. *Adrenalin* frei. *Ausnahme:* Die Schweißdrüsen und das NNM werden postganglionär sympathisch durch Acetylcholin innerviert!

Die klassischen Transmitter können durch als Cotransmitter wirkende Neuropeptide unterstützt werden (z. B. Neuropeptid Y in sympathischen und VIP [vasoaktives intestinales Polypeptid] in parasympatischen Fasern).

Acetylcholinrezeptoren: Acetylcholin wird in den Nervenendigungen synthetisiert und dort in Bläschen (Vesikeln) gespeichert und wird durch ein präsynaptisches schwellenüberschreitendes Aktionspotential freigesetzt. Die Wirkungen in postganglionären Neuronen bzw. in Erfolgsorganen vermitteln Rezeptoren. Man unterscheidet zwei Typen entsprechend der sie erregenden Agonisten:
- *nikotinische Rezeptoren* (Nikotin wirkt in geringen Dosen erregend, in hohen jedoch hemmend): in den Ganglien des VNS, an Skelettmuskulatur sowie im NNM,
- *muskarinische Rezeptoren* (benannt nach dem Fliegenpilzgift Muskarin): an den parasympathisch innervierten Erfolgsorganen.

Acetylcholin wird durch die Cholinesterase gespalten, wodurch seine Wirkung beendet wird.

Klinischer Bezug

Der Parasympathikus kann therapeutisch direkt positiv beeinflußt werden, z. B. durch **Pilokarpin**, das die gleiche Wirkung wie Acetylcholin zeigt (direktes Parasympathomimetikum) oder indirekt z. B. durch **Neostigmin** (indirektes Parasympathomimetikum), das die Acetylcholinesterase hemmt.

Die Acetylcholinrezeptoren sind nicht an allen Synapsen in bezug auf ihre Antagonisten (Hemmstoffe) gleich.

Curare (indianisches Pfeilgift) blockiert die motorische Endplatte der Skelettmuskulatur.

Atropin, das Gift der Tollkirsche, hemmt muskarinische Rezeptoren an den Erfolgsorganen.

Acetylcholinrezeptoren in vegetativen Ganglien (bei der Umschaltung von prä- auf postganglionäre Fasern) werden durch *Ganglienblocker* wie Hexamethonium gehemmt.

Adrenalin-/Noradrenalinrezeptoren: Die postganglionären sympathischen Nervenendigungen schütten meist Noradrenalin als Transmitter aus, Adrenalin stammt aus dem NNM (s. 11.1.5). Ein die Synapse erreichendes Aktionspotential führt zur Freisetzung des in Vesikeln gespeicherten Noradrenalins in den synaptischen Spalt. Auf der postsynaptischen Membran und an den Erfolgsorganen des Sympathikus sind für Adrenalin/Noradrenalin spezifische Rezeptoren, die α- und β-Rezeptoren, lokalisiert. Die beiden Rezeptortypen lassen sich aufgrund ihrer Affinität zu adrenergen Agonisten (Substanzen mit gleicher Wirkung wie Noradrenalin/Adrenalin) bzw. Antagonisten noch in α_1- und α_2- sowie β_1- und β_2-Rezeptoren unterteilen.

Merke

Noradrenalin hat größere Affinität zu den α-Rezeptoren, Adrenalin zu den β-Rezeptoren.

Zur Wirkung der verschiedenen Rezeptoren sei erwähnt, daß die α_1-Rezeptoren bei Erregung letztlich die intrazelluläre Ca^{2+}-Konzentration erhöhen, während aktivierte α_2-Rezeptoren die intrazelluläre cAMP-Konzentration vermindern. Erregte β_1- und β_2-Rezeptoren erhöhen dagegen die intrazelluläre cAMP-Konzentration.

Klinischer Bezug

Aufgrund der Rezeptoraffinität können adrenerge Agonisten und Antagonisten sehr gezielt eingesetzt werden, z. B. wirken beim **Asthma bronchiale** verabreichte β_2-Agonisten auf die Rezeptoren der Bronchialmuskulatur (→ Erweiterung der Bronchien), ohne gleichzeitig eine Wirkung über β_1-Rezeptoren am Herzen auszulösen.

Freigesetztes Noradrenalin wird größtenteils durch Wiederaufnahme (reuptake) aus dem synaptischen Spalt entfernt. Weiterhin besteht die Möglichkeit einer enzymatischen Elimination von Noradrenalin und Adrenalin durch die Catecholamin-O-Methyl-Transferase (COMT) und die Monoaminooxidase (MAO). Vanillinmandelsäure ist das Abbauprodukt dieser Catecholamine.

Darmwandnervensystem

Das eigenständige Darmwandnervensystem wird durch zwei intramurale Plexus gebildet (s. a. 7.2.1 und Histologie 3.10). Der Plexus myentericus (Auerbach) ist zwischen Längs- und Ringmuskulatur des Darms lokalisiert, der Plexus submucosus (Meißner) zwischen Ringmuskulatur und Lamina muscularis mucosae. Diese Nervengeflechte werden von afferenten Neuronen, Interneuronen und Motoneuronen gebildet und können selbst die Effektoren im Gastrointestinaltrakt (Darmmuskulatur, Blutgefäße etc.) kontrollieren sowie aufeinander abstimmen. Das ZNS empfängt viszerale Afferenzen (zum Rückenmark und zur Medulla oblongata) und kann über eine vegetative efferente Innervation das lokale Geschehen steuern.

Der Parasympathikus innerviert den Gastrointestinaltrakt vom Ösophagus bis zum proximalen Colon über den N. vagus und das distale Colon und Rektum aus dem Sakralmark. Die postganglionären sympathischen Fasern stammen aus den prävertebralen Ganglien.

> **! Merke**
>
> Auch nach Durchtrennung sympathischer und parasympathischer Zuflüsse aus dem ZNS ist das Darmwandnervensystem in der Lage, regulatorische Leistungen zu vollbringen.

11.1.4 Reflexe

Die Wirkung des VNS basiert meist auf einem Reflexbogen. Dieser besteht aus **afferenten Fasern,** die nach Reizung der Rezeptoren (z. B. Mechano- oder Chemorezeptoren aus Lunge oder Gastrointestinaltrakt) die Information nach zentral weiterleiten. **Efferente Fasern** beantworten den Reiz durch Steuerung der entsprechenden Organe. Wichtig ist, daß eine kontinuierliche Grundaktivität, wie der Sympathikotonus, durch supraspinale Zentren gesteuert wird. Eine Aktivitätssteigerung kann auch auf Rückenmarksebene ausgelöst werden. Beispielsweise führt eine starke Dehnung des Darms (viszeral afferent weitergeleitet) efferent zur Steigerung der Sympathikusaktivität → Entspannung (Relaxation) der Darmmuskulatur. An diesem Beispiel wird deutlich, daß es sich hierbei vielfach um Schutzreflexe handelt (Reflexe sind unter 14.1.4 genau erläutert).

Einfache Reflexe können auch innerhalb eines Organs ablaufen, z. B. der peristaltische Reflex. Der Chymus dehnt beim Eintritt in den Dünndarm die Darmwand; das aktiviert die Dehnungsrezeptoren und führt reflektorisch zur Erweiterung des Darmlumens.

Die Impulse des VNS in den autonomen vegetativen Regelkreisen werden dem Menschen nicht immer bewußt. Dagegen gelangen Impulse, die *Schmerz* vermitteln (z. B. aufgrund von Druck bei Füllung der Organe) ins Bewußtsein. Die reflektorische Anspannung glatter Muskulatur (bei Gallenkolik) oder die entzündliche Anschwellung von Organen wird als Schmerz empfunden. Diese Schmerzen sind oft diffus, schwer lokalisierbar und meist in bestimmte Bereiche der Körperoberfläche (Head-Zonen) projiziert. Head-Zonen sind definierte Hautareale, in die viszerale Schmerzempfindungen übertragen werden (s. 15.3).

> **Klinischer Bezug**
>
> Eine Durchblutungsstörung (Ischämie) eines Myokardareals führt über kardiale Afferenzen zum bewußt wahrgenommenen Enge- und Schmerzgefühl im Thorax (**Angina pectoris**). Der Schmerz strahlt dabei oft in die linke Schulter aus.

11.1.5 Nebenniere

Die Nebennieren bestehen aus zwei verschiedenen endokrinen Organen, der *Nebennierenrinde* (NNR), die Hormone, vor allem Corticoide produziert (s. Biochemie 15.2.4), und dem *Nebennierenmark* (NNM), das Adrenalin und Noradrenalin, die Transmitter des Sympathikus, herstellt. Die Zellen des NNM sind eigentlich postganglionäre Neurone (Teil des Sympathikus), da das NNM entwicklungsgeschichtlich aus der Neuralleiste stammt. Das NNM stellt eigentlich ein umgewandeltes Ganglion des Sympathikus dar.

Ausschüttung von Catecholaminen aus dem NNM

Präganglionäre sympathische Neurone aktivieren das NNM durch die Ausschüttung von Acetylcholin, wodurch die Catecholamine des NNM per Exozytose freigesetzt werden. Normalerweise wird dabei ein Gemisch ausgeschüttet, das zu 20 % aus Noradrenalin und zu 80 % aus Adrenalin besteht. Adrenalin entsteht aus der Aminosäure L-Tyrosin über die Zwischenschritte L-Dopa, Dopamin und Noradrenalin.

> **! Merke**
>
> Noradrenalin und Adrenalin werden außer im NNM auch in sympathischen Ganglienzellen und in Zellen des Hirnstamms gebildet.

Regulation: Die Catecholamine sind an der Regulation ihrer Freisetzung selbst mitbeteiligt. So hemmt eine hohe Noradrenalinkonzentration im synaptischen Spalt über präsynaptische α-Rezeptoren die weitere Freisetzung (negative Rückkopplung). Zirkulierendes Adrenalin fördert über präsynaptische β-Rezeptoren die Noradrenalinfreisetzung (positive Rückkopplung).

Die Ruheausschüttung von Adrenalin/Noradrenalin ist gering. In Notfallsituationen (körperlich, psychisch-emotional) kann die Ausschüttung kurzzeitig bis auf das 10fache gesteigert werden.

> **! Merke**
>
> Die Catecholaminfreisetzung ist erhöht bei: Hypoglykämie, Angst, Schmerzen, Hypoxie, extremer körperlicher Belastung, Ärger, Streß – stets über eine erhöhte Sympathikusaktivität.

Physiologie

Tab. 11.**1** Wirkungen der Catecholamine

	Noradrenalin α_1, α_2	**Adrenalin** β_1, β_2
Herz		β_1: Herzfrequenz ↑ positiv chronotrop Herzkraft ↑ positiv inotrop Erregbarkeit ↑ positiv bathmotrop schnellere Erregungsleitung positiv dromotrop
Blutgefäße	Konstriktion (Verengung) α_1, α_2	Dilatation (Erweiterung) β_2
Bronchien	Konstriktion α_1	Dilatation β_2
Fettzellen	Lipolyse ↓ α_2	Lipolyse ↑ β_2
Insulinsekretion	Hemmung α_2	Stimulation β_2
Leber	Glykogenolyse ↑	Glykogenolyse ↑ β_2
Reninfreisetzung		Stimulation
Motilität des Gastrointestinaltrakt	Entspannung α_2	Entspannung β_2
Auge (M. dilatator pupillae)	Pupillenerweiterung (Mydriasis) α_1	

Wirkung der Catecholamine

Die Catecholamine haben die Funktion, den Organismus *kurzfristig* zu Maximalleistungen zu veranlassen, um die Streß- oder Notfallsituation zu bewältigen. Über eine Stimulierung von cAMP bewirken sie eine Steigerung der Glykogenolyse (→ Anstieg der Glucose- und Laktatkonzentration im Blut) und der Lipolyse (→ Anstieg freier Fettsäuren im Blut). Adrenalin erhöht das Herzzeitvolumen und damit den Blutdruck, gleichzeitig wird die Durchblutung des Gastrointestinaltraktes zugunsten der Skelettmuskulatur gesenkt. In der Tab. 11.**1** sind die wichtigsten Wirkungen der Catecholamine zusammengefaßt. Die Catecholamine aus dem NNM wirken auf die gleichen Organe wie die „übrigen" postganglionären sympathischen Neurone und regulieren oft metabolische Prozesse.

Die α- und β-Rezeptoren vermitteln in vielen Geweben und Organen einen entgegengesetzten Effekt. Unter physiologischen Bedingungen hängt von dem im Blut zirkulierenden Noradrenalin oder Adrenalin ab, ob α- oder β-adrenerge Wirkungen überwiegen.

Klinischer Bezug

Isoprenalin (Synonym: Isoproterenol) wirkt wie Adrenalin auf β-Rezeptoren (Sympathomimetikum) und wird therapeutisch bei Bronchialasthma und bei Herzüberleitungsstörungen verabreicht.

11.1.6 Pathophysiologie

Zu Störungen im VNS kommt es, wenn die Koordinierung zwischen zentraler Kontrolle und peripherer Reaktion unterbrochen wird, wie es beispielsweise bei *Querschnittslähmung* (Durchtrennung des Rükkenmarks) der Fall ist. Dabei ist entscheidend, in welcher Höhe das Rückenmark durchtrennt wurde. Eine **Rückenmarkdurchtrennung** oberhalb des 3. Halswirbels ist tödlich, da die Atmung aufhört. Bei einer Schädigung im unteren Thorakalbereich ist die Atmung kaum beeinflußt. Unterhalb der Läsion kommt es

- zunächst zum *spinalen Schock*, der mehrere Wochen andauert. In diesem Stadium sind alle vegetativen Reflexe in Höhe der Läsion und tiefer komplett ausgefallen (*Areflexie*).
- Später sind trotz bestehender Durchtrennung wieder Reflexe auslösbar (z. B. reflektorische Blasenentleerung), die sich aber der willkürlichen Kontrolle entziehen. Da die zentrale Hemmung gestört ist, kommt es allerdings oft dauerhaft zu gesteigerten Reflexen (*autonome Hyperreflexie*).

11.2 Spezielle Funktionen

Viele Organe werden vom Sympathikus und vom Parasympathikus innerviert; dabei lösen beide meist entgegengesetzte (antagonistische) Effekte aus. Der Parasympathikus z. B. bewirkt am Auge die Verengung der Pupille (Miosis), der Sympathikus dagegen die Weitstellung der Pupille (Mydriasis). Die vegetative Regulation der Organe wird durch das Zusammenwirken (die Synergie) der sympathischen und parasympathischen Effekte im physiologischen Sinn erzielt.

Merke

Überwiegend fördert der *Sympathikus* die Aktivierung der Organe und die Leistungssteigerung (ergotrophes System), der *Parasympathikus* dient zur Energieeinsparung und Erholung (trophotropes System).

Die Funktionen des VNS (Abb. 11.**2**) werden bei den jeweiligen Organen erläutert bzw. einige spezielle nachfolgend.

11.2.1 Herz-Kreislauf-System

Zu den vielfältigen Wirkungen des VNS auf das Herz und die Blutgefäße s. Kapitel 2 und 3.

11.2.2 Bronchien

Das VNS steuert die Kontraktion der glatten Muskulatur in Trachea und Bronchien sowie die Sekretion der Glandulae bronchiales.

Die Ganglienzellen des Parasympathikus befinden sich an der Wand der Bronchien bzw. in dem vom N. vagus gebildeten Nervengeflecht (Plexus pulmonalis). Die *parasympathische Aktivität* bewirkt eine Kontraktion der Bronchialmuskulatur und verstärkt die Schleimproduktion der Glandulae bronchiales in der Bronchialschleimhaut.

Der *Sympathikus* hat gegensätzliche, hemmende Wirkung. Er greift nicht direkt an die Bronchialmuskulatur an, sondern hat Einfluß auf die parasympathische, cholinerge Erregungsübertragung in den Ganglienzellen → die durch den Sympathikus ausgelöste Dilatation der Bronchien erfolgt nicht direkt, sondern durch Hemmung oder Aufhebung der parasympathisch ausgelösten Bronchokonstriktion. Hierbei aktiviert der Sympathikus mit Hilfe von Noradrenalin präsynaptische α_2-Rezeptoren des Parasympathikus, die eine verminderte Acetylcholinausschüttung bewirken.

Da die glatte Bronchialmuskulatur dicht mit β_2-Rezeptoren besetzt ist, kann eine Bronchodilatation durch β_2-Rezeptor-Agonisten wie Adrenalin ausgelöst werden. Dieses wird z. B. bei der Behandlung des Asthma bronchiale genutzt.

Klinischer Bezug

Beim **Asthma bronchiale** kommt es durch Kontraktion der Bronchialmuskulatur (Bronchospasmus) zur Behinderung der Atmung, da der Strömungswiderstand steigt. Zur Therapie werden β_2-Sympathikomimetika eingesetzt, die eine Bronchodilatation bewirken. Da *β-Blocker* eine gegenteilige Wirkung haben, sind sie bei bekanntem Asthma bronchiale *immer* kontraindiziert.

11.2.3 Verdauungstrakt

Der *Parasympathikus* hat im Gastrointestinaltrakt anregende Wirkung, nämlich die Zunahme der Sekretion und Steigerung der Motilität. Der *Sympathikus* dagegen bewirkt eine Abnahme der Sekretion und der Motilität. Anders ist es mit der Innervation der Sphinkteren des Gastrointestinaltrakts. Dort führt die sympathische direkte Innervation der glatten Muskulatur (über α-Rezeptoren) zur Kontraktion → Regulation des Sphinktertonus. Eine Reizung des Parasympathikus bewirkt eine Erschlaffung der Sphinkteren, die z. B. beim Übergang der Nahrung vom Ösophagus zum Magen notwendig ist. Zur Wirkung des Sympathikus/Parasympathikus auf das Darmwandnervensystem und den Gastrointestinaltrakt s. 11.1.3 und 7.2.1.

11.2.4 Miktion

Der Harn wird kontinuierlich in den Nieren gebildet und gelangt über die Harnleiter zur Blase. Die Blase kann bis zu 500 ml Harn speichern (Kontinenz) und sich über Reflexe mit willkürlicher Kontrolle entleeren (Miktion).

Die Harnblase ist ein Hohlmuskel aus 3 Schichten glatter Muskulatur (M. detrusor) mit einem inneren glatten und äußeren quergestreiften Sphinktermuskel (s. a. Histologie 3.13.3). Die *parasympathische Innervation* des M. detrusor über die Nn. pelvici bewirkt eine Konstriktion. Die präganglionären Fasern werden in Ganglienzellen der Blasenwand auf postganglionäre umgeschaltet. Die präganglionären *sympathischen Fasern* werden im Ganglion mesentericum inferius umgeschaltet. Sie lösen eine Erschlaffung des M. detrusors und eine Kontraktion des inneren Sphinkters aus. Der willkürlich kontrollierbare äußere Sphinkter wird somatisch vom N. pudendus innerviert.

Der vegetative *Plexus vesicalis* in der Blasenwand bewirkt einen Dauertonus der Muskulatur, der auch nach Denervierung erhalten bleibt. Tritt Harn in die Blase ein, so führt diese Volumenzunahme zum Druckanstieg, der aber durch die Relaxation der Muskulatur schnell auf den Wert des Dauertonus abfällt (*Akkommodation*). Diese kleinen Druckwellen wer-

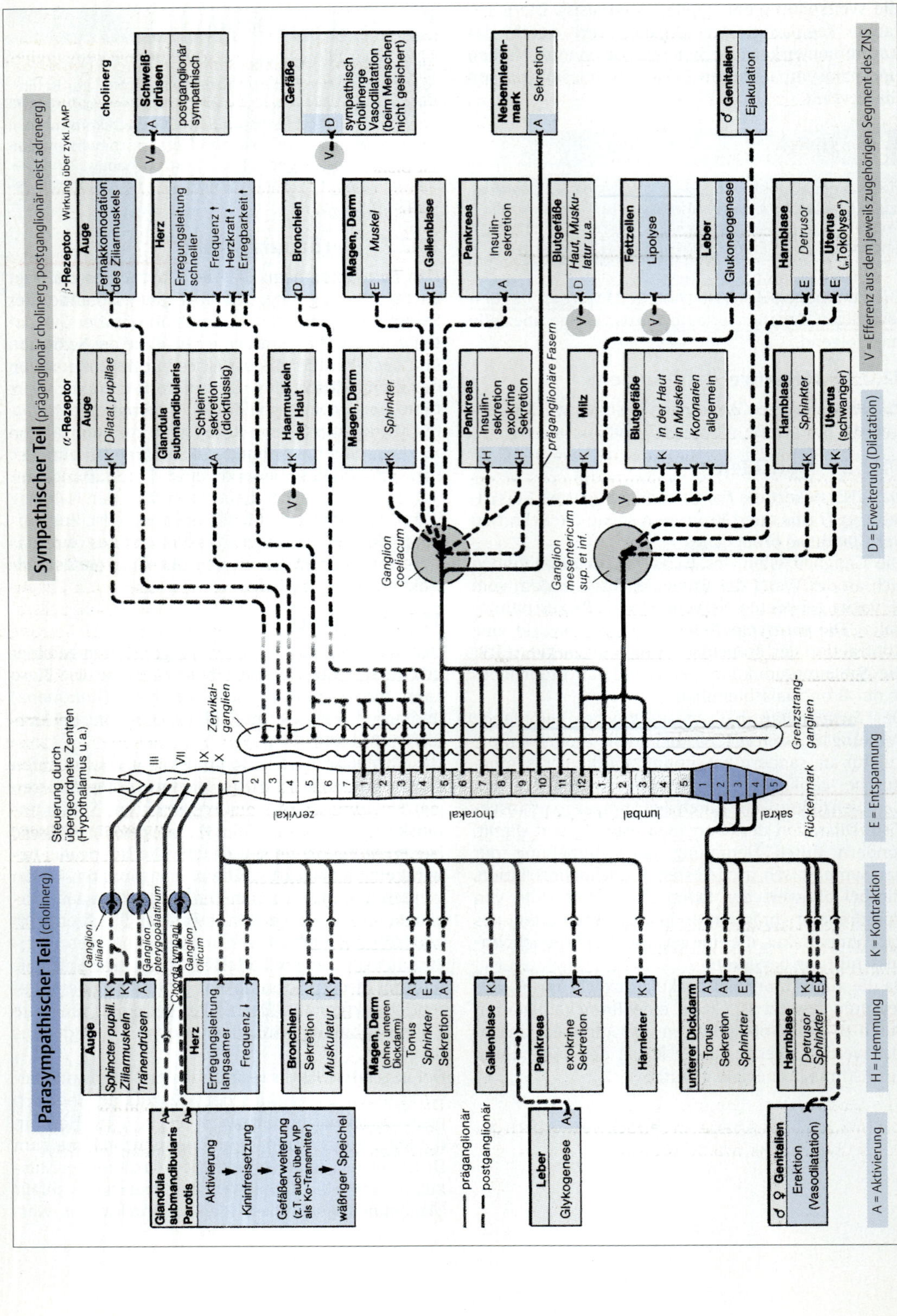

Abb. 11.2 Funktionen des vegetativen Nervensystems (aus Silbernagl/Despopoulos, Thieme 1991)

den als rhythmische Kontraktionen der Blase bezeichnet, die nur der Nervenplexus verursacht. Diese Abläufe werden gefördert (Parasympathikus) oder gehemmt (Sympathikus). Die durch den Sympathikus über α-Rezeptoren erzeugte tonische Kontraktion des inneren Sphinkters ist Voraussetzung für die Harnkontinenz.

Klinischer Bezug

Wird der Sphinkter internus hypoaktiv, d. h. nicht tonisch kontrahiert, z. B. durch ungenügende Sympathikusaktivität, kommt es zur **Harninkontinenz**. Therapie: Über α-Rezeptor-Agonisten werden tonische Kontraktionen ausgelöst.

Miktionsreflex

Bei einem bestimmten Grad der Blasenfüllung werden die Dehnungsrezeptoren so stark gereizt, daß diese Afferenzen die reflektorische parasympathische Aktivität verstärken → Kontraktion des M. detrusors. Der weitere Druckanstieg öffnet den inneren Sphinkter mechanisch, der äußere Sphinkter erschlafft reflektorisch (über Afferenzen des N. pudendus). Diese Vorgänge laufen bis zur völligen Entleerung der Blase ab. Für die Aktivierung des Parasympathikus ist ein supraspinaler Reflexweg zuständig. Die Umschaltung der Afferenzen auf entsprechende Efferenzen erfolgt in der vorderen Brückenregion im Hirnstamm.

Klinischer Bezug

Ist der supraspinale Reflexweg unterbrochen, z. B. durch eine Durchtrennung des Rückenmarks, kommt es nach der Phase des spinalen Schocks zur sog. **Reflexblase**, die sich allerdings nicht vollständig entleert.

11.2.5 Genitalsystem

Neben den viszeralen und somatischen Afferenzen und den motorischen Efferenzen sind auch Sympathikus und Parasympathikus an den Genitalreflexen beteiligt.

Männliche Genitalreflexe

Die sexuellen Reaktionen des Mannes bestehen vor allem aus der Erektion des Gliedes und der Ejakulation (Auswurf der Samen).
Die Dilatation der Arterien in den Schwellkörpern des Penis und der Harnröhre (Corpora cavernosa und Corpus spongiosum urethrae) führt zur Erektion. Diese Dilatation wird vermutlich durch postganglionäre parasympathische Neurone der Beckenganglien bewirkt. Diese Beckenganglien werden reflektorisch durch Afferenzen der äußeren Genitalorgane oder psychogen von supraspinalen Strukturen aktiviert. Inwieweit der Sympathikus zur *Erektion* beiträgt, ist bisher ungeklärt.
Damit es zur *Ejakulation* kommen kann, muß die Samenflüssigkeit durch Kontraktionen in die hintere Urethra befördert werden (Emission). Diese Kontraktionen werden durch sympathische Neurone des Thorakolumbalmarks ausgelöst. Durch reflektorische Dehnung der Mm. bulbo- und ischiocavernosi kommt es zu tonischen Kontraktionen, das Ejakulat wird durch die Urethra externa herausbefördert. Während der Ejakulation erreicht die Erregung der parasympathischen und sympathischen Innervation der Geschlechtsorgane ihren Maximalwert. Indem die parasympathische Vasodilatation abnimmt und das venöse Blut aus den Schwellkörpern abfließt, klingt die Erektion nach der Ejakulation wieder ab.

Weibliche Genitalreflexe

Bei der sexuellen Erregung der Frau kommt es reflektorisch oder psychogen zur *Anschwellung der äußeren Geschlechtsorgane* (Labia majora, Glans und Corpus clitoridis). Diese Veränderungen können von zentraler Ebene hervorgerufen werden oder durch Reizung der Rezeptoren in den Genitalorganen, die Afferenzen zu den parasympathischen Neuronen im Sakralmark entsenden.
Die Vagina sondert durch das Plattenepithel bei Erregung Flüssigkeit (Transsudat) ab, wodurch sie beim Geschlechtsakt gleitfähig wird. Diese *Transsudation* wird vermutlich durch parasympathische Neurone des Sakralmarks und durch sympathische Neurone aus dem Thorakolumbalmark ausgelöst. Während der Erregung richtet sich der Uterus aus seiner antevertierten und anteflektierten Stellung auf. Beim Orgasmus kommt es zu regelmäßigen *Uteruskontraktionen*, die wahrscheinlich neuronal sympathisch vermittelt werden.
Letztlich ist die Bedeutung der vegetativen parasympathischen und sympathischen Innervation bei der Reaktion der weiblichen Geschlechtsorgane noch nicht vollständig geklärt.

11.2.6 Andere Funktionen

Die Wirkung des Sympathikus und Parasympathikus auf andere Organe (z. B. Augen oder Schweißdrüsen) wird bei den jeweiligen Organen näher erläutert.

Allgemeine Neuro- und Sinnesphysiologie

Der Organismus erhält Informationen aus seiner Umwelt über seine „fünf Sinne" (Sehen, Hören, Riechen, Schmecken und Tasten). Die Sinneszellen bzw. Rezeptoren in den jeweiligen Organen nehmen diese Reize auf und verarbeiten sie zu körpereigenen Signalen, die dann zum ZNS weitergeleitet werden und einen Sinneseindruck oder eine Reaktion hervorrufen können. Auch Reize aus dem Körperinneren, wie z. B. Schmerzen, Gelenkstellungen und Muskelkraft werden auf diese Weise wahrgenommen.
Lassen sich die sinnesphysiologischen Ereignisse anhand physikalisch-chemischer Methoden untersuchen, sprechen wir von der **objektiven Sinnesphysiologie**. Die **subjektive Sinnesphysiologie** erfaßt mit Hilfe psychologischer Methoden die Wahrnehmungen des Probanden.

12.1 Reiz und Erregung

Ein **Reiz** ist definiert als Zustandsänderung in der Umwelt oder im Körperinneren, der im Organismus auf Sinneszellen (= Rezeptoren) wirkt. Dabei löst der Reiz eine Reaktion, eine Wahrnehmung (Bewußtwerden des Reizes) oder eine **Erregung** (spezifische Reaktion erregbarer Systeme, die eine Änderung des Membranruhepotentials zur Folge hat) aus.

12.1.1 Membranruhepotential

Siehe 1.5.1.

12.1.2 Rezeption

Merke

Mit Rezeptor ist in der Sinnesphysiologie meist eine ganze Zelle gemeint, die zur Reizaufnahme spezialisiert ist (Sinneszelle). Dieser Rezeptor entspricht *nicht* dem biochemischen Rezeptor in der Zellmembran, der zur Bindung von Transmittern u. ä. befähigt ist.

Die zur Reizaufnahme notwendigen Sinneszellen unterteilt man in:

- *Primäre Sinneszellen* (in die Peripherie verlagerte Neurone des Gehirns, z. B. Riechzellen, Stäbchen und Zapfen der Netzhaut des Auges): Sie wandeln die Reize in elektrische Impulse um und leiten diese über ihre Axone zum Gehirn (zentripetal) weiter.
- *Sekundäre Sinneszellen* (z. B. Hörzellen): Sie leiten sich von peripheren Gliazellen oder endo- bzw. ektodermalen Epithelien ab. Da sie selbst kein Axon besitzen, können sie keine Impulse weiterleiten. Deshalb sind sie synaptisch mit anderen Neuronen verbunden, die die Weiterleitung übernehmen.

Entsprechend ihrer Funktion teilt man die Rezeptoren ein in:

- *Extero(re)zeptoren:* reagieren auf Reize aus der Umgebung;
- *Entero(re)zeptoren* (viszerale Neurone): vermitteln Sinnesinformationen aus den inneren Organen (z. B. Schmerz-, Temperatur- und Mechanorezeptoren);
- *Proprio(re)zeptoren:* Mechanorezeptoren, die den Zustand und die Zustandsänderungen des Bewegungs- und Halteapparates, beispielsweise die Muskellänge, Sehnendehnung oder Gelenkstellung, registrieren und weiterleiten.

Merke

Zur Gruppe der Propriorezeptoren gehört auch das *Vestibularorgan*, das den Gleichgewichtssinn vermittelt.

Adäquater Reiz: Die verschiedenen Sinneszellen sind spezialisiert und reagieren jeweils auf bestimmte Reize. Derjenige Reiz, der mit minimaler Energie die Sinneszellen (das Sinnesorgan) optimal erregt (→ Änderung des Membranpotentials!), wird als *adäquater Reiz* bezeichnet. Beispielsweise ist Licht der adäquate Reiz für die Rezeptoren des Auges. Ein inadäquater Reiz kann die Rezeptoren ebenso erregen, benötigt aber wesentlich höhere Energien dazu (z. B. „Sternchensehen" nach einem Faustschlag auf das Auge).

Merke

Nicht der Reiz bestimmt die Art der Empfindung, sondern das gereizte Sinnesorgan (nach dem Gesetz der speziellen Sinnesenergie von Johannes Müller).

Transduktion: Die Rezeptoren und ihre adäquaten Reize sind sehr verschieden, gemeinsam ist allen der grundsätzliche Prozeß, den Reiz in die für das ZNS verständlichen elektrischen Impulse umzuwandeln (*Transduktion*). Der adäquate Reiz trifft auf die Rezeptorzelle, wodurch sich Membrankanäle öffnen und Ionenströme durch die Membran fließen. Damit wird eine Änderung des Membranpotentials, meist eine Depolarisation, ausgelöst. Diese Potentialänderung, deren Amplitude von der Reizstärke abhängig ist, wird als **Rezeptor-** oder **Generatorpotential** bezeichnet.

Merke

Je größer die Reizstärke, desto höher ist das Rezeptorpotential.

Transformation: Das *Rezeptorpotential* breitet sich bis zum Axonhügel *elektrotonisch* (s. a. 12.2.1) aus. Hier löst es bei Überschreiten des Schwellenpotentials *Aktionspotentiale* aus (Transformation), welche *saltatorisch* (s. a. 12.2.2) fortgeleitet werden (s. a. 1.5.2).

Merke

Je höher das Rezeptorpotential, desto größer ist die Frequenz der ausgelösten Aktionspotentiale.

Bei der Transformation wird die Information, die der Reiz über das Rezeptorpotential vermittelt hat, in elektrische Impulse (Frequenz der APs) umgewandelt. Das AP bewirkt an der nächsten Synapse die Freisetzung von Transmittermolekülen.

Refraktärität: Ein neues AP läßt sich bei *absoluter Refraktärität* (Unerregbarkeit der Membran unmittelbar nach einem AP durch Inaktivierung der Natriumleitfähigkeit) gar nicht bzw. bei *relativer Refraktärität* (verminderter Erregbarkeit, Natriumsystem noch nicht völlig reaktiviert) durch große Depolarisation auslösen. Das AP weist dann eine verkleinerte Amplitude auf.

Rezeptorantwort und Reizstärke: Die Rezeptoren reagieren verschieden auf die Reizstärke. Zum einen besteht eine Proportionalität zwischen beiden (mit größerer Reizstärke nimmt auch das Rezeptorpotential zu), d. h. das Rezeptorpotential gibt annähernd den Zeitverlauf des Reizes über sog. *Proportionalrezeptoren (P-Rezeptoren)* wieder. Andererseits reagieren weitere Rezeptoren besonders stark auf die Änderung des Reizes, man spricht von sog. *Differentialrezeptoren (D-Rezeptoren)*. Die meisten Rezeptoren weisen beide Eigenschaften auf, sie werden als *PD-Rezeptoren* bezeichnet. Die tonische Antwort der P-Rezeptoren nimmt bei längerandauernden gleichförmigen Reizen ab → man sagt, sie adaptieren langsam. Die **Adaptation** ist definiert als die Erregungsabnahme über die Zeit bei gleichbleibenden Reizen. Die phasischen D-Rezeptoren adaptieren schnell.

12.1.3 Summation

Die Rezeptorpotentiale haben die Eigenschaft, sich zeitlich und räumlich zu **summieren**. Damit ist gemeint, daß zwei schnell aufeinander folgende oder zwei gleichzeitig ausgelöste schwache Reize eine überschwellige Depolarisation hervorrufen können. Häufig entsteht erst durch eine solche Summation von Rezeptorpotentialen eine überschwellige Depolarisation.

12.1.4 Elektrische Reizung

Technische Grundlagen

Viele Erkenntnisse über die Membran und ihre Erregungsausbreitung wurden durch künstliche Reizung über extrazelluläre Elektroden erzielt. Dazu legt man an eine Nervenfaser zwei mit einer Spannungsquelle verbundene Metallelektroden an. Die positive Elektrode heißt *Anode*, die negative *Kathode*. Bei der elektrischen Reizung fließt von der Anode ein Strom ins Innere der Nervenfaser und tritt an der Kathode wieder aus. Dadurch wird der Nerv unter der Kathode depolarisiert (Abb. 12.**1**). Der Stromfluß bewirkt eine Änderung des Membranpotentials. Die von außen

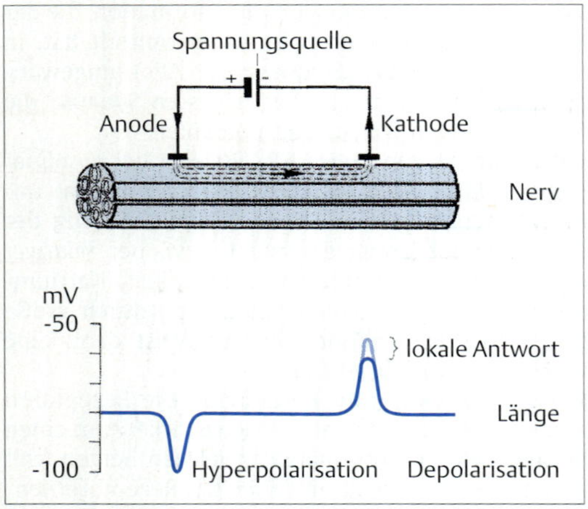

Abb. 12.1 Reizung eines Nervs mit zwei extrazellulären Elektroden (aus Cotta/Heipertz/Hüter-Becker/Rompe, Thieme 1990)

unter der Anode der Membran zugeführten positiven Ladungen erhöhen das Membranpotential, die Potentialdifferenz zwischen innen und außen wird größer (Hyperpolarisation) → Stromfluß durch die Membran.

Meist ist man nur an der Depolarisation des Nervs interessiert, die Hyperpolarisation ist unerwünscht. Sie wird abgeschwächt durch eine großflächige Anode (*indifferente Elektrode*), d. h., die Hyperpolarisation wirkt auf eine größere Fläche, aber geringfügiger. Die kleinflächige Elektrode konzentriert die Polarisation (*differente Elektrode*). Die Depolarisation ist bei gleichen Bedingungen größer als die Hyperpolarisation, weil durch die Depolarisation des Membranpotentials die Natriumleitfähigkeit ansteigt (lokale Antwort).

! Merke

Je stärker der Reiz ist, desto schneller wird eine überschwellige Erregung (AP) am Nerv ausgelöst, desto geringer ist also die dazu notwendige Reizdauer.

Kleine und kurz dauernde Potentialverläufe erhält man über *unipolare Ableitungen*. Dazu wird eine Mikroelektrode dem Nerven angelegt. Die zweite Elektrode ist weit entfernt, z. B. in einer Badlösung. Die durch lokale Ströme in der Nervenfaser hervorgerufene Spannungsänderung über die Membran wird gemessen und entspricht dem Zeitverlauf des Membranstroms bei Erregung.

Die Erregung des Nervs kann als Spannung oder Strom gemessen werden. Charakteristisch ist die Reizzeit/Reizstrom-Kurve (Abb. 12.**2**).

Der Gleichstrom übt auf den Organismus einen Reiz eigentlich nur beim Ein- und Ausschalten aus. Beim Wechselstrom dagegen wirkt jede Sinushalbwelle als Reizimpuls. Bei zunehmender Frequenz der Sinushalbwellen sinkt die Dauer der einzelnen Reize, die Schwelle zur Auslösung eines APs steigt → bei hochfrequenten Strömen ist die Reizzeit zu kurz, um eine Erregung auszulösen. Niederfrequente Ströme haben eine zu lange Reizzeit (Steilheit der Sinushalbwelle zu gering) und erzeugen deshalb keine Erregung → mittlere Frequenzen (ca. 50 Hz) bei geringer Stromstärke und Spannung sind günstig zur Erregungsauslösung.

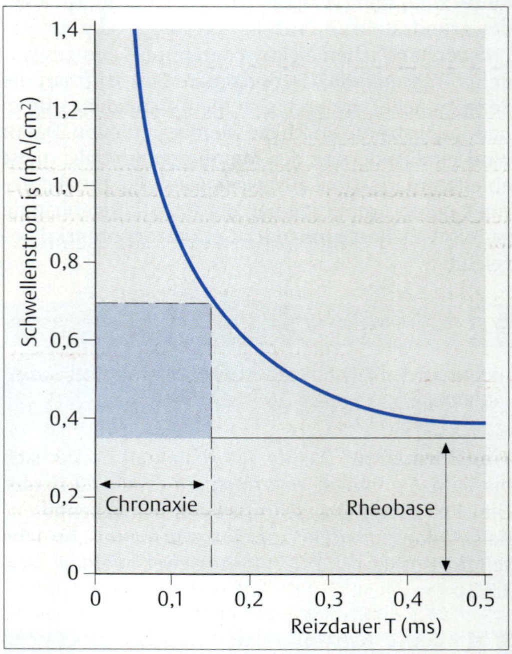

Abb. 12.**2** Reizzeit/Reizstrom-Kurve

Klinischer Bezug

Wechselströme > 1 MHz lösen keine Erregung aus. Sie werden therapeutisch zur Durchwärmung des Gewebes (Diathermie) genutzt oder zur Ausschaltung der Erregung bei operativen Eingriffen.

Rheobase und Chronaxie

Die Stromstärke, die bei unendlich langen Reizen gerade noch eine Reizantwort erzeugt, nennt man *Rheobase*. Die *Chronaxie* gibt an, wie lange ein Reiz von doppelter Rheobasenstromstärke mindestens fließen muß, um gerade noch eine Erregung auszulösen (weiterer Stromfluß ist unnütz). Deshalb wird die Chronaxie als *Nutzzeit der doppelten Rheobase* bezeichnet. Sie ist ein Maß für die nervale Erregbarkeit.

12.2 Erregungsfortleitung

Die Weiterleitung der Erregung erfolgt im marklosen Nerven kontinuierlich, im myelinisierten Nerven dagegen sprunghaft. Die Synapsen sind als Umschaltstellen an der Übertragung der Erregung mitbeteiligt.

12.2.1 Elektrotonische Fortleitung

Diese Erregungsleitung wird durch die Strömchentheorie beschrieben. Sie besagt, daß zwischen einem erregten und einem unerregten Membranabschnitt ein Strom fließt, der die unerregten Stellen depolarisiert. Über diesen Stromfluß breitet sich die Erregung kontinuierlich aus. Dieses ist beim marklosen Nerv der Fall.

Meßtechnik: Die fortgeleitete Erregung im Nerv kann durch zwei extrazelluläre Elektroden gemessen werden. Dabei erhält man das sog. *biphasische Aktionspotential* (Abb. 12.**3**). Die Erregung läuft dabei von links nach rechts über die Nervenfaser. Unter der Elektrode 1 verliert die Membran ihre positive Ladung und wird relativ zur Membran unter der Elektrode 2 negativ → es kommt zur positiven Spannungsänderung. Bei Erregung der Elektrode 2 ändert sich ebenfalls die Spannung, da aber für das Meßgerät die Polarität umgekehrt ist, wird ein negatives AP registriert. Die Fortleitungsgeschwindigkeit des Axons kann aus dem Abstand der Elektroden sowie der Zeitspanne zwischen positivem und negativem AP bestimmt werden. In vivo sind die beiden Phasen kaum so gut zu trennen, meist verschmelzen sie mit aufeinander folgenden Phasen.

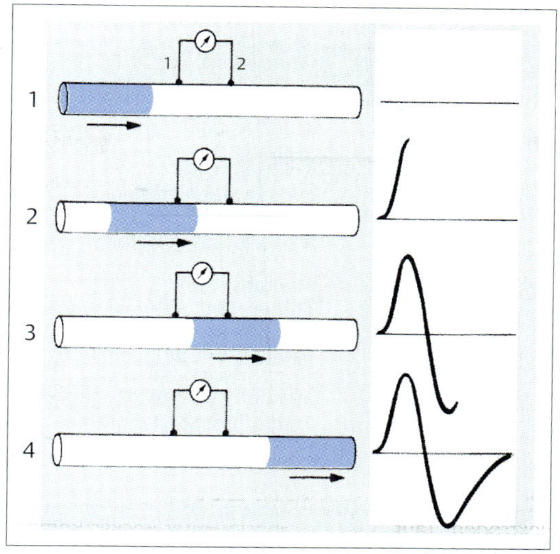

Abb. 12.**3** Die fortgeleitete Erregung als sog. biphasisches Aktionspotential (aus Keidel, Thieme 1985)

Fortleitungsgeschwindigkeit: Der depolarisierende Stromfluß bei der Erregungsausbreitung hängt vom Bau des Axons ab. Eine entscheidende Rolle spielen dabei:

- der *innere Längswiderstand* des Axons R_{in} (entspricht dem Axondurchmesser),
- der *Membranwiderstand* R_M,
- die *Membrankapazität* C_M.

Günstig für die Fortleitungsgeschwindigkeit sind ein geringer R_{in} (schnelle Ausbreitung in Längsrichtung), eine Erhöhung von R_M (weil der Verluststrom ↓) und die Abnahme von C_M (die Membran verhält sich wie ein Kondensator), da der durch die Membran fließende Strom in Hinblick auf die Erregungsausbreitung einen Verlust darstellt. Variabel ist der Axondurchmesser, der hauptsächlich die Geschwindigkeit der Erregungsausbreitung beeinflußt.

Marklose Nerven

Für marklose Nerven gilt: *Die Leitungsgeschwindigkeit steigt mit der Quadratwurzel des Faserdurchmessers.* Denn der Querschnitt nimmt mit dem Quadrat des Durchmessers zu, die Membranfläche ist dem Durchmesser proportional → C_M steigt proportional zur Membranfläche. Bei zunehmendem Durchmesser nimmt relativ zu R_M der innere Längswiderstand der Faser ab. Obwohl die steigende Membrankapazität die Ausbreitung der Erregung verlangsamt, ist der überwiegende Effekt die Abnahme des inneren Längswiderstands, so daß insgesamt die Fortleitungsgeschwindigkeit steigt.

Tab. 12.1 Einteilung der Nervenfasern nach Erlanger und Gasser

Fasertyp	Funktion (z. B.)	Durchmesser μm	Leitungsgeschwindigkeit (m/s)
Aα	Muskelspindel- und Sehnenorgan-afferenzen, Skelettmuskelefferenz	15	70 – 120
Aβ	Hautafferenz (Tastsinn)	8	30 – 70
Aγ	Muskelspindelefferenz	5	15 – 30
Aδ	Hautafferenz (Temp. und „schneller" Schmerz)	3	12 – 30
B	sympathisch präganglionär	3	3 – 15
C	sympathisch postganglionär und Hautafferenz („langsamer" Schmerz)	1 (marklos)	0,5 – 2

! Merke

Die *Fortleitungsgeschwindigkeit* ist in dicken marklosen Nervenfasern höher als in dünnen marklosen, weil die Membrankapazität nur proportional dem Durchmesser steigt, der Membranwiderstand sinkt und der innere Längswiderstand um mehr als die Hälfte abnimmt. Verdoppelt sich z. B. der Axondurchmesser, so verdoppelt sich die Membrankapazität, und der innere Längswiderstand der Membran sinkt auf ¼.

Elektrische Synapsen (Gap junctions): Eine weitere Möglichkeit zur kontinuierlichen Erregungsübertragung bieten *elektrische Synapsen*. Dabei liegen benachbarte Neurone eng aneinander und sind durch Gap junctions verbunden. Allgemein wird die Zelle vor der Synapse als präsynaptisch, die dahinter als postsynaptisch bezeichnet. Gap junctions sind in die Membran eingelagerte Proteinkomplexe, die zwischen den Zellen offene Verbindungen (Poren) herstellen. Die präsynaptische Depolarisation in der Zelle löst ein AP aus, dadurch entsteht ein Potentialgefälle zwischen prä- und postsynaptischer Zelle. Durch die Gap junctions gelangen positive Ionen entlang des Gefälles in die postsynaptische Zelle und depolarisieren diese, bei Überschreitung des Schwellenwertes wird ein AP ausgelöst. Die Ionenströme entstehen fast ohne Verzögerung → mehrere Zellen werden synchron erregt. Im Gegensatz zur chemischen Synapse (s. 12.2.3) sind elektrische Synapsen *in beide Richtungen leitend*. Ein Nachteil dieser einfachen Erregungsausbreitung ist, daß keine Erregungshemmung möglich ist, da prä- und postsynaptische Zelle sich im gleichen Erregungszustand befinden. Deshalb kommen elektrische Synapsen kaum im Gehirn vor (nur im Hirnstamm, unterer Olive und in den Vestibulariskernen).

Die elektrischen Synapsen der Myokardzellen, welche im Bereich der Glanzstreifen über Gap junctions miteinander verbunden sind, gewährleisten eine kontinuierliche Erregungsausbreitung im Herzmuskel.

12.2.2 Erregungsleitung im markhaltigen Nerv

Sehr viel schneller als die Erregungsleitung im marklosen ist die Erregungsleitung im markhaltigen Nerv. Die *Myelinscheide* ist ein sehr guter Isolator und kann bei stark myelinisierten Fasern aus einer 50 – 100 mal um das Axon gewickelten Membranschicht bestehen. Somit sinkt die Membrankapazität C_M und der Membranwiderstand R_M steigt → sehr gute Leitungsbedingungen der myelinisierten Internodien. Bei Potentialänderungen fließt praktisch in den Internodien kein Strom durch die Membran, das AP breitet sich annähernd verlustlos über die Internodien auf die Schnürringe aus. Die Leitungszeit über die Internodien wird eingespart, die Erregung springt von Schnürring zu Schnürring (*saltatorisch*). Verzögerungen in der Erregungsleitung können nur an den Schnürringen entstehen, da hier erst das Schwellenpotential überschritten werden muß. Die Membran der Schnürringe weist als Besonderheit eine sehr große Dichte von Na^+-Kanälen auf (ca. 100 mal größer als bei marklosen Nervenfasern).

! Merke

Bei der *saltatorischen Erregungsleitung* werden die Internodien als passive Leiter betrachtet. Die Schnürringe reagieren als Einheit, an der die Erregung sprunghaft weitergeleitet wird, was zur Beschleunigung der Fortleitung führt.

Tab. 12.**2** Klassifikation der Nervenfasern nach Lloyd/Hunt

Gruppe	Funktion (z. B.)	Durchmesser (µm)	Leitungsgeschwindigkeit (m/s)
I	primäre Muskelspindelafferenz (Ia) und Sehnenorganafferenz (Ib)	13	70–120
II	Mechanorezeptoren der Haut	9	25–70
III	tiefe Drucksensibilität des Muskels	3	10–25
IV	marklose Fasern der Schmerzleitung	1	1

Aufgrund der verschiedenen Faserdurchmesser und den daraus resultierenden unterschiedlichen Leitungsgeschwindigkeiten gibt es eine funktionelle Gliederung der Nervenfasern. Nach Erlanger und Gasser werden sie in A-, B- und C-Fasern eingeteilt (Tab. 12.**1**).
Außerdem wird für afferente Nervenfasern oft die Klassifikation nach Lloyd/Hunt (Gruppe I bis IV) verwendet (Tab. 12.**2**).

12.2.3 Chemische Synapsen

Wenn allgemein der Begriff Synapse verwendet wird, ist damit meist die chemische Synapse gemeint (Abb. 12.**4**). Sie besteht aus:

- *präsynaptischer Nervenendigung* (markarme aufgetriebene Endigung der Nervenfaser),
- *synaptischem Spalt* (zwischen dem präsynaptischen Nervenende und der nachfolgenden Zelle) und
- *postsynaptischer Zelle.*

Der Teil der postsynaptischen Zellmembran, der an den synaptischen Spalt grenzt, ist die zur Erregungsaufnahme dienende *subsynaptische Membran.*

Funktionsweise der Synapse

Die Erregungsübertragung an der chemischen Synapse erfolgt mit Hilfe von Transmittern. Die präsynaptische Nervenendigung wird durch ein ankommendes AP depolarisiert. Daraufhin werden über eine komplexe Signalkaskade die Überträgerstoffe (Transmitter) aus den synaptischen Bläschen (Vesikeln) in den synaptischen Spalt ausgeschüttet. Die Transmittermoleküle diffundieren zur postsynaptischen Membran und reagieren dort mit spezifischen Membranrezeptoren. Hierdurch werden an der postsynaptischen Membran Ionenkanäle geöffnet. Die einströmenden Ionen führen entweder zu einer *Depolarisation* und einem *AP* oder zu einer *Hyperpolarisation* und somit zur *Hemmung* des postsynaptischen Neurons.
Die Transmitter (z. B. Acetylcholin) werden unmittelbar nach ihrer Freisetzung und Wirkung durch Spaltung oder Wiederaufnahme inaktiviert.

Transmitter

Das AP bewirkt an der Präsynapse die Öffnung von Ca^{2+}-Kanälen, so daß es durch die Erhöhung des intrazellulären Ca^{2+} zur Exozytose des Transmitters

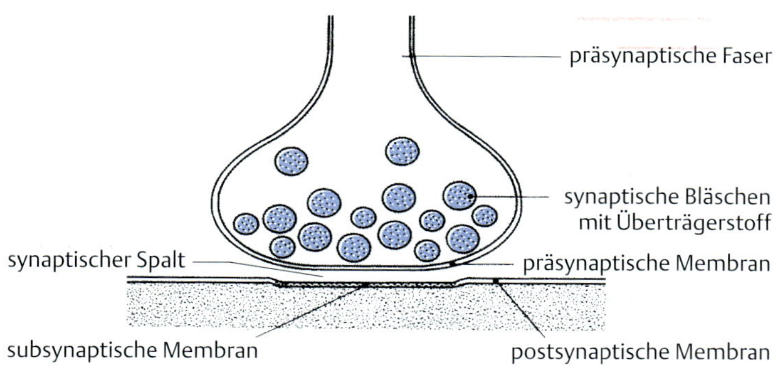

Abb. 12.**4** Schematische Darstellung einer Synapse

kommt. Das Ca^{2+} stellt hierbei keinen Faktor für eine weitere Depolarisation dar, sondern eine Signalsubstanz. Daraus folgt, daß die Synapsenfunktion über Ca^{2+} gesteuert werden kann. Denn eine Erhöhung der extrazellulären Ca^{2+}-Konzentration führt zum vermehrten Ca^{2+}-Einstrom → Erhöhung der Freisetzung von Transmittern. Diese kann verringert werden, indem künstlich die Mg^{2+}-Konzentration extrazellulär erhöht wird und durch Verdrängung den Ca^{2+}-Einstrom reduziert. Nach dem präsynaptischen AP wird in einem langfristigen Prozeß Ca^{2+} aktiv im Austausch gegen Na^{+} aus der präsynaptischen Nervenendigung gepumpt.

Bildung und Inaktivierung des Acetylcholins

Acetylcholin wird im Zytoplasma der Nervenendigungen synthetisiert. Das dazu notwendige *Acetyl-CoA* wird in den Mitochondrien gebildet und überträgt seine Acetylgruppe mit Hilfe des in der Nervenzelle gebildeten Enzyms Cholinacetyltransferase auf *Cholin*. Vorher muß Cholin aus der Extrazellulärflüssigkeit in die Nervenzelle aufgenommen werden. Acetylcholin wird in Vesikeln gespeichert, pro Vesikel ca. 6000–8000 Moleküle (ein Quant). Bei Erregung werden mehrere hundert Quanten per Exozytose freigesetzt. Die Erregungsdauer ist durch die Inaktivierung der Transmitter begrenzt. Acetylcholin wird durch die Cholinesterase zu Acetat und Cholin abgebaut. Diese Abbauprodukte werden größtenteils wieder in die präsynaptische Nervenendigung aufgenommen und zur Resynthese von Acetylcholin verwendet.

Bildung und Inaktivierung des Noradrenalins

Auch der sympathische Transmitter Noradrenalin wird größtenteils in den Nervenendigungen synthetisiert und gespeichert. Die Nervenzellmembran nimmt dafür die Amonisäure *L-Tyrosin* auf und wandelt diese mit Hilfe des Enzyms Tyrosinhydroxylase in L-Dihydroxyphenylalanin (*L-Dopa*) um. L-Dopa wird zu *Dopamin* decarboxyliert, und daraus wird durch Hydroxylierung der Seitenkette *Noradrenalin*. (Durch Methylierung entsteht daraus *Adrenalin*, das aber vorrangig im NNM gebildet wird s. 11.1.5.). Die Noradrenalinwirkung wird beendet:

- zu 70 % durch *Wiederaufnahme* in die präsynaptische Nervenendigung,
- durch *Abdiffusion* von Noradrenalin ins Blut,
- durch *extraneuronale Aufnahme* (z. B. in glatte Muskulatur) und intrazellulären Abbau zu Vanillinmandelsäure durch die Catechol-O-Methyltransferase (COMT) und die Monoaminooxidase (MAO). Die gleichen Enzyme sind am Dopaminabbau beteiligt, COMT baut auch Adrenalin ab.

Weitere Transmitter

Neben den bereits erwähnten Transmittern gibt es noch eine Vielzahl von weiteren. **Glutamat** ist ein häufiger, exzitatorischer (erregender) Transmitter im ZNS (besonders im Hippokampus und Telenzephalon). Die Freisetzung erfolgt ebenfalls in Abhängigkeit von Ca^{2+}, durch Wiederaufnahme in die präsynaptische Nervenendigung (Neurotransmittertransporter-Moleküle) oder in Gliazellen wird die Wirkung beendet.

Die Aminosäure **Glycin** hat vorwiegend inhibitorische (hemmende) Funktion. Beispielsweise schütten die Renshaw-Zellen bei der Reflexhemmung Glycin aus (s. 14.1.5).

Der häufigste inhibitorische Transmitter im ZNS ist die γ-Aminobuttersäure (**GABA**). Über $GABA_A$-Rezeptoren öffnet der Transmitter einen Cl^--Kanal und der Cl^--Einstrom bewirkt postsynaptisch eine Hyperpolarisation. Über $GABA_B$-Rezeptoren schließt der Transmitter präsynaptisch Ca^{2+}-Kanäle und erhöht die K^+-Leitfähigkeit und verhindert somit die Transmitterfreisetzung. Die GABA-Wirkung wird durch Wiederaufnahme in die Nervenendigung und in Gliazellen beendet.

Der Transmitter **Serotonin** kommt besonders in den Raphe-Kernen vor und ist durch deren vielfältigen Projektionen (z. B. ins Rückenmark, Kleinhirn, Thalamus usw.) an der Kontrolle vieler neuronaler Funktionen beteiligt.

Klinischer Bezug

Bei einer Störung der monoaminergen Synapsen kann es zu **psychischen Erkrankungen** kommen. Beispielsweise wirkt LSD (Lysergsäurediethylamid) teilweise wie Serotonin (als Agonist) und teilweise als Serotonin-Antagonist, was zu psychischen Veränderungen, z. B. Halluzinationen führt. Bei der sog. Parkinson-Krankheit (Schüttellähmung) degenerieren viele dopaminerge Neurone der Basalganglien infolge von Dopaminmangel.

Neben diesen Transmittern wirken auch Oligopeptide als Überträgerstoffe oder Cotransmitter, die dann als **Neuropeptide** bezeichnet werden. Zu den z. Z. bekanntesten Neuropeptiden gehören die Opioidderivate *Enkephalin*, *Endorphin* und *Dynorphin*, die an den gleichen Synapsen wie die Opioide (Schmerzmittel) wirken und somit die Weiterleitung von Erregungen der Schmerzbahn im Rückenmark hemmen. Andere Neuropeptide sind z. B. *Substanz P*, *Angiotensin II*, *Somatostatin*, die auch als Hormone im Körper wirken. Die Neuropeptide wirken allgemein präsynaptisch auf die Transmittersynthese oder -freisetzung

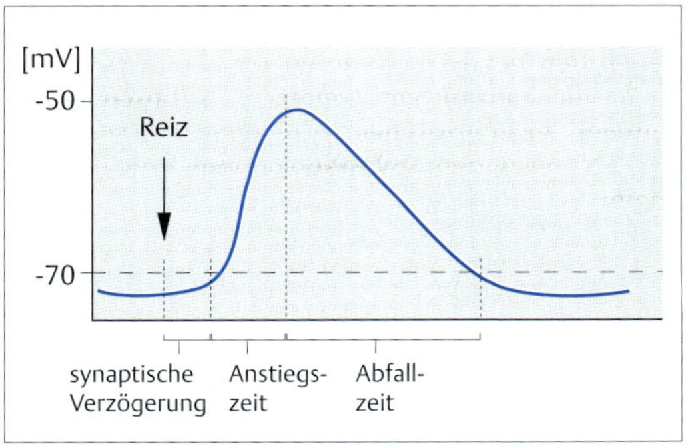

Abb. 12.**5** EPSP-Verlauf

bzw. unterstützen als Cotransmitter den Effekt an der postsynaptischen Zelle.

Synapsenpotentiale

Die Transmitter wirken nach Bindung an die Membranrezeptoren auf das Membranpotential der postsynaptischen Zelle. Wie sie das Potential verändern, ist davon abhängig, welche Ionenkanäle geöffnet werden.

Exzitatorisches postsynaptisches Potential (EPSP): Erregende Transmitter, wie z. B. Glutamat und Acetylcholin, öffnen Ionenkanäle in der postsynaptischen Membran → die Leitfähigkeit der Membran für einwertige Kationen wird erhöht. Entsprechend dem elektrochemischen Gradienten strömt Na^+ in die Zelle ein. Hierdurch kommt es zu einer Depolarisation, die entsprechend der Reizdauer anhält und als *exzitatorisches postsynaptisches Potential* (EPSP) bezeichnet wird (Abb. 12.**5**). Durch die relativ langsame Freisetzung und Diffusion der Transmitter beginnt ein EPSP in der Regel erst 0,5–1 ms nach Eintreffen des APs an der präsynaptischen Nervenendigung (synaptische Verzögerung oder Synapsenzeit).

Das EPSP dauert je nach Synapsenart 5 ms bis einige Hundert ms. Die Ionenleitfähigkeiten im EPSP entsprechen nicht denen beim AP, wo die spannungsabhängigen Ionenkanäle sich mit zunehmender Depolarisation weiter öffnen. Die elektrische Leitfähigkeit dieser transmittergesteuerten Kanäle wird nur durch die Zahl der gerade offenen Ionenkanäle beeinflußt. Das lokale EPSP breitet sich elektrotonisch über die postsynaptische Membran aus. Meistens reicht ein EPSP nicht aus, um ein AP auszulösen. Sind mehrere exzitatorische Synapsen gleichzeitig aktiviert, überlagern sich die Ströme (*zeitliche und räumliche Summation*) → das Schwellenpotential wird jetzt überschritten und ein AP ausgelöst, das entlang des Axons weitergeleitet wird.

> **! Merke**
>
> Das EPSP gehorcht nicht dem „Alles-oder-Nichts-Prinzip", sondern die Amplitude des EPSP ist abhängig von der Reizstärke.

Inhibitorisches postsynaptisches Potential (IPSP): Hemmende Transmitter (z. B. GABA, Glycin) öffnen an der postsynaptischen Membran K^+- und Cl^--Kanäle. Damit steigt die Leitfähigkeit für diese Ionen (die Natriumleitfähigkeit wird nicht erhöht), so daß es zum K^+-Ausstrom und zum Einstrom von Cl^- in die Zelle kommt. Das Membranpotential wird hyperpolarisiert, es entsteht ein sog. *inhibitorisches postsynaptisches Potential* (IPSP). Die Zelle wird dadurch gehemmt, weil die Hyperpolarisation einer Erregung (Depolarisation) entgegenwirkt.

EPSP und IPSP treten in enger zeitlicher Beziehung auf, wenn benachbarte exzitatorische und inhibitorische Synapsen aktiviert werden. Die beiden Potentiale überlagern sich und heben sich z. T. auf → das resultierende postsynaptische Potential ist geringer als das EPSP oder IPSP allein, d. h., die Summe von EPSP und IPSP entscheidet darüber, ob ein AP postsynaptisch weitergeleitet wird (Abb. 12.**6**).

> **! Merke**
>
> Die Entstehung postsynaptischer Potentiale durch Öffnung bestimmter Ionenkanäle entspricht größtenteils der Entstehung von Rezeptorpotentialen an den Sinneszellen.

Motorische Endplatte

Die neuromuskuläre Erregungsübertragung erfolgt mit Hilfe von Acetylcholin. Der Transmitter wird aus einer aufgetriebenen Präsynapse (motorische Endplatte) per Exozytose ausgeschüttet. Das Acetylcholin diffundiert zum Sarkolemm der Muskelzellen, um mit den dortigen Rezeptoren zu reagieren. Durch die Bindung von Acetylcholin an die Rezeptoren werden Kationen-Kanäle geöffnet. Der Na^+-Einstrom führt zur Depolarisation, die als **Endplattenpotential** bezeichnet wird. Dieses lokale und abstufbare Potential löst beim Überschreiten der Schwelle ein AP aus, das über die Muskelfaser fortgeleitet wird und zur Ausschüttung von Ca^{2+} aus dem longitudinalen System führt. Durch Bindung des Ca^{2+} an Troponin wird die Kontraktion ausgelöst (s. a. 13.1.3). Für die Auslösung des Endplattenpotentials müssen sich viele hundert Quanten Acetylcholin aus den Vesikeln synchron entleeren. An der ruhenden Muskelfaser kommt es in der Endplattenregion auch zur spontanen Entleerung einzelner Acetylcholinquan-

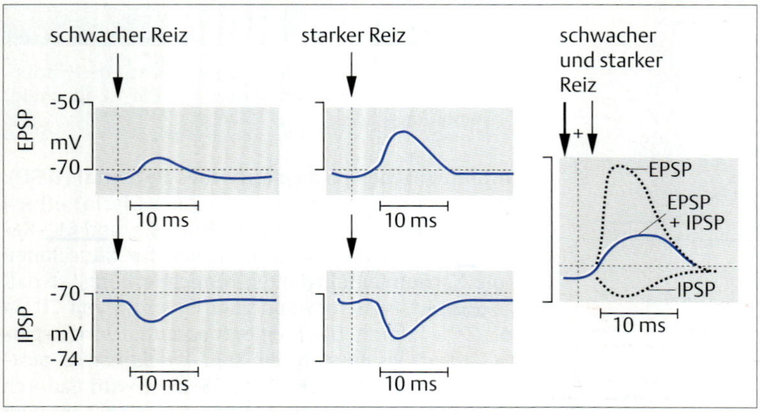

Abb. 12.**6** EPSP und IPSP (aus Silbernagl/Despopoulos, Thieme 1991)

ten, die ganz kleine Depolarisationen, sog. *Miniaturendplattenpotentiale* hervorrufen.

Klinischer Bezug

Bei der Autoimmunerkrankung **Myasthenia gravis** ist die Funktion der neuromuskulären Erregungsübertragung gestört, da sich postsynaptisch zuwenig freie Acetylcholinrezeptoren befinden, die meisten sind durch Antikörperbindungen blockiert. Deshalb kann Acetylcholin nur an die wenigen Rezeptoren binden → das Endplattenpotential bleibt unterschwellig. Folglich sind Tonus und Kontraktion der Skelettmuskulatur schwach. Die Autoimmunreaktion führt zum Rezeptormangel, denn der Organismus bildet Antikörper gegen die Rezeptoren, die diese blockieren. Therapie: Gabe von Cholinesterasehemmern, die die Wirkungsdauer von Acetylcholin so steigern, daß das Endplattenpotential überschwellig wird durch ausreichende Depolarisation.

Pharmakologische Beeinflussung der Synapse

Bei den pharmakologischen Wirkstoffen unterscheidet man allgemein Substanzen, die die physiologische Wirkung der Transmitter unterstützen (*Agonisten*) oder diese hemmen (*Antagonisten*). Ein Beispiel für die agonistische Wirkung sind Beruhigungsmittel aus der Klasse der Barbiturate, die die inhibitorische Funktion von $GABA_A$-Rezeptoren verstärken.

Die Wirkung der Antagonisten an der motorischen Endplatte wird pharmakologisch besonders zur Erschlaffung (Relaxation) der Skelettmuskulatur genutzt, wie es z. B. bei Operationen notwendig ist. Das Pfeilgift **Curare** greift selektiv die Acetylcholinrezeptoren der motorischen Endplatte an (kompetitive Hemmung) und verhindert damit die Acetylcholinwirkung. Die muskelrelaxierende Wirkung von Curare wird durch indirekte Parasympathomimetika, Cholinesterasehemmern (z. B. Physostigmin) beendet, z. B. vor Beendigung einer Narkose.

Klinischer Bezug

Wird die Cholinesterase zu stark gehemmt, sind Muskelkrämpfe und im Extremfall Lähmung der Muskulatur durch Dauerdepolarisation die Folge. Einige Gifte, z. B. Schädlingsbekämpfungsmittel, führen durch die Hemmung der Cholinesterase zu den gleichen Symptomen.

Eine weitere in der Chirurgie verwendete Substanz zur Muskelrelaxation ist **Succinylcholin**. Es besetzt wie Curare die Acetylcholinrezeptoren, bewirkt außerdem eine Depolarisation und damit zunächst einige Muskelzuckungen. Die Muskulatur erschlafft, wenn starke Dauerdepolarisation zu einem Depolarisationsblock führt.

Das stärkste bekannte Gift, das **Botulinustoxin** (aus dem Bakterium Clostridium botulinum) hemmt die Acetylcholinfreisetzung aus den Vesikeln. Es wird therapeutisch lokal in minimalsten Dosen verwendet (z. B. bei krampfhaftem Lidschluß), da bereits 0,000003 mg tödlich sind (Lähmung der Atemmuskulatur).

12.3 Erregungsverarbeitung

Synapsen haben nicht nur die Funktion der Umsetzung elektrischer Erregungen (Erregungsübertragung), sondern sind durch erregende oder hemmende Interaktionen an der Verarbeitung der Erregung maßgeblich beteiligt.

12.3.1 Neuronale Verschaltungen

Bahnung: Nicht nur Generatorpotentiale, sondern auch postsynaptische Potentiale können sich räumlich oder zeitlich summieren. Aufgrund der Summation unterschwelliger Erregungen ist eine *Bahnung* möglich. Damit ist gemeint, daß ein unterschwelliges Signal, das selbst keine Erregung auslöst, die Erregbarkeit der Membran fördert, indem es einem weiteren Signal den Weg weist. Durch Addition dieser unterschwelligen Signale wird also die Schwelle erreicht. Die Bahnung ist *zeitlich* (bei nacheinander laufenden Signalen des gleichen Nerven für die Nervenzelle) und *räumlich* (gleichzeitige Erregung verschiedener Nervenfasern, die an der gleichen Nervenzelle zusammentreffen) möglich.

Synaptische Potenzierung: Rufen mehrere kurz hintereinander ausgelöste APs (Serie) Bahnungen hervor, spricht man von *synaptischer Potenzierung*. Führen die APs zur Steigerung der EPSP-Amplitude (weil mit jedem AP der Serie mehr Transmitter ausgeschüttet werden) wird dies als *tetanische Potenzierung* bezeichnet. Der danach länger anhaltende Bahnungszustand ist die sog. *posttetanische Potenzierung*.

Reizserien können auch das Gegenteil, die Abnahme der synaptischen Antwort (*Depression*) bewirken. Dabei werden mit jedem AP weniger Transmitter ausgeschüttet.

Die Erregungsbildung wird durch mehrere Mechanismen behindert.

Präsynaptische Hemmung: Dadurch können ganz gezielt bestimmte Afferenzen gehemmt werden. Die Transmitterfreisetzung wird durch eine axoaxonische Synapse verhindert, d. h., ein zusätzliches Neuron erregt die präsynaptische Nervenendigung. Die depolarisierte präsynaptische Endigung vermindert bei ankommenden APs die Amplitude → weniger Transmittermoleküle werden freigesetzt. Das führt an der postsynaptischen Membran zu geringerer Depolarisation, ggf. erreicht das EPSP nicht mehr die Schwelle, um ein fortgeleitetes AP auszulösen.

Postsynaptische Hemmung: Durch hemmende Neurone wird die postsynaptische Membran hyperpolarisiert → IPSP. Je nach Lage des hemmenden Neurons unterscheidet man zwischen *Vorwärtshemmung* (das hemmende Neuron wird direkt erregt, liegt zwischen den „eigentlichen prä- und postsynaptischen“ Membranen) oder *Rückwärtshemmung* (das hemmende Neuron wird durch rückläufige Nervenfasern der zu hemmenden Neurone erregt und hemmt dann diese, s. Abb. 12.**7**).

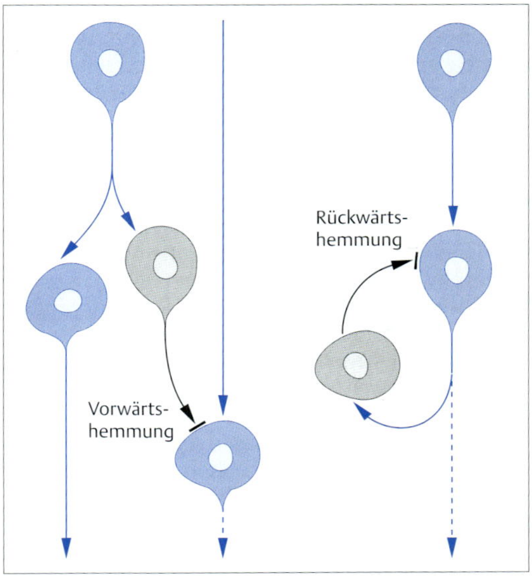

Abb. 12.**7** Vorwärts- und Rückwärtshemmung (Schema)

Laterale Hemmung und rezeptives Feld: Sie läßt sich gut am Beispiel der Reizung von Mechanorezeptoren verdeutlichen. Zwei punktförmige Reize erregen benachbart ein Hautareal. Von diesem Hautareal aus werden bestimmte afferente Nervenfasern und das gleiche zentrale Neuron aktiviert, deshalb wird das Hautareal als *rezeptives Feld* bezeichnet. Die rezeptiven Felder zentraler Neurone sind oft größer als die afferenter Nervenfasern, da viele Afferenzen das gleiche zentrale Neuron konvergierend erregen. Im erregten Hautareal werden mehrere Druckrezeptoren unterschiedlich stark erregt, eine Trennung der Reizpunkte ist nicht möglich. Afferente Nerven haben die Erregung weitergeleitet und ein zentrales Neuron erregt, so daß die benachbarten schwächer erregten Neurone gehemmt werden. Dadurch ist eine räumliche Trennung beider Reizpunkte möglich, der Kontrast (starke zu schwache Erregung) wird verstärkt. Die laterale Hemmung beinhaltet, daß „Nachbarneurone“ eines erregten Neurons über inhibitorische Zwischenneurone gehemmt werden. Diese zur Kontrastverschärfung dienende Hemmung ist besonders am Auge stark ausgeprägt.

Konvergenz und Divergenz: Neben den erregenden und hemmenden synaptischen Prozessen ist die

Physiologie

neuronale Verschaltung einerseits geprägt von der Weitergabe der Informationen von einer Nervenzelle auf viele andere (*Divergenz*) und andererseits erhält ein Neuron Nachrichten von vielen anderen (*Konvergenz*).

12.3.2 Empfindung und Wahrnehmung

Die auf die Sinneszellen ausgeübten Reize führen nach ihrer neuronalen Verarbeitung meist zu Empfindungen und Wahrnehmungen, die die subjektive Sinnesphysiologie untersucht.

Eine **Empfindung** besteht aus subjektiven Sinneseindrücken, die uns bewußt werden. Beispielsweise vermitteln elektromagnetische Wellen der Wellenlänge 500 nm den Sinneseindruck „grün" (mögliche Empfindung: „grüne Fläche").

Oft werden diese Empfindungen sofort mit Erlerntem und Erfahrenem assoziiert, damit werden sie zur **Wahrnehmung** (z. B. „eine grüne saftige Wiese"). Die Wahrnehmung gelangt sofort ins Bewußtsein und wird nicht nur von Erfahrungswerten, sondern auch von Emotionen u. a. psychischen Faktoren beeinflußt.

Unsere klassischen 5 Sinne (Sehen, Hören, Riechen, Schmecken und Fühlen) werden als **Modalitäten** (= Gesamtheit der von einem Sinnesorgan vermittelten Empfindungen) bezeichnet. Die Modalitäten sind untereinander nicht vergleichbar. Das Fühlen (Hautsinn, Getast) kann in Schmerz-, Temperatur- und Tastsinn unterteilt werden. Die durch unsere Sinne vermittelten Empfindungen sind durch 4 Grunddimensionen charakterisiert.

Die **Qualität** ist innerhalb einer Modalität verschieden. Beispielsweise sind die Farben Blau, Rot und Grün unterschiedliche Qualitäten der Modalität Sehen.

Die **Intensität** der Empfindungen wird charakterisiert durch die Absolut- und die Unterschiedsschwelle. Die Absolut- oder Reizschwelle ist der kleinste Reiz (diejenige Reizstärke), der gerade eine Empfindung auslösen kann. Die Unterschiedsschwelle ist als Betrag zu verstehen, um den ein Reiz im Vergleich zu einem anderen größer sein muß, damit die Empfindung verändert wird. Eine hohe Unterschiedsschwelle bedeutet eine schlechte Unterscheidung zwischen zwei Reizen. Denn um den Intensitätsunterschied wahrzunehmen, muß die Reizamplitude (in bezug auf den Vergleichsreiz) stark verändert sein.

Die Empfindungsstärke wird mathematisch durch das **Weber-Fechner-Gesetz** beschrieben. Dieses besagt, daß die Empfindung E logarithmisch mit der Reizstärke R zunimmt (k = eine Konstante):

$$E = k \cdot \log R$$

Dieses Gesetz gilt jedoch nur begrenzt, d. h. nur für experimentelle Daten im mittleren Bereich, denn gerade in Nähe der Absolutschwelle kommt es zu Abweichungen. Die Beziehung zwischen der Empfindung und der Reizintensität im Grenzbereich wird besser durch das **Stevens-Gesetz** erklärt.

$$E = k \cdot R^n$$

Der Exponent n ist abhängig von der Modalität und von den Reizbedingungen. In der Regel ist $n < 1$, d. h., die Reizintensität steigt schneller als die Empfindungsstärke.

Die **zeitliche Dimension** und bei einigen Sinnen (z. B. Hören und Riechen) die **Ortsdimension** charakterisieren ebenso die Empfindungen.

Muskelphysiologie

Die Muskulatur des Menschen dient dazu, Bewegung, Arbeit und Kraft zu erzeugen. Die drei Muskeltypen, *quergestreifte Skelettmuskulatur*, *Herzmuskulatur* und *glatte Muskulatur* sind jeweils unterschiedlich aufgebaut, werden unterschiedlich innerviert und haben unterschiedliche Funktionen.

13.1 Quergestreifte Muskulatur

Zur Gruppe der quergestreiften Muskulatur gehören die beiden Untergruppen quergestreifte Skelettmuskulatur und Herzmuskulatur im Gegensatz zur zweiten Gruppe, der glatten Muskulatur (s.a. Anatomie 2.2.6 und Histologie 1.6).

13.1.1 Feinbau der Muskelfaser

Die Skelettmuskulatur besteht aus langen *Muskelfasern*. Diese Muskelfasern enthalten *Myofibrillen*, die parallel zur Längsachse der Zelle verlaufen. Die Myofibrillen bestehen aus *Myofilamenten*, die durch ihre regelmäßige Anordnung die mikroskopisch sichtbare Querstreifung hervorrufen. Zwei Myofilamenttypen, beide aus Eiweißen bestehend, wechseln sich ab:

- dicke Filamente (Myosinfilamente)
- dünne Filamente (Aktinfilamente)

Myosinfilamente bestehen aus zusammengelagerten Myosinmolekülen. Ein Myosinmolekül besteht aus:

- *Myosinkopf*, bestehend aus zwei „Teilköpfen",
- *Myosinhals* und
- *Myosinschaft*.

Die Aggregation vieler Myosinschäfte bildet das eigentliche Myosinfilament, und die herausragenden Hals- und Kopfteile bilden die Querbrücken, die die Verbindung zu benachbarten Aktinfilamenten herstellen. Jeder Myosinkopf besitzt eine Aktinbindungsstelle und eine enzymatische ATP-Spaltungsstelle. Der Kopf und der Hals werden zusammen schweres Meromyosin oder „heavy chain" genannt, der Schaft heißt leichtes Meromyosin oder „light chain".

Aktinfilamente bestehen aus

- *Aktinmolekülen*,
- *Tropomyosin* und
- *Troponin*.

Tropomyosin ist ein fadenförmiges Molekül, an dem sich die kugelförmigen Aktinmoleküle perlenkettenartig entlanglegen. An einem Tropomyosinmolekül liegen 7 Aktinmoleküle an. In Abständen von 40 nm liegen dem Tropomyosinmolekül auch kugelförmige Troponinmoleküle an. Das Aktinmolekül besitzt die Bindungsstelle für den Myosinkopf, für benachbarte Aktinmoleküle, für den Tropomyosinfaden und für Troponin. Das ganze Aktinfilament hat eine Doppelhelixstruktur.

! Merke

Nur die Aktinfilamente der quergestreiften Muskulatur enthalten *Troponin*, die der glatten Muskulatur enthalten statt dessen *Caldesmon*.

Das **Sarkomer** ist die kleinste kontraktile Einheit, die funktionelle Grundeinheit, innerhalb einer Muskelzelle. Es besteht aus den Aktin- und Myosinfilamenten in charakteristischer Anordnung. Ein Sarkomer erstreckt sich zwischen zwei *Z-Scheiben*. An den Z-Scheiben ist die Mitte der Aktinfilamente befestigt, so daß die Hälfte der Filamente in jeweils benachbarte Sarkomere hineinragt. In der Mitte eines Sarkomers sind die Myosinfilamente parallel angeordnet. Der Teil des Sarkomers, in dem sich die Myosinfilamente befinden, heißt *A-Bande* (A wie

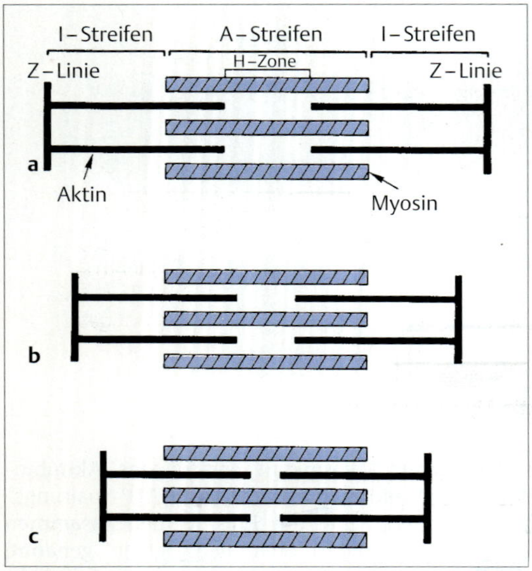

Abb. 13.1 Das Sarkomer im **a** gedehnten, **b** normalen und **c** isotonisch kontrahierten Zustand (aus Cotta, Thieme 1990)

anisotrop, also im polarisierten Licht doppelbrechend). In der Mitte des Sarkomers, wo es nur Myosinfilamente gibt, ist die *H-Zone*. In der Mitte der H-Zone ist die *M-Linie*, die aus Eiweißen besteht, die die Myosinfilamente im Zentrum zusammenhalten. Der Bereich neben dem Sarkomer, in dem es nur Aktinfilamente gibt, heißt *I-Bande* (I wie isotrop) (Abb. 13.**1**).

13.1.2 Erregungs-Kontraktions-Koppelung

Ein Muskel kontrahiert sich nur dann, wenn er auf irgendeine Weise erregt wird. Die Art der Erregung hängt von dem Muskeltyp ab. Die quergestreifte Skelettmuskulatur wird neuronal vom somatischen Nervensystem durch motorische Nerven erregt (s. 12.2.3). Der Herzmuskel bzw. die glatte Muskulatur werden neuronal erregt durch Nerven des vegetativen Nervensystems, durch autonome Aktivität und durch Erregungsübertragung aus benachbarten Zellen.

Das Plasmalemm der Muskelfaser, das Sarkolemm, hat an vielen Stellen senkrechte schlauchartige Einstülpungen. Diese bilden das *transversale Tubulussystem* oder *T-System*. Das sarkoplasmatische Retikulum mit seinen parallel zu den Muskelfibrillen verlaufenden Kammern bildet das *longitudinale Tubulussystem*, das ein Reservoir für Ca^{2+}-Ionen ist. Wenn sich eine Erregung (d. h. ein aktiv weitergeleitetes Aktionspotential) dem Sarkolemm entlang ausbreitet, dringt sie über das T-System in die Tiefe, greift auf das longitudinale System über und setzt daraus Ca^{2+}-Ionen frei. Die plötzliche Erhöhung der intrazellulären Calciumkonzentration (von ca. 10^{-7}M auf ca. 10^{-5}M) löst eine Kettenreaktion aus, die letztlich zur Kontraktion der Muskelfaser führt. Den Vorgang von der Aktionspotentialleitung bis zur Kontraktionsauslösung nennt man *elektromechanische Koppelung*. Wenn das freigesetzte Ca^{2+} durch die Calciumpumpe wieder in das sarkoplasmatische Retikulum zurückgepumpt wird, tritt die Muskelrelaxation wieder ein.

! Merke

Das *transversale Tubulussystem* gehört zum Extrazellulärraum; das *longitudinale Tubulussystem* zum sarkoplasmatischen Retikulum. Keines der beiden Systeme kommuniziert offen mit dem Zytoplasma.

13.1.3 Kontraktionsmechanismus

Zur Verdeutlichung des Kontraktionsmechanismus gibt es unterschiedliche Modellvorstellungen. Hier wird eine dieser Modellvorstellungen erläutert. Wenn das Sarkolemm und dadurch das longitudinale System erregt und Calcium aus dem longitudinalen System freigesetzt wird, verbindet sich das Ca^{2+} mit dem Troponin der Aktinfilamente. Dadurch wird die hemmende Wirkung des Tropomyosins auf die Aktin-Myosin-Verbindung aufgelöst. Das Aktin kann sich nun mit dem Myosinkopf, der bereits ein ATP gebunden hat, verbinden. Dabei beträgt der Winkel zwischen Myosinkopf und Myosinhals 90°. Durch die Bindung des Myosins mit Aktin wird die ATPase des Myosinkopfes aktiviert und das ATP wird in ADP+P gespalten. Das P löst sich von dem Komplex. Dies bewirkt, daß der Myosinkopf sich um einen Winkel von 50° zum Myosinhals verknickt, wodurch die Myosin- und Aktinfilamente aneinander vorbeigleiten. Danach löst sich auch das ADP vom Komplex und der Kopf knickt um weitere 5° um. Dies macht die eigentliche Kontraktion des Muskels aus. Der Aktin-Myosin-Komplex, der dabei übrigbleibt, ist stabil und benötigt die erneute Bindung von ATP an den Myosinkopf, um sich zu lösen. Dabei stellt sich der Myosinkopf wieder in seine 90° Stellung. Wenn noch genug Ca^{2+} im Zytoplasma vorhanden ist, fängt der Zyklus von vorne an. Alle Myosinköpfe aller Sarkomere eines Muskels durchlaufen die Schritte des Zyklus nicht gleichzeitig. Dadurch wird die Muskelkontraktion nicht ruckartig, sondern gleitend (Abb. 13.**2**).

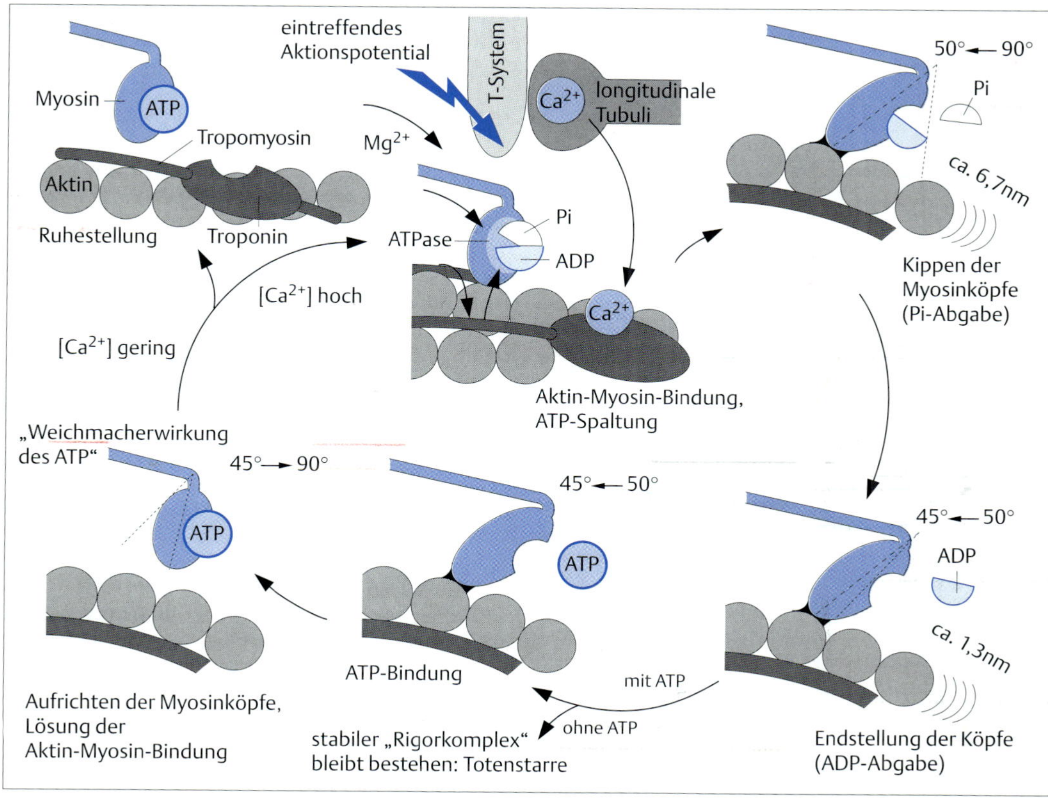

Abb. 13.**2** Der Gleitzyklus der Aktin- und Myosinfilamente bei der isotonen Muskelkontraktion (nach Silbernagl/Despopoulos, Thieme 1991)

Klinischer Bezug

Der Aktin-Myosin-Komplex bleibt erhalten, wenn kein ATP nachgeliefert wird. Dies ist der Fall beim Tod. Die **Totenstarre** tritt ein, wenn alle Aktinfilamente sich mit den Myosinfilamenten verbinden, das nötige ATP für die Lösung der Bindung jedoch nicht mehr synthetisiert werden kann.

13.1.4 Muskelmechanik

Phasen der Muskelkontraktion

Nach dem Eintreffen eines Aktionspotentials unterscheidet man mehrere Phasen der Muskelkontraktion.

In der **Latenzzeit** finden der Calciumeinstrom und die molekularen Aktivierungsmechanismen statt. In dieser Phase gibt es noch keine tatsächliche Kontraktion. Sie dauert 2 – 3 ms.

In der **Kontraktionszeit** verkürzt sich der Muskel, oder er entwickelt Kraft, je nach Art der Kontraktion (s. u.). Diese Zeit hängt von der Muskelart ab und kann zwischen 10 und 120 ms liegen.

Für die **Erschlaffungszeit** ist maßgebend, wie hoch die Belastung des Muskels war, und wie schnell die Calciumionen vom sarkoplasmatischen Retikulum wieder aufgenommen werden können. Die Erschlaffungszeit beträgt ca. das 5 fache der Kontraktionszeit.

Wenn die Erregung zum Zeitpunkt 0 ms im T-Tubulus eintrifft, beginnt der Calciumeinstrom um 4 ms und die Kontraktion um 10 ms. Zum Beginn der Kontraktion ist das Aktionspotential bereits in der Repolarisationsphase.

Summierung der Muskelkontraktion

Eine **Einzelzuckung** ist die Kontraktion des Muskels, die durch ein einziges Aktionspotential ausgelöst wird.

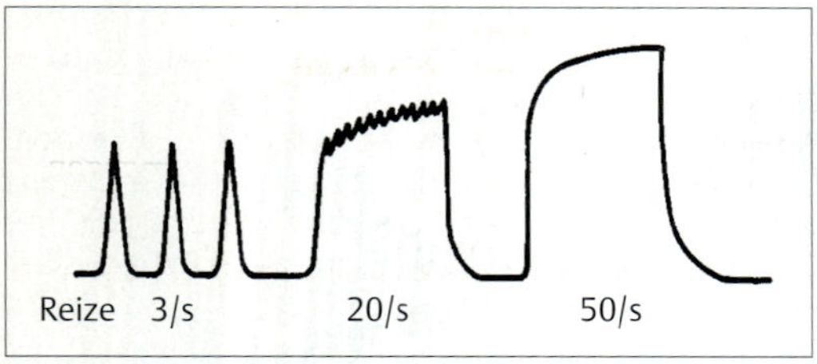

Abb. 13.**3** Summierung der Muskelkontraktion: Einzelzuckung, unvollständiger Tetanus, vollständiger Tetanus

Das Aktionspotential ist viel kürzer als die Kontraktionszeit des Muskels. Da der Muskel nur am Anfang der Kontraktion für weitere Aktionspotentiale refraktär ist, kann es durch ein sehr schnell nach Beendigung der Refraktärzeit nachfolgendes Aktionspotential zu einer Summation der mechanischen Antwort kommen, zur sogenannten *Superposition* der Einzelzuckungen. Durch die Superposition wird der Effekt der Kontraktion größer, als durch zwei Einzelzuckungen zu erwarten wäre.

Wenn viele Aktionspotentiale im gleichen Abstand aufeinander folgen, kommt es zur **tetanischen Kontraktion**. Ein *vollständiger Tetanus* besteht, wenn die Verkürzung des Muskels aufrechterhalten wird und zwischen den Aktionspotentialen keine Erschlaffung zu sehen ist. Von einem *unvollständigen Tetanus* spricht man, wenn es zu einer nicht ganz vollständigen Verschmelzung der einzelnen Kontraktionen kommt (Abb. 13.**3**). Durch den Tetanus kann die Kontraktionsstärke des Muskels erhöht werden. Die Variation der Aktionspotentialfrequenz erlaubt eine Abstufung der Muskelkraft.

Die **Kontraktur** ist eine Dauerkontraktion, die nicht durch fortgeleitete Aktionspotentiale ausgelöst wird, sondern durch ein verändertes Milieu. Sie kann durch unphysiologisch hohe Koffeinkonzentrationen oder durch erhöhte Kaliumkonzentrationen hervorgerufen werden.

Kontraktionstypen

Bei der Skelettmuskulatur (wie auch beim Herzmuskel, s. Kap. 3) kann man zwei grundsätzliche Kontraktionstypen unterscheiden:

- *isotone* Kontraktion und
- *isometrische* Kontraktion.

Die isotone Kontraktion beinhaltet eine Verkürzung des Muskels, wobei es nicht zu einer Spannungserhöhung kommt. Die isometrische Kontraktion beinhaltet eine Spannungserhöhung ohne Verkürzung des Muskels.

> **Merke**
>
> *Isotonisch* = gleicher Tonus, d. h. gleiche Spannung.
>
> *Isometrisch* = gleich „metrisch", d. h. gleiche Länge.

Rein isometrische oder rein isotonische Kontraktionen kommen im Alltag selten vor. Wenn man eine Bewegung analysiert, findet man normalerweise eine gemischte Kontraktion. Die drei gemischten Kontraktionstypen sind:

- *Auxotone Kontraktion*: isotonische und isometrische Kontraktion finden gleichzeitig statt.
- *Unterstützungszuckung*: Zuerst kontrahiert sich der Muskel isometrisch, dann isotonisch.
- *Anschlagszuckung*: Zuerst kontrahiert sich der Muskel isotonisch (oder auxotonisch), dann ausschließlich isometrisch.

> **Klinischer Bezug**
>
> Wenn man mit einem Arm ein schweres Gewicht heben will, spannt man erst die Muskeln an, ohne daß eine tatsächliche Bewegung des Gegenstandes erfolgt. Dies ist die **isometrische Kontraktion.** Erst wenn die Muskelspannung dem Gewicht des Gegenstandes entspricht, nimmt sie nicht mehr zu, und es kommt zu einer Muskelverkürzung. Dies ist die **isotonische Kontraktion.** (Strenggenommen tritt die isotonische Kontraktion im Alltag nicht auf, im Beispiel kommt es eher zu einer auxotonischen Kontraktion.)

Ruhedehnungskurve

Wenn man an ein Muskelpräparat ein Gewicht hängt, dehnt sich dieses. Die systematische Messung der Längenänderung eines Muskels beim Anhängen von stets zunehmendem Gewicht ergibt die Ruhedehnungskurve (Abb. 13.**4**).

> **Merke**
>
> Diese Kurve heißt deshalb *Ruhe*dehnungskurve, weil die Dehnung durch das Anhängen von Gewichten erzielt wird und keine elektrische Reizung auftritt.

Maxima-Kurven

Wenn man den mit verschiedenen Gewichten beladenen Muskel nun elektrisch reizt, verkürzt er sich. Dies ist eine isotonische Kontraktion. Da es zu einer Verkürzung kommt, liegt die Kurve, die man beim Auftragen der Längenänderung über der Kraft (das Gewicht) erhält, links von der Ruhedehnungskurve (**Kurve der isotonischen Maxima,** Abb. 13.**4**). An dieser Kurve kann man ablesen, wieviel Gewicht ein Muskel bei welcher Vordehnung wie hoch heben

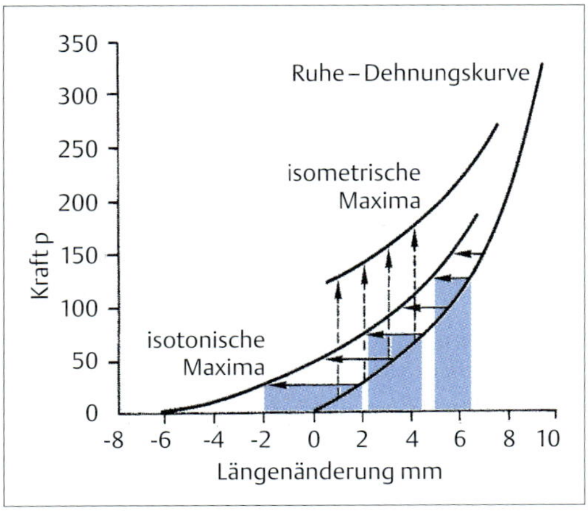

Abb. 13.**4** Die Beziehung zwischen der Länge des Muskels und der Spannung bzw. der Kraft in drei Grundsituationen; Ruhedehnungskurve, Kurve der isotonischen Maxima, Kurve der isometrischen Maxima; die Rechtecke zeigen die jeweils geleistete Arbeit

kann. Je kleiner das Gewicht, desto höher wird es bei einer bestimmten Vordehnung gehoben.

Wenn man nun bei jeder Vordehnungsstufe mißt, wieviel Kraft man dem Muskel entgegensetzen muß, damit es zu keiner Längenänderung (Verkürzung) kommt, erhält man die **Kurve der isometrischen Maxima** (Abb. 13.**4**). Aus dieser Kurve kann man ablesen, daß die Kraft, die bei der isometrischen Kontraktion erreicht wird, die der isotonischen Kontraktion übertrifft.

Man erkennt aus den beiden Maxima-Kurven, daß die Kraft, die der Muskel entwickeln kann, bis zu einem bestimmten Punkt desto höher ist, je größer die Vordehnung ist. Wenn die Vordehnung allerdings so groß wird, daß die Aktin- und Myosinfilamente kaum noch überlappen, dann trifft die Zuordnung nicht mehr zu, dann kann es nicht mehr zu einer nennenswerten Kontraktion kommen.

Klinischer Bezug

Die Skelettmuskulatur arbeitet mit großer **Vordehnung**, um eine hohe Kraft entwickeln zu können. Wenn zum Beispiel der Ansatz des M. biceps brachii abreißen würde, würde sich der Muskel auf die Hälfte seiner ursprünglichen Länge verkürzen.

Auch die **Geschwindigkeit der Muskelverkürzung** hängt von der Belastung (vom Gewicht) ab. Je größer das Gewicht bzw. die Kraftentwicklung ist, desto kleiner ist die Verkürzungsgeschwindigkeit. Die Maximalgeschwindigkeit der Muskelverkürzung wird also vom lastfreien Muskel erreicht. Dies ist dann die Maximalgeschwindigkeit, mit der die Aktin- und Myosinfilamente übereinandergleiten. Die **maximale Kraftentwicklung** wird demgegenüber erreicht, wenn es zu einer Verkürzung mit 1/3 der maximalen Verkürzungsgeschwindigkeit kommt.

Elastische Eigenschaften

Muskeln haben elastische Eigenschaften, da sie aus elastischen Elementen bestehen. Diese Elemente sind

- die *parallelelastische Komponente* und
- die *serienelastische Komponente*.

Erstere wird gebildet vom Sarkolemm und von den Faszien und verhindert das Auseinanderfallen der Aktin- und Myosinfilamente bei der Dehnung in Ruhe. Die zweite wird gebildet von den Sehnen und dem Halsteil der Myosinmoleküle. Diese wird dann bemerkbar, wenn sich der Muskel bei der isometrischen Zuckung durch kurzes Filamentgleiten leicht verkürzt, die Sehnen sich aber um den gleichen Betrag dehnen.

13.1.5 Typen und Trophik der Skelettmuskulatur

Muskelfasertypen

Die Skelettmuskulatur kann grundsätzlich aufgeteilt werden in zwei Untergruppen. Es gibt

- die *schnellen Muskelfasern* (auch weiße Fasern genannt) und
- die *langsamen Muskelfasern* (auch rote Fasern genannt).

Diese Fasern liegen nicht vereinzelt vor, sondern existieren in einem Muskeltyp zumeist nebeneinander. Es gibt langsame und schnelle Einheiten von Muskelfasern. Diese heißen motorische Einheit. Eine *motorische Einheit* besteht aus der Gruppe von Muskelfasern, die nerval von einem gemeinsamen Axon versorgt wird. Die *schnellen Muskelfasern* sind verantwortlich für die, wie der Name schon sagt, schnellen Bewegungen. Sie werden auch weiße Fasern genannt, da sie arm an Myoglobin sind und dadurch blaß wirken. Sie haben weniger Mitochondrien als die roten Fasern. Die *langsamen Muskelfasern* sind für die Haltearbeit zuständig. Da sie reich an dem roten Myoglobin sind, wirken sie rot. Sie enthalten außerdem viele Mitochondrien und haben eine hohe Blutzufuhr. *Myoglobin* ist ein Sauerstoffspeichermolekül, dessen Anwesenheit in den langsamen Fasern für die Bereitstellung von Energie über eine längere Zeit des „Haltens" notwendig ist.

Energiehaushalt der Skelettmuskulatur

Die Muskelkontraktion verbraucht Energie in Form von ATP. Dieses wird dabei anaerob zu ADP+P umgewandelt. Um Energie für eine erneute Kontraktion bereitzustellen, muß der Muskel wieder ATP herstellen. Dies kann auf drei Wegen geschehen:

- Durch die *Spaltung von Kreatinphosphat*: für kurzzeitige Höchstleistungen.

Dabei wird die energiereiche Phosphatbindung des Kreatinphosphates, das im Muskel als schnell verfügbare Energiereserve vorhanden ist, auf das ADP übertragen, dabei entsteht wieder ATP.

- Durch die *anaerobe Glykolyse*: für längere Hochleistungen.

Dabei wird das Glykogen, das im Muskel gespeichert wird, zu Lactat abgebaut. Pro mol Glucose entstehen 3 mol ATP. Die anaerobe Glykolyse setzt erst ca. 0,5 min nach Anfang der Muskelarbeit ein, also später als die Kreatinphosphatspaltung.

- Durch die *aerobe Glykolyse*: für Dauerleistungen.

Dabei wird Glucose aus dem Blut gewonnen. 36 mol ATP pro mol Glucose werden gewonnen. Die aerobe Glykolyse setzt nach einer Minute ein und löst bei leichter Arbeit die anaerobe Glykolyse ab. Bei schwerer Arbeit laufen beide Prozesse nebeneinander weiter. Der dazu benötigte Sauerstoff wird geliefert vom Sauerstoffspeicher Myoglobin, durch eine erhöhte Sauerstoffausschöpfung des Blutes und schließlich im Gleichgewicht durch die Erhöhung der Muskeldurchblutung, der Atmung und der Herzleistung.

Sauerstoffschuld: Bei der Kreatinphosphatspaltung und der anaeroben Glykolyse entsteht eine Sauerstoffschuld. Diese erlaubt es dem Muskel, eine höhere Leistung zu bringen, als allein mit der aeroben Glykolyse möglich wäre. Sie muß allerdings nach Beendigung der Aktivität wieder „getilgt" werden. Dies äußert sich darin, daß der Sauerstoffverbrauch in den ersten Minuten nach Beendigung der Arbeit noch erhöht bleibt. In dieser Zeit wird Kreatinphosphat wieder hergestellt, die Glykogenspeicher werden wieder gefüllt und das Myoglobin wieder mit Sauerstoff versorgt (s. a. Biochemie Kap. 9).

Trophik der Skelettmuskulatur

Die Skelettmuskulatur zeigt in ihrer Leistungsfähigkeit eine Anpassung an die Bedürfnisse des Organismus. Sie baut sich ihrer Umwelt entsprechend um.

Die **Atrophie** ist ein Zustand, in dem sich die Absolutzahl der Muskelfasern nicht verringert, der Querschnitt und damit die Leistung des Muskels jedoch weniger wird. Mit Muskeltraining kann sich der Zustand wieder zurückbilden.

Klinischer Bezug

Wenn man einen **Knochenbruch** erleidet und längere Zeit einen Gips tragen muß, entsteht durch die Immobilisation des Muskels innerhalb weniger Wochen eine Atrophie. Dasselbe ist der Fall, wenn Muskeln nicht durch einen Gipsverband, sondern durch eine **nervale Lähmung** immobilisiert werden. Um dies zu verhindern, wird bei einer Lähmung die Muskulatur regelmäßig elektrisch gereizt.

Die **Hypertrophie** ist ein Zustand, in dem sich die Absolutzahl der Muskelfasern nicht erhöht, der Querschnitt und die Anzahl der Myofibrillen jedoch größer wird. Wenn die Muskulatur stark belastet wird, entwickelt sich eine Hypertrophie, die sich allerdings beim Wegfall des Trainings wieder zurückbilden kann. Voraussetzung für die Entwicklung einer Hypertrophie ist die ausreichende Zufuhr von Eiweiß in der Nahrung. Die Anwesenheit bestimmter Hormone (z. B. Testosteron) fördert die Ausbildung einer Hypertrophie.

Klinischer Bezug

Beim **Bodybuilding** wird die Fähigkeit des Muskels zu hypertrophieren gefördert. Dies wird manchmal unterstützt durch die Zufuhr von Eiweißen (legal) oder von Hormonen (illegal).

Die **Hyperplasie** ist ein Zustand, in dem sich die Anzahl der Muskelfasern erhöht. Dadurch kann es zu einer Behinderung der Muskelfunktion kommen. Eine Hyperplasie tritt beim Menschen selten auf.

13.1.6 Grundzüge der Pathophysiologie am Skelettmuskel

Muskelerkrankungen können aufgeteilt werden in *primäre* Erkrankungen des Muskels und in Erkrankungen des Nervensystems, die sich *sekundär* auf den Muskel auswirken.

Die **Myasthenia gravis** ist eine Autoimmunerkrankung, wobei Autoantikörper gebildet werden, die die Acetylcholinrezeptoren der Synapsen angreifen. Dadurch entsteht eine Muskelschwäche und eine leichte Ermüdbarkeit, die sich normalerweise zuerst im Gesicht und Rachen bemerkbar macht. Die Erkrankung hat einen progressiven Verlauf.

Die **Myotonie** ist durch eine Übererregbarkeit der Skelettmuskelfasern gekennzeichnet. Dabei kann das Beklopfen der Haut ausreichen, um ein Aktionspotential und eine darauffolgende Kontraktion auszulösen. Klinisch auffällig bei dem Myotoniepatienten ist die Versteifung der Muskulatur, wenn eine

willkürliche Bewegung nach längerer Ruhepause eingeleitet wird. Die Myotonie wird zurückgeführt auf eine Störung der Funktion der Cl^--Kanäle.
Die **Denervierung** bzw. andere neurale Erkrankungen bringen sekundär die in 13.1.5 bereits erwähnte Atrophie des Muskels mit sich.
Die *Elektromyographie* ist eine Methode, mit der die Muskelaktivität gemessen werden kann. Dabei werden anhand von Nadelelektroden, die in den Muskel eingestochen werden, Spannungsänderungen registriert. Diese entsprechen den Aktionspotentialen des Muskels. Man muß dabei den Abstand der Muskelfasern von dem Ableitort berücksichtigen, um dann Aussagen über die Anzahl der motorischen Einheiten, über die Erregungsfrequenz und über die Synchronisierung zwischen mehreren motorischen Einheiten treffen zu können.

13.2 Glatte Muskulatur

Die glatte Muskulatur findet man in den Wänden von vielen Organen (Uterus, Blase, Magen-Darm-Trakt, Bronchien) und in den „Leitungen" des Körpers (Blutgefäße, Urethra).

13.2.1 Feinbau

Unterschiede im Aufbau zur Skelettmuskulatur s. Histologie 1.6.
Die glatte Muskelzelle ist spindelförmig, hat keine Sarkomere, kein tubuläres System und ist ca. 50–400 μm lang und ca. 2–10 μm dick. Die Aktin- und Myosinfilamente liegen nebeneinander und haben nicht die eindeutige räumliche Anordnung, die sie bei der Skelettmuskulatur haben. Die Aktinfilamente sind mit „dense bodies" verbunden, die analog sind zu den Z-Scheiben der Skelettmuskulatur. Die genaue Anordnung des Systems ist noch unklar. Das sarkoplasmatische Retikulum ist schlechter entwickelt als bei der Skelettmuskulatur. Die Zellen der glatten Muskulatur sind miteinander über Desmosomen verbunden.
Es gibt bei der glatten Muskulatur Single-unit-Typen und Multi-unit-Typen, die sich in der Innervation unterscheiden. Die **Single-unit-Typen** sind untereinander über Gap junctions verbunden und bilden Funktionseinheiten. Dadurch kann sich eine Erregung von einer Zelle auf alle Zellen der Gruppe ausbreiten. Die Zellen vom Single-unit-Typ werden normalerweise durch autonome Schrittmacherpotentiale innerhalb des Muskelgeflechts erregt, können aber auch von vegetativen Nerven erregt werden. Eine Denervierung ruft keine Lähmung hervor. Vom Single-unit-Typ sind die Muskeln des Magen-Darm-Traktes, des Uterus, der kleinen Blutgefäße und des Ureters.
Die **Multi-unit-Typen** werden von vegetativen Nerven erregt. Eine akute Denervierung bewirkt eine Lähmung des Muskels. Die nerval eingetroffene Erregung bleibt auf die motorische Einheit beschränkt. Multi-unit-Typen findet man in den Bronchien, am Samenleiter, in der Iris und in größeren Blutgefäßen.

13.2.2 Kontraktionsaktivierung

Erregungsmechanismen

Die Kontraktion der glatten Muskulatur kann auf drei Wegen eingeleitet werden:

- spontan,
- nerval und
- humoral.

Die **spontane Erregung** entsteht über Schrittmacherzellen, die man z. B. im Magen-Darm-Trakt findet. Diese funktionieren nach demselben Prinzip wie die Schrittmacherzellen des Herzmuskels. Das Membranpotential ist nicht stabil, sondern erfährt Schwankungen mit niedriger Frequenz und Amplitude. Diese langsamen Erregungswellen können sich, wenn ein Schwellenpotential erreicht wird, zu einem Aktionspotential entwickeln. Danach breitet sich das auf diese Weise erzeugte Aktionspotential über den ganzen Muskelzellverband (Single-unit-Typ) aus.
Spontane Aktivitätsänderungen der Schrittmacherzellen führen zu periodischen Schwankungen des Muskeltonus, zum sogenannten *myogenen Rhythmus*. Eine solche Erregung kann durch die Dehnung der Darmwand ausgelöst werden.

> **! Merke**
>
> Bei der glatten Muskulatur wird das auf der oben erklärten Weise erzeugte Schrittmacherpotential *Spike* genannt. Spike bedeutet in diesem Zusammenhang lediglich Aktionspotential.

Die **nervale Erregung** erfolgt über das vegetative Nervensystem. Diese Zellen (Multi-unit-Typ) zeigen eine eindeutige Zuordnung zu Nervenfasern. Überträgerstoffe diffundieren von der erregten Nervenzelle zur Muskelzelle und können die Erregung so weiterleiten. Die Überträgerstoffe sind Acetylcholin und Noradrenalin (s. 12.2.3).
Die **humorale Erregung** glatter Muskeln erfolgt über den Blutweg. Die Uterusmuskeln reagieren auf im Blut vorhandenes Oxytocin, Progesteron und Östrogene; die Gefäßwandmuskeln reagieren auf Bradykinin, Histamin, ADH, Serotonin.

Kontraktionsvorgang

Die Kontraktionsmechanik verläuft bei der glatten Muskulatur ähnlich wie bei der Skelettmuskulatur. Calcium übernimmt auch hier die Rolle des Aktivators, mit dem Unterschied, daß der Hauptteil des Calciums aus dem Extrazellularraum und nicht aus dem sarkoplasmatischen Retikulum stammt. Das Calcium wird in der Zelle an *Calmodulin* gebunden und nicht wie bei der Skelettmuskulatur an Troponin. Ein mol Calmodulin bindet 4 mol Calcium. Daraufhin bildet Calmodulin zusammen mit Caldesmon das Enzym „Myosinleichtkettenkinase", das nun die leichte Kette des Myosins (das leichte Meromyosin s. 13.1.1) phosphoryliert. Dieser Schritt ändert die Konfiguration von Myosin, was die Aktivierung der ATPase des Myosins durch Aktin ermöglicht. Darauf folgt die Kontraktion durch das Zusammenwirken von Aktin und Myosin. Durch das Absinken der intrazellulären Ca^{2+}-Konzentration erfolgt die Dephosphorylierung der leichten Kette durch ein weiteres Enzym, Myosin light chain kinase. Dies bewirkt die Beendigung der Kontraktion.

Klinischer Bezug

Der Ca^{2+}-Calmodulin-Komplex, der für die Kontraktion der glatten Muskulatur wichtig ist, spielt auch bei der **Fortbewegung der Spermien** eine erhebliche Rolle.

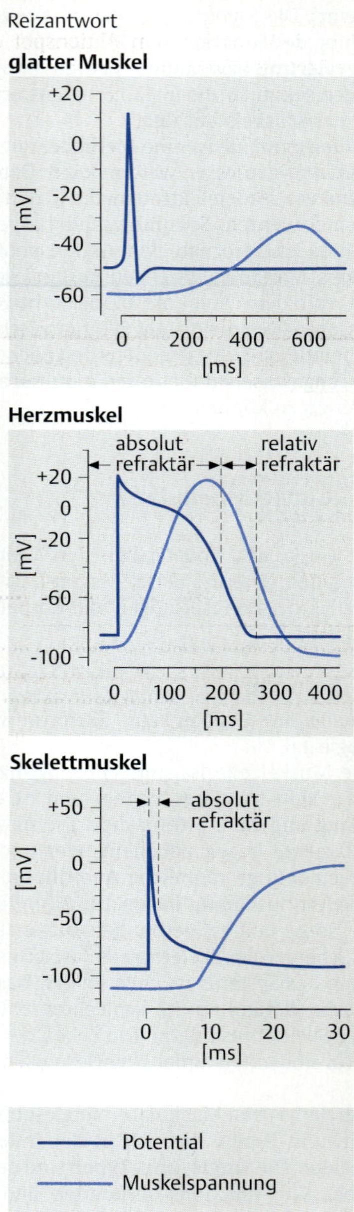

Abb. 13.**5** Vergleich der Aktionspotentialform, -dauer, -stärke, Kontraktionsform, -dauer und -stärke der drei Muskeltypen

13.2.3 Mechanik

Das **Dehnungsverhalten** der glatten Muskulatur zeigt einige Besonderheiten. Im Gegensatz zur Skelettmuskulatur zeigt die glatte Muskulatur kein elastisches, sondern ein eher plastisches Verhalten. Bei der Dehnung erhöht sich die Muskelspannung zuerst elastisch. Der Muskel gibt dann plastisch nach, und die Spannung fällt wieder ab. Dies geschieht zuerst rasch, wird dann aber immer langsamer. Diese Eigenschaft der glatten Muskulatur heißt *Plastizität*.

Klinischer Bezug

Die Harnblase zeigt bei der Füllung ein plastisches Verhalten. Während sie sich füllt, gibt die Blasenwand immer mehr nach. Würde sie dies nicht tun, würde ein übermäßiger Anstieg des Blaseninnendrucks resultieren.

Viele Muskeln zeigen bei stärkerer Dehnung ein anderes Verhalten, das das plastische Verhalten überlagert. Dies ist die *dehnungsreaktive Kontraktion*. Wenn der Muskel immer weiter gedehnt wird, tritt die dehnungsreaktive Kontraktion ein. Der Grund dafür ist, daß die Schrittmacherzellen immer mehr gedehnt und dadurch immer mehr depolarisiert werden. Es kommt zu einem Aktionspotential. Je höher die Erregungsfrequenz, desto stärker ist die Kontraktion. Die dehnungsreaktive Kontraktion zeigt sich bei der Harnblase, wenn ein bestimmtes Füllvolumen überschritten wird. Dabei kommt es zum Druckanstieg in der Blase und dadurch zum Harndrang. Sie ist außerdem von Bedeutung bei der Autoregulation der Arteriolen (s. Kap. 4).

Klinischer Bezug

> Die dehnungsreaktive Kontraktion sorgt für die selbsttätige Entleerung der Blase (**Reflexblase**) bei fehlender nervaler Regelung durch Ausfall der Rückenmarkfunktion.

Kontraktionsverlauf

Der Kontraktionsverlauf der glatten Muskulatur ist langsamer als der der Skelettmuskulatur. Die Kontraktion beginnt ca. 200 ms nach dem Eintreffen des Aktionspotentials und erreicht ihr Maximum nach 600 ms. Sie kontrahiert sich langsamer und erschlafft auch langsamer. Dadurch kann es bereits bei einer niedrigen Reizfrequenz zu einem Tetanus kommen. Es wird hier nicht zwischen Kontraktion und Erschlaffung unterschieden, sondern zwischen zwei Spannungszuständen, wobei die Kontraktion eine sogenannte „Tonusspannung" und die Erschlaffung der „Ruhetonus" ist. Der Herzmuskel hat die längste Aktionspotentialdauer von ca. 200 ms (vgl. Skelettmuskel 10 ms, glatter Muskel 50 ms), aber die Kontraktion tritt schneller nach dem Aktionspotential ein (Maximum nach 200 ms) als bei dem glatten Muskel (Maximum nach 600 ms), jedoch langsamer als bei der Skelettmuskulatur (Maximum nach 10–20 ms) (s. Abb. 13.**5**).

13.2.4 Trophik

Die **Denervierung** der glatten Muskulatur führt zu einer sogenannten Denervierungshypersensibilität des Muskels. Dies macht sich darin bemerkbar, daß der Muskel nun auf viel weniger Transmitter (z. B. Noradrenalin oder Acetylcholin) viel heftiger reagiert als bisher. Dies geschieht allerdings nur, wenn die Denervierung am postganglionären Nerv geschieht, nicht aber am präganglionären.

Gewöhnlich erfolgt eine Lähmung jedoch nicht, da die glatte Muskulatur in den meisten Organen über ein ausgeprägtes Schrittmachernetz verfügt.

Die **Deckung des Energiebedarfs** der glatten Muskulatur erfolgt über die Verwertung von Glucose und, wenn diese nicht ausreichend vorhanden ist, von Fettsäuren (s. Biochemie Kap. 9).

Sensomotorik

Für die aufrechte Haltung des Körpers (Stützmotorik) und seine Bewegungen (Zielmotorik) werden motorische Programme erstellt, die unter Berücksichtigung sensorischer Informationen, die Skelettmuskulatur aktivieren. Es ist also notwendig, daß sensorische Informationen über periphere Vorgänge eng mit motorischen Befehlen verknüpft sind, man spricht von Sensomotorik. Die Motorik beschreibt allgemein die Aktivierung der Skelettmuskulatur durch das ZNS. Motorische Systeme sind die zentralen Anteile, die die Motorik ermöglichen.

14.1 Spinale Motorik

Das Rückenmark, isoliert von höheren Zentren, ist in der Lage, bestimmte Bewegungsmuster bzw. Reflexe (unwillkürliche, über das Nervensystem vermittelte Antwort eines Organs (z. B. Muskel) auf einen Reiz hin) zu erzeugen. Von höheren, supraspinalen Zentren erhält es jedoch über verschiedene Verschaltungen Informationen, die zur Regulation der Stütz- und Zielmotorik unerläßlich sind. Diese Efferenzen werden zusammen mit sensorischen Einflüssen auf Neurone im Rückenmark verschaltet, die die Skelettmuskulatur innervieren (α-Motoneurone). Das ZNS wird afferent unter anderem durch Mechanorezeptoren über motorische Abläufe informiert.

14.1.1 Muskelspindeln

Die Muskelspindeln (Abb. 14.**1**) sind Dehnungsrezeptoren oder -sensoren und bestehen aus von einer bindegewebigen Kapsel umhüllten sehr dünnen Muskelfasern, die als **intrafusale Muskelfasern** den gewöhnlichen Muskelfasern der Arbeitsmuskulatur, den **extrafusalen Muskelfasern**, gegenübergestellt werden. Die Muskelspindeln setzen über Bindegewebszüge an den bindegewebigen Hüllen extrafusaler Faserbündel an und liegen damit *parallel* zu diesen. Aufgrund von Unterschieden in der Morphologie und im Antwortverhalten auf Dehnung unterscheidet man zwei **Typen von intrafusalen Fasern**:

- *Kernsackfasern* (dynamisches Antwortverhalten, sog. Differentialverhalten),
- *Kernkettenfasern* (statisches Antwortverhalten, sog. Proportionalverhalten).

Die sensible Innervation der Muskelspindeln erfolgt durch afferente Nervenfasern der Gruppen Ia und II. Die *Gruppe-Ia-Fasern* versorgen Kernsack- und Kernkettenfasern, um deren Zentrum sie sich mehrmals herumschlingen und die *primären Muskelspindelendigungen* (sog. annulospiralige Endigungen) bilden. Die Gruppe-II-Fasern ziehen überwiegend an die Kernkettenfasern und bilden die *sekundären Muskelspindelendigungen* (sog. blütendoldenartige Endigungen). Die Muskelspindelendigungen sind dehnungsempfindlich.

Merke

Nur eine Ia-Faser versorgt die annulospiraligen Endigungen einer Muskelspindel.

Die motorische Innervation der Muskelspindeln erfolgt efferent durch Aγ-Motoneurone (*Fusimotoneurone*), die an den kontraktilen Polregionen der intrafusalen Muskelfasern enden. Man unterscheidet

- *dynamische γ-Motoneurone*, die vorrangig zu Kernsackfasern ziehen und die Empfindlichkeit der Muskelspindeln für dynamische Prozesse steigern,
- *statische γ-Motoneurone*, die überwiegend Kernkettenfasern versorgen und die Empfindlichkeit für statische Meßfunktionen erhöhen.

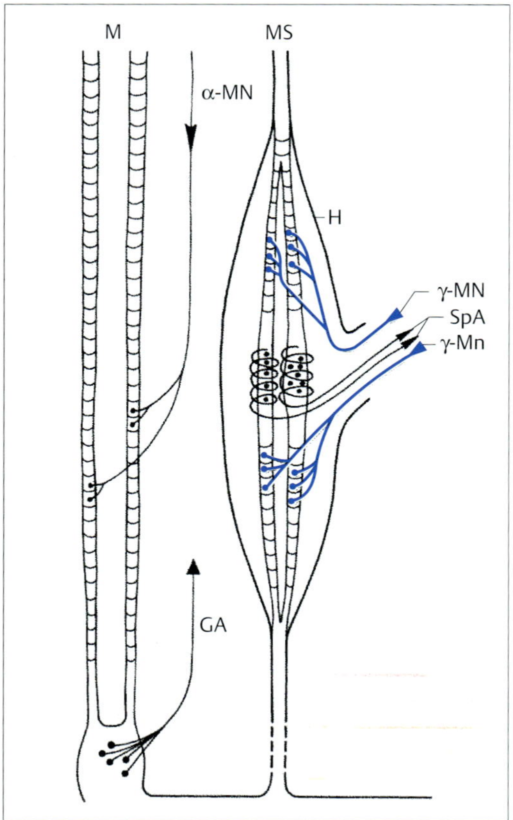

Abb. 14.**1** Aufbau und Innervation der Muskelspindel (MS) mit fibröser Hülle (H). M = extrafusale Muskelfasern, α-MN = α-Motoneuron, γ-MN = γ-Motoneuron, GA = afferente Fasern von den Golgi-Organen der Sehnen, SpA = afferente Fasern von den Rezeptorarealen der Muskelspindeln (aus Keidel, Thieme 1985)

Die Muskelspindeln werden bei passiver Dehnung des Muskels erregt (Zunahme der Entladungsfrequenz), während eine Verkürzung des Muskels (z. B. bei isotonischer Kontraktion) eine Entspannung der Muskelspindeln und eine Abnahme der Entladungsfrequenz bewirkt. Eine Erregung der Muskelspindeln ist auch möglich durch eine über γ-Motoneurone ausgelöste Kontraktion der intrafusalen Muskelfasern.

! Merke

Muskelspindeln werden durch passive Muskeldehnung bzw. infolge fusimotorischer Impulse erregt und messen, aufgrund ihrer parallelen Anordnung zur Arbeitsmuskulatur, die Muskellänge.

Bei aktiven Bewegungen, die mit Längenänderungen der Muskeln einhergehen, werden die Muskelspindeln durch parallelen Antrieb von α- und γ-Motoneuronen im meßbereiten Zustand gehalten.

14.1.2 Andere Rezeptoren

Muskellänge und Muskelspannung ändern sich voneinander unabhängig und können deshalb gleichzeitig getrennt gemessen werden. Die Muskelspannung wird registriert durch die *Sehnenorgane* (Synonym: Golgi-Sehnenorgane), die *in Serie* zur Arbeitsmuskulatur geschaltet sind. Die terminalen Sehnen von ca. 10–20 extrafusalen Muskelfasern werden von einer Bindegewebskapsel umhüllt und bilden ein Sehnenorgan. Dieses wird über *Ib-Fasern* afferent innerviert. Der adäquate Reiz für die Sehnenorgane ist eine Änderung der Muskelspannung, ausgelöst durch Kontraktion bzw. passive Dehnung des Muskels. Isotonische Kontraktionen (Verkürzung des Muskels bei gleichbleibender Spannung) erregen sie nicht. Die Sehnenorgane besitzen keine eigene motorische Innervation, sondern sie werden durch die α-Motoneurone, die die extrafusale Muskulatur efferent innervieren, mitbeeinflußt.

! Merke

Eine Änderung der *Muskellänge* erregt die Ia- und Gruppe-II-Fasern der *Muskelspindeln*, während eine Änderung der *Muskelspannung* die Ib-Fasern der *Sehnenorgane* aktiviert.

Die für die Motorik wichtigen Informationen zur Wahrnehmung der Stellung und der Bewegung unseres Körpers (*Tiefensensibilität*) übermitteln sog. *Propriozeptoren*. Neben den Muskelspindeln und den Sehnenorganen zählen dazu auch die *Mechanorezeptoren* in den Gelenkkapseln (*Gelenksensoren*) und in der Haut (*Hautsensoren*). Die afferenten Informationen aus diesen vier Gruppen von Propriozeptoren werden zentral an komplexen Wahrnehmungen der Körperstellung und -bewegung integriert.

14.1.3 Motoneurone

Als *Motoneurone* werden die letzten Neurone bei der efferenten, motorischen Innervation der Skelettmuskulatur bezeichnet. Sie bestehen aus einer Ganglienzelle (im Vorderhorn des Rückenmarks oder in den motorischen Kerngebieten der Hirnnerven) und dem myelinisierten Axon, das zu den Muskelfasern zieht.

α-Motoneurone: Die α-Motoneurone innervieren die extrafusalen Muskelfasern (Skelettmuskulatur) unter Bildung *motorischer Endplatten*. Alle von einem

Physiologie

α-Motoneuron versorgten Muskelfasern bilden eine sog. *motorische Einheit*. Entsprechend ihrer Arbeitsweise unterteilt man die motorischen Einheiten in langsam (überwiegend Haltearbeit) und schnellkontrahierende (rasche Bewegungen); s. 13.1.5.
Die Aktivierung der α-Motoneurone hat Einfluß auf die Muskelkraft und die Kontraktionsgeschwindigkeit, d. h. die Muskelaktivierung kann gesteigert werden, indem mehr und mehr motorische Einheiten angeregt werden (*Rekrutierung*). Durch Variation der Rekrutierung läßt sich die Muskelkraft abstufen. Die Feinheit der Abstufung ist von der Zahl und der Größe der im Muskel vorhandenen motorischen Einheiten abhängig.

Merke

Je mehr motorische Einheiten rekrutiert werden, um so größer ist die Muskelkraft.

Klinischer Bezug

Eine Schädigung der α-Motoneurone führt zur **schlaffen Lähmung der Muskulatur**, weil die willkürliche Kontrolle der Motorik gestört ist und segmentale Afferenzen unwirksam sind.

γ-Motoneurone: Die die intrafusalen Muskelfasern innervierenden γ-Motoneurone sind eng mit der Muskelkontraktion verknüpft und spielen bei der Auslösung von Dehnungsreflexen, die im folgenden Kapitel erläutert werden, eine Rolle.

14.1.4 Reflexe

Ein *Reflex* wird allgemein charakterisiert als eine angeborene unbewußte, automatische, wiederholbare und zweckgerichtete Antwort eines Organes auf einen Reiz. Dieser Reiz führt über einen Reflexbogen zur Auslösung des Reflexes am Erfolgsorgan.
Der **Reflexbogen** besteht aus

- einem oder mehreren Rezeptoren (*Sensoren*), die den Reiz aufnehmen und weiterleiten,
- dem afferenten Schenkel (*sensorische Afferenzen*), die die Impulse zum ZNS weiterleiten,
- zentralen Neuronen, die durch Synapsen miteinander verschaltet sind,
- dem efferenten Schenkel (Motoneurone oder postganglionäre Fasern des vegetativen Nervensystems), der die Informationen des ZNS zu den Erfolgsorganen (*Effektoren*) weiterleitet,
- ein oder mehreren Effektoren, z. B. Skelettmuskulatur.

Die **Reflexzeit** ist die Zeit zwischen Reizbeginn und Reaktion des Erfolgsorgans. Sie wird beeinflußt durch

- die Umwandlung des Reizes in eine fortgeleitete Erregung,
- die Leitungsgeschwindigkeit der Nervenfasern,
- die Übertragung in den Synapsen (Synapsenzeit),
- die Übertragung auf den Effektor und dessen Aktivierung.

Die Einteilung der Reflexe erfolgt nach verschiedenen Gesichtspunkten. Einmal werden sie nach der Anzahl der beteiligten Synapsen im Reflexbogen als *mono-, di- oder polysynaptisch* klassifiziert oder nach ihrem Auslösungsort bzw. ihrem Erfolg benannt. Des weiteren unterscheidet man *Eigen- und Fremdreflexe*.

Monosynaptische Eigenreflexe

Der *monosynaptische Eigenreflex* (phasischer Dehnungsreflex) ist das einfachste Beispiel für einen kompletten Reflexbogen.
Bei dem monosynaptischen Dehnungsreflex werden die Muskelspindeln z. B. durch einen Schlag auf die Sehne des Skelettmuskels gedehnt. Durch die Dehnung werden die Afferenzen der Muskelspindeln, Ia-Fasern (und ggf. Gruppe-II-Fasern) erregt. Diese ziehen über die Hinterwurzel des Rückenmarks zum Vorderhorn (Abb. 14.**2**) und erregen dort direkt die α-Motoneurone desselben Muskels. An der Erregungsübertragung zwischen afferentem und efferentem Schenkel ist nur eine Synapse beteiligt (deshalb monosynaptisch), die Reflexzeit ist daher sehr kurz (ca. 20 ms). Die erregten α-Motoneurone lösen eine Kontraktion des Muskels aus.

Merke

Kennzeichen des Eigenreflex ist, daß Rezeptor (Muskelspindeln) und Effektor (extrafusale Muskulatur) im gleichen Organ liegen. Klinisch relevant sind nur monosynaptische Eigenreflexe.

Zu den wichtigsten **monosynaptischen Dehnungsreflexen** zählen:

- *Patellarsehnenreflex* (s.a. Abb. 14.**2**): Ein Schlag auf die Sehne des M. quadriceps femoris unterhalb der Patella führt zur Dehnung und Muskelzuckung, wodurch der freihängende Unterschenkel leicht angehoben wird.
- *Achillessehnenreflex:* Durch Beklopfen der Achillessehne wird der M. triceps surae gedehnt, das führt zur Verkürzung der Wadenmuskulatur und damit zur Plantarflexion des Fußes.

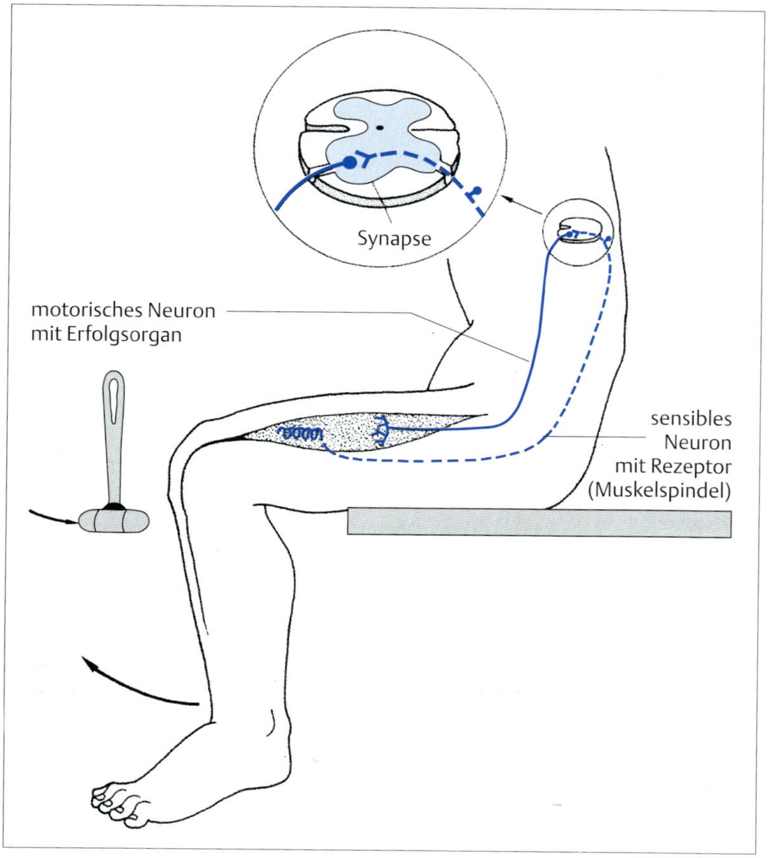

Abb. 14.**2** Monosynaptischer Eigenreflex am Beispiel des Patellarsehnenreflexes (aus Stephan, Thieme 1984)

- *Bizepssehnenreflex:* Die Bizepssehne wird beklopft, die Muskelkontraktion führt zur Beugung im Ellenbogengelenk.
- *Trizepssehnenreflex:* Er führt dagegen zur Streckung im Ellenbogengelenk.
- *Masseterreflex:* Bei leicht geöffnetem Mund wird der Unterkiefer beklopft, die Kontraktion des M. masseter bewirkt den Mundschluß.

Merke

Der monosynaptische Dehnungsreflex wird als *Sehnenreflex* bzw. in der Klinik als *T-Reflex* (nach engl. Tendon = Sehne) bezeichnet, weil der Schlag auf die Sehne des jeweiligen Muskels den Reflex auslöst. Der Sehnenreflex wird über die Muskelspindeln und nicht durch die Sehnenorgane ausgelöst.

Klinischer Bezug

Die Eigenreflexe werden in der Klinik zur Beurteilung des Nervensystems untersucht. Die Reaktion der Effektoren variiert individuell. Wichtig ist, daß die Eigenreflexe seitengleich auslösbar sind. Durch **Läsionen im peripheren Neuron** sind sie seitenungleich abgeschwächt oder aufgehoben.

Der Dehnungsreflex ist ein Regelkreis zur Konstanthaltung der Muskellänge und für die Aufrechterhaltung des Haltetonus in der Stützmotorik. Ohne den Haltetonus beispielsweise des M. quadriceps femoris würden die Kniegelenke im Stehen einknicken. Durch die Dehnung werden die Muskelspindeln erregt, die die α-Motoneurone aktivieren. Der Muskeltonus wird dadurch erhöht und das beginnende Einknicken durch die Streckstellung im Kniegelenk kompensiert, die Muskellänge bleibt konstant. Durch räumliche Summation der Erregun-

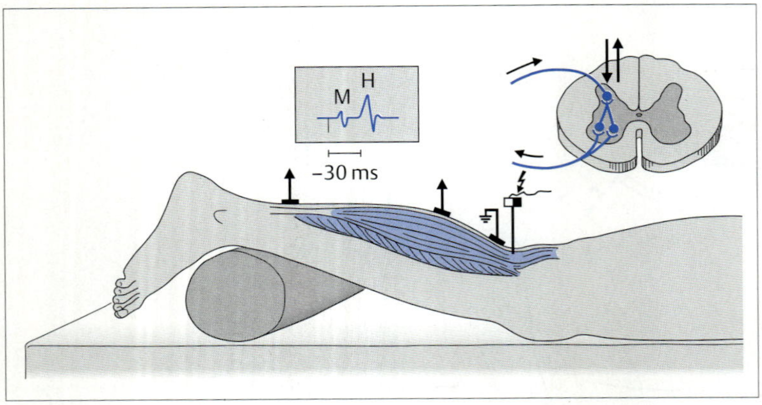

Abb. 14.**3** H-Reflex mit M-H-Welle (aus Kunze, Thieme 1992)

gen der γ-Motoneurone mit den Efferenzen, die direkt die α-Motoneurone reizen, werden die Erregungen in den α-Motoneuronen überschwellig.

Bei aktiven Bewegungen werden α- und γ-Motoneurone parallel erregt (*α-γ-Koaktivierung*). Aufgrund der langsameren Leitungsgeschwindigkeit der γ-Fasern werden die Spindelafferenzen etwas verzögert aktiviert. Die α-γ-Koaktivierung führt zur Kontraktion der intrafusalen Muskelfasern während der Verkürzung der Skelettmuskulatur. Durch diese Rezeptorvorspannung können die Muskelspindeln die Muskellänge auch während einer Bewegung der Arbeitsmuskulatur messen. Über die γ-Motoneurone wird die Spindelaktivität vermehrt und damit die ablaufende Bewegung unterstützt (sog. *Servounterstützung der γ-Schleife*).

Ein monosynaptischer Dehnungsreflex ist auch durch elektrische Reizung auslösbar und wird, nach seinem Entdecker Paul Hoffmann, als *H-Reflex* bezeichnet. Dazu wird der N. tibialis experimentell gereizt. Geringe Reizstärke erregt nur dicke Ia-Fasern, da sie die niedrigste Schwelle haben. Die Reflexantwort ist die sog. *H-Welle*. Mit zunehmender Reizstärke werden mehr Ia-Fasern erregt und die Amplitude der H-Welle steigt an. Werden bei noch zunehmender Reizstärke Ia-Fasern und α-Motoneurone erregt, kommt es nach kurzer Latenz zur sog. *M-Welle*. In dem Maß, wie die Amplitude der M-Welle steigt, nimmt die H-Welle ab, bis schließlich die M-Welle ihren Maximalwert (M_{max}) erreicht (Abb. 14.**3**). Die Erregung der α-Motoneurone führt nicht nur zur M-Antwort, sondern durch Erregungsausbreitung in die entgegengesetzte (antidrome) Richtung werden die Motoneurone für weitere Impulse der Ia-Fasern refraktär oder diese Impulse werden ausgelöscht, wodurch die H-Welle abnimmt.

! Merke

Als *T-Reflex* (engl. Tendon = Sehne) wird der monosynaptische Dehnungsreflex (Sehnenreflex) bezeichnet. Als *H-Reflex* bezeichnet man den monosynaptischen Dehnungsreflex, wenn er durch elektrische Reizung unter Versuchsbedingungen ausgelöst wird.

Fremdreflexe

Beim *Fremdreflex* ist der Reflexbogen polysynaptisch (über mehrere Synapsen) verschaltet, er beinhaltet vegetative Neurone (Effektor: autonomes Nervensystem) bzw. sensorische und motorische Neurone (Abb. 14.**4**). Da der Reflex über mehrere Synapsen verläuft, ist seine Reflexzeit länger als beim monosynaptischen Eigenreflex und zudem von der Reizintensität abhängig.

! Merke

Beim Fremdreflex liegen Rezeptor und Effektor *nicht* im gleichen Organ, sie sind räumlich getrennt. Im Rückenmark breitet sich die Erregung auf verschiedene Ebenen mit Hilfe eingeschalteter Zwischenneurone aus.

Fremdreflexe dienen zur Nahrungsaufnahme, zur Fortbewegung (Lokomotion), als Schutzreflexe (z. B. Husten, Niesen, Fluchtreflexe) und als vegetative Reflexe (für Atmung, Kreislauf, Gastrointestinaltrakt, Sexualfunktion usw.).

Der *Flexorreflex* (Beugereflex), ein Fluchtreflex, gehört zu den typischen Fremdreflexen. Dieser Reflex wird durch schmerzhafte Reizung, z. B. des rechten Fußes, ausgelöst und führt zur Beugung des rechten Beines. Da sich dieser Reflex auch nach Ausschaltung supraspinaler Zentren auslösen läßt, ist es ein *spinaler Fremdreflex*. Der Flexorreflex des rechten Beines

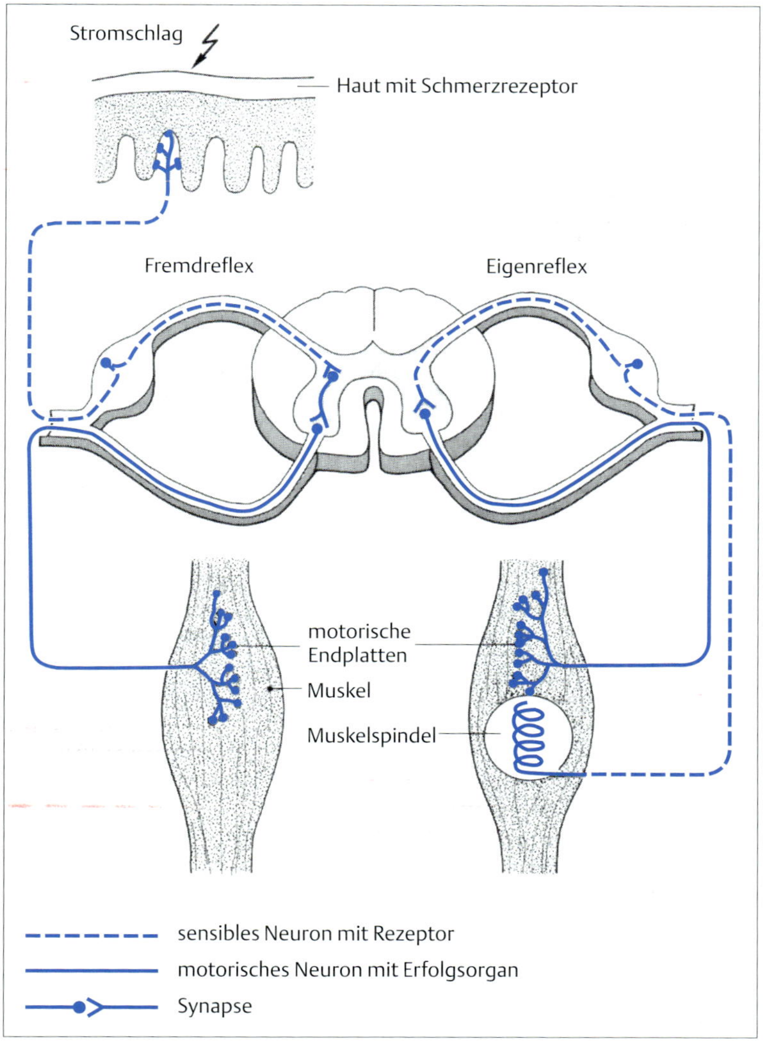

Abb. 14.**4** Monosynaptischer Eigenreflex und Fremdreflex im Vergleich (aus Stephan, Thieme 1984)

wird von einer Streckung des linken Beines begleitet. Schmerzhafte Reizung einer Extremität aktiviert damit insgesamt vier motorische Reflexbögen:

- Die Motoneurone der *ipsilateralen (gleichseitigen) Beugermuskulatur* werden über erregende Zwischenneurone aktiviert, die rechten Flexoren kontrahieren sich.
- Die Motoneurone *der ipsilateralen Extensoren (Strecker)* werden über inhibitorische Zwischenneurone gehemmt, die rechten Extensoren erschlaffen.
- Die Motoneurone *der Gegenseite (kontralateral)* werden genau umgekehrt erregt, d. h. Motoneurone der *kontralateralen Flexoren* werden über inhibitorische Neurone gehemmt, die linken Flexoren erschlaffen.
- Die Motoneurone der *kontralateralen Extensoren* werden über erregende Zwischenneurone aktiviert, die linken Extensoren kontrahieren.

Über auf- und absteigende Bahnen im Rückenmark sind mehrere Segmente verschaltet, da nicht alle beteiligten Muskeln von einem Segment versorgt werden. Durch diese intersegmentalen Verschaltungen ist das Rückenmark zur Koordination von Bewegungen befähigt. Es kann somit komplexe Bewegungen (durch periphere Afferenzen oder vom

ZNS gesteuert) ausführen und aufeinander abstimmen.

Merke

Der Flexorreflex (ipsilateral) ist begleitet vom Streckreflex der kontralateralen Extremität. Deshalb wird dieser Reflex auch als *gekreuzter Streckreflex* bezeichnet. Die Reizung der *Nozizeptoren* (bei der Reflexauslösung) wird bewußt als Schmerz wahrgenommen.

Weitere wichtige **physiologische Fremdreflexe** sind:

- *Pupillenreflex:* Belichtung des Auges führt zur Verengung der Pupille.
- *Korneal- oder Lidschlußreflex:* Reizung der Hornhaut oder der Bindehaut z. B. durch Betupfen mit einem Wattebausch führt zum Lidschluß.
- *Würgereflex:* Berühren der hinteren Rachenwand löst Würgen oder Erbrechen aus (Kontraktion der Pharynxmuskulatur).
- *Bauchhaut- oder Bauchdeckenreflex:* Bestreichen der Bauchhaut mit spitzem Gegenstand bewirkt Kontraktion der ipsilateralen Bauchmuskeln.
- *Cremasterreflex:* Bestreichen der Oberschenkelinnenseite bewirkt Hochziehen des ipsilateralen Hodens.

Klinischer Bezug

Die physiologischen Fremdreflexe (besonders Pupillen- und Bauchhautreflex) werden in der Klinik zur Beurteilung des Nervensystems herangezogen. Eine seitenungleiche Auslösbarkeit der Reflexe läßt auf eine **Schädigung des peripheren oder zentralen Neurons** schließen.

14.1.5 Reflexhemmung und -ausbreitung

Neben der erregenden mono- oder polysynaptischen Verschaltung der Nervenfasern in den Reflexbögen gibt es noch inhibitorische. Die verschiedenen Hemmungen erfolgen prä- oder postsynaptisch über Interneurone *(Zwischenneurone)*.

Agonistenhemmung: Die Ib-Fasern der Sehnenorgane wirken hemmend auf die Motoneurone des Muskels, in dessen Sehne sie sich befinden (*Agonistenhemmung oder autogene Hemmung*). Die Sehnenorgane werden durch steigende Muskelspannung bei Kontraktion erregt. Ihre Ib-Fasern ziehen im Rückenmark zu einem inhibitorischen Interneuron, welches dann das Motoneuron desselben Muskels hemmt, was zum Nachlassen der Spannung führt. Die autogene Hemmung kann deshalb als Schutzreflex vor zu

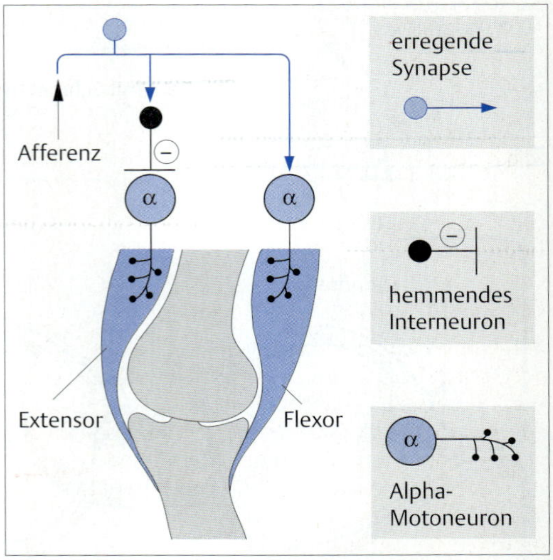

Abb. 14.**5** Reziproke Antagonistenhemmung

großer Spannungsentwicklung betrachtet werden, da somit das Abreißen der Sehne bei starker Belastung verhindert wird. Bei dieser Hemmung ist mindestens ein Interneuron eingeschaltet. Sie ist disynaptisch oder meist polysynaptisch.

An der Antagonistenhemmung sind Ia-Fasern beteiligt. Sie erregen monosynaptisch die Motoneurone desselben Muskels und hemmen disynaptisch antagonistische Motoneurone, d. h. die Ia-Fasern erregen ein Interneuron (erste Synapse), welches das antagonistische Motoneuron über eine hemmende, zweite Synapse inhibiert. Ein Beispiel für diese *reziproke antagonistische Hemmung* ist der monosynaptische Dehnungsreflex. Dabei aktivieren die Ia-Fasern monosynaptisch die Motoneurone des Flexors, während gleichzeitig die Motoneurone des Antagonisten (Extensor) über Kollateralen zum inhibitorischen Interneuron gehemmt werden (Abb. 14.**5**).

Die **Renshaw-Hemmung** ist ein Beispiel für eine postsynaptische Hemmung. Die α-Motoneurone geben bereits im Rückenmark Kollateralen zu *inhibitorischen Interneuronen* (sog. *Renshaw-Zellen*) ab. Diese Renshaw-Zellen hemmen rückwirkend ihre eigenen Ursprungsneurone und andere synergistische Motoneurone. Die *disynaptische Renshaw-Hemmung* (*rekurrente Hemmung*) ist ein Beispiel für eine Rückwärtshemmung und dient dazu, die Erregung statischer Motoneurone im Sinne der Stützmotorik zu begrenzen. Die Renshaw-Zellen werden zentral kontrolliert, so daß über sie die Muskelkraft reguliert werden kann.

Merke

Der *inhibitorische Transmitter* der Renshaw-Zellen ist *Glycin*. Die Renshaw-Zellen selbst werden durch die Freisetzung von *Acetylcholin* aus den efferenten Endigungen der α-Motoneurone erregt.

Die Mechanismen der prä- und postsynaptischen Hemmung wurden bereits erläutert (s. 12.3.1).

Reflexausbreitung

Polysynaptische Reflexe weisen besondere Eigenschaften auf, dazu zählen die zeitliche und die räumliche Summation (Bahnung).
Bei der **zeitlichen Summation** summieren sich aufgrund konvergenter neuronaler Verschaltungen mehrere unterschwellige Reize zu überschwelligen. Damit ist gemeint, daß z. B. jede einzelne auf das Motoneuron treffende Nervenfaser mit einem Aktionspotential eine Depolarisation (EPSP) auslöst, die unterschwellig ist. Treffen Impulse gleicher Fasern auf die noch bestehende Depolarisation, wird diese überschwellig. Diese Summation findet an allen Motoneuronen und Interneuronen des Reflexbogens statt.
Zur **räumlichen Summation** kommt es, wenn Erregungen vieler Fasern gleichzeitig auf ein Motoneuron treffen, so daß schnell ein überschwelliges EPSP gebildet wird.
Ziel der zeitlichen und räumlichen Bahnung ist die Verkürzung der Reflexzeit.

Merke

Bei polysynaptischen Reflexen besteht eine Abhängigkeit zwischen Reflexzeit und Reizstärke. Je stärker ein Reiz, desto früher beginnt der Reflex. Durch zeitliche und räumliche Bahnung wird die Reflexzeit verkürzt.

Als **Irradiation** (**Ausbreitung**) wird die Eigenschaft der Fremdreflexe bezeichnet, auf bisher unbeteiligte Muskelgruppen überzugreifen, dabei nimmt mit steigender Reizstärke die Reflexantwort zu.
Die **Einflüsse höherer Zentren** auf polysynaptische Reflexe können zu folgenden Effekten führen:

- *Habituation (Gewöhnung):* Bei vielfacher Wiederholung eines nicht schmerzhaften Reizes schwächt die Reflexantwort ab, obwohl die Erregbarkeit der beteiligten Sensoren und Neurone unverändert ist.
- *Dishabituation:* Nach einem reizfreien Zeitintervall lassen sich wieder Reflexe mit ursprünglicher Antwort auslösen. Gleiches wird sofort durch den Wechsel des Reizortes erreicht.
- *Sensitivierung:* Schmerzhafte Reize können bei Wiederholung zur Senkung der Schwelle führen und die Verkürzung der Reflexzeit sowie Irradiation bewirken.
- *Konditionierung*: Langzeitveränderungen der Reflexantwort, die durch Lernfähigkeit und Anpassung der polysynaptischen Reflexe erzielt wurden. *Achtung!* Der Begriff Konditionierung wird in bezug auf das Lernen im anderen Sinn benutzt.

14.1.6 Pathophysiologie

Die Auswirkungen der Durchtrennung des Rückenmarks (Querschnittslähmung) wurden bereits im Kapitel 11.1.6 erläutert. Auf die nach dem Stadium der kompletten Areflexie (alle motorischen und vegetativen Reflexe unterhalb der Läsion erloschen) wieder auslösbaren motorischen Reflexe soll hier kurz eingegangen werden.
Die bewußte Empfindung aus den abgetrennten Rückenmarkssegmenten ist für immer unmöglich. Nach der 4–6 Wochen anhaltenden Areflexie bewegen sich zuerst die Zehen reflektorisch. Dann sind Fremdreflexe der Zehen und des Sprunggelenks, später der Knie- und Hüftgelenke zu beobachten. Diese sind teilweise vom gekreuzten Streckreflex begleitet. Dieses Stadium kann Wochen bis Monate andauern. Im chronischen Stadium (nach ½ Jahr) überwiegen die Flexorreflexe. Es treten auch übersteigerte Extensorreflexe auf, die in Extensorspasmen übergehen können (wegen der gestörten zentralen Hemmung).
Bei unvollständiger Durchtrennung des Rückenmarks sind kurz nach der Verletzung erhöhter Muskeltonus und starke Extensorreflexe typisch, mit günstigeren Besserungschancen der Motorik und Sensibilität.
Bei Schädigung des Gehirns bzw. der Pyramidenbahn sind typische pathologische Fremdreflexe auslösbar. Der bekannteste ist der ***Babinski-Reflex*** *(Babinski-Zeichen)*. Bei Schädigung der genannten Strukturen führt das Bestreichen des lateralen Fußsohlenrandes zur Dorsalflexion der Großzehe, Plantarflexion und Spreizung der 2.–5. Zehe; man spricht von einem positiven Babinski-Zeichen.

14.2 Hirnstamm und Motorik

Die zentrale Regulation der Motorik ist hierarchisch gegliedert. Im Hirnstamm werden motorische Befehle aus höheren Abschnitten (z. B. Motorcortex) mit Informationen aus den Sinnesorganen und dem Rückenmark koordiniert. Der Hirnstamm kontrolliert vor allem die Stützmotorik.

14.2.1 Funktionelle Anatomie

Der Hirnstamm umfaßt die Medulla oblongata, den Pons (Brücke) und das Mesencephalon (Mittelhirn). Die motorischen Zentren des Hirnstamms haben unterschiedliche Funktionen und sind folgendermaßen verschaltet (Abb. 14.**6**). Zu den motorischen Hirnstammzentren gehören der Nucleus ruber, die Nuclei vestibulares, Anteile der Formatio reticularis und die Pyramidenzellen des motorischen Cortex.

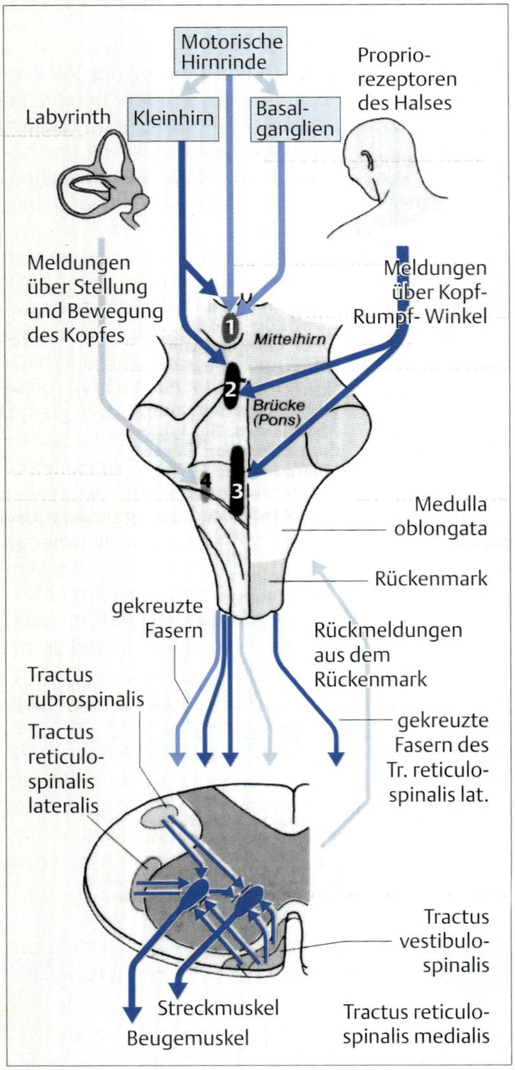

Abb. 14.**6** Verschaltung der motorischen Hirnstammzentren. 1 = Nucleus ruber, 2 u.3 = Teile der Formatio reticularis, 4 = Vestibulariskerne (aus Silbernagl/Despopoulos, Thieme 1991)

Der **Nucleus ruber** ist der größte Kern des Mittelhirns. Er erhält Afferenzen aus der Großhirnrinde und aus dem Kleinhirn. Dieser in der Formatio reticularis liegende Kern besteht aus einem großzelligen Anteil, von dem der *Tractus rubrospinalis* zum Rückenmark zieht und dort die Motoneurone der Extensoren hemmt und die der Flexoren erregt. Der kleinzellige Anteil des Nucleus ruber entsendet über die *zentrale Haubenbahn (Tractus tegmentalis centralis)* Fasern zur Olive in der Medulla oblongata.
Am dorsolateralen Rand des Hirnstammes liegen die vier Gleichgewichtskerne (Nuclei vestibulares lateralis, medialis, superior und inferior). Besondere Bedeutung als motorisches Zentrum hat der **Nucleus vestibularis lateralis** (*Deiters-Kern*). Er erhält Afferenzen aus dem Labyrinth (Gleichgewichtsorgan), d. h. vom Ganglion vestibulare. Am Deiters-Kern entspringt der *Tractus vestibulospinalis lateralis*, der ipsilateral (ungekreuzt) zu den α- und γ-Motoneuronen der Extensoren zieht und diese erregt. Die Streckmuskulatur ist für die aufrechte Körperhaltung verantwortlich, der Deiters-Kern aktiviert sie zur Erhaltung des Körpergleichgewichts.
Vom **Nucleus vestibularis medialis** (*Schwalbe-Kern*) ziehen Nervenfasern als *Tractus vestibulospinalis medialis* zu den Motoneuronen der Nackenmuskulatur. Über diese Verschaltung werden Augen- und Kopfbewegung reflektorisch aufeinander abgestimmt.
Von den medullären Teilen der Formatio reticularis zieht der *Tractus reticulospinalis lateralis* zu den motorischen Vorderhornzellen im Rückenmark, um die Motoneurone der Extensoren zu hemmen und die der Flexoren zu erregen (gleiche Wirkung wie der Nucleus ruber über den Tractus rubrospinalis).
Von den *pontinen Anteilen der Formatio reticularis* ausgehend, zieht der *Tractus reticulospinalis medialis* zum Rückenmark, hemmt die Flexoren und fördert die Extensoren (wie der Tractus vestibulospinalis lateralis).
Die von den **großen Pyramidenzellen** des motorischen Cortex ausgehende *Pyramidenbahn* gibt in ihrem Verlauf Kollateralen beispielsweise zur Formatio reticularis und zum Thalamus ab. Über diese Bahnen erhalten u. a. die motorischen Hirnstammzentren direkt Informationen aus der motorischen Hirnrinde bzw. über die Basalganglien.

14.2.2 Motorische Funktionen des Hirnstamms

Wie bereits erwähnt, hat der Hirnstamm die Aufgabe, die Stützmotorik und den Muskeltonus zu regulieren. Dabei unterscheidet man zwischen Reflexen, die den Muskeltonus korrigieren (*Haltereflexe*) und solchen, die den Körper wieder in die Normalstellung bringen (*Stellreflexe*). Die Haltung des Körpers wird in

Ruhelage durch sog. *statische Reflexe* stabilisiert bzw. bei Lageänderung durch sog. *statokinetische Reflexe* angepaßt, z. B. durch die Liftreaktion: bei linearer Beschleunigung nach unten erhöht sich der Muskeltonus der Extensoren.

Die Haltereflexe werden durch Erregungen der Afferenzen der Nackenmuskulatur und des Labyrinthes ausgelöst und deshalb als *tonische Hals- und Labyrinthreflexe* bezeichnet.

Der Hirnstamm hat außerdem Einfluß auf die Lokomotion, wie experimentell herausgefunden wurde. Durch elektrische Reizung des lokomotiven Zentrums im Mittelhirn kommt es zur Verstärkung der bestehenden Fortbewegung oder es werden Laufrhythmen induziert.

Klinischer Bezug

Akuter Sauerstoffmangel (**Anoxie**) kann zu irreversiblen Schäden des Gehirns führen. Dabei sind meist Kreislauf- und Atemzentrum im Hirnstamm noch intakt (Atmung und Kreislauf können maschinell erhalten werden), während höhere zentrale Strukturen (Hirnrinde, Basalganglien etc.) irreversibel geschädigt sind, was den Verlust sämtlicher intellektueller Fähigkeiten (z. B. Willkürmotorik, Sprache) bewirkt, man spricht vom **Hirntod**.

14.2.3 Pathophysiologie

Erkenntnisse über die Auswirkungen von Läsionen im Hirnstamm wurden im Tierexperiment gewonnen. Die Abtrennung des Mittelhirns vom Hirnmantel führt zur Erhöhung des Muskeltonus der Extensoren (mit Streckstellung der Extremitäten und des Rumpfes) bis hin zur Muskelversteifung, der sog. *Dezebrierungsstarre (Enthirnungsstarre)*. Dabei ist zwar ein Stehen möglich (wie eine Puppe), jedoch fehlt jegliche Feinregulation der Motorik.

Bleibt dagegen das Mittelhirn noch erhalten (Mittelhirntier), ist die Stützmotorik mit ihren tonischen Hals- und Labyrinthreflexen noch intakt. Aufgrund der fehlenden Kontrolle des Motorcortex sind zielgerichtete Bewegungen nicht möglich.

14.3 Kleinhirn (Cerebellum)

Wesentlich an der Steuerung von Bewegungsprogrammen ist das *Kleinhirn* beteiligt. Es erhält sensorische afferente (*Afferenzkopie*) und motorische efferente Zuflüsse (*Efferenzkopie*), koordiniert diese und reguliert rückwirkend die Motorik.

14.3.1 Funktionelle Anatomie

Das Kleinhirn besteht aus den beiden seitlichen Hemisphären und dem unpaaren Wurm (Vermis) in der Mitte (s.a. Anatomie 9.5). Aufgrund der phylogenetischen Entwicklung unterscheidet man am Cerebellum:

- *Archicerebellum* (der entwicklungsgeschichtlich älteste Anteil): bestehend aus Nodulus und Flocculus. Es ist funktionell mit den Vestibulariskernen verbunden, deshalb auch als *Vestibulocerebellum* bezeichnet.
- *Palaeocerebellum:* bestehend aus Pyramide, Uvula, Paraflocculus und Anteilen des Lobus anterior. Es nimmt Afferenzen der propriozeptiven Sensibilität und der Motorik aus dem Rückenmark auf, deshalb auch als *Spinocerebellum* bezeichnet.
- *Neocerebellum:* wird von den Kleinhirnhemisphären gebildet. Dieser jüngste und besonders stark entwickelte Anteil nimmt Informationen aus der Großhirnrinde auf, daher auch als *Pontocerebellum* bezeichnet.

Über die drei Kleinhirnstiele besteht eine Verbindung mit dem Hirnstamm. Die *Afferenzen des Kleinhirns* enden in der Kleinhirnrinde und geben zuvor Kollateralen an die im Inneren des Cerebellums liegenden Kerne ab. *Kletterfasern* sind Afferenzen aus dem unteren Olivenkomplex. Eine Kletterfaser endet jeweils an einer Purkinje-Zelle, Axonkollateralen ziehen zu Stern- und Korbzellen. Alle anderen Afferenzen (z. B. spino- und pontocerebelläre Bahnen) sind Moosfasern, die sich weit verzweigen und an Körnerzellen enden.

Merke

Die einzige *Efferenz der Kleinhirnrinde* sind die Neuriten der *Purkinje-Zellen* (s.u.). Diese wirken hemmend (Transmitter: GABA) auf die Kleinhirn- und Vestibulariskerne.

Die **Kleinhirnrinde** erhält noch Informationen aus dem Hirnstamm über noradrenerge Fasern aus dem Locus coeruleus und über serotoninerge Fasern aus den Raphekernen. Deren Bedeutung ist noch nicht geklärt.

Die Kleinhirnrinde besteht aus drei **Zellschichten**:

- Unter der Oberfläche liegt die *Molekularschicht*, die aus marklosen Nervenfasern, Stern- und Korbzellen besteht. Daran schließt sich die
- *Purkinje-Zellschicht* an, die, wie der Name sagt, von Purkinje-Zellen gebildet wird.
- Die folgende *Körnerschicht* setzt sich aus Golgi- und Körnerzellen zusammen (s. Histologie Abb. 3.**10**).

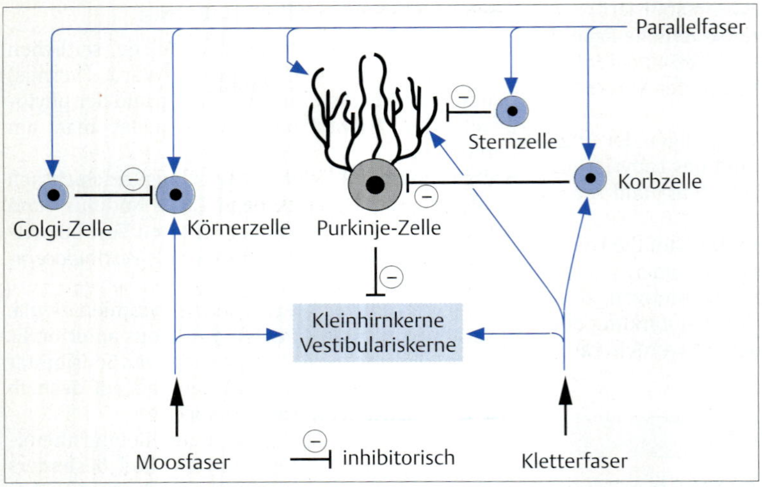

Abb. 14.**7** Schematische Verschaltung der Neurone der Kleinhirnrinde

Die Purkinje-Zellen werden über Körnerzellen und deren Axone, die Parallelfasern, bzw. über Kletterfasern erregt, d. h. ihre inhibitorische Wirkung wird entfaltet. Die Körnerzellen erregen außerdem weitere Neurone (Golgi-, Korb- und Sternzellen), die inhibitorisch wirken. Die erregte Golgi-Zelle hemmt die Erregungsübertragung der Moosfaser auf die Körnerzelle. Korbzellen und Sternzellen hemmen die Purkinje-Zellen, erstere am Zellkörper, letztere an den Dendriten (Abb. 14.**7**).

Die Verschaltungen in der Kleinhirnrinde regulieren die Erregungsleitung in den Kleinhirnkernen. Diese werden über die Axonkollateralen der Afferenzen ständig erregt. Die Afferenzen erregen über die genannten Verschaltungen die Purkinje-Zellen, die ihrerseits durch Hemmung der Kleinhirnkerne die Weiterleitung der Erregung stoppen. Erst wenn die Purkinje-Zellen gehemmt sind (über Korb- und Sternzellen direkt bzw. indirekt durch Hemmung der Körnerzellen), wird die Erregung in den Kleinhirnkernen weitergeleitet.

14.3.2 Aufgaben des Kleinhirns

Das **Vestibulocerebellum** bekommt direkt Afferenzen aus dem Gleichgewichtsorgan. Die Purkinje-Axone ziehen zum dortigen Kleinhirnkern, dem Nucleus fastigii sowie zum Nucleus vestibularis lateralis (Deiters). Der Tractus vestibulospinalis hat im Deiterskern seinen Ursprung, zieht zu den motorischen Zentren im Hirnstamm und Rückenmark und aktiviert die Motoneurone der Extensoren zur Erhaltung des Körpergleichgewichts. Aufgrund der Afferenzkopie des visuellen Systems ist das Vestibulocerebellum an der Koordination der Okulomotorik, insbesondere an der Feinabstimmung schneller Augenbewegungen beteiligt.

Das **Spinocerebellum** mit seinen Kernen, den Nuclei globosus und emboliformis, erhält Informationen vom Rückenmark durch den Tractus spinocerebellaris anterior (über spinale Befehle an die Muskulatur) und den Tractus spinocerebellaris posterior (Informationen aus Sehnen, Gelenken und Muskelspindeln). Diese Zuflüsse werden zur Rinde des Spinocerebellums projiziert, wo jede Körperhälfte mit somatotopischer Gliederung ipsilateral repräsentiert ist. Die Efferenzen der Kleinhirnkerne ziehen zu den motorischen Zentren im Hirnstamm (besonders zum Nucleus ruber) und von dort als Tractus reticulospinalis und rubrospinalis zu den Motoneuronen. Außerdem projizieren die Kerne in den Thalamus und die Großhirnrinde.

Das **mediale Kleinhirn** (*Vestibulo- und Spinocerebellum*) kontrolliert den Muskeltonus sowie die Koordination antagonistischer Muskeln beim Gehen und Stehen.

Klinischer Bezug

Bei Läsion des Spinocerebellums kommt es zur **Rumpf- und Gangataxie** aufgrund gestörter Muskelkoordination.

Das **Pontocerebellum** mit dem Nucleus dentatus erhält von mehreren Gebieten der Großhirnrinde bei geplanten willkürlichen Bewegungen im voraus Informationen darüber und kann darauf korrigierend einwirken. Dies geschieht über Verschaltungen des Nucleus dentatus mit dem Thalamus und dem

Cortex. Der Kern projiziert auf den Nucleus ruber, der über die zentrale Haubenbahn mit der Olive verschaltet ist. Über den Tractus olivocerebellaris nimmt die Olive wieder Einfluß auf das Kleinhirn. Vom **Neocerebellum** gehen außerdem die gleichen Efferenzen zu den motorischen Zentren wie vom Spinocerebellum aus.

! Merke

Das Kleinhirn koordiniert die Motorik auf zentraler Ebene mit. Über spinocerebelläre Bahnen wird es über periphere Aktivitäten der Muskulatur informiert und kann ggf. unkorrekte oder fehlende Willkürbewegungen sofort korrigieren.

14.3.3 Pathophysiologie

Läsionen im Bereich des Archicerebellums führen zu Störungen des Bewegungsablaufes, des Gleichgewichts und der Okulomotorik (*cerebellärer Nystagmus*).

Besonders auffällig sind Auswirkungen von Läsionen in den Hemisphären, die folgende Koordinationsstörungen beim Ablauf von Bewegungen bedingen:

Intentionstremor: Durch den Wegfall der Informationen aus der Großhirnrinde tritt dieses grobe Zittern auf. Dieser Tremor ist bei Zielbewegungen markant (z. B. beim Ergreifen einer Tasse) und wird um so stärker, je näher man dem Zielobjekt (Tasse) kommt.

Dysmetrie: Ein sog. Danebengreifen, welches durch falsche Einschätzung der Entfernung zustande kommt.

Hypermetrie: es kommt zu überschießenden Bewegungen.

Asynergie: Die Muskelkoordination ist gestört, d. h. einzelne Muskelgruppen werden für sich, nicht mehr gemeinsam, abgestimmt, Folge: eine bestimmte Bewegung läßt sich nicht „programmiert“ ausführen.

Adiadochokinese: Ein rascher Wechsel zwischen rhythmischen Willkürbewegungen, z. B. Pronation und Supination der Hand, führt zu unregelmäßiger und verlangsamter Ausführung der Bewegung.

Dysarthrie: Durch Koordinationsstörungen der Sprechmuskulatur ist die Sprachartikulation gestört. Die Sprache ist verwaschen, langsam, stockend und monoton (skandierende Sprache).

Hypotonie, Asthenie und Asynergie: Die Kleinhirnerkrankungen führen zum reduzierten Muskeltonus (*Hypotonie*), die muskuläre Ausdauer ist verringert (*Asthenie*) und dem Patienten fällt es schwer, Bewegungen abzubremsen (*cerebelläre Asynergie [Rebound-Phänomen]*).

Ataxie stellt eine Störung der Koordination von Bewegungsabläufen und der Haltungsinnervation dar, wodurch es z. B. zu Rumpfschwankungen im Sitzen oder Gangunsicherheit kommt.

14.4 Motorischer Cortex und Basalganglien

Die Motorik wird durch motorische und sensorische Areale der Großhirnrinde gesteuert. Die Basalganglien sind in die Efferenzen der Cortexareale koordinierend eingeschaltet.

14.4.1 Motorischer Cortex

Der Motorcortex, somatotopisch gegliedert, besteht aus dem *primären motorischen Cortex im Gyrus praecentralis (Area 4)* und dem *sekundären motorischen Areal (Area 6)*, das für komplexe Bewegungen zuständig ist. Feinmotorische Aktivitäten, z. B. Fingerbeugen, stehen unter Einfluß der Area 4. (Lage der motorischen Cortexareale und ihre neuronale Verschaltung s. 19.1.)

Die Großhirnrinde steuert die Willkürmotorik. Vor einer willkürlichen Bewegung (ca. 1 ms) ist ein sog. Bereitschaftspotential im Cortex ableitbar. Dieses Hirnpotential ist beteiligt an der *Entstehung des Handlungsantriebes* in subcorticalen Strukturen (z. B. im limbischen System).

Der *limbische Cortex* und *sensorische Cortexareale* projizieren in den *assoziativen Cortex*, wo die Bewegung entworfen wird (Abb. 14.**8**). Über die Verschaltung mit dem Kleinhirn und den Basalganglien werden die *Bewegungsprogramme* abgerufen. Der Thalamus ist an der Projektion der Programme in den Motorcortex (Area 4 und 6) beteiligt. Dort wird die *Bewegungsausführung* gesteuert. Aus dem Rükkenmark erhält das Gehirn Afferenzen über periphere motorische Aktivitäten.

Pyramidenbahn

Die Pyramidenbahn ist die Efferenz des Motorcortex, die direkt zu den Motoneuronen zieht. Sie entspringt an den Pyramidenzellen der frontalen und parietalen Hirnrinde, gibt auf ihrem Weg durch die Capsula interna in den Hirnstamm Kollateralen ab, die untergeordneten Hirnstrukturen, z. B. dem Pons, eine Kopie der motorischen Befehle übermitteln. In der Medulla oblongata kreuzen 90 % der Fasern auf die Gegenseite. Sie ziehen als *Tractus corticospinalis lateralis* zu den Motoneuronen, während die ungekreuzten Fasern als *Tractus corticospinalis ventralis* zu diesen gelangen. Die Pyramidenbahn zieht ohne synaptische Um-

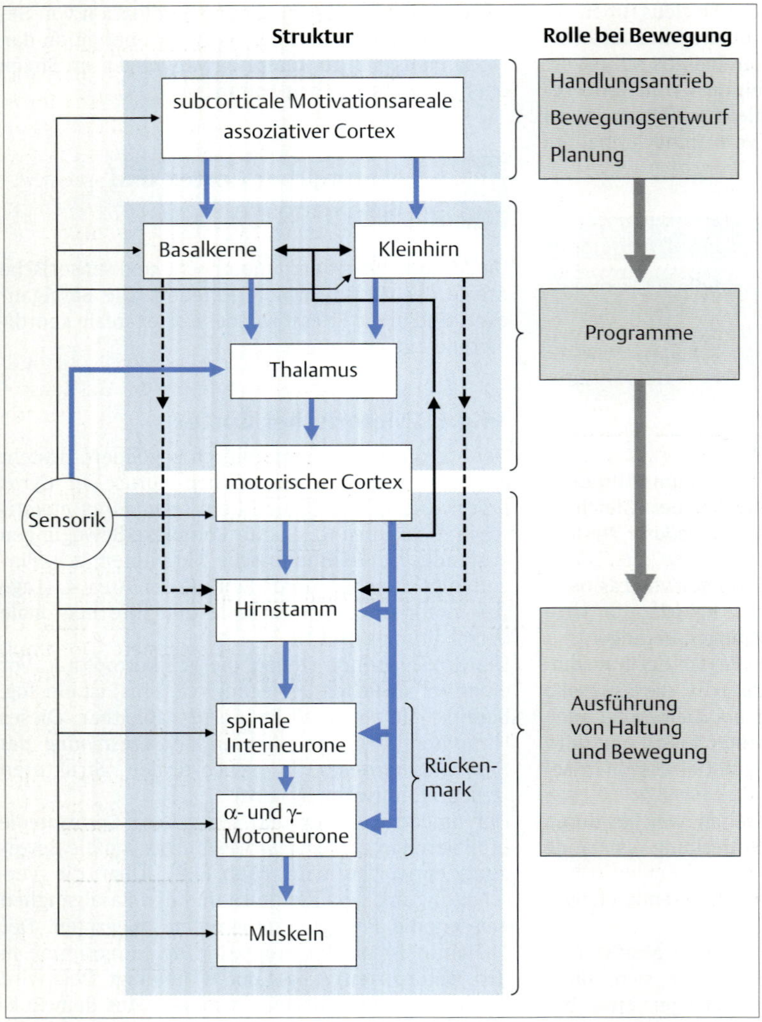

Abb. 14.**8** Beteiligung der motorischen Systeme an Planung und Ausführung von Bewegungen (aus Kunze, Thieme 1992)

schaltung zu den α- und γ-Motoneuronen und innerviert sie monosynaptisch bzw. über Interneurone.

Klinischer Bezug

Beim **Schlaganfall** wird oft durch Einblutungen in die Capsula interna die corticale Efferenz unterbrochen, was zu einer Störung der Willkürmotorik führt.

Zur *Hemiplegie* (*Halbseitenlähmung*) der Gegenseite kommt es bei vollständiger Unterbrechung der Pyramidenbahn und motorischer Efferenzen zum Hirnstamm. Durch Wegfall hemmender Einflüsse entwickelt sich aus der anfänglichen schlaffen Lähmung dann ein starker *Hypertonus*, d.h. Überaktivität der Flexoren an der oberen Extremität und der Extensoren an der unteren Extremität (*spastische Hemiparese*).

14.4.2 Basalganglien

Die *Basalganglien* (*Stammganglien*) koordinieren die Planung und den Bewegungsablauf der Motorik. Sie sind anatomisch und funktionell eng miteinander verbunden und bestehen aus:

- Striatum (Nucleus caudatus und Putamen),
- Pallidum,
- Nucleus subthalamicus (Luys),
- Substantia nigra.

Die Basalganglien erhalten Zuflüsse aus der Hirnrinde, die sich von der Pyramidenbahn abgrenzen. Deshalb gehören sie zum *extrapyramidalen System*. Die Basalganglien sind untereinander vielfältig verschaltet. Das Striatum bekommt exzitatorische Informationen aus der Großhirnrinde (Transmitter: Glutamat) und schüttet darauf inhibitorische Transmitter aus, die das Pallidum hemmen, das sonst den Thalamus hemmt, dadurch wird also die Inhibition des Thalamus gehemmt (Disinhibition). Der erregte Thalamus projiziert exzitatorisch auf den Motorcortex. Dieser Regelkreis wird auch *skeletomotorische Schleife* genannt.
Das Striatum projiziert außerdem auf die Pars compacta der Substantia nigra, die wiederum inhibitorische, dopaminerge Bahnen zum Striatum entläßt.
Die Basalganglien sind über die sog. *okulomotorische Schleife* an der Steuerung der Blickmotorik beteiligt. Zuflüsse aus dem frontalen Augenfeld der Hirnrinde (Area 8) und Anteile der Area 7 erreichen den Nucleus caudatus, der mit dem inneren Pallidum und der Pars reticulata der Substantia nigra verschaltet ist. Diese beiden projizieren zum Thalamus, der rückwirkend auf das frontale Augenfeld Einfluß nimmt.
Eine reziproke Verbindung besteht ebenfalls zwischen Pallidum und Nucleus subthalamicus. Das Pallidum (äußerer Anteil) inhibiert den Nucleus subthalamicus, der rückläufige exzitatorische Verbindungen zum inneren Pallidumanteil hat. Die Pars reticularis der Substantia nigra erhält auch exzitatorische Projektionen aus dem Nucleus subthalamicus.
Die Verbindungen der Basalganglien untereinander und mit anderen Kernen des extrapyramidalen Systems sind teilweise erst lückenhaft bekannt.

14.4.3 Bewegungsabläufe

An dem Entwurf und der Ausführung von Bewegungen sind alle motorischen Systeme beteiligt. Die Koordination der Stützmotorik wird vor allem durch das Kleinhirn (Körpergleichgewicht) und den Hirnstamm koordiniert, während an der Planung und Ausführung der Zielbewegungen Basalganglien und Motorcortex, unterstützt vom Kleinhirn, beteiligt sind (Abb. 14.**8**). Aufgrund der verschiedenen corticalen Verschaltungen ist dieses wirklich nur eine grobe Unterteilung der beteiligten Systeme.

14.4.4 Pathophysiologie

Erkrankungen der Basalganglien führen zu hypo- und hyperkinetischen Bewegungsstörungen. Das klassische Beispiel einer *hypokinetischen Störung* ist das **Parkinson-Syndrom**. Durch Degeneration der Substantia nigra kommt es zum Dopaminmangel im Gehirn, was vermutlich dazu führt, daß der Thalamus nicht ausreichend enthemmt wird und somit die Großhirnrinde nur ungenügend aktiviert. Die typischen Syptome sind *Hypokinese* (*Bewegungsarmut*), verstärkte *Muskelspannung* (*Rigor*) und *Ruhetremor* (*Ruhezittern*). Therapeutisch verabreicht man L-Dopa, das die Bluthirnschranke passiert (Dopamin passiert nicht) und im Gehirn zu Dopamin umgewandelt wird.
Eine *hyperkinetische Erkrankung* ist die **Chorea Huntington**, eine autosomal dominante Erbkrankheit. Durch den Verlust der GABA-Neurone ist die Kontrolle der Bewegungen durch inhibitorische GABAerge Verschaltungen gestört. Die Folge sind ausfahrende, willentlich nicht unterdrückbare Bewegungen der Arme und Hände (*Veitstanz*) und *fortschreitende Demenz*.
Einseitige vaskuläre Schädigung des Nucleus subthalamicus verursacht unwillkürliche Schleuderbewegungen (*Hemiballismus*).

Somatoviszerale Sensibilität

Der Mensch ist über Rezeptoren in der Lage, Signale aus der Umwelt oder aus dem Körperinneren aufzunehmen. Beispielsweise werden eine Berührung der Haut, die Stellung der Gelenke, oder auch bestimmte Informationen aus den Eingeweiden erfaßt und auf nervalem Wege ins ZNS weitergeleitet. Dabei gelangt nur ein geringer Teil der Informationen ins Bewußtsein und führt zu Empfindungen. Die Gesamtheit dieser Sinnessysteme faßt man unter dem Begriff **somatoviszerale Sensibilität** zusammen.
Die Rezeptoren, die Zustände oder Zustandsänderungen messen, sind über den gesamten Organismus verteilt. Sie vermitteln (entsprechend ihrer Lokalisation):

- die *Oberflächensensibilität* (Mechano- und Thermorezeption sowie Schmerzempfindung der Haut),
- die *Tiefensensibilität* (Stellung der Gelenke, Kraftentwicklung der Muskulatur),
- die *viszerale Sensibilität* (aus den Eingeweiden).

In allen Geweben findet man Rezeptoren des Schmerzsinnes (*Nozizeptoren*).

15.1 Oberflächensensibilität

Unsere Haut ist nicht nur ein gegen die Umwelt abgrenzendes Schutzorgan, sondern auch ein hochempfindliches Sinnesorgan. Viele Eigenschaften von Gegenständen (z. B. Struktur, Gewicht, Temperatur und Härte) werden durch aktives Betasten und Befühlen über den Hautsinn herausgefunden. Der Hautsinn wird unterteilt in die Submodalitäten Tast-, Temperatur- und Schmerzsinn. Treten an einem Ort gleichzeitig mehrere Empfindungen auf, werden sie zu einer Wahrnehmung zusammengefaßt.
Die Oberflächensensibilität umfaßt die *Mechano- und Thermorezeption.*

15.1.1 Mechanorezeptoren der Haut

Der **Tastsinn** vermittelt vier Sinnesqualitäten, nämlich:

- Druckempfindung,
- Berührungsempfindungen,
- Vibrationsempfindungen (bei mechanischen Schwingungen > 10 Hz),
- Kitzelempfindungen.

Berührungsempfindungen lassen sich besonders leicht an der Zungenspitze und der Fingerbeere auslösen. Beim aktiven Betasten tragen diese Empfindungen zum Erkennen von Gegenständen (Form und Oberfläche) bei.

Klinischer Bezug

Bei der *klinischen Sensibilitätsprüfung* wird durch das Bestreichen der Haut mit einem Wattebausch die Berührungsempfindlichkeit untersucht. Dabei können folgende Störungen festgestellt werden: **Hypästhesie** (verminderte Berührungsempfindlichkeit), **Anästhesie** (keine Berührungsempfindlichkeit) bzw. **Parästhesie** (andersartige Berührungsempfindlichkeit, Fehlempfindung als Kribbeln, Ameisenlaufen).

Mit Hilfe einer angeschlagenen Stimmgabel, die an markanten Knochenpunkten (z. B. Schlüsselbein, Schienbein, Patella) aufgesetzt wird, ist eine Überprüfung der Vibrationsempfindungen möglich. Bei Läsionen werden diese frühzeitig gestört. Die Störungen breiten sich segmental aus (bei Läsionen der Hinterwurzel des Rückenmarks) oder halbseitig (bei zerebralen Ausfällen).
Die Mechanorezeptoren reagieren auf nicht gewebeschädigende Reize. Aufgrund ihrer morphologischen und funktionellen Merkmale werden die verschiedenen Rezeptoren in drei Klassen einge-

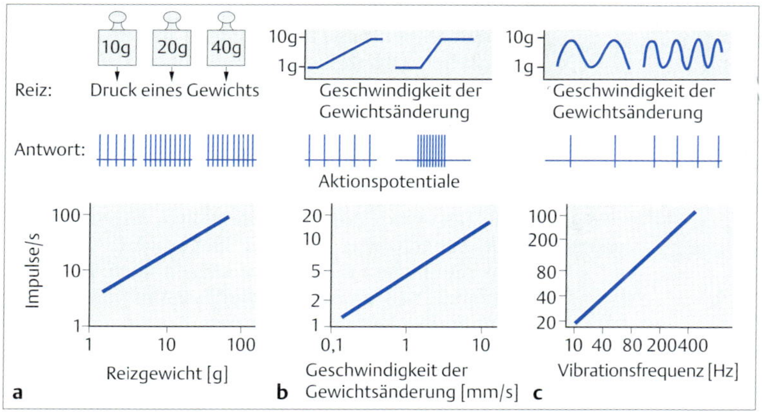

Abb. 15.**1** Reaktion der Hautrezeptoren (aus Silbernagl/Despopoulos, Thieme 1991)

teilt: *Intensitätsdetektoren, Geschwindigkeitsdetektoren* und *Beschleunigungsdetektoren.*

Intensitätsdetektoren

Sie reagieren auf gleichbleibende Druckreize, wie sie z. B. durch auf die Haut gelegte Gewichte ausgeübt werden, mit anhaltender Impulsbildung. Die Frequenz der Aktionspotentiale in den ableitenden Nerven der Intensitätsdetektoren ist proportional dem Druck des Gewichtes → *Proportionalrezeptoren* (P-Rezeptoren) (Abb. 15.**1a**). Die Rezeptoren, die auch auf Dehnungsreize ansprechen, reagieren bei gleichbleibenden Reizen mit anhaltender Impulserzeugung, erst nach längerer Zeit sinkt die Entladungsfrequenz → sie sind langsam adaptierend. Die Intensitätsdetektoren vermitteln Druck-, Spannungs- und Berührungsempfindungen. Zu ihnen gehören die **Merkel-Tastscheiben** (Merkel-Körperchen) (Abb. 15.**2**). Sie befinden sich in der Basalschicht des mehrschichtigen Plattenepithels zwischen marklosen Endverzweigungen markhaltiger Nervenfasern (als Axon-Merkel-Zell-Komplexe). Die tiefer liegenden **Ruffini-Körperchen** bestehen aus länglichen Geflechten markloser Nervenfasern, umgeben von einer Bindegewebskapsel.

Geschwindigkeitsdetektoren

Diese **Differentialrezeptoren**, (D-Rezeptoren) reagieren nur auf Änderungen des Reizes mit der Bildung von Aktionspotentialen. Die Impulsfrequenz ist proportional zur Geschwindigkeit der Reizänderung (Abb. 15.**1b**), d. h., sie adaptieren schnell.

> **! Merke**
>
> Geschwindigkeitsdetektoren werden nur während der Änderung eines Druckreizes erregt.

In der unbehaarten Haut kommen im Corium (Lederhaut) **Meißner-Körperchen** vor (Abb. 15.**2**), die in einer Bindegewebskapsel mehrere übereinander geschichtete Zellen enthalten. Zwischen den Zellen verzweigen sich die terminalen Endigungen markhaltiger Axone. Sie übermitteln Berührungs- und Vibrationsempfindungen und bei niedrigen Frequenzen Kitzelempfindungen. Geschwindigkeitsdetektoren der behaarten Haut sind die **Haarfollikelrezeptoren**, d. h., die terminalen Nervenverzweigungen enden in mehreren Haarfollikeln.

> **! Merke**
>
> Die Mehrzahl der Rezeptoren besitzen sowohl die Eigenschaften eines P- als auch eines D-Rezeptors und werden als PD-Rezeptoren bezeichnet.

Beschleunigungsdetektoren

Diese Rezeptoren werden von Vibrationen im Frequenzbereich bis 1000 Hz durch Beschleunigung erregt. Das bedeutet, ändert sich die Reizstärke einmalig, lösen sie nur einen Impuls aus. Ändert sich aber die Geschwindigkeit der Reizänderung fortlaufend (wie bei einer Vibration), ist die Impulsfrequenz zur Beschleunigung proportional (Abb. 15.**1c**). Zu den Beschleunigungsdetektoren gehören die **Vater-Pacini-Körperchen** (Abb. 15.**2**). Sie liegen in der Subcutis und sind schalenförmig aus mehreren Zellen aufgebaut. Die äußeren Schalen bilden Bindegewebszellen, die inneren ineinandergreifende Schwann-Zellen mit dem Axon in der Mitte. Dieser schalenartige Aufbau wird von der Beschleunigung erregt (größte Empfindlichkeit 200 – 300 Hz), vermittelt aber nicht die Eindrucktiefe des Reizes. Die Beschleunigungsdetektoren sind für Berührungs- und besonders Vibrationsempfindungen wichtig.

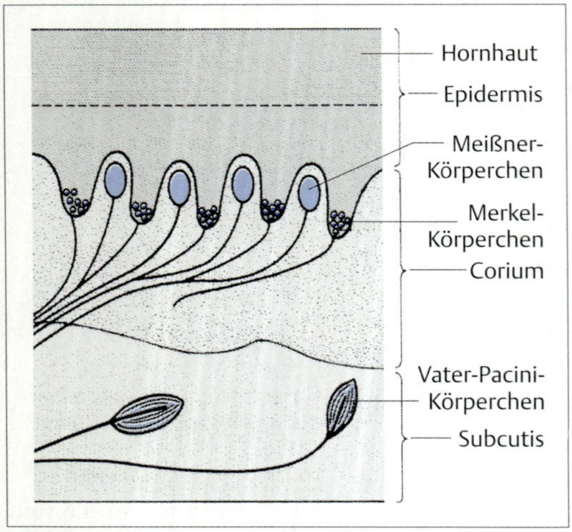

Abb. 15.2 Lage der Mechanorezeptoren in der unbehaarten Haut (aus Cotta/Heipertz/Hüter-Becker/Rompe, Thieme 1990)

Die Mechanorezeptoren sind als *primäre Sinneszellen* zu betrachten, da sie die Endungen afferenter Nerven darstellen. Oftmals ist ein Rezeptor an der Vermittlung mehrerer Empfindungen beteiligt (Abb. 15.**3**).

Räumliches Auflösungsvermögen

Aufgrund der unterschiedlichen Verteilung der Rezeptoren ist der Tastsinn verschieden ausgeprägt. Die Tastpunkte sind besonders dicht angeordnet an der Zungenspitze und der Fingerbeere, somit ist das räumliche Auflösungsvermögen hoch. Damit ist gemeint, daß die taktile (den Tastsinn betreffende) Empfindlichkeit dort so groß ist, das zwei punktförmige mechanische Reize (z. B. zwei Zirkelspitzen) im Abstand von ca. 5 mm unterschieden werden können. Zu diesem Ergebnis kam man durch Bestimmung der *Raumschwelle* (*Zweipunktschwelle, Zweipunktdiskrimination*), die den minimalen Abstand zwischen zwei Reizen, die gerade noch als getrennte Reize wahrzunehmen sind, angibt. Die beiden mechanischen Reize können gleichzeitig (*simultane Raumschwelle*) oder nacheinander (*sukzessive Raumschwelle*) gesetzt werden.

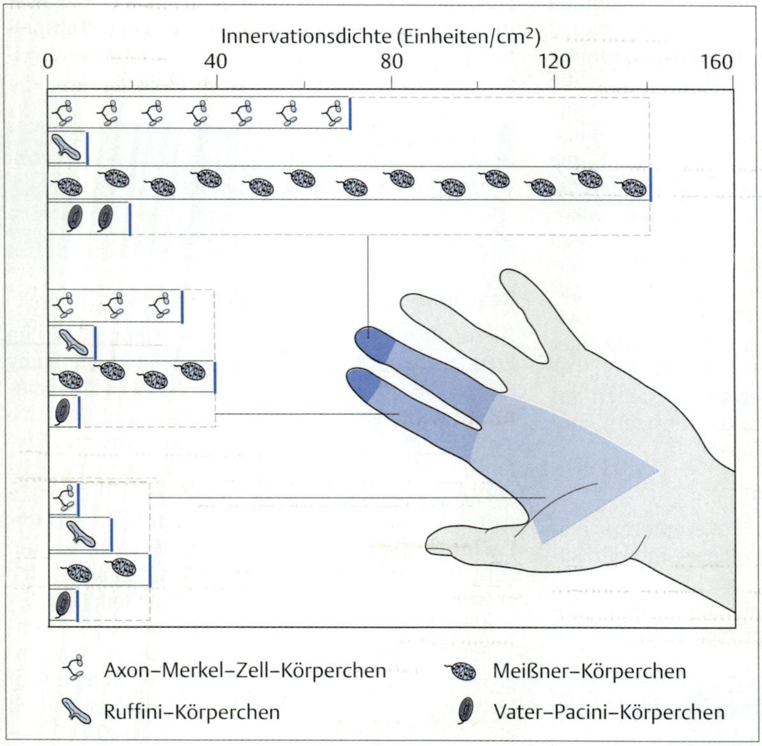

Abb. 15.**3** Mechanorezeptoren der unbehaarten Haut, ihre Innervationsdichte und die vermittelten Empfindungen (nach Klinke/Silbernagl, Thieme 1994)

Merke

Die simultane Raumschwelle ist größer als die sukzessive. Das räumliche Auflösungsvermögen bei simultanen Reizen ist an der Zungenspitze am besten (1 mm) und nimmt in folgender Richtung ab: Zungenspitze < Fingerbeere < Lippen < Extremitäten < Rükken (70 mm).

Das räumliche Auflösungsvermögen wird beeinflußt durch die Rezeptordichte und die Innervationsdichte afferenter sensibler Nervenfasern (wieviel Nervenfasern pro cm² Hautfläche). Die Größe des sog. *rezeptiven Feldes* (das Areal, von dem eine afferente mechanosensitive Nervenfaser durch einen Reiz erregt werden kann) ist dafür nicht entscheidend.

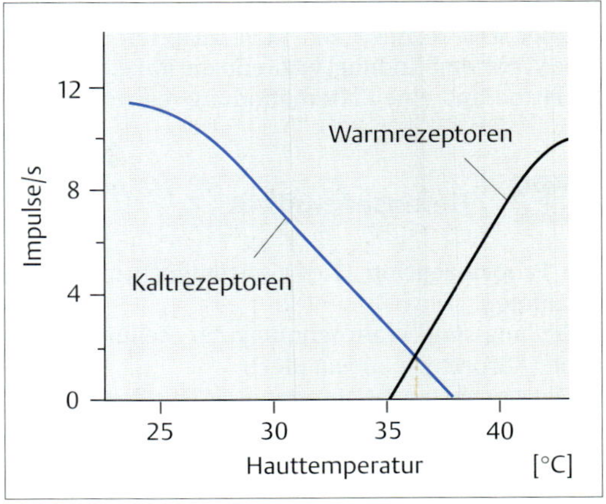

Abb. 15.**4** Reaktion der Thermorezeptoren

15.1.2 Thermorezeptoren

Der Mensch ist in der Lage, die Temperatur qualitativ in „warm" und „kalt" mit den jeweiligen Abstufungen wahrzunehmen. Man kann auf der Haut sog. Warm- und Kaltpunkte unterscheiden, die unterschiedlich verteilt sind, d. h. die Temperaturempfindlichkeit ist lokal verschieden.

Die Thermorezeption wird durch Kalt- und Warmrezeptoren vermittelt (Abb. 15.**4**). Die **Kaltrezeptoren** reagieren bei normalen Hauttemperaturen spontanaktiv – auf Abkühlung mit einer Zunahme der Impulsfrequenz, bei Erwärmung mit Abnahme der Impulsfrequenz. Ihr Empfindlichkeitsoptimum haben sie um 25 °C, unterhalb 10 °C und bei 40 °C reagieren sie meist nicht mehr. Einige Kaltrezeptoren werden bei Temperaturen über 45 °C nochmals aktiv, was zur *paradoxen Kaltempfindung* (z. B. beim Einstieg in ein sehr warmes Bad) führt.

Die **Warmrezeptoren** sind im Bereich um 40 °C spontanaktiv, sie reagieren auf Erwärmung der Haut mit einer Frequenzsteigerung.

Beide Rezeptortypen reagieren auf Temperaturveränderungen, sie sind PD-Rezeptoren. Dabei ist die Frequenzzunahme um so größer, je schneller und stärker sich die Temperatur ändert.

Die Ausgangsposition und die Geschwindigkeit der Rezeptoren spielen bei der Frequenzänderung eine wesentliche Rolle. Daraus folgt, daß die Thermorezeptoren keine absoluten Temperaturwerte, sondern die Geschwindigkeit und das Ausmaß der Temperaturänderung vermitteln. Temperaturerniedrigung aktiviert die Kaltrezeptoren, die Frequenz ihrer Aktionspotentiale steigt. Diese Aktivitätszunahme wird als Abkühlung empfunden. Die Kaltrezeptoren adaptieren schnell, so daß sich ein stationärer Frequenzwert einstellt, der geringer als der Ausgangswert ist. Anschließend wird die anfängliche Frequenz wiederhergestellt.

Die Warmrezeptoren werden durch ansteigende Temperaturen aktiviert und adaptieren ähnlich schnell wie die Kaltrezeptoren, d. h., die Frequenz stellt sich nach der Aktivierung auf einen stationären Wert ein, der über Temperaturrückstellung auf den Ausgangswert zurückgeht. Die Afferenzen der Warmrezeptoren sind marklose Nervenfasern, die der Kaltrezeptoren können sowohl marklos als auch markhaltig sein.

Allgemein findet man in der Haut mehr Kaltpunkte als Warmpunkte.

Merke

Eine Aktivitätssteigerung der Kaltrezeptoren vermittelt die Empfindung Abkühlung, eine Aktivitätszunahme der Warmrezeptoren vermittelt Erwärmung.

Adaptation

Der Temperatursinn adaptiert nicht in allen Bereichen vollständig. Der Bereich der *Indifferenztemperatur* ist der Temperaturbereich, in dem eine vollständige Adaptation der Temperaturempfindung auftritt (36° – 30 °C). Temperaturen > 36 °C werden als dauernd warm, Temperaturen < 30 °C als dauernd kalt empfunden, so ergibt sich eine Schutzfunktion vor möglichen Hautschädigungen.

Die Adaptationsfähigkeit der Thermorezeptoren kann zu Fehlbeurteilungen führen, wie es im sog. *Weber-Dreischalenversuch* der Fall ist. Die rechte Hand taucht man in eine Schale mit kaltem Wasser, die linke in warmes Wasser. Nach einiger Zeit taucht

Physiologie

man beide in die dritte Schale mit lauwarmem Wasser. Die rechte Hand (kalt adaptiert) verspürt eine Warmempfindung, während die linke, warm adaptierte Hand eine Kaltempfindung registriert.

15.2 Tiefensensibilität

Die **Propriozeption** (*Tiefensensibilität*) umfaßt die Qualitäten:

- *Stellungssinn* (Wahrnehmung der Stellung einzelner Körperteile zueinander),
- *Bewegungssinn* (Wahrnehmung von Bewegungen der Glieder),
- *Kraftsinn* (Wahrnehmung der entfalteten Muskelkraft).

Die Empfindungen werden von verschiedenen Mechanorezeptoren aus den Gelenken, Sehnen und Muskeln vermittelt. Der Stellungssinn, der fast nicht adaptiert, wird durch die Muskelspindeln (messen die Muskellänge) und die Golgi-Sehnenorgane (messen die Muskelspannung) vermittelt. Zum Stellungssinn tragen die Mechanorezeptoren in der Gelenkkapsel bei. Man unterscheidet Rezeptoren vom Ruffini- und Pacinityp, wie sie auch in Sehnen und der Haut vorkommen. Sie adaptieren langsam (Ruffinityp) oder schnell (Pacinityp) und leiten ihre Impulse in markhaltigen Axonen ab (s. 14.1.2), im Gegensatz zu den rezeptiven marklosen Nervenendigungen, die nur starke mechanische Reize registrieren. Zusätzlich zu den Mechanorezeptoren der Muskeln und Gelenke vermitteln auch die langsam adaptierenden Mechanorezeptoren der Haut Informationen über die Gelenkstellung.

Die Propriozeption arbeitet sehr präzise, damit die Informationen nicht nur zum ZNS gemeldet, sondern dort auch mit efferenten Bewegungsbefehlen verglichen werden können (Efferenzkopie), um somit die Tiefensensibilität optimal auf zentraler Ebene zu integrieren. Die Propriorezeptoren registrieren bei der Gelenkstellung den Winkel in den Gelenken bis auf zwei Grad genau. Der Bewegungssinn, der nicht adaptiert, ist in den proximalen Gelenken (z. B. Schultergelenk) präziser ausgeprägt, d. h. er hat eine niedrigere Schwelle für die Auslenkung als beispielsweise am Fingergelenk. Der Kraftsinn adaptiert zum geringen Teil; werden z. B. mehrere gleich schwere Gewichte nacheinander gehoben, wird das letzte als leichter empfunden. Die Unterschiedsschwelle für Gewichte liegt bei ca. 3%, abhängig von der Größe der Kräfte, die getestet werden sollen. Die Schwelle steigt bei geringen ($< 1\,N$) bzw. größeren Kräften ($> 50\,N$) an.

Klinischer Bezug

Die Bewegungsempfindungen überprüft man in der Klinik, indem man die Finger oder Zehen des Patienten passiv bewegt, und dieser mit geschlossenen Augen die Bewegungsrichtung angeben muß. Bei Störungen in der Integrationsleistung des ZNS kann es zu Erkennungsstörungen (**Agnosie**) kommen.

15.3 Schmerzwahrnehmung (Nozizeption)

Es handelt sich dabei um eine subjektive Gefühls- und Sinnesempfindung, die als Folge einer Aktivierung des nozizeptiven Systems auftritt, wobei eine Erregung von *Nozizeptoren* (Rezeptoren des Schmerzsinnes) dazu nicht unbedingt erforderlich ist. *Schmerz* ist die Meldung, daß den Körper im Inneren oder von außen ein Schaden trifft (*Nozizeption*). Ausgelöst wird der Schmerz durch gewebeschädigende oder potentiell gewebeschädigende Reize (chemische, thermische und mechanische Noxen). Ein Beispiel für einen chemischen schmerzauslösenden Reiz sind *endogene Schmerzstoffe*:

- Bradykinin
- Serotonin
- Histamin
- Kalium

Metabolite, wie z. B. Prostaglandine und Leukotriene, sensibilisieren die Nozizeptoren.

Wichtig ist, daß nicht jedem Schmerz eine Noxe zugrunde liegt, deshalb sind Schmerz und Nozizeption nicht stets gleichzusetzen. Schmerz und Nozizeption haben die Aufgabe, innere und äußere Schädigungen zu erfassen, an das ZNS zu melden, um häufig motorische Reaktionen auszulösen, die den Schaden begrenzen.

Die Modalität Schmerz läßt sich nach ihrer Lokalisation in die Qualitäten *somatischer* und *viszeraler* Schmerz unterteilen. Die Schmerzpunkte liegen auf der Haut und im Körperinneren. Sie sind dichter angeordnet als die Druck- und Temperaturpunkte.

15.3.1 Schmerzarten

Die Qualität somatischer Schmerz umfaßt die Subqualitäten Oberflächenschmerz (von der Haut) und Tiefenschmerz (aus den Muskeln, Knochen, Gelenken und dem Bindegewebe). Ein Nadelstich in die Haut löst beispielsweise einen **Oberflächenschmerz** aus, der zwei typische Komponenten hat. Der *erste helle Schmerz* (Afferenz: Gruppe-III-Fasern) ist gut lokalisierbar und klingt schnell ab. Nach einer Latenzzeit bis zu 1 s folgt ein *zweiter dumpfer Schmerz* (Afferenz: Gruppe-IV-Fasern), der schwer lokalisierbar ist und nur langsam abklingt. Der helle Schmerz löst oft Abwehr- und Fluchtreaktionen aus (z. B. schnelles Wegziehen der Hand von heißer Herdplatte), während der dumpfe Schmerz mehr zur Ruhigstellung und Schonung sowie Hemmung führt. Der **Tiefenschmerz** hat ebenfalls dumpfen, z. T. brennenden Charakter und ist schlecht lokalisierbar, da er oftmals in die Umgebung ausstrahlt. Er ist affektiv getönt, löst Unlust und ggf. Depressionen aus. Die zum Tiefenschmerz gehörenden akuten oder chronischen Gelenkschmerzen sind die häufigsten Schmerzformen beim Menschen und führen (wie der dumpfe Oberflächenschmerz) zur Ruhigstellung und Schonung.

Der **viszerale Schmerz** stammt aus den Eingeweiden und kann durch Spasmen (zu starke Kontraktionen), fehlende Durchblutung (Ischämie) oder starke Dehnung der Hohlorgane (z. B. Gallenblase) auftreten. Dieser Schmerz ist wenig begrenzt, dumpf, brennend oder stechend. Bei starker Intensität ist der viszerale Schmerz von vegetativen Symptomen, wie z. B. Schweißausbruch, Brechreiz, Erbrechen und evtl. Kollaps, begleitet.

Ein weiteres Beurteilungskriterium des Schmerzes ist seine Dauer:

Akute Schmerzen (z. B. Schnittverletzung der Hand) sind eindeutig lokalisierbar. Ihr Ausmaß korreliert stark mit der Reizintensität und ist somit ein Warnsignal für den Organismus.

Chronische Schmerzen sind dauerhafte oder immer wiederkehrende Schmerzen (z. B. Migräne), die länger als ½ Jahr andauern. Es gibt keine eindeutige Beziehung zwischen Ausmaß der Schädigung und Schmerzintensität. Da den chronischen Schmerzen meistens keine physiologische Aufgabe (wie Signalfunktion) zugeschrieben werden kann, sind sie in dieser Hinsicht sinnlos, können aber beispielsweise eine soziale Funktion haben. Chronische Schmerzen können auch durch persönliche Konfliktsituationen ausgelöst werden → *psychogener Schmerz.*

Klinischer Bezug

Psychogener Schmerz kann sich in Form der **Konversionsneurose** äußern. Dabei empfindet der Patient heftigste viszerale Schmerzen, ohne daß eine Organschädigung oder Funktionsstörung vorliegt. Ursache der Schmerzen ist meist ein psychischer Konflikt, den der Patient nicht anders als in Form von Schmerz verarbeiten kann.

Die **Nozizeptoren** (Rezeptoren des Schmerzsinnes) sind freie Nervenendigungen mit dünneren markhaltigen (Gruppe III-Fasern) oder marklosen Nervenfasern (Gruppe-IV-Fasern). Sie werden durch Reize hoher gewebeschädigender Intensität erregt. Man findet in der Haut überwiegend polymodale Nozizeptoren, die sowohl auf mechanische, thermische und chemische Reize ansprechen. Die mechano- und thermosensitiven Nervenendigungen lösen Schmerzempfindungen aus und führen zu affektiv-vegetativen Begleitphänomenen sowie Flucht- und Abwehrreflexen.

Projizierter Schmerz: Impulsaktivitäten, die durch eine Einwirkung geeigneter Noxen (z. B. heftige mechanische Reizung) auf die afferente Nervenfaser in ihrem peripheren Verlauf ausgelöst werden, werden vom Bewußtsein in das Versorgungsgebiet der Faser projiziert, da solche Impulse normalerweise aus den Sensoren dieses Gebietes kommen. Daraus folgt, daß der projizierte Schmerz in Gebieten auftritt, in denen keine Noxen wirken. So führt z. B. eine mechanische Reizung des N. ulnaris im Bereich des Ellenbogengelenks zu einem noch in den Spitzen des 4. und 5. Fingers spürbaren Schmerzereignis.

Übertragener Schmerz: Grundlage dafür ist, daß die Afferenzen der Eingeweide, Haut oder Muskeln oftmals auf dieselben Ursprungszellen der aufsteigenden nozizeptiven Bahnen projizieren oder Axonkollateralen darstellen. Erregungen zentraler nozizeptiver Neurone werden aufgrund von Erfahrungen als Schmerz in die Peripherie interpretiert. Dadurch werden die Schmerzen innerer Organe auf die Haut der zugehörigen Dermatome übertragen, man spricht von den *Head-Zonen* (s. a. 15.5). Zu den typischen Head-Zonen zählen folgende:

- bei Durchblutungsstörungen der koronaren Strombahn → Schmerzen in der linken Schulter und im linken Arm,
- Galle → rechter Oberbauch bis zum Rücken, rechte Schulter,
- Pankreas → Oberbauch, gürtelförmig in den Rücken ausstrahlend.

Merke

Der Schmerz adaptiert nicht. Die Schmerzschwelle kann lediglich durch wiederholte Reizung sinken *(Sensibilisierung).*

15.3.2 Störungen der Nozizeption

Störungen der Nozizeption beruhen auf einer Veränderung der Schmerzempfindlichkeit. Man unterscheidet:

- *Hyperalgesie:* Dabei liegt eine Steigerung der Nozizeption vor, die auf einer Herabsetzung des Schwellenwertes beruht.

- *Analgesie:* Eine aufgehobene Schmerzempfindlichkeit bei noxischer Reizung. Sie tritt z. B. bei Durchtrennung eines cutanen Nerven in dessen Versorgungsgebiet auf bzw. bei lokaler Anästhesie.
- *Hyperästhesie* (Überempfindlichkeit) oder *Hypästhesie* (Unterempfindlichkeit): Darunter versteht man eine Veränderung der Empfindlichkeit auf nichtnoxische Reize.
- Der *Juckreiz* ist eine besondere Form des Schmerzreizes, da an seinem Zustandekommen Schmerzrezeptoren beteiligt sind. Wann eine Erregung der Nozizeptoren ein Schmerzereignis oder ein Jucken auslösen ist nicht genau geklärt. Sicher ist, daß bestimmte Mediatoren (z. B. Histamin, Trypsin, Kallikrein), die Psyche und das Gefäßsystem der Haut an der Entstehung beteiligt sind.

Klinischer Bezug

In der Klinik wird die **Schmerzempfindlichkeit** wie folgt überprüft. Mit einem stumpfen und einem spitzen Gegenstand (Kanüle und Nadel) wird die Haut des Patienten gereizt. Dieser muß mit geschlossenen Augen die Empfindung (stumpf oder spitz) beschreiben.

Auf die Methoden der Schmerzmessung und psychologische Aspekte, z. B. Schmerzwahrnehmung, wird in der Psychologie (s. 2.2.4) näher eingegangen.

15.3.3 Schmerzhemmung

Endogene Schmerzhemmung: Ist es sinnvoll, ein Schmerzereignis zu unterdrücken, z. B. auf der Flucht vor einer Gefahr, werden körpereigene (endogene) Morphine, s. g. *Endorphine* (α-, β-, γ-Endorphine, Enkephaline), freigesetzt. Diese Peptide binden an spezifische Rezeptoren des nozizeptiven Systems und hemmen dort die Schmerzweiterleitung zum ZNS. Endorphine sind auch an der Regulation der Körpertemperatur, der Kontrolle der hypophysären Inkretion, der Steuerung des Antriebs und des Verhaltens beteiligt und bewirken eine Hemmung der Darmmotilität.

Exogene Schmerzhemmung: Es existiert heute eine breite Palette an Möglichkeiten zur wirksamen Schmerzbekämpfung.

- **Morphinderivate** wirken wie Endorphine und werden bei schweren chronischen Schmerzzuständen, wie sie z. B. durch einen Tumor ausgelöst werden, eingesetzt. Auch bei schweren akuten Schmerzen, z. B. nach einem Trauma oder beim Herzinfarkt, können Opiate unter Beachtung der Nebenwirkungen (Atemdepression, Suchtgefahr etc.) eingesetzt werden.
- **Periphere Analgetika** wie Acetylsalicylsäure (ASS) oder Paracetamol wirken über eine Hemmung der Cyclooxygenase, die an der Bildung von Entzündungsmediatoren (z. B. Prostaglandine) beteiligt ist.
- **Lokalanästhetika** blockieren Na^+-Kanäle an peripheren Nerven, so daß keine Depolarisation erfolgt und der Schmerz nicht weitergeleitet wird.
- **Physikalische Methoden** wie Wärme, Kälte oder elektrische Reizung zeigen bei manchen Schmerzformen gute Erfolge.
- **Akupunktur** ist eine in der Schmerztherapie mittlerweile weit verbreitete und eine wirksame Methode, die insbesondere bei Patienten, die unter den Nebenwirkungen der pharmazeutischen Therapeutika leiden, angezeigt ist.
- Wie oben bereits erwähnt können sich **psychische Probleme** auch als Schmerzen bemerkbar machen. In einem solchen Fall können **psychologische Verfahren** wie z. B. Hypnose, Psychotherapie oder autogenes Training helfen. Auch die Gabe von **Psychopharmaka** kann durch ihre stimmungsaufhellende und antidepressive Wirkung indiziert sein.

15.4 Sonstige viszerale Rezeptoren

Chemo-, Presso- und Osmorezeptoren s. 4.2.3 und 5.6.1.

15.5 Sensorische Informationsverarbeitung

Die Verarbeitung sensorischer Signale beginnt bereits im Rückenmark. Bevor auf einzelne Details eingegangen wird, soll an folgenden Aspekt erinnert werden. Die Innervationsgebiete der peripheren Nerven sind scharf begrenzt und überlappen kaum. Aufgrund der Umbündelung der peripheren Nerven zu Spinalnerven sind die Innervationsgebiete der Hinterwurzeln, die sog. *Dermatome*, weniger scharf begrenzt und zeigen Überlappungen. Diejenigen Dermatome, deren Rückenmarkssegment ein inneres Organ peripher innervieren, bilden die *Head-Zone* dieses Organs. Die Head-Zonen spielen bei der Übertragung von Schmerzen eine Rolle (s. 15.3).
Die somatosensorischen Afferenzen sind im Hinterhorn so verschaltet, daß Afferenzen aus der Haut und den inneren Organen auf dieselben Neurone konvergieren, welches zur falschen Lokalisation des Schmerzen führt (übertragener Schmerz). Die Afferenzen treten durch die Hinterwurzel ins Rücken-

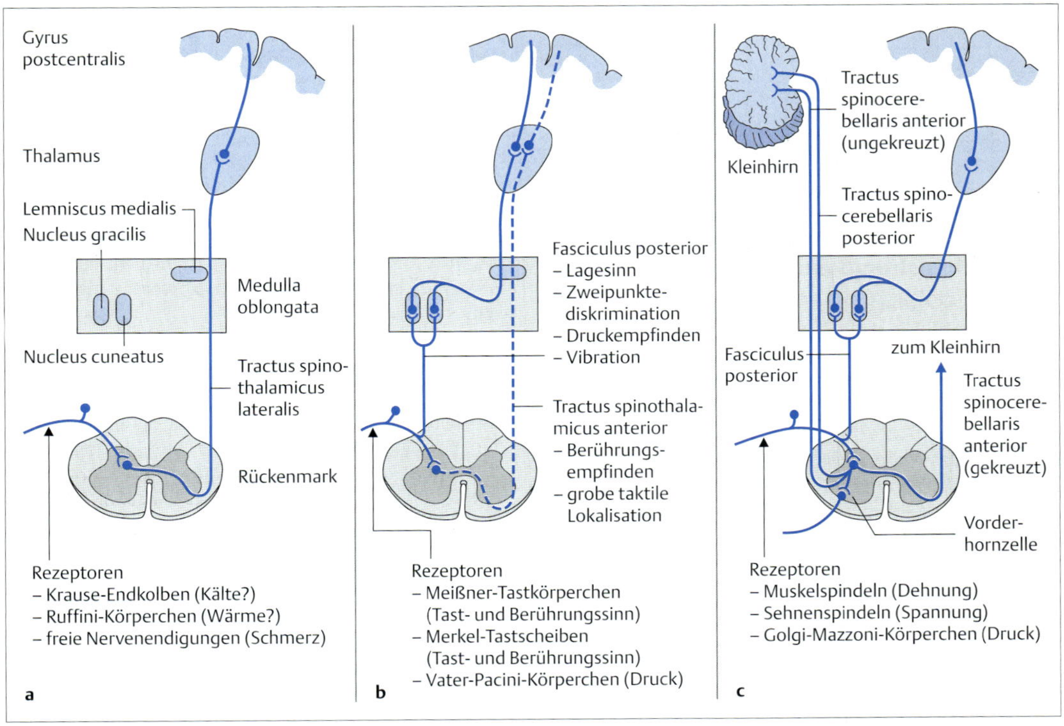

Abb. 15.**5** Leitung und Verarbeitung sensorischer Informationen im ZNS, **a** Schmerz und Temperatur, **b** Druck und Berührung, **c** Lage und Bewegung (aus Kunze, Thieme 1992)

mark ein und werden in zwei getrennten Systemen, dem *Hinterstrang-* und dem *Vorderseitenstrangsystem* ins ZNS geleitet.

Hinterstrangsystem

Das Hinterstrangsystem ist funktionell für die Propriozeption und die Mechanorezeption zuständig. Da es anatomisch und physiologisch klar abgrenzbar ist, wird es als spezifisches System der Somatosensorik bezeichnet. Dieses besteht aus direkten Kollateralen der dicken myelinisierten Fasern (Gruppe I und II) der Spinalnerven. Die Afferenzen stammen von niederschwelligen Mechanorezeptoren der Haut, Muskelspindeln, Sehnenorganen und Gelenkstellungssensoren. Sie steigen im *Fasciculus cuneatus* bzw. wenn sie in die Segmente unterhalb Th 6 eintreten, im *Fasciculus gracilis* auf. Beide Fasciculi, die zum Hinterstrangsystem (auch *Funiculus dorsalis* genannt) gehören, sind schnelleitend und werden im Rückenmark *nicht* umgeschaltet. Sie steigen ipsilateral im Rückenmark auf und werden erstmalig in den Hinterstrangkernen der Medulla oblongata umgeschaltet (Abb. 15.**5**). Der Funiculus dorsalis kreuzt zur Gegenseite und zieht in den Thalamus zum Nucleus ventralis posterolateralis (VPL). Die dritte synaptische Umschaltung findet im somatosensorischen Cortex (Area 3, 2, 1) statt. (Primärer und sekundärer somatosensorischer Cortex s.u.)

Die epikritische Sensibilität des Kopfes (Erkennen feinerer Temperatur- und Berührungsempfindungen sowie Empfindung von Bewegung, Stellung und Kraft) wird über Trigeminuskollateralen vermittelt, die im Hauptkern des N. trigeminus im Hirnstamm synaptisch umgeschaltet werden. Nach ihrer Kreuzung zur Gegenseite schließen sie sich als *Tractus trigeminalis* dem Funiculus dorsalis an und werden im Thalamus im Nucleus ventralis posteromedialis (VPM) umgeschaltet.

Das Hinterstrangsystem weist als Besonderheit eine topographische Zuordnung zwischen der Haut und den zentralnervösen Umschaltstationen auf, d. h., es ist *somatotopisch* gegliedert. Somit werden präzise taktile und propriozeptive Empfindungen vermittelt, die besonders für die Zweipunktdiskrimination sowie für komplexe sensomotorische Funktionen (z. B. Lesen der Blindenschrift) wichtig sind.

Klinischer Bezug

Eine **einseitige Unterbrechung des Hinterstrangsystems** führt unterhalb der Läsion ipsilateral zum Ausfall der Vibrationsempfindungen, der zeitlich-räumlichen Zweipunktdiskrimination und der Formwahrnehmung von Gegenständen. Druck- und Berührungsempfindungen sind stark beeinträchtigt.

Vorderseitenstrangsystem

Das Vorderseitenstrangsystem vermittelt vorwiegend Sensibilität und Schmerz, aber auch niederschwellige Mechanorezeption der Haut. Es erhält afferente Zuflüsse über die Spinalnerven und vom N. trigeminus. Die Rückenmarksneurone der Afferenzen liegen im Hinterhorn bzw. im spinalen Trigeminuskern. Das Vorderseitenstrangsystem *kreuzt auf Rückenmarksebene* zur Gegenseite. Auf den jeweils höheren Segmenten legen sich die Axone der aufsteigenden Bahn an, so daß eine segmentale Schichtung zu erkennen ist. Die Zielgebiete der Afferenzen sind unterschiedlich (Abb. 15.**5**), so daß man die folgenden Faseranteile unterscheidet:

- *Tractus spinothalamicus ventralis* (vermittelt Druck- und Berührungsempfindungen) und *Tractus spinothalamicus lateralis*, der Schmerz- und Temperaturempfindungen überträgt, legen sich im Mittelhirn dem Tractus medialis an und enden im Thalamus am VPL, VPM sowie an intralaminären Kernen,
- *Tractus spinoreticularis*, der zur Formatio reticularis zieht,
- *Tractus spinotectalis*, der im Tektum endet.

Das Vorderseitenstrangsystem weist *keine ausgeprägte Somatotopie* auf, auch sind die Projektionen zum Cortex nicht so deutlich wie die des Hinterstrangsystems. Die Bedeutung anderer aufsteigender Bahnen, z. B. die der Tractus spinocerebellares bzw. intersegmentaler Verschaltungen, ist noch nicht geklärt.

Klinischer Bezug

Einseitige Unterbrechung des Vorderseitenstrangsystems führt auf der kontralateralen Seite zum völligen Ausfall der Schmerz- und Temperaturempfindung sowie zur Beeinträchtigung der taktilen Sensibilität.

Unspezifisches System

Das unspezifische System ist für generalisierte Reaktionen, wie z. B. Weckreaktion, Blutdruckreaktion oder affektive Verhaltensweisen, zuständig. Diese Reaktionen werden durch Sinnesreize und insbesondere durch Schmerzreize ausgelöst. Das unspezifische System ist in der Formatio reticularis und im medialen Anteil des Thalamus lokalisiert. Die afferenten sensorischen Informationen werden hauptsächlich vom Vorderseitenstrangsystem zugeführt, so daß es als Teil dieses unspezifischen Systems angesehen wird.

Klinischer Bezug

Eine halbseitige Durchtrennung des Rückenmarks führt zum **Brown-Séquard-Syndrom.** Diese Sensibilitätsstörungen sind in beiden Körperhälften verschieden, da nicht alle aufsteigenden Bahnen auf Rückenmarksebene kreuzen. *Ipsilateral* fallen Tastsinn und Motorik aus, wobei die Schmerz- und Temperatursensibilität bestehen bleiben. *Kontralateral* kommt es zum Ausfall von Schmerz- und Temperaturempfindungen, die Tastwahrnehmungen und die Motorik bleiben erhalten. Deshalb wird dieses Syndrom auch als *dissoziierte Empfindungsstörung* bezeichnet.

Die weitere zentrale Verarbeitung somatoviszeraler Signale findet auf drei Ebenen statt:

- im Hirnstamm,
- im Thalamus,
- im somatosensorischen Cortex.

Verarbeitung im Hirnstamm: Das Integrationsgebiet des unspezifischen Systems ist der Hirnstamm. Die übermittelten Informationen werden über unspezifische Projektionen medialer Thalamuskerne und das aufsteigende retikuläre aktivierende System vom Hirnstamm zur Großhirnrinde geleitet. Dort beeinflussen sie die Vigilanz (Wachheit) und Aufmerksamkeit. Die somatoviszeralen Signale wirken über die Verschaltung der Formatio reticularis mit dem limbischen System auf das Gefühlsleben, man sagt, sie sind affektiv getönt. Die Afferenzen führen ebenso zur Auslösung motorischer und autonomer Reaktionen, da die Formatio reticularis zu den motorischen Zentren des Hirnstamms zählt (s. 14.2). So lösen Signale der Nozizeptoren Fluchtreflexe aus.

Verarbeitung im Thalamus: Der Thalamus ist die wichtigste Umschaltstation aller somatosensorischen Signale, bevor diese zum somatosensorischen Cortex geleitet werden. Die aufsteigenden Bahnen enden an verschiedenen *thalamischen Relaiskernen.* Der ventrobasale Kernkomplex ist somatotopisch geschichtet, d. h. im VPL (Nucleus ventralis posterolateralis thalami) ist der Körper repräsentiert (dorthin zieht der Tractus medialis) und im VPM (Nucleus ventralis posteromedialis thalami) das Gesicht, dort endet der Tractus trigeminothalamicus. Die spinothalamischen Bahnen und der Tractus medialis ziehen ebenso zum posterioren Kernkomplex, um in den sekundären somatosensorischen Cortex (S II) und den Assoziationskortex zu projizieren. Der posteriore Kernkomplex ist nicht somatotopisch gegliedert und wird oft nur durch noxische Signale aktiviert. Die intralaminären Thalamuskerne projizieren ebenso in corticale und subcorticale Areale. Posteriore und intralaminäre Kerne sind vermutlich an der Schmerzwahrnehmung beteiligt. Genaueres ist noch nicht bekannt.

Die *spezifischen Thalamus-Cortex-Verbindungen* lassen sich bestimmten Thalamusarealen zuordnen, wie es bei der *Hörbahn* (Corpus geniculatum mediale) und bei der *Sehbahn* (Corpus geniculatum laterale) der Fall ist. Diese Areale stehen somit auch unter rückläufiger zentraler Kontrolle, die sie hemmen oder erregen kann.

Verarbeitung im somatosensorischen Cortex: Der *primär somatosensorische Cortex (S I)* liegt auf dem *Gyrus postcentralis* (Area 3, 2, 1), der durch den Sulcus centralis vom primären motorischen Cortex auf dem Gyrus praecentralis getrennt ist. S I ist somatotopisch gegliedert, die Körperoberfläche ist, ihrer sensorischen Wertigkeit entsprechend, abgebildet (s. Anatomie Abb. 9.**13**). Diese Somatotopie ist ein verzerrtes Bild der Peripherie, da Areale mit hoher sensorischer Innervationsdichte, wie z. B. Finger und Mund, große Cortexareale beanspruchen (somatosensorischer Homunculus).

Merke

Entsprechend dem afferenten Faserverlauf ist jeweils die kontralaterale Körperseite auf S I einer Hemisphäre abgebildet.

Der *sekundäre somatosensorische Cortex (S II)* schließt sich S I an. Er ist weniger deutlich somatotopisch gegliedert und weist die Besonderheit auf, daß beide Körperhälften in ihm repräsentiert sind. Die Zellen haben größtenteils bilaterale rezeptive Felder, weshalb S II eine koordinierende Funktion sensorischer und motorischer Abläufe (z. B. beidhändiges Ergreifen eines Gegenstandes) zugeschrieben werden könnte.

S I und S II werden durch Reize aktiviert bzw. über die Verschaltung mit Interneuronen gehemmt. Dabei korreliert die Reizstärke mit der Frequenz der aktivierten Zellen und der Größe der aktiven Zellpopulation im Cortex. Die Aktivität der Projektionsfelder vermittelt die Empfindung. Eine Wahrnehmung des Reizes ist aber erst durch Verknüpfung von S I und S II mit Assoziationsfeldern möglich, deren Fasern die Aufgabe haben, corticale Zellen innerhalb einer Hemisphäre zu verbinden. Sind sie gestört, ist eine Wahrnehmung (inhaltliche Erkennung der durch den Reiz vermittelten Information) nicht möglich (*Agnosie*).

Die somatosensorischen Projektionsfelder der hochspezialisierten Sinnesorgane Ohr und Auge befinden sich im Temporal- bzw. Okzipitallappen.

Klinischer Bezug

Läsionen im Bereich des somatosensorischen Cortex führen kontralateral zum Verlust des Tast-, Stellungs- und Bewegungssinns, Druck- und Berührungsempfindungen sind erheblich eingeschränkt. Schmerz- und Temperaturreize werden noch wahrgenommen, sind aber schlecht lokalisierbar.

Auf allen Ebenen der Verarbeitung somatosensorischer Informationen hat der Cortex über absteigende Bahnen die Möglichkeit, auf die afferente Informationsübertragung erregend oder hemmend Einfluß zu nehmen (z. B. bewirkt eine absteigende Hemmung eine Anhebung der Schwellenwertes).

Sehen

*, ca 2 mm³/min

Das Sehen ist der Sinn des Menschen, der ihm erlaubt, optische Reize zu verarbeiten und wahrzunehmen. Dazu benötigt er als primäres Sinnesorgan das Auge. Als Sinnesreiz empfindet das Auge elektromagnetische Wellen im Bereich von ca. 400–800 nm Wellenlänge.

16.1 Abbildender Apparat

Der abbildende Apparat ist das Auge, bestehend aus dem Bulbus oculi, den Augenlidern und den Augenmuskeln.

16.1.1 Bulbus oculi

Aufbau des Bulbus oculi

Der Bulbus oculi ist der Augapfel des Menschen, durch den Lichtreize aufgenommen werden.
Die Wand des Bulbus oculi besteht aus drei Schichten:

- *Die äußere Schicht:* Cornea (Hornhaut) und Conjunctiva im vorderen Teil und Sclera im übrigen Bereich.
- *Die mittlere Schicht:* die vaskuläre Schicht, die die Iris und das Choroideum enthält.
- *Die innere Schicht:* die neurale Schicht, in der sich die Retina befindet.

Das Auge hat eine *Linse*, um das Licht auf die Retina zu fokussieren, *Kammerwasser* vor der Linse und einen *Glaskörper* hinter der Linse (s. Anatomie 10.2.2) (Abb. 16.**1**).

Produktion und Abfluß des Kammerwassers

Das Kammerwasser, das eine ähnliche Zusammensetzung hat wie der Liquor cerebrospinalis, wird von den Processus ciliares des Corpus ciliare (s. Anatomie 10.2.2) durch Ultrafiltration aus den Blutkapillaren gebildet und sezerniert.* Die Processus ciliares sind von Epithel überzogen und ragen in die hintere Augenkammer hinein. Von hier aus fließt das sezernierte Kammerwasser durch die Pupille in die vordere Augenkammer hinein. Es wird dann im Iridocornealwinkel der vorderen Augenkammer resorbiert und in den Schlemm-Kanal geleitet, von wo aus es wieder in den venösen Kreislauf gelangt. Wenn das Gleichgewicht zwischen Kammerwassersekretion und -resorption gestört ist, d. h. entweder zu viel sezerniert oder zu wenig resorbiert wird, kommt es zur Erhöhung des Augeninnendrucks. Diese Erkrankung heißt Glaukom.

Klinischer Bezug

Beim **chronischen Glaukom** wölbt sich durch den erhöhten Augeninnendruck die Lamina cribrosa (s. Anatomie 10.2.2) nach außen, wodurch es zur Schädigung des N. opticus kommt. Beim **akuten Glaukomanfall** kommt es durch Verlegung des Iridocornealwinkels zu einem akuten Augeninnendruckanstieg, was eine Durchblutungsstörung der Retina mit eventueller bleibender Schädigung verursacht.

Die **Tonometrie** ist eine Methode der Bestimmung des Augeninnendrucks. Bei der Impressionstonometrie wird die Eindellung der Cornea bestimmt, die ein Senkstift bewirkt. Bei der Applanationstonometrie wird die Kraft bestimmt, die zu der Abflachung eines Corneabereichs notwendig ist. Pathologische Werte liegen über 20 mmHg. norm. 10–20 mmHg

16.1.2 Dioptrischer Apparat

Zum dioptrischen Apparat des Auges gehören von außen nach innen die Cornea, das Kammerwasser, die Linse und der Glaskörper (s. Anatomie 10.2.2).

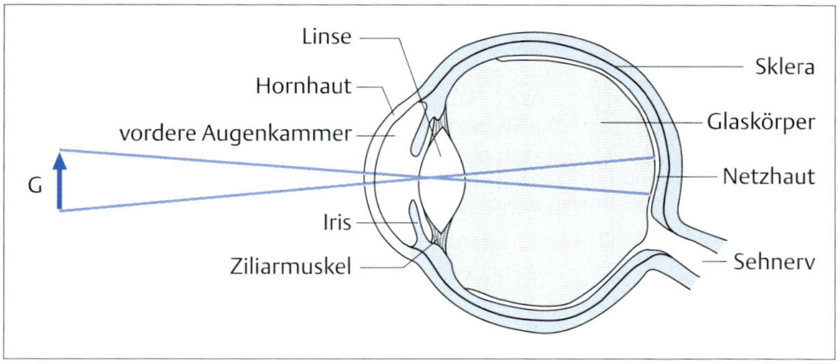

Abb. 16.**1** Der Strahlengang am Auge; G = Gegenstand (aus Stephan, Thieme 1984)

Diese müssen vom Lichtstrahl durchdrungen werden, bevor die Retina mit ihren lichtempfindlichen Rezeptoren erreicht wird. Da das Licht dabei mehrere Grenzflächen und mehrere Medien überqueren muß, ist das Auge ein *zusammengesetztes optisches System* (im Gegensatz zum einfachen optischen System).

Optische Werte: Für Berechnungen am Auge ist es wichtig, die *optischen Werte* der Augenelemente zu kennen. Die Cornea hat eine *Brechkraft* (s. Physik Kap. 7) von 43 Dioptrien, die Linse eine Brechkraft von 19,5 Dioptrien und das Kammerwasser eine Brechkraft von -3,6 Dioptrien. Die Gesamtbrechkraft des Auges beträgt dabei 58,9 Dioptrien (43+19,5 - 3,6). Die *Brennweite* der Übergangsfläche Luft - Cornea beträgt 20,5 mm. Damit ein scharfes Bild entsteht, müssen die Brechkraft des Auges und die Länge des Bulbus oculi in einem festen Verhältnis zueinander stehen.

Merke

Die *Gesamtbrechkraft* des Auges setzt sich zusammen aus der Brechkraft der Cornea, der Brechkraft der Linse und der Brechkraft des Kammerwassers.

Die Bildentstehung auf der Retina

Das Licht trifft zuerst auf die *Übergangsfläche Luft - Cornea*, die als erste Linse im System wirkt. Danach kommt eine Blende, *die Iris*, die die Menge des einfallenden Lichtes reguliert, und dann die bikonvexe *Linse* des Auges, die als zweite Linse im System fungiert. Dabei wird auf die Retina ein umgekehrtes, verkleinertes Bild projiziert (Abb. 16.**1**).

Regelmechanismen: Es gibt bestimmte Regelmechanismen, die die Bildentstehung auf der Retina beeinflussen:

- *Pupillenreaktionen*: Bei starkem Lichteinfall werden die Pupillen enger, um die Lichtmenge, die auf die Retina gelangt, zu verkleinern. Bei Dunkelheit werden die Pupillen weiter, um so viel Licht wie möglich auf die Retina kommen zu lassen. Auch bei psychischer Erregung erweitern sich die Pupillen. Die Pupillenerweiterung wird gesteuert durch den Halssympathikus, die Pupillenverengung durch den N. oculomotorius. Auch wenn nur eine Pupille belichtet wird, verengen sich beide. Dies ist der konsensuelle Pupillenreflex.
- *Akkommodation*: Dies ist die Anpassung des Auges an unterschiedliche Entfernungen. Sie wird dadurch bewirkt, daß das Auge bei kürzeren Entfernungen die Brechkraft erhöht (Nahakkommodation) und bei größeren Entfernungen die Brechkraft senkt (Fernakkommodation). Dies geschieht, indem die Linse ihre Form durch Anspannung (= Brechkraftsenkung) bzw. Erschlaffung (= Brechkrafterhöhung) der Zonulafasern ändert. Kontraktion des Ziliarmuskels bewirkt eine Erschlaffung der Zonulafasern, Erschlaffung des Ziliarmuskels bewirkt eine Anspannung der Zonulafasern (s. Anatomie Kap. 10 u. Tab. 16.**1**).
- *Konvergenzreaktion*: Wenn man zuerst einen Gegenstand in der Ferne fixiert und dann einen Ge-

Tab. 16.**1** Die Akkommodation des Auges

	Brechkraft	Zonulafaserspannung	Ziliarmuskelspannung
Fernakkommodation	↓	↑	↓
Nahakkommodation	↑	↓	↑

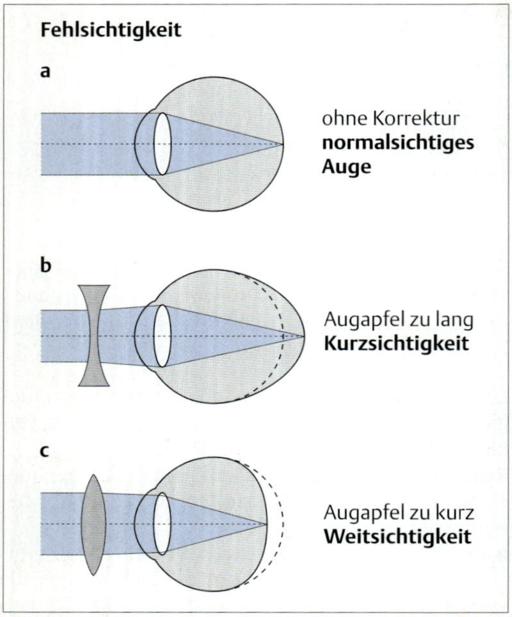

Abb. 16.**2** **a** Emmetropie, **b** Myopie und **c** Hypermetropie schematisch dargestellt (aus Beske, Thieme 1990)

genstand in der Nähe, dann werden die Pupillen enger und die Sehachsen der beiden Augen konvergieren. Deshalb heißt diese Pupillenverengung Konvergenzreaktion.

Die **Akkommodationsbreite** ist der Unterschied in Dioptrien zwischen der Brechkraft des Auges bei Naheinstellung und bei Ferneinstellung. Sie beträgt bei einem jungen Menschen ca. 14 Dioptrien. Bei maximaler Nahakkommodation werden Gegenstände somit noch scharf gesehen, die 7 cm (Nahpunkt = 1/14 m; s. Physik Kap. 7) vom Auge entfernt sind.

Refraktionsanomalien

Presbyopie: Im Laufe der Jahre verliert die Linse an Wassergehalt und somit an Elastizität. Dadurch wird die mögliche Brechkraftänderung der Linse und somit die Akkommodationsbreite kleiner. Der Nahpunkt rückt weiter vom Auge weg. Dieser Zustand von Altersweitsichtigkeit heißt Presbyopie.

Die **Myopie**, oder Kurzsichtigkeit, ist ein Zustand, bei dem der Bulbus im Verhältnis zur Brechkraft des Auges verlängert ist. Die Distanz zwischen Hornhautscheitel und Fovea centralis (s. Anatomie Kap. 10) beträgt nicht mehr 24,4 mm, wie dies sein sollte, sondern mehr. Dadurch wird das Bild nicht auf der Retina abgebildet, wie dies sein sollte, sondern *vor der Retina*. Ferne Gegenstände können nicht scharf gesehen werden. Der Myope braucht eine Sehkorrektur mit zerstreuender (bikonkaver) Linse (– Dioptrie).

Die **Hypermetropie**, oder Weitsichtigkeit, ist ein Zustand, bei dem der Bulbus im Verhältnis zur Brechkraft des Auges verkürzt ist. Die Distanz zwischen Hornhautscheitel und Fovea centralis ist geringer als 24,4 mm. Dadurch wird das Bild *hinter der Retina* abgebildet und nahe Gegenstände werden unscharf gesehen. Der Hypermetrope braucht zur Sehkorrektur eine (bikonvexe) Sammellinse (+ Dioptrie).

Die **Emmetropie** ist die Normalsichtigkeit (Abb. 16.**2**).

! Merke

Der Unterschied zwischen *Hypermetropie* (Weitsichtigkeit) und *Presbyopie* (Altersweitsichtigkeit) liegt in der Entstehung. Erstere wird verursacht durch einen verkürzten Bulbus, zweitere durch eine Verringerung der Linsenelastizität. Das klinische Ergebnis ist jedoch dasselbe.

Astigmatismus, oder Stabsichtigkeit, ist ein Zustand, in dem die Corneaoberfläche nicht ganz rotationssymetrisch ist. Sie ist in eine Richtung, meist vertikal, stärker gekrümmt als in die andere. Dadurch entsteht ein Brechkraftunterschied innerhalb eines Auges.

16.1.3 Tränen, Lider

Die *Tränenflüssigkeit* ist eine hypertone Lösung mit einem im Gegensatz zum Blutplasma erhöhten Kaliumgehalt und einem erniedrigten Natriumgehalt. Sie wird von der *Tränendrüse* außen oben in der Orbita (s. Anatomie Kap. 10) sezerniert und gelangt an die Oberfläche der Cornea. Sie wird mit dem Schleim aus den Becherzellen der Konjunktiva durch den *Lidschlag* vermischt und über die Cornea verteilt. Der dünne Flüssigkeitsfilm schützt die Cornea vor dem Austrocknen und schwemmt Fremdkörper aus. Der Abfluß der Tränenflüssigkeit erfolgt über den *Ductus nasolacrimalis* in den unteren Nasengang. Fremdkörper im Auge reizen den *N. trigeminus*, wodurch die Tränensekretion über den *pontinen Hirnstamm* und das *Ganglion pterygopalatinum* durch *parasympathische Fasern* ausgelöst wird. Im pontinen Hirnstamm sind auch die Verbindungen zum *limbischen System*, die für die emotionale Auslösung der Tränensekretion zuständig sind.

16.1.4 Augenspiegeln

Das Augenspiegeln, oder die Ophthalmoskopie, ist eine Methode der Untersuchung des Augenhinter-

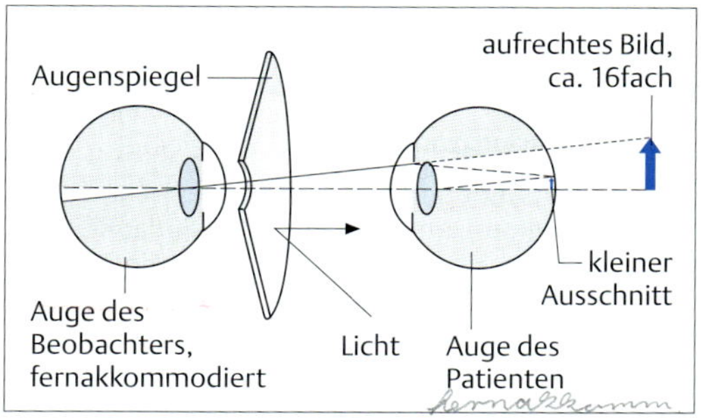

Abb. 16.**3** Der schematische Strahlengang bei der Ophthalmoskopie

grundes. Die Ophthalmoskopie funktioniert so, daß der Untersucher fernakkommodiert ins Auge des Patienten schaut. Der Strahlengang ist in Abb. 16.**3** abgebildet. Nasal sieht man die Papilla n. optici, wo der N. opticus, die A. centralis retinae und die V. centralis retinae das Auge verlassen. Dieser Bereich ist sehr blaß. Temporal davon liegt die Fovea centralis, „der Ort des schärfsten Sehens", die stark pigmentiert ist. Man erkennt die Netzhautarterien (Abb. 16.**4**, s. a. Anatomie, Abb. 10.**6**).

! Merke

An der Papilla n. optici gibt es keine Rezeptoren. Hier befindet sich der *„blinde Fleck"*.

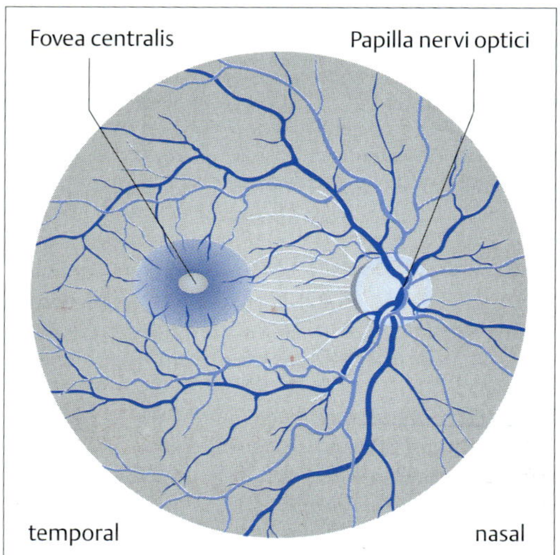

Abb. 16.**4** Der Augenhintergrund eines rechten Auges mit Papilla n. optici und Fovea centralis

16.2 Retinale Signalaufnahme und -verarbeitung

Die Sinneszellen, die Rezeptoren haben, die die elektromagnetischen Wellen als Reiz empfinden, sitzen in der Retina. Hier wird der optische Reiz aufgenommen und verarbeitet.

16.2.1 Photorezeption

Rezeptortypen

Der adäquate Reiz für die Sinneszellen der Retina sind elektromagnetische Wellen im Wellenlängenbereich von ca. 400 – 800 nm. Diese werden von zwei Rezeptortypen aufgenommen:

- *Zapfen*: Es gibt ca. 6 Millionen Zapfen in einem Auge. In der Fovea centralis gibt es ausschließlich Zapfen, die aber in Richtung Peripherie in der Zahl stetig abnehmen. Deshalb heißt diese Stelle „der Ort des schärfsten Sehens". Zapfen sind zuständig für das ***photopische Sehen***, d. h. das Farbensehen von Details bei guter Beleuchtung.
- *Stäbchen*: Es gibt ca. 110 Millionen Stäbchen in einem Auge. Sie sind in einem Ring um die Fovea centralis am dichtesten. Stäbchen sind zuständig für das ***skotopische Sehen***, d. h. das Schwarzweiß-Sehen bei schlechter Beleuchtung, wobei die Sehschärfe im Vergleich zum photopischen Sehen schlechter ist. Aus den Eigenschaften des skotopischen Sehens stammt die Volksweisheit „Nachts sind alle Katzen grau".

Transduktion des Lichtreizes, Sehfarbstoffe

Die Zapfen und Stäbchen enthalten Sehfarbstoffe, die bei der Transduktion des Lichtreizes eine wichtige Rolle spielen. Der Sehfarbstoff der Stäbchen heißt *Rhodopsin*. Rhodopsin besteht aus zwei Teilen: Opsin (ein Protein) und 11-cis-Retinal (ein Aldehyd). Durch den Lichtreiz erfolgt die Umlagerung eines C-Atoms von 11-cis-Retinal, wodurch Opsin+11-trans-Retinal entstehen. Über mehrere Zwischenprodukte entsteht schließlich Metarhodopsin II, das mit einem G-Protein in der Photorezeptormembran reagiert. Dabei bindet das G-Protein GTP und aktiviert die Phosphodiesterase. Diese hydrolysiert cGMP zu 5'-GMP. Durch den erniedrigten cGMP-Spiegel werden die Na^+-Kanäle nicht länger offen gehalten. Ihr Schließen führt wiederum zu einer Hyperpolarisation der Zelle.

*1 indirekte Ophth.: → Linse mit +15 dpt (=> höhere Gesamtbrechkraft)
⇓
Luftbild der Retina
• 4x vergrößert
• größerer Ausschnitt
• umgekehrt

Merke

Die Lichtrezeptoren sind die einzigen Rezeptoren des Menschen, die auf einen adäquaten Reiz mit einer *Hyperpolarisation* und nicht einer Depolarisation reagieren.

Metarhodopsin zerfällt in Opsin und Aldehyd. Rhodopsin muß wieder unter Energieaufwand regeneriert werden. Die Zapfen sind in drei Typen unterteilt, die jeweils einen eigenen Sehfarbstofftyp besitzen. Diese setzen sich zusammen aus 11-cis-Retinal und einem jeweils unterschiedlichen Opsinanteil. Jeder Typ absorbiert das Licht jeweils nur in einem engen Wellenlängenbereich. Dies ist die Grundlage des Farbensehens. Ansonsten verhält sich der Sehfarbstoff der Zapfen so wie der der Stäbchen.

Klinischer Bezug

Retinal ist der Aldehyd von Vitamin A (Retinol). Beim chronischen Vitamin-A-Mangel beobachtet man deshalb die **Nachtblindheit**.

Die Hyperpolarisation der Zapfen bzw. Stäbchen bewirkt eine *verminderte* Transmitterfreisetzung der Zelle, die wiederum den Lichteinfall signalisiert. Eine Verschaltung auf die Bipolarzellen erfolgt. Diese generieren jedoch auch noch kein Aktionspotential. Erst auf der Ebene der retinalen Ganglienzellen wird ein Aktionspotential ausgelöst.

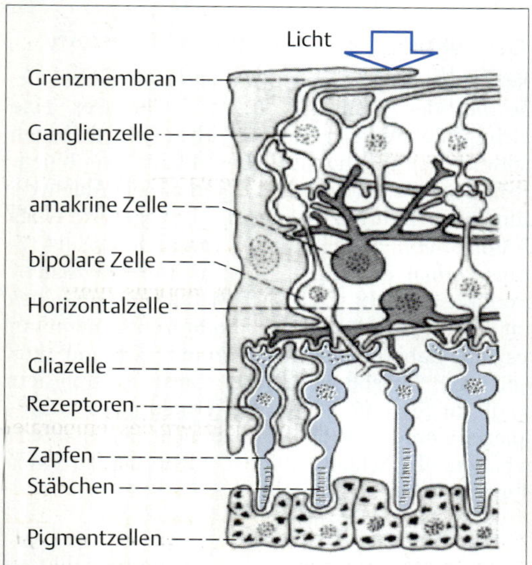

Abb. 16.**5** Die Verschaltungen der retinalen Zellen (aus Vogel/Angermann, Thieme 1990)

Elektroretinogramm

Das Elektroretinogramm ist eine elektrische Spannungsschwankung an der Retina, die von außen abgeleitet werden kann. Sie besteht aus einer a-Welle, einer b-Welle, einer c-Welle und einer d-Welle. Zur Ableitung dieser Spannungsschwankung wird eine differente Elektrode in einer Kontaktlinse auf die Cornea gebracht und eine indifferente Elektrode auf die Stirn. Die dabei abzuleitende a-Welle entspricht der Summe der Rezeptorpotentiale bei Lichteinfall. Die b-Welle entsteht durch eine Potentialänderung der Bipolarzellen (s. unten) und Gliazellen, die c-Welle durch die Reaktion der Pigmentepithelzellen (s. Anatomie Kap. 10), die d-Welle entspricht die Summe der Rezeptorpotentiale bei Wegfall des Lichtes.

16.2.2 Retinale Verarbeitung

Retinale Verschaltung

Den Zapfen bzw. Stäbchen nachgeschaltet sind in der Retina die *bipolaren Zellen*, die wiederum mit den *Ganglienzellen der Retina* verschaltet sind. Die axonalen Fortsätze der Ganglienzellen verlassen den Bulbus als *N. opticus*, der die afferenten optischen Fasern bildet. Weiterhin gibt es die *amakrinen Zellen*, die *Horizontalzellen* und die *interplexiformen Zellen*, die für die verschiedenen Verschaltungen innerhalb der Retina sorgen (Abb. 16.**5**).

Merke

Die Stäbchen konvergieren in einem größeren Ausmaß zu den bipolaren Zellen als die Zapfen. Dadurch läßt sich erklären, daß die Stäbchen eher für Sensitivität im Sehen zuständig sind und die Zapfen eher für Spezifität, d. h. für das scharfe, genaue Sehen.

Adaptationsmechanismen

Das Auge ist zur Adaptation an unterschiedliche Größenordnungen von Lichtreizen fähig. Als Mechanismus zur Adaptation stehen dem Auge zur Verfügung:

- die *Änderungsfähigkeit der Pupille*, die die Menge des Lichteinfalls kurzfristig reguliert.
- die *Konzentration des Sehfarbstoffs*: Sie reguliert die Adaptation automatisch. Wenn es zu einer großen Lichteinwirkung kommt, zerfällt viel Sehfarbstoff, dadurch kann das später einfallende Licht nur noch von weniger Sehfarbstoffzerfall begleitet werden und löst damit eine niedrigere Aktionspo-

tentialfrequenz aus, als es vor dem ersten Lichteinfall der Fall gewesen wäre. Nach einem schwachen Lichteinfall bleibt jedoch mehr Sehfarbstoff für die zweite Lichteinwirkung übrig, diese wird also von einer stärkeren Aktionspotentialfrequenz beantwortet.

- die *räumliche Summation*: Bei Dunkelheit nimmt die Zahl der Photorezeptoren zu, die eine Sehnervfaser versorgen. Bei Helligkeit nimmt sie ab.
- die *zeitliche Summation*: Durch längeres Bestehen kann ein unterschwelliger Reiz überschwellig werden.

Die Adaptation dient dazu, daß das Auge befähigt wird, sowohl sehr schwache Reize wie einen Stern am Nachthimmel als auch starke Reize, wie die Sonne in den Bergen auf einer Skipiste, zu verarbeiten.

Rezeptives Feld, Kontrastierung und Sukzessivkontrast

Das **rezeptive Feld** eines Photorezeptors, also eines Zapfens oder eines Stäbchens, ist ein kleiner Kreis, der so groß ist wie die Fläche der Retina, die von dem Photorezeptor in Anspruch genommen wird. Das rezeptive Feld einer Bipolarzelle besteht aus der Summe der rezeptiven Felder der Photorezeptoren, die auf diese bipolare Zelle konvergieren. Bei den Ganglienzellen besteht es aus der Summe der rezeptiven Felder der bipolaren Zellen, die auf diese Ganglienzelle konvergieren.

Bipolare Zellen gibt es in zwei Ausführungen: **On-center bipolare Zellen** und **Off-center bipolare Zellen**. On-center und Off-center bipolare Zellen haben ein rezeptives Feld, das aus einem Zentrum und einer Peripherie besteht. Wenn Licht auf das *Zentrum* des rezeptiven Feldes einer *On-center* bipolare Zelle fällt, wird die Bipolarzellmembran *depolarisiert*, fällt das Licht auf die *Peripherie*, wird die Zellmembran *hyperpolarisiert*. Die *Off-center* bipolare Zelle verhält sich genau umgekehrt.

Auch die Ganglienzellen sind aufgeteilt in **On-center Ganglienzellen** und **Off-center Ganglienzellen**. Ihre Reaktionsweise ist parallel zu der der bipolaren Zellen.

Kontrastierung: Die Anordnung der bipolaren Zellen und der Ganglienzellen, sowie die Verschaltung mit Horizontalzellen, amakrinen Zellen und interplexiformen Zellen, dient der Kontrastierung. Dies geschieht so, daß lateral miteinander verschaltete Zellen eine Erregung aufnehmen und ihre benachbarten Zellen hemmen, wodurch ein stärkerer Kontrast entsteht. Dabei wird zum Beispiel an einer Grenze zwischen einem hellen und einem dunklen Gegenstand der helle Gegenstand noch heller wirken und der dunkle noch dunkler. Wenn man ca. 30 s lang den ersten Kreis in Abb. 16.**6** fixiert, und dann auf den zweiten Kreis schaut, wird man feststellen, daß ein *Nachbild* entsteht. Dabei sieht man die vormals hellen Teile als dunkel und die dunklen Teile als hell. Das Phänomen dieses Nachbildes heißt *Sukzessivkontrast* und wird dadurch hervorgerufen, daß die Felder der Retina, die das Weiße fixierten, lichtunempfindlicher wurden als die Felder, die das Dunkle fixierten.

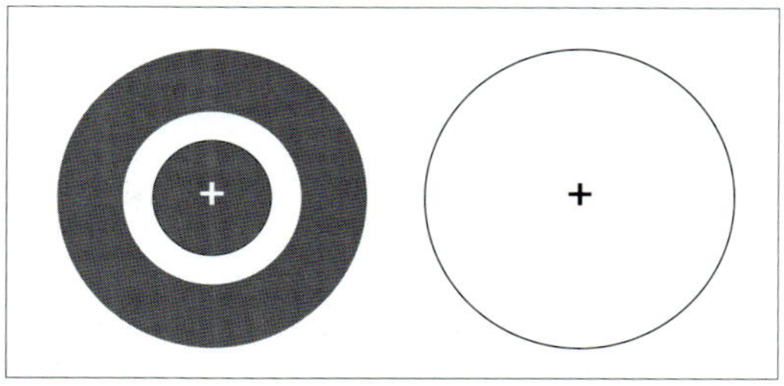

Abb. 16.**6** Ein Beispiel für den Sukzessivkontrast (aus Keidel, Thieme 1985)

16.3 Sehbahn und Reizverarbeitung

16.3.1 Sehbahn

Die Sehbahn führt die Informationen, die auf der Retina erfaßt und bearbeitet werden, zum ZNS, wo sie an verschiedenen Stationen unterschiedlich weiterverarbeitet werden, bis der Mensch schließlich die Sinneserfahrung „Sehen" macht. Die zentrale Sehbahn ist *retinotop* aufgebaut, d.h. die räumlichen Erregungsmuster der Retina werden durch die zentrale Sehbahn bis hin zum primären visuellen Cortex aufrechterhalten.

Die *Retina* besitzt ca. 120 Millionen *Photorezeptoren*, die auf ca. eine Million Nervenfasern im *N. opticus* konvergieren. Das, was der Mensch im nasalen Teil seines Gesichtsfeldes sieht, wird auf der temporalen Retinahälfte abgebildet. Das, was er temporal sieht, wird nasal abgebildet. Der N. opticus führt dann zum *Chiasma opticum*. Hier kreuzen sich die Anteile des N. opticus, die Informationen aus dem temporalen Gesichtsfeld tragen und verlaufen nun kontralateral. Die ipsilateralen Fasern des nasalen Gesichtsfeldes und die kontralateralen Fasern des temporalen Gesichtsfeldes verlaufen nun als *Tractus opticus* weiter. Der Tractus opticus gibt Fasern ab an das *Corpus geniculatum laterale*, den *Colliculus superior*, die *Area praetectalis*, den *Hypothalamus*, den *Kern des optischen Traktes*, die *blickmotorische Zentren* und an den *primären visuellen Cortex* über das Corpus geniculatum laterale. Von hier aus werden Informationen

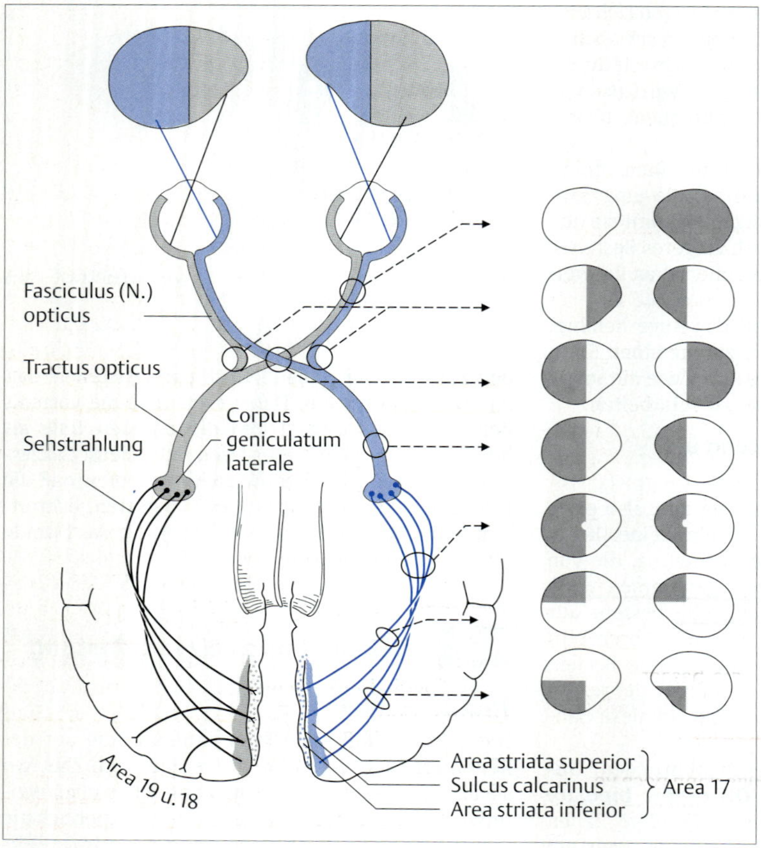

Abb. 16.7 Gesichtsfeldausfälle bei unterschiedlichen Schädigungen der Sehbahn (aus Duus, Thieme 1995)

an den *sekundären visuellen Cortex* weitergeleitet. Das *Corpus geniculatum laterale* ist die wichtigste Station des Tractus opticus. Hier enden die Axone der ipsilateralen Seite und der kontralateralen Seite in unterschiedlichen Schichten. Vom Corpus geniculatum laterale führen die meisten Axone über die *Radiatio optica* zum primären visuellen Cortex. Der *Colliculus superior* ist verantwortlich für die Kontrolle der reflektorischen Blickmotorik. Die *Area praetectalis* dient der Koordinierung der Pupillenweite. Die Fasern, die zum *Hypothalamus* führen, dienen der Verknüpfung des aufgenommenen Tageslichtes mit dem endogenen zirkadianen Rhythmus.

Merke

Das linke Gesichtsfeld wird im rechten Cortex abgebildet, das rechte Gesichtsfeld im linken.

Klinischer Bezug

Unter experimentellen Umständen, bei denen Probanden über Tage ununterbrochen einer hellen Umgebung ausgesetzt waren, wo also die optischen Regelmechanismen des Hypothalamus ausgeschaltet waren, zeigte sich, daß ihr zirkadianer **Schlaf-Wach-Rhythmus** nicht 24, sondern 25 Stunden pro Tag beansprucht.

Der *Kern des optischen Traktes* wird von bewegungsempfindlichen Ganglionzellen der Retina erreicht. Diese Impulse werden an die Vestibulariskerne und das Kleinhirn weitergeleitet. Die *blickmotorischen Zentren des Hirnstammes* sind für die Steuerung der vertikalen Augenbewegungen und der Vergenzbewegungen verantwortlich.

Im primären und sekundären visuellen Cortex werden Informationen über die Farbe, Helligkeit, Bewegung und Kontraste gemeldet. Die Erfassung dieser

Meldungen von verschiedenartigen Informationen erfolgt in unterschiedlichen Zellschichten des Cortex. Eine Schicht reagiert z. B. auf Farbspezifität, eine auf Konturen.

16.3.2 Gesichtsfeld

Das Gesichtsfeld eines Auges ist der Bereich, der von einem Auge bei unbewegtem Kopf gesehen wird. Das Gesichtsfeld wird mit dem *Perimeter* geprüft, indem das Gerät von der Seite ein Licht ins Gesichtsfeld rücken läßt und aufzeichnet, ab wann es wahrgenommen wird. Spezielle Ausfälle des Gesichtsfeldes lassen auf bestimmte Störungen der zentralen Sehbahn rückschließen. Eine Schädigung des rechten N. opticus führt zu einem Ausfall des gesamten rechten Gesichtsfeldes; eine Schädigung des rechten Tractus opticus führt zu einem Ausfall der beiden linken Gesichtfeldhälften; eine Schädigung des Chiasma opticum führt zu einem Ausfall der beiden temporalen Gesichtsfeldhälften (bitemporaler, heteronymer Gesichtsfeldausfall) (Abb. 16.**7**).

16.4 Sehschärfe

Die Sehschärfe ist eine Größe, die besagt, wie weit ein Bild vom Auge entfernt sein kann, damit die Fähigkeit, zwei Punkte dieses Bildes gerade noch voneinander unterscheiden zu können, erhalten bleibt. Zwei Punkte kann das Auge dann noch voneinander unterscheiden, wenn die von ihnen ausgehenden Strahlen zueinander einen Winkel von einer Minute bilden. Bei der Sehschärfeprüfung werden Buchstaben von unterschiedlicher Größe abgebildet. Es wird für jeden Buchstaben angegeben, aus welcher Entfernung er betrachtet werden muß, damit die Strahlen einen Winkel von einer Minute (1 Winkelminute = 1/60 Grad) bilden. Die Sehschärfe wird folgendermaßen berechnet: Man nimmt die Entfernung, aus der der Buchstabe gerade noch erkannt wird und dividiert sie durch die angegebene Entfernung, aus der er erkannt werden müßte. Wenn man z. B. einen Buchstaben aus 5 m Entfernung erkennen sollte, und dies auch tut, hat man eine Sehschärfe von 5/5 = 1. Wenn man den Buchstaben erst aus 3 m Entfernung erkennt, hat man eine Sehschärfe von 3/5.

16.5 Räumliches Sehen

Das räumliche Sehen ist nur mit Hilfe von zwei Augen möglich. Es beruht auf der Tatsache, daß die beiden Retinae jeweils ein unterschiedliches Bild sehen. Diese Information wird dann im Gehirn zu einem räumlichen Bild verarbeitet, d. h. zu einem Bild mit Tiefenunterschieden.

Wenn man einen Gegenstand mit beiden Augen fixiert (man kann zwei unterschiedliche Gegenstände mit zwei Augen gar nicht fixieren!), dann bildet er sich bei beiden Augen auf den Ort des schärfsten Sehens, die Fovea centralis, ab. Im Gehirn kommt also von beiden Retinae das gleiche Signal an. Es entsteht ein einheitliches Bild. Die übrigen Teile der Retina werden jedoch bei beiden Augen von nicht korrespondierenden Stellen gereizt. Dadurch entsteht ein Doppelbild, das vom Gehirn aber nicht als solches, sondern als räumliches Bild interpretiert wird. Je nachdem, ob das Doppelbild *gleichseitig* oder *gekreuzt* ist, interpretiert das Auge den Gegenstand als *vor* oder *hinter* dem Fixationspunkt liegend. Man kann feststellen, ob das Doppelbild eines Punktes A gekreuzt oder gleichseitig ist, indem man bei Fixierung eines Punktes B das Verhalten von Punkt A betrachtet. Man betrachtet ihn zuerst mit dem rechten Auge, während das linke Auge geschlossen ist, dann andersherum. Wenn beim Schließen des *rechten* Auges die *rechte* Doppelbildhälfte verschwindet, so hat man ein *gleichseitiges* Doppelbild. D.h. Punkt A liegt *hinter* dem fixierten Punkt B. Wenn beim Schließen des *rechten* Auges die *linke* Doppelbildhälfte verschwindet, so hat man ein *gekreuztes* Doppelbild. D.h. Punkt A liegt *vor* dem fixierten Punkt B.

Horopterkreis: *Alle* Punkte im Raum, die bei der Fixierung *eines* Punktes auf korrespondierenden Stellen der Retinae fallen, liegen auf dem *Horopterkreis.* Dieser wird gebildet, indem man einen Kreis zeichnet, der durch den fixierten Punkt und die beiden Knotenpunkte (s. Physik Kap. 7) der Augen geht (Abb. 16.**8**).

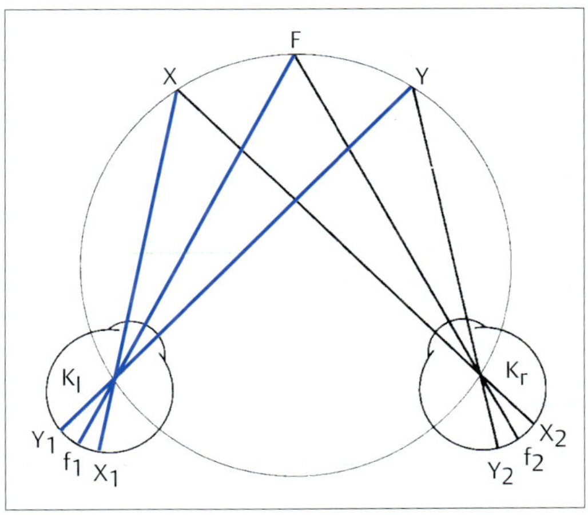

Abb. 16.**8** Horopterkreis (aus Keidel, Thieme 1985)

Physiologie

Das **monokulare Tiefensehen** ist auch möglich, indem man bestimmte „Zeichen" der Umwelt betrachtet. Wenn man Konturüberschneidungen, den Schattenwurf oder Größenunterschiede heranzieht, kann man Tiefenunterschiede auch mit nur einem Auge erahnen.

16.6 Farbensehen

Für Strahlen in einem Wellenlängenbereich zwischen 400 und 700 nm ist das menschliche Auge empfindlich. Die Grundfarben in diesem Bereich sind Rot, Grün und Violett. Aus diesen drei Farben lassen sich alle anderen, auch weiß, mischen.

Die Voraussetzung für das Farbensehen ist, daß unterschiedliche Photorezeptoren auf verschiedene Wellenlängen reagieren. Bei den Zapfen können drei farbempfindliche Typen unterschieden werden: *blau-violett*-empfindliche, *grün*-empfindliche und *gelb-rot*-empfindliche Zapfen.

Die Kombination dieser drei Gruppen erlaubt nach der **trichromatischen Theorie**, die besagt, daß sich jede beliebige Farbe aus additiver Mischung der drei Grundfarben erzeugen läßt, die Wahrnehmung aller Farbnuancen.

Die **Farbkonstanz** ist eine Leistung der retinalen und zentralen Verarbeitung, die bewirkt, daß man z. B. ein Gebäude trotz unterschiedlicher Belichtung oder Schatten einfarbig (farblich konstant) empfindet.

Farbkontraste werden mit On- und Off-Zellen für Gelb-Blau-Kontraste und Rot-Grün-Kontraste auf den verschiedenen Sehbahnetagen ähnlich erzeugt, wie dies bei den Stäbchen für unterschiedliche Helligkeiten der Fall ist.

Die **Farbtüchtigkeit** kann mit Hilfe von Farbtafeln oder eines Anomaloskopes geprüft werden. Letzteres ist ein Gerät, an dem der Proband aus Rot und Grün Gelb mischen muß. Eine Anomalie läßt sich erkennen, wenn eine unausgeglichene Menge einer der beiden Farben dazu gebraucht wird.

Störungen des Farbensehens: *Protanope* sind Rotblinde, *Deuteranope* sind Grünblinde, *Tritanope* sind Blauviolettblinde. Wenn nur eine Schwäche des Farbensehens (keine Farbenblindheit) besteht, nennt man es dementsprechend *Protanomalie*, *Deuteranomalie* oder *Tritanomalie*. Diese Störungen basieren auf einem Fehlen oder einer Verminderung des Sehfarbstoffes für die betroffene Farbe.

16.7 Gestaltwahrnehmung

Für die zentrale Gestaltwahrnehmung werden die durch das Auge aufgenommenen Informationen von unterschiedlichen Neuronen unterschiedlich weiterverarbeitet. Verschiedene Neuronengruppen erfassen verschiedene Aspekte des Bildes, d. h., sie werden nur durch *Konturen spezifischer Orientierung*, durch *spezifische Winkelunterbrechungen* oder *Konturunterbrechungen* erregt. Dadurch läßt sich im ZNS ein Gesamtbild wiederherstellen.

Optische Täuschung: Es gibt Neuronengruppen im ZNS, die auf „Scheinkonturen" mit einer *Gestaltergänzung* reagieren. Diese ermöglichen das „Dazudenken" von Details, die man gar nicht tatsächlich sieht. Dies ist die Basis von manchen optischen Täuschungen (Abb. 16.**9**)

Die **Form- und Größenkonstanz** sind, wie auch die Farbenkonstanz, eine integrative Leistung der retinalen und zentralen Verarbeitung. Diese erlaubt, daß ein Mann auch in großer Entfernung als normalgroßer Mann empfunden wird, obwohl seine tatsächliche Abbildung auf der Retina sehr klein ist und daß ein rechteckiger Tisch auch von der Seite als rechteckig empfunden wird, obwohl seine Abbildung auf der Retina tatsächlich rhomboid ist.

Abb. 16.**9** Eine optische Täuschung: Der Betrachter „denkt sich" die Konturen eines Rechtecks hinzu, das gar nicht abgebildet ist

16.8 Okulomotorik

Es gibt zwei Typen von Augenbewegungen:

- *konjugierte Augenbewegungen*, wobei sich beide Augen bei der Ferneinstellung in die gleiche Richtung bewegen und
- *Vergenzbewegungen*, wobei sich die Augen bei Naheinstellung aufeinander zu bewegen.

Sakkaden sind ruckförmige Bewegungen, die das Auge z. B. beim Lesen ausführt, um vom Ende der einen Zeile zum Anfang der nächsten zu gelangen oder um ein Bild visuell abzutasten. Die dabei entstandene Bildverschiebung wird zentral unterdrückt, so daß man kein „Herumhüpfen" des Buches wahrnimmt.

Nystagmus: Wenn man im Zug sitzt und aus dem Fenster schaut, verfolgen die Augen die Landschaft langsam mit (z. B. nach rechts), bewegen sich dann schnell wieder zur anderen Seite hin (ganz nach links), um sich dann weiter langsam in eine (die rechte) Richtung zu bewegen. Dieses Bewegungsmuster heißt *Nystagmus* und wird nach der Richtung der schnellen Bewegung benannt (im Beispiel haben wir einen Nystagmus nach links). Im Beispiel hat man einen *optokinetischen Nystagmus*. Wenn man sich eine Zeitlang um die eigene Achse gedreht hat und die Drehung abstoppt, entsteht ein *postrotatorischer Nystagmus*. Ein *krankhafter Nystagmus* besteht bei Erkrankungen des Kleinhirns oder des Gleichgewichtsorgans.

Folgebewegungen sind langsame, willkürliche Augenbewegungen, die man macht, um einen fixierten Gegenstand in der Fovea centralis zu behalten.

Alle genannten Augenbewegungen werden durch Neuronen der blickmotorischen Zentren gesteuert.

16.9 Entwicklung des Lichtsinnes

Schielen und **Amblyopie**: Wenn ein Erwachsener schielt, also eine Sehachse vom fixierten Punkt abweicht, sieht er Doppelbilder. Tritt das Schielen bei einem Kind vor dem 6. Lebensjahr auf, wenn sein Sehsystem noch nicht ausgereift ist, kommt es zur Ausbildung eines dominanten Auges. Dies führt zu einer zentralen Unterdrückung des Bildes des anderen Auges. Wenn die Ursache des Schielens nicht beseitigt wird, kann es zu einer starken Abschwächung der Leistung des betroffenen Auges führen. Dieser Zustand heißt *Amblyopie*.

Gleichgewichtssinn, Hören, Stimme und Sprache

Die Organe des Gleichgewichtssinnes und die des Hörens liegen *anatomisch* auf engem Raum, im Ohr, nebeneinander. Die Entwicklung der Stimme bzw. der Sprache ist *funktionell* stark mit der Entwicklung des Hörens verbunden. Aus diesen Gründen werden diese Funktionen gemeinsam behandelt.

17.1 Vestibuläres System

Das vestibuläre System ist verantwortlich für die Einstellung des Gleichgewichts des Menschen. Ohne dieses System wäre der aufrechte Gang nicht möglich. Die Sinnesrezeptoren haben dabei die Aufgabe, die Lage des Kopfes zu erfassen.

17.1.1 Morphologie des Vestibularapparates

Siehe Anatomie 11.4.

17.1.2 Rezeptoren

Das Vestibularorgan, das im Felsenbein in der Nähe der Cochlea (s. u.) liegt, enthält zwei Typen von Rezeptoren, die jeweils auf unterschiedliche Reize reagieren:

- die drei *Bogengangsorgane (Ampullae)* und
- die beiden *Statolithenorgane oder Makulaorgane (Sacculus und Utriculus)*.

Im Vestibularorgan befinden sich *drei Bogengänge*, die ungefähr senkrecht aufeinander stehen. Jeder Bogengang hat in seiner *Ampulla* eine *Crista* mit Sinneszellen, die *Haarzellen* genannt werden. Die *Stereozilien* (ca. 80) und die eine lange *Kinozilie* dieser Zellen sind eingebettet in eine gallertige, mukopolysaccharidhaltige Masse, die *Cupula*. Diese drei Strukturen sind die Bogengangsorgane.

Die *Statolithenorgane* sind ähnlich aufgebaut. Der *Sacculus* bzw. der *Utriculus* enthält Sinneszellen, die jeweils eine *Kinozilie* und viele *Stereozilien* haben, die in eine gallertige, mukopolysaccharidhaltige Masse (*Otolithenmembran*) hineinragen. Diese Masse enthält *Kalzitkristalle* (Statolithen). / Otholithen

> **Merke**
>
> Die gallertige Masse der Statolithenorgane, *nicht* jedoch der Bogengangsorgane, enthält zusätzlich Kalzitkristalle!

Bogengangsorgane: Erregungsablauf und Funktion

Die Bogengänge sind mit *Endolymphe* gefüllt. Wenn sich der Kopf (und damit der Bogengang) bewegt, folgt die Endolymphe aufgrund ihrer Trägheit zunächst nicht. Dadurch kommt es zu einer der Kopfdrehung entgegengesetzten Strömung im Bogengang. Die Cupula bewegt sich mit und verursacht eine Verbiegung der Zilien. Dies wiederum ist der adäquate Reiz für die Änderung der vorhandenen Grundfrequenz der *Ruheaktivität* der afferenten Nervenfasern.

> **Merke**
>
> Werden die Zilien eines Bogengangsorgans *zu* der Kinozilie *hin* gebogen, kommt es zu einer *Erhöhung* der Grundfrequenz. Werden sie *von* der Kinozilie *weg* gebogen, kommt es zum *Abfall* der Impulsfrequenz der afferenten Nervenfasern.

Bleibt der Körper länger bei seiner gleichförmigen Bewegung, so überwindet die Endolymphe ihre Trägheit, und die Relativbewegung zwischen ihr und dem Bogengang hört auf. Die Impulsfrequenz der afferenten Nervenfasern kehrt somit zum Niveau der Ruheaktivität zurück. Beim Abbremsen erfolgt jedoch durch die Trägheit der Endolymphe wieder eine Relativbewegung, diesmal der vorangegangenen Bewegung entgegengesetzt, da sie sich erstmal noch weiterbewegt. Die Stereozilien und das Kinozilium werden diesmal in die andere Richtung verbogen, die Frequenz der Erregung der afferenten Nervenfasern ändert sich in entgegengesetzter Richtung. Ebenso wird der postrotatorische Nystagmus erzeugt (s. dort).

Um die genaue Position bzw. Bewegung des Kopfes zu registrieren, braucht man drei Bogengänge, die jeweils im 90°-Winkel zueinander stehen. Die Bogengangsorgane sind somit für die Erfassung von *Winkelbeschleunigungen* (Drehbeschleunigungen) verantwortlich.

Statolithenorgane: Erregungsablauf und Funktion

Der adäquate Reiz für die Sinneszellen des Utriculus und des Sacculus sind *Translationsbewegungen* (geradlinige Bewegungen). Die Statolithen in der Otolithenmembran haben eine *höhere Dichte* als die Endolymphe. Deshalb kippen sie bei jeder Bewegung aus der Horizontalen durch die *Schwerkraft* in Richtung Erde. Dabei kommt es zu einer Verbiegung der Stereozilien und des Kinoziliums. Dies verursacht, wie bei den Bogengangsorganen, eine Änderung der Ruheaktivität der afferenten Nervenfasern. Der Utriculus liegt bei aufrechter Körperstellung waagerecht, der Sacculus senkrecht.

Funktionsprüfungen des Vestibularapparates

Schwindel kann durch den Ausfall des Vestibularapparates verursacht werden. Dies kann mit Hilfe verschiedener Funktionsprüfungen untersucht werden.

Klinischer Bezug

Schwindel ist eine der häufigsten Beschwerden, mit denen der Hausarzt konfrontiert wird. In den meisten Fällen ist die Ursache jedoch nicht im Vestibularapparat zu finden, sondern z. B. bei orthostatischen Dysregulationen, niedrigem Blutdruck etc.

Die erste und einfachste Prüfung ist die **Prüfung auf Spontannystagmus**. Dabei zieht der Patient eine *Frenzel-Brille* an. Dies ist eine Brille, die den Patienten stark myop macht. Sie dient der Ausschaltung der optischen Fixierung von Gegenständen während der Prüfung. Gleichzeitig kann der Arzt genau beobachten, ob ein Spontannystagmus (Nystagmus ohne äußere Reizung) besteht.

Merke

Ein Spontannystagmus ist in jedem Fall pathologisch.

Die **Drehstuhlprüfung** wird im Dunkeln oder mit Hilfe einer *Frenzel-Brille* durchgeführt. Der Patient wird dabei unterschiedlichen Beschleunigungen ausgesetzt. Es wird gemessen, ob die Geschwindigkeit des ausgelösten Nystagmus (s. 16.8) der Stimulation entspricht.

Bei der **kalorischen Vestibularisprüfung** wird der Patient so auf den Rücken gelegt, daß der laterale, horizontale Bogengang in eine senkrechte Stellung kommt. Der *äußere Gehörgang* wird mit *warmem* (44 °C) *Wasser* durchgespült. Die Anteile des Labyrinths, die sich in der Nähe des äußeren Bogenganges befinden, erwärmen sich durch die Zufuhr von Wasser. Dadurch entsteht im Bogengang ein Temperaturgradient. Die erwärmte Endolymphe, die nun eine niedrigere spezifische Dichte hat als die nicht erwärmte Endolymphe, steigt hoch und reizt durch den entstandenen Druckgradient die Cupula. Die afferenten Nervenfasern werden gereizt. Es kommt zum *Nystagmus*. Geprüft wird, ob der Nystagmus seitengleich ist. Eine Seitenungleichheit ist pathologisch. Man kann die kalorische Prüfung auch mit *kaltem* (30 °C) Wasser durchführen, dann entsteht ein Nystagmus in die entgegengesetzte Richtung.

Störungen des Vestibularapparates

Störungen bzw. ein **Ausfall** des vestibularen Apparates bewirken eine Aufhebung der strengen Symmetrie der Impulse, die von den beiden Vestibularorganen zentral weitergeleitet werden. Dies verursacht einen Spontannystagmus und Schwindel, der bei genügender Stärke auch zur Fallneigung führen kann.

Klinischer Bezug

Die Fallneigung beim Vestibularisausfall ist immer zur kranken Seite.

Kinetosen sind eine Bewegungskrankheit. Sie werden verursacht durch Reize, die für den Vestibularapparat ungewohnt sind (Flugzeug, Auto, Schiff). Die Symptome Übelkeit und Erbrechen können durch zusätzliche Kopfbewegungen verschlimmert werden.

17.1.3 Informationsverarbeitung

Zu Vestibularsystem und Motorik s. Kap. 14.
Die primären afferenten Nervenfasern des Vestibularapparates verlaufen im *N. vestibularis* (ein Teil des N. vestibulocochlearis) zu den vier *Vestibulariskernen* in der *Medulla oblongata*. Die Kerne sind der *Nucleus superior*, *inferior*, *lateralis* und *medialis*. Diese erhalten Nervenfasern auch von den *Halsrezeptoren* im Muskel und in den Gelenken, damit nicht nur Informationen über die Stellung des Kopfes, sondern auch über die Stellung des Körpers zum Kopf vermittelt werden. Dadurch erhält das ZNS detaillierte Informationen über die genaue Stellung des Kopfes und des Körpers im Raum.
Von den Vestibulariskernen gibt es unterschiedliche Verschaltungen, die die Reflexbögen bilden und den Erhalt des Gleichgewichts ermöglichen.
Der *Tractus vestibulospinalis* ist einer dieser Verschaltungen. Er ermöglicht die Beeinflussung der *Alpha-* und *Gamma-Motoneuronen* (s. Kap. 14) der Extremitätenmuskeln, was wiederum der Erhaltung des Gleichgewichts dient. Derselben Aufgabe dienen die Verbindungen zu den *Motoneuronen des Halsmarkes*. Über das *mediale Halsbündel* gibt es Verbindungen zu den *Augenmuskelkernen*, wodurch Augenbewegungen vestibulär ausgelöst werden können.

Klinischer Bezug

Die Verbindung zwischen den Augenmuskelkernen und den Vestibulariskernen ermöglicht die Entstehung des physiologischen und des pathologischen **Nystagmus**.

Ferner gibt es Verbindungen zu den *Vestibulariskernen der Gegenseite*, damit Eingänge der beiden Seiten miteinander verglichen werden können, zum *Cerebellum*, zur *Formatio reticularis*, zum *Hypothalamus* (zuständig für die Entstehung von Kinetosen) und über den *Thalamus* zum *Gyrus postcentralis*, das die bewußte Raumorientierung ermöglicht.

17.2 Gehör

17.2.1 Aufbau des Hörorgans

Das Ohr ist in drei Bereiche unterteilt. Diese sind das äußere Ohr, das Mittelohr und das innere Ohr (s. Anatomie 11.2 – 11.4). Alle dieser Bereiche sind am Hörvorgang beteiligt. Deshalb können Anomalien oder Erkrankungen in jedem dieser Gebiete zu einer Schwerhörigkeit führen. Das äußere Ohr und das Mittelohr sind an der Schalleitung beteiligt, das Innenohr enthält die neuronalen Rezeptoren.

Merke

Am *Hören* sind das äußere Ohr, das Mittelohr und das Innenohr beteiligt, am *Gleichgewichtssinn* jedoch nur das Innenohr.

17.2.2 Schalleitung

Luftleitung: Die Schallwellen gelangen durch die *Ohrmuschel* und den *Gehörgang* (*äußeres Ohr*) an das *Trommelfell*. Das äußere Ohr hat damit die Funktion der Schalleitung. Die Ohrmuscheln haben die Aufgabe des Schallempfanges und spielen bei der Richtungsbestimmung der Schallquelle eine Rolle (s. u.).

Klinischer Bezug

Eine plötzlich auftretende **Schwerhörigkeit** kann durch die Entstehung eines großen Cerumenpfropfes (Ohrenschmalz) verursacht werden. Die Entfernung des Pfropfes „heilt“ die Schwerhörigkeit sofort.

Erreicht eine Schallwelle das Trommelfell, so wird dieses in Schwingung versetzt. Die Schwingung wird auf die *Gehörknöchelchen* (*Malleus, Incus und Stapes*) im *Mittelohr* übertragen (*ossikuläre Schalleitung*), und von dort auf die Membran des *ovalen Fensters*. Diese Übertragung vom Trommelfell zum ovalen Fenster über die Gehörknöchelchen dient der *Impedanzwandlung* (= Schallwellenwiderstandswandlung). Ohne diese Umwandlung würden 98 % des Schalls am ovalen Fenster reflektiert werden. Der Schalldruck (Druck = Kraft / Fläche) muß also vergrößert werden. Durch die Flächenverkleinerung Trommelfell / ovales Fenster und die Krafterhöhung durch die Hebelwirkung der Gehörknöchelchen kommt es zur Schallverstärkung. Mit der Impedanzwandlung wird somit bewirkt, daß nur noch 30 % des Schalls reflektiert werden.
Das Mittelohr ist durch die *Tuba auditiva* mit dem *Pharynx* verbunden. Wenn man schluckt oder kaut, öffnet sie sich und bewirkt eine Belüftung des Mittelohrs. Dadurch wird erreicht, daß das Mittelohr den gleichen Luftdruck hat wie die Außenluft.

Klinischer Bezug

Schwankungen des äußeren Luftdrucks (beim Bergsteigen oder im Flugzeug) bewirken einen Druckunterschied, den man als **„Druck auf den Ohren“** empfindet.

Auch über die **Knochenleitung** können Schallwellen die Cochlea erreichen. Schallwellen setzen dabei den ganzen Schädel in Schwingungen, die direkt über die Knochen zur Cochlea gelangen.

17.2.3 Cochlea-Funktion

Wanderwellentheorie

Die neuralen Rezeptoren des Hörens befinden sich in der Cochlea. Wird das ovale Fenster in Schwingung versetzt, so kommt es zu einer Volumenverschiebung der *Perilymphe* in der *Scala vestibuli*, die hinter dem *ovalen Fenster* liegt. Wären die *Basilarmembran* und die *Reissner-Membran* (die Wände der *Scala media*, die mit *Endolymphe* gefüllt ist) starr, so würde die Welle, die durch die Volumenverschiebung entstanden ist, bis zum *Helicotrema* wandern, auf die perilymphgefüllte *Scala tympani* übergehen und an der Membran des *runden Fensters* enden. Dies ist jedoch nicht der Fall. Die Wände geben nach. Deshalb kann es sein, daß eine Welle nicht ganz zum Helicotrema wandert, sondern schon früher zur Scala tympani „umsteigt" und zum runden Fenster gelangt. Die Wellenlänge der Wanderwelle wird entlang der Scala vestibuli immer kürzer, die Amplitude bis zu einem Maximum jedoch immer größer. Die Stelle, an der die Welle ihr Maximum erreicht, ist für jede Schallwellenlänge charakteristisch. Je länger die Schallwellenlänge ist (und je tiefer die Frequenz), desto weiter wandert die Wanderwelle in der Scala vestibuli.

Transduktion

Die Schwingungen, die auf die Scala media übertragen werden, bewirken eine Relativbewegung der *Tektorialmembran* zur Basilarmembran. In der Basilarmembran sind die *Haarzellen*, die Rezeptoren des Hörorgans, eingebettet. Ihre *Stereozilien* stehen mit der Tektorialmembran, die aus einer gallertigen Masse besteht, in Verbindung. Eine Relativbewegung bewirkt demnach eine Abscherung der Zilien. Dies ist der adäquate Reiz für die Erregung der Haarzellen.

Das **Bestandspotential** ist das Innenohrpotential, das durch die unterschiedlichen Na^+- und K^+-Verteilungen in der Endolymphe und der Perilymphe auftritt.

Die Endolymphe hat ein Bestandspotential (s. u.) von +80 mV, die Haarzelle ein Ruhepotential von −70 mV. Da die Endolymphe die gleiche K^+-Konzentration hat wie die Haarzelle, herrscht allein die Potentialdifferenz von 150 mV als treibende Kraft für den K^+-Einstrom nach der Zilienabscherung und somit für die *Depolarisation* der Haarzelle und die Entstehung des *Rezeptorpotentials*. Dadurch entsteht nach *Transmitterfreigabe* das *Aktionspotential* der Fasern des *N. cochlearis* aus dem *N. vestibulocochlearis*.

Mikrophonpotentiale können am Promontorium neben dem runden Fenster abgeleitet werden. Sie entsprechen dem extrazellulär ableitbaren Anteil der Rezeptorpotentiale und geben den zeitlichen Schalldruckverlauf wie ein Mikrophon wieder.

17.2.4 Informationsverarbeitung und Leistungen des Hörsystems

Kodierung von Schallqualitäten

Im Innenohr wird der Schall, ähnlich der Kodierung der Bilder in der Retina, neuronal kodiert. Dabei unterscheidet man **vier Qualitäten:**

- Die *Frequenz* wird, wie bereits beschrieben, anhand der unterschiedlichen Maxima der Wanderwelle entlang der Scala vestibuli kodiert.
- Die *Schallintensität* wird durch die Frequenz der Aktionspotentiale der afferenten Nervenfasern und durch die Rekrutierung benachbarter Nervenfasern kodiert.
- Die *Schallrichtung* wird dadurch erkannt, daß der Schall das abgewandte Ohr später und mit geringerer Intensität erreicht. Die Ohrmuschel hilft dabei in der Feststellung, ob der Schall von oben, von der Seite, etc. kommt.
- Die *Entfernung der Schallquelle* wird dadurch erkannt, daß die Komponenten im höheren Frequenzbereich mehr gedämpft werden. Je weiter entfernt die Schallquelle ist, desto weniger hohe Frequenzen werden übertragen.

Hörbahn

Die Fasern des N. vestibulocochlearis ziehen zum *Nucleus cochlearis ventralis* und zum *Nucleus cochlearis dorsalis* der Medulla oblongata. Die Fasern sind hier nach Frequenz geordnet. Die nächste Station ist die obere *Olive* der eigenen und der anderen Seite. Hier werden die Eingänge der beiden Ohren verglichen (Schallrichtungskalkulation). Nach dieser Verschaltung verlaufen die Fasern zum *Nucleus lemniscus lateralis* der Gegenseite und weiter zum *Colliculus inferior*. Von hier aus verläuft die Hörbahn zum *Corpus geniculatum mediale* und schließlich zum *primären Cortex* (Heschl-Windungen/Brodmann-Area 41).

Die **funktionelle Organisation des Hörsystems** ist komplex. Ab dem Nucleus cochlearis dorsalis in Richtung höhere Hörbahn bedarf es immer mehr einer besonderen Eigenschaft des Schalls, um bestimmte Neurone zu erregen. Diese haben spezialisierte Antworteigenschaften, analog der Spezialisierung im visuellen System (Farbspezifität, Off-center- und On-center-Neuronen). Sie reagieren auf bestimmte Töne, bestimmte Frequenzen, bestimmte Frequenzänderungen, bestimmte Amplituden, etc. mit Hemmung oder Erregung. Durch diese mehrfache Informationskodierung wird eine genaue Mustererkennung gewährleistet.

Schallintensitäts- und Schallempfindungsmaße

Der adäquate Reiz für die Cochlea sind Schallwellen. Diese entstehen durch die Schwingung der Luftmoleküle. Dabei bestehen Zonen in der Luft mit einem erhöhten Druck und solche mit einem erniedrigten. Die Druckamplitude, die dabei entsteht, nennt man **Schalldruck.** Normalerweise wird nicht mit dem Schalldruck gerechnet, sondern mit einer logarithmierten Verhältniszahl, die aus dem Quotient von Schalldruck zu einem willkürlich festgelegten Schalldruck (2×10^{-5} N/m²) besteht. Diese Zahl heißt **Schalldruckpegel** und wird in *Dezibel* (dB) angegeben. Die **Schallintensität** ist die Schallenergie, die pro Zeiteinheit durch eine Flächeneinheit hindurchtritt (angegeben in W/m²). Sie ist dem Quadrat des Schalldruckes proportional. Die **Frequenz** des Schalls ist die Anzahl der Schwingungen pro Minute und wird in Hertz angegeben.

! Merke

Ein *Ton* ist Schall mit nur einer Frequenz; ein *Klang* ist Schall, in dem mehrere Frequenzen gleichzeitig enthalten sind.

Das Hörorgan erfaßt Schallwellen mit einer Frequenz zwischen 16 und 20 000 Hertz. Im Alter kann die obere Hörgrenze von 20 000 Hz allerdings auf bis zu 5000 Hz herabsinken. Dies nennt sich *Presbyakusis*. Die **Hörschwelle** ist der Schalldruckpegel, der erreicht werden muß, damit der Schall gehört wird. Sie ist frequenzabhängig. Am empfindlichsten ist das Ohr für Schallwellen zwischen 2000 und 5000 Hz, d. h. in diesem Bereich ist ein niedrigerer Schalldruckpegel ausreichend, damit der Schall gehört wird. Höhere und niedrigere Frequenzen benötigen dafür höhere Schalldruckpegel. Die Kurve der **Schmerzgrenze** des Hörens verläuft im oberen Teil des Schalldruckpegel-Frequenz-Diagramms und ist auch frequenzabhängig (Abb. 17.**1**). Schallwellen mit *gleichem* Schalldruck aber *unterschiedlicher* Frequenz haben subjektiv nicht die gleiche Lautstärke, d. h. eine Schallwelle einer bestimmten Frequenz wird bei einem bestimmten Schalldruckpegel in der Regel nicht gleich laut empfunden wie eine Schallwelle einer anderen Frequenz bei dem gleichen Schalldruckpegel. Die Zuordnung von Schalldruckpegel zu *Lautstärkepegel* auf dem Schalldruck-Frequenz-Diagramm ergibt eine *Linie der Isophone* (Abb. 17.**1**). Alle Punkte auf einer solchen Linie repräsentieren *unterschiedliche* Schalldruckpegel in unterschiedlichen Frequenzbereichen, die vom Zuhörer als *gleich* laut empfunden werden. Die Einheit des Lautstärkepegels ist das *Phon*. Die Phonskala ist bei 1000 Hz mit der Dezibelskala gleichzusetzen, in den übrigen Frequenzbereichen ist dies, wie oben erklärt, nicht der Fall.

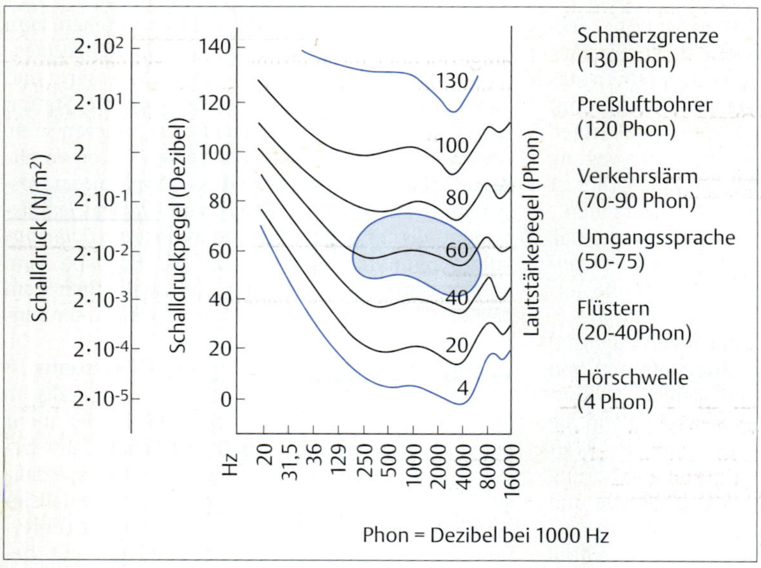

Abb. 17.**1** Das Schalldruck-Frequenz-Diagramm mit der Linie der Hörschwelle (blau), den Isophonen und dem Hauptsprachbereich (aus Vogel/Angermann, Thieme 1990)

Merke

Der *Schalldruckpegel* ist ein objektives, meßbares Maß; der *Lautstärkepegel* ist ein subjektives Maß, das vom Hörer abhängt.

Die **Lautheit** ist ein Maß dafür, wie der Zuhörer den Zuwachs des Schalldruckpegels empfindet. Sie wird gemessen, indem man der Versuchsperson die Aufgabe gibt, einen Ton n-mal so laut einzustellen wie ein Vergleichston von 1000 Hz und 40 dB. Die Lautheit wird in *Sone* angegeben.

Die **Unterschiedsschwelle,** die besagt, bei welchem Schalldruckpegelunterschied zwei Töne der gleichen Frequenz bereits als unterschiedlich empfunden werden, ist sehr klein. Im Hörschwellenbereich beträgt sie 3 bis 5 dB, und ab 40 dB über der Hörschwelle beträgt sie nur noch 1 dB.

Die **Hörfläche,** also der menschliche Hörbereich, liegt bei einer Frequenz zwischen 16 und 20 000 Hz und bei einem Lautstärkepegel zwischen 4 und 130 Phon. Das *Hauptsprachgebiet*, in dem die Frequenzen und Schalldruckpegel des Sprechens liegen, ist aus Abb. 17.**1** ersichtlich.

17.2.5 Hörprüfungen

Um Aufschluß über eventuelle Hörschädigungen und ihre Ursachen zu bekommen, stehen dem Kliniker unterschiedliche Hörprüfungen zur Verfügung.

Zwei Hörprüfungen, die mit einer Stimmgabel durchgeführt werden, beruhen auf dem Phänomen der Knochenleitung. Diese sind der Weber-Versuch und der Rinne-Versuch (siehe dazu auch 17.2.6).

Beim **Weber-Versuch** wird der Griff einer schwingenden 256-Hz-*Stimmgabel* auf die Mitte des Schädels gestellt.

- Der *gesunde Proband* gibt an, den Schall tatsächlich in der Mitte, d. h. auf beiden Ohren gleich stark, zu hören.
- Wenn der Proband den Schall auf der gesunden Seite stärker hört, liegt eine *Schallempfindungsschwerhörigkeit* (Innenohrschwerhörigkeit) der anderen Seite vor.
- Wenn der Proband den Schall auf der kranken Seite stärker hört, liegt eine *Schalleitungsschwerhörigkeit* dieser Seite vor, er *lateralisiert* also auf die kranke Seite.

Beim **Rinne-Versuch** wird die schwingende Stimmgabel zuerst auf den *Warzenfortsatz* aufgesetzt. Wenn der Proband angibt, den Ton nicht mehr zu hören, wird die Stimmgabel vor das Ohr gehalten. Wenn der Proband den Ton nun wieder hört, ist der Test positiv, wenn er ihn nicht hört, ist er negativ.

- Rinne-positiv ist der Versuch beim Gesunden und beim Schallempfindungsschwerhörigen.
- Rinne-negativ ist der Versuch beim Schalleitungsschwerhörigen.

Merke

Anhand des Weber-Versuchs oder des Rinne-Versuchs *allein* kann man nicht feststellen, welches Ohr erkrankt ist und ob eine Schalleitungsschwerhörigkeit oder eine Schallempfindungsschwerhörigkeit vorliegt. Nur die *Kombination* der Ergebnisse beider Tests erlaubt eine genauere Aussage.

Klinischer Bezug

Ist z. B. das Ergebnis des Weber-Versuchs eine Lateralisation nach rechts und des Rinne-Versuchs beidseits positiv, bedeutet dies eine **Schallempfindungsschwerhörigkeit** links.

Bei der **subjektiven Audiometrie** werden dem Probanden Töne unterschiedlicher Frequenz vorgespielt. Der Ton ist dabei zuerst unterschwellig, der Schalldruck wird langsam erhöht. Notiert wird die Hörschwelle des Probanden für jeden Ton. Liegt sie unterhalb der normalen Hörschwelle, spricht man von einem Hörverlust, der in Dezibel angegeben wird.

Bei der **Sprachaudiometrie** werden dem Probanden unterschiedliche genormte Worte und Silben auf Tonband vorgespielt. Dabei wird sein Sprachverständnis geprüft.

Bei der **Hirnstammaudiometrie** werden die im Hirnstamm auftretenden akustisch evozierten Potentiale aufgezeichnet, die aufgrund eines regelmäßig auftretenden Klickens am Ohr entstehen. Diese Potentiale entstehen in den zahlreichen Schaltstationen der Hörbahn.

Klinischer Bezug

Von dem akustisch evozierten Potential wird in der Neurologie Gebrauch gemacht, denn es kann zur Überwachung des Hirnstammzustandes dienen.

17.2.6 Pathophysiologie

Wie bei der Beschreibung von Rinne- und Weber-Versuch bereits erwähnt, kann man Hörstörungen grundsätzlich unterteilen in

- *Schalleitungsschwerhörigkeit* und
- *Schallempfindungsschwerhörigkeit.*

Erstere beinhaltet alle Störungen des äußeren und des Mittelohres, letztere beinhaltet die Störungen des Innenohres.
Die **sensorische Aphasie** ist eine Erkrankung, bei der das *Sprachverständnis* gestört ist, das Sprechen aber flüssig ist. Die Störung des Sprachverständnisses beruht nicht auf einer Störung des Ohres, sondern vielmehr auf einer Schädigung des *Schläfenlappens*, der sogenannten *Wernicke-Sprachregion*.

17.3 Stimme und Sprache

Die Stimme und die Sprache dienen vor allem der Kommunikation und unterscheiden den Menschen von allen anderen Lebewesen.

17.3.1 Phonationsorgane

Siehe Anatomie 5.4.

17.3.2 Phonation und Artikulation

An der Stimmbildung sind mehrere Organe beteiligt. Die *Trachea* und die *Bronchien* bilden den *Windraum*. Die *Stimmlippen* bilden den Spalt, durch den die Luft aus dem Windraum strömt. Dabei geraten sie in *Schwingung* und Töne entstehen in Abhängigkeit von der Frequenz der Stimmlippenschwingung. Der *Pharynx* und die *Mundhöhle* bilden das *Ansatzrohr*, das für die *Artikulation* zuständig ist.
Die Form des Ansatzrohrs kann durch die *Muskulatur* in diesem Bereich geändert werden (Kaumuskulatur, mimische Muskulatur, Zungenmuskulatur, Rachen- und Gaumenmuskulatur). Dadurch wird die *Resonanz* verstellt, und verschiedene Vokale und Konsonanten werden gebildet. Individuelle Unterschiede in dem grundsätzlichen Schwingungsverhalten der Menschen liegen an der Länge der Stimmlippen.
Ein *Vokal* besteht aus einem *Grundton* und mehreren *Obertönen* (Formanten), die jeweils unabhängig vom Schwingungsverhalten des Individuums eine bestimmte Frequenz haben. Bei einer Person, die „i" sagt, können z. B. ein Grundton und mehrere Obertöne mit den Frequenzen von 300 Hz, 2000 Hz und 3100 Hz vorhanden sein. *Konsonanten* sind hingegen keine reinen Töne, sondern Geräusche.
Für die Entwicklung der Sprache und für das Sprechen ist ein intaktes Hörorgan notwendig. Beim Sprechen erfolgt nämlich ständig eine Selbstkontrolle durch das Hören. Man spricht in dem Zusammenhang vom *Hör-Sprach-Kreis*.

Klinischer Bezug

Gehörlose Kinder lernen aufgrund ihrer fehlenden Hörfunktion von sich allein das Sprechen nicht, sie müssen hierzu mit gezielter Unterstützung angeleitet werden.

17.3.3 Pathophysiologie

Eine **Lähmung des N. recurrens**, der für die Bewegung der Stimmlippen zuständig ist, verursacht einen Stillstand der Stimmlippen. Sie können dadurch die Frequenz und die Lautstärke der Stimme nicht mehr modulieren. Die Stimme wird leise und monoton.
Nach der *operativen Entfernung des Larynx* kann der Patient mit der sogenannten **Ösophagussprache** wieder sprechen lernen. Dabei wird Luft verschluckt, die dann bei ihrem Austritt aus dem Ösophagus Resonanzschwingungen erzeugt.
Die **motorische Aphasie** entsteht, wenn das *Broca-Sprachzentrum* geschädigt wird. Obwohl die primäre motorische Hirnrinde für die Sprechmuskulatur, die entsprechenden Hirnnerven, ihre Kerne und der periphere Sprechapparat unbeschädigt sind, geht dabei die *Fähigkeit zu sprechen* verloren.

Geruch und Geschmack

Geruch und Geschmack sind die beiden chemischen Sinne des Menschen. Sie sind zwar nicht so stark entwickelt wie bei anderen Säugetieren, aber für den Menschen dennoch wichtige Sinne.

18.1 Geruchssinn

Der Geruchssinn ist, wie auch Sehen und Hören, ein Fernsinn. Damit können Signale aufgenommen werden, die von weit entfernten Reizquellen stammen. Der Geruchssinn ist der empfindlichste chemische Sinn des Menschen.
Die biologische Bedeutung des Geruchssinnes liegt bei vielen Lebewesen in der Partner- und Nahrungssuche. Beim Menschen beeinflußt er die „Nahrungssuche" durch die Auslösung der Speichel- und Magensaftproduktion und Warnung vor verdorbenen Speisen. Die „Partnersuche" bedeutet Einfluß des Geruchssinns auf das Sexualverhalten und die Hygiene. Auch die Affektlage wird vom Geruchssinn beeinflußt.

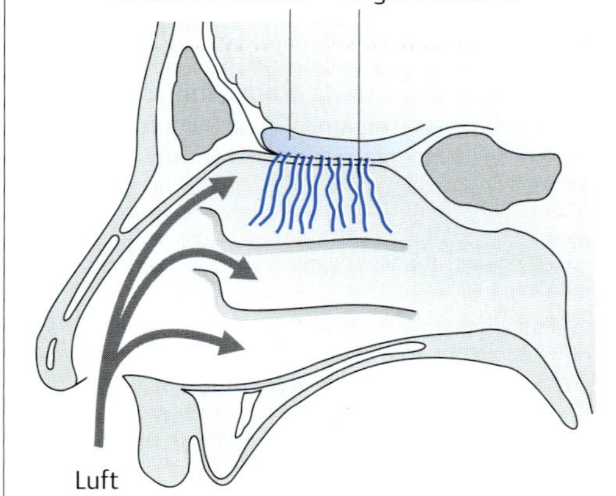

Abb. 18.**1** Lokalisation der Regio olfactoria und des Bulbus olfactorius

Klinischer Bezug

Vom Einfluß des Geruchssinns auf die Stimmung des Menschen wird in der **Aromatherapie** Gebrauch gemacht.

Feinbau der Sinneszellen und des N. olfactorius

Die Sinneszellen des Geruchs sind die Riechepithelzellen, primäre Sinneszellen, die sich in der Nasenschleimhaut der Kuppeln der Nasenhöhlen befinden, in der *Regio olfactoria* (s. Anatomie 5.4 u. Abb. 18.**1**).

Merke

Die Riechepithelzellen sind die einzigen Neurone des reifen Nervensystems, die zu einer mitotischen Teilung fähig sind. Sie tauschen sich laufend aus und haben eine Lebensspanne von 60 Tagen.

Die Sinneszellen sind längliche Zellen, die die ganze Höhe der Nasenschleimhaut durchziehen und apikal jeweils zwischen 5 und 20 Zilien besitzen. Diese Zilien dienen der Vergrößerung der chemorezeptiven Oberfläche. Basal befindet sich ein Axon, das sich mit mehreren Axonen und einer umhüllenden Schwann-Zelle zu einem *Filum olfactorium* zusammenlegt. Alle diese Bündel zusammen bilden den *N. olfactorius*. Dieser durchbricht die Lamina cribrosa und endet im *Bulbus olfactorius* (s. Anatomie 5.4).

Reiz und Rezeptorfunktion

Als Reiz dienen beim Riechvorgang Moleküle, die die Regio olfactoria bei der Atmung erreichen. Aufgrund der Vielfalt der Geruchsqualitäten, die noch heute nicht in eine allgemeingültige Einteilung geordnet werden konnten, ist anzunehmen, daß die Anzahl der unterschiedlichen Rezeptortypen sehr hoch ist. Jeder einzelne Rezeptortyp wird durch ein Spektrum von vielen, aber nicht allen, Riechmolekülen gereizt. Dabei überlappen sich die Spektren mancher Sinneszellen. Dies bedeutet, daß jeder Duftstoff nur eine bestimmte, für ihn typische Population der Sinneszellen reizt. Dadurch kann im ZNS zwischen den verschiedenen Duftqualitäten unterschieden werden.
Für die Definition der Funktion der Riechzellen bei einem speziellen Duftstoff gibt es drei unterschiedliche **Schwellen**.

- Die *Absolutschwelle* ist die niedrigste Konzentration des Duftstoffes, bei der die Anwesenheit des Stoffes in der Atemluft wahrgenommen wird (auch Wahrnehmungsschwelle genannt).
- Die *Erkennungsschwelle* ist die niedrigste Konzentration des Duftstoffes, bei der der Duftstoff erkannt bzw. gedeutet werden kann. Diese Konzentration liegt viel höher als die Absolutschwelle.
- Die *Unterschiedsschwelle* ist die Konzentration des Duftstoffes, bei der Intensitätsunterschiede gerade noch wahrgenommen werden können. Diese liegt wiederum höher als die Erkennungsschwelle.

Diese Schwellen hängen ab von dem Duftstoff selbst, von der Luftfeuchtigkeit und von der Lufttemperatur.

Merke

Bei der normalen Ruheatmung erreichen nur ca. 2 % der in der Luft enthaltenen Duftstoffe die Regio olfactoria. Nur wenn man „schnüffelt“, erreicht eine größere Menge der Riechstoffe die Sinnesepithelien.

Transduktion und Adaptation

Wie der Tranduktionsvorgang genau abläuft, ist heute noch nicht geklärt. Der Duftstoff erreicht die Regio olfactoria durch den Luftstrom. Er bindet sich nach Absorption durch die Schleimhaut an ein Rezeptorprotein der Zilienmembran. Kationenkanäle für Natriumionen oder vielleicht auch Calciumionen werden dabei geöffnet und die Sinneszelle depolarisiert. Dies geschieht eventuell über die Mitwirkung von cAMP, cGMP und/oder IP_3.
Die Riechfunktion unterliegt einer raschen *Adaptation*. Dies läßt sich durch eine Desensitisierung des Rezeptors erklären. Die Adaptation ist jedoch unvollständig. Sie erreicht nur ca. 25–40 % der Anfangsintensität.

Klinischer Bezug

Wenn man längere Zeit einem übelriechenden (oder gutriechenden) Stoff ausgesetzt ist, nimmt die Wahrnehmung des Duftes mit der Zeit ab, man merkt ihn nach einer Weile kaum noch.

Riechbahn

Die primären afferenten Axone der olfaktorischen Rezeptorzellen sind unmyelinisierte Axone, die im N. olfactorius zum Bulbus olfactorius laufen (s. o.). Durch die *Commissura anterior* treten die Bulbi olfactorii der beiden Seiten miteinander in Kontakt. Nach zahlreichen Verschaltungen innerhalb des Bulbus olfactorius tritt ein Axonbündel, der *Tractus olfactorius*, aus dem Bulbus aus. Er verläuft zum gleichseitigen *primären olfaktorischen Cortex* und gibt dabei Kollateralen zum *Nucleus olfactorius anterior* ab. Von hier werden die Signale an den Thalamus, den Neocortex und den Hypothalamus weitergeleitet. Hemmende Signale erreichen den Bulbus olfactorius aus dem gleichseitigen primären olfaktorischen Cortex und dem gegenseitigen Nucleus olfactorius anterior (Abb. 18.**2**).

Andere Hirnnervenafferenzen des Geruchssinns

Olfaktorische Reize können auch dann perzipiert werden, wenn sie nicht durch den N. olfactorius aufgenommen werden. In der Nasenschleimhaut findet man freie Nervenendigungen des **N. trigeminus**, die durch bestimmte Stoffe gereizt werden. Diese Reize werden dann aber auch als Geruch wahrgenommen.

Funktionsstörungen

Anosmie ist das vollständige Fehlen des Geruchssinnes. **Hyposmie** ist die Verminderung der Riechfähigkeit. **Parosmien** sind Fehlwahrnehmungen, die z. B. nach Kopftraumata auftreten können. **Phanosmien** sind Geruchshalluzinationen, die bei Schizophrenie und bei Krampfleiden auftreten können.

Klinischer Bezug

Simulanten einer Anosmie werden klinisch überführt, indem ihnen Ammoniak gereicht wird. Sie müssen es „riechen“, da der Reiz vom N. trigeminus und nicht vom N. olfactorius aufgenommen wird. Wenn der Patient angibt, nichts zu riechen, simuliert er.

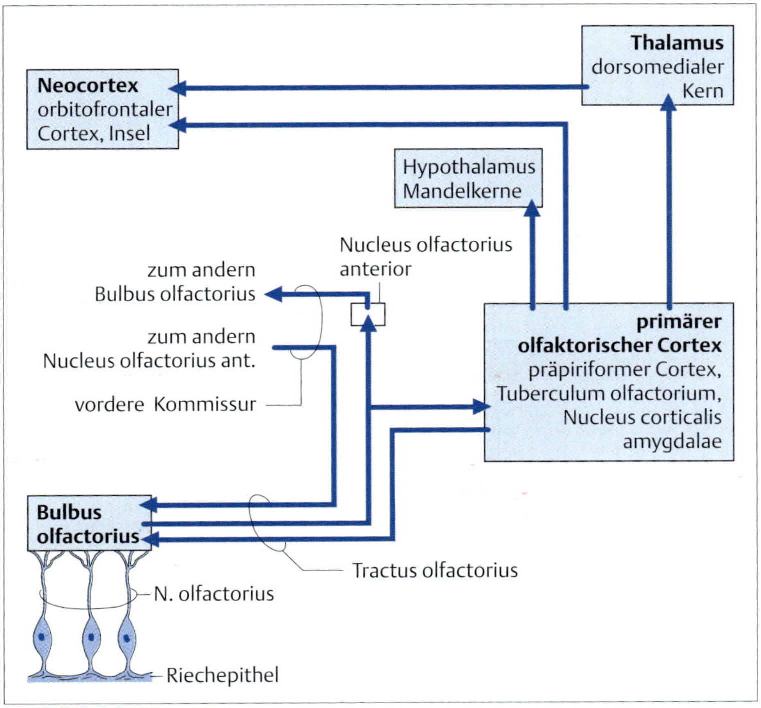

Abb. 18.**2** Die Riechbahn

18.2 Geschmackssinn

Der Geschmackssinn hat zwei Aufgaben.

- Die *Nahrungskontrolle*, die dafür sorgt, daß schlecht schmeckende Nahrung, die wahrscheinlich giftig ist, nicht aufgenommen wird.
- Die *Auslösung der Speichel- und Magensaftproduktion.*

Feinbau der Geschmackssinneszellen

Das Geschmacksorgan besteht aus den Geschmackssinneszellen hauptsächlich der Zunge, aber auch des weichen Gaumens, des Pharynx, des Larynx und des oberen Ösophagusteiles, die sich zu *Geschmacksknospen* zusammenlegen. Diese Geschmackssinneszellen sind sekundäre Sinneszellen. Die Geschmacksknospen der Zunge sind in den Papillen zu finden, die von Drüsen umgeben werden, die wiederum die Knospen mit Sekret umspülen. Die einzelnen Sinneszellen besitzen distal Mikrovilli, die die Rezeptoroberfläche erweitern. Sie setzen sich so zu einer Knospe zusammen, daß die Mikrovilli einen Raum bilden, der durch einen Porus mit der Oberfläche verbunden ist (s. Anatomie 5.4.5 und Histologie 3.8.2).

Die Geschmackszellen unterliegen einer Mauserung. Sie erneuern sich in einem zehntägigen Zyklus.
Der Mensch kann mit seinen Geschmacksknospen vier unterschiedliche Geschmacksrichtungen erkennen. Diese sind *süß*, *sauer*, *bitter* und *salzig*. Die Gebiete der Zunge, die für diese Geschmäcke besonders empfindlich sind, sind der Abb. 18.**3** zu entnehmen.

Reiz, Rezeptorfunktion und Transduktion

Die Geschmacksmoleküle, die wasserlöslich sein müssen, diffundieren durch den Porus der Geschmacksknospe zu den Mikrovilli der Geschmackssinneszellen. Hier verursachen sie ein Rezeptorpotential der Geschmackszelle, das eine Transmitterfreisetzung bewirkt. Dadurch entsteht ein Signal in der primären afferenten Nervenfaser. Eine einzige Geschmackszelle ist nicht nur für eine der vier Geschmacksrichtungen zuständig, reagiert aber am besten auf eine bestimmte Geschmacksrichtung und weniger ausgeprägt auf die anderen drei. Ein Geschmacksmolekül reizt eine bestimmte Population an Geschmackszellen, wodurch das Geschmacksmolekül im ZNS identifiziert werden kann, ähnlich wie bei der Geruchsfunktion.

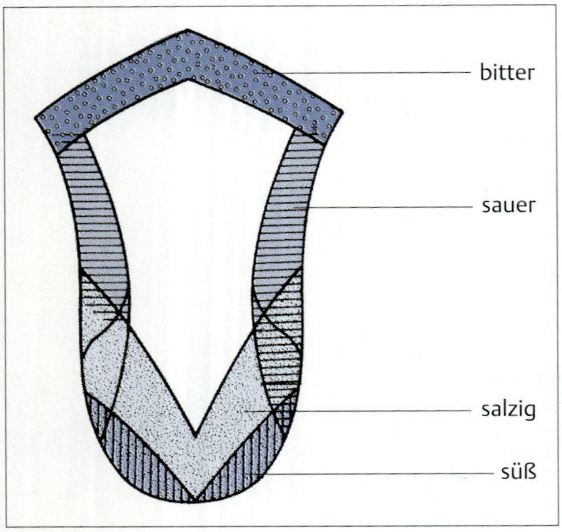

Abb. 18.**3** Die Verteilung der Empfindlichkeit der Zunge auf die vier Geschmacksrichtungen (aus Cotta, Thieme 1990)

Bei der Beurteilung der Geschmacksfunktion bei unterschiedlichen Geschmacksstoffen unterscheidet man zwischen einer *Absolut-*, *Erkennungs-* und *Unterscheidungsschwelle*, wobei die Definition dieser Begriffe mit den Definitionen bezüglich der Geruchsfunktion parallel ist. Im Bereich der Absolutschwelle, wenn die Erkennungsschwelle noch nicht erreicht wurde, schmecken auch salzige Lösungen süß.

Die Geschmacksbahn

Die Geschmacksknospen stehen in Verbindung mit den primären Afferenzen, die als Axone vom *N. facialis*, *N. glossopharyngeus* und *N. vagus* zum Hirnstamm ziehen. Sie verlaufen im *Tractus solitarius* zum *Nucleus solitarius*. Von dort verlaufen Verbindungen zum *Nucleus ventralis posteriomedialis* des *Thalamus*. Von dort wiederum verlaufen Verbindungen zum *Gyrus postcentralis* der Großhirnrinde.

Klinischer Bezug

Die Geruchsfunktion und die Geschmacksfunktion zeigen bei der Wahrnehmung von Signalen Überschneidungen, z. B. dadurch, daß beim Kauen von Nahrung durch die Verbindung von Mund und Nasenraum Geruchsstoffe in die Nase gelangen. Dabei ist es schwer zu unterscheiden, ob die Wahrnehmung oder eine etwaige Funktionsstörung in der Geruchsfunktion oder in der Geschmacksfunktion lokalisiert ist.

Funktionsstörungen

Ageusie ist das Fehlen der Geschmacksfunktion. **Hypogeusie** ist die herabgesetzte Geschmacksfunktion. **Dysgeusien** sind dem Reiz nicht entsprechende, meist schlechte Geschmackserlebnisse, die vor allem bei Carcinomen auftreten können.

Integrative Leistungen des Zentralnervensystems

Die Zentren des Zentralnervensystems (ZNS) koordinieren motorische, sensorische und vegetative Zuflüsse. Unter den *integrativen Funktionen des ZNS* faßt man die Prozesse zusammen, die nicht unmittelbar der Verarbeitung sensorischer Zuflüsse oder der Tätigkeit motorischer und vegetativer Zentren zuzuordnen sind. An diesen komplexen Vorgängen (z. B. Bewußtsein, Sprache und Gedächtnis) ist wesentlich die Großhirnrinde beteiligt.

19.1 Funktionelle Organisation des Cortex cerebri (Neocortex)

Der phylogenetisch jüngste und zugleich am stärksten differenzierte Teil der Großhirnrinde ist in den Hemisphären lokalisiert und wird als *Neocortex* bezeichnet. Die entwicklungsbedingte Oberflächenvergrößerung führte zur starken Faltung des Neocortex, zur Herausbildung der *Gyri (Windungen)* und *Sulci (Furchen)*. Die Abgrenzung bestimmter Rindenareale erfolgt aufgrund ihrer spezifischen Leistungen.

19.1.1 Morphologische und funktionelle Gliederung

Die Hirnrinde wird in *motorische, sensorische* und *assoziative Areale* eingeteilt. Diese funktionelle Einteilung leitet sich aus den afferenten und efferenten Verbindungen der einzelnen Cortexareale her.

Motorische Cortexareale stehen im Dienst der Stütz- und Zielmotorik, wie im Kapitel 14.4.1 erläutert. Im primären motorischen Cortex (Area 4) entspringt die Pyramidenbahn, die zu den Motoneuronen im Rückenmark zieht, um die im prämotorischen Cortex geplanten Bewegungen zu steuern. Die Area 6, bestehend aus dem supplementär-motorischen medialen Anteil und dem lateral gelegenen prämotorischen Cortex, bildet den sekundär motorischen Cortex.

Sensorische Cortexareale erhalten Afferenzen der Sinnesorgane. Nach der Umschaltung dieser Afferenzen im Thalamus werden die Informationen in den primär somatosensorischen Cortex (Area 3a für Tiefensensibilität und Area 3b für Oberflächensensibilität) weitergeleitet. Weitere von dort ausgehende Projektionen erreichen die Areae 1 und 2 (die noch zum primären sensorischen Cortex gehören) sowie den sekundär somatosensorischen Cortex (s. 15.5). Durch Verknüpfungen mit assoziativen Arealen ist eine Wahrnehmung aufgenommener Informationen möglich. Ventral der somatosensiblen Hirnrinde befindet sich die Area 43, der primäre gustatorische Cortex.

Das *visuelle System* verfügt aufgrund seiner Spezialisierung über eigene Projektionsfelder, nämlich die Area 17 (primärer visueller Cortex) und die Areae 18 und 19 (sekundäre Sehrinde). Im visuellen Assoziationscortex werden die über die Sehbahn vermittelten Informationen zu visuellen Wahrnehmungen weiterverarbeitet und z. B. ins Blickzentrum des Hirnstamms projiziert, um Blickbewegungen darauf abzustimmen. Analog zur somatotopischen Gliederung motorischer und sensorischer Rindengebiete sind auch große Anteile des zentralen visuellen Systems organisiert und zwar *retinotop*, d. h. die zentrale Repräsentation der einzelnen Abschnitte der Retina orientiert sich an ihrer peripheren Lage. Die Repräsentation dieser Gebiete ist von der räumlichen Auflösung abhängig, beispielsweise projiziert die Fovea centralis in einen sehr großen Bereich der visuellen Rinde.

Auch die *Hörbahn* besitzt eigene Projektionsgebiete, die primäre Hörrinde (Area 41), die den *Heschl-Querwindungen* auf dem Gyrus temporalis superior entspricht, und die sie umgebende sekundäre Hörrinde

(Area 42). Diese zentralen Nervenzellen sind ebenso funktionell organisiert, da sie *tonotop* (nach bestimmten Frequenzen) gegliedert sind.

Der **Assoziationscortex** nimmt einen Großteil der Hirnrinde in Anspruch. Er vollbringt im wesentlichen integrative Leistungen, die überwiegend keine sensorische oder motorische Funktion haben, deshalb wird er auch unspezifischer Cortex genannt. Natürlich sind assoziative Areale auch an motorischen und sensorischen Funktionen mitbeteiligt, aber nicht im überwiegenden Maß. Sie werden in drei Gebiete eingeteilt:

- *parietotemporookzipitaler Assoziationscortex:* für höhere sensorische Funktionen und die Sprache zuständig,
- *präfrontaler Assoziationscortex:* für höhere motorische Aufgaben verantwortlich,
- *limbischer Assoziationscortex:* bildet mit dem limbischen System eine funktionelle Einheit und ist besonders bedeutsam für emotional-affektive Aspekte des Verhaltens und Gedächtnisleistungen.

! Merke

An integrativen Leistungen sind meist mehrere Hirnabschnitte beteiligt. Den überwiegend damit beauftragten Hirnarealen können diese Leistungen zugeordnet werden. Aus diesem Grund ist allerdings weder eine strenge Einteilung nach lokalisierter funktioneller Spezialisierung noch die früher vertretene holistische Auffassung (die Ganzheitslehre des Gehirns) berechtigt.

Der Feinbau der Hirnrinde bietet eine weitere Möglichkeit zur Einteilung der Oberfläche in bestimmte Areale, so daß 1909 erstmals eine Hirnkarte mit zytoarchitektonischen Feldern von Brodmann veröffentlicht wurde (s.a. Anatomie 9.7.3). Neben der noch heute gebräuchlichen Einteilung der Areale nach Brodmann existieren noch weitere, die z. T. bei einzelnen Gebieten noch verwendet werden (z. B. motorisches Sprachzentrum nach Broca = Area 44 nach Brodmann).

19.1.2 Bauelemente corticaler Schaltkreise

Iso- und Allocortex: In der Großhirnrinde sind ca. 10^{10} Neurone und eine große Anzahl von Gliazellen schichtartig angeordnet. Dabei ist der phylogenetisch jüngere Neocortex, der 90 % der Großhirnrinde ausmacht, durch den Aufbau aus 6 Schichten gekennzeichnet und wird als *Isocortex* bezeichnet. Ausgehend von der Oberfläche unterscheidet man folgende Schichten (s. Histologie Abb. 3.**9**):

- *I. Molekularschicht* (Lamina molecularis): faserreich und zellarm,
- *II. äußere Körnerschicht* (Lamina granularis externa): enthält dicht beieinander liegende kleine Körnerzellen und kleine Pyramidenzellen,
- *III. äußere Pyramidenschicht* (Lamina pyramidalis externa): besteht aus mittelgroßen Pyramidenzellen,
- *IV. innere Körnerschicht* (Lamina granularis interna): charakterisiert durch kleine Körnerzellen und andere, lose angeordnete Neurone (z. B. Sternzellen) sowie horizontale Faserzüge (äußerer Baillarger-Streifen),
- *V. innere Pyramidenschicht* (Lamina pyramidalis interna): enthält horizontale Faserzüge, die den inneren Baillarger-Streifen bilden und viele große Pyramidenzellen, die im Gyrus praecentralis besonders groß sind und dort Betz-Riesenzellen heißen,
- *VI. Spindelzellschicht* (Lamina multiformis): verschiedene Zellformen, die locker angeordnet sind.

Sind diese 6 Zellschichten gleichmäßig ausgebildet, sprechen wir vom *homotypen Neocortex* bzw. vom *heterotypen Neocortex*, wenn dies nicht der Fall ist. Dieser kann *agranulär* sein, d. h., die Körnerschichten (II und IV) fehlen und die Pyramidenschichten verbreitern sich, wie z. B. im motorischen Cortex. Die *granuläre* Rinde, typisch für den sensorischen Cortex, weist stark entwickelte Körnerschichten und spärliche Pyramidenschichten (III und V) auf.

Der primitiver gebaute *Allocortex*, die restliche phylogenetisch ältere Großhirnrinde, besteht nur aus 3 Schichten. Dieser in der Tiefe des Temporallappens gelegene Hirnrindenteil ist von außen nicht sichtbar und umfaßt das *Archipallium* mit dem Hippocampus als Hauptbestandteil und das *Paläopallium* (Regio entorhinalis, Regio praepiriformis und Regio periamygdalaris) sowie *Claustrum* und *Amygdala* (s.a. Anatomie 9.7.3). Einen Übergang zwischen Allo- und Isocortex bildet beispielsweise die Insula. Sie besteht im oberen Anteil aus 6 Schichten (Isocortex) und geht im unteren Bereich allmählich auf die dreischichtige praepiriforme Rinde (Allocortex) über.

Die unterschiedlichen corticalen Neurone lassen sich den beiden Haupttypen, den Sternzellen und den Pyramidenzellen zuordnen. Diese nach ihrer Form benannten Neurone unterscheiden sich dadurch, daß die Axone der Pyramidenzellen den Cortex verlassen, während die Neuriten der Sternzellen im Cortex enden.

Die *Pyramidenzellen* spielen also bei der Informationsvermittlung zwischen corticalen und subcorticalen Strukturen eine Schlüsselrolle. Sie nehmen über ihre Dendriten Informationen afferenter Nerven-

fasern auf und stellen über ihre Neuriten die Verbindung zu anderen Cortexarealen und zu tiefer liegende Strukturen her. Die Axone der Schicht II und III ziehen besonders zu anderen Cortexarealen (intercorticale Informationsübermittlung), während die Axone der V. Schicht u. a. zum Hirnstamm und zum Rückenmark ziehen, ihr typischer Vertreter ist die Pyramidenbahn. Die Neuriten der V. Schicht leiten somit vorrangig die Informationen zu subthalamischen Gebieten.
Die *Sternzellen* und andere corticalen Neurone der IV. Schicht nehmen insbesondere Afferenzen von den spezifischen Thalamuskernen auf, und Axone der VI. Schicht erreichen wiederum diese, womit der Informationsaustausch zwischen Cortex und Thalamus gesichert ist. Unspezifische thalamische Afferenzen enden in der Schicht I, die von den Dendriten der Pyramidenzellen und den Neuriten der Sternzellen gebildet wird. In ihr werden lokal Informationen innerhalb des Cortex verknüpft.
Modulare Organisation: Die Neurone der 6 parallel zur Oberfläche angeordneten Schichten sind untereinander so verschaltet, daß sie funktionelle Einheiten bilden. Diese sind mit der spezifischen Verarbeitung von Informationen beauftragt und werden von säulenartig angeordneten Zellgruppen (*Kolumnen*) gebildet, die als *Module* bezeichnet werden. Die vertikalen Kolumnen werden in ihrer Ausdehnung besonders durch die langen, senkrecht zur Oberfläche verlaufenden Dendriten der Pyramidenzellen beeinflußt.

! Merke

Die *Module* sind keine starren und isolierten Gebilde, sondern sie überlappen sich weitgehend. Die daraus resultierende parallele Informationsverarbeitung dient der Funktionssicherung, denn z. B. müssen kleine lokale Störungen im Cortex nicht stets zum Ausfall der Funktion führen, da noch funktionstüchtige Nachbarmodule, die die gleiche Information verarbeiten, diese kompensieren können.

19.1.3 Eingänge und Ausgänge des Cortex

Beide Hemisphären enthalten, angrenzend an die Hirnrinde, weiße Substanz, die vor allem aus vier verschiedenen markhaltigen Nervenfaserarten besteht. Man unterscheidet

- *Assoziationsfasern*, die verschiedene Rindenfelder innerhalb einer Hemisphäre verbinden,
- *Kommissurenfasern* zur Punkt-zu-Punkt-Verbindung entsprechender Hirnteile beider Hemisphären;

! Merke

Die überwiegende Zahl der Kommissurenfasern kreuzt im Balken!

- *Projektionsfasern* (efferent), die Rindenfelder und tiefer gelegene Strukturen verbinden,
- *thalamocorticale Bahnen* (afferente Fasern).

Diese Nervenfasern sind Voraussetzung für die Neuronenverbindungen in der Großhirnrinde. Die der intracorticalen Verschaltung dienenden Assoziationsfasern, die am häufigsten vorkommen, übermitteln Informationen aus anderen Rindengebieten (afferente Leitung) und leiten diesen wiederum efferent Informationen zu. Die Projektionsfasern übernehmen die afferente Leitung aus den Thalamuskernen als *Tractus thalamocorticalis* und aus dem Metathalamus (Corpus geniculatum mediale und laterale) als *Radiatio acustica* (*Hörstrahlung*) bzw. als *Radiatio optica* (*Sehstrahlung*). Efferente Informationen werden über absteigende Projektionsfasern, wie z. B. den *Tractus corticospinalis* (*Pyramidenbahn*), den *Tractus corticonuclearis* (*motorische Hirnnervenbahn*) und die *vordere* und *hintere Brückenbahn*, übermittelt.

! Merke

Die genannten auf- und absteigenden Projektionsbahnen ziehen somatotopisch gegliedert durch die *Capsula interna* und weichen danach als *Corona radiata (Stabkranz des Gehirns)* auseinander.

19.2 Informationsverarbeitung im Cortex

Die neuronalen Schaltkreise der Hirnareale sind Grundlage informationsübertragender Neuronenverbände, und die Art ihrer Verknüpfung miteinander sowie mit anderen Hirnarealen bedingen die überlegenen Denk- und Lernleistungen des Menschen.

19.2.1 Elementarprozesse

Das **corticale Ruhepotential** liegt bei −50 bis −80 mV. Die Aktionspotentiale corticaler Neurone sind denen anderer Zellen sehr ähnlich, aber ohne ausgeprägte Nachpotentiale.
Die **synaptischen Potentiale** im Cortex dauern im Vergleich zu denen der Motoneurone länger. Dieses gilt besonders für *inhibitorische postsynaptische Potentiale*, die bis zu 150 ms andauern können und

durch eine kleine Amplitude gekennzeichnet sind. Sie treten im Cortex seltener auf als *exzitatorische postsynaptische Potentiale*. Die Frequenz der ausgelösten corticalen Impulse ist gering. Die in 12.2.3 erläuterten Gesetzmäßigkeiten der Synapsenpotentiale gelten grundlegend auch für die Synapsen im Cortex. Zu den bisher bekannten Transmittern der corticalen Neurone zählen die folgenden *erregenden Aminosäuren:*
Glutamat und Aspartat, Neuropeptide, wie z.B. Cholezystokinin und VIP (vasoaktives intestinales Polypeptid) und GABA (γ-Aminobuttersäure; inhibitorische Wirkung).

19.2.2 Elektrophysiologische Korrelate

Die durch die Aktivität des Gehirns verursachten elektrischen Spannungsveränderungen lassen sich mit Elektroden ableiten. Auf das bei einer motorischen Willkürbewegung ableitbare Bereitschaftspotential wurde bereits in 14.4.1 näher eingegangen.
Elektroenzephalogramm: Von der Oberfläche des Schädels lassen sich kontinuierliche Potentialschwankungen als sog. *Elektroenzephalogramm (EEG)* ableiten. Das EEG entsteht *nicht* durch Aktionspotentiale, sondern ist auf die *Summation der postsynaptischen Potentiale der Hirnrinde* zurückzuführen. Für den Rhythmus der Potentiale ist besonders der Thalamus verantwortlich. Seine Aktivität wird durch rhythmusbildende (synchronisierte) und rhythmushemmende (desynchronisierte) Wirkungen der Formatio reticularis im Hirnstamm modifiziert.
Im EEG sind folgende Rhythmen in Form von Wellen zu klassifizieren (Abb. 19.**1**):

- α-*Wellen* mit einer Frequenz von ca. 10 Hz, die beim wachen Erwachsenen in Ruhe und bei geschlossenen Augen ableitbar sind (synchronisiertes EEG).
- β-*Wellen* (höhere Frequenz, ca. 20 Hz und kleinere Amplituden) treten bei Öffnung der Augen oder anderen Anspannungen auf (desynchronisiertes EEG).
- θ-*Wellen* (langsamere Frequenz, um 6 Hz) und
- δ-*Wellen* (durchschnittlich 3 Hz) treten im Schlaf auf.

Merke

Das EEG von Kindern ist langsamer als beim Erwachsenen. Die Wellen treten unregelmäßiger auf, ggf. sind im Wachzustand auch θ-Wellen ableitbar.

Die Ableitung des EEG erfolgt bipolar (zwischen zwei Elektroden auf dem Schädel) oder unipolar (zwischen einer Elektrode auf dem Schädel und einer indifferenten, weiter entfernten Elektrode, z. B. am Ohrläppchen).

Klinischer Bezug

Die Form des EEG hat große diagnostische Bedeutung. Potentiale mit großen Amplituden und langsamer Frequenz (**Krampfpotentiale**) lassen sich z. B. beim *epileptischen Anfall* ableiten (Abb. 19.**1**). Dagegen kann das EEG über bestimmten Hirnarealen z. B. infolge von Tumoren oder Durchblutungsstörungen abgeschwächt sein. Lassen sich über längere Zeit keine Wellen mehr im EEG ableiten, ist der **Hirntod** eingetreten.

Als **Elektrocorticogramm** bezeichnet man die für das EEG typischen α-Wellen, die sich beispielsweise intraoperativ auch direkt von der freigelegten Hirnrinde ableiten lassen.
Evozierte Potentiale (EP) entstehen durch die definierte Reizung eines Sinnesorgans (visuelle EP, akustische EP, somatosensorische EP). Da eine einzelne Reizung in den normalen Potentialen des Gehirns untergehen würde, wird die Reizung mehrere tausendmal fortgesetzt, so daß durch eine Summation der einzelnen EP eine charakteristische Kurve entsteht.

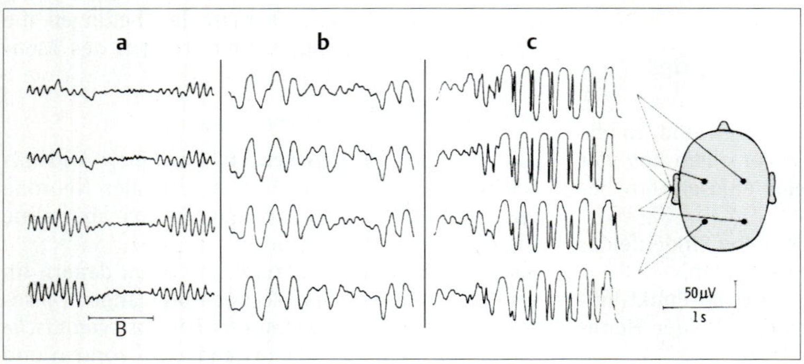

Abb. 19.**1** EEG des Menschen (unipolare Ableitung)
a α-Wellen beim gesunden Erwachsenen, in B Augenbelichtung – β-Wellen,
b θ- und δ-Wellen beim gesunden Kind, **c** EEG beim epileptischen Krampfanfall (aus Keidel, Thieme 1979)

Beispielsweise wird beim akustisch evozierten Potential (AEP) etwa 2000 mal ein „Klick"-Laut mit definierter Lautstärke gegeben. Nach Summation ergibt sich eine Welle mit fünf positiven Ausschlägen, welche die Stationen der Hörbahn darstellen. Gibt es eine Schädigung in diesem Bereich, verringert sich z. B. die Amplitude.

Ein Vorteil dieser Methode ist, daß sie nicht an das Bewußtsein des Patienten gebunden ist, bzw. auch bei fehlender Compliance angewandt werden kann.

Corticale Gleichspannungspotentiale können zwischen der Cortexoberfläche und der weißen Substanz in den Hemisphären abgeleitet werden. Sie sind allerdings kaum klinisch nutzbar, da ihre Ableitung durch unbekannte Elektrodenpotentiale erschwert wird.

19.3 Hirnstoffwechsel und Hirndurchblutung

Das Gehirn benötigt 20% des Sauerstoffbedarfs des gesamten Organismus in Ruhe und 15% des Herzminutenvolumens in Ruhe. Die Hirndurchblutung ist in den Cortexarealen unterschiedlich, auch die Rinde wird viel stärker durchblutet als die weiße Substanz.

Bei jeder neuronalen Aktivität steigt die Durchblutung im jeweiligen Gebiet an, vermutlich durch metabolische Steuerung. Jede spezielle Hirnaktivität führt im Gehirn entweder zur Änderung der Gesamtdurchblutung oder der Blutverteilung oder zu beidem.

Klinischer Bezug

Bei einem **Atemstillstand** von vier bis fünf Minuten können bereits irreversible Schädigungen auftreten (Wiederbelebungszeit). Nach einer **totalen Ischämie** von 20 Sekunden treten die ersten Veränderungen im EEG auf, und es kommt zum Bewußtseinsverlust. Nach über zehn Minuten totaler Ischämie erlischt das EEG komplett (Hirntod).

Infolge der technischen Entwicklung lassen sich Hirnstrukturen durch bildgebende Verfahren darstellen. Zu diesen für Forschung und Klinik großen Errungenschaften zählen die Röntgencomputertomographie (CT), die Positronenemissionstomographie (PET) und die Kernspintomographie (NMR = nuclear magnetic resonance). Die Darstellung der Hirnaktivität erfolgt durch das EEG oder die Durchblutungsmessung mit der Xenonmethode.

19.4 Lernen, Gedächtnis, Plastizität

Das menschliche Gedächtnis kann ca. $3 \cdot 10^8$ bit speichern, es können also 1% der ins Bewußtsein gelangten Informationen in den Langzeitspeicher überführt werden. Dabei haben verschiedene Komponenten (z. B. Emotionen, Motivation oder Wichtigkeit der Informationen) Einfluß darauf, welche Nachrichten aus dem Informationsfluß zur Speicherung im Gedächtnis ausgewählt werden. Das Lernen in seinen verschiedenen Formen spielt dabei eine wesentliche Rolle. Allgemein unterscheidet man *nicht-assoziatives Lernen*, das auf einer Beziehung zwischen dem zeitlichen Auftreten der Reize und der jeweiligen Reizstärke basiert und *assoziatives Lernen* (zwei oder mehrere zentrale Prozesse sind zeitlich koordiniert).

Nichtassoziatives Lernen: Diese einfachste Form des Lernens umfaßt die Habituation und die Sensitivierung (s.u.). Ein neuer (meist unerwarteter) Reiz, z.B. das Zuschlagen einer Tür, löst eine Orientierungsreaktion aus (z.B. Hinblicken zur Tür). Diese verschwindet bei mehrfacher Reizwiederholung, d. h. der Organismus hat sich an diesen wiederholten und unwichtigen Reiz gewöhnt, er ignoriert ihn (*Habituation*, die einfachste Lernform). Nimmt dagegen die physiologische Reaktion auf Reize zu, nachdem ein intensiver oder noxischer Reiz dargeboten wurde, sprechen wir von *Sensitivierung*.

Assoziatives Lernen: Es dient dem Wissenserwerb und umfaßt zwei verschiedene Verfahren: die klassische und die instrumentelle Konditionierung.

Das Prinzip der *klassischen Konditionierung* wurde vom russischen Physiologen Pawlow entwickelt und soll an einem seiner Experimente erläutert werden. Dem Versuchstier (z. B. einem Hund) wird Nahrung angeboten, wodurch der unbedingte Reflex des Speichelflußes ausgelöst wird. Doch kurz vor dem Reiz des unbedingten Reflexes wird ein zusätzlicher, neutraler Reiz, beispielsweise eine brennende Glühlampe dargeboten. Durch mehrfache Wiederholung des unbedingten (Nahrung) und bedingten Reizes (brennende Glühlampe) werden beide Reize assoziiert, d. h. die brennende Glühlampe löst auch ohne Nahrung beim Hund Speichelfluß aus.

Merke

Bei der klassischen Konditionierung, einem passiven Lernvorgang, wird der adäquate Reiz eines unbedingten Reflexes mit einem neutralen Reiz gekoppelt, so daß der neutrale Reiz letztlich einen bedingten Reflex auslöst.

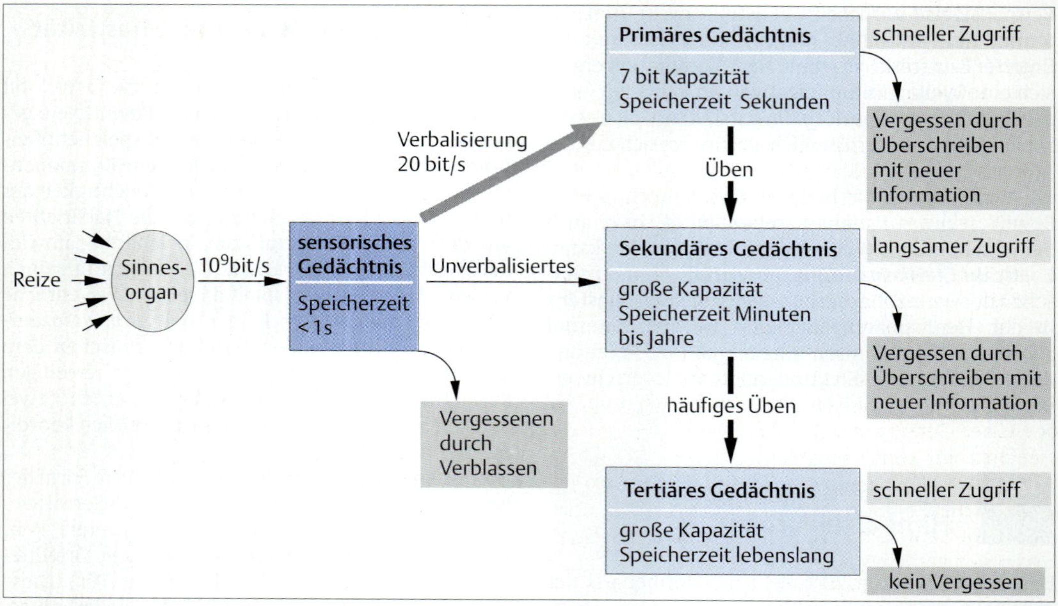

Abb. 19.**2** Informationsspeicherung im Gedächtnis

Der bedingte Reflex muß auch nach seinem erfolgreichen Erlernen wiederholt oder bekräftigt werden, sonst wird die Konditionierung (Verknüpfung des unbedingten und bedingten Reizes) vergessen mit der Folge, daß kein bedingter Reflex ausgelöst wird. Die *instrumentelle Konditionierung* (*operante Konditionierung*) ist ein aktiver Lernvorgang. Dabei erfolgt nach der Reaktion, die gelernt werden soll, sofort ein Lob oder eine Strafe in Form eines belohnenden bzw. bestrafenden Reizes. (Dabei ist der bestrafende Reiz oftmals als Wegfall der Belohnung, wie z. B. Nahrung, aufzufassen.)

Verhaltensgedächtnis: Das durch klassische und instrumentelle Konditionierung erlernte Verhalten wird im sog. *Verhaltensgedächtnis* gespeichert. Viele Verhaltensweisen bei Mensch und Tier werden durch instrumentelle Konditionierung erworben, während die klassische Konditionierung besonders bei vegetativen bedingten Abläufen von Bedeutung ist.

Die *Prägung* ist eine besondere Form des assoziativen Lernens. Sie beruht auf einer angeborenen Sensibilität für gewisse Reiz-Reaktions-Muster, die besonders in der Kindheit das Erlernen bestimmter Verhaltensformen begünstigen.

Das Lernen und die Speicherung der Informationen im Gedächtnis führen zu Veränderungen im Nervensystem, die sich lebenslang auf die *Plastizität* (Veränderung der Strukturen) und Funktion der Neurone auswirken. Typisch sind dabei Veränderungen in der Verschaltung, so treten z. B. häufig heterosynaptische Verbindungen auf. Räumliche und zeitliche Summation sowie posttetanische Potenzierungen corticaler Neurone sind grundlegend für die Plastizität verantwortlich. Die an der Speicherung beteiligten neuronalen Verbindungen sind über mehrere, miteinander korrespondierende Hirnareale verteilt.

Wissensgedächtnis: Die bewußt aufgenommenen Informationen werden im Gedächtnis, dem sog. *Wissensgedächtnis*, gespeichert. Man unterscheidet folgende Formen (Abb. 19.**2**):

- *Sensorisches Gedächtnis:* Wahrgenommene sensorische Reize werden dort automatisch für Bruchteile einer Sekunde gespeichert. Die Informationen werden sofort vergessen oder gelangen nach einer Codierung ins primäre Gedächtnis.
- *Primäres Gedächtnis:* Es entspricht dem *Kurzzeitgedächtnis* (geringe Kapazität) und kann Informationen für mehrere Sekunden zeitlich geordnet speichern, wenn sie vorher sozusagen bei ihrem Namen genannt wurden (Codierung durch Verbalisierung). Neu aufgenommene Informationen verdrängen alte, auf die aber wieder schnell zurückgegriffen werden kann. Durch Wiederholungen und Üben ist eine Übertragung ins sekundäre Gedächtnis möglich.

- *Sekundäres Gedächtnis:* Es bildet mit dem nachfolgend genannten das *Langzeitgedächtnis* (sehr große Kapazität). Durch Üben werden Informationen aufgenommen und gefestigt (*Konsolidierung*). Die Speicherung erfolgt zeitlich-räumlich geordnet von Minuten bis zu mehreren Jahren. Der Zugriff auf dieses Gedächtnis erfolgt langsam. Vorher Gelerntes (proaktiv) und anschließend Gelerntes (retroaktiv) können zu Interferenzen (Störungen) und damit zum Vergessen führen.
- *Tertiäres Gedächtnis:* Speichert lebenslang oft Geübtes, wie z. B. Lesen und Schreiben und ermöglicht einen sehr schnellen Zugriff. Es gibt vermutlich kein Vergessen.

Werden Informationen durch wiederholtes Üben, Erkennen und Verstehen von Sachverhalten, also unter bewußter Beteiligung des Gehirns aufgenommen, sprechen wir vom *kognitiven Lernen*. Das Gelernte hinterläßt im Nervensystem eine *Gedächtnisspur (Engramm)*, die die Information leichter reproduzierbar macht. Die Lernmechanismen im Kurzzeitgedächtnis lassen sich vermutlich auf räumlich-zeitlich kreisende Erregungen zurückführen. Im Langzeitgedächtnis spielen dagegen biochemische Prozesse, wie z. B. die Proteinbiosynthese eine entscheidende Rolle.

Klinischer Bezug

Gedächtnisstörungen werden klinisch als **Amnesien** bezeichnet. Bei der *anterograden Amnesie* kann der Patient nichts Neues lernen, da der Informationsfluß vom primären ins sekundäre Gedächtnis, oftmals durch Hippocampusläsionen, gestört ist. Der Patient kann auf das meist noch intakte sekundäre und tertiäre Gedächtnis zurückgreifen. Die *retrograde Amnesie* wird ausgelöst durch Traumata, Gehirnerschütterungen, als Spätfolge nach Elektroschocks oder chemisch-toxisch bedingt als Narkosefolgen. Der Patient hat eine Gedächtnislücke für einen kurzen Zeitraum unmittelbar vor dem hirnschädigenden Ereignis. Das primäre Gedächtnis ist in jedem Fall gestört und, entsprechend dem Schweregrad der Amnesie, auch der Zugriff auf das sekundäre Gedächtnis; in schweren Fällen ist auch das tertiäre Gedächtnis mitbetroffen.

19.5 Wachen, Schlafen, Bewußtsein, Sprache

19.5.1 Wachen und Schlafen

Schlaf-Wach-Rhythmus

Der Schlaf-Wach-Rhythmus des Menschen wird durch eine innere biologische Uhr bestimmt, die ungefähr dem Tagesablauf entspricht (*zirkadiane Periodik*). Sinn der „inneren" zirkadianen Periodik ist die zweckmäßige, rechtzeitige Anpassung des Organismus an das Zeitprogramm der Außenwelt. Äußere Einflüsse, beispielsweise der Hell-Dunkel-Wechsel, körperliche Aktivität und soziale Faktoren synchronisieren die zirkadiane Periodik. Werden diese äußeren Zeitgeber experimentell ausgeschaltet, so zeigt der Proband einen Rhythmus von ungefähr 25 Stunden.

! Merke

Der Schlaf-Wach-Rhythmus als tagesperiodische Schwankung beinhaltet ca. 6–8 Stunden Schlaf.

Die einmalige Rhythmusverschiebung der äußeren Zeitgeber, z. B. durch einen längeren Flug, wirkt sich auf die zirkadiane Periodik aus. Sie braucht für jede „überflogene" Zeitzone (1 Stunde) etwa 1 Tag, um sich auf die normale Phasenlänge wieder einzustellen. Phasenverlängerungen bei Flügen nach Westen werden besser resynchronisiert als Phasenverkürzungen bei Flügen nach Osten.

Klinischer Bezug

Die **tageszeitlichen Schwankungen** nahezu aller Organfunktionen sind bei Diagnose und Therapie zu berücksichtigen.

Schlafstadien

Aufgrund der Schlaftiefe, durch das EEG bestimmbar, unterscheidet man 4 Schlafstadien (im Wachsein α-Wellenrhythmus):

- *Stadium A:* **Einschlafstadium;** Übergang vom Wachsein zum Einschlafen, Auflösung der α-Wellen (8–13 Hz), Abflachung der Grundlinie
- *Stadium B/1:* **Einschlafstadium und Stadium des leichtesten Schlafes;** θ-Wellen; hohe, scharfe Zacken über dem Vertex (Vertexzacken) zeigen den physiologischen Einschlafmoment an.
- *Stadium C/2:* **Leichtschlaf;** kurze, schnelle β-Spindeln (um 20 Hz) und K-Komplexe

Physiologie

- *Stadium D/3:* **Mittelschlaf;** rasche δ-Wellen (3–3,5 Hz),
- *Stadium E/4:* **Tiefschlaf;** synchronisiertes EEG mit maximal verlangsamten δ-Wellen (0,7–1,2 Hz).

Typisch für die Hirnaktivität während des leichten und mittleren Schlafes sind besondere Wellenformen, β-Spindeln (Schlafspindeln) und plötzliche, steile Anstiege der Wellenamplituden mit sofortigem Abfall (K-Komplexe).

! Merke

Je niedriger die Frequenz der Wellen, desto tiefer ist der Schlaf. Mit zunehmender Schlaftiefe steigt die Weckschwelle, d.h., die Intensität des Weckreizes muß steigen, um wirksam zu sein.

Die verschiedenen Schlafstadien werden in einer Nacht 3–5 mal durchlaufen. Desynchronisierte Wellen im EEG, wie z.B. beim Übergang vom Einschlaf- zum Leichtschlafstadium, sind begleitet von schnellen Augenbewegungen, die durch die geschlossenen Lider sichtbar sind. Nach diesen typischen Augenbewegungen wird das Stadium als **REM-Stadium** (rapid eye movements) bezeichnet. Das REM-Stadium hat eine ebenso hohe Weckschwelle wie der Tiefschlaf, zeigt aber im EEG die Wellen des Wach/Einschlafstadiums, deshalb spricht man vom *paradoxen Schlaf* in diesem Stadium. Atem- und Herzfrequenzsteigerungen sowie Träume sind für REM-Phasen charakteristisch. Die übrigen Schlafstadien werden als **NREM-Schlaf** (Non-REM-Schlaf) bezeichnet. In diesen Stadien kann es zum Sprechen im Traum, Alpträumen und Schlafwandeln kommen. Auch das Bettnässen der Kinder tritt während des NREM-Schlafes auf. Der Anteil der REM und NREM-Phasen einer Nacht ist altersabhängig.

! Merke

Je jünger der Mensch, desto mehr schläft er insgesamt und desto größer ist der relative Anteil des REM-Schlafes. Längste REM-Phasen treten demnach bei Säuglingen und Kleinkindern auf.

Über die Wirkung von *Schlafentzug* wurde experimentell herausgefunden, daß völliger Schlafentzug zu körperlichen und psychischen Veränderungen (z.B. starker Abfall der Leistungsfähigkeit und Motivation) führt. Ein Teilentzug von ca. 1 Stunde bewirkt über längere Zeit einen kaum meßbaren Abfall von Leistungsfähigkeit und Wohlbefinden des Probanden. Gezielter Entzug von REM-Schlaf wird z.T. in der folgenden Nacht durch Vertiefung und Ausdehnung der REM-Phasen nachgeholt.

Schlaftheorien

Warum und wie lange wir schlafen, ob der Schlaf nur der Erholung dient oder als Leistung des Gehirns auf einem anderen Niveau als der Wachzustand aufgefaßt werden kann, ist heute noch Gegenstand der Forschung. Verschiedene unbewiesene Schlaftheorien sollen kurz erläutert werden:

- *Deafferenzierungstheorie:* Geht davon aus, daß der Schlaf passiv induziert wird, d.h. durch Wegfall sensorischer Zuflüsse (als Deafferenzierung aufzufassen).
- *Retikularistheorie:* Aus der Formatio reticularis aufsteigende Impulse bedingen das für das Wachsein nötige Erregungsniveau, z.B. Reizung der Formatio reticularis bewirkt Weckreaktion. Der Zustand des Wachseins tritt demnach ein, wenn das *a*ufsteigende, *r*etikuläre, *a*ktivierende *S*ystem (*ARAS*) aktiv ist. Passivität des ARAS führt zum Schlaf.
- *Serotonerge Schlaftheorie:* Freisetzung von Serotonin aus den Raphekernen leitet den Schlaf ein, zunächst NREM-Phasen. Dagegen spricht, das Serotonin auch bei der Weckreaktion ausgeschüttet wird.
- *Endogene Schlaftheorie:* Ansatz dieser Theorie ist, daß im Organismus im Wachzustand Schlaffaktoren (z.B. Peptide) angehäuft werden und bei entsprechender Konzentration zum Schlafen führen oder im Schlaf schlaffördernde Substanzen freigesetzt oder produziert werden.

Klinischer Bezug

Schnarchen ist eine häufige Ursache von Schlafstörungen in der Umgebung. Dabei sinkt der Kiefer nach unten und die Zunge nach hinten, während der Schläfer auf dem Rücken liegt. Störungen der Koordination zwischen Atem- und Hypopharynxmuskulatur können zur **Schlafapnoe** (spontaner Atemstillstand) führen, der tödlich sein kann.

19.5.2 Bewußtsein

Das Bewußtsein umfaßt die gesamten seelischen und geistigen Vorgänge, die dem Menschen gegenwärtig sind. Dazu zählen u. a. Aufmerksamkeit, die Fähigkeit zur Verbalisierung und Abstrahierung, Nutzung von Erfahrungswerten, Selbsterkenntnis und Wertvorstellungen. Über die funktionellen Voraussetzungen dafür sind nur wenig genaue Aussagen zu treffen. Sicher ist, daß ein differenziertes Nervensystem und Wechselwirkungen zwischen corticalen und subcorticalen Strukturen für das Bewußtsein grundlegend sind. An der Ausbildung der notwendigen Aktivität

zentraler Neurone ist vermutlich größtenteils das ARAS beteiligt.
Nähere Informationen über das Bewußtsein und die funktionellen Unterschiede beider Hemisphären erhielt man durch die Untersuchung von *Split-brain-Patienten* (Durchtrennung aller Kommissurenfasern zwischen beiden Großhirnhälften). Die Split-brain-Patienten verhalten sich im Alltag unauffällig, lediglich ihre Spontanaktivität ist etwas reduziert. Die Arbeitsweise der beiden Großhirnhälften ist jedoch unterschiedlich, da jede Hemisphäre Informationen aufnimmt, aber eine Koordinierung mit der anderen Großhirnhälfte nicht mehr möglich ist. So fand man heraus, daß die linke Hemisphäre die rechte Körperhälfte motorisch und somatisch versorgt, während die rechte Hemisphäre dies bei der linken Körperhälfte tut. Entsprechend der Kreuzung der Nervenfasern gelangen über die Hörbahnen in jede Hemisphäre Informationen von beiden Ohren. Dagegen wird aufgrund der Sehnervenkreuzung im Chiasma opticum die rechte Hälfte des Gesichtsfeldes in die linke Großhirnhälfte projiziert und umgekehrt. Das führt beim Split-brain-Patienten dazu, daß er optische und taktile Eindrücke des rechten Gesichtsfeldes und der rechten Hand, die in die linke Hemisphäre projiziert werden, erkennen, benennen, laut lesen und aufschreiben kann. Aber Eindrücke des linken Gesichtsfeldes (z. B. Gegenstände) kann der Patient nicht benennen, lesen oder schreiben. Es ist ihm nur möglich diese Gegenstände mit der linken Hand aus anderen herauszusuchen. Daraus läßt sich eine unterschiedliche Gewichtung der Gehirnfunktion in beiden Hemisphären ableiten:

Merke

Die *linke Hemisphäre* allein für die Sprache und spezifisch für das Bewußtsein zuständig ist. Die *rechte Hemisphäre* dient der Formwahrnehmung und trägt zum Sprachverständnis bei.

Die Verarbeitung der visuellen Reize soll am folgenden Beispiel nochmal verdeutlicht werden. Ein zusammengesetztes Portrait aus einer weiblichen (links) und einer männlichen (rechts) Gesichtshälfte wird von Split-brain-Patienten folgendermaßen verarbeitet: die Information über das weibliche Gesicht des linken Gesichtsfeldes wird in die rechte Hemisphäre projiziert und die über das männliche Gesicht in die linke Hemisphäre. Der Patient antwortet auf die Frage, was er *sah*, ein männliches Gesicht. Soll er hingegen *zeigen*, was er sah, so zeigt er mit der linken Hand auf ein weibliches und mit der rechten Hand auf ein männliches Portrait.

Bewußte Vorgänge können auch durch Läsionen bestimmter Cortexareale gestört sein. So bewirkt z. B. eine Störung des parietalen Cortex rechts eine Vernachlässigung der linken Hälfte des Gesichtsfeldes, man spricht vom *visuellen Neglect*. Eine Läsion im okzipitalen Cortex links und des hinteren Anteils des Corpus callosum führt zur *Leseunfähigkeit* (*Alexie*). Dabei ist der Patient in der Lage Wörter zu schreiben, kann diese aber nicht lesen, weil die Informationsverarbeitung in der linken Hemisphäre gestört ist. Durch eine Störung im parietotemporalen Cortex fehlen die zur visuell-räumlichen Orientierung notwendigen zentralen Assoziationen – Folge, daß sich der Patient in seiner näheren Umgebung, z. B. in der eigenen Wohnung, nicht mehr richtig zurechtfinden kann.

19.5.3 Sprache

Zu den bedeutenden intellektuellen Leistungen des Menschen zählt die Sprache. Wie durch Split-brain-Operationen herausgefunden wurde, ist meist die linke Hemisphäre für das Sprachvermögen verantwortlich. Das **motorische Sprachzentrum (Broca-Sprachregion)** ist bei Rechtshändern und auch bei den meisten Linkshändern in dieser *sprachdominanten Hemisphäre* lokalisiert. Die Broca-Region (Area 44) liegt im Frontallappen, in enger Nachbarschaft zu den für die Sprechmuskeln zuständigen Anteilen des Gyrus praecentralis, da diese beim Sprechen (für die Artikulation) ebenso aktiviert werden müssen.

Klinischer Bezug

Eine Schädigung der Broca-Sprachregion führt zur **Broca-Aphasie (motorischen Aphasie)**. Die Patienten können nicht oder nur im Telegrammstil sprechen, ihr Sprachverständnis ist nahezu intakt.

Das **sensorische Sprachzentrum (Wernicke-Sprachregion)** ist der posteriore Anteil der Area 22 im Schläfenlappen, unmittelbar neben der Hörrinde.

Klinischer Bezug

Die **Wernicke-Aphasie (sensorische Aphasie)** beruht auf einer Läsion der Wernicke-Sprachregion und führt zur Störung des Sprachverständnisses, d. h. der Patient kann reden (allerdings „entstellt“), versteht das Gesprochene jedoch nicht.

An der Sprachverarbeitung sind verschiedene kortikale Strukturen beteiligt. Beispielsweise sind für das Benennen eines Gegenstandes folgende Verarbeitun-

gen notwendig: Die visuelle Information wird über die Sehbahn in primäre und sekundäre Areale des visuellen Cortex geleitet. Im Gyrus angularis, einem Teil des assoziativen Cortex, wird die Gestalt des Gegenstandes erkannt. Diese Information wird in das sensorische Sprachzentrum (Wernicke) zur Wortfindung geleitet. Über den Fasciculus arcuatus wird die Broca-Sprachregion erreicht, zur dortigen Sprachgestaltung. Zuletzt werden die entsprechenden Areale im Gyrus praecentralis erregt, die für die Artikulation zuständig sind (s. Anatomie Abb. 9.**11**).
Die Sprachverarbeitung infolge akustischer Reize, z. B. die zu formulierende Antwort auf eine Frage, beginnt im Hörzentrum, das dann die Information an die Wernicke-Sprachregion weitergibt. Die weitere Verarbeitung erfolgt nach dem oben genannten Schema.

Klinischer Bezug

Störungen im temporoparietalen Assoziationscortex können zur **amnestischen Aphasie** führen, die hauptsächlich Wortfindungsstörungen zur Folge hat. Eine Aphasie kann von folgenden Störungen begleitet sein: *Alexie* (Leseunvermögen), *Agraphie* (Schreibunfähigkeit), *Alkalkulie* (Unfähigkeit, Rechenaufgaben zu lösen) und *motorische Apraxie* (Ausführung motorischer Handlungen ist gestört).

19.6 Zentralnervöse Korrelate angeborenen Verhaltens und von Motivation und Emotion

Zu den integrativen Leistungen des ZNS zählen auch Emotionen und Antriebe für bestimmte Verhaltensweisen, wie z. B. Abwehrverhalten, Thermoregulation oder Nahrungsaufnahme. Ebenso wie das Bewußtsein können diese Funktionen nicht einem bestimmten Teil des Gehirns zugeordnet werden, sondern es wirken verschiedene Hirnteile kooperativ zusammen. Welchen Strukturen dabei eine führende Rolle zukommt bzw. welche Verhaltensweisen sie steuern, wird nachfolgend erläutert.

19.6.1 Hunger und Durst

Hunger und Durst sind angeboren und werden ausgelöst, um die Homöostase des Organismus aufrechtzuerhalten. Diese Empfindungen liefern den Antrieb für ihre Stillung.

Durst

Die Durstempfindung wird durch extra- und intrazelluläre Wasserverluste ausgelöst, die Schwelle liegt vermutlich bei Wasserverlusten von 0,5 % des Körpergewichtes. Man unterscheidet dabei den *osmotischen Durst*, der auf Wasseraustritt bei konstantem NaCl-Gehalt beruht, vom *hypovolämischen Durst* (Abnahme des Extrazellulärvolumens). Das Durstgefühl ist meist von einer Mundtrockenheit infolge reduzierter Speichelsekretion begleitet und führt zur Freisetzung von ADH aus dem Hypothalamus (s.a. Biochemie 24.4.3).

Merke

An der zentralen Herausbildung der Durstempfindung sind zentrale Sensoren (vor allem Osmorezeptoren in der Nähe des Hypothalamus, die die intrazelluläre Salzkonzentration messen) und periphere Rezeptoren (vermutlich Dehnungsrezeptoren in großen Venen, für Wahrnehmung des Mangels an Wasser im Extrazellulärraum) beteiligt. Die Durstempfindung adaptiert nicht.

Wasseraufnahme (im allgemeinen Trinken) führt zur Durststillung. Ist das Trinken beendet, erlöscht also das Durstgefühl, obwohl die Resorption des aufgenommenen Wassers noch einige Zeit benötigt.

Hunger

Ein Nahrungsmangel aktiviert verschiedene Rezeptoren, deren Erregung zur Auslösung eines Hungergefühls führen kann. Man unterscheidet dabei verschiedene Mechanismen, die die Nahrungsaufnahme kurzzeitig oder langzeitig regulieren.
An der **Kurzzeitregulation** sind beteiligt:

- *Mechanorezeptoren der Magenwand*, die vermutlich Leerkontraktion („Magenknurren“) registrieren (geringe Bedeutung),
- *Abnahme der verfügbaren Glucose*, die gemäß der glucostatischen Theorie durch Glucorezeptoren in Leber, Magen, Darm und Zwischenhirn registriert wird.

Die **Langzeitregulation** der Nahrungsaufnahme wird vermutlich gesteuert durch:

- *innere Thermorezeptoren*, die durch den Rückgang der Gesamtwärmeproduktion Hunger auslösen können (thermostatische Theorie),
- *Liporezeptoren*, die die Zwischenprodukte des Fettstoffwechsels registrieren und entsprechend ein Hunger- oder Sättigungsgefühl auslösen (lipostatische Hypothese).

Sättigung: Hunger und Sättigung werden vom Hypothalamus gesteuert. Zur Sättigung tragen folgende Faktoren bei:

- Dehnung des Magens (bei Überdehnung: Völlegefühl),
- Efferenzen der Gluco- und Aminosäurerezeptoren in der Darmwand,
- erhöhte Wärmeproduktion,
- vermehrte Verfügbarkeit von Glucose und
- Änderungen im Fettstoffwechsel.

19.6.2 Limbisches System

Eine zentrale Stellung bei der Steuerung von Emotionen und Antrieben nimmt das *limbische System* ein. Besonders das *Corpus amygdaloideum* ist für emotionelle Reaktionen wie Freude, Wut und Aggression verantwortlich. Es wirkt u. a. auf den Hypothalamus, beteiligt sich also an Verhaltensreaktionen auf vegetative, endokrine und somatische Stimulation. Das limbische System hat auch Einfluß auf Lern- und Gedächtnisvorgänge, so lernt man beispielsweise nie ohne Emotionen. Die spezifische Verschaltung der einzelnen Anteile des limbischen Systems führt zu kreisenden Erregungen und wird als *Papez-Kreis* bezeichnet. Dieser verläuft folgendermaßen: Vom Hippocampus gelangen die Erregungen über den Fornix zum Corpus mamillare. Von dort aus zieht der Tractus mamillothalamicus zum thalamischen Nucleus anterior. Über die Radiatio thalamocingularis wird der Gyrus cinguli umgeschaltet, von dem aus die Erregungen über das Cingulum zum Hippocampus zurückkehren.

Klinischer Bezug

Läsionen im limbischen System beeinträchtigen Lern- und Denkleistungen und sind besonders durch Persönlichkeitsveränderungen, wie z. B. Antriebslosigkeit oder fehlende Selbstbeherrschung gekennzeichnet.

19.6.3 Hypothalamische Verhaltensprogramme

Der *Hypothalamus* ist das Integrationszentrum für somatische, vegetative und endokrine Funktionen und führt zu komplexen, zusammenfassenden Handlungen. Sein lateraler Anteil ist u. a. mit dem oberen Hirnstamm, dem Thalamus und dem übergeordneten limbischen System reziprok verschaltet. Außerdem erhält er Afferenzen aus dem Körperinneren und von der Körperoberfläche. Seine Efferenzen zu vegetativen und somatischen Kerngebieten im Hirnstamm und Rückenmark laufen über die Formatio reticularis. Der mediale Anteil des Hypothalamus, der reziprok mit dem lateralen verschaltet ist, kontrolliert über Rezeptoren das innere Milieu. So produziert er beispielsweise stimulierende und hemmende Hormone, sog. Releasinghormone, die die Hormonsekretion der Hypophyse steuern.

Zu den wichtigsten Funktionen des Hypothalamus zählen die Steuerung der Thermoregulation, des Wasserhaushaltes, der Nahrungsaufnahme und des endokrinen Systems. Eine besondere Rolle spielt er bei der Anpassung der Atmung und des Herz-Kreislauf-Systems während körperlicher Arbeit, im Abwehrverhalten (Angriff, Verteidigung, Flucht) und beim Sexualverhalten.

19.6.4 Monoaminerge Systeme

Monoaminerge Systeme sind zentral organisiert und scheinen für die globale Regulation des Verhaltens mitverantwortlich zu sein. Die Transmitter dieser Systeme sind:

- *Dopamin:* Dopaminerge Neurone haben im ventralen Mesenzephalon ihren Ursprung.
- *Noradrenalin:* Noradrenerge Neurone sind im Gehirn vor allem im Locus coeruleus, im Pons und der Medulla oblongata zu finden.
- *Serotonin:* Die Zellkörper der serotonergen Neurone liegen in den Raphekernen.

Noradrenerge und serotonerge Neurone innervieren praktisch alle Hirnregionen im Dienzephalon und Telenzephalon. Die Axone der dopaminergen Neurone ziehen zu den Basalganglien (besonders zum Putamen und Nucleus caudatus), zum limbischen System sowie zum Hypothalamus.

Klinischer Bezug

Psychopharmaka wirken direkt oder indirekt auf monoaminerge Systeme im ZNS. Daraus könnte geschlußfolgert werden, daß diese Systeme bei psychischen Erkrankungen gestört sind.

Chemie

Christian Benz
Claudius Diez

Ausgewählte anorganische Verbindungen

Der Gegenstandskatalog verlangt die Kenntnis von Formel und Name der folgenden Verbindungen. Bei Säuren, Basen und den sich ableitenden Salzen ist außerdem die Kenntnis des Dissoziationsverhaltens wichtig. In den nachfolgenden Abschnitten sind die Summenformeln der geforderten anorganischen Verbindungen und deren Molmassen tabellarisch aufgeführt.

1.1 Sauerstoff, Wasserstoff

Formel	Name	M (g/mol)
H_2O (l)	Wasser	18
O_2 (g)	Sauerstoff	32
O_3 (g)	Ozon	48
H_2 (g)	Wasserstoff	2
H_2O_2 (l)	Wasserstoffperoxid	34

1.2 Alkaliverbindungen

Formel	Name	M (g/mol)
NaOH (aq)	Natriumhydroxid	40
$NaHCO_3$	Natriumhydrogencarbonat	84
KOH	Kaliumhydroxid	56
Na_2CO_3	Natriumcarbonat	106
K_2CO_3	Kaliumcarbonat	138
KCN	Kaliumcyanid	65

1.3 Erdalkaliverbindungen

Formel	Name	M (g/mol)
$MgSO_4$	Magnesiumsulfat	120
$CaSO_4$	Calciumsulfat	136
$BaSO_4$	Bariumsulfat	233
$CaCO_3$	Calciumcarbonat	100
CaC_2O_4	Calciumoxalat	128

1.4 Kohlenstoffverbindungen

Formel	Name	M (g/mol)
CO_2	Kohlendioxid	44
CO	Kohlenmonoxid	28
H_2CO_3	Kohlensäure	62

1.5 Stickstoffverbindungen

Formel	Name	M (g/mol)
NH_3	Ammoniak	17
NH_4Cl	Ammoniumchlorid	53
HNO_3	Salpetersäure	63
KNO_3	Kaliumnitrat	101
$NaNO_3$	Natriumnitrat	85
$AgNO_3$	Silbernitrat	169
$AgNO_2$	Silbernitrit	153
N_2	Stickstoff	28

1.6 Phosphorverbindungen

Formel	Name	M (g/mol)
H_3PO	Phosphorsäure	98
NaH_2PO_4	Natriumdihydrogenphosphat	120
Na_2HPO_4	Natriumhydrogenphosphat	142
Na_3PO_4	Natriumphosphat	164
KH_2PO_4	Kaliumdihydrogenphosphat	136
K_2HPO_4	Kaliumhydrogenphosphat	174
K_3PO_4	Kaliumphosphat	212
$Ca_3(PO_4)_2$	Calciumphosphat	310
$H_4P_2O_7$	Pyrophosphorsäure	178
$Na_2H_2P_2O$	Natriumdihydrogenpyrophosphat	222
$K_4P_2O_7$	Kaliumpyrophosphat	330

1.7 Schwefelverbindungen

Formel	Name	M (g/mol)
H_2S	Schwefelwasserstoff	34
H_2SO_4	Schwefelsäure	98
Na_2SO_4	Natriumsulfat	142
SO_2	Schwefeldioxid	64

1.8 Halogene, Halogenverbindungen

Formel	Name	M (g/mol)
Cl_2	Chlor	71
Br_2	Brom	159
I_2	Iod	254
HCl	Chlorwasserstoff	36
NaCl	Natriumchlorid	58
NaI	Natriumiodid	150
KBr	Kaliumbromid	119
CaF_2	Calciumfluorid	78
$CaCl_2$	Calciumchlorid	111

1.9 Schwermetallverbindungen

Formel	Name	M (g/mol)
$FeCl_3$	Eisen(III)chlorid	162
$FeSO_4$	Eisen(II)sulfat	278
$ZnSO_4$	Zinksulfat	161
$CoCl_2$	Cobalt(II)chlorid	130
$CuSO_4$	Kupfer(II)sulfat	160

Ausgewählte organische Verbindungen

In diesem Kapitel werden die für das Physikum notwendigen Formeln organischer Substanzen vorgestellt. Der Gegenstandskatalog verlangt, daß der Prüfling anhand vorgegebener Strukturformeln den Namen der Verbindungen feststellen kann und umgekehrt. Zusätzlich sollen Eigenschaften der jeweiligen Stoffklasse bekannt sein.

2.1 Alkane

Methan CH_4

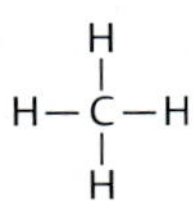

Ethan C_2H_6

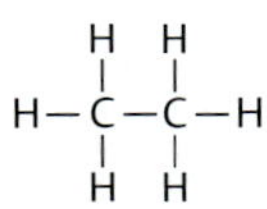

Propan C_3H_8

n-Butan C_4H_{10}

2-Methylpropan C_4H_{10}

n-Pentan C_5H_{12}

2-Methylbutan C_5H_{12}

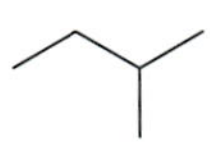

2,2-Dimethylpropan C_5H_{12}

n-Hexan C_6H_{14}

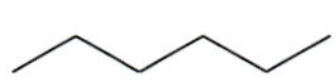

2-Methylpentan C_6H_{14}

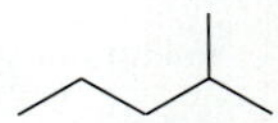

3-Methylpentan C_6H_{14}

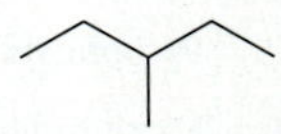

Cyclopropan C_3H_6

Cyclobutan C_4H_8

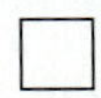

Cyclopentan C_5H_{10}

Cyclohexan C_6H_{12}

Gonan

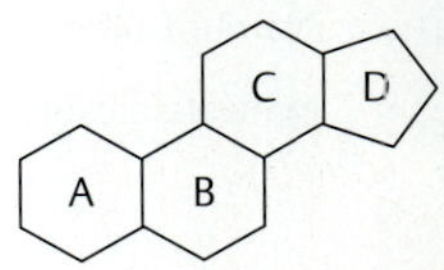

2.2 Alkene

Ethen C_2H_4

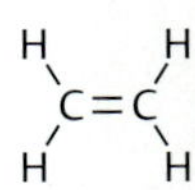

Propen C_3H_6

Butadien C_4H_6

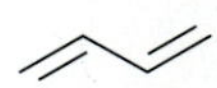

Isopren C_5H_8

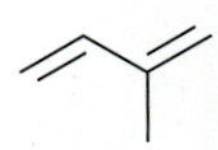

2-Buten C_4H_8 

cis-2-Buten 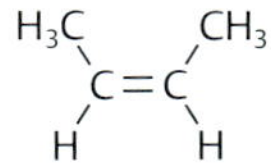

trans-2-Buten 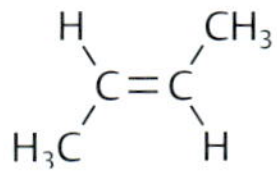

2.3 Aromaten

Benzol C_6H_6 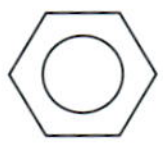

Toluol C_7H_8 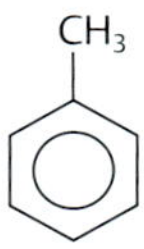

Naphthalin $C_{10}H_8$ 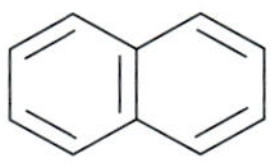

Benzo(a)pyren 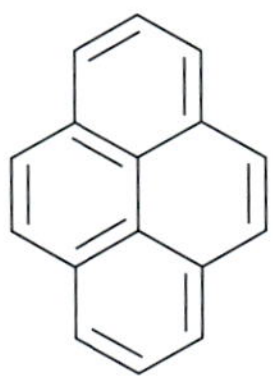

2.4 Halogenide

Methylenchlorid CH_2Cl_2 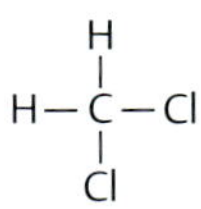

Chloroform $CHCl_3$ 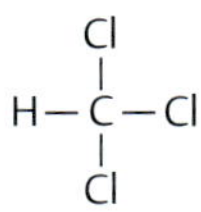

Tetrachlorkohlenstoff CCl_4 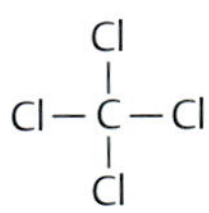

Methyliodid CH_3I 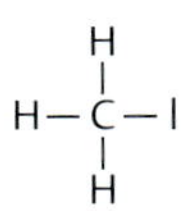

2.5 Alkohole, Phenole

Methanol CH_3OH 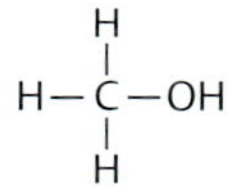

Ethanol C_2H_5OH 

n-Propanol C_3H_7OH 

2-Propanol C_3H_7OH 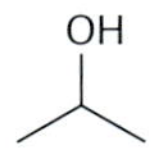

n-Butanol C_4H_9OH 

2-Butanol C_4H_9OH 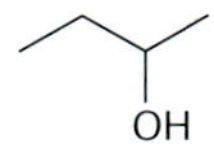

2-Methyl-1-propanol C_4H_9OH 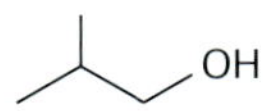

2-Methyl-2-propanol C_4H_9OH 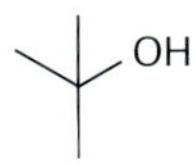

Glykol $C_2H_4(OH)_2$ 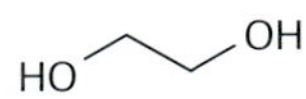

Glycerin $C_3H_5(OH)_3$ 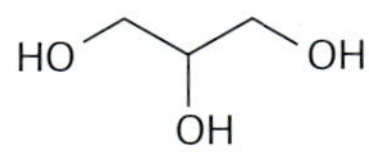

1,3-Dihydroxyaceton 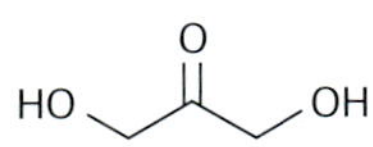

Phenol 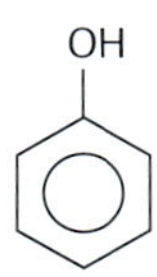

Hydrochinon 

Cholesterin (Cholesterol)

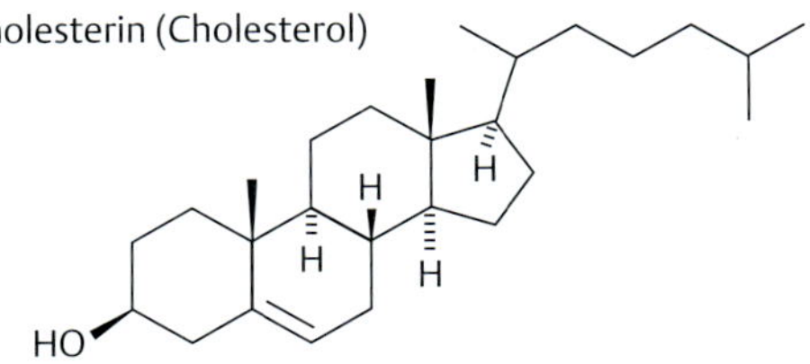

2.6 Thiole (Mercaptane)

Ethanthiol C_2H_5SH

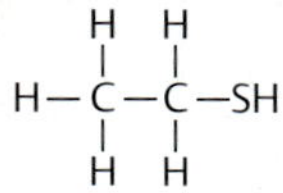

Cysteamin

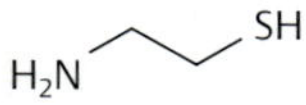

2.7 Ether

Diethylether

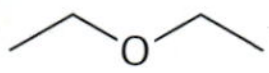

Tetrahydrofuran

Tetrahydropyran

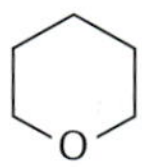

2.8 Amine

Methylamin CH_3NH_2

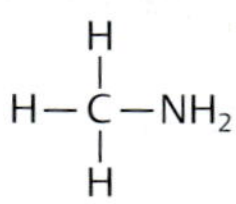

Dimethylamin $(CH_3)_2NH$

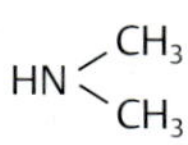

Trimethylamin $(CH_3)_3N$

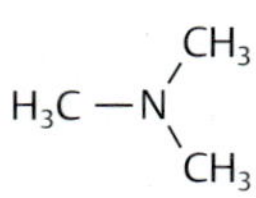

Anilin $C_6H_5NH_2$

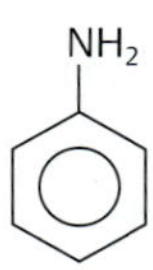

Ethanolamin

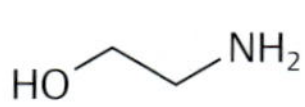

Cholin

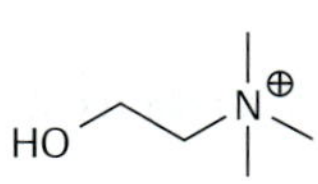

Acetylcholin

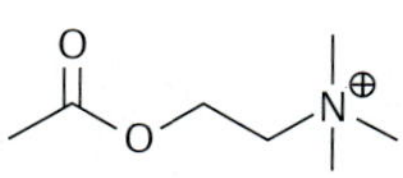

2.9 Sulfonsäuren

Benzolsulfonsäure

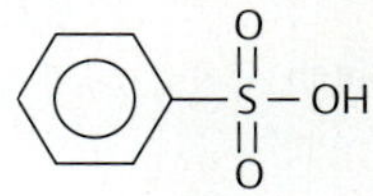

Sulfonsäureamide
z.B. Benzolsulfonsäureamid

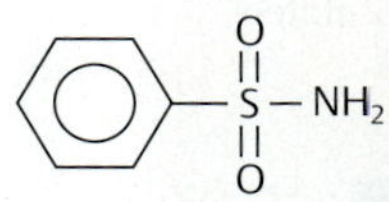

2.10 Aldehyde, Ketone

Formaldehyd

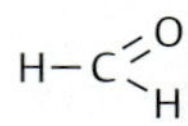

Acetaldehyd

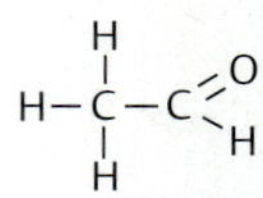

Benzaldehyd

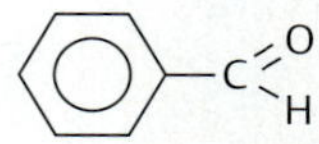

Aceton

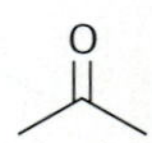

2.11 Chinone

p-Benzochinon

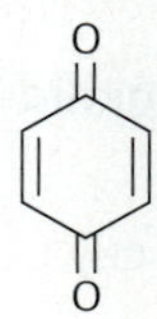

Naphthochinon-(1,4)

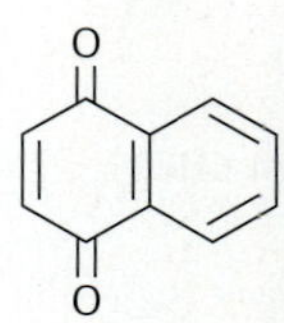

2.12 Carbonsäuren und ihre Anionen

Der Name des Anions steht – dort, wo es wichtig ist – in Klammern nach dem Namen der Carbonsäure.

Ameisensäure (Formiate) 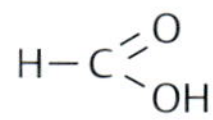

Essigsäure (Acetate) 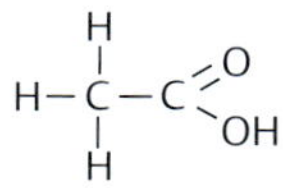

Propionsäure (Propionate) 

n-Buttersäure (Butyrate) 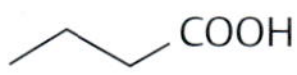

Palmitinsäure (Palmitate) CH_3-$(CH_2)_{14}$-COOH

Stearinsäure (Stearate) CH_3-$(CH_2)_{16}$-COOH

Ölsäure (Oleate) CH_3-$(CH_2)_7$-CH=CH-$(CH_2)_7$-COOH

Linolsäure

CH_3-$(CH_2)_4$-CH=CH-CH_2-CH=CH-$(CH_2)_7$-COOH

Linolensäure

CH_3-CH_2-CH=CH-CH_2-CH=CH-CH_2-CH=CH-$(CH_2)_7$-COOH

Arachidonsäure CH_3-$(CH_2)_4$-$(CH=CH-CH_2)_4$-COOH

Benzoesäure (Benzoate) 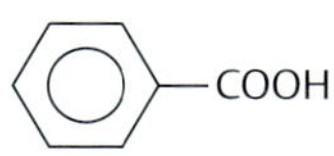

p-Aminobenzoesäure (PABS) 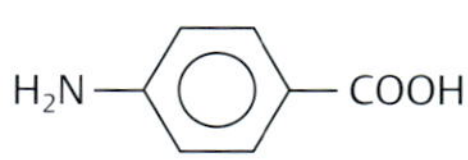

Iodessigsäure I-CH_2-COOH

2.13 Carbonsäureester

Essigsäureethylester 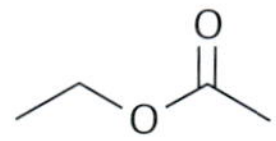

Acetessigsäureethylester 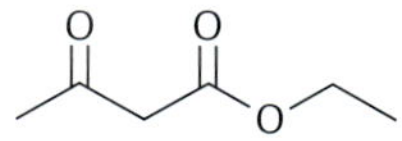

Acetylsalicylsäure 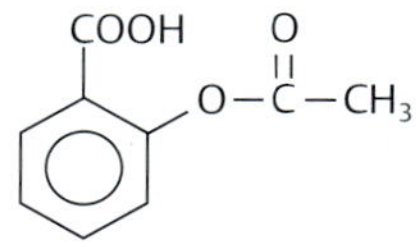

Tristearin

CH_2-O-CO-$(CH_2)_{16}$-CH_3
|
CH-O-CO-$(CH_2)_{16}$-CH_3
|
CH_2-O-CO-$(CH_2)_{16}$-CH_3

S-Acetylcysteamin H_2N-CH_2-CH_2-S-CO-CH_3

2.14 Säureanhydride

Acetanhydrid 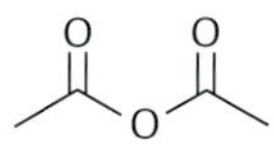

Carbamoylphosphat 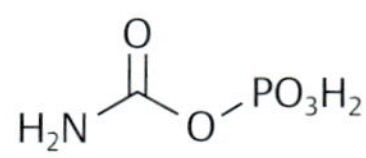

Acetylphosphat 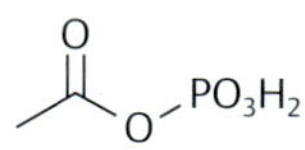

2.15 Säurechloride

Acetylchlorid 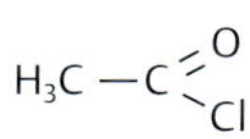

Phosgen 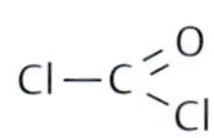

2.16 Säureamide

Harnstoff

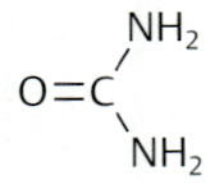

Guanidin

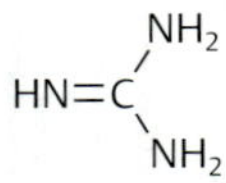

Barbitursäure

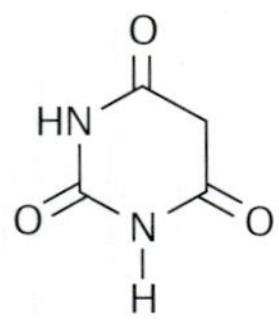

Nikotinsäureamid

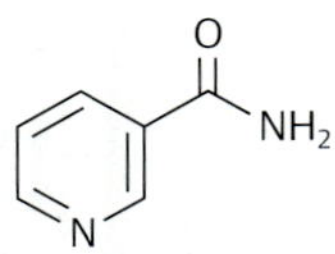

2.17 Dicarbonsäuren und ihre Anionen

Die Namen der Anionen sind in Klammern nach dem Hauptnamen aufgeführt.

Oxalsäure (Oxalate) HOOC–COOH

Malonsäure (Malonate)

Bernsteinsäure (Succinate)

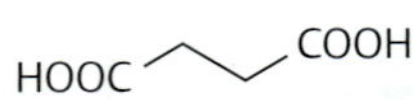

Glutarsäure (Glutarate)

Fumarsäure (Fumarate)

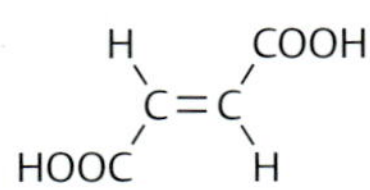

Maleinsäure (Maleate)

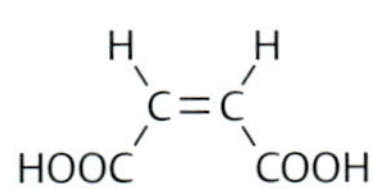

2.18 Hydroxy- und Ketocarbonsäuren und ihre Anionen

Die Namen der Anionen sind in Klammern nach dem Hauptnamen aufgeführt.

Milchsäure (Lactate)

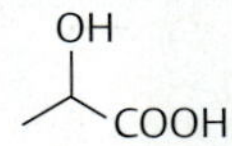

Glycerinsäure

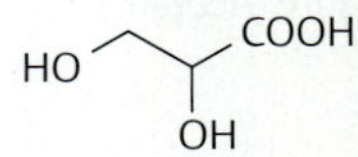

Äpfelsäure (Malate)

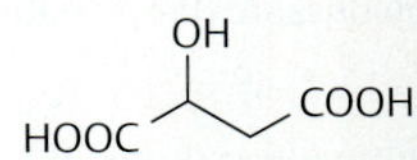

Weinsäure (Tartrate)

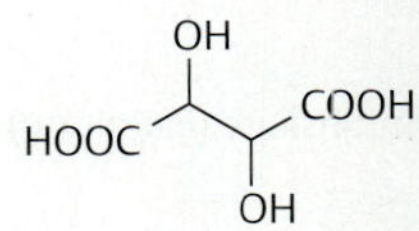

3-Hydroxybuttersäure (3-Hydroxybutyrate)

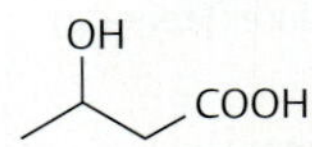

Zitronensäure (Citrate)

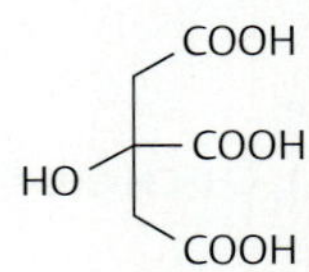

Brenztraubensäure (Pyruvate)

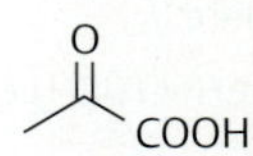

Oxalessigsäure

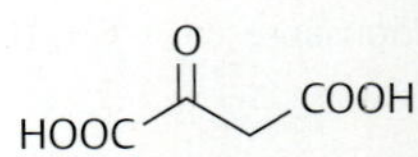

α-Ketoglutarsäure

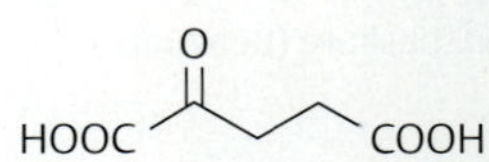

Acetessigsäure

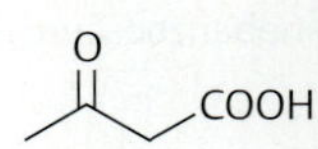

2.19 Aminosäuren

Die Formeln der proteinogen AS sowie die Formeln von Ornithin, Citrullin, GABA und β-Alanin sind im Teil Biochemie (Kap. 2) aufgeführt.

2.20 Kohlenhydrate

Alle für das Physikum notwendigen Formeln sind im Teil Biochemie (Kap. 1) aufgeführt.

2.21 Heterozyklen

Pyrrol

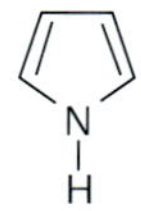

Imidazol

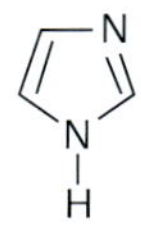

Pyridin

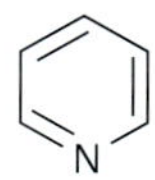

Pyrimidin

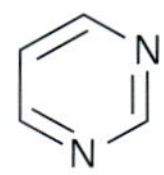

7-H-Purin

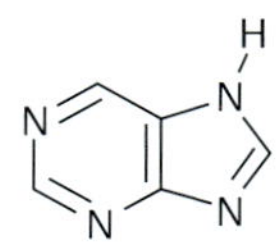

Thiazol

Indol

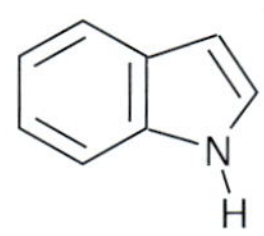

Aufbau der Materie

3.1 Atome, Elemente

3.1.1 Aufbau des Atoms

Man unterscheidet drei Elementarteilchen, aus denen ein Atom aufgebaut ist: Protonen, Neutronen und Elektronen. Das *Proton* hat eine positive Elementarladung, das *Elektron* eine negative. *Neutronen* sind ungeladen. Die im Atomkern lokalisierten Protonen und Neutronen – insgesamt auch Nukleonen genannt – entsprechen sich etwa in ihrer Masse, während die Elektronen, die den Kern in der Hülle umgeben, nur etwa 1/1200 der Protonenmasse ausmachen (Tab. 3.1).

3.1.2 Massenzahl, Kernladungszahl, Ordnungszahl

Definitionen

Massenzahl: Sie gibt die Anzahl der im Atomkern befindlichen Protonen und Neutronen (= Nukleonen) an.

Kernladungszahl: Sie gibt die Zahl der Protonen im Kern an, die auch der Zahl der Elektronen in der Hülle entsprechen muß, da Atome nach außen hin elektrisch neutral sind.

Ordnungszahl: Ordnet man die Atome nach steigender Kernladungszahl, wird diese zur Ordnungszahl der Elemente. Möchte man ein Element mit seiner Ordnungs- und Massenzahl kennzeichnen, so setzt man diese links neben das Elementsymbol, die Massenzahl oben und die Ordnungszahl unten:

Beispiel Sauerstoff

Massenzahl	16
Elementsymbol	0
Ordnungszahl	8

Subtrahiert man die Kernladungszahl von der Massenzahl, so erhält man die Neutronenzahl des Elements. Sauerstoff enthält also 8 Neutronen.

Merke

Protonenzahl (Ordnungszahl) + Neutronenzahl = Massenzahl

3.1.3 Isotope

Ein Element ist dadurch gekennzeichnet, daß seine Atome alle die gleiche Kernladungszahl (= Protonenzahl = Ordnungszahl) aufweisen. Durch sie sind zugleich dessen Position im Periodensystem der Elemente (PSE) und seine chemischen Eigenschaften festgelegt. Mit seiner bestimmten prozentualen Häufigkeit treten jedoch von bestimmten Elementen Atome mit unterschiedlicher Massenzahl auf, sog. *Isotope*.

Tab. 3.1 Ladung, Masse und Lokalisation der Elementarteilchen

	Relative Ladung	Absolute Masse	Relative Masse	Ort
Protonen	+1	$1{,}7 \cdot 10^{-24}$ g	1	Kern
Neutronen	±0	$1{,}7 \cdot 10^{-24}$ g	1	Kern
Elektronen	−1	$9{,}1 \cdot 10^{-28}$ g	0	Hülle

Beispiel Wasserstoff:
- $^{1}_{1}H$ Wasserstoff
- $^{2}_{1}H$ Deuterium
- $^{3}_{1}H$ Tritium

Manche Isotope, sog. *Radioisotope*, sind instabil und können durch radioaktiven Zerfall in stabile Isotope übergehen.

Beispiel:
- $^{14}_{6}C$

Isotopenhäufigkeit: In jedem Element findet sich ein charakteristischer Anteil der entsprechenden Isotope.

Beispiele:
- ^{35}Cl 75 %
- ^{37}Cl 25 %
- ^{12}C 98,9 %
- ^{13}C 1,1 %

Klinischer Bezug

Medizinisch wichtige Radioisotope und ihre Anwendung:

^{32}P: Strahlentherapie und Tracer (Beta-Strahler)

^{60}Co: Strahlentherapie

^{125}J: Einsatz in vitro als Marker für Proteine

^{131}J: Radioiodtherapie von Schilddrüsentumoren

^{226}Ra: Strahlentherapie

^{3}H: Marker für beliebige Moleküle

^{14}C: Tracer, Altersbestimmung nach dem Radiocarbonverfahren

Merke

Isotope haben die gleiche Ordnungszahl, jedoch verschiedene Massenzahl aufgrund unterschiedlicher Anzahl von Neutronen.

3.1.4 Avogadro-Konstante und relative Atommasse

Die **relative Atommasse** ist kein Absolutwert, sondern entsteht durch Vergleich der Atommasse mit dem Kohlenstoffisotop ^{12}C. 1/12 der Masse dieses Kohlenstoffisotops wird per definitionem gleich 1 gesetzt. Sauerstoff hat die relative Atommasse 16, also 16 · 1/12 von ^{12}C. In Tabellenwerken weisen jedoch alle Elemente gebrochene Massenzahlen auf, was darauf zurückzuführen ist, daß Elemente in natura Isotopengemische mit unterschiedlichen Massenzahlen sind, deren prozentuale Zusammensetzung sich in dem ungeraden Zahlenwert widerspiegelt. Darüber hinaus tragen die Elektronen einen geringen und i. d. R. vernachlässigbaren Anteil zur Atommasse bei.

Avogadro-Konstante (NA): Dividiert man 12 g des Kohlenstoffisotops ^{12}C durch die absolute Masse eines C-Atoms, so ergibt sich die Anzahl der C-Atome. Dieser Zahlenwert heißt Avogadro-Konstante (= Loschmidt-Zahl): NA = $6{,}02 \cdot 10^{-23}\ mol^{-1}$

Davon ausgehend kann man die **Stoffmenge** Mol definieren.

Merke

1 mol eines Elements enthält $6{,}02 \cdot 10^{23}$ Atome und entspricht der Atommasse in Gramm. 1 mol einer Verbindung enthält $6{,}02 \cdot 10^{23}$ Moleküle und entspricht der Molekülmasse in Gramm.

Beispiele:
- 1 mol Kohlenstoff enthält $6{,}023 \cdot 10^{23}$ Kohlenstoff*atome* und wiegt 12 g (Massenzahl Kohlenstoff = 12 u).
- 1 mol Brom (Br_2) enthält $6{,}023 \cdot 10^{23}$ Brom*moleküle* bzw. $2 \cdot 6{,}023 \cdot 10^{23}$ Brom*atome* und wiegt 158 g (Massenzahl Brom = 79 u).
- 1 mol Kochsalz (NaCl) enthält $6{,}023 \cdot 10^{23}$ Na^+-Ionen (= 1 mol Na^+) und $6{,}023 \cdot 10^{23}$ Cl^--Ionen (=1 mol Cl^-) und wiegt 58 g (Massenzahl Natrium = 23 u, Massenzahl Chlor = 35 u).

3.1.5 Orbitale

Elektronen befinden sich in der Hülle um den Atomkern in sog. Orbitalen. Das sind Räume, in denen sie

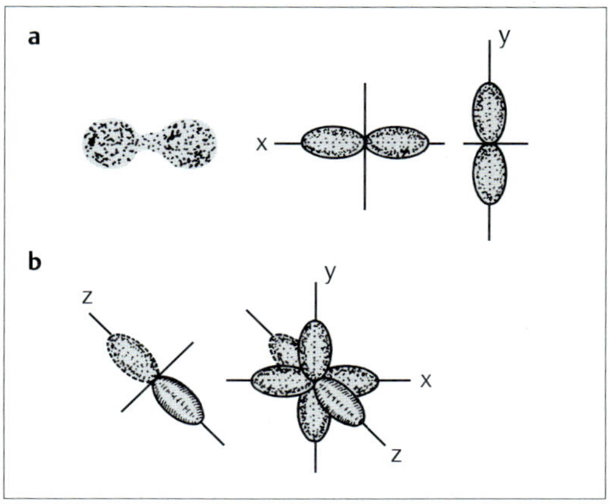

Abb. 3.1 **a** Ladungsverteilung in einem p-Orbital (schematisch); **b** Kombination der drei senkrecht aufeinanderstehenden p-Orbitale (aus Beyermann, Thieme 1993)

Chemie

Tab. 3.**2** Gesetzmäßigkeiten in Perioden und Gruppen

	Periode	Gruppe
Atomradius	wird kleiner	wird größer
Ionenradius	wird kleiner	wird größer
Elektronennegativität	wird größer	wird kleiner
metallischer Charakter	wird geringer	wird ausgeprägter

mit einer Aufenthaltswahrscheinlichkeit von 90 % anzutreffen sind.

- *s-Orbital:* Es ist kugelförmig um den Atomkern herum angeordnet (kann mit maximal 2 Elektronen gefüllt sein).
- *p-Orbitale:* Sie sind hantelförmig in x, y und z Richtung angeordnet (in die drei Richtungen des Raumes; die drei p-Orbitale p_x, p_y und p_z stehen senkrecht aufeinander). Jedes der drei p-Orbitale kann 2 Elektronen aufnehmen, insgesamt also 6 Elektronen (Abb. 3.**1**).

3.2 Periodensystem der Elemente (PSE)

3.2.1 Ordnungsprinzip

Im PSE sind die Elemente nach steigender Kernladungszahl geordnet. *Gruppen* werden durch senkrechte Anordnung der Elemente gebildet. Elemente in der gleichen Gruppe weisen Analogien in der Elektronenkonfiguration und damit ähnliche chemische Eigenschaften auf. Die waagerechte Anordnung wird als *Periode* bezeichnet. Elemente der gleichen Periode besitzen die gleiche Anzahl von Schalen (s. a. 3.2.4).

Merke

Senkrechte Anordnung:
Gruppe: gleiche Anzahl von Außenelektronen

Waagerechte Anordnung:
Periode: gleiche Anzahl von Schalen

3.2.2 Elektronenkonfiguration

Die Elektronenhülle der Elemente ist aus mehreren Schalen aufgebaut (K-, L-, M-, N-Schale usw.). Im PSE werden die Orbitale der Schalen von Periode zu Periode mit je einem neuen Elektron aufgefüllt. Die 1. Schale faßt maximal 2 Elektronen ($1\,s^2$), die 2. Schale insgesamt 8 Elektronen ($2\,s^2$, $2\,p^6$). Die 3. Schale vermag bis zu 18 Elektronen aufzunehmen ($3\,s^2$, $3\,p^6$, $3\,d^{10}$). Bevor in der 3. Schale die d-Orbitale mit den restlichen 10 Elektronen aufgefüllt werden, wird erst das s-Orbital der vierten Schale (4 s) besetzt.

3.2.3 Haupt- und Nebengruppenelemente

Hauptgruppenelemente: Innerhalb einer Periode von links nach rechts werden äußere Schalen mit Elektronen aufgefüllt. Die Elemente einer Hauptgruppe stimmen in der Zahl ihrer Valenzelektronen überein. Biochemisch wichtige Hauptgruppenelemente sind H, Na, K, Mg, Ca, C, N, P, O, S, F, Cl, I.
Nebengruppenelemente: Sie sind ausschließlich Metalle. Sie besitzen 2 Elektronen im äußeren s-Orbital. Sie unterscheiden sich durch die Zahl der Elektronen in den energetisch hochliegenden d- bzw. f-Orbitalen.
Wichtige Vertreter sind Zn, Fe, Co, Cu, Cr, Mo, Mn.

Klinischer Bezug

Lebensnotwendige Nebengruppenelemente müssen, wenn auch in geringer Menge, mit der Nahrung aufgenommen werden (**Spurenelemente**). Sie sind z. B. Kofaktoren in Enzymen.

3.2.4 Gesetzmäßigkeiten in Perioden und Gruppen

Das PSE besteht aus:

- *Perioden:* Anordnung der Elemente nach steigender Kernladungszahl
- *Gruppen:* Zusammenfassung chemisch verwandter Elemente

In Tab. 3.**2** sind die Gesetzmäßigkeiten innerhalb von Perioden und Gruppen aufgeführt.

3.3 Chemische Bindung

3.3.1 Moleküle, Molekülmasse

Moleküle entstehen, indem Atome untereinander Bindungen knüpfen, so daß aus einem oder mehreren chemischen Elementen eine Verbindung entsteht. Berechnung der Molekülmasse: Summierung der relativen Atommassen aller am Aufbau des Moleküls beteiligten Einzelelemente.

3.3.2 Chemisch wichtige Bindungen

Atombindung: Verknüpfen sich Atome untereinander, die annähernd gleiche Elektronennegativität haben, bilden sich Atombindungen aus, bei denen jeder Bindungspartner ein ungepaartes Elektron für ein gemeinsames bindendes Elektronenpaar beisteuert (*kovalente Bindung*).

Polare Bindung: Atombindungen zwischen Partnern, die sich deutlich in ihrer Elektronegativität unterscheiden, sind polarisiert, d. h., ein Partner zieht das bindende Elektronenpaar mehr oder weniger stark zu sich herüber.

Ionenbindung: Bei Atomen mit stark verschiedenen Elektronegativitäten wird bei einer Bindung das bindende Elektronenpaar derart zu einem Partner hin verschoben, daß Ionen entstehen. Die entsprechenden Verbindungen werden als Salze bezeichnet.

Bei einer geringen Anzahl von Valenzelektronen besteht die Tendenz zur Abgabe von Valenzelektronen, um die Edelgaskonfiguration der vorangehenden Periode zu erreichen → Kationenbildung (+). Die zur Abspaltung des oder der Valenzelektronen notwendige Energie nennt man *Ionisierungsenergie*.

! Merke

Geringe Anzahl von Valenzelektronen: Tendenz zur Kationenbildung (+) = Abgabe von Valenzelektronen; es wird die Edelgaskonfiguration der vorherigen Periode erreicht. Elemente, die sich so verhalten, sind Metalle.

Hohe Anzahl von Valenzelektronen: Tendenz zur Anionenbildung (−) = Aufnahme von Valenzelektronen; es wird die Edelgaskonfiguration der gleichen Periode erreicht. Elemente, die sich so verhalten, sind Nichtmetalle.

Koordinative Bindung: siehe 3.3.13.

3.3.3 Bindigkeit

Der Wert der Bindigkeit ist gleichbedeutend mit der Zahl der kovalenten Bindungen, die von dem betreffenden Atom ausgehen können (Beispiel s. Tab. 3.**3**).

Tab. 3.**3** Bindigkeit einiger Elemente

Element	Bindigkeit	Beispiel
C	4 bindig	Methan
N	3 bindig	Ammoniak
O	2 bindig	Wasser
S	2 bindig	Schwefelwasserstoff
Cl	1 bindig	Salzsäure
H	1 bindig	Salzsäure

Bei den Hauptgruppenelementen gilt im allgemeinen:

1. Hauptgruppe: 1 wertig
2. Hauptgruppe: 2 wertig
3. Hauptgruppe: 3 wertig
4. Hauptgruppe: 4 wertig
5. Hauptgruppe: 3 wertig
6. Hauptgruppe: 2 wertig
7. Hauptgruppe: 1 wertig
8. Hauptgruppe: Edelgase; sie gehen i. d. R. keine Bindungen ein!

3.3.4 Oxidationszahl

Die Oxidationszahl eines Atoms im elementaren Zustand ist 0.

Ionen: Die Oxidationszahl von Ionen ist gleich ihrer Ladung.

Moleküle: Formal wird bei kovalent gebundenen Atomen dem Atom mit der höheren Elektronegativität das Bindungselektronenpaar zugeordnet. Addiert man die Oxidationszahlen eines ungeladenen Moleküls, so erhält man stets Null:

$$\overset{0}{Fe},\ \overset{0}{Br_2},\ \overset{0}{S_8},\ \overset{0}{F_2},\ \overset{0}{N_2},\ \overset{0}{Na} \quad \text{etc.}$$

$$\overset{-1}{Br^{1-}},\ \overset{-1}{I^{1-}},\ \overset{-2}{O^{2-}},\ \overset{+1}{Na^{+}},\ \overset{-1}{F^{1-}} \quad \text{etc.}$$

$$\overset{+1}{H_2}\overset{-2}{O}$$

$$\overset{-3}{N}\overset{+1}{H_4}{}^{1+}$$

! Merke

Die Oxidationszahl ist eine artifizielle Größe. Sie bezieht sich immer nur auf ein Element. Ändert sie sich innerhalb einer Reaktion bei einem Element, entspricht die Differenz der Oxidationszahlen der Anzahl der übergehenden Elektronen je Einzelatom.

3.3.5 Ionen und Ionenbindung

Die *Ionenbindung* wird durch die elektrostatische Anziehungskraft zwischen einem negativ geladenen Ion (= Anion) und einem positiv geladenen Ion (= Kation) bewirkt. Sie bildet sich zwischen Atomen aus, die sich in ihren Elektronennegativitäten erheblich unterscheiden.

Beispiel:

- Bei der Bildung von $CaCl_2$ gibt das Ca zwei Valenzelektronen an die beiden Cl ab, so daß sowohl Ca^{2+} als auch die beiden Cl^- die nächstgelegene stabile Edelgaskonfiguration erreichen.

Die Ionenbindung ist *ungerichtet.* Es bilden sich *Ionengitter.* Entsteht aus einem Atom durch Abgabe eines Valenzelektrons ein Kation, verkleinert sich der Radius. Entsteht aus einem Atom durch Aufnahme eines Valenzelektrons ein Anion, vergrößert er sich. Innerhalb einer Hauptgruppe nehmen die Ionenradien von oben nach unten zu.

! Merke

Innerhalb einer Periode:

Anionenradius > Kationenradius

3.3.6 Atombindung

Sie entsteht zwischen Atomen mit vergleichbaren Elektronennegativitätswerten. Das Bindungselektronenpaar gehört beiden Partnern gemeinsam. Die Atombindung ist gerichtet. Die Länge der Atombindung beträgt ca. 100 – 300 pm.

3.3.7 Gewinkelte Moleküle

Die mit jeweils einem Elektron besetzten sp^3-Orbitale des vierbindigen Kohlenstoffatoms sind tetraedrisch angeordnet. Diese räumliche Struktur bleibt beim Methan erhalten (Bindungswinkel 109°). Bei Alkoholen, Ether, Ammoniak oder Aminen liegt ebenfalls eine gewinkelte Bauweise vor.

3.3.8 Freie Elektronenpaare

Bindende Elektronenpaare werden durch einen Verbindungsstrich zwischen den beteiligten Atomen gekennzeichnet, während an Bindungen unbeteiligte Valenzelektronen, sog. *freie Elektronenpaare,* durch einen Strich am betreffenden Atom symbolisiert werden.

Beispiele:

3.3.9 Dipolmoleküle

Verbindungen, in denen polarisierte Atombindungen enthalten sind, können Dipolmoleküle ausbilden:

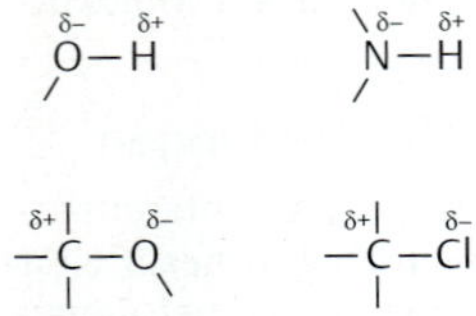

Z. B. ist im Wasser die O – H-Bindung stark polarisiert. Aufgrund der gewinkelten Struktur des H_2O-Moleküls (tetraedrischer Sauerstoff) fallen positive und negative Ladungsschwerpunkte nicht zusammen.

3.3.10 Wasserstoffbrückenbindungen

Dipolmoleküle mit aciden Protonen haben die Eigenschaft, Wasserstoffbrückenbindungen (H-Brücken) auszubilden. Diese schwachen Bindungskräfte werden zwischen einem H-Donor (z. B. OH, NH, COOH) und einem H-Akzeptor O, N, F, Cl) gebildet. Donor und Akzeptor sind in jedem Fall elektronennegativer als Wasserstoff. In der DNA sorgen die H-Brücken für den Zusammenhalt der beiden Nukleotidstränge (s. Biochemie Abb. 4.**7**).

Auch die Wassermoleküle werden durch H-Brücken fester zusammengehalten: Es entsteht eine Netzstruktur (Molekülassoziate), die im Eis ihren höchsten Ordnungszustand hat (Abb. 3.**2**). Die physikalischen Eigenschaften wie Siedepunkt, Schmelzpunkt verändern sich dadurch. Wasser hat einen für seine eher niedrige Molekülmasse sehr hohen Siedepunkt. Die Fähigkeit von Wasser, sowohl als H-Donor als auch als H-Akzeptor zu wirken, bewirkt seine zentrale Stellung als Lösungsmittel und Medium in Biologie und Chemie.

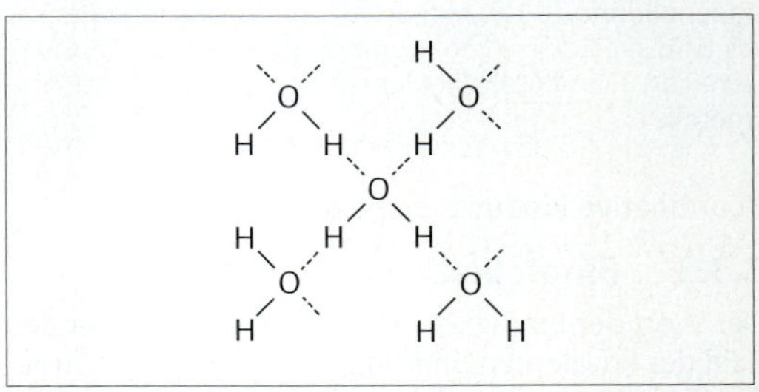

Abb. 3.**2** Dreidimensionale Netzstruktur von Wasser durch H-Brücken

3.3.11 Hydratation

In Wasser gelöste Ionen sind von einer **Hydrathülle** umgeben. Dieses Phänomen beruht auf den oben genannten Eigenschaften des Wassers. Auch polarisierte organische Verbindungen wie Alkohole, Carbanionen, Zucker oder Proteine sind in Lösung hydratisiert. Salze sind in Wasser löslich. Sie dissoziieren in An- und Kationen, die ebenfalls hydratisiert werden. Je höher die Ladung und je kleiner der Radius eines Ions, desto größer ist die Hydrathülle. Steigende Temperatur beeinflußt die Hydratation ungünstig.

3.3.12 Metallkomplexe

Zentralion, Ligand, Koordinationszahl, Gesamtladung

Das Metallatom oder Metallion, das sich in der räumlich geometrischen Mitte eines Metallkomplexes befindet und die Fähigkeit besitzt, zusätzliche Elektronen in sein Valenzniveau aufzunehmen (Elektronenpaarakzeptor, Lewis-Säure) heißt **Zentralion** bzw. allgemein Zentralteilchen. **Liganden** sind Moleküle oder Ionen, die als Elektronenpaardonor (Lewis-Base) fungieren und das Zentralteilchen umgeben. Die Anzahl der Liganden, die ein Zentralteilchen umgeben, heißt **Koordinationszahl** und hängt von verschiedenen Faktoren ab. Dazu zählen u. a. der Raumbedarf des Liganden und die Elektronenkonfiguration des Zentralteilchens. Häufigste Koordinationszahlen sind 4 (z. B. quadratisch-planare Anordnung der Liganden) und 6 (oktaedrische Anordnung der Liganden).

Die **Gesamtladung** eines Metallkomplexes errechnet sich aus der Summe der Einzelladungen der beteiligten Liganden und der Ladung des Zentralteilchens. Daher kann es positiv und negativ geladene sowie neutrale Metallkomplexe geben.

Beispiele:

- Der Komplex $[Ag(NH_3)_2]^+$ besteht aus einem einfach positiv geladenen Silberion und zwei neutralen Liganden (Ammoniak). Die Gesamtladung ist somit einfach positiv und entspricht der Ladung des Zentralteilchens.
- Im Komplex $[Fe(CN)_6]^{3-}$ resultiert eine dreifach negative Gesamtladung, denn das zentrale Eisenion ist 3 fach positiv geladen und die 6 mal vorhandenen Cyanidionen steuern 6 negative Ladungen bei.

Welche Moleküle können als Liganden fungieren?

Liganden werden im allgemeinen nach ihrer Zähnigkeit klassifiziert. Unter *Zähnigkeit* versteht man die Fähigkeit eines Liganden, mit einem oder mehreren seiner Elektronenpaare eine Elektronenlücke (Koordinationsstelle) des Zentralteilchens zu füllen. Bindet ein Ligand mit einem Elektronenpaar an das Zentralteilchen, heißt er einzähnig. Ein zweizähniger Ligand würde mit zwei Elektronenpaaren an zwei Koordinationsstellen des Zentralteilchens binden, ein dreizähniger mit dreien usw. (Beispiele s. Abb. 3.**3**).

Wichtige biochemische Verbindungen sind Komplexverbindungen

Chlorophyll, Hämoglobin und Vitamin B_{12} sind von ihrer Struktur her Komplexe, d. h. bei ihnen ist ein Zentralteilchen von Liganden umgeben. Im Fall des Chlorophylls ist das Zentralteilchen ein Mg(II)-Ion (Koordinationszahl 6), Hämoglobin enthält ein Eisen(II)-Ion (Koordinationszahl 6, s. Biochemie Abb. 18.**1**) und Vitamin B_{12} ein Cobalt(III)-Ion (Koordinationszahl 6, s. Biochemie Tab. 5.**1**).

3.3.13 Koordinative Bindung

Die Theorie der koordinativen Bindung war der erste Versuch zur Erklärung der komplizierten Bindungsverhältnisse in Komplexverbindungen. Die Theorie geht davon aus, daß die Liganden Elektronenpaare zur Verfügung stellen und damit an ein Zentralteilchen binden können. Um unterschiedliche Festigkeiten bzw. Stabilitäten von Komplexen hinreichend genau zu erklären, reicht die Theorie der koordinativen Bindung jedoch nicht aus. Heute ist dieses Modell weitgehend durch die Ligandenfeld- und Molekülorbitaltheorie ersetzt worden. Diese Theorien setzen jedoch umfangreiche Kenntnisse auf dem Gebiet der chemischen Bindung voraus und gehen weit über den Gegenstandskatalog hinaus. Die Valenzbindungstheorie, die Kristallfeldtheorie und die Molekülorbitaltheorie sind weitere Ansätze zur Erklärung der chemischen Bindung von Komplexverbindungen. Ihre Kenntnis wird jedoch vom GK ebenfalls nicht verlangt.

3.3.14 Chelatkomplexe und Chelatliganden

Bindet ein mindestens zweizähniger Ligand (Chelatligand) an ein Zentralteilchen, so bilden sich ringförmige Strukturen aus. Thermodynamisch besonders günstig sind fünf- und sechsgliedrige Ringsysteme, die nahezu spannungsfrei sein können.

Ein Chelatligand muß mindestens zwei Koordinationsstellen des Zentralteilchens besetzen. D. h. einzähnige Liganden wie Ammoniak, Alkohole oder Wasser sind dazu nicht in der Lage.

EDTA ist ein medizinisch wichtiger Chelatligand

Ethylendiamintetraacetat (EDTA, Abb. 3.**3 d**) bildet aufgrund seiner Struktur sehr stabile Chelatkomple-

Chemie

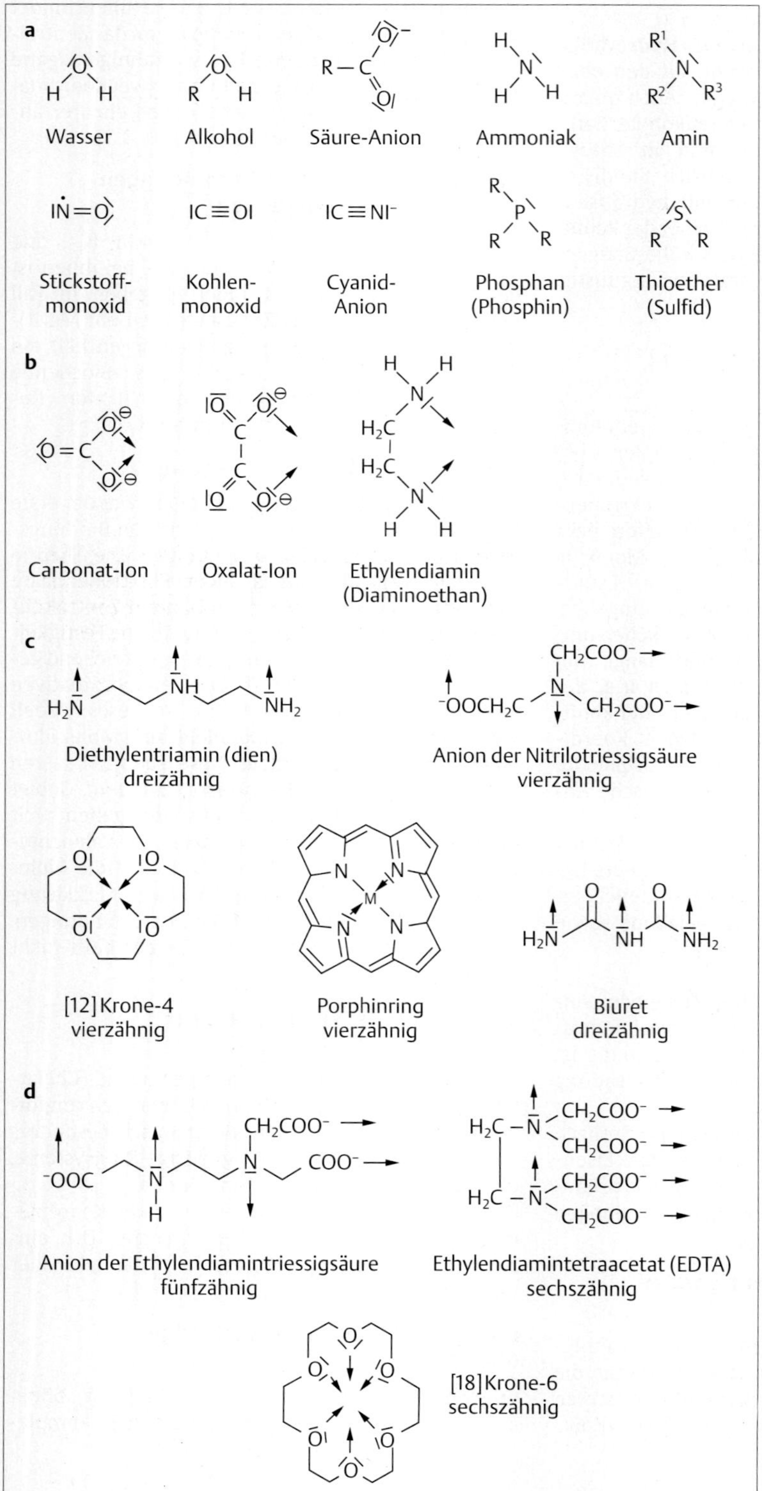

Abb. 3.**3** **a** Einzähnige Liganden (aus Haussgen/Eicher, Thieme); **b** zweizähnige Liganden (aus Mortimer, Thieme); **c** drei- und vierzähnige Liganden; **d** fünf- und sechszähnige Liganden

xe u. a. mit Calcium-, Magnesium- und Blei-Ionen. Es wird daher vielfältig in der medizinischen Diagnostik und Therapie genutzt.

Klinischer Bezug

Mit EDTA läßt sich die **Gerinnung des Blutes** aufhalten, denn EDTA bindet die zur Gerinnung notwendigen Calciumionen. Stellt der Arzt die klinische Diagnose einer **Bleivergiftung**, kann als Antidot Calcium-EDTA verabreicht werden.

Hämoglobin, Cytochrome und Cobalamin weisen ähnliche Strukturen auf

Die drei genannten Verbindungen haben einen sehr ähnlichen Aufbau, das Zentralteilchen wird von einem vierzähnigen Liganden umgeben, der sich vom *Porphin* ableitet (Abb. 3.**4**).
In Chlorophyllen und Verbindungen der Häm-Gruppe sind einige H-Atome des Porphins durch andere Atomgruppen substituiert; diese Verbindungen heißen dann *Porphyrine*.

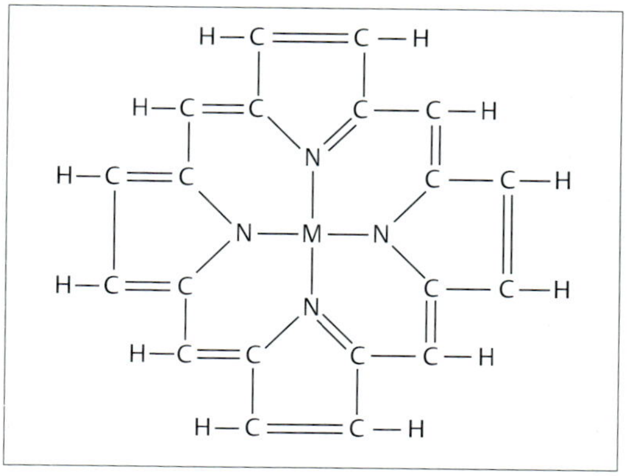

Abb. 3.**4** Metall-Porphin-Komplex (M = Metall-Ion)

Klinischer Bezug

Medizinisch wichtig sind die sog. **Porphyrien**, d. h. Störungen in der Synthese des Porphyrins. Sie sind gekennzeichnet durch das Ausscheiden von Häm-Vorstufen im Stuhl oder im Urin.

Chemie Kapitel 4

Reaktionen der Stoffe

4.1 Massenwirkungsgesetz

4.1.1 Konzentrationsmaße

Molarität, Volumenanteil, Gewichtsanteil

Die **Molarität** ist die Stoffmengenkonzentration mit der Einheit mol/l. Mathematisch ist das der Quotient aus Stoffmenge n und Volumen V.

Der **Volumenanteil** eines Stoffes ist definiert als dessen relativer Anteil am Gesamtvolumen. Er kann Werte zwischen Null und Eins annehmen. Meist wird er jedoch in vol % angegeben. 40 vol % bedeuten z. B., daß in 100 ml 40 ml dieses Stoffes enthalten sind.

Der Begriff **Gewichtsanteil** (gemeint ist eigentlich Massenanteil) ist analog definiert als der relative Anteil eines Stoffes an der Gesamtmasse einer Lösung oder eines Stoffgemischs. Angegeben wird er in gew % oder aber als Zahlenwert zwischen Null und Eins.

Weitere, aber seltener verwendete Konzentrationsmaße sind die Normalität und die Molalität. Die **Molalität** bezieht sich nicht auf das Volumen des Lösungsmittels, sondern auf dessen Masse. Mathematisch entspricht sie dem Quotienten aus Stoffmenge n und Masse m des Lösungsmittels. Unter **Normalität** versteht man die Molarität multipliziert mit der Wertigkeit einer bestimmten Teilchenspezies. Beispiel: Schwefelsäure kann – bei vollständiger Dissoziation – zwei Protonen abspalten (2wertig). Ein 1-molare Lösung Schwefelsäure (1 M) wäre somit 2-normal (2 N).

4.1.2 Chemisches Gleichgewicht

Die wenigsten Reaktionen – in der Natur oder in den Labors – laufen in nur einer bestimmten Richtung ab. Oftmals sind sowohl Hin- als auch Rückreaktionen beobachtbar. Am Beispiel der Estersynthese soll dies demonstriert werden. Ein Carbonsäureester läßt sich aus einer Carbonsäure und einem Alkohol darstellen. Bei dieser Reaktion wird Wasser abgespalten:

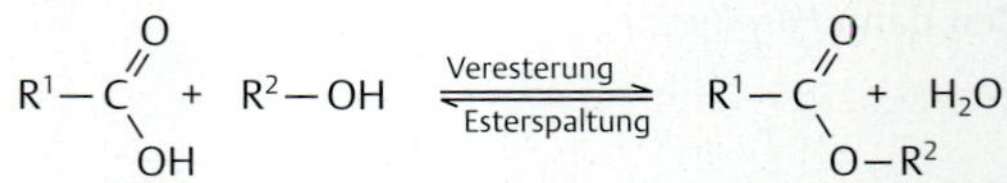

Parallel zur Hinreaktion (Veresterung) findet auch gleichzeitig die Rückreaktion (Esterverseifung) statt. Solche Reaktionen heißen Gleichgewichtsreaktionen und werden in der chemischen Symbolik mit einem Doppelpfeil gekennzeichnet. Das Gleichgewicht kann sich schnell oder langsam einstellen, außerdem kann es mehr oder weniger stark auf der Seite der Edukte oder der Produkte liegen. Obiges Gleichgewicht würde sich unter dem Einfluß einer starken Säure schnell einstellen.

Massenwirkungsgesetz

1867 wurde ein mathematischer Ausdruck gefunden, der die Lage eines Gleichgewichts beschreibt:

$$aA + bB \rightleftharpoons xX + yY:$$

$$K_c = \frac{c^x(X) \cdot c^y(Y)}{c^a(A) \cdot c^b(B)}.$$

Dabei steht im Zähler das Produkt der beiden Produkte, im Nenner das Produkt der beiden Edukte. k_c ist die Gleichgewichtskonstante. Bei allen Konzentrationen müssen die Stöchiometriezahlen berücksichtigt werden (c^x). Prinzipiell läßt sich das Massenwirkungsgesetz auch für mehr als zwei Edukte bzw. Produkte anwenden. Zähler und Nenner weisen dann entsprechend mehr Konzentrationsangaben auf. Die Gleichgewichtskonstante muß stets experimentell bestimmt werden. Sie ist temperaturabhängig. Eine allgemeingültige Einheit läßt sich nicht angeben, da sie von den Exponenten der Konzentrationsangabe abhängig ist. Andere Gleichgewichtskonstanten sind z. B. die Komplexbildungs- und Zerfallskonstanten und die Säuren- bzw. Basenkonstanten.

Hydrolyse von Säuren und Basen:

Säuren: $HA + H_2O \rightleftharpoons H_3O^+ + A^-$

Basen: $B + H_2O \rightleftharpoons HB^+ + OH^-$

Säuren- und Basenstärke:

$$K'_s = \frac{c(H_3O^+) \cdot c(A^-)}{c(HA) \cdot c(H_2O)} \quad \text{bzw.} \quad K'_B = \frac{c(HB^+) \cdot c(OH^-)}{c(B) \cdot c(H_2O)}$$

4.1.3 Gekoppelte Reaktionen

Viele biochemische Reaktionen laufen unter normalen Umständen nicht freiwillig ab, da sie endergon sind. Die Natur hilft sich mit einem Trick und koppelt eine solche Reaktion an eine exergone Reaktion wie z. B. die ATP- Hydrolyse. Ein allgemeines Reaktionsmuster könnte sein:

$$A + B \longrightarrow C + D \quad (1)$$

$$C + D \longrightarrow E + F \quad (2)$$

$$A + B + C + D \longrightarrow C + D + E + F \quad (3)$$ und nach Kürzung:

$$A + B \longrightarrow E + F$$

Die Gleichgewichtskonstante K_{ges} errechnet sich aus dem Produkt der beiden Einzelkonstanten K_1 und K_2.

4.1.4 Gleichgewichtslage

! Merke

Prinzip von Le Chatelier (1888): „Chemische Systeme, die sich im Zustand des dynamischen Gleichgewichts befinden, reagieren auf eine Störung des Gleichgewichtszustandes in der Weise, daß die Störung geringer wird".

Einfluß der Konzentrationsänderung: Anschaulich formuliert, läßt sich folgende Aussage treffen: Erhöht man die Konzentration eines Edukts, verschiebt sich das Gleichgewicht auf die Seite der Produkte, d. h., es wird mehr Produkt gebildet. Die Gleichgewichtskonstante K bleibt konstant (gilt für T = konst. und p = konst.).

Einfluß der Temperatur: Änderungen der Temperatur bedeuten immer Änderungen der Gleichgewichtskonstanten. Nach Le Chetalier reagiert ein im dynamischen Gleichgewicht befindliches System auf Temperatursteigerung mit Energieverbrauch; es versucht, diesem Zwang auszuweichen. Bei endothermen Prozessen führt demnach die Zufuhr von Wärme zu einer vermehrten Produktbildung (energieverbrauchend). Bei exothermen Prozessen wird durch Wärmeentzug (Kühlung) die Produktbildung begünstigt. Die Gleichgewichtskonstante wird unter Wärmezufuhr bei endothermen Prozessen größer, bei exothermen Reaktionen kleiner.

Einfluß des Gesamtdruckes: Der Einfluß des Gesamtdruckes wirkt sich bei Reaktionen aus, bei denen sich die Anzahl der Teilchen während der Reaktion ändert (viele Gasreaktionen). Hohe Gesamtdrücke wirken sich positiv aus bei Reaktionen mit Teilchenzahlverminderung (im Sinne von vermehrter Produktbildung), niedrige Gesamtdrücke bei Reaktionen mit Teilchenzahlvermehrung.

Auch Partialdrücke können im MWG berücksichtigt werden: Bei Gasreaktionen kann anstatt der Konzentration auch der Partialdruck der einzelnen Komponenten eingesetzt werden, da diese ja proportional zur Stoffmenge sind. Die Konstante K_p hat allerdings einen anderen Zahlenwert. Allgemein gilt:

$$aA(g) + eE(g) \rightleftharpoons xX(g) + zZ(g)$$

$$K_p = \frac{p^x(X) \cdot p^z(Z)}{p^a(A) \cdot p^e(E)}$$

Die Umrechnung von K_c und K_p erfolgt mittels des allgemeinen Gasgesetzes:

$$K_p = \frac{c^x(X) \cdot c^z(Z)}{c^a(A) \cdot c^e(E)} \cdot (RT)^{(x+z)-(a-e)}$$

$$= K_c \cdot (RT)^{(x+z)-(a-e)} = K_c \cdot (RT)^{\Delta n}$$

4.2 Salze

4.2.1 Elektrolyte

Elektrolyte sind Stoffe, die in Wasser oder anderen polaren Lösungsmitteln dissoziieren. Vollständig dissoziierende Stoffe sind starke Elektrolyte (= Salze), nur zum Teil dissoziierende sind schwache Elektrolyte. Grundsätzlich werden Kationen wie Anionen von einer Hydrathülle umgeben (= hydratisiert). Durch Ionenwanderung können Elektrolytlösungen den elektrischen Strom leiten.

Merke

Anionen (−) wandern zur Anode (+).

Kationen (+) wandern zur Kathode (−).

Klinischer Bezug

Im Serum wie im Zellinneren sind Elektrolyte wie Na^+, K, Ca^{2+}, Mg^{2+}, Cl^- etc. in ganz genau definierten Konzentrationen gelöst. Elektrolytstörungen können pH-Wert-Veränderungen, Veränderungen in der Kontraktilität von Muskeln und Herzrhythmusstörungen bis hin zum Herzstillstand verursachen.

4.2.2 Löslichkeit

In einer Lösung von Bariumsulfat stellt sich das Gleichgewicht

$$BaSO_4 \rightleftharpoons Ba^{2+} + SO_4^{2-}$$

ein, dessen Gleichgewichtskonstante

$$K = \frac{cBa^{2+} \cdot cSO_4^{2-}}{cBaSO_4}$$

das Massenwirkungsgesetz liefert. Bei Sättigung der Lösung ändert sich die Konzentration an $BaSO_4$ nicht mehr. In der umgeformten Gleichung

$$K \cdot cBaSO_4 = cBa^{2+} \cdot cSO_4^{2-}$$

wird das Produkt $K \cdot cBaSO_4$ durch eine neue Konstante *Lp*, das sog. *Löslichkeitsprodukt* ersetzt:

$$Lp = cBa^{2+} \cdot cSO_4^{2-}$$

Klinischer Bezug

Bariumsulfat: schwer löslich, deshalb gut geeignet als Röntgenkontrastmittel des Gastrointestinaltraktes.

Bleisulfat: entsteht bei Bleivergiftungen durch Reaktion mit H_2S (bläulicher Saum am Zahnfleisch).

Calciumphosphat: Bedeutung als Baustein des Hydroxylapatits (= wichtigstes anorganische Material der Knochen- und Zahnsubstanz).

Magnesiumammoniumphosphat: Konkrement im Harn, Harnsteine.

4.3 Säuren und Basen

4.3.1 Elektrolytnatur

Säuren und Basen sind Elektrolyte, da sie durch Aufnahme oder Abgabe von Protonen zu Anionen oder Kationen werden. Ihre Stärke läßt sich danach beurteilen, in welchem Umfang sie in wäßriger Lösung dissoziieren.

4.3.2 Dissoziation

Die Dissoziationskonstante K_{diss} gibt an, ob es sich bei einer Säure um einen starken oder schwachen Elektrolyten handelt: Bei einem starken Elektrolyten erfolgt eine weitgehend vollständige Dissoziation, bei einem schwachen nur eine geringfügige.
Mehrstufig dissoziierende Elektrolyte, wie z. B. Kohlensäure (H_2CO_3), Schwefelsäure (H_2SO_4), Phosphorsäure (H_3PO_4) oder Zitronensäure, verhalten sich wie folgt:
Zweiprotonige Säuren:

$$H_2SO_4 + H_2O \rightleftharpoons HSO_4^- + H_3O^+$$
$$HSO_4^- + H_2O \rightleftharpoons SO_4^{2-} + H_3O^+$$

Dreiprotonige Säuren:

$$H_3PO_4 + H_2O \rightleftharpoons H_2PO_4^- + H_3O^+$$
$$H_2PO_4^- + H_2O \rightleftharpoons HPO_4^{2-} + H_3O^+$$
$$HPO_4^{2-} + H_2O \rightleftharpoons PO_4^{3-} + H_3O^+$$

4.3.3 Brönsted-Säure, Brönsted-Base

Brönsted definierte Säuren als Protonendonatoren, Basen als Protonenakzeptoren. Damit sind Säure-Base-Reaktionen *Protonenübertragungsreaktionen:*

$$HA + H_2O \rightleftharpoons A^- + H_3O^+$$

Die Säure HA wird nach Protonenabgabe zum Säureanion, das zugleich die korrespondierende (= konjugierte) Base darstellt (A^-).

$$B + H_2O \rightleftharpoons BH^+ + OH^-$$

Aus der Base B entsteht durch Protonenaufnahme das Basenkation, welches auch korrespondierende (= konjugierte) Säure heißt. Die Kombination beider Gleichungen ergibt:

$$HA + B \rightleftharpoons A^- + BH^+$$

4.3.4 pH und pK

Wasser ist ein sich amphoter verhaltender Stoff (= Ampholyt), da es Protonen sowohl aufnehmen als auch abgeben kann und damit sowohl Basen- als auch Säureeigenschaften hat. Für diesen als Autoprotolyse des Wassers bezeichneten Vorgang läßt sich das Massenwirkungsgesetz formulieren:

$$2H_2O \rightleftharpoons H_3O^+ + OH^-$$

$$K = \frac{cH_3O^+ \cdot cOH^-}{cH_2O}$$

$$cH_3O^+ \cdot cOH^- = K \cdot H_2O$$

Da die Dissoziation des Wassers nur sehr schwach ist, kann die Konzentration des Wassers (55,5 mol/l) praktisch als unverändert angenommen und daher in die Konstante mit einbezogen werden; K = $1{,}8 \cdot 10^{-16}$
Es ergibt sich:

$$cH_3O^+ \cdot cOH^- = 10^{-14}\frac{mol^2}{l^2}$$

als Wert für die neue, temperaturabhängige Konstante K_W, das sogenannte *Ionenprodukt des Wassers:*

$$K_W = cH_3O^+ \cdot cOH^- = 10^{-14}\frac{mol^2}{l^2},$$

Da

$$cH_3O^+ = cOH^-$$

folgt:

$$cH_3O^+ = 10^{-7}\frac{mol}{l}.$$

Merke

Der pH-Wert definiert sich als negativer dekadischer Logarithmus der Oxoniumionenkonzentration.

$$pH = -\log cH_3O^+$$

Bei $cH_3O^+ = 10^{-7}$ mol/l ist der pH-Wert folglich 7.

pH = 7 gilt als Neutralpunkt
pH < 7: saure Lösung
pH > 7: basische Lösung

Dissoziation einer Säure in Wasser

$$HA + H_2O \rightleftharpoons A^- + H_3O^+$$

$$K = \frac{cH_3O^+ \cdot cA^-}{cH_2O \cdot cHA}$$

$$K \cdot cH_2O = \frac{cH_3O^+ \cdot cA^-}{cHA}$$

Da die Konzentration von Wasser wieder annähernd konstant bleibt, folgt:

$$K_S = \frac{cH_3O^+ \cdot cA^-}{cHA}$$

Dissoziation einer Base in Wasser

$$B + H_2O \rightleftharpoons BH^+ + OH^-$$

Da die Konzentration von Wasser wieder annähernd konstant bleibt, folgt:

$$K_B = \frac{cBH^+ \cdot cOH^-}{cB}$$

Dabei ist K_S die Säurekonstante, K_B die Basenkonstante. Der negative dekadische Logarithmus dieser Werte sind der pK_S bzw. der pK_B-Wert:

Merke

$-\log K_S = pK_S$

$-\log K_B = pK_B$

$pK_S \uparrow$ bzw. $K_S \downarrow \rightarrow$ schwache Säure

$pK_S \downarrow$ bzw. $K_S \uparrow \rightarrow$ starke Säure

Für korrespondierende Säure-Base-Paare gilt außerdem:

$pK_S + pK_B = 14$

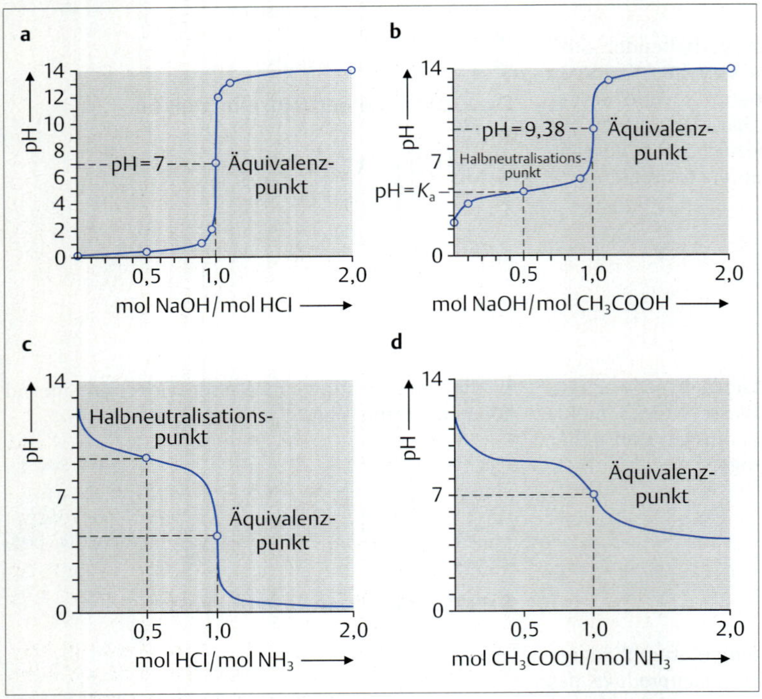

Abb. 4.1 Neutralisationskurven für Säurelösungen (**a** und **b**) und für die schwache Base NH_3 (**c** und **d**). **a** Starke Säure + starke Base (HCl + NaOH); **b** schwache Säure + starke Base (CH_3 COOH + NaOH); **c** schwache Base + starke Säure (NH_3 + HCl); **d** schwache Base + schwache Säure (NH_3 + CH_3 COOH) (aus Beyermann, Thieme 1993)

pH-Berechnung bei starken Säuren und Basen

In verdünnten wäßrigen Lösungen kann man davon ausgehen, daß starke Säuren und starke Basen nahezu vollständig dissoziieren, d. h., die Konzentration der ins Wasser zugefügten Säure entspricht der Oxoniumionenkonzentration bzw. die Konzentration der ins Wasser zugefügten Base entspricht der der Hydroxidionenkonzentration. Es gilt:

$$\mathrm{pH} = -\log cH_3O^+.$$

pH-Berechnung bei schwachen Säuren und Basen

Schwache Säuren und schwache Basen dissoziieren in wäßriger Lösung nicht vollständig. Es gilt:

$$\mathrm{pH} = \frac{\mathrm{p}K_S - \log c\text{Säure}}{2}$$

bzw.

$$\mathrm{pH} = 7 + \frac{\mathrm{p}K_S + \log c\text{Base}}{2}$$

4.3.5 Titrationskurven

Durch Titration einer Säure mit einer definierten Menge Base bzw. einer Base mit einer definierten Menge Säure ermittelt man deren Konzentration. In der zugehörigen Titrationskurven wird auf der Abszisse die Menge an hinzugegebener Meßlösung aufgetragen auf der Ordinate der pH-Wert (Abb. 4.**1**). Der *Titrationsgrad* entspricht dem Quotienten aus der Menge der vorhandenen Säure und der Menge der vorhandenen Base.
Titrationsgrad Null: noch keine Basenzugabe; allmählicher Anstieg bis Titrationsgrad 0,5 (die Hälfte der Säure wurde durch die Base neutralisiert).

Merke

Titrationsgrad 1 : Menge zugegebener Base = Menge an Säure = Äquivalenzpunkt.

Neutralpunkt: pH = 7.

Bei Titration einer starken Säure mit einer starken Base bzw. einer starken Base mit einer starken Säure fällt der Äquivalenzpunkt mit dem Neutralpunkt (pH = 7) zusammen; bei Titration einer schwachen Säure mit einer starken Base liegt er im Alkalischen, bei Titration einer schwachen Base mit einer starken Säure im Sauren.
Am *Halbäquivalenzpunkt (Titrationsgrad = 0,5)* entspricht der pH-Wert dem pK-Wert. Da dort *c*HA = *c*A⁻, folgt aus der Gleichung

$$pH = pK_S + \log \frac{cA^-}{cHA}:$$

$$pH = pK_S + \log 1$$

$$pH = pK_S$$

In diesem Bereich ändert sich bei Zugabe von Säure oder Base der pH-Wert am wenigsten; er wird daher auch *Pufferbereich* genannt.

4.3.6 Puffer und deren pH-Wert

Ein Puffersystem ist ein Gemisch einer schwachen Säure mit deren korrespondierender starken Base, meist als Salz zugesetzt, welches sofort dissoziiert und die entsprechende starke Base liefert.
Für Puffersysteme gilt die **Henderson-Hasselbalch-Gleichung:**

$$pH = pK_S + \log \frac{cA^-}{cHA} = pK_S + \log \frac{cSalz}{cSäure}$$

Im Pufferbereich bleibt bei Zugabe von Säure oder Base der pH-Wert relativ konstant, insbesondere im Punkt pH = pK_S bzw. cA^- = *c*HA oder *c*Salz = *c*Säure. Dieser Punkt wird auch pH-Optimum (optimale Pufferkapazität) genannt.
Die *Pufferkapazität* hängt ab vom Verhältnis cA^- zu *c*HA, nicht jedoch von der Absolutkonzentration des Puffers.

Klinischer Bezug

Ein physiologischer Puffer ist der **Kohlensäure/Hydrogencarbonat-Puffer,** der aktue pH-Änderungen im Blut abfangen kann. Da HCO_3^- und H_3O^+ in H_2O und CO_2 übergehen können, welches abgeatmet wird, handelt es sich um einen offenen Puffer. Darüber hinaus besitzt das Blut noch weitere Puffersysteme wie den Proteinatpuffer, den Phosphatpuffer und den Hämoglobinpuffer. Gemeinsam mit den Regulationsmechanismen in der Niere halten diese Puffersysteme den Blut-pH-Wert beim Menschen physiologischerweise zwischen 7,35 und 7,45.

4.3.7 Methoden zur Messung von pH-Werten

pH-Elektrode: Mit Hilfe einer Glaselektrode kann der pH-Wert ermittelt werden. Die Elektrode ist von einer selektiv für Protonen permeablen Glasmembran umgeben, wodurch ein der H^+-Konzentration proportionales Potentialgefälle zustande kommt. Auf einem ähnlichen Prinzip beruht die pH-Messung durch die Wasserstoffelektrode und die Chinhydronelektrode.
Farbindikatoren: Indikatoren sind schwache Säuren, die pH-abhängig in H^+ und Anion dissoziieren, was durch einen Farbumschlag sichtbar wird:

$$H - Ind \rightleftharpoons H^+ + Ind^-$$

$$K_{Ind} = \frac{cH^+ \cdot cInd^-}{cH - Ind}$$

$$pH = pK_{Ind} + \log \frac{cInd^-}{cH - Ind}$$

Der Umschlagpunkt entspricht dem pK_S-Wert des Indikators, dem Punkt also, an dem $cInd^-$ = *c*H-Ind ist.

4.4 Oxidation und Reduktion

Oxidation bedeutet Elektronenabgabe bzw. Erhöhung der Oxidationszahl, **Reduktion** bedeutet Elektronenaufnahme bzw. Erniedrigung der Oxidationszahl.
In der Organik spielt in diesem Zusammenhang auch der Wasserstofftransfer eine Rolle:

- *Hydrierung* (H-Aufnahme) = Reduktion
- *Dehydrierung* (H-Abgabe) = Oxidation

Reduktion und Oxidation sind zwangsläufig aneinander gekoppelt, man spricht daher von **Redoxreaktionen.** Hierbei wird das Reduktionsmittel oxidiert und das Oxidationsmittel reduziert:

Chemie

Oxidation: $Red \rightleftharpoons Ox + n \cdot e^-$

Reduktion: $Ox + n \cdot e^- \rightleftharpoons Red$

Red = Reduktionsmittel = Elektronendonator = reduzierter Stoff (niedrigere Oxidationszahl); Ox = Oxidationsmittel = Elektronenakzeptor = oxidierter Stoff (höhere Oxidationszahl).

Beispiel:

Reduktion:

$$MnO_4^- + 8H^+ + 5e^- \rightleftharpoons Mn^{2+} + 4H_2O$$

Oxidation:

$$5Fe^{2+} \rightleftharpoons 5Fe^{3+} + 5e^-$$

Redox:

$$\overset{+7}{Mn}O_4^- + 5\overset{+2}{Fe}{}^{2+} + 8H^+ \rightleftharpoons \overset{+2}{Mn}{}^{2+} + 5\overset{+3}{Fe}{}^{3+} + 4H_2O$$

4.4.1 Nernst-Gleichung

Die Nernst-Gleichung beschreibt die *Konzentrationsabhängigkeit des Redoxpotentials* einer Elektrode, d. h. den Zusammenhang zwischen ihrem Potential E und dem Normalpotential E^0, letzteres wird gemessen, wenn die Konzentrationen aller Reaktionsteilnehmer = 1 mol/l sind, die Temperatur 298 K und der Druck 1013 hPa beträgt.

$$E = E^0 + \frac{2{,}303 \cdot R \cdot T}{n \cdot F} \cdot \log \frac{cOx}{cRed}$$

E = zu messendes Potential, E^0 = Normalpotential, R = allgemeine Gaskonstante, T = absolute Temperatur (in Kelvin), n = Zahl der transferierten Elektronen, F = Faraday-Konstante.
Bei 25 °C läßt sich die Gleichung zu folgender vereinfachter Form zusammenfassen:

$$E = E^0 + \frac{0{,}059}{n} \cdot \log \frac{cOx}{cRed}$$

4.4.2 Wasserstoffelektrode

Die Normalwasserstoffelektrode besteht aus einem Platinblech, das von Wasserstoffgas mit einem Druck von 1 atm umspült wird. Die Protonenkonzentration der Lösung beträgt 1 M (pH = 0; starke Säure), die Temperatur 25 °C. Die Normalwasserstoffelektrode dient dazu, die Stärke von Oxidations- und Reduktionsmitteln durch Messung von Potentialdifferenzen zu erfassen. Die Wasserstoffelektrode dient als Bezugssystem, dessen Potential gleich Null gesetzt wird.
Als Bezugs- und Eichsystem können auch andere Elektroden verwendet werden, z. B. die Kalomel- oder die Chinhydronelektrode.

4.4.3 Normalpotential und Redoxelektroden

Das Redoxpotential des zu messenden Redoxpaares (in einer Lösung mit 1-molarer Protonenkonzentration und 25 °C) wird an einem Voltmeter zwischen den beiden Halbzellen bestimmt. So kann für jedes beliebige Redoxpaar das sogenannte Normalpotential unter definierten Bedingungen ermittelt und in der Spannungsreihe tabelliert werden (Tab. **4.1**).

! Merke

Stoffe mit positiverem Redoxpotential sind Oxidatonsmittel, Stoffe mit negativerem Redoxpotential sind Reduktionsmittel.

4.5 Reaktionen von Metallkomplexen

4.5.1 Stabilität

Komplexbildungs- und Zerfallsreaktionen sind prinzipiell Gleichgewichtsreaktionen, d. h., sie können mit dem bereits genannten Massenwirkungsgesetz (s. 4.1.2) beschrieben werden.
Man bezeichnet die Konstante K für die Bildungsreaktion eines Komplexes als Bildungskonstante K_B der Kehrwert ist die Zerfallskonstante K_Z. Dabei bedeutet ein großer Wert für K_B eine große Stabilität des Komplexes; das Gleichgewicht wird sehr stark auf die rechte Seite des Komplexes verschoben. Umgekehrt bedeutet ein hoher Wert für K_Z eine geringe Stabilität des Komplexes. Möchte man die Stabilität eines Komplexes beurteilen, muß man prinzipiell zwischen der thermodynamischen und der kinetischen Stabilität differenzieren.
Die **thermodynamische Stabilität** kommt in der Zerfalls- bzw. Bildungskonstante zum Ausdruck (s. o.) Energetisch betrachtet heißt das nichts anderes, als daß bei der Komplexbildung die freie Enthalpie des Systems abnimmt. Da die Enthalpie von der Gleichgewichtskonstanten (hier K_B bzw. K_Z) gemäß der Gleichung

$$\Delta G = -R \cdot T \cdot \ln K$$

Tab. 4.**1** Die elektrochemische Spannungsreihe (Normalpotentiale bei 25 °C)

Halbreaktion		**E^0[V]**
$e^- + Li^+$	$\rightleftarrows Li$	−3,045
$e^- + K^+$	$\rightleftarrows K$	−2,925
$2\,e^- + Ba^{2+}$	$\rightleftarrows Ba$	−2,906
$2\,e^- + Ca^{2+}$	$\rightleftarrows Ca$	−2,866
$e^- + Na^+$	$\rightleftarrows Na$	−2,714
$2\,e^- + Mg^{2+}$	$\rightleftarrows Mg$	−2,363
$3\,e^- + Al^{3+}$	$\rightleftarrows Al$	−1,662
$2\,e^- + 2\,H_2O$	$\rightleftarrows H_2 + 2\,OH^-$	−0,82806
$2\,e^- + Zn^{2+}$	$\rightleftarrows Zn$	−0,7628
$3\,e^- + Cr^{3+}$	$\rightleftarrows Cr$	−0,744
$2\,e^- + Fe^{2+}$	$\rightleftarrows Fe$	−0,4402
$2\,e^- + Cd^{2+}$	$\rightleftarrows Cd$	−0,4029
$2\,e^- + Ni^{2+}$	$\rightleftarrows Ni$	−0,250
$2\,e^- + Sn^{2+}$	$\rightleftarrows Ca$	−0,136
$2\,e^- + Pb^{2+}$	$\rightleftarrows Pb$	−0,126
$2\,e^- + 2\,H^+$	**$\rightleftarrows H_2$**	**±0**
$2\,e^- + Cu^{2+}$	$\rightleftarrows Cu$	+0,337
$e^- + Cu^+$	$\rightleftarrows Cu$	+0,521
$2\,e^- + I_2$	$\rightleftarrows 2\,I^-$	+0,5355
$e^- + Fe^{3+}$	$\rightleftarrows Fe^{2+}$	+0,771
$e^- + Ag^+$	$\rightleftarrows Ag$	+0,7991
$2\,e^- + Br_2$	$\rightleftarrows 2\,Br^-$	+1,0652
$4\,e^- + 4\,H^+ + O_2$	$\rightleftarrows 2\,H_2O$	+1,229
$6\,e^- + 14\,H^+ + Cr_2O_7^{2-}$	$\rightleftarrows 2\,Cr^{3+} + 7\,H_2O$	+1,33
$e^- + Cl_2$	$\rightleftarrows 2\,Cl^-$	+1,3595
$5\,e^- + 8\,H^+ + MnO_4^-$	$\rightleftarrows Mn^{2+} + 4\,H_2O$	+1,51
$2\,e^- + F_2$	$\rightleftarrows 2\,F^-$	+2,87

abhängt, kann die Gleichgewichtskonstante als Maß für die thermodynamische Stabilität dienen.

Unter **kinetischer Stabilität** versteht man die Geschwindigkeit, mit der eine Ligandenabspaltung oder ein Ligandenaustausch erfolgt. Kinetisch stabil (Synonym: inert) ist ein Komplex dann, wenn die Geschwindigkeit des Ligandenaustausches oder der Ligandenabspaltung gering ist. Erfolgt dagegen der Ligandenaustausch rasch, spricht man von kinetisch labilen Komplexen. Ein Beispiel soll das verdeutlichen: Der Komplex $[Co(NH_3)_6]^{3+}$ ist in wäßriger Lösung sehr stabil ($K_Z = 10^{-34}$). In saurem Medium dagegen ist er thermodynamisch instabil ($K = 10^{-22}$):

$[Co(NH_3)_6]^{3+} + 6H_2O \rightleftharpoons$

$[Co(OH_2)_6]^{3+} + 6NH_3 \quad K \approx 10^{-34}$

$[Co(NH_3)_6]^{3+} + 6H_3O^+ \rightleftharpoons$

$[Co(OH_2)_6]^{3+} + 6NH_4^+ \quad K \approx 10^{-22}$

Aufgrund der kinetischen Stabilität des Komplexes findet der Ligandenaustausch nur langsam statt.

Eigenschaften von Metallionen werden durch Komplexbildung verändert

Die Oxidations- und Reduktionseigenschaften eines Metallions können durch Komplexbildung wesentlich beeinflußt werden. Beispielsweise werden Zink(II)-Ionen zunehmend beständiger gegen Reduktion (die Normalpotentiale steigen):

$2e^- + Zn^{2+}(ag) \rightleftharpoons$

$Zn(s) \quad E^0 = -0,76V$

$2e^- + Zn(NH_3)_4]^{2+} \rightleftharpoons$

$Zn(s) + 4NH_3 \; E^0 = -1,04V$

$2e^- + Zn(CN)_4]^{2-} \rightleftharpoons$

$Zn(s) + 4CN^- \quad E^0 = -1,26V$

Außerdem kann durch Komplexierung ein Metallion in einer eher ungewöhnlichen Oxidationsstufe stabilisiert werden. Ein klassisches Beispiel sind Cobalt (III)-Komplexe, die in wäßriger Lösung lange existenzfähig sind.

Der Chelateffekt ist ein Entropieeffekt

Bereits oben erwähnt wurde die Tatsache, daß fünf- und sechsgliedrige Chelat-Ringe thermodynamisch besonders stabil sind. Man betrachte die folgenden Reaktionen:

$[Ni(OH_2)_4]^{2+} + 4NH_3 \rightleftharpoons [Ni(NH_3)_4]^{2+}$

$+ 4H_2O; \Delta G_r^0 = -45kJ/mol$

$[Ni(OH_2)_4]^{2+} + 2EDA \rightleftharpoons [Ni(EDA)_2]^{2+}$

$+ 4H_2O; \Delta G_r^0 = -80kJ/mol$

Der EDA-Komplex hat eine um 10^6 größere Bildungskonstante als der Ammoniakkomplex. Die Reaktionsenthalpien beider Reaktionen unterscheiden sich nur unwesentlich voneinander, so daß der hauptsächliche Grund im Entropieglied $T \cdot \Delta S$ gesucht werden muß. Anschaulich erklärbar ist der Chelateffekt, wenn man sich die Zahl der frei beweglichen Teilchen in beiden Reaktionen anschaut: Bei der Reaktion mit NH_3 bleibt die Anzahl der links und rechts stehenden Teilchen gleich (5), bei der Reaktion mit EDA dagegen wächst sie von 3 auf 5. Mehr Teilchen bedeuten aber auch, daß der Grad der Unordnung in diesem System zunimmt (Entropie steigt).

4.5.2 Gleichungen

Hier werden einige Beispiele aufgeführt, die häufig in Physika gefragt werden. Meist besteht die Aufgabe darin, die Massen- und Ladungsbilanz der vorgegebenen Gleichung zu überprüfen.

Beispiel 1: Reaktion von zweifach positiv geladenen Kupferionen mit Ammoniak, einem neutralen Liganden:

$Cu^{2+} + 4NH_3 \rightleftharpoons [Cu(NH_3)_4]^{2+}$

Es sind vier einzähnige Liganden notwendig, um alle Koordinationsstellen des Kupfers zu besetzen. Kupfer hat damit in diesem Fall die Koordinationszahl 4. Die Ladung des Komplexes ist +2, sie entspricht hier der Ladung des Zentralteilchens.

Beispiel 2: Bildung eines Platinkomplexes aus Ammoniak (wiederum neutraler Ligand) mit Kaliumtetrachloroplatinat:

$K_2PtCl_4 + 2NH_3 \rightleftharpoons$

$[Pt(NH_3)_2Cl_2] + 2KCl$

Der Komplex besitzt auch den Namen Cisplatin, weil die beiden Ammoniakmoleküle in direkter Nachbarschaft am Metall koordinieren. Cisplatin wird zur Therapie bestimmter maligner Tumoren wie dem Hodenkarzinom eingesetzt. Platin hat hier die Koordinationszahl 4, es ist von vier einzähnigen Liganden umgeben.

Beispiel 3: Bildung eines Komplexes aus Silberbromid und Natriumthiosulfat:

$AgBr + 2Na_2S_2O_3 \rightleftharpoons [Ag(S_2O_3)_2]^{3-}$

$+ 4Na^+ + Br^-$

Der Komplex ist dreifach negativ geladen, da die Thiosulfatmoleküle vier negative Ladungen in den Komplex einbringen und das Silberion einfach positiv geladen ist. Silber hat in diesem Fall die Koordinationszahl 2.

4.5.3 Ligandenaustausch

Unter Ligandenaustausch versteht man eine Reaktion, bei der unter Zunahme der Stabilität Liganden gegeneinander ausgetauscht werden.

Ligandenaustausch bei Aquokomplexen

„Nackte Metallionen" existieren in Wasser nicht, sie sind stets von einer bzw. mehreren Sphären aus Wassermolekülen umgeben. Diese Komplexverbindungen heißen Aquokomplexe:

$$Al^{3+} + 6H_2O \longrightarrow \underset{\text{Aquokomplex}}{[Al(OH_2)_6]^{3+}}$$

Aquokomplexe sind weder thermodynamisch noch kinetisch sehr stabil, sie gehen leicht Ligandenaustauschreaktionen ein. Nachstehendes Beispiel zeigt einen solchen Austausch beim Cu^{2+}:

$$[Cu(H_2O)_4]^{2+} + 4NH_3 \rightleftharpoons$$
$$[Cu(NH_3)_4]^{2+} + 4H_2O$$

Ligandenaustausch bei Hämoglobin und Cytochromen

Auch an Hämoglobin und Cytochromen können Ligandenaustauschreaktionen stattfinden.
Hämoglobin besitzt ein Eisen(II)-Ion als Zentralteilchen. Dieses Eisen verändert seine Oxidationsstufe während der Sauerstoffaufnahme nicht, man spricht deshalb auch von Oxygenierung. Hämoglobin ist ein oktaedrischer Komplex, dessen sechste Koordinationsstelle normalerweise von Sauerstoff besetzt ist. Kohlenmonoxid, ein toxisches Gas, besitzt eine 300fach höhere Affinität zum Hämoglobin als Sauerstoff. Selbst geringe Mengen werden reversibel gebunden und blockieren das Hämoglobin für den normalen Sauerstofftransport. Durch reine Sauerstoffbeatmung läßt sich diese Bindung lösen.
Die **Cytochrome** der Atmungskette sind die bevorzugten Angriffspunkte einer Cyanidvergiftung. Cyanidionen binden reversibel an Eisen(III)-Ionen, mit der Folge eines zellulären Atemstillstandes. Im Warmblüterorganismus wird Hämoglobin nicht durch Cyanidionen funktionell beeinträchtigt, da es als Zentralteilchen ein Eisen(II)-Ion aufweist.

Heterogene Gleichgewichte

5.1 Grundbegriffe

5.1.1 Homogen – heterogen

Homogen nennt man einen Stoff, der in seinen physikalischen Eigenschaften einheitlich ist (Volumeneinheit mit *einem* der drei Aggregatzustände). Eine solche physikalische Eigenschaft nennt man auch Phase, z. B. Element, Verbindung, Gasmischung, Lösung (eines Salzes).

Heterogen sind Stoffe, die eine Mischung mehrerer Phasen (= homogener Stoffe) darstellen, z. B.:

- *Suspensionen:* Mischung von Flüssigkeit und Feststoff.
- *Emulsionen:* Mischung verschiedener Flüssigkeiten (Fett und Wasser).
- *Aerosol:* Flüssigkeit oder Feststoff in Luft (Nebel, Rauch).

5.1.2 Homogene und heterogene Gleichgewichte

Homogenes Gleichgewicht: Vorliegen einer einzigen Phase (z. B. vollständiges Lösen und Dissoziieren eines Salzes wie NaCl im Lösungsmittel).

Heterogenes Gleichgewicht: Vorliegen mehrerer Phasen (z. B. unvollständiges Lösen eines schwerlöslichen Salzes wie $BaSO_4$ mit Bodenkörper in der Lösung).

5.1.3 Nernstscher Verteilungssatz

Ein Stoff verteilt sich (temperaturabhängig) in zwei nicht miteinander mischbaren Lösungsmitteln nach dem Nernstschen Verteilungssatz in der Ober- und Unterphase:

$$K = \frac{c_1 \text{Oberphase}}{c_2 \text{Unterphase}}$$

K = Verteilungskoeffizient

K = 1 bedeutet: Der Stoff verteilt sich in beiden Phasen gleich gut.

5.1.4 Adsorption

Die Adsorption (= Anheftung eines Stoffes an einer festen Phasengrenze) wird beeinflußt durch Temperatur, Art und Konzentration der adsorbierten Substanz, aber auch von Art und Oberfläche des Adsorbens sowie von der Art des Lösungsmittels.

5.1.5 Konzentration eines Gases in einer Flüssigkeit

Das **Henry-Dalton-Gesetz** beschreibt die Abhängigkeit der Konzentration von Gasen in Flüssigkeiten vom Partialdruck und der Temperatur:

$$K = \frac{p}{c_{Gas}}$$

K = Konstante, p = Partialdruck des Gases über der Flüssigkeit, c_{Gas} = Gaskonzentration in der Flüssigkeit.

5.1.6 Osmose, Donnan-Gleichgewicht, Dialyse

Osmose

Ein Lösungsmittel enthaltendes Gefäß sei durch eine semipermeable Membran in zwei Kompartimente unterteilt, wovon in eines Kochsalz gegeben wird. In dieses Kompartiment diffundiert nun verstärkt Wasser, um das Konzentrationsgefälle auszugleichen, so daß das Flüssigkeitsniveau ansteigt (= Osmose, s.a. Physik 4.6). Der dem Niveauunterschied entgegenwirkende Druck ist der **osmotische Druck:**

$$p_{osm} = c \cdot R \cdot T$$

p_{osm} = osmotischer Druck, c = Konzentration (mol/l), R = allgemeine Gaskonstante, T = absolute Temperatur.

Dialyse

Ein semipermeabler Cellophanschlauch wird von Wasser umspült. Der Schlauch enthält eine Lösung mit hochmolekularen Eiweißen und niedermolekularen Salzen. Letztere treten durch die Membran hindurch in die hypotone Außenlösung, während die nicht permeierfähigen Proteinmoleküle zurückgehalten werden.

Klinischer Bezug

Die Dialyse wird bei Patienten mit **Niereninsuffizienz** durchgeführt. Dabei diffundieren harnpflichtige Substanzen aus dem Serum in die Dialyseflüssigkeit.

Donnan-Gleichgeicht

Siehe Physiologie 1.5.1.

5.2 Anwendung bei Trennverfahren

5.2.1 Klassische Trennverfahren

Trennung mit Hilfe von Dampfdruckunterschieden

Destillation: Flüssigkeitsgemische können durch Dampfdruckunterschiede der einzelnen Komponenten getrennt werden, da beim Erhitzen sukzessive die Flüssigkeiten mit zunehmendem Siedepunkt (Druck über der Flüssigkeit = Dampfdruck) in die Gasphase übergehen.

Gefriertrocknung: Durch Anlegen eines Vakuums wird der Siedepunkt einer Flüssigkeit herabgesetzt. So kann z. B. selbst bei tiefen Temperaturen Wasser abgedampft werden und dadurch biologische Strukturen schonend freigelegt werden.

Trennung mit Hilfe von Löslichkeitsunterschieden

Kristallisation: Da das Löslichkeitsverhalten temperaturabhängig ist, kristallisieren schwer lösliche Stoffe beim Abkühlen heißer Lösungen am schnellsten aus. Insgesamt ist dieser Vorgang von den Entropie- und Enthalpieverhältnissen abhängig („Ausfällen").

Ausnutzen unterschiedlicher Verteilungskoeffizienten

Extraktion: In nicht mischbaren Lösungsmitteln verteilen sich Stoffe aufgrund ihrer unterschiedlichen Löslichkeiten in unterschiedlichem Maße (vollständige Trennung bei mehrmaliger Wiederholung, „Ausschütteln").

5.2.2 Chromatographische Trennverfahren

Grundlage chromatographischer Trennverfahren sind Adsorptions- und Verteilungsgleichgewichte in unterschiedlichen Phasen. Eine *mobile Phase,* auch *Laufmittel* oder *Elutionsmittel* genannt, läuft an der *stationären Phase* vorbei.
Bei der **Adsorptionschromatographie** ist die stationäre Phase ein Feststoff, bei der **Verteilungschromatographie** wird der Feststoff von einem dünnen Flüssigkeitsfilm überzogen.
Nach Art der verwendeten mobilen Phase wird die *Flüssigkeitschromatographie* (z. B. Säulen-, Dünnschicht-, Ionenaustausch-, Gelchromatographie) von der *Gaschromatographie* unterschieden.

Flüssigkeitschromatographie

Säulenchromatographie: Das Laufmittel mit dem darin enthaltenen Stoffgemisch wird durch eine Säule mit der stationären Phase (z. B. Cellulose, SiO_2) geschickt. Aufgrund unterschiedlicher Verteilungsgleichgewichte erscheinen die Einzelkomponenten im Eluat getrennt nacheinander (präparativer Zweck = Stofftrennung). Eine die Verbindungen charakterisierende Größe ist unter definierten Bedingungen die *Retentionszeit.*
Dünnschichtchromatographie: Das Stoffgemisch wird auf einen Startpunkt einer dünn mit Kieselgel (stationäre Phase) beschichteten Glasplatte aufgebracht, die man anschließend in das Laufmittel stellt. Die Komponenten wandern unterschiedlich schnell mit dem Laufmittel nach oben (analytischer Zweck).

Die Substanzcharakterisierung geschieht anhand des R_f-*Wertes:*

$$R_f = \frac{\text{Entfernung zwischen Startlinie und Substanzzone}}{\text{Entfernung zwischen Startlinie und Lösungsmittelfront}}$$

Gelchromatographie: Ein Dextrangel dient als stationäre Phase. Große Moleküle wandern schneller, da kleine stärker in der Gelmatrix zurückgehalten werden.

Ionenaustauschchromatographie: Das Laufmittel mit den zu trennenden Ionen läuft durch eine von Kationen oder Anionen besetzten Kunstharzmatrix. Die Ionen werden am Austauscherharz festgehalten und lassen sich mit Lösungen unterschiedlicher pH-Werte auswaschen.

Gaschromatographie

Trägergas als mobile Phase mit dem gasförmigen Stoffgemisch wird durch einen Feststoff hindurchgeschickt. Die Aufspaltung erfolgt durch unterschiedliche Retention.

5.2.3 Dialyse

Siehe 5.1.6.

5.2.4 Reinheitskriterien von Substanzen

Um reine Stoffe von Gemischen abzugrenzen, dienen der Schmelzpunkt, Siedepunkt, chromatographische Daten, Spektren (UV, IR) als Reinheitskriterien.

Energetik und Kinetik

6.1 Grundbegriffe der Energetik

6.1.1 Endergon/exergon, endotherm/exotherm

Definition

Exergone Reaktionen laufen freiwillig ab. *Endergone* Reaktionen laufen nicht freiwillig ab. *Endotherm* heißt nur, daß während einer Reaktion Wärme zugeführt werden muß. *Exotherm* heißt nur, daß während einer Reaktion Wärme frei wird.
Die Begriffspaare endergon/exergon und endotherm/exotherm werden in der Thermodynamik durch unterschiedliche physikalische Größen beschrieben. Um über den Reaktionsablauf eine Aussage machen zu können, ist u. a. der Begriff der freien Reaktionsenthalpie ΔG nötig (s. a. 6.1.2). Wärmeenergie wird u. a. durch den Begriff Reaktionsenthalpie ΔH genauer beschrieben (s. a. 6.1.3).

6.1.2 Hauptsätze der Thermodynamik

Es existieren drei Hauptsätze, deren Kenntnis für das Verständnis energetischer Vorgänge wirklich wichtig ist (s. a. Physik 4.2).

1. Hauptsatz der Thermodynamik

In einem System ist die Summe aller Energieformen konstant. Energie kann nicht verlorengehen bzw. aus dem Nichts entstehen. Für die Chemie ist eine leicht abgeänderte Fassung zum Verständnis besser. Da die meisten Reaktionen in geschlossenen Systemen stattfinden, kann der 1. Hauptsatz wie folgt umformuliert werden: *Die Änderung der Inneren Energie U eines Systems kann sowohl durch Arbeit (W) als auch durch Wärme (Q) erfolgen.*

Merke

Arbeit und Wärme sind die zwei möglichen Formen der Energieübertragung.

Es gilt für ein geschlossenes System:

$$\Delta U = \Delta Q + \Delta W \text{ bzw.}$$
$$\Delta U = \Delta Q - p\Delta V.$$

Werden einem System Wärme und Arbeit entnommen, so erhalten beide ein negatives Vorzeichen; bei Zufuhr ist es umgekehrt. Die Arbeit bei chemischen Reaktionen ist meistens Volumenarbeit ($W = p\Delta V$), d. h., bei vielen Reaktionen entsteht ein Gas, das gegen den Atmosphärendruck entweicht. Im System selbst werden so isobare Bedingungen geschaffen.
Unter isobaren Bedingungen heißt die Reaktionswärme *Reaktionsenthalpie H*. Obige Gleichungen lauten nun umgeformt:

$$\Delta H = \Delta U + p\Delta V \text{ bzw.}$$
$$\Delta H = \Delta U + \Delta nRT$$

In der Thermodynamik werden stets nur Änderungen von Zustandsgrößen erfaßt (Δ-Ausdrücke!). Weiteres s. 6.1.3.

2. Hauptsatz der Thermodynamik

Bei freiwillig ablaufenden Vorgängen (syn. spontanen Vorgängen) vergrößert sich die Entropie S. Die Entropie S ist eine Zustandsfunktion, die nur vom Anfangs- und

Endzustand abhängt, nicht aber vom Weg dazwischen. Weiteres s. 6.1.4.

3. Hauptsatz der Thermodynamik

Die Entropie einer ideal kristallisierten Substanz ist am absoluten Nullpunkt gleich Null. Anschaulicher formuliert: Es ist nicht möglich, eine Substanz bis zum absoluten Nullpunkt abzukühlen.
Der Zusammenhang zwischen Entropieänderungen ΔS, Enthalpieänderungen ΔH und der freien Reaktionsenthalpie ΔG ist unter 6.1.5 beschrieben.

6.1.3 Gibbs'freie Energie (= freie Reaktionsenthalpie) ΔG

Definition

ΔG ist ein Maß für die maximal geleistete Arbeit bei reversibel isotherm und isobar geführten Prozessen in geschlossenen Systemen.
In dieser recht trockenen und unanschaulichen Definition werden einige Begriffe verwendet, die einer näheren Erläuterung bedürfen.

Was sind Systeme?

Wird eine beliebige Menge Materie (u. a. Erde, Mensch, chemisches Reaktionsgefäß) von gedachten bzw. real existierenden Grenzen umgeben, so verstehen wir darunter ein System. Systeme haben eine Umgebung, von der sie sich eben durch die erwähnten Grenzen unterscheiden lassen. Tab. 6.**1** gibt einen Überblick über die verschiedenen Arten von Systemen.

Isobare, isotherme und isochore Vorgänge

- *Isobar:* Reaktion läuft bei konstantem Druck ab.
- *Isotherm:* Reaktion läuft bei konstanter Temperatur ab.
- *Isochor:* Reaktion läuft bei konstantem Volumen ab.

Arbeit und Energie, Innere Energie

Siehe Physik 2.3.

Zustandsgrößen eines Systems

Zustandsgrößen beschreiben den momentanen Zustand eines Systems. Zustandsgrößen sind:
- *Volumen,*
- *Druck,*
- *Temperatur,*
- *Innere Energie,*
- *Entropie,*
- *Enthalpie,*
- *freie Enthalpie.*

Jede Zustandsgröße kann durch andere Zustandsgrößen ausgedrückt werden. Solche mathematischen Zusammenhänge heißen *Zustandsgleichungen.* Die Druck-Volumen-Temperatur-Beziehung eines idealen Gases ist ein Beispiel für eine Zustandsgleichung (mehr hierzu siehe Physik 4.3).

6.1.4 Reaktionsenthalpie ΔH

Unter 6.1.2 wurde der Zusammenhang zwischen ΔU, ΔW, und ΔH beschrieben. Die Reaktionsenthalpie ΔH kann positive und negative Werte annehmen. Ist $\Delta H < 0$, so ist die Reaktion *exotherm.* Ist $\Delta H > 0$, so spricht man von einer *endothermen* Reaktion. Die Einheit der Reaktionsenthalpie ist kJ/mol.

> **! Merke**
>
> Der ΔH- Wert läßt keine Aussagen über den freiwilligen Ablauf der Reaktion zu.

Neben dem allgemeinen Begriff Reaktionsenthalpie existieren für Sonderfälle u. a. folgende Namen: Solvatationsenthalpie, Schmelzenthalpie, Verdampfungsenthalpie, Mischungsenthalpie, Bildungsenthalpie, Standardbildungsenthalpie.
Bildungsenthalpie ΔH_f: Wird ein Produkt aus den Elementen gebildet, erhält der dazu gehörende ΔH-Wert den Namen Bildungsenthalpie.
Standardbildungsenthalpie ΔH_f^0 : Findet die Bildung von 1 Mol des Produkts aus den Elementen unter Standardbedingungen statt, erhält der dazugehörende ΔH-Wert den Namen Standardbildungsenthalpie ΔH_f^0. F bedeutet in diesem Zusammenhang „*formation*" (*engl.*: Bildung). Für ein Element im Standardzustand ist die Standardbildungsenthalpie stets Null.

Tab. 6.**1** Arten von Systemen und ihre Eigenschaften

Art des Systems	Charakter
abgeschlossenes, isoliertes System	kein Energie- und Materieaustausch mit der Umgebung möglich
geschlossenes System	kein Materieaustausch, aber Energieaustausch möglich
offenes System	sowohl Materie- als auch Energieaustausch möglich

Satz von Hess

Die Reaktionsenthalpie ist unabhängig vom Reaktionsweg.

6.1.5 Reaktionsentropie ΔS

Für das Verständnis des 2. Hauptsatzes der Thermodynamik ist der Begriff der Entropie von zentraler Bedeutung. Die Entropie S (Maßeinheit: $J/K \cdot mol$) stellt eine Zustandsfunktion dar, die bei gegebenem Zustand einen definierten Wert hat. D. h.. als Zustandsfunktion ist sie nur von Anfangs- und Endzustand abhängig. In vielen Lehrbüchern wird die Entropie anschaulich als ein Maß für die „Unordnung" eines Systems beschrieben, also als ein Maß für den Ordnungsgrad der am System beteiligten Materie. In der Natur laufen nur solche Prozesse freiwillig ab, bei denen sich die „Unordnung" vergrößert (Entropiezunahme). Man sollte aber immer berücksichtigen, daß die Entropie eine Wahrscheinlichkeitsgröße ist und somit auch immer nur einen wahrscheinlichen Zustand beschreibt, der *meistens* in Richtung „Unordnung" geht.

Absolute Standardentropie S^0: Die Entropie einer Substanz unter Standardbedingungen wird als absolute Standardentropie S^0 bezeichnet. Diese Entropie ist nicht Null. Die absolute Entropie einer Verbindung entspricht *nicht* der Entropieänderung bei der Bildung dieser Verbindung aus den Elementen.

6.1.6 Gibbs-Helmholtz-Gleichung

Die Gibbs-Helmholtz-Gleichung stellt den mathematischen Zusammenhang zwischen ΔG, ΔH und ΔS bei isobaren, isothermen und reversiblen Reaktionen in einem geschlossenen System dar:

$$\Delta G = \Delta H - T\Delta S$$

ΔG bestimmt die Triebkraft einer chemischen Reaktion. Folgende Fälle sind wichtig:

- $\Delta G < 0$: Die Reaktion läuft spontan (freiwillig) ab,
- $\Delta G > 0$: Die Reaktion läuft nicht freiwillig ab,
- $\Delta G = 0$: Die Reaktion befindet sich im Gleichgewicht.

Chemische Reaktionen unterliegen folgenden Gesetzmäßigkeiten:

- Erreichen eines Maximums an Unordnung,
- Erreichen eines Energieminimums.

! Merke

Nie ΔH oder ΔS isoliert betrachten! Bei ΔG-Bestimmung stets beide Werte berücksichtigen.

ΔG-Werte beziehen sich immer auf die jeweils vorhandenen Reaktionsbedingungen. In einer menschlichen Zelle herrschen z. B. andere Konzentrationen der Reaktanden vor als dies oftmals in einem in-vitro-System möglich ist. Daher hat man den Begriff der *freien Standardreaktionsenthalpie* ΔG^0 eingeführt. In Tabellen sind diese Werte für eine Vielzahl an chemischen Reaktionen unter Standardbedingungen aufgeführt. Sie erlauben jedoch immer nur eine Aussage, wenn die Reaktion auch tatsächlich unter diesen definierten Bedingungen erfolgt. Vor allem in der Biochemie ist das jedoch selten der Fall, da völlig andere Konzentrationen und pH-Werte vorliegen.

6.1.7 Änderung von gibbs'freier Energie bei Konzentrationsänderungen

Konzentrationsänderungen haben einen großen Einfluß auf ΔG bzw. ΔG^0.
Man betrachte folgende Gleichgewichtsreaktion:

$$aA + eE \rightleftharpoons xX + zZ$$

Unter Berücksichtigung des Massenwirkungsgesetzes (s. 4.1.2) gilt:

$$\Delta G = \Delta G^0 + RT \ln K =$$
$$\Delta G^0 + RT \ln \frac{c^x[X] \cdot c^z[Z]}{c^a[A] \cdot c^e[E]}$$

Im Gleichgewichtszustand wird die Änderung der freien Enthalpie ΔG gleich Null, so daß sich folgender umgeformter Term ergibt:

$$\Delta G^0 = -RT \ln K$$

Ist somit für eine Reaktion die Gleichgewichtskonstante K bekannt, kann man bei definierter Temperatur den dazugehörigen ΔG-Wert berechnen.

Freie Standardenergie unter physiologisch-chemischen Standardbedingungen

Unter physiologisch-chemischen (zellulären) Bedingungen ist der ΔG-Wert verschieden von den bisher besprochenen Werten. Der Biochemiker versteht unter Standardbedingungen:

- Anfangskonzentration der Reaktanden: 1 mol/l,
- pH = 7,
- Temperatur 25 °C.

Der ΔG^0-Wert erhält einen besonderen Index zur Kennzeichnung: $\Delta G^{0'}$.

Ein biochemisch wichtiges Beispiel ist die Verbrennung von Glucose:

$$C_6H_{12}O_6 + 6O_2 \rightarrow 6CO_2 + 6H_2O$$
$$\Delta H = -2840 kJ/mol$$

6.1.8 Gibbs'freie Energie und die Elektromotorische Kraft EMK

Die elektrische Arbeit W_{el}, die in einer galvanischen Zelle verrichtet wird, läßt sich anhand folgender Formel berechnen:

$$W_{el} = -n \cdot F \cdot \Delta E$$

Dabei ist n die Anzahl der übertragenen Elektronen, F die Faraday-Konstante und ΔE die Potentialdifferenz zwischen den Elektroden. Da in einer galvanischen Zelle die verrichtete elektrische Arbeit gleich der Änderung der freien Enthalpie ist, läßt sich obige Gleichung auch so schreiben:

$$\Delta G = -n \cdot F \cdot \Delta E$$

Findet die Reaktion unter Standardbedingungen statt, kann anstelle von ΔG auch ΔG^0 verwendet werden. In diesem Fall muß aber auch die Änderung des Normalpotentials ΔE^0 anstelle von ΔE verwendet werden.

6.2 Grundbegriffe der Kinetik

6.2.1 Reaktionsgeschwindigkeit

Definition

Unter Reaktionsgeschwindigkeit versteht man die zeitliche Änderung der Konzentration eines Edukts oder Produkts im Verlauf einer Reaktion.

Mathematischer Hintergrund

Für eine gegebene Reaktion

$$xA + yB + zC \rightarrow aX + bY + cZ$$

läßt sich die Reaktionsgeschwindigkeit mittels folgender Differentialquotienten ausdrücken:

$$v = -\frac{1}{x}\frac{d[A]}{dt} = -\frac{1}{y}\frac{d[B]}{dt} = -\frac{1}{z}\frac{d[C]}{dt}$$

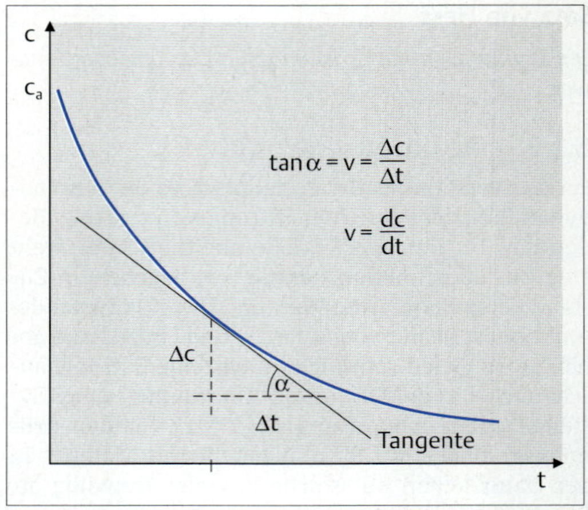

Abb. 6.1 Graphische Darstellung der Reaktionsgeschwindigkeit

Alle drei Terme sind geeignet, die Reaktionsgeschwindigkeit auszudrücken und beziehen sich auf die Edukte. Die Reaktionsgeschwindigkeit kann jedoch auch von der Produktseite aus beschreiben werden:

$$v = \frac{1}{a}\frac{d[X]}{dt} = \frac{1}{b}\frac{d[Y]}{dt} = \frac{1}{c}\frac{d[Z]}{dt}$$

Wichtig ist das Vorzeichen vor den entsprechenden Differentialquotienten, denn einmal wird eine Produktzunahme beschrieben (ohne Minus), das andere mal eine Eduktabnahme (mit Minus). Es ist deshalb immer wichtig, worauf sich der Differentialquotient bezieht.

! Merke

Minuszeichen vor dem Differentialquotienten bei Bezug auf Edukte. *Pluszeichen* vor dem Differentialquotienten bei Bezug auf Produkte.

Graphisch läßt sich die Reaktionsgeschwindigkeit darstellen wie in Abb. 6.1 gezeigt.

6.2.2 Reaktionsordnung

Definition

Die Reaktionsordnung ist die Summe der Exponenten in einem Geschwindigkeitsgesetz.

Was ist ein Geschwindigkeitsgesetz?

Für jede chemische Reaktion kann man einen mathematischen Ausdruck finden, der die Abhängigkeit der Reaktionsgeschwindigkeit von der Konzentration (nicht Konzentration/Zeit!) beschreibt. Geschwindigkeitsgesetze haben ganz allgemein die Form:

$$v = k \cdot [A]^a \cdot [B]^b \cdot [\ldots]^{\cdots}$$

Dabei ist k ein Proportionalitätsfaktor, der experimentell ermittelt werden muß. Er ist temperatur- und substanzabhängig. Die Konstante k heißt auch Geschwindigkeitskonstante. Für jede beliebige chemische Reaktion müssen die Exponenten a, b usw. der beteiligten Reaktanden experimentell ermittelt werden. Die Summe dieser Exponenten wird *Reaktionsordnung genannt.* Nicht jeder in einer Reaktionsgleichung erscheinende Stoff muß auch in dem Geschwindigkeitsgesetz aufgeführt werden. Theoretisch erscheinen nämlich nur diejenigen Reaktanden im Geschwindigkeitsgesetz, die auch am geschwindigkeitsbestimmenden Schritt beteiligt sind. Unter dem geschwindigkeitsbestimmenden Schritt ist diejenige Teilreaktion einer Folge von Einzelreaktionen (parallel oder aufeinanderfolgend) zu verstehen, die am langsamsten abläuft. Gründe für eine langsame Teilreaktion können z. B. im sterischen Aufbau der Reaktanden liegen.

Bekannte Reaktionsordnungen

Nullte Ordnung: Reaktionen nullter Ordnung (syn. pseudonullter Ordnung) treten dann auf, wenn die Reaktionsgeschwindigkeit *unabhängig* von der jeweiligen Konzentration der Reaktanden ist. Viele enzymkatalysierte Reaktionen folgen dieser Kinetik, denn Enzyme können pro Zeiteinheit nur eine bestimmte Menge Substrat umsetzen. In Relation zum Enzym liegen die Substrate in einem sehr großen Überschuß vor. Reaktionen nullter Ordnung werden durch folgende Gleichung beschrieben:

$$v = k$$

Erste Ordnung: Findet z. B. eine Zersetzung eines Edukts in seine Produkte statt (A → Produkte), kann man folgendes Geschwindigkeitsgesetz aufstellen:

$$v = k \cdot [A]$$

Die Reaktionsgeschwindigkeit ist nur von der Konzentration des Stoffes A abhängig. Die Reaktionsordnung ist 1, da die Summe der Exponenten 1 ist. Da nur eine Teilchensorte am geschwindigkeitsbestimmenden Schritt beteiligt ist, kann man auch von einer unimolekularen Reaktion sprechen.

Zweite Ordnung: Reaktionen vom Typ A + B → Produkte werden beschrieben durch:

$$v = k \cdot [A]^1 \cdot [B]^1$$

Die Reaktionsordnung ist 2, denn die Summe der Exponenten beträgt 2. Da zwei Moleküle am geschwindigkeitsbestimmenden Schritt beteiligt sind, spricht man auch von einer bimolekularen Reaktion. Auch der Reaktionsverlauf 2 A → Produkte ist denkbar. Das Geschwindigkeitsgesetz lautet dann:

$$v = k \cdot [A]^2$$

Auch diese Reaktion ist eine bimolekulare Reaktion und hat die Reaktionsordnung 2.

Pseudoerste Ordnung: Bei bestimmten Reaktionen zweiter Ordnung ist ein Reaktand in einem so großen Überschuß vorrätig (z. B. Verseifung eines Esters im Alkalischen), daß die Reaktion nach der Kinetik einer Reaktion erster Ordnung abläuft. Die Konzentration des stark überschüssigen Reaktanden und die theoretisch gültige Geschwindigkeitskonstante werden zu einer neuen Konstante k′ zusammengefaßt. Das Geschwindigkeitsgesetz lautet:

$$v = k' \cdot [A]$$

Dritte Ordnung: Reaktionen dritter Ordnung verlaufen nach dem Muster A + B + C → Produkte. Da drei Moleküle am geschwindigkeitsbestimmenden Schritt beteiligt sind, ist die Reaktion trimolekular und hat die Reaktionsordnung 3. Das Geschwindigkeitsgesetz lautet u. a.:

$$v = k \cdot [A] \cdot [B] \cdot [C] \text{ oder}$$

$$v = k \cdot [A]^3 \text{ oder } v = k \cdot [A] \cdot [B]^2$$

6.2.3 Geschwindigkeitsbestimmender Teilschritt

Selten verlaufen Reaktionen in einem Reaktionsschritt, meistens werden verschiedene Zwischenstufen gebildet bevor das Reaktionsprodukt entstehen kann. Die Reaktionsgeschwindigkeiten, mit denen diese Zwischenstufen gebildet werden, sind unterschiedlich. Folglich wird die Reaktionsgeschwindigkeit der Gesamtreaktion von der langsamsten „Teilgeschwindigkeit" bestimmt. Die Reaktion mit der langsamsten „Teilgeschwindigkeit" heißt *geschwindigkeitsbestimmender Schritt* (s. o.). Aus der stöchiometrischen Gleichung kann man *nie* unmittelbar auf die Kinetik der Reaktion schließen, sondern

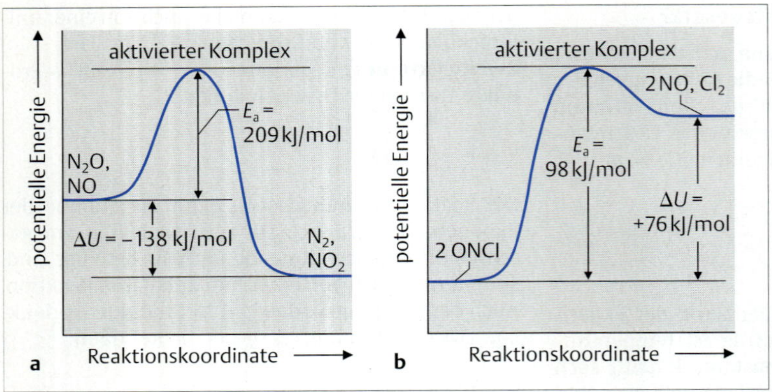

Abb. 6.**2** Energieprofile für einstufige Reaktionen ohne Zwischenstufen; **a** exotherme Reaktion, **b** endotherme Reaktion (aus Mortimer, Thieme 1996)

man muß immer den genauen Reaktionsmechanismus kennen. Durch kinetische Messungen können die Teilgeschwindigkeiten zugänglich gemacht werden.

6.2.4 Energieprofil

Den energetischen Verlauf einer Reaktion kann man in dem Energieprofil einer chemischen Reaktion ablesen. Zur Interpretation eines solchen Profils sind folgende Begriffe wichtig:

Übergangszustand (ÜZ): Der ÜZ ist eine energiereiche Zwischenstufe während eines Reaktionsverlaufs. Eine Reaktion kann auch mehrere Zwischenstufen haben. Im Energieprofil selbst sind ÜZ an den „Sattelpunkten" zu erkennen. Manchmal wird der ÜZ auch *aktivierte Komplex* genannt.

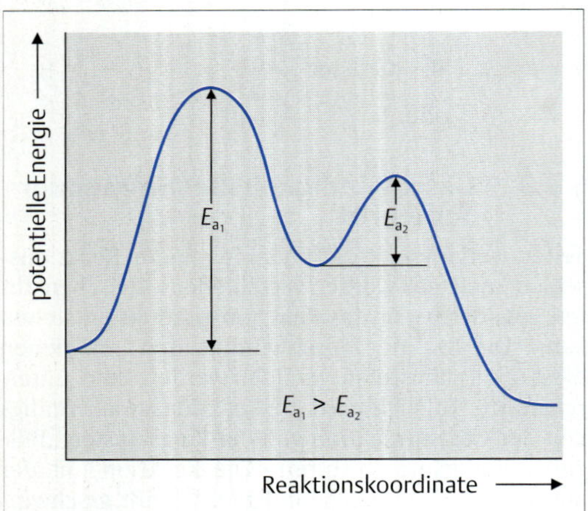

Abb. 6.**3** Energieprofil für eine zweistufige exotherme Reaktion

Aktivierungsenergie ΔG*: Diese auch manchmal mit E_a bezeichnete oder auch *freie Aktivierungsenthalpie* genannte Energieform ist diejenige Energie, die aufgebracht werden muß, um einen Übergangszustand zu erreichen.

Zwischenstufe (Z): Zwischenstufen sind die Plateaus zwischen zwei Übergangszuständen, d. h., Zwischenstufen treten nur bei Reaktionen auf, die mindestens zwei Übergangszustände haben.

Einstufige exotherme und endotherme Reaktionen

Bei exothermen Reaktionen wird Wärme frei, d. h. an die Umgebung abgegeben. Im Energieprofil liegt das Energieniveau der Produkte niedriger als das Energieniveau der Edukte. Bei endothermen Reaktionen muß Wärmeenergie zugeführt werden, das Energieniveau der Produkte liegt höher als das Niveau der Edukte (Abb. 6.**2**).

Zweistufige Reaktionen

Abb. 6.**3** zeigt eine zweistufige exotherme Reaktion, bei der der erste Schritt geschwindigkeitsbestimmend ist (höhere Aktivierungsenergie).

6.2.5 Parallelreaktionen

Ein Edukt muß nicht unbedingt immer die gleiche Reaktion eingehen, sondern kann mit unterschiedlichen Substanzen auch unterschiedliche Produkte bilden. Während dieser Reaktionen werden unterschiedliche Übergangszustände durchlaufen, also auch unterschiedliche Aktivierungsenergien benötigt (Abb. 6.**4**).

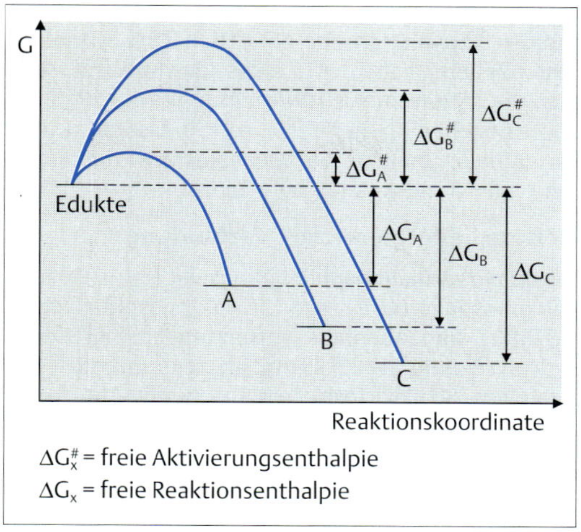

Abb. 6.**4** Parallelreaktionen

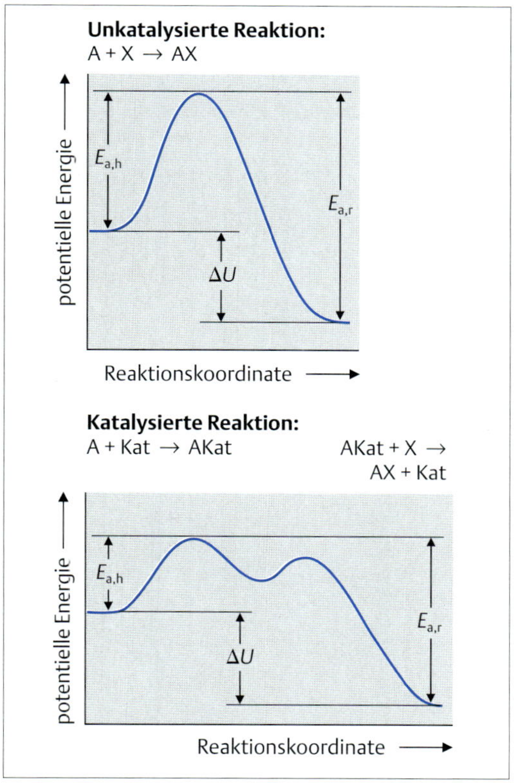

Abb. 6.**5** Energieprofil einer Reaktion ohne und mit Katalysator

! Merke

Es läuft immer diejenige Reaktion mit der geringsten Aktivierungsenergie bevorzugt ab.

6.2.6 Katalyse

Definition

Ein Katalysator ist ein Stoff, der die Aktivierungsenergie einer Reaktion senkt und damit die Geschwindigkeit der Gleichgewichtseinstellung erhöht. Er wird im Idealfall nicht verbraucht und beeinflußt die Lage des Gleichgewichts nicht.

Wirkungsweise eines Katalysators

Katalysatoren senken die Aktivierungsenergie einer Reaktion, indem sie mit dem Substrat einen energetisch günstigeren Komplex bilden, d. h. nicht das Maximum des „unkatalysieren" ÜZ wird erreicht, sondern der neue ÜZ hat eine viel geringere Aktivierungsenergie (Abb. 6.**5**). Von diesem Punkt aus kann die Reaktion nun weiterverlaufen, denn der Katalysator muß ja wieder abgespalten werden. Katalysierte Reaktionen verlaufen daher immer über mindestens eine Zwischenstufe. Auf den molekularen Mechanismus kann an dieser Stelle allerdings nicht eingegangen werden.

6.3 Biochemische Anwendung

An dieser Stelle wird lediglich auf ATP und andere energiereiche Verbindungen eingegangen. Zu den weiteren biochemischen Anwendungen s. die entsprechenden Kapitel der Biochemie und der Physik.

6.3.1 „Energiereiche" Verbindungen, Gruppenübertragungspotential

Definition

Energiereiche Verbindungen sind Substanzen, deren Hydrolyse mehr als 25 kJ/mol freie Energie liefert. Im Gegensatz dazu heißen Verbindungen, deren Hydrolyse weniger als 25 kJ/mol liefert, energiearm.

Adenosintriphosphat (ATP)

ATP besteht aus drei Bestandteilen, der Base Adenin, dem Zucker D-Ribose und drei Phosphatgruppen. Die beiden terminalen Phosphatgruppen sind über eine Phosphorsäureanhydridbindung miteinander verknüpft. Die dritte verbleibende Bindung ist eine Phosphorsäureesterbindung (s. Biochemie Abb. 4.**4**). **Säureanhydride** sind z. B. Nichtmetalloxide, die mit Wasser einer Säure bilden. Im Fall von ATP bildet sich eine Pyrophosphatbindung (Phosphorsäureanhydrid-Bindung) aus:

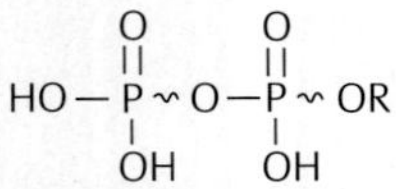

Demzufolge können Säureanhydrid durch Abspaltung von Wasser aus Säuren gebildet werden. Dies gilt auch für organische Säuren, z. B. Carbonsäuren. Am Beispiel des Essigsäureanhydrid sei das allgemeine Prinzip dargestellt:

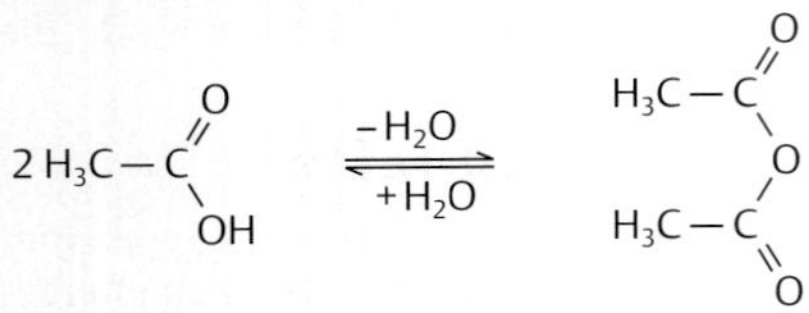

Essigsäure Essigsäureanhydrid (Acetanhydrid)

Wirkung von ATP: Viele Stoffwechselreaktionen könnten – isoliert betrachtet – aus energetischen Gründen nicht bzw. nur ineffizient ablaufen. Koppelt man diese Reaktionen an die Hydrolyse von ATP, können sie nun stattfinden, da die Gesamtänderung der freien Enthalpie negativ wird. Bei Abspaltung der terminalen Phosphatgruppe entstehen 30,5 kJ/mol. In vielen Zellen ist nicht ATP selbst das Substrat, sondern die Magnesium-ATP-Verbindung $MgATP^{2-}$. In vivo entstehen in der Zelle ca. 50 bis 60 kJ/mol. Der genaue molekulare Mechanismus übersteigt den Gegenstandskatalog bei weitem.

Weitere „energiereiche" Verbindungen

Phosphokreatin, Phosphoenolpyruvat (PEP), Guanosintriphosphat (GTP) und 1,3-Bis-phosphoglycerat (1,3-BPG) sind ebenfalls Verbindungen, bei deren Hydrolyse mehr als 25 kJ/mol an freier Energie (ΔG) entstehen (Strukturformeln s. Biochemie Abb. 8.**1**).

Gruppenübertragungspotential

Unter Gruppenübertragungspotential bzw. Phosphatgruppenübertragungspotential versteht man die Fähigkeit, eine Phosphatgruppe auf ein anderes Molekül bzw. Substrat zu übertragen. Diejenige Substanz mit dem niedrigeren (negativeren) $\Delta G^{0\prime}$-Wert kann eine Phosphatgruppe auf eine andere Substanz mit höherem $\Delta G^{0\prime}$-Wert übertragen. PEP ist daher eine Verbindung mit sehr hohem Gruppenübertragungspotential, ATP besitzt ein hohes Gruppenübertragungspotential.

Chemie   Kapitel 7

Struktur und Reaktion einfacher Verbindungen

7.1 Grundkörper (Aliphaten, Aromaten, Heterozyklen)

7.1.1 Einfach- und Doppelbindungen

Das Kohlenstoffatom C kommt in chemischen Verbindungen in drei verschiedenen Hybridisierungszuständen vor.

sp^3-Hybridisierung: Bei der sp^3-Hybridisierung werden vom C-Atom vier gleichwertige Bindungen in einem Bindungswinkel von 109° in den Raum gerichtet. Die Bindungspartner – vier an der Zahl – stehen räumlich so zueinander, daß sie die Eckpunkte eines Tetraeders bilden; das zentrale C-Atom bildet seinen Mittelpunkt. Am Methan, dem einfachsten Vertreter der Alkane, läßt sich dies gut verdeutlichen (Abb. 7.**1**).

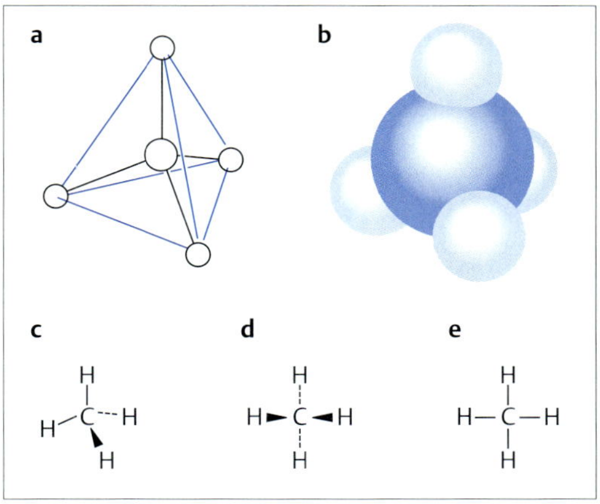

Abb. 7.**1** Fünf Darstellungen des Methan-Moleküls. In Bild **a** sind die Bindungslängen, verglichen mit den Atomgrößen, übertrieben lang gezeichnet. In Bild **c** und **d** deuten die punktierten Linien Bindungen an, die hinter die Papierebene weisen, und keilförmig gezeichnete Bindungen zeigen nach vorn aus der Papierebene heraus (*Keilstrichformeln*). Projiziert man die in **d** hinter und vor der Papierebene liegenden H-Atome in die Ebene, so erhält man die vielgebrauchte *Projektionsformel* (**e**) (aus Mortimer, Thieme 1996)

Zwischen dem C-Atom und den H-Atomen besteht eine Einfachbindung. Die Einfachbindungen, die aufgrund der sp^3-Hybridisierung der Valenzelektronen des C-Atoms zustandekommen, heißen auch **Sigma-Bindungen** (σ-Bindungen). Vom sp^3-hybridisierten C-Atom gehen also vier Einfachbindungen (Sigma-Bindungen) aus.

sp^2-Hybridisierung: Bei der sp^2-Hybridisierung gehen von C-Atom nur drei gleichwertige Bindungen in den Raum. Sie liegen in einer Ebene (planar) in einem Winkel von 120° zueinander. Senkrecht auf und unter dieser Ebene steht das dritte p-Orbital (p_z-Orbital), das nicht an der sp^2-Hybridisierung beteiligt ist. Mit dem p_z-Orbital eines benachbarten sp^2-hybridisierten C-Atoms kann es über und unter der Bindungsebene seitlich überlappen (Abb. 7.**2**). Die so entstandene Bindung heißt **Pi-Bindung** (π-Bindung). Sie ist nicht so stabil wie die Sigma-Bindung. Insgesamt entsteht zwischen zwei sp^2-hybridisierten C-Atomen eine Doppelbindung, die aus einer Sigma- und einer Pi-Bindung aufgebaut ist. Die Alkene weisen z. B. eine derartige Bindung auf.

sp-Hybridisierung: Eine sp-Hybridisierung findet man in C–C-Dreifachbindungen, wie z. B. bei den Alkinen.

7.1.2 Sigma-Bindung

Sie zeichnet sich dadurch aus, daß die daran beteiligten Atome (C–C oder C–H etc.) frei um diese Bindung drehbar sind. Dadurch sind verschiedene Konformere möglich.

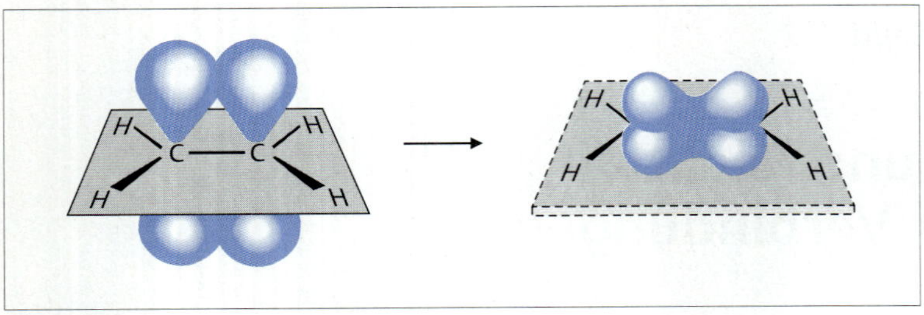

Abb. 7.2 Überlappung der ober- und unterhalb der Ebene der σ-Bindungen stehenden p_z-Orbitale zum Π-Orbital (aus Beyermann, Thieme 1993)

7.1.3 Pi-Bindung:

Sie entsteht durch seitliche Überlappung zweier p_z-Orbitale. Zusammen mit einer Sigma-Bindung bildet sie eine Doppelbindung zwischen den beteiligten Atomen. Diese Bindung ist starr, die freie Drehbarkeit ist aufgehoben. Dadurch bedingt gibt es *cis*- und *trans*-Isomere:

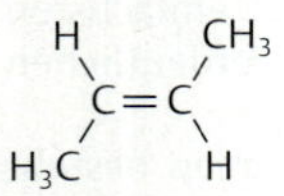

trans-2-Buten

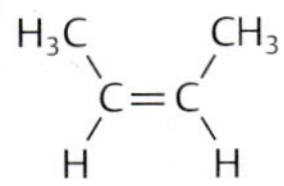

cis-2-Buten

Sie unterscheiden sich in ihren physikalischen und chemischen Eigenschaften.

7.1.4 Alkane

Die homologen Reihen der Alkane und Alkene (Tab. 7.1) folgen jeweils einer logischen Fortführung im Kohlenstoff-Grundgerüst. Die Reihe der Alkane zeichnet sich durch C – C-Einfachbindungen aus. Alle C-Atome sind sp^3-hybridisiert.
Die allgemeine Summenformel für Alkane lautet:

$$C_nH_{2n+2}$$

mit n von 1 bis theoretisch unendlich. Das einfachste Alkan ist demnach Methan (CH_4).
In der homologen Reihe sind die einzelnen Alkane um je eine CH_2-Gruppe erweitert. Das Fehlen eines H-Atoms am Ende der Kette läßt sogenannte *Alkylreste* entstehen. Sie stellen die einfachsten aliphatischen Reste dar. Sie sind Radikale. Die allgemeine Summenformel der Alkylreste lautet:

$$C_nH_{2n+1}$$

n- und *iso*-Alkane

Die in Tab. 7.1 dargestellte homologe Reihe der Alkane zeigt nur *n*-Alkane (*n* für normal, unverzweigt. Die

Tab. 7.1 Homologe Reihe der n-Alkane und deren Alkylreste

Formel	Name	Schmp. (°C)	Sdp. (°C)	Alkylreste
CH_4	Methan	– 183	– 162	CH_3 Methyl
H_3C-CH_3	Ethan	– 172	– 88,5	C_2H_5 Ethyl
$H_3C-CH_2-CH_3$	Propan	– 187	– 42	C_3H_7 Propyl
$H_3C-(CH_2)_2-CH_3$	*n*-Butan	– 138	– 0,5	C_4H_9 Butyl
$H_3C-(CH_2)_3-CH_3$	*n*-Pentan	– 130	– 36	C_5H_{11} Pentyl
$H_3C-(CH_2)_4-CH_3$	*n*-Hexan	– 95	– 69	C_6H_{13} Hexyl
$H_3C-(CH_2)_5-CH_3$	*n*-Heptan	– 90,5	– 98	C_7H_{15} Heptyl
$H_3C-(CH_2)_6-CH_3$	*n*-Octan	– 58	– 126	C_8H_{17} Octyl
$H_3C-(CH_2)_7-CH_3$	*n*-Nonan	– 54	– 151	C_9H_{19} Nonyl
$H_3C-(CH_2)_8-CH_3$	*n*-Decan	– 30	– 174	$C_{10}H_{21}$ Decyl

Kohlenstoffketten können jedoch auch verzweigt sein. In der verzweigten Kette lassen sich 4 Typen Kohlenstoffatome unterscheiden.

- *Primäre C-Atome* (I) sind nur mit einem weiteren C-Atom verknüpft.
- *Sekundäre C-Atome* (II) sind mit zwei weiteren C-Atomen verknüpft.
- *Tertiäre C-Atome* (III) sind mit drei weiteren C-Atomen verknüpft.
- *Quartäre C-Atome* (IV) sind mit vier weiteren C-Atomen verknüpft.

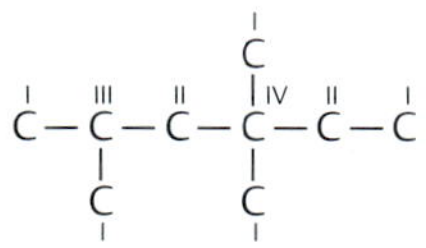

Cycloalkane

Alkane können nicht nur, wie in Tab. 7.**1** dargestellt, offenkettig sein, sondern sie treten auch in einer Ringform auf (*zyklische Alkane*). Auch hier gibt es eine logisch fortsetzbare homologe Reihe, die mit drei C-Atomen beginnt (Tab. 7.**2**). Die allgemeine Summenformel lautet:

$$C_nH_{2n}$$

Die *Cycloalkylreste* entstehen, wie bei den offenkettigen Alkanen, durch Abspaltung eines H-Atoms.

Tab. 7.**2.** Homologe Reihe der Cycloalkane (Strukturformeln siehe unter 2.1)

Summenformel	Name	Alkylreste
C_3H_6	Cyclopropan	C_3H_5 Cyclopropyl
C_4H_8	Cyclobutan	C_4H_7 Cyclobutyl
C_5H_{10}	Cyclopentan	C_5H_9 Cyclopentyl
C_6H_{12}	Cyclohexan	C_6H_{11} Cyclohexyl

Steran

Das Steran (auch Gonan) besteht aus vier miteinander kondensierten (annellierten) zyklischen Kohlenwasserstoffen. Es ist das Grundgerüst der Steroidhormone wie Testosteron, Östrogene, Mineral- und Glucocorticoide.

7.1.5 Alkene

Alkene zeichnen sich durch Doppelbindung(en) zwischen zwei C-Atomen aus. Die homologe Reihe der Alkene mit der Stellung der Doppelbindung bei C-Atom lautet:

$H_2C{=}CH_2$ — Ethen (Ethylen)

$H_2C{=}CH-CH_3$ — Propen (Propylen)

$H_2C{=}CH-CH_2-CH_3$ — 1-Buten (Butylen)

Die allgemeine Summenformel für Alkene mit 1 Doppelbindung lautet demnach:

$$C_nH_{2n}$$

Nomenklatur: Die Zahl 1 für die Stellung der Doppelbindung am C-Atom 1 (z. B. 1-Buten; s. o.) wird in der Regel weggelassen. Liegt die Doppelbindung an einem anderen C-Atom als dem C-Atom 1, so heißt die Verbindung entsprechend der Stellung der Doppelbindung. Dabei muß die Numerierung so vorgenommen werden, daß die Doppelbindung die möglichst kleinste Positionsziffer erhält:

$H_2\overset{1}{C}{=}\overset{2}{C}H-\overset{3}{C}H_2-\overset{4}{C}H_3$ — 1-Buten

$H_3\overset{1}{C}-\overset{2}{C}H{=}\overset{3}{C}H-\overset{4}{C}H_3$ — 2-Buten

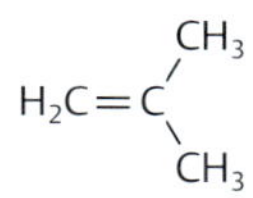

Isobuten (2-Methylpropen)

$H_3\overset{1}{C}-\overset{2}{C}H{=}\overset{3}{C}H-\overset{4}{C}H_2-\overset{5}{C}H_3$ — 2-Penten (nicht 3-Penten)

Tritt mehr als eine Doppelbindung am Alken auf, handelt es sich um Diene, Triene, ... Polyene.

Nomenklatur:

- Positionsziffern der Doppelbindung
- Stammname des Alkens
- Anzahl der Doppelbindungen in griechischen Zahlwörtern
- Endung -en

Dabei müssen die Positionsziffern so gewählt werden, daß möglichst kleine Zahlen entstehen:

$H_2C{=}C{=}CH_2$ — Propadien (Allen) kumuliert

$H_2C{=}CH-CH{=}CH_2$ — 1,3-Butadien konjugiert

$H_2C{=}CH-CH_2-CH{=}CH_2$ — 1,4-Pentadien isoliert

7.1.6 Konjugierte, kumulierte, isolierte Pi-Systeme

Die Pi-Bindungen können in den Ketten verschiedene Positionen zueinander einnehmen.

Konjugierte Pi-Systeme: Die C–C-Doppelbindungen und C–C-Einfachbindungen wechseln sich einander ab:

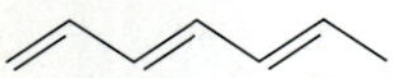

1,3,5-Heptatrien

Kumulierte Pi-Systeme: Die C–C-Doppelbindungen folgen nacheinander:

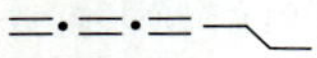

1,2,3-Heptatrien
n-Propylallen

Isolierte Pi-Systeme: Die Pi-Bindung steht durch mehr als eine Sigma-Bindung (Einfachbindung) getrennt von einer anderen Doppelbindung:

1,5-Heptadien

7.1.7 Aromaten

Aromaten haben als Grundgerüst das *Benzol* (Benzen), den einfachsten Vertreter dieser Reihe. Benzol unterscheidet sich vom 1,3,5-Hexatrien dadurch, daß die Doppelbindungen nicht mehr einzelnen C-Atomen zugeordnet werden können. Die Pi-Elektronen sind vielmehr delokalisiert und gehören allen sechs C-Atomen des Benzolringes in gleicher Weise an (Abb. 7.**3**).

Um diesen Zustand zeichnerisch darstellen zu können, werden die beiden mesomeren *Grenzstrukturen* (1,3,5-Hexatrien) verwendet. Tatsächlich ist der Energieinhalt des Benzols niedriger als für das nur theoretisch darstellbare 1,3,5-Hexatrien mit „isolierten“ Doppelbindungen. Durch Angabe der beiden Grenzstrukturen mit dem Mesomeriepfeil soll der Bindungszustand des Benzols charakterisiert werden.

Die beiden mesomeren Grenzstrukturen des 1,3,5-Hexatriens sind *keine* realen Strukturen des Benzols, sondern stellen nur die beiden energiereicheren (und somit instabileren) nicht realen Formen des Benzols dar. Benzol selbst befindet sich zwischen beiden Strukturen in einer „Energiemulde“ (Abb. 7.**4**). Es ist also energieärmer und somit auch stabiler als das 1,3,5-Hexatrien.

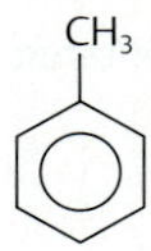

Toluol

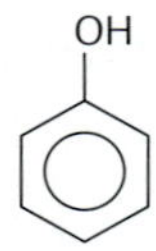

Phenol

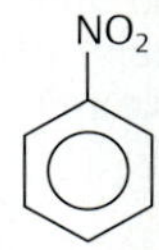

Nitrobenzol

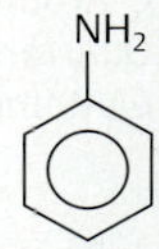

Anilin

Benzaldehyd

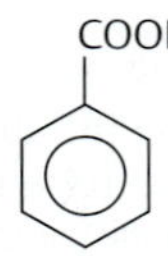

Benzoesäure

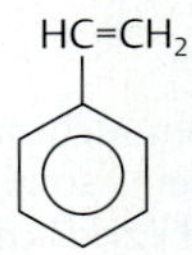

Styrol

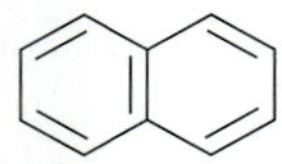

Naphthalin (im Mottenpulver)

Unter Abspaltung eines H-Atoms entstehen hier *Arylreste*: Phenyl-, Naphthyl-, etc.

Disubstituierte Benzolderivate

Bei zwei Substituenten am Benzolring werden die möglichen Stellungen zueinander wie folgt bezeichnet:

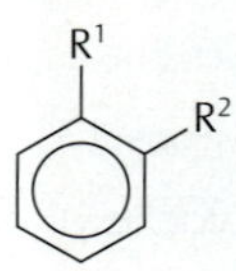

ortho

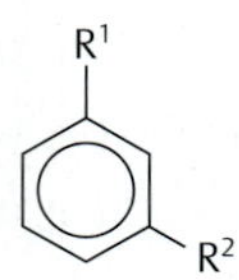

meta

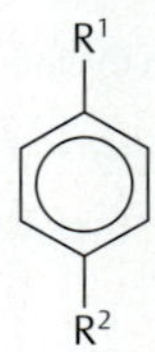

para

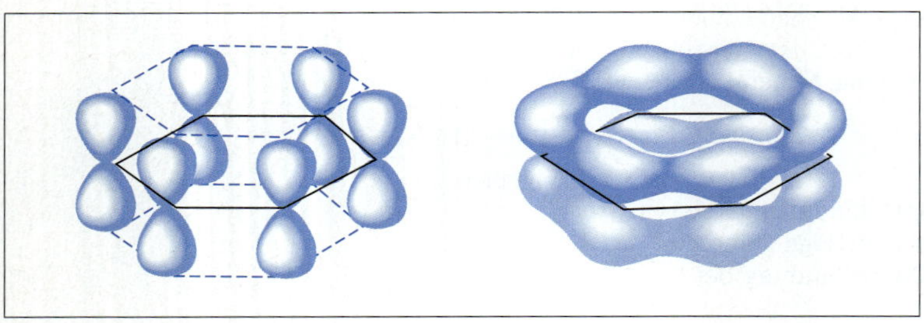

Abb. 7.**3** Das Π-Bindungssystem des Benzols. σ-Bindungen sind durch die durchgezogenen schwarzen Striche angedeutet (aus Mortimer, Thieme 1996)

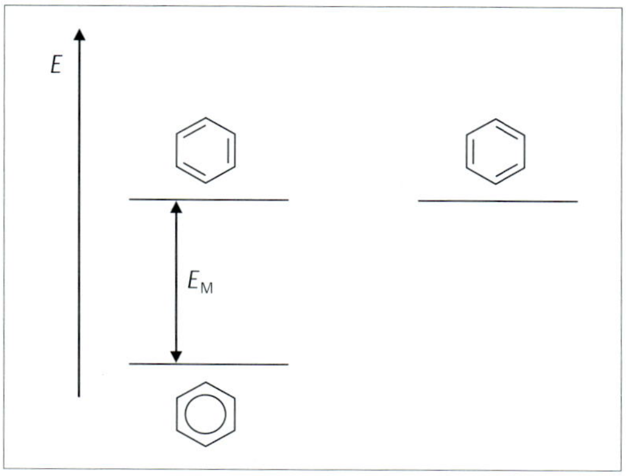

Abb. 7.**4** Mesomerie-Energie des Benzols verglichen mit den beiden Grenzstrukturen (E_M = 151 kJ/mol)

Bindungsverhältnisse am Benzolring

Die Bindungslänge zwischen den einzelnen C-Atomen des Benzolringes beträgt 0,139 nm. Eine gewöhnliche Einfachbindung hat eine Länge von 0,154 nm. Eine gewöhnliche Doppelbindung hat eine Länge von 0,133 nm.

7.1.8 Heterozyklen

Heterozyklen sind ringförmige Verbindungen, bei denen nicht alle am Ring beteiligten Atome gleich sind (nur C-Atome) sondern verschieden. Am Ringaufbau sind also neben Kohlenstoff auch Schwefel, Stickstoff, Sauerstoff oder andere Atome beteiligt. Sind sechs delokalisierte Pi-Elektronen vorhanden, handelt es sich um einen aromatischen Heterozyklus. Heterozyklen sind biochemisch wichtige Strukturen, z. B. die Zucker und Basen in der DNA/RNA.

Zur Struktur der Heterozyklen siehe unter 2.7 und 2.19.

- *Aliphatisch* sind: Tetrahydrofuran, Tetrahydropyran.
- *Aromatisch* sind: Pyrrol, Imidazol, Pyridin, Pyrimidin, Indol, Purin, Thiazol.

7.1.9 Reaktive Teilchen

Reaktive Teilchen sind Atome oder Moleküle die sehr leicht in Reaktion mit anderen Atomen oder Molekülen treten, da ihnen Elektronen oder Atome fehlen. Reaktive Teilchen, auch **Radikale** genannt, weisen ein einzelnes, freies Elektron auf. Dieses ungepaarte Elektron kann mit einem Valenzelektron eines anderen Atoms oder Moleküls eine Bindung eingehen. *Beispiele* für Radikale sind Alkylreste, wie z. B. Methyl (CH_3•), oder ein einzelnen Wasserstoffatom (H•). Ebenso entstehen **kationische reaktive Teilchen**, wenn ein Atom mit einem zusätzlichen Elektron dissoziiert. Ein *Beispiel* für kationische reaktive Teilchen ist in Abb. 7.**5** dargestellt. Das Trimethylcarbeniumion trägt eine positive Ladung (Kation). Es hat eine große Tendenz, mit einem Nukleophil (wie z. B. OH^-) eine Bindung zu knüpfen.

Klinischer Bezug

Bei Belastung des Organismus mit ionisierenden Strahlen entstehen u. a. Radikale, die biologische Strukturen wie z. B. die DNA angreifen und zerstören können.

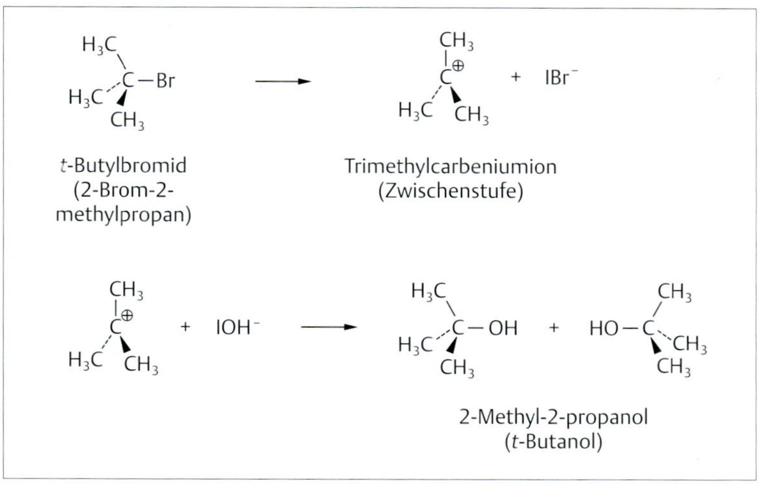

Abb. 7.**5** Das Trimethylcarbeniumion als kationisches reaktives Teilchen (nukleophile Substitution, S_N1-Mechanismus)

Nukleophile sind Teilchen, die am Reaktionspartner Orte verminderter Elektronendichte (z. B. bei Kationen und positiven Teilladungen) aufsuchen. Sie weisen ein *freies Elektronenpaar* auf, haben eine *Doppelbindung* oder sind *Aromaten*. Ein Nucleophil ist also z. B. das Trifluormethylanion (CF_3^-).

Elektrophile sind Verbindungen, die einen Elektronenmangel aufweisen und in einem Reaktionspartner Orte erhöhter Elektronendichte aufsuchen und eine Bindung eingehen können. Eine erhöhte Elektronendichte liegt bei Anionen, Nukleophilen, Doppelbindungen (Pi-Bindungen) und freien Elektronenpaaren vor. Elektrophile sind also z. B. das Carbeniumion oder das Oxoniumion (H_3O^+).

+**I-Effekt:** Effekt von bestimmten Gruppen, Elektronendichte von sich weg in Richtung auf das übrige Molekül zu schieben.
Beispiel: alle Alkylreste; diese Eigenschaft begünstigt unter anderem auch die Abspaltung von Bromid in dem S_N1-Mechanismus der nukleophilen Substitution in Abb. 7.**5**.

– **I-Effekt:** Effekt von bestimmten Gruppen/Atomen, Elektronen an sich heran- und somit vom übrigen Molekül wegzuziehen. Solche Gruppen/Atome haben eine größere Elektronegativität als der Bindungspartner. Sie ziehen Elektronen so stark an sich, daß der positivierte Wasserstoff als Proton dissoziiert.
Beispiel: Fluor in Trifluomethan:

$$CF_3 \rightarrow CH_3^- + H^+$$

Teilladungen: Durch unterschiedliche Elektronegativitäten erhalten Atome in Molekülen Teilladungen. Diese sind keine echten Ladungen.
Beispiel Carbonylgruppe:

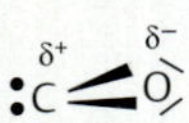

Das C-Atom kann von einem Nukleophil angegriffen werden.

7.1.10 Reaktionstypen

Additionsreaktionen

Addition von Wasserstoff an eine Doppelbindung (Hydrierung; = Reduktionsreaktion):

Propen + Wasserstoff → Propan

$$H_2C = CH - CH_3 + H_2$$
$$\rightarrow CH_3 - CH_2 - CH_3$$

Addition von Wasser an die Doppelbindung (Hydratisierung):

Propen + Wasser → 2-Propanol
(Alken) (Alkanol)

$$H_3C - CH = CH_2 + H_2O$$
$$\rightarrow H_3C - CHOH - CH_3$$

Halogenierung z. B. mit Brom:

Ethen + Brom → 1,2 – Dibrommethan

$$H_2C = CH_2 + Br_2 \rightarrow H_2BrC - CBrH_2$$

Die Reaktionen laufen in zwei Schritten ab:

- 1. elektrophiler Angriff,
- 2. nukleophile Addition.

Eliminierungsreaktionen

Abspaltung von Wasserstoff (Dehydrierung; = Oxidationsreaktion):

Ethan (Alkan) → Ethen + Wasserstoff

$$H_3C - CH_3 \rightarrow H_2C = CH_2 + H_2$$

Abspaltung von Wasser (Dehydratisierung):

$$H_3C - CHOH - CH_3 \rightarrow$$
$$H_3C - CH = CH_2 + H_2O$$

Bei Eliminierungsreaktionen entsteht eine Doppelbindung.

Substitutionsreaktionen

Bei Substitutionsreaktionen wird ein Atom bzw. eine Atomgruppe eines Moleküls durch ein anderes Atom bzw. eine andere Atomgruppe ersetzt.
Beispiele:
1 : Substitution eines H am Methan (CH_4) mit OH^- ergibt Methanol (CH_3OH).
2 : Radikalische Substitution an Methan durch Brom:

$$CH_4 + Br_2 \rightarrow CH_3Br + HBr$$

Die in Abb. 7.**5** beschriebene Reaktion ist eine nukleophile Substitution 1. Ordnung (S_N1).

3 : Aromatische Substitution:

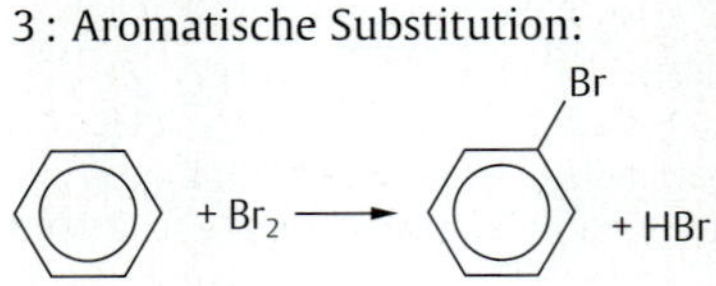

7.2 Verbindungen mit einfach gebundenen Heteroatomen

7.2.1 Alkohole

Charakteristisch für Alkohole ist die OH-Gruppe. Man unterscheidet

primäre, sekundäre und tertiäre Alkohole:

- *Primäre Alkohole:* Am C-Atom, an dem die OH-Gruppe gebunden ist, ist noch höchstens 1 weiteres C-Atom gebunden.
- *Sekundäre Alkohole:* Am C-Atom, an dem die OH-Gruppe gebunden ist, sind noch 2 weitere C-Atome gebunden.
- *Tertiäre Alkohole:* Am C-Atom, an dem die OH-Gruppe gebunden ist, sind noch 3 weitere C-Atome gebunden.

sowie **ein-, zwei-, drei- und mehrwertige Alkohole** (Abb. 7.**6**):

- *Einwertiger Alkohol:* Es existiert nur 1 OH-Gruppe.
- *Zweiwertiger Alkohol:* Es existieren 2 OH-Gruppen.
- *Dreiwertiger Alkohol:* Es existieren 3 OH-Gruppen, etc.

Klinischer Bezug

Der **Trinkalkohol** (Ethylalkohol, Ethanol) ist ein Genuß- und Suchtmittel. Bei nicht sachgemäß hergestellten Alkoholika kann u. a. auch der noch gefährlichere **Methylalkohol** (Methanol) entstehen. Vergiftungen mit Methylalkohol können Erblindung, ZNS-Schäden und den Tod zur Folge haben, was in den Stoffwechselprodukten des Methanols begründet liegt. Daher wird therapeutisch versucht, durch Gabe von Ethanol, dessen Abbauprodukte weniger gefährlich sind, Methanol von den alkoholabbauenden Enzymen zu verdrängen.

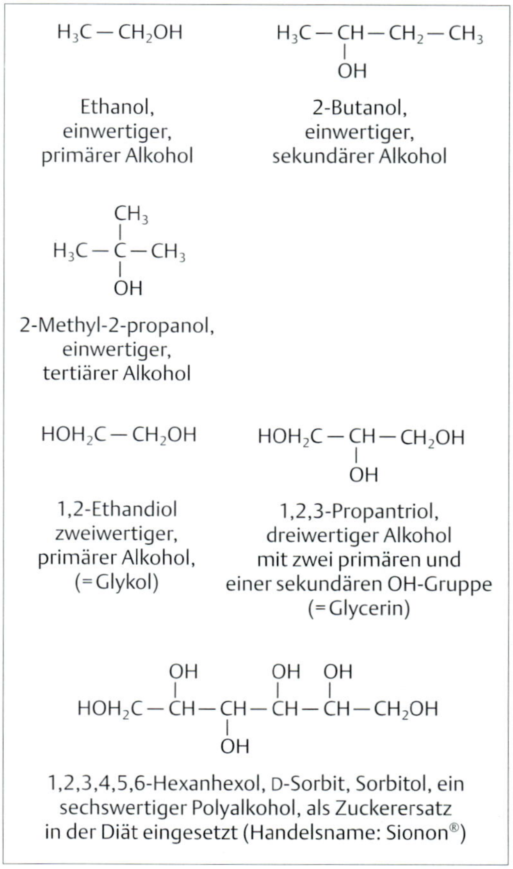

Abb. 7.**6** Nomenklatur der Alkohole an ausgewählten Beispielen

7.2.2 Unterschiede zwischen Alkanen und Alkoholen

Vergleichbar sind jeweils Alkane und Alkohole mit gleich vielen C-Atomen. Alkohole weisen jedoch zusätzlich eine polare OH-Gruppe auf. Diese ist verantwortlich dafür, daß Alkohole miteinander H-Brücken ausbilden können, Alkane nicht. Dadurch kommen Assoziate zustande. Dies bewirkt, daß Alkohole einen *höheren Siedepunkt* haben als Alkane mit der gleichen Anzahl von C-Atomen. Alkohole sind aufgrund ihrer Polarität auch *in Wasser löslich* (je länger die Kohlenstoffkette allerdings ist, desto schlechter). Alkane sind unpolar und daher in Wasser nicht löslich. Mehr OH-Gruppen bei höherwertigen Alkoholen bewirken auch eine bessere Wasserlöslichkeit.

7.2.3 Redoxreaktionen bei Alkoholen und Thiolen

Alkohole können mit Oxidationsmitteln oxidiert werden (Abb. 7.**7**).

Thioalkohole werden mittels Oxidation zu Disulfiden verknüpft. Dabei entsteht eine Disulfidbrücke:

$$\underset{\text{Thiol}}{2\,R{-}SH} \;\underset{\text{Reduktion}\atop +2H^+,\,+2e^-}{\overset{\text{Oxidation}\atop -2H^+,\,-2e^-}{\rightleftharpoons}}\; \underset{\text{Disulfid}}{R{-}S{-}S{-}R}$$

Merke

Eine *Oxidation* entspricht einer Elektronenabgabe oder einer Dehydrierung. Eine *Reduktion* entspricht einer Elektronenaufnahme oder einer Hydrierung.

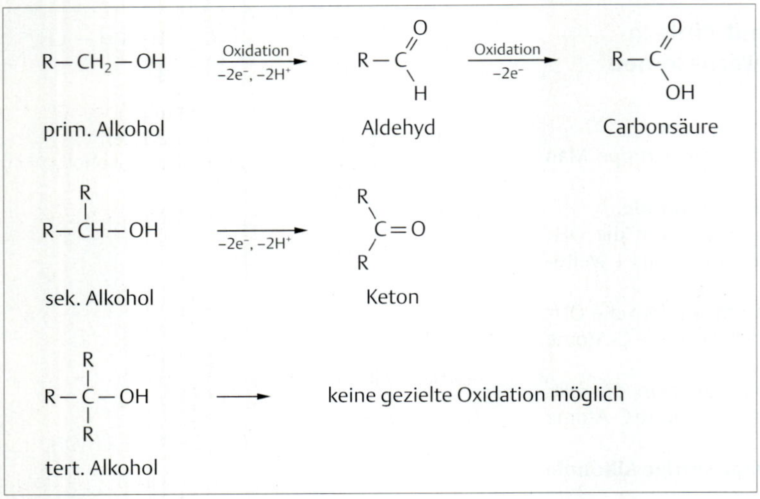

Abb. 7.**7** Oxidation von Alkoholen

Alkohole und Thiole (Merkaptone) unterscheiden sich in Geruch, Azidität und Oxidierbarkeit (Tab. 7.**3**).

7.2.4 Ether

Ether sind charakterisiert durch zwei über ein Sauerstoffatom verbundene Kohlenstoffgruppierungen. Allgemeine Formel:

$$R^1 - O - R^2$$

- *symmetrische Ether:* $R^1 = R^2$
- *unsymmetrische Ether:* $R^1 \neq R^2$,
- *zyklische Ether:* siehe 7.1.8.

Eigenschaften

Siedepunkt: Er ist gegenüber den analogen Alkoholen niedriger (OH-Gruppe fehlt → keine H-Brücken untereinander ausbildbar, keine Assoziate).
Löslichkeit in Wasser: Alkohole sind gut löslich, Ether mischen sich nicht mit Wasser.
Oxidation: Bei Ethern nicht entsprechend wie bei Alkoholen (Peroxide).
Basizität: Alkohole sind schwach sauer (wegen dem H in der OH-Gruppe, welches dissoziieren kann). Ether sind basischer als Alkohole, da durch die elektronenschiebenden Alkylgruppen die freien Elektronenpaare am Sauerstoff reaktiver werden (+I-Effekt), kann ein Proton an O leichter binden.

7.2.5 Thioether

Allgemeine Formel:

$$R^1 - S - R^2$$

Die Aminosäure Methionin (siehe vordere Umschlagsseite) ist ein Thioether.

7.2.6 Phenole

Phenole sind durch ihre OH-Gruppen an einem aromatischen Ring als Alkohole klassifiziert. Die Wertigkeit gibt – wie bei den Alkoholen – die Anzahl der OH-Gruppen an.

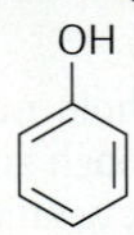

Phenol
(einwertig)

Tab. 7.**3** Unterschiede zwischen Alkoholen und Thiolen

	Alkohole	Thiole
Geruch	angenehm	widerwärtig
Azidität	geringer	höher (leichtere Salzbildung möglich)
Oxidierbarkeit	zu Aldehyden, Ketonen oder Carbonsäuren	zu Disulfiden mit einer Disulfidbrücke bzw. S–O-Verbindungen (z. B. Sulfonate, Sulfate)

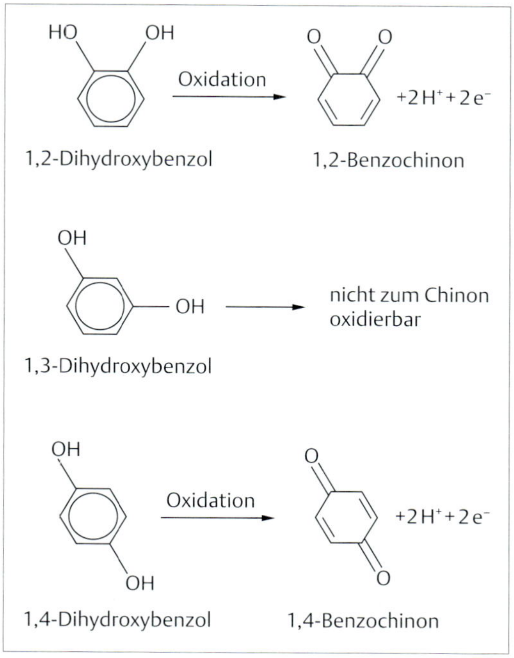

Abb. 7.**8** Oxidation der Phenole zu Chinonen

Phenole werden zu Chinonen oxidiert (Abb. 7.**8**).
Azidität: Gegenüber offenkettigen Alkoholen reagieren Phenole sauer. Dies kann mit Mesomeriestabilisierung des Phenolatanions begründet werden (Abb. 7.**9**).

Klinischer Bezug

Phenol wurde früher zur Desinfektion verwendet.

7.2.7 Amine und Amide

Substitutionsprodukte des Ammoniaks (NH_3) sind die Amine.

- Ein *primäres Amin* entsteht, wenn 1 H-Atom ersetzt wird.
- Ein *sekundäres Amin*, wenn 2 H-Atome des Ammoniak ersetzt werden.
- Ein *tertiäres Amin*, wenn 3 H-Atome des Ammoniak ersetzt werden.

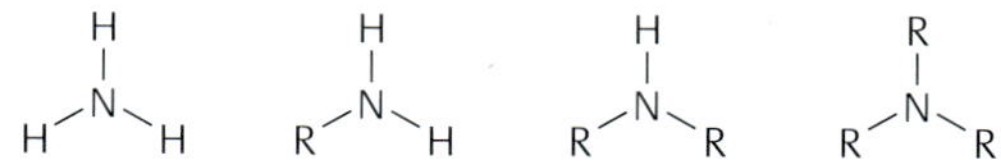

Ammoniak prim. Amin sek. Amin tert. Amin

Salze der Amine und quartäre Ammoniumionen

Ein Proton oder eine Alkylgruppe wird am freien Elektronenpaar des N gebunden. Es entsteht ein *Ammoniumion*. Wird beim tertiären Ammoniumion das H-Atom durch einen Substituenten ersetzt, entsteht ein *quartäres Ammoniumion:*

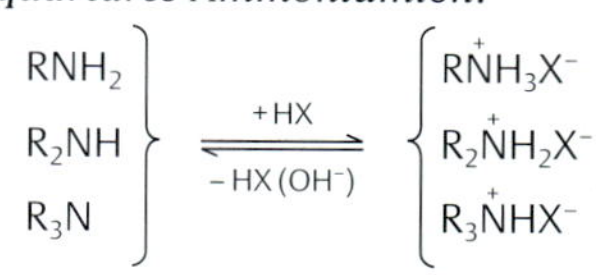

Ammoniumsalze,
Derivate des NH_4^+

Ammoniumion

quartäre Ammoniumverbindung

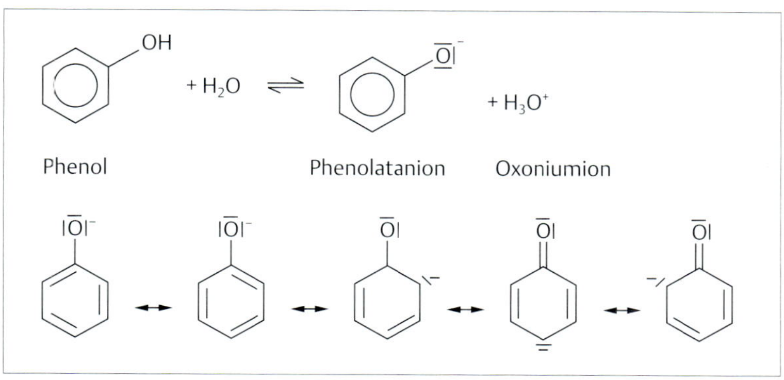

Abb. 7.**9** Entstehung und Mesomerie des Phenolatanions

Basizität von Aminen und Amiden

Die Basizität hängt von der Fähigkeit ab, Protonen mit dem freien Elektronenpaar des N-Atoms zu binden.

- *Bei primären Aminen* liegt ein geringer +I- Effekt vor. N bekommt eine leichte negative Teilladung und bindet Protonen in geringem Maße.
- *Bei sekundären Aminen* ist diese Teilladung wegen zweier Alkylreste und deren +I-Effekt größer. Am N-Atom entsteht eine noch größere negative Teilladung, ein Proton kann besser gebunden werden als bei primären Aminen.
- *Tertiäre Amine:* Hier liegt zwar der +I-Effekt von 3 Alkylresten vor, jedoch hindern diese sterisch ein Proton an der Bindung an N, so daß tertiäre Amine weniger basisch sind als sekundäre.

Aromatische Reste wirken mit ihren delokalisierten Pi-Elektronen auf das freie Elektronenpaar des N ein, so daß eine verminderte Basizität resultiert. Ebenso reduzieren elektronenziehende Substituenten wie *Acyl- und Sulfonylreste* die Basizität.

7.3 Carbonylverbindungen

7.3.1 Die C=O-Gruppe

Das C-Atom ist sp^2-hybridisiert. Die Bindungswinkel betragen 120° und liegen in einer Ebene (planar). Das O-Atom weist 2 freie Elektronenpaare auf.

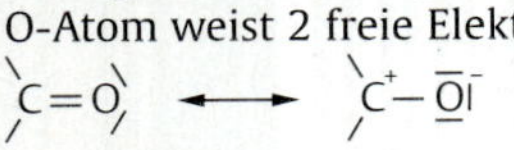

Zwischen C und O besteht eine Doppelbindung (Sigma- und Pi-Bindung). Sie ist nicht frei drehbar. Aufgrund der größeren Elektronegativität von O gegenüber C ist die Pi-Elektronenwolke polarisiert (die freie Elektronenpaare am O-Atom sind nicht eingezeichnet):

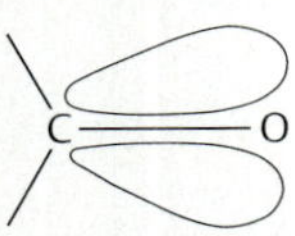

Reaktivität der CO-Gruppe: Aufgrund der Polarisation trägt das C-Atom eine positive Teilladung, das O-Atom eine negative. Nukleophile können so am C angreifen (elektrophiles Zentrum). Das O-Atom ist das nukleophile Zentrum.

7.3.2 Aldehyde und Ketone

Beiden Substanzgruppen gemeinsam ist die Carbonylgruppe (CO). Reaktionsmechanismen sind daher ähnlich. Als allgemeine Formel für Aldehyde und Ketone gelte:

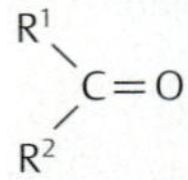

Bei **Aldehyden** ist $R^1 = H$; R^2 ein Alkylrest. Bei **Ketonen** sind beide Reste ein Alkylrest.

Reaktionen

Carbonylgruppe + Wasser:

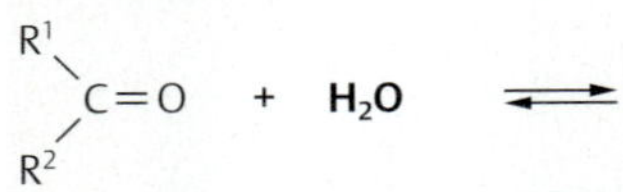

Carbonylgruppe + Alkohol → Halbacetal/Vollacetal bzw. Halbketal/Vollketal:

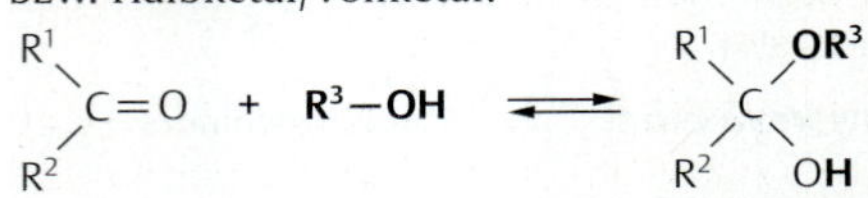

Halbacetal/Halbketal

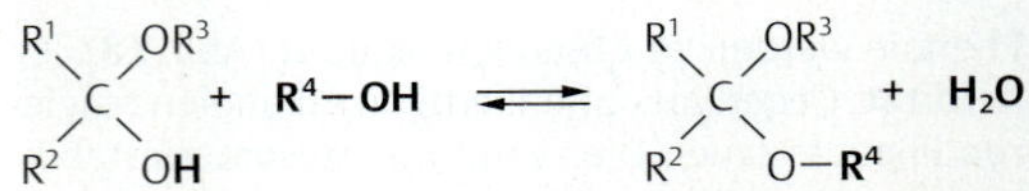

Vollacetal/Vollketal

Protonenkatalysiert:

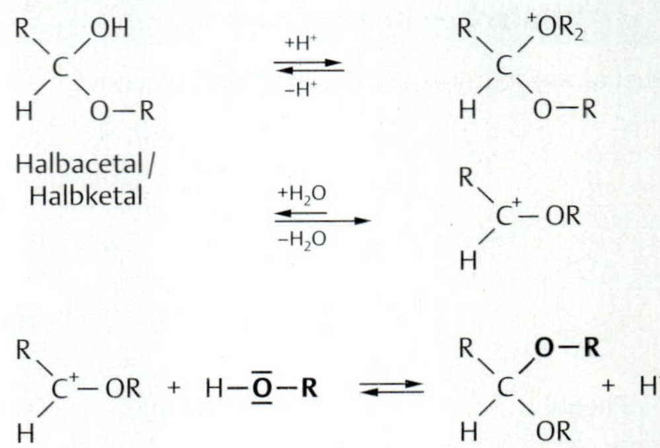

Vollacetal/Vollketal

Carbonylgruppe + Amine (Namen der Reaktionsprodukte s. Tab. 7.**4**):

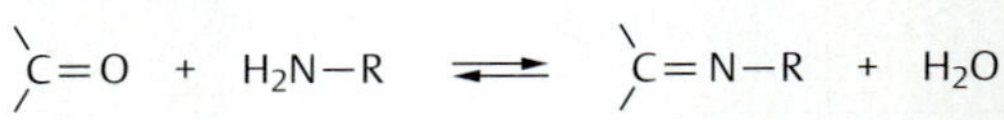

Tab. 7.**4** N-haltige Reagenzien und Namen der Reaktionsprodukte mit Aldehyden oder Ketonen

Ausgangsstoff	Bildungsprodukt
R = H (Ammoniak)	Imin
R = OH (Hydroxylamin)	Oxim
R = NH_2 (Hydrazin)	Hydrazon
R = NH Phenyl (Phenylhydrazin)	Phenylhydrazon

Klinischer Bezug

Die Ketone Aceton, Acetoacetal mit β-Hydroxybutyrat entstehen in vermehrtem Maße bei **hyperglykämischem Koma** und bedingten u. a. eine Ketoazidose des Patienten sowie einen typischen Acetongeruch der Ausatemluft.

Unterschiede zwischen Aldehyden und Ketonen

An den beiden Stoffgruppen gemeinsamen Carbonylgruppe laufen gleiche Reaktionsmechanismen ab (s. o.), allerdings bestehen Unterschiede in der Oxidierbarkeit: Aldehyde können zu Carbonsäuren oxidiert werden, Ketone nicht.

7.3.3 α-ständige H-Atome in Carbonylverbindungen

Die in einer funktionellen Gruppe wie der Carbonylgruppe benachbarten C-Atome werden auch mit griechischen Buchstaben versehen. Das 1. C-Atom neben dem C-Atom der Carbonylgruppe wird als das *α-ständige* C-Atom bezeichnet, das 2. als das *β-ständige* usw. Die H-Atome, die an jene C-Atome gebunden sind, werden in gleicher Weise bezeichnet. Ein α-ständiges H-Atom ist also am α-ständigen C-Atom gebunden:

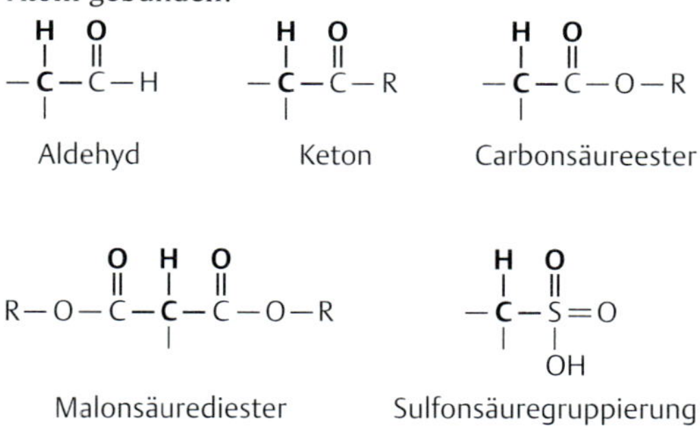

Das α-ständige H-Atom kann mit starken Basen abgespalten werden, so daß diese organische Verbindung sauer reagiert. Nach Dissoziation des α-ständigen H-Atoms wird das übriggebliebene, positiv geladene Carbonion mesomeriestabilisiert:

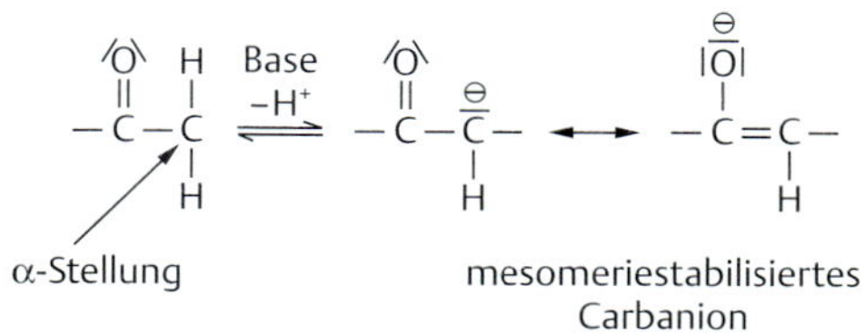

Je mehr Carbonylgruppen vorhanden sind, desto stärker ist die Azidität.

Beispiele:

- *Aceton:* 1 Carbonylgruppe, $pK_s = 24$
- *Acetylaceton:* 2 Carbonylgruppen, $pK_s = 9$

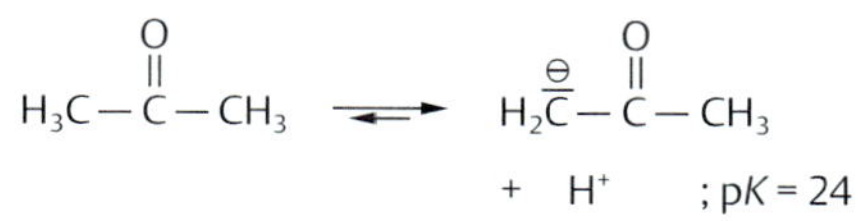

Carbanion-Bildung:

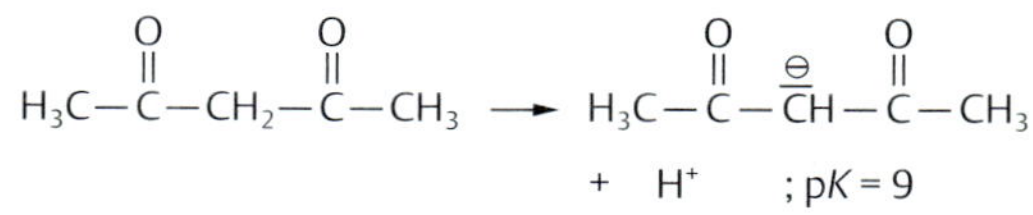

Mesomerie:

7.3.4 Aldol-Addition bzw. -Kondensation

Das durch Dissoziation des α-ständigen H-Atoms entstandene Carbanion greift als Nukleophil an das durch eine positive Teilladung positivierte Carbonyl-C-Atom an. Dadurch verlängert sich die Kohlenstoffkette:

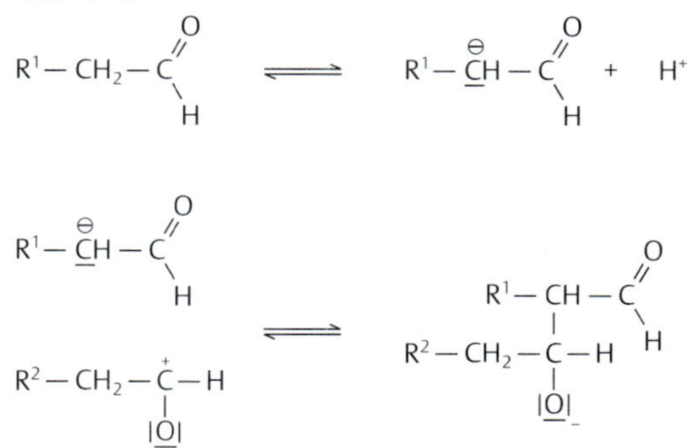

Eine nachfolgende Wasserabspaltung nennt man *Kondensation:*

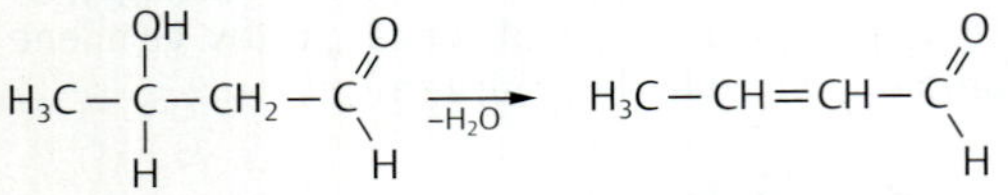

Crotonaldehyd
(2-Butenal)

7.3.5 Das Hydrochinon/Chinon-System

Hydrochinon und Chinon (= p-Benzochinon = 1,4-Benzochinon; s. 7.2.6) stellen ein Redoxpaar dar:

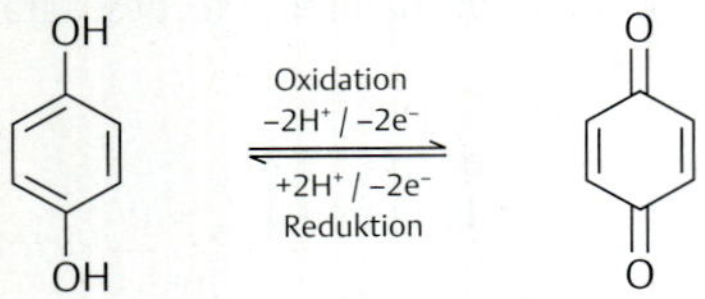

Hydrochinon 1,4-Benzochinon

Mittels einer Chinon-Elektrode kann man den pH-Wert einer Lösung bestimmen, wenn Chinon und Hydrochinon im gleichen Verhältnis vorliegen. Es gilt dann E = 0,699 – 0,059 pH.

7.4 Carbonsäuren und Carbonsäurederivate

7.4.1 Azidität und Klassifizierung

Azidität

Die funktionelle Gruppe der Carbonsäuren ist die Carboxylgruppe (COOH). Sie kann leichter ein Proton abgeben, als ein Alkohol (OH-Gruppe), da die Carboxylatgruppe (COO^-) mesomeriestabilisiert ist:

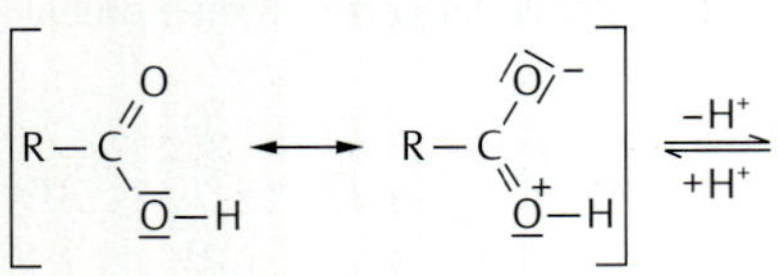

Carbonsäure

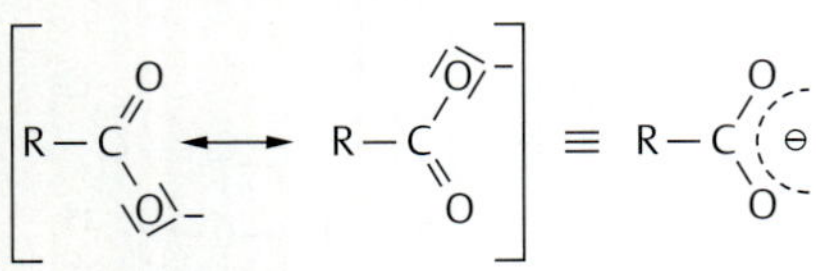

Carboxylatanion

Befinden sich in α- oder β-Stellung elektronenziehende Substituenten, wird die Azidität erhöht (s. a. Tab. 7.**5**):

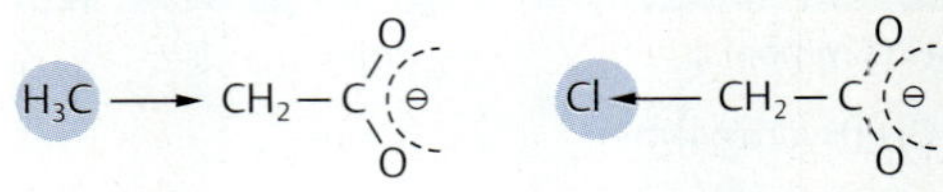

+ I-Effekt
Destabilisierung
des Carboxylat-Ions

– I-Effekt
Stabilisierung
des Carboxylat-Ions

H_3C-CH_2-COOH	pK_S 4,88
$H-CH_2-COOH$	pK_S 4,76
$Cl-CH_2-COOH$	pK_S 2,81

Klassifizierung

- *Monocarbonsäuren* enthalten 1 COOH-Gruppe.
- *Dicarbonsäuren* enthalten 2 COOH-Gruppen.
- *Tricarbonsäuren* enthalten 3 COOH-Gruppen.

7.4.2 Oberflächenaktive Stoffe

Sie werden auch grenzflächenaktive Stoffe genannt und bestehen aus einem lipophilen und einen hydrophilen Anteil, sind also amphoter. Die längerkettigen Carboxylatanionen (R-COO^-) stellen z. B. solche oberflächenaktiven Stoffe dar. Der lipophile Anteil ist die C-Kette, der hydrophile Anteil ist die Carboxylatgruppe COO^-. Die Alkalisalze (Alkalimetalle: K, Na) dieser Carboxylatanionen bezeichnet man als *Anionenseifen*. Allein das Carboxylatanion ist der waschaktive Teil, nicht das Alkalimetallkation.
In Wasser ordnen sich die Carboxylatanionen zu *Mizellen* zusammen. Dabei liegen die lipophilen, hydrophoben Anteile im Innern der Mizelle. Aufgrund der Mizellenbildung können kleinste Fetttröpfchen einer zusammenhängenden Fettphase in der Mizelle „gefangen" werden, und das Fett wird in einem polaren Lösungsmittel wie Wasser als kleine, unzusammenhängende Tröpfchen emulgiert. An der *Wasseroberfläche* (Phasengrenze Wasser/Luft) befindet sich die Carboxylatgruppe im Wasser (polare Phase), die lipophile C-Kette ragt aus dem Wasser (unpolares Medium). Dies setzt die Oberflächenspannung des Wassers herab.

7.4.3 Lipophile/hydrophile Gruppen

Lipophile Verbindungen sind unpolarisierte Moleküle. Bei ihnen heben sich die Elektronegativitätsunterschiede der beteiligten Atome in einem zentralen Punkt gegenseitig auf. Das Molekül ist nach außen hin elektroneutral. Es existieren keine Teilladungen. Solche lipophilen Verbindungen sind

Tab. 7.**5** Zunahme der Azidität bei elektronegativen Substituenten

CH_3-COOH	pK_S 4,76	Bezugssystem Essigsäure
$I-CH_2-COOH$ $Br-CH_2-COOH$ $Cl-CH_2-COOH$ $F-CH_2-COOH$	3,18 2,91 2,81 2,59	Mit der Elektronegativität der Substituenten nimmt der induktive Effekt auf die COOH-Gruppe zu: → Azidität nimmt zu
$ClCH_2-COOH$ $Cl_2CH-COOH$ $Cl_3C-COOH$	2,81 1,29 0,64	Zahl der elektronegativen Substituenten nimmt zu: → Azidität nimmt zu

offenkettige Kohlenwasserstoffe (Alkylgruppen), bzw. aromatische Ringe (Arylreste), die keine funktionellen Gruppen wie COOH, OH oder polare Gruppen wie NH_2, OH, NO_2, COOH etc. tragen. Ferner existieren keine positiven oder negativen Ladungen. **Hydrophile Verbindungen** zeichnen sich durch ihren polaren Bau aus. Aufgrund dessen und wegen der unterschiedlichen Elektronegativitäten der beteiligten Atome bilden sich Teilladungen aus. Hydrophile Verbindungen tragen auch polare Gruppen (= funktionelle Gruppen).

Merke

lipophil = fettlöslich = hydrophob = wasserunlöslich = unpolar

hydrophil = wasserlöslich = lipophob = fettunlöslich = polar

Treten in einem Molekül unpolare, lipophile Gruppen und polare, hydrophile Gruppen gleichzeitig auf, hängt das Lösungsverhalten davon ab, welcher Anteil überwiegt (vgl. Alkohole mit steigender C-Zahl, 7.2.2).

7.4.4 Carbonsäurederivate

Carbonsäurederivate entstehen durch Substitution der OH-Gruppe in der COOH-Gruppe durch andere Atome oder Atomgruppen nach der allgemeinen Formel:

$$COOH + X^- \rightarrow COX + OH^-$$

Beispiele:

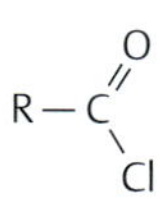

Carbonsäurechlorid

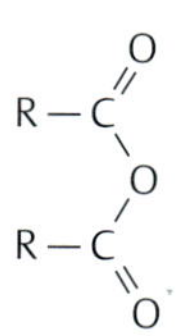

Carbonsäureanhydrid

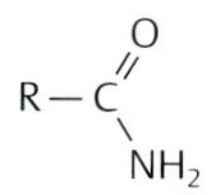

Carbonsäure-amid

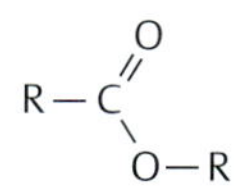

Carbonsäure-ester

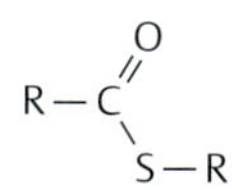

Carbonsäure-thioester

7.4.5 Umsetzung mit Nukleophilen

Nukleophile (Wasser, Ammoniak, Alkohole, Amine) greifen am nukleophilen Zentrum der COOH-Gruppe bzw. COX-Gruppe, dem C-Atom, unter Bildung einer kovalenten Bindung an. Die Carbonsäurederivate sind unterschiedlich leicht durch Nukleophile (H-Nu) angreifbar. Am leichtesten angreifbar sind:

- Carbonsäurechloride (allgemein: Carbonsäurehalogenide), gefolgt von
- Carbonsäureanhydriden,
- Carbonsäureestern,
- Carbonsäureamiden
- Carbonsäurethioestern.

Die Reaktion verläuft allgemein nach folgendem Schema:

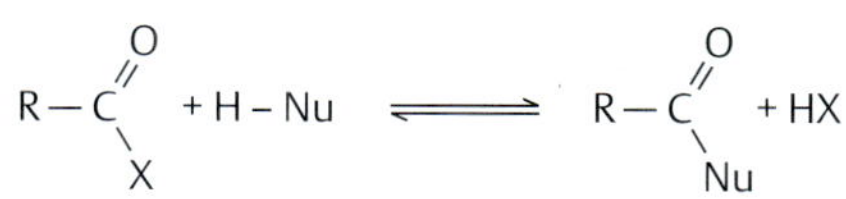

- Ist das H-Nu *Wasser*, spricht man von *Hydrolyse.*
- Ist das H-Nu ein *Alkohol*, spricht man von *Alkoholyse.*
- Ist das H-Nu ein *Amin*, spricht man von *Aminolyse.*

Protonenkatalysiert läuft diese Reaktion schneller ab.

7.4.6 Veresterung und Esterhydrolyse

Säurekatalysierte Veresterung

Reagiert eine Carbonsäure oder ein Carbonsäurederivat mit einem Alkohol, nennt man diese Reaktion *Veresterung* und das entstandene Produkt Ester:

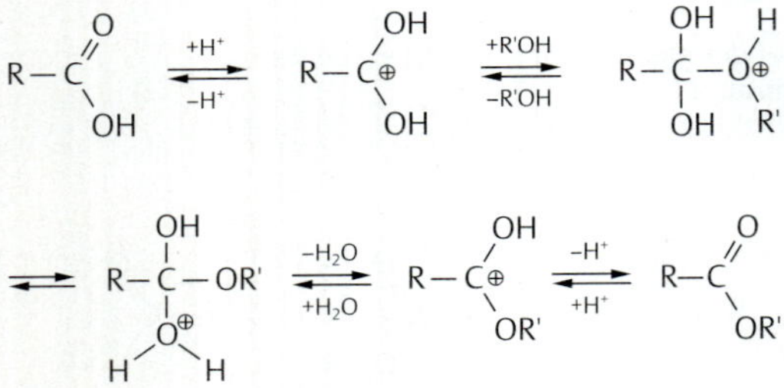

Diese Reaktion ist eine Gleichgewichtsreaktion, sie ist also auch umgekehrt möglich. Nach dem Massenwirkungsgesetz gilt:

$$K = \frac{c\text{Ester} \cdot cH_2O}{c\text{Carbonsäure} \cdot c\text{Alkohol}}$$

Säurekatalyse und Temperaturerhöhung beschleunigen die Gleichgewichtseinstellung, das Gleichgewicht selbst wird nicht beeinflußt. Eine Verschiebung des Gleichgewichts erzielt man durch Entfernen oder Hinzugeben von Produkten bzw. Edukten.

Alkalische Esterhydrolyse und Carbonsäureamidhydrolyse

Die Umkehrung der Reaktion Carbonsäure + Alkohol Ester ist entweder wie oben beschrieben möglich oder aber durch das OH^--Ion. Die baseninduzierte Esterhydrolyse ist jedoch nicht mehr reversibel. Auf diese Weise werden z. B. aus Fetten und Lauge Seifen gekocht. OH^- wird verbraucht, es ist also kein Katalysator!

Lactone

Lactone sind zyklische Ester, die durch intramolekulare Veresterung entstehen. Sie entstehen also aus einer Verbindung, die eine COOH-Gruppe sowie eine OH-Gruppe besitzt, welche miteinander zu einer Esterbindung reagieren:

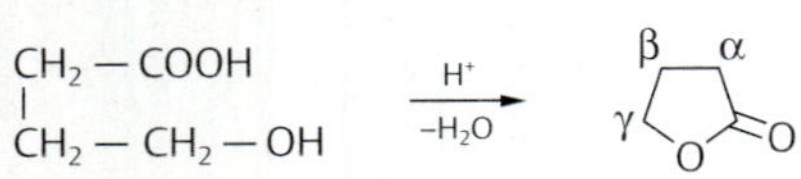

4-Hydroxybutansäure γ-Butyrolacton (Tetrahydrofuran-2-on)

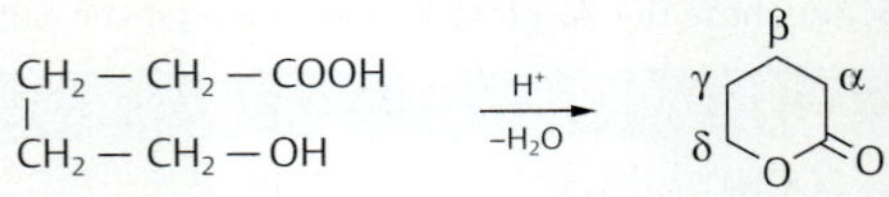

5-Hydroxypentansäure δ-Valerolacton (Tetrahydropyran-2-on)

7.5 Hydroxy- und Ketocarbonsäuren

7.5.1 Klassifizierung

Hydroxycarbonsäuren sind Carbonsäuren, die neben der COOH-Gruppe noch eine Hydroxylgruppe (OH) im Molekül tragen. **Ketocarbonsäuren** tragen eine Ketogruppe (Carbonylgruppe; C=O) im Molekül. Je nach Stellung der OH- bzw. der C=O-Gruppe in der C-Kette, unterscheidet man zwischen α-, β-, γ- etc. Hydroxycarbonsäuren (vgl. 7.3.3).
Beispiele s. Abb. 7.**10**

7.5.2 Redoxreaktionen

Redoxreaktionen zeichnen sich durch Elektronenübergänge aus:

- *Oxidation* bedeutet Elektronenabgabe, die Oxidationszahl wird erhöht.
- *Reduktion* bedeutet Elektronenaufnahme, die Oxidationszahl wird erniedrigt.

Alkohole werden zu entsprechenden Aldehyden, Ketonen oder Carbonsäuren oxidiert (s. 7.2.3 und 7.3.2). Hydroxycarbonsäuren werden zu den entsprechenden Ketocarbonsäuren oxidiert und umgekehrt.

7.5.3 Keto-Enol-Tautomerie

Bei der Keto-Enol-Tautomerie wird durch eine intramolekulare Protonenwanderung unter gleichzeitiger Verschiebung einer Doppelbindung aus einem Keton ein Enol. Ein Enol zeichnet sich durch eine Doppelbindung an dem C-Atom aus, das die OH-Gruppe trägt.

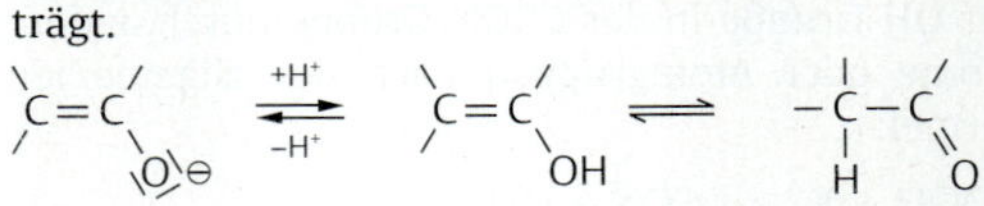

Enol-Form Keto-Form

Brenztraubensäure Enol-Form der Brenztraubensäure

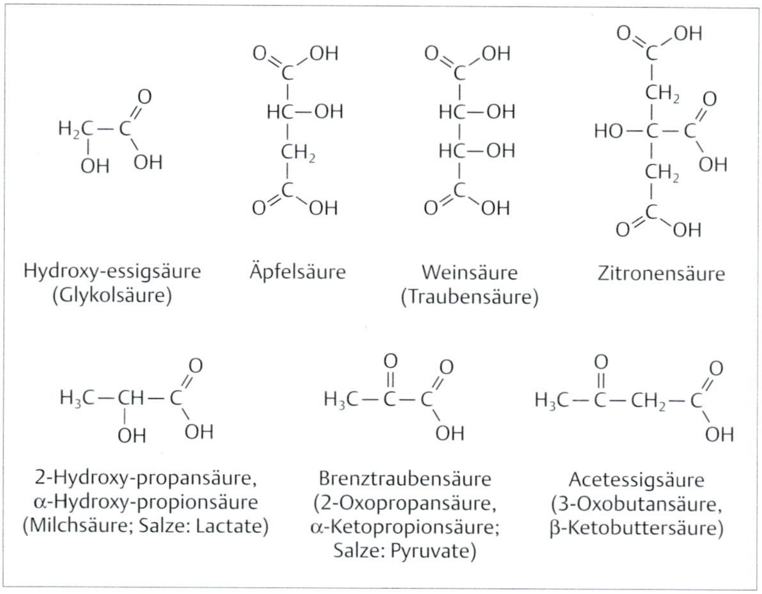

Abb. 7.**10** Einige Keto- und Hydroxycarbonsäuren

Uracil liegt überwiegend in der Keto- und fast gar nicht in der Enol-Form vor:

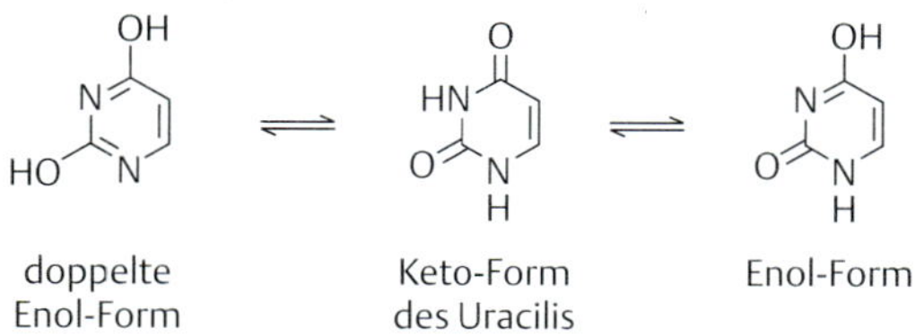

7.5.4 Decarboxylierung

Unter Decarboxylierung versteht man die Abspaltung von Kohlendioxid aus einer Carboxylgruppe (COOH):

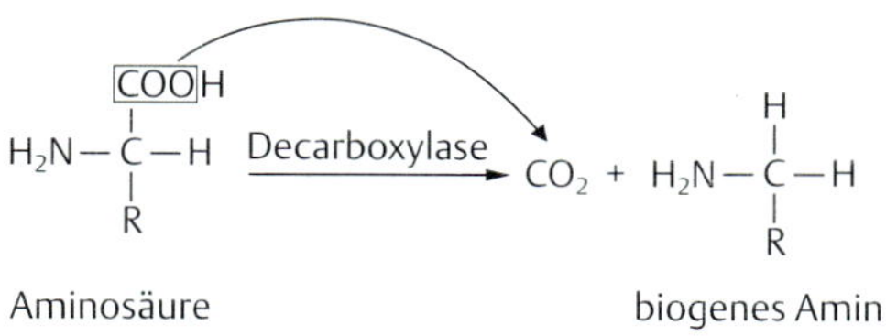

Klinischer Bezug

Diese Reaktion wird im menschlichen Organismus u. a. bei der Bildung **biogener Amine** aus Aminosäuren beobachtet. Biogene Amine fungieren u. a. als Hormone oder Neurotransmitter.

Die Acetessigsäure zerfällt leicht zu Aceton und Kohlendioxid:

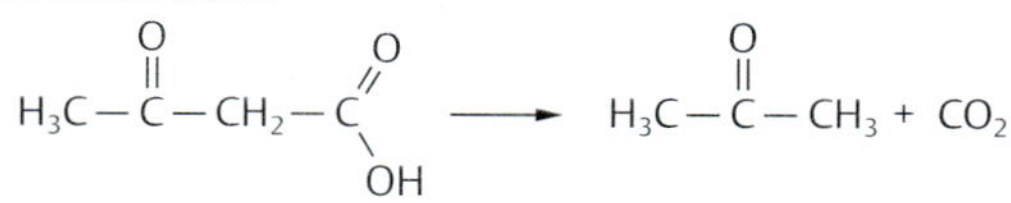

7.6 Organische Derivate der Phosphor-, Schwefel- und Kohlensäure

7.6.1 Phosphorsäure

Die Phosphorsäure (H_3PO_4) ist eine dreiprotonige Säure, d. h., sie kann drei Protonen abgeben und besitzt somit 3 pK_S-Werte. Die drei OH-Gruppen können je eine Esterbindung mit einer Carboxylgruppe (COOH) eingehen. Es entstehen Mono-, Di- und Triester:

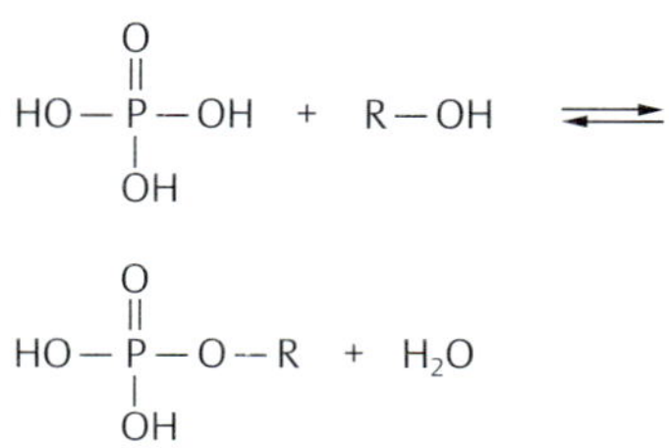

Mit sich selbst bildet die Phosphorsäure Anhydridbindungen aus (POOH-Gruppe + POOH-Gruppe → POH-O-POH-):

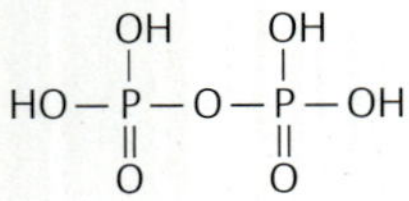

$H_4P_2O_7$, Diphosphorsäure (Pyrophosphorsäure)

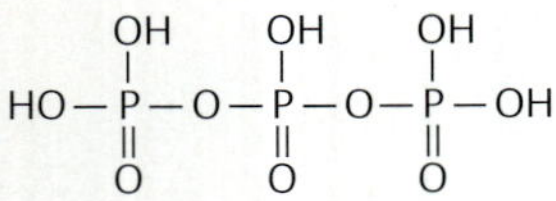

$H_5P_3O_{10}$, Triphosphorsäure

Viele wichtige biochemische Verbindungen mit Phosphorsäure verestert:

- PAPS (3 ′-Phosphoadenosin- 5 ′-phosphosulfat)
- cAMP (zyklisches-Adenosinmonophosphat)
- ATP (Adenosintriphosphat)
- ADP (Adenosindiphosphat)

Die Phosphorsäureanhydridbindung ist sehr energiereich (40 kJ/mol). Bei der Hydrolyse wird diese Energie frei.

7.6.2 Schwefelsäure

Die Schwefelsäure (H_2SO_4) ist eine zweiprotonige Säure mit 2 pK_S-Werten. Sie bildet mit Alkoholen Mono- und Diester aus:

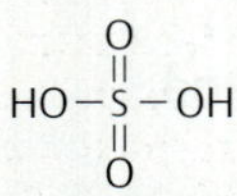

Schwefelsäure

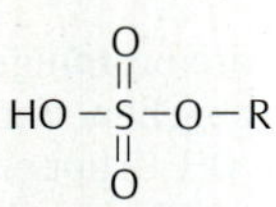

Monoester

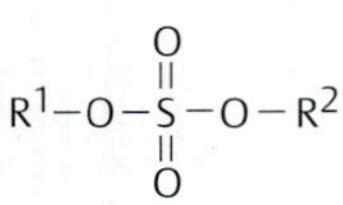

Diester

Weitere wichtige Derivate sind:

- *Anhydride mit Phosphorsäure* (z. B. PAPS; s. 7.6.1)
- *Sulfonsäuren* (allgemeine Strukturformel: R-SO_3-H)
- *Sulfonamide* (allgemeine Strukturformel: R-SO_2-NR_2)

7.6.3 Kohlensäure

Kohlensäure (H_2CO_3) bildet die Grundstruktur wichtiger biochemischer Verbindungen wie Harnstoff, Guanidin (s. 2.16), Carbamoylphosphat (s. 2.14) etc.

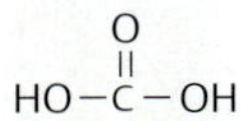

Wichtige Guanidinderivate sind die Purinbasen Adenin und Guanin, ein wichtiges Harnstoffderivat ist die Barbitursäure (s. 2.16).

Klinischer Bezug

Harnstoff ist bei Säugern das Endprodukt des Aminosäure- und Proteinstoffwechsels. Er wird ausschließlich in den Hepatozyten gebildet. Dabei wird das $-NH_2$ aus den Aminosäuren über Carbamoylphosphat in den Harnstoffzyklus eingeschleust.

Isomerie organischer Verbindungen

8.1 Konstitution, Konformation, Konfiguration

Um Moleküle stereochemisch zu charakterisieren, muß man die vorhandenen Bindungsarten, die räumliche Anordnung der Atome und nicht zuletzt eventuelle Substituenten berücksichtigen. Dafür sind die Begriffe *Konstitution, Konfiguration* und *Konformation* gebräuchlich. Bei Kenntnis aller drei kann man bei einem Molekül von *Struktur* sprechen.

Konstitution: Sie bezeichnet die Art und Reihenfolge der chemischen Bindungen und beteiligten Atome (z.B. Einfach-, Doppelbindung) in einem Molekül. Der räumliche Aufbau läßt sich jedoch *nicht* ableiten. Dafür werden die Begriffe Konfiguration und Konformation benutzt.

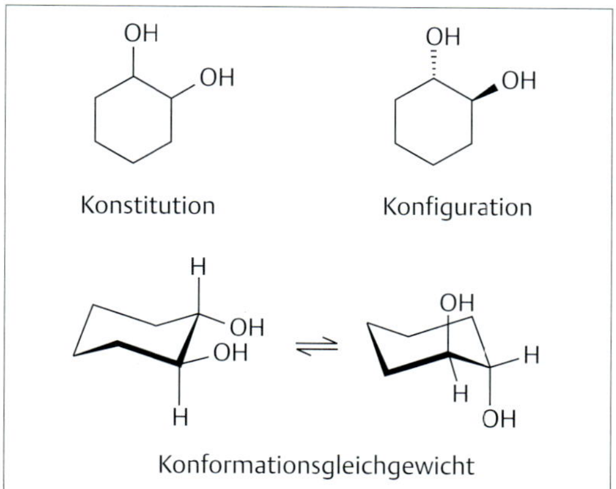

Abb. 8.**1** Konstitution, Konfiguration und Konformation des 1,2- Dihydroxycyclohexans

Konfiguration: Sie beschreibt den räumlichen Aufbau eines Moleküls, allerdings werden Formen, die durch die freie Drehbarkeit um eine Einfachbindung (σ-Bindung) entstehen können nicht berücksichtigt. Werden auch diese Formen berücksichtigt, wird der Begriff **Konformation** angewandt, um das Molekül zu charakterisieren. Dabei wird die genaue sterische Anordnung der Atome in einem Molekül bei gegebener Konstitution und Konfiguration wiedergegeben. Abb. 8.**1** verdeutlicht dies am Beispiel des 1,2-Dihydroxycyclohexans: In der linken Formel ist der sechsgliedrige Kohlenstoffring mit an C1 und C2 substituierter Hydroxylgruppe sichtbar. Im gesamten Molekül liegen nur Einfachbindungen vor. In der mittleren Formel drücken gestrichelte bzw. fett verstärkte Pfeile die Ausrichtung der Substituenten aus. Fett verstärkte Pfeile bezeichnen eine Lage vor der Papierebene, gestrichelte Pfeile eine hinter der Papierebene. Substituent an C1 liegt hinter, Substituent an C2 vor der Papierebene, in der sich die beteiligte C–C-Bindung befindet. Die rechte Formel zeigt eine der möglichen Konformationen (Sesselform). Daneben gibt es noch andere Konformationen, die später beschrieben werden (s. unter 8.4).

Merke

Konstitution = Art der chemischen Bindung und Reihenfolge der Atome

Konfiguration = räumlicher Aufbau ohne Drehung um σ-Bindungen

Konformation = genaue sterische Anordnung der Atome mit Drehung um σ-Bindungen

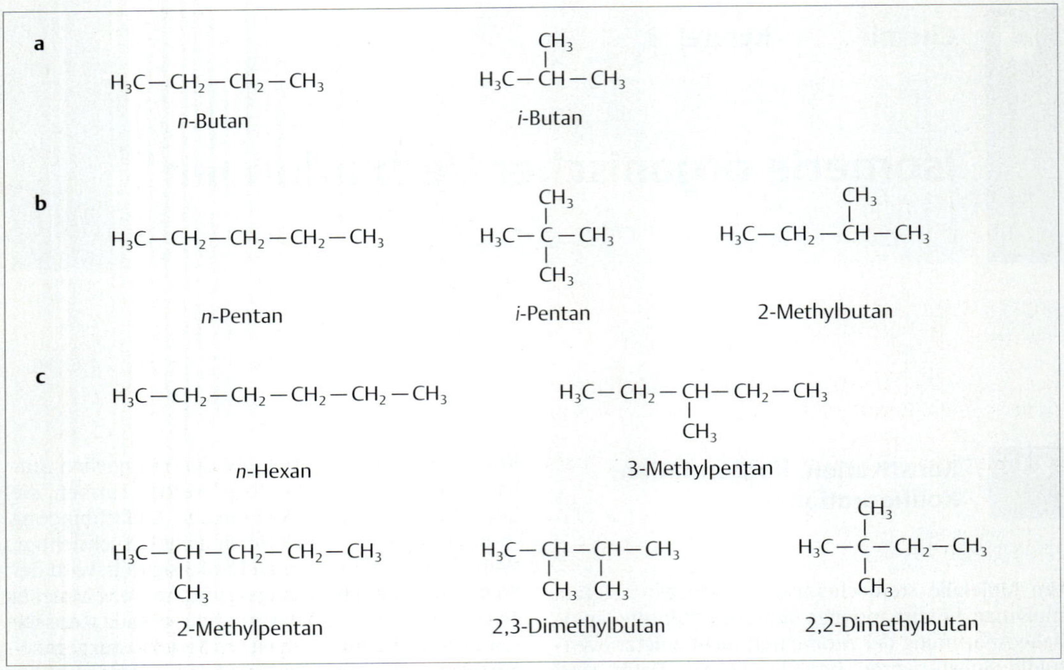

Abb. 8.2 Skelettisomerie von Butan (**a**), Pentan (**b**) und Hexan (**c**)

8.2 Konstitutionsisomere

Man unterscheidet folgende Formen der Konstitutionsisomerie:

- Skelettisomerie
- Stellungsisomerie
- Funktionsisomerie

Skelettisomerie

Sie bezeichnet das Vorliegen von Verzweigungen im Kohlenstoffskelett und ist erst ab Butan (vier C-Atome) möglich.
Für Butan sind zwei Skelettisomere denkbar (Abb. 8.**2a**), für Pentan drei (Abb. 8.**2b**) und für Hexan fünf (Abb. 8.**2c**).

Stellungsisomerie

Sie bezeichnet das Vorliegen von mindestens einer funktionellen Gruppe (z. B. – OH, – COOH) an verschiedenen Stellen im Molekül. Für strukturisomere Alkohole ergeben sich folgende Formeln:

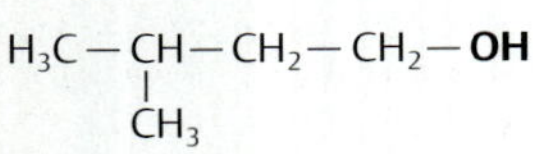

1

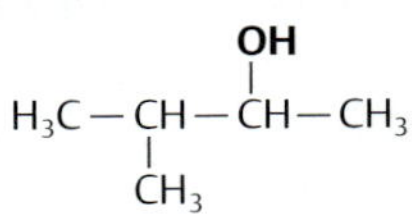

2

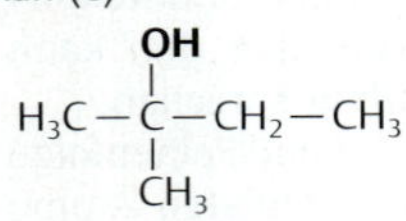

3

In Formel 1 ist ein *primärer Alkohol* gezeigt, da sich die Hydroxygruppe an einem primären C-Atom befindet. Als primäres C-Atom bezeichnet man ein endständiges C-Atom, das nur noch mit einem weiteren C-Atom verknüpft ist. Formel 2 zeigt einen *sekundären Alkohol*, da die OH-Gruppe an einem sekundären C-Atom gebunden vorliegt. Ein sekundäres C-Atom ist mit 2 weiteren C-Atomen verknüpft. Formel 3 zeigt einen *tertiären Alkohol*, denn die Hydroxygruppe befindet sich an einem tertiären C-Atom. Ein tertiäres C-Atom ist mit 3 weiteren C-Atomen verknüpft und liegt somit an einer Kettenverzweigungstelle. Quartäre Alkohole gibt es nicht.
Biochemisch wichtig (Citronensäurezyklus!) ist die Stellungsisomerie von Citronensäure bzw. Isocitronensäure. Die OH-Gruppe der Citronensäure ist an ein tertiäres C-Atom gebunden, die Isocitronensäure ist ein sekundärer Alkohol (s. Biochemie Abb. 8.**17**).
Auch am disubstituierten Benzolringsystem ist Stellungsisomerie bekannt. Substituenten können sich in ortho-, meta- und para-Stellung am Ring befinden (s. unter 7.1.7).

Funktionsisomerie

Funktionsisomere haben sowohl ein unterschiedliches C-Skelett als auch unterschiedliche funktionelle Gruppen.
Ein Beispiel ist die Funktionsisomerie von Ethanol/Dimethylether

H_3C-CH_2-OH	$H_3C-O-CH_3$
Ethanol	Dimethylether

8.3 Stereoisomere

Bei gegebener Konstitution können sich Unterschiede in der Konfiguration und der Konformation ergeben. Daher werden Stereoisomere nochmals in *Konfigurations-* und *Konformationsisomere* gegliedert.

! Merke

Ist freie Drehbarkeit in einem Molekül nicht möglich, z. B. an einer C=C-Bindung, kann *Konfigurationsisomerie* vorliegen. An Doppelbindungen und an Ringsystemen kann *cis/trans-Isomerie* auftreten. Verhalten sich Moleküle wie Bild und Spiegelbild, spricht man von *Enantiomerie*.

8.3.1 Konformationsisomere (Konformere)

Konformere berücksichtigen die freie Drehbarkeit um σ-Bindungen zwischen zwei benachbarten bzw. gegenüberliegenden Atomen in einem Molekül.
Um Konformere zeichnerisch darzustellen, werden die Sägebockschreibweise (engl. „sawhorse") bzw. die Newman-Projektion verwendet. Zyklische Verbindungen können außerdem noch in zwei *Sesselformen*, einer *Wannenform* und der sog. *Twistform* auftreten.

Konformationsisomerie des Ethans

Ethan (CH_3-CH_3) kann in der Sawhorse-Formel dargestellt werden.

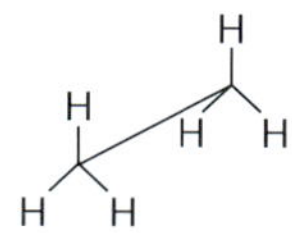

a

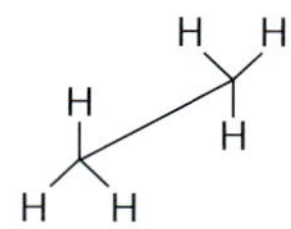

b

Man stelle sich wirklich einen Sägebock vor, dessen Stamm die C-Kette ist und an dessen Enden Äste die H-Atome symbolisieren. Sind die H-Atome so angeordnet wie in der linken Formel, also deckungsgleich, spricht man von der *ekliptischen Form* (engl. „eclipsed" = verdeckt). Stehen die H-Atome dagegen „auf Lücke" wie in der rechten Formel, so handelt es sich um die *staggered-Form* (engl. „staggered" = auf Lücke). Es gibt noch unendlich viele andere Konfor-

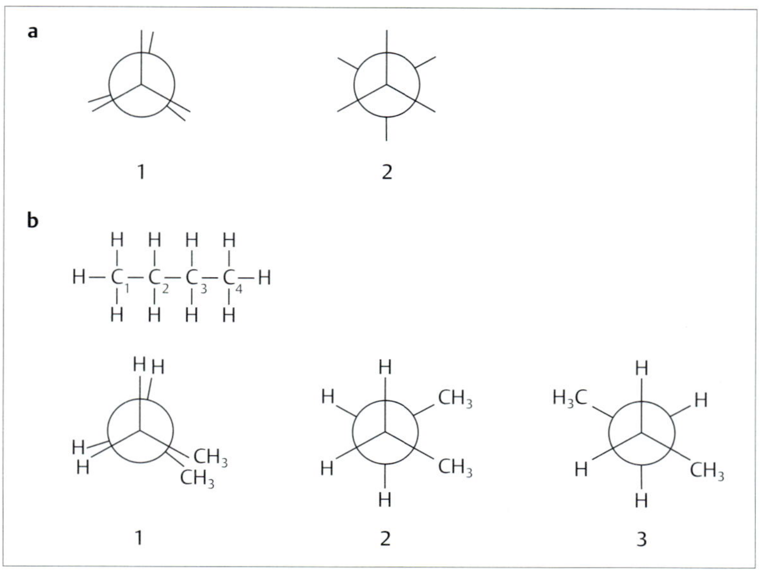

Abb. 8.**3a** Ethan in der Newman-Projektion; **b** verschiedene Konformere des n-Butans (Drehachse zwischen C2 und C3)

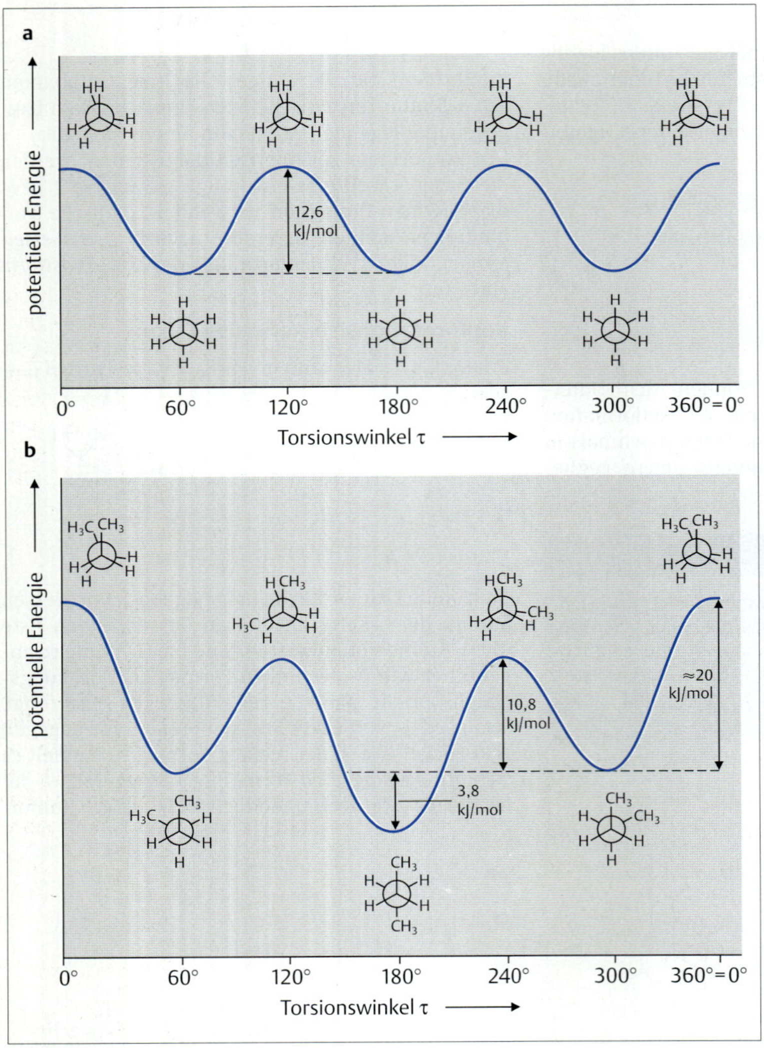

Abb. 8.**4** Änderung der potentiellen Energie **a** des Ethans während der Drehung um die C–C-Achse, **b** des Butans während der Drehung um die C2/C3-Achse (aus Hanssgen/Eicher, Thieme 1991)

mere, die aber nicht extra bezeichnet werden. Die Newman-Projektion ist eine Schreibweise, aus der die freie Drehbarkeit um eine σ-Bindung am ehesten verständlich und ersichtlich ist (Abb. 8.**3**).

Man muß sich vorstellen, an der Vorderseite des Moleküls zu stehen und seine Blickachse entlang der C-Kette auszurichten. Das vordere C-Atom ist Mercedes-Stern-förmig sichtbar, das Blickfeld ist als Kreis dargestellt. Da das hintere C-Atom verdeckt ist, kann man es nicht sehen. Die Liganden des hinteren C-Atoms sind jedoch als kurze Striche sichtbar.

Energieunterschiede: Der Energieunterschied zwischen der eklipsed- und der staggered-Form von Ethan beträgt ca. 12,6 kJ/mol. Konformere liegen bei Zimmertemperatur meistens in einem Gleichgewicht vor, die stabilste Konformation ist dabei immer überschüssig. Am stabilsten ist eine Konformation, wenn die beteiligten Atome (im Fall des Ethans die H-Atome) den relativ größten Abstand zueinander haben. Dann sind die Wechselwirkungen untereinander am geringsten. Für dieses System wurde eine Konformationsumwandlungsenergie von ca. 40 kJ/mol berechnet (Abb. 8.**4a**).

Konformationsisomerie des n-Butans

Stellvertretend für eine längere C-Kette soll hier das n-Butan besprochen werden. Dabei handelt es sich um ein 1,2-disubstituiertes Ethan (Abb. 8.**3b**)

! Merke

Bei längeren C-Ketten kann immer nur eine einzelne C–C-Bindung betrachtet werden.

Energieunterschiede: Zusätzlich zu der ekliptischen Form (bei 0° und 360°) treten die antigestaffelte (180°), die gauche (60° und 300°) und die teilweise verdeckte Form (120° und 240°) auf (Abb. 8.**4b**).

Konformation langer aliphatischer Ketten

Die stabilste Konformation langer aliphatischer C-Ketten (z. B. n-Oktadecansäure) ist die Zick-Zack-Konformation. Bei ihr haben alle Atome den relativ größtmöglichen Abstand zueinander, so daß die möglichen Wechselwirkungen gering sind.

Konformation des Cyclohexans

Wie bereits oben erwähnt, können ab Cyclohexan ringförmige gesättigte, alizyklische Moleküle in einer Sessel- und Wannenform auftreten. Daneben kann eine sog. Twistform existieren (Abb. 8.**5**).
Weist ein Substituent aus der Ringebene hinaus, wird seine Stellung als *axial* bezeichnet. Liegt der Substituent dagegen in der Ringebene (±20°), spricht man von *äquatorialer* Stellung.
Energieunterschiede: Die stabilste Konformation ist diejenige, bei der die meisten Substituenten (auch die H-Atome im nicht substituierten Molekül) in äquatorialer Stellung stehen. Im nichtsubstituierten Molekül ist also die Sesselform stabiler (um 25 kJ/mol), bei mono- bzw. disubstituierten Cyclohexanen diejenige, bei der die meisten Substituenten äquatorial angeordnet sind.

8.3.2 Konfigurationsisomere

Cis-trans-Isomere

Wird die freie Drehbarkeit um die σ-Bindung infolge einer Doppelbinding aufgehoben, können die endständigen Gruppen cis- bzw. trans-konfiguriert sein. Cis bedeutet, daß die Substituenten auf der gleichen Molekülseite liegen. Beim trans-Isomer liegen die Substituenten auf entgegengesetzten Seiten. Trans-Formen sind oft stabiler als cis-Formen, denn die Liganden treten aufgrund des größeren relativen Abstandes zueinander in geringere Wechselwirkungen. Wichtig ist die Kenntnis von cis- und trans-2-Buten:

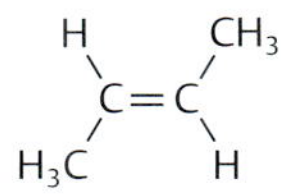

trans-2-Buten

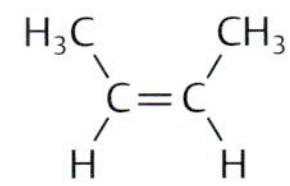

cis-2-Buten

Nach neuerer Nomenklatur werden cis/trans-Isomere auch als *Z/E-Isomere* bezeichnet. Z steht für zusammen (auf gleicher Seite), E für entgegengesetzt. Bei drei- und vierfach substituierten Molekülen bedient man sich der CIP-Regeln (Cahn, Ingold, Prelog), um die Priorität der Substituenten zu ermitteln. Biochemisch von großer Bedeutung sind Fumar und Maleinsäure, Ölsäure und Elaidinsäure (Abb. 8.**6**).

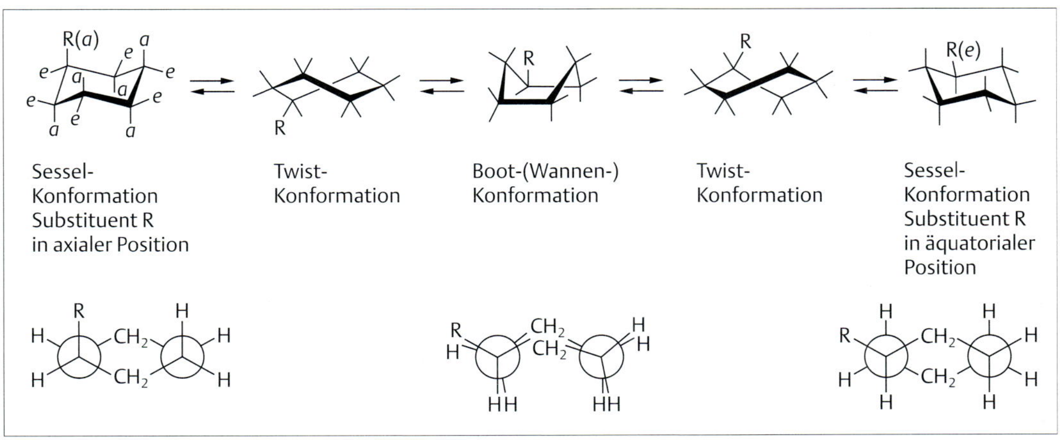

Abb. 8.**5** Wannen-, Sessel- und Twistform eines Cyclohexanringes

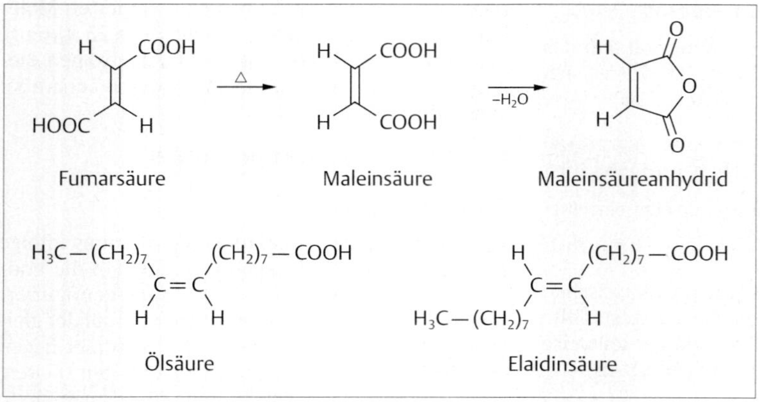

Abb. 8.**6** Wichtige cis-trans-Isomere

Cis-trans-Isomere am Cyclohexan: Cyclohexan kann nicht nur 1,2-disubstituiert, sondern auch 1,3- und 1,4-disubstituiert sein (Abb. 8.**7**). Folgende cis/trans-Isomere sind denkbar:

Verbindungen mit chiralen Zentren

Wenn ein C-Atom von vier *verschiedenen* Substituenten umgeben ist (asymmetrisches C-Atom), ergeben sich zwei Möglichkeiten, diese vier Substituenten anzuordnen. Dabei verhalten sich die so gewonnenen

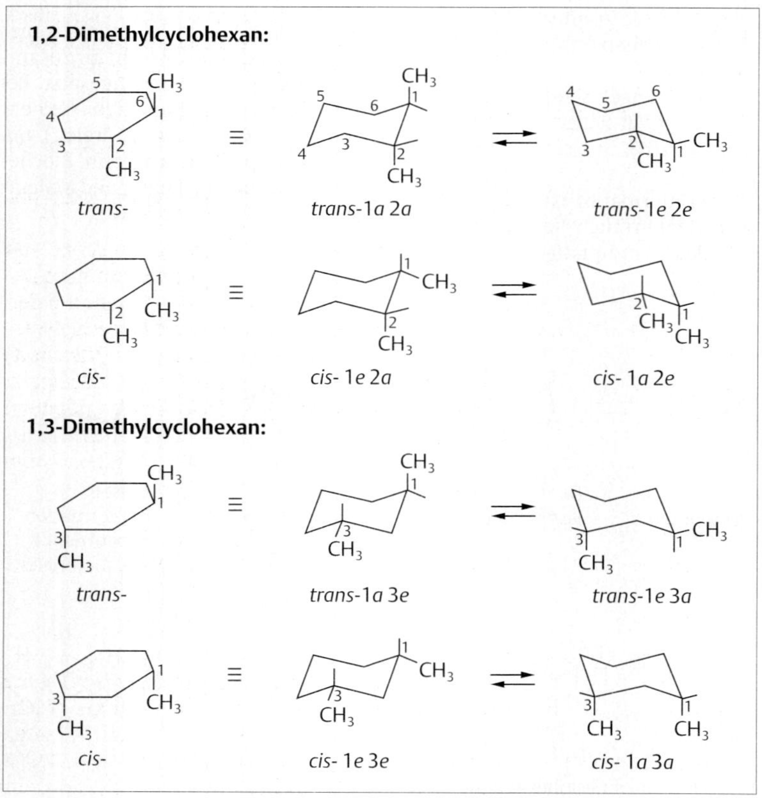

Abb. 8.**7** Cis-trans-Isomere am Cyclohexan

Modelle wie Bild und Spiegelbild. Diese Isomerieform wird als Chiralität bezeichnet und das asymmetrische C-Atom als Chiralitätszentrum. Es muß jedoch nicht immer ein C-Atom Chiralitätszentrum sein. Manchmal werden asymmetrische C-Atome mit einem Asterix (*) im Molekül gekennzeichnet. Oftmals erfolgt jedoch keine gesonderte Kennzeichnung.

! Merke

Ein C-Atom mit vier verschiedenen Substituenten kann Ursache für Chiralität sein.

Enantiomere

Verhalten sich zwei Moleküle wie Bild und Spiegelbild zueinander, so heißen diese Isomere *Enantiomere*. Spiegelbildliche makroskopische Objekte sind z. B. Schuhe und Ohren.

Fischer-Projektionsformeln: Will man die genaue Konfiguration eines Moleküls angeben, bedient man sich der Fischer-Projektionsformeln, die potentielle Konformationen nicht berücksichtigen. Es gilt einige Konventionen einzuhalten:

- Das Chiralitätszentrum (C*) liegt in der Papierebene.
- Vertikale Striche zeigen die „nach hinten" gerichteten Bindungen, horizontale Striche die „nach vorn" gerichteten Bindungen an.
- Die C-Kette ist senkrecht angeordnet, das am höchsten oxidierte C-Atom steht oben (oft COOH).
- Die Formel darf nicht um 90° gedreht werden, und nur dann um 180° wenn das am höchsten oxidierte C-Atom weiterhin oben stehen bleibt.

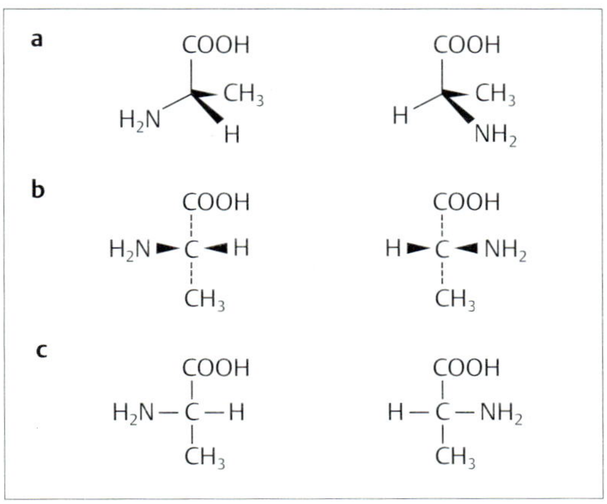

Abb. 8.**8** Darstellung von Enantiomeren. **a** und **b** Keilstrichformel, **c** Fischer-Projektionsform

- Der Austausch eines Liganden ist unzulässig, also stets doppelten Ligandenaustausch anwenden!

Milchsäure hat in der Fischer-Projektion folgende Struktur:

D-(–)-Milchsäure L-(+)-Milchsäure

Weitere Informationen zur D/L-Nomenklatur s. u.
Enantiomere lassen sich jedoch nicht nur in der Fischer-Projektion zeichnen, sondern auch in einer perspektivischen Form (Abb. 8.**8**).
Aminosäuren werden nach Fischer folgendermaßen gezeichnet:

L-Form D-Form

Eigenschaften von Enantiomeren: Enantiomere haben die gleichen physikalischen Eigenschaften, d. h., Siedepunkt, Schmelzpunkt und Löslichkeit sind gleich. Reaktionen mit achiralen Reagenzen verlaufen gleich. Auch die spektroskopischen Daten unterscheiden sich nicht.
Die zwei wesentlichen **Unterschiede** sind:

- Der Drehsinn gegenüber polarisiertem Licht ist entgegengesetzt.
- Reaktionen mit chiralen Reagenzen verlaufen unterschiedlich.

Liegt nur ein Enantiomeres vor, wird die Ebene von linear polarisiertem Licht um einen bestimmten Betrag gedreht. Das andere Enantiomere dreht um den gleichen Betrag, jedoch mit genau entgegengesetztem Drehsinn. Liegen beide Formen vor (**Racemat**) ist der Drehwinkel Null. Rechtsdrehende Substanzen werden mit einem (+) und linksdrehende mit einem (–) gekennzeichnet. Der *spezifische Drehwinkel* α_{sp} ist für jede optisch aktive Substanz ein charakteristischer Wert.

! Merke

Der Drehsinn einer Substanz hat nichts mit der D/L-Nomenklatur zu tun.

D/L-Nomenklatur: Die D/L-Nomenklatur wird heute streng nur noch bei den Aminosäuren und Kohlenhydraten verwendet, in vielen anderen Gebieten der Chemie ist sie von der R/S-Nomenklatur abgelöst worden. D steht für *dexter* (gr. = rechts) und L für *laevus* (gr. = links). Ob eine Substanz D- oder L-konfiguriert ist, hängt davon ab, in welche Richtung der Substituent des Chiralitätszentrums mit der höchsten Numerierung zeigt. Zeigt er nach rechts, ist die Substanz D-konfiguriert, zeigt er nach links, ist sie L-konfiguriert. Am Beispiel von Glycerinaldehyd sei dieser Sachverhalt nochmal verdeutlicht:

D-(+)- L-(−)-

Glycerinaldehyd

Diastereomere

Hat ein Molekül mehrere Chiralitätszentren, sind Isomere möglich, die sich nicht wie Bild und Spiegelbild verhalten. Man nennt diese Isomere **Diastereomere**. Weist ein Molekül beispielsweise 2 Chiralitätszentren auf, sind folgende Kombinationen denkbar: DD, DL, LD und LL. Dabei stellen DD und LL ein Enantiomerenpaar dar. Ebenso DL und LD. DD – LD ist z. B. kein spiegelbildliches Paar. Die beiden Moleküle sind diastereomer zueinander.

Eigenschaften Diastereomere haben unterschiedliche physikalische Eigenschaften, d. h., Siedepunkt, Schmelzpunkt, Löslichkeit, spektroskopische Daten und Reaktivität gegenüber achiralen Substanzen sind verschieden. Das Verhalten gegenüber chiralen Substanzen und auch der Drehwert im polarisierten Licht sind verschieden.

! Merke

Diastereomere sind unterschiedliche Substanzen mit unterschiedlichen physikalischen Eigenschaften.

Unterscheidung von Enantiomeren und Diastereomeren

Muß man zwischen Enantiomeren und Diastereomeren unterscheiden, so sollte man zunächst die Anzahl der Chiralitätszentren herausfinden. Hat ein Molekül n Chiralitätszentren, so hat es 2^n Stereoisomere und 2^{n-1} Enantiomerenpaare. Jedes Enantiomerenpaar ist dem anderen dabei diastereomer (Abb. 8.**9**).

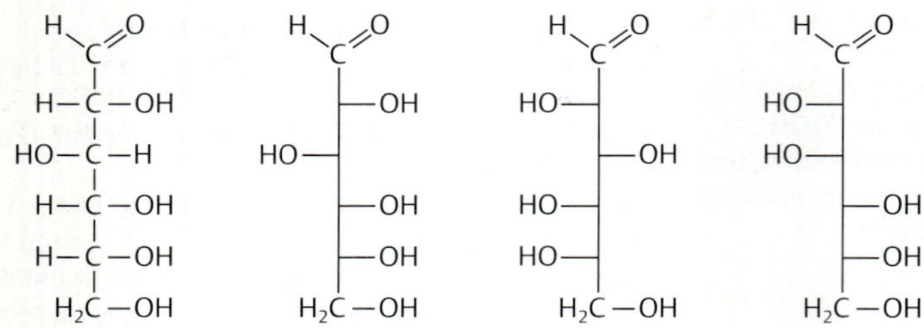

1a 1b 2 3

Abb. 8.**9** Beispiele für Kurzschreibweisen von Molekülen mit vielen Asymmetriezentren. Die Verbindungen 1 a und 1 b sind identisch, 1 b und 2 sind enantiomer zueinander. Die Paare 1 b – 3 und 2 – 3 sind Diastereomere.

Funktionelle Gruppen und Stereochemie von Natur- und Arzneistoffen

Der Gegenstandskatalog verlangt, daß der Lernende auch in komplizierteren biochemischen oder medizinisch wichtigen Verbindungen bestimmte funktionelle Gruppen und Strukturmerkmale erkennen kann. Zu diesen Strukturelementen zählen:

- primäre, sekundäre und tertiäre Amine und Alkohole,
- Mercaptane,
- Ether,
- Carbonsäuren und ihre Derivate,
- Sulfonamidgruppierungen.

Leider führt der Gegenstandskatalog keine Namen der zu kennenden Verbindungen auf. Aus der riesigen Anzahl organischer Substanzen können somit immer neue Formeln präsentiert werden. Im folgenden sind einige häufig gezeigte Verbindungen aufgelistet.

Folsäure

Das Molekül weist die folgenden Strukturelemente auf: primäres Amin (a), sekundäres Amin (b), Säureamidgruppe (c) und Carboxylgruppe (d):

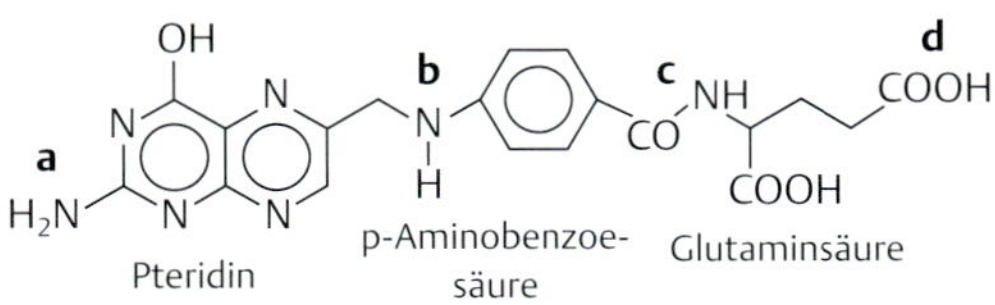

Pyridoxin

Pyridoxin besitzt eine phenolischen OH-Gruppe (a) und das Strukturelement des primären Alkohols (b):

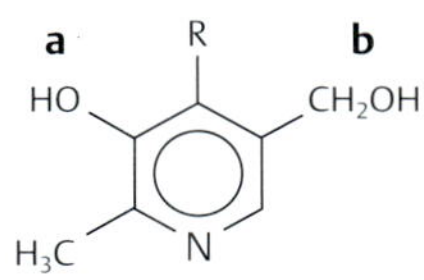

R = CHO = Pyridoxal

R = CH_2NH_2 = Pyridoxamin

R = CH_2OH = Pyridoxin

Grundgerüst: Vitamin B_6

Captopril

Eine Säureamidgruppe (a), eine Thioalkoholgruppe (b) und eine Carboxylgruppe (c) sind in diesem Molekül sichtbar.

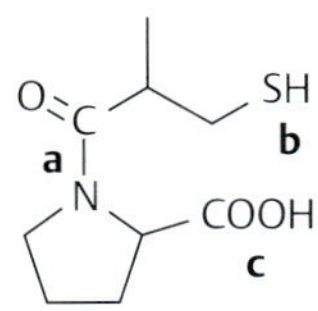

Chinin

Chinin ist durch das Vorhandensein der Strukturelemente eines sekundären Alkohols (a), eines tertiären Amins (b), eines Ethers (c) und eines Pyridinringes (d) gekennzeichnet:

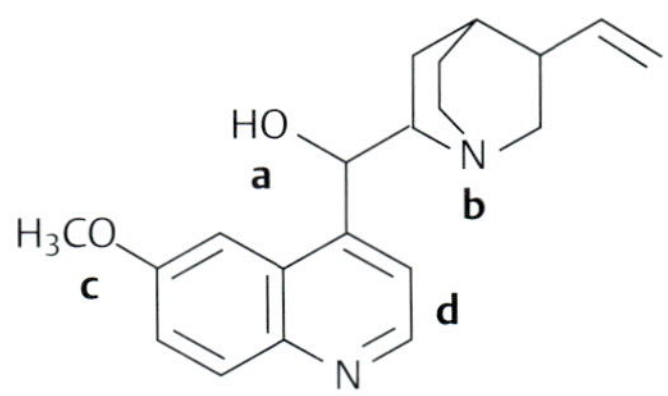

Riboflavin

Riboflavin weist Strukturelemente eines primären Alkohols (a), eines teriären Amins (b), eines Pyrazinringes (c), eines sekundären Amins (d) und eines sekundären Alkohols (e) auf:

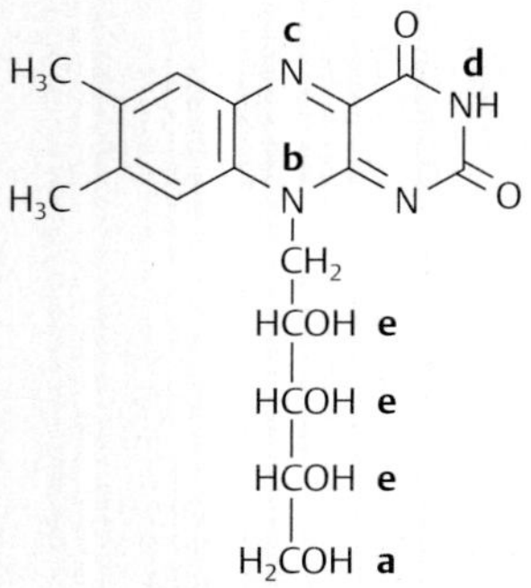

Serotonin

Das Vorhandensein eines Indolringes (a) und das Strukturmerkmal eines primären Amins (b) kennzeichnen Serotonin:

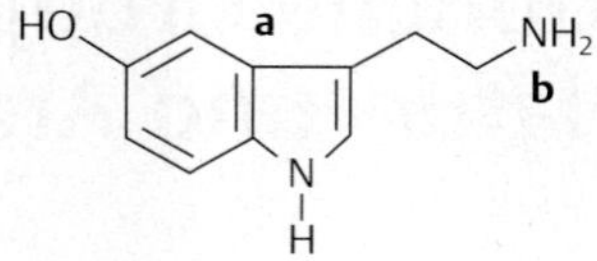

Thiaminpyrophosphat (TTP)

TTP ist gekennzeichnet durch die Strukturelemente eines Thiazolrings (a), eines Pyrimidinrings (b), eines primären Amins (c) und eines Diphosphats (d):

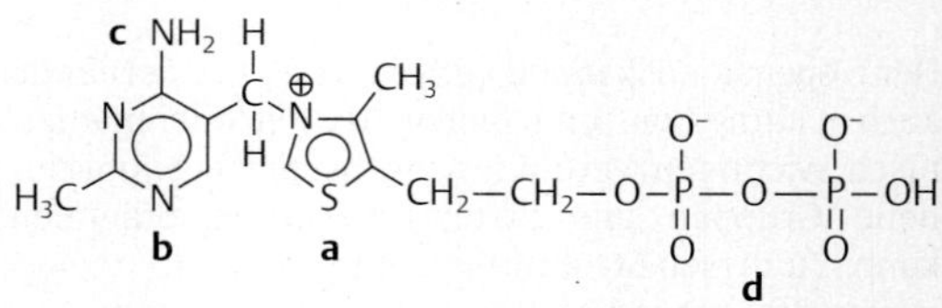

Biochemie

Pathik Hagemann
Thomas Kia
Ralf Ludwig

Kohlenhydrate

Im Pflanzen- und Tierreich sind Kohlenhydrate eine weit verbreitete Stoffklasse, die vor allem von Pflanzen durch die *Photosynthesereaktion* gebildet wird. Die Photosynthesereaktion ist auf Lichtenergie angewiesen. Beim Abbau der Kohlenhydrate wird diese Energie dann wieder frei und steht dem Organismus zu Verfügung.

$$6\ CO_2 + 6\ H_2O + \text{Energie} \underset{\text{Atmung}}{\overset{\text{Photosynthese}}{\rightleftarrows}} (CH_2O)_6 + 6\ O_2$$

Das Endprodukt der Photosynthese ist *Glucose*, die wie die meisten Kohlenhydrate Wasser (H_2O) und Kohlenstoff (C) im gleichen Verhältnis enthält → $C_n(H_2O)_n$; daher auch der Name Kohlenhydrate.
Kohlenhydrate fungieren im Organismus vor allem als *Energieträger*. Daneben sind Kohlenhydrate wichtiger Bestandteil von Enzymen und Proteinen (z. B. Blutgruppenantigene im AB0-System) und Ausgangsstoff zahlreicher Synthesen.
Je nachdem, aus wieviel „Kohlenhydratbausteinen" (Monosacchariden) ein Kohlenhydratmolekül aufgebaut ist, unterscheidet man Mono-, Di- Oligo- und Polysaccharide (Tab. 1.**1**).

1.1 Monosaccharide

1.1.1 Klassifizierung und Aufbau

Monosaccharide sind die kleinsten Moleküle der Kohlenhydrate. Chemisch strukturell sind die Monosaccharide *Aldehyde* bzw. *Ketone* mehrwertiger Alkohole (Abb. 1.**1**). Innerhalb der Monosaccharide sind weitere Unterteilungen möglich:

- *Nach der Anzahl der C-Atome*
  - Triose (3)
  - Tetrose (4)
  - Pentose (5)
  - Hexose (6)
  - Heptose (7)

Tab. 1.**1** Einteilung der Kohlenhydrate

Kohlenhydrat	Zahl der Monosaccharidbausteine	Beispiele
Monosaccharid	1	Glucose, Ribose, Glycerinaldehyd
Disaccharid	2	Maltose, Lactose
Oligosaccharide	2–15	Bestandteile der Blutgruppenglykoproteine
Polysaccharide	ab 15	
– Homoglykane	gleiche Bausteine	Glykogen
– Heteroglykane	verschiedene Bausteine	fast ausschließlich Bestandteil von Glykoproteinen und Glykolipiden

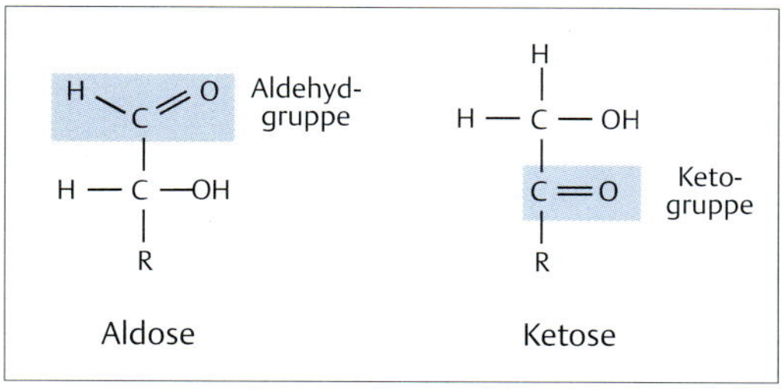

Abb. 1.**1** Aldose und Ketose

- *Nach Art der Carboxylgruppe* (Abb. 1.**1**)
- *Nach Art des Ringschlusses:* Einige Zucker sind in der Lage, intramolekular eine Ringform auszubilden:
  - fünf Atome im Ring → Furanose
  - sechs Atome im Ring → Pyranose

! Merke

Die Ketogruppe vieler biochemisch bedeutsamer Ketosen ist am C2-Atom lokalisiert.

Die beiden einfachsten Monosaccharide (Glycerinaldehyd und Dihydroxyaceton, Abb. 1.**2**) sind chemische Abkömmlinge des *Glycerins*. Das Glycerinaldehyd ist die kleinste Aldose, das Dihydroxyaceton die kleinste Ketose. Durch Anlagerung von weiteren CH_2O-Gruppen an die beiden Triosen entstehen die längerkettigen Monosaccharide.

D- und L-Zucker, Chiralität: Die Zugehörigkeit eines Kohlenhydrats zu der D- oder L-Reihe wird an der Stellung des am weitesten von der C = O-Gruppe entfernten *Chiralitätszentrums* bestimmt (Abb. 1.**2**). Liegt die OH-Gruppe dieses Chiralitäszentrums auf der rechten Seite → D-Zucker, auf der linken Seite → L-Zucker. Diese Bestimmung erfolgt in der Fischer-Projektion (Abb. 1.**3**).

! Merke

Alle Zucker, mit Ausnahme des 1,3-Dihydroxyacetons (!), besitzen mindestens ein *Chiralitätszentrum*. Ein Chiralitätszentrum ist ein mit 4 verschiedenen Substituenten besetztes C-Atom. Chirale Stoffe sind in der Lage, linear polarisiertes Licht um einen bestimmten Winkel zu drehen (s. a. Chemie).

Die in der Natur bedeutsamen Zucker gehören fast ausschließlich der D-Reihe an. Zum Teil ist dies in der Stereospezifität der Enzyme begründet. So wird beispielsweise die D-Glucose von speziellen Trans-

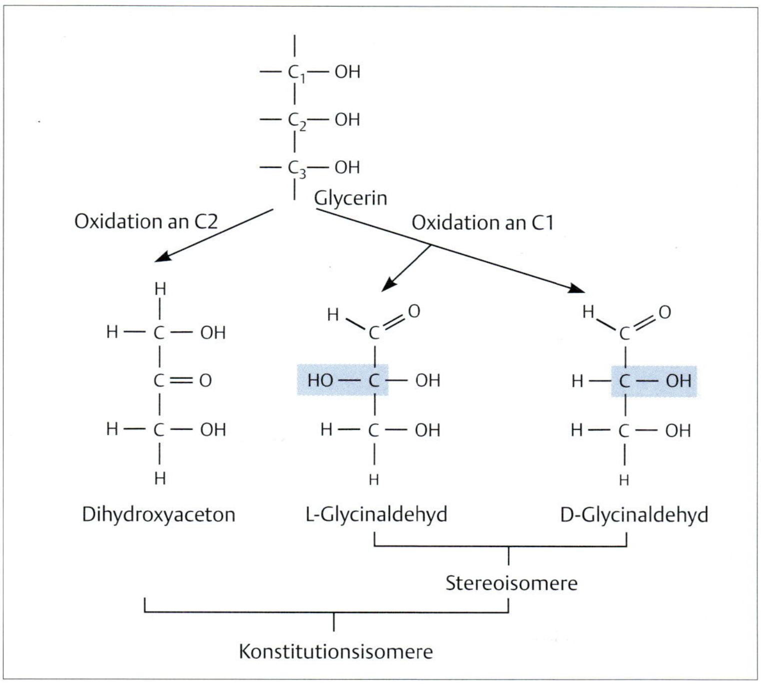

Abb. 1.**2** Glycerinaldehyd und Dihydroxyaceton als Derivate des Glycerins

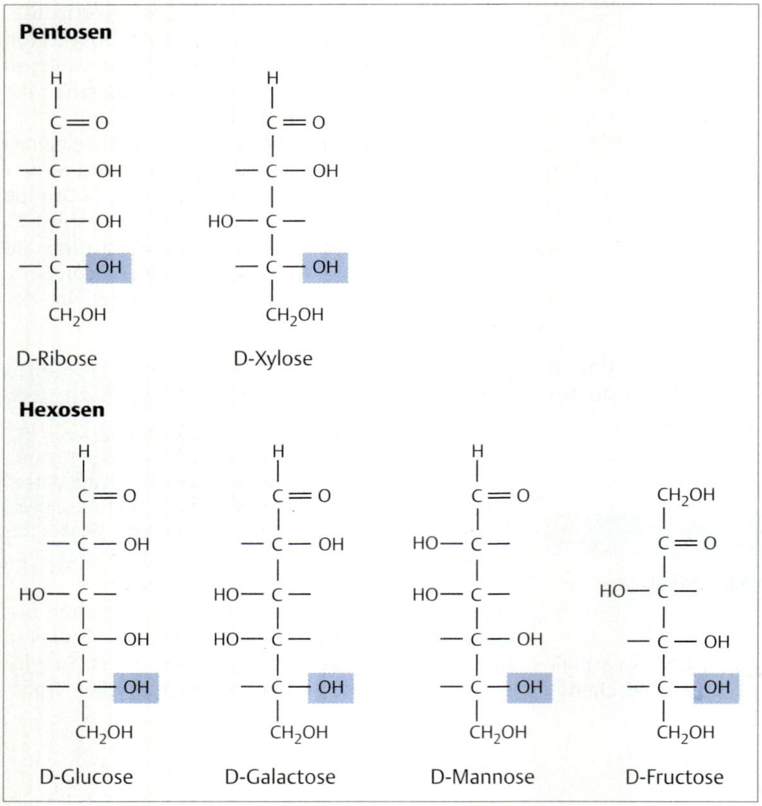

Abb. 1.**3** Wichtige Monosaccharide in Fischer-Projektion

portproteinen schnell in die Zelle aufgenommen, während L-Glucose überhaupt nicht an diesen Carrier binden kann.

Epimerisierung: Die spiegelbildliche Anordnung der OH-Gruppen an einem C-Atom wird als Epimerisierung bezeichnet. Epimere können ineinander umgewandelt werden.

1.1.2 Ringbildung und Schreibweisen

Viele der natürlich vorkommenden Monosaccharide bilden aus ihrer offenkettigen Form ein Ringsystem aus. Die Ringbildung bei Glucose erfolgt unter Ausbildung eines *Halbacetals* zwischen dem C1-Atom und C4 oder C5 (Abb. 1.**4**).

Merke

Das C-Atom mit der höchsten Oxidationsstufe an *Aldosen* wird mit C1 numeriert, das folgende mit C2 usw. Bei *Ketosen* ist das oberste C-Atom in der Fischer-Projektion C1 (C-Atom mit höchster Oxidationsstufe muß in oberer Hälfte liegen).

Mutarotation

Beim Ringschluß können zwei verschiedene Ringe gebildet werden, da die Aldehydgruppe an C1 frei drehbar ist.

- *α-Zucker*: Die OH-Gruppe an C1 zeigt nach unten.
- *β-Zucker*: Die OH-Gruppe zeigt nach oben.

Die α- und β-Zucker werden als *Anomere* bezeichnet. Anomere unterscheiden sich lediglich durch ihre optischen Eigenschaften; α-Glucose z. B. dreht das polarisierte Licht stärker als β-Glucose. Beobachtet man die optischen Eigenschaften einer Lösung mit α-Glucose oder β-Glucose über einen längeren Zeitraum, ändern sich die optischen Eigenschaften beider Lösungen. Sowohl die Lösung der α- als auch der β-Glucose drehen das Licht um denselben Winkel (etwa Mittelwert aus den beiden Extremwerten). Dieses Phänomen wird durch die *Mutarotation* anomerer Zucker in wäßrigen Lösungen erklärt: In einer Lösung stellt sich ein chemisches Gleichgewicht zwischen α- und β-Form ein, da die beiden Formen über die offenkettige Form ineinander übergehen können (Abb. 1.**5**).

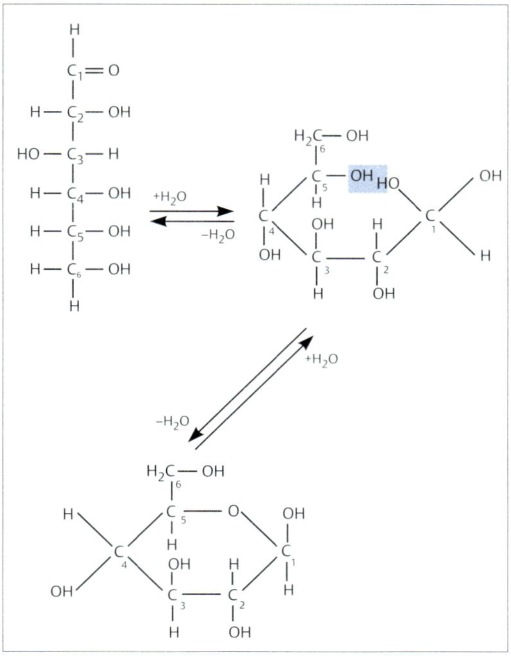

Abb. 1.**4** Mechanismus der Ringbildung am Beispiel der Glucose

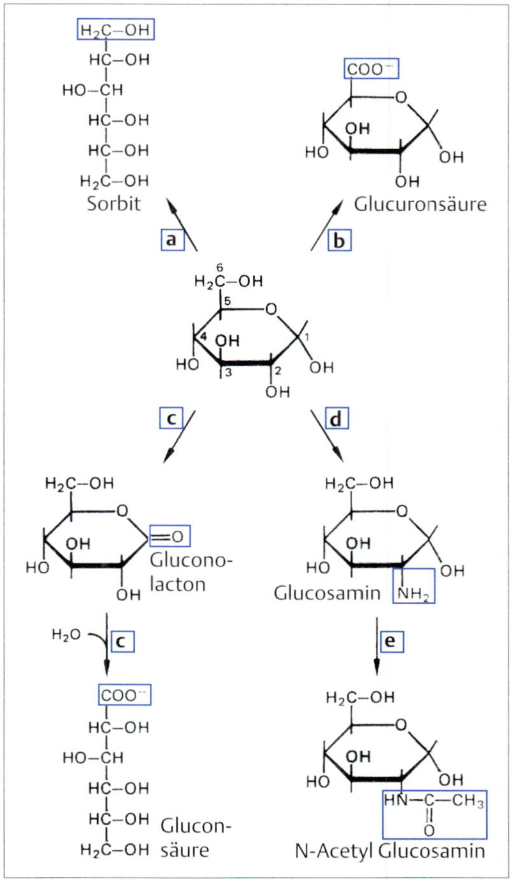

Abb. 1.**6** Reaktionsmöglichkeiten der Glucose. **a** Durch Reduktion an C1 entsteht Sorbit, **b** durch Oxidation an C6 entsteht Glucuronsäure, **c** durch Oxidation an C1 entsteht zunächst Gluconolacton, welches hydrolytisch zu Gluconsäure gespalten werden kann, **d** Ersatz der Hydroxylgruppe an C2 durch eine Aminogruppe führt zum Glucosamin, **e** Glucosamin kann an der Aminogruppe acetyliert werden, so daß N-Acetylglucosamin entsteht (aus Löffler, G., P. Petrides: Physiologische Chemie. 4. Aufl. Springer, Heidelberg 1990)

Sessel- und Wannenform

Der Ring kann entweder die *Sessel-* oder *Wannenform* annehmen (s. a. Chemie).

1.1.3 Reaktionen

Phosphorsäureester: Monosaccharide sind Ausgangspunkte vieler wichtiger biochemischer Reaktionen (Abb. 1.**6**).

Vor allem durch die *Phosphorsäureester-Bildung* (s. Chemie) werden sie der weiteren Verstoffwechsung zugeführt. Weitere Reaktionen der Monosaccharide sind in Tab. 1.**2** zusammengefaßt.

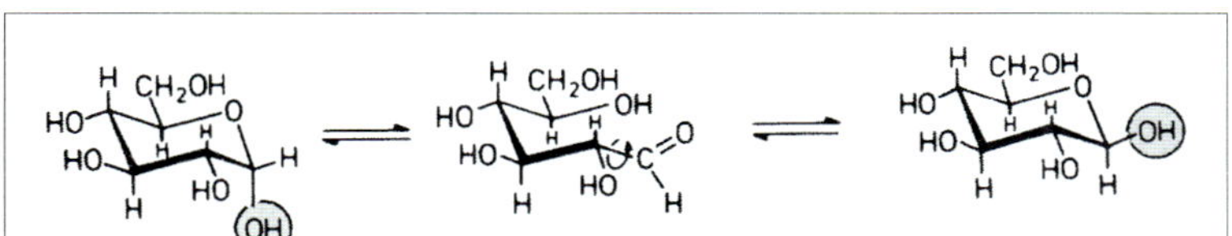

OH an C1 axial, weniger stabil | instabil | OH an C1 äquatorial, stabilere all-äquatoriale Konformation

Abb. 1.**5** Mutarotation am Beispiel der Glucose (aus Breitmaier/Jung, Thieme 1995)

Biochemie

Tab. 1.2 Reaktionen der Monosaccharide am Beispiel der Glucose

Reaktionstyp	Ergebnis der Reaktion	Funktion, Besonderheiten
Reduktion an C1	Sorbit	Verbindet den Glukose- mit dem Fructosestoffwechsel
Oxidation an C6	Glucuronsäure	*Uronsäuren* helfen bei der Ausscheidung lipophiler Substanzen
Oxidation an C1	Gluconolacton → Gluconsäure	es entstehen Carbonsäuren
Substitution der OH-Gruppe an C2 durch eine Aminogruppe	Glucosamin	*Aminozucker* sind Bestandteil vieler Glykoproteine (Kohlenhydratanteil+Protein)

Merke

Oxidation an C1 → Carbonsäure, z. B. Gluconsäure
Oxidation an C6 → Uronsäure, z. B. Glucuronsäure.

Neuraminsäuren: Eine weitere wichtige Reaktion ist die Bildung von Neuraminsäuren aus Monosacchariden (Abb. 1.**7**). Neuraminsäuren kommen häufig als Baustein von Glykolipiden (Zucker + Lipid) und Zellmembranen vor. Sie entstehen durch die Anlagerung von Pyruvat an Mannosamin (Aminozucker von Mannose).

Nachweismethoden

Die chemischen Reaktionen der Monosaccharide können zu deren Nachweis genutzt werden. In der Klinik werden Nachweismethoden für Monosaccharide z. B. zur Diagnose des Diabetes mellitus (zu hohe Glucosekonzentration im Blut und evtl. osmotische Diurese mit Zuckerausscheidung im Urin) herangezogen. Drei alternative Verfahren sind zur Monosaccharidbestimmung gängig.

1. Reduktionsreaktionen: Monosaccharide können geeignete Oxidationsmittel mit ihrer Aldehydgruppe *reduzieren*. Die erfolgreiche Reduktion der zugegebenen Reagenzien wird durch einen Farbumschlag der Lösung sichtbar. Lösungen nach *Fehling* oder *Trommer* sind zu diesem Zweck eingesetzte Chemikalien. Nachteil der Reduktionsreaktionen ist ihre geringe *Spezifität*, da neben den Zuckern auch noch andere organische Substanzen reduzierende Eigenschaften aufweisen.

2. Farbreaktionen: Die Farbreaktionen sind vor allem bei der Schnelldiagnose der Glucosekonzentration in Urin und Blut im Gebrauch (Glucostiks): Auf das Nachweisstäbchen wird die zu untersuchende Probe aufgebracht. Das Enzym *Glukoseoxidase* (auf Teststäbchen) oxidiert Glucose zu Gluconolacton, wobei H_2O_2 entsteht. H_2O_2 reagiert mit eben-

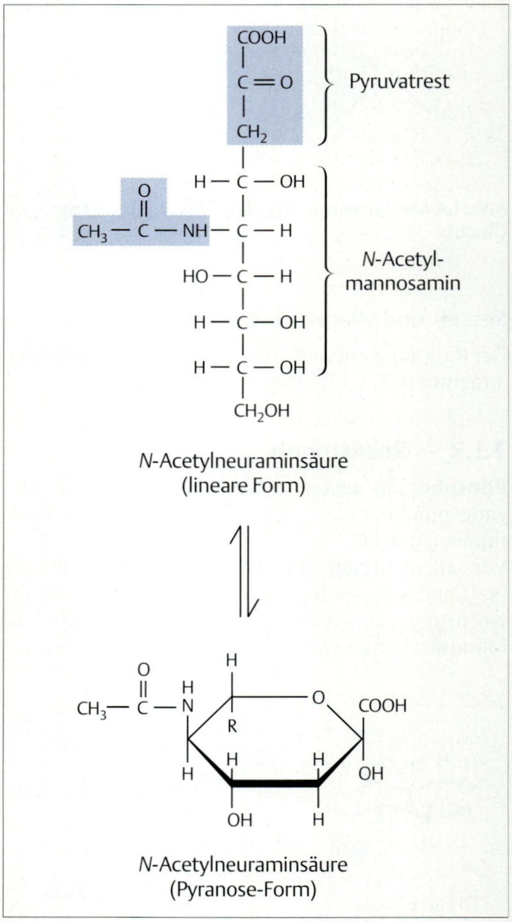

Abb. 1.**7** Mechanismus der Neuraminsäurebildung

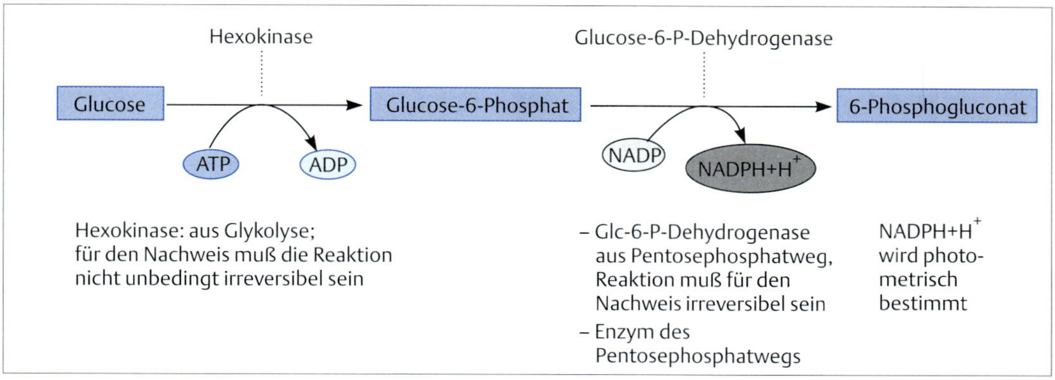

Abb. 1.**8** Nachweis der Glucose in einem optisch-enzymatischen Test

falls auf dem Teststäbchen vorhandenen Farbstoffen zu einem sichtbaren Farbkomplex. Die Intensität der Farbe ist der Glucosekonzentration proportional.

3. Enzymatische Nachweisverfahren: Neben der unter 2. geschilderten Farbreaktion, die auch in Lösung durchgeführt werden kann, werden andere enzymatische Nachweisverfahren im klinisch-chemischen Labor eingesetzt. Das Nachweisprinzip beruht auf einer enzymatischen Umsetzung des Monosaccharids mit Entstehung einer photometrisch nachweisbaren Substanz (Abb. 1.**8**).

Zwei *Voraussetzungen* müssen erfüllt werden, damit der Nachweis korrekt erfolgen kann:

- NADP (hier Cosubstrat) muß im Überschuß vorhanden sein. Wäre dies nicht der Fall, könnte nur so viel Glucose nachgewiesen werden, wie Cosubstrat vorhanden ist.
- Die eigentliche Nachweisreaktion (hier die G-6-P-Dehydrogenase-Reaktion) muß irreversibel sein, da sonst die NADPH/H^+-Konzentration nicht proportional zur Glucosekonzentration wäre.

1.1.4 Funktion

Monosaccharide sind vor allem Energieträger, da Sonnenenergie durch die Photosynthesereaktion in ihnen gespeichert ist. Daneben sind Monosaccharide am Aufbau vieler biologisch wichtiger Substanzen beteiligt:

- Bausteine der *Nukleinsäuren* → Ribose der RNA, Desoxyribose der DNA,
- Bausteine der *Di-, Oligo- und Polysaccharide*,
- Bestandteile der *Glykolipide* und *-proteine* (Träger der Blutgruppenantigenität im AB0-System),
- als aktivierte Zucker (UDP-Glucose) *Kopplungspartner* für schlecht wasserlösliche Substanzen.

1.2 Disaccharide

1.2.1 Klassifizierung und Aufbau

Glykosidische Bindung: Disaccharide sind aus zwei miteinander verbundenen Monosacchariden aufgebaut. Die Verknüpfung erfolgt durch eine *glykosidische Bindung* unter Wasserabspaltung zwischen der OH-Gruppe an C1 und einer weiteren OH-Gruppe des anderen Monosaccharids (Abb. 1.**9**). Abhängig von der Stellung der OH-Gruppe des ersten Mono-

Tab. 1.**3** Biochemisch wichtige Disaccharide

Disaccharid	Bindungsart	Funktion, Besonderheiten
Maltose	α-Glc-1,4-Glc	Bestandteil von Stärke, Strukturisomer der Saccharose
Isomaltose	α-Glc-1,6-Glc	
Saccharose	α-Glc-1,2-β-Fru	Rohrzucker
Lactose	β-Gal-1,4-Glc	Milchzucker, Bestandteil von Milch

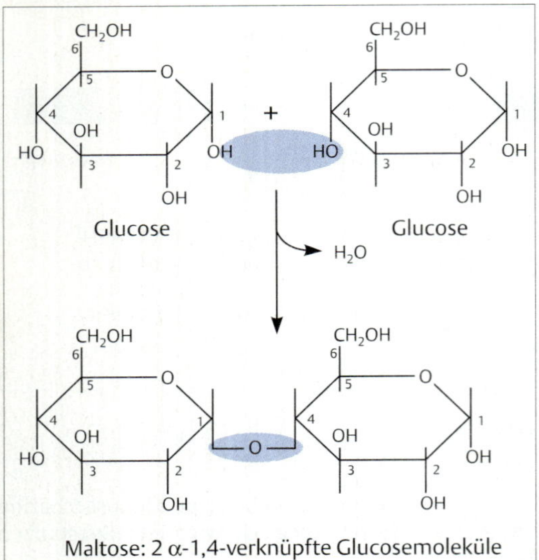

Abb. 1.**9** Verknüpfung von zwei Monosacchariden zu einem Disaccharid (glykosidische Bindung)

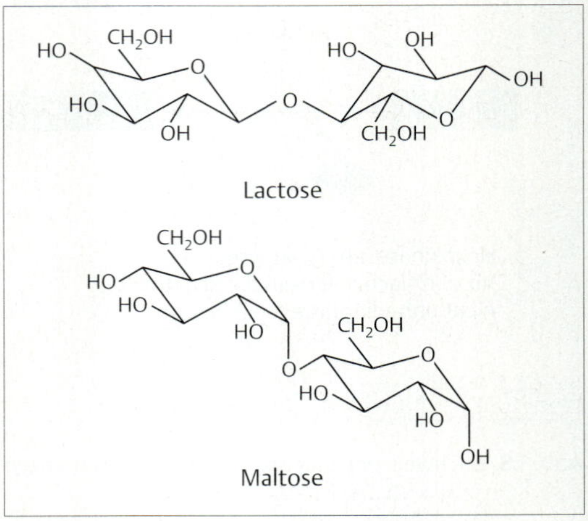

Abb. 1.**10** Disaccharide in Sesselform

osaccharids (α- bzw. β-Stellung) können zwei verschiedene Glykoside entstehen:

- 1. Zucker ist α-konfiguriert → α-glykosidische Bindung
- 1. Zucker ist β-konfiguriert → β-glykosidische Bindung

Nomenklatur: Die vollständige Nomenklatur der Disaccharide (Tab. 1.**3**) beinhaltet zusätzlich die *Namen* der beiden verknüpften Zucker und *welche C-Atome* miteinander verbunden wurden. Lactose (β-Gal-1,4-Glc) ist z. B. ein Disaccharid aus Galactose und Glucose, bei dem C1 der Galactose mit C4 der Glucose β-glykosidisch verknüpft ist.
Leider legt das IMPP bei den Prüfungen Wert auf die didaktisch ungünstige Darstellung der Disaccharide in Sesselformschreibweise (Abb. 1.**10**).

Merke

Die Glykosidbindung kann auch zwischen der OH-Gruppe eines Zuckers und der einer anderen Substanz ausgebildet werden.

1.2.2 Reaktionen

Die **Bildung** der Disaccharide erfolgt wie oben beschrieben aus zwei Monosacchariden durch Kondensation (Wasserabspaltung).

Der **Abbau** der Disaccharide kann durch *Säure-* oder aber durch *enzymkatalysierte Hydrolyse* (Spaltung unter Wasseranlagerung) erfolgen. Die Enzyme werden nach dem Disaccharid benannt, das sie abbauen (Lactase spaltet Lactose, Maltase spaltet Maltose, usw.). Diese Enzyme sind beim Menschen in der Dünndarmschleimhaut lokalisiert.

Klinischer Bezug

Bei einem Defekt des Lactose abbauenden Enzyms in der Dünndarmschleimhaut (*Lactase*), kommt es bei Genuß von Milch oder Milchprodukten zu massiven Diarrhöen, da Lactose, die nicht resorbiert werden kann, osmotisch aktiv ist und Wasser in das Darmlumen zieht.

Nachweismethoden

Disaccharide (mit Ausnahme der 1,1-verknüpften) weisen dieselben *reduzierenden Eigenschaften* auf wie die Monosaccharide. Daneben können Disaccharide nach *Spaltung in ihre Monosaccharidbausteine* nachgewiesen werden.

1.2.3 Funktion

Die meisten Disaccharide sind Abbauprodukte der längerkettigen Polysaccharide und werden weiter zu Monosacchariden abgebaut. Eine Ausnahme stellt die Lactose dar, die den Hauptzuckerbestandteil in der Milch ausmacht.

Klinischer Bezug

Digitalis, ein natürlich vorkommendes Glykosid (Fingerhut), findet Anwendung bei der Therapie der Herzinsuffizienz (unzureichende Pumpleistung des Herzens). Digitalis besteht aus einem Zuckeranteil, der mit einer steroidartigen Struktur glykosidisch verbunden ist. Digitalis wirkt über eine Steigerung der Kontraktionskraft des Herzens durch Hemmung der Na-K-ATPase. Leider beschränkt sich die Wirkung nicht nur auf das Herz, was zu der geringen therapeutischen Breite führt (schon eine leichte Überdosierung führt zu Nebenwirkungen).

1.3 Oligo- und Polysaccharide

1.3.1 Klassifizierung und Aufbau

Oligo- und Polysaccharide bestehen aus einer Vielzahl glykosidisch miteinander verknüpfter Monosaccharide. Sie unterscheiden sich lediglich durch die Anzahl der verbundenen Monosaccharide (ab 10–15 Monosaccharidbausteinen spricht man von Polysacchariden).

Oligosaccharide

Die Oligosaccharide kommen beim Menschen fast ausschließlich als Bestandteile anderer Moleküle vor (Ganglioside und Glykoproteine). Oligosaccharidbestandteile der Blutgruppenantigene des AB0-Systems finden sich in Spuren in Urin und Muttermilch.

Polysaccharide

Polysaccharide unterscheiden sich hinsichtlich der Vielzahl der in ihnen enthaltenen Monosaccharidbausteine:

- *Homoglykane* bestehen aus einer Monosaccharidkette, die aus immer demselben Monosaccharidbaustein aufgebaut ist (homo: gleich).
- *Heteroglykane* enthalten in ihrer Kette unterschiedliche Monosaccharide (hetero: verschieden).

Merke

Polysaccharide, Nukleinsäuren, Proteine und Lipide zählen zu den *Biopolymeren*. Biopolymere werden aus vielen einzelnen Bausteinen (*Biomonomere* → Monosaccharide, Aminosäuren, etc.) unter Wasserabspaltung im Organismus gebildet. Biopolymere sind die für Aufbau und Funktion der Zelle wichtigen organischen Moleküle.

Homoglykane

Homoglykane sind eine weit verbreitete Stoffklasse in der Natur und fungieren als Energiespeicher oder Stützsubstanz der Pflanzen und Insekten. Wichtige Homoglykane sind in Tab. 1.**4** zusammengefaßt (Abb. 1.**11**).

Tab. 1.**4** Wichtige Homoglykane

Homoglykan	Monomere Einheit	Verknüpfung	Funktion, Besonderheiten
Glykogen	Glucose	α-1,4 und α-1,6	tierisches Resevekohlenhydrat Glykogenstoffwechsel
Stärke	Besteht aus Amylose und Amylopectin		pflanzliches Reservekohlenhydrat
Amylose	Glucose	α-1,4	Bestandteil der Stärke (20 %) Schraubenförmige Windung des linearen Moleküls
Amylopectin	Glucose	α-1,4 und α-1,6	Bestandteil der Stärke (80 %) enthält Verzweigungen
Cellulose	Glucose	β-1,4	Bau- und Grundsubstanz vieler Pflanzen die β-1,4-glykosidische Bindung kann vom menschlichen Organismuns nicht gespalten werden → *Ballaststoff*
Dextran	Glucose	α-1,3, α-1,4 und α-1,6	Blutersatzmittel (Plasmaexpander); wird bei hohen Blutverlusten infundiert
Inulin	Fructose	β-glykosidisch	Bestimmung der GFR (s. Physiologie)

Biochemie

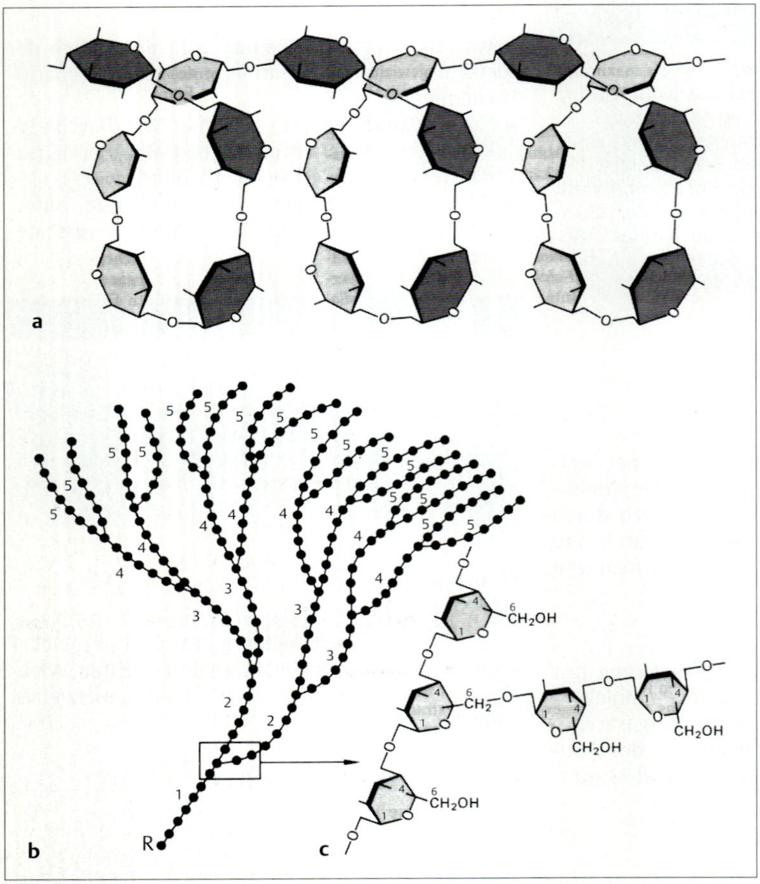

Abb. 1.**11** Struktur einiger Homoglykane. **a** Amylose, **b** Glykogen, **c** Ausschnitt des Amylopectin- und Glykogenmoleküls mit einer Verzweigungsstelle (aus Löffler, G., P. Petrides: Physiologische Chemie. 4. Aufl. Springer, Heidelberg 1990)

Heteroglykane

Heteroglykane sind fast immer mit einem Nicht-Kohlenhydrat-Anteil verknüpft. Zu diesen Verbindungen zählen: Glykoproteine, Proteoglykane, Peptidoglykane und Glykolipide.

1. Glykoproteine: Ein relativ kleiner Kohlenhydratanteil ist an ein Protein gebunden. Aus diesem Grund bestimmt der Proteinanteil auch die biologische Aktivität des Moleküls.

> **! Merke**
>
> Neben Monosaccharidbausteinen sind Derivate der Monosaccharide (Neuraminsäuren, Aminozucker, etc.) Bestandteile der Kohlenhydratkomponente an Glykoproteinen. Beispiele für Glykoproteine sind die Immunglobuline, viele Peptidhormone und das Fibrinogen.

2. Proteoglykane: Im Gegensatz zu den Glykoproteinen ist bei den Proteoglykanen der Kohlenhydratanteil größer als der Proteinanteil. Die Kohlenhydratkomponente setzt sich oft aus einer repetitiven Sequenz bestimmter Disaccharide zusammen. Diese Disaccharideinheiten werden als *Glykosaminoglykane* (saure Mukopolysaccharide) bezeichnet (Tab. 1.**5**).

> **! Merke**
>
> Der Name *Glykosaminoglykane* leitet sich vom chemischen Aufbau dieser Disaccharideinheiten her: Glykosaminoglykane bestehen aus einem Hexosamin (Hexose mit Aminogruppe) und einer stickstofffreien Glucuronsäure. Häufig liegen die Glykosaminoglykane sulfatiert vor. Die Sulfatreste und Uronsäuren tragen zum sauren, anionischen Charakter der Glykosaminoglykane bei.

Tab. 1.**5** Glykosaminglykane als Baustein der Proteoglykane

Proteoglykan-Baustein	**Repetetiver Kohlenhydratanteil**	**Vorkommen**	**Funktion, Besonderheit**
Hyaluronsäure	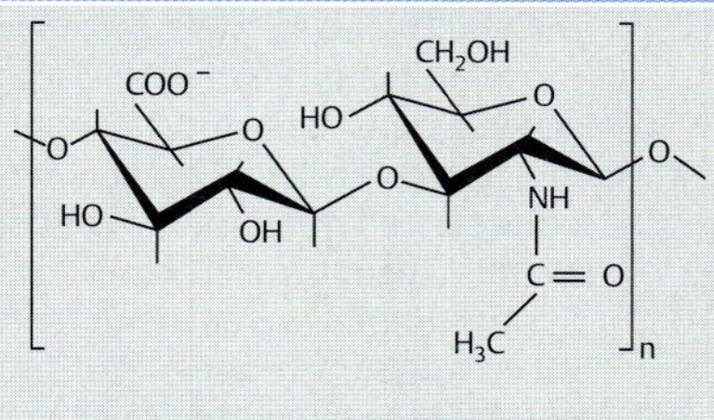 [β-Glucuronat (1→3)-β-GlcNAc(1→4)-]$_n$	– Bindegewebe – Synovialflüssigkeit – Haut – Knorpel – Glaskörper (Auge)	– Hyaluronsäure zeichnet sich durch ein hohes Wasserbindungsvermögen aus – Mangel begünstigt Erythrozytenaggregation
Chondroitinsulfat	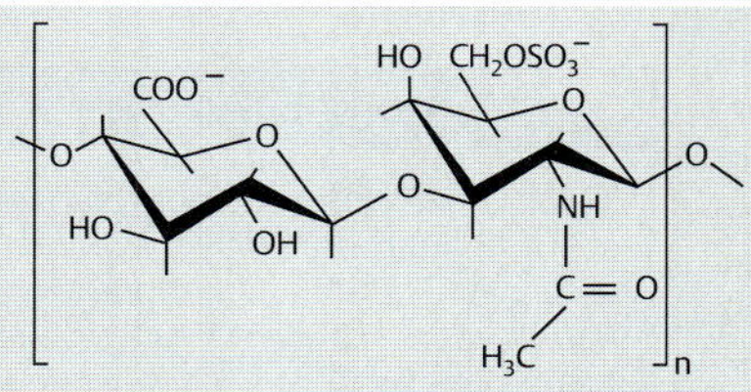 [β-Glucuronat (1→3)-β-GalNAc-4-sulfat (1→4)-]$_n$	– Knorpelgewebe (40 % des Trockengewichts)	– mechanische Stützfunktion
Dermatansulfat	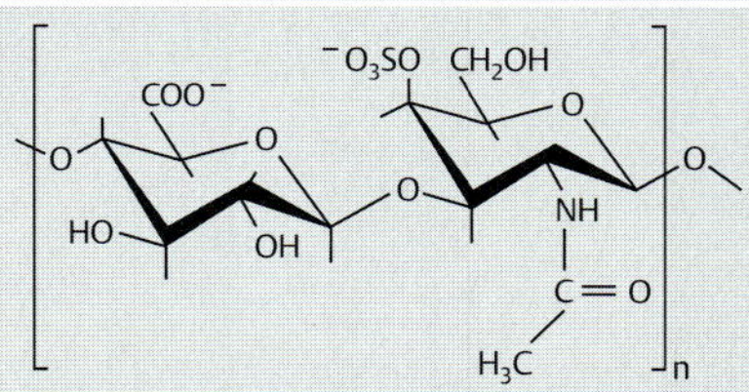 [α-Iduronat (1→3)-β-GalNAc-4-sulfat (1→4)-]$_n$	– Haut – Bindegewebe – Herzklappen	– Bindung an Kollagenfibrillen
Keratansulfat		– Cornea – Knorpel	– mechanische Stützfunktion

3. Peptidoglykane: Ihrem Namen entsprechend sind Peptidoglykane aus einem Peptid- und einem Zuckeranteil aufgebaut. *Murein*, Bestandteil der bakteriellen Zellwand, ist ein wichtiger Vertreter der Peptidoglykane.

Klinischer Bezug

Lysozym, ein in menschlichen Sekreten vorhandenes Enzym, ist in der Lage, Muraminsäureketten zu spalten. Dadurch wird die Bakterienzellwand zerstört.
Antibiotika, z. B. **Penizillin** oder **Cephalosporine**, hemmen ein bakterielles Enzym, das Murein aufbaut. Auch hier resultiert die Abtötung der Bakterien durch einen Angriff auf die Bakterienzellwand.

4. Glykolipide: Glykolipide bestehen aus einem Lipid- und einem Zuckerbestandteil. Glykolipide befinden sich hauptsächlich in Zellmembranen. Typische Vertreter aus dieser Gruppe sind die Ganglioside (Ceramid und Zuckeranteil, s.a. 3.2).

1.3.2 Reaktionen

Die Reaktionen der Oligo- und Polisaccharide entsprechen denen der Disaccharide: Bildung durch Kondensation, Abbau durch Hydrolyse. Die *enzymatische Hydrolyse* der längerkettigen Zucker wird durch andere Enzyme katalisiert als die der Disaccharide. Vor allem Stärke und Glykogen werden durch *Amylasen* in Disaccharideinheiten gespalten. Amylasen werden von der Mundspeicheldrüse und dem exokrinen Pankreas gebildet.

Nachweismethoden

Oligo- und Polysaccharide können nach Aufspaltung in ihre Monosaccharidbausteine nachgewiesen werden. Für Stärke existiert der qualitative Nachweis mittels Jodlösung. Jod lagert sich in die Windungen des Stärkemoleküls ein, wobei eine Braunfärbung resultiert.

1.3.3 Funktion

Oligo- und Polisaccharide erfüllen im Organismus vier wesentliche Aufgaben (zu speziellen Funktionen siehe Tab 1.**4** und Tab. 1.**5**):

1. *Engergiespeicher:* Pflanzliche *Stärke* und *Glykogen* (tierisch) sind schnell verfügbare Energiereserven, da sie schnell in einzelne Glukosemoleküle aufgespalten werden können. Beim Menschen bestehen 10 % des Leber- und 1 % des Muskelgewichts aus Glykogen. Der Glykogenvorrat in der Leber, der *absolut* geringer ist als der des Muskels, steht dem gesamten Organismus zur Verfügung. Das im Muskel gespeicherte Glykogen hingegen dient dem Eigenbedarf der Muskulatur (keine Glucose-6-Phosphatase im Muskel).

Leber => 150g Glykogen ≙ 10%
Muskeln => 250g Glykogen ≙ 1%

2. *Membranbestandteile:* Einige Zucker sind innerhalb biologischer Membranen an Proteine oder Lipide gebunden.
3. *Bestandteil der Interzellularsubstanz:* Als Bestandteil von Hyaluronsäure, Dermatansulfat und Keratansulfat beeinflussen Polysaccharide die biologischen Eigenschaften der Interzellularsubstanz.
4. *Biologische Erkennung:* An Membranproteine gebunden, bestimmen die Kohlenhydratkomponenten die Zugehörigkeit eines Individuums im AB0-System. Signalisieren die Erythrozyten eines Menschen mit Blutgruppe A, daß sie zum A-System gehören (A-Antigen auf der Oberfläche), werden sie vor einem Abbau durch Immunzellen geschützt.

Klinischer Bezug

Heparin, ein Glykosaminoglykan, wird therapeutisch zur Gerinnungshemmung eingesetzt, wie beispielsweise nach großen Operationen oder Traumen, um einer Lungenembolie (Verschluß der Lungengefäße → Zusammenbruch des Gasaustauschs) vorzubeugen. Mechanismus: Heparin bindet an Antithrombin III, das die Gerinnungskaskade an einigen Punkten hemmt (s.a. Physiologie, Kap. 2).

Aminosäuren, Peptide und Proteine

2.1 Aminosäuren

Aminosäuren sind nicht nur die *Grundbausteine der Peptide und Proteine*, sondern sie erfüllen im Organismus eine Reihe weiterer bedeutender Aufgaben. Als biogene Amine tragen sie beispielsweise zur Stoffwechselregulation bei oder können zur Energiegewinnung herangezogen werden.

2.1.1 Klassifizierung

Nicht alle Aminosäuren werden in Proteine eingebaut. Man unterscheidet *proteinogene* von *nichtproteinogenen Aminosäuren*. Die nichtproteinogenen Aminosäuren werden, wie es der Name andeutet, nicht in Proteine eingebaut. Einige sind jedoch wichtige Bestandteile eines geregelt ablaufenden Stoffwechsels. So besitzen z. B. *Ornithin* und *Citrullin* ihren festen Platz in Harnstoffzyklus; *γ-Aminobuttersäure* ist ein wichtiger Neurotransmitter.

Von den 20 proteinogenen Aminosäuren sind 8 für den menschlichen Organismus *essentiell*, d. h., daß * sie nicht selbst synthetisiert werden können und mit der Nahrung aufgenommen werden müssen. Alle 20 proteinogenen Aminosäuren sind nach folgendem, einheitlichen Muster aufgebaut (Abb. 2.**1**). Jede proteinogene Aminosäure enthält eine *Amino-* und eine *Carboxylgruppe*, die in typischer Weise an ein C-Atom binden, sowie einen die Aminosäuren *unterscheidenden Rest*. Diese, zum Teil sehr unterschiedlich aufgebauten Reste, bestimmen die physikochemischen Eigenschaften der jeweiligen Aminosäure.

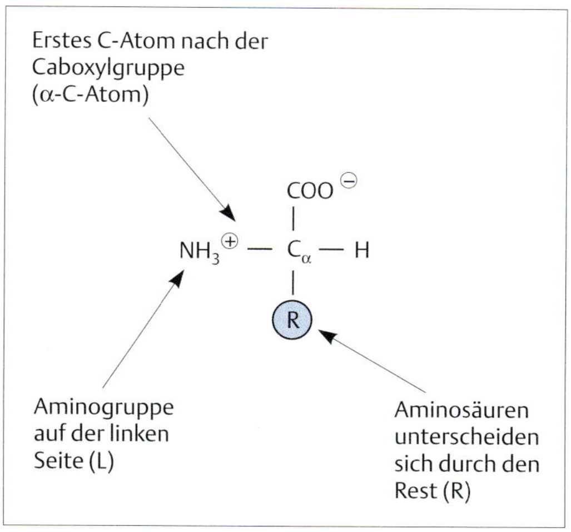

Abb. 2.**1** Allgemeine Form einer L-α-Aminosäure

Merke

Alle 20 proteinogenen Aminosäuren sind L-α-*Aminosäuren*, die sich nur durch ihren jeweils verschiedenen Rest strukturell und funktionell voneinander unterscheiden (Abb. 2.**2**).

2.1.2 Eigenschaften

Die Eigenschaften einer Aminosäure sind von ihrem Rest abhängig. Die chemische Vielfalt der Reste nutzt man z. B. zur Auftrennung eines Aminosäurengemisches.

Ampholytische Eigenschaften der Aminosäuren, Zwitterion, isoelektrischer Punkt

Als **Ampholyt** bezeichnet man einen Stoff, der sowohl basische als auch saure Eigenschaften in sich vereint. Da jede Aminosäure saure und basische Gruppen enthält, trifft die Definition für Aminosäuren zu.

*, essentiell: Valin, Leucin, Isoleucin, Methionin, Phenylalanin, Tryptophan, Threonin, Lysin
absolut

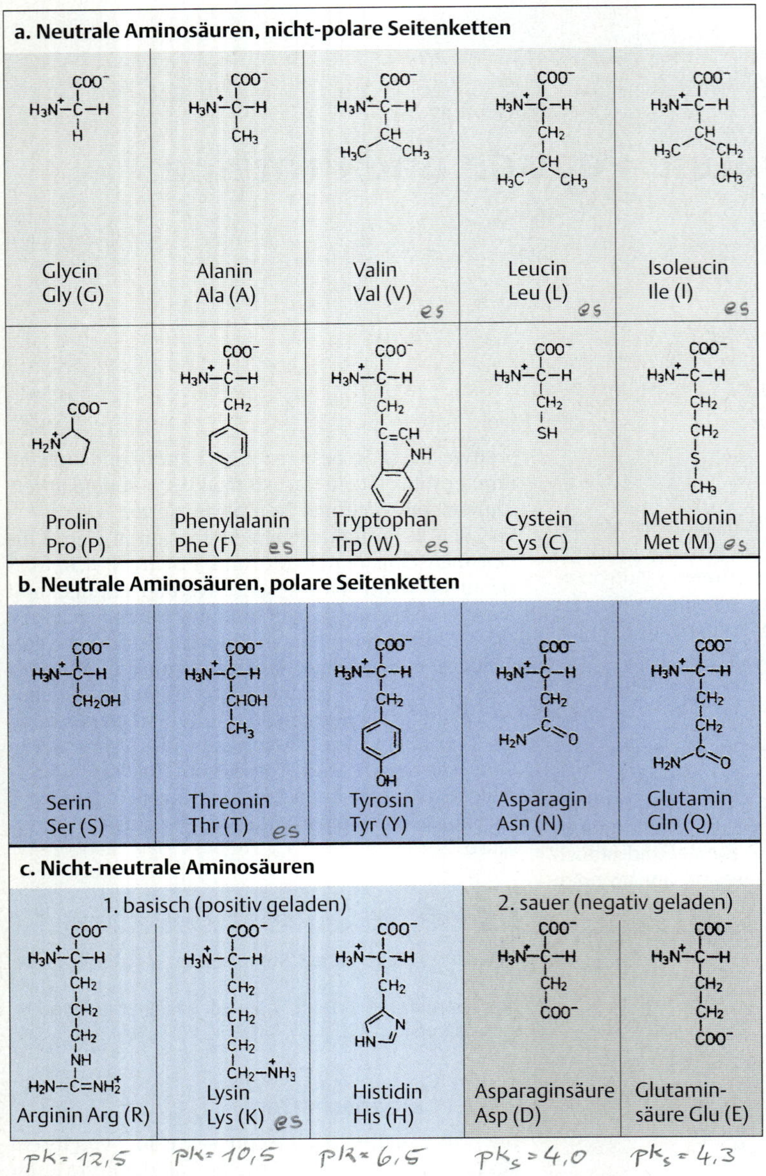

Abb. 2.**2** Die 20 proteinogenen Aminosäuren (aus Passarge, Thieme 1994)

Merke

Unter physiologischen Bedingungen (pH 7,4) ist die eigentlich basische Aminogruppe protoniert; d. h. sauer und positiv geladen. Die Carboxylgruppe hat hingegen ihr Proton abgegeben; folglich ist sie basisch und negativ geladen.

Isoelektrischer Punkt: Für jede Aminosäure existiert ein bestimmter pH, an dem sich ihre intramolekularen Ladungen ausgleichen; die Aminosäure liegt nach außen hin in scheinbar ungeladener Form vor. Dieser pH wird als *isoelektrischer Punkt (I.P.)* bezeichnet (Abb. 2.**3**).

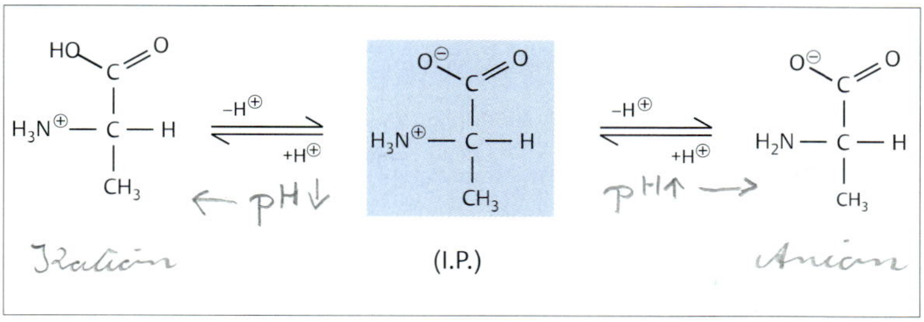

Abb. 2.3 Aminosäure am isoelektrischen Punkt

Die Aminosäure ist am I.P. ein *Zwitterion*, da sie sowohl positive als auch negative Ladungen trägt. Durch Addition der beiden *funktionellen* pK-Werte und anschließendes Teilen durch 2 bestimmt man rechnerisch den I.P.

! Merke

Die beiden *funktionellen pK-Werte* sind diejenigen, die von allen pK-Werten einer Aminosäure am nächsten liegen.
Beispiel: Eine Aminosäure besitzt die pK-Werte 2, 4 und 9. 2 und 4 sind die beiden funktionellen pK-Werte. Der I.P. dieser Aminosäure liegt also bei pH 3.

Trennungsmöglichkeiten

Elektrophorese: Da jede Aminosäure einen charakteristischen isoelektrischen Punkt besitzt, nutzt man diesen, ein Aminosäurengemisch aufzutrennen. Die Methode der Wahl ist die Elektrophorese (Abb. 2.**4**). Die Aminosäuren sind hierbei in einer Pufferlösung mit konstantem pH gelöst, dann wird eine bestimmte Spannung angelegt. Jede Aminosäure wandert nun im elektrischen Feld mit einer für sie spezifischen Geschwindigkeit.

! Merke

Die **Wanderungsgeschwindigkeit** ist von der *Größe der Aminosäure*, der angelegten *Spannung*, *Dichte* des Trägermaterials und dem eingestellten *pH* abhängig. Eine Aminosäure wandert *nicht* im elektrischen Feld, wenn der umgebende pH ihrem isoelektrischen Punkt entspricht.

Weitere mögliche Trennverfahren für Aminosäuren sind die Dünnschicht-, Papier-, und Ionenaustauschchromatographie (Abb. 2.**4**).

Der **Nachweis von Aminosäuren** erfolgt vor allem mit der *Ninhydrinreaktion*. Mit dieser Reaktion können alle Aminosäuren durch die Entstehung eines Farbkomplexes photometrisch nachgewiesen werden.

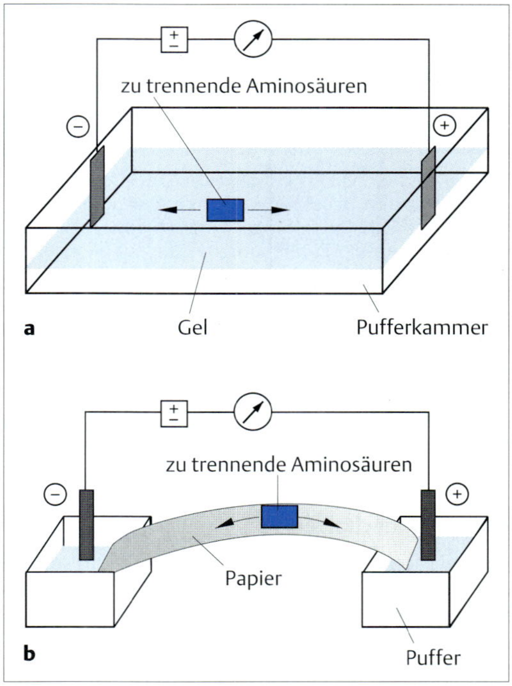

Abb. 2.**4** **a** Gelelektrophorese: Die Wanderung ist abhängig von der angelegten Spannung, der Dichte des Materials, der Größe der Moleküle und dem Umgebungs-pH; **b** Papierelektrophorese (schematische Darstellung). Neben Aminosäuren können auch Proteine mit der Elektrophorese getrennt werden.

Tab. 2.**1** Bedeutung und Funktion wichtiger biogener Amine

Biogenes Amin	Ursprüngliche Aminosäure	Funktion
Histamin	Histidin	– Entzündungsmediator (Gefäßerweiterung, Gefäßpermeabilität steigt) – Neurotransmitter – positiv inotrope Herzwirkung – Bronchokonstriktion bei Typ-I-Allergie
Serotonin (5-Hydroxytryptamin)	5-Hydroxytryptophan	– Neurotransmitter – regt die Darmmotilität an – wird teilweise von Darmkarzinomen gebildet
γ-Aminobuttersäure (GABA)	Glutaminsäure	– inhibitorischer Neurotransmitter (*Tetanustoxin* hemmt GABA)
Etholamin	Serin	– Bestandteil von einigen Phospholipiden (Membranaufbau)
Dopamin, Noradrenalin und Adrenalin	Tyrosin, über Zwischenstufen	– Vorstufe der Catelcholamine (Zwischenstufe ist L-Dopa)
β-Alanin	Aspargarinsäure	– als Bestandteil der Pantothensäure (Vitamin B_2) Baustein des Coenzym A

Klinischer Bezug

Umgekehrt können Aminosäuren aber auch zum **Nachweis bestimmter Bakterien** dienen. Aus dem Wachstum einer Bakterienkultur auf einem Medium, das nur bestimmte Aminosäuren enthält, kann auf die Spezies geschlossen werden.
Der bei jedem Neugeborenen als PKU-Screening (s. AS-Stoffwechsel) angewandte **Guthrie-Test** beruht auf einem ähnlichen Prinzip. Ein mit Patientenblut getränktes Filterpapier wird auf eine Bakterienkultur gegeben, die auf Phenylalanin als essentiellen Bestandteil angewiesen ist. Wachsen die Bakterien nach Zugabe des Blutes, so besteht eine (diätetisch behandelbare) PKU bei dem Säugling.

Puffereigenschaften

Aminosäuren können (wie oben besprochen) sowohl Protonen aufnehmen als auch abgeben und besitzen deswegen *Puffereigenschaften*. Aufgrund ihrer relativ niedrigen Konzentration im Blut tragen die Aminosäuren jedoch kaum zur Homöostase des pH-Wertes bei.

2.1.3 Reaktionen

Decarboxylierungsreaktionen

L-Aminosäure-Decarboxylasen und das Coenzym Pyridoxalphosphat spalten die Carboxylgruppe der Aminosäuren ab. Dabei entsteht neben CO_2 das *biogene Amin* der jeweiligen Aminosäure (Abb. 2.**5**).

Biogene Amine erfüllen beispielsweise als Neurotransmitter, Hormone oder Mediatorstoffe wichtige Funktionen, die in Tab. 2.**1** aufgeführt sind.

Transaminierungsreaktionen

Der Körper ist in der Lage, die nichtessentiellen Aminosäuren selbst zu synthetisieren. Die *Transaminierungsreaktion* (Abb. 2.**6**) ist ein wichtiger Schritt der Synthese. Transaminierungen finden vor allem in der Leber statt. *Edukte* der Transaminierung sind eine Aminosäure und eine Ketosäure, *Produkte* je eine neue Amino- und Ketosäure.
Transaminasen katalysieren mit Pyridoxalphosphat (Wirkform des Vitamin B_6) die Reaktion, in deren Verlauf eine *Schiff-Base* (Azomethin) gebildet wird. Die Schiff-Base bildet sich zwischen dem *primären Amin* der Aminosäure und der *Carbonylgruppe* des Pyridoxalphosphats aus.

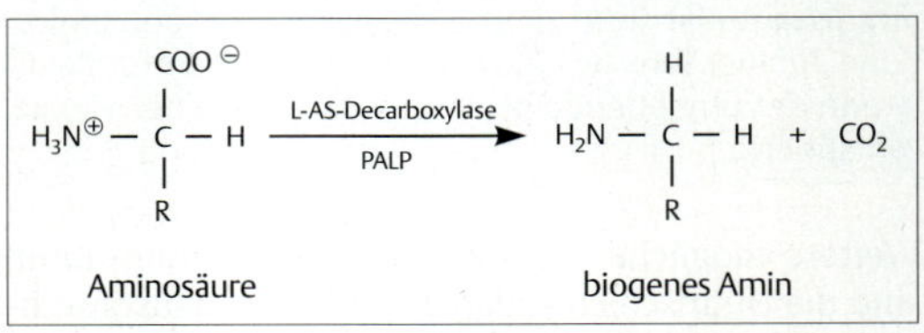

Abb. 2.**5** Decarboxylierung einer Aminosäure

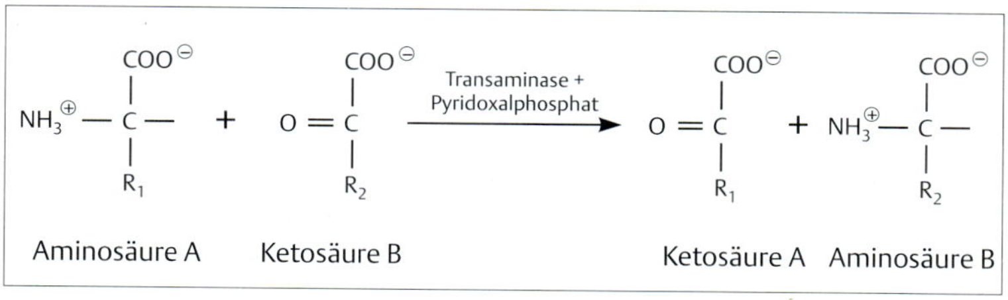

Abb. 2.**6** Prinzip der Transaminierungsreaktion

Klinischer Bezug

Bei einer **Leberzellschädigung** (z. B. durch Hepatitisviren oder Alkoholabusus) gelangen die in den Hepatozyten der Leber lokalisierten Transaminasen, Glutamat-Oxalacetat-Transaminase (GOT = Aspartat-Amino-Transverase [ASAT]) und Glutamat-Pyruvat-Transaminase (GPT = Alanin-Amino-Transverase [ALAT]), ins Blutplasma und können dort bestimmt werden.

Merke

Viele Stoffwechselwege sind von *Pyridoxalphosphat* (PALP) abhängig, z. B. *Decarboxylierungen*, *Transaminierungen* und die *δ-Aminolävulinsäuresynthetase-Reaktion* (Hb-Synthese).

Oxidative Desaminierung

Analog zur Transaminierung entsteht durch *oxidative Desaminierung* aus einer Aminosäure die entsprechende α-Ketosäure. *Dehydrogenasen* (z. B. Glutamatdehydrogenase), meist mit NAD^+ als Coenzym, katalysieren die oxidative Desaminierung. Vor allem in der Leber ist die oxidative Desaminierung wichtig, da das entstehende Ammoniak im Harnstoffzyklus entgiftet werden kann.

Tab. 2.**2** gibt eine Übersicht über die 3 wichtigen Reaktionen der Aminosäuren.

Weitere Reaktionen

Cystein kann *Disulfidbrücken* ausbilden. Bei Reaktionen mit Kohlenhydraten werden *N-* oder *O-glykosidische Bindungen* geknüpft.

2.1.4 Funktion

Wie bereits erwähnt, erfüllen Aminosäuren eine Reihe wichtiger Funktionen im Organismus. Hier sei nur kurz die Vielfalt der Funktionen der Aminosäuren angedeutet, da die einzelnen Funktionen in entsprechenden Kapiteln ausführlich behandelt werden.

- *Energielieferanten:* Über den Abbau zu Zwischenprodukten des Citratzyklus können sie entweder komplett zur ATP-Gewinnung „verbrannt", oder in Ketonkörper (*ketogene AS*) oder Glucose (*glukogene AS*) umgewandelt werden.
- *Grundbausteine der Peptide und Proteine:* Näheres hierzu unter 2.2.
- *Kommunikation:* Als Bestandteile einiger Hormone, Neurotransmitter oder biogener Amine steuern Aminosäuren Stoffwechselwege im Organismus.
- *Purin- und Pyrimidinsynthese:* Einige Aminosäuren sind Donatoren von C_1-Fragmenten, die durch Folsäure während der Purin- bzw. Pyrimidinsynthese übertragen werden.

Tab. 2.**2** Decarboxylierung, Transaminierung und oxidative Desaminierung von Aminosäuren

Name der Reaktion	Reaktionsablauf	Enzym (Coenzym)	Funktion, Besonderheiten
Decarboxylierung	AS → biogenes Amin + CO_2	Decarboxylase (PALP)	Botenstoffe, Neurotransmitter
Transaminierung	AS_1 + $Ketosäure_2$ → $Ketosäure_1$ + AS_2	Transaminase (PALP)	Synthese nichtessentieller AS
oxidative Desaminierung	AS → Ketosäure + Ammoniak	Dehydrogenase (NAD^+)	Harnstoffzyklus

AS ≙ α-Ketos.

Alanin 1 | Pyruvat 2
Aspartat 3 | Oxalacetat 4
Glutamat 5 | α-Ketoglutarat 6
Glutamin 7 | Glutamat 8

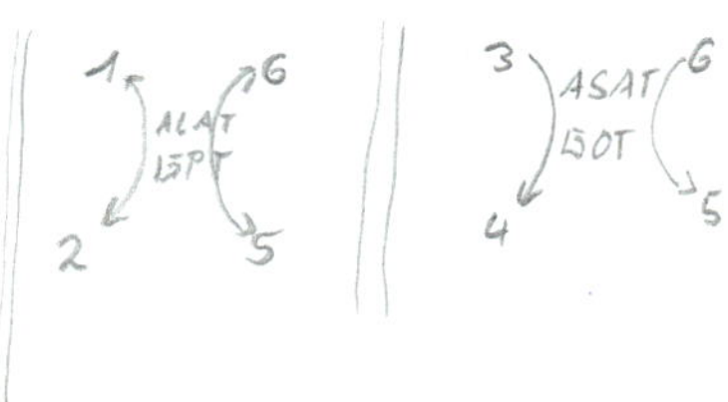

2.2 Peptide

2.2.1 Klassifizierung und Aufbau

Peptide bestehen aus einer Verkettung von Aminosäuren. Je nach Anzahl der Aminosäuren eines Peptids, spricht man von einem *Di-*, *Tri-*, *Oligo-* oder *Polypeptid* (Tab. 2.**3**).
Da der Natur 20 Aminosäuren zur Verfügung stehen, die sie in beliebiger Anzahl und Reihenfolge miteinander kombinieren kann, gibt es eine schier unendliche Zahl von Peptiden. Gemeinsam ist jedoch allen die Peptidbindung. Einige medizinisch bedeutsame Peptide sind in Tab. 2.**4** aufgeführt. Auf den Aufbau und die Nomenklatur der Peptide wird im folgenden noch detailliert eingegangen.

2.2.2 Die Peptidbindung

Bei der Synthese eines Peptids verbinden sich die Aminosäuren immer nach demselben Schema: Zwei Aminosäuren werden durch eine *Peptidbindung* miteinander verbunden (Abb. 2.**7**). Der durch *Kondensation* entstandene Stoff ist ein Dipeptid. Die typische Peptidbindung erfolgt über die Carboxylgruppe (COOH) der einen Aminosäure mit der α-Aminogruppe (NH_2) der anderen Aminosäure. Unter Wasserabspaltung entsteht die für die Peptidbindung charakteristische Gruppe CONH (Abb. 2.**7**). An Dipeptiden (wie an allen anderen Peptiden auch) unterscheidet man ein *N-* und ein *C-terminales Ende*. Das N-terminale Ende entsteht an der Aminosäure, deren Carboxylgruppe in die Peptidbindung eingeht, deren Aminogruppe also noch frei ist, und umgekehrt. Beim Zeichnen der Strukturformel ist darauf zu achten, daß das N-terminale Ende immer links liegen muß. An einem Dipeptid können sich durch weitere Kondensationsreaktionen am C- oder N-terminalen Ende weitere Aminosäuren anheften.

Nomenklatur: Viele der entstehenden Peptide besitzen Eigennamen; allgemeine Nomenklaturregelungen sind dennoch gültig (Abb. 2.**7**).

Tab. 2.**3** Nomenklatur der Peptide

Anzahl der Aminosäuren	Benennung des Peptids
2	Dipeptid
3	Tripeptid
< 10	Oligopeptid
10–100	Polypeptid
>100	Protein

Merke

Beginnend am N-terminalen Ende wird jede Aminosäure eines Peptids mit der Endung *-yl* versehen, nur die letzte Aminosäure behält ihre eigene Endung.

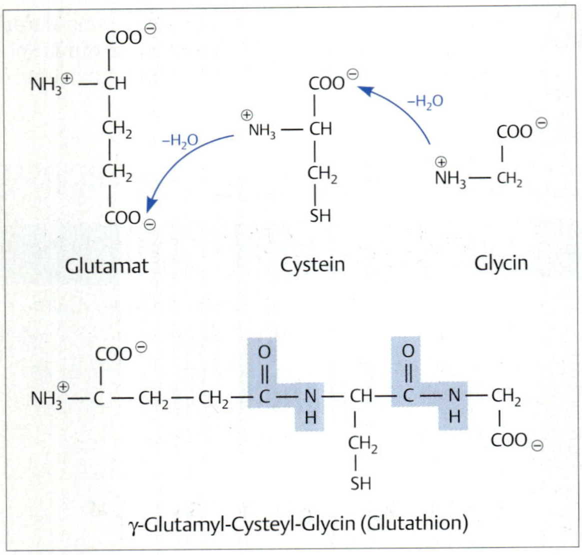

Abb. 2.**7** Nomenklatur der Peptide am Beispiel des Glutathions. Atypisch ist hier, daß die γ-Carboxylgruppe der Glutaminsäure (Glutamat) in die Peptidbindung eingeht. Die Peptidbindungen sind farblich hervorgehoben.

Besonderheiten: Durch Messungen stellte sich heraus, daß der *Abstand* zwischen dem C-Atom und dem N-Atom in der Peptidbindung größer ist als bei einer Doppelbindung. Andererseits ist der Abstand im Vergleich zu einer Einfachbindung zwischen diesen Atomen geringer. Dies wird durch das Vorliegen einer *partiellen Doppelbindung* erklärt. Der Sauerstoff als elektronegativstes Element in dieser Bindung zieht ein Elektronenpaar aus der C = O-Doppelbindung. Darauf wird das freie Elektronenpaar des Stickstoffs in die C – N-Bindung „gezogen", da sonst das C-Atom nicht mehr vierwertig wäre. Folge ist, daß der Sauerstoff leicht negativ und der Stickstoff leicht positiv geladen ist. Durch die positive Ladung ist der Stickstoff nicht mehr so gut in der Lage, Protonen aufzunehmen, seine *Basizität wird* also *geringer.*

! Merke

Die Verschiebung von Bindungselektronen, wie z. B. in der Peptidbindung, bezeichnet man als *Mesomerie* (Abb. 2.**8**).

Durch die *Mesomerie* und die intramolekulare Anordnung der Atome in der Peptidbindung in einer Ebene ist die Peptidbindung nicht mehr frei drehbar, sondern *planar* angeordnet. Bei der räumlichen Anordnung von Peptiden und Proteinen (s. 2.3.1) spielt dies eine wichtige Rolle.

2.2.3 Reaktionen

Kondensation: Wie oben erwähnt, entstehen Peptide durch Kondensation. Allerdings liegt das Gleichgewicht dieser Kondensationsreaktion auf seiten der Aminosäuren. Spontanes Entstehen von Peptiden kommt so gut wie nie vor, sondern ihre Synthese erfolgt im Organismus an den Ribosomen oder speziellen Enzymkomplexen.

Hydrolyse: Unter dem Einfluß von starken Säuren und Basen erfolgt die Hydrolyse der Peptide in ihre einzelnen Aminosäuren.

Enzymatische Aufspaltung: *Peptidasen* (Enzyme, die die Peptidbindung spalten) spielen bei der Verdauung eine wesentliche Rolle.

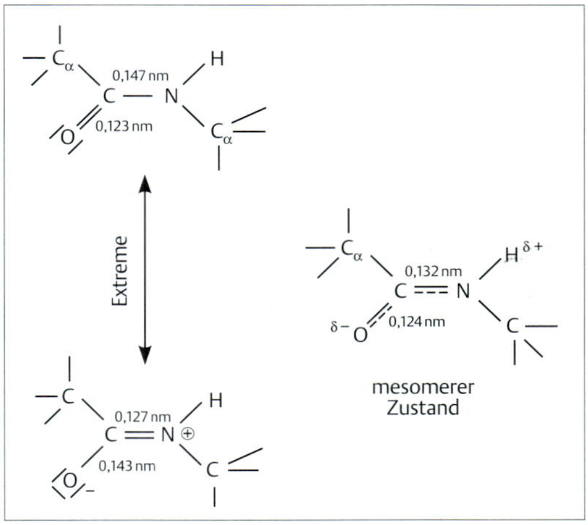

Abb. 2.**8** Mesomerie in der Peptidbindung. Meist liegt die Peptidbindung zwischen den beiden Extremen (aus Löffler, G., P. Petrides: Physiologische Chemie. 4. Aufl. Springer, Heidelberg 1990)

2.2.4 Funktion

Peptide besitzen schon allein aufgrund ihrer großen Anzahl eine große Fülle an Funktionen. Tab. 2.**4** gibt dazu einen Überblick.

Tab. 2.**4** Wirkungen und Funktionen wichtiger Peptide

Peptid	Wirkung, Funktion
Cyclosporin A	Das aus Pilzen gewonnene Polypeptid wirkt immunsuppressiv, indem es die CD4^{+}- und CD8^{+}-Lymphozyten (durch Hemmung der Biosynthese und Sekretion von Interleukinen) in ihrer Aktivität einschränkt. Therapeutische Anwendung findet es bei Transplantationspatienten
Penicilline	Die ebenfalls von Pilzen synthetisierten, antibiotisch wirkenden Penicilline werden zur Infektionsbehandlung eingesetzt
Glutathion	s. Text
Hypophysenhinterlappen-Hormone	ADH (Vasopressin, antidiuretisches Hormon) und Oxytocin sind wichtige Hormone
Insulin und Glucagon	Die den Blutzucker regulierenden Peptide nehmen eine Schlüsselstellung im Kohlenhydratstoffwechsel ein

Glutathion

Das *extraribosomal* gebildete Glutathion ist ein Tripeptid aus Glutamat, Cystein und Glycin. Dabei weist die erste Peptidbindung eine Besonderheit auf: statt der *α-Carboxylgruppe* geht die *γ-Carboxylgruppe* in die Peptidbindung ein (Abb. 2.**7**).

Merke

Das Tripeptid Glutathion besitzt eine *atypische Peptidbindung*.

Drei wichtige Funktionen des Glutathions werden hier näher erläutert:

Erythrozytenstoffwechsel: Da zwei Moleküle Glutathion mit ihren Thiolgruppen unter Elektronenaufnahme ein Disulfid bilden können, dienen sie als Redoxsysteme im Organismus. Wohl am bedeutendsten ist der *Oxidationsschutz* erythrozytärer Enzyme. Das verbrauchte (oxidierte) Glutathion wird mit Hilfe der *NADPH/H⁺-abhängigen Glutathionreduktase* „recycelt". Das benötigte NADPH/H⁺ gewinnen die Erythrozyten aus dem Pentosephosphatweg. Aufgrund der Wichtigkeit des Glutathions für den Erythrozyten wird es im Erythrozyten selbst unter ATP-Verbrauch gebildet. Dies ist kein Widerspruch zur Kernlosigkeit des Erythrozyten, da es, wie oben erwähnt, extraribosomal gebildet wird.

—> S. von für S. 482

Klinischer Bezug

Einige Menschen, vor allem im Süden Italiens und Teilen Afrikas, weisen einen x-chromosomal-rezessiv vererblichen Defekt der **Glucose-6-Phosphat-Dehydrogenase**, Schlüsselenzym des Pentosephosphatwegs, auf. Der totale Mangel des Enzyms ist selten; bei Zufuhr von bestimmten, oxidierenden Stoffen (*Sulfonamide*, *Fava-Bohnen* oder *Primaquin*) kommt es bei Merkmalsträgern zu hämolytischen Krisen, da die reduzierende Kapazität der Erythrozyten durch den Enzymmangel überschritten wird.

Fremdstoffmetabolismus: In der Leber dient Glutathion zur Koppelung, und somit Ausscheidung, von Fremdsubstanzen (Phase II der Elimination).

Leukotriensynthese: Die bei entzündlichen Prozessen gebildeten Leukotriene benötigen zu ihrer Biosynthese Glutathion.

2.3 Proteine

Ohne Proteine wäre Leben nicht denkbar. Aufgrund ihrer Vielgestaltigkeit übernehmen Proteine zahlreiche Aufgaben im Organismus. Bewegung in Form muskulärer Kontraktionen sind ohne *Aktin* und *Myosin* nicht möglich, Sehnen werden durch *Kollagen* belastbar, Sauerstoff wird durch *Hämoglobin* transportiert, und *Enzyme* ermöglichen wichtige Stoffwechselwege.

2.3.1 Klassifizierung und Aufbau

Proteine bestehen aus Aminosäuren, die miteinander durch Peptidbindungen verbunden sind. Je nach

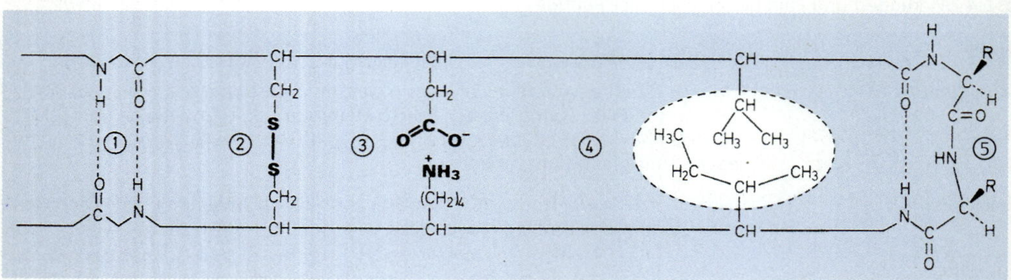

Abb. 2.**9** Bindungen zwischen verschiedenen Abschnitten einer Peptidkette zur Ausbildung der Tertiärstruktur. **1** Wasserstoffbrückenbindung zwischen Peptidgruppen, **2** Disulfidbrücken zwischen Cys-Resten, **3** Ionenbindung zwischen Asp- und Lys-Seitenketten, **4** hydrophobe Wechselwirkung zwischen einem Valin- und einem Isoleucinrest (hell ausgespart: Raum, aus dem Wasser verdrängt wird), **5** Haarnadel- oder Umkehrschleife

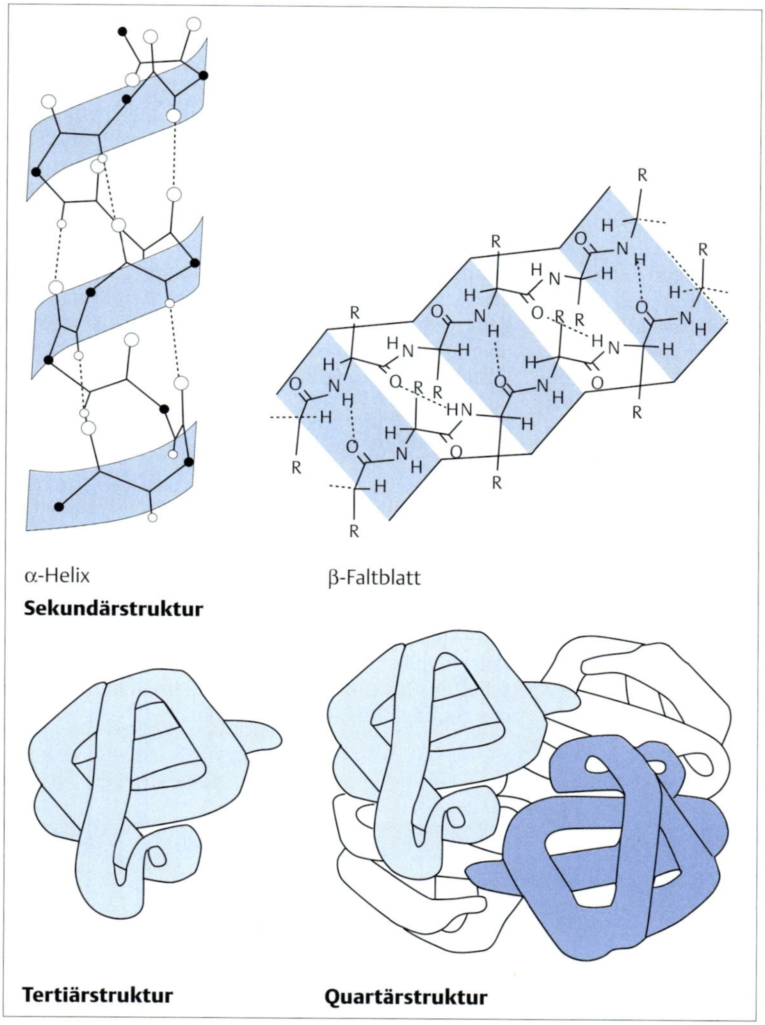

Abb. 2.**10** Die verschiedenen Proteinkonformationen

räumlicher Anordnung kann man verschiedene Proteinstrukturen unterscheiden.

Räumliche Anordnung von Proteinen

Primärstruktur: Besteht eine Aminosäuresequenz aus mehr als 100 Aminosäuren, so bezeichnet man sie als Protein. Diese reine Aneinanderreihung von Aminosäuren (*Sequenz*) stellt die Primärstruktur eines Proteins dar.

Sekundärstruktur: Zwischen den Aminosäuren in der Sequenz bestehen physikochemische Wechselwirkungen, so daß sich in einem dynamischen Prozeß die endgültige räumliche Struktur ausbildet. Zunächst bilden sich H-Brücken zwischen den C = O- und N–H-Gruppen der Peptidbindungen aus. Je nach Sequenz entsteht entweder eine *a-Helix* oder eine *Faltblattstruktur*. Befindet sich *Prolin* in der Sequenz, so kann sich in dieser Region keine α-Helix ausbilden.

Tertiärstruktur: Die Tertiärstruktur ist die *vorläufig* endgültige räumliche Anordnung einer Aminosäuresequenz. *Disulfidbrücken, Ionenanziehungskräfte, Wasserstoffbrücken* und vor allem *lipophile Wechselwirkungen* zwischen den einzelnen Resten sind für die Ausbildung der Tertiärstruktur verantwortlich (Abb. 2.**9**). Da Proteine (vor allem Enzyme) keine starren Gebilde sind, besteht die Tertiärstruktur nur unter bestimmten Voraussetzungen. Ändern

sich diese, z. B. durch Bindung eines Liganden an sein Rezeptorprotein, so kann letzteres seine räumliche Struktur ändern.
Verschiedene Proteine können gegensätzliche Tertiärstrukturen ausbilden. Die Proteinbestandteile des Plasmas sind *globulär* angeordnet. Strukturproteine dagegen *fibrillär*. Die unterschiedlichen, von der *Primärsequenz festgelegten* Proteinstrukturen ermöglichen den Proteinen die Ausübung unterschiedlicher Funktionen.
Im wäßrigen Milieu des Körpers ragen aufgrund lipophiler Wechselbeziehungen die fettlöslichen (lipophilen) Anteile eines Proteins zur Mitte, die wasserlöslichen (hydrophilen) nach außen. Somit werden zwei Dinge erreicht. Einmal wird das Protein wasserlöslich, zudem wird im Inneren des Proteins ein praktisch wasserfreier Raum geschaffen, in dem Reaktionen ohne (eventuell störende) Einflüsse des Wassers ablaufen können.
Quartärstruktur: Bilden mehrere Proteine eine funktionelle Einheit, wie die des Hämoglobins, so bezeichnet man diese Einheit als Quartärstruktur (Abb. 2.**10**).

Zusammengesetzte Proteine

Enthalten Proteine neben dem „eigentlichen" Proteinanteil noch weitere Bestandteile, so gehen diese mit in die Nomenklatur ein. *Glykoproteine* enthalten Kohlenhydrate, *Metalloproteine* Metalle und *Lipoproteine* Lipide.

Proteindenaturierung

Wichtige Faktoren, die die Proteinkonformation bestimmen, sind die oben erwähnten lipophilen Wechselbeziehungen, die im wäßrigen Milieu auftreten. Chemische oder physikalische Einflüsse, die in diese Wechselbeziehung eingreifen, führen zu einer Veränderung der Strukturanordnung der Proteine, zur *Denaturierung*. Denaturierte Proteine sind in der Primärsequenz nicht verändert. Der Strukturverlust geht jedoch mit einem Funktionsverlust einher. Solange die Primärstuktur erhalten bleibt, ist die Denaturierung *reversibel*.

! Merke

Denaturierend wirken: Alkohol, organische Lösungsmittel, Harnstoff, aber auch pH- und Temperaturänderungen.

2.3.2 Eigenschaften

Wie Aminosäuren und Peptide sind Proteine ebenfalls *Ampholyte*. Folglich besitzen sie Puffereigenschaften. Im Blut dienen vor allem Albumine und das Hämoglobin als Puffersystem.

Tab. 2.**5** Funktion ausgewählter Proteine

Funktion	Beteiligte Proteine	Kapitel
Immunsystem	Die in der Leber synthetisierten *Komplementfaktoren* sind essentiell für die Chemotaxis, Opsonierung und Lyse von Erregern. Die verschiedenen Klassen der *Immunglobuline* vermitteln die spezifische, humorale Abwehr	17
Gerinnung	Die Blutgerinnung ist zu einem großen Teil von den *Proteasen* der Gerinnugskaskade abhängig. Zum einen, um das Fibrinnetz herzustellen, zum anderen, um die Blutstillung zu fördern	18
Bewegung	*Aktin*, *Myosin* und *Tropomyosin* bilden die Grundlage der muskulären Kontraktion	Physiologie 6 und 13
Energiehaushalt	Bei Energiemangel können sowohl endogene als auch exogene Proteine in ihre Aminosäurebestandteile zerlegt und „verbrannt" werden. Der *ATP-Synthetase-Komplex* der Mitochondrienmembran ermöglicht die Synthese von ATP aus ADP	
Transport innerhalb des Körpers	Viele lipophile Substanzen werden an *Albumin* gebunden und so zu ihrem Bestimmungsort transportiert. Auch viele Pharmaka, z. B. Digitoxin, binden mit großer Affinität an Albumin	
Transport zwischen Zelle und Extrazellulärraum	Die *Membranproteine* informieren die Zelle mittels *Rezeptorproteinen* über ihre Aufgaben	
Stoffwechsel	Jeder Stoffwechselweg im menschlichen Organismus ist auf *katalytische Enzyme* angewiesen	

Die *Löslichkeit* eines Proteins hängt u. a. von seiner Umgebung (Temperatur, pH, Puffer etc.) ab.

2.3.3 Reaktionen

Die Reaktionen der Proteine entsprechen denen der Peptide (s. 2.2.3): Entstehung durch *Polykondensation*, *Hydrolyse* unter Einwirkung von starken Säuren oder Laugen, sowie enzymatische Aufspaltung durch *Proteasen*.

2.3.4 Funktion

Die Vielzahl der Funktionen wird in entsprechenden Kapiteln behandelt. Hier soll nur ein Überblick über ausgewählte Proteinfunktionen gegeben werden (Tab. 2.**5**). Die in der Tabelle 2.**6** aufgeführten Werte beziehen sich auf gesunde Erwachsene. Bei Säuglingen und im Krankheitsfall fällt die Zusammensetzung der Serumproteine unterschiedlich aus.

2.3.5 Serumproteine

Verteilung und Zusammensetzung der im Serum vorkommenden Proteine lassen Rückschlüsse auf verschiedene Krankheiten zu. Bei der Auftrennung der Serumproteine durch *Elektrophorese* (s. u.) unterscheidet man insgesamt 5 Fraktionen (Tab. 2.**6** und Abb. 2.**11**).

2.3.6 Möglichkeiten zur Auftrennung von Proteinen

Elektrophorese

In der Klinik wird die Elektrophorese eingesetzt, um die Serumproteine aufzutrennen. Das Prinzip gleicht der elektrophoretischen Auftrennung von Aminosäuren, nur sind hier Proteine (die wie Aminosäuren einen isoelektrischen Punkt besitzen) im Puffer gelöst (Abb. 2.**11**).

Isoelektrische Fokussierung

Die isoelektrische Fokussierung ermöglicht eine noch größere Trennschärfe als die Elektrophorese. Bei der isoelektrischen Fokussierung wird eine Elektrophorese durch eine Lösung mit zur Kathode hin steigendem pH durchgeführt. Die Proteine wandern nun entsprechend ihrer Ladung, Größe, etc., bis sie an ihrem I.P. liegenbleiben. Diffundiert ein Protein von seinem I.P. weg, so ändert sich seine Ladung (anderer Umgebungs-pH), und das Protein wird wieder zu seinem I.P. gezogen.

Gelfiltration

Das zu trennende Proteingemisch wird auf eine Gel-Säule aufgetragen. Das Gel besteht meist aus Dextranen oder Polyacrylamiden, die im Wasser gequollen sind. Die gequollenen Gele bilden nun unterschiedlich große Hohlräume, in denen sich die kleinen Pro-

Tab. 2.**6** Fraktionen der Serumelektrophorese und deren Hauptbestandteile

Fraktion	Prozentualer Anteil	Konzentration in g/l	Hauptbestandteile	Hauptfunktion
Albumin	**60%** – 68 %	35 – 50	Albumin	Transport von lipophilen Substanzen
α_1-Globuline	1,3 % – **4 %**	1,3 – 3,9	α_1-Antitrypsin	Proteaseninhibitor; gehört zu den Akut-Phase-Proteinen
			HDL	Bedeutend für den Fettstoffwechsel
α_2 -Globuline	4,2 % – **8%**	5,4 – 11,2	Antithrombin III	Inaktiviert Thrombin; in Verbindung mit Heparin um ein Vielfaches wirksamer (Antikoagulanzientherapie mittels Low-dose-Heparinisierung)
			Haptoglobin	Bindet freies Hämoglobin
β-Globuline	7 % – **12%**	6 – 12,5	LDL	bedeutend für den Fettstoffwechsel
			CRP (c-reaktives-Protein)	gehört zu den Akut-Phase-Proteien
			Transferrin	für den Eisentransport unentbehrlich
γ-Globuline	12 % – **16%**	6 – 15	alle Klassen der Immunglobuline	spezifische Immunabwehr

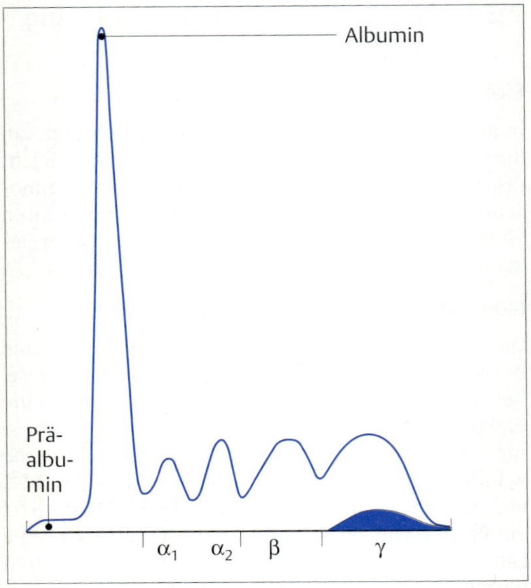

Abb. 2.**11** Serumelektrophorese (aus Keller, Thieme 1991)

teine des Gemischs „verfangen“. Folglich gelangen die großen Partikel früher am Ende der Säule an und können hier aufgefangen werden. Damit sich die Bestandteile des Proteingemischs in Richtung Säulenende bewegen, wird ein Lösungsmittel (meist Wasser) zugegeben.

Western-Blot

Der Western-Blot ist die wohl eleganteste Methode, bestimmte Proteine nachzuweisen. Zunächst werden die Proteine durch die Elektrophorese getrennt. Dann wird Nitrozellulosepapier auf das Gel gelegt. Das Papier nimmt die Proteine vom Gel auf; eine Kopie des Bandenmusters ist nun auf dem Papier fixiert. Mit Hilfe monoklonaler Antikörper können dann entsprechende Proteine identifiziert werden.

Klinischer Bezug

Wurden mittels ELISA (enzyme-linked immunosorbent assay) **HIV-Anitkörper** im Serum eines Patienten nachgewiesen, wird der Western-Blot zur Bestätigung durchgeführt. Gereinigte HIV-Viren werden vor der Western-Blot-Analyse in Untereinheiten aufgespalten. Dieses Material wird dann geblottet und der Nitrozellulosestreifen mit Patientenserum inkubiert. Enthält das Serum Antikörper gegen Bestandteile des HIV-Virus, so reagieren diese mit den Viruspartikeln auf dem Papier.
Allerdings ist die Beurteilung eines solchen Blots nicht einfach. Auch gibt es verschiedene Ansichten darüber, wann ein Befund als positiv zu bewerten ist.

Die Bezeichnung Western-Blot stammt von dem Namen Southern. Southern führte den Blot mit DNA (anstelle von Antikörpern benutzte er Gensonden) durch und benannte diese Methode *Southern-Blot*. Bald blottete man auch RNA (der Einfachheit halber *Northern-Blot* genannt) und schließlich auch Proteine. Die eigene Kreativität ist gefragt, um den Eastern-Blot zu entwickeln!

Chemie der Fettsäuren und Lipide

Lipide sind eine in der Natur weit verbreitete Stoffklasse. Sie lösen sich gut in organischen Lösungsmitteln (Benzol, Äther). Strukturell weisen die *hydrophoben* Lipide eine große Inhomogenität auf.

Merke

Eine Substanz ist *hydrophob* („wasserfürchtend") und *lipophil* („fettliebend"), wenn sie sich schlecht in wäßrigen, aber gut in organischen Lösungsmitteln löst. Eine Substanz ist *hydrophil* und *lipophob*, wenn das Lösungsverhalten genau gegenteilig ist.

Die **Einteilung** der Lipide wird unterschiedlich gehandhabt. Um einen Überblick über die verschiedenen Stoffgruppen der Lipide zu erhalten, ist folgende Einteilung hilfreich (Tab. 3.**1**):

- Fettsäuren (s. 3.1)
- Glycerinderivate (s. 3.2)
- Sphingosinderivate (s. 3.3)
- Isoprenderivate (s. 3.4)

Lipide sind eine äußerst interessante Stoffgruppe. Die Funktion der Fette (Triglyceride) im Fettgewebe stellt nur einen kleinen Teil der Lipidfunktionen dar. Lipide sind der Grundbaustein aller biologischen Membranen, der Ausgangsstoff für viele Hormone (Steroidhormone) und Botenstoffe (Arachidonsäurekaskade).

3.1 Fettsäuren

3.1.1 Klassifizierung und Struktur

Alle Fettsäuren sind aus einer langkettigen *Kohlenwasserstoffkette* aufgebaut, an die eine *Carboxylgruppe* (-COOH), gebunden ist (Abb. 3.**1**). Je nach Beschaffenheit der Kohlenwasserstoffkette werden geradzahlige, ungeradzahlige, gesättigte und ungesättigte Fettsäuren unterschieden (Tab. 3.**2**).

Vom *ernährungsphysiologischen* Standpunkt aus werden die Fettsäuren in *essentielle* und *nicht essentielle* eingeteilt. Essentielle Fettsäuren müssen vom menschlichen Organismus aufgenommen werden, da er sie nicht selbst synthetisieren kann. Essentielle Fettsäuren sind mehrfach ungesättigt. Beispiele sind Linol- und Linolensäure. Vor allem pflanzliche Öle sind reich an essentiellen Fettsäuren, die besonders für die Prostaglandinbiosynthese benötigt werden.

Tab. 3.**1** Klassifizierung der Lipide

Lipidklasse	Lipid	Bekannter Vertreter
Fettsäuren	– Klassifizierung anhand von Kettenlänge und Anzahl der Doppelbindungen	
Glycerinderivate	– einfache Lipide – komplexe Lipide	– Triglyceride (Fette) – Lecithin (Phosphatidylcholin)
Sphingosinderivate	– Ceramid – Sphingomyeline – Glyco-(sphingo)-lipide	– einfachster Stoff der Gruppe – Ceramid + Phosphorylcholinrest – Ceramid + glykosidisch gebundener Zucker
Isoprenderivate	– Steroide – Terpene	– Cholesterol (Cholesterin) – β-Carotin und Vitamin A

Tab. 3.2 Klassifizierung der Fettsäuren

Fettsäure	Aufbau der Kohlenwasserstoffkette
geradzahlig	Anzahl der C-Atome geradzahlig
ungeradzahlig	Anzahl der C-Atome ungeradzahlig
gesättigt	keine Doppelbindungen in der Kette
ungesättigt	eine (einfach ungesättigt) oder mehrere (mehrfach ungesättigt) Doppelbindungen in der Kette

3.1.2 Eigenschaften

Die physikalisch-chemischen Eigenschaften einer Fettsäure werden von der gut wasserlöslichen *Carboxylgruppe* und der lipophilen *Kohlenwasserstoffkette* bestimmt. Länge und chemischer Aufbau der Kohlenwasserstoffkette beeinflussen Löslichkeit und Schmelzpunkt einer bestimmten Fettsäure. Die *Löslichkeit* im wäßrigen Milieu nimmt mit zunehmender Kettenlänge und steigendem Sättigungsgrad ab. Der *Schmelzpunkt* einer Fettsäure liegt höher, wenn die Fettsäure

- geradzahlig,
- gesättigt,
- cis-konfiguriert oder
- unverzweigt ist.

Langkettige Fettsäuren ordnen sich in wäßrigen Lösungsmitteln nach einem bestimmten Muster an (Mizellen). Näheres zur Mizellenbildung s. 3.2.3.

3.1.3 Reaktionen

Chemische Reaktionen an Fettsäuren können an zwei verschiedenen Stellen stattfinden:

- an der *Kohlenwasserstoffkette* und
- an der *Carboxylgruppe*.

Reaktionen der Kohlenwasserstoffkette

Ungesättigte Fettsäuren unterliegen an der Luft und im Organismus der *Autoxidation*. Bei diesem Vorgang werden aus den Fettsäuren sogenannte *freie Radikale*. Freie Radikale besitzen ein freies Elektronenpaar und sind sehr reaktiv. Die im Organismus gebildeten freien Radikale können sowohl die Erbsubstanz (DNA), als auch wichtige Proteine angreifen und zerstören.

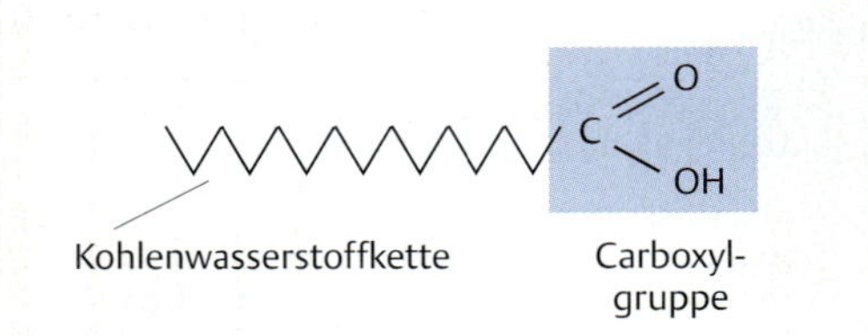

Abb. 3.1 Struktur der Fettsäuren

> **Klinischer Bezug**
>
> **Antioxidantien** schützen vor den Folgen der Radikalbildung. Antioxidantien im menschlichen Körper sind z. B. Vitamin E (in Membranen) und Vitamin C (in der wäßrigen Phase).

Reaktionen der Carboxylgruppe

Die Carboxylgruppe der Fettsäuren reagiert hauptsächlich zu Estern, Amiden, Säureanhydriden, Aldehyden und Alkoholen (Abb. 3.2).

3.1.4 Funktion

Fettsäuren können im Organismus durch die β-Oxidation zu Acetyl-CoA abgebaut werden, das im Endeffekt der ATP-Synthese dient. Eine wichtige Funktion der Fettsäuren ist somit die *Energieversorgung* des Organismus. Ferner sind die Fettsäuren Grundbaustein von wichtigen organischen Verbindungen. Zu diesen zählen die *Phospholipide*, die Bestandteil der biologischen Membranen sind, *Prostaglandine*, die die Kommunikation zwischen Zellen ermöglichen, und die *Sphingo-* und *Glycerolipide*, die im Gehirn vorhanden sind.

> **Merke**
>
> Die *Membranfluidität* (Bewegungen innerhalb der Membran) wird durch die Zusammensetzung der an ihrem Aufbau beteiligten Phospholipide beeinflußt. Sind kurzkettige, ungesättigte Fettsäuren Bestandteil der Phospholipide, erhöht sich die Membranfluidität.

3.2 Glycerinderivate

3.2.1 Klassifizierung und Struktur

Sämtliche Glycerinderivate stammen von dem dreiwertigen Alkohol *Glycerin* ab. *Einfache* Glycerinderivate bestehen aus drei mit Glycerin veresterten Fettsäuren (Triglyceride), *komplexe* Glycerinderivate enthalten neben 2 Fettsäuren noch einen weiteren, mit dem Glycerin veresterten Bestandteil. Mono- und Diacylglycerine treten beim enzymatischen Ab- und Aufbau der Triacylglycerine auf.

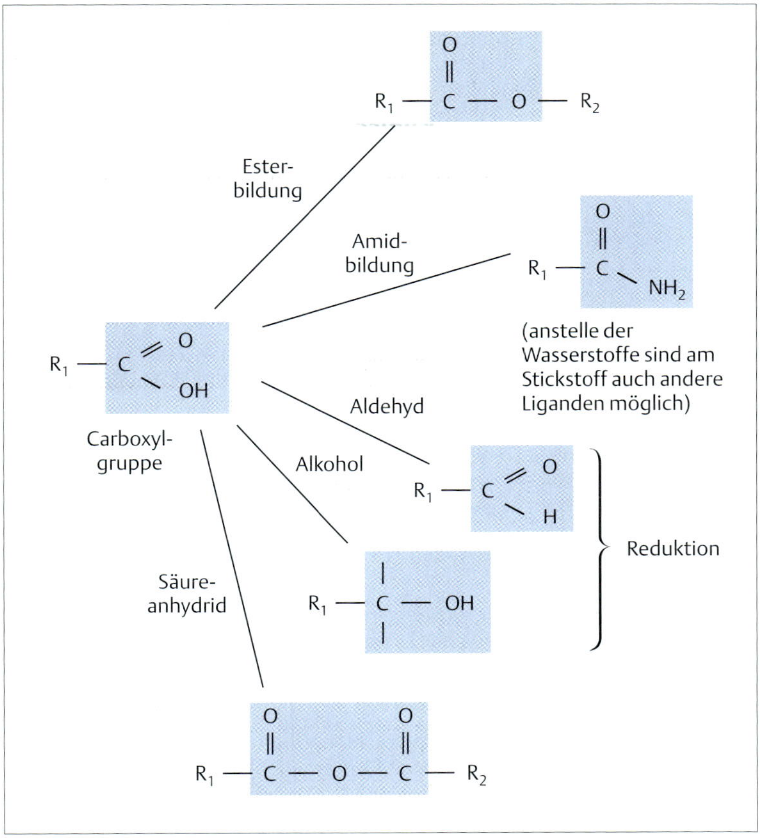

Abb. 3.**2** Reaktionen der Carboxylgruppe von Fettsäuren

3.2.2 Einfache Glycerinderivate

Struktur

Fette (Triglyceride, Triacylglycerole) sind aus drei mit Glycerin veresterten Fettsäuren aufgebaut (Glycerintriester). Die an der Verbindung beteiligten Fettsäuren können in ihrem chemischen Aufbau variieren; ist ein hoher Anteil an mehrfach ungesättigten Fettsäuren mit Glycerin verestert, ist die Verbindung bei Raumtemperatur flüssig (*Öle*) (Abb. 3.**3**).

! Merke

Wachse (einfache Lipide) bestehen aus einem einwertigen Alkohol, der mit einer langkettigen Fettsäure verestert ist.

Reaktionen

Die liphophilen Triglyceride werden im Organismus durch *Lipasen* hydrolytisch gespalten. Ihre Synthese (Muskel, Fettgewebe, Leber) erfolgt unter Wasserabspaltung an Glycerinphosphat.

Außerhalb des Organismus ist die *Verseifungsreaktion* der Triglyceride von Bedeutung. Unter leichtem Erhitzen und in Gegenwart von Säuren oder Basen entsteht aus dem Triglycerid Glycerin (Glycerol) und die Salze der Fettsäuren.

Die Salze der Fettsäuren senken in Wasser die Oberflächenspannung und können sich zu Mizellen anordnen, da sie je eine polare und unpolare Gruppe aufweisen. Darauf beruht die Wirkung von Seifen (daher der Name der Reaktion!): Seifen erniedrigen die Oberflächenspannung von Wasser und erleichtern somit das Benetzen (Befeuchten) von Oberflächen.

Funktion

Die lipophilen Triglyceride werden vor allem im Fettgewebe gespeichert. Fettgewebe ist u. a. ein großer Energiespeicher und dient dem Organismus als

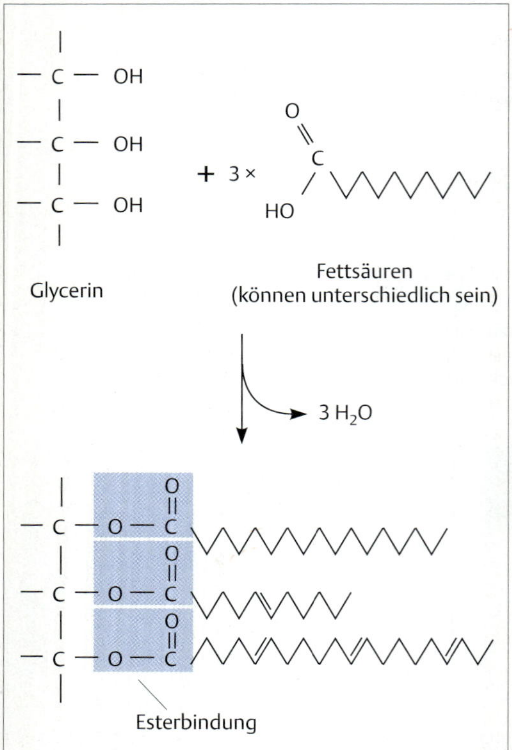

Abb. 3.**3** Fette (Triglyceride, Triacylglycerole)

Kälteisolation, Baufett, mechanisches Polster, etc. (s. auch Anatomie).

3.2.3 Komplexe Glycerinderivate

Aufbau

Merke

Komplexe Lipide (allgemein) sind Fettsäureester des Glycerins oder Sphingosins, an die eine weitere organische Verbindung gebunden ist.

Phosphoglyceride: Einfachster Vertreter der Phosphoglyceride ist die *Phosphatidsäure*, bei der eine Fettsäure durch einen Phosphatrest ausgetauscht wurde. Im Organismus kommt sie nur in Spuren vor, obwohl sie ein häufiges Zwischenprodukt der Synthese der anderen Phosphoglyceride ist. Die weiteren Phosphoglyceride enthalten eine weitere organische Verbindung, die als Ester an den Phosphorsäurerest gebunden ist. Chemisch liegen Phosphorsäurediester vor, da der Phosphorsäurerest 2 Esterbindungen aufweist.
Biologische Membranen bestehen zu einem großen Teil aus *Lecithin*, das Cholin als Ester am Phosphatrest gebunden hat. Bei den *Kephalinen* ist Etholamin oder die Aminosäure Serin am Phosphatrest verestert (Phosphatidyletholamin bzw. -serin). An der Auslösung von Second-messenger-Prozessen ist ein Abkömmling (PIP_2) des *Phosphatidylinositol* beteiligt. Am Phosphoinositol ist der zyklische Alkohol Inositol als Ester gebunden.
Weitere Phosphoglyceride sind das in Mitochondrienmembranen in hohen Konzentrationen vorkommende *Cardiolipin* und die *Plasmalogene*.

Klinischer Bezug

Einige **Schlangengifte** enthalten Enzyme, um die zweite Fettsäure der Phosphogylcerine abzuspalten. Die entstehenden Lysophosphoglyceride wirken in geringsten Konzentrationen hämolytisch.

Die prüfungsrelevanten Phosphoglyceride sind am Ende dieses Abschnitts in Abb. 3.**5** und Tab. 3.**4** aufgeführt.

Eigenschaften

Phosphoglyceride enthalten einen polaren, wasserlöslichen und einen unpolaren, fettlöslichen Anteil. Solche *amphiphilen* Verbindungen (amphiphil: „beides liebend“) ordnen sich in wäßrigen Lösungen nach einem bestimmten Muster an (Abb. 3.**4**).
Senkung der Oberflächenspannung: In Wasser *senken sie die Oberflächenspannung*, da die fettlöslichen Anteile aus dem Wasser hinausragen und somit keine Wasserstoffbrücken zwischen benachbarten Wassermolekülen mehr ausgebildet werden können. Legt man eine Rasierklinge vorsichtig auf Wasser, verhindert die Oberflächenspannung das Absinken. Sobald Spülmittel zugegeben wird, sinkt die Rasierklinge, da die Oberflächenspannung abgenommen hat.
Mizellenbildung: Ab einem bestimmten Konzentrationsverhältnis zwischen wäßriger Phase und amphiphilen Stoffen *bilden sich Mizellen*. Bei Mizellen, kugeligen Gebilden, ragen die fettlöslichen Anteile nach innen, die wasserlöslichen nach außen.
Lipiddoppelschichten: Besonders Phosphoglyceride (z. B. Lecithin) und Spingolipide bilden *Lipiddoppelschichten* aus. Lipiddoppelschichten sind der Grundbaustein der biologischen Membranen. An der äußeren und inneren Oberfläche befinden sich die wasserlöslichen Anteile, in dem Zwischenraum die fettlöslichen.

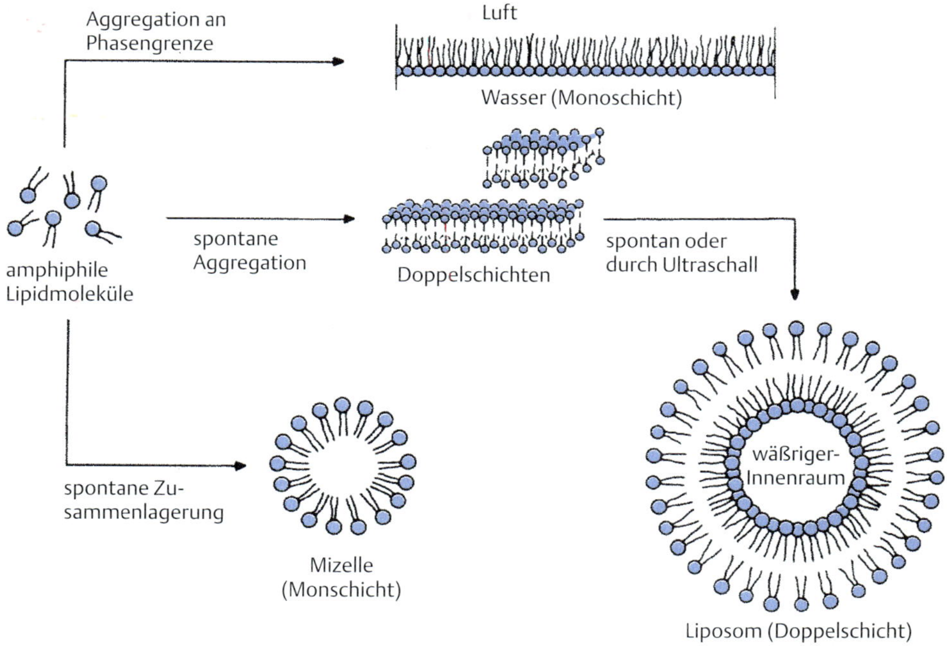

Abb. 3.**4** Möglichkeiten der Zusammenlagerung von Phospholipiden in wäßriger Phase (aus Breitmaier/Jung, Thieme 1995)

Liposome: Ultraschallwellen, z.T. auch spontan, fördern die Zusammenlagerung zu *Liposomen*. Liposome sind aus einer Lipiddoppelschicht aufgebaut, die in ihrem Inneren einen Teil der wäßrigen Phase umschließt. Liposomen können die Resorption schlecht aufnehmbarer Pharmaka verbessern.

Merke

Sphingolipide, Seifen der Fettsäuren, Mono- und Diacylglyceride sind wie die Phosphoglyceride *amphiphile Verbindungen* (Tab. 3.**3**).

Klinischer Bezug

Narkosemittel, meist liphophile Moleküle, lagern sich in Membranen ein und bewirken dort eine Verdichtung der Membran. Diese Verdichtung ist ein Hindernis für die Konformationsänderung der Na-Kanäle, die wiederum Voraussetzung für das Zustandekommen eines Aktionspotentials ist.

Funktion

Wie oben bereits erwähnt, sind Phosphoglyceride hauptsächlich Bausteine biologischer Membranen. Einige Phosphoglyceride sind als Ausgangsstoffe für Second messenger und die Blutgerinnung von Bedeutung (Abb. 3.**5** und Tab. 3.**4**).

Tab. 3.**3** Zusammenlagerung amphiphiler Stoffe

Art der Zusammenlagerung	Folge, Besonderheiten
Aggregation an Phasengrenze	– Senkung der Oberflächenspannung in Wasser
Lipiddoppelschicht	– Membranaufbau
Mizelle	– Größe zwischen 1 und 10 nm
Liposom	– Umschließt einen Teil der wäßrigen Phase

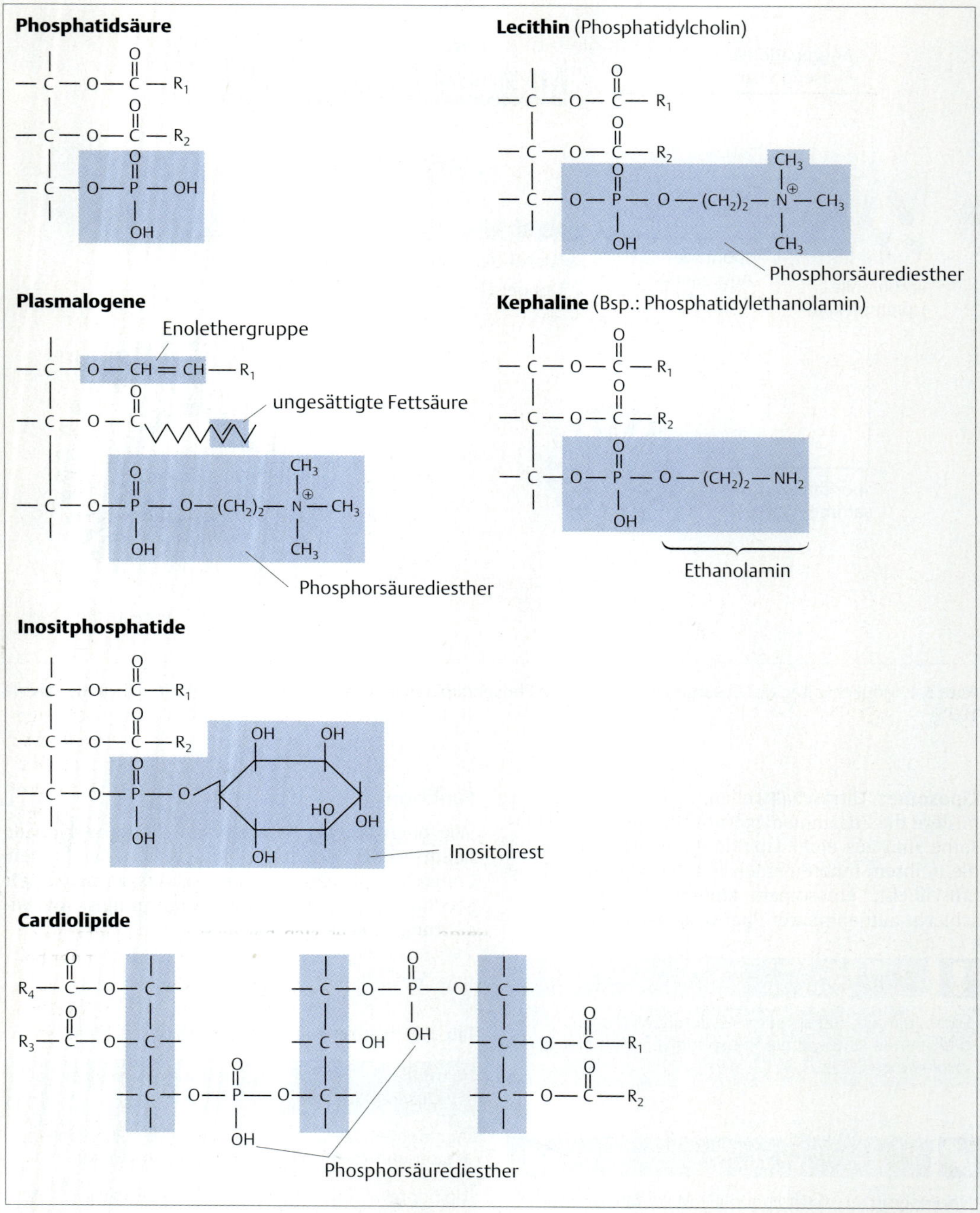

Abb. 3.**5** Strukturformeln einiger Phosphoglyceride

Tab. 3.**4** Phospholipide des Glycerins

Phosphoglycerid	Chemischer Aufbau (Glycerin+...)	Funktion, Besonderheiten
Glycerophosphatide (Phosphatidsäure)	– 2 Fettsäuren – Phosphorsäurerest	– bildet Liposomen, Mizellen, etc. in wäßriger Lösung aus
Lecithin (Phosphatidylcholin)	– 2 Fettsäuren – Phosphorsäurediester mit Cholin	– häufiger Bestandteil biologischer Membranen – quartäres N-Atom – Chiralitätszentrum (C2 des Glycerins)
Plasmalogene	– an C1 ist ein Fettsäurealdehyd als Enolether gebunden – an C2 eine ungesättigte Fettsäure – an C3 Phosporsäurediester mit Cholin	–
platelet activating factor (PAF)	– an C1 veresterte Fettsäure – an C2 verestete Methylgruppe – an C3 Phosporsäurediester mit Cholin	– löst die Thrombozytenaggregation aus
Kephaline	– 2 Fettsäuren – Phosphorsäurediester mit Serin oder Ethanolamin	–
Inositphosphatide	– 2 Fettsäuren – Phosphorsäurediester mit Inosit	– Ausgangsstoff für Second messenger (IP_3) – Bestandteil der Plasmamembran
Cardiolipide	– an C1 und C3 ist je ein Glycerinmolekül mit je 2 Fettsäuren als Phosphorsäurediester gebunden	– häufiger Bestandteil der Mitochondrienmembran

3.3 Sphingosinderivate

Die Glycerinderivate enthalten als „Grundgerüst" das Glycerin, die Sphingosinderivate den Amino-di-Alkohol *Sphingosin*. Ist die Aminogruppe des Sphingosins mit einer Fettsäure als Säureamid verknüpft, entsteht *Ceramid*, das einfachste der Sphingolipide (Tab. 3.**5**).

! Merke

Eine *Säureamidbindung* (R–CO–NHR) nicht mit einer Peptidbindung verwechseln! Eine Peptidbindung tritt definitionsgemäß nur zwischen 2 Aminosäuren auf.

Sphingomyeline: Unter dem Begriff Sphingomyeline werden alle Verbindungen zusammengefaßt, die einen an Ceramid gebundenen Phosphorylcholinrest enthalten (Abb. 3.**6**). Die Namensgebung rührt daher, daß sich die Sphingomyeline hauptsächlich in den Myelinscheiden des Nervengewebes befinden. Einige Sphingomyeline sind Bestandteil der Plasmamembran.

Glykosphingolipide: Verbindungen zwischen Ceramid und einem Kohlenhydrat sind Glykosphingolipide. Handelt es sich bei dem Kohlenhydratanteil um ein Monosaccharid (z. B. Galactose), so ist der betreffende Stoff ein Cerebrosid. Cerebroside lassen sich im zentralen Nervensystem in hohen Konzentrationen nachweisen. Zum Teil liegen die Mono-

Tab. 3.**5** Sphingolipide

Sphingolipid	Einzelne Stoffgruppen	Chemischer Aufbau
Ceramid	–	Sphingosin + Fettsäure
Sphingomyeline	–	Ceramid + Phosphorylcholinrest (Ester)
Glykosphingolipide	Cerebroside Sulfatide Ganglioside	Ceramid + Monosaccharid Ceramid + sulfatiertes Monosaccharid Ceramid + Oligosaccharid

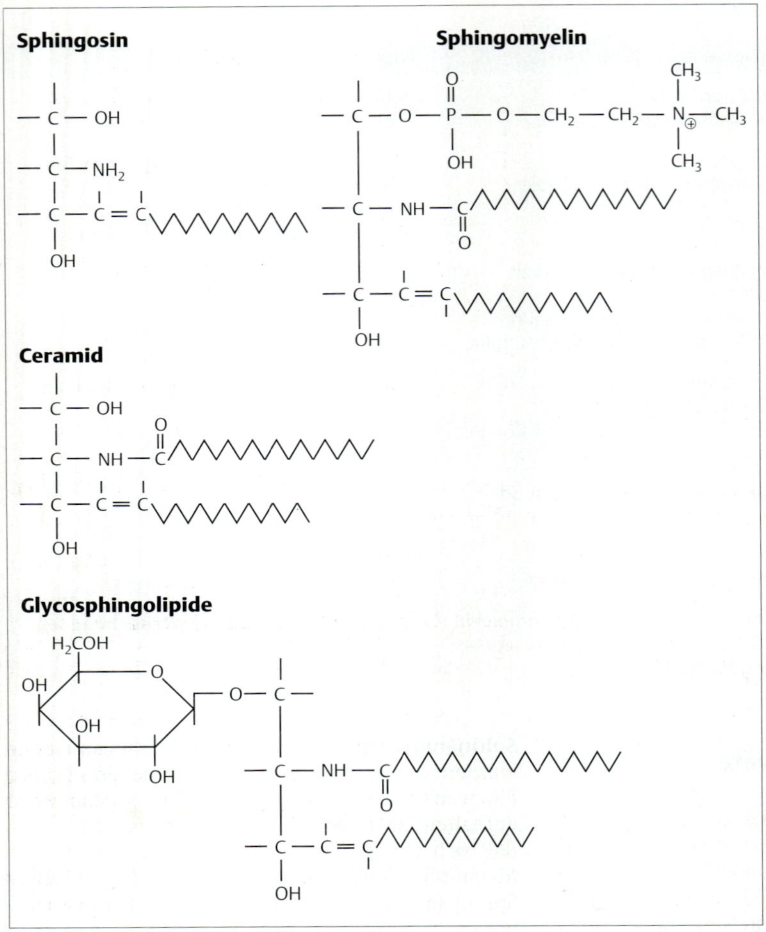

Abb. 3.**6** Sphingolipide

saccharide sulfatiert vor → *Sulfatide*. Bei den *Gangliosiden* handelt es sich schließlich um Ceramid mit komplex aufgebauten Oligosacchariden. Auch die Ganglioside werden vor allem im Nervengewebe gefunden (in der grauen Substanz des Gehirns). Ein (für das Physikum wichtiger) Baustein der Ganglioside ist die N-Acetylneuraminsäure (NANA).

Klinischer Bezug

Störungen des Sphingomyelinstoffwechsels sind meist angeboren und führen zu einer Ansammlung des betroffenen Lipids in Organen. Die häufigste Form dieser Defekte ist der **Morbus Gaucher**, bei dem sich die Ganglioside in der grauen Substanz des Gehirns und anderen Organen ablagern, was eine Degeneration der Neurone zur Folge hat. Leider ist z. Z. keine kausale Therapie möglich.

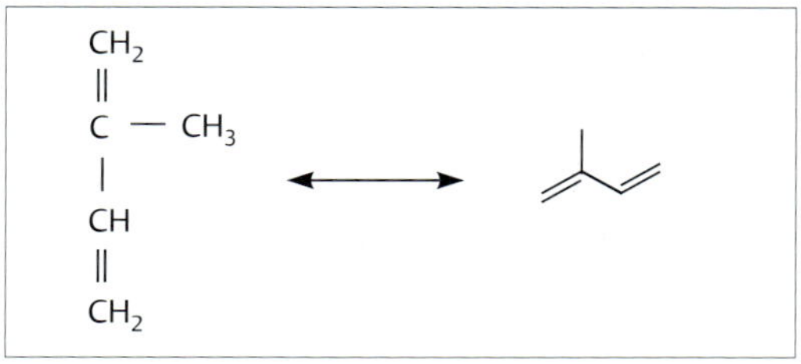

Abb. 3.**7** Isopren, Baustein der Terpene und Steroide

3.4 Isoprenderivate

Von Isopren (Abb. 3.**7**) leiten sich zwei weitere Lipidgruppen ab:

- *Terpene*, die durch Polymerisation mehrerer Isopreneinheiten entstehen (Di-, Triterpen usw.),
- *Steroide*, die durch Zyklisierung des Triterpens Squalen entstehen.

! Merke

Die Bildung von Makromolekülen aus kleinen organischen Bausteinen durch chemische Reaktionen wird als *Polymerisation* bezeichnet.

3.4.1 Terpene

In der Natur spielen Terpene eine wichtige Rolle. Einige fungieren als Pheromone bei Insekten. Insekten benutzen Pheromone (Duftstoffe), um sich untereinander zu verständigen. Für den menschlichen Organismus sind vor allem die fettlöslichen Vitamine A, E und K als Terpene bedeutsam (s. Kap. 5). Auch das β-Carotin, Vorstufe des Vitamin A, wird zu den Terpenen gerechnet. Vitamin A und β-Carotin wurden

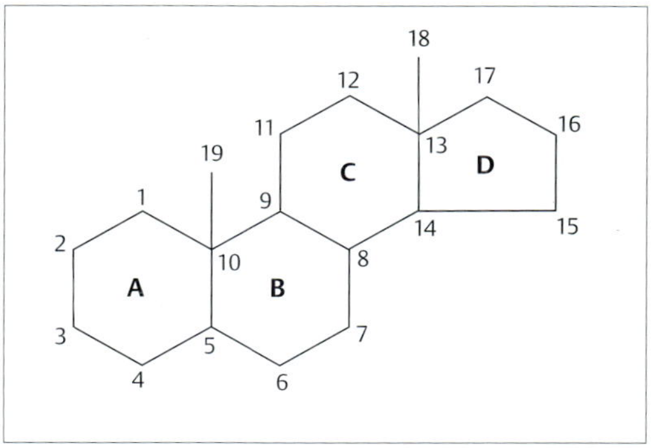

Abb. 3.**8** Steroidgrundgerüst

zuerst in Karotten entdeckt, daher auch die Bezeichnung *Carotinoide*.

3.4.2 Steroide

Der menschliche Organismus ist in der Lage, aus Squalen durch Zyklisierung Cholesterin herzustellen (s. Kap. 6). Das gebildete Cholesterin enthält das *Steroidgrundgerüst*, von dem sich alle anderen Steriode ableiten (Abb. 3.**8**).

Die Steroide dienen im Organismus vor allem als Hormone und spielen bei der Ausscheidungsfunktion (Gallensäuren) eine wichtige Rolle. Steroidhormone sind Vitamin-D-Hormon, Cortisol, Sexualhormone und das Aldosteron.

! Merke

Vitamin D leitet sich vom Steroidgerüst ab, enthält es aber nicht in seiner Strukturformel.

Nukleotide, Nukleinsäuren, Chromatin

Allgemeine Grundlagen

Nukleinsäuren werden als Schlüsselmoleküle des Lebens bezeichnet, da sie die *Träger der genetischen Information* sind. Insbesondere sind sie am Prozeß des Eiweißaufbaus direkt beteiligt, was ihre Bedeutung zusätzlich unterstreicht. Nukleinsäuren sind Polynukleotide (Makromoleküle, die sich aus vielen einzelnen Nukleotiden zusammensetzen), die in bezug auf den enthaltenen Zucker, als *Desoxyribonukleinsäuren* (DNA) oder *Ribonukleinsäuren* (RNA) bezeichnet werden (Abb. 4.**1**).

4.1 Nukleotide

4.1.1 Struktur

Nukleotide sind die Bausteine, aus denen Nukleinsäuren gebildet werden. Sie bestehen jeweils aus einer Base, einem Zuckermolekül und einem Phosphatrest. Als Zuckermoleküle werden zwei unterschiedliche Pentosen benutzt: die *Ribose* als Zuckerbaustein aller Ribonukleinsäuren (RNA) und die *Desoxyribose*, die in den Desoxyribonukleinsäuren (DNA) vorkommt (Abb. 4.**1**).

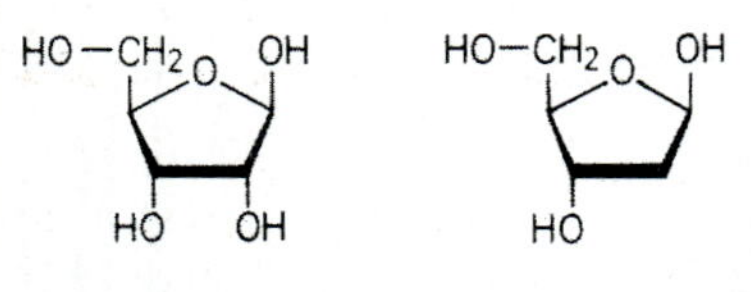

Abb. 4.**1** Struktur der Nukleinzucker

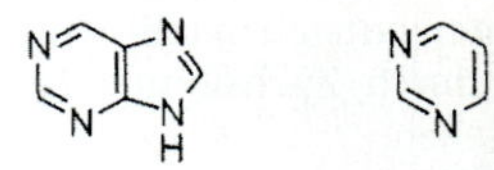

Abb. 4.**2** Grundgerüst der Nukleinbasen

Die in den Nukleotiden vorkommenden Basen sind von den Heterozyklen Purin bzw. Pyrimidin (zyklische Verbindungen, die mehrere Stickstoffatome enthalten und schwach basisch reagieren) abgeleitet.
Die einzelnen Purin- bzw. Pyrimidinbasen, die für den Nukleotidaufbau wichtig sind, sind in Abb. 4.**3** dargestellt.

Merke

Thymin kommt ausschließlich in der DNA, Uracil nur in RNA-Molekülen vor.

Neben den abgebildeten Basen bzw. Nukleosiden kommen auch noch sog. *seltene Basen* in Nukleinsäuren vor, wie z. B. Methylcytosin, Pseudouridin und N-2-Dimethylguanosin. Über die Funktion dieser seltenen Basen ist bisher nichts Genaues bekannt.
Nukleoside sind Verbindungen, die sich aus einer Base und einem Zuckermolekül zusammensetzen. Ist die beteiligte Base ein Pyrimidin-Abkömmling, so werden die entsprechenden Nukleoside mit der Endsilbe -idin bezeichnet, im Falle eines Purin-

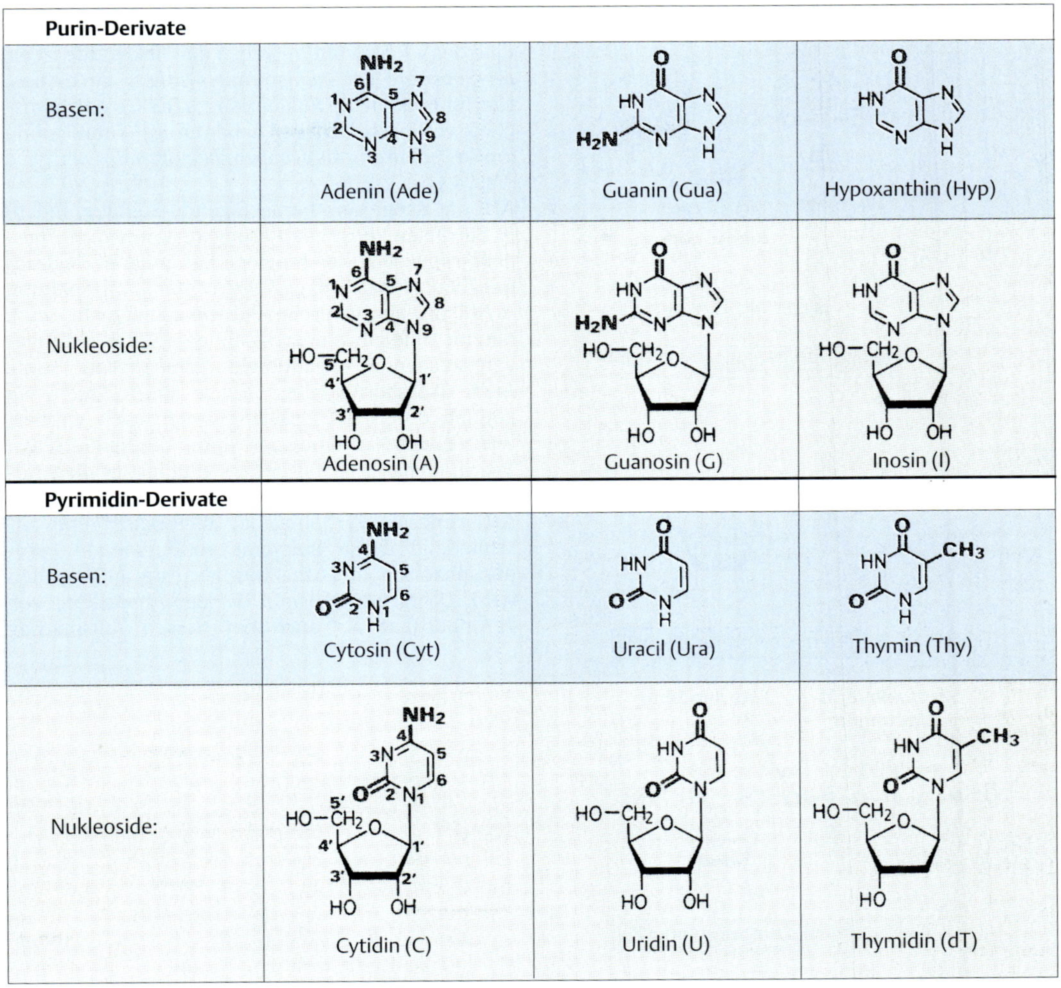

Abb. 4.**3** Nukleinbasen und Nukleoside

Nukleosids mit -osin. Die Bindung zwischen Zucker und Base wird zwischen C-1' des Zuckers und N-1 bei Pyrimidinbasen bzw. N-9 bei Purinbasen unter Wasserabspaltung gebildet. Es handelt sich um eine sog. *N-glykosidische Bindung*. Sobald ein Nukleosid am C-5' des Zuckers mit Phosphorsäure verestert wird, spricht man von einem **Nukleotid.**

Merke

Nukleoside sind N-glykosidische Verbindungen eines Zuckermoleküls mit einer Purin- oder Pyrimidinbase.

Nukleotide sind Phosphorsäureester der Nukleoside. Ist am Nukleosid nur 1 Phosphatrest gebunden, spricht man von einem Nukleosidmonophosphat, bei 2 oder 3 gebundenen Phosphatresten entsprechend von Nukleosid*di-* bzw. *tri*phosphaten (Abb. 4.**4**).

Am dargestellten AMP kann man verschiedene Bindungstypen erkennen: Adenin und Ribose sind über eine **N-glykosidische Bindung** verknüpft, der *Phosphatrest ist als Ester an der Ribose gebunden.* Um deutlich zu machen, daß bei der Esterbindung das C-5' des Zuckers beteiligt ist, wird die Substanz auch als 5'-AMP bezeichnet.

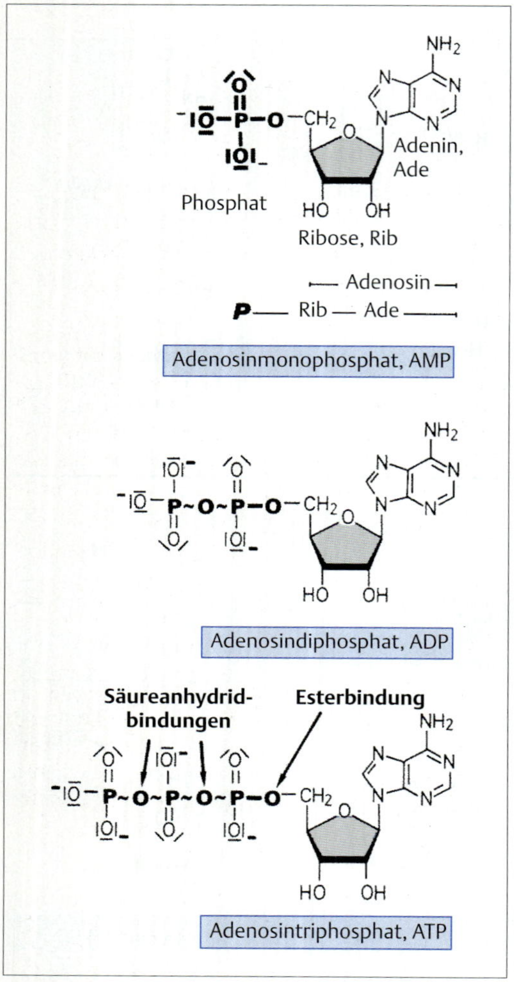

Abb. 4.**4** Nukleotidstruktur am Beispiel der Adenosinphosphate

Weitere Phosphatreste werden durch Anhydridbindungen (energiereich) an bereits vorhandene Phosphatreste gebunden. Beim *Aufbau eines Nukleotids* verlaufen die Bildung einer N-glykosidischen Bindung zwischen Zucker und Base, die Esterbildung zwischen Zucker und Phosphorsäure und die Bildung von Anhydriden durch Anlagerung weiterer Phosphatreste unter Wasserabspaltung. Es handelt sich also um *Kondensationsreaktionen*. Entsprechend können Nukleotide durch *Hydrolyse* in ihre Bestandteile zerlegt werden. Alle Nukleotide werden vom Menschen selbst synthetisiert.

4.1.2 Funktionen

Eine der wichtigsten Aufgaben der Nukleotide ist es, als *Substrate der Nukleinsäuresynthese* zu dienen. Hierfür müssen die Nukleotide als Nukleosidtriphosphate vorliegen. Daneben haben einige Trinukleotide große Bedeutung als *gruppenübertragende Coenzyme* (Tab. 4.**1**).

ATP hat dabei eine herausragende Stellung, indem es bei vielen Phosphorylierungsreaktionen als *Phosphatgruppendonator* fungiert. Bei anderen Reaktionen dient ATP als *Energielieferant*, der durch Spaltung in ADP und anorganisches Phosphat Energie freisetzt, die mit Hilfe eines Enzyms endergonische (energieverbrauchende) Reaktionen ermöglichen kann. Auch *Transportvorgänge gegen einen Gradienten* können durch ATP-Spaltung angetrieben werden, wie z. B. der Na/K-Transport durch die Na/K-ATPase. Thermodynamisch besonders ungünstige Reaktionen können dadurch angetrieben werden, daß aus ATP zunächst Pyrophosphat abgespalten und anschließend durch ubiquitär vorkommende Pyrophosphatasen in zwei Phosphatreste aufgespalten wird. Dabei wird sowohl bei der Abspaltung von Pyrophosphat als auch bei dessen Aufspaltung

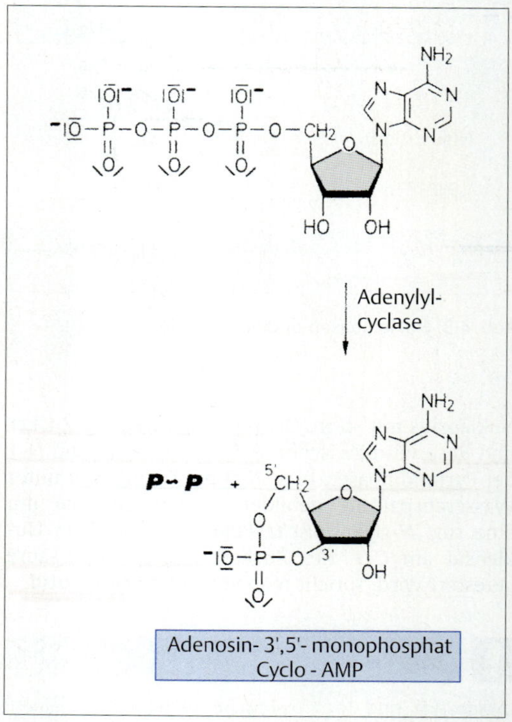

Abb. 4.**5** Synthese und Struktur von cAMP

Tab. 4.1 Nukleosidtriphosphate als Coenzyme in bestimmten Stoffwechselbereichen

Coenzym	Stoffwechselbereich	Beispiel
ATP	ubiquitär, v.a. im Energiestoffwechsel	Muskelkontraktion
UTP	Bildung von UDP-Glucose, Glykogenstoffwechsel, Glucuronsäurestoffwechsel, Galaktosestoffwechsel	Bildung von UDP-Glucuronsäure für Konjugationsreaktionen
CTP	Phospholipidstoffwechsel	Lecithinsynthese
GTP	Proteinbiosynthese, Gluconeogenese	Bildung des Initiationskomplexes bei der Translation

Energie freigesetzt, die dann für eine entsprechende Reaktion verwendet werden kann.

! Merke

Ähnliche Aufgaben können neben ATP auch UTP, GTP und CTP übernehmen, wobei jedes dieser als Coenzym agierenden Nukleosidtriphosphate in bestimmten Stoffwechselbereichen zum Einsatz kommt.

ATP und GTP sind daneben Substrate für die Bildung zweier *Second messenger*, nämlich *cAMP und cGMP*.

! Merke

cAMP ist einer der wichtigsten Second messenger, der als intrazellulärer Signalstoff Informationen von nicht membrangängigen Hormonen weitergibt.

cGMP hat ähnliche Bedeutung, ist jedoch weit weniger verbreitet. Das in Abb. 4.**5** dargestellte cAMP entsteht durch Abspaltung von Pyrophosphat aus ATP, wobei der übriggebliebene Phosphatrest an C-3' des Zuckers nochmals verestert wird, so daß ein sog. *intramolekularer Diester* entsteht. Das beteiligte Enzym ist die *Adenylylcyclase*.

4.2 Nukleinsäuren

4.2.1 Klassifizierung

Wie bereits erwähnt, können Nukleinsäuren in Abhängigkeit des eingebauten Zuckers, in DNA und RNA eingeteilt werden. Tab. 4.**2** zeigt eine weitergehende Einteilung der Nukleinsäuren sowie deren grobe molekulare Struktur, Lokalisation und Funktion.

Tab. 4.**2** Einteilung von eukaryotischen Nukleinsäuren

Bezeichnung	Struktur	Lokalisation	Funktion
DNA	Doppelhelix	Zellkern, Mitochondrien	Träger der genetischen Funktion
hnRNA (heterogene nukleäre RNA)	Einzelstrang	Zellkern	Vorstufe der mRNA
mRNA (Messenger RNA)	Einzelstrang	Zellkern, Zytosol	Transport der kopierten DNA-Information für den Aufbau eines Proteins vom Zellkern ins Zytosol
tRNA (Transfer RNA)	Einzelstrang	Zytosol	Erkennung des Codons auf der mRNA durch eine eigene Erkennungsregion (Anticodon) und Übertragung der entsprechenden AS am Ribosom
rRNA (ribosomale RNA)	Einzelstrang	Ribosomen	Strukturbaustein der Ribosomen
snRNA (small nuclear RNA)	Einzelstrang	Zellkern	Beteiligung beim Entfernen von Intronsequenzen aus der hnRNA

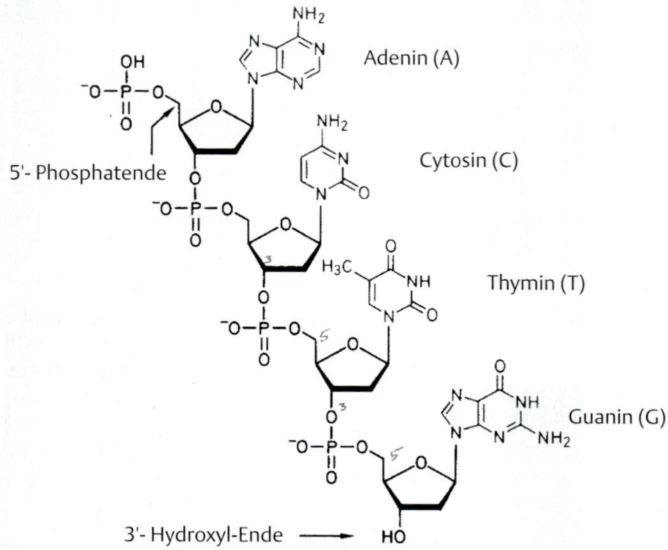

Abb. 4.**6** Teilsequenz eines DNA-Stranges

4.2.2 Struktur

Nukleinsäuren sind *Polynukleotide*, wobei die einzelnen Nukleoside durch Phosphorsäure verbunden sind. Dabei bildet die Phosphorsäure zwischen dem C-3' der einen Pentose und C-5' des nächsten Zuckers *3'–5'-Phosphodiesterbindungen* aus, so daß sich eine *repetitive Sequenz von Zucker mit gebundener Base und Phosphorsäure* ergibt. In Abb. 4.**6** ist ein Ausschnitt eines DNA-Stranges dargestellt, der diese repetitive Struktur leicht erkennen läßt. Man erkennt am untersten Nukleotid eine freie OH-Gruppe am C-3' der Desoxyribose. Dieses Ende der DNA wird entsprechend als *3'-Ende* bezeichnet. Am obersten Nukleotid ist an C-5' des Zuckers ein Phosphatrest als abschließende Gruppe gebunden. Entsprechend heißt dieses Ende *5'-Ende*.

Als Makromoleküle besitzen Nukleinsäuren, ähnlich wie Proteine, eine *Primärstruktur* (Nukleotidsequenz), eine *Sekundärstruktur* (Ergebnis der Paarung komplementärer Basen) und eine *Tertiärstruktur* (vollständige Raumstruktur).

DNA-Struktur

Die DNA liegt üblicherweise als *Doppelstrang* vor, wobei zwei Einzelstränge über Wasserstoffbrückenbindungen der Basen miteinander verknüpft sind. Dabei stehen die Basen nach innen, während die repetitive Sequenz aus Desoxyribose und negativ geladenem Phosphat nach außen steht und das Rückgrat der DNA bildet.

! Merke

Das Ausbilden von Wasserstoffbrückenbindungen zwischen den Basen erfolgt nicht willkürlich, sondern nach der Gesetzmäßigkeit der *komplementären Basenpaarung*. Diese besagt, daß Wasserstoffbrücken nur zwischen bestimmten, sog. komplementären Basen ausgebildet werden können.

Dabei wird ein Basenpaar jeweils zwischen einer Purin- und einer Pyrimidinbase ausgebildet: zwischen Adenin und Thymin mit zwei Wasserstoffbrükkenbindungen, zwischen Cytosin und Guanin mit drei Wasserstoffbrückenbindungen (Abb.4.**7**).

Aus der Tatsache, daß sich eine Base nur mit der ihr komplementären Base paaren kann, ergibt sich, daß ein DNA-Strang nur mit einem komplementären Strang einen Doppelstrang ausbilden kann.

! Merke

Ein DNA-Strang legt die vollständige Basensequenz des anderen Stranges fest. Die Doppelhelix enthält folglich die Basen Adenin und Thymin sowie Cytosin und Guanin, jeweils im Verhältnis 1:1.

Die beiden Einzelstränge eines DNA-Doppelstranges liegen *antiparallel* zueinander, d.h., daß der eine Strang von 3' nach 5' läuft, der andere entgegengesetzt von 5' nach 3'. Der DNA-Doppelstrang verdrillt

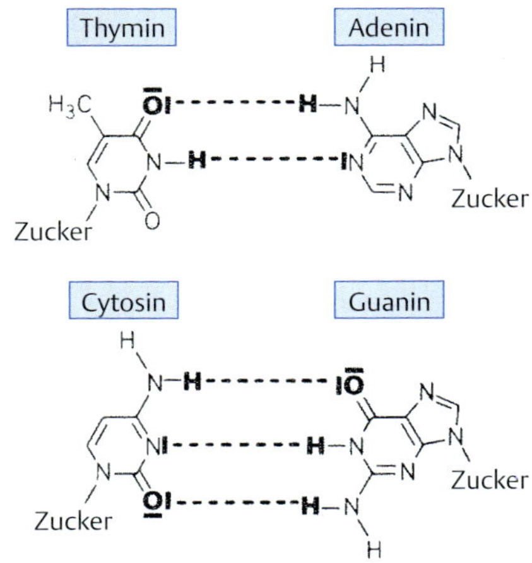

Abb. 4.7 Komplementäre Basenpaarung

sich schraubenförmig zu einer *plectonemischen* (zwei um eine gemeinsame Achse gewundenen Stränge), *rechtsgängigen Doppelhelix*, die 10 Basenpaare pro Windung enthält (Abb. 4.8). Diese Grundform der DNA, auch *B-DNA* genannt, wurde von Watson und Crick entschlüsselt, wofür diese den Nobelpreis erhielten. Neben der B-DNA gibt es eine ebenfalls rechtsgängige A-DNA mit 11 Basenpaaren pro Windung. Im Gegensatz dazu liegt bei der Z-DNA eine Linkswindung vor. Innerhalb der B-DNA können Abschnitte mit Z-Konformation vorliegen. Die biologische Bedeutung dieser unterschiedlichen Formen ist noch nicht ausreichend geklärt.

Die DNA-Doppelhelix kann sich, mit Hilfe von *Topoisomerasen*, nochmals zu einer *Superhelix* verdrillen. Für diesen Prozeß muß einer der beiden DNA-Stränge gespalten, um den anderen herumgeführt und wieder geschlossen werden. Topoisomerasen vom Typ 1 öffnen dabei kurzzeitig einen DNA-Strang, Topoisomerasen vom Typ 2 beide DNA-Stränge. Die Topoisomerase 2 der Bakterien wird als DNA-*Gyrase* bezeichnet.

RNA-Struktur

Grundsätzlich ist die RNA ähnlich aufgebaut wie die DNA. Unterschiede liegen einerseits darin, daß *anstelle von Thymin die Base Uracil* vorkommt und andererseits als Zucker *Ribose anstatt Desoxyribose*. Außerdem liegt die *RNA als Einzelstrang* vor. Die unterschiedlichen Klassen von RNA wurden bereits kurz in Tab. 4.1 erwähnt. Eine genauere Darstellung,

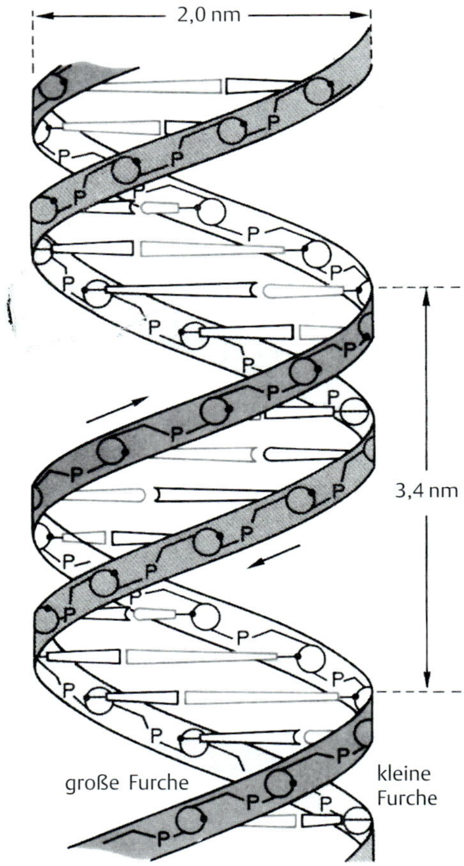

Abb. 4.8 Struktur der Doppelhelix

insbesondere im Hinblick auf die Funktion der Nukleinsäuren, erfolgt in Kap. 13.

4.2.3 Reaktionen

Formal wird eine Nukleinsäure durch Polykondensation vieler Nukleotide gebildet. Die einzelnen Nukleotide müssen dazu in Form von Nukleosidtriphosphaten vorliegen. Während die einzelnen Nukleotide eines Stranges durch kovalente Bindungen untereinander sehr stabil verbunden sind, besitzt die Verknüpfung zweier komplementärer Doppelstränge über Wasserstoffbrückenbindungen nur geringe Bindungsstärke. Dadurch ist es möglich, durch vorsichtiges Erhitzen, einen Doppelstrang aufzutrennen, ohne dabei die Nukleotidsequenz zu zerstören. Unter geeigneten Bedingungen lassen sich derart

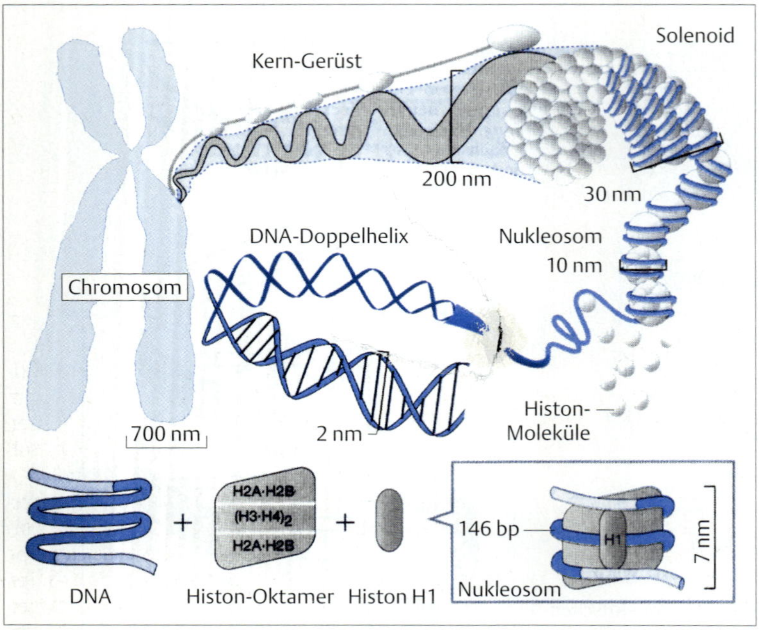

Abb. 4.**9** Struktur des Chromatins (aus Koolmann/Röhm, Thieme 1994)

denaturierte DNA-Moleküle wieder miteinander verbinden, also *renaturieren*.

! Merke

Das Zusammenlagern zweier Nukleinsäuren bzw. Nukleinsäurenabschnitte zu einem Doppelstrang bezeichnet man als *Hybridisierung*.

Voraussetzung dafür ist das Vorhandensein komplementärer Sequenzen. Hybridisierung ist sowohl zwischen DNA-DNA, DNA-RNA als auch RNA-RNA möglich. Die Technik der künstlichen Hybridisierung spielt im Rahmen gentechnologischer Vorgehensweisen eine große Rolle.

4.3 Chromatin

Der Begriff Chromatin bezeichnet die Gesamtheit der Nukleinsäuren und Proteinen im Zellkern, also auch die Chromosomen (Abb. 4.**9**). Während der Mitose kondensiert das Chromatin zu sichtbaren Chromosomen. Ein Chromosom wiederum besteht aus einem Molekül DNA, welches mit *Histonen* (basische Proteine, die an der DNA binden) und nicht-Histon-Proteinen assoziiert ist. Das Verhältnis zwischen DNA und Protein beträgt ca. 1 :1. Histone sind kleine Proteine, die sich wegen ihres hohen Gehalts an Lysin und Arginin basisch verhalten. Es existieren 5 Histonklassen, die mit H1, H2 A, H2 B, H3 und H4 bezeichnet werden. Jeweils 8 Histonmoleküle können zu einem sog. Histon-Oktamer assoziieren, der von der DNA $1\,^3/_4$ mal umschlungen wird.

Einen solchen Bereich nennt man *Nukleosom oder Core-Partikel*. Die gesamte DNA weist eine ganz erhebliche Anzahl dieser Nukleosomen auf. Der DNA-Bereich zwischen zwei Nukleosomen wird als *Linker* bezeichnet. Auch hier kann ein Histon vom Typ H1 binden, wodurch eine enge Zusammenlagerung von Nukleosomen unter Ausbildung sehr kompakter Bereiche, den sog. *Solenoiden* möglich wird.

Histone ermöglichen also die dichte Packung der DNA im Zellkern. Darüber hinaus wirken sie auch als Funktionsregulatoren, da das Ablesen bestimmter DNA-Bereiche (Transkription) nur an histonfreier DNA möglich ist. Durch Modifizierung von Aminosäuren der Histone wie z. B. Acetylierung oder Phosphorylierung, können diese unter Umständen nicht mehr an der DNA binden und lösen sich. Dadurch werden DNA-Bereiche frei für die Transkription.

Die Gruppe der Nicht-Histon-Proteine setzt sich aus sehr unterschiedlichen Proteinen zusammen. Sie enthalten u. a. Enzyme der Replikation, der Transkription (Kap. 13), Regulationsfaktoren, Gerüstproteine, Steroidhormon-Rezeptorkomplexe und viele mehr.

Vitamine und Coenzyme

5.1 Allgemeines

Vitamine sind niedermolekulare Verbindungen, die für Wachstum, Erhaltung und Fortpflanzung des Menschen notwendig sind. Sie sind essentielle Nährstoffe, d. h., sie können vom Körper selbst nicht synthetisiert werden und müssen daher mit der Nahrung zugeführt werden. Im Falle des Retinols (Vit. A) und der Calciferole (Vit. D) besitzt der Organismus die Fähigkeit, Vitamine aus ihren Vorstufen, den Provitaminen, in ausreichender Menge zu synthetisieren. Ein Mangel an Vitaminen führt zu **Hypovitaminosen**, die in schweren Formen (*Avitaminosen*) den Tod des Organismus bedingen, wogegen ein Überangebot selten zu **Hypervitaminosen** führt. Vitamine werden für die Synthese von Coenzymen (aktive Form vieler Vitamine) benötigt oder sind als solche direkt am Stoffwechsel beteiligt; so werden z. B. für das NAD die Nicotinsäure, für das FAD das Riboflavin, für das Coenzym A die Pantothensäure usw. benötigt, Biotin dagegen wird als solches verwendet. Jedes Vitamin hat demnach seinen eigenen Wirkungsbereich und ist nicht durch ein anderes Vitamin ersetzbar. Dennoch ergänzen sich die einzelnen Vitamine in ihrer Wirkung und sind miteinander für den ungestörten Ablauf der intermediären Stoffwechselprozesse nötig, d. h. führt man ein Vitamin im Überschuß zu, kann es zu einem relativen Mangel anderer Vitamine kommen (s. Vitamin-B-Komplex 5.3).

Tab. 5.1 Struktur und Funktion wichtiger Vitamine

Vitamin	Name (Bedarf)	Struktur	Wirksame Form / Coenzym	Funktion
Fettlösliche Vitamine				
A	Retinol / Retinal (1 mg)	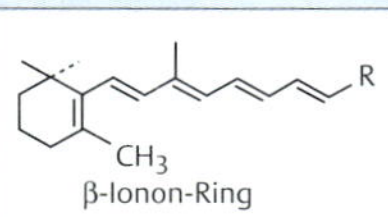 Retinol: R = ··· CH_2OH (Vitamin-A-Alkohol) Retinal: R = ··· CHO (Vitamin-A-Aldehyd) Retinsäure: R = ··· COOH (Vitamin-A-Säure)	Retinal Retinsäure	Sehvorgang, Entwicklung und Differenzierung von Zellen
D	Calciferol (5 µg)	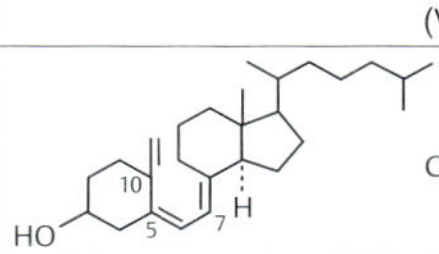 Cholecalciferol (D_2)	1,25-Dihydroxy-Calciferol	Ca^{2+}-und Phosphathaushalt
E	Tocopherol (10 mg)	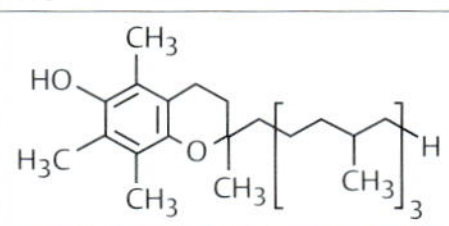 α-Tocopherol	Tocopherol	Antioxidans, schützt mehrfach ungesättigte FS
K	Phyllochinon* (0,08 mg)	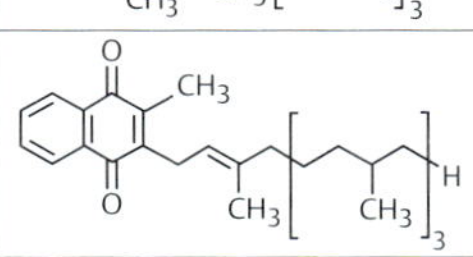	Dihydrochinon	γ-Caboxylierung v. Gerinnungsfaktoren II, VII, IX, X, Protein C und Protein S

Tab. 5.**1** Struktur und Funktion wichtiger Vitamine (Fortsetzung)

Vit-amin	Name (Bedarf)	Struktur	Wirksame Form/Coenzym	Funktion
Wasserlösliche Vitamine				
B_1	Thiamin (1,5 mg)	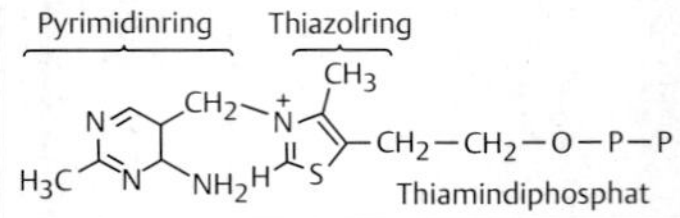	Thiamin-pyrophosphat (TPP)	Decarboxylierung (Pyruvat-Dehydrogenase-Reaktion; α-Ketoglutarat-Dehydrogenase-Reaktion), Transketolase-Reaktion
B_2	Riboflavin (1,8 mg)	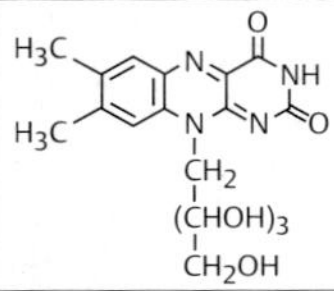	FAD, FMN	H^+-(Elektronen)-Transfer (z.B. Komplex I der Atmungskette
	Nicotinsäureamid (Nicotinamid) (15 mg)	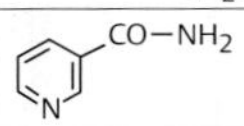	NAD, NADP	H^+-Übertragung
	Pantothensäure* (7 mg)	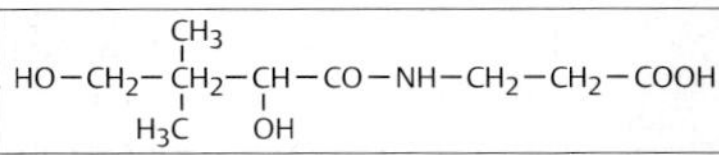	Coenzym A	Acylgruppen-Transfer, z.B. Acyl-CoA-β-Oxidation, Acetyl-CoA-Abbau im Citratzyklus
	Folsäureamid (Nicotinamid)* (15 mg)	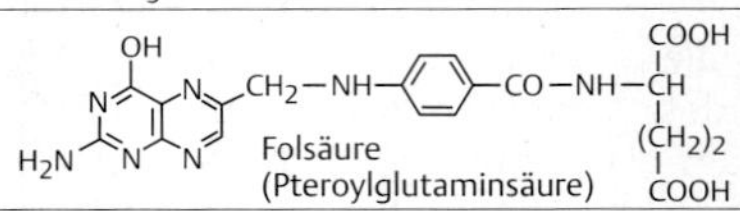	Tetrahydro-folsäure (TH_4)	C_1-Transfer, z.B. C_2, C_8 von dUMP→dTMP Purinen; CH_3 von Thymin; N-Formyl-Methionin-t-RNA-Synthese; Homocystein → Methionin; Äthanolamin → Cholin;
	Biotin (0,1 mg)	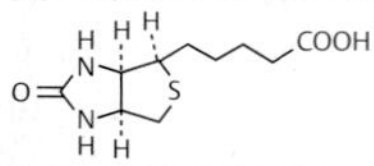	enzym-gebundenes Biotin	Carboxylierung, z.B. Pyruvat-Carboxylase; Acetyl-CoA-Carboxylase, Propionyl-CoA-Carboxylase
B_6	Pyridoxin* (2 mg)	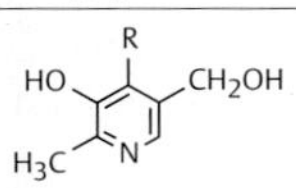 Pyridoxol (R= $-CH_2OH$) Pyridoxal (R= $-CHO$) Pyridoxamin (R= $-CH_2-NH_2$)	Pyridoxal-phosphat (PALP)	Decarboxylierung von AS (Synthese der biogenen Amine; Transaminierung von AS (GOT,GTP); Porphyrinsynthese; Sphingosinsynthese; H_2O-Abspaltung aus Serin und Threonin
B_{12}	Cobalamin* (1 µg)	siehe untenstehende Strukturformel	5-Desoxy-adenosyl-Cobalamin	Umlagerungsreaktionen, z.B. Methylmalonyl-CoA Succinyl-CoA; Regenerierung von TH_4
C	Ascorbinsäure (60 mg)	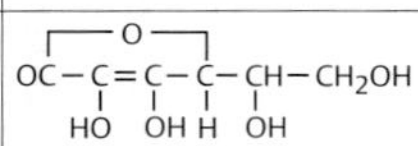	Ascorbinsäure	Redoxreaktionen, z.B. Dopamin → Noradrenalin Tryptophan → 5-Hydroxytryptophan; Kollagensynthese; Gallensäuresynthese; TH_4-Synthese

*gewisse Produktion in menschlichen Darmbakterien

Grundsätzlich unterteilt man Vitamine in fettlösliche und wasserlösliche Vitamine. Nachfolgend werden die Struktur, die biochemische Wirkung, wichtige Mangelerscheinungen der einzelnen Vitamine und gute Vitaminquellen besprochen. Zusammenfassend gibt die Tab. 5.**1** prüfungsrelevante Fakten wieder.

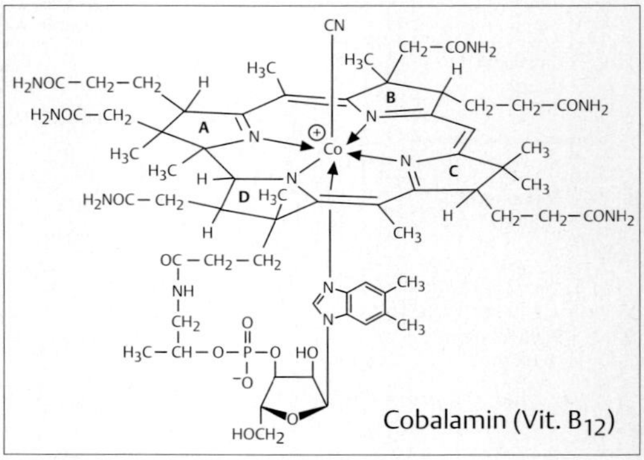

Cobalamin (Vit. B_{12})

5.2 Fettlösliche Vitamine

Fettlösliche Vitamine sind vorwiegend in fetthaltigen Nahrungsmitteln wie in Ölfrüchten, naturbelassenen Ölen, Nüssen, Getreidekeimen, Butter, Lebertran, Speck, Sahne, naturbelassener Milch usw. enthalten.

! Merke

Fettlösliche Vitamine sind A, E, D, K (Merke: EDeKA). Chemisch gesehen gehören sie zu den Isoprenoiden (Isopren als Baustein) und werden unter Mitwirkung eines physiologischen Emulgators (z. B. Gallensäuren) aus dem Darm resorbiert.

5.2.1 Vitamin A (Retinol)

Struktur und Synthese

Retinol ist aus vier Isopren-Einheiten aufgebaut, steht also den Carotinoiden, die aus acht Isopren-Einheiten aufgebaut sind und wenigstens einen β-Iononring aufweisen, nahe. Die Carotinoide sind ausschließlich pflanzlichen Ursprungs und im Tier- und Pflanzenreich weit verbreitet. Zu den Carotinoiden gehören u. a. das α-, β- und *γ-Carotin*, die als Pflanzenfarbstoffe (das Tiefgelb in Möhren!) im Organismus in Vitamin A umgewandelt werden können und deshalb wichtige *Provitamine* darstellen: Durch die in der Leber und im Dünndarm lokalisierte *β-Carotin-15,15'-Dioxygenase* wird β-Carotin oxidativ an der zentralen Doppelbindung in zwei Moleküle Retinal gespalten. Das Retinal trägt eine Aldehyd-Gruppe und kann weiter durch die Alkoholdehydrogenase reversibel zu Retinol oxidiert werden.

! Merke

β-Carotin besitzt zwei β-Iononringe und wird in zwei Moleküle Retinal gespalten. α- und γ-Carotin besitzen nur einen β-Iononring und liefern nur ein Retinalmolekül.

Vorkommen

Vitamin A wird entweder in Form seines Provitamins (Carotin) oder in Form seiner Fettsäureester (Retinylester) aufgenommen.

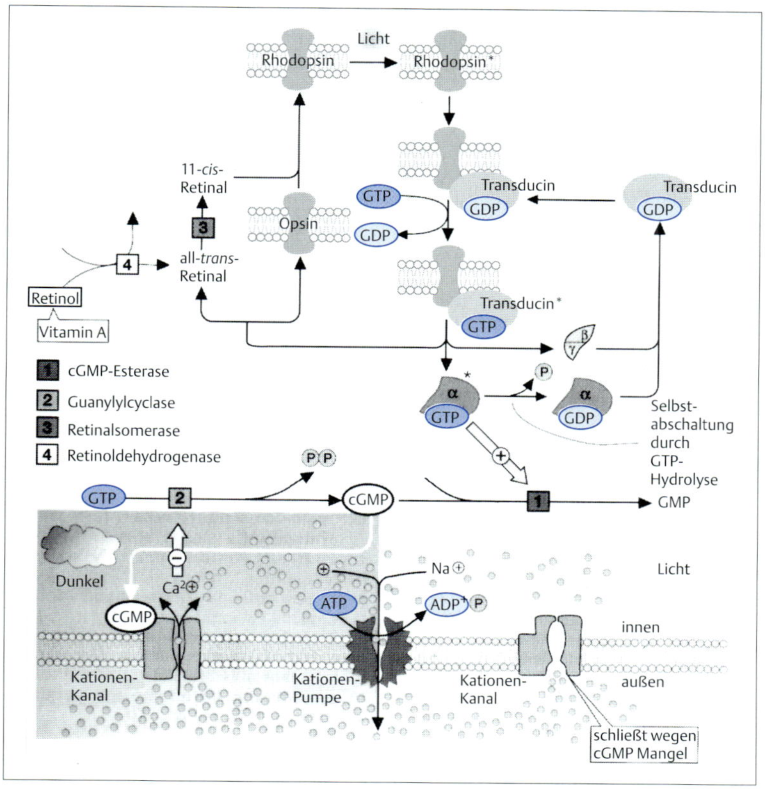

Abb. 5.1 Signalkaskade bei der Reizübertragung in Stäbchen (aus Koolman/ Röhm, Thieme 1994)

- Das *Carotin* kommt vorwiegend in Pflanzen vor, z. B. tiefgelbes Gemüse (Möhren, Steckrüben u. a.), tiefgelbe Früchte (Melonen, Pfirsiche, Mirabellen, Mango, Aprikosen u. a.), um nur einige wichtige pflanzliche Quellen zu nennen.
- Der *Retinylester* ist die Vitamin-A-Speicherform der Tiere (auch des Menschen) und wird demnach durch den Verzehr tierischer Produkte aufgenommen (Innereien, Fisch, Milch, tierische Öle u. a.).

Funktion

Sehprozeß: Beim Sehprozeß nimmt das Retinal (Vitamin-A-Aldehyd) eine Schlüsselposition ein. Das innere, dem einfallenden Licht zugewandte Segment der Stäbchen enthält den Zellkern und zur Energieversorgung die Mitochondrien, während das äußere Segment scheibchenförmige Vesikel (*discs*) enthält, deren Membranprotein aus dem roten Sehpigment *Rhodopsin* besteht.

! Merke

Das Rhodopsin besteht aus dem Glykoprotein Opsin, das mit 11-cis-Retinal unter Ausbildung einer Schiff-Base an die Aminogruppe eines Lysinrestes des Opsins kovalent gebunden ist (s. Abb. 5.**2**).

Bei Lichteinfall (Photonen) stereoisomerisiert das instabile 11-cis-Retinal des Rhodopsins zum stabilen all-trans-Retinal, wodurch Rhodopsin abgelöst und zu photoaktivem Rhodopsin (R*) aktiviert wird. Das R* bindet an das *Transducin*, ein oligomeres Membranprotein, das zu den G-Proteinen gehört, aus drei Untereinheiten (α, β, γ) besteht und mit GTP oder GDP zu einem Komplex verbunden ist. Die Bindung des Rhodopsins an das Transducin löst den Austausch eines an Transducin gebundenen GDP-Moleküls mit GTP aus, wodurch Transducin aktiviert (*) wird und in eine aktive α*- und eine βγ-Untereinheit zerfällt. Die aktivierte α-Untereinheit (*) aktiviert wiederum eine Phosphodiesterase, die intrazelluläres cGMP zu GMP abbaut → cGMP-Spiegel↓. cGMP ist ein *Second messenger* (s. Kap. 16), dessen Konzentrationsveränderung in den Stäbchen der Retina folgende Rolle spielt (Abb. 5.**1**):

- Bei *Dunkelheit* hält cGMP die Kationen-Kanäle der Zellmembran der Sinneszellen geöffnet, wodurch Na^+ und Ca^{2+} aufgrund des Konzentrationsgradienten in die Zelle einströmen. Als Folge dieser Wirkung schütten die Sinneszellen ständig inhibitorische Neurotransmitter an ihren Synapsen aus und hemmen postsynaptische Neurone, d. h. es entsteht kein Aktionspotential.
- Bei *Lichteinfall* bewirkt die Transducin-induzierte Aktivierung der Phosphodiesterase, wie schon oben erwähnt, ein Absinken der intrazellulären cGMP-Konzentration, was zu einer Schließung der Kationenkanäle (Na^+ und Ca^{2+}) in den Stäbchen führt. Da ständig Na^+ und Ca^{2+} aus der Zelle herausgepumpt werden, kommt es zu einer *Hyperpolarisation* der Zellen (Zellinneres relativ zur Außenseite negativ). Die Neurotransmitterausschüttung wird unterbrochen, wodurch die postsynaptischen Neurone desinhibiert, d. h. erregt werden. Dadurch werden Nervenimpulse via N. opticus an das ZNS weitergegeben, was zur Sinneswahrnehmung führt.

Nach der oben beschriebenen Signalkaskade kommt es zur **Regeneration des Rhodopsins**. Hierbei gibt es zwei Möglichkeiten (Abb. 5.**2**):

- Das aktivierte Rhodopsin (R*) zerfällt in Opsin und all-trans-Retinal. Eine Retinal-Isomerase wandelt *in der Netzhaut* all-trans-Retinal in 11-cis-Retinal um, wodurch letzteres mit Opsin zu Rhodopsin regeneriert wird.
- Das all-trans-Retinal kann durch die Alkoholdehydrogenase zu all-trans-Retinol reduziert und in die Zirkulation abgegeben werden. *In der Leber* wird es zu 11-cis-Retinol isomerisiert, welches zu 11-cis-Retinal oxidiert wird und der Rhodopsinbildung zur Verfügung steht.

Embryogenese: Vitamin A spielt in Form von Retinsäure bei der Entwicklung der verschiedenen Gewebe und Organe eine bedeutende Rolle.

Klinischer Bezug

Hypovitaminosen: Mangelerscheinungen werden zunächst als Störung beim Dämmerungssehen erkannt, also als Störung der Dunkeladaptation bis hin zur Nachtblindheit (Hemeralopie). Weiter kommt es zu Veränderungen der Schleimhäute (Eintrocknen, Verhornung, Bronchitis u. a.m.) und zu Wachstumsstörungen.
Hypervitaminosen: Eine überhöhte Zufuhr von Vitamin A wird meistens durch hohe Dosen von Vitamin-A-Präparaten verursacht. Sie bedingt Störungen des Knochenstoffwechsels sowie Haut- und Schleimhautsymptome.

5.2.2 Vitamin D (Calciferol)

Zu den wichtigsten Vertretern der Vitamin-D-Familie gehört das Vitamin D_2 (Ergocalciferol) und Vitamin D_3 (Cholecalciferol bzw. Calciol).

- *Vitamin D_2* wird unter der Einwirkung von UV-Strahlung in der Haut aus dem Provitamin Ergosterol synthetisiert, das nur in Pflanzen vorkommt. Die aktive Form des Vitamin D_2 ist das 1,25-Dihydroxyergocalciferol.

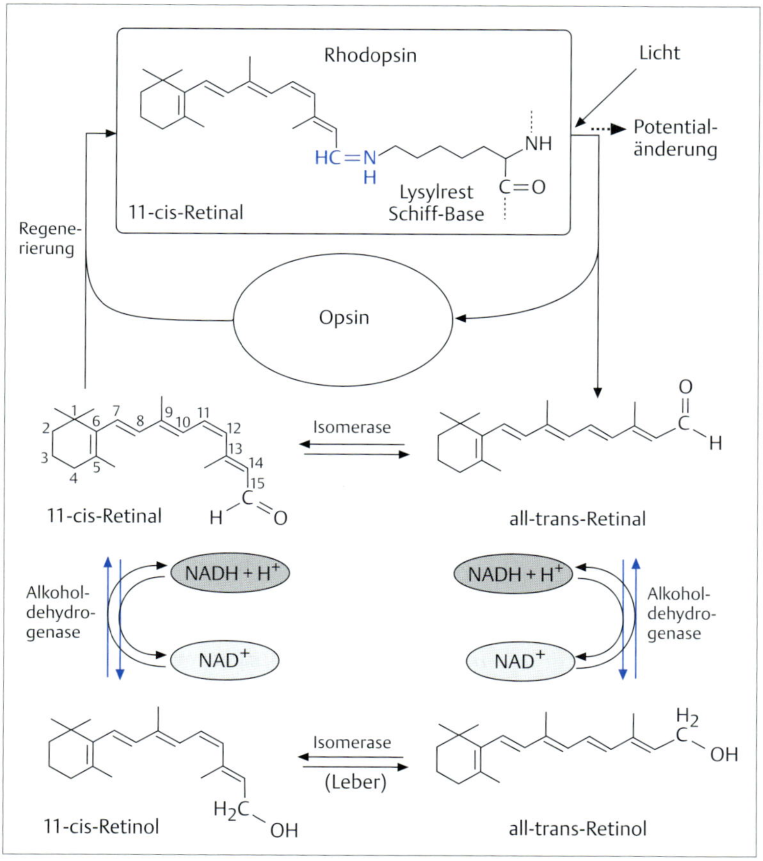

Abb. 5.**2** Regeneration des Rhodopsins

- *Vitamin D_3* kann bei Tieren (und beim Menschen) aus dem Provitamin 7-Dehydrocholesterin, das sich von Cholesterin ableitet, synthetisiert werden. Seine biologisch aktive Form ist das 1,25-Dihydroxycholecalciferol (Calcitriol).

Viele Autoren bezeichnen die Vitamin-D-Familie als Prohormone und ihre aktive Form als Hormone, da sie nach Herkunft und Wirkungsmechanismus den Steroidhormonen nahestehen. Aus diesem Grund wird die biochemische und physiologische Wirkung des Vitamin D in Kapitel 15 behandelt (s. 15.4.6).

5.2.3 Vitamin E (Tocopherol)

Struktur

Die bedeutendste in der Natur vorkommende Verbindung mit Vitamin-E-Aktivität ist das α-Tocopherol. Es enthält einen Chromanring und eine Isoprenoid- Seitenkette. Für die Vitaminwirkung sind die OH-Gruppe und die Methylgruppen am Ring verantwortlich.

Vorkommen

Vitamin E wird ausschließlich in Pflanzen synthetisiert. Besonders gute Vitamin-E-Quellen sind pflanzliche Öle (Weizenkeimöl, Sonnenblumenöl und Olivenöl).

Funktion

Vitamin E ist als Bestandteil aller Membranen tierischer Zellen ein essentielles Antioxidans, das mehrfach ungesättigte Fettsäuren (Linolsäure, Arachidonsäure u. a.) in Membranlipiden, Lipoproteinen und Depotfetten vor einer Zerstörung durch freie Radikale und oxidationsfreudige Stoffe schützt.

Merke

Vitamin E schützt als *Redoxsystem* empfindliche Stoffe vor Oxidation, indem es selbst oxidiert wird. Vitamin C (Ascorbinsäure) kann Vitamin E wieder regenerieren.

Klinischer Bezug

Hypovitaminosen aufgrund eines Vitamin-E-Mangels konnten bisher beim Menschen wegen der nicht völlig geklärten Funktion des Vitamins nicht nachgewiesen werden. Scheinbar kann es zu Störungen der Membranfunktion und Beeinflussung zahlreicher Enzymaktivitäten kommen. An Tierexperimenten nachgewiesene Muskelschwäche und Sterilität kommen beim Mensch *nicht* vor.

5.2.4 Vitamin K (Phyllo- und Menachinon)

Struktur

Vitamin-K-Derivate besitzen einen Naphtochinon-Kern (2-Methyl-1,4-Naphtochinon). Je nach dem Substituenten (Isoprenoid-Seitenketten) am C_3 unterscheidet man zwischen den zwei in der Natur vorkommenden Vitaminen K_1 und K_2:

- *Vitamin K_1* (Phyllochinon) wird von Pflanzen synthetisiert und besitzt eine Phytyl-Seitenkette (20 C-Atome).
- *Vitamin K_2* (Menachinon) wird von in Tierdärmen existierenden Bakterien gebildet und besitzt eine Difarnesyl-Seitenkette (35 C-Atome).

Vorkommen

Phyllochinon ist in den Chloroplasten der Grünpflanzen als normaler Bestandteil des Photosyntheseapparates enthalten und z. T. in Früchten. Folgende Lebesmittel sind reich an Phyllochinon: Blumenkohl, Rosenkohl, Sauerkraut, Spinat, Weizenkeime, Sonnenblumenöl u. a. Folgende tierische Produkte sind Vitamin-K-reich: Hühner- und Rinderleber, Hühnerei, Speisequark u. a.

Funktion

Vitamin K ist ein Cofaktor einer Carboxylase und dient durch γ-Carboxylierung der posttranslationalen Modifizierung wichtiger Proteine mit Glutamyl-Seitenketten. Dabei werden in die Glutaminsäurereste zusätzlich Carboxylgruppen eingeführt und dadurch Gerinnungsfaktoren (-proteine) und Regulationsproteine des Knochenstoffwechsels in ihre wirksame Form überführt:

- *Blutgerinnung:* Vitamin K wird durch die Vitamin-K-Reduktase unter NADH/H^+- bzw. NADPH/H^+-Verbrauch zu Hydrochinon (Vitamin-KH_2) reduziert. *Vitamin-KH_2* ist der eigentliche Cofaktor für die Carboxylase, die CO_2 in Glutaminsäure-Reste der *Gerinnungsfaktoren II, VII, IX, X, Protein C und Protein S* einführt. Sie können dann durch ihre Carboxyl-Glutamatreste in Gegenwart von Ca^{2+} an Phospholipidmembranen gebunden werden und ihre biochemische Aktivität im Gerinnungssystem entfalten (Abb. 5.**3**). Der komplexe Ablauf der Blutgerinnung wird im Kapitel 18 besprochen.

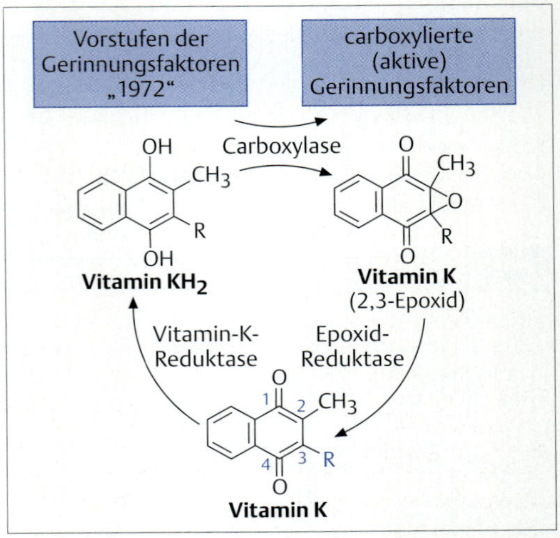

Abb. 5.**3** Der Vitamin-K-Zyklus zeigt die Umwandlungsformen des Vitamin K bei der γ-Carboxylierung der Vorstufen der Gerinnungsfaktoren

Das bei der γ-Carboxylierung entstandene Vitamin-K-2,3-Epoxid wird in zwei Schritten zu hydroxylier-

Tab. 5.**2** B-Vitamine mit heterozyklischen Ringsystemen

Vitamin-B-Komplex	Heterozyklische Ringsysteme
Vitamin B_1	Thiazol- und Pyrimidinring
Vitamin B_2	Isoalloxazin-System
Nicotinamid, -säure	Pyridinring
Folsäure	Pterin-System
Biotin	Thiophanring
Vitamin B_6	Pyridinring
Vitamin B_{12}	Corrin- und Benzimidazol-System

tem Vitamin K (Vitamin KH_2) reduziert und steht für den Ablauf der Gerinnungsfaktorsynthese zur Verfügung (Abb. 5.**3**).

- *Osteocalzinsynthese:* Entsprechend der Synthese der Blutgerinnungsfaktoren dient Vitamin K zur Osteocalzinsynthese. Osteocalzin ist ein Protein, das in den Osteoblasten gebildet wird und bei der Mineralisierung des Knochens mitwirkt.

Klinischer Bezug

Hypovitaminosen sind beim Mensch sehr unwahrscheinlich, da Vitamin K in Lebensmitteln reichlich vorhanden ist und von den Bakterien im Darm synthetisiert wird. Ein **Vitamin-K-Mangel** kann allerdings durch eine *orale Antibiotika-Therapie* entstehen, da es dabei zur Schädigung der Vitamin-K-produzierenden Bakterien im Darm kommt. Gleichzeitig muß eine Vitamin-K-Mangelernährung bestehen. *(Fett-)Resorptionsstörungen* führen durch mangelnde Aufnahme von Vitamin K ebenfalls zu einem Mangel. Folge: Verlängerung der Blutgerinnungszeit, da die oben genannten Gerinnungsfaktoren in verminderter Konzentration vorliegen.

5.3 Wasserlösliche Vitamine

Die wasserlöslichen Vitamine sind in den Lebensmitteln enthalten, die stark wasserhaltig sind, also vorwiegend in rohem Gemüse und rohem Obst. Die wasserlöslichen Vitamine werden in den Vitamin-B-Komplex und das Vitamin C (Ascorbinsäure) unterteilt. Ersterer besteht aus acht Vitaminen und nimmt wegen seiner zentralen Rolle für die Stoffwechselvorgänge eine Sonderstellung ein. Im Gegensatz zu den Hauptnährstoffen, die dem Organismus als Bausteine und Speicherstoffe dienen, erfüllen Stoffwechselprodukte der B-Vitamine katalytische Funktionen. Sie werden im Organismus in Enzyme eingebaut, die für den normalen Ablauf des Kohlenhydrat-, Fett- und Aminosäurenstoffwechsel unentbehrlich sind. Sie dienen somit als *prosthetische Gruppen oder Coenzyme* und werden in diesem Kapitel ausführlich besprochen.

! Merke

Die B-Vitamine enthalten alle, mit Ausnahme der aliphatischen Pantothensäure, heterozyklische Ringsysteme (Tab. 5.**2**).

5.3.1 Vitamin B_1 (Thiamin)

Struktur

Thiamin besteht aus zwei heterozyklischen Ringen, einem Thiazol- und einem Pyrimidinring, die über eine CH_2-Gruppe verbunden sind. Nach der Resorption im Darm wird es in der Leber in die aktive Form *Thiaminpyrophosphat (TPP)* umgewandelt.

Vorkommen

Thiamin kommt in den Randschichten aller Getreidearten vor (Vollkornprodukte), in Hülsenfrüchten (Linsen, Bohnen, Erbsen) und in Kartoffeln. In tierischen Produkten kommt Thiamin in Innereien und Muskelfleisch reichlich vor.

Funktion

Thiaminpyrophosphat kann wegen der leichten Abspaltbarkeit des H-Atoms Additionsreaktionen eingehen und dient als Coenzym folgender Reaktionen im Intermediärstoffwechsel (Tab. 5.**3**):

- Decarboxylierungsreaktionen,
- Transketolasereaktionen.

Klinischer Bezug

Hypovitaminosen: Die Anwesenheit von Thiaminasen, die das Vitamin zerstören (in rohem Fisch, Kaffee u. a.), verringert die Verfügbarkeit des Vitamins aus der Nahrung. Auch der Ausmahlungsgrad des Mehls (bei „Weißmehl") verringert den Vitamingehalt (Vollkornprodukte sind vitaminreicher), wobei Symptome wie Müdigkeit, Gewichtsverlust, Herzinsuffizienz und Verwirrungszustände die Folge sind. Ein Mangel (Avitaminose) führt zur **Beriberi-Krankheit,** deren Symptome neurologische Störungen und eine Muskelatrophie sind.

Tab. 5.**3** Thiaminpyrophosphatabhängige Enzymreaktionen (s. a. Kap. 8 und 9)

Enzym	Reaktion	s. Seite
Pyruvatdehydrogenase	Pyruvat → Acetyl-CoA + CO_2	778 ff.
α-Ketoglutarat-Dehydrogenase	α-Ketoglutarat → Succinyl-CoA + CO_2	805
Transketolase	Xylulose-5-P + Ribose-5-P → Sedoheptulose-7-P + Glycerinaldehyd-3-P	778 ff.

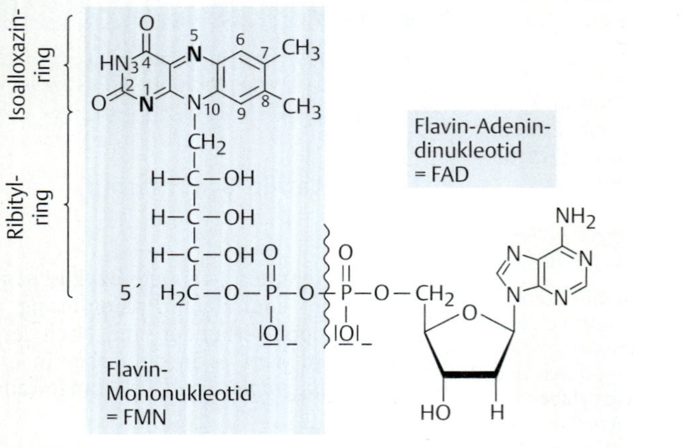

Abb. 5.**4** FMN (links) und FAD (rechts)

5.3.2 Vitamin B_2 (Riboflavin)

Struktur

Riboflavin besteht aus einem Isoalloxazinring, der den chemisch aktiven Teil des Flavins ausmacht, und einem C-5-Ribityl-Rest (Abb. 5.**4**). Die mit der Nahrung aufgenommenen Flavoproteine werden im Intestinaltrakt zu Riboflavin gespalten, welches in der Darmmucosa zu **Flavinmononukleotid (FMN)** phosphoryliert und in dieser Form resorbiert wird. Aus FMN und Adenosinmonophosphat entsteht **Flavinadenindinukleotid (FAD)**.

Merke

Riboflavin ist der Baustein der beiden Coenzyme FMN und FAD.

Vorkommen

Riboflavin ist in Hefe, Getreidekeimlingen, Vollkorn und in den tierischen Produkten Leber und Käse reichlich vorhanden.

Funktion

Riboflavin ist – in Form von FMN oder FAD – Coenzym vieler Enzyme bei **Oxidations- und Reduktionsreaktionen** wie

- Elektronentransport (s. 8.7),
- Fettsäuresynthese und -oxidation (s. 8,3 und 9.2.1),
- Aminosäureoxidation (s. 8.4),
- Monoaminosäureoxidation (s. 8.4),
- Xanthinoxidation,
- Glutathionreduktion (s. 2.2).

Klinischer Bezug

Hypovitaminosen werden vorwiegend durch Alkoholabusus und einseitige Kost (Dosennahrung, Auszugsmehl u. a.) verursacht mit folgenden Symptomen: **Schleimhautschäden** (Lippen und Mund), **seborrhoides Gesicht** und **Störungen des Auges.**

5.3.3 Nicotinamid, Nicotinsäure

Struktur

Nicotinsäure und ihr Säureamid, das Nicotinamid, sind Pyridinderivate und können im Stoffwechsel ineinander umgewandelt werden. Nicotinamid ist Vorstufe der wasserstoffübertragenden Coenzyme (korrekter: Cosubstrate) NAD^+ und $NADP^+$ (Abb. 5.**5**).

Merke

Der Organismus kann – unter Beteiligung von Vitamin B_6 – Nicotinamid bzw. Nicotinsäure aus der essentiellen Aminosäure Tryptophan synthetisieren, den Gesamtbedarf des Körpers allerdings nur zu 40 – 50 % decken.

Vorkommen

Gute Nicotinamidquellen sind Weizen (Vollkorn), geröstete Kaffeebohnen und tierische Produkte (Fleisch, Innereien).

Funktion

Die Funktion der beiden Coenzyme NAD^+ und $NADP^+$ besteht darin, H^- aufzunehmen und abzugeben, wobei die reduzierte Form ($NADH/H^+$ bzw. $NADPH/H^+$) oder die oxidierte Form (NAD^+ bzw. $NADP^+$) entsteht.

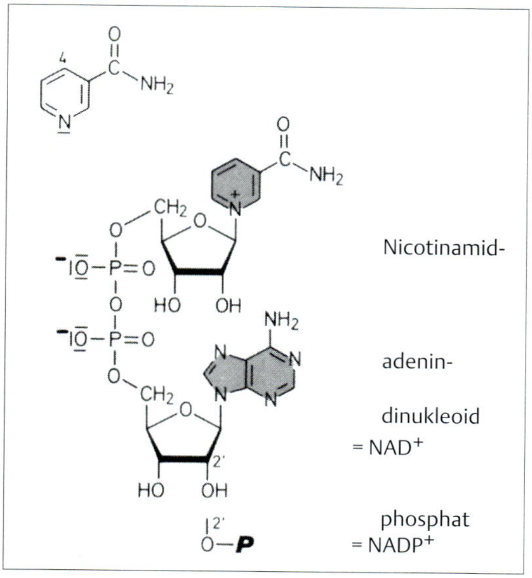

Abb. 5.**5** Nicotinamid als Vorstufe für NAD^+ und $NADP^+$

Sie sind für viele metabolische Stoffwechselwege von Bedeutung, u. a. in

- der anaeroben Glykolyse (NAD^+),
- dem Citratzyklus (NAD^+),
- der Fettsäureoxidation (NAD^+),
- der Fettsäuresynthese ($NADP^+$),
- der Cholesterinsynthese ($NADP^+$),
- im Pentosephosphatweg ($NADP^+$),
- in der Gluconeogenese (NAD^+ und $NADP^+$).

Klinischer Bezug

Hypovitaminosen: Leichter Nicotinamidmangel führt zu uncharakteristischen Symptomen wie körperliche Schwäche und Appetitverlust. Erst später kommt es zur klassischen **Pellagra**-, „DDD“: Dermatitis, Diarrhö, Demenz.

5.3.4 Pantothensäure

Struktur

Pantothensäure ist ein Dipeptid, das von Pflanzen und Bakterien aus **β-Alanin und Pantoinsäure** synthetisiert wird, und dient zum Aufbau des Coenzym A (Abb. 5.**6**) sowie des Multienzymkomplexes der Fettsäuresynthese.

Merke

Die aktive Form der Pantothensäure ist das Coenzym A, das zusätzlich aus einem Cysteamin (abgeleitet aus Cystein) und einem Adenosinrest (abgeleitet aus ATP) besteht. Für die Reaktionsfähigkeit ist die **HS-Gruppe** des Cysteaminanteils verantwortlich, das unter Ausbildung eines **Thioesters** (energiereiche Verbindung) universelle Bedeutung für den Stoffwechsel hat.

Vorkommen

Pantothensäure ist in vielen pflanzlichen und tierischen Lebensmitteln enthalten: Gemüse, Eigelb, Milch und Innereien.

Funktion

Der bedeutendste Ester des Coenzym A im Intermediärstoffwechsel ist die aktivierte Essigsäure **Acetyl-CoA**, das als Sammelbecken des Stoffwechsels aus verschiedenen Quellen stammt und viele verschiedene Wege gehen kann (s. Kap. 8).

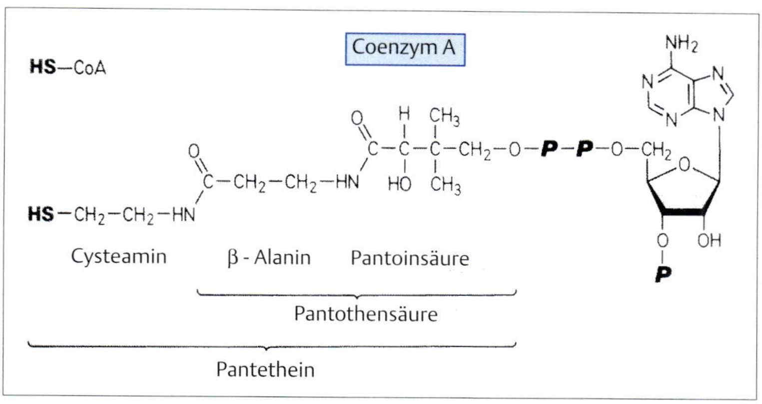

Abb. 5.**6** Pantothensäure als Bestandteil von Coenzym A

Klinischer Bezug

Nach mehrmonatiger Mangelernährung kommt es zum **Burning feet-Syndrom** mit Taubheitsgefühl und Kribbeln in den Zehen und brennenden, stechenden Schmerzen im Fuß.

5.3.5 Folsäure

Struktur

Die Folsäure wird von Pflanzen und Bakterien (auch in der menschlichen Darmflora) synthetisiert und setzt sich aus einem *Pteridinring, p-Aminobenzoesäure* und einem *Glutamatrest* zusammen. Nach der Nahrungsaufnahme wird Folsäure in der Leber durch Vitamin C (Ascorbinsäure) und in Anwesenheit einer Folatreduktase in einer NADPH/H^+-abhängigen 2-stufigen Reaktion zu der wirksamen Form *Tetrahydrofolsäure (TH_4)* reduziert (Abb. 5.**7**).

Vorkommen

Gute Folsäurequellen sind Spinat, Salat, Spargel, Vollkorngetreide und Leber.

Funktion

Ein-Kohlenstoff-Bruchstücke (C-1-Einheiten), die aus verschiedenen Stoffwechselreaktionen stammen, werden an TH_4 gebunden und auf geeignete Akzeptoren übertragen. Dabei werden die C-1-Einheiten folgender Übertragungsreaktionen an das $\mathbf{N_5}$- und/oder $\mathbf{N_{10}}$-Atom des TH_4-Moleküls gebunden:

- *Methylgruppentransfer (N_5):*
  - Methylierung von Homocystein zu Methionin
  - Methylierung von Äthanolamin zu Cholin
- *Hydroxymethylgruppentransfer (N_5 ,N_{10}):*
  - reversible Umwandlung von Glycin zu Serin
  - Thyminsynthese
- *Formiminogruppenstransfer (N_5 ,N_{10}):*
  - Histidinstoffwechsel
- *Formylgruppentransfer (N_{10}):*
  - liefert C_2 und C_8 für die Purinsynthese
  - Synthese der N-Formyl-methionin-t-RNA für die Protein-Biosynthese

Zusammenspiel zwischen Folsäure und Vitamin B_{12}

Zur Regeneration von Methyl-TH_4 (z. B. bei der Homocystein-Methyltransferase-Reaktion) zu aktivem TH_4 wird Vitamin B_{12} als Cofaktor benötigt. Ein Vitamin-B_{12}-Mangel kann demnach zu einem TH_4-Defizit führen (s. Kap. 8).

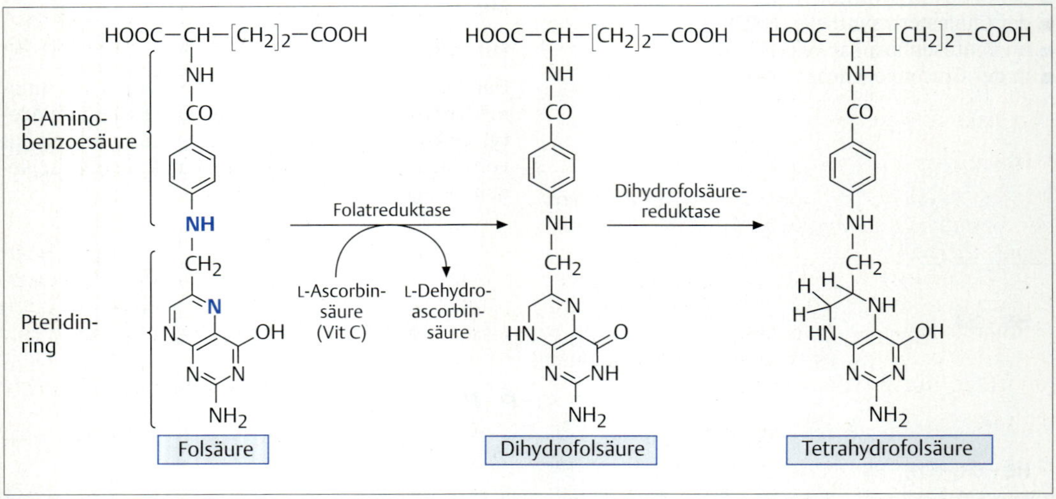

Abb 5.**7** Die Tetrahydrofolsäure-Synthese aus Folsäure: Als Zwischenprodukt entsteht Dihydrofolsäure (DHF), die durch die DHF-Reduktase zu TH_4 reduziert wird

Tab. 5.**4** Biotinabhängige Reaktionen

Enzym	Reaktion	Stoffwechselweg
Pyruvatcarboxylase	Pyruvat+CO_2 ↔ Oxalacetat	Gluconeogenese
Acetyl-CoA-Carboxylase	Acetyl-CoA+CO_2 ↔ Malonyl-CoA	Fettsäuresynthese
Propionyl-CoA-Carboxylase	Propionyl-CoA+CO_2 ↔ Methylmalonyl-CoA	Fettsäureabbau

Klinischer Bezug

Hypovitaminosen können durch denaturierte Nahrung (z. B. Dosennahrung, Fast-Food), Resorptionsstörungen bei Darmerkrankungen, erhöhtem Bedarf während der Schwangerschaft und durch die Einnahme der „Pille" oder durch Folsäureantagonisten verursacht werden. Da TH_4 entscheidend für die Purin- und Pyrimidinsynthese ist, werden bereits bei einem leichten Mangel Wachstum und Vermehrung von Zellen mit hoher Teilungsrate gestört, z. B. blutbildende Zellen des Knochenmarks, mit der Folge einer **Anämie** und einer **Schwächung des Immunsystems**.

Folsäureantagonisten werden zur zytostatischen Therapie (Tumortherapie; Tumorzellen haben eine hohe Teilungsrate) oder zur Immunsuppression bei Transplantationen oder Autoimmunkrankheiten eingesetzt. Sie verdrängen die Dihydrofolsäure vom Enzym Dihydrofolatreduktase kompetitiv und hemmen zudem das Enzym selbst.

5.3.6 Biotin

Struktur

Biotin ist als Amid ein Derivat des Harnstoffs und besitzt einen substituierten Thiophanring.

Vorkommen

Für das Physikum sei gemerkt: Biotin wird von der Darmflora (Colonbakterien) in ausreichender Menge für die Versorgung des Menschen synthetisiert. Da es jedoch hauptsächlich im proximalen Dünndarm resorbiert wird, ist die Versorgung durch biotinproduzierende Colonbakterien fraglich! In der Nahrung kommt es in Vollkorngetreide, Hefeprodukten, Nüssen und Innereien ausreichend vor.

Funktion

Biotin dient als prosthetische Gruppe von vielen Carboxylasen. Es ist durch eine *Säureamidbindung* zwischen der Carboxylgruppe des Biotins und der ε-NH_2-Gruppe eines Lysinrestes der Carboxylase an das Enzym gebunden. CO_2 (bzw. HCO_3^-) – als Endprodukt des Stoffwechsels – wird unter ATP-Verbrauch an das N^1 des Biotins gebunden und wieder in den Intermediärstoffwechsel eingebracht. Die Tab. 5.**4** gibt prüfungsrelevante, biotinabhängige Carboxylierungen wieder.

Merke

Neben den vielen biotinabhängigen Carboxylasereaktionen ist die Purinsynthese *biotinunabhängig.*

Klinischer Bezug

Hypovitaminosen können u. a. durch das im *rohen* Hühnereiweiß vorkommende Glykoprotein **Avidin**, das spezifisch biotinabhängige Enzyme hemmt, entstehen: starke Schuppung, Depressionen, Schläfrigkeit, Muskelschmerz, Parästhesien und Alopezie (Haarausfall) sind Biotinmangelsymptome.

5.3.7 Vitamin B_6 (Pyridoxin)

Struktur

Vitamin B_6 ist ein Sammelbegriff für die folgenden substituierten Pyridine: der Alkohol *Pyridoxol,* der Aldehyd *Peridoxal,* das Amid *Peridoxymin.*

Vorkommen

Besonders gute Vitamin-B_6-Quellen sind Vollkornprodukte, Nüsse, verschiedene Gemüse und Leber.

Funktion

Vitamin B_6 wird im Organismus von einer ATP-abhängigen Pyridoxalkinase zum aktiven **Pyridoxalphosphat (PALP)** phosphoryliert und ist als Coenzym an mehr als 100 enzymatische Reaktionen im Körper beteiligt:

- *Decarboxylierungen von Aminosäuren:* Synthese der biogenen Amine,
- *Transaminierungen von Aminosäuren:* Synthese von GOT und GPT,
- *H_2O-Abspaltung aus Aminosäuren:* Serin- und Threonin-Dehydrotasen u. a.,
- *Sphingosin-Synthese,*
- *Porphyrin-Synthese:* Glycin+Succinyl-CoA → δ-Aminolävulinsäure,
- Stimulierung der *humoralen und zellulären* Immunabwehr,

Biochemie

- *Steroidhormonwirkung:* Modulierung der Steroidhormonrezeptoren.

Klinischer Bezug

Hypovitaminosen treten in der Regel im Rahmen eines **kombinierten Mangels der B-Vitamine** auf. Häufige Ursachen sind Resorptionsstörungen, die „Pille" und Alkoholismus. Es entstehen folgenden Symptome: Dermatitis, Wachstumsstörungen, hypochrome Anämie, Entmyelinisierung der Nerven u. a.

5.3.8 Vitamin B_{12} (Cobalamin, Extrinsic Factor)

Struktur

Cobalamin wird ausschließlich von Mikroorganismen synthetisiert und besteht aus einem Corrinringsystem mit vier reduzierten Pyrrolringen, die kovalent an ein zentrales Cobaltatom gebunden sind.

Vorkommen

Da Mikroorganismen die einzigen Lebewesen sind, die Cobalamin synthetisieren, ist der Mensch auf tierische Produkte angewiesen: Innereien, Eier, unbehandelte Milch u. a. (Achtung: Veganer!).

Resorption und Transport

Resorption: Cobalamin wird durch ein von den Belegzellen des Magens produziertes speziesspezifisches Glykoprotein (den *Intrinsic factor*) als wasserlöslicher Komplex gebunden. Dadurch ist Cobalamin als Cobalamin-Intrinsic-factor-Komplex vor der Zerstörung durch Darmbakterien und Enzyme geschützt und kann sich im *distalen (unteren) Ileum* an Rezeptoren der Mukosazellen binden und resorbiert werden (Abb. 5.**8**).

Klinischer Bezug

Vitamin-B_{12}-Mangel ist meist durch eine Resorptionsstörung durch einen **Mangel an Intrinsic factor** bedingt. Ursache ist eine Schleimhautatrophie des Magens oder der Zustand nach Magenresektion im Fundusbereich (Entfernung des Bildungsortes). Bei Ileumresektion (Entfernung der Resorptionsortes) und Entzündungen im distalen Ileum ist die Resorption selbst gestört.

Transport: Nach der Resorption wird es im Blut an das Transportprotein **Transcobalamin** (β-Globulinfraktion) gebunden und in die Leber und die peripheren Körperzellen transportiert.

Merke

Cobalamin wird zu ca. 60 % in der Leber und zu ca. 30 % in der Muskulatur gespeichert (insgesamt 3 – 5 mg). Da der tägliche Bedarf <1 µg beträgt, sind die Depots erst nach Monaten bis Jahren erschöpft.

Funktion

Cobalamin ist an der Hämatopoese, an der Neubildung epithelialer Gewebe und an der Synthese des Myelins in Nerven beteiligt. Folgende wichtigste Cobalamin-Coenzyme führen intramolekulare Umlagerungen durch:

- *5-Desoxyadenosyl-Cobalamin* (in Mitochondrien) ist an Umlagerungen von Alkylresten beim Abbau ungradzahliger und verzweigter Fettsäuren beteiligt, z. B.
  - Methylmalonyl-CoA ↔ Succinyl-CoA
- *Methyl-Cobalamin* (im Cytosol) regeneriert Methyl-TH_4 zu aktivem TH_4 (aktivierte Folsäure) (Abb. 5.**8**). Es dient somit u. a. der Umwandlung von Homocystein zu Methionin (s.a. 5.3.5).

Merke

Die Wirkung von Vitamin B_{12} ist aufs engste mit der Funktion der Folsäure verknüpft.

Klinischer Bezug

Bei einem **Cobalaminmangel** kommt es durch die beeinträchtigte Regenerierung von TH_4 zu einer Störung der RNS- und DNS-Synthese, da C_1-Fragmente nicht transportiert werden können (Ausfall der Purin- und Pyrimidinsynthese). Dadurch entstehen die Symptome der **perniziösen Anämie**. Achtung: Vitamin B_{12}-Mangelanämie darf nicht mit Folsäure therapiert werden, da neurologische Symptome, die auf einem direkten Mangel an Vitamin B_{12} beruhen und schwer zu diagnostizieren sind, ungehindert fortschreiten (Achtung vor folsäurehaltigen Multivitaminpräparaten!).
Hohe und ständig oral zugeführten Mengen von Vitamin C (Ascorbinsäure) können durch einen verstärkten Abbau von Cobalamin im Darm zu einem Mangel führen.

5.3.9 Vitamin C (Ascorbinsäure)

Struktur

Ascorbinsäure gehört mit seiner Endiol-Lacton-Struktur zu den Kohlenhydraten und kann als Redoxsystem reversibel in Dehydroascorbinsäure übergehen.

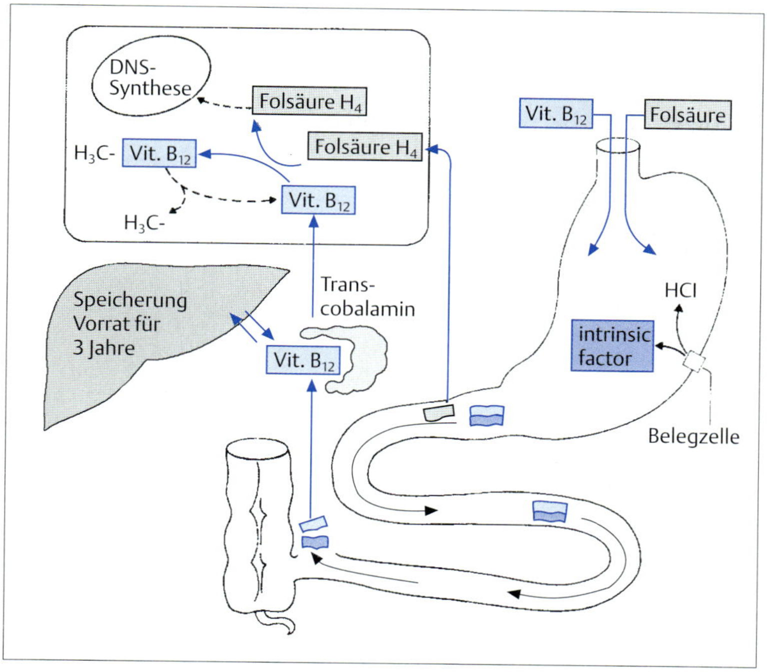

Abb. 5.**8** Vitamin B_{12}- und Folsäurestoffwechsel (aus Lüllmann/ Mohr/Ziegler, Thieme 1994)

Vorkommen

Nur der Mensch und alle Primaten, Meerschweinchen, Regenbogenforelle und bestimmte Vogelarten sind von der Vitaminzufuhr mit der Nahrung abhängig. Alle anderen Tiere und Pflanzen können Vitamin C aus D-Glucose synthetisieren (Zwischenstufe: D-Glucuronsäure → L-Gluconsäure → Gluconolacton). Dem Menschen und Tieren *fehlt* das Enzym *L-Gluconolactonoxidase*, das L-Gluconolacton zu 2-Ketogluconolacton oxidiert, aus dem spontan L-Ascorbinsäure entsteht. Wichtige Vitaminquellen sind frische Früchte (Zitrusfrüchte) und Gemüse (Paprika, Broccoli u. a.). Durch Kochen, Konservieren, Trocknen, Lagern von Lebensmitteln und Kontakt mit Schwermetallen (insbesondere Kupfer) kann es durch Oxidation zu Verlust an Vitamin C kommen.

Funktion

Im Organismus dient Ascorbinsäure bei verschiedenen Reaktionen als Redoxpartner:

- *Hydroxylierungsreaktionen:*
  - Kollagensynthese (Prolin- und Lysinreste werden zu Hydroxyprolin und Hydroxylysin hydroxyliert),
  - Serotoninsynthese (Tryptophan → 5-Hydroxytryptophan),
  - Neurotransmittersynthese (Dopamin → Noradrenalin),
  - Tetrahydrofolsäuresynthese,
  - Umwandlung von Cholesterin zu Gallensäuren,
  - Steroidhormonsynthese in der NN (Steroidhydroxylasereaktion),
  - Abbau von zyklischen Aminosäuren (Phenylalanin, Tyrosin u. a.),
- *Carnitinsynthese* aus Lysin und Methionin,
- *Reduktion von Methämoglobin* zu Hämoglobin,
- *Schutz anderer Vitamine* (Thiamin, Riboflavin, Folsäure, Pantothensäure, Vitamin A und E) vor Oxidation,
- *Eisenstoffwechsel:* Begünstigung der Resorption von Eisen,
- *Schutz gegen Toxine.*

Klinischer Bezug

Hypovitaminosen werden meist durch folgende Faktoren verursacht: Falsche Lagerung, Behandlung und Zubereitung von Lebensmitteln, Resorptionsstörungen (Magen-Darm-Krankheiten), Schwangerschaft, Infektionen, Rauchen und Streß verschiedener Art. Symptome: Abgeschlagenheit, Müdigkeit, Infektanfälligkeit usw. Massiver Vitamin-C-Mangel führt zu **Skorbut**: Haut-, Zahnfleisch- und Knochenblutungen, Zahnausfall, Knochen- und Gelenkveränderungen.

Prinzipien der Stoffwechselregulation

Die chemischen Stoffwechselreaktionen des Organismus sind nur unter der Wirkung von Enzymen möglich. Um die Mechanismen enzymatischer Reaktionen zu verstehen, ist die Erkenntnis über die kinetischen Eigenschaften der Enzyme, also die Reaktionsgeschwindigkeiten und ihre Änderung unter verschiedenen Bedingungen, der wichtigste Ansatz. Zum besseren Verständnis werden zunächst prüfungsrelevante Enzymeigenschaften und Grundbegriffe der Biokatalyse erklärt.

6.1 Grundlagen

6.1.1 Enzyme

Funktion als Katalysatoren

Viele biochemische Reaktionen sind unter physiologischen Bedingungen reaktionsträge. Sie verlaufen langsam und müssen katalysiert werden. Enzyme sind *Katalysatoren* biologischer Reaktionen, d. h. sie erhöhen die Reaktionsgeschwindigkeit einer chemischen Reaktion. Die katalytische Wirkung eines Enzyms läuft im Inneren einer Enzymtasche ab → im **aktiven Zentrum**. Das aktive Zentrum verändert die intramolekulare Reaktionsbedingung, so daß eine Reaktion beschleunigt wird.

Merke

Enzyme erniedrigen die Aktivierungsenergie und *beschleunigen* dadurch eine chemische Reaktion.

Fast alle Enzyme sind Proteine (Ausnahme: katalytisch aktive RNA-Moleküle → Ribozyme). Sie werden in sechs Klassen eingeteilt (Tab. 6.**1**).
Eine enzymkatalysierte Reaktion läuft nach dem folgenden Prinzip:
Ein Enzym E geht mit seinem Substrat S eine Bindung ein. Es entsteht ein *Enzym-Substrat-Komplex*. An-

Tab. 6.**1** Internationale Klassifizierung von Enzymen nach IUB (International Union of Biochemistry)

Klasse	Reaktionstyp	wichtige Unterklassen
I Oxidoreduktasen	Oxidation und Reduktion	Dehydrogenasen, Oxidasen
II Transferasen	übertragen funktionelle Gruppen eines Moleküls auf ein zweites	Aminotransferasen, Phosphotransferasen (Hexokinase)
III Hydrolasen	spalten hydrolytisch Ester-, Ether-, Peptid-, Glykosid-, Säureanhydrid-, C–C-, P–N-Bindungen	Esterasen, Peptidasen
IV Lyasen	Addieren funktionelle Gruppen an C = C–Bindungen oder bilden C = C–Bindungen durch Entfernen von Gruppen	C–C-Lyasen
V Isomerasen	Bildung von Isomeren, Umlagerung innerhalb von Molekülen	Epimerasen, cis-trans-Isomerasen
VI Ligasen	binden zwei Substrate unter ATP-Spaltung	C–C-Ligasen

schließend zerfällt der Enzym-Substrat-Komplex in das freie Enzym und das Reaktionsprodukt P. Das Enzym verändert sich bei dieser Reaktion nicht und kann den gleichen Prozeß sofort mit dem nächsten Substratmolekül wiederholen.

$$S + E \leftrightarrow ES \leftrightarrow E + P$$

Klassifizierung

Klinischer Bezug

Die Klassifizierung der Enzyme nach IUB dient dem Verständnis biochemischer Vorgänge. In der Klinik werden Enzyme sinnvollerweise folgendermaßen unterteilt:
Plasmaspezifische Enzyme: Diese Enzyme üben ihre Stoffwechselfunktion im Serum aus (z. B. Gerinnungsfaktoren, Lipoprotein-Lipase u. a.).
Zellenzyme: Diese Enzyme üben ihre Stoffwechselfunktion in der Zelle, zum Teil ganz speziell in bestimmten Zellorganellen aus (z. B. Glutamatdehydrogenase in den Mitochondrien, Lactatdehydrogenase im Zytoplasma, Glutamyltranspeptidase in der Zellmembran).
Sekretenzyme: Diese Enzyme werden in den exkretorischen Drüsen synthetisiert und üben ihre Stoffwechselfunktion in Sekreten aus (z. B. Verdauungsenzyme: Amylase, Lipase, Trypsin).
Diese Unterscheidung ist sinnvoll, da z. B. der Konzentrationsunterschied der Zellenzyme zwischen Zelle und Serum enorm groß ist ($10^6 : 1$) und durch eine Schädigung von Organzellen (z. B. bei einem Herzinfarkt) Zellenzyme in den extrazellulären Raum gelangen. Erhöhte Enzymaktivität der Zellenzyme im Serum vereinfacht die klinische Diagnostik.

6.1.2 Cofaktoren

Einige Enzyme nutzen als aktives Zentrum einen bestimmten Teil *ihrer* Proteinstruktur, andere benötigen für ihre Aktivität zusätzlich chemische Komponenten (Cofaktoren). Diese können *anorganische Ionen* (Fe^{2+}, Mg^{2+}, Zn^{2+}, Cu^{2+} u. a.) oder organische Moleküle (*Coenzyme*, z. B. Vitaminderivate) sein. Coenzyme sind nicht fest an den Proteinanteil des Enzyms gebunden, d. h. die Abspaltung ist reversibel. Sie liefern oder nehmen die für die chemische Reaktion notwendigen Atome oder Moleküle auf und verändern sich bei einer enzymatischen Reaktion, weshalb sie auch als *Cosubstrat* bezeichnet werden. Ist eine chemische Komponente kovalent an den Proteinanteil des Enzyms gebunden, spricht man von einer *prosthetischen Gruppe*. Die Abspaltung führt zur Denaturierung des Enzyms. Das inaktive Enzym (*Apoenzym*) wird durch die Bindung eines Cofaktors in das aktive Enzym umgewandelt (*Holoenzym*).

6.1.3 Enzymspezifität

Enzyme haben die Fähigkeit, aus einer Vielzahl der im Stoffwechsel anfallenden Substanzen ihr spezielles Substrat auszuwählen und nur mit diesem in Reaktion zu gehen → **Substratspezifität**. Außerdem katalysieren Enzyme meist nur eine bestimmte Reaktion → **Wirkungsspezifität**. Viele Enzyme greifen nur eine Form von Molekülen mit Chiralität oder cis-trans-Isomerie an → **Stereospezifität**. Einige Enzyme sind relativ unspezifisch, da eine ganze Gruppe ähnlich strukturierter Substrate umgesetzt werden kann → **Gruppenspezifität**.

Klinischer Bezug

In der Klinik spielen die oben genannten Enzymspezifitäten keine Rolle. Viel wichtiger ist es, hohe (pathologische) Enzymaktivitäten bzw. -konzentrationen im Serum einem bestimmten Organ zuzuordnen, z. B.: Bei einer Zerstörung der Erythrozyten (Hämolyse) treten die in den Erythrozyten enthaltenen Enzyme aus. Folgende Enzyme zeigen eine erhöhte Serumkonzentration:
Lactatdehydrogenase (LDH_1 und LDH_2 s.u.),
Glutamat-Oxalacetat-Transferase (GOT bzw. ASAT),
Glutamat-Pyruvat-Transferase (GPT bzw. ALAT),
saure Phosphatase (SP).

6.1.4 Isoenzyme

Isoenzyme besitzen die gleiche Substrat- und Wirkungsspezifität, unterscheiden sich jedoch in der *Substrataffinität* und im chemischen Aufbau. Sie sind durch die Duplikation von Genen und anschließende Mutation entstanden. Aufgrund der physikalisch-chemischen Unterschiede ihrer Primärstruktur lassen sie sich trennen und somit nachweisen. Dafür werden elektrophoretische, chromatografische und immunologische Verfahren verwendet, sowie der Einsatz von Inhibitoren u. a. Isoenzymbestimmungen erweitern die diagnostischen Möglichkeiten bei vielen Krankheiten und gewinnen daher zunehmend an Bedeutung (s. klinischer Bezug). Fast alle Enzyme lassen sich in Isoenzyme auftrennen.

Beispiel: Die Lactatdehydrogenase (LDH) ist ein zytoplasmatisches Enzym, das die reversible Reaktion Pyruvat → Lactat katalysiert. Die LDH besitzt fünf verschiedene Isoenzyme. Sie bestehen aus vier Untereinheiten mit zwei verschiedenen monomeren Typen (H und M) und weisen unterschiedliche Organverteilung auf:

- LDH_1: (HHHH) Herzmuskel, Erythrozyten, Niere,
- LDH_2: (HHHM) Erythrozyten, Niere, Herz, Lunge,
- LDH_3: (HHMM) Lymphatisches System, Lunge, Thrombozyten,

- LDH_4: (HMMM) geringe Mengen in verschiedenen Organen,
- LDH_5: (MMMM) Skelettmuskel, Leber.

Klinischer Bezug

Für die klinische Diagnostik kann die Isoenzymbestimmung sehr hilfreich sein. LDH_1 und LDH_2 sind im Herzmuskel, im Erythrozyten und in der Niere zu finden. Beim **Myokardinfarkt,** bei **hämolytischen Krankheiten** oder bei einem **Niereninfarkt** steigen beide Enzyme stark an. Eine **Schädigung der Skelettmuskulatur** (Trauma) oder eine **Muskeldystrophie** bedingt einen LDH_5-Anstieg.

6.1.5 Messung der Enzymaktivität

Nachfolgend einige Einheiten, die zur Messung der Enzymaktivität eingeführt wurden:

Eine Enzymeinheit (U = Unit): Diejenige Enzymmenge, die in einer Minute die Umwandlung von 1 μmol Substrat katalysiert (Einheit: μmol/min):

$$1\,U = \frac{1\,\mu mol\ Substratumsatz}{Zeiteinheit}$$

Katalytische Einheit (kat = Katal): Diejenige Enzymmenge, die in einer Sekunde die Umwandlung von 1 Mol Substrat katalysiert (Einheit: mol/s):

$$1\,Katal = \frac{1\,mol\ Substratumsatz}{Zeiteinheit}$$

Wechselzahl („turn over number", molare Aktivität): Gibt an, wieviel mol Substrat von einem Enzymmolekül pro Zeiteinheit umgesetzt werden können (Einheit: s^{-1}):

$$W = \frac{mol\ Substratumsatz}{mol\ Enzym \times Zeiteinheit}$$

6.2 Enzymkinetik

Wie schon oben angedeutet, ist die Enzymkinetik, also die Lehre von Reaktionsgeschwindigkeiten und ihrer Änderung unter verschiedenen Bedingungen, die Grundlage zum Verständnis der enzymatischen Reaktionsmechanismen. Die Geschwindigkeit einer enzymkatalysierten Reaktion wird durch die folgenden Faktoren beeinflußt:

- Enzymkonzentration,
- Substratkonzentration,
- allosterische Regulation,
- Enzymhemmung,
- Temperatur und pH-Wert.

6.2.1 Enzymkonzentration

Die Reaktionsgeschwindigkeit ist bei Substratüberschuß der Enzymkonzentration proportional.

6.2.2 Substratkonzentration

Im Organismus ist die Konzentration von Zellenzymen begrenzt, die des Substrats dagegen kann sehr stark schwanken. Geht man also von einer konstanten Menge Enzym aus, ist bei sehr niedriger Substratkonzentration [S] die Wahrscheinlichkeit, daß die Substratmoleküle mit ihren Enzymen zusammentreffen, geringer als bei höherer Konzentration. Demnach liegt bei niedriger Substratkonzentration der größte Teil eines Enzyms in der ungebundenen Form E vor. Die Geschwindigkeit ist dann proportional zur Substratkonzentration, weil mit zunehmender Substratkonzentration die Wahrscheinlichkeit eines Zusammentreffens der Substratmoleküle mit dem Enzym ebenfalls erhöht wird, und damit auch die Konzentration des Produkts.

Merke

Zu Beginn einer enzymatischen Reaktion ist die Geschwindigkeit proportional zur Substratkonzentration.

Eine Steigerung der Substratkonzentration führt zur **Substratsättigung**, d. h. alle Enzymmoleküle liegen in gebundener Form im Enzym-Substrat-Komplex vor (→ die Enzyme sind mit ihrem Substrat gesät-

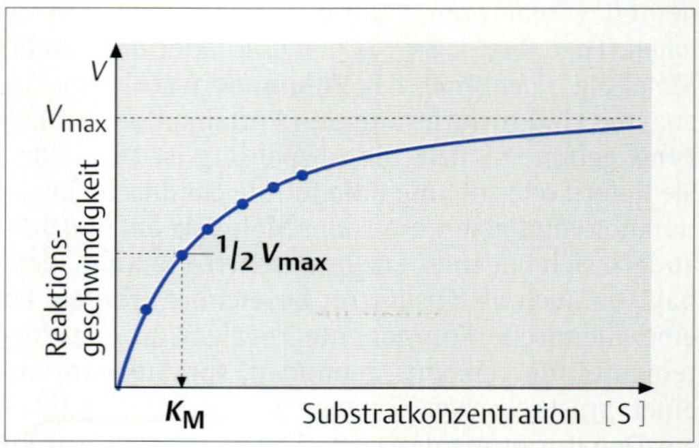

Abb. 6.1 Abhängigkeit der Reaktionsgeschwindigkeit von der Substratkonzentration (hyperbole V-S-Kinetik)

tigt). Eine weitere Erhöhung der Substratkonzentration hat keinen Einfluß auf die Reaktionsgeschwindigkeit. Die Reaktionsgeschwindigkeit hat ihren maximalen Wert V_{max} erreicht (Abb. 6.**1**).

! Merke

Eine Erhöhung der Reaktionsgeschwindigkeit läßt sich bei Substratsättigung nur durch Erhöhung der Enzymkonzentration erreichen.

Die Abhängigkeit der Reaktionsgeschwindigkeit von der Substratkonzentration wird durch die Michaelis-Menten-Gleichung beschrieben.

Michaelis-Menten-Gleichung

$$v = \frac{V_{max} \times [S]}{K_m + [S]}$$

v = Reaktionsgeschwindigkeit, V = Maximalgeschwindigkeit bei Substratsättigung, K_m = Michaelis-Konstante

- K_m entspricht der *Substratkonzentration* [S], bei der die *halbmaximale Geschwindigkeit* ½ V_{max} einer enzymatischen Reaktion erreicht wird (s. Abb. 6.**1**). Dabei ist die Hälfte des vorhandenen Enzyms im Enzym-Substrat-Komplex eingebunden → K_m gibt eine Substratkonzentration an und ist von der Enzymkonzentration unabhängig. Mathematisch sieht das folgendermaßen aus: Setzt man in die Michaelis-Menten-Gleichung für v die halbmaximale Geschwindigkeit, also ½ V_{max} ein, erhält man:

$$\frac{V_{max}}{2} = \frac{V_{max} \times [S]}{K_m + [S]}$$

Division durch V_{max} führt zu

$$\frac{1}{2} = \frac{[S]}{K_m + [S]}$$

nach K_m aufgelöst, erhält man

$$K_m = [S]$$

wenn v = ½ V_{max} (Einheit: mol/l).

- K_m ist ein Maß für die *Affinität* eines Enzyms für sein Substrat:
  - Je kleiner K_m, desto weniger Substrat ist zur Sättigung des Enzyms nötig → hohe Affinität des Enzyms zum Substrat.
  - Je größer K_m, desto mehr Substrat ist zur Sättigung des Enzyms nötig → geringe Affinität des Enzyms zum Substrat.
- K_m kann von Enzym zu Enzym und sogar für verschiedene Substrate desselben Enzyms variieren → Isoenzyme besitzen wegen ihrer unterschiedlichen Substrataffinität verschiedene K_m-Werte.
- K_m ändert sich mit dem pH-Wert und der Temperatur.
- K_m steigt bei einer kompetitiven Hemmung (s.u.).

Lineweaver-Burk-Gleichung

Da die genaue graphische Bestimmung der kinetischen Parameter K_m und V_{max} aus der Michaelis-Menten-Graphik wegen der nur schwer zu bestimmenden Asymptote V_{max} nicht möglich ist, wird hierfür die Lineweaver-Burk-Gleichung benutzt. Sie entsteht durch die Kehrwertbildung der Michaelis-Menten-Gleichung:

$$\frac{1}{V} = \frac{K_m}{V_{max}} \times \frac{1}{[S]} + \frac{1}{V_{max}}$$

Die Lineweaver-Burk-Gleichung liefert somit eine Gerade (y = mx + b), womit V_{max} und K_m exakt bestimmt werden können (Abb. 6.**2**):

- $\frac{1}{V_{max}}$ ist der Schnittpunkt der Geraden mit der Ordinate (y-Achse).

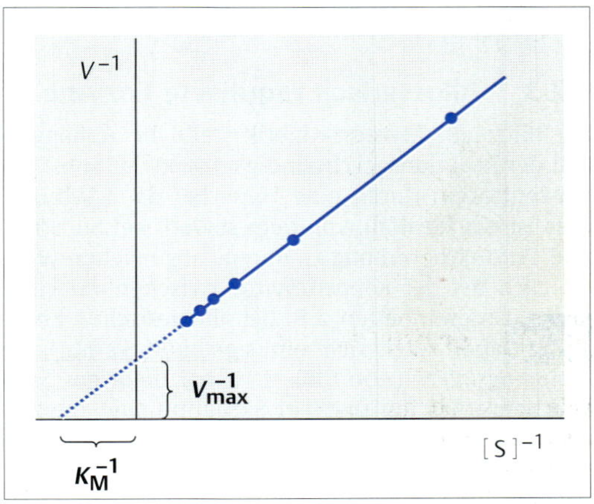

Abb. 6.**2** Bestimmung von V_{max} und K_m aus dem Lineweaver-Burk-Diagramm

Biochemie

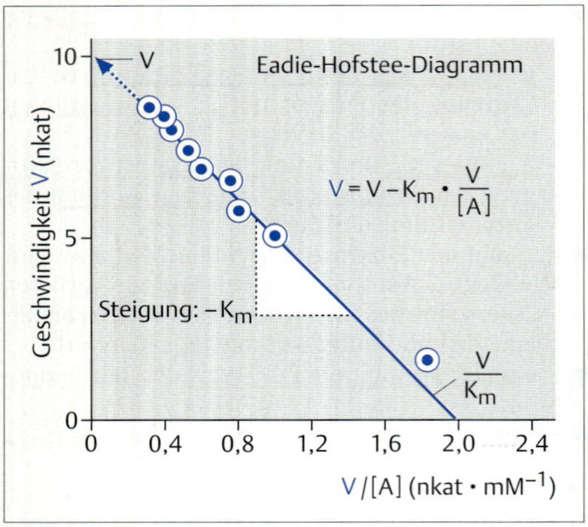

Abb. 6.3 Eadie-Hofstee-Diagramm

- $\frac{K_m}{V_{max}}$ ist die Steigung der Geraden.
- $-\frac{1}{K_m}$ ist der Schnittpunkt der Abszisse (x-Achse).

Eadie-Hofstee-Diagramm

Aus der Umformung der Michaelis-Menten-Gleichung läßt sich das Eadie-Hofstee-Diagramm herleiten (Abb. 6.**3**). V_{max} und K_m lassen sich graphisch bestimmen:

- V_{max} ist der Schnittpunkt der Geraden mit der Ordinate
- $-K_m$ ist die Steigung

Klinischer Bezug

Enzymkinetische Daten werden heute mit PCs rechnerisch schneller und objektiver ausgewertet.

6.2.3 Allosterisch regulierte Enzyme

Die Michaelis-Menten-Kinetik stellt die Abhängigkeit der Reaktionsgeschwindigkeit von der Substratkonzentration durch eine Hyperbel dar (Abb. 6.**1**). Dies ist ein Idealfall, von dem sowohl bei Substrat- und Produkthemmung (s. unten) abgewichen wird, als auch bei der *Kooperativität* zwischen verschiedenen Untereinheiten z. B. bei allosterischen Enzymen. Dabei zeigt sich ein *sigmoider Verlauf der Sättigungskurve* (Abb. 6.**4**), d. h., bei niedriger Substratkonzentration und bei Sättigung sind die Abweichungen von der Michaelis-Menten-Kinetik am stärksten. Dieses Verhalten zeigen z. B. die regulatorischen, allosterischen Schlüsselenzyme im Stoffwechsel.

Allosterische Enzyme bestehen aus mehreren regulatorischen Untereinheiten und besitzen neben einem aktiven Zentrum auch ein oder mehrere Bindungsstellen für Liganden → *allosterische Zentren*. Bindet ein Ligand an das allosterische Zentrum, ändert sich die Konformation des aktiven Zentrums, wobei die Affinität des Enzyms zum Substrat und/oder die Reaktionsgeschwindigkeit sowohl gesteigert (allosterische Aktivatoren) als auch gesenkt (allosterische Inhibitoren) werden kann:

- *V-Typ:* Die Reaktionsgeschwindigkeit (V_{max}) wird größer oder kleiner.
- *K-Typ:* $K_{0,5}$* wird größer oder kleiner, d. h., allosterische Liganden ändern die für das Erreichen von ½V_{max} nötige Bindungsaffinität des Enzyms zum Substrat.

Beispiele für eine allosterische Beziehung zwischen Protein (Enzym) und Ligand:

- *Isocitratdehydrogenase:* ADP erhöht, ATP und NADH erniedrigen die Aktivität des Enzyms (s. Citratzyklus, Kap. 8.6).
- *Phosphofruktokinase:* ADP erhöht, ATP und NADH erniedrigen die Aktivität des Enzyms (s. Glykolyse, 8.2.1).
- *Pyruvatcarboxylase:* Acetyl CoA aktiviert das Enzym (s. Gluconeogenese, 9.1.2).
- 2,3 Bisphosphoglycerat verringert die O_2-Sättigung von Hämoglobin → die Freisetzung von O_2 kann bei Hypoxie erleichtert werden.

Merke

Bei der allosterischen Regulation binden Liganden an ein eigenes allosterisches Zentrum des Enzyms, nicht an das aktive Zentrum → Liganden müssen keinerlei Ähnlichkeit mit dem Substrat des Enzyms besitzen.

Die allosterische Regulation hat besondere Bedeutung bei der Rückkopplungshemmung von enzymkatalysierten Reaktionen, s. unter Hemmung durch Produktüberschuß.

6.2.4 Enzymhemmung

Kompetitive Hemmung

Bei der reversiblen kompetitiven Hemmung konkurriert ein Hemmstoff mit dem Substrat um das aktive Zentrum des Enzyms. Hemmstoff und Substrat

* $K_{0,5}$ bezeichnet die Substratkonzentration, bei der die Geschwindigkeit einer allosterischen Reaktion die Hälfte ihres Maximalwertes besitzt. Fälschlicherweise wird sehr oft – leider auch vom IMPP – bei allosterisch regulierten Enzymen von K_m gesprochen. K_m bezieht sich auf die hyperbole Michaelis-Menten-Kinetik und nicht auf die sigmoide, allosterische Kinetik.

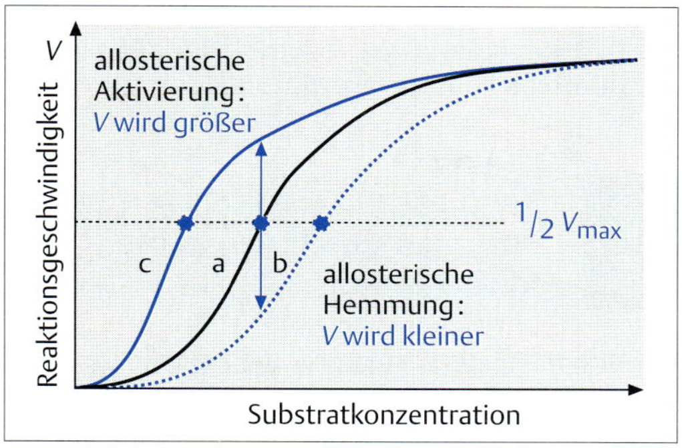

Abb. 6.**4** Sigmoide v/S-Kinetik für allosterische Enzyme. Der sigmoide Verlauf spiegelt die kooperative Wechselwirkung zwischen den Enzymuntereinheiten wider. **a** Sigmoide Aktivitätskurve ohne allosterische Effektoren, **b** Erhöhung von $K_{0,5}$ durch einen allosterischen Inhibitor, **c** Erniedrigung von $K_{0,5}$ durch einen allosterischen Aktivator

besitzen häufig eine ähnliche Struktur. Das Ausmaß der Hemmung hängt vom Konzentrationsverhältnis zwischen Substrat und Hemmstoff ab. Liegt der Hemmstoff in sehr hoher Konzentration vor, kann er das Substrat vollständig aus dem aktiven Zentrum verdrängen → das Ausmaß der Hemmung wird maximal. V_{max} wird nicht verändert. Da eine Erhöhung der Substratkonzentration notwendig ist, um vermehrt Enzym-Substrat-Komplexe zu bilden, erhöht sich ebenfalls K_m (Abb. 6.**5**).

Klinischer Bezug

Das im indianischen Pfeilgift Curare enthaltene Tobucurarin ist ein kompetitiver Blocker der Acetylcholin-Rezeptoren an der motorischen Endplatte. Es konkurriert mit Acetylcholin und verhindert so **willkürliche Muskelkontraktionen,** was durch Atemstillstand zum Tod führt.

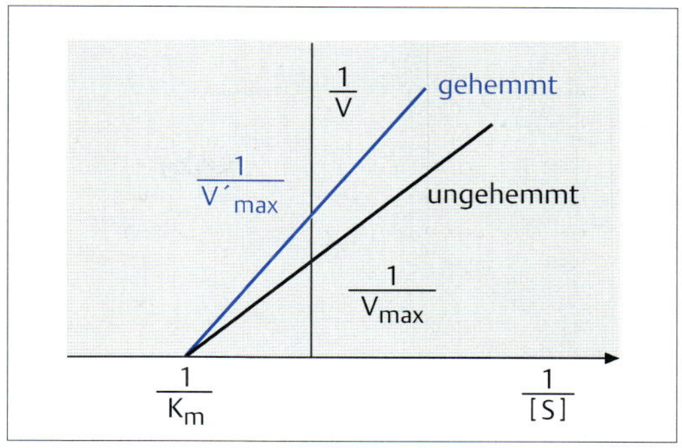

Abb. 6.**6** Nichtkompetitive Hemmung, Lineweaver-Burk-Diagramm

Nichtkompetitive Hemmung

Bei der reversiblen nichtkompetitiven Hemmung bindet ein Hemmstoff außerhalb des aktiven Zentrums des Enzyms und inaktiviert es. Der Hemmstoff senkt die Konzentration des aktiven Enzyms und somit auch die Reaktionsgeschwindigkeit (V_{max}). K_m verändert sich nicht (Abb. 6.**6**).

Hemmung durch Substratüberschuß

Bei Substratüberschuß können Enzym-Substrat-Substrat-Komplexe gebildet werden, wodurch das aktive Zentrum eines Enzyms blockiert wird. Die Reaktionsgeschwindigkeit nimmt ab, was an der typischen Glockenform im Lineweaver-Burk-Diagramm zu erkennen ist (Abb. 6.**7**).

Hemmung durch Produktüberschuß

Häuft sich bei einer Reaktion das Produkt an, hemmt es reversibel über eine negative Rückkopplung das Enzym. Dabei gibt es zwei Möglichkeiten:

- *Isosterische kompetitive Hemmung:* Produkt und Substrat konkurrieren um das aktive Zentrum des Enzyms.

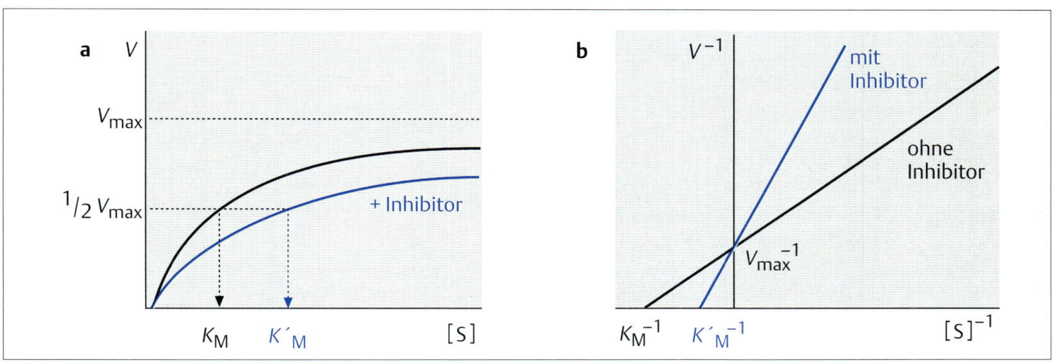

Abb. 6.**5** Kompetitive Hemmung. **a** Michaelis-Menten-Kinetik, **b** Lineweaver-Burk-Diagramm

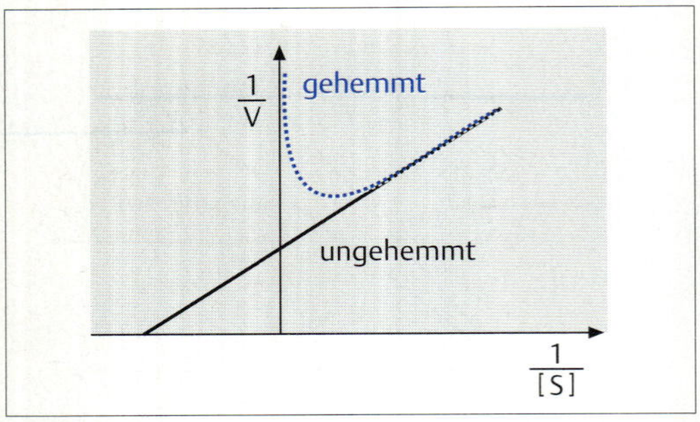

Abb. 6.7 Hemmung durch Substratüberschuß. Die Geschwindigkeit auf der Ordinate nimmt nach oben hin ab

- *Allosterische Hemmung:* Das Produkt lagert sich an das allosterische Zentrum des Enzyms und hemmt es durch die Veränderung der Konformation des aktiven Zentrums (z. B. Hexokinase-Reaktion).

6.2.5 Temperatur

Die Reaktionsgeschwindigkeit einer enzymkatalysierten Reaktion steigt in der Regel pro je 10 °C Temperaturanstieg mit einem Faktor von 1,5 – 3. Es gibt jedoch eine optimale Temperatur, oberhalb derer infolge Hitzedenaturierung der Enzymproteine die Reaktionsgeschwindigkeit wieder abnimmt.

6.2.6 Der pH-Wert

Die meisten Enzyme besitzen ein pH-Optimum, bei der die Aktivität am höchsten ist. Das pH-Optimum der meisten Enzyme liegt im physiologischen Bereich, dennoch können pH-Optima in extremen Bereichen liegen, z. B. pH 1 – 2 für Pepsin im Magen, pH 3 – 5 für lysosomale Enzyme oder pH > 7 für die alkalische Phosphatase.

6.3 Regulation der Aktivität von Enzymen durch reversible Modifikation

Die Aktivität vieler regulatorischer Enzyme des Stoffwechsels (Schlüsselenzyme) wird durch Modifizierung des Enzymmoleküls reguliert. Dabei können Stoffwechselmetabolite oder Cofaktoren durch die Bindung an das Enzym dessen Aktivität beeinflussen. Im Stoffwechsel kommen zwei Klassen von regulatorischen Enzymen vor, die durch reversible Modifikation kontrolliert werden → **Allosterische Enzyme** und **Interkonversions-Enzyme**.

6.3.1 Allosterische Enzyme

Eine Möglichgeit der reversiblen Aktivitätsregulation wurde bereits unter 6.2.3 besprochen, wobei ein allosterischer Ligand durch eine reversible *nichtkovalente* Bindung an das Enzym die Enzymaktivität beeinflußt.

6.3.2 Interkonversions-Enzyme

Bei der Interkonversion wird durch Einführung oder Entfernung einer *kovalent* gebundenen Gruppe (Phosphat, AMP, UMP, ADP-Ribose, Methylgruppen u. a.m.) eine Aktivitätsänderung erreicht. Diese Gruppen werden normalerweise durch die Wirkung anderer Enzyme an das regulatorische Enzym gekoppelt.

Tab. 6.2 Enzymaktivitätsänderung durch Phosphorylierung (↑ = Aktivierung durch Phosphorylierung, ↓ = Aktivierung durch Dephosphorylierung). Die rechte Spalte gibt die Kapitel an, wo die entsprechenden Reaktionen erklärt werden

	Enzym	Aktivitätsänderung durch Phosphorylierung	Kap.
Kohlenhydratstoffwechsel	Glykogenphosphorylase	↑	9.1
	Phosphorylasekinase	↑	9.1
	Glykogensynthetase	↓	9.1.2
	Pyruvatdehydrogenase	↓	9.1.4
	Pyruvatkinase	↓	9.1.4
Lipidstoffwechsel	Acetyl-CoA-Carboxylase	↓	9.2.1
	Glycerin-3-Phosphat-Acyltransferase	↓	9.2
	hormonsensitive Lipase	↑	9.2.3
	β-HMG-CoA-Reduktase	↓	18.2.2

Während durch die allosterische Aktivierung eine stufenlose Regulation der Reaktionsgeschwindigkeit möglich ist, dient die Interkonversion dem plötzlichen „an- und abschalten" von Enzymen.
Eine wichtige Interkonversions-Reaktion ist die Phosphorylierung von Enzymen. Fragen hierzu sind beim IMPP sehr beliebt! Tab. 6.**2** zeigt die wichtigsten interkonvertierbaren Enzyme, die durch Phosphorylierung aktiviert oder inaktiviert werden.

! Merke

Folgende Herleitung vereinfacht das Verständnis der Interkonversionsenzyme: Ist der Blutglukosespiegel zu niedrig, reagiert die Leber durch die Mobilisierung der Glykogenspeicher. Die Glykogenolyse wird durch Phosphorylierung aktiviert → Glucose wird freigesetzt. Gleichzeitig müssen alle Prozesse in der Leber und im Fettgewebe gedrosselt werden, die Glucose verstoffwechseln können, um der Erhöhung des Blutzuckerspiegels nicht entgegenzuwirken. Daher werden Schlüsselenzyme der Glykolyse, Glykogensynthese, Fettsäuresynthese, Triglyceridsynthese ebenfalls durch Phosphorylierung gehemmt (= *Enzymkaskade*).

6.4 Regulation der Aktivität von Enzymen durch irreversible Modifikation

In 6.3 wurde die Regulation der Enzymaktivität durch reversible Mechanismen erklärt. Im Unterschied dazu können inaktive Enzymvorstufen – man bezeichnet sie auch als *Zymogen* bzw. *Proenzym* – durch *limitierte Proteolyse* gespalten und irreversibel aktiviert werden. Die limitierte Proteolyse bewirkt eine Konformationsänderung, die das aktive Zentrum des Enzyms zugänglich macht. Auf diese Weise kann sehr schnell das aktive Enzym bereitgestellt werden. Die Abschaltung einer solchen Reaktion ist allerdings nur dadurch möglich, daß das Enzym durch proteolytischen Abbau inaktiviert wird. Es kann dann nicht mehr weiterverwendet werden. Die limitierte Proteolyse tritt auch bei vielen Hormonen auf. Klassische Beispiele für die Bildung eines aktiven Enzyms bzw. Hormons aus einer Vorstufe sind in Tab. 6.**3** dargestellt.

Tab. 6.**3** Beispiele für die Bildung von aktiven Enzymen bzw. Hormonen aus inaktiven Vorstufen

	Inaktive Vorstufe	**Aktive Form**
Enzyme	Chymotrypsinogen	Chymotrypsin
	Trypsinogen	Trypsin
	Plasminogen	Plasmin
	Prothrombin	Thrombin
	Prorenin	Renin
Hormone	Proinsulin	Insulin
	Angiotensinogen	Angiotensin

6.5 Induktion oder Repression der Enzymsynthese

Die Regulation der Enzymaktivität kann durch Steigerung **(Induktion)** oder Hemmung **(Repression)** der Enzymsynthese erfolgen. Im Gegensatz zu der Umwandlung von Enzymvorstufen durch limitierte Proteolyse (s.o.), die sehr schnell erfolgen kann, benötigt die Enzyminduktion einige Stunden, um wirksam zu werden. Dabei wird der Apparat der Proteinbiosynthese angekurbelt. Der Angriffsort ist der Zellkern, wo die Transkription von DNA in Gang gesetzt wird. Durch die Transkription wird mRNA gebildet, die dann im Zytoplasma an den Ribosomen die Synthese des entsprechenden Enzyms auslöst. Einzelheiten hierzu werden in Kapitel 13 besprochen. Folgende Substanzen induzieren die Biosynthese von Enzymen:

- Bestimmte Metabolite, wie Substrate der induzierten Enzyme, wirken als Induktor,
- Hormone (s. Kap. 15),
- Fremdstoffe bzw. Arzneimittel induzieren Enzyme (Monooxygenasen), die die Fremdstoffe bzw. Arzneimittel metabolisieren (s. Kap. 16).

Die Regulation in umgekehrter Richtung ist durch Repression möglich. Beispielsweise reprimiert das Endprodukt der Cholesterinbiosynthese, das Cholesterin, die Synthese der mRNA, die das Schlüsselenzym des Synthesewegs codiert.

Substrataufnahme und Produktausscheidung

Das Kapitel Substrataufnahme und Produktausscheidung beinhaltet neben den hier abgehandelten Grundlagen der Ernährung noch eine Vielzahl anderer Themen. Für diese Themen, wie z. B. *Verdauung* und *Resorption*, *Sauerstoffaufnahme* und *-versorgung* sowie *Ausscheidung*, siehe die entsprechenden Kapitel der Biochemie und Physiologie.

7.1 Grundlagen der Ernährung

In unserer heutigen Zeit ist Ernährung ein zunehmend an Bedeutung gewinnender medizinischer Bereich. Fehler in der Ernährung können zu äußerst schwerwiegenden Krankheitsbildern führen. So leidet ein Großteil der Menschen in den Entwicklungsländern an Mangelernährung, während in Europa und in den USA vorwiegend die Überernährung zu Zivilisationskrankheiten führt, wie Diabetes mellitus (NIDDM, Typ II), Atherosklerose oder Bluthochdruck. Zur kritischen Beurteilung einer Diät oder Ernährungsweise sind Kenntnisse über den *Wert der Nahrung* und die *essentiellen Nahrungsbestandteile* wichtig.

7.1.1 Wert der Nahrung

Verschiedene Nahrungsmittel unterscheiden sich hinsichtlich ihrer Qualität durch die unterschiedliche Zusammensetzung an Eiweißen, Kohlenhydraten, Fetten und Vitaminen. *Nährstoffe* liefern dem Körper durch Verbrennung Energie (s. 9.4). *Vitamine, Spurenelemente, Elektrolyte* und *Ballaststoffe* sind dagegen für einen geregelten Stoffwechsel notwendig.

Nährstoffe

Zu den Nährstoffen zählen *Kohlenhydrate, Fette* und *Eiweiße*. Wieviel Energie diese jeweils liefern, kann mit Hilfe des *Verbrennungskalorimeters* bestimmt werden. Bei ausreichender Sauerstoffzufuhr wird eine bestimmte Menge des zu testenden Stoffes vollständig verbrannt. Die Brennkammer befindet sich dabei in einem isoliertem Wasserbad. Als Maß für die Energie dient die Erwärmung des Wassers.
Den so bestimmten Wert bezeichnet man als **physikalischen Brennwert**. Dabei ist eine kcal (Kilokalorie) definiert als die Energiemenge, die *1 Liter Wasser* von 14,5 °C auf 15,5 °C erwärmt. Da die Erwärmung des Wassers jedoch von der Anfangstemperatur und dem Luftdruck abhängig ist, ist Joule (J) die SI-Einheit des Brennwerts; 4,2 kJ entsprechen einer kcal.
Vom physikalischen Brennwert, bei dem der Nährstoff vollständig zu CO_2, H_2O und NO_2 verbrannt wird, unterscheidet sich der **physiologische Brennwert**. Da Eiweiße vom Menschen nur bis zum Harnstoff abgebaut werden können, ist der physikalische Brennwert der Eiweiße größer als deren physiologi-

Tab. 7.1 Physikalischer und physiologischer Brennwert im Vergleich

Nährstoff	Physikalischer Brennwert	Physiologischer Brennwert
Kohlenhydrate	17,2 kJ/g	identisch
Fette	38,9 kJ/g	identisch
Eiweiße	23,0 kJ/g	17,2 kJ/g (identisch mit Kohlenhydraten)

scher. Tab. 7.1 gibt einen Überblick über die Brennwerte.

Merke

1 g Eiweiß liefet in etwa so viel Energie wie 1 g Kohlenhydrat. 1 g Fett erzeugt jedoch ein Vielfaches dieser Energiemenge.

Eine kalorisch ausgewogene Ernährung sollte sich zu 60 % aus Kohlenhydraten, 25 % Fetten und 15 % Eiweiß zusammensetzen.

Vitamine, Spurenelemente, Elektrolyte und Ballaststoffe

Essentielle Nahrungsbestandteile: Vitamine, Spurenelemente und Elektrolyte werden oft zu den es-

Tab. 7.2 Ausgewählte essentielle Nahrungsbestandteile, deren Funktion und Vorkommen

Nahrungsbestandteil	Beispiele	Funktion – Besonderheiten	Vorkommen
essentielle Aminosäuren	Phenylalanin	Vorstufe der Catecholamine und des Melanins	Proteinen (vor allem tierischen). Der Süßstoff Aspartam (in Light-Getränken) ist ein Peptid, das zu über 50 % aus Phenylalanin besteht (cave: bei bestehender Phenylketonurie)
essentielle Fettsäuren	Linolsäure	Bestandteil der Zellmembranen; senkt die Thrombozytenaggregation, erhöht die rezeptorvermittelte LDL-Aufnahme der Zellen	in fast allen Nahrungsmitteln in ausreichender Menge enthalten
Spurenelemente	Chrom	erhöht die Stoffwechselwirkungen von Insulin und verbessert die Glucosetoleranz	Vollkornprodukte, Bierhefe, Petersilie und Käse
	Eisen	Bestandteil des Hämo- und Myoglobins	wenig in Spinat; dafür aber in Getreide und Fleisch. *Erhöht* werden kann die Resorption durch reduzierende Substanzen (Vitamin C), da das Fe^{2+} besser resorbiert wird. Oxalsäure (reichlich in Spinat enthalten) und andere Komplexbildner *vermindern* die Eisenresorption dagegen
	Kupfer	Prosthetische Gruppe der Cytochromoxidase	Austern, Nüsse, Leber, Vollkornprodukte
	Selen	als Selencystein dient es in der Zelle als Antioxidans; das Auftreten von Herz-Kreislauf-Erkrankungen und bösartigen Neubildungen korreliert mit einer niedrigen Selenaufnahme	je nach Selengehalt des Bodens stark schwankend, in Vollkornprodukten, Fisch und Fleisch. Zur Prophylaxe wird eine tägliche Zufuhr von 0,3 µg/kg KG empfohlen. In hohen Konzentrationen wirkt Selen jedoch *toxisch*
Mineralstoffe	Calcium	in Verbindung mit Phosphat ist Calcium ein wichtiges Strukturelement des Knochens. Ferner reguliert Calcium viele Vorgänge im Körper (elektromechanische Koppelung)	vor allem in Milch und in Milchprodukten. Deshalb sind Milchprodukte nicht nur für Kinder, sondern auch für ältere Menschen ein wichtiges Lebensmittel. Kinder benötigen das Calcium für das Knochenwachstum, die Älteren können in Verbindung mit Bewegung durch calciumreiche Kost der Osteoporose vorbeugen
	Magnesium	als Cofaktor der Na-K-ATPase sorgt Magnesium für die Aufrechterhaltung der Konzentrationsgefälle von Na^+ und K^+	Blattgemüse
Vitamine	s. Kap. 5		

sentiellen Nahrungsbestandteilen gezählt. Essentielle Nahrungsbestandteile sind definitionsgemäß Stoffe, die der Körper nicht selbst synthetisieren kann, aber auf deren Zufuhr er angewiesen ist. Diese Definition trifft jedoch nicht für alle diese Stoffe zu; so wird z. B. Vitamin D vom Körper selbst synthetisiert. Aus didaktischen Gründen ist diese Einteilung jedoch sicher sinnvoll. (Zu den essentiellen Nahrungsbestandteilen s. 7.1.2.)

Ballaststoffe: Die inhomogene Gruppe der Ballaststoffe, z. B. unverdauliche Stärke, Zellulose, Agar-Agar u. a., wird vom Körper nicht resorbiert. Die im Darmlumen befindlichen Ballaststoffe binden nun Wasser, erhöhen somit Stuhlmenge und Viskosität, was schließlich dazu führt, daß der Chymus schneller analwärts transportiert wird (Dehnung der Darmwand fördert die Peristaltik). Somit sorgen die Ballaststoffe zum einen für einen regelmäßigen Stuhlgang, zum andern verhindern sie, daß eventuell toxische Substanzen zu lange auf die Darmschleimhaut einwirken können.

Klinischer Bezug

Ballaststoffe sind oft als Wirkstoffe in **Abführmitteln** enthalten. Bei ballaststoffhaltigen Abführmitteln (Leinsamen, Kleie) ist, im Gegensatz zu darmirritierenden Mitteln, die Gefahr einer Hypokaliämie und Abhängigkeit wesentlich geringer.

7.1.2 Essentielle Nahrungsbestandteile

Wie oben erwähnt, zählen *Vitamine*, bestimmte *Spurenelemente* und *Mineralstoffe* zu den essentiellen Nahrungsbestandteilen. Aber auch einige *Aminosäuren* (s. 2.1) und *Fettsäuren* (s. 3.1) gehören in diese Gruppe (Tab. 7.**2**).

Eine ausgewogene Zusammensetzung der Nahrung mit Nährstoffen und essentiellen Bestandteilen bestimmt deren Qualität. Bei *Eiweißen* ist es zusätzlich entscheidend, aus welchen Aminosäuren sie sich zusammensetzen. Je höher der Gehalt eines Eiweißes an essentiellen Aminosäuren ist, desto größer ist seine **biologische Wertigkeit** (Tab 7.**3**). Die biologische Wertigkeit wird in Prozent angegeben. Hühnereiweiß entspricht *definitionsgemäß* einer biologischen Wertigkeit von 100 %.

Aus der Tab. 7.**3** kann entnommen werden, daß tierische Proteine eine höhere biologische Wertigkeit besitzen als pflanzliche. Die biologische Wertigkeit eines *Proteingemisches* aus Eiern und Kartoffeln beträgt 140 %. Dies liegt daran, daß sich die verschiedenen Aminosäurespektren der unterschiedlichen Eiweiße überschneiden und somit sinnvoll ergänzen.

Tab. 7.**3** Biologische Wertigkeit der Proteine in einigen Lebensmitteln

Protein	Wertigkeit in Prozent
Hühnerei	100
Milchalbumin	90
Kartoffel	80
Weizen	70
Erbsen / Soja	60

Klinischer Bezug

Diese Tatsache macht man sich bei Diäten zunutze. Ein Beispiel hierfür ist die **Kartoffel-Ei-Diät** bei Nierenerkrankungen. Die Niere dieser Patienten muß in ihrer Ausscheidungsfunktion (z. B. Harnstoff als Endprodukt des Aminosäureabbaus) so weit wie möglich entlastet werden. Eine proteinarme Kost, die möglichst reich an essentiellen Aminosäuren ist, senkt die Menge des auszuscheidenden Harnstoffs und stellt anderseits die Versorgung des Organismus mit Aminosäuren sicher (nichtessentielle AS können über Transaminierungen synthetisiert werden).

Die Kartoffel-Ei-Diät erfüllt aufgrund ihrer hohen biologischen Wertigkeit diese beiden Ansprüche (Entlastung der Niere, Sicherstellung der Aminosäurezufuhr). In Italien (dort sind Nudeln beliebter) gibt es für diese Patienten die *Nudel-Ei-Diät*.

Auch bei der alltäglichen Ernährung sollte darauf geachtet werden, daß sie möglichst den Bedarf an essentiellen Aminosäuren deckt. Proteine, bei denen eine essentielle Aminosäure fehlt, sind *somit als alleinige Eiweißquelle nicht geeignet*.

7.1.3 Bilanz

Energiebilanz

Um die Bilanz des Energiestoffwechsels ermitteln zu können, müssen 2 Voraussetzungen erfüllt sein: *Messen der zu- und abgeführten Energie* und die *Bedarfsbestimmung*.

Messen der zu- und abgeführten Energie

Der Energiegehalt der Nahrungsbestandteile kann, wie oben erwähnt, mit dem Verbrennungskalorimeter bestimmt werden.

Die Messung des Energieumsatzes im Organismus kann auf 2 verschiedenen Wegen erfolgen.

Direkte Kalorimetrie: Bei der im klinischen Alltag nicht sehr gebräuchlichen direkte Kalorimetrie befindet sich die Kammer mit dem Versuchstier im

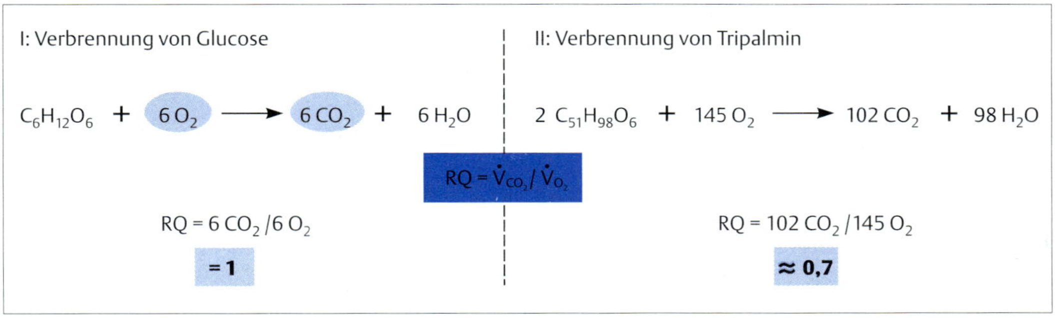

Abb. 7.**1** Sauerstoffbedarf und Kohlendioxidabgabe bei Verbrennung von Glucose bzw. Tripalmin

Eis. Gemessen wird das Volumen des erzeugten Schmelzwassers (334 kJ erzeugen 1 l Schmelzwasser).

Indirekte Kalorimetrie: Viel eleganter ist die indirekte Kalorimetrie. Hierbei errechnet man den Energieverbrauch aus der Multiplikation von *Sauerstoffverbrauch* und *kalorischem Äquivalent*.

Der Sauerstoffverbrauch wird durch Subtraktion des Sauerstoffgehalts in der Ausatemluft und dem der Einatmungsluft ermittelt. Die Größe des kalorischen Äquivalents (Maß für die freiwerdende Energie im Organismus bei Verbrennung eines Stoffes mit *1 Liter Sauerstoff*) kann näherungsweise mit dem **respiratorischen Quotienten** (RQ = V_{CO2}/V_{O2}) ermittelt werden (Abb. 7.**1**). Diese Größenbestimmung ist notwendig, da der Organismus zu unterschiedlichen Zeitpunkten unterschiedliche Nährstoffe verbrennt. Der respiratorische Quotient stellt also ein Verhältnis von CO_2-Abgabe und O_2-Aufnahme dar. Dieses Verhältnis ist, je nach verbranntem Stoff, recht unterschiedlich, wie aus den beiden Reaktionsgleichungen ersichtlich wird.

Fette und Kohlenhydrate beeinflussen im wesentlichen die Größe des RQ (Normwert 0,8) und somit des kalorischen Äquivalents, da ihre mengenmäßige Zusammensetzung in der Ernährung schwankt. Eiweiße sind dagegen immer mit etwa 10 – 15 % an der Gesamtmenge der Nahrung enthalten und haben somit keinen Einfluß auf Schwankungen des RQ.

Tab. 7.**4** Kalorische Äquivalente der Nährstoffe bei Körpertemperatur

Nährstoff	Kalorisches Äquivalent	Respiratorischer Quotient
Kohlenhydrate	18,8 kJ / l O_2	1,0
Eiweiße	16,8 kJ / l O_2	0,8
Fette	17,6 kJ / l O_2	0,7

! Merke

Der respiratorische Quotient kann jedoch auch Werte unter 0,7 und über 1 annehmen (Tab. 7.**4**). *Hyperventilation* führt zu einem RQ > 1, da bei Hyperventilation mehr CO_2 abgeatmet wird. Umgekehrt verhält es sich bei *Hypoventilation*. Werden Kohlenhydrate in großen Mengen in Fett umgewandelt, so nimmt der RQ auch Werte über 1 an, da bei diesem Stoffwechselvorgang O_2 frei wird.

Anhand der so ermittelten Werte kann eine Eichgerade erstellt werden, mit deren Hilfe man für jeden respiratorischen Quotienten das entsprechende kalorische Äquivalent ablesen kann.

Bedarfsbestimmung

Grundumsatz: Der Energiebedarf ist abhängig von *Alter* und *Geschlecht*. Als Grundumsatz bezeichnet man den Energieverbrauch, der bei *körperlicher Ruhe, 12 – 14 Stunden nach der letzten Mahlzeit, kurz nach dem Aufwachen* und bei *thermoneutraler Umgebungstemperatur* gemessen wird. Der Grundumsatz ist durch die Thermogenese, die Aufrechterhaltung von Vitalfunktionen (Atmung, Herzaktion), sowie postabsorptive Synthese- und Transportprozesse bedingt.

! Merke

Der Grundumsatz eines erwachsenen Mannes liegt bei etwa 100 kJ/kg Körpergewicht (das sind 1600 kcal bei 70 kg Körpergewicht); bei Frauen beträgt er 10 % weniger. Der Grund liegt darin, daß Frauen normalerweise weniger zum Grundumsatz beitragende Muskulatur besitzen als Männer.

Tab. 7.**5** Formeln zur Voraussage des Grundumsatzes nach WHO 1995 (Die Tabelle dient der eigenen Grundumsatzermittlung; nicht für die Prüfung auswendig lernen!) (aus Biesalski/Fürst/Kasper/Kluthe/Pölert/Puchstein/Stähelin, Thieme 1995)

Altersgruppe	Grundumsatz (GU) in kcal/Tag	
	Männer	Frauen
10–18 Jahre	GU = (0,074 × kg KG+2,754) × 239	GU = (0,056 × kg KG+2,898) × 239
19–30 Jahre	GU = (0,063 × kg KG+2,896) × 239	GU = (0,062 × kg KG+2,036) × 239
31–60 Jahre	GU = (0,048 × kg KG+3,653) × 239	GU = (0,034 × kg KG+3,538) × 239
> 60 Jahre	GU = (0,049 × kg KG+2,459) × 239	GU = (0,038 × kg KG+2,755) × 239

Tab 7.**5** berücksichtigt zusätzlich das Alter zur Voraussage des Grundumsatzes.

Tab. 7.**6** Postprandiale Thermogenese der Nährstoffe im Vergleich

Nährstoff	postprandiale Thermogenese in %
Fett	2–4
Kohlenhydrate	4–7
Eiweiß	18–25

Die **postprandiale Thermogenese** (spezifisch dynamische Wirkung, dietary induced thermogenesis) ist durch die energieverbrauchenden Verdauungs- und Resorptionsprozesse bedingt. *Art* und *Menge* der zugeführten Nahrung sind allein bestimmend für die Höhe der postprandialen Thermogenese (Tab. 7.**6**). Die Höhe der postprandialen Thermogenese wird in Prozent angegeben. Bezugspunkt ist die Energiemenge des Nährstoffs; d. h. eine postprandiale Thermogenese von 3 % verbraucht 3 % der Energie, die der aufgenommene Stoff liefert.

Tätigkeitsumsatz: Je nachdem, welche Arbeit man ausübt, verbraucht man neben Grundumsatz und postprandialer Thermogenese zusätzlich (mehr oder weniger) Energie (Tab. 7.**7**).

Addiert man nun *Grundumsatz, postprandiale Thermogenese* und *Tätigkeitsumsatz*, so erhält man den gesamten Energiebedarf.

Bilanzierung

Anhand der ermittelten Größen *Energiebedarf* und *Energiezufuhr* wird durch Subtraktion des Bedarfs von der Zufuhr festgestellt, ob die Energiebilanz ausgeglichen, positiv oder negativ ist. Ist zuviel Energie aufgenommen worden, so wird diese in Form von Depotfett gespeichert (positive Energiebilanz). Da bei der Verbrennung von Fett ca. 40 kJ/g Energie frei wird, kann annäherungsweise errechnet werden, wieviel Fett „angesetzt" wird.

Tab. 7.**7** Beispiele des Energiebedarfs beim Tätigkeitsumsatz

Körperliche Aktivität	Mehrfaches des Energiebedarfs bezogen auf Grundumsatz	Energiebedarf einer Frau in kcal/h	Energiebedarf eines Mannes in kcal/h
ruhiges Liegen	1,2	65	85
Spazieren	5	300	350
Joggen	30	1700	2300
Schwimmen	bis zu 25	1400	1800
Radfahren	bis zu 12	670	850
Büroarbeit	1,6	90	110
Hausarbeit	bis zu 3,7	260	260
Schwerarbeit	bis zu 6	250	430

Tab. 7.8 Absolutes Eiweißminimum, Bilanzminimum und Eiweißoptimum

Begriff	Synonym	Eiweißmenge pro Tag gesamt	pro kg KG
absolutes Eiweißminimum	Abnutzungsquote	15–20 g	¼ g
Bilanzminimum	–	30–40 g	½ g
Eiweißoptimum	funktionelles Eiweißminimum	65–75 g	1 g

Stickstoffbilanz

Die Stickstoffbilanz bezeichnet das Verhältnis von *aufgenommenem* (mit den Proteinen) zu *abgegebenem* (Harn, Stuhl und Haut) *Stickstoff*. Die Bilanz ist positiv, wenn mehr aufgenommen als abgegeben wird und umgekehrt. Die Bestimmung der Stickstoffbilanz ist jedoch sehr schwer exakt durchzuführen. Zum einen hängt die Stickstoffbilanz von der Energiezufuhr ab, da bei ungenügender Energiezufuhr der Körper vermehrt endogene Proteine (vor allem Muskelgewebe) abbaut, was die Stickstoffbilanz negativ beeinflußt. Zum anderen wird heute immer noch die im Urin ausgeschiedene Stickstoffmenge als alleinige Verlustquelle herangezogen. Dabei geht auch über Hautabschilferung und Stuhl Stickstoff verloren; *prozentual* besonders viel bei hohen Stickstoffaufnahmen. Trotzdem haben die folgenden Begriffe in der Ernährungsphysiologie ihren festen Platz erlangt:

Das **absolute Eiweißminimum** errechnet sich aus der Stickstoffausscheidung im Harn bei schon seit einigen Tagen bestehender absolut eiweißfreier, kalorisch ausreichender Ernährung. Gibt man nun genau das absolute Eiweißminimum der Nahrung zu, so stellt man fest, daß die Stickstoffbilanz weiter negativ bleibt. Dies liegt daran, daß für die Verdauung von Eiweißen relativ viel Energie benötigt wird (s. postprandiale Thermogenese).

Bilanzminimum: Um eine ausgeglichene Stickstoffbilanz zu erreichen, muß fast das Doppelte des absoluten Eiweißminimums gegeben werden. Dies wird als *Bilanzminimum* bezeichnet. Es lassen aber schon leichte körperliche Betätigungen die Stickstoffbilanz wieder negativ werden.

Eiweißoptimum: Eine ausgeglichene Stickstoffbilanz unter allen Bedingungen wird erst im *Eiweißoptimum* erreicht (Tab. 7.8).

Der Eiweißbedarf ist sehr stark vom Lebensalter abhängig (Abb. 7.2).

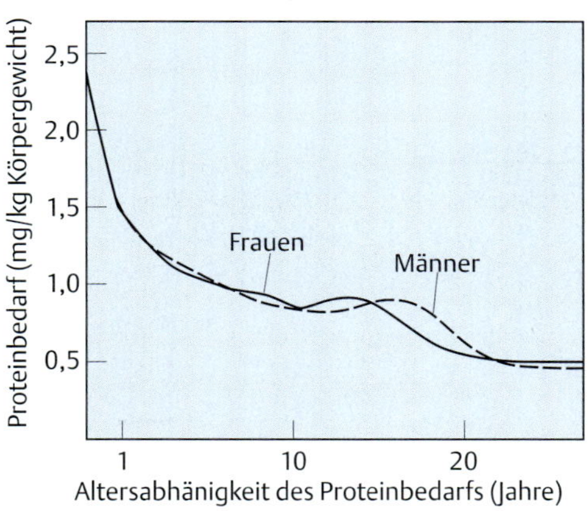

Abb. 7.2 Altersabhängigkeit des Proteinbedarfs (aus Biesalski/Fürst/Kasper/Kluthe/Pölert/Puchstein/Stähelin, Thieme 1995)

7.1.4 Parenterale Ernährung

Die parenterale Ernährung (*para*: vorbei, *enter*: Darm, Eingeweide) spielt heute als begleitendes Therapiekonzept bei Patienten nach schweren Traumen, Operationen oder mit Tumorleiden eine wichtige Rolle. Da sich der Organismus in solchen Situationen in einem Streßzustand befindet, werden verstärkt endogene Proteine (vor allem Muskelproteine) utilisiert und nicht, wie im Hungerzustand, Ketonkörper in ausreichendem Maße synthetisiert.

Um dem Muskelabbau entgegenzuwirken und den *erhöhten Bedarf an essentiellen Aminosäuren* zu decken, werden diese Patienten parenteral ernährt. Unter Umständen ist es notwendig, alle Nahrungsbestandteile parenteral zuzuführen.

Klinischer Bezug

Probleme einer hochkalorischen parenteralen Ernährung bereitet u. U. der Zugang. Wählt man einen periphervenösen Zugang, würde der hohe osmotische Druck der infundierten Lösung die Vene zerstören. Aus diesem Grund muß ein zentralvenöser Zugang gelegt werden, um hochkalorisch parenteral zu ernähren. Da Fett keinen osmotischen Druck ausübt (s.u.), kann man den osmotischen Druck einer Fettemulsion durch Zugabe osmotisch wirksamer Teilchen auf Plasmaosmolarität einstellen.

Kohlenhydrate

Kohlenhydrate werden hauptsächlich zur Deckung des Energiebedarfs infundiert. Sie dienen jedoch auch dazu, die Aufnahme infundierter Aminosäuren zu verbessern (s. Kap. 8 und Kap. 9). Im klinischen Einsatz befinden sich heutzutage *Glucose*, *Fructose* und *Xylit*.

Merke

Bei *Diabetikern* wird Glucose durch Fructose oder Xylit ersetzt (nicht nur in der parenteralen Ernährung).

Fette

Aufgrund ihres hohen Energiegehalts sind Fette in der parenteralen Ernährung wichtig. Daneben müssen u. U. auch essentielle Fettsäuren substituiert werden. Ferner kann man Fettemulsionen auch periphervenös infundieren (s. o.). Da Fette nicht wasserlöslich sind, müssen sie vor einer Infusion wasserlöslich gemacht werden, da es sonst zu einer Fettembolie kommen könnte. Emulgator für die Fette ist *Lecithin*.

Bei einer vorliegenden Leberschädigung muß die Fettzufuhr angepaßt bzw. ganz darauf verzichtet werden, da die Leber eine Schlüsselrolle im Fettstoffwechsel spielt.

Proteine

Proteine werden in Form von Aminosäuren infundiert. Die Aminosäuren sollen vor allem die Stickstoffbilanz ausgleichen und fungieren somit in der parenteralen Ernährung nicht als Energieträger. Die infundierten Aminosäuren sollten vor allem essentielle Aminosäuren sein.

Infundiert man bei einem Leberschaden die α-Ketosäuren der im Muskel verstoffwechselten Aminosäuren (Leucin, Isoleucin und Valin), so kann man einen Teil des Ammoniaks, der bei Leberschäden akkumuliert, durch Transaminierung dieser α-Ketosäuren eliminieren.

Spurenelemente, Elektrolyte und Vitamine

Bei länger andauernder parenteraler Ernährung müssen Spurenelemente, Vitamine und Elektrolyte in ausreichender Menge verabreicht werden, um Mangelerscheinungen bzw. Elektrolytverschiebungen zu verhindern.

Klinischer Bezug

Bei Behandlung einer **metabolischen Azidose** mit Pufferlösungen (Na-Bicarbonat) ist der *Kaliumspiegel* regelmäßig zu kontrollieren, da es bei zu starker Pufferung zur Hypokaliämie kommt. Mechanismus: $[H^+]$ im EZR fällt (Alkalose) → H^+ strömt aus den Zellen → K^+ geht in die Zellen → Hypokaliämie.

Merke

Kalium folgt den Protonen; Azidose und Hyperkaliämie, Alkalose und Hypokaliämie treten immer zusammen auf.

Biologische Oxidation und Energiegewinnung

8.1 Allgemeine Grundlagen

Die Energie, die im Organismus für eine Vielzahl von endergonischen Vorgängen (Reaktionen, die nur unter Zufuhr von Energie ablaufen) benötigt wird, gewinnen Zellen aus der Verbrennung (Oxidation) von energiereichen Molekülen. Für den menschlichen Organismus spielen hierfür Kohlenhydrate, Fettsäuren und Aminosäuren als „Brennmaterial" die entscheidende Rolle. Die Verbrennungsvorgänge, die sich dabei intrazellulär (in vivo) abspielen, weisen große Ähnlichkeit zur Verbrennung in vitro (im Reagenzglas) auf.

Verbrennung in vitro

Glucose $\rightarrow CO_2 + H_2O +$ Wärmeenergie
Fettsäuren $\rightarrow CO_2 + H_2O +$ Wärmeenergie
Aminosäuren $\rightarrow CO_2 + H_2O + NO_2 +$ Wärmeenergie

Die Verbrennungsprodukte der genannten Verbindungen sind also im wesentlichen CO_2 und H_2O, im Falle der Aminosäuren entsteht zusätzlich NO_2. Dabei wird die gesamte Energie, die im Verlauf der Verbrennung freigesetzt wird, in Form von Wärmeenergie an die Umgebung abgegeben. Bei der Verbrennung derselben Materialien in vivo entstehen grundsätzlich dieselben Verbrennungsprodukte, nur im Falle der Aminosäuren ist die Verbrennung der Stickstoffkomponente zu NO_2 nicht möglich; es entsteht Ammoniak als primäres Abbauprodukt, das anschließend v.a. als Harnstoff ausgeschieden wird.

Verbrennung in vivo

Glucose $\rightarrow CO_2 + H_2O +$ Wärmeenergie + ATP
Fettsäuren $\rightarrow CO_2 + H_2O +$ Wärmeenergie + ATP
Aminosäuren $\rightarrow CO_2 + H_2O +$ Harnstoff + Wärmeenergie + ATP

! Merke

Der entscheidende Unterschied zwischen In-vitro- und In-vivo-Verbrennung liegt darin, daß bei der Verbrennung in lebenden Organismen die freigesetzte Energie nur teilweise in Form von Wärmeenergie abgegeben und die restliche Energie zum Aufbau der energiereichen Verbindung ATP genutzt wird.

Die Nutzung von Verbrennungsenergie (Oxidationsenergie) zum Aufbau der energiereichen Verbindung ATP stellt dabei eine herausragende Leistung lebender Organismen dar. Der Vorteil dieser ATP-Bildung gegenüber der ausschließlichen Energiefreisetzung in Form von Wärmeenergie liegt darin, daß dabei einerseits wertvolle Energie chemisch fixiert wird und andererseits durch ATP ganz gezielt für exergonische Vorgänge (Reaktionen in deren Verlauf Energie freigesetzt wird) zur Verfügung gestellt werden kann. Wärmeenergie hingegen wird schnell an die Umgebung abgegeben und kann nicht gezielt für bestimmte Reaktionen angeboten werden. Die Stoffwechselmechanismen, die im Rahmen der Substratverbrennung in der Lage sind, ATP aus freigesetzter Oxidationsenergie zu erzeugen, sind die *Substratkettenphosphorylierung* und die *Elektronentransportphosphorylierung der Atmungskette.*
Die Strategie des Energiestoffwechsels besteht nun darin, Kohlenhydrate und Fettsäuren möglichst schnell über individuelle Abbauwege so umzuwandeln, daß ein Produkt entsteht, welches durch die zentralen, energieliefernden Stoffwechselwege Citratzyklus und Atmungskette unter ATP-Bildung verbrannt werden kann.

! Merke

Das „Sammelmolekül", das als Brennmaterial für Citratzyklus und anschließende Atmungskette fungiert, ist *Acetyl-CoA*.

Bei den Aminosäuren können nur die ketoplastischen Aminosäuren direkt in Acetyl-CoA umgewandelt werden, glucoplastische Aminosäuren werden im wesentlichen direkt in ein Zwischenprodukt des Citratzyklus abgebaut.

8.2 Kohlenhydratabbau

Der komplette Abbau eines Kohlenhydratmoleküls bis zur Stufe von CO_2 und H_2O durchläuft 4 Stoffwechselwege:

1. Abbau eines Kohlenhydratmoleküls zu Pyruvat durch die *Glykolyse*.
2. Umwandlung von Pyruvat in Acetyl-CoA mit Hilfe der *Pyruvatdehydrogenase*.
3. Abbau von Acetyl-CoA zu CO_2 im *Citratzyklus*.
4. Verbrennung der beim Kohlenhydratabbau freigesetzten Wasserstoffatome zu H_2O im Rahmen der *Atmungskette*.

Für diesen katabolen (abbauenden) Stoffwechsel der Kohlenhydrate ist Glucose das wichtigste Monosaccharid. Die Aufnahme von Glucose in Zellen weist gewebespezifische Unterschiede auf. Während für Leberzellen, Erythrozyten, Nervenzellen und Zellen des lymphatischen Gewebes ein Carrier-vermittelter Glucosetransport besteht, der nicht reguliert wird und dementsprechend auch kein Transportmaximum aufweist, enthält die Plasmamembran von Muskel- und Fettzellen ein spezifisches Transportsystem in Form eines Transportproteins für Glucose, welches durch Insulin stark aktiviert wird. Diese Art von Glucosetransport wird auch als *erleichterte Diffusion* bezeichnet.

Im Gegensatz dazu, stellt die Glucoseaufnahme an Tubulusepithelien der Niere bzw. der intestinalen Mukosazellen einen *sekundär-aktiven Glucosetransport* dar, der an einen Na^+-Gradienten gekoppelt ist.

8.2.1 Glykolyse

Die Glycolyse ist ein energieliefernder, zytosolischer Abbauweg der Glucose bis zur Stufe von Pyruvat bzw. Lactat, der sowohl aerob (d. h. unter Verwendung von Sauerstoff) als auch anaerob ablaufen kann (Abb. 8.**1**).

Ablauf

Reaktionsschritte (Abb. 8.**1**):

1. Die Glykolyse beginnt mit der Phosphorylierung von Glucose zu Glucose-6-phosphat durch die *Hexokinase*, unter Bildung eines Phosphoesters am C-6 der Glucose. Neben der Hexokinase findet sich vor allem in der Leber ein weiteres Enzym, das Glucose in **Glucose-6-phosphat** umwandeln kann, die *Glucokinase*. Beide Enzyme benötigen ATP als Phosphatdonator und arbeiten irreversibel. Die Unterschiede der beiden Enzyme sind in Tab. 8.**1** dargestellt:

Tab. 8.**1**: Unterschiede zwischen Hexokinase und Glucokinase

Hexokinase	Glucokinase
niedrige Spezifität für Glucose	hohe Spezifität für Glucose
hohe Affinität ($K_m\downarrow$)	niedrige Affinität ($K_m\uparrow$)
kommt in allen Zellen vor	vor allem in der Leber
allosterische Hemmung durch Glucose-6-phosphat	keine Hemmung durch Glucose-6-phosphat
	insulininduzierte Synthese

! Merke

Für die Leber ist das Vorhandensein der Glucokinase v.a. deshalb von Bedeutung, weil damit die Glykolyseaktivität, vermittelt über Insulin, dem aktuellen Glucoseangebot der Pfortader angepaßt werden kann: Erhöhtes Kohlenhydratangebot im Pfortaderblut beschleunigt die Glucokinasereaktion.

Da das Reaktionsprodukt dieser Reaktion, Glucose-6-phosphat, auch für andere Stoffwechselwege der Glucose bedeutsam ist, zählt man die Hexokinase- bzw. Glucokinase-Reaktion nicht zu den typisch glykolytischen Reaktionen, obwohl sie Bestandteil der Glykolyse ist. Die Funktion dieser Reaktion liegt primär darin, daß Glucose-6-phosphat im Gegensatz zur freien Glucose nicht mehr in der Lage ist, die Zellmembran zu durchdringen und damit die Zelle wieder zu verlassen.

2. Der nächste Schritt der Glykolyse besteht in einer Isomerisierung von Glucose-6-phosphat zu **Fructose-6-phosphat** mittels einer *Phosphohexoseisomerase*.

3. Durch die *Phosphofructokinase*, das Schrittmacherenzym der Glykolyse, wird Fructose-6-phosphat erneut durch einen Phosphatrest aus ATP phosphory-

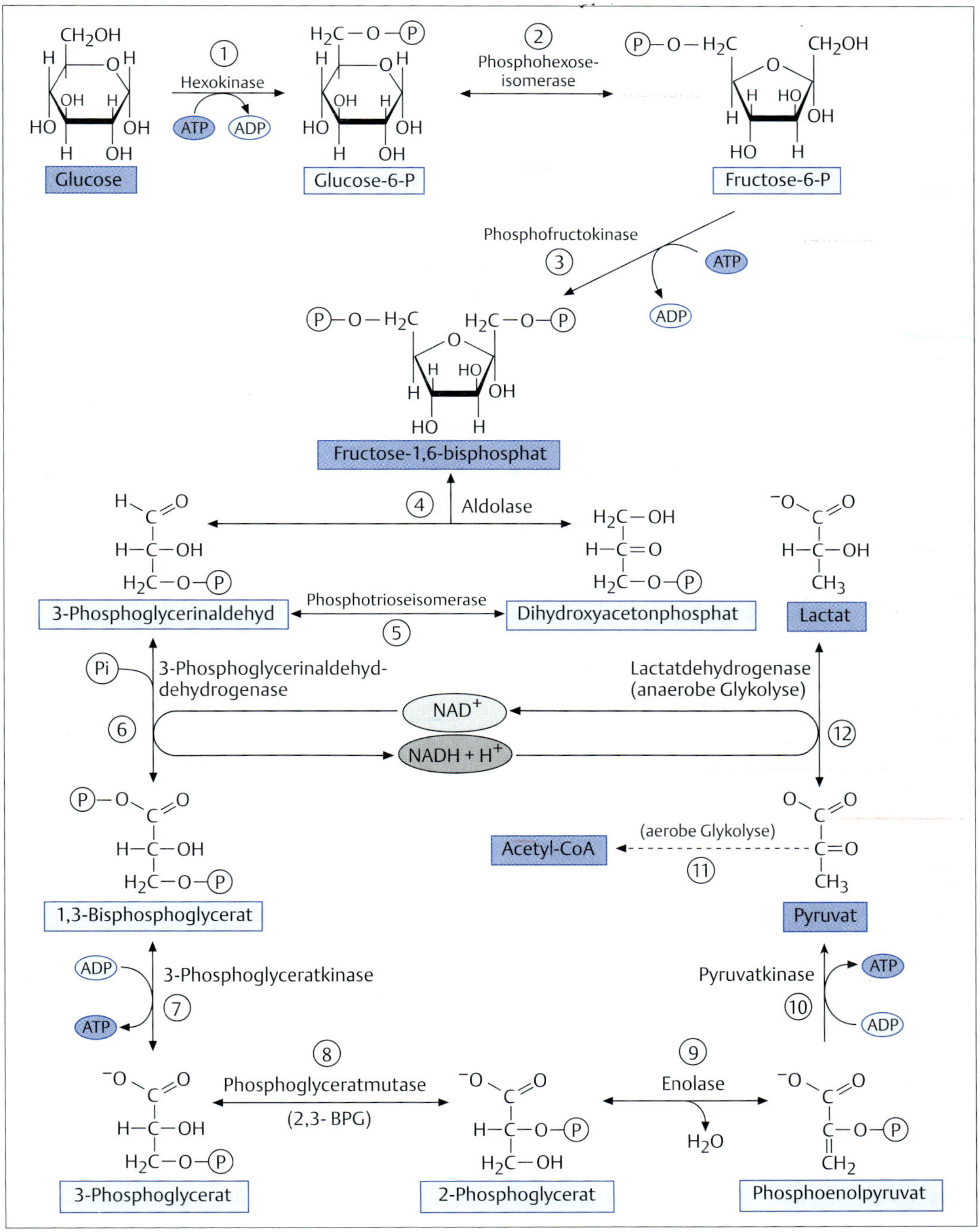

Abb. 8.**1** Glykolyse

liert, wobei unter Bildung eines Phosphoesters an C-1 **Fructose-1,6-bisphosphat** entsteht. Auch diese zweite Kinase-Reaktion innerhalb der Glykolyse ist stark exergonisch und damit irreversibel. Sie stellt gleichzeitig die wichtigste Regulationsstelle der Glykolyse dar.

4. Eine anschließende Aldolspaltung durch die *Aldolase A (Fructose-1,6-bisphosphat-Aldolase)* spaltet die zweifach phosphorylierte Hexose in 2 einfach phosphorylierte Triosen: **Dihydroxyacetonphosphat** und **3-Phosphoglycerinaldehyd** (Glyceral-3-phosphat, Glycerinaldehyd-3-phosphat).

5. Diese beiden Triosen sind Isomere und können durch die *Phosphotrioseisomerase (Triosephosphat-isomerase)* ineinander umgewandelt werden. Das Gleichgewicht dieser Reaktion liegt zwar weit auf der Seite des Dihydroxyacetonphosphat, da aber für den weiteren Verlauf der Glykolyse 3-Phosphoglycerinaldehyd benötigt wird, kommt es letztendlich zur Umwandlung des gebildeten Dihydroxyacetonphosphat in ein zweites Molekül 3-Phosphoglycerinaldehyd.

Die bisher betrachteten Schritte der Glykolyse stellen *die erste Phase des Zuckerabbaus* dar: Umwandlung eines C-6 Körpers (Glucose) in 2 einfach phosphorylierte C-3 Körper (Dihydroxyacetonphosphat und 3-Phosphoglycerinaldehyd). Dabei werden 2 ATP in 2 irreversiblen Reaktionen investiert und letztendlich 2 Moleküle 3-Phosphoglycerinaldehyd für die *zweite Phase der Glykolyse*, nämlich die Umwandlung von 3-Phosphoglycerinaldehyd in Pyruvat, gewonnen.

6. + 7. Die beiden nächsten Schritte der Glykolyse gehören funktionell eng zusammen: Mit Hilfe *der 3-Phosphoglycerinaldehyd-Dehydrogenase* wird 3-Phosphoglycerinaldehyd unter Aufnahme eines anorganischen Phosphatrestes in **1,3-Bisphosphoglycerat** umgewandelt, wobei der aufgenommene Phosphatrest energiereich als *Anhydrid* gebunden wird. Anschließend folgt die Übertragung dieses Phosphatrestes auf ADP, so daß ATP und **3-Phosphoglycerat** entstehen. Das beteiligte Enzym ist die *3-Phosphoglyceratkinase*.

Bei dieser bedeutsamsten Reaktionsfolge der Glykolyse taucht die Frage auf, woher die Energie stammt, um ein anorganisches Phosphatmolekül so energiereich zu binden, daß in der Folge durch Abspaltung eine Übertragung auf ADP unter Bildung von ATP möglich wird. Die Antwort findet man bei näherer Betrachtung der Reaktionsmechanismen:

Nach der Bindung von 3-Phosphoglycerinaldehyd-Dehydrogenase an das Substrat (3-Phosphoglycerinaldehyd) kommt es zu einer Oxidation, bei der die Aldehydgruppe des 3-Phosphoglycerinaldehyd auf die Stufe einer Carbonsäure oxidiert wird, wobei die abgespaltenen Wasserstoffe auf NAD^+ übertragen werden, so daß ebenfalls $NADH + H^+$ entsteht.

Da Oxidationsprozesse Energie freisetzen, ist es möglich, mit Hilfe dieser Oxidationsenergie einen freien Phosphatrest in eine energiereiche Anhydridbindung zu überführen; es entsteht 1,3-Bisphosphoglycerat. Nun kann der eben gebildete, energiereiche Phosphoanhydrid gespalten werden, wobei genügend Energie freigesetzt wird, um ATP zu erzeugen. 1,3-Bisphosphoglycerat geht bei dieser Reaktion in 3-Phosphoglycerat über.

! Merke

Ein Prozeß, bei dem Oxidationsenergie nicht als Wärme freigesetzt, sondern als Energiequelle für den Aufbau einer energiereichen Verbindung genutzt wird, mit der Möglichkeit durch Spaltung dieser Verbindung ATP zu erzeugen, nennt man *Substratkettenphosphorylierung.*

Um den Phosphatrest im 3-Phosphoglycerat ebenfalls zur ATP-Bildung nutzen zu können, wird im weiteren Verlauf der Glykolyse durch intramolekulare Umwandlungen das Gruppenübertragungspotential der Phosphatgruppe verändert.

8. Dabei findet zuerst, unter Bildung von **2-Phosphoglycerat**, ein intramolekularer Transfer des Phosphoesters von C-3 auf C-2 statt. Das beteiligte Enzym, die *Phosphoglyceratmutase*, benötigt dabei als Cofaktor 2,3-Bisphosphoglycerat, welches in geringen Mengen in allen Zellen aus 1,3-Bisphosphoglycerat gebildet werden kann.

9. Durch Wasserabspaltung entsteht anschließend, mit Hilfe einer *Enolase*, **Phosphoenolpyruvat**. In diesem Molekül ist der Phosphatrest energiereich als Enolester gebunden, er besitzt nun ein hohes *Gruppenübertragungspotential.*

10. Die Abspaltung dieses Phosphatrestes durch die *Pyruvatkinase* stellt genügend Energie zur Verfügung, um den Phosphatrest unter Bildung von ATP auf ADP zu übertragen. Bei dieser stark exergonischen Reaktion wird zusätzlich Energie in Form von Wärmeenergie abgegeben. Als Reaktionsprodukt der Pyruvatkinase-Reaktion entsteht **Pyruvat**.

Das weitere Schicksal des Pyruvats ist abhängig von der aktuellen Sauerstoffversorgung einer Zelle:

11. Stehen einer Zelle genügend Sauerstoffmoleküle zur Verfügung, kann das in der Glykolyse anfallende $NADH + H^+$ letztendlich durch die Atmungskette zu NAD^+ regeneriert werden, welches für die Glykolyse essentiell ist. Dabei entstehen an der Atmungskette pro $NADH + H^+$ drei ATP.

In dieser Stoffwechselsituation wird das in der Glykolyse gebildete Pyruvat ins Mitochondrium transportiert und dort über die Pyruvatdehydrogenase zum **Acetyl-CoA**, weiter in Richtung Citratzyklus, abgebaut, was als **aerobe Glykolyse** bezeichnet wird.

12. Besteht in einer Zelle jedoch ein aktueller Sauerstoffmangel, so ist die Regeneration des für die Glykolyse notwendigen NAD^+ über die Atmungskette nicht möglich. In dieser Situation wird Pyruvat durch die *Lactatdehydrogenase* zu Lactat reduziert, wobei die Wasserstoffatome des $NADH + H^+$ verbraucht werden und damit NAD^+ für die Glykolyse regeneriert wird. Dasselbe gilt für Zellen, die keine Mitochondrien besitzen (v.a. Erythrozyten).

Merke

Das einzige Ziel der sog. *anaeroben Glykolyse* liegt in der Regeneration von NAD^+, um den weiteren Ablauf der Glykolyse in Sauerstoffmangelsituationen zu ermöglichen.

Die **Lactatbildung** stellt eine *Sackgasse im Stoffwechsel* dar; um es weiter zu verwenden, muß Lactat erst wieder in Pyruvat umgewandelt werden. Dies geschieht entweder im selben Gewebe zu Zeiten besserer Sauerstoffversorgung, oder in anderen Geweben wie z. B. Leber oder Herzmuskel.

Klinischer Bezug

Bei starken körperlichen Arbeiten kann es zur vermehrten Lactatbildung und damit Übersäuerung der beanspruchten Muskelgruppen kommen. Der sog. **Muskelkater**, der sich in Folge einstellt, wird zum Teil auf diese lokale Azidose zurückgeführt.

Neben einer ständigen Zufuhr von NAD^+ benötigt die Glykolyse ebenfalls die Zufuhr von anorganischen Phosphatmolekülen und ADP für einen reibungslosen Ablauf. Die meisten Reaktionen der Glykolyse sind grundsätzlich reversibel. Drei Reaktionen, nämlich die Hexokinase- bzw. Glucokinasereaktion, die Phosphofructokinase- und die Pyruvatkinasereaktion sind jedoch irreversibel, da sie zu stark exergonisch verlaufen. Bei der „Umkehr" der Glykolyse, der Gluconeogenese, müssen diese irreversiblen Reaktionen durch andere Enzyme, bzw. Umgehungsschritte, umgangen werden (s. 9.1.2).

Energieausbeute

Für die Berechnung der Energieausbeute innerhalb der Glykolyse ist es wichtig zu beachten, daß pro Mol Glucose im Rahmen der Glykolyse 2 Mol 3-Phosphoglycerinaldehyd entstehen. Daraus ergibt sich, daß in der ersten Phase der Glykolyse 2 ATP investiert werden, in der zweiten Glykolysephase pro C-3-Körper (3-Phosphoglycerinaldehyd) auch wieder 2 ATP gebildet werden. Für 2 C-3-Körper, die aus einer Glucose entstehen, werden also in der zweiten Phase 4 ATP gebildet. Das macht einen *Nettogewinn von 2 ATP bei* **anaerober Glykolyse**.

Unter aeroben Bedingungen müssen zusätzlich noch 6 ATP dazugerechnet werden, die sich aus der Verbrennung von 2 $NADH + H^+$ an der Atmungskette ergeben. Die **aerobe Glykolyse liefert also 8 ATP**. Für die Berechnung der Energiebilanz der aeroben Glykolyse wird von einigen Autoren der komplette Abbau der Glucose zu H_2O und CO_2 zugrunde gelegt, wobei Werte zwischen 36 und 38 ATP pro Glucose berechnet werden.

Bedeutung

Die wesentliche Funktion der Glykolyse liegt in der *Energiegewinnung* durch Bildung von ATP. Die Glykolyse stellt dabei in Zellen mit Mitochondrien und ausreichender Sauerstoffversorgung die *erste Phase im Abbau der Kohlenhydrate zu* CO_2 *und* H_2O dar.

Merke

Da die Glykolyse der einzig nennenswerte ATP liefernde Stoffwechselweg ist, der im Zytosol lokalisiert ist, hat er unter dem Aspekt der Energiegewinnung elementare Bedeutung für Zellen, die keine Mitochondrien besitzen, wie z. B. die Erythrozyten.

Klinischer Bezug

Mit Hilfe von ATP, das aus der anaeroben Glykolyse stammt, halten Erythrozyten den NA^+/K^+-Gradienten an der Zellmembran aufrecht. Erbliche Enzymdefekte, die die Glykolyse betreffen, wie z. B. der Pyruvatkinasemangel, können daher über Elektrolytverschiebungen und dadurch ausgelöste osmotische Reaktionen zu **hämolytischen Anämien** führen.

Regulation

An der Regulation der Glykolyse sind mehrere Enzyme beteiligt, deren Aktivität durch bestimmte Signalmoleküle modifiziert werden kann. Dabei ist eine Tendenz zu erkennen, daß Moleküle wie ADP und AMP, die eine niedrige Energieladung der Zelle signalisieren, die Glykolyse und damit die ATP-Produktion aktivieren. Moleküle wie ATP, Citrat und NADH hingegen signalisieren eine hohe Energieladung und hemmen meist die Glykolyse.

In Tab. 8.**2** sind die wichtigen Regulationsstellen und Signalmoleküle aufgezeigt, wobei unter dem Begriff

Tab. 8.**2** Regulation der Glykolyse

Enzym	Aktivator	Induktor	Inhibitor
Hexokinase	Kohlenhydrate↑		Kohlenhydrate↓, Glucose-6-P
Glucokinase	Kohlenhydrate↑	Insulin	Kohlenhydrate↓
Phosphofructokinase	Kohlenhydrate↑, Fructose-6-P, AMP, ADP, Fructose-2,6-P_2 (in der Leber)	Insulin	Kohlenhydrate↓, ATP, Citrat, NADH, Fettsäuren, Alanin, H^+
Pyruvatkinase	Kohlenhydrate↑, Fructose-1,6-P_2	Insulin	Kohlenhydrate↓, ATP, Citrat, Fettsäuren

Induktor solche Effektoren gemeint sind, die die Synthese des betreffenden Enzyms steigern können:
Unter den genannten Enzymen hat für die Regulation der Glykolyse die Phosphofructokinase die größte Bedeutung. Alle für die Phosphofructokinase und Pyruvatkinase genannten Aktivatoren und Inhibitoren vermitteln ihre Wirkung über allosterische Effekte (s. Kap. 6).
In der Leber kommt dem Molekül *Fructose-2,6-bisphosphat* eine Schlüsselrolle bei der Glykolyseregulation zu: Fructose-2,6-bisphosphat ist hier ein starker allosterischer Aktivator der Phosphofructokinase. Es wird durch die *Fructose-6-phosphat-2-kinase* gebildet und durch eine *Fructose-2,6-bisphosphatase* zu Fructose-6-phosphat abgebaut (Abb. 8.**2**).
Bei diesen beiden Enzymen handelt es sich in Wirklichkeit um ein einziges Enzym, das in phosphoryliertem Zustand als Fructose-2,6-bisphosphatase fungiert, in dephosphoryliertem Zustand hingegen als Fructose-6-phosphat-2-kinase vorliegt.
Vermittelt über cAMP, werden dabei sowohl eine Proteinkinase, als auch eine Phosphoproteinphosphatase benutzt, um die beiden Enzymformen ineinander umwandeln zu können. Die Anwesenheit von cAMP aktiviert dabei eine Proteinkinase, die ihrerseits Fructose-6-phosphat-2-kinase phosphoryliert und damit in Fructose-2,6-bisphosphatase umwandelt. Es kommt zum Abbau des Glykolyseaktivators Fructose-2,6-bisphosphat und damit zum Stillstand der Glykolyse in der Leber.
Sinkt die cAMP-Konzentration ab, kommt es über eine Aktivierung der Phosphoproteinphosphatase zur Dephosphorylierung von Fructose-2,6-bisphosphatase, es entsteht Fructose-6-phosphat-2-kinase, welches die Glykolyse indirekt aktiviert.

! Merke

Hormone wie Glukagon und die Catecholamine hemmen, vermittelt über cAMP-Bildung, die hepatische Glykolyse. Insulin hingegen fördert die Glykolyse in der Leber durch Hemmung der cAMP-Bildung.

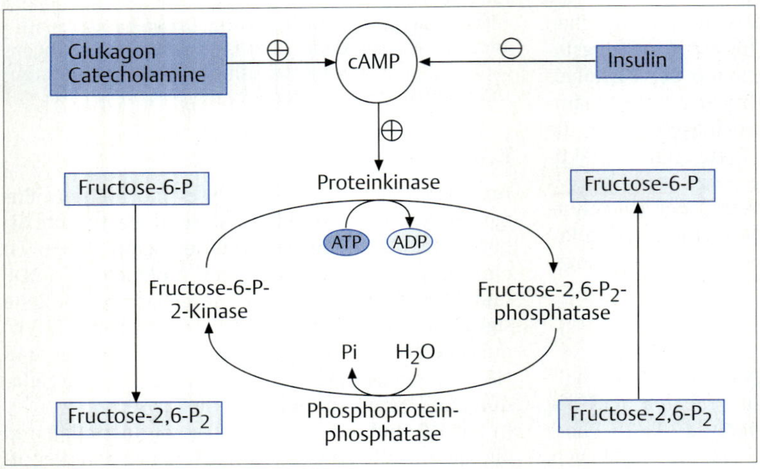

Abb. 8.**2** Hormonelle Regulation der hepatischen Glykolyse

Besonderheiten der Glykolyse

Glykolyse in den Erythrozyten: Da die Erythrozyten keine Mitochondrien und damit auch keine Atmungskette besitzen, läuft die Glykolyse hier immer anaerob, d. h. bis zum Lactat ab, welches anschließend ans Blut abgegeben wird. Die Glykolyse stellt für die Erythrozyten die einzig nennenswerte Möglichkeit zur ATP-Gewinnung dar; durch ihre Aktivität werden v.a. ATP zur Glutathionsynthese und NADH für die Reduktion des Methämoglobins bereitgestellt.
Eine weitere Besonderheit des Erythrozyten ist die vermehrte Synthese von 2,3-Bisphosphoglycerat durch eine Bisphosphoglyceratmutase. 2,3-Bisphosphoglycerat dient einerseits als Cofaktor für die Phosphoglyceratmutase der Glykolyse und andererseits als allosterischer Effektor des Hämoglobins, der die Sauerstoffaffinität senkt.

Merke

Im Erythrozyten werden beim Glucoseabbau zum Laktat weniger als die theoretisch möglichen 2 ATP pro Glucose gewonnen, da einerseits vermehrt 1,3-Bisphosphoglycerat aus der Glykolyse abgezogen wird, um 2,3-Bisphosphoglycerat herzustellen, andererseits fließt vermehrt Glucose durch den Penthosephosphatweg, um das für die Glutathionreduktion notwendige NADPH zu produzieren.

Unter den Bedingungen einer Höhenadaption sinkt die ATP-Ausbeute des Erythrozyten noch weiter ab, da in dieser Situation die 2,3-Bisphosphoglycerat-Synthese deutlich gesteigert wird.
Glykolyse in der Muskulatur: Grundsätzlich sind Muskelzellen zum oxidativen Abbau von Glucose befähigt. Ob dabei vermehrt aerob oder anaerob gearbeitet wird, ist von der aktuellen Sauerstoffversorgung abhängig. Das v.a. in Situationen starker körperlicher Beanspruchung durch anaerobe Glykolyse gebildete Lactat wird großenteils ans Blut abgegeben und zur Leber transportiert, wo es als Substrat der Gluconeogenese genutzt wird, um Glucose aufzubauen (s. 9.1.2). Die gebildete Glucose wird dann von der Leber ans Blut abgegeben und erneut von Muskelzellen aufgenommen. Dieser Kreislauf von Glucose und Lactat zwischen Muskelzellen und der Leber wird als *Cori-Zyklus* bezeichnet (Abb. 8.**3**).
Die unterschiedlichen Muskelfasertypen weisen zusätzliche Besonderheiten auf:

- **Weiße Muskelfasern**, deren Funktion v. a. in schnellen Kontraktionen ohne Dauerleistung besteht, decken ihren Energiebedarf bevorzugt über den Abbau gespeicherten Glykogens und anschließende anaerobe Glykolyse.

Klinischer Bezug

Sportler, die v.a. **kurzzeitige Höchstleistungen** erbringen (z. B. 100 m-Sprinter), trainieren insbesondere die Fähigkeit der weißen Muskelfasern, auch unter anaeroben Bedingungen für kurze Zeit extreme Arbeit zu verrichten.

- **Rote Muskelfasern** decken den Energiebedarf für ihre Dauerleistungen überwiegend durch Verbrennung von Fettsäuren.

Klinischer Bezug

Marathonläufer müssen ihre sportliche Leistung über einen relativ langen Zeitraum erbringen. Durch spezifische Trainingsformen bewirken diese Sportler die vermehrte Bildung von Mitochondrien in roten Muskelfasern und verbessern damit die Fähigkeit dieser Zellen, Fettsäuren verbrennen zu können.

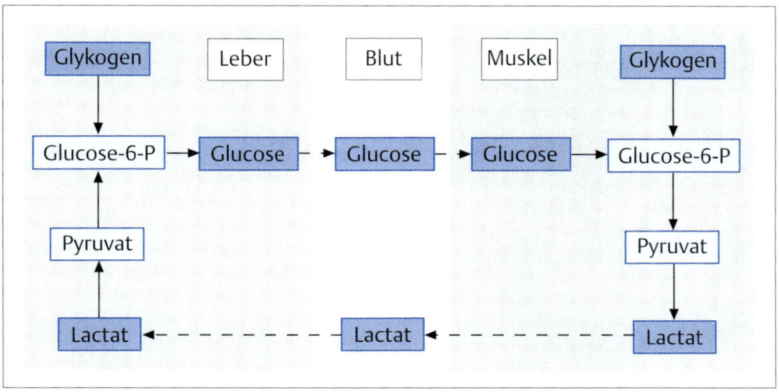

Abb. 8.**3** Cori-Zyklus

Biochemie

- Der **Herzmuskel** schließlich bevorzugt als Brennmaterial *vor* Glucose Fettsäuren sowie Ketonkörper und Laktat, die zu einer leichten lokalen Azidose führen und somit eine erwünschte Nebenwirkung auslösen, nämlich eine Rechtsverschiebung der Sauerstoffbindungskurve, die eine verbesserte Sauerstoffversorgung des Herzmuskels mit sich bringt.

Klinischer Bezug

Die Chancen einer erfolgreichen **kardiopulmonalen Reanimation** sind unter azidotischen Bedingungen günstiger als unter alkalischen Stoffwechselbedingungen. Dies wird damit begründet, daß die Sauerstoffbindungskurve durch eine Alkalose eine Linksverschiebung erfährt, was bedeutet, daß der Sauerstoff schlechter an das Gewebe abgegeben werden kann. Unter azidotischen Bedingungen hingegen wird die Sauerstoffbindungskurve nach rechts verschoben, was die Abgabe von Sauerstoff an die Gewebe verbessert und im Rahmen einer Reanimation durchaus erwünscht ist.

8.2.2 Pyruvatdehydrogenase

Die Umwandlung des aus der Glykolyse stammenden Pyruvats in Acetyl-CoA stellt die zweite Phase im aeroben Kohlenhydratabbau dar (Abb. 8.**4**). Die Bedeutung dieser Reaktionsfolge liegt darin, durch die Bildung von *Acetyl-CoA* Kohlenhydratabbauprodukte in den *Citratzyklus* einschleusen zu können. Die Pyruvatdehydrogenase ist ein Multienzymkomplex, der im Mitochondrium lokalisiert ist und aus 3 Enzymen sowie 5 Cofaktoren besteht (Tab. 8.**3**).

Tab. 8.**3** Komponenten der Pyruvatdehydrogenase

Enzym	Cofaktor
Pyruvatdecarboxylase	Thiaminpyrophosphat
Dihydrolipoyl-Transacetylase	α-Liponsäure
Dihydrolipoyl-Dehydrogenase	Coenzym A
	FAD NAD$^+$

Ablauf

Reaktionsschritte (Abb. 8.**4**):

1. Nachdem das Pyruvat ins Mitochondrium gelangt ist, bindet es an einem Cofaktor der Pyruvatdehydrogenase, dem Thiaminpyrophosphat (aktive Form des Vitamin B_1).

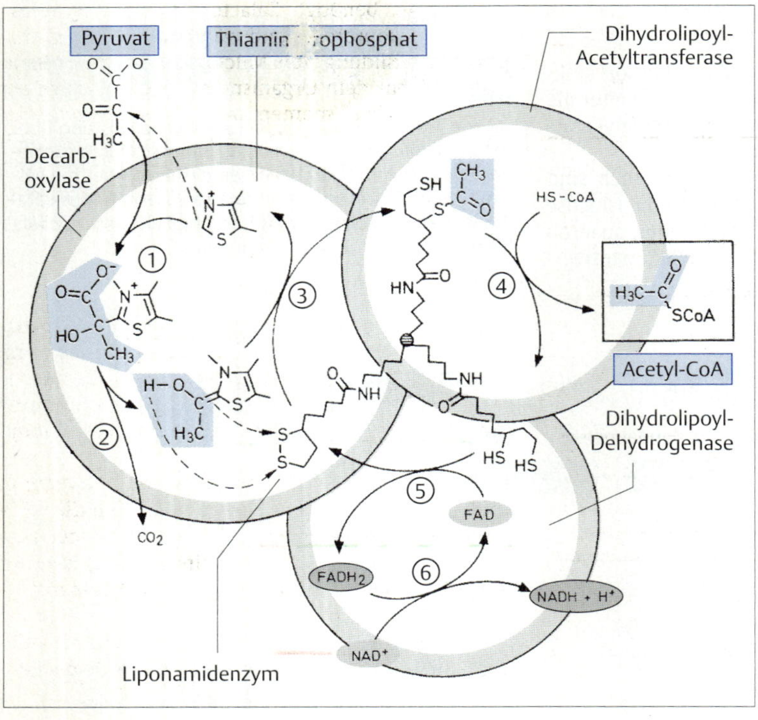

Abb. 8.**4** Mechanismus der Pyruvatdehydrogenase (aus Richter, Thieme 1988)

2. Unter der Wirkung der *Pyruvat-Decarboxylase* folgt die Decarboxylierung des Pyruvats, wobei ein Hydroxyethylrest („aktives Acetaldehyd") übrig bleibt. Dies ist *die erste Stelle im aeroben Kohlenhydratabbau, bei der CO_2 entsteht.*

3. Im weiteren Verlauf wird der Hydroxyethylrest bis zur Stufe eines Acetylrestes oxidiert und unter Regeneration von Thiaminpyrophosphat auf enzymgebundene Liponsäure (Liponamid-Enzym) übertragen. Die Liponsäure nimmt ebenfalls den bei der Oxidation abgespaltenen Wasserstoff auf. Es entsteht S-Acetylhydroliponamid. Die durch die Oxidation freigesetzte Energie steckt großenteils in der gebildeten Thioesterbindung zwischen Acetylrest und Liponsäure.

4. Mit Hilfe der *Dihydrolipoyl-Transacetylase* (Dihydrolipoyl-Acetyltransferase) wird nun der Acetylrest auf CoA übertragen, wobei einerseits das vollständig reduzierte Dihydroliponamid-Enzym und andererseits das gewünschte Endprodukt, Acetyl-CoA entsteht. Die Energie für die Bildung einer energiereichen Thioesterbindung im Acetyl-CoA stammt dabei aus der Spaltung der Thioesterbindung zwischen Acetylrest und Liponsäure.

5. Während Acetyl-CoA nun in den Citratzyklus eintreten kann, wird das Dihydroliponamid-Enzym durch die *Dihydrolipoyl-Dehydrogenase* wieder in die oxidierte Ausgangsform regeneriert. Dabei werden 2 Wasserstoffatome auf FAD übertragen.

6. Vom gebildeten $FADH_2$ findet ein weiterer Wasserstofftransfer zu NAD^+ statt, so daß letztendlich $NADH + H^+$ entsteht, das an der Atmungskette durch Verbrennung der Wasserstoffe drei ATP liefern kann.

Da bei der Reaktionsfolge unmittelbar hintereinander sowohl decarboxyliert als auch oxidiert wird, spricht man von einer **oxidativen Decarboxylierung**. Solche Reaktionen sind stark exergonisch, da durch beide Teilprozesse, Oxidation und Decarboxylierung, Energie freigesetzt wird. Oxidative Decarboxylierungen sind folglich unter Normalbedingungen irreversibel.

! Merke

Die *Pyruvatdehydrogenase* stellt eine Einbahnstraße zwischen den Kohlenhydraten und den Fettsäuren dar. Acetyl-CoA als Produkt des Kohlenhydratabbaus kann in Fettsäuren umgewandelt werden. Das beim Fettsäureabbau ebenfalls entstehende Acetyl-CoA kann umgekehrt jedoch nicht zu Kohlenhydraten aufgebaut werden, da die Bildung von Pyruvat aus Acetyl-CoA für tierische Organismen thermodynamisch unmöglich ist.

Regulation

Der Pyruvatdehydrogenase-Komplex kann durch Interkonversion sowohl in eine aktive als auch eine inaktive Form umgewandelt werden. Phosphoryliert liegt der Komplex dabei in der inaktiven Form vor, ohne Phosphatrest ist die Pyruvatdehydrogenase aktiv. Tab. 8.**4** zeigt die verschiedenen Effektoren, die die aktive bzw. inaktive Form induzieren:

Tab. 8.**4** Aktivatoren und Inhibitoren der Pyruvatdehydrogenase

Aktivatoren	Inhibitoren
Insulin	NADH
NAD^+	Acetyl-CoA
CoA-SH	ATP
Pyruvat	
ADP	

8.2.3 Stoffwechsel der Galactose

Galactose fällt im Organismus einerseits durch Abbau von Laktose (Milchzucker) aus Nahrungsmitteln an *(exogene Galactose)*, andererseits durch Synthese aus Glucose *(endogene Galactose)*. Der menschliche Organismus benötigt Galactose v.a. zur Synthese einiger Glykoproteine und während der Laktationsphase zur Bildung von Milchzucker in den Milchdrüsen. Steht dem Organismus mehr Galactose zur Verfügung, als er momentan benötigt, wird die Galactose so umgewandelt, daß sie in Form von UDP-Glucose in Glykogenmoleküle eingebaut wird oder durch direkte Umwandlung in Glucose-1-phosphat dem Glucosestoffwechsel zur Verfügung gestellt wird.

Ablauf

Galactose wird durch eine *Galaktokinase* an C-1 phosphoryliert, wobei **Galactose-1-phosphat** entsteht. Die anschließende Reaktion mit UDP-Glucose besteht aus einem Austausch der Reste und wird durch die *Galactose-1-phosphat-Uridyltransferase* katalysiert.

Die gebildete **UDP-Galactose** kann nun entweder in die Laktosesynthese eingehen, oder durch die *UDP-Galactose-4-Epimerase* in UDP-Glucose epimerisiert werden. Anschließend ist der Einbau der gebildeten aktiven Glucose durch die *Glykogensynthase* in **Glykogen** möglich.

Da die Epimerisierung von UDP-Galactose zu UDP-Glucose reversibel ist, kann auf dieser Stufe der Glucose-Pool angezapft werden, um bei Bedarf UDP-Galactose zu erzeugen.

Klinischer Bezug

Bei der sog. **kongenitalen Galaktosämie** kommt es infolge verminderter Aktivität der Galactose-1-phosphat-Uridyltransferase zu Störungen im Galactosestoffwechsel, in deren Verlauf sich Galactose und Galactose-1-phosphat im Blut anstauen und über die Nieren ausgeschieden werden. Da Galactose-1-phosphat mehrere Enzyme des Glucosestoffwechsels hemmt, kommt es zu schwerwiegenden Störungen innerhalb der Glucose-Verstoffwechselung. Die klinischen Symptome bestehen aus Übelkeit, Erbrechen, Apathie und Leberschädigung bis hin zur Leberzirrhose sowie Nierenschäden.

8.2.4 Stoffwechsel der Fructose

Fructose (Fruchtzucker) erhält der Organismus vorwiegend durch Abbau von Saccharose (Rohrzucker) aus der Nahrung. Der größte Teil der resorbierten Fructose gelangt dann über die Pfortader zur Leber, wo sie verstoffwechselt wird (Abb. 8.**5**). Der Fructoseabbau zielt hauptsächlich darauf ab, Abbauprodukte zu erzeugen, die zur ATP-Synthese in die Glykolyse eingeschleust werden können. Da Fructose insulinunabhängig in Körperzellen aufgenommen werden kann, wird dieser Zucker als sog. *Diabetikerzucker* verwendet.

Ablauf

Reaktionsschritte (Abb. 8.**5**):

1. Die Umwandlung von Fructose in **Fructose-1-phosphat** durch die *Fructokinase* findet praktisch ausschließlich in der **Leber** statt, da das Enzym fast nur in Leberzellen vorkommt (kleine Mengen dieses Enzyms finden sich auch in Niere und Dünndarmmukosazellen). Da in der Leber kaum Hexokinase vorhanden ist, die grundsätzlich in der Lage wäre, Fructose in Fructose-6-phosphat umzuwandeln, wird in Leberzellen durch die ausreichend vorhandenen Fructokinase praktisch ausschließlich Fructose-1-phosphat gebildet.

2. Im **Fettgewebe** fehlt die Fructokinase, so daß die wenigen Fructosemoleküle, die sich nach dem Durchfluß des Pfortaderblutes durch die Leber noch im Blut befinden, hier über die Hexokinase in **Fructose-6-phosphat** und anschließend weiter im Rahmen der Glykolyse verstoffwechselt werden.

3. Fructose-1-phosphat aus der Fructokinase-Reaktion wird durch die *Aldolase B (Fructose-1-phosphat-Aldolase)* aufgespalten. Im Unterschied zur Glykolyse entsteht hierbei neben **Dihydroxyacetonphosphat Glycerinaldehyd** und nicht 3-Phosphoglycerinaldehyd.

vgl. Aldolase A (Glykolyse)

4.–6. Drei Möglichkeiten stehen der Zelle anschließend zur Verfügung, um Glycerinaldehyd in die Glykolyse einzuschleusen: Direkte Phosphorylierung zu **3-Phosphoglycerinaldehyd** (4), Oxidation zur Glycerinsäure und anschließende Phosphorylierung zu **2-Phosphoglycerat** (5) oder Umwandlung in Dihydroxyacetonphosphat durch Reduktion zu **Glycerin**, gefolgt von einer Phosphorylierung zu **Glycerin-3-phosphat** und anschließende Oxidation (6).

7. u. 8. Fructose kann auch aus Glucose synthetisiert werden. Hierzu wird Glucose zunächst durch die *Aldosereduktase* NADPH-abhängig zu **Sorbitol** reduziert (8) und danach mit der *Sorbitoldehydrogenase* zu Fructose oxidiert (7). Diese beiden Reaktionen sind reversibel, so daß auch umgekehrt Fructose in Glucose umgewandelt werden kann. Unter normalen Bedingungen liegt das Gleichgewicht dieser Reaktionen auf der Seite der Fructose. Die Verwertung von Fructose ist durch die begrenzte Menge an Fructokinase und Sorbitoldehydrogenase limitiert.

Klinischer Bezug

Bei der **heriditären Fructoseintoleranz** kommt es infolge fehlender Aldolase B in der Leber zu einem Anstau von Fructose-1-phosphat, was sowohl den Glykogenabbau über die Glykogenphosphorylase als auch die Gluconeogenese auf Stufe der Fructose-1,6-bisphosphatase hemmt. Es entstehen hypoglykämische Zustände, v.a. nach obsthaltiger Nahrung.

8.2.5 Pentosephosphatweg

Der Pentosephosphatweg stellt einen Sekundärweg des oxidativen Kohlenhydratabbaus dar.

Merke

Die wesentlichen Funktionen des Pentosephosphatwegs liegen zum einen in der *Bereitstellung von NADPH* als Reduktionsmittel für bestimmte Synthesen und zum anderen in der *Bildung von Ribose-5-phosphat*, einer Pentose, die zur Purin- und Pyrimidinsynthese benötigt wird.

Die wichtigsten reduktiv verlaufenden Synthesen, die *NADPH + H^+ als Reduktionsmittel* brauchen, sind:

- Fettsäuresynthese
- Cholesterinsynthese
- Steroidsynthese
- Hydroxylierung von Arzneimitteln
- Reduktion von verbrauchtem Glutathion (Glutathiondisulfid)

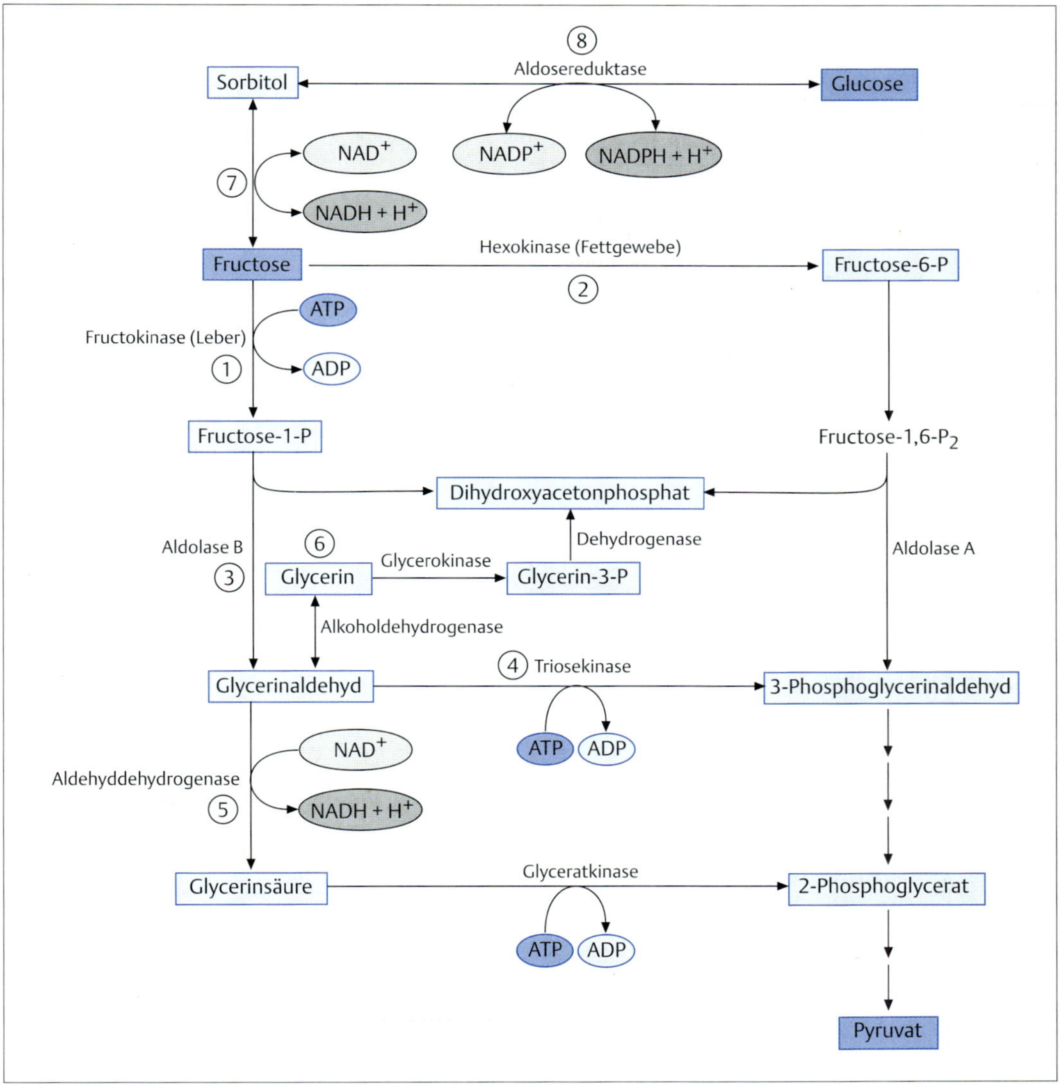

Abb. 8.**5** Stoffwechsel der Fructose

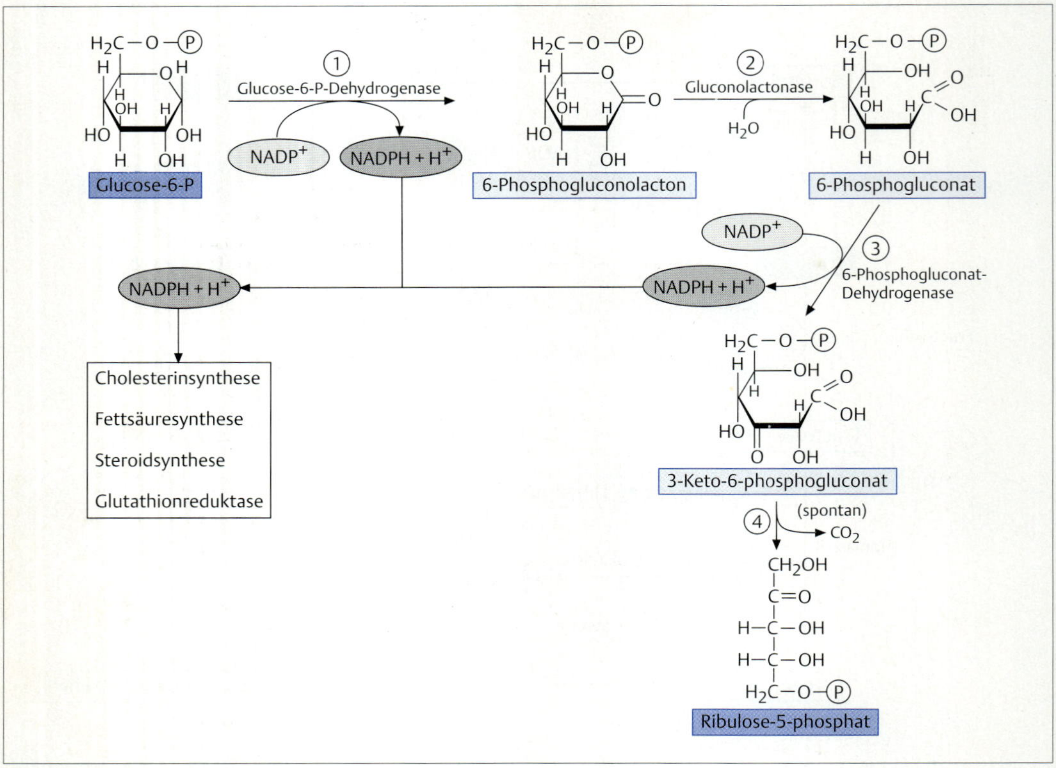

Abb. 8.**6** Pentosephosphatweg

Liegt in einer Zelle mit aktivem Pentosephosphatweg kein aktueller Bedarf an Ribose-5-phosphat vor, dann werden die im oxidativen Teil des Pentosephosphatweg gebildeten Pentosen zu solchen Produkten weiter verstoffwechselt, die dann in die Glykolyse eingeschleust werden können (Abb. 8.**6**).

Ablauf

Reaktionsschritte (Abb. 8.**6**):

1. Die Reaktionsfolge beginnt mit der Oxidation von Glucose-6-phosphat zu **6-Phosphogluconolacton** durch die *Glucose-6-phosphat-Dehydrogenase*. Dabei fungiert $NADP^+$ als Coenzym, das in $NADPH + H^+$ umgewandelt wird.

2. Die anschließende Hydrolyse des entstandenen inneren Esters geschieht mit Hilfe der *Gluconolactonase*; es entsteht **Gluconsäure-6-phosphat**.

3. + 4. Die sekundäre Alkoholgruppe am C-3 dieses Moleküls wird nun in der zweiten Oxidation des Pentosephosphatwegs durch die *Gluconsäure-6-phosphat-Dehydrogenase* zu einer Ketogruppe oxidiert. Dabei entsteht erneut $NADPH + H^+$ und **3-Keto-6-phosphogluconsäure**, welches instabil ist und in der Folge einer spontanen Decarboxylierung der Säuregruppe an C-1 unterliegt. Das Ergebnis dieser CO_2-Abspaltung ist eine phosphorylierte Pentose, **Ribulose-5-phosphat**.

Die bis dahin beschriebenen Schritte werden auch als *oxidative Phase des Pentosephosphatwegs* bezeichnet; das eingetretene Glucose-6-phosphat wurde zweimal oxidiert, wobei 2 $NADPH + H^+$ gebildet werden und eine phosphorylierte Pentose entsteht. (Die *formale* Energieausbeute des Pentosephosphatweg beträgt 12 Mol NADPH pro Mol Glucose).

Klinischer Bezug

Patienten mit **Favismus** weisen einen Mangel an Glucose-6-phosphat-Dehydrogenase auf und zeigen innerhalb der Erythrozyten eine nur mangelhafte Regeneration von verbrauchtem Glutathion. Der Oxidationsschutz der Erythrozyten ist dadurch erheblich beeinträchtigt. Der Kontakt mit Oxidationsgiften, wie z. B. Favabohnen, kann schwere hämolytische Anämien auslösen.

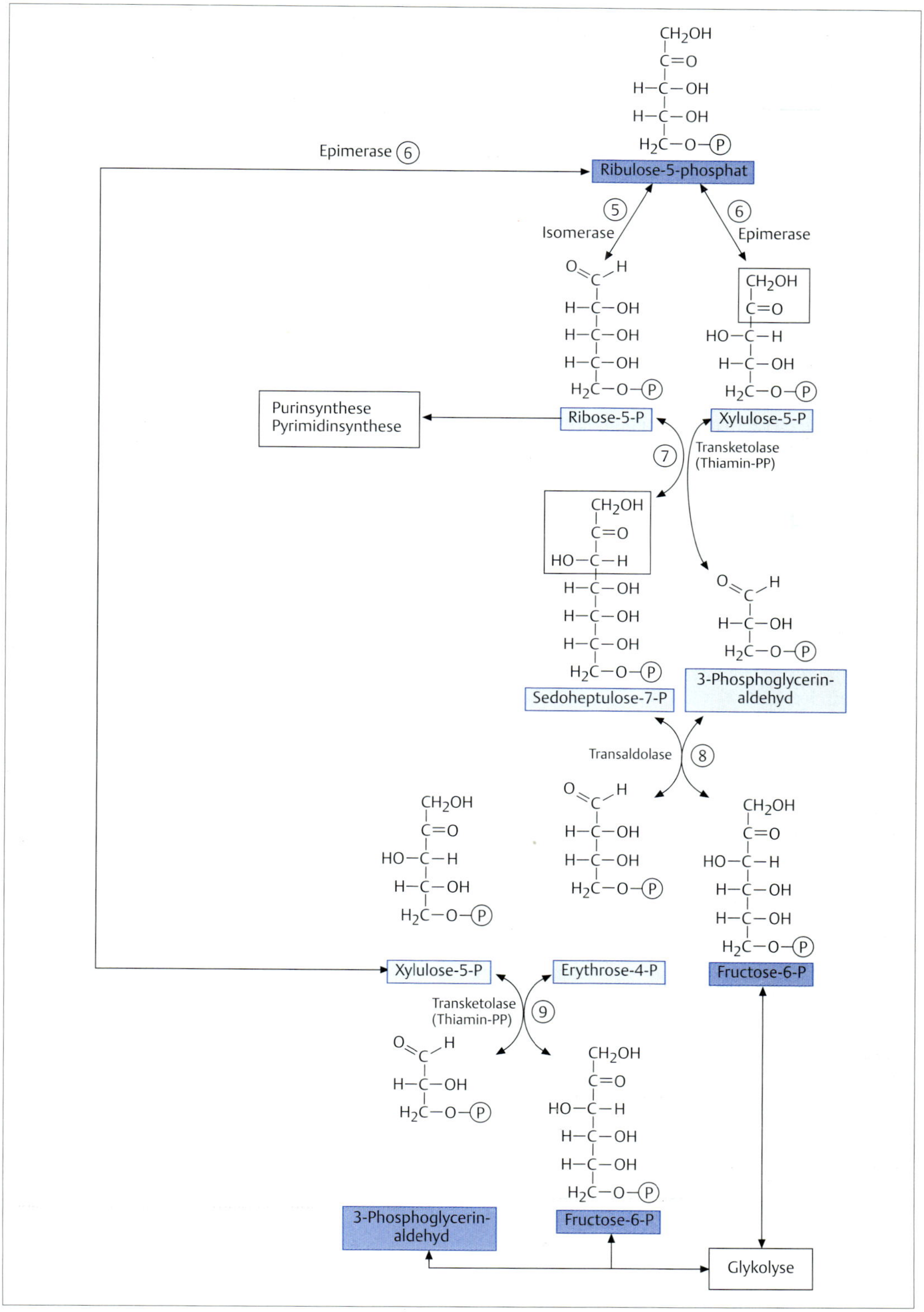
Epimerase 6
Ribulose-5-phosphat
5 Isomerase
6 Epimerase
Purinsynthese
Pyrimidinsynthese
Ribose-5-P
Xylulose-5-P
7
Transketolase
(Thiamin-PP)
Sedoheptulose-7-P
3-Phosphoglycerin-
aldehyd
Transaldolase
8
Xylulose-5-P
Erythrose-4-P
Fructose-6-P
Transketolase
(Thiamin-PP)
9
3-Phosphoglycerin-
aldehyd
Fructose-6-P
Glykolyse

5. Mit Hilfe einer *Isomerase* kann nun Ribulose-5-phosphat zu **Ribose-5-phosphat** umgesetzt werden, welches bei Bedarf zur Purin- und Pyrimidinsynthese abgezogen wird.
Läuft in einer Zelle der oxidative Teil des Pentosephosphatwegs ab, ohne jedoch Ribose-5-phosphat zu benötigen, so wird die Zelle aus mehreren anfallenden Ribulose-5-phosphat-Molekülen 2 Moleküle Fructose-6-phosphat und ein Molekül 3-Phosphoglycerinaldehyd bilden, die in die Glykolyse eingeschleust werden können.
6. Aus einem Pool von drei Ribulose-5-phosphat werden dafür 2 dieser Moleküle zu **Xylulose-5-phosphat** epimerisiert, das dritte Molekül Ribulose-5-phosphat wird zu Ribose-5-phosphat isomerisiert (Reaktion 5).
Diese 3 Moleküle reagieren nun mehrmals unter Austausch von C-2- und C-3- Bruchstücken miteinander. Dabei sind jeweils 2 Enzyme beteiligt: Eine *thiaminabhängige Transketolase*, die C-2-Körper abspaltet und auf einen anderen Zucker überträgt und eine *Transaldolase*, die C-3-Körper überträgt.
7. Der Transfer von Kohlenstoffatomen beginnt durch die Reaktion von Xylulose-5-phosphat und Ribose-5-phosphat durch Katalyse der *Transketolase*, wobei ein C-2-Körper verschoben wird und eine Triose, nämlich **3-Phosphoglycerinaldehyd**, und ein C-7-Zucker, die **Sedoheptulose-7-phosphat**, entstehen.
8. Durch die *Transaldolase* reagieren diese Zucker unter Austausch eines C-3- Körpers nochmals miteinander, wobei **Erythrose-4-phosphat** und **Fructose-6-phosphat** entstehen. Letzteres kann in die Glykolyse eintreten.
9. Erythrose-4-phosphat, eine Tetrose, reagiert weiter mit dem zweiten Ribulose-5-phosphat und der *Transketolase* zu **3-Phosphoglycerinaldehyd** und **Fructose-6-phosphat**. Beide Zucker können anschließend in die Glykolyse eingeschleust werden.
Da diese nicht oxidativen Schritte des Pentosephosphatwegs reversibel sind, bilden Gewebe mit geringem Bedarf an NADPH Ribose-5-phosphat v. a. mit Hilfe der Transketolase und Transaldolase, unter Umgehung der oxidativen Schritte des Pentosephosphatwegs.

Lokalisation

Der Pentosephosphatweg ist vollständig im Zytosol lokalisiert, und zwar bevorzugt in Geweben mit hohem NADPH-Bedarf wie Leber, Nebenniere, Fettgewebe, Erythrozyten, laktierende Mamma und Schilddrüse.

Regulation

Die Kontrollstellen für den Pentosephosphatweg sind die Glucose-6-phosphat-Dehydrogenase sowie die Gluconsäure-6-phosphat-Dehydrogenase.

- *Aktivatoren:* $NADP^+$, Insulin sowie ein hoher Kohlenhydratspiegel.
- *Inhibitoren:* NADPH, Acetyl-CoA sowie ein hoher Fettsäurespiegel.

8.3 Fettsäurenabbau

Fettsäuren gehören neben den Kohlenhydraten zu den bedeutsamsten Brennmaterialien des sog. Energiestoffwechsels. Der vollständige Abbau von Fettsäuren zu CO_2 und H_2O unter Bildung von ATP verläuft ähnlich wie der Kohlenhydratabbau: In einer ersten Phase werden durch die sog. *β-Oxidation* Fettsäuren in Acetyl-CoA-Einheiten zerlegt, welche anschließend durch Citratzyklus und Atmungskette weiter verstoffwechselt werden.

! Merke

Fettsäurenabbau und Kohlenhydratabbau verfolgen dieselbe Strategie, indem sie die Ausgangssubstrate möglichst schnell in Acetyl-CoA umwandeln und anschließend in das Zentrum des Energiestoffwechsels, Citratzyklus und Atmungskette, einschleusen. Der Katabolismus der beiden Substanzklassen unterscheidet sich im wesentlichen durch unterschiedliche Stoffwechselwege zum Acetyl-CoA.

Im Stoffwechsel der Fettsäuren spielt **Coenzym A** eine überragende Rolle.
Mit Hilfe einer Thioalkoholgruppe kann CoA mit Fettsäuren reagieren, wobei energiereiche Thioesterbindungen gebildet werden. Dadurch wird eine Fettsäure aktiviert, was jedoch 2 ATP verbraucht. Die beiden wichtigsten Beispiele hierfür sind:

- Essigsäure + CoA → Acetyl-CoA bzw. aktivierte Essigsäure
- Fettsäure + CoA → Acyl-CoA bzw. aktivierte Fettsäure

8.3.1 β-Oxidation

Unter β-Oxidation versteht man den oxidativen Abbau von aktivierten Fettsäuren (Acyl-CoA) zu Acetyl-CoA-Einheiten, die anschließend durch Citratzyklus und Atmungskette weiter oxidiert werden können. Geradzahlige Fettsäuren werden dabei komplett in Acetyl-CoA-Einheiten zerlegt, beim Abbau ungeradzahliger Fettsäuren entsteht beim letzten Durchlauf neben Acetyl-CoA auch ein Molekül Propionyl-CoA.

Lokalisierung

Das *Multienzymsystem* der β-Oxidation ist *im Matrixraum der Mitochondrien* lokalisiert. Mit Ausnahme von Nervenzellen können alle Zellen, die Mitochondrien besitzen, β-Oxidation ablaufen lassen, wobei insbesondere Muskel- und Leberzellen eine hohe Kapazität für die β-Oxidation von Fettsäuren aufweisen. Nervenzellen können keine β-Oxidation betreiben, da Fettsäuren nicht die Blut-Hirn-Schranke passieren können und somit für Nervenzellen nicht als Brennmaterial in Frage kommen.

Aktivierung der Fettsäure

Um eine Fettsäure im Rahmen der β-Oxidation abbauen zu können, muß sie zuerst „aktiviert" werden, d. h. in eine *energiereiche Acyl-CoA-Verbindung* überführt werden. Diese Umwandlung geschieht durch eine *Thiokinase*, die auf der zytosolischen Seite der äußeren Mitochondrienmembran lokalisiert ist.
Wie in Abb. 8.**7** zu erkennen ist, verläuft die Fettsäureaktivierung über 2 Schritte: Zuerst wird unter Abspaltung von Pyrophosphat aus ATP ein *Acyl-Adenylat* zwischen der Fettsäure und dem übriggebliebenen AMP gebildet. Die für den Aufbau der dabei entstandenen energiereichen Anhydridbindung notwendige Energie stammt aus der Abspaltung von Pyrophosphat und der direkt anschließenden Aufspaltung des Pyrophosphats in 2 Orthophosphate, durch ubiquitär vorkommende Pyrophosphatasen. Das anschließende Abspalten von AMP liefert genügend Energie, um mit CoA einen energiereichen Thioester zu bilden; es entsteht das gewünschte **Acyl-CoA**. Die Energiebilanz dieser Reaktion beträgt –2 ATP, da aus dem beteiligten ATP 2 Phosphatreste abgespalten werden.

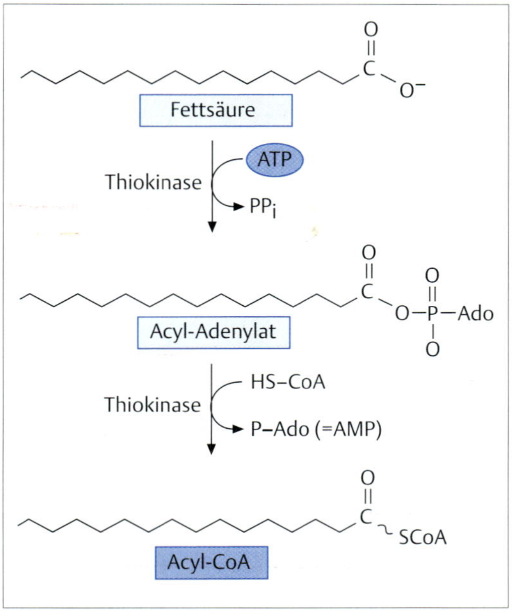

Abb. 8.**7** Aktivierung der Fettsäuren (aus Karlson/Doenecke/Koolmann, Thieme 1994)

> **! Merke**
>
> Thermodynamisch ungünstige Reaktionen können dadurch ermöglicht werden, daß aus ATP zuerst Pyrophosphat abgespalten und anschließend durch Pyrophosphatasen weiter zu 2 Orthophosphatresten aufgespalten wird. Die Energiebilanz einer solchen Reaktion beträgt –2 ATP.

Acyl-CoA-Transport ins Mitochondrium

Das im Zytosol gebildete Acyl-CoA muß nun für den weiteren Abbau durch β-Oxidation ins Mitochondrium transportiert werden. Dabei stellt die innere Mitochondrienmembran eine Barriere für Acyl-CoA-Verbindungen dar, die mit Hilfe eines Carriers überwunden wird. Hierfür wird durch eine *Carnitin-acyltransferase*, die an der äußeren Seite der inneren Mitochondrienmembran lokalisiert ist, der Acylrest aus Acyl-CoA unter Bildung einer Esterbindung, auf Carnitin übertragen, wobei **Acyl-Carnitin** entsteht. Mit Hilfe eines spezifischen Carriers kann nun Acyl-Carnitin im Austausch gegen freies Carnitin in den Matrixraum des Mitochondriums transportiert werden, was einem Antiport entspricht.
Die Triebkraft für den Acyl-Carnitin-Transport ins Mitochondrium besteht in einer Art „Sogwirkung" der β-Oxidation (Abb. 8.**8**).
An der Innenseite der inneren Mitochondrienmembran wird der Acylrest wieder auf ein freies CoA übertragen, wobei Acyl-CoA entsteht. Diese Resynthese von Acyl-CoA läuft ohne ATP-Beteiligung ab, was nur deshalb möglich ist, weil die Bindungsenergien zwischen Acyl-Carnitin und Acyl-CoA annähernd gleich sind. Carnitin, eine Substanz die neben einer Carboxylgruppe auch eine quartäre Ammoniumgruppe enthält, ist außerdem in der Lage, die zur Fettsäureaktivierung benötigte Thiokinase zu aktivieren.

Ablauf

Das primäre Ziel der β-Oxidation liegt darin, Acetyl-CoA so aus der Acyl-CoA-Verbindung abzuspalten, daß ein möglichst wiederverwertbarer Rest in Form eines neuen Acyl-CoA übrigbleibt, das dann erneut durch β-Oxidation weiter abgebaut werden

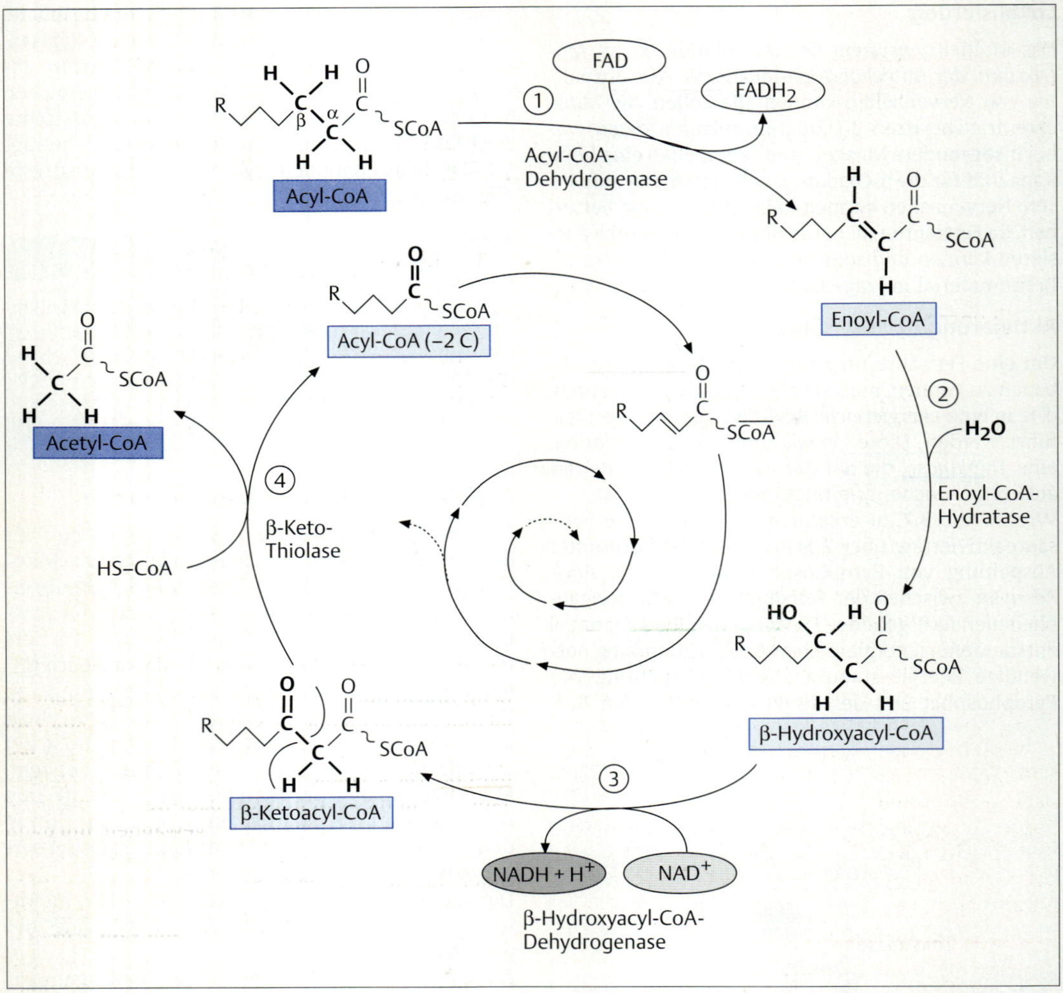

Abb. 8.**8** β-Oxidation

kann. Dieses Ziel wird durch den Einbau einer Ketogruppe am β-Kohlenstoffatom der aktivierten Fettsäuren und anschließende Abspaltung von Acetyl-CoA, unter Bildung einer neuen, um 2 C-Atome kürzeren Acyl-CoA-Verbindung, realisiert.

Reaktionsschritte (Abb. 8.**8**):

1. Acyl-CoA wird zunächst durch die *Acyl-CoA-Dehydrogenase* unter Wasserstoffabspaltung oxidiert, so daß zwischen α- und β-C-Atom der Fettsäuren eine Doppelbindung in trans-Stellung entsteht. Hierbei werden Wasserstoffe auf FAD übertragen, so daß $FADH_2$ und α-β-ungesättigtes **trans-Enoyl-CoA** entstehen.

2. In der Folge kommt es durch die *Enoyl-CoA-Hydratase* zu einer Addition von H_2O an die Doppelbindung und es entsteht **L-β-Hydroxyacyl-CoA**. Bei dieser Reaktion wird am β-Kohlenstoffatom ein sekundärer Alkohol gebildet.

3. Die sekundäre Alkoholgruppe wird nun mit Hilfe *der L-β-Hydroxyacyl-CoA-Dehydrogenase* durch Wasserstoffabspaltung zu einer Ketogruppe oxidiert. Dabei werden Wasserstoffatome auf NAD^+ übertragen; es entsteht $NADH + H^+$ und **β-Ketoacyl-CoA**.

4. Durch den Einbau einer Ketogruppe am β-Kohlenstoff der aktivierten Fettsäuren ist die Bindungsenergie zwischen α- und β-Kohlenstoffatom der

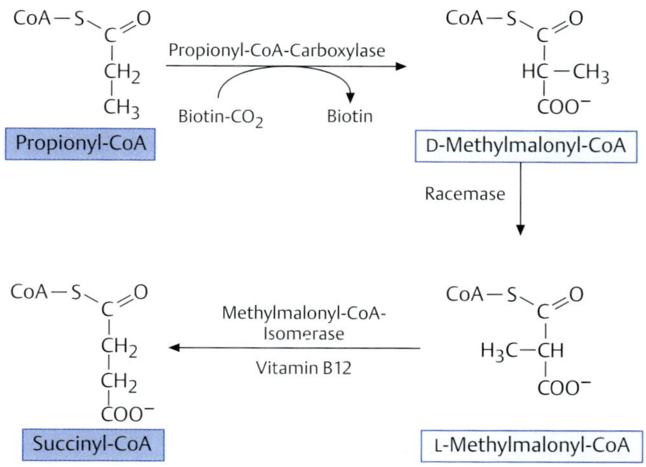

Abb. 8.**9** Abbau von Propionyl-CoA

Fettsäuren stark erhöht, so daß in der Folge eine thiolytische Spaltung durch die *β-Ketothiolase* möglich wird. Hierbei wird die bei der Abspaltung von Acetyl-CoA freigesetzte Bindungsenergie genutzt, freies CoA in einer energiereichen Thioesterbindung am β-Kohlenstoffatom der Fettsäuren zu binden, und es entsteht ein neues, um 2 C-Atome kürzeres **Acyl-CoA**, welches erneut durch β-Oxidation weiter abgebaut werden kann.

Da bei dieser Reaktionsfolge zweimal oxidiert wird und jeweils das β-Kohlenstoffatom der Fettsäuren beteiligt ist, heißt der gesamte Prozeß **β-Oxidation**. Geradzahlige Fettsäuren werden hierbei komplett in Acetyl-CoA-Einheiten zerlegt.

Merke

Die β-Oxidation verläuft nur unter aeroben Bedingungen, da die anfallenden reduzierten Coenzyme $FADH_2$ und $NADH_2$ über die Atmungskette wieder in die oxidierten Ausgangsformen FAD und NAD^+ regeneriert werden müssen, um einen kontinuierlichen Ablauf der β-Oxidation zu gewährleisten.

Energiebilanz

Im Rahmen der β-Oxidation kommt es nicht direkt zu einer ATP-Bildung. Pro Umlauf innerhalb der β-Oxidation werden jedoch ein $FADH_2$ ein NADH + H^+ sowie ein Acetyl-CoA, beim letzten Durchlauf einer geradzahligen Fettsäuren sogar 2 Acetyl-CoA, gebildet. In Zusammenarbeit mit dem Citratzyklus und der Atmungskette entsteht dann, durch Verbrennung dieser Produkte, massiv ATP, nämlich *3 ATP pro gebildetem NADH, 2 ATP pro gebildetem $FADH_2$ und jeweils 12 ATP pro Acetyl-CoA.*

Abbau von ungeradzahligen Fettsäuren

Beim Abbau ungeradzahliger Fettsäuren entsteht im letzten Durchlauf der β-Oxidation neben Acetyl-CoA eine aktivierte Fettsäure mit drei C-Atomen, Propionyl-CoA. Dieses Molekül kann im Rahmen der β-Oxidation nicht mehr weiter abgebaut werden und wird in der Folge in Succinyl-CoA umgewandelt, um dann in den Citratzyklus eingeschleust zu werden.

Unter Beteiligung von Biotin (Vitamin H) wird Propionyl-CoA durch die *Propionyl-CoA-Carboxylase*, ATP-abhängig, zu **D-Methylmalonyl-CoA** carboxyliert. Mittels einer *Racemase* erfolgt die Isomerisierung zu **L-Methylmalonyl-CoA**, welches anschließend, unter Beteiligung von Cobalamin (Vitamin B_{12}), durch eine *Isomerase* in **Succinyl-CoA** umgewandelt wird (Abb. 8.**9**).

Abbau von ungesättigten Fettsäuren

Der Abbau ungesättigter Fettsäuren verläuft solange identisch wie die β-Oxidation gesättigter Fettsäuren, bis entweder eine α-β- oder eine β-γ-Doppelbindung in der Fettsäuren auftaucht. Diese Doppelbindungen liegen, im Gegensatz zu den im Rahmen der β-Oxidation gebildeten trans-Doppelbindungen, praktisch immer in einer cis-Konfiguration vor.

- Im Falle der **α-β-ungesättigten Fettsäuren** wird dann, ähnlich wie in der normalen β-Oxidation, über eine *Hydratase* H_2O angelagert, wobei diesmal allerdings *D-β-Hydroxyacyl-CoA* entsteht. Für die weiteren Reaktionen der β-Oxidation muß dieses Molekül nun durch eine *Epimerase* in die benötigte L-Form umgewandelt werden.

- Bei den β-γ-**ungesättigten Fettsäuren** wird die cis-konfigurierte Doppelbindung durch eine *Isomerase* in eine α-β ungesättigte Doppelbindung in trans-Form umgewandelt und reagiert anschließend im Rahmen der konventionellen β-Oxidation weiter.

Aus energetischer Sicht ist der Abbau ungesättigter Fettsäuren eher ungünstig, da hierbei das im Rahmen der β-Oxidation durch den Einbau einer Doppelbindung entstehende $FADH_2$ nicht gebildet wird.

8.4 Aminosäurenabbau

Die dritte große Substanzklasse, die im Rahmen des Energiestoffwechsels große Bedeutung als „Brennmaterial" besitzt, sind die Aminosäuren. Da beim Aminosäureabbau jedoch neben Abbauprodukten, die für den Energiestoffwechsel entscheidend sind, auch andere Produkte entstehen, die von großer Bedeutung für den gesamten Stoffwechsel sind, werden wir in diesem Abschnitt auch den Stoffwechsel der einzelnen Aminosäuren und deren Abbauprodukte näher beleuchten.

Grundsätzlich gilt für den Abbau von Aminosäuren ähnliches wie für den Abbau von Fettsäuren und Kohlenhydraten: Die Verbrennung von Aminosäuren liefert neben den Endprodukten CO_2 und H_2O auch Wärmeenergie und ATP. Die Aminogruppe der Aminosäuren kann jedoch in menschlichen Zellen nicht oxidiert werden. Sie fällt in Form von NH_3 bzw. NH_4^+ an, welches toxisch ist und entgiftet werden muß (v. a. durch Harnstoffbildung).

! Merke

Unter physiologischen Bedingungen ist der Anteil der Aminosäurenverbrennung an der gesamten oxidativen Energiebereitstellung gering. In *Hungerphasen* jedoch liefern Aminosäuren einen wichtigen Beitrag zur Energiegewinnung, insbesondere durch die Bereitstellung von Substraten für Gluconeogenese aus dem Abbau glucoplastischer Aminosäuren.

8.4.1 Trennung von Stickstoff und Kohlenstoff

Betrachtet man den Beitrag, den Aminosäuren zum Energiestoffwechsel leisten, so kann man im wesentlichen 2 Strategien erkennen:

Einerseits gibt es Aminosäuren die direkt bis zur Stufe von Acetyl-CoA abgebaut werden *(ketoplastisch)* und damit direkt Brennstoffmaterial für den Citratzyklus bereitstellen können, andererseits können viele Aminosäuren in ein Zwischenprodukt des Citratzyklus oder in Pyruvat abgebaut werden *(glucoplastisch)*, was dazu führt, daß die „Trägersubstanzen" des Citratzyklus aufgefüllt und Substrate für Gluconeogenese bereitgestellt werden.

Sowohl beim Abbau einer Aminosäure in Richtung Acetyl-CoA als auch beim Abbau in Richtung Zwischenprodukte des Citratzyklus ist es notwendig, die Aminogruppe von Aminosäuren zu entfernen. Die wichtigsten Reaktionsmechanismen, die hierfür zur Verfügung stehen, sind *Transaminierungen, oxidative Desaminierungen* und *eliminierende Desaminierungen.* Dabei fällt bei den oxidativen und eliminierenden Desaminierungen jeweils freies Ammoniak (NH_3) an (s. a. Kapitel 2.**1**).

8.4.2 Ammoniakentgiftung

Ammoniak ist eine toxische Substanz, die vor allem aus dem Aminosäurestoffwechsel, dem Abbau von Nukleinsäuren sowie über den enterohepatischen Kreislauf anfällt. Seine Toxizität basiert unter anderem darauf, daß NH_3 eine Base ist und somit den pH verändern kann. Daraus ergibt sich die Notwendigkeit, diesen Stoff zu entgiften und auszuscheiden. Der menschliche Organismus hat hierfür 2 große Strategien entwickelt.

Die Strategie der Leber, welche das Organ mit dem umfangreichsten Aminosäurestoffwechsel ist und somit auch die höchste Menge an Ammoniak produziert, besteht darin, giftiges Ammoniak in die nicht toxische Verbindung Harnstoff umzuwandeln, die anschließend über die Nieren ausgeschieden werden kann.

Extrahepatische Gewebe verfügen nicht über diesen Entgiftungsmechanismus und verfolgen eine andere Strategie: Sie übertragen Ammoniak unter Bildung von Glutamin auf die Aminosäure Glutamat, was einer „Entgiftung" des NH_3 gleichkommt.

Glutamin wird dann entweder zur Niere transportiert, um dort wieder Ammoniak abzuspalten und in Form von NH_4^+ auszuscheiden, oder dient in der Leber als Stickstoffdonator der Harnstoff-Synthese.

Klinischer Bezug

Im Rahmen schwerer Erkrankungen der Leber kann es zu einem Ausfall der hepatischen Ammoniakentgiftung kommen. In der Folge steigt die Ammoniakkonzentration im Blut, wobei es zu einem **hepatischen Koma** kommen kann.

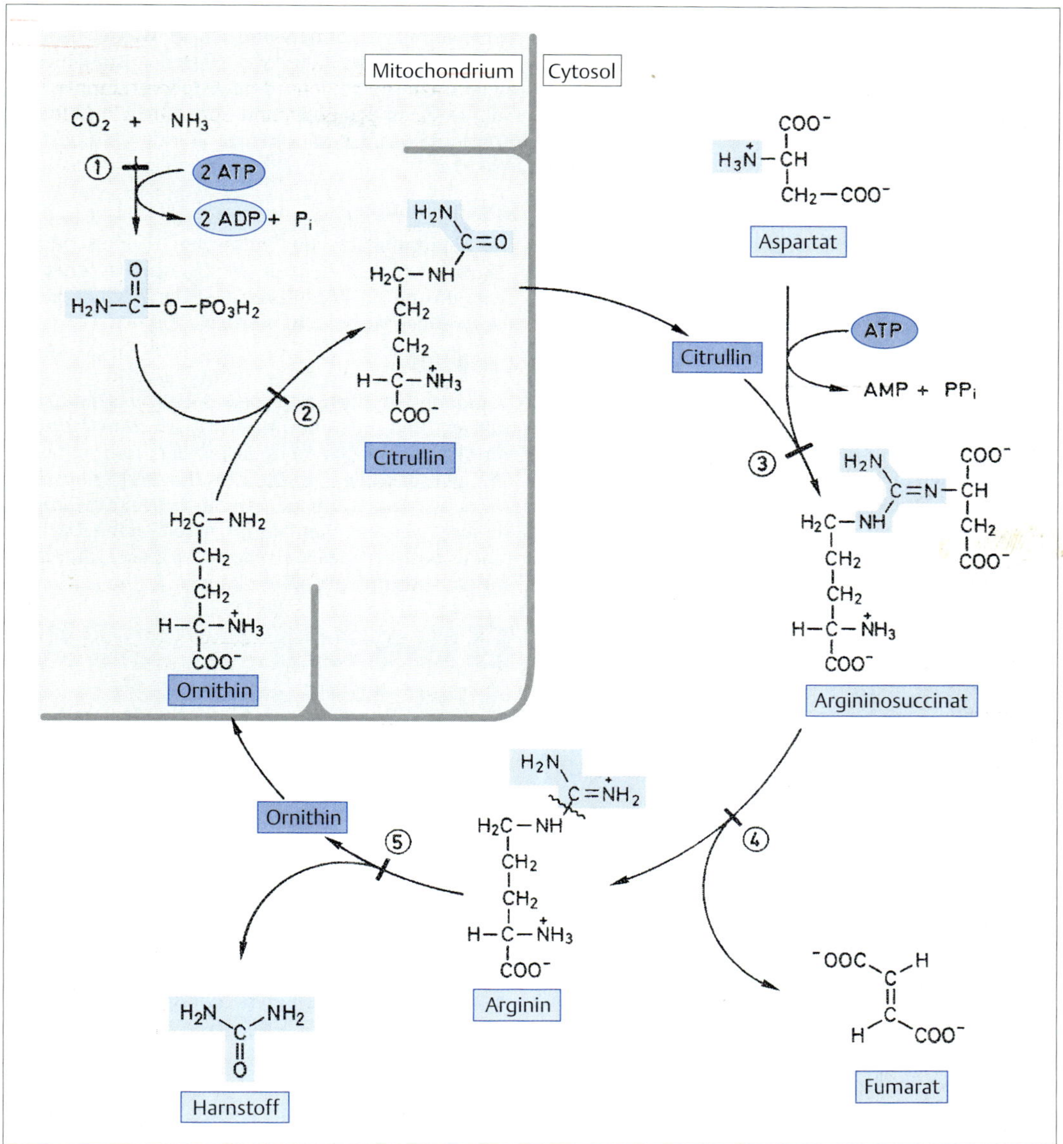

Abb. 8.**10** Harnstoffzyklus

Harnstoffzyklus

Die Möglichkeit, Ammoniak im Rahmen des Harnstoffzyklus zu entgiften, besteht ausschließlich in Leberzellen. Der Zyklus ist innerhalb der Hepatozyten über 2 Kompartimente, Mitochondrium und Zytosol, verteilt (Abb. 8.**10**).

Ablauf

Reaktionsschritte (Abb. 8.**10**):

1. Der Harnstoffzyklus beginnt intramitochondrial mit der Bildung von **Carbamylphosphat** aus CO_2 und NH_3 unter Verbrauch von 2 ATP. Das beteiligte Enzym, die *Carbamylphosphatsynthetase*, ist die Regulationsstelle des Zyklus und wird durch N-Acetyl-Glutamat allosterisch aktiviert.

Neben diesem mitochondrialen Enzym gibt es auch eine zytosolische Carbamylphosphatsynthetase, die im Rahmen der Pyrimidinbiosynthese ebenfalls Carbamylphosphat erzeugt. Dieses zytosolische Enzym benutzt jedoch kein freies Ammoniak als Stickstoffquelle, sondern Glutamin.

2. Im weiteren Verlauf des Harnstoffzyklus wird der gemischte Anhydrid Carbamylphosphat gespalten, wobei der Carbamylrest auf die nichtproteinogene Aminosäure Ornithin übertragen wird und **Citrullin**, eine ebenfalls nichtproteinogene Aminosäure, entsteht. Dieser Reaktionsschritt wird durch die *Ornithin-Transcarbamylase* katalysiert.

3. Das gebildete Citrullin verläßt nun das Mitochondrium und wird im Zytosol, durch Anlagerung von Aspartat, unter Wasserabspaltung in **Argininosuccinat** umgewandelt. Diese thermodynamisch ungünstige Kondensation wird dadurch angetrieben, daß aus dem Coenzym ATP in einem ersten Schritt mit Hilfe der *Argininosuccinase* Pyrophosphat abgespalten wird, welches anschließend durch eine Pyrophosphatase in 2 anorganische Phosphatreste aufgespalten wird.

Sowohl die Abspaltung von Pyrophosphat als auch dessen Aufspaltung liefern also die Energie für die Argininosuccinatsynthese.

Der Energieverbrauch dieser Reaktion beträgt –2 ATP, da aus ATP 2 Phosphatreste abgespalten wurden.

4. Durch die *Argininosuccinase (Argininosuccinat-Lyase)* wird nun das gebildete Argininosuccinat in **Arginin** und **Fumarat** aufgespalten.

5. Unter Wassereinlagerung kann dann Arginin durch die *Arginase* so aufgespalten werden, daß einerseits das gewünschte Endprodukt **Harnstoff** entsteht, und andererseits das für den Harnstoffzyklus benötigte **Ornithin** *regeneriert* wird und zurück ins Mitochondrium wandert.

Das für den Harnstoffzyklus notwendige Aspartat kann aus dem „Abfallprodukt" Fumarat ebenfalls regeneriert werden. Dafür wird Fumarat über die Fumarase und Malatdehydrogenase, 2 Enzyme des Citratzyklus, zunächst in Malat und dann weiter zur α-Ketosäure Oxalacetat umgewandelt. Mit Hilfe der GOT kann Oxalacetat dann zu Aspartat transaminiert werden, und steht dem Harnstoffzyklus erneut zur Verfügung.

Merke

Der Harnstoffzyklus ist über die Substanzen Fumarat und Aspartat eng mit dem Citratzyklus verknüpft.

Harnstoff, der strukturell als Diamid der Kohlensäure aufzufassen ist, besitzt die angenehmen Eigenschaften, nicht toxisch zu sein, gut durch Membranen permeieren zu können und ist als wasserlösliches Molekül geeignet, über die Nieren ausgeschieden zu werden. Die beiden im Harnstoff vorkommenden Stickstoffgruppen stammen zum einen aus freiem Ammoniak und zum anderen aus der Aminosäure Aspartat.

Energiebilanz

Die Energiebilanz des gesamten Zyklus beträgt –4 ATP, wobei 2 ATP für die Carbamylsynthetasereaktion und 2 ATP im Rahmen der Argininosuccinatsynthese verbraucht werden.

Lokalisation

Der *komplette Harnstoffzyklus ist nur in Hepatozyten angelegt* und dort über Mitochondrium und Zytosol verteilt. *Nieren und Fibroblasten der Haut enthalten alle zytosolischen Enzyme des Harnstoffzyklus* und können somit, wenn sie von der Leber mit Citrullin versorgt werden, ebenfalls Harnstoff bilden. Darüber hinaus besitzen *viele Gewebe nur Arginase*, die Harnstoff aus Arginin abspalten kann.

Merke

Die Harnstoffbildung geschieht in vielen Geweben, eine *Entgiftung von Ammoniak* über den Harnstoffzyklus ist jedoch *nur in der Leber* möglich, da hierzu der erste Schritt des Zyklus, die Fixierung des freien Ammoniaks in ein Zwischenprodukt des Harnstoffzyklus, notwendig ist.

Klinischer Bezug

Bei *Enzymdefekten im Harnstoffzyklus* kommt es grundsätzlich zum Anstau der Vorläufersubstanzen sowie zu einer gestörten Ammoniakentgiftung. Klinisch zeigt sich das Bild einer **Hyperammonämie** mit Eiweißunverträglichkeit, Übelkeit und Krampfanfällen bis hin zum Koma hepaticum.

Extrahepatische Ammoniakentgiftung

Die Glutaminbildung aus NH_3 und Glutamat durch die *Glutaminsynthetase* ist der bedeutendste extrahepatische Mechanismus zur Ammoniakentgiftung (Abb. 8.**11**). NH_3 wird dabei als Säureamid im gebildeten **Glutamin** fixiert und damit entgiftet. **Glutamin** kann nun ans Blut abgegeben werden und insbesondere in der *Niere*, über die dort vorkommende *Glutaminase*, wieder in NH_3 und **Glutamat** zerlegt werden. In der Niere wird das freigesetzte Ammoniak in die Nierentubuli sezerniert, wo es mit H^+ zu NH_4^+ reagiert und als solches ausgeschieden wird.

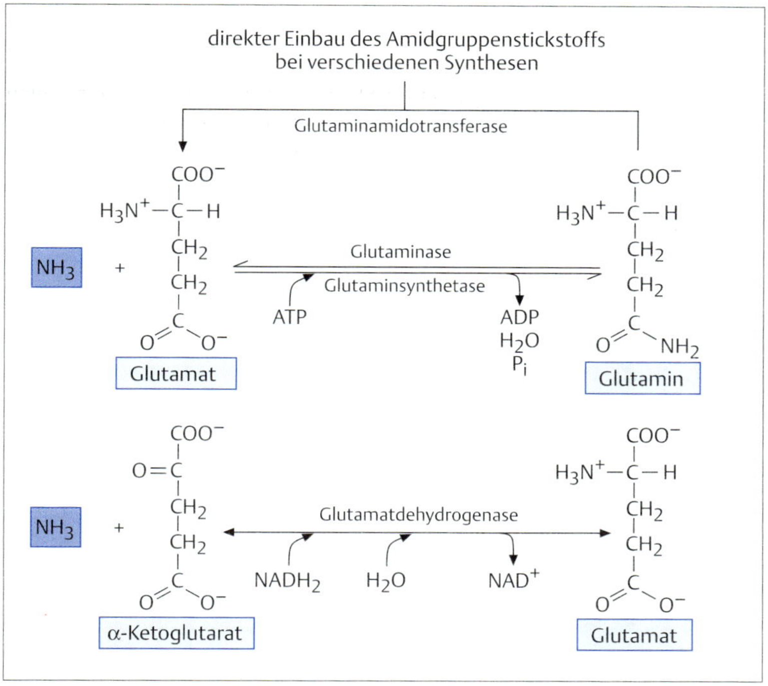

Abb. 8.**11** Extrahepatische Ammoniakentgiftung

Eine *geringe Glutaminase-Aktivität findet sich auch in Hepatozyten*; hier wird das freigesetzte NH_3 zur Harnstoffsynthese verwendet.

Neben seiner Eigenschaft, Ammoniak in „getarnter" Form durchs Blut zur Niere transportieren zu können, *fungiert Glutamin zusätzlich als Stickstoffdonator* in allen Geweben. Hierzu wird mit Hilfe von *Glutaminamidotransferasen* der Amidgruppenstickstoff des Glutamins abgespalten und direkt, im Rahmen einer stickstoffabhängigen Synthese, in ein Zwischenprodukt eingebaut. Es entsteht hierbei also kein freies Ammoniak. Diese beiden wichtigen Funktionen des Glutamins machen es verständlich, daß Glutamin die Aminosäuren mit der höchsten Konzentration im Blut ist.

Die Ammoniakentgiftung durch Bildung von Glutamat aus NH_3 und α-Ketoglutarat spielt in extrahepatischen Geweben eine eher untergeordnete Rolle. Hierfür wird mit Hilfe der reversibel arbeitenden *Glutamatdehydrogenase* das Prinzip der oxidativen Desaminierung umgedreht. Man vermutet, daß diese Reaktion bei erhöhten Ammoniakkonzentrationen unerwünscht stark abläuft, wodurch die Konzentration von α-Ketoglutarat, einem Metabolit des Citratzyklus, erniedrigt wird, was insbesondere die Energiegewinnung über den Citratzyklus beeinträchtigt. Dieser Zusammenhang würde teilweise die Beobachtung erklären, daß NH_3 auch intrazellulär toxisch wirkt.

8.4.3 Wege des Kohlenstoffskeletts von Aminosäuren

Wie bereits erwähnt, können Aminosäuren hinsichtlich der Endprodukte, die bei ihrem Abbau entstehen, in 2 Gruppen eingeteilt werden (Abb. 8.**12**).

Ketoplastisch sind alle Aminosäuren, die bei ihrem Abbau Acetyl-CoA oder Acetoacetat bilden. Die Bezeichnung ketoplastisch kommt daher, daß Acetyl-CoA in Ketonkörper umgewandelt werden kann, Acetoacetat ist bereits ein solcher Ketonkörper. Ketonkörper wiederum können weiter in Richtung Acetyl-CoA abgebaut werden, um anschließend als Brennstoff für den Citratzyklus zu dienen (Bedeutung v.a. im Hungerstoffwechsel). Weder Acetyl-CoA, noch Acetoacetat sind jedoch für die Umwandlung in Glucose geeignet, was sie grundlegend von den glucoplastischen Aminosäuren unterscheidet.

Glucoplastisch sind alle Aminosäuren, die bei ihrem Abbau ein Zwischenprodukt des Citratzyklus oder Pyruvat bilden. Da jeder Metabolit des Citratzyklus, wie auch Pyruvat, in Oxalacetat umgewandelt werden kann, und dieses wiederum eine hervorragende Ausgangssubstanz zur Gluconeogenese darstellt, ist es also möglich, das Kohlenstoffskelett der glucopla-

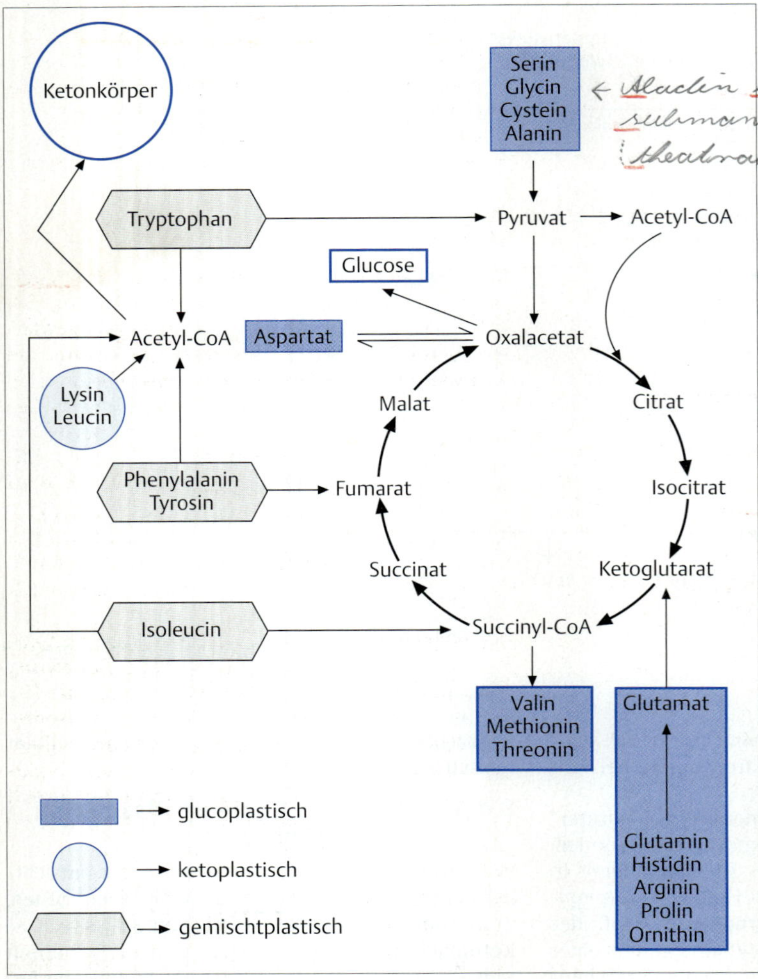

Abb. 8.**12** Aminosäure-Abbauprodukte im Überblick

stischen Aminosäuren in Glucose umzuwandeln. Das ist insbesondere während Hungerphasen für den Organismus interessant, da er dann aus glucoplastischen Aminosäuren über Gluconeogenese neue Glucose aufbauen kann.

Neben den rein keto- oder glucoplastischen Aminosäuren gibt es noch **gemischtplastische Aminosäuren**. Sie werden in ihrem Abbau so aufgespalten, daß sowohl ein glucoplastisches als auch ein ketoplastisches Produkt anfällt.

8.4.4 Abbau einzelner Aminosäuren

In der Folge werden alle wichtigen Aminosäuren und ihr jeweiliger Abbau besprochen. Dabei liegen die Schwerpunkte auf den prüfungsrelevanten Aspekten des Aminosäurenabbaus, ohne jedoch alle Einzelreaktionen im Detail zu besprechen.

α-Ketoglutarat bildende Aminosäuren

Hierzu zählen die Aminosäuren *Glutamat, Glutamin, Histidin, Arginin, Prolin und Ornithin*. Glutamat fungiert innerhalb dieser Gruppe gewissermaßen als „Schleuse", da alle anderen Aminosäuren dieser Abbaufamilie zunächst in Glutamat umgewandelt werden, bevor dieses zu α-Ketoglutarat reagiert.

Glutamat: Für die *Umwandlung von Glutamat in α-Ketoglutarat* stehen 2 Mechanismen zur Verfügung: Transaminierung, wobei als beteiligte α-Ketosäure sowohl Oxalacetat als auch Pyruvat dienen kann und die oxidative Desaminierung über die Glutamat-

→ GOT / ASAT

→ GPT / ALAT

dehydrogenase, bei der Ammoniak anfällt, welches dem Harnstoffzyklus zugeführt wird.
α-Ketoglutarat ist ein wichtiger Metabolit des Citratzyklus und darüber hinaus ein universeller Aminogruppen-Akzeptor für Transaminierungsreaktionen. Da durch die Umwandlung von Glutamat in α-Ketoglutarat der Citratzyklus aufgefüllt wird, bezeichnet man diese Reaktion als **anaplerotisch** (auffüllend). Pyridoxalphosphatabhängige *Decarboxylierung von Glutamat erzeugt die γ-Amino-Buttersäure*, einen wichtigen Neurotransmitter im ZNS.
Glutamin: Wie bereits gesehen, kann Glutamin einerseits aus Glutamat und freiem Ammoniak durch die *Glutaminsynthetase* gebildet werden, welches der extrahepatischen Ammoniakentgiftung dient, andererseits kann über die *Glutaminase* Glutamin auch zu Glutamat abgebaut werden, was im Rahmen des Aminosäurenabbaus die größere Bedeutung besitzt. Des weiteren fungiert Glutamin bei vielen Reaktionen als *Aminogruppendonator*, wobei jeweils die Aminogruppe des Säureamids übertragen wird.
Arginin, Ornithin und Prolin: Wie bereits beim Harnstoffzyklus gesehen, kann *Arginin* durch die Arginase, unter Harnstoffabspaltung, in Ornithin überführt werden. Daneben hat Arginin als *Donator der Guanidinogruppe bei der Kreatinsynthese* große Bedeutung.
Ornithin wird weiter zum Glutamat abgebaut, wobei durch Transaminierung ein Zwischenstoff, das Glutaminsäuresemialdehyd entsteht, das weiter zum Glutamat oxidiert werden kann.
Prolin, eine Aminosäure, die v.a. zum Aufbau von Kollagen und als Synthesevorstufe für Hydroxyprolin wichtig ist, kann über eine Zwischenstufe (Pyrolincarboxylat) ebenfalls in das Glutaminsäuresemialdehyd und weiter zum Glutamat umgewandelt werden. Da hierbei alle beteiligten Reaktionen reversibel sind, kann Prolin durch Umkehr dieser Reaktionen auch aus Glutamat synthetisiert werden. Das für die Kollagensynthese besonders wichtige *Hydroxyprolin* kann mit Hilfe der Prolinhydroxylase aus Prolin erzeugt werden. Diese Reaktion benötigt *Ascorbinsäure als Aktivator* und α-Ketoglutarat als Cofaktor, der im Verlauf der Reaktion in Succinat umgewandelt wird.

Merke

Diese Bildung von Hydroxyprolin kann erst nach Einbau von Prolin in das Prokollagen geschehen. Ein *direkter Einbau von Hydroxyprolin* am Ribosom ist nicht möglich, da es keine t-RNA für Hydroxyprolin gibt.

Histidin: Der Histidinabbau beginnt mit einer Desaminierung unter Bildung von Urocaninsäure und führt weiter, über verschiedene Zwischenprodukte, zum N-Formiminoglutamat. Durch Übertragung der Formiminogruppe auf die Tetrahydrofolsäure entsteht *Glutamat* und Formiminotetrahydrofolat, welches zu *Formyl-TH_4* desaminiert wird und anschließend als C-1 Donator dient (s. Kap. 5.3). Besonderst bedeutsam für den Organismus, ist die Decarboxylierung des Histidins zum biogenen Amin, *Histamin*.

Fumarat bildende Aminosäuren

Phenylalanin: Die essentielle Aminosäure Phenylalanin (Abb. 8.**13**) kann durch Hydroxylierung des Benzolringes in para-Stellung zu Tyrosin umgewandelt werden (1). Das dabei beteiligte Enzym, die *Phenylalaninhydroxylase*, ist eine *mischfunktionelle Oxygenase* und benötigt den Wasserstoffdonator Tetrahydrobiopterin als Cofaktor, der nach Abspaltung von Wasserstoff in Dihydrobiopterin übergeht. Mit Hilfe einer NADPH-abhängigen Reduktase wird dann Tetrahydrobiopterin wieder regeneriert (2).
Das gebildete Tyrosin wird durch Transaminierung in p-Hydroxyphenylpyruvat (3) und weiter durch Hydroxylierung zu *Homogentisinsäure* umgewandelt (4).
Durch Einlagerung von O_2 mittels der *Homogentisinsäureoxidase* (eine Dioxygenase) wird der Benzolring gespalten und es entsteht Maleylacetessigsäure (5), das durch eine glutathionabhängige cis-trans-Isomerisierung zu Fumarylacetessigsäure weiter reagiert. Die Aufspaltung dieses Moleküls liefert dann als *glucoplastisches Endprodukt Fumarat* sowie *Acetoacetat* als *ketoplastische Komponente* (6). Es handelt sich also um gemischtplastische Aminosäuren.

Klinischer Bezug

Bei der **Phenylketonurie** kommt es infolge eines Mangels an Phenylalaninhydroxylase zum alternativen Abbau von Phenylalanin, wobei sowohl Phenylpyruvat als auch Phenylacetat entsteht und über die Nieren ausgeschieden wird. Diese beiden Abbauprodukte sind vermutlich toxisch und stören insbesondere die Myelinbildung der Oligodendrozyten, was schwere geistige Retardierung zur Folge hat. In dieser Situation wird die Aminosäure Tyrosin essentiell.

Bei der **Alkaptonurie** liegt ein Defekt der Homogentisinsäureoxidase vor, was dazu führt, daß Homogentisinsäure als Abbauprodukt des Tyrosins ausgeschieden wird. Da diese Substanz mit Luftsauerstoff unter Bildung eines schwarzfarbenen Pigmentstoffes oxidiert wird, wurde die Erkrankung als „Schwarzharn“ bezeichnet.
Tyrosin ist als Ausgangssubstrat für wichtige Synthesen bedeutsam. Für die *Biosynthese der Catechol-*

Biochemie

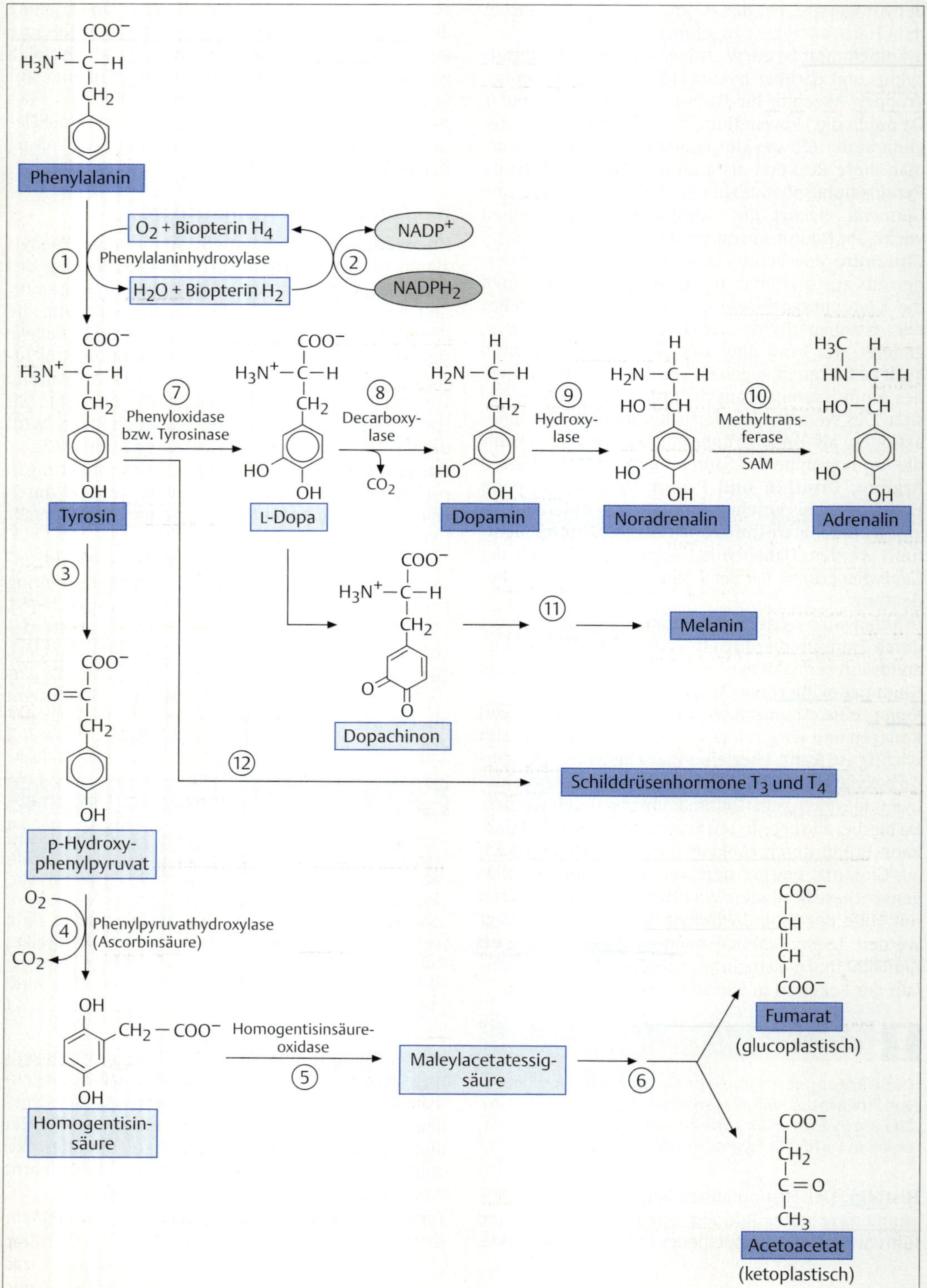

Abb. 8.**13** Stoffwechsel von Phenylalanin und Tyrosin

Tab. 8.**5** Wichtige Stoffwechselbeziehungen des Aspartats

Reaktion	Produkt	Bedeutung
Transaminierung	Oxalacetat	Citratzyklus / Gluconeogenese
Amidbildung	Asparagin	Asparaginsynthese
Kondensation mit Citrullin	Argininosuccinat	Harnstoffzyklus
Decarboxylierung	β-Alanin	Bestandteil von CoA
Kondensation mit Carbamylphosphat	Dihydroorotsäure	Pyrimidinsynthese

amine wird Tyrosin zunächst durch die Tyrosinhydroxylase (Phenyloxidase oder Tyrosinase) in *L-Dopa* umgewandelt (7). Die anschließende Decarboxylierung von L-Dopa führt zu einem wichtigen Neurotransmitter, dem *Dopamin* (8). Mit Hilfe der Dopaminhydroxylase wird unter Einbau einer Hydroxylgruppe *Noradrenalin* aus Dopamin gebildet (9), welches schließlich durch Methylierung der Aminogruppe in *Adrenalin* umgewandelt werden kann (10). Bei dieser durch eine N-Methyltransferase katalysierten Reaktion fungiert S-Adenosylmethionin als Methylgruppendonator.
In den *Melanozyten* kann L-Dopa auf einem anderen Weg, über Dopachinon zu *Melanin*, einem Hautpigment, verstoffwechselt werden (11). Daneben ist Tyrosin Ausgangssubstanz für die Synthese der *Schilddrüsenhormone* (12) (s. Kap. 15).

Klinischer Bezug

Beim **Albinismus** fehlt in den Melanozyten die Tyrosinhydroxylase, was dazu führt, daß der Hautpigmentstoff Melanin nicht gebildet wird. Die Haut der Patienten ist weiß und sehr sonnenempfindlich. Neoplastische Hautveränderungen treten bei diesen Patienten gehäuft auf.

Oxalacetat bildende Aminosäuren

Asparagin und Aspartat: Mit Hilfe der *Asparaginase* kann Asparagin in Aspartat umgewandelt werden, das durch Transaminierung mittels GOT zum Oxalacetat weiter reagieren kann. Weitere wichtige Stoffwechselbeziehungen des Aspartats sind in Tab. 8.**5** dargestellt.

Pyruvat bildende Aminosäuren

Alanin: Durch reversible Transaminierung wird Alanin in Pyruvat umgewandelt. Alanin, das auch beim Tryptophanabbau entsteht, ist die *wichtigste glucoplastische Aminosäure für die Gluconeogenese*. Dies ist dadurch begründet, daß Alanin zum Transport von Aminogruppen aus dem Muskel in die Leber benutzt wird. Im Rahmen dieses sog. **Glucose-Alanin-Zyklus** (Abb. 8.**14**) kommt es im Muskel bei starker Beanspruchung zu einer Proteolyse mit vermehrter Freisetzung von Ammoniak. Dieses wird dann auf Pyruvat, das aus der Glykolyse stammt, unter Bildung von Alanin übertragen. Alanin wandert nun zur Leber, wo unter NH_3-Abspaltung wieder Pyruvat entsteht und durch die Gluconeogenese zu Glucose aufgebaut wird, um erneut in Richtung Muskulatur zu wandern. Das in der Leber freigesetzte NH_3 wird in die Harnstoffsynthese eingeschleust.

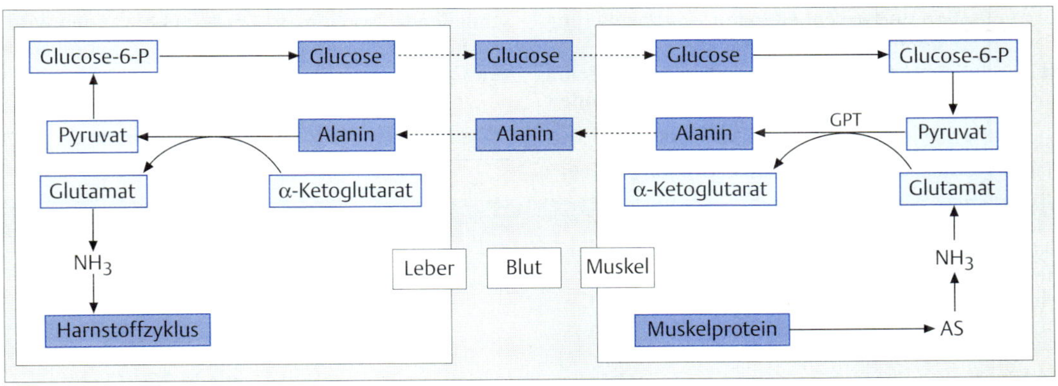

Abb. 8.**14** Glucose-Alanin-Zyklus

Tab. 8.**6** Wichtige Stoffwechselbeziehungen des Glycins

Reaktion	Produkt	Bedeutung
Einbau einer Hydroxymethylgruppe aus TH_4	Serin	Serinsynthese, Glycinabbau
Kondensation mit Succinyl-CoA	δ -Aminolaevulinsäure	Porphyrinsynthese
Kondensation mit einer Guanidinogruppe aus Arginin	Guanidinoacetat	Kreatinsynthese
Ausbildung von Peptidbindungen mit Glutamat und Cystein	Glutathion	Oxidationsschutz
Kondensation mit Phosphoribosylamin	Glycinamid-ribosyl-5-phosphat	Purinsynthese
Konjugation mit Gallensäuren	Glykocholsäure	Steigerung der Wasserlöslichkeit
Oxidation	Glyoxylat	Bildung von Formyl-TH_4

Serin und Glycin: *Serin* kann entweder durch eliminierende Desaminierung direkt in Pyruvat abgebaut werden, oder durch reversible Abspaltung einer Hydroxymethylgruppe, die von Tetrahydrofolat aufgenommen wird, in Glycin umgewandelt werden. Serin dient darüber hinaus als *Synthesevorstufe für Purinbasen, Phospholipide und Cystein.*
Der Abbau von *Glycin* zum Pyruvat geschieht im wesentlichen durch primäre Umwandlung in Serin und anschließende eliminierende Desaminierung. Wichtige Stoffwechselbeziehungen des Glycins sind in Tab. 8.**6** zusammengefaßt.
Tryptophan: Der Abbau der gemischtplastischen Aminosäure Tryptophan verläuft in 4 Phasen: Zunächst wird der Pyrolring oxidativ geöffnet. Es folgt die Abspaltung der Alaninseitenkette und anschließend erneute oxidative Öffnung eines Benzolrings unter Bildung von Acroleyl-β-aminofumarat, welches schließlich zu 2 Acetyl-CoA abgebaut wird. Im Stoffwechsel des Tryptophans sind 4 Aspekte besonders wichtig:

- Hydroxylierung des Tryptophans zu 5-Hydroxytryptophan und anschließende Decarboxylierung führt zu *Serotonin.*
- Das im Tryptophanabbau *abgespaltene Alanin* kann durch Transaminierung in Pyruvat umgewandelt werden und bildet die *glucoplastische Komponente* dieser Aminosäure.
- Aus dem Zwischenprodukt Acroleyl-β-aminofumarat kann *Nikotinsäure bzw. Nikotinsäureamid* (Vitamin B_2) hergestellt werden, was als Vorstufe von NAD^+ bzw. $NADP^+$ benötigt wird.
- Der Tryptophanabbau mündet in 2 Molekülen *Acetyl-CoA*, was die *ketoplastische Komponente* dieser Aminosäuren ausmacht.

Cystein: Der Abbau des Cysteins zu Pyruvat geschieht v.a. durch Oxidation zur Cysteinsulfinsäure, die anschließend durch eine Transaminase in Sulfopyruvat umgewandelt wird. Hydrolytische Abspaltung der Sulfitgruppe führt schließlich zum *Pyruvat.* Das freigesetzte Sulfit wird zu *Sulfat* oxidiert und anschließend entweder ausgeschieden, oder in *Phosphoadenosinphosphosulfat (PAPS)* umgewandelt, welches als *Sulfatgruppendonator* bei verschiedenen Synthesen wie z. B. Cerebrosidsynthese oder der Synthese einiger Mucopolysaccharide wie Heparin sowie Konjugationsreaktionen beteiligt ist. Die Decarboxylierung von Cystein führt zum Cysteamin, welches durch anschließende Oxidation in Taurin umgewandelt wird. Taurin besitzt große Bedeutung für die Konjugation von Gallensäuren in der Leber.

Tab. 8.**7** S-Adenosylmethionin als Methylgruppendonator

Edukt	Methyliertes Produkt	Bedeutung
Noradrenalin	Adrenalin	Hormon
Guanidinoacetat	Kreatin	Vorstufe von Kreatinphosphat
Ethanolamin	Cholin	Membranaufbau u. anderes
Adrenalin	3-Methoxyadrenalin	Abbau von Adrenalin

Succinyl-CoA bildende Aminosäuren

Methionin: Zunächst reagiert Methionin mit ATP unter Abspaltung aller drei Phosphatreste und Fixierung des Adenosylrestes am Schwefel des Methionins zu *S-Adenosylmethionin* (Abb. 8.**15**). Dieses auch als „aktiviertes" Methionin bezeichnete Molekül ist ein wichtiger *Methylgruppendonator*. Tab. 8.**7** zeigt einige wichtige Methylierungen, bei denen S-Adenosylmethionin als Methylgruppendonator fungiert.
Nach Abspaltung der aktivierten Methylgruppe aus S-Adenosylmethionin wird der Adenosylrest ebenfalls abgespalten, so daß *Homocystein* entsteht, welches entweder weiter abgebaut oder zu Methionin regeneriert wird. Für die *Regeneration des Methionins* wird eine Methylgruppe, die aus *Methyl-*TH_4 stammt, unter Beteiligung von *Cobalamin (Vitamin* B_{12}*)* angelagert. Der weitere Abbau von Homocystein geschieht mit Hilfe der Cystathionsynthase unter Kondensation mit Serin zu *Cystathion*, das anschließend durch die Cystathionase in *Cystein* und *Homoserin* aufgespalten wird. Homoserin wird dann in mehreren Schritten über Propionyl-CoA zu *Succinyl-CoA* abgebaut.
Threonin: Der Abbau von Threonin kann auf unterschiedlichen Wegen stattfinden, wobei der wichtigste Abbauweg über Propionyl-CoA zum Succinyl-CoA verläuft. Im menschlichen Organismus dient Threonin praktisch nur als Baustein zur Proteinbiosynthese.

Abbau verzweigtkettiger Aminosäuren

Valin, Isoleucin und Leucin: Die verzweigtkettigen Aminosäuren Valin, Isoleucin und Leucin werden sehr ähnlich abgebaut, weshalb sie hier gemeinsam dargestellt werden. Im Gegensatz zu den übrigen Aminosäuren werden die verzweigtkettigen Aminosäuren vorwiegend in extrahepatischen Geweben abgebaut.
Das Abbauprinzip besteht darin, zunächst durch *Transaminierung* die Aminosäuren in eine entsprechende α-Ketosäure umzuwandeln, die anschließend durch *oxidative Decarboxylierung unter Einbau von CoA* weiter reagiert. Im Anschluß an eine *FAD-abhängige β-Oxidation* kommen für jede Aminosäure noch einige *individuelle Reaktionen* hinzu, bis die Endabbauprodukte erreicht werden. Dabei wird Valin in Succinyl-CoA abgebaut. Die gemischtplastische Aminosäure Isoleucin wird zu Succinyl-CoA und Acetyl-CoA abgebaut und die rein ketoplastische Aminosäure Leucin schließlich zu Acetyl-CoA.

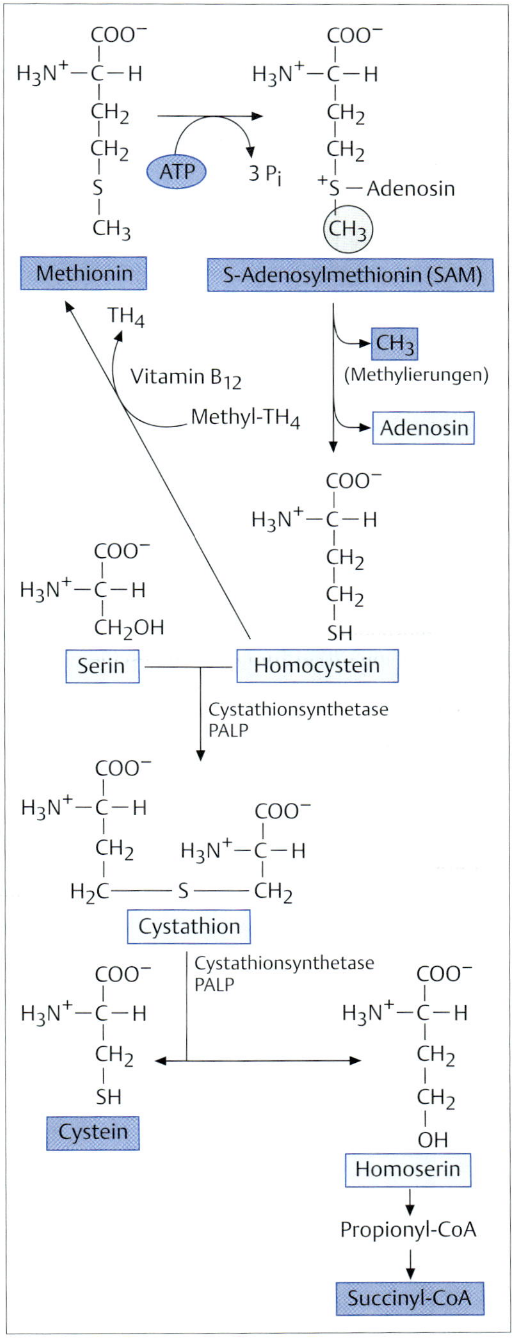

Abb. 8.**15** Stoffwechsel des Methionins

Klinischer Bezug

Bei der **Ahornsirup-Krankheit** liegt ein Mangel an den beim Abbau der verzweigtkettigen Aminosäuren beteiligten oxidativen Decarboxylasen vor, der sich durch Anreicherung der vorher gebildeten α-Ketosäuren im Blut auszeichnet. Der Urin riecht nach Ahornsirup, es kommt zu Azidose, Zyanose und ZNS-Schädigung.

Acetyl-CoA bildende Aminosäuren

Lysin: Lysin ist neben Leucin die zweite *rein ketoplastische Aminosäure*. Der Abbau von Lysin liefert *2 Acetyl-CoA*, wobei der komplexe Abbauweg hier nicht dargestellt werden soll. Das im Kollagen vorkommende Hydroxylysin wird, in Analogie zum Hydroxyprolin, ebenfalls erst an bereits im Eiweißverband eingebauten Lysinmolekülen durch Hydroxylierung gebildet.

8.5 Ketonkörperabbau

Ketonkörper sind Substanzen, die neben den Aminosäuren, Kohlenhydraten und Fettsäuren als *Brennmaterial für die oxidative Energiegewinnung* dienen können. Auch bei dieser Substanzklasse findet sich das Prinzip, eine energiereiche Verbindung zunächst in **Acetyl-CoA** umzuwandeln und anschließend über Citratzyklus und Atmungskette unter ATP-Gewinn zu CO_2 und H_2O abzubauen. Die näheren Umstände, unter denen Ketonkörper gebildet werden, sind in Abschnitt 9.2 genauer aufgeführt.

An dieser Stelle beschränken wir uns auf den Abbau der funktionell wichtigen Ketonkörper, β-Hydroxybutyrat und Acetoacetat (Abb. 8.**16**). Die meisten extrahepatischen Gewebe sind in der Lage, Ketonkörper zu verwerten. Insbesondere der Energiebedarf von Niere und quergestreifter Muskulatur kann vollständig über Ketonkörper gedeckt werden. Bei ausreichender Konzentration kann sogar das ZNS bis zu 70 % seines Energiebedarfes durch Ketonkörperverbrennung decken.

Ablauf (Abb. 8.**16**)

β-Hydroxybutyrat wird NAD-abhängig durch die *β-Hydroxybutyrat-Dehydrogenase* zu Acetoacetat oxidiert, wobei NADH + H⁺ gebildet wird (1). Acetoacetat kann über 2 Wege zu Acetyl-CoA gelangen, die sich durch unterschiedliche Bildung von Acetoacetyl-CoA unterscheiden. Die bevorzugte Umwandlung von Acetoacetat zu Acetoacetyl-CoA ist die Kopplung dieser Reaktion mit einem Reaktionsschritt aus dem Citratzyklus, die Umwandlung von Succinyl-CoA in Succinat (2). Normalerweise wird bei dieser Reaktion durch CoA-Abspaltung ausreichend Energie frei, um GTP aufzubauen. In diesem Fall wird jedoch mit Hilfe einer Transferase CoA von Succinyl-CoA auf Acetoacetat übertragen. Ein energetisch ungünstigerer Weg ist der direkte Einbau von freiem CoA in Acetoacetat durch die Acetoacetyl-CoA-Synthetase. Dabei wird aus ATP zunächst Pyro-

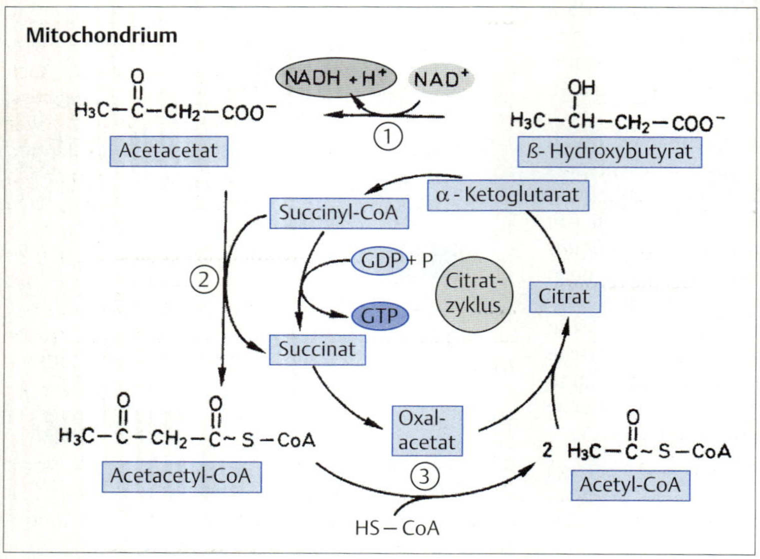

Abb. 8.**16** Ketonkörperabbau

phosphat abgespalten und anschließend aufgespalten, d. h. die Reaktion hat einen Energieverbrauch von −2 ATP. Acetoacetyl-CoA wird thiolytisch gespalten, wobei genügend Energie frei wird, um CoA als Thioester einzubauen; es entstehen 2 Moleküle Acetyl-CoA (3).

8.6 Citratzyklus

Nachdem wir in den vorangegangenen Abschnitten gesehen haben, daß die verschiedenen Substrate des aeroben Energiestoffwechsels, Kohlenhydrate, Fettsäuren, ketoplastische Aminosäuren und Ketonkörper, auf unterschiedlichen Wegen zu Acetyl-CoA abgebaut werden, befassen wir uns nun mit dem weiteren Schicksal von Acetyl-CoA.

! Merke

Der Abbau von Acetyl-CoA zu CO_2 und H_2O durch Citratzyklus und Atmungskette wird auch als *gemeinsame Endstrecke der Substratoxidation* bezeichnet, weil der Abbau von Acetyl-CoA die letzte Phase des Substratabbaus darstellt.

Lokalisation

Der Citratzyklus ist im *Matrixraum der Mitochondrien* lokalisiert und über das beteiligte Enzym Succinatdehydrogenase direkt mit der Atmungskette, und damit mit der inneren Mitochondrienmembran, verbunden.

Ablauf

Reaktionsschritte (Abb. 8.**17**):

1. Der Zyklus beginnt mit dem Einbau des Acetylrestes aus Acetyl-CoA in die C-4 Ketosäure Oxalacetat durch die *Citratsynthase*. Die notwendige Energie für den Einbau des Acetylrestes stammt aus der Abspaltung von CoA. Es entsteht **Citrat**, eine Tricarbonsäure mit tertiärer Alkoholgruppe und 6 C-Atomen.

2. Im nächsten Reaktionsschritt wird Citrat über die *Aconitase* zu **Isocitrat** isomerisiert, wobei die tertiäre Hydroxylgruppe in eine sekundäre umgewandelt wird. Der Enzymname stammt von einem intermediär gebildetem Molekül, dem cis-Aconitat.

Diese Reaktion macht die *Bedeutung von Oxidationsreaktionen für die Energiegewinnung* deutlich: Um die Hauptaufgabe des Citratzyklus erfüllen zu können (nämlich den Acetylrest so abzubauen, daß dabei Energie freigesetzt wird, die zur ATP-Synthese verwendet werden kann) laufen Oxidationsreaktionen ab, die Energie freisetzen.

Im Citrat findet sich jedoch keine Stelle im Molekül, an der oxidiert werden könnte (tertiäre Alkohole können nicht oxidiert werden). Durch Umwandlung der tertiären in eine sekundäre Alkoholgruppe im Isocitrat gewinnt der Organismus also die Möglichkeit, anschließend oxidieren zu können und damit Energie zur ATP-Synthese zu erhalten. Dies geschieht tatsächlich im nächsten Reaktionsschritt.

3. Durch die *Isocitratdehydrogenase* wird die sekundäre Alkoholgruppe im Isocitrat zu einer Ketogruppe oxidiert, wobei die abgespaltenen Wasserstoffe auf NAD^+ übertragen werden und $NADH + H^+$ entsteht. Zusätzlich wird eine Carboxylgruppe decarboxyliert, so daß ebenfalls CO_2 abgespalten wird und eine C-5 Ketocarbonsäure, **α-Ketoglutarat**, entsteht. Die durch diese *oxidative Decarboxylierung* freigesetzte Energie steckt teilweise im gebildeten $NADH + H^+$, welches durch Verbrennung der Wasserstoffe an der Atmungskette immerhin 3 ATP liefern wird.

Nachdem im ersten Schritt des Citratzyklus 2 Kohlenstoffatome durch den Acetylrest in den Kreislauf aufgenommen wurden, hat nun bereits ein Kohlenstoffatom in Form von CO_2 den Kreislauf wieder verlassen. Neben einer rein NAD^+-abhängigen Isocitratdehydrogenase, die nur im Mitochondrium vorkommt, findet sich noch eine zweite Isocitratdehydrogenase, die neben NAD^+ auch $NADP^+$ als Coenzym akzeptiert und sowohl im Mitochondrium, als auch im Zytosol lokalisiert ist.

4. Das gebildete α-Ketoglutarat wird nun erneut oxidativ decarboxyliert, wobei CO_2 abgespalten wird und $NADH + H^+$ und **Succinyl-CoA** entstehen. Nun hat also formal auch der zweite Kohlenstoff den Kreislauf wieder in Form von CO_2 verlassen.

Die Reaktion läuft an einem Multienzymkomplex ab, der *α-Ketoglutarat-Dehydrogenase*, die große Ähnlichkeit zur Pyruvatdehydrogenase aufweist. Auch dieser Multienzymkomplex besteht aus 3 Enzymen, einer *Decarboxylase*, einer *Transferase* und einer *Liponamid-Dehydrogenase*, die dieselben Cofaktoren benötigen wie die Pyruvatdehydrogenase, nämlich *Thiaminpyrophosphat, α-Liponsäure, CoA, FAD und* NAD^+.

Im Gegensatz zur Pyruvatdehydrogenase erfolgt jedoch keine Regulation durch Interkonversion. Im Reaktionsverlauf wird zunächst α-Ketoglutarat decarboxyliert, und es entsteht ein intermediärer Aldehyd, der anschließend auf die Stufe einer Carbonsäure oxidiert wird, ohne als solche erkennbar zu sein, da mit CoA an dieser Stelle sofort ein Thioester aufgebaut wird.

Die bei der oxidativen Decarboxylierung freigesetzte Energie wird einerseits genutzt, um $NADH + H^+$ zu bilden, andererseits kann freies CoA in eine energiereiche Thioesterbindung überführt werden.

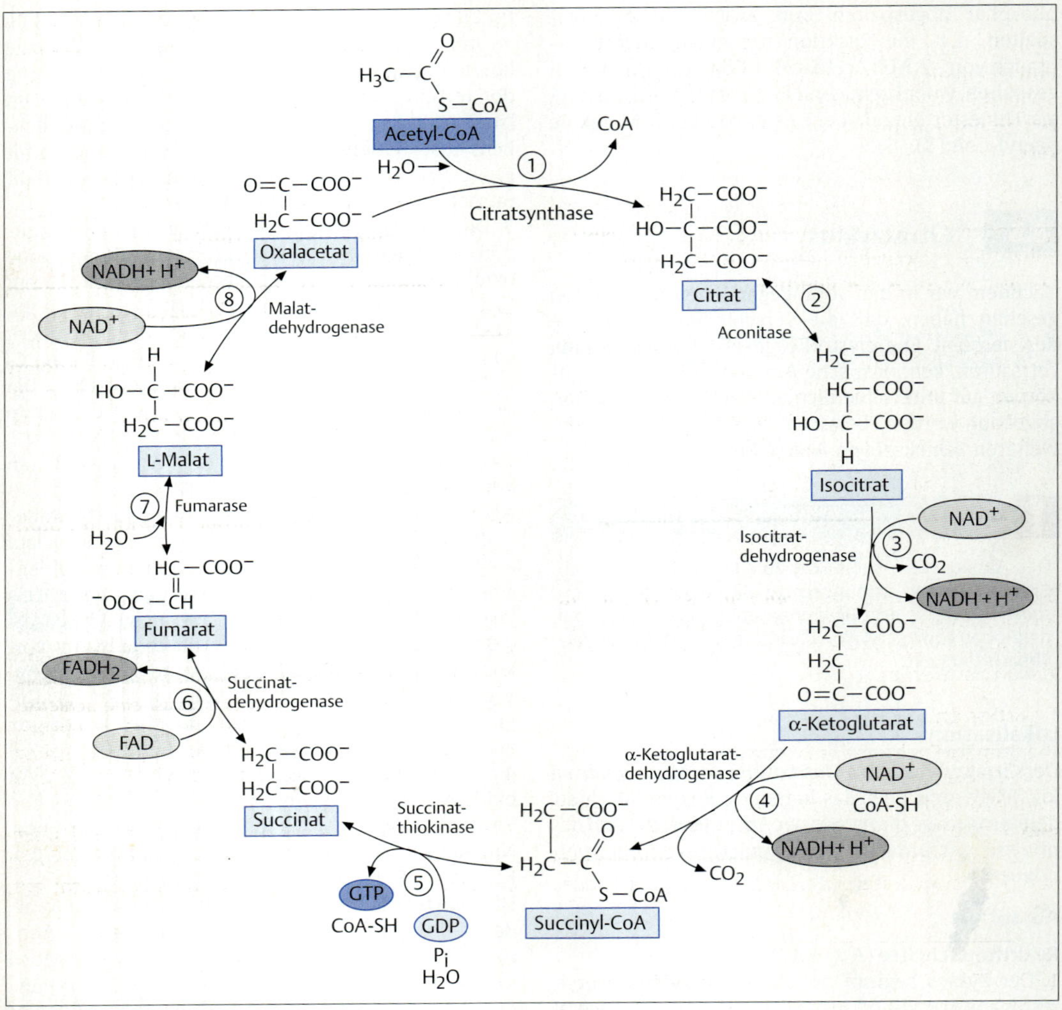

Abb. 8.**17** Reaktionen des Citratzyklus

5. Die Abspaltung des energiereich gebundenen CoA durch die *Succinatthiokinase*, unter Bildung von **Succinat**, setzt dann genügend Energie frei, um anorganisches Phosphat an GDP anzulagern und GTP zu bilden, was ohne weiteren Energiebedarf in ATP umgewandelt werden kann.

Beim Abbau von α-Ketoglutarat in Succinat wird also mit Hilfe der freigesetzten Oxidationsenergie zunächst eine energiereiche Bindung aufgebaut (Thioester im Succinyl-CoA), die durch anschließende Aufspaltung genügend Energie liefert, um anorganisches Phosphat zu GTP bzw. ATP aufzubauen, was als *Substratkettenphosphorylierung* bezeichnet wird.

Die restlichen Reaktionen des Citratzyklus verlaufen unter dem Aspekt, die Ausgangssubstanz *Oxalacetat zu regenerieren*. Dazu muß am Succinat lediglich eine Ketogruppe eingebaut werden. Der Weg, auf dem dies geschieht, ist formal identisch mit dem Einbau einer Ketogruppe während der β-Oxidation:

- Eine erste (FAD-abhängige) Oxidation erzeugt eine Doppelbindung.
- Nach Wasseranlagerung an die Doppelbindung entsteht ein sekundärer Alkohol.
- Durch eine zweite (NAD^+-abhängige) Oxidation wird der zuvor gebildete sekundäre Alkohol zu einer Ketogruppe oxidiert.

6. Im Citratzyklus wird dabei Succinat durch die FAD-abhängige *Succinatdehydrogenase* dehydriert, und es entsteht **Fumarat** und $FADH_2$. Dieses Enzym ist identisch mit Komplex 2 der Atmungskette und fest an der inneren Mitochondrienmembran verankert.

7. u. 8. Das gebildete **Fumarat** wird durch Wasseranlagerung mit Hilfe der *Fumarase* in L-Malat umgewandelt (7) und anschließend durch die NAD^+-abhängige *Malatdehydrogenase* unter $NADH + H^+$-Bildung in **Oxalacetat** überführt (8).

> **! Merke**
>
> In der *Reaktionsfolge von Oxalacetat bis Succinat* werden 2 C-Atome durch den Acetylrest in den Citratzyklus aufgenommen. Durch zweimalige oxidative Decarboxylierung werden 2 Kohlenstoffatome als CO_2 aus dem Kreislauf entfernt. Dabei entstehen 2 $NADH + H^+$. Während einer Substratkettenphosphorylierung entsteht zusätzlich ein GTP.

Bei der *Regeneration von Oxalacetat aus Succinat* muß für die Bildung einer Ketogruppe noch zweimal oxidiert werden, wobei ein $FADH_2$ und ein $NADH + H^+$ gewonnen werden.

Funktionen

Die primäre Funktion des Citratzyklus liegt im Aufbau von ATP in enger Kooperation mit der Atmungskette, durch oxidativen Abbau von Acetyl-CoA. Citratzyklus und Atmungskette stellen dabei die gemeinsame Endabbaustrecke für den katabolen Stoffwechsel von Kohlenhydraten, Fettsäuren, ketoplastischen Aminosäuren und Ketonkörpern dar. Neben dieser *katabolen Funktion* übernimmt der Citratzyklus aber auch *anabole Funktionen*, indem er *Substrate für verschiedene Synthesen bereitstellt*.

Energieausbeute

Die direkte Energieausbeute des Citratzyklus ist mit einem einzigen gebildeten ATP bzw. GTP aus der Substratkettenphosphorylierung niedrig. Die freigesetzten Reduktionsäquivalente, die in drei $NADH + H^+$ und einem $FADH_2$ gebunden wurden, können jedoch durch Verbrennung der Wasserstoffe an der Atmungskette sehr viel ATP aufbauen, nämlich 3 ATP pro $NADH + H^+$ und 2 ATP pro $FADH_2$. Addiert man diese Beträge zusammen, so kommt man auf *12 ATP pro Acetyl-CoA*, das durch *Citratzyklus* und *Atmungskette* abgebaut wird.

Die Rolle des Acetyl-CoA

Acetyl-CoA nimmt eine zentrale Position im Stoffwechsel ein (Abb. 8.**18**).

> **! Merke**
>
> Für den katabolen Stoffwechsel von Kohlenhydraten, Fettsäuren, ketoplastischen Aminosäuren, Ketonkörpern und Lactat stellt Acetyl-CoA quasi eine Schleuse dar, da es ein Abbauprodukt aller genannten Substanzen ist und weiter zum endgültigem Abbau in Richtung Citratzyklus und Atmungskette fließt.

Daneben kann Acetyl-CoA auch zur *Ketonkörpersynthese (Lynen-Zyklus)* im Mitochondrium genutzt werden. Schleust man Acetyl-CoA ins Zytosol aus,

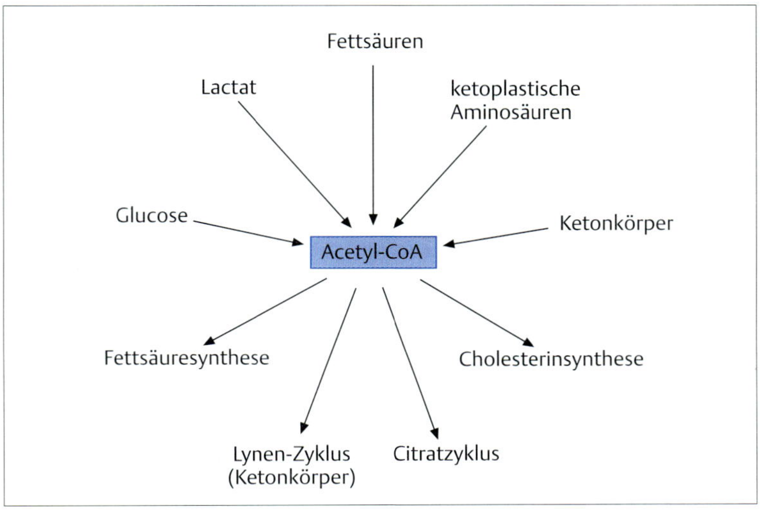

Abb. 8.**18** Acetyl-CoA als Sammelbecken des Stoffwechsels

so dient es als Ausgangssubstrat für *Fettsäuresynthese* und *Cholesterinsynthese*.

Regulation

Die Regulation des Citratzyklus geschieht durch Regulation der Enzymaktivität. Tab. 8.**8** zeigt die wichtigsten Aktivatoren und Inhibitoren. Dabei zeigt sich erneut die Strategie, durch Signalmoleküle, die eine gute Energieladung der Zelle widerspiegeln (ATP, NADH), Stoffwechselwege zu hemmen, deren Aufgabe in der ATP-Bildung liegt. Effektoren, die eine schlechte Energieladung signalisieren (ADP), aktivieren hingegen solche Stoffwechselwege. Die Hemmung der Succinatdehydrogenase durch Oxalacetat ist als negatives Feedback, die Aktivierung desselben Enzyms durch Succinat als Feed-forward-Aktivierung zu verstehen.

Tab. 8.**8** Regulation des Citratzyklus

Enzym	Aktivator	Inhibitor
Citratsynthase		ATP, NADH, Acyl-CoA
Isocitrat-dehydrogenase	ADP	ATP, NADH
Succinat-dehydrogenase	Succinat, Fumarat	Oxalacetat

Citratzyklus als Drehscheibe des Stoffwechsels

In Abb. 8.**19** sieht man die zentrale Stellung des Citratzyklus im gesamten Stoffwechsel. Neben seiner integrierenden Funktion im Rahmen des katabolen Energiestoffwechsels, den wir bereits besprochen haben, sind auch die *anabolen Aspekte* des Kreislaufes zu sehen.

Mit dem Ausschleusen von Citrat in das Zytosol kann Acetyl-CoA für die Fettsäuresynthese und Cholesterinsynthese bereitgestellt werden. α-Ketoglutarat kann zur Bildung von Glutamat genutzt werden, Succinyl-CoA ist Ausgangssubstrat für die Porphyrinsynthese und Oxalacetat kann einerseits in Aspartat umgewandelt werden oder als Substrat der Gluconeogenese dienen. Reaktionen die zur Bildung eines Metaboliten des Citratzyklus führen, wie z. B. die Bildung von Oxalacetat aus Pyruvat, nennt man *anaplerotisch*, d. h. auffüllend.

8.7 Atmungskette

Wir haben bisher den Abbau von energiereichen Molekülen über Acetyl-CoA und anschließenden Abbau im Citratzyklus zu CO_2 abgehandelt. Dabei werden an mehreren Stellen durch Dehydrogenasen Wasserstoffatome abgespalten und von entsprechenden Coenzymen (FAD und NAD^+) aufgenom-

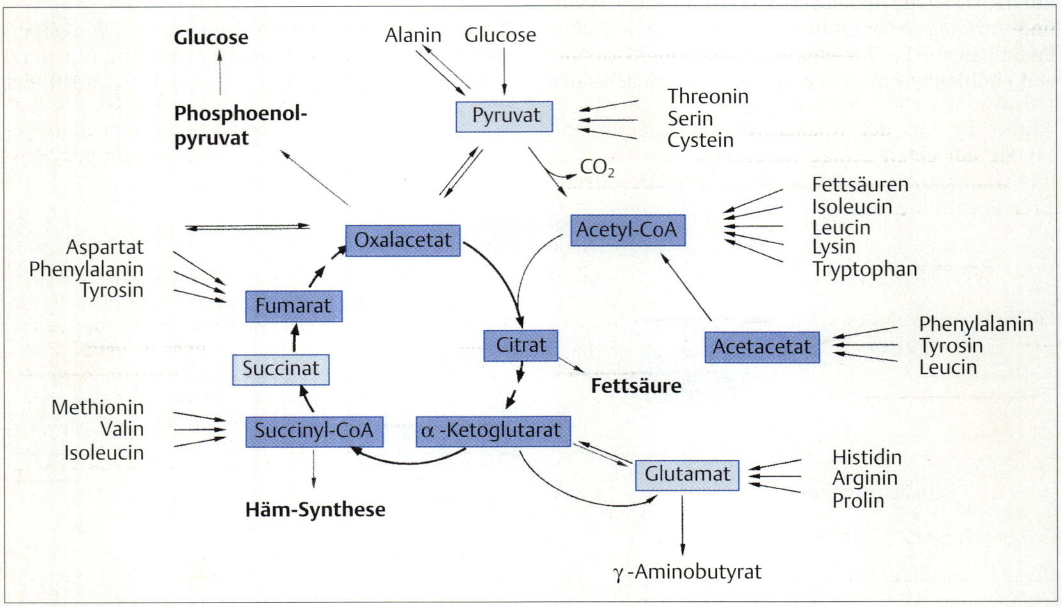

Abb. 8.**19** Citratzyklus als Drehscheibe des Stoffwechsels

men, die dadurch in die reduzierte Form übergehen ($FADH_2$ und NADH).

Merke

Die Verbrennung der an reduzierten Coenzymen gebundenen Wasserstoffe mit Hilfe von Sauerstoff zu H_2O und die Nutzung der dabei freigesetzten Energie zur ATP-Synthese ist die herausragende Leistung der Atmungskette.

Die Bildung von ATP über die Atmungskette wird auch als **oxidative Phosphorylierung** bezeichnet, weil dabei *einerseits Wasserstoff zu Wasser oxidiert* und andererseits *ADP zu ATP phosphoryliert* wird. Die Reaktion, die diesem Prozeß zugrunde liegt, ist die Verbrennung von Wasserstoff durch Sauerstoff. Sie wird als *Knallgasreaktion* bezeichnet.

$$2\,H_2 + O_2 \rightarrow 2\,H_2O$$
$$\delta\,G = -238\ \text{kJ pro Mol}$$

Man sieht, daß bei dieser Reaktion tatsächlich sehr viel Energie freigesetzt wird und die Bezeichnung Knallgasreaktion zu Recht besteht. Die Verbrennung des an die reduzierten Coenzyme gebundenen Wasserstoffs mit O_2 zu Wasser liefert geringfügig weniger Energie als die Verbrennung freien Wasserstoffs und ist damit strenggenommen nicht identisch mit der Knallgasreaktion. (Aus didaktischen Gründen wird in der Folge trotzdem der Begriff Knallgasreaktion genutzt, um das wesentliche Charakteristikum der Atmungskette darzustellen.)
Würde die aus der Knallgasreaktion stammende Energie auf einen Schlag freigesetzt, so käme das einer Mikroexplosion gleich, die die zellulären Strukturen zerstören würden.

Merke

Die wesentlichen Aufgaben der Atmungskette bestehen darin, einerseits die Knallgasreaktion zu entschärfen, d. h. die Energie aus der Wasserstoffverbrennung nicht auf einen Schlag freizusetzen, sondern in mehreren Teilschritten zur Verfügung zu stellen, und andererseits die freigesetzte Energie zur ATP-Synthese zu nutzen.

Elektrochemische Grundlagen

Abgabe von Elektronen bzw. von Wasserstoff bezeichnet man als **Oxidation**, Aufnahme von Elektronen oder Wasserstoff als **Reduktion**.

Gibt eine Verbindung Elektronen ab, wirkt sie als Reduktionsmittel und geht in die oxidierte Form über. Nimmt dieses oxidierte Molekül umgekehrt Elektronen auf, wirkt es als Oxidationsmittel und geht dabei in die reduzierte Form über.
Oxidierte und reduzierte Formen einer Verbindung bilden gemeinsam ein sog. **Redoxsystem** aus, bei dem die beiden unterschiedlichen Formen durch Elektronenaufnahme bzw. Abgabe ineinander umgewandelt werden können.
Dabei zeichnet sich die reduzierte Form (Elektronendonator) durch eine bestimmte Leichtigkeit, mit der Elektronen abgegeben werden (Elektronendruck), die oxidierte Form (Elektronenakzeptor) durch ein bestimmtes Bestreben, Elektronen aufzunehmen (Elektronenaffinität), aus. Stehen nun 2 Redoxsysteme miteinander in Verbindung, dann werden Elektronen von dem System mit dem größeren Elektronendruck zu dem System mit der höheren Elektronenaffinität fließen. In diesem Elektronenfluß (Stromfluß) steckt Energie.
Die Stärke des Elektronenflusses hängt u. a. davon ab, wie leicht die Elektronen vom Donator abgegeben werden und mit welcher Stärke der Elektronenakzeptor Elektronen an sich zieht. Verbindet man ein beliebiges Redoxsystem mit dem Redoxsystem des Wasserstoffs, $H_2 \leftrightarrow 2\,H^+ + 2\,e^-$, der sog. Normalwasserstoffelektrode, so werden entweder Elektronen zur Normalwasserstoffelektrode hinfließen oder zum anderen Redoxsystem wegfließen. Aus der Stärke des Elektronenflusses kann man das sog. Normalpotential (**Redoxpotential**) eines Redoxsystems bestimmen.
Fließen dabei von einem Redoxsystem Elektronen zur Normalwasserstoffelektrode hin, dann erhält das Normalpotential dieses Redoxsystems ein negatives Vorzeichen, im umgekehrten Fall ein positives.

Merke

Ein *Redoxpotential* bzw. *Normalpotential* charakterisiert ein Redoxsystem dahingehend, mit welcher Kraft es Elektronen entweder aufnehmen oder abgeben kann. Stehen 2 Redoxsysteme miteinander in Verbindung, dann fließen Elektronen von dem System mit dem negativeren Redoxpotential zum System mit positiverem Redoxpotential. Im Elektronenfluß steckt dabei Energie. Die Stärke des Elektronenflußes hängt u. a. von der Potentialdifferenz der beiden beteiligten Redoxsysteme ab.

Wie wir bald sehen werden, fließen auch durch die Atmungskette Elektronen. Die einzelnen Enzymkomponenten der Atmungskette stellen dabei Redoxsysteme dar, die jeweils Elektronen aufnehmen oder abgeben können. Da jedes Redoxsystem ein bestimmtes Redoxpotential besitzt, ist die Richtung des Elektronenflußes durch die Atmungskette vorgegeben, nämlich jeweils von Komponenten mit negativerem zu solchen mit positiverem Redoxpotential.

Merke

In der Atmungskette sind die einzelnen Redoxsysteme anhand ihres Redoxpotentials so angeordnet, daß am Anfang das System mit dem negativsten Potential, am Ende das System mit dem positivsten Potential steht.

Werden nun Elektronen an ein solches Multiredoxsystem abgegeben, so folgen sie dem natürlichem Potentialgefälle und fließen über die Stufenfolge der einzelnen Redoxsysteme zu dem System mit dem positivsten Potential, man erhält eine *Elektronentransportkette*. In einer Elektronentransportkette kann Elektronenübertragung auch in Form von Wasserstoffübertragung stattfinden. Trotzdem handelt es sich um Elektronenübertragung, die diesmal allerdings in Verbindung mit Protonen (H^+) stattfindet. Bei Wasserstoffübertragungen kommt es zu einem Zwei-Elektronen-Übergang, ansonsten typischerweise zu Ein-Elektronen-Übertragungen.

Transport der Reduktionsäquivalente zur inneren Mitochondrienmembran

Bevor wir uns den Vorgängen der Atmungskette zuwenden, soll an dieser Stelle die Herkunft und der Transport der reduzierten Coenzyme $FADH_2$ und NADH + H^+ zur Atmungskette betrachtet werden (s. Tab. 8.**9**).

Tab. 8.**9** Herkunft von $FADH_2$ und NADH + H^+

NADH + H^+		$FADH_2$
β-Oxidation	Citratzyklus	β-Oxidation
Pyruvat-dehydrogenase	ox.	Citratzyklus
Desaminierungen	Glykolyse	

Da die Atmungskette in der *inneren Mitochondrienmembran* lokalisiert, die für NADH jedoch nicht permeabel ist, kann das durch die Glykolyse anfallende NADH nicht ohne weiteres ins Mitochondrium gelangen. Mit Hilfe von Transportsystemen wird diese Membranbarriere überwunden.

Das Prinzip dieser Transportvorgänge liegt darin, im Zytosol den Wasserstoff von NADH + H^+ auf ein Substrat zu übertragen, die entstandene reduzierte Verbindung ins Mitochondrium zu schleusen und dort wieder zu dehydrieren, wobei die transportierten Wasserstoffe freigesetzt und auf ein Coenzym übertragen werden, um anschließend zur Atmungskette zu gelangen. Unter den möglichen Transportsystemen bevorzugt die Zelle den sog. Malat-Shuttle, da hier auch im Mitochondrium wieder NADH + H^+ entsteht. Bei diesem wichtigsten Transportsystem wird im Zytosol Oxalacetat durch Aufnahme der Wasserstoffe aus NADH + H^+ in Malat umgewandelt, welches anschließend im Austausch gegen α-Ketoglutarat ins Mitochondrium transportiert wird. Im Matrixraum des Mitochondriums wird Malat im Rahmen des Citratzyklus wieder in Oxalacetat umgewandelt, wobei auch wieder NADH + H^+ entsteht, das nun ohne Probleme zur Atmungskette gelangen kann.

Die beiden anderen Transportsysteme, bei denen im Zytosol durch Wasserstoffübertragung von NADH + H^+ Glycerinaldehyd-3-Phosphat bzw. Succinat gebildet werden und anschließend ins Mitochondrium transportiert werden, haben den Nachteil, daß intramitochondrial nur $FADH_2$ statt NADH + H^+ erzeugt werden kann, was an der Atmungskette 1 ATP weniger liefert als NADH + H^+.

8.7.1 Aufbau der Atmungskette

Bevor wir uns mit dem funktionellen Ablauf der Atmungskette beschäftigen, werden die Einzelkomponenten der Atmungskette im Hinblick auf ihre Funktion und ihren Aufbau kurz vorgestellt.

Am Elektronentransport der Atmungskette sind *4 Enzymkomplexe* beteiligt, die fest in der inneren Mitochondrienmembran eingebaut sind. Zur Verknüpfung dieser Komplexe 1-4 gibt es innerhalb der Atmungskette noch 2 Komponenten, die zwischen den Komplexen zirkulieren können, Ubichinon und Cytochrom c. **Cytochrome** sind Hämoproteine, die in Elektronentransportketten Elektronen übertragen können und hämgebundenes Eisen besitzen. Sie sind ausschließlich an Ein-Elektronen-Übertragungen beteiligt. Die ebenfalls in der Atmungskette vorkommenden **Flavoproteine** sind Enzymproteine, die als prosthetische Gruppe Flavin-Nukleotide wie FAD oder FMN enthalten. Sie können Wasserstoff sowohl von reduzierten Coenzymen als auch direkt von Substraten aufnehmen.

Einzelkomponenten der Atmungskette

Komplex 1 (NADH-Ubichinon-Reduktase):

- katalysiert die Wasserstoffübertragung von NADH auf Ubichinon
- enthält als prosthetische Gruppen FMN sowie 16-18 Nicht-Häm-Eisengruppen, die in Form von Eisen-Schwefel-Komplexen angeordnet sind.

Komplex 2 (Succinat-Ubichinon-Reduktase):
- katalysiert die Wasserstoffübertragung von Succinat auf Ubichinon
- enthält als prosthetische Gruppen FAD und 8 Nicht-Häm-Eisen in Form von Eisen-Schwefel-Komplexen
- enthält die Succinatdahydrogenase, die am Citratzyklus beteiligt ist

Ubichinon (Coenzym Q):
- beweglicher Wasserstoffüberträger von Komplex 1 bzw. 2 auf Komplex 3
- mitochondriales Lipid mit großer Ähnlichkeit zu den Vitaminen E und K

Komplex 3 (Ubichinon-Cytochrom-c-Reduktase):
- katalysiert die Elektronenübertragung von Ubichinon auf Cytochrom c
- enthält als prosthetische Gruppen 2 Cytochrom b, 1 Cytochrom c_1 sowie 2 Nicht-Häm-Eisen in Form von Eisen-Schwefel-Komplexen

Cytochrom c:
- beweglicher Elektronentransporter zwischen Komplex 3 und 4
- enthält das gleiche Porphyrinsystem wie Hämoglobin, wobei jedoch alle sechs Koordinationsstellen des zentralen Eisenatoms besetzt sind

Komplex 4 (Cytochromoxidase):
- katalysiert die Elektronenübertragung von Cytochrom c auf Sauerstoff
- enthält als prosthetische Gruppen Cytochrom a, Cytochrom a_3 und 2 Atome Kupfer, die am Elektronentransport beteiligt sind

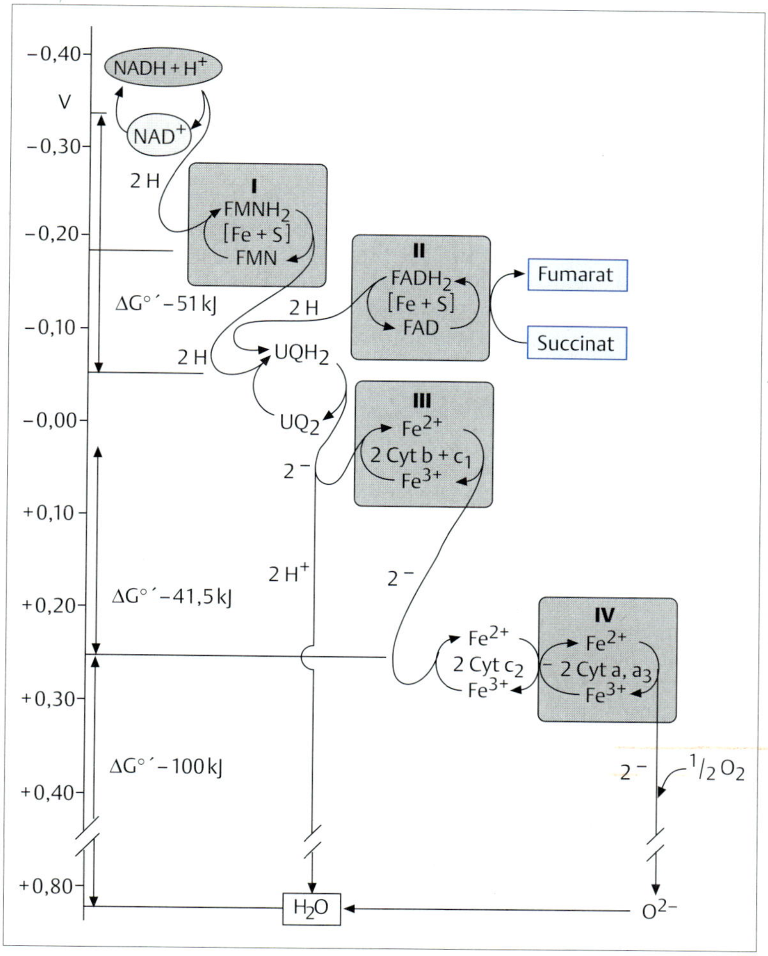

Abb. 8.**20** Wasserstoff bzw. Elektronenfluß durch die Atmungskette (nach Nultsch, Thieme 1991)

I: – FMN
– 16-18x FeS

II: – FAD+
– 8x FeS

III: – 2x Cytochrom b
– –"– c_1
– 2x FeS

IV: – Cytochrom a_3
– Cytochrom a
– 2x Kupfer

Cytochrom c:
– Porphyrin wie Hämoglobin

Ubichinon:
wie Vit. E und K

Komplex 5 (ATP-Synthase, mitochondriale ATPase bzw. F_0/F_1-ATPase):

- ist nicht mehr am Elektronentransport beteiligt, sondern katalysiert die Bildung von ATP am sog. F_1-Bereich des Komplexes
- der F_0-Bereich ist ein integrales Membranprotein, der als Protonenkanal für Protonen dient, die aus dem Christaeraum in den Matrixraum fließen

8.7.2 Arbeitsweise der Atmungskette

Um die Vorgänge an der Atmungskette zu verstehen, betrachten wir uns zunächst den Weg, den die Wasserstoffe bzw. Elektronen der reduzierten Coenzyme durch die Atmungskette zurücklegen, um anschließend die Entschärfung der Knallgasreaktion und den Mechanismus der ATP-Bildung zu erläutern.

Der Weg durch die Atmungskette

NADH überträgt an **Komplex 1** ein Hydridion (H^-), wobei ein Proton (H^+) aus dem Lösungsmittel quasi mitgezogen wird, so daß es formal zu einer Übertragung von 2 Wasserstoffatomen auf das FMN des Komplex 1 kommt. FMN wird dadurch zu $FMNH_2$ reduziert und NADH zu NAD^+ oxidiert.

$FMNH_2$ überträgt nun die beiden aufgenommenen Wasserstoffe auf *Ubichinon*, wodurch es zur Regeneration von FMN und Bildung von Ubihydrochinon kommt. Ubichinon kann, unabhängig von Komplex 1, ebenfalls Wasserstoffe von $FADH_2$ aus dem **Komplex 2** aufnehmen.

! Merke

Die Wasserstoffe des $FADH_2$ aus Komplex 2 können nicht auf das FMN-System des Komplexes 1 übertragen werden, da dieser ein *negativeres Redoxpotential* besitzt als das FAD-System des Komplexes 2.

Mit Hilfe eines *elektronenübertragenden Flavoproteins (ETF)* kann auch das in der β-Oxidation anfallende $FADH_2$ Wasserstoffe auf Ubichinon übertragen. Ubihydrochinon wandert dann zum **Komplex 3**, wo es zur Aufspaltung der beiden Wasserstoffe in 2 H^+ und 2 e^- kommt. Die beiden Protonen werden in den Matrixraum des Mitochondriums transportiert, die beiden Elektronen fließen nacheinander durch den unteren Teil der Atmungskette zum Sauerstoff. Fe^{3+} des Komplex 3 nimmt dabei zunächst eines der beiden Elektronen auf und wird dadurch zu Fe^{2+} reduziert, welches das aufgenommene Elektron weiter auf ein Fe^{3+} im Cytochrom c überträgt. Dabei entsteht in Komplex 3 wieder die oxidierte Ausgangsform mit Fe^{3+}, die dann bereit ist, das zweite Elektron aufzunehmen.

Reduziertes *Cytochrom c* wandert zu **Komplex 4**, *der sog. Cytochromoxidase*, wo es das aufgenommene Elektron wieder abgibt und dadurch Fe^{3+} zu Fe^{2+} reduziert. Beim Elektronenfluß durch Komplex 3, über Cytochrom c in Komplex 4 wird jeweils ein beteiligtes Fe^{3+} zu Fe^{2+} reduziert. Die Tatsache, daß der Elektronenfluß trotzdem gerichtet auf Komplex 4 zuläuft, erklärt sich dadurch, daß die Fe^{3+} in den beteiligten Strukturen jeweils anders eingebaut vorliegen und dementsprechend unterschiedliche Redoxpotentiale besitzen.

Komplex 4 sammelt 4 nacheinander eintreffende Elektronen und überträgt sie geschlossen auf Sauerstoff, wobei 2 O^{2-} entstehen ($O_2 + 4\,e^- \rightarrow 2\,O^{2-}$), die nun mit den ausgeschleusten H^+ Wasser bildet (formal müssen also 2 × 2 Reduktionsäquivalente durch die Atmungskette fließen). Wie man in Abb. 8.**20** sehen kann, sind die Redoxsysteme der Atmungskette in ihrer Aufeinanderfolge entsprechend der jeweiligen Redoxpotentiale angeordnet, das beim Komplex 1 am negativsten und bei Komplex 4 am positivsten ist. Dadurch erklärt sich, warum die Wasserstoffe bzw. Elektronen unter normalen Bedingungen immer in Richtung Komplex 4 fließen.

Entschärfung der Knallgasreaktion

Betrachtet man die hohe Potentialdifferenz zwischen $NADH/NAD^+$ ($E'_0 = -0{,}32$ V) und $\frac{1}{2}\,O_2/O^{2-}$ ($E'_0 = +0{,}81$ V), versteht man, daß die direkte Verbrennung der coenzymgebundenen Wasserstoffe mit O_2 schlagartig viel Energie freisetzen würde.

! Merke

Die Entschärfung der Knallgasreaktion wird nun dadurch erreicht, daß der coenzymgebundene Wasserstoff nicht direkt mit O_2 reagiert, sondern zuerst durch die Enzymsysteme der Atmungskette dirigiert wird.

Dabei wird bei jedem Übergang in ein neues Redoxsystem der Atmungskette etwas Energie freigesetzt. Außerdem steckt in dem Wasserstoff bzw. Elektronenfluß durch die Atmungskette Energie. Diese „Flußenergie" wird an drei Stellen der Elektronentransportkette angezapft, um Protonenpumpen anzutreiben, die Protonen aus dem Matrixraum durch die innere Mitochondrienmembran in den Interchristae-Raum pumpen und dadurch einerseits die *Energie der durchfließenden Elektronen* erniedrigen und andererseits einen *Protonengradienten aufbauen*. Diese drei Stellen sind der Komplex 1, 3 und 4. Erreichen die auf diese Art und Weise in der Atmungskette mehrfach energetisch „erniedrigten" Elektronen schließlich Sauerstoff und bilden an-

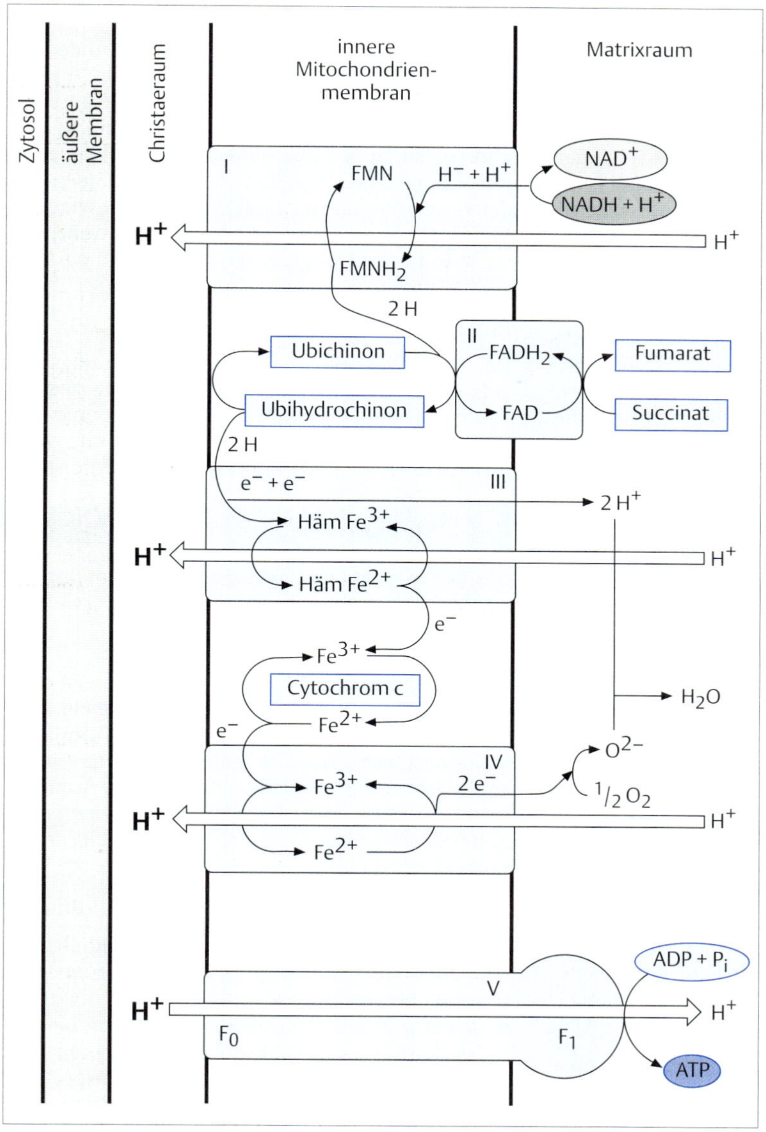

Abb. 8.**21** Oxidative Phosphorylierung an der Atmungskette

schließend mit H^+ Wasser, so beträgt der freigesetzte Energiebetrag nur ein Bruchteil der zugrundeliegenden Knallgasreaktion. Es wurde also ein Teil der Durchflußenergie abgezogen, um einen Protonengradienten aufzubauen, in dem ebenfalls Energie steckt. Eine kleine Analogie mag das Gesagte verdeutlichen:

Wenn man einen gefüllten 10-Liter-Wassereimer aus 5 m Höhe ausleert, so wird das Wasser mit der entsprechenden kinetischen Energie am Boden aufklatschen und spritzen. Die kinetische Energie wird auf einen Schlag freigesetzt. Verhindert man dies, indem man das Wasser durch ein Rohr fließen läßt und an drei Stellen ein Schaufelrad einbaut, das, angetrieben von dem durchfließenden Wasser, Strom erzeugt, so wird auch die kinetische Energie des Wassers erniedrigt, und es wird nur leicht plätschernd am Boden ankommen.

Bildung von ATP

Durch den Aufbau eines Protonengradienten zwischen Matrixraum und Interchristae-Raum wird also die Energie des Elektronenflusses zum Sauerstoff erniedrigt, wobei in dem aufgebauten Gradienten neben einem chemischen Potential (wenig H^+ innen, viel H^+ außen) auch ein elektrisches Potential (positive Ladungen innen hoch, außen niedrig) steckt. Die in diesem elektrochemischen Potential gespeicherte Energie wird an Komplex 5 zur ATP-Synthese genutzt (Abb. 8.**21**). Dabei fließen Protonen, entlang des elektrochemischen Gradienten, durch einen Protonenkanal, den F_0-Bereich von Komplex 5, zurück in den Matrix-Raum. Die dabei freiwerdende Energie eines sich ausgleichenden Gradienten wird im F_1-Bereich zur ATP-Synthese genutzt. Der genaue Mechanismus dieser Kopplung zwischen Protonenfluß und ATP-Synthese ist noch nicht bekannt.

> **! Merke**
>
> Die Oxidation von coenzymgebundenen Wasserstoffen zu Wasser und die Phosphorylierung von ADP zu ATP sind also über einen Protonengradienten an der inneren Mitochondrienmembran gekoppelt.

Daneben wird der Protonengradient ebenfalls für den notwendigen Transport von anorganischem Phosphat ins Mitochondrium sowie für den Austausch von mitochondrialem ATP gegen zytosolisches ADP genutzt.

> **! Merke**
>
> NADH liefert bei seiner Wasserstoffoxidation drei ATP, $FADH_2$ nur 2 ATP, da sein Redoxpotential positiver ist als das des Komplexes 1. $FADH_2$ ist dementsprechend nicht in der Lage, die Protonenpumpe in Komplex 1 anzutreiben. Der Anteil des Protonengradienten, der von Komplex 1 geliefert wird, reicht aus, um 1 ATP zu bilden. Die Kopplung eines Elektronenflusses mit der Phosphorylierung von ADP über einen Protonengradienten wird auch als **chemiosmotische Koppelung** bezeichnet.

Als Maß für die stattfindende Energiekonservierung wurde der **P/O-Quotient** eingeführt, der das Verhältnis zwischen gebildetem ATP und dabei verbrauchten Sauerstoffatomen (also gebildeten H_2O) bezeichnet. Bei der Oxidation von NADH beträgt der P/O-Quotient 3, bei $FADH_2$-Oxidation 2.

Thermogenese

Im braunen Fettgewebe von Säuglingen findet sich an der Atmungskette ein spezielles Protein, *Thermogenin*, das als „Leerlauftunnel" für Protonen dient. Hier können Protonen in den Matrixraum fließen, ohne dabei an ADP-Phosphorylierung gekoppelt zu sein. Dadurch wird die Energie des sich ausgleichenden Gradienten in Form von Wärme freigesetzt, was ja auch die wesentliche Aufgabe dieses Gewebes darstellt. Es handelt sich hierbei also um eine *physiologische Entkopplung*.

Regulation

Der beim Elektronenfluß durch die Atmungskette aufgebaute Protonengradient muß sich ausgleichen, damit weiterhin Elektronen durch die Atmungskette fließen können. Dies geschieht jedoch nur, wenn gleichzeitig ADP zu ATP phosphoryliert werden kann.

> **! Merke**
>
> Die Aktivität der Atmungskette ist also vom *Angebot an ADP* und damit von der aktuellen Energieladung der Zelle abhängig.

Die Aufnahme von ADP ins Mitochondrium ist dabei mit der Abgabe von ATP ans Zytosol über einen Antiport verknüpft, der durch *die ADP-ATP-Translokase* katalysiert wird. Das bei schlechter Energieladung vermehrt vorliegende ADP kurbelt also die Atmungskette an, währen der Mangel an ADP in energetisch guten Stoffwechselsituationen zur Hemmung der Atmungskette führt.

Hemmstoffe der mitochondrialen ATP-Bildung

Hemmstoffe der mitochondrialen ATP-Bildung werden aufgrund ihres Angriffsortes in verschiedene Gruppen unterteilt:

- *Hemmstoffe der Elektronentransportkette* blockieren den Elektronenfluß durch die Atmungskette, wodurch sowohl der Elektronentransport als auch die Phosphorylierung gehemmt werden. Der P/O-Quotient bleibt dabei unverändert.
- *Hemmstoffe der oxidativen Phosphorylierung* hemmen die ATP-Synthese an Komplex 5.
- *Hemmstoffe der ADP-ATP-Translokase* hemmen den ADP/ATP-Antiport.
- *Atmungsketten-Entkoppler* entkoppeln den Elektronenfluß von der ATP-Synthese, indem sie den Protonengradienten ausgleichen, ohne dabei ATP zu bilden. Dabei sinkt der P/O-Quotient und es wird Wärme freigesetzt (s. Tab. 8.**10**).

Tab. 8.**10** Hemmstoffe der mitochondrialen ATP-Bildung

Hemmtyp	Substanz	Wirkort/Mechanismus
Hemmstoffe der Elektronentransportkette	Rotenon, Barbiturate	blockieren Komplex 1
	Antimycin A	blockiert Komplex 3
	HCN, CO, H_2S	blockieren Komplex 4
Hemmstoffe der oxidativen Phosphorylierung	Oligomycin	hemmt die ATP-Synthase
	Arsenat	verhindert ATP-Bildung
Hemmstoffe der ADP/ATP-Translokase	Atractylosid	hemmt den ADP/ATP-Austausch
Atmungsketten-Entkoppler	spez. Phenylhydrazone, Dinitrophenol	transportieren H^+ durch die innere Mitochondrienmembran

8.7.3 Zusammenfassung der aeroben Energiegewinnung

Wir haben nun den kompletten aeroben Abbauweg der Kohlenhydrate, Fettsäuren, Ketonkörper und Aminosäuren betrachtet. Dabei wurde ein durchgehendes Konzept verfolgt, diese energiereichen Moleküle zunächst in Acetyl-CoA umzuwandeln und anschließend über Citratzyklus und Atmungskette vollständig abzubauen (Abb. 8.**22**). Als Endprodukte dieses Abbaus werden CO_2 (in der Pyruvatdehydrogenase und im Citratzyklus) und H_2O (an der Atmungskette) gebildet, im Falle der Aminosäuren wird zusätzlich NH_3 freigesetzt.

Die Energie aus dem Abbau dieser Moleküle wird dabei teilweise genutzt, um ATP aufzubauen. ATP entsteht einerseits beim Abbau der Kohlenstoffgerüste durch sog. Substratkettenphosphorylierung (Glykolyse und Citratzyklus), andererseits durch Verbrennung von Wasserstoff an der Atmungskette. Diese Wasserstoffatome, die durch reduzierte Coenzyme zur Atmungskette transportiert werden, stammen aus dehydrierenden Oxidationsreaktionen im Verlauf des Substratabbaus (Glykolyse, Pyruvatdehydrogenase, β-Oxidation, oxidative Desaminierungen, Abbau von β-Hydroxybutyrat und Citratzyklus). Die ATP-Bildung an der Atmungskette spielt dabei die quantitativ bedeutendste Rolle. Tab. 8.**11** faßt den ATP-Gewinn beim Abbau von Kohlenhydraten und Fettsäuren zusammen.

Die Energieausbeute der aeroben Glykolyse wird von einigen Autoren auch mit 36 ATP angegeben. Die Unterschiede kommen dadurch zustande, daß die im Rahmen der Glykolyse im Zytosol gebildeten

Tab. 8.**11** Energiebilanz des Glucose- und Palmitinsäureabbaus unter der Annahme, daß pro NADH + H^+ 3 ATP und pro $FADH_2$ 2 ATP an der Atmungskette gebildet werden

Glucose (6-C-Atome)	Bilanz	ATP gesamt	Palmitinsäure (16-C-Atome)	Bilanz	ATP gesamt
Glykolyse	2 ATP 2 NADH + H^+ 2 Pyruvat	8 ATP	Aktivierung mit CoA	– 2 ATP	– 2 ATP
Pyruvatdehydrogenase	2 NADH + H^+ 2 Acetyl-CoA	6 ATP	β-Oxidation	7 NADH + H^+ 7 $FADH_2$ 8 Acetyl-CoA	35 ATP
Citratzyklus	6 NADH + H^+ 2 $FADH_2$ 2 GTP	24 ATP	Citratzyklus	24 NADH + H^+ 8 $FADH_2$ 8 GTP	96 ATP
		38 ATP			129 ATP

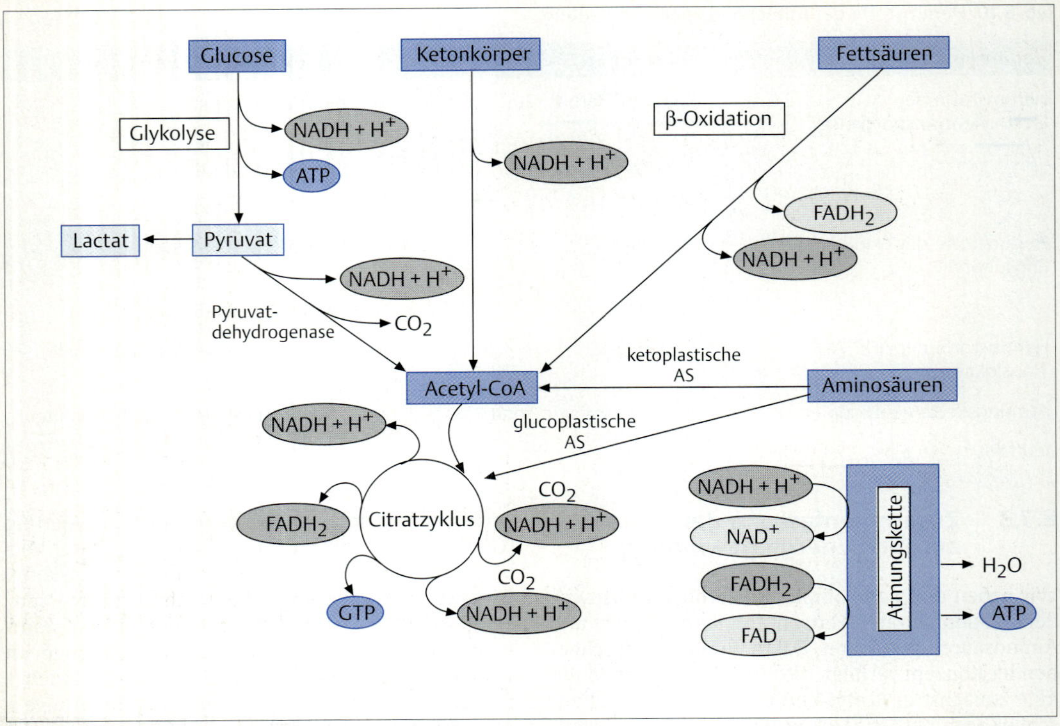

Abb. 8.**22** Aerobe Energiegewinnung im Überblick

2 NADH + H^+ zur Atmungskette ins Mitochondrium transportiert werden müssen. Geht man davon aus, daß diese beiden NADH + H^+ auch als solche ins Mitochondrium eingeschleust werden, kommt man auf eine Gesamtbilanz von 38 ATP pro Glucose. Falls die beiden zytosolisch gebildeten NADH + H^+ beim Transport ins Mitochondrium jedoch in $FADH_2$ „umgewandelt" werden, muß die Gesamtbilanz 36 ATP pro Glucose lauten.
Bis auf die Glykolyse sind alle großen energieliefernden Stoffwechselwege im Mitochondrium lokalisiert (Mitochondrien als Kraftwerk der Zelle). Das Vorhandensein eines ATP-liefernden Stoffwechselweges im Zytosol (Glykolyse) ist von entscheidender Wichtigkeit für solche Zellen, die keine Mitochondrien besitzen, wie z. B. die Erythrozyten.

8.8 Pathobiochemie

Unter pathobiochemischen Aspekten sind im Rahmen des Energiestoffwechsels v.a. *Enzymschäden* von Bedeutung. Dabei ist grundsätzlich davon auszugehen, daß sich bei einem Enzymmangel die Substanzen vor dem gestörten Enzym anstauen und entweder ausgeschieden werden oder einer alternativen Verstoffwechselung unterliegen, wobei es häufig zur Bildung toxischer Verbindungen, wie z. B. bei der Phenylketonurie, kommt. Die einzelnen Beispiele von wichtigen Enzymschäden sind jeweils im entsprechenden Abschnitt erwähnt worden.

Bildung und Verwertung von Energiespeichern

9.1 Kohlenhydrate

9.1.1 Glykogenstoffwechsel

Tierische Organismen schützen sich vor „Brennstoffmangel", indem sie überschüssige Glucose in Form von Glykogen speichern. Zur Glykogenbildung sind fast alle Zellen des Organismus befähigt, in größerem Umfang wird Glykogen jedoch nur in der Leber und im Muskel gespeichert. Dabei können bis zu 10% des Gesamtgewichts der Leber in Form von Glykogen vorliegen, in der Muskulatur sind es maximal 1%. Aufgrund der größeren Muskelmasse im Verhältnis zur Leber stellt die Muskulatur jedoch den größten Glykogenspeicher dar.

! Merke

Hinsichtlich ihrer funktionellen Bedeutung unterscheiden sich *Leberglykogen* und *Muskelglykogen* beträchtlich. Während die Leber Glykogen speichert, um es bei Bedarf schnell abzubauen und die daraus freigesetzte Glucose ans Blut abzugeben, speichert die Muskulatur Glykogen nur für den Eigenbedarf.

Glykogen besteht aus Glucosemolekülen, die überwiegend 1,4-glykosidisch verknüpft sind. An den Verzweigungsstellen des Glykogens gibt es zusätzlich 1,6-glykosidische Bindungen. Das Vorhandensein von Seitenketten im Glykogen bringt dem Organismus v.a. zwei Vorteile: Eine erhöhte Synthese- und Abbaugeschwindigkeit, die sich daraus ergibt, daß an allen Seitenketten parallel synthetisiert oder abgebaut werden kann, und eine geringfügig niedrigere osmotische Aktivität im Verhältnis zu einem hypothetischen unverzweigten Glykogenmolekül.

Im Vergleich mit dem zweiten für den Menschen wichtigen Energiespeicher, den Fetten, ist der Glykogenspeicher zwar sehr klein, dafür aber wesentlich schneller verfügbar. Während bei absoluter Nahrungskarenz die Entleerung der Fettspeicher u. U. mehrere Monate dauert, ist das Leberglykogen nach maximal 36 Stunden praktisch vollständig abgebaut. Nur ein kleiner Rest des Speichers bleibt bestehen, da Glykogen niemals vollständig abgebaut wird.

Glykogensynthese (Abb. 9.**1**)

Das aus der Hexokinase-Reaktion (1) stammende **Glucose-6-phosphat** wird durch die *Phosphoglucomutase* zu **Glucose-1-phosphat** isomerisiert (2). Da Glucosemoleküle für den Einbau in größere Strukturen aktiviert vorliegen müssen, wird Glucose-1-phosphat nun in **UDP-Glucose** (aktivierte Glucose) umgewandelt. Dafür wird mit Hilfe der *UDP-Glucose-Phosphorylase* aus UTP Pyrophosphat abgespalten und das dabei entstehende UMP mit seinem Phosphatrest an den Phosphatrest des Glucose-1-phosphat gebunden, wobei ein energiereiches Anhydrid entsteht (3). Die Energie hierfür stammt aus der Abspaltung und anschließenden Aufspaltung von Pyrophosphat.

Für den eigentlichen Aufbau von Glykogen wird ein *Startermolekül (Primer)* benötigt. Dieser Primer entsteht dadurch, daß an ein spezifisches Protein, *Glykogenin*, durch eine *Glykogen-Initiator-Synthase* einige Glucosemoleküle gebunden werden (4). An das dabei gebildete **Primer-Glykogen** können nun weitere Glucosemoleküle aus UDP-Glucose in α-1,4-glykosische Bindungen eingebaut werden. Das hierbei beteiligte Enzym ist die *Glykogensynthase* (5). Die für den Einbau von Glucose in das anwachsende Glykogen erforderliche Energie wird durch Abspaltung von UDP aus der aktivierten Glucose bereitgestellt. Von dem entstandenem unverzweigten 1,4-glykosidischen Glykogen werden schließlich

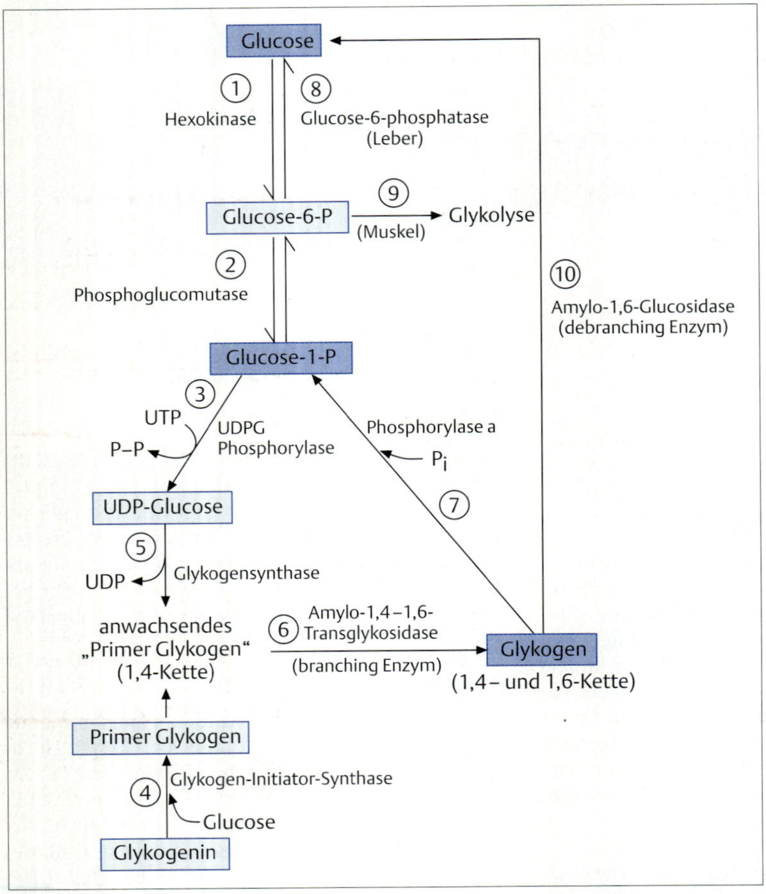

Abb. 9.**1** Glykogenstoffwechsel

einige kurze Kettenstücke abgespalten und durch 1,6-glykosidische Bindungen an Hauptketten verknüpft. Durch diese Aktion der *Amylo-1,4 → 1,6-Transglykosidase (branching Enzym)* entsteht das fertige Glykogen (6). Die Glykogensynthese im Muskel ist dadurch limitiert, daß für die Aufnahme von Glucose aus dem Blut eine Sättigungskinetik besteht. In der Leber gibt es eine solche Begrenzung nicht, hier wird die Glykogensynthese durch Insulin stark erhöht.

Glykogenabbau (Abb. 9.**1**)

Von den Kettenenden beginnend werden 1,4-glykosidisch gebundene Glucosemoleküle phosphorylytisch, d. h. unter Einlagerung von anorganischem Phosphat, durch die *Phosphorylase* abgespalten (7). Dabei wird Glucose-1-phosphat freigesetzt, das über die *Glucomutase* weiter zu Glucose-6-phosphat reagiert (2). Das weitere Schicksal des Glucose-6-phosphat ist gewebespezifisch:

- In der *Leber* wird über die *Glucose-6-Phosphatase* der Phosphatrest abgespalten und die entstehende freie Glucose ans Blut abgegeben (8).
- Im *Muskel* wandert Glucose-6-Phosphat zum weiteren Abbau in die Glykolyse (9).

Die wenigen Glucosemoleküle im Glykogen, die über 1,6-glykosidische Bindungen gebunden sind, müssen durch ein spezielles Enzym, die *Amylo-1,6-Glucosidase (debranching Enzym)* abgespalten werden, wobei direkt freie Glucose abgespalten wird (10). Im Muskel ist die Arbeitsweise dieses Enzyms energetisch ungünstig, da hier nun Glucose unter ATP-Verbrauch zu Glucose-6-phosphat umgewandelt werden muß, um anschließend in die Glykolyse eintreten zu können. Eine Besonderheit im Glykogenabbau besteht darin, daß die Phosphorylase

Glykogen nur bis 4 Glucosereste vor einer Verzweigungsstelle abbauen kann. Mit Hilfe einer Transferase werden dann die 3 Glucosemoleküle vor dem Zucker, der die 1,6-glykosidische Verzweigungsstelle bildet, abgespalten und auf eine andere Kette übertragen. Neuere Untersuchungen haben gezeigt, daß die beteiligte Transferase identisch mit dem debranching Enzym ist. Das freigelegte 1,6-glykosidisch gebundene Glucosemolekül kann jetzt durch das debranching Enzym entfernt werden.

Klinischer Bezug

Bei der **Von-Gierke-Krankheit (Glykogenose Typ 1)** besteht ein Mangel an Glucose-6-Phosphatase, was dazu führt, daß die Abgabe von Glucose ans Blut durch die Leber stark reduziert ist. Der Enzymdefekt beeinträchtigt neben dem Glykogenabbau auch die Gluconeogenese. Die Folgen sind ein sehr niedriger Nüchternblutzuckerspiegel und verstärkte Glykogenspeicherung in der Leber. Die therapeutischen Möglichkeiten beschränken sich im wesentlichen auf diätetische Maßnahmen: Die Patienten sollen viele kleine Mahlzeiten zu sich nehmen, um den Blutzuckerspiegel über Nahrungsglucose auf einem tolerablem Niveau zu halten.

Vergleicht man Synthese und Abbau des Glykogens, sieht man, daß zwar einige Schritte durch dieselben Enzyme katalysiert werden, der Einbau von Glucose-1-phosphat ins Glykogen bzw. der Abbau zu Glucose-1-phosphat jedoch auf unterschiedlichen Wegen stattfindet.

Merke

Synthese und Abbau einer Substanz verlaufen mindestens an einer Stelle auf getrennten Wegen. Die dabei benutzten unterschiedlichen Enzyme sind häufig die Regulationsstellen dieser Stoffwechselwege.

Regulation

Die **Regulationsstellen** für Synthese und Abbau des Glykogens, sind die *Glykogensynthase und die Phosphorylase*. Beide Enzyme können durch *Interkonversion* (Aktivierung bzw. Deaktivierung eines Enzyms durch Anlagerung oder Abspaltung eines Phosphatrestes) reguliert werden. Dabei liegt die *Synthase phosphoryliert inaktiv* und *ohne Phosphatrest aktiv* vor. Bei der *Phosphorylase* sind die Verhältnisse umgedreht, d. h. sie ist *ohne Phosphatrest inaktiv* und *phosphoryliert aktiv*. Beide Enzyme werden durch *Proteinkinasen* reguliert, die ihrerseits vom cAMP-System gesteuert werden. Die dabei ablaufenden kaskadenartigen Vorgänge unterliegen der Kontrolle des Hormonsystems und sind v.a. für Muskulatur und Leber von Bedeutung.

Regulationsablauf:

1. Adrenalin oder Glukagon bindet an Zellrezeptoren und aktiviert die *Adenylylcyclase*.

2. Die aktivierte Adenylylcyclase bildet intrazellulär *cAMP*.

3. cAMP aktiviert allosterisch Proteinkinasen, die in inaktivem Zustand in der Zelle vorliegen.

4. Aktivierte Proteinkinasen phosphorylieren einerseits die *Glykogensynthase*, wodurch diese *inaktiviert* wird, und andererseits eine *Phosphorylase-Kinase*, die dadurch *aktiviert* wird.

5. Die aktivierte Phosphorylase-Kinase phosphoryliert schließlich die *Phosphorylase*, wodurch diese aktiviert wird und Glykogen abbaut.

Im Muskel kann die Phosphorylase-Kinase direkt durch Ca^{2+} aktiviert werden. Dadurch sind Glykogenabbau und Muskelkontraktion über einen Ca^{2+}-Anstieg im Zytosol miteinander verknüpft. Gleichzeitig wird die Synthase und damit die Glykogensynthese durch Ca^{2+} gehemmt.

Einer der Vorteile dieses Regulationsmechanismus besteht darin, daß ein Signalgeber (Hormon) genügt, um intrazellulär eine Phosphorylierungskaskade auszulösen, die einerseits die Glykogensynthese abschaltet und andererseits den Glykogenabbau anschaltet. Um dieses System auf Glykogensynthese einzustellen, wird (vermittelt über absinkendes cAMP) die Phosphoproteinphosphatase-1 aktiviert, die sowohl die Glykogensynthase als auch die Phosphorylase dephosphoryliert und damit die Synthese von Glykogen auslöst.

Merke

Synthese und Abbau des Glykogens werden gemeinsam reguliert.

9.1.2 Gluconeogenese

Unter Gluconeogenese versteht man die Glucosesynthese aus kohlenhydratfreien Vorstufen.

Einige Gewebe, v.a. Erythrozyten, ZNS und Nebennierenmark, sind hinsichtlich ihres Energiestoffwechsels unbedingt auf Glucose als Brennstoff angewiesen.

Merke

In Situationen des Kohlenhydratmangels (Hungerstoffwechsel) kann durch Gluconeogenese die Versorgung der obligaten Glucoseverbraucher mit Glucose über längere Phasen gewährleistet werden.

Biochemie

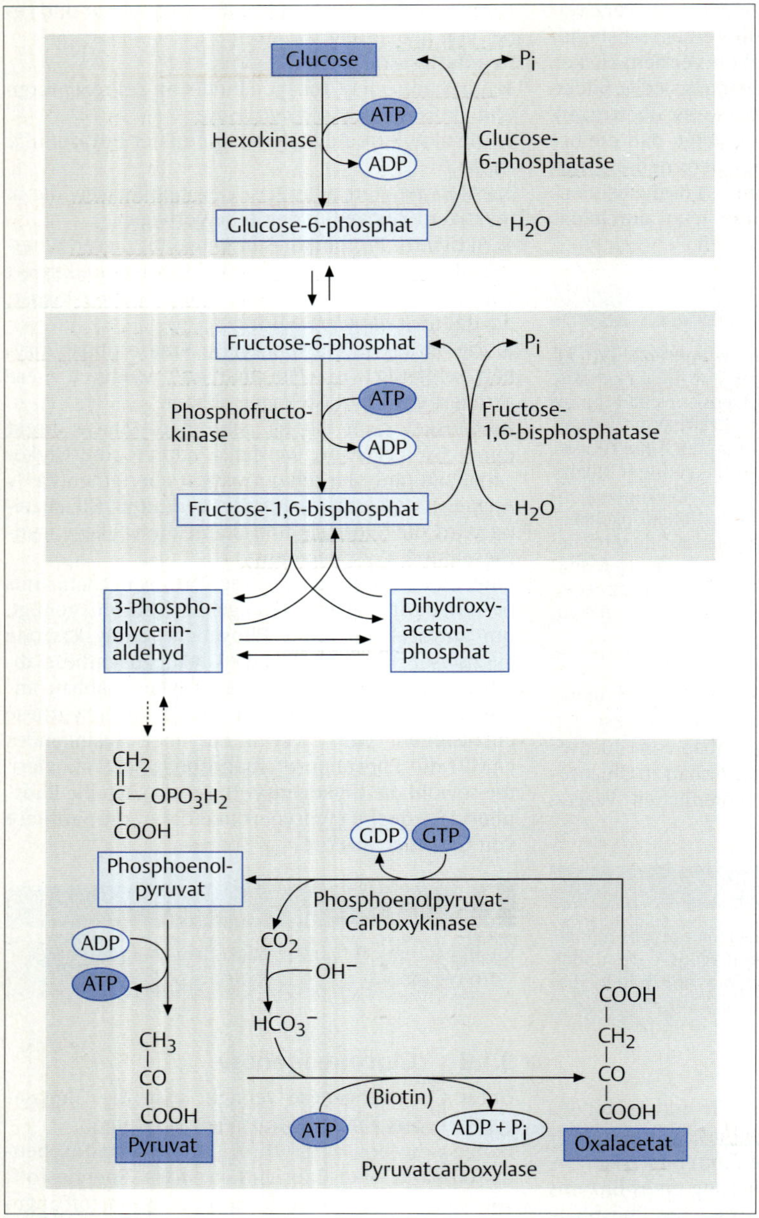

Abb. 9.**2** Umgehungsreaktionen der Gluconeogenese

Als Material für Gluconeogenese werden in diesen Stoffwechselsituationen glucoplastische Aminosäuren und Glycerin genutzt. Die Gluconeogenese spielt auch in Situationen starker, körperlicher Anstrengung eine wichtige Rolle, und zwar im Rahmen des Cori-Zyklus. Dabei wird aus der Muskulatur stammendes Laktat in der Leber durch Gluconeogenese zu Glucose aufgebaut und anschließend wieder zum Muskel transportiert.

Ablauf

Die Gluconeogenese stellt, bis auf drei irreversible Schritte, die exakte Umkehr der Glykolyse dar. Zu den *irreversiblen Reaktionen* der Glykolyse gehören:

- Hexokinase-Reaktion
- Phosphofructokinase-Reaktion
- Pyruvatkinase-Reaktion

Diese irreversiblen Glykolyseschritte müssen im Rahmen der Gluconeogenese umgangen werden (Abb. 9.**2**). Zwei der drei irreversiblen Reaktionen werden dabei einfach durch andere Enzyme umgedreht. Die **Hexokinase-Reaktion** wird mit Hilfe der Glucose-6-Phosphatase umgangen, die den Phosphatrest aus Glucose-6-phosphat abspaltet und damit das *Ausschleusen von Glucose ins Blut* ermöglicht.

! Merke

Nur solche Gewebe besitzen die Glucose-6-Phosphatase, in deren Aufgabenbereich die Abgabe von Glucose ans Blut enthalten ist. Dies sind vor allem Leber und Nieren.

Die **Phosphofructokinase-Reaktion** wird durch die *Fructose-1,6-Bisphosphatase* umgangen, wobei Fructose-1,6-bisphosphat in Fructose-6-phosphat umgewandelt wird.

Die dritte irreversible Glykolysereaktion, die Umwandlung von Phosphoenolpyruvat in Pyruvat durch die **Pyruvatkinase** verläuft so stark exergonisch, daß eine direkte Umkehr dieser Reaktion nicht möglich ist. Die Gluconeogenese muß an dieser Stelle einen Umweg gehen, um die thermodynamische Hürde beim Aufbau von Phosphoenolpyruvat zu überwinden. Hierzu wird Pyruvat zunächst durch die *Pyruvatcarboxylase* in *Oxalacetat* umgewandelt. Als CO_2-Donator ist bei dieser Reaktion Carboxy-Biotin beteiligt. Die anschließende Bildung von Phosphoenolpyruvat aus Oxalacetat durch die *Phosphoenolpyruvat-Carboxykinase*, benötigt sehr viel Energie. Dafür wird ein beteiligtes GTP gespalten und die gerade eingebaute Carboxylgruppe wieder decarboxyliert. Sowohl die GTP-Spaltung, als auch die Decarboxylierung liefern also die Energie zur Phosphoenolpyruvat-Synthese.

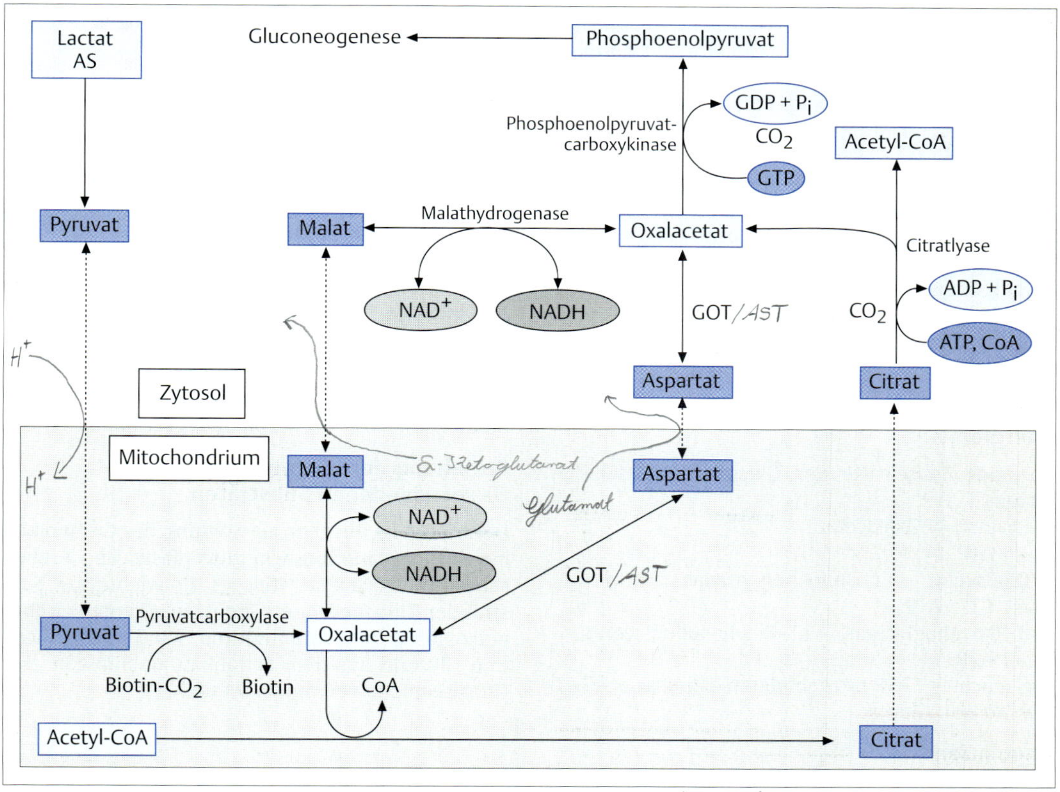

Abb. 9.**3** Transport von Oxalacetat ins Zytosol

• Malat-α-Ketogl. / Glutamat-Aspartat
= frei reversibel = abh. vom momentanen NAD+ Konz.
• Pyruvat/H+-Symporter
• Glycero-P-Shuttle
• Citrat-
• ADP/ATP-Translokase

Tab. 9.1 Regulation der Gluconeogenese

Enzym	Induktor	Aktivator	Inhibitor
Glucose-6-Phosphatase	Glucocorticoide, Catecholamine, Glukagon		
Fructose-1,6-Bisphosphatase	Glucocorticoide, Catecholamine, Glukagon		Fructose-2,6-P_2, AMP
Pyruvatcarboxylase	Glucocorticoide, Catecholamine, Glukagon	Acetyl-CoA	ADP
Phosphoenolpyruvat-Carboxykinase	Glucocorticoide, Catecholamine, Glukagon		

Diese beiden Teilschritte zur Bildung von Phosphoenolpyruvat liegen in unterschiedlichen Kompartimenten. Während die Pyruvatcarboxylase nur im Mitochondrium vorliegt, ist die Phosphoenolpyruvat-Carboxykinase hauptsächlich im Zytosol lokalisiert. Ein Isoenzym der Phosphoenolpyruvat-Carboxykinase kommt auch im Mitochondrium vor.
Das in der Pyruvatcarboxylase-Reaktion gebildete Oxalacetat muß also ins Zytosol transportiert werden. Hierfür sind besondere Transportmechanismen notwendig, da die *innere Mitochondrienmembran für Oxalacetat nicht durchlässig* ist. Das Prinzip der in Abb. 9.3 dargestellten Oxalacetat-Ausschleusung besteht darin, im Mitochondrium Oxalacetat in eine membrangängige Substanz umzuwandeln, diese ins Zytosol zu schleusen und dort so aufzuspalten, daß Oxalacetat wieder resynthetisiert wird. Drei Umwandlungsmöglichkeiten sind hierfür von großer Bedeutung:

- Reduktion von Oxalacetat zu Malat (Umkehr des letzten Schrittes des Citratzyklus).
- Transaminierung von Oxalacetat in Aspartat.
- Bildung von Citrat aus Oxalacetat und Acetyl-CoA (nur geringe Bedeutung).

Energiebilanz

Folgende Teilschritte der Gluconeogenese kosten jeweils 1 ATP:

- Pyruvat → Oxalacetat:
  – 1 ATP
- Oxalacetat → Phosphoenolpyruvat:
  – 1 GTP (ATP)
- 3-Phosphoglycerat → 1,3-Bisphosphoglycerat:
  – 1 ATP

Das macht – 3 ATP pro gebildeter Triose, also *– 6 ATP pro Molekül Glucose*.

Regulation

Gluconeogenese und Glykolyse sind gemeinsam so reguliert, daß ein Weg inaktiv ist, während der andere hohe Aktivität besitzt. In Tab. 9.1 sind die wichtigen Regulationsstellen und deren Regulatoren dargestellt.

Lokalisation

Gluconeogenese kann nur in den Geweben mit den notwendigen Umgehungsenzymen stattfinden. Das sind die Leber und die Nieren. Die *Darmmukosazellen* enthalten zwar Glucose-6-Phosphatase, sind jedoch nicht an der klassischen Gluconeogenese beteiligt. Sie benötigen die Fähigkeit, Glucose-6-phosphat zu dephosphorylieren und anschließend an die Pfortader abzugeben, weil sie in der Resorptionsstrecke der Kohlenhydrate, zwischen Darmlumen und Pfortader, liegen.

! Merke

Die *Muskulatur* ist nicht zur Gluconeogenese befähigt, da ihr das letzte Umgehungsenzym, die Glucose-6-Phosphatase, fehlt.

Innerhalb der Zelle ist die Gluconeogenese über *Mitochondrium, Zytosol* und *endoplasmatisches Retikulum* (Glucose-6-Phosphatase) verteilt.

Beziehung der Gluconeogenese zu verschiedenen Substraten

In Abb. 9.4 ist die zentrale Stellung des Citratzyklus bei der Umwandlung von glucoplastischen Aminosäuren in Oxalacetat, welches als wichtigstes Substrat der Gluconeogenese dient, zu erkennen. Neben glucoplastischen Aminosäuren kann auch Lactat und Glycerin aus dem Fettabbau als Substrat zum Glucoseaufbau verwendet werden.

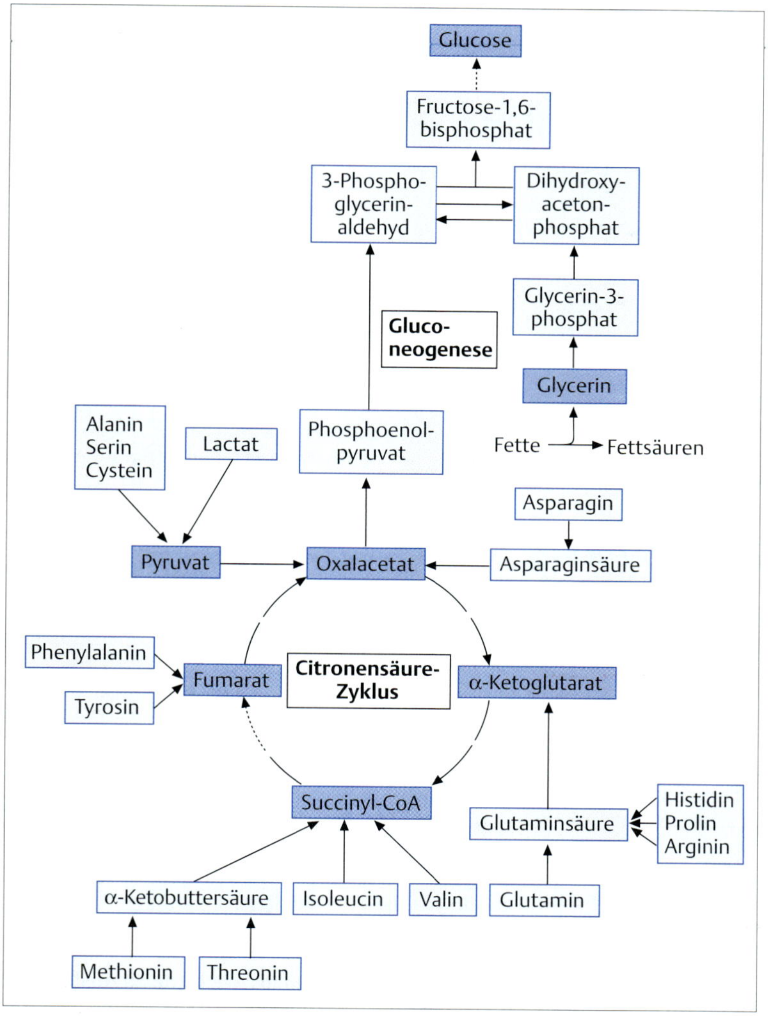

Abb. 9.**4** Substrate der Gluconeogenese

9.1.3 Verzweigungsstellen im Kohlenhydratstoffwechsel

Wir haben bisher im Rahmen der verschiedenen Stoffwechselwege mehrfach Glucose-6-phosphat und Pyruvat als Drehscheiben im Kohlenhydratstoffwechsel kennengelernt. UDP-Glucose und Fructose-6-phosphat sind ebenfalls kleine Verzweigungsstellen. Dabei kann UDP-Glucose neben dem bereits bekannten Aufbau von Glykogen in UDP-Galactose epimerisiert oder NAD^+-abhängig zu UDP-Glucuronsäure oxidiert werden. Letzteres ist v.a. für Konjugationsreaktionen wichtig. Fructose-6-phosphat ist Ausgangssubstanz für die Bildung der Aminozucker.

9.2 Lipide

In tierischen Organismen spielen neben dem *Glykogen* als Energiespeicher die *Fette* als Speicherform für *Fettsäuren* eine große Rolle. Der Organismus hat dabei einerseits die Möglichkeit, über die Nahrung zugeführte Fette direkt zum Fettgewebe zu transportieren und dort zu speichern. Andererseits können aber auch überschüssige Kohlenhydrate in Fettsäuren umgewandelt und anschließend zu speicherbaren Triglyceriden aufgebaut werden. Bei diesem Prozeß werden Kohlenhydrate zunächst durch Glykolyse und Pyruvatdehydrogenase bis zur Stufe des Acetyl-

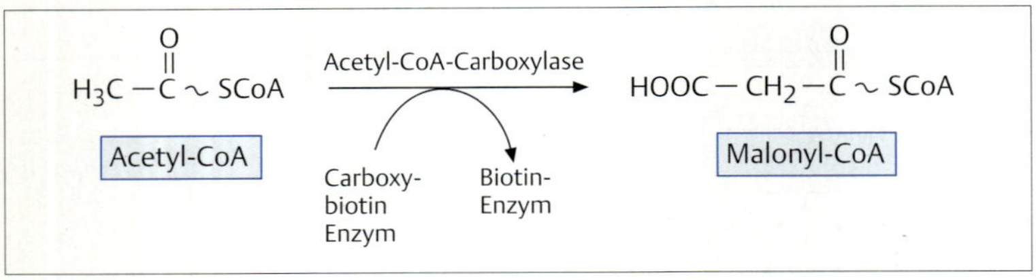

Abb. 9.5 Bildung von Malonyl-CoA

CoA abgebaut. Acetyl-CoA wird dann als Substrat zur Fettsäuresynthese (de novo Synthese) verwendet. Die Neusynthese von Fettsäuren findet an einem *Multienzymkomplex*, der *Fettsäuresynthase*, die im Zytosol lokalisiert ist, statt. Dabei können Kettenlängen zwischen 16 bis 18 C-Atomen erreicht werden.

9.2.1 Fettsäuresynthese

Bildung von Malonyl-CoA

Acetyl-CoA muß für den Fettsäurenaufbau in Malonyl-CoA umgewandelt werden (Abb. 9.**5**). Dies geschieht mit Hilfe der *Acetyl-CoA-Carboxylase*, die im Zytosol lokalisiert ist und Carboxy-Biotin als Cofaktor benötigt. Acetyl-CoA wird dabei zu Malonyl-CoA carboxyliert. Wie wir später noch genauer sehen werden, wird die hier eingebaute Carboxylgruppe bei einer Kondensation im Rahmen der Fettsäuresynthese wieder abgespalten, was an einer entscheidenden Stelle der Synthese Energie bereitstellt.

Ablauf

Die Fettsäuresynthase ist ein Multienzymkomplex mit einem Acyl-Carrier-Protein als Trägermolekül. Am Acyl-Carrier-Protein findet sich eine Sulfhydrylgruppe, die als zentrale SH-Gruppe bezeichnet wird. Eine weitere funktionell wichtige Sulfhydrylgruppe, die periphere SH-Gruppe, sitzt in der Peripherie des Fettsäuresynthase-Komplexes an einem Cysteinrest.

! Merke

Alle Komponenten, die zur Fettsäuresynthase transportiert werden, können ausschließlich an der *zentralen SH-Gruppe* aufgenommen werden.

Reaktionsschritte (Abb. 9.**6**):

1. Die eigentliche Fettsäuresynthese beginnt damit, daß das „Startermolekül" **Acetyl-CoA** auf die zentrale SH-Gruppe unter Abspaltung von CoA übertragen wird.

2. Im nächsten Schritt wird der aufgenommene Acetylrest auf die periphere SH-Gruppe verschoben. Dadurch ist die zentrale SH-Gruppe wieder frei und bereit, die nächste Komponente aufzunehmen.

3. Nun wird ein **Malonyl-CoA** auf die zentrale SH-Gruppe übertragen, so daß sich folgende Situation ergibt: In der Peripherie sitzt ein als Thioester gebundener Acetyl-Rest, im Zentrum ein ebenfalls als Thioester gebundener Malonyl-Rest.

4. Da für die Synthese einer langkettigen Fettsäure eine Kettenverlängerung notwendig ist, wird nun der peripher gebundene Rest, also der Acetyl-Rest, auf die zentrale Komponente, unter Bildung einer neuen Kohlenstoff-Kohlenstoff-Bindung, übertragen. Um die dafür notwendige Energie bereitzustellen, wird aus dem Malonyl-Rest CO_2 abgespalten. Bei dieser Kondensation kommt es zu einer *Kettenverlängerung um 2 C-Atome*.

5. Der entstandene Acetacetyl-Rest weist am β-C-Atom eine Ketogruppe auf, die nun entfernt werden muß. Im Rahmen der β-Oxidation hatten wir bereits gesehen, wie eine Ketogruppe eingebaut wird. Die Entfernung einer Ketogruppe während der Fettsäuresynthese stellt sozusagen die Umkehr dieses Prozesses dar. Zunächst wird in einer *NADPH-abhängigen Reduktion* die Ketogruppe zu einem sekundären Alkohol reduziert.

6. Durch *Wasserabspaltung* entsteht eine α-β-ungesättigte Verbindung.

7. Das entstandene ungesättigte Reaktionsprodukt wird nun in einer *zweiten NADPH-abhängigen Reduktion* gesättigt. Damit ist der erste Umlauf durch die Fettsäuresynthase beendet.

8. Die gebildete Carbonsäure wird nun in die Peripherie verschoben, damit das nächste Malonyl-CoA wieder über die zentrale SH-Gruppe gebunden werden kann, wodurch der zweite Durchlauf beginnt. Diese Vorgänge wiederholen sich so oft, bis die gewünschte Kettenlänge erreicht ist und die gebildete Fettsäure sich vom Fettsäuresynthase-Komplex löst.

Pro Umlauf werden 3 C-Atome in Form von Malonyl-CoA in den Kreislauf aufgenommen. Die eigentliche Kettenverlängerung geschieht jedoch nur um 2 C-Atome, da aus dem Malonyl-Rest CO_2 abgespalten wird. Zur Synthese ungeradzahliger Fettsäure wird als Startermolekül anstelle von Acetyl-CoA Propionyl-CoA verwendet.

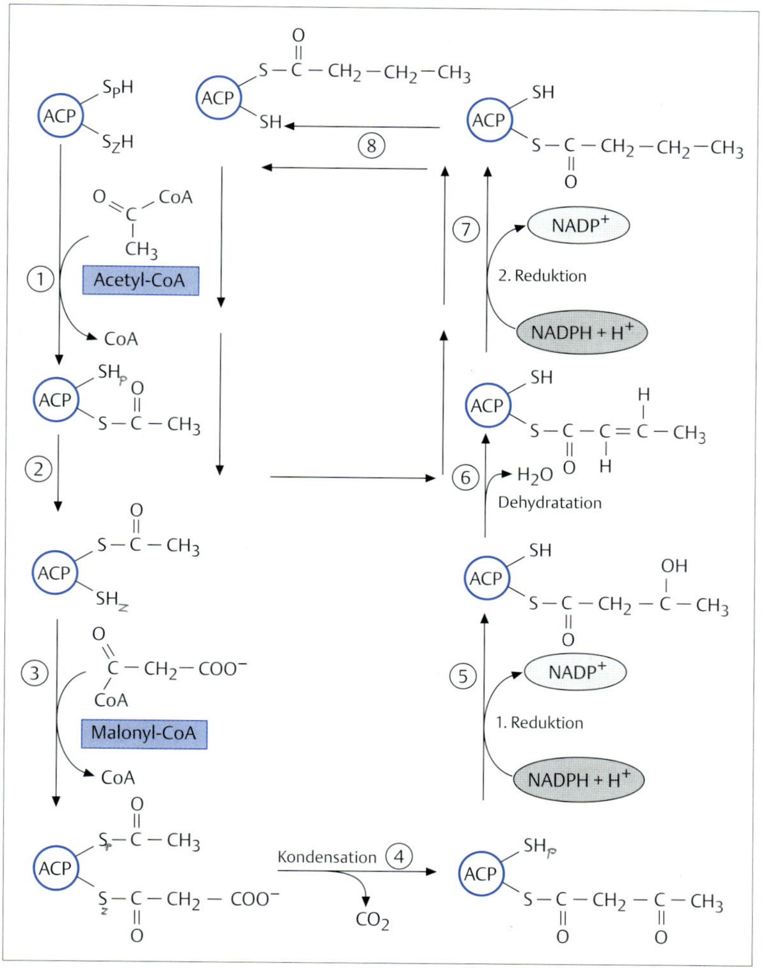

Abb. 9.**6** Fettsäuresynthese am Fettsäuresynthase-Komplex

Lokalisation

Die Fettsäuresynthase findet sich im Zytosol fast aller Zellen, insbesondere in Leber und Fettgewebe.

Transport von Acetyl-CoA aus dem Mitochondrium ins Zytosol

Das für die Fettsäuresynthese benötigte Acetyl-CoA stammt aus der Pyruvatdehydrogenase, die im Mitochondrium lokalisiert ist. Da Acetyl-CoA nicht membrangängig ist, wird es für die Fettsäuresynthese durch ein Shuttle-System ins Zytosol geschleust (Abb. 9.**7**).

Um Acetyl-CoA ins Zytosol zu schleusen, wird intramitochondrial aus Oxalacetat und Acetyl-CoA Citrat gebildet, das ins Zytosol wandert und dort durch die *Citratlyase* wieder in die Ausgangsmoleküle gespalten wird. Während Acetyl-CoA nun zur Fettsäuresynthese genutzt wird, unterliegt Oxalacetat einer Reduktion durch die NADH-abhängige *Malatdehydrogenase 2*. Das gebildete Malat wird dann durch die *Malatdehydrogenase 1* oxidativ decarboxyliert und es entsteht Pyruvat sowie *NADPH*, das für die Fettsäuresynthese benötigt wird. Pyruvat fließt dann zurück ins Mitochondrium, wo es durch die Pyruvat-Carboxylase wieder zu Oxalacetat aufgebaut wird. Dieser Ausschleusungskreislauf wird auch als *Citrat-Pyruvat-Shuttle* bezeichnet. Dabei wird für jedes Acetyl-CoA, das aus dem Mitochondrium transportiert wird, 1 ATP verbraucht (Citratlyase-Reaktion) und 1 NADH indirekt in 1 NADPH umgewandelt.

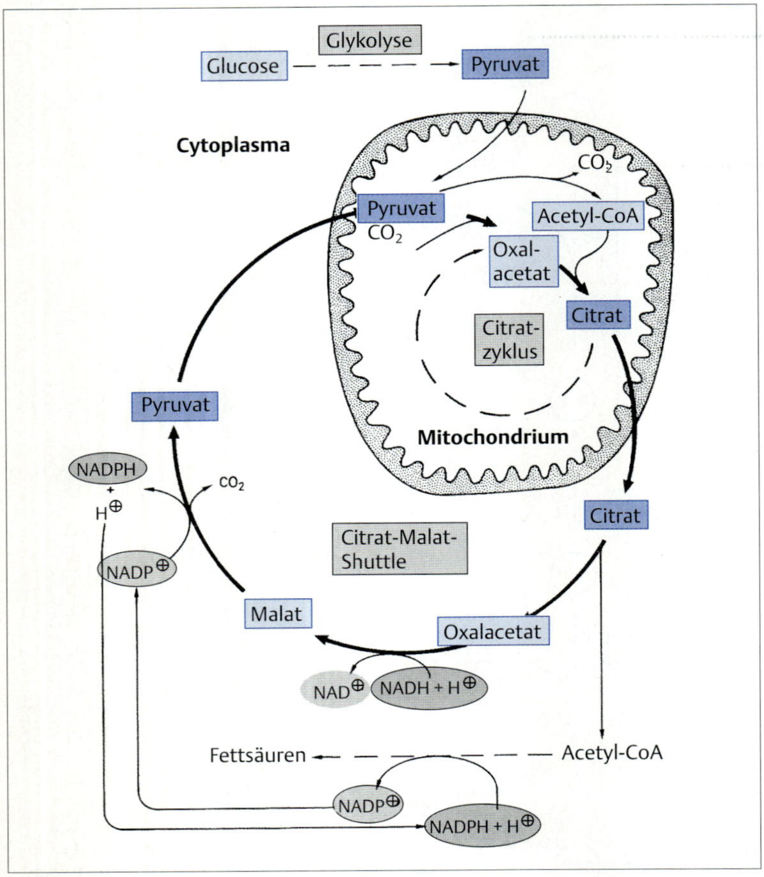

Abb. 9.**7** Transport von Acetyl-CoA ins Zytosol (aus Müller, Thieme 1982)

! Merke

Ungefähr 60 % des zur Fettsäuresynthese benötigten NADPH stammt aus dem Pentosephosphatweg, der Rest wird überwiegend durch den Citrat-Malat-Shuttle geliefert.

Regulation

Regulationsstelle der Fettsäuresynthese ist die *Acetyl-CoA-Carboxylase.* Sie wird *durch Acyl-CoA gehemmt*, was einerseits als negatives Feedback und andererseits als Signal eines Hungerstoffwechsels gewertet werden kann (im Hungerstoffwechsel werden Fettsäuren zytosolisch zu Acyl-CoA aktiviert und anschließend zur β-Oxidation ins Mitochondrium transportiert). Citrat, ATP, NADPH und v.a. Insulin aktivieren das Enzym.

Die Fettsäuresynthese läuft ab, wenn genügend Energie und Kohlenhydrate vorhanden sind. Bei schlechter Energieladung, im Hunger und bei Diabetes mellitus ist die Fettsäuresynthese hingegen gehemmt.

Synthese ungesättigter Fettsäuren

Mit Hilfe von spezifischen mischfunktionellen Oxygenasen, den sog. *Acyl-CoA-Desaturasen,* kann in aktivierte Fettsäuren eine Doppelbindung eingeführt werden. Diese Enzyme sind v.a. in den Mikrosomen der Hepatozyten lokalisiert. Normalerweise kann hier *nur eine Doppelbindung* eingeführt werden. In Ausnahmefällen ist unter Einschaltung einer zusätzlichen Kettenverlängerung auch eine zweite Doppelbindung möglich, wie z. B. bei der Umwandlung von Linolsäure in Arachidonsäure.

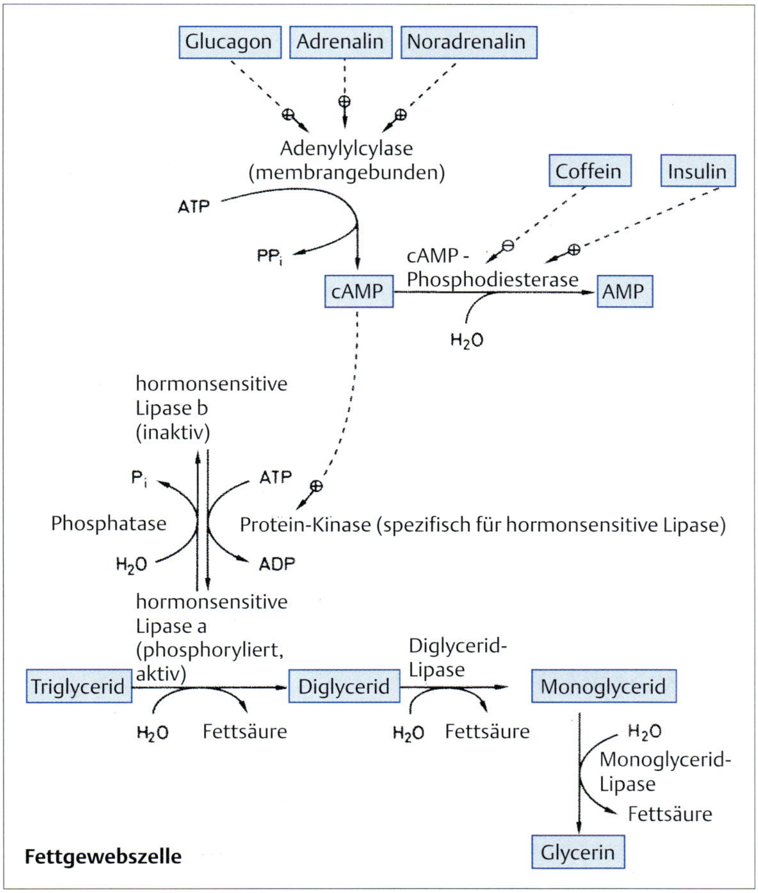

Abb. 9.**8** Regulation der Lipolyse im Fettgewebe (aus Müller, Thieme 1982)

Merke

Der Einbau einer Doppelbindung in eine bereits ungesättigte Fettsäure kann nur zwischen Carboxylgruppe und einer bereits bestehenden Doppelbindung stattfinden.

9.2.2 Triglyceridsynthese

Triglyceride (TG) sind die Speicherform der Fettsäuren. Sie bestehen aus einem Molekül Glycerin, das an allen drei OH-Gruppen mit einer Fettsäure verestert ist. Für die Triglyceridsynthese müssen sowohl die Fettsäure als auch das Glycerin unter ATP-Verbrauch aktiviert werden. Fettsäuren werden durch die Thiokinase zu *Acyl-CoA* aktiviert, Glycerin wird in *Glycerin-3-phosphat (α-Glycerophosphat)* umgewandelt. Für die Bildung von Glycerin-3-phosphat gibt es dabei zwei Stoffwechselwege.

- *Leber, Niere, Herzmuskel und Darmmukosa* bilden Glycerin-3-phosphat hauptsächlich durch direkte Phosphorylierung des Glycerins mit Hilfe der *Glycerinkinase*.
- Im *Fettgewebe* und der *Muskulatur* hingegen wird die Reduktion von Dihydroxyacetonphosphat durch die *Glycerin-3-phosphat-Dehydrogenase* zur Bildung von Glycerin-3-phosphat bevorzugt.

Mit Hilfe einer Glycerin-3-phosphat-Acyltransferase werden dann die beiden freien OH-Gruppen mit Fettsäure aus Acyl-CoA verestert, und es entsteht die *Phosphatidsäure*. Durch eine Phosphatase wird nun der Phosphatrest entfernt. Eine weitere Acyltransferase verestert dann die dritte OH-Gruppe mit dem dritten Acyl-Rest, und es entsteht das fertige *Triglycerid*.

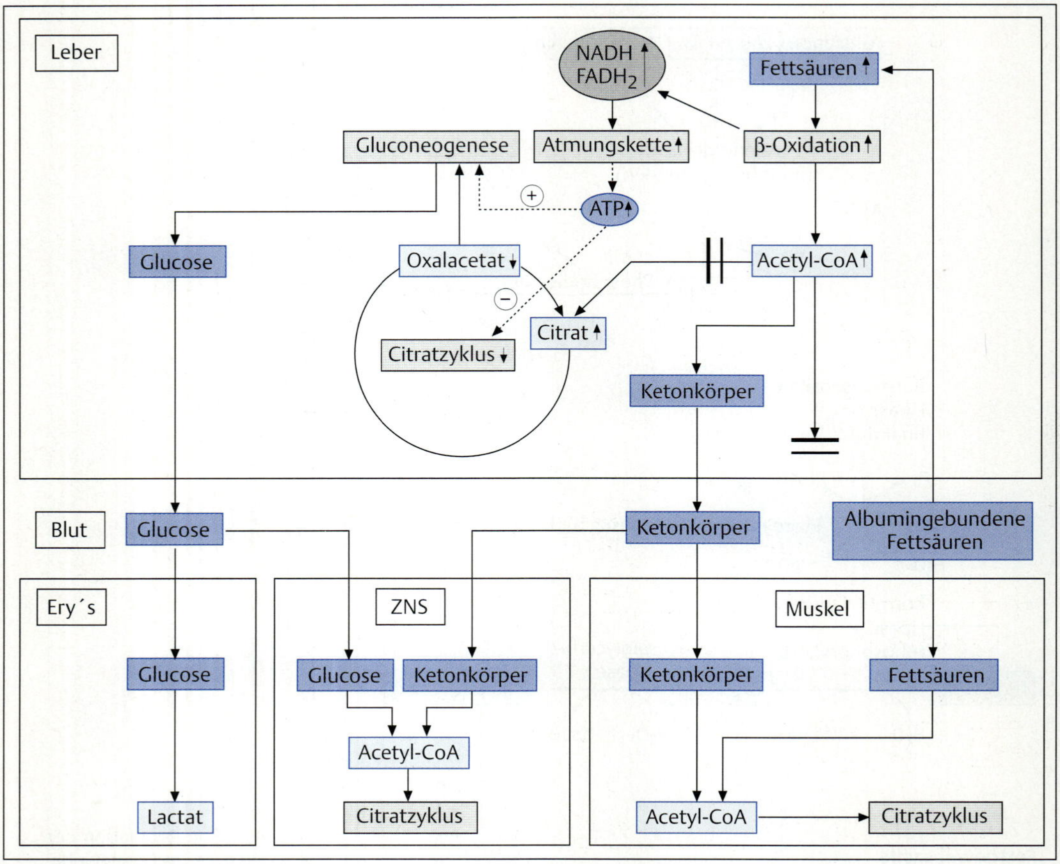

Abb. 9.**9** Ursachen der Ketogenese

9.2.3 Triglyceridabbau

Die Spaltung von Triglyceriden in *freie Fettsäure* und *Glycerin (Lipolyse)* wird durch hormonsensitive Lipasen katalysiert und ist im Zytosol lokalisiert. Dabei werden durch Triglycerid-, Diglycerid- und Monoglyceridlipasen schrittweise die drei veresterten Fettsäuren hydrolytisch abgespalten. Die freigesetzten Fettsäuren werden zur Energiegewinnung durch die β-Oxidation genutzt. Glycerin kann durch Umwandlung in Dihydroxyacetonphosphat dem Kohlenhydratstoffwechsel zugeführt werden.

Regulation

Der Triglyceridabbau wird *hormonell unter Vermittlung von cAMP* reguliert (Abb. 9.**8**). Dabei bewirkt cAMP die Aktivierung einer Proteinkinase, die ihrerseits inaktiv vorliegende Triglyceridlipasen durch Phosphorylierung in die aktive Form interkonvertiert, wodurch die Lipolyse beginnt.

Hormone wie *ACTH*, *TSH*, *Glukagon* und die *Catecholamine* fördern die Lipolyse. *Insulin* hingegen wirkt als starker Inhibitor der Lipolyse, indem es einerseits über Aktivierung der Phosphodiesterase den cAMP-Abbau fördert und andererseits durch Hemmung der Adenylcyclase die cAMP-Bildung hemmt. Neben Insulin wird auch dem *Prostaglandin E1* eine geringe, die Lipolyse hemmende Wirkung zugesprochen.

9.2.4 Ketonkörper

Ursachen und Bedeutung gesteigerter Ketonkörperbildung (Abb. 9.9)

Bei langfristiger Nahrungskarenz übernimmt insbesondere die Leber die lebensnotwendige Aufgabe, den Blutzuckerspiegel auf einem Mindestmaß auf-

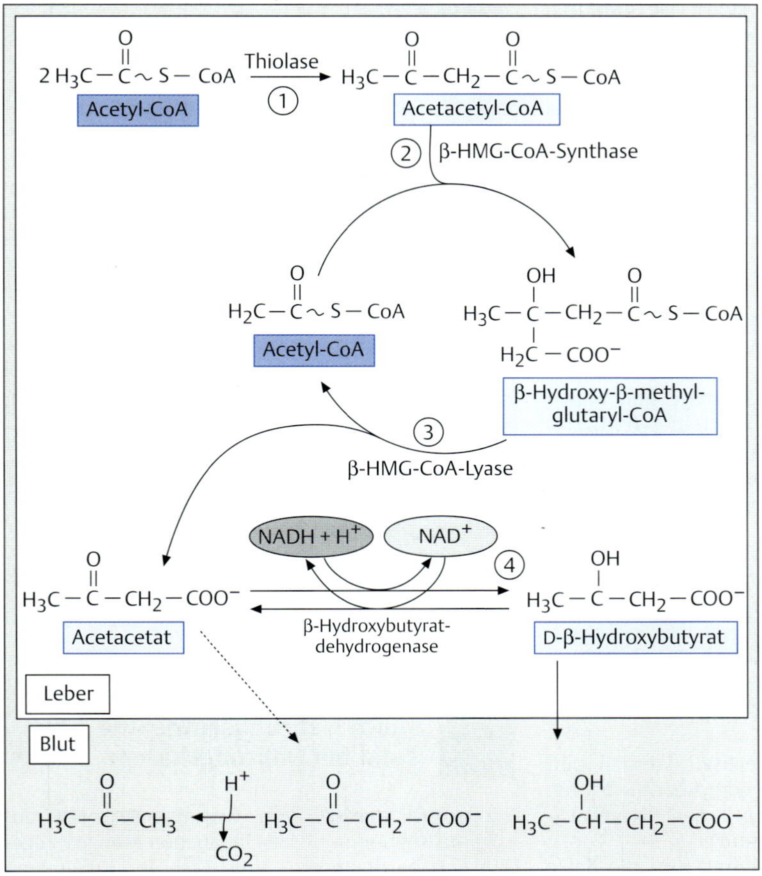

Abb. 9.**10** Ketogenese

rechtzuerhalten. Die dafür notwendige Gluconeogenese erfordert eine beträchtliche Menge ATP. Aus diesem Grund ist es notwendig, die Leber ausreichend mit energiereichen Brennmaterialien zu versorgen.

In einem solchen Hungerstoffwechsel kommt es, ausgelöst durch den sinkenden Insulinspiegel, zu einer massiven Lipolyse, wobei ein beträchtlicher Anteil der freigesetzten Fettsäuren der Leber als Brennmaterial angeboten wird. Die bevorzugte Versorgung der Leber mit Fettsäuren schafft in diesem Organ eine ganz typische Stoffwechselsituation. Wegen des massiven Angebotes an Fettsäuren läuft die β-Oxidation in den Lebermitochondrien auf vollen Touren. Das dabei anfallende $FADH_2$ und $NADH+H^+$ liefert die gebundenen Wasserstoffatome zur Atmungskette, wo sie unter massiver Bildung von ATP verbrannt werden, so daß die *Energieladung der Leberzelle im Hungerstoffwechsel sehr gut* ist. Diese hohe ATP-Konzentration ermöglicht einerseits die notwendige Gluconeogenese, andererseits wird dadurch der Citratzyklus der Lebermitochondrien gehemmt. Gleichzeitig wird vermehrt Oxalacetat aus dem Citratzyklus entfernt und zur Gluconeogenese ins Zytosol transportiert.

In dieser Situation ist es in der Leber nur noch in geringem Umfang möglich, das aus der β-Oxidation anfallende Acetyl-CoA über den Citratzyklus zu verbrennen. Das nicht membrangängige Acetyl-CoA staut sich an und wird im Rahmen der *Ketonkörpersynthese (Lynen-Zyklus)* in die transportfähigen Ketonkörper umgewandelt, um sie anschließend ans Blut abzugeben und bestimmten Geweben als Brennmaterial anzubieten. Viele Gewebe, bei starkem Hunger insbesondere das ZNS, sind in der Lage, Ketonkörper aufzunehmen, in Acetyl-CoA-Einheiten zu zerlegen und anschließend im Citratzyklus zu verbrennen (Abb. 9.**9**).

Die Bildung der Ketonkörper stellt also praktisch die Lösung eines Transportproblems dar, indem in der Leber nicht membrangängiges, überschüssiges Acetyl-CoA in transportfähige Substanzen, die Ketonkörper, umgewandelt wird, die anschließend zu extrahepatischen Geweben transportiert werden. Bei langandauerndem Hunger dienen die Ketonkörper dem ZNS, neben Glucose, als lebensnotwendiges Brennmaterial.

Synthese

Reaktionsschritte (Abb. 9.**10**):

1. In einer *Umkehr der Thiolase-Reaktion* (β-Oxidation) wird aus 2 Acetyl-CoA **Acetacetyl-CoA** gebildet.

2. Mit Hilfe der *β-HMG-CoA-Synthase* und einem weiteren Molekül Acetyl-CoA entsteht **β-Hydroxy-β-Methyl-Glutaryl-CoA (β-HMG-CoA).** Bis zu diesem Schritt verläuft die Ketonkörpersynthese identisch mit der Cholesterinsynthese, welche allerdings im Zytosol lokalisiert ist.

3. Der nächste Schritt, die Abspaltung von Acetyl-CoA durch *die β-HMG-CoA-Lyase* unter Bildung des ersten Ketonkörpers, **Acetoacetat** ist typisch für die Ketonkörpersynthese.

4. Acetoacetat kann anschließend entweder durch die β-*Hydroxybutyratdehydrogenase* zum **β-Hydroxybutyrat** reduziert werden, oder spontan zu **Aceton** decarboxylieren.

Aceton kann nicht verstoffwechselt werden und wird entweder über die Lunge oder über die Nieren ausgeschieden (typischer Geruch nach Nagellack-Entferner [Aceton] in der Atemluft).

Acetoacetat und β-Hydroxybutyrat sind die Salze der Acetessigsäure bzw. der β-Hydroxybuttersäure. Im Rahmen der Ketonkörpersynthese entstehen strenggenommen zunächst diese beiden Säuren, die jedoch sofort in H^+ und Acetoacetat bzw. β-Hydroxybutyrat dissoziieren, da beide Substanzen schwache Säuren sind. Beim Ausschleusen der Ketonkörper ins Blut werden die zugehörigen H^+ mit ins Blut transportiert, so daß bei erhöhter Ketonkörperkonzentration eine Ketoazidose erzeugt werden kann.

Die Synthese der Ketonkörper aus Acetyl-CoA-Einheiten wird auch als **Lynen-Zyklus** bezeichnet.

Lokalisation

Die Ketonkörpersynthese findet ausschließlich in *Lebermitochondrien* statt. Darüber hinaus liefern einige ketoplastische Aminosäuren bei ihrem Abbau im Zytosol direkt Acetoacetat. Die Bildung von Ketonkörpern aus dem Aminosäureabbau zählt allerdings nicht zur klassischen Ketonkörpersynthese im Rahmen des Lynen-Zyklus.

9.3 Aminosäuren

Aminosäuren bilden keinen eigentlichen Energiespeicher. Trotzdem kann man Proteine als „Energiespeicher“ auffassen, da sie, insbesondere bei längerem Hunger, zu freien Aminosäuren abgebaut werden können. Glucoplastische Aminosäuren dienen dann als Substrate der Gluconeogenese, ketoplastische Aminosäuren werden über Acetoacetat in Acetyl-CoA umgewandelt und anschließend verbrannt. Dabei spielt insbesondere das Muskelprotein eine wichtige Rolle. Der Abbau von Proteinen (Proteolyse) findet in Lysosomen statt, vermittelt durch Proteinasen und Peptidasen. Die proteolytischen Enzyme werden dabei nach ihrem Angriffspunkt innerhalb des abzubauenden Proteins unterteilt.

! Merke

Endopeptidasen bzw. -proteinasen spalten Peptidbindungen im Inneren des Proteins; *Exopeptidasen* bzw. -proteinasen spalten Peptidbindungen an den Enden eines Proteins.

9.4 Substratfluß und -verwertung nach Nahrungsaufnahme und bei Nahrungskarenz

Nährstoffe werden dem Organismus meist unregelmäßig und in unterschiedlichen Mengen zugeführt. Dabei kann man eine *Resorptionsphase* mit entsprechendem Angebotsstoffwechsel von einer *Postresorptionsphase*, die bis hin zum echten Hunger führen kann, unterscheiden.

Die *Resorptionsphase* beginnt mit der Nahrungsaufnahme und hält zwischen 2–5 Stunden an. Sie ist durch erhöhte Plasmakonzentrationen an Kohlenhydraten, Aminosäuren und Fetten gekennzeichnet. Die *Postresorptionsphase* setzt ein, wenn die Plasmaspiegel der genannten Substanzen absinken. Typisch ist dabei eine niedrige Insulinkonzentration im Plasma, bei gleichzeitig hohem Glukagonspiegel.

9.4.1 Resorptionsphase

Die Stoffwechselvorgänge in der Resorptionsphase sind durch die regulative Wirkung des Insulins, das bei hoher Glucose- und Aminosäuren-Konzentration ins Blut ausgeschüttet wird, entscheidend geprägt.

Merke

In dieser anabolen Phase wird der Energiebedarf des Organismus v.a. durch *aeroben* Abbau von Glucose gedeckt.

Im **Muskel** wird dabei neben dem aeroben Abbau der Glucose zur ATP-Synthese auch *Glykogen* aufgebaut.

Im **Fettgewebe** dient Glucose, neben ihrer Funktion als *Brennmaterial für die Energiegewinnung*, auch als *Substrat für den Aufbau neuer Fettsäure*, indem das aus dem Kohlenhydratabbau stammende Acetyl-CoA zur Fettsäuresynthese verwendet wird.

In der **Leber** wird aufgenommene Glucose teilweise zu *Glykogen* aufgebaut und andererseits bis zum Acetyl-CoA abgebaut. Dabei sind sowohl die *Glykolyse* als auch der *Pentosephosphatweg* aktiv. Ein Teil des gebildeten Acetyl-CoA wird zur ATP-Synthese weiter abgebaut, der Rest dient als Substrat der *Fettsäuresynthese*, die in der Bildung von *Triglyceriden* mündet. Überschüssige Aminosäuren werden in der Leber desaminiert und anschließend entweder in den Citratzyklus eingeschleust (glucoplastische Aminosäuren) oder in Fettsäuren bzw. Fette umgewandelt (ketoplastische Aminosäuren).

In vielen *anderen Geweben*, insbesondere in der Muskulatur, werden *Aminosäuren zum Proteinaufbau* verwendet. Die im Plasma angebotenen *Fette* werden überwiegend zur *Speicherung ins Fettgewebe* aufgenommen.

9.4.2 Postresorptionsphase

In der Postresorptionsphase besteht eine der wichtigsten Aufgaben des Organismus darin, einen *Mindestblutzuckerspiegel* aufrechtzuerhalten, da Erythrozyten, ZNS und Nebennierenmark unbedingt auf Glucose als Brennstoff angewiesen sind.

Dies ist im wesentlichen die Aufgabe der Leber, die in dieser Phase Glucose ans Blut abgibt. Diese Glucose stammt einerseits aus dem *hepatischen Glykogenabbau* und andererseits aus der *Gluconeogenese*. Beide Stoffwechselwege werden durch Glukagon, welches bei erniedrigtem Blutzuckerspiegel ausgeschüttet wird, stimuliert.

Da die Leber v.a. für die Gluconeogenese viel ATP benötigt, wird sie ganz bevorzugt mit Fettsäuren, die aus der Lipolyse im Fettgewebe stammen, als Brennmaterial versorgt. Der Abbau von Fettsäuren durch β-Oxidation, Citratzyklus und Atmungskette liefert schnell hohe Konzentrationen von ATP, so daß die Leber in Postresorptionsphasen eine sehr gute Energieladung besitzt.

Überschüssig gebildetes Acetyl-CoA, das nicht mehr durch den Citratzyklus geschleust werden kann, wird in *Ketonkörper* umgewandelt und insbesondere dem *ZNS und Herzmuskel als Brennstoff* angeboten, wobei alle anderen Gewebe, mit Ausnahme der Leber und mitochondrienlosen Zellen (v.a. Erythrozyten), ebenfalls Ketonkörper verstoffwechseln können.

Merke

Die für die *Gluconeogenese* notwendigen glucoplastischen Aminosäuren werden durch *Proteinabbau*, v.a. in der Muskulatur, und anschließenden Transport zur Leber bereitgestellt. Der Muskel deckt zu diesem Zeitpunkt seinen *eigenen Energiebedarf* durch Abbau von Glykogen und die Verbrennung von Fettsäuren.

9.5 Pathobiochemie

9.5.1 Diabetes mellitus Typ 1

Beim Typ-1-Diabetes liegt aufgrund einer Schädigung des Pankreas ein *absoluter Insulinmangel* vor. Die pathobiochemischen Veränderungen, die damit einhergehen, lassen sich als massive „Fehlinterpretation" des niedrigen Insulinspiegels verstehen. Physiologischerweise signalisiert ein niedriger Insulinspiegel einen niedrigen Blutzuckerspiegel (BZ), worauf der gesunde Organismus mit vermehrter Glucoseneubildung und Abbau von Fetten reagiert. Beim Diabetes mellitus „interpretieren" die Gewebe, v. a. Leber und Fettgewebe, den niedrigen Insulinspiegel als physiologisches Signal für einen niedrigen BZ. Sie sind nicht in der Lage zu erkennen, daß diesmal der niedrige Insulinspiegel Ausdruck der gestörten Pankreasfunktion ist. Folglich laufen solche Stoffwechselwege ab, die auch in Hungerstoffwechselsituationen genutzt werden, um einen niedrigen BZ aufzufüllen, nämlich Gluconeogenese aus freigesetzten glucoplastischen Aminosäuren und Glykogenolyse. Tatsächlich wird durch die Abgabe von Leberglucose ans Blut jedoch eine aufgrund von *Glucoseresorptionsstörung* (Insulinmangel) bereits bestehende *Hyperglykämie* noch verstärkt.

Merke

Bei Überschreiten der sog. *Nierenschwelle* (180 mg Glucose/100 ml Blut) kommt es zur Ausscheidung von Glucose durch den Harn (Glucosurie), die von einer osmotischen Diurese gefolgt ist.

Die durch die osmotische Diurese bedingten Wasserverluste wirken sich körperweit aus, wobei insbesondere die *Dehydratation von Nervenzellen* gefährlich ist. Da Insulin normalerweise die Fette in ihren Depots zurückhält, kommt es beim Diabetes mellitus zur *Lipolyse* und anschließenden *Ketonkörperbildung* in der Leber. Die daraus resultierende Ketonämie produziert eine *metabolische Azidose*, die sich in Richtung *diabetisches Koma* auswirken kann. Neben diesen schnell auftretenden pathologischen Veränderungen gibt es beim Diabetes mellitus gefürchtete *Langzeitkomplikationen*, wie z. B. Mikro- und Makroangiopathien, Veränderungen der Retina oder Polyneuropathien.

Die kausalen Zusammenhänge, die zur Entwicklung eines Diabetes mellitus Typ 1 führen, sind bis heute noch nicht eindeutig geklärt. Eine Virusgenese wird diskutiert. Therapeutisch ist eine regelmäßige Insulinsubstitution obligat.

9.5.2 Diabetes mellitus Typ 2

Beim Typ-2-Diabetes besteht meist eine *herabgesetzte Insulinwirkung* aufgrund von Insulinrezeptordefekten oder verminderter Insulinsekretion. Da bei diesem Typ noch körpereigenes Insulin produziert wird, ist er nicht insulinpflichtig. Typ-2-Diabetes tritt überwiegend bei *älteren, fettleibigen Menschen* auf. Überernährung mit Adipositas sind bei diesem Typ wahrscheinlich die entscheidenden Manifestationsfaktoren.

Pathophysiologisch wird sowohl aufgrund der Fettgewebsvermehrung, und damit Vermehrung der Insulinrezeptoren, als auch durch das gesteigerte Nahrungsangebot eine gesteigerte Insulinausschüttung provoziert. Hohe Insulinspiegel vermindern jedoch die Insulinrezeptorzahl im Sinne einer Down-Regulation und damit auch die Insulinwirkung. Dies erfordert eine weitere Steigerung der Insulinsekretion. Ist die Kapazität der B-Zellen erschöpft, manifestiert sich der Typ-2-Diabetes.

Therapeutisch steht die Gewichtsreduktion im Vordergrund. Medikamentös kommen Substanzen zum Einsatz, die die verbliebene Insulinproduktion bzw. Insulinsekretion steigern.

Homöostase des Säure-Basen-, Wasser- und Elektrolythaushalts

Zellstrukturen und interzelluläre Matrix

11.1 Topochemie der Zelle

Viele eukaryontische Zellen sind in Geweben und Organen organisiert. Um den vielfältigen Anforderungen des Gesamtorganismus an die einzelne Zelle gerecht zu werden, ist eine *Kompartimentierung* innerhalb der Zelle notwendig, damit Stoffwechselwege voneinander getrennt ablaufen können. Die verschiedenen Stoffwechselwege oder -schritte in einer Zelle sind auf die einzelnen *Zellorganellen* verteilt.

Am Beispiel der Biosynthese exportabler Proteine soll dieser Sachverhalt verdeutlicht werden: An der Umsetzung der auf DNA-Ebene gespeicherten Erbinformation zum funktionsfähigen Protein sind *Kern, Ribosomen, endoplasmatisches Retikulum, Golgi-Apparat* und *Vesikel* mit einer jeweils unterschiedlichen Funktion beteiligt.

- *mRNA-Bildung*: Im *Zellkern* erfolgt die Bildung von mRNA durch *Transkription* und anschließende *Modifikation*. Die reife mRNA verläßt den Zellkern.
- *Translation*: Nach Bindung der mRNA an ein *Ribosom* wird zunächst ein Signalpeptid, das den Ribosom-mRNA-Komplex an das rauhe endoplasmatische Retikulum (rER) bindet, *translatiert*. Die Bindung zwischen rER und Ribosom-mRNA-Komplex kommt zustande, weil sich auf rER Rezeptoren für Signalpeptide befinden.
- *Modifikation und Transport*: Im *rER* werden die Proteine *modifiziert*, wobei die Signalsequenz abgespalten wird und Phosphorylierungen stattfinden.
- *Weitere Modifikation und Verpackung*: Vom rER gelangen die Proteine in den *Golgi-Apparat*. Hier erfolgen weitere *posttranslationale Proteinmodifikationen* und die *Verpackung* der ausgereiften Proteine in Vesikel.

Hier folgt nur eine kurze tabellarische Zusammenfassung der Zellorganellen (Tab. 11.**1**), da diese ausführlich in Kap. 1 der Biologie besprochen werden.

Tab. 11.**1** Zellorganellen und ihre Funktion

Organelle	Funktion – Besonderheit	Leitenzyme
Mitochondrien	– Synthese von ATP	– Einige Atmungsketten- und Citratzyklusenzyme (Cytochromoxidase, Succinatdehydrogenase) – DNA- und RNA-Polymerasen
Ribosomen	– Translation in der Proteinbiosynthese	–
rauhes ER	– Transport von Exportproteinen innerhalb der Zelle – Teil der Gluconeogenese	– Glucose-6-Phosphatase (Gluconeogenese)
glattes ER	– Phase I Reaktion der Biotransformation	– Cytochrom P_{450}
Golgi-Apparat	– Verpackung von Exportproteinen – posttranslationale Proteinmodifikation	– Galactosyltransferase
Lysosomen	– Auto- und Heterophagie	– lysosomale Enzyme (z. B. saure Phosphatasen)

Klinischer Bezug

Die **Schwere von Zellschädigungen**, z. B. bei Herzinfarkten oder Hepatitiden, kann durch Bestimmung von normalerweise nicht oder nur gering ausgeprägten Enzymaktivitäten im Plasma nachgewiesen werden, da bei Zellschäden vermehrt Enzyme der betroffenen Zellen in das Plasma abgegeben werden. Werden neben zytoplasmatischen Enzymaktivitäten noch mitochondriale nachgewiesen, so ist der entstandene Schaden größer.

Eine isolierte Betrachtung der einzelnen Organellen ist erst durch Auftrennung der Zelle möglich. Die **Auftrennug von Zellbestandteilen** erfolgt im wesentlichen durch zwei Arbeitsschritte:

- *Homogenisation* der Zelle in einer leicht hypotonen Lösung oder durch schonendes Rühren mit anschließender
- *Zentrifugation* der homogenisierten Bestandteile. Eine recht präzise Auftrennung erhält man durch Zentrifugation in einem Dichtegradienten.

11.2 Biologische Membranen

11.2.1 Bestandteile und Bildung

Membranen tierischer Zellen sind nach einem einheitlichen Prinzip aufgebaut: Jede Membran enthält in wechselnden Anteilen polare *Lipide* und *Proteine*, die sich aufgrund hydrophober Wechselwirkungen zu einer *Lipiddoppelschicht* zusammenlagern (s. Biologie 1.4).

Klinischer Bezug

Unter Einwirkung von Ultraschallwellen auf ein Gemisch von polaren Lipiden in einer wäßrigen Lösung bilden sich spontan **Liposome**. Liposome sind kleine, einen Teil der wäßrigen Phase umschließende Lipiddoppelschichten. Mit Hilfe von Liposomen können schlecht resorbierbare Pharmaka besser aufgenommen werden.

Glycerinphosphatide, *Sphingophosphatide*, *Sphingoglykolipide* und *Cholesterin* stellen den Hauptteil der Membranlipide dar (Abb. 11.**1**). Die nach außen gerichteten zellulären Proteine sind zu einem großen Teil *Glykoproteine*.

Durch die hydrophoben Wechselwirkungen bedingt, lagern sich die lipophilen Anteile der Membrankomponenten nach innen, die hydrophilen nach außen. Die Membranproteine sind innerhalb einer Membran *asymmetrisch* angeordnet. Transmembranäre Anteile der Proteine sind aufgrund besserer Löslichkeit besonders reich an lipophilen Aminosäuern (*Leucin*, *Valin*). Einmal gebildete biologische Membranen stellen ein ständig in Bewegung befindliches Gebilde dar, da die einzelnen Membrankomponenten durch hydrophobe Wechselwirkungen und *nicht* durch kovalente Bindungen zusammengehalten werden.

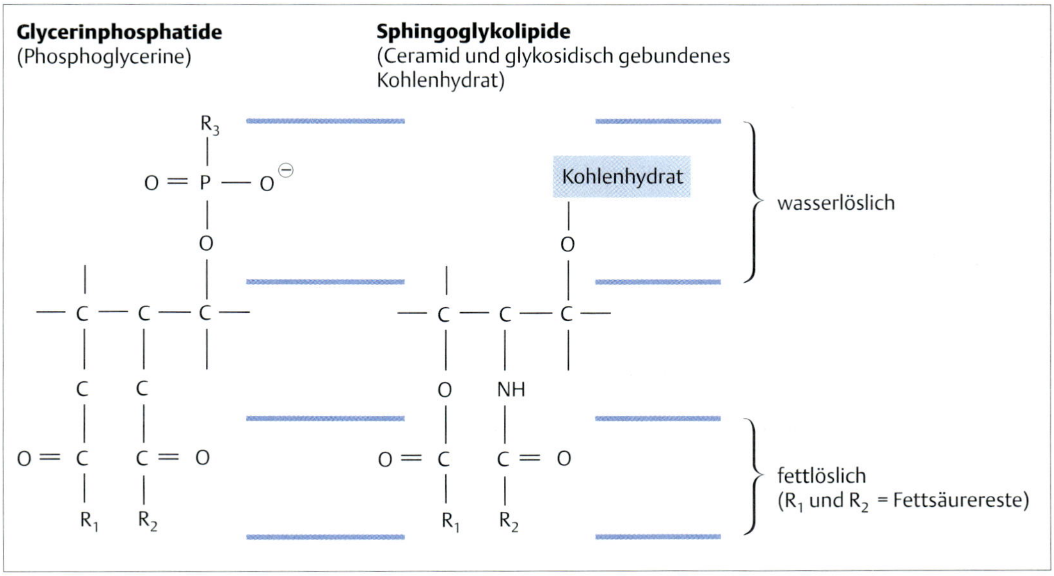

Abb. 11.**1** Ausgewählte Lipidbestandteile biologischer Membranen

Merke

Membrankomponenten sind durch *nichtkovalente Bindungen* miteinander verbunden.

Die Bewegung innerhalb der Membran (*Fluidität*) ist besonders hoch, wenn wenig Cholesterin und viele kurzkettige Fettsäuren in ihr enthalten sind. Die transmembranären Proteine können sich innerhalb der Membran nur lateral bewegen.

11.2.2 Membranfunktionen

Die *Grundfunktion* aller Membranen ist rein physikalisch. Sie stellen eine Struktur dar, die *zwei Kompartimente voneinander trennt*. Im Fall der Zellen trennen Membranen Intra- und Extrazellulärraum voneinander und ermöglichen innerhalb der Zelle die Bildung von verschiedenen Kompartimenten in Form von Organellen. Die *Membranproteine* erfüllen eine weitere Reihe mannigfaltiger Funktionen, wie z. B.:

- *Zellidentität* über MHC- und Blutgruppenantigene,
- *Informationsaustausch* über membranständige Hormonrezeptoren und
- *Transportprozesse* (aktiv und passiv), die die Zelle mit benötigten Stoffen (z. B. Glucose) versorgen und Abfallstoffe ausscheiden.

Einige Bestandteile von Zellmembranen sind *Ausgangsstoffe für die Synthese von Second messengern*. Beispiele hierfür sind die Synthese von IP_3 aus PIP_2 (Phosphatidylinositol-4,5-bisphosphat) und die Synthese von Prostaglandinen aus Linolensäure.

11.3 Interzellularsubstanz

Ohne Interzellularsubstanz (von Zellen gebildete und sezernierte Stoffe) wäre die für den Organismus lebensnotwendige Organisation einzelner Zellen in Geweben und Organen undenkbar. Die mikroskopische Gliederung der Leber in Portalfelder ist nur ein Beispiel. *Kollagen*, *Elastin*, *Proteoglykane* und *Hyaluronat* sind die organischen Hauptkomponenten der Interzellularsubstanz.

11.3.1 Synthese und Funktion

Kollagen

Die in Wasser unlöslichen Typen (etwa 10) des Kollagens sind Hauptbestandteil des Binde- und Stützgewebes und machen etwa 1/3 des Gesamtkörperproteins aus. Die Kollagene sind auf entsprechende Bindegewebsarten verteilt und bestimmen so deren Eigenschaften (Tab. 11.**2**).

Tab. 11.**2** Wichtige Kollagentypen

Kollagentyp	Vorkommen	Quartärstruktur
Typ I	– Sehnen – Knochen – Haut	– fibrillär
Typ II	– Knorpel – Nucleus pulposus	– fibrillär
Typ III	– Haut – Blutgefäße	– fibrillär
Typ IV	– Basalmembran	– nichtfibrilläres Netzwerk

Die **Kollagenbiosynthese**, hier für die Typen I – III beschrieben, findet in mehreren Schritten intra- und extrazellulär statt. Produkt der *intrazellulären* Synthesephase im Fibroblasten ist das Prokollagen, eine Tripelhelix aus hydroxylierten und glykolysierten α-Peptidketten. Nach Sekretion in den *Extrazellulärraum* lagern sich die einzelnen Prokollagenmoleküle aneinander und bilden kovalente Quervernetzungen untereinander aus (Abb. 11.**2**). Die Schritte im einzelnen:

Intrazelluläre Phase: Bestandteile einer zunächst synthetisierten *a-Kette* sind hauptsächlich Glycin, Prolin und Lysin. Nach Abspaltung eines Signalpeptids, ähnlich wie bei der Insulinbildung, entsteht Prokollagen. An seinem N- und C-terminalen Ende enthält *Prokollagen* Proteinbestandteile (Register- und Telopeptide), die unter Ausbildung von Disulfidbrücken jeweils 3 Prokollagenmoleküle zu einer *Tripelhelix* verdrillt werden. An der Tripelhelix findet unter Beteiligung von Ascorbinsäure, Sauerstoff, Eisen und α-Ketoglutarat die *Hydroxylierung* von Prolin zu Hydroxyprolin und Lysin zu Hydroxylysin statt. Anschließend erfolgt die *glykosidische Bindung* von Glucose- und Galactoseresten an das Prokollagen.

Merke

Die **Ausbildung der Tripelhelix** im Prokollagenmolekül ist nur möglich, da jede 3. Aminosäure Glycin ist. Als kleinste Aminosäure ermöglicht Glycin die Ausbildung von Wasserstoffbrückenbindungen zwischen Amino- und Ketogruppen anderer Ketten, da der Bindung keine raumfordernden Seitenketten im Wege stehen.

Extrazelluläre Phase: Nach erfolgter Sekretion des Prokollagens in den Extrazellulärraum spalten Proteasen die Register- und Telopeptide ab. Ionenanziehungskräfte und hydrophobe Wechselwirkungen

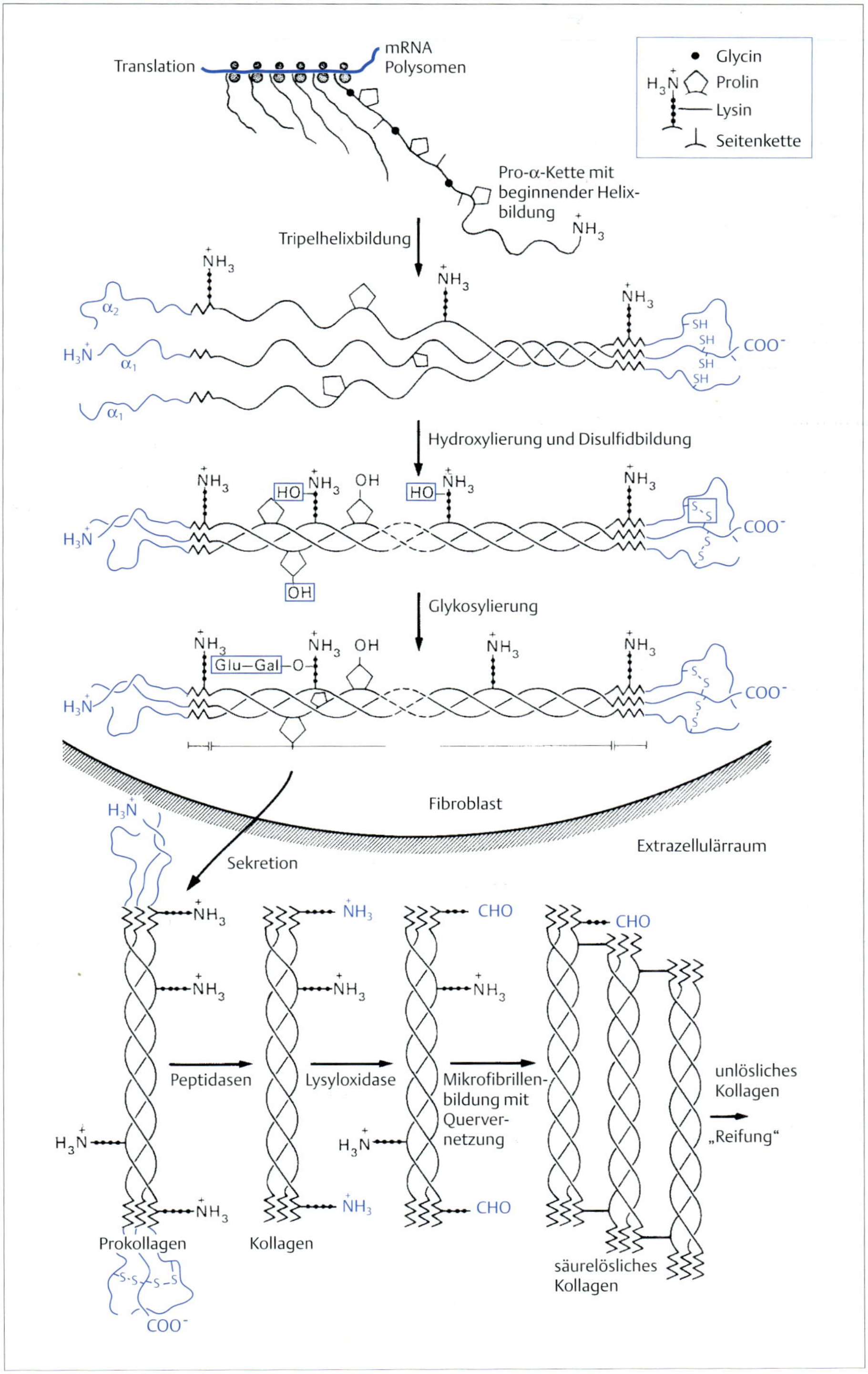

Abb. 11.**2** Kollagenbiosynthese (aus Löffler, G., P. Petrides: Physiologische Chemie. 4. Aufl. Springer, Heidelberg 1990)

bedingen die *Anlagerung* mehrerer Prokollagenmoleküle aneinander (Mikrofibrille) oder an bereits bestehende Mikrofibrillen. Unter Ausbildung kovalenter Bindungen *stabilisiert* sich die Kollagenmikrofibrille. Von besonderer Bedeutung ist dabei die oxidative Desaminierung von ε-Aminogruppen. Aus den entstandenen Mikrofibrillen bilden sich durch Aneinanderlagerung die endgültigen Kollagenfibrillen.

Elastin, Hyaluronsäure und Proteoglykane

Elastin, das u. a. in Aorta, Ligamenta flava, Pulmonalarterien und Ohrknorpel vorkommt, bildet, wie das Kollagen, erst extrazellulär seine endgültige Struktur aus. Für die Ausbildung der endgültigen Elastinmoleküle sind hydrophobe Wechselwirkungen und das Enzym *Lysyloxidase* verantwortlich. Die Lysyloxidase ermöglicht die kovalente Quervernetzung des Elastins durch Desaminierung von Lysylresten; die Bindung wird als *Desmosin-* bzw. *Isodesminverbindung* bezeichnet.

Hyaluronsäure und **Proteoglykane** sind weitere Bestandteile der Interzellularsubstanz. Beide zeichnen sich durch ein hohes Wasserbindungsvermögen aus (Struktur s. Kap. 1).

11.3.2 Abbau der Interzellularsubstanz

Verantwortlich für den Abbau der Interzellularsubstanz sind *proteolytische Enzyme* (z. B. Kollagenasen, Elastase, Hyaluronidase, Hydrolasen). Die Ausscheidung bestimmter Aminosäuren (Prolin- und Hydroxyprolin) im Urin erlaubt daher Rückschlüsse auf den Kollagenumsatz.

Klinischer Bezug

Bei **Knochenerkrankungen, Wachstum, Akromegalie** und nach der **Schwangerschaft** ist der Kollagenumsatz und somit auch die Ausscheidung von Prolin und Hydroxyprolin im Urin, gesteigert.

Makrophagen und Granulozyten enthalten große Mengen von Enzymen, die die Interzellularsubstanz abbauen. Das in der Leber synthetisierte Serumprotein α_1-Antitrypsin hemmt vor allem die Elastase und verhindert somit einen unkontrollierten Abbau der Interzellularsubstanz.

Klinischer Bezug

Bei einem genetisch bedingten **α_1-Antitrypsinmangel** entfalten die proteolytischen Enzyme ihre ungehemmte Aktivität. Vor allem in der Leber (Ausbildung einer Zirrhose) und der Lunge (chronisch obstruktive Erkrankungen) manifestiert sich der α_1-Antitrypsinmangel. Deswegen sollte bei jeder diagnostizierten Leberzirrhose nicht nur ein Alkoholabusus, sondern auch ein α_1-Antitrypsinmangel in die differentialdiagnostischen Überlegungen mit aufgenommen werden.

11.4 Pathobiochemie

11.4.1 Zellen und Membranen

Die von *Virchow* begründete *Zellularpathologie* begründet das Entstehen von Krankheiten durch Fehlfunktion einer oder mehrerer Zellen. Defekte des *Erbguts* im Zellkern können in Keimzellen zu Erbkrankheiten, in somatischen Zellen zu neoplastischen Veränderungen führen. Die Schäden können aber auch in der Zellmembran lokalisiert sein. Beispielsweise führen Defekte des LDL-Rezeptors (nimmt mit Cholesterin beladene LDL-Lipoproteine aus dem Blut auf) zu einer *Hypercholesterinämie*.

11.4.2 Interzellularsubstanz

Störungen des Kollagenstoffwechsels (*Kollagenosen*) können angeboren oder erworben sein. Zu den *angeborenen* Kollagenosen zählt z. B. das autosomal dominant vererbte **Marfan-Syndrom**. Beim Marfan-Syndrom ist das Typ-I-Kollagen um 20 Aminosäuren verlängert und in seiner Funktionalität eingeschränkt. Klinisch fallen lange Finger (Madonnenhände), Thoraxdeformitäten und Herzschwäche auf. **SLE** (systemischer Lupus erythematodes) ist ein Beispiel für erworbene Kollagenosen. Die Ätiologie der autoimmunen Entzündungsreaktion, die das Bindegewebe und diverse Organe betrifft, ist noch unklar. Die Therapie ist deswegen auf immunsuppressive Medikamente beschränkt.

Bewegung

Speicherung, Übertragung und Expression genetischer Information

13.1 Nukleotide

Zu den Nukleotiden gehören *Purin- und Pyrimidinnukleotide*, die als energiereiche Verbindungen in allen Zellen viele Stoffwechselvorgänge antreiben. Sie sind Bestandteile von Coenzym A und der Cofaktoren NAD, FAD, S-Adenosylmethionin. Als aktive Stoffwechsel-Zwischenprodukte wie „aktivierte Zukker" (z. B. UDP-Glucose) stehen sie in einem funktionellen Zusammenhang mit der Synthese von Glykogen, Glykoproteinen und Glykolipiden sowie Phospholipiden. Als Ausgangssubstanz für die DNA und die RNA sind sie Träger der genetischen Information. Einige Nukleotide, wie cAMP und cGMP, sind auch zelluläre Botenstoffe (*Second messenger*).

13.1.1 Nukleotidsynthese

Es gibt zwei Arten der Nukleotidsynthese:

- *De-novo-Synthese*, bei der aus verschiedenen metabolischen Vorstufen ein Nukleotid aufgebaut wird. Abb. 13.**1** zeigt schematisch alle Substrate, die für die Purinnukleotid- bzw. Pyrimidinnukleotidsynthese benötigt werden.
- *Salvage-Pathway* (Recyclingweg), bei dem die Purinbasen, die beim Abbau der DNA bzw. RNA anfallen, für die Purinnukleotidsynthese wiederverwertet werden (s. 13.1.2 Purinabbau).

De-novo-Purinsynthese

Die Synthese der beiden Purinnukleotide Adenosinmonophosphat (**AMP**, Adenylat) und Guanosinmonophosphat (**GMP**, Gyanylat) erfolgt über die schrittweise Anlagerung von Molekülgruppen an Ribose-5-Phosphat (Abb. 13.**2**):

1: Ribose-5-Phosphat wird durch die Ribosephosphat-Pyrophosphokinase mit ATP als Pyrophosphat-Donator in Phosphoribosylpyrophosphat (PRPP, 5-Phosphat-Ribosyl-1-Pyrophosphat) umgewandelt.

2: An C_1 von PRPP wird eine von Glutamin abgegebene Aminogruppe mit Hilfe der Wirkung der Glutamin-PRPP-Transferase gebunden und in 5-Phosphoribosylamin umgewandelt.

3: Durch Kondensation mit Glycin unter ATP-Verbrauch entsteht Glycinamin-Ribonukleotid. Enzym: Glycinamid-Ribonukleotid-Synthetase.

4: Durch Anlagerung folgender Atome entsteht das erste Zwischenprodukt mit einem vollständigen Purinringsystem, das **Inositol-Monophosphat** (**IMP**):

1. Die Aminogruppe des Glycins wird von N_{10}-Formyltetrahydrofolsäure formyliert.
2. Glutamin steuert in einer ATP-abhängigen Reaktion ein N-Atom bei. Anschließend kommt es zum Ringschluß des Fünfrings (Imidazolring).
3. Eine Caboxylgruppe wird (Biotin-unabhängig) an den Imidazolring eingeführt.
4. Aspartat gibt ebenfalls seine Aminogruppe an den Imidazolring ab. Diese Reaktion ist ATP-abhängig.
5. Das letzte C-Atom wird von der N_{10}-Tetrahydrofolsäure geliefert, wodurch der zweite Ringschluß (Sechsring) erfolgt.

5: Die Ketogruppe am C_6 des IMP wird in einer zweistufigen, GTP-abhängigen Reaktion durch eine Aminogruppe aus Aspartat ersetzt. Es entsteht AMP.

6: IMP wird am C_2-Atom durch NAD^+ oxidiert. Dieser Reaktion schließt sich die Addition einer Aminogruppe von Glutamin an, wodurch **GMP** entsteht. Dabei wird ATP in AMP und PP gespalten.

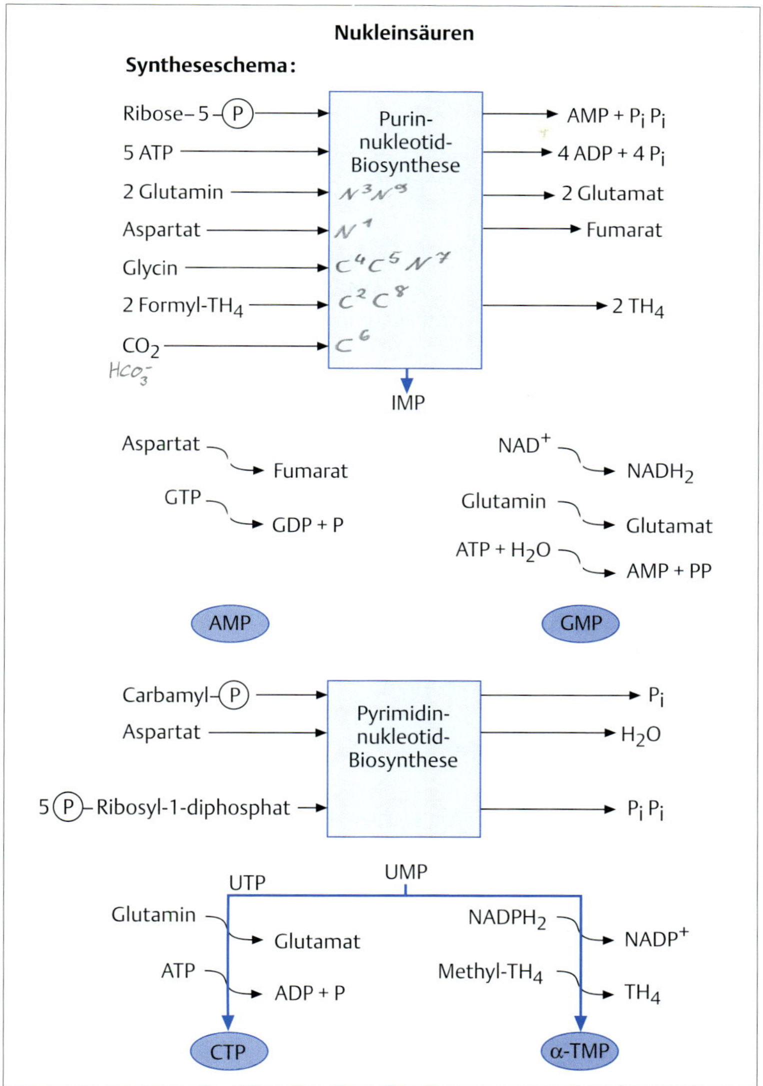

Abb. 13.**1** Substrate der Purinnukleotid- und Pyrimidinnukleotidsynthese (*De-novo-Synthese*)

Merke

IMP ist die gemeinsame Vorstufe für AMP und GMP. Die Aminosäurensubstrate Glutamin (GMP), Glycin und Asparaginsäure (AMP) und das Cosubstrat Tetrahydrofolsäure sind an der Purinnukleotidsynthese beteiligt.

Regulation der Purinnukleotidsynthese

Die De-novo-Purinnukleotidsynthese wird durch drei kooperative Rückkopplungsmechanismen (Feedback-Hemmung) kontrolliert:

1. Mechanismus: Die Endprodukte IMP, AMP und GMP hemmen allosterisch die Reaktion 1 und 2 (s. Abb. 13.**2**).

2. Mechanismus: GMP-Überschuß hemmt die Reaktion 6, ohne die AMP-Synthese zu beeinflussen. Dagegen führt ein Überschuß an AMP zur Hemmung

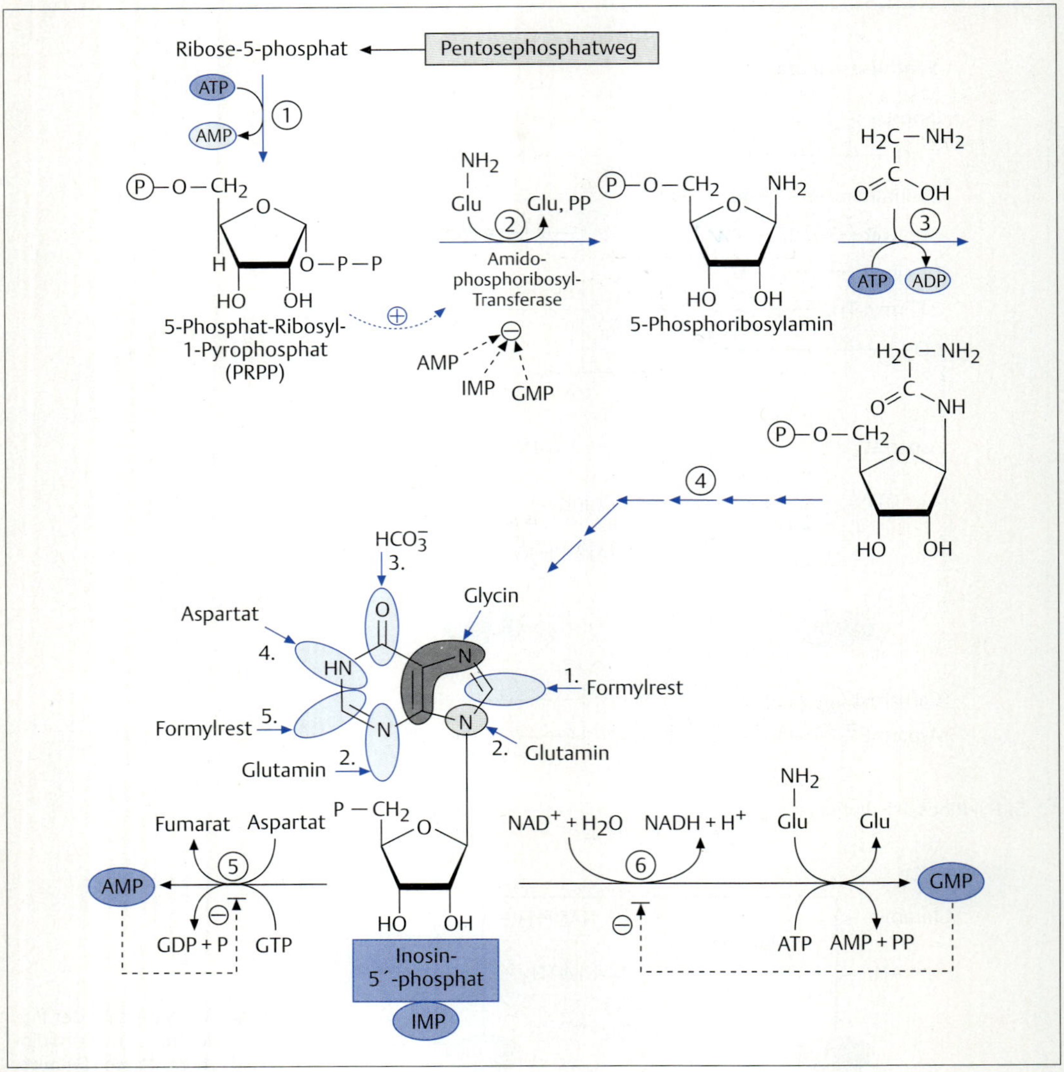

Abb. 13.**2** Purinnukleotidsynthese und Regulation (gestrichelt)

der Reaktion 5, ohne die GMP-Synthese zu beeinflussen.

3. Mechanismus: GTP wird für die Umwandlung von IMP in AMP benötigt, wogegen ATP für die Synthese von GMP aus IMP nötig ist. Dieses Wechselspiel – GTP für die AMP-Synthese und ATP für die GMP-Synthese – bedingt eine ausgeglichene Synthese beider Nukleotide.

De-novo-Pyrimidinsynthese

Bei der Synthese der Pyrimidinnukleotide Uridinmonophosphat (**UMP**, Uridylat), Thymidinmonophosphat (**TMP**, Thymidylat) und Cytidinmonophosphat (**CMP**, Cytidylat) wird im Gegensatz zu der Purinnukleotidsynthese zuerst der Pyrimidinring gebildet, der dann mit Ribose-5-Phosphat gekoppelt wird (Abb. 13.**3**):

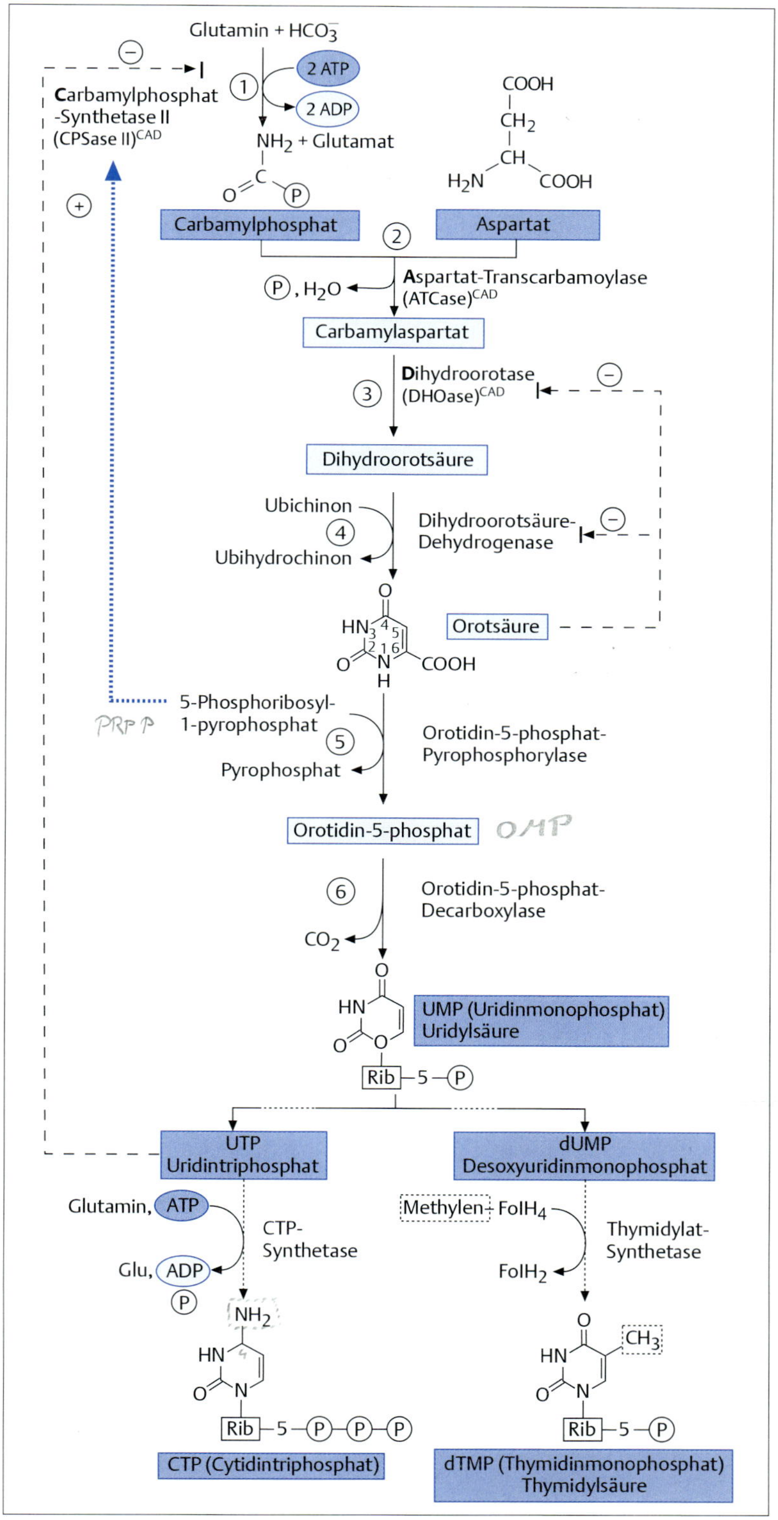

Abb. 13.**3** Pyrimidinsynthese und Regulation (gestrichelt) Carbamylphosphat-Synthetase II ①, Aspartat-Transcarbamoylase ② und Dihydroorotase ③ sind Bestandteile eines einzigen multikatalytischen Proteins (CAD-Protein, siehe Text); ⊖ allosterische Hemmung; ⊕ allosterische Aktivierung

Syntheseweg bis zur Stufe des UMP: Bis zu der Stufe des UMP folgt die CMP- und TMP-Synthese einem gemeinsamen Syntheseweg:

1: Glutamin reagiert mit CO_2 (in Form von HCO_3^-) durch die Carbamylphosphat-Synthetase II* zu **Carbamylphosphat**. Diese Reaktion benötigt 2 ATP.

2: Aspartat kondensiert mit Carbamylphosphat unter Katalyse der Aspartat-Transcarbamoylase zu Carbamylaspartat. Im Gegensatz zur Purinsynthese, wo Aspartat nur N-Lieferant ist, wird hier das Kohlenstoffgerüst von Aspartat eingebaut.

3: Durch Wasserabspaltung aus Carbamylaspartat durch die Dihydroorotase schließt sich der Pyrimidinring unter Bildung von **Dihydroorotsäure**.

4: Dihydroorotsäure wird durch NAD^+ zu dem Pyrimidinderivat **Orotsäure** oxidiert (dehydriert). Enzym: Dihydroorotsäure-Dehydrogenase.

5: Orotsäure reagiert mit Phosphoribosylpyrophosphat (PRPP) unter Pyrophosphat-Abspaltung (PP) zu **Oritidin**-5-Phosphat. Enzym: Phosphorybosyl-Transferase

6: Durch Decarboxylierung des Oritidin-5-Phosphates entsteht **Uridinmonophosphat** (**UMP**). Enzym: Oritidin-5-Phosphat-Decarboxylase.

CMP-Synthese aus der Vorstufe UMP: CMP kann in der De-novo-Synthese nur in seiner Triphosphatform Cytidintriphosphat (CTP) aus UTP synthetisiert werden: UMP wird in einer 2 ATP-abhängigen Reaktion zunächst zum Di- und dann zum Triphosphat UTP phosphoryliert. Eine Aminogruppe aus Glutamin wird an das C_4-Atom des UTP gebunden, wobei CTP entsteht.

TMP-Synthese aus der Vorstufe UMP: Thymidylat kann nur über das Desoxyribonukleotid dUMP synthetisiert werden. Die Thymidylatsynthetase katalysiert die Übertragung einer C_1-Einheit von Tetrahydrofolsäure (s. 5.3.5) auf dUMP, wobei dTMP entsteht. Zur Desoxynukleotidsynthese s.u.

Regulation der Pyrimidinnukleotidsynthese: In Eukaryonten werden die ersten drei Schritte der De novo Pyrimidinsynthese von einem multikatalytischen Enzym, dem *CAD*-Protein (*C*arbamylphosphat-Synthetase II, *A*spartat-Transcarbamoylase, *D*ihydroorotase; nach Buddecke: Enzymkomplex A), katalysiert. Dieses besitzt für jede Reaktion ein aktives Zentrum. Die Dihydroorotase-Aktivität wird durch Orotsäure, die Carbamylphosphat-Synthetase II-Aktivität durch UTP allosterisch gehemmt (Zwischen- bzw. Endprodukthemmung).

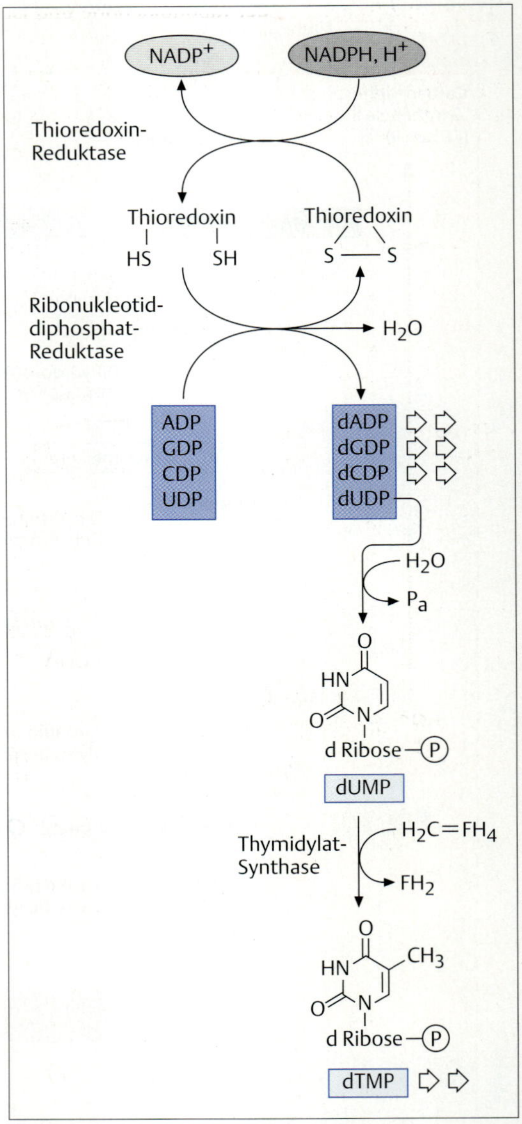

Abb. 13.**4** Bausteine der DNA, also Desoxyribonukleotide, werden durch die Reduktion der entsprechenden Ribonukleotide geliefert

Desoxyribonukleotidsynthese

Die Reduktion der Ribonukleotide durch eine mehrstufige Redoxreihe zu Desoxyribonukleotid erfolgt

* Der Organismus besitzt zwei verschiedene Carbamylphosphat-Synthetasen (I und II). Die Carbamylphosphat-Synthetase I kommt nur in den Mitochondrien der Hepatozyten vor und stellt Carbamylphosphat für die Harnstoffsynthese bereit. Stickstoff-Quelle ist freies Ammoniak (NH_3), das entgiftet wird (Kap. 8.4). Die Carbamylphosphat-Synthetase II ist im Zytosol aller Gewebszellen lokalisiert und dient der Pyrimidinsynthese. N-Quelle ist hier Glutamin (s. o.).

auf der Diphosphatstufe der Ribonukleotide und ist für die Synthese der DNA relevant. Dabei werden Wasserstoff-Atome von NADPH/H^+ durch die Thioredoxin-Reduktase, ein Flavoprotein mit FAD als prosthetischer Gruppe, auf Thioredoxin übertragen, wo sie durch Reduktion eine Disulfidbrücke spalten. Die SH-Gruppen des Thioredoxins liefern die Elektronen für die Reduktion der Ribonukleotid-Diphosphate durch die Ribonukleotid-Reduktase (Abb. 13.**4**).

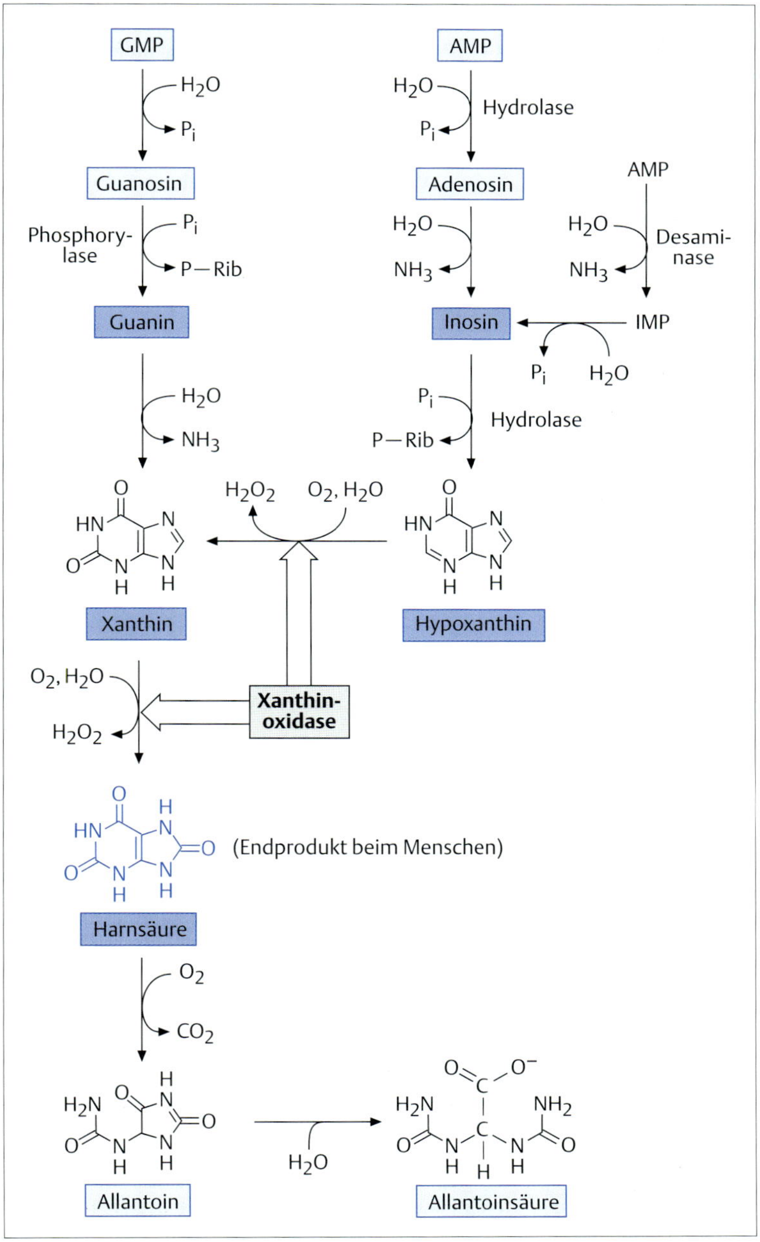

Abb. 13.**5** Abbau der Purinnukleotide

13.1.2 Nukleotidabbau

Mononukleotide, die beim intrazellulären Abbau von RNA anfallen (DNA wird dagegen erst nach dem physiologischen Zelltod abgebaut), werden entweder wiederverwendet oder abgebaut.

Purinabbau (Salvage-Pathway)

Purinbasen werden bis zu ca. 90 % durch Verknüpfung mit PRPP wieder zu Mononukleotiden aufgebaut. Die nicht wiederverwendeten Purinbasen werden im Organismus zu Harnsäure (Urat) abgebaut und zu 30 % über den Darm und zu 70 % über die Niere ausgeschieden (Abb. 13.**5**):

- *AMP-Abbau:* AMP wird hydrolytisch durch eine Nukleotidase zu dem Nucleosid Adenosin (Adenin + Ribose) abgebaut, das durch Desaminierung Inosin liefert. Inosin wird zu der Purinbase Hypoxanthin und Ribose hydrolysiert. Hypoxanthin wird von der Xanthinoxidase, einem Flavoenzym, das ein Molybdänatom und vier Eisen-Schwefel-Zentren in seiner prosthetischen Gruppe enthält, via Xanthin zu Harnsäure oxidiert. Im Rahmen dieser Reaktion entsteht zellgiftiges H_2O_2, das durch Peroxidasen und Katalasen entgiftet wird.
- *GMP-Abbau:* GMP wird zu Guanosin hydrolysiert, von dem freies Guanin abgespalten wird. Durch die Desaminierung von Guanin entsteht Xanthin, das von der Xanthin-Oxidase zu Harnsäure umgesetzt wird.

Merke

Beim Menschen ist die Harnsäure (Urat) Endprodukt des Purinabbaus, wogegen viele Säugetiere sie bis Allantoin oder Allantoinsäure abbauen können.

Klinischer Bezug

Harnsäure ist im Blut sehr schlecht löslich und kann bei Überangebot **(Hyperurikämie)** in Form von Harnsäurekristallen im Körper ausfallen und zu einem **Gicht-Anfall** führen: Stark schmerzhafte Entzündung des Großzehengrundgelenkes mit Hautrötung, Überwärmung und Schwellung sind die klassischen Symptome eines akuten Gichtanfalls. Eine therapeutische Möglichkeit ist die Anwendung eines Urikostatikums, das den Xanthinoxidase-abhängigen Abbau von Xanthin und Hypoxanthin hemmt, z. B. Allopurinol.

Pyrimidinabbau

Pyrimidinbasen werden im Gegensatz zu den Purinbasen, die im menschlichen Organismus nur bis zur Harnsäure abgebaut werden, in kleine Fragmente zerlegt, die wieder in den Stoffwechsel eingeschleust oder ausgeschieden werden:

- *UMP-Abbau:* UMP wird hydrolytisch zu Uridin abgebaut, von dem freies Uracil abgespalten wird. Der Pyrimidinring des Uracils wird reduziert und hydrolytisch gespalten. Unter weiterer Abspaltung von CO_2 und NH_3 entsteht *β-Alanin,* das beim weiteren Abbau zu Acetyl-CoA CO_2 und NH_3 liefert.
- *CMP-Abbau:* Beim CMP-Abbau anfallendes Cytosin wird durch Desaminierung in Uracil umgewandelt, das wie oben beschrieben zu *β-Alanin* abgebaut wird.
- *dTMP-Abbau:* Der Abbau von dTMP entspricht dem des UMP, wobei das Endprodukt *β-Aminoisobutyrat* entsteht.

13.2 Nukleinsäuren

13.2.1 DNA-Replikation

Allgemeines

Voraussetzung jeder Zellteilung ist die identische Reduplikation (= *Replikation*) der Chromosomen im Kern der Elternzelle. Die Chromosomenverdopplung spielt sowohl beim Wachstum des Organismus als auch bei der Neubildung von Zellen im ausdifferenzierten Organismus eine wichtige Rolle, z. B.

1. in allen Organen, deren Zellen einem hohen Verschleiß unterliegen (*Wechselgewebe*: Zellen der Epidermis oder des Magen-Darm-Kanals),
2. bei Zellen, die auf ein bestimmtes Signal hin hohe Teilungsraten erreichen (*immunkompetente Zellen*),
3. bei Zellen, die kontinuierlich nachgebildet werden müssen (200×10^9 *Erys* pro Tag), oder
4. im pathologischen Fall bei *Tumorwachstum.*

Die Chromosomenverdopplung findet in der **S-Phase** des Zellzyklus statt, wo Histone, Nichthistonproteine und DNA synthetisiert werden. Histone und Nichthistonproteine gelangen nach ihrer zytoplasmatischen Synthese in den Zellkern und assoziieren sich mit der neusynthetisierten DNA zu Chromatin (Kap. 4). Im folgenden Abschnitt wird auf die Synthese der Nukleinsäure DNA eingegangen.

Semikonservative Replikation

Im Prozeß der DNA-Replikation dient jeder der beiden Einzelstränge der DNA-Doppelhelix als Matrix zur Synthese eines neuen Stranges → *semikonservative Replikation.* Sie beginnt bei Eukaryonten an vielen Stellen im Chromatin → *Replikons,* bei Prokaryonten dagegen an einer festgelegten Stelle.

Merke

Die *Syntheserichtung* verläuft nur von *5 ' nach 3 '* (Ableserichtung: von 3 ' nach 5 '). Als Voraussetzung müssen ausreichende Mengen Nukleotide (Vorläufer der DNA) als energiereiche Desoxynukleosid-*Tri*phosphate (dATP, dGTP, dCTP, dTTP) und Mg^{2+} als Cofaktor zur Verfügung stehen.

DNA-Replikation bei Prokaryonten (Abb. 13.6)

Die Replikation kann in drei Phasen unterteilt werden: Initiation, Elongation und Termination, die sich durch die Art der stattfindenden Reaktionen und die dazu benötigten Enzyme unterscheiden.

- **Initiation:** In der Initiationsphase wird die DNA-Doppelhelix für die Synthese der neuen DNA vorbereitet, indem eine *Replikationsgabel* entsteht: Die Elternstränge werden entspiralisiert, und die aufgetrennten Stränge für die nachfolgende Phase (Elongation) bereitgestellt.
  1. Die beiden komplementären DNA-Stränge der Doppelhelix können nur als Matrizen dienen, wenn sie durch *Helicasen* unter ATP-Verbrauch voneinander getrennt werden.
  2. Die Strangauftrennung durch die Helicase erzeugt Spannungen in der helicalen DNA-Struktur, die durch die *Topoisomerase II* (bei Bakterien Gyrase genannt) beseitigt werden.
  3. *Einzelstrangbindende Proteine* (SSB-Protein = *single strand binding protein*) stabilisieren und spreizen die getrennten DNA-Stränge für die weiteren Schritte.
  4. Da die DNA-Polymerasen (s.u.) nur an 3 '-OH-Enden von bereits bestehenden Anfangsmolekülen Desoxynukleotide anheften können, werden RNA-Stücke als Primer (Startstücke) in 5 ' → 3 ' -Syntheserichtung durch die *Primase (DNA-abhängige RNA-Polymerase*)* synthetisiert → es entstehen RNA-DNA-Hybride.

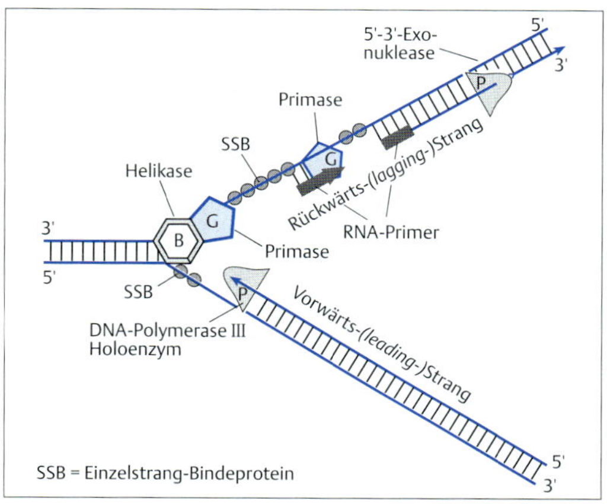

Abb. 13.**6** Schema der DNA-Replikation bei Prokaryonten (aus Knippers, Thieme 1995)

- **Elongation:** Wie oben schon erwähnt, erfolgt die Syntheserichtung des DNA-Strangs immer von 5 ' nach 3 '. Da die beiden DNA-Stränge antiparallel laufen, erfolgt die Synthese an einem Strang kontinuierlich (Leitstrang) und am anderen Strang diskontinuierlich (Folgestrang):
  - *Synthese am Leitstrang:* Nach der Primersynthese werden komplementäre Desoxynucleosidtriphosphate durch die *DNA-Polymerase III* unter Pyrophosphatabspaltung an den Primer gefügt. Die DNA-Synthese schreitet am Leitstrang Richtung Replikationsgabel kontinuierlich fort.
  - *Synthese am Folgestrang:* Da die DNA-Polymerase III Nukleotide nur in 5 ' → 3 '-Richtung verknüpfen kann, und eine kontinuierliche Synthese in 3 ' → 5 '-Richtung verlaufen *müßte*, werden am Folgestrang nach der Synthese des Primers, von der *DNA-Polymerase III* immer nur kurze DNA-Stücke (*Okazaki-Fragmente*) synthetisiert, die von hinten nach vorne, d. h. von der Replikationsgabel weg (in 5 ' → 3 '-Syntheserichtung) wachsen (s. Abb. 13.**6**). Jedes Okazaki-Fragment benötigt seinen eigenen Primer, der von der Primase (s.o.) aufgebaut werden muß. Die RNA-Primer werden dann von der *Polymerase I* oder von der *RNase H* (Ribonuclease) entfernt und entstehende Lücken durch komplementäre Nukleotide durch dasselbe Enzym gefüllt. Schließlich verknüpft die *DNA-Ligase* aneinanderfolgende Okazaki-Fragmente, indem es die Bildung einer Phosphodiesterbindung zwischen einer 3 '-OH-Gruppe am Ende des einen DNA-Stranges eines Okazaki-Fragments und einem 5 '-Phosphatrest am Ende eines anderen Stranges katalysiert. Der Phosphatrest wird je nach Species mittels NAD^+ oder ATP aktiviert, damit die erforderliche chemische Energie zur Verfügung steht.
- **Termination:** Wie man aus der Abb. 13.**6** entnehmen kann, läuft die Replikation bidirektional (durch die Entspiralisierung entstehen zwei Replikationsgabeln). Die Prokaryonten-Replikation läuft so lange ab, bis beide Replikationsgabeln aufeinandertreffen (Replikationsende).

* DNA(x)-abhängige RNA(y)-Polymerase: x-abhängig → x gibt an, was abgelesen wird; y-Polymerase → y gibt an, was synthetisiert wird.

! Merke

Beim Replizieren der DNA durch die Polymerase III können spontane Fehler auftreten. Die Polymerase I und III besitzen eine Korrektur-Reparatur-Funktion, d. h. sie schneiden falsche Nukleotide aus (→ *Exonuklease-Aktivität)* und ersetzen diese durch richtige Nukleotide (in 5' → 3'-Richtung).

DNA-Replikation bei Eukaryonten

Im wesentlichen gilt das Replikationsmodell der Prokaryonten (Abb. 13.**6**) auch für Eukaryonten. Wichtige Unterschiede sind in der Tab. 13.**1** dargestellt.

Tab. 13.**1** Unterschiedliche Enzyme in der Prokaryonten- und Eukaryonten-Replikation

Enzyme	Hauptfunktion
*1 Polymerase α	Primer-Synthese mit nachfolgender Verlängerung kurzer DNA-Stücke
RP-A-Protein	Entspricht dem Einzelstrang-bindenden Protein (SSB-Protein)
Polymerase δ	DNA-Synthese wie bakt. Polymerase III, Reparatur (=Exonuclease)
Polymerase ε	DNA-Synthese wie bakt. Polymerase III, Reparatur (= s.o.)
Polymerase β	DNA-Reparatur
Polymerase γ	mitochondriale DNA-Replikation

Hemmstoffe der Replikation

Hemmstoffe der Replikation finden in der Klinik therapeutische Bedeutung. Dabei sind zwei Angriffspunkte in der Replikation denkbar: an der DNA selbst, z. B. durch Intercalation (Hemmstoff setzt sich zwischen Basenpaare) und an dem Enzymsystem der Replikation. In der Tab. 13.**2** sind wichtige Hemmstoffe zusammengestellt.

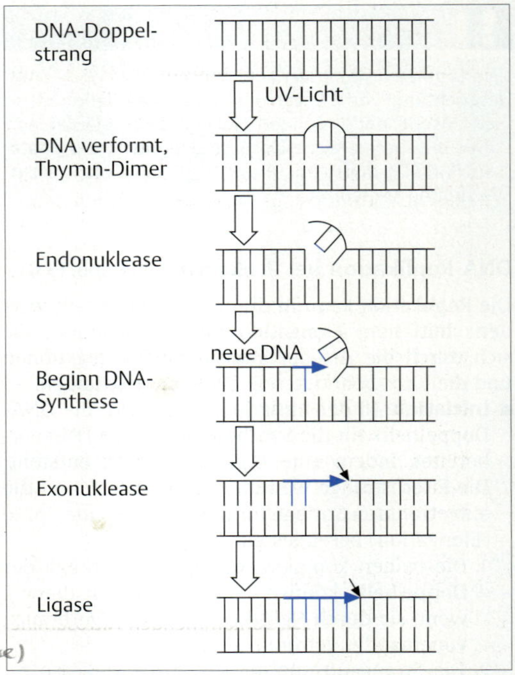

Abb. 13.**7** DNA-Reparatur durch Exzision

13.2.2 DNA-Schädigung und -Reparatur

Die DNA kann durch Einwirkung von Chemikalien und Strahlung (UV- und Röntgenstrahlung) verändert werden. Zum Schutz besitzt jede Zelle Reparaturenzyme, die DNA-Defekte reparieren können. Als Voraussetzung muß ein DNA-Strang als intakte Matrize für die Reparatur des defekten Stranges zur Verfügung stehen. Nachfolgend werden schädliche Einflüsse und Reparatur-Systeme besprochen.

Tab. 13.**2** Hemmstoffe der Replikation

Hemmstoff	Reaktion	Verwendung
Hydroxyharnstoff	hemmt die Ribonucleid-Reduktase	Tumor-Behandlung
Mitomycin	bindet kovalent an DNA	Tumor-Behandlung
Cytosinarabinosid	Pyrimidinanaloge Substanz, besitzt Arabinose statt Ribose → Hemmung der Polymerase	Tumor-Behandlung
Actinomycin	intercaliert bei C–G	Tumor-Behandlung, Antibiotikum
Nocobiocin*	Gyrase-Hemmer	Antibiotikum

*Hemmstoff bei Prokaryonten

*1 Polymerase α / Primase Komplexe => s.o. + Synth der Okazaki Fragmente + Ersetzen der Primer

Ursachen der DNA-Schäden

- *UV-induzierte Schäden:* Unter Einwirkung von UV-Strahlen kommt es zur Bildung kovalenter Bindungen zwischen benachbarten Pyrimidinbasen (Thymindimere, Cytosindimere oder gemischtes Dimer). H-Brücken mit den gegenüberliegenden Purinbasen heben sich auf. Bei der nächsten Replikation kommt es zum Einbau falscher Basen.
- *Chemikalieninduzierte Schäden:* Chemische Substanzen, die mit der DNA reagieren und sie dadurch verändern, sind Mutagene, z. B.:
  - Alkylierende Verbindungen können Methyl- oder Ethylgruppen auf Nukleotidbasen übertragen. Dabei wird die Base so verändert, daß sie mit einer falschen Base Wasserstoffbrücken bildet (z. B. Nitrosamine).
  - Polyzyklische Kohlenwasserstoffe werden in den Leberzellen in Mutagene überführt, die dann die Basen in den DNA-Bausteinen verändern (z. B. Benzpyren, Aflatoxin).

Klinischer Bezug

Die im **Zigarettenrauch** vorkommenden Nitrosamine und Benzpyren, die durch aktives und passives Rauchen inhaliert werden, sind Mutagene, die in der DNA Mutationen induzieren und dadurch Krebs auslösen können. Die durch **Schimmelpilze** (*Aspergillus*-Arten) synthetisierten Aflatoxine kommen in verunreinigten Lebensmitteln vor und können Leberkarzinome verursachen (Aflatoxin B_1).
Xeroderma pigmentosum ist ein autosomal-rezessiv vererbtes Leiden, das auf verschiedenen Defekten in der Reparatur UV-Licht-induzierter DNA-Schäden beruht. Die gewöhnliche Sonnenbelichtung führt deshalb schon im Kindesalter zu multiplen Hauttumoren (z. B. Plattenepithelkarzinomen).

- *Strahleninduzierte Schäden:* Elektromagnetische Strahlung (Röntgen- und γ-Strahlung) und korpuskuläre Strahlen (α- und β-Strahlen) geben beim Eindringen in die Zellen Energie ab und können dadurch DNA-Strangbrüche (Doppelstrang- oder Einzelstrangbruch), kovalente Verbindungen gegenüberliegender Basen, Zerstörung oder Strukturveränderungen von DNA-Basen und von Desoxyriboseresten verursachen.

DNA-Reparatursysteme

Zur Abwehr der DNA-Schäden stehen folgende Reparatursysteme zur Verfügung:

- *Exzisionsreparatur:* Hierbei können einzelne abnorme Basen oder, bei größeren DNA-Schäden (Pyrimidindimere), Nukleotide herausgeschnitten (Exzision) und ersetzt werden. Abb. 13.**7** zeigt am Beispiel des Thymindimers die DNA-Reparatur mit den für die Reparatur notwendigen Enzymen.
- *Photoreparatur:* Unter der Einwirkung von UV-Licht (340-400 nm) kann das Enzym *Photolyase* DNA-Schäden beheben.

13.2.3 Proteinbiosynthese

Grundlagen

Zum besseren Verständnis werden hier Grundlagen der Proteinbiosynthese zusammengefaßt, die im Biologie-Kapitel bereits ausführlich besprochen wurden. In den Proteinen der Lebewesen treten in der Regel 20 verschiedene Aminosäuren in einer spezifischen Sequenz auf. Die spezifische Aminosäurensequenz eines Proteins kann nur in der Basensequenz der DNA verschlüsselt vorliegen, da die übrigen DNA-Bausteine (Phosphat- und Desoxyriboserest) in regelmäßigem Wechsel aufeinander folgen. Die Basensequenz wirkt quasi wie ein Code, der jeder Aminosäure ihren Platz in der Polypeptidkette zuweist. In der DNA kommen nur vier Basen (Adenin, Guanin, Cytosin, Thymin) vor, die 20 Aminosäuren codieren müssen. Bei der Kombination von drei Basen ergeben sich $4^3 = 64$ Möglichkeiten zur Bestimmung jeder der 20 Aminosäuren. Demnach ist ein bestimmtes Trinukleotid → **Triplett** einer bestimmten Aminosäure zugeordnet.
Die Proteinbiosynthese erfolgt an den Ribosomen. Da die Erbanlagen aber im Zellkern in der DNA codiert sind, muß ein Botenstoff die Information vom Zellkern ins Zytoplasma übertragen. Diese Funktion wird von einer besonderen RNA übernommen, die als **messenger RNA** (Boten-RNA) bezeichnet wird. Die Umschreibung der Basensequenz der DNA in die komplementäre Basensequenz der RNA wird als **Transkription** bezeichnet. Die Übersetzung der in der Basenabfolge der mRNA liegenden genetischen Informationen in eine Folge von Aminosäuren, die nach ihrer Verknüpfung ein bestimmtes Protein bilden, heißt **Translation**. Die Basen-Tripletts der DNA, die die Aminosäuren codieren, nennt man **Codogene**. Dem Codogen entspricht nach der Transkription ein komplementäres Basen-Triplett → **Codon** auf der mRNA. Die Gesamtheit aller Codons ist der **genetische Code** (s. Biologie 2.1.3). Die Codons auf der mRNA werden von einer spezifischen tRNA (Transfer-RNA) wiederum durch das Prinzip der Basenpaarung erkannt: Ein bestimmtes Triplett an der tRNA → **Anticodon** paart sich mit einem komplementären Codon der mRNA. Dabei ist von ausschlaggebender Bedeutung, daß ein tRNA-Molekül mit einen bestimmten Anticodon nur eine bestimmte Aminosäure transportiert → *jede Aminosäure hat ihre spezifische tRNA.*

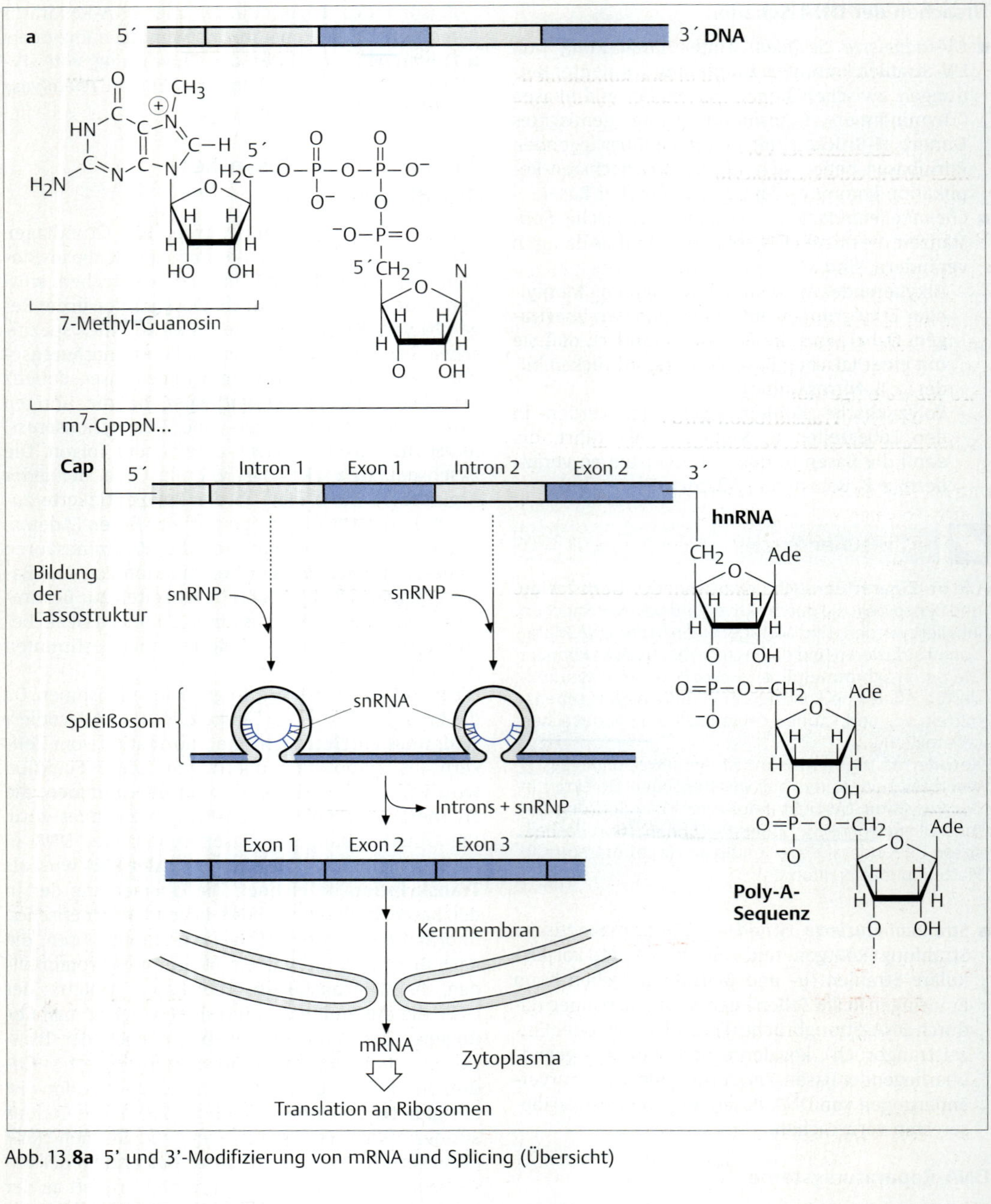

Abb. 13.**8a** 5' und 3'-Modifizierung von mRNA und Splicing (Übersicht)

13.2.4 Transkription

Definition

Die Basensequenz der DNA wird in eine komplementäre Basensequenz der RNA übertragen. Dieser Vorgang wird als Transkription bezeichnet. Funktionell unterscheidet man vier Typen von RNA: mRNA (messenger-RNA), tRNA (transferRNA), rRNA (ribosomale RNA) und snRNA (small nuclear RNA).

Substrate und Enzyme der RNA-Synthese

Für die Transkription müssen genügend RNA-Vorläufer angeboten werden: die Ribonucleosidtriphosphate ATP, GTP, CTP und UTP sowie Mg^{2+} als Cofaktor. An die Stelle der DNA-Base Thymin wird *Uracil,* anstelle des DNA-spezifischen Zuckers Desoxyribose wird *Ribose* eingebaut.

Der Vorgang der Transkription wird in der eukaryontischen Zelle durch drei verschiedene *DNA-abhängige RNA-Polymerasen* katalysiert, die aus zwei großen und ca. 10 kleinen Untereinheiten bestehen:

- *RNA-Polymerase I:* Transkription der Gene für drei verschiedene rRNAs (s.u.), die in den Ribosomen vorliegen.
- *RNA-Polymerase II:* Transkription der Gene für die Synthese der mRNA.
- *RNA-Polymerase III:* Transkription der Gene für die Synthese der tRNAs, 5 S-rRNAs und einige kleine, spezielle RNA-Moleküle (snRNA).

! Merke

α-Amanitin (Gift des Knollenblätterpilzes) hemmt die Polymerase II bei niedrigen (mRNA↓), die Polymerase III bei hohen Konzentrationen (tRNA↓) und die Polymerase I gar nicht.

mRNA-Synthese

Initiation: Die RNA-Polymerase II und Transkription-Aktivatorproteine (TF, Transkriptionsfaktoren) binden an spezifische Sequenzen am 5'-Ende der DNA → *Promotoren,* die als Startstelle die Transkription regulieren. Die Transkription beginnt somit am 3'-Ende des Promotors. Eine Promotor-Region kann verschiedenartig aufgebaut sein:

- *TATA-Box:* Adenin- und Thyminreiche Promotorsequenzen mit typischer Folge „TATAAA“;
- *CCAAT und GC-Boxen:* CCAAT- bzw. GC-reiche Promotorsequenzen;
- *Inr-Element:* Pyrimidinreiche Promotorsequenzen.

Elongation: Nach der Initiation wird der DNA-Strang enzymatisch gespalten und entspiralisiert. Die Polymerase II bindet an den codogenen Strang, wandert darauf und verknüpft zur DNA-Sequenz komplementäre Nucleosidtriphosphate unter Pyrophosphatspaltung zum primären Transkriptionsprodukt *Prä-mRNA (hnRNA).* Die Prä-mRNA wird in 5'→3'-Richtung aufgebaut, während der codogene Strang in 3'→5'-Richtung abgelesen wird.

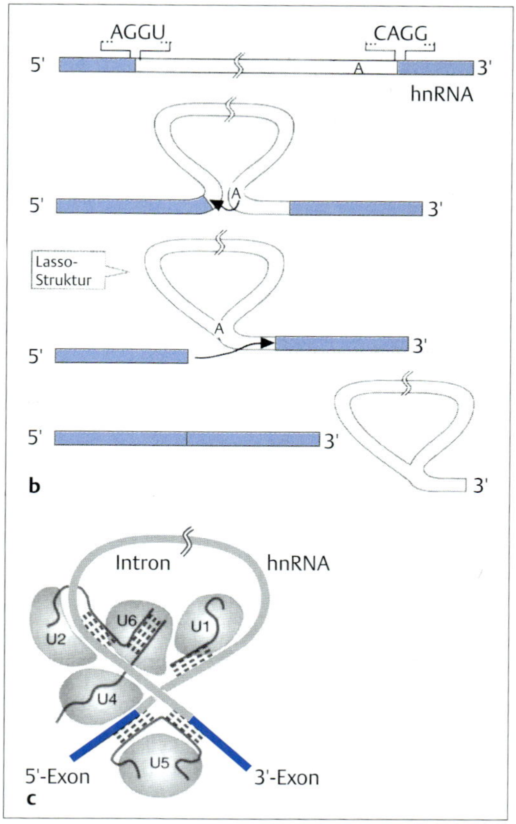

Abb. 13.**8b** Ausbildung der Lassostruktur, **c** Spleißosom (b u. c aus Koolman/Röhm, Thieme 1994)

Termination: Die RNA-Synthese läuft solange ab, bis die RNA-Polymerase II auf eine Stopsignalsequenz am codogenen Strang stößt, die ihre Abdissoziation auslöst.

Processing: Aus der nicht funktionsfähigen hnRNA entsteht *im Zellkern* durch Umwandlung (Processing) die fertige mRNA, dabei sind folgende chemische Modifikationen notwendig:

- Anhängen einer *Cap-Struktur* (7-Methylguanosin-Rest) durch Kondensation eines Moleküls GTP mit der Triphosphatgruppe an das 5'-Ende der hnRNA und anschließender Methylierung am N_7 des Guanins (s. Abb. 13.**8**). Sie dient der Bindung der mRNA an das Ribosom zur Einleitung der Trans-

Tab. 13.**3** Hemmstoffe der Transkription (RAMA)

Hemmstoff	Reaktion	Verwendung
Rifampicin	hemmt bakt. RNA-Polymerase	Tuberkulose-Behandlung
Actinomycin	intercaliert bei C–G	Tumor-Behandlung
Mitomycin	bindet an DNA, RNA-Polymerase kann die DNA nicht ablesen	Tumor-Behandlung
α-Amanitin	hemmt Polymerase II u. III	

lation (s. Biologie, Kap. 2) und als Schutz vor enzymatischem Abbau.

- Eine *Poly-AMP-Sequenz* (100-200 Basen) wird an das 3'-Ende angehängt.
- *Splicing:* hnRNA enthält sowohl Aminosäuren codierende Sequenzen → *Exons*, als auch nichtcodierende, intervenierende Sequenzen → *Introns*. Introns werden aus der hnRNA herausgeschnitten und die übriggebliebenen Exons zusammengefügt. Dieser Vorgang wird durch fünf verschiedene Ribonucleo-Protein-Komplexe → *snRNP* katalysiert. snRNPs bestehen aus mehreren Proteinen und je einem nukleären RNA-Molekül → *snRNA* (= small nuclear RNA) (Abb. 13.**8**). snRNPs und hnRNA bilden Komplexe → *Spleißosomen*, in denen snRNAs Basenpaarungen miteinander und mit der hnRNA eingehen und so die Exonenden zusammenhalten, damit die enzymatische Spaltung der Introns durch *Endonukleasen* und das Zusammenfügen durch *Ligasen* korrekt erfolgt.

Nach dem Processing wird die reife mRNA vom Zellkern ins Zytoplasma transportiert, wo die Translation stattfindet. Dabei codiert *bei Eukaryonten* ein mRNA-Molekül nur für eine einzelne Polypeptidkette → *monocistronische mRNA.*

! Merke

Die eukaryonte mRNA ist monocistronisch. Sie entsteht durch Splicing aus hnRNA (*Exons* werden *exprimiert*) und durch Modifikation ihrer Enden (5'-Ende: Cap-Struktur; 3'-Ende: Poly-AMP-Sequenz).

Hemmstoffe der Transkription

Die Transkription kann u. a. durch Antibiotika oder Zytostatika (Tumor-Therapie) gehemmt werden. Tab. 13.**3** faßt prüfungsrelevante Transkriptionshemmer zusammen.

rRNA- und tRNA- Synthese

Fragen zur rRNA- und tRNA-Synthese werden selten gestellt. Sie verläuft nach demselben Prinzip wie die mRNA-Synthese. Im Zellkern werden von dem Gen für rRNA und tRNA große Vorstufen transkribiert (prä-rRNA bzw. prä-tRNA), die noch im Kern dem Processing unterworfen werden:

rRNA-Processing

Die prä-rRNA besitzt eine Gen-Spacer-Gen Anordnung, wobei die Spacer nicht transkribiert werden. Aus der 45 S* prä-rRNA werden durch Endonucleasen die rRNA-Typen 28 S, 18 S und 5,8 S herausgeschnitten. Die 5 S-rRNA wird von einer anderen Chromosomen-Region transkribiert. Die verschiedenen rRNA-Typen verbinden sich mit ribosomalen Proteinen und RNA-Proteinen zum Ribonucleo-Protein-Partikel und dienen der **Synthese der eukaryonten 80 S-Ribosomen:**

Jedes eukaryontische Ribosom besteht aus einer großen und einer kleinen Untereinheit:

- Die *große Untereinheit* (60 S) enthält 5,8 S-, 5 S-. 28 S-rRNA und ca. 50 Proteine, sowie zwei Bindungsstellen für die tRNA:
  - A-Stelle (Akzeptor-Stelle)
  - P-Stelle (Peptidyl-Stelle)
- Die *kleine Untereinheit* (40 S) enthält 18 S-rRNA und ca. 33 Proteine.

Die Ribosomen verbinden sich im Zytoplasma mit der mRNA zum *Polysom* (Polyribosomen) und dienen der Proteinbiosynthese. (Bei den Prokaryonten besteht die kleine Untereinheit [30 S] aus 16 S-rRNA und 21 Proteinen und die große Untereinheit [50 S] aus 23 S-, 5 S-rRNA und 34 Proteinen.)

tRNA-Processing

- Beseitigung überzähliger Nukleotide am 5'-Ende (Endonuclease → RNase P) und am 3'-Ende (Exonuclease → RNase D),
- Introns werden herausgeschnitten,
- tRNA-Nukleotidtransferase fügt das Trinukleotid CCA an das 3'-Ende → Akzeptorstelle für die Aminosäure,
- Modifizierung einiger Basen durch Methylierung, Desaminierung oder Reduktion.

Das tRNA-Molekül ergibt eine Kleeblattstruktur mit vier doppelsträngigen Bereichen und drei ein-

* S = Sedimentationsgeschwindigkeit bei der Ultrazentrifugation: Große S-Werte stehen für ein großes, kleine für ein kleines Molekül. Die S-Werte sind *nicht* additiv.

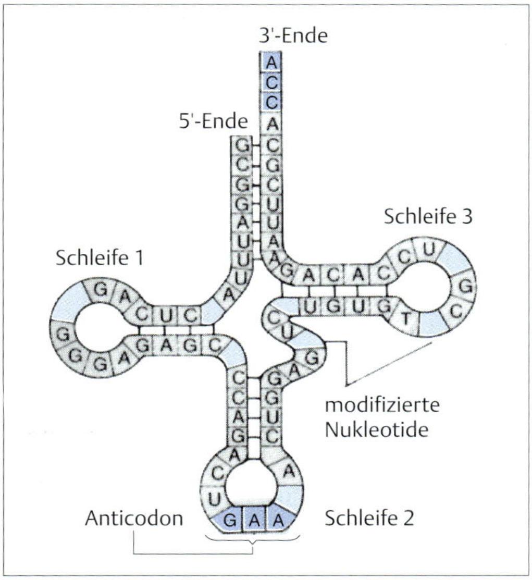

Abb. 13.**9** Transfer-RNA (tRNA) (aus Passarge, Thieme 1995)

strängigen Schleifen (s. Abb. 13.**9**). Im Zentrum der 2. Schleife liegt das *Anticodon,* welches in der Lage ist, durch komplementäre Basenpaarung bestimmte mRNA-Codons (Trinukleotid bzw. Triplett) zu erkennen. Gleichzeitig trägt sie am 3'-Ende (CCA'3) durch eine Esterbindung diejenige Aminosäure, die nach dem genetischen Code dem entsprechenden mRNA-Codon zugeordnet ist.

13.2.5 Translation

Definition

Die Übersetzung der in der Nukleotid-Basensequenz der mRNA-verschlüsselten Information in eine Sequenz von Aminosäuren einer Proteinkette wird Translation bezeichnet und läuft am rauhen endoplasmatischen Retikulum oder im Zytosol ab.

Die fünf Phasen der Translation

Die nachfolgende Darstellung bezieht sich einfachheitshalber auf die prokaryonte Translation. Sie unterscheidet sich hauptsächlich durch ihre Komponenten von der eukaryonten Translation. Die Tab. 13.**4** zeigt wesentliche Unterschiede.

Phase 1: Aktivierung der Aminosäuren im Zytosol: In dieser Phase wird tRNA mit einer Aminosäure beladen. ATP, Aminosäure und tRNA lagern sich an die Mg^{2+}-abhängige *Aminoacyl-tRNA-Synthetase* an, wobei zunächst unter ATP-Spaltung (in Pyrophosphat) Aminoacyl-AMP entsteht, das enzymgebunden mit der 3'-OH-Gruppe am CCA-Ende der tRNA zum Aminoacyl-Ester *Aminoacyl-tRNA* reagiert. Für jede der 20 Aminosäuren und die dazugehörigen tRNAs gibt es eine spezifische Synthetase. Die Synthetasen werden aufgrund unterschiedlicher Primär- und Tertiärstruktur sowie aufgrund unterschiedlicher Reaktionsmechanismen in zwei Klassen unterteilt:

- *Synthetase I:* Die Aminoacylgruppe des Aminoacyl-AMPs wird erst an die OH-Gruppe am C_2 der Ribose gebunden und wandert dann durch eine Umsteuerungsreaktion zur OH-Gruppe am C_3.
- *Synthetase II:* Die Aminoacylgruppe wird direkt auf die OH-Gruppe am C_3 der Ribose übertragen.

Phase 2: Initiation: In der Initiationsphase wird der Initiationskomplex gebildet, wobei mehrere Proteine → *Initiationsfaktoren* (IF1, IF2, IF3), *Mg^{2+}* und *GTP* notwendig sind. IF halten die einzelnen Reaktionspartner zusammen und sind für die Bildung eines Initiationskomplexes unentbehrlich (s. Abb. 13.**10**):

1. Zunächst reagiert der Faktor *IF3* mit der 30 S-Untereinheit und verhindert eine vorzeitige Anlagerung der 50 S-Untereinheit.
2. Die 30 S-Untereinheit des Ribosoms besitzt eine 16 S-rRNA, welche durch Basenpaarung an ein Startsignal der mRNA bindet *(Shine-Dalgarno-Sequenz der mRNA).* Die Shine-Dalgarno-Sequenz lenkt das Start-Codon der mRNA (Triplett AUG) zu der P-Position der 30 S-Untereinheit und fixiert die mRNA.
3. Anschließend katalysiert *IF2,* gebunden an GTP (aktive Form), die Anlagerung des tRNA-Startmoleküls, welches immer die *N-Formyl-Methioningruppe* trägt (fMet-tRNA), an das Start-Codon der mRNA.
4. Als nächster Schritt verläßt IF3 den Komplex aus fMet-tRNA, mRNA und 30 S-Untereinheit. Damit kann die Anlagerung der 50 S-Untereinheit erfolgen. Im Rahmen dieser Reaktion wird GTP zu GDP und P gespalten und IF2 freigesetzt. Die 50 S-Untereinheit vereinigt sich mit der gebundenen 30 S-Untereinheit zum 70 S-Initiationskomplex, welches das Startmolekül fMet-tRNA enthält.

Phase 3: Elongation: In der Elongationsphase werden in Gegenwart von Elongationsfaktoren (EF) schrittweise Aminosäuren miteinander verknüpft, wodurch eine Polypeptid-Kette entsteht (Abb. 13.**11**):

1. Zu Beginn der Elongation sitzt das Startmolekül fMet-tRNA in der P-Stelle des Ribosoms (70 S-Initiationskomplex).
2. Eine Aminoacyl-tRNA, deren Anticodon zum Triplett der A-Stelle paßt, wird mit einem Elongationsfaktor *EF-Tu* zu einem Komplex verknüpft, der ein GTP-Molekül enthält. Durch den Komplex gelangt die Aminoacyl-tRNA zur A-Bindungsstelle des Ribosoms.

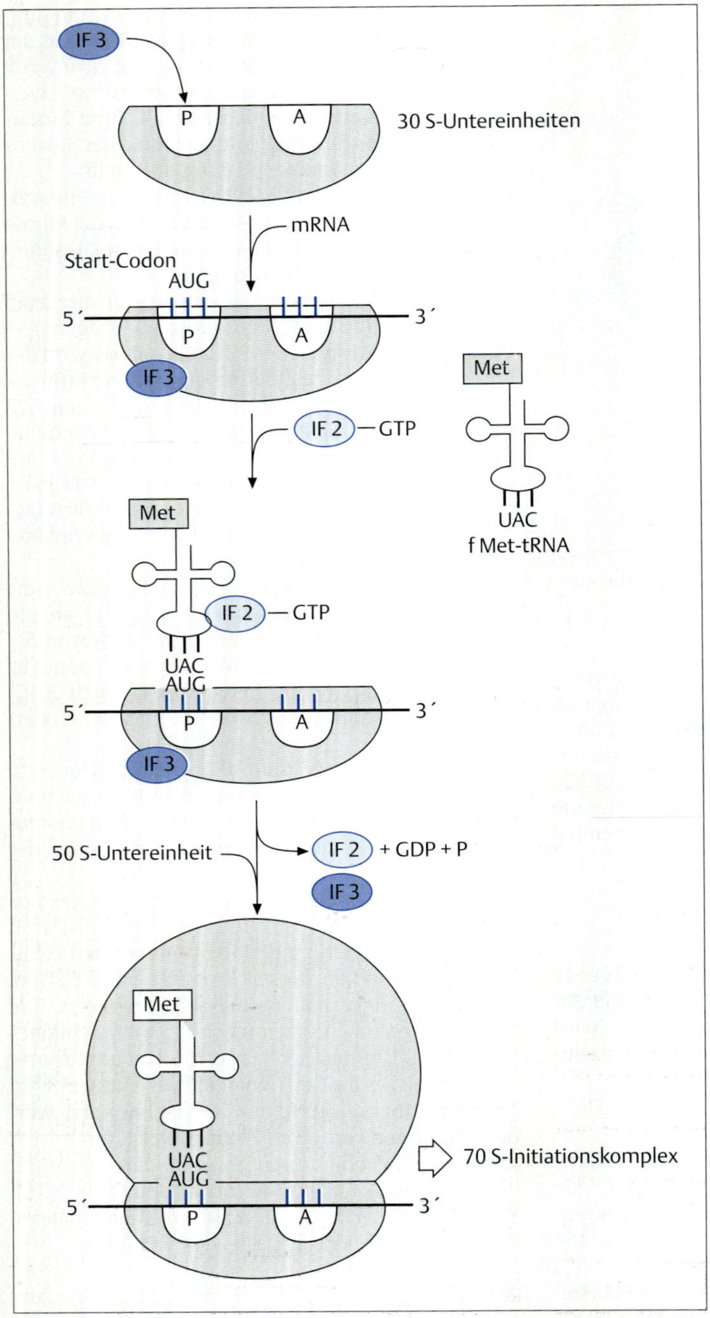

Abb. 13.**10** Bildung des Initiationskomplexes bei Prokaryonten

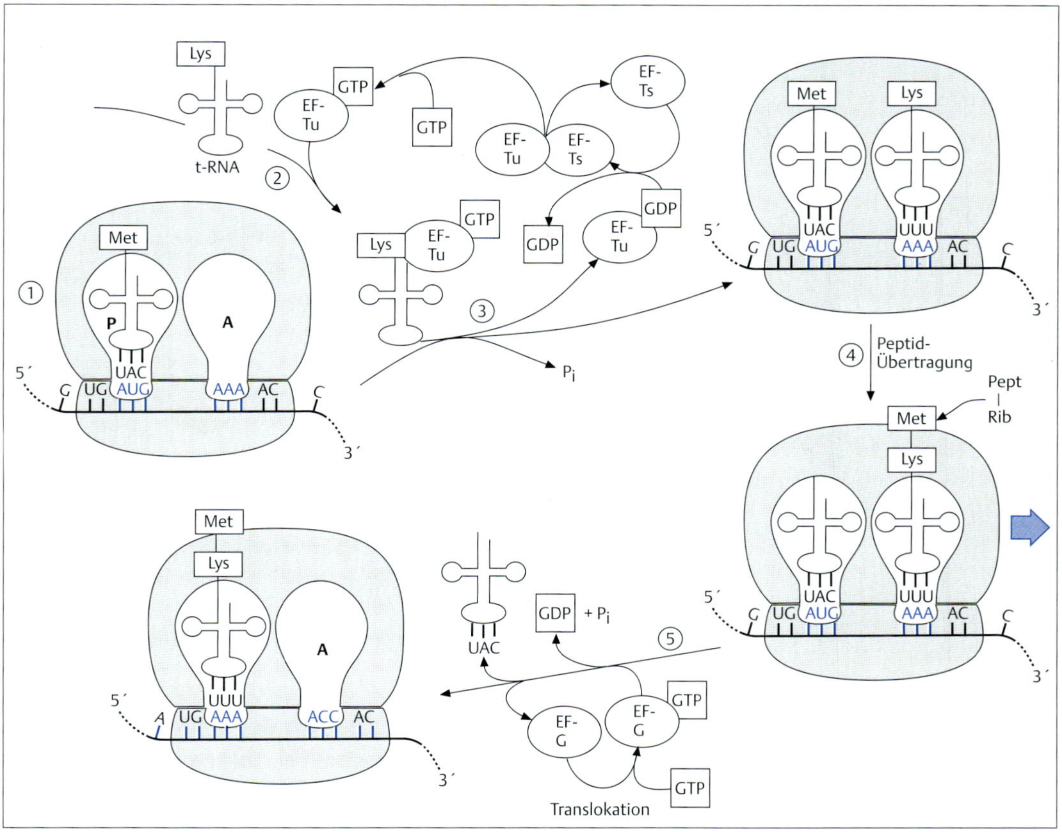

Abb. 13.**11** Elongation (Verlängerung) der Peptidkette bei Prokaryonten

3. Der EF-Tu-GTP-Aminoacyl-tRNA-Komplex wird an die A-Stelle des 70 S-Initiationskomplexes gebunden, wodurch GTP zu GDP hydrolysiert wird, und als EF-Tu-GDP-Komplex abfällt. Der *EF-Ts* regeneriert EF-Tu durch Austausch von GDP mit GTP.
4. Die Methionin-Startgruppe wird durch die nukleophile Wirkung der Aminosäure an der A-Stelle von ihrer tRNA verdrängt und unter Bildung einer Peptidbindung durch die *Peptidyltransferase* und katalytische rRNAs → *Ribozyme* auf die A-Stelle übertragen. In der A-Stelle sitzt nun ein Dipeptidyl-tRNA, in der P-Stelle eine entladene tRNA.
5. **Translokation:** Das Ribosom bewegt sich durch den GTP-abhängigen *EFG* (auch *Translokase* genannt) um ein Triplett auf das 3'-Ende der mRNA zu. Die Dipeptidyl-tRNA wird von der A-Stelle in die P-Stelle verschoben und gleichzeitig die entladene tRNA von der P-Stelle ins Zytosol verdrängt. Die A-Stelle ist frei und kann die nächste beladene tRNA binden usw.

Phase 4: Termination: Die Elongation schreitet solange fort, bis eines der drei *Stop-Tripletts* auf der mRNA (UAG, UAA oder UGA) das Ende signalisiert. Die Stop-Tripletts codieren keine Aminosäure → *Unsinn-Tripletts*, d. h. es gibt in der Zelle keine tRNA, deren Anticodon komplementär zum Stop-Triplett ist. Die ribosomale Peptidyltransferase trennt in Gegenwart sogenannter *Terminationsfaktoren* (RF1 und RF2, releas factors) hydrolytisch die Peptidkette von der Peptidyl-tRNA, wodurch tRNA entladen und aus der P-Stelle freigesetzt wird. Das Ribosom dissoziiert in beide Untereinheiten (30 S und 50 S).

Phase 5: Prozessierung: Die Polypeptidkette wird nach der Termination durch irreversible chemische Modifikation in ihre biologisch aktive Form umgewandelt → *posttranslationale Modifikation.* Nachfolgend einige prüfungsrelevante Beispiele:

- *Limitierte Proteolyse:* Viele Peptidhormone (Kap. 15) und Sekretproteine werden als inaktive Vorstufen synthetisiert und besitzen eine Signal-

Tab. 13.**4** Komponenten der Translation bei Eukaryonten und Prokaryonten

Phase	Komponenten bei Eukaryonten	Komponenten bei Prokaryonten
1. AS-Aktivierung	20 AS u. Aminoacyl-tRNA-Synthetasen 20 oder mehr tRNA-Typen ATP Mg^{2+}	
2. Initiation	mRNA Methionin-tRNA Initiations-Codon in der mRNA (AUG) 40 S- u. 60 S-Untereinheit des Ribosoms Initiationsfaktoren (IF: 1 A, 2, 3, 6, CBPI u. a.) GTP Mg^{2+}	mRNA Formylmethionin-tRNA Initiations-Codon in der mRNA (AUG) 30 S- u. 50 S-Untereinheit des Ribosoms Initiationsfaktoren (IF: 1, 2, 3) GTP Mg^{2+}
3. Elongation	80 S-Initiationskomplex Elongationsfaktoren (EF: 1 α, 1 βg, 2) Peptidyltransferase u. Ribozyme GTP Mg^{2+}	70 S-Initiationskomplex Elongationsfaktoren (EF: Tu, Ts, G) Peptidyltransferase u. Ribozyme GTP Mg^{2+}
4. Termination	Stop-Codon in der mRNA Freisetzungsfaktor (RF) ATP	Stop-Codon in der mRNA Freisetzungsfaktoren (RF: 1, 2, 3) ATP
5. Prozessierung	Signalsequenzen für limitierte Proteolyse Addition v. Phosphat-, Methyl-, Carboxyl-, Kohlenhydrat- oder prosthetischen Gruppen	

sequenz (Prä-Sequenz), die im Zytoplasma mit einem Signal-Erkennungs-Partikel (SRP) an einen SRP-Rezeptor des endoplasmatischen Retikulums (ER) bindet und durch die Membran geschoben wird. Im ER werden die Vorstufen proteolytisch zu ihrer aktiven Form gespalten (z. B. Insulin-Synthese Kap. 15.2.1) oder durch Anknüpfen einer Kohlenhydratgruppe (Glycosylierung) aktiviert. Siehe dazu Tab. 6.**3**.

- *Aminosäuren-Modifikation:*
  - Hydroxylierung von Prolin- und Lysinresten in Kollagen (Kap. 11.3.1);
  - Carboxylierung eines Glutamatrestes der Vitamin-K-abhängigen Gerinnungsfaktoren (Kap. 18.1.3).
- *Addition prosthetischer Gruppen:*
  - Biotin als Cofaktor der Acetyl-CoA-Carboxylase (Kap. 9.2);
  - die Häm-Gruppe des Cytochrom c.
- *Disulfid-Brückenbildung:* (s. Insulinsynthese)

Hemmstoffe der Translation

Prüfungsrelevante Hemmstoffe und ihre Angriffspunkte sind in der Tab. 13.**5** zusammengefaßt.

*1 ⇒ O-glykosidisch an Serin + Threonin im Golgi-App (UTP-aktivierte Kohlenhydrate)

n-glykosidisch an Asparagin (häufiger) in ER + Golgi-App (+ modifiz.)
↑
Synth der Saccharidkette an Dolichol-P

13.2.6 Regulation der Genexpression

Die Genexpression bei Eukaryonten wird durch spezifische DNA-Promotor-Sequenzen in der Initiationsphase der Transkription (s.o.) reguliert. Als **regulierende Promotorsequenzen** kommen folgende vor:

- *TATA-Box:* Adenin- und Thyminreiche Sequenzen besitzen die Bindungsstellen für verschiedene TF (z. B. TFIID),
- *CAAAT- und GC-Boxen:* CCAAT- bzw. GC-reiche Sequenzen,
- *Int-Element:* Pyrimidinreiche Promotorsequenzen.

Zusätzlich gibt es regulatorische Sequenzen, die oberhalb, unterhalb des Gens oder innerhalb der Introns liegen können → *Enhancer*. Sie werden u. a. durch einen Steroidhormon-Rezeptor-Komplex aktiviert und steigern die Aktivität der Promotoren, wodurch die Transkription aktiviert wird.

Mit diesen Regulationssequenzen reagieren verschiedene Aktivatorproteine → *Transkriptionsfaktoren (TF)* und *Transkriptionsaktivatoren*, die mehrere *Bindungsstellen* bzw. Domänen besitzen:

1. für spezifische Protein-Protein-Wechselwirkungen,
2. DNA-bindende Domänen und
3. Bindungsorte für regulatorische Moleküle (z. B. Hormone oder Medikamente).

*2 = Basale Promotorelemente

*3 = Proximale Prel. ⇒ f. Grundaktivität (rel. unspezif.) (s. konstitutiv/induktiv)

*4 = Enhancer/Silencer = distal (spezifisch)

Tab. 13.**5** Hemmstoffe der Translation

Hemmstoffe	Reaktion	Verwendung
Cycloheximid	hemmt die Peptidyltransferase der großen Ribosomen-Untereinheit (60 S)	Tumor-Therapie
Chloramphenicol*	hemmt die Peptidyltransferase der großen Ribosomen-Untereinheit (50 S)	Antibiotikum
Streptomycin*	bindet an die ribosomale 30 S-Untereinheit → Fehlablesung der mRNA	Antibiotikum
Tetracyclin*	bindet an die ribosomale 30 S-Untereinheit → Hemmung der Anlagerung v. Aminoacyl-tRNA	Antibiotikum
Erythromycin*	bindet an die ribosomale 50 S-Untereinheit → Hemmung der Bildung des 70 S-Ribosoms	Antibiotikum
Puromycin*	strukturanalog zu tRNA → Kettenabbruch	Antibiotikum

*Hemmen die bakterielle Translation

Sie werden wegen ihrer charakteristischen Struktur in verschiedene Gruppen eingeteilt (Zinkfinger, Helix-turn-Helix, Leucin-Reißverschluß, Helix-loop-Helix). Die Erläuterung der verschiedenen Gruppen würde den Rahmen dieses Buches sprengen, deshalb wird hier nur kurz auf einen Transkriptionsfaktor mit Zinkfinger-Struktur eingegangen:
Das Aktivatorprotein *Sp1* wird wegen seiner Ähnlichkeit mit Fingern und seines Zinkgehalts als Zinkfinger bezeichnet. Es besitzt eine DNA-bindende Domäne, mit der es an die GC-Box bindet, und eine Aktivierungsdomäne. Nach Bindung an die DNA wird die glutaminreiche Aktivierungsdomäne durch eine spezifische Proteinkinase phosphoryliert, wodurch die Initiation gefördert wird.

! Merke

Die Regulation der Genexpression erfolgt durch die spezifische Wechselwirkung von Transkriptionsfaktoren mit DNA-Elementen in Promotor- und Enhancer-Bereichen.

13.2.7 DNA- und RNA-Viren

Struktur von Viren

Da Prüfungsfragen zur Virus-Familie *Retroviridae*, zu denen u. a. das *human immune deficiency virus* (HIV) gehört, immer beliebter werden, wurde dieser Virus-Familie ein extra Abschnitt gewidmet. Zunächst kurz zusammenfassend einige Grundlagen zur Klassifizierung von Viren.
Die **Einteilung** von Viren geschieht anhand folgender morphologischer und biochemischer Kriterien:

- *Genom:* DNA oder RNA,
- *Konfiguration der Nukleinsäure:* einsträngig oder doppelsträngig,
- *Kapsidsymmetrie:* kubisch, helikal oder komplex,
- *Hülle:* ist vorhanden oder fehlt,
- *Molekulargewicht* der Nukleinsäure.

Tumorviren

Die DNA normaler Zellen besitzt tumorerzeugende Gene, die inaktiv als **Proto-Onkogene** vorliegen, d. h. sie bewirken keine maligne Transformation der Zelle. Ihre physiologischen Genprodukte sind Wachstumsfaktoren, Wachstumsfaktor- und Hormonrezeptoren, oder DNA-bindende Proteine (Transkriptionsfaktoren), die für die Transkription wichtig sind. Werden Proto-Onkogene in **Onkogene** (Onkos = Tumor) umgewandelt, kommt es zur malignen Transformation, wobei die Zelle die durch Onkogene codierten Proteine im Überschuß produziert. Der Übergang von Proto-Onkogenen in Onkogene erfolgt unter dem Einfluß **mutationsauslösender Substanzen** (chromosomale Translokation oder Punktmutation) oder durch einen Infekt mit **DNA-** oder **RNA-Tumorviren**.
Für die *maligne Transformation* durch Tumorviren gibt es verschiedene **Mechanismen**:

- *Tumorviren ohne Onkogene:* Die Nukleinsäure von RNA-Tumorviren besitzt eine Steuersequenz mit Promotor-/Enhancer-Funktion (LTR-Sequenz). Werden durch einen Virusinfekt LTR-Sequenzen in das Wirtsgenom eingebaut, können zelluläre Proto-Onkogene zu einer erhöhten Exprimierung angeregt werden.
- *Tumorviren mit Onkogenen:* Manche RNA-Viren besitzen, bedingt durch Mutationen, Onkogene, die mit dem viralen Genom durch Rückwärtstranskription (RNA zu DNA durch reverse Transkriptase) in die DNA der Wirtszelle eingebaut und unter dem Einfluß der LTR-Sequenz exprimiert werden.

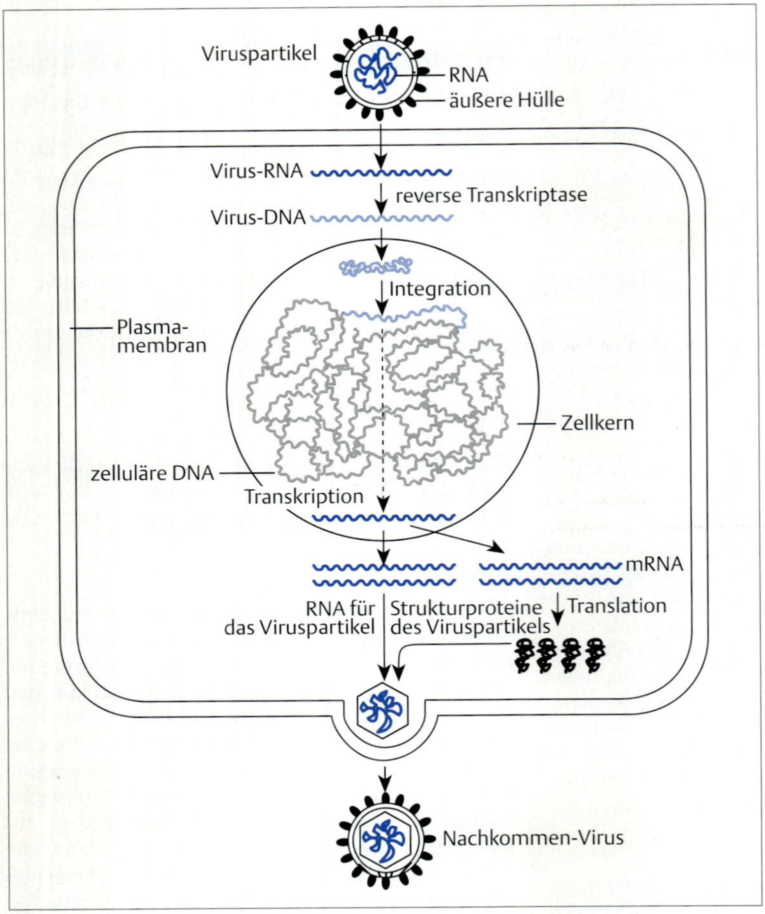

Abb. 13.**12** Infektionsweg von Retroviren (aus Knippers, Thieme 1995)

- *Tumorviren mit Anti-Suppressorgen:* Das zelluläre Genom kann Anti-Onkogen-Proteine exprimieren, die die Aktivität der Proto-Onkogene hemmen. Anti-Suppressorgene von DNA-Tumorviren können nach Einbau in die Wirtszelle Proteine exprimieren, die Anti-Onkogene hemmen.

Die **Genprodukte der Onkogene** lassen sich in verschiedene funktionelle Gruppen unterteilen (häufig gestellte Frage!):

- *Wachstumsfaktoren:* Sie regen die DNA-Replikation und Zellteilung an.
- *Proteinkinasen:* Sie phosphorylieren unter ATP-Verbrauch OH-Gruppen in den Seitenketten der Aminosäuren Tyrosin (Tyrosinkinase), Threonin (Threoninkinase) oder Serin (Serinkinase).
- *GTP-bindende Proteine:* Sie sind auf der Innenseite der Plasmamembran lokalisiert und sind an der Signalübertragung durch Hormone beteiligt (Kap. 15).
- *Proteine des Zellkerns:* Transkriptionsfaktoren bzw. DNA-bindende Proteine, die für die Aktivierung von Genen verantwortlich sind.

Retroviren

Zu den RNA-Viren gehören die Retroviren, deren Genom aus zwei einsträngigen RNA-Stücken besteht, die wie die eukaryontische mRNA am 5'-Ende eine Cap-Struktur und am 3'-Ende einen poly-AMP-Schwanz tragen. Sie kommen sowohl im Tierreich als auch beim Menschen vor. Zur Familie der Retroviren gehören zwei menschenpathogene Stämme:

- das *HIV (human immune deficiency virus)*, das weltweit 20 Millionen Menschen infiziert hat und für die Entstehung von AIDS (acquired immune deficiency syndrome) verantwortlich ist.

- *HTLV (human Tell leukemia virus)*, das Onkogene besitzt und eine maligne Transformation der blutbildenden Zellen bewirkt (Leukämie).

Übertragung: Retroviren können durch Infektion (z. B. Kontakt mit Blut) und durch Vererbung über die Keimbahn weitergegeben werden.

Vermehrungsweg: Infiziert ein Retrovirus eine Zelle, wird von der RNA mittels einer im Virus mitgelieferten *RNA-abhängigen DNA-Polymerase* eine DNA-Kopie hergestellt. Diese Reaktion stellt eine Rückwärtstranskription dar, weshalb die virale Polymerase auch als *reverse Transkriptase* bezeichnet wird. DNA-Bausteine lagern sich komplementär an den RNA-Strang und werden zu einem einsträngigen DNA-Strang verknüpft (DNA-RNA-Hybrid). Die einsträngige DNA wird zum Doppelstrang vervollständigt und gelangt in den Zellkern, wo sie mit Hilfe der viruseigenen *Integrase* (Endonuklease) in das Genom der Wirtszelle eingebaut wird. Die integrierte Virus-DNA verhält sich wie ein zelluläres Gen: Sie wird von Zell-Generation zu Zell-Generation weitergegeben und von zelleigenen RNA-Polymerasen zu mRNA transkribiert. Die mRNA-Moleküle dienen zur Herstellung von Virusproteinen oder als Genom für Nachkommen-Viren. Dabei werden die RNA-Moleküle von Strukturproteinen eingepackt und können durch „Knospung" die Zelle verlassen (Abb. 13.**12**).

13.2.8 Abbau

DNA-Abbau

Die DNA wird durch **Nukleasen** oder durch DNA-spezifische **DNasen** abgebaut. Beide Enzyme sind Phosphodiesterasen. Es gibt zwei große Klassen von Nukleasen:

- *Exonucleasen* spalten Nukleotide vom Ende der DNA-Kette ab. Dabei sind einige spezifisch für den Abbau eines Stranges der doppelsträngigen DNA in 5' → 3'-, andere in 3' → 5'-Richtung.
- *Endonukleasen* spalten die DNA in der Mitte der Kette, wodurch sie in kleine Bruchstücke zerlegt wird.

Zum weitere Abbau der Nukleotide s. 13.1.2.

RNA-Abbau

Die RNA wird wie die DNA durch verschiedene Nukleasen **(RNase)** mit 5' → 3'- oder 3' → 5'-Aktivität abgebaut (lysosomale RNase, zytosolische RNase, snRNase u. a.).

Regulation durch das Nervensystem

Regulation durch das Hormonsystem

15.1 Grundlagen

15.1.1 Aufbau des Hormonsystems und Grundlagen der hormonalen Kommunikation

Neben dem Nervensystem verfügt der Körper über das Hormonsystem, das als Koordinationssystem die Stoffwechselvorgänge der Zellen, Gewebe und Organe kontrolliert. Während das Nervensystem Neurotransmitter freisetzt, die durch den synaptischen Spalt diffundieren (10–40 nm), um eine Reaktion auszulösen, produzieren spezifische Zellen des Hormonsystems *Hormone*, die ins Blut ausgeschüttet werden und längere Strecken zurücklegen können, bis sie ihre Zielzelle erreichen. Hormone sind chemisch sehr unterschiedliche Verbindungen. An der Zielzelle entfalten sie ihre Wirkung durch Bindung an ein Rezeptorprotein, das entweder auf der Außenseite der Zellmembran sitzt oder sich im Zytosol befindet. Einige hormonproduzierende Zellen sind in ein hierarchisch gegliedertes hormonales Steuerungssystem eingebaut, von dem sie kontrolliert und gesteuert werden, andere sind davon unabhängig. Abb. 15.**1** zeigt schematisch die Organisation des Hormonsystems. Störungen im Hormonhaushalt bedingen schwere Erkrankungen. Sie können auf gesteigerte und verminderte Synthese- oder Abbaurate, auf Transport- oder Rezeptordefekte zurückgeführt werden.

15.1.2 Hormone

Definition

Hormone sind körpereigene Wirkstoffe (Regulationsstoffe oder Nachrichtenträger), die

- entweder von spezifischen Geweben, sog. endokrinen Zellen (kanallose Drüsen), oder von Einzelzellen in verschiedenen Organen (dispergierte endokrine Zellen) produziert werden,
- ins Blut abgegeben werden und meistens durch ein spezifisches Transportsystem zu ihrem Wirkungsort gelangen,
- die Funktion und den Stoffwechsel verschiedener Zielzellen oder Zielorgane beeinflussen.

Klassifizierung

Einteilung der Hormone nach der chemischen Struktur:

- *Hydrophile Hormone:* Peptide, Glykoproteine und Tyrosinderivate – außer Schilddrüsenhormone – können die Plasmamembran nicht passieren. Sie binden an zellmembranständige Rezeptoren (s. 15.1.3.).
- *Hydrophobe Hormone:* Steroidhormone und Schilddrüsenhormone können aufgrund ihrer Fettlöslichkeit durch die Zellmembran diffundieren und an intrazelluläre Rezeptoren binden (s. 15.1.3).
- *Arachidonsäurederivate:* Eicosanoidhormone, die aus mehrfach ungesättigten C_{20}-Fettsäuren bestehen, gehören zu den hydrophoben Hormonen, werden jedoch nicht von endokrinen Zellen produziert, sondern von vielen verschiedenen Zellarten. Sie gehören zu den *Mediatorstoffen* (s. u.).

Einteilung der Hormone nach dem Bildungsort (s. Tab. 15.**1**).

Einteilung der Hormone nach dem Angriffsort: Damit es zu einer Hormonwirkung kommt, müssen die Hormone von ihren Zielzellen erkannt werden. Dazu besitzt jede Zelle hochmolekulare Rezeptoren, die Hormone und Neurotransmitter erkennen. Hydrophobe Hormone binden sich an intrazelluläre, hydrophile Hormone (Ausnahme: Oxytocin, Vasopressin) an zellmembranständige Rezeptoren. Diese werden in 15.1.3 unter Signalübertragung besprochen.

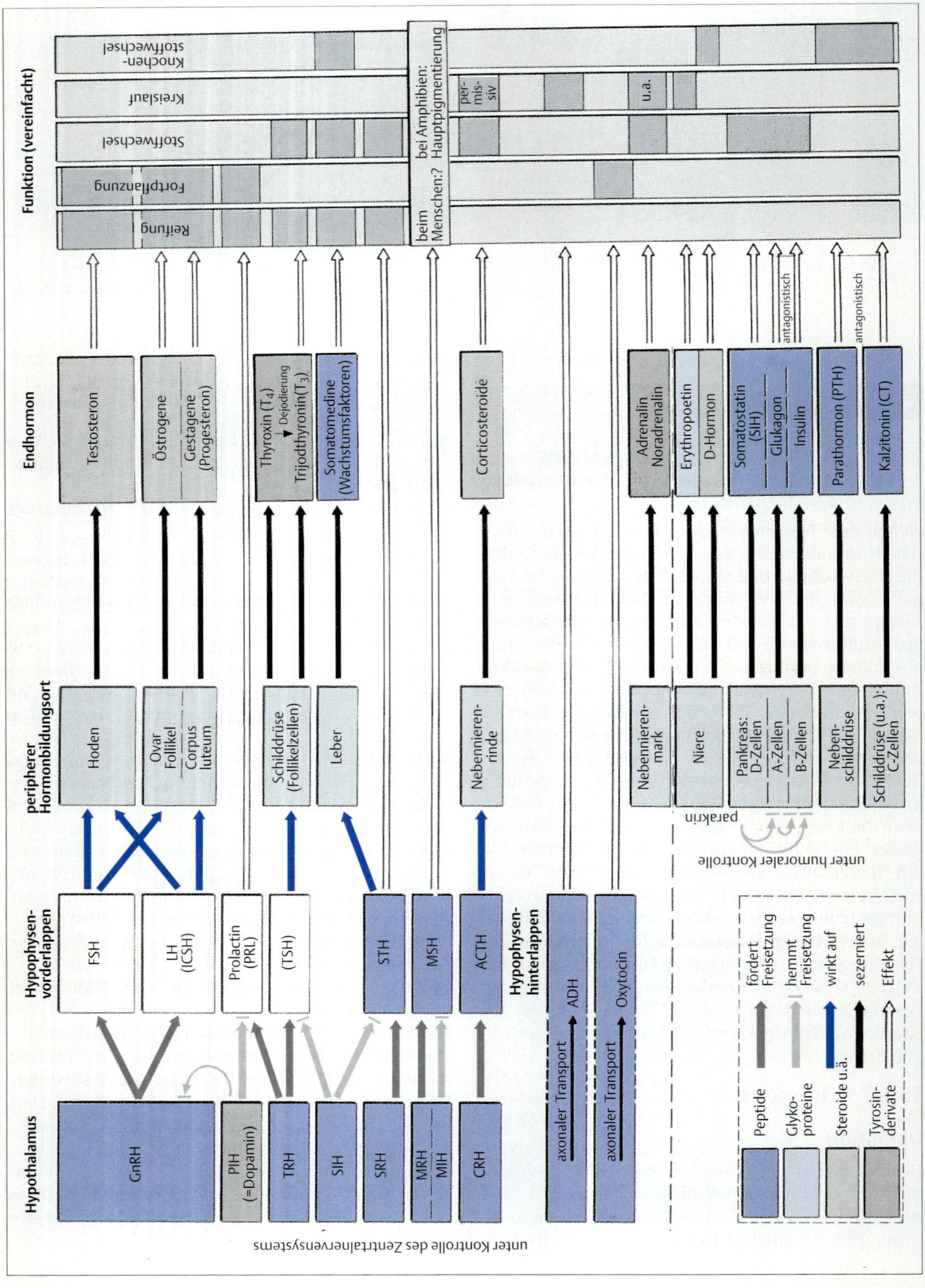

Abb. 15.1 Das Hormonsystem (ohne Gewebshormone) (aus Silbernagl/Despopoulos, Thieme 1991)

Tab. 15.**1**: Klassifizierung der Hormone nach dem Bildungsort

Hormone	Produktion	Wirkung auf	Beispiel
Neurosekretorische Hormone	Hypothalamus	HVL	Liberine, Releasing-Hormone
Glanduläre Hormone 1. adenotrope Hormone 2. peripher wirkende Hormone	HVL/ Plazenta, endokrine Organe	endokrine Organe Zielorgan	ACTH, TSH, LH, FSH Insulin, Cortisol
Aglanduläre Hormone (Gewebshormone)	spezialisierte Zellen im Intestinaltrakt	physiologische Prozesse	Gastrin, Sekretin, GIP, VIP, GLP
Mediatorstoffe	Blutplasma, Organe	physiologische Prozesse	Kinine, Histamin, AN II, Leukotrien, Serotonin, PG

Biochemie

Syntheseprinzip der Hormonklassen

Tyrosinderivate: Zu den Tyrosinderivaten gehören die Catecholamine (Adrenalin und Noradrenalin, s. 15.2.3) und die Schilddrüsenhormone (T_3 und T_4, s. 15.2.6). Das Syntheseprinzip der Tyrosinderivate ist aus didaktischen Gründen in den entsprechenden Abschnitten erklärt.

Peptidderivate: Peptidhormone und Proteinhormone (Proteohormone) werden nach dem Prinzip der Proteinbiosynthese synthetisiert, wobei das Translationsprodukt eine größere Proteinkette darstellt als das eigentliche Hormon → *Hormonvorstufe*. Diese Hormonvorstufe besitzt eine am Anfang gelegene Signalsequenz (*Prä*sequenz), eine *Pro*sequenz und die eigentliche *Hormon*sequenz → *Präprohormon*. Die Signalsequenz sorgt dafür, daß das Peptid in das rauhe endoplasmatische Retikulum (rER) eingeschleust wird. Durch Abspaltung der Signalsequenz entsteht das Prohormon und infolge weiterer Modifikation (limitierte Proteolyse, Glykosylierung → Glykoprotein, usw.) das funktionsfähige Hormon.

Steroidhormone: Steroidhormone leiten sich von Cholesterin ab, das in der Leber und in den endokrinen Drüsen über mehrere Zwischenstufen aus Acetyl-CoA gebildet wird. Cholesterin wird in den Mitochondrien durch Abspaltung der Seitenkette in Pregnenolon umgewandelt. Die weiteren Schritte laufen im endoplasmatischen Reticulum des Cytosols ab: Durch Oxidation der OH-Gruppe an C_3 entsteht *Progesteron*, von dem sich alle Steroidhormone ableiten. An Progesteron finden mehrere Hydroxylierungen statt (Einfügung von OH-Gruppen), die durch *Cytochrom-P*$_{450}$*-Enzyme* katalysiert werden. Ein Parallelweg führt durch Hydroxylierung von Pregnenolon an C_{17} zum 17-Hydroxypregnenolon. Von beiden Seiten her (Progesteron und 17-Hydroxypregnenolon) können die männlichen und die weiblichen Sexualhormone synthetisiert werden (Abb. 15.**2**).

- *Glucocorticoide:* Durch Hydroxylierung von Progesteron an C_{17}, C_{21} und C_{11} entsteht *Cortisol* (Hydrocortison). Wird am Cortisol die OH-Gruppe an C_{11} oxidiert, entsteht das *Cortison* (s.15.2.4).
- *Mineralcorticoide:* Wird Progesteron an C_{21}, C_{11} und C_{18} hydroxyliert und anschließend an C_{18} oxidiert, erhält man *Aldosteron* (s. 15.4.1).
- *Androgene und Östrogene:* Für die Synthese der Sexualhormone Testosteron und Östrogen wird 17-Hydroxyprogesteron oder 17-Hydroxypregnenolon benötigt. Die Seitenkette von 17-Hydroxyprogesteron wird an C_{17} oxidativ abgespalten (Androstendiol) und anschließend an C_{17} reduziert. Es entsteht *Testosteron*, das wichtigste Androgen. Testosteron ist die Vorstufe von *Östrogen*. Wird die Methyl-Gruppe an C_{19} abgespalten und die Keto-Gruppe an C_3 reduziert (Besitz einer Hydroxylgruppe), entsteht das wichtigste Östrogen 17β-*Östradiol*. Aus 17-Hydroxypregnenolon kann (via Androstendion und Östron) ebenfalls 17β-Östradiol gebildet werden.

15.1.3 Signalübertragung

Freisetzung von Hormonen

Hydrophile Hormone werden in den Drüsenzellen in Vesikeln gespeichert und bei Bedarf durch Exozytose ausgeschüttet. An der Sekretionssteuerung ist Ca^{2+} beteiligt. Um zur Zielzelle zu gelangen, benötigen sie keinen Carrier (Ausnahme: Calcitonin, Somatomedine, Oxytocin, Vasopressin).

Hydrophobe Hormone werden nicht gespeichert, sondern nach ihrer Synthese direkt ausgeschüttet (Ausnahme: Thyroxin). Als Transportsystem im Blut benötigen sie spezielle Carrier.

Plasmamembranständige Hormonrezeptoren

Hormone, die schnell physiologische und biochemische Reaktionen auslösen, binden an plasmamembranständige (ektozelluläre) Rezeptoren:

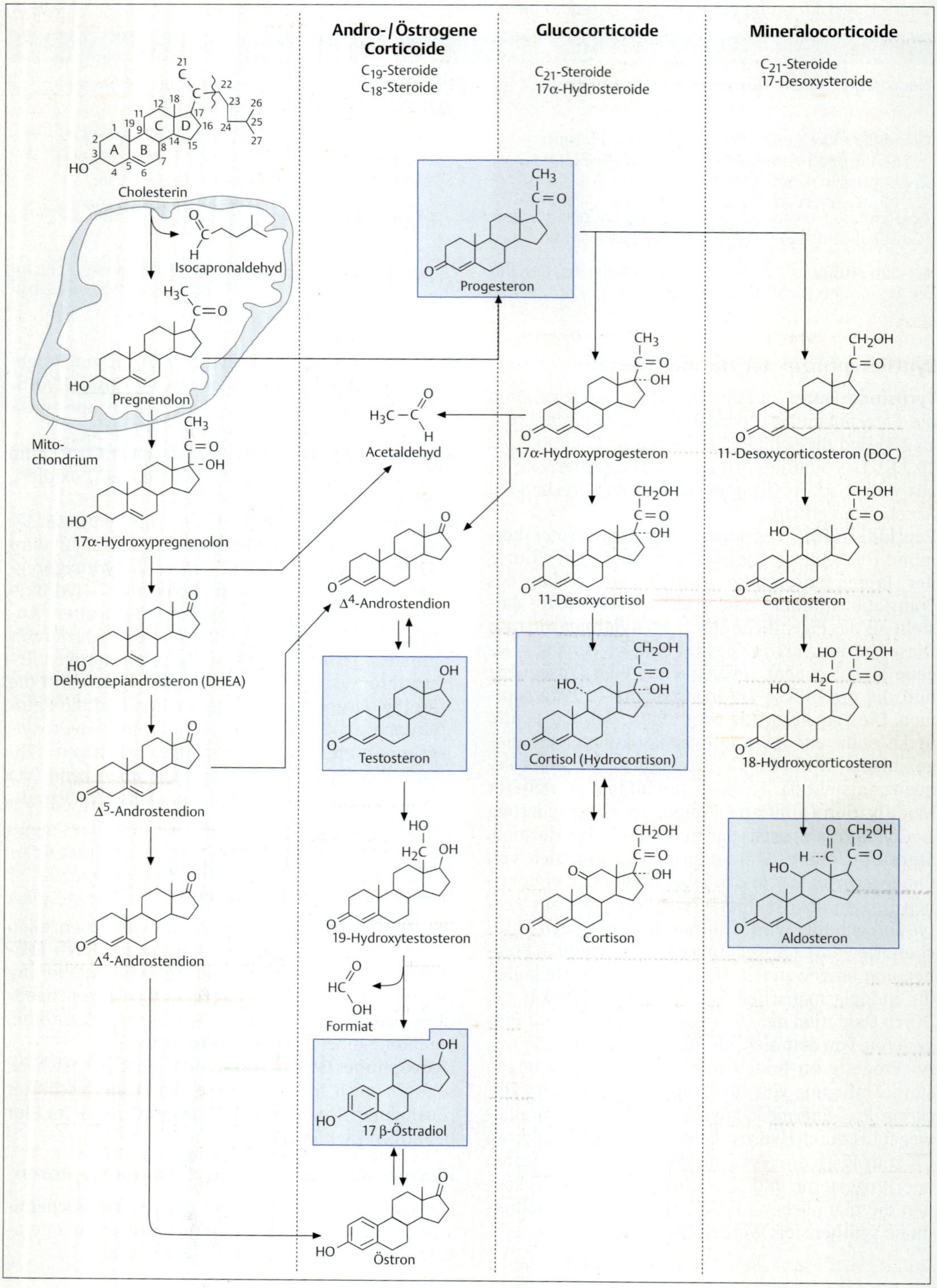

Abb. 15.2 Biosynthese von Steroidhormonen (nach Keller, Thieme 1991)

Rezeptortyp I (Tyrosinkinase-Rezeptor): Der Rezeptor ist eine Proteinkinase, die aus zwei α-Ketten und zwei β-Ketten besteht. Die α-Ketten stellen die Bindungsstelle für Hormone dar und liegen auf der extrazellulären Seite der Membran. Die zwei β-Ketten ragen durch die Zellmembran auf der Zytoplasmaseite heraus und besitzen eine Tyrosinkinase-Domäne, die durch die Bindung eines Hormons an die α-Ketten aktiviert wird. Die aktivierte Tyrosinkinase phosphoryliert Tyrosinreste der β-Kette (Autophosphorylierung). Die phosphorylierten Tyrosinreste können andere Proteine im Cytosol phosphorylieren, die wahrscheinlich eine Kaskade von Phosphorylierungen in Gang setzen und die Zellfunktion beeinflußen. *Insulin* und verschiedene *Wachstumsfaktoren* vermitteln ihre Wirkung über solche Tyrosinkinasen.

Rezeptortyp II (ligandengesteuerte Ionenkanäle): Dieser Rezeptortyp besteht aus mehreren Untereinheiten. Bindet sich ein Hormon an den Rezeptor, öffnet sich der Ionenkanal (Na^+-, K^+-, Ca^{2+}-, Cl^-- oder HCO_3^--Ionen) und beeinflußt die Zellfunktion, z. B. Acetylcholinrezeptor.

Rezeptortyp III: Durch Koppelung des Hormons an den Rezeptor ändert er seine Konformation, wodurch benachbarte *G-Proteine* aktiviert werden, die auf ein primäres Effektorsystem (Ionenkanal oder Membranenzym [Adenylylcyclase, Phospholipasen, cGMP-spezifische Phosphodiesterase]) wirken. Dadurch erhöht (seltener erniedrigt) sich intrazellulär die Konzentration eines Second messengers (Ca^{2+}, cAMP, cGMP, DAG, IP_3), der ein sekundäres Effektorsystem (eine Proteinkinase) kontrolliert. Die Proteinkinase phosphoryliert sekundäre Regulatorproteine, die Regulationsprozesse beeinflussen (Abb. 15.**3**).

Second messenger

cAMP

Synthese: *cAMP* wird aus ATP unter Wirkung der membrangebundenen Adenylylcyclase (= Adenylatcyclase) gebildet. Der Hormon-Rezeptor-Komplex aktiviert nicht direkt die Adenylylcyclase, sondern über ein GTP-abhängiges Signalkopplungsprotein, das *G-Protein* (guanylnukleotidbindendes Protein), das an der zytoplasmatischen Seite der Membran sitzt. Der aktivierte Rezeptor stimuliert das G-Protein, das wiederum die Aktivität der Adenylylcyclase beeinflußt. Die Membran der Zielzelle besitzt sowohl einen Rezeptor mit einem stimulierenden G-Protein (G_s) als auch einen Rezeptor mit einem inhibitorischen G-Protein (G_i). Dadurch kann die Adenylylcyclase je nach Bedarf „an-" bzw. „ausgeschaltet" werden. Das G-Protein besteht aus 3 Untereinheiten α_s (α_i), β und γ, wobei die α-Untereinheit an GDP gebunden ist. Durch den Hormon-Rezeptor-Komplex wird GDP durch GTP ersetzt und die β- und γ-Untereinheit abgespalten. Es entsteht α_sGTP (α_iGTP), das die Adenylylcyclase aktiviert (hemmt) (Abb. 15.**3**).

Wirkung: Der Second messenger cAMP aktiviert eine *Proteinkinase A*, die ihrerseits über eine Aktivierungskaskade zu einem biochemischen Effekt führt, z. B. Phosphorylierung von Enzymen, wodurch manche aktiviert, andere inaktiviert werden.

Abbau: cAMP wird durch eine Phosphodiesterase hydrolytisch zu 5'-AMP gespalten.

! Merke

Hormon + Rezeptor → α_sGTP ↑ → [cAMP] ↑ → Proteinkinase A aktiv

Hormon + Rezeptor → α_iGTP ↑ → [cAMP] ↓ → Proteinkinase A inaktiv

Klinischer Bezug

Vibrio cholerae (Stäbchenbakterie) ist Erreger der **Cholera**. Der Keim produziert ein Toxin, das über das G-Protein die Adenylylcyclase des Darmepithels aktiviert → cAMP ↑ → Proteinkinase A ↑ → Sekretion von Elektrolyten und Wasser → wäßriger Durchfall.

Hormone, die *cAMP* als Second messenger benutzen, sind Adrenalin (β), ACTH, ADH, CRH, Calcitonin, Dopamin, Glucagon, FSH, HCG, LH, MSH, Noradrenalin, PTH, PGE_2, PGI_2, Serotonin (S_2), TSH, Somatostatin.

cGMP

Zu Synthese, Wirkung (Enzym: *Proteinkinase G*) und Abbau s. cAMP. cGMP kann durch mehrere Isoenzyme der Guanylylcyclase hergestellt werden. Eines dieser Isoenzyme wird durch den atrialen natriuretischen Faktor (ANF) aktiviert, dessen Rezeptoren in glatten Muskelzellen und auf den Zellen der Sammelrohre der Niere vorkommen.

Ein zweites Isoenzym der Guanylylcyclase wird durch den EDRF (endothelium derived relaxing factor) aktiviert, der dem *Stickstoffmonooxid (NO)* entspricht. NO wird in vielen Geweben (z. B. Gefäßendothelzellen) aus Arginin durch eine Ca^{2+}-abhängige mischfunktionelle Oxidase (*NO-Synthase*) synthetisiert. Die NO-Synthese wird durch Histamin, Serotonin und Acetylcholin stimuliert und stellt einen wichtigen Signalüberträger (Botenstoff) für die Aktivierung der Guanylylcyclase dar. NO wirkt (via cGMP↑) relaxierend auf Gefäßmuskelzellen.

IP_3, DAG und Calcium-Calmodulin

IP_3 (Inositoltrisphosphat) und DAG (Diacylglycerol) entstehen aus einem Phospholipid der Plasma-

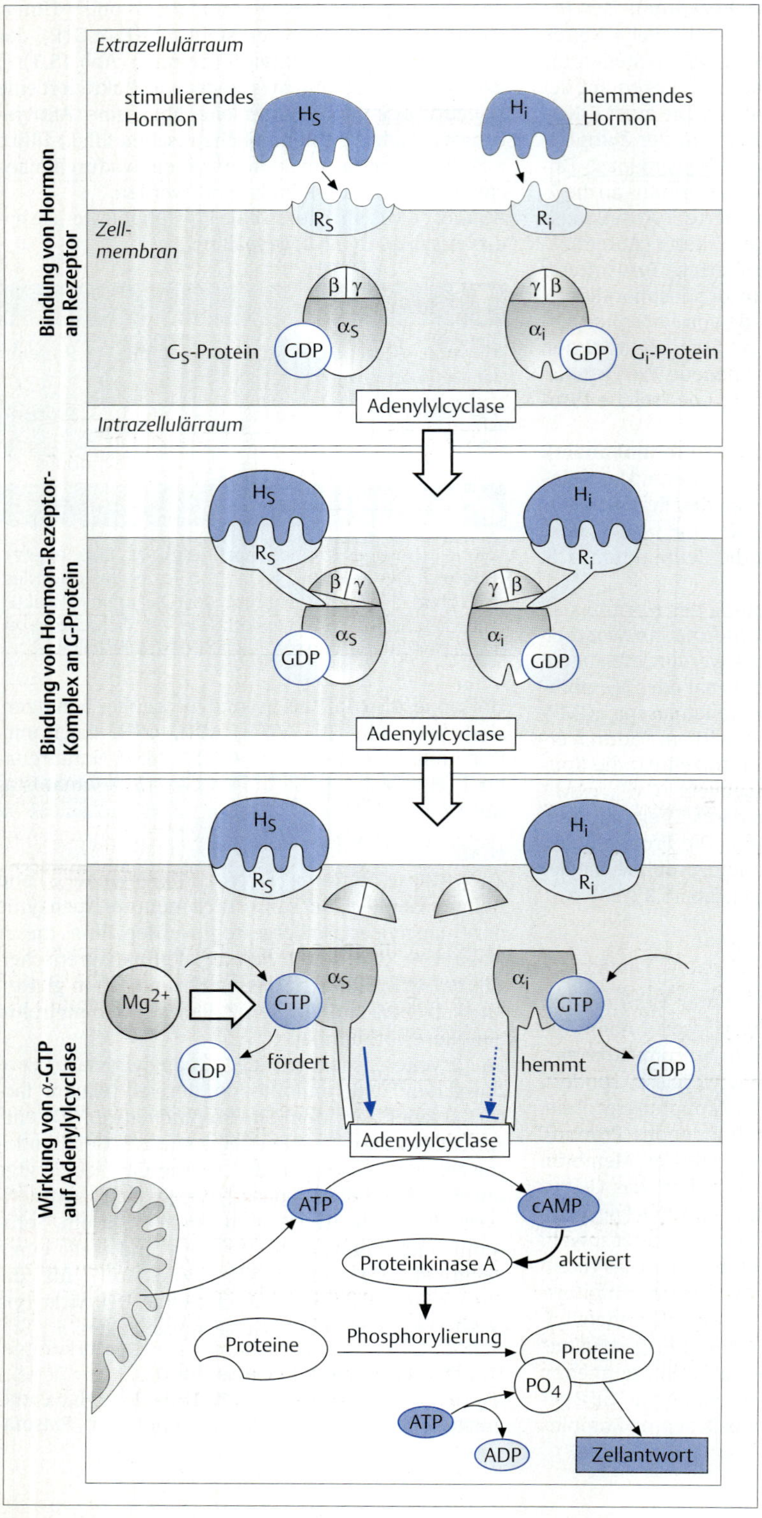

Abb. 15.**3**. cAMP als Second messenger (nach Silbernagl/ Despopoulos, Thieme 1991)

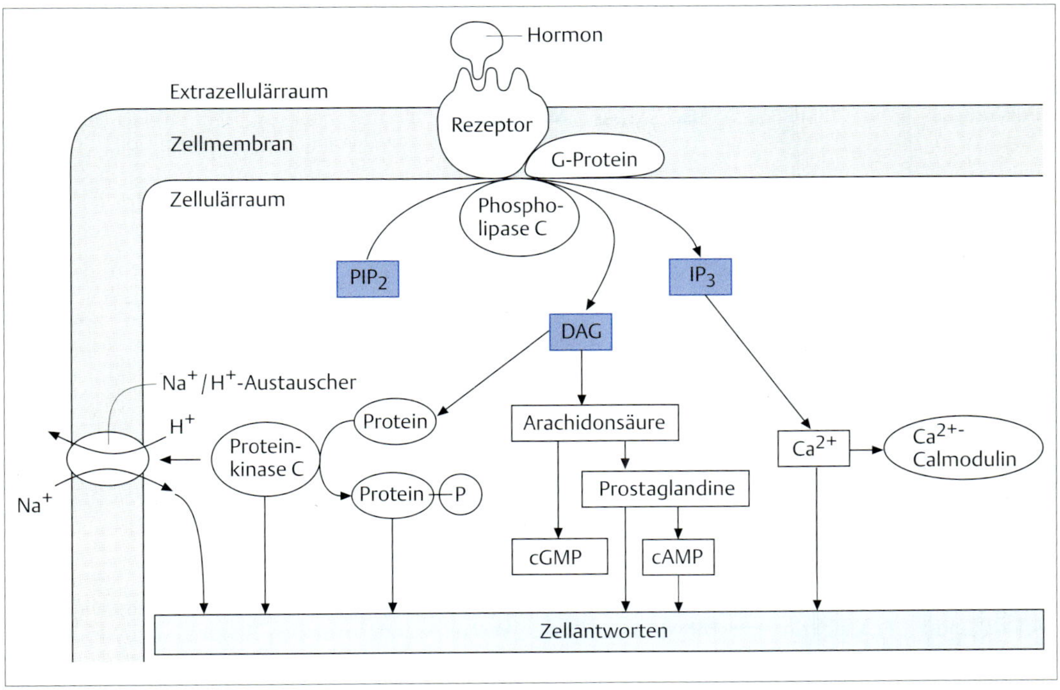

Abb. 15.**4** IP_3, DAG und Calcium-Calmodulin als Second messenger

membran, dem Phosphatidylinositol-4,5-bisphosphat (PIP_2). Durch den Hormon-Rezeptor-Komplex wird ein *G-Protein* (Gp) aktiviert, das eine membrangebundene *Phospholipase C* aktiviert. Phospholipase C katalysiert die Hydrolyse von PIP_2 zu IP_3 und DAG (Abb. 15.**4**).

Wirkung: IP_3 entleert im Zytoplasma Ca^{2+}-Speicher (endoplasmatisches Retikulum bzw. sarkoplasmatisches Retikulum im Herz oder im Skelettmuskel). Ca^{2+} kann nun als dritter Bote viele Zellfunktionen steuern (z. B. Beeinflussung der Adenylylcyclase oder Phosphodiesterase) oder durch die Bindung an *Calmodulin*, ein Ca^{2+}-bindendes Protein, die Kontraktion der glatten Muskulatur auslösen. **Calcium-Calmodulin** kann wie Ca^{2+} zahlreiche Enzyme (z. B. Ca^{2+}-Calmodulin, Proteinkinase) regulieren. **DAG** aktiviert eine *Proteinkinase C*, die Serin- und Threoninreste anderer Proteine phosphoryliert und dadurch ihre Aktivität beeinflußt.

Der **Abbau** von IP_3 erfolgt durch Dephosphorylierung zu Inositol, DAG wird zu CDP-DAG (unter CTP-Verbrauch) umgewandelt. Inositol und CDP-DAG werden zu Phosphatidylinositol (Vorstufe von PIP_2) resynthetisiert.

Klinischer Bezug

Lithium (Li^+) kann die Dephosphorylierung von IP_3 hemmen, was bei der Behandlung von **manisch-depressiven Erkrankungen** genutzt wird.

Hormone, die IP_3, DAG u./o. Calcium-Calmodulin als Second messenger benutzen, sind Adrenalin (α_1), AN II, TRH, Gastrin, Acetylcholin, GnRH, Serotonin (S_1) und Thromboxane.

Intrazelluläre Hormonrezeptoren

Hydrophobe Hormone entfalten ihre Wirkung langsam. Sie passieren die Zellmembran und beeinflussen die Genexpression. Im Zytoplasma verbinden sie sich mit einem spezifischen zytoplasmatischen Rezeptor. Der aktivierte Hormon-Rezeptor-Komplex ändert seine Konformation, wandert in den Zellkern und heftet sich dort an spezifische DNA-Stellen (Akzeptorprotein), wodurch die Proteinbiosynthese aktiviert wird (Transkriptionsverstärkung). In der Folge zerfällt der Hormon-Rezeptor-Akzeptorkomplex und die chemisch veränderten (inaktivierten) Einzelkomponenten werden zum Teil aus der Zelle ausgeschleust.

Tab. 15.**2**. Eigenschaften der Hormongruppen[1]

	Hydrophile Hormone Peptidhormone	Thyrosinderivate	Hydrophobe Hormone Steroidhormone	Schilddrüsenhormone
Biosynthese	Proteinbiosynthese	enzymatisch aus Tyrosin	Cholesterin-abkömmling	enzymatisch aus Tyrosin+Jod
Sekretion	Exozytose		Diffusion	
Transport	kein Carrier*		Carrier	
Rezeptoren	membranständige		intrazellulär	
Wirkung	Second messenger		Proteinbiosynthese	
Wirkungsbeginn	Sekunden bis Minuten	Sekunden	Stunden bis Tage	
Wirkungsdauer	Minuten bis Stunden	Sekunden bis Minuten	Stunden bis Tage	mehrere Tage
Abbau	Proteolyse, Spaltung von S–S-Brücken	MAO, COMT	Glucuronidierung und Sulfatierung	

[1] außer aglanduläre Hormone und Mediatorstoffe, * Ausnahme: Oxytocin, Vasopressin (ADH)

Hormone, die über *intrazellulären Rezeptoren* wirken, sind T_3, T_4, Calcitriol, 1,25-Dihydroxycalciferol, Testosteron, Östrogene, Progesteron, Corticosteroide.

Inaktivierung der Hormone

Peptid- und Proteohormone werden durch *Proteolyse* (durch Exo- und Endopeptidasen) zu Aminosäuren abgebaut, die dem Stoffwechsel wieder zur Verfügung stehen. Einige Peptid- und Proteohormone können nach der Bindung an ihren Rezeptor durch Endozytose in die Zelle geschleust werden und intrazellulär in den *Lysosomem* abgebaut werden. **Hydrophobe Hormone** werden in der Leber durch *Konjugation* an Glucuronsäure oder Sulfat wasserlöslich und können über die Niere ausgeschieden werden (s. 16.1.3). **Tyrosinderivate** werden durch *Methylierung* oder *oxidative Desaminierung* inaktiviert (s. Aminosäurenabbau, 8.4).

15.1.4 Neurohormonale Koppelung

Der Hypothalamus koordiniert das endokrine System, indem er aktivierende Hormone (Liberine bzw. Releasing-Hormone) oder hemmende Hormone (Statine bzw. Inhibiting-Hormone) synthetisiert und sezerniert. Er wird durch hormonelle Kontrolle (s.u.) und Informationen aus dem ZNS beeinflußt.

Neurosekretion: Im Hypothalamus befinden sich verschiedene Kernregionen (neurosekretorische Neurone), die in der Lage sind, Hormone zu synthetisieren. In diesen Neuronen werden die Hormone im endoplasmatischen Retikulum (ER) synthetisiert und im Golgi-Apparat in Vesikeln verpackt. Diese Vesikel wandern in den Axonen zum Nervenende → *axoplasmatischer Transport*. Oxytocin und ADH gelangen so bis in den Hypophysenhinterlappen (HHL). Releasing-Hormone und Inhibiting-Hormone gelangen zur Eminentia mediana des Hypothalamus und über ein Pfortadersystem zum Hypophysenvorderlappen (HVL) (Abb. 15.**5**).

Hormonelle Regelkreise: Releasing-Hormone regen den HVL zur Ausschüttung von glandotropen Hormonen an (adrenotrope Hormone), diese wiederum stimulieren periphere Hormondrüsen zur Bildung und Sekretion ihres Hormons. Das *Endhormon* wirkt auf seine Zielzellen im Organismus oder über ***negative Rückkopplung (Feedback)*** auf den HVL oder auf den Hypothalamus, was zur Abnahme der Endhormonausschüttung führt. Nimmt die Endhormonkonzentration ab, verringert sich der hemmende Effekt auf die Releasing-Hormon-Freisetzung usw.

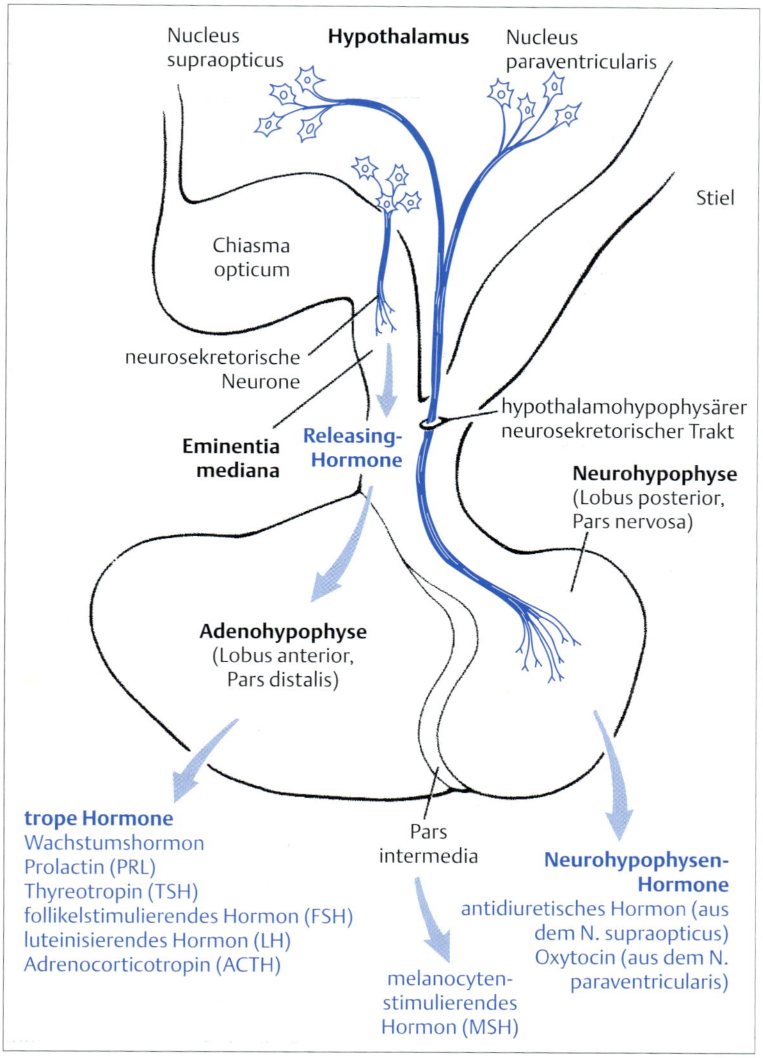

Abb. 15.**5** Schematische Darstellung des Hypothalamus-Hypophysen-Systems (nach Eckert, Thieme 1993)

15.2 Energieversorgung

15.2.1 Insulin

Die Glucosekonzentration im Blut schwankt normalerweise innerhalb einer engen Grenze von 70–110 mg/dl (3,89–6,1 mmol/l). Glucose ist ein Nährstoff und als Energielieferant für das ZNS und die Erythrozyten essentiell. Bestehen aber über längere Zeit zu hohe Blutkonzentrationen (= Hyperglykämie), kann Glucose auch schädigende Wirkung haben. Daher muß der Organismus über Hormone verfügen, die einem erhöhten Blutglucosespiegel entgegenwirken. Insulin reguliert die Glucosekonzentration im Blut – mit reaktiv erhöhten Werten nach der Nahrungsaufnahme –, indem es alle Stoffwechselmechanismen stimuliert, die zur Senkung des Blutglucosespiegels führen. Es gewährleistet somit, daß der normale Nüchternblutzucker von 70–110 mg/dl nicht überschritten wird. Der Tagesbedarf an Insulin beträgt 30–40 Insulineinheiten (eine Insulineinheit = 45 µg kristallisiertes Insulin). Neben dem Kohlenhydratstoffwechsel beeinflußt Insulin auch andere metabolische Vorgänge, z.B. den intrazellulären Bedarf an Aminosäuren und Fettsäuren von fast allen

Körperzellen (hauptsächlich Muskel- und Fettzellen). Daß Insulin essentiell für Wachstum, Reifung und Homöostase des Organismus ist, soll der nachfolgende Abschnitt zeigen.

Klinischer Bezug

Ein chronischer Insulinmangel – **Diabetes mellitus** – bewirkt längerfristig überhöhte Blutglucosekonzentrationen, die den Organismus schädigen. Dabei werden vermehrt insulinunabhängige Stoffwechselwege der Glucose genutzt (z. B. die Umwandlung der Glucose in Sorbit und die anschließende Oxidation von Sorbit in Fructose durch die insulinunabhängigen Enzyme Aldolase-Reduktase bzw. Sorbitdehydrogenase). Die anfallenden Zwischen- und Endprodukte werden für die diabetischen Spätkomplikationen verantwortlich gemacht: Sorbit und Fructose werden in die Augenlinse eingelagert, führen zu Quellung und Trübung der Linse und anschließend zur Erblindung. Die Bildung von Mucopolysacchariden und die Einlagerung von Glykoproteinen in die Basalmembran von Gefäßen werden als Ursache der *Makro- und Mikroangiopathien* sowie der Neuropathien angesehen. Symptome: u. a. Erblindung, Nierenfunktionsstörungen, arteriosklerotische Veränderungen, Funktionsausfall sensibler, aber auch vegetativer Nerven.

Synthese und Speicherung

Synthese: Insulin ist ein Polypeptidhormon aus 51 Aminosäuren, das in den B-Zellen der Langerhans-Inseln im Pankreas produziert wird. Im Zellkern der B-Zellen wird eine mRNA synthetisiert, die eine Aminosäuresequenz codiert, die größer ist als die des Insulins → *Präproinsulin*. Dieses primäre Translationsprodukt des Insulingens beinhaltet ein Signalpeptid, die B-Sequenz, die C-Sequenz und die A-Sequenz. Das Signalpeptid schleust die Peptidkette in das rauhe endoplasmatische Retikulum. Durch die proteolytische Abspaltung der Signalsequenz und die Ausbildung von drei Disulfidbrücken entsteht das *Proinsulin*. Im Golgi-Apparat wird durch weitere proteolytische Spaltung das C-Peptid abgespalten → *Insulin* (Abb. 15.**6**). Das C-Peptid wird nicht weiter abgebaut, sondern mit dem Insulin in Vesikeln gespeichert. Es ist beim Stoffwechselgesunden im Plasma nachweisbar. Die Konzentration des C-Peptids im Serum kann ein Maß für die Insulinsekretion sein (laut IMPP); in Wirklichkeit besitzt das C-Peptid eine 4 fach längere Halbwertszeit als das Insulin und ist aus diesem Grund ein Maß für die Funktion der B- Zelle.
Stimuli der Biosynthese s. Tab. 15.**3**.

Merke

Präproinsulin (107 AS) → Signalsequenz + B-Peptid + C-Peptid + A-Peptid

Proinsulin (81 AS) → B-Peptid + C-Peptid + A-Peptid

Insulin (51 AS) → B-Peptid + A-Peptid

Speicherung: Der Insulingehalt des Pankreas liegt bei 150 – 250 Insulineinheiten. Es wird in Form von Zink-Insulin-Komplexen in Vesikeln der B-Zellen gespeichert.

Sekretion

Basale Insulinsekretion: Die basale Insulinsekretion dient der Glucoseversorgung der Zellen zwischen den Mahlzeiten und während des Ruhestoffwechsels.
Mahlzeitenabhängige Insulinausschüttung: Sie ist für die Verwertung und Speicherung der Glucose aus der Nahrung notwendig.

- *Direkte Stimulation:* s. Tab. 15.**3**.
- *Sekretionsfördernde Effekte:*
  - Enterohormone (Gastrin, GIP u. a.): Bei gleicher BZ-Konzentration lösen die über den Verdauungstrakt aufgenommenen Kohlenhydrate eine deutlichere Sekretionssteigerung aus als die in die Blutbahn infundierten Kohlenhydrate. Grund: Durch die Nahrungsaufnahme werden

Tab. 15.**3** Biosynthese und Sekretion von Insulin

Biosynthese von Insulin		Sekretion von Insulin		
Stimulation	**Förderung**	**Stimulation**	**Förderung**	**Hemmung**
Glucose	Glukagon	Kohlenhydrate (Glucose, Fructose, Ribose u. a.)	Enterohormone: GLP 1 *, GIP*, Cholecystokinin, Gastrin	Somatostatin, Pankreostatin, α-Rezeptoragonist (Adrenalin)
	Wachstumsfaktoren	Aminosäuren, Fettsäuren, Ketonkörper		

*GLP 1 : Glukagon-ähnliches Peptid, GIP: gastric inhibitory peptide bzw. glucose dependent-insulin releasing peptide

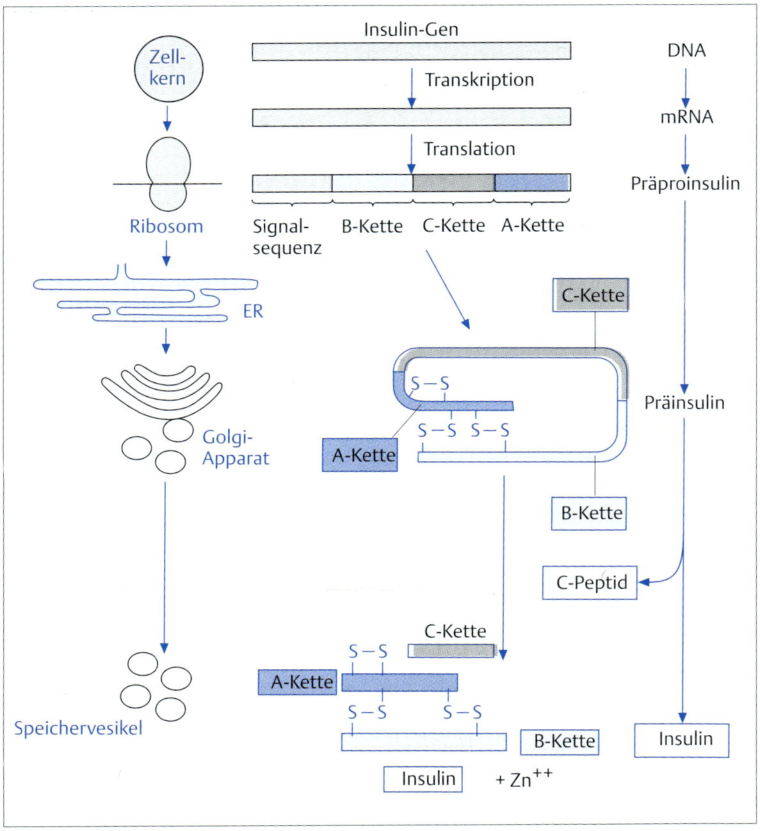

Abb. 15.**6** Insulinsynthese

im Magen-Darm-Trakt Enterohormone gebildet, die an der Regulation der Insulinausschüttung beteiligt sind (s. Tab. 15.**3**).

– Autonomes Nervensystem: Die Aktivierung des Parasympathikus (z. B. nach der Nahrungsaufnahme) und eine selektive Stimulierung der sympathischen β-Rezeptoren verstärken die Insulinfreisetzung.

Mechanismus der Insulinsekretion: Bei hoher BZ-Konzentration wird Glucose durch einen carriervermittelten Transport in die B-Zelle transportiert. Durch Verstoffwechselung der Glucose wird ATP gebildet, das einen ATP-abhängigen K^+-Kanal hemmt und dadurch die Membran depolarisiert. Die Depolarisierung führt zur Öffnung von ladungsabhängigen Ca^{2+}-Kanälen. Extrazelluläres Ca^{2+} strömt in die Zelle und bewirkt die Fusion der Speichervesikel mit der Zellmembran. An der Verbindungsstelle entsteht eine Öffnung, durch die das Insulin in den perikapillären Raum entleert werden kann → Exozytose.

Klinischer Bezug

Patienten mit einem diätetisch nicht beherrschbaren Diabetes mellitus Typ II (nach WHO: NIDDM, Non insulin dependent diabetes mellitus) werden mit **Antidiabetika** (blutzuckersenkenden Medikamenten) behandelt. Zu den Antidiabetika gehören u. a. Sulfonylharnstoffe. Der am häufigsten eingesetzte und am stärksten blutzuckersenkende Sulfonylharnstoff ist das Glibenclamid (Euglucon®). Es fördert die Insulinfreisetzung aus den B-Zellen der Langerhans-Inseln → betazytotroper Effekt. Der betazytotrope Effekt beruht vermutlich auf einer Hemmung der ATP-abhängigen K^+-Kanäle.

Wirkung und Inaktivierung

Insulin wirkt nur auf Organe, die einen insulinspezifischen, membranständigen (ektozellulären) Rezeptor vom Typ I besitzen (s. 15.1.3) → insulinabhängige Organe. Zu den wichtigsten insulinabhängigen Organen zählen Muskel, Leber und Fettgewebe. Insulin-

Aufnahme des kompl. Insulin-Rez. Kompl
· anschl. recycelt od. abgebaut

Tab. 15.**4** Metabolischer Insulineffekt

	Kohlenhydratstoffwechsel			
	Glykolyse	**Glykogensynthese**	**Pentosephosphatweg**	**Gluconeogenese**
Leber	↑	↑	↑	↓
Muskel	↑	↑	–	–
Fettzelle	↑	↑	↑	–

	Fettsäurestoffwechsel				Proteinstoffwechsel
	Lipidsynthese	**β-Oxidation**	**Ketonkörper**	**Lipolyse**	**Proteinsynthese**
Leber	↑	↓	↓	–	↑
Muskel	–	–	–	–	↑
Fettzelle	↑	–	–	↓	–

unabhängige Organe sind ZNS, Erythrozyten, Niere, lymphatisches Gewebe und Intestinaltrakt.

! **Merke**

Die *Leber* nimmt bezüglich der Insulinabhängigkeit eine Sonderstellung ein: Der Leberstoffwechsel ist insulinabhängig, aber nicht die Glucoseaufnahme in die Hepatozyten (kein Membraneffekt), wie es bei Muskelzellen und Fettzellen der Fall ist.

Wirkung auf den Stoffwechsel: Insulin fördert den anabolen Stoffwechsel (Aufbaustoffwechsel) und hemmt den katabolen Stoffwechsel (Abbaustoffwechsel), indem es durch eine Erniedrigung des zellulären cAMP-Spiegels spezifische Enzyme der verschiedenen Stoffwechselwege induziert (Tab. 15.**4**).

Wirkung auf die Zellmembran: Glucose kann die Zellmembran von Muskel- und Fettzellen (nicht Leber) nur in Anwesenheit von Insulin passieren. Insulin stimuliert den Einbau von Glucose-Carrierproteinen in die Zellmembran. Neben Glucose können auch andere Monosaccharide, die an C1–C3 über die gleiche Konfiguration wie Glucose verfügen, verstärkt aufgenommen werden (außer Fructose).

- Insulin aktiviert *Lipoproteinlipasen*, die Fettsäuren in das Fettgewebe einschleusen und für die Triglyceridsynthese zur Verfügung stellen.
- Insulin begünstigt die *Aufnahme von Aminosäuren, K^+, Mg^{2+} und Phosphat* in die Zelle. Der Mechanismus ist unbekannt.

Klinischer Bezug

Bei der Insulintherapie besteht die Gefahr der **Hypokaliämie**, wodurch es zu Herzrhythmusstörungen kommen kann.

Inaktivierung: Insulin wird durch Spaltung der Disulfid-Brücken inaktiviert.

15.2.2 Glukagon

Glukagon ist ein Gegenspieler des Insulins. Bei Abfall der Glucosekonzentration gewährleistet es die Versorgung der Zellen mit Glucose, indem es den Blutglucosespiegel auf verschiedene Weisen wieder stabilisiert (s. u.).

Synthese und Speicherung

Synthese: Glukagon ist ein 29 Aminosäuren langes Polypeptidhormon. Es wird in den A-Zellen der Langerhans-Inseln im Pankreas gebildet. Es wird wie Insulin durch proteolytische Spaltung aus höhermolekularen Vorstufen synthetisiert → Präproglukagon → Proglukagon → Glukagon.

Speicherung: Ähnlich wie Insulin wird Glukagon in Vesikeln gespeichert.

Sekretion

Im Gegensatz zu Insulin zeigt der Plasmaspiegel von Glukagon einen gleichmäßigen Tagesverlauf.

Mechanismus: Glukagon wird wie Insulin über Exozytose ausgeschüttet (s. Mechanismus der Insulinsekretion 15.2.1).

Sekretionsreize: s. Tab. 15.**5**.

Wirkung und Inaktivierung

Wirkung durch Induktion oder Repression: Glukagon fördert durch Induktion die Neusynthese von Enzymen, die zum Insulin entgegengesetzt wirken. Zum anderen unterdrückt Glukagon die Synthese von Enzymen, die insulinsynergistisch wirken.

Wirkung durch Interkonversion: Durch ATP-abhängige Phosphorylierung von Enzymen bzw. De-

Tab 15.**5** Stimulation und Hemmung der Glukagonsekretion

Stimulation	Hemmung
proteinreiche Mahlzeit (AS↑)	Somatostatin
Hypoglykämie (körperliche Arbeit, „Prüfungs"-Streß)	Hyperglykämie
Sympathikusaktivierung (β-Rezeptoren)	Insulin
Erniedrigung der Fettsäurekonzentration	Serotonin
Wachstumshormon Somatotropin (STH)	Glucose

De-/phosphorylierung durch Phosphatasen werden diese aktiviert bzw. inaktiviert.

Leber: Glukagon stimuliert an den Hepatozyten die Adenylylcyclase → cAMP ↑ Durch einen hohen cAMP-Spiegel werden spezifische Enzyme des Glucosestoffwechsels aktiviert:

- *Glykogenstoffwechsel:* Die Glykogenphosphorylase (Phosphorylase b) wird durch Phosphorylierung aktiviert → Phosphorylase a, wodurch die Glykogensynthese gehemmt wird (s. 9.1.1).
- *Gluconeogenese:* Ein hoher cAMP-Spiegel führt zu Stimulierung der Proteinkinase A, die durch Phosphorylierung zu einer Aktivierung der Fruktose-2,6-bisphosphatase führt → Fructose -2,6-bisphosphat-Konzentration ↓. Fructose -2,6-bisphosphat ist ein allosterischer Aktivator der Phosphofructokinase. Ein Konzentrationsabfall führt zu einer Hemmung der Glykolyse und Stimulierung der Gluconeogenese (Tab. 15.**6**).

Fettgewebe: Durch Aktivierung der Adenylylcyclase und den dadurch hohen cAMP-Spiegel wird die Proteinkinase A aktiviert, die Acetyl-CoA-Carboxylase durch Interkonversion inaktiviert → Hemmung der Fettsäuresynthese.

- *Lipolyse:* cAMP aktiviert die hormonsensitive Lipase des Fettgewebes, wodurch die Plasmafettsäurekonzentration zunimmt. Die freien Fettsäuren werden im Plasma an Albumin gebunden und zur Leber transportiert, wo sie durch β-Oxidation verstoffwechselt werden (Tab. 15.**6**).

Klinischer Bezug

Über Aminosäuren-Infusionen kann man den Proteinaufbau fördern. Dies würde jedoch die Insulinsekretion stimulieren → Hypoglykämie. Da Aminosäuren auch die Glukagonsekretion fördern, wird eine Hypoglykämie vermieden. Die Aminosäuren werden durch die glukagonabhängige Stimulation der Gluconeogenese zu Energie (Glucose → ATP) umgewandelt und stehen dem Proteinaufbau nicht mehr zur Verfügung. Um den Verbrauch der Aminosäuren zu vermeiden, muß gleichzeitig Glucose infundiert werden.

Inaktivierung: Glukagon wird durch die Spaltung der N-terminalen Aminosäuren Histidin und Serin inaktiviert.

15.2.3 Adrenalin und Noradrenalin

In Alarmsituationen muß der Körper auf Gefahren reagieren. Die basale Plasmakonzentration von Adrenalin und Noradrenalin beträgt ca. 10^{-10} mol/l. Wird der Organismus durch Sinnesreize alarmiert, setzt das Nebennierenmark soviel Adrenalin frei, daß seine Konzentration innerhalb von Sekunden bis zum 1000fachen des Normalwertes ansteigen kann. Adrenalin und Noradrenalin stellen dem Körper in Alarmsituationen Energie zur Verfügung, indem sie gespeicherte chemische Energie (Glykogen, Triglyceride) mobilisieren. Außerdem ist Noradrenalin der Neurotransmitter der meisten postganglionären sympathischen Nervenendigungen.

Tab. 15.**6** Metabolische Glukagoneffekte

	Glykogenolyse	Gluconeogenese	Lipolyse	β-Oxidation	Proteolyse
Leber	↑	↑	–	↑	↑
Fettgewebe	–	–	↑	–	–
Effekt	Glucose ↑	Glucose ↑ Aminosäuren ↓ Lactat ↓	Fettsäuren ↑	Ketonkörper ↑	Aminosäuren für die Gluconeogenese

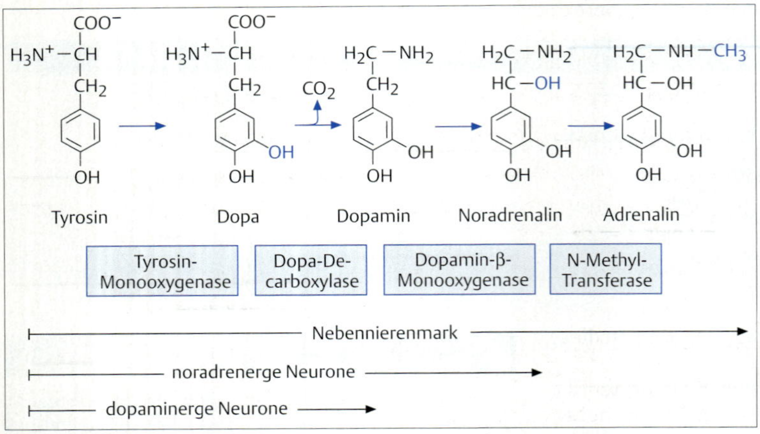

Abb. 15.7 Synthese der Catecholamine

Synthese und Speicherung

Struktur und Synthese: Adrenalin und Noradrenalin sind hydrophile Hormone und gehören zu den Catecholaminen, einer Untergruppe der *biogenen Amine*. Alle Catecholamine besitzen die Grundstruktur des Phenylethylamins.
Adrenalin und Noradrenalin werden in den chromaffinen Zellen des Nebennierenmarks, in Ganglienzellen des Sympathikus und im Hypothalamus gebildet. Die Biosynthese des Adrenalins und Noradrenalins beginnt beim Tyrosin und verläuft enzymatisch über folgende Schritte (Abb. 15.7):

1. Tyrosin wird durch die Tyrosinhydroxylase (Schlüsselenzym) zu Dihydroxyphenylalanin (*DOPA*) hydroxyliert.
2. Durch Decarboxylierung von DOPA entsteht Dihydroxyphenylethylamin → *Dopamin*.
3. Dopamin wird durch β-Hydroxylierung zu *Noradrenalin*.
4. Noradrenalin wird durch Methylierung der primären Aminogruppe in *Adrenalin* umgewandelt. Die Methylgruppe stammt von S-Adenosylmethionin.

Speicherung: Catecholamine werden in den synaptischen Nervenendigungen und in den chromaffinen Zellen des Nebennierenmarks in Vesikeln gespeichert.

Sekretion, Wirkung und Inaktivierung

Sekretion: Die Sekretion von Catecholaminen erfolgt über Exozytose.

Catecholaminrezeptoren: Die Zielzellen besitzen für Adrenalin und Noradrenalin funktionell unterschiedliche membranständige (ektozelluläre) Rezeptoren vom Typ III, die in α- und β-Rezeptoren unterteilt werden. Dadurch bewirken diese Hormone unterschiedliche Effekte bei verschiedenen Organsystemen.

- *α-Rezeptoren:* α-Rezeptoren werden in die Unterklassen α_1 und α_2 unterteilt.
  - α_1-Rezeptoren führen durch Aktivierung von Phospholipase C zur Bildung der Second messenger IP_3 und DAG → Erhöhung der intrazellulären Ca^{2+}-Konzentration (s. 15.1.3).
  - α_2-Rezeptoren senken den cAMP-Spiegel durch Hemmung der Adenylylcyclase über das inhibitorische G-Protein (s. 15.1.3). Adrenalin und Noradrenalin wirken auf beide Klassen von α-Rezeptoren vergleichbar gut. Die Verteilung der α-Rezeptoren ist von Organ zu Organ unterschiedlich. Noradrenalin kann über α_2-Rezeptoren seine eigene Ausschüttung hemmen.
- *β-Rezeptoren:* β-Rezeptoren lösen in den Zielzellen über das stimulierende G-Protein eine Aktivierung der Adenylylcyclase und damit einen Anstieg der intrazellulären cAMP-Konzentration aus. Sie werden in die Unterklassen β_1 und β_2 unterteilt. Adrenalin und Noradrenalin wirken auf β_1-Rezeptoren gleich gut. Dagegen reagieren β_2-Rezeptoren auf Adrenalin viel empfindlicher als auf Noradrenalin.

! Merke

Noradrenalin entfaltet seine Wirkung hauptsächlich über α- und in geringerem Maße über β-Rezeptoren. *Adrenalin* dagegen aktiviert alle Rezeptortypen gleichermaßen. Da die α- und β-Rezeptoren im Organismus unterschiedlich verteilt sind, können Noradrenalin und Adrenalin unterschiedliche Effekte auslösen. Z.B. Gefäßsystem: Dominieren die α-Rezeptoren, so hat Adrenalin eine vasokonstriktorische Wirkung; überwiegen die β_2-Rezeptoren, so wirkt es vasodilatatorisch.

Tab. 15.**7** Noradrenalin- und Adrenalineffekte. R bezeichnet den dominierenden Rezeptortyp

	R	**Mechanismus** / *Effekt*
Skelettmuskel*	β_2	– cAMP → PK ↑ → Glykogenphosphorylase ↑ → *Glykogenolyse* ↑ → *Glc* ↑ → *Glykolyse* ↑ → *Lactat* ↑ – *Glucoseaufnahme* ↑ + Vasodilatation
Leber	β_2	– cAMP ↑ → PK ↑ → Glykogenphosphorylase ↑ → *Glykogenolyse* ↑ – cAMP ↑ → PK ↑ → Acetyl-CoA-Carboxylase ↓ → *FS-Synthese* ↓ → *β-Oxidation* ↑ – cAMP ↑ → PK ↑ →Fructose 2-6-bisphosphatase ↑ → *Gluconeogenese* ↑
Fettzellen	β_2	– cAMP ↑ → hormonsensitive Lipase ↑ → *FS* ↑ → *Ketonkörper im Serum*↑
Herz	β_1	– cAMP ↑ → $[Ca^{2+}]_i$ ↑ → *pos. chronotrop, inotrop und dromotrop*
Bronchien **Intestinaltrakt** **Gefäße**	α/ β_2	α_1 : IP_3 ↑ → $[Ca^{2+}]_i$ ↑ → *Kontraktion* α_2 : inhibitorisches G-Protein ↑ → cAMP↓ → PK↓ → *β-Effekt*↓ β_2 : cAMP ↑ → PK ↑ → $[Ca^{++}]_i$↓ durch Ca^{2+}-Transport Aktivierung → *Erschlaffung der glatten Muskulatur* – Vaso- + Bronchodilatation
Pankreas	α_2 β_2	*Hemmung der Insulinsekretion* *Stimulierung der Insulinsekretion (gering)*
Niere	β_1	*Reninsekretion* ↑
Auge	α_1 β_2	*Kontraktion des M. dilator pupillae* → *Mydriasis* *Erschlaffung des M. ciliaris* → *Fernakkomodation*
Harnblase	β_2 α	*M. detrusor erschlafft* *Sphinkterkontraktion*

* trifft nur auf Adrenalin zu; PK = Proteinkinase, R = Rezeptor

Wirkung: s. Tab. 15.**7**.

Inaktivierung: Wichtiger physiologischer Mechanismus für die Beendigung der Wirkung von Noradrenalin ist die aktive Wiederaufnahme in präsynaptische Nervenendigungen. Das aufgenommene Noradrenalin wird teilweise wieder in Vesikeln gespeichert.

Adrenalin und Noradrenalin können auch enzymatisch inaktiviert werden. Sie werden durch die mitochondriale Monoaminooxidase (MAO) oxidativ desaminiert und durch die Catechol-O-Methyltransferase (COMT) O-methyliert. Endprodukt ist die Vanillinmandelsäure.

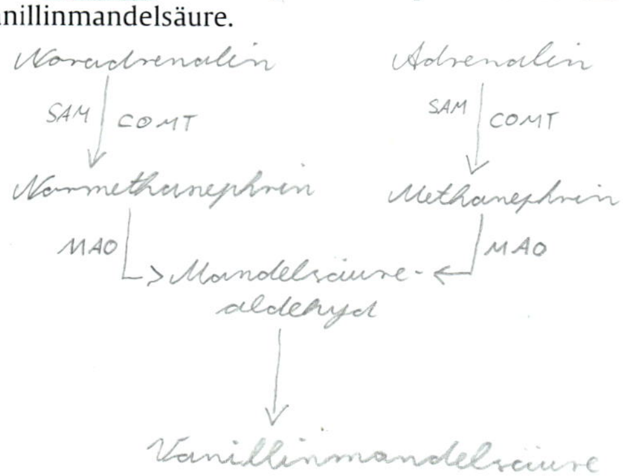

Klinischer Bezug

Das **Phäochromozytom** zeigt ein typisches Überfunktionssyndrom des Nebennierenmarks. Dabei handelt es sich in der Regel um einen gutartigen Tumor des Nebennierenmarks, der sowohl Adrenalin als auch Noradrenalin produziert. Die vermehrte Catecholaminausschüttung durch den Tumor führt zu *Hypertonie* und *Blutdruckkrisen*. Die glykogenolytische Wirkung des Adrenalins kann zu einem erhöhten Blutzuckerspiegel – *diabetische Stoffwechsellage* – führen. Weiteres Symptom ist u. a. eine *Erhöhung der freien Fettsäuren* im Blut. Zur Diagnostik des Phäochromozytoms wird heute routinemäßig die Vanillinmandelsäure-Ausschüttung im 24-Stunden-Urin bestimmt, die von 1 – 7 mg/15 h auf 20 mg/15 h ansteigen kann. Die operative Entfernung des Tumors führt fast immer zur völligen Heilung.

15.2.4 Glucocorticoide

Die Glucocorticoide sind nicht nur, wie der Name vermuten läßt, an der Regulation des Kohlenhydratstoffwechsels beteiligt, sondern beeinflussen auch den Fett- und Proteinstoffwechsel. In der Klinik haben sie durch ihre entzündungshemmende und immunsuppressive Wirkung große therapeutische

Bedeutung erlangt. Außerdem nehmen sie bei der Streßreaktion eine zentrale Rolle ein (s. 15.2.5).

Synthese, Sekretion und Transport

Synthese und Sekretion: Glucocorticoide werden hauptsächlich in der Zona fasciculata der Nebennierenrinde produziert. Da sie nicht auf Vorrat synthetisiert und gespeichert werden können, entspricht ihre Sekretionsrate der Syntheserate. Die Biosynthese der Glucocorticoide wird über den hypothalamisch-hypophysären Regelkreis durch ACTH (adrenocorticotropes Hormon) kontrolliert. Die ACTH-Produktion unterliegt wiederum dem im Hypothalamus gebildeten CRH (Corticotropin-Releasing-Hormon bzw. Corticoliberin; s. 15.2.5).
Transport: Im Plasma sind Glucocorticoide an Transkortin oder Albumin gebunden und in gebundener Form inaktiv.

Wirkung und Inaktivierung

Glucocorticoide sind *hydrophobe* Hormone. Sie passieren die Zellmembran und verbinden sich im Zytoplasma mit einem spezifischen zytoplasmatischen Rezeptor. Der aktivierte Hormon-Rezeptor-Komplex wandert in den Zellkern und heftet sich dort an spezifische DNA-Stellen, wodurch die Proteinbiosynthese aktiviert wird → *Transkriptionsverstärkung*. Sein Effekt setzt daher erst nach längerer Zeit (Stunden) ein. Außerdem sind Glucocorticoide in der Lage, die Wirkung anderer Hormone zu verstärken → *permissiver Effekt*. Das Wirkungsspektrum der Glucocorticoide ist vielfältig:

Wirkung auf den Stoffwechsel:

- *Anhebung des Blutzuckerspiegels:* Glucocorticoide induzieren in der Leber Enzyme der Gluconeogenese (insulinantagonistisch). Sie hemmen die Glucoseverwertung im Stoffwechsel durch Verminderung der Insulinempfindlichkeit → Erhöhung der Glucosekonzentration im Blut und Steigerung der Glykogensynthese.
- *Anregung der Lipolyse im Fettgewebe:* Die lipolytische Wirkung von Catecholaminen und ACTH wird durch Glucocorticoide gesteigert → Hyperlipidämie und Umverteilung von Fettgewebe aus der Peripherie hin zu Stamm, Nacken und Gesicht (Stammfettsucht).
- *Steigerung des extrahepatischen Proteinabbaus:* Die Proteolyse in Muskel, Haut und Knochen wird stimuliert, wodurch die Konzentration freier Aminosäuren im Blut ansteigt. Die freien Aminosäuren werden in der hepatischen Gluconeogenese verstoffwechselt. Stimulierung der Harnstoffsynthese und eine negative Stickstoffbilanz ist die Folge.

Hemmung entzündlicher Reaktionen: Glucocorticoide führen zur Hemmung der Prostaglandin- und Leukotrienbiosynthese infolge Hemmung der Phospholipase A_2. Außerdem blockieren sie die Freisetzung und den Effekt der Lymphokine (z. B. Interleukin 1 und 2).
Unterdrückung von Immunreaktionen: Glucocorticoide führen zu einer Abnahme des lymphatischen Gewebes (Atrophie von Thymusgewebe und Lymphknoten). Sie senken die Anzahl der eosinophilen und

Tab. 15.**8** Zusammenfassung der Glucocorticoidwirkung und pathophysiologische Wirkung der Glucocorticoide beim Cushing-Syndrom u. a. bei Glucocorticoidtherapie (s. Klinischer Bezug)

	Effekt	Klinischer Bezug
Stoffwechsel	insulinantagonistisch: Gluconeogenese ↑ Lipolyse ↑ Proteolyse ↑ Harnstoffzyklus ↑	 Hyperglykämie (Steroiddiabetes) Hyperlipidämie neg. Stickstoffbilanz → Muskelschwäche durch Muskelatrophie
Entzündung	Lymphokinfreisetzung ↓ Phospholipase A_2 ↓	Entzündungshemmung (antiphlogistisch)
Immunsystem	Eosinopenie Basopenie Lymphozytopenie	antiallergisch und immunsuppressiv
Hämatologie	Erys ↑ Thrombos ↑	Thromboseneigung
Elektrolyte	mineralocorticoide Wirkung Vit.-D-antagonistisch	Hypertonieneigung Osteoporose
Kreislauf	Sensibilisierung von Adrenozeptoren	pos. inotroper Effekt und Hypertonieneigung

basophilen Granulozyten und der Lymphozyten. Mechanismus s.o.

- *Verminderte zelluläre Immunabwehr* durch Abnahme der T-Lymphozyten- und Makrophagenaktivität.
- *Verminderte humorale Immunabwehr* durch abgeschwächte Antikörperaktivität.

Hämatologischer Effekt: Die Erythropoese wird begünstigt → Erhöhung der Zahl der Erythrozyten und Thrombozyten.

Wirkung auf den Elektrolythaushalt:

- *Beeinflussung der Nierenfunktion:* Die glomeruläre Filtrationsrate (GFR), die Ca^{2+}-Ausscheidung und die Ammoniakproduktion im proximalen Tubulus werden gesteigert. Die Wasserpermeabilität im distalen Tubulus wird vermindert. Außerdem besitzen Glucocorticoide geringe mineralcorticoide Wirkung → Na-Retention ↑ → Volumen ↑ (s. 15.4.1).
- *Vit.-D-Antagonismus:* Glucocorticoide hemmen die Ca^{2+}-Aufnahme im Darm und steigern die Ca^{2+}-Ausscheidung in der Niere → $[Ca^{2+}]_e$ ↓.

Herz-Kreislauf-Effekt: Glucocorticoide erhöhen die Empfindlichkeit von Adrenozeptoren gegenüber Catecholaminen und stimulieren die Synthese der Catecholamine im Nebennierenmark durch Enzyminduktion. Durch die mineralcorticoide Wirkung nimmt das Plasmavolumen zu, was in Schock- und Streßsituationen kreislaufunterstützend wirkt.

Klinischer Bezug

Ein länger anhaltender, erhöhter Plasmacortisolspiegel erzeugt ein klassisches, als **Cushing-Syndrom (= Hypercortisolismus)** bezeichnetes Krankheitsbild mit typisch verändertem Aussehen der Patienten: Vollmondgesicht, Stammfettsucht, Büffelnacken, dünne Haut mit Striae rubrae. Das Syndrom ist in den meisten Fällen die Folge einer andauernden Gabe von Medikamenten mit glucocorticoider Wirkung (*exogenes Cushing-Syndrom*) oder seltener die Folge einer endogen Cortisolüberproduktion (*endogenes Cushing-Syndrom*). Das endogene Cushing-Syndrom wird in eine ACTH- abhängige und -unabhängige Form unterteilt (ACTH stimuliert die Glucocorticoid-Synthese in der Nebennierenrinde [s. 15.2.5]): Die häufigste Ursache des endogenen *ACTH-abhängigen Cushing-Syndroms* sind Mikroadenome (kleine Tumoren) im Hypophysenvorderlappen, die im Überschuß ACTH sezernieren (= *Morbus Cushing* im engeren Sinne). Auch Tumoren nicht endokriner Gewebe können die ACTH-Quelle sein. Man spricht dann von *ektoper paraneoplastischer ACTH-Sekretion*, die am häufigsten bei kleinzelligen Bronchialkarzinomen vorkommt. *ACTH-unabhängige* Formen des Cushing-Syndroms werden durch cortisolproduzierende Tumoren der Nebennierenrinde verursacht. In Tab. 15.**8** sind pathologische Wirkungen des Cortisols aufgelistet.

Inaktivierung: Glucocorticoide werden in der Leber durch Hydrierung und durch Koppelung an Glucuronsäure und Sulfat inaktiviert. Anschließend werden sie mit der Galle oder dem Harn ausgeschieden.

15.2.5 Corticotropin (Adrenocorticotropes Hormon, ACTH)

Synthese und Speicherung

Synthese: ACTH ist ein Proteohormon aus 39 Aminosäuren, das in den basophilen Zellen des Hypophysenvorderlappens synthetisiert wird.
ACTH entsteht durch Proteolyse aus einem höhermolekularen Vorläuferpeptid, dem Proopiomelanocortin (POMC). Aus POMC können durch proteolytische Spaltung auch andere Hormone entstehen: die Peptide α-, β- und γ-Melanotropin (MSH), β- und γ-Lipotropin (LPH), sowie β-Endorphin und Methionin-Enkephalin, welches aus β-Endorphin entstehen kann.
Speicherung: ACTH wird in den basophilen Zellen des Hypophysenvorderlappens in Vesikeln gespeichert.

Sekretion

Die Sekretion von ACTH wird durch im Zwischenhirn (Hypothalamus) gebildetes Corticoliberin (CRH) und Vasopressin (ADH) sowie Catecholamine aus dem Nebennierenmark stimuliert. Außerdem unterliegt die ACTH-Sekretion einem zirkadianen Rhythmus (Tag-Nacht-Rhythmus), der wahrscheinlich CRH-abhängig ist, s.u.

Wirkung

Nebennierenrinde:

- ACTH stimuliert in der Zona fasciculata die *Synthese der Glucocorticoide*. Es bindet an einen spezifischen membranständigen (ektozellulären) Rezeptor Typ III (s. 15.1.3), wodurch die Adenylylcyclase stimuliert wird (→ cAMP ↑). cAMP aktiviert die Proteinkinase A, die eine Cholesterinhydrolase phosphoryliert und damit aktiviert. Dadurch wird Cholesterin für die Glucocorticoidsynthese (s. 15.2.4) bereitgestellt. Für die Glucocorticoidsynthese sind Hydroxylierungsreaktionen notwendig, die $NADPH_2$ benötigen. Ein hoher cAMP-Spiegel bewirkt in der Nebennierenrinde eine vermehrte $NADPH_2$-Bildung (Pentosephosphatweg ↑).
- In geringem Maße stimuliert ACTH die *Synthese von Aldosteron* in der Zona glomerulosa und der Sexualhormone in der Zona reticularis.

Extraadrenale Organe:

- ACTH stimuliert durch die *Aktivierung der Adenylylcyclase* in den Fettzellen die Lipolyse.
- ACTH erhöht die *Melaninsynthese* in den Melanozyten → Hautpigmentierung ↑.

Biochemie

Regelkreis Corticoliberin (CRH) – Corticotropin (ACTH) – Glucocorticoid

Corticoliberin (Corticotropin-Releasing-Hormon, CRH) ist ein Polypeptid aus 41 Aminosäuren, das die Sekretion des Corticotropins reguliert. Es wird hauptsächlich im Nucleus paraventricularis des Hypothalamus synthetisiert. CRH gelangt über die Portalgefäße zum Hypophysenvorderlappen, wo es das cAMP-System der basophilen Zellen aktiviert (s. 15.1.3). Durch Aktivierung der cAMP-abhängigen Proteinkinase A wird die Sekretion von ACTH stimuliert. ACTH gelangt über den Blutkreislauf zur Nebennierenrinde und stimuliert die Biosynthese und Sekretion der Glucocorticoide (Cortison, Cortisol u. a.) in der Nebennierenrinde. Glucocorticoide hemmen wiederum über negative Rückkopplung die ACTH- und CRH-Sekretion im Hypophysenvorderlappen bzw. im Hypothalamus.

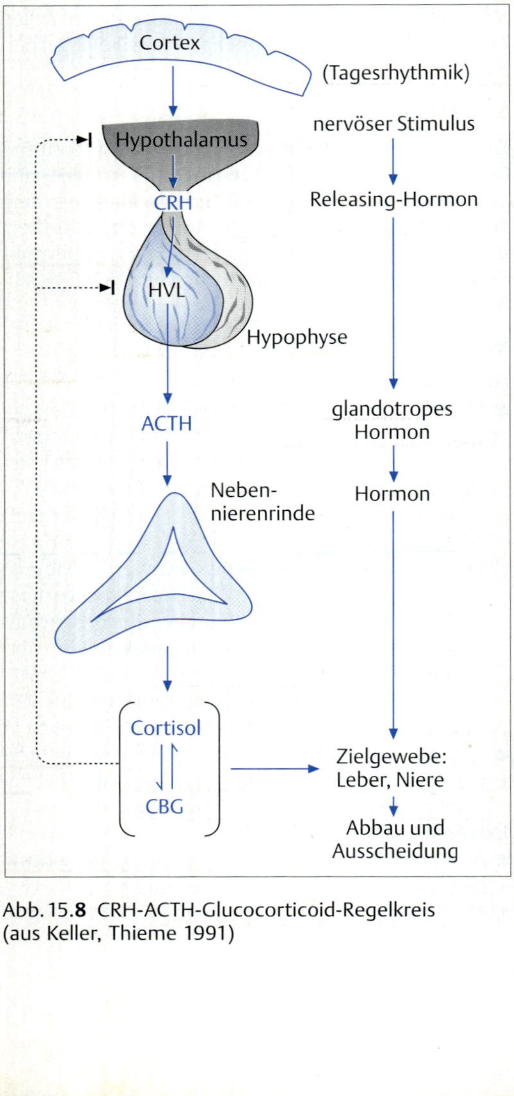

Abb. 15.**8** CRH-ACTH-Glucocorticoid-Regelkreis (aus Keller, Thieme 1991)

Die CRH-Sekretion unterliegt endogenen tageszeitlichen Rhythmen (zirkadianer Rhythmus). Sie ist morgens höher als abends, was für den morgendlichen Plasmacortisolanstieg verantwortlich ist. Impulse aus den limbischen System (Informationen über Emotionen, Schmerz, Streß usw.) stimulieren ebenfalls die CRH-Sekretion (Abb. 15.**8**).

15.2.6 Schilddrüsenhormone

Struktur

Die beiden Schilddrüsenhormone Thyroxin (Tetrajodthyronin, T_4) und Trijodthyronin (T_3) sind Ether, die die Aminosäure Thyrosin und eine Phenolgruppe beinhalten. T_4 besitzt vier Jod-Atome und T_3 drei Jod-Atome an den Phenolringen (Abb. 15.**9**).

Synthese, Speicherung und Sekretion

Zur Sicherstellung der Synthese von T_3 und T_4 sollte die Nahrung täglich 180–200 µg Jod enthalten.

Schritte der Synthese bis zur Sekretion von T_3 und T_4 sind:

1. *Jodidaufnahme in die Follikelzelle:* Da die Jodidkonzentration in den Follikelzellen 100 mal höher ist als im Blut, nehmen die Follikelzellen Jod in Form von Jodid (J^-) gegen ein Konzentrationsgefälle durch einen aktiven (ATP-abhängigen) Transport aus dem Blut auf → *Jodfalle.*
2. *Jodid-Oxidierung:* Durch eine Jodidperoxidase wird Jodid zu molekularem Jod (J_2) oxidiert. Jod wird an das Innere der Schilddrüsenfollikel abgegeben.
3. *Jodierung von Thyrosylresten:* Im Follikelraum wird J_2 an Thyrosinreste des Thyreoglobulins (TG) gebunden, dabei wird der Phenolrest des Thyrosinrests jodiert. Es entsteht entweder Monojodthyrosin (MJT) oder Dijodthyrosin (DJT). Thyreoglobulin ist ein Glykoprotein, das in den Follikelzellen synthetisiert wird und in Vesikeln verpackt durch Exozytose an das Kolloid im Inneren der Schilddrüsenfollikel abgegeben wird.
4. *Bildung von Tetrajod- bzw. Trijodthyroninresten:* MJT und DJT kondensieren zu Trijodthyronin. DJT und DJT kondensieren zu Tetrajodthyronin (L-Thyroxin). Thyreoglobulin enthält nun T_3- und T_4-Reste und ist in Vesikeln gespeichert → Speicherform der Schilddrüsenhormone.
5. *Endozytose von Thyreoglobulin:* Durch die Aktivierung durch TSH (Thyreotropin) werden die Vesikel wieder von den Follikelzellen durch Endozytose aufgenommen.
6. *Lysosomale Thyreoglobulinspaltung:* In den Follikelzellen wird durch lysosomale Proteasen Thyreoglobulin proteolytisch abgebaut, wodurch T_3 und T_4 freiwerden und ins Blut abgegeben

Tab. 15.**9** Eigenschaften von T_3 und T_4

Eigenschaften	T_3	T_4
Produktion/Tag	35 µg incl. Konversion	100 µg
Transport	hauptsächlich Albumin	TBG > Präalbumin > Albumin
Blutkonzentration	1 µg/l	35–80 µg/l
Halbwertszeit	1 Tag	7 Tage
rel. biologische Wirksamkeit	10	1

werden. Die Zellen der Schilddrüse sezernieren weniger T_3 als T_4.

Transport und Konversion von T_4 zu T_3

Transport: Über 90 % der zirkulierenden Schilddrüsenhormone sind proteingebunden v.a. an thyroxinbindendes Globulin (TBG), aber auch an Albumin und Präalbumin. Proteingebundene Schilddrüsenhormone sind inaktiv.

Merke

Biologisch aktiv ist nur der freie Anteil an T_3 und T_4.

Konversion von T_4 zu T_3: In der Körperperipherie wird T_4 durch die *Selen-abhängige Dejodase* zu dem aktiveren T_3 dejodiert (Tab. 15.**9**). So entstehen 80 % des T_3-Körperpools in den Zellen der Erfolgsorgane (Leber, Niere u. a.). Ein Teil des intrazellulär gebildeten T_3 bindet an Hormonrezeptoren im Zellkern und beeinflußt die Zellfunktion (s.u.), das übrige T_3 wird in den Blutkreislauf abgegeben. Da T_3 besser in die Zellen eindringen kann, ist es stärker wirksam als T_4 (Abb 15.**9**).

Wirkung und Inaktivierung

Wirkung: T_3 und T_4 sind hydrophob und können durch die Zellmembran der Zielzellen diffundieren. Nach Dejodierung von T_4 zu T_3 bindet sich T_3 im Zellkern der Zielzelle mit einem spezifischen Thyroxinrezeptor, der an die DNA gebunden ist. Die Bindung an dieses *nukleäre Rezeptorprotein* reguliert die Proteinbiosynthese verschiedener Proteine u. a. Enzyme. Die Wirkungen der Schilddrüsenhormone sind aus diesem Grund vielseitig (Tab. 15.**10**).

Klinischer Bezug

Bei einer Schilddrüsenüberfunktion (**Hyperthyreose**) ist das Angebot an T_4 und T_3 erhöht. Dies führt zu einem komplexen Krankheitsbild: Der Grundumsatz, die Körpertemperatur, die Herzfrequenz und damit das Herzzeitvolumen sind erhöht. Die Patienten leiden unter Gewichtsabnahme (Lipolyse ↑), Unruhe, Konzentrationsschwäche, Schlafstörungen, Schwitzen, haben einen feinschlägigen Tremor und zum Teil Augensymptome (Exophthalmus).
Liegt ein Unterangebot an T_4 und T_3 durch eine Schilddrüsenfunktionsstörung vor, spricht man von **primärer**

Morbus Basedow: = Autoantikörper mit Thyreotroph.-Wirkung
Merseburg Trias → Struma, Exophthalmus, Tachykardie

Tab. 15.**10** Effekte der Schilddrüsenhormone

Wirkung	Effekt
Grundumsatz	Steigerung des Grundumsatzes durch Aktivierung der Na^+-K^+-ATPase und H^+-Kanäle (Termogenin im Braunen Fettgewebe) → Wärmeproduktion ↑ und O_2-Verbrauch ↑
Wachstum u. Entwicklung	Stimulation der Synthese von Wachstumshormonen (STH) Reifung und Entwicklung des Nervensystems
Stoffwechsel	Stimulation des Kohlenhydrat- und Fettstoffwechsels pos. Stickstoffbilanz durch vermehrten Proteinaufbau*
Herz	Permissiver Effekt: 1. Durch vermehrten Einbau von β-Rezeptor-Proteinen in die Zellmembran werden die Zellen für Catecholamine sensibler. 2. Stimulation der Adenylylcyclase und G-Protein (Tachykardie)

* *Stickstoffbilanz:* Differenz zwischen aufgenommenem Protein-Stickstoff und dem abgegebenen Harnstoff-Stickstoff → bei pos. Stickstoffbilanz wird mehr Stickstoff aufgenommen als ausgeschieden, bei neg. Stickstoffbilanz mehr ausgeschieden als aufgenommen

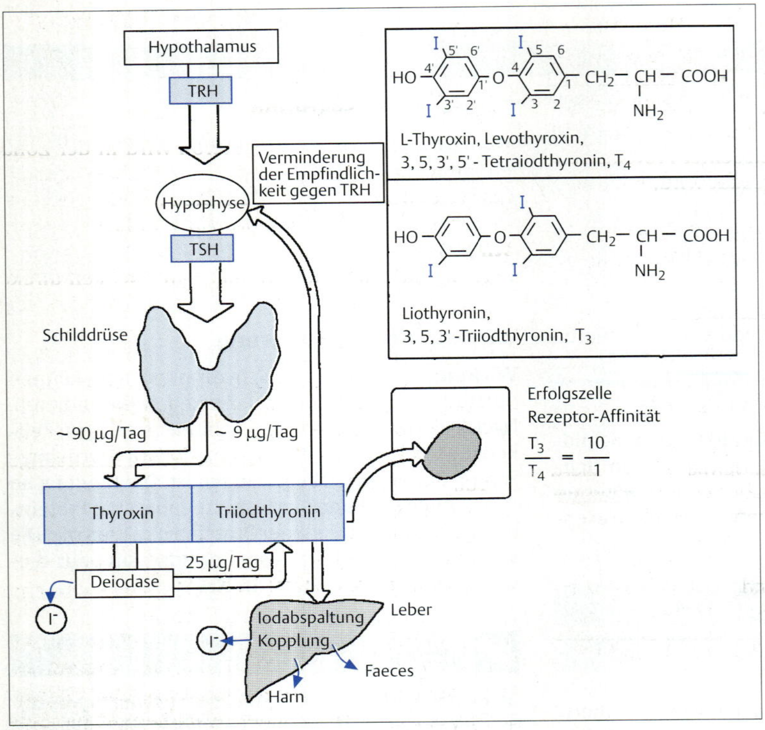

Abb. 15.9 Schilddrüsenhormone und Regulation der Schilddrüsenfunktion (aus Lüllmann/Mohr/Ziegler, Thieme 1994)

Klinischer Bezug (Fortsetzung)

Hypothyreose (angeborene und erworbene), bei einem Ausfall übergeordneter Regulationszentren (s.u.) von **sekundärer Hyperthyreose**.

Die **angeborene Hypothyreose** ist meistens durch eine mangelhafte Entwicklung (Hypoplasie, Aplasie) der Schilddrüse bedingt, die bereits während der Schwangerschaft beim Feten zu Wachstumsverzögerung, Skelettanomalien und teilweise schweren Intelligenzdefekten **(Kretinismus)** führt. Produziert die Mutter ausreichend Schilddrüsenhormone, kann der Schilddrüsenhormonbedarf des Feten durch die Mutter gedeckt werden; es treten keine deutlichen Symptome der Hypothyreose auf. Nach der Geburt ist eine normale und geistige Entwicklung nur durch Schilddrüsenhormonsubstitution möglich.

Die **erworbene Hypothyreose** (meistens Frauen zwischen dem 40. und 60. Lebensjahr) wird in der Mehrzahl der Fälle durch Entzündungen mit Verlust von funktionsfähigem Schilddrüsengewebe hervorgerufen (Hashimoto-Thyreoiditis). Darüber hinaus kann sie iatrogen durch Kropfoperationen, Radiojodbehandlung oder Medikamente bedingt sein. Ein wichtiges Symptom ist das **Myxödem**, das durch Verquellung interstitieller Mukopolysaccharide in der Haut zu Ödemen – vor allem im Gesicht – führt. Die Patienten sind oft kälteempfindlich, antriebsarm, müde und zeigen einen geistigen Leistungsabfall.

Inaktivierung: T_3 und T_4 können in der Leber dejodiert und nach Koppelung an Glucuronsäure oder Sulfat über die Niere oder Galle ausgeschieden werden.

Thyreoliberin (Thyreotropin-Releasing-Hormon, TRH)

Synthese: TRH ist ein Tripeptid (Pyroglutamyl-Histidyl-Prolinamid), das im Hypothalamus gebildet wird. Es entsteht durch posttranslationale Prozessierung eines höhermolekularen Prohormons (Syntheseprinzip s. 15.1.2).

Wirkung: TRH bindet an spezifische Membranrezeptoren der basophilen Hypophysenvorderlappenzellen und stimuliert die TSH-Sekretion (via IP_3, s. 15.1.3). Außerdem fördert TRH die Prolactinfreisetzung.

Thyrotropin (TSH)

Synthese und Sekretion: TSH ist ein Glykoprotein, das in den basophilen Zellen des Hypophysenvorderlappen synthetisiert wird. Die TSH-Ausschüttung und Synthese wird durch im Hypothalamus gebildete Peptide reguliert, wobei TRH stimulierend und Somatostatin hemmend wirkt. Weiterhin wird seine Synthese durch hohe T_3-Konzentrationen, die Sekretion durch hohe T_4-Konzentrationen gehemmt. Bei oraler Zufuhr ist TSH wegen seiner Proteinstruktur, die bei der Resorption abgebaut wird, wirkungslos.

Wirkung: TSH bewirkt über eine Stimulierung der Adenylylcyclase (cAMP ↑) der Schilddrüsenzelle die Synthese von T_3 und T_4. Außerdem fördert TSH die Jodidaufnahme in die Schilddrüsenzelle.

Klinischer Bezug

Unter dem Einfluß von Östrogenen, z. B. durch die Einnahme der „Pille" oder während der Schwangerschaft, wird TBG von der Leber vermehrt produziert. Durch Konzentrationsveränderung von TBG kann die Synthese der Schilddrüsenhormone indirekt beeinflußt werden. Nimmt die TBG-Konzentration ab, führt das zu einem *relativen* Anstieg von freiem, biologisch aktivem T_3 und T_4. Hohe T_3- und T_4-Konzentrationen können über neg. Feedback die TSH-Freisetzung hemmen. Bei Abfall von T_3 und T_4 ist es genau umgekehrt (Abb. 15.**9**).

15.2.7 Erythropoetin

Synthese: Erythropoetin ist ein Glykoprotein, das in der Niere und in der Leber synthetisiert wird (Fetus: Leber; postnatal: ca. 90 % Niere).

Funktion: Erythropoetin gehört zu den *colony stimulating factors* (CSF). CSF sind Wachstumsfaktoren, die die Regeneration und Ausdifferenzierung von Blutzellen kontrollieren. Erythropoetin ist der wichtigste Wachstumsfaktor für die Umwandlung von Erythrozyten-Vorläuferzellen zu Erythrozyten im Knochenmark. Es wird bei ungenügender Sauerstoffversorgung vermehrt gebildet, wodurch die Zahl der Retikulozyten (junge Erys) im Blut steigt.

15.3 Sekretion von Verdauungssekreten

Siehe Physiologie 7.3.

15.4 Elektrolyt- und Wasserhaushalt

15.4.1 Aldosteron

Synthese und Sekretion

Das Mineralocorticoid Aldosteron wird in der Zona glomerulosa der Nebennierenrinde gebildet und gehört zu den Steroidhormonen. Die Synthese geht von Cholesterin aus (Syntheseprinzip s. 15.1.2).

Stimulation:

- Hyperkaliämie und Hyponatriämie wirken direkt stimulierend auf die Synthese und Sekretion von Aldosteron.
- Bei Blutdruckabfall oder Verminderung des Blutvolumens wird die Aldosteronsekretion durch das Renin-Angiotensin-System reguliert (s. 15.4.2).
- Die ACTH-Ausschüttung durch die Hypophyse führt vorübergehend zu einer Sekretionssteigerung von Aldosteron. Dieser Effekt läßt jedoch nach mehrfacher Stimulierung durch ACTH nach, was darauf schließen läßt, daß ACTH nur eine relativ geringe Bedeutung für die Aldosteronausschüttung hat. Auch nach Hypophysektomie bleibt eine basale Aldosteronsekretion erhalten.

Hemmung: Durch einen Anstieg des Blutvolumens und dadurch bedingte Dehnung der Herzvorhöfe wird vermehrt das atriale natriuretische Hormon (Atriopeptin, ANH) gebildet. ANH hemmt die Synthese von Aldosteron in der Nebennierenrinde.

Wirkung und Inaktivierung

Wirkung: Aldosteron ist ein hydrophobes Hormon und passiert die Zellmembran. Im Zytoplasma verbindet es sich mit einem spezifischen zytoplasmatischen Rezeptor. Der aktivierte Aldosteron-Rezeptor-Komplex wandert in den Zellkern und heftet sich dort an spezifische DNA-Stellen, wodurch die Proteinbiosynthese aktiviert wird. So bewirkt der aktivierte Aldosteron-Hormon-Komplex in den distalen Nierentubulizellen eine vermehrte Synthese der Proteine einer Na^+-K^+-ATPase, wodurch die Na^+-Resorption und die K^+- und H^+-Ausscheidung stimuliert wird. An den Epithelien des Verdauungstraktes, den Speichel- und Schweißdrüsen ist die Wirkung von Aldosteron entsprechend. Aldosteron erniedrigt den Natrium-Kalium-Quotienten des Speichels und des Schweißes.

Inaktivierung: Aldosteron wird in der Leber an Glucuronsäure oder Sulfat gekoppelt und über die Galle und den Urin ausgeschieden.

Biochemie

15.4.2 Renin-Angiotensin

Bildungsort der Bestandteile des Renin-Angiotensin-Systems

Renin ist eine Protease, die hauptsächlich in den juxtaglomerulären Zellen (JG-Zellen) der Niere synthetisiert und freigesetzt wird. Die Vorstufe des Renins ist das inaktive Prorenin, das durch Abspaltung der Prosequenz im Golgi-System der juxtaglomerulären Zellen zum aktiven Renin umgewandelt wird. Ein geringer Teil des Renin wird auch in anderen Organen produziert, z. B. Herz, Gehirn, Nebenniere, Plazenta u. a. In diesen Geweben liegt Renin überwiegend in Form von inaktivem Prorenin vor und kann im Blutkreislauf nicht aktiviert werden. Seine Funktion ist unbekannt.

! Merke

Renin ist ein proteolytisches Enzym, kein Hormon.

Angiotensinogen ist ein Glykoprotein aus der Gruppe der α_2-Globuline. Es wird vorwiegend in der Leber, aber auch in anderen Geweben synthetisiert. Angiotensinogen ist das Reninsubstrat, s.u.

Angiotensin I ist ein Dekapeptid (10 AS), das im Plasma aus Angiotensinogen abgespalten wird. Es ist das Substrat des Angiotensin-Converting-Enzyms, s.u.

Angiotensin-Converting-Enzym (ACE) wird in den Membranen der Blutgefäße besonders der Lungenkapillaren synthetisiert. Es spaltet zwei Aminosäuren (His-Leu) von Angiotensin I ab, wodurch Angiotensin II entsteht, s.u.

Angiotensin II ist ein Oktapeptid (8 AS), das im Plasma durch Peptidspaltung aus Angiotensin I entsteht. Es ist der Hauptwirkstoff des Renin-Angiotensin-Systems. Die Halbwertszeit von Angiotensin II im Plasma beträgt 1 Minute.

Die Renin-Angiotensin-Kaskade

Renin spaltet im Plasma Angiotensin I von Angiotensinogen ab. Angiotensin I wird durch ACE in Angiotensin II umgewandelt. Angiotensin II bindet an seine in zahlreichen Geweben vorliegenden Rezeptoren und besitzt ein umfangreiches Wirkungsspektrum (Abb. 15.**10**).

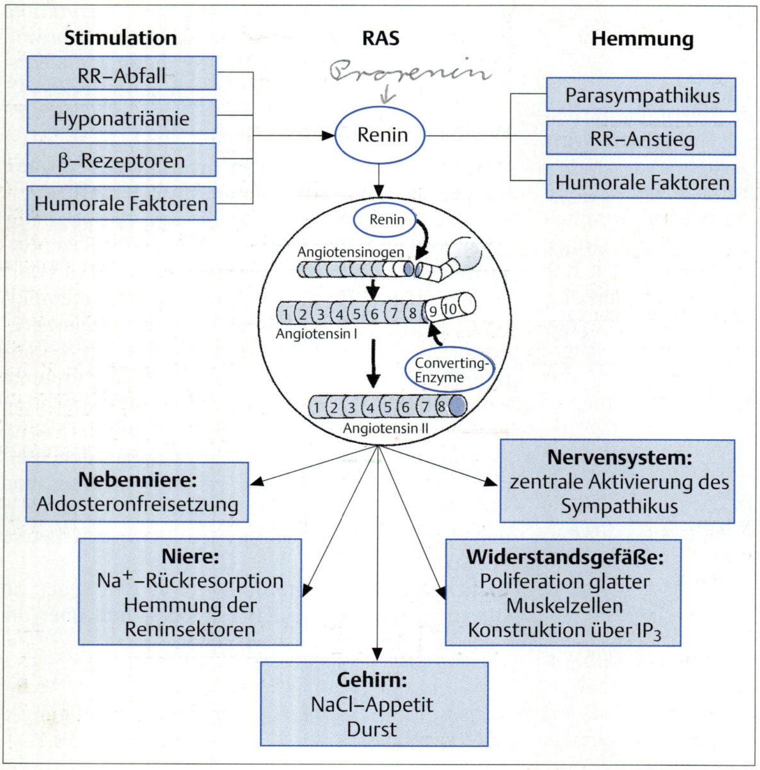

Abb. 15.**10** Zusammenfassung des Renin-Angiotensin-Systems (RAS)

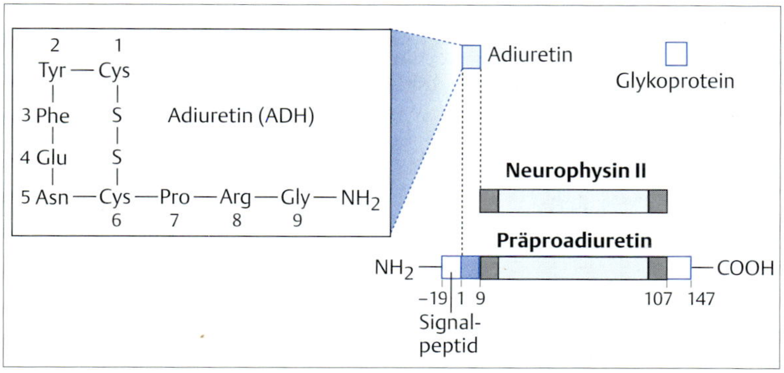

Abb. 15.**11** Struktur von Adiuretin und sein Präprohormon

Aktivierung der Kaskade:

- *Intrarenale Pressorezeptoren* in der Wand des Vas afferens der Nierenglomeruli können bei akuter Senkung des Plasmavolumens oder des Blutdrucks die Reninsekretion stimulieren. Ein Abfall des Blutdrucks im Vas afferens kann z. B. durch eine hochgradige Stenose einer Nierenarterie oder der Aorta bedingt sein.
- *Bei Hyponatriämie* setzen Macula densa-Zellen in der Niere vermutlich Adenosin frei, das die juxtaglomerulären Zellen (JG-Zellen) zur Reninsekretion stimuliert.
- *β-adrenerge Stimulation:* Eine gesteigerte Reninfreisetzung erfolgt bei Stimulierung renaler β_1-Rezeptoren an den JG-Zellen (z. B. durch Catecholamine oder einen sympathischen Reiz).
- *Humorale Faktoren:* Prostaglandine und Histamin stimulieren das RAS.

Hemmung der Kaskade: Die Reninfreisetzung aus den JG-Zellen wird durch Drucksteigerung in den Vasa afferentia der Niere und durch humorale Faktoren wie z. B. K^+, ADH (antidiuretisches Hormon), atriales natriuretisches Hormon (Atriopeptin, ANF), Angiotensin II und Kinine gehemmt. Auch das *autonome Nervensystem* hemmt die Reninsekretion durch Stimulation der afferenten vagalen Fasern.

Wirkung

Der Haupteffektor des RAS ist das **Angiotensin II**. Es beeinflußt die Funktion verschiedener Organe, die in der Abb. 15.**10** dargestellt sind. Eine wichtige Funktion des Angiotensin II ist die *Regulation des Blutdrucks:* Fällt der Blutdruck unter einen bestimmten Schwellenwert, wird in den JG-Zellen der Niere Renin ausgeschüttet, das die Angiotensin-II-Konzentration im Plasma erhöht. Angiotensin II wirkt vasokonstriktorisch und setzt Aldosteron frei, das eine verstärkte Na^+-Rückresorption im distalen Tubulus der Niere bewirkt, womit – osmotisch bedingt – auch eine H_2O-Rückresorption verbunden ist. Beide Effekte (Vasokonstriktion durch Angiotensin II und Na^+- und H_2O-Resorption durch Aldosteron) erhöhen bzw. normalisieren den Blutdruck.

15.4.3 Adiuretin (ADH, antidiuretisches Hormon, Vasopressin)

Synthese und Speicherung

Synthese: Im Hypothalamus befinden sich zwei Kerngebiete, in denen die Nervenzellen sehr große Perikarya (Somazellen) besitzen. Zu diesen magnozellulären Kerngebieten gehören der Nucleus supraopticus und Nucleus paraventricularis, in denen sich neurosekretorische Zellen befinden, die ADH-Vorläuferproteine synthetisieren und in Vesikel verpacken. Von beiden Kernen ziehen markarme Nervenfasern durch den Hypophysenstiel zum Hypophysenhinterlappen (HHL) (Abb. 15.**5**). In den Axonen dieser Nervenfasern werden die Vesikel bis zum Axonende transportiert (axonaler Transport). ADH-Vorläuferproteine bestehen aus ADH, Neurophysin II und anderen Peptiden. Das Neurophysin II hat die Funktion eines Carrierproteins. ADH wird im Soma, im Axon und in der Synapse durch Enzyme in den Vesikeln aus den ADH-Vorläuferproteinen abgespalten (s. Abb. 15.**11**).

Speicherung: Nach dem axonalen Transport wird ADH in der Axonendigung, also im HHL, in Vesikeln gespeichert.

Sekretion

Mechanismus: Die Freisetzung des ADH erfolgt durch neuronale Erregung: Aktionspotentiale der supraoptischen oder paraventrikulären Neurone bewirken durch Depolarisierung der Axonendigungen die Exozytose von ADH aus den Vesikeln in die Blutbahn.

Tab. 15.**11** Wirkung von ADH

Mechanismus	**V_1-Rezeptor** **IP_3 als Second messenger**	**V_2-Rezeptor** **cAMP als Second messenger**
Effekt	– Kontraktion der Gefäßmuskulatur	– Wasserpermeabilität im dist. Tubulus u. Sammelrohr ↑ → Konzentrierung des Urins – Permeabilität für Harnstoff im Sammelrohr ↑ → Konzentrierung des Urins – Hemmung der Reninsekretion – Stimulation der Synthese von Gerinnungsfaktoren

Stimulation: Die Sekretion wird stimuliert durch

- den Anstieg der Plasmaosmolalität,
- die Abnahme des extrazellulären Volumens (Hypovolämie),
- Einflüsse aus dem ZNS (Streß, Schmerz, u. a.).

Wirkung und Abbau

Wirkung: Die Zielzellen besitzen für ADH funktionell unterschiedliche membranständige (ektozelluläre) Rezeptoren vom Typ III, die in V_1- und V_2-Rezeptoren unterteilt werden (V nach dem zweiten Namen von ADH, Vasopressin). Zum Wirkungsspektrum von ADH (Tab. 15.**11**).

Abbau: ADH wird in der Leber abgebaut und zum Teil mit dem Urin ausgeschieden.

Klinischer Bezug

Der verstärkte Harndrang nach **Alkoholkonsum** beruht auf der Hemmung der ADH-Sekretion durch Ethanol mit folgender Diurese.

15.4.4 Atrialer natriuretischer Faktor (ANF, Atriopeptin)

Synthese und Sekretion

Synthese: ANF ist ein Peptidhormon (28 AS), das aus zwei Ketten besteht. Beide Ketten sind über eine Disulfidbrücke miteinander verbunden. ANF wird in myoendokrinen Zellen des linken und rechten Vorhofs synthetisiert.

Aus einem Vorläufermolekül (151 AS) entsteht durch enzymatische Abspaltung von 25 AS das Prohormon. Das aus 126 Aminosäuren bestehende Prohormon ist die Speicherform von ANF. Aus dieser Speicherform wird ANF abgespalten.

Sekretion: Die Sekretion von ANF wird sowohl direkt nerval als auch durch Dehnung der Vorhöfe, insbesondere des rechten Vorhofs, ausgelöst.

Wirkung

ANF ist der Gegenspieler zum Renin-Angiotensin-System und reguliert die Funktion verschiedener Organe:

Niere:

- ANF steigert die glomeruläre Filtrationsrate und bremst die Na^+-Resorption → Diurese und Natriurese ↑.
- Es fördert die Nierendurchblutung.
- Es hemmt die Reninfreisetzung.

Glatte Muskulatur:

- ANF hemmt die vasokonstriktorische Wirkung von Angiotensin II. Darüber hinaus dilatiert es direkt die Gefäße.

Nebennierenrinde:

- ANF hemmt die Synthese von Aldosteron durch Hemmung der Reninfreisetzung.

15.4.5 Parathyrin (PTH, Parathormon) und Calcitonin

Calcitonin und Parathyrin regeln zusammen mit dem D-Hormon (s. 15.4.6) den Calcium(Ca^{2+})- und den Phosphat(HPO_4^{2-})-Haushalt des Organismus. Der Haushalt beider Ionen (Ca^{2+} und HPO_4^{2-}) ist eng miteinander verknüpft, da Calciumphosphate die Hauptmineralbestandteile der Knochen sind. Außerdem beeinflussen beide Ionen sich gegenseitig. So führt ein Anstieg der Phosphatkonzentration im Plasma infolge Überschreitung des Löslichkeitsproduktes für Calciumphosphat (d. h. vermehrte Ablagerung von Calciumphosphat) zu einem Abfall der Ca^{2+}-Konzentration.

Struktur und Synthese

Parathyrin: Das in der Nebenschilddrüse (Epithelkörperchen oder Glandulae parathyreoideae) gebildete Parathyrin ist ein Polypeptid aus 84 Aminosäuren. Seine biologische Aktivität ist lokalisiert zwischen den Aminosäuren 1–26 und 1–34.

Calcitonin: Calcitonin wird in den parafollikulären C-Zellen der Schilddrüse und von endokrinen Zellen

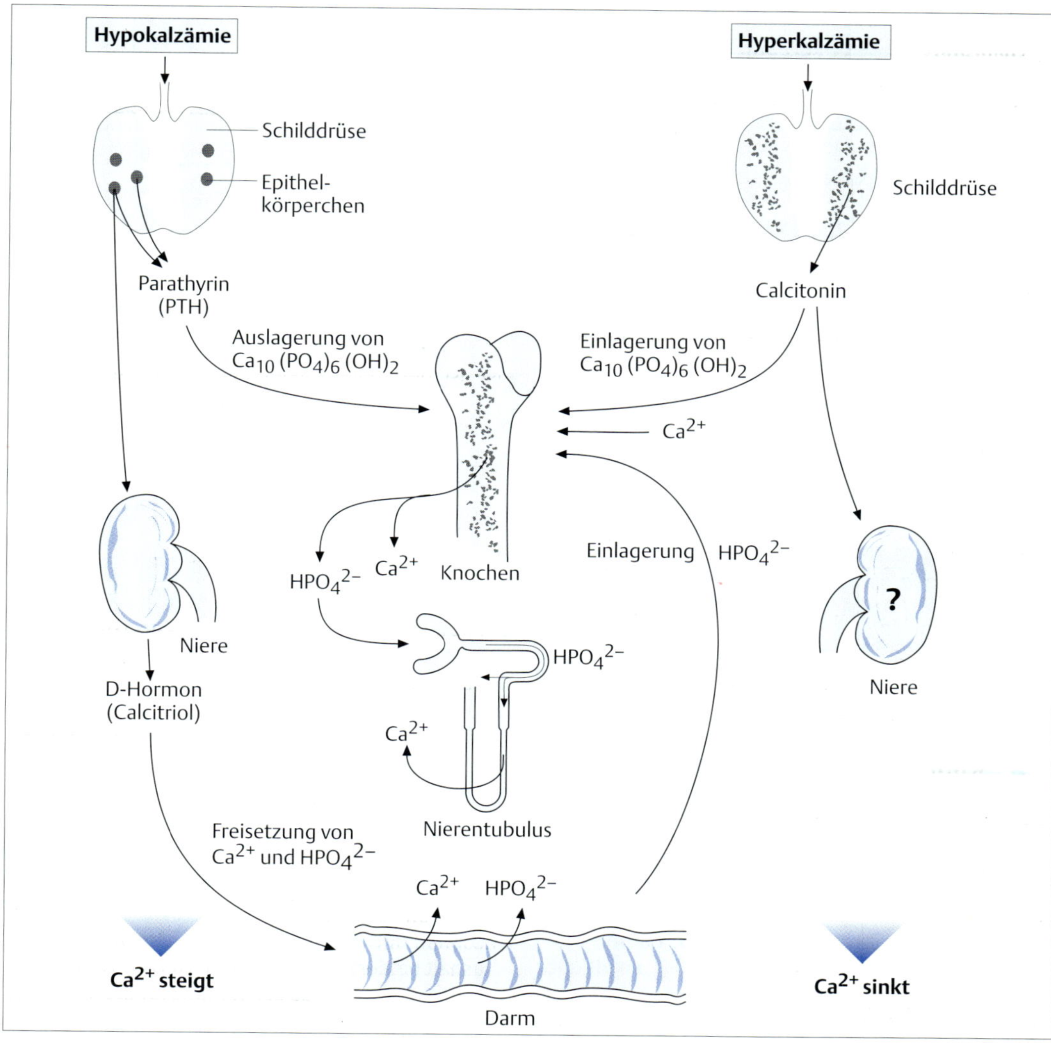

Abb. 15.**12** Einfluß des Parathyrins, des Calcitonins und des D-Hormons auf den Calcium-Phosphat-Haushalt

u. a. im Verdauungstrakt gebildet. Das Hormon ist ein Polypeptid aus 32 Aminosäuren.

Wirkung

Parathyrin: Die Ausschüttung von Parathyrin wird durch die Ca^{2+}-Konzentration gesteuert. Sinkt diese, so kommt es zu einer vermehrten Sekretion. Funktion von Parathyrin ist es, die Ca^{2+}-Konzentration im Plasma wieder zu erhöhen. Dabei beeinflußt es verschiedene Organe (Abb. 15.**12**):

Knochen: Durch Aktivierung der Osteoklasten kommt es zum Knochenabbau → Ca^{2+} und HPO_4^{2-} wird frei.

Niere: An den Nierentubuli wird die Ca^{2+}-Resorption ↑ erhöht. Außerdem hemmt Parathyrin die Phosphatresorption ↓ (Phosphatreabsorption). Ein Abfall der Phosphatkonzentration ist für die Ca^{2+}-Freisetzung aus dem Knochen notwendig, da so verhindert wird, daß Calciumphosphat im Gewebe ausfällt.

Darm: Im Darm wird die Ca^{2+}-Resorption indirekt ↑ gesteigert, indem Parathyrin in der Niere die Synthese von D-Hormon aus Vitamin D fördert. Das D-Hormon stimuliert die Ca^{2+}-Aufnahme aus dem Darm (s. 15.4.6).

Calcitonin: Die Sekretion von Calcitonin wird durch den Anstieg der Ca^{2+}-Konzentration im Plasma angeregt. Die Hauptwirkung des Calcitonins ist sowohl die Hemmung des Knochenabbaus als auch die Senkung der Plasmakonzentration von Ca^{2+}, über folgende Mechanismen:
Knochen: Calcitonin hemmt die Osteoklastenaktivität und bewirkt dadurch eine verminderte Osteolyse und den vermehrten Einbau von Ca^{2+} in den Knochen → Mineralisierung des Knochens.
Niere: In der Niere hemmt Calcitonin wahrscheinlich die tubuläre Ca^{2+}-Rückresorption (antagonistisch zum PTH) und hemmt die Phosphatrückresorption (synergistisch zum PTH).

Merke

Parathyrin → Ca^{2+} ↑, HPO_4^{2-} ↓

Calcitonin → Ca^{2+} ↓, HPO_4^{2-} ↓

Klinischer Bezug

Die häufigste Ursache einer unzureichenden Produktion von Parathyrin ist die Zerstörung der Epithelkörperchen bei **Thyreoidektomie** (Entfernung der gesamten Schilddrüse, z. B. bei Schilddrüsenkarzinomen).

15.4.6 Calciferol (D-Hormon, Vitamin D)

Struktur und Synthese

Struktur: Das D-Hormon ist lipophil, leitet sich von Cholesterin ab und enthält ein konjugiertes Trien-System. Die mit der Nahrung aufgenommenen, aber auch körpereigenen D-Vitamine sind Prohormone, also Vorstufen des D-Hormons. Zu den Prohormonen gehören u. a. Cholecalciferol (Calciol) und 25-Hydroxycholecalciferol (Calcidiol) (Abb. 15.**13**).
Synthese: Die Synthese des D-Hormons erfolgt durch die Gemeinschaftsarbeit von Haut, Leber und Niere. Die Vorstufe des D-Hormons ist das 7-Dehydrocholesterol (Prävitamin D_3), das in der Leber aus Cholesterin synthetisiert wird. Aus 7-Dehydrocholesterol entsteht durch Spaltung eines Kohlenwasserstoffrings Cholecalciferol (Calciol, Vitamin D_3). Diese Ringspaltung erfolgt in der Haut unter Einwirkung von ultraviolettem Licht, z. B. Sonnenbestrahlung. Cholecalciferol wird in der Leber zum 25-Hydroxycholicalciferol (Calcidiol) hydroxyliert und gelangt in die Niere. In der Niere erfolgt unter dem Einfluß von Parathyrin (PTH) die Aktivierung von 1 α-Hydroxylase, das 25-Hydroxycholicalciferol (Calcidiol) in Position C_1 hydroxyliert. Dadurch entsteht das physiologisch wirksame 1, 25-Dihydroxycholecalciferol (D-Hormon, Calcitriol) (Abb. 15.**13**).

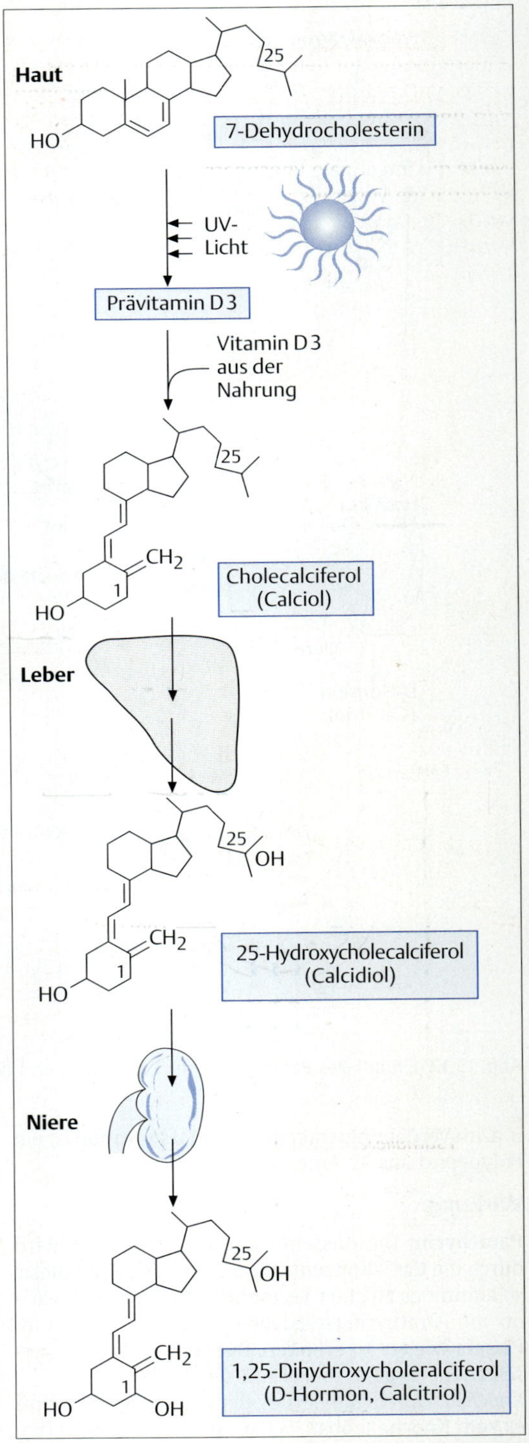

Abb. 15.**13** Synthese des D-Hormons (1,25-Dihydroxycholecalciferol, Calcitriol)

Wirkung

Darm: 1,25-Dihydroxycholecalciferol entfaltet seine Hauptwirkung auf den Epithelzellen des Darms, wo es die Synthese eines Ca^{2+}-bindenden Proteins induziert und dadurch die enterale Ca^{2+}- Resorption fördert. Außerdem wird auf noch nicht völlig geklärte Weise die intestinale Phosphatresorption stimuliert, wodurch die Mineralisierung des Knochens gefördert wird (Abb. 15.**12**).

Niere: 1,25-Dihydroxycholecalciferol stimuliert die renale Ca^{2+}-Resorption.

15.5 Wachstum

15.5.1 Wachstumshormon, Somatotropin (somatotropes Hormon [STH], „growth hormone" [GH])

Struktur und Synthese

STH ist ein einkettiges Peptidhormon aus 191 AS und zwei Disulfidbrücken. Es wird in den eosinophilen Zellen des Hypophysenvorderlappens gebildet. Die AS-Sequenz des STH ist in besonders hohem Maße artspezifisch. Deshalb können Präparate aus tierischen Hypophysen (Rind, Schwein) beim Menschen therapeutisch nicht verwendet werden.

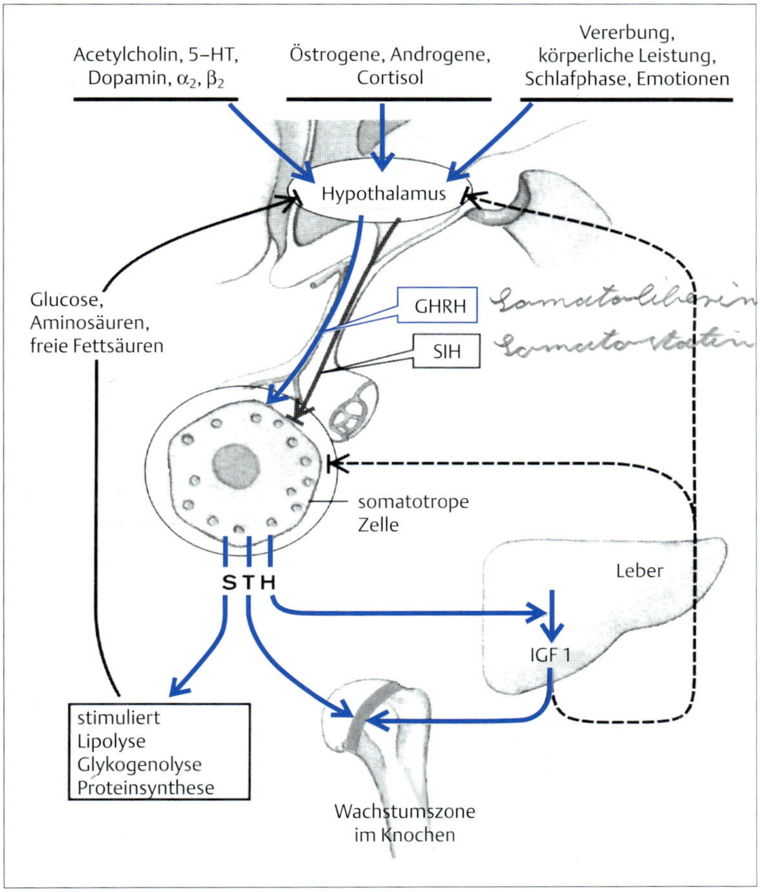

Abb. 15.**14** Funktion und Regulation des Wachstumshormons Somatotropin (STH). Dargestellt ist die multiple Regulation von STH durch externe und interne Reize sowie eine Rückkopplung über Aminosäuren und Glucose. Wahrscheinlich entfaltet Somatomedin C (IGF 1) auch eine negative Feedback-Wirkung auf die STH- Sekretion (aus Klinke/Silbernagl, Thieme 1994)

Regulation der Sekretion

Bei Erwachsenen liegt die Basalsekretion von STH unter 5 ng/l. Die STH-Sekretion wird durch zwei hypothalamische Peptidhormone reguliert. Das Releasinghormon *Somatoliberin* fördert die STH-Sekretion, und das Releasing-inhibiting-Hormon *Somatostatin* hemmt die STH-Sekretion (Abb. 15.**14**):

Somatoliberin (GHRH): Unter bestimmten Lebensumständen kann die STH-Sekretion via Somatoliberin bis auf das 10fache gesteigert werden, z. B. durch körperliche und psychische Anstrengung und durch Hunger (Hypoglykämie). In der Nacht (Schlafstadien 3 und 4) erhöht sich der STH-Spiegel durch schlafinduzierte Ausschüttung von Somatoliberin (kein zirkardianer Rhythmus wie z. B. bei ACTH). Über andere Zentren (Nucleus arcuatus) wirkt auch u. a. Dopamin stimulierend auf die Somatoliberinsekretion (Abb. 15.**14**).

Somatostatin (SIH): SIH ist ein zyklisches Peptidhormon mit 14 Aminosäuren (laut IMPP: Tetradekapeptid). Es wird u. a. im Hypothalamus, in den D-Zellen der Pankreasinseln und in den Drüsenzellen des Magen-Darm-Trakts produziert. Die vielseitigen Wirkungen von SIH sind in Abb. 15.**15** dargestellt.

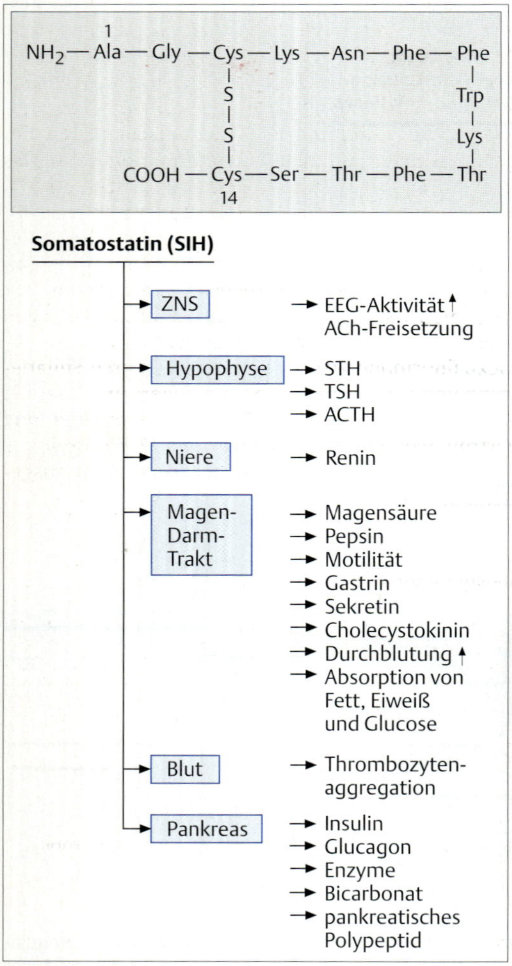

Abb. 15.**15** Hormone oder Funktionen, die durch Somatostatin (SIH) gehemmt werden

Wirkung

STH steuert das Körperwachstum und einen Teil seiner Stoffwechselwirkung nicht selbst, sondern über Wachstumsfaktoren aus der Leber, die **Somatomedine (IGF)**. Dabei stimuliert STH in der Leber die Bildung und Sekretion von Somatomedinen. Somatomedine werden auch als insulinähnliche Wachstumsfaktoren (insulin-like grow factors, *IGF 1* und *IGF 2*) bezeichnet, weil sie eine Affinität zu Insulinrezeptoren besitzen und eine teilweise insulinähnliche Wirkung haben. Wichtigstes Somatomedin ist das Somatomedin C (IGF 1).

Wachstumswirkung: IGF fördert die Zellteilung in der Epiphysenfuge (Knochen-Knorpel-Wachstumszone), wodurch die Epiphysenfugendicke und das Längenwachstum zunimmt.

Stoffwechselwirkung:

- *Protein-anabole Wirkung:* Die Proteinbiosynthese wird stimuliert. Dies wird durch eine erhöhte Aminosäure- und Glucoseaufnahme in die Muskelzellen begünstigt.
- *Fettstoffwechsel:* Am Fettgewebe hat STH lipolytische Wirkung (FS ↑) und hemmt die Lipidsynthese.
- *Kohlenhydratstoffwechsel:* STH wirkt diabetogen, d. h., es erhöht den Glucosespiegel im Plasma, indem es die Gluconeogenese fördert und die Glucoseutilisation hemmt. Außerdem wird der Glucosespiegel durch die Stimulation der Glukagonsekretion erhöht.

! Merke

Proteinstoffwechsel → insulinsynergistisch → Proteinbiosynthese ↑

Fettstoffwechsel → insulinantagonistisch → Lipolyse ↑ → [FS] ↑

Kohlenhydratstoffwechsel → insulinantagonistisch → Gluconeogenese ↑ → [Glc] ↑

Klinischer Bezug

Eine gesteigerte STH-Synthese, z. B. durch ein Hypophysen-Adenom, führt bis zum Ende der Pubertät zum proportionierten **Riesenwuchs**. Nach Abschluß der Pubertät führt eine STH-Überproduktion nicht mehr zu einem Längenwachstum, da die Epiphysenfugen bereits geschlossen sind. Statt dessen kommt es zu einem Wachstum der noch nicht verknöcherten Skelettbereiche, den Akren (verlängerte Hände, Füße, Kinn und Nase) sowie zu einem Wachstum der Weichteile des Gesichts (lange Zunge, wulstige Lippen und vergrößerte Ohrmuscheln). Dieses Krankheitsbild bezeichnet man als **Akromegalie**. Therapiert wird die Akromegalie durch transsphenoidale Adenomentfernung oder medikamentös durch synthetisches Somatostatin.

Bei einer Verminderung der STH-Synthese, z. B. durch Tumoren der Nachbarorgane, Mißbildungen, Geburtstraumen (Steißlagen) oder vererbte Defekte kommt es zum **Zwergwuchs**. Bei diesen Patienten sind die Körperproportionen erhalten, entsprechen aber nicht dem Alter. Therapiert werden diese Patienten wegen der Artspezifität des STH mit humanem STH.

15.5.2 Gonadale Steroidhormone

Zu den gonadalen Steroidhormonen gehören die Sexualhormone Androgene, Östrogene und Gestagene. Sie werden gonadale Steroidhormone genannt, weil sie u. a. in den Gonaden, d. h. in den Testes bzw. Ovarien, gebildet werden. Sie sind für die Ausbildung und Funktion der Fortpflanzungsorgane und die Entwicklung der sekundären Geschlechtsmerkmale verantwortlich. Aus didaktischen Gründen werden diese im Kap. 15.6. besprochen.

15.6 Fortpflanzung

15.6.1 Androgene, Östrogene, Gestagene

Androgene, Östrogene und Gestagene sind steroidale Sexualhormone. Syntheseprinzip, Signalübertragung und Inaktivierung der Steroidhormone wurden bereits im Abschnitt 15.1.2 und 15.1.3 ausführlich erklärt. Nachfolgend werden kurz die Grundlagen der Steroidhormone, die Biosynthese und der molekulare Unterschied der Androgene, Östrogene und Gestagene zusammengefaßt.

Allgemeines

Steroidhormone sind lipophil und werden in Blut mit speziellen Transportproteinen zur Zielzelle transportiert. Aufgrund ihrer Lipophilie können sie die Zellmembran ihrer Zielzelle passieren und beeinflussen die Proteinbiosynthese (→ sie besitzen zytoplasmatische Rezeptoren). Die verschiedenen Sexualhormone kommen sowohl bei der Frau als auch beim Mann vor, allerdings in unterschiedlichen Konzentrationen (Tab. 15.**12**). Bei der Biosynthese des wirksamsten Gestagens, des Progesterons, ist Cholesterin eine Vorstufe. Progesteron wiederum ist sowohl Vorstufe von Androgenen (Testosteron) als auch von Östrogenen (Östradiol, Östron). Östrogen kann auch aus Testosteron gebildet werden.

Sexualhormone werden in der Leber durch Sulfatierung und Glucoronidierung inaktiviert und über die Galle oder Niere ausgeschieden. Testosteron und Östron werden hauptsächlich als 17-Ketosteroide, Progesteron als Pregnandiol mit dem Harn ausgeschieden.

Tab. 15.**12** Blutspiegel, Syntheseort und Einteilung der wichtigsten Androgene, Östrogene und Gestagene

	Blutspiegel (μg/l) m	w*	**Syntheseort**	**Einteilung**
Androgene Testosteron	 6	 0,3	Testes, Ovar, NNR	virilisierende Hormone
Östrogene Östradiol Östron	 0,02 0,1	 0,1 – 0,5 0,1 – 0,7	Ovar, Plazenta**, Testes, NNR	feminisierende Hormone
Gestagene Progesteron	 0,3	 2-12	Ovar, Plazenta, NNR	Schwangerschaftsschutzhormone

*zyklusabhängige Schwankungen bei nichtschwangeren Frauen

** In der Plazenta ist keine de novo-Synthese möglich. Die Mutter muß bestimmte Vorstufen mit Steroidnatur der Plazenta bereitstellen.

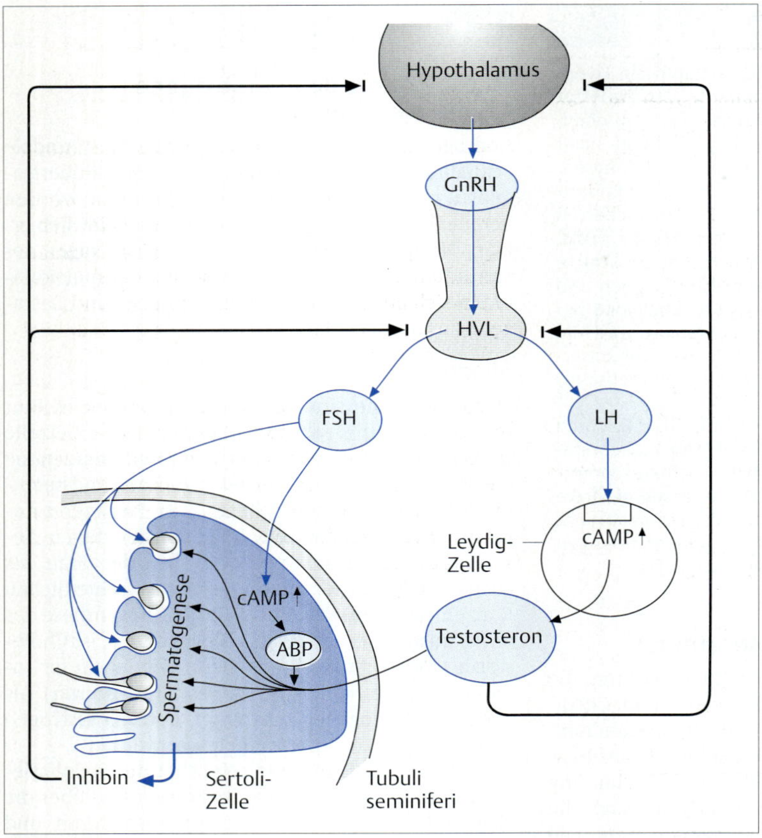

Abb. 15.**16** Regulation der Testosteronsynthese

Regulation der Synthese und Freisetzung durch Gonadotropine (FSH, LH)

Die Hormonbildung in den Gonaden wird sowohl beim weiblichen als auch beim männlichen Geschlecht von dem Hypophysenvorderlappenhormonen FSH (Follitropin, follikelstimulierendes Hormon) und LH (Lutropin) gesteuert. Ihre Sekretion wird vom hypothalamischen Releasing-Hormon Gonadoliberin (GnRH, s. 15.6.4) reguliert. Beim Mann produziert der Hypophysenvorderlappen relativ konstant FSH und LH, während die Sekretion bei der Frau zyklusabhängig ist (s.u).

Wirkung von FSH und LH beim Mann

Für FSH besitzen die Sertoli-Zellen, für LH die Leydig-Zwischenzellen entsprechende spezifische Rezeptoren, die durch Aktivierung des Adenylylcyclase-Systems (cAMP ↑) ihre Wirkung entfalten.

FSH wirkt auf die Sertoli-Zellen in den Tubuli seminiferi und stimuliert die Spermatogenese. Zusätzlich fördert FSH (und auch Testosteron) in den Sertoli-Zellen die Produktion eines Androgenbindungsproteins (ABP). Durch ABP kommen die Keimzellen in ihren verschiedenen Entwicklungsstadien intensiv mit Testosteron in Berührung, wodurch die Spermatogenese unterstützt wird. Zur Regulation der FSH-Freisetzung produzieren die Sertoli-Zellen Inhibin (Abb. 15.**16**).

LH stimuliert die Testosteronausschüttung aus den Leydig-Zwischenzellen. Ein hoher Testosteron-Spiegel bewirkt eine negative Rückkopplung, vermutlich auf den Hypothalamus und auf die Hypophyse (Abb. 15.**16**).

! Merke

L wirkt auf **L** → **L**H wirkt auf **L**eydig-Zwischenzellen (Testosteron ↑)

FS wirkt auf **FS** → **FS**H wirkt auf die **F**unktion der **S**ertoli-Zellen (Spermatogenese, ABP, Inhibin)

Wirkung von FSH und LH bei der Frau

Die Regulation der Hormonausschüttung bei der Frau nach der Pubertät ist vom Menstruationszyklus abhängig. Der Menstruationszyklus dauert 28 Tage (± 7 Tage) und unterteilt sich in folgende Phasen: *Follikelphase (Proliferationsphase), Ovulationsphase* und *Lutealphase (Sekretionsphase)*. Die Bezeichnung in der Klammer bezieht sich auf die Vorgänge im Uterus, die vor der Klammer auf das Ovar. Die Mitte dieser 28tägigen Zeitspanne stellt das Ereignis der Ovulation (Eisprung) dar (Abb. 15.**17**).

Follikelphase (Proliferationsphase): Diese Phase beginnt nach dem Ende der Blutung und dauert bis zur Ovulation.

- *Ovar:* Unter dem Einfluß von FSH reifen die Follikel heran. LH stimuliert die Synthese von Androgenen. Androgene sind die Vorstufen der Östrogene. Die Umwandlung von Androgenen in Östrogene nennt man Aromatisierung, das hierfür verantwortliche Enzym *Aromatase*. Die Aromatase-Synthese wird durch FSH induziert. Die vermehrte *Freisetzung von Östrogenen* ist die Folge der Zusammenarbeit zwischen FSH und LH. Die Östrogenkonzentration steigt konstant an und unterdrückt durch negative Rückkopplung zusammen mit dem in den Granulosazellen gebildeten *Inhibin* die FSH-Sekretion. Im Gegensatz dazu stimuliert Östrogen die LH-Sekretion in der Hypophyse über positive Rückkopplung. Der LH-Spiegel steigt deutlich an.
- *Uterus:* Unter dem Einfluß von Östrogen wächst das Endometrium (*Proliferation des Schleimhautephithels*). Die Drüsen im Endometrium wachsen zu länglichen Schläuchen, zwischen ihnen entwickeln sich aus Arteriolen große *Spiralarterien*.

Ovulationsphase: Die Reife und Bereitschaft des Follikels zur Ovulation wird durch seine vermehrte Östrogensynthese signalisiert. Die dadurch verstärkte LH-Sekretion (via pos. Rückkopplung) führt zur Ovulation. Proteolytische Hormone werden stimuliert, es kommt zu *Follikelruptur* und zur *Freisetzung der Eizelle (Oozyte)*. Mit der Freisetzung der Eizelle wird auch die Zona pellucida und eine Corona radiata ausgestoßen. Der Rest entwickelt sich zum *Gelbkörper (Corpus luteum)*.

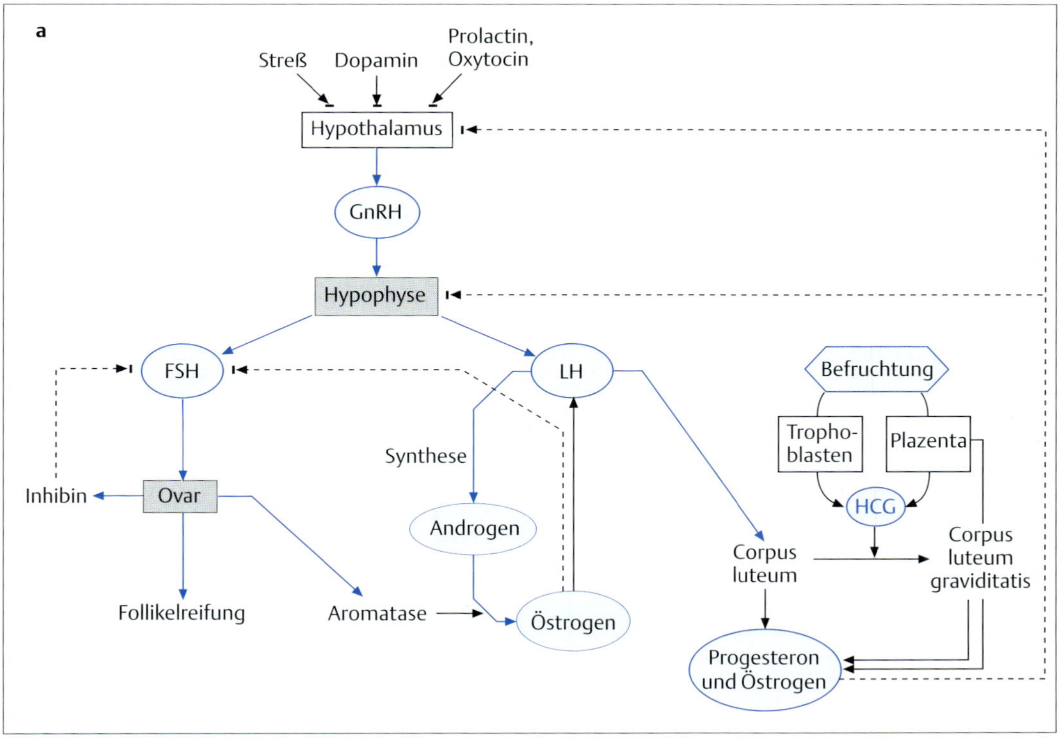

Abb. 15.**17 a** und **b** Hormonelle Regulation zwischen Hypothalamus, Hypophyse und Ovar. Dargestellt sind auch die Plasmakonzentrationen der Hormone, die Ovarfunktion, die Änderungen des Uterus und die basale Körpertemperatur. Zusätzlich sind schwangerschaftsabhängige Veränderungen dargestellt (**b** s. S. 892).

Biochemie

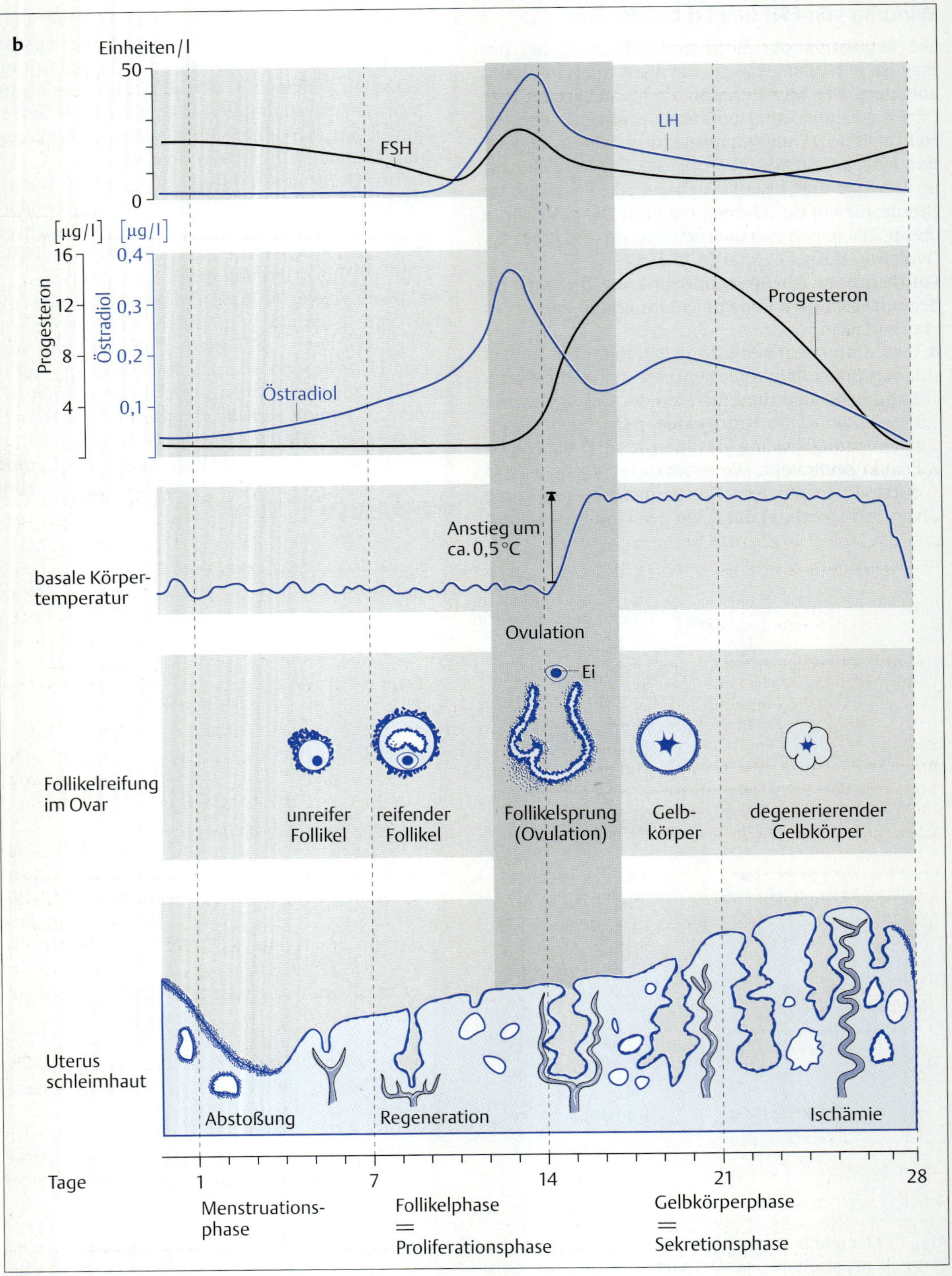
b
Einheiten/l
50
0
FSH
LH
[µg/l] [µg/l]
16
12
8
4
0,4
0,3
0,2
0,1
Progesteron
Östradiol
Östradiol
Progesteron
Anstieg um ca. 0,5 °C
basale Körper-temperatur
Ovulation
Ei
Follikelreifung im Ovar
unreifer Follikel
reifender Follikel
Follikelsprung (Ovulation)
Gelb-körper
degenerierender Gelbkörper
Uterus schleimhaut
Abstoßung
Regeneration
Ischämie
Tage
1
7
14
21
28
Menstruations-phase
Follikelphase = Proliferationsphase
Gelbkörperphase = Sekretionsphase

Abb. 15.**17 b**

Lutealphase (Sekretionsphase): Nach der Ovulation bestimmt der Gelbkörper durch seine Progesteron- und Östrogensynthese den Zyklus. Die Lutealfunktion wird durch LH aufrechterhalten, jedoch ist der Zeitraum der Lutealphase durch die *kombinierte Wirkung von Progesteron und Östrogen* gekennzeichnet. Beide hemmen über Hypothalamus und Hypophyse (nur Progesteron) die LH-Sekretion. Sinkt der LH-Spiegel, geht der Gelbkörper zugrunde. Der dadurch verursachte Abfall von Progesteron und Östrogen verringert die Hemmung auf das hypothalamo-hypophysäre System, wodurch die FSH-Synthese wieder in Gang gesetzt wird. Die Lebensdauer des Gelbkörpers kann durch LH und menschliches Choriongonadotropin (HCG), einem Schwangerschaftshormon, verlängert werden (s. 15.6.3). Im Uterus bereitet Progesteron das Endometrium, durch Zunahme der Durchblutung, Wachstum der Drüsen und Sekretion von glykogenhaltigem Schleim, auf die Einnistung (Nidation) der befruchteten Eizelle vor. Sinkt die Progesteron- und Östrogen-Konzentration reagieren die Endometriumgefäße mit Vasokonstriktion und es kommt zur Ischämie. Es kommt zur Abstoßung der Uterusschleimhaut, also zur Menstruationsblutung (Menstruationsphase).

Klinischer Bezug

Die **Antibaby-Pille** ist ein Östrogen-Gestagen-Kombinationspräparat. Zu Beginn des Zyklus wird durch Östrogen die FSH-Sekretion und damit die Follikelreifung gehemmt. Erst während der zweiten Zyklusphase wird Gestagen zugesetzt. Östrogen und Gestagen bremsen dann die LH-Freisetzung, wodurch die Ovulation verhindert wird. Die Antibaby-Pille ist eine sichere und derzeit die am häufigsten angewandte Methode der Empfängnisverhütung, sie ist allerdings mit einer Reihe von Nebenwirkungen belastet.
Die **Pille danach** ist ebenfalls ein Östrogen-Gestagen-Kombinationspräparat, das in Ausnahmefällen innerhalb der ersten 48 Stunden nach ungeschütztem Geschlechtsverkehr oder Versagen mechanischer Methoden eingesetzt werden kann. Dadurch kann die Einnistung (Nidation) eines befruchteten Eies mit einem hohen Prozentsatz (99,5 %) verhindert werden. Die Pille danach ist wegen der durch die hohe Hormondosierung bedingten Nebenwirkungen *ausschließlich für Notfälle* vorgesehen.

Wirkung der Androgene, Östrogene und Gestagene

Androgene: Das wichtigste zirkulierende Androgen ist das **Testosteron**. Testosteron wird beim Mann zum größten Teil in den *Leydig-Zwischenzellen des Hodens* und weniger in der *NNR* gebildet. Bei der Frau stammt das Testosteron aus dem *Ovar* und der NNR. Die Wirkung des Testosterons setzt voraus, daß es in der Zielzelle durch die 5 α-Testosteron-Reduktase zu 5 α-Dehydrotestosteron reduziert werden kann. **5 α-Dehydrotestosteron (5-DHT)** ist die zelluläre Wirkform von Testosteron.

- *Genitale Wirkung:* Testosteron wirkt auf die männliche Geschlechtsdifferenzierung (falls in der Embryonalentwicklung die Keimdrüsen nicht ausreichend Testosteron bildet, so bilden sich bei männlichen Feten ein weibliches Genital). Testosteron fördert die Spermato- und Spermiogenese. Es fördert Wachstum und Funktion von Genitalien, Prostata und Samenblase (wichtig für die Zusammensetzung des Spermaplasmas). Es steuert die Ausbildung der sekundären männlichen Geschlechtsmerkmale, wie Bartwuchs, Körperbau, Kehlkopfgröße (Stimmbruch), Talkdrüsenaktivität (Akne) u.v.a.
- *Extragenitale Wirkung:* Testosteron besitzt anabole Stoffwechselwirkung (die Muskulatur der Männer ist stärker entwickelt) → pos. Stickstoffbilanz. Außerdem begünstigt es die Mineralisierung des Skeletts und die Erythropoese (Hämatokrit des Mannes ist im Vergleich zur Frau höher).

Östrogene: Es existieren über 20 wirksame Östrogene, von denen **Östradiol** und **Östron** die wichtigsten Vertreter sind. Östradiol ist stärker wirksam als Östron. Sie werden in den *Granulosa-* und *Thekazellen des Ovars*, in der *Plazenta*, in der *NNR* und in den *Leydig-Zwischenzellen des Hodens* gebildet.

- *Genitale Wachstumswirkung:* Östrogene fördern das Wachstum von Vagina, Uterus, Ovar und Tube.
  - *Wirkung auf den Uterus:* Es stimuliert die Proliferation der Uterusschleimhaut (Endometrium) in der Follikelphase (s. Abb. 15.**17**).
  - *Wirkung an der Vagina:* Am Vaginalephithel bewirken Östrogene Zellvermehrung und Glykogeneinlagerung in die Epithelzellen. Das Glykogen dient als Energiequelle für die vermehrte Milchsäureproduktion durch die Döderlein-Bakterien. Dadurch wird der pH-Wert in der Scheide auf 3,5 – 5,5 erniedrigt (Infektionsschutz).
- *Extragenitale Wirkung:*
  - *Wasser- und Elektolythaushalt:* Östrogene fördern die Retention von Na^+ und H_2O im Extrazellulärraum (Gewichtszunahme).
  - *Knochen:* Die Mineralisierung des Knochens wird begünstigt, wodurch der Epiphysenschluß beschleunigt wird. Das Längenwachstum wird dadurch gebremst.
  - *Fettstoffwechsel:* Östrogene erhöhen HDL/LDL-Quotient (HDL hat antiarthrosklerotische Wirkung).

- *Blut:* Östrogene steigern die Produktion der Gerinnungsfaktoren (Thrombosegefahr bei der Einnahme der „Pille").

Gestagene: Das wirksamste Gestagen ist das **Progesteron**. Es wird in der *NNR*, bei der Frau zusätzlich im *Corpus luteum* und bei der Schwangeren in der *Plazenta* gebildet. Hauptaufgabe des Progesterons ist es, in der zweiten Hälfte des Monatszyklus am Endometrium des Uterus die Poliferationsphase zur Sekretionsphase umzuwandeln. Außerdem erhöhen sie die Körpertemperatur um 0,5 °C und dienen der Erhaltung der Schwangerschaft (ein Abfall des Progesterons löst die Menstruation aus; s.o. bei Monatszyklus).

Klinischer Bezug

Wie oben schon erwähnt, ist Progesteron das Schwangerschaftsschutzhormon. Die **Abtreibungspille** RU 486 (Mifipriston) ist ein Antiprogesteron. RU 486 ist in der Bundesrepublik noch nicht zugelassen. In Frankreich befindet es sich im Handel und wird im Frühstadium der Schwangerschaft zum Schwangerschaftsabbruch eingesetzt.

15.6.2 Gonadotropine der Hypophyse (FSH, LH)

Follitropin (FSH, Follikel-stimulierendes Hormon) und Lutropin (LH, luteinisierendes Hormon) sind beide Glykoproteine und in ihren Untereinheiten identisch mit TSH (Thyreotropin). Sie werden in der Adenohypophyse synthetisiert. FSH und LH sind geschlechts*un*spezifisch. Sie beeinflussen die Funktion der Gonaden (Ovar und Testis). Im Abschnitt *Regulation der Synthese und Freisetzung durch Gonadotropine (FSH, LH)* in Kapitel 15.6.1 wird genau auf die Wirkungen der Gonadotropine eingegangen.

15.6.3 Gonadotropine der Plazenta

Allgemeines

Wird bei der Ovulation das freigesetzte Ei von einer Samenzelle befruchtet, entwickelt sich aus der Zygote die Blastozyste. Die äußere Zellschicht der Blastozyste wird von den Trophoblasten umschlossen. Diese produzieren das Hormon „human chorion gonadotropin" (HCG). Gegen Ende des 2. Embryonalmonats beginnt auch die Plazenta mit der Bildung von HCG, anschließend übernimmt die Plazenta die ausschließliche HCG-Produktion.

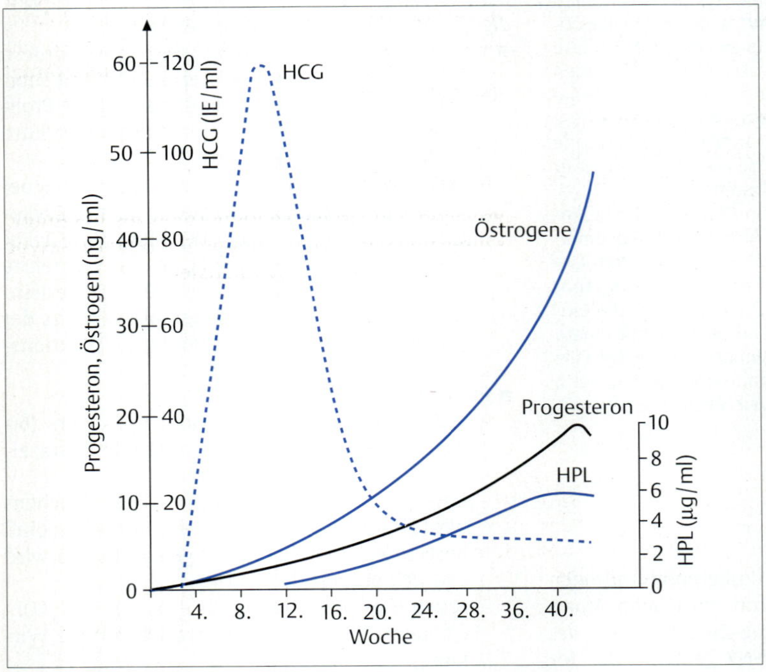

Abb. 15.**18** Verlauf der HCG-, Östrogen- und Progesteronkonzentrationen während der Schwangerschaft. Human placental lactogen (HPL, syn. Choriosomatotropin) wird, wie die obengenannten Hormone, ebenfalls von der Plazenta synthetisiert und regt ähnlich wie Prolactin (s.u.) Wachstum und Milchproduktion der Milchdrüse an

Struktur: HCG ist ein Glykoprotein aus α- und β-Untereinheiten, wobei die β-Untereinheiten hormonspezifisch sind.

Wirkung

In den ersten 12 Schwangerschaftswochen wird HCG in großer Menge ausgeschüttet und übernimmt die Funktion des LH. Es hält die Gelbkörperfunktion aufrecht (Progesteron- und Östrogen-Synthese). Beide Hormone verhindern die Menstruation und fördern die Umwandlung des Endometriums in die Dezidua, wodurch das Embryo ernährt wird. Ab der 12. Schwangerschaftswoche kommt es zu einem drastischen Abfall der HCG-Konzentration, der Gelbkörper bildet sich zurück, die Plazenta übernimmt die Hormonsynthese und gewährleistet die Entwicklung des Embryos zum Säugling (Abb. 15.**18**). Bis zum Ende der Schwangerschaft bleibt die HCG-Konzentration konstant.

Klinischer Bezug

Schwangerschaftstest. Bereits 7 Tage nach der Befruchtung der Eizelle ist das schwangerschaftsspezifische Hormon HCG im Serum nachweisbar. Sein früher Anstieg ist die Basis für den Schwangerschaftsnachweis (Abb. 15.**18**). Im Urin ist HCG 8–12 Tage nach dem Ausbleiben einer regulär erwarteten Menstruation mittels Streifentest nachweisbar (also etwa 36 Tage nach der letzten Menstruation).

15.6.4 Gonadoliberine des Hypothalamus (Gonadotropin-Releasing-Hormon, GnRH)

Struktur und Sekretion

Struktur: GnRH ist ein Peptidhormon aus 10 Aminosäuren und wird im Hypothalamus synthetisiert.
Sekretion: GnRH wird stoßweise von hypothalamischen Neuronen abgegeben. Ihre Neurone (Zeitgeber) liegen in der präoptischen Region sowie im Nucleus arcuatus, von wo ihre Axone zur Eminentia mediana ziehen. Die GnRH-Sekretion ist durch Impulse des Großhirns, des Zwischenhirns und des limbischen Systems (Streß) beeinflußbar. So führt z. B. eine Erhöhung der zentralen Dopaminsekretion zu einer Hemmung der für die normale Gonadenfunktion essentiellen pulsativen GnRH-Ausschüttung. Außerdem beeinflussen Androgene, Östrogene und Gestagene die Aktivität der Neurone (s. 15.6.1).

15.6.5 Oxytocin

Synthese und Speicherung

Oxytocin wird in den neurosekretorischen Zellen der Nuclei supraopticus und paraventricularis im Hypothalamus synthetisiert. Sein Synthesemechanismus und seine Speicherung entspricht der des ADH (s. 15.4.3). Im Gegensatz zu ADH besteht das Vorläuferpeptid aus Oxytocin und Neurophysin I (Abb. 15.**19**).

Sekretion und Wirkung

Sekretion:
- Während des *Geburtsvorgangs* wird durch nervale Impulse aus dem Uterus die Oxytocinsekretion stimuliert.
- In der *Laktationsphase* wird durch taktile Reize beim Saugen an der Brustwarze reflektorisch die Oxytocinsekretion stimuliert.

Wirkung: Oxytocin stimuliert die Kontraktion der Milchgänge in der Brustdrüse und fördert dadurch die Milchejektion, aber nicht die Milchproduktion. Während des Geburtsvorgangs löst Oxytocin eine Kontraktion der Uterusmuskulatur aus und fördert den Geburtsakt.

15.6.6 Prolactin (PRL)

Struktur und Synthese

Prolactin (PRL) ist ein Peptidhormon aus 198 Aminosäuren und wird in den azidophilen Zellen des Hypophysenvorderlappens synthetisiert.

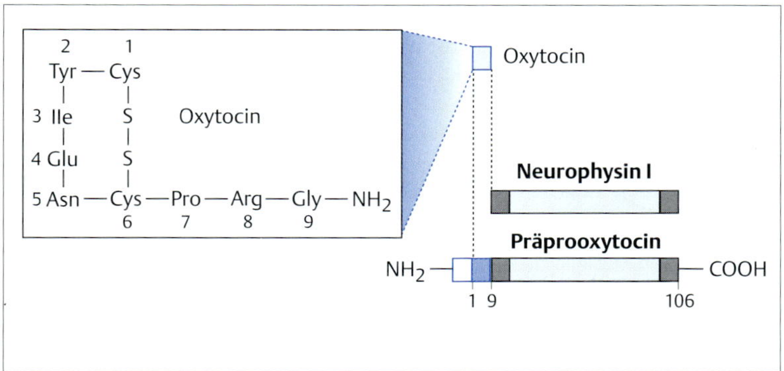

Abb. 15.**19** Struktur von Oxytocin und sein Präprohormon

Sekretion und Wirkung

Sekretion: PRL steht vorwiegend unter inhibitorischer Kontrolle durch das im Hypothalamus gebildete PRL-Inhibiting-Hormon (PIH), das mit Dopamin identisch ist. Der Saugreiz an der Mamille führt reflektorisch zur Hemmung der PIH-Sekretion und stimuliert die Freisetzung der Prolactin-Releasing-Hormone (PRH). Zu den PRH gehört u. a. das Thyreotropin-Releasing-Hormon (TRH). Die PRL-Konzentration in Serum unterscheidet sich bei Mann und nichtschwangerer Frau kaum. Erst während der Schwangerschaft kommt es zu einem Konzentrationsanstieg auf das 20fache.
Wirkung: PRL fördert das Wachstum der weiblichen Brust in Pubertät und Schwangerschaft. Außerdem regt es die Milchproduktion der laktierenden Mamma an.

Klinischer Bezug

Bei den Naturvölkern und den sogenannten Buschleuten gebären die Frauen nur etwa alle drei Jahre ein Kind. Grund: Die Frauen stillen ihr Kind ganz nach deren Bedarf, d. h. vor allem auch nachts, die Säuglinge liegen dann neben der Mutter und haben ungehinderten Zugang zur Brust. Dadurch schüttet der Organismus über Tag und Nacht gleichmäßig PRL aus. Ein hoher PRL-Spiegel hemmt die GnRH-Sekretion → Ovarialinsuffizienz. Schwangerschaftsverhütung auf ganz natürliche Weise.

15.7 Sonstige Funktionen

15.7.1 Histamin

Synthese und Freisetzung

Synthese: Histamin, das biogene Amin des Histidins, ist ein Gewebshormon. Es wird in basophilen Granulozyten und in Mastzellen synthetisiert und in Form basophiler Granula an Heparin gebunden gespeichert.
Freisetzung: Mastzellen und basophile Granulozyten besitzen an ihrer Oberfläche IgE-Rezeptoren. IgE bindet mit seinem Fc-Stück an diese Rezeptoren. Setzt sich ein Antigen oder ein Histaminliberator (z. B. Bienengift, Penicillin, Röntgenkontrastmittel usw.) an zwei benachbarte IgE-Moleküle, führt dies zur Freisetzung der Granula, womit u. a. Histamin ausgeschüttet wird (Abb. 15.**20**).

Wirkung und Inaktivierung

Die Histaminwirkungen werden über verschiedene Membranrezeptoren vermittelt (H_1- und H_2-Rezeptoren), die in Tab. 15.**13** dargestellt sind.

Klinischer Bezug

Histamin dient als Mediator entzündlicher bzw. allergischer Prozesse. So können z. B. Pollen, Hausstaub, Tierhaare usw. ein **allergisches Asthma bronchiale** auslösen. Dabei kommt es durch Aktivierung der H_1-Rezeptoren zu einer Konstriktion der Bronchialmuskulatur und einer Erhöhung des Atemwiderstands (Atemnot).

Inaktivierung: Die Inaktivierung bzw. Eliminierung von Histamin kann durch oxidativen Abbau zu Imidazolacetat erfolgen.

15.7.2 Serotonin (5-Hydroxytryptamin, 5-HT)

Synthese

Serotonin ist ein Gewebshormon, das u. a. in den enterochromaffinen Zellen des Darmepithels, im Nervensystem des Plexus myentericus und im ZNS synthetisiert wird. Es ist das biogene Amin von 5-Hydroxytryptophan. Thrombozyten können Serotonin nicht synthetisieren, vermögen es jedoch aufzunehmen und zu speichern.

Wirkung und Inaktivierung

Wirkung: Serotonin entfaltet seine Wirkung über 6 verschiedene Serotonin-Rezeptoren ($5\text{-}HT_1$- bis $5\text{-}HT_6$-Rezeptor).

- *Herz-Kreislauf-System:* Serotonin kann z. T. gegensätzliche Wirkungen auslösen. An der Gefäßmuskulatur wirkt es direkt vasokonstriktorisch und indirekt vasodilatorisch (u. a. via ZNS).

Tab. 15.**13** Histaminwirkung an H_1- und H_2-Rezeptoren

	H_1-Rezeptor	H_2-Rezeptor
Mechanismus	IP_3	cAMP
Effekt	Kontraktion der glatten Muskulatur (Bronchospasmus) Permeabiltätserhöhung von Kapillaren Vasodilatation der Gefäßmuskulatur	Steigerung der Magensaftsekretion pos. chronotrope und inotrope Wirkung Vasodilatation der Gefäßmuskulatur

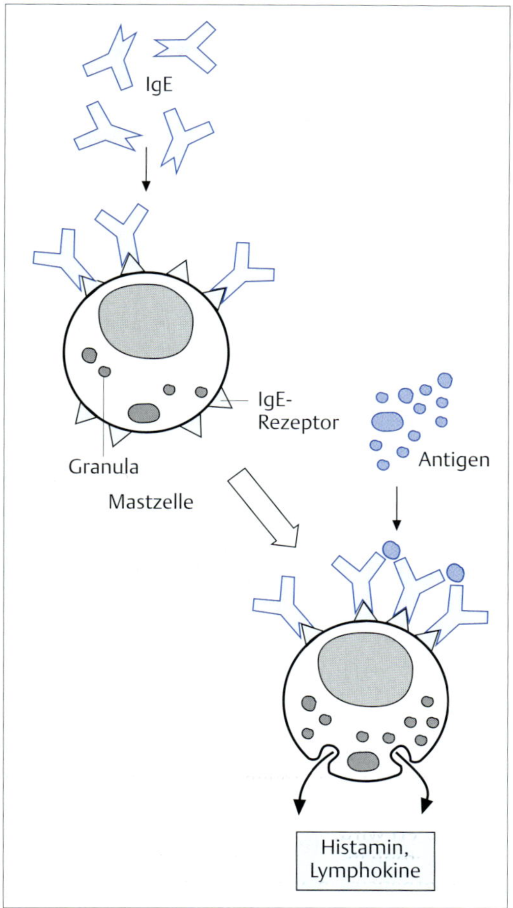

Abb. 15.**20** Freisetzung von Histamin

- *ZNS:* Im Gehirn dient es als Neurotransmitter und wirkt antidepressiv, antriebssteigernd, angstlösend u. a.m.
- *Magen-Darm-Trakt:* Es steigert die Darmmotilität und die enterale Flüssigkeitsresorption.

Inaktivierung: Serotonin wird durch die Monoaminoxidase (MAO) zu 5-Hydroxyindolacetaldehyd, das wiederum zum Ausscheidungsprodukt 5-Hydroxyindolessigsäure oxidiert wird, abgebaut.

15.7.3 Plasma-Kinine (Bradykinin, Kallidin)

Synthese

Kinine sind biologisch aktive Peptide. Sie werden im Blutplasma aus einem α_2-Globulin, dem Kininogen durch die Proteinase Kallikerin abgespalten. Im Plasma entsteht hauptsächlich Bradykinin (9 AS), im Gewebe Kallidin (10 AS).

Wirkung und Inaktivierung

Wirkung: Kinine wirken vasodilatatorisch und führen zum Blutdruckabfall. Sie stimulieren die Phospholipase A_2, wodurch die Bildung von Prostaglandinen und Thromboxan A_2 in Gang gesetzt wird (s. 15.7.4). Sie kontrahieren die glatte Muskulatur von Bronchien, Darm und Uterus.
Inaktivierung: Der Abbau der Kinine erfolgt innerhalb weniger Sekunden durch im Plasma und im Gewebe vorkommende Kinasen, z. B. ACE.

15.7.4 Prostaglandine (PG), Prostacycline, Thromboxane

Synthese

Prostaglandine, Prostacycline, Thromboxane und Leukotriene (s. 15.7.5) zählen zu den Eicosanoiden. Sie gehören zu den Mediatorstoffen und werden aus ungesättigten C_{20}-Fettsäuren, vor allem aus der Arachidonsäure, synthetisiert. Sie kann den *Cyclooxygenaseweg* oder den *Lipoxygenaseweg* gehen. Der Cyclooxygenaseweg führt zu den Prostaglandinen, Prostacyclinen und Thromboxanen (Abb. 15.**21**). Der Lipoxygenaseweg führt zu den Leukotrienen und wird unter 15.7.5 besprochen. Da nur freie Arachidonsäure als Substrat für die Cyclooxygenase bzw. Lipoxygenase dient, wird die Arachidonsäure durch die Phospholipase A_2 aus Membranphospholipiden freigesetzt.

Tab. 15.**14** Wirkung einiger wichtiger Prostaglandine

Prostaglandine	Wirkung
PGI_2	Vasodilatation, Thrombozytenaggregation ↓, Magensäuresekretion ↓, Temperaturanstieg (Fieber), Schmerzempfindlichkeit ↑
PGE_2	Vasodilatation, Bronchodilatation, Magensäuresekretion ↓, STH ↑, ACTH ↑, PRL ↑, Erytropoetin ↑, Schmerzempfindlichkeit ↑, Temperaturanstieg (Fieber)
$PGF_{2\alpha}$	Vasokonstriktion, Bronchokonstriktion, Uteruskontraktion, STH ↑, ACTH ↑, PRL ↑

Biochemie

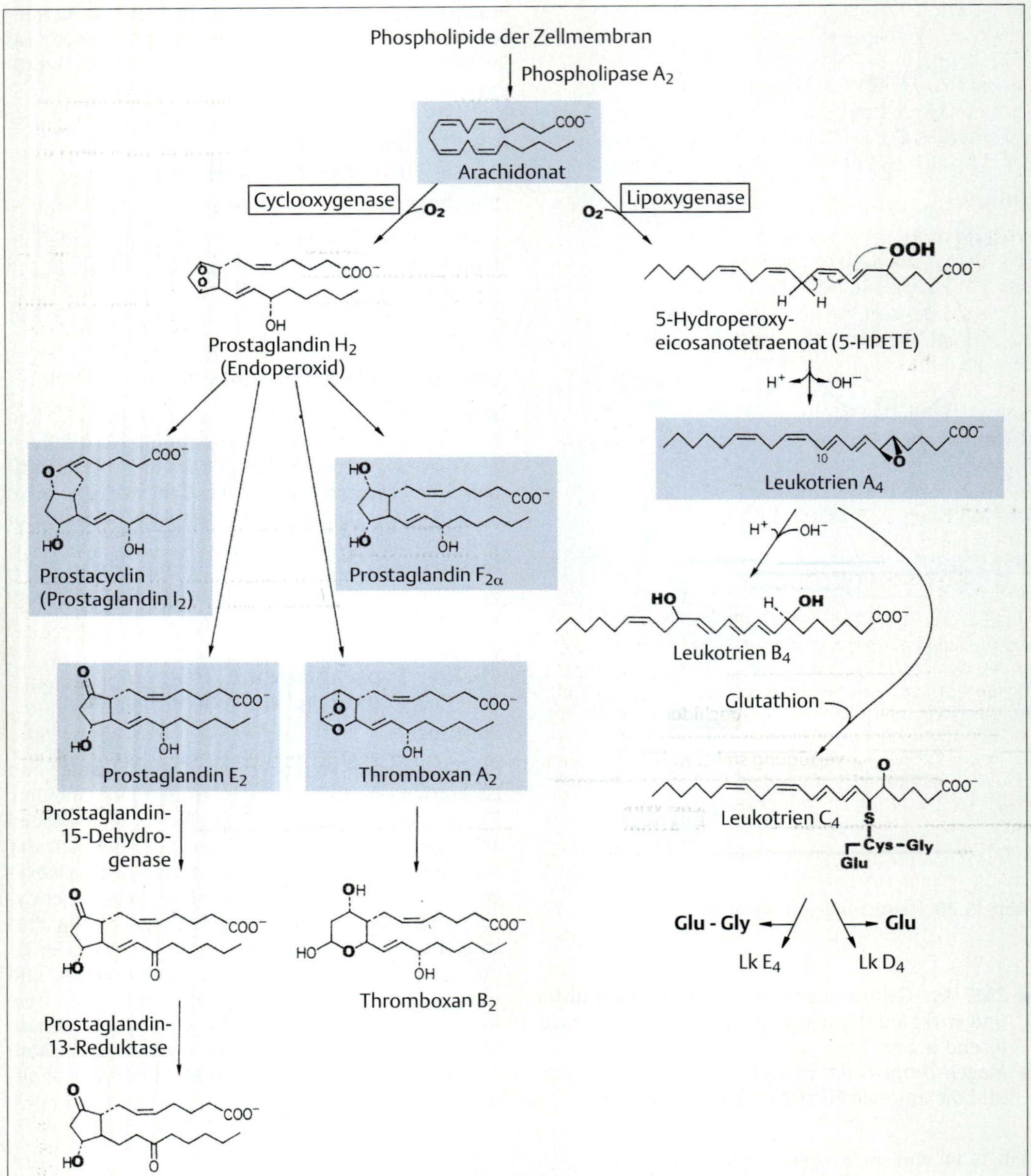

Abb. 15.**21** Biosynthese und Stoffwechsel der Eicosanoide. Dargestellt ist ebenfalls die Inaktivierung der Prostaglandine durch die Prostaglandin-15-Dehydrogenase (nach Karlson/Doenecke/Koolman, Thieme 1994)

Prostaglandine und Prostacycline (PG I_2): Sie werden in fast allen Geweben synthetisiert. Durch die Cyclooxygenase wird ein Endoperoxid (auch PGH_2 genannt) gebildet und gleichzeitig der Fünfring geschlossen. PGH_2 ist die Vorstufe weiterer Prostaglandine, Prostacycline und Thromboxane. Öffnung

der O_2-Brücke von PGH_2 führt zum PGE_2 oder Prostacyclin (PG I_2); bei gleichzeitiger Reduktion entsteht $PGF_{2\alpha}$.
Thromboxane: Die Thromboxansynthese findet in Thrombozyten statt. Durch die Thromboxansynthetase wird PGH_2 in Thromboxan A_2 umgewandelt, von dem sich weitere Thromboxane ableiten.

Wirkung

Prostaglandine: Verschiedene Prostaglandine können verschiedene Effekte aufweisen. So wirken Typ-E-Prostaglandine häufig gegensätzlich zu Typ-F-Prostaglandinen. Sie können ihre Wirkung sowohl durch Beeinflussung des cAMP-Systems, als auch über Beeinflussung des cGMP-Systems vermitteln. In der Tab. 15.**14** sind die Wirkungen einiger wichtiger Prostaglandine aufgeführt.
Thromboxane: Bei der Blutgerinnung induzieren Thromboxane die Kontraktion der Blutgefäße und die Thrombozytenaggregation. Sie haben gegensätzliche Wirkung zu Prostacyclin.

Klinischer Bezug

Die fiebersenkende und schmerzlösende Wirkung der **Acetylsalicylsäure** (Aspirin) beruht auf einer Hemmung der Cyclooxygenase und einer konsekutiv verminderten Synthese der Prostaglandine. Der Nachteil ist allerdings, daß das Substrat Arachidonsäure durch die Hemmung der Cyclooxygenase vermehrt für den Lipoxygenase-Weg zur Verfügung steht, wobei vermehrt Leukotriene synthetisiert werden. Leukotriene können durch ihre stark bronchokonstriktorische Wirkung bei entsprechend veranlagten Patienten Asthmaanfälle auslösen.

15.7.5 Leukotriene

Synthese

Leukotriene werden in Leukozyten, Phagozyten (Makrophagen) und Mastzellen synthetisiert. Wie schon in 15.7.4 erwähnt, werden Leukotriene über den Lipoxygenase-Weg aus Arachidonsäure synthetisiert (Abb. 15.**21**). Die Synthese beginnt mit dem Einbau von molekularem O_2 durch die Cytochrom-P_{450}-abhängige Lipoxygenase. Über die Zwischenstufe 5-HPETE entsteht Leukotrien A_4, von dem verschiedene Leukotriene ausgehen. Durch Addition von OH^- und H^+ entsteht Leukotrien B_4. Wird am C_6 des Leukotrien A_4 Glutathion in Thioesterbindung angelagert, entsteht Leukotrien C_4. Durch Abspaltung der Aminosäuren an Gluthation entsteht Leukotrien D_4 (Abspaltung von Glu) und Leukotrien E_4 (Abspaltung von Glu-Gly).

Wirkung

Leukotrien B4 (LKB_4): LKB_4 ist ein Mediatorstoff bei Entzündungsreaktionen. Makrophagen sezernieren es und locken dadurch Leukozyten an (chemotaktische Wirkung). Außerdem wirkt LKB_4 vasokonstriktorisch und erhöht die Gefäßpermeabilitat (Ödembildung bei Entzündungen).
LKC_4, LKD_4, LKE_4: Diese von Gewebsmastzellen und Leukozyten synthetisierten Leukotriene zählen zu den *slow reacting substances of anaphylaxis* und verursachen bei allergischen Reaktionen Bronchokonstriktion (LKC_4, ist stärker wirksam als Histamin) und entzündliche Reaktionen. Sie sind an der Entstehung von Astmaanfällen beteiligt.

Biochemie

Biotransformation

16.1 Prinzipien und Bedeutung

Der Organismus ist sehr häufig mit Fremdstoffen, lipophilen Verbindungen, konfrontiert, die nicht als Energieträger oder Baustoffe verwendet werden können. Derartige Verbindungen können körpereigene (endogen entstandene) Stoffe (Steroidhormone, Bilirubin u. a.) oder Fremdstoffe (Pharmaka, Konservierungsmittel, Pestizide u. a.) sein. Fremdstoffe durchdringen aufgrund ihrer Lipidlöslichkeit sehr leicht die Zellmembran und werden deshalb rasch in den Organismus aufgenommen, wo sie sich in lipophilen Geweben (ZNS, Fettgewebe) verteilen. Viele dieser Fremdstoffe sind – besonders in hohen Konzentrationen – für den Organismus giftig und kanzerogen. Über die Niere können sie nur gering ausgeschieden werden, weil sie nach glomerulärer Filtration nahezu komplett rückresorbiert werden.

Die **Funktion der Biotransformation** besteht darin, lipophile Verbindungen enzymatisch in polare, wasserlösliche, nichttoxische Substanzen umzuwandeln, die leicht über die Niere oder Galle ausgeschieden werden können → *Entgiftung*.

Die Enzymsysteme der Biotransformation können wegen ihrer geringen Substratspezifität nicht zwischen nützlichen und schädlichen Reaktionen unterscheiden. So kann z. B. ein Nahrungsbestandteil auch zum Schadstoff aktiviert werden oder primär nicht kanzerogene Substanzen zu kanzerogenen Metaboliten umgewandelt werden → *Giftung*.

Lokalisation: Die wichtigsten Biotransformationsenzyme sind im *glatten endoplasmatischen Retikulum* v.a. der Leber, aber auch in anderen Organen (Niere, Lunge u. a.) lokalisiert und an lipidhaltige Membranen gebunden (→ membrangebundene Enzyme).

Phasen: Die Biotransformation wird in zwei Phasen unterteilt. In *Phase I* entsteht aus dem Ausgangsstoff durch Oxidation, Reduktion oder Hydrolyse ein Metabolit mit polarer funktioneller Gruppe (z. B. OH-Gruppe). Diese polare funktionelle Gruppe ermöglicht die *Phase II*, wobei Glucuronsäure, Schwefelsäure, Carbonsäure, Aminosäure oder Glutathion an das Metabolit gebunden und wasserlöslich – ausscheidungsfähig – wird (→ Konjugationsreaktion) (Abb. 16.**1**). Besitzt ein Fremdstoff bereits eine polare funktionelle Gruppe, kann die Konjugationsreaktion auch primär erfolgen.

Tab. 16.**1** Reaktionen, die durch Cytochrom P_{450} katalysiert werden. Das Umwandlungsprodukt hat eine höhere Polarität als das Substrat und kann weiterverarbeitet werden

Reaktionen	**Lipophile Verbindung → Umwandlungsprodukt**	**Beispiel**
Hydroxylierung	$R-CH_3 \xrightarrow{(O)} R-CH_2OH$	Barbiturate
N-Desalkylierung	$R-NH-CH_3 \xrightarrow{(O)} (R-NH-CH_2OH) \longrightarrow R-NH_2 + HCHO$	Methadon
O-Desalkylierung	$R-CO-CH_3 \xrightarrow{(O)} (R-CO-CH_2OH) \longrightarrow R-COH + HCHO$	Codein

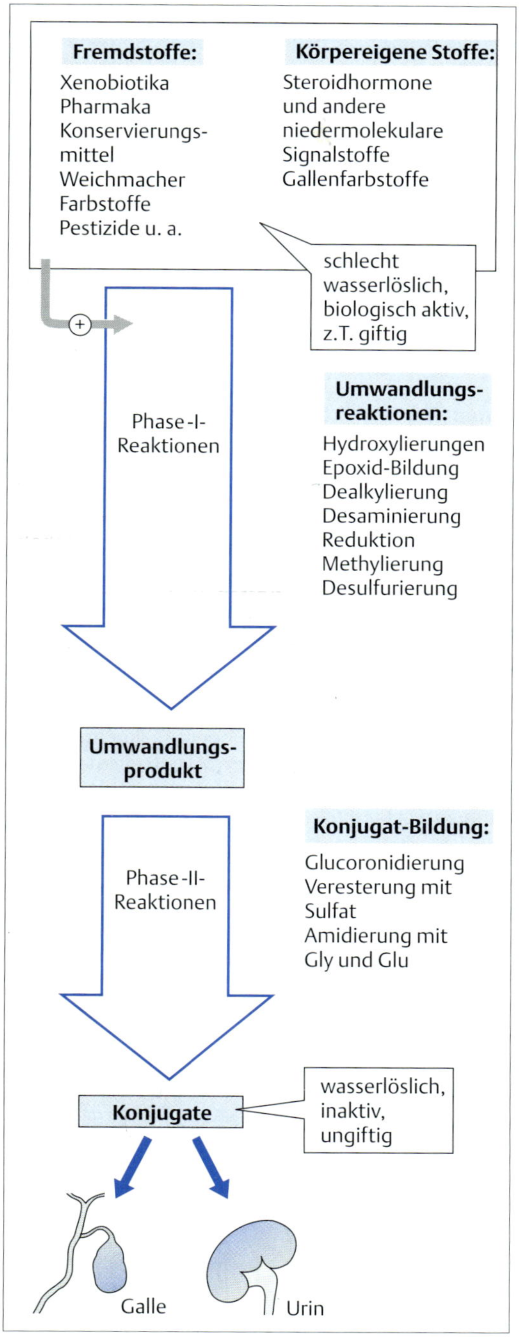

Abb. 16.**1** Prinzip der Biotransformation (nach Koolman, Thieme 1994)

16.2 Reaktionstypen

16.2.1 Phase-I-Reaktionstypen

In der Phase I der Biotransformation werden durch Oxidation, Reduktion oder Hydrolyse funktionelle Gruppen (-OH, $-NH_2$, -SH, -COOH) in unpolare, lipophile Verbindungen eingeführt, wodurch Substanzen entstehen, die für die Phase-II-Reaktion konjugationsfähig werden. Nachfolgend sind die IMPP-relevanten Phase-I-Reaktionen dargestellt.

Oxidation

Eine wichtige Rolle bei der Oxidation von unpolaren, lipophilen Verbindungen spielen die Monooxygenasen. Es gibt verschiedene Klassen von Monooxygenasen. Am zahlreichsten sind die Monooxygenierungsreaktionen mit einem Hämprotein, dem Cytochrom P_{450}. Dabei wirken mehrere Komponenten zusammen:

- *Cytochrom P_{450}*: Cytochrom P_{450} ist ein Redoxsystem für Monooxygenasen und kommt im glatten endoplasmatischen Retikulum vor. Es enthält Häm B (Häm B des Blutfarbstoffs) als prosthetische Gruppe mit Eisen in dreiwertiger Form (Fe^{3+}). Kohlenmonoxid (CO) kann Cytochrom P_{450} hemmen.
- *Flavoprotein* (syn. NADPH-Cytochrom-P_{450}-Reduktase).
- *Wasserstoffdonator*, z. B. NADPH+H^+ oder Ascorbinsäure (Vitamin C).

Cytochrom P_{450} hydroxyliert (bzw. oxidiert) ein Substrat (RH) unter Verbrauch eines Sauerstoffmoleküls (O_2) zu R-OH. Das andere Sauerstoffatom wird mit Hilfe eines Wasserstoffdonators zu H_2O reduziert, wobei die von dem Wasserstoffdonator gelieferten Reduktionsäquivalente (2 e^- und 2 H^+) von einem Flavoprotein an Cytochrom P_{450} weitergegeben werden.

$$RH + O_2 + NADPH + H^+ \\ \rightarrow R-OH + H_2O + NADP^+$$

Monooxygenasen können die unterschiedlichsten Substrate umsetzen. Allen gemeinsam ist, daß dabei *immer* Sauerstoff übertragen wird (Tab. 16.**1**).
Wegen der doppelten Funktion – Oxidation des Substrats und Reduktion von Sauerstoff – werden die Monooxygenasen auch als mischfunktionelle Monooxygenasen bezeichnet.

Reduktion

- *Ketone* und *Aldehyde* werden zu sekundären und primären Alkoholen,
- *Nitrogruppen (-NO_2)* zu den entsprechenden Aminen und
- *Disulfide* zu Thiolen umgewandelt, z. B. Reduktion einer Nitrogruppe an Chloramphenicol.

Hydrolyse

Ester (z. B. Acetylcholin) und Amide (z. B. Amid-Lokalanästhetika) werden von gewebsständigen und frei im Plasma vorkommenden Esterasen und Hydrolasen hydrolysiert.

16.2.2 Phase-II-(Konjugations)-Reaktionen

Wie oben schon erwähnt, muß der Organismus hydrophobe apolare Verbindungen in polare Substanzen überführen, um sie ausscheidungsfähig zu machen. Als Vorbedingung muß die apolare Substanz mindestens eine polare funktionelle Gruppe (z. B. OH-Gruppe) besitzen, damit sie mit einer polaren Gruppe eines körpereigenen Stoffes konjugiert werden kann → *Konjugationsreaktion*. Ist dies nicht der Fall, wird in der Phase I der Biotransformation dem Ausgangsstoff eine polare funktionelle Gruppe eingeführt (s. 16.2.1) und er dadurch für die Phase II zur Weiterverarbeitung vorbereitet. In der Phase II wird dann das entstandene Umwandlungsprodukt mit einem körpereigenen Stoff konjugiert. Das Konjugat ist wasserlöslich und kann über die Galle oder Niere ausgeschieden werden. Als Voraussetzung muß die körpereigene Substanz als energiereiche Bindung vorliegen (Tab. 16.**2**). Entstehen in der Phase I Carbonsäuren, werden sie durch ATP und Acetyl-CoA aktiviert und mit Glycin konjugiert.

Klinischer Bezug

Fremdstoffe bzw. Pharmaka (z. B. Morphin, Acetylsalicylsäure [Aspirin]) lösen bei **Neugeborenen** sehr häufig **toxische Erscheinungen** aus. Der Grund dafür ist, daß die enzymatische Inaktivierung von Fremdstoffen bzw. Pharmaka mit geringerer Geschwindigkeit als beim Erwachsenen erfolgt. So ist z. B. die Aktivität der Glucuronyltransferase noch nicht voll ausgereift. Außerdem ist die Blut-Hirn-Schranke durchlässiger als beim Erwachsenen. Daher erfordert die Dosierung von Pharmaka im Säuglingsalter große Vorsicht!

16.2.3 Ethanolabbau

Abbau durch Alkoholdehydrogenase

Der Hauptweg des Ethanolabbaus in der Leber erfolgt über die NAD-abhängige Alkoholdehydrogenase, wobei Ethanol zu Acetaldehyd und Acetaldehyd durch die Aldehyddehydrogenase zu Acetat oxidiert wird (Abb. 16.**2**). Acetat kann anschließend durch die Thiokinase zu Acetyl-CoA aktiviert werden und entweder im Citratzyklus zu CO_2 und H_2O oxidiert oder zu Fettsäuren verstoffwechselt werden („Bierbauch").

Abbau durch Monooxygenase

Ca. 5 % des Ethanols werden über das Cytochrom-P_{450}-abhängige Enzymsystem der Monooxygenasen unter NADPH- und O_2-Verbrauch zu Acetaldehyd und dann zu Acetat oxidiert (Abb. 16.**2**).

Tab. 16.**2** Konjugationssubstanzen, ihre aktivierte Form, für die Konjugation verantwortliche Enzyme und Beispiele einiger Verbindungen, die durch die Konjugationssubstanz ausscheidungsfähig gemacht werden

Konjugationssubstanz	Aktive Form	Transferasen	Beispiel
Glucuronsäure	UDP-Glucuronsäure	Glucuronyltransferase	Steroidhormone Bilirubin
Sulfat	3'-Phosphoadenosin-5'-phosphat (PAPS)	Sulfotransferase	Phenole
Methylgruppe	S-Adenosylmethionin	Transmethylase	Nicotinamid
Acetylgruppe	Acetyl-CoA	Transacetylase	aromatische und aliphatische Amine
freie SH-Gruppe des Gluthations (Mercaptosäurebildung)	Acetyl-CoA-abhängig	verschiedene	Brombenzol
Glycin, Taurin	CoA- und ATP-abhängig	verschiedene	Gallensäuren

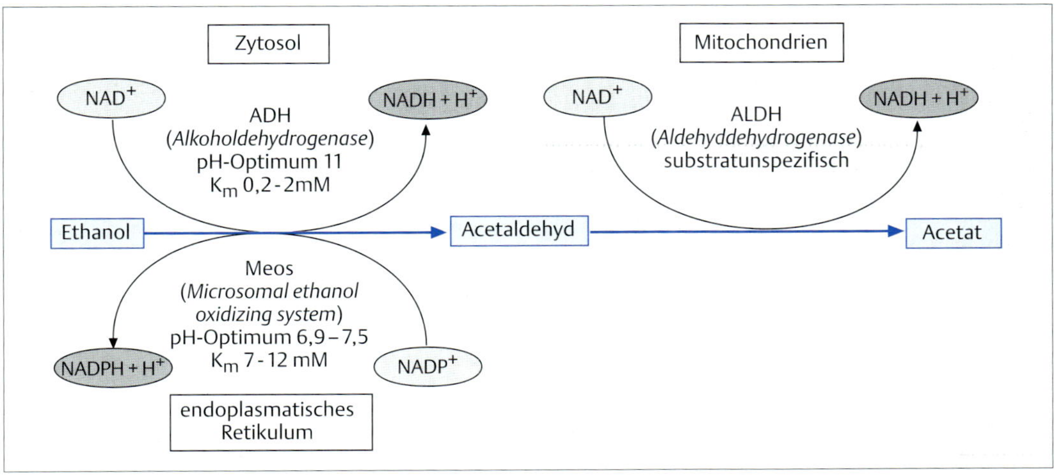

Abb. 16.**2** Schematische Darstellung der Wege des Ethanolabbaus. Die Michaelis-Konstante der Monooxidase liegt erheblich höher als die der Alkoholdehydrogenase und kommt damit erst zum Einsatz, wenn der Blutalkoholspiegel >0,5 ‰ ist (nach Biesalski, Thieme 1995)

16.3 Induktion der Biotransformation

Enzyme der Biotransformation – besonders vom Monooxygenasen-Typ – können durch Pharmaka vermehrt werden → *Enzyminduktion*. Folge der Enzyminduktion ist ein beschleunigter Abbau der induzierten Substanz, aber auch anderer Pharmaka bzw. körpereigener Wirkstoffe.

Klinischer Bezug

Chronische Zufuhr von **Barbituraten** stimuliert die Aktivität des Cytochrom-P_{450}-Systems, wodurch Bilirubin und/oder Herzglykoside beschleunigt abgebaut werden.

Immunsystem und zelluläre Identität

Mikroorganismen (Bakterien, Viren, Pilze, Parasiten) und *entartete Zellen* bedrohen ständig die Integrität des menschlichen Organismus. Das intakte Immunsystem ist ein mit anderen Organen und Geweben eng verflochtenes *Netzwerk* von physikalisch-chemischen Barrieren, löslichen Substanzen und miteinander kommunizierenden Zellen. Somit verhindert es in den meisten Fällen Infektionskrankheiten und das Wachstum von Neoplasien.

Die **didaktische Gliederung** des Immunsystems erfolgt nach zwei Gesichtspunkten: Man unterscheidet zwischen *zellulärer* und *humoraler*, sowie *spezifischer* und *unspezifischer* Immunität (Tab. 17.**1**). Funktionell bilden die einzelnen Komponenten des Immunsystems jedoch eine Einheit.

Merke

In der Immunologie bedeutet *Spezifität*, daß die Immunantwort auf genau eine Noxe zugeschnitten ist. Die unspezifische Immunität ist bereits bei Geburt vorhanden (*angeboren*), die spezifische wird erst im Laufe des Lebens *erworben*.

Die *zelluläre* Immunität wird durch bestimmte Zellen, die *humorale* durch Plasmabestandteile gewährleistet.

Drei Begriffe sind in der Immunologie von zentraler Bedeutung:

Antigen: Ein Antigen ist körperfremdes Material. Meistens handelt es sich hierbei um Proteine. Unter Umständen können aber auch Polysaccharide oder komplexe Lipide ein Antigen sein. Beispiele für Antigene sind bakterielle Membranbestandteile, Viren, Zellen eines anderen Menschen usw.

Antikörper: Antikörper, von körpereigenen B-Lymphozyten synthetisiert, binden spezifisch an Antigene und leiten dadurch deren Elimination durch das Immunsystem ein.

Antigenpräsentation: Bestimmte Abwehrzellen nehmen Antigene auf (Phagozytose) und bringen Teile davon wieder an ihre Oberfläche. Diese an der Oberfläche angebotenen Antigenfragmente werden von anderen Immunzellen erkannt. Nach Erkennung „suchen" diese dann nach weiteren solchen Antigenen im Körper.

Merke

Anti*körper* sind von Plasmazellen produzierte, im Plasma befindliche Glykoproteine. Anti*gene* sind als fremd erkannte Moleküle oder Zellen. Physiologischerweise produziert der *Körper* Anti*körper* gegen eingedrungenes Antigen.

Tab. 17.**1** Didaktische Gliederung des Immunsystems

Immunsystem	zelluläre Abwehr	humorale Abwehr
spezifisch (erworben)	T-Lymphozyten	Antikörper der B-Lymphozyten
unspezifisch (angeboren)	Monozyten, Makrophagen Granulozyten NK-Zellen	Komplement-System Akut-Phase-Proteine (z. B. CRP) Zytokine (Interferon, Interleukine)

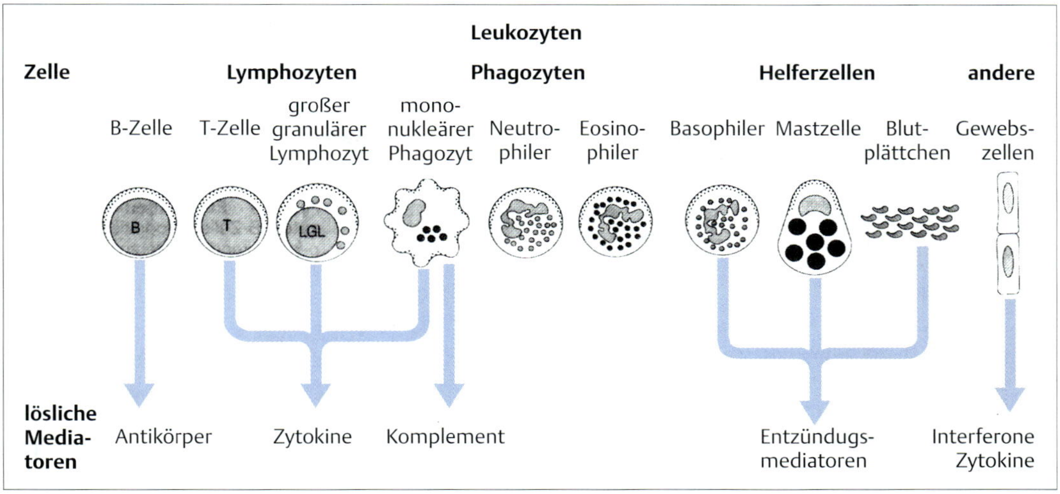

Abb. 17.**1** Zellen des Immunsystems (aus Roitt/Brostoff/Male, Thieme 1995)

17.1 Zellen des Immunsystems

Die Mehrzahl immunkompetenter Zellen stammt von einer *hämopoetischen Stammzelle* ab. Aus dieser Stammzelle geht sowohl die *lymphatische* als auch die *myelotische* Zellinie hervor (s. Histologie Abb. 3.**4**). Neben diesen „klassischen" Immunzellen sind *Epithelzellen*, *Thrombozyten* und die heterogene Gruppe der *antigenpräsentierenden Zellen* (APC: antigen presenting cells) wichtige Zellen des Immunsystems (Abb. 17.**1**).

17.1.1 Lymphozyten

Heute werden die drei Lymphozytensubtypen (*T-Lymphozyten*, *B-Lymphozyten*, *NK-Zellen*) anhand von *Oberflächenmarkern* unterschieden. Oberflächenmarker sind auf der Zellmembran von Lymphozyten und anderen Leukozyten vorhandene (exprimierte) Proteine. Mit Hilfe von monoklonalen Antikörpern (s.u.) können die auf einer Zelle vorhandenen Marker erkannt und somit der Zelle zugeordnet werden. Alle bis heute bekannten Oberflächenmarker sind im CD-System zusammengefaßt (CD: cluster of differentiation) (Tab. 17.**2** und Tab. 17.**4**).
Ein CD-Marker muß nicht immer auf einer Zelle exprimiert sein. Einige der CD-Marker lassen sich nur bei bestimmten Funktionszuständen der Lymphozyten nachweisen, andere verschwinden im Laufe der Zellreifung. Aus diesem Grund dienen einige CD-Marker auch dazu, den Aktivierungsgrad von Lymphozyten zu bestimmen.

! Merke

Als *Leukozyten* werden alle weißen Blutkörperchen bezeichnet. *Lymphozyten* stellen nur eine Population innerhalb der Leukozyten dar.

Tab. 17.**2** Ausgewählte CD-Marker

CD-Marker	Funktion	Lokalisation	Kapitel
CD3	Bestandteil des T-Zell-Rezeptors	ausschließlich T-Lymphozyten	17.3.3
CD4	MHC-Typ-II-Rezeptor	Teil der T-Lymphozyten Monozyten	17.5.1
CD8	MHC-Typ-I-Rezeptor	Teil der T-Lymphozyten	17.5.1
CD54	ICAM-1 (interzelluläres Adhäsionsmolekül)	Monozyten Lymphozyten Granulozyten, Thrombozyten, u. a.	17.5.2

Tab. 17.**3** T-Lymphozyten-Subtypen

Subtypen und Synonyme			wesentliche Funktion
TCR-1 +			Schleimhautschutz
TCR-2 +	CD4 + (T-Helferzelle, T_H)	TH_1	Verstärkung der zellulären Immunantwort
		TH_2	Förderung der Antikörperproduktion (humoral)
	CD8 + (T-Killerzelle, T_C)		Abtötung von Zellen

T-Lymphozyten

T-Lymphozyten, die Teil der spezifischen zellulären Immunantwort sind, unterscheiden sich von den anderen Lymphozyten durch Exprimierung des **T-Zell-Rezeptors** (TCR: T-cell-receptor) auf ihrer Oberfläche. Zwei Subtypen des TCR sind bis heute bekannt: TCR-1 und TCR-2.

- *TCR-1 +-Zellen* befinden sich hauptsächlich in Schleimhautepithelien, wo sie ihre Schutzfunktion ausüben.
- *TCR-2 +-Zellen,* die hauptsächlich im Blut zirkulieren, lassen sich anhand der CD-Marker und ihrer Funktion weiter unterscheiden: *CD4 +-Zellen* verstärken und steuern die Immunantwort. *CD8 +-Zellen* sind in der Lage, körpereigene und -fremde Zellen abzutöten. Die beiden Subtypen (TH_1 und TH_2) der CD4 +-Zellen sind erst vor kurzem bekanntgeworden (Tab. 17.**3**).

Die Existenz von *T-Suppressorzellen* ist noch nicht gesichert. T-Suppressorzellen sollen die Immunantwort begrenzen und beenden können.

> **! Merke**
>
> CD4 +-Zellen *unterstützen* die Immunantwort, CD8 +-Zellen *töten* andere Zellen ab.

B-Lymphozyten

Die die spezifische humorale Immunantwort vermittelnden B-Lymphozyten tragen an ihrer Oberfläche *Immunglobuline* (s.u.), wodurch sie sich von allen anderen Lymphozytentypen unterscheiden. Die Hauptaufgabe der B-Lymphozyten besteht in der Antikörperproduktion.

Natürliche Killerzellen (NK-Zellen)

NK-Zellen machen 15 % der zirkulierenden Lymphozyten aus. Sie tragen jedoch weder TCR noch Immunglobuline auf ihrer Zelloberfläche. Auch ist kein CD-Marker gefunden worden, der ausschließlich auf NK-Zellen vorkommt. Die Identifizierung der NK-Zellen erfolgt deswegen mit einer Kombination mehrerer CD-Marker. Ihre Funktion besteht vor allem im Abtöten von Tumorzellen und virusinfizierten Zellen.

17.1.2 Mononukleäre Phagozyten

Phagozytose und *Antigenpräsentation* sind die Domäne der mononukleären Phagozyten. *Monozyten* im Blut und *Makrophagen* in den verschiedenen Organen sind hauptsächlich phagozytierende Zellen, können aber auch Antigene präsentieren. *Langerhans-Zellen* in der Haut, *B-Lymphozyten, interdigitierende* und *dentritische Retikulumzellen* präsentieren anderen Zellen prozessierte (partiell abgebaute) Antigene.

> **! Merke**
>
> B-Lymphozyten, deren Hauptaufgabe die Antikörperproduktion ist, sind auch in der Lage, anderen Zellen Antigen zu präsentieren.

In Verbindung mit Endothel- und Bindegewebszellen bilden die phagozytierenden Zellen das **retikuloendotheliale System** (RES, MPS: mononuclear

Tab. 17.**4** Übersicht über die verschiedenen Lymphozyten

Lymphozytentyp	Hauptaufgaben	Charakteristikum
T-Lymphozyten	Modulieren der Immunantwort (T_H-Zelle) Abtötung von Zellen (T_C-Zelle)	CD4 + CD8 +
B-Lymphozyten	Antikörperproduktion	Immunglobuline auf Zelloberfläche
NK-Zelle	unspezifische Tötung virusinfizierter und neoplastischer Zellen	–

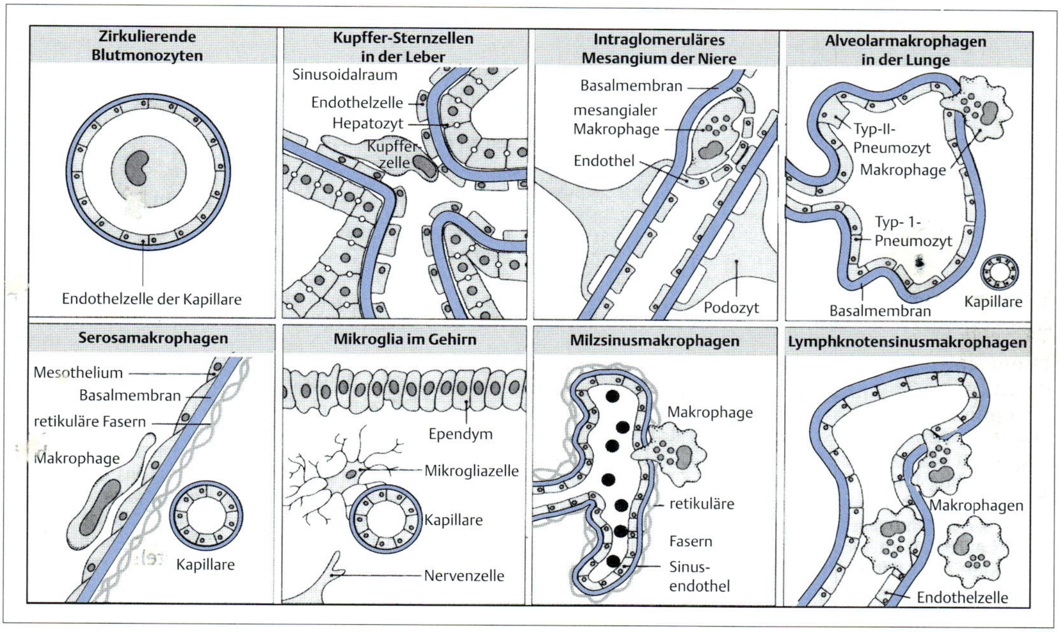

Abb. 17.**2** Zellen des RES (aus Roitt/Brostoff/Male, Thieme 1995)

phagocyte system, Abb. 17.**2**). Im Blut zirkulierende Monozyten wandern aus dem Blut in das umgebende Gewebe aus. Dort differenzieren sie sich zu langlebigen, gewebsständigen Makrophagen.

! Merke

Gewebsständig bedeutet, daß die Makrophagen einem Organ zugeordnet sind. Innerhalb dieses Organs sind sie durchaus beweglich und reagieren vornehmlich auf chemotaktische Reize.

Die Fähigkeit der Makrophagen zur Abtötung fremder Zellen und Material beruht auf zwei Gegebenheiten:

1. Durch *Phagozytose* (Aufnahme extrazellulären Materials in eine Zelle) nehmen Makrophagen z. B. ein Bakterium in ihr Zytoplasma auf. Makrophagen besitzen auf ihrer Oberfläche Rezeptoren, die zum einen Bakterienbestandteile, zum anderen mit Antikörpern verbundene Bakterien erkennen. Nach Bindung dieser Rezeptoren erfolgt die Phagozytose.
2. Im Zytoplasma des Makrophagen wird das phagozytierte Bakterium mit *Lysosomen* verschmolzen. Diese Lysosomen enthalten Stoffe (u. a. lysosomale Enzyme), die das Bakterium abtöten.

17.1.3 Polymorphkernige Granulozyten und Thrombozyten

Granulozyten

Die kurzlebigen (2–3 Tage) Granulozyten zeichnen sich durch die Vielgestaltigkeit (→ polymorph) des Zellkerns aus. Etwa 60–70 % der Leukozyten im Blut sind Granulozyten, die sich aber auch außerhalb des Gefäßsystems aufhalten. Sie verlassen die Gefäße mittels *Diapedese* und bewegen sich entweder ungezielt, nach fremdem Material suchend, durch das Gewebe oder steuern zielgenau auf einen Entzündungsherd zu. Morphologisch und funktionell unterscheidet man *neutrophile*, *eosinophile* und *basophile* Granulozyten.

Neutrophile Granulozyten stellen mit 90 % den Großteil der Granulozyten dar. Neutrophile reagieren stark auf chemotaktische Reize und sind zur Abtötung fremder Zellen durch *Phagozytose* befähigt. Die Phagozytoseaktivität der Neutrophilen, die nicht durch große Spezifität gekennzeichnet ist, ist ein wichtiger Faktor der *akuten Entzündungsreaktion*.

Eosinophile Granulozyten, die auch phagozytosefähig sind, vermitteln Immunität gegen größere, nicht phagozytierbare, Parasiten. Eosinophile enthalten Granula mit zum Teil antimikrobiell wirksamen Substanzen, die auf einen entsprechenden Stimulus hin freigesetzt werden können.

Biochemie

Basophile Granulozyten und **Mastzellen** dienen physiologischerweise auch der Abtötung von großen Parasiten. Heutzutage sind sie vor allem wegen ihrer Mitbeteiligung an der Pathogenese allergischer Reaktionen klinisch bedeutsam.

! Merke

Die Granula der basophilen Granulozyten und Mastzellen enthalten *Histamin* und *Heparin*.

Thrombozyten

Thrombozyten, primär an der Blutstillung beteiligt, enthalten Stoffe, die das Komplementsystem (s.u.) aktivieren und die Gefäßpermeabilität steigern. Komplement ist u. a. ein wichtiger chemotaktischer Faktor. Blutstillung und Immunabwehr sind somit durch die Thrombozyten sinnvoll miteinander verbunden. Verletzungen erleichtern potentiellen Krankheitserregern das Eindringen in den Körper. Wird neben der Blutstillung gleichzeitig die Immunabwehr an diesem Ort aktiviert, so wird die Infektionsgefahr eingedämmt. Zudem sind Thrombozyten *phagozytosefähig*.

17.2 Organe des Immunsystems

Die Organisation der immunkompetenten Zellen in *primären* und *sekundären lymphatischen Organen* und Geweben gewährleistet eine effektive Immunantwort. Primäre lymphatische Organe des Menschen sind *Knochenmark* und *Thymus*. *Milz, Lymphknoten, Tonsillen, Peyer Plaques* u. a. zählen zu den sekundären lymphatischen Organen bzw. Geweben (Abb. 17.**3**).

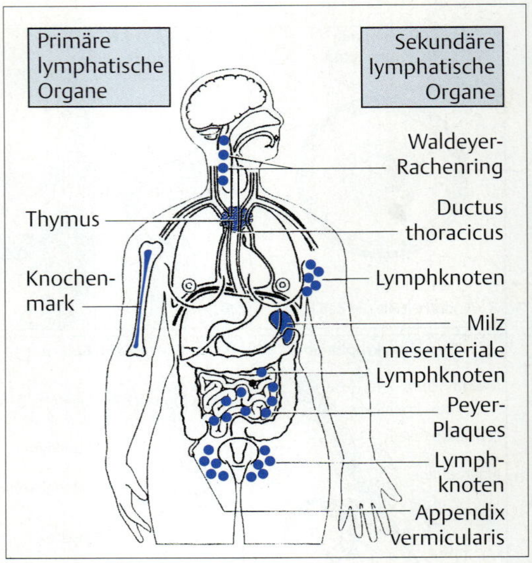

Abb. 17.**3** Lymphatische Organe und Gewebe (aus Keller, Thieme 1994)

17.2.1 Primäre lymphatische Organe

Reifung und *Prägung* der Lymphozyten sind auf die primären lymphatischen Organe angewiesen. T-Lymphozyten reifen im Thymus heran, während B-Lymphozyten im Knochenmark entstehen und reifen.

Thymus

Schon während der intrauterinen Entwicklung wandern T-Stammzellen, chemotaktischen Reizen folgend, in den Thymus ein. Für die weitere Reifung der T-Lymphozyten ist eine Reihe unterschiedlicher Zellen notwendig: *Epithelzellen* versorgen die T-Lymphozyten mit Nährstoffen, *Makrophagen* und andere *antigenpräsentierende Zellen* „sortieren" autoreaktive T-Lymphozyten aus (autoreaktiv: gegen den eigenen Körper gerichtet). Die fertig ausgereiften T-Lymphozyten verlassen den Thymus über das Gefäßsystem.

Mit Beginn der Pubertät *involviert* der Thymus. Das ursprüngliche Gewebe wird nach und nach durch Fettzellen ersetzt. Hohe Spiegel an Corticosteroiden (Schwangerschaft, Streß) beschleunigen die Involution des Thymus. Eine sehr geringe T-Zell-Reifung bleibt wahrscheinlich über das gesamte Leben bestehen.

Knochenmark

Vögel besitzen ein spezielles Organ für die B-Zell-Reifung: die *Bursa fabricii* (daher auch der Name B-Lymphozyt). Der Mensch und andere Säugetiere sind dagegen auf das *Knochenmark* (bone marrow) als Reifungsort für die B-Lymphozyten angewiesen. Ein Großteil der heranreifenden B-Lymphozyten (etwa 75 %) stirbt bereits im Knochenmark ab und wird von Makrophagen phagozytiert. Grund hierfür ist wahrscheinlich *Autoreaktivität* der zugrundegegangenen B-Lymphozyten.

Die weitere B-Zellreifung im Blut ist von einem Antigenkontakt abhängig. Der reife B-Lymphozyt trägt auf seiner Oberfläche Immunglobuline (s.u.), die ein spezifisches Antigen erkennen. Nach Bindung eines Antigens an ein solches Immunglobulin differenziert sich der B-Lymphozyt zu einer Plasmazelle oder einer Gedächtniszelle aus (Abb. 17.**4**).

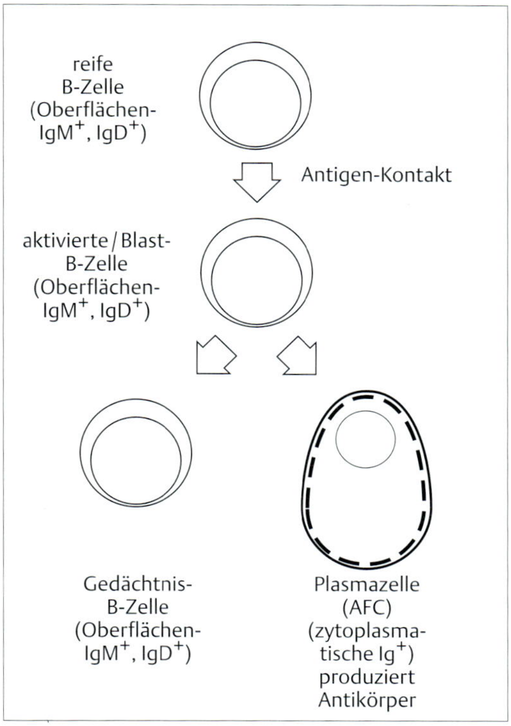

Abb. 17.**4** B-Zell-Reifung

17.2.2 Sekundäre lymphatische Organe und Gewebe

Nach erfolgter Zellreifung in den primären lymphatischen Organen wandern die Lymphozyten in sekundäre lymphatische Gewebe und Organe ein. Organe des sekundären lymphatischen Gewebes sind *Milz* und *Lymphknoten*. Viele der reifen Lymphozyten siedeln sich auch in Schleimhäuten an, wo sIgA (sekretorisches IgA, s.u.) als Produkt der Lymphozyten diese schützt.

Milz

Nur die *weiße Pulpa* der Milz enthält immunkompetente Zellen in größeren Mengen. Die weiße Pulpa, meist um eine *Zentralarterie* gelegen, ist schichtförmig aufgebaut. Das um die Zentralarterie gelegene Gewebe wird als *periarterielle Scheide* (PALS, periarteriolar lymphoid sheath, Tab. 17.**5**) bezeichnet (s.a. Histologie 3.4).

Je nachdem, ob ein Antigenkontakt innerhalb eines Milzfollikels stattgefunden hat, wird dieser als *primärer* (kein Antigenkontakt) oder *sekundärer Follikel* (Keimzentrum, erfolgter Antigenkontakt) bezeichnet.

Tab. 17.**5** Zellverteilung innerhalb periarterieller Scheiden

Zone innerhalb der PALS	Vorkommende Zellen
Marginalzone	Makrophagen und andere APC
T-Zell-Zone	T-Lymphozyten
Milzfollikel	B-Zellen Makrophagen und andere APC

Klinischer Bezug

Bei geplanter operativer Entfernung der Milz sollten zuvor einige Impfungen erfolgen, damit die lymphatischen Zellen in der Milz Kontakt zu Antigenen erhalten und diese anderen immunkompetenten Zellen „vorstellen" können. Wichtig ist u. a. die Impfung gegen die eine Lungenentzündung verursachenden Pneumokokken.

Lymphknoten

Ähnlich der Milz lassen sich innerhalb eines Lymphknotens mehrere Schichten mit dort bevorzugt vorkommenden Zellen unterscheiden (s.a. Tab. 17.**6** und Histologie 3.4).

Lymphatisches System der Schleimhäute

Ansammlungen lymphatischen Gewebes entlang infektionsgefährdeter Schleimhäute (Respirations-, Gastrointestinal- und Urogenitaltrakt) werden als *mucosa-associated lymphoid tissue* (MALT, GALT: *gut associated lmphoid tissue*) zusammengefaßt. Tonsillen und Peyer Plaques sind u. a. Bestandteile dieses Systems. Hauptaufgabe der vor allem in Lamina propria und Submucosa vorhandenen Lymphozytenaggregate ist die Produktion von sekretorischem IgA (s.u.).
Neben diesen organisierten Zellansammlungen befinden sich viele Lymphozyten frei in der Lamina

Tab. 17.**6** Zellverteilung innerhalb eines Lymphknotens

Zone innerhalb des Lymphknotens	Vorkommende Zellen
Cortex	B-Lymphozyten
Paracortex	T-Lymphozyten APC
Mark	Makrophagen B- und T-Lymphozyten
subkapsulärer Sinus	Makrophagen

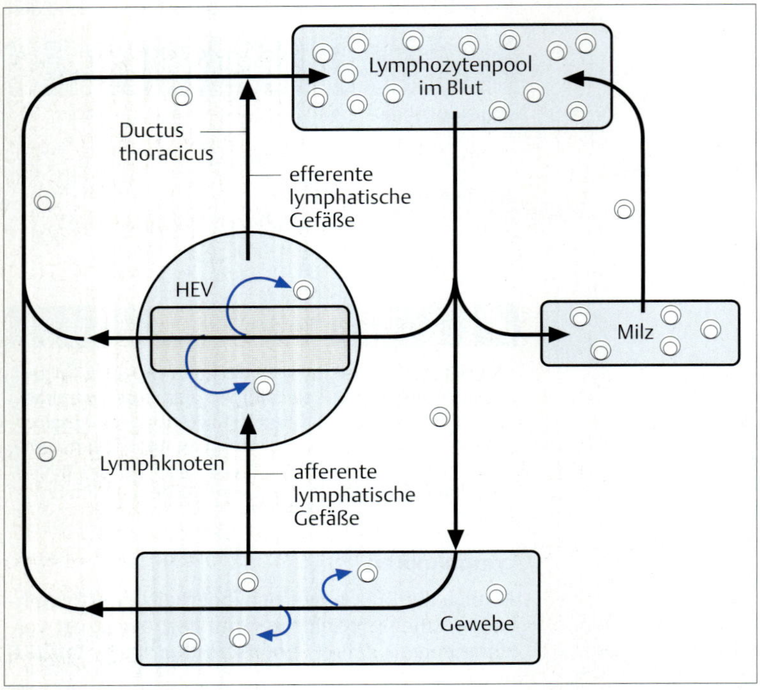

Abb. 17.**5** Lymphozytenzirkulation (HEV: high endothelial venules) (aus Roitt/Brostoff/Male, Thieme 1995)

propria und im Schleimhautepithel. Aufgabe ist auch hier die Sekretion von IgA.

17.2.3 Lymphozytenzirkulation

Die begrenzte Anzahl der für ein Antigen spezifischen Lymphozyten macht es notwendig, daß Lymphozyten ständig im gesamten Organismus zirkulieren. Nach erfolgter Zellreifung wandern die Lymphozyten von den primären zu den sekundären lymphatischen Organen. Von einem sekundären lymphatischen Organ wandern sie dann via Blut, Lymphe und Gewebe zu anderen lymphatischen Organen (Abb. 17.**5**).
Aus dem Blutkreislauf wandern Lymphozyten über spezialisierte Gefäße (dies sind die postkapillären Venolen) in das umliegende Gewebe aus. Auffällig an diesem Endothel ist seine Höhe im Vergleich zu normalem Endothelgewebe, so daß diese Gefäße als *high endothelial venules* (HEV) bezeichnet werden.

Klinischer Bezug

Nach Stimulation durch Mediatorstoffe kann aus jedem Endothelgewebe ein spezialisiertes Endothel (HEV) werden. Bei chronisch entzündlichen Prozessen ist eine solche Umdifferenzierung des Endothels elektronenmikroskopisch nachweisbar.

Im ZNS, wo Tight junctions zwischen den Endothelzellen ausgebildet sind, gelangen die Lymphozyten *durch* das *Cytoplasma* der Endothelien aus den Blutgefäßen (**Emperipolesis**).

17.3 Antigenerkennende Moleküle der spezifischen Immunantwort

Folgende Moleküle sind in der Lage, Antigen zu erkennen bzw. zu binden:
- *Antikörper*,
- *T-Zell-Rezeptor* und
- *Haupthistokompatibilitätskomplex* (MHC, major histocompatibility complex).

Ohne diese drei Molekülklassen wäre eine spezifische Antigenerkennung nicht möglich.

17.3.1 Immunglobuline (Ig)

Immunglobuline, entweder *membrangebunden* auf B-Lymphozyten oder von Plasmazellen sezernierte *lösliche Antikörper*, sind in der Lage, Antigene spezifisch zu erkennen.
Immunglobuline vermitteln den *humoralen* Teil der *spezifischen* Immunantwort. Die Fähigkeit, Immun-

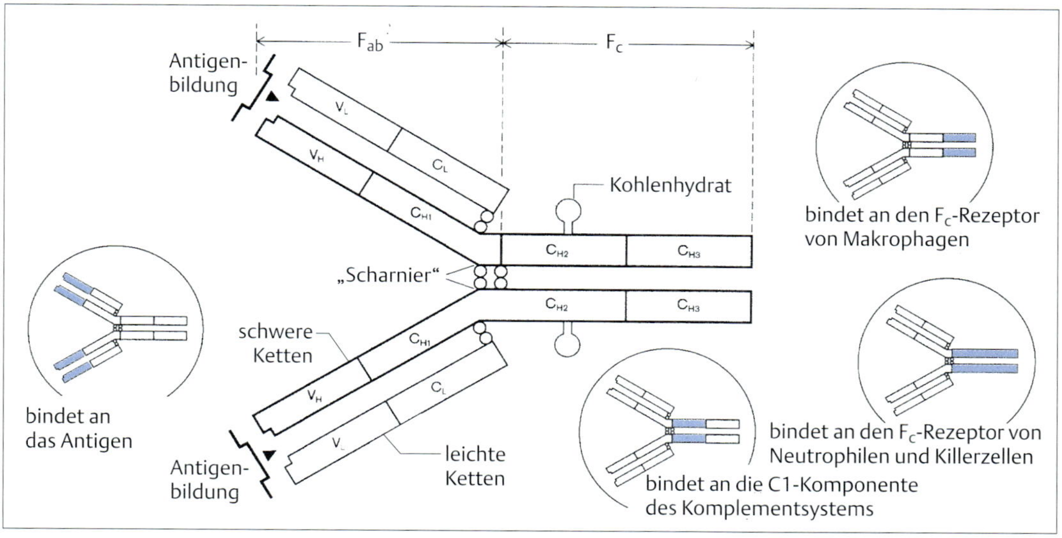

Abb. 17.**6** Grundstruktur eines Immunglobulinmoleküls am Beispiel von IgG (aus Klinke/Silbernagl, Thieme 1994)

globuline zu produzieren, wird ab Beginn der Fetalperiode *erworben*. Ab dem 6. Lebensmonat produziert der Säugling in ausreichenden Mengen Immunglobuline. Bis zu sechs Monaten (Maximum 1,5 Jahre) unterstützen die plazentagängigen IgG der Mutter die humoralspezifische Immunität des Säuglings.

Klinischer Bezug

Gestillte Säuglinge erhalten über in der **Muttermilch** vorhandene IgA weiteren Schutz vor Infektionen. Diese Immunglobulinklasse ist für den infektionsanfälligen Magen-Darm-Trakt der Säuglinge von besonderer Bedeutung.

Der **Aufbau** aller Antikörperklassen folgt einem einheitlichen Prinzip. Jeder Antikörper ist aus *schweren* und *leichten* Proteinketten in Verbindung mit einem *Kohlenhydratanteil* aufgebaut (Glykoprotein). Obwohl alle Antikörper Antigene erkennen, üben sie recht unterschiedliche Funktionen aus.

Immunglobulin G (IgG)

IgG ist mit etwa 70 % an der Gesamtzahl der Immunglobuline vertreten, die hauptsächlich in der γ-Fraktion der Serumelektrophorese vorhanden sind.

Aufbau: IgG besteht aus einem Molekül, das aus *je zwei gleichen* schweren (H-Ketten, heavy-chain) und leichten Ketten (L-Ketten, light-chain), die über *nichtkovalente Bindungen* und *Disulfidbrücken* miteinander verbunden sind. Funktionell lassen sich zwei durch das proteolytische Enzym *Papain* trennbare Anteile an IgG unterscheiden:

- Der leicht kristallisierende **F_C-Teil** am *C-terminalen Ende* (leitet sich vom englischen „cristalline" ab). Der F_C-Teil ist für die Fixierung von Komplement und Bindung an phagozytosefähige Zellen verantwortlich. Diese Funktionen des F_C-Teils erfolgen erst nach erfolgter Antigenbindung, da sich durch diese eine Konformitätsänderung des Immunglobulins ergibt.
- Der antigenbindende **F_{AB}-Teil** befindet sich am *N-terminalen Ende*.

Leichte und schwere Ketten bestehen aus verschiedenen Aminosäureabschnitten (*Domänen*). In jeder Kette gibt es *variable* (V_L: variable Domäne der leichten Kette, V_H: variable Domäne der schweren Kette) und *konstante Domänen* (Abb. 17.**6**). *Untertypen* der Immunglobulinketten werden mit kleinen griechischen Buchstaben gekennzeichnet: λ und κ für die leichten und μ, δ, γ, ε und α für die schweren Ketten.

Merke

Jede Immunglobulinklasse ist immer aus einer κ- oder λ-Leichtkette aufgebaut. Die schwere Kette ist dagegen von Klasse zu Klasse verschieden: γ-Ketten für IgG, α-Ketten für IgA usw.

Antikörpervielfalt: Wäre für jedes mögliche Antigen ein Antikörper auf DNA-Ebene kodiert, so müßte der

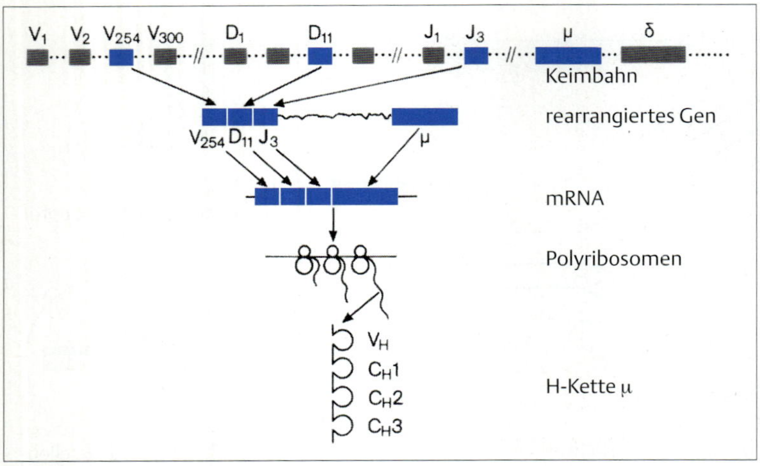

Abb. 17.**7** Entstehung der Antikörpervielfalt (aus Kayser, Thieme 1993)

DNA-Gehalt um ein Vielfaches größer sein, als er es ist. Drei Methoden haben sich im Laufe der Evolution durchgesetzt, um aus begrenzter DNA-Menge elegant die benötigte Antikörpervielfalt zu erhalten (Abb. 17.**7**):

- Die Gene für je eine Domäne liegen in *verschiedenen Varianten* vor.
- Die Genregionen für Antikörper sind einer *hohen Mutationsrate* unterworfen.
- Durch *Rekombination* der verschiedenen Domänen wird weitere Vielfalt ermöglicht.

Funktion von IgG: Wie die übrigen Antikörper übt IgG zwei Funktionen aus. Mit dem *F_{AB}-Teil bindet es an Antigen*, der *F_C-Teil vermittelt sogenannte Effektorfunktionen*, wie z. B. Bindung an Makrophagen oder Komplement. Die *reversible* Bildung eines Antigen-Antikörper-Komplexes kann durch Wasserstoffbrücken, elektrostatische Wechselwirkungen und van-der-Vaals-Kräfte zustande kommen. Wie alle Reaktionen folgt die Ausbildung des Antigen-Antikörper-Komplexes dem *Massenwirkungsgesetz* (MWG, Abb. 17.**8**).

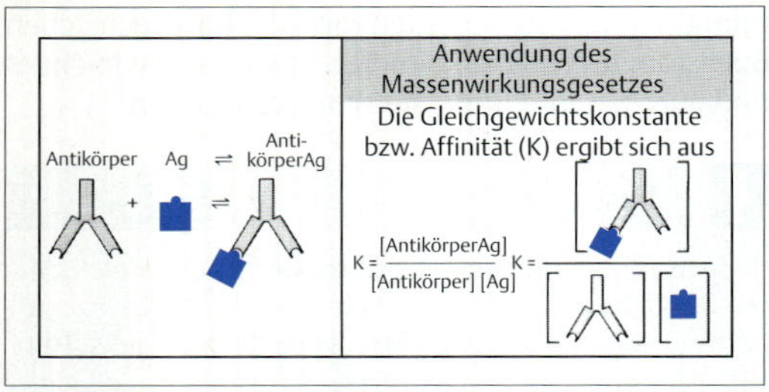

Abb. 17.**8** Die Ausbildung des Antigen-Antikörperkomplexes erfolgt nach dem Massenwirkungsgesetz (aus Roitt/Brostoff/Male, Thieme 1995)

Die mit Hilfe des MWG ermittelte Konstante für ein Antigen-Antikörper-Paar beschreibt die *Affinität* des Antikörpers zum Antigen: Ist K groß, ist es die Affinität ebenfalls.

Eine Antikörperbindung von IgG an Antigen zieht folgende biologische Konsequenzen nach sich:

- Toxinneutralisation,
- Opsonierung,
- Vernetzung der Antigene mit Antikörpern, wobei diese funktionsunfähig werden,
- Komplementaktivierung (klassischer Weg).

Klinischer Bezug

Eine Infektion mit *Corynebacterium diphtheriae* (**Diphtherie**) ist eine lebensbedrohliche Infektionskrankheit des oberen Respirationstraktes. Ein von den Bakterien produziertes Toxin kann zu Atemnot führen. Behandlung mit Antiserum (IgG gegen das Toxin wird aus Pferdeserum oder immunisierten Blutspendern gewonnen) erfolgt sofort bei Verdacht auf Diphtherie. Diese Antikörper neutralisieren dann das Toxin.

Die **Synthese** aller sezernierten Immunglobuline, wie z. B. des IgG, folgt einem einheitlichen Prinzip (Abb. 17.**9**): Die mRNA einer schweren oder leichten Kette verbindet sich im Zytosol mit den beiden Ribosomuntereinheiten (1), wobei die *Leitsequenz* transkribiert wird. An diese bindet sich ein *Signalerkennungsprotein* (SRP, signal recognition protein), das die weitere Transkription, bis zur Andockung an ein *Kopplungsprotein* am rauhen endoplasmatischen Retikulum, inhibiert (2 und 3). Nach erfolgter

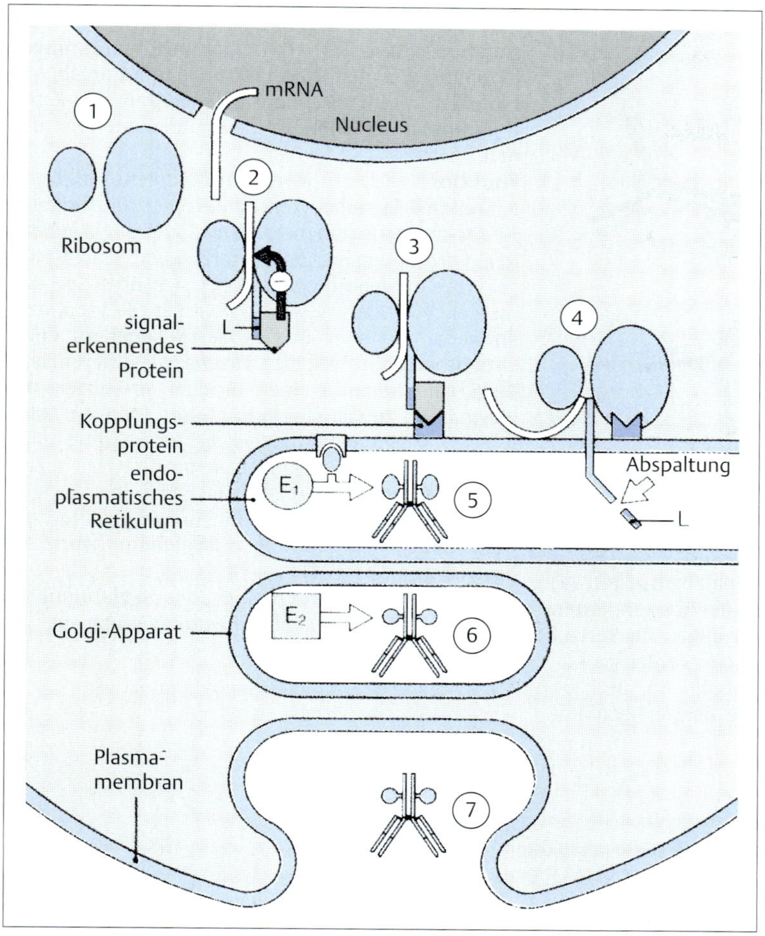

Abb. 17.**9** Der Weg sezernierter Immunglobuline durch die Zelle (aus Roitt/Brostoff/Male, Thieme 1995)

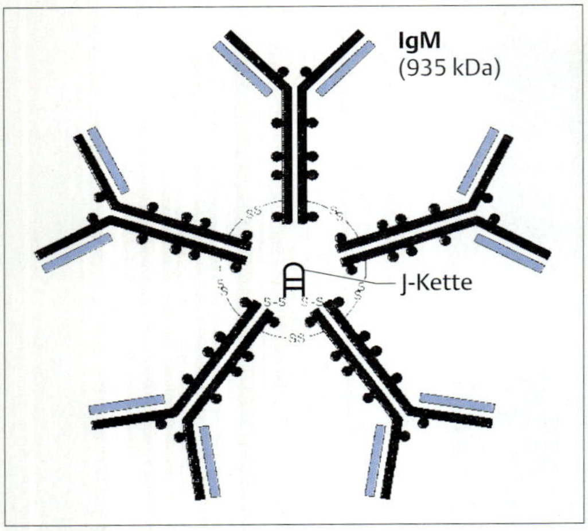

Abb. 17.**10** Struktur des IgM (aus Koolman/Röhm, Thieme 1994)

Transkription wird die Leitsequenz abgespalten (4) und die Kette verbindet sich mit den übrigen Ketten des Immunglobulins (5). Enzyme fügen im Verlauf der weiteren Proteinmodifikation Kohlenhydratseitenketten an das Immunglobulin (5 und 6). Schließlich erfolgt die Exozytose des fertigen Immunglobulins (7).

Immunglobulin M (IgM)

Aufbau: IgM ist ein *Pentamer* aus fünf Immunglobulinmolekülen (Abb. 17.**10**). Die Immunglobulinmoleküle sind über ein zusätzliches Peptid (*J-Kette*; J: joining) und *Disulfidbrücken* miteinander verbunden.

Funktion: IgM, als membranständiger Antikörper auf reifen B-Lymphozyten, ist Rezeptor für Antigene. Ist ein Antigen an ein membranständiges IgM gebunden, wird es von der Zelle internalisiert (durch Phagozytose aufgenommen), wobei sich über Second-messenger-Prozesse (Ca^{2+}, IP_3) der B-Lymphozyt entweder zu einer *Gedächtniszelle* oder zu einer antikörperproduzierenden *Plasmazelle* differenziert. Bei Erstkontakt mit einem Antigen produziert die Plasmazelle zunächst IgM in großen Mengen. Nach 2 bis 3 Tagen geht die *gleiche* Plasmazelle dazu über, IgG (mit *gleicher* Antigenspezifität) zu sezernieren (*Primärantwort*). Dringt dasselbe Antigen erneut in den Organismus ein, so produzieren die Gedächtniszellen sofort IgG (*Sekundärantwort, Sofortwirkung*, Abb. 17.**11**).

IgM zeichnet sich durch eine hohe *Agglutinationsfähigkeit* und starke *Komplementaktivierung* aus.

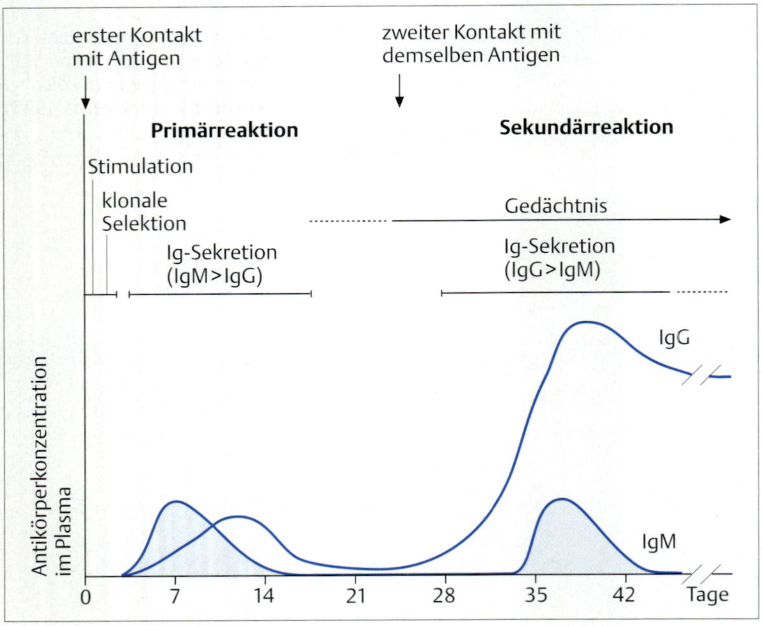

Abb. 17.**11** Primär- und Sekundärantwort der humoralen Immunantwort (aus Keller, Thieme 1994)

Klinischer Bezug

Die Hämagglutination bei **Transfusionszwischenfällen** beruht auf Wechselwirkungen zwischen IgM und Blutgruppenantigenen. Aus diesem Grund muß vor jeder Bluttransfusion ein *bedside-testing* erfolgen. Hierbei erfolgt die Blutgruppenbestimmung von Spender und Empfänger und die Kontrolle einer möglichen Kreuzreaktivität zwischen Empfänger- und Spenderblut.

Immunglobulin A (IgA)

IgA, ein Dimer aus zwei Immunglobulinmolekülen, existiert in zwei unterschiedlichen Formen. Im Serum befindet sich nur wenig IgA (IgA1). *Sekretorisches IgA* (sIgA, IgA2) befindet sich in vielen Sekreten des Körpers. sIgA enthält neben der die beiden Immunglobuline verbindenden J-Kette (ähnlich der des IgM) noch einen zusätzlichen Proteinanteil, der von den *Epithelzellen* gebildet wird (Abb. 17.**12**).

Immunglobulin E (IgE)

Der **Aufbau** des IgE ähnelt dem des IgG. Der Unterschied zwischen den beiden Immunglobulinen liegt in den unterschiedlich schweren Ketten. IgE besteht aus zwei ε-Ketten, IgG aus γ-Ketten.
Funktion: Physiologischerweise dient IgE der Immunität gegenüber den von der Größe her nicht phagozytierbaren Parasiten. Leider spielt es auch bei der Pathogenese der allergischen Reaktion vom Soforttyp eine entscheidende Rolle (s. 17.6).

Immunglobulin D (IgD)

Wie oben schon erwähnt, ist das aus je zwei leichten und schweren Ketten bestehende IgD auf Zellmembranen der B-Lymphozyten enthalten und dient dort als *Antigenrezeptor* (Tab. 17.**7**).

Übersicht

Tab. 17.**7** gibt eine zusammenfassende Übersicht über die Immunglobuline.

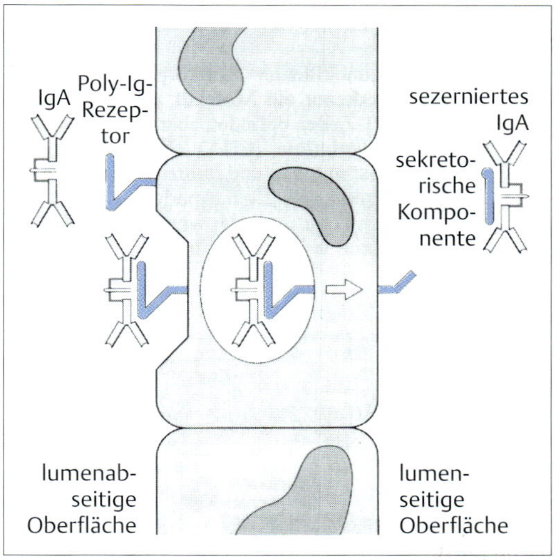

Abb. 17.**12** Transport des IgA über ein Schleimhautepithel (sIgA) (aus Roit/Brostoff/Male, Thieme 1995)

Klinischer Bezug

Immunglobuline werden zur **passiven Immunisierung** (Impfung) verabreicht. Der Vorteil der passiven Immunisierung liegt im sofortigen Wirkungseintritt. Immunglobuline können somit auch noch nach Exposition (Infektion mit einem Krankheitserreger) wirkungsvoll eingesetzt werden. Die zur passiven Impfung eingesetzten Immunglobuline stammen aus dem Plasma zuvor immunisierter Blutspender oder immunisierter Tiere. Ferner können einige Immunglobuline gentechnisch hergestellt werden. Bedingt durch die biologische Halbwertszeit der Immunglobuline, hält die so vermittelte Immunität nicht lange an.

Tab. 17.**7** Übersicht über die verschiedenen Immunglobulinklassen

	IgG	IgM	IgA	IgE	IgD
Subtypen	IgG1 – IgG4	–	sIgA, IgA	–	–
plazentagängig	+	–	–	–	–
in Muttermilch	–	–	+	–	–
Komplementaktivierung	+	+	–	–	–
antitoxisch	+	–	–	–	–
Rezeptor auf B-Lymphozyten	–	+	–	–	+

Merke

Von längerer Dauer, z. T. sogar lebenslang, ist die durch **aktive Immunisierung** (Impfung) vermittelte Immunität. Abgeschwächte (attenuierte) Erreger oder immunitätvermittelnde Bestandteile ahmen eine Infektion mit dem Erreger nach. Im Körper sind nach erfolgter aktiver Impfung Gedächtniszellen vorhanden, die den Erreger bei einer natürlichen Infektion frühzeitig eliminieren.

Monoklonale Antikörper

Monoklonale Antikörper werden von einem künstlich hergestellten unsterblichen Zellklon synthetisiert. Sie können nur ein bestimmtes Antigen spezifisch erkennen. In Diagnostik und Forschung finden monoklonale Antikörper einen breiten Einsatz. Mit Hilfe von markierten Antikörpern (Enzyme, radioaktiv, fluoreszierende Farbstoffe) können sowohl Bakterien identifiziert als auch Tumoren klassifiziert werden.

Die **Herstellung** monoklonaler Antikörper geschieht durch Fusion einer den gewünschten Antikörper synthetisierenden Plasmazelle mit einem immortalisierten, nicht antikörperbildenden B-Lymphozyten. Die Zellen, die durch Teilungen dieser Art entstehen, werden als Zellklon bezeichnet.

Merke

Monoklonale Antikörper, Produkte einer immortalisierten Plasmazelle, sind für ein Antigen spezifisch (homogene, monospezifische Antikörper).

17.3.2 Haupthistokompatibilitätskomplex

Der Haupthistokompatibilitätskomplex (MHC, major histocompatibility complex) besteht aus Proteinen, die sich an der Oberfläche von Zellen befinden. Die beiden Klassen des MHC (MHC I und MHC II) sind auf verschiedenen Zellen vorhanden und dienen hauptsächlich der Erkennung „selbst" oder „fremd". T-Lymphozyten erkennen Antigene nur in Verbindung mit dem MHC. $CD4^+$-Lymphozyten binden an den auf *B-Lymphozyten* und *Makrophagen* vorhandenen *MHC II*; $CD8^+$-Lymphozyten an den von allen *kernhaltigen Zellen* exprimierten *MHC I*.

Merke

MHC I ist auf allen kernhaltigen Zellen (also nicht auf Erythrozyten) vorhanden, während *MHC II* nur auf B-Lymphozyten und Makrophagen zu finden ist. MHC-Proteine sind *Glykoproteine*.

Sowohl MHC I als auch MHC II zeichnen sich durch große strukturelle Unterschiede zwischen einzelnen Individuen einer Spezies aus. Der große Vorteil des *MHC-Polymorphismus* wird durch folgende Überlegung deutlich: Trügen alle Individuen einer Spezies denselben MHC auf ihrer Zelloberfläche, wäre ein schlecht mit diesem MHC bindendes Pathogen eine Bedrohung für die Existenz der gesamten Spezies, da T-Lymphozyten Antigene nur in Verbindung mit MHC erkennen können. Die Ureinwohner Amerikas waren aufgrund ihrer relativ hohen MHC-Homogenität sehr empfänglich gegenüber den Krankheitserregern aus der „Alten Welt".

Merke

Menschliche MHC-Proteine, die erstmals aus menschlichen Lymphozyten gewonnen wurden, werden auch noch unter der Bezeichnung HLA (*human leucocyte associated antigen*) geführt.

Klinischer Bezug

MHC-Proteine sind neben ihrer physiologischen Funktion vor allem in der **Transplantationsmedizin** von Bedeutung. Die Zellen der Transplantate tragen MHC-Antigene auf ihrer Oberfläche. Stammt das Transplantat nicht vom Empfänger oder einer genetisch identischen Person, sondern von einem anderen Individuum derselben Spezies (Allotransplantat), kommt es zu einer T-Zell-vermittelten *Transplantatsabstoßung*, da die MHC-Moleküle des Spenderorgans als fremd erkannt werden. Um die Abstoßungsreaktion zu vermeiden, werden immunsuppressive Pharmaka (*Cortison* und *Cyclosporin*) eingesetzt.

Bei allotransplantiertem Knochenmark kann eine Immunreaktion der gespendeten Zellen *gegen den Empfänger* auftreten, da dieser wegen der Grundkrankheit exzessiv immunsuppressiv behandelt wurde.

17.3.3 T-Zell-Rezeptor

Die auf den T-Lymphozyten exprimierten T-Zell-Rezeptoren (s.o.) sind auf der Zelloberfläche immer mit *CD3* assoziiert. CD3 ist ein Komplex aus mehreren Polypeptiden, die keine Varianz zwischen den einzelnen T-Zellen aufweisen. Aufgabe des CD3-Komplexes ist die *Signaltransduktion* (Einleitung der nach Antigenkontakt notwendigen Schritte, z. B. Abtötung der Zielzelle) nach erfolgter Antigenbindung an den TCR. Antigen bindet nur in Verbindung mit MHC an den TCR. Der TCR erkennt andere Stellen desselben Antigens als der gegen dieses Antigen gebildete Antikörper, da Antigen am MHC verändert vorliegt.

Die Fähigkeit des TCR, eine große Vielfalt an Antigen zu erkennen, ist, wie bei den Antikörpern, in *Rekombination* verschiedener, in mehreren verschiedenen Kopien vorliegenden Genabschnitten begründet.

17.4 Unspezifische Immunabwehr

Die Komponenten der *bei der Geburt ausgebildeten* unspezifischen Immunabwehr gewährleisten eine Auseinandersetzung mit dem Mikroorganismus, noch bevor er in den Körper eingedrungen ist. Sollte dies einem Mikroorganismus doch gelungen sein oder handelt es sich um eine entartete Zelle, so setzen sich dort weitere Komponenten der unspezifischen Immunabwehr mit dem Pathogen auseinander und aktivieren gleichzeitig das spezifische Immunsystem. *Physikalisch-chemische* Abwehrmechanismen, *Zellen* und *lösliche Plasmabestandteile* bilden die Grundlage der unspezifischen Immunabwehr:

- *Physikalisch-chemische Mechanismen:*
  - Lysozym,
  - saures Milieu der Haut, des Magens und der Vagina,
  - Schleimproduktion und dessen Abtransport durch Zilienbewegungen,
  - Haut und Schleimhäute.
- *Plasmabestandteile:*
  - Komplementsystem,
  - Akut-Phase-Proteine,
  - Interferone.
- *Zellen:*
  - Granulozyten,
  - Makrophagen.

Merke

Das unspezifische Immunsystem ist die *erste, sofort verfügbare Barriere*, die Pathogene zu überwinden haben. Gleichzeitig erfolgt eine Aktivierung der spezifischen Immunantwort.

17.4.1 Physikalisch-chemische Barrieren

Die Mehrzahl der pathogenen Mikroorganismen muß zur Vermehrung zunächst in den Wirtsorganismus eindringen. Der menschliche Organismus verfügt über eine Reihe von Mechanismen, um dies zu verhindern:

- Schleim und Flimmerhärchen in den Luftwegen,
- Magensäure,
- Haut,
- Lysozym in den meisten Sekreten,
- Talgdrüsensekrete,
- kommensale Keime in Darm und Vagina,
- Spermin in der Samenflüssigkeit.

Haut und *Schleimhäute* können bereits das Eindringen pathogener Mikroorganismen effektiv verhindern.

Die auf der Haut symbiontisch lebenden Bakterien (z. B. Staphylococcus epidermidis) sorgen mit ihrem Stoffwechsel für einen, für viele Bakterien ungünstigen, *sauren pH der Haut*. pH-sensible Bakterien werden im Magen durch die dort vorhandene *Salzsäure* abgetötet. Die im Darm lebenden Bakterien verhindern, daß sich dort pathogene Keime ansiedeln.

Klinischer Bezug

Durch eine Antibiotikatherapie kann die physiologische Darmflora geschädigt werden. Dadurch kann es zu einer ungehemmten Vermehrung von Clostridium difficile kommen. Es resultiert eine lebensbedrohliche Erkrankung, die als **pseudomembranöse Kolitis** bezeichnet wird.

Lysozym, Bestandteil der meisten Körpersekrete, ist in der Lage die Bakterienzellwand zu zerstören. Sollte dennoch ein Mikroorganismus diese vielfältigen Barrieren überwunden haben, so muß er sich mit den beiden weiteren Komponenten der unspezifischen Immunabwehr, Plasmabestandteilen und phagozytosefähigen Zellen, auseinandersetzen.

17.4.2 Plasmaproteine der unspezifischen Immunabwehr

Das Komplementsystem

Das Komplementsystem besteht aus hauptsächlich in der Leber synthetisierten *Serumproteinen* (Glykoproteine). Die Komponenten des Komplementsystems werden mit dem Buchstaben „C" und einer Nummer gekennzeichnet. Leider erfolgt die Numerierung der Komplementproteine in Reihenfolge ihrer Entdekkung und nicht entsprechend der jeweiligen Aktivierungsstufen. Die einzelnen Bestandteile des Komplementsystems werden durch *partielle Proteolyse* aktiviert. Analog zum Gerinnungssystem dient dies der Amplifikation der Antwort, da eine aktivierte Komplementkomponente mehrere der folgenden Komponenten umsetzt. Komplement erfüllt drei wesentliche **Aufgaben** im Organismus:

- Aktivierung und chemotaktischer Reiz für Leukozyten und Makrophagen
- Opsonierung von Mikroorganismen
- Bildung von Poren in die Zellmembran von Mikroorganismen (MAK, membrane attack complex)

Oberflächen von *Mikroorganismen* (alternativer Weg) und *Antigen-Antikörper-Komplexe* (klassischer

Biochemie

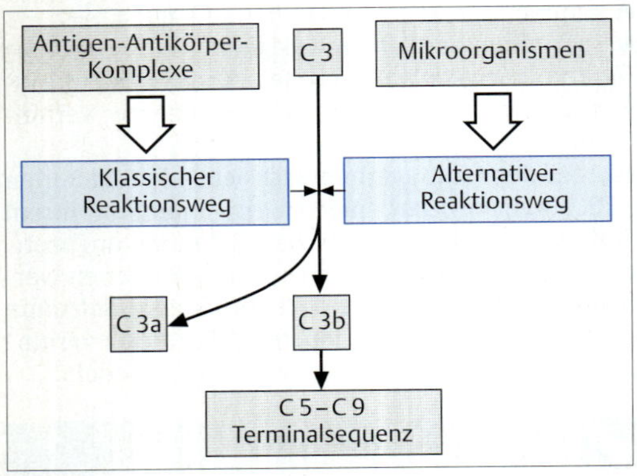

Abb. 17.**13** Alternative und klassische Aktivierung von Komplement. Aus C3 wird C3 a (die größere Komponente) und C3 b (die kleinere Komponente) (aus Roitt/Brostoff/Male, Thieme 1995)

Weg) sind in der Lage, Komplement zu aktivieren. Entscheidender Schritt der Komplementaktivierung ist die Proteolyse von C3 durch eine der C3-Konvertasen (Abb. 17.**13**).

Alternative Komplementaktivierung

Der alternative Weg der Komplementaktivierung ist im Vergleich zum klassischen Weg wesentlich *schneller* verfügbar. C3 unterliegt im Plasma immer einer geringen Proteolyse. Bindet das aktive Spaltprodukt von C3 an körpereigene Oberflächen, so wird es durch dort vorhandene Enzyme inaktiviert. Auf Bakterienoberflächen entfällt die Inaktivierung, und es kommt zur Ausbildung einer *C3-Konvertase*, durch die die Komplementkaskade initiiert wird.

Klassische Komplementaktivierung

Die Antigen-Antikörper-Komplex-abhängige Komplementaktivierung wurde vor dem alternativen Weg entdeckt; deswegen die Bezeichnung „klassisch". Die Aktivierung des klassischen Weges erfolgt über eine Bindung von *C1* an einen Antigen-Antikörper-Komplex. IgG und IgM besitzen an ihrem F_C-Teil eine Komplementbindungsstelle (s.o.), die jedoch erst nach erfolgter Bildung an Antigen frei wird (Konformationsänderung des F_C-Teils nach Antigenbindung). Nach Bindung an den Antigen-Antikörper-Komplex werden durch C1 Ca^{2+}-abhängig weitere Komplementproteine gespalten, so daß eine *C3-Konvertase* entsteht. Im Plasma spontan entstehende C3-Konvertasen des klassischen Weges sind, wenn nicht an einen Antigen-Antikörper-Komplex gebunden, instabil und zerfallen sofort.
Die Aktivierung des klassischen Komplementsystems erfolgt während einer Immunantwort wesentlich später als die des alternativen Weges, da der klassische Weg frühestens nach erfolgter Immunglobulinsynthese aktiviert werden kann.

Folgen der Komplementaktivierung

Bildung von Poren

Durch Aneinanderlagerung verschiedener Komplementfaktoren in fremde Zellmembranen bildet Komplement einen Kanal innerhalb der Membran (*MAC*, membrane attack complex). Ionen und Wasser können sich durch einen solchen Kanal entsprechend dem Diffusionsgefälle verteilen. Aufgrund der *Ionenverteilung* zwischen intra- und extrazellulärem Raum füllt sich die Zelle immer mehr mit Wasser aus dem Extrazellulärraum und zerplatzt schließlich.

Opsonierung

Befinden sich aktivierte Komplementfaktoren auf der Oberfläche von Mikroorganismen, so werden diese besonders gut phagozytiert. *Rezeptoren* (CR, complement receptor) für einzelne Komplementbestandteile auf Makrophagen, Neutrophilen und Monozyten vermitteln die gesteigerte Phagozytose gegenüber den mit Komplementfaktoren beladenen Mikroorganismen.
Komplementrezeptoren befinden sich auch auf *Erythrozyten* und *Thrombozyten*. Erythrozyten und Thrombozyten transportieren gebundene Mikroorganismen zu Zellen des MPS.

Komplement als Anaphylatoxin

Anaphylatoxine sind Stoffe, die Entzündungsreaktionen, gekennzeichnet durch *dolor* (Schmerz), *rubor* (Röte) und *tumor* (Schwellung), unterstützen. Aktivierte Komplementbestandteile, vor allem C3 a und C5 a, erhöhen die *Gefäßpermeabilität*, fördern die *Mastzelldegranulation*, sind *chemotaktisch* wirksam und induzieren eine Kontraktion der *glatten Muskulatur*.

! Merke

Chemotaktische Stoffe werden an Entzündungsherden freigesetzt und diffundieren in das umgebende Gewebe ab. Zellen des Immunsystems erkennen schon geringste Konzentrationen chemotaktischer Stoffe und folgen dem Konzentrationsgefälle. Neben ihrer Bedeutung in der Immunologie spielen chemotaktische Stoffe noch eine wichtige Rolle in der Embryonalentwicklung.

Schließlich sind einige Komplementbestandteile in der Lage, rezeptorvermittelt Leukozyten zu aktivieren.

Tab. 17.**8** Die unspezifische humorale Immunität

Komponente	Herkunft	Funktion	Besonderheiten
Komplementsystem	Leber (Großteil) Makrophagen	Anaphylatoxin Opsonierung Porenbildung (MAC)	alternativer und klassischer Weg
Akut-Phase-Proteine	Leber	Opsonierung (durch CRP)	klinisch-chemischer Entzündungsparameter
Interferone	Lymphozyten virusinfizierte Zellen	Schutz noch nicht infizierter Zellen	interferiert mit mRNA

Klinischer Bezug

Defekte des Faktors C3 (autosomal-rezessiv vererblich) führen bei Betroffenen zu erhöhter Infektionsanfälligkeit gegenüber pyrogenen (fiebererzeugenden) Bakterien. Defekte anderer Faktoren sind bekannt und bieten ein breites Spektrum an klinischen Erscheinungen.

Akut-Phase-Proteine

Schon nach sechs bis zwölf Stunden nach Beginn einer Entzündungsreaktion werden in der Leber die sogenannten Akut-Phase-Proteine gebildet. Botenstoffe des Immunsystems (Interleukine, s.u.) induzieren die Synthese dieser Proteine. Bedeutend ist vor allem das *C-reaktive-Protein* (CRP), dessen Konzentration im Serum bei Entzündungsreaktionen um bis zu das Hundertfache ansteigen kann. CRP ist in der Lage, an Polysaccharidketten der Bakterienoberfläche (C-Substanz) zu binden. Gebundenes CRP wirkt opsonierend und kann das Komplementsystem aktivieren. Neben CRP sind *Fibrinogen* und *α_1-Antitrypsin* weitere Akut-Phase-Proteine.
Die Synthese der Akut-Phase-Proteine geht mit verminderter Produktion von Albumin und Transferrin einher. Die Veränderungen der Plasmaproteinzusammensetzung während der Entzündungsphase kann mit der Plasmagelelektrophorese verfolgt werden (s. Biochemie 18.1).

Klinischer Bezug

Die CRP-Bestimmung im Blut wird in der Klinik zur genauen Verlaufskontrolle entzündlicher Prozesse benutzt. Steigt z. B. nach Operationen der CPR-Wert über ein gewisses Maß, so muß dies unter dem Aspekt einer postoperativen Infektion weiter abgeklärt werden.

Interferone

Die von virusinfizierten Zellen und aktivierten T-Lymphozyten synthetisierten Interferone zeichnen sich durch *antivirale* Eigenschaften aus. Die antivirale Eigenschaften der *speziesspezifischen* Interferone wird wesentlich durch

- erhöhte MHC-Expression,
- Aktivierung von Phagozyten und NK-Zellen und
- Verhinderung der Virusvermehrung

gewährleistet. Erhöhte MHC-Expression und Aktivierung phagozytierender Zellen erleichtern das Abtöten bereits virusinfizierter Zellen. Die von virusinfizierten Zellen synthetisierten Interferone schützen virusfreie Zellen vor Virusinfektion und -vermehrung. Der Infektionsschutz wird durch Induktion bestimmter Proteine durch Interferon in der noch nicht infizierten Zelle vermittelt, u. a. durch Stimulation antiviraler, mit mRNA interferierender Proteine.

Übersicht

In Tab. 17.**8** sind die wichtigsten Komponenten der unspezifischen humoralen Immunantwort zusammengefaßt.

17.4.3 Zelluläre Bestandteile der unspezifischen Immunabwehr

Makrophagen und *Granulozyten* (Mikrophagen), die die zelluläre Komponente der unspezifischen Immunabwehr darstellen, sind schon im Abschnitt „Zellen des Immunsystems“ näher vorgestellt worden. Unspezifische Erkennung von eingedrungenen Mikroorganismen ermöglicht diesen Zellen die *schnelle* Phagozytose. Daneben stellen Makrophagen durch ihre Fähigkeit, Antigen präsentieren zu können, eine wichtige Verbindung zur spezifischen Immunität dar.

17.5 Zusammenspiel der einzelnen Komponenten des Immunsystems

Die Komponenten des Immunsystems sind nur als Ganzes gegen die Vielzahl der Noxen effektiv wirksam. Das Zusammenspiel der einzelnen Bestandteile wird durch Botenstoffe des Immunsystems (*Interleukine*), kurzfristige Zellkontakte, *Adhäsionsmoleküle* und durch das ZNS nebst Mediatoren (z. B. Histamin) gesteuert.

17.5.1 Antigenpräsentation

Antigenpräsentation, hauptsächlich von Zellen des *unspezifischen Immunsystems* ausgeführt, ist für die *spezifische Immunantwort* von entscheidender Bedeutung (Abb. 17.**14**). Relevante Schritte der Antigenpräsentation sind:

1. *Phagozytose* des Antigens durch Zellen des RES oder einen B-Lymphozyten,
2. teilweise *Aufspaltung* des Antigens durch Verschmelzung mit Lyososomen (Antigenprozessierung),
3. *Bindung* der prozessierten Antigene *an MHC II* innerhalb der Zelle,
4. *Expression* von MHC II und prozessiertem Antigen auf der Zelloberfläche.

Die an MHC II gebundenen Antigene werden von den T_H-Zellen ($CD4^+$) erkannt. T_H-Zellen, sobald sie ein prozessiertes Antigen erkannt haben, aktivieren Makrophagen oder B-Lymphozyten (Abb. 17.**15**).

Die übrigen kernhaltigen Zellen des menschlichen Organismus exprimieren MHC-I-Moleküle auf ihrer Oberfläche. An MHC I sind eigene Antigene gebunden. Fremde Antigene innerhalb einer Zelle, die bei *Tumorzellen* und *virusinfizierten Zellen* u. U. vorhanden sind, werden wie eigene Antigene behandelt und in Verbindung mit MHC I an der Zelloberfläche exprimiert. $CD8^+$-Lymphozyten (T-Killerzellen, T_C), die ein Antigen zusammen mit MHC I erkannt haben, töten diese Zelle ab (Tab. 17.**9**).

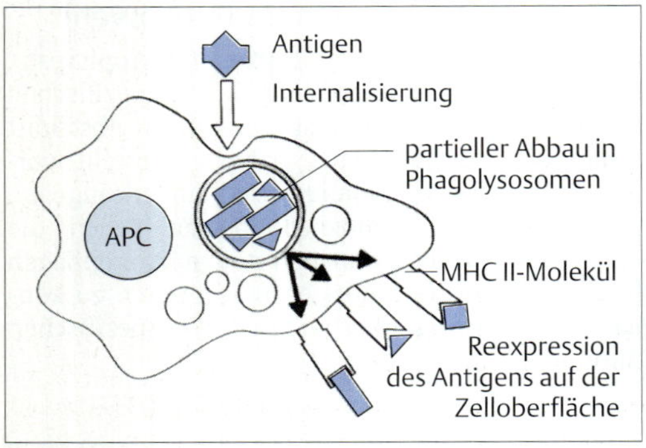

Abb. 17.**14** Antigenpräsentation in Verbindung mit MHC II durch antigenpräsentierende Zellen (APC) (aus Roitt/Brostoff/Male, Thieme 1995)

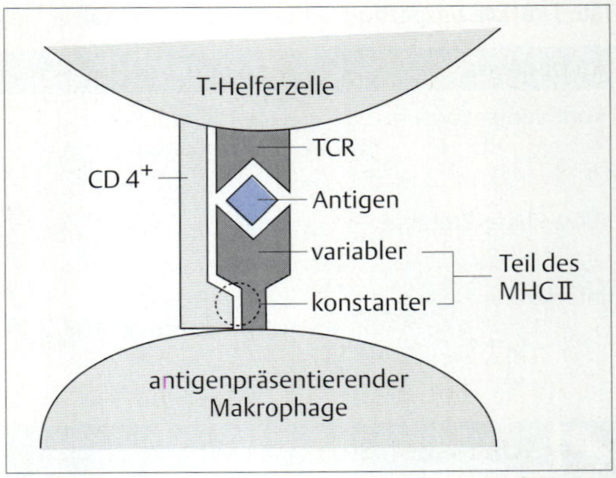

Abb. 17.**15** Antigenerkennung der $CD4^+$-Lymphozyten in Verbindung mit MHC II

! Merke

Als *Antigene* wirksam sind Mikroorganismen, entartete und körperfremde Zellen, größere Eiweiß- und Kohlenhydratmoleküle. *Haptene*, niedermolekulare chemische Substanzen, sind nur immunogen, wenn sie an Protein gebunden sind. Metalle, wie z. B. Nickel, lösen erst an Albumin gebunden bei bestimmten Menschen Allergien aus und sind ein Beispiel für Haptene.

17.5.2 T-Helferzellen und Interaktionen

Nach erfolgter *spezifischer* Bindung zwischen TCR der T-Helferzelle ($CD4^+$) und an MHC II gebundenes Antigen der antigenpräsentierenden Zelle kommt es zur *Aktivierung* der T-Helferzelle. Die Aktivierung der T-Helferzelle beinhaltet mehrere Zellteilungen dieser Zelle und Differenzierung zu einer aktiven oder Gedächtniszelle.

! Merke

Bindung einer spezifischen Immunzelle an ein präsentiertes Antigen, wie oben beschrieben, wird als *klonale Selektion* bezeichnet. Der genau auf dieses Antigen zugeschnittene Zellklon wird ausgewählt. *Klonale Expansion* bezeichnet die Vermehrung des selektierten Zellklons.

Tab. 17.**9** MHC-Moleküle als Schlüssel der Antigenerkennung

MHC-Molekül	Vorkommen	Bindungspartner
MHC I	alle kernhaltigen Zellen	T-Lymphozyten ($CD8^+$)
MHC II	Makrophagen Monozyten B-Lymphozyten	T-Lymphozyten ($CD4^+$)

Neben TCR und dem an MHC gebundenen Antigen sind **Adhäsionsmoleküle** nötig, um den Kontakt zwischen T-Lymphozyt und Zielzelle zu vermitteln. Adhäsionsmoleküle, die auf zahlreichen Zellen vorhanden sind, vermitteln engen Kontakt der miteinander verbundenen Zellen und fungieren, nach erfolgter Bindung, als Rezeptoren. Bekannte Adhäsionsmoleküle sind ICAM-1 (intercellular adhesion molecule) und LFA (leucocyte functional antigen). Durch die Dichte der Adhäsionsmoleküle auf dem Endothel wird die Zirkulation der immunkompetenten Zellen gelenkt: Endothelien im Bereich von Entzündungsherden weisen eine große Zahl an Adhäsionsmolekülen auf ihrer Oberfläche auf und ermöglichen so vielen Zellen des Immunsystems den Durchtritt zum Entzündungsherd.
Während der Bindung zwischen T-Helferzelle und antigenpräsentierender Zelle, wie bei vielen anderen immunologisch bedeutsamen Zellkontakten, erfolgt über **Interleukine** (s.u.) ein reger *Informationsaustausch* der Zellen untereinander. Die Wirkungen der sezernierten Interleukine können *autokrine, parakrine* und/oder *systemische* Wirkungen entfalten. Ist die T-Helferzelle durch diese vielfältigen Interaktionen aktiviert worden, so beginnt sie, Effektorzellen des Immunsystems über Interleukinproduktion zu mobilisieren (Abb. 17.**16**).

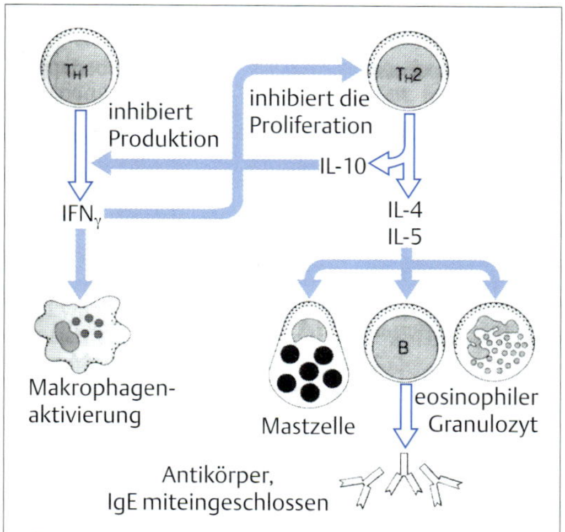

Abb. 17.**16** Die beiden Subtypen der T-Helferzellen aktivieren unterschiedliche Zellen und inhibieren gleichzeitig den anderen Subtyp. IL-4 und IL-5 sind Reifungsfaktoren für B-Zellen, IL-10 hemmt generell die Interleukinbildung, IFN_γ (Interferon γ) ist neben seiner Funktion als Interleukin noch zur Makrophagenaktivierung befähigt (IL: Interleukin) (aus Roitt/Brostoff/Male, Thieme 1995)

17.5.3 T-Killerzellen und zellvermittelte Zytotoxitiät

Neben der Phagozytose gibt es noch die Möglichkeit, fremde Zellen durch *zytotoxische Stoffe* abzutöten. Nach erfolgter Bindung einer zytotoxischen Zelle an ihre Zielzelle werden von der zytotoxischen Zelle Stoffe sezerniert, die in der Lage sind, die Zielzelle abzutöten.
Insgesamt weisen drei Zellpopulationen zytotoxische Eigenschaften auf:

- *T-Killerzellen* binden an Antigene, die auf MHC I dargeboten werden.
- *NK-Zellen* sind in der Lage, Oberflächen neoplastisch transformierter Zellen zu erkennen.
- *K-Zellen* binden an den F_C-Teil von an Zielzellen gebundenen Antikörpern.

Die oben genannten Zellen verfügen im wesentlichen über drei **Abtötungsmechanismen** (Abb. 17.**17**). In allen drei Fällen werden nach erfolgter Bindung an die Zielzelle Vesikel freigesetzt. Das Molekül *Perforin* bildet Ca^{2+}-abhängig transmembranäre, porenförmige Läsionen in die Zellwand der Zielzelle. Durch diese Kanäle werden in einem weiteren Schritt sezernierte *lysosomale Enzyme* in die Zielzelle transportiert. Die Abtötung der Zielzelle durch *Zytokine* benötigt mehr Zeit.

17.5.4 Die Rolle der Antikörper

Antikörper befinden sich entweder auf reifen *B-Lymphozyten* und *Mastzellen* oder liegen frei im *Plasma* vor. Membranäres IgM und IgD der B-Lymphozyten erfüllen Rezeptoraufgaben (s. 17.3.1, IgM). Das auf Mastzellen gebundene IgE löst nach erfolgter Kreuzvernetzung (*crosslinking*) zweier IgE-Moleküle die Mastzelldegranulation aus (s. 17.6.1, Allergie Typ I).

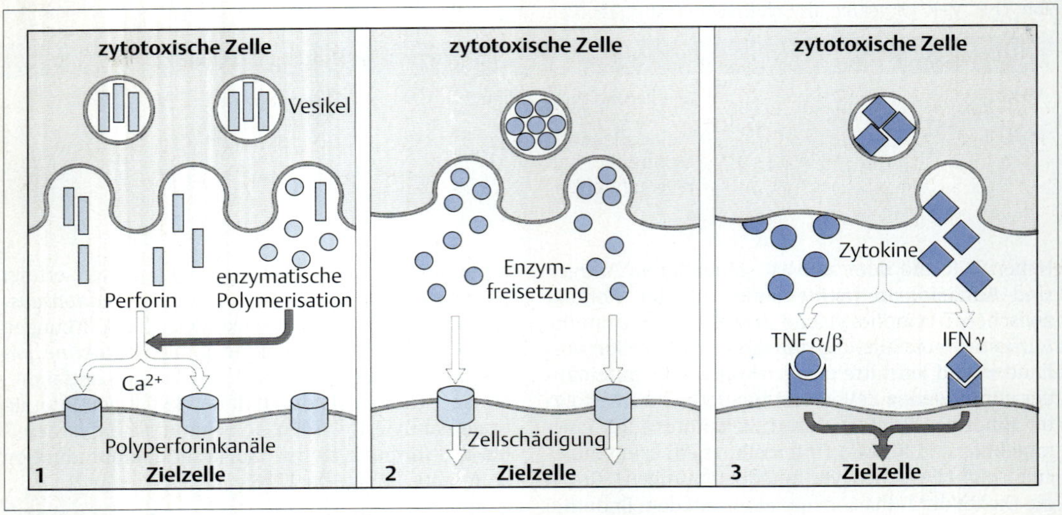

Abb. 17.**17** Mechanismen zellvermittelter Zytotoxizität (aus Roitt/Brostoff/Male, Thieme 1995)

Frei im Plasma befindliche Antikörper binden spezifisch an ihr entsprechendes Antigen. Die Bindung des Antikörpers an sein Antigen *markiert* vor allem letzteres für andere Effektoren (z. B. Makrophagen) des Immunsystems (Abb. 17.**18**).
Makrophagen erkennen mit Antikörpern (und Komplement) beladene Antigene wesentlich besser (Opsonierung). Die Phagozytose und Abtötung dieser Antigene erfolgt somit viel schneller. Ferner ist der *klassische Weg* der *Komplementaktivierung* auf gebildete Antigen-Antikörper-Komplexe angewiesen. Unter Umständen genügt die Bindung des Antikörpers an das Antigen, wenn wichtige Oberflächenproteine des Antigens besetzt werden.

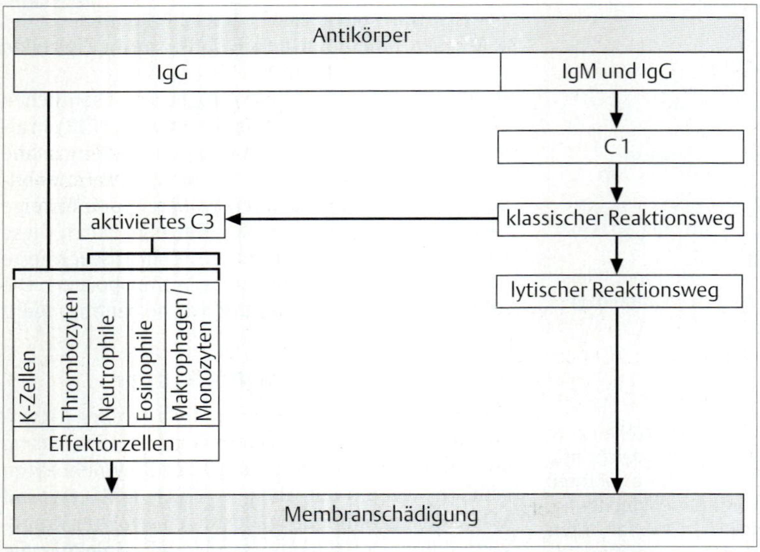

Abb. 17.**18** Antikörper vermitteln Zytotoxizität (aus Roitt/Brostoff/Male, Thieme 1995)

Klinischer Bezug

Das **Influenza-Virus** benötigt zur Adsorption an Epithelzellen des Respirationstrakts sein Oberflächenprotein Hämagglutinin. Existieren bereits Antikörper gegen Hämagglutinin, so kann sich das Virus nicht vermehren, da mit Antikörpern beladenes Hämagglutinin nicht mehr an seinen eigentlichen Rezeptor auf den Epithelien binden kann.

Allerdings haben einige Mikroorganismen im Laufe der Evolution Strategien entwickelt, um der Abtötung im Wirt zu entgehen. Staphylococcus aureus, ein gramnegatives Bakterium, ist z. B. in der Lage, IgG-Moleküle am F_C-Teil zu binden. So gebundene Immunglobuline können Makrophagen nicht erkennen, und das Bakterium entgeht der Phagozytose.

17.5.5 Zytokine: Die Botenstoffe des Immunsystems

Zytokine (*Interferone*, *Interleukine*, *Wachstumsfaktoren*) werden von verschiedenen Zellen des Immunsystems synthetisiert. Im Organismus dienen sie zur Regulation und Steuerung der Immunantwort. Viele der Zytokine wirken nach Verbindung zweier immunkompetenter Zellen auto- und/oder parakrin und modulieren die weitere Ausreifung der verbundenen Zellen. **Systemische Wirkungen** entfalten vor allem IL-1, IL-2, IL-6 und die zahlreichen Wachstumsfaktoren.

- *Fieber* wird durch *pyrogene* Substanzen hervorgerufen: Mikroorganismen werden zu den *exogenen*, von Leukozyten freigesetzte Stoffe zu den *endogenen Pyrogenen* gerechnet. Beide gemeinsam induzieren in Makrophagen die Synthese pyrogener Zytokine (IL-1, TNF und IL-6), die im Hypothalamus über eine Induktion der Prostaglandinsynthese den Sollwert der Körpertemperatur hochregelt.
- Nach erfolgter Bindung an Rezeptoren der Hepatozyten bewirkt IL-6 die *Akut-Phase-Proteinbiosynthese*.
- Wachstumsfaktoren und verschiedene Interleukine regulieren im blutbildenden Knochenmark die *Leuko-*, *Lympho- Erythro-* und *Thrombopoese*.

In Tab. 17.**10** sind einige Zytokine aufgelistet.

Tab. 17.**10** Prüfungsrelevante Zytokine

Zytokin	Bildungsort	Zielzellen	Funktion/Besonderheit
Interleukin 1 (IL 1)	Makrophagen B-Lymphozyten	Lymphozyten Makrophagen Hepatozyten	*lokal* wirkt IL 1 chemotaktisch; *systemisch* induziert es Fieber und die Synthese von Akut-Phase-Proteinen
Interleukin 2 (IL 2)	T-Lymphozyten	T-Lymphozyten	T-Lymphozyten Proliferation und Wachstum
Tumornekrosefaktor α (TNF α, Kachexin)	Makrophagen	Makrophagen Hepatozyten	chemotaktisch, Adhäsionsmoleküle↑, Synthese der Akut-Phase-Proteine in der Leber

17.6 Immunpathophysiologie

Die Bedeutung eines voll funktionsfähigen Immunsystems für das Leben darf auf keinen Fall unterschätzt werden. Immundefekte, z. B. eine Infektion mit dem HIV-Virus, verdeutlichen bereits durch Ausfall einer einzigen Komponente die Notwendigkeit eines intakten Immunsystems für die Aufrechterhaltung der Individualintegrität. Immundefekte kommen in drei verschiedenen Manifestationsformen vor:

- *Allergie:* Gegen harmlose Antigene wird eine äußerst massive Immunantwort mobilisiert. Nach auslösendem Faktor der Hypersensitivität und den dabei beteiligten Komponenten des Immunsystems werden vier Formen der Allergien (Typ I bis IV) unterschieden.
- *Immunschwäche:* Einzelne Komponenten des Immunsystems sind defizient. Es wird zwischen *angeborenen* und *erworbenen* Immunschwächen unterschieden.
- *Autoimmunität:* Das Immunsystem kann nicht mehr zwischen „selbst“ und „fremd“ unterscheiden, wobei körpereigene Zellen vom Immunsystem angegriffen und zerstört werden.

17.6.1 Allergien

Die insgesamt vier Typen der allergischen Reaktionen sind in Abb. 17.**19** zusammengefaßt.

Typ I: Allergie vom Soforttyp

Nach **Erstkontakt** mit einem *Allergen* (ein allergische Reaktionen verursachendes Antigen) präsentieren Makrophagen das prozessierte Allergen T-Helfer-

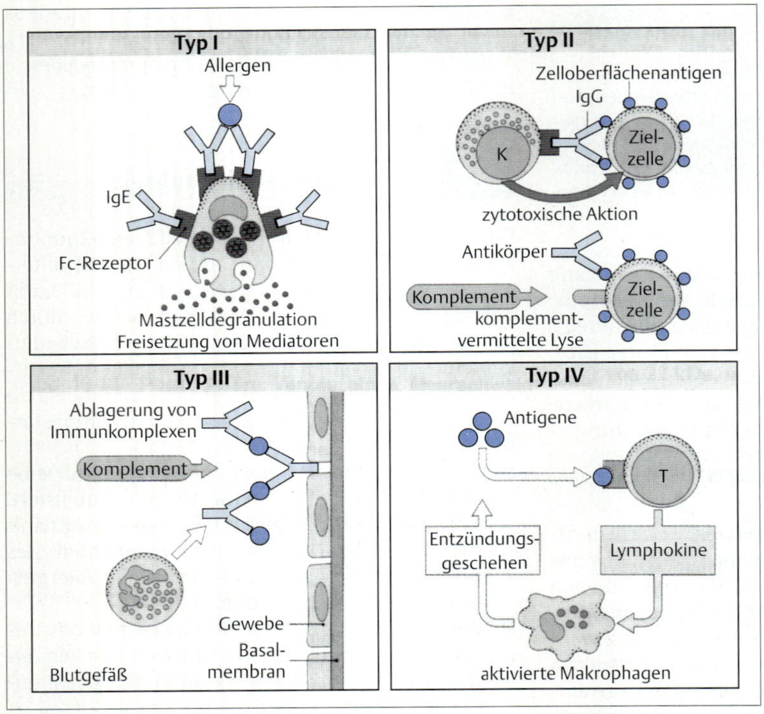

Abb. 17.**19** **Typ I:** Kreuzvernetzung der auf Mastzellen gebundenen IgE-Moleküle führt zur Mastzelldegranulation. **Typ II:** Antikörpervermittelt werden Zellen oder Oberflächen zytotoxischen Substanzen ausgesetzt. **Typ III:** Antigen-Antikörper-Komplexe lagern sich ab. **Typ IV:** Zellvermittelte Zytotoxizität (aus Roitt/Brostoff/Male, Thieme 1995)

zellen. Diese stimulieren B-Lymphozyten zur Produktion von *IgE*. Im Plasma ist die Halbwertszeit des IgE gering, da es mit seinem F_C -Teil an Rezeptoren von Mastzellen und basophilen Granulozyten gebunden vorliegt.

Bei **erneutem Kontakt** mit demselben Allergen bindet dieses an entsprechende IgE-Antikörper, die bereits an Mastzellen gebunden sind. Werden zwei benachbart gebundene IgE-Moleküle durch das Allergen miteinander verknüpft (Kreuzvernetzung, crosslinking), werden die in den Mastzellen vorhandenen Mediatorstoffe in Sekundenschnelle freigesetzt. Von diesen Mediatoren ist **Histamin** von herausragender Bedeutung. Histamin ist vasodilatorisch aktiv, erhöht die Gefäßpermeabilität und wirkt konstriktorisch auf die glatte Muskulatur. Allergien vom Soforttyp weisen ein breites Spektrum an klinischen Erscheinungsbildern auf, das von recht harmlosen (*Heuschnupfen*) bis hin zu lebensbedrohenden Erkrankungen (z. B. *anaphylaktischer Schock*) reicht.

Klinischer Bezug

Der **anaphylaktische Schock** ist durch eine massive Reaktion vom Soforttyp gekennzeichnet. Die dadurch verbundene Vasodilatation und Gefäßpermeabilitätssteigerung läßt den Großteil des zirkulierenden Blutvolumens in den Kapazitätsgefäßen bzw. im Gewebe versacken. Werden nicht sofort Adrenalin und Cortison in hoher Dosierung verabreicht, kommt es zum Tod durch Kreislaufversagen.

Einige Medikamente, z. B. Morphin oder Curare, lösen an den Mastzellen direkt eine Mediatorfreisetzung aus (*pseudoallergische Reaktion*).

Typ II: Antikörperabhängige Zellzerstörung

Gegen Zellen oder Gewebsstrukturen gerichtete Antikörper der Klassen *IgM* und *IgG* sind für die Pathogenese der Typ-II-Reaktion verantwortlich. Die Antikörper können gegen eigene (s. 17.6.3) oder fremde Antigene gerichtet sein.

Tab. 17.**11** Allergische Reaktionen in der Übersicht

Allergische Reaktion	Pathomechanismus	Klinisches Beispiel
Typ I	Histaminfreisetzung nach Kreuzvernetzung zweier IgE-Moleküle	Heuschnupfen Anaphylaktischer Schock
Typ II	Agglutination des Allergens mit IgG oder IgM	Transfusionszwischenfall
Typ III	Ablagerung von Immunkomplexen mit Aktivierung des Immunsystems	akute Glomerulonephritis
Typ IV	T-Killerzellen	Transplantatabstoßung

AB0-Inkompatibilitätsreaktionen sind Paradebeispiele für Typ-II-Allergien. Werden Erythrozyten transfundiert, gegen die Antikörper (meist IgM) vorhanden sind, erfolgt eine *Agglutination* mit Ablagerung in Gefäßen und die *klassische Komplementaktivierung* mit nachfolgender Zellyse. Der *Morbus haemolyticus neonatorum* beruht auch auf einer Typ-II-Reaktion. Kennzeichnend für den Morbus haemolyticus neonatorum ist eine antikörpervermittelte Lyse der Erythrozyten des zweiten Rh-positiven Fetus einer Rh-negativen Mutter. (Bei der zweiten Schwangerschaft mit einem Rh-positiven Feten hat die Mutter bereits Antikörper gegen den Rhesusfaktor gebildet, da bei der Geburt Blut des Kindes in ihren Kreislauf gelangt ist.)

Typ III: Ablagerung von Antigen-Antikörper-Komplexen

Ähnlich wie bei Typ II werden bei Typ III der allergischen Reaktion *Antigen-Antikörper-Komplexe* gebildet, die aus unterschiedlichen Gründen nicht vollständig beseitigt werden können. Die Bildung dieser Komplexe findet im Plasma statt. Bereits nach kurzer Zirkulation lagern sich die gebildeten Immunkomplexe am Endothel der Blutgefäße ab. Dort aktivieren die Immunkomplexe, wie es ihrer eigentlichen Aufgabe entspricht, Effektormechanismen des Immunsystems. Die Folge ist eine von Komplement und zytotoxischen Zellen ausgeführte Zerstörung des umliegenden Gewebes.

Klinischer Bezug

Klassisches Beispiel einer Typ-III-Reaktion ist die **akute Glomerulonephritis.** Nach einer meist unbehandelten Mandelentzündung durch Streptococcus pyogenes können sich zwei bis drei Wochen nach Abklingen der Infektion Immunkomplexe in den Glomeruli ablagern. Die Entzündungsreaktion in der Niere führt zur Protein- und Hämaturie.

Typ IV: Zellvermittelte Überempfindlichkeitsreaktion

Die zellvermittelte Typ-IV-Reaktion ist frühestens nach 12 Stunden klinisch nachweisbar. *Reaktive T-Lymphozyten* sind die wichtigsten Effektorzellen der **verzögerten Hypersensitivität**. *Kontaktallergien* und *Tuberkulinreaktion* sind Typ-IV-Reaktionen.

Kontaktallergien werden oft durch, als Haptene wirksame, *Metalle* (Chrom und Nickel in Modeschmuck) ausgelöst. Die Metalle dringen zu einem geringen Teil in die Haut ein, wo sie an Proteine gebunden als vollwirksames Allergen fungieren. Nach erfolgter Antigenpräsentation wandern reaktive T-Lymphozyten in den Hautbezirk ein und verursachen die typischen *Ekzeme* der Kontaktallergien. Nach ähnlichem Muster läuft die Tuberkulinreaktion ab.

Klinischer Bezug

Bei Verdacht auf eine Infektion mit Mycobacterium tuberculosis wird u. a. der **Tine-Test** durchgeführt. Dem Patienten wird intrakutan Tuberkulin (Antigen der Tuberkelbakterien) gespritzt. Die nach 12, 36 und 48 Stunden erfolgende Reaktion zeigt an, ob der Patient gegen das gegebene Antigen bereits eine Immunantwort mobilisiert hat. Ein positives Testergebnis kann demnach durch Impfung, eine bereits ausgeheilte oder eine akute Tuberkulose ausgelöst werden.

Übersicht

Die wichtigsten Fakten der vier allergischen Reaktionen sind in Tab. 17.**11** zusammengefaßt.

17.6.2 Immunschwäche

Eine Immunschwäche ist durch *vollständiges Fehlen* oder *partiellen Funktionsausfall* einer oder mehrerer Komponenten des Immunsystems gekennzeichnet. **Angeborene** Immundefekte werden durch *Gendefekte* oder *teratogene Substanzen* verursacht. **Erworbene** Immundefekte können Folge einer *Krankheit*, *Medikamentation*, intensiven *Bestrahlung* oder *Mangelernährung* sein.

Angeborene Immundefekte

Für fast jede Komponente des Immunsystems ist ein kongenitaler (angeborener) Defekt bekannt. Von klinischer Relevanz sind vor allem Komplement-, B- und T-Zell-Defekte.
Das *Di-George-Syndrom* (fehlende Thymus- und Schilddrüsenentwicklung) ist ein **Defekt des T-Zellsystems**. Im Blut dieser Patienten läßt sich eine *Lymphopenie* nachweisen. Folge des T-Zell-Mangels sind rezidivierende Pilz- und Virusinfektionen.
Bei der *Bruton-Agammaglobulinämie* handelt es sich um einen genetischen **Defekt der B-Lymphozyten**. Die betroffenen Patienten leiden wegen des Antikörpermangels unter rezidivierenden Infektionen durch pyrogene Keime. Kongenitale Immundefekte, die beide spezifischen Systeme betreffen, sind bekannt und stellen schwere Krankheitsbilder dar.

! Merke

Agammaglobulinämie bezeichnet ein Krankheitsbild, bei dem Antikörper (in der Serumelektrophorese in der Gammaglobulinfraktion vorhanden) weitestgehend fehlen.

Defekte des Komplementsystems sind für fast jede Komponente bekannt. Die Schwere des Krankheitsbildes hängt von der betroffenen Komponente ab. So ist ein Mangel an C3 wesentlich schwerwiegender als ein Mangel der Komponente C9.

Erworbene Immundefekte

Viele Ursachen können zu einem Immundefekt führen. In den Entwicklungsländern ist *Proteinmangelernährung* häufige Ursache des Antikörpermangels. *Neoplastische Erkrankungen* des lymphatischen Systems gehen auch mit einer Immundefizienz einher. *Iatrogen* kann ein Immundefekt durch Zytostatika, immusuppressive Medikamente oder intensive Bestrahlung mit ionisierenden Strahlen ausgelöst werden.
Der wohl bekannteste erworbene Immundefekt ist das über das *HIV-Virus* (human immunodeficiency virus) übertragene erworbene Immuninsuffizienzsyndrom (**AIDS**, acquired immunodeficiency syndrome). Auf der Oberfläche des HIV befindet sich ein Rezeptor für das *CD4-Oberflächenmolekül*. Nach erfolgter Rezeptorbindung wird das Virus in die Zelle aufgenommen und beginnt innerhalb der Wirtszelle mit seinem Replikationszyklus. Die betroffenen Zellen, die Mehrzahl sind die T-Helferzellen ($CD4^+$), sind in ihrer eigenen Funktion eingeschränkt und sterben ab.

Klinischer Bezug

Fällt die Zahl der T-Helferzellen unter einen bestimmten Wert, ist das Immunsystem nicht mehr in der Lage, sich gegen gewöhnliche Keime zur Wehr zu setzen. Candida albicans, Pneumocystis carinii und Infektionen mit Viren aus der Herpes-Gruppe sind häufige Erreger dieser **opportunistischen Infektionen**. Diese Erreger kommen ubiquitär vor und sind oft auch bei Gesunden, deren Immunsystem eine unkontrollierte Vermehrung der Erreger verhindert, nachweisbar.

17.6.3 Autoimmunität

Die Fähigkeit des Immunsystems, die Vielzahl an verschiedenen Antigenen zu erkennen, beruht zu einem großen Teil auf einem zufälligen Zusammenstellen der verschiedenen Genabschnitte (s. 17.3.1). Antigenerkennende Moleküle, die gegen eigene Antigene gerichtet sind, werden „aussortiert“. Unterschiedliche Mechanismen führen unter Umständen zu einer unvollständigen Depletion (Abbau) und Aktivierung der autoreaktiven Zelle. Über den **Entstehungsmechanismus** von Autoimmunerkrankungen herrscht noch Unklarheit. Zwei mögliche Ursachen sind recht wahrscheinlich:

- *Kreuzreaktivität* zwischen fremdem und körpereigenem Antigen. Sind fremdes Antigen und körpereigenes strukturell ähnlich und wird gegen das Antigen eine spezifische Immunantwort mobilisiert, werden auch die dem fremden Antigen ähnlichen körpereigenen Antigene angegriffen.
- *Fehlende Zerstörung autoreaktiver Zellen* in den primären lymphatischen Organen.

Das breite Spektrum der Autoimmunkrankheiten kann grob in *organspezifische* und *nicht-organspezifische* unterteilt werden.

Organspezifische Autoimmunerkrankungen

Zu *organspezifischen* Autoimmunkrankheiten zählen u. a. der Morbus Basedow, die perniziöse Anämie, Myasthenia gravis und Diabetes mellitus Typ I. Die Patienten mit **Morbus Basedow** produzieren Antikörper gegen den TSH-Rezeptor (TSH: thyroidea stimulating hormone, stimuliert die Synthese von T3 und T4 in der Schilddrüse, s. Kap. 15). Die Antikörper wirken auf den TSH-Rezeptor wie TSH. Es resultiert eine Überproduktion von T3 und T4. Die *Merseburger-Trias* (Struma, Exophthalmus und Tachykardie) stellt das klinische Erscheinungsbild des Morbus Basedow dar.

Die **perniziöse Anämie** (Vitamin-B_{12}-Mangel) beruht in einigen Fällen auf einer Antikörperbildung gegen den von Belegzellen produzierten Intrinsic factor (IF). Vitamin B_{12} kann aus dem Dünndarm nur resorbiert werden, wenn es an IF gebunden ist. Konkurrieren Antikörper und Vitamin B_{12} um die Bindung an IF, liegt Vitamin B_{12} zum Teil in nichtresorbierbarer Form vor. Je mehr Antikörper vorhanden sind, desto weniger Vitamin B_{12} kann gebunden und resorbiert werden. Resultat ist eine makrozytäre, hyperchrome Anämie.

Myasthenia gravis ist durch eine progrediente Muskelschwäche der Patienten gekennzeichnet. Verantwortlich hierfür sind Antikörper, die gegen den Acetylcholinrezeptor gerichtet sind und dort keine Depolarisation auslösen. Das weiter in konstanter Menge ausgeschüttete Acetylcholin kann nicht mehr an seine Rezeptoren binden und eine Kontraktion auslösen.

Klinischer Bezug

Das **Behandlungskonzept der Myasthenia gravis** beinhaltet meist zwei Komponenten. Zum einen wird durch Gabe entsprechender Medikamente (Agonisten am nikotinischen Acetylcholinrezeptor, Hemmer des Acetylcholinabbaus) die Konzentration von Acetylcholin im synaptischen Spalt erhöht. Zum anderen wird versucht, die Immunreaktion mit immunsuppressiven Pharmaka einzudämmen.

Der **Diabetes mellitus Typ I** (juveniler Diabetes) ist durch eine selektive Zerstörung der B-Zellen des endokrinen Pankreas gekennzeichnet. Aus dem bis heute nicht kausal therapierbaren juvenilen Diabetes resultiert Insulinpflichtigkeit.

Nicht-organspezifische Autoimmunerkrankungen

Der **systemische Lupus erythematodes** (SLE) ist die organunspezifischste Autoimmunerkrankung. Es werden Autoantikörper gegen die DNA körpereigener Zellen produziert. Der Krankheitsverlauf richtet sich nach dem Ausmaß des Organbefalls. Verschiedene Therapiekonzepte werden erprobt, vor allem immunsuppressive.

Biochemie von Organen und Geweben

Die wichtigsten Stoffwechselprozesse und die für sie typischen Hormone und Energiesubstrate wurden in den vorherigen Kapiteln besprochen. Im folgenden werden nun zunächst die Stoffwechselleistungen einzelner Organe und organspezifische Prozesse diskutiert.

18.1 Blut

18.1.1 Erythrozyten

Erythrozyten werden im roten Knochenmark (Fetus: Milz und Leber) nach Stimulation durch Erythropoetin aus zellkernhaltigen Vorstufen (Proerythroblast → Erythroblast → Retikulozyt) gebildet. Fe, Vitamin B_6, Vitamin B_{12} und Folsäure sind u. a. dazu notwendig.

Stoffwechsel der Erythrozyten

Der Erythrozyt hat während seiner Reifung die Fähigkeit zur DNA-, RNA-, Protein-, Lipid- und Hämsynthese verloren. Um die Aufgabe als O_2- und CO_2-Träger erfüllen zu können, sind Erythrozyten auf die anaerobe Glykolyse und den Pentosephosphatweg als Energiequelle angewiesen. Die benötigte Glucose gelangt durch erleichterte Diffusion über eine spezifische Glucose-Permease* in den Erythrozyten (insulinunabhängig).

Auf den Ablauf der Glykolyse im Erythrozyten und den Pentosephosphatweg wurde in Kap. 8 ausführlich eingegangen. Nachfolgend wird die Funktion von ATP, NADH und 2,3-Bisphosphoglycerat dargestellt, die durch den Abbau der Glucose zu Lactat (Glykolyse) und NADPH im Rahmen des Pentosephosphatwegs entstehen.

ATP dient

- der Erhaltung der Zellstruktur,
- dem aktiven Transport an der Zellmembran (z. B. Na^+-K^+-ATPase),
- der Glutathionsynthese: Glutathion schützt in reduzierter Form die SH-Gruppen von Enzymen, von Hämoglobin und von der Membran der Erythrozyten gegen Oxidationsprozesse (s. 2.2.5).

NADH gewährleistet den O_2-Transport durch Fe^{2+}-Hämoglobin, indem es Fe^{3+}-Methämoglobin in funktionsfähiges Fe^{2+}-Hämoglobin überführt (s.u.).

2,3-Bisphosphoglycerat (2,3-BPG) tritt mit den Lysin- und Histidinresten der β-Gruppe des Hämoglobins in Wechselwirkung, wodurch dessen Raumstruktur so verändert wird, daß die O_2-Affinität des Hämoglobins sinkt (allosterischer Effekt). Die Bindung von 2,3-BPG und O_2 an Hämoglobin erfolgt an unterschiedlichen Bindungsstellen. Bei unzureichender O_2-Versorgung (Hypoxie) oder bei der Höhenadaptation steigt die 2,3-BPG-Konzentration und ermöglicht eine leichtere O_2-Abgabe an die Peripherie. Die O_2-Beladung in der Lunge wird dadurch nicht beeinträchtigt, da das 2,3-BPG dabei verdrängt wird.

NADPH dient als Coenzym zur Regeneration des Glutathions durch die Glutathionreduktase.

! Merke

Reife Erythrozyten besitzen keinen Zellkern, keine Mitochondrien und kein endoplasmatisches Retikulum → an diese Strukturelemente gebundene Stoffwechselleistungen fehlen. Der im Zytoplasma lokalisierte anaerobe glykolytische Abbau der Glucose zu Lactat ist die einzige ATP-Quelle.

* Die Glucose-Permease ist ein Membranprotein (Carrier), das die Aktivierungsenergie für den Durchtritt von Glucose durch die Lipiddoppelschicht der Membran senkt und dadurch die Diffusion unterstützt (50 000mal schneller).

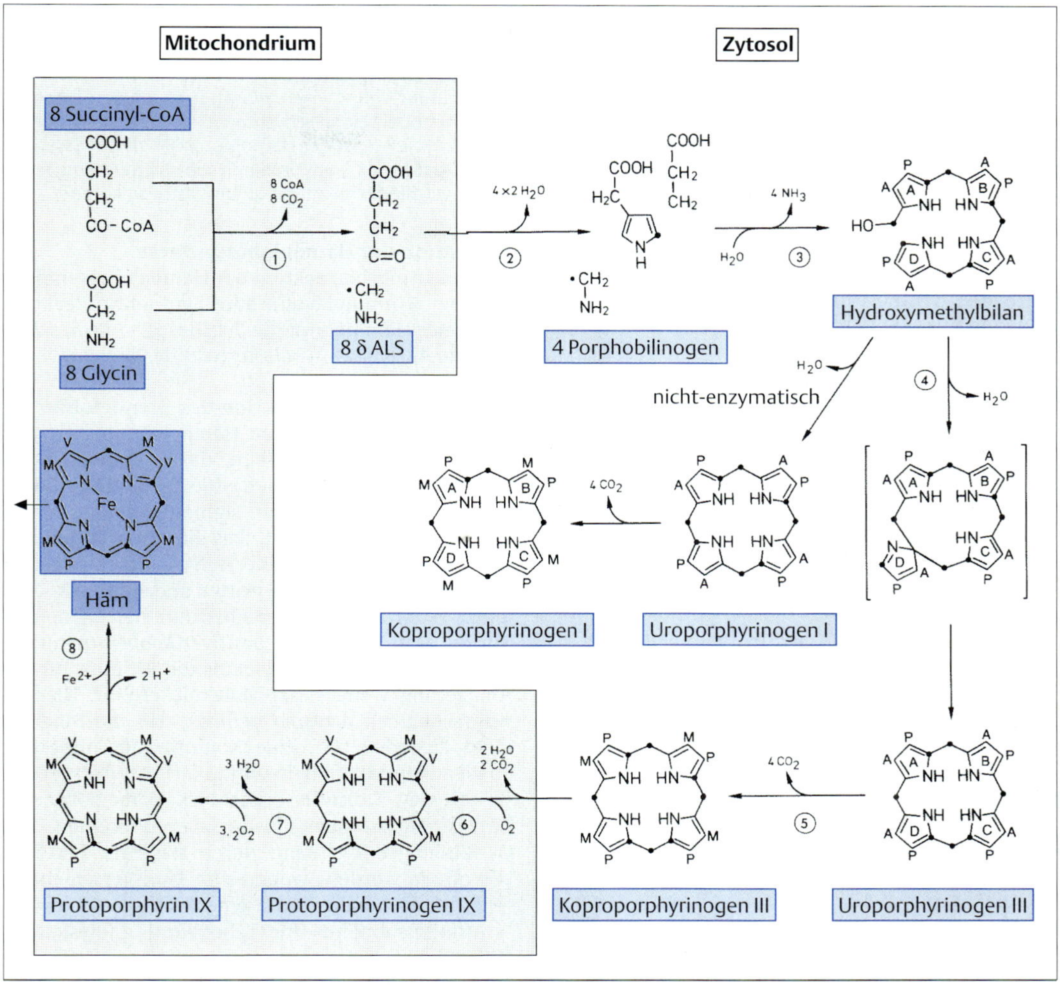

Abb. 18.**1** Hämsynthese (aus Siegenthaler, Thieme 1994)

Hämoglobin

Struktur

Der rote Farbstoff der Erythrozyten ist das Hämoglobin. Es besteht aus *vier Peptidketten* (Globin α, β, γ, δ), von denen je zwei identisch sind. Jede Peptidkette enthält als prosthetische Gruppe ein *Häm-Molekül*, das ein zentrales Fe^{2+}-Atom besitzt. Vier Koordinationsstellen des Fe^{2+} sind durch vier Pyrolstickstoffatome (blau) des Häms besetzt. Die 5. Stelle wird von einem Histidinrest der Peptidkette besetzt (Verbindung zwischen Häm und Globin). Die 6. Koordinationsstelle ist im Oxyhämoglobin von O_2 und im Desoxyhämoglobin nicht besetzt. Die verschiedenen Hämoglobine des Menschen zeigt die Tab. 18.**1**.

Tab. 18.**1** Aufbau der normalen menschlichen Hämoglobine (Hb)

Hb-Typen	Peptidketten	Anteil	Funktion
HbA_1	$\alpha_2\beta_2$	98 %	adultus Hb
HbA_2	$\alpha_2\delta_2$	2 %	adultes Hb
HbF	$\alpha_2\gamma_2$	100 %	fetales Hb

Hämoglobinsynthese

Die Hämsynthese findet im Zytoplasma und in den Mitochondrien von Proerythroblasten und Erythroblasten statt. Die Peptidketten (Globine) werden an die Ribosomen der oben genannten Erythrozytenvorstufen und in den Retikulozyten synthetisiert. Jede der Peptidketten wird durch ein Gen codiert. Die α-Gene und die β-ähnlichen Gene (β, γ, δ) liegen auf verschiedenen Chromosomen. Die Synthese erfolgt nach dem Prinzip der Proteinbiosynthese (s. Kap. 2).

Reaktionsschritte der Hämsynthese: Nachfolgend wird die Synthese des Nichtproteinanteils des Hämoglobins, des Porphyrinmoleküls *Häm*, dargestellt (Abb. 18.**1**):

1: Glycin und Succinyl-CoA reagieren unter Bildung von α-Amino-β-adipinsäure, die dann spontan zu **δ-Aminolävulinsäure** (δ ALS) decarboxyliert. *Enzym:* Pyridoxalphosphat-abhängige δ-Aminolävulinsäuresynthase

2: Jeweils zwei δ-Aminolävulinsäure-Moleküle kondensieren zu Porphobilinogen. *Enzym:* δ-Aminolävulinsäure-Dehydratase

3: Vier Moleküle **Porphobilinogen** reagieren unter NH_3-Abspaltung durch die Uroporphyrinogen-I-Synthetase zu Hydroxymethylbilan, von dem aus zwei verschiedene Wege möglich sind:
Hydroxymethylbilan reagiert *nicht enzymatisch* zu **Uroporphyrinogen I**, das Acetat- und Propionatreste an den Pyrrolringen symmetrisch trägt (AP-AP-AP-AP) oder

4: Es reagiert *enzymatisch* unter der Wirkung der Uroporphyrinogen-III-Cosynthase zu **Uroporphyrinogen III**, das am Ring vier Acetat und Propionat vertauscht trägt und dadurch ein asymmetrisches Molekül ist (AP-AP-AP-PA).

5: Decarboxylierung von Uroporphyrinogen III führt zu **Koproporphyrinogen III**, das wieder ins Mitochondrium gelangt. *Enzym:* Uroporphyrinogendecarboxylase

6: Duch Decarboxylierung und Dehydrierung entsteht **Protoporphyrinogen**. *Enzym:* Koproporphyrinogenoxidase

7: Protoporphyrinogen dehydriert zu **Protoporphyrin**. *Enzym:* Protoporphyrinogenoxidase

8: Die mitochondriale Ferrochelatase baut Fe^{2+} in Protoporphyrin ein, wodurch **Häm** entsteht.

Zum Einbau in das Protein Globin muß das Häm wieder ins Cytosol gebracht werden.

Klinischer Bezug

Eine **Eisenmangelanämie** wird durch eine verminderte Eisenzufuhr, eine Eisenresorptions- oder transportstörung oder einen erhöhten Eisenverbrauch verursacht. Als Folge ist der Hämoglobingehalt der Erythrozyten erniedrigt, weil es durch einen Eisenmangel zu einer verminderten Hämoglobinsynthese kommt.

Regulation der Hämoglobinsynthese

Die Schrittmacherreaktion der Hämoglobinsynthese ist die δ-Aminolävulinsäure-Synthetase-Reaktion (1). Freies Häm hemmt die Synthese (→ *Repression*) und die Aktivität (→ *allosterisch*) des Enzyms.

Eigenschaften und Funktion des Hämoglobins

Transport von O_2 im Blut: Hämoglobin besitzt vier Globine mit je einem Häm, das O_2 binden kann (→ vier O_2-Bindungsstellen). Die O_2-Bindungskurve von Hämoglobin verläuft sigmoid (s. Physiologie 5.4), was darauf hinweist, daß die Affinität von Hämoglobin zur Bindung des ersten O_2-Moleküls geringer ist als die des zweiten, dritten und vierten O_2-Moleküls (steil ansteigender Abschnitt der sigmoiden Kurve). Man spricht von *positiver Kooperativität*, da die Bindung eines O_2-Moleküls die Affinität für die Anlagerung weiterer O_2-Moleküle erhöht. Dies ist wahrscheinlich dadurch bedingt, daß die Bindung eines Liganden (O_2) eine Konformationsänderung an den Peptidketten bewirkt, die die Anlagerung weiterer O_2-Moleküle erleichtert. Hämoglobin gehört somit zu den allosterischen Proteinen. Die O_2-Bindungskurve kann durch folgende Faktoren beeinflußt werden, wobei eine Linksverschiebung → Affinitätszunahme und eine Rechtsverschiebung → Affinitätsabnahme für O_2 bedeutet (s. Physiologie 5.4):

- *Rechtsverschiebung:*
  - pH↓
  - $[CO_2]$↑
  - [2,3-BPG]↑
  - Temperatur↑
- *Linksverschiebung* steht entsprechend im umgekehrten Verhältnis zur Rechtsverschiebung.

Merke

Die Bindung des O_2 an Hämoglobin ist eine *Oxigenierung* (keine Oxidation!). Die Wertigkeit des Eisenatoms (Fe^{2+}) ändert sich bei diesem Prozeß nicht.

Transport von CO_2 im Blut: Das im Stoffwechsel anfallende Endprodukt CO_2 wird zur Lunge und Niere transportiert und ausgeschieden. Das schlecht lösliche CO_2 wird dabei zum größten Teil durch eine im Erythrozyten häufig vorhandene *Carboanhydrase* zum gut löslichen Hydrogencarbonat (HCO_3^-) hydratisiert:

$$CO_2 + H_2O \leftrightarrow HCO_3^- + H^+$$

HCO_3^- wird dann durch einen carriervermittelten Austausch gegen Cl^- aus dem Erythrozyten ins Plasma abgegeben (Hamburger-Shift) und gelangt durch den Blutstrom zur Lunge, wo es durch eine plasmatische Carboanhydrase wieder in CO_2 umgewandelt und abgeatmet wird. Zum kleineren Teil wird CO_2 als Carbamat von der α-NH_3-Gruppe am aminoterminalen Ende jeder der vier Peptidketten des Hämoglobins (R) gebunden, wobei *Carbaminohämoglobin* entsteht :

$$CO_2 + R-NH_2 \leftrightarrow R-NH-COO^- + H^+$$

Transport von H^+ im Blut: Die beiden Reaktionsgleichungen zeigen, daß bei der CO_2-Eliminierung im Gewebe die H^+-Konzentration zunimmt (pH↓). Diese H^+-Ionen werden u. a. durch Hämoglobin abgepuffert (s. Physiologie 5.4), indem sie an Histidin- oder Sulfhydrylgruppen der Proteinketten des Hämoglobins gebunden werden. Dadurch ist Hämoglobin ein wichtiges Puffersystem des Organismus.

Inaktive Formen des Hämoglobins

Carboxyhämoglobin: Kohlenmonoxid (CO) kann reversibel an das Hämeisen binden, wobei das Carboxyhämoglobin entsteht (Hb-CO). Die Affinität des Hämoglobins für CO ist 300 mal größer als für O_2. Es verdrängt O_2 aus der Bindung zum Fe^{2+} im Hämoglobinmolekül (→ Hypoxie, hellrote Hautfarbe s.u.). Im Gegensatz zum reduzierten Hämoglobin kann Hb-CO keine sauren Valenzen (H^+) abtransportieren. Im Falle einer CO-Intoxikation bedingt u. a. der Verlust der Puffereigenschaft eine metabolische Azidose.

Klinischer Bezug

Faustregel zu **CO-Intoxikation**: hellrote Hautfarbe → schwere CO-Intoxikation; fleckige Zyanose → leichte CO-Vergiftung. Optimale Therapie erfolgt durch Überdruckbeatmung mit 100 % O_2.

Methämoglobin: Das zweiwertige Eisen im Hämoglobin kann durch Oxidationsmittel zum dreiwertigen Eisen (Fe^{3+}) oxidiert werden, wobei Methämoglobin (Hämiglobin) entsteht. Methämoglobin (MetHb) kann die wichtigste Funktion des Hämoglobins, die reversible Bindung von O_2, nicht mehr erfüllen und steht daher zum O_2-Transport nicht zur Verfügung. Unter Normalbedingungen wird im Erythrozyten das Hämeisen ständig durch nicht-enzymatische Oxidation in Methämoglobin (1 %) überführt, es wird aber durch die NADH/H^+ bzw. NADPH/H^+ *Methämoglobinreduktase* zu Hämoglobin reduziert. Bei der Methämoglobinbildung entsteht ein Superoxidradikal (O_2^{-*}), das durch die im Erythrozyten vorhandene *Superoxiddismutase* inaktiviert wird:

$$O_2^{-*} + O_2^{-*} + 2H^+ \leftrightarrow O_2 + H_2O_2$$

Bei dieser Reaktion entsteht das intrazelluläre Zellgift Wasserstoffperoxid (H_2O_2), das durch die *Katalase* bzw. *Peroxidase* zu H_2O und O_2 umgesetzt wird.

Merke

Zum Schutz der Erythrozyten vor Oxidation dienen folgende Enzyme: Methämoglobinreduktase, Superoxiddismutase, Katalase (Peroxidase) sowie Glutathionreduktase.

Klinischer Bezug

Die in stickstoffhaltigen Düngemitteln und im Trinkwasser vorkommenden Nitrate können nach oraler Aufnahme aus der Nahrung im Magen zu Nitriten reduziert werden, was besonders bei Säuglingen zu einer vermehrten MetHb-Bildung führt. Zyanose → Tachykardie → Bewußtseinsstörung sind Symptome der **MetHb-Vergiftung**. Weitere MetHb-bildende Substanzen sind: Sulfonamide, Primaquin, Nitrobenzol, Anilin, Salpetersäure u. a. Zur Therapie werden Redoxfarbstoffe (Toluidinblau, Methylenblau) eingesetzt, die MetHb (Fe^{3+}) zu Hb (Fe^{2+}) reduzieren. Bei vitaler Bedrohung (60 – 80 % MetHb) ist eine Austauschtransfusion notwendig.

Bei der **familiären Methämoglobinämie** ist die Aktivität der MetHb-Reduktase stark erniedrigt. Der MetHb-Spiegel in Erythrozyten steigt auf 20 – 30 % und bewirkt durch eine O_2-Mangelversorgung des Gewebes einen kompensatorischen Anstieg der Erythrozytenzahl (Polyzythämie).

Hämoglobinopathien

Unter diesem Begriff werden erbliche Defekte der Globinsynthese zusammengefaßt. Dabei kann durch eine Punktmutation im Strukturgen in einer der Hämoglobinketten ein Aminosäurenaustausch eintreten, oder es werden als Folge der Mutation bestimmte Ketten in unzureichender Menge oder überhaupt nicht gebildet, z. B.:

Sichelzellanämie (HbS): Bei der Sichelzellanämie, einer autosomal rezessiv vererbten Krankheit, wird in Position 6 der β-Kette Valin anstelle von Glutamat eingebaut. HbS besitzt im O_2-freien (reduzierten) Zustand eine geringere Löslichkeit als das normale Hb, da es zwei negative Ladungen weniger besitzt (s. Valin). Es kann innerhalb der Erythrozyten als halbfestes Gel ausfallen (Sichelform). Außerdem wandert HbS bei der Elektrophorese langsamer zur Anode als Hb (→ Nachweis über Blutproben). Die homozygote Form hat einen schweren Verlauf. Dagegen können heterozygote Träger durch Mehrproduktion von Hb ohne β-Ketten (HbA_2, HbF), den Defekt kompensieren (ohne klin. Symptomatik). Man findet Heterozygote häufig in Zentralafrika (40 % der Schwarzen), sie sind gleichzeitig resistent gegen Malaria.

Hämoglobinabbau

Die Lebensdauer der Erythrozyten beträgt ca. 120 Tage. Pro Stunde werden im Organismus 100–200 Millionen „gealterte" Erythrozyten abgebaut. Folgende Organe sind am Abbau beteiligt (Abb.18.**2**):

- Retikuloendotheliale Zellen (retikuloendotheliales System, RES) von Leber, Milz und Knochenmark
- Hepatozyten der Leber

Die Abbauprodukte werden dann über die Galle und den Darm ausgeschieden.

Zirkulierende, „gealterte" Erythrozyten werden durch Zellen des RES (hauptsächlich in der Milz) phagozytiert und in Phagosomen denaturiert. Zum Teil können Erythrozyten auch intravasal lysieren. Das dabei freiwerdende Hämoglobin wird an ein Plasmaprotein, das Haptoglobin, gebunden und nach Phagozytose (durch Makrophagen) zu Häm und Globin abgebaut. Das Globin wird zu Aminosäuren abgebaut, die im Stoffwechsel weiter verwertet werden. Das Häm wird in Makrophagen des RES von einer Häm-Oxygenase mit Hilfe von O_2 und $NADPH/H^+$ zu Fe^{2+}, CO und *Biliverdin* gespalten (Ringöffnung). Durch die Biliverdinreduktase wird Biliverdin unter $NADPH/H^+$-Verbrauch zu *Bilirubin* reduziert (hydriert), das ins Blut gelangt. Das schlecht wasserlösliche Bilirubin ist im Blut wegen seiner Lipidlöslichkeit toxisch (Gefahr einer Fettembolie) und wird daher an Albumin gebunden und zur Leber transportiert. Der Bilirubin-Albumin-Komplex wird auch als *indirektes Bilirubin** bezeichnet. An der Leber wird Bilirubin (ohne Albumin) durch einen carriervermittelten Transport in die Hepatozyten aufgenommen, wo es mit aktiver Glucuronsäure (UDP-Glucuronsäure) durch die UDP-Glucuronyl-Transferase zweifach konjugiert (Esterbindung) wird. Dabei entsteht wasserlösliches *Bilirubindiglucoronid (direktes Bilirubin*)* → Gallenfarbstoff, das durch einen aktiven Transportprozeß in die Gallenkanälchen der Leber abgegeben wird. Dieser Transportprozeß ist der geschwindigkeitsbestimmende Schritt des hepatischen Bilirubinstoffwechsels, da er gegen ein Konzentrationsgefälle erfolgt.

Merke

Indirektes Bilirubin ist als *nicht konjugiertes Bilirubin* an Albumin gebunden. *Direktes Bilirubin* ist als *konjugiertes Bilirubin* an Glucuronsäure gebunden.

Über die Galle gelangt Bilirubindiglucuronid in den Darm und wird teilweise durch bakterielle β-Glucuronidasen zu Bilirubin und Glucuronsäure gespalten. Bilirubin wird im Darm zu farblosem *Urobilinogen* und *Stercobilinogen* reduziert. Diese Abbauprodukte werden zum größten Teil nach Oxidation zu den farbigen Verbindungen *Urobilin* und *Stercobilin* mit den Fäzes ausgeschieden (braune Farbe des Stuhls) oder zum kleineren Teil wieder resorbiert und zur Leber transportiert (→ enterohepatischer Kreislauf); ein kleiner Teil wird renal ausgeschieden.

Merke

Neben Hämoglobin werden Hämgruppen auch von anderen Hämoproteinen geliefert und nach demselben Prinzip abgebaut, z. B. Myoglobin, Cytochrome, Katalase, Peroxidase.

Klinischer Bezug

Die Gelbfärbung von Haut und Schleimhäuten durch Ablagerung von Bilirubin im Gewebe wird als **Ikterus (Gelbsucht)** bezeichnet. Neugeborene weisen bereits am 3. Tag nach der Geburt einen Ikterus auf. Man spricht von einem *physiologischen Neugeborenenikterus*, da es sich nur um eine vorübergehende verminderte Aktivität der UDP-Glucoronyl-Transferase sowie eine verkürzte Lebensdauer fetaler Erythrozyten handelt, die den Ikterus bedingen. Indirektes Bilirubin häuft sich im Serum an und kann nicht durch Kopplung mit Glucuronsäure in ausscheidungsfähigen Gallenfarbstoff umgewandelt werden.

---

* Die Bezeichnung direktes bzw. indirektes Bilirubin bezieht sich auf die Nachweismethode. Bilirubindiglucuronid kann *direkt* durch Sulfanilsäure nachgewiesen werden → Rotfärbung (direkte Azolreaktion). An Albumin gebundenes Bilirubin muß erst durch Alkohol abgetrennt werden, um es nachzuweisen (indirekte Azolreaktion).

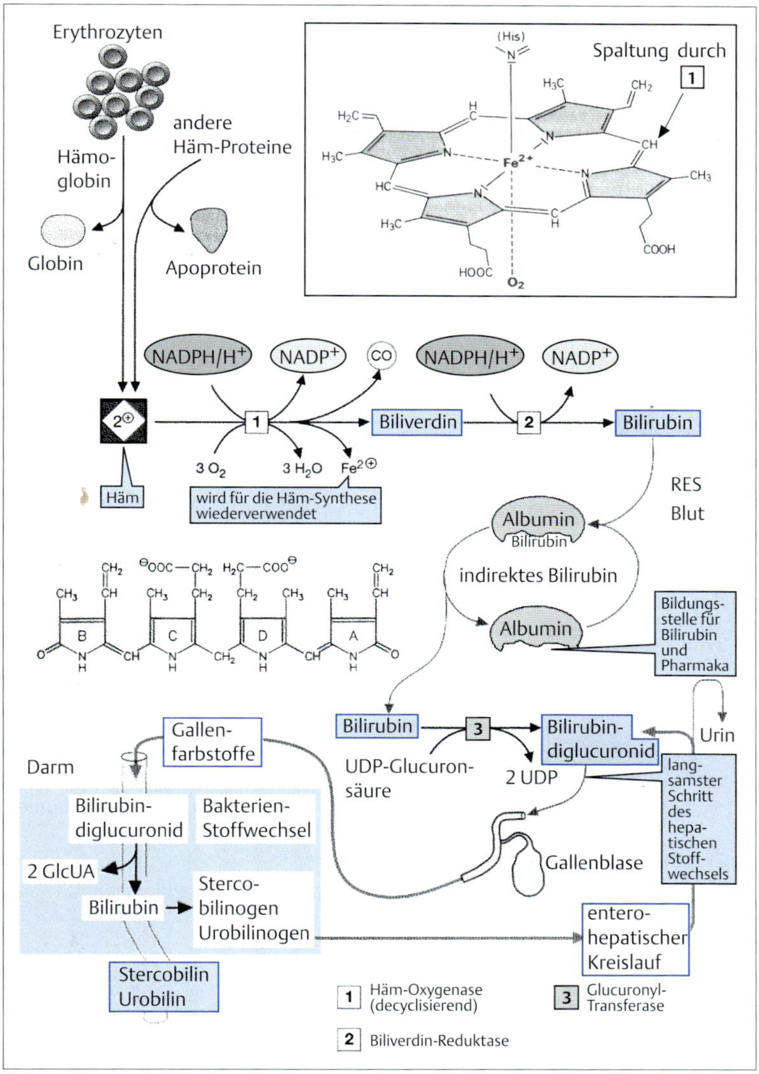

Abb. 18.**2** Abbau von Hämoglobin (nach Koolman/Röhm, Thieme 1994)

18.1.2 Leukozyten

Als Leukozyten bezeichnet man die Gesamtheit der weißen (nicht hämoglobinhaltigen) Blutzellen. Man unterscheidet drei Hauptgruppen: Granulozyten, Lymphozyten und die Monozyten. Im Kapitel 17 wurden diese Hauptgruppen gründlich besprochen. Tab. 18.**2** gibt wichtige Eigenschaften und Funktionen der einzelnen Gruppen wieder.

18.1.3 Thrombozyten, Blutgerinnung, Fibrinolyse

Defekte der Gefäßwand müssen schnell abgedichtet werden, um Blutverluste zu vermeiden und die Zirkulation zu erhalten. An der Blutstillung (Hämostase) sind beteiligt (Abb. 18.**3**):

- Thrombozyten,
- Gerinnungssystem,
- Plasma- und Gewebsfaktoren.

Die Blutgerinnung führt andererseits zur Bildung von Blutgerinnseln (Thromben), die vom Blutstrom

Tab. 18.2 Eigenschaften und Funktion der Leukozyten

Leukozyten (Anteil [%] und Anzahl)	Funktion
Granulozyten Neutrophile (60 %) *700–7600* Eosinophile (2 %) *0–400* Basophile (<1 %) *0–400*	 phagozytosefähig, Opsonierung, Diapedese, Chemotaxis Synthese von mikrobiozid wirkenden Substanzen (Lysozym, Lactoferrin, Wasserstoffperoxid, O_2-Radikale) Abwehr von Larvenstadien bei parasitären Infektionen Modulator bei Allergiereaktionen histamin- und heparinhaltige Granula histaminabhängige Allergiesymptome setzt chemotaktische Lockstoffe für Eosinophile frei
Monozyten (6 %) *70–900*	RES-Vorläuferzellen, z. B. Kupffer-Sternzellen (Leber), Alveolarmakrophagen, Langerhans-Zellen (Haut), Mikrogliazellen (Gehirn)
Lymphozyten (31 %) *1100–3300*	immunkompetente Zellen B- u. T-Lymphozyten humorale u. zelluläre Immunität

Anzahl = Anzahl der Zellen/μl Blut

mitgerissen werden und an anderer Stelle Gefäße verstopfen können. Zur Erhaltung der Durchblutung müssen diese Blutgerinnsel wieder aufgelöst werden. Dazu ist die Fibrinolyse notwendig.

Thrombozyten

Wird durch eine Verletzung das Endothel (innere Gefäßauskleidung) zerstört, kommt das Blut mit den unter dem Endothel liegenden Kollagenfasern in Berührung. Dabei leiten Thrombozyten durch folgende Vorgänge den Ablauf der Blutgerinnung und Blutungsstillung ein:

Adhäsion: Thrombozyten (TZ) heften sich mit Hilfe eines von den Endothelzellen gebildeten Proteins, dem *Willebrand-Faktor*, an die Kollagenfasern.

Amöboide Beweglichkeit: Die Anheftung (Adhäsion) der Thrombozyten an das Kollagen aktiviert die TZ. Sie werden zu kugeligen Gebilden mit langen

Tab. 18.3 Einige Signalmoleküle der Thrombozytengranula und deren Funktion

Granula	Funktion
elektronendichte Granula	
ADP	TZ-Aktivierung und Aktivierung der Aggregation
Ca^{2+}	Cofaktor für TZ- Aktivierung und Blutgerinnung
Serotonin	unterstützt durch Vasokonstriktion die Blutstillung
α-Granula	
Fibrinogen	Fibrinvorstufe
Faktoren V u. VIII	dienen der Thrombinbildung
Willebrand-Faktor	Plättchenadhäsion an Kollagen
Plättchenfaktor 3 (TF 3)	Phospholipid → aktiviert Intrinsic System
Plättchenfaktor 4	inaktiviert Heparin
PDGF (platelet-derived grow factor)	Vasokonstriktor (s. Serotonin) Mitogen für glatte Muskelzellen → Wundheilung
Fibronectin	Glykoprotein → dient der Zellhaftung

Fortsätzen (Pseudopodien), wodurch die TZ miteinander in einen engen, verzahnten Kontakt treten können → **Aggregation**.

Granula-Sekretion: Die Pseudopodienbildung wird begleitet von der Sekretion der in Granula gespeicherten Stoffe. Diese Granula werden in α-Granula und elektronendichte Granula unterteilt, deren Inhalt verschiedene Signalmoleküle mit verschiedenen Funktionen aufweist (Tab. 18.**3**). Die Signalmoleküle fördern die oben genannten Prozesse (adhäsionsfördernd, aggregationsfördernd u. a.), wobei ein **Thrombozytenthrombus** (weißer Thrombus) entsteht, der kleine Endotheldefekte abdichtet. Der entstandene Thrombozytenthrombus ist kein stabiles Gebilde und kann leicht weggeschwemmt werden. Damit es nicht zu einer erneuten Blutung kommt, setzt gleichzeitig unter der Wirkung eines freigesetzten Signalmoleküls (TF 3) die eigentliche **Blutgerinnung** ein.

Blutgerinnung

Die physiologische Aufgabe des Gerinnungsvorgangs besteht in der Aktivierung des Prothrombins zu Thrombin, welches dann das lösliche Protein Fibrinogen in ein unlösliches Fibringerinnsel umwandelt. Das Fibringerinnsel dichtet mit den Thrombozyten Gefäßverletzungen ab. Die Aktivierung des Prothrombins zu Thrombin kann durch zwei Mechanismen in Gang gesetzt werden (Abb. 18.**3**):

- intrinsisches (endogenes) System
- extrinsisches (exogenes) System

An beiden Systemen sind verschiedene Faktoren (Glykoproteine, außer Faktor III) beteiligt, die mit römischen Zahlen bezeichnet werden, wobei die aktiven Formen der einzelnen Faktoren durch Hinzufügen eines „a" gekennzeichnet sind. Außerdem findet in beiden Systemen eine Kaskade von Proteinspaltungen statt. Dabei werden inaktive Enzymvorstufen (Proenzyme) durch limitierte Proteolyse in aktive Proteinasen umgewandelt, die ihrerseits andere Proteine angreifen. Tab. 18.**4** faßt die Gerinnungsfaktoren und ihre Eigenschaften zusammen.

! Merke

Die Synthese der **Gerinnungsfaktoren II, VII, IX, X** (Merke: 1972) ist Vitamin-K-abhängig. Vitamin K führt nach der Translation (posttranslational) CO_2 in Glutaminsäurereste der Peptidketten der o. g. Gerinnungsfaktoren ein. Sie können dann durch ihre Carboxylglutamatreste in Gegenwart von Ca^{2+} an Phospholipidmembranen gebunden werden und ihre biochemische Aktivität im Gerinnungssystem entfalten.

Intrinsisches System

Bei kleinen Endotheldefekten wird neben den Thrombozyten (s.o.) das intrinsische System aktiviert. Die Reaktion wird eingeleitet durch die Aktivierung des Faktors XII (Hagemann-Faktor). Dies erfolgt durch den Kontakt an negativ geladenen Oberflächen wie Kollagen oder Elastin. Außerdem sind bei der Aktivierung des Faktors XII noch andere Proteine (Kininogen und Kallikrein) beteiligt. In der Folge wird der Faktor XI und anschließend IX proteolytisch aktiviert. IXa aktiviert VIII (→ VIIIa) und bildet mit TF 3 (P-Lip, Phospholipid), Ca^{2+}, Faktor VIIIa einen Enzymkomplex, der den Faktor X aktiviert. Xa bildet nach Aktivierung von Faktor V (→ Va) mit Va, Ca^{2+} und Phospholipid einen Komplex, der als Prothrombinaktivator bezeichnet wird und die Fibrinbildung einleitet (Abb. 18.**3**).

Klinischer Bezug

Die Gerinnungsfunktion des intrinsischen Systems wird mit der **partiellen Thromboplastinzeit (PTT)** gemessen. Wenn die Synthese einer der Faktoren XII, XI, IX oder VIII gestört ist, verlängert sich die PTT. Bei *Hämophilie A*, einer X-chromosomal rezessiven Krankheit, liegt z. B. ein Mangel an Faktor VIII (Willebrand-Faktor) vor. Bei der *Hämophilie B* fehlt der Faktor IX (Christmas-Faktor). Beide Leiden verursachen eine Blutgerinnungsstörung → *Koagulopathie* des intrinsischen Systems mit Gelenk- und Weichteilblutungen. Der PTT-Test erfaßt ebenfalls die Faktoren X, V, II und I, aber nicht die des extrinsischen Systems. Normal: < 40s.

Extrinsisches System

Eine Gewebsverletzung führt zum Kontakt des Blutes mit Bestandteilen der zertrümmerten Zellen, in denen sich Gewebethromboplastin (Faktor III) befindet. Faktor III aktiviert den Faktor VII (→ VIIa) proteolytisch, der mit Phospholipiden und Ca^{2+} einen Komplex bildet, welcher den Faktor X aktiviert (s.o.).

Klinischer Bezug

Die Gerinnungsfunktion des extrinsischen Systems wird durch die **Thromboplastinzeit (TPZ, Quick-Test)** bestimmt. Der Quick-Test erfaßt sowohl den Faktor VII des extrinsischen Systems als auch die Faktoren X, V, II und I. Normal: > 70%, bzw. 20 sek.

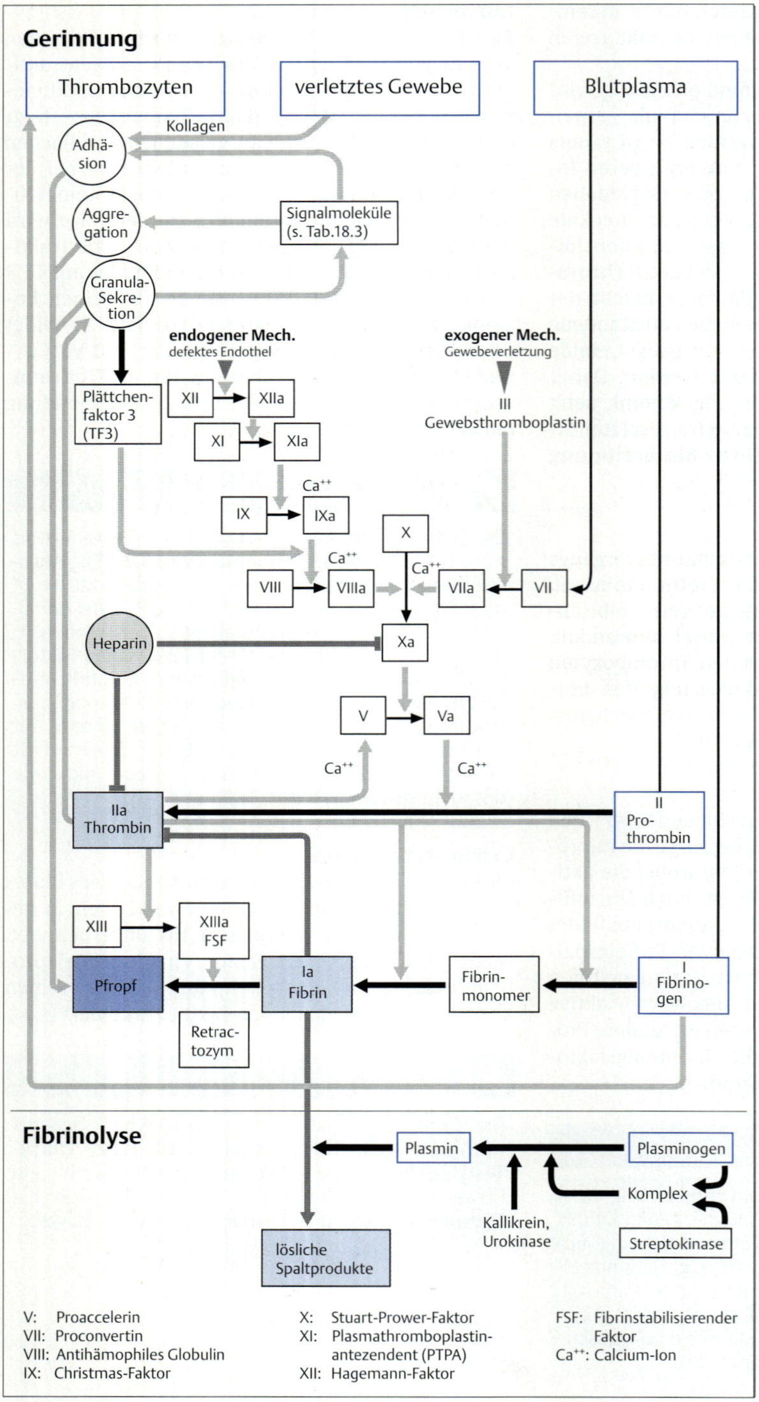

Abb. 18.3 Schema der Blutgerinnung. Aktivierte Gerinnungsfaktoren werden durch ein a hinter der Ziffer gekennzeichnet. Im unteren Teil ist die Fibrinolyse dargestellt

> **! Merke**
>
> Die Gerinnungskaskade des exogenen Systems (Faktoren III, VII) endet mit einen Ca^{2+}-VIIa-Phospholipid-Komplex, die des endogenen Systems (Faktoren XII, XI, IX, VIII) mit einem Ca^{2+}-VIIIa-IXa-Phospholipid-Komplex. Beide Komplexe können den Faktor X aktivieren. Faktor X ist somit die gemeinsame Endstrecke beider Systeme.

Der Weg vom Prothrombin bis zum vernetzten Fibrin

Die Komplexe des intrinsischen oder extrinsischen Systems aktivieren den Faktor X, der als Faktor Xa mit Faktor V, Ca^{2+} und Phospholipiden einen Enzymkomplex bildet → *Prothrombinase*. Die Prothrombinase spaltet proteolytisch (limitierte Proteolyse) das proteolytische Proenzym **Prothrombin** in ein proteolytisch aktives Enzym, das **Thrombin**. Die Aktivierung des Prothrombins zu Thrombin wird *Koagulationsphase* genannt (Abb. 18.**4**):

Thrombin spaltet aus Fibrinogen niedermolekulare Peptide (Fibrinpeptide) ab. Übrig bleiben Fibrinmonomere, die sich über nichtkovalente Bindung (z. B. Wasserstoffbrücken) zu einem Fibrinpolymer zusammenlagern („lösliches Fibrin"). Das instabile Fibrinpolymer wird durch die Wirkung des **Faktor XIII**, der durch Thrombin aktiviert wird, zu einem stabilen Fibrinnetz („unlösliches Fibrin") stabilisiert. Dabei katalysiert Faktor XIIIa die Bildung von kovalenten Bindungen zwischen den γ-Carboxylgruppen von Glutamat eines Fibrinmonomers und den ε-Amino-Gruppen von Lysinresten eines anderen Fibrinmonomers (→ Polymerisation von löslischem Fibrin unter Bildung von Peptidbindungen). Das vernetzte Fibrin bildet eine Art Filz, der unter der Wirkung von **Fibronectin** (Tab. 18.**3**) zusammen mit Thrombozyten und Erythrozyten den endgültigen Thrombus darstellt → *roter Thrombus*. Wie schon in dem Abschnitt Thrombozyten erwähnt, können Thrombozyten durch die Anheftung (Adhäsion) an das Kollagen Pseudopodien (Fortsätze) ausbilden, die durch ihr kontraktiles Aktin-Myosin-System den Thrombus zusammenziehen → *Retraktion*. Dadurch nähern sich die Wundränder aneinander stark an, was entscheidend zum Wundverschluß beiträgt. Anschließend setzt die Wundheilung ein, wobei Bindegewebe in den roten Thrombus hineinwächst (*Organisation*), und der Defekt unter *Vernarbung* ausheilt (s. Kollagenbildung, 11.3).

Tab. 18.**4** Blutgerinnungsfaktoren und ihre Eigenschaften

Faktor	Name	Funktion	Vit-K	Bildungsort
I	Fibrinogen	Faserprotein		Leber
II	Prothrombin	Protease	+	Leber
III	Thromboplastin	Protease		Gewebszellen
IV	Ca^{2+}	Cofaktor		
V	Proaccelerin	Protease		Leber
VII	Proconvertin	Protease	+	Leber
VIII	Willebrand-Faktor	Protease		Milz, RES
IX	Christmas-Faktor	Protease	+	Leber
X	Stuart-Power-Faktor	Protease	+	Leber
XI	Plasmathromboplastinantecedent	Protease		RES?
XII	Hagemann-Faktor	Protease		RES?
XIII	fibrinstabilisierender Faktor	Transferase		Leber
PKK	Präkallikrein	Protease		?
Kin	Kininogen	Protease		?
PF3	Plättchen-Faktor 3	Phospholipid		

Hemmstoffe der Blutgerinnung in vivo

Die Blutgerinnung wird durch verschiedene **Proteaseinhibitoren** aus dem Plasma reguliert. Diese gehören zu den α-Globulinen und können die an der Blutgerinnung beteiligten proteolytischen Enzyme hemmen. Nachfolgend einige prüfungsrelevante Beispiele:

Antithrombin III blockiert das aktive Zentrum des Thrombins, indem es mit Serinresten des Thrombins reagiert. Die inhibitorische Wirkung des Antithrombin III erfordert *Heparin* als Cofaktor, das lokal aus Mastzellen oder basophilen Granulozyten freigesetzt wird. Der **Heparin-Antithrombin III-Komplex** hemmt nicht nur Thrombin, sondern auch die Gerinnungsenzyme *IXa, Xa, XIa und XIIa*. Zusätzlich bindet Heparin auch an Faktor *IXa* und *Xa* und hemmt so die Umwandlung von Prothrombin in Thrombin.

Klinischer Bezug

Heparin ist ein Mucopolysaccharid aus sulfatiertem D-Glucosamin und D-Glucuronsäure und wird aus Schweinedarm und Rinderlunge gewonnen. Therapeutisch wird es als Gerinnungshemmer (Antikoagulans) u. a. postoperativ zur Thromboseprophylaxe eingesetzt (Quick-Wert ↑, PTT ↑).

α_2-Makroglobulin wirkt ähnlich wie das Antithrombin III, benötigt allerdings Heparin *nicht* als Cofaktor.

A_1-Antitrypsin: s. α_2-Makroglobulin.

Protein C und Protein S: Protein C ist eine Endopeptidase, die in ihrer aktiven Form (Ca) mit Protein S einen Komplex bildet und die Faktoren *Va* und *VIIIa* zerstört. Protein C wird durch Thrombin und Thrombomodulin, einem Thrombinrezeptor der Endothelzellen, aktiviert (Thrombin-Thrombomodulin-Komplex). Die Synthese beider Proteine ist Vitamin-K-abhängig.

Klinischer Bezug

Cumarinderivate werden als Gift zur Vernichtung von Ratten und Mäusen eingesetzt. In der Klinik finden sie Anwendung zur Bekämpfung von tiefen **Venenthrombosen**. *Phenprocoumon (Macumar®)* als Standardcumarinderivat hemmt die Synthese der Vitamin-K-abhängigen Gerinnungsfaktoren (1972, Protein C und S), indem es die Vitamin-K-Epoxidreduktase (s. Kap. 5) kompetitiv hemmt. Durch ihre lange Liste an Nebenwirkungen (z. B. Kapillar- und Hautnekrosen) und Verschiebung des Gleichgewichtes zwischen Gerinnungsfaktoren und Inhibitoren (Protein C und S) wird ihr Einsatz von einigen Kliniken abgelehnt.

Hemmung der Blutgerinnung in vitro

Calciumantagonisten: Ca^{2+} ist ein wichtiger Cofaktor für den Ablauf der Blutgerinnung. Folgende Calciumantagonisten hemmen die Blutgerinnung in vitro (bei Blutproben):

- EDTA
- Citrat
- Oxalat

Heparin: s.o.

Fibrinolyse

Im Organismus entstehen durch die Blutgerinnung Fibringerinnsel, die Gefäße an anderer Stelle verstopfen können. Durch Fibrinolyse wird das Endprodukt der Blutgerinnung, das Fibrin, in zwei Schritten abgebaut (Abb. 18.**3** unten):

1. *Aktivierung von Plasminogen zu Plasmin:* Plasminogen ist eine inaktive Protease und wird durch limitierte Proteolyse zu Plasmin aktiviert. Die physiologische Plasminaktivierung erfolgt durch zwei Systeme:
   - *Urokinase (zirkulierendes System):* Wird von den Epithelzellen der Niere gebildet und in die ableitenden Harnwege abgegeben (Auflösung von Gerinnsel).
   - *Gewebsständiges System:* Hierzu gehört der *tissue plasminogen activator* (**tPA**) und der Faktor XIIa (Hagemann-Faktor), der aus Präkallikrein das *Kallikrein* freisetzt, welches Plasminogen in Plasmin überführt.
2. *Hydrolytische Spaltung des Fibrins:* Plasmin ist eine Serinprotease, die die Faktoren V, VIII, Fibrinogen und Fibrin hydrolytisch spaltet. Spaltprodukte, die bei diesem Prozeß entstehen, hemmen zusätzlich die Thrombinbildung und die Polymerisation von Fibrinmonomeren.

Klinischer Bezug

Beim **kardiogenen Schock nach Myokardinfarkt** gilt die *Lysetherapie* angesichts der schlechten Prognosen als Ultima ratio. Dazu stehen verschiedene Thrombolytika für die Fibrinolyse zur Verfügung, z. B. die *Streptokinase*, die aus Streptokokkenstämmen gewonnen wird und mit Plasminogen einen Aktivatorkomplex bildet, der Plasminogen zu Plasmin aktiviert (indirekte Aktivierung) oder *rtPA (Alteplase)*, das gentechnisch hergestellt wird.

Hemmung der Fibrinolyse

Die Fibrinolyse wird durch unterschiedliche Inhibitoren kontrolliert:

Physiologische Inhibitoren

α_2-Antiplasmin: Neutralisiert frei zirkulierendes Plasmin.

PAI 1 und PAI 2: Die Plasminogenaktivator-Inhibitoren 1 und 2 hemmen die Plasminogenaktivatoren tPA und Urokinase.

Exogene Inhibitoren

ε-Aminocapronsäure: Blockiert die Plasminbildung durch Hemmung der Plasminogenaktivatoren.

18.1.4 Plasma

Plasma besteht zu 90 % aus Wasser und zu 10 % aus gelösten Substanzen. Zu den gelösten Substanzen gehören hochmolekulare Proteine, ungeladene Stoffe (Kohlenhydrate, Harnstoff u. a.) und Ionen. Plasma erhält man, wenn aus ungerinnbargemachtem Blut (z. B. mit EDTA) die zellulären Elemente (Erys, Leukos, Thrombos) abzentrifugiert. Läßt man das Blut erst gerinnen, bleibt Blutserum übrig. Blutserum ist somit fibrinogenfreies Plasma:

$$\text{Blutplasma} = \text{Serum} + \text{Fibrinogen}$$

Die Funktion der Plasmabestandteile wurde bereits in vorherigen Kapiteln besprochen. In diesem Kapitel werden Plasmaenzyme sowie die Biochemie und Physiologie der Lipoproteine besprochen. Zunächst gibt Tab. 18.**5** eine Übersicht über die Zusammensetzung des Blutplasmas.

Plasmaenzyme

Die Konzentration der Plasmaenzyme ist physiologischen Schwankungen unterworfen, wie z. B. Geschlecht, Alter, Tagesrhythmus, Muskeltätigkeit und Schwangerschaft. Ihre Konzentrationsveränderung spielt für die klinische Diagnostik eine wichtige Rolle. Dabei ist es von Interesse, die im Plasma vorkommenden Enzyme bestimmten Organen zuzuordnen. Daher werden sie in zwei Gruppen unterteilt:

Sekretionsenzyme: Sie werden von einem Organ synthetisiert und anschließend sezerniert, um über den Blutweg ihren eigentlichen Wirkungsort zu erreichen. Sekretionsenzyme sind unter physiologischen Bedingungen im Plasma nachweisbar, z. B.

- (Pseudo-)Cholinesterase: Leberenzym
- α-Amylase: Pankreasenzym
- Lipoproteinlipase: Pankreasenzym
- Enzyme der Blutgerinnung
- LCAT s.u.

Zellenzyme: Sie kommen im Zytoplasma, in den Mitochondrien, Mikrosomen, Lysosomen und im Zellkern der Zellen des Organismus vor und sollten unter

Tab. 18.**5** Zusammensetzung des Blutplasmas

Bestandteile	Menge	
Elektrolyte		
Natrium	135 – 150	mmol/l
Kalium	3,5 – 5,0	mmol/l
Calcium	2,15 – 2,75	mmol/l
Magnesium	0,66 – 0,91	mmol/l
Chlorid	98 – 112	mmol/l
Phosphat	0,77 – 1,55	mmol/l
Eisen	80 – 160	µg/100 ml
Kupfer	70 – 155	µg/100 ml
Proteine	**6 – 8**	**g/100 ml**
Stickstoffhaltige Nichtproteine		
Harnstoff	10 – 50	mg/100 ml
Harnsäure	2,5 – 7,0	mg/100 ml
Kreatinin	0,5 – 1,5	mg/100 ml
Kreatin	0,2 – 0,7	mg/100 ml
Aminosäuren	40 – 60	mg/100 ml
Kohlenhydrate		
Glucose	60 – 110	mg/100 ml
Galaktose	< 4,3	mg/100 ml
Fructose	< 10	mg/100 ml
Lactat	6 – 20	mg/100 ml
Lipide		
Gesamtlipide	400 – 1000	mg/100 ml
Triglyceride	bis 180	mg/100 ml
Cholesterin	200+Alter	mg/100 ml
HDL-Cholesterin	> 40	mg/100 ml
LDL-Cholesterin	< 150	mg/100 ml
Phospholipide	160 – 250	mg/100 ml
freie Fettsäuren	< 30	mg/100 ml

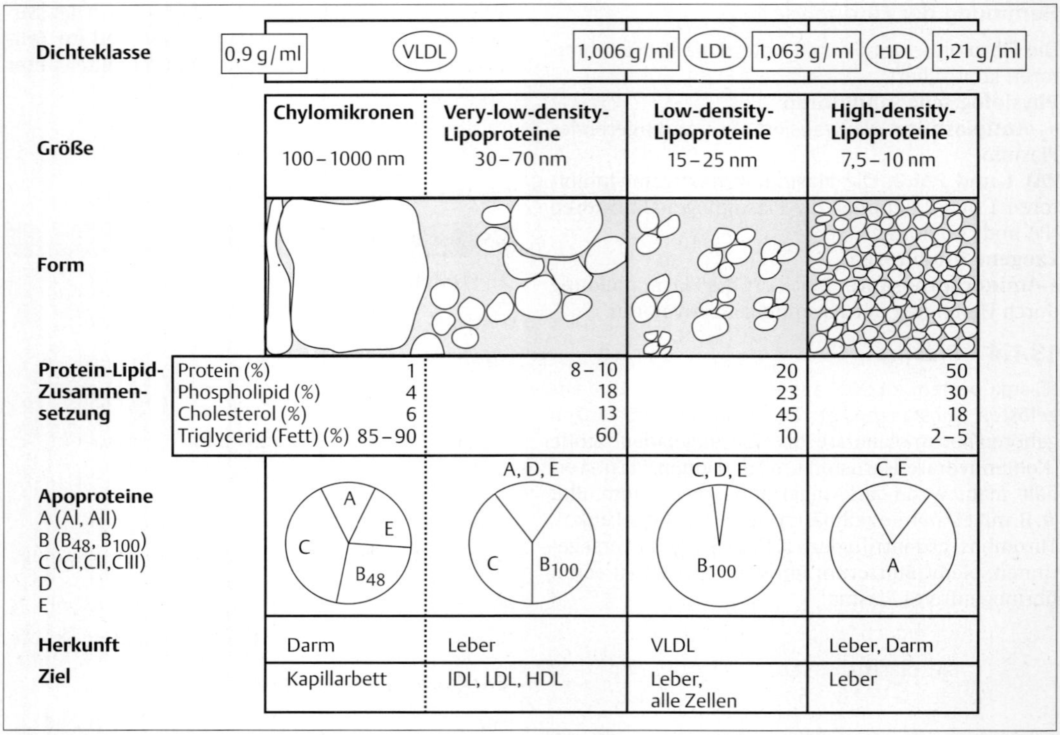

Abb. 18.**4** Eigenschaften der Lipoproteine (nach Karlson/Doenecke/Koolman, Thieme 1994)

physiologischen Bedingungen, wenn überhaupt, nur in sehr geringer Konzentration nachweisbar sein.

Lipoproteine

Die in Wasser unlöslichen Lipide, wie Cholesterin, Cholesterinester, Triglyceride und Phospholipide, werden im Blutplasma in Form von Lipid-Protein-Komplexen transportiert. Hierbei verbinden sich die Trägerproteine (*Apolipoproteine*), mit den Lipiden zu verschiedenen Klassen. Dabei entstehen Lipoproteinpartikel mit hydrophoben Lipiden im Zentrum und den hydrophilen Seitenketten von Aminosäuren der Proteine auf der Oberfläche. Diese Lipoproteinkomplexe können entweder aufgrund von Dichteunterschieden oder aufgrund verschiedener Wanderungsgeschwindigkeiten im elektrischen Feld in folgende Fraktionen unterteilt werden:

- *Chylomikronen*
- Prä-β-Lipoproteine (VLDL, *very low density lipoproteins)*
- β-Lipoproteine (LDL, low density lipoprotein)
- α-Lipoproteine (HDL, high density lipoprotein)

Die verschiedenen Lipoproteine besitzen verschiedene Funktionen, die von ihrem Syntheseort, der Zusammensetzung ihres Lipidanteils und dem Gehalt an Apolipoproteinen abhängig ist (Abb. 18.**4**).

Chylomikronen

Lipide aus der Nahrung werden durch Lipasen im Darm in Diglyceride, Monoglyceride und freie Fettsäuren gespalten. Die Produkte der Lipidspaltung diffundieren in die intestinalen Mucosazellen des Dünndarms, wo sie wieder zu Triglyceriden umgewandelt und mit Cholesterin aus der Nahrung und Apolipoproteinen (*Apo CII, E, B48*) zu Chylomikronen zusammengelagert werden (im glatten endoplasmatischen Retikulum). Diese werden durch Exozytose aus den Mucosazellen des Darms in die intestinalen Lymphgänge abgegeben und treten über die V. subclavia in den Blutstrom ein (Trübung des Plasmas nach fettreicher Mahlzeit). Das *Apo CII* der Chylomikronen aktiviert die Lipoproteinlipase der Kapillaren des Herzens, der Skelettmuskeln, des Fettgewebes und der Milchdrüsengewebe, wodurch ein Teil ihrer Triglyceride in freie Fettsäuren gespalten wird und

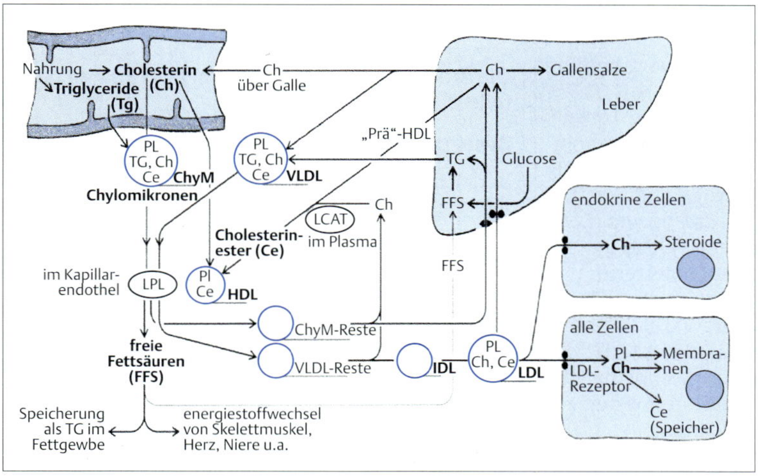

Abb. 18.**5** Funktion der Lipoproteine (aus Klinke/Silbernagl, Thieme 1994)

die Versorgung dieser Gewebe mit Brennstoff (Albumingebundene Fettsäuren) ermöglicht. Die Chylomikronenreste (*remnants*) enthalten noch sehr wenig Triglyceride, jedoch noch Cholesterin, *Apo E* und *Apo B48*. Sie erreichen die Leber, wo sie durch spezifische Rezeptoren (Endozytose) aufgenommen werden. In den Lysosomen der Leber werden die Remnants abgebaut. Das abgebaute Cholesterin wird in Form von Cholesterinestern in der Leber gespeichert, die Triglyceride mit spezifischen Apolipoproteinen zu Lipoproteinen sehr geringer Dichte (VLDL) verpackt (Abb. 18.**5**).

VLDL

Die aus der Nahrung aufgenommenen Fettsäuren werden an Albumin gebunden oder über „remnants“ zur Leber transportiert und anschließend aufgenommen. In der Leber werden sie oxidiert, um Energie oder Vorstufen für die Ketonkörpersynthese zu liefern. Beinhaltet die Nahrung mehr Fettsäuren als benötigt, werden sie in der Leber zu *Triglyceriden* umgewandelt und mit etwas *Cholesterin, Cholesterinester, Apo B100, Apo C (CI, CII, CIII)* und *Apo E* zu VLDL verpackt. Auch ein Überangebot an Glucose kann in der Leber via Triglyceriden in VLDL verpackt werden. VLDL wird ins Plasma abgegeben und zum Fettgewebe transportiert. Durch Apo CII des VLDL wird die Lipoproteinlipase im Kapillarendothel aktiviert, wodurch Fettsäuren aus den Triglyceriden freigesetzt werden. Die freien Fettsäuren werden, wie die freien Fettsäuren aus den Chylomikronen, an Albumin gebunden und zu den entsprechenden Organen (s.o.) transportiert, wo sie entweder als Brennstoff dienen (Skelettmuskel) oder in Form von Triglyceriden gespeichert werden (Adipozyten). Durch Abgabe von Fettsäuren entstehen *VLDL-Reste*, die Cholesterin an *Prä-HDL* (s.u.) abgeben und in *IDL* (intermediate density lipoproteins) und anschließend in *Lipoproteine geringer Dichte (LDL)* übergehen (Abb18.**5**).

LDL

LDL enthalten unter den verschiedenen Lipoproteinen den höchsten Cholesterinanteil (*Cholesterin, Cholesterinester*) und das Hauptapolipoprotein *Apo B100*. LDL werden in alle Zellen aufgenommen, die Cholesterin benötigen (Abb. 18.**5**). Dazu benötigt die Empfängerzelle spezifische Apo B100-erkennende **LDL-Rezeptoren** (integrale Membranproteine), die die Endozytose einleiten. LDL und LDL-Rezeptor gelangen zusammen in die Zelle (Endosom), wo sie mit Lysosomen verschmelzen. Lysosomale Enzyme spalten die Esterbindungen, das entstehende Cholesterin und die Fettsäuren werden ins Zytosol abgegeben. Das Apo B100 wird zu Aminosäuren abgebaut. Der LDL-Rezeptor entgeht jedoch dem Abbau und dient der weiteren LDL-Aufnahme. Cholesterin dient dem Membranaufbau, der Steroidsynthese (endokrine Zellen) oder kann durch **ACAT** (Acyl-CoA-Cholesterinacyl-Transferase) erneut verestert werden (Speicherung). Cholesterinüberschuß in der Zelle hemmt die Eigensynthese von Cholesterin (HMG-CoA-Reduktase↓) und von LDL-Rezeptoren.

HDL

HDL ist ein Lipoprotein hoher Dichte und besitzt den höchsten Apoproteingehalt unter den Lipoproteinen.

Es wird über verschiedene Wege synthetisiert:
- von den Mucosazellen des Darms,
- indirekt als Nebenprodukt der Weiterverarbeitung von Chylomikronen und VLDL und
- in einer Vorläuferform (Prä-HDL) von der Leber.

In der Leber werden in Form von kleinen Proteinpartikeln Prä-HDL-Moleküle synthetisiert, die wenig Cholesterin und Cholesterinester beinhalten. Die Oberfläche des Prä-HDL enthält das Enzym **LCAT** (Lecithin-Cholesterin-Acyl-Transferase), das die Bildung von Cholesterinestern aus Cholesterin und Lecithin im Plasma katalysiert. Dadurch wird Cholesterin aus den Chylomikronen- und VLDL-Resten in Cholesterinester umgewandelt, die den „Kern" der Prä-HDL ausfüllen und in HDL umwandeln. HDL transportiert Cholesterin und Cholesterinester zur Leber, die dort weiterverarbeitet werden.

Klinischer Bezug

In Industrieländern ist Herzversagen durch Verschluß der Koronararterien (**Atherosklerose**) eine der häufigsten Todesursachen. Atherosklerose entsteht vermutlich durch die Anlagerung von Cholesterin in den Blutgefäßen (atherosklerotische Plaques) und steht in Zusammenhang mit einer erhöhten LDL-Konzentration. HDL dagegen wirkt wahrscheinlich wegen seiner Funktion – Cholesterintransport von der Peripherie zur Leber – kardioprotektiv.

18.2 Leber

Die Leber ist das zentrale Stoffwechselorgan des Organismus, da sie zwischen den Resorptionsort der Nährstoffe (Darm) und die Organe des Nährstoffverbrauchs (z. B. Muskel, Fettgewebe) geschaltet ist. Sie nimmt die im Verdauungstrakt resorbierten Stoffe auf, baut sie ab oder gibt sie nach Speicherung oder Metabolisierung an den Kreislauf ab. Dadurch wird der Organismus kontinuierlich mit Aminosäuren, Proteinen, Kohlenhydraten und Lipiden versorgt. Neben den Stoffwechselreaktionen, die sowohl in der Leber als auch in extrahepatischen Organen ablaufen, leistet die Leber leberspezifische Stoffwechselreaktionen. Dazu gehört u. a. die Bildung der Galle. Schließlich kann die Leber exogene Fremdstoffe und endogen gebildete, für den Organismus toxisch wirkende Substanzen entgiften. Die im Dienste der Energieversorgung des Gesamtorganismus stehenden Stoffwechselprozesse wurden bereits besprochen. Sie werden in diesem Kapitel zusammengefaßt, wobei prüfungsrelevante Fakten berücksichtigt werden. Leberspezifische Aufgaben werden ausführlich besprochen.

18.2.1 Energiestoffwechsel und Serviceleistungen

Die Arbeit der Leber kann man in zwei Phasen unterteilen:

Resorptionsphase

In der Resorptionsphase (Mahlzeit + 2 Stunden) erreichen Nahrungsbestandteile über das Pfortaderblut die Leber. Dabei werden in der Leber folgende Prozesse katalysiert:
- *Glykogensynthese:* Glucose wird zu Glykogen polymerisiert und so gespeichert.
- *Triglycerid-Neusynthese:* Bei Kohlenhydratüberschuß wird Glucose und Lactat zu Triglyceriden umgewandelt, die mit einem Proteinanteil als **VLDL** ins Blut abgegeben werden, um im Fettgewebe gespeichert zu werden.
- *Triglycerid-Resynthese:* Nahrungstriglyceride werden in Form von Chylomikronenresten zur Leber transportiert, die dort nach Spaltung zu Fettsäuren und Glycerin verstoffwechselt oder wieder zu Triglyceriden verestert werden.
- *Proteinsynthese:* Aminosäuren werden zum größten Teil für die Synthese von Proteinen verwendet, die als Plasmaproteine oder Sekretionsprodukte ans Blut abgegeben werden, z. B.: Albumin, Präalbumin, Gerinnungsenzyme, Haptoglobin, Transferrin, Fibrinogen, LCAT, Pseudocholinesterase, Protease-Inhibitoren, Proteine für Lipoproteinsynthese (Prä-HDL, VLDL), Angiotensinogen u. a.
- *Harnstoffbildung:* Nahrungsaminosäuren werden zu CO_2 oxidiert und der dabei freiwerdende Aminosäurenstickstoff zu Harnstoff umgewandelt.
- *Deckung des Energiebedarfs:* Zur eigenen Energieversorgung werden v.a. Glucose zu CO_2 und H_2O oxidiert.

Postresorptionsphase

In der Postresorptionsphase (zwischen den Mahlzeiten) werden in der Leber folgende Prozesse katalysiert:
- *Glykogenolyse:* Lebereigenes Glykogen wird nach Stimulation durch Adrenalin oder Glukagon zu Glucose abgebaut, das für das ZNS, die Erythrozyten und das Nierenmark das Hauptsubstrat ist.
- *Gluconeogenese:* Die im Stoffwechsel anfallenden Nicht-Kohlenhydrate (Lactat, glucogene Aminosäuren, Glycerin) werden zu Glucose umgewandelt.
- *Harnstoffbildung:* Bei der Gluconeogenese der Aminosäuren zu Glucose entsteht Stickstoff (in Form von Ammoniak), das in der Leber zu Harnstoff umgewandelt und über die Niere ausgeschieden wird.

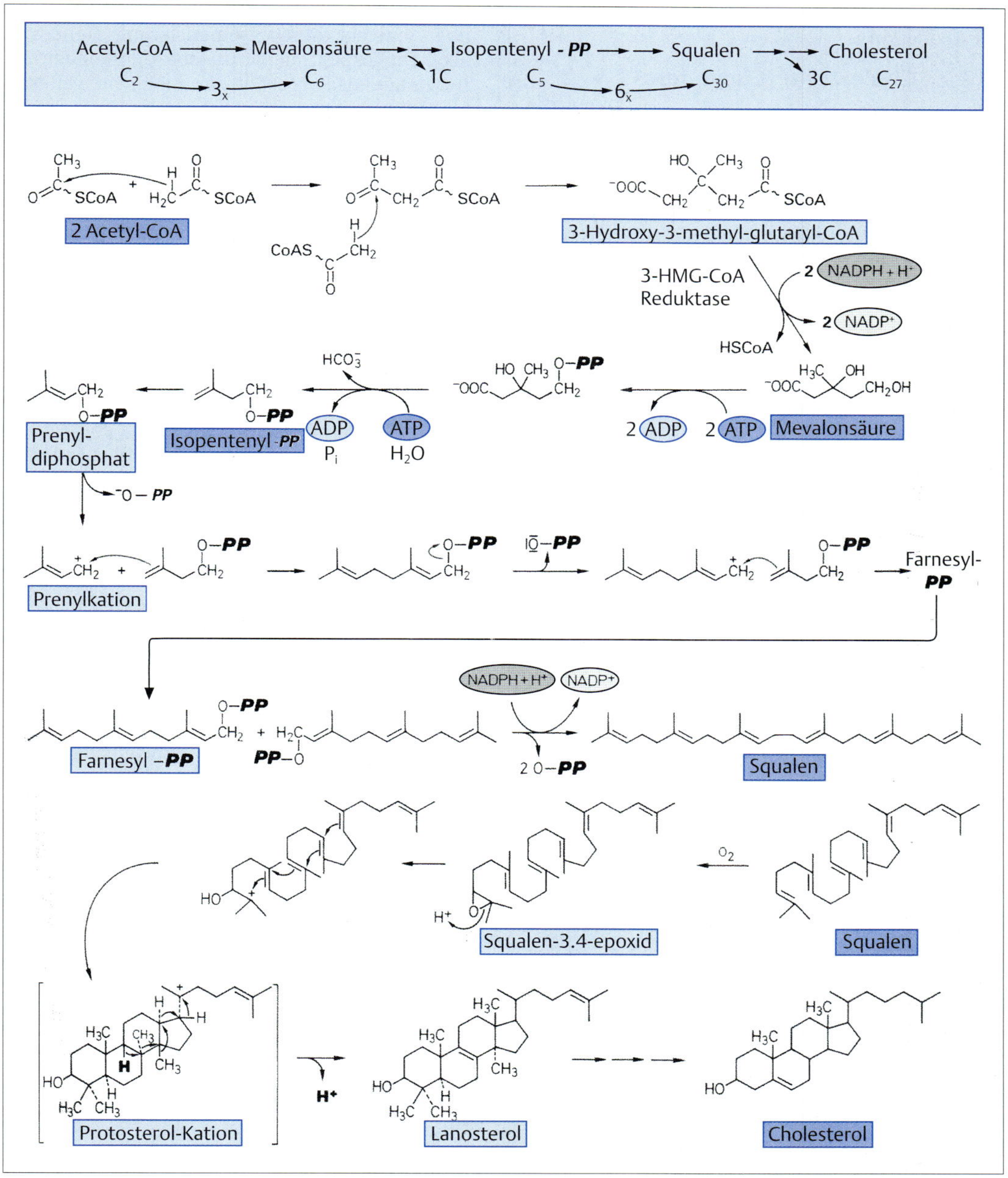

Abb. 18.**6** Cholesterinsynthese

- *Ketonkörpersynthese:* Im Rahmen sehr stark ablaufender β-Oxidation werden die anfallenden Acetyl-CoA-Moleküle anschließend in Ketonkörper umgewandelt, die 1. als Energiesubstrate für das ZNS, die Muskeln, das Herz und die Nierenrinde dienen und 2. Energie für die Gluconeogenese liefern.
- *Deckung des Energiebedarfs:* Die eigene Energieversorgung erfolgt nicht wie in der Resorptionsphase durch die Oxidation von Glucose,

sondern v.a. durch den Abbau der Fettsäuren (β-Oxidation).

18.2.2 Cholesterin (Cholesterol)

Beim Erwachsenen wird über 90 % des Cholesterins in der Leber und in den Kryptenzellen des Dünndarms synthetisiert. Bei Neugeborenen besitzt zusätzlich das ZNS eine sehr hohe Cholesterinsyntheseaktivität, da Cholesterin für die Synthese des Myelins und der peripheren Nerven essentiell ist. Außerdem ist Cholesterin Bestandteil vieler Membranen und Muttersubstanz der Gallensäure und der Steroidhormone.

Synthese

Die Cholesterinsynthese kann in vier Abschnitte eingeteilt werden (Abb. 18.**6**):

1. *Mevalonsäuresynthese:* Aus drei Molekülen Acetyl-CoA, das via Citrat ins Cytosol gelangt, wird zunächst **β-Hydroxy-β-Methyl-Glutaryl-CoA** (β-HMG-CoA) aufgebaut. Dieser Metabolit ist auch Vorstufe von Ketonkörpern, jedoch wird für die Cholesterinsynthese nur der extramitochondriale β-HMG-CoA-Pool herangezogen. Aus β-HMG-CoA entsteht durch Reduktion mit 2 NADPH/H^+ **Mevalonsäure**. Enzym: β-HMG-CoA-Reduktase (Schlüsselenzym).
2. *Synthese des aktiven Isoprens:* Unter Verbrauch von 2 ATP entsteht Mevalonsäure-5-Diphosphat. Durch Decarboxylierung und Wasserabspaltung entsteht unter ATP-Verbrauch Isopentenyl-Diphosphat → **aktives Isopren**. Enzyme: Mevalonatkinasen und Decarboxylase.
3. *Synthese des Squalens:* Aus Isopentenyl-Diphosphat entsteht durch Isomerisierung Dimethylalkyl-Diphosphat. Beide C_5-Moleküle kondensieren zu *Geranyldiphosphat*, das mit einem weiteren Molekül Isopentenyldiphosphat zu **Farnesyldiphosphat** kondensiert. Zwei Moleküle Farnesyldiphosphat liefern durch Kopf-zu-Kopf-Kondensation **Squalen**.
4. *Umwandlung zum Cholesterin:* Das C_{30}-Molekül Squalen zyklisiert unter O_2-Verbrauch zu **Lanosterol**, aus dem durch Cytochrom P_{450}-Enzymen drei Methylgruppen oxidativ abgespalten werden, wodurch das Endprodukt **Cholesterin** entsteht.

Lokalisation und Regulation der Cholesterinsynthese

Die Cholesterinsynthese ist im endoplasmatischen Retikulum lokalisiert und stellt einen energieaufwendigen Vorgang dar. Daher ist es für den Organismus ein Vorteil, Cholesterin über die Nahrung aufzunehmen. Das Nahrungscholesterin reguliert (Aufnahme über LDL und remnants) die endogene Cholesterinsynthese im Sinne eines Feedback-Mechanismus: Das Enzym β-*HMG-CoA-Reduktase* ist das Schlüsselenzym und wird durch Cholesterin, seine Derivate (z. B. Gallensäure) und Mevalonsäure allosterisch gehemmt. Außerdem unterliegt die β-HMG-CoA-Reduktase einer hormonellen Kontrolle:

Insulin bewirkt eine Dephosphorylierung der β-HMG-CoA-Reduktase, wodurch das Enzym aktiviert wird, und die Cholesterinsynthese begünstigt wird.

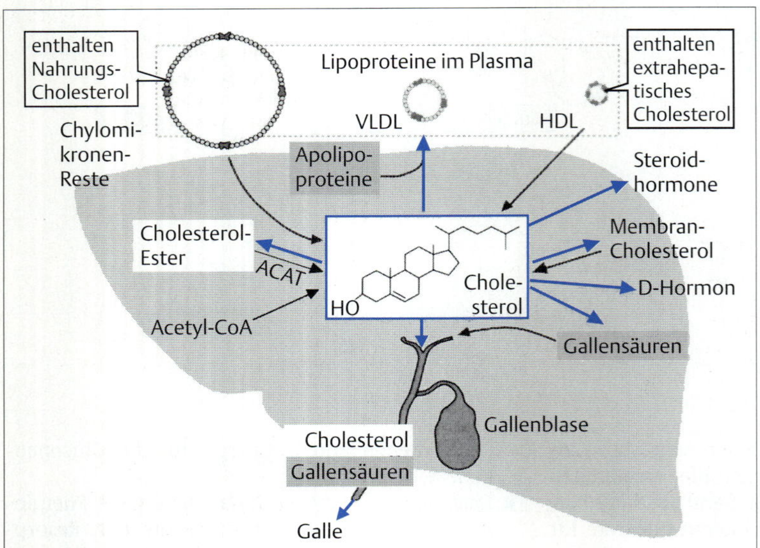

Abb. 18.**7** Stoffwechsel des Cholesterins (aus Koolman/Röhm, Thieme 1994)

Glukagon phosphoryliert die β-HMG-CoA-Reduktase und inaktiviert sie dadurch.

Klinischer Bezug

Ein erhöhter Cholesterinspiegel im Blut ist in der Regel nicht durch eine erhöhte Cholesterinzufuhr bedingt. Er ist das Resultat vieler Stoffwechselreaktionen und bis auf wenige Ausnahmen (z. B. genetisch bedingte Defekte) von der Art und Menge anderer Nahrungsbestandteile und von Streßsituationen abhängig. Eine Senkung des Nahrungscholesterins steigert kompensatorisch die endogene Cholesterinsynthese und kann den Serumcholesterinspiegel nur mäßig senken (Ausnahme: „Cholesterin-sensitive Personen").

Stoffwechsel des Cholesterins

Die Leber erhält Cholesterin aus folgenden Quellen: Aus der Nahrung (über Chylomikronenreste: remnants), der Eigensynthese im Körper und aus Lipoproteinen im Plasma, die Cholesterin oder Cholesterinester aus der Peripherie (z. B. Zellmembranabbau) zur Leber transportieren (HDL). Die Wege des Cholesterins sind in Abb. 18.**7** dargestellt.

18.2.3 Gallensäuren (Gallensalze)

Gallensäuren sind Bestandteile der Galle, halten dort das Cholesterin in Lösung und werden zur Lipidresorption bzw. Resorption von hydrophoben Substanzen (durch Mizellenbildung) im Darm benötigt (z. B. Resorption von fettlöslichen Vitaminen).

Synthese

Gallensäuren entstehen durch den Abbau von Cholesterin im endoplasmatischen Retikulum der Leberzellen (Abb. 18.**8**). Dabei werden am Cholesterin folgende Veränderungen vorgenommen:

- Einführung von OH-Gruppen,
- Reduktion (Hydrierung) der Doppelbindung am Ring B,
- Epimerisierung der OH-Gruppe an C_3,
- Verkürzung der Seitenkette um drei C-Atome.

Als Metabolite des Cholesterinabbaus entstehen die primären Gallensäuren *Cholsäure* und *Chenodesoxycholsäure* (Abb. 18.**8**) (**1**), die intrazellulär als CoA-Verbindungen vorliegen und vor dem Verlassen der Leber unter CoA-Abspaltung mit den Aminosäuren *Taurin* oder *Glycin* konjugiert werden (**2**). Auch eine Sulfatierung, Glucoronidierung und Glucosidierung ist in der Leber möglich. Durch die Konjugation wird die Löslichkeit der Gallensäuren verbessert, die als Mizellen in die Galle gelangen (**3**). Die mit der Galle sezernierten primären Gallensäuren werden im Darm mittels bakterieller Enzyme von ihrer Peptidbindung abgespalten (**4**) und anschließend durch Dehydroxylierung in sekundäre Gallensäuren umgewandelt (**5**). So entstehen aus Cholsäure die *Desoxycholsäure* und aus Chenodesoxycholsäure die *Lithocholsäure*. Etwa 90 % der sezernierten Gallensäuren können im Dünndarm zum größten Teil aktiv rückresorbiert werden (**6**) und im Blut, an Albumin gebunden, zur Leber transportiert werden → *enterohepatischer Kreislauf*.

Klinischer Bezug

Das unlösliche Cholesterin wird in der Galle durch die Gallensäuren (oder Lezithine) in Lösung gehalten. Durch eine Verminderung der enterohepatischen Zirkulation oder Produktion an Gallensäuren kann es in der Galle zur Kristallisation von Cholesterin und damit zur Bildung von **Gallensteinen** kommen (meistens ernährungsbedingt).

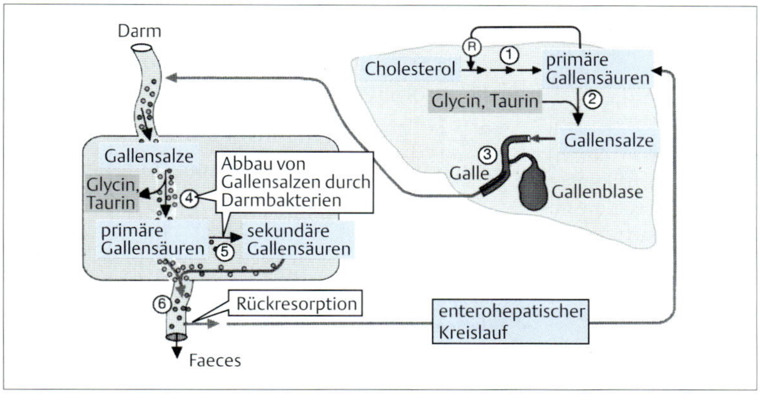

Abb. 18.**8** Stoffwechsel der Gallensäure (aus Koolman/Röhm, Thieme 1994)

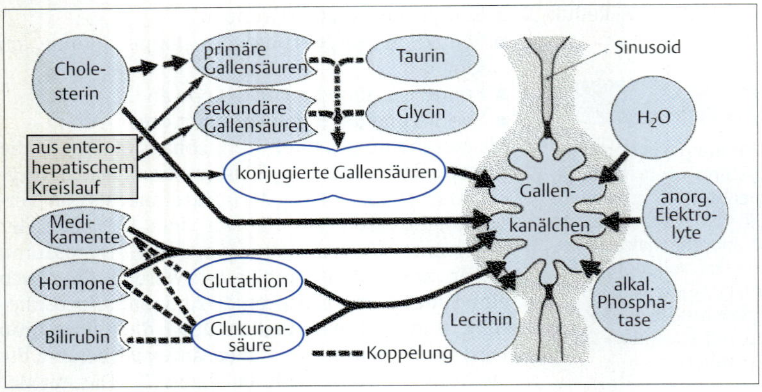

Abb. 18.**9** Ausscheidungsfunktion der Leber (aus Silbernagl/Despopoulos, Thieme 1991)

18.2.4 Gallenflüssigkeit

Die Synthese der Gallenflüssigkeit ist eine spezifische, exkretorische (ausscheidende) *Funktion der Leber* (s. Abb. 18.**9**). Die Galle ist eine wäßrige Lösung und besteht aus Gallensäuren, Cholesterin, Fettsäuren, Phospholipiden (Lezithin), Bilirubin (Gallenfarbstoff), anorganischen Elektrolyten und Wasser. Einige Stoffe, wie Medikamente oder Hormone, werden in der Leber inaktiviert und abgebaut und mit der Galle ausgeschieden. Schlecht wasserlösliche Stoffe werden im Blut an Albumin gebunden und zur Leber transportiert. Die Leber nimmt diese Stoffe (von Albumin getrennt) auf und konjugiert sie im endoplasmatischen Retikulum der Hepatozyten mit Glutathion oder Glucuronsäure, wodurch sie wasserlöslich und aktiv (ATP-abhängige Transporter) in die Gallenductuli ausgeschieden werden. Die Konzentration und die Zusammensetzung der Galle wird durch die Gallenductuli modifiziert (u. a. hormonell: VIP, Sekretin). Schließlich wird die in der Leber gebildete Galle in der Gallenblase gesammelt, wo ein Teil des Wassers und der anorganischen Elektrolyte rückresorbiert wird → *Konzentrierung der Lebergalle*. Die Funktion der Galle und ihre Steuerung u. a. durch Hormone (z. B. Cholecystokinin, Sekretin) ist in der Physiologie (Kap. 7) abgehandelt.

Funktion der Gallenflüssigkeit

- *Bildung wasserlöslicher Komplexe (Choleinsäuren):* Fettlösliche Verbindungen (Fettsäuren, Cholesterin, Steroide, Vitamine u. a.) bilden mit Gallensäuren wasserlösliche Komplexe, was eine wichtige Voraussetzung für deren Resorption aus dem Darmkanal ist. Außerdem wird das Cholesterin und die Fettsäuren in der Gallenblase in Lösung gehalten (s. Klinischer Bezug oben).
- *Emulgatoren:* Gallensäuren setzen die Oberflächenspannung des Wassers herab, wodurch fettlösliche Verbindungen im Darm emulgieren und ihre Oberfläche für Verdauungsenzyme zugänglich machen.
- *Choleretische Wirkung:* Steigt durch den enterohepatischen Kreislauf die Plasmakonzentration der Gallensäuren, akkumulieren diese in der Leber und hemmen die Gallensäurensynthese (s.o.) und regen gleichzeitig die Sekretion von Galle durch die Leber an.
- *Vehikelfunktion:* Medikamente, Gifte, Schwermetalle und nicht verwertbare endogene Substanzen werden über die Gallenflüssigkeit ausgeschieden.
- *Hormonaktivierung:* Gallensäuren aktivieren die Pankreaslipase und die Cholinesterase, wodurch der enzymatische Abbau der Nahrungslipide gefördert wird.

18.2.5 Biotransformation

Die Funktion der Biotransformation besteht darin, apolare, lipophile und damit nicht bzw. nur außerordentlich langsam ausscheidungsfähige Verbindungen in polare, wasserlösliche Substanzen umzuwandeln. Diese können dann leicht über den Harn oder die Gallenflüssigkeit ausgeschieden werden. Die Prozesse der Biotransformation sind ausführlich in Kap. 16 besprochen.

18.2.6 Endokrine Funktion

Bildung von Somatomedinen und Angiotensinogen sowie Inaktivierung bzw. Abbau von Hormonen in der Leber sind in Kap. 13 besprochen.

18.3 Magen-Darm-Trakt

Siehe Physiologie Kap. 7.

18.4 Fettgewebe

18.4.1 Energiestoffwechsel und Serviceleistungen

Das Fettgewebe ist das größte Speicherorgan. Die Arbeit des Fettgewebes wird wie die der Leber in zwei Phasen unterteilt:

Resorptionsphase

In der Resorptionsphase (Mahlzeit + 2 Stunden) katalysiert das Fettgewebe folgende Prozesse:

- *Triglycerid-Neusynthese:* Nahrungs-Glucose wird im Fettgewebe insulinabhängig aufgenommen, abgebaut und zu Triglyceriden umgewandelt, die aber im Gegensatz zur Leber im Fettgewebe als Speicherstoff verbleiben (Insulin ↑).
- *Triglycerid-Resynthese:* Die Leber bildet aus Glucose Triglyceride, die in Form von VLDL zum Fettgewebe transportiert werden und noch außerhalb der Zellen durch endotheliale Lipoproteinlipasen in Glycerin und Fettsäuren gespalten werden. Nur die Fettsäuren werden in die Zellen des Fettgewebes aufgenommen und mit Glycerol, das aus Glucose (Dihydroxyacetonphosphat in der Glykolyse) bereitgestellt wird, wieder zu Triglyceriden verestert und gespeichert (im Zytosol). Nahrungs-Triglyceride dagegen werden durch Chylomikronen im Blut transportiert und genauso wie Triglyceride in VLDL durch die LPL gespalten (s.o.).
- *Deckung des Energiebedarfs:* Die Deckung des eigenen Energiebedarfs wird überwiegend durch die Glucoseoxidation über die Glykolyse und den Pentosephosphatweg erreicht.

Postresorptionsphase

Zwischen den Mahlzeiten katalysiert das Fettgewebe folgende Prozesse:

- *Lipolyse:* Triglyceride werden hydrolytisch zu Fettsäuren und Glycerin gespalten (hormonsensitive Lipase ↑). Glycerin wird an den Kreislauf abgegeben und in der Gluconeogenese wiederverwertet. Die schlecht wasserlöslichen Fettsäuren werden im Blut an Albumin gebunden und zum Muskel, zum Herz, zur Nierenrinde und zur Leber transportiert, wo sie durch die β-Oxidation Energie liefern.

! Merke

Folgende Hormone aktivieren die hormonsensitive Lipase (via cAMP): Adrenalin, Noradrenalin, ACTH (Cortisol), STH, TSH, MSH, ADH und Glukagon.

- *Deckung des Energiebedarfs:* Zwischen den Mahlzeiten dient die β-Oxidation der eigenen Energieversorgung.

18.5 Niere

Die Niere ist für die Ausscheidung vieler Endprodukte und für die Retention (Zurückhaltung) von Substraten, Zwischenprodukten sowie des Endproduktes Bicarbonat zuständig. An der Retention und Sekretion der verschiedenen Substrate und Produkte sind aktive, energieabhängige Transportmechanismen beteiligt, die spezifisch innerhalb eines Nephrons lokalisiert sind. Aus diesem Grund weisen die Nierenrinde (proximale und distale Tubuli) und das Nierenmark unterschiedliche Stoffwechselleistungen auf. Die Mechanismen der Transportprozesse im Nephron sind in Kap. 9 der Physiologie beschrieben. Abb. 18.**10** faßt die Eigenschaften (pH, Volumen, Osmolalität u. a.) und die Bestandteile des durch die verschiedenen Transportprozesse entstandenen Harns zusammen. Nachfolgend wird auf die Deckung des Energiebedarfs der verschiedenen Abschnitte des Nephrons eingegangen.

18.5.1 Energiestoffwechsel

Nierenrinde

Proximale Tubuli: Die proximalen Tubuli decken ihren Energiebedarf durch folgende Prozesse:

- *β-Oxidation von Fettsäuren*
- Oxidation von Ketonkörpern
- Gluconeogenese:
  1. Oxidation von Lactat zu Glucose;
  2. Bei acidotischen Situationen (Hunger, Diabetes mellitus) steigt der Bedarf an NH_3 zur Neutralisation, so daß die Oxidation von Aminosäuren erhöht ist (Aminosäuren werden primär zu Glucose umgewandelt → NH_3 wird frei). Glutamin und Alanin sind Hauptsubstrate.

Distale Tubuli: Die Deckung des Energiebedarfs erfolgt hier durch die Oxidation von Glucose.

Nierenmark

Das Nierenmark deckt seinen Energiebedarf durch die anaerobe Glykolyse.

! Merke

Im *Rindenbereich* findet die vollständige Oxidation von Glucose bis CO_2 und H_2O sowie Gluconeogenese (besonders bei Acidose) statt und im *Markbereich* die anaerobe Glykolyse.

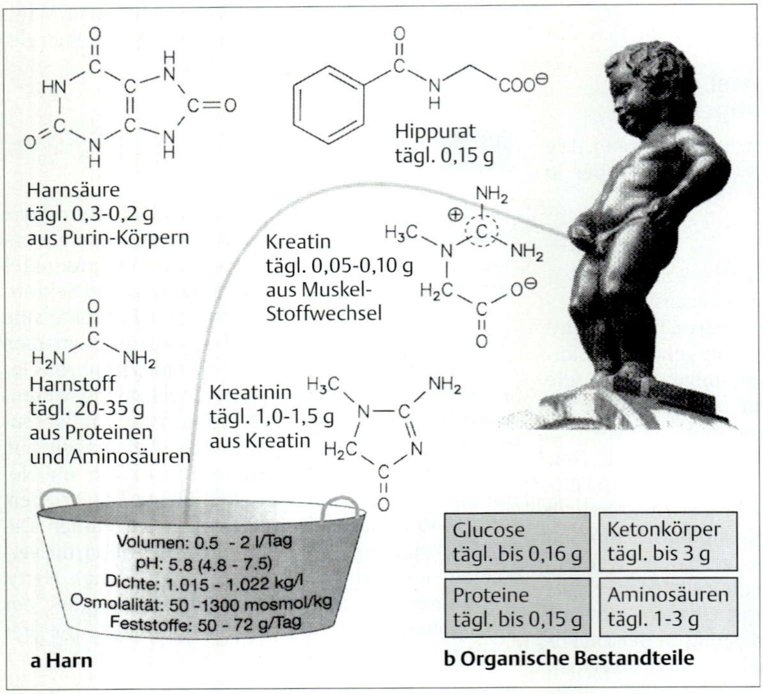

Abb. 18.**10** Organische und anorganische Bestandteile des Harns (aus Koolman/ Röhm, Thieme 1994)

18.6 Muskulatur

Zu Aufbau und Funktion der Muskulatur s. Physiologie Kap. 13.

18.6.1 Energiestoffwechsel

Die wichtigste Aufgabe des Muskels ist es, chemische Energie in mechanische Arbeit umzuwandeln. Als Energiequelle dient **ATP**. Der Muskel muß leistungsfähige Stoffwechselwege besitzen, die bei Muskeltätigkeit schnell ATP nachliefern (Abb. 18.**11**).

Anaerobe Glykolyse

Die Muskeln als Gesamtheit sind der größte Glykogenspeicher des Körpers. Glykogen wird im ruhenden Muskel insulinabhängig synthetisiert und macht 2 % der Muskelmasse aus. Adrenalin und Ca^{2+} dagegen stimulieren die Glykogenolyse mit Hilfe der Adenylylcyclase. Glykogen wird bis Glucose-6-Phosphat abgebaut, das unter anaeroben Bedingungen bis Pyruvat verstoffwechselt wird. Pyruvat wird entweder durch eine Transaminierung mit Aminogruppen aus dem Proteinstoffwechsel des Muskels in Alanin überführt und an das Blut abgegeben (Alaninzyklus) oder zu Lactat reduziert, das ebenfalls an das Blut abgegeben (Cori-Zyklus) wird. Beide Endprodukte werden in der Leber zur Glucosesynthese verwendet (Gluconeogenese).

> **Merke**
> Dem Muskelgewebe fehlt die Fähigkeit zur Gluconeogenese.

Oxidative Phosphorylierung

Unter aeroben Bedingungen wird Glucose-6-Phosphat aus der Glykogenolyse (s.o.) durch die

- Glykolyse,
- Pyruvatdehydrogenase,
- Citratzyklus und
- Atmungskette vollständig zu CO_2 und H_2O oxidiert.

Weitere wichtige Energiequellen sind Fettsäuren und Ketonkörper.

Kreatinkinase-Reaktion

Kreatin wird in der Leber (aus den Aminosäuren Glycin, Arginin oder Methionin) synthetisiert, an das Blut abgegeben und in der ruhenden Muskulatur durch die Kreatinkinase unter ATP-Verbrauch in **Kreatinphosphat** umgewandelt. Kreatinphosphat

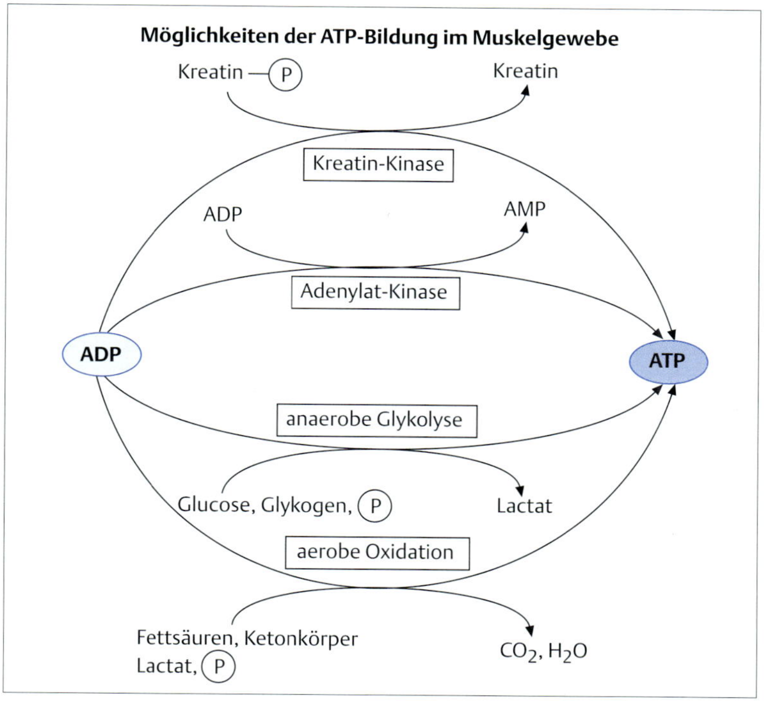

Abb. 18.**11** ATP-Bildung im Muskelgewebe (nach Buddecke, E.: Grundriß der Biochemie, 9. Aufl. deGruyter, Berlin 1994)

ist ein muskeltypischer Energiespeicher, dessen Vorrat nur für wenige Sekunden reicht. Bei Muskelarbeit kann Kreatinphosphat mit Hilfe der Kreatinkinase ADP zu ATP phosphorylieren. Dadurch wird in der Muskelzelle bei Kontraktionsarbeit auf Kosten des Kreatinphosphats ein nahezu konstanter ATP-Spiegel aufrechterhalten. Da diese Reaktion reversibel ist, kann Kreatin in der Erholungsphase rasch zu Kreatinphosphat regeneriert werden. Sowohl Hin- als auch Rückreaktion stehen miteinander im Gleichgewicht. Beim Abbau des Kreatins (nichtenzymatisch) im Muskel entsteht unter H_2O-Abspaltung der Heterozyklus *Kreatinin*, der mit dem Harn ausgeschieden wird (Abb. 18.**11**).

Adenylatkinase-Reaktion

Das bei der Muskelkontraktion anfallende ADP kann durch die Adenylatkinase (Myokinase) zu ATP und AMP umgewandelt werden.

> **! Merke**
>
> *Skelettmuskeln* decken ihren Energiebedarf durch Abbau von Glucose (anaerobe Bedingung), Lactat (aerobe Bedingung), Glykogen, Fettsäuren und Ketonkörper. *Herzmuskelfasern* besitzen einen vollständig aeroben Stoffwechsel. *Glatte Muskulatur* deckt den Energiehaushalt bevorzugt durch den Abbau von Glucose und Fettsäuren.

18.7 Bindegewebe

Das Bindegewebe ist ubiquitär, in allen Organen des Körpers verteilt und besteht aus Zellen und Interzellulärsubstanz. Es hat 1. **mechanische Funktionen** als Gerüst- bzw. Stützwerk und bei der Kraftübertragung (Knochen, Sehnen, Knorpel u. a.) und 2. **biochemische Funktion** als Diffusionsbarriere und als Wasser und Mineralien bindende Struktur. Zur Energieversorgung des Organismus trägt es nicht bei. Seinen eigenen Energiebedarf deckt es mit Glucose, die anaerob (Lactat) und aerob (CO_2) abgebaut wird. Die Interzellulärsubstanz des Bindegewebes besteht hauptsächlich aus Proteinen

Tab. 18.**6** Biochemische Funktion und makromolekularer Aufbau verschiedener Bindegewebe (aus Karlson/Gerok/Groß, Pathobiochemie, Thieme 1982)

Gewebetyp	mechanische Eigenschaften	Protein	Kohlenhydrat*
Knochen	Belastbarkeit durch Gewicht** (Druckfestigkeit, Formstabilität)	Kollagen Typ I	*Chondroitinsulfat*, Hyaluronsäure, Keratansulfat
Rippenknorpel	Druckfestigkeit, geringe Reibung, gute Elastizität	Kollagen Typ II	*Chondroitinsulfat*, (Keratansulfat)
Sehnen	hohe Zugfestigkeit, geringe Elastizität (Dehnbarkeit)	Kollagen Typ I	Dermatansulfat, Chondroitinsulfat
große Blutgefäße	hohe Dehnbarkeit und hohe Reißfestigkeit	Elastin, Kollagen Typ III und Typ I	*Chondroitinsulfat*, Hyaluronsäure, Dermatansulfat, Heparansulfat, (Heparin***)
Gelenkflüssigkeit	Schmierung, Stoßdämpfung	Kollagen Typ II	Hyaluronsäure
Haut	Festigkeit bei mäßiger Dehnbarkeit und Verformbarkeit	Kollagen Typ I (80 %), Typ III, Kreatin	*Dermatansulfat*, Hyaluronsäure
Basalmembran	gute Verformbarkeit, Trennfunktion, selektiv permeabel	Kollagen Typ IV, Typ V, Laminin, Fibronectin	Heparansulfat (?)
Cornea	durchscheinend, fest	Kollagen Typ I, Typ II	*Keratansulfat*, Chondroitin, (Chondroitinsulfat)

* Hauptkomponente (50 % und mehr) *kursiv* gedruckt, Komponenten unter 10 % in Klammern
** wird durch Einlagerung von Ca-Salz (Hydroxylapatit) erreicht
*** typisches Polysaccharid der Mastzellen

(*Kollagen, Elastin, Laminin, Fibronectin, Kreatin*) und sehr kohlenhydratreichen *Proteoglykanen*. Die Bestandteile des Bindegewebes haben unterschiedliche mechanische und rheologische (Fließ-)Eigenschaften, wodurch es möglich wird, aus den quasi sehr ähnlichen Molekülen verschiedene Bindegewebstypen aufzubauen, die verschiedene Funktionen haben (Tab. 18.**6**). Die Synthese der Faserproteine und Proteoglykane wurde bereits besprochen (s. Kap 11). Weitere Information zum Bindegewebe s. Histologie.

18.8 Nervensystem

Das Nervensystem, insbesondere das ZNS, ist das am höchsten spezialisierte, nichtregenerierbare Gewebe und dient der Aufnahme, Verarbeitung, Speicherung sowie der Wiedergabe von Informationen → *Signalverarbeitung*. Gemeinsam mit dem Hormonsystem steuert es die Funktion des gesamten Organismus.

18.8.1 Energiestoffwechsel

Das Nervensystem deckt seinen Energiebedarf bei normaler Stoffwechsellage ausschließlich durch **Glucose** und $\mathbf{O_2}$. Glucose wird vollständig zu CO_2 und H_2O oxidiert (respiratorischer Quotient = 1). Der spezifische O_2-Verbrauch des Nervengewebes ist größer als derjenige des ruhenden Skelettmuskels. Die Speicherung von Glucose in Form von Glykogen ist minimal (< 0,2 %). Nur bei langfristigem Hunger (Fasten) oder bei pathologischen Stoffwechselsituationen (Diabetes mellitus), dienen **Ketonkörper** als Energiequelle. Fettsäuren können im Nervensystem *nicht* zur Energieerzeugung genutzt werden, da sie im Blut, an Albumin gebunden, transportiert werden und dadurch die Blut-Hirn-Schranke nicht passieren können. Aminosäuren können zwar durch spezielle Transportsysteme die Blut-Hirn-Schranke passieren (Ausnahme: Glutamat, Aspartat, Glycin), jedoch *nicht* zur ATP-Gewinnung herangezogen werden, da das Nervensystem nicht die Fähigkeit zur Gluconeogenese besitzt (Abb. 18.**12**).

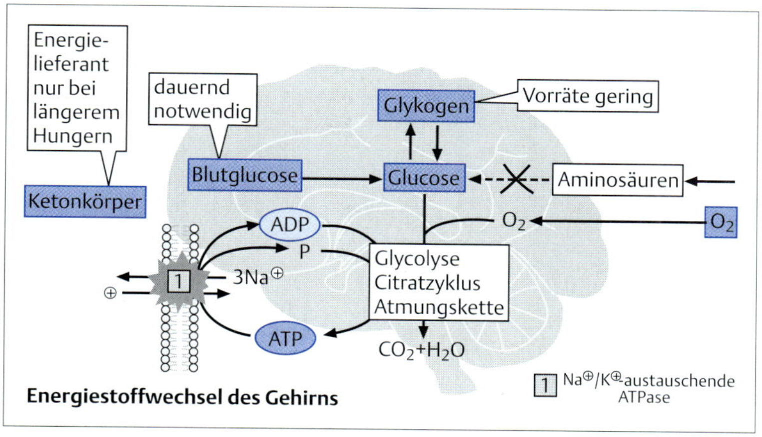

Abb. 18.**12** Energiestoffwechsel des Nervensystems (aus Koolman/Röhm, Thieme 1994)

18.8.2 Extra- und intrazellulärer Stofftransport

Zu Funktionen der Neurone und Bedeutung der Blut-Hirn-Schranke s. Physiologie Kap. 11, 12, 14 und 15.

18.8.3 Signalübertragung

Siehe Biochemie 15.1, Physiologie 10.1.3 und 10.1.4.

18.9 Auge

Siehe Biochemie 5.2.1 und Physiologie 16.2.

Psychologie

David Prvulovic
Antje Werthmann

Methodische Grundlagen

1.1 Verhaltens- und Selbstbeurteilung

Die ärztliche Tätigkeit ist in der Interaktion mit dem Patienten geprägt von der Beobachtung und Beurteilung der Symptome und der Verhaltensweisen des Kranken. Eine Schwierigkeit der gegenseitigen Einschätzung kann in den potentiellen Beurteilungsfehlern des Arztes bzw. in den Antworttendenzen des Patienten liegen. Solche Fehlerquellen sollten erkannt und soweit möglich ausgeschaltet bzw. kontrolliert werden. Zunächst soll hier jedoch der Unterschied zwischen Beobachtung und Beurteilung erklärt werden.

1.1.1 Beobachtung und Beurteilung

Die **Beobachtung** bietet als selektive, geschulte *Wahrnehmung* die Möglichkeit, planmäßig nach einem bestimmten Sachverhalt zu suchen und zu erkennen, ob dieser auch tatsächlich vorliegt (Bsp.: Hat der Patient schweißige oder zittrige Hände?). Man unterscheidet die *unsystematische Untersuchung*, die zufällig und unkontrolliert geschieht von der *systematischen Beobachtung*, die zielorientiert (nach festgelegten Regeln) abläuft und eine höhere Zuverlässigkeit besitzt. Die *Einschätzung des Ausprägungsgrades* eines Merkmales oder eines Sachverhaltes wird nicht unmittelbar wahrgenommen, sondern vollzieht sich als Denkprozeß unter Einbeziehung der beobachtenden Phänomene und wird als **Beurteilung** bezeichnet. Die beiden Begriffe werden oft nicht so genau getrennt und als eine Einheit angesehen.

Formen der systematischen Beobachtung

Teilnehmende Beobachtung ist als ein Vorgang definiert, bei dem die beobachtende Person selbst an dem Prozeß Anteil hat, dem sie ihre Aufmerksamkeit schenkt.

In der **Selbstbeobachtung** bzw. **Selbstbeurteilung** geben die Probanden Auskünfte über das eigene Erleben und Verhalten (z. B.: „Heute fühle ich mich besonders unwohl"). Es gibt Denkinhalte und Reaktionsweisen, die letztlich nur der Selbstbeobachtung zugänglich sind (z. B. Gefühle). Allerdings mangelt es dieser Introspektion an Objektivität, und sie läßt nur schwerlich einen inter-subjektiven Vergleich zwischen mehreren Individuen zu. Sogenannte *standardisierte Selbstbeobachtung* wird in Persönlichkeitstests oder Anamnesefragebögen zum Selbstausfüllen angewendet.

Bei der **Fremdbeobachtung** bzw. **Fremdbeurteilung** ist der Beobachter nicht deckungsgleich mit der beobachtenden Person und beteiligt sich nicht am aktuellen sozialen Geschehen. Als ein Problem wird bei dieser Beobachtungsweise angesehen, daß sie nur indirekt vollzogen werden kann.

Um den Ausprägungsgrad von Beobachtungsergebnissen faßbar zu machen, werden zweierlei Beurteilungsskalen verwendet:

Relative Beurteilungsskalen: Sie setzen verschiedene Ergebnisse in Bezug zueinander. Der *Paarvergleich* beschreibt die Entscheidung zwischen zwei Alternativen (z. B. an welcher Stelle ist der Schmerz stärker, links oder rechts?). *Rangreihenvergleiche* stellen eine Hierarchie bezüglich Beobachtungsergebnissen und Merkmalsausprägungen auf; problematisch ist es, wenn man nicht eine gleichbleibende Sorgfalt zur Beurteilung der gesamten Merkmalsreihe aufbringen kann. Im *soziometrischen Wahlverfahren* wird ein Gesamtbild von Beziehungssträngen erstellt, das aus unabhängigen Einzelbeobachtungen und -beurteilungen entsteht (Fragebeispiel.: „Mit wem aus Ihrer Arbeitsgruppe wären Sie gerne auf einer einsamen Insel?"). Mittels dieses Verfahrens kann man Binnenstrukturen in Gruppen herausfinden, die aus deren Interaktion entstehen, und in einem Soziogramm graphisch darstellen (s.a. 7.4).

Absolute Beurteilungsskalen: Informieren über den absoluten Ausprägungsgrad eines Merkmals. In *Schätzskalen* (Rating-Skala) kann die Quantifizierung der Ausprägung von Variablen anhand von Zahlensträngen oder durch verbale Einordnung vorgenommen werden (Bsp.: Die Schmerzstärke kann von 1 kaum spürbar bis 10 unerträglich variieren). *Summenwertskalen* (kumulative Punktwertskalen) werden durch die Aufaddierung einer Reihe von Beobachtungseinheiten erstellt; sie liefern ein umfassenderes Bild über Merkmalszusammenhänge. Mittels *check-list* kann dichotom beantwortet werden (zutreffende Feststellungen werden angekreuzt), ob z. B. ein Merkmal vorhanden ist oder nicht.

1.1.2 Systematische Beobachtungs- und Beurteilungstendenzen

Im Gegensatz zu unsystematischen Tendenzen (z. B. zufällige Aufmerksamkeitsschwankungen), die nur schwer erkannt werden und sich daher jeglicher Kontrolle entziehen, können die systematischen Erscheinungen leichter festgestellt und daher kontrolliert oder sogar vermieden werden. Ausführliche Schulungen der Beobachter, Selbstreflexion und die Überprüfung von Beobachtungsergebnissen im Vergleich mit anderen oder nochmaliges Hinsehen ermöglichen es, fehlerhafte Beurteilungstendenzen zu umgehen oder auszumerzen.

Beobachtungsfehler

Halo-Effekt (engl. „halo" = Hof): Die Gesamtbeurteilung wird durch den ersten, zumeist unkontrollierten Eindruck beeinflußt. (Bsp.: Der gut durchtrainierte Körper des Patienten kann über seinen Krankheitszustand hinwegtäuschen.) Die Wahrnehmung später beobachteter Merkmale wird durch frühere Anschauungen geprägt, man wünscht sich sozusagen ein passendes Gesamtbild (Schwarzweiß-Malerei); es besteht außerdem die Gefahr, mit einer gewissen Erwartungshaltung an eine Person heranzutreten.

Logischer Fehler: Mit der Überzeugung, daß bestimmte Eigenschaften eine Einheit bilden, wird ein unüberprüfter Zusammenhang zwischen diesen Merkmalen hergestellt. (Bsp.: Brillenträger sind Streber, oder pünktliche Patienten sind auch compliant.) Diese Fehleinschätzung geschieht bewußter als der Halo-Effekt.

Kontrastfehler: Zwischen zwei Probanden oder zwischen sich und der Versuchsperson stellt der Beobachter einen Gegensatz fest, der die Beurteilung beeinflußt. (Z.B. könnte in einer Prüfungssituation ein Prüfling besonders schlecht beurteilt werden, weil der vorherige Proband überdurchschnittlich gut war; weiteres Bsp.: Ein niedergelassener Arzt bagatellisiert die Beschwerden seiner Patienten, da er zuvor einige Jahre auf einer Intensivstation gearbeitet hat.)

Projektion: Einer der Abwehrmechanismen (s.a. 3.3.2). Dabei werden persönliche Wünsche, Vorstellungen, Eigenschaften und situative Bedingungen (z. B. beruflicher Streß und Überlastung) dem Gegenüber zugeschrieben und unterstellt.

Milde-Effekt: Besonders bei Personen, die der Beobachter als sympathisch empfindet, tendiert er zu einer milden und damit eher positiven Beurteilung. Der Beurteiler will evtl. negative Auswirkungen seiner Beobachtungsergebnisse auf die beobachtete Person vermeiden (→ Gefälligkeitsnoten).

Fehler der zentralen Tendenz: Die beurteilende Person ordnet eher mittlere Ausprägungsgrade zu als Extremwerte, da sie annimmt, damit krasse Fehler in der Beurteilung vermeiden zu können.

Reihenfolge-Effekt: Der erste (→ Primacy-Effekt) und der letzte Eindruck sind maßgebend für das Gesamtergebnis.

Versuchsleiter- bzw. Versuchspersoneneffekte

Rosenthal-Effekt: Versuche des engl. Psychologen Rosenthal zeigten, daß sich Einstellungen und Erwartungen des Beobachters den Versuchspersonen gegenüber stark auswirken können und somit das Beobachtungsergebnis beeinflussen. In einer Klasse erzielten diejenigen Schüler bessere Ergebnisse, die dem Lehrer als besonders intelligent angepriesen wurden, obwohl sie gleiche Intelligenzquotienten aufwiesen wie andere Schüler. Im Sinne einer „self-fulfilling-prophecy" bewirkte die positive Einstellung und damit die bessere Interaktion zwischen Lehrer und Schüler die Verbesserung der Leistungen (z. B. kann auch Optimismus seitens eines Arztes den Patienten dahingehend beeinflussen, daß dieser eher von seiner Heilung überzeugt ist und somit der Krankheitsverlauf positiv beeinflußt wird). Mit der Erwartung eines bestimmten Verhaltens nimmt häufig die Wahrscheinlichkeit zu, daß dieses Verhalten auch tatsächlich eintritt. (Bsp.: „Paß auf, du fällst noch vom Stuhl!" Die Mutter sprach's und im nächsten Moment saß Klein-Philipp auf dem Boden.)

Hawthorne-Effekt: Bei Experimenten mit Arbeiterinnen in der Elektroindustrie zeigte sich, daß schon das alleinige Wissen um die Teilnahme an einem Experiment und das Erahnen der Untersuchungshypothese die Versuchsergebnisse prägen kann. Die Frauen fielen durch besonderen Leistungseinsatz auf, da sie sich selbst als gute Versuchspersonen einschätzten und sich so verhielten, wie scheinbar von ihnen verlangt wurde.

1.1.3 Antworttendenzen bei der Selbstbeurteilung

Im Falle der Selbstbeurteilung sind Beobachter und zu beobachtende Person identisch. Auch hier können sich einige Fehler in die Beurteilung einschleichen, die aber im Vergleich mit anderen Informationsquellen häufig aufgedeckt werden können.

Symptomtoleranz: Abhängig vom Geschlecht, von der sozialen Schichtzugehörigkeit oder dem Kulturkreis wird z. B. Schmerz verschiedenartig empfunden. So geben Untersuchungen zufolge Frauen einem Arzt gegenüber wesentlich eher Beschwerden zu als Männer.

Simulation und Dissimulation: Je nach den Konsequenzen die daraus entstehen, besteht bei manchen Patienten die Gefahr, daß sie Symptome bewußt vortäuschen (→ sekundärer Krankheitsgewinn) oder unterdrücken (aus Angst vor negativen Auswirkungen).

Mangelnde Mitteilungsfähigkeit und -bereitschaft: Sprachbarrieren aufgrund unterschiedlicher Nationalität oder Schichtzugehörigkeit sowie die Unfähigkeit kleiner Kinder, ihre Beschwerden auszudrücken, sind Phänomene, welche die Verständigung zwischen Arzt und Patient erschweren können. Ebenso können z. B. tabuisierte Inhalte die Bereitschaft herabsetzen, evtl. an sich selbst beobachtete Vorgänge auch einzugestehen.

Reaktion im Sinne der sozialen Erwünschtheit: Erlernte Normen und Verhaltensweisen prägen die Probanden so sehr, daß sie meist danach streben, so zu reagieren, wie es sozial anerkannt ist.

Ja-sage-Tendenz: Versuchspersonen neigen eher dazu, die Antwort „ja" auf eine Frage zu geben, als mit „nein" zu antworten.

Absichtliche Verfälschung: Es werden unehrliche Antworten gegeben.

1.1.4 Validierung von Anamnese und Persönlichkeitsfragebogen

Die Validität beschreibt die Gültigkeit von Tests und wird in Abschnitt 1.3 noch näher erläutert. Bei der Beobachtung von Personen und Merkmalen muß man sich die Frage stellen, ob auch das beurteilt wird, was beurteilt werden soll. Zur Überprüfung dieses Sachverhaltes z. B. in der Anamnese sollten Vergleiche zwischen den Ergebnissen der Fremdbeobachtung (z. B. durch den Arzt), der Selbstbeobachtung (z. B. selbstausgefüllte Anamnesebögen des Patienten), Auskünften der Familienanamnese und funktionellen bzw. klinischen Untersuchungsbefunden gezogen werden.

1.2 Interview und Befragung

Interviews weisen in den meisten Fällen eine ziel- und zweckgerichtete Thematik auf. Die Kommunikation der Interviewpartner läuft eher asymmetrisch ab, da eine Person die Fragen stellt und die andere Person die Antworten liefert. Eine Befragung ist quasi ein Interview in schriftlicher Form. In der Arzt-Patient-Beziehung dienen Interviews der Informationsgewinnung (z. B. zu Krankheitssymptomen, Schmerzauftritt), der Interaktion (→ Aufbau einer Vertrauensbeziehung) und der Integration (→ Einbeziehung der Informationen in ein Gesamtbild und dadurch Möglichkeit einer Therapieerstellung). Zu den weiteren Funktionen des ärztlichen Gepräches s.a. Kap. 9. Diagnosefindung (z. B. Anamneseerhebung), beratende Funktion (hier ist der Patient der Fragensteller) und therapeutische Funktion stehen im Vordergrund. Das sog. qualitative Interview oder hermeneutische (= erklärendes, auslegendes) Verfahren dient der Klärung der Frage, wo das Problem überhaupt liegt (z. B. warum der Patient den Arzt konsultiert).

1.2.1 Interviewstile

Abhängig davon, welche Funktion im Vordergrund steht, werden unterschiedliche Gesprächsstile vom Interviewleiter angewandt:

Direktiver Stil: Ein Interviewpartner (z. B. der Arzt) übernimmt die Führung des Interviews und lenkt den Inhalt und den Verlauf des Gespräches durch zielgerichtete (meist geschlossene) Fragen und Bewertung der Antworten.

Non-direktiver Stil: Unter Verwendung eher offener Fragen gibt der Interviewer dem Befragten die Gelegenheit, subjektive Eindrücke und Empfindungen in persönlicher Gewichtung ins Gespräch einfließen zu lassen.

1.2.2 Standardisierungsgrade von Interviews

Um eine gewisse Unabhängigkeit der Antworten vom Interviewer und dessen Befragungstechnik zu erhalten, gibt es Bemühungen, Interviews zu strukturieren und zu standardisieren. Die Anwendung eines bestimmten Standardisierungsgrades ist also ebenfalls abhängig von den Interviewfunktionen und -zielen:

Freies Interview: Es ist die unsystematischste Befragungsmöglichkeit; das Thema ist die einzige Vorgabe (→ keine Einengung, aber auch keine Unterstützung; Bsp.: Forschungsgespräch). Der Vorteil des freien Interviews liegt im großen Selbstbestimmungsgrad der interviewten Person.

Halbstandardisiertes (teilstrukturiertes) Interview: Ein Leitfaden erleichtert die Gesprächsorientierung und trägt dazu bei, daß bestimmte relevante oder routinemäßige Fragen nicht vergessen werden. Die Reihenfolge, Formulierung und Gewichtung kann durch den Interviewer modifiziert werden.

Standardisiertes (vollstrukturiertes) Interview: Es besteht eine strenge Reihenfolge und ein spezieller Wortlaut der Fragen. Der Kommunikationsprozeß wird dadurch sehr eingeschränkt und ist häufig ein unflexibles Abfragen von Fakten. Vorteil dieser Interviewform ist die gute statistische Auswertungsmöglichkeit.

1.2.3 Frageformen

In Interviews besteht die Möglichkeit, verschiedene Frageformen anzuwenden, je nach den Aufgaben, die das Gespräch erfüllen soll:

Offene Fragen: Z.B.: „Wie fingen die Beschwerden denn an?" Dem Patienten wird dadurch die Chance eingeräumt, seine Situation subjektiv und weitreichend zu schildern, er kann die Richtung und den Inhalt seiner Antwort mitbestimmen. Nachteilig ist der hohe Zeitaufwand, der zur Erhaltung relevanter Informationen notwendig sein kann.

Geschlossene Fragen: Z.B.: „Haben Sie jetzt Schmerzen?", „Wann traten die Beschwerden das erstemal auf?" Hierbei wird die Antwort schon in eine gewünschte Richtung gelenkt. Diese Frageform bietet vor allem bei der Anamnese, also beim Abfragen gewisser Fakten, ihre Vorteile. Spezielle Formen geschlossener Fragen sind:

- *dichotome Fragen:* Hier bestehen nur zwei Antwortalternativen (z. B.: ja/nein).
- *Katalogfragen (multiple-choice):* Es werden mehrere Antwortmöglichkeiten angeboten. (Z.B.: Sind die Schmerzen leicht, erträglich, zermürbend, nicht auszuhalten?)

Tab. **1.1** gibt eine kurze Übersicht über die Vor- und Nachteile der Interviewformen und ihrer Eigenarten.

Tab. 1.**1** Vorteile und Nachteile diverser Interviewformen

Interviewform	Vorteile	Nachteile
direktiv, standardisiert mit geschlossenen Fragen	rasch, gezielt, objektiv, statistisch gut erfaßbar	einengend
non-direktiv, wenig standardisiert mit offenen Fragen	subjektiv, breite Streuung, motivierend	großer zeitl. Aufwand, Ergebnisse weniger vergleichbar

1.3 Tests

1.3.1 Definition

Nach Lienert ist ein Test ein wissenschaftlich begründetes Verfahren, das unter standardisierten Bedingungen und routinemäßig durchgeführt wird. Psychologische Tests dienen der Untersuchung und empirischen Überprüfung eines oder mehrerer Persönlichkeitsmerkmale bzw. Eigenschaften, die voneinander abgrenzbar sind. Ziel dieses Routineverfahrens ist es, eine quantitative Aussage über den relativen Ausprägungsgrad eines Merkmals machen zu können; die absolute Ausprägung kann dabei häufig nicht erfaßt werden. Items sind einzelne Aussagen bzw. Bestandteile eines Tests oder Fragebogens.

1.3.2 Ziel der Standardisierung

Standardisierte Bedingungen gewähren eine gewisse Objektivität der Testergebnisse (= ein Gütekriterium des psychologischen Tests, s. u.). Indem das Instrumentarium, die Vorgehensweise und die Auswertungsvorschriften festgelegt werden, wird der Einfluß des Untersuchers auf die Testergebnisse möglichst ausgeschaltet. Der Test wird durch die Standardisierung auch eindeutig interpretierbar.

1.3.3 Normierung von Tests

Die Normierung dient der Umwandlung der Rohwerte eines Tests (z. B. Anzahl der richtig gelösten Aufgaben) in Standardwerte und schafft die Grundlage, um individuelle Ausprägungen eines Merkmals überhaupt einordnen zu können. Die **Äquivalenznorm** vergleicht das individuelle Ergebnis eines Probanden mit den Werten einer Eichstichprobe, deren Ergebnisse als Durchschnittswerte gelten. **Variabilitätsnormen** beziehen individuelle Testwerte auf den Mittelwert und seine Streuung. In **Standardnormen** wird vorausgesetzt, daß die Rohwerte normal verteilt sind (→ Gauß-Verteilung), d. h. mit symmetrischer Streuung (→ Standardabweichung s) um den Mittelwert m. Aus der Standardabweichung und dem Reliabilitätskoeffizienten kann der Standardmeßfehler ermittelt werden; je genauer der Test mißt, desto geringer ist der Standardmeßfehler.

! Merke

Bei der Gauß-Verteilung liegen ca. 68 % der Testergebnisse innerhalb der einfachen Standardabweichung um den Mittelwert (+s; – s); innerhalb der doppelten Standardabweichung (+2 s; – 2 s) befinden sich schon ca. 95 % der Werte.

Prozentrangnormen geben an, wieviel Prozent der Teilnehmer ein gleich gutes oder ein schlechteres Ergebnis erzielt hat als der Proband; ein Prozentrang von > 50 weist darauf hin, daß der Prüfling eine überdurchschnittliche Leistung bzw. einen überdurchschnittlichen Testwert erbracht hat. Um einen Prozentrangwert aufzustellen, benötigt man die Kenntnis der *Häufigkeitsverteilung* der Probandenergebnisse.

! Merke

Bei der Erstellung von Prozentrangnormen ist keine Normalverteilung der Rohwerte nötig. Die Transformation der Rohwerte auf Prozentrangwerte beeinflußt *nicht* die Reliabilität bzw. Validität des Tests. Der Prozentrangwert macht auch keine Aussagen über den Schwierigkeitsgrad des Tests.

Die Anwendung von Prozentrangnormen anstelle von Standardnormen führt bei normalverteilten Testergebnissen zu einer Verzerrung der individuellen Testwertdifferenzen. Prozentrangnormen schwächen die Unterschiede der Einzelergebnisse im mittleren Bereich der Normalverteilung ab (→ Nivellierung) und betonen die Unterschiede in den extremen Bereichen (→ Akzentuierung).

Je nach Normierungsskala werden Mittelwert und Standardabweichung unterschiedlich festgelegt:

- *Standardnorm (z- Norm)*: Mittelwert m = 0, Standardabweichung s = 1.
- *Standardwertskala:* m = 100, s = 10; –s entspricht 90, +s entspricht 110.
- *IQ-Norm*: m = 100, s = 15; –s entspricht 85 und +s entspricht 115. Bsp.: HAWIE (s.u.)
- *Stanine-Norm*: m = 5, s = 2.
- *Prozentrangnorm*: m = 50, s = 34,1; –s entspricht einem Prozentrang von 16, +s entspricht Prozentrang 84.

Abb. 1.1 zeigt verschiedene testspezifische Normierungsskalen.

1.3.4 Testverfahren

Abhängig von Ziel und Zweck des Tests kennt man in der Psychologie verschiedene Testarten:

Leistungstest: Z.B. Intelligenztest (HAWIE = Hamburg-Wechsler-Intelligenztest für Erwachsene), Reaktionstests, Konzentrations-Leistungstests.

Persönlichkeitstest:

- *Psychometrische Tests* messen den relativen Ausprägungsgrad bestimmter Persönlichkeitsmerkmale und zeichnen sich durch hohe Objektivität aus.
  - FPI: Freiburger-Persönlichkeits-Inventar: erfaßt eine Reihe von Persönlichkeitsmerkmalen.
  - MMPI: Minnesota Multiphasic Personality Inventory.
- *Projektive Tests*: In diesem Entfaltungsverfahren kann der Proband seine Gefühle, Gedanken und

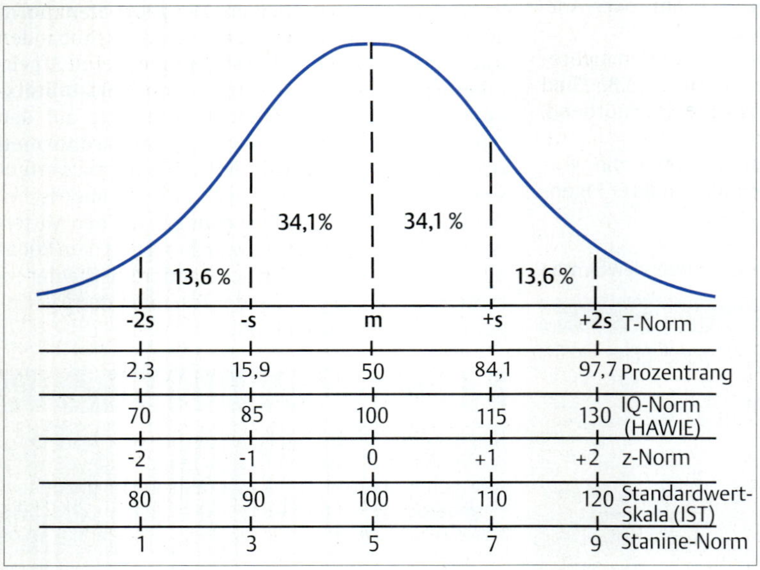

Abb. 1.1 Gauß-Verteilung und Testnormierungen

Assoziationen durch Testmaterial zum Ausdruck bringen. Solche Tests sind weniger objektiv. Ihr Vorteil liegt in der Registrierung der momentanen Befindlichkeit. Es besteht dabei die Möglichkeit, auch unbewußte Merkmale zu erfassen

- Rorschach-Test: Der Proband assoziiert in unstrukturierte symmetrische Tintenkleckse eigene Vorstellungen und Empfindungen.
- Thematischer Apperzeptionstest (TAT).

1.3.5 Gütekriterien der klassischen Testtheorie

Objektivität: Sie beschreibt die *Unabhängigkeit* des Testergebnisses vom Beobachter. Realisieren kann man Objektivität durch standardisierte Testverfahren (→ *Durchführungsobjektivität*) und einheitlich festgelegte Auswertung der Testergebnisse (→ *Auswertungsobjektivität*: z. B. durch Schablonen, Tabellen, genaues und sofortiges Aufzeichnen der Beobachtung) ohne subjektive Interpretationsmöglichkeit (→ *Interpretationsobjektivität*) durch den Beobachter.

Reliabilität: Sie ist definiert als die *Genauigkeit* bzw. *Zuverlässigkeit*, mit der ein Test das mißt, was er mißt. Überprüft wird die Genauigkeit gewöhnlich mit einem *Paralleltest* (→ Durchführung eines ähnlichen Tests, der gleiche Anforderungen stellt, mit denselben Probanden) oder mit einem *Re-Test* (→ Testwiederholung nach einem bestimmten Zeitabstand mit der gleichen Stichprobe). Eine weitere Möglichkeit der Reliabilitätskontrolle bietet die *Testhalbierung*, dabei werden die Ergebnisse aus zwei gleich schwierigen Testteilen miteinander verglichen. Die Testergebnisse werden zueinander ins Verhältnis gesetzt und ergeben das Ausmaß der Zuverlässigkeit des Tests. Schließlich besteht noch die Möglichkeit, die innere Konsistenz des Tests (seine Homogenität) zu berechnen. Diese ergibt ähnliche Werte wie der Vergleich der Testhälften. Ab einem Zuverlässigkeitskoeffizienten (s.a. Kap 1.5.4) von 0,8 gilt der Test als befriedigend, ab 0,9 als zuverlässig.

Validität: Sie charakterisiert die Gültigkeit des Test, d. h., ob der Test auch das Merkmal mißt, für dessen Erfassung er entwickelt wurde.

- *Inhaltsvalidität* liegt vor, wenn ein spezifisches Verhalten in einer Untersuchungssituation repräsentativ ist für ein Verhalten außerhalb des Tests.
- *Konstruktvalidität:* Aus den im Test gezeigten Verhaltensweisen können Rückschlüsse gezogen werden auf ein Konstrukt, das nicht direkt beobachtet werden kann (z. B. Intelligenz).
- *Kriteriumsvalidität* (= Übereinstimmungsvalidität): Die Testergebnisse werden mit Untersuchungsergebnissen (Kriterien) verglichen, die sich bereits als gültig erwiesen haben.
- *Vorhersagevalidität:* Sie gibt an, wie sicher das Testergebnis auf ein zukünftiges Verhalten schließen läßt. Man vergleicht das Testresultat mit später erzielten Leistungen.

In der Hierarchie der Gütekriterien steht die Validität mit der Reliabilität an höchster Stelle, gefolgt von der Objektivität. In Worten ausgerückt bedeutet dies: Ein Test kann nicht reliabler sein als er objektiv ist, und auch nicht valider als er reliabel oder objektiv ist. Vice versa besitzt ein Test mit einer hohen Validität auch eine hohe Reliabilität und eine hohe Objektivität.

! Merke

Die Objektivität ist die notwendige Voraussetzung der Reliabilität, die Reliabilität wiederum die notwendige Voraussetzung der Validität.

1.3.6 Kritik an psychologischen Tests

Gerade durch die weite Verbreitung von psychologischen Tests sind diese auch vielfältiger Kritik ausgesetzt. Beanstandet wird dabei, daß ein Test nur einen momentanen Status von Merkmalen der Versuchsperson geben kann und Veränderungen unberücksichtigt bleiben. Des weiteren sind Testergebnisse verfälschbar bzw. können durch Trainingseffekte verzerrt werden. Besonders problematisch ist bei vielen Tests die Validität. Es existieren viele Tests, die zwar reliabel sind, deren Gültigkeit aber nicht wirklich belegt ist. Tests liefern darüber hinaus scheinbar sehr genaue Ergebnisse, die nicht bedingungslos stimmig sind (z. B. ist eine Person mit einem Testwert von 110 im TMS nicht unbedingt besser zum Medizinstudium geeignet als eine Person mit Testwert 105).

1.4 Experiment

Neben den psychologischen Tests stellen die Experimente eine weitere kontrollierte Beobachtungsmethode dar, um wissenschaftliche Erkenntnisse zu gewinnen. Dabei werden Hypothesen aufgestellt, die entweder verifiziert oder falsifiziert werden sollen. Nach allgemeiner wissenschaftlicher Übereinkunft sind die **Hauptkriterien** von Experimenten, daß sie *wiederholbar*, *variierbar* und *willkürlich induzierbar* sein müssen, um als solche anerkannt zu werden. Das Ziel eines Experiments ist es, ein Verhalten oder Geschehen willkürlich herbeizuführen, um dieses zu beobachten und kausale Zusammenhänge der Variablen herstellen zu können.

Merke

Experimente dienen der Abklärung von Konditional- (wenn – dann) bzw. Kausalbeziehungen (weil – deshalb).

1.4.1 Operationalisierung

Durch die Operationalisierung wird eine Arbeitsbasis für das Experiment hergestellt. Vor dem Start des Versuchs muß zuerst festgelegt werden, was überhaupt untersucht werden soll, bzw. durch welche empirisch meßbaren Variablen (z. B. Blutdrucksenkung) der Forschungsgegenstand (z. B. Wirkung von Betablockern) eindeutig erfaßt werden kann. Weiterhin werden Hypothesen in ihrer Aussage eindeutig definiert, wissenschaftliche Begriffe unmißverständlich festgelegt und Beobachtungsverfahren angegeben. Durch die Operationalisierung werden die Versuchsergebnisse generalisierbar.

1.4.2 Variablen

Diejenigen Größen, die in irgendeiner Form und in unterschiedlicher Ausprägung auf das Experiment einwirken, indem sie entweder durch den Versuchsleiter vorgegeben oder gemessen werden bzw. anderweitig den Versuch beeinflussen, nennt man Variablen. Der Ausprägungsgrad eines Merkmals kann diskrete (= endliche) oder kontinuierliche Werte (mit beliebig vielen Zwischenstufen) annehmen.

- *Unabhängige Variable (UV):* Sie wird durch den Versuchsleiter willkürlich eingesetzt und systematisch abgewandelt (= Ursache).
- *Abhängige Variable (AV):* Sie beschreibt den Effekt, der in Abhängigkeit von der UV registriert wird (= Folge, z. B. Verhaltensänderungen).
- *Intervenierende Variablen (IV):* Störgrößen des Experiments, die auf die abhängige Variable ebenfalls einwirken, jedoch schwer kontrolliert werden können. Intervenierende Variablen können auch biologisch bedingt sein (z. B. tagesperiodische Einflüsse oder natürliche Leistungsschwankungen) und werden dann als biologisches Rauschen bezeichnet.

1.4.3 Fehler und Fehlerkontrolle im Experiment

In jedem Experiment können durch innere oder äußere Faktoren, die nicht Bestandteil der Untersuchung sind, unkontrollierte Einflüsse auf das Ergebnis auftreten. Die Verzerrung der Meßergebnisse kommt entweder durch systematische oder durch zufällige Fehler zustande.

Systematische Fehler

Sie betreffen alle Einzelwerte und verschieben die Ergebnisse systematisch in eine Richtung. Eine Vergrößerung der Untersuchungsgruppe oder häufigere Messungen können den Fehler nicht eliminieren. Man benutzt zur Ausschaltung oder Minimierung der systematischen Fehler diverse **Kontrollmethoden**. Es wird eine *Experimentalgruppe* und eine *Kontrollgruppe* geschaffen, die nachfolgenden Kriterien unterstellt sind:

Randomisierung: Die zur Verfügung stehenden Versuchspersonen werden zufällig auf die beiden Gruppen verteilt; die Zuordnung kann z. B. mittels Zufallsgenerator vorgenommen werden.

Parallelisierung: Die Kontrollgruppe stellt gewissermaßen den Testzwilling dar; beide Gruppen sind also bzgl. des für die Untersuchung relevanten Merkmals homogen.

Ausbalancierung: Die Aufgaben des Experiments werden von kleinen Untergruppen in unterschiedlicher Reihenfolge bearbeitet, um Reihenfolgeeffekte auszuschließen.

Ein systematischer Fehler ist vielfach durch die Vorinformation von Proband oder Untersucher bedingt. Die Elimination dieses Störfaktors gelingt durch Blind- oder Doppelblindversuche.

Blindversuch: Das Ziel des Experiments ist der Versuchsperson unbekannt. Sie kann daher nicht bewußt ihr Verhalten auf ein gewünschtes Ergebnis ausrichten. Bei der Testung neuer Pharmaka werden z. B. Placebobehandlungen durchgeführt. Hier sind die Patienten über das Forschungsvorhaben aufgeklärt, aber nicht darüber informiert, ob sie ein Verum oder ein Placebo erhalten (s.a. 9.2 Placeboeffekt).

Doppelblindversuch: In diesem Fall wird der Versuchsperson und dem Versuchsleiter die Information über Ziel und Zweck des Experiments vorenthalten (→ Ausschaltung von Versuchsleiterfehlern, z. B. Rosenthal-Effekt).

Zufallsfehler

Einzelne Werte werden unsystematisch auf irgendeine Weise beeinflußt und streuen um den wahren Wert. Zufallsfehler kann man in den Griff bekommen, indem eine große Gruppe am Experiment teilnimmt, d. h. möglichst viele Werte gemessen werden, so daß sich die Abweichungen gegenseitig aufheben (neutralisieren). Mittels statistischer Verfahren kann die Größe der zufälligen Fehler abgeschätzt und relativiert werden.

1.4.4 Skalentypen

Je nach Charakter und Niveau der abhängigen Variablen, kann diese durch verschiedene Skalentypen erfaßt werden. In den folgenden Erläuterungen weisen die Pfeile auf Rechenoperationen hin, die mit den Skaleneinheiten durchgeführt werden können. Damit wird festgelegt, welche Aussage über die Merkmale in bezug aufeinander gemacht werden kann.

Nominalskala: Sie ist das niedrigste Skalenniveau und nimmt nur eine bewertungslose Klassifizierung (nach Gleichheit oder Unterschiedlichkeit) vor ($\rightarrow A = B$ oder $A \neq B$). Eine Reihenfolge für die Anordnung ist ebenfalls nicht festgelegt. Bsp.: Qualitative Merkmale wie Geschlecht, Diagnose, Blutgruppe, Familienstand.

Ordinalskala: Sie wird auch als Rangskala bezeichnet. Hier können Einteilungen in größer–kleiner oder besser–schlechter vorgenommen werden; über Abstände zwischen den Merkmalswerten wird keine Aussage getroffen ($\rightarrow A > B$ oder $A < B$). Bsp.: Schmerzintensität, Schulnoten, soziale Schichtzugehörigkeit, Ernährungszustand.

Intervallskala: Die Abstände der Skalenelemente sind gleich groß, d. h. es können Differenzen gebildet werden, die Reihenfolge der Skalenwerte ist unabänderlich, ein Nullpunkt kann willkürlich ausgemacht werden $\rightarrow C = A - B$. Bsp.: Temperatur in °C, Intelligenzquotient, elektrische Spannung.

Verhältnisskala oder **Rationalskala:** Auf diesem höchsten Skalenniveau existiert ein absoluter Nullpunkt; damit besteht die Möglichkeit, die Merkmalsausprägungen zueinander ins Verhältnis zu setzen ($\rightarrow C = A : B$). Bsp.: Gewicht, Länge, Reaktionszeiten, Temperatur in K.

! Merke

Die Einordnung von Merkmalsausprägungen aus einem höheren Skalentyp in einen Typ mit niedrigerem Niveau ist erlaubt. Verboten ist dagegen die Aufstufung von Merkmalswerten in ein höheres Skalenniveau (z. B. kann die Geschlechtszugehörigkeit nicht auf einer Ordinalskala abgebildet werden).

1.5 Felduntersuchung

Die psychologische Forschung kennt neben dem psychologischen Test und dem Experiment noch die Felduntersuchung. Ein Feld ist definiert als das natürliche Milieu oder der soziale Lebensspielraum, in dem sich das Forschungsobjekt aufhält und bewegt. In der Felduntersuchung können Erkenntnisse über das Verhalten eines Individuums oder einer Gruppe gewonnen werden, ohne artifiziell die soziale und materielle Umwelt zu beeinflussen. Durch die unbemerkte Beobachtung werden Veränderungen erfaßt, die sich situativ und natürlicherweise (nicht re-aktiv) ergeben.

1.5.1 Methoden der Stichprobengewinnung

Bei einer **Stichprobe** wird aus einer Grundgesamtheit eine Auswahl von Elementen getroffen, die ein oder mehrere gleiche Merkmale besitzen. Ziel und Zweck der Stichprobe ist es, unter geringem zeitlichem und finanziellem Aufwand allgemeingültige Aussagen über die Grundgesamtheit machen zu können. Zur Gewinnung der Stichprobe können zwei Methoden herangezogen werden:

In der **Zufallsstichprobe** besteht für die Elemente der Grundgesamtheit Chancengleichheit hinsichtlich der Aufnahme in die Stichprobe (z. B. jedes k-te Element oder per Zufallszahlengenerator) → *einfache Zufallsauswahl*. Bei einer großen Grundgesamtheit werden zunächst definierte Teilmengen (z. B. nach Alter) gebildet, aus denen die Elemente dann ausgewählt werden → *geschichtete/stratifizierte Zufallsauswahl*; dadurch erreicht man eine Steigerung der Repräsentativität. In manchen Fällen trifft man auch eine Klumpenstichprobe, indem eine schon bestehende Gruppierung (ein Klumpen) ausgewählt und untersucht wird (z. B. Stadtteile; Krankenhäuser).

Bei der **Quotenstichprobe** werden dem Untersucher, der seine Stichprobe auswählen soll, *Quoten* (z. B. alle Studentinnen mit einer Körpergröße kleiner als 1,70 m) vorgegeben, innerhalb derer er *völlig frei* entscheiden kann, wen er in die Stichprobe aufnimmt. Diese erwünschte Freiheit ist gleichzeitig ein Problem für die Objektivität.

Bei jeder Stichprobe treten auch *Fehler* auf, vor allem durch diejenigen, die nicht an der Stichprobe teilhaben wollen. In der Zufallsauswahl bilden diese Verweigerer quasi eine abgesonderte Untergruppe und verzerren so das Ergebnis. Dagegen werden im Quotaverfahren die Verweigerer nicht registriert, und es wird bis zur Erfüllung der Quote nach Versuchspersonen gesucht. Stichprobenfehler können die Ergebnisse der Untersuchung sowohl systematisch als auch zufällig beeinflussen.

Die **Totalerhebung** (z. B. Volkszählung) ist zwar nur durch hohen zeitlichen und finanziellen Aufwand zu betreiben, bietet aber die größte Zuverlässigkeit, da sie die gesamte Grundgesamtheit erfaßt und das Generalisierungproblem zunichte macht.

Die **Einzelfallstudie** rückt eine individuelle Untersuchungseinheit (z. B. Patient, Organisationsstruktur, Kultur) in den Blickpunkt, um ein Merkmal intensiv und qualitativ zu erfassen. Dieses Verfahren wird z. B. bei der Erforschung seltener Krankheiten herangezogen.

1.5.2 Quer- und Längsschnittuntersuchung

Bei der **Querschnittanalyse** wird eine größere Anzahl von Individuen aus *unterschiedlichen Altersgruppen* zu einem *konkreten Zeitpunkt* mit demselben Meßinstrument auf das gleiche Merkmal hin untersucht. Vorteil dieser Untersuchungsmethode ist, daß sehr schnell auf die altersabhängige Entwicklung eines Merkmals geschlossen werden kann und sich die Stichprobe nicht durch Versuchspersonenschwund verkleinert. Als nachteilig stellt sich heraus, daß die intraindividuelle Variation (z. B. entwicklungsbedingt) nicht berücksichtigt wird und eine Mixtur aus Alters- und Generationseffekten entsteht (z. B. generationsspezifische Lebensereignisse und Einstellungen).

Die **Längsschnittanalyse** untersucht zu *verschiedenen Zeitpunkten* ein und *dieselbe Stichprobe.* Bei diesem Verfahren wird die Entwicklung des Individuums verfolgt, und es können frühere und spätere Erlebens- und Verhaltensweisen zueinander in Beziehung gesetzt werden. Die prospektive Form richtet den Blick eher auf die Zukunft, während die retrospektive Form die Vergangenheit analysiert. Beim sogenannten *Panel-Verfahren* wird das Merkmal der Meinungsänderung und der gesellschaftlichen Trends im Längsschnitt untersucht. Vor allem die prospektive Untersuchung weist das Problem des Stichprobenschwundes auf, sei es durch Tod oder zukünftige Teilnahmeverweigerung der Versuchspersonen. Weitere Nachteile bestehen in der Konstellationsänderung der Forschergruppe oder im Auftreten von Testungseffekten (z. B. Übung durch wiederholte Befragung, nachlassende Motivation). Außerdem kann eine Konfundierung (Vermischung) von Alters- und Erhebungszeitpunkteffekten auftreten. Die Längsschnittuntersuchung ist trotz dieser Nachteile ein unentbehrlicher Ansatz; vor allem im Zusammenhang mit pathologischen Fragestellungen.

1.5.3 Individualdaten und Aggregatdaten

Die **Individualdaten** werden durch Untersuchungen an Individuen gewonnen und beziehen sich ausschließlich auf Individuen. **Aggregatdaten** ermittelt man zwar ebenfalls mit Hilfe von Individuen, zieht dann aber Rückschlüsse auf das Kollektiv durch die Bildung von Durchschnittswerten (z. B. durchschnittliche Rezeptkosten deutscher Arbeiter: 47,50 DM, dagegen ausländischer Arbeiter: 41,80 DM). Im Falle von **Globaldaten** sind die Informationen über das Individuum unwichtig, da die Daten ein Kollektiv kennzeichnen.

1.5.4 Korrelationsuntersuchungen

Das Ausmaß, in dem zwei Variablen in ihrer Ausprägung zusammenhängen, wird durch den Korrelationskoeffizienten r angegeben. Dieser Koeffizient kann Werte von -1 bis $+1$ annehmen. Bei einem positiven Wert verhalten sich die Merkmalsausprägungen direkt proportional zueinander; → ist die eine Variable stark ausgeprägt, zieht das nach sich, daß die andere Variable ebenfalls deutlich ausgeprägt ist. Negative Werte lassen auf eine indirekte Proportionalität schließen; → ein hoher Wert der einen Variablen geht einher mit einem niedrigen Wert der anderen. Wenn *kein linearer Zusammenhang* besteht, nimmt der Korrelationskoeffizient einen *Wert von Null* an. Das Quadrat des Korrelationskoeffizienten (= Determinationskoeffizient) ermöglicht eine einfache Interpretation der Korrelationskoeffizienten. Er drückt aus, welcher Varianzanteil einer Variablen durch den Varianzanteil einer anderen Variablen erklärt wird. Bsp.: $r = 0{,}8 \rightarrow r^2 = 0{,}64$, also 64 % → die Variable A erklärt 64 % der Variablen B.

Psychophysiologie

Die physiologische Psychologie ist ein Teilgebiet der Psychologie. In ihr werden die Zusammenhänge zwischen Verhalten (und Erleben) und physiologischen Funktionen untersucht. Dabei werden sowohl auf somatischer als auch auf psychischer Ebene Meßgrößen erfaßt und zueinander in Beziehung gesetzt.

2.1 Ebenen der Erfassung psychophysiologischer Prozesse

2.1.1 Physiologische Indikatoren

Im folgenden werden die für die psychophysiologische Arbeit wichtigsten Parameter genannt. Wird die Beeinflußbarkeit dieser Parameter durch die Psyche nicht berücksichtigt, kann der reine, objektive Meßwert – etwa im Rahmen einer Routineuntersuchung – zu falschen Schlußfolgerungen führen. Beispiel: Ein hoher Blutdruckwert muß nicht zwangsläufig Zeichen einer Erkrankung des Herz-Kreislauf-Systems sein. Schon die bloße Aufregung des Patienten und seine Erwartungsangst können diesen Parameter oft erheblich ansteigen lassen.

Kardiovaskuläre Aktivität
(s.a. Physiologie 3.1 u. 4.2):

- *Herzfrequenz:* Sie ist ein zuverlässiger Indikator für psychische Belastung und Aktivierung. Schon geringfügige psychische Erregung (besonders Angst) führt durch eine Reduktion des parasympathischen Tonus zu einer Steigerung der Herzfrequenz. Bei noch höherer Belastung, v.a. kombiniert mit körperlicher Belastung, wird die Frequenz durch zusätzlichen Einfluß des Sympathikus noch weiter erhöht.
- *Blutdruck*: Der systolische Blutdruck steigt ebenfalls bei Erregung (v.a. bei Ärger und Wut) und vor Beginn einer Aktion. Die Druckerhöhung tritt dabei schon auf, wenn der Proband sich die Aktion nur vorstellt und kann bei der tatsächlichen Ausführung noch weiter steigen. Der diastolische Blutdruck ist in der Regel weniger bedeutsam, bei Ärger steigt er jedoch auch an.

Respiratorische Aktivität: Auch die Erhöhung der Atemfrequenz kann auf eine allgemeine Erhöhung der Reaktionsbereitschaft hinweisen. In der Psychophysiologie spielt ihre Messung aber nur eine untergeordnete Rolle.

Elektrodermale Aktivität (EDA): Die elektrische Leitfähigkeit der Haut, die bei der EDA gemessen wird, steigt besonders bei Darbietung sensorischer Reize und bei vegetativer Erregung. Neben anderen Prozessen ist dafür die Aktivierung der Schweißdrüsen der Haut durch den Sympathikus verantwortlich, was zu einer Befeuchtung der Epidermis führt und ihre elektrische Leitfähigkeit erhöht. Die EDA ist einer der am häufigsten verwendeten Parameter und ist durch ihren Einsatz in sog. Lügendetektoren durch die amerikanische Justiz auch der breiten Öffentlichkeit ein Begriff geworden. Nichtsdestotrotz besteht eine Reihe von methodischen Problemen, die ihre Aussagekraft schmälern. In Deutschland ist ihr Einsatz als Beweismittel z. Z. noch nicht zugelassen.

Elektrische Muskelaktivität: Im Oberflächen-Elektromyogramm (EMG) wird die Aktivierung eines Muskels registriert. Besonders der M. frontalis und die Muskeln des Unterarms werden hierzu benutzt. Das EMG gilt als direktes Maß für psychische Anspannung, allerdings ist es schwierig, es artefaktfrei zu erfassen.

Hirnelektrische Aktivität (s.a. Physiologie 19.2.2): Erfaßbar sind die *Spontanaktivität* (EEG), die *evozierten Potentiale* (EP) und die *kontingente negative* Variation (KNV):

- *Spontanaktivität:* Mit Hilfe der von der Schädeloberfläche abgeleiteten Frequenz und Amplitude der Hirnpotentiale lassen sich Aktivationsgrade vom Tiefschlaf bis zu höchsten Erregungszuständen differenzieren.
- *Evozierte Potentiale:* Sie werden aus dem EEG per Mittelungsverfahren errechnet und haben als Korrelate sensorischer Reizungen eine hohe Verhaltensspezifität.
- *Kontingente negative Variation:* Sie ist ebenfalls aus dem EEG herausgefiltert. Es handelt sich hierbei um eine bis zu 6 s lange Negativierung, die immer dann auftritt, wenn auf einen ankündigenden Signalreiz hin eine motorische Reaktion erfolgen soll. Sie geht der motorischen Aktivität voraus und kann als Ausdruck für kortikale Vorbereitungsprozesse aufgefaßt werden. Sie ist um so ausgeprägter, je bedeutsamer die Reaktion für die Person ist.

Hormonale Aktivität: (s.a. Biochemie, Kap. 24) Besonders im Rahmen der Streßforschung hat sich die Bestimmung von Catecholaminen (Adrenalin, Noradrenalin) und Corticosteroiden (v.a. Cortisol) in Blut und Urin als eine wichtige Untersuchung herausgestellt.

Die einzelnen physiologischen Funktionen korrelieren nicht immer hoch mit der zu untersuchenden psychischen Reaktion. Daher sollten zur Indikatorfunktion stets mehrere Parameter gleichzeitig gemessen werden, um so zu sichereren Ergebnissen zu kommen. Mit sog. *Polyphysiographen* (= Vielfachschreibern) können simultan z.B. EEG, EKG, EDA, Atmung und EMG über einen Zeitraum kontinuierlich registriert werden. Dabei ist das physiologische *Reaktionsmuster* von Bedeutung.

! Merke

Die Bestimmung physiologischer Parameter läßt zwar Schlüsse auf allgemeine Erregungs- und Aktivierungsprozesse zu, sie kann jedoch keine exakte Differenzierung, z.B zwischen verschiedenen Emotionen, leisten.

2.1.2 Psychologische Indikatoren

Mit Hilfe von *Befindlichkeitsskalen* (z.B. Bfs nach Zerssen) oder mit der *Eigenschaftswortliste* (EWL nach Janke und Debus) können Befindlichkeit bzw. Emotionen gemessen werden. Zusätzlich werden Methoden der *Verhaltensbeobachtung*, *Ausdrucksinterpretation* und *Sprachinhaltsanalyse* angewendet. Kognitive Leistungsveränderungen, z.B. Wachheitsgrad oder Vigilanz, lassen sich mit Hilfe von Konzentrationstests in verschiedenen Aktivations- und Bewußtseinszuständen erfassen (s.a. 1.4, 1.5, Physiologie 19.5).

2.2 Aktivations- und Bewußtseinszustände

(S. a. Physiologie 19.5).

2.2.1 Schlaf

S. Physiologie 19.5.

2.2.2 Aktivation und Aufmerksamkeit

Die Aktivation stellt einen unspezifischen, psychophysischen und reversiblen Anspannungs- und Anregungszustand des Körpers dar. Sie korreliert mit dem Bewußtseinsgrad und beschreibt dementsprechend ein Kontinuum, das von Tiefschlaf (niedrige Aktivation) bis zu höchster Erregung (starke Aktivation) reicht und im ZNS v.a. durch die Aktivität des aufsteigenden retikulären aktivierenden Systems (ARAS) kontrolliert wird. Die Höhe des Aktivationsniveaus hängt ab von der vorhandenen Hintergrundaktivität sowie von der Art und Intensität innerer und äußerer Stimuli, die diese aktuell modifizieren.

Indikatoren der Aktivierung

- *Erhöhung der vegetativen (sympathischen) Aktivität:*
  - Herzfrequenz und Blutdruck steigen,
  - der Hautwiderstand sinkt,
  - die Adrenalinfreisetzung ist erhöht.

Tabelle 2.**1** Darstellung der Aktivationsstadien im EEG

Aktivationsniveau	EEG-Rhythmus	Frequenz (Hz)
Wachzustand:		
– *erregt, angespannt*	β-Rhythmus	14–30
– *entspannt*	α-Rhythmus	8–13
tiefe Entspannung/ Einschlafphase	θ-Rhythmus	4–7
Tiefschlaf	δ-Rhythmus	0,5–3,5

- *Erhöhung der Muskelaktivität (EMG).*
- *Hirnelektrische Aktivität (EEG):* Mit steigender Aktivierung zunehmende Desynchronisation der Wellen, wobei die Frequenz zu-, und die Amplitude abnimmt. Zur Zuordnung von EEG-Rhythmen und jeweiligem Aktivationsniveau s. Tab. 2.**1**.

Es treten aber auch paradoxe Phänomene auf: Es kann z. B. vorkommen, daß bei reger geistiger Aktivität, die eigentlich durch β-Rhythmus gekennzeichnet ist, auch eingestreute θ-Aktivitäten zu finden sind (Frequenz < 7), obwohl θ-Wellen für die Einschlafphase typisch sind. Dies geschieht um so häufiger, je komplexer und schwieriger die zu lösende Aufgabe ist (s. Physiologie 19.2.2).

! Merke

Die Frequenzbereiche, die als α-, β- usw. Rhythmus bezeichnet werden, treten nie in reiner Form, sondern stets gemischt auf, wobei die eine oder andere Frequenz überwiegt.

Reaktionsmuster

Stimulusspezifität: Das Reaktionsmuster der einzelnen physiologischen Funktionen hängt überzufällig häufig mit der Art des auslösenden Stimulus bzw. der auslösenden Situation zusammen. Dieser Zusammenhang wird mit dem Begriff *Stimulusspezifität* gekennzeichnet. (Bsp: Die physiologischen Reaktionen bei Hypothermie sind stets die gleichen.)

Individualspezifität: Im Gegensatz zum Begriff Stimulusspezifität bezeichnet der Begriff *Individualspezifität* den Sachverhalt, daß Personen auf völlig unterschiedliche Reizsituationen oft ein für sie typisches Reaktionsmuster zeigen. Beispiel: Wenn jemand sowohl bei einer Wettkampfsituation, in einem öffentlichen Auftritt oder beim Lösen einer schwierigen Aufgabe immer am stärksten mit der Erhöhung seiner Herzfrequenz reagiert, während andere Parameter wie Blutdruck und Hautwiderstand weniger stark verändert werden im Vergleich zu anderen Probanden.

Orientierungsreaktion

Wird ein neuer, unerwarteter Reiz wahrgenommen, oder fällt ein gewohnter Reiz plötzlich weg, führt das zu einer unspezifischen Reaktion des Körpers im Sinne einer Aktivierung. Dabei stehen im Vordergrund:

- *Erniedrigung sensorischer Reizschwellen,*
- *Verkürzung der Reaktionszeiten,*
- *Desynchronisation im EEG,*
- *sympathikotone Effekte* wie die Steigerung der Herzfrequenz (nach deren anfänglichem, kurzzeitigem Abfall), des systolischen Blutdrucks, der Atmung und der Hautleitfähigkeit, die Erweiterung der Pupillen und die periphere Vasokonstriktion.

Wahrgenommene Reize werden mit bestehenden und im Langzeitgedächtnis gespeicherten Modellen verglichen. Je geringer die Übereinstimmung ausfällt, desto ausgeprägter wird die *Orientierungsreaktion* sein. Hierunter versteht man generell die gesteigerte Bereitschaft eines Organismus, sich auf eine neuartige Situation einzustellen.

Formen der Reaktionsabschwächung

Habituation: Je öfter der gleiche Reiz wiederholt wird, desto schwächer wird die Reaktion auf ihn ausfallen. Diesen Vorgang nennt man Habituation. Der Organismus gewöhnt sich an immer wiederkehrende Stimuli (z. B. an den Lärm immer wieder am Schlafzimmer vorbeifahrender Autos). Da eine Aktivierung auf schon bekannte und harmlose Reize den Körper nur unnötige Kraftreserven kosten würde, ist der biologische Sinn dieses einfachen Lernvorgangs in einer Schonung der begrenzten Ressourcen zu sehen, die für wirklich relevante und bedrohliche Situationen zur Verfügung stehen sollen.

Adaptation: Die Verminderung der Reaktionsintensität auf einen kontinuierlich dargebotenen Reiz. Maßgeblich dafür ist die Erhöhung der Reizschwellen für sensorische Inputs. Beispiel: Der permanente taktile Reiz, den die Kleidung auf der Haut ausübt, wird sehr bald nach dem Anziehen nicht mehr wahrgenommen.

Extinktion (s.a. 4.2): Extinktion ist eine Form des Verlernens. Beispiel: Hat ein Organismus einmal gelernt, eine bestimmte Reaktion (z. B. sich setzen) immer dann zu zeigen, wenn ein bestimmter Signalreiz erscheint (z.B der Ausruf „Sitz!“), weil er in der Vergangenheit für dieses Verhalten belohnt wurde, wird die Häufigkeit der Reaktion auf den Signalreiz in Zukunft abnehmen, wenn er dafür überhaupt nicht mehr belohnt wird.

Aufmerksamkeit

Aufmerksamkeit ist die gezielte Lenkung und Fokussierung der bewußten Wahrnehmung auf äußere oder innere Reize. Die **selektive Aufmerksamkeit** bezeichnet den Prozeß, daß aus einer gleichzeitigen Präsentation von verschiedenen Informationen, die der gleichen Sinnesmodalität angehören, selektiv nur die gewünschte Information wahrgenommen wird („Cocktail-Party-Effekt“). Beispiel: Aus dem Stimmengewirr vieler Leute können gezielt nur die gewünschten Stimmen herausgehört werden bzw. das, was sie sagen.

Vigilanz

Vigilanz (lat. vigilantia: Wachheit) ist die psychische Bereitschaft, Veränderungen der Umwelt wahrzunehmen, als solche zu erkennen und sie entsprechend zu beantworten, d. h. auf Signale, die in nicht festgelegten Abständen folgen, zu reagieren. Die Krankenschwester, die den EKG-Monitor eines Patienten überwacht und bei Erscheinen eines bestimmten Signals, das etwa das Auftreten von Extrasystolen kennzeichnet, sofort den Stationsarzt rufen soll, hat demnach eine Vigilanzleistung zu erbringen.

Beeinflussung der Vigilanzleistung: Da die Schwankungen der Vigilanzleistung objektiv und relativ genau gemessen werden können (z. B. durch den Anteil an Fehlreaktionen oder ausbleibenden richtigen Reaktionen auf bestimmte Signale), konnte auch der Einfluß zahlreicher Faktoren auf die Vigilanz bestimmt werden:

Die Vigilanzleistung sinkt mit
- der Dauer der Aufgabe (deswegen sind Pausen wichtig),
- zu niedriger oder zu hoher Aufgabenschwierigkeit,
- dem Ausmaß des Schlafentzugs der Person,
- der empfundenen Unbehaglichkeit der Situation (harter Stuhl usw.),
- zu niedriger oder zu starker Aktivation.

Aktivation und Leistung

Im **Yerkes-Dodson-Gesetz** wird der Zusammenhang zwischen dem Aktivationsgrad und der Leistung dargestellt. Dieser Zusammenhang ist *kurvilinear* und entspricht im Graphen (Abb. 2.**1**) einem umgedrehten U. D.h. von einem niedrigen Erregungsniveau ausgehend wird mit zunehmender Aktivation auch die Leistung steigen, bis sie im mittleren Aktivationsbereich ihr Maximum errreicht und bei noch stärkerer Aktivation wieder abfällt.

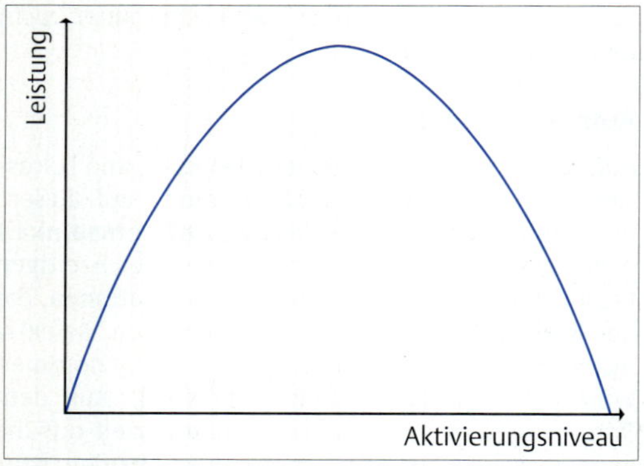

Abb. 2.**1** Yerkes-Dodson-Gesetz

Das *Leistungsoptimum*, das sich also *bei mittlerem Aktivierungsgrad* einstellt, ist zusätzlich von der Schwierigkeit und Komplexität der Aufgabe abhängig.

> **! Merke**
>
> Für *schwierige Aufgaben* liegt das Leistungsoptimum im niedrigeren Aktivationsbereich (Kurve ist nach links verschoben), für *einfache Aufgaben* liegt es im höheren Aktivationsbereich (Kurve nach rechts verschoben).

So verwundert nicht, daß im Zustand hochgepeitschter Emotionen (z. B. bei starker Verärgerung) bei Menschen kaum komplexe bzw. durchdachte Lösungsansätze beobachtet werden.

Rolle des limbischen Systems bei Lern- und Gedächtnisprozessen

Zum limbischen System gehören folgende Gehirnstrukturen: *Hypothalamus, Septum und Corpus amygdaloideum* steuern emotionale Prozesse, während der *Hippocampus* das Behalten neuer Informationen ermöglicht. Menschen, deren beide Gyri Hippocampi beschädigt sind, können neue Informationen (Namen, Nummern usw.) nicht dauerhaft abspeichern. Alte, im Langzeitgedächtnis schon verankerte Informationen sind davon aber nicht betroffen und können problemlos abgerufen werden.

2.2.3 Streß

Es gibt keine einheitliche Definition für den Begriff Streß. Nach einer verbreiteten Definition von Selye ist Streß die unspezifische körperliche Reaktion auf Anforderungen, die eine Anpassung des Organismus erfordern und somit seine adaptiven Leistungen beanspruchen. Einer anderen Definition zufolge werden mit Streß die Folgen aller belastenden Bedingungen bezeichnet, die mit somatisch-psychischen Anpassungsvorgängen verbunden sind.

Streßreaktionen

Allgemeines Adaptationssyndrom nach Selye: Auf Streßreize reagiert der Körper mit unspezifischen physiologischen Belastungs- und Anpassungsreaktionen. Diese bilden zusammen ein charakteristisches Syndrom, das in drei zeitlich aufeinanderfolgenden Phasen verläuft (Tab. 2.**2**).

1. *Alarmreaktion:* Sie ist die Antwort des Körpers auf eine Störung seines inneren Gleichgewichts durch die Konfrontation mit Bedingungen, an die er nicht angepaßt ist. Sie gliedert sich in die Phasen des Schocks und Gegenschocks:
   a Schock: Er folgt unmittelbar auf den Streßreiz und ist durch einen Abfall zahlreicher Funktio-

Tabelle 2.**2** Allgemeines Adaptationssyndrom

Zeitliche Abfolge	Bezeichnung
Phase 1	Alarmreaktion
a)	Schock
b)	Gegenschock
Phase 2	Widerstand (Resistenz)
Phase 3	Erschöpfung

nen gekennzeichnet. Blutdruckabfall mit kompensatorischer Tachykardie, Arteriolenverengung und Zunahme der Blutviskosität stehen dabei im Vordergrund. Diese Reaktionsweise soll im Falle schwerer Verletzungen mit Blutverlusten die Funktion der lebenswichtigen Organe (Gehirn, Herz...) verlängern.

b Gegenschock: Er löst die kurze Schockphase ab und mobilisiert die Abwehrfunktionen des Körpers („Notfallreaktion", „fight or flight") für eine aktive Auseinandersetzung mit dem Stressor. Daran sind in erster Linie vegetative und endokrine Funktionen beteiligt (Abb. 2.**2**).

- Diese physiologischen Reaktionen haben zur Folge:
  - eine Erhöhung des Aktivierungsniveaus (Wachheit, zentrale Erregung: EEG-Arousal);
  - eine erhöhte Energiebereitstellung (Förderung von Glykolyse, Lipolyse und Gluconeogenese);
  - eine Erhöhung der Schmerzschwelle und -toleranz.

Wie stark die Schmerzschwelle unter starkem Streß angehoben werden kann, zeigen Berichte von Kriegsverletzten, die kilometerweit mit ihren Schußwunden vor dem Feind geflüchtet sind und ihre Verletzung erst dann spürten, als sie in Sicherheit waren.

2. *Resistenzphase:* Wenn die Streßsituation längere Zeit andauert, entwickelt der Körper einen Widerstand dagegen – er paßt sich an diese Belastung an durch Umstellung seines inneren Gleichgewichtes. V.a. durch eine dauerhaft vermehrte Ausschüttung von Cortisol werden katabole Stoffwechselvorgänge begünstigt (z.B. Eiweißabbau). Diese Umstellungen bringen mit sich, daß der Organismus zwar einen höheren Widerstand gegen den ursprünglichen Stressor aufgebaut hat, dafür aber eine Verringerung seiner Adaptationsfähigkeit gegenüber anderen Belastungen erfährt.

3. *Erschöpfungsphase:* Dauert die Belastung zu lange, kann der Körper den Widerstand nicht mehr aufrechterhalten, oder seine Adaptationsressourcen sind aufgebraucht, so daß er durch Infektionskrankheiten oder Störungen des Herz-Kreislauf-Systems ernsthafte Schädigungen erleidet, die sogar zum Tod, z. B. durch Herzversagen, führen können.

Klinischer Bezug

Unter Streßbelastung nimmt die **Infektanfälligkeit** zu: Die Antikörpersynthese durch den cortisolinduzierten Proteinverbrauch ist verringert. Die Produktion von Interleukin 2, einem für die Vermittlung der Immunantwort wichtigen Zytokin, wird gehemmt, und die Anzahl der Mono- und Lymphozyten im Blut sinkt. Das Cortisol verstärkt aber auch den gefäßverengenden Effekt des Noradrenalins, was zusammen mit den übrigen sympathikotonen Effekten, wie der Steigerung von Blutdruck und Herzfrequenz, das **Herz-Kreislauf-System** belastet und dieses schädigen kann. Außerdem hat Cortisol einen Einfluß auf den **Magen-Darm-Trakt**. Es setzt die Schutzfunktion der Schleimhaut herab und begünstigt so die Entstehung peptischer Ulzera.

Stressoren

Stressoren sind Faktoren, die eine Streßreaktion auslösen.

Sie können in folgende Gruppen klassifiziert werden:

Physische Stressoren: z. B. Lärm, Kälte, Hitze, Schmerz, Traumata, Infektionen, Operationen, sensorische Überflutung bzw. Deprivation, Einschränkung elementarer Bedürfnisse: Entzug von Wasser, Nahrung, Einschränkung der Bewegungsfreiheit, u. a.

Psychosoziale Stressoren:

- Lebensereignisse („life-events"): Tod oder Erkrankung eines Angehörigen oder Freundes, Trennung, Umzug, Kündigung, hoher Lottogewinn usw.,

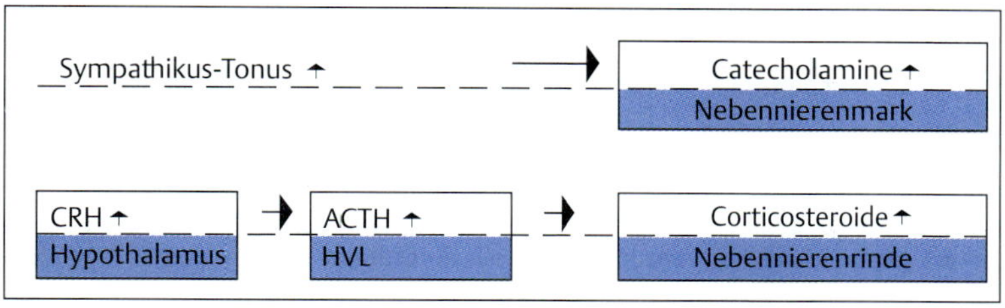

Abb. 2.**2** Vegetative und endokrine Notfallreaktion

- ärmliche Lebensverhältnisse, Diskriminierung,
- Prüfungs- und Wettkampfsituationen,
- Erfolglosigkeit, Gefühl der mangelnden Kontrolle usw.

Wie stark sich ein Streßreiz auf einen Organismus auswirkt, hängt zum einen davon ab, von welcher Intensität und Dauer er ist, zum anderen, auf welche Weise er von der Person bewertet und verarbeitet wird.

! Merke

Menschen, die einen starken sozialen Rückhalt haben (z. B. in der Familie, bei guten Freunden oder in einer Selbsthilfegruppe) werden besser mit Belastungssituationen fertig als Menschen ohne diese Unterstützung des *sozialen Netzwerkes.*

Kognitive Streßtheorie nach Lazarus

Ob und wie intensiv eine Situation als streßhaft erlebt wird und welche Reaktionen sie demnach auslöst, hängt wesentlich von der **individuellen Bewertung** durch die betreffende Person ab, die in zwei Schritten verläuft:

- *Ersteinschätzung* (primäre Bewertung): Zunächst wird die Lage nach drei Kategorien bewertet: wie relevant, angenehm-positiv und wie streßhaft sie ist. Die Streßhaftigkeit wird danach bewertet, inwieweit der Stressor eine Bedrohung, einen Schaden bzw. Verlust oder eine Herausforderung darstellt.
- *Zweiteinschätzung (*sekundäre Bewertung): Dann wird geprüft, ob man über die notwendigen Mittel (im Verhaltensrepertoire) verfügt, dem Stressor in angemessener Weise zu begegnen.

Coping: Hierunter versteht man die einem Individuum subjektiv zur Verfügung stehenden Bewältigungsmöglichkeiten, die es in einer belastenden Lage anwenden kann. Ein Beispiel für zwei Umgangsstile gegenüber bedrohlichen Reizen bildet das Gegensatzpaar Repression – Sensitization:

- *Repression* bezeichnet die Tendenz, bedrohliche Reize (z. B. Schmerzen) generell unterzubewerten und abzutun. Beispiel: „Das ist doch alles halb so schlimm!".
- *Sensitization* meint das überaufmerksame Erkennen schon kleinster Hinweisreize für eine mögliche Bedrohung und das Einleiten entsprechender Maßnahmen, wie z. B. die Meidung von Belastungssituationen.

Bewältigungsmöglichkeiten können sich grundsätzlich auf die Bewältigung des Problems selbst beziehen (z. B. verstärktes Lernen für eine bevorstehende Prüfung) oder auf die Bewältigung der mit der Bewertung des Problems einhergehenden Emotionen (z. B. verstärkter Alkoholkonsum zur Dämpfung der Prüfungsangst).

Eustreß und Distreß

Den negativen, belastenden und die Gesundheit gefährdenden Streß bezeichnet man als Distreß. Hingegen steht Eustreß für den milden, ja anregenden und die Leistung stimulierenden Streß, der für ein gesundes Aktivationsniveau sorgt und damit sogar die Gesundheit von Psyche und Körper fördert (Bsp.: die durch einen gesunden Ehrgeiz motivierte Herausforderung in Schule, Beruf und Hobby).

2.2.4 Schmerz

(s.a. Physiologie Kap. 15.3)

Schmerz ist eine subjektive Empfindung und zugleich ein Gefühl. Er umfaßt sensorische, emotionale, kognitive u. a. Komponenten und kann durch die psychische Wahrnehmung realer oder vorgestellter Verletzungen entstehen.

Nozizeption und Schmerz

Nozizeption kann nicht mit Schmerz gleichgesetzt werden. Nozizeption beinhaltet zwar auf physiologischer Ebene die Weiterleitung und Verarbeitung schädigender Reize oder Noxen (mechanischer, thermischer, chemischer u. a. Natur), die von speziellen Sensoren (Nozizeptoren) registriert werden. Aber nicht jede überschwellige Reizung von Nozizeptoren muß zwangsläufig zur bewußten Empfindung „Schmerz" führen, noch muß jedem Schmerz eine Noxe zugrunde liegen.

Die sensorische Komponente des Schmerzerlebnisses gibt diskriminative Hinweise über dessen Lokalisation, Dauer, Intensität und Qualität. Der affektive Anteil ist im Gegensatz zu allen anderen Sinnesmodalitäten (wie Geruch oder Gehör) immer negativ, aversiv: Schmerz läßt den Menschen leiden. Dies kann auch als eine Schutzfunktion des Körpers aufgefaßt werden. Der Schmerz fungiert hierbei als Warnsignal für bestehende Verletzungen und treibt somit das Individuum an, etwas gegen den organischen Schaden zu unternehmen.

Schmerzmessung (Algesimetrie)

Versuche, die Intensität von Schmerzen zu quantifizieren, sind problematisch, da das Erleben des Schmerzes immer auch durch affektive und kognitive Prozesse begleitet wird, die die subjektive Wahrnehmung der Schmerzintensität in unterschiedlichem Maße beeinflussen können. Aber auch der aktuelle Wachheitsgrad, die Erwartungshaltung und die Stimmungslage des Individuums spielen hierbei eine entscheidende Rolle.

Merke

Es gibt keine monotone Beziehung zwischen der Größe einer Verletzung und der empfundenen Schmerzintensität.

Es gibt die **subjektiven Methoden,** bei denen der Proband z.B angeben soll, ob er einen applizierten Schmerzreiz für stärker oder schwächer als einen definierten Bezugsreiz hält oder die Bestrahlung seiner Stirn mit Infrarotlicht immer dann abbrechen kann, wenn er den schmerzhaften Hitzereiz nicht mehr aushält. Daneben gibt es auch Methoden, die **Veränderungen physiologischer Parameter** als Antwort des Körpers auf den Schmerz messen (z. B. Herzfrequenz, Hautwiderstand u. a.). Eine besonders elegante Methode zur Schmerzmessung liegt in der Darstellung evozierter Potentiale (EP) aus dem EEG (Abb. 2.**3**).

Das erste EP tritt auf bei elektrischer Reizung der Haut an der Fingerbeere, wenn die Reizung als wahrnehmbar, aber nicht schmerzhaft angegeben wird. Das zweite EP ist bei Reizen, die deutlich schmerzhaft sind, zu beobachten. Auffallend sind hierbei v.a. die starke Negativierung (Ausschlag nach oben) und Veränderungen in den späten Anteilen des EP.

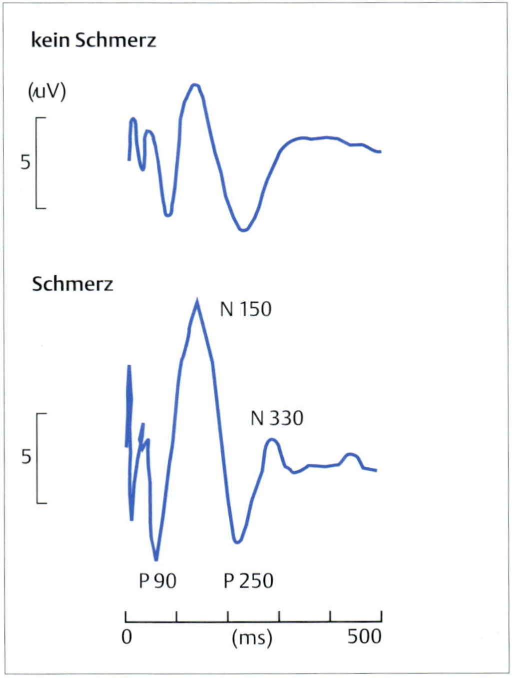

Abb. 2.**3** Evozierte Potentiale in der Schmerzbestimmung (aus Janzen, Thieme 1981)

Schmerzwahrnehmung und Schmerzverhalten

Die Art und Weise, wie ein Individuum auf Schmerzreize reagiert, scheint in den frühesten Entwicklungsstufen durch Auseinandersetzung mit der Umwelt erlernt zu werden. Hunde, die in Tierversuchen isoliert und von Schmerzreizen ferngehalten wurden, schnüffelten später wiederholt in Flammen, ohne die typischen Schreck- und Furchtreaktionen zu zeigen. Im folgenden seien noch einige andere Faktoren genannt, die dazu beitragen, daß Menschen Schmerzen unterschiedlich erleben und auf sie reagieren :

Herkunft und Kultur: Angehörige bestimmter Indianerstämme und fernöstliche Fakire können in erstaunlichem Maße Schmerzen ertragen.

Attribution: Auch die Art und Weise, welche Ursachen man den Schmerzen zuschreibt, kann sich auf das Schmerzerleben auswirken. Beispiel: Kopfschmerzen, die von einer Person als wetterbedingt abgetan werden, können von einer anderen sofort mit dem bedrohlichen Gedanken „Gehirntumor" belegt werden und somit emotionale Krisen auslösen. Eine wichtige Rolle spielt dabei, welche Erfahrungen man mit gleichen oder ähnlichen Schmerzen in der Vergangenheit gemacht hat.

Depression: Menschen, die an Depressionen leiden, klagen häufig auch über Schmerzzustände, besonders in Gelenken und Muskeln. Diese Schmerzen sind oft durch eine unphysiologische Kopf- und Körperhaltung, die der betrübten Stimmung entspricht, verursacht: herunterhängende Schultern, vornübergebeugte, gekrümmte Haltung, angestrengter Gesichtsausdruck usw. Daraus resultieren schmerzhafte Verspannungen und Fehlbelastungen.

Angstvolle Anspannung kann ebenfalls zu schmerzhaften Verspannungen führen. Darüber hinaus kann die ängstliche Erwartung einer Verletzung zu einer Sensibilisierung im Sinne einer Erniedrigung der Schmerzschwelle und zu einer empfindlicheren Reaktion führen. Deshalb ist das Anwenden von Entspannungsübungen eine wertvolle Hilfe, den Teufelskreis Angst – Anspannung – Schmerz zu durchbrechen.

Klinischer Bezug

Viele **Diabetespatienten** haben eine eingeschränkte Schmerzempfindung (Symptom der diabetischen Polyneuropathie). Sogar schwerwiegende Ereignisse wie etwa ein Herzinfarkt werden kaum wahrgenommen. Deshalb sind fehlende Schmerzangaben von Diabetikern bei bestimmten Krankheitsbildern stets besonders zu bewerten bzw. zu hinterfragen.

Schmerzkontrolle

Der Mensch ist nicht in der Lage, in seinem Bewußtsein mehr als 100 bit/s gleichzeitig zu verarbeiten. Diese begrenzte Informationsverarbeitungsrate liefert einen Grund, warum ins Bewußtsein aufgenommene Schmerzwahrnehmungen die übrige sinnvolle Hirnarbeit empfindlich stören können. Es ist unter Schmerzen wesentlich schwieriger, sich auf eine Aufgabe zu konzentrieren. Andererseits bietet sich die Möglichkeit, diesen Vorgang in umgekehrter Richtung – nämlich zur Unterdrückung der Schmerzwahrnehmung – zu nutzen. Es ist eine bekannte Beobachtung, daß man durch starke Ablenkung (sensorischer, emotionaler und kognitiver Natur) – zumindest zeitweise – seine Schmerzen „vergessen“ kann. Ebenso kann ein zweiter, nicht so unangenehmer Schmerz einen starken Schmerz überdecken. Als es noch keine Narkose- und Schmerzmittel gab, wurde dieser Umstand in der Zahnheilkunde genutzt: Damit die Zahnextraktion nicht so weh tat, hielt der Patient seinen Finger kurz in eine Flamme.

Ein anderes Prinzip der Schmerzhemmung ist die Wirkung körpereigener Endorphine, die schmerzhemmende Systeme im ZNS aktivieren. Ihre Produktion steigt unter starkem Streß, hohen körperlichen Belastungen (z. B. Marathonlauf) und – bei Menschen, die darauf ansprechen – bei Gabe von Placebo.

Schmerz in der Arzt-Patienten-Beziehung

Schmerzen sind einer der häufigsten Gründe, warum Menschen einen Arzt aufsuchen. Intensiv wahrgenommene Schmerzen können beim Patienten Gefühle der Unstimmigkeit mit sich selbst, des Angegriffenseins, des Hasses und der Wut auf den eigenen, schmerzenden Körper hervorrufen und – im Sinne einer Abwehr – zu einer Belastung der Arzt-Patient-Beziehung führen. Etwa dann, wenn der Patient seine Wut und Verzweiflung in Aggression gegen den Arzt selbst oder gegen die Medizin schlechthin umwandelt. Der Arzt ist deshalb gehalten, solche Angriffe gegen sich selbst nicht persönlich zu nehmen, sondern als einen Befreiungsversuch der noch gesunden Anteile des Patienten zu erkennen.

Emotion und Motivation

3.1 Emotion

Mit Emotionen bezeichnet man komplexe psychophysiologische Vorgänge, die das gefühlsmäßige Erleben und Verhalten sowie die dabei auftretenden kognitiven und physiologischen Veränderungen umfassen.

3.1.1 Klassifikation

Nach Wundt kann man **drei grundlegende Charakteristika** unterscheiden, mit deren Hilfe sich Emotionen umfassend darstellen lassen:

- *Lust – Unlust:* Zeigt, wie angenehm oder unangenehm eine Emotion empfunden wird.
- *Spannung – Lösung:* Stärke eines Handlungsimpulses, der von einer Emotion erzeugt wird. Beispiel: Zufriedenheit hat ein geringes Maß an Spannung und damit wenig Handlungsimpulse.
- *Erregung – Beruhigung.*

Der **Affekt** stellt einen kurzdauernden, abgegrenzten Gefühlszustand dar, der mit hohem Handlungsbedarf (Spannung) und hoher Erregung einhergeht.
Die **Stimmung** (z. B. Ängstlichkeit, Übermut, „gute Laune") ist hingegen eine diffuse und länger anhaltende Gesamtbefindlichkeit, die dem gesamten Wahrnehmen und Erleben eine emotionale Färbung zugrunde legt. Beispiel: „Bei guter Laune sieht die ganze Welt in Ordnung aus."

3.1.2 Messung der Qualität und Intensität

S. 2.1.2.

3.1.3 Ausdruck von Emotionen

Gefühlszustände können in der Stimme, in der Körperhaltung und in bestimmen Gesten Ausdruck finden. Es ist aber v.a. der **Gesichtsausdruck,** in dem sich Gefühlszustände spiegeln und damit der Umwelt vermittelt werden können.
Interkulturellen Untersuchungen zufolge gibt es 6 Emotionen, die überall auf der Welt – trotz unterschiedlicher Verhaltens- und Ausdrucksnormen – mimisch immer auf die gleiche Weise ausgedrückt werden: *Freude, Trauer, Angst, Wut, Ekel* und *Überraschung.*
Aber auch die **Form des Gesichtes** selbst und einzelner Gesichtsteile beeinflußt den Eindruck, den man vermittelt (Abb. 3.**1**).

Entwicklung von Emotionen

Nach der **Differenzierungstheorie von Bridges** verfügt das Neugeborene zunächst nur über eine einzige Emotion: allgemeine Erregung. Aus ihr differenzieren sich im Laufe der Zeit die übrigen Emotionen, deren Differenzierungssgrad zunimmt. Beispiel: Aus Mißbehagen entwickelt sich über Zorn und Wut der Trotz.

3.1.4 Physiologische Erregung und Emotionalität

Nach der **James-Lange-Theorie der Emotionen** (1890) erzeugt ein bedrohlicher Reiz (z. B. der Anblick einer Schlange) beim Menschen unmittelbar spezielle physiologische Veränderungen (z.B Anstieg der Herzfrequenz). Erst durch die Wahrnehmung dieser körperlichen Reaktionen entsteht dann die entsprechende Emotion (Angst). Andere Beispiele: Man ist traurig, weil man weint und froh, weil man lacht. Ein wichtiger Einwand gegen diese Theorie bemängelt, daß der Vielfalt und Differenziertheit des Gefühlserlebens keine entsprechende Vielfalt körperlicher Reaktionsmuster gegenübersteht.
In der **Zweifaktorentheorie** nach Schachter und Singer (1962) gelten physiologische Erregung und kognitive Bewertungsprozesse als notwendige Bedin-

Abb. 3.**1** Beispiele von Ausdruckswirkungen des Gesichts aus den Versuchen von E.Kühnel: 1) das Gesicht, das am häufigsten als „offenherzig" bezeichnet wurde; 2) „verschlossen"; 3) „unintelligent"; 4) „heiter"; 5) „böse"; 6) „schön", „gut", „intelligent", „sympathisch"; 7) „energisch"; 8) „traurig" (aus Hertl, Thieme 1993)

gungen für das Entstehen von Emotionen. Dabei wird eine diffuse Erregung (etwa nach einer Adrenalin-Injektion) erst durch die Bewertung des situativen Kontextes zu einer speziellen Emotion wie Freude oder Ärger. Empirische Befunde stützen diese Theorie nur teilweise.

Diskrepanztheorie nach Leventhal (1980): Im Prozeß der emotionalen Bewertung einer Situation entwickeln sich einerseits spontane emotionale Reaktionsimpulse, andererseits Reaktionen, die willkürlich erzeugt werden. Je größer die Diskrepanz zwischen ihnen ist, desto intensiver ist das resultierende Gefühl. Demnach nimmt z. B. die Intensität der Emotion Trauer zu, wenn man den spontanen traurigen Gesichtsausdruck willkürlich unterdrückt und beispielsweise „künstlich" lächelt.

3.2 Systematische Ansätze der Motivationsanalyse

Ein Motiv bildet den Beweggrund für ein Verhalten. Aussagen darüber, wie dieser Prozeß vor sich geht und was ihm zugrunde liegt, liefern eine Reihe von recht unterschiedlichen wissenschaftlichen Ansätzen.

3.2.1 Ethologischer Ansatz

Die **Ethologie** ist die Wissenschaft, die Ablauf und Funktion angeborener, artspezifischer Verhaltensweisen erforscht.

Instinkt

Nach Lorenz ist eine Instinkthandlung genetisch vorbestimmt (vererbt) und im Bewegungsablauf genau festgelegt. Im Laufe der Entwicklung eines Organismus kann sie jedoch durch Lernprozesse in der Intensität ihres Ablaufes modifiziert und angepaßt werden.

Damit eine **Instinkthandlung** zustande kommt, müssen drei Faktoren gegeben sein:

- Eine *triebspezifische Energie*, die sich automatisch anstaut und den inneren Antrieb für eine Instinkthandlung darstellt.
- *Schlüsselreize* in der Umwelt. Dies sind spezielle Hinweisreize, deren Wahrnehmung eine Instinkthandlung auslösen kann. Manchmal müssen schwache Schlüsselreize zusammen auftreten und sich in ihrer Wirkung addieren (*Reizsummenphänomen*).
- Ein *angeborener, automatischer Auslösemechanismus* (AAM). Er löst bei genügend hoher Triebenergie und bei Darbietung des Schlüsselreizes die Instinkthandlung (= *Endhandlung*) aus.

Appetenzverhalten: Die innere Unruhe aufgrund des Triebstaus sowie der Lustgewinn, den ein Organismus bei vorhergehenden Instinkthandlungen erfahren hat (in Form der Spannungsreduktion) läßt ihn aktiv nach den auslösenden Schlüsselreizen suchen, um die Instinkthandlung erneut auszulösen. (Abb. 3.**2**)

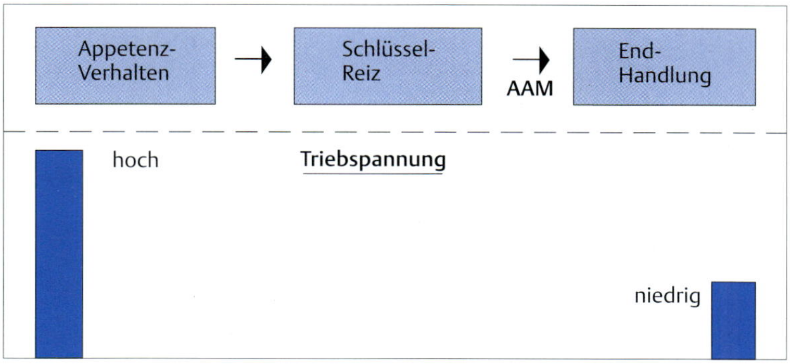

Abb. 3.**2** Zustandekommen einer Instinkthandlung und Änderung der Triebspannung

Beispiel: Rollt einer brütenden Graugans ein Ei aus dem Nest, wird sie sich zunächst zum Nestrand begeben (Appetenzverhalten). Erblickt sie dann das Ei außerhalb des Nests (Schlüsselreiz), rollt sie mit ganz bestimmten, einförmigen Bewegungen (Endhandlung) das Ei wieder zurück ins Nest.

Saugverhalten: Ein Neugeborenes, das Hunger hat (Trieb), führt Pendelbewegungen des Kopfes aus (Appetenzverhalten). Ertastet es dann die Brustwarze der Mutter oder einen Flaschensauger (Schlüsselreiz), werden bei ihm rhythmische Saugbewegungen (Endhandlung) ausgelöst.

! Merke

Attrappen, die eine Ähnlichkeit mit dem ursprünglichen Schlüsselreiz haben (z. B. in Form, Farbe oder Größe), können auch Endhandlungen auslösen (Abb 3.**3**). Durch die übersteigerte Darstellung einzelner Elemente können Attrappen sogar eine stärkere Wirkung als die natürlichen Schlüsselreize entfalten (sog. übernormale oder Superattrappen).

Andere Formen des Instinktverhaltens

Man unterscheidet **zwei Typen von Instinkthandlungen,** die nicht nach dem üblichen Schema aus Appetenz, Schlüsselreiz und Endhandlung zustande kommen:

- *Leerlaufhandlung:* Wird die Triebspannung zu groß, kann eine Endhandlung auch ohne die Darbietung angemessener Schlüsselreize erfolgen (z. B. wenn Hunde zu ihrem Geschlechtsakt gehörende Bewegungen am Bein des Herrchens ausführen)
- *Übersprunghandlung:* Befindet sich ein Organismus im Konflikt zwischen mehreren antagonistischen Trieben, so wird eine für die aktuelle Situation völlig irrelevante und unangemessene Handlung ausgelöst (wenn ein kämpfender Hahn, der zwischen Angriff und Flucht steht, plötzlich anfängt, Körner auf dem Boden zu picken).

Instinktverhalten beim Menschen

Die Bedeutung von Instinkten ist beim Menschen umstritten.

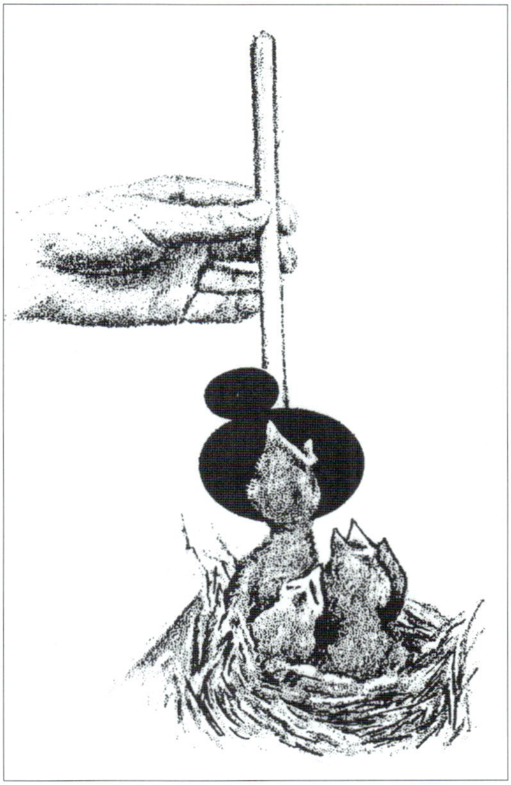

Abb. 3.**3** Die Wahrnehmung der Mutterattrappe löst bei jungen Drosseln instinktive Sperrbewegungen des Schnabels aus (aus Hertl, Thieme 1993)

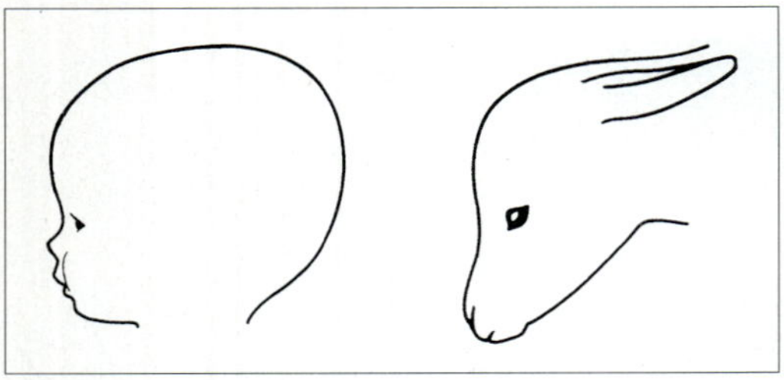

Abb. 3.4 Kindchenschema bei Mensch und Tier (aus Hertl, Thieme 1993)

Das angeborene **Antwortlächeln** des Säuglings, das um den dritten Lebensmonat auftritt, wird ausgelöst durch den Anblick eines Gesichts oder einer Attrappe, auf die schwarze Punkte (Augen) aufgemalt sind. Beim Erwachsenen ruft der Anblick der für Kleinkinder typischen Kopf- und Gesichtsform (**Kindchenschema**, Abb 3.4) mit rundlichem, großen Kopf, großer Stirn sowie kleinem Mund und kleiner Nase Schutz- und Pflegegefühle und -verhalten hervor.

3.2.2 Psychoanalytischer Ansatz

Es empfiehlt sich zum besseren Verständnis der Psychodynamik der intrapsychischen Instanzen zunächst 5.1.1 zu lesen.

Trieb und Verhalten

Nach **Freud** ist das Verhalten triebbestimmt. *Triebe* sind die Antriebsfedern für das Verhalten und liefern die Energie für seine Ausführung. Sie entstehen im Organismus als körperliche Bedürfnisse und äußern sich psychisch als Wünsche oder Verlangen. Die durch sie in Gang gesetzten Handlungen bewirken eine Reduktion der Triebspannung, was als *lustvoll* erlebt wird. Unmittelbare und unkontrollierte Triebbefriedigung kann dem Organismus auch *Schaden* bescheren, etwa dann, wenn sie zu einer Kollision mit der Umwelt führt.

Beispiel: Ein hungriger Mensch entreißt einem zufällig vorbeikommenden Passanten das Brötchen, in das dieser gerade hineinbeißen wollte, und ißt es selber. Diese Verletzung von moralischen, sozialen und juristischen Normen (Diebstahl, Raubüberfall) könnte negative Konsequenzen (z. B. Gefängnis) für den Täter nach sich ziehen. Um sich vor solchen negativen Folgen zu schützen, werden soziale und ideelle Werte und Normen internalisiert **(Über-Ich)**. Der zentrale Kern der Persönlichkeit **(Ich)** hat die Aufgabe, alle emotionalen Impulse, Wünsche und Triebhandlungen (die dem **Es** entspringen) so zu steuern, daß weder die internalisierten Normen, noch die Bedingungen der Umwelt verletzt werden. Das **Ich** nimmt zwischen dem Individuum und der Realität sowie zwischen dem **Es** und **Über-Ich** eine Vermittlerposition ein und sorgt so für eine Integration der Triebimpulse.

Konflikt und Abwehr

Intrapsychische, unbewußte Konflikte können entstehen, wenn

- gegensätzliche Triebe zueinander in Widerspruch treten (z.B Selbsterhaltungs- und Todestrieb);
- Triebimpulse in Widerspruch zu Bedingungen der Realität treten;
- Triebimpulse in Widerspruch zu verinnerlichten Normwerten treten.

Kann ein Konflikt nicht befriedigend gelöst werden, entsteht unbewußt Angst, die so intensiv werden kann, daß sie die psychische Integrität bedrohen kann. Deshalb werden vom *Ich* **unbewußte Abwehrmechanismen** (Tab. 3.1) verwendet, mit deren Hilfe der innerpsychische Konflikt zwar nicht optimal gelöst wird, die gefährdende Angst aber wirkungsvoll vom Bewußtsein ferngehalten wird. Alle Menschen benutzen mehr oder weniger bestimmte Abwehrmechanismen – ihre Anwendung an sich stellt noch keine Indikation zu einer Psychotherapie dar. Ihre übermäßige Anwendung kann aber so viel psychische Energie binden, daß diese nicht mehr für andere psychische Arbeit eingesetzt werden kann, und es so zu neurotischen Symptomen kommt (die dann sehr wohl behandlungsbedürftig sein können; s.a. 5.1.1).

Psychosoziale Abwehr

Innerpsychische Konflikte können auch auf zwischenmenschlicher Ebene wirksam werden, indem z. B. Eltern ihre eigenen unterdrückten Triebimpulse dem Kind zuschreiben.

Beispiel: Ein Elternteil bestraft zwar verbal sein Kind für dessen aggressive Verhaltensweisen („Du bist böse"), belohnt und fordert sie aber auf nonverbaler Ebene sogar heraus („Double-bind-Situation"). Auf diese Weise können innere Konflikte auf das Kind übertragen und auf dessen Kosten ausgetragen werden.

3.2.3 Psychobiologischer Ansatz

Die Grundlage dieses Ansatzes bildet das **Homöostase-Prinzip:** Der Organismus strebt einen Zustand an, in dem sich die innerorganismischen physiologischen Vorgänge (z. B. Elektrolythaushalt, Stoffwechsel, Hormone...) in einem Gleichgewicht befinden. Aktuelle physiologische Zustandsgrößen werden laufend mit Standardwerten verglichen. Wird eine Abweichung festgestellt, wird das Individuum moti-

Tabelle 3.**1** Abwehrmechanismen

Abwehrmechanismus	Beschreibung
Verdrängung	Von innen kommende Impulse werden unbewußt gemacht. Somit stellt der Begriff der Verdrängung einen Überbegriff für verschiedene Abwehrmechanismen dar.
Verleugnung	Das Nicht-wahrhaben-Wollen eines gegebenen äußeren Sachverhalts. Beispiel: Wenn jemand gegen ärztlichen Rat größere Anstrengungen unternimmt.
Verschiebung	Unerlaubte Triebwünsche werden von einem Objekt auf ein anderes verschoben, z.B: Der Stationsarzt ärgert sich über den Chef und schimpft auf den Famulanten.
Projektion	Eigene Triebimpulse werden anderen Personen unterstellt. Z.B: „Die anderen sind aggressiv zu mir, ich wehre mich ja nur."
Rationalisierung	Dem eigenen Verhalten werden zwar plausible, aber nicht wahrheitsgemäße Beweggründe unterstellt. Z.B: Die Unterstellung, daß man Dinge, die man nicht kriegen kann, sowieso nicht haben möchte, da sie z.B schlecht seien (sog. „Saure-Trauben-Reaktion").
Isolierung	Die Verbindung zwischen einer Vorstellung und dem dazugehörigen Affekt wird gelöst. Z.B: Man erinnert sich an ein traumatisches Erlebnis, bleibt aber emotional unberührt.
Identifikation mit dem Aggressor	Um die eigene Angst abzuwenden, setzt man sich mit dem Aggressor gleich. Z. B: Wenn ein Kind im Spiel den gefürchteten Lehrer darstellt.
Regression	Das Zurückfallen des Verhaltens in eine frühere Entwicklungsstufe. Z.B: Bekommt ein 6-jähriges Kind ein Geschwisterchen und damit relativ weniger elterliche Zuwendung, fängt es an einzunässen und am Daumen zu lutschen.
Reaktionsbildung	Ein abgelehnter Triebimpuls wird ins Gegenteil verkehrt. Z.B: Ein Arzt verhält sich einem ihm besonders unsympathischen Patienten gegenüber betont freundlich.
Konversion	Umwandlung ungelöster psychischer Konflikte in Form von körperlichen Krankheitssymptomen (z. B. in Form von Herzbeschwerden).
Kompensation	Besonders starkes Engagement in bestimmten Lebensbereichen, das durch ein bestimmtes Minderwertigkeitsgefühl hervorgerufen wird.
Sublimierung	Unerwünschte Triebziele werden in sozial höherwertige Ziele überführt. Z.B: Agressive Impulse werden in wertvolle Leistungen, wie z. B. Kunst, umgesetzt.

viert, sich so zu verhalten, daß das Ungleichgewicht beseitigt wird.

Beispiel: Wird über spezielle Rezeptoren ein Anstieg des osmotischen Druckes im Blut festgestellt, entsteht Durstgefühl, das das Individuum dazu motiviert, Wasser zu beschaffen und zu trinken. Ist das Wasserdefizit beseitigt, verschwindet auch der Durst wieder.

Homöostatische Motive: Hunger, Durst, Schlaf, Ausscheidung, usw. Sie dienen der Aufrechterhaltung der Homöostase und entstehen aus innerorganismischen Mangel- und Ungleichgewichtssituationen.

Primäre und sekundäre Motive: *Primäre Motive* sind angeboren und dienen dem eigenen Überleben und der Arterhaltung. Sie entsprechen weitgehend den homöostatischen Motiven (z. B. Essen, Trinken, Schlafen...). *Sekundäre Triebe* (z. B. Besitz, Geld, Macht, Geltung, Leistungsmotivation, Modeverhalten) werden durch Lernprozesse erworben, z. B. durch Kopplung ursprünglich neutraler Reize mit primären Trieben.

Merke

Sexualität ist zwar ein primäres (weil angeborenes und arterhaltendes) aber kein homöostatisches Motiv. Sexualhandlungen tragen nicht zur Aufrechterhaltung eines körperlichen Gleichgewichts bei – sie stören es zeitweilig sogar durch eine Reihe von Erregungsprozessen.

Konfliktmodell nach Lewin

Nach Lewin entsteht ein intrapsychischer Konflikt dann, wenn in einer Entscheidungssituation mehrere, vergleichbar starke Motivationskräfte von entgegengesetzter Richtung auf die Person einwirken. Nach der Art dieser Kräfte werden drei Grundformen von Konfliktsituationen unterschieden (Tab. 3.**2**). Die Begriffe *Appetenz* bzw. *Aversion* werden hierbei im Sinne von *Annäherung* bzw. *Vermeidung* gebraucht.

3.2.4 Handlungstheoretischer Ansatz

Eine **Handlung** unterscheidet sich vom reinen Verhalten dadurch, daß ihr eine Intention, also die bewußte Absicht, ein Ziel zu erreichen, zugrunde liegt. Voraussetzung für ein zielgerichtetes Verhalten ist es aber, eine Vorstellung über potentielle Folgen der eigenen Handlung zu haben **(Erwartung)**. Ein Regelkreismodell, wie Handlungen gesteuert werden, ist das **TOTE-Modell** (Test-Operate-Test-Exit) nach Miller, Galanter u. Pribram (Abb. 3.**5**): Ergibt sich in einer Prüfung (Test), daß eine Situation von einem intendierten, erwarteten Soll-Zustand abweicht, wird eine Handlung aktiviert (Operate), um diese Abweichung zu beheben. Erweist sich in einer anschließenden Prüfung (Test) die Korrektur als gelungen, kann die Handlung beendet werden (Exit).

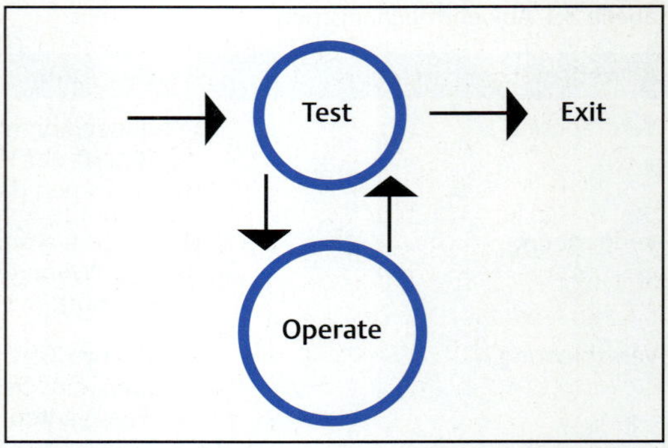

Abb. 3.**5** TOTE-Modell zur Regelkreissteuerung von Handlungen

Merke

Im handlungstheoretischen Ansatz stellt die Diskrepanz zwischen einem erwarteten und dem tatsächlich vorhandenen Zustand die motivierende Grundlage des Verhaltens dar.

Kausalattribution

Unter Kausalattribution versteht man die Zuschreibung von Ursachen zu bestimmten Ereignissen.
Es werden u.a. folgende **zwei Hauptdimensionen** der Zuschreibung unterschieden:

1. *Ort:*
- internal: Den Grund für etwas sieht die Person in sich selbst (z. B. „Ich bin durch das Physikum gefallen, weil ich zuwenig gelernt habe!").
- external: Die Ursache wird in der Umwelt gesehen (z. B. „Ich bin durchgefallen, weil mein Antwortbogen verwechselt wurde!").

Tabelle 3.**2** Konflikttypen nach Lewin

Konflikttyp	Beschreibung
Appetenz-Appetenz-Konflikt	Entscheidung zwischen zwei ähnlich attraktiven Alternativen (z. B. Vanille- oder Erdbeereis). Der Konflikt ist instabil, da jede Annäherung an eine der beiden Möglichkeiten ihren Aufforderungscharakter verstärkt und so eine rasche Entscheidung herbeiführt.
Aversions-Aversions-Konflikt	Entscheidung zwischen zwei ähnlich abstoßenden Alternativen (z. B. zwischen zwei schlechten Lehrbüchern). Der Konflikt ist stabil, da jede Annäherung an eine der beiden Wahlmöglichkeiten die Tendenz zum Zurückweichen erhöht.
Appetenz-Aversions-Konflikt	Die Entscheidung für ein Ziel hat sowohl positive als auch negative Konsequenzen. Beispiel: Die Entscheidung für ein Medizinstudium. (Positiv: Erfüllung des Berufswunsches, negativ: die vielen Strapazen.)

2. *Stabilität:*
- stabil: Die Ursache wird als gegeben und nicht beeinflußbar gesehen (z. B. „Ich habe keine Begabung!").
- variabel (instabil): Die Ursache ist veränderlich (z. B. „Ich habe zu wenig gelernt!").

Die Aussage: „Ich bin im Physikum durchgefallen, weil ich vorher zu wenig geschlafen habe!" ist ein Beispiel für eine *internale, instabile* Kausalattribution.

Die Art der Attribution wirkt sich sowohl auf emotionaler als auch auf motivierender Ebene aus. Beispiel: Schreibt man seinen Prüfungserfolg der eigenen Leistung zu, resultiert daraus mehr Selbstvertrauen und Motivation, auch in anderen Situationen Leistung zu erbringen, als wenn man einen glücklichen Zufall verantwortlich macht. Attribuiert man umgekehrt einen Mißerfolg auf stabile und internale Faktoren („Ich bin durchgefallen, weil ich zu dumm für ein Studium bin!"), dann führt dies zu Selbstwertminderung und Demotivation. Solche Attributionsprozesse können bei der Entstehung oder Aufrechterhaltung einer Depression von Bedeutung sein.

Bewältigungsstile (s. 2.2.3)

Kognitive Dissonanz: Dieses Konzept von Festinger geht davon aus, daß Kognitionen (also Gedanken, Meinungen, Werthaltungen etc.), die zueinander in Beziehung stehen, in Widerspruch geraten können, z. B. wenn man sich wissentlich schädigend verhält. Beispiel: „Ich trinke!" und „Trinken schädigt die Leber!" sind zwei Kognitionen, die dissonant sind, sich also gegenseitig widersprechen, denn aus der Kognition „Trinken schädigt die Leber!" folgt eigentlich, daß man *nicht* trinken sollte. Kognitive Dissonanz ist ein unangenehmer Zustand und motiviert die Person, die Dissonanz zu beseitigen. Dies kann einmal geschehen, indem *dissonante Kognitionen subtrahiert,* also *verdrängt* oder *verleugnet* werden (indem z. B. die gesundheitsschädliche Wirkung des Alkohols bestritten oder einfach vergessen wird). Zum anderen können *neue, konsonante Kognitionen addiert* werden (z. B. „Alkohol ist gut für die Verdauung!").

Ist eine Einwilligung in etwas erzwungen, ist die kognitive Dissonanz um so größer, je höher der angewendete Zwang ist. Willigt man aufgrund einer Belohnung in ein dissonanzerzeugendes Verhalten ein, so wird die Dissonanz mit höherer Belohnung auch immer größer.

> **Merke**
>
> Zur Beseitigung von kognitiver Dissonanz werden eher Einstellungen als Verhaltensweisen geändert.

3.3 Spezifische Emotionen und Motivationen

Menschlichem Verhalten und Erleben liegen stets spezifische Emotionen und Motivationen zugrunde. Dennoch sind es meist nicht einzelne Motive, sondern ein komplexes Zusammenspiel von Motiven, aus denen bestimmte Handlungen und Verhaltensweisen hervorgehen.

3.3.1 Hunger und Durst

S. Physiologie 19.6.1.

3.3.2 Angst

Angst ist die unangenehme emotionale Reaktion, die auf die Wahrnehmung bedrohlicher Reize entsteht. Die Angstreaktion auf eine unmittelbare Bedrohung ist gekennzeichnet durch sympathische Aktivierung, die die Bereitschaft des Körpers zu Flucht oder Angriff steigert (Steigerung der Herzfrequenz, des Blutdrucks, der Vigilanz und der Muskeldurchblutung). Ist die Gefahr abgewendet, normalisieren sich die Körperfunktionen wieder. Besteht aber weiterhin eine Gefahr, oder ist ein Kampfverhalten nicht möglich, so reagiert der Organismus mit Rückzug. Dieser Zustand ist durch eine Erhöhung der Cortisolproduktion in der Nebennierenrinde gekennzeichnet. Die dadurch induzierten Stoffwechselveränderungen (z. B. erhöhter Proteinkatabolismus) sorgen für eine gesteigerte Energiebereitstellung.

Ängstlichkeit und Angstzustand

Unter *Ängstlichkeit* (*trait anxiety*) versteht man eine relativ stabile Persönlichkeitseigenschaft, d. h. die Neigung, eine Reihe von Reizen als bedrohlich zu empfinden und ihr Auftreten mit einer Erhöhung des aktuellen *Angstzustandes* (*state anxiety*) zu beantworten.

> **Klinischer Bezug**
>
> Eine Reihe von körperlichen Beschwerden können **Indikatoren für Angst** sein: Einschlafstörungen, Schwindelgefühle, Magen-Darm-Beschwerden u. a.

Pathologische Angstformen

Die pathologischen Angstformen werden abgegrenzt von der sog. *Realangst*. Sie stellt eine angemessene Reaktion auf objektive Gefahren dar (z. B. die Angst vor einem heranspringenden, zähnefletschenden Kampfhund).

Die **Phobie** zeichnet sich aus durch übermäßige und unangemessen starke Angst- und Vermeidungsreaktionen, die sich nur auf ganz spezielle, konkrete Objekte oder Situationen beziehen (z. B. *Agoraphobie*: Angst vor großen Plätzen).

Die **frei flottierende Angst** (generalisierte Angst), die sich als unangenehmes Beengtheits- und Spannungsgefühl mit Nervosität äußert, ist im Gegensatz zur Phobie an kein konkretes Objekt oder eine Situation gebunden. Der Betroffene ist nicht in der Lage, eine konkret faßbare Ursache für seine Angst anzugeben.

Andere, nicht pathologische Formen der Angst

Todesangst: Die Angst vor dem Sterben scheint einem allen Lebewesen innewohnenden Selbsterhaltungstrieb zu entspringen. Beim Menschen ist das Ausmaß der Todesangst von zahlreichen Faktoren abhängig. Zwei gegensätzliche Beispiele: Lebenszufriedenheit im hohen Alter ("Ich habe mein Leben gut gelebt und kann nun in Frieden gehen") kann die Angst vor dem Tod reduzieren. Hingegen erhöht die Erwartung qualvoller Schmerzen beim Sterben die Angst.

Angst vor medizinischen Eingriffen: Medizinische Eingriffe (Operationen) werden oft als eine Bedrohung der eigenen körperlichen Integrität erlebt. Hinzu kommt noch die Angst vor postoperativen Schmerzen und vor dem ohnmächtigen Ausgeliefertsein während der Vollnarkose.

Trennungsangst: Sie spielt eine besondere Rolle bei Kleinkindern ab dem 6. – 8. Lebensmonat. Ab diesem Zeitpunkt kann das Kind Fremde von Freunden (v.a. die Mutter) unterscheiden und reagiert mit Angst, wenn es von der Mutter verlassen wird bzw. wenn sich unbekannte Personen nähern (Fremdeln, s. 6.2.3).

> **! Merke**
>
> Sehr niedrige oder sehr hohe präoperative Angst gehen mit mehr emotionalen Schwierigkeiten nach der Operation einher als ein mittleres Maß an präoperativer Angst.

3.3.3 Ärger und Aggressivität

Unter **Aggression** versteht man ein Verhalten, das mit dem Ziel ausgeführt wird, einen Organismus oder Organismusersatz zu schädigen. **Aggressivität** bezeichnet die überdauernde Disposition eines Individuums, aggressives Verhalten zu zeigen. Die Ausprägung der Persönlichkeitseigenschaft Aggressivität kann in mehrdimensionalen Persönlichkeitsfragebögen wie FPI oder MMPI, aber auch in zahlreichen, nur diese Eigenschaft messenden Tests bestimmt werden.

Aggressionstheorien

Aggression als angeborener Trieb:

- *bei Freud:* In seinem dualistischen Triebkonzept wirkt der Todestrieb dem Lebenstrieb (Eros) entgegen und äußert sich im Verlangen nach Auflösung, Trennung und Desintegration. Der Lebenstrieb lenkt diese selbstzerstörerische Energie des Todestriebs nach außen und richtet sie gegen die Umwelt, wodurch Aggression entsteht.
- *bei Lorenz:* Aggression ist ein angeborener Trieb bzw. Instinkt bei Tier und Mensch. Er dient v.a. der Arterhaltung, indem z. B. durch Rivalenkämpfe nur die stärksten und fähigsten Tiere für eine selektierte Nachkommenschaft sorgen.

Aggression als erlerntes Verhalten: Aggressionsverhalten wird durch Konditionierung und Modellernen erworben (s. Kap. 4).

Frustrations-Aggressionshypothese: Jeder Aggression geht eine Frustration voraus, wobei die Frustration das Motiv für die Aggression darstellt. Unter *Frustration* versteht man die Störung eines zielgerichteten Verhaltens oder der Befriedigung eines Bedürfnisses. Die Aggression richtet sich dann hauptsächlich gegen den Verursacher der Frustration. Ist das nicht möglich oder mit zu negativen Konsequenzen verbunden (weil es sich z. B. um den eigenen Chef handelt), so kann die Aggression gegen Ersatzpersonen oder -objekte gerichtet werden (Verschiebung). Dieses Modell der Aggressionsentstehung wurde von Berkowitz dahingehend modifiziert, daß eine Frustration zunächst einmal *Wut* bzw. *Ärger* als psychischen Erregungszustand hervorruft. Erst wenn zusätzlich aggressive Hinweisreize vorliegen (z. B. Waffen, mit Gewalt verbundene Namen etc.), kommt es zur eigentlichen Aggression.

Reaktionsmöglichkeiten auf Frustration

Außer *Aggression* können auf Frustrationen auch andere typische Reaktionsweisen folgen (Tab. 3.**3**).

Die individuelle Frustrationsreaktion hängt u. a. davon ab, wie intensiv das Bedürfnis war, dessen Befriedigung unterbunden wurde, ob eine Möglichkeit be-

Tabelle 3.**3** Frustrationsfolgen

Reaktion	Beschreibung
Regression	Reagieren mit Verhaltensweisen, die für eine frühere Entwicklungsstufe typisch sind (s. 3.2.2 *Regression*).
Fixierung	Aufzeigen eines ganz starren, eingeengten Reaktionsmusters.
Depression	Ein komplexer emotionaler und motivationaler Zustand, der durch Traurigkeit und Hoffnungslosigkeit bestimmt ist (s. 3.3.6).
Problemlösungsverhalten	Das konstruktive und überdachte Vorgehen bei einem Problem.

steht, die frustrierende Situation zu vermeiden und wie hoch die **Frustrationstoleranz** des Individuums ist.

3.3.4 Sexualität

Sexualität drückt sich im *Sexualverhalten* aus; ihr Zustandekommen wird von der *Sexualmotivation* bestimmt. Sie wird als ein komplexes psychophysiches Erleben aufgefaßt, das weit mehr als nur den Geschlechtsakt umfaßt.

Sexueller Reaktionszyklus

Sexuelle Stimulation, die visuell, taktil oder auch durch bloße Vorstellungen zustande kommen kann, führt zu einer typischen Reaktion des Körpers, die sich nach Masters und Johnson in 4 Phasen unterteilen läßt: Erregungs-, Plateau-, Orgasmus- und Rückbildungsphase (s. Abb 3.**6**).

Als **Indikatoren sexueller Erregung** gelten allgemeine physiologische Parameter (Herz-Kreislauf-System, Atmung) und spezifische, an die Geschlechtsorgane gebundene Veränderungen. In der *Erregungsphase* nimmt die Intensität sexueller Erregung zu (Erhöhung von Herzfrequenz und Blutdruck, Erektion des Penis, Lubrikation der Vagina u. a.) und erreicht ihr Maximum in der *Orgasmusphase* (Ejakulation beim Mann, rhythmische Kontraktion der orgastischen Manschette bei der Frau u. a.), in der intensivste Lustempfindungen erlebt werden. Nach dem Orgasmus fallen sämtliche physiologischen Parameter mehr oder weniger rasch wieder auf Ausgangswerte zurück (*Rückbildungsphase*).

Geschlechtsunterschiede: Beim Mann folgt auf den Orgasmus eine Minuten bis Stunden dauernde Refraktärphase, in der die sexuelle Erregbarkeit deutlich herabgesetzt ist. Die sexuelle Erregbarkeit der Frau bleibt auch nach dem Orgasmus erhalten, so daß diese auch die Möglichkeit zu multiplen Orgasmen hat.

Sexualmotivation

Freud, Lorenz und andere postulierten einen **angeborenen Sexualtrieb**, dessen Triebenergie sich so lange aufstaut, bis sie durch Sexualhandlungen ab-

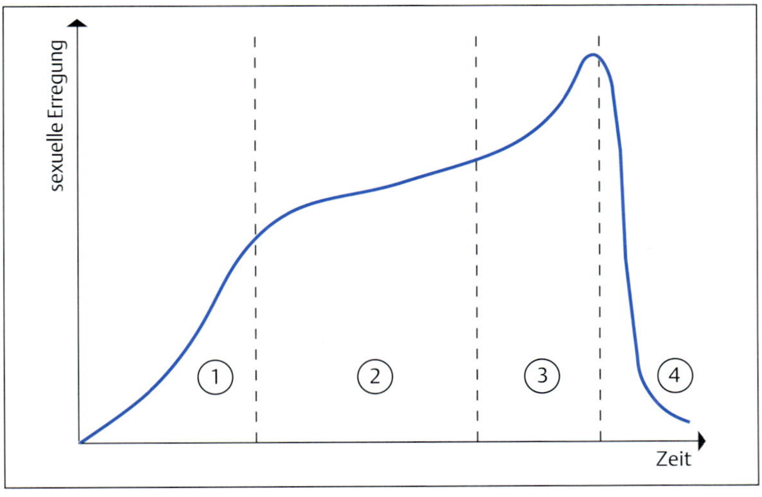

Abb. 3.**6** Sexueller Reaktionszyklus nach Masters und Johnson. **1** Erregungsphase, **2** Plateauphase, **3** Orgasmusphase, **4** Rückbildungsphase

Tabelle 3.**4** Sexuelle Funktionsstörungen

	Erregungsphase	Orgasmusphase
Frau	*Vaginismus* (Scheidenkrampf) *Dyspareunie* (Schmerzen beim Verkehr)	*Anorgasmie* (Nichterreichen des Orgasmus) *Dyspareunie*
Mann	*Erektionsstörungen*	*Ejaculatio praecox* (zu früher Samenerguß) *Ejaculatio retardata* (zu später Samenerguß)

geführt und somit reduziert wird. Dem steht allerdings u.a. die experimentell gesicherte Erkenntnis entgegen, daß die Frau auch nach dem Orgasmus sexuell ansprechbar bleibt und ihre sexuelle Erregbarkeit sogar noch zunehmen kann. Ein neueres Konzept geht folglich davon aus, daß *nicht* – wie bei den Triebreduktionstheorien – die Tendenz vorhanden ist, eine kumulierte, unangenehme Erregung zu reduzieren, sondern im Gegenteil, Erregung zu suchen, sie zu induzieren. Das geschieht z.B mittels gezielter Suche nach sexuell stimulierenden Reizen. Demnach besteht die sexuelle Motivation also im Wunsch, sexuelle Erregung und Lust zu erfahren.

Hormonelle Einflüsse: Beim Mann spielen für die Libido (= sexuelles Verlangen) v.a. die *Androgene* eine wichtige Rolle. Ihr Mangel äußert sich nicht nur in der Verminderung der sexuellen Erregbarkeit sondern auch in der beeinträchtigten Fähigkeit zu sexuellen Phantasien und Vorstellungen. Auch bei der Frau sind die in der Nebennierenrinde produzierten Androgene die die Libido am stärksten steigernden hormonellen Faktoren. Während das Östrogen schwächer als die Androgene wirkt, haben die Gestagene sogar einen hemmenden Einfluß. Dies erklärt auch die Tatsache, daß die sexuelle Funktionsfähigkeit und Libido bei der Frau auch nach der Menopause kaum beeinträchtigt sind.

Sexualverhalten und Emotionalität

Je höher eine Gattung phylogenetisch entwickelt ist, desto weniger ist ihr Sexualverhalten durch angeborene Verhaltenstendenzen und Instinkte bestimmt. Dementsprechend sind beim Menschen die Formen des Sexualverhaltens vorwiegend durch **Lernprozesse** erworben. Neben kulturellen und sozialen Normen spielen dabei v.a. eigene Erfahrungen eine Rolle. Das erklärt die große interindividuelle und interkulturelle Variationsbreite sexuellen Verhaltens beim Menschen im Gegensatz zum starren, instinktgebundenen und durch spezielle Schlüsselreize immer in der gleichen Form ausgelösten Paarungsverhalten phylogenetisch weniger entwickelter Tiere. Hinzu kommt, daß der Mensch – im Gegensatz zu Tieren – eine langfristige Paarbildung eingehen kann (Ehe). Deswegen spielt für die menschliche Sexualität auch die emotionale Verbundenheit, die Liebe und die gegenseitige Zuneigung in der Paarbeziehung eine wichtige Rolle.

Sexualität im Alter: Da die sexuelle Funktionsfähigkeit im Alter nur wenig abnimmt, ist eine deutliche Verringerung der Sexualität im Alter erheblich durch soziale Normvorstellungen bedingt („Das gehört sich nicht!"). Menschen mit einer höheren Koitusfrequenz in jüngeren Jahren weisen insgesamt eine verlängerte sexuelle Aktivität im Alter auf.

Sexuelle Funktionsstörungen

In den meisten Fällen sind für einen gestörten, defizitären Verlauf des sexuellen Reaktionszyklus **psychische Ursachen** verantwortlich. Neben *neurotischen Konflikten*, die in der Person eines Partners begründet liegen, oder *Partnerkonflikten* sind überwiegend eine *übersteigerte Erwartungshaltung* oder *Versagensängste* verantwortlich zu machen.

Symptome: Sowohl beim Mann als auch bei der Frau können Hemmungen der Libido oder gar sexuelle Aversion vorkommen. Weitere Störungen in der Erregungs- und Orgasmusphase sind in Tab. 3.**4** zusammengefaßt.

Sexualdeviationen

Obwohl eine eindeutige Definition fehlt, spricht man von deviantem oder abweichendem Sexualverhalten, wenn sexuelle Befriedigung nur unter ganz bestimmten, abnormen Bedingungen erlangt werden kann und sonst nicht. Die Organfunktionen sind i.d.R. nicht gestört.

Beispiele:

- *Exhibitionismus:* Erregung und Befriedigung durch Entblößen der eigenen Geschlechtsteile vor anderen Personen.
- *Fetischismus:* Befriedigung nur unter Einbeziehung bestimmter Gegenstände, die dem anderen Geschlecht gehören (z.B. Unterwäsche).
- *Pädophilie:* Befriedigung an Kindern beiderlei Geschlechts.
- *Sadismus, Masochismus:* Befriedigung durch Unterwerfung, Demütigung und Schmerzzufügen dem Partner gegenüber (Sadismus) oder sich selbst gegenüber durch den Partner (Masochismus).

- *Sodomie:* Das Triebziel stellen lebende oder tote Tiere dar.
- *Homosexualität:* Bezeichnet die sexuelle Orientierung zum eigenen Geschlecht hin und kommt bei Frauen und Männern vor. Man unterscheidet die *„echte"* oder *Neigungshomosexualität*, deren Ursachen unbekannt sind, und die *Hemmungshomosexualität*. Diese entsteht dadurch, daß im Laufe der Entwicklung Hemmungen gegenüber dem anderen Geschlecht zu einer Abwendung von diesem und Zuwendung zum eigenen Geschlecht führen. Die *Bewertung* der Homosexualität hinsichtlich ihrer Normalität kann sowohl zwischen verschiedenen Kulturen als auch zwischen verschiedenen Subkulturen eines Kulturkreises variieren. Eine negative Bewertung kann verschiedene Ursachen haben, wie z. B.: allgemeine Abneigung gegenüber Minderheiten, eigene Vorstellungen über eine normale Sexualität und damit verbundene Ablehnung einer Sexualität, die nicht der Reproduktion dient, sowie Abwehr eigener homosexueller Triebimpulse.

3.3.5 Scham

Scham ist eine genuin menschliche Emotion. Das gefühlsmäßige Erleben entspricht dabei einer Unlustreaktion, zu der auch vegetative Reaktionen wie das Erröten des Gesichts oder die Erhöhung der Herzfrequenz hinzutreten können. Die spezifischen, schamauslösenden Situationen und das Schamverhalten sind weitgehend erlernt und unterliegen kulturellen Normen und Werthaltungen.

Erzeugung von Schamgefühlen

Scham als Minderwertigkeitsgefühl: Wenn andere zusehen, wie man bestimmte persönliche oder soziale Erwartungen nicht erfüllt oder an einer Aufgabe scheitert, kann das zu einem Erleben des eigenen Würde- und Wertverlustes führen. *Beispiel*: Wenn man ein Versprechen einer Person gegenüber nicht einhält, kann man u. U. als Ausdruck der Scham dieser Person „nicht mehr in die Augen schauen", weil man das Gefühl hat, ihr nicht mehr gleichwertig gegenüberstehen zu können.

Scham durch Verletzung der Intimsphäre: Die Intimsphäre bezeichnet einen vom Individuum besonders abgeschirmten und geschützten Bereich des persönlichen Lebens. Gegenstände der Intimsphäre können physischer Natur (v.a. die Bereiche der Körperöffnungen wie Genitalien, Anus, aber auch Mund und Ohren) oder psychischer Natur sein (z. B. das Ansprechen des Geschlechtslebens in der Anamnese).

Scham als Reaktionsbildung: Aus psychoanalytischer Sicht kann Scham als unbewußte Abwehr des Dranges, sich zu zeigen, verstanden werden (s. 3.2.2).

> **! Merke**
>
> Ein Eindringen in die Intimsphäre wird als Verletzung und Bedrohung der eigenen Integrität erlebt und erzeugt Schamgefühle.

Ärztliche Untersuchung und Scham

Sowohl die körperliche Untersuchung (rektale Austastung, gynäkologische Untersuchungen usw.) als auch die Anamnese (z. B. das Ansprechen von Inkontinenz, Sexualstörungen, Einnahme von Genußmitteln usw.) sparen die Intimsphäre des Patienten nicht aus und können somit Unlustgefühle und Widerstände bei ihm erzeugen. Dies kann zur Folge haben, daß dem Arzt z. B. wichtige Informationen verschwiegen werden (z. B. Alkoholkonsum), was u. U. die Diagnosefindung erschweren kann. Der Arzt kann dem entgegenwirken, indem er behutsam und mit viel Rücksicht auf die Gefühle des Patienten reagiert und so eine hilfreiche Vertrauensbasis schafft.

3.3.6 Trauer

Trauer ist eine unlustbetonte Emotion, die, abhängig von der Intensität, Ausdruck in körperlichen Erscheinungen wie z.B Weinen finden kann. Oft entsteht Trauer als Reaktion auf einen realen oder antizipierten Verlust (z. B. von Besitz oder von Prestige oder einer nahestehenden Person).

Nach Parkes tritt auf den **Verlust einer nahestehenden Person** (z. B. Ehepartner, Kind usw.) eine *schockartige Notfallreaktion* auf, die folgendermaßen abläuft:

- Zuerst tritt eine Alarmphase mit erhöhter Spannung und Aufmerksamkeit auf.
- Die Gedanken werden darauf zunehmend an die verlorene Person gebunden.
- Dies führt dazu, daß das Interesse an der Beschäftigung mit sich selbst abnimmt.
- Schließlich sucht man Zuflucht in einer ruhelosen Aktivität.

Durch die Trauerarbeit kann der Verlust emotional verarbeitet werden. **Formen sozialer Unterstützung** können dabei eine wesentliche Hilfestellung für die betroffene Person bedeuten. Bei Freunden, Angehörigen oder auch in einer Selbsthilfegruppe kann der eigene Schmerz ausgedrückt und vermittelt werden. Neben der Anteilnahme ist es oft schon allein das geduldige Zuhören einer vertrauten Person, das Erleichterung bringen kann.

Reaktion von Sterbenden

Kübler-Ross beschrieb mehrere Stadien der Gemütsverfassung, die ein Sterbender in der Auseinandersetzung mit seinem baldigen Tod durchläuft:

- *Nicht-wahrhaben-Wollen*: Der Patient weiß, daß er bald sterben wird, will es aber nicht wahrhaben. Er verleugnet seine Krankheit und gibt sich unbesorgt.
- *Zorn*: Der Patient begehrt gegen sein Schicksal auf und reagiert mit Wut auf seine Umwelt und Mitmenschen.
- *Verhandeln*: In dieser Phase versucht der Kranke, den Tod möglichst hinauszuschieben und hofft immer noch auf ein rettendes Wunder.
- *Depression*: Phase des Abschiednehmens und Trauerns.
- *Zustimmung*: Der nahende Tod wird in ruhiger Erwartung hingenommen.

Depression

Die Depression ist gekennzeichnet durch ein Übermaß an trauriger Gestimmtheit und ein Zuwenig an positiven Emotionen sowie durch eine negative Erwartungshaltung bezüglich der Zukunft. Sie ist oft mit Ängsten verbunden. Ein weiteres Merkmal ist der Zustand der Gefühlsleere und der psychischen Erstarrung. *Konzentrationsschwierigkeiten*, *Appetitlosigkeit* und *Schlafstörungen* sind typische Beschwerden, die im Rahmen einer Depression auftreten können. Der so zustande gekommene Leidensdruck kann zusammen mit dem *Gefühl der Auswegs- und Hoffnungslosigkeit* zu **Suizidabsichten** führen, die oft als letzter Ausweg gesehen werden.

Klinischer Bezug

Larvierte Depression: Obwohl die Betroffenen eine depressive Stimmungslage haben, sind sie nicht in der Lage, sie verbal auszudrücken. Statt dessen weisen sie Symptome wie Kopfschmerzen, Schlaflosigkeit und Appetitmangel aber auch gynäkologische Beschwerden auf.

3.3.7 Hilflosigkeit und Resignation

Erlernte Hilflosigkeit

Erlernte Hilflosigkeit äußert sich in einem Zustand motivationaler und emotionaler Defizite sowie in Verhaltensdefiziten. Nach Seligman entsteht dieser Zustand dann, wenn ein Organismus die wiederholte Erfahrung macht, daß er unabhängig von seinem Verhalten bestraft (oder belohnt) wird, daß also *keine* Kontingenz (Zusammenhang) zwischen der Art seines Verhaltens und der folgenden Konsequenzen besteht.

Beispiel: Ein in einem Käfig eingeschlossenes Versuchstier macht in einem Experiment die wiederholte Erfahrung, daß es durch keine Verhaltensweise einem aversiven Reiz (Elektroschock) entkommen oder diesen beenden kann. Es kann also die eingetretene negative Konsequenz nicht kontrollieren. Wird in einer nachfolgenden Phase dem Tier die Möglichkeit gegeben, durch eine einfach zu erlernende Reaktion (Überspringen einer niedrigen Hürde) dem Elektroschock zu entkommen, nimmt es sie trotzdem nicht wahr, sondern wartet passiv und niedergeschlagen-winselnd ab, bis der Elektroschock wieder abgeschaltet wird. Auch beim Menschen kann Hilflosigkeit erlernt werden und eine Entstehungsursache der Depression sein.

Konzept der Selbstaufgabe

Nach Schmale u. Engel kann die subjektive Wahrnehmung eines realen oder antizipierten Verlustes zu einer **Resignationsreaktion** der Person führen. Sie ist gekennzeichnet durch starke Gefühle der Hoffnungslosigkeit oder Hilflosigkeit, gepaart mit einem negativen Zukunftsbild. Dieser Zustand erhöht die Krankheitsanfälligkeit des Körpers.

Lernen

4.1 Gedächtnis

Unter dem Begriff Gedächtnis versteht man die geistige Funktion, Informationen aufzunehmen, zu speichern und wieder abzurufen.

Gedächtnisformen (vgl. Physiologie 19.4)

Eine Information wird in mehreren Teilprozessen verarbeitet, ehe sie als überdauernde und dem Bewußtsein verfügbare „Gedächtnisspur" abgelegt wird. Diese Verarbeitungsschritte werden zu sog. **Speichersystemen** zusammengefaßt, die sich nach *Speicherkapazität*, *Zeitspanne der Speicherung* und nach der *Art des Gedächtnisinhaltes* unterscheiden:

- *Ultrakurzzeitgedächtnis (UKZ)* oder *sensorisches Register:* Sinneswahrnehmungen werden für ca. 0,5 s (visuell) bis 2 s (auditiv) als Eindrücke festgehalten. Die meisten Reize werden hier schon herausgefiltert und gelangen nicht ins Bewußtsein.
- *Kurzzeitgedächtnis (KZ):* Hier können max. 7 ± 2 Bedeutungseinheiten (Buchstaben, Zahlen, Wörter, etc.) für maximal 20 s gespeichert werden. Wird ihnen keine Aufmerksamkeit geschenkt oder kommen weitere Informationen hinzu, werden die vorherigen gelöscht. Die begrenzte Speicherkapazität läßt sich fast beliebig erweitern, indem Informationen zu Gruppen zusammengefaßt werden („chunking"): z. B. lassen sich die 16 Zahlen: 198 419 881 992 199 6 viel besser behalten, wenn man sie als Austragungsjahre von vier olympischen Spielen erkennt.
- *Langzeitgedächtnis (LZ):* Bei praktisch unbegrenzter Kapazität können Inhalte bei intakter Funktion lebenslang erinnert werden. Es enthält unser gesamtes Wissen, das in Form von Netzwerken assoziativ miteinander verknüpft vorliegt. Diese Organisationsstruktur erklärt, warum wir Informationen in Sekundenbruchteilen aus dem LZ abrufen können. Wird neues Material ins LZ aufgenommen, muß es also so geformt (enkodiert) werden, daß es sich in das bestehende Netzwerk einpaßt. Das hat zwei Konsequenzen: Zum einen entsprechen unsere Erinnerungen nicht einer „1 :1"-Abbildung der Realität sondern nur deren Abstraktionen, zum anderen gilt, daß neue Informationen um so leichter gespeichert und wieder gefunden werden können, je stärker sie auf bereits bestehende Gedächtnisinhalte bezogen und mit ihnen verknüpft werden können. Im Rahmen des LZ kennt man den sog. *semantischen Speicher,* in dem – wie in einem Lexikon – Bedeutungen und Wissensinhalte abgelegt sind. Demgegenüber sind im *episodischen Speicher* die an die eigene Person gebundenen Ereignisse in ihrem zeitlichen Zusammenhang gespeichert.

Faktoren, die das Gedächtnis beeinflussen

Aufmerksamkeit: Nur diejenigen Reize, die ins Bewußtsein gelangen, können eingeprägt und später wiedererkannt werden. Gezielte Aufmerksamkeit muß auf Reize gerichtet werden, damit diese aus dem UKZ ins KZ übernommen und dort so lange aufrechterhalten werden, bis sie von da in adäquater Form ins LZ abgelegt werden können.

Ankerbegriffe: Bestimmte Eigenschaften einer Information (z. B. der Anfangsbuchstabe eines Wortes) können als Anker verwendet werden, an den die Speicherung und der spätere Abruf dieser Information gekoppelt werden und dadurch leichter fallen.

Bezugssysteme: Neue Informationen lassen sich leichter merken, wenn sie in eine sinnvolle Beziehung zueinander oder mit schon gespeicherten Inhalten gebracht werden. Die Wortsammlung „Haus,

Tiger, Fön, Fluß" kann beispielsweise in Form einer kleinen Geschichte gespeichert werden: „ Der Tiger badete im Fluß. Um sein Fell zu trocknen ging er daraufhin in ein Haus und fönte sich, bis es trocken war." Je ausgefallener und ungewöhnlicher solche Geschichten sind, desto besser ist der Lerneffekt.

Emotionen: Emotional neutrale Erfahrungen werden schneller vergessen als negative. Emotional positiv getöntes Material wird dagegen am längsten behalten. Außerdem erinnert man sich in trauriger Stimmung eher an traurige Inhalte, in heiterem Zustand wird hingegen Heiteres und Lustvolles leichter erinnert (Kongruenztheorie).

Transfer: Der Effekt, den Übertragung von Gelerntem auf neu zu Lernendes hat.

- *Positiver Transfer:* Neues wird leichter gelernt, wenn der Lernende Ähnlichkeiten und Gesetzmäßigkeiten erkennt, mit denen er Verbindungen zu schon Bekanntem herstellen kann.
- *Negativer Transfer:* Neues wird langsamer gelernt, wenn es in Widerspruch zu bestehendem Wissen steht. Bsp.: Bei grüner Ampel zu halten, wäre schwierig zu merken.

Interferenz:

- *Proaktive Hemmung:* Vorher Gelerntes hemmt das Behalten und Abrufen von neu Gelerntem.
- *Retroaktive Hemmung:* Neu Gelerntes stört das Reproduzieren von früher Gelerntem.Der günstigste Lerneffekt ergibt sich, wenn zwischen Einprägen und Abrufen eines Lernmaterials keine neuen Informationen aufgenommen werden, wenn also z. B. geschlafen wird.

Verdrängung: Nach psychoanalytischer Theorie können emotional stark belastende, peinliche oder angstauslösende Erinnerungen ins Unbewußte verdrängt werden. Nur unter besonderen Bedingungen, wie etwa im Rahmen einer psychoanalytischen Therapie oder unter Hypnose können diese dem Bewußtsein wieder zugänglich gemacht werden.

Zeigarnik-Effekt: Nicht abgeschlossene Handlungen können besser gemerkt werden als abgeschlossene. Erklärung: Nicht vollendete Handlungen hinterlassen eine Bedürfnisspannung, die zum Abschließen der Tätigkeit drängt. Diese Spannung führt auch zu einer festeren Verankerung im Gedächtnis. Bsp: Ein Kellner vergißt eine Bestellung meist erst dann, wenn er sie ausgeführt hat, die Handlung also abgeschlossen ist.

Dynamik von Gedächtnisprozessen

Gedächtnisinhalte sind nicht statisch sondern unterliegen dynamischen Prozessen, in deren Folge sie *verzerrt* werden können: So werden z. B. beim Speichern von Sätzen oder Texten vorrangig Bedeutungen gemerkt, während Strukturmerkmale und andere Details schlechter behalten werden. Beim Erinnern werden diese fehlenden Elemente dann einfach mit Hilfe der Phantasie ersetzt. Auch werden viele negative autobiographische Erfahrungen mit der Zeit in ihrer emotionalen Bedeutung so modifiziert, daß sich ein Eindruck von der „guten, alten Zeit" herausbildet.

Vergessen: Vorübergehende oder dauerhafte Unfähigkeit, Gelerntes zu erinnern.

Mögliche Ursachen:

- *Zerfall von Gedächtnisspuren*, der autonom und zeitlich fortschreitend zu irreversiblen Informationsverlusten führt.
- *Nicht optimale Suchprozesse*, aufgrund derer noch existierende Erinnerungen nicht mehr abgerufen werden können.

Klinischer Bezug

Amnesie ist eine traumatisch oder durch krankhafte Prozesse bedingte Gedächtnisstörung oder Erinnerungslücke. Man unterscheidet nach dem zeitlichen Bezug zwei Formen: *retrograde Amnesie*: Ereignisse, die *vor* einem traumatischen Ereignis (z. B. Schädel-Hirn-Trauma) liegen, werden nicht mehr erinnert. *Anterograde Amnesie*: Informationen können in einem Zeitraum *nach* dem traumatischen Ereignis nicht memoriert werden.

4.2 Lernen

Unter Lernen versteht man die Änderung des Verhaltens oder der Verhaltensmöglichkeiten aufgrund von Erfahrung.

Der landläufige Gebrauch des Begriffes „Lernen" für „*Wissenserwerb*" ist für die (experimentelle) Lernpsychologie nicht ausreichend, da Änderungen des Wissensstandes nur durch beobachtbare Verhaltensänderungen nachweisbar sind. Lernen wird auch abgegrenzt von ***Verhaltensmodifikationen***, die einerseits auf angeborenen Verhaltenstendenzen und strukturellen Veränderungen des Gehirns (Reifung; Alterungsprozesse: Demenz), andererseits auf vorübergehenden Einflüssen wie etwa durch Alkohol, Drogen oder Müdigkeit beruhen.

Klinischer Bezug

Die **Legasthenie** ist ein Beispiel für eine spezifische und umschriebene Lernstörung. Dabei steht eine Lese- und Rechtschreibschwäche im Vordergrund (Auslassen, Verwechseln und Verdrehen von Buchstaben und Wörtern). Sonstige Schul- und Intelligenzleistungen sind nicht betroffen.

4.2.1 Klassische Konditionierung

Die klassische Konditionierung ist eine Verhaltensänderung durch Koppelung angeborener Reaktionsweisen mit bestimmten Stimuli (Reizen).

Der Organismus verfügt über eine Vielzahl programmierter Reaktionen (s.a. Physiologie 14.1.4). **Reflexe** sind automatische Antworten des Körpers auf bestimmte Reize. Beispiel: Wenn ein Kind seine Hand auf die heiße Herdplatte legt, wird es automatisch die Hand wegziehen, ohne darüber nachzudenken. Diese angeborenen Reaktionen zeichnen sich dadurch aus, daß sie nur durch bestimmte Stimuli ausgelöst werden: Die Hand des Kindes ist nur wegen der hohen Temperatur weggeschnellt, nicht weil die Herdplatte rund ist. Die Reize, die naturgegeben eine bestimmte Reaktion hervorrufen, nennt man **unkonditionierte** oder **unbedingte Stimuli (US)**, denn sie benötigen keine zusätzlichen Bedingungen (Konditionen), um die Reaktion auszulösen. Dementsprechend ist die programmierte Reaktion, die auf den gleichen natürlichen US immer gleich abläuft, eine **unkonditionierte** bzw. **unbedingte Reaktion (UR)**.

Ausbildung bedingter Reaktionen

Konditionierung: Wird im klassischen Konditionierungsexperiment nach *Pawlow* einem Hund Futter gegeben, so kann über eine Meßvorrichtung gemessen werden, daß seine Speichelproduktion steigt. Da dies unter verschiedenen Bedingungen reproduzierbar ist, läßt sich folgern: Das Futter ist ein unbedingter Stimulus, der zu einer unbedingten Reaktion, der Speichelabsonderung, führt. Nachdem aber einige Male kurz vor der Fütterung ein Glockenton ertönt, beginnt der Hund nicht erst bei Futtergabe, sondern schon auf den Glockenton hin mit der vermehrten Speichelsekretion. Der Hund hat sein Verhalten also geändert. Der *Lernprozeß:* Ein neutraler Reiz (NS), der Glockenton (oder z. B. ein Lichtreiz), der an sich keinen Speichelreflex hervorruft, wird, indem er einige Male kurz vor dem US stattfindet, mit dem US gekoppelt. Er ist dadurch in der Lage, selbst die Reaktion auszulösen, und heißt deswegen *konditionierter* bzw. *bedingter* Stimulus (CS). Die Speichelabsonderung auf den CS hin ist nun eine *bedingte, konditionierte Reaktion (CR)* (Abb. 4.**1**). Die Kopplung des NS mit dem US gelingt am besten, wenn der NS *kurz vor* dem US dargeboten wird.

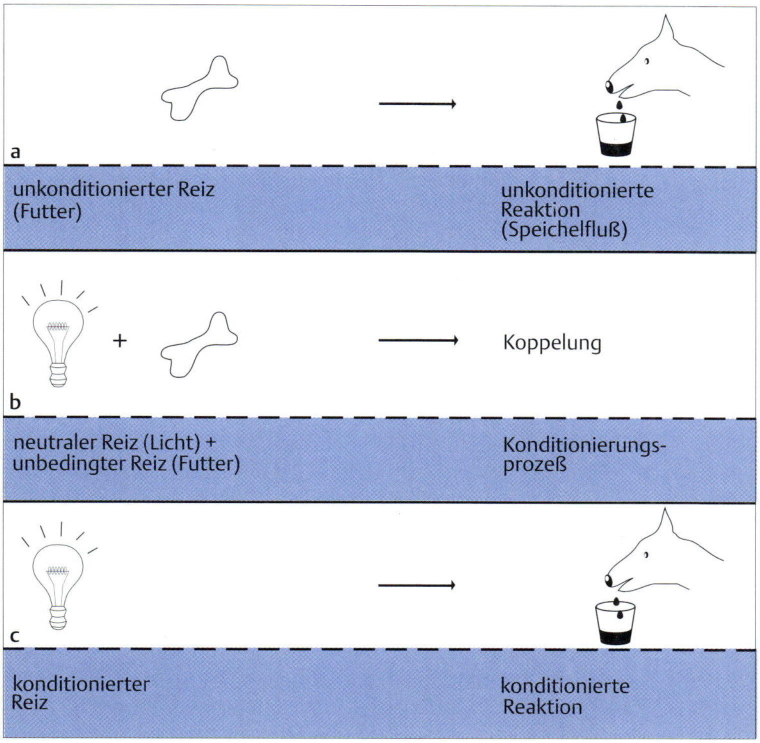

Abb. 4.**1** Ausbildung einer bedingten (= konditionierten) Reaktion. **a** Der unbedingte Reiz (Futter) löst die physiologische, unkonditionierte Reaktion (Speichelfluß) aus. **b** Wird ein neutraler Stimulus (Lichtreiz) wiederholt kurz vor der Futtergabe verabreicht, wird er zum konditionierten Stimulus, der nun auch alleine die Speichelsekretion (konditionierte Reaktion) auszulösen vermag (**c**).

Merke

Die klassische Konditionierung beruht auf einer *Reizsubstitution:* Der US wird mit dem CS gekoppelt und kann dann durch ihn ersetzt werden. Der CS ruft dann die gleiche oder eine ähnliche Reaktion wie der US hervor.

Konditionierung zweiter Ordnung: Wird z. B. ein Tonsignal (NS) mit Futter (US) gekoppelt, wird er zu einem CS. Koppelt man diesen CS mit einem neuen NS (z. B. Lichtsignal), so wird dieser zu einem CS zweiter Ordnung, der denselben Reflex auslösen kann.
Reizgeneralisation: Stimuli, die dem CS physikalisch ähnlich sind, können ebenfalls eine CR auslösen. Je ähnlicher sie ihm sind, desto stärker ihr Einfluß.
Beispiel: Der konditionierte Reiz hat die Tonhöhe von 440 Hz. Wie ersichtlich, findet eine Reaktion auch bei anderen Tonhöhen statt (Abb. 4.**2**).
Reizdiskriminierung: Die CR soll nur auf einen ganz bestimmten CS stattfinden und nicht auf ähnliche Stimuli. Um das zu erreichen, wird eine Kontrastierung vorgenommen: Es wird immer nur der bestimmte, erwünschte Reiz (z. B. Ton mit 440 Hz) mit Futter gekoppelt, während die Töne mit benachbarten Tonhöhen ohne das Futter dargeboten werden. Dadurch lernt das Versuchstier die Töne zu unterscheiden und zeigt nur auf den richtigen Ton die richtige Reaktion.
Konditionierung vegetativer Funktionen: Körperfunktionen, die vom ZNS sonst nicht zu kontrollieren sind, lassen sich konditionieren. Beispiel: durch Auflegen einer Kältekompresse (US) an einer beliebigen Körperstelle werden sich die Blutgefäße der Haut verengen (UR). Wird die Kälteapplikation mit einem bestimmten Geräusch (NS) gekoppelt, wird dieses Geräusch als CS auch ohne den US eine wenn auch nicht so starke Blutgefäßverengung (CR) bewirken. Auch die Tatsache, daß jemandem, dem einmal beim Verzehr einer bestimmten Speise schlecht geworden ist, immer wenn er diese Speise sieht oder auch nur an sie denkt, wieder übel wird, ist auf Konditionierung zurückzuführen.

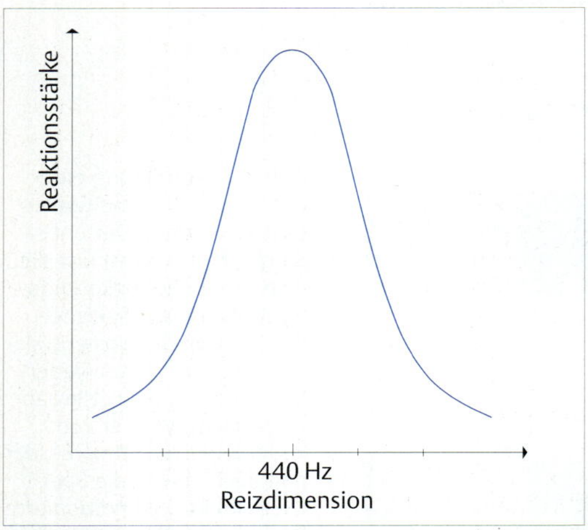

Abb. 4.**2** Reizgeneralisation

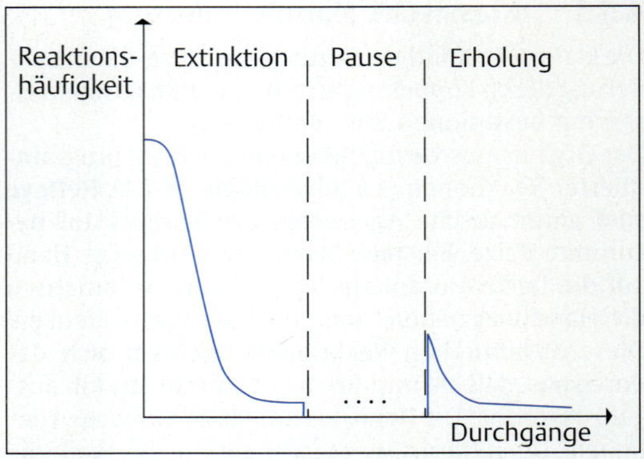

Abb. 4.**3** Extinktion, spontane Erholung

Konditionierung von Emotionen: In einem Experiment von Watson wurde ein kleiner Junge, immer wenn er mit einer Ratte spielte, von einem lauten Geräusch sehr erschreckt. Nach mehreren solchen Durchgängen bekam der Junge schon große Angst, wenn er die Ratte nur sah, auch wenn sie ihm nichts tat und auch kein Geräusch mehr zu hören war. Mit diesem Experiment konnte gezeigt werden, daß Emotionen, wie etwa Angst, konditioniert werden können und daß somit auch Phobien „erlernbar" sind.
Extinktion: Wenn der CS über längere Zeit ohne den US präsentiert wird, wird die CR zunehmend schwächer ausfallen, bis sie überhaupt nicht mehr stattfindet. Dieser Prozeß wird auch als Löschung bezeichnet (Abb. 4.**3**).
Spontane Erholung: Bietet man aber den CS eine Zeitlang nicht mehr an, stellt sich bei dessen erneutem Auftreten die schon fast gelöschte CS wieder ein, wenn auch etwas schwächer als ursprünglich (Abb. 4.**3**).

4.2.2 Lernen am Erfolg

Unter Lernen am Erfolg versteht man die Verhaltensänderung durch die Verknüpfung von Verhalten mit seinen Konsequenzen (Synonyme: Operantes Konditionieren, instrumentelles Lernen).
Die Grundlage dafür stellt das von Thorndike formulierte **Gesetz des Effektes** dar: Die Wahrschein-

lichkeit, daß eine bestimmte Verhaltensweise wiederholt wird, steigt, wenn diese Verhaltensweise eine positive, belohnende Konsequenz nach sich zieht.

Verstärkung

Verstärkung ist die die Erhöhung der Auftretenswahrscheinlichkeit einer Reaktion. Dies kann man erreichen, indem man einen positiven, belohnenden Reiz hinzufügt oder einen aversiven, bestrafenden Reiz wegläßt. Dementsprechend spricht man von **positiver** und von **negativer Verstärkung**.

! Merke

Positive Verstärkung: Eine Verhaltensweise wird häufiger ausgeführt, wenn ihr eine positive Konsequenz folgt.

Negative Verstärkung: Eine Verhaltensweise wird häufiger ausgeführt, wenn eine negative Konsequenz entfernt wird.

- *Positive Verstärkung:* Wenn ein Baby, wenn es lächelt (erwünschtes Verhalten), in den Arm genommen wird (Hinzufügen einer positiven Konsequenz), so resultiert als positive Verstärkung, daß das Baby öfter lächelt.
- *Negative Verstärkung:* Wenn ein Kieferorthopäde einem Kind, das eine Zahnspange trägt, die ihm Schmerzen bereitet (negative Konsequenz), verspricht, die Zahnspange 2 Monate früher als geplant abzunehmen (womit auch die Schmerzen früher aufhören = Wegfall einer negativen Konsequenz), wenn es die Spange regelmäßiger trägt (erwünschtes Verhalten), so wird das Kind – negativ verstärkt – seine Zahnspange wahrscheinlich regelmäßiger tragen als bisher.

Verstärker

Primäre Verstärker: Reize, die auf ein Verhalten folgen und dazu führen, daß ein Individuum dieses Verhalten unter ähnlichen Bedingungen öfter zeigt als zuvor, werden primäre Verstärker genannt. Aufgrund dieser operationalen Definition ist nur die Wirkung eines Reizes auf den Lernprozeß entscheidend und nicht etwa seine Eigenschaften. Zudem beeinflußt die Motivation des Lernenden die Verstärkerwirkung eines Stimulus. Beispiel: Die Gabe von Futter als Verstärker wird nach Nahrungsentzug eine größere Verstärkerwirkung aufweisen als nach einer Mahlzeit (s.a. 2.2 und Physiologie 19.6.1). Wenn man im Gesetz des Effektes die „belohnende Konsequenz" durch den Terminus „Verstärker" ersetzt, so erhält man Skinners *Gesetz der operanten Konditionierung:* Die Stärke einer Verhaltensweise steigt an, wenn diese von einem Verstärker gefolgt wird.

Sekundäre Verstärker: Ein primärer Verstärker (z. B. Futter) kann auch zusammen mit einem neutralen Stimulus (z. B. Lichtreiz), der von sich aus keine Verstärkerwirkung besitzt, verwendet werden. Geschieht das in einem oder mehreren Lerndurchgängen, so wird der neutrale Stimulus zu einem konditionierten bzw. sekundären Verstärker. Dieser hat dann auch bei alleiniger Darbietung verstärkende Wirkung. Dieser Effekt kann auch wieder rückgängig gemacht werden, indem der sekundäre Verstärker über längere Zeit alleine dargeboten wird. Ein Beispiel für einen sekundären Verstärker ist das Geld. Geld an sich ist ein neutraler Reiz (Papierschein, Stück rundes Metall). Dadurch, daß es aber in Zusammenhang mit primären Verstärkern gebraucht wird (Besorgen von Essen, Trinken, Wohnung...), wirkt es selbst verstärkend.

Extinktion: (Löschung) Wird ein operant konditioniertes Verhalten nicht mehr verstärkt, so fällt mit der Zeit seine Auftretenshäufigkeit immer weiter ab. Die Verbindung zwischen einer Verhaltensweise und ihrer belohnenden Konsequenz wird somit gelöscht.

Verstärkungspläne

Prinzipiell kann man erwünschte Handlungsweisen kontinuierlich oder intermittierend verstärken:

- *Kontinuierliche Verstärkung:* Auf jede richtige Reaktion folgt immer eine Belohnung. Das ist die schnellste Art, konditioniertes Verhalten aufzubauen. Hört die Verstärkung aber auf, dann wird so verstärktes Verhalten auch am schnellsten wieder gelöscht.
- *Intermittierende Verstärkung:* Nicht jede korrekte Reaktion wird verstärkt.
  - Quotenverstärkung: Beispiel: Nur jede 10. richtige Reaktion wird verstärkt.
  - Intervallverstärkung: Beispiel: Es wird immer nur jede erste korrekte Reaktion nach einem Zeitintervall von 1 Minute verstärkt.

Die Quoten oder Intervalle können *fix* (immer gleich groß) oder *variabel* gestaltet werden.

Wird etwa das Hebeldrücken einer Ratte nach dem 1., 3., 9., 10., 15. etc. Mal verstärkt, so handelt es sich hierbei um eine variable Quotenverstärkung.

Erwünschtes Verhalten wird bei intermittierender Verstärkung zwar langsamer aufgebaut als bei kontinuierlicher. Dafür ist es v.a. bei der variablen intermittierenden Verstärkung wesentlich stabiler und länger resistent gegen Extinktion. Im täglichen Leben kommt intermittierende Verstärkung häufig vor und ist wohl mitunter ein Grund, warum viele menschliche Verhaltensweisen so löschungsresistent sind. Der

Schüler, der sich meldet und nur manchmal drankommt oder der Dieb, der nicht immer Erfolg hat, etc. sind Beispiele dafür.

Bestrafung

Auch die Bestrafung ist operational definiert: Sie unterdrückt bzw. schwächt ein Verhalten. Bestrafung kann erfolgen, indem

- *aversive Reize* hinzugefügt (z. B.Schmerz) oder
- *belohnende Reize* beseitigt werden (z. B. Fernsehverbot).

! Merke

Bestrafung darf nicht mit negativer Verstärkung verwechselt werden. Bestrafung unterdrückt ein Verhalten, negative Verstärkung macht ein Verhalten wahrscheinlicher.

Beispiele:

- *Bestrafung*: Wenn eine Ratte einen Hebel betätigt und als Strafe einen Elektroschock erhält, wird sie den Hebel seltener betätigen als zuvor.
- *Negative Verstärkung*: Wenn die Ratte permanent Elektroschocks bekommt und diese nur dann aufhören, wenn sie den Hebel drückt, so wird sie den Hebel öfter als zuvor betätigen.

Wirksamkeit von Bestrafung: Tierexperimentellen Untersuchungen zufolge unterdrückt Bestrafung unerwünschtes Verhalten so lange, wie sie aufrechterhalten wird. Hört die Strafe auf, setzen auch wieder die unerwünschten Handlungen ein (Abb.4.**4**). Ein Beispiel dafür liefert ein Experiment, in dem Tauben für das Picken von Körnern auf einer Glasscheibe mit Elektroschocks bestraft wurden.
Diese Ergebnisse können damit erklärt werden, daß das unerwünschte Verhalten (hier das Picken auf der Scheibe) positiv verstärkt ist (Darbietung von Körnern), also ein Anreiz besteht, es zu tun. Die Strafe kann die bestehende Verbindung der Verhaltensweise mit dem belohnenden Stimulus nicht aufheben. Sie kann sie nur„überdecken", solange sie stattfindet und solange sie den Anreiz der Belohnung überwiegt. Sobald die Bestrafung aufhört, kommt die alte Verstärkerkontingenz zum Ausdruck und das unerwünschte Verhalten findet wieder statt.
Für die *Erziehung* folgt daraus, daß inadäquates Verhalten am besten dauerhaft beseitigt werden kann, indem indem es nicht mehr verstärkt wird (Extinktion) und statt dessen eine alternative Handlung verstärkt wird, um an die Stelle des Fehlverhaltens zu treten.

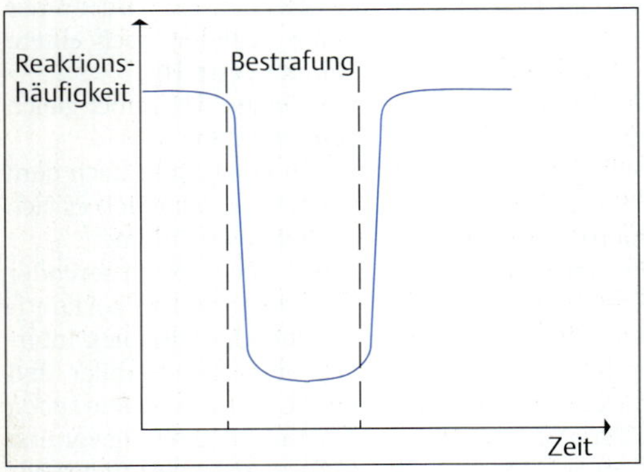

Abb. 4.**4** Effekt von Bestrafung

Verhaltensformung: (*Shaping*) Die Annäherung an das gewünschte Zielverhalten wird schrittweise verstärkt. Beispiel: Eine Taube soll darauf konditioniert weden, an eine Taste zu picken, wenn diese grün aufleuchtet. Zunächst wird die Taube belohnt, wenn sie in die Nähe der Taste kommt. Dann wird sie nur noch belohnt, wenn sie gegen die Taste pickt. Wenn sie das häufig genug tut, wird sie nur dann belohnt, wenn sie während des grünen Lichtsignals pickt. Ist die Verhaltensformung abgeschlossen, wird die Taube bei Aufleuchten des grünen Lichtes zur bezeichneten Taste gehen und auf diese picken.
Vermeidungslernen: Daß viele Menschen unbegründete und lähmende Ängste (z. B. Hundephobie) hartnäckig über lange Zeit aufrechterhalten, wird lerntheoretisch damit erklärt, daß sie die Konfrontation mit den angstauslösenden Situationen meiden und durch die Vermeidung eine Abnahme ihrer Angst erfahren (= negative Verstärkung). Diese Meidung trägt als negative Verstärkung zu einer Verfestigung ihrer „Angst vor der Angst" und damit der Phobie selbst bei.

4.2.3 Lernen am Modell

Lernen am Modell meint die Aneignung neuer Verhaltensweisen oder Änderung schon bestehender Verhaltensmuster durch die Beobachtung des Verhaltens anderer Individuen. (Synonyme: Beobachtungslernen, soziales Lernen)

Effekte des Modellernens

Imitative Effekte: Der Beobachter kann neue Verhaltensweisen, die er noch nicht in seinem Verhaltensrepertoire hatte, oft schon nach einmaliger Beobachtung eines Modells nachmachen. Beispiel: Im *klassischen Experiment von Bandura* bekam eine Gruppe von Kindern einen Film zu sehen, in dem eine Person auf eine Puppe einschlug. Nach dem Film bekamen die Kinder Gelegenheit, mit einer ähnlichen Puppe zu spielen. Dabei benutzten die Kinder auf Anhieb die gleichen „Schlagtechniken", die sie zuvor im Film gesehen hatten und die sie vorher noch nicht kannten. Es gelingt jedoch oft nicht, motorisch sehr komplexe Aktionen ohne weiteres korrekt zu reproduzieren. Durch das reine Betrachten eines Aufschlages beim Tennis etwa beherrscht man diese Technik leider noch nicht perfekt. Soziale Verhaltensmuster hingegen können wesentlich leichter nachgeahmt werden.

Hemmende und enthemmende Effekte: Von *Hemmung* spricht man, wenn jemand eine ihm geläufige Verhaltensweise aufgrund von Modellernen seltener ausübt als zuvor. *Enthemmung*: Die Beobachtung eines Modells führt dazu, daß die Verhaltensweisen, die zuvor beim Beobachter gehemmt oder nur eingeschränkt ausgeführt wurden, nun häufiger auftreten.

Emotionsauslösende Effekte: Wird ein Betrachter Zeuge, wie eine Person auf einen bestimmten Reiz emotional reagiert, so wird seine eigene emotionale Reaktion auf den gleichen Reiz dadurch beeinflußt sein. Beispiel: Sieht ein Kind, daß seine Mutter beim Anblick eines Hundes in panische Angst verfällt (Hundephobie), kann es selbst diese Furcht vor Hunden übernehmen. Somit könnte im Beobachtungslernen ein Entstehungsgrund für Phobien im allgemeinen gesehen werden.

Erklärungsmodelle

Instinkttheorien postulieren, daß es eine artspezifische, angeborene Disposition zur Nachahmung fremden Verhaltens gebe.

Verstärkungstheorien:

- *Direkte Verstärkung:* Eine Verhaltensweise wird übernommen, wenn der Betrachter für ihre Nachahmung belohnt wird. Da das Imitationsverhalten oft belohnt wird, wird die Nachahmung als solche zu einer häufigen Handlung.
- *Stellvertretende Verstärkung:* Der Beobachter sieht, ob das Modell für sein Verhalten bekräftigt oder bestraft wird. Erfolgreiche Verhaltensweisen werden eher übernommen als erfolglose.

Kognitiv-soziale Lerntheorie von Bandura: Hier wird zwischen der Aneignung und der Ausführung eines Verhaltens unterschieden. In der *Aneignungsphase* legt der Beobachter das Gesehene in Form von kognitiven Schemata nieder: Diese können entweder bildlich (ähnlich einer Videosequenz) oder verbal sein. Bei der *Ausführung* werden diese „begrifflichen Vermittler" dann wieder in Verhalten umgesetzt. Ob und wie häufig angeeignetes Verhalten dann tatsächlich ausgeführt wird, hängt u. a. von dessen potentiellem Verstärkerwert ab, ist also durch motivationale Faktoren bedingt (Tab. 4.**1**).

! Merke

Weder direkte noch indirekte Verstärkung sind für das Lernen (= Aneignen) von beobachtetem Verhalten notwendig. Sie beeinflussen lediglich die Ausführung.

Tab. 4.**1** Die Nachahmung fördernde Faktoren

Eigenschaften des Beobachters	Eigenschaften des Modells
Zuneigung zum Modell	reale Existenz der Modellperson
Minderwertigkeitsgefühl	hohes Sozialprestige
Kindesalter	gleiche Werthaltungen wie der Beobachter
mäßige emotionale Erregung	

In der **Sozialisation zum Arzt** (s.a. 9.1), spielt das soziale Lernen für die Anpassung an die verschiedenen Rollenerwartungen eine herausragende Rolle. Im hierarchisch organisierten Medizinsystem (Chefarzt, Oberarzt etc.) werden Verhaltensweisen von erfolgreichen Kollegen besonders leicht übernommen. So notwendig und wichtig das auch ist, sollte an die Gefahr gedacht werden, daß auch weniger gute Handlungsweisen unreflektiert nachgemacht werden können.

4.2.4 Lernen durch Eigensteuerung

Kognitive Lernmodelle: Sie beruhen auf der Überlegung, daß Lernen durch Veränderungen der kognitiven Struktur zustande kommt. Das Individuum entwickelt *Einsichten,* wie bestimmte Stimuli, Verhaltensweisen und Konsequenzen zusammenhängen. Daraus entwickeln sich Einschätzungen, ob für ein geplantes Verhalten die Voraussetzungen vorhanden sind, und welche Konsequenzen folgen könnten.

Die **kognitive Theorie Tolmans** geht davon aus, daß Umweltstimuli, die man wahrnimmt, von vorneherein strukturiert und zu Gestalten, sog. „kognitiven Landkarten" aufgebaut werden. Diese Kenntnisse über die Struktur der Umwelt können genutzt werden, um das Verhalten an veränderte Umstände besser anzupassen. Ein Beispiel dafür liefert folgendes Experiment: Ratten wurden in einen Käfig gesetzt, in dem drei verschieden lange Wege zur Futterstelle führen. Nachdem die Ratten alle drei Wege kennengelernt hatten, benutzten sie immer den kürzesten. Dann wurden die Ratten aus dem Käfig entfernt, und die gemeinsame Endstrecke von Weg a und Weg c gesperrt. Nachdem die Ratten wieder in den

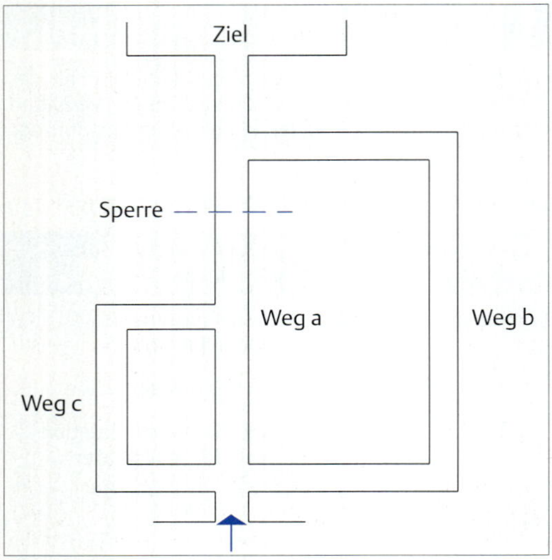

Abb. 4.**5** Labyrinthexperiment zum Nachweis kognitiver Landkarten bei Ratten

Käfig zurückgesetzt wurden, liefen sie wie gewohnt den Weg a bis zur Absperrung. Als sie dort nicht mehr weiterkamen, versuchten sie es nicht mit dem zweitkürzesten Weg c, sondern benutzten gleich den längsten, weil sie aufgrund ihrer kognitiven Landkarte, die sie vom Labyrinth hatten, genau wußten, daß dieser der einzig offene sein würde (Abb. 4.**5**).

! Merke

Kennzeichnend für Lösungen durch Einsicht ist, daß sie leicht wiederholbar sind und auf neue, strukturell ähnliche Situationen übertragbar sind.

Eigensteuerung

Eigensteuerung (s.a. 6.3.1) bedeutet, daß der Mensch in der Lage ist, sein eigenes Verhalten zu steuern. Nach Kanfer spielen im Prozeß der Selbstregulation **drei Phasen** eine Rolle:

- *Selbstbeobachtung:* Gerade ablaufendes Verhalten wird unterbrochen und analysiert.
- *Selbstbewertung:* Die analysierten Handlungen werden mit gesetzten Handlungszielen verglichen.
- *Selbstverstärkung:* Stimmen Ist-Verhalten und Soll-Verhalten nicht überein, resultieren daraus *Unzufriedenheit* und *Selbstkritik*, die das Individuum motivieren, sein abweichendes Verhalten zu korrigieren.

4.2.5 Verhaltensmodifikation

Verhaltensgleichung SORKC

Die Verhaltensformel nach Kanfer stellt ein Modell dar, mit dem (problematisches) Verhalten systematisch analysiert werden kann. Gegenstand der Analyse sind die fünf Variablen S, O, R, K und C, die das Verhalten selbst sowie die Bedingungen davor und danach beschreiben (Tab. 4.**2**):

Tab. 4.**2** Verhaltensgleichung

Variable	Beschreibung
S (Stimulus)	situationelle Faktoren u. Reize
O (Organismus)	biologischer Zustand (z. B. Müdigkeit)
R (Reaktion)	Verhalten, physiologische und emotionale Reaktionen
K (Kontingenz)	Beziehung zwischen Verhalten und Konsequenzen, z. B. Verstärkerpläne
C (Konsequenz)	Bekräftigung oder Bestrafung

Beispiel: Ein kleines Mädchen mit Zahnschmerzen (O) wird von ihrer Mutter zum Zahnarzt geführt (S). Das Mädchen fängt darauf an zu weinen und zu schreien (R), da es weiß, daß die Mutter bei diesem Verhalten immer nachgegeben hat (K). Diesmal hat es wieder Erfolg: Die Mutter führt das Mädchen aus dem Wartezimmer wieder nach Hause (C).

Kognitive Umstrukturierung

Hier wird die *Ursache für psychische Störungen in kognitiven Elementen* wie *Gedanken, Gefühlen* oder *Einstellungen* gesehen. Dementsprechend wird das Ziel gesetzt, diese dysfunktionalen kognitiven Strukturen zu verändern. Ein Beispiel dafür ist die **Rational-Emotive-Therapie (RET)** nach *Ellis*: Psychische Probleme werden durch irrationale Vorstellungen hervorgerufen (z. B. „Ich muß immer perfekt sein"). In der RET werden solche irrationalen Denkmuster aufgespürt, dem Klienten bewußt gemacht, in ihrer Gültigkeit widerlegt und durch neue, rationale Auffassungen ersetzt.

Systematische Desensibilisierung

Ziel: Eine schrittweise Annäherung an gefürchtete Situationen, die letztlich angstfrei erlebt werden sollen.

Grundlage: Dieses Verfahren basiert auf dem Prinzip der *reziproken Hemmung.* D.h. wenn die Angstreaktion auf einen angstauslösenden Stimulus unterdrückt wird und statt dessen eine angstin-

kompatible Reaktion ausgeführt wird, wird die Verknüpfung zwischen dem betreffenden Stimulus und der Angstreaktion gelöst.
Ausführung: Zunächst soll der Patient muskuläre Entspannungstechniken trainieren, da Entspannung ein mit der Angst inkompatibler Zustand ist. Bei Entspannung kann der Patient nicht gleichzeitig Angst empfinden. Dann soll der Patient eine Liste mit angstauslösenden Situationen erstellen und diese nach der Stärke ihrer Angsterzeugung ordnen. Die gefürchtetste Situation kommt dabei ans Ende. Nachdem der Patient sich entspannt hat, soll er sich nun die Situation vorstellen, die er am wenigsten bedrohlich findet. Die Konfrontation mit der angstauslösenden Situation erfolgt dabei jedoch nicht nur in der Vorstellung, sondern auch in der Realität. Erlebt er dabei trotzdem Angst, soll er die Vorstellung abbrechen und sich wieder entspannen, um sich danach wieder mit der Vorstellung auseinanderzusetzen. Diese Prozedur wird so lange wiederholt, bis die Vorstellung keine Angst mehr hervorruft. Die Therapie ist erfolgreich beendet, wenn auch die letzte Stufe in der Angsthierarchie angstfrei erlebt wird.

! Merke

Die systematische Desensibilisierung beruht auf Gegenkonditionierung: Eine belastende Reaktion (Angst) auf einen Stimulus wird durch eine nicht belastende Reaktion (Entspannung) ersetzt.

Überflutungstherapie („flooding")

Ziel: Bei diesem Verfahren sollen *irrationale Ängste (Phobien)* gelöscht werden, indem der Patient sich entweder in seiner Vorstellung oder in der Realität seiner Angst möglichst intensiv und lange aussetzt. Dabei ist für den Behandlungserfolg entscheidend, daß dem Patienten keine Fluchtmöglichkeit aus der angstauslösenden Situation gelassen wird.
Grundlage: Extreme Angstzustände können nicht über längere Zeit aufrechterhalten werden. Nach Minuten bis Stunden hat die Angst ein Plateau erreicht und sinkt dann wieder ab.
Beispiel: Ein Mensch, der panische Angst vor großen, weiten Plätzen mit vielen Menschen hat (Agoraphobie), wird vom Therapeuten aufgefordert, in ein großes, volles Fußballstadion zu gehen. Wenn er es dort so lange aushält, bis er spürt, daß seine panische Angst und Erregung wieder abgesunken sind, er seine Angst also bewältigt hat, wird seine Phobie reduziert.

Biofeedback

Bei diesem Verfahren werden mit Hilfe von Meßgeräten **psychophysische Reaktionen** gemessen (EKG, EMG, EEG) und dem Patienten bewußt gemacht. **Ziel** ist, daß der Patient durch ein Training die Fähigkeit erlangt, diese Vorgänge in seinem Körper willentlich zu steuern und zu kontrollieren. Dadurch können eine Reihe von funktionellen Beschwerden (z. B. „Herzjagen", Spannungskopfschmerz etc.) günstig beeinflußt werden.
Grundlage ist das Prinzip des *operanten Konditionierens*: Gelingt es dem Patienten, einen physiologischen Parameter (z. B. Herzfrequenz) in die gewünschte Richtung zu verändern, liefern die Meßapparate die Bestätigung, daß dies gelungen ist. Diese positive Rückmeldung hat die Funktion eines positiven Verstärkers in einem Lernprozeß.

Therapeutenverhalten aus lernpsychologischer Sicht

Verbale Konditionierung: Der Therapeut ist in der Lage, das verbale Verhalten des Klienten zu steuern, indem er mit Worten oder durch seine Mimik und Gestik selektiv bestimmte Äußerungen des Patienten bekräftigt.
Beispiel: Ein Patient, der während der Anamnese ausschweifend über seine Lebensgeschichte erzählt, wird nur dann vom Arzt mit einem Kopfnicken und einem „ Ach, ja" bekräftigt, wenn er etwas über seine Beschwerden erwähnt. In der Folge konzentriert der Patient dann seine Ausführungen auf sein Leiden.
Im Rahmen eines psychotherapeutischen Gesprächs kann der Therapeut auf diese Weise die *Introspektivität* des Patienten *unterstützen* und so wertvolle Informationen gewinnen.
Modellernen: Ärzte haben aufgrund ihres hohen sozialen Status eine Vorbildfunktion. Ihre therapeutischen Anweisungen an den Patienten können Glaubwürdigkeit einbüßen, wenn sie dem (für den Patienten) sichtbaren Verhalten des Arztes widersprechen.
Beispiel: Ein Arzt fordert einen Patienten auf, mit dem Alkoholkonsum aufzuhören, da sonst seine Leber nicht mehr zu retten sei. Gleichzeitig hat der Arzt auf seinem Schreibtisch – für den Patienten deutlich sichtbar – mehrere Spirituosenflaschen stehen.

Lernpsychologische Modelle von Krankheitsverhalten

Lernprozesse können das Krankheitsverhalten entscheidend beeinflussen. Hat ein Patient z. B. die wiederholte Erfahrung gemacht, daß Ärzte seine Krankheitssymptome nur dann „ernst nehmen", wenn er diese sehr dramatisch schildert, so kann das zur Folge haben, daß er in Zukunft dazu neigen wird, Bagatellsymptome überzubewerten und übertrieben darzustellen.

Persönlichkeit

5.1 Persönlichkeitsmodelle

Persönlichkeit: Es existieren zahlreiche Persönlichkeitsdefinitionen. Ein gemeinsames Merkmal vieler klassischer Begriffsbestimmungen ist die Betonung, daß das Konstrukt Persönlichkeit nicht mit dem jeweiligen Verhalten in einer bestimmten Situation gleichzusetzen ist, sondern – nach **Herrmann** (1976) – „ein bei jedem Menschen einzigartiges, relativ überdauerndes und stabiles Verhaltenskorrelat" darstellt. Entsprechend definiert **Guilford** (1964) die Persönlichkeit eines Individuums als seine „einzigartige Struktur von Persönlichkeitszügen", wobei er unter Persönlichkeitszügen sowohl körperliche Eigenarten als auch Temperament, Interessen, Bedürfnisse und Einstellungen versteht.
Diese und ähnliche Definitionsversuche machen deutlich, daß Eigenschaften der Persönlichkeit überdauernd und stabil das Verhalten beeinflussen und vorhersagbar machen = **Dispositionismus**.

Im Widerspruch dazu wird im **Situationismus** die These aufgestellt, daß Verhalten in unterschiedlichen Situationen *nicht stabil*, sondern von den aktuellen situativen Einflüssen bestimmt sei. Beide Extrempositionen haben im sog. **Interaktionismus** eine Integration erfahren, der besagt daß menschliches Verhalten sowohl durch zeitlich stabile Persönlichkeitseigenschaften als auch durch jeweilige Umgebungsfaktoren bestimmt wird.
Die **Persönlichkeitspsychologie** (= Differentielle Psychologie) sieht ihre Aufgabe darin, inter- und intraindividuelle Differenzen im Verhalten und Erleben von Menschen und ihre Bedingungen zu erforschen. Im sog. *nomothetischen* Ansatz werden viele Menschen auf ihre Merkmale hin untersucht, dann wird geprüft, ob dabei gesetzmäßige Unterschiede auftreten. Mit der sog. *idiographischen* Methode wird hingegen das Individuum anhand von ausführlichen Einzelfallanalysen in seiner Einzigartigkeit aufgezeigt. Damit soll eine gültige Voraussage für die Einzelperson erreicht werden, zum Preis einer geringen Allgemeingültigkeit.

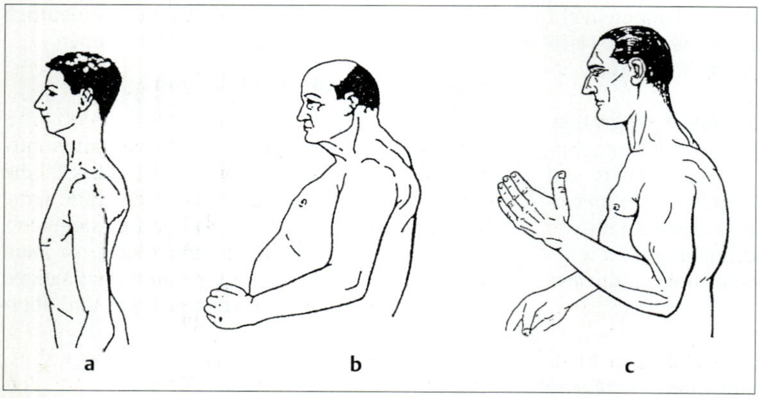

Abb. 5.**1** Körperbautypen nach Kretschmer ; **a** Leptosomer **b** Pykniker **c** Athletiker (**c** aus Ernst Kretschmer, Körperbau und Charakter, 26. Aufl., Springer, Heidelberg 1977)

Tab. 5.1 Körperbau- und Temperamentstypen nach Kretschmer

	Leptosomer	Pykniker	Athletiker
Körperbautyp	lang und schmal, flacher Brustkorb, lange, schmale Glieder, typ. Winkelgesicht	Neigung zu Fettleibigkeit, kurzer, massiver Hals, relativ kurze Gliedmaßen	ausgeprägte Muskulatur, breite Schultern, starke und große Hände und Füße
Temperamentstyp	**schizothym** zielstrebig, oft in sich gekehrt und kontaktscheu; das wahre Ich wird häufig unter einer Maske verborgen	**zyklothym** lebhaft, impulsiv, humorvoll, natürlich und gesellig; rascher Stimmungswechsel	**viskös** ruhig und bedächtig, schwerfällig im Denken, unerschütterlich
Krankheitsneigung	Schizophrenie	Manisch-depressive Erkrankung	Epilepsie

Typologien

Hierbei werden Personen qualitativ verschiedenen Kategorien zugeordnet, je nachdem, welche typische Eigenschaftskombination sie aufweisen. Eine der bekanntesten Typologien ist die

Konstitutionstypologie nach Kretschmer (1921): Sie gilt nur in begrenztem Maße. Ausgehend von Untersuchungen an psychiatrischen Patienten unterschied Kretschmer drei Körperbautypen (Leptosomer, Pykniker und Athletiker) und ordnete ihnen drei Temperamentstypen zu (schizothymer, zyklothymer und visköser Typ). D.h. jemand mit einem bestimmten Körperbautyp weist hiernach zwangsläufig einen bestimmten, dazugehörigen Temperamentstyp auf (Abb. 5.**1** u. Tab. 5.**1**).

Spätere empirische Untersuchungen konnten Kretschmers Zuordnungen nicht bestätigen.

> **! Merke**
>
> Typologien erlauben eine einfache Kategorisierung von Menschen anhand weniger Merkmale. Ihre Nachteile: Sie berücksichtigen nicht die Existenz von Mischtypen (die meisten Menschen sind Mischtypen!) und werden durch die Einfachheit ihres Zuordnungsschemas der komplexen Persönlichkeitsstruktur nicht gerecht. Außerdem konnten sie im wesentlichen empirisch nicht bestätigt werden. Deswegen sollten sie *nicht* für psychodiagnostische Einzelentscheidungen verwendet werden..

5.1.1 Psychoanalytische Persönlichkeitsmodelle

Mit dem Begriff der Psychoanalyse ist nicht nur die von Freud begründete Therapiemethode, sondern auch eine Methode des Erkenntnisgewinns sowie eine umfassende psychologische Theorie bezeichnet. Das „Theoriegebäude" Psychoanalyse beinhaltet wiederum Aussagen über die Entwicklung des Menschen, über Emotion und Motivation, sowie eine psychoanalytische Krankheitslehre. Freuds Modellvorstellungen über den Aufbau der Persönlichkeit sind als *topographisches* und *strukturelles Persönlichkeitsmodell* bekannt:

Topographisches Modell

Es existieren **drei Ebenen des Bewußtseins:** das Bewußte, das Vorbewußte und das Unbewußte.

- *Das Bewußte:* Das was subjektiv klar erlebt wird
- *Das Vorbewußte:* (Gedächtnis-)Inhalte, die man durch Anstrengung jederzeit ins Bewußtsein holen kann.
- *Das Unbewußte:* Alle Vorstellungen, Gedanken und Wünsche, die nur durch die Anwendung spezieller Techniken im Rahmen einer psychoanalytischen Therapie ins Bewußtsein geholt werden können. Oft äußern sie sich aber verschlüsselt: in Form von Träumen oder sog. Fehlleistungen (z. B.Versprecher).

Strukturmodell

Es existieren **drei Persönlichkeitsinstanzen,** die bestimmte Funktionen erfüllen: das Es, das Ich und das Über-Ich:

- Das *Es* beinhaltet Triebe (Sexual- und Todestrieb) und alles vom Ich ins Unbewußte verdrängte (früher bewußt gewesene!): Verlangen, Wünsche und Erinnerungen. Alle Anteile des Es sind unbewußt. Das Es erfüllt die Aufgabe, angestaute Triebenergien abzuführen und so für das biologische Gleichgewicht zu sorgen. Dabei folgt es dem *Lustprinzip*: Triebwünsche werden unmittelbar und ohne Rücksicht auf Bedingungen der Realität, auf äußere und internalisierte Normen und Wertvorstellungen befriedigt.
- *Ich:* Durch den Kontakt mit der Außenwelt über die Sinnesorgane entwickelt sich aus Anteilen

des Es das Ich. Kognitive Funktionen, Gedächtnis, Wahrnehmung und Motorik stehen unter der Kontrolle des Ich, das zum größten Teil *bewußt* ist. Außerdem vermittelt es in den ständigen Konflikten des Es mit den Gegebenheiten der Realität oder den verinnerlichten Normen des Über-Ich. Dabei sorgt es für einen zeitlichen Aufschub oder eine kompromißhafte Form der Triebbefriedigung, wobei es rational vorgeht. Man sagt deshalb, das Ich handle nach dem *Realitätsprinzip*.

- *Über-Ich:* Es entsteht noch später als das Ich aus dem Es (ca. 3.Lebensjahr) durch Verinnerlichung von Vorbildern und Geboten. Es besteht aus zwei Anteilen: dem *Gewissen*, das die internalisierten Normen und Gesetze enthält und bei deren Nichtbefolgung eine strafende Funktion hat, und dem *Ich-Ideal*, das internalisierte Vorbilder enthält, bei deren Erreichen es Lob und Selbstzufriedenheit erzeugt, bei deren Nichterreichen jedoch Scham und Minderwertigkeitsgefühle.

Psychodynamik: Aus dem Lustprinzip des Es, das irrational handelt, ergeben sich ständige Konflikte mit Anteilen des Ich und des Über-Ich. Diese Konflikte erzeugen sog. *neurotische Angst*, derer sich das Ich oft nur mit Hilfe spezieller, unbewußter *Abwehrmechanismen* erwehren kann (siehe dazu ausführlicher 3.2.2).

Charakterologie: Übermäßige oder nicht ausreichende Befriedigung in einer der psychosexuellen Entwicklungsphasen führt zur Fixierung auf diese Phase: die für sie typischen Konflikte und Befriedigungsformen bleiben (unbewußt) erhalten und erzeugen beim Erwachsenen einen bestimmten Charaktertyp (s. ausführlicher 6.1).

5.1.2 Statistische Persönlichkeitsmodelle

Eine Möglichkeit, grundlegende Beschreibungsdimensionen der Persönlichkeit zu definieren, liegt in der Anwendung der **Faktorenanalyse**. Unter diesen Begriff wird eine Reihe von mathematischen Verfahren gezählt, mit denen es gelingt, eine große Anzahl von gemessenen Variablen (z. B. Verhaltensweisen, Einstellungen etc.), die bei vielen Menschen mit Fragebögen erhoben worden sind, auf wenige Faktoren (= Persönlichkeitsdimensionen) zu reduzieren. Variablen, die zusammmenhängen (*Interkorrelation*) werden dabei zu übergeordneten Gruppen zusammengefaßt, die unabhängig voneinander sein können. Auf diese Weise läßt sich die Persönlichkeit mit wenigen Faktoren bzw. Dimensionen sehr übersichtlich beschreiben, Kausalzusammenhänge werden damit aber nicht aufgeklärt.

! Merke

Welche Persönlichkeitsfaktoren letztlich ermittelt werden, hängt von der angewendeten faktorenanalytischen Methode ab und von der Auswahl der Fragebogen-Items, mit denen die Einzelvariablen erfaßt werden. Die Faktorenanalyse ist also vor allem eine Methode zur Datenreduktion.

Eysenck verwendet in seiner Persönlichkeitstheorie drei grundlegende Persönlichkeitsdimensionen:

- Extraversion/Introversion,
- emotionale Labilität (= Neurotizismus)/emotionale Stabilität,
- Psychotizismus/Realismus.

Diese Dimensionen beschreiben jede für sich ein Kontinuum mit zwei Polen, ihre Ausprägung kann bei allen Menschen mit speziellen standardisierten Tests gemessen werden (z. B. MPI: Maudsley Personality Inventory oder EPI: Eysenck Personality Inventory). Menschen mit Extremwerten in der Extraversionsskala werden als Extravertierte bezeichnet, mit entsprechend geringen Werten (anderer Extrempol) als Introvertierte. Auch der Neurotizismus läßt sich als bipolare Typendimension darstellen: Extremwerte in der einen Richtung weisen auf eine hohe emotionale Labilität hin, in der anderen Richtung auf eine hohe emotionale Stabilität (Abb. 5.**2**).

! Merke

Die Persönlichkeitsdimensionen sind voneinander unabhängig. D.h. Extravertierte bzw. Introvertierte können emotional labil oder stabil sein.

Nach Eysenck zeichnen sich hohe Ausprägungen in den jeweiligen Persönlichkeitsdimensionen durch folgende Eigenschaften aus:

- *Extraversion:* Nach außen gewandt, gesellig und kontaktfreudig, größerer Reizhunger: Bedarf nach Stimulation; ständige Veränderungen werden als behaglich empfunden; schlechtere Konditionierbarkeit, dadurch schlechtere Sozialisation, geringere Zuverlässigkeit und Sorglosigkeit. Die Aktivations-Leistungskurve (Yerkes-Dodson-Gesetz, s. 2.2.2) ist nach rechts verschoben.
- *Introversion:* Nach innen gerichtet, wenig kontaktfreudig und selten spontan handelnd; reizarme Situationen werden leichter ertragen, Aufregungen werden vermieden; bessere Konditionierbarkeit wegen des höheren kortikalen Erregungsniveaus, deswegen bessere Sozialisation, angepaßtes und normorientiertes Verhalten.

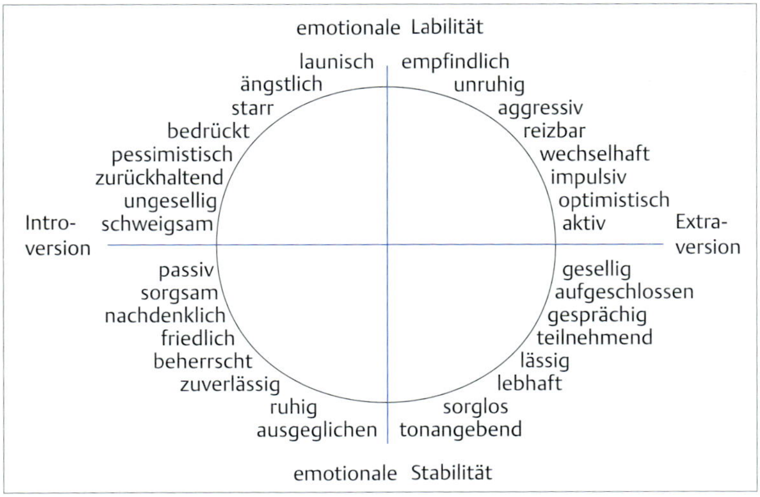

Abb. 5.**2** Extraversion/Introversion und emotionale Stabilität/Labilität als Persönlichkeitsdimensionen nach Eysenck

- *Emotionale Labilität* (hoher Neurotizismuswert): Neigung, auf psychisch belastende Situationen neurotische Störungen auszubilden; häufige Symptome wie Reizbarkeit, Launenhaftigkeit und Schlafstörungen.
- *Psychotizismus:* Dieser dritte Faktor unterscheidet zwischen Normalen und Psychotikern hinsichtlich verschiedener Merkmale. Menschen mit hohen Werten auf der Psychotizismusskala weisen vermehrt realitätsferne Ansprüche auf sowie emotionale Kälte und geringe Hilfsbereitschaft und Empathie.

! Merke

Die beschriebenen Persönlichkeitsfaktoren sind als *angeborene Verhaltensdispositionen* zu verstehen. Ihr jeweiliger Ausprägungsgrad sagt etwas über die Wahrscheinlichkeit aus, daß bestimmte Verhaltensweisen oder Symptome auftreten.

Intelligenz

Es besteht eine rein operationale Definition: Intelligenz ist, was der Intelligenztest mißt. Darüber hinaus existieren zahlreiche Konzepte zum Konstrukt Intelligenz. Vielen davon ist gemeinsam, daß sie in der Intelligenz eine Persönlichkeitseigenschaft bzw. die Befähigung sehen, Probleme durch Denkprozesse, also durch die Bildung von Einsichten zu lösen.

Das erreichbare Intelligenz-Niveau hängt von genetischen und Umweltfaktoren ab. Dennoch entsteht Intelligenz nicht allein aus Anlage- oder Umweltfaktoren, sondern erst durch die Interaktion des Organismus mit der Umwelt. Intelligenzquotienten (s.u.) eineiiger Zwillinge korrelieren sehr hoch bis 0,9, ansonsten die von Geschwistern (gleiche Umgebung vorausgesetzt) mit 0,55 – 0,70.

Intelligenz als mehrfaktorielle Persönlichkeitseigenschaft:

- *Zweifaktorentheorie nach Spearman:* Intelligenz besteht aus einem allgemeinen Faktor (g-Faktor oder Generalfaktor) und weniger bedeutsamen Spezialfähigkeiten (s-Faktoren), die voneinander unabhängig sind. Jeder Intelligenzleistung liegt der g-Faktor zugrunde und eine oder mehrere entsprechende s-Faktoren.
- *Multiple Faktorentheorie nach Thurstone:* Es existiert *kein* allgemeiner Intelligenzfaktor, sondern 7 unabhängige Primärfaktoren oder -fähigkeiten:
  - Sprachverständnis
  - Wortflüssigkeit
  - logisches Denken
  - räumliches Vorstellungsvermögen
  - Merkfähigkeit
  - Rechenfähigkeit
  - Wahrnehmungsgeschwindigkeit

Der **Intelligenzquotient (IQ)** ist das Maß zur Bestimmung der intellektuellen Leistungsfähigkeit eines Individuums. Es existieren zwei verschiedene Formen: der klassische IQ und der Abweichungs-IQ:

Klassischer IQ (Stern, 1911): Er berechnet sich nach der Formel:

$$IQ = 100 \cdot \frac{\text{Intelligenzalter}}{\text{Lebensalter}}$$

Jeder Altersstufe sind Aufgaben mit einem bestimmten Schwierigkeitsgrad zugeordnet. Das **Intelligenzalter** ergibt sich aus dem Vermögen, die Aufgabenschwierigkeit einer Altersstufe zu bewältigen. Löst ein Kind die Aufgaben, die seinem Lebensalter zugeordnet sind, so hat es einen IQ = 100, denn sein Intelligenzalter ist gleich seinem Lebensalter. Schafft z. B. ein 8jähriger die Aufgabenstärke für 10 jährige, so hat er einen im Vergleich zu seinen Altersgenossen überdurchschnittlichen IQ von 125.

Merke

Der klassische IQ setzt voraus, daß die Intelligenz kontinuierlich mit dem Lebensalter wächst, was aber nicht der Fall ist. Er ist deswegen für die Intelligenzmessung Erwachsener nicht geeignet, denn er führt schon ab dem 15. Lebensjahr zu Fehleinschätzungen.

Abweichungs-IQ: Er beruht auf der Transformation von Test-Rohwerten in Standardwerte. Auf diese Weise läßt sich die relative Position der Intelligenzleistung eines Individuums in der Leistungsverteilung seiner Bezugsgruppe bestimmen. Zunächst wird ein Intelligenztest normiert, d. h. anhand der Testergebnisse einer bestimmten Normgruppe (Altersgruppe) geeicht. Es werden hierzu der Mittelwert und die Standardabweichung der Normgruppenergebnisse ermittelt und auf einer Standardskala (z. B. der IQ-Skala) dargestellt. Der Mittelwert des HAWIE (Hamburg-Wechsler-Intelligenztest für Erwachsene – er besteht aus einem Handlungsteil und einem Verbalteil) beträgt auf der IQ-Skala 100 und die Standardabweichung 15. Wird nun die Intelligenz eines Individuums mit diesem Test gemessen, so werden seine Rohpunkte (Anzahl der richtig gelösten Aufgaben) – wegen der besseren Vergleichbarkeit mit anderen Tests – auf die Ergebnisse seiner Bezugsgruppe bezogen und so in Standardwerte umgerechnet, hier also in IQ-Werte. Ergibt sich z. B. daß er einen IQ von 115 hat, so heißt das, daß sein Testergebnis gleich oder besser ist als das von 84,1 % der Testergebnisse seiner Bezugsgruppe. Das Ergebnis kann genauso gut auch in andere Standardskalen überführt werden (s. Abb.1.**1**).

Klinischer Bezug

Geistige Behinderung: überdauernde und allgemeine Lernstörung. Sie wird in mehrere Schweregrade eingeteilt, die von leichter geistiger Behinderung (IQ 50 – 70) bis hin zur sehr schwerer geistiger Behinderung (IQ < 20) reichen. In diesem Bereich ist die Quantifizierung mittels IQ aber nicht mehr sinnvoll. Während die erste Gruppe noch eine berufliche und soziale Anpassung erbringen und damit weitgehend selbständig für sich sorgen kann, ist die letztgenannte Gruppe völlig, über das gesamte Leben hinweg – auch in elementarsten Bereichen der Selbstversorgung – auf Hilfe und Aufsicht angewiesen.

5.2 Systematische Verhaltensdifferenzen

Menschen unterscheiden sich in ihren Verhaltensmustern voneinander u. a. deswegen, weil sie von Faktoren wie Geschlecht, Schichtzugehörigkeit, unterschiedliche Erfahrungen und Umwelteinflüssen beeinflußt werden (= interindividuelle Differenzen). Aber auch ein und derselbe Mensch kann aufgrund rhythmischer biologischer Schwankungen in vergleichbaren Situationen unterschiedlich reagieren (= intraindividuelle Differenzen).

5.2.1 Intraindividuelle Differenzen

Alle biologischen Vorgänge sind einem endogenen und einem an Außenfaktoren (z. B.Licht) orientierten Tagesrhythmus unterworfen **(zirkadianer Rhythmus)**. Am augenfälligsten wird dies am Schlaf-wach-Rhythmus. Besondere Wendepunkte, an denen die Leistungsbereitschaft des Organismus jeweils einen Tiefpunkt erreicht, sind um 3 und um 15 Uhr. Besonders betroffen von diesen Schwankungen sind kognitive Funktionen, v.a. die Vigilanzleistung. Für Schichtarbeiter, die häufig zwischen Tages- und Nachtdiensten wechseln müssen, stellen die häufigen Rhythmuswechsel eine Belastung dar. Vielfältige Beschwerden können daraus resultieren (Schlafstörungen, verringerte Leistungsfähigkeit, erhöhte Krankheitsanfäligkeit etc.). Der **Menstruationszyklus**, der durchschittlich 28 Tage dauert, ist oft mit somatischen und psychischen Beschwerden verbunden, die ebenfalls zyklisch jeweils einige Tage vor der Menstruation auftreten und bis zu ihrem Beginn andauern (*prämenstruelles Syndrom*). Sie umfassen Kopfschmerzen, Verdauungsprobleme, Hitzewallungen, depressive Verstimmungen u. a. Symptome. Die genaue Ätiologie ist nicht bekannt. Statistischen Untersuchungen zufolge unterliegen einige Parameter auch **jahreszeitlichen Schwankungen**. So ist z. B. die *Mortalität* regelmäßig in den Wintermonaten am höchsten. Viele Menschen klagen außerdem gehäuft im Winter über Depressionen. Die geringere Lichtstärke (wegen häufiger und starker Bewölkung) im Winter wird als eine eventuelle (Mit-)Ursache für diese *„Winterdepressionen"* diskutiert.

5.2.2 Interindividuelle Differenzen

Geschlechtsunterschiede

Untersuchungen zufolge bestehen geschlechtsspezifische Unterschiede in einigen Persönlichkeitseigenschaften. Diese Unterschiede unterliegen oft einer erheblichen Streuung und sind i.d.R. nicht sehr ausgeprägt. Frauen haben z. B. Vorteile in sprachlichen und feinmotorischen Fähigkeiten, Männer im Bereich des räumlichen Vorstellungsvermögens und der Rechenfertigkeit sowie bei grobmotorischen Leistungen. Außerdem weisen Männer höhere Werte bezüglich Aggressivität und Extraversion auf, Frauen hingegen bei Neurotizismus und Ängstlichkeit. Es ist allerdings unklar, wie groß der Einfluß kulturabhängiger Vorstellungen, Erwartungen und Erziehungspraktiken (s. 6.3.1) auf diese unterschiedliche Eigenschaftsausprägung ist und wie bedeutsam die genetische Determination.

Altersspezifisches Verhalten: s. 6.2.5
Schichtspezifisches Verhalten: s. 6.3.2
Krankheitsverhalten: s. 8.3

5.2.3 Verhaltensstile

Unterschiedliche Wahrnehmungs-, Attributions- und Bewältigungsstile sind oft Grundlage für systematische Verhaltensdifferenzen.

Attribution: s. 3.2.4
Bewältigungsstile: s.a. 2.2.3 u. 7.1

Typ-A-Typ-B-Verhalten: Es konnte ein Zusammenhang zwischen einem spezifischen Verhaltensmuster (Typ-A-Verhalten) und einem erhöhten Risiko für Herz-Kreislauf-Erkrankungen festgestellt werden. Das Typ-A-Verhalten zeichnet sich (im Gegensatz zum Typ-B-Verhalten) durch Ehrgeiz, Ungeduld und Aggressivität aus. Darüber hinaus fallen noch die erhöhte Tendenz zu Feindseligkeit, Ärger und Irritierbarkeit auf sowie eine Erhöhung des Muskeltonus und eine Beschleunigung der Bewegungen und der Sprechweise .

Wahrnehmungsstil

Die Art der Informationsaufnahme und -verarbeitung kann die Motivation und das Verhalten beeinflussen. Ein bekanntes Beispiel für einen Wahrnehmungsstil ist die **Feldabhängigkeit** (Witkin 1962): Sie bezeichnet das Maß, in dem die *Wahrnehmung* eines Individuums vom *Kontext* abhängt. Sie kann gemessen werden z. B. anhand der Fähigkeit, einfache geometrische Figuren, die in komplexere eingebettet sind, wiederzuerkennen. Gute Ergebnisse in solchen Tests lassen auf ein hohes Maß an Feldunabhängigkeit schließen. Dieses Konstrukt wird aber nicht nur auf die Wahrnehmung bezogen, sondern auch auf die allgemeine Differenzierungsfähigkeit auch im Sinne einer Unterscheidung von inneren psychischen Prozessen: Feldunabhängige sind in ihrer Urteilsbildung weniger von Gefühlen beeinflußt und drücken sich im allgemeinen klarer und differenzierter als Feldabhängige aus. Außerdem lassen sie sich weniger von ihrer sozialen Umwelt beeinflussen und richten sich stärker nach eigenen Entschlüssen und Plänen.

Entwicklung

6.1 Entwicklungspsychologische Methoden und Modelle

Es gibt keine einheitliche und klar festgelegte Definition. Die neuere **Entwicklungspsychologie** gebraucht einen weiten, also umfassenden Entwicklungsbegriff, der alle relativ überdauernden Veränderungen (in der Ontogenese) umfaßt, die über die Zeit entstehen und einen Bezug zum Lebensalter aufweisen.

Aspekte des Entwicklungsgeschehens

Entwicklung bezieht sich auf somatische und psychische Veränderungen. Zur Beschreibung des vielfältigen Entwicklungsgeschehens werden folgende **Konzepte** gebraucht:

- *Wachstum:* Alle quantitativen Veränderungen (z. B. Größen- und Gewichtszunahme, Kenntniszuwachs). Darstellung in sog. Wachstumskurven.
- *Reifung:* Genetisch determinierte und damit spontan auftretende Entwicklungsvorgänge. Sie beziehen sich auf den körperlichen Bereich und ermöglichen Veränderungen, die durch Lernprozesse zustande kommen (z. B. Ausreifung des ZNS und Ausbildung motorischer Fähigkeiten wie Laufenlernen).
- *Lernen:* Verhaltensänderungen aufgrund von Erfahrung bzw. Übung (s. Kap. 4).
- *Erziehung:* Die intentionale Einflußnahme auf die Persönlichkeitsentwicklung des zu Erziehenden, wobei der Erzieher die von ihm als wertvoll und wünschenswert angesehenen Erfahrungs- und Verhaltensmuster vermittelt.

! Merke

Menschliche Entwicklung ergibt sich aus dem Zusammenspiel von Reifungs- und Lernprozessen.

Untersuchungsmethoden

Um zu *erkennen*, wie sich bestimmte Merkmale mit der Zeit verändert haben, werden sowohl *Querschnitts-* als auch *Längsschnittuntersuchungen* (s. 1.5.2) durchgeführt. Will man aber bestimmte Veränderungen *erklären*, muß man in einem *Experiment* systematisch den Einfluß verschiedener Faktoren untersuchen. Um etwa das Verhältnis zu bestimmen, in dem sich Anlage- und Umwelteinflüsse auf die Entwicklung auswirken, können im Tierexperiment gezielt Umgebung und Erbanlage variiert und das entsprechende Ergebnis ausgewertet werden. Eine weitere wichtige Untersuchungsstrategie zum Anlage-Umwelt-Problem ist die *Zwillingsforschung*. Da das Genom eineiiger Zwillinge zu 100 % übereinstimmt, lassen sich Entwicklungsunterschiede auf Umgebungsfaktoren (Erziehung, Schule etc.) zurückführen.

Psychosexuelle Entwicklung nach Freud

Freud wird in der Entwichlungspsychologie nur in Teilaspekten akzeptiert. Seinem **psychoanalytischen Entwicklungsmodell** zufolge durchläuft der Mensch im Rahmen seiner psychosexuellen Entwicklung fünf aufeinanderfolgende Phasen (die orale, anale, phallische, Latenz- und genitale Phase; s.u.). Die Lustempfindungen, die das Kind erlebt, sind an drei Körperregionen (erogene Zonen) gebunden: Mund, Anus und Genitale. Die Entwicklung verläuft entlang dieser drei Körperzonen, so daß in einer bestimmten Zeitspanne immer nur eine erogene Zone dominiert und die entscheidende Rolle für die Triebbefriedigung spielt. Mit der Zeit wechseln die erogenen Zonen und geben der betreffenden Phase ihren Namen (z.B. Anus: anale Phase). Da sich die Art der Triebbefriedigung von Phase zu Phase unterscheidet, ergeben sich für jedes Stadium spezifische Konflikte, die dann entstehen, wenn die Befriedigung gestört wird. Durch mangelnde oder übermäßige Befriedigung bleibt das Kind im entsprechenden Stadium „stecken“, d.h. die Triebenergie bleibt an die dazugehörige Körperregion gebunden (Fixierung). Folge: Das Kind tätigt auch über eine bestimmte (normale) Altersgrenze hinaus Verhaltensweisen, die für die nicht überwundene Phase typisch sind, und die darauffolgenden Entwicklungsstadien können sich nicht voll entfalten.

! Merke

Für die normale Entwicklung ist sowohl ein zu geringes als auch übersteigertes Maß an Befriedigung schädlich.

Um die reife und voll entwickelte Persönlichkeit zu erlangen, müssen alle Phasen vollständig durchlaufen und ihre dazugehörigen Konflikte befriedigend gelöst werden. Ist dies nicht der Fall, so ergeben sich daraus Folgen für die erwachsene Persönlichkeit: Je nachdem, in welcher Phase eine Fixierung stattgefunden hat, wird der für diese Phase typische Konflikt und die typischen Befriedigungswünsche unbewußt weiterschwelen und einen spezifischen Charaktertyp hervorbringen (z.B. Fixierung in der analen Phase: analer Charakter).

Psychosexuelle Entwicklungsphasen:

- *Orale Phase* (1. Lebensjahr; erogene Zone: Mund): Befriedigung wird durch Saugen, Lutschen und Kauen erlangt – i.d.R. im Zusammenhang mit der Nahrungsaufnahme. Frustration entsteht z.B. durch zu frühes Abstillen.
  Oraler Charakter: große Erwartungshaltung gegenüber der Umwelt, Passivität und Unselbstständigkeit; häufige mundbezogene Aktivitäten wie Daumenlutschen, Nägelkauen und ständiges Essen.
- *Anale Phase* (2.–3. Lebensjahr; erogene Zone: Anus): Zunächst wird die Ausscheidung, später die Zurückhaltung von Kot lustvoll erlebt. Das Kind erfährt dabei die Macht, etwas von sich zu geben bzw. es bei sich zu behalten. Der zentrale Konflikt in dieser Phase liegt zwischen dem aufkeimenden Willen und der Autonomiebestrebung des Kindes und der elterlichen Autorität. Frustrationen entstehen durch eine zu frühe und zu strenge Reinlichkeitserziehung.
  Analer Charakter: Pedanterie, übertriebene Ordnungsliebe, Geiz, Zwanghaftigkeit.
- *Phallische (= ödipale) Phase* (3.–6. Lebensjahr; erogene Zone: Genitalien): In dieser Zeit wird das eigene Genitale entdeckt. Dabei wird nur das männliche Glied als solches erkannt. Mädchen stellen dieses bei sich als fehlend fest und fühlen sich dadurch Jungen gegenüber benachteiligt (*Penisneid*). Dieses Konzept ist aber sehr umstritten. Als Ursache für den „Penisneid“ wird verstärkt auf unterschiedliche Sozialisationsbedingungen für Jungen und Mädchen verwiesen, besonders auf die häufige soziale Benachteiligung der Frau. Als *Ödipuskonflikt* bezeichnet man den Konflikt, der durch die Ausrichtung sexueller Wünsche auf den gegengeschlechtlichen Elternteil entsteht. Der Junge, der die Mutter begehrt, sieht dabei seinen Vater als Rivalen an. Aus Angst, vom Vater bestraft zu werden (*Kastrationsangst*), wehrt er seine Triebimpulse ab, indem er sich mit ihm identifiziert (Identifikation mit dem Aggressor, s. Abwehrmechanismen 3.2.2). Dieser Vorgang ist gleichzeitig essentiell für die Übernahme der Geschlechtsrolle und die Ausbildung des Über-Ich (s. 5.1.1).
  Phallischer Charakter: übermäßige sexuelle Neugier und Schaulust, übertrieben männlichkeitsbetontes Verhalten, Risikobereitschaft und Ehrgeiz; Tendenz, Rivalenkämpfe auszutragen, Drang nach Beherrschung von Objekten und Menschen.
- *Latenzphase* (6.–11. Lebensjahr): Es kommt zu einer Triebberuhigung. Das Interesse richtet sich auf geistige Inhalte, wie sie auch in der Schule vorkommen.
- *Genitale Phase* (ab 12 Jahren): Entwicklungsstufe der reifen Sexualität, die von frühkindlichen Lustobjekten losgelöst ist. Entwicklung zu einer eigenständigen und bindungsfähigen Persönlichkeit.

Ethologische Ansätze zur Mutter-Kind-Bindung

Die körperliche und geistige Entwicklung des Neugeborenen hängt entscheidend von der Bindung zu seinen Eltern, besonders zur Mutter, ab. Dabei spielen angeborene Reaktionen eine wichtige Rolle. Beispiel: Das Kindchenschema erweckt bei der Mutter das Bedürfnis, den Säugling zu pflegen und zu beschützen. Andererseits bekräftigt der Säugling die Zuwendung der Mutter durch das angeborene Antwortlächeln. Auf diese Weise wird der Aufbau einer sozialen Beziehung gefördert.

Kognitive Entwicklung

Eine bedeutsame Rolle spielt der Schweizer Psychologe Piaget. Nach Piaget vollzieht sich die kognitive

Entwicklung – beginnend mit der Geburt – in mehreren **Phasen,** die in einer festen Reihenfolge durchgemacht werden.

- *Sensomotorische Phase* (1. und 2. Lebensjahr): Das Kind erkennt den Zusammenhang zwischen seinen Sinneswahrnehmungen und seiner Motorik. Es beginnt gezielt, die Umgebung mit seinen Bewegungen zu beeinflussen.
- *Phase des vorbegrifflich-symbolischen Denkens* (2.–4. Jahr): Es fängt an zu begreifen, daß die Existenz äußerer Gegenstände unabhängig von seiner Aufmerksamkeit ist (Objektpermanenz), d. h. ein Gegenstand, der aus dem Blickfeld verschwindet, hat deswegen nicht aufgehört zu existieren. Diese kognitive Leistung beinhaltet die Fähigkeit zur inneren, symbolischen Repräsentation von Objekten.
- *Phase des anschaulichen Denkens* (4.–7. Jahr): Das Denken ist stark anschauungsgebunden, wobei nicht mehrere Aspekte gleichzeitig erfaßt werden können. Beispiel: Wird die Flüssigkeit aus einem Gefäß in ein höheres, aber schmaleres Gefäß geschüttet, wird das Kind behaupten, die Flüssigkeit sei jetzt mehr geworden, weil der Pegel ja nun höher liege. Obwohl es Unterscheidungen in *größer* und *kleiner* machen kann, hat es also noch nicht die Erkenntnis der *Mengeninvarianz* erlangt. Ein weiteres Kennzeichen ist der sog. *Egozentrismus:* Das Kind geht davon aus, daß andere alles genau so wissen wie es selbst, weswegen seine Erzählungen oft schwer verständlich sind: Man weiß oft nicht genau, wen es z. B. mit „er“ oder „es“ meint.
- *Phase des konkreten Denkens* (7. – 11. Jahr): Fähigkeit, logische Operationen durchzuführen und ihre Reversibilität zu erkennen. Erkennen von Einzelelementen als Teile einer Gesamtmenge.
- *Phase des formalen Denkens* (ab 12 Jahren): Die Fähigkeit, in abstrakten Begriffen zu denken und systematisch Kategorien zu bilden. Es werden für eine Fragestellung mehrere in Frage kommende Antwortmöglichkeiten nebeneinandergestellt und abgewogen.

6.2 Lebensabschnitte

Im Gegensatz zur früheren Entwicklungspsychologie, die sich hauptsächlich auf den Zeitraum von der Geburt bis zum Jugendalter konzentriert hatte, faßt man heute Entwicklung als einen lebenslangen Prozeß auf, der auch im Erwachsenen- und Greisenalter noch stattfindet und erst mit dem Tod endet (life-span-development).

6.2.1 Familienplanung und Kinderwunsch

Eine wichtiges Ziel bezüglich der Familienplanung ist, Anzahl und Zeitpunkt von Geburten zu kontrollieren. Dennoch – und trotz Verhütungsmöglichkeiten – ist nur jede 20. Schwangerschaft bewußt geplant (Erhebungszeitraum: 80er Jahre).

Einen wesentlichen Einfluß auf den Schwangerschaftsverlauf und auf die spätere Entwicklung des Kindes hat das Maß, in dem es von der Mutter erwünscht ist.

Klinischer Bezug

Mütter, die ihr Kind emotional ablehnen, weisen eine erhöhte Rate an **Schwangerschaftskomplikationen** und **Frühgeburten** auf. Die Kinder sind gegenüber erwünschten Kindern in ihrer Entwicklung beeinträchtigt.

Schwangerschaftserleben: Sowohl die emotionale Einstellung als auch die kognitiven Vorstellungen der (werdenden) Mutter vollziehen im Laufe der Schwangerschaft eine Wandlung. Nach *anfänglicher Verunsicherung* und *emotionaler Ambivalenz* nimmt der Wunsch, das Kind auszutragen, kontinuierlich zu. Zunächst hat die Mutter nur eine vage Vorstellung von ihrem Kind, aber mit dessen ersten Bewegungen (ca. 20. Schwangerschaftswoche) nimmt sie seine konkrete Anwesenheit wahr. Sie stellt sich nun immer öfter reale nachgeburtliche Situationen vor, in denen sie das Kind pflegt und versorgt (*Antizipationsphase*, ab 30. Woche). Unmittelbar nach der Geburt tritt eine ca. einen Monat währende Phase der Freude und *Euphorie* auf, die von einer Zeit der *Gewöhnung* und Einstellung an die neue Lebenssituation abgelöst wird, bis diese schließlich als völlig normal empfunden wird.

In vielen Fällen kann aber – im Gegensatz zu dem oben genannten Konzept – unmittelbar nach der Geburt eine *nachgeburtliche Depression* auftreten.

6.2.2 Geburt

Geburt, d. h. das Ausstoßen der Schwangerschaftsfrucht, ist ein einschneidendes Ereignis im Leben der Mutter. Sie umfaßt tiefgreifende körperliche und psychische Anpassungsvorgänge, von denen das Gelingen der Geburt und die weitere psychische und körperliche Entwicklung des Kindes abhängen. Die termingerechte Geburt läßt sich berechnen und findet durchschnittlich 38 Wochen nach der Konzeption bzw. 40 Wochen nach der letzten Menstruation statt.

Psychologische Geburtsvorbereitung

Ein bekanntes Verfahren, mit dem eine *Schmerzreduzierung bei der Geburt* erreicht werden soll, ist das von Read entwickelte Verfahren: Es wird davon ausgegangen, daß sich die Schwangere durch falsche Vorstellungen und unbegründete Ängste zu sehr verkrampft, was zur Erschwerung und erhöhten Schmerzhaftigkeit des Geburtsvorgangs führt. Durch Aufklärung und Einübung von Entspannungsübungen soll die Angst abgebaut werden. Auf diese Weise wird der Teufelskreis aus Angst, Verkrampfung und Schmerz durchbrochen.

Klinischer Bezug

Risikogeburt: Geburt, die mit einem erhöhten Risiko für Mutter und/oder Kind einhergeht. Beispiele für Risikofaktoren: Frühgeburt, Übertragung, Fehlgeburten in der Anamnese, mütterlicher Diabetes mellitus, Alter der Mutter (<20 und >40 Jahre), Querlage des Kindes, Inkompatibilität mit dem mütterlichen Rhesus-Faktor u. a.

Neugeborenes

Die Geburt ist für das Neugeborene ein dramatisches Ereignis: plötzlicher Übergang aus dem vertrauten, warmen und behüteten Milieu der Gebärmutter in eine fremde, kalte, geräuschvolle und helle Umgebung. Um dieses schockartige Ereignis zu mildern, werden bei der sog. *sanften Geburt* angepaßte Verhältnisse geboten: Neben der Stille und dem gedämpften Licht im Kreißsaal darf das Neugeborene unmittelbar nach der Geburt sofort Kontakt mit der Mutter haben. Der intensive (Haut-)Kontakt, der dabei entsteht (sog. Frühkontakt), hat einen positiven Einfluß auf die Mutter-Kind-Beziehung. Auch danach sollten Mutter und Kind räumlich nicht getrennt sein. Im Rahmen des sog. *Rooming-in* kann das Kind ständig bei der Mutter bleiben. Das *Stillen* befriedigt nicht nur das Kontaktbedürfnis des Kindes, sondern fördert auch seine gesundheitliche Entwicklung.

6.2.3 Kindheit und Jugend

Säuglingsalter und frühe Kindheit

Obwohl oft als „physiologische Frühgeburt" bezeichnet, ist das reife Neugeborene mit angeborenen sensorischen Fähigkeiten und einem Verhaltensrepertoire ausgestattet, mit dessen Hilfe die für das Überleben wichtigsten Bedürfnisse befriedigt werden können: Es kann schlucken und saugen (Nahrungsaufnahme), und es kann sein Befinden und seine Bedürfnisse durch Lächeln oder Schreien mitteilen (s. 3.2.1). Auf diese Weise kann es mit seiner Umwelt kommunizieren und soziale Beziehungen zu Pflegepersonen (i.d.R. Eltern) ausbilden. Im zweiten Lebenshalbjahr bildet das Kind durch liebevolle Zuwendung der Eltern das **Urvertrauen** aus (Erikson, 1973). Das Urvertrauen bezeichnet den grundsätzlichen Glauben an die Zuverlässigkeit und Stabilität seiner Umgebung und ist die Voraussetzung dafür, daß das Kind später selbst feste, emotionale Bindungen eingehen kann.

Fremdeln: Ab dem 8. Lebensmonat kann der Säugling vertraute Personen (v.a. die Mutter) von fremden, nicht vertrauten Personen unterscheiden. Beim Anblick eines Fremden, besonders, wenn dieser versucht ihm nahezukommen, reagiert er mit einer ausgeprägten Angstreaktion: Versteifen des Körpers und Schreien. Diese Acht-Monats-Angst erreicht ihren Höhepunkt um den 10.–12. Monat und und nimmt dann allmählich wieder ab.

Reifung und Lernen: Erst auf der Grundlage von Reifungsprozessen des ZNS werden viele Lernvorgänge möglich, wie etwa die Ausbildung der willkürlichen Kontrolle über die *Ausscheidungsfunktionen* im 2. Lebensjahr. Der Versuch vieler Eltern, das Kind schon davor zur Reinlichkeit zu disziplinieren, ist deswegen zum Scheitern verurteilt und erzeugt nur Frustrationen bei Eltern und Kind. Auch das *Gehen* kann erst auf dem Boden neuromuskulärer Reifung erlernt werden (ca. 11.–13. Monat). Die motorische Entwicklung verläuft dabei von kranial nach kaudal (Tab. 6.**1**).

Zwischen dem 11. und dem 14. Monat spricht das Kind i.d.R. auch sein erstes Wort, mit 2 Jahren kann es schon ganze Sätze bilden. Mädchen sind in der Sprachentwicklung den Jungen meist voraus.

Merke

Kinder, die einen großen Bewegungsfreiraum haben und viel zu motorischer Betätigung angeregt wurden (Roller, Dreirad, Ballspiele etc.), weisen eine verbesserte motorische Entwicklung auf als Kinder ohne diese Möglichkeiten.

Trotzphase

Im 2.–3. Lebensjahr tritt eine häufig als Trotzalter bezeichnete Phase auf. In dieser Zeit entdeckt das Kind sein *Ich*, es wird sich seiner eigenen Bestrebungen und Wünsche bewußt und nimmt die Möglichkeit wahr, seinen Willen gegen den Willen der Eltern zu richten. Diese ersten **Autonomietendenzen** des Kindes führen oft zu Konflikten mit der Umwelt, v.a. mit den Erziehenden (z. B. bezüglich Reinlichkeitserziehung oder Bewegungsfreiheit). Wird der Wille des Kindes in dieser Phase mißachtet und ab-

Tabelle 6.1 Motorische Entwicklung

Lebensmonat	Motorische Leistung
1	Kopf anheben
4.–5.	sich zur Seite drehen
6.	„Sphinxstellung" (Aufstützen auf die Arme im Liegen)
7.	Sitzen mit Unterstützung
8.	selbständiges Aufsetzen
9.–10.	Stehen
11.–13.	erste Schritte gehen

gelehnt, erlebt es dies als eine starke Frustration und beantwortet sie mit typischen heftigen emotionalen (Trotz-)Reaktionen wie Weinen, Schreien, sich auf den Boden werfen etc. Das Kind überwindet die Trotzphase in der Weise, daß es lernt, seine Bedürfnisse und Wünsche mit den Forderungen der Umwelt in Einklang zu bringen, und durch Entwicklung einer höheren Frustrationstoleranz.

Schulalter

In den meisten Ländern werden Kinder mit 5 Jahren (z. B. in England) bis 7 Jahren (z. B. in der Schweiz) eingeschult. Der Ausdruck „Schulreife" wird heute nicht mehr als ausreichend angesehen (Schenk-Danzinger), da er sich nur auf reifungsbedingte psychophysische Voraussetzungen als Einschulungskriterien bezieht. Da Entwicklung aber nicht ausschließlich als Reifung, sondern als komplexes Zusammenspiel von Umwelt, Reifungs- und Lernprozessen verstanden wird, spricht man heute von objektiver **Schulfähigkeit** und der subjektiven **Schulbereitschaft** des Kindes:

- *Schulfähigkeit:* Sie bezieht sich auf die kognitiven Fähigkeiten, die sich mit speziellen Tests ermitteln lassen (z. B. der *MST*: *Münchner Schulreifetest*).
- *Schulbereitschaft:* Sie ist dann gegeben, wenn das Kind seine Lernmöglichkeiten im vorschulischen Bereich ausgeschöpft hat und nach neuen Wissensinhalten drängt, und wenn es sich von seinen Eltern schon so weit gelöst hat, daß es sich auch in einer Gruppe von Gleichaltrigen – fern der Familie – integrieren und wohlfühlen kann.

Leistungsmotivation: In der schulischen Ausbildung steht die Anforderung nach Leistung im Vordergrund. Während zunächst die Hoffnung auf Belohnung durch Eltern und Lehrer (Anerkennung, Liebesgewinn, Wertschätzung etc.) ausschlaggebend ist, entwickelt sich der Wunsch, Leistung zu erbringen, zu einer inneren, von der Umwelt weniger abhängigen Motivationsform. Der Gegenstand selbst und der Erfolg werden zu eigenständigen Werten: das Interesse an Büchern, Wissensinhalten etc. und auf der anderen Seite der Stolz und Selbstwert, die man beim Erzielen guter Noten empfindet.

Jugendalter

In der zweiten Lebensdekade findet der Übergang vom Kind zum Erwachsenen statt. Mit der Ausbildung der Geschlechtsreife in der Pubertät gehen einschneidende körperliche, psychische und soziale Veränderungen einher. Während dieser Umbruchphase befindet sich der Jugendliche oft in einer Zwischenposition: nicht mehr Kind und noch nicht Erwachsener. Ein großes Problem dieser Periode ist daher die **Selbstfindung**. Entsprechend sieht Erikson eine wichtige Aufgabe des Jugendalters in der Ausbildung der *Identität*, also im Ziel, trotz des verunsichernden Rollenwechsels, ein klares Selbstbild zu erlangen. Weitere Entwicklungsaufgaben sind das *Akzeptieren des eigenen, veränderten Aussehens*, *Identifizierung mit der Geschlechtsrolle* und eine *emotionale Ablösung von der Familie* als Voraussetzung dafür, einen eigenständigen und eigenverantwortlichen Lebensweg gehen zu können.

Pubertät: Zeit von den ersten Anzeichen der Ausprägung sekundärer Geschlechtsmerkmale bis zum Eintritt der Geschlechtsreife. Trotz beträchtlicher interindividueller Variation setzt sie bei Mädchen (10.–15. Lebensjahr) durchschnittlich 2 Jahre früher ein als bei Jungen (12.–17. Lebensjahr). Kennzeichnend für die Pubertät sind ein enormer Wachstumsschub (bei Jungen besonders auch eine Zunahme der Muskelmasse), die Ausbildung sekundärer Geschlechtsmerkmale (Behaarungstyp, Stimmbruch, Brustentwicklung etc.) und der Fortpflanzungsfähigkeit (Ausreifung der primären Geschlechtsorgane). Gleichzeitig findet eine zunehmende emotionale Ablösung von den Eltern statt, neue und reifere Beziehungen zu Gleichaltrigen werden aufgenommen. Es treten gehäuft Konflikte mit den Eltern auf über abweichende Vorstellungen bezüglich des Freizeitverhaltens (z. B. Ausgehen, Musikhören etc.) und anderer Bereiche wie Kleidung, Umgangsformen und Schulleistungen.

Klinischer Bezug

Die sexuelle Reifung kann – besonders durch hormonelle Störungen – zu früh einsetzen. Beginnt sie vor dem 8. (Mädchen) bzw. vor dem 9. Lebensjahr (Jungen), spricht man von einer **Pubertas praecox.** Die zu frühe Entwicklung sekundärer Geschlechtsmerkmale (z. B. Brustentwicklung bei Mädchen) kann sich negativ auf die Psyche auswirken, denn oft wird dadurch die Integration in die (sich normal entwickelnde) Gruppe der Altersgenossen erschwert. Körperliche Folge der Pubertas praecox ist die geringere Körpergröße, die erreicht werden kann, weil der Wachstumsprozeß durch die zu frühe Verknöcherung der Epiphysenfugen vorzeitig beendet wird.

Verlängerte Übergangszeit vom Kind zum Erwachsenen: An die Stelle der Kinderarbeit, die im 19. Jahrhundert noch üblich war, ist heute eine relativ lange Schul- und Berufsausbildung getreten. Die körperliche und kognitive Leistungsfähigkeit des Jugendlichen kommt in vielen Punkten an die des Erwachsenen heran. Da dieses Potential in der Schule nicht erschöpfend gefordert wird, werden überschüssige Energien und der Betätigungsdrang oft in sportliche Aktivitäten gesteckt oder – unter entsprechenden Umständen – in Verbindung mit Jugendbanden in kriminelle Unternehmungen.

Kind und Krankheit

Psychischer Hospitalismus: Längere stationäre Aufenthalte von Kindern können ihre weitere Entwicklung drastisch beeinträchtigen. Langfristige (mehrmonatige) Trennung von der Mutter, Mangel an emotionaler Zuwendung und sensorische Deprivation spielen hierbei eine ursächliche Rolle.
Folgen können sein:
- Psychische Funktionsstörungen wie Apathie, motorische Verlangsamung und Kontaktverweigerung.
- Appetit- und Gewichtsabnahme bis hin zur Auszehrung (Marasmus).

Merke

Zwischen dem 6. Lebensmonat und dem 4. Lebensjahr ist die Gefährdung durch Hospitalisierungsschäden am größten.

Um dem Hospitalisierungssyndrom vorzubeugen, versuchen Kinderkrankenhäuser, den stationären Aufenthalt soweit wie möglich zu verkürzen und den Müttern unbeschränkte Besuchszeit oder Übernachtung im Krankenhaus selbst (sog. rooming-in) zu ermöglichen.

Angst vor ärztlichen Eingriffen: Lernprozesse spielen in der Ausbildung von Ängsten vor medizinischen Eingriffen eine wichtige Rolle: Hat z. B. ein Kind einen Zahn gezogen bekommen, so wird die Kopplung zwischen diesem Eingriff und den dabei erfahrenen Schmerzen (klassische Konditionierung) dazu führen, daß das Kind in Zukunft Angst vor dem Zähneziehen haben wird. Wird diese Angst entsprechend generalisiert, so wird es sich auch vor Zahnärzten und vielleicht vor allen Ärzten fürchten. Diese Ängste können durch Modellernen abgebaut werden, z.B wenn ein Kind einen Film betrachtet, in dem Kinder gezeigt werden, die den Zahnarztbesuch gut bewältigen.

Kindliche Vorstellungen von Krankheit und Tod hängen wesentlich von der kognitiven Entwicklungsstufe (s. 6.1), die das Kind erreicht hat, ab. Außerdem werden sie vom soziokulturellen Umfeld und durch die Art der Erziehung beeinflußt.

Das mißhandelte Kind

Mißhandlung bezeichnet eine Beeinträchtigung des Kindes, die *psychisch* oder *physisch* sein kann. Formen der Mißhandlung sind die *Gewaltanwendung* und die *Unterlassung*, bei der das Kind vernachlässigt, nicht ausreichend gepflegt, ernährt und beaufsichtigt wird. Je nach Art und Ausmaß der Mißhandlung weisen betroffene Kinder Verhaltensstörungen (aggressives Verhalten), emotionale Störungen (Depression bis hin zum Suizid) und erhöhte Suchtneigung (Alkohol, Drogen) auf. Viele Kinder haben aus Angst vor Bestrafung oder vor dem Verlust der Familie Angst, von ihrer Mißhandlung zu berichten. Häufiges Auftreten von Hämatomen, Verbrennungen, Schürfungen u. a. sollten aber den (Haus-)Arzt stutzig machen. Eine Einschaltung des Jugendamtes ist in solchen Fällen oft angebracht, was in entsprechend schweren Fällen letztlich dazu führen kann, daß den Eltern das Sorgerecht für ihr Kind entzogen wird.

6.2.4 Erwachsenenalter

Die wichtigsten Lebensbereiche des Erwachsenenalters sind die Familie und der Beruf. Als Entwicklungsziele für das frühe Erwachsenenalter (23-30 Jahre) nennt Havighurst (1948) die Heirat, Geburt von Kindern, Arbeit bzw. Beruf und das Finden eines **Lebensstils**; für das mittlere Erwachsenenalter (31-50 Jahre) Haushalt führen, Kinder aufziehen und die berufliche Karriere.

Arbeit und Beruf

Arbeit hat eine zentrale Bedeutung für die Entwicklung der Persönlichkeit. Durch die berufsspezifischen Anforderungen lernt das Individuum seine *Möglichkeiten und Grenzen* kennen, es wird gefordert, sich an die Arbeitsbedingungen anzupassen und *soziale Interaktionen* zu gestalten. Die Bewältigung dieser zahlreichen Aufgaben geht mit einer Entwicklung und einem Wachstum von Fähigkeiten und Kompetenzen einher. Daraus und aus dem Gefühl, etwas geleistet zu haben, steigen das *Selbstwertgefühl* und die *Selbstzufriedenheit*.

Arbeitslosigkeit: Gerade die Langzeitarbeitslosigkeit stellt eine Belastung für die Person dar. Es entwickeln sich Gefühle der *Abhängigkeit*, *Nutzlosigkeit*, eines *verminderten Selbstwertes* und der *Unzufriedenheit*, die durch die ökonomischen Einschränkungen und gesellschaftliche Ausgrenzung noch verstärkt werden. Langzeitarbeitslosigkeit hat für die Befindlichkeit schlimmere Folgen als eine Arbeitsunzufriedenheit.

! Merke

Die Krankheitsanfälligkeit und Suizidrate sind bei Langzeitarbeitslosen signifikant erhöht.

Familie

Die **Paarbeziehung** bietet beträchtliche Entwicklungsmöglichkeiten, erfordert aber auch Anpassungsleistungen: Die Beziehung zum Partner setzt Opfer- und Kompromißbereitschaft des einzelnen voraus und die Fähigkeit, eigene Bedürfnisse zugunsten des anderen zurückzustellen.

Elternschaft: Die Geburt von Kindern stellt für den (jungen) Erwachsenen den Übergang in einen neuen Lebensabschnitt dar: Aus der Paar-Diade wird eine *Eltern-Kind-Triade*. Dies bedeutet nicht nur eine Herausforderung für den individuellen Lebensplan (Umgestaltung des Alltagslebens: z. B. Aufgabe des Berufs der Mutter, Ausrichtung auf den Lebensrhythmus des Kindes: Füttern, Pflegen, etc.), sondern auch für die Partnerschaft: Die Zweier-Beziehung ist nicht mehr die ausschließliche, sondern nur noch eine von mehreren Beziehungskonstellationen (Mutter-Kind, Vater-Kind, Vater-Mutter), was zu emotionalen Krisen in der Partnerschaft führen kann.

! Merke

Wie erfolgreich die durch die Elternschaft bedingten Belastungen bewältigt werden können, hängt von den Persönlichkeitseigenschaften, der Qualität der Paarbeziehung, den sozioökonomischen Verhältnissen und dem sozialen Umfeld ab.

Scheidung

Die Scheidung bezeichnet die Auflösung der Familie. Die eigentliche, *juristische Scheidung* ist dabei nur ein formeller Teil eines umfassenderen *Ablösungsprozesses*, der nach Kaslow schon vorher als *emotionale Scheidung* begonnen hat und schließlich in die *psychische Scheidung* mündet, in der sich die (Ex-)Partner an die neuen, veränderten Lebensbedingungen anpassen. Zahlreiche Untersuchungen zeigen, daß sich die psychischen Folgen einer Scheidung bei Erwachsenen oft als Stimmungslabilität und Depressionen manifestieren und mit einer erhöhten Krankheitsanfäligkeit einhergehen. Bei Kindern geschiedener Eltern treten gehäuft Verhaltensstörungen und Verschlechterung der Schulleistung auf. Langfristig weisen sie selbst eine höhere Scheidungsrate auf.

Partnerverlust

Der Tod des Ehepartners ist ein emotional besonders belastendes Ereignis. Wie gut es überwunden wird und wie ausgeprägt die Trauerreaktion ausfällt, hängt neben der Qualität der Partnerschaftsbeziehung auch von Alter und Geschlecht ab.

! Merke

Männer kommen im allgemeinen mit der Verwitwung emotional schlechter zurecht als Frauen. Bei beiden Geschlechtern sinkt mit dem Alter das Ausmaß negativer Reaktionen auf den Partnerverlust.

6.2.5 Altern

Altern ist der unidirektionale und irreversible biologische Prozeß, der mit der Geburt eines Organismus beginnt und mit dessen Tod endet. Nach anfänglichem Leistungszuwachs (Wachstum) sinken Funktions- und Adaptationsfähigkeit bis zum Lebensende permanent ab.

Das **Alter** bezeichnet die letzte Lebensphase eines Organismus. Ihr Beginn wird (für den Menschen) mit dem 65. bzw. 70. Lebensjahr angesetzt.

Somatische Altersfolgen

Neben einer *allgemeinen Verlangsamung* von Stoffwechsel- und Ausscheidungsfunktionen zeigen sich *körperliche Alterserscheinungen* z. B. an *Haut* (Atrophie und sog. Altersflecken), *Muskeln* (Abnahme der Muskelmasse), *Knochen* (Osteoporose), *Sinnesorganen* (Presbyopie, Presbyakusis), *ZNS* (Abnahme von Neurotransmitterverfügbarkeit und Reaktionsgeschwindigkeit), *Immunsystem* (erhöhte Infektanfälligkeit) und *Herz-Kreislauf* (Atherosklerose, Hypertonie).

Aufgrund der sinkenden Leistungsfähigkeit und der Zunahme an Krankheiten (Multimorbidität) stellen Gesundheit, Krankheit und Ernährung wichtige Inhalte in Gesprächen, Gedanken und Handlungen des täglichen Lebens alter Menschen dar.

Das **Klimakterium** (Wechseljahre) bezeichnet die Übergangsphase der Frau von der Geschlechtsreife zum Alter, in die um das 50. Lebensjahr die Menopause fällt (letzte Menstruation). Ursache ist eine ovarielle Insuffizienz, die mit einem drastischen Rückgang der Östrogen- bzw. Gestagenbildung einhergeht. Neuere Forschungsarbeiten beschäftigen sich auch mit den Wechseljahren beim Mann („Climacterium virile").

Klinischer Bezug

Menopausensyndrom: Im Rahmen des Klimakteriums ergeben sich aufgrund des Östrogenmangels und des reaktiven FSH-Anstiegs gesundheitliche Beeinträchtigungen wie Hitzewallungen, Schweißausbrüche, Schlafstörungen u. a. Langfristig nimmt wegen des Östrogenmangels auch die Knochendichte ab (Osteoporose), weshalb es gehäuft zu Frakturen kommen kann. Depressionen können in dieser Phase auch durch das subjektive Gefühl des Attraktivitätsverlustes (und damit durch eine Minderung des Selbstwertgefühls) verursacht werden.

Kognitive Altersveränderungen

Die sog. **Defizithypothese** postuliert einen allgemeinen Abfall von Intelligenz bzw. kognitiver Leistungsfähigkeit im Alter. Neueren Untersuchungen zufolge trifft diese Hypothese aber nur bedingt zu. Nach Catell (1963) und Horn (1978) lassen sich **zwei Intelligenzdimensionen** unterscheiden, die im Alter eine unterschiedliche Veränderung erfahren:

- *Fluide Intelligenz:* Schlußfolgernde und begriffsbildende Leistungen sowie solche, die Flexibilität und rasche Umstellung erfordern.
- *Kristalline Intelligenz:* Allgemeines Fakten- und Erfahrungswissen, Sprachverständnis und -gewandtheit.

Merke

Während die *fluide Intelligenz* im frühen Erwachsenenalter ihren Höhepunkt erreicht und danach permanent absinkt, bleibt die *kristalline Intelligenz* erhalten und kann mit dem Alter sogar zunehmen. Geistige Tätigkeit hat einen großen Einfluß auf die Intelligenzleistung im Alter.

Klinischer Bezug

Demenz: Gemäß der WHO versteht man darunter die Schädigung höherer kortikaler Funktionen (Gedächtnis, Denken, Auffassung, Sprache, Urteils- u. Orientierungsvermögen), die zu einer Beeinträchtigung in den persönlichen Aktivitäten des Alltags führt. Das Auftreten dementieller Erkrankungen korreliert mit dem Alter: Während die Gruppe der 65–69jährigen nur zu ca. 3 % von der Altersdemenz betroffen ist, weisen die über 90jährigen eine Rate von über 30 % auf. Demenzen sind keine physiologischen Altersveränderungen, sondern krankhafte Prozesse.

Rollenwechsel im Alter

Ein einschneidendes Lebensereignis ist die *Pensionierung*. Sie bedeutet den Ausstieg aus der Berufsrolle. Durch die Entbindung von den alltäglichen Pflichten, Aufgabe des gewohnten Lebensrhythmus, aber auch durch die Veränderung des sozioökonomischen Status (geringeres Einkommen) können Gefühle entstehen, weniger nützlich und weniger wert zu sein und nicht mehr gebraucht zu werden. Diese *emotionale Krise* läßt sich besser bewältigen, wenn schon frühzeitig vor der Pensionierung konkrete Pläne und Vorhaben für das Rentenalter gemacht werden, und dieses somit eine klare Zukunftsperspektive gewinnt. Der Ausstieg wird so zum Umstieg.

Isolation und Vereinsamung

Durch Verwitwung und durch das Sterben von gleichaltrigen Bezugspersonen entsteht im Alter – besonders bei Kinderlosigkeit – ein objektiver Mangel an sozialen Kontakten (*Isolation*). Aber auch bei ausreichenden sozialen Kontakten kann das subjektive Gefühl der *Vereinsamung* auftreten, etwa dann, wenn durch Eintönigkeit und Einförmigkeit des Tagesablaufes Langeweile entsteht (z. B. in Altenheimen).

Merke

Isolation und Vereinsamung können das Wohlbefinden und die Lebenszufriedenheit im Alter beeinträchtigen und zu einer Verringerung der körperlichen Funktionsfähigkeit führen.

Theorien des erfolgreichen Alterns

Die *Desengagement-Theorie* besagt, daß im Alter die allgemeine Aktivität, die Anzahl der wahrgenommenen Rollen und das Ausmaß sozialer Kontakte abnehmen. Dieser allmähliche Rückzug aus dem aktiven Leben ist sowohl vom Individuum als auch von der Gesellschaft gewollt und soll beide zufriedenstellen.

Die *Aktivitätstheorie* stellt dem entgegen, daß der ältere Mensch nur dann zufrieden sein kann, wenn er aktiv bleibt und das Gefühl hat, gebraucht zu werden.

Sexualität im Alter: s. 3.3.4.

6.3 Sozialisation

Sozialisation ist der lebenslange Lernprozeß, in dem das Individuum gesellschaftliche und kulturelle Inhalte wie Normen, Werte, Einstellungen, Verhaltensmuster, Fertigkeiten und Motive erwirbt und sich so in seine soziale Umgebung integrieren kann.

6.3.1 Grundlagen

Man unterscheidet nach dem zeitlichen Bezug und nach der Umgebung **zwei Phasen der Sozialisation:**

- *Primäre Sozialisation:* Sie beschränkt sich auf die ersten Lebensjahre. Die Persönlichkeitsentwicklung des Kindes erfolgt dabei hauptsächlich in Auseinandersetzung mit seiner Kernfamilie. Hier werden grundlegende soziale Fähigkeiten und Inhalte erworben (z. B. emotionale Bindungsfähigkeit, Geschlechtsidentität).
- *Sekundäre Sozialisation:* Sie erstreckt sich über das gesamte Leben und schließt die über die Kernfamilie hinausgehende Umgebung ein: Kindergarten, Schule, Vereine, Berufsausbildung, Freundeskreis etc. (sog. „Sozialisationsagenturen").

Merke

Ein wesentlicher Bestandteil des Sozialisationsprozesses ist die Übernahme sozialer Rollen.

Retroaktive Sozialisation: Sozialisation wird nicht als ein unidirektionaler Prozeß verstanden, in dem ausschließlich das Individuum von seiner Umwelt lernt. Das Individuum stellt gerade durch seine Entwicklung neue Anforderungen an seine Umgebung und beeinflußt so deren Sozialisation. Beispiel: Wenn der Heranwachsende seine Eltern mit abweichenden Ansichten oder Verhaltensweisen konfrontiert und sie u. U. zum Überdenken ihrer eigenen Position bezüglich Taschengeld, sexuellen Verhaltensnormen oder gar politischen Einstellungen bringt. Gerade in einer Zeit des rasanten technischen Fortschritts vermitteln Kinder ihren Eltern oft schulisches und außerschulisches Wissen (Computer, Technik u. a.).

Geschlechtsidentität und Geschlechtsrolle

Das biologische Geschlecht läßt sich nach drei Aspekten bestimmen:

- Geschlechtschromosomen (genetisches Geschlecht),
- Gonaden (gonadales Geschlecht),
- äußere Genitalorgane und sekundäre Geschlechtsmerkmale (genitales Geschlecht).

Für die Eintragung des Geschlechts in das Geburtenbuch ist nicht das genetische sondern das *praktikable* Geschlecht entscheidend, das weitgehend von der Ausprägung der äußeren Genitalorgane bestimmt wird.

Klinischer Bezug

Genitales und genetisches Geschlecht müssen nicht immer übereinstimmen (Intersexualität): Bei der **testikulären Feminisierung** beispielsweise ist das für den Androgenrezeptor codierende Gen mutiert. Infolgedessen kann das vorhandene Testosteron seine Wirkung an den Zielzellen nicht entfalten. Folge: ein weiblicher Phänotyp trotz männlichen Genotyps (46 XY).

Für die **psychosexuelle Identität** kommt es darauf an, sich zu einem Geschlecht zugehörig zu erleben. Wenn das Individuum sein biologisches Geschlecht dabei nicht akzeptiert, spricht man von *Transsexualität.* Die eigene geschlechtliche Identifizierung ist eng mit der Übernahme der entsprechenden Geschlechtsrolle verbunden. Sie beinhaltet die geschlechtstypischen Verhaltens- und Erlebensmuster, wie sie gesellschaftlich akzeptiert und erwartet werden (Geschlechtsstereotype, Tab. 6.**2**).

Tabelle 6.**2** Geschlechtsstereotype (Beispiele)

Mädchen	Junge
gefühlsbetontes Verhalten	Gefühlsbeherrschung („Jungen weinen nicht")
Passivität und Fügsamkeit	Eigenständigkeit, Aktivität und Durchsetzungsvermögen
musische und soziale Interessen	wissenschaftlich-technische Interessen und Betätigung

Ausbildung der Geschlechtsidentität: Es existieren mehrere Modelle, die den Erwerb der Geschlechtsidentität zu erklären versuchen:

- *Psychoanalytisches Modell:* Identifizierung des Sohnes mit dem Vater (bzw. der Tochter mit der

Mutter) in der phallischen Phase (dazu s.o. *Psychosexuelle Entwicklung nach Freud*).

- *Soziales Lernen:* Dieser Ansatz betont die Rolle der Verstärkung, die durch Eltern oder Gleichaltrige erfolgen kann, wenn das Kind sich konform zu seiner Geschlechtsrolle verhält. D.h. ein Knabe erhält Zuwendung, Lob und andere Formen der Bestätigung, wenn er entsprechende männliche Verhaltensweisen zeigt (z. B mit Autos spielen) und wird bestraft, wenn er z. B. mit Puppen spielt.
- *Kognitives Modell:* Es sind kognitive Leistungen des Kindes, die in wechselseitiger Auseinandersetzung mit der Umwelt die Geschlechtsidentität gestalten. Schon ab zwei Jahren kann das Kind zwischen männlich und weiblich unterscheiden. In der Folge erkennt es sich zu einem Geschlecht zugehörig und ist motiviert, möglichst viel über das eigene Geschlecht zu erfahren und diese Geschlechtsrollencharakteristika in seinem eigenen Erleben und Verhalten umzusetzen.

Prosoziales Handeln

Formen prosozialen Handelns sind Hilfe, Trost, Unterstützung und Fürsorge gegenüber Menschen, die in Not sind. Wichtige Voraussetzung für prosoziales Handeln ist neben der Internalisierung von gesellschaftlichen Werten (*Moralentwicklung*) auch die Fähigkeit, die Bedürfnisse anderer einfühlend zu erkennen, sich also emotional in die Lage anderer versetzen zu können (Perspektivenwechsel).

Antizipatorische Sozialisation

Manche Rollen werden, noch bevor sie übernommen werden können, im voraus geübt und kennengelernt. Ein Beispiel dafür sind Betriebspraktika, in denen sich Schulkinder mit den Umständen und Anforderungen ihrer späteren voraussichtlichen Berufsrolle bekannt machen und sich mental auf sie vorbereiten können. Auch im Spiel mit Puppen können Mädchen und Jungen Aspekte späterer Rollen (z. B. Elternrolle) üben.

6.3.2 Schichtspezifische Sozialisation

Trotz individueller Unterschiede läßt sich feststellen, daß in den einzelnen sozialen Schichten **unterschiedliche Erziehungsstile** bevorzugt werden:

- *Erziehungsstil der Unterschicht:* Gehorsam und Befolgung von Regeln werden verlangt, wobei Verbote kaum begründet werden. Die Bestrafung richtet sich nach den Folgen eines Verhaltens, weniger nach dessen Absicht. Häufige Bestrafungsformen: körperliche Bestrafung, Hausarrest (*positionale Kontrollstrategie*).
- *Erziehungsstil der Mittelschicht:* Es werden die kindliche Autonomie und Leistungsorientierung gefördert. Verbote werden i.d.R. begründet. Bestrafung (in Form von Liebesentzug und Erzeugung von Schuldgefühlen: *personale Kontrollstrategie*) richtet sich nicht nur nach den Folgen, sondern auch nach der Absicht einer Handlung.

Schichtspezifischer Sprachcode

Auf Bernstein zurückgehende Untersuchungen zeigen einen Zusammenhang zwischen sozioökonomischer Schichtzugehörigkeit und der Form des Sprachgebrauchs. Bernstein unterschied den mittelschichtstypischen *elaborierten Code* und den unterschichtsspezifischen *restringierten Code* (Tab. 6.**3**).
Die Art des ausgeübten Berufes ist einer der bestimmenden Faktoren für den sozioökonomischen Status. So verwundert nicht, daß der Beruf, der wiederum von der Bildung abhängt, einen erheblichen Einfluß auf die Sozialisation hat: Entgegennehmen von Befehlen und blindes Gehorchenmüssen, bei Versagen Bestrafung etc. Solche Verhaltensmuster am Arbeitsplatz übertragen sich oft auch auf den privaten Umgang.

Schichtspezifische Sozialisation und Krankheitsverhalten

S. 8.3.

Psychologie

Tabelle 6.**3** Schichtspezifische Sprachcodes

Unterschicht (restringierter Code)	Mittelschicht (elaborierter Code)
eingeschränkter Wortschatz	reicher Wortschatz
einfache, unfertige Sätze	komplexe und grammatisch korrekte Satzbildung
knappe Anweisungen, kurze Fragen und Befehle	differenzierte Verbalisierung eigener Gefühle und Handlungsabsichten
häufiger Gebrauch von Redensarten und stereotypen Floskeln	

6.3.3 Soziale Fehlentwicklung

Zahlreiche Lebensbedingungen und -ereignisse wirken im Kindes- und Jugendalter als eine besondere Belastung und können zu Entwicklungsstörungen führen. *Beispiele:*

- soziale Isolation (z. B. Ausgrenzung durch Mitschüler),
- soziale Dichte (enger Wohnraum mit vielen Bewohnern),
- Diskontinuität von Lebensplänen (z. B. Jugendarbeitslosigkeit).

Wenn der Heranwachsende für diese und andere *Belastungsfaktoren* keine befriedigenden Bewältigungsmöglichkeiten zur Verfügung hat, können diese Frustrationen – je nach Disposition – zu *aggressiven Tendenzen* führen (Delinquenz, Jugendbanden bis hin zu Suizid). Dies ist besonders dann der Fall, wenn keine ausreichende sozio-emotive Unterstützung durch das soziale Netzwerk erfahren wird (Verständnis, Aussprache und Hilfestellung durch Familie, Freunde u. a.). Viele Jugendliche versuchen den Problemen zu entkommen, indem sie ihre Stimmungslage mit Genußmitteln zeitweilig verbessern. Dabei spielt in erster Linie der Gebrauch von Tabak und Alkohol als legalen Drogen eine Rolle. Aus Neugier und durch Gruppendruck werden nicht selten auch illegale Drogen (z. B. Haschisch) ausprobiert. Insgesamt ist dadurch die Gefahr einer Sucht- bzw. Abhängigkeitsentwicklung gegeben.

Soziales Verhalten

Im gesellschaftlichen Miteinander beeinflussen sich die Menschen gegenseitig. In diesem Kapitel soll näher beleuchtet werden, auf welche Weise das Verhalten und Erleben des einzelnen im Zusammensein mit anderen bestimmt wird.

7.1 Soziale Wahrnehmung und Personenwahrnehmung

Der Mensch besitzt nur eine begrenzte Kapazität zur Verarbeitung von Umwelteindrücken und Sinnesreizen, daher zentriert er physiologisch (s.a. Physiologie 12.3.1) und psychologisch seine Aufmerksamkeit. Welche Informationen registriert und wahrgenommen werden ist psychologisch abhängig von persönlichen (z.B. Alter, Geschlecht, Einstellung), sozialen (z.B. Schichtzugehörigkeit) und situativen (z.B. Streß, Motivation, Erwartungshaltung) Faktoren.

Prozesse zur Verarbeitung der Reizkomplexität

Interferenz: Dieser Prozeß basiert darauf, daß Geschehnisse sich gegenseitig beeinflussen und überlagern. Es wird nach Ordnungsprinzipien, Zusammenhängen und Ursachen gesucht. Frühere Erfahrungen werden herangezogen, um Situationen zu bewerten und Schlußfolgerungen zu ziehen. Das Individuum will auf diese Weise größtmögliche Kontrolle über seine Umwelt erlangen.
Selektion: Die Reizvielfalt wird anhand persönlicher Einschätzung und Interesse auf wenige wahrnehmungsrelevante Informationen reduziert, da es sonst zur Überflutung kommen würde und wichtige Erkenntnisse verlorengehen könnten. Sinneseindrükke, die als negativ empfunden werden, nimmt man langsamer ins Bewußtsein auf. Diese *Wahrnehmungsabwehr* (perceptual defence) (s.a. 3.2.2) dient dem Eigenschutz und wird besonders bei unangenehmen, angstauslösenden, evtl. tabuisierten Informationen eingesetzt. In der Praxis besteht die Gefahr, daß durch den Arzt nur Symptome wahrgenommen werden, die seine Verdachtsdiagnose bestätigen.

Klinischer Bezug

Bei einem bewußtlosen Penner, der nach Alkohol riecht, wird die Diagnose Alkoholintoxikation gestellt, und dabei das **Schädel-Hirn-Trauma** übersehen.

7.2 Kommunikation

Kommunikation ist die Informationsübertragung zwischen Individuen unter Verwendung verbaler und nonverbaler Ausdrucksmittel. Es werden neben sachlichen Informationen komplexe soziale Mitteilungen ausgetauscht und Wechselbeziehungen definiert.

7.2.1 Kommunikationsarten

Verbale Kommunikation

Die verbale Kommunikation benutzt das Medium der Sprache, das sich aus zwei großen Bereichen zusammensetzt. Dem *linguistischen* Anteil, der aus Vokabular und Grammatik besteht und dem *paralinguistischen* Bereich, nämlich Stimmlage und Stimmumfang, Sprechrhythmus und Sprechtempo, Lautstärke und Tonfall. Verbale Kommunikationsakte werden vom Sender bewußt gesteuert und dienen der Verständigung über Sachverhalte. Die Informationsvermittlung gestaltet sich schwierig, wenn *Sender* und *Empfänger* nicht die gleichen **Sprachcodes** (s. 6.3) benutzen. Die verbale Kommunikation kann auch durch den unilateralen Einsatz von Dialekten oder Fachsprachen (z. B. auch med. Terminologie) ebenfalls erschwert werden.

Nonverbale Kommunikation

Sie meint die meist *unbewußte Informationsvermittlung* unter Einsatz aller sensorischen Kanäle. Der visuelle Kanal nimmt Gestik, Mimik und Körperhaltung (also die Körpersprache) des Kommunikationspartners wahr. Zuwendung wird häufig taktil, d. h. durch Körperkontakt, vermittelt. Auch gustatorische und olfaktorische Kommunikation (Bsp. aus der Werbung: „Axe: der Duft, der Frauen provoziert") ist möglich. Auf nonverbaler Ebene werden besonders *emotionale Vorgänge* und *Beziehungsaspekte* deutlich, da diese kognitiv nur geringradig kontrolliert bzw. zensiert werden und eher spontan sind. Frauen sind sensibler für den Ausdruck und den Empfang unsprachlicher Signale.

! Merke

Die nonverbale Verständigung ist transkulturell wirksam („Jeder lacht in der gleichen Sprache!").

Verbales und nonverbales Kommunikationsverhalten kann sich gegenseitig ergänzen, aber auch, im Falle der Nichtübereinstimmung der Informationsinhalte, in Konkurrenz zueinander stehen.

7.2.2 Kommunikationsmodell nach Watzlawick

Jede Kommunikation hat einen **Inhalts- und Beziehungsaspekt:** Der Inhaltsaspekt betrifft den Informationsgehalt der Mitteilung, während der Beziehungsaspekt angibt, wie diese zu interpretieren ist. Beide Ebenen beeinflussen sich gegenseitig. Die Beziehung wird definiert mit Hilfe der „Kommunikation über die Kommunikation", der sogenannten *Metakommunikation* (Bsp. „Du läßt mich ja nie ausreden!").

Die **Perspektiven der Gesprächspartner** sind stets *unterschiedlich* und bestimmen wechselseitig den Kommunikationsablauf. Die Beiträge des Gegenübers werden eingeordnet und lösen die nächste Reaktion aus.

Der **Verlauf der Kommunikation** kann *symmetrisch* oder *komplementär* sein. Im ersten Fall sollen Unterschiede soweit möglich reduziert werden, d. h. jeder Teilnehmer bewegt sich auf gleicher Ebene. In der komplementären oder asymmetrischen Beziehung ergänzen sich die Positionen der Gesprächspartner gerade durch ihre Ungleichheit (z. B. Arzt – Patient, Lehrer – Schüler).

Kommunikation verwendet **digitale** und **analoge Grundzüge**. Ersteres ist das sprachliche Element; Letzteres umfaßt alle nichtsprachlichen Zeichen (Emotionsäußerungen: Tränen, Wut).

Es besteht die **Unmöglichkeit der Nichtkommunikation** (auch Schweigen und Nichthandeln hat Mitteilungscharakter, z. B. den, daß man seine Ruhe haben will).

! Merke

Man kann nicht *nicht* kommunizieren

7.2.3 Kommunikationsstörungen

Die *Verzerrung* von Informationen nimmt mit wachsender Anzahl von *zwischengeschalteten Informationsträgern* zu (Stichwort: Flüsterpost). Je größer die *soziale Distanz* der Kommunikationspartner ist, desto mehr fallen die unterschiedlichen Sprachcodes ins Gewicht. Die Verständigung untereinander wird stark von der *Sympathie* bzw. *Antipathie*, die man füreinander hegt, geprägt. Die *räumliche Anordnung* kann zur *Kommunikationsbarriere* werden, z. B. ist bei der Visite am Krankenbett der Patient gewöhnlich „der Unterlegene" (Arzt steht am Fußende des Bettes in welchem der Patient liegt).

Ein wichtige Kommunikationsstörung ist die *paradoxe Kommunikation*, dadurch gekennzeichnet, daß sich Beziehungs- und Inhaltsaspekt widersprechen (z. B. „Sei spontan!": Der Inhalt dieser Aussage ist die Aufforderung zur Spontaneität, gerade die kann aber nicht auf einen Befehl hin vollzogen werden). Wenn sich der Kommunikationspartner aus dieser Situation nicht befreien kann, befindet er sich in einer *Beziehungsfalle*. Bei wiederholtem Vorkommen spricht man von *Doppelbindungssituation*.

! Merke

Folgende Elemente kennzeichnen nach *Bateson* diese Zwangslage: die Situation tritt wiederholt auf; es werden gleichzeitig zwei sich widersprechende Forderungen (verbal und nonverbal) gestellt; einer der Kommunikationspartner ist das Opfer und kann sich nicht entziehen (Eltern-Kind-Beziehung).

7.2.4 Einflußmöglichkeiten auf Kommunikationsprozesse

Kommunikationsnetze beschreiben die räumlichen Verhältnisse, d. h. die äußere Beziehung der Kommunikationsteilnehmer zueinander. Beim *Stern* konzentriert sich alles auf diejenige Person, welche die Kommunikation leitet (z. B. steht der Dozent im Hörsaal vor den Sitzreihen der Studenten und richtet seine Informationen an alle). *Kreisgespräche* beziehen jeden gleichermaßen mit ein, was eine größere Zufriedenheit bei den Beteiligten bewirkt. Wichtige Inhalte erreichen aber langsamer alle Gesprächsteilnehmer als beim Stern. **Kommunikationsnormen** beeinflussen die Kommunikation, indem sie z. B. festlegen, wer wann mit wem sprechen darf (Kinder müssen still sein, wenn Erwachsene sich unterhalten).

7.2.5 Kommunikation in Interaktionsprozessen

Pseudokontingenz: „Aneinandervorbeireden": Die beteiligten Personen lassen sich nur von eigenen Bedürfnissen leiten und verfolgen persönliche Ziele. Die Interaktionspartner üben keinen Einfluß aufeinander aus, die Stellungnahmen des anderen werden nur angehört, aber nicht reflektiert.
Asymmetrische Kontingenz: Ein Gesprächspartner ist vom Verhalten des anderen und dessen Wünschen abhängig (Bsp.: Direktives ärztliches Gespräch).
Reaktive Kontingenz: Entspricht dem „Small Talk". Äußere Determinanten sind für die Gesprächsbeteiligten dominierend (z. B. das Wetter).
Wechselseitige Kontingenz: Erfolgt in Verhandlungen und Diskussionen. Die Gesprächspartner passen sich der Situation an und beeinflussen sich in ihren Reaktionen gegenseitig. Eigene Interessen sowie die Argumente des anderen sind gleichermaßen von Bedeutung.

7.3 Einstellungen

Unter dem Begriff Einstellungen versteht man Tendenzen des Individuums gegenüber Situationen, Objekten und Personen, die seine Wahrnehmungen, Kommunikation und Handlungen formen. Die frühere Auffassung, Einstellungen könnten für Verhaltensprognosen herangezogen werden, wurde revidiert. Eine Einstellung wird durch drei Komponenten bestimmt. Der *kognitive Aspekt* befaßt sich mit Wissen, Überzeugung und Glauben, der *affektive Aspekt* umschreibt die Gefühle hinsichtlich der Einstellungssituation. Die Tendenz für eine spezifische Reaktion in einer bestimmten Lage wird als *Verhaltenskomponente* bezeichnet. Die Kenntnis über Einstellungen von Personen und Gruppen ermöglicht eine Einschätzung eben dieser in wichtigen Sachverhalten.

Klinischer Bezug

Die Kenntnis von der Einstellung des Patienten bzgl. seiner Krankheit erleichtert dem Arzt den Umgang mit diesem.

7.3.1 Einstellungsänderung

Bedingungen

Zur Änderung der Einstellung bedarf es der Modifikation mindestens einer der obigen Konstitutionen. In Tabelle 7.**1** werden am Beispiel des Rauchens die Elemente von Einstellung und die Bedingungen zur Einstellungsänderung erläutert.

Tab. 7.**1** Einstellungsänderung am Beispiel Rauchen

Einstellungskomponente	Änderungsbedingung
kognitives Element: Raucher sind stark und unabhängig	Informationsvermittlung über die Gefahren des Rauchens
affektives Element: positive Gefühle (Rauchen schafft Entspannung und ein Zugehörigkeitsgefühl)	Sublimierung der positiven Erfahrungen durch „gesunde" Alternativen
Verhaltenskomponente: das Rauchen selbst	Einrichtung von Nichtraucherzonen; Belohnung bei Verzicht

Einstellungsänderungen erfolgen nur, wenn eine *mittlere Dissonanz* zwischen dem neuen Verhalten und dem zu ändernden Verhalten besteht. Die Person oder Gruppe, die eine Änderung hervorrufen will, muß glaubwürdig sein und evtl. als Vorbild für die neue Einstellung dienen. Ähnelt die neue Einstellung der alten weitgehend, besteht kein Grund zur Veränderung. Eine große Dissonanz der Einstellungen bewirkt, daß eine Änderung als zu aufwendig und unrealistisch beurteilt wird. Zu starke Beeinflussung kann zur Reaktanz führen, wenn sie als Bevormundung empfunden wird. Der Drang nach Entscheidungsfreiheit bewirkt, daß aus Trotz die alten Auffassungen und Annahmen beibehalten werden.

7.3.2 Stereotype

Stereotype ist die Bezeichnung für relativ starre, zeitlich konstante, vorgefaßte und extreme Einstellungen zu Personen oder Gruppierungen. *Vorurteile* (= emotional gefärbte Stereotype) sind sehr pauschal und werden meist nicht überprüft. Neue, vom Stereotyp abweichende Erfahrungen werden häufig negiert.
Autostereotype beziehen sich auf die eigene Gruppe, **Heterostereotype** dagegen auf fremde Gemeinschaften oder Individuen. Je größer die soziale Distanz, und (damit verbunden) je geringer die Kommunikationsmöglichkeit zu den stereotypisierten Personen ist, desto leichter und konstanter entstehen Vorurteile. Positive Eigenschaften werden in der Fremdbeur-

teilung eher übersehen, in der Selbstbeurteilung besonders beachtet.

Ausformung von Stereotypen

Gelingt durch den Einsatz von Projektion, Identifikation und Generalisierung.
Identifikation: Einordnung in eine positiv bewertete Gruppe (Bsp.: Die Deutschen sind fleißig und zuverlässig) und Abgrenzung zu anderen Gruppen. → Zusammengehörigkeitsgefühl und starke Gruppennorm.
Projektion: Schlechter bewertete Eigenschaften werden übertragen (Bsp.: Die Italiener sind faul.).
Generalisierung: Ausbreitung von Pauschalurteilen und Kategorisierung. Diese Vereinfachung und Generalisierung von Merkmalen erleichtert scheinbar den Umgang und die Einschätzung großer Bevölkerungsanteile.
Stereotype sind unter Einbeziehung der drei Komponenten von Einstellungen nur schwer zu ändern.

7.4 Interaktion in Gruppen

Menschliches Leben ist immer in Wechselbeziehungen zu anderen Personen eingebunden; diese *Interaktion* vollzieht sich zu einem großen Teil in Gruppen. Die Beziehungsverhältnisse und die Verhaltensformen sind vom Gruppentyp abhängig.

7.4.1 Gruppentypen

In **primären Gruppen** (z.B. Familie) treten die *emotionalen Bindungen* der Mitglieder in den Vordergrund, die sich gegenseitig stark beeinflussen und in einem Abhängigkeitsverhältnis stehen. **Sekundärgruppen** zeichnen sich durch *gemeinsame Aufgaben und Ziele* aus; die *Strukturen und Erwartungen* sind in vielen Fällen offiziell vorgegeben. Letzteres stellt die Bedingung dar für **formelle Gruppen** (z.B. Arbeitsgruppen: Operationsteam, Küchenmannschaft). **Informelle Gruppen** sind Zusammenschlüsse ohne amtlich konstruierte Vorgaben. Eine weitere Differenzierung von Gruppentypen ergibt die **Bezugsgruppe,** die als *Verhaltensorientierung* sowohl für Mitglieder als auch für Außenstehende dient. Wertvorstellungen dieser Gruppe und Meinungen werden internalisiert und prägen das Verhalten. **Interessengruppen** beschäftigen sich mit einem kleinen Teilaspekt des sozialen Lebens, der jedem der Mitglieder ein *Anliegen* ist (z.B. Studentenorganisationen).

> **! Merke**
>
> Eine Sonderform der Bezugsgruppe ist die sogenannte **Peergroup**, die meist aus Gleichaltrigen mit ähnlichem sozialen Umfeld (→ gleiche Interessen) besteht und in der Entwicklung familienähnliche Aufgaben übernimmt, d. h. die Mitglieder sind gewissermaßen abhängig voneinander und wirken gegenseitig auf die Persönlichkeitsbildung ein.

Merkmale von Gruppen sind die *gemeinsamen Zielsetzungen* (z.B. berufliche Aufgabe) und *Bedürfnisse* (z.B. Freizeitgestaltung), *gruppenspezifische Normen* als Ordnungsprinzip und *feste Positionen* und *Strukturen*. Es besteht ein enges Geflecht an *Wechselbeziehungen* untereinander.

7.4.2 Gruppenprozesse

Durch eine Reihe von Interaktionen entwickeln sich in jeder Gruppe bestimmte **Gruppenstrukturen und Positionen**. Regelmäßig bildet sich dabei die *Führerrolle* heraus. Diese Person vertritt die Interessen nach außen und regelt die gruppeninterne Leistungsmotivation. In den meisten Fällen nicht mit dem Gruppenboß identisch ist der *„Beliebteste"*, der für das emotionale Gleichgewicht und die Beziehungen der Gruppenmitglieder untereinander von großer Wichtigkeit ist. Gruppendynamisch von Bedeutung ist auch die Rolle des *„Sündenbocks"*, der für negative Erfahrungen der Gruppe verantwortlich gemacht wird. Außenseitern wird diese Rolle leichter zugeschrieben als Personen, die sich voll in die Gruppe integrieren und sich den Normen anpassen. Die Beziehungsgeflechte der interaktiven Gruppenmitglieder, d.h. die **informelle Struktur der Gruppe** und das Ausmaß des Zusammenhaltes in der Gruppe (entspricht der *Gruppenkohäsion*) können durch soziometrische Wahlverfahren (s.a. 1.1) analysiert und mittels eines Soziogramms (Abb. 7.**1**) graphisch dargestellt werden. Bei der Erstellung von Soziogrammen werden den Gruppenmitgliedern z.B. Fragen gestellt wie: „Mit wem bist du besonders gerne zusammen?".

7.4.3 Effizienzbedingungen von Gruppenarbeit

Führungsstil: Die Gruppenarbeit kann mittels verschiedener Führungsstile gelenkt werden. Der *autokratische Stil* sieht den Führer als einzige Kompetenz, der jegliche Aktivität vorgibt und allein das Sagen hat. Zur Erreichung wichtiger Ziele und Erfüllung bedeutender Aufgaben ist dieser Stil in vielen Fällen am effektivsten (z.B. delegiert der Operationsleiter seine Mitarbeiter, da er den Gesamtüberblick hat).

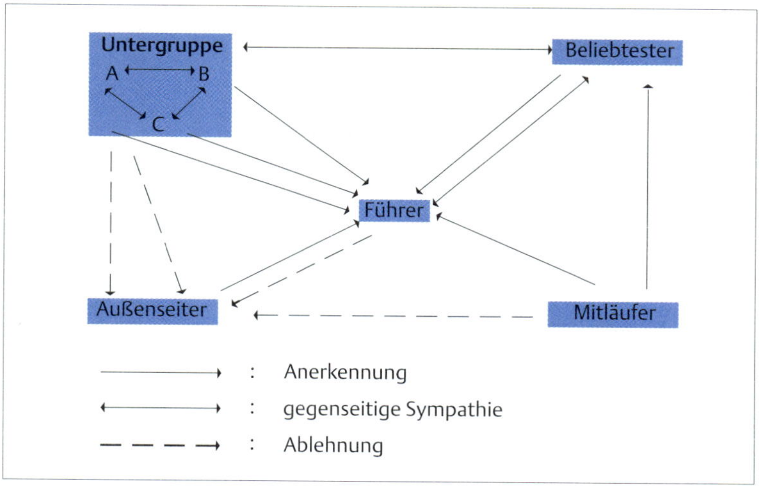

Abb. 7.1 Soziogramm zur Darstellung von Beziehungen der Gruppenmitglieder untereinander

Im *demokratischen Führungsstil* werden Entschlüsse gemeinsam gefaßt, hier sind die Mitglieder gleichberechtigt. Bei diesem Stil herrscht guter Gruppengeist und große Zufriedenheit vor, was sich positiv auf die Arbeitsqualität auswirkt. Der Führer hat nur beratende und unterstützende Funktion. Keinen Einfluß auf die Gruppenarbeit nimmt der Führer im *Laissez-faire-Stil* – er läßt die Gruppenmitglieder gewähren; gemeinsame Arbeiten werden schlecht ausgeführt, da sich keiner verantwortlich dafür fühlt.
Gruppenkohäsion: Das *Zusammengehörigkeitsgefühl* der Gruppe hängt davon ab, wie stark sich die einzelnen Mitglieder mit der Gruppe identifizieren und wie loyal sie untereinander sind.

! Merke

Ein hoher Kohäsionsgrad macht Gruppen leistungsstärker und wirkt intern motivationssteigernd.

Konformität ist der *Grad* der Anpassung des Individuums an die Gruppe und die Übereinstimmung des Verhaltens mit den Gruppennormen. Um eine gute Kontrolle über ihre Arbeit zu haben, üben die Gruppenmitglieder in ihrer Gesamtheit einen *Konformitätsdruck* auf den einzelnen aus. Konformität bewirkt gegenseitige Bestätigung im Verhalten und reduziert die eigene Unsicherheit, dadurch wird die Gruppe gegenüber Angriffen von außen stabiler. Eine besondere Form der Konformität ist die **Uniformität**. Ausdruck dieser ist z. B. das Tragen der gleichen Kleidung, Entwicklung einer eigenen Sprache (z. B. unter Jugendlichen) oder die Ausführung von Ritualen.

Gleichgewicht zwischen Kooperation und Konkurrenz: *Kooperation* bezeichnet die gemeinsame Ausrichtung auf ein Ziel hin, wobei jeder seine eigenen Interessen und Stärken in den Dienst der Gruppe stellt und einen bestimmten Aufgabenbereich übernimmt. Stehen einige Gruppenmitglieder in *Konkurrenz* zueinander, zählen die persönlichen Interessen mehr als das Gruppenziel. Solch ein Wettbewerb kann jedoch auch von Nutzen für die Gruppe sein, wenn dadurch Aufgabenbereiche neu und effizienter besetzt werden können.

7.4.4 Gruppennormen

Das Zusammenleben innerhalb der Gruppen ist von Gruppennormen geregelt. Diese Ordnungprinzipien beschreiben das Verhalten innerhalb der Gemeinschaft sowie Außenstehenden gegenüber. Welche Normen gesetzt werden, ist von Aufgabenbereich, Zielsetzung und Gruppenstruktur (z. B. Typ, Größe) abhängig. Die Einhaltung der Normen wird durch die soziale Kontrolle überprüft (s.a. 7.5)
Kollusionsbegriff: In manchen Gruppen, besonders in der Primärgruppe „Familie“, besteht eine *heimliche Absprache* in bezug auf die Interaktion. Dabei werden unbewußte Regeln und Verhaltenserwartungen als spezielle Normen aufgestellt, die erst dann deutlich werden, wenn ein Gruppenmitglied diese verletzt.

7.5 Soziale Norm

Mit dem Begriff soziale Norm werden regelmäßige, gleichförmige Verhaltenserwartungen bezeichnet, die sich an allgemeinen Wertvorstellungen orientieren. Sie gelten in definierten sozialen Einheiten, unterliegen dem soziokulturellen Wandel und werden als Vorschriften aufgefaßt, die *Verhalten kontrollierbar, vorhersagbar* und *bewertbar* machen. Den Interaktionspartnern ist es durch Normen möglich, Erwartungen und Wertungen über die Reaktionen der Bezugspersonen zu bilden. Normen dienen also prinzipiell der Steuerung von Interaktionsverhalten und haben folglich einen antizipatorischen Charakter, d. h. das Verhalten des Interaktionspartners wird vorweggenommen, da es erkannt und eingeschätzt werden kann.

! Merke

Der Normbegriff setzt sich aus drei Aspekten zusammen: Der *Verhaltensregelmäßigkeit*, der *Verhaltensforderung* und der *Verhaltensbewertung*.

7.5.1 Sanktionierung von Verhalten

Überall dort, wo Normen als Verhaltensmaßstab vorhanden sind, wird normabweichendes Verhalten offensichtlich und kann dementsprechend beantwortet werden.

Die **positive Sanktionierung** greift bei konformem Verhalten und besteht in lerntheoretischer Sicht aus *positiver* (z. B. Lob, Anerkennung) bzw. *negativer* (z. B. Entzug eines aversiven Reizes) *Verstärkung*. Sie ist wesentlich seltener als die **negative Sanktionierung**, welche bei nonkonformem Verhalten ihre Anwendung (z. B. Tadel, Strafe, Gruppenausschluß) findet. Man unterscheidet weiterhin die **formellen Sanktionen**, die von übergeordneten Stellen im voraus festgelegt werden, von den **informellen Sanktionen**, die unmittelbare Reaktionen der Personen darstellen, die die Normabweichung betrifft. Zusammenfassend sind Sanktionen **Mittel der sozialen Kontrolle**, um die Einhaltung der Normen weitestgehend zu gewährleisten.

7.5.2 Soziale Kontrolle

Die **externe Kontrolle** wird von übergeordneten Institutionen oder Personen ausgeführt (sogenannte Normhüter: z. B. Gesetze, Gerichte, ranghöhere Gruppen), die demnach „Sanktionsgewalt" besitzen, wohingegen die **interne Kontrolle** den Mitgliedern derselben normativen Bezugsgruppe obliegt. Werden Abweichungen nicht mehr sanktioniert, verlieren die Normen an Beachtung und Geltung. Sozialisationsprozesse dienen unter anderem der Internalisierung von Normen, so daß die Kontrolle sukzessive von der Person selbst übernommen wird = **Eigenkontrolle.** Die Verinnerlichung von Normen vollzieht sich schon in der Kindheit und ist nach Freud die Ausbildung des Über-Ich. Im täglichen Miteinander vollzieht sich die Einhaltung von Normen nicht ständig bewußt, sondern weitestgehend unbewußt. Erst wenn die herkömmlichen Normen durch neue, andere Normen ersetzt werden, müssen diese bewußt wahrgenommen und gewissermaßen erlernt werden (z. B. bei einem Krankenhausaufenthalt, hier gelten andere Normen als zu Hause).

! Merke

Erst durch die Verinnerlichung von Normen (Verhaltensgeboten) und Werten ist es dem Individuum möglich, konformes Verhalten zu zeigen und sich einzugliedern.

7.5.3 Komponenten der Normgeltung

Da Normen kontextgebunden sind, d. h. nur für bestimmte Situationen definiert sind, verlieren sie außerhalb der normrelevanten Interaktion ihre Gültigkeit. Z. B. ist es normativ geregelt, im Operationssaal Bereichskleidung und Mundschutz zu tragen, außerhalb des OP-Bereichs wäre dies befremdend und sicher nicht „normal". Je nach Geltungsbereich werden noch die *allgemeinen Normen* (z. B. allg. Hygienevorschriften) von den *partikulären Normen* (z. B. Blutabnahme erfolgt nur durch die Ärzte) unterschieden.

Die **Nichtgeltung von Normen** kann unter drei Aspekten eintreten:

- Normbruch und Normbrecher sind zwar bekannt, aber aufgrund des *einmaligen Normbruchs* wird die Sanktionierung ausgesetzt (z. B. verspäteter Arbeitsbeginn eines sonst zuverlässigen und noch nicht negativ aufgefallenen Pflegers).
- Normbruch bekannt, aber nicht aufgeklärt. Eine Sanktionierung kann hier nicht vorgenommen werden, da der *Normbrecher nicht ausfindig* gemacht werden kann
- *Normbruch wurde nicht entdeckt.* In diesem Fall wurde zwar eine gültige Norm verletzt, aber da dies nicht offensichtlich wurde, kann es auch nicht sanktioniert werden.

Die Normstruktur der Gesellschaft und die Sanktionierung bei nonkonformem Verhalten ist abhängig von ihrem Herrschaftsgefüge, d. h. wie Macht und Einfluß verteilt sind.

- *Machtbegriff nach Max Weber:* Chance, den eigenen Willen in sozialen Interaktionen durchsetzen, ohne an Widerständen zu scheitern.
- *Herrschaftsbegriff nach Max Weber:* Chance, auf einen konkreten Befehl hin von bestimmten Personen Gehorsam zu erfahren.

Wer Macht und Herrschaft besitzt kann sowohl Normen setzen, als auch ihre Einhaltung mit Sanktionen gewährleisten.
In Verbindung mit dem Begriff „Norm" treten weitere Ausdrücke auf, die hier kurz erwähnt werden sollen. *Normadressaten* sind diejenigen Personen, an die die Normen gerichtet sind (z. B. ist das Pflegepersonal verpflichtet, den Anweisungen des Arztes Folge zu leisten), während *Normbenefizier* von den Normen profitieren (z. B. kommt den Patienten die ärztliche Verordnung zugute). *Normsender* weisen auf die Normen hin, die von *Normsetzern* stufenweise konstruiert und eingeführt werden.

7.5.4 Spezielle Formen normativen Verhaltens

Konventionen: Unausgesprochene Übereinkünfte, die regelmäßige Verhaltenserwartungen an Personen in gesellschaftlichen Interaktionen betreffen (z. B. Verzicht auf gegenseitigen Tadel von Ärzten in Gegenwart von Patienten; Essen mit Messer und Gabel).
Selbstverständlichkeiten: Unbewußte Erwartungen (z. B. erwartet der Arzt vom Patienten, daß dieser ihm Vertrauen entgegenbringt), die erst bei Normabweichung auffallen und daraufhin informell und nachdrücklich sanktioniert werden.
Brauch: Handlungen, die von einer größeren Anzahl von Personen akzeptiert werden und auf sozialen Erfahrungen beruhen.

7.5.5 Devianz

Im menschlichen Miteinander, das durch Normen geregelt ist, treten auch Verhaltensweisen auf, die geltenden Werten und Normen widersprechen, die sogenannten devianten Verhaltensweisen.
Primäre Devianz: Die normabweichende Handlung an sich (z. B. Diebstahl)
Sekundäre Devianz: Reaktion der Bezugsgruppe und des sozialen Umfeldes, die das primäre Fehlverhalten nach sich zieht und evtl. weitere deviante Handlungen auslöst. Infolge seines Verhaltens wird dem Normabweicher eine Rolle zugeschrieben (z. B. Krimineller). Diese Etikettierung hat Auswirkungen auf den Sozialisationsprozeß und die Persönlichkeit der betroffenen Person.

7.6 Soziale Rolle

Der Begriff „soziale Rolle" bezeichnet die Gesamtheit von gesellschaftlichen Verhaltenserwartungen einer Bezugsgruppe an eine Person, die in einer bestimmten sozialen Position steht. Diese zeigt daraufhin ein bestimmtes Verhaltensmuster mit Handlungsabfolgen.

> **! Merke**
>
> Die *soziale Position* ist die Stellung, die eine Person im sozialen Beziehungsgefüge einnimmt und die in dieser Position konkrete Funktionen hat.

Funktion der sozialen Rolle: Die soziale Rolle schafft eine *Orientierungssicherheit*, was die Erwartungen an das Verhalten anderer und an das eigene Tun betrifft. Sie bildet den Maßstab der Fremd- und Selbstbeurteilung. Durch soziale Rollen wird das individuelle Verhalten und der Handlungsspielraum eingegrenzt, jedoch schaffen sie die Voraussetzung für die Entwicklung der soziokulturellen Persönlichkeit, wodurch eine Eingliederung in das gesellschaftliche Leben erst möglich wird.
Merkmale der Rolle: Die Rolle ist *vom Träger abhebbar* und *stark auf andere Rollen abgestimmt*. Ihr Inhalt ist teilweise veränderlich, hat aber dennoch ein *Leitmotiv*. Nichtbeachtung der Rollenerwartungen wird mit *Sanktionen* belegt. Das Rollenverhalten wird im Laufe der Sozialisation (s.a. 6.3) erlernt.

7.6.1 Rollentypen

In der Gesellschaft gibt es unterschiedliche Rollenarten, die von ihren Mitgliedern übernommen werden. Die **formelle Rolle** wird häufig öffentlich festgelegt und ist daher relativ invariabel durch die Person des Rolleninhabers (z. B. die Berufsrolle); sie ist zweckmäßig und auf die konkrete Position zugeschnitten. **Informelle Rollen** ergeben sich eher spontan, ihre Anforderungen sind nur wenig reglementiert und häufig von der Persönlichkeit des Trägers abhängig (z. B. die Freundesrolle). **Erworbene Rollen** erhält man durch bestimmte Prozesse oder Vorgänge (z. B. Ausbildung, Sozialisation), die **zugeschriebenen Rollen** werden ohne eigenes Tätigwerden zugeteilt (z. B. die Altersrolle).
Jeder Mensch ist Inhaber einer Vielzahl von sozialen Rollen. Die Gesamtmenge an Rollen, die von einem Individuum eingenommen wird (z. B. Arzt, Vater, Vereinsmitglied, Stadtrat) ist seine **persönliche Rollenkonfiguration**. Die einzelnen Rollen splitten sich wiederum in **Rollensektoren** auf, d. h. in segmentierte Verhaltensschemata, an denen der Rolleninhaber aufgrund der vielfältigen Beziehungsgefüge beteiligt ist.

7.6.2 Rollenkonflikte

Aus dem Beziehungsgeflecht einer Person erwachsen Konflikte, wenn sich Erwartungen widersprechen und daher nicht vereinbaren lassen. Ausgehend von der Quelle der Widersprüche werden zwei Konfliktarten unterschieden: Der *Intrarollenkonflikt* und der *Interrollenkonflikt*.

Merke

Rollenkonflikte können zum Auftreten von sozialem Streß und infolgedessen zu psychosomatischen Beschwerden führen.

Intrarollenkonflikt: Von außen herangetragene bzw. vom Rolleninhaber selbst geäußerte Erwartungen aus unterschiedlichen Sektoren seiner Rolle sind unvereinbar. Die Erfüllung einer Verhaltenserwartung begrenzt oder verhindert die Befriedigung anderer Handlungswünsche (z. B. Uniprofessor als Forscher, Dozent, Kollege).
Interrollenkonflikt: Bedingt durch die Zugehörigkeit zu verschiedenen sozialen Systemen treten Rollen mit ihren Handlungssequenzen als Gegenspieler auf (z. B. Patientenrolle und Arbeitnehmerrolle; die Rollen der Ärztin und der Mutter).
Rollenstrategie: Zur Bewältigung solcher Konflikte ist eine durchdachte Rollenstrategie notwendig, die ermöglicht, Rollen und Rollenerwartungen aufeinander abzustimmen. Mechanismen zur Milderung von Rollenkonflikten:

- *Beschränkung des Rollenfeldes*: Ausscheidung aus Rollen bzw. niedrigeres Ansetzen von Erwartungen.
- *Aufgabenverteilung*, Delegierung zur Entlastung und gegenseitigen Unterstützung.

7.6.3 Rollenübernahme

Die Wahrnehmung der Erwartungen, die an den Träger gestellt werden, und seine persönliche Umsetzung der Erwartungen auf ein konkretes Verhalten hin, stellen den Hauptprozeß der **Rollenübernahme** dar. Besonders in Krisensituationen ist eine erneute Auseinandersetzung mit den Rollenanforderungen vonnöten, um Klarheit zu erlangen, welches persönliche Engagement dem Rolleninhaber möglich ist. Die persönliche Struktur entscheidet darüber, welche Erwartungen akzeptiert bzw. verworfen werden. Diesen Prozeß nennt man *Individualisierung der Rolle*, gegebenenfalls durch Modifikation. Ein solcher Denk- und Handlungsprozeß kann zur **Rollenidentifikation**, aber auch teilweise oder vollständig zur **Rollendistanz** führen. Rollenidentifikation umschreibt die Verinnerlichung der Erwartungen. Rollendistanzierung drückt die Fähigkeit aus, sich mit den Anforderungen auseinanderzusetzen und objektiv zu beurteilen. Die objektive Distanz zur Rolle kann den Eindruck erwecken, der Inhaber handle rollenunabhängig und autonom. Der Vorteil der Rollendistanz liegt in der leichteren Verarbeitung von Rollenwidersprüchen. **Rollenkonformität** besteht, wenn die Rollenerwartungen mit dem tatsächlichen Verhalten des Trägers übereinstimmen.

7.7 Institutionen

Soziales Handeln wird in Teilbereichen der Gesellschaft durch *normierte* und *gefestigte* Ordnungsmechanismen organisiert und gewährleistet. Institutionen geben eine öffentliche Garantie für Verhaltensnormen im zwischenmenschlichen Zusammenleben und finden sich in den unterschiedlichsten Teilstrukturen (z. B. Ehe, Familie, Ausbildung, Verwaltungsformen); sie besitzen Strukturen, die die *Positionszuordnung* regeln und *Sanktionsmittel* bereitstellen. Der Mitgliederkreis von Institutionen ist stets definiert, dabei wird von allen Beteiligten rollenkonformes Verhalten verlangt. Der Zugang zu Institutionen wird meist formell mittels genau festgelegter Voraussetzungen (z. B. Ausbildung, Alter, Bedarf, situative Bedingungen) geregelt.
Merkmale von Institutionen: Wegen des Aufeinandertreffens unterschiedlicher Gruppierungen (z. B. hinsichtlich Aufgabenbereich, Befugnissen) in manchen Institutionen, müssen die Funktionskreise *hierarchisch gegliedert* (z. B. nach Qualifikation, Bildung, Arbeitsbereich) sein. Die *Kooperation* sollte *transparent* und angemessen gestaltet sein und unabhängig von den ausführenden Personen nachvollzogen werden können, d. h. es bestehen *formale Richtlinien* (z. B. die standardisierte Dokumentation in Patientenkurven) und eine *geregelte Interaktion*. Die Mitglieder der Institution sind auf ein konkretes *Ziel hin orientiert*.

7.7.1 Institutionalisierung

Die Institutionalisierung von Interaktionen wurde notwendig, da im Laufe der phylogenetischen Entwicklung ein *Verlust der sozialen Instinkte* aufgetreten ist. Das gesellschaftliche Handlungsgefüge nimmt an Komplexität immer mehr zu und bedarf der *Externalisierung* und *Objektivierung* von sozialen Beziehungen. Institutionalisierung bezeichnet folglich die Ausbildung und Stabilisierung regelmäßiger sozialer Handlungen.
Totale Institution (Bsp. Krankenhaus): Das Verhalten der Mitglieder ist weitestgehend ritualisiert und folgt einem festgelegten Ablauf. Die Beteiligten gehören verschiedenen Funktionsgruppen an (Ärzteschaft, Pflegepersonal, Hol- und Bringedienst,

Küchenmannschaft, Verwaltung), die hierarchisch gegliedert und durch ihre Uniformiertheit nach außen gekennzeichnet sind. Die Freiheit und der Handlungsspielraum sind zum Wohle des Institutionszieles (Behandlung der Kranken) sehr stark eingeschränkt.

Gesundheits- und Krankheitsverhalten

In diesem Kapitel sollen Aspekte dargestellt werden, die das Verhalten des einzelnen bzgl. Krankheitsvermeidung und im konkreten Krankheitsfall beeinflussen.

8.1 Erklärungsmodelle von Krankheit und Kranksein

Anhand sogenannter Modelle wird Krankheit aus unterschiedlichen Perspektiven betrachtet, die jedoch nicht den Anspruch erheben, allein gültig zu sein. Diese Erklärungsmodelle verstehen sich mehr als Versuch, Krankheit und Kranksein bzgl. Ursachen und Therapie zu erfassen.

8.1.1 Biomedizinisches Modell

Wichtig bei diesem Modell ist, daß die **körperlichen Funktionsstörungen** mittels biochemischer oder physikalischer Untersuchungsmethoden bestätigt werden können. Die Ursache der Funktionsstörung ist organisch und kann durch unterschiedliche Einwirkungen auf den Körper begründet sein: Bakterielle oder virale Schädigungen, physikalische (Hitze, Strahlen) oder chemische (Säuren, Gase) Ursachen, psychische Einwirkungen, soziale Einflüsse. Als Therapie eignen sich gemäß diesem Modell jedoch nur Maßnahmen, welche die pathologischen Prozesse nachweislich rückgängig machen oder aufhalten können. Nachteilig an diesem Modell ist die ausschließlich objektive Sichtweise von Krankheit.

8.1.2 Psychoanalytisches Modell

Der *Konflikt zwischen* der Spannung durch *Triebimpulse* und der durch *soziale Normen* eingeschränkten Bedürfnisbefriedigung führt zur Störung der seelischen und körperlichen Homöostase. Die *Symptombildung* entsteht infolge nicht optimaler Kompromisse des Ich, das keine Einigung zwischen Über-ich und Es erzielt. Die Integration von Triebimpulsen muß jeder Mensch erlernen, um den Konflikt zwischen Bedürfnisanspruch und normativen Befriedigungsmöglichkeiten zu lösen. Ist dieser Lernvorgang in wichtigen Phasen der körperlichen und seelischen Entwicklung gestört, sucht sich der Mensch Ersatzbefriedigung oder verdrängt seine ursprünglichen Impulse, was zu Gesundheitsstörungen führt. Die Therapie besteht in diesem Modell in der Bewußtmachung verdrängter Konflikte und der Aufarbeitung derselben (s.a. 5.1.1).

8.1.3 Verhaltenstheoretisches Modell

Krankheit wird in diesem Modell durch **Fehlverhalten** begründet, das klassisch oder/und operant konditioniert oder durch Imitation *erlernt* wurde. Dabei werden die Auswirkungen (z. B. Lungenkrebs durch starkes Rauchen) oder das Verhalten selbst (Alkoholabusus) als Krankheit betrachtet. Therapeutische Maßnahmen benutzen ebenfalls die lerntheoretischen Techniken (s.a. 4.2.) zur Änderung der Verhaltensstörung.

8.1.4 Soziologisches Modell

Als Krankheitsursachen werden in diesem Modell **belastende Sozialverhältnisse** (z. B. Arbeitslosigkeit) oder die Folgen eines aufreibenden Lebensstils (Streß) betrachtet. Aus soziologischer Perspektive wird der Inhaber einer sozialen Rolle (s.a. 7.6) in der eigenen Beurteilung oder in der Fremdbeurteilung als „krank" bezeichnet, wenn er die an ihn gestellten Rollenanforderungen aufgrund somatischer Veränderungen nicht erwartungsgemäß erfüllen kann.

8.2 Prävention

Im Gesundheitswesen unterscheidet man drei Formen der Vorbeugung, die entweder Krankheit verhindern oder schwerwiegendere Folgen vermeiden helfen.

8.2.1 Präventionsarten

Primäre Prävention: Umfaßt alle Maßnahmen, die *Risikofaktoren verringern* und dadurch *Krankheiten verhindern* sollen. Die Bemühungen sind dabei teilweise sehr unspezifisch, z. B. allgemeine Verbesserung hygienischer Bedingungen, zielen aber zum Teil auch sehr spezifisch auf individuelles Verhalten ab (Umstellung der Ernährungsgewohnheiten, Meidung des Nikotinkonsum). Diese Art der Vorbeugung wird bei Einzelpersonen ebenso wie in Institutionen durchgeführt.
Sekundäre Prävention: Darunter fallen *Früherkennungsmaßnahmen* und *Vorsorgeuntersuchungen*, die zur rechtzeitigen Diagnose einer Erkrankung beitragen, um schlimmere Folgen beginnender oder bestehender Erkrankungen und deren Chronifizierung zu vermeiden.

Klinischer Bezug

Krankenversicherte ab einem Alter von 35 Jahren haben Anspruch auf eine alle zwei Jahre durchzuführende **Gesundheitsuntersuchung** zur Früherkennung von Krankheiten.

Tertiäre Prävention: Wird häufig mit *Rehabilitation* oder Rezidivprophylaxe gleichgesetzt. Durch Nachbehandlungen soll möglichen Folgeschäden vorgebeugt und die Eingliederung in ein weitgehend normales Leben bewerkstelligt werden.

8.2.2 Bedingungen für präventives Verhalten

Vorbeugendes Verhalten wird stark von individuellen und soziokulturellen Einstellungen bestimmt. Wird Krankheit als Schicksal betrachtet, so erübrigen sich Vorbeugungsmaßnahmen. Ist dagegen das Individuum bzw. die Gesellschaft von der *objektiven und subjektiven Kontrollierbarkeit* der Gesundheit überzeugt, wird auch größerer Wert auf Prävention gelegt.
Kinder können in der *Gesundheitserziehung* schon sehr früh zu vorbeugendem Verhalten angehalten werden. Dabei werden lernpsychologische Konzepte verwendet, z. B. imitieren Kinder ihre Eltern im Zähneputzen. Bei besonders ängstlichen Menschen können angsterzeugende Informationen, die sie durch die Prävention erhalten, zu *paradoxem Verhalten* führen, d. h. anstatt Gesundheitsrisiken einzuschränken, werden diese durch die Aktivierung von Abwehrmechanismen (s.a. 3.2.2.) noch verstärkt gezeigt.

8.2.3 Health-Belief-Modell

Hier werden Aspekte zusammengefaßt, von denen die Bereitschaft zur Durchführung präventiver Maßnahmen abhängt.

- Die Krankheit muß als *bedrohlich wahrgenommen* werden und das Individuum sich persönlich gefährdet fühlen (subjektives Erkrankungsrisiko).
- Vorbeugungsmaßnahmen müssen als wirksam anerkannt werden und leicht zu erfüllen sein (mögliche Barrieren: Kosten, Zeit, Verzicht auf Lustgefühle).
- Der *objektive Schweregrad der Erkrankung hat den geringsten Einfluß* auf die Inanspruchnahme medizinischer Vorsorgeeinrichtungen. Prävention wird als überflüssig angesehen, wenn damit nur das Wissen um die Krankheit verbunden ist, jedoch keine besseren Heilungschancen daraus entstehen.

Das Health-Belief-Modell dient der Erklärung und Vorhersage individuellen Gesundheitsverhaltens.

Klinischer Bezug

Die Teilnahmerate an den sogenannten **Krebsfrüherkennungsmaßnahmen** ist relativ gering, bei Männern ca. 20 %, bei Frauen ca. 40 %.

8.3 Krankheitsverhalten

Merke

Gesundheitsverhalten bezeichnet alle Aktionen, die dazu beitragen, die Gesundheit zu erhalten und zu stärken. Unter *Krankheitsverhalten* versteht man die Auseinandersetzung mit der Krankheit (Wahrnehmung, Hilfe suchen, Bewältigung).

Verhaltensweisen im Krankheitsfall sind individuell sehr verschieden und abhängig von persönlichen (Alter, Geschlecht) und sozialen (Beruf, Sozialstatus) Bedingungen. Die Reaktionen auf Krankheitssymptome sind insbesondere dadurch geprägt, welche Ursachen ihnen zugeschrieben werden.
Laienätiologie: Sie umfaßt alle Vorstellungen von Nichtprofessionellen über das Zustandekommen und die Therapie von Krankheiten. Darunter fallen z. B. Auffassungen aus familiären Überlieferungen,

Meinungen des sozialen Umfelds und Halbwahrheiten aus den Medien. Diese Laienhilfe kann ärztliche Hilfe sowohl ergänzen, als auch mit ihr konkurrieren. Mangelndes körperliches Wohlbefinden wird in über 50% der Fälle nicht von Ärzten versorgt.

Für die konkrete **Reaktion auf Krankheiten** gibt es nach *Mechanic* (1975) mehrere Bedingungen. Zunächst müssen die *Symptome* auffällig sein und wahrgenommen werden. Je nach *Frequenz und Dauer* werden die Krankheitszeichen als mehr oder weniger störend empfunden. Entscheidend ist die *Toleranzschwelle des Betroffenen*, die Beeinflussung des Lebensstils und die Einschränkung der Bedürfnisbefriedigung. Weitere Einflußgrößen sind Kosten, Vorerfahrungen mit Ärzten und medizinischen Einrichtungen und Erfolge durch die Laienbehandlung.

8.3.1 Stadien des Krankheitsverhaltens

Stadium 1: Wahrnehmung der Symptome und Beeinträchtigungen (Verletzungen, Störungen, Schmerzen, Funktionseinschränkungen) sowie deren Bewertung.

Stadium 2: Einsicht „Ich bin krank!", Selbstdiagnose, Selbstbehandlung und Hilfesuchen beim Laiensystem, das alle nichtprofessionellen (Familie, Bekannte) Beratungen umfaßt; Entscheidung für oder gegen weitere Behandlung.

Stadium 3: Kontaktaufnahme mit dem professionellen medizinischen System, entweder aus eigenem Antrieb heraus oder durch das Laienzuweisungssystem („Du mußt mal zum Arzt!").

Stadium 4: Übergang von der Rolle des Kranken zur Rolle des Patienten. Diagnosestellung und Behandlung durch den Arzt, wobei der Therapieerfolg mit der Compliance des Patienten und der Güte der Arzt-Patient-Beziehung korreliert. Einsetzen von Bewältigungsstrategien (s.a. 8.5).

Stadium 5: Je nach Krankheitszustand und Genesung. Nach vollständiger Wiederherstellung der Gesundheit kann die soziale Rolle wieder übernommen werden, die Patientenrolle wird abgelegt. Zuweilen ist dies nur nach Rehabilitationsmaßnahmen möglich. Bei chronischen Krankheiten wird der Patient zum Langzeitkranken und ist dadurch in seinem sozialen Verhalten sehr eingeschränkt. In diese Phase fällt bei schwerstkranken und sterbenden Patienten die Auseinandersetzung mit dem Tod.

In den Stadien 4 und 5 durchläuft der Kranke die sogenannte **Patientenkarriere**, die je nach Krankheit ambulante Arztbesuche, Krankenhausaufenthalte und Genesung bzw. Invalidität umfaßt.

8.3.2 Einstellung zum Arzt

Das Krankheitsverhalten ist abhängig von der Haltung des Patienten gegenüber dem Arzt.

Arztaverse Haltung: Eine solche zeigen vornehmlich die Mitglieder sozial niedrigerer Schichten. Diese Einstellung liegt in negativen Vorerfahrungen und schichtbedingten Kommunikationsschwierigkeiten (unterschiedliche Sprach- und Denkstile von Arzt und Patient) begründet. Krankheitszeichen werden aus Angst vor negativen Auswirkungen (z.B. Arbeitsplatzverlust) verdrängt.

Arztaffine Haltung: Die mehr zukunftsorientierten Mittelschichtangehörigen suchen häufiger den Arzt auf, da sie an Informationen über ihre Krankheit interessiert sind, um diese bewältigen zu können.

Kulturelle und soziodemographische Unterschiede

Randgruppen und Außenseiter der Gesellschaft sind zumeist durch geringeres Gesundheitsbewußtsein und unangemessenes Krankheitsverhalten besonders gefährdet. Ein Begründung für diese Haltung könnte die mangelnde Zukunftsorientierung sein. Aus Untersuchungen der Krankenkassen ergab sich, daß vergleichsweise weniger Arbeiter Früherkennungsmaßnahmen (z.B. Krebsvorsorge) nutzten als Angestellte. Auch die Schwangerenvorsorge wird weit häufiger von deutschen Frauen in Anspruch genommen als von den in Deutschland lebenden Ausländerinnen.

8.4 Krankenrolle

Im Krankheitsfall ist es dem Individuum meist nicht mehr möglich, seine sozialen Rollen in gefordertem Maße zu erfüllen. Es bedarf zusätzlich der Rücksichtnahme und Schonung, es übernimmt die *Krankenrolle*. Die Einsicht in das Kranksein durch das soziale Umfeld und die kranke Person ist ein wichtiges Kriterium für die anerkannte Zuschreibung der Krankenrolle, die besondere Rollenmerkmale aufweist.

8.4.1 Merkmale der Krankenrolle

Auch für die Krankenrolle haben verschiedene Soziologen ein Modell erarbeitet.

Krankenrolle nach Parson

- Befreiung des Kranken von seinen Rollenverpflichtungen;
- dem Kranken wird keine Verantwortung für seinen Zustand auferlegt;
- es besteht die Verpflichtung für ihn, soweit wie möglich wieder gesund zu werden;
- vom Kranken wird das Aufsuchen kompetenter, fachlicher Hilfe und Kooperationsbereitschaft gefordert.

Ähnlich wie die Parsonsche Arztrolle (s. Kap. 9) sind diese Merkmale der Krankenrolle idealtypisch und betreffen mehr die vorübergehenden Krankheiten.
Die Beschreibung von Eigenschaften der Krankenrolle (insbesondere bzgl. psychisch Kranker und Behinderter) birgt die Gefahren der Stigmatisierung, Etikettierung zu Hilfsbedürftigen und Sanktionierung.
Krankheitsbedingtes, normabweichendes Verhalten führt häufig zu Isolation und mangelndem Vertrauen von seiten „gesunder" Mitbürger.

Patientenrolle nach Beckmann

Nachdem sich der Patient in ärztliche Behandlung begeben hat, wird ihm die Patientenrolle zuteil, die Beckmann (1984) in fünf verschiedene Typen aufteilt.
Der **ängstlich Abhängige** sucht in seiner Hilflosigkeit einen unermüdlichen Betreuer und bedarf angemessener Zuneigung, jedoch keiner Verwöhnung. **Übergesunde** wollen ihre Krankheit ständig verdrängen und sich nicht schwach fühlen. **Organkranke** verlangen vom Arzt, daß dieser sich allein auf körperliche Symptome beschränkt. Die **mißtrauisch abweisenden Patienten** begeben sich nur widerwillig in die Behandlung von Ärzten und betreiben lieber Selbsttherapie. Hier sollte der Arzt versuchen, Vorwürfe zu unterlassen, um die Kooperationsbereitschaft des Kranken zu gewinnen. Als **unmündige Patienten** werden meist Menschen bezeichnet, die stets vom Arzt die Lösung ihrer (nicht krankheitsbedingten) Probleme verlangen.

8.4.2 Krankheitsgewinn

Im **primären Krankheitsgewinn** zieht der Patient einen inneren (unbewußten) Vorteil aus der Erkrankung selbst; Scheinlösung zur Entlastung in einem neurotischen Konflikt durch Symptombildung („Flucht in die Krankheit").
Beim **sekundären Krankheitsgewinn** ergeben sich nachträglich äußere Vorteile aus der bereits vorhandenen Krankheit, z. B. erhöhte Aufmerksamkeit, liebevolle Zuwendung, Rücksichtnahme, Entlastung von Alltagspflichten, etc.

8.5 Krankheitsverarbeitung

Der Begriff *„Krankheitsverarbeitung"* *(Coping)* bezeichnet das Bemühen, krankheitsbedingte Belastungen psychisch (emotional oder kognitiv) oder aktiv zu bewältigen bzw. zu verarbeiten.

8.5.1 Bewältigungsprozesse bei akuten oder chronischen Erkrankungen

Am Beginn des Bewältigungsvorgangs steht das veränderte Befinden. Schmerz, Angst und Spannung will der Patient nicht wahrhaben und verfällt in ein gewisses Schockgefühl. Darauf folgen emotionale Reaktionen wie Zorn, Depression, Schuldgefühle, Feindseligkeit und Trauer. Haben sich diese Affekte gelegt, versuchen viele Patienten, sich der Situation anzupassen und diese kognitiv (Situationsanalyse, rationale Entscheidungen) oder aktiv („Flucht nach vorn") in den Griff zu bekommen.
Anpassungsfördernde Prozesse sind Informationssuche, Compliance, Sinngebung, Neudefinition (Entdeckung guter Seiten), Inanspruchnahme sozialer Unterstützung.
Anpassungshemmend an die Situation wirken dagegen Abwehrmechanismen (Verleugnung, Projektion. . .), chronische Depression, Noncompliance und soziale Isolation.
Ziel des Bewältigungsvorgangs ist die subjektive Entlastung des Patienten.

8.5.2 Selbsthilfegruppen als Copinghilfe

Die psychosoziale Unterstützung durch Familie und soziales Umfeld hat große Bedeutung für die Bewältigung von Krankheiten. Aus diesem Grunde sind seit den 70 er Jahren zahlreiche **Selbsthilfegruppen** entstanden, die den Patienten die Möglichkeit geben, Erfahrungen und Informationen (über Krankheitsfolgen, Behandlungsmethoden, usw) bei gleicher Erkrankung auszutauschen. Ihre Mitglieder können sich wechselseitig psychischen Beistand geben und zur Stabilisierung der personalen und sozialen Identität beitragen. Diese Gruppen können und wollen professionelle Hilfen nicht ersetzen, sondern vielmehr ergänzen und unterstützen. In expertengestützten Gruppen besteht die Chance, den Kontakt zwischen problemerprobten Laien und Professionellen zu intensivieren. Ein Risiko der Selbsthilfe ist es, die Grenzen ihrer Möglichkeiten nicht zu akzeptieren. Man unterscheidet zwischen **Gruppen zur Primärversorgung** (z. B. für MS-Kranke), **Rehabilitationsgruppen** (z. B. nach Brustamputation) und Gruppen mit dem Ziel der **Verhaltensänderung** (z. B. Anonyme Alkoholiker).

Arzt-Patient-Beziehung

9.1 Arztrolle

Die Rollenerwartungen an den Arzt sind sehr vielseitig und lassen sich in verschiedene Teilbereiche gliedern. Die ärztliche Tätigkeit ist abhängig von *normativen Verhaltenserwartungen* (z.B. geprägt von den internationalen Richtlinien zur ärztlichen Ethik: Genfer Ärztegelöbnis) sowie von *institutionellen* und *versicherungsrechtlichen Anforderungen.* Auf diese Weise üben Ärztekammern, Krankenversicherungen, Berufsgenossenschaften, Gesundheitsämter u.a. eine gewisse Kontrollfunktion über ärztliches Handeln aus. Der Patient, als unmittelbare Kontaktperson, richtet besonders viele Verhaltenserwartungen an den Arzt. Erwartet der Patient dabei mehr Hilfe vom Arzt als dieser zu geben vermag, so kann der Arzt ein sogenanntes *Helfersyndrom* zeigen; d.h. der Arzt wird seine tatsächliche Hilfe gegenüber dem Patienten besonders herausstellen, um seine eigentliche Hilflosigkeit zu verbergen.

9.1.1 Arztrolle nach Parson

Nach der Beschreibung des amerikanischen Soziologen weist die Arztrolle fünf **Rollenmerkmale** auf:

- *Affektive Neutralität:* Der Arzt soll seine eigenen Emotionen gegenüber dem Patienten zurückstellen und unabhängig davon handeln.
- *Universelle Hilfsbereitschaft:* Ärztliches Handeln soll allen Patienten in gleicher Weise und uneingeschränkt zur Verfügung stehen, ungeachtet von Position, Intellekt und Gesinnung.
- *Funktionale Spezifität:* Der Zweck ärztlicher Tätigkeit beschränkt sich auf das Erkennen und Beseitigen von Krankheiten.
- *Uneigennützige Einstellung* (Altruismus, Kollektivorientierung)**:** Der Arzt darf sich nicht von Eigeninteressen leiten lassen und den Patienten ausnutzen, sondern soll sich an gesellschaftlichen Verhaltenserwartungen orientieren.
- *Technische und fachliche Kompetenz:* Vom Arzt wird optimale Hilfe gefordert unter Einsatz seines gesamten Wissens.

An dieser Beschreibung der Arztrolle wurde schon vielfach Kritik geübt, vor allem weil sie Persönlichkeit, Motivation und Tätigkeitsbereich des einzelnen Arztes zu wenig beachtet. So ist beispielsweise die obengenannte funktionale Spezifität nicht immer einzuhalten, da z.B. Hausärzte häufig als Vertrauensperson in Krisensituationen herangezogen werden.

9.1.2 Arztrolle nach Beckmann

Abhängig von der Interaktion mit dem Patienten und von der ärztlichen Funktion beschreibt Beckmann fünf Typen der Rollenübernahme durch den Arzt. In der Praxis finden sich jedoch eher Mischtypen, so daß man die wenigsten Ärzte in solche Schubladen stecken kann.

Der **Überidentifizierte** kennt sich nur in seiner Rolle als Arzt und zeigt Omnipotenz („Halbgott in Weiß"). Der **Organmediziner** konzentriert sich allein auf die somatischen Aspekte der Erkrankung und läßt die psychosozialen Faktoren eher außer acht. In der Rolle des **Sachlichen** befinden sich Ärzte, die streng nach Verfahren und Prinzipien handeln. Der **Helfende** betrachtet den Patienten als eine Person, die unter allen Umständen seiner Hilfe bedarf. In die Rolle des **Ambivalenten** geraten Ärzte, die nicht recht wissen, wie sie sich dem Patienten gegenüber verhalten sollen; sie bewegen sich bisweilen zwischen Allmacht und Ohnmacht.

Zur Übernahme seiner vielschichtigen Berufsrolle muß der Arzt eine *spezielle Rollensozialisation* durchlaufen. Dieser Entwicklungs- und Lernprozeß dient der Vermittlung von Wissen (durch Studium, Weiterbildung), spezifischen Normen, ethischen Einstellungen (z.B. zum Thema Sterbehilfe, Abtreibung) und Kommunikations- und Handlungsstilen (durch Imitation erfahrener Kollegen).

9.2 Interaktion zwischen Arzt und Patient

Die Wechselbeziehung zwischen Arzt und Patient hängt neben Persönlichkeit, Bedürfnislage und Vertrauensbasis der Gesprächspartner vom Einfluß diverser *Rahmenbedingungen* ab. Gesellschaftliche Diskrepanz, Sprachstile (restringierter bzw. elaborierter Sprachcode), äußeres Umfeld (Krankenhaus oder Arztpraxis), berufliche Stellung des Arztes (Hausarzt, Facharzt) und besonders die Krankheit selbst bestimmen die Arzt-Patient-Beziehung. In dieser Interaktion fällt eine große *Asymmetrie* auf. Der Patient stellt sich als Laie dar, der als kranker Mensch Hilfe sucht. Der Arzt hingegen bietet professionelle Hilfe an und hat aufgrund seines Wissens Macht über den Patienten. Aus diesem Ungleichgewicht ergeben sich diverse *Anforderungen an den Arzt* im Umgang mit dem Kranken, um eine erfolgreiche Behandlung zu ermöglichen. Fähigkeit zum Zuhören, Geduld, gerichtete Aufmerksamkeit, ernsthaftes Auftreten des Arztes, Verständnis, Respekt und Empathie sind wichtige Basisfaktoren für eine vertrauensvolle Beziehung.

9.2.1 Interaktionsstile

Der Kontakt und die Kommunikation zwischen Arzt und Patient können in unterschiedlichen Formen gestaltet werden.

Im **autokratischen Stil** wird der Patient nicht in die Entscheidungsfindung eingebunden, sondern steht uneingeschränkt unter ärztlicher Führung; dies ist z.B. sinnvoll in Notfallsituationen oder bei Bewußtlosen. Der **demokratische Stil** gewährt dem Patienten Mitbestimmung und ermöglicht ihm, Vorschläge und eigene Sichtweisen zu äußern; Entscheidungen fallen unter ärztlicher Führung. Die **partnerschaftliche Arbeitsteilung** setzt beim (chronisch) Kranken ein großes Wissen über seine Krankheit voraus, um die Therapie weitgehend selbständig durchführen zu können (z.B. juveniler Diabetes).

9.2.2 Therapieeinwirkungen

Verschiedene Erwartungen und Denk- bzw. Verhaltensweisen können sich sowohl negativ als auch positiv auf die Therapie auswirken. Bedeutenden Einfluß auf den Therapieeffekt hat die **ärztliche Suggestion.** In der **iatrogenen Fixierung** verstärkt der Arzt durch beiläufige unbedachte Äußerungen oder gerichtetes Augenmerk auf Untersuchungsbefunde die Aufmerksamkeit des Patienten auf bestimmte Symptome. Der Patient klammert sich noch an Beschwerden und Befunde, selbst wenn diese negativ bestätigt wurden. In Folge einer einseitig somatisch orientierten Arzt-Patient-Beziehung kann es durch iatrogene Fixierung zur *Chronifizierung funktioneller Beschwerden* kommen.

Im **Placeboeffekt** wird eine Zustandsänderung beim Patienten durch *Autosuggestion* und *Heterosuggestion* von seiten des Arztes erreicht. Es ergeben sich daraus subjektive und objektive Veränderungen. *Placebos* sind Leerpräparate ohne pharmakologisch wirksame Substanz, die der Patient für ein Verum (echtes Präparat) hält. Die „Droge Arzt" (Balint) bzw. das Ritual der Medikamentenverschreibung wirken sich schon allein auf den Therapieeffekt aus. Die **Wirkung von Placebos** ist abhängig von der *Art der Erkrankung* (z.B. Kopfschmerzen, Magen-Darm-Beschwerden; nicht wirksam bei Krebspatienten mit starken Schmerzen), von der *Vorerfahrung* mit Medikamenten, vom *Novitätseffekt* (jede neue Therapie kann zunächst als positiv empfunden werden, weil sie eben neu ist), von der *Eigenart* des Patienten (großer Leidensdruck, Ängstlichkeit, Streßsituation) und von der *Darreichungsform* des Placebos (Injektionen>Tabletten>Zäpfchen). Der Placeboeffekt wird zur wissenschaftlichen Überprüfung der Wirksamkeit von Medikamenten eingesetzt. Im *Doppelblindversuch* wissen weder Arzt noch Patienten welche Gruppe das Verum erhält.

Aus frühkindlichen emotionalen Beziehungen stammende Erwartungen werden in der Interaktion mit dem Arzt auf diesen projiziert. Dieser Vorgang der **Übertragung** kann die Arzt-Patient-Beziehung in ihrer Qualität erheblich beeinflussen und zu gegenseitigem Unverständnis führen; Bsp.: Der Patient sieht den Arzt unbewußt als autoritären Vater oder überfürsorgliche Mutter und fühlt sich deshalb ebenso bevormundet wie in seiner Kindheit. Daraus entstehende Vorurteile, Ängste oder Widerstände können sich nachteilig auf den Therapieeffekt auswirken. Entsprechend reagiert der Arzt in der Gegenübertragung auf Persönlichkeitseigenschaften des Patienten oder dessen Übertragungsverhalten. Die **Gegenübertragung** spiegelt Erfahrungen des Arztes wider, die er in seiner Entwicklung durchgemacht hat.

Beziehungsdiagnostik als Informationsquelle für den Arzt

Um sich Reaktionen auf Erwartungen und Übertragungen der Patienten bewußt zu machen und zu reflektieren, schließen sich Ärzte in sogenannten

Balint-Gruppen zusammen. Die Mitglieder beschreiben sich gegenseitig Fälle aus der eigenen Praxis, durch die sie in psychische Konfliktsituationen geraten. Dadurch wird die Möglichkeit geschaffen, Einstellungen zu überprüfen und Störfaktoren aus dem Wege zu räumen.

9.3 Ärztliches Gespräch

Im medizinischen Alltag lassen sich verschiedene Formen des ärztlichen Gespräches finden:

- *Anamnese:* Allgemeine Krankengeschichte.
- *Exploration:* Gezielte Fragen zur Bestätigung einer Verdachtsdiagnose.
- *Aufklärungsgespräch:* Information über Befund, Diagnose, Therapie.
- *Beratungsgespräch:* Gemeinsame Erarbeitung der weiteren Vorgehensweise.

9.3.1 Funktionen des ärztlichen Gesprächs

Das ärztliche Gespräch dient der **gegenseitigen Informationsgewinnung**. Der Arzt möchte vom Patienten Daten und Fakten erfahren, um seine Diagnose sichern zu können. Der Patient hingegen erwartet Informationen hinsichtlich seiner Befunde, Ursachen, Prognose u. a. Durch die Errichtung eines **Arbeitsbündnisses** wird die Notwendigkeit gemeinsamer Bemühungen zum Ausdruck gebracht. Wird im ärztlichen Gespräch zudem eine **Vertrauensbasis** geschaffen, ist der Patient eher gewillt, auch persönliche und intime Informationen preiszugeben. Einen großen Anteil hat die **Aufklärung, Beratung** und **Therapieplanung** im ärztlichen Gespräch. Der Arzt sollte auf die persönlichen Anliegen und Probleme des Patienten eingehen, die sich für ihn und sein Umfeld aus der Diagnose und der anschließenden Therapie ergeben. Ein wichtiger Beitrag zum Abbau von Ängsten und zur Verbesserung der Zusammenarbeit ist die emotionale Unterstützung des Patienten, d. h. seine **Entlastung**.

9.3.2 Formen der Gesprächsführung

Die Art der Gesprächsführung richtet sich nach Gesprächspartner, Situation und Ziel des Gespräches. Man unterscheidet im wesentlichen zwei Formen:

Direktives oder arztzentriertes Gespräch: Diese Art von Gespräch wird durch einen Gesprächspartner gelenkt, mit dem Ziel der Informationsvermittlung oder der Entlastung von Angst. Geprägt von Ermunterung, Beratung, Ratschlägen, Trost, Bagatellisierung, Ignorierung von Informationen. Fragen und Bedürfnisse des Patienten werden in Überlegungen und Entscheidungen des Arztes kaum einbezogen. (Gesprächsbsp.: Patient: „Welche Prognose können Sie mir geben, Herr Doktor?", Antwort des Arztes: „Nehmen Sie nur brav Ihre Tabletten, dann regelt sich alles von allein.")

Nichtdirektives oder patientenzentriertes Gespräch (nach Rogers): Erlaubt dem Patienten Inhalt und Verlauf des Gespräches verantwortlich mitzubestimmen. Dieser Geprächsstil zeichnet sich durch Zurückhaltung im Erteilen von Ratschlägen und verständnisvolles Zuhören aus. Neben der *positiven Wertschätzung* (innere Anteilnahme) und der *Echtheit* (Selbstkongruenz) steht die *Empathie* (einfühlendes Verständnis) des Arztes im Vordergrund, um dem Gesprächspartner positive Erfahrungen mit sich selbst zu vermitteln. Dem Patienten wird ermöglicht, selber adäquate Lösungen für seine Probleme zu erarbeiten und zu reifen emotionalen Einstellungen zu gelangen. Diese Gesprächsform findet in der Psychotherapie breite Anwendung, da der Therapeut Einblick in die Persönlichkeit des Patienten und in sein aktuelles Wohlbefinden erhält.

Einflüsse auf den Gesprächsverlauf

Durch die **Art der Fragestellung** ergeben sich unterschiedliche Einblicke in die Situation des Patienten. In *offenen Fragen* (können nicht mit ja oder nein beantwortet werden) schafft der Arzt die Möglichkeit für den Patienten, ausführlicher aus eigener Sichtweise über sich selbst zu berichten (Bsp.: „Was bedrückt sie; Wie macht sich das bemerkbar?"); diese prägen das patientenzentrierte Gespräch. *Geschlossene Fragen* (ja/nein-Antwort) können nur Teilbereiche abfragen („Fühlen sie sich wohl?"), sind typisch für den arztzentrierten Gesprächsstil. *Zusammenfassungen und Konkretisierungsfragen* haben die Funktion der Verständnisüberprüfung, der Vertiefung und Reflexion. Die Anpassung der Sprechweise des Arztes an den Patienten trägt entscheidend dazu bei, daß schichtbedingte Verständigungsbarrieren abgebaut werden können und die Informationsvermittlung gelingt.

Die **verbale** (Bejahung, Kritik) und **nonverbale** (Ton, Mimik, Gestik) **Einwirkung** des Arztes beeinflußt das Kommunikationsverhalten des Patienten, der dies im Sinne der operanten Konditionierung (s.a. 4.2.2.) als Belohnung oder Bestrafung erleben kann und sich zukünftig dementsprechend verhält. Indem der Arzt auf die Körpersprache des Patienten eingeht, kann er einfühlsamer mit diesem umgehen, weil er dadurch auch unbewußte Informationen aufnimmt. Ebenso sendet der Arzt körperliche Signale (Unsicherheit und Verkrampfung bzw. Souveränität und Offenheit) aus, auf die er achten sollte, da er auf diese Weise auch auf den Patienten einwirkt.

9.4 Compliance

Compliance ist das Ausmaß der Befolgung ärztlicher Anweisungen durch den Patienten.

9.4.1 Abhängigkeit der Compliance

Negative Einwirkungen auf die Compliance haben unverständliche Informationsvermittlung, Komplexität der Therapie, mehrfache Änderung des Therapieplanes, Langzeitverordnungen, unangenehme Nebenwirkungen, unbequeme Konsequenzen für den Lebensstil und fehlende Unterstützung im soziokulturellen Umfeld des Patienten. Beispiele für Non-Compliance sind Terminversäumung, eigenmächtige Therapieänderung, Unterdosierung, Beibehaltung eines riskanten Lebensstils. Die *Art der Informationsvermittlung* übernimmt in den Bedingungen für die Compliance eine Schlüsselrolle. Die Informationsweitergabe sollte sowohl mündlich (kurze Sätze, konkrete Ratschläge) mit Wiederholung der wichtigsten Fakten als auch schriftlich geschehen. In manchen Fällen ist es zudem sinnvoll, mit Schautafeln oder Videos zu arbeiten. Die **Verbesserung der Compliance** kann durch gewissenhafte Aufklärung über Diagnose und Therapiemaßnahmen und durch die gemeinsame Erarbeitung eines Therapieplanes erreicht werden. Verhaltenstheoretisch erwies sich die *Verstärkung* (s.a. 4.2.2) als besonders wirksam. Positiv auf die Compliance wirkt sich insbesondere die Überzeugung von der Krankheitsanfälligkeit und das Wissen über die Ernsthaftigkeit der Erkrankung aus. Die Qualität der Arzt-Patient-Beziehung, also die Zufriedenheit des Patienten mit dem Arzt, beeinflußt die Compliance maßgeblich.

Psychologie Kapitel 10

Bevölkerungsstruktur und -entwicklung

10.1 Demographische Grundbegriffe, Daten und Methoden

Die **Demographie** (= Bevölkerungswissenschaft) beschreibt den Bevölkerungsstand und erforscht die bedingenden Faktoren und die Konsequenzen der Bevölkerungsentwicklung. Für die Medizin ist die Demographie deshalb von Bedeutung, da die Veränderung der Bevölkerungsstruktur die Rahmenbedingung für einen Wandel der sozialmedizinischen Bedürfnisse und des Krankheitsspektrums bildet. Die **Bevölkerung** ist definiert als die Gesamteinwohnerzahl eines konkreten geographischen Gebietes, d. h. alle Personen mit ständigem Wohnsitz in diesem Bereich, an einem festgelegten Stichtag.

10.1.1 Gliederungsprinzipien

Der **Bevölkerungsaufbau** wird am besten charakterisiert durch das Merkmal der Alterszusammensetzung; graphisch wird diese in den sogenannten *Alterspyramiden* dargestellt, die neben der *Altersstruktur* auch die *Geschlechtsstruktur* verdeutlichen können. Je nach Bevölkerungsentwicklung hat die Alterspyramide eine unterschiedliche Form.

Grundformen von Alterspyramiden

Gleichschenkliges Dreieck: Wachsende Bevölkerung (z.B. in den Entwicklungsländern) mit hoher Säuglings- und Kindersterblichkeit und überdurchschnittlich hoher Rate an Todesfällen in allen Altersgruppen (auch bei Erwachsenen). Dadurch ist die mittlere Lebenserwartung relativ gering.
Glockenform: Stagnierende Bevölkerung, Geburten- und Sterberate liegen etwa auf gleicher Höhe.
Urnen- oder Pilzform: Schrumpfende Bevölkerung (z.B. Bundesrepublik Deutschland). Mit sinkender Geburtenrate nimmt die Basis der Pyramide ab. Die Sterberate geht zurück, der „breite Bauch" der Alterspyramide verschiebt sich im Laufe der Zeit immer mehr nach oben (→ Überalterung).
Folgende Informationen kann die Alterspyramide zusätzlich liefern:
Besteht ein Frauen- oder ein Männerüberschuß, wie verhalten sich die Sexualproportionen? Wie hoch ist die Anzahl der Frauen bzw. Männer in den einzelnen Jahrgängen oder auch im erwerbsfähigen Alter?. Ebenso sind die Zusammenhänge zwischen der Bevölkerungsstruktur und ökonomisch-gesellschaftlichen Entwicklungsphasen (z. B. Geburtenausfälle in Zeiten wirtschaftlicher Not) erkennbar, oder auch umfangreiche unnatürliche Sterbefälle (z. B. durch Krieg). Unter Betrachtung der Pyramidenbasis können Aussagen über die Entwicklungstendenzen der gesamten Bevölkerung gemacht werden: breite Basis → wachsende Population; schmale Basis → abnehmende Bevölkerung.

! Merke

Aus Alterspyramiden lassen sich weder der Geburten- oder Sterbeüberschuß pro Jahr, noch die altersspezifische Sterbewahrscheinlichkeit oder die vermutliche Lebenserwartung eines Neugeborenen entnehmen. Bevölkerungspyramiden machen auch keine Aussage über die Nettoreproduktionsziffer oder Migrationsverluste bzw. -gewinne.

Altersaufbau der Bundesrepublik Deutschland

Abb. 10.1 zeigt die urnenförmige Alterspyramide der Bundesrepublik Deutschland.
Im Jahre 1988 betrug die Bevölkerungszahl in den alten Bundesländern 61,715 Millionen, die der neuen Bundesländer 16,675 Millionen, die Gesamtbevölkerung der heutigen Bundesrepublik Deutschland liegt demnach bei etwa 78,39 Millionen (genaue Zahl nur

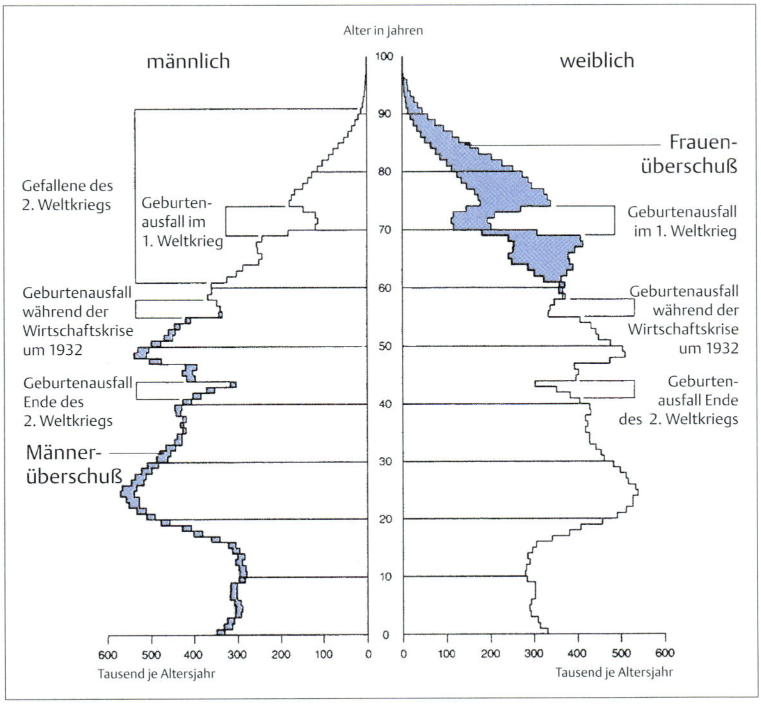

Abb. 10.**1** Altersaufbau der Bevölkerung der Bundesrepublik Deutschland (aus Rosemeier, Medizinische Psychologie und Soziologie, 4. Aufl., Enke, Stuttgart 1991)

durch erneute Volkszählung ermittelbar; die letzte Volkszählung fand am 25.5.1987 statt).
Der Frauenüberschuß bei den über 65jährigen ist durch den 2. Weltkrieg bedingt, deutlich erkennbar sind auch die Einschnitte der kriegsbedingten Geburtenausfälle der Jahrgänge der 70- bis 80jährigen und der 45- bis 50jährigen. Ab den Altersjahrgängen der unter 50jährigen ist ein Männerüberschuß zu verzeichnen.

Merke

Auf 100 Mädchengeburten kommen etwa 106 Jungengeburten.

Die Stufe der Altersklassen zwischen 20 und 30 Jahren ist am stärksten besetzt. Erklärung hierfür ist der durch die Wirtschaftswunderjahre bedingte Babyboom in den 60er Jahren. Zwischen 1960 und 1970 wurden im Jahr zwischen 800000 und 900000 Kinder geboren, in den Jahren 1983 bis 1985 wurden nur noch ca. 580000 jährliche Geburten registriert.
Neben der biologischen Unterscheidung der Bevölkerung (nach Alter, Geschlecht) existieren noch die *sozioökonomische* (nach beruflicher Stellung, Einkommen) und die *rechtliche Differenzierung.* Letztere betrifft die *Nationalität* (gleichmäßige Verteilung des Ausländeranteils von 4,85 Millionen im Jahre 1989 auf alle Altersstufen) und den *Familienstand* – ledig, verheiratet, geschieden, verwitwet. In früheren Jahren war die Zahl der Verheirateten ein direktes Maß für die Aussage über die Geburtenzahlen, dies hat sich jedoch gewandelt. Im Jahre 1988 stammten 11 % der Geburten aus nichtehelichen Lebensgemeinschaften. Das Heiratsverhalten wird von der Fertilität entkoppelt und kann somit nicht mehr als Frühindikator für die Geburtenanzahl gelten.

10.1.2 Bevölkerungsbewegung

Die **natürliche Bevölkerungsbewegung** ist das Ergebnis der natürlichen demographischen Prozesse und wird verdeutlicht durch die *Geburten-* bzw. *Sterbeziffern.* Die Geburtenrate steht unter dem Einfluß von Heiratshäufigkeit, ehelicher Fruchtbarkeit und Generationenabstand, während die Sterblichkeit vom medizinisch-technischen Fortschritt, den gesundheitlichen Präventivmaßnahmen und der Unfallhäufigkeit abhängt.

Merke

Zu- oder Abwanderungsbewegungen bleiben bei den natürlichen Bevölkerungsbewegungen außer acht.

Zur besseren Erfassung und statistischen Auswertung der Bevölkerung werden neben den absoluten Zahlen noch verschiedene Ziffern eingeführt.

Die **allgemeine (rohe) Geburtenziffer** bezieht die Zahl der Geborenen im Jahre × auf 1000 der mittleren Gesamtbevölkerung; im Jahre 1976 betrug diese Zahl 9,5 Geburten auf 1000 Einwohner. Altersspezifische Geburtenziffern nehmen als Bezugsgruppe Frauen in einem bestimmten Alter.

Allgemeine (rohe) Sterbeziffern (Mortalität) werden erstellt aus dem Verhältnis der Zahl der Sterbefälle im Jahre × zu 1000 der mittleren Gesamtbevölkerung. Die altersspezifischen Sterbeziffern setzen die Anzahl der Gestorbenen eines bestimmten Lebensalters in Beziehung zu den Lebenden dieses Alters im Jahre x.

Die **Säuglingssterblichkeit** ist von Bedeutung für die Beurteilung des medizinischen Standards. Hierbei wird die Anzahl der im ersten Lebensjahr verstorbenen Kinder zu 1000 lebendgeborenen Säuglingen in Beziehung gesetzt.

Die **Reproduktionsziffern** geben Aufschluß darüber, inwieweit eine Generation ihren Bestand erhält und weiterführt. Längerfristige Wachstumsverhältnisse können gut über die Reproduktionsraten charakterisiert werden.

- Die *Bruttoreproduktionsziffer* ist die Zahl der lebendgeborenen Mädchen bezogen auf die Zahl der Frauen im fruchtbaren Alter.
- Die *Nettoreproduktionsziffern:* Berücksichtigt man noch die Tatsachen, daß nicht jede Frau die gebärfähige Zeit (15 bis 45 Jahre) überlebt, und nicht jedes lebendgeborene Mädchen seinerseits wieder ins gebärfähige Alter kommt, so ergibt sich die Nettoreproduktionsziffer (NRZ). Derzeit beträgt die NRZ in der Bundesrepublik 0,63 ; d. h. nicht jede Frau hat in ihrem Leben eine Mädchengeburt, und nicht jedes Mädchen erreicht das gebärfähige Alter. Hat die NRZ den Wert 1,0, so bedeutet das, daß sich eine Bevölkerung innerhalb einer Frauengeneration komplett reproduziert. Es besteht derzeit ein Defizit von etwa einem Drittel an Geburten, die zur Erhaltung des Bevölkerungsstandes nötig sind.

Die **allgemeine weibliche Fertilitätsziffer** gibt das Verhältnis der Anzahl der geborenen Kinder eines Jahres zu der Anzahl der Frauen zwischen 15 und 45 Jahren (gebärfähiges Alter) wieder.

Die Kombination der Sterbe- und Geburtenzahlen gibt Aufschluß über die natürliche demographische Lage der Bevölkerung. **Geburtenüberschuß** entsteht, wenn die Zahl der Geburten die Zahl der Sterbefälle übersteigt. Im umgekehrten Fall spricht man von **Geburtendefizit** oder **Sterbeüberschuß**.

Die Berechnung der **Lebenserwartung** gelingt mit Hilfe der Sterbetafeln; solche Tafeln sind die statistische Aufarbeitung aller Sterbefälle nach Geschlecht, Todesursache und Sterbealter. Die *mittlere Lebenserwartung* ist ein Maß für die Lebensdauer, die ein Neugeborenes durchschnittlich nach den Sterbetafeln erwarten kann. Die Zahl gibt darüber Auskunft, wie lange ein Bevölkerungsmitglied im Schnitt leben würde, wenn es lebenslang in den konstanten Sterbeverhältnissen steht, die für einen großen Bevölkerungsteil erstellt worden sind.

Merke

Für die Bundesrepublik betrug die mittlere Lebenserwartung im Jahre 1988 für neugeborene Jungen 71,5 Jahre und 78,1 Jahre für neugeborene Mädchen.

Zu Beginn diese Jahrhunderts war die mittlere Lebenserwartung noch wesentlich geringer, nämlich 44,8 Jahre für männliche und 48,3 Jahre für weibliche Neugeborene. Gründe für diese enorme Steigerung sind die Verbesserung der hygienischen Bedingungen, der medizinischen Versorgung und der Arbeitsbedingungen sowie die Steigerung des Gesundheitsbewußtseins. In der mittleren Lebenserwartung werden die altersspezifischen Sterbeverhältnisse quasi aufsummiert.

10.1.3 Wanderungen (Migration)

Die **räumliche Mobilität**, also die Häufigkeit der Wohnortwechsel kann sich sehr nachhaltig und einseitig auf die Bevölkerungsstruktur eines betroffenen Gebietes auswirken. Zu erwähnen sind z. B. Flüchtlings- und Asylantenströme.

In der Demographie spricht man von **Binnenwanderung**, wenn der Wohnortwechsel innerhalb einer bestimmten Region erfolgt. **Außenwanderung** bezeichnet dagegen die Wanderung von einem Gebiet in ein anderes. *Wanderungssaldo* ergibt sich aus der Differenz aller regionenspezifischen Zu- oder Abwanderungen; das *Wanderungsvolumen* ist die Summe aller Wanderungen. Zwar kommt es bei Wanderungen zu einem Wechsel des sozialen Umfeldes (z. B. Bezugsgruppe), aber es tritt in diesen Fällen wohl häufiger die **horizontale Mobilität** ein, bei der der soziale Status erhalten bleibt. Im Gegensatz dazu ist die **vertikale Mobilität** immer mit Prozessen des

sozialen Ab- oder Aufstieges verbunden ist. Die **Mobilitätsziffer** bezieht die Zahl der Wohnortwechsel (eines Jahres) auf 1000 der Gesamtanzahl der Einwohner dieses Gebietes (= mittlere Bevölkerung). Hieraus können Aussagen über die Wanderungsintensität und Wanderungsquote einer Bevölkerung gewonnen werden. Es besteht auch die Möglichkeit, *spezifische Mobilitätsziffern* zu erstellen, z. B. nach Alter, Bildung, Beruf und Geschlecht.
Die **Ursachen** für Wanderungsbewegung sind weit gestreut: *Ökonomische Interessen* (z. B. Arbeitsplatz- oder Berufswechsel, Qualität der Infrastruktur und Marktlage), *soziale Ungleichheiten* und *kulturelle Konflikte* (z. B. Ghettobildung) sind ebenso denkbar, wie *ökologische Ereignisse* (z. B. Gebietsverschmutzung) und *politische Krisensituationen* (z. B. Vertreibung, Flucht). Wanderungen erscheinen in vielen Fällen als *problemlösendes Sozialverhalten*, getrieben von der Hoffnung auf eine Besserung der wohnortabhängigen Konfliktsituation. Ein weiterer Auslöser von Wanderungen kann die *Disparität der Lebensbereiche* sein, die in Gebieten mit Menschen unterschiedlichster Lebenserwartung und unterschiedlichen Ansprüchen existiert. Personen (z. B. soziale Aufsteiger), die sich in einer Umgebung nicht mehr wohl und passend fühlen, reagieren mit Abwanderung darauf. Die *natürliche Bevölkerungsbewegung* und die *Berücksichtigung der Wanderungsbewegungen* ergeben zusammen die **statistische Änderungsrate**.

10.1.4 Erwerbstätigkeit

Die Gesamtstruktur der Bevölkerung läßt sich in einer ökonomischen Gesellschaft wie der der Bundesrepublik gut durch das Kriterium der Erwerbstätigkeit charakterisieren. Die Statistik unterscheidet auch hier verschiedene Begriffe, die kurz erläutert werden sollen.

Erwerbspersonen

Erwerbspersonen sind alle Bevölkerungsmitglieder (ständiger Wohnsitz in der Bundesrepublik) zwischen 16 (mittleres Berufseintrittsalter) und 65 (mittleres Berufsaustrittsalter) Jahren.
Erwerbsfähig sind die Personen, die sich im Erwerbsalter befinden und sowohl körperlich als auch geistig in der Lage sind, regelmäßig eine Tätigkeit auszuführen → gesellschaftliches *Arbeitspotential*. In den letzten Jahren ist das Erwerbspotential deutlich angestiegen, da die geburtenstarken Jahrgänge ins Erwerbsalter kamen und eine geringere Erwerbspersonenzahl ausgeschieden ist. Von „unten" rücken jetzt aber wieder schwächer besetzte Jahrgänge nach, was auf Dauer zu einem Rückgang des Arbeitskräftepotentials (→ Lehrstellenüberangebot) führt, das evtl. durch zugewanderte ausländische Erwerbstätige aufgefangen werden muß.
Erwerbstätige: Darunter werden die Personen eingeordnet, die ein steuerpflichtiges Einkommen haben, da sie entweder in einem festen Arbeitsverhältnis stehen, oder freiberuflich (z. B. Landwirtschaft), selbständig (ca. 10 %) (z. B. Rechtsanwalt) bzw. „mithelfende" Familienangehörige (5 %) sowie Soldaten sind.
Erwerbslose sind auf der Suche nach einer Erwerbstätigkeit, jedoch erfolglos. Der Begriff *arbeitslos* faßt die Erwerbslosen und solche Menschen zusammen, die keine Erwerbsarbeit ausführen, dies aber auch nicht anstreben.

Erwerbsquote

Die **allgemeine Erwerbsquote** bildet sich aus dem Verhältnis der Erwerbstätigen zu 1000 der mittleren Bevölkerung und betrug im Jahre 1982 bei 28,335 Millionen Erwerbstätigen und einer Bevölkerung von 61,66 Millionen 46 %.
Die **geschlechtsspezifischen Erwerbsquoten** ergeben sich je nach Männer- bzw. Frauenanteil: 38,5 % für die Frauen (→ ca. ein Drittel aller Erwerbstätigen) und 61,5 % für die Männer.
Die **altersspezifischen Erwerbsquoten** beziehen sich jeweils auf alle Erwerbstätigen eines Alters.
Die **Arbeitslosenquote** teilt die Anzahl der registrierten Arbeitslosen durch die Summe der Erwerbstätigen und der Arbeitslosen. Im Oktober 1995 lag die Arbeitslosenquote der Bundesrepublik bei 9,2 %, d. h. 3,5 Millionen Arbeitslose.

Exkurs: Definition der Wirtschaftssektoren nach Fourastie

Nach der Theorie von Fourastie verschiebt sich der Schwerpunkt der Beschäftigten im Laufe der industriellen Entwicklung vom primären über den sekundären zum tertiären Sektor. Je mehr ein Wirtschaftssektor technisiert werden kann, desto geringer ist sein Personalbedarf.

- *primärer Sektor:* z. B. Land- und Forstwirtschaft, Bergbau.
- *sekundärer Sektor:* industrielle Produktion und Handwerk.
- *tertiärer Sektor:* Dienstleistungsbetriebe (z. B. Sozialarbeit) und Handel (z. B. Verkäufer).

10.1.5 Wichtige demographische Methoden

Die Demographie bedient sich diverser Erhebungsmethoden, um die Bevölkerung statistisch zu erfassen und Maßzahlen berechnen zu können.
Volkszählung = Zensus. Sie liefert als Totalerhebung ein umfassendes Bild von der Struktur der Bevölke-

rung in demographischer und sozialer Hinsicht. Volkszählungen bieten die Möglichkeit die Population nach allen politischen Gliederungen (z. B. nach Bundesland, Landkreis, Stadtbezirk) aufzuschlüsseln und statistisch zu erfassen. Die gewonnenen Daten werden für ökonomische, politische und soziale Planungen verwendet. Im Jahre 1987 wurde die bisher letzte Volkszählung durchgeführt, die von langen politischen Streitgesprächen begleitet wurde, z. B. über die Problematik des Datenschutzes.

Mikrozensus: Dieser bezeichnet die repräsentative vierteljährliche Erhebung von 1 % aller bundesdeutschen Haushalte (wird durchgeführt seit 1957). Die Statistik erfaßt neben den Standarddaten (z. B. Beruf, Kinderanzahl) in unterschiedlichen zeitlichen Abständen auch Zusatzdaten (z. B. zu Krankheiten, zur Ausbildung).

Diese Erhebungen stellen Querschnittsuntersuchungen dar. Mit der Gliederung nach Altersgruppen kann die spezifische Situation derselben zu einem bestimmten Zeitpunkt beschrieben werden. Zur Erfassung von Lebensläufen und Entwicklungstendenzen werden Längsschnittstudien durchgeführt (s. 1.5).

Kohortenanalyse: Beobachtung einer Bevölkerungsgruppe über einen längeren Zeitraum (evtl. über das ganze Leben hinweg), wobei die Gruppenmitglieder ein gemeinsames Merkmal besitzen (z. B. gleicher Geburtsjahrgang → Geburtskohorte). Innerhalb der Kohorte oder im Vergleich mit anderen Kohorten können Entwicklungsprozesse analysiert und Erscheinungen des sozialen Wandels erkannt werden.

10.2 Dynamik der Bevölkerungsentwicklung

Die Bevölkerungsentwicklung unterliegt dem Einfluß sozioökonomischer (z. B. wirtschaftliche Entwicklung, Produktivität), politischer und demographischer Faktoren, die sich in Geburten- und Sterbeziffern niederschlagen.

10.2.1 Generative Struktur

Gemäß der generativen Struktur einer Gesellschaft sind die Geburten- und Sterbeziffern von der sozialen und ökonomischen Entwicklung einer Bevölkerung abhängig. Die sozioökonomische Lage beeinflußt unter anderem die Fruchtbarkeit, Zahl der Eheschließungen, Sterblichkeit und Migrationsverhalten der Population. Das Schema des demographischen Übergangs stellt den Wandel von einer Agrar- zu einer Industriegesellschaft dar und mit dieser einhergehend die Bevölkerungsentwicklung. Die Gesetzmäßigkeiten, auf die dieser Wandel gründet, werden als **Theorie der demographischen Transformation** bezeichnet.

Phasen des demographischen Übergangs

Die einzelnen Phasen sind in unterschiedlicher Ausprägung als Folge der Modernisierung und Industrialisierung in nahezu jeder Gesellschaft zu finden, die diesen sozioökonomischen Wandel vollzieht. Sie sind in Abb. 10.**2** am Beispiel der Bundesrepublik Deutschland dargestellt.

1. Vorindustrielle oder prätransformative Phase: Sie beschreibt die Situation von ca. 1750 bis 1850 in Deutschland. *Hohe Geburtenziffern* gingen einher mit *hohen Sterbeziffern* (vor allem große Kinder- und Säuglingssterblichkeit) und führten zu einem großen Bevölkerungsumsatz, wohingegen die *Zuwachsrate der Bevölkerung gering* war. Das Heiratsverhalten war durch das Prinzip der „Bauernstelle" geregelt, d. h. nur wer eine Familie ernähren konnte, durfte auch heiraten. Die Familien waren überwiegend kinderreich, da nur durch Kinder die Versorgung der Eltern in Krankheit und Alter garantiert war. Zudem waren sie als billige Arbeitskräfte und Erben für das Fortbestehen des elterlichen Betriebs von Bedeutung. Im Altersaufbau wurden 30-35 % an Kindern unter 15 Jahren und nur 4-5 % an alten Menschen über 65 Jahren verzeichnet.

2. Frühindustrieller Prozeß oder frühtransformative Phase: Die beginnende Industrialisierung zwischen 1800 und 1880 führte durch verbesserte Lebensbedingungen (z. B. Trinkwasserversorgung, Hygiene, Gesundheitswesen) zu einer rapiden *Abnahme der Sterbeziffer* (insbesondere der Säuglingssterblichkeit). In dieser Phase nimmt die Heiratshäufigkeit zu, die sozialen Rücksicherungsaufgaben der Kinder sind noch erhalten, d. h. die *Geburtenrate bleibt etwa gleich hoch* bzw. steigt leicht an → *die Zuwachsrate erhöht sich* und damit *öffnet sich die Bevölkerungsschere* (starkes Bevölkerungswachstum). Im Jahre 1816 betrug die Einwohnerzahl Deutschlands 23,5 Millionen, 1865 dagegen schon 38 Millionen.

3. Übergangsperiode, Umschwungphase oder mitteltransformative Phase: Ab 1880 ist besonders in den städtischen Gebieten erstmals ein *Geburtenrückgang* zu verzeichnen. Unter Bismarck wurden im Jahre 1883 die Krankenversicherung und 1889 die Alters- und Sozialversicherung eingeführt. So war eine gesicherte Alters- und Krankenversorgung nicht mehr von der Anzahl der Kinder abhängig, was zu einem deutlichen Geburtenrückgang führte. Die *Sterbeziffer sinkt weiter ab*; es resultiert ein *abgeschwächtes Bevölkerungswachstum.*

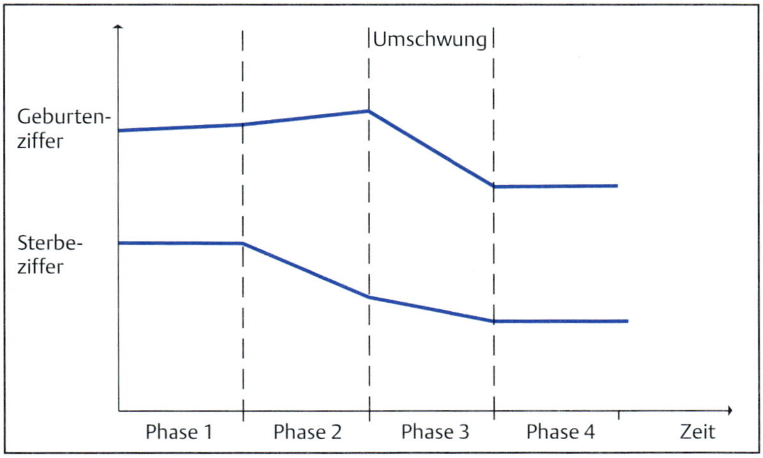

Abb.10.**2** Schema des demographischen Übergangs

4. Postindustrielle oder posttransformative Phase: Mit der fortgeschrittenen Industrialisierung stabilisieren sich Sterbe- und Geburtenziffer auf einem niedrigeren Niveau. Die Bevölkerung der entwickelten Industriegesellschaften befindet sich im *Nullwachstum*, d. h. sie stagniert.

Es zeigt sich, daß das generative Verhalten der Bevölkerung von den materiellen Bedingungen, den Aufgaben der Kinder, dem Einfluß von Krankheiten und Seuchen und den medizinisch möglichen und tatsächlich nutzbaren Verhütungsmethoden (z. B. Pille) abhängt. Während in den früheren Phasen Heiratsalter und -häufigkeit, sowie religiöse Vorschriften die Hauptfaktoren für das Fertilitätsverhalten darstellten, spielt in den späten Phasen eher der individuelle Lebensplan (Wandel der Geschlechterrolle → berufstätige Frauen) und die Vorstellung vom Leben der Kinder eine Rolle.

Die *elterliche Erziehungsfunktion* befindet sich im Wandel. Das Kind wird zum Mittelpunkt der Familie, es ist nicht mehr Mitarbeiter und Altersversicherung. Das Interesse der Eltern widmet sich der Erziehung und Ausbildung des Kindes in verstärktem Maße. Um den Ansprüchen des Kindes an Zeit, Geld und psychischer Zuwendung gerecht zu werden, geht der Trend zur Ein- bis Zwei-Kind-Familie.

10.2.2 Demographische Situation der Erdbevölkerung

Bei einer geschätzten jährlichen Zuwachsrate von 1,7 % ist mit einer **Verdopplung der Weltbevölkerung** in weniger als 30 Jahren zu rechnen. Im Jahre 2000 beträgt der Anteil der Bevölkerung der sogenannten dritten Welt 80 % der Weltpopulation. Es ist umstritten, ob die Entwicklungsländer einen ähnlichen demographischen Übergang erfahren wie die heutigen Industrieländer, da dort durch Hilfsprogramme zwar die Sterberate gesenkt wird, die Geburtenrate aber aufgrund ökonomischer und gesellschaftlicher Faktoren konstant bleibt oder sogar noch ansteigt. Die demographische Entwicklung der Dritt-Welt-Länder zeigt jedoch deutliche Unterschiede. So zeichnet sich in China bei einer sinkenden Sterberate auch ein Geburtenrückgang ab (bedingt durch bevölkerungspolitische Maßnahmen; s. a. 10.4); momentan ist China noch das bevölkerungsreichste Land mit 1,1 Milliarden Einwohner im Jahre 1988. Im Kontrast dazu steht Schwarzafrika und der indische Subkontinent (inkl. Bangladesch). Hier befinden sich die Sterberate und vor allem die Geburtenrate auf einem hohen Niveau. Die jährliche Wachstumsrate liegt bei 2,5 %, trotz wachsender Bemühungen um Familienplanung. Im Jahre 2000 wird Indien laut Prognosen mit 1,3 Milliarden Menschen das bevölkerungsreichste Land sein.

Mit dem Bevölkerungswachstum geht die *Verelendung* der Population einher. Armut führt zu einem *Anstieg der Kinderzahl*, da die Kinder als Arbeiter und zur Versorgung im Alter herangezogen werden. Armut verschlechtert das *Bildungsniveau* und die *Qualifikationschancen* der Bevölkerung, was zu einer geringen Produktivität führt. Armutsbedingt steigen Unter- und Mangelernährung der Population an. Die Versorgung einer großen Bevölkerungszahl beansprucht den Hauptanteil der Wirtschaftsmittel, d. h. es können keine gewinnbringenden Investitionen gemacht werden → kein Wirtschaftswachstum möglich.

Global gesehen bringt die Bevölkerungsexplosion die ökologische Lage ins Ungleichgewicht, bedingt durch Übernutzung (z. B. Überweidung, Überforstung, Trinkwasserverknappung) und Überlastung (z. B. Abfall, Luftverschmutzung) des Ökosystems. Die Überbevölkerung in den Entwicklungsländern und das Wohlstandsgefälle zwischen Nord und Süd führen zu **Migrationsbewegungen** (z. B. Flüchtlingsströme) und einem gesteigerten **Zuwanderungsdruck auf die Industrieländer**. Die Entwicklungsländer sehen sich aufgrund des abnehmenden Arbeitskräftebedarfs in der Landwirtschaft auch zunehmend einer **Verstädterungstendenz** ausgesetzt; in den Industrieländern ist dieser Vorgang dagegen schon weitgehend abgeschlossen.

10.3 Folgen demographischer Entwicklung für die medizinische Versorgung

10.3.1 Wandel des Krankheitsspektrums

Mit dem Übergang von der Agrar- zur Industriegesellschaft und den einhergehenden Fortschritten in der medizinischen Versorgung der Bevölkerung (z. B. bessere Hygienebedingungen, Trinkwasserversorgung, Impfungen) konnten die Infektionskrankheiten als Haupttodesursache der Zeit vor Beginn dieses Jahrhunderts drastisch eingeschränkt werden. Ende des 20. Jahrhundert sterben die Einwohner der Industrieländer in 32 % der Fälle an Herz- und Kreislauferkrankungen und zu 17 % an bösartigen Neubildungen, dagegen nur 10 % an Infektionskrankheiten. Mit steigendem Lebensalter nimmt die Wahrscheinlichkeit zu, an chronisch degenerativen Erkrankungen zu sterben (die zu früheren Zeiten nicht greifen konnten, da die Menschen nicht in das dafür relevante Alter kamen). In den Entwicklungsländern herrschen ähnliche Verhältnisse wie in den Industrienationen Ende des 19. Jahrhunderts. Hier gelten die Infektionskrankheiten mit 44 % als Todesursache Nummer eins, während die Herz- und Kreislauferkrankungen nur zu 15 % und die malignen Neoplasien zu 5 % die Todesursache darstellen.

10.3.2 Soziodemographische Differenzierung der Morbidität und Mortalität

Die **Morbidität**, d. h. die Krankheitshäufigkeit in der Bevölkerung wird charakterisiert durch die Begriffe der Inzidenz und der Prävalenz.

- Die *Inzidenz* beschreibt die Häufigkeit des *Neu*auftretens einer Krankheit in einem konkreten Zeitraum → die Inzidenzrate ist das Verhältnis der Anzahl der Neuerkrankten zur Zahl der exponierten Personen in einem bestimmten Zeitraum.
- Die *Prävalenz* gibt den tatsächlichen Bestand einer Krankheit (d. h. die Häufigkeit) zu einem bestimmten Zeitpunkt (oder Zeitperiode) an → die Prävalenzrate wird gebildet aus dem Verhältnis der Zahl der erkrankten und der Anzahl der untersuchten Personen. Über die durchschnittliche Krankheitsdauer wird keine Aussage gemacht.

Ursachen für die **Zunahme der Prävalenz** einer Erkrankung: Anstieg der Bevölkerungszahl in der vorrangig betroffenen Altersgruppe, geringe Nutzung von spezifischen Präventivmaßnahmen (z. B. Impfmüdigkeit), schlechtere Behandlungsergebnisse.
Mit dem Alter erfährt die Morbidität einen zunächst langsamen, später aber verstärkten Zuwachs. Bei Frauen ist die Krankheitshäufigkeit größer (bei den unter 15jährigen haben Knaben eine höhere Morbidität als Mädchen); jedoch zeigen die Männer in allen Altersstufen eine höhere Sterblichkeit.
Als Maß für die an einer bestimmten Krankheit gestorbenen Personen wird die **Letalität** eingeführt. Die Letalitätsziffer ist also eine auf eine bestimmte Krankheit bezogene Mortalitätsziffer.

10.3.3 Veränderungen der Familienstruktur und des Familienzyklus

Die Familie als Grundstruktur der menschlichen Existenz hat im Laufe der demographischen Entwicklung einen Wandel erfahren. Die ursprünglichen familiären Funktionen – Reproduktion; Befriedigung emotionaler, wirtschaftlicher und biologischer Bedürfnisse der Nachkommen; Organisation des Alltags und der Freizeitgestaltung; Spannungsausgleich; primäre Sozialisation und Versorgung der Alten und Kranken – befinden sich im Umbruch. Der Trend geht in Richtung der Ein- bis Zwei-Kind-Familien in denen häufig beide Elternteile berufstätig sind. Die ehemaligen Aufgaben der Kernfamilie (bestehend aus gegengeschlechtlichen Partnern und ihren direkten Nachkommen) werden zunehmend durch außerfamiliäre Institutionen übernommen (z. B. die Altersversorgung). Der Familienzyklus, insbesondere die Dauer der einzelnen Phasen ist ebenso wie die Familienstruktur Veränderungen ausgesetzt. In traditioneller Weise gliedert sich der **familiäre Zyklus** in folgende vier Phasen:

1. Aufbau der Familie (Partnersuche, Hausstandsgründung) und generative Phase → Reproduktionszeit
2. Erziehung und fortgesetzte generative Phase.
3. Ablösung der Kinder und Zerfall der Kernfamilie
4. Altersphase der Eltern → Postreproduktionsphase.

Zwischen 1890 und 1990 änderte sich der Familienzyklus besonders für verheiratete Frauen. Die Ausbildungsdauer hat sich verlängert, und der Prozentsatz erwerbstätiger Frauen hat sich enorm gesteigert. Viele Frauen sehen sich daher in der Reproduktionsphase einer Doppelbelastung von Beruf und Familie ausgesetzt. Gleichzeitig hat mit dem Anstieg der Lebenserwartung die Postreproduktionsphase eine Verlängerung erfahren.

10.3.4 Demographisches Altern in der Industriegesellschaft

Durch die absinkende Geburtenrate und den Rückgang der Sterblichkeit im Alter (→ Steigerung der Lebenserwartung) schiebt sich der Bauch der Alterspyramide immer weiter nach oben, es folgt eine Überalterung der Gesellschaft. Das Krankheitspanorama wird sich so verschieben, daß in Zukunft die Morbidität der chronisch, degenerativen Krankheiten eine großen Zuwachs erfährt. Aus der vorher besprochenen Veränderung der Familienstruktur ergibt sich, daß die Pflege und Versorgung der alten Menschen innerhalb der Familien nicht mehr gewährleistet ist. Es müssen daher in den Krankenhäusern Kapazitäten für die Altenversorgung und Pflege- und Altenheime geschaffen werden. Ein weiteres Problem stellt die soziale Isolation der alten Menschen dar, wenn diese nicht mehr in die Aktivitäten und die Lebensgestaltung ihrer Ursprungsfamilie integriert werden (können). Die demographische Überalterung wird zukünftig zu großen Schwierigkeiten in der finanziellen Versorgung (Rentenfinanzierung) der alten Menschen führen, da eine sinkende Anzahl Erwerbstätiger eine steigende Anzahl nicht mehr Erwerbstätiger miternähren muß.

10.4 Bevölkerungspolitische Maßnahmen

Bevölkerungspolitik umfaßt alle zielgerichteten Bestrebungen, um auf die Entwicklung der Bevölkerung Einfluß zu nehmen.

10.4.1 Malthus' Gesetz der Bevölkerungsentwicklung

Bereits im 18. Jahrhundert sah Malthus eine Bevölkerungsvermehrung voraus, die über die zur Verfügung stehenden Nahrungsmittel weit hinausgeht.

! Merke

Während die Bevölkerung in exponentieller Reihe (1, 2, 4, 16...) wächst, nehmen die Versorgungsmittel (z. B. Nahrung) nur in arithmetischer Reihe (1, 2, 3, 4...) gemäß der Malthus-Bevölkerungstheorie, zu.

Als Grundlage für das stete Bevölkerungswachstum sah er den gleichbleibenden, biologisch begründeten Geschlechtstrieb. Eine Begrenzung der Bevölkerungszahl kann laut Malthus nur durch *präventive Hemmnisse* wie gezielte Enthaltsamkeit, späte Heirat oder *repressive Hemmnisse* wie z. B. Krankheiten, Hungersnöte oder Krieg erreicht werden. Mit Ausbleiben solcher hemmenden Faktoren führt die Bevölkerungsentwicklung zu einer Katastrophe.

10.4.2 Staatliche Maßnahmen zur Beeinflussung des Bevölkerungswachstums

Zunächst wurde die Regulierung der Reproduktion (z. B. durch kontrazeptive Aktionen) und der Familienplanung als effektivste Maßnahme angesehen. Ein beeindruckendes Beispiel ist die Volksrepublik China, in der die Ein-Kind-Familie unter Strafandrohung politisch aufoktroyiert wurde. Mittlerweile schiebt sich die Beeinflussung der sozioökonomischen Faktoren in der Bevölkerungspolitik immer mehr in den Vordergrund. Wie schon erwähnt, besteht ein enger Zusammenhang zwischen Bildungs- und Qualifikationsniveau und Armut bzw. Verelendung einer Population. Mit der Verbesserung der Bildungs- und der Berufssituation der Frau strebt diese eher nach Verwirklichung im Berufsleben. Das traditionelle Bild der Frau als Mutter hat erheblich an Stellenwert verloren, daher sinkt die Geburtenzahl. Je größer der Wohlstand einer Gesellschaft und die staatliche Absicherung, desto stärker ist ein Geburtenrückgang zu verzeichnen. Solange Kinder in einer Gesellschaft als Versicherung für Alter und Krankheit angesehen werden, wird auch die Fertilität der Bevölkerung hoch bleiben.

Soziale Schichtung

11.1 Erfassung sozialer Schichten

In der **Soziologie** wird der Versuch unternommen, die Gesellschaft anhand bestimmter Kriterien und Maßzahlen zu differenzieren. Das Handeln des Menschen, d.h. seine Lebensführung, steht unter dem Einfluß seiner Lebensumstände und seiner sozialen Lage. In der medizinischen Soziologie werden dabei besonders die Auswirkungen von schichtabhängigen Lebensbedingungen auf Gesundheits- und Krankheitsverhalten sowie auf gesundheitliche Versorgung und Krankheitsrisiken beleuchtet.

11.1.1 Soziale Schichtung, soziale Differenzierung

Die **soziale Schicht** ist die Zusammenfassung von Personen gleichrangiger oder ähnlicher sozialer Position auf der Grundlage von Statusmerkmalen (z.B. Einkommen, Bildung, Prestige u.a.). Anhand solcher Kriterien unterscheidet man Bildungsschichten, Einkommensschichten, Berufsschichten u.a. Die soziale Schichtung ist folglich als *vertikale Gliederung* der Gesellschaft zu verstehen, die durch multiple Faktoren und Merkmale bestimmt ist und sich vielfältig auf Lebenschancen und Lebensbedingungen auswirkt.

Die **Einordnung** von Gesellschaftsmitgliedern in bestimmte soziale Schichten gelingt durch die *Differenzierung* in unterschiedliche, hierarchisch gegliederte Lebens- und Arbeitsbedingungen. In der modernen Industrie- und Leistungsgesellschaft ergibt sich eine soziale Ungleichheit und eine funktionelle Differenzierung, die sich an den *Berufspositionen* (Arbeiter, Angestellte, Beamte und Selbständige) sowie an *Einkommen* und *Vermögen* orientiert. Als weitere wichtigste Schichtungskriterien gelten die Statusindikatoren *Ausbildung*, *Prestige* und *Einfluß*. Letzteres zeigt sich z.B. im beruflichen Dispositionsspielraum, also inwieweit ein Arbeitnehmer sich seine Zeit einteilen und Arbeitsschritte selbständig ausführen kann.

! Merke

Der Familienstand ist kein Statusindikator.

Statusindikatoren als wichtigste Schichtungskriterien

Folgende Erläuterungen beziehen sich auf eine moderne leistungsorientierte Industriegesellschaft, z.B. die Bundesrepublik Deutschland, von der die Zahlenangaben stammen.

Beruf: Der Beruf ist ein wesentliches Ziel gesellschaftlicher Sozialisationsprozesse. Man unterscheidet im Berufsleben zwischen *Selbständigen*, *Angestellten*, *Beamten* und *Arbeitern*. Selbständige und Freiberufler haben den größten Dispositionsspielraum. Zunehmender technischer Fortschritt führt zur Berufsdifferenzierung, zum Expertentum und zur Professionalisierung bestimmter Berufszweige.

Professionalisierung:

- kollegiale Eigenkontrolle durch eine berufspolitische Organisation;
- Ausbildungswege und -abschlüsse sind standardisiert und kontrolliert → Expertenwissen;
- hohes Sozialprestige und gesellschaftliches Mandat;
- Kontrolle über den Arbeitsinhalt anderer Berufsgruppen (z.B. Pflegepersonal);
- berufliche Autonomie (Freiberuflichkeit).

Einkommen: In den letzten Jahrzehnten ist das Pro-Kopf-Einkommen merklich angestiegen. Dabei liegen die Frauen bei vergleichbarer Arbeitszeit und Leistung noch immer hinter den Männern zurück. Die Gesamteinkommenssumme ist so verteilt, daß auf das oberste, einkommensstärkste Fünftel der Bevölkerung etwa 45 %, auf das untere, einkommensschwächste Fünftel jedoch nur 5 % des Gesamteinkommens fallen. Höhere Einkommensgruppen rekrutieren sich aus Selbständigen und höheren Beamten, finanziell schlechter stehen Behinderte, Ausländer, kinderreiche Familien und Rentner da.

Bildung: Mit der Bildungsexpansion seit den 70er Jahren ist das Bildungsniveau deutlich angestiegen, die „Bildungskampagne" hat das Ziel, Chancengleichheit bzgl. Bildung für jede Schicht zu bieten. Vor allem das weibliche Geschlecht profitierte von dieser Reform, so findet man an den weiterführenden Schulen über 50 % Mädchen. An Hochschulen sind bisher nur ca. 40 % aller Studenten weiblichen Geschlechts. Trotz dieser Expansion bleiben soziale Ungleichheiten erhalten, da Beamten- und Angestelltenkinder ihre Bildungschancen weiter ausgebaut haben als Kinder aus Arbeiterfamilien.

Bildungsstatus, Einkommensverhältnisse und berufliche Position der Eltern sind wichtige Kriterien für die Bildungschancen der Kinder.

Beispiel: Schulbesuch der Altersjahrgänge der 13- bis 14jährigen 1987 in der Bundesrepublik: Die Kinder von Beamten sind an den Gymnasien vergleichsweise am stärksten vertreten, gefolgt von den Kindern der Angestellten, der Selbständigen und der Arbeiter. Es zeigte sich, daß prozentual mehr Mädchen (aus allen Sozialschichten) das Gymnasium besuchten, während an den Hauptschulen mehr Jungen zu finden waren.

Prestige: Das soziale Ansehen ist größtenteils abhängig vom Beruf. Unter die Berufe mit dem höchsten Prestige fallen Ärzte, Richter, Professoren, Bankdirektoren; sozial weniger angesehen sind dagegen Landarbeiter, Müllwerker, Fabrikarbeiterinnen. Bei der Masse an neuen Berufen (Berufsdifferenzierung) wird die Einordnung in eine konkrete Gruppe mit gleichem Berufsprestige immer schwieriger.

Tab. 11.**1** Schichtbedingte Einstellungen, Wertvorstellungen, Verhaltensweisen

Schicht	Merkmale
Oberschicht	tendenziell konservative Einstellung, d. h. Bewahrung des Erreichten
Mittelschicht	Aufstiegs- und Zukunftsorientierung, Pünktlichkeit, Strebsamkeit, Korrektheit
Unterschicht	Aufwertung des Einfachen, Gegenwartsorientierung

Mit der sozialen Differenzierung sind Unterschiede in Wertvorstellungen, Verhaltensweisen und Einstellungen verbunden (Tab. 11.**1**)

11.1.2 Konstruktion von Schichtindizes

Zur Dokumentation von Ähnlichkeiten bzw. Unterschieden werden **Indizes** konstruiert; durch diese wird es möglich, Gruppen je nach Vorhandensein und Ausprägungsgrad der Statusmerkmale in höhere bzw. tiefere Schichten einzuordnen. Die **Schichtindizes** sollen Gemeinsamkeiten in Lebenslage und Lebensführung verdeutlichen.

Sozialer Status bezeichnet die soziale Position innerhalb der Schichten, die sich aus der Bewertung des Sozialprestiges durch die Gesellschaft ergibt. In den modernen Industrieländern richtet sich das Augenmerk besonders auf die **Statusmerkmale** *Bildung, Beruf, Einkommen, Lebensstandard* und *Prestige*; wohingegen in früheren Zeiten noch die Merkmale Herkunft, Geschlecht und Religion eine Rolle spielten. Unter **Statussymbolen** versteht man die äußeren Zeichen, die Hinweis auf einen bestimmten Status geben (z. B. Besitz angesehener Gegenstände, Ehrentitel, Rangabzeichen, Sitzordnung, Kleidung).

In der **Statuszuweisung** ergibt sich der Unterschied zwischen dem zugeschriebenen und dem erworbenen Status. Der **zugeschriebene Status** wird festgelegt durch *Herkunft* und Vererbung. Der **erworbene Status** bezieht sich auf die soziale Position (z. B. im Beruf), die durch eigenes Zutun, also durch *Leistung* (z. B. Ausbildung) erlangt wurde.

Zur Erfassung sozialer Schichten und zur Messung des Sozialstatus einzelner Personen können verschiedene **Forschungsansätze** benutzt werden:

- *Konstruktion multipler Indizes:* Es werden hierbei objektive Indikatoren gewählt, die Auskunft über den Sozialstatus geben sollen. Neben den üblichen Statusmerkmalen Einkommen, Beruf und Bildung finden sich hier noch weitere Kriterien z. B. literarisches Niveau, Theaterbesuche, Selbstbestimmungsgrad am Arbeitsplatz. Der Produktionsmittelbesitz eignet sich heutzutage nur schlecht als Statusmerkmal (Stichwort: Dienstleistungsbetriebe). Die Indikatoren werden mittels einer Punktwertskala addiert. Je nach Punktzahl, die einzelne Personen erreichen, kann eine Einordnung in soziale Schichten vorgenommen werden. Eine Schwierigkeit liegt in der Zusammenstellung der multiplen Indizes, d. h. in der Auswahl der Faktoren (und damit zwangsläufig die Beeinflussung durch den Forscher), sowie in der Gewichtung der einzelnen Indikatoren zueinander.
- *Soziale Selbsteinschätzung (SSE):* Gesellschaftsmitglieder werden gebeten, ihre Vorstellung über den Schichtaufbau darzulegen und eine subjektive Ein-

ordnung (also nach eigener Vorstellung) ihrer Schichtzugehörigkeit vorzunehmen. In diesem Verfahren kann ein starker Trend zur Mitte registriert werden.

- *Erforschung des Verhaltens:* Anhand des Heiratsverhaltens, der Freundeswahl oder der Berufswahl können Rückschlüsse auf die Schichteinordnung gezogen werden. Es gibt einige statusspezifische Verhaltensweisen (z. B. Fernreisen, Tennis- und Skiurlaub), die aber zunehmend von den Mitgliedern niedrigerer Schichten nachgeahmt werden.

! Merke

60–75% der Töchter aus Arbeiterfamilien bleiben durch Heirat in ihrer ursprünglichen Schicht. *Heiratsbedingte Aufstiege* in der sozialen Schichtung kommen dabei etwas häufiger (4 – 10 % Chance für Arbeitertöchter, einen höheren Beamten zu heiraten) vor, als Schichtabstiege (weniger als 4 % der Töchter höherer Beamter heiraten ins Arbeitermilieu).

Problematisch bei der Erfassung sozialer Schichten ist die Bestimmung von **Schichtungsgrenzen**. Innerhalb der Mittelschichten bestehen fließende Übergänge; die extremen Pole der Unter- bzw. Oberschicht lassen sich jedoch genau definieren und verhindern somit die vollständige Schichtverschmelzung zur nivellierten Mittelstandsgesellschaft. Schichtgrenzen sollte man immer dort ziehen, wo Einschnitte im Statusaufbau erkennbar sind.

11.1.3 Heterogenität und Mehrdimensionalität

Die Einschätzung und Einordnung von Personen ist ein mehrdimensionales Problem und gestaltet sich zuweilen schwierig angesichts der heterogenen Indikatoren. Betrachtet man z. B. nur das Einkommen, so würde man einen arbeitslosen Arzt in eine niedrigere Schicht einordnen als einen Arbeiter mit einem festen Monatslohn. Wird dagegen das Berufsprestige als Kriterium angesehen, gehört der Arzt zu einer höheren Schicht.

Statuskristallisation und Statuskonsistenz beschreiben die Stimmigkeit einzelner Indikatoren, da sie sich auf gleichem Rang befinden (z. B. hohe Bildung, angesehener Beruf, gutes Einkommen). Es kann eine klare Einstufung in eine soziale Schicht vorgenommen werden.

Bei der **Statusinkonsistenz** passen die einzelnen Kriterien in ihrer Ausprägung und sozialen Rangstufe nicht zueinander, d. h. sie liegen auf verschiedenen Ebenen (z. B. Arzt als Taxifahrer, Maurer mit Abitur und Hochschulabschluß). Die Erwerbstätigkeit (s.a. 10.1.4) an sich muß als Schichtindikator relativ gesehen werden und darf als vertikales Gliederungsprinzip nicht überbewertet werden. In der Bundesrepublik Deutschland sind nach Schätzungen ca. 25 % der Schichtangehörigen statusinkonsistent.

Ist ein Zusammenhang erkennbar zwischen Statuslage von Eltern und erwachsenen Kindern spricht man von **Statuskontinuität**. Die Ursachen der Statuskontinuität sind in den Sozialisationsprozessen zu suchen, in denen die Eltern ihren Kindern Maßstäbe hinsichtlich Leistung, Interessen und Wertvorstellungen mit auf den Lebensweg geben.

11.2 Systematische Ansätze zur Analyse sozialer Differenzierung

Grundlage der verschiedenen Ansätze ist in jedem Fall die **soziale Ungleichheit**, die erst eine Einordnung in „höher und niedriger" möglich macht.

11.2.1 Strukturfunktionaler Ansatz

Die gesellschaftliche Arbeitsteilung und die Komplexität der Bedürfnisse erfordern die **unterschiedliche Bewertung** gewisser Positionen und infolgedessen die **funktionale Differenzierung**. Es resultiert eine soziale Ungleichheit in Bezug auf Güterverteilung, Ressourcen und Belohnung, da nicht alle Gesellschaftsmitglieder gleich qualifiziert sind. In der modernen Gesellschaft herrscht die Ansicht, daß für das gesellschaftliche Bestehen bestimmte Positionen besonders wichtig sind. Solche *Schlüsselstellungen* erfordern ausgeprägte Fähigkeiten und häufig eine längere Ausbildungsdauer (→ Qualifikation); die Stellungen werden mit gewissen Anreizen belohnt, um sie mit geeigneten Personen zu besetzen. Die *Höhe der Belohnung* und das *Maß an Prestige* geben laut dieser Theorie Auskunft über die Wichtigkeit der Position im Sozialsystem. Der strukturfunktionale Ansatz hat jedoch Einschränkungen. Das Leistungsprinzip wird z. B. durch die Vererbung von Positionen umgangen, die damit dem freien Wettbewerb nicht mehr zur Verfügung stehen. Auch entsprechen die finanziellen Belohnungen von Sport- und Showstars nicht der Wichtigkeit ihrer sozialen Position in der Gesellschaft.

Anomie

Der Zustand mangelhaft geregelter Sozialsysteme wird als **Anomie** bezeichnet. Gesellschaftliche Normen und Wertvorstellungen erleiden einen Bedeutungs- und Geltungsverlust. Ergebnis dieser

Verluste sind Verunsicherung, Orientierungslosigkeit und mangelnde Solidarität.

11.2.2 Klassentheoretischer Ansatz

Klassentheorie nach Marx

Nach Meinung von *Karl Marx* (1867) teilt sich die kapitalistische Gesellschaft in zwei Klassen auf, entsprechend ihrem Verhältnis zu den Produktionsmitteln: Die *Bourgeoisie*, die im Besitz der Produktionsmittel ist und daher die wirtschaftliche Macht hat, und die abhängige Klasse der *Proletarier*, die keinen Besitz hat und deswegen ihre Arbeitskraft verkaufen muß. In dieser Gesellschaftsphilosophie stehen sich die beiden Hauptklassen unversöhnlich gegenüber, laut Marx würde sich die Mittelschicht im Laufe der Technisierung auflösen.

! Merke

Die Verfügung über die Produktionsmittel einer Gesellschaft und über die ökonomische Lage ist in der marxistischen Klassentheorie das alleinige grundlegende Statusmerkmal für die Einordnung von Gesellschaftsmitgliedern in eine soziale Schicht (bzw. hier Klasse).

Die tatsächliche Entwicklung läuft der Zweiklassen-Theorie von Marx entgegen. Es bildete sich ein neuer Mittelstand heraus, der sich aus Angestellten und Beamten rekrutiert. Die allgemeine Ausrichtung auf die Mitte wird durch den Sozialstaat (z. B. Sozialhilfe, Rentenversicherung) einerseits und die progressive Besteuerung andererseits unterstützt.

Klassentheorie nach Max Weber

Max Weber (1960) formte die Klassentheorie im Hinblick auf die sozioökonomische Lage etwas differenzierter und mehrdimensionaler aus. Weber definiert eine Klasse als Gruppe, die die gleichen Lebenschancen aufgrund derselben Stellung zum Markt innehat. In dieser Theorie finden sich die Begriffe der **Besitz-, Erwerbs- und Versorgungsklassen**:

- *Besitzklassen* unterscheiden zwischen Besitz und Nichtbesitz.
- In den *Erwerbsklassen* ergeben sich Unterschiede in der sozialen Lebenslage durch die Erwerbsmöglichkeiten des einzelnen.
- Die *Versorgungsklasse* ist bezüglich ihres Lebensunterhaltes von Transferleistungen des Staates abhängig (z. B. Rentenbezieher, Sozialhilfeempfänger).

Weber formte weiterhin den Begriff **Stand**: Der Stand bezeichnet eine geschlossene soziale Schicht in gleicher Bewußtseinslage (z. B. spezifisches Verhalten, Heiratskreise, Freizeitmuster), entscheidendes Statusmerkmal ist die Herkunft. Sozialer Aufstieg ist hier nur ausnahmsweise möglich.

11.3 Schichtung und Mobilität

11.3.1 Schichtungsstruktur

Soziale Schichtung der Bundesrepublik

Die Schichtungsstruktur der Gesellschaft der Bundesrepublik Deutschland basiert auf ungleicher Verteilung von Einkommen, Vermögen und Ausbildungsstand → soziale **Ungleichheit**. Eine genaue Ausführung der Schichtungskriterien findet sich in 11.1.1.

In der Abb. 11.**1** wird das Modell der sozialen Schichtung der Bundesrepublik Deutschland nach Bolte gezeigt.

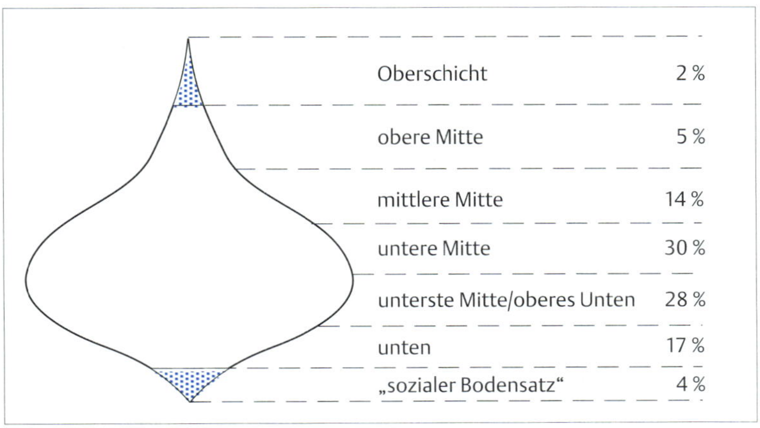

Abb. 11.**1** Bolte-Modell der sozialen Schichtung in der Bundesrepublik

Psychologie

Das Modell weist eine *Zwiebelform* (keine Pyramidenform!) auf. Der Oberschicht (z. B. Großunternehmer, Bankiers) sind etwa 2 % zuzuordnen, in der oberen Mitte (z. B. Ärzte, Rechtsanwälte, höhere Beamte, leitende Angestellte) finden sich ca. 5 %, dagegen in der mittleren Mitte 14 % (z. B. Lehrer, mittlere Beamte). Die *mitgliederstärksten Schichten der unteren Mitte* (z. B. Kleinhändler, hochqualifizierte Arbeiter) *mit 30 % und der obersten Unterschicht mit 28 %* haben zusammen einen Anteil von fast 60 % der Gesamtbevölkerung. Auf den Rest der Unterschicht (z. B. Straßenarbeiter, Landarbeiter) entfallen 17 % und auf die Gruppe der sozial Verachteten (z. B. Handlanger, Sozialhilfeempfänger) 4 %. Nur an den beiden extremen Polen der Oberschicht bzw. des sozialen „Bodens" kann ein bestimmter gesellschaftlicher Status fixiert werden. Dazwischen können jeweils nur Zonen angegeben werden, innerhalb derer eine bestimmte Statuskonstellation zu suchen ist. Eine *eindeutige Abgrenzung* sozialer Schichten ist aufgrund der fließenden Übergänge *nicht möglich*. Die schon erwähnte *Statusinkonsistenz* findet sich vor allem in der Mittelschicht. Seit den 50er Jahren zeigt sich tendenziell eine stärkere Besetzung der mittleren und oberen Statusgruppen. Insgesamt gilt der Schichtungsaufbau der Bundesrepublik als recht stabil. Zukünftig wird der Anteil von zugewanderten Ausländern im Schichtungsaufbau berücksichtigt werden müssen. Der größte Teil findet sich wohl eher im unteren Drittel, jedoch sind auch in den anderen Schichten ausländische Mitbürger einzuordnen (z. B. Ärzte).

Aus diesem Modell lassen sich keine Informationen zum sozialen Wandel der Gesellschaft gewinnen. Unter **sozialem Wandel** versteht man die qualitative Veränderung in der Struktur und Entwicklungsstufe einer Gesellschaft.

Man erhält auch keine Informationen, in welchem Ausmaß sich die Schichten aus den unterschiedlichen Einkommensgruppen zusammensetzen. Zur sozialen Differenzierung und Ausbildung bzw. Einkommen s.a. 11.1.

11.3.2 Sozialer Auf- und Abstieg

Die soziale Mobilität ist definiert als die Bewegung von Personen oder Gruppen zwischen verschiedenen Positionen im sozialen Gefüge. Sie umfaßt z. B. den Berufswechsel, den Wohnortwechsel und die Veränderung der Einkommensverhältnisse.

Formen sozialer Mobilität

Horizontale Mobilität: Bewegung, bei der der soziale Status erhalten bleibt, d. h. keine Änderung des sozialen Ranges und Ansehens (z. B. Arbeitsplatzwechsel, bei dem die gleiche Position wie vorher eingenommen wird).

Vertikale Mobilität: Bei der vertikalen Mobilität tritt eine Veränderung des sozialen Status ein → sozialer Aufstieg (z. B. durch Weiterbildung) bzw. sozialer Abstieg (z. B. durch Arbeitsplatzverlust).

Intergenerationenmobilität: Sie bezeichnet den Positionswechsel, z. B. in Hinblick auf den Beruf, im zeitlichen Abstand von mindestens zwei Generationen (Eltern-Kinder; Bsp.: Eine Arbeitertochter studiert an der Hochschule und übt daraufhin einen akademischen Beruf aus). In den Berufskreisen der Angestellten und Facharbeiter besteht eine höhere Intergenerationenmobilität als in den eher geschlossenen Berufen der Selbständigen.

Intragenerationenmobilität: Eine Person durchläuft einen sozialen Auf- bzw. Abstieg (Bsp. für einen sozialen Aufstieg: ein Studienrat übernimmt die Direktorenstelle an einer anderen Schule).

! Merke

50 % der Kinder aus Familien der oberen Mittelschicht behalten ihren Status bei. 25 % der Söhne ungelernter Arbeiter erreichen einen höheren beruflichen Status als ihre Väter.

Soziale Mobilität gewährt eine bessere Anpassung an die Innovationserfordernisse der modernen Industriegesellschaft, die Möglichkeit des sozialen Aufstiegs bietet den Anreiz zur Entfaltung persönlicher Fähigkeiten. Die Gefahr liegt in der Enttäuschung und den Lebenskrisen der Absteiger und der Erfolglosen. Primär gewachsene Sozialbeziehungen könnten zerstört und die soziale Ungleichheit verstärkt werden.

11.3.3 Auswirkungen auf Krankheit

In diesem Abschnitt sollen die Auswirkungen der sozialen Ungleichheit und der unterschiedlichen Lebensverhältnisse auf Krankheitsrisiken und Krankheitswirkungen dargestellt werden. Andererseits kann Krankheit auch Effekte auf die Schichtzugehörigkeit haben.

Für den Arzt resultiert aus diesen Zusammenhängen, daß die Erhebung der sozialen Anamnese (z. B. Beruf, Lebensverhältnisse) wichtig ist, um eine angemessene Therapie planen zu können.

Krankheit wird als ein Zustand betrachtet, der sich aus multiplen Faktoren zusammensetzt. Dabei spielt die lebensgeschichtlich erworbene Disposition (z. B. biologische Faktoren wie Vererbung) ebenso eine Rolle wie die situativen Belastungen (z. B. Arbeitssituation bzgl. Streß, Unfallgefährdung, u. a.), denen der Mensch ausgesetzt ist. Letztere werden entscheidend von den Statusindikatoren Bildung und Beruf und somit von der Schichtzugehörigkeit beeinflußt. Angehörige der Unterschicht und der unteren Mittelschicht sehen sich einer beruflichen Statusbedrohung ausgesetzt. Unter der „Statusbedrohung" versteht man die Gefährdung durch sozialen Abstieg, Arbeitslosigkeit, Armut und Streß.

Gesundheitsverhalten: Die Möglichkeiten der sekundären Prävention (s. 8.2) werden von Arbeitern weniger in Anspruch genommen als von Angestellten. Ebenso nutzen sozial niedrigere Gruppen in geringerem Maße das Vorsorgeprogramm für Kinder und Schwangere.

Krankheitsverhalten: Bei Mitgliedern der Arbeiterschicht besteht häufig eine größere Symptomtoleranz; Krankheiten werden eher verschleppt; der Arzt wird meist erst in einem fortgeschrittenen Krankheitsstadium aufgesucht → dadurch sinken auch die Heilungschancen, d. h. die Mortalität steigt.

Arbeitsunfähigkeit und Frühinvalidität: Ist unter Arbeitern weiter verbreitet als in der Schicht der Angestellten.

Berufskrankheiten: Werden ausgelöst durch chemische Stoffe (z. B. Dämpfe, Staub), physikalische Einwirkungen (z. B. Strahlen, Lärm), Infektionserreger oder durch körperliche Degeneration. Diese gesundheitlichen Risiken betreffen verstärkt die Arbeiter in den industriellen Betrieben, aufgrund der dort vorherrschenden Arbeitsbedingungen. Unter Berufskrankheiten fallen z. B. Silikose, Asthma, Asbestose.

Arbeitsbelastung: Arbeitszeitregelung (z. B. Schichtarbeit) und Arbeitsklima (z. B. Akkordarbeit) können vermehrt zu Magen-Darm-Erkrankungen und zu psychischen Störungen führen.

Soziale Umstände: In den unteren Schichten herrschen in vielen Fällen schlechtere Wohnverhältnisse und zuweilen mangelhafte Hygienebedingungen.

In den sozial niedrigeren Schichten besteht außerdem eine höhere Säuglingssterblichkeit bei vermehrten Schwangerschaftsrisikofaktoren der Frauen und ein höheres Mortalitätsrisiko unter Arbeitern gegenüber Angestellten. Allgemein ist festzustellen, daß Oberschichtsangehörige zu 85 % an seelischen und zu 4 % an körperlichen Krankheiten leiden. In der Unterschicht liegt der Anteil der körperlichen Erkrankungen bei 59 % und der seelischen Krankheiten bei 32 %.

Schichtspezifische Verteilung spezieller Krankheiten

Psychiatrische Krankheiten: Mitglieder der Unterschicht leiden neunmal häufiger an Schizophrenie; zur Erklärung dieses Sachverhaltes gibt es mehrere Hypothesen.

- *Stress-and-Strain-Hypothese:* Unterprivilegierung und soziale Isolation (z. B. Kontaktarmut) können zu Schizophrenie führen.
- *Milieuhypothese* (soziale Kausalitätshypothese): Ungünstige sozioökonomische Bedingungen, d. h. eine große soziale Distanz zum ärztlichen Berufsstand, sind für die höhere Morbidität verantwortlich.
- *Drift-Hypothese* (Selektionshypothese): Schizophrenie läßt Angehörige höherer sozialer Schichten in die Unterschicht absteigen, z. B. durch Arbeitsplatzverlust.
- *Non-Starter-Hypothese:* Das Versagen in Schule und Beruf verhindert das Erreichen eines höheren Status (→ Prädisposition für schizophrene Zustände).

Suchtkrankheiten kumulieren in zwei bestimmten Sozialgruppen: bei ungelernten Arbeitern sowie bei Selbständigen, Unternehmern und Freiberuflern.

Schichtspezifische Bewältigungsmuster in Krisensituationen

Der Umgang mit Krankheit ist Ausdruck der spezifischen Verhaltens- und Einstellungsmuster der Sozialschichten.

Angehörige der **Mittelschicht** verhalten sich **aktiv**. Der Blick ist auf die Zukunft gerichtet und auf Ziele, die es zu erreichen gilt. Aus dieser *Zukunftsorientierung* resultiert der verantwortungsvolle Umgang mit dem eigenen Körper, da dieser die Basis für *Leistungsfähigkeit* bildet → Nutzung von Vorsorgemaßnahmen, Pflege und Fithalten des Körpers.

Unterschichtsangehörige legen eine **reaktive Einstellung** an den Tag. Solange der Körper funktioniert, wird er nicht wahrgenommen. Die Sorge um die Gesundheit steht im Hintergrund und tritt erst dann ins Bewußtsein, wenn die Arbeitskraft eingeschränkt ist. Der unterschichtsspezifische Handlungsstil bezieht sich auf die *Beseitigung* und *nicht* auf die *Vermeidung von Störungen*. Die *Gegenwartsorientierung* läßt Präventivmaßnahmen als unnötig erscheinen.

Soziale Mobilität und Krankheitsrisiko

Die soziale Mobilität, die von den Schichtangehörigen Umstellung, Anpassung und Flexibilität fordert, wirkt sich als Streßfaktor aus. In einer Studie über japanische Einwanderer in den USA fand man heraus, daß sich der Verlust des sozialen Rückhalts (= social support) in bedeutender Weise auf das Erkrankungsrisiko für Herzkrankheiten auswirkt. Bei dieser Studie wurden Japaner beobachtet, die in traditioneller Weise ihren Lebensstil in ihrem Heimatland beibehalten haben, und solche, die nach Kalifornien ausgewandert sind. Die statistische Aufarbeitung zeigte, daß die ausgewanderten Japaner, die sich zudem dem amerikanischen Lebensstil angepaßt hatten, die größere Koronarmorbidität und -mortalität aufwiesen. Diese Unterschiede in Erkrankungsrate und Sterblichkeit ließen sich nicht allein auf die westlichen Ernährungsgewohnheiten zurückführen. Die soziale Unterstützung und die Einbindung in ein Familien- und Freundesleben können die Sterberate verringern. Ein sehr starker sozialer Rückhalt mit engen Bezugspersonen kann sich jedoch bei Verlust dieser innigen Beziehung auch negativ auswirken.

Abbildungsquellen

Baltzer, J., H. Mickan: Gynäkologie. 5. Aufl. Thieme, Stuttgart 1994

Bargmann, W.: Histologie und mikroskopische Anatomie des Menschen. 7. Aufl. Thieme, Stuttgart 1977

Becker, W., H. H. Naumann, C. R. Pfaltz: Hals-Nasen-Ohren-Heilkunde. 4. Aufl. Thieme, Stuttgart 1989

Beske, F.: Lehrbuch für Krankenpflegeberufe. 6. Aufl. Thieme, Stuttgart 1990

Beyermann, K.: Chemie für Mediziner. 7. Aufl. Thieme, Stuttgart 1993

Biesalski, H.-K., P. Fürst, H. Kasper, R. Kluthe, W. Pölert, Chr. Puchstein, H. B. Stähelin: Ernährungsmedizin. Thieme, Stuttgart 1995

Breitmaier, E., G. Jung: Organische Chemie I. 3. Aufl. Thieme, Stuttgart 1994

Bücker, J.: Anatomie und Physiologie. 24. Aufl. Thieme, Stuttgart 1992

Buddecke, E.: Grundriß der Biochemie. 9. Aufl. de-Gruyter, Berlin 1994

Cotta, H., W. Heipertz, A. Hüter-Becker, G. Rompe: Krankengymnastik, Bd. 1. 3. Aufl. Thieme, Stuttgart 1990

Dahmer, J.: Anamnese und Befund. 7. Aufl. Thieme, Stuttgart 1994

Delank, H.-W.: Neurologie. 7. Aufl. Enke, Stuttgart 1994

Duus, P.: Neurologisch-topische Diagnostik. 6. Aufl. Thieme, Stuttgart 1995.

Eckert, R.: Tierphysiologie. 2. Aufl. Thieme, Stuttgart 1993

Faller, A., M. Schünke: Der Körper des Menschen. 12. Aufl. Thieme 1995

Feneis, H.: Anatomisches Bildwörterbuch. 7. Aufl. Thieme, Stuttgart 1993

Frick, H., H. Leonhardt, D. Starck: Allgemeine Anatomie. Spezielle Anatomie I und Spezielle Anatomie II. 4. Aufl. Thieme, Stuttgart 1992

Goody, R. S.: Proteine. Spektrum Akademischer Verlag, Heidelberg 1995

Gottschalk, W.: Allgemeine Genetik. 4. Aufl. Thieme, Stuttgart 1994

Hafner, L., P. Hoff: Materialien für den Sekundarbereich II Biologie, Genetik. Schroedel, Hannover 1988

Hellenthal, W.: Physik und ihre Anwendung in der Praxis für Pharmazeuten, Mediziner und Biologen. 4. Aufl. Thieme, Stuttgart 1988

Hertl, M.: Der Gesichtsausdruck des Kranken. Thieme, Stuttgart 1993

Hirsch-Kauffmann, M., M. Schweiger: Biologie für Mediziner und Naturwissenschaftler. 3. Aufl. Thieme, Stuttgart 1996

Hollwich, F.: Augenheilkunde. 11. Aufl. Thieme, Stuttgart 1988

Irion, R.: Alles in einem Buch. Bon-med, Lorch 1993

Janzen, R.: Schmerzanalyse als Wegweiser zur Diagnose. 4. Aufl. Thieme, Stuttgart 1981

Jocham, D., K. Miller: Praxis der Urologie. Thieme, Stuttgart 1994

Kahle, W., H. Leonhardt, W. Platzer: Taschenatlas der Anatomie. 6. Aufl. Thieme, Stuttgart 1991

Kaiser, R., A. Pfleiderer: Lehrbuch der Gynäkologie. 16. Aufl. Thieme, Stuttgart 1989

Kanski, J. J.: Lehrbuch der klinischen Ophthalmologie. 2. Aufl. Thieme, Stuttgart 1996

Karlson, P., D. Doenecke, J. Koolman: Kurzes Lehrbuch der Biochemie. 14. Aufl. Thieme, Stuttgart 1994

Karlson, P., W. Gerok, W. Groß: Pathobiochemie. 2. Aufl. Thieme, Stuttgart 1982

Keidel, W.-D.: Kurzgefaßtes Lehrbuch der Physiologie. 6. Aufl. Thieme, Stuttgart 1985

Keller, H.: Klinisch-chemische Labordiagnostik für die Praxis. 2. Aufl. Thieme, Stuttgart 1991

Keller, R.: Immunologie und Immunpathologie. 4. Aufl. Thieme, Stuttgart 1994

Kern, G., J. Baltzer, H. Mickan: Gynäkologie. 4. Aufl. Thieme, Stuttgart 1985

Klinge, R.: Das Elektrokardiogramm. Thieme, Stuttgart 1992

Klinke, R., S. Silbernagl. Lehrbuch der Physiologie. Thieme, Stuttgart 1994

Knippers, R.: Molekulare Genetik. 5./6. Aufl. Thieme, Stuttgart 1990/1995

Koolman, J., K.-H. Röhm: Taschenatlas der Biochemie. Thieme, Stuttgart 1994

Körber, K.: Zahnärztliche Prothetik. 4. Aufl. Thieme, Stuttgart 1993

Kühnel, W.: Taschenatlas der Zytologie, Histologie und mikroskopischen Anatomie. 9. Aufl. Thieme, Stuttgart 1995

Kunze, K.: Lehrbuch der Neurologie. Thieme, Stuttgart 1992

Lange, S.: Radiologische Diagnostik der Thoraxerkrankungen. 2. Aufl. Thieme, Stuttgart 1996

Langman, J.: Medizinische Embryologie. 8. Aufl. Thieme, Stuttgart 1989.

Lehnhardt, E.: HNO-Heilkunde für Zahnmediziner. 2. Aufl. Thieme, Stuttgart 1992

Leistner, E., S.-W. Breckle. Pharmazeutische Biologie I. 4. Aufl. Thieme, Stuttgart 1992

Leonhardt, H.: Histologie, Zytologie und Mikroanatomie des Menschen. 8. Aufl. Thieme, Stuttgart 1990
Linß, W., K.-J. Halbhuber: Histologie und mikroskopische Anatomie. 17. Aufl. Thieme, Stuttgart 1991
Löffler, G., P. E. Petrides: Physiologische Chemie. 4. Aufl. Springer, Heidelberg 1988 (1. korr. Nachdruck 1990)
Lüllmann, H., K. Mohr. A. Ziegler: Taschenatlas der Pharmakologie. 2. Aufl. Thieme, Stuttgart 1994
Martius, G., M. Breckwoldt, A. Pfleiderer: Lehrbuch der Gynäkologie und Geburtshilfe. 2. Aufl. Thieme, Stuttgart 1996
Müller, O.: Grundlagen der Biochemie in drei Bänden. Thieme, Stuttgart 1977, 1978, 1982
Mumenthaler, M., H. Schliack: Läsionen peripherer Nerven. 6. Aufl. Thieme, Stuttgart 1993
Netter, F. H.: Farbatlanten der Medizin. Bd. 5. Thieme, Stuttgart 1987
Neuerburg-Heusler, D., M. Hennerici: Gefäßdiagnostik mit Ultraschall. 2. Aufl. Thieme, Stuttgart 1995.
Passarge, E.: Taschenatlas der Genetik. Thieme, Stuttgart 1994
Platzer, W.: Atlas der topographischen Anatomie. Thieme, Stuttgart 1982
Rauber / Kopsch: Anatomie des Menschen. Hrsg.: H. Leonhardt, B. Tillmann, G. Töndury, K. Zilles. Thieme, Stuttgart 1987 u. 1988.
Reifferscheid, M., S. Weller: Chirurgie. 8. Aufl. Thieme, Stuttgart 1989
Richter, G.: Stoffwechselphysiologie der Pflanzen. 5. Aufl. Thieme, Stuttgart 1988
Roitt, I. M., J. Brostoff, D. K. Male: Kurzes Lehrbuch der Immunologie. 3. Aufl. Thieme, Stuttgart 1995
Schlegel, H. G.: Allgemeine Mikrobiologie. 7. Aufl. Thieme, Stuttgart 1992
Schmidt, R. F., G. Thews: Physiologie des Menschen. 26. Aufl. Springer, Heidelberg 1995
Schröder, U. G.: Physik für MTA. Thieme, Stuttgart 1984
Siegenthaler, W., W. Kaufmann, H. Hornborstel, H. D. Waller: Lehrbuch der Inneren Medizin. 3. Aufl. Thieme, Stuttgart 1994
Silbernagl, S., A. Despopoulos: Taschenatlas der Physiologie. 4. Aufl. Thieme, Stuttgart 1991
Stephan, K. E.: Physiologie für MTA. 2. Aufl. Thieme, Stuttgart 1984
Töndury, G.: Angewandte und topographische Anatomie. 5. Aufl. Thieme, Stuttgart 1981
Vogel, G., H. Angermann: Taschenatlas der Biologie. 5. Aufl. Thieme, Stuttgart 1990
Wehner, R., W. Gehring: Zoologie. 22. Aufl. Thieme, Stuttgart 1990 (1. korr. Nachdruck 1991)

Sachverzeichnis

A

B

C

D

E

F

G

H

I

L

O

P

Q

R

S

W

X

Y

Z